Janiszewski/Jagow/Burmann
Straßenverkehrsrecht

Vorwort zur 17. Auflage

Mit der 17. Auflage wird der Haupttitel des Werkes von bisher „StVO–Straßenverkehrs-Ordnung" in **„Straßenverkehrsrecht"** geändert. Zwar bleibt die Kommentierung der StVO nach wie vor umfangreichster Teil des Werkes. Durch die Titeländerung soll jedoch noch deutlicher zum Ausdruck gebracht werden, daß auch noch andere Vorschriftenwerke wie das Straßenverkehrsgesetz und die straßenverkehrsrechtlich relevanten Bestimmungen des Strafgesetzbuches und der Strafprozeßordnung kommentiert werden. Schließlich werden auch im Anhang noch weitere Vorschriftenwerke wie die Bußgeldkatalog-Verordnung mit Bußgeldkatalog, die Verordnung über internationalen Kraftfahrzeugverkehr sowie auszugsweise die Fahrerlaubnis-Verordnung und die Straßenverkehrs-Zulassungs-Ordnung abgedruckt.

Außerdem wurde die **Einführung** gestrafft und bei der Frage, welche Themen man dort behandeln soll, eine stärkere Orientierung an die gerichtliche und anwaltliche Praxis angestrebt. Der Standort für die Einführung in die Straßenverkehrs-Ordnung wird in den 2. Teil (StVO) verlagert; sie bildet dort nunmehr die „Vorbemerkungen zur StVO".

In der **Rechtssetzung** gab es seit der letzten Auflage zwei Änderungsverordnungen zur **StVO:** Dies ist einmal die 33. VO zur Änderung straßenverkehrsrechtl Vorschriften vom 11. Dez. 2000 (BGBl I S 1690) mit den Schwerpunkten Reißverschlußsystem (§ 7 IV), neues Schild für den Kreisverkehr mit flankierenden Bestimmungen (§ 9 a), Verbotsregelung zum Telefonieren am Steuer (§ 23 I a) und Erleichterungen zur Schaffung von Tempo 30-Zonen (§ 45). Zum anderen ist zu nennen die 35. VO zur Änderung straßenverkehrsrechtl Vorschriften vom 14. Dez. 2001 (BGBl I S 3783) u a mit dem Verbot der Verwendung technischer Einrichtungen in Kfz zur Beeinträchtigung der Verkehrsüberwachung (Radar-Warngeräte) und mit neuen rechtlichen Möglichkeiten zur Anordnung von Parkvorrechten für Anwohner in städtischen Quartieren. Außerdem wurde die VwV zur StVO entsprechend geändert.

Wichtige Änderungen brachte die neue **Bußgeldkatalog-VO** vom 13. Nov. 2001 (BGBl I S 3033). Sie enthält nicht nur die Bezifferung der Geldbußen in Euro zum 1. Jan. 2002, sondern stellt auch das Verwarnungsverfahren einschließl Verwarnungsgeldkatalog auf eine neue Rechtsgrundlage (Ablösung der bisherigen VwV durch RechtsVO) und integriert die Verwarnung mit Katalog in die neue Bußgeldkatalog-VO.

Außerdem sind zwei wichtige Änderungen zum **StVG** zu nennen: Das Gesetz zur Änderung des StVG und anderer straßenverkehrsrechtl Vorschriften vom 19. März 2001 (BGBl I S 386), das insbesondere in § 24 a StVG die erst 1998 eingeführte zweistufige Ahndung (0,8 Promille mit voller Sanktion, 0,5 Promille mit reduzierter Ahndung) abschaffte und einheitlich die 0,5-Promillegrenze mit voller Sanktion einführte. Die zweite,

Vorwort

zum Zeitpunkt des Redaktionsschlusses dieser Auflage noch nicht im BGBl I verkündete wichtige Novelle zum StVG (Bundesrats-Drucks 358/02) brachte Änderungen in der zivilrechtlichen Haftung und im Schadensersatzrecht (höhere Gewalt als alleiniger Haftungsausschlußgrund im Verhältnis Kfz zu nicht motorisierten Verkehrsteilnehmern – § 7 II, § 17; Gefährdungshaftung auch bei unentgeltlicher Personenbeförderung – § 8 a; Anhebung der Haftungshöchstsummen und Bezifferung in Euro – §§ 12, 12 a. Das Gesetz wurde am 18. April 2002 in zweiter und dritter Lesung vom Deutschen Bundestag verabschiedet (BT-Drucks 14/7752 und 14/8780) und am 31. Mai 2002 im zweiten Durchgang vom Bundesrat gebilligt (BR-Drucks 358/02-Beschluß); die Verkündung im BGBl lag bei Redaktionsschluß noch nicht vor. In der neuen Auflage werden nunmehr auch die für die zivilrechtliche Haftung im StVG wesentlichen Vorschriften kommentiert.

Schließlich wird die **obergerichtliche Rechtsprechung** mit neuen Entscheidungen eingearbeitet. Hervorzuheben ist hier die BGH-Entscheidung vom 3. April 2001 (NZV 01, 267 = DAR 01, 275) über die Beweissicherheit der Atemalkoholanalyse.

Die Autoren sind nach wie vor dankbar für Anregungen und Änderungsvorschläge.

Juni 2002 *Die Verfasser*

Vorwort

Aus dem Vorwort zur 2. Auflage

Die Grundkonzeption des Buches erwies sich als richtig und wurde von der Fachpresse gut aufgenommen. Sie bedeutet: eine kurz gefaßte, aber gründliche Erläuterung der StVO und der verkehrsrechtlichen Bestimmungen des StGB, besonders auch allgemeiner Begriffe wie Rechtswidrigkeit, Ursächlichkeit und Schuld, dazu kurze Erläuterungen zu den verwaltungs- und strafrechtlichen Bestimmungen des StVG und der wichtigsten Bestimmungen der StVZO; eine in sich verständliche, geschlossene Darstellung des Stoffes unter Weglassung der oft verwirrenden Kasuistik selten vorkommender Einzelfragen; Anführung der wichtigsten und instruktivsten Entscheidungen und wissenschaftlichen Veröffentlichungen. Auch technische Vorgänge wie Berechnung der Wege des Auf-, Ein- und Überholens oder die Geschwindigkeitsmessung werden gemeinverständlich erläutert ...

Damit soll der Taschenkommentar in erster Linie ein *Arbeitsbuch* für den *Verkehrsjuristen* sein, in dem er auf die im laufenden Geschäftsbetrieb auftauchenden Rechtsfragen schnell und zuverlässig Antwort findet, das ihm aber auch den Weg zu eingehender Information zeigt. Durch den Abdruck des vollen Wortlauts der VwV ist den besonderen Bedürfnissen der *Verwaltungsbehörden* und *Polizeidienststellen* Rechnung getragen. Die theoretische Einführung sowie die systematische Einteilung und Darstellung des Stoffes machen schließlich das Buch als Leitfaden für alle *Lehrer* und *Studierenden* des Verkehrsrechts besonders geeignet.

München, im März 1971   Der Verfasser

Inhaltsverzeichnis

Abkürzungen XI
Übersicht über Änderungen der StVO XXV

1. Teil. Einführung in die straf- und bußgeldrechtlichen, öffentlich-rechtlichen und zivilrechtlichen Grundlagen des Straßenverkehrsrechts 1
   A. Quellen des Straßenverkehrsrechts 4
   B. Straf- und ordnungswidrigkeitenrechtliche Grundlagen 5
   C. Öffentlich-rechtliche Grundlagen in verkehrsrechtlicher Sicht .. 23
   D. Zivilrechtliche Grundlagen in verkehrsrechtlicher Sicht 35

2. Teil. Straßenverkehrs-Ordnung 53

3. Teil. Straßenverkehrsgesetz 705

4. Teil. Straßenverkehrsrecht des Strafgesetzbuches 865
   A. Gerichtliches Fahrverbot 865
   B. Gerichtliche Entziehung der Fahrerlaubnis 870
   C. Unerlaubtes Entfernen vom Unfallort 885
   D. Verkehrsgefährdungen 905
   E. Alkoholdelikte, BAK-Tabellen, Richtlinien für die Alkoholkontrolle und Sicherstellung von Führerscheinen 929

5. Teil. Strafprozeßordnung (Auszug) 971

Anhang:
I a. Fahrerlaubnis-VO (FeV; Auszug) 981
I b. StVZO (Auszug) 1032
II. Internationale KfzVO 1049
III. Bußgeldkatalog-Verordnung mit Bußgeldkatalog 1056

Sachverzeichnis 1109

Abkürzungen

Zitierweise:

Angeführte Paragraphen ohne Bezeichnung des Gesetzes beziehen sich auf die Paragraphen des Gesetzes oder der Verordnung, angeführte Randnummern ohne weitere Angabe auf die Vorschrift, in der sich das Zitat befindet. Die Entscheidungen der Zivilsenate des BGH werden idR durch den Zusatz (Z) gekennzeichnet, soweit sie nicht nach dem VersR zitiert sind; die nicht gekennzeichneten Entscheidungen des BGH sind solche von Strafsenaten. Die Entscheidungen des BayObLG sind durchweg solche von Strafsenaten; bei den Oberlandesgerichten wurde idR keine Unterscheidung vorgenommen; deren Entscheidungen werden durch Angabe des Ortes bezeichnet, an dem das OLG seinen Sitz hat. – Römische Ziffern bezeichnen im Zusammenhang mit Paragraphen deren Absätze (nachfolgende arabische Ziffern die Sätze und Nummern in den Absätzen), sonst Abschnitte der Einführung.

AA	Atemalkohol
aA (M)	anderer Ansicht (Meinung)
aaO	am angegebenen Ort
AB	Autobahn
AbfG	Abfallgesetz v 27. 8. 1986 (BGBl I 1410; III 2129–15)
Abl	Amtsblatt
abl	ablehnend
Abs	Absatz
abw	abweichend
aE	am Ende
aF	alte Fassung
ÄndG, ÄndVO	Änderungsgesetz, -Verordnung
AG	Amtsgericht
AK	Arbeitskreis
AKB	Allgemeine Bedingungen für die Kraftfahrtversicherung
alic	actio libera in causa
allg	allgemein
amtl	amtlich
Anh	Anhang
Anl	Anlage
AAA	Atemalkoholanalyse
AAK	Atemalkoholkonzentration
Anm	Anmerkung
AnwBl	Anwaltsblatt (Jahr u Seite)

Abkürzungen

AO	Abgabenordnung/Anordnung
ArGe	Arbeitsgemeinschaft
Art	Artikel
AUB	Allgemeine Unfallversicherungsbedingungen
Aufl	Auflage
AusfAnw	Ausführungsanweisung
AusfVO	Ausführungsverordnung
ausl	ausländisch(e, er . . .)
Ausn	Ausnahme
AV	Allgemeine Verfügung
BA	Blutalkohol, Wissenschaftliche Zeitschrift für die medizinische u juristische Praxis, herausgegeben vom Bund gegen Alkohol im Straßenverkehr eV (Jahr u Seite)
Ba	Bamberg
BAB	Bundesautobahn
Bär/Hauser	Bär/Hauser, Kommentar zur Unfallflucht, Loseblattsammlung, Stand 1. 12. 1997
BAG	Bundesarbeitsgericht
BAK	Blutalkoholkonzentration
BAnz	Bundesanzeiger
BASt	Bundesanstalt für Straßenwesen, Köln
Baumann	Baumann/Weber, Strafrecht, Allgemeiner Teil, 9. Aufl 1985
Bay, BayObLG	Bayerisches Oberstes Landesgericht; mit Zahlen: Sammlung von Entscheidungen in Strafsachen (alte Folge zit nach Band u Seite, neue Folge nach Jahr u Seite)
BayStrWG	Bayerisches Straßen- u WegeG v 11. 7. 1958 idF der Bek v 2. 7. 1974 (GVBl 333)
BayVfGH	Bayerischer Verfassungsgerichtshof
BayVwBl	Bayerische Verwaltungsblätter (Jahr u Seite)
BayVGH	Bayerischer Verwaltungsgerichtshof
B/B	Berz/Burmann, Handbuch des Straßenverkehrsrechts, 8. Ergänzungslieferung 2001
BB	Der Betriebs-Berater (Jahr u Seite)
BDSG	Bundesdatenschutzgesetz
BE	Betriebserlaubnis
Beck/Berr	OWi-Sachen im Straßenverkehrsrecht, 2. Aufl 1993 bei C. F. Müller Heidelberg (zit nach Rn)
Beck'sche Loseblattausgabe	Beck'sche Textausgabe, Straßenverkehrsrecht – Loseblattausgabe
Begr	Begründung
Bek	Bekanntmachung
ber	berichtigt

Abkürzungen

Berr/Hauser	Das Recht des ruhenden Verkehrs, Beck 1993; zit nach Rn
Berz/Burmann	Handbuch des Straßenverkehrsrechts, 9. Ergänzungslieferung Juni 2002
bes	besonders, besondere
Betr	Betroffene(r)
BFStrG	BundesfernstraßenG v 6. 8. 1953 idF v 19. 4. 1994 (BGBl I 854; III 911–1)
BG	Bußgeld
BGA	Bundesgesundheitsamt
BGB	Bürgerliches Gesetzbuch
BGBl I, II	Bundesgesetzblatt, Teil I, II
BGBl III	Sammlung des Bundesrechts (ab 1. 1. 1966 Fundstellennachweis A)
BGH	Bundesgerichtshof
BGHSt	Entscheidungen des Bundesgerichtshofs in Strafsachen (Band u Seite)
BGHZ	Entscheidungen des Bundesgerichtshofs in Zivilsachen (Band u Seite), vgl auch die Zitierweise am Anfang des Verzeichnisses
BImSchG	Bundes-ImmissionsschutzG idF v 14. 5. 1990 (BGBl I 880; III 2129-8)
Bln	Berlin
BKat(V)	Bußgeld-Katalog(-Verordnung)
Blei	Blei, Strafrecht I, Allgemeiner Teil, 18. Aufl 1983, München
BMV	Bundesminister(ium) für Verkehr
BMVBW	Bundesminister(ium) für Verkehr, Bau- und Wohnungswesen
BO-Kraft	VO über den Betrieb von Kraftfahrunternehmen im Personenverkehr v 21. 6. 1975 (BGBl 1573; III 9240–1–2)
Bode/Winkler	Fahrerlaubnis, Dt Anwaltverlag, Bonn, 3. Aufl 2000
Bode/Meyer-Gramcko	Der überforderte Kraftfahrer, Dt Anwaltverlag Bonn 1996
Booß	Booß, Straßenverkehrs-Ordnung, 3. Aufl 1980
BOStrab	VO über den Bau u Betrieb der Straßenbahnen
Bouska/Leue	StVO, Jehle Rehm, 20. Aufl 2002, zit nach Anmerkungen
BR	Bundesrat
Br	Bremen, OLG Bremen
Bra	Braunschweig, OLG Braunschweig
BRDr	Drucksachen des Bundesrates nach Nr u Jahr
BReg	Bundesregierung
BRep	Bundesrepublik Deutschland

Abkürzungen

Brbg	Brandenburg, OLG Brandenburg
Brunner	Brunner, JugendgerichtsG, 9. Aufl 1991 (Rn u Paragraph)
BSG	Bundessozialgericht
BT	Bundestag
BTDr	Drucksachen des Deutschen Bundestages nach Wahlperiode u Nr
BtMG	BetäubungsmittelG idF der Bekanntmachung v 1. März 1994 (BGBl. I 358)
BVfG	Bundesverfassungsgericht
BVfGE	Entscheidungen des Bundesverfassungsgerichts (Band u Seite)
BVwG	Bundesverwaltungsgericht
BW	Baden-Württemberg
BZR	Bundeszentralregister
BZRG	G über das Zentralregister u das Erziehungsregister (BundeszentralregisterG) idF v 21. 9. 1984 (BGBl I 1229; III 312–7)
bzw	beziehungsweise
Ce	Celle, OLG Celle
CEMT	Europäische Konferenz der Verkehrsminister
Cramer	Cramer, Straßenverkehrsrecht, Band 1: StVO-StGB, 2. Aufl 1977
DA	Dienstanweisung
DAR	Deutsches Autorecht (Jahr u Seite)
DAV	Deutscher Anwaltverein
DDR	Deutsche Demokratische Republik
Def	Definition
dergl	dergleichen
ders	derselbe
DGVZ	Deutsche Gerichtsvollzieher-Zeitung (Jahr u Seite)
dh	das heißt
DJ	Deutsche Justiz (Jahr u Seite)
Dr	Dresden
DRiZ	Deutsche Richterzeitung (Jahr u Seite)
dt	deutsch
Dü	Düsseldorf, OLG Düsseldorf
DV (DVO)	Durchführungsverordnung
DVBl	Deutsches Verwaltungsblatt (Jahr u Seite)
E	Einführung bzw Einleitung
EB	Eröffnungsbeschluß
EBO	Eisenbahnbau- u Betriebsordnung
EdFE	Entziehung der Fahrerlaubnis

Abkürzungen

EG	EinführungsG
EGOWiG	EinführungsG zum G über Ordnungswidrigkeiten v 24. 5. 1968 (BGBl I 503)
Einf	Einführung
Einl	Einleitung
Ein-Vertr	Einigungsvertrag v 31. 8. 1990, G v 23. 9. 1990 (BGBl II 885)
Eisenberg	JugendgerichtsG, 5. Aufl 1993, Rn u Paragraph
entspr	entsprechend
Entz	Entziehung
Erl	Erläuterung(en)
EU	Europäische Union
2. EU-FS-RiLi	Zweite EU-Führerschein-Richtlinie v 29. 7. 1991, 91/439/EWG
EuAbgG	Europa-AbgeordnetenG v 6. 4. 1979 (BGBl I 413)
EuG	Europäischer Gerichtshof
EWG	Europäische Wirtschaftsgemeinschaft
EWR	Europäischer Wirtschaftsraum
f	-fahrer, -führer
FahrlG	FahrlehrerG
FahrpersG	FahrpersonalG
FahrschAusbO	Fahrschüler-Ausbildungsordnung v 31. 5. 1976, idF der VO v 18. 8. 1998 (BGBl I S 2307)
FE	Fahrerlaubnis
FeV	Fahrerlaubnis-VO
ff	folgende
Fn	Fußnote
Forster/Ropohl	Rechtsmedizin, 5. Aufl 1989, Enke Verlag
Fra	Frankfurt/M, OLG Frankfurt/M
FS	Festschrift
FSch	Führerschein
FU	Fahrunsicherheit
FV	Fahrverbot
Fz	Fahrzeug
G	Gesetz
g	Gramm
GA	Golddammers Archiv für Strafrecht (Jahr u Seite)
GABl	Gemeinsames Amtsblatt
GB	Geldbuße
GBl	Gesetzblatt

Abkürzungen

Gebhardt	Das verkehrsrechtliche Mandat, 3. Aufl, 2000, Deutscher Anwalt Verlag
Geigel	Geigel/Schlegelmilch, Der Haftpflichtprozeß, 23. Aufl 2001
GemO	Gemeindeordnung
Gen	Genehmigung
gen	genannt
Gerchow/Heberle	Gerchow/Heberle, Alkohol-Alkoholismus-Lexikon, 1980, Neuland-Verlags GmbH, Hamburg
Germann/Undeutsch	Germann/Undeutsch, Das Gutachten der MPU u Kraftfahrereignung, 1995
ges	gesetzlich
geschl	geschlossene(r, n)
gestr	gestrichen
GewO	Gewerbeordnung
GG	GrundG für die Bundesrepublik Deutschland v 23. 5. 1949 (BGBl 1; III–1)
ggf	gegebenenfalls
GGVS	GefahrgutVO Straße v 12. 12. 1996 (BGBl I 1886; III 9241–23–3)
GMBl	Gemeinsames Ministerialblatt
Göhler	Göhler, OrdnungswidrigkeitenG, 12. Aufl 1998 (Rn u Paragraphen)
Götz	Götz, Kommentar zum BZRG, 3. Aufl 1985
grds	grundsätzlich
Greger	StVG, Zivilrechtliche Haftung im Straßenverkehr, 3. Aufl 1997, de Gruyter
Grüneberg	Grüneberg, Haftungsquoten bei Verkehrsunfällen, 6. Aufl 2000
Grüner	Grüner, Der gerichtsmedizinische Alkoholnachweis, 2. Aufl 1967
GVBl	Gesetz- u Verordnungsblatt
GVG	GerichtsverfassungsG
GVNW	Gesetz- u Verordnungsblatt für das Land Nordhrein-Westfalen
H	Heft
Ha	Hamm, OLG Hamm
Harbort	Rauschmitteleinnahme u Fahrsicherheit, Boorberg-Verlag 1996
Hbg	Hamburg, OLG Hamburg
Hentschel, Trunkenheit	Hentschel, Trunkenheit Fahrerlaubnisentziehung Fahrverbot, 8. Aufl 2000, Werner Verlag
Hentschel	Hentschel, Straßenverkehrsrecht, 36. Aufl 2001 (Rn u Paragraphen)

Abkürzungen

HESt	Höchstrichterliche Entscheidungen in Strafsachen
Heiler/Jagow	Führerschein, Grundriß, 4. Aufl 1999
Himmelreich/Bücken	Verkehrsunfallflucht, Verteidigerstrategien, 3. Aufl 2000, C. F. Müller Verlag zit nach Rn
Hi/He	Himmelreich/Hentschel, Fahrverbot/Führerscheinentzug, Bd I (8. Aufl 1995) u II (7. Aufl 1992) (zit nach Bd u Rn)
Himmelreich/Janker	MPU-Begutachtung, Werner-Verlag, 2. Aufl 1999
hM (L)	herrschende Meinung (Lehre)
HV	Hauptverhandlung
idF	in der Fassung
idR	in der Regel
iG	im Gegensatz
IME	Entschließung des Ministeriums des Innern
incl	inklusiv, einschließlich
insb	insbesondere
IntKfzVO	VO über den internationalen Kraftfahrzeugverkehr v 12. 11. 1934 (BGBl I 1137; III 9232–4)
inzw	inzwischen
iS	im Sinne
iVm	in Verbindung mit
iw	im wesentlichen
Jagow	StVZO-Kommentar, Loseblattsammlung, Stand Januar 2002, Verlag Heinrich Vogel, München
Janiszewski	Janiszewski, Verkehrsstrafrecht, Kurzlehrbuch für Studium u Praxis, 4. Aufl 1994 bei Beck (zit nach Rn)
Janiszewski/Buddendiek	Janiszewski/Buddendiek, Der neue Bußgeldkatalog mit Punktsystem, 8. Aufl 2002, Bd 18 a der Beck'schen Kurzkommentare
JBlRhPf	Justizblatt Rheinland-Pfalz
Je	Jena, Thüringer OLG
jew	jeweilig(er, en), jeweils
JGG	JugendgerichtsG
JK	Kartei der Jura (Paragraph u lfd Nr)
JMBl	Justizministerialblatt
JME	Justizministerial-Entschließung
JR	Juristische Rundschau (Jahr u Seite)
Jura	Juristische Ausbildung, W de Gruyter (Jahr u Seite)
JurA	Juristische Analysen (Jahr u Seite)

Abkürzungen

JuS	Juristische Schulung (Jahr u Seite)
Justiz	Die Justiz, Abl des Justiz-Min Baden-Württemberg (Jahr u Seite)
JZ	Juristenzeitung (Jahr u Seite)
Ka	Kassel
Kaiser	Kaiser, Kriminologie, 4. Aufl 1980 –, Verkehrsdelinquenz u Generalprävention, 1970, Mohr, Tübingen
Kar	Karlsruhe, OLG Karlsruhe
KBA	Kraftfahrt-Bundesamt, Flensburg
Kf	Kraftfahrer
KFG	G über den Verkehr mit Kraftfahrzeugen v 3. 5. 1909 (RGBl S 437)
Kfz	Kraftfahrzeug
KfSachvG	KraftfahrsachverständigenG
KfzPflVV	Kraftfahrzeug-Pflichtversicherungsverordnung
KfzStG	KraftfahrzeugsteuerG
KG	Kammergericht
KK	Karlsruher Kommentar zur StPO, 4. Aufl 1999 (Rn u Paragraph)
KK-OWiG	Karlsruher-Kommentar zum OWiG, 2. Aufl. 2000 (Rn u Paragraph)
Kl	Klasse
Kl/Meyer-G	Kleinknecht/Meyer-Goßner, Strafprozeßordnung, GVG, Nebengesetze u ergänzende Bestimmungen, 45. Aufl 2001 (Rn u Paragraphen)
Ko	Koblenz, OLG Koblenz
Kodal	Kodal/Krämer, Straßenrecht, 6. Aufl 1999
Kö	Köln, OLG Köln
Kopp	VerwaltungsverfahrensG, 3. Aufl 1983 (Paragraph u Rn)
Krad	Kraftrad
krit	kritisch (oder Kritik)
Kulemeier	FV u EdFE Diss 1990, Schmidt-Römhild Lübeck
KVGKG	Kostenverzeichnis zum GerichtskostenG
KVR	Kraftverkehrsrecht von A bis Z (Verfasser u Stichwort)
Lackner	Lackner/Kühl, Strafgesetzbuch mit Erläuterungen, 24. Aufl 2001 (Anm u Paragraphen)
LAG	Landesarbeitsgericht
LB	Lehrbuch
ldgl	lediglich

Abkürzungen

LdR	Ergänzbares Lexikon des Rechts, Luchterhand Verlag (zit nach Stichwort u Anm)
Lexikon	Lexikon des Nebenstrafrechts von Göhler/Buddendiek/Lenzen, Stand 1. 9. 1996
LG	Landgericht
Lisken/Denninger	Handbuch des Pol.-Rechts 1992 (Autor, Abschn, Rn)
Lit	Liter
LK	Strafgesetzbuch (Leipziger Kommentar) 11. Aufl 1992
Lkw	Lastkraftwagen
LOWiG	LandesordnungswidrigkeitenG
Ls	Leitsatz
Lü	Lüneburg, OVG Lüneburg
LVG	Landesverwaltungsgericht
LWaldGBln	LandeswaldG Berlin v 30. 1. 79 (GVBl 177)
LZA	Lichtzeichenanlage
Ma	Magdeburg, OLG Magdeburg
MABl	Ministerialamtsblatt
Maurach	Maurach/Zipf, Strafrecht, Allgemeiner Teil, 7. Aufl 1989
MBl	Minsterialblatt
MDR	Monatsschrift für deutsches Recht (Jahr u Seite)
ME	Ministerialerlaß
MI (MdI)	Minister des Innern
mind	mindestens
MiStra	Anordnung über Mitteilungen in Strafsachen idF v 15. 3. 1985 (BAnz 3053)
Mon	Monat(e)
MPU	Medizinisch-psychologische Untersuchung
Mstr	Münster, OVG Münster
Mü	München
Mühlhaus	Mühlhaus, Die Fahrlässigkeit in Rspr u Rechtslehre, Erich Schmidt Verlag; erweiterter Sonderdruck von KVR Stichwort Fahrlässigkeit, Erl 1 u 2
mwN	mit weiteren Nachweisen
Nau	Naumburg, OLG Naumburg
NdsRpfl	Niedersächsische Rechtspflege (Jahr u Seite)
Neu	Neustadt, OLG Neustadt
nF	neue Fassung
NJW	Neue Juristische Wochenschrift (Jahr u Seite)
NJW-RR	NJW-Rechtsprechungsreport (Jahr u Seite)
Nr	Nummer

Abkürzungen

NRW (NW)	Nordrhein-Westfalen
NStZ	Neue Zeitschrift für Strafrecht (Jahr u Seite)
NStZ-RR	NStZ-Rechtsprechungs-Report Strafrecht
Nü	Nürnberg, OLG Nürnberg
NVersZ	Neue Zeitschrift für Versicherung und Recht
NVwZ	Neue Zeitschrift für Verwaltungsrecht (Jahr u Seite)
NWVBl	Verwaltungblatt NW
NZA	Neue Zeitschrift für Arbeit (Jahr u Seite)
NZV	Neue Zeitschrift für Verkehrsrecht (Jahr u Seite)
OBG	OrdnungsbehördenG
öff	öffentlich
og	oben genannte
Ol	Oldenburg, OLG Oldenburg
OLG(e)	Oberlandesgericht(e)
OVG	Oberverwaltungsgericht
OVGNW	Oberverwaltungsgericht Nordrhein-Westfalen (Münster)
ow	ordnungswidrig
OW(en)	Ordnungswidrigkeit(en)
OWiG	Gesetz über Ordnungswidrigkeiten idF v 19. 2. 1987 (BGBl I 602; III 454–1)
PAG	PolizeiaufgabenG
Palandt	Bürgerliches Gesetzbuch, Kommentar, 61. Aufl 2002
PBefG	PersonenbeförderungsG
PflVG	PflichtversicherungsG
Pkw	Personenkraftwagen
Pol	Polizei
Ponsold	Ponsold, Lehrbuch der gerichtlichen Medizin, 3. Aufl 1967
Präs	Präsident
Promille, ‰	Alkoholgehalt in Gramm pro 1000 ccm (Blut)
PrOVG	Preußisches Oberverwaltungsgericht
PTB	Physikalisch-Technische Bundesanstalt Braunschweig
PVT	Polizei, Verkehr u Technik (Jahr u Seite)
R	Recht
RA	Rechtsausschuß
Radf	Radfahrer
RdErl	Runderlaß

Abkürzungen

RdJB	Recht der Jugend u des Bildungswesens (Jahr u Seite)
RdK	Recht des Kraftfahrers
Rn	Randnummer(n)
RdSchr	Rundschreiben
Rebmann-RH	Rebmann/Roth/Hermann, G über Ordnungswidrigkeiten, Loseblattkommentar, 2. Aufl, Stand März 1996 (Rn u Paragraphen)
Reg	Register
RegAnz	Regierungsanzeiger
Rev	Revision
RG	Reichsgericht, mit Zahlen: Entscheidungen des RG in Strafsachen (Band u Seite)
RGBl	Reichsgesetzblatt
RGSt(Z)	Entscheidungen des Reichsgerichts in Strafsachen (Zivilsachen) (Band u Seite)
RhPf	Rheinland-Pfalz
RiBA	Richtlinien zur Feststellung von Blutalkohol bei Straftaten u OWen u zur Sicherstellung von Fahrausweisen (s § 316 StGB 40)
RiLi	Richtlinien
RiStBV	Richtlinien für das Straf- u Bußgeldverfahren
RiW	Recht der internationalen Wirtschaft (Jahr u Seite)
rkr	rechtskräftig
RMdI, RMdJ	Reichsminister des Innern (der Justiz)
Ro	Rostock, OLG Rostock
Römer/Langheid	Versicherungsvertragsgesetz, Kommentar, 1997
Rpfl	Der deutsche Rechtspfleger (Jahr u Seite)
RSpr	Rechtsprechung
RSprÜb	Rechtsprechungsübersicht
Rüth-BB	Rüth/Berr/Berz, Straßenverkehrsrecht, 2. Aufl 1987 (Rn u Paragraphen)
r+s	Recht u Schaden (Jahr u Seite)
s	siehe
S	Seite oder Satz
SA	Sonderausschuß (BT)
Sa	Saarbrücken, OLG Saarbrücken
Saar	Saarlouis (OVG Saarland)
Schl	Schleswig
SchlHA	Schleswig-Holsteinische Anzeigen
Sch/Sch	Schönke/Schröder, Strafgesetzbuch, Kommentar, 25. Aufl 1997 (Rn u Paragraph)
Seidenstecher	Straßenverkehrs-Ordnung mit Kommentar, 15. Aufl, März 2002

Abkürzungen

SK	Systematischer Kommentar zum StGB (Loseblattausgabe) von Rudolphi, Horn, Samson, 1989
SMBl NW	Sammlung des bereinigten Ministerialblattes für das Land Nordrhein-Westfalen
s. o.	siehe oben
sog	sogenannte(r)
st	ständig(e)
St	Stellungnahme
StA	Staatsanwaltschaft
StAnz	Staatsanzeiger
StGB	Strafgesetzbuch
StM	Staatsminister(ium)
StMdI	Staatsminister(ium) des Innern
StPÄG	StrafprozeßänderungsG
StPO	Strafprozeßordnung
Str	Straße(n)
Straba	Straßenbahn(en)
str	strittig
StrÄndG	StrafrechtsänderungsG
StrEG	Gesetz über die Entschädigung für Strafverfolgungsmaßnahmen v 8. 3. 1971 (BGBl I 157; III 313–4)
StrRG	StrafrechtsreformG
StrWG	StraßenwegeG
Stu	Stuttgart, OLG Stuttgart
StV	Strafverteidiger (Jahr u Seite)
StVÄG	StrafverfahrensänderungsG
StVE	Straßenverkehrs-Entscheidungen, Loseblatt-Sammlung v Cramer/Berz/Gontard; Beck-Verlag (Nummern ohne Gesetz- u Paragraphenangabe beziehen sich auf die erläuterte Vorschrift)
StVG	StraßenverkehrsG
StVO	Straßenverkehrs-Ordnung
StVollstrO	Strafvollstreckungsordnung
StVZO	Straßenverkehrs-Zulassungs-Ordnung
SV	Sachverständiger
Tab	Tabelle(n)
TB(e)	Tatbestand (Tatbestände)
TE	Tateinheit
Thü	Thüringen
TKG	TelekommunikationsG v 25. 7. 96 (BGBl I 1120)
TM	Tatmehrheit

Abkürzungen

Tröndle/Fischer	Strafgesetzbuch, 50. Aufl 2001 (Rn u Paragraph)
Tüb	Tübingen, OLG Tübingen
ua	unter anderem
UB	Unfallbeteiligte(n)
Urt	Urteil
uU	unter Umständen
V	Verkehr(s)
VA	Verwaltungsakt
VAE	Verkehrsrechtliche Abhandlungen u Entscheidungen (Jahr u Seite)
VB(n)	Verwaltungs-/Verkehrsbehörde(n)
VBG 12	Unfallverhütungsvorschrift der Berufsgenossenschaft für Fahrzeughaltungen
VD	Verkehrsdienst (Jahr u Seite)
Verf	Verfasser
Verkehrsunfall	Der Verkehrsunfall, Zeitschrift (Jahr u Seite)
Vfg	Verfügung
VkBl	Verkehrsblatt (Jahr u Seite)
VG	Verwaltungsgericht
VGH	Verwaltungsgerichtshof
vgl	vergleiche
VGT	Verkehrsgerichtstag in Goslar, Veröffentlichungen der Deutschen Akademie für Verkehrswissenschaften eV Hamburg (Jahr u Seite)
VM	Verkehrsrechtliche Mitteilungen (Jahr u Nr)
VersR	Versicherungsrecht (Jahr u Seite)
VO	Verordnung
Vorbem	Vorbemerkung
VOW	Verkehrsordnungswidrigkeit
VRS	Verkehrsrechtssammlung (Band u Seite)
VT	Verkehrsteilnehmer
Vw	Verwarnung
VwGO	Verwaltungsgerichtsordnung
VwKat	Verwarnungsgeld-Katalog
VwV oder VwV-StVO	Allgemeine Verwaltungsvorschrift zur StVO
VwVfG	VerwaltungsverfahrensG
VwVfR	Verwaltungsverfahrensrecht
VZ	Verkehrszeichen
VzKat	Katalog der Verkehrszeichen 1992 (BAnz v 3. 4. 1992, Nr 66 a)
VZR	Verkehrszentralregister (Flensburg)

Abkürzungen

Weltabkommen 1968	Wiener Übereinkommen über den Straßenverkehr u über Straßenverkehrszeichen v 8. 11. 1968 (BGBl 1997 II S. 811, 893)
wistra	Zeitschrift für Wirtschaft, Steuer, Strafrecht (Jahr u Seite)
WÜD	Wiener Übereinkommen über diplomatische Beziehungen v 18. 4. 1961 (BGBl II 1964, 957; 1965 II 147)
WÜK	Wiener Übereinkommen über konsularische Beziehungen v 24. 4. 1963 (BGBl II 1969, 1585; 1971 II 1285)
Z	Zeichen (Fundstelle u Erl sind im Sachverzeichnis unter „Zeichen..." vermerkt)
(Z)	Hinweis auf Entscheidungen in Zivilsachen (s Zitierweise am Anfang des Verzeichnisses)
ZA	Zusatzabkommen
zB	zum Beispiel
ZfS	Zeitschrift für Schadensrecht (Jahr u Seite)
zit	zitiert
ZPO	Zivilprozeßordnung
ZPR	Zeitschrift für Rechtspolitik (Jahr u Seite)
ZStW	Zeitschrift für die gesamte Strafrechtswissenschaft (Band u Seite)
zul	zulässig
zust	zustimmend
zutr	zutreffend
ZVS	Zeitschrift für Verkehrssicherheit (Jahr u Seite)
Zw	Zweibrücken, OLG Zweibrücken
zw	zweifelhaft
zZ	zur Zeit

Übersicht über Änderungen der Straßenverkehrs-Ordnung

1. Änderungen der StVO

Nr	Ändernde Rechtsquelle	Datum	BGBl I Seite	betroffener Paragraph	
1	VO zur Änderung der Straßenverkehrs-Ordnung	20. 10. 72	2069	53 III Nr 1 53 III a	geänd eingef
2	MaßnVOStrVerk	27. 11. 75	2967	2 II, IV S 2, 5 IV, 6 S 2, 7, 9 III S 1, 12 I Nr 5, 6, 6 c, d, III Nr 2, 8 a, b, c, 13 II u II Nr 1, 16 II, 17 III S 3 (jetzt 4), 5, 18 I S 1, 19 I Nr 3, 20 I, 22 IV S 1, 30 I S 2, 34, 35 VI S 1, 37 II Nr 2, 4 S 2, 5 S 2, 39 III, 40 VI (Z 114), 41 II Nr 1 (Z 201, 206), 6 (Z 253), 7 (Z 276, 277), 8 (Z 286), III Nr 3 (Z 295), 4 (Z 296), IV S 1, 42 II (Z 306, 307), III (Z 311), VI u VI Nr 1 (Z 340), VII (Z 357), VIII Nr 1 (Z 401, 410), 43 III, 46 I S 2, 47 II Nr 2, III, 49 I Nr 2, 5, 7, 12, 17, 19 b, 29, III Nr 5, IV Nr 1, 1 alt wird 1 a, Nr 6, 7, 53 III, V	
					geänd
				5 IV a, 7 III, V, 12 I Nr 7, I a, IV a, 17 IV S 3, 19 VI S 2, 20 I a, 21 I a, 21 a, 35 V a, 41 II Nr 5 (Z 245), 6 (Z 261, 273), 42 VII (Z 368), VIII Nr 1 (Z 405), 46 I Nr 4 a, b, 5 a, b, S 2, 3, IV, 49 II Nr 1 a, IV Nr 8	eingef
				17 III S 1, 18 I S 3, 47 I S 4, 51, 53 III a	gestr
3	ÄndVO-StVO	2. 12. 75	2983	41 II Nr 7 (Z 274) 3 III Nr 2 c, 45 VIII S 2	geänd eingef
4	BVerfGE	10. 12. 75	76 721	33 I S 3	nichtig
5	ÄndVO-StVO	5. 8. 76	2067	41 Z 270 45 I	eingef geänd
6	ÄndVO-StVO	24. 5. 78	635	21 a II	geänd
7	ÄndVO-StVO	21. 7. 80	1060	2 IV, 5 VI, 9 III, 10, 12 IV, 13 I, II, 16 II, 17 IV, 23 I, 30 I, 34 I, 37 II, III, 39 I,	

Übersicht
Änderungen der StVO

Nr	Ändernde Rechtsquelle	Datum	BGBl I Seite	betroffener Paragraph	
				41 II, 42 IV, 43 I, 46 I, 47 II, 49 I, III	geänd
				2 V, 3 II a, IV, 12 III a, IV b, 13 III, 15 a, 42 IV a, 45 I–I c	eingef
				45 I	gestr
8	VO über Neuerlaß	28. 4. 82	564	ÄndVO v 21. 7. 80	
9	6. ÄndVO-StVO	21. 7. 83	949	12 III Nr 4, 18 V S 2, 20 I, 30 III S 2, IV, 41 II Nr 4, III Nr 8, 53 IV, V	geänd
				18 V S 2 Nr 3	eingef
10	7. ÄndVO-StVO	6. 7. 84	889	21 a I S 1, Nr 3; 49 I, 20 a	geänd
				21 a I 4	eingef
11	4. VO z Änd v Vvorschriften	28. 2. 85	499	21 a II S 2	gestr
12	8. ÄndVO-StVO	27. 6. 86	939	49 I 20 a	geänd
13	9. ÄndVO-StVO	22. 3. 88	405	2 IV S 4; 5 IV S 1, VI S 3; 7 I S 1; III S 1; IV u V (Reihenfolge gewechselt); 9 II; 10 S 1; 12 I 6 e (alt), 7, V wird VI; 13 I S 1; 16 II S 2; 18 V S 2, VIII, IX; 19 I 2, V; 20 I S 2, II S 1; 21 I a; 21 a I S 2 Nr 1, II; 23 II; 24; 26 I S 1, 2, III; 29 III S 1; 30 III 2; 32 I; 35 V a S 1, VI; 36 V; 38 I S 1; 39 I, III, IV (wird II); 40 II S 2, VI S 2 (Z 134); 41 II 5 b, 6 (Z 250, 253, 270), 7 (Z 274, 276–278), 8 (Z 286, 290–292), III 3 (Z 295), 4 (Z 296), 5, 7 S 2, 8; IV S 1; 42 II (Z 307), III (Z 310, 311), IV (Z 314, 315), VI 1 S 2, VII (Z 380, 385, 388), VIII 1 (Z 430), 2 (Z 440), 3 (Z 449, 453); 43 I, III 2, III 3 (Z 620, 625); 45 IV; 46 I 3, 5 a, 11, II S 1; 47 I S 3, II; 49 I 7, 9, 12, 18, 20, 23, 25, III 1, 7, IV 1, 1 a, 4, 6, 8 (wird 7); 52 (alt wird 53); 53 (alt wird 54); 54;	geänd
				2 III a, V S 1 Halbs 2; 4 III; 5 VIII; 7 II a; 12 I 6 e, 8, III b, V; 13 I S 2, 3; 15 a IV; 17 II a, IV a; 18 IX S 2; 30 III 3–5; 35 VI S 2, 3; 37 II 6; 41 II S 5 f, Z 242, 243, III 5 a (Z 297 A), III 9; 42 VI 1 f, VII (Z 381, 386, 393), VIII 4 (Z 455), 5 (Z	

XXVI

Änderungen der StVO **Übersicht**

Nr	Ändernde Rechtsquelle	Datum	BGBl I Seite	betroffener Paragraph	
				467); IV (Z 630); 44 I S 3, III a; 45 I a 4 a, III a; 46 I 4 c, II S 2 III S 4; 51; 52; 54 IV–VI;	eingef
				8 III; 12 IV b; 18 IV; 33 I S 3; 35 V a S 2; 39 II; 41 III 3 S 2, Nr 6 letzter S, IV S 3; 42 VI 3 S 2; 49 IV 7	gestr
14	VO zur Änd d. 9. ÄndVO	23. 9. 88	1760	41 IV S 3; 47 II 8 u 9; 49 I 12	geänd
				12 III b S 2	eingef
				47 II 7	gestr
15	10. ÄndVO-StVO	9. 11. 89	1976	13 II; 41 II S 6; 41 II 8 (Z 290, 292); 42 VIII 3; 45 I b 3, S 2, I c wird I d; 45 IV	geänd
				41 II 7 (Z 274.1, 274.2), III 9 S 2; 42 VIII (Z 406); 45 I c; 54 VII, VIII	eingef
16	12. VO z Änd v VVorschriften	15. 10. 91	1992	3 I S 3; 5 III a	eingef
17	11. ÄndVO-StVO	19. 3. 92	678	12 III 7, 8, IV S 2; 21 I a S 1, 2 Nr 4; 21 a I 4; 30 III S 2 Nr 3 wird 2, IV; 34 III; 36 V; 37 II 1 S 8; 38 II, III; 39 I, III; 40 VI; 41 II 6 (Z 270), 8 (Z 292); 42 IV (Z 314, 315), VII (Z 354, 356), VIII (Z 432), Nr 3 (Z 453); 45 VII S 1; 49 I 11, 12, 18, 20 20 a, 25, III 1, 3	
				9 IV S 2; 11 II (bish II wird III); 12 III 9, IV S 5; 18 I S 3; 22 II S 3; 35 I a; 37 II 1 S 9; 39 I a; 40 VI (Z 116); 41 II 5 (Z 240, 241), 6 (Z 254, 255, 259–261), 7 (Z 272); 42 IV (Z 316, 317), VI 3, VIII 1 (Z 435, 436), 4 (Z 459); 53 IX–XII	geänd
				18 IX (bish X u XI werden IX u X); 21 I a S 2; 30 III S 2 Nr 1 (2–5 werden 1–4); 41 II 6 (Z 261); 53 (54 wird 53)	eingef
					gestr
18	12. ÄndVO-StVO	22. 12. 92	2482, ber 1993, 223	21 I a; 41 III 3 b S 3; 49 I 20 a	geänd
				2 I S 2	eingef
				21 a I S 2 Nr 4	gestr
19	17. VO z Änd v VVorschriften	14. 12. 93	2043	12 IV S 3; 37 Überschrift; 37 II 1 S 8 u 9 werden S 11 u	

XXVII

Übersicht

Änderungen der StVO

Nr	Ändernde Rechtsquelle	Datum	BGBl I Seite	betroffener Paragraph	
				12; 41 II 4; 42 VIII 3 S 2; 49 III 2; 53 III	geänd
				12 I 9; 37 II 1 S 8–10; 45 V S 3; 53 XIII	eingef
				12 III 5	gestr
20	EisenbahnneuordnungsG	27. 12. 93	2378	46 I S 2	geänd
21	19. VO z Änd v VVorschriften	25. 10. 94	3127	18 I S 2; 22 II S 1	geänd
22	13. ÄndVO StVO	18. 7. 95	935	16 II S 1; 20 I, II; 30 IV	geänd
				20 III u IV (bish II u III wurden V u VI)	eingef
23	22. VO z Änd v VVorschriften	14. 2. 96	216	49 I 19 b	geänd
24	24. VO z Änd v VVorschriften	7. 8. 97	2028	2 IV S 2, 4; bish S 4 wird S 5; V; 3 III 2 a, b, c; 4 III; 7 III; 9 II S 5; 17 V; 18 V 1; 39 bish Abs I–III werden II–IV; 41 II 5 (Erl z Z 245 S 2), 6, 7; III 3 b, aa; 42 VI 1 d, f; VII Z 368, 388	
				10 S 3; 16 II S 2; 30 III 1 a; 39 I; 41 II 1 b (Z 205 Erl S 3), 2 (Z 220 Erl S 2–4), 5 S 8 (Z 244 u 244 a); 42 VI 1 g; 43 I 2; 45 IX; 53 XIV	geänd
				40 I S 2; 41 III 3 b, aa; 42 VII Z 368	eingef
25	Begleitgesetz zum Telekommunikationsgesetz	17. 12. 97	3108	35 VII	gestr neugef
26	29. VO zur Ändg straßenverkehrsrechtlicher Vorschriften	25. 6. 98	1654	41 II Nr 6, 49 I Nr 20 a	geänd
				21 Ia S 2	neugef
				21 a I S 2 Nr 4–6	eingef
27	33. VO zur Ändg straßenverkehrsrechtl Vorschrift	11. 12. 00	1690	7 IV; 9 a; 22 II, III, IV; 23 I, I a; 35 I a, VII; 39 I a; 41 II Nr 2, 6, 7 (Z 274.1 u 274.2, Erl), III Nr 3, IV; 41 VIII Nr 3 (Z 448.1); 45 I a Nr 4 b, I b, I c, IX S 2; 49 I Nr 9 a; 53 XV	geänd eingef
28	Zuständigkeits-Anpassungs-VO	29. 10. 01	2785	46 II S 3	geänd
29	35. VO zur Ändg straßenverkehrsrechtl Vorschrift	14. 12. 01	3783	23 I b; 37 III S 1; 41 II Nr 3 a (Z 223.1, 223.2 u 223.3) u Nr 8, III Nr 3; 42 IV (Erl zu Z 314 u 315); 45 I b S 1 Nr 2 u 2 a, S 2; 53 XVI	eingef geänd
30	Post-/telekommunikationsrechtl Bereinigungsgesetz	7. 5. 02	1529	46 I 2	geänd

2. Änderungen in Paragraphenfolge

StVO § ...	Beeinflussende Rechtsquelle[1]	StVO § ...	Beeinflussende Rechtsquelle[1]
2	2, 7, 13, 18, 24	29	13
3	3, 7, 16, 24	30	2, 7, 9, 13, 17, 22, 24
4	13, 24	32	13
5	2, 7, 13, 16	33	4, 13
6	2	34	2, 7, 17
7	2, 13, 24, 27	35	2, 13, 17, 25, 27
8	13	36	13, 17
9	2, 7, 13, 17	37	2, 7, 17, 19, 29
9a	27	38	13, 17
10	7, 13, 24	39	2, 7, 13, 17, 24, 27
11	17	40	2, 13, 17, 24
12	2, 7, 9, 13, 14, 17, 19	41	2, 3, 5, 7, 9, 13, 14, 15, 17, 18, 19 24, 26, 27, 29
13	2, 7, 13, 15	42	2, 7, 13, 15, 17, 19, 24, 29
15a	7, 13	43	2, 7, 13, 24
16	2, 7, 13, 22, 24	44	13
17	2, 7, 13, 24	45	3, 5, 7, 13, 15, 17, 19, 24, 27, 29
18	2, 9, 13, 17, 21, 24	46	2, 7, 13, 20, 28, 30
19	2, 13	47	2, 7, 13, 14
20	2, 9, 13, 22	49	2, 7, 10, 12, 13, 14, 17, 18, 19, 23, 26, 27
21	2, 13, 17, 18, 26		
21a	2, 6, 10, 11, 13, 17, 18, 26	50	13
22	2, 17, 21, 27	51	2, 13
23	7, 13, 27, 29	52	13
24	13	53	1, 2, 9, 13, 17, 19, 24, 27, 29
26	13	54	13, 15, 17

[1] s Tabelle 1

1. Teil

Einführung in die straf- und bußgeldrechtlichen, öffentlich-rechtlichen und zivilrechtlichen Grundlagen des Straßenverkehrs

Inhaltsübersicht

	Rn
A. Quellen des Straßenverkehrsrechts	
1. Straßenverkehrsgesetz	1
2. Fahrerlaubnis-Verordnung	2
3. Straßenverkehrs-Zulassungs-Ordnung	3
4. Straßenverkehrs-Ordnung	4
5. VO üb internat Kfz-Verkehr	5
6. Nebengesetze	6
7. Strafgesetzbuch/Strafprozeß-Ordnung	7
8. Ordnungswidrigkeitengesetz/BußgeldKatV	8
B. Straf- und ordnungswidrigkeitenrechtliche Grundlagen	
I. Strafrecht	9
II. Ordnungswidrigkeitenrecht	10
III. Zeitliche Geltung	11
1. Tatzeit	11
2. Rückwirkungsverbot u -gebot	12
3. Zeitgesetze	14
4. Nebenfolgen u Maßregeln	16
IV. Räumlicher Geltungsbereich	17
1. Inlandstaten	17
a) Allgemeines	17
b) Strafrecht	18
2. Taten im Ausland	19
a) Strafrecht	19
b) Ordnungswidrigkeiten	23
V. Sachlich-räumlicher Geltungsbereich	26
VI. Persönlicher Anwendungsbereich	27
1. Ausländer	28
2. Exterritoriale	29
3. Immunität	30
4. a) Kinder	32
b) Jugendliche/Heranwachsende	33
VII. Verfolgung von Ordnungswidrigkeiten	35
1. Grundlagen	35
2. Feststellung der Ordnungswidrigkeit	37
3. Vorsatz u Fahrlässigkeit	38
4. Versuch	40

Einführung

	Rn
5. Täterschaft u Teilnahme	41
6. Kennzeichenanzeigen	46
a) Allgemeines	46
b) Fahrerfoto	47
c) Gegenüberstellung	48
d) Befragung Dritter	49
e) Einsichtnahme bei Meldebehörde	50
f) Folgen der Nichtermittlung	51
– Einstellung oder Freispruch	51
– Kosten-Halterhaftung, § 25 a StVG	52
– Fahrtenbuch-Auflage	53
7. Halterverantwortlichkeit	54
8. Zusammentreffen von Gesetzesverletzungen	56
9. Verfolgungsverjährung	58
VIII. Ahndung von Ordnungswidrigkeiten	59
1. Opportunitätsprinzip	59
2. Verwarnung	60
3. Geldbuße	61
4. Fahrverbot	63
5. Eintragungen im BZR u VZR sowie Punkteregelung	64
6. Bußgeldbescheid	68
a) Anforderungen	68
b) Nichtigkeit	69
c) Unwirksamkeit	70
d) Keine Unwirksamkeit	71
e) Feststellung d Tatzeit	72 a
f) Form d Bußgeldbescheides	73
7. Einspruch	74
8. Anwesenheit d Betr in d Hauptverhdlg	75
a) Anwesenheitspflicht	75
b) Antrag auf Entbindung v Anwesenheitspflicht	76
c) Stellung des Verteidigers	77
d) Zeitpunkt f Entbindungsantrag	78
e) Verfahren bei Abwesenheit d Betroffenen	79
aa) bei erlaubter Abwesenheit	80
bb) bei unerlaubt o unentschuldigt Abwesenheit	81
9. Urteil	82
a) Urteilsgründe	82
b) Beweis der Tatsachen	83
c) Wahlweise Verurteilung	84
C. Öffentlich-rechtl Grundlagen in verkehrsrechtl Sicht	85
I. Rechtsetzung (Legislative)	
1. Nationale Rechtsgrundlagen, deutsch Recht	85
2. Gesetzgebungsbefugnis, Bundes- u Landesrecht	86
3. Straßenverkehrsrecht u Straßenrecht	90
4. Andere benachbarte Rechtsgebiete	95
5. Einigungsvertrag	96

Einführung

	Rn
6. Internationale Rechtsgrundlagen	97
7. EU-Recht	98

II. Durchführung des Straßenverkehrsrechts (Exekutive)
1. Grundsätzl Zuständigk der Länder 99
2. Bundeszuständigkeiten 100
3. Grundlagen zur Durchführung 101
   StVG, FeV, StVZO, StVO, IntKfzVO, ergänzend:
   a) Richtlinien, Merkblätter, Verlautbarungen 102
   b) EN-, ISO, DIN-Normen 103
   c) Verfahrensvorschriften 104
   d) Datenschutz 105
4. Verwaltungshandeln der Länder 106
   a) Regelungen unmittelb kraft Gesetzes 107
   b) Behördl Handeln ohne unmitt Rwirkungen 108
   c) Regelungen durch Verwaltungsakt (VA) 109
   d) Ermessen der Behörde, Anspruch auf VA 110
   e) Geltung im Inland 111
   f) Verbindlichkeit, sof Vollziehbarkeit 112
   g) Rangfolge d StVO-Maßnahmen 113
   h) Prävent u repressive Maßnahmen 114
   i) Örtl u sachl Zuständigkeit 115
5. Verwaltungshandeln von Bundesbehörden 116
   a) Kraftfahrt-Bundesamt 116
   b) Bundesanstalt f Straßenwesen 117

III. Rechtsweggarantie u Rechtsprechung
1. Normenkontrolle 118
   a) abstrakte Normenkontrolle 118
   b) konkrete Normenkontrolle 118
2. Verfassungsbeschwerde 119
3. Anfechtung von VA (Anfechtungsklage) 120
4. Verpflichtungsklage 121
5. Feststellungsklage 122
6. Schadensersatzansprüche (Leistungsklage) 123

D. Zivilrecht Grundlagen in verkehrsrechtl Sicht

I. Anspruchsgrundlagen
1. Halterhaftung gemäß § 7 StVG 124
2. Fahrerhaftung gemäß § 18 StVG 125
3. Deliktshaftung nach § 823 Abs. 1, 2 BGB 126
4. Haftung für Verrichtungsgehilfen 140
5. Haftung Beteiligter gem. § 830 I 1 BGB 143
6. Haftung nach dem Haftpflichtgesetz 145
   a) Haftungsvoraussetzungen 145
   b) Haftungsausschlüsse 148

II. Haftungsumfang 150

III. Beweisführung 151

	Rn
IV. Der Sachverständigenbeweis	156
1. Die Auswahl des Sachverständigen	156
2. Die Erstattung des Gutachtens	157
3. Reaktionsmöglichkeiten auf ein Sachverständigengutachten	159
4. Würdigung des Gutachtens	162
V. Zeugenbeweis	167

A. Quellen des Straßenverkehrsrechts

1   **1. Das Straßenverkehrsgesetz (StVG**, s 3. Teil) geht zurück auf das KFG v 3. 5. 09 (zur Entstehungsgeschichte Janiszewski 13). Es ist verfassungskonform (BVfG NJW 69, 1619) u soll der Sicherung des StraßenV dienen, um Gefahren von anderen VT u Dritten abzuwehren (BVfGE 49, 371). Es enthält insb grundlegende Vorschriften über die Zulassung von Personen u Fzen zum Verkehr, das Punktsystem u solche über die zivilrechtliche Haftung für Schäden, Straf- u Bußgeldvorschriften sowie Vorschriften über das VZR, die Fahrerlaubnisregister u schließlich die Regelung über die Fahrzeugregister einschließlich des Zentralen Verkehrs-Informationssystems (gen „ZEVIS"). Es überträgt in § 6 dem BMVBW die Ermächtigung, mit Zustimmung des BR (Ausn: § 6 III) Rechts-VOen u allg Verwaltungsvorschriften auf zahlreichen Einzelgebieten des VR zu erlassen; die bedeutsamsten sind die FeV, die StVZO und die StVO.

2   **2. Die Fahrerlaubnis-Verordnung (FeV)** enthält Einzelvorschriften über die Zulassung von Personen zum Verkehr, insbesondere das Fahrerlaubnisrecht, die Fahrerlaubnisklassen, die Erteilung und Entziehung der Fahrerlaubnis sowie ergänzende Vorschriften zum VZR und den Fahrerlaubnisregistern, im einzelnen siehe Erläuterungen zum 3. Teil. Die im Rahmen dieses Werkes interessierenden Vorschriften sind in Anh I a abgedruckt.

3   **3. Die Straßenverkehrs-Zulassungs-Ordnung (StVZO)** befaßt sich mit der Zulassung von Fahrzeugen mit eingehenden Vorschriften über den Betrieb, die Beschaffenheit und Ausrüstung von Fahrzeugen und Fz-Teilen; im einzelnen siehe Erläuterungen zum 3. Teil. Die im Rahmen dieses Werkes interessierenden Vorschriften sind in Anh I b abgedruckt.

4   **4. Die Straßenverkehrs-Ordnung (StVO**; s 2. Teil) regelt abschließend (BGHSt 26, 348) die Verhaltensvorschriften für den StraßenV, s im einzelnen Vorbem zur StVO. Die allgemeine Verwaltungsvorschrift zur Straßenverkehrs-Ordnung enthält die Ausführungsvorschriften zur StVO, die im Anschl an die jew Paragraphen abgedruckt sind.

5   **5. Die Verordnung über internationalen Kraftfahrzeugverkehr (IntKfz-VO)** enthält Regelungen über Zulassung von im Ausland zugelass Kfz u von Inhabern ausl FE zum internationalen Verkehr (grenzüberschreitender Besucherverkehr) in Deutschland (s Anl II).

6   **6.** Zahlreiche **Nebengesetze** u **Verordnungen;** hierzu wird auf die Beck'sche Loseblattausgabe „Straßenverkehrsrecht" verwiesen.

II. Ordnungswidrigkeitenrecht   **7–10 Einführung**

7. Das Strafgesetzbuch (StGB; s 4. Teil) u die **Strafprozeß-Ordnung (StPO;** s 5. Teil).   7

8. Das Ordnungswidrigkeitengesetz (OWiG), das die Verfolgung u Ahndung von VOWen regelt (s dazu unten Rn 35 ff u § 24 StVG). Die **Bußgeldkatalog-Verordnung** mit Verwarnungsverfahren (§ 2), Anwendung der Bußgeldregelsätze (§ 3) und des Regelfahrverbots (§ 4) sowie **Bußgeldkatalog** ist in Anhang III abgedruckt.   8

B. Straf- und ordnungswidrigkeitenrechtliche Grundlagen

I. Strafrecht   9

Das Straßenverkehrsgesetz enthält strafrechtliche Vorschriften in
- § 21 (Führen eines Kfz ohne erforderliche Fahrerlaubnis oder trotz Fahrverbot)
- § 22 (Kennzeichenmißbrauch)
- § 22 a (mißbräuchliches Herstellen, Vertreiben oder Ausgeben von Kennzeichen).

Die weiteren speziellen straßenverkehrsstrafrechtlichen Bestimmungen sind im Strafgesetzbuch zu finden:
- § 44 (gerichtliches Fahrverbot)
- § 69 (gerichtlicher Entzug der Fahrerlaubnis)
- § 69 a (Sperre für die Erteilung einer Fahrerlaubnis)
- § 69 b (Wirkung der Entziehung bei einer ausländischen Fahrerlaubnis)
- § 142 (unerlaubtes Entfernen vom Unfallort)
- § 315 b (gefährliche Eingriffe in den Straßenverkehr)
- § 315 c (Gefährdung des Straßenverkehrs)
- § 315 d (Schienenbahnen im Straßenverkehr)
- § 316 (Trunkenheit und berauschende Mittel im Verkehr)
- § 323 a (Vollrausch)

II. Ordnungswidrigkeitenrecht   10

Die große Masse der Verstöße im Straßenverkehr sind Ordnungswidrigkeiten. Die Verkehrsordnungswidrigkeiten sind über das gesamte Verkehrsrecht verteilt. In der Praxis beherrschen jedoch – abgesehen von § 24a StVG (Alkohol u Drogen) – die von der Blankettvorschrift des § 24 StVG ausgehenden Bußgeldtatbestände das Feld. Es sind dies:
- § 75 FeV
- § 69 a StVZO
- § 49 StVO
- § 14 IntKfz-VO.

Bei den häufiger auftretenden Straßenverkehrsordnungswidrigkeiten sind für die Geldbußen verbindliche Regelsätze festgelegt, und zwar in der Verordnung über die Erteilung einer Verwarnung, Regelsätze für Geldbußen und die Anordnung eines Fahrverbots wegen Ordnungswidrigkeiten im Straßenverkehr (Bußgeldkatalog-Verordnung – BkatV) vom 13. 11. 2001 (BGBl I S 3033), abgedruckt im Anh III.

Die Verordnung gilt ab 1. Januar 2002. In ihr sind die bisher getrennten Kataloge (Verwarnungsgeldkatalog und Bußgeldkatalog) zusammengefaßt. Die neue BkatV beruht auf der neuen Ermächtigungsgrundlage des § 26a StVG, die durch Gesetz vom 19. März 2001 (BGBl I S 386) geschaffen wurde. Außerdem sind die Regelsätze in Euro festgelegt. Die Verwarnungsgeldgrenze beträgt 35 Euro (§ 1 I 2 BkatV). Die Eintragungsgrenze für das VZR liegt bei 40 Euro (§ 28 III Nr 3 StVG).

III. Zeitliche Geltung

11 ### 1. Tatzeit

Der Beurteilung zurückliegender VVorgänge muß die jew im Tatzeitpunkt geltende ges Regelung zugrunde gelegt werden. ÄnderungsGe enthalten die erforderlichen Übergangsbestimmungen, die – oft für einzelne Vorschriften unterschiedlich – den Zeitpunkt des Inkrafttretens regeln. Fehlt eine solche Bestimmung, so tritt das G oder die VO zwei Wochen nach der Verkündung im BGBl in Kraft (Art 82 II S 2 GG). Der RZustand im Tatzeitpunkt ist allein dafür maßgebend, ob der Täter rechtmäßig oder rechtswidrig gehandelt hat, so daß zB die Nichtbeachtung eines VZ auch dann geahndet werden kann, wenn es später beseitigt worden ist (BGHSt 23, 86). Nach ihm bemessen sich auch die zivilrechtlichen Folgen der Tat.

12 ### 2. Rückwirkungsverbot und -gebot

Für die straf- u bußgeldrechtliche Ahndung gilt grundsätzlich das R des Tatzeitpunktes (§§ 2 I StGB, 4 I OWiG; BGHSt 32, 152; DAR 85, 259). Erst nach der Tat geschaffene oder verschärfte Straf- oder Bußgeld-TBe unterliegen dem **Rückwirkungsverbot** (s Janiszewski 38), das sich aus dem das SanktionenR beherrschenden Schuldgrundsatz (Art 103 II GG) ergibt (BVfGE 20, 331; NStZ 96, 192). Es gilt aber **nicht** bei einer zwischen Tat u Entscheidung erfolgten Änderung der bloßen **Auslegung** eines fortbestehenden G (zB Senkung des Beweisgrenzwertes zu § 316 StGB; s dazu § 316 StGB 22b; BVfG NStZ 90, 537; BGHSt 21, 157; Br VRS 63, 124; Bay NZV 90, 400; Dü NZV 90, 481; Allgaier DAR 90, 50), auch nicht bei **Änderung der Ahndungspraxis** auf der Grundlage des unverändert fortgeltenden ges Straf- oder Bußgeldrahmens (wie zB bei Verschärfung der Regelsätze im BKat; s § 26a StVG Rn 4) u für Maßregeln der Besserung u Sicherung (wie Entz der FE), die nach dem zZ der Entscheidung geltenden G zu beurteilen sind, wenn das G nichts anderes bestimmt (§ 2 VI StGB; BGHSt 5, 168).

13 Ändert sich das G zwischen Tat u Entscheidung, so ist das **mildeste** anzuwenden (§§ 2 III StGB, 4 III OWiG; Dü VM 87, 109; DAR 93, 394; Bay, Kö u Hbg bei Verf NStZ 88, 123). Dieses **Rückwirkungsgebot** gilt auch bei der Änderung, insb Aufhebung einer ein BlankettG (wie § 24

StVG) ausfüllenden VVorschrift (§ 75 FeV, §§ 49 StVO u 69a StVZO), denn es kommt für die Frage des mildesten G auf den gesamten RZustand an, von dem die Sanktion abhängt, nicht allein auf die Blankettvorschrift (BGHSt 20, 25, 177, 181; s § 24 StVG 3). Ein VVerstoß kann daher nicht mehr geahndet werden, wenn das entspr Verbot vor der Entscheidung aufgehoben u zB in den §§ 49 StVO, 69a StVZO nicht mehr erwähnt ist (s auch BVfG NJW 90, 1103).

3. Zeitgesetze 14

Eine Ausn vom Rückwirkungsgebot auf das mildeste G gilt für die sog **Zeitgesetze** (§§ 2 IV StGB, 4 IV OWiG), dh solche, die entweder ausdrücklich durch Angabe eines Zeitpunktes oder eines bestimmten Ereignisses (ZeitG im eigentlichen Sinne) oder ihrem Inhalt nach eine nur vorübergehende Regelung für wechselnde Zeitverhältnisse treffen wollen (BGHSt 6, 30, 36/7; 18, 14; Nau NZV 93, 410; Stu NZV 89, 121). Sie sind auf Taten, die während ihrer Geltung begangen sind, auch dann anzuwenden, wenn sie inzw außer Kraft getreten sind; dazu gehören zB zeitlich befristete PolVOen (Bay 62, 24), vorübergehende Fahr- u Geschwindigkeitsbeschränkungen während der Ölkrise 73/4 (VO v 19. 11. 73; BGBl I 1676), die Ende 1989 ausgelaufene ZonengeschwindigkeitsVO (v 19. 2. 85, BGBl I 385) u nach Ein-Vertr vorübergehend fortgeltende Vorschriften der StVO/DDR (Nau aaO).

Bei **OWen** ist allerdings bes zu prüfen, ob noch ein öff Interesse an der 15 Verfolgung besteht (Göhler 10 zu § 4). Nicht zu den ZeitG gehört zB eine einzelne VRegelung, soweit sie nicht ausnahmsweise als vorübergehend erkennbar (BGH aaO) u etwa nur aus veränderten sachlichen Gründen geändert worden ist (s auch Kö VRS 73, 223; Stu aaO u Dü VRS 74, 45: EWGVO 3820/85 betr Lenkzeit u 3821/85 betr Kontrollgerät sind keine ZeitG). Entscheidend für die Frage der Einordnung als ZeitG ist es, ob die Änderung auf eine geläuterte RAuffassung oder auf eine Änderung der zeitbedingten (wirtschaftlichen) Verhältnisse zurückzuführen ist (BGHSt 20, 177; krit Rüping NStZ 84, 450).

4. Nebenfolgen u Maßregeln 16

Für Nebenfolgen (zB Fahrverbot nach § 25 StVG) oder Einziehung in Strafsachen gelten die allg Vorschriften über die zeitliche Geltung entspr (§§ 2 V StGB, 4 V OWiG). – Bei Maßregeln ist – soweit ges nichts anderes bestimmt ist – der Zeitpunkt der Aburteilung maßgeblich (§ 2 VI StGB).

IV. Räumlicher Geltungsbereich

1. Inlandstaten 17

a) Das StraßenverkehrsR gilt für alle VVorgänge, die sich im Gebiet der BRep ereignen; im Saargebiet wurde es durch VO v 7. 7. 60 (BGBl I 485) eingeführt; in den neuen Bundesländern gilt es seit dem Beitritt nach Maßgabe des Ein-Vertr (BGBl 1990 II 889 ff m Anl I u II, BGBl 1990 II 907 u 1222 ff).

18 b) Das dt **Strafrecht** gilt nach § 3 StGB grundsätzlich nur für Taten, die im **Inland** begangen worden sind (Gebiets- oder **Territorialitätsprinzip**). Dazu gehört nach Maßgabe des Ein-Vertr auch das Gebiet der ehem DDR (Tröndle 29 ff vor § 3).

2. Taten im Ausland

19 a) Das **dt Strafrecht** gilt nach Maßgabe des § 7 StGB auch für Taten, die im Ausland gegen einen oder von einem Deutschen oder einem nicht auslieferbaren Ausländer begangen wurden, dort mit Strafe bedroht sind (OW genügt nicht: BGHSt 27, 5) oder der Tatort keiner Strafgewalt unterliegt u das entspr dt StrafG nicht ausschließlich dt RGüter oder Belange, sondern auch Individualinteressen schützt (BGHSt 21, 277; 29, 85; Karlsruhe VRS 69, 280), die dort begangene Tat also auch in den Schutzbereich des dt StrafTB fällt (**Personalitätsprinzip;** Janiszewski 44; BGHSt 8, 349). VStraftaten Deutscher im Ausland unterliegen daher dem dt StrafR, soweit § 7 (oder § 6 Nr 9) StGB eingreift u (auch) dem Individualschutz dienende TBe verletzt sind (Tröndle 7 vor § 3).

20 Danach sind nach dt Recht strafbar im Ausland begangene Vergehen nach den §§ 222 u 229 StGB sowie nach § 21 StVG (BGHSt 8, 349, letzteres aber nicht bei Begehung in Österreich u Spanien, da dort nur Verwaltungsübertretung bzw OW: Bay VRS 61, 115), nach § 142 StGB (Bay 63, 195; nicht aber bei Begehung in Spanien u Portugal, da dort nur Verwaltungsübertretung nach § 99 II a u III b östStVO; s BGH Beschl v 7. 3. 85, 2 ARs 71/85) u nach § 316 StGB, soweit dies auch im Ausland Straftat ist (wie zB in der Schweiz nach Art 91 I u 100 schweiz G über StraßenV: Kar VRS 69, 280; nicht aber bei Begehung in Österreich, da dort nur Verwaltungsübertretung).

21 Begeht ein dt Kraftfahrer im Ausland eine fahrlässige Körperverletzung, so sind der objektive TB u die Fahrlässigkeit nach dt R, die zugrundeliegenden Verstöße gegen die VRegeln jedoch nach dem R des Tatorts zu beurteilen (BGH(Z) VRS 91, 241; Bay DAR 72, 243).

22 Ausl Strafe ist nach § 51 III StGB anzurechnen; s auch § 153 c I 3 StPO: Absehen von Verfolgung. Zur Eintragung ausl Entscheidungen im BZR s § 54 BZRG u Verf NStZ 88, 123 zu VII.

23 b) **Ordnungswidrigkeiten** können nach § 5 OWiG nur geahndet werden, wenn sie (bei Dauertaten wenigstens zu einem Teil: Bay VRS 58, 465; Ha VRS 60, 234) in der BRep begangen sind (Dü VRS 88, 71), soweit nicht in einem G etwas anderes bestimmt ist. Abweichende Bestimmungen können auch im europäischen GemeinschaftsR u in zwischenstaatlichen Abkommen getroffen werden, wenn sie durch das RatifizierungsG zu innerstaatlichen Gesetzen werden.

V. Sachlich-räumlicher Geltungsbereich

24 So ist zB der enge räumliche Geltungsbereich des § 5 OWiG im Verhältnis der BRep zur **Schweiz** u **Israel** ausgedehnt worden (vgl Art 6 des RatifizierungsG zu dem mit der **Schweiz** geschlossenen ZA zum Rechtshilfevertrag v 20. 8. 75 (BGBl II 1169) u Art 6 des G v 29. 9. 80 zum Vertrag v 20. 7. 77 mit **Israel** (BGBl II 1334; III 319-79). Auch für im ehemaligen **Jugoslawien** begangene Verstöße Deutscher war eine entspr Anwendung von § 24 StVG bestimmt (vgl RatifizierungsG v 23. 8. 74, BGBl II 1165 Art 6). – Zur Zulässigkeit der Verfolgung einer in der **belgischen** Grenzabfertigungszone begangenen OW nach den §§ 36 V, 49 III 1 StVO s Kö VRS 67, 50; zur Unzulässigkeit der Verfolgung sonstiger VOWen s Kö VRS 67, 48 u Ol NZV 92, 165. – In Art 20 Nr 2 u Art 18 I des dt-**österreichischen** Rechtshilfevertrages ist eine abweichende Regelung iS von § 5 OWiG nicht zu erblicken (Fra VRS 37, 377). Auch der dt-österreichische Vertrag über die Rechts- u Amtshilfe in Verwaltungs-, dh auch Bußgeld-Verfahren, v 31. 5. 88 (BGBl II 1990, 357) dehnt den Anwendungsbereich des § 5 OWiG nicht aus.

25 Für **Taten im Ausland**, die sich in der BRep auswirken, gilt § 7 OWiG (s dazu Göhler 4 zu § 7); danach können mehrere Begehungsorte bestehen, wie zB dann, wenn der Halter im Inland die Benutzung eines unvorschriftsmäßigen Kfz oder unter Nichtbeachtung der Lenk- u Ruhezeiten im Ausland anordnet (BGHSt 34, 101). – Eine im Ausland wegen derselben Tat verhängte u vollstreckte Geldbuße ist nach dem aus rechtsstaatlichen Gründen entspr anwendbaren Grundsatz des § 51 III StGB hier voll anzurechnen (Kar NStZ 87, 371).

V. Sachlich-räumlicher Geltungsbereich **26**

Straf- u Bußgeld-TBe, die Verstöße im StraßenV betreffen, finden grundsätzlich (Ausn: §§ 222 u 229 StGB; s auch § 142 StGB 4) nur Anwendung, wenn die Verstöße im **öff** StraßenV begangen worden sind (s dazu § 1 StVO 13 ff; Dü VM 88, 69) oder sich auf den angrenzenden Bereich auswirken (s §§ 142 StGB 4; 315c StGB 1, 5). Fahren ohne FE (§ 21 StVG) oder im alkoholbedingt fahrunsicheren Zustand (§ 316 StGB); s zB Kar VRS 60, 439: Kasernengelände) zB ist daher **strafrechtlich** nicht verfolgbar, wenn es im privaten Bereich erfolgt (s Janiszewski 50 ff). Auf **privatem Gelände,** das nicht dem öff Verkehr dient, kann daher selbst dann grundsätzlich mit straf- oder bußgeldrechtlichen Folgen nicht gegen Vorschriften der StVO verstoßen werden, wenn der Berechtigte dort nach der StVO gebräuchliche VZeichen aufgestellt hat (Ausn im LandesR; s zB § 12 LOWiG BW bei Göhler Anh B 1 a; §§ 5, 8 Hamburger G über Vieh- u Fleischzentrum v 19. 9. 86, GVBl S 288 u in zivilrechtlicher Hinsicht); hier gilt aber die zivilrechtliche VSicherungspflicht, in deren Rahmen uU die Grundsätze der StVO als allg gültige Sorgfaltsregeln anzuwenden u Verstöße dagegen uU zivilrechtlich bedeutsam sind (Sa VM 77, 113; KG VM 86, 103; Kö StVE § 8 StVO 99; VRS 86, 9 zu Z 205 auf Firmengelände), zumindest der Rechtsgedanke des § 1 StVO (Nü VersR 80, 686);

anders uU bei verkehrsbezogenem Verhalten (s § 1 StVO 6, 20; § 142 StGB 4).

27   VI. Persönlicher Anwendungsbereich

Auf der Grundlage des herrschenden **Gebietsgrundsatzes** gilt das dt StraßenverkehrsstrafR (einschl des Rechts der OWen) ohne Rücksicht auf die Staatsangehörigkeit des Täters für alle im Gebiet der BRep begangenen VVerstöße (§ 3 StGB). Daher:

28   **1. Ausländer** werden bei in der BRep begangenen Taten wie Inländer behandelt. – Die in den alten Ländern der BRep stationierten Truppen der NATO einschl des zivilen Gefolges u der Angehörigen unterstehen mit gewissen Vorbehalten dem dt VVorschriften (Art VII des NATO-Truppenstatus v 19. 6. 51 (BGBl II 1190 u Nr 7.3 RiBA bei § 316 StGB 40); Art 57 Abs 34 des ZA v 3. 8. 59, BGBl 61 II 1218, geändert durch Abkommen v 18. 3. 93, BGBl 94 II 2594, 2598, in Kraft am 29. 3. 98, BGBl 98 II 1691). – Diese RGrundlagen gelten gem Anl I Kap I Abschn I Nrn 5 u 6 zum Ein-Vertr nicht in den neuen Bundesländern, vgl hierzu Art 17, 18 Aufenthaltsvertrag BRep-UdSSR v 12. 10. 90 (BGBl II 256). Für Berlin s VO v 28. 9. 90 (BGBl II 1250) sowie Übereinkommen v 25. 9. 90 (BGBl II 1274).

29   **2. Exterritoriale** (§§ 18–20 GVG), dh die bei der BRep tätigen diplomatischen Vertreter, ihre Familienmitglieder u ihre Bediensteten, soweit sie nicht Deutsche sind, sind von der dt Gerichtsbarkeit ausgenommen (auch keine Verwarnung bei VOWen; s § 26a StVG Rn 12). Ausländische **Konsuln** unterstehen der dt Gerichtsbarkeit, soweit sie von ihr nicht durch bes Verträge befreit sind. Personen, die nach dem WÜK konsularische Vorrechte u Befreiungen genießen, sind hinsichtlich eines mit Strafe oder mit Geldbuße bedrohten Verstoßes gegen VVorschriften nur dann nicht der inländischen Gerichtsbarkeit unterworfen, wenn der Gebrauch eines Kfz in engem sachlichen Zusammenhang mit der wirksamen Wahrnehmung konsularischer Aufgaben steht (Art 43 WÜK; Bay 73, 191 = VRS 46, 289; LG Stu NZV 95, 411; Dü DAR 96, 413: nicht bei Privatfahrt, selbst wenn sie dienstlich veranlaßt war); läßt sich das nicht ausschließen, ist das Verfahren einzustellen (Schl VRS 62, 277). Wegen der Behandlung des betr Personenkreises insgesamt sowie wegen der Art u des Umfangs der jew Befreiungen u Vorrechte wird auf die Zusammenstellung im RdSchr des BMI v 17. 8. 93 (GMBl 589ff; Nrn 193–199 RiStBV u Nr 7.2 RiBA bei § 316 StGB 40) hingewiesen (s auch Janiszewski 58).

30   **3.** Das Prozeßhindernis der **Immunität** steht der Einleitung u Durchführung eines **Strafverfahrens** gegen Mitglieder des Deutschen BT entgegen, wenn u soweit der BT die Strafverfolgung nicht allg oder im Einzelfall genehmigt hat (Art 46 II u IV GG; s auch Nrn 191ff RiStBV); das gilt auch für Europaabgeordnete (§ 5 I EuAbgG). Bei VDelikten wird die Genehmigung regelmäßig durch Vorentscheidung des Immunitätsausschus-

VI. Persönlicher Anwendungsbereich 31–34 **Einführung**

ses BT erteilt (Nrn 11–13 der Anl 6 zur GeschäftsO BT v 2. 7. 80, BGBl I 1237, 1262, 1264). Bei Europaabgeordneten, die zugleich BT-Abgeordnete sind, müssen beide Häuser der Aufhebung zustimmen (§ 5 II EuAbgG; Nr 192b RiStBV).

Etwas anderes gilt bei **Verkehrsordnungswidrigkeiten,** weil diese **31** keine mit Strafe bedrohten Handlungen iS von Art 42 II GG darstellen; daher ist ein BG-Verfahren auch ohne Aufhebung der Immunität zulässig (Nr 298 RiStBV; Dü VRS 76, 423: das gilt auch für Europaabgeordnete), mithin auch die Erteilung einer Vw mit VwGeld oder die AO eines FV nach § 25 StVG (Göhler 43 vor § 59). Auch die sofortige Entnahme einer **Blutprobe** kann ohne Zustimmung des Parlaments sowohl im Straf- als auch im BG-Verfahren erfolgen (Nr 191 III h RiStBV; Nr 7.1 RiBA bei § 316 StGB 40); die dabei notwendige Verbringung zum Arzt ist keine freiheitsentziehende Maßnahme iS von Art 46 II GG oder Nr 192a II c RiStBV (Kl/Meyer-G 35 zu § 81a StPO; zur vorläufigen Entz der FE s § 111a StPO 2).

4. a) Kinder (die zur Tatzeit noch nicht 14 Jahre alt sind) unterliegen **32** keinerlei Verfolgung; sie sind schuldunfähig (§ 19 StGB) u können nicht vorwerfbar handeln (§ 12 I S 1 OWiG). Selbst eine Vw mit VwGeld nach § 56 OWiG ist gegen sie unzulässig (s auch Molketin KVR „Kinder").

b) **Jugendliche** (die 14, aber noch nicht 18 Jahre alt sind) dürfen ver- **33** folgt werden, wenn sie ihrer Entwicklung nach für die Tat verantwortlich gemacht werden können (§§ 3 JGG, 12 I S 2 OWiG). Im **Strafverfahren** gelten für sie die Strafdrohungen des allg StrafR grundsätzlich nicht; sie gelten auch nicht für **Heranwachsende** (die 18, aber noch nicht 21 Jahre alt sind), soweit auf sie nach § 105 I JGG materielles **JugendstrafR** anzuwenden ist, was unter Würdigung der Gesamtpersönlichkeit des Heranwachsenden nach seiner sittlichen u geistigen Entwicklung sowie der Frage, ob es sich um eine typische Jugendverfehlung handelt, eingehend zu prüfen u zu begründen ist (Zw BA 78, 140; Bay VRS 62, 55). Werden die Voraussetzungen des § 105 I JGG bejaht, kommt auch Heranwachsenden gegenüber – wie bei Jugendlichen – das spezielle Tatfolgensystem des JGG zur Anwendung.

„**Jugendverfehlungen**" sind vornehmlich Taten, die ihrem äußeren **34** Erscheinungsbild nach unverkennbar die typischen Merkmale jugendlicher Unreife aufweisen (Dü VRS 30, 175), insb nach Art, Umständen oder Beweggründen jugendtypisch sind (Dü aaO; Bay VRS 62, 55). Unüberlegtheit, Leichtsinn oder die Lockung plötzlicher Versuchung, im StraßenV aber auch puberale, motorische Enthemmung, Selbstbetätigungs- u Erlebnisdrang in Form von erhöhtem Bewegungsdrang, erhöhter Risikobereitschaft, Überschätzung eigener Leistungsfähigkeit, Mangel an Verantwortungsbewußtsein u Geltungsstreben sind beispielhaft (s dazu auch Molketin DAR 81, 137). Daß auch Erwachsene bestimmte Taten begehen, schließt deren Beurteilung als Jugendverfehlung nicht aus; so kann auch eine Trunkenheitsfahrt – wie auch sonstige VVergehen – eine Jugendverfehlung sein (Zw BA 78, 140; NZV 89, 442; BGH NStZ 87, 366; Bay VRS 62, 55 u v

Jagow

Einführung 35–38   B. Straf- u owirechtliche Grundlagen

25. 11. 87, 2 St 448/87; Eisenberg 35 zu § 105 JGG). – Liegen die (auch im JugendstrafR anwendbaren) Voraussetzungen des § 60 StGB vor (Absehen von Strafe), kommen auch Erziehungsmaßregeln u Zuchtmittel (als Strafen im weiteren Sinn) nicht in Betracht (Bay VRS 81, 438).

VII. Verfolgung von Ordnungswidrigkeiten

35 **1. Grundlagen**

Seit der Entkriminalisierung des VerkehrsstrafR im Jahre 1969 (s dazu Janiszewski 22) richten sich die Verfolgung u Ahndung von VOWen nach den allg Regeln des OWiG (s dazu Janiszewski 224ff), soweit nicht anderweitig (zB in den §§ 25ff StVG) Besonderheiten vorgesehen sind.

Ordnungswidrigkeit ist nach § 1 I OWiG eine rechtswidrige u vorwerfbare Handlung, die den TB eines G verwirklicht, das die Ahndung mit einer Geldbuße zuläßt.

36 Die Unrechtsfolge einer OW ist keine mit einem sozialethischen Unwerturteil verbundene Kriminalstrafe. Die wegen einer OW erfolgende Sanktion ist vielmehr iw darauf gerichtet, eine bestimmte Ordnung durchzusetzen, ein nachdrücklicherer Pflichtappell an den Betr, künftig Ge- u Verbote zu beachten. Zur deutlichen Unterscheidung vom StrafR gebraucht das OWiG daher den Ausdruck **„Vorwerfbarkeit"** anstelle des im StrafR gebräuchlichen Begriffs „Schuld", ebenso den Ausdruck „Unerlaubtes" statt „Unrecht", weil mit den im StrafR üblichen Ausdrücken das Element sozialethischer Mißbilligung verbunden werden könnte.

37 **2. Feststellung der Ordnungswidrigkeit**

Die **Tat** iS des § 264 StPO bilden die tatbestandsmäßige Handlung u die damit zusammenhängenden natürlichen Ereignisse u Gegebenheiten, die sie von anderen Geschehnissen unterscheiden. Sie muß auch im BG-Verfahren festgestellt u nach § 66 I 3 OWiG im BG-Bescheid näher „bezeichnet" werden. Die Tat muß so eindeutig konkretisiert sein, daß keine Unklarheit darüber möglich ist, welche Handlung dem Betr zur Last gelegt wird.

38 **3. Vorsatz und Fahrlässigkeit**

Auch eine OW kann grundsätzlich nur bei **vorsätzlichem** Handeln geahndet werden, außer wenn das G **fahrlässiges** Handeln ausdrücklich mit Geldbuße bedroht (§ 10 OWiG), was allerdings idR der Fall ist. Der Feststellung, ob eine Zuwiderhandlung vorsätzlich oder fahrlässig begangen wurde, bedarf es zwar bei VerkOWen im Bußgeldbescheid idR nicht (Göhler 14 zu § 66), wohl aber im Urt (Ko VRS 70, 224; Dü VRS 84, 302; DAR 96, 66; Göhler 14 zu § 17 u 41 zu § 71); ihr kommt insb deshalb Bedeutung zu, weil nach § 17 II OWiG fahrlässiges Handeln nur mit der Hälfte des angedrohten Höchstbetrages der Geldbuße geahndet werden kann. Bei VerkOWen ist im allg von Fahrlässigkeit auszugehen, so auch,

VII. Verfolgung von Ordnungswidrigkeiten 39–44 **Einführung**

wenn der BG-Bescheid keine Angaben zur Schuldform enthält (Ha VRS 61, 292; 63, 56; Dü VRS 86, 461). Deshalb ist der Betr in der HV auf die Veränderung des rechtlichen Gesichtspunktes hinzuweisen, wenn das Gericht im Einspruchsverfahren wegen vorsätzlicher Tat verurteilen will (§§ 265 I StPO iVm 46 I OWiG; Ha VRS 63, 56; Dü aaO; Göhler 14 zu § 66). Vorsatz liegt idR bei bes eklatanten Verstößen, wie zB bei hoher Geschwindigkeitsüberschreitung (KG VRS 65, 213), hoher Überladung uä OWen nahe, doch bedarf es auch hier stets der Prüfung der Einzelumstände.

§ 11 OWiG unterscheidet zwischen **Tatbestandsirrtum** u **Verbots-** 39
irrtum in gleicher Weise, wie §§ 16 u 17 StGB.

4. Versuch 40

Der Versuch einer OW kann nach § 13 II OWiG nur geahndet werden, wenn das G es ausdrücklich bestimmt. Für die OWen des StVG ist das nicht geschehen.

5. Täterschaft und Teilnahme an der Ordnungswidrigkeit 41

Die Täterschaft beurteilt sich nach denselben Grundsätzen wie im StrafR. Auch eine OW kann nach § 8 OWiG durch **pflichtwidriges Unterlassen** begangen werden (§ 1 StVO 50; § 24 StVG 5).

Anstelle der §§ 25–31 StGB gilt für das OWRecht ein **einheitlicher** 42
Täterbegriff, der zwischen Täter, Mittäterschaft, Beihilfe u Anstiftung nicht unterscheidet (§ 14 OWiG). Dies dient der Vereinfachung des Verfahrens; so bedarf es keiner ausdrücklichen Klarstellung der Art des Tatbeitrages, da ohnehin keine unterschiedlichen RFolgen vorgesehen sind (wie zB für die Beihilfe zu Straftaten nach § 27 II StGB; Dü VRS 64, 205; Göhler 1 f, 7 zu § 14). Trotzdem ist der als Täter Beschuldigte auf die Veränderung des rechtlichen Gesichtspunktes hinzuweisen, wenn seine Verurteilung „nur" noch als „Beteiligter" (s Rn 44) in Betracht kommt (Bay 78, 175; Göhler 21 zu § 14).

Wahlfeststellung zwischen Täterschaft u Beteiligung (zB bzgl eines 43
Parkverstoßes nach § 12 StVO) kommt wegen der Einheitstäter-Regelung in § 14 OWiG grundsätzlich nicht in Betracht (Ha NJW 81, 2269; Bay bei Rüth DAR 83, 255; Göhler NStZ 82, 11; s auch unten 156 u § 23 StVO 33); bei der zulässigen Verurteilung aufgrund **wahlweiser Tatsachenfeststellung** bedarf es der doppelten Feststellung, daß er entweder selbst vorsätzlich falsch gehandelt (geparkt) oder die vorsätzliche Tat des anderen vorsätzlich gefördert hat (Bay aaO; KG VRS 66, 154; Ce NdsRPfl 84, 223); anders im strafrechtlichen Bereich (s dazu Kar VRS 59, 248; Ha VRS 29, 306).

Die Ahndung wegen **Beteiligung** an einer VerkOW setzt voraus, daß 44
alle Beteiligten **vorsätzlich** gehandelt haben (BGHSt 31, 309; Bay v 4. 12. 85, 2 Ob OWi 223/85; Stu DAR 90, 188). So kann der Halter (uU selbst der Entleiher: Hbg v 29. 7. 88, 1 Ss 96/88 OWi) als Beteiligter zur Verantwortung gezogen werden, wenn er ein Kfz einem anderen in der

Einführung 45, 46   B. Straf- u owirechtliche Grundlagen

Erwartung überlassen hat, dieser werde – wie bisher – erneut eine bestimmte OW (zB Parkverstoß) begehen (Bay VRS 53, 363; Dü VRS 64, 205; Ha NJW 81, 2269; Kö VRS 85, 209; Göhler § 14 Rn 9; s auch § 12 StVO 72 u § 24a StVG 5; zur Wahlfeststellung s 139) oder wenn er sein Kfz seiner Ehefrau überläßt, ohne auf sie dahin einzuwirken, die von ihr regelmäßig begangenen Parkverstöße zu unterlassen (Ko NJW 86, 1003 m krit Anm Geppert JK, OWiG § 14/2); ebenso der an der Überladung teilnehmende Dritte (Stu DAR 90, 188). – Fahrlässige Hilfeleistung zu einer vorsätzlichen Tat bewirkt keine Beteiligung; es kommt dann allenfalls fahrlässige **Nebentäterschaft** in Frage, wenn der fahrlässig handelnde Nebentäter auch Normadressat u fahrlässiges Handeln mit GB bedroht ist (Kar NStZ 86, 128). Handeln alle „Beteiligten" fahrlässig, so ist jeder als fahrlässiger Nebentäter im Rahmen seines Handelns verantwortlich (s auch Rn 55).

45   Nach § 14 I S 2 OWiG handelt jeder Beteiligte auch dann ow, wenn **bes persönliche,** dh auf die Person des Täters u nicht auf die Tat bezogene **Merkmale,** welche die Möglichkeit der Ahndung begründen, nur bei einem der Beteiligten vorliegen, wie zB die Eigenschaft als Halter eines Kfz, als Unternehmer oder Arbeitgeber uä. Dies gilt auch bei der vorsätzlichen Beteiligung an sog **eigenhändigen Delikten,** wie zB dem Führen eines Kfz (BGH NZV 95, 364 zu § 315c StGB), wenn die Art der Beteiligung nach strafrechtlichen Grundsätzen als Beihilfe oder Anstiftung (nicht aber als **mittelbare Täterschaft!)** zu beurteilen wäre (s Janiszewski 75). – Andererseits kommen bes persönliche Merkmale, welche die Ahndung ausschließen, nur dem Beteiligten zugute, bei dem sie vorliegen (§ 14 III OWiG), wie zB die Schuldunfähigkeit (§ 12 II OWiG) oder der Rücktritt eines Beteiligten vom Versuch (§ 13 IV OWiG).

6. Kennzeichenanzeigen

46   a) **Allgemeines.** Bei den sog **Kennzeichen-Anzeigen,** die aufgrund des abgelesenen Kennzeichens idR gegen den Halter gerichtet sind, ist die Feststellung des (abwesenden) Täters oft schwierig, zumal aus der Haltereigenschaft u der privaten Nutzung eines Kfz nicht ohne weiteres der Schluß gezogen werden kann, daß der Halter auch der Täter (zB eines Parkverstoßes pp) war (BVfG NZV 94, 197; BGHSt 25, 365; zur Problematik Janiszewski AnwBl 81, 350; Janiszewski 143ff; VGT 81, 127ff; 85, 304ff). Auch aus dem (zulässigen!) Schweigen, Abstreiten oder Abholen des abgeschleppten Kfz allein darf nicht auf seine Täterschaft geschlossen werden (so zB Bay NJW 81, 1385 m Anm Geppert JK StPO § 261/1; Hbg DAR 80, 81, 279; Ko VRS 58, 377; 59, 433; Kö ZfS 81, 159; Fra DAR 83, 302; Stu NZV 89, 203). Es bedarf vielmehr zusätzlicher Beweisanzeichen, wie sie nach einem Hinweis des BGH (aaO) zB aus der Tatzeit, Tatort, Beruf (zB in Gerichtsnähe falsch geparktes Kfz eines Rechtsanwalts: Kö VRS 59, 208), Familienverhältnissen u sonstigen Lebensumständen ergeben können (Ko VRS 64, 311).

Täteridentifizierung. Falls Täter schweigt (wozu er berechtigt ist) kommen als Beweismittel in Betracht:

VII. Verfolgung von Ordnungswidrigkeiten   47–53 **Einführung**

b) **Fahrerfoto (Frontfoto).** Ist **Foto** geeignet (ausreichende Bildquali- 47
tät), genügt, daß Richter aufgrund seines Eindrucks vom in der mündlichen
Verhandlung anwesenden Betroffenen von der Täterschaft überzeugt ist;
tatrichterliche Überzeugung, die nicht mit der Rechtsbeschwerde angegriffen werden kann (BGH DAR 96, 99). In den Urteilsgründen sind weitere Ausführungen, insbes genaue Beschreibungen, nicht mehr nötig, wenn
im Urteil auf das in den Akten befindliche Foto ausdrücklich Bezug genommen wird (§ 267 I, 3 StPO) oder das Foto (als Original oder Kopie)
in die Urteilsgründe aufgenommen ist (BGH aaO; Bay ObLG DAR 96,
289). Tatrichter muß sich selbst die Überzeugung von der Identität verschaffen; nicht ausreichend ist Vermerk eines kommissarisch vernehmenden
Richters (OLG Thü zfs 96, 395) oder des vernehmenden Polizeibeamten
(OLG Ol zfs 97, 37) oder gar des Sachbearbeiters der Bußgeldbehörde
(OLG Ko NZV 99, 438). Zur Identitätsfeststellung s auch § 3 StVO Rn 114.
Bei **Zweifeln** an der Eignung des Fotos (schlechte Bildqualität) reicht
bloße Bezugnahme des Tatrichters auf das Foto in den Urteilsgründen
nicht aus. Vielmehr muß er angeben, aufgrund welcher auf dem Foto erkennbaren Identifizierungsmerkmale er seine Überzeugung von der Täterschaft gewonnen hat (OLG Dr DAR 00, 279).

c) **Gegenüberstellung.** Ist prozessual zulässig. Rechtspr stellt aber hohe 48
Anforderungen an Identifizierung (BGH NStZ 87, 288; OLG Dü zfs 94,
265). Gegenüberstellungsverfahren wird in der Praxis selten durchgeführt
(Gebhardt, Das verkehrsrechtliche Mandat, § 9 Rn 39).

d) **Befragung Dritter** (Angehörige, Arbeitskollegen, Nachbarn). Es 49
handelt sich um einen normalen Zeugenbeweis.

e) **Einsichtnahme der Polizei in Paßunterlagen der Meldebehör-** 50
de. Ist erst zulässig, wenn zuvor mit anderen Mitteln vergeblich versucht
wurde, die Identität zu klären (Bay ObLG NZV 98, 339). Bei Verstoß gegen datenschutzrechtliche Bestimmungen besteht jedoch kein Verwertungsverbot (OLG Fra NJW 97, 2963; Bay ObLG DAR 99, 79).

f) **Folgen bei Nichtermittlung des Täters** 51
– **Einstellung** oder **Freispruch.**
– **Kosten-Halterhaftung** nach § 25 a StVG 52
Gilt nur bei Nichtermittlung von Verstößen im ruhenden Verkehr. Keine Sanktion, sondern lediglich Kostenregelung. Im Einzelnen vgl Erl zu
§ 25 a StVG.
– **Fahrtenbuch-Auflage** gegenüber dem Fz-Halter 53
Nachdem die Bemühungen zur Aufklärung eines Verkehrsverstoßes, der
mit einem ganz bestimmten Kfz begangen wurde, erfolglos geblieben sind,
soll nunmehr dessen Halter verstärkt in die Pflicht genommen werden.

Rechtsgrundlage ist § 31 a StVZO. Regelg ist bei Beachtung des Verhältnismäßigkeitsgrundsatzes verfassungskonform und steht nicht in Widerspruch zu den Grundsätzen über das Zeugnisverweigerungsrecht und
der straflosen Selbstbegünstigung. Über Einzelheiten wie Voraussetzungen
etc vgl Erl zu § 23 StVO Rn 45 ff.

7. Halterverantwortlichkeit

54 Der Halter ist der eigentliche Träger der aus der Zulassung eines Fz zum Betrieb entstehenden Rechtspflichten, denn auf ihn wird das Fz zugelassen (§§ 23, 24 StVZO). Deshalb ist er verantwortlich für den technischen Zustand und die vorschriftsmäßige Zulassung des Fz. Darüberhinaus trägt er die Verantwortung für die Nutzung des Fahrzeugs durch einen Dritten (zB erforderliche Fahrerlaubnis und Fahrtüchtigkeit des Dritten, hin bis zur Einhaltung der Vorschriften über Besetzung und Ladung des Fz sowie Lenk- und Ruhezeiten). Zentrale Vorschrift ist § 31 II StVZO, vgl Rn 31 ff zu § 23 StVO.

Zum Begriff des Halters und zur zivilrechtlichen Halterhaftung vgl Erl zu § 7 StVG.

55 **Nebentäterschaft** kommt in Betracht, wenn zB der Halter für den mit seinem Kfz begangenen Verstoß mitverantwortlich war (Bay s § 12 Rn 72). Eine generelle Pflicht des Halters, der das Kfz einem anderen überlassen hatte, sich bei der Rückgabe des Fz in seinen Obhutsbereich darüber Gewißheit zu verschaffen, ob es vom Fahrer ordnungsgemäß abgestellt worden ist, besteht zwar nicht (Ha VRS 61, 131), doch kann bei **Übernahme der Fahrerverantwortlichkeit** für das falsch abgestellte Kfz (zB durch dessen Übergabe an den vorher mitgefahrenen Halter) sogar eigene Täterschaft durch Unterlassen der Beseitigung des rechtswidrigen Zustands vorliegen (vgl Bay 62, 278; v 27. 8. 86, 1 Ob OWi 101/86; s auch § 12 StVO 72).

56 8. Zusammentreffen von Gesetzesverletzungen

TE, TM u GKonkurrenz regeln die §§ 19, 20 OWiG. Ist eine Tat **zugleich Straftat u OW**, so wird nach § 21 I OWiG nur das StrafG angewendet; allerdings kann trotzdem auf die in dem anderen G angedrohten Nebenfolgen erkannt werden. Wird eine Strafe nicht verhängt, so kann wegen der OW – sofern sie nicht inzw verjährt ist – eine Geldbuße festgesetzt werden (§ 21 II OWiG). Die Geldbuße ist demnach gegenüber der Strafe subsidiär, wenn beide in Betracht kommen. Treffen eine Straftat u OW in TM zusammen, so kann das Gericht bei gemeinschaftlicher Entscheidung in einem Verfahren (s § 45 OWiG) für die erste eine Strafe, für letztere eine Geldbuße nebeneinander verhängen. Bei sachlichem Zusammentreffen mehrerer OWen kann für jede eine gesonderte Geldbuße ausgesprochen werden (§ 20 OWiG).

57 Bilden mehrere unmittelbar (räumlich-zeitlich) zusammenhängende OWen eine **natürliche Handlungseinheit** (s dazu BGHSt 4, 219; 26, 284), liegt nur **eine** Zuwiderhandlung vor (Dü DAR 93, 480: wiederholte Geschwindigkeitsüberschreitung; s dazu auch § 3 Rn 131 sowie AG Sigmaringen DAR 95, 33 mwN; ausführlich dazu Göhler Rn 3 vor § 19); liegt keine einheitliche, zeitlich u räumlich zusammengehörige Handlung vor, stehen mehrere auf einer Fahrt nacheinander begangene OWen idR in TM zueinander (Ha VRS 46, 277; Bay NZV 94, 448; NZV 97, 282; Dü aaO; s auch Ce NZV 95, 197 u § 3 Rn 131 sowie Prüfung von Dauerdelikt oder Fortsetzungstat), da nach Abschluß einer Tat jede neue VSituation eine neue Entschließung fordert, es sei denn, die mehreren VVerstöße gehen auf einen alle umfassenden Grundverstoß zurück (Bay v 8. 9. 97, 2 ObOWi 485/97: fahrl Unkenntnis der für das Fz bestehenden Geschwindigkeitsbegrenzung.) Zwei am selben Tag durchgeführte Fahrten sind, wenn sie nicht etwa eine Handlung bilden (s § 21 StVG Rn 10), zwei selbständige Taten (Bay 70, 50 = VRS 38, 448); das gilt erst recht bei an verschiedenen Tagen erfolgten Geschwindigkeitsüberschreitungen (Kö NZV 89, 401; s auch Bay v 15. 12. 95 zu § 21 StVG bei Verf NStZ 96, 267). – S auch Rn 9 ff zu § 24 StVG.

9. Die Verfolgungsverjährung ist in den §§ 31–33 OWiG geregelt. **58**
Die Verjährungsfristen richten sich nach der Höhe der angedrohten Geldbuße u betragen 3 Jahre bis 6 Monate. Nach der Sondervorschrift des § 26 III StVG verjährt jedoch die Verfolgung der OWen nach § 24 StVG bis zum Erlaß eines BG-Bescheides oder Erhebung der öff Klage in 3 Monaten, danach in 6 Monaten; die nach § 24a StVG erst nach einem Jahr, bei Fahrlässigkeit nach 6 Monaten (§ 31 II 3 OWiG).

Bei KennzAnzeigen erfolgt Unterbrechung der Verjährung durch Übersendg des AnhörBogens nur, wenn sich aus ihm eindeutig ergibt, daß der Fahrer beschuldigt wird (OLG Ha NZV 02, 178); dabei genügt allerdings im AnhörBogen nach der namentlichen Anrede die Formulierung „Ihnen wird zur Last gelegt ..." (OLG Ha NZV 01, 48). **58a**

VIII. Ahndung von Ordnungswidrigkeiten

1. Opportunitätsprinzip **59**

Im Strafverfahren herrscht das Legalitätsprinzip (§ 152 II StPO): Jede strafbare Handlung **muß** grundsätzlich verfolgt werden. Ausnahmen sind nur in geringem Rahmen zugelassen (§§ 153–154a StPO). Dagegen herrscht im Recht der OWen, das weitgehend nach Zweckmäßigkeitsgrundsätzen ausgerichtet ist, der Opportunitätsgrundsatz: Die Verfolgung liegt im pflichtgem Ermessen der VB (§ 47 I OWiG). Solange das Verfahren bei ihr anhängig ist, kann sie es einstellen. Ist das Verfahren bei Gericht anhängig, so kann dieses das Verfahren mit Zustimmung der StA einstellen, wenn es eine Ahndung nicht für geboten hält (§ 47 II OWiG). Das Opportunitätsprinzip soll zu einer sinnvollen Beschränkung der für die VSicherheit weniger oder kaum bedeutsamen Verstöße zugunsten einer nachdrücklicheren Verfolgung unfallträchtiger Zuwiderhandlungen führen (s dazu Göhler 15 ff zu § 47). Die Ahndung soll unterbleiben, wenn der Unrechtsgehalt so gering ist, daß eine Ahndung nicht nötig erscheint, wie zB bei einem kurzfristigen Parkverstoß (Dü ZfS 94, 69). – Zur Behandlung Jugendlicher u Heranwachsender im BG-Verfahren s Janiszewski 221 ff u oben Rn 33 f.

2. Verwarnung (Vw) **60**

Die am 1. Jan 2002 in Kraft getretene Neuregelung (BKatV v 13. 11. 01, BGBl I S 3033) hat die bis dahin geltende VerwarnVwV v 28. 2. 00

Einführung 61–66 B. Straf- u owirechtliche Grundlagen

einschl Verwarnungsgeldkatalog sowie die bis dahin geltende BKatV v 4. 7. 89 einschl Bußgeldkatalog ersetzt. Ein eigenständiges Regelwerk für Verwarnungsverfahren und Verwarnungsgeldkatalog gibt es nicht mehr; die neue BKatV enthält auch die Bestimmungen über die Erteilung einer Verwarnung (§ 2 BKatV). In den Verwarnungsbereich fallen Owen mit einem Verwarnungsgeld bis 35 Euro. Im neuen Bußgeldkatalog sind die Verstöße aus dem Verwarnungsgeldbereich mit 5 bis 35 Euro enthalten. Betroffener hat nunmehr Rechtsanspruch auf Verwarnung, dh Bußgeldbehörde darf nicht mehr ohne weiteres darüber hinweggehen und gleich einen Bußgeldbescheid verhängen. Im Einzelnen vgl Erl zu § 26 a StVG.

61 3. **Geldbuße**

Kommt eine Vw mit VwGeld nicht in Betracht oder aus sonstigen Gründen nicht zustande, ist eine GB von mind 5 Euro u, wenn das G nichts anderes bestimmt, höchstens 1000 Euro für vorsätzliche, bis 500 Euro für fahrlässige OWen im BG-Verfahren festzusetzen (§ 17 OWiG), wenn eine entspr Ahndung geboten erscheint. Die Bemessung der GB im Einzelfall richtet sich grundsätzlich nach § 17 III OWiG (s § 24 StVG 8), soweit nicht der BKat eingreift:

62 In gewöhnlichen Regelfällen haben sich die VBn bei der Festsetzung der GB nach dem für eine möglichst gleichmäßige u einfache Ahndung geschaffenen **Bußgeldkatalog** (Anh sowie Erl zu § 24 StVG u § 26 a StVG; Janiszewski/Buddendiek III) zu richten. – S auch Rn 8 ff zu § 24 StVG.

63 4. Neben einer GB (aber nicht neben einer bloßen Vw) ist unter bestimmten Voraussetzungen das **Fahrverbot** nach § 25 StVG zulässig (s unten zu § 25 StVG u Janiszewski 196 ff). Dagegen ist eine Entz der FE im BG-Verfahren unzulässig (Janiszewski 185 u 196).

5. Eintragungen im BZR und VZR sowie Punkteregelung

64 In das **BZR** werden eingetragen strafgerichtliche Verurteilungen (§ 3 I BZRG), Entscheidungen von Verwaltungsbehörden und Gerichten (§ 3 II BZRG) sowie die gerichtliche Anordnung einer Sperre nach § 69 StGB und der Tag ihres Ablaufs (§ 8 BZRG).

65 Im **VZR** werden namentlich erfaßt Entscheidungen über Straftaten, die im Zusammenhang mit dem Straßenverkehr begangen wurden oder Grund für den Entzug der FE, eine isolierte Sperre oder ein Fahrverbot sind. Von großer praktischer Bedeutung ist außerdem die Eintragung von Bußgeldbescheiden ab 40 Euro oder mit Fahrverbot sowie eine Reihe von Entscheidungen der Verwaltungsbehörden (insb Entzug der FE).

Im Einzelnen vgl Erl zu § 28 StVG über die Erfassung/Registrierung und zu § 29 StVG über die Tilgung der Eintragungen.

66 Die VZR-Eintragungen sind auch Grundlage für das **Punktsystem** und die auf ihm beruhenden Maßnahmen, vgl Erl zu § 4 StVG.

Ein spezielles Punktsystem gibt es für Fahranfänger im Rahmen der Fahrerlaubnis auf Probe, vgl Erl zu § 2a StVG.

VIII. Ahndung von Ordnungswidrigkeiten   67–71 **Einführung**

Im Hinblick auf mögliche verwaltungsrechtliche Folgen nach dem **67** Punktsystem oder dem System der Fahrerlaubnis auf Probe sowie auf etwa bevorstehende Tilgungen von Eintragungen im VZR erscheint es aus der Sicht des Betroffenen ratsam, nicht nur das drohende Bußgeldverfahren zu sehen, sondern in einer „Gesamtschau" auch bevorstehende Eintragungen und Punkte sowie auch etwa verzögerte Tilgungen von bereits bestehenden Eintragungen mit einzubeziehen (vgl Gebhardt, Das verkehrsrechtliche Mandat, § 10 Rn 1 und 2).

6. Bußgeldbescheid **68**

a) **Anforderungen** an den Bußgeldbescheid. Die **Tat** iS des § 264 StPO bilden die tatbestandsmäßige Handlung (s oben Rn 37) u die damit zusammenhängenden natürlichen Ereignisse u Gegebenheiten, die sie von anderen Geschehnissen unterscheiden. Sie muß auch im BG-Verfahren festgestellt u nach § 66 I 3 OWiG im BG-Bescheid näher „bezeichnet" werden. Die Tat muß so eindeutig konkretisiert sein, daß keine Unklarheit darüber möglich ist, welche Handlung dem Betr zur Last gelegt wird. Dabei werden zwar geringere Anforderungen als im Urt oder Strafbefehl gestellt (s Rn 82), aber Zeit u Ort der Tat u die den Vorwurf tragenden Tatsachen müssen zweifelsfrei angegeben sein (Bay VRS 62, 131; BGH VM 71, 14). Die Erfüllung dieser Anforderungen ist in jedem Einzelfall zu prüfen. Die Nichterfüllung kann zu folgenden Konsequenzen führen:

b) **Zur Nichtigkeit** führen nur ganz gravierende Mängel **69**
– sie ist dann gegeben, wenn Tatsachen vorliegen, die nach den zur Nichtigkeit eines Verwaltungsaktes entwickelten Grundsätzen (§ 44 I, 2 VwVerfG) dort ebenfalls zur Nichtigkeit führen (OLG Ol NZV 92, 332);
– ein zweiter, wegen des gleichen Sachverhalts ergangener BG-Bescheid ist nichtig (OLG Sa zfs 92, 141; OLG Zweibrücken DAR 99, 131).

c) **Zur Unwirksamkeit** führen schwerwiegende Mängel wie zB **70**
– eine bloße Wiederholung der ges TB-Merkmale oder die globale Angabe, der Betroffene habe nicht mit der erforderlichen Sorgfalt am Verkehr teilgenommen (Bra NZV 95, 406)
– die Verwechslung des Betroffenen und die nicht zweifelsfreien Ausführungen, was ihm vorgeworfen wird (Dü VM 91, 11)
– nicht behebbare Mängel an der Tatidentität (BGHSt 32, 215).

d) **Nicht zur Unwirksamkeit führen zB:** **71**
– offensichtliche Irrtümer bei der Beschreibung des Tatherganges, wie eine erkennbar falsche Ortsangabe (OLG Hamm VRS 47, 203; OLG Dü DAR 99, 515), eine offensichtlich falsche Zeitangabe (Uhrzeitverwechslung, OLG Fra NStZ 82, 123; OLG Ce DAR 98, 241), falsche Angabe des Tattages (Bay ObLG DAR 89, 372);
– offensichtliche Verwechslung der Fahrtrichtung bei einer Geschwindigkeitsüberschreitung, jedoch nur, soweit die übrigen Angaben zutreffend sind und der tatsächlich gemeinte Tatort unzweifelhaft ist (OLG Kar VRS 78, 296).

Jagow

Voraussetzung für die Verneinung der Unwirksamkeit ist stets, daß der Irrtum bzw Zweifel behoben werden kann durch besondere Umstände oder das Gesamtbild des betreffenden Falles (OLG Dü VRS 79, 36; 87, 51; OLG Kar VRS 78, 296) oder durch Zuhilfenahme des Akteninhalts (Bay OblG NZV 94, 448; NZV 98, 515; OLG Kö NZV 00, 97), allerdings kritisch BGHSt (23, 336).

72 Auch **fehlerhafte Angaben zur Person** schaden nicht, wenn nach den Umständen des Einzelfalles kein Zweifel an Identität des Betroffenen bestehen kann (OLG Ko VRS 72, 191; OLG Kar VRS 62, 289; OLG Dü VRS 65, 455; Bay OblG NZV 98, 513). Fehlende Angabe der Schuldform ist unschädlich, wenn von einer Schuldform im BG-Bescheid keine Rede ist; es ist dann davon auszugehen, daß Fahrlässigkeit vorgeworfen wird (OLG Ce NZV 99, 524).

In der **Praxis** kommt es nur in seltenen **Ausnahmefällen** massiver Mängel zur **Unwirksamkeit** des BG-Bescheides (J. Schneider in Berz/Burmann, Handbuch des Straßenverkehrsrechts, **12 C** Rn 53 ff).

72 a e) Wenn im BG-Bescheid als **Tatzeit** eines Verstoßes gegen Ausrüstungsvorschriften der Zeitpunkt angegeben ist, zu dem der Mangel von der Pol am abgestellten Fz festgestellt wurde, dann kann zwar grundsätzlich die dieser Feststellung vorausgegangene letzte Fahrt als Gegenstand des BG-Bescheides angesehen werden (Bay VRS 62, 131; Stu VRS 71, 294); dies gilt aber nicht, wenn zwischen dieser Fahrt u der pol Feststellung ein längerer zeitlicher Abstand liegt (Bay 74, 58 = VRS 47, 297), ein Zeitraum von einer Woche ist nicht ungewöhnlich lang (Bay 81, 142 = VRS 61, 447; noch weitergehend Bay 81, 165 = VRS 62, 131; vgl auch § 24 StVG 10 sowie Göhler NStZ 82, 12).

73 f) **Form des Bußgeldbescheides.** Im **EDV-Verfahren** hergestellter BG-Bescheid ist ohne Unterschrift wirksam (§ 51 I 2 OWiG), sofern er auf eine Verfügung des Sachbearbeiters zurückzuführen ist. Diese Verfügung muß nicht aktenkundig sein (BGH DAR 97, 204). Der Bescheid ist unter der Voraussetzung, daß der Sachbearbeiter problemlos ermittelt werden kann, selbst dann wirksam, wenn dessen Name weder auf dem BG-Bescheid noch in der Akte genannt ist (OLG Dr NZV 96, 42).

Bei **maschinen- oder handschriftlich** hergestellten BG-Bescheid ist Unterschrift ebenfalls entbehrlich, wenn durch Freibeweis ermittelt werden kann, daß BG-Bescheid auf einen Willensakt eines hierzu Befugten zurückzuführen ist (BGH DAR 97, 204). Aktenmäßige Verfügung ist nicht unbedingt erforderlich (BGH, aaO).

7. Einspruch gegen den Bußgeldbescheid

74 Der Betroffene kann gegen den BG-Bescheid innerhalb von zwei Wochen nach Zustellung schriftlich oder zur Niederschrift bei der Verwaltungsbehörde, die den Bußgeldbescheid erlassen hat, Einspruch einlegen (§ 67 OWiG). Der Einspruch kann auf bestimmte Beschwerdepunkte beschränkt werden (§ 67 II OWiG) und braucht nicht begründet zu werden.

VIII. Ahndung von Ordnungswidrigkeiten   75–80 **Einführung**

8. Anwesenheit des Betroffenen in der Hauptverhandlung

a) Der Betroffene ist grundsätzlich zum **Erscheinen** in der Hauptverhandlung **verpflichtet** (§ 73 I OWiG), vgl Neuregelung v 26. 1. 98 (BGBl I S 156). Bislang war Betroffener zur Anwesenheit nur berechtigt, aber nicht verpflichtet. 75

Eine Entbindung von der Anwesenheitspflicht kann nur auf Antrag des Betroffenen erfolgen (§ 73 II OWiG). Entbindung von amtswegen durch Gericht ist nicht möglich. Bleibt Betroffener ohne Entbindung und ohne Entschuldigung der Hauptverhandlung fern, so „hat" (nicht wie früher „kann") das Gericht den Einspruch zu verwerfen (§ 74 II OWiG). Die Neuregelung stößt weitgehend auf Kritik, vgl insbesondere J. Schneider in Berz/Burmann, Handbuch, **12 D** Rn 42 ff.

b) Dem **Antrag auf Entbindung** von der Anwesenheitspflicht kann nur stattgegeben werden (§ 73 II OWiG), wenn 76
– der Betroffene sich zur Sache schon geäußert hat oder erklärt hat, daß er sich in der Hauptverhandlung nicht zur Sache äußern werde, und
– seine Anwesenheit zur Aufklärung wesentlicher Gesichtspunkte des Sachverhalts nicht erforderlich ist.

Somit ist bei Zweifeln an der Täterschaft des Betroffenen eine Entbindung nur möglich, wenn er zuvor seine Täterschaft eingeräumt hat.

In dem unaufgeforderten Einverständnis des Betroffenen mit einer Entscheidung im Beschlußweg ist idR ein Antrag auf Entbindung von der Pflicht zum persönlichen Erscheinen in der Hauptverhandlung zu sehen, wenn von seiner Seite auch die übrigen Voraussetzungen von § 73 II OWiG vorliegen; lehnt das Gericht den Antrag ab, muß es im Urteil darlegen, warum dem Antrag nicht stattgegeben wurde (Bay ObLG NZV 99, 140).

c) Auch ein **Antrag auf kommissarische Vernehmung** ist nicht zulässig (BGH NStZ 99, 250). Der Betroffene kann sich – bevor er nicht vom persönlichen Erscheinen entbunden ist – auch nicht durch einen Verteidiger allein vertreten lassen (§ 73 III OWiG). 77

Davon abgesehen bleibt allerdings die Möglichkeit unberührt, daß der Betroffene durch seinen vertretungsberechtigten **Verteidiger** insbesondere schriftliche Erklärungen abgeben lassen kann. Im übrigen ist generell jeweils Klarstellung zu empfehlen, ob man eine Stellungnahme als Erklärung des Betroffenen oder als Erklärung des Verteidigers abgibt (J. Schneider in Berz/Burmann, Handbuch, **12 B** Rn 21 ff).

d) **Zeitpunkt für den Entbindungsantrag.** Eine Frist sieht das OWiG nicht vor, sodaß der Antrag vom Verteidiger noch vor Beginn der Hauptverhandlung gestellt werden kann (Göhler, § 73 Nr 4; zweifelnd OLG Kö NZV 98, 474), uU auch in der Hauptverhandlung (so J. Schneider in Berz/Burmann, Handbuch, **12 D** Rn 50). 78

e) **Verfahren bei Abwesenheit des Betroffenen** 79

aa) Bei **erlaubter Abwesenheit** wird die Hauptverhandlung ohne ihn durchgeführt (§ 74 I OWiG). Auch ohne Entbindung kann die Abwesen- 80

heit des Betroffenen entschuldigt sein (wobei nach Ermessen des Gerichts die Verhandlung durchgeführt oder ein neuer Termin bestimmt wird), zB:
- Bei Krankheit; ärztl Attest ist allgemein ausreichend (Bay ObLG DAR 98, 360); amtsärztl Attest kann nicht verlangt werden (OLG Jena NZV 97, 494); uU genügt Erklärung des Verteidigers (OLG Ha DAR 97, 361).
- Panne oder Stau
Sind dem Gericht die Gründe für Nichterscheinen oder Verspätung des Betroffenen bekannt, darf der Einspruch nicht verworfen werden. Dies gilt zB auch bei tel Mitteilung, der Betroffene stecke in einem überraschend aufgetretenen Stau (OLG Bra NZV 97, 325; OLG Ha zfs 98, 115) oder er habe eine Autopanne gehabt (OLG Ha DAR 99, 277). Entscheidend ist allein, ob der Betroffene entschuldigt ist; darauf, ob er die Entschuldigungsgründe hätte früher vortragen können, kommt es nicht an (OLG Kö NZV 99, 261).
- Wichtige seit langem feststehende berufliche Termine
Verwirft Gericht gleichwohl den Einspruch, muß es sich im Urteil mit den angegebenen Entschuldigungsgründen eingehend auseinandersetzen (OLG Ce zfs 98, 115).
Die Entschuldigungsgründe hat das Gericht von Amts wegen nachzuprüfen; der Betr hat keine Mitwirkungspflicht, OLG Br NZV 02, 195.

81 bb) Bei **unerlaubter** oder **unentschuldigter Abwesenheit** des Betroffenen „hat" (nicht: „kann") das Gericht den Einspruch ohne Verhandlung zur Sache durch Urteil zu verwerfen (§ 74 II OWiG).
In der **Ladung** ist der Betroffene über die Konsequenzen seines möglichen Ausbleibens zu belehren (§ 74 III OWiG).

9. Urteil

82 a) An die **UrtGründe** sind in OWi-Sachen zwar keine allzu hohen Anforderungen zu stellen (s Göhler 42 zu § 71), der Sachverhalt muß aber die TB-Merkmale eindeutig u nachprüfbar wiedergeben (Ko VRS 67, 298, 442; 75, 62), so daß auch dem RBeschwerdegericht die rechtliche Überprüfung möglich ist, ob der Tatrichter bei seiner Überzeugungsbildung nicht willkürlich geurteilt, die Beweise erschöpfend gewürdigt u wissenschaftliche Erkenntnisse, die Gesetze der Logik u Erfahrungssätze des täglichen Lebens beachtet hat (BGHSt 29, 18, 20; Kö NZV 91, 122; Bra NZV 95, 406; Ha NStZ-RR 96, 216); bei Verwertung eines **Sachverständigengutachtens** sind die wesentlichen Anknüpfungspunkte anzuführen (Ko aaO) u vom Gericht (nicht vom SV) selbständig zu beurteilen (Bra aaO).
Bei Regeltatbeständen nach der BKatV erfolgt durch den VO-Geber bereits eine Vorbewertung; die BKatV schränkt dadurch nicht die Einzelprüfung, jedoch den Begründungsaufwand ein (§ 25 StVG, Rn 10 b).

83 b) Auch im BG-Verfahren dürfen nur rechtmäßig erlangte, **bewiesene Tatsachen** zu Lasten des Betr verwertet werden, nicht also zB bei informatorischer Befragung ohne Belehrung erlangte Erkenntnisse (BGHSt 38,

I. Rechtsetzung **84–86 Einführung**

214; AG Homburg ZfS 94, 29) u der Verwertung rechtzeitig widersprochen wurde (s Bay v 19. 7. 96, 1 St RR 71/96). Das gilt insb auch für die BG-Zumessung. Unzulässig sind daher die Wendungen, der Betr „gelte" als rücksichtsloser Fahrer oder sei „schon verkehrsrechtlich in Erscheinung getreten" (Bay DAR 52, 155; KG DAR 66, 305). Frühere Verfahren, die zu keiner Verurteilung geführt haben, dürfen nicht berücksichtigt werden.

c) Eine **wahlweise Verurteilung** zwischen einer Straftat u einer OW ist wegen des subsidiären Charakters der letzteren unzulässig, jedoch ist die Ahndung der OW nach dem Grundsatz „in dubio pro reo" zulässig, wenn nur zweifelhaft ist, ob Straftat oder OW, zB Vergehen nach § 315c StGB oder OW nach der StVO, vorliegt. Wahlweise Feststellung zwischen verschiedenen OWen ist in gleicher Weise zulässig, wie zwischen mehreren Straftaten, wenn die mehreren möglichen TBe nach dem allg Rechtsempfinden rechtsethisch u psychologisch gleichwertig (gleichartig) sind; dh es müssen im Wesen gleiche oder ähnliche Rechtsgüter verletzt sein (BGHSt 30, 77; 23, 360f; bei OWen s dazu Göhler 38 vor § 1; zur Wahlfeststellung zwischen Täterschaft u Beteiligung s oben Rn 43). **84**

C. Öffentlich-rechtliche Grundlagen in verkehrsrechtlicher Sicht

I. Rechtsetzung (Legislative)

1. Nationale Rechtsgrundlagen, deutsches Recht **85**

Das deutsche Straßenverkehrsrecht war ursprünglich Polizeirecht und diente der Gefahrenabwehr. Das reichseinheitliche Straßenverkehrsrecht begann mit dem Gesetz über den Verkehr mit Kraftfahrzeugen vom 3. Mai 1909 (RGBl S 437). Inhaltlich enthielt es – ähnlich wie heute das StVG – im wesentlichen Grundsätze und Eckwerte; die Regelung von Einzelheiten wurde nach § 6 des G dem Verordnungsgeber überlassen. Heute sind – beruhend auf § 6 I StVG – die wichtigsten VOen für das Zulassungsrecht die FeV und die StVZO sowie für das Verhaltensrecht die StVO. Für den internationalen Verkehr (dh für den grenzüberschreitenden Besucherverkehr) gilt die IntKfzVO.

2. Gesetzgebungsbefugnis, Bundes- und Landesrecht **86**

Das StraßenverkehrsR soll die Teilnahme am StraßenV, vor allem dessen Sicherheit u Leichtigkeit, gewährleisten; es dient der Abwehr von typischen Gefahren, die vom StraßenV ausgehen u diesem von außen oder durch VT erwachsen (vgl BVerfGE 40, 371, 379f; BGH NZV 91, 277; Ko NStZ-RR 97, 243). Nach Art 74 Nr 22 GG gehören ua der StraßenV, das Kraftfahrwesen sowie Bau u Unterhaltung von Landstraßen für den FernV zur **konkurrierenden GGebungsbefugnis** des Bundes; davon hat dieser durch Erlaß des StVG u entspr der Ermächtigung in § 6 StVG durch

Erlaß insb der StVO, FeV u StVZO Gebrauch gemacht; diese VOen enthalten zusammen mit weiteren Vorschriften (s Rn 6) die ausschließliche, vollständige Regelung des StraßenV (BVfG VRS 68, 1 = NJW 85, 371; Bay VRS 65, 78; Stu NJW 84, 1695; VRS 71, 457). Insoweit besteht infolge der Sperrwirkung des Art 72 I GG für eine zusätzliche oder gar abweichende landes- oder gemeinderechtliche Regelung im öff StraßenV kein Raum (vgl BVwG MDR 78, 1049; JZ 82, 722; BGHSt 37, 366 = NZV 91, 277), ebenso nicht für generelle, landesweite Geschwindigkeitsbeschränkungen auf ABen (s § 18 StVO 16; Cramer DAR 86, 205; Jaxt NJW 86, 2228) u auch nicht für verkehrsbezogen-ordnungsrechtliche Regelungen in Gemeindesatzungen, soweit dadurch die Sicherheit u Leichtigkeit des StraßenV geschützt werden sollen (BGH aaO; Bay 82, 28 = VRS 62, 475; 65, 78; Dü VRS 82, 59: Hundeführung auf Gehwegen; VRS 77, 303: Reinigungsverbot von Kfz zur Vermeidung von VBehinderungen; s auch § 18 StVO 16; § 28 StVO 1; § 32 StVO 1).

87 Auch unerlaubtes Befahren der Fußgängerzone ist daher nicht nach LandesR, sondern nach den §§ 2 I oder 12 IV, 49 I 2 oder 12 StVO, 24 StVG zu verfolgen (Ko VRS 57, 448; NJW 79, 2115; Kar NJW 82, 1167). Landesrechtliche Vorschriften, die es verbieten, auf bestimmten als Anfahrtszone für die Feuerwehr freizuhaltenden Flächen Kfze u andere Gegenstände abzustellen, gelten daher nicht, soweit sie sich auf öff V-Grund beziehen (Bay VRS 65, 78 unter Aufg von Bay 73, 3 = VM 73, 67; s auch Zw VRS 72, 130). LandesstraßenR hat allenfalls Auffangfunktion für im BundesR (StVO) nicht geregelte Fälle (Kar Justiz 83, 343; Bay VRS 70, 53 u unten Rn 159; zur Regelungsbefugnis der StraßenVB s § 45 StVO, Cramer u Jaxt aaO).

88 Da aber das StraßenverkehrsR nur die Benutzung des öff V-Raums zu **Verkehrszwecken** regelt (s Rn 86), bleiben andere, allg ordnungsrechtliche Zwecke verfolgende Regelungen, wie zB Vorschriften des **GewerbeR** oder des Landschaftsschutzes unberührt; deshalb sind landesrechtliche Vorschriften über die Außenwerbung innerhalb geschl Ortschaften zulässig (BVfG VRS 42, 325; vgl § 33 StVO 1; s auch Stu VRS 67, 60), auch solche über das Führen von Hunden in Grünanlagen (Dü VRS 73, 474; 82, 59; Ha NStZ 88, 321; VGH BW NVwZ-RR 90, 12; BGHSt 37, 366), zum Schutze des Kurbetriebs (Ol VRS 81, 137) u über die Zulässigkeit des Reitens u Fahrens im Walde (BVwG VRS 69, 471; Ko NStZ-RR 97, 243).

89 Außerdem ist für landesrechtliche Vorschriften noch Raum, soweit sie sich auf die **Reinlichkeit** auf öff Str beziehen (Bay 62, 62; Dü Beschl v 18. 3. 83, 5 Ss OWi 78/83–97/83 I; s auch § 32 StVO 10).

90 ### 3. Straßenverkehrsrecht und Straßenrecht

StraßenR (bzw WegeR) und StraßenverkehrsR sind selbständige GMaterien mit unterschiedlichen Regelungszwecken; zur **Abgrenzung** (s BVfG VRS 68, 1; BVwG NJW 82, 840; Steiner JuS 84, 1).

I. Rechtsetzung 91–94 **Einführung**

a) Das **StraßenR** schafft die Voraussetzungen für die Bereitstellung u 91
Unterhaltung öff Str. Der Bund hat in Ausübung seiner konkurrierenden
Zuständigkeit neben dem StVG das BundesfernstraßenG (BFStrG) erlassen.
Bundesfernstraßen sind nach § 1 BFStrG öff Str, die ein zusammenhängendes VNetz bilden u einem weiträumigen Verkehr dienen. Die Bundesfernstr gliedern sich in die ABen u die Bundesstr. In geschl Ortslage gehören zum zusammenhängenden VNetz die zur Aufnahme des weiträumigen Verkehrs notwendigen Str einschl der Gehwege (§ 5 IV BFStrG; BVwG VRS 39, 313). Eine Str erhält die Eigenschaft als Bundesstr durch **Widmung** (§ 2 BFStrG); bestehende Str können in eine andere Straßenklasse auf- oder abgestuft oder eingezogen werden. Für die übrigen Str gelten die WegeGe der Länder.

Die Widmung einer Str gibt deren Nutzungsrahmen vor, innerhalb 92
dessen das **StraßenverkehrsR** zur Anwendung kommt („Vorbehalt des
StraßenR", s Steiner Rn 36); es regelt die Benutzung der Str unter pol
(ordnungsrechtlichen) Gesichtspunkten (BVwG VM 70, 88; Bay 66, 7), um
Gefahren abzuwehren u die Sicherheit u Leichtigkeit des Verkehrs zu gewährleisten (BVfG VRS 68, 1). Sein Anwendungsgebiet ist insofern weiter,
als es sich nicht nur auf die nach dem WegeR öff VFlächen, sondern auch
auf die tatsächlich öff Wege (vgl § 1 StVO 13) erstreckt. Verkehrsregelnde
Maßnahmen dürfen den Widmungsumfang einer Str nicht einschränken
(OVG Lü VRS 68, 476). – Zur **VSicherungspflicht** s § 45 StVO 11.

b) Im StraßenR unterscheidet man den **Gemeingebrauch** u die **Son-** 93
dernutzung.

Gemeingebrauch ist die jedermann im Rahmen der Widmung (§ 2
BFStrG) u der verkehrsbehördlichen Vorschriften gestattete Benutzung öff
Str (s zB § 14 I S 1 StrWGNW u § 14 I BayStrWG). So ist zB Parken als
Gemeingebrauch auf öff Str überall erlaubt u nur durch die §§ 1 II, 12
u 13 eingeschränkt (Dü VRS 71, 61; Ha DAR 87, 158; BGHSt 29, 180;
s auch § 12 Rn 7). Zum Gemeingebrauch kann auch die Pflege zwischenmenschlicher Kontakte, wie zB eine musikalische Darbietung in einer ua
der Kommunikation dienenden Fußgängerzone gehören (Ha NJW 80,
1702; Stu NJW 76, 201; Bay NZV 89, 39), ebenso das kostenlose Verteilen von Flugblättern (Stu VRS 90, 217) oder Zeitschriften (BayVGH ZfS
96, 480) oder die Aufstellung eines Plakatständers neben dem Gehweg (Kar
VRS 57, 314; aA bei Plakatträgern: Ha NVwZ 91, 205), **nicht** aber wenn
jemand die Str nicht vorwiegend zum Verkehr, sondern zu anderen, zB zu
Reklamezwecken benutzt (§ 7 BFStrG; BVwG VM 71, 56; VGH BW ZfS
96, 476), wie zum Aufhängen von Plakaten an Laternen (Ha Beschl v
24. 2. 83, 3 Ss OWi 76/83) oder zu Verkaufszwecken (Bay aaO). Maßgeblich ist der überwiegende Benutzungszweck (Bay NJW 80, 1807).

Sondernutzung ist der Gebrauch einer Str über den Gemeingebrauch 94
hinaus (§ 8 BFStrG; s auch Bay 84, 62 mwN); sie ist nur mit Genehmigung zulässig (§ 8 BFStrG; Art 18 BayStrWG, § 18 StrWGNW u die entspr
Vorschriften der Länder). Typische Fälle der Sondernutzung sind das Aufstellen von Verkaufsständen, Warenautomaten, Tischen u Stühlen für ge-

werbliche Zwecke (Stu VRS 90, 217; NVwZ 84, 468) u Rennveranstaltungen (s § 29 StVO); das gilt auch bei Ausübung von Kunst (BVwG VRS 60, 398; NJW 87, 1836; VGH BW NJW 87, 1839; aA Würkner NJW 87, 1799: zulässiger kommunikativer Gemeingebrauch; s auch Bismark NJW 85, 246; Schwab VD 87, 222: Aufstellen von Informationsständen). Sondernutzung ohne Genehmigung kann nach LandesR eine OW darstellen (Bay 68, 77 = VM 69, 6; Bay 76, 912 = VRS 52, 68); so gilt zB als Sondernutzung das Aufstellen eines Tisches zur politischen Werbung (BGHSt 28, 275; Kö VRS 57, 149), eines Lkw allein zur Werbung (Dü DAR 90, 472) oder sonstiger Plakatträger (Ha NVwZ 91, 205), Eisverkauf aus einem Kfz (Stu VRS 67, 60), allg Verkauf aus einem Haus an auf der öff Str befindliche Kunden (VGH BW NZV 96, 128; Bay NZV 89, 39), Abstellen von (auch zugelassenen) Kfzen allein zum Verkauf (Bay 82, 127 = VRS 63, 476; Ha VRS 72, 387; Steiner Rn 36 S 7; aA Ko VRS 65, 472 bei zugelassenen Kfzen; s auch § 12 StVO 8 u § 29 StVO) oder das Aufstellen eines Wohnwagens zum Wohnen (Bra NVwZ 82, 63; s § 12 Rn 13a), **nicht** aber das Parken auf Gehwegen (VG Bln VRS 63, 234) u in Fußgängerzonen (Bay 85, 111 = VRS 70, 53) sowie das Abstellen eines völlig verkehrsunsicheren Kfz im Zusammenhang mit dem StraßenV; diese Verhaltensweisen unterliegen den Vorschriften des VerkehrsR (Bay VRS 66, 227).

95 4. Andere benachbarte Rechtsgebiete

Im Laufe der Zeit wurden für spezielle Zwecke und in speziellen Bereichen weitere besondere Regelungen geschaffen, die direkt oder indirekt mit dem Straßenverkehr zusammenhängen. Hervorzuheben sind
– das Fahrlehrergesetz mit den darauf beruhenden VOn, insbesondere die Fahrschülerausbildungs-Ordnung als Grundlage für den Nachweis einer vorschriftsmäßigen Ausbildung für die Erteilung der Fahrerlaubnis (§ 2 II Nr 4 StG)
– das Kraftfahrsachverständigengesetz mit der entsprechenden VO zur Sicherung der Qualifikation der amtlich anerkannten Sachverständigen und Prüfer für den Kraftfahrzeugverkehr und zu den Aufgaben der Technischen Prüfstellen für den Kfz-Verkehr; für den Sachverständigen der amtl anerk Überwachungsorganisationen befinden sich die Regelungen in § 29, Anlage VIII b StVZO
– die Sozialvorschriften, insbesondere die VO (EWG) Nr 3820/85 und 3821/85, sowie das Fahrpersonalgesetz mit den auf ihm beruhenden VOen; die Vorschriften über Lenk-, Ruhe- und Arbeitszeiten im Straßenverkehr dienen sowohl der Verkehrssicherheit wie auch dem Arbeitsschutz
– das Pflichtversicherungsgesetz mit Ausführungsvorschriften zur Gewährleistung einer ausreichenden Haftpflichtversicherung für Schadensfälle im Straßenverkehr
– verkehrswirtschaftliche Regelwerke wie das Güterkraftverkehrsgesetz und das Personenbeförderungsgesetz mit den jeweils auf ihnen beruhenden VOn und Verwaltungsvorschriften.

I. Rechtsetzung 96, 97 **Einführung**

5. Einigungsvertrag 96

Der Einigungsvertrag enthält für die ab 3. 10. 1990 beigetretenen Länder der ehemaligen DDR zahlreiche Übergangsregelungen auch zum Fahrerlaubnis- und Fahrzeugzulassungsrecht (Anlage I Kapitel XI Sachgebiet B Abschnitt III und Anlage II Kapitel XI Sachgebiet B Abschnitt III des Einigungsvertrages, BGBl 1990 II S 885, 1099, 1223).

6. Internationale Rechtsgrundlagen 97

Internationale Rechtsgrundlagen sind
- das Internationale Abkommen über den Kraftfahrzeugverkehr vom 24. 4. 1926, sog Pariser Abkommen, RGBl 1930 II S 1233 (gilt nur noch im Verhältnis zu wenigen Vertragsstaaten, die noch nicht das Übereinkommen vom 8. 11. 1968 als Nachfolge-Abkommen anwenden)
- Übereinkommen über den Straßenverkehr vom 8. 11. 1968, sog Wiener Weltabkommen (BGBl 1977 II S 811)
- Übereink üb Straßenverkehrszeichen v 8. 11. 1968 (BGBl 1977 II S 893)
- Europ Zusatzübereink z Übereink üb d Straßenverk (BGBl 1977 II S 986)
- Europ Zusatzübereink z Übereink üb Straßenvzeichen (BGBl 1977 II S 1006)
- Protokoll üb Straßenmarkierungen z Europ Zusatzübereink (BGBl 1977 II S 1026).

Von ihrem Zweck her dienen die genannten Übereinkommen der Erleichterung des internationalen bzw grenzüberschreitenden Verkehrs mit Kfz. Zur Erreichung dieses Ziels ist es jedoch nicht nur wünschenswert, sondern notwendig, die Verkehrsregelungen und die Verkehrszeichen aus den internationalen Übereinkommen einheitlich nicht nur für den grenzüberschreitenden Verkehr, sondern auch für den innerdeutschen Verkehr einheitlich umzusetzen. Dies ist geschehen durch Übernahme der entsprechenden Regelungen und Verkehrszeichen insbesondere in die StVO.

Soweit für im Ausland zugelassene Kfz und für Inhaber ausländischer FE im internationalen bzw grenzüberschreitenden Straßenverkehr besondere Rechte eingeräumt werden (zB Anerkennung ausländischer Zulassungsscheine und ausländischer Kennzeichen, ausländischer Fahrerlaubnisse und Führerscheine) oder besondere Regelungen getroffen werden (zB Geltung der inländischen Regelungen über Maße und Gewichte auch für ausl Kfz), ist dies in der Verordnung über Internationalen Kaftfahrzeugverkehr (IntKfzV) geschehen, s Anh II. Ermächtigungsgrundlage zum Erlaß bzw zur Änderung der IntKfzV ist ebenfalls § 6 StVG.

Von praktischer Bedeutung ist auch das Übereinkommen vom 20. 3. 1958 über die Annahme einheitlicher Bedingungen für die Genehmigung der Ausrüstungsgegenstände und Teile von Kfz und über die gegenseitige Anerkennung der Genehmigungen, sog Genfer Fahrzeugteile-Abkommen (BGBl 1965 II S 858, 1968 II S 125, 1997 II S 998). Für Fahrzeugteile mit ECE-Genehmigung bzw ECE-Genehmigungszeichen sind Vertrieb und Zulassung in allen ECE-Vertragsstaaten gewährleistet. Eine an sich vorgesehene Fahrzeugteileprüfung und -genehmigung nach nationalem deutschen oder EU-Recht ist nicht mehr erforderlich, wenn gültige ECE-Genehmigung vorliegt.

98 7. Recht der Europäischen Gemeinschaft (EU-Recht)

Zweck des EU-Rechts ist die Harmonisierung (Vereinheitlichung) des jeweiligen nationalen Rechts der Mitgliedstaaten gemäß den Vorgaben aus dem EU-Recht. Zu unterscheiden sind EWG-VO, die unmittelbar in den Mitgliedstaaten gelten, und EU (EG-, EWG-)Richtlinien, die von den Mitgliedstaaten erst noch jeweils in ihr nationales Recht umgesetzt werden müssen (Adressat einer EU-RiLi ist also zunächst der Mitgliedstaat).

Hervorzuheben sind folgende RiLi:
- Erste EG-FS-RiLi v 4. 12. 1980 (Abl EG Nr L 375, 1) und Zweite EG-FS-RiLi v 29. 7. 1991 (Abl EG Nr L 237, 1).
- EG-Betriebserlaubnis-Richtlinien
  - für Kfz und Kfz-Anhänger 92/53/EWG (Abl EG 1992 Nr L 225, 1)
  - für zwei- und dreirädrige Kfz 92/61/EWG (Abl EG 1992 Nr L 225, 72)
  - für land- oder forstwirtschaftliche Zugmaschinen auf Rädern 74/150/EWG (Abl EG 1974 Nr L 84, 10)

  sowie die zugehörigen Kfz-technischen EG-EinzelRiLi.
- Für Lenk- und Ruhezeiten im Straßenverkehr und ihre Kontrolle sind die VO (EWG) Nr 3820/85 und Nr 3821/85 erlassen, die – als VO – unmittelbar Geltung haben.

II. Durchführung des Straßenverkehrsrechts (Exekutive)

99 1. Grundsätzliche Zuständigkeit der Länder

Die Zuständigkeit für die Durchführung des StVG sowie namentlich der FeV, StVZO und StVO liegt grundsätzlich bei den Behörden der Länder. Dies ergibt sich zunächst aus Art 30 GG, wonach die Ausübung der staatlichen Befugnisse und die Erfüllung der staatlichen Aufgaben Sache der Länder ist, soweit das GG keine andere Regelung trifft oder zuläßt. Solche anderen Regelungen wurden für das KBA und für die BASt zur Durchführung ganz bestimmter Aufgaben getroffen (Rn 100, 116, 117). Folgerichtig ist auch in den VOen die grundsätzliche Zuständigkeit der Länderbehörden ausdrücklich festgelegt (§ 73 I FeV, § 68 I StVZO, § 44 StVO).

100 2. Bundeszuständigkeiten

a) Verwaltungszuständigkeiten des **KBA** sind in § 2 des KBA-Aufgabengesetzes (BGBl 1998 I S 747) abschließend geregelt. Insbesondere ist das KBA zuständig für die Genehmigung und die Prüfung von Fahrzeugen und Fahrzeugteilen und im Zusammenhang damit für bestimmte Akkreditierungs- und Zertifizierungsaufgaben im Zuge der Herstellung von Fahrzeugen und Fahrzeugteilen, für die Führung der drei zentralen Register

II. Durchführung des Straßenverkehrsrechts   101–105   **Einführung**

(VZR, Zentrales Fahrerlaubnisregister, Zentrales Fahrzeugregister) sowie für die Erstellung, Veröffentlichung und Auswertung bestimmter Statistiken.

b) Die **BASt** ist zuständig für Aufsichts- und Akkreditierungsaufgaben im Zusammenhang mit der Durchführung der MPU und der Fahrerlaubnisprüfung, mit der Durchführung von Kursen für auffällige Fahranfänger und Kraftfahrer nach dem Punktsystem sowie mit Kursen für die Wiederherstellung der Kraftfahreignung (§ 6 I 1 Nr 1 d, k, n, t StVG). Ansonsten ist BASt vor allem mit Forschungs- und Untersuchungsaufträgen befaßt.

3. Grundlagen für die Durchführung des Straßenverkehrsrechts   101

Außer **StVG, FeV, StVZO, StVO** und **IntKfzVO** nebst den dazugehörigen **allgemeinen Verwaltungsvorschriften** stützen sich die Behörden bei der Durchführung des Straßenverkehrsrechts noch auf folgende Grundlagen:

a) Zwischen BMVBW und den zuständigen obersten Landesbehörden werden **Richtlinien, Merkblätter** und sonstige **Verlautbarungen** vereinbart bzw erörtert, die BMVBW im VkBl bekannt gibt. Solche Richtlinien, Merkblätter und sonstige Verlautbarungen werden jedoch für die Verwaltungen der Länder erst verbindlich, wenn sie im Erlaßwege von der betreffenden zuständigen obersten Landesbehörde für ihre nachgeordneten Behörden vorgeschrieben werden.   102

b) Zur Auslegung von Vorschriften können auch **EN, ISO- und DIN-Normen** sowie **VDI-Richtlinien** und **VDE-Bestimmungen** herangezogen werden, namentlich zur Auskunft über den Stand der Technik. Sog. **Dienstanweisungen (DA)** zu einer Reihe von StVZO-Bestimmungen gibt es aus der Frühzeit der StVZO. Die sind im VkBl 61, 439 bekanntgegeben. Teilweise sind sie inzwischen durch Änderung der zu Grunde liegenden StVZO-Vorschriften gegenstandslos geworden. Soweit sie noch eine sachliche Bedeutung haben, kann ihnen nach der heutigen Verfassungs- und Rechtsordnung lediglich der Charakter einer Auslegungshilfe zu den entsprechenden StVZO-Bestimmungen zukommen.   103

c) **Verfahrensvorschriften**   104
Soweit nicht FeV, StVZO oder StVO spezielle Verfahrensvorschriften (zB Anhörungs- u Zustimmungserfordernisse) enthalten, gelten subsidiär für die Bundesbehörden, KBA und BASt, das Verwaltungsverfahrensgesetz sowie für die Landesbehörden die Verwaltungsverfahrensgesetze des jeweiligen Landes, die weitgehend dem Verwaltungsverfahrensgesetz (des Bundes) entsprechen. Grundsätzlich wird Behörde auf Antrag tätig (zB Antrag auf Erteilung einer FE, Zulassung eines Kfz, Erteilung einer Erlaubnis für Großraum- u Schwertransport nach § 29 III StVO), jedoch – soweit gesetzlich vorgesehen – auch durch Handeln von Amts wegen (ohne Antrag), zB Entz der FE, Aufstellung von VZ.

d) **Datenschutz**   105
Subsidiär gelten für die Bundesbehörden KBA und BASt das Bundesdatenschutzgesetz sowie für die Landesbehörden die Datenschutzgesetze der Länder, falls nicht StVG oder die genannten VOen spezielle daten-

Einführung 106–109   C. Öffentlich-rechtliche Grundlagen

schutzrechtliche Bestimmungen enthalten (zB Verwertung von Registerauskünften, Führungszeugnissen, Gutachten und Gesundheitszeugnissen nach § 2 IX StVG). Oder Tilgungs- bzw Löschungsbestimmungen in den betreffenden Registervorschriften (für das VZR § 29 StVG, für die Fahrzeugregister § 44 StVG, für die Fahrerlaubnisregister § 61 StVG).

106   **4. Verwaltungshandeln der Länderbehörden**

107   a) Das Straßenverkehrsrecht enthält einmal Regelungen, die **unmittelbar kraft Gesetzes** gelten, ohne daß dies einer behördlichen Anordnung oder Erlaubnis bedarf. ZB: Führen eines fahrerlaubnisfreien Kfz ohne Erfordernis einer Prüfbescheinigung (§ 4 I 2, § 5 FeV), generelles Verbot zum Führen von Kfz vor Vollendung des 15. Lebensjahres (§ 10 III FeV), Führen eines Fahrrades im Straßenverkehr (§ 16 I StVZO), Einhaltung des Rechtsfahrgebots (§ 2 II StVO).

108   b) Häufig ist jedoch für das Verhalten des VT ein Handeln der Behörde Voraussetzung, vielfach durch Verwaltungsakt (VA). Es gibt jedoch auch **behördliches Handeln,** das **keine unmittelbaren Rechtswirkungen** durch VA erzeugt, sondern sich auf Hinweise zur Warnung oder Orientierung beschränkt (zB Aufstellung von Gefahrzeichen, § 40 StVO, oder von Wegweisern, § 42 StVO).

109   c) **Regelungen durch Verwaltungsakt.** Im FE-Recht sind vor allem zu nennen Erteilung der FE (§ 2 StVG, §§ 7–25 FeV) und Entzug der FE (§ 3 StVG, §§ 46, 47 FeV). VA ist außerdem die amtliche Anerkennung bestimmter Institutionen, zB als Sehteststelle (§ 67 II FeV), jedoch sind Betriebe von Augenoptikern Kraft Gesetzes anerkannt (§ 67 IV FeV), Widerruf o Rücknahme der Anerkennung (§ 67 III FeV), Widerruf auch bei gesetzlichen Anerkennungen möglich (§ 67 IV 3 FeV).

Hingegen kein VA (und damit auch keine selbständige Anfechtung im Rechtsmittelverfahren) bei AO zur Beibringung eines ärztlichen Gutachtens oder eines Gutachtens einer Begutachtungsstelle für Fahreignung (MPU) nach § 11 II, III FeV, weil dies nur der Vorbereitung der Entscheidung der VB dient und die Rechtmäßigkeit der AO der Begutachtung zusammen mit der Versagung oder Entziehung der Fahrerlaubnis geprüft werden kann. Lediglich vorbereitenden Charakter im Sinne einer Begutachtung hat auch die Akkreditierung durch die BASt nach § 72 FeV; abschließender VA ist die amtliche Anerkennung als Begutachtungsstelle für Fahreignung (§ 66 FeV) oder die Anerkennung als Kursus zur Wiederherstellung der Kraftfahreignung (§ 70 FeV) durch zuständige Landesbehörde.

Im Bereich der Fahrzeugzulassung sind zB VA die Erteilung der (Einzel-) Erlaubnis nach § 21 StVZO, die Zuteilung und Abstempelung des amtlichen Kennzeichens nach § 23 IV StVZO, die Zuteilung einer Prüfplakette nach § 29 StVZO, sowie die Untersagung oder Einschränkung des Betriebs eines Kfz nach § 17 I StVZO.

VA nach der StVO zB: Zeichen und Weisungen von Polizeibeamten (§ 36); es handelt sich um VA, die kraft Gesetzes sofort vollziehbar sind

II. Durchführung des Straßenverkehrsrechts 110–112 **Einführung**

(§ 80 II Nr 2 VwGO). Aufstellung u Betrieb von Lichtzeichen nach § 37 (VA in Form einer Allgemeinverfügung). Aufstellung von Verkehrszeichen, soweit sie Anordnungen enthalten, nach §§ 39 ff StVO ist VA in Form einer Allgemeinverfügung (BVerfG NJW 65, 2395; BVerwG VRS 58, 314; BGH DAR 69, 304). Auch Markierungen auf der Fahrbahn (§ 41 StVO), die Anordnungen enthalten, sind VA (Bremen VRS 66, 232). Ebenso die Erlaubnis nach § 29 III StVO zur Durchführung von Großraum- und Schwertransporten.

Von großer praktischer Bedeutung ist auch die Erteilung von Ausnahmegenehmigungen, sowohl von unmittelbar kraft Gesetzes geltenden Regelungen wie auch von Anordnungen, die durch VA getroffen wurden, s § 74 FeV, § 70 StVZO, § 46 StVO. Vor jeder Ausnahmegenehmigung sorgfältige Prüfung, ob die Ausnahme unter Verkehrssicherheitsaspekten vertretbar ist, ggf Erteilung unter Bedingungen und Auflagen.

d) **Ermessen der Behörde, Anspruch des Antragstellers auf Erteilung des VA.** Maßgebend sind Inhalt und Zweck der jeweiligen Vorschrift. Auf Erteilung der FE oder Erteilung der Betriebserlaubnis und Zuteilung des amtlichen Kennzeichens besteht Rechtsanspruch, wenn die gesetzlichen Voraussetzungen erfüllt sind.   110

Bei Erteilung von Ausnahmegenehmigungen wird idR Ermessen der VB anzunehmen sein; Antragsteller hat Anspruch auf ermessensfehlerfreie Entscheidung.

e) **Geltung im Inland.** Die Entscheidungen und sonstigen Maßnahmen der VB sind im gesamten Inland wirksam, es sei denn, der Geltungsbereich wird durch gesetzliche Regelung oder durch behördliche Verfügung eingeschränkt (§ 73 II 3 FeV, § 68 II 3 StVZO, § 46 IV StVO) oder durch Inhalt und Zweck der Maßnahme begrenzt. Dies ist im Interesse einer einheitlichen Rechtsanwendung für die Betroffenen erforderlich (zB Erteilung oder Entzug der FE, Zuteilung eines Kennz für Kfz im gesamten Inland). Räumliche Beschränkungen sind jedoch in einer Reihe von Fällen vertretbar oder nötig, zB bei Ausnahmen für Großraum- und Schwertransporte nach § 29 III StVO, oder sie ergibt sich aus der Natur der Maßnahme (zB Z 206 [STOP] nur für die betreffende Straßenkreuzung, Z 274 [Geschwindigkeitsbegrenzung] für bestimmte Strecke oder Baustelle).   111

f) **Verbindlichkeit, sofortige Vollziehbarkeit.** Beim Entzug der FE wird VB in aller Regel die sofortige Vollziehung im Interesse der Verkehrssicherheit anordnen (§ 80 II Nr 4 VwGO). Bei VZ ergibt sich die Vollziehbarkeit bereits aus deren Aufstellung (Kö NJW 68, 1347). Für polizeiliche Weisungen iS von § 36 folgt dies aus § 80 II Nr 2 VwGO; s auch Dü VRS 60, 149.   112

Die spätere Anfechtung oder spätere Aufhebung eines VA läßt die Verfolgbarkeit der vorher begangenen OW unberührt (BGHSt 23, 86; 32, 152; KG VRS 79, 450).

113 g) **Gesetzliche Rangfolge der Maßnahmen nach der StVO.** Die spezielleren AOen gehen den jew allg vor: die VZ den VRegeln (§ 39 III), die LichtZ den VZ u VRegeln (§ 37 I), die Z der POLBeamten den LichtZ, die Einzelanweisung der POLBeamten den LichtZ sowie allen Anordnungen und sonstigen Regeln (§ 36 I 2).

114 h) **Präventive und repressive Maßnahmen.** Die Anhalte- und Kontrollrechte der Polizei nach § 36 V StVO dienen präventiven Zwecken (Gefahrenabwehr). Darunter fällt auch die Weisung des POLBeamten an einen Lkw-Fahrer, wegen Überschreitung der zulässigen Tageslenkzeit (Ha VRS 46, 397) oder Fahrunsicherheit (BGHSt 32, 248) nicht mehr weiter zu fahren oder an verkehrsbehindernder Stelle nicht zu parken (Ha VRS 65, 230).

Weisungen, die anderen Zwecken, insb der Verfolgung nach beendetem oder nicht mehr den Verkehr beeinträchtigenden VVerstoß dienen, sind hier **nicht erfaßt** (BGH aaO; Kö VM 81, 43). Dient das Anhaltegebot ausschließlich der Ahndung einer zuvor begangenen VOW, handelt es sich weder um eine Weisung iS von § 36 I noch um ein Anhalten „zur Verkehrskontrolle" nach § 36 V StVO (BGH aaO, ebenso Jag/Hentschel, Rn 24 zu § 36 StVO). Maßnahmen zu diesem Zweck wären auch nicht durch die Ermächtigung in § 6 I StVG gedeckt (dort ist keine Ermächtigung für Zwecke der Verfolgung von Straftaten oder OW enthalten).

115 i) **Örtliche und sachliche Zuständigkeit der entscheidenden Behörde.** Wegen **örtlicher** Zuständigkeit wird auf Wohnsitz oder Geschäftssitz des Antragstellers oder Betroffenen abgestellt (§ 73 II FeV, § 68 II 1 StVZO). Für StVO gilt differenzierende Regelung (§ 47 StVO); teils ist maßgeblich Wohn- oder Geschäftssitz; teils Bezirk, in welchem VZ oder VEinrichtung aufgestellt bzw AO erlassen wurde; teils Bezirk, in welchem von Ausnahmegenehmigung Gebrauch gemacht wird.

Wegen der **sachlichen** Zuständigkeit werden nur Vorgaben allgemeiner Art gemacht und zwischen unteren und höheren Verwaltungsbehörden sowie obersten Landesbehörden unterschieden (§ 73 I FeV, § 68 I StVZO, § 44 I StVO). Die Ausgestaltung im Einzelnen wird jedoch dem Organisationsrecht der Länder überlassen, zB welchem Ressort die obersten Landesbehörden zugeordnet werden (Verkehrs- oder Innenministerium), zB Errichtung eines Landesverwaltungsamtes, dem Aufgaben der obersten Landesbehörde und der höheren Verwaltungsbehörden zugewiesen werden.

Polizei ist einmal zuständig zur Verkehrsregelung durch Zeichen und Weisungen (§ 36) und zur Bedienung von Lichtzeichenanlagen (§ 44 II 1). Bei **Gefahr im Verzug** hat sie erweiterte Zuständigkeit, die erforderlichen Maßnahmen zur Aufrechterhaltung der Sicherheit oder Ordnung des Straßenverkehrs nach pflichtgemäßem Ermessen vorläufig zu treffen (§ 44 II 2 StVO). Polizei handelt hier – vorläufig – anstelle der ansich zuständigen Behörden.

Vom **Bauunternehmer** aufgestellte VZ sind unverbindlich, wenn die Aufstellung nicht von der VB angeordnet oder genehmigt war (Ha VRS 52, 150; Bay VGH DAR 92, 272).

III. Rechtsweggarantie u Rechtsprechung 116–120 **Einführung**

5. Verwaltungshandeln von Bundesbehörden

a) **KBA.** Die Erteilung oder Versagung der **Typgenehmigung** bzw Allgemeinen Betriebserlaubnis für Fz o Fz-teile ist VA und kann durch Ausschöpfung der entspr RMittel verwaltungsgerichtl überprüft werden. Jedoch kein VA ist die Durchführung oder Ablehnung einer Typprüfung, da Prüfung lediglich Vorbereitungsh für die beantragte Erteilung der Typgenehmigung ist. 116

Führung der **zentralen Register:**
Die Eintragung im VZR ist kein Verwaltungsakt (BVwG VD 87, 183); die Eintragungen im Register dienen lediglich den zuständigen Behörden (zB Fahrerlaubnisbehörden) zur Vorbereitung ihrer Entscheidungen.

Bei Vorliegen der Voraussetzungen nach § 39 StVG (Einzelauskünfte insb für Schadensregulierungen aus Verkehrsunfällen) besteht Anspruch auf Auskunft aus dem Fahrzeugregister gegen das KBA.

b) **BASt.** Aufsichts- und Akkreditierungsaufgaben (§ 6 I 1 d, k, n, t StVG) sind keine selbständigen VA, sondern nur vorbereitende Maßnahmen für die beantragte Anerkennung, die allerdings von der zuständigen Länderbehörde vorgenommen wird. 117

III. Rechtsweggarantie u Rechtsprechung

1. Normenkontrolle 118

a) Prüfung der Vereinbarkeit des Straßenverkehrsrechts mit dem GG, Art 93 I Nr 2 GG **(abstrakte Normenkontrolle),** Antragsberechtigung ist einzelnen Verfassungsorganen des Bundes oder der Länder vorbehalten.

b) Prüfung der verfassungsrechtlichen Vereinbarkeit der im konkreten Fall anzuwendenden straßenverkehrsrechtlichen Vorschriften durch den Richter im Rahmen eines Rechtsstreits, Art 100 I GG (sog **konkrete Normenkontrolle**): Will Richter die Rechtsgültigkeit bejahen, ist er in jedem Fall zur einschlußweisen (incidenten) Bejahung befugt. Will er die Rechtsgültigkeit der in Rede stehenden Vorschrift verneinen, muß er unter gleichzeitiger Aussetzung des konkreten Rechtsstreits Entscheidung des Bundesverfassungsgerichts einholen.

2. Verfassungsbeschwerde kann von jedermann mit der Behauptung erhoben werden, durch die öffentliche Gewalt in einem seiner Grundrechte oder in einem grundrechtsähnlichen Recht verletzt zu sein (§ 90 I BVerfGG). Voraussetzung ua ist, daß vorher der vorgeschriebene Rechtsweg ausgeschöpft wurde. 119

3. Anfechtung von Verwaltungsakten (Anfechtungsklage, § 42 I VwGO) 120

Die durch VZ getroffenen Anordnungen nach §§ 41, 42 sind nach hM keine RVorschriften, sondern VAe in Gestalt von Allgemeinverfügungen oder doch wie solche zu behandeln (BVfG NJW 65, 2395, BVwG VRS 33, 149; s auch Rn 8 zu § 39). Der VA ergeht, sobald ein VT in den Wirkungsbereich des VZ gelangt und von ihm Kenntnis nehmen kann (BGH St 20, 125, 130; BVwG VRS 33, 149; s auch Rn 8 zu § 39 StVO). Als VAe unterliegen sie der Anfechtungsklage (§ 42 I VwGO). Anfechtungsberechtigt ist jeder, dessen Bewegungsfreiheit das VZ beschränkt, auch wenn er es zunächst befolgt hat (BVwG NJW 67, 1627; NZV 93, 284). Spätere Aufhebung des VZ bzw der zugrundeliegenden AO durch Widerspruchsbehörde oder das Verwaltungsgericht läßt Ahndung der bereits vorher begangenen Zuwiderhandlung unberührt (BGH St 23, 86; s auch Rn 9 zu § 39 StVO). Als sofort vollziehbarer VA gilt das VZ bis zu seiner Entfernung und ist daher auch bei Anfechtbarkeit zu befolgen (BVwG NJW 67, 1627).

Nur bei **Nichtigkeit** braucht VA bzw VZ nicht beachtet zu werden (Dü NZV 99, 217). Nichtig ist ein VZ nur bei offensichtlicher Willkür, Sinnwidrigkeit oder objektiver Unklarheit, die sich auch im Wege der Auslegung nicht beheben läßt; dabei muß der Mangel so schwerwiegend und bei verständiger Würdigung so offenkundig sein, daß die Fehlerhaftigkeit der Aufstellung des Zeichens sich ohne weiteres aufdrängt (Dü NZV 99, 217). Diese Ansicht, daß Nichtigkeit bzw Ungültigkeit für jedermann augenscheinlich sei („den Stempel der Nichtigkeit auf der Stirn trägt"), erscheint zu weitgehend; s Rn 12 zu § 39 StVO.

121   4. Verpflichtungsklage (§ 42 I VwGO)

Möglich ist auch Anspruch gegen VB, einen bestimmten VA zu erlassen bzw ein VZ aufzustellen oder eine sonstige AO zu treffen; so hat Anlieger, der seine Garagenausfahrt nicht benutzen kann, da auf der gegenüberliegenden Seite der Str Fahrzeuge parken, gegen VB Anspruch auf ermessensfehlerfreier Entscheidung darüber, ob u ggf welche Maßnahmen zur Beseitigung dieser Behinderung zu treffen sind (BVwG VM 71, 90), jedoch nicht, wenn Anlieger durch Umgestaltung des Einfahrtbereichs die Situation verbessern kann (Bay VGH VM 94, 102), s auch Rn 5 zu § 45 StVO).

122   5. Feststellungsklage (§ 43 VwGO)

Zulässig ist vorbeugende Feststellungsklage, ob zB für sog Klein-PKW die FE der Kl B erforderlich ist (VG Würzbg NZV 00, 104). Berechtigtes Interesse ist zu bejahen, wenn Polizei die FE-Freiheit beanstandet (aaO).

123   6. Schadensersatzansprüche (Leistungsklage)

a) Wegen Verletzung der **Verkehrssicherungspflicht,** dh die Pflicht, den VT vor den Gefahren zu schützen, die ihm bei zweckentsprechender Benutzung öffentlicher VFlächen aus deren Zustand entstehen (BGH VRS 60, 251; Sa NZV 98, 284). Die Benutzung öffentlicher VFlächen ist möglichst gefahrlos zu gestalten und zu erhalten, Haftung aus § 823 BGB (BGH NZW 91, 385). Falls die VSicherungspflicht öffentlich-rechtlich ausgestaltet ist (Bau- und Erhaltung der Verkehrssicherheit der Straßen als

Amtspflicht in Ausübung hoheitlicher Tätigkeit), tritt § 823 BGB hinter die spezielle Norm des § 839 BGB zurück (BGH NZV 94, 146). In beiden Fällen (§§ 823 oder 839) ist Rechtsweg vor den ordentlichen Gerichten gegeben.

b) Zu unterscheiden davon ist die **Verkehrsregelungspflicht:** Pflicht, den Verkehr durch VZ und VEinrichtungen möglichst gefahrlos zu lenken und zu sichern (zB korrekte Ampelschaltung, kein „feindliches Grün") ist stets öffentlich-rechtlicher Natur (§ 839 BGB, Artikel 34 GG), BGH VersR 90, 739; Ha NZV 95, 275). Auch hier ist der Rechtsweg vor den ordentlichen Gerichten gegeben.

D. Zivilrechtliche Grundlagen in verkehrsrechtlicher Sicht

I. Anspruchsgrundlagen

1. Halterhaftung gemäß § 7 StVG (s. Erläuterungen zu § 7 StVG)   124

2. Fahrerhaftung gemäß § 18 StVG (s. Erläuterungen zu § 18 StVG)   125

3. Deliktshaftung nach § 823 Abs 1, 2 BGB   126

Die Haftung für eigenes Verschulden nach § 823 Abs 1 und Abs 2 BGB in Verbindung mit den Geboten und Verboten der StVO, StVZO und FeV richtet sich vor allem gegen den Fahrzeugführer, kommt aber auch für den Fahrzeughalter bei Verletzung etwaiger Organisationspflichten (zB mangelnde Organisation in der Überwachung des Verrichtungsgehilfen) oder bestehender Verkehrssicherungspflichten (zB ungenügende Aufbewahrung der Kfz-Schlüssel: BGH VersR 68, 575) in Betracht.

Voraussetzung für einen Schadensersatzanspruch aus Delikt ist die Verletzung eines in § 823 Abs 1 BGB geschützten Rechtes oder Rechtsgutes oder die Verletzung eines Schutzgesetzes nach § 823 Abs 2 BGB. Im Rahmen einer Haftung nach § 823 Abs 1 BGB ist neben Personen- und Substanzverletzungen auch an die Beeinträchtigung des bestimmungsgemäßen Gebrauchs einer Sache zu denken (vgl BGH NJW-RR 90, 1172). Hierunter fällt insbesondere das Zuparken einer Garage oder eines Kfz (BGHZ 67, 382). Die Verletzung des Rechtes am eingerichteten und ausgeübten Gewerbebetrieb im Rahmen eines Verkehrsunfalls wird auf Grund der Subsidiarität dieses Rechtsinstitutes nur selten in Betracht kommen.   127

Ein Schutzgesetz im Sinne des § 823 Abs 2 BGB ist jede Rechtsnorm, die nach ihrem Sinn und Zweck nicht nur im Interesse der Allgemeinheit besteht, sondern zumindest auch den Schutz eines einzelnen bezweckt (Palandt-Thomas § 823 Rn 141). Hierzu zählen insbesondere die Gebote und Verbote der StVO und der StVZO, soweit die beidige verletzte Vorschrift Individualschutz gewährt (vgl im einzelnen Grüneberg in B./B. Kap. 4 A Rn 82ff).   128

Einführung 129–131   D. Zivilrechtliche Grundlagen

129 Durch die Verwirklichung des objektiven Tatbestandes wird die Rechtswidrigkeit indiziert. Die Rechtswidrigkeit ist ausgeschlossen, wenn sich der Schädiger verkehrsrichtig verhalten hat. Die **Beweislast für verkehrsrichtiges Verhalten** liegt beim Schädiger (BGHZ 36, 237, 242). Ebenfalls ausgeschlossen ist die Rechtswidrigkeit bei Einwilligung des Verletzten in die Rechtsgutsverletzung (zB gestellter Verkehrsunfall: BGHZ 71, 339 = NJW 78, 2154).

130 Verschulden setzt vorsätzliche oder fahrlässige Schadensverursachung voraus. Bei der Beteiligung **Minderjähriger** ist immer auch an den § 828 BGB zu denken. Entsprechend § 828 Abs 2 BGB entfällt bis zur Vollendung des 10. Lebensjahres jede Verantwortlichkeit, es sei denn, das Kind hat die Verletzung vorsätzlich herbeigeführt. Für Jugendliche über 10 Jahre ist gemäß § 828 Abs 3 BGB auf die Einsichtsfähigkeit abzustellen. Maßstab ist dabei, ob ein durchschnittliches, sorgfältiges und pflichtbewußtes Kind die Möglichkeit des Eintritts des schädigenden Erfolges hätte erkennen können. Es kommt hierbei auf den allgemeinen Stand der Entwicklung in der entsprechenden Altersstufe an (BGH VersR 58, 177). Zur problematischen unbegrenzten Haftung Minderjähriger vgl BVfG NJW 98, 3557; Goecke NJW 99, 2305; zur eingeschränkten Möglichkeit von Kindern, sich verkehrsgerecht zu verhalten vgl Neuhaus VGT 91, 72 ff). Vorsatz bedeutet Wissen und Wollen der Tatbestandsverwirklichung. Fahrlässig handelt, wer die im Verkehr erforderliche Sorgfalt außer Acht läßt, § 276 Abs 1 Satz 2 BGB. Hierbei ist ein objektiver Sorgfaltsmaßstab anzulegen (BGH NJW-RR 96, 980). Die Sorgfaltspflichten des Kfz-Führers werden durch die in der StVO aufgeführten Grundpflichten bestimmt. Die Haftungsmilderungen gemäß den §§ 708, 1359, 1664 BGB finden im Straßenverkehr keine Anwendung (BGHZ 61, 101, 105). Für individuelle Sorglosigkeit ist im Straßenverkehr kein Platz, da das Fehlverhalten zwangsläufig zugleich andere trifft.

131 Weitere Voraussetzung für eine deliktische Haftung ist das Bestehen eines ursächlichen Zusammenhangs zwischen dem schuldhaften Verhalten und der Rechtsgutsverletzung sowie zwischen dieser und dem eingetretenen Schaden. Sowohl im Rahmen der haftungsbegründenden, als auch der haftungsausfüllenden Kausalität werden nach der Adäquanztheorie alle völlig unwahrscheinlichen Geschehensabläufe von der Zurechnung ausgenommen. Da die Anwendung der Adäquanztheorie zu einer uferlosen Ausweitung der Haftung führen würde, erfährt diese eine Einschränkung nach dem **Schutzzweck der Norm.** Hiernach werden dem Schädiger nur solche Rechtsgutsverletzungen und Schäden zugerechnet, die aus dem Bereich der Gefahren stammen, zu deren Abwendung die verletzte Norm erlassen wurde (BGHZ 57, 256). Die Haftung entfällt, wenn sich nur das allgemeine Lebensrisiko verwirklicht hat (Palandt-Heinrichs vor § 249 Rn 88). So ist beispielsweise die Körperverletzung eines Passanten durch Erleidung eines Schocks beim Anblick eines schweren Unfalls nicht völlig unwahrscheinlich, es verwirklicht sich allerdings nur das allgemeine Lebensrisiko. Eine andere Beurteilung rechtfertigt sich nur bei Verletzung naher Angehöriger, da hier ein gesteigertes Lebensrisiko auf Grund der

I. Anspruchsgrundlagen   **132–134 Einführung**

engen persönlichen Bindung besteht (Stuttgart NJW-RR 89, 478). Auch Rechtsgutsverletzungen im Zusammenhang mit **herausgeforderten Rettungsmaßnahmen** sind dem Schädiger als Folge der unerlaubten Handlung zuzurechnen, wenn hierdurch bei dem Geschädigten eine mindestens im Ansatz billigenswerte Motivation zu dessen selbstgefährdendem Verhalten gesetzt wurde (BGH NJW 78, 421, 422). Dann sind auch Handlungen auf Grund von Fehleinschätzungen des Helfers nicht auszugrenzen (Dü NZV 95, 280, 281). Grundsätzlich muß der Geschädigte die Herausforderung durch den Schädiger beweisen (BGH NJW 81, 570). Bei festgestellter Lebensgefahr muß allerdings der Schädiger die Aussichtslosigkeit des Versuches und die Erkennbarkeit durch den Retter beweisen (Dü NZV 95, 280, 281). Der Schädiger haftet für solche Schäden, die im Rahmen der sogenannten Verfolgungsfälle entstehen, wenn sich der Verfolger durch das Verhalten des Verfolgten herausgefordert fühlen durfte (zB Unfallflucht: BGH NJW 64, 1363), der Zweck der Verfolgung mit den verbundenen Risiken in einem angemessenen Verhältnis steht und der Verletzungserfolg auf den gesteigerten Risiken der Verfolgung beruht (Palandt-Heinrichs vor § 249 Rn 79).

Der Schädiger hat grundsätzlich auch für **psychische Folgeschäden** **132** beim Verletzten auf Grund des Unfalles einzustehen (BGHZ 132, 341 = NJW 96, 2425; NZV 00, 121; Ha DAR 01, 360). Nicht vom Schutzzweck der Norm erfaßt sind allerdings reine **Begehrensneurosen**, wenn der Geschädigte den Unfall im neurotischen Streben nach Versorgung und Sicherheit lediglich zum Anlaß nimmt, den Schwierigkeiten und Belastungen des Erwerbslebens auszuweichen (BGH NJW 98, 810; 813). Der Nachweis, daß der neurotische Zustand des Geschädigten so entscheidend von Begehrensvorstellung geprägt ist, daß der erforderliche Zurechnungszusammenhang mit dem Unfallereignis nicht mehr bejaht werden kann, ist vom Schädiger schwer zu führen (vgl BGH NJW 98, 810, 812). Zur Haftung für psychische Folgeschäden vgl Müller VersR 98, 133; Heß NZV 98, 402; Geigel-Plagemann Kap. 6). Besondere Bedeutung hat die Begrenzung der Haftung durch den Schutzzweck der Norm auch im Rahmen des § 823 Abs 2 BGB. Voraussetzung ist hier, daß das verletzte Schutzgesetz gerade eine Person vor den Verletzten vor Schäden wie dem erlittenen schützen soll. Gerade die Vorschriften der StVO und der StVZO sollen nicht vor allen, sondern jeweils vor bestimmten Gefahren des Straßenverkehrs schützen. So dient beispielsweise das Rechtsfahrgebot des § 2 Abs 2 StVO nur dem Schutz des Gegen- und Überholverkehrs (BGH VersR 75, 37; NZV 91, 23), nicht dagegen dem Schutz der die Straße überquerenden Fußgänger (Kö VersR 84, 645) oder des linksabbiegenden Gegenverkehrs (BGH NJW 81, 2301).

Schäden, die auch beim rechtmäßigen Verhalten des Schädigers entstanden wären, werden vom Schutzzweck der Norm grundsätzlich nicht erfaßt. **133**

Ein pflichtwidriges Unterlassen steht dem positiven Tun nur dann **134** gleich, wenn pflichtgemäßes Handeln den Schaden mit Sicherheit verhindert hätte. Die bloße Möglichkeit, daß ein pflichtgemäßes Handeln den

Schaden verhindert hätte, reicht nicht aus (BGHZ 34, 206, 215; VersR 84, 40, 41).

135 **Beweislastverteilung bei § 823 Abs. 1 BGB.** Der Geschädigte, der sein Schadenersatzbegehren auf § 823 Abs. 1 BGB stützt, muß das schädigende Verhalten des Gegners ebenso beweisen, wie den Umstand, daß die Verletzungshandlung zu einer Rechtsgutverletzung geführt hat. Hinsichtlich der Rechtswidrigkeit der Verletzungshandlung gilt der Grundsatz, daß die Rechtswidrigkeit durch die Verletzungshandlung „indiziert" wird (BGHZ 71, 339, 347). Der Schädiger muß daher beweisen, daß ein Rechtfertigungsgrund eingreift. Steht eine Unfallmanipulation im Raume, so muß der in Anspruch genommene Schädiger – also regelmäßig der Haftpflichtversicherer – beweisen, daß der Geschädigte mit der Rechtsgutverletzung einverstanden war (BGHZ 71, 339). Auch wenn der Schädiger sich zur Rechtfertigung seines Verhaltens auf den Grundsatz des verkehrsrichtigen Verhaltens beruft, obliegt ihm insoweit die Beweislast (BGHZ 24, 21, 26; VersR 91, 320).

136 Macht der Schädiger geltend, der Verletzungserfolg wäre in gleicher Weise auch dann eingetreten, wenn er sich rechtmäßig bzw. ordnungsgemäß verhalten hätte (Einwand des rechtmäßigen Alternativverhaltens), so trägt der Schädiger für seine Behauptung die Beweislast (BGH VersR 80, 573, 574; NJW 91, 167)). Entsprechendes gilt auch in den Fällen der hypothetischen Kausalität (BGHZ 78, 209).

137 Der Geschädigte muß auch die Tatsachen beweisen, aus denen sich ergibt, daß der Schädiger vorsätzlich oder fahrlässig gehandelt hat (BGHZ 24, 21, 28).

138 Zu beweisen hat der Geschädigte, daß der von ihm geltend gemachte Schaden auf den streitigen Unfall zurückzuführen ist (BGHZ 71, 339, 345). Wenn feststeht, daß nicht alle geltend gemachten Schäden mit dem geschilderten Unfallablauf kompatibel sind, so ist auch Schadenersatz für den kompatiblen Teil des Schadens zu versagen (vgl. Kö NZV 99, 378; Ha r + s 01, 455).

139 Der Geschädigte muß das Vorliegen der Verletzungshandlung, also ein der Bewußtseinskontrolle und Willenslenkung unterliegendes, beherrschbares Verhalten des Schädigers beweisen (BGH VersR 86, 1241). Wird seitens des Schädigers der Einwand psychischen Zwanges oder eines unwillkürlichen Reflexes auf eine fremde Einwirkung erhoben, so trifft die Beweislast für eine vom Willen getragene Handlung des Schädigers den Geschädigten. Geht es jedoch um innere Vorgänge, wie eine mögliche Bewußtlosigkeit des Schädigers, so ist § 827 BGB zu beachten, so daß insoweit die Beweislast dem Schädiger zufällt (BGHZ 98, 135 = NJW 87, 121; Wussow-Baur Kap. 5 Rn 10).

140 ### 4. Haftung für Verrichtungsgehilfen gem § 831 BGB

§ 831 BGB bewirkt im großen Umfang eine Haftung des Halters eines Kraftfahrzeuges, wenn an dem Unfallgeschehen ein angestellter Berufskraftfahrer beteiligt war. Dabei gründet sich die Haftung des Kfz-Halters

I. Anspruchsgrundlagen   **141, 142 Einführung**

auf sein eigenes Verschulden als Geschäftsherr bei der Auswahl oder Leitung des Verrichtungsgehilfen oder bei der Beschaffung der erforderlichen Vorrichtungen oder Gerätschaften. Das Verschulden und die Kausalität für den Schadenseintritt werden widerleglich vermutet.

Verrichtungsgehilfe ist derjenige, dem von einem anderen, dessen Weisungen er unterworfen ist, eine Tätigkeit übertragen worden ist (Palandt-Thomas § 831 Rz. 6). Weitere Voraussetzung für eine Haftung nach § 831 BGB ist die – vom Geschädigten zu beweisende – Verwirklichung des objektiven Tatbestandes einer Haftungsnorm des § 823 BGB durch den Verrichtungsgehilfen. Eigenes Verschulden des Verrichtungsgehilfen ist nicht erforderlich (BGH NJW 71, 3132; 97, 2756; Ha NZV 98, 409). Somit kommt eine Verschuldenshaftung des Halters auch dann in Betracht, wenn dem Fahrer selbst ein Verschulden nicht nachgewiesen werden kann. **141**

Der Verrichtungsgehilfe muß den Schaden in Ausübung der Verrichtung verursacht haben. Ausreichend ist, daß die Handlung in den Kreis der dem Verrichtungsgehilfen anvertrauten Aufgaben fällt (BGHZ 11, 151). Im Einzelfall können auch bewußte oder irrtümliche Überschreitungen der Grenzen des Auftrages noch hiervon umfaßt sein (Abweichen von der Fahrtstrecke: BGH NJW 65, 391; nicht aber reine Schwarzfahrt: BGH DB 1970, 2314). Von § 831 BGB werden Rechtsgutverletzungen nicht erfaßt, die der Verrichtungsgehilfe nur bei Gelegenheit der ihm aufgetragenen Tätigkeit herbeigeführt hat (Palandt-Thomas § 831 Rz. 10).

Die Haftung des Geschäftsherrn gemäß § 831 entfällt, wenn er nachweist, daß der Fahrer sich **verkehrsgerecht verhalten** hat (BGH NJW-RR 92, 533; NZV 91, 114; Ha NZV 91, 114; NZV 98, 409).

§ 831 Abs. 1 Satz 2 1. Alt normiert eine **Verschuldensvermutung** zu Lasten des Geschäftsherrn. Diese Verschuldensvermutung kann er widerlegen, wenn er nachweist, daß er den Verrichtungsgehilfen ausreichend ausgewählt, angewiesen, beaufsichtigt oder mit den erforderlichen Gerätschaften versehen hat. Nicht ausreichend für den Entlastungsbeweis ist der Nachweis der sorgfältigen Auswahl bei der Einstellung des Kraftfahrers, vielmehr ist darüber hinaus eine fortgesetzte Überwachung erforderlich (Palandt-Thomas § 831 Rz 14). An die Auswahl und Überwachungspflichten des Kfz-Halters werden hohe Anforderungen gestellt (BGH VersR 84, 67; NJW 97, 2756 m. Anm. Lemcke r+s 97, 365; Ha NZV 98, 409; KG NZV 01, 427). Hat der Arbeitgeber einen Fahrer nach sorgfältiger Überprüfung seiner fachlichen und charakterlichen Eignung eingestellt und hat sich dieser im langjährigen Einsatz bewährt, so wird er zwar aus der Tatsache des unfallfreien und verkehrsrechtlich unbeanstandeten Fahrens sich ein Urteil über die fahrerischen Qualitäten bilden dürfen. Aber das genügt nicht. Er muß den Fahrer auch grundsätzlich bei der Ausführung der Fahrten überwachen (BGH NJW 97, 2756). Hierbei ist der Nachweis fortdauernder planmäßiger, unauffälliger Überwachung mit unerwarteten Kontrollen erforderlich (BGH VersR 84, 67; Ha NZV 98, 409; KG NZV 01, 427). Umfang und Ausmaß der zu beachtenden Sorgfaltspflichten des Geschäftsherrn orientieren sich dabei insbesondere auch an der Schwierigkeit der übertragenen Tätigkeit (Kö NJW-RR 97, 471). Die Einhaltung **142** der Sorgfalt bei der Beschaffenheit von Vorrichtungen und Geräten wird insbesondere im Zusammenhang mit der Pflicht des Fahrzeughalters relevant, für einen verkehrssicheren Zustand seiner Fahrzeuge zu sorgen. Als nicht ausreichend wird hierbei die Anweisung an die Reparaturwerkstatt gesehen, alle bemerkbaren Mängel zu beheben (BGH VersR 66, 564). Die **Kausalitätsvermutung** des § 831 Abs. 1 S. 2 1. Alt BGB kann durch Nachweis widerlegt werden, daß die Verletzung der Sorgfaltspflicht bei der Auswahl oder Überwachung keine Bedeutung für die Schadenszufügung hatte. Auch der sogenannte dezentralisierte Entlastungsbeweis ist zulässig (BGHZ 4, 1), dh die Möglichkeit der Exkulpation von Großunternehmen für leitende Angestellte, denen die Leitung, Auswahl oder Überwachung vom Geschäftsherrn übertragen wurde. Hierbei werden aber strenge Anforderungen an die betriebliche Organisation gestellt, insbesondere hinsichtlich der Anleitung und Überwachung der leitenden Angestellten. Ein festgestelltes Organisationsverschulden des Geschäftsherrn fällt unter § 823 BGB.

5. Haftung Beteiligter gem § 830 I 1 BGB

§ 830 I 1 BGB ist eigenständige Anspruchsgrundlage, nicht lediglich Beweislastregel (BGHZ 72, 355; Palandt-Thomas § 830 Rn 1). Hiernach ist jeder Beteiligte an einer unerlaubten Handlung mehrerer dann für den Schaden verantwortlich, wenn zwar jeder den Schaden verursacht haben kann, sich jedoch die tatsächliche Urheberschaft nicht aufklären läßt (Palandt-Thomas § 830 Rn 7). Diese Beweiserleichterung bezieht sich sowohl auf Urheberzweifel wie auch auf Anteilszweifel. § 830 I 2 BGB ermöglicht es dem Geschädigten, die Beweisschwierigkeiten zu überwinden, wenn sich nicht ermitteln läßt, wer von mehreren Tätern der Urheber des Schadens war oder wenn sich nicht ermitteln läßt, welcher Anteil des Schadens auf die Täter entfällt, aber feststeht, daß jeder der Betroffenen an der Verursachung des Schadens beteiligt war (BGHZ 55, 86, 88). Für die Anwendung des § 830 I 2 BGB ist jedoch kein Raum, wenn feststeht, daß einer der möglichen Beteiligten auf jeden Fall haftet (BGHZ 67, 1419; 72, 355). Die Vorschrift bewirkt auch keine Beweiserleichterung hinsichtlich der Feststellung, ob jemand überhaupt als deliktisch Verantwortlicher in Betracht kommt (BGH NJW 84, 1226; 99, 3633, 3635). Erforderlich ist in jedem Fall, daß jeder der Beteiligten in seiner Person mit Ausnahme des Kausalitätsnachweises einen haftungsbegründenden Tatbestand verwirklicht (Palandt-Thomas § 830 Rn 7). Haftungsbestand in diesem Sinn sind jedenfalls alle Haftungsnormen des 25. Titels des BGB, aber auch solche im Bereich der Gefährdungshaftung, insbesondere § 7 StVG (BGHZ 55, 96; BGH NJW 01, 2538). Handelt auch nur einer der Beteiligten rechtmäßig oder nicht schuldhaft, so entfällt der Ersatzpflicht nach § 830 I 2 auch zugunsten der anderen Beteiligten (BGH NJW 72, 40; BGH VersR 89, 822).

Steht ein Mitverschulden des Geschädigten im Raum, so ist die Anwendbarkeit des § 830 I 2 BGB beschränkt. Kann sich einer der alternativ haftenden Beteiligten auf ein Mitverschulden des Geschädigten berufen, so

I. Anspruchsgrundlagen 145–147 **Einführung**

können auch andere Beteiligte, wenn ihr Verursachungsbeitrag nicht positiv festgestellt ist, nur zu der geringsten hypothetischen Haftungsquote – also dem kleinsten gemeinsamen Haftungsminimum – verurteilt werden (BGH VersR 82, 878, 879). Die Beweiserleichterung des § 830 Abs. I Satz 2 BGB scheidet auch dann aus, wenn der Mitverursachungsanteil des Geschädigten so groß ist, daß die Möglichkeit besteht. daß der Geschädigte seinen Schaden allein verursacht hat (BGHZ 60, 177).

6. Haftung nach dem Haftpflichtgesetz

a) **Haftungsvoraussetzungen.** Unter die Gefährdungshaftung des § 1 145 HaftpflG fällt ein Verkehrsmittel, bei dem es sich um eine Schienen- oder Schwebebahn handelt. Die Bedeutung der in § 2 HaftpflG geregelten Gefährdungshaftung des Inhabers bestimmter Lagen für den Straßenverkehr ist begrenzt. Besondere Bedeutung im Straßenverkehr kommt dem Haftpflichtgesetz dagegen im Rahmen des Betriebes einer **Schienenbahn zu.** Kennzeichnend für die Schienenbahn ist die Bindung an die Schiene, wobei weitere Voraussetzung die Beförderung von Personen oder Sachen über längere Strecken ist (Greger § 1 HaftpflG Rn 2, 3). Nicht unter den Begriff der Schienenbahn fällt daher beispielsweise eine Kranbrücke auf einem Hafengelände (Dü NZV 95, 149).

Der Schaden muß beim Betrieb der Schienenbahn verursacht worden 146 sein. Der Grund für die Gefährdungshaftung des Bahnunternehmers liegt in den dem Bahnbetrieb eigentümlich anhaftenden Gefahren begründet, zB Unmöglichkeit des Ausweichens auf Grund der Bindung an die Schienen, Massenandrang im Zusammenhang mit dem Personentransport, hohe Geschwindigkeit mit langem Bremsweg und großer Masse des fahrenden Zuges (Dü NZV 95, 149). Daraus folgt, daß unter dem Betrieb einer Schienenbahn nicht nur der eigentliche Fahrbetrieb zu verstehen ist, sondern **alle technischen Betriebsvorgänge,** die unmittelbar zur Beförderung von Personen oder Sachen dienen einschließlich der vorbereitenden und abschließenden Handlungen (BGHZ 24, 414). Entscheidend ist hierbei, daß zwischen einem bestimmten Betriebsvorgang oder einer bestimmten Betriebseinrichtung und dem Schadensereignis ein örtlich und zeitlich unmittelbarer ursächlicher Zusammenhang besteht (Geigel-Kunschert Kap 22 Rn 14). Hierzu sind neben der Unfallverursachung beim Rangieren der Bahn auch Unfälle beim Ein- und Aussteigen der Fahrgäste zu zählen (BGH VersR 57, 809; Ka VersR 88, 583). Der Zusammenhang zwischen dem Schadensereignis und dem Bahnbetrieb ist dagegen nicht mehr anzunehmen, wenn jemand durch eine Verunreinigung auf dem Bahnsteig ausrutscht (Frankfurt VersR 87, 77). Nicht unter das Haftpflichtgesetz fallen darüber hinaus die Gefahren, die lediglich aus dem Zustand der Verkehrswege (Gleisanlagen oder Bahnübergänge) herrühren (Greger § 1 HaftpflG Rn 5).

Betriebsunternehmer ist, wer die tatsächliche Verfügungsgewalt über 147 den Bahnbetrieb hat und die Bahn für eigene Rechnung betreibt (BGH VersR 85, 765). Die Eigentumslage ist hierfür unerheblich (Geigel-Kunschert Kap 22 Rn 7). Insoweit bestehen Parallelitäten zum Halterbegriff gemäß § 7 StVG, wobei hier allerdings die Herrschaft über den Betrieb des Zuges als solches nicht ausreichend ist, sondern den gesamten Bahnbetrieb mit allem Zubehör wie Gleisanlagen, Signalanlagen und Bahnhöfen umfassen muß (Greger § 1 HaftpflG Rn 13).

148 b) **Haftungsausschlüsse. Höhere Gewalt.** Der Unternehmer kann sich gemäß § 1 Abs 2 HaftpflG durch den **Nachweis höherer Gewalt** entlasten. Höhere Gewalt ist ein betriebsfremdes, von außen durch elementare Naturkräfte oder durch Handlungen dritter Personen herbeigeführtes Ereignis, das nach menschlicher Einsicht und Erfahrung unvorhersehbar ist, mit wirtschaftlich erträglichen Mitteln auch durch die äußerste, nach Sachlage vernünftigerweise zu erwartende Sorgfalt nicht verhütet oder unschädlich gemacht werden kann und auch nicht wegen seiner Häufigkeit vom Betriebsunternehmer in Kauf zu nehmen ist (st RSpr vgl BGHZ 62, 351; 109, 8). Hierzu sind in erster Linie Naturereignisse zu zählen. Aber auch Handlungen des Geschädigten können als ein derartiger Eingriff von außen zu werten sein (zB Fälle der bewußten Selbstschädigung, Fra VersR 79, 451), ebenso das vorsätzliche Handeln eines Dritten gegenüber einem Fahrgast (zB Stoß aus dem fahrenden Zug, Mü NZV 91, 462).

149 **Unabwendbares Ereignis.** Wenn sich der Unfall innerhalb eines Verkehrsraumes einer öffentlichen Straße ereignet hat, kommt ein Haftungsausschluß darüber hinaus bei Nachweis des Vorliegens eines unabwendbaren Ereignisses in Betracht. Der Grund für die Erleichterung des Entlastungsbeweises ist in der Vergleichbarkeit zu den Gefahren der anderen am Straßenverkehr teilnehmenden Kfz zu sehen. Betroffen sind hiervon in erster Linie die Straßenbahnen. Entscheidend sind die Verhältnisse am Unfallort, wobei innerhalb einer Schienenstrecke jeder Streckenabschnitt einer unterschiedlichen Beurteilung unterliegen kann. Voraussetzung ist jeweils, daß der Gleiskörper seiner baulichen Gestaltung nach ohne wesentliche Erschwernis auch vom Straßenverkehrsteilnehmer mitbenutzt werden kann. Nicht zur öffentlichen Straße gehört die Schiene dagegen, wenn eine Abgrenzung von der Fahrbahn durch bauliche Einrichtungen gegeben ist (Greger § 1 HaftpflG Rn 19, 20). Entscheidend ist, inwieweit die Bahn in den Gefahrenbereich der öffentlichen Straße einbezogen ist (BGH VersR 85, 86). An Bahnübergängen nehmen die Züge nicht am Straßenverkehr teil (Geigel-Kunschert Kap 22 Rn 28). Für den Begriff des unabwendbaren Ereignisses gilt das im Rahmen der Haftung des Kfz-Halters Aufgeführte entsprechend. Unvermeidbarkeit kann beim Fall eines stehenden Fahrgastes auf Grund des Anfahrens der Bahn gegeben sein, da der Fahrer nicht abwarten muß, bis alle Fahrgäste einen festen Halt gefunden haben (BGH VersR 72, 158).

150 **II. Haftungsumfang**

Der Haftungsumfang ergibt sich aus einer Abwägung der jeweiligen Verursachungsbeiträge der Schädiger und Geschädigten. Ob sich die Mithaftung des Geschädigten nach §§ 17, 9 StVG in Verbindung mit § 254 BGB oder direkt nach § 254 BGB richtet, ist davon abhängig, zwischen welchen Verkehrsteilnehmern sich der Unfall ereignet hat. Bei der Abwägung sowohl im Rahmen der Betriebsgefahr wie auch der Schuld sind nur solche Umstände zu berücksichtigen, die unfallursächlich geworden sind (BGH NZV 95, 145; VersR 88, 842; KG NZV 02, 80). Im Übrigen ist auf die Erläuterung zu § 17 StVG zu verweisen.

III. Beweisführung

Die haftungsbegründenden Voraussetzungen – also die rechtswidrige Herbeiführung eines Körper- oder Sachschadens – sind vom Geschädigten voll zu beweisen. Insoweit gilt **§ 286 ZPO**. Hier wird für die Überzeugung des Richters von der Wahrheit einer Behauptung ein hoher Überzeugungsgrad verlangt. Zwar ist nicht die absolute Gewißheit erforderlich, noch nicht einmal eine „an Sicherheit grenzende Wahrscheinlichkeit" (BGH VersR 77, 721; 89, 758, 759). Es reicht aus, wenn sich der Richter mit einem für das praktische Leben brauchbaren Grad von Gewißheit begnügt, der dem Zweifel Schweigen gebietet, ohne ihn völlig auszuschließen (BGHZ 53, 245; 256).

Es kommt auf die freie richterliche Überzeugungsbildung an. Zwar gibt es gesetzliche Beweisregeln, wie etwa die Beweiskraft öffentlicher Urkunden (§ 415 ZPO), des Protokolls (§ 165 ZPO) oder des Tatbestandes des Urteils (§ 314 ZPO). § 286 Abs. 2 ZPO bestimmt jedoch, daß das Gericht „nur" in solchen durch die ZPO ausdrücklich bezeichneten Fällen an gesetzliche Beweisregeln gebunden ist. Außerhalb dieser gesetzlich bestimmten Fälle ist es fehlerhaft, wenn das Gericht auf Beweisregeln abstellt. So ist es insbesondere nicht haltbar, wenn das Gericht generell Aussagen eines als **Zeugen** vernommenen **Beifahrers** keinen Beweiswert zumißt (BGH NJW 88, 566, 567; 95, 955). Fehlerhaft ist es auch, wenn das Gericht versucht, den Beweiswert einer Aussage mit Wahrscheinlichkeitsrechnungen zu bestimmen (BGH VersR 89, 637). Mit der freien richterlichen Beweiswürdigung unvereinbar ist es auch, ohne konkrete Auseinandersetzung mit den Angaben von Zeugen schlicht einander widersprechende Aussagen zu konstatieren und zu einer Beweislastentscheidung zu greifen. Bei **einander widersprechenden Aussagen** muß geprüft und dargelegt werden, ob sich nicht doch ein sicherer Schluß auf die Wahrheit der entscheidungserheblichen Behauptungen rechtfertigen läßt (BGH VersR 85, 183).

Zu berücksichtigen sind im Rahmen der Beweiswürdigung nach § 286 ZPO nicht nur die Zeugenaussagen, Sachverständigengutachten sowie Urkunden. Zu berücksichtigen ist insbesondere auch die Möglichkeit, die Angaben einer nach **§ 141 ZPO angehörten Partei** zu verwerten (BGH NJW-RR 91, 983; NJW 97, 1988). Im Rahmen der freien Beweiswürdigung ist das Gericht nicht gehindert, einer Parteierklärung den Vorzug vor einer Zeugenaussage zu geben, auch wenn die Erklärung nicht im Rahmen einer förmlichen Parteivernehmung abgegeben wurde (BGH NJW-RR 90, 1061, 1063).

Einführung 152, 153   D. Zivilrechtliche Grundlagen

152 Soweit die **Schadensfolgen** im Streit sind, wird der Anwendungsbereich des **§ 287 Abs 1 ZPO** eröffnet, so daß hier eine Schätzung durch das Gericht möglich ist. Dies betrifft nicht nur die Feststellungen zur Schadenshöhe, sondern auch die zur gesamten haftungsausfüllenden Kausalität (BGH NJW 93, 3073, 3076; 87, 705; Lepa NZV 92, 129). Der Haftungsgrund jedoch muß nach den Regeln des § 286 ZPO nachgewiesen werden (Thomas/Putzo § 287 Rn 2). § 287 I findet auf alle Schadensersatzansprüche Anwendung sowie entsprechend auf Entschädigungsansprüche wegen Aufopferung (BGH 29, 95) und Enteignung (BGH 29, 217); nicht dagegen auf Minderung (BGH WM 71, 1382) und Bereicherung (BGH GRUR 62, 261).

Die Anwendbarkeit des § 287 ZPO führt auch zu einer erheblichen Erleichterung der Darlegungslast (BGH NJW-RR 92, 202; 99, 1039; NZV 98, 279; Lepa NZV 92, 129, 133). Der Geschädigte muß lediglich eine tragbare Schätzungsgrundlage liefern und vorhandene Unterlagen vorlegen (NJW 94, 663). Fehlt es jedoch an einem solchen Vortrag bzw. kann dieser nicht bewiesen werden, so ist eine Schätzung unzulässig, da sie „völlig in der Luft hängen" würde (BGH NJW 87, 909).Ferner führt § 287 ZPO zu Beweiserleichterungen. Einer Bindung an die Beweislast ist das Gericht im Rahmen des § 287 ZPO nicht unterworfen, es bestimmt daher nach pflichtgemäßen Ermessen darüber, ob und welche Beweise es erhebt (Zöller/Greger § 287 Rn 6). Ziel auch der Schätzung ist es, den Schaden möglichst richtig und vollständig zu bestimmen (BGHZ 91, 243, 256). Deshalb bedarf es einer vollständigen Auswertung des Parteivorbringens und der Berücksichtigung der Einzelfallumstände (BGH VersR 92, 1410).

153 Eine weitere Erleichterung in der Beweisführung erhält der Geschädigte über die Grundsätze des **Anscheinsbeweises.** Er ist vor allem dann anwendbar, wenn es um den Beweis des ursächlichen Zusammenhangs und des Verschuldens geht. Der Anscheinsbeweis setzt voraus, daß sich unter Berücksichtigung aller unstreitigen und festgestellten Einzelumstände und besonderen Merkmalen des Sachverhaltes ein für die zu beweisende Tatsache nach der Lebenserfahrung typischer Geschehensablauf ergibt (BGH NJW 96, 1828; Lepa NZV 92, 129, 130). Unter Typizität ist ein Vorgang zu verstehen, der nach der Erfahrung des täglichen Lebens durch das regelmäßige, übliche, gewöhnliche und häufige seines Ablaufes geprägt ist, also ein **Ablauf nach „Muster".** Eine derartige Typizität wird oft bei der Verletzung von Schutzgesetzen i. S. d. § 823 II BGB, Unfallverhütungsvorschriften oder Verkehrssicherungspflichten vorliegen, wenn der Normzweck gerade in der Abwendung typischer Gefahren besteht und das Schadensereignis in einem sachlichen und räumlichen Zusammenhang mit der Normverletzung bzw. Pflichtverletzung steht (Geigel-Rixecker Kap. 37 Rn 36 m. w. N.). Steht die Typizität des Geschehensablaufs fest, ist es möglich, von einer feststehenden Ursache auf einen bestimmten Erfolg oder umgekehrt zu schließen (BGH NJW 97, 528). Bei mehreren in Betracht kommenden Möglichkeiten greift der Anscheinsbeweis nicht, insbesondere genügt nicht die große Wahrscheinlichkeit des Vorliegens eines der möglichen Sachverhalte (BGH NJW-RR 88, 789, 790). Der An-

III. Beweisführung **Einführung**

scheinsbeweis greift grundsätzlich nicht, wenn es um individuelle Verhaltensweisen einzelner in bestimmten Lebenslagen oder um persönliche Willensentschlüsse geht. Es gibt daher keinen Anscheinsbeweis für das Vorliegen eines Suizides (BGHZ 100, 214, 216) bzw. für das Vorliegen grober Fahrlässigkeit (BGH VersR 74, 593, 594; 72, 944). Entsprechendes gilt auch für den Nachweis der vorsätzlichen Herbeiführung eines Versicherungsfalles, insbesondere auch für die Annahme einer Unfallmanipulation (vgl. Geigel-Rixecker Kap. 37 Rn 38).

Der Anscheinsbeweis ist dann entkräftet, wenn der Gegner Tatsachen **darlegt und beweist,** aus denen sich die ernsthafte Möglichkeit eines atypischen Geschehensablaufes ergibt (BGH VersR 95, 723; NZV 92, 27; 90, 386; Geigel-Rixecker Kap. 37 Rn. 39). Dann hat die beweisbelastete Partei vollen Beweis zu erbringen.

Beispiele für das Eingreifen des Anscheinsbeweises: Steht die alkoholbedingte Fahruntüchtigkeit eines Fahrers fest, so spricht der Beweis des ersten Anscheins dafür, daß die Alkoholbeeinflussung den Unfall kausal herbeigeführt hat. Das gilt jedenfalls dann, wenn der Unfall dem Verkehrsteilnehmer bei einer Verkehrslage und unter Umständen zustößt, die er nüchtern hätte meistern können (BGH VersR 87, 1006; NZV 92, 27; 95, 145; Ha DAR 00, 568). Der Anscheinsbeweis greift im Rahmen der Kausalität zwischen Fahruntüchtigkeit und Unfall sowohl bei der absoluten, wie auch bei der relativen Fahruntüchtigkeit ein (BGH VersR 86, 141). Streng hiervon zu unterscheiden ist die vorgelagerte Feststellung der Fahruntüchtigkeit (vgl. dazu § 316 StGB Rn 22 ff und 26 ff).

Für ein **Verschulden** eines Kraftfahrers spricht der Anscheinsbeweis bei einem Zusammenstoß mit einem vorfahrtsberechtigten Kfz. auf einer Kreuzung oder Straßeneinmündung (BGH NJW 76, 1317; Kö VersR 01, 1042); dies gilt auch, wenn ein Wartpflichtiger nach rechts in die Vorfahrtsstraße einbiegt und dabei auf der rechten Fahrbahn auf einen von rechts kommenden und im Überholen begriffenen Verkehrsteilnehmer stößt (BGH VersR 1982, 903; Kö VersR 94, 191; a.A. Dü VersR 81, 578).

Für ein Verschulden eines Kraftfahrers spricht der Anscheinsbeweis auch dann, wenn der Kraftfahrer auf ein unbeleuchtetes Hindernis auffährt (BGH NZV 89, 105; Dü VersR 75, 956), welches sich bereits bei der Annäherung auf der Fahrbahn befand (Ko DAR 01, 404; KG NZV 02, 230). Entsprechendes gilt beim Auffahren auf ein vorausfahrendes Kraftfahrzeug (BGH VersR 64, 263). Der Beweis des ersten Anscheins wird durch die bewiesene Möglichkeit entkräftet, daß der Vorausfahrende gerade die Spur gewechselt hat (Ko NZV 93, 28; Ha NZV 94, 229) oder grundlos gebremst hat (Kö DAR 95, 485). Ferner greift der Anscheinsbeweis ein bei Abkommen von einer geraden und übersichtlichen Fahrbahn (BGH NJW 89, 3273), nicht aber, wenn Umstände feststehen, die gegen eine Typizität des Geschehens sprechen, etwa wenn das Abkommen in unmittelbarem Zusammenhang damit steht, daß ein entgegenkommendes Fahrzeug einen Überholvorgang nur knapp beendete (BGH NZV 96, 277). Wendet ein Fz-Führer sein Fz (BGH DAR 85, 316; KG NZV 02, 230), fährt er vom Fahrbahnrand an (Dü VersR 78, 852; 87, 999), aus einem Grundstück hinaus (KG NZV 96, 365; 98, 376; Kö DAR 96, 464) oder setzt mit dem Fz zurück (KG VM 88, 32; OLG Frankfurt VersR 82, 1079) und kommt es dabei im zeitlichen und räumlichen Zusammenhang (dazu Dü VersR 78, 852; Fra VersR 82, 1079) zu einer Kollision mit dem durchgehenden Verkehr, so kommt ein Anscheinsbeweis für sein Verschulden in Betracht. Daneben können die Regeln über den Anscheinsbeweis Anwendung finden bei Unfällen im Zusammenhang mit Aquaplaning (Dü VersR 75, 160), bei Wildunfällen (Schl NZV 90, 273), bei Schleudern auf eis- oder schneeglatter Strecke (Ha NZV 98, 115; BGH VersR 71, 842) sowie bei Fahrfehlern ohne ersichtlichen Grund (Fra VersR 78, 828; Ce VersR 85, 787). Der Beweis des ersten Anscheins greift auch zulasten desjenigen Unfallgeschädigten, der einen Sicherheitsgurt nicht anlegt und Verletzungen davonträgt, vor denen ein Sicherheitsgurt typischerweise Schutz bietet (BGH NJW 80, 2125; 91, 230).

155 Für die Umstände, die die Anwendung des **§ 254 BGB** begründen, trägt der Schädiger die Beweislast (BGHZ 91, 234, 260; NJW 94, 3105).

IV. Der Sachverständigenbeweis

156 **1. Die Auswahl des Sachverständigen**

Der Beweis durch Sachverständige wird nach § 403 ZPO durch die Bezeichnung der zu begutachtenden Punkte angetreten. Hierfür genügt die summarische Angabe der zu begutachtenden Punkte und die Angabe des Ergebnisses, zu dem der Sachverständige kommen soll (BGH NJW 95, 130). Der Beweisantritt stellt letztlich nur eine Anregung dar. Ein notwendiges Gutachten eines Sachverständigen muß das Gericht gegebenenfalls auch ohne Antrag anordnen, wenn seine eigene Sachkunde zur Auswertung der beweisbedürftigen Umstände nicht genügt. Die Auswahl des Sachverständigen erfolgt durch das Gericht (§ 404 Abs 1 ZPO). Vorrangig sollen **öffentlich bestellte Sachverständige** ausgewählt werden (§ 404 Abs. 2 ZPO). Die Auswahl des Sachverständigen steht im Ermessen des Gerichtes. Eine Anhörung der Parteien zu der Frage, welche Person als Sachverständiger ausgewählt werden soll, sieht das Gesetz nicht vor (BGHZ 131, 76 = NJW 96, 196, 197). Allerdings soll das Gericht den Anregungen der Parteien nachgehen. Haben sich die Parteien vor Erlaß des Beweisbeschlusses auf die Person eines Sachverständigen geeinigt und diese Einigung dem Gericht angezeigt, so ist das Gericht hieran gebunden (Thomas/Putzo/Reichold, § 404 Rn 2).

157 **2. Die Erstattung des Gutachtens**

Gemäß § 404a ZPO hat das Gericht die Tätigkeit des Sachverständigen zu leiten und ihn für Art und Umfang seiner Tätigkeit Weisungen zu erteilen. Das bedeutet, daß es Sache des Tatrichters ist, dem Sachverständigen die von ihm benötigten Anknüpfungstatsachen vorzugeben (BGH NJW 97, 1446, 1447). Insbesondere bei streitigen Tatsachen hat das Gericht dem Sachverständigen mitzuteilen, welche er bei der Erstattung des Gutachtens

IV. Der Sachverständigenbeweis   158–160   **Einführung**

zugrundezulegen hat (vgl. Zöller-Greger, § 405 Rn. 3). Fehlt dem Gericht die Sachkunde, um die der Begutachtung zugrundezulegenden Tatsachen zu benennen, so kann es gemäß § 404 a Abs. 4 ZPO auch den Sachverständigen zur Aufklärung der Beweisfrage ermächtigen. Diese Aufklärungsbefugnis ist dem Sachverständigen im Beweisbeschluß zu erteilen.

Gerade bei medizinischen Gutachten taucht in der Praxis immer wieder   **158** das Phänomen auf, daß der Leiter einer Klinik mit der Erstattung des Gutachtens beauftragt wird und man bei der Lektüre des Gutachtens den Eindruck gewinnt, daß sich die Beteiligung des Sachverständigen auf die Mitunterzeichnung des Gutachtens beschränkt. § 407 a Abs. 2 ZPO stellt dagegen ausdrücklich klar, daß der bestellte Sachverständige den ihm erteilten Auftrag **selbst** erfüllen muß. Lediglich Hilfsdienste untergeordneter Bedeutung (Schreibwerk, Fertigung von Kopien) darf er, ohne dies offen zu legen, in Anspruch nehmen. Die Mitarbeit Dritter muß dagegen er nach der Person mit dem Umfang ihrer Beteiligung darlegen. Dies bedeutet jedoch nicht, daß die eigene Verantwortung des Sachverständigen auf diese Kenntlichmachung sich beschränkt. Vielmehr sind Beurteilungs- und Ermessensfragen vom Sachverständigen selbst zu beantworten. Der Sachverständige muß grundsätzlich in jeder Phase der Vorbereitung des Gutachtens die **Organisationsgewalt** eigenverantwortlich innehaben und sie auch tatsächlich ausüben. Von daher reicht es nicht aus, wenn der Sachverständige ein von einem Mitarbeiter unterzeichnetes Gutachten nur mit „einverstanden" unterschreibt (BVerwG NJW 84, 2645). Ausreichend soll es allerdings sein, daß der Sachverständige dadurch die volle Verantwortung übernimmt, indem er eine Formulierung wie „einverstanden aufgrund eigener Untersuchungen und Urteilsbildung" wählt (BGH VersR 72, 927; Zw VersR 00, 605; Mü VersR 00, 639). Zu beachten ist, daß die Erstattung des Gutachtens durch einen anderen als den gerichtlich bestellten Sachverständigen dem Verlust des Rügerechts nach § 295 ZPO unterworfen ist (vgl. ldgl. Zw NJW-RR 99, 1368).

3. Reaktionsmöglichkeiten auf ein Sachverständigengutachten

Gemäß § 411 Abs. 3 ZPO kann das Gericht von sich aus den Sachver-   **159** ständigen zur Erläuterung des Gutachtens laden. Insoweit steht dem Gericht ein gebundenes Ermessen zu. Das Gericht muß den Sachverständigen daher laden, wenn Zweifel oder Unklarheiten im Gutachten vorliegen. Anlaß zur Ladung des Sachverständigen kann auch das von einer Partei vorgelegte Privatgutachten sein (vgl. BGH NJW 92, 1459), insbesondere bei eklatanten Widersprüchen zwischen Gerichts- und Privatgutachten (BGH NZV 97, 72; NJW 01, 3269). Diese Pflicht des Gerichtes besteht auch dann, wenn die Partei selbst ihr Antragsrecht nach § 411 Abs. 3 ZPO wegen Verspätung verloren hat (BGH NJW 92, 1459; NJW-RR 89, 1275).

Den Parteien steht darüber hinaus das Recht zu, eine **Befragung des**   **160** **Sachverständigen** zu beantragen (§ 402, 397 ZPO). Diesen Antrag darf das Gericht nur ablehnen, wenn er **verspätet** oder **rechtsmißbräuchlich** gestellt wird (BGH NJW 94, 1286, 1287; NJW-RR 97, 1487). Rechtsmißbräuchlich ist der Antrag nur, wenn die Notwendigkeit einer mündlichen Erörterung entweder überhaupt nicht oder völlig unsubstantiiert begründet wird (BGH a. a. O.). Das Gericht muß den Sachverständigen auch dann laden, wenn es das schriftliche Gutachten selbst für überzeugend hält (BGH NJW 98, 162).

161 Gemäß § 411 Abs. 4 ZPO haben die Parteien dem Gericht innerhalb eines angemessenen Zeitraums ihre Einwendungen gegen das Gutachten, die Begutachtung betreffende Anträge und Ergänzungsfragen mitzuteilen. Die Fragen brauchen jedoch nicht schon ausformuliert sein. Es reicht aus, wenn vorgetragen wird, nach welcher Richtung der Sachverständige befragt werden soll (BGH NJW-RR 97, 1487). Dieses Erfordernis entfällt, wenn aus den gewechselten Schriftsätzen und vor allem auch aus vorgelegten Privatgutachten hervorgeht, bei welchen Punkten und mit welcher Zielrichtung die schriftlichen Ausführungen des vom Gericht bestellten Gutachters angegriffen werden sollen (BGH NZV 97, 72). Eine **Fristsetzung** zur Stellungnahme gem. § 411 Abs. 4 ZPO muß **durch das Gericht** und nicht allein durch den Vorsitzenden erfolgen (BGH NJW-RR 01, 1431). Da es sich um eine Fristsetzung im Sinne des § 296 Abs. 1 ZPO handelt, muß die entsprechende Verfügung derartig eindeutig sein, daß bei der betroffenen Partei von Anfang an keine Fehlvorstellungen über die gravierenden Folgen der mit der Nichtbeachtung der Frist verbundenen Rechtsfolgen aufkommen können (BGH aaO).

4. Würdigung des Gutachtens

162 Gutachten unterliegen der freien Beweiswürdigung. Will das Gericht einem Gutachten nicht folgen, so muß es seine abweichende Überzeugung begründen. Diese Begründung muß erkennen lassen, daß die Beurteilung nicht von einem Mangel an Sachkunde beeinflußt ist (BGH NJW 89, 2948). Der Hinweis auf medizinische Fachliteratur ist dabei grundsätzlich nicht geeignet, die erforderliche Sachkunde des Gerichtes zu begründen, da das Studium derartiger Literatur infolge der notwendigerweise generalisierenden Betrachtungsweise dem medizinischen Laien nur bruchstückhafte Kenntnisse vermitteln kann (BGH VersR 94, 984; 93, 749).

163 Liegen einander widersprechende Gutachten vor, so kann das Gericht den Streit der Sachverständigen dadurch entscheiden, daß es ohne einleuchtende und logisch nachvollziehbare Begründung einem der Sachverständigen den Vorzug gibt. Dabei spielt es keine Rolle, ob sich der Widerspruch aus einem von einer Partei vorgelegten **Privatgutachten** ergibt (BGH NJW 86, 1928, 1930; 98, 2735; 01, 2796; NJW-RR 00, 44, 46; Zw NJW-RR 99, 1156). Das Gericht muß insoweit alle vorhandenen Aufklärungsmöglichkeiten nutzen. Insoweit kommt insbesondere eine Einholung einer **ergänzenden Stellungnahme** des gerichtlichen Sachverständigen oder die **Einholung eines weiteren Gutachtens** (§ 412 Abs. 1 ZPO) in Betracht. Wenn das Gericht aus eigener Sachkunde den Streit der Sachverständigen entscheiden will, so muß es seine überlegene Sachkunde in den Entscheidungsgründen durch eine plausible und detaillierte Auseinandersetzung mit den gegensätzlichen Standpunkten belegen (BGH NJW-RR 00, 44, 46).

164 Diese Grundsätze gelten auch dann, wenn das Gericht meint, keiner der Sachverständigen habe überzeugt. Es muß dann im Urteil erkennen lassen, daß die widersprechenden Ansichten der Sachverständigen gegeneinander abgewogen worden sind und daß sich nach Herausarbeitung der abweichenden Standpunkte keine weiteren Aufklärungsmöglichkeiten ergeben (BGH NJW 87, 442; 01, 3054, 3056). Liegen die unterschiedlichen Auffassungen der Sachverständigen in unterschiedlichen tatsächlichen Annahmen begründet, dann muß der Tatrichter die für seine Überzeugungsbildung maßgebenden Tatsachen feststellen bzw. begründen, weshalb und zu wessen Lasten sie beweislos geblieben sind (BGH NJW 87, 442).

165 Auch die Ausführungen in einem Privatgutachten, welches mit einem nicht nachgelassenen Schriftsatz überreicht wird, sind grundsätzlich zur Kenntnis zu nehmen. Geben sie Anlaß zu weiterer tatsächlicher Aufklärung, so ist die mündliche Verhandlung wieder zu eröffnen (BGH NJW 01, 2796; 88, 2302).

166 Gutachten, die in anderen Verfahren erstatten wurden, können im Wege des Urkundenbeweises in das Streitverfahren eingeführt werden. Das Recht der Parteien, die persönliche Vernehmung dieses oder eines anderen Sachverständigen zu verlangen, kann dadurch jedoch nicht eingeschränkt werden. Der Richter muß daher eine zusätzliche (schriftliche oder mündliche) Begutachtung anordnen, wenn eine Partei zu erkennen gibt, daß sie vom Sachverständigen die Beantwortung bestimmter, das Beweisthema betreffender Fragen erwartet (BGH NJW 97, 3096; 00, 420).

V. Zeugenbeweis

167 Der Beweisantritt: „Zeugnis N. N." stellt keinen ordnungsgemäßen Beweisantritt im Sinne des § 373 ZPO dar (BGH NJW 83, 1905, 1908). Dieser unverständige Beweisantritt kann jedoch vom Gericht nicht ohne Weiteres außeracht gelassen werden. Vielmehr muß der Richter dem Beweisführer gemäß § 356 ZPO eine Frist zur Beibringung der ladungsfähigen Anschrift des Zeugen setzen (BGH NJW 87, 893, 894). Erst nachdem diese Frist verstrichen ist, darf der Beweisführer mit dem Beweismittel ausgeschlossen werden.

168 Bei im Ausland wohnenden Zeugen besteht die Möglichkeit, dem Beweisführer gemäß § 364 Abs 3 ZPO eine Beibringungsfrist zu setzen (BGH NJW 84, 2039, 2040). § 364 ZPO stellt jedoch nur einen Notbehelf dar. Grundsätzlich ist eine Beweisaufnahme im Ausland gemäß § 363 ZPO von Amts wegen zu veranlassen. Anordnungen nach § 364 ZPO kommen daher nur in Betracht, wenn beispielsweise zwischen der BRD und dem ausländischen Staat, in dem die Beweisaufnahme stattfinden soll, keine diplomatischen Beziehungen bestehen oder die Behörden des ausländischen Staates untätig bleiben. Anderenfalls kann der Weg über § 364 ZPO nur gewählt werden, wenn aufgrund früherer Erfahrungen oder anderer Umstände damit gerechnet werden kann, daß die Beweisaufnahme auch auf Betreiben der Parteien stattfinden werde (BGH NJW-RR 89, 160, 161).

169 Die **Abtretung** von Ansprüchen, um dem Zedenten den **Status eines Zeugen zu verschaffen**, ist grundsätzlich nicht zu beanstanden (OLG Frankfurt VersR 78, 259; OLG Köln VRS 96, 327). Im Rahmen der Beweiswürdigung ist der Umstand der Erlangung der Zeugenstellung durch die Abtretung allerdings zu würdigen. Eine pauschale Vorabwürdigung ist jedoch unzulässig. Es gibt keinen Erfahrungsgrundsatz, daß ein solcher Zeuge nicht die Wahrheit sagen wird. In diesen Fällen dürfte es jedoch generell angezeigt sein, den verklagten Unfallgegner unter dem Gesichtspunkt der Waffengleichheit als Partei anzuhören bzw. zu vernehmen (vgl. insoweit EGMR NJW 95, 1413; BVerfG NJW 01, 2531; BGH NJW 99, 363; Zw NJW 98, 167). Das Gericht ist nicht gehindert, den Bekundungen einer Partei den Vorzug vor den Aussagen von Zeugen zu geben (BGH NJW-RR 90, 1061, 1063).

170 Bei einem **Kinderunfall** kann ein unter 16 Jahre altes Kind nicht gemäß § 455 Abs. 2 ZPO als Partei, wohl aber als Zeuge vernommen werden. Wird der Beweisantrag von der Gegenseite gestellt, so kann das Kind wie jeder andere Zeuge auch von seinem Aussageverweigerungsrecht Gebrauch machen (§§ 383, 384 ZPO). Die Weigerung kann sowohl durch das Kind persönlich wie auch durch seine Eltern erklärt werden (OLG Hamm r+s 99, 67). Übersehen wird häufig, daß die Zeugnisverweigerung in Zivilverfahren der Beweiswürdigung des Gerichts gemäß § 286 ZPO unterliegt. Allerdings darf das Gericht auf die Weigerung auszusagen nicht allein seine Entscheidung stützen. Die Weigerung kann jedoch in Verbindung mit sonstigen Umständen gewertet werden (vgl. BGHZ 26, 391, 399).

171 Bei der Beurteilung der Glaubwürdigkeit von Zeugen gewinnt der Grundsatz der **Unmittelbarkeit der Beweisaufnahme** (§ 355 ZPO) besondere Bedeutung (BGH NJW 97, 466). Zwar ist es grundsätzlich zulässig, daß eine in einem anderen Verfahren abgegebene Zeugenaussage im Wege des Urkundenbeweises verwertet wird. Beantragt jedoch eine Partei die Anhörung eines Zeugen im anhängigen Rechtsstreit, so muß diesem Beweisantritt im Hinblick auf den Unmittelbarkeitsgrundsatz nachgekommen werden (BGH NZV 92, 403). Der eingeschränkte Beweiswert der Verwertung einer protokollierten Aussage beruht darauf, daß nur bei der Vernehmung durch das Gericht dem Zeugen Fragen gestellt und Vorbehalte gemacht werden können. Deshalb kommt auch dem unmittelbaren Zeugenbeweis gegenüber der Urkunde über die frühere Vernehmung grundsätzlich der höhere Beweiswert zu (BGH NZV 95, 441, 442).

172 Ein Verstoß gegen den Grundsatz der Unmittelbarkeit der Beweisnahme ist auch gegeben, wenn im Urteil ein Zeuge als glaubwürdig bezeichnet wird, an der Beweisaufnahme jedoch nur einer der später im Urteil beteiligten Richter teilgenommen hat (BGH NJW-RR 97, 506, 507). Eine formlose Unterrichtung eines Teils des Spruchkörpers über den von anderen Mitgliedern gewonnenen persönlichen Eindruck ist generell nicht ausreichend (BGH NJW 97, 1586, 1587; 00, 2024). Das Gericht muß ent-

V. Zeugenbeweis

weder in seiner Spruchbesetzung einen persönlichen Eindruck von dem Zeugen gewonnen haben oder auf eine aktenkundige und der Stellungnahme durch die Parteien zugänglichen Beurteilung zurückgreifen können.

Im **Berufungsverfahren** steht zwar die **wiederholte Vernehmung** eines Zeugen gemäß § 398 ZPO im Ermessen des Gerichtes. Dieses Ermessen ist aber keineswegs frei. Die wiederholte Vernehmung muß angeordnet werden, wenn das Berufungsgericht einen vom erstinstanzlichen Gericht als glaubwürdig angesehenen Zeugen als unglaubwürdig ansehen will bzw. umgekehrt (BGH NJW 97, 466, 477; NZV 93, 266). Eine erneute Vernehmung ist ferner immer dann erforderlich, wenn das Gericht der Aussage eine andere Tragweite oder ein anderes Gewicht geben will als das erstinstanzliche Gericht (BGH NJW 99, 2972; 98, 385; NJW-RR 01, 1430). Auch im Hinblick auf objektive Umstände, die bei der Beweiswürdigung eine Rolle spielen können und von der Erstinstanz nicht beachtet worden sind, darf das Berufungsgericht ohne erneute Vernehmung des Zeugens zumindestens nicht zu dem Ergebnis kommen, der Zeuge habe in einem prozeßentscheidenden Punkt mangelndes Erinnerungsvermögen, Urteilsfähigkeit oder fehlender Wahrheitsliebe objektiv die Unwahrheit ausgesagt (BGH NZV 93, 276). Gleiches gilt auch, wenn das erstinstanzliche Gericht seine Feststellungen auf die Angaben mehrerer Zeugen stützt, das Berufungsgericht aber nach Vernehmung nur eines dieser Zeugen eine abweichende Feststellung treffen will (BGH NJW 00, 1199). Das Berufungsgericht kann allerdings auf eine erneute Vernehmung eines Zeugen verzichten, wenn es seine von der Vorinstanz abweichende Würdigung lediglich auf solche Umstände stützt, die weder die Urteilsfähigkeit, das Erinnerungsvermögen, die Wahrheitsliebe, die Vollständigkeit oder die Widerspruchsfreiheit der Aussagen betreffen (BGH NJW 1998, 2222). Das Gericht muß dann allerdings der beweisbelasteten Partei einen entsprechenden Hinweis geben, um ihr Gelegenheit zu möglicherweise weiteren Beweisanregungen zu geben (BGH VersR 85, 183).

2. Teil

Straßenverkehrs-Ordnung – StVO

vom 16. November 1970 (BGBl I 1565, amtl Begr VkBl 70, 797;
letzte Änderung s Änderungsverzeichnis S XXV)

Mit allgemeiner Verwaltungsvorschrift – VwV-StVO

Vorbemerkungen – StVO

I. Allgemeines

1. Zur historischen Entwicklung darf auf die Vorauflagen verwiesen 1
werden. Einen Überblick über die laufenden Änderungen der StVO gibt
die obige datenmäßige Übersicht im Anschluß an das Abkürzungsverzeichnis (S. XXV ff).

2. Anpassung an internationales Recht 2

Die internationale Verflechtung des KraftV ließe zwar ein einheitliches
internationales StraßenverkehrsR wünschenswert erscheinen. Die Bestrebungen zur Vereinheitlichung der VRegeln führten aber bisher nicht zu
einer europäischen oder Welt-StVO, sondern nur zu internationalen Abmachungen, die von den Staaten jew erst in ihren nationalen Straßenverkehrsordnungen verwirklicht werden müssen. In der Bundesrepublik ist
dies bezüglich der 1964 vereinbarten CEMT-Regeln (s VkBl 65, 142 ff) u
der 1977 ratifizierten Weltabkommen geschehen (G v 21. 9. 77, BGBl II
809; s dazu auch BTDr 8/178), die im Rahmen ihrer Übernahme soweit
auch bei uns geltendes R sind.

3. Der Schutzzweck der StVO ergibt sich allg aus der Ermächtigungs- 3
grundlage des § 6 I 3, 4a, 5a, 13 ff StVG. Danach steht im Vordergrund
die Erhaltung der Ordnung u Sicherheit im öff VRaum. Geschützt sind
also namentlich die allg VSicherheit sowie mitunter auch nur Interessen
bestimmter Bevölkerungsgruppen (zB Behinderte) oder bes Bereiche (s zB
§ 45 I–I d). VVorschriften dienen daneben auch dem Schutz einzelner Personen u sind damit **SchutzG** iS von § 823 II BGB (wie zB die §§ 1 II, 4
2 V, 3 I, II a, 4, 5, 7 IV, 8–12, 14, 15, 17, 18 III, IV, VII, VIII, 20 I, I a,
23, 25–28, 32, 35 VI S 2, 36 II, IV, 37, 38 I S 2 u viele VZeichen); ob dies
der Fall ist, beurteilt sich danach, ob die Vorschrift auch den Schutz des
Einzelnen im Auge hatte (s zB BGH (Z) VRS 64, 252 zu Z 283 sowie
§ 12 StVO Rn 50).

Vorbemerkungen – StVO Die Straßenverkehrs-Ordnung

II. Aufbau und Darstellung

5 ### 1. Einteilung der StVO

Die StVO weist drei Abschnitte auf: Zunächst die allg VRegeln, sodann die Zeichen u VEinrichtungen u schließlich die Durchführungs-, Bußgeld- u Schlußvorschriften. Auf eine weitere Untergliederung ist bewußt verzichtet worden. Im übrigen wird die Übersichtlichkeit durch Überschriften über den einzelnen Paragraphen gewährleistet. Die Paragraphen sind nach Themen eingeteilt (wie „Geschwindigkeit", „Abstand", „Überholen" usw), nicht nach VArten; insoweit sind nur wenigen (wie den Fußgängern (§ 25), Massenverkehrsmitteln § 20), ABen (§ 18) u Bahnübergängen (§ 19)) bes Regelungen gewidmet. An die für alle VT gültigen Regeln schließen sich nach Bedarf die Sonderregelungen für einzelne Fz-Arten in bes Absätzen oder Sätzen an. Die Pflichten u Rechte der Fußgänger sind in den §§ 18 X, 20 III, 25, 27 VI u 42 IV a Z 325 zusammengefaßt.

6 ### 2. Sprachliche Darstellung

Die StVO bemüht sich zur besseren Allgemeinverständlichkeit zwar um eine möglichst einfache Sprache. Dennoch lassen sich unbestimmte RBegriffe, wie zB „wenn die VLage es rechtfertigt", „wenn nötig" ua nicht immer vermeiden, wenn den vielfältigen Erscheinungsformen des täglichen Verkehrs Rechnung getragen werden soll. Das StraßenverkehrsR ist kein RGebiet, das eine Auslegung allein mit abstrakten Begriffen u logischer Subsumption zuläßt; es muß zwar – wie jedes andere RGebiet – allgemeingültige, klare RGrundsätze haben, die für alle gleichartigen VLagen anzuwenden u hinreichend bestimmt sind (Art 103 GG; BVfGE 11, 234, 237; BGHSt 23, 40; s auch BVfG NJW 69, 1164 zur Verfassungsmäßigkeit von § 1 StVO; Janiszewski 33). Diese aus der fast unübersehbaren Kasuistik der VerkehrsRSpr herauszuarbeiten, ist eine Hauptaufgabe dieses Buches. Andererseits ist bei der unendlichen Mannigfaltigkeit der natürlichen, insb techn Vorgänge des VGeschehens, eine flexible Fassung von Tatbeständen unentbehrlich, weil der Richter bei starren Bestimmungen gerade daran gehindert wäre, die verschiedenen in Betracht kommenden Auslegungsgrundsätze (s Rn 9) sinnvoll anzuwenden.

7 ### 3. Verkehrszeichen und -einrichtungen

Die VZ sind in den Text der StVO eingearbeitet. Man unterscheidet „Gefahrzeichen" (§ 40), „Vorschriftzeichen" (§ 41), „Richtzeichen" (§ 42) u „Verkehrseinrichtungen" (§ 43).

8 Die VZ sind nicht fortlaufend numeriert, sondern haben dreistellige Zahlen, u zwar sind vorgesehen für GefahrZ die Nummernreihen 101–199, für VorschriftZ 201–299, für RichtZ 301–499, davon 401–499 für die Wegweiser (s auch die Zusatzschilder im VzKat bei § 39). Bemerkungen zu den Zeichen finden sich in diesem Kommentar bei den jew entspr VRegelungen (s dazu Sachverzeichnis unter „Zeichen" u Fn zu den jew Zeichen); zu ihrer Ausgestaltung u Wirksamkeit s § 39 StVO Rn 15 ff.

Jagow

III. Auslegungsgrundsätze

1. Die VwV u amtl „Begründung" 9

Zugleich mit der StVO wurde die „Allgemeine Verwaltungsvorschrift" (VwV) erlassen, die sich mit ihren Ausführungsvorschriften hauptsächlich an die VB richtet, für die sie verbindlich ist (Dü NZV 91, 204). Außerdem enthält sie, nicht die StVO, verkehrsrechtliche Begriffsbestimmungen.

Die VwV ist zwar kein die Gerichte bindendes R, kann aber eine wertvolle Auslegungshilfe sein (BGHSt 23, 108, 113). Damit kommt auch den in ihr enthaltenen Begriffsbestimmungen keine bindende Wirkung zu, von denen aber die RSpr idR ohne triftige Gründe kaum abweichen wird (BGH aaO). 10

Seit ihrem Neu-Erlaß (BanZ Nr 246b v 31. 12. 1998) ist die VwV-StVO durch den Vorschriftengeber mit amtlichen Randnummern versehen. Diese Randnummern sind im vorliegenden Werk jeweils grau unterlegt. 10a

Die amtl **Begründungen zur StVO** (VkBl 70, 797 ff) u zu den ÄnderungsVOen (jew im VkBl abgedr) teilen die Beweggründe u Vorstellungen des VO-Gebers über die Vorschriften mit; auch sie enthalten keine bindende Auslegung, aber wertvolle Auslegungshilfen. 11

2. Verkehrsgerechte Auslegung 12

Wie bereits oben (Rn 6) angedeutet, wird eine rein formalistische Auslegung dem Wesen der VVorschriften nicht gerecht. Zwar ist grundsätzlich vom Wortlaut der Vorschrift auszugehen; Wort- u Begriffsauslegung müssen aber hinter dem Sinn u Zweck der Vorschrift zurücktreten. Maßgeblich ist vor allem der in der Norm zum Ausdruck kommende objektivierte Wille des GGebers (BGHSt 29, 196, 198 mwN). Alle Vvorschriften sind unter Berücksichtigung der jew VLage nach der Grundregel des § 1 StVO auszulegen (Bay VRS 60, 392). Allerdings sind grundsätzlich auch bloß formelle Verstöße gegen die StVO ahndbar, weil das Ordnungsprinzip eingehalten, schon die abstrakte Gefährdung vermieden u die automatische Befolgung der Vorschriften erreicht werden muß.

Im Einzelfall kann jedoch ein Zuwiderhandeln gegen ein formelles Gebot – abgesehen von den Fällen der Rechtfertigungsgründe – bei sinnvoller u nicht zu engherziger Anwendung des **Opportunitätsprinzips** (§ 47 OWiG) nicht ahndbar sein, wenn es offensichtlich nicht gegen den Ordnungs- u Sicherungszweck der StVO verstößt, zB ungefährliche, geringe Geschwindigkeitsüberschreitung an einer Baustelle während der Arbeitsruhe, einminütiger Parkverstoß (Dü ZfS 94, 69) oder Überfahren einer durchgezogenen weißen Linie, wenn weit u breit keine anderen VT ersichtlich sind u die Strecke übersehbar ist (s auch oben **E** 59). Nicht jeder VUnfall muß einen Schuldigen haben; er kann durch menschliches Versagen verursacht sein, ohne daß den Täter ein strafrechtlicher Vorwurf trifft (vgl oben 76 ff; § 1 StVO 52 ff). 13

Dagegen ist gegenüber sog unfallträchtigen Verstößen ein strenger Maßstab auch dann anzulegen, wenn sie ohne Folgen verlaufen sind. Dementspr ist bei der Auslegung der einzelnen Vorschriften u Verhaltens- 14

Jagow

Vorbemerkungen – StVO Die Straßenverkehrs-Ordnung

grundsätze davon auszugehen, daß die Freiheit des Handelns auch im StraßenV grundsätzlich gewahrt werden muß, wo sie andere nicht beeinträchtigt, während eine strengere Auslegung immer dann angebracht ist, wenn dies die Rücksicht auf die Mitwelt gebietet.

15 IV. Ordnungswidrigkeiten

Die OWen nach der StVO sind in § 49 erschöpfend aufgezählt, dh Verstöße, die dort nicht aufgeführt sind, können nicht geahndet werden (s **E** 10; § 49 StVO 1 f, § 24 StVG 1–3). Es ist daher bei jeder Verurteilung die entspr Stelle des § 49 StVO anzuführen. Die BKatV nach § 26a StVG stellt indessen – neben den §§ 24 StVG u 49 StVO – keine zusätzliche Ahndungsvoraussetzung dar, sondern nur eine Bemessungsrichtlinie für die Höhe der GB im Regelfall (s dazu Erl zu § 26a StVG).

Inhaltsübersicht

I. Allgemeine Verkehrsregeln

§ 1 Grundregeln
§ 2 Straßenbenutzung durch Fahrzeuge
§ 3 Geschwindigkeit
§ 4 Abstand
§ 5 Überholen
§ 6 Vorbeifahren
§ 7 Benutzung von Fahrstreifen durch Kraftfahrzeuge
§ 8 Vorfahrt
§ 9 Abbiegen, Wenden und Rückwärtsfahren
§ 9a Kreisverkehr
§ 10 Einfahren und Anfahren
§ 11 Besondere Verkehrslagen
§ 12 Halten und Parken
§ 13 Einrichtungen zur Überwachung der Parkzeit
§ 14 Sorgfaltspflichten beim Ein- und Aussteigen
§ 15 Liegenbleiben von Fahrzeugen
§ 15a Abschleppen von Fahrzeugen
§ 16 Warnzeichen
§ 17 Beleuchtung
§ 18 Autobahnen und Kraftfahrstraßen
§ 19 Bahnübergänge
§ 20 Öffentliche Verkehrsmittel und Schulbusse
§ 21 Personenbeförderung
§ 21a Sicherheitsgurte, Schutzhelme
§ 22 Ladung
§ 23 Sonstige Pflichten des Fahrzeugführers
§ 24 Besondere Fortbewegungsmittel
§ 25 Fußgänger
§ 26 Fußgängerüberwege
§ 27 Verbände
§ 28 Tiere

Grundregeln § 1 StVO

§ 29 Übermäßige Straßenbenutzung
§ 30 Umweltschutz und Sonntagsfahrverbot
§ 31 Sport und Spiel
§ 32 Verkehrshindernisse
§ 33 Verkehrsbeeinträchtigungen
§ 34 Unfall
§ 35 Sonderrechte

II. Zeichen und Verkehrseinrichtungen

§ 36 Zeichen und Weisungen der Polizeibeamten
§ 37 Wechsellichtzeichen und Dauerlichtzeichen
§ 38 Blaues Blinklicht und gelbes Blinklicht
§ 39 Verkehrszeichen
§ 40 Gefahrzeichen
§ 41 Vorschriftzeichen
§ 42 Richtzeichen
§ 43 Verkehrseinrichtungen

III. Durchführungs-, Bußgeld- und Schlußvorschriften

§ 44 Sachliche Zuständigkeit
§ 45 Verkehrszeichen und Verkehrseinrichtungen
§ 46 Ausnahmegenehmigung und Erlaubnis
§ 47 Örtliche Zuständigkeit
§ 48 Verkehrsunterricht
§ 49 Ordnungswidrigkeiten
§ 50 Sonderregelung für die Insel Helgoland
§ 51 Besondere Kostenregelung
§ 52 Entgelt für die Benutzung tatsächlich-öffentlicher Verkehrsflächen
§ 53 Inkrafttreten

Auf Grund des § 6 Abs. 1 des Straßenverkehrsgesetzes in der Fassung der Bekanntmachung vom 19. Dezember 1952 (Bundesgesetzbl. I S. 837), zuletzt geändert durch Artikel 23 des Kostenermächtigungs-Änderungsgesetzes vom 23. Juni 1970 (Bundesgesetzbl. I S. 805), wird mit Zustimmung des Bundesrates verordnet:

I. Allgemeine Verkehrsregeln

§ 1 Grundregeln

(1) **Die Teilnahme am Straßenverkehr erfordert ständige Vorsicht und gegenseitige Rücksicht.**

(2) Jeder Verkehrsteilnehmer hat sich so zu verhalten, daß kein Anderer geschädigt, gefährdet oder mehr, als nach den Umständen unvermeidbar, behindert oder belästigt wird.

VwV - StVO

Zu § 1 Grundregeln

I. Die Straßenverkehrs-Ordnung (StVO) regelt und lenkt den öffentlichen Verkehr.

II. Öffentlicher Verkehr findet auch auf nicht gewidmeten Straßen statt, wenn diese mit Zustimmung oder unter Duldung des Verfügungsberechtigten tatsächlich allgemein benutzt werden. Dagegen ist der Verkehr auf öffentlichen Straßen nicht öffentlich, solange diese, zum Beispiel wegen Bauarbeiten, durch Absperrschranken oder ähnlich wirksame Mittel für alle Verkehrsarten gesperrt sind.

3 III. **Landesrecht** über den Straßenverkehr ist unzulässig (vgl Artikel 72 Abs 1 in Verbindung mit Artikel 74 Nr 22 des Grundgesetzes). Für örtliche Verkehrsregeln bleibt nur im Rahmen der StVO Raum.

Inhaltsübersicht

	Rn
1. Allgemeines	1
2. Der Verkehrsteilnehmer	5
a) Verkehrsteilnehmer	5
b) Kein Verkehrsteilnehmer	10
c) Der Mitfahrer	11
d) Beeinträchtigung des Verkehrs durch Nichtverkehrsteilnehmer	12
3. Öffentlicher Straßenverkehr	13
4. Die allgemeinen Grundsätze des gebotenen Verhaltens	22
a) Grundsatz der doppelten Sicherung	22
b) Vertrauensgrundsatz u defensives Fahren	24
c) Verhalten gegenüber Fußgängern	30
d) Pflichten gegenüber Kindern	38
e) Zuziehung einer Hilfsperson	43
f) Verstoß durch Unterlassen	50
5. Reaktions- u Schreckzeit, falsche Reaktion	52
6. Die einzelnen Verkehrsvorgänge	63
a) Allgemeines	63
b) Verhalten bei Blendung	64
7. „Anderer"	68
8. Die verpönten Folgen	70
a) Allgemeines	70
b) Gefährdung	71
c) Schädigung	73
d) Behinderung u Belästigung	74
9. Zuwiderhandlungen	84
10. Nötigung	86 a
11. Literatur	87

1. Allgemeines

1 **Abs 1** enthält eine grundsätzliche Mahnung zu Vorsicht u Rücksicht im StraßenV, dh zu defensivem Fahren (s Rn 27), er begründet keine neben die übrigen VPflichten tretende Verantwortlichkeit u ist wegen seiner Unbestimmtheit u vorwiegend programmatischen Bedeutung nicht bußgeldbewehrt.

2 **Abs 2** enthält die bedeutsame, traditionelle u jedem Kf geläufige **Grundregel.** Während die nachfolgenden Einzelvorschriften zahlreiche VRegeln aufstellen u ihre Verletzung – meistens ohne Rücksicht darauf, ob ein nachteiliger Erfolg eingetreten ist – idR unter Bußgelddrohung gestellt ist, bildet die **Grundregel** die R.Grundlage für ein Einschreiten in allen nicht im einzelnen geregelten Fällen. Sie beschreibt nicht ein bestimmtes Verhalten im Verkehr, sondern knüpft den TB an den Eintritt einer von mehreren in Betracht kommenden schädlichen Folgen (**konkretes Erfolgsdelikt**). § 1 II ist genügend bestimmt iS des Art 103 II GG (BVfG DAR 68, 329). Die allg Grundregel ist unentbehrlich; denn die Erfassung der vielfältigen Lebensverhältnisse, sowie die laufende Fortbildung des StraßenverkehrsR u seine Anpassung an die immer neuen technischen Gegebenheiten sind nur mit Hilfe dieser Generalklausel möglich, die als subsidiärer **Auffang-TB** fungiert, wenn die Spezialvorschriften der §§ 2ff keine Regelung enthalten (s Ha StVE § 1 StVO 15 u unten Rn 84). 3

Die Grundregel dient in erster Linie der Sicherheit des StraßenV, also dem **Schutz** der VGemeinschaft; sie will aber auch die Gefährdung einzelner abwehren (BGHSt 12, 284); sie ist also **SchutzG** iS des § 823 BGB (BGHZ 23, 90, 97; Ha DAR 01, 360); gleichwohl ist eine wirksame Einwilligung in Gefährdung pp nicht möglich. 4

2. Der Verkehrsteilnehmer

a) **Verkehrsteilnehmer** (VT) ist, wer öffentliche Wege im Rahmen des Gemeingebrauchs (**E** 93) benutzt (KG VM 86, 86; Dü JZ 88, 571; Ko MDR 93, 366 = StVE 103), wobei es weder auf den Benutzungs**zweck** noch auf den Benutzungs**willen** (KG VRS 18, 44; Stu DAR 63, 358), uU nicht einmal auf die Anwesenheit im öff VRaum ankommt (Dü VRS 31, 125; 89 zu § 12). Alle VTeilnehmer sind bis auf ausdrücklich vorgesehene Ausn (zB SonderrechtsFz) im Prinzip gleichrangig. 5

VTeilnahme setzt ein verkehrserhebliches Verhalten voraus, dh durch Handeln oder pflichtwidriges Unterlassen wird mit Beteiligungsabsicht auf einen VVorgang eingewirkt (Bay NZV 92, 327). **Verkehrsbezogen** ist das Verhalten, wenn es sich schon oder noch wenigstens teilweise im öff VRaum abspielt (BGHSt 18, 393). So ist (schon) VT, wer im Begriff ist, sich in den Verkehr einzuschalten u auf ihn einwirkt, bevor er selbst die öff Str erreicht, zB Rinder auf die Str vorauslaufen läßt, die er auf die Weide treiben will (Bay 53, 2; VRS 44, 365), oder bereits Privatgrund betreten hat, aber durch die folgenden Tiere (noch) auf den öff Verkehr einwirkt; nicht aber, wenn Vieh in Abwesenheit von Menschen auf die Str geraten ist, so daß es an der unmittelbaren **räumlichen Beziehung** zwischen Mensch u VVorgang fehlt (Bay 57, 172; Hbg VRS 36, 449). VT ist auch der den öff VRaum benutzende **Fußgänger** (Ko StVE § 142 StGB 103 = MDR 93, 366). 6

Der umfassendere Begriff des VT ist zwar von der RSpr weitgehend dem engeren des Fz-Führers angeglichen worden, so daß diese im öff Verkehr idR auch „Verkehrsteilnehmer" sind (s Rn 6 zu § 2); doch kann VT 8 auch sein, wer (noch) nicht als Fz-Führer gilt, wie derjenige, der nur das Trieb- oder Schwenkwerk eines auf öff Str abgestellten Baggers in Betrieb setzt u so durch die Drehbewegungen auf den Verkehr einwirkt (Bay 66, 142 = VRS 32, 127; weitere Beispiele Rn 6ff zu § 2). 7 8

Heß

StVO § 1 9–13 a   Grundregeln

Auch das Schieben oder Rollenlassen eines Fz ohne Motorkraft ist VTeilnahme.

9 § 1 erstreckt sich auch auf den **ruhenden Verkehr** (§§ 12–15). Wer sein Fz auf öff VGrund abstellt, ist daher während der ganzen Dauer des Parkens VT (Br VkBl 59, 260; VGH Ka NJW 99, 3650; Bay 64, 78 = VRS 27, 220), auch bei Abwesenheit (s oben Rn 5), nicht aber, wenn nur das Heck eines auf Privatgrund geparkten Kfz geringfügig in den Gehweg ragt (Bay 65, 31 = VRS 29, 151).

10 b) **Kein VT** ist, wer sich zwar auf öff Gelände aufhält, aber das VGeschehen nicht beeinflußt, wie der Fahrgast einer Straßenbahn oder der untätige Insasse eines Kfz (Nü VRS 90, 268); wer nur prüft, **ob der Motor** anspringt (BGHSt 7, 315) oder wer sich zwar mit der Absicht zu fahren hinters Lenkrad des fahrbereiten Kfz setzt (laufender Motor, eingeschaltetes Abblendlicht), jedoch noch keine weiteren Handlungen vorgenommen hat, oder wer das Trieb- u Fahrwerk zwar bedient, um wegzufahren, jedoch nicht wegkommt, weil er sich festgefahren hat (Kö VRS 27, 235, 302; Ha VRS 11, 74; 13, 450; 22, 38; zum Fz-Führer s Rn 5 ff zu § 2). Die VTeilnahme endet mit dem Verlassen des öff VRaumes.

11 c) **Der Mitfahrer** wird zum VT, wenn er in den Ablauf eines VVorganges eingreift, zB ins Lenkrad greift (Ha NJW 69, 1975), den Fahrer behindert oder ablenkt (Bay 57, 77 = VRS 13, 285; Dü DAR 56, 280); nicht aber, wenn er sich bloß festhalten muß, um eine Gefährdung seiner eigenen Person zu vermeiden, zB auf einem Heuwagen oder auf dem Trittbrett eines Müllwagens (Bay 63, 210 = VRS 26, 221). Dagegen ist der „Sozius" auf dem Krad VT, da er durch seine Körperhaltung die Führung des Krad unmittelbar beeinflußt (BGH VRS 7, 68).

12 d) **Beeinträchtigung des Verkehrs durch Nicht-VT.** Nicht alle Vorschriften der StVO richten sich an die VT. Teilweise sprechen sie einen engeren Personenkreis, also nur einen Teil der VT an, zB den Fz-Führer (vgl § 2 Rn 5 ff). Andere wenden sich an Personen, die selbst überhaupt nicht am Verkehr teilnehmen, zB §§ 32, 33 StVO oder § 315 b StGB. Wer durch ein Gebot oder Verbot verpflichtet ist, ergibt sich mind aus dem Sinn der jew Vorschrift.

3. Öffentlicher Straßenverkehr

13 a) Die Verhaltensvorschriften der StVO (wie die der §§ 1, 6 I 3, §§ 21, 24a StVG u der §§ 142, 315 b, 315 c u 316 StGB) beziehen sich grundsätzlich nur auf Vorgänge im **öff** VRaum (Dü VM 88, 69; Hbg VM 88, 121; Ausn s Rn 6 u 20), nicht auf den Verkehr auf privaten Grundstücken (s dazu Ha NZV 90, 440: selbst wenn sich dort eine Feuerwehrzufahrt befindet, gilt § 12 I 8 nicht). Nach § 1 S 2 StVZO fallen darunter „alle für den Straßen-V oder für einzelne Arten des Straßen-V bestimmten Flächen", gleichgültig, ob sie dem fließenden oder ruhenden Verkehr (Parkplatz) die-

13 a nen (s dazu auch Janiszewski 50 ff; s aber auch § 9 Rn 53). „Öffentlich" iS des StraßenverkehrsR ist eine VFläche immer dann, wenn auf ihr der Ver-

Öffentlicher Straßenverkehr   14, 15   **§ 1 StVO**

kehr eines Personenkreises, der durch keinerlei persönliche Beziehungen miteinander verbunden ist, zugelassen wird, während sie Privatgrund bleibt, wenn der Verfügungsberechtigte nur den Verkehr von Personen duldet, die in engen persönlichen Beziehungen zu ihm stehen oder gerade anläßlich des Gebrauchs des Weges in solche treten. Dazu gehören zunächst alle öff Straßen u Wege iS des WegeR des Bundes u der Länder (**rechtlich-öff Wege**, vgl E 22, 161 ff.); darüber hinaus aber auch die **tatsächlich öff Wege**, das sind VFlächen, auf denen ohne Rücksicht auf die Eigentumsverhältnisse oder eine verwaltungsrechtliche Widmung auf Grund ausdrücklicher oder stillschweigender Duldung des Verfügungsberechtigten die Benutzung durch jedermann tatsächlich zugelassen (VwW zu § 1 II; BGHSt 16, 7, 9; OVG NW DAR 00, 91; KG VRS 64, 103; VGH Ka VRS 79, 390; Zw VRS 79, 354; Dü DAR 96, 415 Ls) u ihr Gebrauch durch die Allgemeinheit erkennbar ist (Nü DAR 83, 87; Ol DAR 83, 31); dabei ist auf die erkennbaren äußeren Umstände abzustellen (Bay VRS 73, 57; v 31. 7. 92 bei Verf NStZ 92, 582). Das kann auch ein Privatgrundstück mit einem durch Z 314 gekennzeichneten Parkplatz sein (Ol VRS 60, 471; Fra DAR 94, 369: an Privat verpachtete Parkfläche). Bei ihnen dauert die Öffentlichkeit so lange an, bis sie vom Eigentümer in eindeutig erkennbarer, zulässiger Weise widerrufen ist (VGH Ka NZV 89, 406; Bay NZV 94, 116; Dü NZV 94, 490). Die Öffentlichkeit eines Weges wird nicht dadurch beeinträchtigt, daß seine Benutzung nach zeitlichen (Bay VOR 72, 73: stundenweise) oder sachlichen Merkmalen beschränkt (Fuß- oder Radweg: ZW NZV 90, 476) oder nur für einen bestimmten Personenkreis freigegeben ist (zB für Kunden eines Warenhauses, einer Gastwirtschaft oder einer Klinik: VGH Ka VRS 79, 390).   **14**

b) **Öffentlich** in diesem Sinne ist daher der Parkplatz einer Gastwirtschaft auch dann, wenn er beliebigen Gästen vorbehalten ist (Dü NZV 92, 120 mit Anm Pasker = JR 92, 300 mit Anm Hentschel), Kaufhausparkplätze (Dü VRS 61, 455), „Privat-" oder „Firmenparkplätze", die ausdrücklich oder stillschweigend für jedermann zugelassen sind u tatsächlich so genutzt werden (Dü VRS 63, 289; KG DAR 84, 85; Dü DAR 00, 175: allg zugängliche Parkplätze), Parkplätze von Einkaufscentern (Sa VRS 47, 54; Stu VM 90, 104), Parkplätze auf Warenhausdächern oder entsprechendem Gelände (Ha VRS 99, 70; Ol DAR 99, 73), ein von Bewohnern und Kunden unterschiedlicher Firmen genutzter Hinterhofparkplatz (OVG NW DAR 00, 91), Betriebshof eines Kaufhauses (KG VM 83, 16); die Zu- u Abfahrt u der Raum an u zwischen den Zapfsäulen einer Tankstelle, solange diese geöffnet oder die Abgabe von Treibstoff auch während der Betriebsruhe möglich ist, zB Münztank, Nachtdienst (BGH (Z) VM 85, 103; Dü VRS 59, 282; NZV 88, 231); die allg zugängliche automatische Waschanlage (Bay VRS 58, 216); die Zufahrtstr zur Güterabfertigung eines Bahnhofs (Schl VM 58, 32), eines zivilen Flughafens (Br VRS 28, 24), zu einem Fabrikauslieferungslager; zu einer Privatklinik mit Besucherparkplätzen (VGH Ka NZV 89, 404) u zu mehreren Wohnhäusern, wenn keine die Zufahrt beschränkenden Einrichtungen angebracht sind (Bay 83, 31 =   **15**

VRS 64, 375 u 65, 223 unter Aufg von Bay VRS 43, 134) oder sich dort Einrichtungen mit öff BesucherV befinden (Bay v 26. 11. 86, 1 St 226/86); ebenso eine im Eigentum der Forstverwaltung stehende Str, auf der beliebige Holzfuhrwerke Holz abholen dürfen, aber sonstiger Verkehr verboten ist (BGH VM 63, 68; Ko NStZ-RR 97, 243: Waldweg); eine städt Mülldeponie, auch bei Benutzungsbeschränkung auf Ein- u Umwohner (Zw VRS 60, 218). Der Öffentlichkeitscharakter wird dadurch nicht berührt, daß auf dem sonst frei zugänglichen Areal nur das Parken allein Personen mit bes Parkausweis gestattet ist (Bay VRS 62, 133) oder auf einem Fliegerhorst, der erst nach Prüfung der Person u Aushändigung eines Passierscheins betreten werden darf (Bay 62, 266; s auch Dü VRS 64, 300).

16 Die Benutzung eines **Privatgrundstücks** kann dahingehend geregelt werden, daß für einen bestimmten eingeschränkten Zeitraum öff Verkehr herrscht (Bay 71, 30 = VRS 41, 42; Ha VRS 48, 44) wie zB während eines Turniers auf dem privaten Gelände eines Reitvereins (Ce ZfS 96, 312); das kann auch bei einem sonst grundsätzlich nicht öff Kasernengelände der Fall sein (Kar VRS 60, 439) u auf einer zeitweilig durch Z 250 gesperrten „Panzerstraße der Bundeswehr" (Ha VRS 91, 346); ob eine Tankstelle während nächtlicher Betriebsruhe „öffentlich" ist, hängt vom erkennbaren (Bay 82, 60) Duldungs- oder Beschränkungswillen des Tankstelleninhabers ab (KG VRS 60, 130; Kar v 22. 4. 82, 4 Ss 70/82); das gilt auch für den Parkplatz einer Gaststätte, der den öff Charakter nicht allein schon durch Ablauf der Öffnungszeit der Gaststätte verliert (Dü NZV 92, 120 mit Anm Pasker = JR 92, 300 mit Anm Hentschel). Einen tatsächlich-öff Gehweg darf der Grundstückseigentümer auch ohne bes Kenntlichmachung seines Beschränkungswillens vorzugsweise durch sich nutzen (zB zum Abstellen von Kfzen: Bay 82, 151 = VRS 64, 140; Dü NZV 94, 490); anders beim rechtlich-öff gewidmeten Weg (Ko VRS 45, 48), da dem Eigentümer hier keine entspr Befugnisse zustehen (Bay aaO).

17 Auch Parkhäuser u der Allgemeinheit zur Verfügung gestellte Tiefgaragen sind – auch unabhängig von einer entspr Widmung – jedenfalls während der Betriebszeit dem öff VRaum zuzurechnen (Stu VRS 57, 418 mwN; Br VRS 33, 193; KG VRS 64, 103; VM 84, 36); nicht aber außerhalb der Betriebszeit (Stu aaO). Öff ist auch eine Str, die nur für den AnliegerV freigegeben ist (Ha VM 59, 43); ebenso der Fußgängern vorbehaltene Gehweg (BGHSt 22, 365) oder der für Fze gesperrte, Fußgängern aber zugängliche Weg (Schl VM 71, 80), so daß ein hier verbotswidrig fahrender Mopedf auch nach den §§ 316 StGB u 21 StVG verfolgt werden kann (Ha VRS 62, 47). Schilder, wie „Unbefugten ist der Zutritt verboten", beeinträchtigen die Öffentlichkeit des Weges nicht, wenn der „befugte" Benutzerkreis das Merkmal „Öffentlichkeit" erfüllt (Zw VRS 60, 218), auch nicht die Sicherung einer Baustelle ohne Sperrung der Str (Dü VM 94, 90).

18 Zur Frage, ob eine vor dem Wohnhaus gemietete Parkbucht „öffentlich" ist (s Bay 82, 60 = VRS 63, 287) oder ein Parkdeck in unmittelbarer Nähe von Wohnblocks (Hbg VM 83, 47), kommt es auf die äußeren Umstände (Absperrungen, isolierte Lage im Hofraum, Gestaltung) u das Verhalten des Verfügungsberechtigten an.

c) **Nicht öffentliche VFlächen** sind Str, die für **jeden** Verkehr gesperrt (VwV II; Dü DAR 83, 90) oder schon nach ihrer Beschaffenheit offensichtlich nicht zur VBenutzung bestimmt sind (Kö VRS 50, 236; Hbg VM 88, 121; Dü NZV 93, 161: bepflanzter Mittelstreifen); ferner der nur Übernachtungsgästen vorbehaltene Hof eines Hotels oder Anwesens (Bay ZfS 87, 222), eine nur Anwohnern zugängliche Tiefgarage (LG Krefeld ZfS 87, 380) sowie der für Betriebsangehörige bestimmte Parkplatz einer Fabrik (Bra VRS 27, 458); der nur mit einem Ausweis der Verwaltung zugängliche Raum eines Großmarktes (BGH VRS 24, 18). Gelegentliche Benutzung durch Unbefugte ändert nichts an der Nichtöffentlichkeit (BGHSt 16, 7 = NJW 61, 1124; BayVRS 73, 57).

d) Das **Abbiegen** von der öff Str in ein **Privatgrundstück** u das **Einfahren** aus einem solchen in eine öff Str sind mind so lange Vorgänge des öff Verkehrs, als sich das Fz noch teilweise auf öff VGrund befindet (s dazu §§ 9, 10; Dü NZV 93, 198: Zufahrt zum Parkdeck); ebenso, wenn die verpönte Folge durch ein auf den öff Verkehr bezogenes Verhalten auf Privatgrund bewirkt wurde, wenn zB der Kf mit überhöhter Geschwindigkeit in einen Privatweg einfährt u dadurch auf ihm einen anderen gefährdet (Hbg VRS 38, 218) oder beim Einfahren auf die öff Str noch auf dem Privatgrundstück einen Menschen verletzt, weil er ihn wegen der Beobachtung des Verkehrs auf der Str übersehen hat (BGHSt 18, 393; vgl auch Bay 72, 276 = VRS 44, 365; s auch § 142 StGB Rn 4). Die Folge des verkehrswidrigen Verhaltens muß nicht auf öff VGrund eintreten, der Verletzte braucht kein VT (oben Rn 5) zu sein (vgl auch §§ 9, 10 u § 142 StGB Rn 4).

e) **Seitenstreifen** sind Teile der öff Str (vgl § 2 Rn 23), nicht aber der **Straßengraben** (Ha VRS 39, 270; Stu, Justiz 83, 310).

4. Die allgemeinen Grundsätze des gebotenen Verhaltens

a) Durch den **Grundsatz der doppelten Sicherung** soll erreicht werden, daß bei gefährlichen VVorgängen jeder zur Verhütung von Schaden beitragen muß, so daß der infolge des Fehlers des einen der drohende Unfall noch verhütet wird, wenn der andere die ihm gebotene Vorsicht beachtet. Obwohl es zur Vermeidung eines Unfalles ausreichen würde, wenn nur einer der beiden Beteiligten die ihm mögliche Sicherungsvorkehrungen trifft, sind beide unabhängig voneinander zu solchen Vorkehrungen verpflichtet (Bay 58, 213 = VRS 16, 66, 68). **Beispiel:** Wer sein linkes Richtungszeichen rechtzeitig gesetzt hat, darf von einem Nachfolgenden nicht mehr links überholt werden. Trotzdem darf ersterer nicht im Vertrauen auf die Einhaltung dieser VRegel abbiegen, sondern muß bei nicht ganz klarer VLage, insb auf offener Landstr, vor dem Abbiegen zurückschauen, ob ihn nicht doch ein anderer vorschriftswidrig überholt (§ 9 I S 1, 4: BGHSt 14, 201; 21, 91; vgl hierzu auch Rn 23 zu § 9 sowie die beiderseitigen Pflichten zur Vermeidung eines Auffahrunfalles § 4 I).

23 Haben in solchen Fällen beide VT ihre Pflicht verletzt, so kann sich keiner mit dem Verstoß des anderen entschuldigen, sondern jeder ist verantwortlich, wenn sein Fehler für den Unfall ursächlich war (Mühlhaus S 60 ff). Auch der **vorschriftsmäßig Fahrende** ist von dem Augenblick an zur **Unfallverhütung verpflichtet,** in dem er erkennt oder erkennen muß, daß ein anderer durch vorschriftswidrige Fahrweise die Gefahr eines Unfalls herbeiführt. Er darf dann nicht auf sein Recht pochen, sondern muß seinerseits das Möglichste tun, die Gefahr abzuwenden (BGH VRS 5, 289; 15, 94). Die korrespondierenden Pflichten der beiden beteiligten VT werden bei den einzelnen VVorgängen näher behandelt.

24 b) **Vertrauensgrundsatz u defensives Fahren.** Der Grundsatz der doppelten Sicherung bedeutet aber nicht, daß der Kf von vornherein mit jedem denkbaren verkehrswidrigen Verhalten anderer VT rechnen u seine Fahrweise darauf einstellen muß, insb mit einem solchen, das außerhalb jeder Lebenserfahrung liegt. Er muß vielmehr nach dem **Vertrauensgrundsatz** nur mit solchen Fehlern anderer rechnen, die nach den Umständen bei verständiger Würdigung als möglich zu erwarten sind (Bay NZV 89, 121; Ha NZV 93, 66). Mit Verstößen, die nur ausnahmsweise vorkommen oder außerhalb der Erfahrung liegen, braucht er nicht zu rechnen (BGH VersR 66, 1157; BGHSt 13, 169; Fra VM 75, 93; KG VRS 68, 284).

25 Soweit der Vertrauensgrundsatz reicht, **berechtigt** er dazu, sich auf ein vorschriftsmäßiges Verhalten der übrigen VT zu verlassen. Eine **Verpflichtung** hierzu begründet er **nicht** (Bay v 13. 8. 69 – 1 b St 131/69). Voraussetzung des Vertrauensgrundsatzes ist, daß derjenige, der ihn in Anspruch nimmt, die VRegeln beachtet, jedenfalls keinen für das Unfallgeschehen erheblichen Verstoß begeht. Wer sich aber selbst verkehrswidrig verhält u dadurch eine Gefahr für andere heraufbeschwört, kann nicht erwarten, daß die anderen die Folgen seines VVerstoßes durch bes Vorsicht abwenden (BGH VRS 33, 368; 35, 114).

26 Der **Vertrauensgrundsatz versagt** gegenüber einem anderen VT, wenn sich dieser erkennbar verkehrswidrig verhält, jedoch nur insoweit, als gerade im Hinblick auf den begangenen Fehler des anderen eine weitere damit zusammenhängende VWidrigkeit erwartet werden muß (BGH VRS 26, 331); ferner in unklaren VLagen (s § 3 Rn 33) sowie gegenüber VerkehrsOWen, die so häufig vorkommen, daß ein VT auf ihr Unterbleiben nicht vertrauen darf (s Übersicht bei Janiszewski 101 f). Bes Einschränkungen unterliegt er gegenüber verkehrsunsicheren Personen, wie „hochbetagten u gebrechlichen" Fußgängern u Kindern (s unten 30, 38 ff u § 3 II a; zur Warnung vor dessen Ausuferung s Verf in Gedächtnisschrift für K-H Meyer, de Gruyter, 1990 S 821).

27 Wer sich innerhalb der Grenzen des Vertrauensgrundsatzes hält, handelt pflichtgemäß und daher rechtmäßig (BGH VRS 14, 30; Mühlhaus S. 30). Da dieser aber keine Rechtsnorm, sondern vielmehr nur Anhalt für Vorhersehbarkeit ist, ist die Berufung auf einen Verbotsirrtum ausgeschlossen (Hbg VM 67, 79).

Der Vertrauensgrundsatz wird durch die Forderung nach **defensivem Fahren** eingeengt (Wimmer DAR 65, 29, 30, 170; VGT 1964, S. 67). Defensives Verhalten bedeutet, weitestgehend auf das Vertrauen in richtiges Verhalten der anderen VTeilnehmer zu verzichten, so daß die RPosition nicht voll ausgenützt wird, sondern aus Sicherheitsgründen eine über die ges gebotene hinausgehende Sorgfalt, ein „Übersoll" an Vorsicht, walten zu lassen (vgl § 1 I). Es ist als persönlicher Verhaltensgrundsatz sehr zu empfehlen, darf aber in der RSpr nicht zu einer Verschiebung der klaren Abgrenzung zwischen rechtlich zulässigem u verbotenem Verhalten führen.

In einem anderen Sinne gilt aber der Grundsatz des defensiven Fahrens **28** auch in der RSpr: Wenn ein VT sich einer rechtlich unklaren Lage gegenübersieht (zB fraglich, ob öff oder private Straße einmündet oder wie eine Vorfahrtregelung auszulegen ist), so muß er von der möglichen Bedeutung ausgehen, die ihm im Einzelfall die höhere Sorgfalt abverlangt oder ihn zum Zurückstehen verpflichtet (Kö VM 64, 43; Bay 65, 133, 138 = VRS 30, 131, 135). Ebenso muß er bei Schätzungen der Geschwindigkeiten oder Entfernungen die ungünstigsten Werte seinem Verhalten zugrunde legen. Fehlschätzungen, zB beim Überholen, gehen zu seinen Lasten.

Aus dem Ineinandergreifen des Grundsatzes der doppelten Sicherung u **29** des Vertrauensgrundsatzes ergeben sich im VerkehrsR **verschieden starke RPositionen,** von denen es abhängt, ob an einem Unfall ein Beteiligter allein oder beide schuldig sind. Es kommt dabei immer darauf an, ob das VorR durch den Vertrauensgrundsatz geschützt ist oder ob es nur ausgeübt werden darf, wenn es der andere ersichtlich beachten will. Die bei einem Unfall möglichen Rechtspositionen können in folgendes Schema gefaßt werden:
1. Vorrecht des A mit Vertrauensgrundsatz für A: Alleinschuld des B;
2. Vorrecht des A, jedoch ohne Vertrauensgrundsatz für A: Schuld beider Beteiligter;
3. Vorrecht des B, jedoch ohne Vertrauensgrundsatz für B: Schuld beider Beteiligter;
4. Vorrecht des B mit Vertrauensgrundsatz für B: Alleinschuld des A.

UU ist sogar der formal Bevorrechtigte alleinschuldig (vgl § 8 Rn 52, 28 ff). Natürlich müssen daneben weitere, bei Ausübung des VorR begangene VVerstöße gesondert mitberücksichtigt werden (vgl Mühlhaus DAR 66, 141).

c) **Verhalten gegenüber Fußgängern.** Die Pflichten der Fußgänger **30** sind in § 25 geregelt (s dazu § 25 Rn 10 ff; für Fußgängerzonen s Z 242, 243 m Erl). Gegenüber **erwachsenen** Fußgängern gilt der Vertrauensgrundsatz. Der Kf ist zwar gegenüber dem Fußgänger bevorrechtigt, doch muß er die erforderliche Sorgfalt wahren u die Fahrbahn in ganzer Breite u das Gelände daneben beobachten (BGH (Z) NJW 53, 1066; s dazu Weber DAR 88, 189 mwN); außerorts, wo Gehwege fehlen, muß er auch auf Fußgänger achten, die in seiner Fahrtrichtung rechts auf dem Bankett gehen (BGH VersR 89, 490). Er muß sich aber nicht darauf einstellen, daß ein **unsichtbarer** oder ein auf dem Gehweg oder Bankett befindlicher

StVO § 1 31–34

Fußgänger plötzlich die Fahrbahn unachtsam betritt u ihm den Weg abschneidet oder zwischen den am Fahrbahnrand parkenden oder verkehrsbedingt auf der Gegenfahrbahn haltenden Fzen hindurch unvorsichtig auf
31 die Fahrbahn tritt (BGH VRS 25, 47; 30, 192; NJW 85, 1950; Ha NZV 99, 374; VRS 85, 18). Er muß aber damit rechnen, daß Fußgänger einen Stau zum Überqueren der Fahrbahn ausnutzen (KG VM 85, 29) oder daß hinter einem haltenden Omnibus oder Lkw ein Fußgänger so weit hervortritt, daß er die Fahrbahn überblicken kann. Bei Annäherung an ein solches Fz muß er daher entweder so langsam fahren, daß er beim Auftauchen eines Fußgängers sofort anhalten kann oder einen Abstand von 1,80–2 m einhalten, damit er einen hervortretenden Fußgänger nicht gefährdet (BGHSt 13, 169; VM 68, 93; Bay 59, 295 = VM 60, 76; BGH (Z) VM 67, 69; vgl auch Ha VRS 31, 197); das gilt nicht, wenn sich in unmittelbarer Nähe ein ampelgeregelter Fußgängerübergang befindet (KG VM 87, 101; s auch § 6 Rn 7).

32 Bei Annäherung an einen **Fußgängerüberweg** u in bes gefährlichen VLagen gilt aber der Vertrauensgrundsatz gegenüber Fußgängern nicht (§ 26; BGHSt 15, 191; Ha VRS 31, 197). Einen auf der Fahrbahn im **Sichtbereich** befindlichen Menschen muß der Fahrer rechtzeitig erkennen. Wenn die Art eines Hindernisses nicht genau feststellbar ist, muß er bis zur Erlangung sicherer Kenntnis langsam heranfahren (BGHSt 10, 3; Bay VRS 20, 365; vgl Bay 63, 69 = VRS 25, 342). Grundsätzlich muß der Kf in der Lage sein, einen Unfall mit einem Fußgänger, der die Fahrbahn zügig überquert, zu vermeiden.

33 Betritt ein Fußgänger die Fahrbahn von **rechts,** so muß der Fz-Führer damit rechnen, daß er weitergeht, u deshalb sofort Maßnahmen zur Verhütung eines Unfalles treffen, wenn der Fußgänger nicht vorher mit dem Fahrer „Blickverbindung" aufgenommen hat u ihn erkennbar vorbeifahren lassen will. Er muß sich aber nicht allein deshalb, weil ein Fußgänger in einer Parklücke oder unmittelbar hinter einer Reihe geparkter Fze die Fahrbahn betritt, ohne dabei nach rechts u links zu blicken, auf die Möglichkeit einstellen, der Fußgänger werde die Fahrbahn auch über die Fluchtlinie der geparkten Fze hinaus ohne Beachtung des FahrV überqueren (Bay 70, 240 = VRS 40, 214).

34 Überquert ein Fußgänger von **links** die Str, so gilt auf schmalen Str das gleiche (BGH (Z) VM 68, 94; Bay 63, 131 = VRS 25, 460; s aber auch BGH VRS 65, 338), während auf breiten Str der Kf im allg seine Geschwindigkeit nicht herabsetzen muß, wenn ein Fußgänger von links die Fahrbahn betritt. Hier kommt es darauf an, ob der Kf annehmen kann, der Fußgänger habe das Fz bemerkt oder müsse es demnächst bemerken, u werde daraufhin stehenbleiben (BGH VRS 26, 28). Bei einem die Fahrbahn in **Etappen** überquerenden Fußgänger, der in der Mitte stehenbleibt, muß der Kf – soweit keine Umstände gegen ein verkehrsgemäßes Verhalten sprechen (Ha VRS 42, 202) – nicht damit rechnen, daß dieser plötzlich losläuft (BGH VersR 67, 457), ohne sich über den von rechts kommenden Verkehr zu vergewissern (Dü VersR 76, 59; Fra ZfS 85, 317; Näheres bei § 25 Rn 11).

IdR soll der Kf nicht vor, sondern hinter einem Fußgänger, der die 35
Fahrbahn überschreitet, vorbeifahren (BGH (Z) VM 70, 89). Er muß seinen seitlichen Abstand u seine Geschwindigkeit so einrichten, daß der Fußgänger nicht befürchten muß, der Kraftwagen fahre auf ihn zu, u deshalb aus Schrecken vor- oder zurückspringt. Die Frage, wann der Kf mit einem Zurückspringen des Fußgängers rechnen muß, hängt von den Umständen des Einzelfalls ab (KG VM 85, 74; Kar VRS 46, 392). 36

Wenn der Kf einen entgegenkommenden Fußgänger hart am Fahrbahnrand u sonst vorschriftsmäßig auf seiner linken Fahrbahnseite gehen sieht, braucht er nicht damit zu rechnen, daß dieser einen oder zwei Schritte in die Fahrbahn machen werde; er muß auch in der Nähe einer Gaststätte nicht annehmen, der ordnungsgemäß gehende Fußgänger könne betrunken sein (BGH VRS 50, 350). Er darf aber nicht darauf vertrauen, daß ein mit dem Rücken zur Fahrbahn stehender Bauarbeiter erst nach sorgfältiger Vergewisserung in die Fahrbahn tritt (Ha VRS 58, 257). Er muß auch einkalkulieren, daß ein Fußgänger darauf vertraut, daß der Kf entspr der angezeigten Richtung abbiegt (KG VRS 57, 173).

Eine erhöhte Sorgfaltspflicht ist gegenüber **verkehrsunsicheren** u er- 37
kennbar **unaufmerksamen** Personen u **Kindern** (s § 3 II a) geboten. Bei ihnen muß der Kf mit Unbesonnenheiten rechnen u seinerseits sofortige Abwehrmaßnahmen treffen. Das gilt insb gegenüber hochbetagten u gebrechlichen Menschen (BGH VRS 17, 204; vgl auch § 3 II a u die Vorrechte der Fußgänger in den durch Z 325 gekennzeichneten Bereichen), bei Menschenansammlungen (KG VM 85, 74; s auch Rn 33 zu § 3) u wo mit Betrunkenen zu rechnen ist (BGH VersR 89, 490). – Zur bes Vorsicht von **Radf** gegenüber Fußgängern vgl § 2 IV S 3; zur Sorgfaltspflicht bei Dunkelheit s Ha VRS 61, 66; BGH VRS 65, 338).

d) Pflichten gegenüber Kindern. Vertrauensgrundsatz gilt grund- 38
sätzlich auch hier, soweit Verhalten oder VLage keine Auffälligkeiten zeigen, die zu Gefährdungen führen können u Anlaß zu Vorsichtsmaßnahmen bieten (BGH (Z) VRS 69, 336, 353; Ha VRS 79, 267; NZV 01, 302; Brbg NZV 00, 122: Vertrauensgrundsatz gilt nur eingeschränkt). Der Kf muß nicht damit rechnen, daß aus einem Haus oder Hof oder zwischen parkenden Fzen kurz hinter einer ampelgeregelten Fußgängerfurt ein vorher nicht sichtbares Kind plötzlich auf die Fahrbahn läuft (BGH VRS 20, 132; Bay 59, 183 = VRS 18, 151; KG VRS 75, 285). Selbst der „Idealfahrer" (iS von § 7 II StVG) darf sich in gewissem Umfang auf sachgerechtes Verhalten von Kindern im StraßenV verlassen, solange keine bes Umstände vorliegen; muß er sie bei Anlegung des für ihn gesteigerten Sorgfaltsmaßstabs erkennen, so muß er sein Fahrverhalten darauf einstellen (BGH VersR 85, 864, 1088 u VRS 73, 97). Aber auch für den Durchschnittfahrer ist gegenüber auf der Str oder im angrenzenden Raum sichtbaren Kindern bes Sorgfalt geboten. Ab dem 1. 8. 2002 ist die Rechtsstellung für Kinder im motorisierten Verkehr erheblich verbessert worden. (Zur Neuregelung vgl nur Bollweg NZV 00, 125 ff; Otto NZV 01, 335.) Mit dem neugefaßten § 828 BGB wird die **Verantwortlichkeitsgrenze**

von bisher 7 auf 10 Jahre angehoben. Diese Haftungsfreistellung gilt aber nur für Unfälle mit **motorisierten Verkehr,** dh für Unfälle mit Kfz und Bahnen. Bei anderen Unfällen zB zwischen Kind und Fußgänger (Radfahrer, Skater) bleibt es bei der bisherigen Regelung des Beginnes der Deliktsfähigkeit mit 7 Jahren. Ab dem 1. 8. 2002 gelten somit – je nachdem ob ein Kraftfahrzeug (Bahn) beteiligt ist – unterschiedliche Grenzen der Deliktsfähigkeit. Die Neuregelung gilt sowohl für das Kind als **Schädiger** wie auch dafür, ob wegen eines **mitwirkenden Verschuldens** das Kind eine Anspruchskürzung gem § 254 BGB iVm § 828 BGB hinnehmen muß.

39   Mit diesen neuen gesetzlichen Vorgaben bleibt es bei der Unterscheidung zwischen größeren Kindern, von denen im allg verkehrsgerechtes Verhalten erwartet werden darf, u **Kleinkindern.** Bei diesen muß stets mit Unvorsichtigkeit gerechnet werden (vgl Kö VRS 70, 373; Schl VRS 75, 282; Ba NZV 93, 268), außer, wenn auf Grund der konkreten Situation an ihrem verkehrsgerechten Verhalten nicht zu zweifeln ist (Sa VM 75, 15). Nach der gesetzlichen Neuregelung der Deliktsfähigkeit für den motorisierten Verkehr ist nun danach zu differenzieren, ob es sich um einen Unfall mit Fahrzeugbeteiligung (dann keine Haftung bis 10 Jahre) oder ohne Fahrzeugbeteiligung (dann gilt die alte Grenze mit 7 Jahren) handelt. Die Grenze liegt etwa bei 6–7 Jahren, soweit es sich um einfache VVorgänge handelt, aber höher, wenn schwierigere Verhaltensweisen gefordert werden (BGH VRS 23, 369; 45, 356; Ol VM 66, 68; Sa VRS 30, 352). Von einem die Fahrbahn überquerenden 8jährigen Kind, das auf der Fahrbahnmitte kurz verhält, kann regelmäßig nicht sicher erwartet werden, es werde ein herankommendes Kfz passieren lassen (Ha VRS 59, 260). Bei Kindern von 7–10 Jahren muß auch dann mit unberechenbarem u unachtsamem Verhalten gerechnet werden, wenn mehrere zusammen, insb in gleicher Richtung wie der von hinten nahende Fz-Führer auf der Fahrbahn gehen (BGH (Z) VRS 35, 113). Spielen Kinder auf der Fahrbahn, so darf sich der Kf ihnen nur so langsam nähern, daß er jederzeit anhalten kann. Bes Vorsicht ist geboten bei Annäherung an eine Schule, aus der gerade Schulkinder herauskommen (Bra DAR 56, 303), an eine Gruppe von Kindern, die in nächster Nähe der Str spielt u beim Durchfahren einer engen, dicht beparkten Wohnstr, wo Kinder auf dem Gehweg spielen (Sa VRS 70, 106). Hat ein Teil einer Gruppe von Kindern die Fahrbahn überquert, so muß damit gerechnet werden, daß die noch auf der anderen Seite verbliebenen Kinder ihnen ohne Rücksicht auf den Verkehr nachlaufen.

40   Während bei **größeren Kindern,** die sich auf dem Gehweg verkehrsgerecht aufhalten oder vom Fahrbahnrand den Verkehr beobachten, nicht ohne weiteres damit gerechnet werden muß, sie würden plötzlich achtlos die Fahrbahn überqueren (Bay ZfS 89, 68; Ha VRS 80, 261), ist dieses Vertrauen gegenüber Kleinkindern nicht gerechtfertigt (vgl BGH(Z) VRS 69, 336; Schl VRS 75, 282). So gilt bei einem 11jährigen grundsätzlich der Vertrauensgrundsatz, wenn auch in engerem Rahmen als bei Erwachsenen; mit einem nicht verkehrsgerechten Verhalten braucht ein Kf nur dann zu rechnen, wenn bes Umstände zu einer derartigen Befürchtung Anlaß geben, insb wenn das Verhalten auf eine bevorstehende OW hindeutet oder die Aufmerksamkeit erkennbar anderweitig in Anspruch genommen ist (Bay VRS 59, 217f mwN; Dü VRS 63, 66; LG Nü-Fürth NZV 91, 276: rangelnde Kinder; Ol ZfS 91, 321: 11jähriger Radf); daran hat auch die Neuregelung des § 3 II a nichts geändert (Bay VRS 62, 59: Überholen eines 9jährigen; Ha StVE § 3 StVO 78: eines 5jährigen Radf). Es ist zu erwarten, daß die Anhebung der Deliktsfähigkeit auf 10 Jahre auch Einfluß auf eine Quotierung bei Unfällen mit Kindern im Alter zwischen 11 und 14 Jahre haben wird.

Befindet sich ein Kleinkind in der Obhut eines Erwachsenen, so braucht **41** allerdings der Fz-Führer nicht darauf gefaßt zu sein, es könne sich plötzlich losreißen u auf die Fahrbahn laufen (BGHSt 9, 92); aber erhöhte Vorsicht, wenn ein Kleinkind von einem 13 Jahre alten beaufsichtigt wird (Bay 74, 16 = VRS 47, 53) oder gar unbeaufsichtigt am Straßenrand steht (Schl VRS 75, 282).

Das **Zeichen „Kinder" (Z 136)** weist Kf in seinem ganzen Warnbe- **42** reich (s dazu Kar VRS 71, 62) u grundsätzlich ohne zeitliche Einschränkung (BGH (Z) NZV 94, 149; Ausn bei Dunkelheit im Winter: Fra StVE 2 zu § 40) darauf hin, daß jederzeit mit dem plötzlichen Betreten der Fahrbahn durch Kinder zu rechnen u deshalb die Fahrweise so einzurichten, dh anhaltebereit zu fahren ist, daß plötzlich auftauchende Kinder nicht gefährdet werden (Kö VersR 89, 206; Ko VRS 62, 335; Ha NZV 96, 70: das gilt nicht gegenüber sichtbaren Kindern). Erscheinen solche plötzlich, wird keine Schrecksekunde zugebilligt (BGH VRS 33, 350; 42, 362; s hierzu auch § 26 Rn 6). Die Geschwindigkeit ist herabzusetzen (Hbg VRS 59, 145); auch an einem auf der Gegenfahrbahn haltenden Bus ist, bes bei geringem seitlichem Abstand, so langsam vorbeizufahren, daß jederzeit angehalten werden kann (KG VRS 58, 348). Schulbus: § 20 I Rn 5, 7. **Mitnahme** von Kindern s § 21 I a. Bes Rücksicht auf Kinder ist auch in den durch **Z 325** gekennzeichneten, verkehrsberuhigten Bereichen zu nehmen; s auch § 3 Rn 59.

e) **Zuziehung einer Hilfsperson.** Im allg darf der Kf auch gefährliche **43** Fahrmanöver allein ausführen. Das G schreibt die Mitnahme eines Beif auch den Führern schwerer Lastzüge nicht vor (BGH VRS 27, 267, 269). Die Zuziehung einer Hilfsperson als Einweiser des Fz-Führers u Warner des übrigen Verkehrs ist „erforderlichenfalls" (dh nicht immer: Bay v 29. 7. 88, 2 Ob OWi 120/88) in den Fällen der §§ 9 V u 10 darüber hinaus uU nach § 1 II geboten (vgl Bay 72, 21 = VRS 43, 66; 45, 211; Mühlhaus DAR 75, 233ff).

Eine Hilfsperson ist grundsätzlich nur dann zuzuziehen, wenn durch bes **44** Umstände eine über die normalen VGefahren hinaus erhöhte Gefahr geschaffen wird, auf die andere VT nicht gefaßt sein müssen (Bay VRS 61, 384), wie zB beim Anhalten eines Lkw in einer unübersichtlichen scharfen Kurve (Bay v 27. 7. 66 – 1 b St 180/66), beim Einbiegen schwerfälliger Fze in solchen Kurven aus Grundstücksausfahrten oder Nebenstr in eine verkehrsreiche Str (BGH (Z) VM 65, 44; 94, 54), bei Ausfahrt aus einem

Fabriktor, wenn sich an die Mauer kein Gehweg anschließt u der Fahrer auf die Str erst Sicht gewinnt, wenn sein Fz schon 1,50 m in sie hineinragt (BGH (Z) VRS 29, 427; vgl auch Ce VRS 37, 70; Ha VRS 38, 222); beim Zurückstoßen, wenn der Fahrer die Fahrbahn vom Führersitz aus nicht voll übersehen kann (s dazu § 9 Rn 67) oder wenn dem GegenV in unübersichtlichen Kurven infolge Verwendung eines überbreiten Fz nicht
45 genügend Platz zur Durchfahrt bleibt (Bay v 14. 12. 73, 1 St 217/72); aber **nicht** schon bei jeder Sichtbehinderung (Bay v 14. 7. 87, 2 Ob OWi 220/87); auch nicht beim Einbiegen aus einer übersichtlichen Grundstücksausfahrt in eine Str, auch wenn diese in geringer Entfernung (zB 35 m) in einer unübersichtlichen Kurve verläuft (Bay 72, 21 = VRS 43, 66; 73, 79 = VRS 45, 211) oder beim Einbiegen eines schwerfälligen landwirtschaftlichen Fz nach links in eine bevorrechtigte Str, die bis zu einer 80 m entfernten Kurve einsehbar ist (BGH (Z) VM 94, 54 mwN); hier Vertrauen des Einbiegers, daß der Straßenbenutzer auf Sichtweite fährt (Bay 72, 21; VRS 61, 384; KG VM 87, 53; s aber BGH (Z) VRS 67, 417 u unten Rn 47), es sei denn, daß die Ausfahrt für den fließenden Verkehr nur schlecht erkennbar ist u deshalb damit gerechnet werden muß, daß dieser das Ausfahren nicht rechtzeitig bemerkt (Bay VRS 61, 384). Das gleiche gilt beim Abbiegen aus einer Str in einen Feldweg (Ha VRS 23, 69).

46 Wer in einer **unübersichtlichen Kurve** an einem haltenden Fz **vorbeifahren** will oder mit einem mehr als 2,50 m breiten Fz die Fahrbahn so verengt, daß sie für die sonst gefahrlos mögliche Begegnung nicht mehr ausreicht, muß zwar keinen Warner zuziehen, aber so langsam fahren, daß er bei Auftauchen von GegenV sofort zum Stehen kommt. Ist aber die Straße so schmal, daß ein entgegenkommendes Fz ohnehin nur auf halbe Sichtweite fahren darf, so genügt es, wenn das überbreite oder das an dem Hindernis vorbeifahrende Fz vor der Mitte der Sichtstrecke anhalten kann (Bay 63, 75 = VRS 25, 217; 63, 167 = VRS 26, 57). Der Aufstellung eines Warnpostens bedarf es idR auch nicht, wenn ein Omnibus beim Durchfahren einer Spitzkehre im Gebirge teilweise die linke Fahrbahn in Anspruch nimmt (Bay VRS 61, 141).

47 Bei **Dunkelheit** u **Nebel** ist die Aufstellung von Warnposten mit rot oder gelb leuchtenden Lampen (vgl § 53a StVZO) immer dann geboten, wenn das Einbiegen eines langen Fz (Tieflader, Langholzfuhrwerk) oder Zuges so lange dauert, daß andere Fz herankommen können, während das einbiegende Fz quer zur Str steht u dadurch die Fahrbahn versperrt, ohne daß seine Scheinwerfer u Schlußleuchten dem nahenden Verkehr das Hindernis u seine Breite ausreichend anzeigen (BGH VRS 67, 417: Warnposten nötig beim Einbiegen in Vorfahrtstr bei Dunkelheit nahe einer Kuppe). Das gilt in gleicher Weise für die Grundstücksein- u -ausfahrt wie für das Einbiegen von einer Str in eine andere (BGH VRS 19, 434; Ha
48 VRS 25, 372). Zur Mitverantwortung des Beif in solchen Fällen s Kar VRS 46, 27. Von Zuziehung einer Hilfsperson kann abgesehen werden, wenn am Lastzug Signallampen mit ausreichendem gelben oder roten Licht in der Mitte der beiden Seiten angebracht sind (Ha VRS 19, 462). In schwierigen VLagen muß sich der Fahrer der Hilfe einer zufällig mitfah-

renden Person auch dann bedienen, wenn von einem Fahrer ohne Beif die Zuziehung einer Hilfsperson nicht verlangt werden kann (Bay 55, 230, 234).

Verantwortung von **Fz-Führer** u **Hilfsperson:** Der Führer eines 49 Lkw, der beim Rechtsabbiegen keine ausreichende Sicht nach rechts hat, darf sich grundsätzlich auf die Auskunft seines rechts sitzenden Beif verlassen, die Str nach rechts sei frei (Bay bei Rüth DAR 75, 199). Der **Omnibus** darf sich aber nicht auf bloße Einschätzungen von Fahrgästen verlassen („Jetzt geht's"); er muß sich vielmehr ein eigenes Bild über die Vsituation verschaffen, wenn er diese nicht selbst genügend überblicken kann (Bay VM 81, 58; vgl auch BGH VM 59, 28 u BGHSt 1, 112: Eigenverantwortlichkeit bei Zurufen; AG Mü DAR 81, 359; vgl auch § 9 Rn 67).

f) **Verstoß durch Unterlassen.** Gegen § 1 II kann auch durch Unter- 50 lassen verstoßen werden, wenn dadurch eine RPflicht zum Handeln verletzt wird; zB der mitfahrende Ehemann untersagt seiner fahrunsicheren Ehefrau nicht die Führung des Fz (BGHSt 14, 27). Aber auch hier muß die räumliche Beziehung zur Fz-Führung bestehen. Der Betriebsinhaber, der aus Fahrlässigkeit zuläßt, daß seine Angestellten betriebsunsichere Fze führen, nimmt am Verkehr nicht teil, verstößt aber gegen § 31 II StVZO. Hat 51 die Ehefrau das Fz auf einer gemeinschaftlichen Fahrt geführt, anschl verbotswidrig abgestellt, dann dem Ehemann, der Halter des Fz ist, die Schlüssel übergeben, so wird dieser durch die Übernahme der Schlüssel VT u ist nunmehr verpflichtet, die verbotene Abstellung des Fz zu beseitigen (Bay 62, 278 = VM 63, 29). Ein Verstoß durch Unterlassen ist auch gegeben, wenn der VT ein Hindernis, das er schuldlos herbeigeführt hat, nicht wieder beseitigt, obwohl er hierzu rechtlich verpflichtet, die Beseitigung ihm möglich u zumutbar ist (Bay 56, 167 = VRS 11, 66; VRS 31, 129; vgl § 12 Rn 89 f; § 315 b StGB Rn 4).

5. Reaktions- u Schreckzeit, falsche Reaktion sind für die Beur- 52 teilung der Fahrlässigkeit bei VVerstößen von Bedeutung.

a) Vom Menschen kann nichts über seine psychischen u physischen Kräfte 53 Hinausgehendes, subjektiv Unmögliches verlangt werden. Das Aufnehmen eines Eindrucks aus der Außenwelt durch die Sinnesorgane, das Verarbeiten im Gehirn zu einer Vorstellung, das Fassen eines Entschlusses zur Abwehr einer drohenden Gefahr u die Übertragung dieses Entschlusses auf die ihn ausführenden Muskeln benötigen eine gewisse Zeitspanne, die umso länger ist, je weniger der Mensch auf das Ereignis gefaßt war.

Diese **Reaktionszeit** (im engeren Sinn) muß bei jeder Gefahrenab- 54 wehrhandlung berücksichtigt werden. Ihre Dauer ist individuell verschieden u kann für eine bestimmte VLage nicht nachträglich ermittelt werden (BGH VRS 36, 189); sie hängt von der persönlichen Veranlagung (Geistesgegenwart, Reaktionsschnelligkeit) u von dem jew körperlichen u seelischen Befinden des Fahrers ab, wobei Ermüdung u Gemütserregungen verzögernd wirken (BGH DAR 57, 158), ebenso Dämmerung u Dunkelheit (s Ha NZV 95, 357). Die Reaktionszeit schwankt von 0,6–1,5 sec (s AG

StVO § 1 55–59 Grundregeln

Aschaffenburg DAR 82, 334: 1,5 sec), nach VGT 94, AK V, kann sie uU bis zu 2 sec betragen (s hierzu auch Bode/Meyer-Gramcko S 61 u 141 ff; eingehend Dannert Rn 87; DAR 97, 491).

55 Die Bremsansprechzeit ist die Zeit der Kraftübertragung bis zum Ansprechen der Bremsen. Reaktions- u Bremsansprechzeit zusammen (Reaktionszeit im weiteren Sinne) ist demnach die Zeit, die zwischen dem Erkennen der Gefahr u dem Wirksamwerden der Bremsen als der wichtigsten Maßnahme zur Gefahrenabwehr vergeht. Während ihr fährt das Fz mit unverminderter Geschwindigkeit weiter.

56 **Reaktions- u Bremsansprechzeit zusammen** betragen im allg bei einem unvermuteten Vorgang eine knappe Sekunde (BGH NJW 00, 3069; Ha VersR 80, 685); in dieser Zeit werden (nach der Formel km/h × 10 : 36) zB bei 30 km/h 8,33 m, bei 50 km/h 13,88 m u bei 70 km/h 19,44 m zurückgelegt; s Tab § 3 Rn 13), bei einer einfachen Reaktion, auf die der Kf gefaßt sein mußte, 0,8 sec (BGH NZV 94, 149: bei gebotener Bremsbereitschaft; Kö VRS 96, 344). Als die kürzeste mögliche Reaktions- u Bremsansprechzeit wird 0,6 sec angesehen (Dü VM 60, 88). Im allg kommt allerdings eine unter 0,8 sec liegende nicht in Betracht (Bay VRS 58, 445); lediglich im StadtV, wo gesteigerte Aufmerksamkeit nötig ist, können 0,75 sec ausreichen (Sa NJW 68, 760).

57 Die bisher von der RSpr angenommenen Reaktionszeiten werden zunehmend als zu kurz kritisiert (s 20. VGT u Giehring s Rn 87); nach Hartmann (20. VGT S 54) beträgt sie in 99% aller Fälle 1,2 sec; es ist daher stets individuell zu differenzieren, wobei Alter, Kf-Erfahrung, Sehvermögen etc eine Rolle spielen (s auch Spiegel 20. VGT S 84). Besteht die geforderte Abwehrmaßnahme nicht einfach im Bremsen, sondern ist eine Wahl zwischen mehreren denkbaren Maßnahmen (zB Rechts- oder Linksausweichen) erforderlich, so muß der reinen Reaktionszeit die Zeitspanne hinzugerechnet werden, die zum Wirksamwerden der jew notwendigen anderen Handlung benötigt wird (zum **Bremsweg** s § 3 Rn 13 f).

58 b) Im Gegensatz zur immer einzurechnenden Reaktionszeit ist dem Täter – neben dieser, nicht an ihrer Stelle (Schl DAR 61, 201) – eine **Schreckzeit** (ungenau Schrecksekunde) **nur unter bes Umständen,** dh nur dann zuzubilligen, wenn er von einem gefährlichen, nicht zu vermutenden Ereignis überrascht wird (BGH NZV 94, 149; Kö VRS 96, 344), zB bei plötzlichem Ausfall der Betriebsbremse (Dü VM 77, 56; Ha NZV 90, 36), Platzen eines Reifens (s Rn 62). Sie setzt voraus, daß der Täter durch den Schrecken an der sofortigen Gefahrenabwehr gehindert war (Ha VM 62, 120), daß er nicht selbst durch vorangegangenes fehlerhaftes Verhalten (Unaufmerksamkeit, hohe Geschwindigkeit oder auch mangelnde Wartung: Ha NZV 90, 36; s auch § 23 Rn 6) den Schrecken verschuldet hat (BGH VRS 6, 88) u daß er auf das verkehrsgemäße Verhalten des anderen vertrauen durfte (BGH VRS 23, 375).

59 Eine **Schreckzeit** steht daher dem Kf **nicht** zu, wenn er die Gefahrenlage rechtzeitig erkennen u sich auf sie einstellen konnte (BGH VRS 7,

449). Ebensowenig ist sie bei selbstverschuldeter Gefahr zuzubilligen (BGH VRS 22, 91). Im Stadt- u OrtsV wird eine erhöhte Reaktionsbereitschaft verlangt, die meistens die Zubilligung einer Schreckzeit ausschließt (BGH VRS 25, 51; Ha VRS 43, 184). Der Vorfahrtberechtigte darf zwar vertrauen, daß der Wartepflichtige seine Vorfahrt beachtet; er darf sich aber durch eine Vorfahrtverletzung nicht erschrecken lassen; deshalb wird hier keine Schreckzeit zugebilligt (BGH VM 58, 90; VRS 27, 73; Bay 64, 185). Das gleiche gilt bei Annäherung an eine LZA bei Grün (Kö VRS 45, 358); ebenso, wenn in einer Kurve ein entgegenkommendes Fz über die Fahrbahnmitte gerät (BGH VRS 35, 177).

Anders allerdings, wenn ein vorher nicht sichtbarer Wartepflichtiger **60** plötzlich hinter einem Gartenzaun hervorkommt u die Fahrbahn des Vorfahrtberechtigten kreuzt; darauf muß der Benutzer einer Str nicht gefaßt sein. Wer selbst ein riskantes Fahrmanöver ausführt, muß mit bes Geistesgegenwart u Reaktionsbereitschaft auf alle Gefahren achten. So darf sich derjenige, der eine Kolonne überholt, nicht durch das Ausscheren eines Fz aus der Kolonne überraschen lassen; daher hier keine Schreckzeit (BGH VM 67, 40). In diesem Fall wurde auch nur die für schnelles Handeln gültige Reaktions- u Bremsansprechzeit von 0,9 sec eingeräumt. Wer auf dem rechten Vordersitz seines Pkw einen Betrunkenen mitnimmt, kann sich nicht auf eine Schreckzeit berufen, wenn dieser ihn bei der Lenkung des Fz behindert (BGH VRS 26, 33).

c) Die Überraschung durch eine plötzlich auftretende Gefahr kann nicht **61** nur das Unterbleiben oder die Verzögerung der gebotenen, sondern auch eine **falsche Reaktion** zur Folge haben. Wenn ein Kf in einer ohne sein Verschulden auftauchenden erheblichen Gefahrenlage, die sofortiges Handeln gebietet, infolge Schrecks, Verwirrung oder Überraschung außerstande ist, das richtige Mittel zur Abwendung der Gefahr zu ergreifen, so kann ihm dieses Versagen nicht als Fahrlässigkeit angerechnet werden (BGH VRS 10, 213; 34, 434; Bay 60, 317 = VRS 20, 450). Freilich muß auch hier ein strenger Maßstab angelegt werden; denn vom Kf muß Geistesgegenwart u Reaktionsbereitschaft verlangt werden.

Kein Vorwurf trifft den **schuldlos Überraschten,** der von mehreren **62** möglichen Maßnahmen zur Gefahrenabwehr die näherliegende oder wichtigere ausführt, dabei aber eine weitere unterläßt, zB bremst, aber nicht gleichzeitig ein Warnzeichen gibt (Bay 59, 367 = VM 60, 51), oder beim plötzlichen Auftauchen eines Fußgängers sein Fz nach links reißt, aber nicht gleichzeitig bremst (BGH (Z) VRS 50, 14); oder beim Hineinlaufen eines großen Hundes in die Fahrbahn ohne Rücksicht auf etwaigen NachfolgeV bremst u links ausweicht (KG VM 71, 104), oder der nach dem **Platzen** eines **Reifens** bremst, obwohl er richtiger auskuppeln oder das Gas wegnehmen u gegensteuern mußte, um den schleudernden Wagen wieder in seine Gewalt zu bringen (BGH(Z) VRS 51, 4). Bei **Wildwechsel** s aber § 3 Rn 44. – Über die Verantwortlichkeit des Kf für Fehlreaktionen s Spiegel DAR 68, 283.

6. Die einzelnen Verkehrsvorgänge

63 a) **Allgemeines.** Aus § 1 wurde von der RSpr eine große Zahl von Verhaltensregeln für die einzelnen VVorgänge entwickelt. Soweit diese in den Einzelvorschriften der StVO (§§ 2 ff) Niederschlag gefunden haben, sind Verstöße dagegen grundsätzlich nur nach der Sondervorschrift zu ahnden. Wenn aber zusätzlich, in der Sonderbestimmung nicht enthaltene Verhaltensregeln gegeben werden, verstößt ihre Verletzung gegen § 1 II, nicht gegen die Sondervorschrift (s Rn 84 ff). Die auf Grund des § 1 II entwickelten Pflichten werden, soweit sie sich auf VVorgänge beziehen, für die eine Einzelregelung besteht, bei dieser behandelt (s zB § 16 Rn 3 ff u 14: pflichtwidriges Unterlassen von Warnzeichen).

64 b) **Verhalten bei Blendung.** Die Pflicht, die Blendung anderer zu vermeiden, ist in § 17 II S 3 normiert. Hier wird nur das Verhalten des Geblendeten behandelt. Durch die Blendung wird das Sehvermögen so herabgesetzt, daß der Geblendete Gegenstände vor sich entweder gar nicht mehr oder nur noch schwer erkennen kann (vgl dazu Bay 63, 69 = VRS 25, 342). Außerdem entsteht unmittelbar nach der Begegnung mit der Licht-
65 quelle die sog **Blindsekunde**, da sich das Auge erst wieder an das schwache Licht anpassen muß (BGH VRS 4, 135). Der Fz-Führer, dem bei Dunkelheit ein **aufgeblendetes** Fz entgegenkommt, muß sofort die erforderlichen Abwehrmaßnahmen treffen. Er darf den Entgegenkommenden durch kurze Blinkzeichen zum Abblenden auffordern, muß aber, wenn die Blendung nicht sofort abgestellt wird, seinerseits seine Geschwindigkeit nach § 3 I herabsetzen, so daß er noch innerhalb der vorher als frei erkannten Strecke anhalten kann (BGH StVE 14; Ko VD 93, 161); er darf nicht „blind" weiterfahren (BGH StVE § 254 BGB Nr 1), sondern muß erforderlichenfalls an den rechten Fahrbahnrand heranfahren u anhalten (Ha NZV 94, 401). Eine Schreck- oder verlängerte Reaktionszeit wird ihm hier nicht gewährt (BGH VRS 6, 203, 393; 9, 296). Tritt aber die Blendung unmittelbar vor der Begegnung plötzlich u unvermutet ein, so ist ihm eine verlängerte Reaktionszeit zuzubilligen u kann er für ein Versagen innerhalb der Blindsekunde nicht verantwortlich gemacht werden (BGH
66 VRS 4, 126). So bes, wenn ein mit **Abblendlicht entgegenkommendes** Fz plötzlich **aufblendet**; denn hiermit braucht der Kf nicht zu rechnen (BGHSt 12, 81; VRS 24, 369; zur Frage der Blendwirkung u Reaktion darauf s Kar VRS 57, 193), er muß sich nur auf solche Blendung einstellen, die auch bei Abblendlicht zu erwarten ist, dabei aber auf nasser Str die Möglichkeit einer Spiegelung des Abblendlichts berücksichtigen (Bay 62, 252 = DAR 62, 184; Ol VRS 32, 270).

67 Auch bei Blendung durch **Sonnenlicht** darf der Kf nur mit einer Geschwindigkeit weiterfahren, die ihm ein Anhalten vor einem Hindernis auf der Fahrbahn ermöglicht (§ 3 I; BGH VRS 27, 119, 122; Ha NZV 94, 401). Ein Verschulden kann darin liegen, daß sich der Kf nicht schon rechtzeitig vor der Begegnung auf die Blendung einstellt, zB wenn er vor einer Kuppe oder Str-Krümmung den Lichtschein eines entgegenkommenden Fz erkennen kann (Kö VM 67, 74). Er muß darauf gefaßt sein, daß er **von rückwärts geblendet** wird, bes beim Überholen u Überholtwerden (vgl dazu § 17 Rn 8). Der von rückwärts Geblendete muß sich gegen die Blendung von rückwärts selbst schützen, indem er seine Augen durch eine leichte Kopfbewegung aus dem Blendbereich entfernt oder den Rückspiegel umstellt. Eine Schreck- oder Blindsekunde ist ihm regelmäßig nicht zuzubilligen (Bay 63, 203 = VM 64, 3).

7. „Anderer"

Der in § 1 II – ebenso wie in §§ 315 b u c StGB – gegen Gefährdung, **68** Schädigung oder Belästigung durch VTeilnehmer geschützte „Andere" braucht kein VT zu sein (KÖ VRS 95, 321; Ce VRS 31, 212; anders bei § 9, s dort Rn 72). „Anderer" in diesem Sinne ist jeder beliebige Mensch, so der Fahrer des beschädigten Kfz (BGH VRS 68, 116) u auch der Insasse des vom Täter geführten Fz, soweit er nicht in die Fz-Führung eingreift (BGHSt 11, 199; 12, 282, 285; Kö VRS 95, 321) u somit selbst Täter ist oder sich an der vorsätzlichen Tat beteiligt (BGHSt 6, 100; NZV 91, 157); anderer ist ferner der Mitfahrer in öff VMitteln (Kar VRS 54, 123) u der Eigentümer der vom Täter beförderten fremden Ladung (Ha DAR 60, 121). Nicht geschützt ist der Eigentümer des vom Täter benutzten u beschädigten Fz (BGHSt 11, 148; NZV 92, 148; Ce VM 67, 72) u des Anhängers (Bay 63, 178 = VRS 26, 54), da diese Fze als Angriffsmittel des Verstoßes iG zu dem geschützten RKreis der „Anderen" stehen; vgl auch § 315 c StGB 5 f.

Nach BGHSt 22, 368 genügt auch die Gefährdung einer **fremden** **69** **Sache,** die der Sicherheit des StraßenV dient oder sonst verkehrsbezogen ist (parkender Pkw). Gegen diese Ausweitung des Begriffs „Anderer" bestehen berechtigte Bedenken (vgl Möhl JR 70, 31; Hentschel 38 u Booß Anm 4 jew zu § 1 sowie KG VRS 35, 455). § 1 II schützt Sachen nur gegen Beschädigung, anders als §§ 315 b u c StGB.

8. Die verpönten Folgen

a) **Allgemeines.** Der Verstoß gegen eine aus der Grundregel abgeleitete **70** Pflicht ist – iG zu Verstößen gegen die meisten Sondervorschriften – als OW nur ahndbar, wenn einer der in § 1 II genannten Erfolge im Rahmen der VTeilnahme eingetreten ist – **konkretes Erfolgsdelikt.** Die Pflichtwidrigkeit muß für den Erfolg ursächlich, die Folge für den Täter voraussehbar sein.

b) Eine **konkrete Gefährdung** liegt vor, wenn der Täter eine Lage **71** herbeiführt, die auf einen unmittelbar bevorstehenden Unfall („Beinaheunfall": BGH NZV 95, 325; DAR 97, 176 bei Tolksdorf) hindeutet (BGHSt 18, 271 ff; Kö DAR 96, 507); die Sicherheit eines bestimmten RGutes muß so stark beeinträchtigt sein, daß es vom Zufall abhängt, ob es verletzt wird oder nicht (BGH NStZ 96, 85; DAR 95, 296; ZfS 97, 232; ausführlich dazu Fra NZV 94, 365). Die allg bestehende, nicht vermeidbare Möglichkeit des Eintrittes eines Schadens muß durch das Verhalten des Täters wesentlich näher gerückt werden, so daß ein Unbeteiligter meinen könnte, daß „das noch einmal gutgegangen sei" (BGH NZV 95, 325; DAR 97, 176 bei Tolksdorf). Die Beurteilung richtet sich nach den möglichst konkret zu umschreibenden Umständen des Einzelfalles, für die es keine allg gültigen Richtlinien gibt (BGHSt 22, 346; Näheres bei BGH DAR 95, 296, 297). Wer sich lediglich in der vom unvorschriftsmäßig fahrenden Täter geschaffenen allg „Gefahrenzone" befindet oder die drohende Gefahr rechtzeitig erkennt u in einem Zeitpunkt, in dem auch der Fz-Führer ihren Eintritt durch eine verkehrsgerechte Maßnahme noch abwenden kann, hält oder ausweicht, ist nicht konkret gefährdet, möglicherweise aber behindert oder belästigt (Dü NZV 90, 80; 94, 37). Wenn aber der andere nur durch seine eigene Reaktion der Gefahr entgehen konnte, war er gefährdet (Stu VM 58, 23; s aber Schl VRS 77, 442; vgl auch § 315 c

72 StGB Rn 8). Gefährdung durch zu nahes Auffahren s § 4 Rn 13; Warnzeichen § 16. Auch kurzfristiges Halten an unübersichtlicher Stelle kann gefährden (Bay VRS 59, 219); **Ursächlichkeit** des Verstoßes oder der Trunkenheit für die Gefährdung s § 315c StGB 8, 12f. **Gefährdungsvorsatz** ist im Urt zu begründen (Bay NZV 92, 415; s § 315b StGB 11); **Voraussehbarkeit** der Folge.

73 c) **Schädigung** ist die Zufügung eines wirtschaftlichen, vermögensrechtlich wägbaren Nachteils (Hbg VRS 29, 273, 275). Darunter fallen sowohl Körper- wie Sachschäden; jedoch nicht, wenn ihnen wirtschaftlich keinerlei Bedeutung zukommt. Beispielsweise schädigt das bloße Anstoßen an ein fremdes Fz nicht stets; ebensowenig jede Verletzung von Baumrinde (KG VRS 72, 380).

74 d) **Behinderung u Belästigung** eines anderen sind (iG zur Gefährdung u Schädigung) nicht verboten, soweit sie unvermeidbar sind. Die Versammlungsfreiheit deckt zwar gewisse Behinderungen des Verkehrs, soweit sie sozial-adäquate Nebenfolgen der Versammlung sind, sie begründet aber kein R zur absichtlichen Lahmlegung des StraßenV (OVG Lü NZV 95, 332). Wichtige Ausn: § 11.

75 **Behinderung** ist die im einzelnen festzustellende (Dü VRS 79, 131) Beeinträchtigung des zulässigen, beabsichtigten VVerhaltens eines anderen, ohne daß dieser gefährdet oder geschädigt zu sein braucht; dies setzt voraus, daß der andere VT zu einem von ihm nicht beabsichtigten VVerhalten gezwungen wird. Sie liegt nicht nur dann vor, wenn der andere nicht zügig weiterfahren oder als Fußgänger den zugeparkten Gehweg nicht benutzen kann, sondern auch dann, wenn der andere zu nicht ganz ungefährlichen Ausweichbewegungen gezwungen oder in Verwirrung versetzt u dadurch zu plötzlichen, möglicherweise unsachgemäßen Maßnahmen veranlaßt oder in ihm die nach Sachlage begründete Besorgnis der Mißachtung seines VorR hervorgerufen u er dadurch unsicher gemacht wird (Bay VRS 25, 224). Zur **Straßenblockade** s Rn 86a.

76 Da die Vielfältigkeit der VTeilnahme ständig zu gegenseitigen Behinderungen führt, muß hier immer geprüft werden, ob diese **zumutbar** sind. Eine unzulässige Behinderung liegt nicht vor, wenn ein VT zu einem

Verhalten gezwungen wird, zu dem er ohnehin verpflichtet wäre, zB zum Abbrechen einer unzulässigen Überholung (Bay VM 68, 82; aA Schl VM 77, 77 m abl Anm Booß), Absehen vom Befahren eines Gehweges (Dü VRS 38, 301), Einhalten der vorgeschriebenen Geschwindigkeit durch Linksfahren (Bay VRS 71, 299; BGH VRS 72, 293 = StVE 37; s dazu Verf NStZ 86, 542 u 87, 115) oder kurzfristiges (!) **Zuparken** bei sofortiger Wegfahrbereitschaft (Dü NZV 94, 288; s aber Ko MDR 75, 243 u OVG Saar NZV 93, 366). Ebenso liegt in der Inanspruchnahme der Vorfahrt keine unzulässige Behinderung des Wartepflichtigen, oder wenn der Vorfahrtberechtigte zurückstehen muß, weil er andernfalls den Wartepflichtigen gefährden würde (Bay 66, 118 = VRS 32, 148).

Auch **keine unzumutbare Behinderung** des fließenden Verkehrs 77 durch kurzes Anhalten u Aussteigen zwecks Aushändigung eines Gepäckstücks an übersichtlicher Stelle (Bay VRS 59, 219) oder wenn der Behinderte ausweichen kann (Dü VRS 73, 283). Wer sein Kfz unmittelbar an einem im Einsatz befindlichen Radarwagen parkt u dadurch dessen Messungen stört „behindert" die Beamten nicht, belästigt sie aber uU (Ha VRS 52, 208). Ein nicht durch § 12 I oder III verbotenes Halten kann wegen der mit ihm verbundenen Behinderung des fließenden Verkehrs uU gegen § 1 II verstoßen (Bay VM 80, 110; s § 12 Rn 81). Wegen „Hindernisbereitens" s § 315b I 2 StGB, wegen Behinderung durch Langsamfahren § 3 Rn 54; zur Behinderung beim Einparken s § 12 Rn 78.

Belästigung ist die Zufügung von körperlichem oder seelischem Un- 78 behagen. Die Erregung des subjektiven Unmuts eines anderen genügt nicht; die Handlung muß nach objektivem Urt geeignet sein, andere zu belästigen. Sie muß eine – wenn auch nicht notwendig beabsichtigte – Richtung gegen die Personen aufweisen, die an dem Vorgang Anstoß nehmen (Bay 63, 169 = VRS 25, 453). Der unbeteiligte Zuschauer einer verkehrswidrigen Fahrweise wird daher durch diese nicht belästigt, auch wenn er sich über sie ärgert; wohl aber Belästigung der Anwohner durch **Geräusche** (vgl auch § 30 I), wie unnötiges Anlassen u Laufenlassen des 79 Motors eines Krades oder Traktors in Zeiten der Arbeitsruhe (Ce DAR 59, 50; Ol VM 58, 37; Schl SchlHA 58, 205); Auf- u Abfahren mit einem Krad in einer ruhigen Str ohne verkehrsgerechten Zweck (Weigelt DAR 61, 250).

Unvermeidbare geringe Belästigungen sind nicht verboten. **Unver-** 80 **meidbar** ist zB das (normale) Zuschlagen der Wagentür (sonst s § 30 I 2) u das Anlassen des Motors beim Abfahren; ferner Warnzeichen, soweit sie zur Warnung gefährdeter VT gegeben werden.

Vermeidbar sind Belästigungen durch Geräusch oder Geruch, die auf 81 einen unvorschriftsmäßigen Zustand des Fz zurückzuführen sind; auch unnötig lautes Zuknallen der Wagentür, die sich leise schließen läßt (KG VRS 23, 219; s § 30 I 2).

Zum **Beschmutzen** anderer: Auf einer verkehrsreichen Str darf ein 82 schnellerer einen langsam fahrenden VT auch dann überholen, wenn dieser dadurch mit Schneematsch bespritzt werden kann. Er muß aber dabei einen möglichst weiten Seitenabstand u eine – verkehrsmäßig vertretbare –

Heß

geringe Geschwindigkeit einhalten (Bay 64, 82 = VM 64, 92). Dagegen darf ein Fz-Führer auf einer Strecke, die nur 60 m lang von Wasser überflutet ist, einen anderen nicht überholen, wenn er dies nur mit einem unzumutbaren Bespritzen des anderen Fz u seiner Insassen durchführen kann (Bay v 1. 4. 66 – 1 b St 15/66). Durchfährt ein Kf eine Pfütze u beschmutzt dadurch die Kleider eines Fußgängers, so muß im Urt festgestellt werden, ob u wie (Herabsetzung der Geschwindigkeit, Ausweichen) der Kf das Be-
83 spritzen ohne Gefährdung des fließenden Verkehrs vermeiden konnte (Bay v 15. 4. 64 – 1 St 77/64). Belästigung (uU sogar Nötigung) ist auch das aufdringliche Anhalten eines Fz unter Hineintreten in seine Fahrlinie, um mitgenommen zu werden (Bay 53, 145 = VRS 5, 625).

9. Zuwiderhandlungen

84 Verstöße gegen § 1 II sind OWen nach § 49 I 1 iVm § 24 StVG (s Nrn 1–1.4 VwKat allein oder iVm anderen TBen sowie § 1 IV BKatV, ferner die Nrn 1, 9.1.1, 13, 14, 15, 17, 25, 35, 36, 40 u Tab 4 BKat). § 1 I ist mangels ausreichender Bestimmtheit nicht bußgeldbewehrt. Soweit spezielle Vorschriften der StVO gleiche Folgen voraussetzen wie § 1 II, insb Gefährdung oder Behinderung in den §§ 5 IV S 1, 8 II S 2, 9 V, 10, 14, 20 ua, schließt die spezielle Vorschrift die Anwendung des § 1 II durch GKonkurrenz aus (s zB Dü VRS 81, 53). Verbietet der SpezialTB bloß die Gefährdung eines anderen, so ist eine vermeidbare Behinderung oder Belästigung im Rahmen des § 1 II ahndbar (vgl dazu Cramer 75; KÖ NZV 97, 365; s auch § 35 Rn 16).

85 Setzt die OW der Spezialvorschrift keine der in § 1 II aufgeführten Folgen voraus, ist es aber zu einer solchen gekommen, so besteht TE (Kö NZV 97, 365 mit § 19); ebenso, wenn es über die bloße Gefährdung hinaus zu einer im SpezialTB nicht vorausgesetzten Schädigung Dritter gekommen ist (Hbg VM 66, 72; zur Abgrenzung der §§ 1 II, 5 II, III 1 s Ha VRS 59, 271; zu § 8 s dort Rn 74). Werden mehrere Personen oder Güter durch **einen** Verstoß verletzt, so liegt nur **eine** OW nach § 1 II vor (Bay 67, 155 = DAR 68, 83). Trifft ein Verstoß gegen § 1 II mit einer Straftat zusammen, so tritt die OW nach § 21 OWiG zurück. Eine wahlweise Feststellung zwischen mehreren OWen wird von der Rspr grds als zulässig erachtet (Ha VRS 53, 136). – Zum Verstoß durch Unterlassen s oben Rn 50 f.

86 Im Falle eines Normenwiderstreits geht § 1 allen Einzel-AOen der StVO vor. Diese müssen zurücktreten, wenn ihre Verletzung zur Vermeidung eines Unfalles notwendig ist (BGH VRS 5, 586).

10. Nötigung (§ 240 StGB)

86 a Das BVfG hat zwar die erweiternde Auslegung des Gewaltbegriffs bei Sitzdemos als Verstoß gegen Art 103 II GG beanstandet u die RSpr aufgefordert, die Anwendung des Gewaltbegriffs zu überdenken (NStZ 95, 275 = StVE § 240 Nr 26; Anm Berz NZV 95, 297; Altvater NStZ 95, 281;

Amelung NStZ 96, 230; Suhren DAR 96, 310). Im Bereich des Straßenverkehrsr besteht indessen nach hM kein Anlaß zu einer grundsätzlichen Neubewertung (s VGT 96 AK II). BGH u OLGe haben demgem Nötigung auch weiterhin bejaht im Falle des **Ausbremsens** (BGH NStZ 96, 83 = NZV 95, 325, 453; Bay v 19. 4. 96 bei Verf NStZ 96, 588), abrupten **Fahrbahnwechsels** vor einen anderen (Stu DAR 95, 261), der absichtlichen **Autoblockade** (BGH NZV 95, 453; NStZ 95, 592), der **Straßenblockade** durch Kfze (Kar VRS 91, 21; Ha VRS 92, 208), **Blockieren** (Zuparken) eines Falschparkers (KÖ NZV 00, 99; Dü NZV 00, 301) u **zu dichtes Auffahren** (s § 4 Rn 20 b). **Aber keine Nötigung** bei vorsätzlicher Behinderung des Kfz-V durch Fußgänger (Straßengeher; BGHSt 41, 231 = NZV 95, 493), bei ow Behinderung, der ausgewichen werden konnte (Kö NZV 89, 157; Dü VRS 73, 283), beim kurzfristigen Zuparken mit sofortiger Wegfahrbereitschaft (Dü NZV 94, 288; KÖ NZV 00, 99). Weitere Nötigungsfälle s bei §§ 2 Rn 97; 3 Rn 56; 4 Rn 23; 5 Rn 42, 80; 12 Rn 79, 92; 16 Rn 14; 28 Rn 12.

11. Literatur:

Altvater NStZ 95, 281; **Berz** VGT 96 S 67; NZV 95, 297; **Borck** VGT 96 S 76; **Böcher** „Verantwortung im StV in juristischer, psychologischer und pädagogischer Sicht" NZV 89, 209; **Dannert** „Die Reaktionszeit des Kf" DAR 97, 477; **Denecke** „Die Schrecksekunde" KVR von A bis Z, Erl 1; **Engels/Burckhardt/Hartmann/ Klebelsberg/Spiegel** „Reaktionszeiten des Kf" VGT 82; **Giehring** „Der Dunkelheitsunfall" Enke Verlag 1984; **Hoppe** „Blendung" KVR; **Meyer-Graucher** „Reaktion u Reaktionszeit" Verkehrsunfall 90, 191; **Suhren** VGT 96 S 91; **Westerhoff** „V-Recht und Verfassung" NJW 85, 457.

§ 2 Straßenbenutzung durch Fahrzeuge

(1) **Fahrzeuge müssen die Fahrbahn benutzen, von zwei Fahrbahnen die rechte. Seitenstreifen sind nicht Bestandteil der Fahrbahn.**

(2) **Es ist möglichst weit rechts zu fahren, nicht nur bei Gegenverkehr, beim Überholtwerden, an Kuppen, in Kurven oder bei Unübersichtlichkeit.**

(3) **Fahrzeuge, die in der Längsrichtung einer Schienenbahn verkehren, müssen diese, soweit möglich, durchfahren lassen.**

(3 a) **Beträgt die Sichtweite durch Nebel, Schneefall oder Regen weniger als 50 m, müssen sich die Führer kennzeichnungspflichtiger Kraftfahrzeuge mit gefährlichen Gütern so verhalten, daß eine Gefährdung anderer ausgeschlossen ist; wenn nötig, ist der nächste geeignete Platz zum Parken aufzusuchen. Gleiches gilt bei Schneeglätte oder Glatteis.**

(4) **Radfahrer müssen einzeln hintereinander fahren; nebeneinander dürfen sie nur fahren, wenn dadurch der Verkehr nicht behindert wird. Sie müssen Radwege benutzen, wenn die jeweilige Fahrtrichtung mit Zeichen 237, 240 oder 241 gekennzeichnet ist. Andere rechte**

Radwege dürfen sie benutzen. Sie dürfen ferner rechte Seitenstreifen benutzen, wenn keine Radwege vorhanden sind und Fußgänger nicht behindert werden. Das gilt auch für Mofas, die durch Treten fortbewegt werden.

(5) Kinder bis zum vollendeten 8. Lebensjahr müssen, ältere Kinder bis zum vollendeten 10. Lebensjahr dürfen mit Fahrrädern Gehwege benutzen. Auf Fußgänger ist besondere Rücksicht zu nehmen. Beim Überqueren einer Fahrbahn müssen die Kinder absteigen.

VwV – StVO
Zu § 2 Straßenbenutzung durch Fahrzeuge

Zu Absatz 1

1 I. Zwei Fahrbahnen sind nur dann vorhanden, wenn die Fahrstreifen für beide Fahrtrichtungen durch Mittelstreifen, Trenninseln, abgegrenzte Gleiskörper, Schutzplanken oder andere bauliche Einrichtungen getrennt sind.

2 Ist bei besonders breiten Mittelstreifen, Gleiskörpern und dergleichen der räumliche Zusammenhang zweier paralleler Fahrbahnen nicht mehr erkennbar, so ist der Verkehr durch Verkehrszeichen auf die richtige Fahrbahn zu leiten.

II. Für Straßen mit drei Fahrbahnen gilt folgendes:

3 1. Die mittlere Fahrbahn ist in der Regel dem schnelleren Kraftfahrzeugverkehr aus beiden Richtungen vorzubehalten. Es ist zu erwägen, auf beiden äußeren Fahrbahnen jeweils nur eine Fahrtrichtung zuzulassen.

4 2. In der Regel sollte die Straße mit drei Fahrbahnen an den Kreuzungen und Einmündungen die Vorfahrt erhalten. Schwierigkeiten können sich dabei aber ergeben, wenn die kreuzende Straße eine gewisse Verkehrsbedeutung hat oder wenn der Abbiegeverkehr aus der mittleren der drei Fahrbahnen nicht ganz unbedeutend ist. In solchen Fällen kann es sich empfehlen, den äußeren Fahrbahnen an den Kreuzungen und Einmündungen die Vorfahrt zu nehmen. Das ist aber nur dann zu verantworten, wenn die Wartepflicht für die Benutzer dieser Fahrbahnen besonders deutlich zum Ausdruck gebracht werden kann. Auch sollen, wo möglich, die äußeren Fahrbahnen in diesen Fällen jeweils nur für eine Richtung zugelassen werden.

5 3. In vielen Fällen wird sich allein durch Verkehrszeichen eine befriedigende Verkehrsregelung nicht erreichen lassen. Die Regelung durch Lichtzeichen ist in solchen Fällen aber schwierig, weil eine ausreichende Leistungsfähigkeit kaum zu erzielen ist. Anzustreben ist daher eine bauliche Gestaltung, die eine besondere Verkehrsregelung für die äußeren Fahrbahnen entbehrlich macht.

6 III. Auf Straßen mit vier Fahrbahnen sind in der Regel die beiden mittleren dem schnelleren Fahrzeugverkehr vorzubehalten. Außerhalb geschlossener Ortschaften werden sie in der Regel als Kraftfahrstraßen (Zeichen 331) zu kennzeichnen sein. Ob das innerhalb geschlossener Ortschaften zu verantworten ist, bedarf gründlicher Erwägungen vor allem dann, wenn in kleineren Abständen Kreuzungen und Einmündungen vorhanden sind. Wo das Zeichen „Kraftfahrstraße" nicht verwendet werden kann, wird in der Regel ein Verkehrsverbot für Radfahrer und andere langsame Fahrzeuge (Zeichen 250 mit entsprechenden Sinnbildern) zu erlassen sein.

Durch Zeichen 283 das Halten zu verbieten, empfiehlt sich in jedem Fall, wenn es nicht schon durch § 18 Abs. 8 verboten ist. Die beiden äußeren Fahrbahnen

Straßenbenutzung durch Fahrzeuge § 2 StVO

bedürfen, wenn die mittleren als Kraftfahrstraßen gekennzeichnet sind, keiner Beschilderung, die die Benutzung der Fahrbahn regelt; andernfalls sind sie durch Zeichen 251 für Kraftwagen und sonstige mehrspurige Kraftfahrzeuge mit Zusatzschild, z. B. „Anlieger oder Parken frei", zu kennzeichnen; zusätzlich kann es auch ratsam sein, zur Verdeutlichung das Zeichen 314 „Parkplatz" anzubringen. Im übrigen ist auch bei Straßen mit vier Fahrbahnen stets zu erwägen, auf den beiden äußeren Fahrbahnen jeweils nur eine Fahrtrichtung zuzulassen.

Zu Absatz 3

Wo es im Interesse des Schienenbahnverkehrs geboten ist, den übrigen Fahrverkehr vom Schienenraum fernzuhalten, kann das durch einfache bauliche Maßnahmen, wie Anbringung von Bordsteinen, oder durch Fahrstreifenbegrenzungen (Zeichen 295) oder Sperrflächen (Zeichen 298) oder durch geeignete Verkehrseinrichtungen, wie Geländer oder Absperrgeräte (§ 43 Abs. 1 und 3) erreicht werden. **7**

Zu Absatz 4 Satz 1

Auf das Gebot des Hintereinanderfahrens sind die Radfahrer bei allen sich bietenden Gelegenheiten hinzuweisen. Wenn bei Massenverkehr von Radfahrern, vor allem bei Betriebsschluß oder Schichtwechsel größerer Betriebe, ein Hintereinanderfahren nicht möglich ist, ist darauf hinzuwirken, daß sich die Radfahrer möglichst gut in die Ordnung des Verkehrs einfügen. **8**

Zu Absatz 4 Satz 2

I. Allgemeines **9**

1. Der Radverkehr muß in der Regel ebenso wie der Kraftfahrzeugverkehr die Fahrbahn benutzen. Die Anlage von Radwegen kommt im allgemeinen dort in Betracht, wo es die Verkehrssicherheit, die Verkehrsbelastung, die Verkehrsbedeutung der Straße oder der Verkehrsablauf erfordern. Die Kennzeichnung mit dem Zeichen 237, 240 oder 241 begründet für den Radverkehr die Radwegebenutzungspflicht. Sie trennt dann den Fahrzeugverkehr und dient damit dessen Entmischung sowie dem Schutz des Radverkehrs vor den Gefahren des Kraftfahrzeugverkehrs.
2. Aus Gründen der Verkehrssicherheit ist es am besten, wenn zur Umsetzung einer im Einzelfall erforderlichen und verhältnismäßigen Radwegebenutzungspflicht ein Radweg baulich angelegt wird. Die Anlage von Radwegen ist deshalb wünschenswert und soll auch weiterhin angestrebt werden. **10**
3. Ist ein baulich angelegter Radweg nicht vorhanden und dessen Anlage auch nicht absehbar, kommt die Abtrennung eines Radfahrstreifens von der Fahrbahn in Betracht. Ein Radfahrstreifen ist ein für den Radverkehr bestimmter, von der Fahrbahn nicht baulich, sondern mit Zeichen 295 „Fahrbahnbegrenzung" abgetrennter und mit dem Zeichen 237 „Radweg" gekennzeichneter Teil der Straße, wobei der Verlauf durch wiederholte Markierung des Zeichens 237 verdeutlicht werden kann. Das Zeichen 295 ist in der Regel in Breitstrich (0,25 m) auszuführen; vgl. zu § 41 Abs. 3 Nr. 9. Erwogen werden kann auch eine Kombination zwischen einem baulich angelegten Radweg (z. B. im Streckenverlauf) und einem Radfahrstreifen (z. B. vor Kreuzungen und Einmündungen). Zum Radfahrstreifen vgl. Nummer II zu Zeichen 237; Rn. 2 ff. **11**
4. Ist ein Radfahrstreifen nicht zu verwirklichen und ist ein Mischverkehr nicht vertretbar, kann die Anlage eines getrennten Fuß- und Radweges erwogen werden; vgl. zu Zeichen 241. **12**

Heß 81

StVO § 2

13   5. Ist ein Radweg oder Radfahrstreifen nicht zu verwirklichen und ist ein Mischverkehr vertretbar, kann auf der Fahrbahn die Anlage eines Schutzstreifens oder auf dem Gehweg die Öffnung für den Radverkehr (z. B. Zeichen 240 „gemeinsamer Fuß- und Radweg" oder Zeichen 239 „Fußgänger" mit dem Zusatzschild 1022–10 „Radfahrer frei") erwogen werden. Der Anlage eines Schutzstreifens auf der Fahrbahn soll dabei in der Regel der Vorzug gegeben werden. Zum Schutzstreifen vgl. Nummer II zu Zeichen 340 (Rn. 2 ff.), zum Gehweg vgl. zu Zeichen 239 und zu Zeichen 240.

II. Radwegebenutzungspflicht

14   Ist aus Verkehrssicherheitsgründen die Anordnung der Radwegebenutzungspflicht mit den Zeichen 237, 240 oder 241 erforderlich, so ist sie, wenn nachfolgende Voraussetzungen erfüllt sind, vorzunehmen.

15   Voraussetzung für die Kennzeichnung ist, daß

1. eine für den Radverkehr bestimmte Verkehrsfläche vorhanden ist oder angelegt werden kann. Das ist der Fall, wenn
   a) von der Fahrbahn ein Radweg baulich oder ein Radfahrstreifen mit Zeichen 295 „Fahrbahnbegrenzung" abgetrennt werden kann oder
   b) der Gehweg von dem Radverkehr und dem Fußgängerverkehr getrennt oder gemeinsam benutzt werden kann,

16   2. die Benutzung des Radweges nach der Beschaffenheit und dem Zustand zumutbar sowie die Linienführung eindeutig, stetig und sicher ist. Das ist der Fall, wenn

17   a) er unter Berücksichtigung der gewünschten Verkehrsbedürfnisse ausreichend breit, befestigt und einschließlich eines Sicherheitsraums frei von Hindernissen beschaffen ist. Dies bestimmt sich im allgemeinen unter Berücksichtigung insbesondere der Verkehrssicherheit, der Verkehrsbelastung, der Verkehrsbedeutung, der Verkehrsstruktur, des Verkehrsablaufs, der Flächenverfügbarkeit und der Art und Intensität der Umfeldnutzung. Die lichte Breite (befestigter Verkehrsraum mit Sicherheitsraum) soll in der Regel dabei durchgehend betragen:

18   aa) Zeichen 237
– baulich angelegter
Radweg   möglichst 2,00 m
     mindestens 1,50 m

19   – Radfahrstreifen
(einschließlich Breite
des Zeichens 295)   möglichst 1,85 m
     mindestens 1,50 m

20   bb) Zeichen 240
– gemeinsamer Fuß- und Radweg
innerorts   mindestens 2,50 m
außerorts   mindestens 2,00 m

21   cc) Zeichen 241
– getrennter Fuß- und Radweg
für den Radweg   mindestens 1,50 m

Zur lichten Breite bei der Freigabe linker Radwege für die Gegenrichtung vgl. Nummer II Nr. 3 zu § 2, zu Absatz 4 Satz 3; Rn. 37 ff.

22   Ausnahmsweise und nach sorgfältiger Überprüfung kann von den Mindestmaßen dann, wenn es aufgrund der örtlichen oder verkehrlichen Verhältnisse

Straßenbenutzung durch Fahrzeuge **§ 2 StVO**

erforderlich und verhältnismäßig ist, an kurzen Abschnitten (z. B. kurze Engstelle) unter Wahrung der Verkehrssicherheit abgewichen werden.

Die vorgegebenen Maße für die lichte Breite beziehen sich auf ein einspuriges Fahrrad. Andere Fahrräder (vgl. Definition des Übereinkommens über den Straßenverkehr vom 8. November 1968, BGBl. 1977 II S. 809) wie mehrspurige Lastenfahrräder, Fahrräder mit Anhänger werden davon nicht erfaßt. 23

Die Führer anderer Fahrräder sollen in der Regel dann, wenn die Benutzung des Radweges nach den Umständen des Einzelfalles unzumutbar ist, nicht beanstandet werden, wenn sie den Radweg nicht benutzen;

b) die Verkehrsfläche nach den allgemeinen Regeln der Baukunst und Technik in einem den Erfordernissen des Radverkehrs genügenden Zustand gebaut und unterhalten wird; 24

c) die Linienführung im Streckenverlauf und die Radwegeführung an Kreuzungen und Einmündungen auch für den Ortsfremden eindeutig erkennbar, im Verlauf stetig und insbesondere an Kreuzungen, Einmündungen und verkehrsreichen Grundstückszufahrten sicher gestaltet sind. 25

Das Abbiegen an Kreuzungen und Einmündungen sowie das Einfahren an verkehrsreichen Grundstückszufahrten ist mit Gefahren verbunden. Auf eine ausreichende Sicht zwischen dem Kraftfahrzeugverkehr und dem Radverkehr ist deshalb besonders zu achten. So ist es notwendig, den Radverkehr bereits rechtzeitig vor der Kreuzung oder Einmündung im Sichtfeld des Kraftfahrzeugverkehrs zu führen und die Radwegeführung an der Kreuzung oder Einmündung darauf abzustimmen. Zur Radwegeführung vgl. zu § 9 Abs. 2 und 3; Rn. 3 ff. 26

3. und bei Radfahrstreifen die Verkehrsbelastung und Verkehrsstruktur auf der Fahrbahn sowie im Umfeld die örtlichen Nutzungsansprüche auch für den ruhenden Verkehr nicht entgegenstehen. Vgl. Nummer II zu Zeichen 237; Rn. 2 ff. 27

III. Über die Kennzeichnung von Radwegen mit den Zeichen 237, 240 oder 241 entscheidet die Straßenverkehrsbehörde nach Anhörung der Straßenbaubehörde und der Polizei. In die Entscheidung ist, soweit örtlich vorhanden, die flächenhafte Radverkehrsplanung der Gemeinden und Träger der Straßenbaulast einzubeziehen. Auch kann sich empfehlen, zusätzlich Sachkundige aus Kreisen der Radfahrer, der Fußgänger und der Kraftfahrer zu beteiligen. 28

IV. Die Straßenverkehrsbehörde, die Straßenbaubehörde sowie die Polizei sind gehalten, bei jeder sich bietenden Gelegenheit die Radverkehrsanlagen auf ihre Zweckmäßigkeit hin zu prüfen und den Zustand der Sonderwege zu überwachen. Erforderlichenfalls sind von der Straßenverkehrsbehörde sowie der Polizei bauliche Maßnahmen bei der Straßenbaubehörde anzuregen. Vgl. Nummer IV Nr. 1 zu § 45 Abs. 3; Rn. 56. 29

Zu Absatz 4 Satz 3

I. Andere Radwege

1. Andere Radwege sind baulich angelegt und nach außen erkennbar für die Benutzung durch den Radverkehr bestimmt. Sie sind jedoch nicht mit dem Zeichen 237, 240 oder 241 gekennzeichnet. Solche Radwege kann der Radverkehr in Fahrtrichtung rechts benutzen. Es kann aber nicht beanstandet werden, wenn sie der Radverkehr nicht benutzt. 30

Heß

StVO § 2

31 2. Der Radverkehr kann deshalb auch bei anderen Radwegen, insbesondere an Kreuzungen, Einmündungen und verkehrsreichen Grundstückszufahrten nicht sich selbst überlassen bleiben.

32 3. Es ist anzustreben, daß andere Radwege baulich so hergestellt werden, daß sie die (baulichen) Voraussetzungen für eine Kennzeichnung der Radwegebenutzungspflicht erfüllen.

33 4. Ist die Kennzeichnung der Radwegebenutzungspflicht unerläßlich, erfüllt der andere Radweg aber noch nicht die (baulichen) Voraussetzungen, kann die Kennzeichnung ausnahmsweise und befristet vorgenommen werden, wenn die Belange der Verkehrssicherheit gewahrt bleiben. Bei der Straßenbaubehörde sind gleichzeitig Nachbesserungen anzuregen.

34 5. Scheidet auf absehbare Zeit eine solche Herstellung des anderen Radweges aus und ist auch die an sich unerläßliche Kennzeichnung der Radwegebenutzungspflicht nicht möglich, soll dessen Auflassung bei der Straßenbehörde angeregt werden. Gleichzeitig sollen andere Maßnahmen (Radfahrstreifen, Schutzstreifen) geprüft werden.

II. Freigabe linker Radwege für die Gegenrichtung

35 1. Die Benutzung von in Fahrtrichtung links angelegten Radwegen in Gegenrichtung ist mit besonderen Gefahren verbunden und deshalb aus Gründen der Verkehrssicherheit grundsätzlich nicht erlaubt. Links angelegte Radwege können allerdings, wenn eine sorgfältige Prüfung nichts Entgegenstehendes ergeben hat, durch die Straßenverkehrsbehörden im Einzelfall mit Zeichen zur Benutzung durch die Radfahrer auch in Gegenrichtung freigegeben werden. Davon soll außerorts bei nur einseitig angelegten Radwegen in der Regel und innerorts nur in besonderen Ausnahmefällen Gebrauch gemacht werden.

36 2. Die Freigabe linker Radwege für die Gegenrichtung kann die Zahl der Fahrbahnüberquerungen für den Radverkehr senken. Andererseits entstehen neue Konflikte mit dem entgegenkommenden Radverkehr und an den Kreuzungen, Einmündungen und verkehrsreichen Grundstückszufahrten. Die Prüfung auch anderer Maßnahmen ist deshalb unabdingbar. Zu denken ist hier auch daran, den Bedarf zum Linksfahren, z. B. durch ein verbessertes Angebot von Überquerungsmöglichkeiten usw., zu verringern.

37 3. Voraussetzung für die Freigabe ist, daß
a) der Radweg baulich angelegt ist,
b) für den Radweg in Fahrtrichtung rechts eine Radwegebenutzungspflicht besteht,
c) die lichte Breite des Radweges einschließlich der seitlichen Sicherheitsräume (vgl. Nummer II 2 Buchstabe a zu § 2 Abs. 4 Satz 2; Rn. 17ff.) durchgehend in der Regel 2,40 m, mindestens 2,00 m, beträgt und
d) die Führung an den Kreuzungen, Einmündungen und verkehrsreichen Grundstückszufahrten eindeutig und besonders gesichert ist.

Unabdingbar für die besondere Sicherung ist die ausreichende Sichtbeziehung zwischen dem Kraftfahrzeugverkehr und dem in beiden Fahrtrichtungen fahrenden Radverkehr. Vor allem ist auch auf die Sicht der nach links über den Radweg abbiegenden Kraftfahrer zu achten. Diese erwarten und erkennen die damit verbundenen Gefahren häufig nicht ausreichend.

38 4. An Kreuzungen und Einmündungen sowie an verkehrsreichen Grundstückszufahrten ist in der Regel

Straßenbenutzung durch Fahrzeuge **§ 2 StVO**

a) der abbiegende Kraftfahrzeugverkehr auf der Vorfahrtstraße mit dem seitwärts aufgestellten Zeichen 138 „Radfahrer" und dem Zusatzschild 1000–30 und
b) der Fahrzeugverkehr auf der untergeordneten Straße mit dem Zeichen 205 „Vorfahrt gewähren!" und dem angebrachten Zusatzschild „Sinnbild eines Radfahrers und von zwei gegengerichteten waagerechten Pfeilen"
auf die besonderen Gefahren eines neben der durchgehenden Fahrbahn verlaufenden und zu kreuzenden Radwege aufmerksam zu machen. Zum Standort des Zeichens 205 vgl. Nummer I zu den Zeichen 205 und 206; Rn. 1. Im Zweifel und bei abgesetzten Radwegen vgl. Nummer I zu § 9 Abs. 3; Rn. 16.

Zu Absatz 4 Satz 4

I. Ein Seitenstreifen ist der unmittelbar neben der Fahrbahn liegende Teil der Straße. Er kann befestigt oder unbefestigt sein. **39**

II. Radfahrer haben das Recht, einen Seitenstreifen zu benutzen. Eine Benutzungspflicht besteht dagegen nicht. Sollen Seitenstreifen nach ihrer Zweckbestimmung auch der Benutzung durch Radfahrer dienen, ist auf eine zumutbare Beschaffenheit und einen zumutbaren Zustand zu achten. **40**

Inhaltsübersicht

	Rn
1. Allgemeines	1
2. Fahrzeug	2
3. Führen eines Fahrzeugs	5
4. Abs 1: Fahrbahnbenutzung	17
a) Straßen u Straßenteile	17
b) Pflicht zur Fahrbahnbenutzung für den fließenden Verkehr	19
c) Ruhender Verkehr	22
d) Seitenstreifen	23
e) Straßen mit zwei Fahrbahnen	24
5. Abs 2: Das Rechtsfahrgebot	25
a) Allgemeines	25
b) Schutzzweck, Voraussehbarkeit eines Unfalls	29
c) Inhalt	31
d) Ausnahmen vom Rechtsfahrgebot	32
6. „Möglichst weit rechts" in Sonderfällen	35
a) Langsame Fahrzeuge	39
b) Unübersichtlichkeit	40
c) Äußerste rechte Fahrbahnseite	43
d) Überholtwerden	47
e) Gegenverkehr	48
f) Einbahnstraßen, Kreisverkehr	49
7. Abs 3: Vorrang der Schienenbahn	50
a) Allgemeines	50
b) Inhalt des Vorrechts	51
8. Abs 4: Radfahrer	53
a) Hintereinanderfahren	53
b) Benutzung von Radwegen u Seitenstreifen	54
c) Abs 5: Radfahrende Kinder auf Gehwegen	58

	Rn
9. Der Begegnungsverkehr	60
a) Allgemeines	60
b) Begriff	61
c) Ausweichen	62
d) Begegnung auf schmaler Straße	65
e) Begegnung an Engstelle	68
f) Engstelle mit Regelung durch Verkehrszeichen	73
10. Beschränkung der Straßenbenutzung durch Verkehrszeichen u nach Abs 3 a	75
a) Allgemeine Verkehrsverbote	75
b) Anliegerverkehr	77
c) Verkehrsberuhigter Bereich	83
d) Fahrbahnmarkierungen	84
e) Verkehrsverbot für kennzeichnungspflichtige Kfz	96
11. Zivilrecht/Haftungsverteilung	96a
12. Zuwiderhandlungen	97
13. Literatur	99

1. Allgemeines

1 Während sich § 1 an alle VT wendet, enthalten die §§ 2 ff Regeln für den FahrV u die Fahrbahnbenutzung; sie sind SchutzG iS von § 823 II BGB § 2 gilt nur für den fließenden LängsV (BVwG NZV 93, 44). Das Ausweichen u die sonstigen Regeln des BegegnungsV sind zwar im wesentlichen aus § 1 abzuleiten, sie werden aber hier bei § 2 erläutert, da sie in engem Zusammenhang mit dem Rechtsfahrgebot stehen, wenn auch das Rechtsfahren bei GegenV u das Ausweichen vor einem bestimmten Fz rechtlich verschiedene Dinge sind. Weiter werden die auf die Straßenbenutzung bzgl VSchilder, nämlich die Z 237–269 u 325 sowie die Fahrbahnmarkierungen Z 295, 296, 298 u 340 hier besprochen. Ergänzend s das spezielle Rechtsfahrgebot nach § 5 IV S 3. Die Vorschriften für die BAB u Kraftfahrstr enthält § 18.

2. Fahrzeug

2 § 2 I weist die Benutzung der Fahrbahn den Fzen zu; auch § 2 II betrifft nur den FzVerkehr. **Fahrzeuge** iS der StVO sind Gegenstände, die zur Fortbewegung auf dem Boden bestimmt u geeignet sind. Dazu gehören nicht nur solche, die auf Rädern oder Raupen laufen, sondern auch Schlitten (s aber Rn 3). Gleichgültig ist es, ob sie sich mit eigener Kraft bewegen oder von einem anderen Fz oder von Menschen oder Tieren gezogen oder geschoben werden. Auch fahrbare Arbeitsgeräte, wie Schneepflüge, Bagger oder Baukräne auf Rädern oder Raupen sind verkehrsrechtlich Fze.

3 **Rodelschlitten, Kinderwagen, Roller, Skates** uä Fortbewegungsmittel sind – ebenso wie **Skier** – nach § 24 StVO, § 16 II StVZO nicht Fze iS dieser VOen. **Krankenfahrstühle** sind Fze, für die aber die allg

Führen eines Fahrzeugs 4–8 **§ 2 StVO**

Regeln nur teilweise gelten (§ 24 II StVO; § 18 II 5, IV, IV a StVZO). **Handwagen** sind begrifflich Fze (§ 25 II). Ihre Führung unterliegt aber nicht den Fahrregeln, sondern denjenigen über den FußgängerV (§ 23 VwV II, § 25 II). **Schienenbahnen,** die in der allg Fahrbahn verkehren, unterliegen grundsätzlich den Regeln der StVO, soweit sich nicht aus ihrer Schienengebundenheit etwas anderes ergibt; für sie bestehen aber Sonderregeln (s Rn 50 ff; § 315 d StGB). Auf Schienenbahnen mit eigenem Gleiskörper, insb Eisenbahnen, sind die VRegeln nur beschränkt anwendbar (vgl § 19). **Kfze** – Def § 1 II StVG – unterliegen den Fahrregeln der StVO 4 auch dann, wenn sie nicht nach § 1 StVG, § 18 StVZO zum Verkehr zugelassen sind (aA Dü VM 88, 55). Auf **Reit- u Zugtiere** sind die Fahrregeln entspr anzuwenden (§ 28 II). Ein **bespanntes Fuhrwerk** (Gespann) ist ein Fz (vgl § 64 StVZO; § 23 I S 2 StVO). **Kinderfahrrad** s § 24 I u dazu Rn 2. Fahrräder und Motorräder sind Fz iS der StVO.

3. Führen eines Fahrzeugs

Die Pflicht zur Einhaltung der Fahrvorschriften trifft – trotz der volks- 5 tümlichen Fassung des § 2 „Fahrzeuge müssen ..." – eindeutig den **Fahrzeugf.**

Das Führen eines Fz ist gegenüber der Teilnahme am StraßenV iS des 6 § 1 als Spezialfall der engere Begriff (vgl § 1 Rn 5 u BGHSt 14, 24). Ein Fz führt, wer es „unter bestimmungsgemäßer Anwendung seiner Antriebskräfte unter eigener Allein- oder Mitverantwortung in Bewegung setzt u es unter Handhabung seiner techn Vorrichtungen während der Fahrbewegung durch den öff VRaum ganz oder wenigstens zum Teil leitet" (BGHSt 18, 6, 8; 35, 390); bei einem Pferdefuhrwerk also derjenige, der die Zügel führt, bei einem von Menschen bewegten Fz derjenige, der für die Fortbewegung, insb für die Lenkung, verantwortlich ist, daher uU auch der Lenker eines **abgeschleppten** Fz (Bay 83, 133 = VRS 65, 434; Fra NJW 85, 2961; s auch BGH NZV 90, 157 im Anschl an Ce VRS 77, 221 [VorlBeschl]; Verf NStZ 84, 113).

„**Führen**" ist eine zielgerichtete Tätigkeit, die eine entspr Fähigkeit 7 voraussetzt (ein sechsjähriges Kind kann keinen Traktor führen: AG Bingen ZfS 89, 105) u nur mit Willen begangen werden kann. Wer versehentlich mit einem Fz in den Verkehr gerät oder ein stehendes Fz gegen seinen Willen in Bewegung setzt, kann nach § 1 als „Verkehrsteilnehmer" verantwortlich, aber nicht „Führer" eines Fz sein (Bay 70, 109 = VRS 39, 206; Dü ZfS 92, 101; Fra NZV 90, 277: Anlassen bei eingelegtem Gang). Das gleiche gilt von einem Landwirt, dessen Pferdegespann vom Acker auf die Str durchgegangen ist (vgl hierzu auch § 1 Rn 5f); er verstößt aber uU gegen § 28 I.

Schon die obige Def (Rn 6) verlangt eine **Fahrbewegung;** denn nur 8 dann sind idR die Zielrichtungen u Schutzzwecke der Vorschriften erfüllt, in denen vom Führen eines Fz die Rede ist (vgl BGHSt 35, 390; Bay 86, 13 = StVE § 316 StGB 73; aA Sunder BA 89, 297). Das Führen beginnt daher frühestens mit der Bewegung der Räder (BGH NZV 96, 500; Janis-

Heß 87

zewski NStZ 88, 265; 87, 271, 546), mag ein Fortkommen im Einzelfall auch nicht gelingen (Ko VRS 46, 352), wenn es nur nicht objektiv unmöglich ist (Bay aaO). Wer nur den Motor anläßt, um ihn nach Reparatur auszuprobieren u dann einem anderen das Fahren zu überlassen (Ce VRS 44, 342; Ba VRS 68, 333; anders noch Bra VRS 74, 363), oder lediglich das Zahlenschloß eines Mofas öffnet u vergeblich versucht, sich auf den Sattel zu setzen, führt damit noch nicht das Fz (BGH NZV 96, 500; Bay 74, 120 = VRS 48, 207).

9 Bloße **Vorbereitungs- oder Versuchshandlungen,** soweit sie nicht pönalisiert sind (s § 315c II StGB), scheiden indessen – entgegen der früheren extensiven RSpr (s dazu Janiszewski Rn 328) – aus (BGHSt 35, 390; NZV 96, 500; Ha VRS 65, 437; Ce NZV 88, 72; Dü NZV 89, 202; LG Hbg DAR 88, 389). Auch wer das Trieb- u Schwenkwerk eines auf öff Str stehenden Baggers in Betrieb setzt, um den Ausleger zu drehen, "führt" kein Fz; denn er will es nicht vom Platz bewegen u nimmt allenfalls am Verkehr teil (s § 1 Rn 7).

10 Bes Bedeutung kommt der Abgrenzung des Begriffs **"Führen eines Kfz"** zu. Dieser Begriff erfordert **nicht** in allen Fällen, daß das Kfz **mit Motorkraft** bewegt, also als **Kraft**-Fz geführt wird. Ein Kfz führt auch, wer es nur unter Ausnutzung der Schwerkraft über eine Gefällstrecke lenkt, ohne die Möglichkeit zu haben, den Motor anzulassen (BGHSt 14, 185; Bay 58, 200 = VRS 16, 57; VRS 67, 373); ebenso, wer die Lenkung eines geschobenen Kfz bedient (vgl Hbg VM 67, 46; Ce VRS 28, 279; einschränkend Ce VRS 53, 371), wer sich auf einem Mofa mit den Füßen abstoßend fortbewegt (Dü VRS 62, 193; Bay ZfS 88, 158); anders aber, wenn ein Leicht-Mofa ohne Motorkraft durch Treten der Pedale als Fahrrad benutzt wird (LG Ol DAR 90, 72 u § 316 StGB Rn 25) oder ein Krad mit eigener Körperkraft oder mit laufendem Motor ohne eingeschalteten Gang schiebt (Kar DAR 83, 365; Dü VRS 50, 426).

11 In all diesen Fällen gilt aber nicht der sog absolute **Grenzwert** der alkoholbedingten FU von 1,1‰, weil bei diesen Fz-Führern der für die Anwendung dieses Grenzwertes maßgebliche Grund der bes Gefährlichkeit motorisch angetriebener Kfze u der damit verbundenen hohen Anforderungen an ihre Handhabung im öff Verkehr (§ 316 StGB Rn 21, 22) idR nicht gegeben ist (s Ha DAR 60, 59; Ko VRS 49, 366; Fra NJW 85, 2961).

12 Anders verhält es sich, wenn das Anschieben oder Anschleppen oder das Antreten eines Kraftrades erfolgt, um den Motor dadurch in Gang zu bringen (Ha DAR 59, 54; Ol MDR 75, 421; Kar DAR 83, 365; Dü VM 75, 24; vgl auch Bay VRS 66, 202) sowie beim Führen eines mit einem Seil abgeschleppten Kfz, da hierbei kaum mindere Anforderungen an den Führer gestellt werden als bei Verwendung mit eigener Motorkraft (so BGH NZV 90, 157; Verf NStZ 84, 113).

13 **Führer** eines Fz ist jeder, der eine Verrichtung ausübt, die für den Bewegungsvorgang von mitentscheidender Bedeutung ist, wie zB die "Handhabung des Lenkrads, aber auch die ebenso wichtige Bedienung des Gaspedals, der Kupplung u der Bremsen (s dazu oben Rn 6). Die früher in der RSpr verbreitete Auffassung, daß während der Fahrt nur **eine** Person

Führer eines Kfz sein könne (so zB KG VM 57, 36), ist überholt. Teilen sich mehrere Personen in diese Funktionen, so ist jeder Kfz-Führer (BGH NZV 90, 157 zum Lenker des abgeschleppten Fz).

Der bloße **Beifahrer** ist nicht Führer des Fz; auch nicht der Sozius auf **14** dem Krad (Kar DAR 59, 137). Lösen sich Fahrer u Beif gegenseitig ab, während der andere ausruht, so ist nur der jew Steuernde Führer des Fz. Auch wer als Beif nicht nur ganz kurz ins Lenkrad greift, führt das Fz (Kö VM 82, 8). – Eine Sonderregelung gilt für Fahrschulen: Auf **Übungs- u Prüfungsfahrten eines Fahrschülers** gilt nach § 2 XV StVG (neu) der Fahrlehrer als Führer des Fz.

Zum Führen gehört auch das Sichern des zum Stillstand gekommenen **15** Fz, wie Anziehen der Handbremse u Einlegen eines Ganges auf abschüssiger Strecke (BGHSt 19, 371).

Ein **parkendes Fz** nimmt zwar am Verkehr teil, kann aber begrifflich **16** keinen „Führer" haben, solange niemand sein Trieb- oder Fahrwerk zum Zwecke der Einleitung einer Bewegung bedient (vgl § 1 Rn 5, 9; BGHSt 18, 6; Bay 66, 142 = VRS 32, 127). Die Verantwortung bemißt sich daher nach den Grundsätzen der Teilnahme am Verkehr (§ 1 Rn 5 ff, § 12 Rn 86; vgl auch unten Rn 22).

4. Abs 1: Fahrbahnbenutzung

a) **Straßen u Straßenteile.** Der Oberbegriff „**Straße**" umfaßt alle für **17** den fließenden u ruhenden StraßenV oder für einzelne Arten des StraßenV bestimmten Flächen (§ 1 S 2 StVZO; Art 1 d WÜK; E 26) einschl der Plätze, der Sonderwege für Radf, Reiter u Fußgänger (§ 41 Z 237–243) u der öff Parkplätze (§ 1 Rn 15). **Fahrbahn** ist der für den FahrzeugV bestimmte Teil der Str. Neben ihrer Zweckbestimmung kommt es auch auf die Art ihrer Befestigung (Bauweise) bzw den erkennbaren Straßenzustand oder auf die Fahrbahnbegrenzung (Z 295) an. Ein einheitlicher, für mehrere Fze nebeneinander ausreichender Str-Körper ist nur **eine** Fahrbahn, selbst wenn er durch Trennlinien – **Z 295, 340** – in mehrere Fahrstreifen (Fahrspuren) unterteilt ist (VwV zu Abs 1 I; Art 1 g WÜK).

Fahrstreifen ist nach § 7 I S 2 der zum ungehinderten Fahren eines Fz **18** benötigte Fahrbahnteil ohne Rücksicht darauf, ob er durch Trennlinien abgegrenzt ist. „Überholbahn" u „Fahrbahn des Gegenverkehrs" sind demnach nur dann gesonderte Fahrbahnen, wenn sie durch bauliche Maßnahmen getrennt sind, sonst nur Fahrstreifen; das gilt auch bei Trennung einer Einbahnstr durch einen 1–2 m breiten befestigten Mittelstreifen in zwei Fahrbahnen (Booß VM 85 Nr 48, nicht Fahrstreifen: Hbg VM 85, 48). Sonderfall „durchgehende Fahrbahnen" s § 18 Rn 8.

b) **Pflicht zur Fahrbahnbenutzung für den fließenden Verkehr.** **19** Abs 1 enthält für den LängsV die Pflicht zur Benutzung der durchgehenden Fahrbahn, von zwei Fahrbahnen der rechten (s auch § 42 VI 1 d (Z 340), § 7 Rn 14). Fz dürfen u müssen die Fahrbahn benutzen, soweit nicht bes Str (zB ABen) oder StrTeile, die neben der allg Fahrbahn im Zuge derselben Str verlaufen, für bestimmte Fz-Arten oder Zwecke

StVO § 2 19a–22   Straßenbenutzung durch Fahrzeuge

vorhanden sind (Fra VRS 46, 191). Standspuren der AB sind nur in Ausn-Fällen zu benutzen (s BGH VRS 61, 57 u unten Rn 23), sog **„Parkplatzstraßen"** u **Verteilerfahrbahnen** neben der AB nicht zum Vorbeifahren an langsameren Kfzen auf der Richtungsfahrbahn (Dü VRS 53, 378; 73, 146; Verf NStZ 87, 403; s aber Dü NZV 90, 278: irrtümliche Benutzung der Verteilerfahrbahn zulässig).

19a   Die **Fußgängerzone (Z 242, 243)** dürfen Fze nicht benutzen, geschweige denn befahren (Ko VRS 57, 448; Kö NZV 97, 191), sofern dies nicht durch Zusatzschild erlaubt ist (s Erl 2 zu Z 242, 243); sie dürfen dort auch nicht außerhalb eines zum Einfahren zugelassenen Zeitraumes parken (Ol DAR 90, 271; Kö aaO; s auch BGHSt 34, 194 zu Z 250m krit St Verf NStZ 87, 116); ist **„Lieferverkehr"** (s dazu § 12 Rn 23) durch Zusatzschild zu bestimmten Zeiten erlaubt, so soll das nur zum „geschäftsmäßigen" Transport von Waren berechtigen, nicht aber zu privaten Transporten, zB eines Wäschepakets an eine Reinigungsfirma (BVwG VRS 87, 63; KG VRS 62, 65; zw; s auch OVG Lü VM 81, 61 m krit Anm Booß) u nicht auf Umwegen (Bay NZV 91, 164).

20   Zur Benutzung der nach **Z 237–241** gekennzeichneten **Sonderwege** (Rad-, Reit- und Fußweg) sind die Berechtigten unter Ausschluß von der allg Fahrbahn nach § 41 II 5 verpflichtet (s auch Rn 54). Auch nur baulich dargestellte Radwege sind – ohne bes Kennzeichnung – Sonderwege nur für Radf (vgl Bay DAR 79, 25; zur Mithaftung des Radf bei Nichtbenutzung des Radwegs s Ha NZV 95, 26; bei Benutzung des Gehweges s BGH VersR 96, 1293, bei Gerlach DAR 97, 234). Ausn von der Pflicht zur Fahrbahnbenutzung enthalten für Radf § 2 IV u V, für Mofap § 41 II 5 b, für Krankenfahrstühle u best Rollstühle § 24 II. Kinderwagen, Rodelschlitten u dergl s § 24 I, Schieben von Fzen § 25 II. § 2 I regelt nur die Verteilung des Verkehrs innerhalb des öff VRaumes, verbietet aber nicht dessen Verlassen (Bay 61, 209, 211 = VRS 22, 361).

21   Das **unabsichtliche Abkommen** von der Fahrbahn in das anschl Gelände verstößt nicht gegen § 2 I (Bay v 20. 12. 84 bei Rüth DAR 85, 233). Der fließende Verkehr darf nicht zur Fahrbahn gehörige StrTeile nur aus verkehrsbedingten Gründen, wie zum Ausweichen oder zum Ein- u Ausfahren an Grundstücken – unter Anwendung bes Vorsicht – befahren (Bay 67, 111, 115 = VM 68, 10; Dü VM 67, 127). Wer im fließenden Verkehr einen nur zum Parken oder Tanken bestimmten VRaum befährt (um an den bei Rot wartenden VT vorbeizufahren), kann gegen das Gebot zur Fahrbahnbenutzung verstoßen (Bay VRS 61, 289; s auch Kö VRS 61, 291; DAR 85, 229; Dü oben Rn 19; Verf NStZ 85, 258; 87, 403; aA Ol VRS 68, 286; Hbg DAR 85, 292 u BGH NStZ 85, 507 m abl St Verf u Rn 3 zu § 37), nicht aber, wenn er den (nachweislich!) zum Parken aufgesuchten, aber überfüllten Parkplatz ohne Halt sofort wieder verläßt (Bay VRS 66, 291; s auch Dü NZV 90, 278); gleiches gilt an Tankstellen.

22   c) **Ruhender Verkehr.** § 2 I bezieht sich nur auf den **FahrV** (BVwG NZV 93, 44; BGHSt 33, 278, 280; Hbg DAR 85, 292; VM 88, 121). Für

den ruhenden Verkehr ist § 12 IV allein maßgebend (BVwG aaO; KG VRS 45, 66; Bay VRS 48, 456; aA Dü VRS 63, 384 m abl St Verf NStZ 83, 109 mwN; Ko VRS 45, 48; vgl § 12 Rn 75 ff u 57). Verstöße gegen diese Vorschrift, wie zB verbotenes Gehwegparken, sind daher OWen nach § 49 I 12, nicht nach § 49 I 2.

d) **Seitenstreifen** (Def VwV zu § 2 zu Abs 4 S 2 I), worunter auch **23** **Bankette** verstanden werden, gehören nicht zur Fahrbahn (§ 2 I S 2; Fra VRS 82, 255; s auch unten Rn 89, 90). Dies ist der befestigte oder unbefestigte, unmittelbar neben der Fahrbahn befindliche (befahrbare) Teil der Str (Kö NZV 97, 449; Je NZV 98, 166; DAR 99, 71 s auch Schl NZV 95, 153). Kfz dürfen sie nur nach Maßgabe von § 41 III Nr 3 b (Z 295) bzw des durch die 35. ÄndVO neu eingefügten § 41 II Nr 3 a (Befahren eines Seitenstreifens als Fahrstreifen) befahren. Dadurch kann nunmehr der Seitenstreifen, der dem Grunde nach erhalten bleiben soll, zeitweise bei Vorliegen besonderer Umstände als Fahrstreifen genutzt werden (Begr). § 41 III Nr 3 b S 3 bestimmt ausdrücklich, daß die VTeilnehmer mit dem durch Z 223.1 angeordneten Befahren des Seitenstreifens die Fahrbahnbegrenzungslinie wie eine Leitlinie (Z 340) überfahren dürfen. Auf dem als Fahrstreifen genutzten Seitenstreifen gelten während dieser Zeit die Vorschriften über die Benutzung von Fahrbahnen, namentlich das Rechtsfahrgebot (Begr); im übrigen wegen etwaiger mangelnder Tragfähigkeit nur mit bes Vorsicht (Je DAR 99, 71). Es verstößt nicht gegen § 2 I, wer mit einem Pkw aus verkehrsbedingten Gründen oder auch versehentlich auf ein tragfähiges Bankett vorübergehend hinausgerät oder es überquert, wenn dadurch der Radf- u FußgängerV nicht beeinträchtigt wird (Bay 67, 120 = VRS 34, 76). Auch sonst ist das Befahren des Banketts gestattet, wenn es die VLage als sachgerechte u vernünftige Maßnahme erscheinen läßt (BGH(Z) 13, 172; Dü DAR 00, 477; Mü StVE 4). Befahren der Standspur der AB ist nur in Notfällen erlaubt (s § 5 Rn 59 a). Wegen des Haltens u Parkens auf Randstreifen vgl § 12 IV u § 12 Rn 13 u § 18 VIII.

e) Auf Str mit **zwei Fahrbahnen** dürfen die einzelnen Fahrbahnen nur **24** in einer Richtung – wie Einbahnstr – befahren werden. Gegen § 2 I verstößt, wer auf der in seiner Fahrtrichtung linken Fahrbahn fährt, auch wenn er dort die rechte Seite einhält; so die sog „Geisterfahrer" (Kö VRS 60, 221; § 315 c I 2 f StGB). Auch auf Radwegen in Einbahnstr gilt idR nur deren Fahrtrichtung, soweit nichts anderes bestimmt ist (s unten Rn 54).

5. Abs 2: Das Rechtsfahrgebot

a) **Allgemeines.** Das Rechtsfahrgebot, eine **„Goldene Regel"** des **25** Verkehrs (BGHSt 16, 145, 151), trägt der Tatsache Rechnung, daß Verstöße dagegen häufig Ursache für schwerwiegende Unfälle sind; es mahnt daher, „möglichst weit rechts" zu fahren. Dieses Gebot ist nicht starr, sondern richtet sich nach den jew Umständen (BGH(Z) NZV 90, 229; 96, 444; Ha DAR 00, 265); es bedeutet nicht äußerst, sondern den Gegebenheiten angemessen weit rechts (vgl Bay VRS 62, 377) u gilt auch für Radf, soweit sie die Fahrbahn benutzen (s auch Rn 44, 53).

26 **Abweichungen** von diesem Gebot sind zulässig, wenn diese wirklich verkehrsgerecht u vernünftig sind. Gewisse Restriktionen der von der RSpr bislang herausgearbeiteten bes Umstände, unter denen dies gestattet sein soll, verlangt allerdings der Gesetzeswortlaut. Der Formulierung ist übrigens auch zu entnehmen, daß der Abstand vom rechten Fahrbahnrand desto größer sein darf, je schneller ein Fz im Rahmen des Zulässigen fährt (amtl Begr).

27 Hiernach kann davon ausgegangen werden, daß auch auf breiten Str nicht nahe der Mitte, sondern nur mit einem der Geschwindigkeit entspr Abstand vom rechten Fahrbahnrand zu fahren ist; die Beurteilung richtet sich nach der konkreten VSituation (BGH(Z) VRS 79, 178; s unten Rn 31).

28 Das unter bes Umständen erlaubte **Nebeneinanderfahren** ist in § 7 I geregelt.

29 b) **Schutzzweck, Voraussehbarkeit eines Unfalls.** Das Rechtsfahrgebot dient dem Schutz des (erlaubten) Gegen- u ÜberholV, nicht dem des einbiegenden oder kreuzenden QuerV (BGHSt 34, 127 = NJW 86, 2651 StVE § 8 StVO 79; VersR 77, 36; NZV 91, 23 = StVE § 823 BGB 62; Kö VM 81, 54; VRS 66, 255; Bay NZV 89, 359 = StVE § 315 c StGB 28; Ce ZfS 88, 189; Dü DAR 94, 331; Je DAR 00, 570; s auch § 8 Rn 57 u Haarmann NZV 93, 374); nicht dem Schutz des Entgegenkommenden, der nach links abbiegen will (BGH(Z) VRS 61, 180; KG VM 85, 21) u auch nicht dem Schutz betrunkener Fußgänger, die quer zur Fahrtrichtung auf die Fahrbahn torkeln (Ha VRS 51, 29; KG VM 85, 29; Ce ZfS 88, 188) sowie ferner nicht des dem Gebot zuwiderhandelnden Kf selbst vor links befindlichen Hindernissen (Ha NZV 00, 169); auf breiten Str auch dem Schutz von Fz u Fußgängern, die die Fahrbahn etappenweise überqueren (vgl § 25 Rn 10f; vgl auch BGH(Z) VRS 34, 18, 21). Wer aber von links kommend in die Str nach rechts einbiegt, wird damit Teilnehmer des GegenV u nimmt an dessen Schutz durch das Rechtsfahrgebot teil (BGH VersR 67, 157; Bay 65, 113 = VRS 29, 470); aber kein Schutz des sonstigen Seiteneinbiegers oder kreuzenden Verkehrs (Bay VRS 59, 222).

30 Darüber hinaus ist für einen VT, der vorschriftswidrig die linke Fahrbahnseite benutzt, ein Zusammenstoß mit einem von links kommenden Rechtsabbieger voraussehbar, wenn die Einmündung so unübersichtlich ist, daß der Wartepflichtige zunächst keine Sicht oder nur eine solche auf die gegenüberliegende, für den Vorfahrtberechtigten rechte Seite der Fahrbahn hat (Bay v 29. 11. 61 – 1 St 560/61; vgl auch BGHSt 12, 61; 20, 241; Kar VRS 30, 69; aA Ha VRS 31, 301; s auch Dü NZV 88, 151 m krit Anm Himmelmann u § 8 Rn 38), denn der Vertrauensschutz des Vorfahrtberechtigten entfällt, wenn er (hier infolge der Unübersichtlichkeit) erkennen kann, daß der Wartepflichtige ihm die Vorfahrt nicht oder erst nach einem (zulässigen) Hineintasten in seine Fahrbahn einräumen kann (vgl BGH VersR 75, 37; s auch Rn 57 zu § 8). Zum Einbiegen in Vor-

Rechtsfahrgebot 31–33 § 2 StVO

fahrtstr vgl § 8 Rn 44, 47 u 57. Das Rechtsfahrgebot ist unabhängig von der VLage zu beachten; bei Begegnungen greift das weitergehende Ausweichgebot ein (unten Rn 62). Mehrere Verstöße gegen das Rechtsfahrgebot auf derselben Fahrt sind selbständige Zuwiderhandlungen, wenn der Täter dazwischen auf die rechte Fahrbahnseite zurückgekehrt ist (Bay 68, 57 = VRS 35, 421).

c) **Inhalt.** Das Rechtsfahrgebot wird von der RSpr großzügig iS eines 31 verkehrsgerechten Fahrens ausgelegt (Kö VRS 26, 133); es ist nicht stets äußerst, sondern entspr der VSituation angemessen rechts zu fahren (BGH NZV 96, 444; Dü NZV 97, 321; Zw VRS 74, 420; Ha DAR 00, 265). Zu berücksichtigen sind neben den in II genannten Beispielen zB auch die Örtlichkeiten, Fahrbahnart, -beschaffenheit u -breite, die Ladung, Sicht, Fahrgeschwindigkeit, parkende Fze, GegenV ua maßgebliche Umstände (BGH(Z) VM 79, 67; VRS 79, 178; Ha DAR 00, 265). Der Fahrer darf vom rechten Fahrbahnrand einen Sicherheitsabstand einhalten, dessen Größe von der Art des Fz, der Geschwindigkeit u der Fahrbahnbreite abhängt, aber auch auf schmalen Str im allg 1 m betragen darf, selbst wenn dadurch das Fz in die linke Fahrbahnhälfte hineinragt (Bay VRS 62, 379; Dü NZV 92, 232). In einer unübersichtlichen Kurve u bei GegenV ist ein Abstand von 80 cm zum rechten Fahrbahnrand nicht zu beanstanden, wenn zur mittleren Leitlinie 50 cm Abstand eingehalten werden (BGH NZV 90, 229; Bay VRS 61, 55; 62, 377; s auch Mü VRS 65, 331), 50 cm darf er aber idR nicht unterschreiten, insb dann nicht, wenn von rechts mit anderen VT, bes Fußgängern zu rechnen ist (Dü NZV 92, 232). Befinden sich am rechten Fahrbahnrand in Abständen Hindernisse (haltende Kfze, Fußgänger), so ist es verkehrsgerecht, den Seitenabstand so zu bemessen, daß die Fahrlinie gleichmäßig beibehalten, nicht in Schlangenlinien gefahren wird (BGH VRS 6, 200; Bay 64, 73 = VRS 27, 227). Der Kf hat einen gewissen Spielraum, so lange er sich so weit rechts hält, wie es im konkreten Fall „vernünftig" ist (BGH NZV 96, 444; Ha DAR 00, 265). Eine **Inanspruchnahme der Gegenfahrbahn** ist unzulässig, soweit, u sei es auch nur bei behutsamer Fahrweise, nach Lage der Dinge ein Überholtwerden oder eine Gefährdung von GegenV möglich ist (BGH NZV 96, 444 entgegen Bay NStZ 90, 122: zulässig bei langsamer Fahrt auf halbe Sicht).

d) **Ausnahmen vom Rechtsfahrgebot,** die nicht nur einen größeren 32 Seitenabstand vom rechten Fahrbahnrand, sondern auch das Befahren der linken Fahrbahnhälfte rechtfertigen, liegen nicht schon dann vor, wenn die Einhaltung des Rechtsfahrgebotes für den Fahrer unbequem ist (schlechte Beschaffenheit der rechten Fahrbahnseite), sondern erst, wenn außergewöhnliche Umstände, wie zB Vereisung der rechten Fahrbahnhälfte, Gefahr eines Achsenbruchs durch Schlaglöcher (Bay 62, 44; KG MDR 99, 864) oder eine ungewöhnlich schlechte u gefährliche Beschaffenheit der Fahrbahn oder bes technische Eigenschaften des Fz oder eine Gefahr die Inanspruchnahme der Gegenfahrbahn unausweichlich werden läßt (vgl BGHSt 23, 313; NZV 96, 444). Es kommt darauf an, ob das Abweichen vom 33 Rechtsfahrgebot verkehrsgemäß u vernünftig ist. So darf im allg an stehenden Fzen mit dem erforderlichen, wenn es die VLage gestattet, auch mit einem größeren Abstand (vgl § 6 Rn 6 f; Bay 53, 186) links vorbeigefahren werden. Gegen § 2 II verstößt aber, wer an Fzen, die bei Rot warten, auf der linken Fahrbahnseite vorbeifährt, obwohl er damit rechnen muß, daß er beim Weiterfahren nach Grün den GegenV oder die rechte Fz-Reihe beim Hineindrängeln behindern wird, es sei denn, daß er ohne Behinderung des GegenV nach links abbiegt (Bay 65, 73 = VRS 29, 304).

33 a Ein **größerer Abstand** vom rechten Fahrbahnrand darf (u soll) eingehalten werden, wenn dies dem VBedürfnis entspricht, zB bei Dunkelheit (BGH(Z) VRS 27, 335), Nebel (Bay VRS 62, 377) oder vor unübersichtlichen Einmündungen von Nebenwegen zum Zwecke der Erlangung besserer Sicht nach rechts (Bay 49/51, 406). Wer eine an sich zulässige Geschwindigkeit einhält, darf den ihr entspr Abstand vom Fahrbahnrand einhalten. Er muß nicht etwa seine Geschwindigkeit vermindern, damit er weiter rechts fahren kann.

34 Bei **Nebel** kann es gerechtfertigt sein – zB wegen etwaiger Fußgänger oder Radf am Fahrbahnrand –, nicht ganz rechts zu fahren, oder sich zur besseren Orientierung rechts von einer weißen Mittellinie zu halten (Bay VRS 62, 377); aber kein Abweichen von der äußersten rechten Fahrbahnseite, wenn dadurch die Orientierung verlorengeht (Bay 57, 154 = VRS 13, 361). Die Versperrung der Sicht durch vorausfahrende Fze begründet die Unübersichtlichkeit der Strecke nicht (Bay 52, 252 = VRS 5, 147; BGH VRS 10, 98; Hbg VM 67, 134). Hinter ihnen kann es sogar richtig sein, links versetzt zu fahren, um Überholmöglichkeiten u den GegenV rechtzeitig zu erkennen. Das Gelände außerhalb der Fahrbahn, zB die Möglichkeit, daß nicht einsehbare Nebenwege in die Str einmünden, kann die Unübersichtlichkeit der Strecke ebenfalls nicht begründen (BGH(Z) bei Bode-Weber DAR 67, 70). Unübersichtlich ist auch der letzte Teil der einsehbaren Strecke, zB wenn das Überholen Fze, die aus dem verdeckten Raum kommen, gefährden kann (Bay 52, 179 = VRS 5, 67). Wegen der Geschwindigkeit an unübersichtlichen Strecken s § 3 I S 2, 4; wegen des Überholverbotes § 5 II.

6. „Möglichst weit rechts" in Sonderfällen

35–38 Wie bereits oben (Rn 25 ff) ausgeführt, richtet sich die Befolgung dieses Gebots nach der jew VSituation. Bei deren Beurteilung hat der Kf einen gewissen Beurteilungsfreiraum, solange er sich soweit rechts hält, wie es im konkreten Fall „vernünftig" ist (BGH NZV 90, 229). GegenV, Überholtwerden, Verhalten vor Kuppen, in Kurven u bei Unübersichtlichkeit sind nur Beispiele für möglichst weites Rechtsfahren, das auch sonst geboten ist, wenn ein Fahren weiter links gefährlich wäre.

39 a) **Langsame Fze** können u müssen äußerst rechts fahren (amtl Begr; Mü ZfS 92, 42), auch wenn der Fb-Rand mangelhaft aber noch zumutbar ist. Langsam fährt ein Fz, dessen Geschwindigkeit, gleichgültig, ob es schneller fahren kann, hinter der auf der Str unter den gegebenen VVerhältnissen üblichen Geschwindigkeit erheblich zurückbleibt (Bay 67, 79 = VRS 33,

301). Fze, die ihrer Bauart nach 50 km/h nicht überschreiten können (zB Fahrräder u Mofas) sind allg langsam fahrende Fze. Zweck der Regelung ist die Freihaltung eines möglichst großen Teils der Fahrbahn für den schnelleren Überhol- u GegenV.

b) Bei **Unübersichtlichkeit,** die an **Kuppen** regelmäßig, in **Kurven** 40 häufig gegeben ist, entfällt der oben (Rn 26, 31) umschriebene Spielraum; hier muß die **äußerste rechte** Fahrbahnseite eingehalten werden (Ko Schaden-Praxis 01, 46), um zu verhindern, daß Fze deshalb zusammenstoßen, weil ihre Fahrer das entgegenkommende Fz so spät bemerken, daß keine Zeit für ein gefahrloses Ausweichen verbleibt (Bay 62, 244 = VRS 24, 73; BGH(Z) NZV 96, 444).

Unübersichtlich ist eine Strecke, wenn der Fahrer den VAblauf auf der 41 Straße nicht auf eine ausreichende Entfernung überblicken kann; u zwar auch dann, wenn nur ein Teil der Fahrbahn durch ein Sichthindernis verdeckt ist (s auch § 3 Rn 25, § 5 Rn 19, § 315c StGB 24). Die Unübersichtlichkeit kann auf der örtlichen Beschaffenheit (seitlich bebaute Kurve, Bergkuppe) oder auf Witterungsverhältnissen (Nebel: Bay DAR 88, 277; Schneetreiben oder Sonnenblendung) beruhen.

Eine **übersichtliche Linkskurve** darf nur so weit geschnitten werden, 42 daß die Mitte der Fahrbahn nicht überschritten wird (Ha DAR 59, 194; VRS 33, 463); aber nicht darüber hinaus (BGH VM 70, 114; krit dazu Jagusch DAR 71, 234). Ist die Str so schmal, daß an einem Kfz, das den notwendigen Abstand vom rechten Fahrbahnrand einhält, nicht einmal ein entgegenkommendes Zweirad-Fz vorbeifahren kann, so liegt kein Verstoß gegen § 2 II vor, wenn der Kfz-Führer vom rechten Fahrbahnrand einen etwas größeren Abstand als vom linken einhält (Bay v 26. 2. 64 – 1 St 617/63), dh die linke Fahrbahn mitbenutzt (Bay v 11. 3. 87, 1 Ob OWi 323/86), er muß dann aber auf halbe Sicht fahren (Bay NZV 90, 122; aber BGH NZV 96, 444). Das Rechtsfahrgebot verletzt nicht nur, wer in gelenkter Fahrt, sondern auch derjenige, der unbeabsichtigt infolge eines vorwerfbaren Fahrfehlers auf die linke Fahrbahnseite gerät (Bay 62, 22 = VRS 23, 68; Hbg VM 63, 71). Es gilt auch in Einbahnstr (Sa VM 74, 73); auf seine Einhaltung kann der GegenV vertrauen (KG VRS 17, 123). – Zum Beweis des ersten Anscheins für Verschulden des auf die linke Fahrbahn Geratenen s BGH(Z) VRS 70, 256; bei hoher BAK s Ha BA 87, 436.

Wer vorschriftsmäßig die rechte Fahrbahnseite einhält, darf zunächst 42a darauf **vertrauen,** daß ein auf der StrMitte oder falschen StrSeite Entgegenkommender rechtzeitig auf die für ihn rechte StrSeite ausweichen wird (BGH VRS 11, 107; 17, 21 ff, 276). Wer sich aber auf der linken Seite einem Entgegenkommenden nähert, muß damit rechnen, daß dieser unsicher wird u nach links ausweicht (Bay 53, 73). Ob den links Ausweichenden eine Mitschuld trifft, hängt von den Umständen des Einzelfalls ab (Bay VRS 62, 211); regelmäßig muß man sofort ganz rechts herausfahren u anhalten, wenn dadurch ein Unfall vermieden werden kann (vgl auch unten Rn 62 ff).

StVO § 2 43–50 Straßenbenutzung durch Fahrzeuge

43 c) In den unter a u b aufgeführten Fällen hat der Fz-Führer die **äußerste rechte Fahrbahnseite** einzuhalten. Er darf aber auch hier mit einem Sicherheitsabstand zum rechten Fahrbahnrand (0,50–1 m) fahren, dessen Größe in erster Linie von der Sichtweite u der Fahrbahnbreite, aber auch davon abhängt, ob die Fahrbahn bis zu ihrem Rand gefahrlos befahren werden kann (anschl Mauer oder Berghang) u ob mit Fußgängern am rechten Fahrbahnrand zu rechnen ist. Sichtbar entgegenkommende Fußgänger rechtfertigen aber ein Verlassen der äußersten rechten Fahrbahnseite nicht, wenn sie – notfalls bei kurzem Anhalten – leicht am Fz vorbeigehen können (Bay 70, 60 = VM 70, 39).

44 Ein **Radf** darf innerorts bei Dunkelheit u Regen auf stark befahrener Str nicht weiter als 1 m vom rechten Fahrbahnrand fahren (Sa VM 80, 53). – Zur Stra-Mitte ist nach Möglichkeit ein Abstand von mind 0,50 m einzuhalten (Bay VRS 61, 55); s aber auch oben Rn 31 ff.

45 Im Gegensatz zum allg Rechtsfahrgebot muß in den Fällen zu a) u b) die Geschwindigkeit so gering gehalten werden, daß das Gebot befolgt werden kann. Der Fahrer muß möglichst nahe am **befahrbaren** Rand der Str fahren; er muß aber nicht etwa die nicht zur Fahrbahn gehörende Standspur benutzen (BVfG DAR 97, 152). Die Vorschrift verbietet ein Vorbeifahren an Hindernissen, wie haltenden Kfzen, nicht; jedoch sind, wenn die Fahrbahnhälfte des GegenV versperrt wird, bes Vorsichtsmaßnahmen (uU Warnposten, falls vorhanden; Hupen allein genügt nicht!) u ganz geringe Geschwindigkeit notwendig (BGH(Z) VRS 19, 84, 87; Bay 63, 167 = VRS 26, 57; Ha VRS 42, 53). Vgl auch § 1 Rn 46, § 3 Rn 23.

46 „Unübersichtlichkeit" u „äußerste rechte Fahrbahnseite" sind **Rechtsbegriffe.** Der Tatrichter muß die Tatsachen, die sie begründen, so genau angeben, daß das Revisionsgericht nachprüfen kann, ob die RBegriffe richtig angewendet worden sind.

47 d) Beim **Überholtwerden** besteht keine allg Pflicht, rechts heranzufahren (vgl aber § 5 VI S 2).

48 e) Bei **GegenV** gelten die bes Regeln für die Begegnung, s Rn 60 ff.

49 f) Für **Einbahnstr** u den **KreisV** gilt das Rechtsfahrgebot nach II. Wenn es die VLage erlaubt, ist den Kreis nicht im Bogen, sondern in gestreckter Fahrspur auszuführen; dann ist aber bei der Ausfahrt aus dem Kreis auf Benutzer der rechten Spur bes Rücksicht zu nehmen (Ce VM 66, 83; Dü VRS 37, 303).

7. Abs 3: Vorrang der Schienenbahn

50 a) **Allgemeines.** III behandelt das Verhältnis LängsV u längsfahrende Schienenbahn, die auf der Fahrbahn der öff Str in gleicher oder entgegengesetzter Richtung verkehrt (Dü VRS 63, 250; s hierzu auch § 9 Rn 19 sowie Filthaut DAR 73, 309). Das Verhalten des **abbiegenden FahrzeugV** gegenüber der geradeaus weiterfahrenden Straba regelt § 9 I S 3, § 9 III S 1 schafft einen dem § 2 III entspr Vorrang der Schienenbahn, die

in einem eigenen Gleisbereich neben der allg Fahrbahn verlegt ist. § 37 II 1 spricht nochmals für das Abbiegen des Fz-Verkehrs nach links bei Grün das Verbot aus, Straba zu behindern. Bahnübergang: § 19. Zur Geschwindigkeit der Straba: § 3 Rn 18. Rücksicht auf Fußgänger: § 9 III S 3.

b) **Inhalt des Vorrechts.** § 2 III begründet nicht entgegen § 8 die **51** Vorfahrt der Straba gegenüber dem QuerV oder der links abbiegenden Straba gegenüber dem GegenV; §§ 8 u 9 III gelten uneingeschränkt (amtl Begr; Bay 65, 22 = VRS 29, 13), dh die abbiegende Straba muß entgegenkommende bzw nachfolgende VT erst durchfahren lassen (s Filthaut NZV 92, 397); § 2 III bestimmt im Längsverkehr einen Vorrang der Bahn vor anderen VTeilnehmern, weil sie dem städtischen MassenV dient, ihren Fahrplan einhalten muß u als schweres, schienengebundenes Fz sich dem Verkehr technisch nicht anpassen kann (BGHSt 1, 192; Kar VersR 97, 33) u einen langen Bremsweg hat (Dü NZV 92, 190). Sie darf aber trotz ihrer Bindung an die allg Regeln der StVO (BVwG NZV 00, 309) auf die Beachtung ihres Vorrangs vertrauen (Dü NZV 94, 28 – StVE § 9 StVO Nr 88). Die anderen VT dürfen jedoch ihre Vorfahrt nicht erzwingen. Der Kf verstößt nicht gegen den bestehenden Vorrang der Straba gegenüber dem gleichgerichteten Verkehr, wenn er wegen einer auf der rechten Fahrbahn befindlichen Baustelle auf den in der Stra-Mitte gelegenen Schienenraum vor einer in größerer Entfernung von rückwärts herannahenden Straba hinüberwechselt (Dü VersR 81, 784; KG VRS 88, 115), wohl aber dann, wenn er kurz vor ihr bremst; dann gilt auch nicht der Beweis des ersten Anscheins gegen die auffahrende Straba (Dü VRS 68, 35; s dazu aber jetzt Dü NZV 94, 28).

Der Führer einer rechts einbiegenden Straba muß rechtzeitig Richtungs‌Z setzen u darauf achten, daß er keinen neben ihm befindlichen oder **52** nahe aufgeschlossenen VT gefährdet. Auf die Beachtung seines VorR durch weiter rückwärts folgende Kf darf er vertrauen (Bay 65, 25; 66, 150 = VRS 32, 154). Für **Omnibusse** u **Obusse** (Omnibusse, die mit elektrischer Oberleitung betrieben werden) gilt das VorR nicht. Ihnen gegenüber kann lediglich aus § 1 in bes VLagen eine erhöhte Rücksichtnahme geboten sein (BGH(Z) VRS 25, 249).

8. Abs 4: Radfahrer (Radf)

a) Ein Fahrrad iS der StVO ist jedes Fz mit wenigstens zwei Rädern, das **53** ausschließlich durch die Muskelkraft auf ihm befindlicher Personen, insb mit Hilfe von Pedalen oder Handkurbeln angetrieben wird. Hierzu zählen auch Liegefahrräder (BVwG NZW 01, 493; VGH BW VM 01, 16). Nach dem auch für Radf geltenden Rechtsfahrgebot (s Rn 25 u 44) müssen sie bei Benutzung der Fahrbahn nach **S 1** grundsätzlich **hintereinander** fahren (s VwV zu Abs 4 S 1); Ausn gelten nur bei VStille u auf (den durch die 24. ÄndVO eingeführten) **Fahrrad-Str** (Z 244; s dazu Rn 53 a; zum Radf-Verband s § 27 I) unter Beachtung von § 1 II; dh andere dürfen durch Nebeneinanderfahren nicht behindert werden. Eine solche Behinderung liegt

StVO § 2 53a–54a Straßenbenutzung durch Fahrzeuge

bereits vor, wenn das Überholen, Begegnen und Ausweichen erschwert werden (Bay NJW 55, 1767). – Fußgänger, die ein Fahrrad führen, müssen nicht nach § 2 IV, wohl aber nach §§ 1, 25 II S 2 hintereinander gehen. Fahren Radf unzulässig nebeneinander, so handeln der oder die links Fahrenden, nicht aber der ganz rechts Fahrende ow (ebenso Cramer 82 zu § 2; aM Br VM 59, 121). Die Vorschrift verbietet nicht das Überholen eines anderen Radf.

53 a Zur Benutzung von **Fahrradstr** s Erl 1.–3. zu Z 244; auch hier gelten die Vorschriften über die Benutzung von Fahrbahnen (zB Rechtsfahrgebot, Vorfahrtregeln). Andere Fz-Führer dürfen sie nur bei entspr Zusatzbeschilderung benutzen; die in Nr 2 zu Z 244 vorgeschriebene „mäßige Geschwindigkeit" (25–30 km/h) gilt für **alle** Benutzer. Radf dürfen hier rechts überholen. – Sie dürfen jetzt (ab 24. ÄndVO) nach ihrem Ermessen auch die **Sonderfahrstreifen** für Omnibusse benutzen, wenn dies das entspr Zusatzschild (s Erl zu Z 245) auf ausreichend breiten u nicht bes dicht befahrenen Streifen ohne Benutzungszwang erlaubt.

53 b Zur Einrichtung u Benutzung von **Schutzstreifen** für Radf am Fahrbahnrand s § 42 VI 1 g u VwV zu Z 340. Er ist entspr dem Rechtsfahrgebot von Radf zu benutzen; der Kfz-Verkehr darf den Streifen nur bei Bedarf, wie zB beim notwendigen Ausweichen vor GegenV, vor einem Hindernis auf der Fahrbahn, nicht aber bei Stau, unter bes Vorsicht mitbenutzen (Begr), wenn dabei eine Gefährdung der Radf ausgeschlossen ist.

54 b) **Benutzung von Radwegen u Seitenstreifen** Radwege (Kennzeichnung s § 41 II 5, Z 237; VwV zu Z 237) dienen der V-Entmischung u Unfallverhütung (Kö NZV 99, 373). **Benutzungspflicht bei zumutbarer Benutzbarkeit;** dh nicht bei tiefem Schnee, Eis, Schlaglöchern uä Behinderungen (BGH NZV 95, 144; Dü NZV 92, 291; Kö VRS 86, 422; Ternig DAR 02, 105: es kommt nicht darauf an, ob der Radf die Benutzung subjektiv als unzumutbar empfindet). Die Benutzungspflicht ist auf solche Radwege beschränkt, die durch die VB auf ihre zumutbare Benutzbarkeit geprüft u bejahendenfalls durch Z 237, 240, 241 gekennzeichnet sind. Die Benutzung nicht so gekennzeichneter Radwege ist also fakultativ (S 3), wenn sie sich baulich zweifelsfrei als Radwege darstellen. Bei Kennzeichnung durch VZ sind Radf von Fahrbahn und Seitenstreifenbenutzung ausgeschlossen. Auf die bis 30. 9. 98 nach S 3 (aF) bestehende Benutzungspflicht von Seitenstreifen wird jetzt nach S 4 (nF) zugunsten einer bedingten **Benutzungserlaubnis** verzichtet.

54 a **Abs 4 S 2 u S 4** stellen klar, daß Radwege ebenso wie Seitenstreifen nur zu benutzen sind, wenn sie **rechts von der Fahrbahn** liegen. Die **Benutzung linker Radwege** u Seitenstreifen ist ohne ausdrückliche Ausn-Regelung grundsätzlich **verboten.** Ist rechts weder ein Radweg noch ein Seitenstreifen vorhanden, so ist nach II auf der Fahrbahn möglichst weit rechts zu fahren, nicht etwa auf dem Radweg oder Seitenstreifen der linken Str-Seite, wenn dies nicht ausdrücklich erlaubt bzw durch Z 237, 240 oder 241 vorgeschrieben ist. Soll ein Radweg in **beiden Richtungen,** dh auch der linke, befahren werden, so muß er in beiden Richtungen entspr beschildert sein (§ 2 IV S 2) u der Verkehr auf ihn durch VZ verwiesen werden; dann hat der Radf zwar die Wahl zwischen beiden Radwegen, für einen von beiden besteht aber auch eine entspr Benutzungspflicht (§ 41 II 5 Z 237 Buchst a), die im übrigen auch von **Rennradf** (Dü NZV 92, 290) zu befolgen ist (vgl auch Bouska VD 80, 198), worauf indessen kein Verlaß ist (AG Kö VRS 62, 263). Der linke Radweg darf schließlich auch weiter benutzt werden, wenn rechts ein weiterer Radweg beginnt, auf den aber nicht ausdrücklich umgeleitet wird (BGH(Z) NZV 97, 70). Wo linke Radwege auch für die Gegenrichtung freigegeben sind u Radf die Fahrbahn kreuzen, soll im Interesse der VSicherheit der Radf bei Z 205 ein Zusatzschild auf diese Gefahr hinweisen u bes Vorsicht gebieten. – Wird ein schmaler Radweg (80 cm) entgegen der vorgeschriebenen Richtung befahren, ist eine Kollision mit einem Entgegenkommenden voraussehbar (Bay VRS 73, 382).

Mofas stehen Fahrrädern dann gleich, wenn sie durch Treten bewegt werden (§ 2 IV S 5), dann **müssen** sie den Radweg benutzen (§ 41 II 5 b); sonst sind sie vom Radweg ausgeschlossen (Ausn: § 41 II 5 S 5 bei ausdr Zulassung, die aber keine Benutzungspflicht begründet, s Bouska DAR 89, 165). § 41 II 5 f gilt für **alle** Fze.

Radwege müssen in **Einbahnstr** in der für diese vorgeschriebenen Fahrtrichtung benutzt werden (BGH(Z) VRS 62, 93, soweit keine anderweitige Regelung (Z 237) besteht. In **falscher Richtung** einer bevorrechtigten Einbahnstr oder unzulässigerweise auf dem linken von zwei Radwegen einer Vorfahrtstr fahrende Radf haben zwar keine Vorfahrt (BGH(Z) aaO; Ce ZfS 85, 285 u VorlBeschl v 19. 3. 86 bei Verf NStZ 86, 403, 542; aA Hbg VorlBeschl v 4. 4. 86, 1 Ss 216/85 OWi); der Wartepflichtige soll auf sie jedoch in zumutbarer Weise achten (BGH(Z) aaO; s auch Rn 54 zu § 8).

Auf **gemeinsamen Fuß-** u **Radwegen** (Z 240) müssen zwar die Fußgänger die Radf nach § 41 II 5 c durchfahren lassen, aber die Radf haben keinen allg Vorrang gegenüber den Fußgängern. Diese müssen nicht am Wegrand gehen, sondern dürfen den von ihnen benutzten Wegteil frei wählen. Sie müssen auch nicht rückwärts nach Radf Ausschau halten, sondern die Radf sind für gefahrlose Überholung verantwortlich (genügender Seitenabstand, rechtzeitiges Klingeln). Vertrauensgrundsatz zugunsten der Fußgänger (KG VM 77, 90)! Ohne Sonderregelung (§ 41 II 5) ist Radfahren auf Gehwegen verboten (s aber 58 f). Auf durch Z 241 **getrennten** Rad- u Fußwegen müssen Radf u Fußgänger den für sie bestimmten Sonderweg benutzen (§ 41 II 5 a).

c) **Abs 5: Radfahrende Kinder** bis zum vollendeten **8.** Lebensjahr sind aus Sicherheitsgründen grundsätzlich auf den **Gehweg** verwiesen, u zwar auch dann, wenn Radwege vorhanden sind (Begr). Daraus folgt grundsätzlich eine Benutzungspflicht auch für den linken Gehweg, wenn er rechts fehlt. – Radfahrende Kinder über 8 Jahre bis zum vollendeten **10.** Lebensjahr **dürfen** auch Gehwege benutzen (V). Kinder über 10 Jahre dürfen Gehwege nicht mit Fahrrädern befahren, sondern müssen die Fahrbahn oder den Radweg benutzen, jedoch dann nicht, wenn sie Kinderfahrräder fahren. Auf Fußgänger, die auf dem Gehweg Vorrang behalten, haben beide Altersgruppen bes Rücksicht zu nehmen; § 1 II bleibt – auch für Fußgänger gegenüber den radf Kindern – unberührt. Wegen Zuwiderhandlungen s Rn 97.

59 Radfahrende Kinder, die zulässigerweise Gehwege benutzen, sind praktisch **wie Fußgänger** zu behandeln, dh sie dürfen – wie diese – linke oder rechte Gehwege in beliebiger Richtung(!) benutzen. Beim Überqueren einer Fahrbahn müssen sie absteigen (V S 3); ein dennoch von rechts vom Gehweg kommendes, radfahrendes Kind hat gegenüber einem von links kommenden Kfz keine Vorfahrt (s auch § 8 Rn 4 u Dü VRS 63, 66), während der nach rechts Abbiegende auf das die Fahrbahn überquerende Kind (wie auch sonst) nach § 9 III S 1 u 3 bes Rücksicht nehmen u notfalls warten muß (s auch Dü aaO). Sind keine Geh- u Radwege vorhanden, müssen auch diese Kinder die Fahrbahn benutzen, sofern sie bereits verkehrssicher sind (§ 2 I StVZO), aber nicht mit Kinderfahrrädern für Kleinkinder mit seitlichen Stützen; dann sind sie wie die allg VT zu behandeln, ebenso, wenn sie den vorhandenen Radweg benutzen (müssen); auch ihnen gebührt dann je nach VRegelung uU die Vorfahrt. Absteigen müsen sie dann beim Überqueren der Fahrbahn nicht (anders beim Linksabbiegen: s § 9 Rn 25). Beachte auch § 3 II a: Bes Rücksichtnahmepflicht auf Kinder!

9. Der Begegnungsverkehr

60 a) **Allgemeines.** In der StVO ist der BegegnungsV nicht speziell geregelt (vgl oben Rn 1). In § 2 II wird der „Gegenverkehr" als Fall des Rechtsfahrens erwähnt. Abgesehen davon, daß damit auch das Gebot, rechts auszuweichen, ausgedrückt ist, ergibt sich diese Verpflichtung zudem aus § 1 II (Bay VRS 61, 55). Eine weitere Regelung des BegegnungsV enthält § 6 S 1.

61 b) **Begriff.** Die **Begegnung** ist das Vorbeifahren von zwei Fzen, die sich auf derselben Fahrbahn als entgegengesetzten Richtungen entgegenfahren. Über den Begriff der einheitlichen Str, insb auch über das Verhältnis von Begegnung u Vorfahrt an einer Str-Gabel s § 9 Rn 7.

62 c) Zum **Ausweichen** ist auf einer genügend breiten Str jeder Fahrer verpflichtet, wenn er sonst einem entgegenkommenden Fz die ungehinderte Durchfahrt versperren würde. Wer vorschriftsmäßig rechts fährt, darf zunächst darauf vertrauen, daß ein Entgegenkommender ebenfalls die rechte Fahrbahnseite einhält die und auf sie ausweicht, muß aber weiter nach rechts ausweichen, wenn das entgegenkommende Fz so breit ist, daß es unter Berücksichtigung des gebotenen Sicherheitsabstandes zum Fahrbahnrand mehr als seine Fahrbahnhälfte einnimmt, oder wenn es wegen seiner Schwere oder bei einem Lastzug wegen der Gefahr des Ausscherens des Anhängers nicht so weit ausweichen kann, daß es die linke Fahrbahnseite freigibt.

Begegnungsverkehr 63–65 § 2 StVO

Auch gegenüber einem Fz, das **verkehrswidrig** auf seiner linken Fahrbahnseite verbleibt, ist nach Möglichkeit rechts auszuweichen, erforderlichenfalls anzuhalten (Bay VRS 61, 55; Mü VersR 61, 45; Kö VRS 29, 146; vgl auch oben 42 a). Anzuhalten ist auch dann, wenn ein erkennbar betrunkener Fahrer entgegenkommt (BGH(Z) VRS 15, 94). Wird aber der rechts Fahrende durch einen Entgegenkommenden, der bis kurz vor der Begegnung auf der für ihn linken Seite bleibt, zum Linksausweichen zur Vermeidung eines Zusammenstoßes gezwungen, so ist er entschuldigt, sogar zum Linksausweichen verpflichtet (RGSt 60, 84, 86). Entspr ist für denjenigen, der vorschriftswidrig links fährt, voraussehbar, daß der vorschriftsmäßig auf seiner rechten Seite Entgegenkommende kurz vor der Begegnung nach links ausweichen könne (Bay 53, 73 = DAR 53, 175). Weicht der rechts Fahrende nach links aus, so lange noch unklar ist, ob der auf der falschen Fahrbahnseite Entgegenkommende nach rechts ausbiegen oder links weiterfahren werde, so trifft ihn eine Mitschuld am Unfall (Bay v 22. 8. 62 bei Mühlhaus DAR 65, 324). 63

Die Verpflichtung zum Ausweichen geht weiter als das Rechtsfahrgebot des § 2 II. Soweit nötig, muß beim Ausweichen auf einen Abstand zum rechten Fahrbahnrand verzichtet u ein gefahrlos befahrbares Bankett mitbenutzt werden (Bay 55, 98 = VRS 9, 208; 66, 34; vgl oben 23). Zur Vermeidung eigener oder fremder Gefährdung kann sogar das **Ausweichen auf einen Gehweg** erlaubt u geboten sein (Bay 67, 111, 116 = VM 68, 10). Auch wer die linke Fahrbahnseite benutzen darf, zB weil die rechte vereist ist, muß zur Ermöglichung einer Begegnung ausweichen u nötigenfalls seine Geschwindigkeit entspr herabsetzen oder anhalten (Bay 54, 136 = VRS 8, 62). Die Ausweichpflicht muß so rechtzeitig erfüllt werden, daß der Entgegenkommende an seiner zügigen Weiterfahrt nicht behindert wird (vgl RGSt 60, 84). Gegen § 2 II verstößt auch, wer vor einem begegnenden Fz anhält, ohne genügend weit nach rechts ausgewichen zu sein (Bay 66, 34). – Zur Frage, unter welchen Umständen auf einer breiten Schnellverkehrsstr möglichst weit rechts zum Randstreifen hin gefahren werden muß, so bei verbotswidrig überholendem GegenV, s BGH VM 79, 67. 64

d) **Begegnung auf schmaler Str.** Eine Begegnung darf nur dann in beiderseitiger zügiger Fahrt durchgeführt werden, wenn zwischen den sich begegnenden Fzen unter Berücksichtigung des nötigen Abstands zum rechten Fahrbahnrand ein **Sicherheitsabstand** von mind 1 m eingehalten werden kann, bes wenn an der Begegnung ein Lastzug beteiligt ist (Bay 55, 98; v 11. 3. 87, 1 Ob OWi 323/86; Ha VRS 25, 291). Kann dieser Sicherheitsabstand nicht eingehalten werden, muß nach § 1 II sein Fehlen durch bes vorsichtige Durchführung der Begegnung u Herabsetzung der beiderseitigen Fahrgeschwindigkeit ausgeglichen werden. Reicht auch dies nicht aus, so haben beide Fz-Führer anzuhalten u sich darüber zu verständigen, welcher von ihnen am stehenden Fz des anderen in langsamer Fahrt vorbeifährt. Das gilt auch bei der Begegnung mit einem Radf, dem nur ein geringer Raum (etwa 1,30 m) zur Durchfahrt verbleibt (BGH VRS 13, 65

275; Dü VM 66, 165); zur Begegnung von Radf auf Radwegen s oben Rn 54 f.

66 Die **Anhaltepflicht entfällt** nur dann, wenn einer der Fz-Führer von sich aus anhält, um dem anderen die Vorbeifahrt zu ermöglichen. Reicht die Fahrbahnbreite einschl der befahrbaren Seitenstreifen zu einer Vorbeifahrt überhaupt nicht aus, müssen sich die Beteiligten darüber verständigen, wer von ihnen zu einer Ausweichstelle zurückfährt (Bay DAR 62, 22). Das Zurückstoßen ist kleineren u wendigen Fzen eher zuzumuten als schwerfälligen (Lkw, Lastzügen u Omnibussen).

67 Für **Bergstrecken** gilt keine Sonderregelung. Der Grundsatz „Bergfahrt vor Talfahrt" gilt daher nicht ohne weiteres, sondern es kommt auf den Einzelfall an. Ist eine Ausweichstelle vorhanden, muß derjenige in sie ausweichen, auf dessen Seite sie sich befindet. Dem Führer eines Omnibusses ist es nicht schon deshalb verwehrt, eine Gebirgsstr zu benutzen, weil diese eine Spitzkehre aufweist, die er nicht ohne teilweise Inanspruchnahme der linken Fahrbahnseite durchfahren kann; er hat aber die Geschwindigkeit insb der Sichtweite, Fahrbahnbreite u dem Maß der Inanspruchnahme der linken Fahrbahn anzupassen (Bay VRS 61, 141). Wegen der bei der Annäherung einzuhaltenden Fahrgeschwindigkeit s § 3 I S 5.

68 e) **Begegnung an Engstelle.** Eine Engstelle liegt – iG zur schmalen Straße – dann vor, wenn die sonst für den BegegnungsV ausreichend breite Straße an einer begrenzten Stelle durch ein Hindernis so verengt ist, daß sie für die Vorbeifahrt zweier Fze nicht ausreicht. Die RSpr unterscheidet hier zwei Fallgruppen, in denen das VortrittsR unterschiedlich geregelt ist:

69 Wenn das auf einer Fahrbahnseite befindliche **Hindernis** in seiner **Ausdehnung** u voraussichtlichen **Dauer** dem Straßenkörper die Eigenschaft als Teil der Fahrbahn nimmt, gebührt demjenigen der Vortritt, der die Engstelle zuerst erreicht hat, auch wenn er dabei die Fahrbahn des GegenV mitbenutzen muß (Ha NZV 97, 479). Solche Engstellen sind zB schmale Brücken, eingezäunte Baustellen (Ha VRS 7, 222), Ablagerung von Baumaterial, Vereisung oder tiefer Schnee auf einer Str-Seite (Ha VRS 26, 306). Auf Beachtung seines VorR darf derjenige **vertrauen,** der die Engstelle mit deutlichem Vorsprung vor dem anderen erreicht hat (Bay VRS 63, 215; vgl auch Dü VRS 35, 53). Jedoch muß der Bevorrechtigte vorsichtig in die Engstelle einfahren, wenn diese erst spät einsehbar ist (Ha VRS 30, 376).

70 Befindet sich aber auf der Fahrbahn nur ein **vorübergehendes Hindernis,** insb ein haltendes Kfz, so muß derjenige, auf dessen Fahrbahnseite sich das Hindernis befindet, dem Entgegenkommenden den Vortritt lassen, wenn die verbliebene Fahrbahnbreite zu einer gefahrlosen Begegnung nicht ausreicht (§ 6 S 1). § 6 S 1 soll nur den Vorrang an einem **vorübergehenden** Hindernis regeln. Die Bestimmung gilt daher auch für eine nur kurz dauernde Absperrung, nicht aber für eine Baustelle (Bay 57, 230 = DAR 58, 248; Bay 84, 121 = VRS 68, 139; KG VRS 62, 63; BGH VersR 62, 156; s auch § 6 Rn 2).

Begegnungsverkehr   **71–74 § 2 StVO**

Wird die Fahrbahn dadurch verengt, daß auf **beiden Seiten** Fze parken, so hat ein Fz den Vortritt, wenn es durchfahren kann, ohne die Fahrbahnseite des GegenV mitzubenutzen (Dü VRS 21, 304; Ha VRS 52, 213). Ist dies keinem möglich, so gilt der Vorrang des zuerst Angekommenen (s. o. Rn 69). Bei Begegnung in einer durch beiderseits parkende Fze gebildeten Engstelle, deren Breite bei entspr Geschwindigkeitsermäßigung u vorsichtiger Fahrweise für eine gleichzeitige Durchfahrt beider Fze ausreicht, müssen sich die Fahrer den für die Durchfahrt zur Verfügung stehenden Raum gleichmäßig teilen (KG VRS 91, 465; Zw VRS 57, 134). 71

Fraglich ist, ob ein dauerndes, die Fahrbahn als solche verengendes oder nur ein vorübergehendes Hindernis vorliegt, wenn auf einer Seite einer städtischen Str mit Verkehr in beiden Richtungen ein Parkverbot besteht, während auf der anderen geparkt werden darf, möglicherweise sogar Parkflächen durch weiße Linien auf der Str eingezeichnet sind. Sind solche Parkräume während der Zeiten lebhaften Verkehrs ständig – wenn auch durch wechselnde Fze – so weitgehend besetzt, daß für den fließenden Verkehr nur der freie Raum von der Grenze des Parkstreifens bis zum gegenüberliegenden Fahrbahnrand frei ist, so muß der Parkstreifen wohl den Hindernissen gleichgestellt werden, die der Str die Eigenschaft als Fahrbahn des fließenden Verkehrs nehmen; denn Zweck solcher einseitigen Parkverbote ist gerade, ausreichend Raum für den fließenden Verkehr in beiden Richtungen offen zu halten, den sich die beiden Fahrtrichtungen gleichberechtigt zu teilen haben. Eine einseitige Bevorzugung des Verkehrs auf der Seite des Parkverbots entspräche nicht der gewollten Regelung, sondern würde die Erklärung zur Einbahnstr nahelegen. Vgl auch § 7 Rn 19. 72

f) **Engstelle mit Regelung durch VerkehrsZ.** Nach § 42 II kann der Vorrang an einer Engstelle durch **Z 308**, die Wartepflicht nach § 41 II c durch **Z 208** begründet werden. Der Wartepflichtige muß dem Bevorrechtigten den Vortritt in gleicher Weise einräumen, wie ein Wartepflichtiger nach § 8 dem Vorfahrtberechtigten (vgl § 8 Rn 10 ff, 36 ff; Bay 63, 112 = VRS 25, 365). Der Wartepflichtige muß daher den Entgegenkommenden auch dann ungehindert durchfahren lassen, wenn er vor diesem die Engstelle erreicht, sie aber nicht ohne Behinderung des anderen verlassen kann. Der Bevorrechtigte verliert das VorR nicht dadurch, daß er zu schnell an die Engstelle heranfährt (Bay 63, 201 = VRS 26, 315). Der Wartepflichtige hat so weit rechts anzuhalten, daß der Bevorrechtigte ungehindert an seinem Fz vorbeifahren kann. Er muß deshalb schon vor Beginn der Verengung anhalten, auch wenn das VZ erst in ihr steht. Fährt er in die Verengung so weit hinein, daß er dem Bevorrechtigten nicht genügend seitlichen Raum zum Verlassen der Engstelle läßt, so steht die OW nach § 49 III 4 mit dem Verstoß gegen die Ausweichpflicht nach § 2 II, § 49 I 2 in TE (vgl Bay 66, 34 = VRS 31, 224). 73

Ist die Durchfahrt einer längeren Engstelle durch **Z 208, 308** geregelt, so darf der Wartepflichtige in sie einfahren, wenn sich kein Vortrittberechtigter im übersehbaren Bereich befindet. Ein Bevorrechtigter, der nunmehr 74

Heß

StVO § 2 75, 76   Straßenbenutzung durch Fahrzeuge

erst an die Engstelle herankommt, darf nicht mehr einfahren, wenn sich ein an sich Wartepflichtiger bereits sichtbar in ihr befindet, sondern er muß dessen Ausfahrt abwarten. Der Wartepflichtige, der rechtmäßig in die Engstelle eingefahren ist, ist nicht verpflichtet, sie nach der Seite oder rückwärts zu räumen, um einen Vortrittsberechtigten einfahren zu lassen. Sind beide Fze in die Engstelle eingefahren, bevor sie sich gegenseitig sehen konnten, so richtet sich ihre Begegnung nach den RGrundsätzen für die Begegnung auf einer schmalen Str (Bay 67, 111 = VM 68, 10).

10. Beschränkung der Straßenbenutzung durch Verkehrszeichen u Abs 3 a

75 a) **Allg Verkehrsverbote** können durch die **VorschriftZ 250–269** angeordnet werden. Ihre Bedeutung ist in § 41 II 6 erklärt. Die verkehrslenkenden Z sind in § 9 Rn 43 ff behandelt. – Zu **Spiel u Sport** s § 31 m Erl sowie Z 250 Erl S 3 u 4.

76 **Z 250** verbietet **jeden** FahrzeugV im gesperrten Raum incl Abzweigungen, die nur von der gesperrten Str erreichbar sind (Ha VRS 48, 229; Bay 85, 96 = VRS 69, 461), u zwar – nach bisher hM – **auch den ruhenden;** nach dieser Ansicht war deshalb auch das Parken in der auf einem Zusatzschild zu Z 250 angegebenen Zeit verboten (Ha VRS 47, 475; Kö VM 77, 59; Kar VM 78, 25; OVG NW VRS 71, 467; Ol DAR 90, 271 zu Z 242; Verf NStZ 87, 116 u Voraufl; Hentschel § 41 StVO Rn 248 zu Z 250; Bouska VD 77, 103; aA VGH Hessen VM 81, 28 m abl St Booß); so auch Dü (NZV 92, 85) für den Fall, daß ein Zusatzschild „Anwohner ausgenommen" bestimmt, daß der Sperrbezirk von Nicht-Anwohnern völlig, dh auch bzl des ruhenden Verkehrs, völlig freigehalten werden soll. Nach Ansicht des BGH (St 34, 194) soll Z 250 mit zeitlich begrenzendem Zusatzschild jedoch nur für den fließenden u nicht auch für den ruhenden Verkehr gelten, der sich bereits im Sperrbereich befindet (so auch Dr NZV 96, 80; im Anschl an BGH aaO; aA Janiszewski aaO); der hiernach zunächst zulässig Parkende soll den Sperrbereich nur mit verlassen dürfen (Dr aaO; s auch Dü VRS 27, 380; zum AnliegerV s 77). – Eine für Kfze gesperrte Str darf ein Mopedfahrer auch nicht mit abgestelltem Motor durchfahren (Bay 59, 72 = VM 60, 5); nach § 41 II 6 Z 250 S 2 (neu) dürfen jetzt **alle** Kraft- u Fahrräder geschoben werden. Ist eine Str für den KraftV zu bestimmten Stunden gesperrt, so darf sie in der Sperrzeit auch nicht von Kfzen befahren werden, die die Str vor Beginn der Sperrzeit erreicht haben u sie während ihr verlassen wollen (Dü VRS 27, 380). Das Befahren mehrerer gesperrter Str begründet mehrere selbständige Verstöße (Bay 57, 61 = VM 57, 117). Sperrschilder auf **Privatwegen** begründen kein verkehrsrechtliches Benutzungsverbot (**E** 26 u 1 zu § 39). – Z 250 muß Anwendung der StVO nicht ausschließen (Ha VRS 91, 346). – Mehrspurige Kfze iS von **Z 251** sind auch **Zugmaschinen** (VkBl 88, 225), hier – iG zu Z 276 – nicht aber **Krad m Beiwagen** (s Erl zu Z 276, 277). – Sind im Zusatzschild nur Pkw u Lkw gekennzeichnet (s Nr 1048–10, – 11, – 13) gilt es nicht für Wohnmobile (Schl NZV 91, 163; KG NZV 92, 162).

b) Der **Anliegerverkehr**. Ein Zusatzschild „Frei für Anlieger" gibt 77 ebenso wie der Wortlaut „Anliegerverkehr frei" oder „Durchgangsverkehr gesperrt" nicht nur das Befahren der Straße durch die Anlieger (s 80), sondern auch den Verkehr mit den Anliegern frei (BVwG NJW 00, 2121; Bay VM 72, 94), wobei das Zusatzschild „Anwohner frei" dieselbe Bedeutung hat (Bay VRS 60, 152). Berechtigter Benutzer der Str ist jeder – auch unerwünschte – Besucher eines Anliegers, u derjenige, der einen Bauunternehmer, der an der Str ein Gebäude errichtet, aufsuchen will u gleich wieder weiterfährt, weil der Gesuchte sich nicht auf dem Grundstück befindet (Bay 64, 56 = VRS 27, 381); ebenso derjenige, der einen Anlieger oder einen Besucher des Anliegers abholen will (Ha VM 69, 79; Dü VRS 33, 457). **Voraussetzung** ist, daß der Besuchsort an der gesperrten Str liegt, 78 nicht aber, daß er nur durch sie erreichbar ist (Bay aaO). Zulässig ist es, an einem Bahnhofsausgang, der an dem durch **Z 250** gesperrten Straßenstück liegt, einen Bahnbenutzer abzuholen, auch wenn andere Ausgänge des Bahnhofs über nicht gesperrte Str zu erreichen sind (Bay 75, 42 = DAR 75, 250). Aber kein AnliegerV, wenn das aufzusuchende Grundstück zwar an die gesperrte Str angrenzt, aber nur von einer anderen, nicht gesperrten Str aus zugänglich ist (Ha VRS 53, 310).

Wer die Anliegerstr rechtmäßig benutzt, darf sich in ihr auch längere 79 Zeit aufhalten (Br DAR 60, 268) u dort auch **parken** (Dü VRS 85, 142). Entscheidend ist, ob Ziel oder Ausgangspunkt der Fahrt eines der anliegenden Grundstücke ist. Wer die Str nur durchfahren will, um an einen außerhalb von ihr gelegenen Punkt zu gelangen, nimmt nicht am AnliegerV teil (Ha VRS 53, 310; einschränkend BVwG NJW 00, 2121); nach Ol (VRS 27, 298) soll das auch für denjenigen gelten, der in der gesperrten Str wohnt. Auch der Besucher einer an der gesperrten Str liegenden Gaststätte oder Badeanstalt ist zur Benutzung der gesperrten Str berechtigt, nicht aber, wer nur den Gemeingebrauch an einem unbebauten Grundstück ausüben will, zB an einen Wald fährt, um dort spazieren zu gehen (Bay 68, 126 = VM 69, 60; s aber 80).

Anlieger ist nicht nur der dinglich oder schuldrechtlich Berechtigte, 80 sondern jeder, der auf eine gewisse Dauer zum Betreten oder Benutzen eines anliegenden Grundstücks befugt ist, zB der Badewillige (Zw VRS 77, 462), der Jagd- oder Fischereiberechtigte, auch das Mitglied eines Fischereivereins (BGHSt 20, 242; Kö VRS 25, 367; Zw VM 78, 44; s aber 82). Anlieger sind auch die Personen, die zwar nicht unmittelbar an der gesperrten Str wohnen, aber nur durch sie an den Verkehr angeschlossen sind (BVwG VkBl 69, 652; aA Ha DAR 61, 120).

Das VZ **„Anliegerverkehr"** dient nicht dem Schutz von Fz-Führern, 81 die aus einem Grundstück oder einer Nebenstr verkehrswidrig einfahren (BGH DAR 70, 98).

Das Zusatzschild **„Lieferverkehr frei"** (Nr 1026–35 VzKat) erlaubt nur 81a die Lieferung von Waren von u zu den im Sperrgebiet befindlichen Geschäften (BVwG NZV 94, 125), nicht private Lieferung von Wäsche zur Reinigung (KG VRS 62, 65).

Heß

StVO § 2 82–86   Straßenbenutzung durch Fahrzeuge

82   Das Zusatzschild **1026 „Landwirtschaftlicher Verkehr frei"** erlaubt nicht nur das Befahren zur bäuerlichen Felderbestellung, sondern auch den landwirtschaftlichen DurchgangsV (Ce NZV 90, 441); es umfaßt die Landwirtschaft im allg Sinn, also auch Jagd u Fischerei (nach Kö DAR 86, 298 u Bay v 10. 5. 88, 2 Ob OWi 72/88, aber nicht das Sportangeln; s dazu Drossé DAR 86, 269), Haltung von Rennpferden (Schl VM 87, 3 m zust Anm Booß) sowie den Besuch eines landwirtschaftlichen Fachberaters u An- u Abtransport landwirtschaftlicher Güter (Kö VRS 39, 76; Bay VRS 62, 381), nicht aber die Forstwirtschaft, für die gesonderte Zusatzschilder vorgesehen sind (s VzKat 1026–39; Bay VRS 55, 380). Diese Zusatzschilder erlauben auch nicht die Wegbenutzung zur Erledigung anderer Arbeiten in der Nähe des Weges (Ko VRS 68, 234: Überprüfung eines Elektrizitätsmastes). Das Z 250 mit dem Zusatzschild 1026–37 erlaubt die Fahrt mit Kfzen im Rahmen üblicher Forstbewirtschaftung (Bay VRS 61, 157; Zw VRS 61, 392). Unzulässiges Befahren eines durch Z 250 gesperrten Waldweges kann OW nach § 49 III 4 u nach LandesR, wie zB nach § 55 I 4 Rhlf LFG, darstellen (Ko NStZ-RR 97, 243).

83   c) Im **verkehrsberuhigten Bereich, Z 325/326,** gelten weitere Beschränkungen der StrBenutzung: Fze müssen Schrittgeschwindigkeit einhalten (s 69 zu § 3) u dürfen nur an bes gekennzeichneten Stellen parken; andererseits dürfen Fußgänger die gesamte Str benutzen. Durch bauliche Vorkehrungen muß verdeutlicht sein, daß der FahrzeugV hier untergeordnete Bedeutung hat (VwV III 2 zu Z 325/326). – Für **Fußgängerzonen** gelten die Regeln der **Z 242, 243** (s auch Rn 19).

84   d) **Fahrbahnmarkierungen.** Die Fahrbahnmarkierungen sind teils Vorschrift-, teils RichtZ; sie sind idR weiß (s §§ 41 I u 42 VI), nur ausnahmsweise gelb (§ 41 IV), keinesfalls grün (BVwG VM 93, 68).

85   aa) Die **durchgehende Linie, Z 295,** hat nach § 41 III 3 drei unterschiedliche Bedeutungen: Unter der Sammelbezeichnung **Fahrstreifenbegrenzung,** die als solche auch aus einer Doppellinie bestehen kann (s Z 295 Erl a S 2), kann sie entweder den für den GegenV bestimmten Teil der Fahrbahn abgrenzen – **Mittellinie** – oder mehrere Fahrstreifen der gleichen Richtung trennen – **Fahrstreifentrennlinie;** oder sie ist an der Seite als **Fahrbahnbegrenzung** angebracht. Vgl auch VwV zu Z 295.

86   Dient sie als **Mittellinie,** so darf sie weder im Längs- noch im QuerV überfahren werden. Auch die über die Räder seitlich hinausragenden Fz- oder Ladungsteile dürfen sich nicht über ihr befinden. Sie verbietet das Hinüberwechseln auf die linke Fahrbahn (Dü VRS 62, 302), das Überholen nur, wenn dies nur unter Inanspruchnahme der abgegrenzten anderen Fahrbahnhälfte möglich wäre (BGH(Z) DAR 87, 283), sonst aber nicht (Ha DAR 92, 31); auf entspr Beachtung darf der Vorausfahrende vertrauen (BGH(Z) aaO). Sie bewirkt daher mittelbar ein Überholverbot (Ha StVE 88 zu § 41). Wer im Überholen begriffen ist, darf nicht links an ihr weiterfahren, sondern muß die Überholung vor ihrem Beginn abbrechen (Dü VM 61, 100; Schl VM 65, 110). Kann der eingeleitete Überholvor-

Beschränkung durch Verkehrszeichen **87–92 § 2 StVO**

gang vor der Fahrstreifenbegrenzung nicht mehr gefahrlos abgebrochen werden, so darf u muß sie der Fz-Führer nach rechts überqueren (ebenso Cramer 3 zu § 41 Z 295; Dü DAR 90, 32); links von ihr weiterzufahren, wäre ow.

Ausnahmsweise darf die durchgehende Linie überschritten werden, **87** wenn auf der rechten Fahrbahnseite ein nicht nur ganz vorübergehendes Hindernis umfahren werden muß (Bay 85, 104 = VRS 70, 55) oder wenn ein Verbleiben rechts von ihr eine Gefährdung des Fz, etwa durch Äste von Alleebäumen, bedeuten würde, immer vorausgesetzt, daß eine Gefährdung des GegenV ausgeschlossen ist (Dü VRS 26, 140; 63, 60; Ha VM 60, 93; VRS 21, 67; Hbg VM 60, 94). Die durchgehende Linie dient dem Schutz des Längs-, insb des GegenV, aber nicht des aus einer Seitenstr einbiegenden wartepflichtigen Verkehrs (Dü VRS 63, 60). Sie darf auch nicht zum Linksabbiegen in ein Grundstück überquert werden (Schl VM 62, 50; Ha VRS 14, 128).

Auch bei **Fahrstreifentrennlinien** ist das Befahren der Linien, insb der **88** Spurwechsel (Dü VRS 67, 375), verboten. Das gilt auch bei entspr Trennung von Rad- u Fußgängerweg (Ha StVE 88 zu § 41). – Das beschränkte **Parkverbot** bezieht sich auf beide Arten von Fahrstreifenbegrenzungen.

Die durchgehende Linie als **Fahrbahnbegrenzung** darf überfahren **89** werden. Rechts von ihr, in dem für den langsamen Fahr- u FußgängerV vorgesehenen Raum, darf geparkt werden; dagegen besteht links der Begrenzungslinie Haltverbot. Sinn dieser Verwendungsart der weißen Trennlinie ist die Schaffung von **Seitenstreifen** neben der eigentlichen Fahrbahn (früher „Mehrzweckstreifen" genannt), um auf breiten Str den schnellen VStrom vom langsamen zu trennen (Begr).

Dieser Streifen ist **kein Teil der Fahrbahn** (s § 2 I S 2; amtl Begr VkBl **90** 94, 140; BVfG DAR 97, 152; Dü NZV 93, 359; Booß Anm 2 zu § 2 u zu Kö VM 82, 56; Bouska DAR 81, 289; Verf NStZ 83, 547; die frühere aA von BGHSt 30, 85, 90 u Kö NZV 92, 415) ist durch 12. ÄndVO überholt; zur Standspur s § 5 Rn 59 a.

bb) Die **einseitige Fahrstreifenbegrenzung** nach § 41 III 4 **Z 296** ist **91** auch dann zu verwenden, wenn auf beiden Fahrstreifen in derselben Richtung gefahren wird. Eine einseitige Fahrstreifenbegrenzung, die den für den GegenV bestimmten Teil der Fahrbahn begrenzt, verbietet einem Fz-Führer, in dessen Fahrtrichtung die durchgehende Linie rechts der unterbrochenen verläuft, nach wie vor ein Fahren links der Markierung auch dann, wenn er sich an deren Beginn bereits links von ihr befindet (Bay 76, 79 = VRS 51, 394).

cc) **Sperrflächen** nach **Z 298** dienen der Gliederung u Führung des **92** fließenden V; sie dürfen nicht befahren (s dazu BGH(Z) DAR 87, 283), nur rechts umfahren (LG Ol DAR 93, 437) u nicht zum Überholen (Dü VD 90, 46), Halten oder Parken benutzt werden (Kö VRS 92, 282). Dieses Verbot schützt alle VT, die dessen Beachtung erwarten dürfen (Kö NZV 90, 72); es ist zwar vornehmlich für Zwecke des fließenden Verkehrs gedacht (BGH(Z) NZV 92, 148), jedoch auch bei Verwendung im ru-

StVO § 2 93–96 a Straßenbenutzung durch Fahrzeuge

henden Verkehr zu beachten (Kö DAR 91, 66). Die Wirksamkeit richtet sich nach den allgem für VorschriftZ geltenden Regeln (Kö VRS 92, 282; s dazu § 39 Rn 15, 19).

93 dd) Die **Richtungspfeile** sind beim Abbiegen (§ 9 Rn 51) zu beachten.

94 ee) Die durchbrochene **Leitlinie, Z 340,** ist zwar ein RichtZ; sie hat jedoch nach § 42 VI 1 teilweise den Charakter eines Vorschriftzeichens, indem sie für Fahrbahnen mit mehreren Fahrstreifen Benutzungs- u Überholverbote verschiedener Abstufungen bewirkt. So darf sie bei GegenV nicht überfahren werden (§ 42 VI 1 S 3 Buchst a), worauf ohne gegenteilige Anzeichen auch vertraut werden darf (BGH VRS 23, 276). – Soweit § 42 VI 1 d die durchgängige Benutzung des Mittelstreifens gestattet, wenn nur hin u wieder rechts ein Fz fährt oder hält, gilt das nur, wenn der Benutzer des Mittelstreifens nach dem Wechsel auf die rechte Fahrbahn dort nicht längere Zeit mit gleicher Geschwindigkeit weiterfahren könnte (Dü VRS 77, 456; s auch Ce VRS 64, 382; § 7 Rn 14); maßgeblich sind Länge der freien rechten Fahrbahn u Geschwindigkeit des nach rechts Wechselnden (s auch Jag/Hentschel 8 zu § 7).

95 ff) **Gelbe Markierungen** u Leiteinrichtungen, bes an Baustellen, gehen den ständigen Markierungen vor (§ 41 IV).

96 e) Das **Verkehrsverbot für kennzeichnungspflichtige Kfze (III a)** soll gefährlichen Karambolagen vorbeugen. Kennzeichnungspflichtige Fze s VwV zu **Z 261**. S 1 Halbs 1 verlangt bei entspr Sichtverhältnissen Gefährdungsausschluß, dh höchste Sorgfaltsstufe (vgl dazu § 10 Rn 7 f); sofern dies auch durch Nebelschlußleuchten nicht gewährleistet erscheint (s § 17 III S 5), ist die Fahrt zu unterbrechen; ebenso bei Eis- u Schneeglätte, dh bei festgefahrener Schneedecke oder überfrorener Fahrbahn (vgl dazu zB Ko VRS 64, 433; Bay VRS 58, 394), wozu nicht Schneematsch gehört (Bay DAR 89, 390; Ha NZV 98, 213).

11. Zivilrecht/Haftungsverteilung

96 a a) Verstößt ein Fz-Führer in massiver Weise gegen das **Rechtsfahrgebot** des § 2 II u kommt es aufgrund dieses Fehlverhaltens zu einem Unfall mit einem **entgegenkommenden Kfz,** führt dies in aller Regel zu einer Alleinhaftung des VT, der das Rechtsfahrgebot mißachtet (BGH VersR 66, 776; Stu NZV 91, 393; Nü VersR 81, 790). Dieser VT hat den Beweis des ersten Anscheins gegen sich. Eine Mithaftung des entgegenkommenden Fz-Führers iHd einfachen Betriebsgefahr kann aber uU dann in Betracht kommen, wenn dieser die **zulässige Höchstgeschwindigkeit** iSd § 3 überschreitet oder unter **Alkoholeinfluß** steht. Von einer Alleinhaftung des das Rechtsfahrgebot mißachtenden Fz-Führers ist insbesondere dann auszugehen, sofern dessen Kfz vollständig auf die Gegenfahrbahn gerät u in einer Kurve mit einem entgegenkommenden Fz kollidiert (BGH VersR 90, 537 = VRS 79, 178 = DAR 90, 221 = NZV 90, 229; Fra VRS 78, 262; Kar VersR 81, 886). Gleiches gilt bei einem Unfall auf gerader Strecke (BGH VersR 65, 1075 = VRS 29, 347; Dü VersR 83, 348 = r + s 82,

250; Nü VersR 81, 790; Stu VersR 82, 861). Verstößt der **Vorfahrtberechtigte** gegen das Rechtsfahrgebot führt dies idR zu dessen Mithaftung im Umfang von 1/3 bis 1/3. Je weiter links er fährt, desto höher ist seine Mithaftquote (BGH VersR 61, 800 (2/3); Kö NZV 89, 437 (20%).

Verstößt der **Überholte** gegen das Rechtsfahrgebot, so führt dies zur Mithaftung bis zur vollen Haftung bei plötzlichen „ziehen" nach links während des Überholvorgangs (Grüneberg Rz 179; BGH VersR 80, 849; Fra VersR 93, 1800 (100%); Ha VersR 87, 692 (1/3)).

b) **Weicht** der Fahrer einem plötzlich auftauchenden **Hindernis** (zB einem auf die Fb laufenden Tier) aus u gerät er aufgrund dieses Umstands auf die Gegenfahrbahn, ist eine Mithaftung des entgegenkommenden Fz-Führers in Betracht zu ziehen, falls dieser die Gefahrensituation rechtzeitig erkennen kann (Grüneberg Rn 206). Kommt ein Fz-Führer mit seinem Kfz teilweise über die **Mittellinie**, trifft diesen grds ebenfalls die alleinige oder ganz überwiegende Haftung. Soweit dem Fahrer des entgegenkommenden Kfz ein **eigenes Fehlverhalten** (zB Überschreitung der zulässigen Höchstgeschwindigkeit iSd § 3; rechtzeitiges Erkennen der gefährlichen Situation; Fahrer steht unter Alkoholeinwirkung) zur Last gelegt werden kann, ist uU auch in dieser Fallkonstellation von einer Mithaftung des entgegenkommenden Kfz auszugehen (Grünberg Rn 207). Liegt der Unfallort in einer Kurve u ist die Straße weniger als 5 m breit, ist regelmäßig eine Mithaftung des entgegenkommenden Fz gegeben, da angesichts der Straßenbreite eine Überschreitung gegen die zulässige Höchstgeschwindigkeit (vgl § 3 I S 5) bzw ein seinerseitiger Verstoß gegen das **Rechtsfahrgebot** auf der Hand liegt (BGH NJW 96, 3003 = NZV 96, 444 = VersR 96, 1249 = DAR 96, 462 r+s 96, 482 – Haftung 40% zu 60% zu Lasten des entgegenkommenden Kfz; Ha ZfS 97, 288 – Haftung 3/4 zu 1/4 zu Lasten des das Rechtsfahrgebot mißachtenden Kfz; Kö NZV 89, 113 – Haftung 1/3 zu 2/3 zu Lasten des entgegenkommenden Kfz). Beträgt die Straßenbreite dagegen mehr als 5 m, ist zu berücksichtigen, daß ein etwaiger Verstoß des entgegenkommenden Fz gegen das Rechtsfahrgebot uU dann nicht entscheidend ist, falls das Fz auf seiner Fb verbleibt (Fra r+s 96, 18; Ha VRS 84, 169; Kar, VersR 94, 362 mit Anm Rosenberg; Schl NZV 93, 113 = VersR 93, 983; NZV 91, 431). Kommt es auf einer **Gefällstrecke** zu einer Kollision, so ist zu beachten, daß das bergabfahrende Kfz einen längeren Bremsweg als das entgegenkommende Fz hat. Weil in diesen Fällen – namentlich bei besonders engen Verkehrsverhältnissen – die Geschwindigkeitsbegrenzung des § 3 I 5 berücksichtigt werden muß, kommt hier grds eine Schadensquotierung in Betracht (LG Stu VersR 81, 489 – Haftung 1/4 zu 3/4 zugunsten des bergabfahrenden Fz). Fährt ein Kfz in Schlangenlinien, so hat sich der Fahrer des entgegenkommenden Fz auf diese Gefahrensituation einzustellen. Tut er dies nicht u kommt es zu einem Unfall, trifft diesen idR eine Mithaftung iHd einfachen Betriebsgefahr (BGH VRS 62, 616 = VRS 23,4 – Mithaftung zu 1/4). Bei einer Begegnungskollision zwischen einem **Kfz mit Überbreite** u einem entgegenkommenden Fz ist zu berücksichtigen, daß dem Fz mit Überbreite eine erhöhte Betriebsgefahr trifft. Diese Betriebsgefahr tritt nicht ow hinter ein Verschulden des Fahrers des entgegenkommenden Fz zurück (vgl hierzu Stu VRS 81, 338 = NZV 91, 393 – Alleinhaftung des Kfz mit Überbreite). Soweit beide Fz-Führer gegen das Rechtsfahrgebot verstoßen, ist in aller Regel eine Schadensquotierung vorzunehmen. Dabei trifft denjenigen VT der höhere Haftungsanteil, dessen Fz die höhere Betriebsgefahr anzulasten ist bzw dessen Fahrer in stärkerem Maße gegen das Rechtsfahrgebot verstößt (BGH VersR 64, 633; Ba VersR 79, 472). Haben beide Fz die Fahrbahnmitte überschritten, oder läßt sich nicht klären, auf wessen Hälfte die Kollision geschah, so ist der Schaden grds zu teilen (Gregor § 17 StVG, Rn 90).

96 c c) Bei einer Kollision zwischen einem **Kfz u einer Straba** ist dem Schienenfahrzeug wegen des fehlenden Ausweichvermögens, der größeren Bewegungsenergie u des schwerfälligeren Bremsvermögens regelmäßig die höhere Betriebsgefahr anzulasten. Falls sich diese Umstände auf das konkrete Unfallgeschehen auswirken, ist dies bei der zivilrechtlichen Haftungsverteilung zu berücksichtigen mit der Folge, daß beispielsweise im Rahmen des Abwägung ldgl der einfachen Betriebsgefahr der Halter der Straba überwiegend mit einem Anteil von ca $^2/_3$ haftet (Grüneberg vor Rn 325). Unter Berücksichtigung dieses allg Grundsatzes ist beim Auffahren einer Straba auf ein im Gleisbereich anhaltendes oder stehendes Fz trotz des Vorrechtes des Schienenfahrzeuges gem § 2 III idR eine Haftungsverteilung im Verhältnis 1:1 bzw 2:1 zu Lasten des Straba-Halters in Betracht zu ziehen. In Ausnahmefällen kann sich diese Haftungsverteilung indes sowohl zu Lasten des Kfz-Halters (zB bei Einfahren in den Schienenbereich erst kurz vor der Straba u gleichzeitigem Erkennen, kurze Zeit später anhalten zu müssen) als auch zu Lasten des Straba-Halters (etwa bei verspäteter Einleitung des Bremsvorganges; Versagen der Bremsen) verschieben (Grünberg vor Rn 332). Hält das Kfz zwecks Links- oder Rechtsabbiegens u fährt die Straba auf dieses Fz auf, kommt es für die zivilrechtliche Haftungsverteilung maßgeblich darauf an, ob die Straba für den Fz-Führer schon erkennbar war u ob er aufgrund von Gegenverkehr hiermit zu rechnen hatte, dort anhalten zu müssen. Ist dies der Fall, so muß der Fahrer uU darauf verzichten, den Schienenbereich zu befahren oder seine Geradeausfahrt fortsetzen (vgl §§ 2 III, 9 I 3; ferner Dre VersR 97, 332 = VRS 90, 422 – Haftung $^3/_4$ zu $^1/_4$ zu Lasten des Pkw; Dü VRS 85, 274 – Alleinhaftung des Kfz; Ha VRS 81, 92 = NZV 91, 313 – Haftung je 50%; VersR 92, 108 – Haftung $^2/_3$ zu $^1/_3$ zu Lasten des KFz). Hält das Fz dagegen aus verkehrsbedingten Gründen im Bereich der Gleise, so ist prinzipiell von einer Schadensquotierung auszugehen, sofern der Fahrer bei rechtzeitigem Erkennen des Verkehrshindernisses auch außerhalb des Schienenbereichs hätte anhalten können (Dü VRS 68, 35 – Alleinhaftung des KFz; Ha VersR 80, 172 – Haftung $^1/_3$ zu $^2/_3$ zu Lasten der Straba).

96 d d) Bei einem Zusammenstoß zwischen einem **Kfz u einem Radfahrer** ist eine (Mit-)Haftung des Radfahrers ldgl bei feststehendem oder im Wege des Anscheinsbeweis vermuteten Verschulden in Erwägung zu ziehen. Ist an dem Unfall ein minderjähriger u deliktsfähiger Radfahrer beteiligt, ist –

abhängig vom Alter und der Einsichtigkeit – uU von einem geringeren Verschulden als bei einem erwachsenen Radfahrer auszugehen u im Rahmen der Quotierung daher ein entsprechender Abschlag in Ansatz zu bringen (Grüneberg vor Rn 364). Kommt es im Bereich einer durch **Lichtzeichenanlage** geregelten Kreuzung zur Kollision, haftet in aller Regel derjenige VT allein, der das Rotlicht mißachtet. Eine Mithaftung des KFz-Halters im Falle eines Rotlichtverstoßes des Radfahrers kann indes möglicherweise bei einem sog fliegenden Start des Fahrers in Betracht kommen (KG VM 86, 62 – Haftung $1/3$ zu $2/3$ zu Lasten des KFz; ferner Dü r+s 91, 371 – Haftung $3/4$ zu $1/4$ zu Lasten des Radfahrers). Ist der Verkehr durch Vorfahrtzeichen geregelt u ist das Kfz vorfahrtberechtigt, haftet der Radfahrer grds allein, sofern er die Vorfahrt des Kfz mißachtet hat (LG Ob VersR 91, 1189; AG Ra NJWE-VHR 98, 180). Bei Minderjährigkeit des Radfahrers kann jedoch eine Schadensquotierung vorzunehmen sein (KG VM 85, 38 – Haftung $1/4$ zu $3/4$ zu Lasten des 10jährigen Radfahrers; vgl auch Kö NZV 92, 320 – Alleinhaftung des 10jährigen Radfahrers). Gleiches gilt, wenn der Vorfahrtverstoß des Radfahrers für den Fz-Führer erkennbar ist u dieser unangemessen reagiert, wobei in diesen Fällen die Quote des KFz-Halters durchaus mit 50% u mehr angesetzt werden kann (Grüneberg Rn 366). Überschreitet der Kfz-Führer die zulässige Höchstgeschwindigkeit iSd § 3, begründet dieser Verstoß in aller Regel eine Mithaftung, wobei sich die Quote nach dem Maß der **Geschwindigkeitsüberschreitung** bemißt (Bra DAR 94, 277 – Haftung 80% zu 20% zu Lasten des KFz; Ha NJWE-VHR 96, 212 = VRS 93, 253 = r+s 97, 193 – Alleinhaftung des KFz; Nü VersR 92, 1533 = VRS 84, 81 – Haftung $1/3$ zu $2/3$ zu Lasten des 8jährigen Radfahrers). Sofern der Radfahrer den Einbiegevorgang bereits beendet hat u mehrere Meter auf der Vorfahrtstraße gefahren ist, kommt prinzipiell nur eine Alleinhaftung des Fz-Führers in Betracht (BGH VersR 61, 179). Ist dagegen der Radfahrer vorfahrtberechtigt u benutzt er den linken Radweg ist bei **Unfällen vor dem 1. 10. 1998** grds eine Schadensquotierung mit einem höheren Haftungsanteil zu Lasten des Radfahrers vorzunehmen. Grund hierfür ist, daß beide VT mit dem unaufmerksamen Fahrverhalten des jeweils anderen zu rechnen u sich darauf einzustellen haben (Fehlverhalten des Radfahrers gem § 2 IV S 2 aF; vgl BGH VersR 82, 94 = DAR 82, 14 = NJW 82, 334 = ZfS 82, 2 – Haftung $3/4$ zu $1/4$ zu Lasten des Radfahrers; Bre NJW 97, 2891 = VersR 97, 765 = ZfS 97, 210 – Haftung 40% zu 60% zu Lasten des Radfahrers; Ha NJWE-VHR 97, 57 = NZV 97, 123 – Haftung $2/3$ zu $1/3$ zu Lasten des Pkw; NJWE-VHR 96, 163 = ZfS 96, 284 – Haftung $3/4$ zu $1/4$ zu Lasten des Pkw). Bei Unfällen die sich **nach dem 1. 10. 1998** ereignet haben, ist die zivilrechtliche Haftungsverteilung zugunsten des Radfahrers zu verschieben, falls für ihn das Befahren des Radwegs erlaubt gewesen ist (vgl § 2 IV S 2 StVO uF). Bei sonstigen Vorfahrtsverstößen des Kfz-Fahrers ist regelmäßig davon auszugehen, daß er allein haftet (Ha NZV 89, 274 = VRS 77, 37).

Im Falle eines Unfalls an **Kreuzungen** oder **Einmündungen** ohne besondere Verkehrsregelung ist grds von einer Mithaftung des Kfz-Halters

StVO § 2 96e

iHd einfachen Betriebsgefahr auszugehen, wenn der Radfahrer die Vorfahrt des Fz-Führers mißachtet, wobei sich der Haftungsanteil des Fahrers bei einem zusätzlichen Fehlverhalten noch erhöhen kann (Grüneberg vor Rn 372). Gleiches gilt, sofern der Kfz-Führer gegen das Rechtsfahrgebot des § 2 II verstoßen hat bzw bei sonstigem Fehlverhalten (Kö VRS 66, 255 = r+s 84, 123 – Haftung 30% zu 70% zu Lasten des Radfahrers; vgl ferner Schl VersR 94, 1084 = NZV 93, 471 – Alleinhaftung des Kfz). Kommt der Radfahrer von rechts u mißachtet der Kfz-Halter dessen Vorfahrt, ist idR von einer Alleinhaftung des Fahrers auszugehen (Ha NZV 97, 47). Eine Mithaftung des Radfahrers kommt möglicherweise dann in Betracht, wenn er die linke Fb-Hälfte befährt oder das Verkehrsgeschehen nicht aufmerksam beobachtet (BGH VersR 64, 1089 = VRS 27, 255 = DAR 64, 321 – Haftung $^2/_3$ zu $^1/_3$ zu Lasten des Motorrades). Fährt ein Radfahrer über einen Fußgängerüberweg u steigt er nicht ab, kann er das Vorrecht ggü dem FahrV nach § 26 I nicht in Anspruch nehmen. Daher ist in dieser Fallkonstellation prinzipiell eine Schadensquotierung in Betracht zu ziehen (Ha VersR 93, 1290 = NZV 93, 66 – Haftung $^2/_3$ zu $^1/_3$ zu Lasten des Radfahrers; Ol VersR 86, 773 = VRS 69, 252 – Haftung 40% zu 60% zu Lasten des Radfahrers), wobei im Einzelfall der Radfahrer sogar voll haften kann. Dies ist etwa der Fall, falls das Auftauchen des Radfahrers für das Kfz nicht erkennbar war (KG VRS 72, 252 = DAR 87, 378 = VOM 87, 22). Fährt der Radfahrer vom **Geh- bzw Radweg** auf die Fb, haftet regelmäßig der Radfahrer überwiegend (Brau NZV 98, 27 = VRS 94, 27 = r+s 97, 498 – Alleinhaftung des 12jährigen Radfahrers; AG Rastatt NJWE-VHR 98, 180 – Alleinhaftung des Radfahrers). Hierbei dürfte der Haftungsanteil des Fz-Führers um so höher sein, je eher der Radfahrer erkennbar u mit dessen Überqueren der Fb zu rechnen war. Dies gilt insbesondere, wenn sich der Kfz-Halter auf diese Situation nicht entsprechend einstellt. Daraus resultiert, daß in Einzelfällen (zB bei einer Kollision mit einem minderjährigen, deliktsfähigen Radfahrer, dessen Verschulden nur geringfügig ist) uU eine ausschließliche Haftung des Fz-Führers zum Tragen kommen kann (Grüneberg Rn 379). Fährt der Radfahrer aus einer **Grundstückseinfahrt** u kommt es dort zu einem Zusammenstoß mit einem Kfz, haftet wegen des Verstoßes gegen § 10 StVO idR der Radfahrer allein oder überwiegend (Ol VersR 91, 84 = VRS 78, 345 NZV 90, 153 – Haftung 30% zu 70% zu Lasten des Radfahrers). Bei einem Unfall zwischen einem aus einer Ausfahrt kommenden Kfz (vgl § 10) u einem auf dem Gehsteig fahrenden Radfahrer (Verstoß gegen §§ 1 II, 2 V, sofern der Radfahrer älter als 10 Jahre ist) ist grds eine Schadensquotierung vorzunehmen. Dabei bemißt sich die konkrete Quote nach den Umständen des Einzelfalls, namentlich nach Sichtweite u Geschwindigkeit des Fz-Führers, Geschwindigkeit des Radfahrers, Unfallort, Umfang des FußgängerV (KG VRS 85, 92 = DAR 93, 257 = VM 93, 50 – Haftung $^3/_4$ zu $^1/_4$ zu Lasten des Kfz; Ha NZV 92, 281 mit Anm Grüneberg = r+s 91, 413 – Haftung 70% zu 30% zu Lasten des Kfz; Ha NZV 95, 152 – Alleinhaftung des Radfahrers; Kar NZV 91, 154 mit Anm Haarmann NZV 92, 175 = NJW-RR 91, 547 – Alleinhaftung des Radfahrers;

Mü NJWE-VHR 96, 211 = ZfS 97, 171 Schle r+s 91, 261 – jeweils Alleinhaftung des Radfahrers).

Ist es deshalb zu einem Unfall gekommen, weil der Kfz-Halter den erforderlichen **Seitenabstand zum Radfahrer** nicht eingehalten hat, so ist prinzipiell eine Alleinhaftung des Kfz-Halters in Betracht zu ziehen (Ha NZV 98, 409 = r+s 98, 278 = MDR 98, 1222). Von einer Mithaftung des Radfahrers kann aber dann ausgegangen werden, falls das Rad nachts unbeleuchtet ist oder der Radfahrer nicht am rechten Fb-Rand fährt (vgl § 2 IV 4 StVO; Kar VersR 89, 1309 = DAR 89, 299 – Haftung $1/3$ zu $2/3$ zu Lasten des Kfz). 96 f

Wechselt der Radfahrer auf die Fb, so ist entscheidend, ob er vorsichtig oder unvorhersehbar auf die Fb gewechselt ist. Während in der ersten Fallkonstellation grds von einer Alleinhaftung des Kfz-Halters auszugehen ist, kommt demgegenüber in der zweiten Fallgruppe eine ausschließliche Haftung des Radfahrers zum Tragen (Grüneberg Rn 385). Ist ein Radfahrer minderjährig, kommt es des öfteren vor, daß der Unfall durch einen plötzlichen Schwenker nach links verursacht worden ist. In diesen Fällen muß für gewöhnlich eine Schadensquotierung vorgenommen werden (Mü NZV 92, 234 = VRS 82, 266 = ZfS 92, 42 f – Haftung $3/4$ zu $1/4$ zu Lasten des Kradfahrers). Biegt der Fz-Führer nach rechts ab, so muß er ua im Stadtverkehr damit rechnen, daß er von Radfahrern rechts überholt wird, wobei dies gem § 5 VIII ldgl mit geringfügiger Geschwindigkeit u besonderer Vorsicht geschehen darf. Hält sich der Radfahrer nicht an diese Vorgaben, kommt es in aller Regel zu einer Schadensquotierung (Grüneberg Rn 388). Öffnet der Fahrer bei einem stehenden Kfz die Türen unvorsichtig, ist grds von einer Alleinhaftung des Kfz-Halters auszugehen (Ce VersR 89, 814 = VRS 76, 105; Kö VOM 92, 93). Eine Mithaftung des Radfahrers kann aber dann zum Tragen kommen, falls er mit einem Öffnen der Tür rechnen muß. 96 g

Bei einem Unfall zwischen einem **linksabbiegenden Radfahrer** u einem **überholenden Kfz** ist bei einem Fehlverhalten des Radfahrers von dessen alleiniger oder überwiegender Haftung auszugehen (Ha NZV 91, 466 = r+s 91, 123 – Alleinhaftung des Radfahrers; Ol VersR 92, 842 = VRS 81, 343 f = NZV 91, 428 = DAR 91, 382 – Haftung $3/4$ zu $1/4$ zu Lasten des Radfahrers). Wenn dagegen ein Fehlverhalten des Radfahrers nicht feststeht, haftet idR der Kfz-Halter voll (Ha NZV 90, 26 mit Anm Hentschel = VersR 91, 935). Ist der Radfahrer noch minderjährig, ist abhängig von dessen Alter und Einsichtfähigkeit auch bei einem erheblichen Fehlverhalten des Radfahrers wegen § 3 II a von einer Mithaftung des Fz-Führers zumindest iHd einfachen Betriebsgefahr des Fz auszugehen (Grüneberg Rn 393; ferner BGH VersR 85, 864 = VRS 69, 353 = DAR 85, 324 = NJW 86, 183 = VM 85, 91 = MDR 86, 308; Ol NZV 94, 111 = VersR 94, 116 = VRS 86, 265 = r+s 94, 93 – Alleinhaftung des Kfz). 96 h

Bei einem Zusammenstoß zwischen einem **linksabbiegenden Radfahrer** u einem **entgegenkommenden Kfz** ist aufgrund des Verstoßes gegen § 9 II–IV grds eine alleinige oder überwiegende Haftung des Radfahrers in Betracht zu ziehen (BGH VersR 63, 143 = VRS 24, 85 = DAR 96 i

63, 162 – Alleinhaftung des 11jährigen Radfahrers; Ha NZV 93, 66 = VersR 93, 1295 – Haftung ²/₃ zu ¹/₃ zu Lasten des Radfahrers; Ol VRS 78, 28 = NJW-RR 90, 98 – Haftung 70% zu 30% zu Lasten des Kfz). Eine Mithaftung des Kfz-Halters kann aber gegeben sein, wenn dieser den Radfahrer frühzeitig erkennen konnte und nicht angemessen reagiert hat (LG Kaiserslautern MDR 94, 255 – Haftung ¹/₃ zu ²/₃ zu Lasten des Kfz; AG Kö VersR 84, 767f = VRS 67, 198 – Alleinhaftung des Motorrad-Fahrers).

96 j Im Falle einer Kollision zwischen einem **linksabbiegenden Kfz** u einem **entgegenkommenden Radfahrer** kommt bei einer Vorfahrtverletzung des Fz-Führers prinzipiell dessen alleinige Haftung zum Tragen (vgl § 9 III 1; hierzu Nü VersR 91, 354 = NZV 91, 230 = ZfS 91, 40; LG Nü-Fürth DAR 93, 436 = ZfS 94, 163 mit Anm Grußendorf), wobei eine Mithaftung des Radfahrers in Betracht zu ziehen ist, sofern dieser unaufmerksam war (Grüneberg Rn 396). Kommt es zwischen einem rechtsabbiegenden Kfz u einem auf dem Radweg entgegenkommenden Radfahrer zu einem Unfall, ist regelmäßig eine Schadensquotierung vorzunehmen, wobei eine Mithaftung des Radfahrers insbesondere bei einem Verstoß gegen § 2 IV S 2 u 3 in Betracht kommt (Grüneberg Rn 397).

96 k Stoßen **zwei Radfahrer zusammen,** so ist zu berücksichtigen, daß ldgl § 823 I u II BGB anwendbar sind mit der Folge, daß ein schuldhaftes Handeln vorliegen muß. Ein Verschulden u mithin eine Haftung ist idR dann zu bejahen, falls der Radfahrer gegen die Vorschriften der StVO verstoßen hat. Besondere Bedeutung besitzt namentlich das Gebot, hintereinander zu fahren (§ 2 IV S 1), das Gebot, Radwege u Seitenstreifen zu benutzen (§ 2 IV S 2–4) sowie die Geschwindigkeitsbeschränkung des § 3 I S 1. Daneben sind § 9 I–III zu beachten, wonach das **Abbiegen** durch Handzeichen anzuzeigen ist. Schließlich gilt das Gebot der gegenseitigen Rücksichtnahme gem § 1 II. Ergänzend sind für Radfahrer die Normen der StVZO – namentlich § 65 I S 2 StVZO für Bremsanlage u § 67 StVZO für die Beleuchtungsanzeige – anwendbar u zu berücksichtigen. Zu den Einzelheiten vgl näher Grüneberg Rn 530ff.

96 l Bei einem Unfall zwischen einem **Radfahrer** u einer **Straba** trifft den Radfahrer regelmäßig die Alleinhaftung, sofern dieser unaufmerksam ist (Ham VersR 92, 510; VRS 79, 402).

12. Zuwiderhandlungen

97 Verstöße gegen § 2 sind OWen nach § 49 I 2 iVm § 24 StVG (s Nr 2 VwKat u Nrn 1, 2, 19, 21 BKat). Bei Zuwiderhandlungen gegen § 2 V können nach § 12 I S 1 OWiG die Kinder nicht verfolgt werden. Da eine bußgeldrechtliche Verantwortlichkeit des Aufsichtspflichtigen nicht (mehr) ausdrücklich besteht (Göhler 3 zu § 12), käme dessen Verfolgbarkeit allenfalls nach allg Grundsätzen bei vorsätzlicher Beteiligung (zB ausdrückliche Anweisung des Kindes bis zum 8. Lebensjahr, nicht den Gehweg zu benutzen, oder bewußte Duldung des verbotswidrigen Verhaltens eines Kindes) in Betracht (§ 14 III OWiG; zur zivilrechtlichen Haftung s Dü MDR 75,

580; Fuchs-Wissemann DRiZ 80, 458). – Unerlaubtes Benutzen der Fußgängerzone mit einem Kfz ist als OW nach §§ 2 I, 12 IV, 49 I 2 oder 12, nicht aber nach LandesR zu verfolgen (Ko VRS 57, 448; NJW 79, 2115; Kar NJW 82, 1167). – Wegen Parkverstößen s oben 22; „Geisterfahrer" oben 24 u § 315 c I 2 f StGB.

Nötigung (§ 240 StGB) kann vorliegen, wenn der linke (Überhol-)- 98 Streifen auf der BAB hartnäckig nicht freigegeben u der folgende Verkehr ohne vernünftigen Grund am Überholen gehindert wird (s Stu NZV 91, 119; Bay VRS 70, 441; BGHSt 18, 389; s dazu Janiszewski 561 ff mwN), nicht aber bei nur kurzzeitiger Behinderung oder wenn die Motivation nicht mißbilligenswert ist (s dazu Bay DAR 90, 187; Kö NZV 93, 36: verständliche Reglementierung des Nachfolgenden; Kö NZV 97, 318: Keine Nötigung bei nur kurzem Antippen des Bremspedals, um den Drängler zu warnen; s auch § 1 Rn 86 a).

13. Literatur:

Bouska „Pflicht zur Radwegbenutzung" NZV 91, 129; **Fuchs-Wissemann** „Rad- 99 fahren auf Gehwegen" DRiZ 80, 458; **Gerdes** „Das Fahrrad" VD 83, 66; **Haarmann** „Fahrrad contra Auto" NZV 92, 175; **ders** „Schutzzweck des Rechtsfahrgebots" NZV 93, 374; **Kettler** „Die Fahrradnovelle zur StVO" NZV 97, 497; **Schmid** „Haftungsprobleme des § 2 V" DAR 82, 149; **Seidenstecher** „Fahrbahnbenutzung u Fahren in Fahrstreifen" DAR 93, 83; **Grüneberg** „Rad/Unfälle im StrV ohne Kfz-Beteiligung" NZV 97, 417; **Kettler** NZV 00, 275; **Kramer** NZV 00, 283.

§ 3 Geschwindigkeit

(1) **Der Fahrzeugführer darf nur so schnell fahren, daß er sein Fahrzeug ständig beherrscht. Er hat seine Geschwindigkeit insbesondere den Straßen-, Verkehrs-, Sicht- und Wetterverhältnissen sowie seinen persönlichen Fähigkeiten und den Eigenschaften von Fahrzeug und Ladung anzupassen. Beträgt die Sichtweite durch Nebel, Schneefall oder Regen weniger als 50 m, so darf er nicht schneller als 50 km/h fahren, wenn nicht eine geringere Geschwindigkeit geboten ist. Er darf nur so schnell fahren, daß er innerhalb der übersehbaren Strecke halten kann. Auf Fahrbahnen, die so schmal sind, daß dort entgegenkommende Fahrzeuge gefährdet werden könnten, muß er jedoch so langsam fahren, daß er mindestens innerhalb der Hälfte der übersehbaren Strecke halten kann.**

(2) **Ohne triftigen Grund dürfen Kraftfahrzeuge nicht so langsam fahren, daß sie den Verkehrsfluß behindern.**

(2 a) **Die Fahrzeugführer müssen sich gegenüber Kindern, Hilfsbedürftigen und älteren Menschen, insbesondere durch Verminderung der Fahrgeschwindigkeit und durch Bremsbereitschaft, so verhalten, daß eine Gefährdung dieser Verkehrsteilnehmer ausgeschlossen ist.**

(3) **Die zulässige Höchstgeschwindigkeit beträgt auch unter günstigsten Umständen**

1. innerhalb geschlossener Ortschaften für alle Kraftfahrzeuge 50 km/h,
2. außerhalb geschlossener Ortschaften
   a) für Kraftfahrzeuge mit einem zulässigen Gesamtgewicht über 3,5 t bis 7,5 t, ausgenommen Personenkraftwagen,
   für Personenkraftwagen mit Anhänger und Lastkraftwagen bis zu einem zulässigen Gesamtgewicht von 3,5 t mit Anhänger
   und für Kraftomnibusse, auch mit Gepäckanhänger 80 km/h,
   b) für Kraftfahrzeuge mit einem zulässigen Gesamtgewicht über 7,5 t,
   für alle Kraftfahrzeuge mit Anhänger, ausgenommen Personenkraftwagen sowie Lastkraftwagen bis zu einem zulässigen Gesamtgewicht von 3,5 t
   und für Kraftomnibusse mit Fahrgästen, für die keine Sitzplätze mehr zur Verfügung stehen 60 km/h,
   c) für Personenkraftwagen sowie für andere Kraftfahrzeuge mit einem zulässigen Gesamtgewicht bis 3,5 t 100 km/h.
   Diese Geschwindigkeitsbeschränkung gilt nicht auf Autobahnen (Zeichen 330) sowie auf anderen Straßen mit Fahrbahnen für eine Richtung, die durch Mittelstreifen oder sonstige bauliche Einrichtungen getrennt sind. sie gilt ferner nicht auf Straßen, die mindestens zwei durch Fahrstreifenbegrenzung (Zeichen 295) oder durch Leitlinien (Zeichen 340) markierte Fahrstreifen für jede Richtung haben.

(4) Die zulässige Höchstgeschwindigkeit beträgt für Kraftfahrzeuge mit Schneeketten auch unter günstigsten Umständen 50 km/h.

Verordnung über eine allgemeine Richtgeschwindigkeit auf Autobahnen und ähnlichen Straßen (Autobahn-Richtgeschwindigkeits-V)

Vom 21. November 1978 (BGBl I 1824; III 9231–1–3)

Auf Grund des § 6 Abs. 1 Nr. 3 des Straßenverkehrsgesetzes in der im Bundesgesetzblatt Teil III, Gliederungsnummer 9231–1, veröffentlichten bereinigten Fassung, der zuletzt durch das Gesetz vom 3. August 1978 (BGBl. I S. 1177) geändert wurde, wird mit Zustimmung des Bundesrates verordnet:

§ 1

Den Führern von Personenkraftwagen sowie von anderen Kraftfahrzeugen mit einem zulässigen Gesamtgewicht bis zu 3,5 t wird empfohlen, auch bei günstigen Straßen-, Verkehrs-, Sicht- und Wetterverhältnissen

Geschwindigkeit **§ 3 StVO**

1. auf Autobahnen (Zeichen 330),
2. außerhalb geschlossener Ortschaften auf anderen Straßen mit Fahrbahnen für eine Richtung, die durch Mittelstreifen oder sonstige bauliche Einrichtungen getrennt sind, und
3. außerhalb geschlossener Ortschaften auf Straßen, die mindestens zwei durch Fahrstreifenbegrenzung (Zeichen 295) oder durch Leitlinien (Zeichen 340) markierte Fahrstreifen für jede Richtung haben,

nicht schneller als 130 km/h zu fahren (Autobahn-Richtgeschwindigkeit). Das gilt nicht, soweit nach der StVO oder nach deren Zeichen Höchstgeschwindigkeiten (Zeichen 274) oder niedrigere Richtgeschwindigkeiten (Zeichen 380) bestehen.

§ 2

Im übrigen bleiben die Vorschriften der Straßenverkehrs-Ordnung unberührt und gelten entsprechend für diese Verordnung. Die in § 1 genannten Zeichen sind die der Straßenverkehrs-Ordnung.

§§ 3 u 4 (Berlin-Klausel u Inkrafttreten) hier nicht abgedr.

VwV – StVO
Zu § 3 Geschwindigkeit

Zu Absatz 3

Sattelkraftfahrzeuge zur Lastenbeförderung sind Lastkraftwagen im Sinne der StVO. **1**

Inhaltsübersicht

	Rn
1. Allgemeines	1
2. Abs 1 Satz 4: Fahren auf Sichtweite	4
a) Allgemeines	4
b) Fahren auf Sichtweite bei Nacht	7
c) Der Anhalteweg	13
d) Straßenbahnen	18
e) Vertrauensgrundsatz	19
f) Geschwindigkeit bei extrem schlechter Sicht	19a
3. Fahren auf halbe Sichtweite u weniger	20
a) Abs 1 Satz 5: Halbe Sichtweite	20
b) Weniger als halbe Sichtweite	23
4. Übersehbare Strecke	25
a) Übersehbarkeit im allgemeinen	25
b) Breite des übersehbaren Raums	27
5. Geschwindigkeitsbegrenzung unabhängig von der Sichtweite	31
a) Verkehrsverhältnisse	32
b) Straßen- u Witterungsverhältnisse	37
c) Persönliche Fähigkeiten des Fahrers	40
d) Eigenschaften von Fahrzeug u Ladung	42
e) Gefahrenzeichen – § 40	43

	Rn
6. Abs 2: Langsamfahren	45
a) Allgemeines	45
b) Pflichten beim Langsamfahren	46
c) Triftige Gründe für Ausnahmen	48
d) Verkehrsfluß	49
7. Abs 2 a: Besondere Rücksichtnahme auf Kinder, Hilfsbedürftige u Ältere	50
8. Abs 3 u 4: Gesetzlich festgelegte Höchstgeschwindigkeiten	55
a) Inhalt der Vorschrift	55
b) Geschlossene Ortschaft	60
c) Mit Schneeketten (Abs 4)	63
9. Geschwindigkeitsbeschränkungen durch Verkehrszeichen	64
a) Durch Straßenverkehrsbehörden	64
b) Geschwindigkeitsbeschränkungen an Baustellen	68
c) In verkehrsberuhigten Bereichen (Z 325, 326) u Fußgängerzonen (Z 242, 243)	69
d) In bes Zonen	70
10. Die richterliche Feststellung der Geschwindigkeitsüberschreitung im Strafverfahren	71
a) Zulässige u gefahrene Geschwindigkeit	71
b) Feststellung der Sichtweite	72
c) Auswertung von Bremsspuren	73
d) Auswertung des Schaublattes eines Fahrtschreibers	74
e) Ursächlichkeit der überhöhten Geschwindigkeit für den Unfall	75
f) Wartepflicht	76
g) Voraussehbarkeit	77
h) Im Zweifel für den Angeklagten	78
i) Wahlweise Verurteilung	79
11. Die richterliche Feststellung zur Geschwindigkeitsüberschreitung im Zivilverfahren	80
a) Beweismaßstab	80
b) Anscheinsbeweis	81
c) Haftung	82
d) Versicherungsrecht	84
12. Die Geschwindigkeitsmessung in OWI–Verfahren	85
a) Schätzung	88
b) Geschwindigkeitsmessung durch Nach- u Vorausfahren	89
c) Funkstoppverfahren	101
d) Radarverfahren	106
e) Lichtschrankenmessung	118
f) Koaxialkabelverfahren	119
g) Auswertung der Diagrammscheibe	120
13. Zuwiderhandlungen	121
14. Literatur	133

1. Allgemeines

1 § 3 behandelt die Grenzen der zul Geschwindigkeit nach oben, in II auch nach unten. Er bringt in I, der für alle Fz-Führer, also – wie II a –

Fahren auf Sichtweite 2–5 **§ 3 StVO**

auch für Radf gilt, nach einer allg Formel die wichtigsten Regeln über die einzuhaltende Geschwindigkeit, die für bestimmte Bereiche in III u IV konkretisiert sind. Der 1992 eingef I S 3 (s dazu Rn 19 a) soll insb die schrecklichen Nebel-Unfälle verhindern helfen (s auch § 5 III a). **§ 3 ist verfassungskonform** u grundsätzlich zur Erhaltung der VSicherheit ausreichend (BVfG DAR 96, 92). – Sonderbestimmungen: Geschwindigkeit bei Einfahrt in Vorfahrtstr, an Bahnübergängen, Haltestellen **(Z 224)**, Fußgängerüberwegen u in verkehrsberuhigten Bereichen sind in §§ 8 II, 19 I S 2, 20 I, I a, 26 I u 42 IV a enthalten, weitere in § 5 VI (Überholtwerden), § 17 II S 4 (Fahren bei Abblendlicht) u in § 18 V, VI (ABen).

Die Geschwindigkeitsregeln in I sind **abstrakte Gefährdungstatbestände** (Dü NZV 98, 167, **E** 46), während Verstöße gegen II u II a nur bei **konkreter** Behinderung bzw Gefährdung eines anderen ahndbar sind; Verstöße gegen III u IV sind reine **Tätigkeitsdelikte** (**E** 46). Das Einhalten der zul Geschwindigkeit gehört zu den Grundvoraussetzungen der VSicherheit; diese hat Vorrang vor Schnelligkeit (Bay 55, 145).

§ 3 I, II a u die durch **Z 274, 274.1** vorgeschriebenen Geschwindigkeitsbeschränkungen sind SchutzG iS von § 823 II BGB; auch zugunsten von Fußgängern, die die Str überqueren (Sa VM 81, 97), denn § 3 I schützt die Gesamtheit aller VT (Bay 85, 116 = VRS 70, 154).

2. Abs 1 Satz 4: Fahren auf Sichtweite

a) **Allgemeines.** Die wichtigste Regel für die Fahrgeschwindigkeit lautet: Jeder Fz-Führer darf nur so schnell fahren, daß er innerhalb der übersehbaren Strecke halten kann. Die Regel des Fahrens „**auf Sicht**" oder „**auf Sichtweite**", vom BGH eine „**goldene Regel**" des Verkehrs genannt (BGHSt 16, 145, 151), gilt ausnahmslos auf allen Str (Fernstr s Ce VersR 74, 1087; Fra NZV 90, 154; ABen s BGH(Z) VRS 67, 195; Hbg VersR 87, 1206; Ha NZV 89, 234; u innerorts: KG VRS 90, 262; vgl auch § 18 Rn 18), für alle Fz-Arten (Schienen-Fze mit eigenem Gleiskörper s unten 18), bei Tag, Dunkelheit u unter allen Witterungsverhältnissen (BGHSt aaO u VRS 67, 195). Sie zeigt die allg **höchstens zulässige Geschwindigkeit** an. Sie wird allerdings insofern durch den Vertrauensgrundsatz begrenzt, als ein Kf nicht damit rechnen muß, daß ein Entgegenkommender mit einer ins Gewicht fallenden Geschwindigkeit verkehrswidrig auf ihn zufährt; doch bleibt dieser Gesichtspunkt außer Betracht, wenn die Geschwindigkeit auch hinsichtlich eines ruhenden Hindernisses zu hoch gewesen wäre (BGH VersR 83, 153).

Der Fz-Führer muß immer mit **Hindernissen** auf dem nicht einsehbaren Teil seiner Fahrbahn rechnen (BGH VRS 6, 296; 35, 117). Ist die Sicht auf einen Teil der Fahrbahn beschränkt, muß er mit der für ihn ungünstigsten Möglichkeit des Straßenverlaufs rechnen (Bay 58, 197 = DAR 58, 338). Beim Befahren einer Bergkuppe reicht demnach die Sicht nur so weit, wie die Straße selbst (der Boden!) überblickt werden kann (Bay 69, 73 = VM 69, 121); in einer unübersichtlichen Rechtskurve nur bis zu dem am meisten rechts gelegenen Teil der Fahrbahn. Dabei kommt es immer

StVO § 3 6–9 Geschwindigkeit

auf die wirklich befahrene Spur an. Deshalb verstößt nicht gegen § 3 I, sondern nur gegen § 2 II, wer vorschriftswidrig eine unübersichtliche Rechtskurve auf der linken Fahrbahnseite befährt, wenn er links eine ausreichende Sichtweite auf der Fahrbahn hat, während bei Einhaltung der äußersten rechten Seite die Sichtweite im Verhältnis zur Geschwindigkeit zu gering wäre.

6   Der Fahrer muß so fahren, daß er innerhalb der Sichtweite verkehrsgerecht, dh ohne eine – nie ungefährliche – Vollbremsung anhalten kann (BGH VRS 32, 209; 23, 375; Ha VersR 82, 171: auf glatter Str vor Bergkuppe; im Parkhaus höchstens 10 km/h: KG VRS 64, 103; DAR 83, 80; VM 84, 36). **Fahren auf Sichtweite** bedeutet, daß der Fahrer in der Lage sein muß, vor einem Hindernis, daß sich bereits auf der Straße befindet, innerhalb der übersehbaren Strecke anzuhalten (BGH NJW 85, 1950). Dagegen muß er regelmäßig (Ausn s 32) nicht damit rechnen, daß während seiner für andere sichtbaren Annäherung von der Seite her Hindernisse in die Fahrbahn gelangen (BGH NJW 85, 1950; NJW-RR 87, 1235; Mü NJW-RR 86, 253; Ka VersR 89, 302).

7   b) **Fahren auf Sichtweite bei Nacht.** Bei **Dunkelheit** hat der Fahrer seine Geschwindigkeit nach dem dunkelsten Teil der vor ihm liegenden „Fahrbahn" (25 ff) auszurichten, bei asymmetrischem Abblendlicht demnach auf die geringere Reichweite der Scheinwerfer nach links (Bay DAR 62, 184; Ol VRS 32, 270; Ha JMBl NW 65, 199; NZV 89, 234), dies gilt auch i.R. eines Überholvorgangs (BGH NZV 00, 291; OLG Hamm r+s 00, 281). Zu der Frage, ob i.R. eines Überholvorgangs Fernlicht eingesetzt werden darf, s. § 17 Rn 8 b. Der Bremsweg darf nicht länger als die Sichtweite sein (BGH VRS 30, 272). Die Lichtquelle eines stehenden Fz verkürzt die Sichtweite eines entgegenkommenden erheblich (BGH VRS 30, 347). Wegen des Verhaltens bei **Blendung** s 64 ff zu § 1; wegen der Reichweite des Fernlichts der Scheinwerfer vgl § 50 V, wegen des Abblendlichts § 50 VI StVZO.

8   Richtig eingestellte **asymmetrische Scheinwerfer** leuchten bei Abblendlicht die Fahrbahn rechts 75 m u darüber, links etwa 50 m weit aus (BGHSt 16, 145; Begegnung zweier Kfze mit asymmetrischem Abblendlicht s Bay DAR 62, 184), bei Fernlicht 125 m – 200 m (Löhle ZfS 99, 409). Da aber die Scheinwerfer je nach Erhaltungszustand u Einstellung verschieden weit reichen, muß die Sichtweite im Einzelfall konkret geklärt werden (Ha VRS 30, 227; s dazu Giehring 103). Dabei muß auch festgestellt werden, ob die Fahrbahn durch zusätzliche Lichtquellen (Str-Beleuchtung, vorausfahrende VT, Mondschein) erhellt wurde.

9   Der Fz-Führer muß auch mit **unbeleuchteten Hindernissen** auf der Fahrbahn rechnen, wie mit Fußgängern u stehenden oder in gleicher Richtung fahrenden unbeleuchteten Fzen (BGHSt 16, 145; NJW-RR 87, 1235; NZV 88, 57; Schl NZV 95, 445). Er braucht aber nicht mit ungewöhnlich schwer erkennbaren u im allg nicht zu erwartenden Hindernissen zu rechnen (BGH NJW-RR 87, 1235; VRS 67, 195; Bay v 6. 4. 84 bei Rüth DAR 85, 233; Ha NZV 90, 231). Vor Einleitung eines Überholvor-

gangs muß er sich vergewissern, daß der benötigte Überholweg hindernisfrei zur Verfügung steht. Das gilt auch bezüglich unbeleuchteter, aber erkennbarer entgegenkommender Kfz (BGH NZV 00, 291).

Dämmerung (Def s KG VM 75, 68) verlängert die Reaktionszeit, was **10** durch entspr angepaßte Geschwindigkeit auszugleichen ist; hier kann auch nicht auf die Beleuchtung aller Fze vertraut werden (vgl § 17 Rn 3). Ein Kf kann entschuldigt sein, wenn er trotz Einhaltung einer seiner Sichtweite entspr Geschwindigkeit u gehöriger Aufmerksamkeit ein ungewöhnlich schwer erkennbares oder unberechenbares Hindernis (zB einen Autoreifen auf dunkler Str-Decke – s BGH NJW 84, 2627 – oder eine waagerecht in die Fahrbahn ragende Holzstange oder bei bes ungünstigen Lichtverhältnissen sogar einen dunkel gekleideten Menschen) nicht rechtzeitig erkennt (BGH VM 65, 41; VM 73, 6; Bay 61, 248 = VRS 22, 380; Ha VRS 51, 358). Auch auf Str ohne Gehweg u Seitenstreifen muß ein Kf bei Dunkelheit jedenfalls dann, wenn er in der Lage ist, an einem auf der Fahrbahn an deren rechtem Rand entgegenkommenden Fußgänger mit einem ausreichenden Sicherheitsabstand vorbeizufahren, seine Geschwindigkeit nicht so bemessen, daß er vor einem solchen Fußgänger selbst dann anhalten kann, wenn dieser nicht stehenbleibt, sondern ihm weiter entgegengeht (Bay VRS 60, 384).

Wer vor einem entgegenkommenden Fz ganz kurz **abblendet,** ist daher **11** nicht zur Herabsetzung seiner Geschwindigkeit verpflichtet, wenn er innerhalb des zuvor vom Fernlicht ausgeleuchteten Raumes wieder aufblenden kann (Mü VRS 30, 20). Das gleiche gilt, wenn ein mit Abblendlicht Fahrender infolge Blendung durch den GegenV vorübergehend in der vollen Sicht auf die vorher ausgeleuchtete Strecke behindert wird (BGH VRS 35, 117). Muß nach dem Abblenden länger mit Abblendlicht gefahren werden, so braucht der Kf nach dem Abblenden nicht sofort scharf zu bremsen, sondern darf seine Geschwindigkeit allmählich bis Ende der vorher ausgeleuchteten Strecke der geringeren Sichtweite anpassen (Bay 61, 248 = VRS 22, 380; 62, 274 = VRS 24, 310; s auch Möhl DAR 67, 177). Mündet innerhalb der vorher ausgeleuchteten Strecke einer Vorfahrtstr eine untergeordnete Seitenstr ein, so gilt das gleiche, wenn der Kf nicht in einer so erheblichen Entfernung von der Einmündung abgeblendet hat, daß dadurch Wartepflichtige über seine Entfernung u Annäherungsgeschwindigkeit getäuscht u in dem Glauben versetzt werden können, sie könnten in die Vorfahrtstr noch ungefährdet einfahren (Bay 64, 182 = VRS 28, **12** 297). Solange der Fahrer in diesen Fällen die dem Abblendlicht entspr Geschwindigkeit überschreitet, muß er bes reaktionsbereit auf etwaige Hindernisse achten; eine Schreckzeit steht ihm nicht zu. – Beim Fahren mit **Abblendlicht** ist die Geschwindigkeit der kürzeren Reich- u Sichtweite anzupassen. Fahren mit 60 km/h u mehr kann zu schnell sein (BGH VM 63, 52) u ist grobes Verschulden (Fra DAR 91, 99 mwN). Auch auf der AB ist die Geschwindigkeit der Abblendlichtweite anzupassen (BGHSt 16, 145; Ha NZV 92, 407). – Wer bei Dunkelheit eine **Kurve** befährt, muß bei Bemessung seiner Geschwindigkeit berücksichtigen, daß die Scheinwerfer infolge der Krümmung die Fahrbahn nur auf eine kurze Strecke beleuch-

13 c) **Der Anhalteweg,** der nach dem oben Ausgeführten kürzer als die Sichtweite sein muß, ist der Weg, den der Fz-Führer vom Erkennen der Gefahr bis zum Stillstand des Fz benötigt. Er setzt sich zusammen aus dem Weg in der **Reaktionszeit** (s § 1 Rn 54 ff; Dannert § 1 Rn 87), zu der in den Fällen, in denen sie zugebilligt wird, die **Schreckzeit** hinzukommt (s § 1 Rn 58), u dem **Bremsweg.** Die volle Bremswirkung tritt erst nach der Bremsansprech- u Schwellzeit ein. Die Länge des Bremsweges hängt in erster Linie von der Güte der Bremsen sowie der Beschaffenheit der Reifen u der Str-Oberfläche ab. Die größte Bremswirkung (bis etwa 8 m/sec^2) wird erzielt, wenn die Räder sich gerade noch drehen; im Falle einer Notbremsung auf trockener Fahrbahn beträgt der Bremsweg bei größter Bremswirkung (-Verzögerung) zB bei 30 km/h 4,30 m, bei 40 km/h 7,70 m, bei 50 km/h 12,10 m, bei 60 km/h 17,40 m u bei 70 km/h 23,60 m; bei normalen Bremsen (mit 4 m/sec^2) etwa das Doppelte. Um den maßgeblichen Anhalteweg zu ermitteln (s oben), ist diesem Bremsweg der in der Reaktions- u Bremsansprechzeit zusätzlich zurückgelegte Weg hinzuzurechnen (s dazu § 1 Rn 56).

Zur Schnellorientierung soll das folgende Diagramm dienen:

Quelle: Verkehrswacht Dortmund

Blockierte Räder haben eine geringere Bremswirkung. Zudem kann **14** das Fz mit blockierten Rädern nicht mehr seitlich gelenkt werden, also nicht mehr zugleich mit dem Bremsen ausweichen. Eine Vollbremsung, die zum Blockieren der Räder führt, kann daher zum Verschulden gereichen (BGH VRS 23, 375; 32, 209). Der Bremsweg ist nicht gleich der auf der Fahrbahn sichtbar hinterlassenen **Bremsspur**. Eine solche wird erst bei stärkerer Bremsung abgezeichnet u ist fast stets kürzer als der Bremsweg (s BGH VRS 23, 375); sie allein besagt daher nichts über die Geschwindigkeit (Ha VRS 41, 367); zu deren Berechnung aus Bremsspuren s Weber in Berz/Burmann Kap 21 B Rn 6 ff; Engels VGT 88, 113. Wegen Auswertung von Bremsspuren s unten 73; zu den RFolgen der keine Bremsspuren hinterlassenden **Anti-Blockier-Systeme** (ABS) s VGT 1990.

Der **Bremsverzögerungswert** steht – auch für einen bestimmten Fz- **15** oder Reifentyp – nicht ein für allemal fest, sondern muß für den Einzelfall festgestellt werden (BGH VRS 27, 119). So gibt es keinen Erfahrungssatz, daß Pkws bei Vollbremsungen auf trockener Asphaltstr regelmäßig eine mittlere Bremsverzögerung von 7,5 m/sec^2 erreichen (Hbg DAR 80, 184). Eine Bremsverzögerung bis 4 m/sec^2 gilt als normale (AG Aschaffenburg DAR 82, 334: 3 m/sec^2), von 4–6 m/sec^2 als stärkere Bremsung u darüber als Notbremsung (Kö DAR 76, 250; Ce DAR 77, 220). Der Wert erhöht sich auf Steigungen u vermindert sich auf Gefällstrecken um 0,1 m/sec^2 je Prozent der Steigung bzw des Gefälles (Bay v 6. 10. 67 – 1a St 308/67). Beim Bergabfahren muß der Fahrer – namentlich bei schweren Fzen – rechtzeitig auf den geringeren Gang zurückschalten (BGHSt 7, 307; BGH(Z) VRS 4, 323).

Langes Bremsen bewirkt Nachlassen der Bremswirkung infolge Erwär- **16** mung der Bremsbeläge u Bremstrommeln, sog **Fading** (Ha VRS 44, 30). Brems- u Anhalteweg können aus Bremswegrechnern bestimmt werden. Bei der Auswertung müssen aber immer die vorstehenden Gesichtspunkte berücksichtigt werden. Wenn aus der Bremsverzögerung zu Lasten des Betroffenen auf eine bestimmte Geschwindigkeit geschlossen werden soll, kommt es nicht auf die erzielbare Bremsverzögerung, sondern allein darauf an, mit welcher Verzögerung der Betr sein Fz tatsächlich abgebremst hat (Zw DAR 79, 76). Im GroßstadtV muß ein Kfz-Führer, der sich einer ihm sichtbaren LZA nähert, seine Geschwindigkeit so einrichten, daß sein Anhalteweg nicht größer ist als die Strecke, die er in der innerorts üblicherweise 3 sec dauernden Gelbphase durchfährt (KG VM 81, 48, zB bei 50 km/h = 3 × 13,88 m = 41,64 m; s auch § 37 Rn 14).

Wegen Einzelheiten über den Anhalteweg vgl Möhl DAR 68, 32 ff; **17** über Bremsanlagen u Bremsen s KVR; über Aufholen u Einholen s § 5 Rn 38 ff; über ABS s VGT 1990; zur Geschwindigkeitsrückrechnung aus Unfallspuren s Weber in Berz/Burmann Kap 21 B Rn 6 ff.

d) Für **Straßenbahnen,** die innerhalb des allg VRaums einer öff Str **18** laufen, gilt § 3 wie für sonstige Fze (BGH VM 58, 16); der Strabaf muß daher seine Geschwindigkeit den VVerhältnissen anpassen (BGH NZV 91, 114) u mit unbeleuchteten Hindernissen auf den Gleisen rechnen u darf nur auf Sicht fahren (Dü VM 66, 84); zur Notbremsung an Fußgängerüberweg s BGH NJW-RR 91, 347. Für Straba, die auf einem bes Bahnkörper verlegt sind, gilt § 3 I, jedenfalls bei Annäherung an Wegübergänge u Haltestellen (BGH(Z) DAR 75, 75; s aber Bay NZV 91, 78; zur Annäherung an LZA s § 37 Rn 5). Andererseits haben Schienen-Fze gegenüber dem GeradeausV nach § 2 III ein beschränktes VorR (s 51 zu § 2). Andere VT haben auf die betriebsbedingten Eigenheiten der Straba, bes auf die Länge ihres Bremsweges u ihre Schienengebundenheit, Rücksicht zu nehmen. Der Strabaf darf darauf vertrauen, daß dies geschieht u von einem Vorausfahrenden einen kürzeren Abstand einhalten als den seinem Bremsweg entspr, wenn er damit rechnen darf, der andere VT werde auf sein Warnsignal den Schienenbereich freigeben (BGH(Z) VM 55, 111).

19 e) **Vertrauensgrundsatz.** Der übrige Verkehr darf darauf **vertrauen,** daß jeder VT seine Geschwindigkeit der **Sichtweite** anpaßt. Auf diesem Vertrauen sind die wichtigsten VRegeln aufgebaut. Dagegen darf sich im übrigen ein VT nicht darauf verlassen, daß andere die zul Geschwindigkeit einhalten, sondern muß mit deren mäßiger Überschreitung, aber nicht mit unverantwortlich hohen Geschwindigkeiten anderer rechnen (vgl BGHSt 8, 200, 203; Bay 64, 145 = VRS 28, 291; Ce VRS 35, 54; vgl auch § 1 Rn 24–42, § 8 Rn 37, § 9 Rn 28).

19 a f) **Geschwindigkeit bei extrem schlechter Sicht.** § 3 I S 3 ergänzt die allg Regel des Fahrens auf Sicht (s 4) für extrem schlechte Sichtverhältnisse infolge Nebels pp unabhängig von den persönlichen Fahrfähigkeiten oder der technischen Ausrüstung auf allen Str dahin, daß bei einer Sichtweite unter 50 m (= Regelabstand der Leitpfosten) nicht schneller als 50 km/h gefahren werden darf, wenn nicht sogar eine noch geringere Geschwindigkeit geboten ist (s auch 37 u 39 sowie § 5 III a m Rn 31). Unabhängig davon darf bei Nebel ohnehin nur auf halbe Sichtweite gefahren werden (Ce VRS 31, 383). 80 km/h bei nur 20–30 m Sicht ist grob fahrlässig (Nü DAR 89, 349).

3. Fahren auf halbe Sichtweite und weniger

20 a) **Abs 1 Satz 5: Halbe Sichtweite.** Dieser Grundsatz soll den GegenV schützen (Bay VRS 58, 366); „schmal" ist eine Fahrbahn, die bei Einhaltung des erforderlichen Zwischenraums die Begegnung mit einem 2,5 m breiten Fz nicht zuläßt (Hbg VersR 93, 1123; s auch 29). Ein der Sichtweite entspr Anhalteweg reicht zur gefahrlosen Begegnung mit einem anderen VT nur aus, wenn die Fahrbahn so breit ist, daß die Fze mit den erforderlichen Sicherheitsabständen nebeneinander vorbeifahren können. Auf schmalen Str müssen sich die entgegenkommenden Fze die Sichtstrecke teilen, um den Pflichten bei der Begegnung (s 65 zu § 2) genügen zu können. Daraus folgt für die Annäherungsgeschwindigkeit: Wer in einer nur beschränkt übersehbaren engen Str-Stelle mangels ausreichender Fahrbahnbreite die Fahrbahnseite des GegenV mitbenutzen muß, hat seine

Geschwindigkeit so zu bemessen, daß er in sicherem Abstand vor der Mitte der übersehbaren Strecke anhalten kann (Bay 52, 272 = VRS 5, 316; 60, 178; BGH VRS 29, 188). Aber auch, wer mit seinem schmaleren Fz die Fahrbahnhälfte nicht überschreitet, muß dann auf halbe Sichtweite fahren, wenn er mit dem Entgegenkommen breiterer Fze rechnen muß u die Fahrbahnbreite für die sichere Begegnung mit einem 2,50 m breiten Kfz nicht ausreicht (Bay 55, 96, 99 = VRS 9, 208; 56, 90; vgl Schl NZV 91, 431).

Diese Regel beruht darauf, daß nach § 32 I StVZO Kfze u Anhänger im allg höchstens 2,50 m breit sein dürfen, mit Ausn von land- u forstwirtschaftlichen Arbeits- u Schneeräumgeräten. Diese überbreiten Fze müssen die von ihnen ausgehende bes Gefahr durch bes geringe Geschwindigkeit abwenden. Wenn auf der Str nur Fze mit geringerer Breite als 2,50 m erwartet werden müssen (zB Verbot für Lkw), genügt ein entspr engerer Raum für den GegenV. Da zu einer zügigen Begegnung ein Mindestzwischenraum zwischen den Fzen von 1 m verlangt wird u dem Entgegenkommenden ein angemessener Abstand – 0,5–1 m – zu seinem rechten Fahrbahnrand freigelassen werden muß, ist das Fahren auf halbe Sicht im allg dann geboten, wenn einem Entgegenkommenden weniger Raum als 4–4,5 m zur Durchfahrt verbleibt (Bay 58, 258 = VRS 16, 385). Das gilt auch, wenn die an sich breitere Fahrbahn durch „dicht an dicht" parkende Fze verengt ist (Ko VRS 68, 179; Hbg VersR 93, 1123), nicht aber bei einem vereinzelt parkenden Lkw (Bay VersR 82, 583). **21**

Der Kf darf darauf **vertrauen,** daß ein auf einer schmalen Str Entgegenkommender seine Geschwindigkeit der halben Sichtweite anpaßt (Bay 58, 258 = VRS 16, 385; VRS 33, 138). Wer auf der Str, deren Breite zum Fahren auf volle Sicht ausreicht, eine Rechtskurve durchfährt, darf darauf vertrauen, daß ein Entgegenkommender die für ihn rechte Fahrbahnhälfte einhält. Er braucht nicht auf halbe Sichtweite herunterzugehen, um einen Zusammenstoß mit einem linksfahrenden Entgegenkommenden zu vermeiden (vgl Dü VM 66, 31). **22**

b) **Weniger als halbe Sichtweite.** Auf einer schmalen, unübersichtlichen Straße genügt es nur dann, auf halbe Sicht zu fahren, wenn jeder Fz-Führer darauf vertrauen darf, daß auch der Entgegenkommende auf halbe Sicht fährt. Es gibt aber Fälle, in denen ein Fz-Führer die Gegenfahrbahn erlaubterweise vorübergehend versperrt, obwohl ein Entgegenkommender auf volle Sicht weiterfahren darf. Der Hauptfall ist das **Vorbeifahren** eines Fz an einem in einer **unübersichtlichen Kurve stehenden Hindernis,** zB haltenden Fz. Auch an einem solchen darf der VT vorbeifahren (BGHSt 8, 200, 203). Er muß keine Hilfsperson zuziehen, jedenfalls wenn er ohnehin einen Beif bei sich hat (Bay 63, 75 = VRS 25, 217; Bay 73, 23, 26 = VRS 45, 63; vgl 45 zu § 1). Er muß aber im Schrittempo fahren, um einem Entgegenkommenden durch sofortiges Halten die volle Sichtstrecke einräumen zu können (Bay 58, 258 = VRS 16, 385; 63, 167 = VRS 26, 57). **23**

Ähnlich liegt der Fall, wenn ein mehr als 2,50 m breites Fz infolge seiner **Überbreite** die Fahrbahn, die sonst zu einer gefahrlosen Begegnung aus- **24** reichen würde, so verengt, daß ein Entgegenkommender, der auf volle Sichtweite fährt, nicht mehr gefahrlos vorbeifahren kann. Der Führer des überbreiten Fz muß aber dann nicht mit einer geringeren Geschwindigkeit als auf halbe Sichtweite fahren, wenn die Fahrbahn so eng ist, daß ein Entgegenkommender ohnehin ebenfalls zum Fahren auf halbe Sicht verpflichtet ist (Bay 63, 75 = VRS 25, 217). Auch ein vorspringendes Hauseck, bei dem sich eine zuvor breite Straße plötzlich verengt, kann zum Hineintasten in die enge Stelle in Schrittgeschwindigkeit zwingen, wenn ein Entgegenkommender die Verbreiterung u das in dieser nahende Fz nicht sehen kann u deshalb meint, ihm stünde die volle Str-Breite zur Verfügung (Bay VRS 33, 138).

4. Übersehbare Strecke (§ 3 I S 4)

25 a) **Übersehbarkeit im allgemeinen.** Da die zul Geschwindigkeit von der Sichtweite abhängt, ergibt sich von selbst, daß sie um so geringer sein muß, je kürzer die Sichtstrecke ist. Eine Strecke ist nicht übersehbar, wenn der Fz-Führer den VAblauf wegen ungenügenden **Überblicks** über die **Fahrbahn** nicht vollständig überblicken, deshalb Hindernisse u Gefahren nicht rechtzeitig bemerken u ihnen nicht sicher begegnen kann.

26 Die Unübersehbarkeit muß sich zwar auf die Fahrbahn vor dem Fz beziehen (BGH(Z) VM 85, 64), muß aber nicht in der **Beschaffenheit** der **Straße** selbst liegen, sondern kann auch durch **andere Sichthindernisse** begründet werden (vgl § 2 Rn 41 u § 5 Rn 19). Allerdings schaffen vereiste Scheiben keine unübersehbare Strecke (§ 2 Rn 41), auch macht die augenblickliche Erschwerung des Überblicks durch ein vorausfahrendes, entgegenkommendes oder parkendes Fz die Fahrbahn idR nicht unübersichtlich (Bay 52, 252 = VRS 5, 147; BGHSt 13, 169; BGH VRS 27, 119, 124); anders aber nach Ha bei Sichtbeeinträchtigung infolge heruntergeklapptem Visier eines Sturzhelms bei Dunkelheit und Regen (DAR 01, 456). Der Sichtbehinderung durch diese Fze tragen die bes Sorgfaltspflichten für das Überholen (§ 5 II, III), die Begegnung (§ 2 Rn 60) u das Vorbeifahren (§ 6 Rn 3, 6 ff) Rechnung, zu denen allerdings auch eine dem § 3 I S 1 entspr Annäherungsgeschwindigkeit gehört (S 31 ff).

27 b) **Breite des übersehbaren Raums.** Fraglich ist, in welcher **Breite** der vor dem Fahrer liegende Raum einsehbar sein muß, um übersichtlich zu sein. Maßgeblich ist die gesamte Örtlichkeit, soweit sie die Weiterfahrt beeinflussen kann (Ce VRS 31, 34; Hbg VM 64, 26); das Gelände neben der Fahrbahn kommt nur in Betracht, soweit es die Sicht auf die Fahrbahn beeinträchtigt (BGH NZV 90, 227, 98, 369; Dü VersR 87, 669; Kö NZV 92, 233; s auch unten 29). Auch in Wäldern u entlang von Zäunen u Hecken darf im allg so schnell gefahren werden, wie es die Sicht auf die Fahrbahn selbst erlaubt. Ob vor Straßenkreuzungen u -einmündungen die Geschwindigkeit herabgesetzt werden muß, richtet sich danach, inwieweit nach den Grundsätzen des VorfahrtsR ein VT auf die Beachtung seiner Vorfahrt vertrauen darf; eine allg Herabsetzung der Geschwindigkeit des

Übersehbare Strecke **28–30 § 3 StVO**

Vorfahrtberechtigten vor einer unübersichtlichen Str-Einmündung wird nicht verlangt (vgl BGHSt 7, 118; § 8 Rn 16).

Allerdings muß der Kf auch den – namentlich rechts liegenden – Raum **28** neben der Fahrbahn aufmerksam beobachten, um drohende Verletzungen seiner freien Durchfahrt bald zu erkennen (Dü VM 66, 153). Dadurch wird aber eine Pflicht zur Herabsetzung der Fahrgeschwindigkeit nur in den Fällen begründet, in denen der **Vertrauensgrundsatz des fließenden Verkehrs** gegenüber den von der Seite her in die Fahrbahn kommenden Hindernissen versagt (vgl unten 32; BGH VRS 22, 343). Das an die Fahrbahn anschl Gelände kann demnach die Unübersehbarkeit nur insoweit begründen, als es sich auf die Sichtweite über die Fahrbahn selbst auswirkt, zB Bebauung oder Bewuchs am inneren Bogen einer Kurve, sowie Bäume oder Sträucher, deren Äste von der Seite her in die Fahrbahn hineinragen.

Auf schmalen Str – etwa bis 6 m Breite – muß die freie Sicht die ganze **29** Fahrbahn, also auch die Gegenfahrbahn umfassen (BGH VersR 66, 763; Bay DAR 62, 184; Kö VRS 67, 140; s auch Hentschel 14 zu § 3). Auf breiten Str kann aber nicht verlangt werden, daß der Kf die volle Breite der Fahrbahn übersieht, sondern es genügt idR, wenn er seine Fahrbahnhälfte, uU nur den vor ihm liegenden Fahrstreifen u einen angemessenen Raum, etwa je 2 m rechts u links desselben als hindernisfrei erkennt (BGHSt 13, 169; VRS 13, 468; Ha VRS 30, 227 für eine 7,80 m breite Fahrbahn; Bay 69, 29 = DAR 69, 221; Ha VRS 39, 261). Insb bei Dunkelheit genügt daher ein schmalerer ausgeleuchteter Raum als die bei Tageslicht helle volle Str-Breite. Ist aber tatsächlich ein breiterer Raum, als nach obigem notwendig, ausgeleuchtet, so muß der Kf den vollen übersehbaren Raum beobachten (Bay v 17. 4. 70 – 1 a St 257/69), u zwar auch bei breiten Str die Gegenfahrbahn (BGH NJW 87, 2377 = StVE 38). Der Pflicht, die Geschwindigkeit der Reichweite des Abblendlichts anzupassen, ist nur genügt, wenn am Ende der zum Anhalten benötigten Strecke außer dem benutzten Fahrstreifen selbst beiderseits ein Raum von je 1 m ausgeleuchtet ist (Bay VRS 59, 292).

Diese Grundsätze können dazu führen, daß der Kf Gefahren, die von **30** außerhalb des ausgeleuchteten Fahrbahnteils drohen, bei Tage rechtzeitig bemerken muß, während ihm nicht zum Vorwurf gemacht wird, wenn er sie bei Dunkelheit nicht so bald erkannt hat, daß er einen Unfall vermeiden konnte. Diese Folge ist nicht unbillig; denn bei Dunkelheit muß auch vom übrigen Verkehr, insb von Fußgängern, eine erhöhte Vorsicht beim Überqueren einer Fahrbahn gefordert werden. Unbeaufsichtigte Kleinkinder gehören bei Dunkelheit überhaupt nicht auf die Str; mit ihnen braucht im allg nicht gerechnet zu werden. Darauf, daß möglicherweise Betrunkene von der Seite her in die Fahrbahn taumeln könnten, muß der Kf selbst um die übliche Zeit der Heimkehr von Wirtshausbesuchern seine Geschwindigkeit nicht einstellen (Kö VRS 67, 140). Erst, wenn er einen Betrunkenen in bedrohlicher Nähe sieht oder sehen muß, hat er zu reagieren (BGH VRS 7, 57; 22, 343).

5. Geschwindigkeitsbegrenzung unabhängig von der Sichtweite

31 Die Regeln der Fahrgeschwindigkeit nach Sichtweite geben immer die **höchste** in Betracht kommende Geschwindigkeit an. Schneller darf nie gefahren werden. Es gibt aber eine Reihe von Gründen, die eine **geringere** Geschwindigkeit erforderlich machen. Die wichtigsten sind in I S 2 u 4 aufgezählt.

32 a) **Verkehrsverhältnisse.** Sämtliche Regeln über das von der Sichtweite abhängige Fahren gehen davon aus, daß keine Hindernisse, insb keine anderen VT von der Seite her in den vom Fahrer eingesehenen Raum gelangen. Diese Fahrregeln sind daher nur soweit anwendbar, als der **Vertrauensgrundsatz** diese Annahme rechtfertigt. Nur wegen der **allg** Möglichkeit, daß Fußgänger (Kinder) zwischen parkenden oder haltenden Fzen plötzlich auf die Fahrbahn treten können, muß also die Geschwindigkeit nicht reduziert werden (BGH(Z) VM 85, 64; s aber Sa VersR 86, 927; § 1 Rn 39). Wo aber mit dem plötzlichen Auftauchen von SeitenV zu rechnen ist, muß die Geschwindigkeit so ermäßigt werden, daß den seitlichen Gefahren wirksam begegnet werden kann; Hauptfälle: **Annäherung an Fußgänger** (vgl § 1 Rn 30 ff), Befahren von Stellen, wo sich **Kinder** aufhalten oder aufzuhalten pflegen (vgl § 1 Rn 38 ff u § 3 II a; Ce VRS 31, 33). Schrittgeschwindigkeit in verkehrsberuhigten Bereichen: **Z 325;** (s unten 69) u auf Parkplätzen (Kö DAR 95, 289).

33 Auch eine **unklare VLage** kann eine geringere als die nach der Sichtweite zulässige Geschwindigkeit erforderlich machen. Sie liegt vor, wenn die auf der Fahrbahn **sichtbare** VLage das Vertrauen ausschließt, daß die übrigen VT die freie Durchfahrt einräumen werden (vgl Mühlhaus DAR 69, 312, 316; Fra VM 76, 95); zB die Verengung der Str durch parkende Fze (Bay 52, 252). Wer ein Fz überholen will, das die Blinker vorausfahrender Fze verdeckt, muß seine Geschwindigkeit so einrichten, daß er sich nach Freiwerden der Sicht auf einen etwaigen Linksabbieger noch einstellen kann (Sa VRS 30, 380; Bay VRS 36, 215); er muß die Geschwindigkeit herabsetzen u bremsbereit sein, wenn er erkennt, daß der zu Überholende – wenn auch verkehrswidrig (§ 5 IV) – auf die Überholspur wechselt (Stu VM 90, 9). Wer sich einer Menschenansammlung oder Unfallstelle nähert, muß mit Fußgängern rechnen, die die Fahrbahn unvorsichtig überqueren (BGH VersR 60, 737; Kö VRS 27, 111; Sa VM 66, 12); ebenso wenn ein Vorausfahrender ohne sichtbaren Grund plötzlich bremst (Ha VRS 40, 439; Zw VRS 40, 441). So ist der Vertrauensschutz des Kf auch hinsichtlich des verkehrsgerechten Verhaltens von Fußgängern im Bereich von (Fußball-)Großveranstaltungen erheblich eingeschränkt, uU sogar aufgehoben (Dü VM 79, 20; s auch Sa VM 80, 41), ebenso bei Schichtwechsel (KG VM 85, 74); an einem vierjährigen Kind, das beim Spielen der Fahrbahn den Rücken zuwendet, darf nur unter Abgabe von Schallzeichen u mit weniger als 30 km/h dicht vorbeigefahren werden (KG VM 79, 61). Das fehlerhafte Verhalten anderer VT kann eine unklare VLage schaffen (Bay 66, 68 = VM 66, 121; VRS 67, 136: auf der falschen Fahrbahnseite entgegenkommender Radf; BGH VRS 21, 53; Hbg VM 66, 51). Vgl auch § 5 Rn 26, § 9 Rn 9.

UU hat der Fahrer die **Wahl** zwischen **mehreren Maßnahmen.** Kann 34 er die Gefahr durch ein Warnzeichen abwenden, muß er die Geschwindigkeit nicht ermäßigen, wenn er sich auf die Beachtung des Warnzeichens verlassen kann (Bay 54, 20 = VRS 6, 394; vgl § 16 Rn 1,7 f). Dieses Vertrauen ist allerdings selbst bei rechtzeitigen u deutlichen Warnzeichen gegenüber Kleinkindern, gebrechlichen oder ersichtlich verkehrsunerfahrenen Personen nicht immer gerechtfertigt (s 59 f!). UU besteht eine Pflicht zur Herabsetzung der Geschwindigkeit nur dann, wenn der zu berücksichtigenden Gefahr nicht durch ausreichenden seitlichen Sicherheitsabstand Rechnung getragen werden kann; zB Vorbeifahren an haltendem Omnibus (BGHSt 13, 169; Bay 59, 295 = VM 60, 76) oder an einer Str-Baumaschine auf einer Baustelle (Bay 70, 155 = VRS 39, 455; s auch KG VM 79, 61: Vorbeifahren an Kleinkind; Br VersR 81, 80: Geschwindigkeit hängt weitgehend vom Abstand zu Sichthindernissen ab, hinter denen plötzlich ein Kind auftauchen u auf die Fahrbahn laufen kann; s auch § 6 Rn 6 f). Dieselben Grundsätze gelten bei der Begegnung mit einem **Müll-Fz** (Zw VRS 62, 213; Ha NZV 89, 75 Ls).

Der **Vorfahrtberechtigte** darf sich einer Kreuzung nur dann mit un- 35 verminderter Geschwindigkeit nähern, wenn er auf Beachtung seines VorR vertrauen darf (vgl § 8 Rn 18 f). Erst recht müssen der **Wartepflichtige** u der Benutzer einer gleichrangigen Str, in der die Regel „rechts vor links" gilt, an eine Kreuzung so langsam heranfahren, daß sie ihrer Wartepflicht genügen können (BGHSt 17, 299; Bay 65, 84 = VRS 29, 287). Das gleiche gilt auch bei anderen bes VPflichten zB beim Befahren einer Kreuzung bei Grün im fliegenden Start (Bay 67, 106 = VRS 34, 42). In all diesen Fällen gilt der Grundsatz: Gegen das abstrakte Gefährdungsverbot des § 3 I verstößt der Fz-Führer dann, wenn er schon bei **Annäherung** an die Stelle, wo er die bes Pflicht erfüllen muß, so **schnell fährt,** daß er diese wegen seiner zu hohen Geschwindigkeit nicht erfüllen kann.

Der Verstoß gegen § 3 I besteht unabhängig davon, ob im Einzelfall eine 36 Gefährdung oder Behinderung anderer entsteht. Tritt sie ein, so liegt außerdem (TE) ein Verstoß gegen die weitere Pflicht, zB aus den §§ 1 oder 8, vor. War dagegen die Annäherungsgeschwindigkeit nicht zu hoch, hätte also der Kf die auftretende konkrete Gefahr aus der von ihm gefahrenen Geschwindigkeit heraus vermeiden können, tat dies aber aus anderen Gründen, zB aus Unachtsamkeit, nicht, so liegt kein Verstoß gegen § 3 I vor, sondern nur ein solcher gegen die konkrete Unfallverhütungspflicht (ebenso Ha VRS 53, 294). Falsch ist es, etwa allg daraus, daß ein Unfall entstand, auf eine überhöhte Geschwindigkeit zu schließen (Ce DAR 62, 271; KG VRS 29, 124). Wer sich einem Hindernis, an dem sich zul Geschwindigkeit genähert hat, verstößt nicht gegen § 3 I S 1, wenn er vor ihm nicht pflichtgem anhält. Mußte er aber nicht halten, sondern zur Ermöglichung einer gefahrlosen Vorbeifahrt seine Geschwindigkeit rechtzeitig herabsetzen, so liegt ein Verstoß gegen § 3 I vor (Bay 66, 68, 72 = VRS 31, 374, 377; Ha DAR 59, 306; VRS 25, 291; Mühlhaus DAR 65, 323). Ebenso verstößt nicht gegen § 3, sondern nur gegen §§ 1, 4 I, wer auf ein **vorausfahrendes** Fz **auffährt,** wenn er nicht mit so hoher Geschwindigkeit gefahren ist, daß er gar nicht anhalten konnte, als er in den Gefahrenbereich des Vorausfahrenden gelangte (vgl Ce VM 63, 14; Ha VRS 28, 385; 44, 146; vgl hierzu auch **E** 120: Frage des Schutzbereichs der Norm).

37 b) **Straßen- u Witterungsverhältnisse** sind schon beim Fahren auf Sichtweite zu berücksichtigen, soweit von ihnen die Länge des Bremsweges abhängt (vgl oben 14). **Schlaglöcher** u loser **Schotterbelag** zwingen nicht nur im eigenen Interesse, sondern auch zur Abwendung der Gefährdung anderer zu langsamem Fahren. **Witterungseinflüsse** können die zul Geschwindigkeit nicht nur dadurch beeinflussen, daß sie die Sicht auf die Fahrbahn verkürzen, wie Nebel, dichter Schneefall oder Platzregen (s dazu I S 3, Rn 19 a), sondern auch dadurch, daß sie den Bremsweg erheblich verlängern, wie Eis- u Schneeglätte (BGH(Z) VM 64, 109; Bay 64, 145 = VRS 28, 291) oder nasses Blaubasalt- oder Kopfsteinpflaster (BGH VRS 33, 117). Schlüpfrigkeit, glatter **Schnee** oder Eis führen zusätzlich zur Gefahr des Schleuderns. Namentlich beim Befahren einer Kurve darf der Fz-Führer nie so schnell fahren, daß er das Fz nicht mehr sicher in der Spur halten kann. Er muß es stets gefahrlos lenken u rechtzeitig anhalten können (BGH VersR 66, 1077; Dü NZV 93, 158). Deshalb kann der Kf bes auf übersichtlichen Strecken – zu einer wesentlich geringeren Geschwindigkeit als der nach der Sichtweite zul verpflichtet sein (BGH(Z) VersR 65, 1048; VRS 23, 270; Bay 57, 121 = VRS 13, 300), notfalls zur Schrittgeschwindigkeit (Kö VRS 68, 382: ca 4–7 km/h; ähnlich Stu VRS 70, 49). – Zum Einfluß von **Seitenwind** s Ha DAR 73, 165.

38 Bei Verursachung eines Unfalls durch Schleudern auf einem **vereisten Straßenstück** trifft den Kf nicht nur dann ein Verschulden, wenn er sich auf der vereisten Strecke fahrtechnisch falsch verhalten hat, sondern auch dann, wenn er mit der drohenden Vereisung hätte rechnen müssen u seine Geschwindigkeit nicht danach eingerichtet hat (Kö VRS 33, 282). Mit einer Vereisung muß insbesondere bei Temperaturen um den Nullpunkt bei Straßenstellen mit veränderter Einwirkung von Sonne und Wind, Waldstrecken und Brücken gerechnet werden (BGH VersR 76, 995; Bay NZV 93, 121), nicht aber allein deshalb, weil eine Straße durch „freies Feld" führt (Kö VersR 99, 377). Wenn ein Kfz auf **Glatteis** ins Rutschen gekommen ist, darf der Fahrer nicht bremsen, sondern muß durch Gegenlenken versuchen, es wieder in seine Gewalt zu bringen (Kö VRS 31, 158).

39 Bei einem **Platzregen** muß der Kf berücksichtigen, daß Wasseransammlungen auf der Str zu einem völligen Verlust der Herrschaft über das Steuer – durch Auffahren auf einen Wasserkeil **(Aquaplaning)** – führen können (Bay 71, 16 = VRS 41, 65; vgl auch Ha VRS 40, 354, zw). Zur Erntezeit muß der VT auf Landstr mit Verschmutzung durch Ackererde rechnen u sich auf die damit, insb bei Regen, verbundenen Gefahren einrichten (Sa VM 79, 71). Bes vorsichtige Geschwindigkeiten verlangen der **Schmierfilm** bei Beginn eines Regens (Dü VM 59, 23) u die erhöhte Rutschgefahr beim Befahren von **Straßenbahnschienen** bei nassem Wet-

ter, namentlich, wenn sie nicht gleich hoch liegen wie die umgebende Fahrbahn.

c) Persönliche Fähigkeiten des Fahrers. Das psychische u physische Befinden des Fahrers sind für dessen Aufmerksamkeit u Reaktionssicherheit von erheblicher Bedeutung. Wer müde, nervös oder verärgert ist, muß, wenn er überhaupt das Führen eines Fz verantworten zu können glaubt, seine Geschwindigkeit so einrichten, daß er im Falle einer etwaigen verzögerten oder hastigen Reaktion auf eine Gefahr das Fz immer noch beherrscht u Fahrfehler vermeidet. Jeder muß die Grenzen seiner Fahrfähigkeit beachten (BGH VRS 9, 296; s auch § 316 StGB).

Ein Anfänger oder ein Fahrer, dessen Reaktionsvermögen erheblich unter dem Durchschnitt liegt, muß langsamer u vorsichtiger fahren, weil er eine längere Überlegungszeit u damit einen längeren Anhalteweg benötigt, als ein geübter Fahrer, der die meisten Handhabungen fast automatisch ausführt (vgl BGH VRS 33, 120; VM 65, 41); dasselbe gilt, wenn nach mäßigem Alkoholgenuß (wenn überhaupt!) ein Kfz geführt wird (Kö VRS 47, 187; s auch § 316 StGB 21 ff). Wer sich auf einer taghellen Str einem dunklen Raum (Tunnel, Unterführung, dichten Wald) nähert, muß schon vor der Einfahrt durch Ermäßigung seiner Geschwindigkeit den Sichtschwierigkeiten wegen verzögerter Anpassung seiner Augen an die Dunkelheit (Dü VM 65, 122), Sehbehinderte ihrer geringeren Sichtweite Rechnung tragen (Bay bei Rüth DAR 71, 198).

d) Eigenschaften von Fz u Ladung. Der Kf muß die Eigenschaften seines Fz kennen u darf nie so schnell fahren, daß er die sichere Führung verliert. So darf ein Kraftrad oder der Führer eines leichten Wagens auch auf übersichtlicher Strecke nicht so schnell fahren, daß er mit der Gefahr des Schleuderns seines Fz rechnen muß (BGH VersR 66, 1156). Kradf müssen der beim Durchfahren von Kurven durch Schräglage eingeschränkten Bremsmöglichkeit Rechnung tragen (BGH NZV 94, 184). Der Führer eines Wagens mit Vorderradantrieb muß berücksichtigen, daß er im Fall des Schleuderns eine Kraftreserve braucht, um sein Fz durch Gasgeben wieder in Gewalt zu bekommen. Er darf daher, wenn mit dieser Gefahr gerechnet werden muß, nicht seine Höchstgeschwindigkeit ausfahren. Andererseits braucht der Kf seine Geschwindigkeit nicht von vornherein auf ein technisches Versagen des Fz einzustellen, wenn er es in ordentlichem Pflegezustand erhalten, insb die von der Herstellerfirma vorgeschriebenen Wartungsdienste regelmäßig durchgeführt hat. So muß der Benutzer gut erhaltener Reifen nicht mit ihrem Platzen rechnen. Der Führer eines fast neuen Kfz darf darauf vertrauen, daß die Bremseinrichtungen richtig eingestellt u auch einer Vollbremsung gewachsen sind (BGH VRS 27, 348). Wer aber weiß oder bei gehöriger Sorgfalt wissen müsste, daß sein Fz oder seine Bereifung mangelhaft ist, muß seine Geschwindigkeit von vornherein hierauf einrichten (Dü VM 70, 96); ebenso der Entleiher eines Sportwagens, der die Bremsen vor Fahrtantritt nicht geprüft hat (BGH VRS 32, 209).

43 e) **Gefahrzeichen** – § 40 – enthalten zwar keine (bußgeldbewehrten) Gebote, zeigen aber an, daß mit einer bestimmten Gefahr gerechnet werden muß. Sie wirken sich dahin aus, daß der Kf auf die Gefahr gefaßt sein u ihr durch Herabsetzung seiner Geschwindigkeit Rechnung tragen muß. **Keine Schreckzeit!** Der Kf wird durch das **Gefahrzeichen 136** (Kinder) auf die häufige Anwesenheit von Kindern ohne zeitliche Einschränkung u darauf hingewiesen, daß er mit dem plötzlichen Betreten der Fahrbahn durch Kinder zu rechnen u deshalb seine Fahrweise durch Bremsbereitschaft u ggf Reduzierung der Geschwindigkeit wie bei einer konkreten Gefahrenlage iS von § 3 II a einzurichten hat (BGH NZV 94, 149); insb bei der Annäherung an einen Fußgängerüberweg muß er in diesem Bereich beim Auftauchen von Kindern jederzeit anhalten können (Ko VRS 62, 335; s auch § 1 Rn 42 u unten 59). Hinsichtlich eines am Str-Rand sichtbaren Kindes begründet Z 136 keine gesteigerte Sorgfaltspflicht (Ha NZV 96, 70).

44 Wer ein durch **Z 142 „Wildwechsel"** gezeichnetes Waldstück durchfährt, muß seine Geschwindigkeit so einrichten, daß er beim Auftauchen, Ausweichen u evtl Aufprall eines Wildes die Herrschaft über sein Fz nicht verliert u andere nicht gefährdet (Kö VM 76, 26 m Anm Booß). Z 142 schützt mithin nicht nur den unmittelbar durch Wild gefährdeten, sondern auch andere, insb entgegenkommende, durch ein Brems- oder Ausweichmanöver gefährdete VT. Zwar kann keine generelle Höchstgeschwindigkeit festgelegt werden (BGH NZV 89, 390; KG NZV 93, 313); 80 km/h können aber zu hoch sein (Fra NZV 90, 154). Wechselt ein Reh über die Straße, muß mit weiteren gerechnet u die Fahrweise darauf eingestellt werden (BGH VersR 81, 289; zur Haftung bei Wildunfällen s Molketin KVR „Wild"). Wildwechsel erfolgt auch an nicht durch Z 142 gekennzeichneten Stellen u BABen (s Fra aaO; KG aaO), bes bei Dämmerung. Vor Kleinwild ist nicht auszuweichen, wenn dadurch Personen gefährdet werden könnten (LG Verden VRS 55, 421; s auch BGH ZfS (Z) 97, 219).

6. Abs 2: Langsamfahren

45 a) **Allgemeines.** Soweit durch **Z 275, 279** eine Mindestgeschwindigkeit für eine bestimmte Strecke vorgeschrieben ist, ist diese auch bei ganz ruhiger VLage einzuhalten; Verstoß ist reines Tätigkeitsdelikt (**E** 46; OW nach § 49 III 4). § 3 II verbietet dagegen grundloses Langsamfahren, wenn dadurch der VFluß gestört wird (konkretes Erfolgsdelikt; s 58).

46 b) **Pflichten beim Langsamfahren.** Im allg gilt auf unseren Str keine Pflicht, eine bestimmte Mindestgeschwindigkeit einzuhalten. Auf **verkehrsreichen** Str hat sich aber der Fz-Führer durch Einhaltung einer sachgem Geschwindigkeit dem VFluß anzupassen (BGHSt 10, 52), bes auf Strecken, auf denen ein Überholverbot besteht. Gegen § 1 II verstößt, wer nach Auftreten eines Motorschadens auf einer AB mit nur 8–10 km/h weiterfährt u dadurch die Gefahr eines Auffahrunfalls herbeiführt; er muß bei der nächsten Gelegenheit die AB verlassen (Kö VRS 29, 367; s auch §§ 15 a I

Besondere Rücksichtnahme 47–50 § 3 StVO

u 16). Gegen § 3 II verstößt, wer auf einer Vorfahrtstr im Stadtgebiet oder auf einer außerörtl Str über eine längere Strecke eine unangemessen geringe Geschwindigkeit einhält u dadurch die nachfolgenden Fz-Führer aufhält (Ha VM 63, 84; Ko VRS 31, 213; 33, 378; AG Gemünden DAR 97, 251). Wer mit einem langsamen Fz (Unimog mit Anhänger) eine schmale Str befährt, ist verpflichtet, einem nachfolgenden schnelleren Fz das Überholen durch Anhalten zu ermöglichen, wenn dessen Fahrt sonst unzumutbar verzögert würde (Bay 60, 239 = VRS 20, 155; § 5 Rn 56). Voraussetzung der Ahndung wegen Langsamfahrens ist, daß die Geschwindigkeit des Täters wesentlich geringer ist als die durchschnittliche Geschwindigkeit auf der Str u daß die Nachfolgenden den langsam Fahrenden nicht gefahrlos überholen können (Ko aaO; Bay 67, 79 = VRS 33, 301). Wer in einer unübersichtlichen Kurve auf schmaler Str mit einer für die VLage ganz unangemessen niedrigen Geschwindigkeit fährt, verstößt gegen § 1 II (Ha VRS 49, 182).

Absichtliches Langsamfahren zur Verhinderung des Überholens soll 47 Nötigung (§ 240 StGB) darstellen können (BGHSt 18, 389; Tröndle-Fischer § 240 Rz 28). Diese Auffassung dürfte sich nach der „Sitzdemonstrationentscheidung" des BVerfG (NJW 95, 1141) nicht mehr halten lassen (vgl. Berz, NZV 95, 299, siehe auch BGH NJW 87, 913; Kö NZV 93, 36).

c) **Triftige Gründe,** die ausnahmsweise verkehrsbehinderndes Lang- 48 samfahren entschuldigen, sind solche, die es subjektiv oder objektiv rechtfertigen, zB mangelhafte Motorleistung oder Übelkeit eines Mitfahrers bei höherer Geschwindigkeit (Dü NJW-RR 93, 94). BAB u Kraftfahrstr müssen allerdings verlassen werden, wenn der Grund nicht nur vorübergehender Art ist (s 55). Die Absicht, im KolonnenV vor einer AB-Ausfahrt in die dicht besetzte rechte Fz-Reihe zu gelangen, rechtfertigt es nicht, über eine längere Strecke den VFluß der weiter links befindlichen Fz-Reihe zu behindern (Kö VM 74, 31).

d) **Verkehrsfluß** setzt eine Mehrheit behinderter VT voraus. Wer nur 49 einen einzelnen aufhält, verstößt nicht gegen § 3 II, aber gegen § 1 II, wenn die Behinderung vermeidbar war.

7. Abs 2 a: Besondere Rücksichtnahme auf Kinder, Hilfsbedürftige und ältere Menschen

II a gilt für alle Fz-Führer, also auch für Radf u Straba-F (Ha NZV 93, 50 112); er soll klarstellen, daß die (nur beispielhaft genannten) Verhaltensmerkmale „Verminderung der Geschwindigkeit u Bremsbereitschaft" für sich allein nicht genügen; vielmehr wird durch die Formulierung „Gefährdung dieser VT ausgeschlossen" (ebenso wie in den §§ 7 IV, 9 V, 10, 14 I u 20 I, II) deutlich gemacht, daß von dem Fz-Führer das Äußerste an Sorgfalt verlangt wird, um eine Gefährdung der genannten Personen zu vermeiden (s dazu § 10 Rn 7 f; BGH(Z) ZfS 97, 407 Ita NZV 00, 167; Bay NJW 82, 346). Geboten ist insb erhöhte Aufmerksamkeit (BGH VRS 62, 166), Beobachtung auch der angrenzenden StrTeile (KG VRS 74, 257),

StVO § 3 50a–53 Geschwindigkeit

insb am Fahrbahnrand stehender Kinder (Schl ZfS 88, 380 = VRS 75, 282) u vorsichtige Fahrweise (BGH VRS 26, 348), auch rechtzeitige erhebliche Verminderung der sonst zul Geschwindigkeit (BGH VRS 62, 166; Dü VRS 63, 257), wenn diese nach den Umständen nicht schon gering genug ist, insb der überhöhten (KG aaO) uU bis auf Schrittgeschwindigkeit (Ha NZV 93, 397) u stete Bremsbereitschaft (Bay NJW 82, 346); nicht aber absolute Unvermeidbarkeit der Gefährdung, keine Gefährdungshaftung (Ba NZV 93, 268; Stu NZV 92, 196; Dü NZV 93, 198; s auch Mü VRS 75, 249: Kein Vorwurf bei Vorbeifahrt an geparktem Kfz mit 30 km/h).

50a Realisiert ein Unfall gerade aufgrund der besonderen Gefahr, deren § 3 II a begegnen soll, so ist ein Fehlverhalten des durch § 3 II a geschützten Personenkreises aufgrund der gesetzlichen Wertung bei Bildung einer Haftungsquote milder zu bewerten (so ausdrücklich für ältere Menschen Fra NZV 01, 218).

51 Als **Kinder** iSd. von Abs 2a sind alle anzusehen, die das 14. Lebensjahr noch nicht vollendet haben (Hbg VersR 90, 985; 96, 70; Geigel-Haag Kap. 27 Rz 133). Die besonderen Sorgfaltspflichten setzen voraus, daß das Kind nach dem äußeren Erscheinungsbild als solches erkennbar war (Schl VerR 87, 825). Zweifel gehen zu Lasten des Kfz-führers, der die Verpflichtung des Abs 2a solange zu erfüllen hat, bis er ausschließen kann, daß es sich um ein Kind handelt (Ita NZV 00, 167; Mü NZV 88, 66; KG VM 85, 38).

52 Der **Vertrauensgrundsatz** (s. § 1 Rn 38f) kann gegenüber Kindern nur eingeschränkte Geltung beanspruchen. Bei Kindern bis zum beginnenden Schulalter (7–8 Lebensjahr) muß stets mit Unbesonnenheit im Straßenverkehr gerechnet werden, denn hier kann aufgrund ihres Alters nicht vorausgesetzt werden, daß sie sich der Verkehrsregeln wie der spezifischen Verkehrsgefahren bewußt sind, so daß es schon an einer Basis für einen solchen Vertrauensgrundsatz fehlt. Der Vertrauensgrundsatz greift daher nur ein, wenn sie sich unter der Aufsicht von Erwachsenen befinden (BGH NZV 92, 360; Stu NZV 92, 196; Bay VM 74, 45). Die Beaufsichtigung durch ein älteres Kind reicht nicht (BGH VerR 63, 89). Zweifelhaft daher BGH NJW 01, 152, wonach der Vertrauensgrundsatz zulasten eines auf dem rechtsverlaufenden Gehweg fahrradfahrenden gerade 8 Jahre alt gewordenes Kind angewandt wurde. Bei älteren Kindern gilt der Vertrauensgrundsatz nur dann nicht, wenn das Verhalten der Kinder oder die Situation, in der sie sich befinden, ein unbesonnenes Verhalten befürchten läßt (BGH NJW 97, 2756; NJW 01, 152; Stu NZV 92, 196; Ha NZV 00, 259; 00, 167). Je jünger die Kinder sind, desto geringer sind die Anforderungen an die Auffälligkeiten zu stellen (Ha NZV 00, 259).

53 Die erhöhten Sorgfaltspflichten werden jedoch nur dann ausgelöst, wenn der **Kraftfahrer das Kind sieht** oder nach den örtlichen Verhältnissen **konkrete Anhaltspunkte für die Anwesenheit von Kindern** bestehen (BGH NJW 86, 183; NZV 91, 23; 98, 369). Besondere Sorgfalt ist insbesondere gefordert bei verkehrswidrigem und unklarem Verhalten der Kinder als Fußgänger oder Radfahrer (BGH NJW 97, 2756; Mü VersR 75, 672) bei spielenden Kindern (Sa VersR 1986, 927), radfahrenden Kindern insbesondere bei schmalen Wohnstraßen (Ol NZV 94, 111), bei Gruppen von Kindern (Schl NZV 95, 24), in der Nähe von Schulen oder Kindergärten (Ka NZV 89, 188; Kö VRS 89, 430; Ol NZV 90, 153), Bushaltestellen (Ba VersR 93, 898; Ol NZV 91, 468), bei schmalen Wohn- und Siedlungsstraßen (Ha VersR 89, 97; BGH VM 67, 57), Überqueren der Fahrbahn (Ha NZV 90, 71; Ha VRS 80, 261; zum sogenannten Nachlaufsog vgl Ol VRS 87, 17; Ha VRS 78, 12) – ein nachlaufendes Kind, das zuvor für den Kraftfahrer nicht sichtbar war, kann sich allerdings nicht auf einen Verstoß gegen Abs 2 a berufen (BGH NJW 91, 292) –, bei fahrradfahrenden Kindern (BGH NJW 86, 184; 87, 2375; Mü NZV 88, 66; s. aber BGH NJW 01, 152; Bra NZV 00, 122), Entfernen von der Aufsichtsperson beim Einsteigevorgang in ein Auto (BGH NZV 92, 360). Im Bereich des **Z 136** ist unabhängig von der Tageszeit mit dem plötzlichen Betreten der Fahrbahn durch Kinder zu rechnen (BGH NJW 94, 941). Wegen des **Z 136** „Kinder" s oben 43 u wegen allg Pflichten gegenüber Kindern s § 1 Rn 42. Ansonsten ist eine abstrakte Gefahrenlage, wie, daß in einem Wohngebiet generell mit Kindern zu rechnen ist, nicht zu berücksichtigen (Ha NZV 01, 302; Kö DAR 01, 510).

„**Ältere Menschen**" müssen noch nicht „hoch betagt" (KG VRS 70, 463) oder erkennbar verkehrsschwach oder gar hilfsbedürftig sein (BGH NJW 94, 2829 = NZV 94, 273); ihnen gebührt der bes Schutz des II a, wenn sie sich in einer VSituation befinden, die sie erfahrungsgem u U nicht mehr voll übersehen u meistern könnten (BGH u KG aaO); konkreter Anhaltspunkte für eine VUnsicherheit bedarf es nicht (BGH aaO). Bei „**Hilfsbedürftigen**" wird darauf abzustellen sein, ob die betr Person wegen ihrer körperlichen oder altersmäßigen, erkennbaren Behinderung im Verkehr offensichtlich bes Rücksichtnahme bedarf, wie zB auch ein erkennbar Betrunkener (BGH NZV 00, 120 Kö VRS 67, 140; AG Kö VRS 65, 9), denn entscheidend ist der objektive Zustand, nicht die Ursache der Hilfsbedürftigkeit (aA Hempfing BA 83, 361). Maßgeblich sind jew die näheren Umstände, insb Alter u bisheriges VVerhalten der bes geschützten Person (Bay VRS 65, 461).

8. Abs 3 u 4: Gesetzlich festgelegte Höchstgeschwindigkeiten

a) **Inhalt der Vorschrift.** III enthält in **Nr 1** die allg Beschränkung der zul Geschwindigkeit auf 50 km/h innerhalb geschl Ortschaften; nur dort gilt ihre Schutzfunktion für andere VT (Dü NZV 92, 238; s aber Bay VRS 57, 360; s auch unten 64). Die in **Nr 2 a, b** u **c** abgestuften Höchstgeschwindigkeiten gelten für bestimmte Fz-Arten außerhalb geschl Ortschaften. Beachte die durch die 24. ÄndVO ab 1. 9. 97 in Kraft gesetzte Änderung des in § 3 III 2 u in § 1 AB-Richtgeschw-VO gen Gesamtgewichts von 2,8 auf 3,5 t, wodurch die zul Geschwindigkeit für bestimmte Kfz verändert worden ist! Diese Geschwindigkeitsgrenzen gelten unbedingt ohne Rücksicht auf VLage u bes Verhältnisse des einzelnen Fz (etwa bes gute Bremsen: BGH VRS 8, 209) auch auf Kraftfahrstr (Ha VM 70, 76). – Die ges zugelassene stellt die **höchstzulässige** Geschwindigkeit dar, die zwar unter normalen Umständen ausgenutzt (KG VRS 83, 98; Dü NZV 94,

70), doch auch unter günstigsten Umständen nicht überschritten werden darf, schon gar nicht nachts (Ol NZV 90, 473; s auch Fra NZV 90, 154); aus § 3 I S 1, 2 kann sich unter den konkreten Verhältnissen die Pflicht zu einer wesentlich geringeren ergeben (Hbg VRS 10, 370; vgl Bay 59, 155 = VRS 18, 150). Ein derartiger Umstand ist nicht in einer ausgeschalteten LZA zu sehen (Dü NZV 02, 90).

56 Die in III bestimmten Höchstgeschwindigkeiten können durch **Z 274 erhöht** werden, die 100 km/h-Grenze der Nr 2c jedoch nach § 45 VIII S 2 auf höchstens 120 km/h (das betr nicht die in § 3 III 2c S 2 u 3 gen Straßen). Innerhalb geschl Ortschaften gilt die zugelassene höhere Geschwindigkeit für alle Fze ohne Rücksicht auf Größe u Bauart; dagegen sind außerhalb geschl Ortschaften die in Nr 2 a u b aufgeführten Fze immer an die ges Höchstgeschwindigkeit gebunden, diese kann durch VA nicht erhöht werden (§ 41 II 7). **Autobahnen:** § 18 V. Im übrigen s Rn 64 ff.

57 Die zul Geschwindigkeit darf auch beim **Überholen** nicht überschritten werden (vgl § 5 Rn 23; Schl VRS 91, 299). Erhöht aber der Führer des eingeholten Fz während des Überholvorgangs seine Geschwindigkeit entgegen § 5 VI S 1, so kann die Beendigung des Überholmanövers unter Überschreitung der zul Geschwindigkeit gerechtfertigt sein, wenn es nur mit Gefahr für den Überholenden oder andere abgebrochen werden könnte (Dü VM 61, 18). Auch sonst kann uU **Notstand** (§ 16 OWiG) eine Überschreitung der zul Geschwindigkeit rechtfertigen (s 102). Eine vorübergehende geringfügige Überschreitung der höchstzul Geschwindigkeit, bes beim Überholen, ist nicht ohne weiteres vorwerfbar (Bay 76, 127 = DAR 77, 53; s auch E 99 u Janiszewski 113 ff); erhebliche Überschreitung kann aber Mithaftung begründen (KG VersR 85, 478 LS).

58 Andere VT dürfen zwar nicht in nächster Nähe des Ortseingangs (s Ol NZV 94, 26), wohl aber im Innern einer geschl Ortschaft darauf **vertrauen**, daß die zugelassene Höchstgeschwindigkeit nicht **erheblich** überschritten wird (BGH VRS 21, 277; BGH(Z) VM 70, 89; Schl VM 58, 115; 66, 49; Ol StVE § 8 StVO 71; aA Ha VRS 46, 222: bis 50%). Andererseits darf ein Kf, der schon vor Erreichen des Ortsendeschildes die innerorts zul Geschwindigkeit überschreitet, nicht darauf vertrauen, daß ein hinter dem Ortsende am Fahrbahnrand stehender Fußgänger die Fahrbahn nicht unachtsam vor dem Kfz überqueren wird (Bay VRS 58, 221 in Ergänzung von Bay VRS 57, 360; s auch Ko VRS 48, 180; aA zum Schutzbereich verkehrsrechtlicher Sorgfaltsnormen Ha VRS 60, 38 u 61, 353, bespr NStZ 81, 471).

59 Die durch die **Autobahn-Richtgeschwindigkeits-VO** (abgedr oben vor 1) sowie die durch **Z 380** jew gen Höchstgeschwindigkeiten stellen zwar nur Empfehlungen dar; ihre Überschreitung ist nicht rechtswidrig, löst keine Sanktionen aus, rechtfertigt aber uU die Annahme eines Mitverschuldens, wenn nicht nachweisbar ist, daß der Unfall auch bei Einhaltung der Richtgeschwindigkeit nicht zu verhindern gewesen wäre (BGH NZV 92, 229; aA noch KG VM 85, 69).

60 b) **Geschlossene Ortschaft** ist nach § 42 III der durch die Ortstafeln **Z 310, 311** umgrenzte Raum ohne Rücksicht auf das Ausmaß der Bebau-

Geschwindigkeitsbeschränkungen 61–64 § 3 StVO

ung (Bay NZV 97, 89). Die Ortstafeln stellen rechtsbegründende AOen nach § 42 I S 2 dar; bei Z 310 beginnt die Geschwindigkeitsbeschränkung (Ol NZV 94, 286). Dagegen begründen die Ortshinweistafeln **Z 385** keine Geschwindigkeitsbegrenzung. Die Ortstafel muß als solche erkennbar sein. Eine von einem Unbefugten umgedrehte Ortstafel soll auch die Geschwindigkeitsbegrenzung bewirken (Ha VRS 25, 296), aber wohl nur dann, wenn die Ortstafel noch als VZeichen für die Richtung des heranfahrenden VT einwandfrei erkennbar ist. Eine fehlerhafte Beschilderung geht nicht zu Lasten des Kf (vgl § 39 Rn 17 ff).

Der Kf muß zwar bei der Ortseinfahrt an der Ortstafel die innerörtl Ge- **61** schwindigkeit bereits erreicht haben, muß aber nicht abrupt auf 50 km/h verlangsamen, sondern darf eine angemessene **Meßtoleranz** bis ca 150/ 200 m erwarten (Stu VRS 59, 251; Bay NZV 95, 496; Ol NZV 94, 286; s aber Ol NZV 95, 288: nicht bei vorherigem Geschwindigkeitstrichter u nicht bei der Ausfahrt: Ol NZV 96, 375; s auch Ha VRS 56, 198), nach der idR erst gemessen werden soll (Bay ZfS 95, 433; vorherige Messung ist aber nicht unverwertbar: Ol NZV 96, 375). Die Nichtbeachtung der polizeilichen Richtlinien über die Toleranzstrecke kann sich bei der Rechtsfolgenbemessung niederschlagen (Kö DAR 97, 362). Auch bei spät erkennbarer Ortstafel ist kein stärkeres Bremsen geboten (Schl VM 64, 10; 66, 155; Stu, Ol aaO). Wenn eine Ortstafel fehlt, beginnt die geschl Ortschaft da, wo die eindeutig geschl Bauweise erkennbar anfängt (Ha NStZ-RR 96, 247; Dü VRS 64, 460; Schl NZV 93, 39; vgl auch Ko VRS 38, 152). Die geschl Ortschaft endet beim Fehlen einer Ortstafel für einen aus dem Ort Herausfahrenden erst dann, wenn er ein völlig unbebautes Gebiet erreicht hat, das sich nicht als bloße Bebauungslücke zwischen zwei Ortsteilen darstellt (Bay 61, 51 = VM 61, 143).

Schutzzweck: § 3 III 1 will innerorts einen langsamen, gleichmäßigen **62** VFluß erreichen u dadurch allg vor den Gefahren schützen, die durch höhere Geschwindigkeiten hervorgerufen werden (Bay VkBl 54, 355). Wird durch die Überschreitung der zul Geschwindigkeit die Verletzung eines plötzlich auftauchenden Kindes **verursacht**, dann soll der Unfall regelmäßig auch dann **voraussehbar** sein, wenn der engere Str-Bereich das plötzliche Auftauchen von Kindern nicht erwarten läßt (Sa VRS 31, 232; bedenklich! S dagegen Ha VRS 79, 267). Die konkreten Umstände können nicht außer Betracht bleiben.

c) **Abs 4: Höchstgeschwindigkeit mit Schneeketten** dient dem **63** Fahrbahnschutz u der VSicherheit; gilt auch auf ABen u Kraftfahrstr (lex specialis) u schließt die an sich nach § 18 I zur Benutzung der AB berechtigten Kfze nicht etwa von der Benutzung dieser VWege aus; s auch **Z 268**. Das Gebot des IV gilt ab Z 268 ohne Rücksicht auf die Anzahl der angelegten Ketten, ihr Material u die Witterung oder den StrZustand.

9. Geschwindigkeitsbeschränkungen durch Verkehrszeichen

a) **Die Straßenverkehrsbehörden** können – insb unter den Vorausset- **64** zungen des § 45 I S 1, S 2 Nr 3, I b S 1 Nr 5 – durch **Z 274, 278** für einzelne Str oder StrTeile, durch **Z 325, 326** für verkehrsberuhigte Bereiche, durch **Z 242, 243** für Fußgängerzonen (Schrittgeschwindigkeit!) oder durch **Z 274.1, 2** für bestimmte Zonen, aber nicht für ganze Ortschaften (s unten 75), Höchstgeschwindigkeiten festsetzen, die denen des § 3 vorgehen (§ 39 II). Erfordernis der Zustimmung der höheren VB s VwV zu § 45 I, VIII.

65 Die Geschwindigkeitsbeschränkung **beginnt** am jew Z, wenn nicht durch ein Zusatzschild ein anderer Beginn angezeigt ist (§ 40 II, § 41 II S 4). Kf müssen zwar jederzeit mit Geschwindigkeitsbeschränkungen rechnen (Dü NZV 96, 209), doch ist eine Vollbremsung zu ihrer Befolgung insb dann unzumutbar, wenn zB das Z 274 (auf einer Schnellstr) zu spät erkennbar war (Sa ZfS 87, 30; Dü aaO). Das gem § 41 II 1 rechts aufgestellte VZ gilt auch für die linke Fahrspur (Kö NZV 95, 329); zur Aufstellung des Z 274s VwV zu Z 274 u zu Z 274, 276 u 277; es soll zwar hinter Kreuzungen u Einmündungen wiederholt werden, wo Ortsunkundige einfahren können (s VwV zu Z 274, 276 u 277 Nr IV); der auf der BAB Durchfahrende kann aber aus dem Fehlen eines Wiederhol-Z hinter einer Auffahrt keine Re herleiten (Ha NZV 96, 247), insb daraus nicht das – nur durch Z 278 anzuzeigende – Ende der Geschwindigkeitsbeschränkung folgern (Ha aaO).

66 Ihr **Ende** richtet sich bei Zonen- u Streckenverboten nach § 41 II 7, insb nach den Z 243, 274.2, 278, 282 u 326. Wenn das Ende vorschriftswidrig nicht angezeigt ist, dauert die Beschränkung bis zum eindeutigen Ende der Gefahrenstelle, für die sie bestimmt ist. Ist eine Geschwindigkeitsbeschränkung außerhalb einer geschl Ortschaft angeordnet, so endet sie an der Ortstafel, wenn nicht am Ortseingang das Gegenteil angezeigt wird. An die Stelle der höheren bisher zugelassenen tritt dann die nach III 1 zul Höchstgeschwindigkeit (Ha VRS 25, 219). Das gleiche gilt am Ende (Z 278) einer **innerhalb** einer geschl Ortschaft durch Z 274 zugelassenen Geschwindigkeit. Wer innerhalb einer geschl Ortschaft eine durch VZeichen zugelassene Geschwindigkeit nun mehr als 50 km/h überschreitet, verstößt nicht gegen §§ 41 II 7, 49 III 4, sondern gegen § 3 III 1, § 49 I 3, weil Z 274 die erlaubte Geschwindigkeit nur erhöht (§ 45 VIII S 1; Bay 76, 58 = VM 76, 88; v 17. 7. 86, 2 Ob OWi 129/86; aA Dü VRS 82, 367 ohne Begr); bei Verstößen **außerorts** geht jedoch § 41 II 7 iVm § 49 III 4 dem § 3 als Spezialregelung vor (Bay bei Bär DAR 87, 302; Dü aaO). Ein Verstoß gegen § 3 I liegt daneben nur vor, wenn die Geschwindigkeitsüberschreitung eine abstrakte VGefahr herbeigeführt hat (Schl VM 57, 32). Der Kf kann davon ausgehen, daß die durch VZeichen festgesetzte Geschwindigkeit den ständig vorhandenen örtl Gegebenheiten Rechnung trägt (BGH(Z) VM 73, 4); daß die AO „nur" aus **Lärmschutzgründen** erfolgte, ist unbeachtlich (Bay NZV 94, 370 unter Abgrenzung von Bay NZV 90, 401). Bei Unterbrechung einer Fahrt im Bereich eines **Verkehrsleitsystems** muß der Kraftfahrer damit rechnen, daß zwischenzeitlich durch automatische Steuerung eine andere Geschwindigkeitsbegrenzung angeordnet wurde (Bay NZV 98, 386, zw). Im übrigen gilt Rn 55 ff entspr.

Geschwindigkeitsbeschränkungen 67–70 § 3 StVO

Z 274 mit **Zusatzschild „bei Nässe"** (§ 41 II 7 Z 274 S 4; Nr 1052– 67
36 VzKat) ordnet an, daß, solange die Fahrbahn naß, dh mit Wasser überzogen, nicht nur feucht ist oder nur in Spurrillen Wasser steht (Ha VRS 53, 220), die angegebene Geschwindigkeit nicht überschritten werden darf (BGHSt 27, 318).

b) **Geschwindigkeitsbeschränkungen an Baustellen.** Abgesehen davon, 68
daß an Baustellen ohnehin vorsichtig u angemessen langsam zu fahren ist (Sa VRS 44, 456; Kö VM 74, 53), können die StrBaubehörden nach § 45 II ua Geschwindigkeitsbeschränkungen bei StrBauarbeiten u zur Verhütung von außerordentlichen Schäden der Str, die durch den baulichen Zustand bedingt sind, anordnen. Die Bauunternehmer müssen diese Maßnahmen nach § 45 VI durchführen. Auch diese Gebote sind rechtsverbindlich u sofort zu befolgen (Bay 57, 153 = VM 57, 133). Ist **Z 123** angebracht, darf der Kf während der Arbeitszeit nicht darauf vertrauen, daß Arbeiter nur nach genügender Vergewisserung über den FahrV in die Fahrbahn treten. Er muß daher seine Geschwindigkeit entspr ermäßigen (Bay 63, 236). Eine durch **Z 274** zusammen mit **Z 123** gekennzeichnete Geschwindigkeitsbeschränkung gilt so lange, als die zu schützende Baustelle deutlich erkennbar ist. Einem Kf kann daher nicht zum Vorwurf gemacht werden, wenn er mangels ersichtlicher Baustelle glaubt, das Verbot gelte nicht mehr (Bay v 24. 11. 65–1 b St 256/65). Es ist die Pflicht der Behörden u der Bauunternehmer (§ 45 VI), die wirklich gefährlichen Stellen eindeutig zu sichern. Dieser Pflicht genügen sie nicht durch eine sachlich nicht gerechtfertigte radikale Geschwindigkeitsbeschränkung über eine längere Strecke (vgl § 45 Rn 16 ff).

c) In **verkehrsberuhigten Bereichen (Z 325, 326)** u **Fußgängerzonen** 69
(Z 242, 243) muß der Fz-Verkehr Schrittgeschwindigkeit einhalten. Dies ist – wie nach § 24 II – nach der Begr eine sehr langsame Geschwindigkeit, die der eines normal gehenden Fußgängers entspricht (nach Kö VRS 68, 382: 4–7 km/h; ebenso Bouska DAR 89, 442). Die Vorschrift gilt für alle Fze, dh auch für Radf, Mofas u Mopeds. Erhebliche Überschreitung mit Pkw kann zur Alleinhaftung führen (Ha ZfS 97, 47). – In **verkehrsberuhigten Geschäftsbereichen** (§ 45 I c) können durch **Z 274.1, 2** ausnahmsweise (s 75) auch Höchstgeschwindigkeiten unter 30, nämlich von 10 oder 20 km/h, angeordnet werden.

d) Unter den Voraussetzungen des § 45 I b S 1 Nr 3, S 2 u Abs 1 c (s 70
auch Abschn X VwV zu § 45 zu Abs 1–1 d) kann die VB innerorts in **Zonen** mit deutlich erkennbaren homogenen Merkmalen, wie begrenzbaren Wohngebieten oder Kernbereichen von Gemeinden, wie auch in Kurgebieten oder Schulzentren pp, die ein **„Zonenbewußtsein"** vermitteln (BVwG NZV 95, 165), Geschwindigkeitsbeschränkungen durch die **Z 274.1, 274.2** anordnen (zu den Zulässigkeitsvoraussetzungen s Jahn DAR 95, 315). Die AO ersetzt eine Vielzahl von Z 274; sie gilt (auch für Radf) auf der gesamten öff VFläche dieses Bereichs, der aber nicht auf ganze Ortschaften ausgedehnt u auch nicht auf andere Geschwindigkeiten er-

streckt werden darf (Folgerung aus der nur für verkehrsberuhigte Geschäftsbereiche (s 74) in § 45 I c normierten Ausn; so auch Bouska DAR 89, 441). Die AO weicht – wie auch andere Zonen-Beschilderungen (s Z 290, 325) – vom sonst üblichen **Sichtbarkeitsgrundsatz** innerhalb der Zone ab (s § 39 Rn 15).

10. Die richterliche Feststellung der Geschwindigkeitsüberschreitung im Strafverfahren

71 a) **Zulässige u gefahrene Geschwindigkeit.** Der Vorwurf, der Angeklagte sei entgegen § 3 I zu schnell gefahren, setzt klare Feststellungen im Urt darüber voraus, welche Geschwindigkeit den erwiesenen Umständen nach im Hinblick auf Sichtweite, Straßen-, Verkehrs- u Wetterverhältnisse sowie Eigenschaften des Fz u die persönlichen Fähigkeiten des Fahrers höchstens zulässig war, u daß der Angeklagte diese zul Höchstgeschwindigkeit wesentlich überschritten hat (BGH VRS 28, 430; Ko v 30. 9. 92 bei Janiszewski NStZ 93, 276; Bay v 29. 11. 93 bei Janiszewski NStZ 94, 276). Der Richter muß daher auch die vom Angeklagten gefahrene Geschwindigkeit zahlenmäßig so genau wie möglich feststellen, im Zweifel von der seiner Überzeugung nach geringsten möglichen Geschwindigkeit des Angeklagten ausgehen (KG VRS 25, 358); die Feststellung, daß die zul Höchstgeschwindigkeit um bestimmte km/h überschritten worden ist, kann uU auch auf einem Geständnis beruhen (s 76 a). Auf die Feststellung sowohl der wirklich gefahrenen wie auch der zul Geschwindigkeit kann verzichtet werden, wenn sich aus dem Geschehensverlauf ergibt, daß der Täter offensichtlich zu schnell gefahren ist (Ko aaO), zB wenn ein Kf in einer Kurve über die Fahrbahn hinausgetragen wurde, dann Bäume abknickte oder sich mehrmals überschlug (KG VRS 33, 54; Ce VM 67, 72). Doch darf nicht allein aus einem Schleudern auf überhöhte Geschwindigkeit geschlossen werden. Es muß festgestellt werden, daß andere Ursachen, die ein Schleudern bewirken können, ausscheiden (Bay 51, 546; Ha VRS 16, 352).

72 b) **Feststellung der Sichtweite.** Bei der Berechnung der zul Geschwindigkeit darf die Strecke, auf die der Kf ein Hindernis auf der Straße erkannt hat, nicht ohne weiteres mit seiner Sichtweite gleichgesetzt werden. Erforderlich ist vielmehr die Feststellung im Urt, auf welche Entfernung er das Hindernis hätte erkennen können (BGH VRS 33, 120).

73 c) Die **Auswertung von Bremsspuren** ist ein zul Beweismittel zur Ermittlung der Mindestgeschwindigkeit, die ein Fz vor dem Unfall hatte (Bedenken dagegen s oben 14). Sie setzt die Feststellung der konkreten Bremsverzögerung voraus (Ha VRS 39, 295). Diese kann nicht nur durch Fahrversuche, sondern auch auf andere Weise, zB durch Aussagen des Angeklagten oder Schätzung eines SV auf Grund konkreter Beweisanzeichen ermittelt werden; sie hängt insb von der Bremsbeschaffenheit u den Fahrbahnverhältnissen ab (BGH VRS 27, 119; s auch oben 15). Läßt sie sich nicht feststellen, so muß von der – an sich längst überholten – ges Mindest-

verzögerung von 2,5 m/sec² (§ 41 IV StVZO) ausgegangen werden. Die Annahme einer beliebigen „durchschnittlichen" Verzögerung ist unzulässig (Bay v 27. 1. 65 – 1 a St 661/64). Von der auf der Fahrbahn hinterlassenen Bremsspur muß der **Radabstand** zwischen Vorder- u Hinterrädern, abgezogen werden, wenn die Bremsspur nicht etwa an den Hinterrädern des Fz endete (BGH VRS 23, 375; Bay aaO). Ist das Fz durch den Aufprall auf ein Hindernis (anderes Fz) zum Stehen gekommen, so beweist eine kurze Bremsspur nicht, daß es langsam gefahren war. Ein SV kann aber möglicherweise aus der vorhandenen Bremsspur im Zusammenhang mit der Wucht des Aufpralls noch beweiskräftige Schlüsse ziehen (s auch oben 14).

d) **Die Auswertung des Schaublattes eines Fahrtschreibers** ist das 74 zuverlässigste, uneingeschränkt verwertbare Mittel zur nachträglichen Ermittlung der Geschwindigkeit eines Fz (Dü NZV 90, 360; VRS 87, 51; NZV 96, 503; Kö VRS 93, 206; Ha ZfS 94, 187; s auch Zeising NZV 94, 383). Wegen Ableseungenauigkeiten ist eine **Toleranz** zwischen 3 u 6 km/h zu gewähren (s Beck/Berr 434), nach Kö (VRS 93, 206) 6 km/h. Zwar sind Fahrtschreiber nach § 57a StVZO nur für Omnibusse u schwere Lkw vorgeschrieben; ist aber ein Fahrtschreiber vorhanden, so gebietet idR die Aufklärungspflicht, das Schaublatt auszuwerten; der Hinzuziehung eines SV bedarf es nur in Ausnahmefällen (Dü VRS 90, 296 = NZV 96, 503), so zB wenn es auf die genaue Entwicklung der Geschwindigkeit vor einem Unfall, dh auf die Auswertung eines kurzen Zeitraums, ankommt (BGH VRS 28, 460; Dü NZV 96, 503), uU genügt Auswertung durch die Herstellerfirma des Fahrtschreibers (Bay 58, 284 = VRS 16, 296; Bay 61, 148). Bei Auswertung eines längeren Zeitraums kann auch die richterliche Sachkunde ausreichen (Kö VM 83, 103; Bay ZfS 97, 315). Nach § 57a II S 4 StVZO ist neben dem Halter auch der Führer des Kfz verpflichtet, Schaublätter des Fahrtschreibers zuständigen Personen auf Verlangen vorzulegen (Dü NZV 96, 503; OW nach § 69a V 6, 6c StVZO; s auch § 4 III 2 FPersG).

e) **Feststellung der Ursächlichkeit** der überhöhten Geschwindigkeit 75 **für den Unfall** ist meistens unentbehrlich; denn es muß ja geprüft werden, ob der Unfall ausgeblieben wäre, wenn der Fahrer bei Eintritt der „kritischen VSituation" nicht mit einer höheren als der zugelassenen Geschwindigkeit gefahren wäre (BGHSt 33, 61; krit dazu Puppe JZ 85, 293 u Streng NJW 85, 2809; s auch **E** 113). Ggf ist auch zu prüfen, ob bei Einhaltung der zul Geschwindigkeit eine Vollbremsung überhaupt erforderlich gewesen wäre (BGH VRS 32, 209). Ursächlichkeit der Geschwindigkeit bei Trunkenheit s § 315c StGB 12.

f) Wenn sich ein Fz-Führer einer Kreuzung gleichgeordneter Str so 76 schnell nähert, daß er seiner **Wartepflicht** gegenüber einem etwa von rechts kommenden VT nicht genügen könnte, ist auch ein Zusammenstoß mit einem von rechts über die Kreuzung laufenden Kind (Ce VM 75, 78) oder mit einem von links kommenden Wartepflichtigen für ihn voraussehbar (BGHSt 17, 299; Bay 65, 84 = VRS 29, 287). In diesem Fall muß aber bes festgestellt werden, ob der Unfall bei Einhaltung der gebotenen Geschwindigkeit vermieden worden wäre; denn im Hinblick auf den von links Kommenden mußte der Vorfahrtberechtigte nicht bremsbereit fahren, sondern erst reagieren, sobald er die Vorfahrtverletzung erkannte, so daß ihm eine verlängerte Reaktionszeit zuzubilligen ist. Außerdem kann die Übersicht nach rechts günstiger sein u daher eine höhere Geschwindigkeit gestatten, als sie notwendig wäre, um vor einem von links in die Fahrbahn Einfahrenden anzuhalten (Bay aaO). Wird einem Kf zur Last gelegt, durch zu schnelles Fahren den Tod eines Menschen fahrlässig verursacht zu haben, beruft sich aber der Kf unwiderlegt auf ein Versagen der Bremsen, das er nicht zu vertreten hat, so muß geprüft werden, ob bei zulässiger Geschwindigkeit der Erfolg trotz des Versagens der Bremsen vermieden worden wäre (Kö VRS 29, 118).

77 g) Der Erfolg muß nur **im Endergebnis voraussehbar** gewesen sein, nicht also auch der Ablauf der Ereignisse im einzelnen (vgl. im übrigen 16. Aufl. **E** 83 ff).

78 h) **Im Zweifel für den Angeklagten.** Bes Schwierigkeit bereitet erfahrungsgem die Feststellung der **beiderseitigen Geschwindigkeiten** bei Zusammenstößen. Lassen sich keine eindeutigen Feststellungen treffen, so muß der Richter im Rahmen des nach seiner Überzeugung möglichen Geschehensablaufs zugunsten jedes Beteiligten von dem für ihn günstigsten Sachverhalt ausgehen.

79 i) **Wahlweise Verurteilung.** Läßt sich nicht eindeutig klären, ob der Angeklagte zu schnell gefahren ist oder sich zwar mit zul Geschwindigkeit genähert, aber infolge Unaufmerksamkeit vor einem Hindernis zu spät reagiert hat, so ist eine wahlweise (alternative) Verurteilung wegen überhöhter Geschwindigkeit (§ 3 I) **oder** Schadensverursachung aus Unaufmerksamkeit (§ 1 II) zul. Diese setzt voraus, daß alle anderen Unfallursachen (Ölfleck, Schlagloch, Versagen der Bremsen usw) zur Überzeugung des Gerichts ausgeschlossen sind, so daß nur die Verursachung durch zu hohe Geschwindigkeit oder Unaufmerksamkeit verbleibt. Im Falle der wahlweisen Verurteilung bedarf es nicht der Feststellung, wie schnell der Täter gefahren ist u hätte fahren dürfen (Kö VRS 26, 223). Wahlweise Verurteilung wegen fahrlässiger Tötung entweder durch überhöhte Geschwindigkeit oder alkoholbedingte FU: BGH VRS 37, 353; Martin DAR 70, 124.

11. Die richterliche Feststellung zur Geschwindigkeitsüberschreitung im Zivilverfahren

80 a) Im Zivilprozeß können sich insoweit Abweichungen ergeben, als der Grundsatz „in dubio pro reo" nicht gilt. Umgekehrt kann jedoch der Anscheinsbeweis eingreifen (s Rn 6). Ansonsten gilt, daß im Rahmen der **Verschuldenshaftung** die Umstände zur Überzeugung des Richters feststehen müssen, die den Verschuldensvorwurf begründen sollen. Sowohl für die Feststellung des schädigenden Ereignisses wie auch für die haftungsbegründende Kausalität gilt dabei der **Beweismaßstab des § 286 des ZPO.** Im Rahmen der **Haftungsverteilung** gem. § 17 dürfen nur unstreitige, zugestandene oder erwiesene Tatsachen berücksichtigt werden (BGH NZV 95, 145; 96, 231; Hentschel § 17 StVG Rz 21 mwN).

b) Kommt ein Kraftfahrer mit seinem Pkw bei einer Fahrt auf regen-, schnee- oder eisglatter Fahrbahn ins Schleudern bzw. von der Fahrbahn ab, so spricht der **Anscheinsbeweis** für ein Verschulden (BGH NJW 89, 3273; Ha NZV 98, 115). Voraussetzung ist jedoch immer, daß die Glätte etc. rechtzeitig vorhersehbar war. Dieser Umstand muß feststehen (Schl NZV 98, 411; Kö VersR 99, 377). Dem Anscheinsbeweis kann eine außergewöhnliche Straßenführung entgegenstehen; eine solche liegt nicht in einer 5% Kurvenerhöhung auf einer BAB (BGH VersR 71, 842). **81**

c) Die Verletzung des Sichtfahrgebotes führt zur Mithaftung (BGH NJW-RR 87, 1235; Ha NZV 98, 202). Bei Unfällen, die durch Vorfahrtsverletzung verursacht wurden, führt eine nicht unerhebliche Geschwindigkeitsüberschreitung des Vorfahrtsberechtigten regelmäßig zur Mithaftung (vgl § 8 Rn 37). Bei Unfällen, bei denen überhöhte Geschwindigkeit des Vorfahrtsberechtigten infolge schlechter Sicht mitursächlich war, kommt in der Regel eine Schadensteilung in Betracht (vgl Grüneberg Rn 19). Bei Überschreiten der Autobahnrichtgeschwindigkeit von 130 km/h muß der Kraftfahrer den Nachweis führen, daß es auch bei einer Geschwindigkeit von 130 km/h zu dem Unfall mit vergleichbar schweren Folgen gekommen wäre, wenn er die Betriebsgefahr ausschalten will (BGHZ 117, 337). **82**

Bei einer Kollision insbesondere mit kleinen Kindern stellt die Rechtsprechung **sehr hohe Anforderungen** an den Nachweis eines unabwendbaren Ereignisses gemäß § 7 Abs. 2 StVG aF (vgl Kö NZV 92, 233; Ha NZV 91, 194; Scheffen-Pardey Rn 213 ff mwN; Greger § 7 StVG Rn 403 ff). Durch die Streichung des Unabwendbarkeitsbeweises wird die Position der Kinder, der Hilfsbedürftigen und älteren Menschen in Schadensfällen erheblich verbessert. Da die Berufung auf s. höhere Gewalt regelmäßig ausscheidet, dürfte insbesondere bei Unfällen mit Kindern unter 10 Jahren die volle Haftung des Kfz-Fahrers gegeben sein. Mitverschulden eines Kindes setzt voraus, daß ein normal entwickeltes Kind der entsprechenden Altersstufe in der Lage gewesen wäre, die Gefahr zu meistern. Damit sind insbesondere kindspezifische Umstände wie Spieltrieb, Impulsivität, Mangel an Disziplin etc. zu berücksichtigen (vgl Neuhaus VGT 1991, S. 72 ff; Scheffen-Pardey Rn 8 ff). **83**

Versicherungsrechtlich kann eine Geschwindigkeitsüberschreitung den Vorwurf der groben Fahrlässigkeit iSd § 61 VVG begründen (vgl Kö VersR 97, 57 einerseits, Dü VersR 97, 56 andererseits). **84**

12. Die Geschwindigkeitsüberschreitung in OWI–Verfahren (Geschwindigkeitsmessung)

Zur Ermittlung der Geschwindigkeit eines fahrenden Fz werden nach den Pol-RiLien der Länder (s bei Beck/Berr 294) **verschiedene Verfahren von unterschiedlichem Beweiswert**, den der Tatrichter zu beur- **85**

StVO § 3 86, 87 Geschwindigkeit

teilen hat (BGH VRS 63, 208; NStZ 93, 592; Dü ZfS 83, 255), angewendet (Beck/Löhle 11 ff zur Zuverlässigkeit Kneist DAR 84, 409; zu Fehlerquellen Löhle/Beck DAR 94, 465; Rn 301 ff). Der Tatrichter muß daher mind das angewandte Meßverfahren benennen, um eine Nachprüfung zu ermöglichen (Dü VRS 90, 47). Auf Feststellungen über Art u Ordnungsmäßigkeit des angewandten Meßverfahrens kann auch nicht verzichtet werden, wenn der Betr keine Angaben zur Sache gemacht hat (Bay DAR 93, 438). Bei **standardisierten**, dh nach einem genormten Muster vereinheitlichten **Verfahren** (s dazu Sa NZV 96, 207; BGH NZV 98, 120, 122) genügt allerdings dessen Bezeichnung u die Angabe des abgezogenen Toleranzwertes (vgl BGHSt 39, 291 = NZV 93, 485; Bay NZV 94, 242; Kö NZV 94, 78; Ol NZV 95, 37; Sa aaO; Kar ZfS 97, 193; Nau ZfS 97, 190); letzteres soll durch die Angabe des verwendeten Gerätetyps ersetzt werden können (Ha NZV 00, 264); in Grenzfällen bedarf es aber auch der Angabe des gemessenen Wertes u der Höhe des Sicherheitsabzuges (Ol ZfS 96, 433). Von Richtwerten, die zu einzelnen Meßverfahren entwickelt sind, kann bei ausreichender Begr abgewichen werden (Dü DAR 84, 326). Fehlende Notifizierung der Meßgeräte durch die Europäische Kommission bewirkt kein Beweisverwertungsverbot (AG Bad Hersfeld NZV 99, 349).

86 Entgegen einer früher in der obergerichtl RSpr vertretenen Ansicht (s 13. Aufl) bedarf es selbst dieser Angaben nicht (Ce NdsRPfl 93, 167), wenn der Betr die Geschwindigkeitsüberschreitung durch ein uneingeschränktes, nachvollziehbares **Geständnis** einräumt u das Gericht von der Richtigkeit der Angaben überzeugt ist (BGHSt 39, 291, 303), nachdem es deren Grundlagen geprüft hat (Dü NZV 97, 321: Zuverlässigkeit seines Tachos, Abzug für evtl Tachoabweichung pp; Ha ZfS 99, 84; NZV 02, 245). Ein verwertbares Eingeständnis liegt nur vor, wenn der Betr nach eigener sicherer Kenntnis oder zuverlässiger Schätzung erkannt hat, daß er die erlaubte Geschwindigkeit wesentlich überschritten hat. Daß er die ihm vorgeworfene Geschwindigkeit nicht bestreitet, reicht nicht aus (Dü NZV 94, 241).

87 Die **Zulässigkeit der Geschwindigkeitsüberwachung** durch Private oder Kommunen wird unterschiedlich beurteilt (zur Problematik s Steiner 34, DAR 96, 272; Pöhler DAR 96, 36; Beck/Berr Rn 299 ff) Als hoheitliche Aufgabe obliegt sie grundsätzlich der Pol oder VB (s §§ 36 OWiG, 26 StVG); anderen darf sie nur bei Vorhandensein einer gesetzlichen Ermächtigung überlassen werden. Sichergestellt muß ferner sein, daß eine ausreichende Überwachung u Leitung durch die Ordnungsbehörde erfolgt, da sonst uU Verwertungsverbot droht (s dazu Fra NZV 95, 368 = DAR 95, 335; Bay DAR 97, 206 m krit Anm Ludovisy = NZV 97, 276; 99, 258); bei Parkverstößen wird Unzulässigkeit angenommen (KG DAR 96, 504; Bay DAR 97, 407). Zur Zulässigkeit der Übertragung der Verfolgung und Ahndung von Geschwindigkeitsverstößen auf eine Gemeinde aufgrund einer Zweckvereinbarung mehrerer Gemeinden und der Durchführung der Geschwindigkeitsmessung durch einen Leiharbeiter der Gemeinde vgl. auf Basis der bayerischen Rechtslage Bay ObLG NJW 99, 2200.

a) **Die Schätzung der Geschwindigkeit** ist die unzuverlässigste Methode, die deshalb nur selten verwendet wird u − bes bei ungeschulten Personen (Ha VRS 58, 380) − mit großer Vorsicht zu bewerten ist (AG Dortmund NZV 92, 378; Schl DAR 64, 141; Dü NZV 89, 163), insb bei Dunkelheit (BGH VersR 70, 818; Ha aaO). Fehlschätzungen liegen sehr nahe; die Angaben sind daher krit zu prüfen (Ha aaO). Ohne techn Hilfsmittel oder Vergleichsmöglichkeit kann die Geschwindigkeit eines frontal herankommenden Kfz auch nicht annähernd zuverlässig geschätzt werden (Schl VM 61, 16; Bay v 23. 12. 64 − 1 a St 545/64); auch die Schätzung der Geschwindigkeit von seitlich vorbeifahrenden Fzen verlangt große Erfahrung im Schätzen. Die Tatsache, ein Zeuge sei „langjähriger Kf", besagt nichts für seine Fähigkeit im Schätzen von Geschwindigkeiten (Neu DAR 59, 53); auch sein subjektives Empfinden genügt idR nicht (Bay VRS 53, 433). Trotzdem gibt es keinen Erfahrungssatz, daß Geschwindigkeitsschätzungen allg unbrauchbar seien (BGH(Z) VM 63, 38; Dü VRS 30, 444; Bay 58, 197 = DAR 58, 338). Der Tatrichter muß aber erkennen lassen, daß er sich der allg Unzuverlässigkeit der Methode bewußt ist, u darlegen, warum im Einzelfall der Geschwindigkeitsschätzung doch Beweiswert zukommt (Bay VRS 65, 461; Ha aaO; Dü NZV 98, 167), zB zuverlässiger, im Schätzen oder überhaupt in Geschwindigkeitskontrollen erfahrener Beamter (BGH VRS 38, 104; Ha aaO; AG Dortmund NZV 92, 378); sehr erhebliche Überschreitung der zulässigen Geschwindigkeit (Bay DAR 58, 338; Schl VM 63, 16) oder bei Schätzung eines Kf, der selbst mit der höchstzul Geschwindigkeit fährt u die erhebliche Geschwindigkeitsüberschreitung von Fzen, die ihn überholen, feststellt (KG DAR 68, 81), Unterscheidung zwischen Schrittgeschwindigkeit und wesentlich höherer Geschwindigkeit (Bay NZV 01, 139).

b) **Geschwindigkeitsmessung durch Nach- oder Vorausfahren** ist als Beweismittel grundsätzlich anerkannt (auch bei Verwendung des Privat-Fz des Pol-Beamten: Kö NZV 97, 529), wenn die Fehlermöglichkeiten genügend berücksichtigt sind (s Dü DAR 88, 137; NZV 94, 239; Schl NZV 91, 437; Ko VRS 78, 303; Bay VRS 92, 364; Löhle DAR 84, 394, 402 f). Gemessen wird durch Ablesen der Tachometeranzeige; zum Eingeständnis des Betr s oben 76 a). Voraussetzung ist idR eine genügend lange Meßstrecke, gleichbleibender kurzer Abstand, möglichst ein justierter Tachometer (Bra DAR 89, 110 mwN) oder besser: Fahrtschreiber (Ha VRS 50, 70) oder (geeichte: Beck/Berr 399) **Traffipax-Anlage** (Zw VRS 57, 308; s § 4 Rn 7) u eine so erhebliche Überschreitung der zulässigen Geschwindigkeit (um mind 20 km/h, Stu VRS 66, 467), daß trotz Fehlerquellen u Ungenauigkeiten (s dazu Grandel Rn 103) der Vorwurf der Geschwindigkeitsüberschreitung mit Sicherheit gerechtfertigt ist (Dü VRS 85, 48; NZV 94, 239; Kar VRS 49, 145; zur krit Beurteilung s Bay VRS 61, 143). Ein zwischen dem Pol-Fz u dem verfolgten in gleicher Richtung fahrendes Kfz beeinträchtigt die Messung grundsätzlich nicht (Dü NZV 90, 318; 91, 201; Kö NZV 91, 202), anders uU bei mehreren Fzen (Bay aaO). − Zur Messung mittels Stoppuhr durch Nachfahren s Stu

StVO § 3 90, 91 Geschwindigkeit

VM 93, 105 (mind 10% Sicherheitsabzug); zur nächtlichen Messung s unten 87.

90 Für **Abstand u Mindestmeßstrecke** haben sich in der RSpr folgende **Richtwerte** durchgesetzt (vgl Dü VRS 67, 129; 74, 289; Kö VM 82, 71), deren Einhaltung idR im Urt darzulegen ist (Kö NZV 94, 77; DAR 94, 248; Dü NZV 92, 41; Ha VRS 58, 54), zumal es sich hier nicht um ein standardisiertes techn Meßverfahren handelt, bei dem es nach der neueren RSpr des BGH (NZV 93, 485; ebenso insoweit auch Kö NZV 94, 78) lediglich der Angabe der Meßmethode u des berücksichtigten Toleranzwertes bedarf:

Bei einer Geschwindigkeit von	u einem Abstand (A) von	Mindeststrecke (S)
40– 60 km/h	30 m	150 m
61– 90 km/h	50 m	250 m
91–120 km/h	100 m	500 m

91 Hiernach sollte also zB bei Geschwindigkeiten über 90 km/h ein Abstand von 100 m nicht über- u die Meßstrecke von 500 m nicht unterschritten werden (Bay 94, 135, 139; VRS 92, 364). Von diesen Richtwerten darf im Einzelfall abgewichen werden (Ha VRS 55, 59), insb bei Verwendung einer geeichten Traffipax-Anlage (vgl Kar VRS 56, 56; Zw VM 80, 4); geringe Abweichungen sind unschädlich (Dü VRS 62, 301), aber auch durch erheblichere Abweichungen wird die Vergleichsmessung nicht stets unverwertbar (Dü aaO). Über die Verwertbarkeit entscheidet der Tatrichter in freier Beweiswürdigung (Dü VRS 65, 60; BGH VRS 63, 208). Dabei sind auch die Umstände des Einzelfalls, insb Straßenverlauf, Sichtverhältnisse u VDichte für die Überzeugungsbildung maßgeblich (Bra DAR 89, 110; Stu VRS 66, 467 mwN). Bei hinreichend langer Meßstrecke spielen Abstands-Fehlschätzungen im allg keine bes Rolle mehr, bes dann nicht, wenn eine erhebliche Geschwindigkeitsüberschreitung festgestellt ist; so kann eine überlange Meßstrecke (1 km statt 500 m) einen zu großen Abstand (200 m) ausgleichen (Stu aaO); auch eine Geschwindigkeitsermittlung von 70 km/h bei 200 m Abstand u einer Meßstrecke von 1800 m (Hbg VRS 22, 473) sowie eine Geschwindigkeit von 75 km/h bei 300 m u einer Meßstrecke von 1200 m (Bay v 13. 11. 63, 1 St 406/63) wurden als zul erachtet; **nicht** aber eine Meßstrecke von 200 m bei 110 km/h u 100 m Abstand (Ko VRS 70, 38), ein Abstand von 400 m (!) bei nur 500 m Meßstrecke (Ce DAR 86, 60; s unten 87) oder ein Abstand von 600 m bei mind 106 km/h u einer Meßstrecke von ca 590 m (Bay DAR 96, 288). Je länger die Meßstrecke je geringer ist die Auswirkung von Abstandsschätzfehlern auf das Messergebnis (Hacks DAR 61, 153 ff; s auch KG NZV 91, 119). Deshalb kann ein durch übergroßen Abstand eingetretener Meßfehler durch Verlängerung der Meßstrecke ausgeglichen werden (Hbg VRS 22, 473). Umgekehrt kann unter bes Umständen auch eine kurze Meßstrecke ausreichen (70 m bei 20 m Abstand, KG VRS 59, 386); je kürzer die Meßstrecke ist, um so genauere Angaben sind im Urt

über den Abstand erforderlich (Hbg VM 76, 94) u um so genauer muß der Geschwindigkeitsmesser sein (Schl VM 74, 42). Sind die og Meßvoraussetzungen nicht erfüllt, das Messergebnis also unverwertbar, kann das Gericht auf Grund anderer Umstände im Rahmen der Beweiswürdigung gleichwohl zu der Überzeugung gelangen, daß jedenfalls ein Verstoß gegen § 3 III 1 vorliegt (Ko VRS 78, 303). **Unverwertbarkeit** liegt auch nahe, wenn der Nachfahrabstand den halben Tachometerwert unterschritten hat. Hier wird man häufig nicht ausschließen können, daß sich der Vorausfahrende durch das dichte Auffahren bedrängt oder sogar gefährdet fühlte und deshalb schneller als beabsichtigt fuhr (Dü DAR 88, 137 gleich NJW 1988, 1039).

Die **Abstands-Schätzgenauigkeit** ist für das Messergebnis naturgemäß bedeutsam. Ändert sich der Abstand (A) unbemerkt, zB von 120 m zu Beginn auf 80 m am Ende u wird er irrtümlich gleichmäßig auf 100 m geschätzt, so holte das Meß-Fz auf der Meßstrecke 40 m auf, fuhr also schneller als das gemessene Fz. Für das Ergebnis ist jedoch nicht dieser Schätzfehler ($\Delta A = 40$ m), sondern der relative (prozentuale) Fehler entscheidend; dieser berechnet sich nach der Formel

$$\frac{D\ A\ (\text{Meßfehler in m})}{S\ (\text{Meßstrecke in m})}$$

Auf einer Verfolgungsstrecke von 500 m beträgt er im og Beispiel 40 : 500 = 8%, bei einer Verfolgungsstrecke von 1000 m aber nur mehr 4% (vgl Bay 61, 146 = VRS 21, 227; Hbg VRS 22, 473, 475; Dü DAR 62, 135). Bei der Geschwindigkeitsmessung muß demnach der Tatrichter außer der Genauigkeit des zur Messung verwendeten Fahrtschreibers oder Tachometers die Länge der Meßstrecke, den Abstand des Meß-Fz u die höchste für möglich gehaltene Veränderung des Abstands während des Messens (den Schätzfehler) feststellen (Hbg VM 65, 86; Ha VRS 58, 54; Kö NZV 94, 77), wobei auch grobe Fehlschätzungen in Betracht zu ziehen sind (vgl Hacks DAR 61, 122). Anders als bei „automatisierter" Messung müssen auch die entspr Beobachtungen der messenden Pol-Beamten im Urt mitgeteilt werden (Ha NZV 95, 199).

Zum Ausgleich von Meßungenauigkeiten u sonstiger Fehlerquellen nimmt die RSpr **Sicherheitsabzüge** vor; auch fehlerhafte Richtwerte (so) können so korrigiert werden, wenn die Messung nicht insgesamt unverwertbar ist (Dü VRS 65, 60). Ihre Bemessung ist Tat- (u nicht Rechts-)Frage (Ce VRS 52, 58; Kö VRS 58, 275; Stu DAR 90, 392; Dü VRS 67, 129); gegen die allg Einführung zu weitgehender Sicherheitsabschläge durch die Revisionsgerichte bestehen deshalb Bedenken (Ce aaO; s aber KG VRS 33, 65 u Ol ZfS 92, 246).

Bei der Festsetzung von Sicherheitsabschlägen wird zwischen Messungen mit **justiertem** (oder geeichtem) u **nicht justiertem** Tachometer unterschieden, sofern nicht andere, bes zuverlässige u geeichte Meßinstrumente verwendet werden, die den Beweiswert erhöhen (Zw VRS 57, 308).

Zur Feststellung der Geschwindigkeitsüberschreitung durch Nachfahren mit **justiertem** Tachometer genügt zunächst ein Abzug von 3%, mind

3 km, von der abgelesenen Geschwindigkeit für mögliche Meßungenauigkeiten des Tachometers, wenn das Pol-Fz über eine ausreichend lange Strecke gleichbleibend mit der überhöhten Geschwindigkeit fährt (Ha VRS 53, 296) u die Justierung höchstens ein Jahr zurückliegt (Ha VRS 63, 68). – Zum Ausgleich sonstiger Ungenauigkeiten durch Ablesefehler, Reifenabnutzung, zu geringen Reifendruck u Abstandsschwankungen kommt ein weiterer Abzug von 7% der gemessenen Geschwindigkeit, zusammen also höchstens 10% in Betracht (KG VRS 32, 289; Kö VRS 58, 275; VM 82, 71; Bay NZV 93, 162); eine Abweichung von diesen Werten bedarf eingehender Begr (Dü VRS 67, 129). Nach neuen Untersuchungen hält Dü (VRS 74, 452; NZV 94, 239) einen Abzug von 13,5% für erforderlich, der sogar auf 15% erhöht werden soll, wenn das Pol-Fz seit der letzten Justierung mehr als 30 000 km gefahren ist, ein Reifenwechsel vorgenommen oder nicht mit gleichbleibender Geschwindigkeit in einem dem halben Tachowert entspr Abstand über eine Strecke nachgefahren worden ist, die mind das 10fache des halben Tachowertes beträgt (Dü NZV 94, 239 mwN; ebenso Ha NZV 89, 37 nach Gutachten der PTB); Bra (ZfS 89, 216) hält offenbar allg 15%igen Abzug für angemessen. Der Abzug ist zu erhöhen, wenn sich bei gleichbleibender Geschwindigkeit des Pol-Fz dessen Abstand zum vorausfahrenden Fz vergrößert (Dü aaO).

96 Wurde **kein justiertes** Instrument verwendet, sind die Meßergebnisse bei einem entspr Sicherheitsabzug gleichwohl verwertbar (KG NZV 95, 457; Dü VRS 85, 302), zu den Anforderungen an die Urteilsfeststellungen vgl. Zw DAR 02, 182; Ha NZV 02, 245. Ist die Genauigkeit des Meßgeräts vor dem Einsatz – etwa durch Vergleichsfahrt – nicht festgestellt, muß ein Abzug für die evtl Tachoabweichung u zum Ausgleich sonstiger Fehlerquellen vom Ergebnis gemacht werden, der der möglichen Abweichung entspricht (vgl Dü NZV 96, 376). IdR reichte bisher allg ein Abzug von bis zu 7% des Skalenendwertes u zusätzlich 7% der abgelesenen Geschwindigkeit als Sicherheitsausgleich für mögliche Meßungenauigkeiten (Ha VRS 50, 388); Dü verlangt inzw nach Aufg seiner früheren RSpr (s VRS 65, 60 u 74, 452: 7 + 10%) seit 1990 nun 7 + 13,5%, bzw unter bes Umständen (s oben 84) sogar 7 + 15% (s VRS 80, 471; 85, 48, 302; NZV 93, 280; Sa ZfS 95, 197; AG Lampertheim ZfS 94, 267); Kö (VRS 80, 467) 7 + 12%, Stu (Justiz 90, 335) 7% + 3% u 3 km/h für menschliche Fehler Abzug von den genannten Werten; nach Fra (VM 78, 67; NStZ-RR 97, 215), Ha (DAR 81, 364), Ol (ZfS 92, 246) u Schl (NZV 91, 437) kommt ein Abzug von bis zu 20% in Betracht (s auch Kö VRS 56, 52; Nau NZV 98, 39), der nach Bay (v 14. 7. 87, 1 Ob OWi 106/87) bei zu kurzer Meßstrecke ohne nähere Begr nicht einmal ausreicht (zu den Voraussetzungen im einzelnen s auch Bay DAR 96, 323).

97 Hat ein **vorausfahrendes Pol-Fz** die Geschwindigkeit eines nachfolgenden Fz gemessen, so muß im Urt festgestellt werden, wie es möglich war, den gleichbleibenden Abstand der Fze auf der Meßstrecke zu beobachten (Ha VRS 47, 311; Bay NZV 01, 271), wie zB durch einen Mitfahrer mit eigenem Rückspiegel (Dü VRS 55, 375), wobei nur gelegentliche Rückblicke nicht genügen (Ce NZV 93, 490 = StVE § 4 StVO 54).

Dem Urt muß zu entnehmen sein, daß sich der Tatrichter möglicher Fehlerquellen bewußt war (Bay NZV 97, 323) u ihnen Rechnung getragen hat. Nach AG Hersbruck (DAR 77, 307) ist ein Sicherheitsabzug von 20% vorzunehmen, was aber bei Beachtung aller Meßmodalitäten nicht stets angemessen sein dürfte (s auch Rüth-BB § 3 Rn 102).

Bei Messung zur **Nachtzeit** müssen bes Feststellungen über Beleuchtungs-, Sichtverhältnisse u Orientierungspunkte die Zuverlässigkeit der Messung erkennen lassen (Zw DAR 02, 182; Ha DAR 95, 374 u 98, 75; ZfS 99, 84; Bay NZV 94, 448; DAR 00, 320; Kö NZV 94, 77; Ol NZV 96, 328); das gilt auch für eine Messung innerorts (Bay u Ol aaO). Die Einhaltung eines gleichbleibenden Abstands von 400 m ist (bes bei kurzer Meßstrecke) nachts nicht zuverlässig zu überwachen (Ce DAR 86, 60), dagegen soll dies möglich sein, wenn der Abstand lediglich 100 m beträgt (Fra NStZ-RR 02, 19). **98**

Das sog **Police-Pilot-System (ProViDa)** ist ein elektronisches Präzisionssystem zur Weg-Zeit-Messung, das dem Traffipax-System (Rn 89) ähnelt. Das im Pol-Fz eingebaute Meßgerät besteht aus einem geeichten Digitaltachometer u einem Steuergerät (Police-Pilot); es wird zu Dokumentationszwecken durch eine Video-Anlage ergänzt u ebenfalls bei der Geschwindigkeitsmessung durch Nachfahren verwendet (s dazu Plöckl DAR 91, 236; eingehend dazu Beck/Berr 401 ff; Löhle/Beck DAR 94, 475 insb zu Fehlerquellen; zum R des Verteidigers auf Einsicht in die Video-Aufzeichnung s Bay NStZ 91, 190). Die Messung wird bei korrekter Anwendung (insb Einhaltung des Abstands u richtigem Ablesen) als zuverlässig bewertet u bei mehr als 100 km/h ein Sicherheitsabzug von 5% für ausreichend erachtet (Ce DAR 89, 469; NZV 97, 188; Kö NZV 01, 97; s auch Stu DAR 90, 392); zum Toleranzabzug nach Reifenwechsel s Ce NZV 97, 188); bei ungünstigen Meßbedingungen (nachts) können weitere 2% abzuziehen sein (Ce DAR 89, 469), nach Fra (DAR 90, 272) tragen 8% allen Fehlermöglichkeiten Rechnung; KG u Bay (VRS 88, 473; NZV 93, 162; NZV 98, 421) gehen von 10% aus; bei fehlender Eichung verlangt KG (NZV 95, 37) 20%. Bei Verwendung elektronischer Systeme handelt es sich um ein standardisiertes Meßverfahren, so daß es ausreicht, wenn der Tatrichter das angewandte Meßverfahren nebst den zu berücksichtigenden Toleranzen mitteilt (Bay NZV 98, 241; Kö NZV 00, 97; Ha NZV 01, 90). **99**

Die Geschwindigkeitsmessung von einem verfolgenden **Hubschrauber** aus ist mit erheblichen Unsicherheitsfaktoren belastet (Ha VRS 50, 68: Keine Geschwindigkeitsfeststellung durch Vergleich mit Lkw-V zul). Werden diese durch entspr hohe Sicherheitsabschläge hinreichend berücksichtigt u ist die Verfolgungsstrecke genügend lang (im entschiedenen Fall 21 km!), kann auch diese Methode ausnahmsweise zul sein (Ha VRS 50, 139; Ko DAR 92, 471: bei Messung per Video 10% Sicherheitsabschlag). **100**

c) **Das Funkstoppverfahren** besteht darin, daß mittels Stoppuhr die Zeit gemessen wird, in der ein Fz eine bestimmte Strecke durchfährt (s dazu Löhle DAR 84, 401 u Beck/Berr 410). Hieraus errechnet man seine Stundengeschwindigkeit: **101**

StVO § 3 102–104 Geschwindigkeit

$$\frac{\text{Meßstrecke (m)}}{\text{benötigte Zeit (sec)}} = 3{,}6 \text{ km/h.}$$

Beispiel: 300 m in 12 sec ergeben 90 km/h.

102 Diese Meßmethode (s dazu Dü VRS 73, 69) ist rechtlich zul u genügend zuverlässig, wenn die vorgeschriebenen Sicherungen eingehalten sind, insb die Meßstrecke genügend lang u die Geschwindigkeitsüberschreitung so hoch ist, daß etwaige Fehlerquellen überdeckt werden (Bay VRS 40, 285; Ko VRS 69, 302; Dü VRS 57, 306; Ha VRS 63, 470); gegen seine Anwendung auch bei Dunkelheit bestehen keine durchgreifenden Bedenken (Dü aaO). Es sollen geeichte Stoppuhren verwendet werden (Dü VRS 73, 69; s aber Hbg VRS 55, 373). Als ausreichend wird idR eine Meßstrecke von 300 m erachtet (Dü aaO); unter bes Umständen kann sie auf 150–200 m verkürzt werden (s Kö DAR 58, 198; Hbg VRS 74, 62 = StVE 90: Zuschlag von 0,7 sec auf die längste gemessene Fahrzeit zum Ausgleich evtl Meßungenauigkeiten; so auch Löhle aaO; ansonsten ist bei Geschwindigkeiten bis 100 km/h ein **Sicherheitsabzug** von 3 km/h, bei höheren auch mehr vorzunehmen: Hbg VRS 55, 373; KG VRS 85, 62). Bei Messung höherer Geschwindigkeiten (über 100 km/h) soll sie 500 m betragen (Kneist DAR 84, 413; vgl im übrigen für Bayern den ME v 19. 7. 60 – BayMABl I 60, 616; für NRW den RdErl MdINW v 12. 2. 81, MBlNW 81, 496 ff; Ha VRS 47, 386; DAR 73, 52; für das in BW angewandte Verfahren s Kar VRS 44, 135).

103 **Urt-Feststellungen:** Da das Verfahren bei Einhaltung der Sicherungen als genügend zuverlässig anerkannt ist, genügt es, wenn im Urt die Länge der Meßstrecke, ihre örtl Lage, die mit Hilfe geeichter Meßgeräte ermittelten Werte u die Zeitspanne, in der der Betroffene die Meßstrecke durchfuhr, sowie die Beachtung der Dienstanweisung (Ko VRS 50, 389; KG VRS 85, 62; weitergehend Dü VRS 73, 69 = StVE 86), nicht aber der genaue Hergang des Meßverfahrens festgestellt ist (Ha VRS 47, 386). Werden aber gegen die Zuverlässigkeit der Messung bestimmte Einwendungen vorgebracht, muß das Gericht ihnen nachgehen, insb die Beamten der Ansprech- u Stoppstelle als Zeugen vernehmen, während der Beamte an einer nachfolgenden Anhaltestelle im allg nichts Sachdienliches aussagen kann. Andererseits kann der Tatrichter auch eine Messung, bei der nicht alle innerdienstlichen Anordnungen befolgt wurden, kraft seiner Beweiswürdigung als zuverlässig ansehen, allerdings mit entspr Begr im Urt (Kar DAR 70, 137); das gilt auch bei der Messung in Kurven (Ha VRS 63, 470).

104 Das **Spiegelmeßverfahren** ist bei sorgfältiger Handhabung als zuverlässige Abwandlung des **Funkstoppverfahrens** anerkannt (Bay 70, 266; Kar DAR 70, 137; Näheres dazu bei Beck/Berr 417). Einzelheiten des Meßvorgangs sind aber im Urt darzulegen, wie zB die gestoppten Zeiten u die Länge der Meßstrecke (Ko v 9. 8. 90, 1 Ss 286/90), die idR 150 m betragen soll (Ce StVE 84; Ko VRS 68, 58); auch eine verkürzte Meßstrecke kann bei erhöhter Meßtoleranz ausreichen (Ko VRS 69, 302, s aber Ce aaO: evtl erhöhter Sicherheitszuschlag).

Auf ähnlicher Basis (Errechnung der Geschwindigkeit aus der zum Durchfahren einer bestimmten Strecke benötigten Zeit) arbeitet das **HICO-NEAS**-Gerät (vgl dazu KG VRS 85, 59 u NZV 90, 160; 96, 79), das bei ordnungsgem Bedienung als zuverlässig gilt; 10% Sicherheitsabzug genügt (KG aaO). **105**

d) Beim **Radarverfahren** muß das Gerät vor dem Einsatz überprüft, gültig **geeicht** (Kö DAR 01, 421; VRS 67, 462: Gültigkeitsdauer 1 Jahr nach Ablauf des der letzten Eichung folgenden Kalenderjahres, s §§ 1, 2 I 1 e EichgültigkeitsVO), vorschriftsmäßig aufgestellt (Kar ZfS 93, 105; Ha VRS 60, 135) u der Meßbereich nachts ausreichend u gleichmäßig beleuchtet sein. Vom ermittelten Ergebnis sind bei allen Radargeräten bei Meßwerten bis 100 km/h 3 km/h, darüber 3% zum Ausgleich aller etwaigen Fehlerquellen abzuziehen (Ha VRS 56, 198; Kö aaO), auch bei Messung abfließenden Verkehrs (Ha DAR 94, 408; zur evtl Unverwertbarkeit der 1. Messung s AG Mainz DAR 90, 151). Die Abbildung mehrerer Fze auf dem Radarfoto muß die Verwertbarkeit der Messung nicht beeinflussen, insb wenn andere bei Messung des abfließenden Verkehrs in Gegenrichtung fahren (s Ha DAR 72, 167; NZV 90, 402). **106**

Die **Warnung** vor Radar-(oder sonstigen Pol-)Kontrollen mit zul Mitteln, wie zB durch Handzeichen (Stu NZV 97, 242) oder Schilderhinweise, ist nicht ow, soweit dadurch andere VT nicht behindert oder belästigt werden (§ 1 II; Zw VRS 64, 454; Ce NZV 89, 405), zumal dies uU sogar dazu beitragen kann, ow fahrende VT zu rechtmäßigem Verhalten zu veranlassen (Zw aaO; Ce aaO; aA OVG NW NZV 97, 326; zur OW nach § 16 durch Mißbrauch der Lichthupe s dort Rn 10). – Seit der Einführung des Telekommunikationsgesetzes (TKG) ist der Betrieb eines **Radarwarngerätes** nicht mehr strafbar (LG Berlin DAR 97, 501; Beck-Berr Rn 300 b). Sie können allerdings nach Polizeirecht beschlagnahmt und eingezogen werden (VG München DAR 98, 366). Seit dem 01.01.02 ist das Betreiben eines Radarwarngerätes gem. § 23 I Ziffer 1 b bußgeldbewährt. **107**

Werden **Fehler des Geräts oder bei seiner Bedienung** geltend gemacht, muß diesen nachgegangen werden, zumal es keinen Erfahrungssatz gibt, daß Radargeräte unter allen Umständen zuverlässig messen (BGHSt 39, 291 = NZV 93, 485; Kö VRS 81, 128; Dü VRS 83, 382; 85, 222; Zw ZfS 93, 212); davon kann nur ausgegangen werden, wenn die Voraussetzungen für eine einwandfreie Messung erfüllt sind (Dü VRS 74, 214; 76, 456; Kö aaO). Zu Fehlerquellen vgl. Löhle DAR 94, 465. Der Richter muß im Urteil keine detaillierten Feststellungen zum Meßverfahren treffen. Nach der inzwischen einhelligen Rechtsprechung (BGHSt 39, 291 = NZV 93, 485; Ha NZV 95, 118; Dü NZV 94, 41; DAR 01, 516; Kö NZV 00, 97) genügt bei standardisierten techn Meßverfahren mit anerkannten Geräten, wie insb Radarmeßverfahren, idR die Angabe des Meßverfahrens u des Toleranzwertes, sofern keine Anhaltspunkte für Meßfehler vorliegen. Insoweit muß der Betroffene das Vorliegen konkreter Maßfehler mittels eines Beweisantrages in der Hauptverhandlung behaupten (BGH St 39, 291; Ha NZV 00, 264; Kö NZV 00, 97; Bay NZV 98, 421). Selbst die **108**

Feststellung, daß das Gerät geeicht war, ist jetzt ohne konkreten Anlaß entbehrlich (Dü NZV 94, 41). Das gilt (noch) nicht bei dem noch nicht standardisierten Meßverfahren mit dem Gerät **„Speedophot M-Moving Radar"** (so Dü DAR 95, 259, 373). Nach Ha NZV 00, 264 soll es nicht zu beanstanden sein, wenn der berücksichtigte Toleranzwert nicht angegeben wird, wohl aber das Gerät, mit dem die Messung durchgeführt wurde, benannt wird (ähnlich Ro DAR 01, 421). Diese Erleichterung der richterlichen Darlegungspflicht geht zu weit. Wer garantiert denn, daß der Richter zwangsläufig den richtigen Toleranzabzug in Absatz gebracht hat?

109 Ein **Beweisantrag,** der sich gegen die Zuverlässigkeit des Radarverfahrens allg wendet, kann wegen Offenkundigkeit des Gegenteils abgelehnt werden (Bay StVE 39), nicht aber bei konkreten Bedenken gegen die Korrektheit der Messung (Kö VRS 88, 376). Die Beweiswürdigung obliegt auch hier allein dem Tatrichter (BGHSt 29, 18), der aber die Grundlagen seiner Überzeugungsbildung nachprüfbar darlegen muß (Ce VM 85, 59). – **Gegenbeweis** durch die Auswertung des **Schaublatts des Fahrtschreibers** darf bei keinem Meßverfahren abgeschnitten werden (Ha DAR 58, 245; 62, 59), zumal dieser umgekehrt auch zur Feststellung einer Geschwindigkeitsüberschreitung verwertbar ist (BGH VRS 28, 460; Kö VM 83, 103; Ha ZfS 94, 187; s dazu auch AG Marl ZfS 94, 30 u oben 47).

110 Die **Beweiswürdigung beim Radarfoto,** die auch im Rahmen der §§ 4 (Abstandsmessung) u 37 (Rotlichtüberwachung) bedeutsam ist, obliegt allein dem Tatrichter u nur begrenzt der Nachprüfung durch das RMittelgericht (BGHSt 29, 18; NStZ 92, 347; DAR 96, 98; s auch Stu VRS 81, 129, 131); das setzt aber eine Wertung u Würdigung des Fotos nach Qualität u Inhalt voraus, die überprüfbar ist (BGH MDR 96, 512; Dü VRS 93, 178).

111 Wird im Urt zur Identifizierung des Betr gem § 267 I S 3 StPO iVm § 71 OWiG auf ein bei den Akten befindliches **geeignetes Foto verwiesen** (s dazu Ha DAR 96, 417; NZV 97, 89; Verweisung auf Blattzahl der Akten genügt nicht: Bay DAR 97, 498), bedarf es idR keiner näheren Beschreibung der Bildqualität u der Person des Betr, so insb dann nicht, wenn ein Frontfoto vorliegt, das förmlich Porträtcharakter hat (BGH DAR 96, 98; Dres DAR 00, 279; Kö NZV 95, 22; Ol VRS 87, 202; Stu VRS 77, 365; Beck/Berr 303 ff). Der Verweisung nach § 267 I S 3 StPO bedarf es nicht, wenn die Fotografie in die Urt-Gründe aufgenommen ist (Bay NStZ-RR 96, 211). Ob das Foto zur Identifizierung geeignet ist, kann die RBeschwerdegericht überprüfen (BGH aaO in teilweiser Abweichung von BGHSt 29, 18, 22). Nur bei schlechterer Bildqualität muß der Tatrichter die für seine Überzeugungsbildung an der Identität des Betr maßgeblichen erkennbaren charakteristischen Merkmale umschreiben.

112 **Unterbleibt die ausdrückliche Verweisung** auf das Beweisfoto gem § 267 StPO u ist es auch nicht direkt in die Urt-Gründe aufgenommen (s Bay NStZ-RR 96, 211), so daß es nicht als Anschauungsobjekt zur Verfügung steht, bedarf es einer so ausführlichen Beschreibung der Bildqualität u mehrerer maßgeblicher individueller Identifizierungsmerkmale, daß dem RMittelgericht – wie bei Betrachtung des Fotos – die Prüfung der Eignung des Fotos zur Identifizierung des Betr ermöglicht wird (BGH DAR 96, 98 = NZV 96, 157; Bay NZV 95, 163; DAR 97, 498; Nau ZfS 97, 194; Dres DAR 00, 279; Frau NZV 02, 135), wobei zB der Vergleich von Gesichtsform, Mund- u Augenpartie idR genügt (Ha NZV 95, 118; s auch Hbg VRS 90, 452). Die bloße Wiedergabe des Ergebnisses der Prüfung genügt nicht (Bay aaO; Dü VRS 73, 138; 78, 130; Ha VRS 90, 290); uU bedarf es sogar der Wiedergabe der konkreten individuellen anatomischen Merkmale (Dü VRS 80, 458) u ihrer Abweichung von der Normalität (Dü VRS 80, 458; NZV 94, 445; krit dazu Göhler NStZ 95, 117); denn hier muß sich der Richter – anders als bei der Beurteilung wissenschaftlich abgesicherter techn Meßverfahren (s BGHSt 39, 291) – in jedem Einzelfall durch Vergleich individueller Merkmale die Überzeugung von der Identität des Betr mit der abgebildeten Person verschaffen (Bay NZV 95, 163; zu den Urt-Anforderungen zur Täteridentifizierung s auch Kö NZV 95, 202; Kar DAR 95, 33; Ha aaO). Hat der Tatrichter den Betr anhand mehrerer charakteristischer Merkmale identifiziert, aus denen sich zwingend auch die Geeignetheit des Fotos zur Identifizierung ergibt, bedarf es dazu keiner weiteren Ausführungen (Bay DAR 96, 411). Die Zahl der darzustellenden Merkmale kann um so kleiner sein, je individueller sie sind u umgekehrt (BGH DAR 96, 98), dh um so größer je allgemeiner (Bay ZfS 97, 316).

Bei Zweifeln bedarf es zusätzlicher Feststellungen darüber, ob der Betr 113 die Verfügungsbefugnis u -Gewalt über das Kfz hatte (Ha StV 90, 58 Ls; zum Umfang der Beweisaufnahme durch Gegenzeugen s Ol NZV 95, 84). Steht nur ein Foto zur Überführung des seine Fahrereigenschaft bestreitenden Betr zur Verfügung, ist ein von ihm namentlich benannter Dritter idR zu vernehmen (Bay NZV 97, 452). – Im Hinblick auf die ohnehin eingeschränkte Nachprüfungsmöglichkeit des RBeschwerdegerichts u die geringere Bedeutung des Bußgeldverfahrens dürfen die Anforderungen an die amtsrichterliche Darlegungspflicht bes dann nicht überspannt werden, wenn keine nachdrückliche Sanktion, wie FV, zu erwarten ist (s auch Göhler NStZ 95, 117; BGHSt 39, 291, 299). Erfolgt die Identifizierung aber auf der Grundlage eines **Anthropologischen Vergleichsgutachtens**, so muß dargelegt werden, auf welche und wie viele übereinstimmende medizinische Körpermerkmale der SV sich bei seiner Bewertung stützte und wie er die Übereinstimmungen ermittelt hat. Darzulegen ist auch, auf welches biostatische Vergleichsmaterial sich die vom SV vorgenommene Wahrscheinlichkeitsberechnung stützt (BGH NJW 00, 1350; vgl. auch Standards für die anthropologische Identifikation … NStZ 99, 230; Fra NZV 02, 135 m. Anm. Schulz).

Zur **Identitätsfeststellung** hat sich der Tatrichter persönlich einen 114 Eindruck von der Person des Betr zu verschaffen; er darf sich nicht auf Angaben des ersuchten Richters verlassen (Thü ZfS 96, 395). Dabei ist das – notfalls zwangsweise – Abnehmen der Brille u Beiseiteschieben von Haaren aus der Stirn zulässig (Dü VRS 80, 458).

Zur geringen Störbarkeit der **Multanova**-Geräte, die auch den auf- u 115 abfließenden Verkehr messen können, s Ha NZV 90, 402; AG Wilhelmshaven DAR 80, 380; AG Fra DAR 80, 282; zur Zuverlässigkeitsprüfung (s

StVO § 3 116–118 Geschwindigkeit

Dü VRS 76, 456); Kalibrierung am Einsatzort ist nicht nötig (Ha NZV 90, 279); **Autotelefon** stört die Messung nicht (Dü VRS 83, 455). – Zur Frage der **Eichung** bedarf es in NRW u Bay beim Multanova 6 F keiner bes Feststellungen mehr, sofern keine gegenteiligen Anhaltspunkte für eine Nacheichung vorliegen (Dü NZV 94, 41; Bay NZV 88, 30; anders bisher Dü VRS 76, 456; 82, 367 u Kö VRS 67, 462).

116 Die sog **Radarpistole** (Speedcontrol) ist grundsätzlich zuverlässig, wenn sie geeicht ist, die Zulassungsbedingungen erfüllt, die Messung entspr der Bedienungsanleitung u RiLi (zB des Bay InnenMin v 22. 11. 90 Nr 1 C 4/IC 5–3618.2/18) durchgeführt wird u sich nur ein Fz im Strahlungsbereich befindet (Bay NZV 92, 161; Hbg DAR 96, 154).

117 Auch die sog **Laserpistole** GMG LTI 20.20 TS/KM oder LR 90–235 P gilt bei sachgerechter Handhabung (s dazu Beck/Berr 345; BGH NZV 98, 120, 122) grundsätzlich als zuverlässig und als standartisiertes Meßverfahren (Bay DAR 99, 563), insb wenn sie bei Tageslicht u nicht im dichten Verkehr (BAB) verwendet wird (Fra NZV 95, 457; Nau NZV 96, 330) u 3% der angezeigten Geschwindigkeit abgezogen werden (Ol ZfS 94, 466 mwN; Hbg DAR 96, 154; s auch Löhle/Beck DAR 94, 470). Aber auch bei Dunkelheit u größerer Entfernung bestehen nach neueren Erkenntnissen bei eindeutiger Zuordnung des gemessenen Fz keine Bedenken mehr (Ol NZV 96, 328; Nau NZV 96, 330; Fra NZV 95, 458: Fehlmessung muß ausgeschlossen sein; s auch Ce NZV 98, 77), insb wenn das Gerät – wie in Bay üblich – mit Leuchtpunktvisier versehen ist (Bay NZV 97, 322). Nach Bay DAR 99, 563 kann die Messung auch durch die Windschutzscheibe des Polizeifahrzeuges erfolgen (aA Ha DAR 98, 244). – Auch das Laser-Meßgerät **LAVEG** ist inzw als standartisiertes Meßverfahren anerkannt (s Ha DAR 96, 153; NZV 97, 187; Sa NZV 96, 207); jedoch bedarf es der Feststellung, daß die Messung vorschriftsmäßig erfolgt u eine Fehlzuordnung der Messung trotz Dunkelheit u VDichte ausgeschlossen ist (Ha NZV 97, 187; Nau NZV 96, 419; Löhle/Beck DAR 94, 471). Die **Eichung** allein genügt für die Verwertbarkeit des Meßergebnisses nicht (Dü VRS 91, 184). – Das **Distanova**-Abstandsmeßgerät ist bei bestimmten Abzügen auch zur Geschwindigkeitsmessung geeignet (Stu VRS 66, 57). – Zur Zuverlässigkeit des „Riegl"-Lasermeßgeräts bei der Geschwindigkeitsmessung von Motorrädern s Stu NZV 97, 489 Ls.

118 e) **Lichtschrankenmessung.** Die Geräte **ESO uP 80/VI u VIII** mit neuerer Vierfach-Messung ermöglichen bei genauer Beachtung der techn Einsatzrichtlinien u Vermeidung möglicher Fehler (s dazu Löhle DAR 94, 472/3) eine zuverlässige Feststellung der Geschwindigkeit (zum letztgen Gerät bisheriger Bauart mit Dreifach-Messung s Bay VD 88, 68 u bei Janiszewski NStZ 88, 265; zu möglichen Fehlerquellen s Löhle aaO). Zur Prüfung der Zuverlässigkeit bedarf es beim Gerät uP 80/VI der vorgeschriebenen Funktionsprüfungen am Beginn u Ende eines Meßeinsatzes an der Meßstelle (Bay 79, 381; DAR 88, 211; Stu VRS 81, 129; DAR 93, 72). Zur Störanfälligkeit u Bedenken gegen diese Geräte s Beck/Berr 356 ff.

f) **Koaxialkabelverfahren (Truvelo M 4² u Traffiphot:** Zeit-Weg- 119
Messung durch Überfahren von in der Fahrbahndecke verlegten Kabeln)
gilt insb bei fester Installation als störanfällig (s Zw NZV 92, 375; Löhle/
Beck DAR 94, 473; Beck/Berr Rn 366); krit Überprüfung ist angebracht
(s dazu Plöckl DAR 91, 396 u dem ADAC vorliegende Gutachten der
DEKRA AG Münster u der PTB), nicht aber beim „ambulanten" Einsatz
des M 4² (Zw aaO). – Zur Zuverlässigkeit des Koaxialkabelverfahrens **V-Control II-KA 1** s Kö VRS 84, 110. – Die Geräte müssen zwar von der
PTB zugelassen, geeicht u auch die Meßstrecke eichamtlich überprüft u
festgestellt sein, daß die Funktionsprüfungen erfolgt, die Bedienungsvorschriften beachtet u die Gerätetoleranz angegeben ist (Kö aaO; s auch oben
93); der entspr Angaben bedarf es im Urt jedoch nicht mehr; auch hier
genügt (im Anschl an BGHSt 39, 291) die Mitteilung des angewandten
Meßverfahrens u des berücksichtigten Toleranzwertes (Kö VRS 86, 316
unter Aufg von VRS 84, 110).

g) Die Diagrammscheibe eines EG-Kontrollgeräts (s Rn 74) ist im BG- 120
Verfahren nur insoweit verwertbar, als die Geschwindigkeitsüberschreitung
im Inland erfolgt ist (s **E** 23; Dü VRS 88, 71). – Die **Vernichtung des
Schaublatts** zur Verhinderung des Nachweises einer Geschwindigkeitsüberschreitung erfüllt nicht § 274 I 1 StGB, da in der Vereitelung des staatlichen Straf- oder Bußgeldanspruchs jedenfalls kein Nachteil eines anderen
liegt (Dü DAR 89, 433; Bay NZV 89, 81; krit dazu Schneider NStZ 93, 16).

13. Zuwiderhandlungen gegen die Ge- u Verbote des § 3 sind OWen 121
nach den §§ 49 I 3 StVO, 24 StVG (s Nr 6 VwKat u 3–5 BKat), soweit sie
im Inland begangen sind (**E** 23). Geringe Überschreitungen (uU bis
20 km/h) werden – soweit dies im Rahmen des Opportunitätsprinzips überhaupt geboten ist (s bayer RiLi: VD 79, 321, 323) – nach Tab 1 VwKat
verfolgt; für nach § 3 II 2 a u b kennzeichnungspflichtige Kfze sind aber auch
in diesen Fällen Geldbußen vorgesehen (s BKat Tab 1 a, a) u b) Nrn 5.1.1
u 5.2.1).

Verstöße gegen **Abs 1, 3 u 4** setzen als abstrakte GefährdungsTBe keine 122
konkrete Gefährdung anderer oder eine sonstige Folge nach § 1 II voraus (s
oben 2; **E** 47); ein Verstoß gegen Abs 1 ist aber gleichwohl idR nur gegeben, wenn durch die überhöhte Geschwindigkeit ein VUnfall allg in den
Wahrscheinlichkeitsbereich gerückt ist (Dü NZV 92, 496). Kommt es zur
konkreten Gefährdung eines anderen, liegt gleichzeitig ein Verstoß gegen
§ 1 II, bei Vorfahrtverletzung auch gegen § 8 I vor (TE, Bay 85, 116 =
VRS 70, 154); uU Vergehen nach § 315 c I 2 c oder d StGB, soweit die
übrigen Voraussetzungen vorliegen.

Abs 2 erfordert eine Behinderung anderer (mehrerer), folgender VT; 123
deshalb ist II gegenüber § 1 II die speziellere Vorschrift (Ha VM 72, 101).
Behinderung liegt vor, wenn nachfolgende Fz ihre Geschwindigkeit deutlich vermindern müssen u längere Zeit nicht überholen können (Bouska
Fn 6). TE mit § 1 II kommt in Betracht, wenn das Langsamfahren über die
Behinderung hinaus zur Gefährdung oder Schädigung anderer führt (Ha

StVE 6). – Verurteilung nach **Abs 2 a** setzt konkrete Gefährdung einer geschützten Person voraus (Kö VRS 65, 463).

124 Überschreitung einer **innerorts** durch Z 274 zugelassenen Höchstgeschwindigkeit von mehr als 50 km/h verstößt nicht gegen § 41 II 7, sondern gegen **§ 3 III 1,** weil das Z 274 die innerorts erlaubte Höchstgeschwindigkeit nur erhöht hat (§ 45 VIII; s oben 71 a). Außerorts geht § 41 II 7 iVm § 49 III 4 dem § 3 III 2 c vor, doch kann fahrlässige OW nach § 49 III 4 mit vorsätzlicher OW nach § 49 I 3 zusammentreffen (Bay DAR 96, 243 Ls), uU auch die außerhalb u unmittelbar darauf innerorts begangene Geschwindigkeitsüberschreitung (Stu VRS 93, 363).

125 Auch die Überschreitung der **innerhalb einer Zone** durch **Z 274.1, 2** (s Rn 75) festgesetzten Geschwindigkeit ist OW nach den §§ 3, 49 StVO (KG NZV 95, 369); bei zu großer Ausdehnung der Zone u Fehlen geschwindigkeitsbegrenzender Merkmale sowie bei entschuldbarer Unkenntnis der Z 274.1, 2 kann aber Vorwerfbarkeit fehlen (Dü ZfS 97, 276; Bouska DAR 89, 442; Hentschel Rn 248 zu Z 274.1/274.2).

126 **Vorsatz** liegt vor, wenn der Betr die durch VZ (274) oder § 3 III vorgeschriebene Höchstgeschwindigkeit u die von ihm gefahrene kennt (Dü VRS 85, 131, 133; Bay DAR 96, 243 Ls; BGH NStZ-RR 97, 378: Einstellung des Tempomat auf 120 km/h bei erlaubten 100 km/h) oder mind damit rechnet, die vorgeschriebene Höchstgeschwindigkeit nicht einzuhalten, wie uU bei sehr **erheblicher** Überschreitung (109 statt 50 km/h: Dü ZfS 85, 124; Bay v 21. 7. 87 bei Janiszewski NStZ 87, 548: 180 statt 100 km/h; v 19. 6. 91 bei Verf NStZ 91, 580: 206 statt 100 km/h außerorts), wenn ihm seine hohe Geschwindigkeit nicht verborgen geblieben war (s dazu Dü NZV 92, 454) u er eine Geschwindigkeitsüberschreitung mind in Kauf nahm (Kar NZV 93, 202); bei erheblicher Überschreitung liegt Vorsatz nahe (BGH NStZ-RR 97, 378; Dü NZV 95, 161; Ko DAR 99, 227), so zB bei 52 km/h zuviel innerorts u 41 km/h außerorts nach Passieren mehrerer Begrenzungsschilder, zumal dann jeder Kf idR merken muß, daß er zu schnell fährt (Ha VRS 90, 210; Dü ZfS 97, 194; Ce NZV 96, 117); nach Dü (VRS 91, 149) ist Vorsatz zwingend gegeben (!) bei einer Geschwindigkeitsüberschreitung um 51 km/h auf einer über 600 m durch einen sog Geschwindigkeitstrichter gekennzeichneten Strecke der AB; Annahme bloßer Fahrlässigkeit bedarf in solchen Fällen näherer Begr (Dü DAR 97, 282). – Der bloße Hinweis auf eine „erhebliche Geschwindigkeitsüberschreitung" genügt allein nicht zur Begr von Vorsatz (Dü DAR 97, 161 Ls: bei 31 km/h Überschreitung).

127 **Nicht** aber bei geringer Überschreitung (bei 127 statt 100 km/h: Ko v 25. 3. 93 bei Janiszewski NStZ 93, 575 u Dü NZV 94, 445, auch nicht ohne weiteres bei 121 statt 80 km/h auf BAB: Bay DAR 94, 162), kurzfristiger, versehentlicher Beschleunigung mit bes leistungsstarkem Fz (218 PS; Bay v 17. 11. 95, 2 Ob Owi 771/95), Übersehen eines V-Schildes (Ce ZfS 96, 76) oder allein wegen Nichtbeachtung einer „unübersehbaren Beschilderung" (Dü DAR 95, 167; Bay DAR 96, 288; Ha NZV 98, 124; s auch Schl NZV 93, 39), kein Erfahrungssatz, daß „regelmäßig" in geschlossenen Ortschaften 30 km/h-Zonen bestehen (Ce DAR 01, 38). – Geringfügige

Überschreitung kann auch nicht ohne weiteres als fahrlässig angesehen werden (Bay 76, 127 = VRS 52, 371); wird umgekehrt bei erheblicher Überschreitung nur Fahrlässigkeit angenommen, ist dies zu begründen (Bay v 21. 7. 87 s oben). – Zur Vorwerfbarkeit der Geschwindigkeit bei plötzlichem Glatteis s Bay NZV 93, 121.

Ist im Bußgeldbescheid die Schuldform nicht angegeben, bedarf es eines entspr Hinweises gem § 265 I StPO in der HV, wenn eine vorsätzliche Geschwindigkeitsübertretung in Betracht kommt (Ha VRS 63, 56; s auch E 134). Im Urt ist die Schuldform anzugeben (Dü VRS 84, 302; s E 61, 134). **128**

Zu schnelles Fahren kann **gerechtfertigt** oder **entschuldigt** sein (vgl Kö NZV 95, 119; Dü NZV 96, 250; Nau DAR 97, 30), wenn es das einzige u geeignete Mittel zur Beseitigung einer anders nicht abwendbaren Gefahr ist (Göhler § 10 Rn 2; Dü DAR 98, 25) u dadurch andere nicht gefährdet werden (Bay NZV 91, 81), so zB bei einem Arzt, der schnell Hilfe leisten muß (Dü VRS 30, 444); ebenso bei einem Heilpraktiker (Ha VRS 44, 306), einem Taxif, der eine Hochschwangere bei Einsetzen der Wehen schleunigst ins Krankenhaus bringen muß (Dü VRS 88, 454) oder wer sich durch Überholwillige oder zu dicht Auffahrende gefährdet sieht (Fra VM 78, 53; Nau DAR 97, 30), einen Vorausfahrenden warnen will, von dessen Fz eine Gefahr ausgeht (Dü VRS 30, 39; VM 70, 111; Ha ZfS 96, 154: drohender Verlust von Ladegut), seine erkrankte Ehefrau in ein entfernteres Krankenhaus bringen muß (Schl VRS 30, 462) oder als Taxif von aggressiven Fahrgästen bedroht wird (Dü NZV 96, 250); – **nicht** aber wenn der Zeitgewinn in keinem Verhältnis zur Gefährdung anderer steht (Bay NZV 91, 81; KG VRS 53, 60) oder bei nötiger rascher Behandlung eines Tieres (s Bay bei Rüth DAR 79, 242 Nr III 2; Hbg VRS 61, 445; Dü VRS 79, 144). Maßgeblich für das VVerhalten eines zu Hilfe eilenden Arztes ist zwar das Bild, das sich ihm nach den erhaltenen Informationen von der Leibesgefahr u den VVerhältnissen bietet u nicht die nachträgliche Beurteilung, doch darf er allein auf Grund vager Vorstellungen nicht zu schnell fahren (Ha VRS 50, 464; s zur Problematik Schrader DAR 96, 84). Auch starke Leibschmerzen rechtfertigen innerorts eine Geschwindigkeitsüberschreitung um 45 km/h nicht, um schneller in die 3 bis 4 km entfernte Wohnung (Dü VRS 54, 160), rechtzeitig zu einem Gerichtstermin zu kommen (AG Cochem DAR 81, 265) oder einer befürchteten Gallenkolik vorzubeugen (Dü DAR 98, 25). – Ausfall des Tachos entschuldigt einen geübten Fahrer idR nicht (Dü VM 92, 86; Ce DAR 78, 169). **129**

Erheblich überhöhte Geschwindigkeit innerorts kann auch beim Ersttäter **Fahrverbot** nach § 25 StVG rechtfertigen (s dazu Erl zu § 25 StVG u § 2 I 1 BKatV), **nicht** aber, wenn die Messung ohne eine Toleranzstrecke von 150/200 m kurz hinter dem VZ erfolgte (Bay NZV 95, 496; s oben 67) oder zB ein Taxif ohne Vorliegen eines Notstands (§ 16 OWiG) aufgrund der von ihm nicht nachprüfbaren Angaben seines Fahrgastes mit Rettungswillen zu schnell fährt (Ha ZfS 96, 77). Dringende Notdurft entschuldigt nicht, wenn ihr anders als durch zu schnelles Fahren zur Toilette begegnet werden kann (Zw ZfS 97, 196 zum Absehen vom FV). Erhöhung der im BKat vorgesehenen FV-Dauer bei Vorsatz nur, wenn kon- **130**

StVO § 3 131–135 Geschwindigkeit

kretes Ausmaß der Geschwindigkeitsüberschreitung vom Vorsatz umfaßt ist (Bay v 22. 6. 93, 2 Ob OWi 192/93). – Zum Verbotsirrtum bei Fehleinschätzung des Sichtfahrgebots s Giehring Rn 103 S 161.

131 An verschiedenen Tagen begangene Geschwindigkeitsüberschreitungen bilden keine einheitliche Tat iSd § 264 StPO (Dü NZV 94, 118). Mit dem endgültigen Abstellen des Kfz nach Erreichen des Fahrtzieles endet grundsätzlich eine während der Tat begangene Geschwindigkeitsüberschreitung (Tolksdorf S 49). Erfolgt während der Fahrt eine kurzfristige verkehrsbedingte Unterbrechung der Geschwindigkeitsüberschreitung, so liegt idR natürliche Handlungseinheit und somit nur eine Tat vor (Bay ZfS 93, 176; Tolksdorf S 49).

132 Handelt es sich dagegen um eine nicht verkehrsbedingte Unterbrechung, so sind unterschiedliche Taten gegeben (Ce NZV 95, 197; Kö NZV 94, 292; Bay NZV 02, 145; 97, 282). Bei einer durchgehenden Geschwindigkeitsüberschreitung bei unterschiedlichen Geschwindigkeitsbeschränkungen (z Bsp Geschwindigkeitstrichter oder Überschreitung vor oder nach Verlassen der Autobahn) ist von einer Geschwindigkeitsüberschreitung auszugehen (Dü NZV 94, 43; Stu NZV 97, 243; Tolksdorf S 50 f; aA Ce NZV 95, 197).

133 Liegen mehrere Geschwindigkeitsüberschreitungen vor, die durch Strecken ohne Geschwindigkeitsbeschränkung unterbrochen sind, so liegt rechtlich idR eine Geschwindigkeitsüberschreitung nur dann vor, wenn die Unterbrechung zeitlich und kilometermäßig gering war (Dü NZV 01, 273; Bay NZV 02, 145). Bei längeren Unterbrechungen ist im Regelfall auch bei Vorliegen eines einheitlichen Tatentschlusses zu Beginn der Fahrt von mehreren Geschwindigkeitsüberschreitungen auszugehen (Ce NZV 95, 197; Dü NZV 94, 118; 96, 503; DAR 98, 113; Je NZV 99, 478; Bay NZV 02, 145; Stu NZV 97, 243; Kö NZV 94, 292; Tolksdorf S 52). Entsprechendes gilt in den Fällen der Nr 5.1.1 Tab 1 Bkat, aF = Nr 11.2.3 Tab 1 Bkat nF (Bay DAR 96, 31; Ce NZV 95, 197; Tolksdorf S 48).

134 Bei der Auswertung von Diagrammscheiben lassen sich die einzelnen Verstöße ohne Angabe des Betroffenen hinsichtlich ihrer räumlichen und zeitlichen Einordnung häufig nicht aufklären. Dann ist unter Anwendung des Grundsatzes „in dubio pro reo" von einer Tat auszugehen (Bay NZV 97, 282; Dü NZV 96, 503; Tolksdorf S 55), falls nicht ein zwischenzeitlicher Stillstand des Fahrzeuges feststeht (Dü NZV 96, 503).

135 Bei anhand von **Diagrammscheiben** festgestellten Geschwindigkeitsüberschreitungen ist es nicht erforderlich, daß der Tatort genau angegeben wird. Es reicht aus, wenn der jeweilige Vorwurf **zeitlich genau** bestimmt wird (vgl. Bay NZV 95, 407; 98, 515; a. A. Mü DAR 95, 303). Zur Konkretisierung soll dabei auch auf den Akteninhalt zurückgegriffen werden können (Bay NZV 95, 448; 98, 515). Dieser Auffassung kann nicht gefolgt werden, da der Betroffene, zumal wenn er nicht anwaltlich vertreten ist, mangels Akteneinsicht erst in der Hauptverhandlung erfährt, welche Verstöße ihm zur Last gelegt werden. Dies ist mit der Informationsfunktion des Bußgeldbescheides nicht zu vereinbaren (vgl Je ZfS 98,

Abstand § 4 StVO

73) Eine zeitliche Beschränkung für die Verfolgung von auf der Diagrammscheibe ersichtlichen Geschwindigkeitsverstößen gibt es nicht. Nach Auffassung des Bund-Länder-Fachausschusses zum OWiG sollte aber die Verfolgung von Geschwindigkeitsverstößen auf den Kontrolltag und den jeweiligen Vortag beschränkt werden (Meininger, NZV 94, 309). – Zur Dauer-OWi s Bay ZfS 93, 176.

14. Literatur:

Beck/Berr „OWi-Sachen im StrVerkR", 3. Aufl bei C. F. Müller Abschn VI; **136 Bullert** zum Bremsweg DAR 71, 169; **Beck/Löhle** „Fehlerquellen bei polizeilichen Meßverfahren, 5. Aufl., Dt. Anwaltsverlag; **Dannert** s § 1 Rn 87; **Dressler** „Kinder und Jugendliche im Straßenverkehr", Homburger Tage 2001, Schriftenreihe der AG Verkehrsrecht Bd. 32; **Gramberg-Danielsen, Hartmann, Giehring** „Der Dunkelheitsunfall" Enke Verlag 1984; **Grandel** „Geschwindigkeitsmessungen durch Nachfahren" Verkehrsunfall 82, 251; 83, 2; **Kneist** „Zuverlässigkeit techn Überwachungsmethoden ..." DAR 84, 409; **Löhle/Beck** „Fehlerquellen bei Geschwindigkeitsmessungen" DAR 94, 465; Löhle „Dunkelheitsunfälle", ZfS 99, 409; **Molketin** „Zur Mindestgeschwindigkeit des Kraftfahrers" MDR 91, 206; **Mühlhaus** „Unübersichtliche Stelle ... Fahrgeschwindigkeit ..." DAR 69, 312; ders „Fahrgeschwindigkeit nach Alkoholgenuß" DAR 70, 125; **Scheffen-Pardey** „Schadensersatz bei Unfällen mit Kindern und Jugendlichen", 1995, **Schrader** „Ärztliche Patientenfahrt u Notstand" DAR 96, 84; **VGT 1982** „Reaktionszeiten des Kraftfahrers"; **VGT 1990** „Rechtliche Konsequenzen der Antiblockiersysteme"; **Tolksdorf** „Konkurrenzen und Strafklageverbrauch im Verkehrsstraf- und Ordnungswidrigkeitenrecht" Homburger Tage 2000, Schriftenreihe der Arbeitsgemeinschaft Verkehrsrecht im Dt. Anwaltverein, Bd. 29; **Zeising** „Die Verwertung von Diagrammscheiben ..." NZV 94, 383.

§ 4 Abstand

(1) **Der Abstand von einem vorausfahrenden Fahrzeug muß in der Regel so groß sein, daß auch dann hinter ihm gehalten werden kann, wenn es plötzlich gebremst wird. Der Vorausfahrende darf nicht ohne zwingenden Grund stark bremsen.**

(2) **Kraftfahrzeuge, für die eine besondere Geschwindigkeitsbeschränkung gilt, sowie Züge, die länger als 7 m sind, müssen außerhalb geschlossener Ortschaften ständig so großen Abstand von dem vorausfahrenden Kraftfahrzeug halten, daß ein überholendes Kraftfahrzeug einscheren kann. Das gilt nicht,**

1. **wenn sie zum Überholen ausscheren und dies angekündigt haben,**
2. **wenn in der Fahrtrichtung mehr als ein Fahrstreifen vorhanden ist oder**
3. **auf Strecken, auf denen das Überholen verboten ist.**

(3) **Lastkraftwagen mit einem zulässigen Gesamtgewicht über 3,5 t und Kraftomnibusse müssen auf Autobahnen, wenn ihre Geschwin-**

StVO § 4 1–4 Abstand

digkeit mehr als 50 km/h beträgt, von vorausfahrenden Fahrzeugen einen Mindestabstand von 50 m einhalten.

1. Allgemeines

1 Abs 1: Schutzzweck ist die Verhütung von Auffahrunfällen; daneben aber auch der Schutz entgegenkommender u überholender Fze gegen plötzliches seitliches Ausbrechen von Fzen aus dem nebenanliegenden Fahrstreifen. Die Vorschrift behandelt nur den Längsabstand beim Fahren hintereinander. Die erforderlichen Seitenabstände bei Begegnung, Überholen u Vorbeifahren sind bei diesen Vorgängen behandelt (vgl § 2 Rn 60, § 5 Rn 14, § 6 Rn 6 ff). Über das Verhältnis des § 4 I zu § 3 I s § 3 Rn 36. **Abs 2** soll das Überholen langsamer Fze erleichtern, **Abs 3** auf ABen die Einhaltung eines Mindestabstands gewährleisten.

2. Abs 1 Satz 1: Der gebotene Sicherheits-Abstand des Nachfolgenden

2 a) **Regelmäßig größer als der Weg in einer Sekunde.**
Der Nachfolgende muß seinen Abstand vom vorausfahrenden Fz – auch auf ABen (BGH VersR 68, 672) – so bemessen, daß er ein **Auffahren** auf dieses **sicher vermeiden** kann, selbst wenn der Vorausfahrende plötzlich stark abbremst (BGH VRS 5, 597; 16, 277; BGHSt 17, 223; (Z) VRS 72, 267; Ce NZV 89, 36). „Plötzlich" heißt: für den Nachfolgenden überraschend, zB auf freier Str ohne vorhersehbaren Grund; „stark" heißt: durch kräftigen Tritt auf das Bremspedal, also mit hoher Bremsverzögerung. – Die Vorschrift ist hinreichend bestimmt (Zw ZfS 93, 103).

3 Der einzuhaltende **Sicherheits-Abstand** richtet sich insb nach der Geschwindigkeit, Örtlichkeit, Wetterverhältnissen u V-Lage; er muß nach der RSpr unter normalen Umständen die Strecke deutlich übersteigen, die der Hintermann in etwa 1,5 sec zurücklegt (Bay VRS 62, 380; Ha VM 86, 76; Fra VRS 52, 143; Kö VRS 67, 286; Dü DAR 78, 188; Ce VersR 79, 916; Ko VRS 71, 66); das gilt auch auf der AB (KG VRS 78, 92). – Zum **„gefährdenden Abstand"** s unten 13.

3 a **Berechnung** der zum Durchfahren des festgestellten Abstandes benötigten Zeit: Geschwindigkeit dividiert durch 3,6 = m/sec, durch die der Abstand zu dividieren ist; Beispiel: 150 km/h : 3,6 = 41,6 m/sec; 50 m Abstand: 41,6 = 1,2 sec.

4 Ob die RSpr bei dieser Weg-Zeit-Berechnung verbleibt, wird angesichts der Tatsache bezweifelt, daß sich der VO-Geber bei der Neufassung der BKatV (in Nr 6.1 BKat iVm Tab 2) der Formel „Abstand = halbe Tachometerzahl" bedient hat, die deshalb Ha (NZV 94, 79) für eine allgverbindliche Regelung hält, obwohl sie nur eine Bemessungsgröße für die Regelgeldbuße ist (Hentschel 6 u 15). Die Formel: **„Abstand = halbe Tachometerzahl"** (also bei 50 km/h: 25 m, bei 80 km/h: 40 m) ist jedenfalls zweckmäßig u reicht auch unter schwierigen Verhältnissen meistens aus (BGH(Z) DAR 68, 50). Die erörterte Regel geht davon aus, daß der Nachfolgende zwar mit einem plötzlichen scharfen Bremsen, nicht aber

Abstand des Nachfolgenden 5–9 § 4 StVO

mit dem Auffahren auf ein Hindernis u einem dadurch bedingten ruckartigen Anhalten des Vorausfahrenden rechnen muß (Ha VM 63, 45; vgl auch Kö VM 71, 39 u VRS 57, 447 = StVE 17; Bay bei Rüth DAR 79, 229 f u 83, 241 f; BGH NJW 87, 1075); er kann vielmehr den vollen Weg einer Notbremsung des Vorausfahrenden bei Bemessung seines Abstands einkalkulieren (BGH aaO; KG NZV 88, 23 = DAR 88, 270). Der Nachfolgende muß aber seinen Abstand vergrößern, wenn er damit rechnen muß, daß der Vorausfahrende bessere Bremsen oder eine griffigere Bereifung besitzt, u wenn er sich dem Vorausfahrenden mit höherer Geschwindigkeit nähert (Ha VRS 27, 376; Schl VM 64, 51) oder sobald er erkennt, daß der Vordermann von dem vor ihm befindlichen Fz einen zu geringen Abstand einhält, der einen Auffahrunfall befürchten läßt (Ha VRS 71, 212 = VersR 87, 1184; Kö VRS 26, 52); er muß daher, um seiner Pflicht namentlich bei größeren Geschwindigkeiten zu genügen, nicht nur das vorausfahrende Fz, sondern auch die weitere Fahrbahn aufmerksam beobachten (BGH VersR 66, 589). Das gilt auch für den, der überholen will, solange er nicht nach links ausgeschert ist. Er darf den Abstand erst vermindern, wenn er nach links ausscheren u vorbeifahren kann (Bay VRS 40, 69; VM 70, 115).

Wenn die Bremsleuchten des Vordermanns nicht aufleuchten, muß der 5 Nachfolgende dessen mäßige Geschwindigkeitsverminderung, nicht aber sein plötzliches Anhalten rechtzeitig erkennen (Ha VRS 34, 70; DAR 69, 251) u nicht beim Abstand berücksichtigen (Bay VRS 62, 380).

Ein **Abstandsmeßverfahren,** das auch gerichtlichen Schuldfeststellun- 6 gen zugrunde gelegt werden soll, muß nach festen Regeln oder RiLi durchgeführt werden. Die mit der Anwendung betrauten Personen müssen geschult u ausreichend erfahren sein, das Verfahren techn-wissenschaftlichen Erkenntnissen entsprechen u insb auch geeignet sein, den betr VT von seiner Schuld zu überzeugen (Ko VRS 71, 66; Dü VRS 68, 230; Ce NZV 93, 490).

Abstandsmessungen werden heute meist von Autobahnbrücken vorge- 7 nommen, wobei zwei Videokameras den auflaufenden Verkehr erfassen. Zum Verfahren **VAMA** vgl Ha NZV 94, 120, Beck/Berr 454 ff, zu Fehlerquellen und Sicherheitszuschlägen ausführlich AG Homburg-Saar m Anm Bode ZfS 97, 393 sowie Beck/Löhle 106 ff. Zum Verfahren VKS sowie VIDISTA vgl Beck/Berr Rn. 459 b ff, Beck/Löhle 114 ff. Beim **Police-Pilot-System** erfolgt die Messung von einem mit einer Videokamera ausgerüsteten Polizeifahrzeug aus (vgl dazu Ce VRS 81, 210 = NZV 91, 281, § 3 Rn 99).

Anerkannt wird auch das Spiegelmeßverfahren (Bay 70, 266; Hbg VM 8 74, 122, § 3 Rn 104), die Meßmethode FESAM (Fra DAR 78, 169), das Traffipax-Verfahren (Dü NZV 88, 76; Ha DAR 85, 86; Kö VM 84, 4, vgl. auch Beck/Löhle 100) und das Distanova-Verfahren (Stu VRS 64, 145; vgl auch Beck/Löhle 100 ff). Zum Verfahren JVC-Piller vgl. AG Wolfratshausen NZV 94, 410; Beck/Berr Rn. 459 a. Auch Videoaufnahmen vom Hubschrauber können bei ausreichendem Sicherheitszuschlag (10%) ausreichen (Ko DAR 92, 471).

Unzureichend ist die Abstandsmessung, wenn die Pol 100 bis 150 m 9 schräg versetzt hinterherfährt und den Abstand anhand der Fahrbahnmarkierung bestimmt (Ha VRS 58, 276) oder nachträglich aus der Erinnerung rekonstruiert (Ha NStZ-RR 97, 379). Bes krit zu würdigen ist die idR unpräzise Abstands-„Messung" von einem vorausfahrenden PolFz aus durch Beobachtung über den Rückspiegel (Dü VRS 93, 128; Ce NZV 93, 490). Eine hinreichend genaue Abstandsschätzung ist durch ungeübte Personen regelmäßig nicht möglich (Dü NZV 93, 242; DAR 00, 80).

10 Die Beurteilung des Meßvorganges unterliegt der freien Beweiswürdigung des Tatrichters (BGHSt 31, 86). Bei Brückenabstandsmessungen werden Fehlerquellen durch einen **Sicherheitsabzug** ausgeglichen, der idR 15% betragen soll (Bay VRS 59, 285; Dü VRS 64, 376). Nach Ce VRS 58, 264 gilt dieses jedoch nicht schlechthin. Beim Police-Pilot-System ist ein Abzug von 5% vorzunehmen (Ce NZV 91, 281 = VRS 81, 210). Zu berücksichtigen ist ferner, daß **Abstandsveränderungen** in einer Entfernung von mehr als 190 m auch von geschulten Personen idR erst dann wahrgenommen werden können, wenn sie 25% überschreiten. Das gilt auch bei der Auswertung eines Videobandes (AG Homburg/Saar m Anm Bode ZfS 97, 393, Krell-Kuchenbauer DAR 99, 52, Beck/Löhle 161, Hentschel § 4 Rn 15).

11 b) **Größerer Abstand bei mangelnder Sicht.** Ein größerer Abstand ist erforderlich, wenn der Nachfolgende die Fahrbahn vor dem Vorausfahrenden nicht überblicken kann u damit rechnen muß, der Vorausfahrende könne vor einem Hindernis plötzlich ausweichen müssen. Dann muß der Hintermann einen Abstand einhalten, der es ihm ermöglicht, der Ausweichbewegung des Vordermannes zu folgen, wenn dies die VLage gestattet, oder aber vor dem Hindernis anzuhalten (s aber BGH NJW 87, 1075 u Weber DAR 87, 172). Dies gilt bes für denjenigen, der bei Nacht hinter einem Fz mit hohem, die Sicht behinderndem Aufbau auf der AB oder einer anderen Str mit SchnellV fährt (BGHSt 16, 145, 154; Hbg VM 67, 64; s aber KG NZV 88, 23 = DAR 88, 270); ferner im städtischen KolonnenV, wenn damit gerechnet werden muß, daß der vorausfahrende VT vor einem Abbieger plötzlich auf die Seite ausweichen werde (Bay 60, 316 = VRS 20, 450; Ha VRS 22, 66).

12 c) **Ausnahmsweise geringerer Abstand.** Das G hat durch die Fassung „in der Regel" Ausn von dem in S 1 geforderten Abstand für möglich erachtet. Damit sind nach der amtl Begr die Fälle gemeint, in denen die RSpr schon bisher einen geringeren Abstand zubilligte, nämlich im geballten **StadtV** beim Anfahren bei Grün (Ha NZV 98, 464) u beim Fahren in dicht aufgeschlossenen **Kolonnen** (KG DAR 95,482; Dü VersR 99, 729). Da die RSpr keine VRegel billigen kann, die zwangsläufig auch bei vorschriftsmäßigem Verhalten beider Beteiligten zu Unfällen führen kann, darf nie auf einen zur Verhütung von VUnfällen ausreichenden Abstand verzichtet werden. Verkürzter Abstand ist daher stets durch erhöhte Bremsbereitschaft u Aufmerksamkeit auszugleichen (Kar VRS 73, 334, Br VersR 77, 158). Unter bes Umständen kann lediglich auf die **doppelte Sicherung** (§ 1 Rn 22), die S 1 u 2 verwirklicht, nicht aber auf jede Sicherung verzichtet werden.

Daraus folgt: Im geballten StadtV kann derjenige, der die vor dem Vorausfahrenden liegende Fahrbahn als hindernisfrei übersieht u genügend schnell reagiert, einen $^3/_4$ sec-Abstand einhalten, wenn er mit voller Anspannung fährt (Kö VRS 28, 42; 37, 216; Br VersR 77, 158 = StVE 11).

Im kanalisierten StraßenV in dicht aufgeschlossenen Kolonnen oder beim **13** Überqueren einer übersichtlichen Kreuzung bei Grün braucht der Nachfolgende nicht mit einem **plötzlichen,** sondern nur mit einem allmählichen, verkehrsgerechten Bremsen des Vordermannes zu rechnen (Ha VRS 28, 385; 34, 70) solange diese Ausnahmesituation besteht u nicht mit plötzlich auftretenden Hindernissen gerechnet werden muß (Stu StVE 34). Im KolonnenV auf der AB ist der Auffahrgefahr durch erhöhte Aufmerksamkeit Rechnung zu tragen (Ce NZV 89, 36). Weitergehende Einschränkungen des gebotenen Abstands sind aus Sicherheitsgründen nicht vertretbar (s auch oben 2 ff).

d) **Gefährdung.** Eine (jedenfalls abstrakte) Gefährdung des Vordermannes ist idR gegeben, wenn der gebotene Abstand (s 3; Ausn s 11) nicht nur **14** ganz vorübergehend um nahezu die Hälfte unterschritten, dh auf eine geringere als die in 0,8 sec durchfahrene Strecke verringert wird (Dü VRS 74, 451; Ol VRS 67, 54; Kö NZV 92, 371; Ha NZV 94, 120; zur Berechnung s oben 3 aE), da dann auch bei geringfügigen Änderungen der Geschwindigkeiten der Fze die Gefahr des Auffahrens oder von Schreckreaktionen des Vordermannes besteht (BGHSt 22, 341; Kar VRS 34, 295; 41, 454; Bay VRS 59, 285; NJW 88, 273); ob eine **konkrete** Gefährdung nach § 1 II vorliegt, die § 4 nicht voraussetzt, richtet sich nach den Einzelumständen (BGH aaO; Bay VM 79, 89; Fra VRS 68, 376; s 20).

3. Abs 1 Satz 2: Pflichten des Vorausfahrenden

Die Vorschrift soll eine **Gefährdung des nachfolgenden Verkehrs verhindern** (Kö DAR 94, 28). Der Pflicht des Nachfolgenden, Abstand zu **15** halten, entspricht die Pflicht des Vordermannes, zur Verhütung von Auffahrunfällen durch verkehrsgerechtes, allmähliches Bremsen beizutragen (Stu VM 79, 28). Verletzt er diese Pflicht, so ist er am Auffahrunfall mitschuldig, in den Fällen von Rn 12 möglicherweise sogar allein schuldig (Bay 64, 123 = VRS 28, 140). Daß das normale Bremsen auch anzuzeigen sei, ist nicht mehr vorgeschrieben. Regelmäßig besteht daher keine Pflicht, eine Geschwindigkeitsverminderung durch bloßes Auslaufenlassen des Motors etwa durch kurzen Tritt auf die Fußbremse anzuzeigen (Ha DAR 73, 167). Unter bes Umständen (nachts auf der AB bei nebligem oder diesigem Wetter) kann sich aber im Einzelfall aus § 1 II eine derartige Pflicht ergeben, wenn die Gefahr besteht, daß andernfalls die allmähliche Geschwindigkeitsverringerung von dem Nachfolgenden nicht rechtzeitig wahrgenommen werden könnte (Kö DAR 94, 28: Bremsen wegen einer Taube; s auch oben Rn 4 u § 15 Rn 4 f). – Läßt der bedrängte Vordermann nur zur Warnung des bei hoher Geschwindigkeit nahe aufgefahrenen Hintermannes kurz die Bremslichter aufleuchten, ohne eine Bremswirkung zu erzielen, so ist dies weder nach den §§ 240, 315 b StGB strafbar (s Kö NZV 97, 318) noch begründet dies ein Mitverschulden an einer dadurch ausgelösten Fehlreaktion des Dränglers (Kar NZV 91, 234; ähnlich Kö VersR 82, 558: 2/3 zu Lasten des Dränglers auf AB).

16 **Starkes Bremsen** ist nur durch einen **zwingenden Grund** gerechtfertigt. Ein solcher liegt – iG zum „triftigen" Grund in § 3 II – nur im Fall der Abwendung einer plötzlichen ernstlichen Gefahr für Leib, Leben u bedeutende Sachwerte vor, zB beim Hineinlaufen eines Kindes oder Fußgängers in die Fahrbahn, plötzlichem Bremsen des Vordermannes, uU selbst dann, wenn die Gefahr durch vorheriges eigenes Fehlverhalten verursacht worden ist (Kar VRS 76, 414).

17 **Kein zwingender Grund** ist – bei aller Anerkennung des Bestrebens zur Rettung eines Tierlebens – das Hereinlaufen eines **Kleintiers**, zB einer Katze (Schmidt KVR „Tiere" S 25), eines Huhnes (Stu NJW-RR 86, 1286), einer Wildente (Kar NJW-RR 88, 28, Sa DAR 88, 382), einer Taube (Kö DAR 94, 28), eines Hasen (Hbg u Kö NZV 93, 155) oder eines Igels (Mü DAR 74, 19; aA Fra VM 84, 41; AG Mü VM 85, 101 jew m abl St Booß u Janiszewski NStZ 84, 405; ausführliche RSprÜb bei Berr DAR 88, 382); anders uU bei Hineinlaufen eines **größeren** Tieres, mit dem ein Zusammenstoß erhebliche Folgen haben kann (s LG Landau NZV 89, 76; KG DAR 01, 122; Hund: Schl r+s 91, 12: Reh) u evtl beim Motorradf (Ha ZfS 93, 308). Wenn das Hindernis oder die Gefahr so rechtzeitig erkennbar waren, daß ihnen mit einer verkehrsgerechten Herabsetzung der Geschwindigkeit hätte begegnet werden können, ist zwar das Anhalten, aber nicht die Plötzlichkeit des Bremsvorganges zwingend (Kö DAR 95, 485); daher Verstoß gegen § 4 I S 2. Zu spätes Erkennen einer Ortstafel, einer StrAbzweigung oder einer Einordnungspflicht berechtigen nicht zu starkem Bremsen, wenn andere VT in kurzem Abstand folgen; ebensowenig kurze Sichtbehinderung durch Spritzwasser (KG VM 79, 83) u die beabsichtigte Aufnahme eines Fahrgastes (KG DAR 76, 16; NZV 93, 478). Ob Gelblicht zu starkem Bremsen zwingt, hängt davon ab, in welcher Phase der Gelbschaltung die Annäherung erfolgt, ob ob ein Weiterfahren uU gefährlich ist (KG(Z) VM 83, 15; 89, 44) u noch vor der Haltlinie gehalten werden kann (Kar VRS 72, 168; s auch § 37 Rn 14f; s auch Ha NZV 95, 25: zul Abbremsen bei gelb blinkender Vorampel); im Wechsellichtzeichenbereich (§ 37) liegt starkes Bremsen nur bei blockierenden Rädern vor (Kar aaO). Der Vorausfahrende darf aber ohne zwingenden Grund dann scharf bremsen, wenn ein **ausreichend großer Sicherheitsabstand** zum nachfolgenden Verkehr besteht (KG DAR 01, 122).

4. Abs 2: Abstand zwischen langsamen Fahrzeugen

18 a) Die Vorschrift dient der Beschleunigung des VFlusses durch **Erleichterung** des **Überholens,** namentlich des **Einscherens,** außerorts; sie wird durch § 5 VI ergänzt. **Besondere Geschwindigkeitsbeschränkungen** iS von II S 1 s § 3 III 2 a, b, § 18 V, Z 274 mit Beschränkung auf bestimmte Fz-Arten durch Zusatzschild. Dem Zweck entspr gilt das Gebot nach II S 2

Nr 3 in den Fällen nicht, in denen ein Nachfolgender nicht überholen darf, zB § 3 III 2c (Bouska VD 76, 339), oder wegen Fehlens von GegenV sich nicht alsbald rechts einordnen muß.

b) Ein **Zug** ist eine Mehrheit miteinander verbundener Fze, also ein ziehendes Fz u mind ein Anhänger von zus mind 7 m u höchstens 18 m Länge (§ 32 I 3d StVZO). Hinter Kfzen dürfen nur ein Anhänger, hinter Zugmaschinen im Rahmen der zul Gesamtlänge zwei Anhänger mitgeführt werden (§ 32a StVZO).

c) **Einzelheiten:** Auch bei Kolonnen der betr Fze muß jedes Fz einen zum Einscheren **genügenden Abstand einhalten** (Ausn II S 2 Nrn 1–3). Der Abstand muß so lang sein, daß ein Pkw (bis 6 m), der einschert, nach hinten u vorn den nach Rn 2ff erforderlichen Abstand einhalten kann, also die Strecke, die die Kolonne in 3sec zurücklegt, plus 6m betragen (vgl § 5 Rn 44). Der gebotene Abstand muß immer – ohne Rücksicht auf das Vorhandensein Überholungswilliger – eingehalten u nach Einscheren eines Überholers wiederhergestellt werden, wenn dieser nicht alsbald einen weiteren Überholvorgang einleitet. Verstoß ist reines Tätigkeitsdelikt. Sonderregelung für geschl Verbände: § 27 II.

5. Mindestabstand durch Verkehrszeichen u nach Abs 3

Z 273 schreibt für schwere Lkw (seit 24. ÄndVO ab 3,5 t) einen bestimmten Mindestabstand vor. Es soll in erster Linie den Gefahren durch die Überbelastung von Brücken durch schwere Fze vorbeugen. – Im Sicherheits- (u Überwachungs-)interesse schreibt **III** auf ABen für Lkw u Busse konstant einen Abstand von mind 50m vor, wenn sie mehr als 50km/h fahren; die og Formel zu Abs 1 (Rn 4) u sonstige Ausn (Rn 11) gelten hier nicht (Zw NJW-RR 97, 92 = NZV 97, 283). Ergibt sich aus I oder II ein größerer Abstand, so gilt dieser. 50 m entspr dem Abstand der Leitpfosten.

6. Zuwiderhandlungen

sind OWen nach den §§ 49 I 4 StVO iVm 24 StVG (s Nrn 7–9 VwKat u 6, 7 BKat). Verstoß gegen **§ 4 I S 1** liegt nur vor, wenn der zu geringe Abstand nicht nur ganz vorübergehend eingehalten wird. Bei höheren Geschwindigkeiten muß der Abstand auf einer Strecke von 250 bis 300m unterschritten werden (Ce NJW 79, 325 = VRS 55, 448; Ol VRS 67, 54; Kö VRS 66, 48; 66, 463 = ZfS 84, 155; Ko VRS 71, 66; Zw NJW-RR 97, 92 = NZV 97, 283), wobei nach Bay (NZV 94, 240; 242) eine Pflichtwidrigkeit nur dann ausscheiden soll, wenn die Abstandsverringerung auf einem Abbremsen des Vorausfahrenden oder dem Einscheren eines anderen Kfz beruht. Im Urteil muß da das angewandte Verfahren, der zugrundegelegte Toleranzwert und die Beachtung der jeweiligen RiLi (Dü VRS 59, 45; 64, 144; Kö VM 84, 4) sowie über welche Strecke der Abstand unterschritten wurde (Kö DAR 83, 364) festgestellt werden. Ohne besondere Anhaltspunkte für Abweichungen von den RiLi ist bei **Videoabstandsmeßverfahren** im Hinblick auf die RSpr des BGH (NZV 93, 485) von einer zutreffenden Messung auszugehen (Bay

DAR 94, 122 = NZV 94, 242), so daß Einzelheiten zur angewandten Meßmethode hier nicht mehr mitgeteilt werden müssen. Auch ein glaubhaftes Geständnis, den Sicherheitsabstand nicht eingehalten zu haben, kann ausreichen (Kö VRS 67, 286). Der Tatrichter muß ggf feststellen, ob die Zeugen im Schätzen räumlicher Abstände geübt sind (Dü DAR 93, 360 = NZV 93, 242). § 4 I S 2 erfordert keine konkrete Gefährdung des Vorausfahrenden (Fra VRS 68, 376). Tritt eine konkrete Gefährdung ein (Rn 13), liegt TE mit § 1 II vor (Ha DAR 73, 167; NZV 94, 120). – Für einen Verstoß gegen **Abs 3** reicht – anders als bei I – jede kurzfristige Unterschreitung des vorgeschriebenen Mindestabstands, es sei denn der Betr hat sie nicht zu vertreten (Zw NJW-RR 97, 92 = NZV 97, 28).

23   **Wahlweise Schuldfeststellung** (entweder ungenügender Abstand oder Unaufmerksamkeit) ist zulässig u geboten, wenn bei einem Unfall bei sonst klarem Verschulden nur der Abstand nicht genau festgestellt werden kann. – Bedrängendes dichtes Auffahren auf der Überholspur kann **Nötigung** u **Verkehrsgefährdung** sein (BGHSt 19, 263; Bay NJW 88, 273; Ha VRS 45, 360; Kar VRS 57, 21, 415; DAR 79, 308; Kö VRS 61, 425 m Anm Geilen JK, StGB § 240/4; VM 84, 83; NZV 92, 371 = StVE § 240 StGB 20; NZV 95, 405: auch unter Berücksichtigung des BVfG NStZ 95, 275 zur Sitzdemonstration; Dü VRS 66, 355; NZV 96, 288; vgl auch § 5 Rn 46f; Janiszewski 561ff), wenn es nicht nur ganz kurzfristig war (Bay NZV 90, 238; 93, 357), insb unter Betätigung von Hupe u Fernlicht (BGH aaO; Kö VRS 61, 425; s aber Ha NZV 91, 480; Bay aaO u NZV 90, 238). Nötigung setzt eine gewisse Intensität der Gewalteinwirkung voraus, für deren Beurteilung Dauer, Geschwindigkeit, Ansetzen zum Linksvorbeifahren, Gebrauch der Lichthupe pp maßgeblich sind (Bay aaO; Ha DAR 90, 392 mwN; s auch Janiszewski 561ff u § 1 Rn 86a). Keine Nötigung, wenn der Abstand zum Vorausfahrenden noch mehr verkürzt wird, um einen Nachfolgenden am Überholen u Einscheren zu hindern (Ce VRS 80, 24). Auch der Vorausfahrende kann zB durch ungerechtfertigtes scharfes Bremsen nötigen (BGH NZV 95, 325; Ce VRS 68, 43; Dü VRS 73, 41; NZV 89, 441; s auch VGT 96 AK II mwN).

7. Zivilrecht

24   Beim Auffahren spricht grundsätzlich der **erste Anschein** gegen den Auffahrenden (BGH NZV 89, 105 = VersR 89, 54; KG NZV 93, 478; Ha NZV 94, 229). Auch im BAB-KolonnenV (BGH aaO) und grundsätzlich auch gegen den Auffahrenden Straba-Führer (Dü NZV 94, 28), weil entweder der nötige Sicherheitsabstand (§ 4 I 1), die der Vsituation entspr Geschwindigkeit nicht eingehalten wurde (§ 3 I) oder die erforderliche Aufmerksamkeit fehlte (§ 1 II). Plötzliches starkes Abbremsen des Vorausfahrenden erschüttert den Anscheinsbeweis nicht. Erschüttert wird der Anscheinsbeweis durch die bewiesene ernsthafte Möglichkeit, daß das vorausfahrende Fahrzeug zurückgerollt oder -gesetzt hat (KG VersR 78, 155; Greger § 16 StVG Rn 401), unmittelbar zuvor in die Fahrbahn des Auffahrenden wechselte (Ko NZV 93, 28; Ol DAR 91, 382; Kö VersR 91,

1195), selbst auf ein vorausfahrendes Fahrzeug auffuhr und dadurch den Bremsweg des nachfolgenden Fahrzeuges verkürzte (Dü VersR 99, 729; Lepa NZV 92, 132) oder bei Abbremsen ohne zwingenden Grund (Kar NJW-RR 88, 28; Kö DAR 95, 485). Kein Anscheinsbeweis auch bei Vorfahrtsverletzungen (BGH NJW 82, 1595; KG VM 93, 111; Mü NZV 89, 438), insbesondere wenn das vorausfahrende Fahrzeug vom Beschleunigungsstreifen in den durchgehenden Fahrstreifen der Autobahn eingefahren ist oder auf den Überholstreifen wechselte, auf dem sich der Auffahrende befand (BGH NJW 82, 1595; Ha NZV 94, 229) oder sonstiges Fehlverhalten eines Dritten (KG VM 93, 35). Bei **Kettenunfällen** (vgl. Greger NZV 89, 58) greift der Anscheinsbeweis zulasten des ersten Auffahrenden nicht aber bei Kollisionen innerhalb der Kette ein (Dü NZV 95, 486; 98, 203; Lepa NZV 92, 132). Beim letzten Auffahrenden greift der Anscheinsbeweis nicht ein, wenn die ernsthafte Möglichkeit feststeht, daß ihm der Bremsweg verkürzt wurde (Dü NZV 98, 203; vgl auch Greger § 16 StVG Rn 403; a.A KG DAR 95, 482).

Grundsätzlich ist von der vollen Haftung des Vorausfahrenden auszugehen. Mithaftung des Vorausfahrenden besteht jedoch, wenn dieser unter Verstoß gegen § 4 I 2 oder wegen eigener Unaufmerksamkeit verspätet abrupt bremst (Kö DAR 95, 485; Ha NZV 93, 68 – Alleinhaftung des Vorausfahrenden –, KG NZV 93, 478; Kar NJW-RR 88, 28). Mithaftung auch bei Auffahren auf ein unzureichend beleuchtetes Fahrzeug (Ce VersR 77, 454) bzw. bei Nichtaufleuchten der Bremslichter (KG DAR 95, 482). 25

8. Literatur:

Beck/Berr „Owi-Sachen im Straßenverkehrsrecht", 3. Aufl.; **Beck/Löhle** „Fehlerquellen bei polizeilichen Meßverfahren", 5. Aufl.; **Greger** „Aufgeschoben ist nicht aufgefahren" NZV 89, 58; **Härlein, Hartung, Jedamus** „Zur Schadensabwicklung bei Massenunfällen" 19. VGT S 161 ff; **Janiszewski** zur Nötigung Rn 561 ff; **Lepa** „Beweiserleichterungen im Haftpflichtrecht", NZV 92, 129, **Löhle** ua „Distanova-Abstandsmeßverfahren" DAR 83, 69; **Mühlhaus** „Abstand – Auffahren" DAR 67, 260; **Prell/Kuchenbauer** „Problematik des Abstandes nach § 4 Abs. I StVO in rechtlicher und tatsächlicher Hinsicht", DAR 99, 49. 26

§ 5 Überholen

(1) **Es ist links zu überholen.**

(2) **Überholen darf nur, wer übersehen kann, daß während des ganzen Überholvorgangs jede Behinderung des Gegenverkehrs ausgeschlossen ist. Überholen darf ferner nur, wer mit wesentlich höherer Geschwindigkeit als der zu Überholende fährt.**

(3) **Das Überholen ist unzulässig:**
1. bei unklarer Verkehrslage oder
2. wo es durch Verkehrszeichen (Zeichen 276, 277) verboten ist.

(3a) Unbeschadet sonstiger Überholverbote dürfen die Führer von Kraftfahrzeugen mit einem zulässigen Gesamtgewicht über 7,5 t nicht überholen, wenn die Sichtweite durch Nebel, Schneefall oder Regen weniger als 50 m beträgt.

(4) Wer zum Überholen ausscheren will, muß sich so verhalten, daß eine Gefährdung des nachfolgenden Verkehrs ausgeschlossen ist. Beim Überholen muß ein ausreichender Seitenabstand zu anderen Verkehrsteilnehmern, insbesondere zu Fußgängern und Radfahrern, eingehalten werden. Der Überholende muß sich sobald wie möglich wieder nach rechts einordnen. Er darf dabei den Überholten nicht behindern.

(4a) Das Ausscheren zum Überholen und das Wiedereinordnen sind rechtzeitig und deutlich anzukündigen; dabei sind die Fahrtrichtungsanzeiger zu benutzen.

(5) Außerhalb geschlossener Ortschaften darf das Überholen durch kurze Schall- oder Leuchtzeichen angekündigt werden. Wird mit Fernlicht geblinkt, so dürfen entgegenkommende Fahrzeugführer nicht geblendet werden.

(6) Wer überholt wird, darf seine Geschwindigkeit nicht erhöhen. Der Führer eines langsameren Fahrzeugs muß seine Geschwindigkeit an geeigneter Stelle ermäßigen, notfalls warten, wenn nur so mehreren unmittelbar folgenden Fahrzeugen das Überholen möglich ist. Hierzu können auch geeignete Seitenstreifen in Anspruch genommen werden; das gilt nicht auf Autobahnen.

(7) Wer seine Absicht, nach links abzubiegen, ankündigt und sich eingeordnet hat, ist rechts zu überholen. Schienenfahrzeuge sind rechts zu überholen. Nur wer das nicht kann, weil die Schienen zu weit rechts liegen, darf links überholen. Auf Fahrbahnen für eine Richtung dürfen Schienenfahrzeuge auch links überholt werden.

(8) Ist ausreichender Raum vorhanden, dürfen Radfahrer und Mofa-Fahrer Fahrzeuge, die auf dem rechten Fahrstreifen warten, mit mäßiger Geschwindigkeit und besonderer Vorsicht rechts überholen.

VwV – StVO
Zu § 5 Überholen und § 6 Vorbeifahren

1   An Teilnehmern des Fahrbahnverkehrs, die sich in der gleichen Richtung weiterbewegen wollen, aber warten müssen, wird nicht vorbeigefahren; sie werden überholt. Wer durch die Verkehrslage oder durch eine Anordnung aufgehalten ist, der wartet.

Zu § 5 Abs. 6 Satz 2

1   Wo es an geeigneten Stellen fehlt und der Verkehrsfluß wegen Lastkraftwagenverkehrs immer wieder leidet, ist der Bau von Haltebuchten anzuregen.

Allgemeines 1 § 5 StVO

Inhaltsübersicht

	Rn
1. Allgemeines	1
2. Der Überholvorgang	2
a) Überholen und Vorbeifahren	2
b) Beginn des Überholens	8
c) Überholabsicht	9
d) Der Überholweg	10
3. Abs 2: Zulässigkeit des Linksüberholens	13
a) Verantwortung des Überholenden, Seitenabstand, Gegenverkehr	13
b) Abs 2 S 1: Übersicht über die Überholstrecke	19
c) Abs 2 S 2: Wesentlich höhere Geschwindigkeit	22
d) Abbrechen der Überholung	24
e) Schutzzweck	25
4. Abs 3, 3 a: Überholverbote	26
a) Unklare Verkehrslage Abs 3 Nr 1	26
b) Überholverbote durch Verkehrszeichen Abs 3 Nr 2	28
c) Bei extrem schlechter Sicht Abs 3 a	31
5. Pflichten gegenüber dem nachfolgenden Verkehr	32
a) Vortritt des Vorausfahrenden	32
b) Abs 4 S 1: Gesteigerte Sorgfaltspflicht vor Ausscheren	33
c) Abs 4 S 3 u 4: Wieder rechts einordnen	38
d) Überholen mehrerer Fahrzeuge	41
e) Abs 4 a: Richtungszeichen	43
6. Abs 5: Ankündigung des Überholens	48
7. Abs 6: Pflichten beim Überholtwerden	50
a) Rechtsstellung im allgemeinen	50
b) Abs 6 S 1: Beschleunigungsverbot	51
c) Abs 6 S 2 u 3: Eingeholte langsamere Fahrzeuge	56
8. Rechtsüberholen	57
a) Zulässigkeit im allgemeinen	57
b) Abs 7 S 1: Überholen eines links Eingeordneten	61
c) Durchführung	65
d) Pflichten	66
e) Abs 7 S 2 bis 4: Überholen von Schienenfahrzeugen	67
9. Abs 8: Rechtsüberholen durch Rad- und Mofafahrer	67 a
10. Zivilrecht/Haftungsverteilung	68
11. Zuwiderhandlungen	79
12. Literatur	82

1. Allgemeines

In § 5 sind nach Streichung von § 18 IV durch die 9. ÄndVO die wich- **1** tigsten Regeln, die von der RSpr aus § 1 zum Überholen entwickelt worden sind, als selbständige TBe für alle Str zusammengefaßt; sie sind bis auf II S 1 u IV S 1, 4 abstrakte Gefährdungsdelikte. Über deren Verhältnis zu

StVO § 5 2, 2a

§ 1 s unten Rn 79. Überholverbot für schwere Kfze bei extrem schlechter Sicht (III a) wurde durch die 12. VO z Änd v VVorschriften eingef. Überholen im mehrreihigen Verkehr s § 7; bei Fahrstreifenmarkierung § 41 Z 297. Vorbeifahren ist gesondert in § 6 behandelt. – Die Regeln des § 5 II–VI sind **Schutzgesetze** iS des § 823 II BGB. Das Überholverbot dient dem Schutz des Gegenverkehrs, der vorausfahrenden und der nachfolgenden Fahrzeuge. Die Überholvorschriften wenden sich an den Fahrverkehr, einschließlich Radf und Straba, sind aber nicht auf Fz untereinander beschränkt. Sie sind nicht anwendbar, wenn die beteiligten Fz auf verschiedenen Fahrbahnen einer Straße fahren zB auf einem neben der Straße verlaufenden Sonderweg. An die Fahrbahn angrenzende Parkplätze, Raststättengelände, die parallel zur Fahrbahn der AB verlaufenden Verbindungsstücke zw Aus- und Einfahrten gehören nicht zur Fahrbahn.

2. Der Überholvorgang

2   a) **Überholen u Vorbeifahren.** „Vorbeifahren" ist der allg Begriff, „Überholen" ist ein Sonderfall des Vorbeifahrens, nämlich Vorbeifahren von hinten nach vorn an einem VT, der sich auf derselben Fahrbahn (s 6) in derselben Richtung bewegt oder nur mit Rücksicht auf die VLage anhält (BGHSt 25, 293, 296 = NJW 74, 1205; Dü VRS 59, 151 = StVE 48; NZV 90, 278; Bay DAR 79, 111 = StVE § 18 StVO 15; Dü NZV 97, 491; Kö NZV 95, 74 = StVE 99; Schl VM 96, 19; KG NZV 98, 376; Anhalten, um einen Fußgänger queren zu lassen (Kö VRS 96, 335); zum Schnellerfahren auf Ein- u Ausfahrstreifen s unten Rn 9u § 18 Rn 9ff). Allerdings braucht der Überholende zu Beginn des Überholens nicht unbedingt hinter dem anderen gefahren zu sein (s 6); er überholt ihn auch dann, wenn das andere Fz aus der Gegenrichtung in einer Seitenstr nach rechts, der Überholende nach links einbiegt u letzterer in der Seitenstr sich vor jenen setzt (Bay VRS 28, 230; Ha VRS 12, 460) oder wenn zum Überholen (verbotswidrig) eine Sperrfläche benutzt wird (Dü NZV 90, 241). Hält ein Fz nur ganz kurz aus verkehrsbedingten Gründen (Stau: BVwG NZV 94, 413) oder auf Grund einer AO (Rotlicht, Haltzeichen; BGH NJW 75, 1330; Dü VRS 70, 41), ohne die einem sich bewegenden Fz entspr Stellung aufzugeben, so **wartet** es (VwV zu §§ 5 u 6; BGH aaO). Es steht einen sich bewegenden gleich, wird also „überholt"; so auch ein Fz, das hinter einer Straba hält, um das Aus- u Einsteigen der Fahrgäste abzuwarten (Ha DAR 56, 108; Dü aaO), bei Grün nicht sofort anfährt (Kö VRS 67, 289; BGH aaO), gerade anfährt (Fra VRS 76, 108 = StVE 86) oder vor einem Zebrastreifen (KG VRS 11, 70) oder gem § 11 anhält.

2a   **Nicht überholt wird,** wer nicht verkehrsbedingt hält (Dü VRS 59, 294), insb parkt oder sonstwie zum Stillstand gekommen ist (Dü VRS 63, 60) oder wer sich nicht rechtzeitig links eingeordnet hat, an den rechten Fahrbahnrand herausfahren u dort halten muß, bis die VLage das Linksüberqueren der Str erlaubt; er verläßt die Stellung eines Teilnehmers am fließenden Verkehr u scheidet vorübergehend aus ihm aus (vgl BGH VRS 6, 156; Bay 55, 87 = VRS 9, 151). Ebenso werden der Omnibus oder die

Der Überholvorgang 3–8 § 5 StVO

Straba, die zum Fahrgastwechsel an einer Haltestelle halten, nicht überholt, sondern an ihnen wird vorbeigefahren (s § 6; BGH VRS 17, 43; Bay 62, 305 = VRS 25, 299; Dü VRS 59, 294 = StVE 51). Setzt sich ein solches Fz während der Vorbeifahrt in Bewegung, so wird aus dem Vorbeifahren ein Überholen (Bay 62 aaO; Kar VRS 33, 449; Ha DAR 00, 265).

Das **Auffahren** mehrerer Fze nebeneinander **vor einer LZA** bei Rot ist zwar begrifflich ein „Überholen" (vgl § 7 Rn 16), wurde aber schon früher nicht als unzul Rechtsüberholen angesehen, auch wenn der später Auffahrende wegen des inzw erschienenen Grünlichts im fliegenden Start über die Kreuzung weiterfährt (Bay VRS 58, 279; vgl § 7 Rn 9 ff). Diese Übung ist durch § 37 IV ausdrücklich „legalisiert" (Begr zu § 37 IV), dh der VO-Geber hat die einschränkende Auslegung des Verbotes des Rechtsüberholens anerkannt (für Rad- u Mofaf's VIII). 3

Ein zum Halten auslaufendes Fz wird einem schon haltenden gleichgestellt, wird also nicht mehr überholt, wenn es mit nur noch ganz geringer Geschwindigkeit an den Fahrbahnrand heranfährt (Kö VM 56, 83; Dü VRS 63, 60; Bay DAR 89, 361; s aber § 20 Rn 8). Wer vor einer Einfahrt zwecks Türöffnens wartet, hält nicht verkehrsbedingt, wird also nicht überholt (Bay VRS 58, 450). Ein Rechtsabbieger wird überholt, solange er sich in der ursprünglichen Richtung bewegt, **aber nicht mehr, wenn er nicht mehr dieselbe Fahrbahn wie der in unveränderter Richtung Weiterfahrende benutzt (Ha DAR 53, 219; BGH VRS 6, 155; Br VRS 32, 473).** Eine als verkehrsbedingt gewollte Fahrtunterbrechung ist auch dann kein „Halten", wenn die beabsichtigte Weiterfahrt, zB wegen eines Abbiegeverbotes, verkehrswidrig ist (Kö VM 76, 54). 4

Nicht nur Fze, sondern auch **Fußgänger**, die sich in gleicher Richtung auf der Fahrbahn bewegen, werden überholt (BGH VRS 25, 438; Bay 55, 142 = NJW 56, 355); dies gilt zumind dann, wenn sie ein Fz mitführen (Bay VM 73, 103). Aber an einem Fußgänger – auch wenn er ein Fahrrad schiebt –, der zur Ermöglichung der Vorbeifahrt stehen geblieben u zur Seite getreten ist, wird vorbeigefahren (Bay 73, 23 = VRS 45, 63), weil er nicht verkehrsbedingt oder auf Grund einer Anordnung stehen bleibt. 5

Zum Begriff des „Überholens" gehört weder ein Fahrstreifenwechsel noch, daß der Überholende seine Fahrgeschwindigkeit erhöht (Dü NZV 90, 319 mwN). Auch wer mit gleichbleibender Geschwindigkeit – etwa auf dem rechten Fahrstreifen der AB – an langsameren Benutzern des linken vorbeizieht, überholt diese (Bay 63, 222 = VRS 26, 387; Ce VM 63, 121; Fra VM 62, 23; s auch Rn 9), **nicht** aber, wer auf anderen, nicht zur selben Fahrbahn gehörenden V-Flächen vorbeifährt, wie auf Parkplätzen (Bay VRS 66, 291) oder Seitenstreifen (Dü VRS 91, 387). Wer diese Verkehrsflächen aber dazu benutzt, um langsamere, auf der Fahrbahn für den Durchgangsverkehr fahrende Fz zu „überholen", verstößt gegen das Gebot, die Fahrbahn zu benutzen, § 2 I (Dü NZV 90, 278). 6

Verhältnis Vorfahrt – Überholen s § 8 Rn 7 a, § 18 Rn 8, 14 f. 7

b) **Beginn des Überholens.** Das als Regel vorgeschriebene Linksüberholen beginnt spätestens mit dem Ausscheren (s unten 34) auf die linke 8

Fahrbahnhälfte oder die Überholspur (BGHSt 25, 293, 296 = NJW 74, 1205; Dü ZfS 86, 94; Ko NZV 93, 318 = StVE § 315 c StGB 34 a). Wer nur zum Zwecke der **Prüfung,** ob die **VLage** ein **Überholen zuläßt,** etwas nach links ausschert, überholt noch nicht (Bay DAR 88, 366). Er darf aber auch zu diesem Zweck nach § 1 II die Straßenmitte nur überschreiten, wenn die Gefährdung entgegenkommender VT ausgeschlossen ist (Dü VM 66, 8; Ha VersR 96, 181), also nicht an unübersichtlichen Stellen oder so nahe hinter dem vorausfahrenden Fz, daß er entgegenkommende Fze erst spät sehen u vor ihnen nicht wieder rechtzeitig nach rechts ausweichen kann. Der Linksfahrer wird zum Überholer ab einer deutlichen Verkürzung des Sicherheitsabstandes (§ 4) in Überholgeschwindigkeit (Bay DAR 93, 269; Dü NZV 89, 441) oder wenn er das vordere Fz so weit eingeholt hat, daß er sich unter Berücksichtigung seiner Fahrgeschwindigkeit nicht mehr hinter ihm einordnen kann (Ha DAR 62, 134). Wer zum Zwecke des Überholens auf den linken Fahrstreifen fährt, obwohl er diesen wegen der geringen Sichtweite beim Auftauchen von GegenV nicht mehr rechtzeitig räumen kann, ist wegen vollendeten verbotenen Überholens (§ 5 II S 1, evtl § 315 c I 2 b StGB) ahnd- bzw strafbar (Bay 67, 132 = DAR 68, 22). Andererseits kein Überholen, wenn sich ein nachfolgender VT einem Vordermann zu schnell genähert hat, u, um ein Auffahren zu verhindern, unter gleichzeitigem Bremsen rechts oder links neben das vorausfahrende Fz fährt, bis er seine Geschwindigkeit auf diejenige des vorderen Fz ermäßigt hat (Mühlhaus DAR 68, 169 ff). Beendet ist der Überholvorgang mit dem Wiedereinordnen nach rechts mit ausreichendem Abstand oder, falls der Überholende auf dem Überholstreifen weiterfährt, einen so weiten Abstand von dem Überholten erreicht hat, daß sein Verbleiben auf dem Überholstreifen mit dem Überholen nicht mehr in innerem Zusammenhang steht (Dü NZV 88, 149; Ha DAR 00, 265; s im einzelnen Rn 38 f.)

9 c) Die **Überholabsicht** ist kein Begriffsmerkmal des Überholens (Dü NZV 90, 319; Mühlhaus DAR 68, 169 ff; s aber Dü VRS 66, 355 u Bay DAR 93, 269, die zur Abgrenzung vom Nachfahren unter Nichteinhaltung des nötigen Abstands auf die äußerlich erkennbare Überholabsicht [durch Linksblinken oder Lichthupe] abstellen). Bay (63, 222 = VRS 26, 387) u der BGH (VRS 35, 141) erachten das Überholen zutr als einen rein tatsächlichen Vorgang, der auch ohne das Bewußtsein, einen anderen zu überholen, durchgeführt werden kann. Danach überholt zB derjenige rechts, der mit gleichbleibender Geschwindigkeit an einem links Fahrenden vorbeizieht, dessen Fahrgeschwindigkeit – zB an einer Bergstrecke – zurückfällt, auch wenn es ihm nicht darauf ankommt, vor diesen zu gelangen, ja selbst dann, wenn er das Vorziehen von dem links Fahrenden gar nicht bemerkt. Ein solches Rechtsüberholen, das namentlich auf der AB bes gefährlich ist, soll durch das Verbot des Rechtsüberholens gerade vermieden werden, auch wenn der rechts Fahrende dadurch gezwungen wird, seine eigene höhere Geschwindigkeit zu vermindern (BGHSt 12, 258, 262; Ce VM 63, 121; vgl oben Rn 6 u 8; Mühlhaus DAR 68, 171).

Zulässigkeit des Linksüberholens 10–13 § 5 StVO

d) Der Überholweg setzt sich zusammen aus der seitlichen Versetzung 10
nach links, dem reinen Überholweg u der anschl Versetzung nach rechts.
Die Versetzung nach links muß so bald durchgeführt werden, daß der
Überholende vom Vorausfahrenden immer den erforderlichen Abstand
(vgl § 4 Rn 2 ff) einhält (Ha VRS 26, 219; Bay 70, 152 = VRS 40, 69).

Die **Versetzung nach links** entfällt, wenn sich das überholende Fz 11
schon vor dem Ansetzen zum Überholen auf der linken Fahrbahnseite befindet. Der **Überholweg** setzt sich zusammen aus dem Abstand zum anderen Fz nach Erreichen der linken Fahrbahnseite, der Länge der beiden
Fze u dem Abstand, den der Überholende vor dem überholten Fz erreichen muß, bevor er sich wieder nach rechts vor dieses setzen darf. Anschl
wird die Rechtsbewegung in einem weiteren S-Bogen durchgeführt. Die
Berechnung von Überholweg u -zeit zeigt folgendes **Beispiel:**

Ein 5 m langer Pkw überholt mit 60 km/h einen 15 m langen Lastzug,
der mit 40 km/h fährt. Er hat 20 m hinter diesem die linke Fahrbahnseite
erreicht u will, da die rechte Fahrbahnseite vor dem Lastzug frei ist, wieder
auf die rechte Seite fahren, sobald die Rückseite seines Wagens 10 m vor
dessen Spitze liegt.

Überholer fährt mit 60 km/h = 16,70 m/sec
Überholter fährt mit 40 km/h = 11,10 m/sec
Geschwindigkeitsdifferenz: 5,60 m/sec
Reiner Überholweg: 20 + 5 + 15 + 10 = 50 m
Zeitdauer der reinen Überholung: 50 : 5,6 = 9 sec

In dieser Zeit legt der Überholer 9 × 16,7 = 150,3 m zurück. Dazu 12
kommen zwei Versetzungsbögen, die bei einer seitlichen Versetzung um
2,50 m auf trockener Fahrbahn je 25 m lang sind. Der Pkw braucht daher
vom Ausscheren nach links bis zur Wiedereinordnung nach rechts eine
Strecke von ca 200 m. Die volle Übersicht über die ganze Überholstrecke
muß erst bestehen, wenn der Überholvorgang nicht mehr gefahrlos abgebrochen werden kann, regelmäßig also erst von der Bereitstellung auf der
linken Fahrbahnseite an (Bay 62, 186). Die Zurücklegung des reinen
Überholweges (9 sec) u die Ausführung des anschl S-Bogens nach rechts
(1,5 sec) bis zur Freigabe der linken Fahrbahnseite dauert 10,5 sec, in denen
sich ein entgegenkommendes Fz mit gleicher, möglicherweise sogar höherer Geschwindigkeit nähern kann. Die übersehbare Strecke vom Ausgangspunkt 20 m hinter dem zu überholenden Fz aus muß daher mind 350 m
lang sein.

3. Abs 2: Zulässigkeit des Linksüberholens

a) **Grundsätzliche Verantwortlichkeit des Überholenden.** Das 13
Überholen ist einerseits einer der gefährlichsten VVorgänge, da sich auf der
Überholbahn die Fze aus beiden Richtungen mit hohen, im Falle eines
Zusammenpralls in ihrer Auswirkung sich addierenden Geschwindigkeiten
entgegenkommen; andererseits ist es im Interesse der Flüssigkeit des Verkehrs nicht entbehrlich. Daraus folgt: Das Überholen ist nur zul, wenn bei
Beginn des Überholvorgangs übersehbar ist, daß während des **ganzen**

Heß

Überholvorgangs eine Behinderung des GegenV „ausgeschlossen" ist (KG DAR 01, 467; vgl dazu § 10 Rn 7). Das ist nur dann der Fall, wenn der Überholende einen Abschnitt der Gegenfahrbahn einsehen kann, der zumindest so lang ist, wie die für den Überholvorgang benötigte Strecke zuzüglich des Weges, den ein entgegenkommendes, mit auf Höchstgeschwindigkeit fahrendes Fz während des Überholens zurücklegt, es sei denn, die Breite der Str läßt ein gefahrloses Überholen auch bei GegenV zu (Dü DAR 96, 290; NZV 94, 290; Ha DAR 00, 265). Der Abschnitt, den der Überholende einsehen können muß, ist von der Stelle aus zu messen, an der der Überholvorgang noch gefahrlos abgebrochen werden kann. Der Fz-Führer hat vor jedem Überholen gründlich u gewissenhaft zu prüfen, ob es sich verantworten läßt (Überholen – im Zweifel nie! BGH VersR 00, 736). Fehlschätzungen über Entfernungen u Geschwindigkeit anderer gehen zu seinen Lasten (BGH(Z) VM 70, 17; Ha VersR 99, 898). Außer der Gefährdung verbietet II „jede Behinderung". Damit ist jede unzul Behinderung gemeint (§ 1 Rn 75 ff; Ha VM 75, 73). Deswegen ist das Behinderungsverbot des Abs II weiter als die Überholverbote des § 18 IV und § 26 III S 1 sowie das Verbot des Fahrstreifenwechsels nach § 7 IV, die nur eine Gefährdung verbieten.

14 Vom Überholenden muß bis zur Beendigung des Überholvorgangs zu jedem VT ein genügender **Seitenabstand** eingehalten werden (Kar NZV 90, 199), nach **IV S 2** bes zu Fußgängern u Radf (zum Seitenabstand beim Vorbeifahren s § 6 Rn 6 f); idR reicht ein Mindestabstand von 1 m, bei Radf untereinander uU 0,5 m (Fra NZV 90, 188); im übrigen richtet er sich nach Lage des Einzelfalls (BGH(Z) VRS 31, 404), insb nach Fz-Art u Geschwindigkeit des Überholenden, Fahrbahnverhältnissen, Wetter u Verhalten des Eingeholten; beim Überholen von Reitern u unruhigen Zugtieren ist bes Vorsicht geboten (Ha NZV 94, 190). Ein größerer Abstand ist erforderlich, wenn die vorgenannten Umstände bes Vorsicht verlangen oder ein **Radf** überholt wird, bei dem (insb an einer Steigung oder infolge Unsicherwerdens durch das Vorbeifahren eines Lastzugs, Gegenwind oder viel Gepäck) mit seitlichen Schwankungen gerechnet werden muß; ein Abstand von 1,5 bis 2 m genügt zwar idR (BGH VRS 27, 196; BGH(Z) VRS 31, 404; Kö VRS 31, 158; Ha NZV 91, 466; 95, 26), bei Mitnahme eines Kindes verlangt Kar mR 2 m (DAR 89, 299).

14 a Beim **Überholen radfahrender Kinder** sind bes Vorsicht u größtmöglicher Abstand geboten, wenn nicht sicher ist, daß sie das Herannahen des Überholenden bemerkt haben (Bay bei Rüth DAR 85, 234); wartet der Radf am Fahrbahnrand, kann weniger als 1 m genügen (Bay v 13. 1. 88, 1 St 257/87). Auch die Straba darf einen Radf nicht mit ungenügendem Abstand überholen (BGH(Z) VRS 34, 412). Reicht die zur Verfügung stehende Fahrbahnbreite zur Einhaltung des erforderlichen Abstandes nicht aus, so darf der Vorausfahrende nur nach vorheriger Verständigung überholt werden (Bay 59, 233 = VM 60, 40), während sonst vom Überholenden nicht verlangt wird, daß er sich Gewißheit verschafft, daß der andere die Überholabsicht erkannt hat (BGH VRS 13, 281). – Diese Grundsätze gelten nicht ohne weiteres auch bei **Mofaf,** soweit sie mit

Motorkraft fahren (Bay StVE 85), da bei ihnen – selbst beim Bergaufwärtsfahren – nicht mit den bei Radf üblichen Schwankungen zu rechnen ist (Dü VM 75, 109).

Bei **GegenV** darf ein Fahrer nur dann überholen, wenn er mit Sicherheit eine Behinderung anderer ausschließen kann (BGH VRS 26, 86; Ce VRS 34, 78). Ist die Str breit genug, so darf der Überholende darauf vertrauen, daß ein noch genügend weit entfernter GegenV nach rechts ausweichen werde, wenn dies für ihn gefahrlos möglich ist (Dü VM 65, 143); ebenso, daß aus einer Reihe entgegenkommender, rechts hintereinanderfahrender Kradf keiner während des Überholvorganges nach links ausschert (Dü VM 74, 123). Zum Überholen eines Radf bei GegenV muß ein größerer seitlicher Abstand als je 1 m zum Radf u zum entgegenkommenden Fz zur Verfügung stehen, wenn sich der Radf auf das Überholtwerden nicht erkennbar eingestellt hat (Bay 62, 234 = VRS 24, 225). Hält der Fahrer eines mit mäßiger Geschwindigkeit (25–30 km/h) fahrenden Pkw zu einem entgegenkommenden rüstigen Fußgänger einen Sicherheitsabstand von 0,70 m ein, so braucht er mit dessen Erschrecken u einer darauf beruhenden Fehlreaktion nicht zu rechnen; anders, wenn der Fußgänger das Fz nicht bemerkt hat oder unaufmerksam gewesen ist (BGH VRS 30, 101). 15

Das **Zweitüberholen,** dh das Überholen eines Fz, das selbst gerade ein anderes überholt, ebenso wie das Überholen eines Fz, das gerade an einem stehenden vorbeifährt, ist auf zweistreifiger AB ausnahmslos unzulässig (Schl VM 61, 72; Dü VRS 22, 471; Schmidt DAR 62, 351). Auf anderen Straßen ist das Zweitüberholen zulässig, wenn die von GegenV freie Fahrbahn zur gefahrlosen Durchführung mit den nötigen Seitenabständen ausreicht (Bay 52, 97 = DAR 52, 141; BGH VRS 17, 331). Es setzt jedoch stets voraus, daß drei Fze ausreichend nebeneinander fahren können (Bay DAR 62, 272). 16

Der Überholende darf nicht darauf **vertrauen,** daß sich Teilnehmer am GegenV mit vorschriftsmäßiger Geschwindigkeit bewegen. Er braucht aber nicht mit einer grob unvernünftigen Geschwindigkeit anderer zu rechnen (BGHSt 8, 200). Bei **Dämmerung** muß er auch unbeleuchteten GegenV in Rechnung stellen (Kö VRS 40, 184; Ha VRS 62, 214). Nach Einbruch der Dunkelheit braucht sich die Sorgfalt allerdings nur auf beleuchtete Fze zu erstrecken (Ha VersR 99, 898). 17

Steht beiden Fahrtrichtungen gemeinsam ein in der Mitte verlaufender Fahrstreifen zum Überholen zur Verfügung, darf dort auch bei GegenV überholt werden; Vorrang hat nach dem Prioritätsprinzip, wer dazu zuerst korrekt ansetzt (Ko VRS 66, 219). Erkennt jedoch ein Überholender, daß sein Vorrang vom Gegenverkehr nicht beachtet wird, muß er das Überholen sofort abbrechen. 18

b) **Abs 2 Satz 1: Übersicht über die Überholstrecke.** Übersichtlichkeit ist ein Rechtsbegriff (s dazu auch § 2 Rn 40 ff, § 3 Rn 25, § 12 I 1 u § 315 c I 2 d u e StGB 24). Der Richter muß die Umstände darlegen, auf denen die Unübersichtlichkeit beruht, u die Sichtweite feststellen (Bay 51, 19

546). Eine Stelle ist unübersichtlich, wenn der Fz-Führer den VAblauf wegen ungenügenden Überblicks über die Straße nicht vollständig übersehen u deshalb Hindernisse u Gefahren nicht rechtzeitig bemerken u ihnen sicher begegnen kann (zum Überholen eines Lastzuges in langgezogener Rechtskurve s Kö VM 87, 13). Die Unübersichtlichkeit hängt nicht nur vom Gelände, sondern auch von der Geschwindigkeit der beiden Fze ab, da ein Straßenstück nur übersichtlich ist, wenn der Ablauf des Überholvorgangs auf der insges zum Überholen benötigten Strecke auch unter Berücksichtigung des GegenV (s 15) überblickt werden kann (BGHSt 8, 200; Bay 61, 133 = VRS 21, 378; Kö VRS 65, 392 = StVE 71; Ce NZV 93, 437: Überholen bei nur geringem Geschwindigkeitsunterschied u nur 600 m Sichtweite). Dabei muß auch die Strecke berücksichtigt werden, die ein möglicherweise mit zul Höchstgeschwindigkeit entgegenkommendes Fz, das aus dem nicht einsehbaren Raum kommt, bis zur Begegnung zurücklegt, es sei denn, die Breite der Str läßt ein gefahrloses Überholen auch bei GegenV zu (Dü NZV 94, 290; DAR 96, 290; Ha DAR 00, 265). Die erforderliche Mindestsichtweite für das Überholen ergibt sich demnach aus der Summe der Strecken des Überholenden u des GegenV bis zur Begegnung (Ha VM 66, 142; Dü aaO).

19 a Das **Gelände außerhalb** der Str wie die Möglichkeit, daß Nebenwege in sie einmünden, begründet die Unübersichtlichkeit nicht (vgl § 2 Rn 34). Bei Annäherung an eine nicht einsehbare Seitenstr ist das Überholen unzul, wenn die Gefahr besteht, daß einbiegenden Vorfahrtberechtigten die Weiterfahrt abgeschnitten wird (Bay 70, 95 = VRS 39, 137; Ha VRS 51, 68). Wer überholen will, muß sich auch auf solche, noch nicht wahrnehmbare auf der Straße mit Vorfahrt nahende Fze einstellen, die möglicherweise in seine Straße einbiegen werden (§ 8 II letzter Satz).

19 b Die **Unübersichtlichkeit** kann auch **durch andere Sichthindernisse** begründet werden, zB durch Dunkelheit, die durch Reichweite der Scheinwerfer nicht beseitigt werden kann (Bay 52, 45; 55, 96, 99; BGH VRS 3, 247), durch längere Blendwirkung entgegenkommender Fze (Stu DAR 65, 103), durch einen Platzregen oder dichten Schneefall. Bei dichtem Nebel darf auch dann nicht überholt werden, wenn die rechte Fahrbahnseite nicht verlassen wird, weil er nicht ausschließen kann, daß Gegenfahrzeuge teilweise auf seinen Fahrstreifen geraten könnten (Bay 55, 142 = VM 56, 46; s dazu unten 31). Ein haltendes oder vorausfahrendes Fz oder eine unklare VLage macht die Str meistens nicht unübersichtlich (Bay 61, 133 = VRS 23, 378; Hbg VM 67, 134; Ha VM 71, 9; s auch § 2 Rn 34).

19 c An einer unübersichtlichen Stelle überholt auch, wer dort den Überholvorgang einleitet u sich dann auf einem übersichtlichen Straßenstück wegen GegenV genötigt sieht, sich in gefahrlicher Weise zu knapp vor dem Überholten zu setzen (Dü VM 66, 80). Wer umgekehrt auf einer zunächst übersichtlichen Strecke das Überholen eingeleitet hat, es aber wegen Annäherung an eine nicht mehr übersehbare Stelle nicht mehr gefahrlos beenden kann, verstößt nicht gegen § 5 II S 1, wenn er das Überholen auf dem noch übersichtlichen Teil der Strecke abbricht (Bay 52, 179 = VRS 5, 67;

Ha VM 66, 142). § 5 II S 1 geht III 1 als Spezialregelung selbst dann vor, wenn bzgl der Erkennbarkeit oder des Verhaltens des GegenV eine unklare VLage entsteht (Dü ZfS 86, 94).

Wer auf einer Fahrbahn mit GegenV eine **Fz-Kolonne** überholen will, muß die Gewißheit haben, daß er vor Annäherung von GegenV sich entweder vor das vorderste Fz setzen oder in eine zum Einscheren ohne Gefährdung oder Behinderung der Rechtsfahrenden ausreichende Lücke einfahren kann (Bay 58, 186 = VRS 16, 65; Bra DAR 59, 250). Vgl dazu § 4 II Rn 18. Wegen des Überholens mehrerer Fze s unten 41 f u § 7 Rn 3. 20

Auf **mehrspurigen Fahrbahnen** für eine Richtung ist das Überholen in Kurven u vor Kuppen nicht verboten, weil dort GegenV nicht zu erwarten ist. Der Überholende muß dort nicht bei Einleitung des Überholens wissen, ob u wo er sich wieder rechts einordnen kann (Mühlhaus DAR 73, 38; Hbg VRS 43, 385; KG 2 Ss 204/00; aA Sa VRS 42, 379; vgl unten 38 f). 21

c) **Abs 2 Satz 2: Wesentlich höhere Geschwindigkeit.** Die Geschwindigkeit des Überholenden muß wesentlich höher sein als diejenige des Überholten. Zweck der Vorschrift ist es, eine Behinderung des übrigen Verkehrs durch ungewöhnlich lange Überholvorgänge zu vermeiden (Bay 58, 116 = VRS 15, 302). Vom **absoluten Geschwindigkeitsunterschied** (mehr an km/h) hängt die Zeit, vom **relativen Geschwindigkeitsunterschied** (prozentualen Verhältnis) die Länge des Weges der Überholung ab. Auf welchen dieser Maßstäbe abzustellen ist, hängt davon ab, ob im Einzelfall die lange Dauer (Behinderung des nachfolgenden Verkehrs) oder der lange Weg (Gefährdung Entgegenkommender) der Überholung oder beide den übrigen Verkehr behindern. Dabei kann auch nicht unberücksichtigt bleiben, ob das überholende Fz mit der auf der Str üblichen Geschwindigkeit oder erheblich langsamer fährt. Wann die Geschwindigkeit des Überholenden „wesentlich" höher ist, ist eine Frage des Einzelfalls. Sie muß jedenfalls so hoch sein, daß der Überholvorgang zügig durchgeführt werden kann. Allerdings dürfen die Anforderungen nicht übertrieben hoch sein (Br VRS 28, 50). Es ist deshalb folgerichtig, daß einerseits ein mit 50 km/h fahrender Pkw ein mit 40 km/h fahrendes Fz überholen darf (Bay aaO), nicht aber ein mit 20 km/h fahrender Lastzug auf der BAB einen mit 10 km/h fahrenden Lkw (Bay 61, 14 = VM 61, 26). Auf ihr darf ein Lkw auch mit einer Geschwindigkeit von 70–80 km/h eine lange Kolonne von Fzen, die ein Tempo von 60 km/h einhält, nicht in einem Zug überholen. Auf der AB, auf der nicht mit GegenV zu rechnen ist, spielt die Länge der durch das Überholen in Anspruch genommenen Wegstrecke eine geringere Rolle als die zeitliche Dauer des Überholens, da von dieser die Behinderung des schnelleren nachfolgenden Verkehrs abhängt (Bay v 29. 3. 67 – 1 b St 17/67). Während im allg eine Geschwindigkeitsdifferenz von 5–10 km/h nicht ausreicht (BGH VRS 30, 349; VM 59, 28 m Anm Booß), ist es andererseits zul, daß ein Pkw innerhalb einer geschl Ortschaft mit einer Geschwindigkeit von 50 km/h ein Fz, das mit 45 km/h fährt, überholt (Br VRS 28, 50); denn auf eine erhebliche Diffe- 22

StVO § 5 23–26   Überholen

renzgeschwindigkeit kommt es nicht an, wenn der Überholende mit der zugelassenen Höchstgeschwindigkeit fährt (BGH VM 66, 133).

23 Die **Überholgeschwindigkeit** soll – im Rahmen des Erlaubten – möglichst hoch sein, damit die Überholung abgekürzt wird (Kö DAR 67, 17). Die nach §§ 3 III, 18 V oder Z 274 zul Höchstgeschwindigkeit darf aber auch beim Überholen nicht überschritten werden. Die Begrenzung der Geschwindigkeit wirkt sich daher faktisch als Überholverbot aus, wenn die Geschwindigkeit des Rechtsfahrenden eine Überholung mit (wesentlich) höherer Geschwindigkeit nicht zuläßt (BGH(Z) VRS 12, 417; Mü VRS 31, 170; Schl VRS 91, 299). Über Notstand in solchen Fällen s § 3 Rn 63. Vom Überholen eines anderen Fz muß auch derjenige absehen, der bei Durchführung des Überholvorgangs gezwungen wäre, seine Geschwindigkeit so zu steigern, daß er mit der Möglichkeit des Schleuderns rechnen müßte (BGH VersR 66, 1156).

24 d) **Abbrechen der Überholung.** Erkennt der Überholende erst während des Überholens, daß er es nicht gefahrlos beenden, da er insb nicht wesentlich schneller als das eingeholte Fz fahren kann, so muß er die Überholung abbrechen u hinter das überholte Fz zurückkehren (Bay 60, 80 = VRS 19, 226; Ha NZV 91, 480). Er genügt im allg dieser Pflicht, wenn er in einer den GegenV nicht gefährdenden Weise auf der rechten Fahrbahnseite nahe der Fahrbahnmitte bleibt (Ha VRS 27, 47). Auch wer zunächst einen geringen Vorsprung vor dem überholten Fz erreicht, muß das Überholen abbrechen u hinter den Rechtsfahrenden zurückkehren, wenn er den Vorsprung nicht so vergrößern kann, daß er sich unter Einhaltung des gebotenen Abstandes vor den Überholten zu setzen vermag.

25 e) **Schutzzweck** der Überholverbote des Abs II 1 ist in erster Linie der Schutz des GegenV u des zu Überholenden (Bay 61, 178, 180 = VRS 21, 462); darüber hinaus, einen möglichst übersichtlichen rechtsgeordneten Verkehr zu sichern. Insb sollen dann, wenn die Unübersichtlichkeit auf Witterungseinflüssen beruht, auch Zusammenstöße vermieden werden, die von der Behinderung der Sicht nach der Seite u des Orientierungsvermögens zu befürchten sind (Bay v 21. 9. 66 – 1 b St 88/65 – S 12). Außerdem dienen die Überholverbote dem Schutz nachfolgender, selbst verbotswidrig überholender VT (BGH(Z) VM 68, 78), aber auch dem aus einem Grundstück in die Fahrbahn Einfahrenden (Sa VM 80, 50) u dem in ein Grundstück nach links abbiegenden Vorausfahrenden (Bay VRS 71, 68 = StVE 81).

4. Abs 3, 3 a: Überholverbote

26 a) **Unklare Verkehrslage** (§ 5 III Nr 1) liegt vor, wenn der Überholende nach den gegebenen Umständen mit einem ungefährlichen Überholvorgang nicht rechnen darf (Bay NZV 90, 318; Dü NZV 94, 446; 96, 119; NZV 97, 491; KG VM 90, 91; Kö VRS 89, 432; KG DAR 01, 467; Kar NZV 99, 166; s auch § 3 Rn 33), wenn also die VLage unübersichtlich (s oben 19), ihre Entwicklung nach objektiven Umständen (Dü aaO) nicht zu beurteilen ist (Bay bei Bär DAR 89, 361; Zw VM 79, 52; Ko VRS 44,

Überholverbote **27 § 5 StVO**

192), Zweifel bestehen, ob der Überholvorgang gefahrlos beendet werden kann (Dü aaO), weil zB das Verhalten anderer, für das beabsichtigte Überholen maßgeblicher VT (Querverkehr und der zu Überholende) ungewiß ist (KG VM 87, 106; VM 92, 31; Ha VRS 53, 138) oder bei Sichtbehinderung durch ein vorausfahrendes Fz (BGH DAR 96, 11) oder durch schlechte Witterung (Ko VRS 47, 31: Nebel – s hierzu aber speziell unten c) –; Ha VRS 25, 443: Blendung durch Sonne) oder Str-Führung (BGH NZV 96, 27), bei fehlender Sicht auf das Richtungs-Z eines Vorfahrenden (s unten 32), wenn ein solcher das linke Richtungs-Z gesetzt, sich aber nicht links eingeordnet hat (vgl unten 61), sondern zunächst einen Schlenker nach rechts macht (KG VM 90, 67), ein verkehrsgerechtes Verhalten unsicher ist (Ha VRS 48, 461; Stu (Z) VM 90, 9), wenn mehrere Kfze ohne ersichtlichen Grund auf dem linken Fahrstreifen warten (KG VM 85, 73), wenn ein zu überholender Radf schon so nahe an ein Hindernis herangefahren ist, daß er gezwungen ist, entweder nach links auszuweichen oder abrupt abzubremsen (KG VRS 53, 271; vgl auch Dü VRS 63, 339), wenn jemand nach links ausholt, um nach rechts in ein Grundstück einzufahren (Sa VM 78, 109), wenn nach Auflösung eines Hindernisses mehrere gleichzeitig überholen wollen (Ce VM 79, 51), in unübersichtlichen Kurven mit GegenV zu rechnen ist (Kö VM 87, 13), der VRaum vor einer Kolonne nicht voll übersehbar ist (Bra VRS 85, 409), die Verlangsamung der Geschwindigkeit des Vorausfahrenden iVm der VSituation u Örtlichkeit (Annäherung an eine links abzweigende Str) geeignet ist, Zweifel über die beabsichtigte Fahrweise des Vorausfahrenden aufkommen zu lassen (Schl NZV 94, 30) u wenn in einer haltenden Fz-Schlange erkennbar eine Lücke freigehalten ist, um den QuerV das Überqueren oder aus einer Tankstelle das Einfahren zu ermöglichen (Bay 65, 28; 71, 2; NZV 88, 77; KG VM 91, 23; 92, 486; Ha NZV 92, 238; Dü StVE § 10 StVO 8), anders, wenn die Kolonne noch fährt (Bay 67, 116, 118).

Aber: **Keine unklare VLage** bei bloß abstrakter Gefahrenlage (Dü **27** NZV 96, 119), wenn ein Abschluß des Überholens vor dem Z 276 unsicher ist (Dü VRS 65, 64), eine langsame Kolonne überholt wird (Bay bei Rüth DAR 85, 234) oder ein Kfz vom rechten Fahrbahnrand anfährt, zumal nicht damit gerechnet werden muß, daß es grob verkehrswidrig (§§ 9 V, 10) quer über die Fahrbahnmitte hinaus nach links gelenkt wird (Zw VRS 57, 135; Stu VRS 65, 66; Bay 85, 108 = VRS 70, 40). Auch ergibt die Tatsache, daß die Abbiegestelle noch weiter entfernt ist (Bay NZV 90, 318), daß ein Kfz ohne ersichtlichen Grund unüblich langsam fährt oder wenn sich ein Vorausfahrender einem langsameren Vordermann ohne Einschaltung des Richtungs-Z nähert, **noch keine unklare VLage** (Fra VM 73, 127; Bay 74, 64 = VRS 47, 379; VRS 64, 55 u v 26. 5. 87, 1 St 44/87), solange er sich diesem nicht so schnell nähert, daß er entweder jäh bremsen oder überholen muß (Bay v 28. 1. 86, 2 Ob OWi 355/85); ebensowenig, wenn ein Kfz am Ende eines Überholverbots mit gleicher Geschwindigkeit u ohne Richtungsanzeige nach links weiter hinter einem Lkw herfährt (Bay 86, 74 = StVE 82) oder nur seine Geschwindigkeit herabsetzt, ohne sich vor einer Abzweigung nach links deutlich nach links eingeordnet (Bay VRS 59, 295; 61, 61; KG NZV 93, 272; s aber Schl NZV 94, 30; s oben 26), geschweige denn ein Richtungs-Z gegeben zu haben (Bay VRS 61, 63; 72, 295; Ko StVE 80). Selbst wenn die Fahrweise (Herabsetzung der Geschwindigkeit u Einordnung nach links) auf ein bevorstehendes Linksabbiegen hindeutet, nimmt die hM noch keine unklare VLage an, solange das linke Richtungs-Z fehlt (BGHSt 12, 162; BGH VersR 64, 513; Ha VRS 41, 37; Bay 87, 154; v 29. 12. 88, 2 Ob OWi 281/88) u keine bes Umstände hinzutreten (Kö VRS 65, 392), weil dann das Abbiegen noch nicht unmittelbar bevorstehe. Allerdings weist Bay (85, 47 = VRS 69, 53 = StVE 75) unter Aufg der früheren RSpr zutr darauf hin, daß die Richtungsanzeige häufig unterbleibt u schon die widersprüchliche Verhaltensweise ein Überholen verbieten kann (so auch Ha VRS 53, 211; s auch unten 62, § 9 Rn 8 f). – Überholen bei unzureichender Sichtweite verstößt gegen II S 1, nicht III 1 (Bay VRS 43, 306; Dü ZfS 86, 94; Mühlhaus DAR 73, 38; abw Sa VRS 42, 379; s Rn 19 u 31).

28 b) **Überholverbote durch VZeichen** (§ 5 III Nr 2). Der Beginn der Verbotsstrecke wird durch **Z 276, 277,** ihr Ende durch **Z 280–282** bezeichnet. Von der Kennzeichnung des Endes der Verbotsstrecke darf nur abgesehen werden, wenn das Verbots-Z zusammen mit einem Gefahr-Z angebracht ist u die gefährliche Stelle zweifelsfrei erkennbar ist, ferner wenn die Länge der Verbotsstrecke auf einem Zusatzschild angegeben ist (§ 41 II 7). Straßeneinmündungen beenden die Streckenverbote nach § 41 II 7 – anders als die Haltverbote nach Nr 8! – nicht (Ko VRS 50, 466), auch wenn das Verbots-Z dahinter nicht wiederholt wird (Dü ZfS 88, 192).

29 **Z 276** bezweckt nicht nur den Schutz des GegenV, sondern auch den des vorausfahrenden u nachfolgenden (BGHSt 25, 293, 300 = NJW 74, 1205); es gilt daher für Links- u (sonst zul) Rechtsüberholen (Hbg VM 83, 104; Bay DAR 87, 94; Ko NZV 92, 198; Kö NZV 92, 415; Verf NStZ 83, 548), es sei denn, daß der Schutz des Gegen- u übrigen Verkehrs nicht berührt wie beim Überholen eines eingeordneten Linksabbiegers durch Geradeausfahrer oder Linksabbieger selbst: Bay aaO; Ko VRS 83, 58; NZV 92, 198). Es gilt nur im Verhältnis zwischen die dieselbe Fahrbahn (Bay VRS 57, 56; Kö NZV 92, 415), nicht auch gegenüber den einen (nicht zur Fahrbahn gehörenden: § 2 I S 2) Seitenstreifen oder eine angrenzende Standspur benutzenden Fzen (aA BGHSt 30, 85; Kö VRS 67, 374; s dazu § 2 Rn 89 f u unten 59). Das Zeichen verbietet **allen** Kfz-Führern, also auch Kradf (ohne verfassungswidrig zu sein: Dü VRS 60, 313; Kö VRS 60, 153; VM 81, 63; Fra VRS 60, 139; Ko VRS 59, 467 u 60, 387; aA AG Düren NJW 80, 1117 Verstoß gegen Art 3 I GG), **Z 277** nur den Kfzen über 3,5 t einschl Anhänger (außer Pkw, auch nicht mit Anhänger: Fra VRS 66, 60) u Omnibussen das Überholen von mehrspurigen Kfzen u Krafträdern mit Beiwagen; erfaßt sind auch Wohnmobile über 3,5 t (bisher 2,8) (Bra NZV 94, 80). Das gilt nach Bay NZV 97, 189 iVm DAR 97, 319 auch bei einem Überholverbot nach **Z 276** m ZusatzZ 1049–13; Ha hat seine früher vertretene gegenteilige Ansicht (s DAR 96, 381 bei Burhoff) aufgegeben (s DAR 97, 320 li Sp oben). – Erlaubt ist das Überholen von

nicht motorisierten Fzen u Krafträdern, auch wenn sie Anhänger mitführen (Erl d BMV v 27. 11. 59, VkBl 59, 535).

Wer überholen will, hat **vorher auch zu prüfen,** ob innerhalb der 30 Überholstrecke ein Überholverbotsschild steht (Ha VRS 43, 384), aber im mehrreihigen Verkehr nur im Rahmen des Zumutbaren (Ha VRS 54, 301); zum irreführenden Zusatzschild s Bay VRS 68, 292. Ein Überholverbots-Z verbietet nicht nur die Einleitung, sondern auch die Fortsetzung u Beendigung eines vorher eingeleiteten Überholvorganges (Schl VM 64, 28). Im Verkehr auf mehreren Fahrstreifen für nur eine Richtung ist das Überholverbotszeichen beachtet, wenn der Überholende bis zum Z das überholte Fz so weit hinter sich gelassen hat, daß er sich ohne Gefährdung vor diesem einordnen könnte, auch wenn er sich nicht wieder nach rechts einordnen muß (BGHSt 25, 293 = VRS 47, 218). Überholen an Fahrstreifenbegrenzung **(Z 295)** s § 2 Rn 86 ff. Gegen ein Überholverbot verstößt auch, wer vor der durch **Z 280–282** gekennzeichneten Beendigung sich seitlich neben ein anderes Fz setzt u bis zu dessen Höhe vorfährt (Ha DAR 62, 134), vor Rot Wartende überholt, denn Verkehrszeichen gehen den allgemeinen Regeln vor (BGHSt 25, 293; 26, 73) oder nach Erlöschen des Rotlichts schneller wieder anfährt, auch wenn das Auffahren zwischen LZAen nach § 37 IV erlaubt ist (Dü VRS 70, 41 = StVE 78; s § 7 Rn 9). Das gilt aber nicht für denjenigen, der eine durch Richtungspfeile markierte Spur für Linksabbieger befährt (Kö VM 68, 75). Auch links eingeordnete, wartende Linksabbieger (§ 9 III) dürfen überholt werden, da dies den Geradeausverkehr sonst gefährlich unterbrechen würde (Ko NZV 92, 198), anders nur, wenn der Überholende selbst links abbiegt.

c) **Überholverbot bei extrem schlechter Sicht (Abs 3 a).** Diese 31 – iVm der Geschwindigkeitsregelung in § 3 I S 3 (s § 3 Rn 19 a) zu sehende – Vorschrift läßt die sonstigen Überholverbote (s oben a u. b) unberührt u regelt das Verhalten in einem speziellen Fall der „unklaren Vlage"; es gelten daher auch hier die entspr Ausführungen (s 26 sowie § 3 Rn 33) u die sonstigen allg Überhol-Regeln u -Begriffe (s zB 8); dh daß dann theoretisch auch das Überholen von Fußgängern u Radf verboten ist (s 5), was indessen wenig sinnvoll erscheint (dagegen m R Hentschel 38 a). Das Verbot gilt auf allen Str, insb auch auf ABen, wenn die Sichtweite weniger als 50 m (= Regelabstand der Leitpfosten) beträgt, jedoch nicht für Pkw u Lkw bis incl 7,5 t.

5. Pflichten gegenüber dem nachfolgenden Verkehr

a) Ein begrenztes **Überholvorrecht** läßt sich aus **IV S 1** für den 32 Nachfolgenden ableiten, da auf ihn der überholwillige Vorausfahrende, bevor er selbst zum Überholen ansetzt, zu achten, mit seiner Überholabsicht zurückzustellen hat, wenn ein nachfolgender VT seinerseits bereits im Überholen begriffen ist oder dazu angesetzt hat; danach hat derjenige den Vortritt, der zum Überholen in zulässiger Weise (s unten 33 ff u 43) zuerst angesetzt hat (BGH VRS 72, 22; KG VM 95, 41; Bay VRS 64, 55; Hentschel 40). Das gilt allerdings nicht, wenn der Vorausfahrende seinerseits bereits erkennbar eine Überholabsicht angezeigt hat, im Ausscheren begriffen ist oder sich seinem langsameren Vordermann oder einem Hindernis so schnell nähert, daß er genötigt wäre, nach links auszuweichen oder abrupt zu bremsen (Bay aaO; VRS 47, 379). Daraus folgt, daß auch der Überholwillige den vorausfahrenden VT sorgfältig zu beobachten u sein Verhalten danach einzurichten hat (KG aaO; Ce VersR 79, 476); dies iVm dem auch sonst im VerkehrsR geltenden Prioritätsgrundsatz (s zB § 2 Rn 69, 71) sollte zB beim Auflösen einer Kolonne dem jew Vorausfahrenden den Vortritt gewähren (BGH(Z) aaO; Schl DAR 75, 76; s aber KG NZV 95, 359). Ein absolutes **VorR** des **vorausfahrenden** oder des **schnelleren** gegenüber dem langsameren VT gibt es jedoch nicht. Vortritt hat grundsätzlich derjenige, der zuerst eindeutig seine Überholabsicht angekündigt hat (AG Ludwigslust, Schaden-Praxis 00, 261).

33 b) **Abs 4 Satz 1:** Die **gesteigerte Sorgfaltspflicht** gegenüber dem nachfolgenden Verkehr, die bisher nur auf Schnellstr galt (§ 18 IV aF), ist seit der 9. ÄndVO auf **alle** Str ausgedehnt, soweit das Überholen ein Ausscheren erfordert. Verlangte § 5 IV S 1 bisher nur, auf den nachfolgenden Verkehr zu achten, muß jetzt überall dessen Gefährdung **ausgeschlossen** sein (s oben 13 u § 10 Rn 7), dh sonst absolutes Überholverbot (Ko VRS 59, 36). Verboten ist nur die leichte, geringfügige Behinderung, auf die sich der Nachfolgende in seiner Reaktionsbereitschaft u Fahrweise (zB durch leichtes Bremsen) einrichten kann (Bay VRS 62, 61 = StVE § 18 StVO 29; bei Rüth DAR 85, 235), ihn also nicht zu scharfem Bremsen oder ungewöhnliche Fahrmanöver veranlaßt (BGH VRS 17, 223; Kö VRS 44, 436; Ce VRS 40, 218). Maßgeblich ist hier die Verkehrsdichte. – Wer sofort von der Beschleunigungs- auf die Überholspur wechselt, haftet für einen Auffahrunfall allein (Ha NZV 92, 320).

34 **Ausscheren** ist eine Seitenbewegung, durch die die Fahrlinie so weit verlegt wird, daß dadurch einem Benutzer des anliegenden Fahrstreifens die ungehinderte Weiterfahrt beeinträchtigt werden kann. Mit geringeren seitlichen Abweichungen des Vorausfahrenden muß der Nachfolgende immer rechnen u sie unter Ausnutzung der gebotenen Seitenabstände nach rechts u links ausgleichen (Begr). Hierunter fallen (nach dem oben Rn 14 Ausgeführten) Seitenbewegungen bis zu etwa 1 m, je nach VDichte u Fahrbahnbreite etwas mehr oder weniger. Von einem „Ausscheren" kann man nicht sprechen, wenn die Fahrlinie mit einer ganz geringen, allmählichen Abweichung von der bisherigen Fahrspur nach links verlegt wird, zB vor einem weithin sichtbaren Hindernis auf der AB (vgl BGH VRS 30, 105). Wer den Fahrstreifen nicht verläßt, sondern nur wenig ausbiegt, schert nicht aus (Ce DAR 99, 453). Für die Einhaltung des gebotenen Abstandes u die rechtzeitige Abgabe des Warn-Z ist nach wie vor der Hintermann allein verantwortlich.

35 Der Gefährdungsausschluß verlangt eine bes sorgfältige **Rückschau** (Kar DAR 88, 163). Die Rückschaupflicht besteht auch im innerörtl Verkehr; hier ist sie sogar wegen der erweiterten Zulassung des mehrspurigen Fahrens u der damit erhöhten Bedeutung des Spurhaltens bes wichtig. Der

Überholwillige darf (auch auf Schnellstr: Bay bei Rüth DAR 85, 235) auf die Überholbahn ausscheren, wenn er sie frei erkannt hat oder ein anderes Fz so weit entfernt ist, daß es höchstens leicht behindert (Bay VRS 62, 61), dh zu einer gefahrlosen Herabsetzung seiner Geschwindigkeit veranlaßt, aber nicht gefährdet werden kann (BGHSt 5, 271; VRS 17, 344; 18, 36; Ha VRS 39, 290; Kar NZV 92, 248). Die Gefährdungsmöglichkeit hängt von der Geschwindigkeitsdifferenz zwischen den beiden Fzen ab, weil die Aufholstrecke des Nachfahrenden bis zur Angleichung seiner Geschwindigkeit an die des Vorausfahrenden ebenso lang ist wie der Anhalteweg bei einer der Geschwindigkeitsdifferenz entspr Geschwindigkeit (s Bay VRS 62, 61 u v 2. 4. 90 bei Bär DAR 91, 361). – Bei der gebotenen Rückschau muß der Fahrer den Bereich, der in seinem Rückspiegel nicht erblickt werden kann – **toter Winkel** –, kennen u bei der Dauer der rückwärtigen Beobachtung berücksichtigen, bevor er nach links ausbiegt (Ha VRS 32, 146; Ce VRS 32, 384). Der weiter vorn Befindliche ist aber nicht verpflichtet, einem nachfolgenden VT, der zZ der Rückschau noch nicht auf der Überholbahn, beim Überholen des Dritten den Vortritt einzuräumen. Er darf vielmehr hier darauf vertrauen, daß der Nachfolgende das VorR des Vordermanns beachten werde (Kö VRS 32, 466, 468; Bay v 26. 10. 67 – 1 b St 352/67; aA Ce aaO).

Die **Rückschaupflicht** besteht auch, wenn der Überholende die Überholbahn nur zu einem Teil mitbenutzen muß, aber durch seine Linksbewegung den nachfolgenden Überholer zu sachlich vertretbaren Abwehrmaßnahmen veranlassen kann (KG VRS 30, 315), denn das Ausscheren kann andere verunsichern; sie entfällt auch nicht, wenn der Überholende die durch VZ angeordnete Höchstgeschwindigkeit fast ausfährt (Kö VRS 32, 466). Wer bereits im Überholen begriffen ist, muß währenddessen nicht auf seine ebenfalls überholwilligen Nachfolger achten (Kar DAR 74, 79; Ol VRS 19, 61) oder einem Schnelleren weichen (Ce VRS 40, 218; Bay VRS 34, 470; DAR 76, 170), solange die rechte Fahrspur dazu keine ausreichende Gelegenheit bietet (Rn 38f). Der Überholende darf grundsätzlich darauf **vertrauen,** daß der Vorausfahrende nicht plötzlich ohne Rücksicht auf Nachfolgende nach links ausschert (BGH(Z) VRS 21, 404; VM 56, 23; Stu VM 90, 9). Erkennt der Überholende aber ein verkehrswidriges Verhalten des zu Überholenden, muß er sich durch Verringerung der Geschwindigkeit u Bremsbereitschaft darauf einrichten (Stu aaO). – Zur Sorgfaltspflicht des Überholenden beim Vorbeifahren an einem am linken Fahrbahnrand geparkten Pkw, der von seinen Insassen nicht mit Sicherheit schon verlassen ist, s § 14 Rn 2. *Zu IV S. 2,* siehe Rn 14.

36–37

c) **Abs 4 S 3 u 4** enthält ein spezielles **Rechtsfahrgebot** (Dü NZV 97, 321); es gilt (bes) auch auf ABen. Das Linksüberholen endet idR nicht damit, daß der Überholende vor dem Überholten einen Vorsprung erreicht hat, sondern erst mit dem Einordnen des Überholenden auf der rechten Fahrbahnseite (BGHSt 25, 293 = NJW 74, 1205; Ha DAR 00, 265). Das Wiedergewinnen der rechten Fahrbahnseite ist auch dann noch ein Teil der Überholung, wenn es über Gebühr verzögert wird, außer wenn sich

38

das überholende Fz bereits so weit vom überholten entfernt hat, daß sein Verbleiben auf der Überholbahn mit der Überholung in keinem inneren Zusammenhang mehr steht (Bay VRS 35, 280). Der Überholende darf sich vor den Überholten nur in einem solchen Abstand setzen, daß zwischen der Rückseite seines Fz u dem nachfolgenden VT ein Abstand verbleibt, der den Weg deutlich übersteigt, den letzterer in einer Sek zurücklegt (Bay VRS 28, 44; vgl auch Kö VRS 26, 206); weniger als 20 m Abstand sind bei 80 km/h zu kurz (Dü VRS 64, 8). Der Überholende **darf** sich in einem wesentlich **größeren** als dem Mindestabstand vor dem Überholten nach rechts einordnen, um diesen nicht zu behindern. Der doppelte Mindestabstand ist zul (Bay 68, 57, 60 = VRS 35, 421, 423). Ein etwas **kürzerer Abstand** genügt nur, wenn der Überholende erheblich schneller als der Überholte fährt u die rechte Fahrbahnseite vor dem Überholten frei ist, so daß der Überholende den erforderlichen Abstand ohne Gefährdung des anderen erreicht (Bay 62, 133 = VRS 23, 388; 62, 186, 188 = VRS 23, 466). Keinesfalls darf aber der Überholende die Fahrspur des Überholten „**schneiden**", dh in gefährlicher Nähe sich vor diesen setzen (s Dü VRS 64, 7), was nach den §§ 240 u 315 c I 2 b StGB strafbar sein kann (s § 315 c StGB 22 a u Kö NZV 95, 405).

39   Schert der Überholende in eine **Lücke** zwischen zwei rechts fahrenden Fzen ein, so muß er auch zu dem vorderen Fz den gleichen Abstand einhalten (Dü VM 65, 141). Eine Lücke reicht zum Einscheren also aus, wenn sie den beiden Abständen, zusammen Weg in 3 sec oder eine ganze Tachometerzahl der Rechtsfahrenden in Metern (vgl § 4 Rn 3 f, 18) zuzüglich der Länge des einscherenden Fz entspricht. Wird eine **Kolonne** überholt, die so dicht aufgeschlossen fährt, daß zwischen den einzelnen Fzen keine Lücke besteht, die nach dem Dargelegten ein Rechtseinscheren zuläßt, so ist das Überholen erst abgeschlossen, wenn sich der Überholende vor das erste Fz der Kolonne gesetzt hat (vgl aber § 4 II). Wer überholt, obwohl er sich bei Auftauchen von GegenV in eine zu knappe Lücke hineinzwängen muß, handelt grob verkehrswidrig (§ 315 c I 2 b StGB; Dü aaO).

40   Auf Fahrbahnen mit **mehreren Fahrstreifen** für eine Richtung gehört das Wiedereinordnen vor dem überholten Fz nicht zum Überholen (Ko VRS 61, 460); dieses ist beendet, wenn der Überholende den Überholten so weit hinter sich gelassen hat, daß er sich ohne Gefährdung vor diesem einordnen könnte (BGHSt 25, 293 = StVE 4; vgl dazu oben 21 u unten 57 f). Wer sich – auch auf der **AB** – entgegen § 5 IV S 3 nicht alsbald wieder rechts einordnet, verstößt gegen § 2 II S 1 (BGH VRS 10, 291; Br DAR 62, 189) u muß sich beim späteren Einordnen nach rechts darüber vergewissern, ob sich dort nicht inzw ein schnelleres Fz nähert, das durch den Fahrspurwechsel gefährdet werden kann (Bay 75, 61 = StVE 10).

41   d) **Überholen mehrerer Fahrzeuge. „Weghupen, Wegblinken".** Zum **Überholen** darf auch dann auf die linke Seite gefahren werden, wenn sich dort Fze in langsamer Fahrt befinden, die erst zum Verlassen der Überholbahn aufgefordert werden müssen (Kö VRS 28, 287). Ebenso ist das Befahren der linken Fahrbahnseite zulässig, um zu prüfen, ob ein

Überholen möglich ist, aber nicht an unübersichtlicher Stelle (Dü VM 66, 8; Bay 67, 132 = DAR 68, 22; oben 8). Wer mehrere Fze, die in Abständen auf der rechten Fahrbahnseite fahren, überholen will, muß zwischen den einzelnen Überholvorgängen die linke Fahrbahnseite nicht zugunsten eines schnelleren Nachfolgenden räumen, wenn er dies nur unter Verminderung seiner Fahrgeschwindigkeit durchführen (Bay 63, 78 = VRS 24, 456; 64, 93 = VRS 28, 44; 29, 468; Kö 28, 287) oder vor dem nächsten Überholvorgang nur ganz kurz (weniger als 20 sec) auf der rechten Seite bleiben könnte (Bay 55, 47 = VM 55, 48; DAR 90, 187; Fra VM 64, 29 m Anm Booß; Ha VM 67, 110 m Anm Booß; Dü VM 65, 68; Kar VRS 55, 352). Dabei ist, wie bei jedem Überholen, vorausgesetzt, daß der Überholer eine wesentlich höhere Geschwindigkeit als die rechte Fz-Reihe einhält. Andernfalls muß er schnelleren Überholern die linke Fahrbahnseite freigeben. Wer auf der Überholbahn einem Fz folgt, das wegen seiner zu geringen Geschwindigkeit zur Rückkehr auf die rechte Fahrbahnseite verpflichtet ist, muß beim Aufrücken eines weiteren schnelleren Überholers die linke Fahrbahnseite nicht räumen, wenn er selbst beabsichtigt, das langsame Fz an der Spitze zu überholen, sobald dieses die linke Fahrbahnseite verläßt (vgl 32). Der in der Mitte befindliche Fahrer kann aber in einem solchen Fall nach § 1 verpflichtet sein, seine eigene Überholabsicht dem langsamen Fahrer an der Spitze gem Abs 5 anzuzeigen u ihn zum Verlassen der Überholbahn aufzufordern. Dagegen hat er die linke Fahrbahnseite zu räumen, wenn er den langsamen Vordermann nicht überholen will; denn er befindet sich dann – ebenso wie dieser – wegen seiner im Verhältnis zu den rechts Fahrenden zu geringen Überholgeschwindigkeit zu Unrecht auf der Überholspur, solange sich der Verkehr nicht zum Fahren in mehreren Kolonnen nebeneinander verdichtet hat (Bay 67, 184 = DAR 68, 166).

Ein Nachfolgender darf den Vorausfahrenden durch **Hupen** oder (maßvolles!) **Blinken** (Bay VRS 62, 218) nur dann zum Verlassen der linken Fahrbahnseite zu veranlassen suchen, wenn dieser zur Rückkehr auf die rechte verpflichtet u in der Lage (!) ist (Bay DAR 90, 187) u trotzdem keinerlei Anzeichen zum Verlassen der Überholspur erkennen läßt. Grob verkehrswidrig ist es aber, einen Überholer, der berechtigt die Überholbahn benutzt, im Interesse des eigenen schnelleren Vorwärtskommens „wegzuhupen" oder „wegzublinken" oder gar an ihn gefährlich nahe heranzufahren. Ein solches Verhalten kann VGefährdung nach § 315 c I 2 b StGB (Ce VRS 38, 434; Kar VRS 43, 105; Kö VRS 61, 425 m Anm Geilen JK § 240 StGB 4), uU auch Nötigung darstellen (BGHSt 19, 263; 22, 341; Bay VRS 40, 285; Dü VM 71, 92; NZV 96, 288; Ha VRS 45, 360; 55, 211; Kar VRS 57, 21; Ce VRS 58, 264; Kö VRS 67, 224; NZV 95, 405; s Janiszewski 561 ff u NStZ 82, 240, III), wenn sich die bedrängende Fahrweise über eine längere Strecke fortsetzte (vgl Ce VRS 38, 431; Kö VRS 61, 425; Kö NZV 00, 99, wenn auch bei anderer Fallgestaltung), nicht bei kürzerer Dauer (Kar VRS 57, 415; Bay NZV 90, 238 u v 24. 1. 90 bei Janiszewski NStZ 90, 272). – Wegen Gefährdung u Nötigung durch zu nahes Auffahren s § 4 Rn 13 u 23.

43–47 e) **Abs 4 a: Richtungszeichen.** IV a schreibt das Richtungs-Z nicht nur vor dem Ausscheren zum Überholen, sondern auch vor dem Wiedereinordnen nach rechts vor. Damit besteht (inner- u außerorts) eine allg Blinkpflicht bei jedem Wechsel des Fahrstreifens (vgl § 6 S 2, § 7 IV S 2, § 9 I, § 10 S 2), durch die aber kein Vorrang entsteht. Das Richtungs-Z muß vor dem Ausscheren so bald gegeben werden, daß sich der nachfolgende Verkehr darauf einstellen kann, aber auf Straßen mit Linksabbiegeverkehr nach Erreichen des neuen Fahrstreifens sofort wieder eingestellt werden, damit es nicht nachfolgende VT als Anzeigen des Abbiegens auffassen u glauben, sie dürfen rechts überholen. „Rechtzeitig" u „deutlich" s § 9 Rn 11 f. Das Richtungszeichen dient zwar in erster Linie dem Schutz des nachfolgenden *(Ha DAR 75, 53; Dü NZV 94, 488)*, doch auch dem des vorausfahrenden Verkehrs, zumal dieser eine Rückschaupflicht hat (Ha VRS 47, 58; Ce StVE 83; aA Bay 72, 188 = VRS 44, 148). Das Wiedereinordnen ist auch beim Abbruch eines Überholversuchs einem folgenden Anschlußüberholer anzukündigen (Sa VM 81, 41). Nach jedem Wiedereinscheren ist das Zeichen alsbald deutlich zurückzunehmen, um nicht Rechtsabbiegen vorzutäuschen. Wird der Richtungsanzeiger vor dem Ausscheren wieder abgeschaltet, kann der Nachfolgende darauf vertrauen, daß das Ausscheren unterbleibt (Bay MDR 60, 698; Dü NZV 94, 488).

6. Abs 5: Ankündigung des Überholens

48 Die Überholabsicht darf außerhalb geschlossener Ortschaften durch kurze Schall- und Leuchtzeichen (V S 1; § 16 I 1), in geschlossenen Ortschaften im Interesse der Verkehrsberuhigung nur bei Gefahr durch WarnZ (§ 16) angekündigt werden. **Kurz** sind die Z, wenn sie stoßweiße u insgesamt nur wenige Sek gegeben werden (amtl Begr). Dadurch soll das in S 2 verbotene Blenden entgegenkommender Fz-Führer vermieden werden.

49 Ist ein anderer allerdings durch die Überholung **gefährdet,** insb auch dann, wenn sie wegen der geringen Str-Breite mit einem knappen Abstand durchgeführt werden muß oder wenn der zu Überholende erkennbar unaufmerksam fährt, etwa nicht seine Spur einhält, sondern Seitenbewegungen ausführt, so besteht die **Pflicht, WarnZ** abzugeben, aus § 1 (BGH(Z) VRS 20, 254; Mü StVE § 1 StVO 34; Fra VM 63, 122; Ha VRS 45, 45; s auch § 16 I 2). Bei ungestörtem Überholverlauf ist ein WarnZ entbehrlich (Fra NZV 00, 211).

7. Abs 6: Pflichten beim Überholtwerden

50 a) **Rechtsstellung im allgemeinen.** Da der Überholende in erster Linie die Verantwortung dafür trägt, daß er den Überholvorgang gefahrlos durchführen kann, ist derjenige, der überholt werden soll, zu einer aktiven Mitwirkung am Gelingen des Überholens idR nicht verpflichtet. Er darf seine Fahrgeschwindigkeit beibehalten. Zu ihrer Herabsetzung ist er nach § 5 VI S 1 nicht u nach § 1 II nur verpflichtet, wenn es zur Vermeidung eines Unfalls notwendig ist (BGH VR 60, 925; Bay VM 68, 82). Wer berechtigt auf der linken Fahrbahnhälfte fährt, zB weil die rechte vereist ist, muß sie zugunsten eines Überholenden nur freimachen, wenn dies ohne Beeinträchtigung der sicheren eigenen Fortbewegung geschehen kann; daß der Eingeholte seine Weiterfahrt verlangsamen oder unterbrechen muß, um einem anderen das Überholen zu ermöglichen, kann regelmäßig nicht verlangt werden (Bay 54, 136 = VRS 8, 62; anders beim Ausweichen, s § 2 Rn 62 ff). Auch die Erwähnung des Überholtwerdens in § 2 II begründet keine über das allg Rechtsfahrgebot hinausgehende Pflicht des Eingeholten, unter Herabsetzung seiner Geschwindigkeit äußerst rechts zu fahren (s auch unten 56). Wer bei Dunkelheit überholt worden ist, ist verpflichtet, mit Rücksicht auf den Überholenden abzublenden, wenn u solange er in geringem Abstand hinter dem Überholer fährt (Sa VRS 42, 37); sonst nicht (Bay VRS 26, 226; vgl § 17 II S 3, § 17 Rn 8).

b) **Abs 6 S 1:** Das **Beschleunigungsverbot** wird dahin ausgelegt, daß 51 der Vorausfahrende seine Geschwindigkeit schon dann nicht mehr erhöhen darf, wenn das nachfolgende Fz zum Überholen angesetzt hat, insb nach links ausgeschert ist, nicht erst, wenn der Vordermann eingeholt ist (Bay StVE 35). Dem ist im Hinblick auf die Formulierung „überholt wird" beizutreten, weil dies den Überholweg verlängern und nicht mehr abschätzbar machen würde.

Das Beschleunigungsverbot kann auch **fahrlässig** übertreten werden. 52 Ein Fahrer ist jedoch nicht verpflichtet, vor jeder Geschwindigkeitserhöhung oder auch nur „von Zeit zu Zeit" die rückwärtige Fahrbahn zu beobachten, um Überholungswillige rechtzeitig zu bemerken. Der Führer des eingeholten Fz muß daher ein überholendes Fz erst sehen, wenn es etwa auf gleicher Höhe mit dem Führer des eingeholten fährt (Bay VM 68, 82; Ha DAR 73, 140). Wenn es nach der VLage darauf ankommt, daß der Überholte schon vorher seine Geschwindigkeit nicht mehr erhöht, ist es Sache des Überholenden, ihm die Überholabsicht nach Abs 5 rechtzeitig u deutlich anzuzeigen.

Der Eingeholte darf seine Geschwindigkeit auch dann nicht mehr erhö- 53 hen, wenn er sich in einem fortlaufenden, **gleichmäßigen Beschleunigungsvorgang** befindet. Er muß also erforderlichenfalls weniger Gas geben oder zB bei Gefälle sogar bremsen, um die Geschwindigkeit nicht höher werden zu lassen (Ha VRS 29, 234; aA Ha VM 67, 12). Der Eingeholte, der seine Geschwindigkeit erhöht, verstößt auch dann gegen VI S 1, wenn das **Überholen unzulässig** ist. Führt er damit eine konkrete **Gefahr** für den Überholenden herbei, so verstößt er zugleich gegen § 1 II. Dagegen wird im Falle verbotenen Überholens keine unzulässige **Behinderung** angenommen, wenn er durch seine Beschleunigung den Überholer gefahrlos zwingt, sich wieder hinter ihm einzureihen u sich somit vorschriftsmäßig zu verhalten (Bay VM 68, 82; Ce VRS 80, 24; vgl hierzu auch BGH NJW 87, 913 = StVE § 1 StVO 37 zur Verhinderung verbotenen Schnellerfahrens, krit St Janiszewski NStZ 87, 115; s auch Fra VersR 79, 725 Ls).

Beim Überholen einer **Kolonne** gilt das Beschleunigungsverbot immer 54 nur für den jew Eingeholten, nicht für die weiter vorn fahrenden VT (Bay VRS 29, 110, 113).

55 Der Überholende darf im allg darauf **vertrauen,** daß ein Eingeholter, der den Überholvorgang bemerkt hat oder bemerken mußte (s 52), seine Geschwindigkeit nicht erhöht. Das gilt aber nicht unmittelbar am Ende einer Geschwindigkeitsbegrenzung (Ortsende!), einer Steigung oder unübersichtlichen Strecke, da an solchen Stellen immer mit der Erhöhung der Geschwindigkeit anderer Fze gerechnet werden muß.

56 c) **Abs 6 S 2 u 3: Ein eingeholtes langsameres Fz,** dh ein solches, das erheblich langsamer fährt als die anderen (Stu DAR 77, 276; Kar NZV 92, 122: 60/65 km/h statt erlaubten 100 km/h), muß, wenn ein zügiges Überholen wegen zu geringer Fahrbahnbreite, evtl auch wegen nicht abreißenden GegenV, nicht durchführbar ist, seine Geschwindigkeit an geeigneter Stelle ermäßigen, evtl an einer Ausweichstelle warten (vgl oben 2), wenn nur dadurch **mehreren** (dh mind 3) unmittelbar folgenden Fzen das Überholen ermöglicht werden kann. Für beide Vorgänge (langsamer fahren bzw warten) kann u sollte nach S 3 auch ein geeigneter, dh tragfähiger Seitenstreifen verwendet werden; das gilt auch auf Kraftfahrstr, nicht aber auf ABen (§ 5 VI S 3 Halbs 2). Dadurch darf allerdings der auf den Streifen verwiesene Sonderverkehr (§ 41 III 3 b) nicht gefährdet, unter Umständen aber durch kurzes Warten behindert werden, ohne dann gegen § 1 zu verstoßen. Die Vorschrift dient – ebenso wie § 4 II – der VFlüssigkeit. Schlangen hinter langsamen Fzen und gefährdendes Überholen sollen vermieden werden. Daneben kann sich aus § 1 II in bes Fällen weiterhin die Pflicht ergeben, auch einzelnen Fzen das Überholen in gleicher Weise zu ermöglichen, zB wenn ein Linienomnibus eine längere Strecke hinter einem landwirtschaftlichen Zug herfahren müßte (Bay 60, 239 = VRS 20, 155; Ha VRS 21, 375; vgl auch § 3 Rn 55).

8. Rechtsüberholen

57 a) **Zulässigkeit im allgemeinen.** Das Rechtsüberholen ist nur ausnahmsweise erlaubt (s zB VII, VIII). Es hat außer dem unten unter b) zu behandelnden Fall erhöhte Bedeutung im mehrspurigen Verkehr (§ 7) u bei Fahrbahnmarkierung (§ 41 III Z 297) u erfordert bes Vorsicht (Bay VM 78, 8 = StVE § 18 StVO 10). Ausnahmsweise darf auch sonst ein links Fahrender rechts überholt werden, zB wenn er von links kommend in die Str nach links einbiegt u auf der linken Fahrbahnseite eindeutig verbleibt, um den für ihn von rechts nahenden fließenden Verkehr vorbeifahren zu lassen (Schl VM 57, 40; vgl aber § 8 Rn 7f; Kö VRS 20, 228) sowie im Falle des VII (Bay DAR 77, 139). Dagegen darf der nachfolgende Verkehr nicht darauf vertrauen, daß ein **verkehrswidrig** links Fahrender seine verkehrswidrige Fahrweise fortsetzt (Neu VRS 27, 51). Ein **Kf,** der im Stau zwischen den wartenden Fz-Schlangen nach vorn fährt, überholt verbotswidrig rechts (Stu VRS 57, 361, 364; Dü NZV 90, 319), soweit nicht die Voraussetzungen des § 7 I–III vorliegen; dasselbe gilt bei innerörtlicher Durchfahrt zwischen zwei von Kfzen besetzten Fahrstreifen (Schl VRS 60, 306) u bei Benutzung einer Sperrfläche (Z 298; Dü NZV 90, 241); zum Vorfahren von Zweirad£ rechts neben vor der LZA wartenden Kfzen s oben 3, Abs 8 u § 7 Rn 11. Kein verbotenes Rechtsüberholen, sondern Verstoß gegen § 2 I, wenn ein Fahrer einen anderen außerhalb der Str unter Benutzung eines rechts liegenden Parkplatzes überholt (Bay 63, 4 = VRS 25, 223; s aber Ha VM 75, 116 m Anm Booß u BGH NStZ 85, 507 m krit Anm Janiszewski). Ein solches Verhalten, wie auch Vorfahren auf dem rechten Gehweg, erfüllt jedoch den weiter gespannten Überholbegriff des § 315 c I 2 b StGB (Ha VRS 32, 449).

Auf den **Autobahnen** ist das Rechtsüberholen grundsätzlich – außer zur **58** Abwendung plötzlicher Gefahr – verboten (BGHSt 12, 258, 260). Das gilt auch für den Fall, daß auf der Überholspur eine Kolonne u rechts nur einzelne Fze fahren. Abweichend von dieser Regel ist das Rechtsüberholen in folgenden Fällen **zulässig:** a) wenn auf **beiden Fahrspuren Kolonnen V** herrscht (§ 7 II); b) nach § 7 II a, wenn auf der **Überholspur** eine Fz-Schlange zum **Stehen** gekommen ist oder nur langsam, dh mit einer Geschwindigkeit von **höchstens 60 km/h** fährt; dann darf auf der Normalspur – auch von Einzel-Fzen – mit äußerster Vorsicht u mit einer Mehrgeschwindigkeit von höchstens 20 km/h vorgefahren werden (Begr 9. ÄndVO; BGHSt 22, 137; Bay 77, 172 = VRS 54, 212; Kö VRS 61, 457); c) im Bereich wegweisender **Schilderbrücken** über der Fahrbahn, wenn die abzweigende Richtungsfahrbahn beibehalten, also nach rechts abgebogen wird (s § 42 VI 1 f; Fra VRS 63, 386; Dü VRS 78, 473; s auch § 7 Rn 6 a); es bleibt aber verbotenes Rechtsüberholen, wenn ein Kfz aus der links fahrenden Kolonne nach rechts ausschert, nur um sich weiter vorn wieder in die Kolonne hineinzudrängen, ohne abbiegen zu wollen (Bay aaO; Dü VRS 78, 473; 82, 139), es sei denn, daß er sich (glaubhaft!) in der Ausfahrt geirrt hat (Dü NZV 95, 162). – Die gleichen Regeln gelten auch für autobahnmäßig ausgebaute Bundesstr (Ha VRS 47, 216). Die Ausn sind im Sicherheitsinteresse eng auszulegen (Bay VRS 56, 120; DAR 79, 47; KG VRS 62, 139) u auch dann nicht anzuwenden, wenn der rechte Fahrstreifen wegen angezeigter künftiger Sperrung frei ist (KG aaO; s auch Dü VRS 63, 69 = StVE 63).

Nebenfahrbahnen sowie **Beschleunigungs-** u **Verzögerungsstreifen** **59** (besser: Ein- u Ausfahrstreifen) sind selbständige Fahrbahnen, nicht Teile der Fahrbahn des DurchgangsV (BGH(Z) StVE 39; Ko StVE 40; Bay VM 70, 72); ob auf ihnen daher schneller gefahren werden darf als auf der durchgehenden Fahrbahn (vgl § 18 Rn 10, 11; AG Baden-Baden VRS 68, 67 u Bay 70, 64 = VM 70, 72) unterliegt unterschiedlicher Regelung (s § 42 VI 1 e, f) u Beurteilung. Geht man von selbständigen Fahrbahnen aus, stellt das schnellere Fahren auf diesen Streifen schon begrifflich kein Überholen auf „derselben" Fahrbahn dar (s oben 2), weshalb die Erlaubnis zum Schnellerfahren auf Einfahrstreifen (§ 42 VI 1 e) überflüssig u das Verbot beim Ausfahren (§ 42 VI 1 f) ungerechtfertigt u praxisfern (wenn auch zu beachten) ist (s auch § 18 Rn 11 u Janiszewski DAR 89, 410).

Dagegen ist die **Kriechspur** – nicht nur auf ABen – ein Teil der Ge- **59 a** samtfahrbahn. Wer auf ihr rechts überholt, verstößt gegen § 5 I (BGHSt 23, 128; Bay 72, 37 = VRS 43, 220). Das gilt nicht auch für das Überholen auf dem **Seitenstreifen** (Standspur) (so bisher BGHSt 30, 85 = StVE 57; Dü

VRS 57, 366); diese Rechtsprechung ist aber durch § 2 I S 2 überholt, ebenso die Rechtsprechung, die § 7 II bis III für anwendbar hielt; dieser ist kein Teil derselben Fahrbahn, sondern als Randstreifen nur für das Halten u Benutzen in Notfällen bestimmt, dh für den fließenden Verkehr gesperrt (s § 2 Rn 23 u Begr zu § 2 der 12. ÄndVO, BRDr 786/1/92 = VkBl 94, 140; Bay VRS 57, 56 = StVE § 18 StVO 15; Dü VRS 91, 387; aA bisher BGH aaO). Unberechtigtes Befahren ist daher Verstoß gegen § 2 I (BVfG DAR 97, 152), aber kein Überholen iS von § 5 I (Dü aaO u NZV 93, 359; s auch § 2 Rn 90; Bouska DAR 81, 289); deshalb gilt auch Z 276 nur im Verhältnis zwischen den die Normalspuren, nicht aber der Standspur benutzenden Fzen (Bay aaO). Wohl aber kann das Vorziehen auf der Standspur den weiteren Überholbegriff des § 315 c I 2 b StGB erfüllen (Ha VRS 32, 449; DAR 75, 306; Mühlhaus DAR 78, 162).

60 Wie oben (24) ausgeführt, muß ein Kf das **Überholen** selbst dann **abbrechen,** wenn er ein Stück vor dem Überholten gelangt ist, aber nicht den erforderlichen Vorsprung erreicht, um sich rechts vor ihn zu setzen. Fällt in einem solchen Fall das links überholende Fz zurück, so stellt es kein unzulässiges Rechtsüberholen dar, wenn das rechte mit gleichbleibender Geschwindigkeit weiter- u dadurch am Linksfahrenden vorbeifährt. Hat dagegen das überholende Fz einen so großen Vorsprung vor dem überholten erreicht, daß das Überholen als abgeschlossen zu betrachten ist (38), darf der rechts Fahrende nicht mehr rechts überholen, wenn er den links Befindlichen nunmehr (etwa auf der nächsten Steigung) wieder einholt.

61 b) **Abs 7 S 1: Überholen eines links Eingeordneten.** Der Vortritt gebührt idR dem vorausfahrenden Linksabbieger. Hat dieser seine Abbiegeabsicht rechtzeitig u deutlich angezeigt, so muß der Überholwillige sein Vorhaben zurückstellen (BGHSt 15, 178, 182; Bay 57, 248). Allerdings schafft ein Fz, das in der Straßenmitte langsam fährt, noch keine unklare VLage, die ein **Linksüberholen** verbietet (vgl oben 27 u § 9 Rn 9); es darf ohne zusätzliche Vorsichtsmaßnahmen links überholt werden (s aber Ce VRS 66, 374: nicht, wenn dabei die Fahrbahnmitte überschritten wird). Hat aber der Linksabbieger das linke Richtungs-Z gesetzt, so darf er nur noch dann links überholt werden, wenn der Nachfolgende beim Aufleuchten des Richtungs-Z schon so nahe herangekommen ist, daß er das Überholen nicht mehr gefahrlos abbrechen kann, oder wenn er die Gewißheit hat, daß die bevorstehende Richtungsänderung erst nach Abschluß des Überholvorgangs durchgeführt wird. Diese Gewißheit ist nur gegeben, wenn sich die Ankündigung der Richtungsänderung zweifelsfrei auf eine noch weiter entfernte Straßenstelle bezieht oder wenn der Abbieger deutlich zu erkennen gibt, daß er sich noch überholen lassen will (Bay 60, 151 = VRS 19, 309; vgl BGHSt 12, 260; Ha VRS 30, 381; Neu VRS 28, 139). Wenn allerdings ein Fz, das auf dem rechten Parkstreifen hält (wartet), das linke Richtungs-Z gesetzt hat, verpflichtet dies den fließenden Verkehr noch nicht, von einem Überholen zurückzustehen; hier muß der fließende Verkehr nicht damit rechnen, der Anfahrende werde sich nicht nur in ihn einfädeln, sondern sogleich über die Fahrbahn nach links abbiegen (Ha VRS 30, 126; vgl § 10 Rn 12).

Ein Nachfolgender darf ein zum Linksabbiegen eingeordnetes Fz **rechts** **62** **überholen,** aber – außer im mehrspurigen Verkehr – nur dann, wenn das zu überholende Fz das **linke Richtungs-Z** eingeschaltet u der Überholende dies zweifelsfrei erkannt hat (s auch oben 27); zum Überholen von (demnächstigen) Linksabbiegern s Kö VRS 60, 222. Die bloße Einordnung des vorausfahrenden Fz berechtigt auch dann nicht zum Rechtsüberholen, wenn es langsam fährt (Bay 65, 126 = VRS 30, 71; Ha VRS 33, 141; Dü VRS 33, 310; aA Kö VRS 25, 145). Anderseits darf derjenige, der nahe der Fahrbahnmitte fährt u dadurch den Anschein erweckt, er wolle links abbiegen, nicht darauf vertrauen, daß ihn kein Nachfolgender rechts überholt (Dü aaO; vgl § 9 Rn 9).

Ein auf **Pfeilmarkierungen** – Z 297 – eingeordnetes Fz darf auch **63** dann rechts überholt werden, wenn es kein Richtungs-Z gesetzt hat. Auch wer selbst links abbiegen will, darf ein bereits links eingeordnetes Fz gem § 5 VII oder § 41 III 5 **vor** der Kreuzung rechts überholen u sich vor ihm links einordnen, wenn dies ohne Behinderung anderer, bes des Überholten, möglich ist (ebenso Kö VM 74, 9; Dü VM 78, 70; VM 95, 47; aA Kar VM 75, 118). Nach Bay (VRS 58, 448) gilt § 5 VII aber nicht während des eigentlichen Abbiegevorgangs **auf** der Kreuzung (s Erl zu Z 297 u auch § 7 Rn 13); im übrigen auch dann nicht, wenn sich der Linksabbieger **64** noch nicht ordnungsgem eingeordnet hat (Ol NZV 93, 233; Kö VRS 84, 330) oder dabei die linke Fahrtrichtungsanzeige nicht betätigt hat (Kö aaO). Der Linksabbieger, der sich bereits im Kreuzungs- oder Einmündungsbereich bewegende andere Linksabbieger erreicht, darf diese, wenn keine markierten Fahrstreifen vorhanden sind, nicht rechts überholen. Das gilt auch dort, wo LichtZ den Verkehr regeln oder wo der für Linksabbieger bestimmte Fahrbahnteil der zu verlassenden Str ein paarweises Auffahren erlaubt hätte (s auch Bay VRS 48, 130, 132).

c) **Durchführung.** Ein Seitenabstand zum auf die Abbiegemöglichkeit **65** wartenden Linksabbieger von 0,5 m wird innerorts bei 50 km/h als ausreichend erachtet, zumal der rechts Vorbeifahrende darauf vertrauen darf, daß der links Wartende seinen Standort beibehält (Kö VRS 63, 142). Der Überholvorgang ist im Rsinn **vollendet,** sobald der Rechtsüberholende so nahe auf das links versetzt vorausfahrende Fz aufgeschlossen ist, daß er nicht mehr gefahrlos hinter ihm bleiben kann, wenn es nach rechts ausbiegt. Der Überholvorgang setzt sich dann (Dauertat) während der Vorbeifahrt fort. Er ist abgeschlossen, im Rechtssinn **beendet,** wenn der Überholende den Überholten so weit hinter sich gelassen hat, daß dieser seine Fahrt vom Überholenden unbehindert so fortsetzen kann, wie wenn er nicht überholt worden wäre. Fährt der Rechtsüberholende nach dem Vorbeiziehen so knapp links vor den Überholten, daß er diesen gefährdet, so liegt hierin ein falsches Überholen iS des § 315c I 2 b StGB (Dü VM 75, 7; s oben 38).

d) Wegen der **Pflichten** beim Rechtsüberholen vgl § 7 Rn 16 f. Eine **66** wesentlich höhere Geschwindigkeit ist zum Überholen im mehrspurigen

Verkehr, der seinem Wesen nach ein Nebeneinanderfahren darstellt, nicht erforderlich, ein großer Geschwindigkeitsunterschied sogar gefährlich u damit verkehrswidrig.

67 e) **Abs 7 S 2 bis 4: Überholen von Schienenfahrzeugen.** Die Sonderregelung für das Überholen von Schienen-Fzen trägt der Schienengebundenheit dieser Fze Rechnung. § 5 VII S 4, nach dem in Einbahnstr Schienen-Fze rechts oder links überholt werden dürfen, gilt auch für die sog unechten Einbahnstr; das sind solche, in denen der FahrV nur in einer Richtung zugelassen ist, während die Straba in beiden Richtungen verkehrt. In solchen Str darf auch der entgegenkommenden Straba links ausgewichen werden, wenn dadurch deren Betrieb nicht gefährdet wird (BGHSt 16, 133; Bay VRS 20, 302; Bay 61, 268 = VRS 22, 226). Auch an einer haltenden Straba darf, abgesehen von Einbahnstr, nur rechts vorbeigefahren werden, wenn der Raum hierzu ausreicht (Bay 62, 305 = VRS 25, 299).

9. Abs 8: Rechtsüberholen durch Rad- und Mofafahrer

67a Abs 8 erlaubt auch Radf und Mofaf das Rechtsüberholen mit mäßiger Geschwindigkeit und besonderer Vorsicht von Fz, die auf dem rechten Fahrstreifen warten, wenn ausreichender Raum vorhanden ist; anders bei Fz, die nicht auf anderen Fahrstreifen warten (Ha DAR 01, 220). Maßgeblich für die „mäßige" Geschwindigkeit sind die konkreten Verkehrsverhältnisse und die sich daraus ergebende Beherrschbarkeit der durch den Überholvorgang entstehenden Gefahren (Ha NZV 00, 126). Ausreichender Raum ist nur gegeben, wenn ein gefahrloses Befahren durch den Zweiradf ohne Gefahr der Kollision mit den wartenden Fzen oder einem rechts verlaufenden Bordstein auf Grund der noch verbleibenden Fahrbahnfläche gewährleistet ist (Felke DAR 88, 74; Janiszewski aaO: 1–2 m; s auch § 9 III S 1). Nur wartende Fze dürfen gem Abs 8 rechts überholt werden, also solche, die bereits zum Stillstand gekommen sind, nicht fahrende, auch nicht mehr langsam rollende. Die Fahrgäste wartender Fz müssen die Möglichkeit rechts überholender Radf und Mofas beim Öffnen der Tür berücksichtigen (Ha NZV 00, 126). Fährt ein Krad aber zwischen wartenden Kolonnen hindurch, so liegt ein unerlaubtes Rechtsüberholen vor (Ha NZV 88, 105), genauso beim Hindurchfahren zwischen fahrenden Kolonnen (Dü NZV 90, 319 = § 18 StVO Nr 47), da erlaubtes Rechtsüberholen abgesehen von der Ausn des Abs VIII grundsätzlich einen freien Fahrstreifen für den Überholenden voraussetzt (KG NZV 96, 365; Weigel DAR 00, 394).

10. Zivilrecht/Haftungsverteilung

68 1. Bei einem Zusammenstoß zwischen einem im Überholen begriffenen Kfz und einem **entgegenkommendem Fahrzeug** trägt idR der Überholer die Alleinhaftung (BGH VersR 74, 997 = DAR 74, 243 = NJW 74, 1378; Stu VersR 92, 465 = DAR 91, 179f). Dieser VT hat den **Beweis des ersten Anscheins** gegen sich (BGH aaO). Dies gilt insbesondere, wenn der Überholer eine Kolonne von mehreren Fahrzeugen in einem Zug überholt und hierdurch mit einem entgegenkommenden Kfz einen Unfall verursacht. In einem solchen Fall haftet der Überholer grds allein (BGH VersR 65, 566; KO VersR 96, 1427). Verstößt der Kf des entgegenkommenden Fahrzeuges gegen das Rechtsfahrgebot des § 2 II StVO, kommt – abhängig von der Fahrbahnbreite – uU eine Mithaftung iHd einfachen Betriebsgefahr in Betracht (BGH VersR 79, 528 = VSR 56, 416 = NJW 79, 1363 – Mithaftung zu 10%, siehe § 2 Rn 96a). Bei anderweitigem Fehlverhalten des Kf des entgegenkommenden Kfz – zB Überschreiten der zulässigen Höchstgeschwindigkeit, keine Herabsetzung der Geschwindigkeit trotz Erkennen der Unfallgefahr, unzureichende Beleuchtung bei Dunkelheit, plötzliches Ausscheren, Blendung durch Scheinwerfer – ist stets von einer Mithaftung iHd einfachen Betriebsgefahr auszugehen (BGH VersR 68, 944; Kö VSR 87, 19 – Mithaftung zu ¹/₃; BGH VersR 68, 577 – Mithaftung zu 25%). Befinden sich beide Fahrzeuge im Überholverbot, ist prinzipiell eine Schadensquotierung vorzunehmen. Dabei hat derjenige Halter den überwiegenden Haftungsanteil zu tragen, der den Überholvorgang später begonnen hat bzw die Gegenfahrbahn in stärkerem Maße in Anspruch nimmt (Mü VRS 31, 170 = NJW 66, 1270).

2. a) Bei einer Kollision beim Überholen zwischen einem **Überholer** **69** **und einem Linksabbieger,** der lediglich seine zweite Rückschaupflicht nach § 9 I S 2 StVO verletzt und einem nachfolgend überholenden Kfz haftet regelmäßig der Überholer überwiegend. Zu seinen Lasten kommen idR die Grundsätze über den Beweis des ersten Anscheins zur Anwendung (Fra NZV 89, 155). Es kommt daher grds zu einer Schadensaufteilung im Verhältnis 1:2 zu Lasten des Überholers. Die Haftung für den Überholer knüpft dann daran an, daß der Überholer trotz erkennbarer Abbiegeabsicht bzw unklarer Verkehrslage überholt (vgl Greger § 17 StVG Nachweise Fußn 141, Ha VersR 81, 340; NZV 93, 313 – Haftung zu ²/₃; Kar NZV 88, 64 und KG NZV 93, 272 je ½. Für den Linksabbieger gilt der Rückschaupflicht (von Bedeutung insbesondere die zweite Rückschaupflicht nach § 9 I S 4 StVO). Beim Abbiegen in eine Grundstückseinfahrt trifft den Linksabbieger gem § 9 V StVO zusätzlich eine **gesteigerte** Sorgfaltspflicht. Daher wird sich dessen Haftungsanteil regelmäßig auf ½ bis ²/₃ erhöhen (BGH VersR 61, 560; Ha VersR 81, 340; Grüneberg, Rz 161). Bei plötzlichem, unerwartetem Abbiegen kann es auch zur vollen Haftung des Abbiegers kommen (BGH VersR 67, 903; Fra VersR 77, 772). Verstößt der Linksabbieger gegen seine zweite Rückschaupflicht, so haften der Überholer und der Abbieger je zur Hälfte (Kar DAR 98, 474; der BGH hat die Revision durch Beschluß v 26. 5. 1998 nicht angenommen). Ist der Linksabbieger erst kurz zuvor auf die Fahrbahn eingebogen, so wird zwischen dem Überholer und dem Abbiegenden eine Schadensteilung mit einem höheren Haftungsanteil zu Lasten des Linksabbiegers iHv ²/₃ bis ³/₄ angemessen sein; der nachfolgende Verkehr rechnet nicht mit einem erneuten Abbiegemanöver (BGH VersR 63, 85 – Haftung ²/₃ zu ¹/₃; VersR 60, 946 = VRS 19, 260 – Haftung ²/₃ zu ¹/₃; vgl auch LG Gießen ZfS 96, 172 –

Alleinhaftung des Abbiegers). Ordnet sich der Linksabbieger unter Außerachtlassung seiner Pflicht aus § 9 I 2 StVO nicht zur Straßenmitte ein, haften der Überholer und der Abbieger ebenfalls zur Hälfte (KG VM 90, 52; Nü 73, 1126). **Einzelfälle:** Ha NZV 1995, 276 – je 50%; Abbiegendes landwirtschaftliches Gespann (67%) und Motorrad (33%) Kö VRS 93, 277.

b) Beim Zusammenstoß zwischen zwei **gleichzeitig zum Überholen ausscherenden** Fahrzeugen kommt in der Regel eine Schadensteilung im Verhältnis 1 : 1 in Betracht. Dies gilt allerdings nur auf einer Landstraße. Zweitüberholen ist auf einer Autobahn, die nur mit zwei Fahrstreifen ausgestattet ist, ausnahmslos unzulässig (Dü VRS 22, 471/Schmidt DAR 62, 351). Hat das nachfolgende Fahrzeug den Überholvorgang deutlich früher begonnen (§ 5 IV StVO), wird dem anderen Verkehrsteilnehmer eine überwiegende Mithaftung von $^2/_3$, uU auch die volle Mithaftung treffen, weil in diesem Fall ein gefahrloses Zweitüberholen nicht mehr möglich ist (CE VR 79, 476). **Einzelfälle:** BGH VersR 71, 843; Erstüberholer 33%; Ausscherender 67%.

70 c) Auch das **verkehrsbedingt ausscherende Fahrzeug** wird bei einem bereits weit vorangeschrittenen Überholvorgang in der Regel die Alleinhaftung treffen, wenn das Ausscheren nicht nur unwesentlich ist (§ 6 S 2 StVO). Der Überholer wird aber eine Mithaftung zu tragen haben, wenn zB mit einem Ausscheren bei Beginn des Überholvorganges zu rechnen war, wenn er mit überhöhter Geschwindigkeit oder mit einem unzureichenden Seitenabstand überholt oder wenn er an einer Fahrzeugkolonne in einem Zug vorbeifährt (BGH VersR 62, 566; Grüneberg Rz 178). **Einzelfälle:** Ha r + s 1997, 107 – Überholer 100% deutlich zu schnelles Überholen einer Fahrzeugkolonne nachts, Kö VersR 87, 188 – Überholer (rücksichtslose Fahrweise) 100%.

71 d) Bei einem Verstoß des überholten Fahrzeuges gegen das **Rechtsfahrgebot** des § 2 II StVO kommt in der Regel eine Mithaftung des Überholten zumindest in Höhe der normalen Betriebsgefahr insbesondere dann in Betracht, wenn es sich um eine nicht allzu breite Straße handelt. Mit Überholversuchen an offensichtlich gefährlichen Stellen muß ein Vorausfahrender allerdings nicht rechnen (BGH VRS 59, 326). Ein höherer Haftungsanteil des Überholten ist zB dann anzunehmen, wenn er während des Überholvorganges nach links zieht; Fra VersR 93, 1500 – 100% überholtes Moped zieht plötzlich nach links; Ha VersR 87, 692 – Haftung zu $^1/_3$).

72 e) **Erhöht** der Überholte während des Überholvorganges seine **Geschwindigkeit,** verstößt er gegen § 5 VI 1 StVO, so daß ihn bei einem Zusammenstoß in der Regel ein höherer Haftungsanteil von mind. $^2/_3$ treffen (VersR 64, 414; 63, 190). Dieses Fahrmanöver verlängert den Überholweg für den Überholenden unkalkulierbar. Dies gilt auch für mehrspurige Straßen wie zB Autobahnen (Hentschel, Straßenverkehrsrecht, 36. Auflage, § 5 Rz 61). Die Pflicht zur Beibehaltung der Geschwindigkeit gilt auch bei rechtswidrigem Überholen etwa in einer Überholverbotszone (Bay DAR 68, 166).

f) Hält der Überholer entgegen § 5 IV S 2 StVO keinen **ausreichenden** 73 **Seitenabstand** ein, ist in der Regel von seiner vollen Haftung auszugehen (Grüneberg Zz 181; Kö VersR 88, 277). Der erforderliche Seitenabstand, der bis zur Beendigung des Überholmanövers einzuhalten ist, richtet sich nach dem eigenen Fahrzeug und dessen Geschwindigkeit, den Fahrbahn- und Wetterverhältnissen und der Eigenarten des zu Überholenden (Bay MDR 87, 784). Eine Mithaftung des Überholten kommt zB dann in Betracht, wenn dieser, ohne daß es zu einer Fahrzeugberührung gekommen ist, fehlerhaft ausweicht oder während des Überholvorganges seinerseits etwas nach links gefahren ist. **Einzelfälle:** Ha r + s 95, 56 – 100% für überholenden Pkw; Kö DAR 95, 484 – 20% Mithaft des Überholers; Ba VersR 78, 351 – 25%).

3. **Rechtsüberholen** ist nur in den in Abs 7 bezeichneten Fällen zuläs- 74 sig. Dabei ist, aufgrund der Abweichung von der normalen Regel eine besondere Vorsicht und Aufmerksamkeit erforderlich (Bay VM 78, 9). Die Haftungsquoten richten sich zum einen nach dem feststellbaren Grad der Aufmerksamkeit der Verkehrsteilnehmer und zum anderen nach dem Grad der Vorsicht und Aufmerksamkeit, die in dem dann vorliegenden Fall angebracht gewesen wäre. Bei verbotenem Rechtsüberholen haftet der Überholende idR alleine (vgl Greger § 17 StVG, Rn 87 mwN).

a) Das **Rechtsüberholen eines Linksabbiegers** ist unter den Voraus- 75 setzungen des § 5 VII 1 StVO grundsätzlich erlaubt, so daß es bei einem Zusammenstoß infolge eines Rechtsschwenks des Linksabbiegers diesen in der Regel keine geringere Haftung treffen wird als den Überholer (je 50% Haftung). **Einzelfälle:** LG Braunschweig VRS 89, 19 – 75% beim Linksabbiegen nach rechts ausschwenkender Bus; LG Duisburg VersR 78, 726 – 100% für nach links eingeordneten und nach links blinkenden Pkw, der plötzlich nach rechts abbiegt.

b) Bei einem Unfall beim Überholen eines **Rechtsabbiegers,** der durch 76 einen vorherigen **Linksschwenk** gegen seine Sorgfaltspflicht aus § 9 I 2 StVO verstoßen hat, haftet grds der Rechtsabbieger. Bei einem abbiegenden LKW oder ähnlich großen Fahrzeugen hat allerdings der nachfolgende Überholer mit einem Linksschwenk zu rechnen, so daß in diesen Fällen auch eine Schadensteilung im Verhältnis 1 : 1 in Betracht kommt (Grüneberg Rz 187). **Einzelfälle:** Fra VersR 90, 912 – 60% linksabbiegender Trecker, 40% Pkw überhöhte Geschwindigkeit.

c) Da das Rechtsüberholen einer **Kolonne** nur in besonderen Ausnah- 77 mefällen erlaubt ist (§ 7 II a StVO), kommt es bei einem Zusammenstoß mit einem nach rechts abbiegenden Kolonnenfahrzeug, dessen Fahrer der erhöhten Sorgfaltspflicht des § 9 I 2, V StVO unterliegt, in der Regel zu einer Schadensteilung. Im Falle einer grob verkehrswidrigen Fahrweise des Überholers (zB sehr hohe Geschwindigkeit o Überholen auf schmaler Straße) kann auch dessen volle Haftung anzunehmen sein. **Einzelfälle:** Ha NZV 00, 85 – 100% für von links nach rechts ausweichenden Pkw.

StVO § 5 78–80 Überholen

78 4. Mißachtet der Überholer ein **Überholverbot,** haftet er uU allein (Mü VersR 75, 1058). Jedenfalls trifft ihn idR die überwiegende Haftung (²/₃ bis ³/₄ – LG Aachen r + s 86, 203; LG Bochum MDR 87, 327; Ba r + s 85, 191). Ebenfalls führt eine Überschreitung der **zulässigen Höchstgeschwindigkeit** durch den Überholer zu einer Erhöhung seiner Haftungsquote (Nü VersR 87, 108; Stu VRS 76, 8; bis zu 100% Dü NZV 98, 72).

11. Zuwiderhandlungen

79 Verstöße gegen § 5 I–IV a, V S 2, VI und VII sind OWen nach § 49 I 5 iVm § 24 StVG (s dazu Nrn 10–17 VwKat u 8–11 BKat, wegen Verstöße gegen § 5 III a s Nr 10 a u 10 a.1 BKat). Zum Beginn der Tat s oben 8. In den Fällen der Abs II S 1, IV S 1 u 4 tritt § 1 II als die allg Vorschrift zurück (Ha DAR 72, 81 Nr 34; Bay 74, 158 = VRS 48, 296; Kar NZV 92, 248). Kommt es in den Fällen des II S 1 u IV S 4 zu einer Gefährdung oder Schädigung oder im Falle des IV S 1 zu einer Schädigung anderer, besteht TE zwischen den Verstößen gegen § 5 u § 1 II (Bay aaO; Dü VM 94, 117). Wird der Überholte nur behindert, so tritt § 1 gegenüber § 5 IV S 4 zurück, weil diese Vorschrift Behinderung voraussetzt (Bay DAR 75, 164). Verstoß gegen § 5 V S 1 durch zu lange Zeichengebung ist allenfalls nach § 1 II verfolgbar; er ist in § 49 I 5 nicht erfaßt (Kö v 18. 11. 83, 3 Ss 658/83). Wer unter Verletzung des § 5 II S 1 links überholt, verletzt nur § 5, das Rechtsfahrgebot des § 2 II wird durch G-Konkurrenz verdrängt (Dü VM 77, 96). Verstöße von Radf und Mofaf gegen Abs VIII sind als solche nicht bußgeldbewehrt, können aber zugleich Zuwiderhandlungen gegen Abs I (zB bei nicht ausreichendem Raum), gegen § 3 I (zB keine mäßige Geschwindigkeit) oder § 1 II darstellen. – Die Begehung der OW nach § 49 I 5 setzt mind Fahrlässigkeit voraus; zur Beendigung s oben 38 ff.

80 **Strafrecht:** Ständiges verkehrswidriges Überholen u Sicheindrängen in Lücken, das Entgegenkommende u Überholte über 2 km hin zum Bremsen u Ausweichen zwingt, ist Nötigung nach § 240 StGB (Kö VRS 57, 196; s Rn 42). Kurzes Bedrängen des Überholten wegen nahenden GegenV ist nicht ohne weiteres Nötigung, auch wenn der Überholte dadurch veranlaßt wird, sein Fz nach rechts zu lenken (Kar VM 99, 31). Kurzer Verstoß gegen § 5 II S 2 mit Behinderung des Überholten ist keine Gewaltanwendung iS von § 240 StGB (Ha NZV 91, 480; s dazu Janiszewski Rn 562). Wegen Nötigung durch „Weghupen" s oben 41. Wann Nötigung beim Verhindern des Überholtwerdens vorliegt, hängt von allen Umständen ab, wobei ein strenger Maßstab anzulegen ist (Dü NZV 00, 301). Nötigung liegt im übrigen nur in sittlich besonders mißbilligenswerten und damit verwerflichen Blockieren des Überholstreifens vor (Kö NZV 97, 318; Dü NZV 00, 301) und bei planmäßiger Behinderung auf längerer Strecke ohne vernünftigen Grund (Dü NZV 00, 301). Zur Verkehrsgefährdung durch falsches Überholen s § 315 c I 2 b StGB Rn 22, 22 a u oben 8, 19, 39, 42.

Allgemeines **1 § 6 StVO**

Beim **Wechsel** der rechtlichen Beurteilung von § 5 II S 1 auf § 5 IV S 81
3, 4 bedarf es eines Hinweises nach § 265 I StPO iVm § 71 I OWiG (Stu v
6. 6. 89, 3 Ss 341/89).

12. Literatur:

Bouska „Wann muß auf Fahrbahnen mit mehreren Fahrbahnen für eine Rich- 82
tung der breite Fahrstreifen für ein schnelles Fz freigemacht werden?" DAR 85, 137;
Grahrau „Rechtsüberholen durch Radf?" VD 87, 248; **Mersson** „Problematik des
Rechtsüberholens" DAR 83, 280; **Mühlhaus** „Überholen m it u ohne Überholabsicht" DAR 68, 169 ff; „Unübersichtliche Stelle" u „unklare Vlage" DAR 69, 312;
„Aufholen u Einholen" DAR 70, 89; „Überholen auf mehrspurigen Richtungsfahrbahnen" DAR 73, 38; **Mayr** Überholen, KVR; **Weigel** Dürfen sich Motorradfahrer
„durchschlängeln"? DAR 00, 393.

§ 6 Vorbeifahren

**Wer an einem haltenden Fahrzeug, einer Absperrung oder einem
sonstigen Hindernis auf der Fahrbahn links vorbeifahren will, muß
entgegenkommende Fahrzeuge durchfahren lassen. Muß er ausscheren, so hat er auf den nachfolgenden Verkehr zu achten und das Ausscheren sowie das Wiedereinordnen – wie beim Überholen – anzukündigen.**

Inhaltsübersicht

	Rn
1. Allgemeines	1
2. Zulässigkeit des Vorbeifahrens	3
3. Sorgfaltspflicht gegenüber dem nachfolgenden Verkehr	4
4. Seitenabstand beim Vorbeifahren	6
5. Zivilrecht/Haftungsverteilung	8 a
6. Zuwiderhandlungen	9
7. Literatur	10

1. Allgemeines 1

Zur Abgrenzung zwischen Vorbeifahren u Überholen s § 5 Rn 2. Ein
Überholen iSv § 5 und kein Vorbeifahren iSv § 6 liegt vor, wenn ein KfZ
an einem anderen sich in derselben Richtung bewegenden oder verkehrsbedingt wartenden Fahrzeug vorbeifährt (Kö OLGR Köln 99, 206). S 1
regelt den Vorrang des GegenV bei Fahrbahnverengung durch ein vorübergehendes Hindernis, der systematisch dem BegegnungsV zuzurechnen
ist. S 2 enthält die gebotene Vorsicht gegenüber dem nachfolgenden Verkehr. Die Pflichten des Vorbeifahrenden gegenüber dem haltenden VT
sind nicht behandelt; sie ergeben sich aus § 1 (s dazu auch § 5 Rn 2). Die
Sorgfaltspflichten des § 6 gelten auch nicht gegenüber dem aus einer Seitenstr einbiegenden wartepflichtigen Verkehr (Dü VRS 63, 60). Die kor-

Heß

§ 6 StVO 2-3 Vorbeifahren

respondierenden Pflichten des haltenden gegenüber dem vorbeifahrenden VT sind in §§ 10 u 14 I geregelt. – Zum Reißverschlußverfahren s § 7 Rn 19.

2 § 6 gilt nur bei **einseitiger** Verengung eines begrenzten Stücks der **rechten** Fahrbahn einer sonst ausreichend breiten Str (Schl StVE 11); bei beiderseitiger Einengung gilt § 1 (Zw VRS 57, 134; 79, 95 = StVE 5, KG VRS 91, 465). Eine Engstelle iS von § 6 besteht nur, wenn am Hindernis nur links vorbeigefahren werden kann und dabei für unbehinderten Gegenverkehr kein Raum bleibt (Schl VersR 82, 1106). Das Hindernis muß der Substanz nach **vorübergehender** Art sein, wie Schneeverwehung (Schl MDR 85, 327), Felsbrocken, planmäßig haltender Bus (Dü VRS 59, 294), nur durch Absperrgeräte gesicherte vorübergehende Baustelle (KG VRS 62, 63), aber keine dauernde bauliche Verengung (Dü VRS 44, 228; DAR 72, 338), wie ein fest installierter Bauzaun (Ha VRS 59, 296 = StVE 9), oder eine Verkehrsinsel (AG Ha SP 96, 377). Hierbei gelten die allg Regeln für den BegegnungsV (Sa VM 78, 84; s 60 ff zu § 2), dh Vorrang hat, wer die Engstelle zuerst erreicht hat (Ha NZV 97, 479; Dü DAR 72, 338; § 2 Rn 69). Gleiches gilt für ein Hindernis auf beiden Seiten der Straße (Dü OLG R 1991, 14). Können einander begegnende Fze trotz der Engstelle allerdings aufgrund des ausreichend verbleibenden Raumes gleichzeitig passieren, so müssen beide verlangsamen und sich den freien Raum gleichmäßig teilen (Zw VRS 57, 134). Bei einer **dauernden baulichen Verengung** hat demgegenüber derjenige den Vorrang der die Engstelle zuerst erreicht (Ha NZV 97, 479). Anders als bei dauernder baulicher Verengung kommt es bei **vorübergehender** Verengung der rechten Fahrbahn, die keine Begegnung ohne Mitbenutzung der Gegenfahrbahn ermöglicht, nicht darauf an, wer die Engstelle zuerst erreicht. Es besteht der Vorrang des Gegenverkehrs. Bei Nichtbeachtung des Vorrechts (Ordnungswidrigkeit) muß der Bevorrechtigte zurückstehen (KG VRS 91, 468), sonst haftet er mit (Ko NZV 93, 195). Kann rechts vorbeigefahren werden, gilt § 6 nicht (Dü DAR 80, 187 = StVE 6).

2 a § 6 regelt nur das Fahrverhalten bei **sichtbarem** Gegenverkehr zu Beginn des Vorbeifahrens, nicht aber den Fall des bloß möglichen, später erst sichtbar werdenden Gegenverkehrs (Ha NZV 95, 27). Bei Unübersichtlichkeit Licht- und WarnZ gem § 1 StVO erforderlich (Schl OLG R 1996, 210).

2. Zulässigkeit des Vorbeifahrens

3 Da das Vorbeifahren an einem Hindernis weit weniger gefährlich ist als das Überholen, gelten die für letzteres aufgestellten Rechtsgrundsätze nur teilweise. So hindert ein etwaiges Überholverbot die Vorbeifahrt nicht; sie ist auch bei unklarer VLage nicht schlechthin unzulässig. **Vor einer unübersichtlichen Engstelle muß der Wartepflichtige besonders vorsichtig prüfen, ob Vorbeifahren den Gegenverkehr behindern würde (Kar DAR 89, 106).** An einem Fz oder sonstigen Hindernis, das in einer unübersichtlichen Kurve steht, darf man vorbeifahren (Bay 73, 23

Seitenabstand beim Vorbeifahren   **4–6 § 6 StVO**

= VRS 45, 63; **AG Lobenstein ZfS 00, 482**). Jedoch sind besondere Vorsichtsmaßnahmen z. B. **Warnposten, mehrmaliges Betätigen des Blinklichts oder Hupen** erforderlich, wenn die Fahrbahnseite des GegenV mitbenutzt wird (Bay VRS 58, 450 = StVE 10; **LG Wuppertal VersR 01, 872;** vgl. 23 zu § 3). **Wer das Hindernis vor einer Kurve ohne sichtbaren GegenV umfährt, muß WarnZ geben und Schrittgeschwindigkeit einhalten, um beim Auftauchen eines entgegenkommenden Fzs sofort anhalten zu können (AG Lobenstein ZfS 00, 482).** Selbst aber **wenn nicht die Fahrbahnseite des GegenV mitbenutzt wird,** aber mit GegenV zu rechnen ist, der sich vermutlich oder erkennbar nicht scharf rechts hält u die Mittellinie berührt, darf am Hindernis nicht links vorbeigefahren werden (Ce VersR 80, 772; KG VRS 91, 465). Andererseits muß der Vorbeifahrende, iG zum Überholenden, nicht vom Weiterfahren absehen, wenn er die zum Vorbeifahren benötigte, zunächst vom GegenV freie Strecke nicht überblicken kann. Kommt ihm aber im Sichtbereich ein Fz entgegen, so gelten die Regeln des BegegnungsV, darunter auch die in § 6 S 1 ausgesprochene (vgl 60 ff zu § 2 u 23 zu § 3).

3. Satz 2: Sorgfaltspflicht gegenüber dem nachfolgenden Verkehr   4

Während das Vorbeifahren an einem Hindernis im Verhältnis zum GegenV viel weniger gefährlich ist als das Überholen, bringt es für den NachfolgeV die gleichen Gefahren wie dieses mit sich, wenn das Hindernis ein **Ausscheren** erforderlich macht. S 2 deckt sich demgemäß inhaltlich mit § 5 IV S 1 und IV a. Das zu § 5 Rn 33 ff Ausgeführte gilt entspr (insb Rückschaupflicht u rechtzeitiges Zeichengeben wobei der Sorgfaltsmaßstab beim Ausscheren vor dem Überholen aber höher ist als in § 6 S 1; vgl auch Kö VRS 41, 456 für das Ausscheren eines verkehrsbedingt Wartenden).

S 2 begründet ebensowenig wie § 5 IV einen **Vorrang** des schnelleren   5
Nachfolgenden gegenüber dem auf der rechten Spur Vorausfahrenden (vgl § 5 Rn 32). Erreichen beide ein Hindernis etwa gleichzeitig, so gilt das zu § 7 Rn 23 f Ausgeführte entspr (KG VRS 45, 61; aA Bouska VD 74, 113).

4. Seitenabstand beim Vorbeifahren   6

Der fließende Verkehr ist gegenüber dem ruhenden FahrV u den Fußgängern idR bevorrechtigt u darf auf die Beachtung seines VorR vertrauen (§ 10 Rn 2 u 7 ff; § 14 Rn 3). Er muß nicht damit rechnen, daß hinter einem Hindernis, bes einem sichtbehindernden Fz, Menschen unachtsam hervorkommen u in seine Fahrlinie laufen, wohl aber damit, daß sie so weit hervortreten, daß sie freie Sicht auf die Fz gewinnen. Ähnlich muß er beim Vorbeifahren an einem haltenden Fz nicht mit einem plötzlichen weiten, wohl aber mit einem zur Rückschau genügenden Öffnen eines Türspalts rechnen; falls das Fz nicht zweifelsfrei leer ist (KG DAR 86, 88; BGH(Z) VRS 61, 26), u einen Seitenabstand einhalten (BGH VRS 19,

Heß

§ 6 StVO 7–8 a Vorbeifahren

404; s auch 5 zu § 14). **Daher ist auch beim Vorbeifahren an haltenden Fzen ein ausreichender Seitenabstand einzuhalten, dessen Größe sich nach den Umständen richtet;** er darf geringer sein als der beim Überholen u bei der Begegnung regelmäßig verlangte Mindestabstand von 1 m (Hbg VRS 84, 169; *KG VRS 91, 465;* s auch § 2 Rn 65; § 5 Rn 14). Diese Grundsätze gelten auch für den, der beim Überholen an einem in seiner Gegenrichtung links geparkten Pkw vorbeifährt, der von seinen Insassen nicht mit Sicherheit schon verlassen ist (BGH VRS 61, 26).

7 Ein **größerer Abstand** ist beim Vorbeifahren an einem – entweder rechts oder in entgegengesetzter Fahrtrichtung links haltenden – **Omnibus** geboten, weil damit zu rechnen ist, daß Menschen hinter diesem hervortreten u einige Schritte in die freie Fahrbahn machen, um sich einen Überblick über den Verkehr zu verschaffen (zum Linien- u Schulbus s § 20 I u IV; Ol NZV 91, 468). Dieser Abstand muß – wenn der Fahrer nicht so langsam fährt, daß er beim Auftauchen von Menschen vor ihnen anhalten kann – 1,80–2 m betragen (BGHSt 13, 169; VM 68, 93; BGH(Z) VM 67, 69; Bay 59, 295 = VM 60, 76; Kö VRS 64, 434 = StVE § 20 StVO 6; Annäherung an UmsteigeV zwischen zwei haltenden Omnibussen: Kö VRS 34, 20), es sei denn, daß sich in unmittelbarer Nähe ein ampelgeregelter Fußgängerüberweg befindet (KG VM 87, 101; s auch § 1 Rn 31).

8 Die gleiche Verpflichtung trifft denjenigen, der an einem auf der Gegenfahrbahn haltenden **Müllwagen** (Zw VRS 62, 213; Ha NZV 89, 75 Ls), an einer Str-Baumaschine (Bay 70, 155 = VM 70, 117) oder im dichten mehrreihigen Verkehr an einer stehenden – oder die **Lücke** für den **QuerV** freigelassen hat, vorbeifährt (Bay 71, 2 = VRS 41, 72; KG VM 75, 43) soweit die Lücke an einer Einmündung oder Kreuzung oder an einer erkennbaren Tankstellenausfahrt besteht (Ha NZV 92, 238). Auch wer auf der rechten Spur einer Kolonne vorfährt, muß auf Lücken achten, welche die weiter links Fahrenden für den QuerV freigelassen haben (KG DAR 75, 186; nicht aber der Bus auf Sonderfahrstreifen: Sa NZV 92, 234). Der QuerV darf darauf vertrauen, daß ihm Vorbeifahrende das Hineintasten bis zur Gewinnung freier Sicht ermöglichen (Kö VRS 28, 452; vgl auch KG VM 65, 99). Nach Bay 74, 3 = VRS 47, 126 darf er weiter darauf vertrauen, daß der in der Fahrbahnmitte liegende Gleisbereich der Straba, der von den übrigen Str-Teilen durch Fahrstreifenbegrenzungen abgegrenzt ist, nur von Straßenbahnen befahren wird. – Diese Grundsätze gelten nicht an Kreuzungen mit Lichtzeichenregelung (KG VM 75, 44) oder wenn die Lücke nur an einer sonstigen Grundstückseinfahrt (KG VM 76, 105) oder für ein parkendes Fz zum Einreihen in die Kolonne (Bay VRS 65, 152) freigelassen ist.

8 a **5. Zivilrecht/Haftungsverteilung**

a) Kommt es zu einem Unfall zwischen zwei sich **begegnenden** Fahrzeugen, wobei der Unfallablauf nicht aufzuklären ist, kommt es im Regelfall zu einer Schadensteilung in Höhe der jeweiligen Betriebsgefahren. Eine anderweitige Haftungsquote ist in den Fällen vorstellbar, in denen weitere, erschwerende Umstände (zB Alkohol) hinzutreten. **Einzelfall:** Begegnungskollision in langgestreckter Kurve zwischen Klein-LKW (90%), der die Mittellinie überfährt, und Motorrad (10%), das auf seiner Fahrspur nahe der Mittellinie fährt (Fra ZfS 94, 77).

b) **Vorbeifahrt an Hindernissen:** Ereignet sich ein Unfall an einer Stelle, an der sich die Fahrbahn für einen oder beide Verkehrsteilnehmer verengt, kommt es grds zu einer überwiegenden oder sogar alleinigen Haftung des Verkehrsteilnehmers, auf dessen Seite sich die Verengung der Fahrbahn befindet (BGH VersR 66, 929; Ba VersR 82, 983 f, Grüneberg Rn 195 ff). Dieser Fahrer hätte gem § 6 S 1 StVO dem Gegenverkehr den Vorrang gewähren müssen. Eine Mithaftung des entgegenkommenden Fz kommt aber beispielsweise dann in Betracht, wenn dessen Fahrer wegen parkender Fze auf der anderen Fahrbahnseite oder aufgrund anderer Hindernisse mit GegenV auf seiner Fahrbahnseite rechnen muß u dieser sich nicht darauf einstellt (Ha NZV 95, 27) bzw wenn er in die Engstelle zu schnell fährt, zu spät reagiert oder noch weiter rechts (§ 2 II StVO) hätte fahren können (Ko VRS 68, 179; LG Wuppertal DAR 00, 168 – Haftung zu je 50%; Grüneberg Rn 203 ff; KG VersR 97, 73 – entgegenkommender Motorradfahrer haftet wegen Verstoßes gegen das Rechtsfahrgebot voll. Bei einer Begegnungskollision und Hindernissen auf beiden Fahrbahnseiten – Haftung zu je 50%; Dü OLGR 91, 14; Ha NZV 95, 28 (¹/₄).

c) Außerdem können abhängig von der Jahreszeit **Schnee** oder aufgetürmtes **Laub** Hindernisse bilden, durch die die Fahrbahn verengt wird. In einem solchen Fall wird von dem entgegenkommenden Fahrer erwartet, daß er entsprechend reagiert, da das Hindernis auch für ihn schon aus größerer Entfernung zu erkennen gewesen ist. Daher ist in diesen Fällen von einer Mithaftung des entgegenkommenden Fahrers auszugehen (Dü VersR 70, 1160 je 50%). Nach diesem Maßstab auch zu beurteilen sind die Fälle, in denen ein Verkehrsteilnehmer rechtzeitig erkennen kann, daß ein anderer Verkehrsteilnehmer seine Fahrbahn aufgrund von Hindernissen oder ähnlichem mitbenutzt. Er muß dann auf sein Vorrecht aus § 11 III StVO verzichten und dem anderen die Benutzung der Fahrbahn auch durch Herabsetzen der Geschwindigkeit ermöglichen. Tut er dies nicht, folgt hieraus idR eine hälftige Mithaftung (Ka VersR 89, 1289 – 50%; Ko NZV 93, 195 – ¹/₃ zu ²/₃).

d) Wenn ein Verkehrsteilnehmer aufgrund eines **plötzlich auftauchenden Hindernisses** (Tiere, plötzlich auf die Straße einbiegende Fahrzeuge usw) auf die Gegenfahrbahn ausweichen muß, trifft ihn gleichwohl grds die Haftung, wenn es aufgrund dieses Manövers zu einem Unfall mit entgegenkommenden Fahrzeugen kommt (Dü VersR 88, 1190). Überschreitet der entgegenkommende Verkehrsteilnehmer aber die zulässige Geschwindigkeit oder konnte er das Ausweichmanöver rechtzeitig erkennen, kommt es zu einer Haftungsquotelung.

6. Zuwiderhandlungen

9 Verstoß des § 6 ist OW nach §§ 49 I 6 iVm 24 StVG (s dazu Nrn 17, 18 VwKat). Vorrangverletzung des GegenV ist nach KG (VRS 46, 192) Vorfahrtverletzung iS von § 315c I 2a StGB. Da ein Verstoß gegen § 6 S 1 eine Behinderung des GegenV voraussetzt, tritt § 1 II im Falle einer solchen Behinderung zurück, nicht aber bei Gefährdung (soweit nicht § 315c StGB eingreift). Derjenige, der die Gegenfahrbahn mitbenutzt, um ein Hindernis links zu umfahren, muß nicht die gesteigerte, äußerste Sorgfalt wie der Überholende beachten, es sei denn, er überholt seinen Vordermann trotz des Hindernisses an einer solchen Stelle nach Beendigung des GegenV (vgl § 5). – Der Wartepflichtige muß durch sein Fahrverhalten, insb mäßige Geschwindigkeit, erkennen lassen, daß er warten wird (entspr § 8 II S 1; KG VM 80, 58).

7. Literatur

10 **Berz**: „Zum Vorrang an Engstellen" DAR 74, 147; **Mühlhaus** „BegegnungsV in der oberstrichterlichen Rspr" DAR, 65, 321.

§ 7 Benutzung von Fahrstreifen durch Kraftfahrzeuge

(1) **Auf Fahrbahnen mit mehreren Fahrstreifen für eine Richtung dürfen Kraftfahrzeuge von dem Gebot, möglichst weit rechts zu fahren (§ 2 Abs. 2), abweichen, wenn die Verkehrsdichte das rechtfertigt. Fahrstreifen ist der Teil einer Fahrbahn, den ein mehrspuriges Fahrzeug zum ungehinderten Fahren im Verlauf der Fahrbahn benötigt.**

(2) **Ist der Verkehr so dicht, daß sich auf den Fahrstreifen für eine Richtung Fahrzeugschlangen gebildet haben, so darf rechts schneller als links gefahren werden.**

(2 a) **Wenn auf der Fahrbahn für eine Richtung eine Fahrzeugschlange auf dem jeweils linken Fahrstreifen steht oder langsam fährt, dürfen Fahrzeuge diese mit geringfügig höherer Geschwindigkeit und mit äußerster Vorsicht rechts überholen.**

(3) **Innerhalb geschlossener Ortschaften – ausgenommen auf Autobahnen (Zeichen 330) – dürfen Kraftfahrzeuge mit einem zulässigen Gesamtgewicht bis zu 3,5 t auf Fahrbahnen mit mehreren markierten Fahrstreifen für eine Richtung (Zeichen 296 oder 340) den Fahrstreifen frei wählen, auch wenn die Voraussetzungen des Absatzes 1 Satz 1 nicht vorliegen. Dann darf rechts schneller als links gefahren werden.**

(4) **Ist auf Straßen mit mehreren Fahrstreifen für eine Richtung das durchgehende Befahren eines Fahrstreifens nicht möglich oder endet ein Fahrstreifen, so ist den am Weiterfahren gehinderten Fahrzeugen der Übergang auf den benachbarten Fahrstreifen in der Weise zu ermöglichen, daß sich diese Fahrzeuge unmittelbar vor Beginn der Verengung jeweils im Wechsel nach einem auf dem durchgehenden**

Benutzung von Fahrstreifen durch Kfze **§ 7 StVO**

Fahrstreifen fahrenden Fahrzeug einordnen können (Reißverschlußverfahren).

(5) In allen Fällen darf ein Fahrstreifen nur gewechselt werden, wenn eine Gefährdung anderer Verkehrsteilnehmer ausgeschlossen ist. Jeder Fahrstreifenwechsel ist rechtzeitig und deutlich anzukündigen; dabei sind die Fahrtrichtungsanzeiger zu benutzen.

VwV – StVO
Zu § 7 Benutzung von Fahrstreifen durch Kraftfahrzeuge

Zu den Absätzen 1 bis 3

I. Ist auf einer Straße auch nur zu gewissen Tageszeiten mit so dichtem Verkehr zu rechnen, daß Kraftfahrzeuge vom Rechtsfahrgebot abweichen dürfen oder mit Nebeneinanderfahren zu rechnen ist, empfiehlt es sich, die für den gleichgerichteten Verkehr bestimmten Fahrstreifen einzeln durch Leitlinien (Zeichen 340) zu markieren. Die Fahrstreifen müssen so breit sein, daß sicher nebeneinander gefahren werden kann.

II. Wo auf einer Straße mit mehreren Fahrstreifen für eine Richtung wegen ihrer baulichen Beschaffenheit nicht mehr wie bisher nebeneinander gefahren werden kann, ist durch geeignete Markierungen, Leiteinrichtungen, Hinweistafeln oder dergleichen zu zeigen, welcher Fahrstreifen endet. Auf Straßen mit schnellem Verkehr ist zu prüfen, ob eine Geschwindigkeitsbeschränkung erforderlich ist.

Zu Absatz 3

Werden innerhalb geschlossener Ortschaften auf Straßen mit mehreren Fahrstreifen für eine Richtung Leitlinien markiert, so ist anzustreben, daß die Anzahl der dem geradeausfahrenden Verkehr zur Verfügung stehenden Fahrstreifen im Bereich von Kreuzungen und Einmündungen nicht dadurch verringert wird, daß ein Fahrstreifen durch einen Pfeil auf der Fahrbahn (Zeichen 297) nur einem abbiegenden Verkehrsstrom zugewiesen wird. Wenn das Abbiegen zugelassen werden muß, besondere Fahrstreifen für Abbieger aber nicht zur Verfügung stehen, so kommt uU die Anbringung kombinierter Pfeile, zB Geradeaus/Links, in Frage.

Inhaltsübersicht

	Rn
1. Allgemeines	1
2. Die Fälle des Nebeneinanderfahrens	2
a) Abs 1: Auflockerung des Rechtsfahrgebotes bei dichtem Verkehr	2
b) Abs 2: Fahrzeugschlangen	3
c) Abs 2a: Rechtsüberholen von Kolonnen	6a
d) Abs 3: Mehrreihiger Stadtverkehr	7
e) § 37 Abs 4: Verkehr zwischen Lichtzeichen	9
f) Pfeilmarkierung	13
g) Leitlinien – Zeichen 340	14
3. Fahrregeln des Nebeneinanderfahrens	16

§ 7 StVO 1, 2   Benutzung von Fahrstreifen durch Kfze

	Rn
4. Fahrstreifenwechsel	18
a) Allgemeines	18
b) Abs 4: Reißverschlußverfahren	19
c) Abs 5: Gesteigerte Sorgfaltspflicht	21
5. Zivilrecht/Haftungsverteilung	24 a
6. Zuwiderhandlungen	25
7. Literatur	26

1. Allgemeines

1   Die ordnungsgemäße Benutzung der Fahrstreifen gehört im Straßenverkehr zu den wesentlichen Erfordernissen. Der Massenverkehr erfordert – vor allem in der Stadt – eine besondere Fahrweise; das mehrreihige Nebeneinanderfahren ohne die Absicht oder auch nur die Möglichkeit, den weiter rechts Fahrenden zu überholen und sich vor ihm einzuordnen. An die Stelle des Rechtsfahrverbotes tritt die **Pflicht zum Spurhalten,** an die Stelle des Linksüberholverbotes das Vorziehen der jeweils schnelleren Reihe vor die langsamere. Weitere Vorschriften über die Benutzung nebeneinanderliegender Fahrstreifen enthalten die §§ 37 IV, 41 III 5 und 42 VI 1 d. Das Regelungssystem des § 7 ist kompliziert und unübersichtlich. Es ist deshalb änderungsbedürftig (so mR Seidenstecher Rn 26). Ein Fahrstreifen setzt eine Fahrbahnmarkierung nicht voraus. § 7 gilt für alle Kfze, dh auch für einspurige, doch wird erwartet, daß Mofas u Mopeds im eigenen Sicherheitsinteresse weiterhin möglichst rechts bleiben.

2 2. Die Fälle des Nebeneinanderfahrens

a) **Abs 1 gestattet als Auflockerung des Rechtsfahrgebotes** das – meist gestaffelte – **Nebeneinanderfahren** mehrerer Fz-Reihen, „wenn die Verkehrsdichte das rechtfertigt". Diese Fahrweise setzt mehrere Fahrstreifen für eine Richtung von ausreichender Breite für ein mehrspuriges Fz voraus, im allg mind je 3,50 m (2,55 m nach § 32 I StVZO zulässige Fz-Breite + 0,50 m Abstand nach jeder Seite; Legaldefinition S 2); das gilt nicht für Motorräder (Dü ZfS 90, 214). Die **Verkehrsdichte** rechtfertigt das Nebeneinanderfahren, wenn die Reihenbildung vom Standpunkt der flüssigen Abwicklung des Verkehrs vernünftig ist, wenn nämlich die Fahrgeschwindigkeit wegen des geringen Abstands der Fze laufend korrigiert oder kurz nach dem Einordnen ein neuer Überholvorgang eingeleitet werden müßte (Begr; vgl auch § 5 Rn 39 f), der Verkehr jedoch noch nicht so dicht ist, wie das II voraussetzt. Beim aufgelockerten gestaffelten Fahren darf nur **links überholt** werden, solange sich nicht Fz-Schlangen gebildet haben. Die in I zugelassene Fahrweise gilt – iG zu der des III – innerhalb wie außerhalb geschl Ortschaften, auch auf ABen für Fze jeder Art; sie ist nicht davon abhängig, daß die Fahrstreifen durch Leitlinien abgeteilt sind.

Die Fälle des Nebeneinanderfahrens 3–6a § 7 StVO

b) **Abs 2** bringt keinen weiteren Fall der Zulassung des Nebeneinan- 3
derfahrens, sondern eine Fahrregel, welche die Verdichtung des Verkehrs
zu **Fz-Schlangen** voraussetzt. Trotzdem muß der eigentliche KolonnenV
als eine bes Erscheinungsform des Nebeneinanderfahrens angesehen werden. Die Fahrregel des II gilt ebenso wie die des I für alle Str. Sie gilt auch
dann, wenn sich die Fz-Schlangen auf unvorschriftsmäßige Weise, zB
durch verbotenes Rechtsüberholen, gebildet haben. Entstanden aber Fz-
Schlangen an unzulässigen Stellen, zB beim Fehlen mehrerer genügend
breiter Fahrstreifen für den fließenden Verkehr, so haben sich die Fze bald-
möglichst wieder hintereinander zu setzen.

Eine „**Fahrzeugschlange**" ist jedenfalls dann gegeben, wenn innerorts 4
mind 3, außerorts noch mehr (Seidenstecher DAR 93, 85; Bay VM 72,
100) Fze so nah hintereinander fahren, daß ein Überholer nicht mehr mit
vorschriftsmäßigen Abständen nach vorn u hinten einscheren kann, wenn
also die Abstände 3 Sekundenwege zuzüglich der Länge eines einscherenden Pkw (5 m) nicht übersteigen (vgl § 4 Rn 3f, § 5 Rn 20, 39; ebenso
Möhl DAR 71, 31; im wesentlichen zustimmend, mit Einschränkung auf
2,5 Sekundenwege innerorts: Bay 72, 153 = VRS 43, 452).

Auf „**den Fahrstreifen**" für eine Richtung, die iG zu III nicht mar- 5
kiert sein müssen (Dü VRS 74, 216), bedeutet nach wörtl Auslegung (u
Begr) zwar auf **allen** Fahrstreifen, dh nicht nur auf dem linken (Bay VM
78, 8). Der Benutzer eines freien rechten Streifens dürfte danach erst
schneller fahren als die linke Reihe, wenn sich auch hinter ihm eine Fz-
Schlange gebildet hat. Das VBedürfnis verlangt aber, daß auch Einzel-Fze
eine entgegen dem Rechtsfahrgebot links fahrende Reihe vorsichtig überholen dürfen (so zutr Kö VRS 61, 457 = StVE § 2 StVO 17; Ce VRS 63,
381 = StVE § 2 StVO 22; Dü aaO); auf ABen u ähnlich ausgebauten Str
jedoch nur im Rahmen des in § 5 Rn 58 Ausgeführten.

Von einem Fz-Führer, der auf dem rechten Fahrstreifen – allein oder in 6
einer Fz-Reihe – eine auf dem zweiten Streifen fahrende Fz-Schlange
überholt, kann nicht verlangt werden, daß er außer der neben ihm befindlichen auch noch die links von ihr fahrende dritte Reihe beobachtet u
Erwägungen darüber anstellt, ob sich dort eine Fz-Schlange gebildet hat
(Bay VRS 34, 72). Er handelt nicht vorwerfbar, wenn er die Voraussetzungen des § 7 II annimmt, wenn die unmittelbar neben ihm fahrende Reihe
ein Linksüberholen nicht zuläßt.

c) **Abs 2 a** erlaubt das Rechtsüberholen einer FzSchlange auf allen mind 6a
durch Z 295 getrennten Fahrbahnen für eine Richtung mit mehreren
Fahrstreifen; „langsam" bedeutet deutlich unter 60 km/h, „geringfügig
höher" höchstens 20 km/h mehr (Begr; s auch § 5 Rn 58; Seidenstecher
DAR 93, 85). Die FzSchlange muss mit äußerster Vorsicht überholt werden, wobei die Geschwindigkeit nur geringfügig höher sein darf. Nicht
erlaubt durch Abs 2 a ist allerdings das Rechtsüberholen durch einen einzelnen FzFahrer, der aus der langsamen Kolonne nach rechts ausschert, um
sich weiter vorn wieder links einzuordnen (Dü VRS 63, 69: Rspr zur
früheren Rechtslage, die aber fortgilt). Im Verhältnis zu VFlächen, die vom

Heß

§ 7 StVO 7–10 Benutzung von Fahrstreifen durch Kfze

FzVerkehr nicht benutzt werden dürfen wie zB Sperrfläche nach Z 298, gilt Abs 2a nicht (Dü NZV 90, 241; aA Booß VM 90, 60), da zulässiges Rechtsüberholen idR einen freien Fahrstreifen für den Überholenden voraussetzt (anders aber bei § 5 Abs 8). Innerorts geht III (mit Ausn auf ABen) weiter.

7 d) **Abs 3: Mehrreihiger Stadtverkehr.** III verwirklicht für den Verkehr innerhalb geschl Ortschaften auf Fahrbahnen mit mind zwei (durch Z 340 oder 296) markierten Fahrstreifen für eine Richtung das Prinzip des mehrreihigen Fahrens (s 1). Der in I S 1 geforderten VDichte bedarf es hier nicht; die Regelung gilt auch auf völlig freier Fahrbahn u auch auf Kraftfahrstr (Kö VM 80, 42). Der örtliche Geltungsbereich dieser Fahrordnung wird durch die Ortstafeln **Z 310 u 311** bestimmt (§ 42 III, § 3 Rn 66). Bei fehlender Ortstafel ist der Beginn und das Ende der geschlossenen Bauweise entscheidend (Kö VM 80, 42). Außerhalb geschl Ortschaften, auf ABen auch im Ortsbereich, gilt weiter die normale Rechtsfahrordnung mit den Abweichungen, die unter Rn 2, 9–15 behandelt sind.

8 Im Rahmen des III dürfen auch Einzel-Fze den **Fahrstreifen frei wählen** u auf ihm rechts oder links überholen. Ein Benutzer des linken Fahrstreifens darf seinen Vordermann auch in der Weise überholen, daß er – unter Beachtung des Abs 5 – auf den weiter rechts liegenden Fahrstreifen wechselt u sich nach der Überholung wieder links vor das überholte Fz setzt (Ha VRS 51, 451; Hbg DAR 76, 304). Die erhöhten Anforderungen des Abs 2a („mit äußerster Vorsicht") gelten für das Rechtsüberholen gemäß Abs 3 nicht (Ha NZV 00, 85). III S 1 bezieht sich auf Pkw u Kräder sowie LKW u Wohnmobile, sofern das zulässige Gesamtgewicht 3,5 t nicht übersteigt. Schwerere Lkw müssen rechts fahren. Aber auch sie dürfen auf dem rechten Streifen schneller fahren als die linke Reihe; denn III S 2 gilt nach seinem Wortlaut uneingeschränkt für alle Fze und nicht nur für die in S 1 genannten.

9 e) **§ 37 Abs 4: Verkehr zwischen Lichtzeichen.** § 37 IV läßt das Nebeneinanderfahren über § 7 I hinaus auch bei schwachem Verkehr zu, „wo LichtZ den Verkehr regeln". Die Vorschrift ist nicht auf den Ortsbereich beschränkt. Sind innerhalb geschl Ortschaften die Fahrstreifen durch Leitlinien markiert, geht § 7 III vor. § 37 IV ist daher innerorts noch anwendbar für Fz-Führer, die durch § 7 III nicht begünstigt sind, u für Str ohne Leitlinien. Nach der amtl Begr beginnt die räumliche Geltung der Befreiung vom Rechtsfahrgebot da, wo das Fahrverhalten durch das LichtZ beeinflußt wird u endet stets da, wo hinter dem LichtZ das Rechtsfahrgebot wieder befolgt werden kann.

10 Bei einzelstehenden LichtZ, zB vor Kreuzungen von Landstraßen, beschränkt sich die Wirkung des LichtZ auf das Auffahren vor der Ampel u das Weiterfahren hinter ihr, bis sich wieder eine rechts fahrende Reihe gebildet hat. Auf städtischen Str, wo LZAn in kurzer Folge den Verkehr regeln („grüne Wellen"), „beeinflussen" die LichtZ den Verkehr auf der ganzen Strecke zwischen den LZAn; denn laufender Wechsel des Fahrstreifens wäre gefährlich u daher verkehrswidrig; dort darf also durchgehend nebeneinander gefahren werden.

Auch im LichtzeichenV ist **Rechtsüberholen** an sich verboten, solange **11** sich die Reihen nicht zu Fz-Schlangen verdichtet haben. Das Auffahren u Wiederanfahren vor einer LZA auf dem rechten Fahrstreifen gilt aber nicht als „verbotenes Rechtsüberholen", auch wenn es wegen des inzw erfolgten Lichtwechsels von Rot auf Grün ohne Anhalten erfolgt u dabei die rechte Reihe schneller fährt als die linke (Bay VRS 58, 279 = StVE § 37 StVO 15; § 5 Rn 3). Auch ein **Einzel-Fz** darf rechts von der haltenden Reihe vor der LZA auffahren u seine Fahrt nach Erscheinen von Grün fortsetzen (Bay aaO; Ha VRS 42, 309); rechts überholen dürfen hier auch Zweirad- u Mofa-Fahrer, soweit sie dies vorsichtig u langsam tun u dafür ausreichend breiter Raum zur Verfügung steht (Janiszewski NStZ 85, 258; AG Kö NJW 84, 441 sowie § 5 VIII). Dagegen kein zulässiges mehrspuriges Auffahren, sondern Verstoß gegen §§ 1 u 5 I, wenn sich die zwei Fz-Reihen vor einem auf der rechten Fahrspur befindlichen Hindernis zu einer Reihe geordnet haben, um an dem Hindernis links vorbeizufahren, während ein Kf in der rechten Spur an der Reihe entlangfährt, um sich in sie kurz vor dem Hindernis einzudrängen (Ha DAR 61, 93; Bay 64, 71 = VRS 27, 227; s auch KG VRS 62, 139 u Dü VRS 63, 69; § 5 Rn 57. Zum **Links-Vorbeifahren** an vor Rot wartenden Fzen s 35 zu § 2.

Überholverbote durch **VZeichen** sind auch im Verkehr zwischen **12** Lichtzeichen zu beachten. Sie verbieten das sonst zulässige Auffahren neben einer wartenden Fz-Reihe vor der LZA, da dies begrifflich ein Überholen ist (BGHSt 26, 83; Dü VRS 70, 41 = StVE § 5 StVO 78; s auch § 5 Rn 3 u 28 ff).

f) **Pfeilmarkierung.** § 41 III 5 S 1 „empfiehlt", auf Fahrstreifen mit **13** Pfeilmarkierung sich rechtzeitig einzuordnen u nebeneinander zu fahren. Eingeordnete Fze dürfen in Erweiterung des § 5 VII auch dann rechts überholt werden, wenn sie nicht abbiegen wollen u kein RichtungsZ gesetzt haben (s auch § 5 Rn 63; Dü VM 95, 47). Die Fahrstreifen sollen nach VwV zu **Z 297** IV „in der Regel" durch Leitlinien abgeteilt werden; die Zulässigkeit des Rechtsüberholens ist aber nicht davon abhängig gemacht. Die Linien sollten nie fehlen; sie sind für die Sicherheit beim Rechtsüberholen unentbehrlich u begründen in den übrigen erst den Gebotscharakter der Pfeile, die sonst (zB auf Parkplätzen) als reine VLenkungsmittel bloße Empfehlungen darstellen (s amtl Begr zu Z 297 bei Jag/Hentschel Rn 241 zu § 41 StVO), deren Nichtbeachtung nicht ow ist (Br DAR 93, 304).

g) **Leitlinien – Z 340** – bewirken eine Auflockerung des Rechtsfahrgebotes **14** nach § 42 VI 1 d, wenn drei oder mehr Fahrstreifen für eine Richtung markiert sind (s auch § 2 Rn 94); auf die VDichte kommt es hier nicht an, auch eine höhere Geschwindigkeit wird nicht vorausgesetzt. Dem Rechtsfahrgebot ist aber auch nachzukommen, wenn der Abstand zu dem rechts haltenden oder vorausfahrendsen Fz so groß ist, daß der Benutzer des mittleren Fahrstreifens nach Einscheren auf die rechte Fahrbahn dort längere Zeit, dh länger als 20 sec (Dü VRS 77, 456 = NZV 90, 39), mit gleicher Geschwindigkeit weiterfahren könnte (Dü aaO; Ce VRS 64, 382

§ 7 StVO 15–18 Benutzung von Fahrstreifen durch Kfze

= StVE § 2 StVO 21). Die Vorschrift hat nur noch auf gut ausgebauten Str außerorts Bedeutung, während in geschl Ortschaften die weitergehenden Bestimmungen des § 7 III für die von ihr begünstigten Fze gelten. Z 340 gestattet keine Abweichung vom Linksüberholgebot. – Buchst f zu Z 340 entspricht in S 1 der RSpr (Fra VRS 63, 386; s § 5 Rn 58; zu S 2 s Janiszewski DAR 89, 410; § 5 Rn 59 u § 18 Rn 11).

15 Ist – meist an Bergstrecken – die Fahrbahn um eine sog **Kriechspur** zum Zwecke der Trennung des langsamen SchwerV vom SchnellV verbreitert, so müssen Teilnehmer am letzteren die Kriechspur auch beim Fehlen weiteren Verkehrs nicht benutzen, wenn auf ihr eine geringere Höchstgeschwindigkeit als auf den anderen Fahrstreifen vorgeschrieben ist (Fra VRS 50, 459).

16 3. Fahrregeln des Nebeneinanderfahrens

Schneller fahren. II–III gestatten, daß „rechts schneller als links gefahren werden" darf, während bei **Z 297** „rechts überholt werden" darf. Begrifflich handelt es sich in beiden Fällen um „Überholen" (vgl § 5 Rn 2; BGHSt 25, 293 = StVE 4; BGHSt 26, 73). Die abweichende Bezeichnung bringt aber zum Ausdruck, daß das Vorziehen im mehrreihigen Verkehr einen Überholvorgang bes Art darstellt, für den die Fahrregeln der Linksüberholordnung des § 5 nicht durchweg anwendbar sind. Nebeneinanderfahren verlangt einen gleichmäßigen VFluß mit geringen Geschwindigkeitsunterschieden, wie er in Ortschaften durch die niedrigeren Höchstgeschwindigkeiten sichergestellt ist. Die schnellere Reihe muß u soll daher nicht entspr § 5 II S 2 mit wesentlich höherer Geschwindigkeit fahren. Mit GegenV ist nicht zu rechnen, § 5 II S 1 entfällt. An die Stelle von § 5 IV u VI tritt das Gebot des Spurhaltens. Dagegen gilt § 5 III auch für den mehrreihigen Verkehr (BGH VRS 48, 381). Die **Z 276, 277** verbieten daher als der allg Regel des § 7 nach § 39 IV (s BGH VRS 48, 381) vorgehende VZ das Überholen auch im FahrstreifenV (Kö VRS 53, 139). S auch § 5 Rn 29.

17 Wegen des Rechtsüberholens auf der **AB** vgl § 5 Rn 58. Wer in einer Kolonne auf der rechten Fahrspur neben links fahrenden VTn vorzieht, braucht nicht damit zu rechnen, daß ein anderes Fz eine in Bewegung befindliche Kolonne von links durchqueren werde (Bay 67, 116 = VRS 34, 72). Vorbeifahren neben einer mehrreihigen **stehenden** Fz-Kolonne s § 6 Rn 8.

18 4. Fahrstreifenwechsel

a) Allgemeines: Die Reihenfolge der Abs IV u V stellt klar, daß das gesteigerte Gefährdungsverbot beim Fahrstreifenwechsel (V) auch im Zusammenhang mit dem Reißverschlußverfahren gilt (s auch KG VRS 57, 321; Seidenstecher unten Rn 26 S 100 u Anm zur Begr VkBl 75, 673; zum Fahrstreifenwechsel allg Haarmann unten Rn 26).

b) **Abs 4 – Reißverschlußverfahren** – beantwortet die Frage, wie sich 19
Fz-Führer zu verhalten haben, wenn ein Fahrstreifen endet oder durch ein
Hindernis (Baustelle, parkende Fze) unterbrochen wird. **Bevorrechtigt** ist
das Fz auf dem **durchgehenden Fahrstreifen** (KG VRS 68, 339; VM 87,
82; 84, 25 m abl St Booß); der Reißverschluß beginnt also auf dem freien
Fahrstreifen (KG VM 80, 27), der sich bei fehlender Markierung notfalls
aus dem Straßenverlauf ergibt (Stu VRS 64, 296). Endet ein Fahrstreifen
nicht deutlich, sondern wird die Fahrbahn allmählich schmäler, so regelt
sich der Vortritt, soweit Markierungen fehlen (VwV II), nach dem
Grundsatz der gegenseitigen Rücksichtnahme (§ 1 I), soweit die Verengung nicht nach einer Seite versetzt ist (Stu aaO). Der jew Vortritt am
Ende oder bei Unterbrechung der mehrspurigen Strecke darf nicht erzwungen werden (KG VRS 68, 339) u gebührt nicht der ganzen auf der
bevorrechtigten Spur fahrenden Fz-Reihe, sondern deren Fahrer müssen
den jew weiter vorn befindlichen Fahrern der wartepflichtigen Reihe das
Einfädeln nach Reißverschlußart ermöglichen. Diese dürfen aber nicht
darauf vertrauen, daß die Benutzer des durchgehenden Streifens ihnen den
Vortritt einräumen, sondern müssen durch allmähliches Hinübersetzen,
vorherige Rückschau u Richtungs-Z deren Gefährdung vermeiden (§ 1 II;
Kö VRS 24, 293, 295; Ha VRS 38, 27; Hbg VRS 44, 313; KG aaO).

Bei dichtem Verkehr bestand bisher das Problem, wo sich das Einordnen 20
im Reißverschlußsinn zu vollziehen hatte. Durch die 33. ÄndVO ist der
§ 7 Abs 4 nunmehr dahingehend geändert worden, daß jetzt ausdrücklich
bestimmt ist, daß die reißverschlußartige Einordnung unmittelbar vor der
Verengung erfolgen soll. Dies wurde bereits zum alten Recht zwecks
rationeller Ausnutzung des knappen VRaumes u schnelleren Vflusses als im
allg VInteresse geboten angesehen (so Haarmann Rn 26; Verf in der
15. Aufl Rn 20).

c) **Abs 5 – gesteigerte Sorgfaltspflicht** – legt demjenigen, der den 21
Fahrstreifen wechseln will oder ihn auch nur teilweise verläßt (Dü StVE
16) ein Höchstmaß an Sorgfaltspflicht auf (s dazu § 10 Rn 7 ff). Danach ist
nicht nur jedes behindernde oder gefährdende Wechseln untersagt, sondern
jedes, bei welchem fremde Gefährdung nicht ausgeschlossen ist (LG
Darmstadt VRS 100, 430; AG Rüsselsheim NZV 01, 308). Der Maßstab
ist ein strengerer als der des § 1. Äußerste Sorgfalt setzt danach ausreichende Rückschau voraus, bei mehreren gleichgerichteten Fahrstreifen überall
dorthin, wo eine Gefährdung eintreten könnte (Kar VRS 78, 322). V gilt
auch für nicht markierte Fahrstreifen (KG VM 86, 61; Haarmann
aaO) u für **alle Arten** des Nebeneinanderfahrens in gleicher Richtung, auf
allen die Voraussetzungen des § 7 erfüllenden Fahrbahnen, nicht nur dann,
wenn rechts schneller gefahren werden darf; jedoch nicht für Fahrstreifenwechsel beim Überholen oder Abbiegen in ein Grundstück (insoweit
gehen die speziellen Regelungen der §§ 5 IV S 1 u 9 V vor; s auch Haarmann Rn 26 S 144, 149), wenn Voraussetzungen des § 7 fehlen oder der
Fahrstreifen (zB an einer Kreuzung) endet (vgl Bay v 30. 9. 87 bei Janiszewski NStZ 88, 121). Ein Fahrstreifenwechsel iS von § 7 liegt auch nicht

§ 7 StVO 22–24 Benutzung von Fahrstreifen durch Kfze

vor, wenn ein linksabbiegendes Fz, das sich vor dem Abbiegen auf einem Str-Ast, der wegen seiner Breite paarweises Abbiegen zuläßt, ganz links eingeordnet hatte, im Verlauf seines Bogens den linken Fahrstreifen der rechten Fahrbahnhälfte der Str, in die er eingebogen ist, überfährt u die rechte Fahrspur ansteuert (Bay VRS 58, 448).

22 Die **bes Sorgfaltspflicht** aus § 7 V S 1 dient nicht dem Schutz des GegenV, insb dann nicht, wenn dieser verbotenerweise einen gesperrten Fahrstreifen benutzt (KG VRS 57, 402 = StVE 8), u nicht dem Anfahrenden (s dazu Kö VersR 86, 666 m krit St Haarmann), für den § 10 gilt (s dort Rn 4; LG Kö VersR 89, 1161 m zust Anm Haarmann). Der Kf, der beim Streifenwechsel die höchstmögliche Sorgfalt anwendet, darf darauf vertrauen, daß kein Zweirad zwischen den voll besetzten Fahrstreifen hindurchfährt (Schl VRS 81, 306). Der Geradeausfahrende darf darauf vertrauen, daß ein in einem benachbarten Fahrstreifen Fahrender nicht unmittelbar vor ihm plötzlich in seine Spur einschert (Bay 84, 102 = VRS 67, 461; Hbg VM 61, 36; Kö DAR 65, 82; KG VM 88, 50). Die Abgabe eines **Richtungs-Z** vor dem Fahrspurwechsel ist in S 2 ausdrücklich vorgeschrieben, entbindet aber den Kf nicht von seiner Rückschaupflicht (KG VRS 29, 44) und dem zweifachen Schulterblick (LG Darmstadt VRS 100, 430). Durchfahren Kolonnen nebeneinander eine **Kurve** oder einen **Kreis,** so dürfen die Benutzer des inneren Bogens darauf vertrauen, daß die Fahrer der äußeren Spur den Bogen so weit nehmen, daß sie ihnen den Weg nicht abschneiden (Ol DAR 62, 338). Entspr gilt, wenn die Straße hinter einer Kreuzung nach links versetzt weiterführt (Ha VRS 25, 359). Hier darf der weiter vorn rechts auf die versetzte Str-Fortsetzung Zufahrende darauf vertrauen, daß der weiter hinten links Folgende die Linksbiegung mitmacht, ohne ihn zu gefährden; s hierzu auch Bay VRS 58, 448.

23 Wird **paarweise** nach **rechts abgebogen** –, was bei genügender Fahrbahnbreite zulässig ist (Dü VM 65, 84; KG VRS 12, 133; 22, 469; NZV 89, 363; Bay VRS 60, 391) –, so muß der links Fahrende den Bogen so weit nehmen, daß er den Inhaber der rechten Spur nicht in Bedrängnis bringt u umgekehrt; ist dies technisch nicht möglich, so muß er der rechten Reihe den Vortritt einräumen (Bay 62, 230 = VRS 24, 307). Auf genügend breiten Str ist auch das **paarweise Einbiegen nach links** zulässig (s dazu Bay VRS 58, 448). Zu diesem Zweck dürfen Fze vor einer Kreuzung paarweise auffahren, mit der nötigen Vorsicht auch rechts von einer haltenden Linksabbiegerreihe, wenn sie den GeradeausV dadurch nicht behindern (Bay VRS 48, 130 = StVE § 5 StVO 5; Ha VRS 47, 389). Haben sich trotz Fehlens einer ein paarweises Abbiegen vorsehenden Bodenmarkierung die Linksabbieger nebeneinander in zwei Reihen aufgestellt, so dürfen die Fze der rechten Reihe während des Abbiegens nicht schneller als die linke Reihe fahren u diese beim Einfahren in die Querstr nicht behindern (Bay 74, 92 = VRS 48, 55) u im Kreuzungsbereich nicht überholen (Bay aaO; s auch § 5 Rn 61 f).

24 Wird auch im mehrreihigen Verkehr die Verantwortung auf denjenigen verlagert, der die Fahrspur wechseln will, so trifft doch auch den **Nachfolgenden** eine **Pflicht zur Gefahrenabwehr** (s dazu auch § 5 Rn 32 u KG

Zivilrecht/Haftungsverteilung 24a § 7 StVO

VM 92, 31). Er muß die vor u neben ihm befindlichen Fze ständig beobachten (KG VRS 29, 44, 46). In einem VStrom von drei oder mehr Fz-Reihen beschränkt sich aber die Beobachtungspflicht auf die unmittelbar angrenzenden Fz-Reihen (Bay 67, 116 = VRS 34, 72). Der genügend weit entfernte Hintermann muß dem Benutzer eines benachbarten Fahrstreifens, der die Absicht des Fahrspurwechsels angezeigt hat, diesen ermöglichen (Bay 72, 284 = VRS 44, 453); er muß sich – auch vor Rot – auf rechtzeitiges Abbremsen einstellen (Kar VRS 58, 56 = StVE 10). Wenn im mehrreihigen Verkehr zwei Fz-Führer von verschiedenen Seiten her in dieselbe Fahrspur überwechseln wollen, gilt kein Vorrang, sondern gegenseitige Rücksichtspflicht (Bay 70, 248 = VRS 40, 466). Verbreitert sich eine als bevorrechtigt gekennzeichnete Str an einer Einmündung dergestalt, daß sich die dem Rechtseinbiegen dienende Fahrbahn der Seitenstr nach der Einmündung als zusätzlicher markierter Fahrstreifen der durchgehenden Str fortsetzt, so darf der Einbiegende grundsätzlich davon ausgehen, daß Benutzer der durchgehenden Str nicht nach der Einmündung unversehens in diesen Fahrstreifen herüberfahren (Bay VM 79, 12).

5. Zivilrecht/Haftungsverteilung 24a

a) Unfall bei einem **Spurwechsel:** Wegen der hohen Sorgfaltsanforderungen des § 7 V ist grundsätzlich von einer vollen Haftung des Spurwechslers auszugehen (Fra OLGR 98, 21). Steht die Kollision in einem unmittelbaren zeitlichen und örtlichen Zusammenhang mit dem Spurwechsel, so spricht der **Anscheinsbeweis** für die Mißachtung der Sorgfaltspflichten, die für den Spurwechsler gelten (Br VersR 97, 253). Der sonst zur Anwendung kommende Anscheinsbeweis, der bei einem Auffahren eines Fahrzeuges gegen den Auffahrenden spricht, kommt nicht zur Anwendung (ständige Rechtspr, ua Kö VRS 92, 197, HA MDR 98, 459). Dies muß grundsätzlich auch für die **Autobahn** gelten, so daß im Regelfall von einer Alleinhaftung des Spurwechslers auszugehen ist. Dies ist nur dann anders zu bewerten, wenn dem Auffahrenden eigene „Verstöße" wie eine Überschreitung der Richtgeschwindigkeit (insbesondere bei Dunkelheit) vorzuwerfen sind. Dies führt dann zu einer Mithaftung in Höhe der normalen Betriebsgefahr. Eine höhere Mithaftung ist möglich, wenn der Auffahrende die Geschwindigkeit nicht herabgesetzt hat, obwohl er den Spurwechsel erkennen konnte oder wenn er falsch, etwa mit einem eigenen Spurwechsel nach rechts, reagiert hat. Bleibt bei einem ernsthaft möglichen Fahrstreifenwechsel der Unfallhergang ungeklärt, ist der Schaden hälftig (Haftung nur nach StVG) zu teilen (KG MDR 97, 1123; Ce VersR 82, 960). Eine Mithaftung des Auffahrenden bei Verstoß des Spurwechslers gegen § 7 V StVO kommt bei Überschreitung der zulässigen Höchstgeschwindigkeit bzw bei einem Fahrfehler (zB verspätete Reaktion) in Betracht (Grüneberg Rn 147 ff). Bei einem Spurwechsel auf der Autobahn (Verstoß auch gegen § 18 III StVO) trifft den Auffahrenden eine Mithaft in Höhe der Betriebsgefahr, wenn er mit einer höheren Geschwindigkeit als der Richtgeschwindigkeit gefahren ist (BGHZ 117, 337 = NZV 92,

Heß

§ 7 StVO 24 b–24 g   Benutzung von Fahrstreifen durch Kfze

229; Ha NZV 95, 194). Allerdings erhöht ein gefährlicher Fahrstreifenwechsel auf der Autobahn die Betriebsgefahr deutlicher als eine Überschreitung der Richtgeschwindigkeit um etwa 20 km/h (Ha SP 99, 226 – $^3/_4$ zu $^1/_4$). **Einzelfälle:** Auffahrunfall auf einer Autobahn zwischen einem Sattelzug (100%), der zum Überholen ausschert, ohne rechtzeitig den Blinker zu setzen, und einem auf der Überholspur fahrenden PKW (Dü VersR 97, 334); volle Haftung für von der Autobahnauffahrt auf die Fahrbahn schleudernden Pkw (Kö NZV 99, 43) je 50% bei mit 200 km/h auf der Überholspur fahrenden Pkw (Fra VersR 97, 75); 75% für Spurwechsel und 25% für mit 150 km überholenden Pkw (Ha NZV 00, 42).

24 b   b) Bei einem Spurwechsel aufgrund einer **Fahrbahnverengung oder anderweitigen Hindernissen** kommt es nicht in jedem Fall im Grundsatz zur vollen Haftung des Spurwechslers (vgl aber KG VM 90, 91; Schl NZV 93, 109).

24 c   c) Wechselt ein Fahrzeug von einem Fahrstreifen auf den anderen, ohne daß dafür ein **erkennbarer Grund** vorliegt, so führt dies regelmäßig zur vollen Haftung (BGH VersR 65, 82) zumindest aber zur überwiegenden Haftung (BGH VersR 67, 557 – 75%)

24 d   d) Beim **Einfädeln auf die Autobahn** ist zu berücksichtigen, daß grundsätzlich dem auffahrenden Verkehr die Möglichkeit gegeben werden muß, ohne Schwierigkeiten auf die Autobahn aufzufahren. Andererseits steht gem § 18 III StVO dem fließenden Verkehr grds die Vorfahrt zu. Dies führt bei einem Unfall im Regelfall zu einer Haftungsaufteilung (Ce DAR 92, 219 – 40% Auffahrender; Ha NZV 93, 436 – 80% Auffahrender; Ka NZV 96, 319 – keine Haftung des Auffahrenden, der auf der Autobahn fahrende hätte durch leichtes Abbremsen den Unfall verhindern können). Wenn der auf die Autobahn Auffahrende „in einem Zug" von seinem Beschleunigungsstreifen auf die linke „Überholspur" fährt, haftet er allerdings voll (Ha NZV 94, 229; LG Gießen VersR 97, 128).

24 e   e) Kommt es zu einem Zusammenstoß im **Ausfahrtbereich einer Autobahn,** kommt es in den meisten Fällen zu einer höheren Haftungsquote für den Ausfahrenden, da ihn erhöhte Sorgfaltspflichten treffen (LG Mannheim VRS 78, 416 – $^1/_3$ zu $^2/_3$).

24 f   f) Für die Haftungsquote bei Unfällen auf einer **mehrspurigen Straße,** die durch Spurwechsel verursacht werden, gelten die gleichen Grundsätze wie für Unfälle, die aus dem gleichen Grund auf der Autobahn entstehen (s. o.) (Bre VersR 97, 253 – 80% für Spurwechsler, zu 20%; Kö VRS 92, 197 $^2/_3$ für Spurwechsler).

24 g   g) Das Reißverschlußsystem ist gem § 7 IV zwingend für alle beteiligten Verkehrsteilnehmer. Deshalb kommt es bei einem Unfall im Reißverschlußverkehr regelmäßig zu einer Haftungsteilung (KG VersR 86, 60 – 50%; LG Bielefeld DAR 95, 48 – 80% zu 20%; AG Köln VersR 87, 496 – $^1/_4$ zu $^3/_4$ zugunsten des Hintermannes; vgl aber auch LG Halle SP 99, 6 –

Vorfahrt § 8 StVO

– Alleinverschulden eines gegen die Grundsätze des „Reißverschlußverfahrens" verstoßenden Fahrers).

6. Zuwiderhandlungen 25

Nach § 49 I 7 sind nur Verstöße gegen Vorschriften des § 7 V (Fahrstreifenwechsel) bußgeldbewehrt (s Nrn 17 u 19 VwKat), nicht auch das Fehlverhalten beim Reißverschlußverfahren nach IV; Ahndung insoweit aber uU nach § 1 II iVm § 49 I 1.

7. Literatur: 26

Bouska „Räumung des linken Fahrstreifens für Schnellere" DAR 85, 137; **Haarmann** „Fahrstreifenwechsel" DAR 87, 139; **Kuckuk** „Der V auf mehreren Fahrstreifen" DAR 80, 97; **Mühlhaus** „Der mehrspurige V nach der neuen StVO" VOR 72, 27; „Durchbruch zum mehrreihigen StadtV" VD 77, 2; **Seidenstecher** „Der V auf mehreren Fahrstreifen" 18. VGT S 94; **ders** „Fahrbahnbenutzung u Fahren in Fahrstreifen" DAR 93, 83; **Kramer** „Rechtsfahrgebot auf BAB mit gesetzlichen sowie durch die Rspr entwickelten Ausnahmen" VD 00, 1.

§ 8 Vorfahrt

(1) **An Kreuzungen und Einmündungen hat die Vorfahrt, wer von rechts kommt. Das gilt nicht,**
1. **wenn die Vorfahrt durch Verkehrszeichen besonders geregelt ist (Zeichen 205, 206, 301, 306) oder**
2. **für Fahrzeuge, die aus einem Feld- oder Waldweg auf eine andere Straße kommen.**

(2) **Wer die Vorfahrt zu beachten hat, muß rechtzeitig durch sein Fahrverhalten, insbesondere durch mäßige Geschwindigkeit, erkennen lassen, daß er warten wird. Er darf nur weiterfahren, wenn er übersehen kann, daß er den, der die Vorfahrt hat, weder gefährdet noch wesentlich behindert. Kann er das nicht übersehen, weil die Straßenstelle unübersichtlich ist, so darf er sich vorsichtig in die Kreuzung oder Einmündung hineintasten, bis er die Übersicht hat. Auch wenn der, der die Vorfahrt hat, in die andere Straße abbiegt, darf ihn der Wartepflichtige nicht wesentlich behindern.**

VwV – StVO
Zu § 8 Vorfahrt

Zu Absatz 1

Verkehrsregelung an Kreuzungen und Einmündungen

I. 1. Kreuzungen und Einmündungen sollten auch für den Ortsfremden erkennbar sein. Wünschenswert ist es, daß sie schon durch ihre bauliche Beschaffenheit auffallen. Wenn das nicht der Fall ist, sollten bei der Straßenbaubehörde 1

§ 8 StVO

bauliche Veränderungen angeregt werden. Ist eine ausreichende Erkennbarkeit nicht gewährleistet, sollten die zu der Kreuzung oder Einmündung gehörenden Verkehrszeichen (positive und negative Vorfahrtzeichen oder Gefahrzeichen 102 „Kreuzung") in der Regel auf beiden Seiten der Straße und ausnahmsweise auch über der Fahrbahn angebracht werden. Auch ergänzende Maßnahmen, wie Veränderung des Unterbrechungsverhältnisses der Leitlinien in der untergeordneten Straße, verzerrte Wiedergabe der aufgestellten Schilder auf der Fahrbahn vgl § 42 Abs 6 Nr 3 in ausreichender Entfernung oder eine besondere Beleuchtung können sich empfehlen.

2 2. Bei schiefwinkligen Kreuzungen und Einmündungen ist zu prüfen, ob für den Wartepflichtigen die Tatsache, daß er an dieser Stelle andere durchfahren lassen muß, deutlich erkennbar ist, und ob die Sicht aus dem schräg an der Straße mit Vorfahrt wartenden Fahrzeug ausreicht. Ist das nicht der Fall, so ist mit den Maßnahmen zu Nummer I 1 und II zu helfen; des öfteren wird es sich empfehlen, bei der Straßenbaubehörde eine Änderung des Kreuzungswinkels anzuregen.

3 II. Die Verkehrsregelung an Kreuzungen und Einmündungen soll so sein, daß es für den Verkehrsteilnehmer möglichst einfach ist, sich richtig zu verhalten. Es dient der Sicherheit, wenn die Regelung dem natürlichen Verhalten des Verkehrsteilnehmers entspricht. Unter diesem Gesichtspunkt sollte, wenn möglich, die Entscheidung darüber getroffen werden, ob an Kreuzungen der Grundsatz „Rechts vor Links" gelten soll oder eine Regelung durch Verkehrszeichen vorzuziehen ist und welche Straße dann die Vorfahrt erhalten soll. Bei jeder Regelung durch Verkehrszeichen ist zu prüfen, ob die Erfaßbarkeit der Regelung durch Längsmarkierungen (Mittellinien und Randlinien, die durch retroflektierende Markierungsköpfe verdeutlicht werden können) im Verlauf der Straße mit Vorfahrt verbessert werden kann.

4 1. Im Verlauf einer durchgehenden Straße sollte die Regelung stetig sein. Ist eine solche Straße an einer Kreuzung oder Einmündung mit einer Lichtzeichenanlage versehen oder positiv beschildert, so sollte an der nächsten nicht „Rechts vor Links" gelten, wenn nicht der Abstand zwischen den Kreuzungen oder Einmündungen sehr groß ist oder der Charakter der Straße sich von einer Kreuzung oder Einmündung zur anderen grundlegend ändert.

5 2. Einmündungen von rechts sollte die Vorfahrt grundsätzlich genommen werden. Nur wenn beide Straßen überwiegend dem Anliegerverkehr dienen (zB Wohnstraßen) und auf beiden nur geringer Verkehr herrscht, bedarf es nach der Erfahrung einer Vorfahrtbeschilderung nicht.

6 3. An Kreuzungen sollte der Grundsatz „Rechts vor Links" nur gelten, wenn
a) die kreuzenden Straßen einen annähernd gleichen Querschnitt und annähernd gleiche, geringe Verkehrsbedeutung haben,
b) keine der Straßen, etwa durch Straßenbahngleise, Baumreihen, durchgehende Straßenbeleuchtung, ihrem ortsfremden Benutzer den Eindruck geben kann, er befinde sich auf der wichtigeren Straße,
c) die Sichtweite nach rechts aus allen Kreuzungszufahrten etwa gleich groß ist und
d) in keiner der Straßen in Fahrstreifen nebeneinander gefahren wird.

7 4. Müßte wegen des Grundsatzes der Stetigkeit (Nummer 1) die Regelung „Rechts vor Links" für einen ganzen Straßenzug aufgegeben werden, weil für eine einzige Kreuzung eine solche Regelung nach Nummer 3 nicht in Frage kommt, so ist zu prüfen, ob nicht die hindernde Eigenart dieser Kreuzung, zB durch Angleichung der Sichtweiten beseitigt werden kann.

5. Der Grundsatz „Rechts vor Links" sollte außerhalb geschlossener Ortschaften nur für Kreuzungen und Einmündungen im Verlauf von Straßen mit ganz geringer Verkehrsbedeutung gelten.

6. Scheidet die Regelung „Rechts vor Links" aus, so ist die Frage, welcher Straße die Vorfahrt zu geben ist, unter Berücksichtigung des Straßencharakters, der Verkehrsbelastung, der übergeordneten Verkehrslenkung und des optischen Eindrucks der Straßenbenutzer zu entscheiden. Keinesfalls darf die amtliche Klassifizierung der Straßen entscheidend sein.

   a) Ist eine der beiden Straßen eine Vorfahrtstraße oder sind auf einer der beiden Straßen die benachbarten Kreuzungen positiv beschildert, so sollte in der Regel diese Straße die Vorfahrt erhalten. Davon sollte nur abgewichen werden, wenn die Verkehrsbelastung der anderen Straße wesentlich stärker ist oder wenn diese wegen ihrer baulichen Beschaffenheit dem, der sie befährt, den Eindruck vermitteln kann, er befände sich auf der wichtigeren Straße (zB Straßen mit Mittelstreifen oder mit breiter Fahrbahn oder mit Straßenbahngleisen).

   b) Sind beide Straßen Vorfahrtstraßen oder sind auf beiden Straßen die benachbarten Kreuzungen positiv beschildert, so sollte der optische Eindruck, den die Fahrer von der von ihnen befahrenen Straße haben, für die Wahl der Vorfahrt wichtiger sein als die Verkehrsbelastung.

   c) Wird entgegen diesen Grundsätzen entschieden oder sind aus anderen Gründen Mißverständnisse über die Vorfahrt zu befürchten, so muß die Wartepflicht entweder besonders deutlich gemacht werden (zB durch Markierung, mehrfach wiederholte Beschilderung), oder es sind Lichtzeichenanlagen anzubringen. Erforderlichenfalls sind bei der Straßenbaubehörde bauliche Maßnahmen anzuregen.

7. Bei Kreuzungen mit mehr als vier Zufahrten ist zu prüfen, ob nicht einzelne Kreuzungszufahrten verlegt oder gesperrt werden können. In anderen Fällen kann die Einrichtung von der Kreuzung wegführender Einbahnstraßen in Betracht kommen.

8. Bei der Vorfahrtregelung sind die Interessen des öffentlichen Verkehrsmittel besonders zu berücksichtigen; wenn es mit den unter Nummer 6 dargelegten Grundsätzen vereinbar ist, sollten diejenigen Kreuzungszufahrten Vorfahrt erhalten, in denen öffentliche Verkehrsmittel linienmäßig verkehren. Kann einer Straße, auf der eine Schienenbahn verkehrt, die Vorfahrt durch Verkehrszeichen nicht gegeben werden, so ist eine Regelung durch Lichtzeichen erforderlich; keinesfalls darf auf einer solchen Kreuzung die Regel „Rechts vor Links" gelten.

III. 1. Als Vorfahrtstraßen sollen nur Straßen gekennzeichnet sein, die über eine längere Strecke die Vorfahrt haben und an zahlreichen Kreuzungen bevorrechtigt sind. Dann sollte die Straße solange Vorfahrtstraße bleiben, wie sich das Erscheinungsbild der Straße und ihre Verkehrsbedeutung nicht ändern. Bei der Auswahl von Vorfahrtstraßen ist der Blick auf das gesamte Straßennetz besonders wichtig.

   a) Bundesstraßen, auch in ihren Ortsdurchfahrten, sind in aller Regel als Vorfahrtstraßen zu kennzeichnen.

   b) Innerhalb geschlossener Ortschaften gilt das auch für sonstige Straßen mit durchgehendem Verkehr.

§ 8 StVO — Vorfahrt

18 c) Außerhalb geschlossener Ortschaften sollten alle Straßen mit erheblicherem Verkehr Vorfahrtstraßen werden.

19 2. Im Interesse der Verkehrssicherheit sollten im Zuge von Vorfahrtstraßen außerhalb geschlossener Ortschaften Linksabbiegestreifen angelegt werden, auch wenn der abbiegende Verkehr nicht stark ist. Linksabbiegestreifen sind um so dringlicher, je schneller die Straße befahren wird.

20 3. Über die Beschilderung von Kreuzungen und Einmündungen vgl. Nummer VII zu den Zeichen 205 und 206 (Rn 11 ff), von Vorfahrtstraßen vgl. zu den Zeichen 306 und 307, von Bundes- und Europastraßen vgl. zu den Zeichen 401 und 410.

21 IV. Über die Verkehrsregelung durch Polizeibeamte und Lichtzeichen vgl zu § 36 Abs 2 und 4 sowie Nummer IV zu den Nummern 1 und 2 zu § 37 Abs 2; Rn 12.

Inhaltsübersicht

	Rn
1. Allgemeines	1
2. Grundbegriffe zur Vorfahrt	2
a) Sachlicher Anwendungsbereich	2
b) Räumlicher Anwendungsbereich	4
3. Der Vorfahrtfall und seine Grenzen	7
4. Inhalt des Vorfahrtrechts	10
5. Abs 1 Satz 1: Vorfahrt „rechts vor links"	15
a) Anwendungsbereich	15
b) Inhalt der Vorfahrt „rechts vor links"	17
c) Keine Vorfahrt aus einer überführten Straßeneinmündung	19
d) Verzicht auf die Vorfahrt	19 a
6. Abs 1 Satz 2 Nr 1: Vorfahrtregelung durch Verkehrszeichen	20
a) Begründung der Wartepflicht durch Z 205 u 206	20
b) Begründung der Vorfahrt durch Z 301 u 306	22
c) Rechtswirksamkeit vorfahrtregelnder Verkehrszeichen	25
d) Abknickende Vorfahrt	26
e) Kreisverkehr	27
7. Abs 1 Satz 2 Nr 2: Vorfahrt aus einem Nebenweg	28
8. Rechtstellung des Vorfahrtberechtigten	31
a) Pflichten	31
b) Der Vertrauensgrundsatz	34
9. Abs 2: Rechtstellung des Wartepflichtigen	36
a) Allgemeine Pflichten	36
b) Abs 2 Satz 1: Mäßige Annäherungsgeschwindigkeit	37
c) Abs 2 Satz 2: Einräumen der Vorfahrt	38
d) Feststellung der Vorfahrtverletzung	42
e) Überqueren der Kreuzung	43
f) Einbiegen in bevorrechtigte Straße	44
g) Der Vertrauensgrundsatz	45
10. Der unsichtbare Vorfahrtberechtigte	47
a) Übersichtliche Einmündung	47
b) Abs 2 Satz 3: Unübersichtliche Einmündung	50

Grundbegriffe zur Vorfahrt 1, 2 § 8 StVO

Rn
11. Bedeutung von Verstößen des Vorfahrtberechtigten für sein Vorfahrtrecht u die Schuld am Unfall 52
   a) Allgemeines 52
   b) Befahren einer gesperrten Straße 53
   c) Überhöhte Fahrgeschwindigkeit 56
   d) Verletzung des Rechtsfahrgebots 57
   e) Schneiden einer Linkskurve 60
   f) Verletzung eines Überholverbotes 61
   g) Fahren ohne Licht 62
   h) Irreführende Richtungszeichen 63
   i) Überfahren des Rotlichts eines Fußgängerüberwegs 65
   j) Kein Anhalten an der Haltlinie 67
12. Zivilrecht/Haftungsverteilung 68
13. Zuwiderhandlungen 74
14. Literatur 76

1. Allgemeines 1

Im Zusammenhang mit § 8 stehen § 41 Z 205, 206 u § 42 II Z 301 u 306. Zeichen der Pol-Beamten: § 36, Regelung durch LZA: § 37. Vorfahrt auf der AB: § 18 III. – Z 208 u 308 regeln den Vorrang nur bei GegenV an Engstellen. Nach hM werden nicht nur die in § 8 geregelten Vorrangfälle als „Vorfahrt" bezeichnet (s § 315 c StGB 21 u Janiszewski 270 mwN; aA Booß Anm 1 zu § 8). Z 301 ist gegenüber § 8 Sondervorschrift (Bay VRS 52, 301; Dü NZV 89, 482).

2. Grundbegriffe zur Vorfahrt 2

a) **Sachlicher Anwendungsbereich. Vorfahrt** ist der Vorrang beim Zusammentreffen mehrerer Fze, die aus verschiedenen öff Str, die dem fließenden Verkehr dienen, in einer Kreuzung oder Einmündung aufeinander zukommen. Die Vorschrift behandelt **nicht** das Verhältnis der auf derselben Str (vgl hierzu § 9 Rn 5 ff) Fahrenden zueinander, wie Abbiegen (§ 9), Begegnung (§ 2 Rn 60 f), Überholen (§ 5) u gilt auch nicht, wenn ein selbständiger Fußweg auf eine Str trifft (Bay VRS 71, 304 = StVE 78). Die Fahrt aus einem Privatgrundstück, einem „anderen Straßenteil" iS von § 10 S 1 (s dazu Bay VRS 65, 225 u § 10 Rn 3 ff), über einen abgesenkten Bordstein (Zw VRS 82, 51) oder aus einem Raum des ruhenden öff Verkehrs in den fließenden Verkehr ist als „Einfahren" in § 10 geregelt. Kreuzen sich die Fahrlinien zweier Fze auf einem öff **Platz,** so gilt § 8 I S 1, wenn er von erkennbaren Fahrbahnen oder bezeichneten Fahrspuren des fließenden Verkehrs durchzogen wird (Ha VRS 47, 455; KG VRS 75, 95; Dü NZV 88, 231; s auch Rn 15). Sind dort keine sich kreuzenden oder ineinander einmündende Fahrspuren markiert oder durch bauliche Maßnahmen erkennbar, gilt dort kein Vorrang, sondern nur gegenseitige Rücksichtnahme nach § 1 II, denn § 8 I gilt expressis verbis nur „an Kreuzungen u Einmündungen" (Stu VRS 45, 313; vgl für den Parkplatz eines Einkaufcenters Sa VRS 47, 54, 308; Kö VM 75, 70; NZV 94, 438 für

§ 8 StVO 3, 4
Vorfahrt

Tankstelle; Ko VRS 48, 133; für einen nichtöff Markt BGH(Z) VRS 24, 18; für **ParkplatzV** s Rn 15 u § 12 Rn 67).

3   Vorfahrt gibt es begrifflich **nur zwischen Fahrzeugen** (Def s § 2 Rn 2, § 24) u diesen begrifflich gleichgestellten VTn (s §§ 27 I u 28 II), dh nicht im Verhältnis von Fzen zu **Fußgängern,** auch wenn diese ein Fahrrad, einen Kinderwagen oder Handwagen schieben (§ 25 II; § 25 Rn 6) oder ein Pferd führen (BGH VM 63, 7). Ihnen gegenüber hat der FahrV auf der Fahrbahn grundsätzlich Vorrang (BGH VRS 15, 445); Ausn: § 9 III S 3, § 26. Ein Kinderfahrrad ist ein Fz, wenn es nicht als Spielzeug, sondern im Verhältnis zu Beförderungsmittel benutzt wird (vgl § 24 Rn 2, § 2; BGH VM 64, 120 m Anm Booß), keinesfalls aber ein Kleinkinderfahrrad (Kar NZV 91, 355). § 8 dient der Sicherung u der Flüssigkeit des FahrV an Kreuzungspunkten (BGHSt 7, 118, 124). Er gilt auch für die im Str-Bereich verlegte Straba – gleichgültig, ob mit oder ohne eigenen Gleiskörper –, soweit für sie nicht eine Sonderregelung nach § 19 getroffen ist (Bay 59, 42 = VRS 17, 125).

4   b) **Räumlicher Anwendungsbereich.** § 8 I gilt nur für Kreuzungen und Einmündungen. Eine **Kreuzung** liegt vor, wenn zwei oder mehr öff Str sich schneiden, so daß sich jede von ihnen über den Schnittpunkt hinaus, uU seitlich versetzt (s unten), fortsetzt (BGH NJW 74, 949; Dü DAR 00, 175). Sie besteht nur aus der gemeinsamen Fläche der sich kreuzenden, durch ihre Fluchtlinien begrenzten Fahrbahnen, einschl anschl Radwege, nicht aus weiteren Str-Teilen (BGHSt 20, 238, 240; VRS 27, 350, 352; Bay 84, 30 mwN), wie zB Gehwegen (Dü VRS 63, 66), wodurch sie sich vom Bereich einer LZA (§ 37), der außer den Schnittflächen der Fahrbahnen noch weitere Str-Teile, insb die in ihm liegenden Fußgängerübergänge mitumfaßt (vgl Bay 67, 151 = VRS 34, 300; ebenso Kö VRS 61, 291; s § 37 Rn 3) unterscheidet. Die Vorfahrt erstreckt sich auf die ganze Str-Breite einschl der neben der Fahrbahn liegenden Radwege, gleichgültig, ob der Benutzer der bevorrechtigten Str wegen Versperrung der rechten Str-Seite genötigt ist, auf der linken Fahrbahnseite zu fahren oder ob er sie ohne Notwendigkeit, also verkehrswidrig benutzt (BGHSt 20, 238; Dü NZV 94, 328; Ha NZV 98, 26). Ein von rechts aus einer gleichberechtigten Str auf dem Gehweg herankommender Radf ist deshalb dem von links auf der Fahrbahn herankommenden nicht nach § 8 I 1 vorfahrtberechtigt (Dü aaO), auch nicht von rechts aus einem Fußweg (Bay 86, 67 = VRS 71, 304) oder erst im Einmündungsbereich aus einem Grundstück in die bevorrechtigte Str Einfahrender (Bay v 19. 7. 84, 1 Ob OWi 138/84). Wegen Doppelkreuzungen s BGH VRS aaO; Ha VRS 17, 343. Die Schnittfläche einer Str mit mehreren getrennten Fahrbahnen ist eine Kreuzung (Dü VRS 40, 294; vgl aber für das Linkseinbiegen § 9 Rn 27; BGH aaO; Bay 67, 109 = DAR 67, 334; Mühlhaus DAR 67, 313, 317). „Kreuzungsstelle" oder „Kreuzungspunkt" ist der Schnittpunkt der Fahrlinien der beteiligten Fze (vgl RGZ 125, 203, 207). Im Falle einer seitlichen Versetzung der Str-Fortsetzung bleibt die Einheitlichkeit der Kreuzung gewahrt, wenn die Fortsetzung nach natürli-

Grundbegriffe zur Vorfahrt 5, 6 § 8 StVO

cher Betrachtung als dieselbe Str erscheint (vgl § 9 Rn 5; Bay 64, 48 = VRS 27, 230). Andernfalls liegen zwei getrennte Einmündungen in die Querstr vor.

Einmündung liegt vor, wenn eine oder mehrere Str senkrecht oder 5 schräg bis zu einer durchgehenden Str hinführen, ohne sich jenseits fortzusetzen (BGH VRS 47, 84; Dü DAR 00, 175), oder wenn eine Str sich in zwei auseinandergehende Wege teilt – **Straßengabel** (RGSt 65, 209); in diesem Fall sind beide Äste Einmündungen, wenn nicht einer die natürliche Fortsetzung der durchgehenden Str darstellt. Das gilt auch, wenn eine Str vor einer Einmündung durch eine – meist dreieckförmige – **Verkehrsinsel** in mehrere Arme geteilt ist (BGH VRS 27, 74). Die dadurch entstehenden getrennten Fahrbahnen begründen selbständige Vorfahrtfälle; dh bei Fehlen bes Zeichen gilt die allg Vorfahrtregel rechts vor links (Ko VRS 62, 464). Dagegen sind im Verhältnis der aus der gemeinsamen Fortsetzung der Str u aus einem der Gabeläste entgegenkommenden Fze nicht die Vorfahrtregeln, sondern die Begegnungsgrundsätze anzuwenden, wenn sich die Str kurz vor der Einmündung in eine andere Str zur Erleichterung der Ein- u Ausfahrt in zwei Str-Teile gabelt (Bay 69, 119 = VRS 38, 220; vgl dazu Mühlhaus VD 72, 101 ff, 161). Eine Einmündung liegt auch vor, wenn eine von zwei als Einbahnstr gekennzeichneten Richtungsfahrbahnen einer Str nach Umgehung einer weitgestreckten Parkanlage in einem Winkel von ca 70° zu der anderen hinführt u sich mit ihr vereinigt, selbst wenn es sich dem Namen nach um dieselbe Str handelt (KG VRS 59, 48). Gleichgültig für den Begriff der Einmündung u damit für die Begründung der Vorfahrt sind Ausbau u VBedeutung der zusammenstoßenden Str, vorausgesetzt, daß beide öff Wege darstellen; der Begriff ist der gleiche wie bei **Z 283, 286** (Bay NZV 88, 154). Ausgenommen sind nach I S 2 nur **Feld- u Waldwege** (vgl dazu Rn 15 f). Ist die einmündende Str **trichterförmig** erweitert, so gehört die ganze bis zu den Endpunkten des Trichters erweiterte Fahrbahn der bevorrechtigten Str zum Einmündungsbereich (BGHSt 20, 238; Ha NZV 98, 26). Der Wartepflichtige muß sich, solange er nicht zumindest den Einmündungstrichter einsehen kann, darauf einstellen, nötigenfalls vor dessen Beginn auf seiner rechten Fahrbahnhälfte anhalten zu können (Bay 70, 177 = VRS 40, 78). Jedoch muß derjenige, der in ihm nach links einbiegt, den Mittelpunkt der Trichterbreite rechts umfahren. Er darf den Trichter nicht links schneiden (BGHSt 16, 255). Das gleiche gilt für denjenigen, der aus der trichterförmigen Erweiterung in die andere Str nach links einbiegt, wenn die Einmündung nach beiden Seiten erweitert ist (BGH (Z) VRS 27, 255; vgl. dazu § 9 Rn 16). – **Ausfahrten** aus Parkplätzen, Tankstellen pp sind keine Einmündungen iS von § 8; für ihre Benutzung gilt § 10. Das gilt auch für Einmündungen, die über einen versenkten Bordstein führen (Zw VRS 82, 51). Beschleunigungsstreifen s § 18 Rn 9 f.

Die Fahrregeln an Kreuzungen u Einmündungen sind meistens gleich- 6 lautend. Wo nichts anderes ausdrücklich gesagt wird, sind daher mit „Kreuzung" oder „Einmündung" beide gemeint.

§ 8 StVO 7–8

7 3. Der Vorfahrtfall u seine Grenzen

Nähern sich zwei Fze auf verschiedenen Str einer Kreuzung, so liegt ein Vorfahrtfall dann nicht vor, wenn der Bevorrechtigte so weit entfernt ist, daß er durch das Überqueren oder Einbiegen des Wartepflichtigen unter Berücksichtigung der beiderseitigen Geschwindigkeiten nicht behindert wird (vgl BGH(Z) VRS 5, 393; 13, 22; LG Paderborn NZV 01, 307). Ein Vorfahrtfall entfällt aber nicht deshalb, weil sich die Fahrlinien nicht im Kreuzungsbereich treffen; es kommt vielmehr darauf an, ob der Wartepflichtige durch sein Einfahren in die Fahrlinie des Vorfahrtberechtigten in bedrohlicher Weise nähert oder ihn gar behindert oder gefährdet, wobei geringes Gaswegnehmen u andere unwesentlichen Behinderungen als unvermeidbar außer Betracht bleiben (KG NZV 00, 43); ein Zusammenstoß, Bremsen oder Ausweichen des Vorfahrtberechtigten wegen der Fahrweise des Wartepflichtigen ist also nicht Voraussetzung (Bay 85, 123 = VRS 70, 33). Allerdings verletzt der Wartepflichtige die Vorfahrt, wenn der Vorfahrtberechtigte zur Vermeidung eines Zusammenstoßes ausbiegt, auch wenn die beiden Fze erst außerhalb der Kreuzung, des sog **„Einmündungsvierecks",** zusammenstoßen (Ha VRS 32, 65; KG DAR 76, 240; Kar VRS 77, 98).

7a Biegt der Wartepflichtige vor einem von links kommenden Vorfahrtberechtigten nach rechts oder vor einem von rechts kommenden nach links ein, so gelten die Vorfahrtregeln so lange, bis er sich in den Verkehr auf der bevorrechtigten Str vollständig eingeordnet hat, dh bis er in der neuen Richtung auf der rechten Fahrbahnseite rechts mit einer dem Verkehr auf dieser Str entspr Geschwindigkeit fährt. Behindert oder gefährdet er bis zum Erreichen dieses Zustandes den Vorfahrtberechtigten, indem er sich in zu knappem Abstand vor ihn setzt, so liegt eine Vorfahrtverletzung vor (s 74). Diese entfällt nicht dadurch, daß der Wartepflichtige in einem engen Bogen nach links einbiegt u dadurch den Schnittpunkt der Fahrlinien ein Stück aus der Kreuzungsfläche hinaus nach links verlegt; vgl aber § 5 Rn 57. Nach vollständiger Einordnung richtet sich das Verhalten der beiden Beteiligten nach den Grundsätzen des Hintereinanderfahrens oder Überholens (Bay 69, 115 = VRS 39, 134; 57, 61 = VRS 13, 70; 63, 74 = VRS 25, 371; BGH VersR 67, 178; im Ergebnis ebenso Mü VRS 30, 20).

8 Keine Vorfahrtverletzung, wenn der Wartepflichtige in einer so großen Entfernung vom Vorfahrtberechtigten einbiegt, daß ihn dieser gefahrlos überholen kann (BGH VRS 19, 277, 279; BGH VersR 61, 178; 64, 653; 67, 178). Das Überqueren der Kreuzung kann noch statthaft sein, wenn das Einbiegen wegen der langen Dauer der Einordnung nicht mehr zulässig ist (BGH VersR 64, 653). Biegt der Wartepflichtige nach rechts ein u naht von dort ein Fz, so ist ein Vorfahrtfall gegeben, wenn das entgegenkommende Fz so weit links fährt oder die Fahrbahn so schmal ist, daß sich die Fahrlinien mindestens bedrohlich nähern. In diesem Falle endet die Wartepflicht nicht mit dem völligen Einordnen des Wartepflichtigen in die andere Str. Dieser muß vielmehr die Durchfahrt des Bevorrechtigten abwarten, wenn dieser nicht so weit entfernt ist, daß er völlig gefahrlos auf die freie rechte Fahrbahnseite ausweichen kann (vgl auch unten 30).

Zwischen einem Fz, das auf der eigentlichen Kreuzungsfläche nach links **9** in eine Querstr einbiegt, u einem aus der bisherigen Gegenrichtung kommenden Fz, das unter Benutzung einer von der geradeaus weiterführenden Fahrbahn durch einen Fahrbahnteiler abgetrennte Abbiegespur nach rechts in die Querstr einbiegt, finden die Regeln über die Vorfahrt Anwendung; dies gilt auch dann, wenn der Verkehr auf der Rechtsabbiegespur u der GegenV gleichzeitig durch WechsellichtZ freigegeben sind (Bay VM 78, 87 unter teilweiser Aufg von Bay VM 73, 59).

4. Inhalt des Vorfahrtrechts   10

Der Vorfahrtberechtigte darf grundsätzlich die Kreuzung **vor** dem Wartepflichtigen u durch diesen ungestört durchfahren.

Wer auf der Vorfahrtstr wendet, ist gegenüber dem seitlichen Verkehr **11** auch dann vorfahrtberechtigt, wenn er in der Str-Mitte oder an einer VInsel warten muß, bis der GegenV abgeflossen ist; aber Vorsicht nach § 9 V geboten (Dü VRS 40, 294). Der Vorfahrtberechtigte verliert die Vorfahrt nicht, wenn er vor der Kreuzung kurz anhält, um die VLage zu prüfen; aber auch hier erhöhte Vorsicht (BGH(Z) VRS 14, 4; s Rn 34). Begegnung zweier entgegenkommender Benutzer der untergeordneten Str im Kreuzungsbereich s § 9 Rn 26 f). Auch ein verkehrswidriges Verhalten des Vorfahrtberechtigten beseitigt grds nicht dessen Vorfahrt (s hierzu Rn 52).

Die Vorfahrtregeln gelten nicht nur bei sich kreuzenden Fahrlinien, **12** sondern auch dann, wenn sich die **Fahrlinien** der beteiligten Fze nur **berühren** oder **bedrohlich annähern** (Kö VRS 84, 426; LG Paderborn, NZV 01, 307), bes, wenn der Wartepflichtige nach rechts einbiegen will u ihm von dort ein Vorfahrtberechtigter entgegenkommt, der entweder geradeaus weiterfahren oder seinerseits nach links abbiegen will (§ 8 II S 4; BGH(Z) VRS 6, 11; 10, 19; VersR 64, 1195; Kö VRS 39, 140; s dazu auch unten Rn 47 ff). Wer aus einer bevorrechtigten Str abbiegt, ist gegenüber dem Verkehr auf der untergeordneten Str so lange bevorrechtigt, bis er die Vorfahrtstr mit der ganzen Länge seines Fz verlassen hat (BGHSt 12, 320). Dabei ist aber zu berücksichtigen, daß der Wartepflichtige bis an die Fluchtlinie der bevorrechtigten Str auf der für ihn rechten Fahrbahnseite heranfahren darf. Dem vorfahrtberechtigten Abbieger steht daher die freie Durchfahrt nur auf der Schnittfläche der beiden Fahrbahnen, dh im Einmündungs- oder Kreuzungsviereck, u auf der für ihn rechten Fahrbahnhälfte der Str, in die er einbiegen will, nicht auch auf deren linker Fahrbahnseite zu (Ha VRS 26, 462; Hbg VM 68, 21; KG VM 84, 48; 93, 101). Schneidet der Linksabbieger die Kurve in einem engen Linksbogen, so ist er zwar bevorrechtigt, wenn er noch in der Kreuzungsfläche mit dem Wartepflichtigen zusammentrifft, aber nicht mehr, wenn die Fahrlinien erst auf der für den Einbiegenden linken Fahrbahnhälfte der von links einmündenden Straße zusammentreffen (KG DAR 78, 20).

§ 8 StVO 13–16 Vorfahrt

13 Abgesehen von dem Fall des zu schnellen Heranfahrens an die Kreuzung (II S 1) verletzt daher der Wartepflichtige die Vorfahrt nicht, wenn er zwar auf seiner rechten Fahrbahnhälfte, aber auf ihr nicht ganz rechts an die Kreuzung heranfährt (Sa VRS 30, 229; Ha VRS 26, 462; Hbg VM 68, 15). Dagegen verletzt die Wartepflicht, wer kurz vor einer Kreuzung mit einer Vorfahrtstr ein anderes Fz überholt, dadurch dem aus dieser abbiegenden Vorfahrtberechtigten auf der Str-Mitte entgegenkommt u ihn am Verlassen der Vorfahrtstr behindert (BGH VRS 28, 430). Ist die von links kommende oder untergeordnete Str so schmal, daß das vorfahrtberechtigte am wartepflichtigen Fz nicht vorbeifahren kann, so kommt eine Vorfahrt außerhalb der eigentlichen Kreuzungsfläche nicht in Betracht. Hat der Vorfahrtberechtigte die bevorrechtigte Str vollständig verlassen, ohne zuvor durch den Wartepflichtigen irgendwie beeinträchtigt worden zu sein, so liegt bei nunmehr erfolgender Beeinträchtigung kein Vorfahrt-, sondern ein Begegnungsfall vor (Bay 64, 48 = VRS 27, 230).

14 Die Vorfahrt steht auch demjenigen zu, der in die Kreuzung **rückwärts** einfährt (aber bes Vorsicht erforderlich, BGH VRS 14, 346; 18, 136; Ha VRS 52, 299; Dü VRS 66, 376 = StVE 68) oder dessen Fz entgegen dem Willen des Führers auf die Kreuzung gerät, weil die Bremsen versagen (BGH VRS 5, 588, 590).

15 **5. Abs 1 Satz 1: Vorfahrt „rechts vor links"**

a) **Anwendungsbereich.** Der Grundsatz „rechts vor links" gilt, abgesehen von Wald- u Feldwegen (I 2; s unten 28), immer dann, wenn keine Regelung durch VZ getroffen ist, u zwar auch auf öff Parkplätzen, wenn sich dort zwei „Fahrbahnen" erkennbar kreuzen (KG VRS 75, 95; Ha Schaden-Praxis 01, 229; Dü DAR 00, 175; s auch oben 2 u § 12 Rn 67), nicht aber im Verhältnis zwischen dem einen Abstellplatz Verlassenden u dem Benutzer der vorbeiführenden „Fahrbahn" zwischen den Abstellplätzen (Dü VRS 61, 455). Wird der Verkehr an der Kreuzung durch eine LZA geregelt, so gelten nach § 37 I nur die Farbzeichen. § 8 I S 1 greift auch dann ein, wenn sich die VZ einer Kreuzung gegenseitig aufheben, zB wenn zwei als solche gekennzeichnete Vorfahrtstr an der Kreuzung zusammenstoßen, ohne daß einer von ihnen die Vorfahrt durch ein Warte-
16 schild genommen ist (BGH VRS 27, 74; aA Bay 56, 278 = VRS 12, 143; letzterem Urt ist jedoch insoweit zuzustimmen, als das Unterlassen der gebotenen Vorfahrtregelung eine Pflichtverletzung der StraßenVB darstellt). Die Regel „rechts vor links" gilt auch im Verhältnis von zwei VT untereinander, die von derselben Seite u an derselben Stelle in eine Vorfahrtstr einfahren (Hbg VRS 29, 126; Stu NZV 94, 440) oder in eine Str-Spinne (Kreuzung von mehr als zwei Str in einem Punkt) aus zwei Str einfahren, von denen jede mit einem Warteschild gekennzeichnet ist (Stu NJW 56, 722; s auch KG VRS 61, 96 zur Vorfahrt im Einmündungsbereich mehrerer auf eine bevorrechtigte Str stoßender untergeordneter Str). Dagegen steht demjenigen, der **aus einer gekennzeichneten Vorfahrtstr** in die linke von zwei an der gleichen Stelle einmündenden Ne-

Vorfahrt „rechts vor links" 17–19 a § 8 StVO

benstr einbiegt, die Vorfahrt auch gegenüber dem aus der rechten Nebenstr kommenden Verkehr zu, bis er die Vorfahrtstr mit der ganzen Länge seines Fz verlassen hat (BGHSt 12, 230).

b) Inhalt der Vorfahrt „rechts vor links". Nach der Regel „rechts vor links" ist der Fahrer an einer Kreuzung gegenüber dem von links Kommenden vorfahrtberechtigt, gegenüber dem von rechts Kommenden wartepflichtig. Treffen Fze aus drei Richtungen an der Kreuzung zusammen, so hat den Vorrang derjenige, dem sich kein Fz von rechts nähert (LG Paderborn NZV 01, 307: lösen aber die Vorfahrtsregeln wegen der Enge der Kreuzung nicht auf, gilt das Gebot gegenseitiger Rücksichtnahme, § 1 I). Kommen gleichzeitig aus allen vier Richtungen VT an die Kreuzung, so ist sie unter gegenseitiger Rücksichtnahme vorsichtig zu überqueren, wobei jeder in erster Linie dafür verantwortlich ist, daß er denjenigen nicht gefährdet, dem ihm gegenüber die Vorfahrt zusteht (s KG VM 90, 100: entspr §§ 1 u 11 II). Wer an eine gleichrangige Kreuzung so schnell heranfährt, daß er seiner Wartepflicht gegenüber einem von rechts Kommenden nicht genügen kann, ist auch für einen Zusammenstoß mit einem von links kommenden Wartepflichtigen mitverantwortlich, wenn der Zusammenstoß durch die zu hohe Geschwindigkeit mitverursacht worden ist (BGHSt 17, 299; Bay 65, 84 = VRS 29, 287; BGH (Z) VRS 53, 256; Kar DAR 96, 56: sog **„halbe Vorfahrt"**, s auch Hentschel 36). Wegen des Vertrauensgrundsatzes u seiner Grenzen s Rn 34 f. 17

18

c) Diese Grundsätze gelten nicht mehr (zur bisherigen RLage s Voraufl, insb BGH(Z) VRS 72, 259) für die **Einfahrt** aus **überführten Str-Einmündungen.** Das sind Einmündungen, die wie Grundstückseinfahrten über abgesenkte Bürgersteige führen u die als Einmündungen von Str auch sonst nicht für jedermann ohne weiteres erkennbar sind. Es besteht kein Vorfahrtsrecht nach dem Grundsatz „rechts vor links". Der hier von rechts Kommende hat die höchste Sorgfaltsanforderung und Wartepflicht (seit der 9. ÄndVO) nach § 10 S 1 zu beachten (Zw VRS 82, 51; Kö NZV 94, 279; BGH DAR 87, 54 – Einbiegender 2/3, Geradeausfahrer 1/3; s auch § 10 Rn 2, 4). 19

d) Verzicht auf die Vorfahrt. Zeigt der Berechtigte unmißverständlich an, daß er auf sein Vorfahrtrecht verzichten will, kann der Wartepflichtige hiervon ausgehen (Ko NZV 93, 273; OLGR Ha 01, 141). An den Nachweis eines Vorfahrtverzichts sind allerdings strenge Anforderungen zu stellen (Ha NZV 00, 415); die Beteiligten müssen sich nachweisbar verständigt haben, wozu mißbräuchliches Blinken mit Scheinwerfern nicht ausreicht, weil es mißverständlich ist (Ko NZV 93, 273; Ha NZV 00, 415: selbst dann, wenn zusätzlich die Geschwindigkeit verringert wird). Verzicht liegt auch nicht in kurzem Abstoppen oder in einem verzögerten Fahrverhalten, da dies nicht eindeutig die Einräumung des Vorrangs zeigt (OLGR Ha 01, 141). 19 a

§ 8 StVO 20–24 Vorfahrt

20 6. Abs 1 Satz 2 Nr 1: Vorfahrtregelung durch Verkehrszeichen

a) **Begründung der Wartepflicht.** Die Regel „rechts vor links" gilt nicht, wenn die Vorfahrt durch VZeichen bestimmt ist. **Z 205 u 206** nehmen dem von rechts Kommenden die Vorfahrt u räumen dem von links Kommenden die Vorfahrt ein, auch wenn sie nicht durch ein vorfahrtbegründendes Z auf der anderen Str kenntlich gemacht ist. Der Inhalt der Wartepflicht bestimmt sich nach § 8 II.

21 Die Rechtswirksamkeit des **Z 206** wird durch ein einige Meter vor ihm aufgestelltes **Z 205** nicht beeinträchtigt – kein Widerspruch, sondern Steigerung der Anforderungen! – (Sa VM 75, 84). Das Z begründet zusätzlich zur Vorfahrtregelung ein unbedingtes Haltgebot, das unabhängig von der VLage zu beachten ist. Seine Nichtbeachtung begründet eine eigene OW nach § 49 III 4 unabhängig davon, ob ein Vorfahrtberechtigter beeinträchtigt oder auch nur vorhanden ist – reines Tätigkeitsdelikt. Verletzt der Fahrer dadurch die Vorfahrt eines anderen, so steht die OW mit derjenigen nach § 8 in TE (Bay v 19. 10. 88, 2 St 205/88; Cramer 129 zu § 8). – Nichtbeachtung des Z 206 trotz vorherigen Hinweises ist grob fahrlässig (Ha NZV 93, 480). – Auf eine Änderung der Vorfahrtregelung ist für eine Übergangszeit hinzuweisen (Abs 4 VwV zu § 41; LG Marburg DAR 97, 279: sonst Mithaftung).

22 b) **Begründung der Vorfahrt. Allgemeines.** Alle Kreuzungen u Einmündungen außer den in die Vorfahrt nicht mehr einbezogenen Feld- u Waldwegen müssen positiv u negativ beschildert sein (s VwV zu Z 205 u 206 Nr VII.1; BGH(Z) NZV 88, 58). Eine Ausn hiervon erlaubt § 10 S 3 (neu), wenn eine zusätzliche Klarstellung der Verhaltensregel des § 10 S 1 im Einzelfall zur V-Sicherung dringend erforderlich erscheint (Begr); dort genügt die negative Beschilderung durch Z 205 (s auch § 10 Rn 2). Fehlt an einer Einmündung in einer Vorfahrtstr das Wartezeichen, so braucht der von rechts kommende Fahrer nicht mehr Erwägungen darüber anzustellen, ob er sich einer Vorfahrtstr nähert, sondern es liegt eindeutig ein Verschulden der VB vor (BGH(Z) VM 77, 91). Der Fz-Führer darf auf die richtige Beschilderung vertrauen, wenn nicht bes Umstände im Einzelfall das Vertrauen ausschließen.

23 **Z 301** gewährt die Vorfahrt nach § 42 II nur an der nächsten Kreuzung oder Einmündung, gleichgültig, ob es innerhalb oder außerhalb einer geschl Ortschaft steht. Über seine Aufstellung s VwV zu Z 301.

24 **Z 306** „Vorfahrtstraße" gibt die Vorfahrt bis zum nächsten Wartezeichen 205 oder 206 oder **Z 307** („Ende der Vorfahrtstraße") u zwar ohne Rücksicht darauf, ob es an jeder Kreuzung wiederholt ist u ob die einmündenden Str durch ein Warteschild gekennzeichnet sind (BGH(Z) VRS 50, 164 = StVE 6; Mü DAR 76, 104; Bay v 13. 3. 86, 1 Ob OWi 10/86). Aus Sicherheitsgründen ist aber die doppelte Beschilderung jeder Kreuzung u Einmündung vorgeschrieben (amtl Begr zu Z 301 u 306). Außerhalb geschl Ortschaften verbietet das Z 306 das **Parken** auf der **Fahrbahn,** aber nicht auf Seitenstreifen. Die Vorfahrtstr **endet** beim nächsten Z 205 oder 206. Soll sie sich hinter der bevorrechtigten Kreuzung fortsetzen, so muß ein neues Z 306 angebracht sein. Das **Z 307** „Ende der Vorfahrtstraße" hat demnach keine rechtsbegründende Wirkung, sondern dient nur der Orientierung. Die vorfahrtgewährenden VZ müssen zusammen mit den Z 205 oder 206 aufgestellt werden (BGH NZV 00, 412).

c) **Rechtswirksamkeit vorfahrtregelnder VerkehrsZ.** Ein in entge- 25 gengesetzter Richtung (mit dem Bild zum GegenV) angebrachtes VZ begründet keine Vorfahrt oder Wartepflicht in der Richtung, für die es nicht bestimmt ist (Bay VRS 28, 117). VZ sind auch dann verbindlich, wenn sie nur links aufgestellt sind, falls sie sich eindeutig auf die ganze Fahrbahnbreite beziehen (Dü VM 62, 35). Die VSchilder müssen nicht nur richtig, sondern auch deutlich aufgestellt sein (BGH(Z) VRS 26, 254). Fehlerhafte oder irreführende VZ können den Kf, jedenfalls den Ortsunkundigen, entschuldigen u die Haftpflicht der VB begründen (BGH VRS 15, 123; NZV 00, 412; vgl § 45 Rn 11 f). „Vorfahrtstraße" ist ein RB; der Tatrichter muß die Art ihrer Kennzeichnung im Urt feststellen (vgl auch § 39 Rn 15).

d) Die **abknickende Vorfahrt** wird dadurch begründet, daß dem 26 Wartezeichen das Zusatzschild bei Z 205 u 206, dem Vorfahrtzeichen 306 das dort abgebildete Zusatzschild (1002 VzKat) beigefügt wird. Das Z 301 darf zur Begr einer abknickenden Vorfahrt nicht verwendet werden (VwV zu Z 301 IV). Fahrregeln der abknickenden Vorfahrt s § 9 Rn 40 f, sa Bouska DAR 1961, 328.

e) Dem **Kreisverkehr** kann lediglich auf dem in VwV zu **Z 209 bis** 27 **214 IX** angegebenen Weg Vorfahrt eingeräumt werden. Vgl auch § 2 Rn 49 u § 9 Rn 49; s auch Kramer VD 99, 145.

7. Absatz 1 Satz 2 Nr 2: Vorfahrt aus einem Nebenweg 28

Auf **Feld-** u **Waldwegen** gilt die Vorfahrtregel nach I S 1 nur untereinander (Zw VRS 45, 388, 395). Feld- u Waldwege sind Str, die (zumindest überwiegend) der Zufahrt zu land- u forstwirtschaftlich genutzten Flächen dienen, aber keine überörtliche Bedeutung haben (BGH(Z) VRS 50, 164; Dü StVE 47); sog Parzellenwege, die in ein Kleingartengebiet führen, sind Feldwegen gleichzustellen (Br NJW-RR 91, 858). Auf die Str-Breite u deren Ausbau kommt es nicht an, eine Asphaltdecke schließt die Annahme eines Feldweges nicht aus. Ausbau u Gestaltung des Weges können nur Anhaltspunkte für die Beurteilung der Bedeutung des Weges geben (BGH(Z) VRS 72, 259), zumal die mit der Motorisierung fortgeschrittene Wegebefestigung meist kaum noch eine äußere Unterscheidung von anderen Str zuläßt (Kö VRS 66, 378; Janiszewski NStZ 85, 542). Str, die zu Häusern führen, sind ebenso wie dem DurchgangsV dienende Str keine Feldwege (vgl BGH(Z) VRS 50, 164), mögen sie auch unbefestigt sein (Bay DAR 89, 308).

I S 1 gilt nach I S 2 Nr 2 nicht, wenn die **„andere Straße"** eine grö- 29 ßere VBedeutung hat; gegenüber diesem Kriterium treten auch hier das äußere Erscheinungsbild u die Art der Wegebefestigung zurück (BGH(Z)

§ 8 StVO 29 a, 30   Vorfahrt

VRS 50, 164, 167 = StVE 6; Kö VRS 66, 378; KG VU 99, 18; aA Ko VRS 69, 101 m abl St Janiszewski NStZ 85, 542; s auch Sa VM 81, 81; Dü VRS 73, 299 = StVE 80). Ist nicht zuverlässig zu erkennen, ob ein von rechts auf eine nicht als bevorrechtigt gekennzeichnete Str treffender Weg ein Feld- oder Waldweg ist, so hat jeder der beteiligten VT seine Fahrweise auf die Möglichkeit einzurichten, daß er selbst wartepflichtig ist (BGH StVE 14; Bay 75, 21 = VRS 49, 139; s auch BGH(Z) VRS 72, 259).

29 a   Der Vertrauensgrundsatz gilt zwar zugunsten des Vorfahrtberechtigten auch dann, wenn der von rechts Kommende in eine Str von größerer VBedeutung einfährt (Ha VRS 25, 310; Kö VRS 31, 271). Die Stellung des Vorfahrtberechtigten wird aber wesentlich schwächer, wenn er aus einem verkehrsmäßig **bedeutungslosen Nebenweg** in eine dem **Durchgangs V** dienende Str von erheblicher VBedeutung (wichtige Str) einbiegt oder sie, wenn sich die Str kreuzen, überquert. Wenn auch die einschlägige RSpr für Feld- u Waldwege keine Bedeutung mehr hat, weil ihnen die Vorfahrt durch § 8 I S 2 allg entzogen ist, so gilt sie doch für andere Wegarten, wie Gassen u Nebenstr in besiedelten Gebieten, weiter. Auch in diesen Fällen steht zwar dem von rechts Kommenden die Vorfahrt zu. Er muß sich aber der Kreuzung oder Einmündung vorsichtig nähern u darauf gefaßt sein, daß der von links kommende Benutzer der Durchgangsstr die Vorfahrt mißachten werde (Bay NZV 89, 121). Er darf in die Kreuzung nur einfahren, wenn er dadurch den von links Kommenden nicht gefährdet, muß aber nicht zurückstehen, wenn dieser so weit entfernt ist, daß er den Einbiegevorgang rechtzeitig bemerken u gefahrlos seine Geschwindigkeit ausreichend ermäßigen oder anhalten kann. Verletzt der von rechts Kommende diese Sorgfaltspflicht, so sind an einem entstehenden Unfall beide mitschuldig, der Vorfahrtberechtigte auf Grund § 1, der Wartepflichtige nach § 8 I. Bei Zweifeln, ob es sich um einen Feldweg oder um eine Straße handelt, ist die strengere Sorgfalt des Wartepflichtigen zu beachten (BGH NJW 76, 1319), sonst Mithaft (KG VersR 86, 1197 – 40%).

30   Noch weitergehenden Einschränkungen unterliegt die Vorfahrt, wenn der unbedeutende **Nebenweg** von einem von links kommenden Benutzer der Durchgangsstr **nicht eingesehen** werden kann. Dann darf sich der von rechts Kommende trotz seiner Vorfahrt in die Kreuzung bis zur Erlangung freier Sicht auf die Durchgangsstr nur so vorsichtig hineintasten, wie sonst ein Wartepflichtiger. Hat er freie Sicht gewonnen, dann darf er seine Vorfahrt in Anspruch nehmen, wenn er dadurch keinen von links Heranfahrenden gefährdet. Dieser darf darauf vertrauen, daß der von rechts aus dem Nebenweg Kommende seine Pflicht einhält. Er muß nicht so langsam fahren, daß er vor einem bisher unsichtbaren Fz, das aus dem Nebenweg herausfährt u ihm die Weiterfahrt versperrt, anhalten kann. In diesem Fall ist also bei einem Zusammenstoß der von rechts Kommende nach § 1 alleinschuldig (BGHZ 20, 290; BGH(Z) VRS 14, 346; VRS 17, 50; 21, 268, 270; 27, 70, 72; Bay 55, 182; 65, 133 = VRS 30, 131; Mühlhaus DAR 66, 141 ff).

8. Rechtsstellung des Vorfahrtberechtigten 31

a) **Pflichten.** § 8 regelt nur, wer die Vorfahrt hat. Wie sie auszuüben ist, welchen Beschränkungen sie unterliegt, richtet sich nach anderen Bestimmungen, insb nach §§ 1 u 3. Das VorfahrtR findet im allg Rücksichtnahmegebot des § 1 II eine Grenze (BGH VM 59, 14); das gilt bes dann, wenn der Wartepflichtige sich wegen schlechter Einsichtsmöglichkeit in die Vorfahrtstr so verhält, daß erkennbar mit einer Mißachtung der Vorfahrt zu rechnen ist. Dann muß der Vorfahrtberechtigte ausweichen oder notfalls anhalten (Kö VRS 93, 44 im Anschl an Ce VersR 76, 345). Nach § 1 muß der Vorfahrtberechtigte, der in Höhe einer von links einmündenden Seitenstraße ein anderes Fz überholt, grundsätzlich einen Sicherheitsabstand von mind 0,5 m von der linken Begrenzung der Fahrbahn einhalten, um einen dicht an diese heranfahrenden Wartepflichtigen nicht zu gefährden (Bay 62, 312 = VRS 25, 137). Der Grundsatz, daß die Vorfahrt auf der ganzen Str-Breite zusteht (Rn 11), wird weiter dahin eingeschränkt, daß der Vorfahrtberechtigte, der sich einer **nicht einsehbaren Einmündung** nähert, den Abstand vom Fahrbahnrand einhalten muß, den ein Wartepflichtiger, der sich in die Vorfahrtstr hineintastet, zum Gewinnen freier Sicht benötigt (BGH DAR 81, 86; Nü ZfS 98, 373). Kann er diesen nicht einhalten, so muß er seine Geschwindigkeit so bemessen, daß er einen Zusammenstoß mit einem Wartepflichtigen durch Ausweichen oder Bremsen vermeiden kann (BGHSt 12, 61; Bay 59, 181 = VRS 18, 151). Der Vorfahrtberechtigte ist weiter nach § 1 allg verpflichtet, nicht nur die Fahrbahn, sondern auch die angrenzenden Str-Teile, bes kreuzende oder einmündende Str, daraufhin zu beobachten, ob von dort eine Verletzung seiner Vorfahrt droht (BGH VM 59, 93). Er darf sobald ein Wartepflichtiger mit dem Einfahren in die Kreuzung begonnen hat, seine Fahrgeschwindigkeit idR nicht mehr erhöhen (Bay 53, 67 = VRS 5, 471). Da er bei Annäherung an eine Straßenkreuzung stets reaktionsbereit sein muß, wird ihm im Falle einer Verletzung seines Vorfahrtrechts durch einen Wartepflichtigen keine Schreckzeit zugebilligt (BGH VM 58, 90; VersR 59, 900). Ein Fzführer, der die Vorfahrt beanspruchen kann, muß sich weiterhin an die vorgeschriebene Höchstgeschwindigkeit halten; er muß aber seine zulässige Fahrgeschwindigkeit nicht vermindern, wenn keine bes Veranlassung dazu besteht (KG DAR 02, 66).

Aus § 3 I ergibt sich auch für den Vorfahrtberechtigten die Pflicht, **nie** 32 **schneller als auf Sichtweite zu fahren.** Eine geringere Fahrgeschwindigkeit ist an bes gefährlichen Stellen geboten, ferner wenn dichter Verkehr herrscht, wenn von beiden Seiten unübersichtliche Einmündungen oder Kreuzungen aufeinander folgen u parkende Fze die Sicht auf einen Wartepflichtigen (u umgekehrt) erschweren oder wenn – namentlich bei Dunkelheit – die Gefahr besteht, daß eine hohe Geschwindigkeit vom Wartepflichtigen nicht richtig geschätzt werden kann (BGHSt 7, 118, 120, 126; VM 59, 14; VRS 15, 346). Eine bes geringe Geschwindigkeit ist bei 33 Vereisung der Fahrbahn u bei Nebel erforderlich (Ce VRS 27, 470). Wer vor einer Einmündung einen links eingeordneten Lkw oder Omnibus unter Mitbenutzung des Gehweges rechts überholt hat, muß bei der Rückkehr auf die Fahrbahn gegenüber jedem Verkehr die Sorgfaltspflicht aus § 10 beachten (Kö VRS 43, 300); vgl auch Rn 48. Beim Überholen einer Kolonne kann es zu einer Mithaft des die Kolonne überholenden Fahrzeuges kommen (KG DAR 74, 51; OLG Düsseldorf DAR 80, 117 – ¼ zu ¾).

34 b) **Der Vertrauensgrundsatz.** Die Stärke des VorfahrtR u damit die Frage nach der Alleinschuld oder Mitschuld der Beteiligten hängt entscheidend vom Vertrauensgrundsatz ab (vgl Mühlhaus DAR 66, 141 ff; § 1 Rn 24 ff). Nähern sich zwei Fze im **gegenseitigen Sichtbereich** einer Kreuzung, so darf der Vorfahrtberechtigte darauf vertrauen, daß der andere seine Vorfahrt beachten werde, so lange dieser noch durch gefahrloses Bremsen sein Fz vor der Kreuzung anhalten oder seine Geschwindigkeit ausreichend ermäßigen kann. Er muß aber alle zur Abwendung eines Unfalles geeigneten Maßnahmen treffen, sobald er aus bes Umständen erkennt, daß der Wartepflichtige seine Vorfahrt mißachtet (BGH VRS 3, 422; 4, 267 f; 27, 70; Kö VRS 66, 255; 90, 343; Bay VRS 67, 137 = StVE 70). So muß er zB die Geschwindigkeit herabsetzen, wenn bes Umstände für die Annahme eines Fehlverhaltens des Wartepflichtigen vorliegen (Sa VM 81, 5 u 19). Der Vertrauensgrundsatz gilt auch an einer Einmündung, solange keine deutlichen Anzeichen für eine Vorfahrtverletzung ergehen (Ha VRS 58, 380 = StVE 38). Der Vorfahrtberechtigte darf darauf vertrauen, daß ein Wartepflichtiger, der vor oder in der Kreuzung angehalten hat, um ihm die Vorfahrt einzuräumen, sein Fz nicht weiter in die Kreuzung hineinrollen läßt (Bay 57, 28 = VRS 13, 69). Solange aber der Vorfahrtberechtigte in die bevorrechtigte Str noch nicht eingebogen ist u diese für den Wartepflichtigen als frei erscheint, darf er nicht auf die Beachtung seiner Vorfahrt vertrauen (Bay 61, 281; 64, 41 = VRS 27, 141).

35 Gegenüber einem wegen der örtl Verhältnisse bei seiner Annäherung an die Kreuzung noch **unsichtbaren Wartepflichtigen** darf der Benutzer einer **Vorfahrtstr** auf Beachtung seiner Vorfahrt vertrauen (KG DAR 02, 66). Er muß seine Geschwindigkeit nicht so einrichten, daß er vor Einmündungen von Str, die wegen ihrer Bebauung oder aus sonstigen Gründen nicht einsehbar sind, im Fall der Verletzung der Vorfahrt anhalten kann (BGHSt 7, 118). Das gleiche gilt auf **gleichrangigen** Str an Kreuzungen, die nach rechts eingesehen werden können, aber nach links verdeckt sind (BGH(Z) VM 61, 43; VersR 59, 900; 85, 784). Dagegen darf in einer sog T-Einmündung, das ist die fortsetzungslose Einmündung in eine durchgehende, geradeaus verlaufende Str, derjenige, der aus der einmündenden Str kommt, nicht darauf vertrauen, daß ein von links in der geradeaus weiterlaufenden Str nahender VT seine Vorfahrt beachtet (Bay 59, 235 = VRS 18, 133; VRS 29, 287; v 24. 7. 87, 2 Ob OWi 210/87; BGHSt 17, 301). Der **Vertrauensgrundsatz gilt allg nicht,** wenn örtl Besonderheiten (unklare Beschilderung, Str-Sperren mit Umleitungen, ständiges Rangieren auf Parkplätzen) die Besorgnis begründen, die Vorfahrt könne verletzt werden (Kö DAR 95, 289; Bay 58, 56, 58 = VRS 15, 215; Stu

VRS 29. 46); ähnlich, wenn nach Ausfall der Signalanlage VT von links die eine Hälfte der Fahrbahn überquert haben u auf eine Lücke zum Überqueren der anderen Fahrbahnseite warten (BGH(Z) VRS 45, 168). Er kann seine Gültigkeit dadurch verlieren, daß der Vorfahrtberechtigte an der Einmündung hält, um die VLage zu prüfen, er muß dann damit rechnen, daß der Wartepflichtige das Halten als Verzicht auf die Vorfahrt wertet (Sa VM 80, 91; 82, 4 = StVE 59). Wegen der Vorfahrt aus einem unbedeutenden Nebenweg in eine wichtige Durchgangsstr s unten Rn 29 a.

9. Abs 2: Rechtsstellung des Wartepflichtigen 36

a) **Allgemeine Pflichten.** Der Wartepflichtige muß dem Vorfahrtberechtigten die Vorfahrt im erörterten Rahmen einräumen. Ihn trifft in erster Linie die Verantwortung für die Vermeidung eines Zusammenstoßes im Kreuzungsbereich. Die Wartepflicht gilt nur gegenüber sichtbaren Berechtigten (vgl unten Rn 47 ff).

b) **Abs 2 Satz 1: Mäßige Geschwindigkeit.** Der Wartepflichtige 37 muß bei Annäherung an die Kreuzung seine Geschwindigkeit so rechtzeitig u allmählich herabsetzen, daß er ohne scharfes Bremsen anhalten kann u den Vorfahrtberechtigten nicht verwirrt oder erschreckt oder in ihm die nach Sachlage begründete Besorgnis der Mißachtung seines Vorfahrtrechts hervorruft u ihn dadurch zu – möglicherweise unsachgemäßen – Abwehrmaßnahmen veranlaßt (BGH VRS 22, 134; 23, 232, 234; Bay 63, 40 = VRS 25, 224; Dü NZV 88, 111 mwN). Die von einem Pkw-Fahrer bei der Annäherung an eine Kreuzung gleichrangiger Str einzuhaltende Geschwindigkeit richtet sich auch danach, inwieweit er sich durch Einblick nach rechts in die kreuzende Str Gewißheit über den evtl von dort herankommenden Verkehr verschaffen kann (Ha VKS 61, 283 = StVE 54).

c) **Abs 2 Satz 2: Einräumen der Vorfahrt.** Der Wartepflichtige darf 38 den Vorfahrtberechtigten weder gefährden noch wesentlich behindern, selbst wenn dieser mit stark überhöhter Geschwindigkeit herankommt (Schl VRS 80, 5). Eine geringfügige Behinderung, wie Gaswegnehmen darf er ihm zumuten, aber nicht ein nicht ganz ungefährliches Ausweichen oder Bremsen (BGH VRS 6, 157; Bay 51, 274). Er muß beim Einfahren in die Vorfahrtstr so beschleunigen, daß er einen Vorfahrtberechtigten nicht länger als nötig behindert (Kö VRS 90, 343; s auch BGH NZV 94, 184). Soweit die frühere RSpr jede Behinderung des Vorfahrtberechtigten als Vorfahrtverletzung ansah, ist sie durch die mildere Neufassung („wesentlich") nicht mehr anwendbar. Eine Vorfahrtverletzung liegt demnach nicht vor, wenn das Einbiegen in so großer Entfernung vor einem aus der bevorrechtigten Str herankommenden VT geschieht daß dieser sich auf die Fahrweise des Einbiegers rechtzeitig u gefahrlos einstellen kann (Ha DAR 74, 108; Bra VRS 82, 4221).

Der Wartepflichtige muß bei Annäherung eines Vorfahrtberechtigten 39 vor, nicht erst in der Kreuzungsfläche anhalten, u zwar grundsätzlich so nahe an der Vorfahrtstr, daß er zuverlässig beurteilen kann, ob er – unter

§ 8 StVO 40–42 Vorfahrt

Berücksichtigung seiner Sicht, der Geschwindigkeit der Vorfahrtberechtigten u seiner eigenen Fahrzeit zum Überqueren der Vorfahrtstr – keinen Vorfahrtberechtigten in der freien Fahrt beeinträchtigt wird. Diese Stelle kann ausnahmsweise schon vor dem Z 206 liegen (Bay 85, 121 = VRS 70, 51); der Wartepflichtige darf aber auch an dem **Z 206** ein kurzes Stück vorbeifahren (BGH VRS 4, 450, Bay 63, 199, 201 = VRS 26, 227), nach § 41 **Z 206, 294** aber nicht an einer Haltlinie.

40 Der Wartepflichtige muß vor der Einfahrt die bevorrechtigte Str genau beobachten; die **falsche Schätzung der Geschwindigkeit** oder Entfernung des Vorfahrtberechtigten geht zu seinen Lasten (BGH VRS 6, 158; Ha VRS 93, 253). Bei Zweifel, ob von rechts ein öff Weg oder eine Grundstücksausfahrt einmündet, muß er die für ihn ungünstigere Möglichkeit in Betracht ziehen (Kö DAR 64, 49, Bay 65, 138 = VRS 30, 135). Bei Überschreitung der zulässigen Geschwindigkeit kann allerdings eine Mithaft des Vorfahrtberechtigten gegeben sein (vgl auch Rn 68). Er muß damit rechnen, daß der Vorfahrtberechtigte in der Kreuzung plötzlich anhält (Bay 54, 28 = DAR 54, 263; KG VRS 25, 111). Daß sich auf einer bevorrechtigten Straße vor der Einmündung einer Seitenstr eine Haltlinie befindet u hinter der Einmündung eine LZA, die eine über die Str führende Fußgängerfurt sichert, rotes Licht zeigt, beseitigt weder die Wartepflicht eines aus der Seitenstr kommenden Fz-Führers noch bewirkt es, daß letzterer darauf vertrauen dürfte, bevorrechtigte Fze würden an der Haltlinie anhalten (Bay VRS 58, 150 = StVE 40).

41 Auf einen **Verzicht** des Berechtigten auf die Vorfahrt darf der Wartepflichtige nur bei völliger Eindeutigkeit schließen (§ 11 II Rn 4; BGH VRS 5, 588; vgl hierzu auch Sa VM 80, 91 u oben Rn 34; § 16 Rn 10). Allein aus dem Halten u Blinken vor der Kreuzung, das mißverständlich sein kann, darf nicht ohne weiteres auf einen eindeutigen Verzicht geschlossen werden (KG VM 80, 113; VM 93, 89; Ko NZV 93, 273). Zur Haftungsverteilung bei irreführender Fahrweise des Vorfahrtberechtigten; Blinken, Einordnen, langsamer fahren s. Rn 59 a. Durch den (zB durch Handzeichen erklärten) Verzicht auf die Vorfahrt, der grundsätzlich nur für den Verzichtenden selbst gilt, wird ein Vorrecht anderer, hinter ihm herankommender VT nicht beeinträchtigt (BGH(Z) VRS 11, 171); der Verzichtende muß idR nicht damit rechnen, daß der andere den übrigen Verkehr nicht beachtet (Fra NJW 65, 1334; anders bei Verzicht gegenüber Kind bis 12 Jahre; Dü VRS 70, 334). Der Wartepflichtige muß damit rechnen, daß hinter einem langsam fahrenden Vorfahrtberechtigten im nicht eingesehenen Raum schneller Fahrende folgen können, die das langsame Fz überholen (Sa VRS 19, 150); vgl aber unten Rn 47. Wer zu knapp vor einem Vorfahrtberechtigten in die Kreuzung einfährt, verletzt dadurch zugleich die Vorfahrt eines diesem in kurzem Abstand folgenden Fz (BGH(Z) VM 64, 110).

42 d) **Feststellung der Vorfahrtverletzung.** Die Vorfahrtverletzung ist ausreichend festgestellt, wenn der Vorfahrtberechtigte „nicht nur völlig gefahrlos bremsen mußte"; dh: nicht aus Überängstlichkeit, sondern bei verkehrsgerechter Abwägung der Gefahrenlage bremste, ohne daß es darauf ankommt, ob die Maßnahme bei nachträglicher mathematischer Berechnung erforderlich war (vgl Bay 62, 219 = VRS 24, 238). Ist diese Feststellung getroffen, so ist eine genaue Feststellung der beiderseitigen Geschwindigkeiten u Entfernungen entbehrlich (aA KG JR 65, 352 m abl Anm Möhl). In anderen Fällen kommt es für die Prüfung einer Beeinträchtigung der Vorfährt auf diese Feststellungen an. Bei der Berechnung ist zu berücksichtigen, daß sich der Weg, den der Wartepflichtige zum Überqueren der Kreuzung zurücklegt, nicht nur aus der Breite der Fahrbahn, sondern aus ihr zuzüglich der Länge seines Fz zusammensetzt. Ebenso muß die Länge des Fz berücksichtigt werden, wenn der Wartepflichtige sich beim Einbiegen vor einen Vorfahrtberechtigten setzt.

e) **Überqueren der Kreuzung.** Der Wartepflichtige muß eine einheit- 43 liche Fahrbahn **in einem Zug** überfahren. Dagegen ist Überquerung in zwei Etappen zulässig, wenn die bevorrechtigte Str zwei durch einen breiten Streifen getrennte Fahrbahnen aufweist u durch das Halten im Raum des Mittelstreifens der Verkehr nicht wesentlich beeinträchtigt wird (Kö VRS 26, 375) oder wenn die einheitliche Fahrbahn so breit ist, daß der auf der Fahrbahnmitte stehende Wartepflichtige den Verkehr in beiden Richtungen nicht behindert (Ha DAR 59, 223; VRS 48, 59; Ko VRS 62, 305); zur Behinderung der bevorrechtigten Straba s Zw VM 79, 53; ausnahmsweise auch auf weniger breiten Str, wenn im Zeitpunkt des Einfahrens zu übersehen ist, daß durch ein kurzfristiges Anhalten auf der Vorfahrtstr kein anderer VT wesentlich behindert oder gefährdet wird (Bay 75, 39 = DAR 75, 277). Der Wartepflichtige kann verpflichtet sein, auch noch in der Kreuzung anzuhalten, um einem nunmehr nahenden Vorfahrtberechtigten die Vorfahrt zu ermöglichen (Bay 58, 70 = VRS 15, 295). Aber die Vorfahrt verletzt, wer nach zulässiger Einfahrt aus Ängstlichkeit in der Kreuzung anhält u dadurch den Vorfahrtberechtigten behindert (Ha DAR 56, 308). Der Wartepflichtige darf einen von rechts Kommenden, der seinerseits nach rechts in dieselbe Str einbiegen will, in die der Wartepflichtige geradeaus weiterfährt, während des Einbiegevorgangs überholen, wenn es die VLage zuläßt (IIa VRS 20, 461; 25, 310; vgl auch § 9 IV; Bay VRS 28, 230). – Überqueren der Fahrbahn neben einem die Sicht Versperrenden s unten Rn 50, durch Fußgänger in Etappen s 11 zu § 25.

f) **Beim Einbiegen in die bevorrechtigte Str** darf der Wartepflichti- 44 ge die freie Durchfahrt der Vorfahrtberechtigten in den oben Rn 10 ff erörterten Grenzen nicht beeinträchtigen; er darf sie auch nicht länger als nötig – etwa durch zu geringe Anfahrgeschwindigkeit – behindern oder gar gefährden (Kö VRS 90, 343). Wer sich als Linksabbieger in den GeradeausV der Querstr in der Weise einfädeln will, daß er nach Gewinnung der Str-Mitte auf ihr zunächst nach links geradeaus weiterfährt, muß beim anschl Hinüberwechseln nach rechts bes vorsichtig sein (Kö VRS 20, 228). Das Einbiegen in die Vorfahrtstr ist erst nach Erlangung einer stabilen Geradeausfahrt beendet, so daß ein vorheriger Zusammenstoß mit einem

§ 8 StVO 45–47 Vorfahrt

das Rechtsfahrgebot nicht beachtenden Vorfahrtberechtigten auch noch 30 m hinter der Einmündung (noch) kein Begegnungs-, sondern Vorfahrtfall ist (Kö NZV 89, 437; s Rn 7 a, 74).

45   g) Der **Vertrauensgrundsatz** kommt dem Wartepflichtigen, da er der Vorsichtigere sein muß, nur in beschränktem Umfang zugute (Bay DAR 75, 277; Fra NZV 90, 472); nur mit atypischen groben Verstößen des Vorfahrtberechtigten muß er nicht rechnen (Bay VRS 58, 150 = StVE 40; Ha VRS 60, 141). Er darf nicht darauf vertrauen, daß der Vorfahrtberechtigte die rechte Fahrbahnseite einhält (Fra aaO), wohl aber darauf, daß er nicht aus der Vorfahrtstraße auf die für ihn linke Fahrbahnseite der untergeordneten Str achtlos hinausfährt (BGHSt 20, 238, 241; BGH VRS 22, 134; 27, 100, 102; vgl unten Rn 60). Der Wartepflichtige muß mit häufig vorkommenden Verstößen Vorfahrtberechtigter (Fra aaO; Dü NZV 94, 328), insb mit einer mäßigen Überschreitung der zul Geschwindigkeit des Vorfahrtberechtigten rechnen (vgl unten Rn 56), deren Grenze sich nicht für alle Fälle ziffernmäßig gleich bestimmen läßt (Kö VM 81, 83; Ha VRS 40, 44; Kar VersR 80, 1148; aA Stu DAR 89, 388); maßgeblich sind die Umstände des Einzelfalles (BGH(Z) VRS 67, 96). Darauf, daß eine von ihm erkannte zu hohe Geschwindigkeit des anderen rechtzeitig herabgesetzt wird, darf er nicht vertrauen (BGH VRS 4, 450). Biegt der Wartepflichtige in die kreuzende Str nach rechts ein, so darf er darauf vertrauen, daß die Fahrer, die von dort auf ihrer rechten Fahrbahnseite nahen, ihm die andere Fahrbahnseite frei lassen, wenn nicht ein Überholvorgang bereits begonnen hat oder nach den erkennbaren Umständen (wie Anzeige der Richtungsänderung, Einordnung zur Fahrbahnmitte, bes geringe, zum Überholen herausfordernde Geschwindigkeit vorausfahrender Fze, parkende Kfze oder Fußgänger, die die herankommenden Fze zum Ausbiegen veranlassen können pp) unmittelbar bevorsteht (BGH(Z) VRS 63, 252 = StVE 61; Ha VRS 30, 130; Bay DAR 68, 189; Kö VRS 39, 140; Kar VRS 43, 306; Dü VKS 60, 416; s dazu auch Rn 47 ff u 60–66; zum Vertrauensgrundsatz beim Durchfahren einer von einer stehenden Kolonne freigelassenen Lücke s Bay VRS 75, 129 u unten Rn 50). Das gilt aber nur, wenn der Wartepflichtige die auf der Vorfahrtstr von rechts herankommenden Fze sehen kann, nicht aber, wenn seine Sicht durch ein vorausfahrendes Fz verdeckt ist (BGH(Z) DAR 96, 11), dann hat er zu warten.

46   Der Vertrauensgrundsatz ist nur im Verhältnis zum Vorfahrtberechtigten eingeschränkt. Dagegen darf der Wartepflichtige auf verkehrsgerechtes Verhalten solcher VT vertrauen, die ihrerseits ihm gegenüber wartepflichtig sind, zB eines Entgegenkommenden, der im Kreuzungsbereich nach links abbiegen will u das linke Richtungs-Z gesetzt hat (Bay 75, 35 = VM 75, 77).

47   **10. Der unsichtbare Vorfahrtberechtigte**

a) **Übersichtliche Einmündung.** Ist die bevorrechtigte Str von der an sich übersichtlichen Einmündung aus nur auf eine beschränkte Strecke übersehbar, so darf der Wartepflichtige in sie einfahren, wenn sich im

Sichtbereich kein Fz befindet ist; die bloße Möglichkeit, daß jemand kommen könnte, löst allein keine Wartepflicht aus (BGH(Z) VRS 63, 252; NZV 94, 184; Ha NZV 96, 69). Er muß jedoch beim Einfahren darauf achten, ob aus dem verdeckten Raum ein Vorfahrtberechtigter kommt, u diesem die Vorfahrt noch auf der Kreuzung einräumen, wenn er nicht durch Weiterfahren die Fahrbahnseite des Vorfahrtberechtigten rechtzeitig freimachen kann. Er muß aber zügig weiterfahren, wenn er den Kreuzungsbereich schon so weit versperrt, daß eine gefahrlose Durchfahrt eines erst jetzt auftauchenden Benutzers der bevorrechtigten Str nicht mehr möglich ist. Das gilt bes für das **Überqueren** der bevorrechtigten Str u für das **Linkseinbiegen** in sie (Bay 58, 70 = VRS 15, 295; VRS 27, 385; Ha VRS 36, 444; Ol DAR 63, 17). Ist dem Wartepflichtigen die Sicht durch ein neben ihm befindliches Fz genommen, darf er allenfalls dann neben diesem die Kreuzung überqueren, wenn u solange er dadurch gegenüber Vorfahrtberechtigten sicher abgeschirmt ist (Bay 85, 123 = VRS 70, 33, s auch Rn 68).

Biegt der Wartepflichtige in die bevorrechtigte Str nach **rechts** ein, so muß er einem, von links oder rechts nahenden Vorfahrtberechtigten ebenfalls noch die Vorfahrt durch Anhalten einräumen, solange er noch quer zur bevorrechtigten Str steht u in diese nur mit dem vorderen Teil seines Fz hineinragt. Der wartepflichtige Rechtsabbieger braucht sich aber nicht darauf einzustellen, daß hinter einem dort von rechts nahenden Lastzug ein Fz verborgen sein könnte, dessen Führer den Lastzug überholen will. Er muß jedoch sofort wieder anhalten, wenn er bei Beginn des Einbiegens das hinter dem Lastzug befindliche Fz u die Überholabsicht seines Führers erkennen kann u muß (Bay 70, 16 = VM 70, 119; Bay 75, 156 = VRS 50, 309; s dazu auch Rn 45 f). **48**

Kommt von **rechts** ein Vorfahrtberechtigter erst in den Sichtbereich, wenn der Wartepflichtige rechts in die bevorrechtigte Str schon mit der vollen Breite seines Fz eingebogen ist, so richtet sich das Zusammentreffen der Fze nicht mehr nach den Vorfahrt-, sondern nach den Begegnungsgrundsätzen (Bay 63, 40 = VRS 25, 224; 65, 113 = VRS 29, 470; vgl auch Ha VRS 48, 136; sowie § 2 Rn 60 ff). Ist der Wartepflichtige in die bevorrechtigte Str nach **rechts** schon so weit eingebogen, daß er den von **links** kommenden Vorfahrtberechtigten bei dessen Eintritt in den Sichtbereich nicht mehr sehen kann oder daß er ihm die rechte Fahrbahnseite schon versperrt, so hat er sich möglichst schnell auf dieser rechts einzuordnen u seine Geschwindigkeit bis zu der auf der Str üblichen zu erhöhen (Bay 63, 2 = VRS 25, 216). Der Wartepflichtige darf darauf vertrauen, daß der unsichtbare Vorfahrtberechtigte eine der Sichtweite entspr Geschwindigkeit einhält u die rechte Fahrbahnhälfte, wenn sie frei ist, benutzt, jedenfalls auf sie ausweicht (BGHSt 12, 61). **49**

b) Abs 2 Satz 3: Unübersichtliche Einmündung. Ist die Einmündung unübersichtlich, hat also der Wartepflichtige in die bevorrechtigte Str während seiner Annäherung keine Sicht, so muß er zwar trotzdem nicht von der Einfahrt absehen, er muß sich aber mit höchster Sorgfalt nähern **50**

(Ko VRS 73, 70; bei Nebel s Kö VRS 74, 109) u darf sich dann nur langsam in die Kreuzung **hineintasten,** bis er freie Sicht gewinnt u sofort anhalten, falls ein Vorfahrtberechtigter naht (BGHSt 12, 58; KG DAR 02, 66); das gilt auch beim Durchfahren einer von einer auf der Vorfahrtstr zu Halten gekommenen Kolonne freigelassenen Lücke (München DAR 81, 356 mwN, Bay VRS 73, 129), zumal der Wartepflichtige darauf vertrauen darf, daß ein für ihn noch unsichtbarer, an der stehenden Kolonne links Vorbeifahrender ihm dazu die Möglichkeit bietet (Bay aaO mwN). Wer an einer stehenden Fahrzeugkolonne vorbeifährt, muß sich trotz Vorfahrt auf einfahrende Verkehrsteilnehmer einstellen (OLG Dü DAR 80, 117; KG DAR 76, 299 – Mithaft des Vorfahrtberechtigten zu $^1/_4$; OLG Sa ZfS 92, 79 – Mithaft zu $^1/_3$; OLG Kar DAR 89, 384 – 50 % Mithaft bei zu schnellem Vorbeifahren). Wird die Sicht nur durch ein erkennbar kurz haltendes Fz, (Straba) versperrt, darf er sich auch nicht hineintasten, sondern muß warten, bis das Fz vorbeigefahren ist (BGH(Z) DAR 96, 11; Bay 59, 208 = VRS 18, 65; Bay 60, 153, 155 = VRS 19, 312). Das Hineintasten bedeutet zentimeterweises Vorrollen, so daß jederzeit angehalten werden kann (BGH VersR 85, 784; KG DAR 00, 260; DAR 02, 66); es erfordert eine bes langsame „verzögerliche" Fahrweise, wenn die bevorrechtigte Str so schmal oder dicht befahren ist, daß ein nahender Vorfahrtberechtigter nicht ausweichen u möglicherweise nicht den gebotenen Abstand vom Fahrbahnrand (vgl oben Rn 31) einhalten kann (Ha VRS 29, 473, Bay 60, 71 = VRS 19, 150). Der Wartepflichtige darf sich in eine unübersichtliche Einmündung auch nicht hineintasten, wenn er die Annäherung eines bevorrechtigten Fz am Lichtkegel von dessen Scheinwerfern erkennt oder bei pflichtgemäßer Sorgfalt erkennen könnte u müßte (Bay 75, 120 = VRS 50, 231). Zur Mithaftung des sichtbehindernden **Falschparkers** s Kar DAR 92, 220 s auch § 12 Rn 98.

51 Eine **Hilfsperson** zum Einweisen muß der Wartepflichtige jedenfalls am Tage normalerweise nicht zuziehen (Bay VRS 27, 385), auch nicht bei Sichtbehinderung durch parkende Kfze (Bay VRS 61, 384, 386, DAR 90, 30), allenfalls in Ausnahmefällen (Dü DAR 81, 62; Warnposten auf naher Kuppe bei Dunkelheit: BGH(Z) VRS 67, 417 = StVE § 1 StVO 35; vgl § 1 Rn 43 ff). Hat ein Busfahrer beim schrägwinkligen Einfahren in eine Vorfahrtstr, in die er wegen der Bauart seines Fz nicht weit genug einsehen kann, keinen Überblick über die Verkehrssituation, darf er sich nicht auf Einschätzungen von Fahrgästen verlassen (Bay VM 81, 58).

52 **11. Bedeutung von Verstößen des Vorfahrtberechtigten für sein Vorfahrtrecht u die Schuld am Unfall**

a) **Allgemeines.** Der Bevorrechtigte verliert die Vorfahrt im allg nicht dadurch, daß er sich **verkehrswidrig** verhält (BGHSt 20, 238; 34, 127 = StVE 79; (Z) VRS 61, 96; Br DAR, 70, 97; Dü DAR 94, 331). VVerstöße des Vorfahrtberechtigten begründen aber im Falle ihrer Ursächlichkeit für den Unfall u dessen Voraussehbarkeit ein mitwirkendes Verschulden des

Vorfahrtberechtigten. Grobe Verstöße des Vorfahrtberechtigten können sogar die Voraussehbarkeit des Unfalles für den Wartepflichtigen ausschließen (BGH VRS 16, 124) oder – zivilrechtlich gesehen – bewirken, daß ihnen gegenüber das Verschulden des Wartepflichtigen in seiner Ursächlichkeit für den Unfall nicht entscheidend ins Gewicht fällt (BGH(Z) VRS 10, 19; s auch oben Rn 45). Im einzelnen gilt folgendes:

b) **Befahren einer gesperrten Straße.** Dem von rechts Kommenden 53 steht die Vorfahrt auch zu, wenn er eine **für ihn,** jedoch nicht allg gesperrte Str unbefugt befährt, zB eine für den DurchgangsV verbotene, nur dem AnliegerV oder für bestimmte Personenkreise freigegebene (Mü VersR 59, 215; Dü VRS 31, 456; Bra NdsRpfl 65, 142), oder eine nur für den **KraftV** gesperrte Str mit einem Kfz (Kar VRS 7, 436; Bay v 13. 10. 65, 1 b St 245/65). Die verbotene Benutzung, einer solchen Str bewirkt nur dann eine Mitschuld des Vorfahrtberechtigten am Zusammenstoß mit dem Wartepflichtigen, wenn das Verbot auch der Vermeidung von Unfällen an Kreuzungen dient, was oft nicht der Fall ist.

Wer allerdings auf einer Str fährt, die deutlich erkennbar für **jeglichen** 54 FahrV gesperrt ist oder, wie das bei Einbahnstr der Fall ist, in der befahrenen Richtung nicht dem Verkehr zur Verfügung steht, hat keine Vorfahrt, denn ein R zur Vorfahrt ist dann begrifflich ausgeschlossen, wenn es schon an einem R zum Fahren mangelt (BGH(Z) VRS 62, 93, BGHSt 34, 127 = StVE 79; Bay v 19. 6. 86, 1 Ob OWi 69/86: Rückwärtsfahren in Einbahnstr entgegen der Fahrtrichtung; Ries DAR 67, 179 ff, 72, 29 ff; s auch Rn 46 zu § 9); der Wartepflichtige hat auf ihn nur in zumutbarer Weise zu achten (BGHZ aaO). Kein VorfahrtR für auf dem Gehweg fahrenden Radf (KG VM 90, 44; s auch oben 4). Das VorfahrtR soll der Radf nach BGH (St 34, 127) aber nicht beim **gegenläufigen, unerlaubten Befahren des Radwegs** einer Vorfahrtstr verlieren (so auch Hbg v 11. 2. 84, 2 Ss 13/84 OWi u v 4. 4. 86, 1 Ss 216/85 OWi; AG Kö VRS 70, 336; Ha ZfS 96, 284; NZV 97, 123; Bouska DAR 82, 108, 111; aA Ce VRS 68, 471; v 19. 3. 86 bei Verf NStZ 86, 403 u 542; Jag/Hentschel 30; mE zw; s dazu Janiszewski in Gedächtnisschrift für Meyer u unten 57). Zur Benutzung von Radwegen und Seitenstreifen vgl § 2 Rn 54 ff. Nach § 2 IV S 2 aF (bis zum 30. 9. 1998) ist grds eine Schadensteilung zwischen Kfz-Fahrer und Radfahrer vorzunehmen. Beide haben mit dem jeweils unachtsamen Verhalten des anderen zu rechnen (vgl Grüneberg Rn 370 ff; Ha NZV 97, 123 – Radfahrer 1/3 und der nach rechts in die Vorfahrtstraße einbiegende Kfz-Fahrer 2/3; je 50% Ha OLR R 1998, 353; Bre VersR 97, 765 – Pkw 40%, Radfahrer 60%; Ha NZV 1992, 364). Ist dem Radfahrer nach der Neufassung des § 2 IV S 2 (nach dem 1. 10. 1998) die Benutzung des linken Radweges erlaubt, so dürfte sich die Haftungsverteilung zugunsten des Radfahrers bis hin zu einer vollen Haftung des Kfz-Fahrers verschieben.

Der Wartepflichtige darf aber **nicht darauf vertrauen,** daß aus der 55 verbotenen Richtung überhaupt kein Fz komme (Sa VM 70, 58; Hbg VRS 47, 453; BGH(Z) StVE § 2 StVO 18 = VRS 62, 93, Dü VRS 31,

§ 8 StVO 56, 57

456); eine solche Annahme könnte allenfalls bei einer völlig abgesperrten oder unbefahrbaren Str vertretbar sein (Bay VRS 65, 154 = StVE 64; s auch Kö VRS 66, 51). Sonst muß schon mit Rücksicht auf etwaige Anlieger oder Vorrechts-Fze (§ 35 I) die Fahrbahn in beiden Richtungen beobachtet werden; das gilt auch – soweit zumutbar – beim Kreuzen von Radwegen in Einbahnstr, die üblicherweise auch in der Gegenrichtung benutzt werden (so BGH(Z) VRS 62, 93; Ha NZV 97, 123; Bouska aaO u § 9 Rn 46). Für die Ausfahrt aus einer Str, auf der jeder FahrV verboten ist, in eine dem FahrV gewidmete Str gilt § 10 (VwV zu § 1 II; Kar VRS 35, 154; Ce VkBl 54, 19).

56 c) **Überhöhte Fahrgeschwindigkeit** des Vorfahrtberechtigten kann, ihre Ursächlichkeit für den Unfall vorausgesetzt, dessen Mitverschulden begründen (Kö DAR 96, 464; Ha VRS 93, 253). Bes starke Überschreitung der zulässigen Geschwindigkeit kann die Vorhersehbarkeit des Unfalles für den Wartepflichtigen uU völlig ausschließen (BGH VRS 16, 124, KG DAR 76, 240; VRS 83, 407; Ha DAR 60, 292; VRS 29, 142; 36, 458), außer wenn er die hohe Geschwindigkeitsüberschreitung rechtzeitig erkannt hat oder erkennen konnte (BGH VRS 41, 426; Ha VRS 31, 298; VM 69, 102; Schl VRS 80, 5; Kö NZV 95, 360). Eine zunehmend prozentuale Geschwindigkeitsüberschreitung führt grds auch zu einem zunehmenden Haftungsanteil des zu schnell fahrenden Vorfahrtberechtigten. Maßgeblich sind stets die Umstände des Einzelfalles (zB Höhe der Geschwindigkeit, Bedeutung u Frequenz der Str, Sichtverhältnisse pp (BGH(Z) VRS 67, 96); allg gültige Richtwerte gibt es nicht (Stu VRS 41, 188; Ko VRS 42, 440; Kö VM 81, 83; vgl auch Rn 17 u § 9 Rn 28, s aber Kar DAR 88, 26 u Böhm DAR 88, 33 f). – Zur **Schadensverteilung** bei Geschwindigkeitsüberschreitung des Vorfahrtberechtigten s Tab von Berr DAR 89, 304; Kö VRS 81, 417; NZV 94, 320; Kar DAR 96, 56; 25% Mithaftung bei Überschreitung um mehr als 30%; KG aaO: Alleinhaftung bei 100%iger Überschreitung innerorts; nach Schl NZV 93, 113: 80% Mithaftung; Ol DAR 94, 29: 50% Mithaftung bei 23%iger Überschreitung.

57 d) Auch bei **Verletzung des Rechtsfahrgebots** (§ 2 II) durch den Vorfahrtberechtigten geht dessen VorfahrtR grundsätzlich nicht verloren (Dü DAR 94, 331); das gilt auch für das unerlaubte gegenläufige Befahren des Radwegs einer Vorfahrtstr (s oben 54); der Radf darf aber nicht auf die Beachtung seines VorR vertrauen (s Ha NZV 97, 123). Das gilt allerdings nicht, wo nach dem neuen Zusatzschild zu Z 220 der RadV in der Gegenrichtung zugelassen ist (s § 2 Rn 55). – Ein Zusammenstoß mit einem Wartepflichtigen, der die Fahrbahn **überquert,** ist im allg nicht voraussehbar; denn das Rechtsfahrgebot dient dem Schutz des GegenV u der Erleichterung des Überholens auf der linken Fahrbahnseite, aber nicht dem Schutz desjenigen, der die Str überquert (BGH VRS 6, 200; VersR 63, 163; 64, 1060; Ha VRS 15, 137; s § 2 Rn 29); ein Verstoß gegen das Rechtsfahrgebot ist daher idR nicht geeignet, ein Mitverschulden des Vorfahrtberechtigten an einem Zusammenstoß mit einem Wartepflichtigen zu begründen (BGH StVE § 823 BGB 4, 25; Bay StVE § 2 StVO 14; v 5. 2. 86, 1 Ob OWi 415/85; v 26. 2. 86, 1 Ob OWi 384/85; v 13. 3. 86, 1 Ob OWi 10/86; s aber Dü VRS 75, 413), zumal sich das VorfahrtR auf die gesamte Fahrbahnbreite erstreckt (s oben 11) u der Wartepflichtige im allg nicht darauf vertrauen darf, daß aus der nicht zugelassenen Fahrtrichtung zB kein Radf kommt (zur Haftungsverteilung s LG Nü-Fürth NZV 93, 442).

Ist die **Kreuzung aber unübersichtlich**, so erfahren diese Grundsätze **58** gem § 1 eine Einschränkung (Bay VRS 77, 285); dann trifft den Vorfahrtberechtigten eine Mitschuld, wenn er zu schnell einfährt (Ko Vers, R 93, 1169) bzw bei vorschriftsmäßigem Hineintasten des Wartepflichtigen in die Kreuzung sogar die Alleinschuld, wenn er nicht den Abstand einhält, den der Wartepflichtige benötigt, um bis zum Erlangen freier Sicht in die Kreuzung einzufahren (BGHSt 12, 61; 20, 241; Bay 59, 181 f = VRS 18, 151; 25, 137: mind 0,5 m Abstand vom linken Fahrbahnrand). Für den vorschriftswidrig links fahrenden Vorfahrtberechtigten ist demnach ein Zusammenstoß mit einem von links kommenden Wartepflichtigen voraussehbar, wenn die Einmündung so unübersichtlich ist, daß der Wartepflichtige zunächst keine Sicht oder nur eine solche auf die gegenüberliegende, für den Vorfahrtberechtigten rechte Seite der bevorrechtigten Str hat (Bay v 29. 11. 61, I StR 560/61).

Biegt ein **Wartepflichtiger** nach **rechts** ein, so gehört er mit der **59** Durchführung des Rechtsbogens dem GegenV in der neuen Richtung an u nimmt daher auch am Schutz des den Vorfahrtberechtigten treffenden Rechtsfahrgebots teil (BGH VersR 67, 157; Bay 65, 113 = VRS 29, 470; vgl auch Ha VM 75, 83 u Kö VRS 60, 61 u 469; VRS 86, 33: fehlende Kausalität des Verstoßes gegen das Rechtsfahrgebot für den Unfall). Fährt darin der entgegenkommende Vorfahrtberechtigte zu weit links, so haftet er ebenfalls, (je weiter links, desto höher sein Haftungsanteil).

e) **Schneidet** der Vorfahrtberechtigte eine **Linkskurve** (vgl § 9 Rn 14) **60** u stößt er dadurch im Kreuzungsbereich mit einem Wartepflichtigen zusammen, so trifft ihn eine Mitschuld am Unfall. Das Verschulden des die Kurve schneidenden Vorfahrtberechtigten kann sogar so erheblich sein, daß ihm gegenüber das Verschulden des Wartepflichtigen nicht ins Gewicht fällt (BGH(Z) VRS 10, 19). Kann der an der Kreuzung haltende Wartepflichtige sehen, daß der von rechts kommende Vorfahrtberechtigte weder blinkt noch sich nach links einordnet, dann darf er darauf vertrauen, der andere werde über die Kreuzung geradeaus weiterfahren (Ce VRS 41, 309; Bay VRS 63, 289).

f) Mit dem **verbotenen Überholen** eines vorfahrtberechtigten Rechts- **61** abbiegers durch einen anderen Vorfahrtberechtigten muß der Wartepflichtige rechnen (Br DAR 70, 97; Mühlhaus DAR 69, 7).

g) Fährt der Vorfahrtberechtigte bei Dunkelheit **ohne Licht**, so entfällt **62** im allg eine Schuld des Wartepflichtigen (bes bei unbeleuchtetem Krad: Bay bei Rüth DAR 85, 235); denn er darf darauf vertrauen, daß die anderen Fze vorschriftsmäßig beleuchtet sind (Dü VRS 5, 317). Dagegen ist bei Dämmerung bes Vorsicht geboten, kein Vertrauen auf Beleuchtung anderer (Ha VRS 28, 303).

63 h) **Irreführendes Richtungszeichen.** Falsche bzw irreführende Blinkzeichen führen zu einer Mithaftung des Vorfahrtberechtigten (Hbg VersR 1966, 195); Ha VersR 1975, 161 – je 50%). Hat der Vorfahrtberechtigte das Richtungs-Z gesetzt, darf der Wartepflichtige grundsätzlich darauf vertrauen, daß der Vorfahrtberechtigte in die nächste Seitenstr einbiegt (BGH VM 74, 89; Ha VRS 61, 52), wenn sich diese Absicht zusätzlich in seiner Fahrweise äußert, wie Verringerung der Geschwindigkeit (Ha DAR 91, 270 mwN; KG NZV 90, 155; VM 93, 2; Ol NZV 92, 454) kann sich der Anteil des Vorfahrtberechtigten bis zur vollen Haftung erhöhen (KG NZV 90, 155; Dü DAR 77, 161; Dr VersR 95, 234 – 70% zu 30%), selbst wenn die Richtungsanzeige in der letzten Annäherungsphase durch ein vorausfahrendes Kfz verdeckt wird (Bay VRS 59, 365); das sollte inzw auch bei der sog abknickenden Vorfahrt gelten (Zw ZfS, 90, 430; s auch § 9 Rn 40). Allerdings darf er sich auf die Richtungsanzeige nicht verlassen, wenn bes Umstände zu Zweifeln Anlaß geben, wie fehlendes Einordnen u unvermindert hohe Geschwindigkeit (KG VRS 78, 96) oder wenn nach den Umständen damit gerechnet werden muß, der Vorfahrtberechtigte habe möglicherweise das Richtungszeichen nach seinem letzten Einbiegevorgang versehentlich stehen lassen oder er werde erst in eine spätere Einmündung oder Einfahrt (Ha VRS 41, 150; 47, 59; Dü VM 67, 10; NStZ 82, 117; aA Sa VM 82, 44 m abl Anm Booß; s auch LG Münster VRS 72, 166) oder Tankstelle einbiegen (Ol aaO). Hat er keine Zweifel, braucht er den Beginn des Abbiegens nicht abzuwarten (Stu VRS 46, 215; Ha VRS 61, 52 = StVE 50); das gilt zB auch, wenn ein Post-Fz vor einer Einmündung den rechten Fahrtrichtungsanzeiger betätigt hat, obwohl es erst einen dahinter befindlichen Briefkasten ansteuern will (Ha DAR 91, 270).

64 Der Wartepflichtige muß auch bes sorgfältig prüfen, ob das Richtungs-Z des Vorfahrtberechtigten überhaupt eine Richtungsänderung oder nur einen Fahrspurwechsel ankündigen soll (Ha VRS 47, 59; vgl §§ 5 IV a, 6, 7 IV). Ein Vertrauensgrundsatz, daß ein im **Kreisverkehr** rechts blinkendes Kfz die nächste Ausfahrt benutzen werde, besteht nicht, weil infolge der geringfügigen Fahrtrichtungsänderung nach dem Einfahren in den Kreis u beim Befahren des Kreises sich das Blinklicht nicht immer von selbst zurückschaltet u dieser Umstand von dem Führer des Kfz uU übersehen werden kann (KG VM 79, 70; wegen zulässigen Linksblinkens im KreisV s KG VRS 65, 219). Wegen des Richtungs-Z eines Radf vgl Ha VRS 25, 311; bei der abknickenden Vorfahrt vorerst kein Schutz des Vertrauens auf richtige Anzeige (Dü NJW 77, 1245); s auch oben 60 u § 9 Rn 40.

65 i) **Überfahren des Rotlichts eines Fußgängerüberwegs.** Ist die Vorfahrt an einer Kreuzung durch VZeichen geregelt, befindet sich aber in der Vorfahrtstr kurz vor der Kreuzung ein Fußgängerüberweg mit einer LZA, die durch die Fußgänger durch Druckknopf bedient wird, so darf ein

Wartepflichtiger an der Kreuzung idR darauf vertrauen, daß kein Vorfahrtberechtigter das für den FahrV gegebene Rotlicht der Fußgängerampel überfährt (Bay VRS 64, 385 = StVE 63 im Anschl an BGH(Z) VRS 63, 87 = StVE § 37 StVO 23; s § 9 Rn 28). Er muß aber darauf achten, ob in der Strecke zwischen der Ampel u der Kreuzung Vorfahrtberechtigte herankommen (Ko VRS 42, 33; vgl auch Hbg VM 75, 64); ebenso für den Fall, daß die Einmündung in die Haltlinie vor dem Fußgängerüberweg einbezogen ist (Hbg VM 67, 114 u Bay 68, 47 = VM 68, 129; im übrigen aA Hbg VRS 32, 156; 33, 305; Fra VRS 34, 303; Ha VM 73, 31). Ein Haltgebots-Z 206 hat der Wartepflichtige auch bei Rot der Fußgängerampel zu beachten, da diese auf die Vorfahrtregelung der Kreuzung durch VZ keinen Einfluß hat (Stu VRS 52, 216).

Will ein wartepflichtiger Kf eine Vorfahrtstr hinter einem nicht durch **66** Lichtampeln gesicherten Fußgängerüberweg überqueren, so darf er nicht darauf vertrauen, daß alle Fze anhalten werden, wenn Fußgänger die Fahrbahn zu überqueren beginnen (Dü VRS 50, 228).

j) Der Wartepflichtige darf auch nicht darauf vertrauen, daß der Vor- **67** fahrtberechtigte an der vor der Kreuzung befindlichen Haltlinie anhält, wenn hinter der Kreuzung für ihn Rotlicht erscheint (Stu VKS 69, 304 = StVE 73).

12. Zivilrecht/Haftungsverteilung **68**

a) **Allgemeines:** Zivilrechtlich hat derjenige den **Anschein schuldhafter Vorfahrtsverletzung** gegen sich, der eine Vorfahrtverletzung begeht (BGH NJW 76, 1317). Liegen keine Besonderheiten vor, haftet der Wartepflichtige allein (BGH VersR 59, 857; DAR 56, 328; Kar DAR 89, 422). Die Betriebsgefahr des Fahrzeuges des Vorfahrtsberechtigten tritt grds völlig zurück (Mü NZV 89, 438; Kö VersR 92, 977). Dieser **Anscheinsbeweis** kann aber durch den Nachweis eines atypischen Verlaufs, wie etwa durch den Nachweis ausgeräumt werden kann, daß der Vorfahrtberechtigte auch bei größter Sorgfalt nicht gesehen werden konnte (Fra VRS 80, 111; Kö VRS 90, 343); zur Mithaftung des verkehrswidrig den linken Radweg benutzendenRadf s Ha DAR 96, 321; s auch Rn 54, **darlegungs- und beweisbelastet** ist der Wartepflichtige.

b) Der Grundsatz **„rechts vor links"** (§ 8 I 1 StVO) gilt immer dann, **69** wenn keine besonderen Regelungen durch Verkehrszeichen oder sonstige Hinweise getroffen werden. Kommt es an einer solchen Stelle zu einem Verkehrsunfall, tritt im Regelfall die einfache Betriebsgefahr des nach diesem Grundsatz bevorrechtigten Fahrzeuges hinter das Verschulden des Wartepflichtigen zurück (Grüneberg, Rn 37; Ha NZV 00, 124). Treten allerdings weitere Umstände hinzu, die auf eine Mitverursachung des Vorfahrtsberechtigten schließen lassen oder hat der Vorfahrtsberechtigte ihm obliegende Sorgfaltspflichten nicht beachtet, verschiebt sich die Haftungsquote zu Lasten des Vorfahrtsberechtigten (Stu NZV 94, 440 – 40% Mithaft des Vorfahrtberechtigten).

70 c) Kommt es an einer Stelle zu einem Unfall durch einen Vorfahrtsverstoß durch einen der beiden Fahrer, an der die Vorfahrt durch **Verkehrszeichen geregelt** ist, trifft im Regelfall denjenigen die Alleinhaftung, der das Vorfahrtsrecht mißachtet hat (BGH NJW 95, 1029; Kö VRS 90, 343; Mü NJW-RR 99, 909; NZV 89, 438). Ist auf Seiten des anderen Unfallbeteiligten ebenfalls ein Verursachungsbeitrag zu erkennen, ist eine Verschiebung dieser Alleinhaftung möglich (Ha DAR 00, 63 – 20% Mithaft; NZV 97, 180 – 1/3 Mithaft). Bei einem solchen Unfall kann ohne Berücksichtigung bleiben, ob das wartepflichtige Auto von links kommt – und damit etwas früher zu sehen ist – oder ob es von rechts kommt.

71 d) Bei einer **Überschreitung der zulässigen Geschwindigkeit** kommt auch für den Vorfahrtsberechtigten eine Mithaftung in Betracht. Dies setzt allerdings voraus, daß die Geschwindigkeitsüberschreitung feststeht, bzw wie sie vom Wartepflichtigen bewiesen werden kann. Der Haftungsanteil des Vorfahrtsberechtigten nimmt mit zunehmender Überschreitung der Geschwindigkeit zu und kann bis zur vollständigen Haftung des eigentlich Vorfahrtsberechtigten führen (Grüneberg Rn 14 ff; Berr DAR 89, 304). Diese Haftungsstufen gelten auch dann, wenn der Vorfahrtsberechtigte für die vorliegenden Sichtverhältnisse unangemessen schnell gefahren ist. Neben der Geschwindigkeitsüberschreitung sind auch die übrigen Umstände wie Fahrzeugart, die Unfallörtlichkeit, die Straßenverhältnisse und die Erkennbarkeit der Geschwindigkeitsüberschreitung zu berücksichtigen. Bei einer **Überschreitung bis zu 10%** kommt es regelmäßig zu keiner Mithaft des Vorfahrtberechtigten (BGH VersR 67, 802; Ha MDR 99, 1194). Bei einer **Überschreitung von 10% bis 30%** kommt je nach den Umständen zu einer Mithaftung von 1/5 bis zu 1/3 (BGH VersR 58, 217; Frau VersR 76, 69 – 1/5; Kö NZV 94, 320 – 1/4; VersR 92, 110; 78, 830 – 1/3; Ha DAR 99, 405 – 1/3; NZV 94, 277 – 2/5; Nü DAR 99, 507 – 30%) Bei Hinzutreten von weiteren Umständen, die gegen den Vorfahrtsberechtigten sprechen auch 50% (Grüneberg, Rn 15; Ha NZV 96, 69). Bei einer **Überschreitung von 30% bis 50%** ergibt sich jeweils nach den vorliegenden Umständen eine Quotelung (Ha r+s 98, 106 – 2/3 zu Lasten des Wartepflichtigen; Nü ZfS 99, 233 – 80% Haftung des Wartepflichtigen; Kö VersR 99, 1035; VersR 91, 1416 – 75%; LG Hildesheim ZfS 99, 328 – 50%). Eine Alleinhaftung sowohl des Wartepflichtigen wie auch des Vorfahrtsberechtigten ist ebenfalls möglich.

71 a Bei einer **Überschreitung von 50% bis 100%** ist mindestens von einer hälftigen Haftung des Vorfahrtberechtigten auszugehen (BGH VersR 66, 338; Stu DAR 89, 387; Kö NZV 95, 360; Kar VersR 80, 1148 – je 50%). In besonderen Fällen kann der Vorfahrtberechtigte überwiegend (Ha r+s 96, 349 – 3/4; NZV 99, 85; oder auch allein haften (LG Limburg ZfS 98, 328). Bei einem Überschreiten der zulässigen Höchstgeschwindigkeit **von 100% und mehr** trifft den Vorfahrtsberechtigten regelmäßig die volle Haftung (BGH VersR 84, 440; KG DAR 92, 433; vgl aber auch Kar ZfS 86, 130 – 75%; s auch Rn 56).

Zuwiderhandlungen **72–74 § 8 StVO**

e) Bei einer **irreführenden Fahrweise des Vorfahrtsberechtigten** 72
(Geradeausfahrt trotz eingeschalteten rechten Blinkers, Herabsetzen der
Geschwindigkeit, Einordnen nach rechts), die der Wartepflichtige zu
beweisen hat, haftet der Vorfahrtberechtigte mit bis zu 100% (KG NZV
90, 155; Dü r+s 76, 183; LG Kiel DAR 00, 123; Dr VersR 95, 234 –
70%; Ha VersR 75, 161 – 70%; Ha VersR 66, 195 – 50% Blinken ohne
Reduzierung der Geschwindigkeit).

f) Kommt es deshalb zu einem Zusammenstoß, weil ein Fahrzeug **aus** 73
einem Wald- oder Feldweg auf eine Vorfahrtsstraße einbiegt, begründet
dies einen Verstoß gegen § 8 I Nr 2 StVO. Daraus folgt, daß der auf die
Vorfahrtsstraße einbiegende Fahrer grds die volle Haftung zu tragen hat
(Ha NZV 97, 267). Eine Mithaftung in Höhe der normalen Betriebsgefahr
ist dann möglich, wenn ein fehlerhaftes Verhalten seitens des Vorfahrtsberechtigten zu erkennen ist, er zB mit überhöhter Geschwindigkeit fährt (so
Dü NZV 96, 491 – $1/3$; Frau VersR 00, 197 – 20%) oder er den einfahrenden PKW bereits seit längerer Zeit sehen und seine Absichten erkennen
konnte.

13. Zuwiderhandlungen 74

Die **Vorfahrtverletzung** ist ein Erfolgsdelikt; der TB verlangt mind
eine Behinderung des Vorfahrtberechtigten (OW nach § 49 I 8 iVm § 24
StVG; s dazu Nrn 20 u 21 VwKat, Nr 12 BKat); dessen Mitschuld (s 63)
kann eine Minderung der Regelgeldbuße gebieten (Ol VRS 83, 377).
Der TB der §§ 8 II, 49 I 8 ist gegeben, wenn sich mind zwei VT aus
verschiedenen Richtungen an einer Kreuzung oder Einmündung derart
aufeinander zubewegen, daß unter Berücksichtigung ihrer Entfernung u
Geschwindigkeit die Gefahr einer Kollision nicht auszuschließen ist (BGH
VM 65, 43; KG DAR 76, 240; Zw VRS 57, 310 = StVE 32), also objektiv die Gefahr eines Zusammenstoßes besteht (s auch oben 7 a); doch
auch die beim Bevorrechtigten ausgelöste begründete subjektive Befürchtung eines Zusammenstoßes kann genügen (Kö VRS 65, 68; Dü NZV 88,
111 mwN). Eine Kollision in größerer Entfernung von der Kreuzung kann
für eine Eingliederung in den Verkehr u gegen eine Vorfahrtverletzung
sprechen (Fra VRS 50, 134 (100 m); LG Memmingen VRS 57, 100
(68 m)). Kommt es zu einer solchen oder zu einer Gefährdung, so schließt
§ 8 als SpezialG die Anwendung des § 1 II aus. Dagegen TE, wenn es
darüber hinaus zu einer Schädigung eines anderen gekommen ist (Dü VRS
74, 288; 81, 53; Ha VRS 53, 294; Br VRS 30, 72). In der Inanspruchnahme der Vorfahrt liegt auch dann keine nach § 1 II verbotene Behinderung des Wartepflichtigen, wenn die Vorfahrt wegen eines zu befürchten-
den verkehrswidrigen Verhaltens der Letzteren nicht hätte in Anspruch
genommen werden dürfen (Bay 66, 118 = VRS 31, 148). §§ 36, 37 sowie
§ 315 c I 2 a StGB schließen § 8 durch GKonkurrenz aus (Fra VRS 29,
380; Ol VRS 27, 204; vgl auch § 21 OWiG); § 18 III verdrängt als Spezialregelung die des § 8. – Umgekehrt ist § 8 I S 2 Nr 1 gegenüber § 41 II
1 b – Z 205 – das speziellere G (Zw VM 77, 53). Der Verstoß gegen Z 205

§ 9 StVO Abbiegen, Wenden und Rückwärtsfahren

begründet nur eine OW, wenn die Vorfahrt eines anderen im oben dargelegten Sinn verletzt wurde – konkretes Erfolgsdelikt. Wer die durch Z 205 angeordnete Wartepflicht mißachtet, begeht eine OW nach §§ 8 II, 49 I 8, nicht nach §§ 41 II 1, 49 III 4 (Dü VRS 42, 435; 81, 53). Zum Verstoß gegen Z 206 s Rn 21; zum Verhältnis zu § 3 s dort Rn 1.

75 **StrafR:** Wer die Vorfahrt durch plötzliches Beschleunigen erzwingt, kann nach § 315 b I 2, 3 StGB strafbar sein (BGH VRS 53, 355 = StVE § 315 b StGB 4). Fahrlässige Begehung genügt (vgl auch § 1 Rn 71). – Führt die Vorfahrtverletzung zu einer konkreten Gefährdung anderer, kann § 315 c I 2 a StGB vorliegen (s daselbst); der TB der Nötigung (§ 240 StGB) ist durch eine einmalige, kurze Vorfahrtverletzung im allg nicht gegeben (Dü NZV 88, 187).

76 **14. Literatur**

Kürschner „Vorrangs- u Vorfahrtsprobleme ..." NZV 89, 174; **Kullik** „Vorfahrtsregelung u BegegnungsV m sog Abbiegefahrstreifen" DAR 85 334; **Mühlhaus** „Zur Vorfahrt u Begegnung auf neuzeitlich ausgebauten Straßen" DAR 80, 9; **Kramer** „Die Renaissance der Kreisverkehrplätze ..." VD 99, 145.

§ 9 Abbiegen, Wenden und Rückwärtsfahren

(1) **Wer abbiegen will, muß dies rechtzeitig und deutlich ankündigen; dabei sind die Fahrtrichtungsanzeiger zu benutzen. Wer nach rechts abbiegen will, hat sein Fahrzeug möglichst weit rechts, wer nach links abbiegen will, bis zur Mitte, auf Fahrbahnen für eine Richtung möglichst weit links einzuordnen, und zwar rechtzeitig. Wer nach links abbiegen will, darf sich auf längs verlegten Schienen nur einordnen, wenn er kein Schienenfahrzeug behindert. Vor dem Einordnen und nochmals vor dem Abbiegen ist auf den nachfolgenden Verkehr zu achten; vor dem Abbiegen ist es dann nicht nötig, wenn eine Gefährdung nachfolgenden Verkehrs ausgeschlossen ist.**

(2) **Radfahrer, die auf der Fahrbahn abbiegen wollen, müssen an der rechten Seite der in gleicher Richtung abbiegenden Fahrzeuge bleiben, wenn dort ausreichender Raum vorhanden ist. Radfahrer, die nach links abbiegen wollen, brauchen sich nicht einzuordnen. Sie können die Fahrbahn hinter der Kreuzung oder Einmündung vom rechten Fahrbahnrand aus überqueren. Dabei müssen sie absteigen, wenn es die Verkehrslage erfordert. Sind Radverkehrsführungen vorhanden, so haben Radfahrer diesen zu folgen.**

(3) **Wer abbiegen will, muß entgegenkommende Fahrzeuge durchfahren lassen, Schienenfahrzeuge, Fahrräder mit Hilfsmotor und Radfahrer auch dann, wenn sie auf oder neben der Fahrbahn in der gleichen Richtung fahren. Dies gilt auch gegenüber Linienomnibussen und sonstigen Fahrzeugen, die gekennzeichnete Sonderfahrstreifen**

§ 9 StVO Abbiegen, Wenden und Rückwärtsfahren

benutzen. Auf Fußgänger muß er besondere Rücksicht nehmen; wenn nötig, muß er warten.

(4) **Wer nach links abbiegen will, muß entgegenkommende Fahrzeuge, die ihrerseits nach rechts abbiegen wollen, durchfahren lassen. Führer von Fahrzeugen, die einander entgegenkommen und jeweils nach links abbiegen wollen, müssen voreinander abbiegen, es sei denn, die Verkehrslage oder die Gestaltung der Kreuzung erfordern, erst dann abzubiegen, wenn die Fahrzeuge aneinander vorbeigefahren sind.**

(5) **Beim Abbiegen in ein Grundstück, beim Wenden und beim Rückwärtsfahren muß sich der Fahrzeugführer darüber hinaus so verhalten, daß eine Gefährdung anderer Verkehrsteilnehmer ausgeschlossen ist; erforderlichenfalls hat er sich einweisen zu lassen.**

VwV – StVO
Zu § 9 Abbiegen, Wenden und Rückwärtsfahren

Zu Absatz 1

I. Wo erforderlich und möglich, sind für Linksabbieger besondere Fahrstreifen [1] zu markieren. Auf Straßen innerhalb geschlossener Ortschaften mit auch nur tageszeitlich starkem Verkehr und auf Straßen außerhalb geschlossener Ortschaften sollte dann der Beginn der Linksabbiegestreifen so markiert werden, daß Fahrer, die nicht abbiegen wollen, an dem Linksabbiegestreifen vorbeigeleitet werden. Dazu eignen sich vor allem Sperrflächen; auf langsamer befahrenen Straßen genügen Leitlinien.

II. Es kann sich empfehlen, an Kreuzungen Abbiegestreifen für Linksabbieger so [2] zu markieren, daß aus entgegengesetzten Richtungen nach links abbiegende Fahrzeuge voreinander vorbeigeführt werden (tangentiales Abbiegen). Es ist dann aber immer zu prüfen, ob durch den auf dem Fahrstreifen für den nach links abbiegenden Gegenverkehr Wartenden nicht die Sicht auf den übrigen Verkehr verdeckt wird.

Zu Absatz 2

I. Die Radverkehrsführung ist eine Markierung, welche zum Beispiel die Linien- [3] führung eines Radweges über Kreuzungen und Einmündungen hinwegführt. Die Radverkehrsführung kann, muß aber nicht, mit dem Zeichen 237, 240 oder 241 gekennzeichnet sein. Der auf einem Radweg herankommende Radverkehr hat deshalb der markierten Radverkehrsführung auch dann zu folgen, wenn für den Radweg keine Radwegebenutzungspflicht besteht.

II. An Kreuzungen und Einmündungen

1. Zur Radwegeführung dienen vor allem Radfahrerfurten, Radfahrerschleusen, [4] aufgeweitete Radaufstellstreifen und Abbiegestreifen. Die Radfahrerfurten geben gleichzeitig das indirekte Abbiegen, die Radfahrerschleusen, aufgeweitete Radaufstellstreifen und Abbiegestreifen gleichzeitig das direkte Abbiegen vor.

2. Radfahrerfurten sind stets im Zuge von gekennzeichneten Vorfahrtsstraßen (vgl [5] Nummer III zu § 8 Abs 1; Rn 15 ff) und an Lichtzeichenanlagen zu markieren.

§ 9 StVO — Abbiegen, Wenden und Rückwärtsfahren

Die Markierung besteht aus 2 unterbrochenen Quermarkierungen in Breitstrich (0,25 m), die in der Regel 2,00 m Abstand haben. Davon abweichend beträgt der Abstand bei der Freigabe linker Radwege für die Gegenrichtung in der Regel 3,00 m und bei gemeinsamen Fuß- und Radwegen mindestens dessen Breite.

6 3. Radfahrerschleusen und aufgeweitete Radaufstellstreifen können zusätzlich an Lichtzeichenanlagen dann markiert werden, wenn dem Radverkehr die Wahlmöglichkeit zwischen dem indirekten und direkten Abbiegen eröffnet werden soll. Dies setzt eine sorgfältige Überprüfung voraus, welche die besonderen örtlichen und verkehrlichen Gegebenheiten zu berücksichtigen hat.

Bei Radfahrerschleusen wird das Einordnen zum Abbiegen durch vorgeschaltete Lichtzeichen ermöglicht. Voraussetzung ist, daß der Radweg mit Radgebenutzungspflicht neben der Fahrbahn verläuft und die vorgeschalteten Lichtzeichen für den Kraftfahrzeugverkehr auf der Fahrbahn und den Radverkehr auf dem Radweg mindestens 30 m vor dem Hauptlichtzeichen entfernt sind. Das Haltgebot für den Kraftfahrzeugverkehr auf der Fahrbahn wird an dem vorgeschalteten Lichtzeichen und das Haltgebot für den gesamten Verkehr wird an dem Hauptlichtzeichen zusätzlich mit Zeichen 294 „Haltlinie" gekennzeichnet.

7 Bei aufgeweiteten Radaufstellstreifen wird das Einordnen zum Abbiegen im Gegensatz zur Radfahrerschleuse nur mit dem Hauptlichtzeichen und durch zwei Zeichen 294 „Haltlinie" ermöglicht, wobei das Haltgebot für den Kraftfahrzeugverkehr auf der Fahrbahn durch ein vorgeschaltetes Zeichen 294 mit räumlichem und verkehrlichem Bezug zur Lichtzeichenanlage angeordnet wird. Radfahrerschleusen ist in der Regel der Vorzug vor aufgeweiteten Radaufstellstreifen zu geben.

8 4. Abbiegestreifen können in besonders gelagerten Einzelfällen an Lichtzeichenanlagen, aber auch an gekennzeichneten Vorfahrtstraßen, markiert werden, wenn eine Radwegeführung mit der Möglichkeit des direkten Abbiegens unabdingbar ist und die Anlage insbesondere von Radfahrerschleusen ausscheidet.

9 Bei Abbiegestreifen werden auf der Fahrbahn neben den Abbiegefahrstreifen für den Kraftfahrzeugverkehr mit Zeichen 295 „Fahrstreifenbegrenzung" eigene Abbiegefahrstreifen für den Radverkehr markiert.

10 Der Radverkehr muß dazu den Radweg unter Beachtung der allgemeinen Verhaltensregeln des § 10 Satz 1 verlassen und auf die Fahrbahn einfahren. Bei Radwegen mit Radwegebenutzungspflicht ist die Möglichkeit zum Verlassen des Radweges mit Zeichen 297 „Pfeil links und Pfeil gerade" zu kennzeichnen und zusätzlich mit einem Zusatzschild deutlich zu machen. Bei Radfahrstreifen kann Zeichen 296 „einseitige Fahrstreifenbegrenzung" genügen.

11 5. Das direkte Abbiegen darf mit einer Radwegeführung nur dann vorgegeben werden, wenn

a) an Kreuzungen und Einmündungen mit Lichtzeichenanlage die Verkehrsbelastung an der (an allen) Knotenpunktzufahrt(en) bei höchstens 1200 Kfz/Std liegt und nicht mehr als 2 Fahrstreifen zu überqueren sind;

12 b) an Kreuzungen und Einmündungen mit durch Verkehrszeichen bevorrechtigten Knotenpunktzufahrten die Verkehrsbelastung bei bis zu 800 Kfz/Std liegt und nur ein Fahrstreifen je Fahrtrichtung zu überqueren ist;

13 c) in wartepflichtigen und nicht mit Lichtzeichen signalisierten Knotenpunktzufahrten dann, wenn hierfür ein besonderes und unabweisbares Bedürfnis besteht.

Abbiegen, Wenden und Rückwärtsfahren **§ 9 StVO**

6. Die Verkehrsfläche innerhalb der Markierung kann rot eingefärbt sein. Davon soll nur in besonderen Konfliktbereichen im Zuge gekennzeichneter Vorfahrtstraßen Gebrauch gemacht werden. An Lichtzeichenanlagen und Kreuzungen mit „RechtsvorLinks-Regelung" ist von einer Rot-Einfärbung abzusehen. **14**

III. Eine bauliche Unterstützung der Radwegeführung (zB Radfahrerfurt auf Aufplasterung) ist nicht ausgeschlossen. Die Zuordnung der Aufplasterung zur Fahrbahn sollte dann auch baulich (zB durch entsprechende Materialien) zum Ausdruck kommen. Bauliche Maßnahmen können bei der Straßenbaubehörde angeregt werden. **15**

Zu Absatz 3

I. Ob Radfahrer noch neben der Fahrbahn fahren, wenn ein Radweg erheblich von der Straße abgesetzt ist, darüber entscheidet der optische Gesamteindruck. Können Zweifel aufkommen oder ist der abgesetzte Radweg nicht eindeutig erkennbar, so ist den Radfahrern durch ein verkleinertes Zeichen 205 eine Wartepflicht aufzuerlegen. **16**

II. Über Straßenbahnen neben der Fahrbahn vgl Nummer VII zu Zeichen 201; Rn 17–19. **17**

Inhaltsübersicht

	Rn
1. Allgemeines	1
2. Begriffe	2
a) Abbiegen	2
b) Jedes Abbiegen	4
c) Andere Straße	5
3. Abbieger u nachfolgender Verkehr	8
4. Abs 1 Satz 1: Das Richtungszeichen	10
a) Pflicht zur Anzeige der Richtungsänderung	10
b) Rechtzeitig	11
c) Deutlich	12
5. Linksabbiegen	13
a) Allgemeines	13
b) Weiter Bogen nach links	14
c) Tangentiales Abbiegen	15
d) Abs 1 Satz 2, 3: Einordnen nach links	17
e) Abs 1 Satz 4: Rückschaupflicht	22
f) Abs 2: Radfahrer	25
g) Abs 3, 4: Vorrang des Gegenverkehrs	26
6. Rechtsabbiegen	32
a) vom rechten Fahrbahnrand	32
b) von weiter links	33
7. Abs 3 Satz 1 u 2: Vorrang der Radfahrer u der Straßenbahn	35
a) Radwege	35
b) Schienenfahrzeuge	37
c) Linienomnibusse u Fahrzeuge auf Sonderfahrstreifen	38
8. Abs 3 Satz 3: Rücksicht auf Fußgänger	39
9. Abknickende Vorfahrt	40

§ 9 StVO 1–3 Abbiegen, Wenden und Rückwärtsfahren

	Rn
10. Die durch Verkehrszeichen vorgeschriebene Fahrtrichtung	43
a) Verkehrslenkung im allgemeinen	43
b) Zeichen 209–214, 222	44
c) Zeichen 220 – Einbahnstraße	46
d) Kreisverkehr	49
e) Fahrbahnmarkierungen	50
11. Abs 5: Abbiegen in Grundstück	52
a) Allgemeines. Sonderfall des Abbiegens	52
b) Die Sorgfaltspflicht	55
12. Abs 5: Wenden	56
a) Begriff u Allgemeines	56
b) Zulässigkeit	60
c) Ausführung	62
d) Richtungszeichen	65
e) Pflichten des nachfolgenden Verkehrs	66
13. Abs 5: Rückwärtsfahren	67
a) Allgemeines, Zulässigkeit	67
b) Sorgfaltspflicht	69
14. Zuwiderhandlungen	71
15. Literatur	76

1. Allgemeines   **1**

§ 9 regelt in erster Linie das **Abbiegen;** er gilt sinngemäß für Reiter u Viehtreiber (§ 28 II S 1) sowie für geschlossene Verbände (§ 27 I S 1). Für Radf gilt neben den allg Regeln § 9 II. Das Abbiegen in ein Grundstück u in eine dem ruhenden Verkehr dienende Fläche des öff Straßenraums sind systematisch richtig als Sonderfälle des Abbiegens in § 9 V aufgenommen, während das Ausfahren aus einem Grundstück in § 10 geregelt ist. **Wenden** u **Rückwärtsfahren** sind als eigene TBe in § 9 V eingefügt; für ABen u Kraftfahrstr s § 18 VII. Die Regelung der vorgeschriebenen Fahrtrichtung wird hier in Rn 44f mitbehandelt. Zum paarweisen Abbiegen s auch § 7 Rn 20. – Das **tangentiale Abbiegen** für Linksabbieger ist durch die 11. ÄndVO (in Abs 4 S 2) einf worden (s Rn 15).

2. Begriffe   **2**

a) **Abbiegen** umfaßt die Bewegungen, durch die der Fz-Führer die bisher benutzte Str oder Fahrbahn nach der Seite verläßt oder auf ihr in einem Bogen die Gegenrichtung oder den gegenüberliegenden Str-Rand zu erreichen versucht (s zB Ha VRS 57, 35; Bay VM 73, 59; KG NZV 94, 159).

3 Die bloße Verlegung der Fahrlinie zum Überholen, Ausweichen, Anhalten oder Fahrspurwechsel fällt nicht darunter (Bay 57, 248 = VRS 14, 462; VRS 17, 455; BGH(Z) VRS 5, 176; Dü VM 63, 49; Ha DAR 74, 195). § 9 behandelt nur das Verhalten des einbiegenden gegenüber dem entgegenkommenden u gleichgerichteten Verkehr auf der bisher befahrenen Str, während die Beziehungen zum QuerV in § 8 geregelt sind (s KG VM 87, 39 Ls).

b) § 9 umfaßt **jedes** Abbiegen, nicht nur ein solches in eine andere Str. Das Abbiegen in einen öff Parkplatz oder Parkstreifen außerhalb der Fahrbahn, in eine Tankstelle u dergl fallen daher ebenso unter das Abbiegen wie die Einfahrt in ein privates Grundstück. Für letzteres wird in V nur eine zusätzliche, über die allg Abbiegerpflichten hinausgehende Sorgfalt verlangt.

c) Der Begriff der **anderen Str** spielt für die Beurteilung der Fahrtrichtungsänderung eine große Rolle. In eine andere Str biegt nicht ab, wer der natürlichen Fortsetzung der Str folgt, auch wenn diese in einer Krümmung verläuft (vgl KG NZV 94, 159: Einfahrt in KreisV ist – iG zur Ausfahrt – kein Abbiegen), während geradeaus eine Nebenstr weiterführt. Die Einheitlichkeit des Str-Zuges kann sich aus Anlage u Beschaffenheit (Bauart, Belag, Kennzeichnung der Str-Führung usw), der Fahrbahnabgrenzung durch Seitenstreifen, aus einer etwaigen Mittellinie oder Vorfahrtbeschilderung ergeben (BGHSt 6, 27; 14, 366, 373). Wer hier in die gerade Verlängerung der abbiegenden Str weiterfährt, „biegt" in sie „ab". Ein aus ihr in die durchgehende Str Einfahrender ist kein geradeausbleibender Entgegenkommender iS des § 9 III, sondern ein die Fahrbahn „Kreuzender" (Vorfahrtfall). Trotzdem soll nach Ha (VRS 51, 141 = StVE 11) derjenige, der eine nach links abknickende Vorfahrtstr in Geradeausfahrt in eine Nebenstr verläßt, kein Richtungs-Z geben müssen, auch wenn keine Regelung nach Z 306 mit Zusatzschild „abknickende Vorfahrtstraße" vorhanden ist. Wegen der abknickenden Vorfahrt s unten 40 ff.

Eine hinter einer Kreuzung nach einer Seite versetzt weiterführende Str kann nach natürlicher Betrachtung die Fortsetzung derselben Str sein. Ist dies zu verneinen, so kommt ein Vorfahrtfall oder eine Begegnung auf der kreuzenden Str in Frage (Ce VRS 26, 303; Bay 64, 48 = VRS 27, 230).

Teilt sich die bisher befahrene Str in eine **Straßengabel**, so ändert seine Fahrtrichtung nicht, wer auf der Vorfahrtstr (Z 306) bleibt (KG VM 57, 23). Ist keiner oder jeder der auseinandergehenden Schenkel Vorfahrtstr, ohne daß einer nach seiner Bauart deutlich als die Fortsetzung der bisherigen Str erkennbar ist, so ändert jeder seine Fahrtrichtung (Ol DAR 54, 117; Möhl DAR 66, 198). Für das Zusammentreffen des Verkehrs aus der Gegenrichtung, also aus dem Gabelast in Richtung auf die gemeinsam weiterführende Str, gelten die Vorfahrtregeln (BGH VRS 27, 74). Gabelt sich eine Str kurz vor ihrer Einmündung in eine andere Str in zwei Äste, von denen keiner als die alleinige Fortsetzung der bisherigen Str angesehen werden kann, so liegt im Verhältnis zwischen einem Fz, das von der anderen Str aus in den rechten Arm einfährt u einem von der Gabelung Entgegenkommenden kein Vorfahrts-, sondern ein Begegnungsfall vor (Bay 69, 119 = VRS 38, 74).

Wer eine Autobahn über einen kombinierten Beschleunigungs- und Verzögerungsstreifen verläßt, ändert seine Fahrtrichtung iSd § 9 I (LG Bln NZV 00, 45).

§ 9 StVO 8, 9 Abbiegen, Wenden und Rückwärtsfahren

8 **3. Abbieger u nachfolgender Verkehr**

Der geradeausbleibende Verkehr u der AbbiegeV sind **gleichberechtigt**. Es gibt kein VorR des ersteren (BGH VRS 27, 267). Auch der Linksabbieger ist nicht grundsätzlich verpflichtet, nachfolgende Fze vor dem Abbiegen vorbeifahren zu lassen (BGHSt 11, 296; VRS 37, 351). Wer das **Richtungs-Z** gesetzt hat, darf von Nachfolgenden, die das Z gefahrlos beachten können, auf der angezeigten Seite nicht mehr überholt werden, außer wenn der schnellere VT sich mit dem Abbieger verständigt oder die Gewißheit erlangt hat, daß die bevorstehende Richtungsänderung erst durchgeführt wird, wenn die Überholung abgeschlossen ist, oder wenn sich das Richtungs-Z zweifelsfrei auf eine noch weiter entfernte Str-Stelle bezieht (Bay 57, 248; 60, 151 = VRS 19, 309; VRS 29, 370; Ha VRS 19, 216). Im allg gilt der Grundsatz der doppelten Sicherung, der Vertrauensgrundsatz kommt dem Abbieger nur beschränkt zugute (vgl unten 22 ff). Die Pflicht des Abbiegenden, seine Geschwindigkeit vor der Abbiegestelle nicht plötzlich, sondern verkehrsgerecht allmählich herabzusetzen, folgt aus § 4 I S 2. Der Fahrer eines Fz, dessen nach hinten hinausragende **Ladung** beim Abbiegen in den Fahrraum der Nachbarspur ausschwenkt, darf nachfolgende Benutzer dieser Spur nicht gefährden (Bay 70, 47 = VRS 39, 230). Erforderlichenfalls ist eine Hilfsperson zuzuziehen (Stu DAR 74, 163). Wegen des Einbiegens an Kreuzungen mit VRegelung durch PolBeamte oder Farb-Z vgl §§ 36, 37.

9 Wer das **linke Richtungs-Z** gesetzt u sich **eingeordnet** hat, ist **rechts** zu **überholen** (§ 5 VII; hierzu § 5 Rn 61). Dagegen bewirkt allein das **bloße Einordnen** ohne Richtungs-Z für den nachfolgenden Verkehr kein Verbot, **links** zu überholen, insb keine unklare VLage (vgl § 5 Rn 26 f). Selbst wenn der nahe der Fahrbahnmitte fahrende Vordermann seine Geschwindigkeit ermäßigt oder vor der Kreuzung anhält, ohne Richtungs-Z zu geben, soll der im Überholen Begriffene nach hM nicht damit rechnen müssen, der Vorausfahrende werde vorschriftswidrig ohne Richtungs-Z u vorherige Rückschau oder schon vor der Kreuzungsfläche die linke Fahrbahnseite überqueren (BGHSt 12, 162; s dazu aber § 5 Rn 26 f u Bay 85, 47 = VRS 69, 53). Bes Vorsicht ist aber geboten, wenn ein möglicherweise gegebenes Richtungs-Z nicht sicher erkennbar ist, zB bei Sonnenschein von hinten, wenn der Vorausfahrende unsicher fährt (Kö DAR 77, 243) oder an der Abgabe des Richtungs-Z gehindert ist (zB Radf, der eine Sense über der Schulter trägt). Unklar ist die VLage, wenn ein Kf plötzlich ohne Richtungs-Z von rechts zur Fahrbahnmitte ausbiegt, weil dann mit einer Fortsetzung seiner vorschriftswidrigen Fahrweise über die Mitte hinaus gerechnet werden muß (Ha VRS 38, 215; anders beim von rechts Anfahrenden: Stu VRS 65, 66). Gegenüber einem nach links eingeordneten **Radf oder Leichtkraftradf** ist beim Linksüberholen erhöhte Vorsicht oder reichlicher Abstand geboten, da bei ihm die Abbiegeabsicht naheliegt u Anzeigen der Richtungsänderung mit der Hand zwar unmittelbar vor dem Abbiegen, aber nicht während der ganzen Zeit seines Haltens erwartet werden kann (s § 54 V 4 StVZO).

Das Richtungszeichen 10–12 § 9 StVO

4. Abs 1 Satz 1: Das Richtungszeichen 10

a) **Pflicht zur Anzeige der Richtungsänderung.** Die beabsichtigte Fahrtrichtungsänderung ist nicht nur beim Vorhandensein anderer VT, sondern auch dann, wenn weit u breit niemand am Weg ist, anzukündigen. Das Richtungs-Z ist für alle erheblichen Seitenbewegungen (Ausscheren) vorgeschrieben (vgl § 5 IV a, § 6 S 2, § 7 IV, § 10 S 2). Ob u unter welchen Voraussetzungen Ausn von der formalen Pflicht zur Abgabe des Richtungs-Z zugelassen werden, ist der RSpr vorbehalten. Während das Richtungs-Z nach § 9 I S 1 allg bis zur Beendigung der Schwenkung gesetzt bleiben muß, ist es in den erwähnten anderen Fällen auf Str mit LinksabbiegeV nach Durchführung der seitlichen Versetzung sofort wieder einzuziehen (vgl § 5 Rn 37). Das Richtungs-Z muß auch gegeben werden, wenn die Fahrtrichtung durch Z 209 vorgeschrieben ist (Ce VRS 52, 219), nicht aber, wenn die Str ohne anderweitige Fortsetzung im Bogen verläuft. Die Absicht, abzubiegen, ist auch dann anzuzeigen, wenn das Abbiegen in der Richtung verboten ist (Zw VM 77, 55). Die Abgabe eines nicht vorgeschriebenen, irreführenden Richtungs-Z ist nur im Rahmen des § 1 II ahndbar (Ha VM 74, 70; s auch § 8 Rn 42 u unten Rn 40). Zur Frage der Ersetzung des Fahrtrichtungsanzeigers durch das Warnblinklicht in bes Situationen (Wenden eines 20 m langen Lastzuges) s Sa VM 78, 60. Ausfahren aus einem KreisV vgl Kö VM 64, 38; zum zul Linksblinken im Kreis s KG VRS 65, 219; Abknickende Vorfahrt s 40 f.

b) **Rechtzeitig** ist das Richtungs-Z, wenn der nachfolgende – auch 11 schnellere – Verkehr sein Verhalten der Fahrweise des Vorausfahrenden anpassen, dh ein Auffahren ohne Gefahrenbremsung vermeiden kann (BGH VM 62, 100; Bay NZV 90, 318; Dü VersR 95, 1504). Dabei kommt es weniger auf die Entfernung von der Abbiegestelle als auf die Zeit an, die bei Berücksichtigung der von den Beteiligten eingehaltenen Geschwindigkeiten zwischen der Zeichengebung u dem Abbiegen liegt (BGH(Z) VM 63, 23). Das Richtungs-Z darf nicht so früh gegeben werden, daß der nachfolgende Verkehr über den Ort des Abbiegens getäuscht wird, also idR erst, wenn die **nächste** Querstr eingebogen werden soll (KG VM 56, 44). Wer sich vor dem Linkseinbiegen frühzeitig links einordnet, ist bereits vom Beginn des Einordnens an zur Zeichengebung verpflichtet, wenn kein mehrspuriger Verkehr vorliegt, damit die nachfolgenden VT die Abbiegeabsicht des Linksfahrenden bald erfahren u rechts überholen können. Das Unterlassen rechtzeitigen Richtungs-Z kann eine vermeidbare Behinderung des übrigen Verkehrs iS des § 1 II darstellen (Bay 68, 87 = DAR 69, 53).

c) **Deutlich** ist das Richtungs-Z mittels der vorgeschriebenen Fahrtrich- 12 tungsanzeiger (§ 54 StVZO) zu geben; dies ist der Fall, wenn diese einwandfrei funktionieren u nicht verschmutzt sind (s § 17 Rn 5). Sind **Handzeichen** notwendig (Radf, Kleinkraft-, Leichtkraftf, Fuhrwerkslenker), so müssen diese genügend lange gegeben oder genügend oft wiederholt werden. Dauerndes Heraushalten des Arms wird nicht verlangt, aber deutliches Handzei-

§ 9 StVO 13–16   Abbiegen, Wenden und Rückwärtsfahren

chen unmittelbar vor dem Abbiegen. Das Haltezeichen ist durch Hochheben, das Richtungs-Z durch waagerechtes Herausstrecken des Armes zu geben. Handzeichen nach unten oder in schräger Richtung sind in Deutschland nicht üblich, daher für andere nicht verständlich. Wer nach Setzen des Richtungs-Z die Abbiegeabsicht aufgibt u auf der rechten Seite die Vorbeifahrt eines Nachfolgenden abwarten will, muß den Fahrtrichtungsanzeiger zurücknehmen, evtl seine Halteabsicht anzeigen (BGH(Z) VM 66, 1). Wer kurz hintereinander zweimal abbiegen will, muß zwischen dem 1. u 2. Einbiegen das Richtungs-Z deutlich unterbrechen (Schl VM 61, 88; KG VM 79, 35). Wegen des **Vertrauens** anderer VT darauf, daß derjenige, der ein Richtungs-Z gibt, auch wirklich abbiegt, vgl § 8 Rn 42.

13   **5. Linksabbiegen**

a) **Allgemeines.** Das Linksabbiegen ist − außer auf der AB − zulässig, soweit es nicht durch VZeichen (s unten 44 ff) verboten ist. Daneben sind aber auch Leitlinien (Z 340) als Hinweis-Z zu beachten, auch wenn sie von den Regeln des § 9 I abweichen (BGHSt 16, 255, 260; Bay 59, 153, 155 = VRS 17, 386). Wegen der Richtungspfeile s Rn 51. Abbiegen bei Regelung des Verkehrs durch LZA s § 37 Rn 11 ff, mehrspuriges Abbiegen § 7 Rn 21 f; Abbiegen des Verbandes s § 27 Rn 5.

14   b) Die **Durchführung des Linksabbiegens** richtet sich unter Beachtung der §§ 1 II u 2 II vornehmlich nach den örtl Gegebenheiten u der jew Situation (für **Radf** s II, unten Rn 25), dh der früher vorgeschriebene (§ 8 III StVO aF) **weite Bogen,** der insb dem Rechtsfahrgebot (§ 2 II) entsprach, ist noch zul, wenn die VLage das an sich grundsätzlich vorgeschriebene tangentiale Abbiegen zweier entgegenkommender Linksabbieger voreinander, nicht erlaubt.

15   c) Das Abbiegen in engem Bogen, das sog **tangentiale Abbiegen,** durch das − bes im geballten GroßstadtV − vermieden werden soll, daß sich die beiden Linksabbiegerschlangen gegenseitig die Weiterfahrt versperren (KG VM 77, 70), ist in § 9 IV S 2 als Regelfall des Abbiegens zweier entgegenkommender Linksabbieger vorgeschrieben, sofern diese Abbiegeform (zB aus Platzgründen) nicht ungeeignet ist; dann ist auch das Abbiegen nach der Vorbeifahrt beider Fze zugelassen (s auch unten 26). Grundsätzlich darf auf das vorgeschriebene Regelverhalten, das tangentiale Abbiegen voreinander, vertraut werden, sofern die lokalen Verhältnisse dem nicht entgegenstehen; ist dies unklar, ist bes Vorsicht geboten. Es ist Aufgabe der VB, an geeigneten Kreuzungen durch Fahrbahnmarkierungen die tangentiale Abbiegeweise anzuzeigen.

16   Für das **Linksabbiegen ohne GegenV** gelten folgende allg Grundsätze:

Wer nach links in eine andere Str einbiegen will, deren **Einmündung trichterförmig erweitert** ist, muß den Mittelpunkt der Trichterbreite rechts umfahren (BGHSt 16, 255; Bay VRS 51, 373); ebenso, wer aus einer trichterförmig erweiterten Einmündung nach links in eine andere Str

Linksabbiegen   **17, 18 § 9 StVO**

einbiegen will (BGHSt 20, 238; BGH(Z) VRS 27, 255). Nach BGHSt 16, 255 soll das auch gelten, wenn die Einmündung einseitig verbreitert ist. Hier ist es jedoch verkehrsgerecht, nicht den Mittelpunkt zwischen den Trichterrändern sondern denjenigen des Verlaufs der Fahrbahn außerhalb der Verbreiterung rechts zu umfahren (dazu eingehend Mühlhaus VD 73, 97; DAR 73, 281; ebenso Bay VRS 59, 369 = StVE 44). Wer beim Zusammentreffen von mehr als zwei Str-Zügen in die nächste Einmündung links abbiegt, muß u darf den Mittelpunkt der Kreuzung nicht umfahren, wenn er dadurch den KreuzungsV stören würde (Bay 52, 206 = VRS 5, 144). Ist eine Str-Gabelung dreieckförmig erweitert, so genügt derjenige, der in die linke Abzweigung weiterfährt, seiner Pflicht, wenn er einen solchen Zwischenraum von der linken Str-Begrenzung einhält, wie er einzuhalten wäre, wenn sich die Str nur nach links fortsetzen würde; er muß nicht den Mittelpunkt der erweiterten Fläche in einem scharfen Linksbogen umfahren (Bay 63, 93 = VRS 25, 465). Ein bes weiter Bogen ist auf unübersichtlichen Str (Ha VRS 14, 130) geboten; ferner wenn das Fz (Lastzug) aus technischen Gründen gezwungen ist, die linke Fahrbahnhälfte mitzubenutzen (Bay 51, 547). Beim Einbiegen in eine **Einbahnstr** genügt dagegen idR ein enger Bogen (Stu VRS 71, 302).

d) **Abs 1 Satz 2, 3:** Durch das **Einordnen** nach **links** bis zur Fahr- **17** bahnmitte soll erreicht werden, daß der Linksabbieger schon vor seiner Seitenbewegung eine Stelle erreicht, in der er die nachfolgenden VT nicht mehr behindert, weil diese nun rechts vorbeifahren können. Das Gebot des Linkseinordnens gilt – auch außerhalb geschl Ortschaften – immer dann, wenn sonst die Gefährdung eines anderen VT nicht ausgeschlossen ist (BGHSt 11, 357). Die Pflicht besteht auch auf unübersichtlichen u schmalen Str (Bay VRS 64, 57 = StVE 56); § 9 I S 2 geht als Sonderbestimmung für das Abbiegen dem § 2 S 1 vor (Hbg VRS 14, 130). § 9 I S 2 stellt eine selbständige Gebotsnorm dar, deren TB aber erst verwirklicht ist, wenn wirklich eingebogen wird (Bay 52, 129 = VRS 4, 625). Andererseits ist das Linkseinbiegen auch dann zulässig, wenn sich der Fahrer aus verkehrsbedingten Gründen nicht links einordnen oder wegen der Bauart (Länge) seines Fz den Linksbogen von der Fahrbahnmitte aus nicht durchführen kann. In solchen Fällen muß er ganz rechts herausfahren u warten, bis der fließende Verkehr eine Lücke für seine Linksbewegung läßt; noch während des Einbiegens hat er alles ihm Mögliche zu tun, um eine Gefährdung nachfolgender VT auszuschließen (BGHSt 12, 21; Bay 55, 87, 89 = VRS 9, 151). Paarweises Abbiegen s § 7 Rn 23.

Das Einordnen muß **rechtzeitig** vor der Kreuzung erfolgen, so daß sich **18** nachfolgende Fahrer, bes Überholungswillige, auf das Abbiegen gefahrlos einstellen können (BGHSt 14, 212; 15, 178 f; Kö DAR 77, 192). Wesentlicher als die Entfernung ist die Zeitspanne zwischen Setzen des Richtungs-Z u Abbiegen. So wurde im innerörtl Verkehr für einen Lastzug mit 30 km/h-Geschwindigkeit eine Strecke von 41 m, die einer Fahrzeit von 5 sec entspricht, als ausreichend erachtet (BGH VRS 25, 264). Auch im städtischen Verkehr soll sich der Linksabbieger unter gleichzeitigem Setzen

§ 9 StVO 19–21 Abbiegen, Wenden und Rückwärtsfahren

des Richtungs-Z möglichst früh einordnen, regelmäßig aber nicht vor einer dem Abbiegen vorangehenden Kreuzung, weil er sonst andere täuschen u den AbbiegeV an der vorhergehenden Kreuzung behindern kann (Bay 68, 87 = DAR 69, 53; KG VRS 14, 443; vgl aber auch Ha DAR 58, 225).

19 „**Bis zur Mitte**" bedeutet einerseits: die rechte Fahrbahnhälfte soll zum Einordnen voll ausgenutzt werden (kein Sicherheitsabstand zur Mitte), damit dem nachfolgenden Verkehr möglichst viel Raum rechts vom Einbiegenden freigegeben wird; andererseits: die linke Seite muß für den GegenV freigelassen werden; ist die Mitte nicht gekennzeichnet, bemißt sie sich nach dem Erscheinungsbild der Str (KG VersR 73, 234). Ist die Fahrbahn durch Leitlinien in Fahrstreifen eingeteilt, so ist als Fahrbahnmitte die linke Begrenzung des am meisten links liegenden, ausschließlich für den jew RichtungsV bestimmten Fahrstreifens anzusehen, auch wenn dieser jenseits der tatsächlichen Fahrbahnmitte liegt (Ha VM 66, 57; vgl auch § 42 Z 340 u unten 21).

19 a Nach **I S 3** ist der Teil der Str-Mitte, auf dem **Straßenbahnschienen** ohne eigenen Gleiskörper verlegt sind, zum Einordnen mitzubenutzen, wenn keine Straba in Sicht ist; der einmal vorschriftsmäßig auf dem Gleisbereich Eingeordnete muß diesen auch nicht räumen, wenn sich vor dem Abbiegen eine Straba nähert (Mü VRS 31, 344; Ha NZV 91, 313). Dagegen muß der Gleisbereich frei bleiben, wenn durch das Einordnen eine sichtbare oder erst kurz vorher vom Kf überholte Straba an der zügigen Weiterfahrt gehindert würde (s auch § 2 III; § 2 Rn 50 f; BGH(Z) VRS 28, 11; Dü VersR 88, 90; Ha VersR 88, 1250). Der Straba-F darf darauf vertrauen, daß ein Kf nicht kurz vor ihm nach links fahren werde (BGH VersR 65, 885; Ha NZV 91, 313). Wer sich kurz vor einer nahenden Straba zum Linksabbiegen auf den Schienen einordnet, aber dort warten muß, hat diese zu verlassen oder geradeaus weiterzuzufahren (Ha VRS 61, 331 = StVE 47).

20 Auf **Fahrbahnen für eine Richtung,** zu denen auch die **Einbahnstr** (vgl unten 46 ff) gehören, hat sich der Linksabbieger bis zum linken Fahrbahnrand einzuordnen. Dies gilt auch für sog unechte Einbahnstr, in deren Mitte die Straba in beiden Richtungen verkehrt, während der übrige Verkehr nur nach einer Richtung zugelassen ist. Auf ihnen haben aber die Fz-Führer auf die entgegenkommende Straba bes Rücksicht zu nehmen (BGHSt 16, 133; Bay 61, 268 = VRS 22, 226; VRS 20, 302).

21 Wer die nicht gekennzeichnete **Mitte** einer genügend (8 m) breiten Str geringfügig **überschreitet,** handelt nicht ohne weiteres schuldhaft (BGH VRS 17, 3). Aber eine Überschreitung um 1 m auf einer 9 m breiten Str ist ein vorwerfbarer Fehler (Mü VRS 31, 347). Bei Kennzeichnung der Str-Mitte durch eine Leitlinie darf diese nicht überschritten werden (Br VRS 28, 50). Entgegenkommende VT dürfen darauf vertrauen, daß der Linksabbieger zunächst nur bis zur Str-Mitte fährt (BGH(Z) VRS 29, 423; Dü VRS 61, 180), solange kein Anlaß für eine gegenteilige Annahme besteht (BGH DAR 57, 106; Hbg VRS 20, 307). Ist aber ein Linksabbieger beim Einordnen geringfügig über die Fahrbahnmitte geraten, so ist für ihn nicht

Linksabbiegen 22–23 a § 9 StVO

voraussehbar, daß ein noch genügend weit entfernter Entgegenkommender auf ihn auffährt, wenn diesem genügend Platz zum Vorbeifahren verblieben ist.

e) **Abs 1 Satz 4: Rückschaupflicht.** Wer links abbiegen will, muß den rückwärtigen Verkehr beobachten, u zwar zunächst, bevor er sich links einordnet, wenn damit eine nicht nur geringfügige Verlegung seiner Fahrlinie nach links verbunden ist; sodann unmittelbar vor dem Abbiegen (**doppelte Sicherung!**). Die Pflicht zur 2. Rückschau besteht nach S 4, 2. Halbs nur dann nicht, wenn eine Gefährdung des nachfolgenden Verkehrs „ausgeschlossen" ist (s dazu § 10 Rn 7 ff), weil zB ein Linksüberholen technisch unmöglich oder bes grob verkehrswidrig u deshalb nicht vorausehbar wäre (Bay VRS 58, 451 = STVE 40, KG VM 77, 55; Fra NZV 89, 155; s aber Bay VRS 61, 328 m krit Anm Janiszewski NStZ 81, 473). Daß der Überholende gegen Zeichen 270 verstoßen oder eine durchgehende Fahrstreifenbegrenzung mißachten müßte, läßt eine Rückschaupflicht nicht entfallen (Geigel-Haag Kap 27 Rn 278).S 4, 2. Hs ist eng auszulegen, denn die Rückschaupflicht dient dem Schutz des nachfolgenden Verkehrs und verhindert somit Unfälle (vgl Hentschel Rn 25). Die doppelte Rückschau ist auch deshalb erforderlich, weil sich die Verkehrslage nach der ersten Rückschau sehr rasch ändern kann. Insbesondere außerorts muß damit gerechnet werden, daß sich schnelle Fahrzeuge von hinten nähern. Auch bei einwandfreiem Einordnen und Zeichengeben ist zweite Rückschau erforderlich. 22

Zur Rückschau ist der Außen- und Innenspiegel zu benutzen, wobei zur Überwindung des toten Winkels notfalls durch das Seitenfenster zurückzuschauen ist (Kö NZV 95, 74; KG VM 95, 51). 23

Erblickt der Kf bei der Rückschau ein nachfolgendes Fz, so muß er das Abbiegen nur zurückstellen, wenn er aus dessen Fahrweise mit der Absicht rechnen muß, ihn vor dem Abbiegen noch zu überholen (Ha VRS 30, 127; Fra aaO). Andererseits muß aber derjenige das Abbiegen unterlassen, der dieses zwar durch rechtzeitiges Einordnen u Richtungs-Z richtig eingeleitet hat, aber bei einer trotzdem vorgenommenen Rückschau erkennen kann, daß ihn ein schnellerer VT noch links überholen will (Ha VersR 82, 1055; Kö VRS 89, 432). Rückschau und Anzeige verschaffen keinen Vorrang gegenüber nah aufgerücktem Verkehr (Hentschel Rn 24). Die Rückschaupflicht besteht auch an Stellen mit Überholverbot (Z 276), da auf die Einhaltung desselben – jedenfalls außerorts – nicht vertraut werden darf (Bay 74, 83 = VRS 47, 462; vgl Stu VRS 44, 149; Ha VRS 46, 462); das gilt nach Stu (VM 78, 92) auch innerorts. Sie entfällt, wenn der Linksabbieger nach Setzen des Richtungs-Z langsam unmittelbar neben einer Fahrstreifenbegrenzung (Z 295) fährt (Bay aaO). Jedoch ist nach Bay (VRS 58, 451 = StVE 40) auch hier 2. Rückschau erforderlich, wenn der Abbiegende einen schnell nachfolgenden Kradf bemerkt hat, dessen weiteres Verhalten unklar ist (so auch Bay VRS 61, 382 bei einem im Stau neben einer Fahrstreifenbegrenzung befindlichen Linksabbieger; krit dazu Janiszewski NStZ 81, 473). 23 a

Burmann

§ 9 StVO 24–27   Abbiegen, Wenden und Rückwärtsfahren

24   Bei Kollisionen des Linksabbiegers, der seine Fahrtrichtungsänderung rechtzeitig anzeigt und lediglich die zweite Rückschaupflicht nicht beachtete, mit einem Überholer überwiegt der Haftungsanteil des Überholers (BGH VersR 61, 560; Ha VersR 81, 340; sa Dü NZV 98, 502; Kö NZV 99, 333 Haftungsteilung).Ordnet sich der Abbieger nicht zur Mitte hin ein, so trifft ihn idR eine Mithaftung von mindestens 50% (KG VM 90, 52; Nü VersR 73, 1226). Bei Mißachtung des Überholverbotes bzw. bei Geschwindigkeitsüberschreitung haftet der Überholende überwiegend (Dü VersR 73, 372; Ba r+s 85, 191). Dagegen haftet der Abbieger regelmäßig allein, wenn er seine Abbiegeabsicht nicht anzeigt. Ist das Betätigen des Blinkers nicht aufklärbar, so haftet der Abbieger überwiegend (Ha NZV 93, 396; VersR 81, 340).

25   f) **Abs 2: Radf** müssen sich vor dem Linksabbiegen nicht mehr stets nach links einordnen, müssen aber, wenn sie sich einordnen, weiterhin rechts von den zum Linksabbiegen eingeordneten Kfzen bleiben, wenn dort ausreichend Raum ist. Dabei haben sie (nach I S 4) die erforderliche Rücksicht auf den nachfolgenden Verkehr zu nehmen u müssen, wenn dieser ein gefahrloses Einordnen nach links nicht zuläßt, in der nach S 3–5 vorgeschriebenen Weise abbiegen. Soweit S 5 die Benutzung einer vorhandenen Radverkehrsführung vorschreibt, umfaßt dies auch einen mit weißen Linien u ggf mit dem Z 237 zusätzlich markierten Radweg. Aus dem zwingenden Gebot „haben ... zu folgen" u dem Bestreben, die Sicherheit des abbiegenden Radf weitestmöglich zu gewährleisten, folgt, daß dieses Gebot den anderen in S 1–4 beschriebenen Abbiegemöglichkeiten vorgeht, wenn eine Radverkehrsführung vorhanden ist; sie dürfen sich dann zum Linksabbiegen nicht auf die Fahrbahn begeben, zumal auch § 2 IV S 2 die Benutzung vorhandener Radwege vorschreibt. Fehlt eine Radverkehrsführung für Linksabbieger, gelten die S 1–4 (s auch Ha NZV 90, 26m zust Anm Hentschel). Das gilt auch, wenn ein Radf die Str nach links überqueren will, um in ein Grundstück einzufahren, oder wenn er einen auf der linken Str-Seite befindlichen Radweg zu erreichen sucht (vgl Bra VRS 10, 73; Ha VRS 19, 145). Hintereinanderfahren u Benutzung der Seitenstreifen u Radwege s § 2 Rn 53 ff.

26   g) **Abs 3, 4: Vorrang des Gegenverkehrs.** Es handelt sich um keinen eigentlichen Vorfahrtfall, sondern um die Begegnung mit einem aus derselben Str Entgegenkommenden. Trotzdem sind die Wartepflichten des Linksabbiegers gegenüber dem GegenV u des aus einer anderen Str Kommenden gegenüber dem Vorfahrtberechtigten nahe verwandt u unterliegen im allg den gleichen Rechtsgrundsätzen. Für das Abbiegen in Kreuzungen mit Lichtzeichenregelung gelten die Vorschriften des § 9 iVm § 37 II 1 (s dazu § 37 Rn 11 ff); das Verhalten zweier sich begegnender Linksabbieger regelt § 9 IV S 2 in Form des sog **tangentialen Abbiegens** voreinander (s oben 15).

27   Der **Kreuzungsbereich** gehört beiden sich kreuzenden Str an. Wer aus einer untergeordneten Str kommend in einer Kreuzung nach links in eine Vorfahrtstr einbiegen will, ist daher gegenüber den auf der bisher benutz-

Linksabbiegen

ten Str Entgegenkommenden wartepflichtig (BGHSt 8, 338). Er ist nicht etwa schon Benutzer der Vorfahrtstr u damit gegenüber dem GegenV bevorrechtigt. Anders, wenn die Fahrbahnen der untergeordneten Str außerhalb des Kreuzungsbereichs durch einen breiten, nicht befahrbaren Mittelstreifen oder eine entspr VInsel getrennt sind. Dann steht dem Linksabbieger gegenüber dem Verkehr auf der Gegenfahrbahn der untergeordneten Str die Vorfahrt nach Z 301, 306 zu, wenn sein Fz schon mit der ganzen Länge die Kreuzung mit der 1. Fahrbahn verlassen hat u auf der bevorrechtigten Str eingeordnet ist (BGH(Z) VRS 18, 252; BGHSt 16, 19; krit dazu Kullik DAR 85, 334). Das gilt auch, wenn die Fahrbahnen der untergeordneten Str lediglich auf dem von dem Abbieger bisher benutzten Str-Teil bis zur Kreuzung getrennt sind, während sich jenseits der Kreuzung die Str als einheitliche, gleich breite Fahrbahn fortsetzt (Dü VRS 51, 379). Sind in einem solchen Fall die beiden Str gleichberechtigt, so steht dem Entgegenkommenden gegenüber dem Linksabbieger die Vorfahrt nach § 8 I, nicht nach § 9 III S 1 zu (Ha VRS 29, 231). Nach Bay 63, 67 = VRS 25, 202 soll schon eine Schrägstellung des einbiegenden Fz in der Verlängerung des Mittelstreifens den Übergang vom Begegnungs- zum Vorfahrtfall bewirken. Bedenklich, da Übergang aus Wartepflicht in Vorfahrt erst bei eindeutiger Einordnung in die Vorfahrtstr verantwortet werden kann; jede Schrägstellung spricht dafür, daß das Fz das Abbiegen noch nicht abgeschlossen hat (so auch Kar DAR 97, 26). Auch keine Regelung nach § 9 IV zwischen einem Fz, das auf der eigentlichen Kreuzungsfläche nach links in eine Querstr einbiegt, u einem aus der bisherigen Gegenrichtung kommenden Fz, das unter Benutzung einer von der geradeaus weiterführenden Fahrbahn durch einen Fahrbahnteiler abgetrennten Abbiegespur nach rechts in die Querstr einbiegt; hier finden die Regeln über die Vorfahrt Anwendung; dies gilt auch dann, wenn der Verkehr auf der Rechtsabbiegespur u der GegenV gleichzeitig durch Wechsellichtzeichen freigegeben sind (so Bay 78, 69 = StVE § 8 StVO 26 unter teilw Aufg von Bay VM 73, 59).

Die **Wartepflicht** besteht gegenüber einem Entgegenkommenden, 28 wenn dieser so nahe herangekommen ist, daß er durch das Abbiegen gefährdet oder auch nur in der zügigen Weiterfahrt wesentlich behindert werden würde (BGH VRS 18, 265 f). Zum Inhalt des VorR gilt das zu § 8 Rn 10, 18, 20 ff Gesagte entspr. Ein Warteschild vor der Kreuzung beseitigt das VorR des Entgegenkommenden nicht (BGH VersR 63, 660). Der Linksabbieger muß aber nicht Kfze, die am Str-Rand der Gegenrichtung stehen, daraufhin beobachten, ob sie bald anfahren werden (Ha VRS 39, 233; DAR 73, 24); bei Fehlen des grünen Linksabbiegerpfeils kann er auch darauf vertrauen, daß kein GegenV mehr in die ampelgeregelte Kreuzung einfährt, wenn entgegenkommende Kfze vor der Ampel anhalten u er daraus den zutreffenden Schluß zieht, daß dieser GegenV bereits „Rot" hat (KG VRS 62, 261). Schätzfehler über die Entfernung u Geschwindigkeit des Entgegenkommenden gehen zu Lasten des Wartepflichtigen. Der Linksabbieger muß die linke Fahrbahn schleunigst überqueren, insb bei beschränkter Sicht (Ha NZV 94, 318).

§ 9 StVO 28a, 29 Abbiegen, Wenden und Rückwärtsfahren

28a Das **VorR des Entgegenkommenden** geht wegen der vorrangigen Bedeutung der Durchfahrtregelung nicht dadurch verloren, daß er sich selbst **verkehrswidrig** verhält (s § 8 Rn 35), dh verspätet (Schl VersR 85, 893 Ls), zu schnell (Nü StVE 70), für den Linksabbieger nicht erkennbar bei Rot in die Kreuzung einfährt (Ha VRS 89, 23) oder unbefugt einen Sonderfahrstreifen (Z 245) benutzt (Stu DAR 95, 32; Hentschel 39; Booß VM 91 S 21; anders beim gleichgerichteten Verkehr: s Rn 38). Der Wartepflichtige muß im StadtV auf Str, die eine höhere Geschwindigkeit zulassen, damit rechnen, daß der sichtbar Entgegenkommende die zulässige Geschwindigkeit mäßig überschreitet, aber nicht damit, daß er mit einer unvernünftig hohen Geschwindigkeit fährt oder sie während des Abbiegevorgangs erhöht (BGH VRS 29, 423; BGH VersR 65, 811; Bay VRS 5, 471). Mit welcher Überschreitung der zulässigen Geschwindigkeit der Linksabbieger rechnen muß, richtet sich nach den örtlichen Verhältnissen u der VLage (BGH(Z) VRS 67, 96; Ha VRS 46, 389); allgültige Richtwerte gibt es nicht (BGH aaO; Kö VM 81, 83; s auch § 8 Rn 28, 37). Ist auf einer nur beschränkt übersehbaren Str kein entgegenkommendes Fz im Sichtbereich, so darf nach links abgebogen werden; der Abbiegende darf hierbei darauf vertrauen, daß ein noch **nicht sichtbarer** Entgegenkommender mit Sichtweite fährt (BGHSt 12, 25; s Ce NZV 94, 193), die rechte Fahrbahnseite benutzt (BGH DAR 57, 106; Hbg VRS 20, 307) u nach Eintritt in den Sichtbereich seine Geschwindigkeit auf den Abbiegevorgang einrichtet (Ha VRS 23, 69). Er darf idR ferner darauf vertrauen, daß der Entgegenkommende das Rotlicht einer dazwischenliegenden Fußgängerbedarfsampel nicht bewußt mißachten wird (BGH(Z) VRS 63, 87). Bemerkt der Linksabbieger aber ein entgegenkommendes Fahrzeug, das er bei Beginn des Abbiegens noch nicht sehen konnte, so muß er sofort anhalten, wenn er das Abbiegemanöver nicht mehr rechtzeitig abschließen kann (BGH NJW-RR 94, 1303; OLG Ha NZV 96, 364).

29 Bei der **Berechnung,** ob die Entfernung des Entgegenkommenden ein gefahrloses Abbiegen vor ihm zuließ, ist zu berücksichtigen, daß der parallel zur Fahrbahnmitte Eingeordnete zum Abbiegen um 90° einen Linksbogen beschreiben muß, der nicht auf der Fahrbahnmitte, sondern an der rechten Begrenzung seines Fz beginnt. Auf ihm nähert sich der Abbieger dem Entgegenkommenden mind (beim Anfahren aus dem Stand) um den Radius des Wendekreises seines Fz. Die Länge des Einbiegewegs bis zum Verlassen der Gegenfahrbahn entspricht nicht etwa deren Breite, sondern setzt sich zusammen aus dem gefahrenen Bogen zuzüglich der Fz-Länge. Ist dem Abbieger die **Sicht** auf die Fahrbahn des GegenV durch ein Hindernis **versperrt,** so muß er sich wie ein Wartepflichtiger verhalten, dh sich bis zur Erlangung freier Sicht in die Gegenfahrbahn hineintasten (Ce NZV 94, 193), bei einem nur ganz vorübergehenden Hindernis (haltende Straba) bis zu seiner Beseitigung warten (Bay 60, 153 = VRS 19, 312) oder sich einweisen lassen (KG VM 85, 21). Halten entgegenkommende Fze zur Ermöglichung des Ausweichens, so muß der Einbieger mit dem Auftauchen von Radf hinter den haltenden Fzen rechnen (Ce VRS 37, 358).

Biegen zwei einander entgegenkommende Fze in **dieselbe Seitenstr** 30
ein, so hat der nach rechts Einbiegende den Vortritt vor dem nach links
Einbiegenden (IV). Letzterer darf nur gleichzeitig einbiegen, wenn er in so
großem Abstand vom rechten Fahrbahnrand in die Seitenstr einfahren
kann, daß er dadurch die Weiterfahrt des Rechtseinbiegers nicht behindert
(Bay VRS 28, 230; Ha VRS 12, 460; KG VRS 25, 290).

Bei einer Kollision mit dem Längsverkehr spricht der **Beweis des er-** 31
sten Anscheins für ein Verschulden des Abbiegenden (BGH VersR 66,
1074; Ha NZV 95, 29; 96, 364). Der **sichtbare** Bevorrechtigte darf darauf
vertrauen, daß der Linksabbieger – auch wenn er das linke Richtungs-Z
gesetzt hat – sein VorR auf ungehinderte Vorbeifahrt beachten werde,
solange sich ihm kein erkennbarer Anlaß zu gegenteiliger Befürchtung
bietet (BGH NJW 81, 2301; Bay 75, 35 = VRS 49, 284; KG VM 85, 21),
so insb wenn der Linksabbieger kurz auf der Kreuzung gehalten hatte (Kö
VRS 89, 352). Der Abbiegende haftet grundsätzlich allein (BGH VersR
69, 1020; KG NZV 91; 274; DAR 94, 153). Ein Verstoß des Entgegenkommenden gegen das Rechtsfahrgebot ändert hieran nichts, da dieses
nicht den Abbieger schützt (KG DAR 74, 232). Auch die Benutzung eines
Sonderfahrstreifens durch den Entgegenkommenden beseitigt nicht dessen
Vorrecht (Stu DAR 95, 32; Ha NZV 01, 428; aA KG NZV 92, 486). Das
Linksabbiegen vor einem in schneller Fahrt entgegenkommenden Fz
begründet ein derart grobes Verschulden, daß ein etwaiges Mitverschulden des Entgegenkommenden, das in einer leichten Überschreitung der
zulässigen Geschwindigkeit liegt, ebenso zurücktritt wie die Betriebsgefahr
seines Fz (BGH VersR 64, 514); bei **größeren Geschwindigkeitsüber-**
schreitungen kommt aber Mithaftung in Betracht (BGH NJW 84, 1962;
Ha NZV 94, 318; Zw DAR 00, 312; KG DAR 01, 300). Alleinhaftung
des Entgegenkommenden besteht, wenn er das Rotlicht einer Ampel
mißachtet, insbesondere wenn der Linksabbieger bei **grünem Abbiege-**
pfeil einbog (BGH NJW 82, 1756; KG NZV 94, 31). Bleibt ungeklärt, ob
der grüne Abbiegepfeil aufleuchtet, so ist bei gleicher Betriebsgefahr Schadensteilung geboten (BGH NZV 97, 350; NJW 96, 1405; Dü NZV 95,
311; KG NZV 99, 513). Bleibt bei einer Ampel ohne Grünpfeil ungeklärt,
ob der Entgegenkommende bei Rot eingefahren ist, so verbleibt es bei der
Alleinhaftung des Abbiegenden (Ha NZV 89, 191). Mit entgegenkommendem Verkehr, der während der Gelbphase in die Kreuzung eingefahren ist, muß der Abbiegende rechnen. Hier kommt zumindestens Haftungsteilung in Betracht (Ha NZV 89, 191; Ko VersR 92, 1016).

6. Rechtsabbiegen 32

a) Wer sich so **weit rechts eingeordnet** hat, daß sein Abstand zum
rechten Fahrbahnrand ein gefahrloses Überholen auch durch ein Krad oder
Fahrrad nicht zuläßt, die bevorstehende Richtungsänderung rechtzeitig
angezeigt u seine Geschwindigkeit allmählich ermäßigt hat, darf darauf
vertrauen, daß ihn kein nachfolgendes Fz rechts zu überholen versucht
(Bay VRS 60, 308). Das gilt auch, wenn der Kf kurz vor dem Abbiegen

§ 9 StVO 33–35 Abbiegen, Wenden und Rückwärtsfahren

einen kleinen Linksbogen ausfährt, um die Einfahrt zu erleichtern, oder wenn er nach rechts in ein Grundstück einbiegen will (Bay 64, 12f = VRS 27, 153; NZV 91, 162; Dü DAR 80, 157 = StVE 38). Schließt sich aber rechts an die Fahrbahn eine für ein Überholen genügend breite Fläche an, so muß er den rückwärtigen Verkehr vor dem Abbiegen beobachten (Ha VRS 31, 303; 38, 123; s auch unten 35 f). Das Einordnungsgebot des § 9 I S 2 verdrängt als Sonderregelung die Anwendung des § 2 II (Dü VM 77, 96). Im GroßstadtV wird zur flüssigeren Abwicklung des Verkehrs das **paarweise Rechtsabbiegen** zugelassen, soweit dies die Fahrbahnbreite gestattet u dadurch niemand behindert wird (Bay VRS 60, 391 mwN; s auch § 7 Rn 20).

33 b) Wer sich aus verkehrsbedingten Gründen oder wegen der Bauart seines Fz **nicht** rechts **einordnen** kann, verstößt nicht gegen § 9 I S 2. Er muß aber damit rechnen, daß ihn andere Fze rechts überholen oder trotz Rechtsabblinkens u -Einordnung geradeaus fahren; er darf daher nur nach gewissenhafter **Rückschau** die Rechtsbewegung ausführen (KG VRS 69, 305 = StVE 64), wobei ein toter Winkel einzukalkulieren u auf geeignete Weise zu überwinden ist (Kö NZV 95, 74). Insb muß derjenige, der aus der Fahrbahnmitte oder gar vom linken Fahrbahnrand aus nach rechts einbiegen will, nötigenfalls anhalten u den rechts eingeordneten Verkehr vorbeifahren lassen (BGH VRS 15, 467; Bay DAR 74, 304; KG VRS 69, 305; VM 91, 48; Kö aaO). Die vom BGH (aaO) aufgestellte weitere Forderung, der Rechtseinbieger müsse, nachdem er die hinter ihm liegende Fahrbahn als frei erkannt hat, noch während des Einbiegens die Beobachtung nach rückwärts fortsetzen, ist auch für schwerfällige Fze, die den Rechtsbogen nicht zügig durchführen können, im Rahmen der techn Möglichkeiten gerechtfertigt. Diese müssen bei Nacht zusätzlich während des länger dauernden Einbiegemanövers nach beiden Seiten mit Warnleuchten ausgestattete Hilfspersonen aufstellen, um den nahenden Verkehr zu warnen (§ 1 Rn 43f). Auch Führer größerer Fahrzeuge, die wegen der Länge des Fahrzeuges erst nach links ausbiegen müssen, sind zu erhöhter Sorgfalt gegenüber dem nachfolgenden Verkehr verpflichtet (Ha NZV 91, 268). Gegebenenfalls muß der Fahrer sich eines Beobachtungshelfers oder eines Warnpostens bedienen (Kö VRS 48, 427). Insbesondere muß bei atypischen Rechtsabbiegemanövern auch jede Gefährdung des Gegenverkehrs ausgeschlossen sein (Geigel-Haag Kap 27 Rn 268), beispielsweise infolge ausschwenkender Ladung (Ha NZV 94, 399) oder Benutzung der Gegenfahrbahn beim Abbiegen.

34 Wenn gefahrlos möglich, darf ein Kf an einer rechts verkehrsbedingt haltenden Kolonne vorbeifahren u durch eine freigehaltene Lücke nach rechts abbiegen (Dü VRS 52, 210).

35 **7. Abs 3 Satz 1 u 2: Vorrang der Radfahrer und der Straßenbahn**

a) **Radwege** neben der allg Fahrbahn sind Teile derselben Str. Gegenüber dem Rechts- u Linksabbieger haben auch Radf, die auf dem neben der allg Fahrbahn gelegenen Radweg **entgegenkommen,** den Vorrang des GegenV aus III S 1, der nicht nur für die allg Fahrbahn, sondern auch für Sonderwege gilt (s auch 28 a). Der Linksabbieger muß auch dann, wenn für ihn kein Z 237 zu sehen ist, darauf achten, ob nicht zwischen Fahrbahn u Gehweg ein Radweg verläuft (Bay VM 79, 7).

Da Fahrräder ohne u mit Hilfsmotor, die auf der Fahrbahn, dem Seiten- **36** streifen oder einem Radweg in der **gleichen Richtung** fahren, ein VorR gegenüber dem Rechtsabbieger haben, soweit sie sich zZ des Abbiegens bereits in gefährlicher Nähe befinden, muß sich der Abbieger vor dem **Rechtsabbiegen** vergewissern, daß er keinen nahe aufgerückten Radf gefährdet. Diese Pflicht findet zwar faktisch Grenzen in den durch die technische Beschaffenheit, insb bei **Lkw**, gegebenen Rückschaumöglichkeiten. Der Lkw-Fahrer muß in solchen Fällen sich bis zum Abbiegen ständig darüber vergewissern, ob sich nicht auf dem rechts neben ihm liegenden Radwege oder Mehrzweckstreifen nach § 9 III S 1 bevorrechtigte Radf genähert haben (s Ha VRS 73, 280; Bay NJW 88, 1337); notfalls muß er sich – wie ein Wartepflichtiger – langsam u bremsbereit vortasten (Mü NZV 89, 394, Bre NZV 92, 35). Er kann nicht darauf vertrauen, daß auf dem Radweg fahrende, sich im toten Winkel befindliche Radfahrer seine Richtungszeichen beachten und nicht geradeaus weiterfahren (KG NZV 89, 122 u § 5 VIII).

b) **Schienen-Fze** auf eigenem Gleiskörper neben der allg Fahrbahn ge- **37** nießen den gleichen Vorrang wie die Benutzer der Radwege gegenüber den abbiegenden anderen Fzen. Das zu a) Ausgeführte gilt entspr. Über den Vorrang der innerhalb der Fahrbahn verlegten Straba vgl § 2 Rn 50; über das Einordnen auf Straba-Gleisen oben 19 (vgl auch § 12 IV S 5). Ist der Übergang über den Gleisbereich mit dem Andreaskreuz (Z 201) gesichert, so gilt § 19.

c) **Linienomnibusse u Fze auf Sonderfahrstreifen, Busstreifen;** **38** Kennzeichnung nur durch **Z 245** oder **250** m Zusatzschild (Streckenverbot: LG Mainz VRS 88, 181); Fahrbahnaufschrift „BUS" genügt nicht, sie dient nur der Verdeutlichung (VwV zu Z 245 Nr II 1; Bay VRS 59, 236). Die berechtigten Benutzer genießen auf Grund des S 2 Durchfahrvorrang vor dem **gleichgerichteten,** nach links oder rechts abbiegenden IndividualV; dh sie dürfen vor Links- u Rechtsabbiegern ungehindert durchfahren. Das gilt bei entspr Beschilderung auch für **Taxen** u – neuerdings – **Radf** (s Erl zu Z 245), jedoch nicht für unbefugte Benutzer (s S 3 der Erl zu Z 245 sowie Jag/Hentschel 39; Booß VM 91 S 21 gegen KG VM 91, 23; ebenso Stu DAR 95, 32; KG VM 95, 3; anders beim BegegnungsV: s oben 28 a); auf sie ist jedoch bes zu achten (KG aaO). – Taxen dürfen hier, wenn zugelassen, nur an den Bushaltestellen anhalten (§ 12 I a). Wegen der bes Licht-Z s § 37 II 4.

8. Abs 3 Satz 3: Rücksicht auf Fußgänger 39

III S 3 gewährt im **Kreuzungsbereich,** dh nicht noch in 75 m Entfernung (Ha VM 73, 96; NZV 95, 72; aA KG VM 75, 2 bei 13 m Entfer-

§ 9 StVO 40, 40 a Abbiegen, Wenden und Rückwärtsfahren

nung, zw) Fußgängern aus beiden Richtungen (Ce VRS 39, 344; Kö VRS 59, 456), auch wenn sie auf die Fahrbahn gehen ein VorR gegenüber dem abbiegenden, fließenden Verkehr incl der Straba (Mü VRS 32, 249). Außerhalb des Kreuzungsbereichs gelten die zu § 25 III entwickelten Regeln (s Greger NZV 90, 411). – Fußgängern gleichgestellt sind Benutzer der bes Fortbewegungsmittel nach § 24 – hierzu gehören auch **Inline-Skater** (Ka NZV 99, 44) u Fußgänger, die Fze schieben, nicht aber gem § 2 V S 2 auf Radwegen fahrende Kinder (s hierzu aber § 9 III S 1), bei denen allerdings auch mit verkehrswidrigem Verhalten zu rechnen ist (Bay NZV 89, 281). Das Gebot gilt auch (oder bes) an Kreuzungen ohne bes VRegelung (Kö VRS 51, 72); es bedingt, daß so langsam abgebogen wird, daß jederzeit angehalten werden kann, dh idR Schrittgeschwindigkeit (KG VRS 37, 445; Kö aaO; Bay NZV 89, 281) u möglichst hinter ihnen, zumal mit einem Zurücklaufen nicht gerechnet werden muß (KG NJW-RR 86, 1287). Die Pflicht besteht schon dann, wenn mit Fußgängern gerechnet werden muß (Bay VRS 65, 233; Kö aaO), auch wenn sie aus fahrzeugtechnischen Gründen vorübergehend noch nicht zu sehen sind (Bay NZV 89, 281). Sie gilt auch für Straßenbahn- und Linienbusführer (Ha NZV 94, 399). – Fußgänger, bes entgegenkommende, dürfen trotz ihres VorR nicht blindlings die Fahrbahn betreten (Rüth-BB 96; s aber Kö VRS 59, 456). Sie dürfen das Abbiegen nicht unnötig erschweren und müssen die Straße zügig und geradeaus überschreiten (s §§ 25, 26).

40 **9. Abknickende Vorfahrt**

Durch **Z 306** mit Zusatzschild (1002 VzKat) wird die sog abknickende Vorfahrt begründet. Sie gibt nach § 42 II (Zusatzschild zu Z 306) den Verlauf der Vorfahrtstr bekannt, gleichgültig, ob er deren natürlichem Verlauf entspricht oder ob zwei Str-Teile an einer Kreuzung entgegen ihrem natürlichen Verlauf zu einem bevorrechtigten Str-Zug zusammengefaßt werden. Wer dem abknickenden Verlauf folgt, ändert zwar seine Fahrtrichtung, biegt aber nicht iS des § 9 I ab, muß sich also auch nicht entspr einordnen (Bay 72, 67 = VRS 43, 301). Nach dem ausdrücklichen Gebot zum Zusatzschild zu Z 306 muß er aber den **Fahrtrichtungsanzeiger** wie beim Abbiegen betätigen u nach derselben Vorschrift auch auf **Fußgänger** bes Rücksicht nehmen (aA Bay 83, 64 = VRS 65, 233, das die bes Rücksichtnahmepflicht auf Str verneint, die unzweifelhaft einen einheitlichen Str-Zug darstellen; dagegen Janiszewski NStZ 83, 549). Wer aus dem Knick geradeaus weiterfährt oder aus der Verlängerung in die abknickende Vorfahrt unter Beibehaltung seiner Richtung einfährt, muß kein Richtungs-Z geben (Ha VM 74, 70; nach Bay DAR 86, 126 u Ol NZV 94, 26 darf er das nicht), wohl aber, wenn die beiden Str von der bisherigen Richtung nach Art einer Str-Gabel auseinandergehen.

40 a **Irreführender Fahrtrichtungsanzeiger:** Wer ein Richtungs-Z gibt, obwohl er die abknickende Vorfahrt geradeaus weiterfahrend verläßt oder in sie ohne Richtungsänderung einfährt, handelt uU ow (s unten 71). Auf die Richtigkeit des Blinkverhaltens bei der abknickenden Vorfahrt sollten andere VT nach bisheriger Ansicht nicht vertrauen dürfen (so Zw DAR 74, 166; Bay 74, 80 = VRS 47, 457; DAR 86, 126), weil die Zeichengebung hier lange unklar war; das hält Zw (ZfS 90, 430 unter Aufg v DAR 74, 166) mit Recht nicht mehr für vertretbar (s auch § 8 Rn 42).

Von diesen Sonderbestimmungen abgesehen ist der zusammengefaßte **41** Str-Zug eine **einheitliche Str** iS des § 9. Wer also aus einer nach rechts abknickenden Vorfahrtstr geradeaus weiterfahren will, muß dem von rechts kommenden Verkehr nach § 9 III S 1 den Vorrang einräumen; kein Vorfahrtfall (Ha VRS 51, 73). Wer der nach links abknickenden Vorfahrt folgt, ist gegenüber dem Verkehr aus der Verlängerung des bisher befahrenen Schenkels nach Z 306 vorfahrtberechtigt (Ha VRS 28, 54). Wer dem Verlauf einer nach links abknickenden Vorfahrt nicht folgt, sondern geradeaus weiterfährt, biegt nach rechts ab, muß also nach § 9 III S 1 einen der Linkskurve weiter folgenden Radf durchfahren lassen, auch wenn dieser nicht gem Zusatzschild zu Z 306 abwinkt (Bay 85, 142 = ZfS 86, 126); er hat aber im sonstigen Kreuzungsbereich die Vorfahrt gegenüber dem von rechts Kommenden (BGH(Z) VRS 40, 328); der Kreuzungsbereich wird als Einheit betrachtet, die auch durch eine den Verlauf der Vorfahrtstr kennzeichnende weiße Linie nicht unterbrochen wird (BGH(Z) VRS 65, 270).

Die Vorfahrt der VT auf den **untergeordneten Schenkeln** untereinander richtet sich nach dem Grundsatz „rechts vor links", u zwar auch **42** dann, wenn sich auf dem rechten Schenkel ein Stoppschild (Z 206), auf dem linken nur ein Z 205 befindet (BGH(Z) VRS 47, 84; KG VRS 39, 462). Bei abknickender Vorfahrt hat im Verhältnis der untergeordneten Str zueinander auch dann der von rechts Kommende die Vorfahrt, wenn in der von ihm befahrenen Str das Z 206, in der anderen dagegen nur das Z 205 aufgestellt ist. Der von links Kommende darf in diesem Falle auch nicht darauf vertrauen, daß der Vorfahrtberechtigte pflichtgemäß vor der Kreuzung anhalten u daß es deshalb gar nicht zu einem Vorfahrtfall kommen werde (Bay 78, 13 = StVE § 8 StVO 24).

Bei Kollisionen des Rechtsabbiegers mit geradeausfahrenden Radfahrern **42 a** haftet der Rechtsabbieger idR allein (Ha NZV 89, 274; Bre NZV 92, 35; Mü NZV 89, 394). Bei einem Zusammenstoß des Rechtsabbiegers, der um den Abbiegevorgang durchführen zu können, nach links ausschwenkt, mit einem rechts überholenden Fahrzeug kommt zumindest eine Haftungsteilung, wenn nicht sogar eine überwiegende Haftung des Abbiegers in Betracht (Ha NZV 91, 268; Fr VersR 90, 912). Bei einem Unfall zwischen einem nach rechts abbiegenden Kfz und einer Straßenbahn besteht idR Alleinhaftung des Abbiegenden (Ko NZV 93, 476), ebenso beim Zusammenstoß mit geradeausfahrenden Radfahrern.

10. Die durch Verkehrszeichen vorgeschriebene Fahrtrichtung 43

a) **Verkehrslenkung im allgemeinen.** Grundsätzlich steht es im Belieben des Kf, in welcher Richtung er eine Fahrbahn benutzen u ob u wo er abbiegen will. Ausnahmen: § 2 I für Str mit zwei Fahrbahnen, § 18 XI

§ 9 StVO 44–47 Abbiegen, Wenden und Rückwärtsfahren

für ABen u Kraftfahrstr. Der moderne MassenV kann aber nur bewältigt werden, wenn er weitgehend „kanalisiert" dh in gleichmäßige VStröme geleitet wird, in Städten bes durch ein System von Einbahnstr. Das Ziel des reibungslosen Ablaufs dieser VStröme läßt für individuelle Fahrwünsche einzelner oft keinen Spielraum.

44 b) **Die Z 209, 214 „Vorgeschriebene Fahrtrichtung"** enthalten ein Abbiegeverbot in die nicht freigegebene Richtung. Die Z stehen unmittelbar **vor** der Abbiegestelle (Bay bei Rüth DAR 85, 236), **Z 211** „hier rechts" bzw „hier links" hinter ihr (VwV zu Z 209– 214). Letzteres bezeichnet die Stelle, an der eine durch Z 209 angeordnete Fahrtrichtungsänderung ausgeführt werden muß, hat aber bei Fehlen der Ankündigung auch selbständigen Gebotscharakter. Z 209 verbietet nicht, abweichend von der Pfeilrichtung in ein Grundstück einzufahren (Fra VRS 46, 63). Das rechts aufgestellte Z 209 gilt jedenfalls dann für die ganze Fahrbahn, wenn eine Fahrstreifenmarkierung fehlt (Dü NZV 91, 204).

45 Mit den **Z 209–214** darf das **Z 222** nicht verwechselt werden, das nicht eine Fahrtrichtung, sondern nur die Vorbeifahrt an Fahrbahnteilern, Haltestellen- u anderen VInseln vorschreibt zum Zwecke der Leitung des Verkehrs in die richtigen Fahrbahnen, nicht die Fahrtrichtung danach (Bay DAR 78, 193). Es richtet sich an diejenigen VT, die entweder in gerader Fahrt oder als Einbieger in den Raum **hinter** dem Z gelangen wollen, nicht aber an diejenigen, die die Fahrbahn **vor** dem Z überqueren oder vor ihm einbiegen, ohne den dahinter liegenden Raum zu berühren. Da die Z 209–222 nicht den Vorrang, sondern die weitere Fahrtrichtung regeln, sind sie auch im LichtampelV zu beachten, außer wenn die Richtung durch Grünpfeile angezeigt wird (§ 37). Der Erleichterung des kanalisierten EinbahnV dienen VLenkungstafeln **Z 468.**

46 c) **Z 220 „Einbahnstraße"** verpflichtet, die Fahrbahn nur in der vorgeschriebenen Richtung zu befahren; es gilt auch für Radf auf Radwegen, soweit dort eine anderweitige Regelung fehlt (BGH NJW 82, 334; Bre VersR 97, 765; Jag/Hentschel § 8 Rn. 30; s § 2 Rn 55 u § 8 Rn 36 a: Keine Vorfahrt für Falschfahrer; s aber BGHSt 34, 127 = NJW 86, 2651; Ha NZV 97, 123; ZfS 96, 364: Verbotswidrig links fahrender Radf behält in Vorfahrtstr die Vorfahrt). Das Z muß an jeder Kreuzung u Einmündung wiederholt werden (zur Anbringung an Tankstellenausfahrten s BGH(Z) VM 85, 103; sonst uU Amtspflichtverletzung: Fra VersR 88, 914); sonst gilt es für Einbieger nicht (s Ko VRS 61, 70). Diesen kann aber auch durch ein **Z 209, 214** die Einfahrt in die verbotene Richtung verwehrt werden. Das **Z 267** verbietet die Einfahrt aus der Gegenrichtung. Es ist am Ende der Einbahnstr u an Kreuzungen u Einmündungen anzubringen (VwV zu Z 220 II 5). Es kann nur den ganzen Verkehr in der verbotenen Richtung sperren, aber nicht als Abbiegeverbot aus einer Richtung des QuerV verwendet werden (Bay 68, 117 = VRS 37, 143) oder nur die Einfahrt in einen Teil der Fahrbahn sperren (Kar VM 76, 24).

47 Für den FahrV auf der Einbahnstrecke wird deren Ende im allg nur angezeigt, wenn in der Fortsetzung derselben Str GegenV zugelassen wird;

dann **Gefahren-Z 125** „Gegenverkehr". Das **Richt-Z 353** kann ergänzend zur Verdeutlichung der Einbahnstr für deren Benutzer angebracht werden, hat aber keine rechtsbegründende Bedeutung.

Durch die, sei es auch nur vorübergehende, Umwandlung einer Durchgangs- in eine Sackstr verliert eine für diese Str angeordnete Einbahnstr-Regelung, die nunmehr eine Ausfahrt aus der Str unmöglich machen würde, ihre Wirkung. Ein zu Beginn der Str an der linken Seite aufgestelltes Halteverbots-Z verbietet in diesem Falle einem Fz-Führer, der die Str entgegen der Einbahnstr-Regelung befährt, nicht ein Halten an dem für ihn rechten Fahrbahnrand (Bay 75, 143 = VRS 50, 233 = StVE § 41 StVO 3). **48**

d) Für den **Kreisverkehr** sieht die StVO kein bes Z vor, nachdem die frühere Vorfahrt aus dem Kreis in Angleichung an das internationale R aufgehoben werden mußte. Das Linksabbiegen vor der Kreismitte kann daher nur durch Z 209–214 verboten werden (vgl VwV zu Z 209–214 IX). **49**

e) **Fahrbahnmarkierungen.** Die **Fahrstreifenbegrenzung, Z 295,** darf auch zum Abbiegen nicht überfahren werden (vgl § 2 Rn 85 ff; Ha VRS 48, 65). Nach ihrem Ende, zB wenn sie bis zur Haltlinie vor einer Kreuzung führt, beschränkt sie die Fahrtrichtung nicht. In der Kreuzung weiterführenden durchgehenden Linien muß aber der FahrV folgen (Bay 59, 153 = VM 59, 104; Ol VRS 33, 51; vgl Stu VRS 24, 227). **50**

Leitlinien u Richtungspfeile, Z 297. Die **Leitlinie, Z 340,** ist ein bloßes Richt-Z. Sie darf überfahren werden u verbietet Abbiegen oder geradeaus Weiterfahren entgegen ihrem Verlauf nicht. Pfeile nach § 41 III 5 S 1 Z 297 sind Richt-Z, die das rechtzeitige Einordnen „empfehlen" (Begr); ihre Nichtbeachtung ist nicht ow (Br DAR 93, 304). Das gilt auch, wenn von mehreren durch Leitlinien getrennten Fahrstreifen nur einer mit Richtungspfeilen versehen ist (Bay 74, 68 = VRS 37, 394). Treffen aber Leitlinien oder Fahrstreifenbegrenzungen mit Richtungspfeilen für verschiedene Richtungen zusammen, so schafft Z 297 ein **Fahrtrichtungsgebot** „auf" der Kreuzung (§ 41 III 5 S 3; Bay 83, 87 = VRS 65, 301; Dü DAR 88, 100), dessen Mißachtung ow ist (s § 49 III 4; Dü ZfS 86, 34); zur Wirkung dieser Markierung als Halteverbot nach § 41 III Nr 5 S 4 s § 12 Rn 42. Ein Überholverbot begründet diese Markierung nicht (Dü aaO). **51**

11. Abbiegen in ein Grundstück (Abs 5) **52**

a) **Allgemeines.** Die Einfahrt in ein Grundstück gehört zum „Abbiegen" iS von § 9, so daß dessen Vorschriften unmittelbar anwendbar sind; geschützt werden soll der Folge- u Gegen-V (Dü NZV 93, 198). Für die Grundstückseinfahrt kommen in erster Linie die in I–IV enthaltenen allg Regeln für das Abbiegen zur Anwendung (BGH VersR 72, 459). Lediglich Verstöße gegen die „darüber hinaus" verlangte erhöhte Sorgfaltspflicht sind nach V zu beurteilen. Insoweit verlangt V von allen Fz-Führern für den Spezialfall der bes gefährlichen Einfahrt in ein Grundstück ein solches Maß an Sorgfalt, daß die Gefährdung anderer VT auf der Str (s

§ 9 StVO 53–55 Abbiegen, Wenden und Rückwärtsfahren

Kar VRS 77, 45), nicht der bereits auf oder neben dem Grundstück Befindlichen (Dü NZV 88, 231; 93, 198; VM 93, 37 m abl St Booß) oder ihrerseits Ausfahrwilligen (Dü NZV 91, 392; Ha NZV 94, 154) ausgeschlossen ist (s dazu 55). Zum Abbiegen gehören alle der Einleitung, Vorbereitung u Durchführung dienenden Manöver bis zu seiner Beendigung (Booß VM 93, 37 S 29). Maßgeblich für § 9 ist (iG zu § 10), daß das Fz den fließenden Verkehr verläßt (Fra DAR 88, 243; aA Dü NZV 93, 360).

53 Der Begriff **„Grundstück"** umfaßt alle nicht für den öff Verkehr bestimmten, also vor allem die **privaten** Grundflächen, auch Privatwege u -straßen (vgl § 1 Rn 13ff; § 10 Rn 3). Tatsächlich oder rechtlich öff Flächen, die nicht dem fließenden Verkehr dienen (Dü NZV 88, 231; 93, 198, 360), wie Parkplätze, -Taschen u -Streifen neben der Fahrbahn oder Tankstellen, sind „Straßenteile" iS des § 10 (vgl § 1 S 2 StVZO) u damit von den „Grundstücken" deutlich unterschieden (ebenso Kar VRS 44, 229; VersR 94, 362; Kö VRS 58, 222 (s aber Kö ohne Begr VRS 89, 432; § 9 V gilt auch für Parktaschen); Dü NZV 88, 231; 93, 360; aA Ce DAR 73, 306 u KG VM 74, 47, die § 9 V beim Einfahren in einen Parkstreifen entspr anwenden wollen; s auch Dü NZV 93, 198 zur Zufahrt zum Parkdeck). In Zweifelsfällen ist die erhöhte Vorsicht nach V geboten (vgl § 1 Rn 28; Ha VM 68, 120).

54 Für das in § 10 geregelte **Einfahren** in die Fahrbahn gilt, da es nicht etwa als Spezialfall der Vorfahrt gestaltet ist, ausschließlich § 10. Ein weiterer Unterschied besteht darin, daß die Einfahrt aus einem Grundstück u die aus einem anderen Str-Teil gleich behandelt sind, während § 9 V die erhöhte Sorgfalt nur beim Abbiegen in ersteres verlangt. Diese Unterscheidung ist verkehrsgerecht; denn das Einfahren ist viel gefährlicher als das Verlassen der Fahrbahn etwa in eine Tankstelle (s dazu auch Dü NZV 93, 360 u § 10 Rn 2; Vorrang des in die Tankstelle Abbiegenden vor dem Herausfahrenden: Kar VRS 77, 45). Der fließende Verkehr muß das Abbiegen in ein Grundstück einem unter Setzen des Richtungs-Z ordnungsgemäß Eingeordneten ermöglichen; insoweit kein „Vorrang" des fließenden Verkehrs (wie oben 8).

55 b) **Die Sorgfaltspflicht.** Zum Begriff „ausgeschlossen" s § 10 Rn 7ff. Für das Abbiegen in ein Grundstück sind die dargelegten Rechtsgrundsätze über das allg Abbiegen maßgebend (vgl oben 22ff, 52). Eine erhöhte Vorsicht wird insb deshalb verlangt, weil beim Abbiegen in ein Grundstück nachfolgende VT meistens schwerer als beim Abbiegen in eine andere Str oder etwa in einen öff Parkplatz erkennen können, wo der Vorausfahrende abbiegen will (BGHSt 15, 183; s auch Dü NZV 93, 360). Dem muß durch bes sorgfältige Ausführung der og Abbiegerpflichten, insb eine rechtzeitige Anzeige (evtl durch sog „Stotterbremse"; Ha NZV 91, 268), verbunden mit einer allmählichen u deutlichen Herabsetzung der Geschwindigkeit, die je nach Sachlage auch neben dem Einordnen geboten sein kann, Rechnung getragen werden (Hbg VkBl 54, 312; Ol DAR 59, 111; Ha DAR 59, 195). Die Pflicht zur Rückschau unmittelbar vor dem Abbiegen

Wenden 55a–56b § 9 StVO

(vgl oben 22) besteht auch im innerörtl Verkehr; selbst nach deutlicher Verminderung der Geschwindigkeit u rechtzeitiger Anzeige des Abbiegens nach rechts in ein Grundstück besteht jedenfalls bei größerem Abstand zum rechten Fahrbahnrand (1,20 m) nochmals eine Rückschaupflicht (Bay NZV 91, 162). Ein **Einweiser** ist nur im Rahmen der hierfür geltenden Grundsätze (§ 1 Rn 43 ff) zuzuziehen.

Der Abbiegende trägt die Verantwortung im Falle einer Kollision nahezu allein (Dü VersR 83, 40; NZV 92, 238; Ha NZV 97, 438), wobei für sein Verschulden der Beweis des ersten Anscheins spricht (Sa NZV 92, 234). 55a

12. Wenden 56

a) **Begriff u Allgemeines.** Wenden ist die gezielte Lenkbewegung (Kö VRS 74, 139), durch die das Fz auf baulich einheitlicher Straße (Dü VRS 59, 380; Mühlhaus DAR 77, 7 f), ggf unter Mitbenutzung daneben liegender anderer Grundflächen (BGHSt 31, 71, 74), in die der bisherigen entgegengesetzte Fahrtrichtung gebracht wird, auch wenn nicht beabsichtigt ist, in dieser Richtung die Fahrt fortzusetzen (BGHSt 27, 233 = StVE § 18 StVO 9; Bay VRS 67, 142); dh Richtungsänderung um 180° (KG VM 75, 106), wobei unbeabsichtigtes Schleudern nicht genügt (s aber Stu VM 76, 113). Im Unterschied zum Abbiegen verläßt das Fz beim Wenden nicht die bisherige Fahrbahn (BGHSt 31, 71, 74).

Auf Str, die zwei durch einen Mittelstreifen, zB einen Straßenbahnkörper, getrennte Fahrbahnen aufweisen, wird „gewendet", wenn der Mittelstreifen so schmal ist, daß er in einem Bogen umfahren werden kann (s KG VM 81, 67; 93, 34). Dagegen liegt **zweimaliges Abbiegen** vor, wenn zwischen den beiden Fahrbahnen ein Stück geradeaus gefahren werden muß, bes wenn sie durch eine Grünanlage oder sonstige, nicht dem Verkehr auf der Str dienende Fläche getrennt sind (BGHSt 31, 71; KG VM 75, 57; Dü VM 74, 82; Kar VRS 60, 143 = StVE 43; Ha NZV 97, 438). Wird zum Wenden eine Seitenstr, eine Grünfläche außerhalb der Str, ein Parkplatz (Bay 81, 178 = VRS 62, 143) oder eine Grundstückseinfahrt (Ko DAR 86, 155) benutzt, so bleibt der Vorgang ein „Wenden", wenn die Fz die bisherige Str – iG zum Abbiegen – nicht ganz verläßt (BGHSt 31, 71). 56a

Kein Wenden liegt vor, wenn der Fz-Führer zunächst nur anhält, um das Wendemanöver nach Abfluß des GegenV durchzuführen (Bay VRS 92, 37), wenn er die Kraftfahrstr nur überquert (Bay NZV 96, 208 Ls) oder sie verläßt, indem er nach links in einen Seitenweg abbiegt (s Bay NZV 96, 161) oder vor Erreichen der durchgehenden Hauptfahrbahn der AB nach links in eine parallel zur AB verlaufende Verbindungsstr zwischen Ein- u Ausfahrt einbiegt, diese 200 m entgegen der Fahrtrichtung befährt u dann wieder scharf links in die AB-Ausfahrt abbiegt (Bay VRS 61, 146; aA Ce VM 80, 102; vgl auch Dü VRS 59, 380), sondern zweimaliges Linksabbiegen (BGHSt 31, 71). – Fährt aber der Kf nach völligem Verlassen der Str in sie aus dem seitlichen Raum neu ein, so gelten beim Einfahren aus einer 56b

§ 9 StVO 57–60   Abbiegen, Wenden und Rückwärtsfahren

Seitenstr die Vorfahrtregeln, bei Einfahrt aus einem Grundstück § 10 (BGH VRS 22, 131; Dü VRS 50, 232).

57   Der Tatbestand „Wenden" ist mit der Ausführung des Bogens vollendet, aber erst mit der völligen Einordnung in den Verkehr der Gegenrichtung **beendet** (vgl **E** 48 ff, § 8 Rn 7). Da er nicht die Absicht erfordert, in dieser weiterzufahren (s obige Def), kann das Wenden auch durch Anhalten auf der anderen Str-Seite beendet werden.

58   **Das Wenden** setzt sich aus einem oder mehreren Abbiegevorgängen zusammen, für die die Regeln des § 9 I–IV unmittelbar anwendbar sind (Hbg VRS 61, 461). Es gehört zu den gefährlichen Bewegungen, bei welchen der GGeber deshalb die Wendung „Gefährdung ausgeschlossen" gebraucht (vgl hierzu § 10 Rn 7); zur etwa erforderlichen Einweisehilfe s § 1 Rn 43 f. § 9 V verbietet nur jede **Gefährdung** anderer, während diese eine bloße Behinderung, wie Verminderung der Geschwindigkeit oder kurzes Anhalten, nach § 1 II in Kauf nehmen müssen. – Die bes Sorgfaltspflicht aus § 9 V wird von der nach § 10 überlagert, dh der im fließenden Verkehr Wendende muß nicht ein Anfahren anderer vom Fahrbahnrand einkalkulieren (KG VM 84, 52 Ls).

59   Bei einer Kollision des wendenden mit einem im fließenden Verkehr befindlichen Kfz spricht der Beweis des **ersten Anscheins** für ein Verschulden des Wendenden (BGH DAR 85, 316; KG NZV 02, 230). Der Anscheinsbeweis wird erschüttert durch den Nachweis, daß das im fließenden Verkehr sich befindliche Fzg mit deutlich überhöhter Geschwindigkeit gefahren ist (BGH aaO; KG aaO) oder daß das nachfolgende Fzg nur mit Standlicht fuhr (KG VM 85, 67). IdR trifft den **Wendenden die alleinige Haftung** (Kö VersR 79, 41; 01, 1169; Hentschel Rn 50). Mithaftung aber, wenn der Wendende nachweist, er habe zum Kollisionszeitpunkt gestanden und der andere Fahrer hätte das stehende Fzg des Wendenden rechtzeitig erkennen können (Geigel-Haag Kap 27 Rn 304) oder bei Geschwindigkeitsüberschreitungen des bevorrechtigten Verkehrs (vgl. Ce ZfS 01, 304).

60   b) **Zulässigkeit.** Das Wenden ist nach § 18 VII auf der **AB** u **Kraftfahrstr verboten** (s dazu § 18 Rn 19, 20) u nach § 315 c I 2 f StGB unter den dort bezeichneten Voraussetzungen als Verkehrsgefährdung strafbar (nicht aber nach „Geisterfahrt": Kar VRS 65, 470: § 16 OWiG). Auf anderen Str ist es im allg erlaubt. Bei **Dunkelheit** darf ein schwerfälliges Fz (großer Lkw, Lastzug) nur wenden, wenn der fließende Verkehr rechtzeitig u ausreichend gewarnt wird, etwa durch Warnposten u deutliche Leuchtsignale in beiden Richtungen. Ist dies nicht möglich, so muß bis zu einer günstigeren Stelle weitergefahren werden (BGHSt 16, 89, 92; BGH VRS 27, 117; Schl VM 63, 137). **Personenkraftwagen** dürfen bei **Nacht** auf Str mit **SchnellV** nur wenden, wenn der Wendevorgang vor dem Herannahen eines anderen Fz beendet werden kann. Das ist meistens nur dann gewährleistet, wenn in einem Zug (ohne ein- oder mehrmaliges Zurückstoßen) gewendet werden kann (Ha VRS 24, 230; Bay v 6. 7. 66 – 1 a St 11/65 – S 8). Bei **Nebel** ist das Wenden nicht schlechthin verboten (Bay v 23. 12. 64 – 1 b St 551/64), aber bes vorsichtig durchzuführen. An

Wenden   61–64   § 9 StVO

unübersichtlichen Stellen, insb in Kurven oder vor Bergkuppen, ist es unzulässig. Im **innerörtl Verkehr** ist das Wenden – auch mit Zurückstoßen – bei mittlerer VDichte erlaubt, aber im MassenV darf ein Wendender den VFluß nicht aufhalten, sondern muß auf andere Weise, wie Umfahren eines Häuserblocks, die Gegenrichtung gewinnen (Ha VRS 24, 230; KG VM 73, 21); der Verkehr darf nicht blockiert werden (Dü VRS 64, 10; Kö VRS 89, 99).

Auf Str mit **zwei** baulich getrennten **Fahrbahnen** darf an den Unterbrechungen des Mittelstreifens gewendet werden, wenn das Abbiegen in die Gegenfahrbahn nicht durch VZeichen (209–214, 250, 267, 295) verboten ist. Wer sich auf einer nach Z 297 markierten Strecke in der Linksabbiegerspur eingeordnet hat, darf von dort aus auch wenden, nicht aber der in der gerade weiterführenden Spur Eingeordnete (ebenso Bouska VD 74, 155; Mühlhaus DAR 77, 7; aA Booß DAR 75, 38). Entspr gilt für die Linkspfeile in LZAn u Z 209–214.   **61**

c) **Ausführung.** Das Wenden kann auf verschiedene Arten durchgeführt werden, von denen keine allg verboten, aber immer die nach der VLage gefahrloseste zu wählen ist: **62**

aa) Durch einen **Linksbogen,** der je nach der Fahrbahnbreite vom rechten Fahrbahnrand oder nach Einordnen zur Fahrbahnmitte durchgeführt wird. Ist die Fahrbahn so breit, daß der Vorgang von der Fahrbahnmitte aus in einem Zug durchgeführt werden kann – zB auf breiten städtischen Str, bes solchen mit zwei Fahrbahnen, die durch einen Mittelstreifen getrennt sind –, so ist das Wenden nach **Linkseinordnen** zur Fahrbahnmitte, bzw zum linken Fahrbahnrand am gefahrlosesten u daher geboten. Beim Wenden um einen breiten Mittelstreifen oder eine VInsel ist ein enger Bogen verkehrsgerecht u dem Umfahren des Kreuzungsmittelpunkts vorzuziehen. Muß das Wenden wegen der geringen Straßenbreite vom **rechten Fahrbahnrand** aus eingeleitet werden, darf der Fz-Führer den fließenden Verkehr in beiden Richtungen nicht gefährden. Er muß notfalls anhalten u eine VLücke abwarten, die zur Überquerung der Fahrbahn in einem Zuge ausreicht.

bb) Durch **Benutzung** einer **Grundstücksausfahrt** oder eines **einmündenden Weges** (Seitenstr). Dabei ist nach Möglichkeit in einen **rechts** liegenden verkehrsruhigen Raum zurückzustoßen u in die verkehrsreichere Str vorwärts einzubiegen. Wird hierbei die Fahrbahn – wenn auch nur kurz – gänzlich verlassen u dann wieder befahren, liegt kein Wenden, sondern Ein- u Ausfahren in/aus einem Grundstück (§ 10) vor (s hierzu auch Ko StVE 69). – Benutzt der Wendende freie Parktaschen u stößt ein die Fahrbahn benutzender Pkw gegen den in die Fahrbahn hinausragenden Teil des Wendenden, so haftet dieser nach Ansicht von Kö (VRS 57, 7 = StVE 33) allein (vgl dazu Bay VRS 58, 396 u KG VM 78, 98; 74, 25).   **63**

cc) Durch kurze **Vorwärts-** u **Rückwärtsbewegungen** auf der Fahrbahn. Diese Art des Wendens hat eine bes lange Versperrung der Fahrbahn   **64** für den fließenden Verkehr zur Folge u ist bei starkem Verkehr zu vermeiden.

65 d) Beim Wenden in einem Linksbogen u bei der Einfahrt vorwärts in ein Grundstück (Seitenstr) ist der **Fahrtrichtungsanzeiger** zu betätigen (§ 9 I S 1), beim Rückwärtsfahren aber nur, wenn ein Bogen ausgefahren werden soll (s auch 63).

66 e) Der **nachfolgende Verkehr** muß das Wenden ermöglichen, insb das Richtungs-Z des Wendenden beachten (Bay 60, 151 = VRS 19, 309). Zur **Vorfahrt** des auf einer Vorfahrtstr Wendenden s § 8 Rn 11.

67 **13. Rückwärtsfahren**

a) **Allgemeines, Zulässigkeit.** Rückwärtsfahren ist gewolltes Fahren im Rückwärtsgang nach hinten, nicht Vorwärtsfahren in verbotener Richtung (Stu NJW 76, 2223; Ce VM 83, 105; Kö VRS 74, 139; Dü ZfS 91, 394). Unabsichtliches Zurückrollen fällt unter § 1 II (Stu VRS 45, 125; Dü NZV 00, 303). – Da das Rückwärtsfahren unter ganz anderen technischen Voraussetzungen als das normale Richtungsfahren geschieht, sind die allg Fahrregeln nicht ohne weiteres anwendbar (Ha VRS 10, 67). So steht zwar die Vorfahrt an einer Kreuzung nach § 8 auch dem Rückwärtsfahrenden zu (s § 8 Rn 14). Er darf sie aber nur mit bes Vorsicht ausüben (BGH(Z) VRS 14, 346; BGHSt 13, 368). Das Rückwärtsfahren ist auf das unbedingt Notwendige zu beschränken. Wo gewendet werden kann, darf nicht über eine längere Strecke zurückgestoßen werden. Grundsätzlich muß auf der rechten Fahrbahnseite iS der Vorwärtsfahrt, u zwar möglichst nahe am rechten Fahrbahnrand zurückgestoßen werden (Bay 66, 68 = VRS 31, 374). Ein Herüberwechseln auf die iS der Rückwärtsfahrt rechte Seite ist nur aus bes Gründen gerechtfertigt, etwa um in einer Einbahnstr in eine Parklücke auf der linken Fahrbahnseite zu gelangen. Das Rückwärtsfahren ist kein Richtungsfahren iS der für den fließenden EinbahnV durch Z 220 vorgeschriebenen Fahrtrichtung, sondern eine Behelfsmaßnahme, die sich immer entgegen der Richtung des fließenden Verkehrs vollzieht, meistens ganz rechts; es ist daher auf Einbahnstr ebenso zulässig wie auf Str mit Verkehr in beiden Richtungen (ebenso Cramer 22 zu § 9; Ha StVE 23; aA Kar VRS 54, 150).

68 Nähert sich von hinten ein anderes Fz, so hat der Zurückstoßende anzuhalten, um den in Richtung der Rückwärtsfahrt Entgegenkommenden, der das Rückwärtsfahren möglicherweise erst spät erkennt, nicht zu gefährden.

69 b) **Sorgfaltspflicht.** Zur Wendung „Gefährdung ausgeschlossen" s § 10 Rn 7. Der Kf muß vor Beginn der Rückwärtsfahrt sich vergewissern, daß der Raum hinter dem Fz frei ist, u zwar auch in den Bereichen, die er im Rückspiegel nicht übersehen kann (Nü NZV 91, 67; Ol NZV 01, 377). Auf eine Sichtbehinderung durch Fahrzeugteile (Kopfstützen) kann er sich nicht berufen (Ha NZV 98, 372). Während des Zurückstoßens hat er sorgfältig darauf zu achten, daß kein anderer von der Seite oder von hinten

in den Gefahrenraum gelangt; er muß so langsam fahren, daß er erforderlichenfalls sofort anhalten kann (Kö NZV 94, 321; Ka NZV 88, 185). Wegen der bes Sorgfaltspflicht spricht gegen den Rückwärtsfahrer der **Beweis des ersten Anscheins** (LG Hagen ZfS 92, 44; KG VM 88, 30). Dagegen kann von ihm nicht verlangt werden, daß er gleichzeitig den weiteren Umkreis beobachtet (Bay 76, 122 = VRS 52, 297). Die Sorgfaltspflichten des Rückwärtsfahrenden gelten auch außerhalb des öffentl Verkehrsraums (Ha VersR 81, 842; Geigel-Haag Kap 27 Rn 306).

Ist dem Fahrer die volle Sicht verwehrt (Lkw, Lastzug!), so muß er sich einer **Hilfsperson** bedienen, die hinter dem zurückstoßenden Fz gefährdete VT warnt u mit dem Fz-Führer Verbindung durch Zeichen u Rufe aufrechterhält (BGH VRS 9, 406; 29, 275; 31, 440; s auch § 1 Rn 43; zur Sorgfaltspflicht gegenüber dem Einweiser s Ko VRS 58, 256 = StVE 37), so auch beim Rückwärtsfahren in eine Vorfahrtstr (KG VRS 69, 457 = StVE 66) oder über eine längere Strecke (Kar VRS 76, 333). In einem solchen Fall trägt die Hilfsperson die strafrechtliche Verantwortung für die Einweisung. Der Kfz-Führer wird aber von seiner eigenen Verantwortung nur entbunden, soweit er selbst wegen des „toten Winkels" keine Beobachtungsmöglichkeit hat u die Hilfsperson nach ihren persönlichen Fähigkeiten ihrer Aufgabe gewachsen ist u deren wenigstens angenommen werden darf (Dü VM 62, 12). Bes Sorgfalt verlangt das Zurückstoßen aus einem Grundstück (Ko VRS 67, 284 = StVE 61), aus einer Parklücke (Dü VM 66, 88; VRS 61, 455; KG VM 78, 98; VRS 66, 152 = StVE 59; Fra VM 79, 102), das Zurücksetzen eines Traktors in eine Hofeinfahrt bei Dunkelheit (Kö VRS 59, 372) u eines Lkw ohne ausreichende Sicht (Kar aaO). – Fehlt die nötige Hilfsperson, muß notfalls gewartet werden (Dü VRS 87, 47). – AB: § 18 VII, Rn 21 zu § 18.

14. Zuwiderhandlungen

Verstöße sind OWen nach § 49 I 9 iVm § 24 StVG; zu § 9 I S 1 (Richtungsanzeige) s Nr 17 VwKat, zu I–IV s Nr 22–26 VwKat, zu V s Nr 27 VwKat, zu III S 1 u 3 s Nr 13, 14 BKat. Die OW nach I S 1 (Unterlassen der Richtungsanzeige) wird erst durch die Richtungsänderung begründet (Bay DAR 58, 27). Auch das nicht rechtzeitige u nicht deutliche Ankündigen ist ebenso uw oder das uw irreführende. Das gilt auch für die abknickende Vorfahrt: Wer ein Richtungs-Z gibt, obwohl er die abknickende Vorfahrtstr geradeaus weiterfahrend verläßt (Hbg VRS 28, 196) oder in sie ohne Richtungsanzeige einfährt, verstößt nicht gegen § 42 II oder § 9 I S 1, sondern gegen § 1 II, wenn er dadurch einen anderen konkret behindert oder gefährdet (Ha VM 74, 70; aA KG VRS 63, 380: § 9 gehe vor, bei Schädigung dagegen TE). Bleiben Behinderung u Gefährdung anderer aus, liegt nur ein Verstoß gegen § 9 vor; bei der abknickenden Vorfahrt geht der Verstoß gegen § 42 II Z 306 iVm § 49 III 5 als Spezialvorschrift dem Verstoß gegen § 9 vor. Bei bloßen Formverstößen (zB unterlassene folgenlose Richtungsanzeige) Opportunitätsprinzip beachten.

§ 9a StVO

72 Als OWen kommen ferner in Betracht: Falsches Linksabbiegen als Radf (s oben 25 u § 49 I 9 iVm § 9 II S 5), falsches oder unterlassenes Einordnen, es sei denn, daß dies nicht möglich war (s oben 17); Nichtbeachtung des Vorrangs nach III oder IV. Bei bloßer Behinderung im Falle der Vorrangverletzung nach III u IV geht § 9 dem § 1 II vor, da die Behinderung zum TB des § 9 III u IV gehört; die Art der Behinderung ist im Urt konkret zu beschreiben (zB Standort des Fußgängers, Abstand des Abbiegenden zu ihm: Ha ZfS 96, 276). – Im Falle der Gefährdung bzw Schädigung infolge eines Fehlverhaltens nach § 9 III oder IV dürfte wegen des weitergehenden, von § 9 nicht umfaßten Erfolges TE mit § 1 II vorliegen (vgl Hbg VRS 34, 145; nach Hentschel 54 TE nur im Falle der Schädigung, so auch KG VRS 63, 380). Verstoß gegen § 9 V ist konkretes Gefährdungsdelikt; OW also nur bei konkreter Gefährdung (nicht bloßer Behinderung) eines anderen (Hbg VM 66, 72) VT (Einschränkung gegenüber § 1 II, der aber bei vermeidbarer Behinderung auch hier selbständig gilt); bei Schädigung besteht TE mit § 1 II (s § 1 Rn 85; KG aaO).

73 Wer sich auf einer Fahrbahn mit GegenV auf der linken Fahrbahnseite einordnet, verstößt nicht gegen das Einordnungsgebot des § 9, sondern gegen das Rechtsfahrgebot (Bay bei Rüth DAR 79, 230).

74 **Straftat** nach § 315 c I 2 f StGB kann beim Wenden u Rückwärtsfahren auf ABen u Kraftfahrstr vorliegen (s dazu unten § 315 c StGB). – Verletzung der Vor-rangrechte aus § 9 III. Verletzung der Vorrangrechte aus § 9 III, IV können den TB des § 315 c I, II a nicht erfüllen (KG VRS 84, 444; Dü NZV 89, 317; anders 15. Aufl.).

75 Zur Verantwortlichkeit des **Einweisers** s oben 70.

76 **15. Literatur:**

   Kullik „Regelung der Vorfahrt u des BegegnungsV an Verkehrsknoten mit Abbiegestreifen" DAR 85, 334; **Mühlhaus** „Das Wenden" DAR 77, 7; „Sorgfaltsgrad ‚Gefährdung anderer ausgeschlossen' " DAR 75, 233; „Linkseinbiegen auf trichterförmig erweiterten Einmündungen" DAR 73, 281.

§ 9a Kreisverkehr

(1) **Ist an der Einmündung in einen Kreisverkehr Zeichen 215 (Kreisverkehr) unter Zeichen 205 (Vorfahrt gewähren!) angeordnet, hat der Verkehr auf der Kreisfahrbahn Vorfahrt. Bei der Einfahrt in einen solchen Kreisverkehr ist die Benutzung des Fahrtrichtungsanzeigers unzulässig. Innerhalb des Kreisverkehrs ist das Halten auf der Fahrbahn verboten.**

(2) **Die Mittelinsel des Kreisverkehrs darf nicht überfahren werden. Ausgenommen davon sind Fahrzeuge, denen wegen ihrer Abmessungen das Befahren das Kreisverkehrs sonst nicht möglich wäre. Mit ihnen darf die Mittelinsel überfahren werden, wenn eine Gefährdung anderer Verkehrsteilnehmer ausgeschlossen ist.**

Besondere Vorschriften   1–4 **§ 9a StVO**

VwV – StVO

Zu § 9a Kreisverkehr

I. Die Zeichen 205 und 215 sind an allen einmündenden Straßen anzuordnen (vgl. zu Zeichen 215).

II. Der Fahrradverkehr ist entweder wie der Kraftfahrzeugverkehr auf der Kreisfahrbahn zu führen oder auf einem baulich angelegten Radweg (Zeichen 237, 240, 241). Ist dieser baulich angelegte Radweg eng an der Kreisfahrbahn geführt (Absatzmaß max. 4–5 m), so sind in den Zufahrten die Zeichen 215 (Kreisverkehr) und 205 (Vorfahrt gewähren!) vor der Radfahrerfurt anzuordnen. Ist der baulich angelegte Radweg von der Kreisfahrbahn abgesetzt oder liegt der Kreisverkehr außerhalb bebauter Gebiete, so ist in der Regel für den Radverkehr Zeichen 205 anzuordnen.

III. Zur Anordnung von Fußgängerüberwegen auf den Zufahrten vgl. R-FGÜ.

IV. Ein Kreisverkehr darf nur angeordnet werden, wenn die Mittelinsel von der Kreisfahrbahn baulich abgegrenzt ist. Dies gilt auch, wenn die Insel wegen des geringen Durchmessers des Kreisverkehrs von großen Fahrzeugen überfahren werden muss.

V. Zeichen 295 als innere Fahrbahnbegrenzung ist in Form eines Breitstrichs auszuführen (vgl. RMS).

VI. Außerhalb geschlossener Ortschaften ist der Kreisverkehr mit Vorwegweiser (Zeichen 438) anzukündigen.

1. Allgemeines

Die Regelung wurde durch VO v. 11. 12. 00 (BGBl I S 1690) eingeführt. Kreisverkehr im Sinne von § 9a ist nur eine Verkehrsanlage, bei der an allen Einmündungen von Fahrbahnen in eine Kreisfahrbahn das **Z 215** angeordnet ist und steht. Liegt keine solche Kennzeichnung vor, gilt § 9a nicht, sondern maßgebend sind die allgemeinen StVO-Vorschriften (insbes. über Vorfahrt, Abbiegen, Benutzung der Fahrtrichtungsanzeiger).

2. Besondere Vorschriften

Das **Z 215** hat an sich keine vorfahrtregelnde Bedeutung. Da aber bei dem nach § 9a gekennzeichneten Kreisverkehr stets der Verkehr auf der Kreisbahn Vorfahrt hat, muß an jeder Einmündung zusätzl das **Z 205** („Vorfahrt gewähren") angebracht sein.

Abweichend von § 42 I u II StVO ist im Kreisverkehr allerdings eine Positivbeschilderung der Vorfahrt nicht erforderlich und im Interesse der Rechtsklarheit auch nicht zulässig, da sich die Vorfahrt im Kreisverkehr unmittelbar aus der Lex Specialis des § 9a I 1 ergibt.

Desgleichen schreibt § 9a I 2 als Lex Specialis vor, daß – abweichend von § 9 I 1 StVO – bei Einfahrt in den Kreisverkehr die Fahrtrichtungsanzeiger nicht benutzt werden dürfen.

Jagow

§ 10 StVO 1   Einfahren und Anfahren

5   Innerhalb des Kreisverkehrs besteht nach § 9 a I 3 ein (absolutes) Halteverbot auf der Fahrbahn. Der Anordnung von **Z 283** bedarf es insoweit nicht.

6   Die Mittelinsel das Kreisverkehrs darf nicht überfahren werden, ausgenommen durch Fz, denen wegen ihrer Abmessungen das Befahren des Kreisverkehrs sonst nicht möglich wäre, § 9 a II.

7   **3.** Wird der **Kreisverkehr verlassen,** so ist dies eine Änderung der Fahrtrichtung, die nach § 9 I 1 StVO „rechtzeitig und deutlich" unter Benutzung der Fahrtrichtungsanzeiger anzukündigen ist.

Auch § 9 I 2 StVO über das Einordnen beim Rechtsabbiegen und alle sonstigen beim Rechtsabbiegen allgemein geltenden Bestimmungen sind zu beachten.

8   **4. Literatur:**

Bouska, NZV 01, 27.

§ 10 Einfahren und Anfahren

Wer aus einem Grundstück, aus einem Fußgängerbereich (Zeichen 242 und 243), aus einem verkehrsberuhigten Bereich (Zeichen 325/ 326) auf die Straße oder von anderen Straßenteilen oder über einen abgesenkten Bordstein hinweg auf die Fahrbahn einfahren oder vom Fahrbahnrand anfahren will, hat sich dabei so zu verhalten, daß eine Gefährdung anderer Verkehrsteilnehmer ausgeschlossen ist; erforderlichenfalls hat er sich einweisen zu lassen. Er hat seine Absicht rechtzeitig und deutlich anzukündigen; dabei sind die Fahrtrichtungsanzeiger zu benutzen. Dort, wo eine Klarstellung notwendig ist, kann Zeichen 205 stehen.

Inhaltsübersicht

	Rn
1. Allgemeines	1
2. Der Vorrang des fließenden Verkehrs	2
a) Inhalt	2
b) Grundstück u andere Straßenteile	3
c) Sicherungspflicht des Grundeigentümers	6
3. Die Sorgfaltspflicht beim Einfahren	7
a) Im allgemeinen	7
b) Zuziehung eines Einweisers	11
4. Anfahren	12
5. Satz 2: Ankündigung des An- u Einfahrens	16
6. Zuwiderhandlungen	17

1   **1. Allgemeines**

Die Vorschrift gilt für Fze aller Art, also zB auch für Radf (Begr) u MüllFze (Dü VM 78, 69). S 3 ist durch 24. VO zur Änd v VVorschr eingef (s dazu § 8 Rn 54). Das sachlich nicht hierher gehörende Abbiegen in ein Grundstück wird als Spezialfall des Abbiegens in § 9 V behandelt. Die Pflichten des ruhenden Verkehrs werden ergänzt durch § 14 I.

2. Vorrang des fließenden Verkehrs

a) **Inhalt.** Der **Vorrang** des fließenden **Verkehrs** – nicht auch des mitruhenden Verkehrs auf Parkplätzen (KG VM 78, 98) – steht in den Fällen des § 10 S 1 den Benutzern der gesamten (Ce VRS 80, 92) öff Fahrbahn sowohl gegenüber dem FahrV aus Privatgrundstücken (s Kar VRS 77, 45) u anderen Teilen des öff VRaumes als auch gegenüber dem ruhenden Verkehr auf der Fahrbahn selbst zu; auch der FußgängerV auf öff Str u der einen Radweg (auch in verkehrter Richtung) benutzende Radf (KG VM 93, 69) haben Vorrang vor der Ausfahrt aus Privatgrundstücken (s aber Ha NZV 95, 72 bzgl Fußgänger). Die Vorfahrt steht auch dem Benutzer der Str zu, der aus einer Seitenstr erst in die Str, an der die Ausfahrt liegt, einbiegt, selbst, wenn die Seitenstr wartepflichtig ist (Bay 69, 60 = VM 69, 96). § 10 S 1 stellt als Spezialregelung klar, daß an den betr Ein- bzw Ausfahrten nicht etwa die Vorfahrtregeln (§ 8) gelten (anders noch BGH VRS 72, 259 zum früheren R). Im Verhältnis zwischen mehreren gleichzeitig aus Grundstücken Einfahrenden gilt § 1, nicht § 10 (Ha VRS 45, 461). Unter den Schutzbereich des § 10 fällt derjenige nicht, der eine Straße entgegen der zugelassenen Fahrtrichtung benutzt (Ol NZV 92, 487).

b) Unter **Grundstück** versteht die StVO nur eine private Grundfläche, auf der kein öff Verkehr zugelassen ist (vgl § 9 Rn 53 u E 22). Der begrifflichen Einengung kommt aber keine praktische Bedeutung mehr zu, weil die Vorschrift unmittelbar auch für die dem öff Verkehr dienenden Grundflächen gilt, von denen aus der Fz-Führer in die allg Fahrbahn einfährt (s hierzu auch 13 ff zu § 1; Dü NZV 93, 198 zur Zufahrt zu einem Parkdeck). Für die Einordnung als Grundstücksausfahrt oder als öff Weg ist vor allem das äußerlich erkennbare **Gesamtbild** maßgebend (BGH VersR 77, 58; 87, 306; Kö VRS 85, 15; 86, 331; s auch § 8 Rn 47, 49, 51), wie es sich aus Ausbau u VBedeutung ergibt (BGH StVE § 8 StVO 81 = VRS 73, 437); bei Zweifeln ist Verständigung nötig (Kö aaO).

Andere Straßenteile sind in erster Linie die zwar für den rechtlich oder tatsächlich öff, aber nicht für den fließenden DurchgangsV bestimmten Flächen, wie zB Parkflächen auf Plätzen, öff Parkplätze (Ha VersR 85, 1095), Taxistandplatz (LG Kö VersR 89, 1161), Gehwege, Seitenstreifen (Kö VersR 86, 666), Tankstellen oder eine nur zur Anschließung einiger Grundstücke bestimmte Zufahrt (Bay 83, 80 = VRS 65, 223). Auch hier kommt es für die Einordnung entscheidend auf die äußeren, jedem erkennbaren Merkmale an (wie zB Anlage der Gehwege, Bordsteineinfassung oder andersartige Oberflächenbeschaffenheit pp: Bay aaO; KG VM 83, 62; Ha VersR 85, 1052 [Ls], 1095 [Ls]); Sonderfahrstreifen für Busse u Taxen (Z 245) sind keine „anderen Straßenteile"; bei deren Verlassen gilt § 7 IV u V (LG Fra DAR 93, 393). Für die Einfahrt – auch aus einer zB

§ 10 StVO 5–7 Einfahren und Anfahren

nach § 8 I S 1 bevorrechtigten Str – über einen **abgesenkten Bordstein** (Def s § 12 Rn 54; Kö DAR 97, 79; 99, 314), gilt stets § 10 S 1 (Zw VRS 82, 51). Zu den von anderen Straßenteilen einfahrenden VTn gehören nach der amtl Begr auch **Radf,** die von Radwegen oder Seitenstreifen auf die Fahrbahn **einbiegen;** aber nicht, wenn sie bei Unterbrechung oder am Ende des Radweges geradeaus weiterfahren (vgl § 9 III S 1; Dü VM 65, 150; BGH(Z) VRS 35, 4).

5   „Verkehrsberuhigte Bereiche" sind nur (Bay NZV 89, 121) die durch **Z 325/326** gekennzeichneten Bereiche, die sowohl in Wohngebieten als auch in solchen mit gemischter baulicher Nutzung u in zentralen Einkaufsbereichen eingerichtet sein können (Begr). Dabei handelt es sich – wie schon ihre gesonderte Erwähnung zeigt – weder um „Grundstücke" noch um „andere Straßenteile" iS von § 10, sondern um eigenständige VBereiche, in denen die bes VRegeln des § 42 IV a **(Z 325/326)** gelten; andererseits ist ihr Verlassen u damit das Einfahren in eine außerhalb des bes Bereichs liegende Str den bes Regeln des § 10 unterstellt, sofern keine andere Regelung getroffen ist (BGH(Z) VRS 75, 406; LG Kar NZV 92, 241) oder das Ende durch Z 326 weit vor der Einmündung (zB 30 m) angezeigt wird (Ha StVE 22 zu § 10), dann gelten von da an die allg Vorschriften, da der verkehrsberuhigte Bereich am Z 326 endet u die weitere Str-Führung mit ihm nichts mehr zu tun hat (aA LG Gießen NZV 96, 456, wenn das Z 326 17 m von der Einmündung entfernt ist; nach Hentschel 6 a zu § 10 auch, wenn Z 326 an der Baufluchtlinie steht; s dazu auch Verf NStZ 97, 270). Dem ist die Einfahrt aus einem durch die **Z 242** u **243** gekennzeichneten **Fußgängerbereich** gleichgestellt.

6   c) **Sicherungspflicht.** Zur Pflicht des Eigentümers oder Benutzers eines Grundstücks, den Verkehr gegen bes Gefahren, die von seiner Grundstücksausfahrt ausgehen, zu sichern s BGH(Z) VRS 29, 427. Schilder mit der Überschrift „Einfahrt freihalten" oder dergl, die an der Tür der Einfahrt angebracht sind, sind zulässig, aber nicht private VZeichen oder mit ihnen verwechselbare Z (§ 33 II; Rn 6 zu § 33). Wo bes Umstände dies aus Gründen der Vsicherheit dringend erfordern (Begr), kann ausnahmsweise Z 205 zur Klarstellung der allg Verhaltensregel des S 1 angebracht sein (**S 3,** eingef. durch 24. AndVO). Da dadurch wegen des Vorrangs der VZ-Regelung (§ 39 II) der Gefährdungsausschluß nach S 1 abgeschwächt wird, soll hiervon nur zurückhaltend Gebrauch gemacht werden (Begr).

7   **3. Die Sorgfaltspflicht beim Einfahren**

a) **Im allgemeinen.** Die Wendung, daß die Gefährdung eines anderen **„ausgeschlossen"** ist, ist nicht wörtlich – iS einer reinen Erfolgshaftung für eine Gefährdung – zu verstehen. Sie bedeutet vielmehr, daß dem Fz-Führer zwar das Äußerste an Sorgfalt, insb gegenüber dem fließenden Verkehr, auferlegt wird (BGHSt 11, 285; Bay 71, 225 = VRS 42, 383), doch wird nichts Unmögliches, keine absolute Unvermeidbarkeit eines Unfalls, verlangt (Dü NZV 93, 198); der anzulegende Maßstab muß menschlichem Vermögen u

Die Sorgfaltspflicht beim Einfahren 8–10 **§ 10 StVO**

den Erfordernissen des StraßenV angepaßt sein (BGH(Z) VRS 69, 353). Ein Unfall kann nicht als Beweis dafür gelten, daß die äußerste Sorgfaltspflicht nicht gewahrt wurde (Schl VRS 60, 306; Ha VRS 80, 261).

Kommt es im unmittelbaren zeitlichen und räumlichen Zusammenhang 8 mit dem Ein- und Ausfahren zu einer Kollision mit dem fließenden Verkehr, so spricht der Beweis des **ersten Anscheins** für ein Verschulden des Ein- bzw. Ausfahrenden (Ha VersR 79, 266; Mü NZV 90, 394; Sa ZfS 92, 333; Fra VersR 99, 20). Da von ihm ein Höchstmaß an Sorgfalt gefordert wird, tritt die **Betriebsgefahr** des sich im fließenden Verkehr befindlichen Fzg regelmäßig zurück (Mü NJW-RR 94, 1442; KG VersR 75, 664; Dar 01, 34; Greger § 17 Rn 114; anders Schl VersR 79, 362; Fra VersR 99, 864). Er muß auch mit Verkehrsverstößen des fließenden Verkehrs in einem gewissen Maße rechnen wie Geschwindigkeitsüberschreitungen (Fra NZV 94, 280; Ce NZV 91, 195; Kö DAR 96, 464), Benutzung der linken Fahrbahnseite (BGH NZV 91, 187) bzw. der Linksabbiegerspur (Mü NZV 90, 394) oder einer Sperrfläche (Ha NZV 94, 230) zum Überholen. Zu rechnen ist auch mit dem Wechsel der Fahrspuren (Kö VersR 86, 666), dem Mißachten des Rotlichtes einer Fußgängerampel (Ha NZV 98, 246), der Nichtbeachtung eines Überholverbotes (KG NZV 98, 376), mit der Benutzung eines Radweges in verbotener Richtung (KG DAR 93, 257) oder der Benutzung des Gehweges durch Radfahrer (Dü VRS 63, 66; Bay NZV 89, 281; Ha NZV 92, 281 m.Anm Grüneberg; a.A. Ka NZV 91, 154). In diesen Fällen besteht jedoch regelmäßig eine **Mithaftung** des sich im fließenden Verkehr befindlichen Fzges, vgl aber KG NZV 99, 376, keine Mithaftung, da Überholverbote nicht den Schutz des aus einem Grundstück Ausfahrenden bezwecken. Alleinhaftung besteht bei Befahren der Straße in verbotener Richtung (Ol NZV 92, 487). Bei Kollisionen zwischen dem in ein Grundstück Einfahrenden und dem Ausfahrenden ist idR Schadensteilung angezeigt (Dü NZV 91, 392; Ha NZV 94, 154).

Die Pflichten gegenüber dem fließenden Verkehr sind weitgehend die 9 gleichen wie diejenigen des Wartepflichtigen gegenüber dem Vorfahrtberechtigten an einer Str-Kreuzung (s Zw VRS 71, 220; § 8 Rn 20 ff). Unterschiede können sich aber daraus ergeben, daß ein Teilnehmer am fließenden Verkehr auf das Auftauchen eines Fz von der Seite her aus einem Grundstück weniger gefaßt ist, als aus einer einmündenden Str (Bay VRS 27, 386; 34, 471; Ha VM 67, 39). Ein Lkw-Fahrer, der vor der Einfahrt in die Str den Gehweg versperrt hat, darf erst anfahren, wenn er sich davon überzeugt hat, daß inzw kein Fußgänger vor sein Fz getreten ist (Dü VM 78, 50). Wer bei **Nacht** mit langem u schwerem Zug aus einem Grundstück auf die Str einfahren will, muß auch dann bes Sicherungsmaßnahmen treffen, wenn die Str auf 150 m übersichtlich ist (Sa VM 80, 116 = StVE 9; Kö DAR 63, 301).

Auf **unübersichtlichen** Grundstücksausfahrten oder wenn eine stehen- 10 de Kolonne eine Lücke gelassen hat, darf sich der Einfahrende – wie im Falle des § 8 II S 3 – bis zur Erlangung eines Überblicks in die Fahrbahn vorsichtig hineintasten (Bay VRS 61, 384; NStZ 87, 548; aA Ce NZV 91, 195), zumal er darauf vertrauen darf, daß der Bevorrechtigte mit einer der

§ 10 StVO 11–13   Einfahren und Anfahren

Sichtweite angepaßten Geschwindigkeit fährt (Bay aaO; Zw VRS 71, 220; s auch § 6 Rn 8). – Auf **übersichtlichen** Ausfahrten gelten die Vorfahrtsregeln ohne Einschränkung (Bay VRS 68, 295; Ol DAR 60, 366; Ha VRS 38, 222). – Das Ausfahren unter Beachtung der höchsten Sorgfaltsstufe endet mit der Einordnung in den fließenden oder ruhenden Verkehr auf der Fahrbahn (Dü VRS 60, 420 = StVE 10).

11   b) **Zuziehung eines Einweisers** ist nach S 1, 2. Halbs „erforderlichenfalls" geboten (s dazu Rn 10, 13 u 17 sowie § 1 Rn 43 ff); dh nur ausnahmsweise, insb bei starker Sichtbehinderung (s 43 ff zu § 1; Bay v 21. 10. 88, 1 Ob OWi 138/88; Ha VRS 33, 468; 35, 147; 38, 222), wenn parkende Fze den Blick auf den von links kommenden Verkehr versperren (Bay VRS 61, 384; DAR 90, 30; Zw StVE 16), beim Rückwärtsausfahren ohne ausreichende Sicht oder unter das widrigen Umständen (BGH NZV 91, 187; Ce VRS 80, 92; Ko VRS 67, 284; Bay VRS 68, 295 = StVE 14; KG VM 87, 53; s dazu auch Kö NZV 94, 321) u insb wenn ein Einfahren selbst bei vorsichtigem Hineintasten zu gefährlich wäre (Mü StVE 16 a; NZV 94, 106).

12   **4. Anfahren**

Wer aus dem **ruhenden Verkehr,** also vom Fahrbahnrand oder aus einem Parkstreifen – auch als Führer eines an einer Haltestelle haltenden Omnibusses (BGH VRS 11, 246; Ha VRS 31, 294) oder eines Taxis (LG Kö VersR 89, 1161) – anfährt, hat das **VorR** des **fließenden Verkehrs** in beiden Richtungen, auch herankommender Rad- u Moped-Fahrer (Ha VRS 46, 222), selbst wenn sie den „linken" Radweg unerlaubt benutzen (KG DAR 93, 257) sowie Fußgänger (KG VM 86, 103) zu beachten. Er muß sich daher durch Rückschau davon überzeugen, daß er keinen anderen VT gefährdet oder vermeidbar behindert. Das gilt auch, wenn der Anfahrende zunächst seine Fahrlinie nicht nach links verlegt (Bay 67, 36 = VM 67, 94; LG Kö aaO), zB gegenüber einem Fahrer, der sich vor das parkende Fz setzen will (Zw VRS 51, 144) oder der nach Halten in 2. Reihe ebenfalls anfährt (Müllwagen: KG VM 83, 64). Kommt es in zeitlichem u örtl Zusammenhang mit dem Anfahren zu einem Unfall mit dem nachfolgenden Verkehr, spricht auch hier (wie oben 8) der **erste Anschein** gegen den Anfahrenden (Dü VersR 78, 852; Fra VersR 82, 1079; KG VM 84, 45 Ls).

13   **Der Haltende darf anfahren,** wenn der nachfolgene VT noch so weit entfernt ist, daß er sich unschwer auf die Fahrweise des Anfahrenden einstellen kann, auch wenn er dabei gefahrlos seine Geschwindigkeit herabsetzen oder ausweichen muß (Bay 58, 165 = DAR 58, 277; Ha VM 64, 72). Wer nur verkehrsbedingt wartet, scheidet nicht aus dem fließenden Verkehr aus (§ 5 Rn 2), unterliegt also nicht der gesteigerten Sorgfaltspflicht des § 10, wenn er weiterfährt (Zw VRS 53, 213; Bay 83, 138 = VRS 66, 52; KG VM 84, 45 Ls; s auch 14). Ist er aber zum Halten vor einem Hindernis (zB einem stehenden Fz) gezwungen, so muß er vor dem Umfahren des Hindernisses wegen der damit verbundenen Verlegung

seiner Fahrlinie den rückwärtigen Verkehr beobachten u Richtungszeichen setzen (§ 6 S 2; Kö DAR 62, 20). Wer beim Anfahren vom Fahrersitz nicht eindeutig übersehen kann, ob seine Fahrbahn frei ist, muß sich notfalls einweisen lassen (Dü VM 78, 69). Wegen der Sorgfaltspflicht beim Anfahren eines **Schulbusses** s § 1 Rn 38 ff. Ein **Omnibus** muß vor dem Anfahren, auch außerhalb von Haltestellen u beim Vorhandensein eines Schaffners, sich selbst davon überzeugen, ob die Türen geschlossen sind (Ce VRS 24, 129; Ko VRS 39, 265). Pflichten des übrigen Verkehrs gegenüber anfahrendem Omnibus s § 20 V. Der Anfahrende darf auch einen entgegenkommenden Linksabbieger nicht gefährden (Ha DAR 73, 24). Zur Sorgfaltspflicht des anfahrenden **Linienbus** s Dü VM 79, 16; VRS 60, 225 u BGHSt 28, 218 = StVE § 20 StVO 2).

Der **fließende Verkehr** darf im allg auf die Beachtung seines VorR 14 vertrauen, u zwar auch dann, wenn am haltenden Fz das linke Richtungs-Z eingeschaltet ist. War aber der Nachfolgende erst kurz zuvor aus einer Nebenstr eingefahren oder sonst in den Sichtbereich des stehenden Fz gelangt, so darf er sich nicht darauf verlassen, daß ihn der Haltende bemerkt hat u vorbeifahren läßt (Bay DAR 58, 277; Bay 65, 119 = VRS 30, 128). Wechselt ein Kfz aus einem Parkstreifen unter Zeigen des linken Richtungs-Z auf die Fahrbahn, so muß ein bereits nahe herangekommener VT nicht damit rechnen, der Anfahrende werde sich nicht nur in den fließenden GeradeausV einfädeln, sondern ohne Rücksicht auf den übrigen Verkehr gleich zur Str-Mitte einschwenken u nach links abbiegen (Ha VRS 30, 126). Wohl aber muß derjenige, der sich von hinten einem an einer Haltestelle stehenden Linienomnibus oder einem erkennbar nur verkehrsbedingt haltenden Fz nähert, darauf gefaßt sein, daß diese anfahren werden (BGH VRS 11, 246; Kö DAR 62, 20).

Beim Herausmanövrieren aus einer **engen Parklücke** darf sich der An- 15 fahrende in die Fahrbahn vorsichtig hineintasten, auch aus einer links parkenden Reihe (Mühlhaus DAR 75, 238 ff).

5. Satz 2: Ankündigung des An- und Einfahrens 16

Die Ankündigung muß durch den **Fahrtrichtungsanzeiger** erfolgen; sie beschränkt sich also auf die Fälle, in denen entweder die Fahrtrichtung verändert – Einbiegen in die Fahrbahn – oder eine dem Ausscheren gleichkommende Seitenbewegung – Anfahren, Einbiegen aus Seitenweg – durchgeführt werden soll. Eine Ankündigung durch Schall-Z vor dem geradlinigen Überqueren der Str schreibt S 2 nicht vor. Das Richtungs-Z (Näheres dazu s § 9 Rn 10 ff) entbindet nicht von der Pflicht, beim Anfahren den nachfolgenden, beim Einfahren jeden Verkehr auf der Str genau zu beobachten u sein VorR zu beachten (BGHSt 12, 21; Bay 55, 87 = VRS 9, 151).

6. Zuwiderhandlungen (s Nrn 28 u 29 Vw-Kat) 17

§ 49 I 10 setzt eine konkrete Gefährdung eines anderen voraus; vgl § 9 Rn 71 ff. Tritt nur eine solche ein, so schließt § 10 als das speziellere G die

StVO § 11 1 Besondere Verkehrslagen

Anwendung des § 1 aus. Kommt aber eine Schädigung hinzu, so stehen beide OWen in TE. Dagegen verletzt die bloße Behinderung oder Belästigung eines anderen nur § 1, nicht § 10 (Ha VRS 33, 454), soweit es sich dabei nicht nur um geringfügige u zumutbare Beeinträchtigungen gehandelt hat (Ha VRS 60, 470). Eine Behinderung liegt nicht vor, wenn der fließende Verkehr ohne weiteres in der Lage ist, dem einfahrenden Fz auf die Überholspur auszuweichen (Ce VRS 52, 450). Die Nichtzuziehung einer notwendigen Hilfsperson nach S 1, 2. Halbs, kann OW sein, wenn eine Gefährdung eines anderen dadurch eingetreten ist (s oben 10). Wegen der Erstreckung der StVO auf VVorgänge, die sich ganz oder teilweise auf privatem Grund abspielen, vgl § 1 Rn 13. **Ahndung** nach S 1 s Nrn 28, 29 VwKat, nach S 2 s Nr 17 VwKat.

§ 11 Besondere Verkehrslagen

(1) **Stockt der Verkehr, so darf trotz Vorfahrt oder grünem Lichtzeichen niemand in die Kreuzung oder Einmündung einfahren, wenn er auf ihr warten müßte.**

(2) **Stockt der Verkehr auf Autobahnen und Außerortsstraßen mit mindestens zwei Fahrstreifen für eine Richtung, so müssen Fahrzeuge für die Durchfahrt von Polizei- und Hilfsfahrzeugen in der Mitte der Richtungsfahrbahn, bei Fahrbahnen mit drei Fahrstreifen für eine Richtung zwischen dem linken und dem mittleren Fahrstreifen, eine freie Gasse bilden.**

(3) **Auch wer sonst nach den Verkehrsregeln weiterfahren darf oder anderweitig Vorrang hat, muß darauf verzichten, wenn die Verkehrslage es erfordert; auf einen Verzicht darf der andere nur vertrauen, wenn er sich mit dem Verzichtenden verständigt hat.**

Inhaltsübersicht

	Rn
1. Allgemeines	1
2. Abs 1: Verbot der Einfahrt in verstopfte Kreuzung	2
3. Abs 2: Freie Gasse bei Stau	3
4. Abs 3: Verzicht bei besonderen Verkehrslagen	4
a) Inhalt des Gebots	4
b) Vertrauensgrundsatz	5
5. Zivilrecht/Haftungsverteilung	5 a
6. Zuwiderhandlungen	6

1 **1. Allgemeines**

Das VerkehrsR geht davon aus, daß derjenige, dem ein Vorrang zusteht, nach § 1 zurückstehen muß, wenn er bei Ausübung des VorR einen anderen gefährden oder gar schädigen würde, daß er aber den Wartepflichtigen mitunter behindern darf bzw im Interesse der Flüssigkeit des Verkehrs sogar behindern muß (Begr; vgl § 1 Rn 74 ff; § 5 Rn 51). § 11 schränkt diesen Grundsatz dahin ein, daß jeder sein Augenmerk aber auch darauf richten soll, ob er nicht dazu beitragen kann u muß, **verwickelte VLagen** zu **entwirren**. Das in § 1 Rn 27 f zum defensiven Fahren Ausgeführte wird durch § 11, der nicht der Gefahrenabwehr dient, nicht berührt.

2. Abs 1: Verbot der Einfahrt in verstopfte Kreuzung

Die Vorschrift soll verhindern, daß durch Fze, die bei Vorrang oder grünem Licht in eine Kreuzung einfahren, obwohl sie sie wegen der Stockung des vorausfahrenden Verkehrs nicht verlassen können, dem QuerV die Durchfahrt versperren u dadurch zu einer zusätzlichen Verstopfung der Kreuzung beitragen. Daher schränkt Abs 1 einen an sich gegebenen Vorrang bei Stockung ein. Abs 1 gilt aber erst recht auch für solche VTeilnehmer, die die Vorfahrt beachten müssen (Fra Schaden-Praxis 99, 152). Ein **Stocken** des Verkehrs liegt nur vor, wenn der Fz-Pulk in der Fahrtrichtung des Vorfahrtberechtigten (Ha DAR 93, 396 mwN) bereits zum Stehen gekommen ist u er am VZustand auf der Fortsetzung seines Fahrstreifens jenseits der Kreuzung erkennen kann, daß er in der Kreuzung (§ 8 Rn 4) warten muß, wenn – bes bei Lichtzeichenregelung – der QuerV freie Fahrt hat (KG VRS 48, 462; Dü NZV 94, 491). Die Vorschrift ist eng auszulegen (vgl Bay 70, 166 = VRS 39, 457). Die bloße Möglichkeit, durch eine im weiteren Str-Verlauf aufgetretene Stockung innerhalb der Kreuzung festgehalten zu werden, verwehrt dem Fz-Führer die Einfahrt in die Kreuzung nicht (Ha VRS 45, 395; Dü aaO). I verpflichtet seinem Zweck entspr nur VT, die über die Kreuzung geradeaus weiterfahren wollen. Wer in der Kreuzung abbiegen will, darf in sie einfahren u wie sonstige Abbieger bei freier Fahrt des QuerV in die neue Richtung weiterfahren (ebenso Möhl DAR 70, 225). So ist es auch Linksabbiegern nicht deshalb verwehrt, bei Grün in die Kreuzung einzufahren, weil dort bereits ein Linksabbieger auf eine Abbiegemöglichkeit wartet u zu befürchten ist, daß wegen der Stärke des GegenV ein Linksabbiegen nicht mehr vor Ampelumschaltung möglich sein wird (Bay 78, 117 = StVE 6).

3. Abs 2 dehnt die Regelung zur Bildung einer freien Gasse bei längeren Stockungen (nicht schon bei kurzem Stau infolge Zähflüssigkeit), die früher nur auf ABen gegolten hatte, auf **alle Außerortsstr** mit mehreren Fahrstreifen für eine Richtung aus; sie soll sicherstellen, daß bei Unfällen Fze der Pol, des Rettungsdienstes sowie Abschleppfze zur Unfallstelle gelangen können. **Bei vier Fahrstreifen** einer Richtung ist die Gasse auf der mittleren Trennlinie zu bilden (s auch § 38 I S 2).

4. Abs 3: Verzicht bei anderen besonderen VLagen

a) **Inhalt des Gebots.** Die Vorschrift soll in gewissem Umfang den § 1 I konkretisieren. Sie enthält das Gebot, auf das VorR nicht zu pochen, sondern Rücksicht auf andere – an sich nicht Bevorrechtigte – zu nehmen, um ihnen schwierige VVorgänge zu erleichtern, wie zB Erleichterung des Fahrspurwechsels durch den geradeaus Weiterfahrenden, Ermöglichen der Einfahrt, zB durch Benutzung des linken Fahrstreifens an AB-Einfahrten, Ermöglichen des Einbiegens eines Lastzuges in die Str oder des Abbiegens eines auf ihr Entgegenkommenden, um Fz-Schlangen hinter ihnen zu vermeiden (s dazu Fuchs-Wissemann DAR 95, 278). Auch Fußgänger sollen von der Vorschrift erfaßt werden; sie sollen zB an Fußgängerüberwegen Fze zur Vermeidung von Staus vorbeilassen, wenn sie keinen bes Grund zur Eile haben (Begr). Das Gebot setzt voraus, daß das Zurückstehen vom VorR auf Grund der VLage eindeutig geboten, nicht nur zweckmäßig ist. So darf der aus einem Grundstück Ausfahrende auf dem Radweg warten, bis er durch eine Lücke in die Fahrbahn einfahren kann, ohne wegen herankommender Radf zurückfahren zu müssen (Dü VM 79, 29 = StVE 5). Zur Regelung des „Vorrangs" beim Zusammentreffen von vier Fzen aus allen vier Richtungen an einer gleichberechtigten Kreuzung s § 8 Rn 17.

5 b) **Vertrauensgrundsatz.** Die Regeln des Vertrauensgrundsatzes werden durch die Vorschrift nicht verändert, jedoch im Interesse der Sicherheit sinngemäß eingeschränkt. Der Begünstigte darf nach dem 2. Halbs **nicht** auf den **Verzicht** des Bevorrechtigten vertrauen, wenn sich die Beteiligten nicht eindeutig verständigt haben (s Ha NZV 91, 31 zum Räumen der Kreuzung durch Nachzügler; Ha NZV 01, 85 zum „gewaltsamen" Auffahren vom Beschleunigungsstreifen auf die Autobahn). Verständigung iS des Abs 3 ist die Einigung über das weitere Verhalten, wobei diese eindeutig und schlüssig sein muß. Umgekehrt wird der Vertrauensgrundsatz des Bevorrechtigten gegenüber dem Wartepflichtigen nicht eingeschränkt (vgl dazu § 1 Rn 24; § 8 Rn 34f, 41).

5a **5. Zivilrecht/Haftungsverteilung**

Wer in der Kreuzung aufgehalten wird, muß damit rechnen, daß inzwischen die Fahrbahn für den Querverkehr durch Grünlicht freigegeben worden ist. Er darf daher nur vorsichtig einfahren und nicht blindlings darauf vertrauen, daß er von den anderen Fahrzeugen vorbeigelassen wird (Kar OLGR 1998, 390). Verstößt der vorrangige Verkehr gegen das Rücksichtnahmegebot, so haftet er zu ¼ (AG Essen SP 96, 236). Bei Unfällen bei besonderer Verkehrslage wie insbesondere mit **rückstauendem Querverkehr** ist im Regelfall eine Quotelung der Haftung vorzunehmen. Dies liegt darin begründet, daß in einem solchen Fall beide Unfallbeteiligten mit nicht ausreichender Sorgfalt und Vorsicht in die Kreuzung eingefahren sind. Es besteht allerdings auch dann noch eine **Bevorrechtigung** des Fahrers, der durch den rückstauenden Querverkehr nicht mehr aus dem Kreuzungsbereich herausfahren konnte. Er darf die Kreuzung bevorrechtigt verlassen, muß dabei aber besonders auf den seitlich einfahrenden Verkehr achten. Dieser seitlich einfahrende Verkehr muß auf durch Rückstau in der Kreuzung verbliebene PKW besonders achten und ihnen die bevorrechtigte Räumung der Kreuzung ermöglichen. Die endgültige Ermittlung der Haftungsquoten beruht auf einer Berücksichtigung des Einzelfalles. Eine überwiegende Haftung ist aber immer dann gegeben, wenn ein Unfallbeteiligter mit „fliegenden Reifen" bzw mit einem „Kavalierstart" in die Kreuzung einfährt. **Einzelfälle** (Grüneberg Rz 3): Kollision zwischen einem Kfz, das sofort bei Grünlicht mit fliegendem Start in die Kreuzung einfährt, und einem PKW, das sich noch in der Kreuzung befindet. Haftungsquote: Kfz 67% Haftung des „mit fliegenden Start einfahrenden (BGH NJW 71, 1407; KG VM 93, 35; OLG Köln NZV 97, 269); Kreuzungskollision zwischen einem PKW, der bei Grünlicht in die Kreuzung einfährt, und einem von rechts kommenden Kfz, das zwar bei Grünlicht in die Kreuzung eingefahren ist, dort aber wegen rückstauendem Verkehr noch vor der sogenannten Fluchtlinie der Fahrbahnränder „hängengeblieben" und von dort erst weitergefahren ist, nachdem seine Ampel auf „Rot" gesprungen ist. Haftungsquote: PKW 0%, Kfz 100% (Dü NZV 97, 481; Ko NZV 98, 465; Old DAR 96, 404 – $^1/_5$ zu $^4/_5$.

6. Zuwiderhandlungen

Verstöße gegen I u II sind OW nach § 49 I 11 iVm § 24 StVG (s Nr 30 u 30a VwKat). Allerdings wird sich die Verfolgung auf Grund des hohen Verkehrsaufkommens auf eindeutige Verstöße beschränken müssen (O. H. Schmitt VOR 72, 55). Bei gleichzeitiger Behinderung TE mit § 1 II, da Behinderung kein TB-Merkmal von § 11 I u II ist. III ist nicht bußgeldbewehrt, jedoch kann die Nichtbeachtung der in III normierten Pflichten im Einzelfall andere Verkehrsregeln verletzen.

§ 12 Halten und Parken

(1) **Das Halten ist unzulässig**

1. **an engen und an unübersichtlichen Straßenstellen,**
2. **im Bereich von scharfen Kurven,**
3. **auf Beschleunigungsstreifen und auf Verzögerungsstreifen,**
4. **auf Fußgängerüberwegen sowie bis zu 5 m davor,**
5. **auf Bahnübergängen,**
6. **soweit es durch folgende Verkehrszeichen oder Lichtzeichen verboten ist:**
   a) **Haltverbot (Zeichen 283),**
   b) **eingeschränktes Haltverbot (Zeichen 286),**
   c) **Fahrbahnbegrenzung (Zeichen 295 Buchstabe b, bb),**
   d) **Richtungspfeile auf der Fahrbahn (Zeichen 297),**
   e) **Grenzmarkierung für Halteverbote (Zeichen 299),**
   f) **rotes Dauerlicht (§ 37 Abs. 3),**
7. **bis zu 10 m vor Lichtzeichen und den Zeichen „Dem Schienenverkehr Vorrang gewähren!" (Zeichen 201), „Vorfahrt gewähren!" (Zeichen 205) und „Halt! Vorfahrt gewähren!" (Zeichen 206), wenn sie dadurch verdeckt werden und**

8. vor und in amtlich gekennzeichneten Feuerwehrzufahrten,
9. an Taxenständen (Zeichen 229).

(1 a) Taxen ist das Halten verboten, wenn sie einen Fahrstreifen benutzen, der ihnen und den Linienomnibussen vorbehalten ist, ausgenommen an Bushaltestellen zum sofortigen Ein- und Aussteigenlassen von Fahrgästen.

(2) Wer sein Fahrzeug verläßt oder länger als drei Minuten hält, der parkt.

(3) Das Parken ist unzulässig

1. vor und hinter Kreuzungen und Einmündungen bis zu je 5 m von den Schnittpunkten der Fahrbahnkanten,
2. wenn es die Benutzung gekennzeichneter Parkflächen verhindert,
3. vor Grundstücksein- und -ausfahrten, auf schmalen Fahrbahnen auch ihnen gegenüber,
4. bis zu je 15 m vor und hinter Haltestellenschildern (Zeichen 224),
5. (aufgehoben)
6. vor und hinter Andreaskreuzen (Zeichen 201)
   a) innerhalb geschlossener Ortschaften (Zeichen 310 und 311) bis zu je 5 m,
   b) außerhalb geschlossener Ortschaften bis zu je 50 m,
7. über Schachtdeckeln und anderen Verschlüssen, wo durch Zeichen 315 oder eine Parkflächenmarkierung (§ 41 Abs. 3 Nr. 7) das Parken auf Gehwegen erlaubt ist,
8. soweit es durch folgende Verkehrszeichen verboten ist:
   a) Vorfahrtstraße (Zeichen 306) außerhalb geschlossener Ortschaften,
   b) Fahrstreifenbegrenzung (Zeichen 295 Buchstabe a) oder einseitige Fahrstreifenbegrenzung (Zeichen 296 Buchstabe b),
   c) Parken auf Gehwegen (Zeichen 315), auch mit Zusatzschild,
   d) Grenzmarkierung für Parkverbote (Zeichen 299) und
   e) Parkplatz (Zeichen 314) mit Zusatzschild,
9. vor Bordsteinabsenkungen.

(3 a) Mit Kraftfahrzeugen mit einem zulässigen Gesamtgewicht über 7,5 t sowie mit Kraftfahrzeuganhängern über 2 t zulässiges Gesamtgewicht ist innerhalb geschlossener Ortschaften

1. in reinen und allgemeinen Wohngebieten,
2. in Sondergebieten, die der Erholung dienen,
3. in Kurgebieten und
4. in Klinikgebieten

das regelmäßige Parken in der Zeit von 22.00 bis 06.00 Uhr sowie an Sonn- und Feiertagen unzulässig.

Das gilt nicht auf entsprechend gekennzeichneten Parkplätzen sowie für das Parken von Linienomnibussen an Endhaltestellen.

(3 b) Mit Kraftfahrzeuganhängern ohne Zugfahrzeug darf nicht länger als zwei Wochen geparkt werden. Das gilt nicht auf entsprechend gekennzeichneten Parkplätzen.

Halten und Parken **§ 12 StVO**

(4) **Zum Parken ist der rechte Seitenstreifen, dazu gehören auch entlang der Fahrbahn angelegte Parkstreifen, zu benutzen, wenn er dazu ausreichend befestigt ist, sonst ist an den rechten Fahrbahnrand heranzufahren. Das gilt in der Regel auch für den, der nur halten will; jedenfalls muß auch er dazu auf der rechten Fahrbahnseite rechts bleiben. Taxen dürfen, wenn die Verkehrslage es zuläßt, neben anderen Fahrzeugen, die auf dem Seitenstreifen oder am rechten Fahrbahnrand halten oder parken, Fahrgäste ein- oder aussteigen lassen. Soweit auf der rechten Seite Schienen liegen sowie in Einbahnstraßen (Zeichen 220) darf links gehalten und geparkt werden. Im Fahrraum von Schienenfahrzeugen darf nicht gehalten werden.**

(4a) **Ist das Parken auf dem Gehweg erlaubt, so ist hierzu nur der rechte Gehweg, in Einbahnstraßen der rechte oder linke Gehweg zu benutzen.**

(4b) (aufgehoben)

(5) **An einer Parklücke hat Vorrang, wer sie zuerst unmittelbar erreicht; der Vorrang bleibt erhalten, wenn der Berechtigte an der Parklücke vorbeifährt, um rückwärts einzuparken oder wenn er sonst zusätzliche Fahrbewegungen ausführt, um in die Parklücke einzufahren. Satz 1 gilt entsprechend für Fahrzeugführer, die an einer freiwerdenden Parklücke warten.**

(6) **Es ist platzsparend zu parken; das gilt in der Regel auch für das Halten.**

VwV – StVO
Zu § 12 Halten und Parken

Zu Absatz 1

Halten ist eine gewollte Fahrtunterbrechung, die nicht durch die Verkehrslage oder eine Anordnung veranlaßt ist. [1]

Zu Absatz 3 Nr. 1 und Nr. 8 Buchst. d)

Wo an einer Kreuzung oder Einmündung die 5-m-Zone ausreichende Sicht in die andere Straße nicht schafft oder das Abbiegen erschwert, ist die Parkverbotsstrecke z. B. durch die Grenzmarkierung (Zeichen 299) angemessen zu verlängern. Da und dort wird auch die bloße Markierung der 5-m-Zone zur Unterstreichung des Verbots ratsam sein. [2]

Zu Absatz 3a

I. Die Straßenverkehrsbehörden sollten bei den Gemeinden die Anlage von Parkplätzen anregen, wenn es für ortsansässige Unternehmer unmöglich ist, eigene Betriebshöfe zu schaffen. Bei Anlage derartiger Parkplätze ist darauf zu achten, daß von ihnen keine Störung der Nachtruhe der Wohnbevölkerung ausgeht. [3]

II. Wirkt sich das regelmäßige Parken schwerer Kraftfahrzeuge oder Anhänger in anderen als den aufgeführten Gebieten, z. B. in Mischgebieten, störend aus, kommen örtliche, zeitlich beschränkte Parkverbote in Betracht (§ 45 Abs. 1). [4]

Heß

StVO § 12 — Halten und Parken

Zu Absatz 4

5 Wo es nach dem äußeren Anschein zweifelhaft ist, ob der Seitenstreifen für ein auf der Fahrbahn parkendes Fahrzeug fest genug ist, darf wegen Nichtbenutzung des Seitenstreifens nicht eingeschritten werden. Über die Kennzeichnung unzureichend befestigter Seitenstreifen vgl. zu Zeichen 388.

Inhaltsübersicht

	Rn
1. Allgemeines	1
2. Abgrenzung zwischen fließendem u ruhendem Verkehr	3
3. Abs 1 Nr 1–5: Gesetzliche Haltverbote	5
a) Nr 1: Enge u unübersichtliche Stellen	6
b) Nr 2: Scharfe Kurven	9
c) Nr 3: Beschleunigungs- u Verzögerungsstreifen	10
d) Nr 4: Fußgängerüberwege	11
e) Nr 5: Bahnübergänge	12
4. Abs 1 Nr 6–9: Haltverbot durch Verkehrs- u Lichtzeichen	13
a) Zeichen 283 – Verbot jedes Haltens	14
b) Zeichen 286 – eingeschränktes Haltverbot	16
c) Zeichen 295 – Fahrbahnbegrenzung	27
d) Zeichen 297 – Richtungspfeile auf der Fahrbahn	28
e) Rotes Dauerlicht	29
f) Nr 7–9: Haltverbot vor Lichtzeichenanlagen, Warnschildern sowie vor u in Feuerwehrzufahrten	30
g) Z 229 an Taxenständen	31
5. Abs 1a: Haltverbote für Taxen auf Busstreifen	32
6. Abs 2: Parken	33
a) Gemeingebrauch	36
b) Abstellen von Fahrzeugen	37
c) Dauerparken	41
7. Abs 3 Nr 1–7, 9: Allgemeine Parkverbote	42
a) Nr 1: Vor u hinter Kreuzungen u Einmündungen	42
b) Nr 2: Vor gekennzeichneten Parkflächen	43
c) Nr 3: Vor Grundstückssein- u -ausfahrten	44
d) Nr 4: Vor u hinter Haltestellenschildern	49
e) Nr 5: An Taxenständen	50
f) Nr 6: Vor u hinter Andreaskreuzen	51
g) Nr 7: Über Schachtdeckeln	52
h) Nr 9: Vor Bordsteinabsenkungen	53
8. Abs 3 Nr 8: Parkverbote durch Verkehrszeichen	54
a) Zeichen 306 – Vorfahrtstraße	54
b) Zeichen 295 u 296 – Fahrbahnbegrenzung	56
c) Parken auf Gehwegen	57
d) Zeichen 299 – Grenzmarkierung für Halt- u Parkverbote	62
e) Zeichen 314 – Parkplatz	63
f) Zeichen 325 – Verkehrsberuhigte Bereiche	71
9. Abs 3a, b: Parkverbote für schwere LKW in bes Gebieten u abgekoppelte Anhänger	72

Allgemeines · 1, 2 · **§ 12 StVO**

	Rn
10. Abs 4–6: Zulässigkeit u Durchführung des Parkens u Haltens	75
a) Möglichst weit rechts	75
b) Halten in zweiter Reihe	76
c) Halten o Parken außerhalb der Straße	77
d) Einfahrt in Parklücke	78
e) Platzsparend parken (Abs 6)	80
f) Einschränkung des Haltens durch die Grundregel	81
g) Sicherung haltender Fahrzeuge	84
h) Kennzeichnung von Fahrzeugen Behinderter ua Bevorrechtigter	85
11. Zuwiderhandlungen	86
a) Allgemeines	86
b) Parken auf Gehwegen	88
c) Halter als Täter o Beteiligter	89
d) Kennzeichen-Anzeigen	91
e) Straftaten	92
12. Abschleppen falsch parkender Fahrzeuge	93
13. Zivilrecht/Haftungsverteilung	98
14. Literatur	99

1. Allgemeines 1

Die erschöpfende Parkregelung durch BundesR ist **verfassungskonform** (BVfG VRS 68, 1 = StVE 41). Sie betrifft – wie alle Regeln der StVO (s **E** 26 u § 1 Rn 13 ff) – nicht das Parken außerhalb des öff VBereichs (Hbg VM 88, 121; Kö VRS 65, 156; Stu VRS 63, 388; Je NZV 97, 448: Parken des Eigentümers eines nur faktisch öff Gehweges) u erfaßt, soweit nichts anderes ausdrücklich vorgesehen ist (wie zB in III a, b), Fze aller Art (Def § 2 Rn 2; s aber § 24), dh also auch Fahrräder, soweit es sinnvoll ist u Motorräder (Ko StVE 4; Dü JMBlNW 90, 130). Durch Z 250 gesperrte Str dürfen nach hM auch nicht zum Parken benutzt werden (s § 2 Rn 76). – Während die §§ 2–11 sich mit dem fließenden Verkehr befassen, regeln die §§ 12–15 den **ruhenden** Verkehr. § 12 behandelt das Halten u Parken, während § 13 die Einrichtungen zur Überwachung der Parkzeit betrifft; § 14 regelt die Sorgfaltspflichten beim Ein- u Aussteigen, § 15 die Pflichten des Fahrers beim Liegenbleiben des Fz, § 17 IV S 1–3 die Beleuchtung. Wichtige ergänzende Bestimmungen enthalten die Vorschriften des § 41 II 8 zu den Z 283–292 u § 41 III Nrn 3–5, 7 u 8 zu den Z 295–297 u 299 sowie § 42 IV Z 314, 315 u 325/326 Nr 5 (s ferner unten 55 ff). Weiter ist das Haltverbot auf ABen u Kraftfahrstr in § 18 VIII zu beachten. Auch § 1 II kann Halten u Parken verbieten, wo ein Verbot nach § 12 nicht besteht (s dazu unten 19).

Der **ruhende Verkehr** steht in seiner wirtschaftlichen u sozialen **Bedeutung** dem fließenden Verkehr nicht nach. Letzterer ist kein Selbstzweck, sondern übt eine Transportfunktion aus, die nur sinnvoll ist, wenn der VT am Ziel auch die Möglichkeit zum Parken hat. Wird diese durch zu weitgehende Haltverbote übermäßig eingeschränkt, so wird dadurch 2 auch der fließende Verkehr beeinträchtigt; denn viele nehmen an ihm nur deshalb weiter teil, weil sie keine Gelegenheit haben, ihn zu verlassen (s dazu § 13 Rn 9). So behindern Parkplatzsuchende den fließenden Verkehr oft mehr als am Fahrbahnrand haltende Fze u vergiften zusätzlich die Luft durch Abgase. Nicht alle Vorschriften des § 12 dienen dem Schutz des fließenden Verkehrs, wie zB die des I 1, 2 u 6 a (BGHSt 4, 182, 186; NJW 83, 1326; Bay VRS 76, 284), sondern zT auch dem einzelner VT (vgl zB Kö NZV 91, 471; Ha NZV 91, 271; BGH(Z) VRS 64, 452: Fußgänger; s Rn 13).

3   2. Abgrenzung zwischen fließendem und ruhendem Verkehr

Halten ist nach VwV zu § 12 I eine **gewollte** Fahrtunterbrechung, die nicht durch die VLage oder eine AO veranlaßt ist (Dü NZV 00, 339). Sie besteht aus dem „Anhalten", der Zurruhesetzung des Fz, u darüber hinaus aus dem Zustand der Ruhe, in dem sich das Fz nach dem Anhalten befindet u für den der Fz-Führer verantwortlich ist (Bay VRS 31, 129). Bloß verkehrsbedingtes vorübergehendes Stehenbleiben ist kein „Halten", sondern **„Warten"** u wird dem unterbrochenen VVorgang des **fließenden Verkehrs** zugerechnet (vgl § 5 Rn 2; BGHSt 14, 149).

4   Demnach hält nicht u muß deshalb auch nicht an den rechten Fahrbahnrand heranfahren, wer vor Rot einer LZA (BGH aaO; Dü DAR 66, 26), vor einer Str-Kreuzung oder Engstelle zur Erfüllung der Wartepflicht (Bay 66, 34 f = VRS 31, 224) oder des Gebots aus § 38 I S 2 vorübergehend anhält (Bay 83, 138 = StVE § 10 StVO 13), infolge einer Betriebsstörung (KG VRS 66, 153) oder wegen Benzinmangels liegenbleibt oder auf einer schneeglatten Steigung zum Stillstand kommt (Bay VRS 60, 146), wegen der VLage (Stau an der Grenze) keine Möglichkeit hat, die Fahrt fortzusetzen (Bay aaO) oder kurz anhält, um den Rückwärtsgang einzuschalten (BGHSt 18, 314). Ungewolltes Liegenbleiben wird aber verbotenes Halten, sobald eine Entfernung durch Ingangsetzen oder Abschleppen möglich ist (Kö VM 74, 20; Fra NJW 88, 1803; s auch § 18 Rn 22). – Zum verbotenen Parken durch Unterlassen s Kö ZfS 93, 283 m abl Anm Notthoff ZfS 95, 81.

5   3. Abs 1 Nr 1–5: Allgemeine gesetzliche Haltverbote

Alle Haltverbote mit Ausn von Nr 6b verbieten jedes Halten. Halt- u Parkverbote erstrecken sich auf Seitenstreifen u Fahrbahn, soweit sie nicht nach dem Wortlaut u Sinn der Bestimmung nur die Fahrbahn oder einen Teil derselben erfassen (im einzelnen Bouska VD 73, 129; Mühlhaus DAR 74, 29). Die Haltverbote gehen den Parkverboten (III) vor.

6   a) Nr 1: Die Merkmale „an **engen** oder **unübersichtlichen Straßenstellen**" stehen alternativ nebeneinander (Dü JMBl NW 83, 106; s auch 81). Die Regelung soll für den fließenden Verkehr ausreichenden Raum sicherstellen (Dü NZV 90, 201; Dü NZV 00, 339). – **Eng** ist eine Str-Stelle, wenn der neben dem parkenden Fz zur Durchfahrt freibleibende Raum ei-

Allgemeine gesetzliche Haltverbote 7–9 § 12 StVO

nem Fz mit der regelmäßig höchstzulässigen Breite (2,50 m, ausnahmsweise 3 m: § 32 I 1 StVZO) nicht die Einhaltung eines Sicherheitsabstandes von 0,50 m von dem abgestellten Fz gestattet u damit ein gefahrloses Vorbeifahren ohne ungewöhnliche Schwierigkeiten ermöglicht (VG Mü NZV 91, 88; Dü NZV 00, 339; VG Berlin NZV 98, 224). Der Haltende muß demnach eine Fahrbahnbreite von 3–3,50 m zuzüglich eines etwa erforderlichen Abstandes des durchfahrenden Fz zum gegenüberliegenden Fahrbahnrand freihalten (Bay 60, 84 = NJW 60, 1484; Dü aaO; 3,60 m genügen: Bay v 14. 2. 84, 1 Ob OWi 335/83; s auch Kö StVE 32).

Allerdings muß der Haltende mit der **Vorbeifahrt überbreiter Fze** 7 idR nicht rechnen (Bay VRS 27, 232). Unterliegt der FahrV in der Str Beschränkungen, z B Verbot für Lkw, oder ist nach Ort u Zeit (nachts) mit überbreiten Fzen nicht zu rechnen, so genügt ein entspr geringerer Fahrstreifen (Bay 64, 27 = VRS 27, 232; Ko v 4. 6. 91, 1 Ss 162/91). Die Enge der Str-Stelle kann auch durch Schneehaufen an der Seite der Fahrbahn (s dazu unten 81) oder durch parkende Fze herbeigeführt werden. Parkt der Fahrer sein Fz an einer genügend breiten Str-Stelle, stellt aber danach ein anderer sein Fz auf der gegenüberliegenden Fahrbahnseite ab u wird dadurch die Durchfahrt des fließenden Verkehrs versperrt, so verstößt zwar in erster Linie der andere gegen § 12 I 1; für den zuerst Parkenden entsteht aber eine Rechtspflicht, sein Fz wegzufahren, sobald er sichere Kenntnis davon erlangt hat, daß durch das andere Fz eine VBehinderung eingetreten, der Fahrer dieses Fz nicht erreichbar u die VBehinderung nur dadurch zu beheben ist, daß er sein zunächst vorschriftsmäßig aufgestelltes Fz wegfährt (Bay 56, 16 = JR 56, 385 m Bespr Hartung; Kö VRS 34, 312). – Zur Frage, ob eine Fahrstreifenbegrenzung (Z 295, 296) oder eine Sperrfläche (Z 298) eine „enge Straßenstelle" iS von § 12 I 1 bewirken kann, s Sa VM 81, 103.

Unübersichtlich ist eine Str-Stelle, wenn der Fz-Führer wegen sicht- 8 behindernder Umstände nicht zuverlässig beurteilen kann, ob die Fahrbahn auf der vor ihm liegenden Strecke frei ist, dh ob er bei normaler Aufmerksamkeit alle Hindernisse u Gefahren rechtzeitig erkennen u ihnen begegnen kann (Bay VRS 35, 392; DAR 78, 190). Unübersichtliche Einmündungen begründen die Unübersichtlichkeit nicht, an ihnen gilt das Parkverbot des III 1. Das zu § 3 Rn 25 ff Ausgeführte gilt auch für § 12 I 1 (ebenso Bay 68, 20 = VM 68, 70; vgl aber auch Ce VM 67, 75). Vereiste Scheiben des eigenen Kfz bewirken nicht die Unübersichtlichkeit einer **Straßenstelle** (s § 315 c StGB 24). Der Scheitelpunkt einer Str-Kuppe, die dem VT den weiteren Str-Verlauf verdeckt, ist auch dann eine unübersichtliche Stelle, wenn ein dort parkendes Fz von beiden Seiten her gut sichtbar ist (Bay VRS 35, 392).

b) **Nr 2:** In **scharfen Kurven**, dh solchen mit geringem Radius, darf 9 wegen der dort immer gefährlichen Sichtbehinderung durch haltende Fze auch dann nicht geparkt werden, wenn die Kurve selbst übersichtlich ist. Das Verbot gilt für die Außen- u Innenseite der Kurve (BGH VRS 40, 299).

StVO § 12 10–14   Halten und Parken

10   c) **Nr 3:** Auf **Beschleunigungs-** u **Verzögerungsstreifen** auf allen Str, wo solche bestehen. Für ABen u Kraftfahrstr vgl § 18 VIII.

11   d) **Nr 4:** Auf **Fußgängerüberwegen** sowie bis zu 5 m davor. Fußgängerüberwege sind nur die durch Z 293 gekennzeichneten, nicht sonstige Fußgängerübergänge (Bay 67, 155 = DAR 68, 27). Das Parken u Halten im Bereich von Fußgängerfurten mit LZA wird nicht durch Abs 1 Nr 4 verboten. Das Haltverbot gilt nur, wenn der Zebrastreifen auf der Fahrbahn deutlich aufgezeichnet ist, das Gefahr-Z 134 begründet das Haltverbot nicht (Bay VRS 30, 128; KG 65, 297; Ha VRS 31, 294; Dü VM 66, 105). Das Haltverbot gilt auch für Straßenbahnen (BGH(Z) VRS 49, 243).

12   e) **Nr 5:** Auf **Bahnübergängen** (s § 19) darf niemals, auch nicht bei Stauungen, gehalten werden (Fra VersR 88, 295).

13   **4. Abs 1 Nr 6–9: Haltverbot durch Verkehrs- u Lichtzeichen**

a) **Z 283 verbietet jedes Halten** auf der Fahrbahn (BVwG NZV 93, 44: nicht auch auf Gehweg) u gebietet zugleich, alsbald wegzufahren, wenn die Voraussetzungen für etwa erlaubtes Halten nicht (mehr) vorliegen (BVwG NJW 78, 656; 82, 348; ZfS 94, 189; s auch 41, unten 93 u § 13 Rn 9). Es **gilt nicht** für andern, nicht dem fließenden Verkehr dienenden Str-Teilen (wie Parkplatz pp; Bay v 30. 12. 85, 2 Ob OWi 414/85; Gehwege: BVwG aaO u Seitenstreifen: Ha VRS 47, 63, s aber unten), doch auch für Taxen zum Aussteigenlassen (Dü VRS 69, 56; s aber oben 76). Es **bezweckt** in erster Linie Erleichterung des fließenden Verkehrs (BGH NJW 83, 1326), daneben uU auch dessen Schutz vor Auffahrunfällen (vgl § 12 I 1, 2; Bay VRS 76, 284), den Schutz der die Fahrbahn überquerenden Fußgänger (BGH(Z) VRS 64, 252 = StVE 34; Bay NZV 93, 409 = StVE 80) oder iVm dem Zusatzschild „Bauarbeiten" den des Bauunternehmers (so LG Mü I NJW 83, 288; aA LG Berlin VersR 72, 548). – Durch Zusatzschild kann es auch auf dem **Seitenstreifen** (Def s § 2 Rn 23) verboten werden. Sonst ist das Halten auf einem Seitenstreifen erlaubt, wenn er so breit ist, daß das Fz nicht in die Fahrbahn hineinragt, auch in einer aus dem Gehweg ausgesparten Parkbucht (Bay 73, 46 = VRS 45, 141). Soll das Halten auf der Fahrbahn ganz, in der Ladebucht aber im Rahmen des Z 286 verboten werden, so ist es notwendig, außer dem Z 283 das Z 286 mit einem Zusatzschild „im Seitenstreifen" anzubringen, sofern es sich wirklich um einen Seitenstreifen handelt; die Bezeichnung eines Parkstreifens als Seitenstreifen im Zusatzschild zu Z 283/6 ist mißverständlich u kann zur Ungültigkeit führen (VG Mü NZV 91, 488). Durch die Aufstellung des Z 283 mit dem Zusatzschild „In der Bucht" (oder ohne solchen Zusatz) wird das Halten auf einer in einer Fahrbahnausbuchtung angelegten Zufahrtsspur zu einem Parkhaus wirksam verboten (Bay 74, 1 = VRS 47, 132).

14   Das Haltverbot **beginnt** am (ersten) Z 283 oder an dem an ihm durch ein Zusatzschild angezeigten Punkt (§ 41 II S 3, 4). Es gilt für die Str-Seite, auf der das Schild steht u **endet** nach § 41 II 8b ohne Rücksicht auf

Grundstückssein- u -ausfahrten (KG VRS 68, 297; HessVGH VRS 76, 51) an der nächsten Kreuzung oder Einmündung (Def s § 8 Rn 5) oder vorher, wenn dies durch Z 283 mit Pfeil (§ 41 II 8 c) angezeigt ist u idR ab Z 250 (Bay NZV 93, 409). **Zeitliche** Beschränkungen des Haltverbotes s VwV zu Z 283 II; „werktags" erfaßt auch den Samstag (Hbg VRS 66, 379). Wegen Kennzeichnung des Anfangs u des Endes der Strecke durch Pfeile s VwV zu Z 283 u 286 IV.

Auf den Raum **vor** dem 1. Halt- oder Parkverbots-Z erstreckt sich das **15** Parkverbot auch dann nicht, wenn das VZ mit einem dorthin weisenden Pfeil versehen ist (Dü VM 73, 36; BVwG VRS 49, 306; Bay 82, 86 = VM 83, 25). Ist der **Anfang** der Verbotsstrecke **nicht** zusätzlich **gekennzeichnet,** so endet das Verbot dort, wo nach der VAuffassung sein Grund (Kurve, Baustelle) weggefallen ist (Ha DAR 62, 88). War der Beginn der Strecke nicht angezeigt, so kommt einem späteren VZeichen mit dem das Ende der Verbotsstrecke bezeichnenden Zusatz keine Bedeutung zu (vgl Bay 60, 156 = VRS 19, 382). Nach Dü (VM 66, 89) muß derjenige, der 100 m hinter einem Haltverbotsschild hält, davon ausgehen, daß das Haltverbot noch gilt (Tatfrage! Zum Zonenhaltverbot s Z 290, 292 u § 13 Rn 5 a.). – Ein Haltverbot, das eine Baufirma auf Veranlassung der Pol in Abweichung von einer AO der StraßenVB aufgestellt hat, ist nicht schlechthin unwirksam (Bay 81, 54 = StVE § 45 StVO 18 in Ergänzung von Bay 77, 47), sondern als VA bis zur Aufhebung wirksam (vgl BVwG NJW 67, 1627; BGHSt 20, 125; § 39 Rn 9).

b) **Z 286 – eingeschränktes Haltverbot –** verbietet das Halten auf **16** der Fahrbahn über 3 Min, ausgenommen zum Ein- u Aussteigen oder zum Be- u Entladen (s 20 ff), ist also nach II eigentlich ein Parkverbot; **erlaubt** ist aber das kurze Halten zB zur Orientierung, zur Zimmernachfrage am Hotel, zum Öffnen oder Schließen der Garage (Kö DAR 57, 11), zum Kauf einer Kinokarte (Fra VM 61, 147 zum früheren R), zum Zeitungs- u Zigaretteneinkauf **binnen 3 Min.** Soweit damit ein Verlassen des Kfz verbunden ist (s dazu § 14 Rn 7), kann dies zwar nach § 12 II formell ein „Parken" darstellen, doch ist dies hier durch die Sonderregelung des Z 286 als bes Form des Haltens (bis zu 3 Min) erlaubt (s auch BGHSt 28, 143; Bouska VD 77, 49; andererseits KG VRS 51, 383). – Über seinen Geltungsbereich gilt das zu a) Ausgeführte. Eingeschränkte Haltverbote vor Theatern, öff Gebäuden u Hotels s VwV zu Z 286 III, Z 283 u 286 zusammen auf einem Mast s § 39 Rn 19. Parkerleichterungen für **Schwerbehinderte, Blinde u Ärzte** s § 46 VwV zu Abs 1 Nr 11; die Parksonderberechtigung für Gehbehinderte u Blinde gilt auch für die sie befördernden Fahrer (Bay 85, 86 = VRS 69, 462; s auch 85).

Auch das **Z 290** (ohne Zusatzschild) – **Zonenhaltverbot –** hat dieselbe Bedeutung eines eingeschränkten Haltverbots, lediglich iG zum Z 286 **17** mit weiterreichender **zonaler Wirkung** (Berr/Hauser 110); deshalb ist auch hier – wie bei Z 286 – jedes Halten bis zu 3 Min grundsätzlich erlaubt (so auch Berr/Hauser aaO u 428; Begr VkBl 89, 780; s auch Ol NZV 93, 491). – Ist es mit dem Zusatzschild „Parkscheibe" verbunden, ist Halten in der Zone nur nach Maßgabe des § 13 II zulässig (s dazu § 13 Rn 5 u 8). Ist das Parken durch Zusatzschild auf gekennzeichnete Flächen beschränkt, ist das Halten außerhalb dieser Flächen im Rahmen des § 12 II gestattet. Z 290 soll mit weniger Schildern flexiblerer Regelung dienen.

18 **Zusatzschilder.** Während Z 286 das Halten nur auf der Fahrbahn einschränkt, kann das Verbot durch das Zusatzschild mit dem hinter Z 283 abgebildeten Symbol (1052–37 VzKat) auf den Seitenstreifen erweitert werden. Dagegen wird das Verbot durch das Zusatzschild „auf dem Seitenstreifen" auf diesen beschränkt; auf der Fahrbahn darf gehalten werden, wenn es dort nicht durch ein weiteres Z 283 verboten ist (s 13).

19 **Durch Zusatzschild können gewisse VArten vom Haltverbot ausgenommen werden** (VwV II; s dazu auch § 39 Rn 14, 20 u 22). Die Frage, ob beschränkte Haltverbote zulässig sind, die zusammen mit der auf dem Zusatzschild bewilligten Ausn den Zweck verfolgen, den vom Verbot ausgenommenen Fzen eine Parkstelle zu sichern, ist umstritten. Im Interesse der VSicherheit u VFlüssigkeit allg gehaltene Verbote sind zulässig, zB „frei für Anwohner der R-Straße 3–29" (Kar VRS 33, 458; Nr 1044–30 VzKat). Nach Bay 65, 147 = VRS 30, 221 können durch die Ermächtigung des § 45 I S 1 auch Parkverbote gedeckt sein, die im Zusammenhang mit der bewilligten Ausn den Zweck verfolgen, den vom Verbot ausgenommenen Fzen (hier solchen eines Konsulats) eine Parkstelle zu sichern. Demgegenüber hält das BVwG (VRS 33, 149) Ausnahmeregelungen zugunsten von Behörden-Fzen für unzulässig (vgl hierzu § 39 Rn 14; § 45 Rn 6, § 46 Rn 1, 2). Die Gemeinde darf aber ein ihr gehöriges, nur dem tatsächlich öff Verkehr ohne straßenrechtliche Widmung (vgl § 1 Rn 13 ff) zur Verfügung gestelltes Grundstück einem anderen Zweck (Parkplatz für Behördenangehörige) zuführen (BVwG VRS 47, 72).

20 Unabhängig von der 3-Min-Begrenzung ist das Halten zum **Ein- u Aussteigen** ohne zeitliche Begrenzung erlaubt (s 24); es umfaßt auch das Aufnehmen oder Absetzen eines anderen, also das Ein- u Aussteigenlassen. Zum Ein- oder Aussteigen des Fahrers selbst s oben 16. Auch wer kurz anhält, bis ein anderer aus einer Parklücke herausgefahren ist, hält zum Aussteigen (Kö VRS 24, 459).

21 Das erlaubte Halten wird aber zum Parken, sobald das Ein- u Aussteigen nicht mehr Zweck des Haltens, sondern Mittel zu anderen Zwecken ist, zB zu geschäftlichen Besorgungen (von mehr als 3 Min Dauer). Dagegen gehören **Nebenverrichtungen** zum Ein- u Aussteigen, wenn nur letzteres der Hauptzweck des Haltens bleibt (KG VRS 59, 230 = StVE 23; s auch Ha DAR 53, 138) u dem Fahrer nicht zuzumuten ist, das Fz vor Erledigung der Nebenverrichtungen wegzufahren, so zB Bezahlen des Taxis (Ha VM 68, 42), das Warten des bestellten Fz auf den Fahrgast, wenn es nicht unangemessen lange dauert (Ha VRS 36, 77; Fra NJW 52, 675); dabei ist die Wartezeit grundsätzlich nicht auf 3 Min zu beschränken, wenn zu erwarten ist, daß der Fahrgast vereinbarungsgemäß in Kürze erscheinen wird (Bay VRS 57, 140 = StVE 16). Andererseits sollen das Geleiten des Gastes in den Bahnhof u die dortige kurze Verabschiedung nicht dazu gehören

Haltverbot durch Verkehrs- u Lichtzeichen 22, 23 § 12 StVO

(Kar VkBl 60, 628), was aber jedenfalls dann erlaubt ist, wenn es nicht länger als 3 Min dauert. Maßgebliches Kriterium ist stets, ob die Nebenverrichtung vermöge ihrer notwendigen Zusammengehörigkeit mit dem Ein- oder Aussteigen nach der VAuffassung als deren Bestandteil erscheint oder ob sie im Hinblick auf den Zweck des Ein- oder Aussteigens u den erforderlichen Mehraufwand an Zeit selbständige Bedeutung gewinnt (KG aaO im Anschl an Dü VM 69, 136; Ha NJW 59, 255 ua). Das Aufstellen eines Pkw innerhalb einer Haltverbotszone vor einem groß- oder mittelstädtischen Bahnhof auf die Dauer von 8 Min soll auch dann verbotenes Parken sein, wenn der Fahrer einen mit dem Zug ankommenden Angehörigen abholen will (Ha VRS 29, 235). Das gilt aber wohl nicht, wenn der Aufenthalt auf Verspätung des Zuges zurückzuführen ist. Durch die Beschränkung des Haltens vor Bahnhöfen soll der Platz für das An- u Wegfahren der Fahrgäste der Eisenbahn freigehalten werden; kurze Wartezeiten sind dabei unvermeidbar. Erst bei größeren Verspätungen oder starkem Verkehr kann dem Abholenden zugemutet werden, den Platz vorübergehend zu verlassen.

Auch das **Be- und Entladen** ist hier (zeitunabhängig, s 24) erlaubt. Der Begriff setzt den Transport von Sachen voraus, deren Größe u Gewicht die Beförderung durch ein Fz verlangt (Kö VRS 8, 75; Hbg VRS 8, 379); dazu gehört auch das sog **Umbrücken** einer Ladung durch Austausch der Auflieger zweier Lkw (Fra DAR 95, 457). Gegenstände, die üblicherweise in der Kleidung oder in der Aktentasche mitgetragen werden, fallen nicht darunter, wohl aber das Entladen eines Korbs voll Obst oder des Reisegepäcks aus einem Pkw (Br VRS 19, 151; Ha DAR 53, 138; Dü VM 64, 40). Regelmäßig gilt ein objektiver Maßstab, der sich nach der VAnschauung richtet. Ein bes kräftiger Mann braucht eine schwere Last nicht über eine größere Strecke zu tragen, weil es ihm leichter fällt, als einem anderen (KG VRS 14, 208). Andererseits wird man aber eine bes schwache Körperbeschaffenheit berücksichtigen müssen; einem Körperbehinderten kann nicht zugemutet werden, ein Paket, das ein Gesunder unschwer tragen könnte, zu Fuß über eine größere Strecke zu schleppen. Deshalb ist auch „Entladen" das Aussteigenlassen eines Körperbehinderten mit Gepäck aus einem Taxi. 22

LieferV ist der geschäftsmäßige Transport von Sachen von oder zu Gewerbetreibenden sowie von oder zu den Kunden eines Gewerbetreibenden (BVwG NZV 94, 125); hierbei stellt auch die Entnahme von leichten u kleinen Waren sogar dann ein Entladen dar, wenn der Wagen nur zur Belieferung **eines** Kunden unterwegs ist oder den letzten Kunden besucht (Br VM 63, 36; BGH VRS 17, 395; Ha VRS 20, 314). Zum LieferV gehören auch der Zusteller von Expreßgut der **Dt Bahn** u der Eil- u Telegrammzusteller der **Post** (KG VRS 19, 385; s auch § 35 VII). Ein bes hoher **Wert** des zu befördernden Gegenstands kann uU dem größeren Gewicht gleichzustellen sein, zB Transport eines bes empfindlichen Gerätes oder Verbringung eines großen Geldbetrages auf die Bank (KG VRS 14, 208; Kö VRS 21, 381; aA Ha VRS 48, 159). **Nicht** zum LieferV gerechnet wird das Abholen oder Bringen von Personen (Dü VRS 67, 151; OVG Lü 23

VM 81, 61 m krit Anm Booß) sowie der private Transport von Wäsche zur Wäscherei (KG VRS 62, 65 = StVE § 41 StVO 36).

24 Eine **Zeitgrenze** für das Be- u Entladen **besteht nicht** (Dü DAR 91, 432); die 3-Min-Grenze gilt für andere Haltefälle (s oben 16). Auch das Beladen eines Möbeltransportzuges mit Umzugsgut ist Beladen. Andererseits ist jeder Ladevorgang auf das erforderliche Mindestmaß an Zeit zu beschränken (§ 41 II 8 S 4). Verzögert der Ladende das Ladegeschäft unnötig oder nimmt er während seiner Durchführung irgendwelche anderen, durch die Ladearbeit nicht bedingten Tätigkeiten vor, so wird das Laden zum Parken (Kö VM 62, 40). Wer zu Ladezwecken hält, parkt aber nicht schon deshalb, weil er beabsichtigt, das Halten über das Ladegeschäft hinaus auszudehnen, solange es nicht dazu gekommen ist (Stu VM 67, 137). Werden Waren für mehrere Empfänger gleichzeitig aus dem Wagen genommen u ausgetragen, so ist die Angemessenheit des Zeitaufwandes für jede einzelne Lieferung zu berechnen; eine Abwesenheit von 25 Min ist je nach Sachlage nicht zu hoch (Bay 66, 92 = VM 66, 144; Hbg VM 60, 43).

25 Das Be- u Entladen umfaßt auch **Nebenverrichtungen,** die vermöge ihrer notwendigen Zugehörigkeit nach der Verkehrsauffassung als ihr Bestandteil erscheinen (OVG NW NZV 96, 87). Nebenverrichtungen sind die Auflieferung von Paketen bei der Post, außer wenn sie mit einem unverhältnismäßigen Zeitaufwand verbunden oder ihre Erledigung erst nach längerer Wartezeit möglich ist (Br VM 58, 9; vgl aber auch VRS 15, 198 für Abholen leichter Post aus dem Schließfach); ferner Empfang u Bezahlung der gelieferten Ware, Tausch von Behältern gegen Leergut, sowie eine gewisse Wartezeit, bis sich der Empfänger zur Annahme freigemacht hat; der ohne ins Gewicht fallende Zeitaufwand mögliche Abschluß eines Kaufvertrags; **nicht** aber **bloß vorbereitende Tätigkeiten** (Dü VRS 36, 312), anschließendes Waschen oder Umziehen (Dü DAR 91, 432), geschäftliche Verhandlungen im Anschl an die Ablieferung oder die Prüfung der Beschaffenheit der Ware; erst recht nicht private Unterhaltungen oder ein Gasthausbesuch (Br VM 63, 36; Bay 66, 92 = VM 66, 144; Ha VRS 23, 75).

26 In einer Parkverbotszone darf zum Be- oder Entladen auch dann gehalten werden, wenn eine Durchführung des Ladegeschäfts außerhalb dieser Zone nicht mit einer unzumutbaren Erschwerung verbunden wäre (Bay 66, 92; KG VRS 33, 144 unter Aufg der früheren RSpr; aA Br VRS 19, 151; 23, 60). Nach KG (aaO) sollen Nebenverrichtungen dem Ladevorgang nicht zugerechnet werden, wenn sie sich ohne zumutbare Erschwernis von ihm trennen lassen; der Entlader könne verpflichtet sein, nach Beendigung des eigentlichen Ladevorgangs sein Fz in eine nahe gelegene Parkzone zu fahren u dann erst die Nebenverrichtungen (Aufgabe der Pakete bei der Post) vorzunehmen. Eine solche Pflicht kann sich nach dem oben Gesagten nicht aus Z 286 ergeben, sondern höchstens in bes Ausn-Fällen aus § 1. Das Aufstellen eines schon entladenen Anhängers in der Zone des beschränkten Halteverbots kann eine mit dem Entladen des Lastzugs notwendig verbundene Nebenverrichtung sein (BGH(Z) VRS 40, 180).

Parken 27–33 § 12 StVO

c) **Z 295 – Fahrbahnbegrenzung.** Vgl § 2 Rn 85. Dient Z 295 als 27 Fahrbahnbegrenzung, dann darf nach § 41 III 3 b, bb links von ihr nicht gehalten werden, wenn rechts von ihr ausreichender Str-Raum frei ist (vgl aber Kö VRS 71, 223). Das Haltverbot dient der Freihaltung des Raumes links von der Begrenzung für den fließenden Verkehr, wenn dem ruhenden Verkehr zB ein Mehrzweckstreifen zur Verfügung steht; sonst darf, wenn dem auch § 12 I 1 oder § 1 II nicht entgegensteht, auch links von ihr geparkt werden, so zB wenn rechts von ihr ein Sonderweg verläuft (s Kö aaO).

d) **Z 297 – Richtungspfeile auf der Fahrbahn** – bewirkt, wenn die 28 Fahrstreifen durch Fahrbahnbegrenzungen – Z 295 – oder Leitlinien – **Z 340** – begrenzt sind, nach § 41 III 5 S 4 ein Haltverbot. Es gilt für alle Fahrstreifen, beginnt mit dem Ende des vom Fahrer zuerst erreichten Richtungspfeiles u endet an der Spitze des vordersten Pfeiles (Dü VRS 66, 380). Halten würde hier das zügige Einordnen u Abbiegen erschweren, den Verkehr zu gefährlichen Fahrstreifenwechseln veranlassen oder ihn ungebührlich aufhalten (Ha NZV 99, 291); im übrigen s § 9 Rn 51.

e) **Rotes Dauerlicht** u **gekreuzte Schrägbalken** (vgl § 37 III); wegen 29 **Z 299** s 62.

f) **Abs 1 Nr 7–9: Haltverbot vor Lichtzeichenanlagen, Warn-** 30 **schildern** sowie vor u in **Feuerwehrzufahrten;** letztere müssen im Hinblick auf die nur öff VBereiche erfassende Ermächtigungsgrundlage des § 6 I StVG (s auch **E** 26) zum mind faktisch öff VRaum gehören (Ha NZV 90, 440; Vogel NZV 90, 419, 421; Kö NZV 94, 121) u amtl gekennzeichnet sein (die StVO enthält allerdings kein entspr Hinweisschild), private Hinweise reichen nicht aus (KG NZV 92, 291; Kö aaO; Näheres dazu bei Vogel aaO). Im Gegensatz zum Parkverbot nach III 3 richtet sich das Haltverbot nach I 8 auch an den Grundstückseigentümer, da hier nicht nur seine Interessen geschützt werden sollen (s Vogel aaO); es gilt aber nicht für sog Feuerwehraufstellflächen (KG NZV 94, 407).

g) **Z 229** ist jetzt eindeutig als Haltverbot ausgestaltet u verbietet so iVm 31 I 9 allen anderen Kfzen als Taxen jedes Halten an Taxenständen. Damit ist der auf der Grundlage des vorher in Z 229 verwendeten Z 286 ausgetragene Streit gegenstandslos geworden (s BGH NZV 93, 197; Ce NZV 91, 81 u Dü NZV 93, 40). – Zur Aufstellung des Zeichens s VwV zu Z 229 sowie Ha VRS 50, 469.

5. Abs 1 a: Haltverbote für Taxen auf Busstreifen (Z 245) 32

Taxen dürfen dort – ausgenommen an Bushaltestellen – nur fahren, nicht aber halten u Fahrgäste aufnehmen oder absetzen, um den BusV nicht zu behindern.

6. Abs 2: Parken 33

„Halten" ist der umfassendere Begriff, „Parken" ein Sonderfall des Haltens. Wer parkt, hält auch. Aber nicht jeder, der hält, parkt auch. Der

StVO § 12 34–36 Halten und Parken

Parkende muß immer auch die Pflichten erfüllen, die für das Halten gelten, insb auch die Haltverbote beachten, während der bloß Haltende die Parkverbote nicht zu beachten braucht. – Nach II **parkt** immer, wer das Fz verläßt, dh sich in einer Weise entfernt, daß die VLage nicht im Auge behalten (BGHSt 28, 143 = StVE 15; KG VRS 59, 228 = StVE 22; vgl auch § 14 Rn 7) u erforderlichenfalls sofort – spätestens binnen 3 Min – wegfahren kann (BGH aaO; Dü VRS 55, 457; Ol NZV 93, 491) u auch keinen Vertreter zurückläßt (Ce DAR 87, 60). Bleibt der ausgestiegene Fahrer abfahrbereit beim Fz, so wird das Halten erst nach Ablauf von 3 Min zum Parken (s Bay VRS 51, 459; BGHSt 28, 143). Beim unbefugten Abstellen auf einem Behinderten-Parkplatz muß der Fz-Führer erkennbar in der Nähe bleiben, um bei Bedarf unverzüglich wegfahren zu können (Dü DAR 95, 499).

34 Eine Sonderstellung nimmt das **eingeschränkte Haltverbot** nach **Z 286** ein: Es erlaubt zeitlich über 3 Min hinausgehendes, zweckbestimmtes Halten, ohne daß hierfür die Regeln des Parkens anwendbar werden (vgl KG VRS 51, 383 u unten 16 ff). Soweit das KG (aaO) aus § 41 II 8 – Z 286 – folgert, daß der Parkbegriff des § 12 II dahin einzuschränken sei, daß ein länger als 3 Min dauerndes Halten zum Zwecke des Ein- u Aussteigens sowie des Be- u Entladens kein „Parken", daher auch in zweiter Reihe u in Parkverbotszonen zulässig sei, ist dem nicht zu folgen (s BGHSt 28, 143; Bouska VD 77, 49).

35 Soweit kurze Fahrtunterbrechungen außerhalb des Wirkungsbereichs des Z 286 (s unten 16) mehr als 3 Min dauern oder mit einem Verlassen des Fz verbunden sind, sind sie als Parken anzusehen. Stellt sich heraus, daß der Zweck des Haltens nicht alsbald erreicht werden kann, so muß der Fahrer an eine Stelle weiterfahren, wo er parken darf. Auch wer Schneeketten anlegen will oder aus seinen Papieren 5 Min lang den Ort festzustellen versucht, wo er abzuladen hat, hält nicht, sondern parkt (Bay 59, 363 = VRS 18, 376; Br VM 63, 37). – **Aber:** Verkehrsbedingtes, durch Weisung, Panne oder Stau erzwungenes **Warten** ist kein Parken, selbst wenn das Kfz dabei zur Erkundung der Ursache verlassen wird (Dü NZV 89, 81). – Eine **Anzeige des Haltens** auf freier Strecke, das für Nachfolgende nicht ohne weiteres voraussehbar ist, kann nach § 1 II geboten sein (BGH(Z) StVE 48; Ha NZV 94, 28). – Zur Unzulässigkeit des Haltens s unten 81 u 5 ff.

36 a) **Gemeingebrauch** (s **E** 93). Parken ist als Gemeingebrauch an öff Str mit den sich aus den §§ 1 II, 12 u 13 ergebenden Einschränkungen überall erlaubt (BGHSt 29, 180, 183; Dü VRS 71, 61; 72, 296; Ha VRS 72, 387 = StVE 55). § 12 II grenzt das Parken nur gegenüber dem Halten ab. Das bedeutet aber nicht, daß auf der anderen Seite ein Parken unbeschränkt erlaubt ist. Seine Zulässigkeit wird vielmehr durch den Gemeingebrauch begrenzt. Dieser richtet sich nach der Widmung u den verkehrsbehördlichen Vorschriften. Ob Gemeingebrauch oder Sondernutzung (**E** 94) vorliegt, richtet sich nach dem Zweck der Str-Benutzung (Dü NZV 91, 40). **Kein Gemeingebrauch** liegt vor, wenn jemand die Str nicht vorwiegend zum Verkehr, sondern zu anderen Zwecken benutzt (§ 7 I BFStrG; vgl auch § 29 II, III; z B zum mehrtägigen Wohnen u nicht bloß einmaligen Übernachten in einem Wohnmobil: Bra NVwZ 82, 63 oder nur für Werbezwecke: OVG Hbg VRS 98, 396). Abstellen eines Anhängers auf öffentl Str, der ausschließlich zur Lagerung von Marktwaren dient (KG v 23. 01. 01, 2 Ss 321/00). Zur Auslegung sind die Begriffe der Gemeinverträglichkeit u Verkehrsüblichkeit heranzuziehen (BVwG VRS 30, 155, 468; DAR 57, 221). Durch Landes- oder OrtsR kann zwar der nach BundesR zulässige Gemeingebrauch der Str zum Parken nicht eingeschränkt werden (BVwG aaO; Dü VM 62, 138; Br VM 62, 137). Dem BundesR entspr Regelungen für die Landes- u Gemeindestr u Vorschriften, die über eine den Gemeingebrauch hinausgehende Benutzung der Str, zB die Genehmigungspflicht von reinen Reklamefahrten regeln, sind aber zulässig (Fra DAR 58, 139; Bay 66, 7 = VRS 31, 129). Zum erlaubten Parken des Eigentümers auf einem nur faktisch öff Gehweg s Je NZV 97, 448.

b) **Abstellen von Fahrzeugen.** Zu unterscheiden ist zwischen Parken u „Abstellen" eines Fz auf öff Str. Abstellen ist die mehr oder weniger endgültige Zurruhesetzung, das Aus-dem-Verkehr-ziehen eines Fz, das nicht mehr fahrbereit oder nicht zugelassen u praktisch nicht mehr als VMittel zu gebrauchen ist (Bay VM 77, 19) sowie das Aufstellen zu anderen Zwecken als der späteren Inbetriebnahme (BVwG VRS 38, 390, 393) i G zum vorübergehenden Charakter des „Aufstellens" zum Parken oder bloßen Reifenwechsel (Kö VRS 65, 431 = StVE § 142 StGB 67). Das Abstellen gehört nicht zum zulässigen Gemeingebrauch (Bay aaO; Fra DAR 58, 139; Kö VM 62, 139; BVwG VRS 38, 390; s auch unten 73). In diesem Sinn abgestellt ist eine Str-Baumaschine, die nach dem Einsatz auf der Str stehenbleibt (Ko NJW 61, 1961; Kö VRS 27, 64); nach Bay (aaO) ist auch ein nicht zugelassenes Kfz, das jew erst nach Anbringung eines roten Kennzeichens zu Fahrten benutzt wird, „abgestellt" (so auch Ko VRS 65, 472 u Kodal Kap 24 Rn 54). Aufstellen selbst eines zugelassenen Kfz auf öff Str zum **Zwecke der Werbung oder nur um es zum Verkauf** anzubieten, wird als eine erlaubnispflichtige Sondernutzung (Dü NZV 91, 40; OVG Hbg VRS 98, 396; Steiner JuS 84, 1, 7) u Verstoß gegen § 33 I 2 StVO betrachtet, wenn dadurch eine VBeeinträchtigung eintreten kann (Bay 77, 118 = VRS 54, 75; 82, 127 = VRS 63, 476; aA Ko VRS 65, 472 bei zugelassenen Kfzen u Ha DAR 01, 183 bei zulässigem Parken eines betriebsbereiten u zugelassenen, zur nachfolgenden Inbetriebnahme bestimmten Kfz mit Verkaufsofferte). Ob das auch gilt, wenn eine Str zum Abstellen von Kfzen benutzt wird, die **vermietet** werden sollen (so Bay VM 80, 22; Dü VRS 74, 285; Hentschel 42 a; aA BVwG VRS 63, 229 = StVE 29; Bay VGH BayVwBl 79, 688; VG Meiningen NZV 96, 88 Ls u Jagow VD 81, 129), ist jedenfalls dann zweifelhaft, wenn die Kfze betriebsbereit, versichert u zugelassen sind u jederzeit, dh nicht erst mit Hilfe eines roten Kennzeichens, dem fließenden Verkehr zugeführt werden können u sollen (Jagow aaO; s auch Bay VRS 66, 228; Verf NStZ 84, 254).

StVO § 12 38–41 Halten und Parken

38 Ungeklärt ist, inwieweit ein abgestelltes Fz noch am Verkehr teilnimmt u der StVO untersteht. Nach verbreiteter Ansicht soll ein Fz, das nur zum Zeigen von Werbeflächen auf der Str aufgestellt wird, oder ein Anhänger, der auf der Str vor einer Werkstatt steht, bis ihn der Kunde abholt, oder das Aufstellen eines als Arbeitsplattform dienenden Lieferwagens auf dem Gehweg (Ha VRS 59, 298) nicht mehr am Verkehr teilnehmen, sondern infolge fehlender VBezogenheit seiner Aufstellung nur noch ein „Gegenstand" i S des § 32 sein (so BVwG VRS 63, 229; 30, 468; Ko VRS 65, 472; Bay u Jagow aaO). Dem kann nicht beigetreten werden. Wenn ein Fz-Führer durch die Abstellung eines Fz den Gemeingebrauch überschreitet, so bleibt er doch unter dem Gesichtspunkt des StrVerkehrsrechts VT (vgl § 1 Rn 5). Er scheidet nicht aus dem öff StrV aus, sondern mißbraucht ihn (ebenso Booß Anm 3 u VOR 74, 100). Das als Dauerart fortwirkende verkehrswidrige Aufstellen – etwa in einer Parkverbotszone – steht daher mit dem Verstoß gegen § 32 in TE, wird aber nicht durch die Überschreitung des Gemeingebrauchs beseitigt (vgl Bay 66, 7 = VRS 31, 129; im Ergebnis ebenso Bay 56, 35 = VRS 10, 394).

39 **„Völlig aus dem Verkehr gezogen"** ist ein Fz nicht, wenn es fahrfähig im Str-Raum wie jedes andere parkt, wenn auch nur zu dem Zweck, Reklameflächen zu zeigen (vgl auch § 33 I S 3). Davon kann nur gesprochen werden, wenn es seiner Eigenschaft als Fz beraubt ist, etwa ein Ausstellungsomnibus, der keine Maschine oder keine Räder mehr besitzt u daher als verkehrsfremder Gegenstand, etwa wie ein Kiosk, auf der Str steht, oder ein nicht nur kurze Zeit betriebsunfähiges Kfz (Ha VRS 41, 74). Auch ein nicht zugelassenes Kfz kann am Verkehr teilnehmen u untersteht dann seinen Pflichten, es kann ebensowenig wie im fließenden Verkehr als bloßer verkehrsfremder „Gegenstand" angesehen werden, wenn es – rechtswidrig – betrieben wird, aber dazwischen parkt. Die Nichtzulassung kann höchstens ein Indiz für die dauernde Außerbetriebsetzung sein, aber nicht deren Begriffsmerkmal (s aber Dü VRS 74, 285).

40 Ein auf der Str oder einem Grundstück abgestelltes Autowrack kann **„Abfall"** iS des AbfallbeseitigungsG v 7. 6. 72 (BGBl I 873) sein (Bay 73, 162 = VRS 46, 73; Bay 73, 166 = VRS 46, 75; NZV 93, 164; Dü VD 88, 265; s auch § 32 Rn 4), **nicht** aber ein zugelassenes, wenn auch verkehrsunsicheres Kfz, wenn keine Anhaltspunkte dafür bestehen, daß es aufgegeben oder nicht mehr genutzt werden soll (Nau VM 95, 23).

41 c) Das **Dauerparken** (sog Laternengarage) gehört zum Gemeingebrauch u ist daher zulässig (BVwG VRS 30, 468); ob u ggf welche Vorsorge ein länger abwesender Dauerparker dagegen treffen muß, daß das zunächst zulässige Parken durch zwischenzeitliche Aufstellung eines Halt- oder Parkverbotsschildes nicht ow wird, richtet sich nach den jew Umständen (s dazu Kö NZV 93, 406 m zutr krit Anm Notthoff ZfS 95, 81; Je NZV 95, 289; OVG Hbg VRS 89, 68; § 39 Rn 15). – Für **abgekoppelte Anhänger** s aber **III b** (unten 74).

7. Abs 3 Nr 1–7, 9: Allgemeine Parkverbote 42

Erstreckung der Parkverbote auf Seitenstreifen s oben 23.

a) **Nr 1: Vor** u **hinter Kreuzungen** u **Einmündungen** (Def s § 8 Rn 4, 5). Dadurch sollen das Ab- u Einbiegen erleichtert, Verkehrs- u Sichtbehinderungen hier vermieden werden (BGH VRS 18, 206; Bay VRS 59, 375; Kö VRS 70, 468; Kar DAR 92, 220 zur Mithaftung bei sichtbehinderndem Parken). Es verbietet daher nicht auch das Parken **gegenüber** Str-Einmündungen (KG VM 57, 4; Ko VM 57, 33) oder an dem geradeaus weiterführenden rechten Schenkel einer **Str-Gabelung** (Kar DAR 89, 113; s auch § 9 Rn 7). Sind die Fahrbahnkanten an der Einmündung abgerundet, so berechnet sich die Entfernung von 5 m von den gedachten Schnittpunkten der verlängerten Fahrbahnkanten aus (Ha VRS 7, 227; StVE 25). Ist der Bogen langgestreckt, so greift § 1 ein (Ha aaO). Wird die Fahrbahn über die ursprüngliche Fahrbahnkante hinaus durch einen bis an den Kreuzungsbereich heranreichenden Bauzaun verengt, so bildet dieser die für die Feststellung des Schnittpunktes maßgebliche Fahrbahnkante (Bay 81, 146 = VRS 61, 463; KG VRS 62, 63, 65). Die Freigabe eines Str-Teils außerhalb der Fahrbahn u des Seitenstreifens, zB des Gehwegs, zum Halten u Parken befreit nur von dem Gebot des § 12 IV. Auch auf einem solchen Streifen müssen die in § 12 III vorgeschriebenen Abstände von Str-Kreuzungen u Haltestellenschildern öff VMittel eingehalten werden (Ce VM 59, 99; Ha VM 69, 13). – Nr 1 gilt auch auf der linken Seite einer Einbahnstraße vor einer von links einmündenden Str (Kö VRS 70, 468 = StVE 47).

b) **Nr 2: Vor gekennzeichneten Parkflächen.** Das Parkverbot soll die 43 Benutzung einer gekennzeichneten Parkfläche gewährleisten. Es schützt die Zu- u Abfahrt zu u von Flächen, die entweder durch Flächenmarkierungen nach § 41 III 7 oder durch Parkplatzschilder **Z 314 oder 315** gekennzeichnet sind. Das gilt auch, wenn es sich bei der so gekennzeichneten Parkfläche um ein Privatgrundstück handelt (Ol VRS 60, 471). Unzulässig ist auch Parken außerhalb der gekennzeichneten Flächen, das generell geeignet ist, einen Kf vom Aufsuchen oder Verlassen eines Parkplatzes abzusehen (Dü NZV 00, 339; Ha VRS 64, 231; s auch Kö VRS 65, 395). Ansonsten beinhaltet § 12 III 2 iVm einer Markierung nach § 41 III 7 kein Parkverbot für den nicht markierten Bereich (Dü DAR 95, 457).

c) **Nr 3: Grundstücksein- u -ausfahrten** müssen als solche deutlich 44 erkennbar sein; maßgeblich sind die gesamten baulichen Umstände (KG VRS 68, 297). Nicht erforderlich ist, daß die Bordsteine zur Fahrbahn hin abgesenkt sind (BGHSt 24, 111; KG VRS 53, 302). Grundstücke iS von Nr 3 können auch öffentliche VFlächen sein, die dem ruhenden Verkehr dienen, denn das Parkverbot vor Einfahrten will unbehindertes Ein- und Ausfahren sichern; auch Ausfahrten zu einer Garage fallen unter den Begriff der Ausfahrten (OLGR Hbg 01, 5). Über etwaige zusätzliche Anordnungen der StraßenVB s § 45 Rn 3 ff.

StVO § 12   45–47

45   Das Parkverbot **vor** Grundstücksein- u Ausfahrten (s dazu Hauser VD 82, 341; Verhältnis zum öff VRaum s Schl VM 85, 35) ist eng auszulegen, es gilt auch im Bereich eines eingeschränkten Zonenhaltverbots (§ 13 II S 3; Bay DAR 92, 270) u dient nur dem Berechtigten (Bay VRS 49, 149; Kö DAR 83, 333; Dü NZV 94, 288; anders bei I 8; s Vogel NZV 90, 419). Dieser darf dort aber selbst dann parken, wenn die Zufahrt über einen Seitenstreifen führt, auf dem Z 286 gilt (Dü NZV 94, 162); dies dürfte aber nach dem uneingeschränkten Verbot nach III 9 nicht gelten, wenn die Zufahrt über eine „Bordsteinabsenkung" führt (str, s dazu Berr/Hauser 246 a mwN); die Ahndung eines solchen Formalverstoßes wäre aber mE inopportun (so zu R auch Hentschel NJW 92, 2062). Es richtet sich nicht nach Benutzungsgrad oder -Art (KG VRS 68, 297) u entfällt gegenüber dem Zufahrtsberechtigten mangels Schutzbedürfnisses vor der Einfahrt in das eigene, allein bewohnte Grundstück (Bay VRS 49, 149; Ha StVE 4), nicht aber dort auf dem Gehweg (KG VRS 73, 473; Fra DAR 84, 230 m abl St Angersbach; Dü VRS 81, 375; s auch 57), ferner wenn das Einfahrtstor ersichtlich nicht benutzbar ist (KG VRS 62, 142), der Berechtigte das Parken gestattet (Bay DAR 92, 270; Dü NZV 94, 162) oder wenn der Parkende jederzeit in der Lage u bereit ist, die Einfahrt freizumachen (Bay aaO; Ko DAR 59, 251; Dü NZV 94, 288) u dort auch kein allg Halt- oder Parkverbot besteht, als welches Z 314 m Zusatzschild allerdings nicht gilt (Fra bei Verf NStZ 84, 545).

46   **Freizuhalten** ist idR der einer normalen Torausfahrt entspr Raum, wobei auf die Art des zu erwartenden AusfahrtV (Pkw oder auch schwere Lastzüge) Rücksicht zu nehmen ist (vgl Ol VRS 32, 153). Geschützt ist die geradlinige Ein- u Ausfahrt; der Benutzer muß sich nicht auf andere Flächen (wie Gehweg u Nachbargrundstück) verweisen lassen (Dü VD 90, 40). – Das Parkverbot gilt auch für Einstellplätze, jedoch insges nur **vor** (evtl gegenüber, s 47) nicht aber **neben** der Ausfahrt. Wird eine Grundstücksausfahrt nach einer Richtung durch einen zum Entladen haltenden Lkw versperrt, so ist dessen Fahrer zum Freimachen nicht verpflichtet, wenn dies für ihn erheblich lästiger als für den Ausfahrenden die Fahrt in anderer Richtung ist (Ha VRS 27, 462).

47   **Auf schmalen Fahrbahnen** darf auch **gegenüber** der Ein- oder Ausfahrt nicht geparkt werden. Der Begriff „enge Straßenstelle" in I Nr 1 u „schmale Fahrbahn" in III Nr 3 decken sich nicht. Entspr dem Zweck der Vorschrift, das Einbiegen nicht durch parkende Fze zu erschweren, darf die Fahrbahn durch ein gegenüber der Ein- u Ausfahrt parkendes Fz nicht so versperrt werden, daß der Ein- oder Aus-Fahrende nur mit Hilfe von schwierigem Rangieren ein- oder ausfahren kann; mäßiges, einmaliges Rangieren dagegen ist bei dem knappen VRaum zumutbar (OVG Ko DAR 99, 421; Sa NZV 94, 328; Fra VRS 58, 368; s dazu Hauser VD 82, 344; aA bis 10. Aufl im Anschl an Kar VRS 55, 249: Einfahrt in einem Zuge). Zu einer Wendung von 90° benötigt der Abbiegende einen halben Wendekreis (bei Pkw meistens etwa $11 : 2 = 5,5$ m), der aber an einer übersichtlichen Einmündung nicht erst am Schnittpunkt der Fahrbahnen beginnen muß. Inwieweit der größere Wendekreis von Omnibussen, Lkw oder Lastzügen zugrunde zu legen ist, hängt davon ab, ob solche Fze die Ein- u Ausfahrt – nicht nur ausnahmsweise – benutzen.

Nr 3 ist SchutzG iS von § 823 II BGB; Verletzung löst Schadenser- **48** satzanspruch (Nü NJW 74, 1145; LG Mü I NJW 74, 2288; LG Bonn Schaden-Praxis 01, 85: bezieht sogar Vermögensschäden mit ein; aA AG Heidelberg NJW 77, 1541; s dazu Dörner JuS 78, 666 u van Venrooy JuS 79, 102) u Abschlepprecht aus (AG Kar NJW 77, 1926; AG Mü DAR 81, 358; s dazu unten 93).

d) **Nr 4: Vor** u **hinter Haltestellenschildern** für Straba oder Linien- **49** busse **(Z 224)** auch mit Zusatzschild „Schulbus" Verkürzung oder Verlängerung der Verbotsstrecke durch **Z 299** s VwV zu Z 224 IV, V. Das rechts aufgestellte VSchild bewirkt das Parkverbot am rechten Fahrbahnrand auch, wenn die Straba auf der Str-Mitte verlegt ist, also nicht nahe am Fahrbahnrand hält. Steht aber das Schild auf einer Haltestelleninsel, so besteht für die Fahrbahn rechts von der Insel kein Parkverbot nach Nr 4. Vgl auch § 41 II S 1.

e) **Nr 5:** Ehemals Parkverbot an Taxenständen; wurde durch VO v **50** 14. 12. 93 gestrichen u durch das absolute Haltverbot nach § 12 I 9 ersetzt (s Rn 31).

f) **Nr 6:** Vor u hinter **Andreaskreuzen (Z 201)** innerhalb geschl Ort- **51** schaften bis zu je 5 m, außerhalb derselben bis je 50 m, um freie Sicht auf den Bahnübergang u seine Sicherungseinrichtungen, sowie genügend Raum zur Auffahrt des fließenden Verkehrs vor dem Bahnübergang zu gewinnen. Vgl auch § 19 III.

g) **Nr 7:** Über **Schachtdeckeln** u anderen Verschlüssen, wenn das Par- **52** ken auf Gehwegen erlaubt ist (Z 315; § 41 III 7). Das Parkverbot soll den Zugang zu den unter der Str verlegten Versorgungseinrichtungen sicherstellen (Kö VRS 72, 382).

h) **Nr 9** soll die für Rollstuhlf vorgesehenen **Bordstein-Absenkungen** **53** freihalten; sie gilt daher nicht dort, wo der Bordstein insgesamt auf längere Strecken flach ist; der auf einige Meter abgesenkte Teil muß sich deutlich vom höher gelegenen Niveau abheben (Kö DAR 97, 79; krit dazu Huppertz DAR 97, 504).

8. Abs 3 Nr 8: Parkverbote durch Verkehrszeichen 54

a) **Z 306 – Vorfahrtstraße –** verbietet außerhalb geschl Ortschaften im Interesse des fließenden Verkehrs in beiden Richtungen (BGH VersR 83, 438; VRS 72, 38 = StVE 52) das Parken auf der Fahrbahn, aber nicht auf Seitenstreifen, wenn sie so breit sind, daß das parkende Fz nicht seitlich in die Fahrbahn hineinragt u nicht bei geschlossener Bebauung ohne Z 310 (BGH aaO). Vgl § 8 Rn 24.

Wer außerhalb einer geschl Ortschaft in eine Str einbiegt, der gegenüber **55** die von ihm bisher benutzte Str durch Z 205 oder 206 untergeordnet ist, muß, solange er sich nicht vom Gegenteil überzeugt hat, damit rech-

StVO § 12 56–60 Halten und Parken

nen, daß die bevorrechtigte Str eine Vorfahrtstr sein könne (Bay 76, 56 = StVE 6).

56 b) **Z 295 u 296 – Fahrbahnbegrenzung –** begründen außer dem bereits oben (27) behandelten Haltverbot ein Parkverbot, wenn zwischen dem parkenden Fz u der Linie nicht ein Fahrstreifen von mind 3 m verbleibt. Die Vorschrift wendet die oben (6) dargelegten Grundsätze zur engen Str-Stelle auf die Fälle der Fahrstreifenbegrenzung sinngemäß an. Bei Z 296 besteht das Parkverbot nur auf der Seite der nicht unterbrochenen Linie (§ 41 III 3a, 4b).

57 c) **Parken auf Gehwegen.** § 12 IV verbietet grundsätzlich (u auch aus Gründen der Gebäudesicherung: BVwG DAR 92, 473) das Parken auf Gehwegen (Def s § 25 Rn 2); er ist für den ruhenden Verkehr allein maßgebend, nicht § 2 I, der sich auf den **Fahr**verkehr bezieht (BVwG aaO; KG VRS 45, 66; Bay VRS 48, 456; Ha v 21. 8. 84, 3 Ss OWi 1111/84; Kö VRS 71, 214; Dü (5. Sen) VRS 61, 64; aA Dü (2. Sen) StVE 30 = VRS 63, 384; Ko VRS 45, 48; vgl § 2 Rn 22). Auch der Eigentümer oder Pächter darf auf einem über sein Grundstück führenden, dem öff Verkehr gewidmeten Gehweg nicht parken (Ko aaO zu § 2 I; s auch 45). Die StVO läßt das Parken auf Gehwegen nur in beschränktem Umfang zu (s Kö VRS 72, 382 = StVE 54); **Ausn** s § 46 I 3; Zuwiderhandlungen s Rn 88.

58 **Abs 4 a** stellt klar, daß – soweit erlaubt – auch auf Gehwegen grundsätzlich nur **rechts** geparkt werden darf, außer in Einbahnstr.

59 Nach **§ 41 III 7** erlauben **Parkflächenmarkierungen** – ununterbrochene Linien – das Parken auf Gehwegen Fzen bis zu 2,8 t.* Sie können gleichzeitig – auch auf Parkplätzen (Hbg VM 73, 74) – verbindlich vorschreiben, wie die Fze aufzustellen sind. Begrenzung s unten 63. Parken auf Restflächen außerhalb der markierten Parkfelder ist nicht allg verboten (BGHSt 29, 180 = StVE 20; Hbg VRS 54, 221 = StVE 11; Fra DAR 78, 83; Dü VRS 64, 300 = StVE 33; DAR 95, 457; Stu VRS 74, 223).

60 **Z 315** erlaubt ausnahmsweise das sonst verbotene (Rn 58) **Parken auf Gehwegen;** es hat die gleiche Bedeutung wie § 41 III 7 (ausführlich dazu Hauser VD 91, 34) u soll für längere Parkflächen verwendet werden, während die bloße Markierung genügt, wenn nur wenigen Fzen das Parken erlaubt werden soll (VwV zu Nr 7 vor Z 299). Wenn der markierte Raum – ohne Unterteilung in einzelne Parkfelder – genügend breit ist, darf u soll schräg geparkt werden, wenn dies eine bessere Ausnützung des Parkraumes ermöglicht (vgl VwV aaO II). Z 315 mit seinen Varianten (Z 317) bestimmt nicht nur allg die Zulässigkeit des Parkens auf Gehwegen, sondern auch den Teil des Gehweges, der zum Parken freigegeben ist, sowie die Art der Aufstellung; zum zulässigen Parken auf Gehwegen zwischen Bäumen s Dü NZV 94, 372. Wegen Zuwiderhandlungen s unten 86, wegen Beschränkungen u Ausn s unten 63.

---

* Diese Gewichtsangabe ist durch die 24. VO z Änd verkehrsrechtlicher Vorschriften aus bautechn. Gründen **nicht** auf 3,5 t angehoben worden.

Auch das **Parken mit beiden rechten Rädern auf dem Gehweg** ist 61
nur an den entspr gekennzeichneten Stellen zulässig (Bay VRS 48, 456; aA
Mühlhaus DAR 74, 29 ff u Ko VRS 45, 48; s unten 88).

d) **Z 299 – Grenzmarkierung für Halt- u Parkverbote** – dient nur 62
zur Verdeutlichung der räumlichen Begrenzung, dh einer vertretbaren
Verlängerung u Verkürzung von bestehenden Halt- u Parkverboten,
begründet also nicht aus sich selbst heraus ein Verbot (§ 41 III 8; Bay 78, 4
= VRS 55, 69), so daß deren selbständige Erwähnung in I 6 d u III 8 d
als Halt- u Parkverbote problematisch ist; sie hat nur insoweit rechtsgestaltende Wirkung, als sie auf der Zickzacklinie das Halten u Parken verbietet,
außerhalb derselben gestattet, auch wenn das ges Halt- u Parkverbot an
sich anders begrenzt wäre (Dü VD 87, 259). Es kann die 5 m-Zone vor
Kreuzungen u Einmündungen (VwV zu § 12 III) oder die 15 m-Zone vor
Haltestellen (VwV zu Z 224 u 226 IV, V) dem örtl Bedürfnis anpassen,
muß aber den ges Verbotsbereich einbeziehen u darf ihn nicht unvertretbar ausdehnen (Bay 81, 189 = VRS 62, 145), sonst ist es unwirksam
(Kö NZV 91, 484). Sind an Stellen, an denen Parken nach dem G verboten ist, Parkflächen durch Fahrbahnmarkierungen (§ 41 III 7) freigegeben,
so können diese durch Z 299 beschränkt werden; denn dann handelt es
sich um die Abgrenzung (Verkürzung) eines bestehenden Parkverbotes.
Das gilt auch für Parkplätze (unten 63 f). Ein Rechteck mit durchkreuzter
Innenfläche begründet kein Parkverbot (KG VRS 65, 297 = StVE § 45
StVO 28).

e) **Z 314 – Parkplatz.** Über die Öffentlichkeit eines Parkplatzes s § 1 63
Rn 13, Einbiegen in ihn s § 9 Rn 4, Ausfahren aus ihm § 10 – VRegelungen für öff Parkplätze in Gemeindesatzungen sind unzulässig (Bay 82, 28 =
VRS 62, 475; s auch **E** 90 f).

Z 314 hat verschiedene rechtliche Bedeutungen. Ist das Parken auf der 64
Fläche ohnehin erlaubt, so ist es bloßes Hinweiszeichen. Es enthält kein
Verbot, außerhalb des gekennzeichneten Platzes zu parken (BGHSt 29,
180 = StVE 12; Dü VRS 64, 300 = StVE 33). Es erlaubt das Parken, hat
also rechtsbegründende Wirkung, wenn das Parken ohne seine Anbringung
unzulässig wäre (§ 42 IV 1).

Auf dem Parkplatz kann das Parken durch **Anordnungen** zeitlich, nach 65
Fz-Arten u zugunsten bes VT beschränkt werden. Diese Beschränkungen
können nur durch **Zusatzschilder** ausgedrückt werden (VwV zu Z 314 III),
nicht durch Parkflächenmarkierungen, wie „BUS" (Zw VRS 68, 68) oder
weiße Pfeile auf dem blauen Z, die gem § 42 IV 3 nur wegweisende Funktion haben (Fra NZV 92, 417); das Zusatzschild „Nur für Pkw" verbietet zB
auch Wohnmobilen unter 2,8 t (Schl NZV 91, 163; KG NZV 92, 162; ab
24. VO z Änd v VVorschriften ist die Gerichtsangabe von „2,8" generell auf
„3,5" t erhöht worden, Ausn §§ 41 III 7 u 42 IV sowie oben 60), das „Nur
für Lkw" allen anderen Fzen das Parken (Kö NZV 91, 471), das „Gebührenpflichtig bei Veranstaltungen" das Parken ohne Gebühr ab Beginn
der Vorbereitungen für die Veranstaltung (Kö VRS 82, 380). Durch Z 314
mit Zusatzschild kann der Gemeingebrauch zugunsten bes ausgewiesener

StVO § 12 66–71 Halten und Parken

Personen (Anwohner, Behinderte pp, s Text zu Z 314) eingeschränkt werden (Dü VRS 63, 377; s auch amtl Begr VkBl 80, 244 u Erl zu Z 314); die Ausn für die Begünstigten sind nicht übertragbar (VG Bln NZV 96, 48) u gelten nur, wenn die Parkausweise gut lesbar ausgelegt sind (Z 314 Erl 2 S 2); sonst ist Parken OW nach § 49 III 5 (Br VRS 49, 65). Auch das Halten zum Be- oder Entladen ist Nichtberechtigten hier verboten, wenn es länger als 3 Min dauert oder das Fz verlassen wird (Kö VRS 88, 389).

66 Daneben kann **durch Parkflächenmarkierungen** verbindlich angeordnet werden, **wie** die Fze aufzustellen sind. Das ergibt sich aus § 41 III 7 S 3 iVm S 2 (Hbg VRS 45, 319). Das Parken außerhalb der Markierung ist weder durch diese selbst noch durch Z 314 verboten (BGHSt 29, 180 = StVE 12; Fra NZV 93, 243; zw VRS 68, 68; KG v 14. 4. 00, 2 Ss 78/00), uU aber durch entspr, bei der Einfahrt unschwer erkennbares Zusatzschild mit der AO „nur innerhalb der markierten Parkstände" (Bay VRS 82, 228; Ol DAR 94, 370). Die Verwendung von Parkscheiben kann durch ein Zusatzschild angeordnet werden (§ 13 II).

67 **Vorrang auf Parkflächen.** Auf öff Parkflächen – mit u ohne Beschilderung nach **Z 314** – gelten grundsätzlich die Regeln der StVO (Stu VM 90, 104; Fra ZfS 94, 5; KG VRS 75, 95), doch hat der fließende Verkehr keinen Vorrang vor dem ruhenden. Sind auf dem Platz Fahrbahnen oder gekennzeichnete Fahrstreifen für den fließenden Verkehr vorhanden (vgl § 8 Rn 2), so gilt auf ihnen der Grundsatz „rechts vor links" allenfalls zwischen Teilnehmern des fließenden Verkehrs (KG VRS 75, 95), wobei der Vorfahrtberechtigte aber wegen der ständig wechselnden VSituation in bes Maße mit Vorfahrtverletzungen rechnen muß (Kö DAR 95, 289). Der Vorrang gilt dagegen nicht im Verhältnis zwischen einem solchen u einem Kf, der in eine Parkfläche ein- oder aus ihr herausfahren will (Ha DAR 76, 110); insoweit gilt bes Rücksichtnahme u gegenseitige Verständigung (BGH NJW 63, 152) auf der Basis der Regeln der §§ 1 II (für den Suchenden) u 9 V bzw 10 (für den Herausfahrenden entspr; Dü VRS 61, 455; s auch Stu VM 90, 104 u Fra aaO).

68 Die **Geschwindigkeit** ist wegen der ständig zu erwartenden Ein- u Ausparkvorgänge so gering zu halten, daß jederzeit angehalten werden kann (Kö DAR 95, 289).

69 **Parkflächen** auf **Gehwegen** können rechtswirksam durch waagerechte weiße Pfeile im **Z 315** begrenzt (BGH VRS 51, 232; VwV zu Z 315 IV) u durch Zusatzschild beschränkt werden (s Erl zu Z 315 Nr 3).

70 Ein **Parkhaus** ist öff VGrund, daher die StVO anwendbar (s § 1 Rn 13). Zufahrt zu Parkhaus s oben 43 ff. Parkflächenmarkierungen sind auch hier verbindlich (Kar VRS 54, 153).

71 f) **Z 325 – Verkehrsberuhigte Bereiche.** Parken ist nur innerhalb der entspr gekennzeichneten Flächen zulässig (§ 42 IV a 5), auch wenn sie links in Fahrtrichtung liegen (Kö NZV 97, 449); fehlen sie, gilt allg Parkverbot in diesem Bereich (Fra NZV 89, 38). – Ist im **Fußgängerbereich (Z 239)** Fz-Verkehr zugelassen (s Erl 2 zu Z 242), darf dort grundsätzlich auch geparkt werden (Zw VRS 80, 380; s auch Rn 71 zu Z 241).

9. Abs 3 a, b: Parkverbote für schwere Kfze in bes Gebieten u 72
abgekoppelte Anhänger

Soweit die Str dadurch vielfach als „Betriebshof mißbraucht" worden ist (Begr VkBl 80, 516), daß schwere Kfze auf öff Str regelmäßig über Nacht u an Sonn- u Feiertagen geparkt wurden, soll dem durch **III a** begegnet werden. Das Parkverbot erfaßt alle Kfze (Def § 1 StVG Rn 8) mit dem gen Gewicht (Lkw, Omnibusse u Sattelzugmaschine m u ohne Auflieger: Bay NZV 97, 530); es ist beschränkt auf die reinen, allg Wohngebiete, auf Sondergebiete, die der Erholung dienen (wie Ferien- u Wochenendhausgebiete), Kur- u Klinikgebiete (Bezeichnung entspr Baunutzungs-VO v 15. 9. 77, BGBl I 1763). Ob diese Voraussetzungen vorliegen, beurteilt sich unter Berücksichtigung der in der Baunutzungs-VO enthaltenen Kriterien nach der tatsächlich vorhandenen Bebauung u nicht (allein) nach Bauleit- oder Bebauungsplänen (Ha VRS 66, 53; Bay NZV 90, 282; 97, 530) u ist notfalls zu erfragen, sofern dies nicht erkennbar ist (Ausn s S 2 u § 46 I 12). – **Verboten ist nicht** das kurzfristige, einmalige, gelegentliche, sondern das „regelmäßige" Parken, dh das Aufstellen der genannten Kfze „Nacht für Nacht oder an den Wochenenden ..., wobei ein gelegentliches Aussparen einiger Nächte oder Wochenenden der Regelmäßigkeit nicht entgegensteht" (Begr). Nicht regelmäßig ist „jedes Jahr am 1. Mai" oder einmal im Monat, wenn auch „regelmäßig" am gleichen, bestimmten Tag, jedoch zB ein- oder zweimal wiederkehrend wöchentlich, uU auch das wiederkehrende Abstellen nach längeren Fernfahrten (Ha aaO). Kriterium ist fortwährender Mißbrauch der Str als Betriebshof. Wegen des **Feiertagsbegriffs** s § 30 IV; nicht entscheidend ist das Feiertagsrecht der Bundesländer, da ansonsten innerhalb der StVO unterschiedliche Feiertagsbegriffe anzuwenden wären.

Das längere, sich in den Grenzen des § 1 II u der Parkvorschriften im 73 übrigen haltende Parken eines zugelassenen u fahrbereiten **Wohnanhängers bis zu 2 t** ist jetzt – wie sich aus den Umschreibungen des III a ergibt – hier u anderswo zwar grundsätzlich zulässig (so auch Bouska VD 80, 204, 207; Jagow VD 81, 135; Hentschel 42 a u 60 a zu § 12), auch wenn er nicht mit einem ZugFz verbunden ist (BVwG VRS 70, 236 unter Aufg von BVwGE 44, 193); die Frage, ob ständiges Abstellen (mit nur urlaubsbedingter kurzer Unterbrechung) Sondernutzung darstellt (so Jag/Hentschel aaO; VG Mannheim v 23. 2. 84 bei Hentschel NJW 85, 1314; s dazu Berr DAR 82, 314 u 86, 31 f; zu den Auswüchsen s Kar Justiz 83, 343: Abstellen eines 9 m langen Segelflug-Anhängers!) hat allerdings nach Einfügung des **III b** für abgekoppelte Anhänger nur noch begrenzte Bedeutung; sie gehören bei einer Parkdauer von mehr als 2 Wochen nach III b S 2 auf entspr gekennzeichnete Parkplätze (s dazu auch oben 38 u § 32 Rn 4).

Abs 3 b erfaßt – anders als III a – alle Kfz-Anhänger jeden Gewichts 74 ohne ZugFz im gesamten öff VRaum außerhalb der nach S 2 bes gekennzeichneten Parkplätze (OWi nach § 49 I 12). Bloßes Versetzen des Anhängers auf demselben Parkplatz oder an anderen Stellen um einige Meter oder ein kurzes Umherfahren (20–30 Min: Fra DAR 93, 305) unterbricht

StVO § 12 75, 76 Halten und Parken

die Frist des S 1 nicht (aA Jag/Hentschel 60 aa; Berr DAR 93, 305); problematisch ist aber die Überwachung (s dazu Hauser DAR 90, 10; Darr NZV 89, 297). **Wohnen im Wohnwagen** ist – soweit es sich nicht nur um eine Übernachtung zur Wiederherstellung der Fahrtüchtigkeit handelt – in jedem Fall, dh auch im Rahmen von S 1, kein erlaubtes Parken, sondern **unerlaubte Sondernutzung** (so auch Hentschel aaO).

75 **10. Abs 4–6: Zulässigkeit u Durchführung des Parkens u Haltens**

a) **Möglichst weit rechts (IV).** Zum Parken ist die Benutzung des **rechten Seitenstreifens,** evtl Fahrbahnrandes ausnahmslos (S 1), zum bloßen Halten idR (S 2) vorgeschrieben, doch nur, wenn er ausreichend befestigt (S 1 Halbs 1) u benutzbar ist (Bay VRS 68, 139; KG VRS 78, 218), sonst kein Verstoß gegen IV S 1; auch keine OW bei Benutzung des Seitenstreifens trotz **Z 388,** das nur Warn- u keine Verbotsfunktion hat (Kö VRS 65, 156). **Mittelstreifendurchlässe** zwischen zwei Richtungsfahrbahnen sind nach KG (VRS 72, 127) keine eigenständigen Fahrbahnen, so daß dort nicht geparkt werden darf, u zwar auch dann nicht, wenn diese Durchlässe dem Fz-Verkehr aus kreuzenden oder einmündenden Str dienen (KG VRS 80, 223). Ist der neben der Fahrbahn angelegte Parkstreifen auf jew ca 5 m durch Bäume oder Laternen unterbrochen, so darf dort auch auf der rechten Fahrbahnseite geparkt werden (KG VRS 60, 392). Links darf nach S 4 nur in durch Z 220 gekennzeichneten **Einbahnstr** (u nicht auf anderen Fahrbahnen in einer Richtung; Bouska DAR 72, 256) u, wenn rechts Schienen verlegt sind, gehalten u geparkt werden. Regelmäßig muß – auch mit Motorrädern (KG NZV 92, 249) – **parallel** zum **Fahrbahnrand** gehalten werden (BGHSt 14, 149, 152; 17, 240; KG aaO). Fahrbahnrand kann auch ein fester Bauzaun sein (Bay 81, 146 = VRS 61, 463), nicht aber ein nur vorübergehend aufgestelltes Absperrgerät nach § 43 III 2, das den Bestand der Fahrbahn unberührt läßt (Bay 84, 121 = VRS 68, 139), oder Warnbaken (KG VRS 62, 63 = StVE 28). Inwieweit **Schrägparken** außer bei entspr Fahrbahnmarkierung (§ 41 III 7) zulässig ist, kann dem Wortlaut der Bestimmung nicht entnommen werden. Auf breiten Str u Parkstreifen, auf denen der fließende Verkehr durch Schrägparker nicht behindert wird, ist es platzsparend u daher nach VI geboten, jedenfalls erlaubt (vgl VwV zu Nr 7 vor Z 299 II; Kö VRS 72, 382 = StVE 54; Stu VRS 63, 388; KG NZV 92, 249); das gilt auch für Motorräder (KG aaO). – Zum Parken auf Gehweg s unten 57 ff. – **Ausnahmegenehmigung** s § 46 I 3.

76 b) **Das Halten in zweiter Reihe** ist idR untersagt u allenfalls kurzfristig (bis 3 Min) oder mit Ausn-Genehmigung (§ 46 I 3) zulässig, wenn es verkehrsgerecht ist, u die Örtlichkeiten nicht entgegenstehen (KG VM 80, 111) oder das Interesse des Haltenden gegenüber dem des fließenden Verkehrs überwiegt (BGHSt 28, 143 = StVE 15; Bay 72, 94 = DAR 72, 195), wie z B vor dem Einparken (KG VM 85, 31; weitere Ausn s Hauser DAR 84, 275). Als Halten in 2. Reihe gilt auch das Halten neben einem Parkstreifen (Ha VRS 58, 367) oder einer Parkbucht (BGH aaO), aber nicht

neben Fzen, die auf dem Gehweg oder einer sonstigen, nicht dem Fz-Verkehr dienenden Fläche abgestellt sind (Bay bei Rüth DAR 74, 173u VRS 59, 233; s auch VRS 64, 380) oder neben Schneewällen (Bay VRS 64, 380 = StVE 36). – **Taxen** sind nach Maßgabe von S 3 vom Halteverbot ausgenommen, aber nicht im Bereich des Z 283 (Dü v 15. 2. 85, 5 Ss (OWi) 9/85–14/85 I). – **Parken in zweiter Reihe** ist auch neben einem Seitenstreifen oder einer Parkbucht (Dü VRS 75, 224) grundsätzlich unzulässig (BGHSt 23, 195); ein länger als 3 Min dauerndes Halten in 2. Reihe ist auch dann ein verbotenes Parken nach IV S 1, wenn es ausschl dem Be- oder Entladen dient (BGHSt 28, 143; Ha NZV 91, 271; Bouska VD 79, 4; aA KG VRS 51, 383). **Taxen** dürfen nach IV S 3 neben anderen haltenden oder parkenden Kfzen halten, um Fahrgäste ein- u aussteigen zu lassen, wenn es die VLage erlaubt.

c) **Halten oder Parken außerhalb der Str.** IV begründet nur eine Pflicht zum Halten auf Seitenstreifen oder am rechten Fahrbahnrand im Verhältnis zu den übrigen Teilen der öff Str (vgl § 1 Rn 17 f; § 2 Rn 13 ff), bezieht sich aber nicht auf die an die Str anschließenden, außerhalb des öff VRaumes gelegenen Grundstücke, auf die sich die StVO nicht bezieht (s § 1 Rn 13). Soweit nicht PrivatR oder landesrechtliche Vorschriften, z B des Naturschutzes, entgegenstehen, darf ein Fz-Führer außerhalb der öff Str halten (Bay 61, 209, 211 = VRS 22, 361), z B auf einem jenseits des Gehweges liegenden Grünstreifen (Kö VRS 65, 156 = StVE 37; s auch Kar NZV 91, 38). Aus § 1 kann sich sogar die **Pflicht** ergeben, im Interesse der Flüssigkeit des Verkehrs außerhalb der Fahrbahn zu halten (Bay 64, 123 = VRS 28, 140; 67, 116 = DAR 67, 336; vgl auch Bay 58, 276 = VM 59, 79). Wegen des Parkens auf Gehwegen s aber unten 58 ff. – **IV S 5** verbietet auch das Halten im Fahrraum von Schienen-Fzen, dh nicht nur auf den Gleisen.

d) Die **Einfahrt in eine Parklücke** regelt sich nach **V,** ggf iVm § 1 (Janiszewski NStZ 87, 114 zu § 1); **Vorrang** hat danach, wer sie einfahrtbereit unmittelbar (dh nicht gegenüber) zuerst erreicht, V 1, sei es auch rückwärts, V 1, 2. Hs. Der so erworbene Vorrang geht nicht durch zum Einparken nötige Rangiermanöver verloren (S 1 Halbs 2). Warten mehrere auf das erkennbar bevorstehende Freiwerden einer Parklücke, so ist derjenige, der sich dort in zulässiger Weise zuerst einfahrtbereit aufgestellt hat, auch dann bevorrechtigt, wenn der andere in die Lücke nach ihrem Freiwerden schneller einfahren könnte (so auch Seib DAR 78, 99; Fuchs-Wissemann DRiZ 84, 397; DAR 94, 147; aA zum bish R Bay StVE 9; Ha VM 69, 123 m abl Anm Booß; Dü VRS 72, 210 m abl St Janiszewski NStZ 87, 115 u Booß VM 87 S 52); denn letzterer verstieße damit gegen das Gebot der Rücksichtnahme (§ 1 I) u behindert dadurch den Bevorrechtigten am Einparken (§ 1 II; s Janiszewski NStZ 87, 114 sowie Jag/Hentschel 59 zu § 12). Das Warten an einer Reihe parkender Kfze in der bloßen Hoffnung, daß demnächst ein Platz freiwerde, ohne daß dies bereits konkret erkennbar ist, schafft keinen Vorrang (Dü NZV 92, 199; Fuchs-Wissemann DAR 89, 54).

79 **Freihalten einer Parklücke** durch Fußgänger ist unzulässig (Stu VRS 30, 106); wer aber die Einfahrt dadurch erzwingt, daß er auf einen anderen, der sie freihalten will, in einer diesen gefährdenden Weise zufährt, macht sich der Nötigung schuldig (s dazu Janiszewski 561 ff; vgl auch Kö VRS 57, 352; Bay NZV 95, 327). Gefahrloses Zurückdrängen des anderen kann aber zulässige Notwehr sein (Bay 61, 61 = VM 61, 127; Bay 63, 17 = VM 63, 40; Stu aaO). Ein Taxif, dem durch einen dort unbefugt parkenden Kfz-Führer die Benutzung eines Droschkenplatzes unmöglich gemacht wird, soll keine (versuchte) Nötigung begehen, wenn er dem Kfz-Führer, der sich weigert, den Platz freizugeben, androht, er werde ihm, falls er nicht weiterfahre, die Luft aus den Reifen ablassen (Bay 70, 232 = VRS 40, 356; zw).

80 e) Nach **VI ist platzsparend zu parken,** dh ohne überflüssig große Abstände nach vorn u hinten, evtl schräg zur Fahrbahn (vgl oben 14). VI verbietet nicht, gegenüber abgestellten Fzen zu parken (Dü VRS 45, 470), sofern sich dies nicht nach I 1 (s 6) oder § 1 II (s 81) verbietet.

81 f) **Einschränkung des Haltens durch die Grundregel (§ 1 II).** Auch das Halten u Parken untersteht der Grundregel des § 1 II. An einem Ort, an dem das Halten an sich erlaubt ist, darf nach § 1 II nicht gehalten werden, wenn dadurch andere gefährdet oder mehr als unvermeidbar behindert werden (Bay VRS 59, 219 = StVE 24; 64, 380 = StVE 36; Kö VRS 60, 467 = StVE 26). Allerdings ist Zurückhaltung bei dessen ausnahmsweiser Anwendung geboten (BGH(Z) StVE 48). Wer auf einer Str mit starkem Verkehr in zwei Richtungen in einer Weise parkt, daß dem fließenden Verkehr keine zwei vollen Fahrstreifen verbleiben, verstößt gegen § 1 II, wenn er durch Benutzung einer in nächster Nähe gelegenen, für ihn sichtbaren Parkgelegenheit die Behinderung des FahrV vermeiden könnte (Bay 69, 201 = VRS 39, 74). Insb ist bei Verengung der Fahrbahn durch Schneewälle das Parken ohne Rücksicht auf die VBehinderung anderer ohne weiteres erlaubt, auch wenn keine Haltverbots-Z vorhanden sind (Bay VRS 64, 380 = StVE 36; s auch oben 6).

82 Während die Gefährdung anderer immer verboten ist, stellt nicht jedes verkehrsbehindernde Halten, insb zum **Be-** u **Entladen,** einen Verstoß gegen § 1 II dar; denn sowohl das Aufstellen des Fz auf der Str als auch die Ladetätigkeit sind regelmäßig mit einer mehr oder weniger starken Behinderung des fließenden Verkehrs verbunden. Diese muß aber so gering wie möglich gehalten werden. Das Ladegeschäft muß daher auf der Stelle, wo es den Verkehr am wenigsten stört, u ohne Verzögerung durchgeführt werden (Dü VM 68, 17). Die Interessen des Haltenden müssen gegen diejenigen des fließenden Verkehrs abgewogen werden. So kann das Halten in 2. Reihe neben einem parkenden Fz gerechtfertigt sein, wenn schwere Lasten abgeladen werden müssen, nicht aber beim Abladen von leichten Gegenständen, wenn in einiger Entfernung ein Halteplatz am Str-Rand zur Verfügung steht (Ha VM 58, 73; VRS 23, 464). Entspr gilt, wenn der rechts Haltende auf einer **engen Str** die Durchfahrt des fließenden Verkehrs ganz versperrt, nicht aber, wenn er für ihn einen Raum von ca

Zuwiderhandlungen **83–86 § 12 StVO**

3,50 m Breite frei läßt (Dü VM 62, 153; Ha VRS 31, 283; s oben 6). Wird ein **Lastzug** auf einer durch Z 286 beschränkten Zone **entladen,** so muß der zuerst entladene Lastzugteil vor der Fortsetzung des Ladegeschäfts entfernt werden, wenn dies nach den örtlichen Verhältnissen zumutbar ist (BGH VRS 5, 474; Kö VM 67, 138). Zu Nebenverrichtungen s 21 ff.

Wer an der Spitze einer **Fz-Kolonne** fahrend ohne vernünftigen Grund 83 anhält, behindert seine Hintermänner mehr als unvermeidbar, wenn ein Überholen an der Stelle nicht möglich ist (Schl VM 62, 152). Dagegen soll es nach Kö (VRS 24, 459) auch auf einer Großstadtstr bei dichtem Verkehr zulässig sein, 20 sec anzuhalten, um das Freiwerden einer Parklücke abzuwarten. Wenn die augenblickliche VLage keine über das übliche Maß hinausgehende Behinderung des fließenden Verkehrs erkennen läßt, kann vom Kf **nicht** verlangt werden, daß er vor Abstellen seines Fz allg **verkehrstechnische Erwägungen** anstellt (Ko DAR 56, 25; Ha DAR 60, 239). Die mehr als normale Behinderung anderer muß demnach für den Kf leicht erkennbar sein. Wer in einer Reihe von Fzen parkt, hat darauf zu achten, daß sein Vorder- u Hintermann die Parkreihe bei Anwendung der dazu vorauszusetzenden Geschicklichkeit verlassen können (KG VM 67, 31). Verkehrsbehinderndes Parken auf einer Str-Baustelle: Zw VM 77, 4; zum **„Zuparken"** s § 1 Rn 76.

g) **Sicherung haltender Fze** bei Dunkelheit s §§ 15, 17 IV; gegen 84 Unfall u Entwendung: § 14; bei Beförderung gefährlicher Güter s § 9 IV 9, 10 GGVS. Die **Ankündigung des Anhaltens** kann nach § 1 II geboten sein (BGH(Z) StVE 48; s auch oben 6 u § 15 Rn 1).

h) **Kennzeichnung von Fzen Behinderter ua Bevorrechtigter.** 85 Die Beachtung der durch die Zusatzschilder 857, 865–868 zu den Z 286, 314 u 315 geschaffenen Parksonderberechtigungen muß für die Überwachungsorgane erkennbar sein; deshalb ist der Parkausweis nach der Erl zu den Z 286, 314 u 315 **gut lesbar** im Fz auszulegen (Kö NZV 92, 376: auf Hutablage genügt). Da nur dann die Ausn-Genehmigung gilt (s Erl zu den gen Z), ist Nichtbeachtung verbotenes Parken (VGH BW DAR 92, 273; s Rn 86, 93). Die bes Parkerlaubnis gilt nicht nur, wenn der Behinderte selbst fährt (Bay DAR 85, 355). Die Ausn vom Haltverbot (Z 286 S 5) gilt nur bei Verwendung der Zusatzschilder 865 u 866 (nicht 857), die bes Parkausweise erfordern (Bay 84, 110 = VRS 68, 145; NStZ 85, 259; s auch Rn 16).

11. Zuwiderhandlungen 86

a) **Allgemeines.** Verstöße gegen Vorschriften des § 12 sind OWen nach Maßgabe des § 49 I 12 iVm § 24 StVG (s Nrn 31–41 VwKat); aber: keine Ahndung bei geringfügigem Parkverstoß (Dü ZfS 94, 69: 1 Min). Behinderung oder Gefährdung anderer gehört nicht zum TB des § 49 I 12 (Ce VM 69, 65); insoweit käme § 1 II in TE hinzu. **Zur Unzulässigkeit der Feststellung von Parkverstößen durch Private** s KG DAR 96,

504 u Bay DAR 97, 407. – § 49 I 12 geht bei OWen nach § 12 I 6 als speziellere Regelung dem § 49 III 4 vor (Dü ZfS 85, 128). – Die Bußgeldbewehrung von IV S 3 ist gegenstandslos, da diese Regelung kein Ge- oder Verbot enthält, gegen das verstoßen werden könnte. Verbotswidriges **Halten in 2. Reihe** (IV S 2 Halbs 1) ist nebenfalls nicht erfaßt, wohl aber ggf über § 1 II iVm § 49 I 1 verfolgbar (Bay DAR 78, 204 Nr 9 b); **Taxen** sind von diesem Verbot unter den in IV S 3 genannten Voraussetzungen ohnehin ausgenommen. – Die Nichtbeachtung der bei den Z 286, 314, 315 vorgeschriebenen deutlich lesbaren Auslegung der Parkberechtigungsausweise für Anwohner u Behinderte pp ist OW nach den §§ 12 I 6 b, III 8 c, e, 49 I 12, da dann die Ausn nicht gilt (s oben 22; VGH BW DAR 92, 273). – Auf **Privatgelände** kann verbotenes Parken nach LandesR verfolgbar sein (Stu VM 80, 90; § 12 LOWiG BW bei Göhler Anh B 1 a). – Zusatzschild „Zufahrt bis … frei" (Nr 1028–33 VzKat) erlaubt auch das Parken im Zufahrtbereich (Dü VM 93, 62). – Zum **rechtfertigenden Notstand** bei Parkverstößen s Kö VRS 64, 298; ZfS 88, 189; **E** 98 f; Janiszewski 115. – Zum Fortsetzungszusammenhang bei wiederholtem Falschparken an derselben Stelle s KG NZV 92, 416; Bay bei Rüth DAR 79, 243. – Zum **Dauerparken** s oben 11. – Verstöße gegen Halte- u Parkverbote können auch durch **Unterlassen** begangen werden, wenn zB das zunächst erlaubterweise abgestellte Fz nach Aufstellung eines entspr VerbotsZ nicht entfernt wird (Kö NZV 93, 406; s oben 41, unten 94 u § 39 Rn 15; OVG NW NZV 95, 460: Abschleppen nach 48 Stunden).

87 **Zivilrechtlich** kann verbotenes Halten oder Parken zum Schadensersatz bzw zur Mithaftung führen, wenn es unfallursächlich war (s Ha NZV 91, 271; LG Nü-Fürth NZV 91, 434), nicht aber zB bei Auffahren auf falsch geparktes Kfz aus Unaufmerksamkeit (s LG Osnabrück NZV 93, 115) s. im einzelnen Rn 98.

88 b) **Parken auf Gehwegen,** das idR vorsätzlich erfolgt (Dü NZV 96, 251), verstößt gegen die für den ruhenden Verkehr spezielle Vorschrift des § 12 IV S 1 u nicht gegen § 2 I (BVwG NZV 93, 44; Dü VRS 61, 64; Ha VRS 59, 298; Bay VM 75, 54: auch wenn nur zwei Räder auf dem Gehweg stehen! S oben 57 u § 2 Rn 22), soweit nicht Ausn zugelassen sind. § 42 IV Z 315 mit seinen Varianten (Z 317) bestimmt nicht nur allg die Zulässigkeit des Parkens auf Gehwegen, sondern auch den Teil des Gehwegs, der zum Parken freigegeben ist sowie die Art der Aufstellung; Verstöße gegen die in Z 315 getroffenen Anordnungen zur Aufstellung des Kfz sind OWen nach §§ 12 III 8 c, 49 III 5 (KG VRS 45, 66; Bouska DAR 77, 257). Die Aufstellung eines Fz auf einem anderen Teil des Gehwegs verstößt gegen §§ 12 IV S 1; 49 I 12 (mißverständlich KG VRS 53, 303); auf nur Fußgängern vorbehaltenen Wegen (Z 241) ist auch das Warten auf einen frei werdenden Parkplatz verboten (Ce VM 88, 33; zum Fußgängerbereich (Z 239) s Rn 71). – Gegen § 12 IV S 1 verstößt nicht das Parken am rechten Fahrbahnrand neben einem Gehweg, der an dieser Stelle zwischen beiderseits angelegten Parkbuchten (Parkstreifen) auf 5 oder 6 m Länge an die Fahrbahn grenzt (Bay VRS 59, 233; KG VRS 60, 392). Zur evtl Rechtfertigung verkehrsbehindernden Parkens eines Schulbusses s Kö VRS 64, 298.

c) Halter als Täter oder Beteiligter. Wer seinen Wagen verbotswidrig parkt, nimmt am öff Verkehr teil, solange er ihn im Verkehr beläßt, auch wenn er selbst nicht mehr körperlich im öff VRaum anwesend ist (Bay 64, 78 = VRS 26, 220; 65, 31 = VRS 29, 151; vgl § 1 Rn 6). Hat ein anderer das Fz an verbotener Stelle geparkt u anschl dem **Fz-Halter,** der vorher mitgefahren war, die Schlüssel übergeben, so ist nunmehr auch dieser verpflichtet, die verbotswidrige Abstellung zu beseitigen, widrigenfalls er als **Neben**-Täter gegen § 12 verstößt (Bay 62, 278 = VRS 24, 460; Ha VRS 47, 465; Fra VM 77, 99). Dies kann auch bei Rückgabe eines verliehenen Kfz gelten: Eine Pflicht des Halters, sich dabei auch Gewißheit darüber zu verschaffen, ob es vom Fahrer ordnungsgemäß geparkt ist, besteht zwar nicht generell u insb dann nicht, wenn der Halter keine Kenntnis von früheren Parkverstößen des Entleihers hat (Ha VRS 61, 131), auch Eheleute sind als Mit-Halter eines Pkw nicht verpflichtet, sich nach dessen Benutzung durch den anderen über das ordnungsgemäße Parken zu vergewissern u dafür ggf zu sorgen (Kar VRS 58, 272); der Halter ist aber verpflichtet, das in seinem Herrschaftsbereich falsch geparkte Kfz zu entfernen, wenn er davon erfährt (Ha aaO; Stu VRS 30, 78; Kö VRS 47, 39; Bay v 27. 8. 86, 1 Ob OWi 101/86).

Hatte der Führer eines Kfz wiederholt verbotswidrig geparkt u der Kfz-Halter hiervon Kenntnis erlangt, so kann in einer erneuten Überlassung des Fz eine bußgeldrechtlich zu ahndende **Beteiligung** an weiteren Parkverstößen des Fz-Führers liegen (Bay 76, 130 = VRS 52, 285; Bay 77, 103 = VRS 53, 363 sowie Ha StVE 27). Mind Teilnehmer ist auch der **Auftraggeber** – zB Geschäftsinhaber eines Reisebüros –, der veranlaßt hat, daß Fze verbotswidrig geparkt werden (Dü VRS 31, 125). – Kann nicht festgestellt werden, ob der Halter den VVerstoß selber begangen oder sich nur daran beteiligt hat, kommt keine **Wahlfeststellung** in Betracht, da der Betr den TB jedenfalls nach § 14 OWiG als Einheitstäter erfüllt hat (s auch Ha VRS 61, 131). Gleichwohl besteht Hinweispflicht (Dü VRS 61, 64) u bei Verurteilung Feststellung, daß er entweder selbst falsch geparkt oder die entspr vorsätzliche Tat eines anderen vorsätzlich gefördert hat (Bay Rüth DAR 83, 255; KG VRS 66, 154; s auch **E** 42ff).

d) Kennzeichen-Anzeigen sind im ruhenden Verkehr bes häufig (s dazu **E** 46 u Erl zu § 25 a StVG).

e) Straftaten. Beim „Kampf um den Parkplatz" (s Möllers DAR 71, 7; Seib DAR 78, 99; s oben 17) kommt es mitunter zu Nötigungshandlungen iS des § 240 StGB, so zB beim – wenn auch leichten – Anfahren einer Person, um sie zur Freigabe des von ihr freigehaltenen Parkplatzes zu zwingen (Dü VM 78, 68; Bay NZV 95, 327; Stu VRS 30, 106, das allerdings die Verwerflichkeit verneint hatte; s dazu abl Anm Bockelmann NJW 66, 745; Näheres bei Janiszewski 561 ff). Dem berechtigt Parkwilligen steht gegenüber dem unbefugten Besetzer NotwehrR in den aner-

StVO § 12 93, 94 Halten und Parken

kannten Grenzen zu (Bay aaO); er handelt nicht verwerflich, wenn er maßvoll in die Parklücke einfährt u den Besetzer nicht erheblich gefährdet (Nau DAR 98, 28). – Der die Parklücke unbefugt besetzende Fußgänger begeht dann keine Nötigung, wenn er sich zB auf selbstrettende Abwehrreaktionen beschränkt (Kö VRS 57, 352; abl Anm Schmid DAR 80, 81), wenn er nur passiv in der Parklücke stehenbleibt (Ha VRS 59, 426; hier nur Verstoß gegen § 1 II) oder wenn ihm gar ein Vorrang zusteht (Dü NZV 92, 199 m Anm Jniszewski NStZ 92, 274). – Zur Frage, wann **Hausfriedensbruch** durch unerlaubtes Einfahren in einen fremden Hofraum vorliegt, s Bay DAR 69, 301; zum **„Zuparken"** eines Falschparkers s OVG Saar NZV 93, 366 u § 1 Rn 76.

93   **12. Abschleppen falsch parkender Fze** (s dazu Berr/Hauser 643 ff) erfolgt grundsätzlich auf AO der **Polizei** u nicht auf AO von Politessen (VG Mü NZV 89, 327) oder der kommunalen VÜberwachung (VGH Mü NZV 90, 47), soweit sie nicht als Beauftragte der Pol handelt (VGH Mü NZV 92, 47), u zwar aufgrund der PolAufgaben- u VollzugsGe der Länder zur Abwehr von Störungen u Gefahren für die öff Sicherheit u Ordnung (s BVwG NJW 82, 348; Bouska DAR 83, 147; Janiszewski 830 ff; str aA Perrey Bay VBL 00, 614; Biletzki NZV 96, 306; s auch § 44 Rn 3).

94   Die Maßnahme muß **notwendig u verhältnismäßig** sein zur Beseitigung eines verkehrswidrigen Zustands (BVwG NJW 78, 656; VRS 79, 476), insb wenn dadurch die öff Sicherheit gestört oder gefährdet wird (s Jahn NZV 89, 301 mwN) oder davon durch bes Umstände eine negative Vorbildwirkung für andere ausgeht (BVwG NJW 90, 205: Längeres Parken auf dem Gehweg u im absoluten Haltverbot; s aber BVwG NZV 93, 44; Nds OVG ZfS 94, 468 u VGHBW ZfS 95, 237: negative Vorbildwirkung allein ohne Behinderung anderer genügt nicht), wie beim Blockieren eines Busfahrstreifens (VGH Ka NJW 84, 1197), Parken in Feuerschutz- oder Fußgängerzone (OVG NW VRS 48, 478; 63, 237; OVG Ko NVwZ 88, 658), auf Behindertenparkplatz (OVG NW NZV 00, 310; DAR 99, 185; VGH Mü NJW 89, 245 u 96, 1979: selbst wenn kein Berechtigter konkret am Parken gehindert wird; VGH BW DAR 92, 273), auf Anwohnerparkplatz (VGH BW NJW 90, 2270), im absoluten Haltverbot (Z 283; BVwG ZfS 94, 189; VG Berlin 00, 182; VGH Ka NZV 90, 408; NVwZ-RR 95, 29), auch wenn das Z 283 erst nach (zunächst erlaubtem) Abstellen des Fz aufgestellt worden ist (s § 39 Rn 15; BVwG DAR 97, 119 m abl St Berr; nach OVG NW NZV 95, 460: Abschleppen nach 48 Stunden noch verhältnismäßig), an engen Stellen (s 24), auf dem Gehweg, so daß Fußgänger gefährdet sind (OVG NW VRS 59, 78), insb bei Abwesenheit des Falschparkers (Bay DAR 89, 154; OVG NW NJW 81, 478), auf Radweg (VG Bln NZV 93, 368), im verkehrsberuhigten Bereich (VG Dü NZV 93, 287) sowie bei sonst verkehrsbehinderndem Parken nach § 1 II, selbst wenn entspr Verbotsschilder fehlen (VG Mü DAR 65, 223); **nicht** aber wegen unvorschriftsmäßigen Zustands des Kfz (VGH BW ZfS 93, 287: abgefahrene Reifen). – Bei Überschreitung der Parkzeit s § 13 Rn 9.

Abschleppen **95–97 § 12 StVO**

Ob **sofortiger Vollzug** zulässig oder evtl zunächst der Fahrer zu er- 95
mitteln ist, richtet sich auf der Grundlage des landesrechtlichen Vollstrek-
kungsR nach den jew Umständen (BVwG NJW 75, 2158; 82, 348; OVGe
NW VRS 59, 78; Bln NJW 82, 66; Br DAR 86, 159), so insb danach, ob
der Fahrer unschwer festgestellt u zur Entfernung des Fz veranlaßt werden
kann (VGH Ka NZV 90, 408; VGH Mü NJW 01, 1960; s auch VGH Mü
NZV 92, 47; VG Bln ZfS 93, 252: keine Nachforschungspflicht trotz hin-
terlassener Anschrift; zw, denn jedenfalls ist eine Benachrichtigung des verantwortlichen Fahrers dann geboten, wenn er einen konkreten Hinweis auf
seine Erreichbarkeit und seine Bereitschaft zum umgehenden Entfernen des
verbotswidrig geparkten Fz gibt OVG Ko NJW 99, 3573; OVG Hbg
DAR 02, 41), u der Verhältnismäßigkeit (BVwG ZfS 92, 142; OVG Hbg
NJW 01, 168). Verbotenes Parken wird auch ohne konkrete Behinderung
als Störung der öff Sicherheit betrachtet, so daß es idR weder der vorherigen schriftlichen Androhung der Ersatzvornahme noch der vorläufigen
Veranschlagung der Kosten bedarf (VGH Ka aaO; BVwG NJW 78, 656;
ZfS 92, 142; OVG Br DAR 77, 276). **Zulässig** ist sofortiger Vollzug zB
bei völliger oder weitgehender Sperrung eines Gehweges (OVG NW aaO;
VM 88, 47: bei weniger als 55 cm Durchlaß; nach VG Mü NVwZ 88, 667
mind 1,60 m), Blockieren einer Einmündung (OVG Bln aaO), Parken in
Feuerschutzzone (Dü VersR 82, 246), im Haltverbot (BVwG VRS 54,
235; ZfS 94, 189; VGH Mü NZV 92, 207; OLGe Lü VRS 58, 233 u Br
VM 85, 86), da Z 283 zugleich in sofort vollziehbarer Weise (§ 80 II 2
VwGO) Weiterfahren gebietet (BVwG aaO; § 12 Rn 13) auf Behinderten-
parkplatz selbst ohne Behinderung eines Berechtigten (OVG NW VRS 69,
475; VGH Mü NJW 89, 245; ZfS 96, 319) u schon nach kurzer Zeit
(VGH Ka VM 88, 38: nach 15 Min) oder in Fußgängerzone ohne Vbeein-
trächtigung (BVwG VRS 62, 156; OVG Ko NVwZ 88, 658; OVG NW
VRS 63, 237); **nicht** aber bei sonstigem verbotswidrigen Parken ohne
Gefährdung der öff Ordnung (s OVG NW VRS 46, 77; BayVGHVBl 88,
180).

Abschleppkosten haben Fahrer bzw Halter als Verhaltens- bzw Zu- 96
standsverantwortliche zu tragen (OVG Hbg VRS 89, 68); nach BayVGH
(BayVBl 86, 625) der Halter, wenn er den Fahrer nicht nennt (NJW 86,
1369; ebenso VG NW VRS 73, 319); nach VGH Ka (11 UE 1177/84)
nur nach pol Hinweis u bei Mißachtung eines Haltverbots; s auch OVG Br
(DAR 86, 159). Maßgeblich ist die rückschauende Beurteilung der Sachlage (OVG NW ZfS 93, 358; s zur Kostenfrage zB Jag/Hentschel 66 u
Kierse DAR 95, 400). – Zur Haftung der Pol für **Abschleppschäden** s
Jung u Würtenberger (Rn 99; OVG Berlin VM 82, 66).

Zivilrechtlich kommt **sofortige** Selbsthilfe nach § 859 III BGB in 97
Betracht (AG Br ua DAR 84, 224, 227 u 231; OVG Saar NZV 93, 366;
s Janiszewski 836 a u Jung Rn 99), wobei unter „sofort" verschiedene
Zeiträume verstanden werden (AG Br aaO: „auf frischer Tat"; LG Fra
DAR 84, 25: noch in 4 Stden; AG Bra NJW 86, 1414: noch am nächsten
Tag; nach Schünemann DAR 97, 267 binnen 30 Min, wenn pol Hilfe
nicht zu erwarten ist); in Betracht kommt uU auch Geschäftsführung ohne

Auftrag (§§ 670 ff BGB; AG Neumünster DAR 87, 387), wobei der Halter die Kosten auch dann erstatten muß, wenn ein Dritter das Kfz vor der Einfahrt geparkt hat (AG Fra NJW 90, 917; zum ZurückbehaltungsR am Fz s Stu VRS 79, 205); verboten ist aber **Blockieren** des Falschparkers (OVG Ko NJW 88, 929; Ha MDR 69, 601; OVG Saar aaO).

98 13. Zivilrecht/Haftungsverteilung

Bei einem Unfall mit einem ordnungsgemäß am rechten Fahrbahnrand abgestelltem Fahrzeug haftet der Auffahrende idR zu 100% (BGH VersR 69, 713; VersR 71, 255; Ha ZfS 97, 325; Ha DAR 97, 360; Nü VersR 67, 762). Eine Mithaft – regelmäßig iHd einfachen Betriebsgefahr – kommt bei einem Verstoß des Parkenden gegen § 12 in Betracht. $^{1}/_{3}$ Mithaft des in einer engen Kurve geparkten Fz. – Schl VersR 75, 384; 40% PKW verdeckt Vorfahrtzeichen Kö VersR 90, 100;

Bei Verstoß gegen **§ 12 Abs 3 Nr 1** – Parken im Kreuzungs- und Einmündungsbereich – Haftung des verbotswidrig Parkenden von $^{1}/_{5}$ bis $^{1}/_{3}$ (vgl Grüneberg Rn 295; KG VersR 78, 141; LG Mainz ZfS 95, 168 – $^{1}/_{3}$; Fra VersR 74, 440; LG Gießen ZfS 89, 224 – $^{1}/_{4}$; Kar NZV 92, 408; Kö NZV 90, 268–40%; Ha NZV 99, 291 – $^{1}/_{3}$).

Bei Verstoß gegen **§ 12 Abs 4** idR Mithaft des Parkenden (BGH VersR 66, 364 – 30% bzw BGH VersR 66, 364 und Kö VersR 76, 152 – $^{1}/_{3}$; Stu DAR 00, 35 f – $^{1}/_{4}$).

Bei Verstoß gegen **§ 17 IV** (Unbeleuchtetes Abstellen) auch regelmäßig Mithaft des Parkenden/Haltenden von 20%–50% je nachdem wie gut die Sichtverhältnisse durch eine Fremdbeleuchtung waren (BGH VersR 55, 678 – 20%; LG Wiesbaden VersR 58, 815–50%). Liegt keine Fremdbeleuchtung vor, dann Haftung des unbeleuchteten Parkenden von ½ und mehr (BGH VersR 66, 493 – 75%; Dü VersR 70, 1160; Bre DAR 52, 57 je 50%).

Vgl auch § 17 IV Beleuchtungspflicht haltender Fahrzeuge (auch Anhänger). Bei Verstoß je nach den Umständen Mithaft von 20% bis zu 80% (vgl Grüneberg Rn 283).

Auch wenn das **Halten/Parken in der 2. Reihe** ausnahmsweise erlaubt ist (§ 12 IV), kommt es regelmäßig zu einer Mithaft zumindest in Höhe der einfachen Betriebsgefahr (Grüneberg Rn 298; KG VersR 81, 485 – 20%; Dü r+s 76, 141; Ha NZV 91, 271 – 25%).

99 14. Literatur

Berr „Übernachten im Wohnmobil auf öff Parkplatz" DAR 84, 253; **Berr/Hauser** „Das R des ruhenden Verkehrs" 1993 bei Beck; **Biletzki** „RProbleme beim Abschleppen unerlaubt geparkter Kfze" DAR 1993, 418 ff; NZV 96, 303; **Bouska** „Abschleppen auf Veranlassung der Pol" DAR 83, 147; **Fuchs-Wissemann** „Parklücke u Priorität" DRiZ 84, 397; **Geiger** „Die Haftung des Halters für pol Abschleppkosten" BayVBl 83, 10; **Hauser** „Wohnmobile u Anhänger im ruhenden V" DAR 90, 9; „Das eingeschränkte Haltverbot" VD 90, 4; „Parken auf Gehwegen" VD 91, 34; **Hofstetter** „Zuparken als Besitzstörung" NJW 78, 256; **Hunsiker** „Abschleppen zur Gefahrenabwehr" VD 86, 30; **Jagow** „Parken u Gemeingebrauch – Straßenverkehrs- u StraßenR" VD 81, 129; **Jahn** „Abschleppen von Kfz zur Gefahrenabwehr – Aufgabe der Pol?" NZV 89, 300; **Jung** „Abschleppen von Kfzen" 21. VGT S 307; **Kodal** StraßenverkehrsR, 4. Aufl Rn 48; **Schmid** „Strafbarkeit der Parkplatzreservierung?" DAR 80, 81; **Schünemann** „Privates Abschleppen von Kfz – contra legem?" DAR 97, 267; **Seib** „Der Kampf um die Parklücke geht weiter!" DAR 78, 99; **Wiethaup** „Abschleppen von verbotswidrig abgestellten Kfz" DAR 73, 264; **Würtenberger** „Zurückbehaltungsrechte u Schadensersatz beim Abschleppen" 21. VGT S 291.

§ 13 Einrichtungen zur Überwachung der Parkzeit

(1) **An Parkuhren darf nur während des Laufens der Uhr, an Parkscheinautomaten nur mit einem Parkschein, der am oder im Fahrzeug von außen gut lesbar angebracht sein muß, für die Dauer der zulässigen Parkzeit gehalten werden. Ist eine Parkuhr oder ein Parkscheinautomat nicht funktionsfähig, so darf nur bis zur angegebenen Höchstparkdauer geparkt werden. In diesem Fall ist die Parkscheibe zu verwenden (Abs. 2 Satz 1 Nr. 2). Die Parkzeitregelungen können auf bestimmte Stunden oder Tage beschränkt sein.**

(2) **Wird im Bereich eines eingeschränkten Haltverbots für eine Zone (Zeichen 290 und 292) oder beim Zeichen 314 oder 315 durch ein Zusatzschild die Benutzung einer Parkscheibe (Bild 291) vorgeschrieben, so ist das Halten nur erlaubt,**

1. **für die Zeit, die auf dem Zusatzschild angegeben ist, und**
2. **wenn das Fahrzeug eine von außen gut lesbare Parkscheibe hat und wenn der Zeiger der Scheibe auf den Strich der halben Stunde eingestellt ist, die dem Zeitpunkt des Anhaltens folgt.**

Wo in dem eingeschränkten Haltverbot für eine Zone Parkuhren oder Parkscheinautomaten aufgestellt sind, gelten deren Anordnungen. Im übrigen bleiben die Halt- und Parkverbote des § 12 unberührt.

(3) **Einrichtungen zur Überwachung der Parkzeit brauchen nicht betätigt zu werden**
1. **beim Ein- oder Aussteigen sowie**
2. **zum Be- oder Entladen.**

VwV – StVO
Zu § 13 Einrichtungen zur Überwachung der Parkzeit

Zu Absatz 1

I. Wo Parkuhren aufgestellt sind, darf das Zeichen 286 nicht angebracht werden.

II. Parkuhren sind vor allem dort aufzustellen, wo der Parkraum besonders kostbar ist und daher erreicht werden muß, daß möglichst viele Fahrzeuge nacheinander für möglichst kurze, nach oben genau begrenzte Zeit, parken können.

StVO § 13 1 Einrichtungen zur Überwachung der Parkzeit

Die Parkzeiten sind dort nach den örtlichen Bedürfnissen festzulegen. Vor Postämtern kann z. B. eine Höchstparkdauer von 15 Minuten genügen, vor anderen öffentlichen Gebäuden und Kaufhäusern je nach Art der dort geleisteten Dienste oder der Art der Warenangebote eine solche von 30 Minuten bis zu 1 Stunde. Wo das Parken für längere Zeit erlaubt werden kann oder nur das Dauerparken unterbunden werden muß, können Parkuhren mit einer Höchstparkdauer von mehr als einer Stunde aufgestellt werden.

3 III. Vor dem Aufstellen von Parkuhren sind die Auswirkungen auf den fließenden Verkehr auf benachbarte Straßen zu prüfen.

4 IV. Parkuhren sind wirksam zu überwachen. Es empfiehlt sich, dafür Hilfskräfte einzusetzen.

5 V. Unerlaubt haltende Fahrzeuge können nach Maßgabe der polizeilichen Vorschriften kostenpflichtig abgeschleppt werden.

6 VI. Über Parkuhren in Haltverbotszonen vgl Nummer III zu den Zeichen 290 und 292; Rn. 2.

7 VII. Parkscheinautomaten kommen insbesondere in Betracht, wo Parkuhren nicht aufgestellt werden können, weil die Parkflächen mehrfach genutzt werden (z. B. als Markt- und als Parkplatz).

8 Der Parkschein soll mindestens folgende gut lesbare Angaben enthalten:

1. Name des Parkplatzes,

9 2. Datum und
10 3. Ende der Parkzeit.

Zu Absatz 2

11 I. Parken mit Parkscheibe darf nur in Haltverbotszonen (Zeichen 290) oder dort vorgeschrieben werden, wo das Zeichen 314 oder 315 aufgestellt ist.

12 II. Die höchstzulässige Parkdauer darf nicht niedriger als auf eine Stunde angesetzt werden.

13 III. Auf der Vorderseite der Parkscheibe sind Zusätze, auch solche zum Zwecke der Werbung, nicht zulässig.

Inhaltsübersicht

	Rn
1. Allgemeines	1
2. Abs 1	2
3. Abs 2: Die Parkscheibe	5
a) im Zonenhaltverbot	5 a
b) auf Parkplätzen	6
4. Abs 3: Ausnahmen	8
5. Abschleppen von Fahrzeugen	9
6. Zuwiderhandlungen	10
7. Literatur	11

1 **1. Allgemeines**

§ 13 I u II S 2 behandeln die Parkuhr u den Parkscheinautomaten, § 13 II insb die Parkscheibe. Die Parkuhr soll verwendet werden, wo der Parkraum so knapp ist, daß für einen kurzfristigen Umschlag der Fze gesorgt werden muß. Die Parkscheibe reicht aus, wenn man großzügig sein kann u nur das Dauerparken unterbunden werden soll. Die Grenze liegt nach der VwV zu § 13 zu Abs 2 II idR bei 1 Std. Zum Ermessen der Behörde bei Auswahl von Parkuhr oder Parkscheibe s BVwG VRS 58, 288; zur Zulässigkeit von **Kreidemarkierungen** an Kfz-Reifen zur Parkzeitüberwachung s VG Freiburg DAR 97, 503.

2. Abs 1: Die durch Einwurf dt Münzen (s § 6a VI StVG; Gern/ Schneider Rn 11: nicht ausl Geldes oder sonstiger Metallstücke; s Rn 10, 11) zu betätigende **Parkuhr** begründet als VEinrichtung (§§ 43 I, 45 IV) ein **modifiziertes Haltverbot**, da hier nach § 13 I u III nur während des Laufens der Uhr (I) oder – ohne deren Betätigung – zum Ein- u Aussteigen sowie zum Be- u Entladen (III) gehalten werden darf (BVwG VRS 74, 397 = StVE 15). Sie bewirkt als Allgemeinverfügung (BVwG aaO; BGHSt 31, 220 = StVE 9; OVG Hbg DAR 89, 475 Ls) eine zulässige Parkbeschränkung (Bay VRS 55, 55) in Form eines Parkverbots verbunden mit dem Gebot des Wegfahrens bei Nichtvorliegen bzw Wegfall der Voraussetzungen von Abs 1 (s a Rn 3), das durch Ingangsetzen der Uhr befristet außer Kraft gesetzt wird (BVwG VRS 58, 287; s auch Ce VRS 65, 67 = StVE 10; VGH Ka NZV 99, 56). Die Regelung verstößt nicht gegen das Gebot des geringstmöglichen Eingriffs (BVwG aaO; aA Hentschel 10 unter Hinweis auf Übermaßverbot, wonach die Überwachung kurzfristigen Parkens mittels der gebührenfreien Parkscheibe der geringere Eingriff sei). Das Halten ist im gleichen Umfang wie bei Z 286 ohne Betätigung der Parkuhr erlaubt **(III).** Verboten ist das Parken in den geringen Zwischenräumen zwischen den zu den Parkuhren gehörigen Parkfeldern, die zur Erleichterung der An- u Abfahrt freizulassen sind (Bay 62, 130 = VM 62, 145; Dü VM 70, 59), denn die ununterbrochenen Linien dürfen zwar überfahren werden, sie müssen aber beim Parken eingehalten werden, da die Markierung ein bußgeldbewehrtes Vorschriftszeichen ist (§ 49 III Nr 4). Wird hierdurch auch ein Wegfahren unmöglich gemacht, verstößt der widerrechtlich Parkende auch gegen § 1 II. Wer nur so kurz parkt, daß er mit der Restzeit einer laufenden Parkuhr auskommt, muß keine weitere Münze einwerfen (Begr). Nach I S 1 ist es erlaubt, bei einer Uhr, die für mehrere Parkzeiten eingerichtet ist, Münzen nachzuwerfen, bis die höchstzulässige Parkzeit erreicht ist. Wer aber darüber hinaus nachwirft, verstößt gegen diese Bestimmung.

Die **Parkerlaubnis endet** mit Ablauf des Uhrwerks, insb wenn der Zeiger die Grenze des roten Skalenteils überschritten hat (Ce VRS 52, 62); das dann wieder einsetzende Parkverbot enthält zugleich das entspr § 80 II 2 VwGO – sofort vollziehbare – Gebot, alsbald wegzufahren (BVwG VRS 74, 397; s Rn 2 u 9); es gibt **keine Karenzzeit**, wenn diese nicht ausdrücklich vorgesehen ist (s Ha NJW 84, 746 = StVE 12; s auch unten 6). Funktioniert der Mechanismus der Parkuhr nicht, weil sie **defekt** oder die eingeworfene Münze abgenutzt ist, so darf zwar trotzdem geparkt werden (Ko VRS 45, 68; Allgaier DAR 86, 308), nach I S 2 jedoch nur während der auf der Uhr angegebenen höchstzulässigen Parkdauer bei

StVO § 13 4–5 a Einrichtungen zur Überwachung der Parkzeit

Verwendung der Parkscheibe (zum bish R entspr BGHSt 31, 220 = StVE 9 mwN). Das gilt auch, wenn die für die kürzeste Parkzeit bestimmten Münzen nicht angenommen werden (s Zw ZfS 91, 286). – Ist die Gültigkeit des beschränkten Parkverbots (wie meistens) zeitlich begrenzt (zB 8–18 Uhr), darf außerhalb dieser Zeit ohne Betätigung der Parkuhr geparkt werden (Ce VRS 65, 67 = StVE 10); der Begriff **„werktags"** umfaßt auch den Samstag/Sonnabend (s § 39 Rn 19 a). Eine Parkuhr und ein im gleichen Bereich aufgestelltes Halteverbotszeichen mit abweichender Parkzeit sind widersprüchliche Regelungen (Hentschel § 13 Rn 8). Solange Parkuhren nicht abgedeckt oder entfernt werden, sind sie mit ihrer Einrichtung wirksam (VG Meiningen v 18. 10. 2000, 2 K 416/99).

4 **Parkscheinautomaten** sind als VEinrichtungen (§ 43 I) zulässig (vgl dazu Fra VM 80, 25 zur „Sammelparkuhr"). Ihr Geltungsbereich muß eindeutig durch das VZ 314 oder 315 mit Zusatzschild „mit Parkschein" bezeichnet sein. Auch sie beinhalten ein eingeschränktes Haltverbot, verbunden mit dem Gebot des Wegfahrens bei Nichtvorliegen und Wegfall der Voraussetzungen von Abs 1 (VGH Ka NZV 99, 56). Parkscheine sind – wie die Parkscheibe (s II 2) – von außen „gut lesbar" (dh nicht wie früher nur „gut sichtbar") hinter der Windschutzscheibe oder auf der Hutablage anzubringen (Kö DAR 93, 71; Bay DAR 95, 454). Die Höchstparkzeit ergibt sich aus dem Parkschein. **Mehrere Parkscheine** können nicht additiv verwendet werden (Br DAR 97, 454). Da der Parkscheinautomat letztlich nur die Zusammenfassung mehrerer Parkuhren darstellt, gelten bei ihm auch die oben zur Parkuhr genannten Möglichkeiten zur Ausnutzung der Restparkzeit, des evtl Nachwerfens bis zur zulässigen Höchstparkzeit u der Parkerlaubnis bei Defekt (s 3).

5 3. **Abs 2** ist der Bedeutung der **Z 290, 292** als eingeschränktes Haltverbot angepaßt (s dazu § 12 Rn 17). Im Mittelpunkt von S 1 steht die Verwendung der **Parkscheibe** (Bild 291). Sie dient ebenfalls der Überwachung der zugelassenen Parkzeit u ist verfassungsrechtlich unbedenklich (BVfG VRS 37, 313; 38, 386). Zu ihrer Beschaffenheit s VkBl 81, 447; unter den Uhrzeiten 1–12 müssen in verkleinerter Form auch die Zeiten 13–24 angegeben sein. Das Auslegen mehrerer, auf verschiedene Zeiten eingestellter Parkscheiben ist unzulässig (Kö VRS 58, 154); dasselbe dürfte auch für eine elektrisch betriebene „Park-"Uhr gelten, wenn sie bei Parkbeginn nicht angehalten wird, weil auch dann eine Überwachung nicht möglich ist.

5 a Die Verwendung einer Parkscheibe kann – außer im Fall des I S 3 – durch entspr Parkscheibensymbol oder Zusatzschild vorgeschrieben werden

a) im Bereich eines **Zonenhaltverbots,** das durch **Z 290** begründet (OVG Br VRS 74, 49; s dazu § 12 Rn 17), durch **Z 292** beendet u nur durch Verwendung beider Zeichen wirksam angeordnet wird (Bay VRS 57, 450 = StVE 5). Es gilt dort nicht nur für die Fahrbahn, sondern auch für Seitenstreifen, Parkstreifen und alle öff VFlächen, also zB auch für in der Zone gelegene Parkplätze (Ce NZV 89, 202); (s Bouska VD 80, 215), soweit durch VZ nicht abweichende Regelungen getroffen sind (s Erl zu Z 292 u Begr 9. ÄndVO; Bouska DAR 89, 443).

b) auf **Parkplätzen** (Z 314) mit entspr Zusatzschild. Die **Parkscheibe** 6 muß nach § 13 II 2 – wie der Parkschein (s 4) – im Fz von außen gut lesbar angebracht u auf den Strich der halben Stunde eingestellt sein, die dem Anhalten folgt. Wer sein Fz vor Beginn der Kurzparkzeit anhält u es über diesen hinaus an seinem Standplatz stehen lassen will, muß den Zeiger der Parkscheibe auf denjenigen Strich der halben Stunde einstellen, der auf den Beginn der Parkbeschränkung folgt (aber unvermeidbarer Verbotsirrtum) (Bay 77, 92 = VRS 53, 305). II gilt auch für Krafträder (Ko StVE 4; Dü JMBl NW 90, 130). Keine „**Karenzzeit**" bei Ablauf der sich aus der richtig eingestellten Parkscheibe ergebenden Parkzeit (Ha StVE 12).

Satz 3 soll klarstellen, daß die Vorschriften des § 12 auch dort gelten, 7 wo das Parken mit Parkscheibe zulässig ist.

4. Abs 3 umschreibt **Ausn** vom Gebot zur Betätigung der Überwa- 8 chungseinrichtungen beim bloßen Halten zum Ein- oder Aussteigen u Be- oder Entladen (s hierzu § 12 Rn 20 ff); sie gelten auch, wo durch Z 290 oder 314 mit Zusatzschild Parkscheibe vorgeschrieben ist (Bay VRS 55, 464). Dabei dürfen sowohl das Ein- und Aussteigen als auch das Be- und Entladen (Dü DAR 91, 432 = StVE 19) länger als 3 Min dauern, hingegen ist längeres Warten nicht umfaßt. Ol (NZV 93, 491) hält darüber hinaus auch das Halten unter 3 Min ohne die in III vorgesehenen Zwecke u ohne Parkscheibe für zulässig (aA Hentschel 9), obwohl § 13 III auf eindeutig umschriebene Ausn beschränkt ist u die ansonsten für Zonenhaltverbote allg zulässige Haltmöglichkeit bis 3 Min (s § 12 Rn 17) durch die Sonderregelung des § 13 durchbrochen ist (s auch Berr/Hauser 412).

5. Das **Abschleppen** von Fzen durch die Pol ist bei Verstößen gegen I 9 nach Maßgabe des landesrechtlichen PolAufgaben- u -VollzugsR auch hier (s sonst § 12 Rn 93 f) zulässig (BVwG NJW 82, 348; Hunsiker VD 86, 30). Da das durch die Parkuhr modifizierte Haltverbot zugleich gebietet, ein dort abgestelltes Kfz alsbald wegzufahren, wenn die Parkerlaubnis (s oben 2, 3) nicht (mehr) besteht, kann Abschleppen als Ersatzvornahme gerechtfertigt sein (BVwG VRS 74, 397), wenn es nicht außer Verhältnis zur verursachten Behinderung oder Störung steht (BVwG NJW 78, 656; DAR 83, 398 = StVE 11: über 3 Std in verkehrsreicher Innenstadt; OVG Hbg DAR 89, 475: schon nach 1 Std; s auch VwV zu Abs 1 V; Janiszewski 830 ff).

6. Zuwiderhandlungen gegen die Ge- u Verbote der Abs 1 u 2 sind 10 OWen nach § 49 I 13 iVm § 24 StVG (s Nr 42 VwKat). Das gilt auch bei entspr Verstoß auf einem als öff Parkfläche verpachteten Parkhaus (Fra NZV 94, 408). Wer nach bereits erfolgter Verwarnung die Parkzeit weiter überschreitet, handelt erneut ordnungswidrig (Bay DAR 71, 304). – Wer in einer Haltverbotszone ohne eine vorschriftsmäßig eingestellte Parkscheibe parkt, verstößt gegen §§ 13 II, 49 I 13 auch dann, wenn er sich an die zeitliche Begrenzung hält (Bay 64, 137 = VRS 28, 235; BVwG VM 69,

117; Dü DAR 89, 392 Ls). Das vorschriftswidrige Verhalten wird nicht durch Duldung der Behörde rechtmäßig, denn eine stillschweigende Genehmigung einer Ausnahme ist schon wegen § 46 III nicht möglich. Es bedarf vielmehr einer Bekanntgabe der behördlichen Entschließung. Ein Irrtum hierüber ist aufgrund mangelnder Erkundigung ein vermeidbarer Verbotsirrtum (Ha VRS 43, 201). Wer als Halter den Fzführer anweist, an einer verbotenen Stelle zu halten oder zu parken, ist Beteiligter (§ 14 OWiG) an dem ordnungswidrigen Verhalten (Kö VRS 47, 39). – Bedienung m **ausl Geld** oder sonstigen bewirkt keine Strafbarkeit nach § 263 und § 265a StGB (Sa VRS 75, 345; Hbg NJW 81, 1281; Bay NZV 91, 317; Lackner Rn 5 zu § 265a mwN; aA Gern/Schneider s Rn 11; nach Wenzel DAR 89, 455: versuchter Betrug). Die Verwendung eines im ausgedruckten Parkzeitende abgeänderten Parkscheins erfüllt den TB der Urkundenfälschung, nicht aber denjenigen des Betruges (Kö DAR 01, 520).

11 **7. Literatur**

Gern „Parkverbot bei Einwurf beschädigter Münzen?" NJW 85, 3058; ders u **Schneider** „Bedienung von Parkuhren m ausl Geld" NZV 88, 129; **Hauser** „Parkuhren – Parkscheinautomaten – Parkscheiben" VD 82, 98; **Jung** „Zivil- u haftungsrechtl Fragen" DAR 83, 151; s auch § 12 Rn 97.

§ 14 Sorgfaltspflichten beim Ein- und Aussteigen

(1) **Wer ein- oder aussteigt, muß sich so verhalten, daß eine Gefährdung anderer Verkehrsteilnehmer ausgeschlossen ist.**

(2) **Verläßt der Führer sein Fahrzeug, so muß er die nötigen Maßnahmen treffen, um Unfälle oder Verkehrsstörungen zu vermeiden. Kraftfahrzeuge sind auch gegen unbefugte Benutzung zu sichern.**

VwV – StVO
Zu § 14 Sorgfaltspflichten beim Ein- und Aussteigen
Zu Absatz 2

1 Wenn der Führer eines Kraftfahrzeugs sich in solcher Nähe des Fahrzeugs aufhält, daß er jederzeit eingreifen kann, ist nichts dagegen einzuwenden, wenn eine besondere Maßnahme gegen unbefugte Benutzung nicht getroffen wird. Andernfalls ist darauf zu achten, daß jede vorhandene Sicherung verwendet wird, insbesondere auch bei abgeschlossenem Lenkradschloß das Fahrzeug selbst abgeschlossen wird; wenn die Fenster einen Spalt offen bleiben oder wenn das Verdeck geöffnet bleibt, ist das nicht zu beanstanden.

Inhaltsübersicht

	Rn
1. Allgemeines	1
2. Abs 1: Ein- u Aussteigen	2

Ein- u Aussteigen 1–6 **§ 14 StVO**

                                                                         Rn
3. Abs 2: Verlassen des Fahrzeugs 7
   a) Definition des Verlassens... 7
   b) Satz 1: Sicherung gegen Unfälle..................................... 8
   c) Satz 2: Sicherung gegen unbefugte Benutzung............... 9
4. Zivilrechtlich/Haftungsverteilung... 11 a
5. Zuwiderhandlungen.. 12

1. Allgemeines 1

I u II S 1, 2 sind SchutzG iS von § 823 II BGB (BGH VRS 60, 85; KG VM 92, 102). Ergänzt wird § 14 durch die §§ 15 u 17 IV; s auch § 38a StVZO (Anh I). Zur unbefugten Benutzung s auch § 7 III StVG.

2. Abs 1: Ein- u Aussteigen 2

Hierfür verlangt § 14 I das höchste Maß an Vorsicht – „Gefährdung ... ausgeschlossen ..." (Ha NZV 00, 209; s dazu § 10 Rn 7f). § 14 I betrifft das Verhalten beim Ein- u Aussteigen, nicht das danach (aA KG VM 86, 24 m abl St Booß) u verpflichtet grundsätzlich nur den Ein- oder Aussteigenden (KG aaO), den Kfz-Führer nur in Sonderfällen (als Taxif: Ha NZV 00, 126; bei Kindern: Ha DAR 63, 306).

Ein- u Aussteigen ist – auch im StadtV – rechts u links zulässig. Der Ein- 3 bzw Aussteigende muß aber dabei das VorR des fließenden Verkehrs in beiden Richtungen beachten (BGH(Z) VRS 72, 51; Ha NZV 00, 209). Wer aussteigen will, muß deshalb den Verkehr durch die Rückspiegel u erforderlichenfalls durch die Fenster genau beobachten u darf die Wagentür nur öffnen, wenn er sicher sein kann, daß er keinen von rückwärts oder von vorn Kommenden gefährdet (BGH(Z) VRS 40, 463; 72, 51; KG DAR 86, 88).

Der Kf darf erforderlichenfalls die Tür **nach links** vorsichtig einen Spalt 4 (von ca 10 cm: KG VM 90, 78) öffnen, um Sicht nach rückwärts zu erlangen, jedoch erst nach Ausschöpfung der Beobachtungsmöglichkeiten vom Inneren des Fz aus (BGH(Z) VRS 40, 463; Kö VM 92, 117; Ha VRS 30, 215; zum Abstand des Vorbeifahrenden s § 6 Rn 6ff), was aber bei modernen Kfz idR bereits der Fall ist. Bei **totem Winkel** kann dem Kf (BGH aaO) zugemutet werden, evtl längere Zeit den Rückspiegel zu beobachten (vgl auch Ha VRS 32, 146). Bei Schrägstellung des Fz sind die Anforderungen nicht geringer (Bay 69, 117 = VRS 38, 216). Auch nach dem Aussteigen hat er sich über den fließenden Verkehr zu vergewissern u darf nicht darauf vertrauen, daß zB herankommende Radf die noch geöffnete Wagentür sehen (Bay DAR 90, 31).

Vorsicht ist auch beim Aussteigen nach rechts geboten, denn es 5 kann Radf, die sich auf dem Radweg oder am rechten Fahrbahnrand befinden (Ha NZV 00, 126; Mü VRS 90, 250) oder auch Fußgänger auf dem Gehweg (Stu VersR 63, 961) gefährden.

Der vorbeifließende Verkehr darf nur darauf vertrauen, daß die Tür 6 nicht plötzlich weit geöffnet wird (BGH(Z) DAR 81, 148 = StVE 5),

Heß

StVO § 14 7–9 Sorgfaltspflichten beim Ein- und Aussteigen

nicht aber darauf, daß die Sorgfaltspflicht aus § 14 I allg beachtet wird, da sie zu häufig verletzt wird (KG Rn 5); umgekehrt gibt es seit der durch § 14 verschärften Sorgfaltspflicht keinen Vertrauensgrundsatz zugunsten des Ein- oder Aussteigenden auf Einhaltung eines ausreichenden Sicherheitsabstands (KG DAR 86, 88; s dazu auch § 6 Rn 6 ff).

7 **3. Abs 2: Verlassen des Fahrzeugs**

a) **Definition:** Verlassen bedeutet die Aufgabe der unmittelbaren Einwirkungsmöglichkeit, wie zB beim Aufsuchen der Wohnung (Dü VRS 70, 379 = StVE 8) oder einer Gaststätte (Ha VRS 28, 464; Ol DAR 64, 27) selbst wenn das Fz im Blickfeld bleibt (BGH VRS 23, 89); erst recht wenn es aus den Augen gelassen wird (KG VRS 59, 228). Ein Fz ist nicht verlassen, solange der Fz-Führer eine unbefugte Benutzung noch sicher verhindern kann (Ol NZV 93, 491); die räumliche Entfernung ist nicht allein entscheidend (vgl VwV I; BGH(Z) VM 61, 14; Ha VRS 32, 283; Bay 76, 66 = VRS 51, 459); zB kurzes Austreten (Stu DAR 74, 298; s hierzu auch § 12 Rn 33).

8 b) **Satz 1: Sicherung gegen Unfälle u Verkehrsstörungen.** Die Vorschrift betrifft nicht das verkehrsgefährdende Halten u Parken (hierzu s § 12 Rn 81), sondern will den Gefahren vorbeugen, die vom Fz selbst, etwa durch Weiterrollen auf abschüssigen Strecken, oder von Zugtieren ausgehen können (dazu s VwV II). Der Kf muß idR den Motor abstellen, bevor er sich vom Fz entfernt (Hbg VM 63, 17; Ha VersR 96, 225), beim Diesel-Lkw zusätzlich die Feststellbremse anziehen (Kö VRS 88, 20) u alle Sicherheitsmaßnahmen gegen ein Abrollen der Fz treffen (BGHSt 19, 371). Genügt auf abschüssigen Stellen das Anziehen der Handbremse nicht, um ein Weiterrollen des Fz zu verhindern, ist das Einlegen eines kleinen Ganges oder Blockieren der Räder durch Holzklötze oder dergl geboten (BGH VRS 22, 351; wegen der Pflicht zum Mitführen von Unterlegkeilen bei bes schweren u mehrachsigen Fzen pp s § 41 XIV StVZO).

9 c) **Satz 2: Sicherung gegen unbefugte Benutzung. Zweck der Vorschrift** ist nicht der Schutz des Eigentums am Fz, sondern die Verhinderung der Benutzung des Fz durch Unbefugte ohne FE u Haftpflichtversicherung. Der Verantwortliche hat bis zur Grenze des unabwendbaren Zufalls alle zumutbaren Maßnahmen zu ergreifen; an diese Verpflichtung sind im Interesse der VSicherheit strengste Anforderungen zu stellen (BGH NJW 71, 459; KG VM 78, 91; Ha NZV 90, 470), die umso höher anzusetzen sind, je unsicherer der Abstellplatz ist (Ha VRS 31, 283). In einer gut verschlossenen Garage oder einem nach außen abgesperrten Hof sind praktisch keine Sicherungsmaßnahmen geboten (KG VersR 81, 244), wenn Garagen- u Fz-Schlüssel sicher verwahrt werden (Ha aaO; Mü VersR 60, 1055). Geringere Anforderungen auch auf umfriedetem Werksgelände (BGH(Z) VM 71, 91; s auch Fra VersR 83, 497), nicht aber, wenn es gleichwohl allg zugänglich ist (s Nü VRS 66, 188: Lagerhalle; Aufbewahrung der Kfz-Schlüssel in einer im Restaurant abgelegten Jacke ist unzureichend: Dü VersR 89, 638). Auf der Str, aber auch auf **Privatgrundstücken,** die von außen leicht zugänglich sind, so daß mit unbefugter Benutzung zu rechnen ist, müssen alle vorhandenen, bei Pkw, Kombinations-Fzen u Krafträdern bes die nach § 38 a StVZO (Anh I) vorgeschriebenen Sicherungseinrichtungen (Lenkradschloß), benutzt werden (BGHSt 15, 357). Bloßes Verschließen der Tür genügt nicht (vgl BGH(Z) VM 62, 104; VRS 26, 173; BGH VM 70, 18). Andererseits müssen Wagentüren u Fenster auch dann verschlossen werden, wenn das Lenkradschloß gesperrt (BGHSt 17, 289; BGH(Z) VM 64, 24 u 25; Ol VRS 26, 317) oder die Zündung unterbrochen ist (AG Offenbach VRS 75, 464). Ausreichend gesichert ist ein Kfz jedenfalls dann, wenn das Lenkradschloß gesperrt, der Wagen abgeschlossen u die Fenster geschlossen sind (Ha VRS 31, 283; Schl VM 66, 106); spaltweit geöffnete Fenster u offene Verdecke (beim **Cabrio**) sind nicht zu beanstanden (VwV zu Abs 2; Dü ZfS 86, 95); bei geschlossenem Verdeck ist es ebenso zu sichern wie eine Limousine (Dü VRS 70, 379). Bei Krafträdern u Mopeds genügt Abschließen von Zündung u Lenkung (BGH NJW 59, 629).

Gegen **II S 2** verstößt auch, wer den Zweitschlüssel nach dem Abstellen des Fz einer nicht genügend zuverlässigen anderen Person überläßt (BGH VM 58, 97; BGH(Z) VM 60, 107; VRS 38, 85). Der Fz-Führer handelt aber nicht fahrlässig, wenn er ein in seinem Kfz vorhandenes zusätzliches, in § 38 a StVZO (Anh I) nicht vorgeschriebenes Sicherungsmittel nicht benutzt, zB der Führer eines Lkw das in seinem Fz angebrachte Lenkradschloß (BGH(Z) DAR 74, 20). Bes Vorsichtsmaßnahmen bei der Aufbewahrung des Zündschlüssels gegenüber Personen sind nötig, die nicht absolut zuverlässig sind (Ha VM 86, 25) oder schon einmal ein Kfz unbefugt benutzt u inzw keine FE erworben haben (Nü StVE 3); nicht aber ohne Anlaß gegenüber sonst zuverlässigen Angehörigen (BGH(Z) VRS 66, 266, 268; zur Halterhaftung nach § 7 III S 1 StVG s Hentschel § 7 StVG Rn 55; zur groben Fahrlässigkeit im **ZivilR** (§ 61 VVG) s van Bühren DAR 95, 469 Nrn 6 u 11 m zahlr Beisp).

II S 2 ist **SchutzG** iS von § 823 II BGB (KG VM 92, 102; OL NZV 99, 294). Wer sein Fz ungenügend gesichert abstellt, kann auch nach § 7 III StVG für den **Schaden haftbar** sein, den der unbefugte Benutzer schuldhaft, sogar vorsätzlich verursacht (BGH(Z) VRS 40, 161; VersR 61, 446; Ha NZV 90, 470). Er kann sogar **strafrechtlich** für einen Unfall, den der unbefugte Benutzer verursacht, mitverantwortlich sein (BGH VRS 20, 282; bei Martin DAR 70, 118).

4. Zivilrecht/Haftungsverteilung

Trotz Verstoß gegen die hohen Sorgfaltsanforderungen durch den Türöffner (insb von innen) Mithaft des Vorbeifahrenden bei **nicht ausreichendem Seitenabstand** (BGH VersR 56, 576; Bre VRS 2, 357; – ⅓; Dü MDR 61, 322 je 50%; KG VersR 86, 1123 Abstand weniger als 30 cm je 50%). 50% bei Unklarheit darüber, wann die Tür des haltenden Fahrzeuges geöffnet wurde.

StVO § 15 1 Liegenbleiben von Fahrzeugen

12 **5. Zuwiderhandlungen**

sind als OWen nach § 49 I 14 iVm § 24 StVG verfolgbar (Nrn 43, 44 VwKat). I kann von jedem Fahrgast verwirklicht werden, II nur vom Fahrer. Bei Gefährdung wird § 1 II durch § 14 I verdrängt; bei Behinderung u Belästigung ist nur § 1 II anwendbar. § 14 II S 1 kann mit § 12 IV in TE stehen. Alkoholbedingte ungenügende Sicherung des Fz gegen Abrollen kann gegen §§ 315b, c StGB verstoßen (s § 2 Rn 15; BGHSt 19, 371).

§ 15 Liegenbleiben von Fahrzeugen

Bleibt ein mehrspuriges Fahrzeug an einer Stelle liegen, an der es nicht rechtzeitig als stehendes Hindernis erkannt werden kann, so ist sofort Warnblinklicht einzuschalten. Danach ist mindestens ein auffällig warnendes Zeichen gut sichtbar in ausreichender Entfernung aufzustellen, und zwar bei schnellem Verkehr in etwa 100 m Entfernung; vorgeschriebene Sicherungsmittel, wie Warndreiecke, sind zu verwenden. Darüber hinaus gelten die Vorschriften über die Beleuchtung haltender Fahrzeuge.

Inhaltsübersicht

	Rn
1. Allgemeines	1
2. Pflicht zur Sicherung	2
a) bei mehrspurigen Fahrzeugen	3
b) Voraussetzungen der Sicherungspflicht	4
c) Art der Sicherung	6
3. Zuwiderhandlungen	8
4. Zivilrecht	9

1. Allgemeines

1 Die Vorschrift gilt bei Tag u Nacht. Sie wird für den Fall der Dunkelheit ergänzt durch die Beleuchtungsvorschrift § 17 IV. § 53a StVZO (Anh I b.) enthält die zugehörigen Bau- u Ausrüstungsvorschriften. In **Kraftomnibussen** muß zusätzlich eine **windsichere Handlampe** mitgeführt werden (§ 54b StVZO). Wer ein Fz in Betrieb nimmt, das nicht diesen Vorschriften entspr ausgerüstet ist, begeht eine OW nach § 69a III 19 StVZO. Auf freiwillig haltende (parkende oder verkehrsbedingt wartende) Fze ist der abstrakte GefährdungsTB des § 15 nicht anwendbar (BGH VRS 70, 426), doch kann sich eine entspr Sicherungspflicht aus § 17 oder § 1 II ergeben (Ce VRS 42, 454 = StVE 1; Sa VM 81, 25; BGH VersR 72, 1071: bei unerwartetem Anhalten auf Schnellstr; BGH(Z) VRS 70, 426, 428); zur Sicherung beim Stau s § 16 II 2 (neu!).

2. Pflicht zur Sicherung

§ 15 schreibt vor, welche Sicherungsmittel zu verwenden u in welcher Reihenfolge sie einzusetzen sind.

a) § 15 gilt nur für **mehrspurige Fze**. Ein Fz, das nicht mit Fahrtrichtungsanzeigern ausgerüstet ist, muß keine Warnblinkanlage haben (§ 53 a IV StVZO; Anh I b). Dann tritt sofort die Pflicht zur Aufstellung des Warndreiecks ein. Einspurige Fze – Krafträder, Fahrräder – sind sofort von der Fahrbahn zu entfernen oder an ihren Rand zu schieben (§ 17 IV S 4, § 23 II). Sicherungspflicht nach Unfall s § 34 I S 1.

b) **Voraussetzungen der Sicherungspflicht.** Ein Fz **bleibt liegen**, wenn es auf der Fahrbahn wegen eines technischen Versagens, aus Benzinmangel (Ha VRS 57, 215 = StVE § 18 StVO 16) oder sonstigen Gründen (Glatteis auf Bergstrecke) gegen den Willen des Fz-Führers u unabhängig von der VLage zum Halten kommt oder nach einem gewollten Anhalten aus solchen Gründen aus eigener Kraft nicht mehr weiterfahren kann (Stu DAR 82, 400; s auch § 12 Rn 4); nicht aber, wenn es zwecks Absperrung auf der Fahrbahn abgestellt wird u jederzeit fortbewegt werden kann (Dü VRS 63, 70). Ob auch persönliche Umstände, wie Fahrunfähigkeit durch Herzanfall oä, ein „Liegenbleiben" iS von § 15 bewirken, ist umstritten (bejahend KG VRS 58, 61 = StVE 5; Zw VM 77, 54 mwN; verneinend Booß Anm 1 zu § 15), dürfte aber aus der Zweckbestimmung der Vorschrift u üblichen Def des „Liegenbleibens" als unfreiwilliges Halten zu bejahen sein (so auch Cramer 11, Jag/Hentschel 3). Das gilt auch beim Abwürgen des Motors (Dü VM 74, 116), wenn mehrfache Startversuche erfolglos bleiben (KG aaO) u mit nicht nur kurzer Fahrtunterbrechung zu rechnen ist (KG VRS 58, 61; Schl NZV 92, 488). Das Liegenbleiben endet mit der Behebung der Störung (Dü StVE 4; Cramer 11 a); längeres Stehenlassen ist uU verbotenes Halten (s § 18 Rn 23). Haltende oder parkende Fze sind aber nicht nach § 15 zu sichern (BGH VRS 70, 426).

Das Liegenbleiben löst die Pflichten aus § 15 nur aus, wenn es an einer Stelle eintritt, an der das Fz von anderen VT **nicht rechtzeitig als stehendes Fz erkannt** werden kann, bes also, wenn das Fz an einer unübersichtlichen oder sonstigen Stelle zum Stehen kommt, wo nicht gehalten werden darf, der fließende Verkehr daher nicht mit einem stehenden Fz rechnet (vgl §§ 12 I, 18 VIII); ferner, wenn die eigene Beleuchtung wegen nicht genügender Leistung oder wegen der Witterungsverhältnisse nicht ausreicht oder wenn das Fz in größerem Abstand oder schräg zum Fahrbahnrand zum Stehen gekommen ist (BGH(Z) VRS 11, 1; Kö NJW 66, 934), oder in die Fahrbahn einer AB hineinragt (BGH(Z) VRS 40, 177). In solchen Fällen muß das stehende Fz von fahrenden durch die zusätzlichen Warnzeichen unterschieden werden; diese müssen bei Dunkelheit außerorts, bei schlechter Str-Beleuchtung auch innerhalb geschl Ortschaften eingesetzt werden, selbst wenn sich die Schlußbeleuchtung des Fz in gutem Zustand befindet (BGH VersR 56, 692). Winkzeichen mit einer leuchtenden Taschenlampe genügen nicht (BGH(Z) VM 69, 70). Hält aber

StVO § 15 6–7 Liegenbleiben von Fahrzeugen

ein Fz bei klarem Wetter an einer Stelle, wo das Halten erlaubt ist, vorschriftsmäßig am rechten Fahrbahnrand, so muß es bei Tageslicht nicht, bei Dunkelheit nur nach § 17 IV gesichert werden. Ob ein Pkw, der auf der **Standspur** einer AB zum Stehen gekommen ist, nach § 15 gesichert werden muß, hängt von den gegebenen Sicht- u VVerhältnissen im Einzelfall ab (Ha VRS 47, 65; Dü StVE 4). Zum „Liegenbleiben" gehört schon das langsame Ausrollen nach Eintritt eines Motorschadens (vgl zum alten R BGH(Z) VM 73, 5).

6   c) **Art der Sicherung.** Die Sicherung des liegengebliebenen Fz ist die erste Pflicht im Falle einer Panne oder eines Unfalls (zu den Anforderungen bei Dunkelheit s BGH(Z) VM 88, 25). Sie ist sofort vorzunehmen (BGHSt 16, 89; (Z) VRS 73, 427, 431) u geht dem Wegschaffen des Fz oder der Behebung des Schadens unbedingt vor (BGH(Z) VM 63, 81), es sei denn, daß die Sicherungsmaßnahmen länger dauern als das sofortige Entfernen des Fz (Kö NZV 95, 159). – Dem Sicherungszweck entspricht auch die in § 15 I S 1 u 2 festgelegte **zeitliche Reihenfolge** der Maßnahmen (vgl auch § 34 I 2). Doch handelt nicht vorwerfbar, wer nach einem Unfall zunächst nur das Warnblinklicht einschaltet u sich vor Aufstellung des Warndreiecks um seine Ehefrau kümmert, die einen Schock erlitten hat (Sa VM 74, 94), oder erst prüft, ob er trotz eines Defekts sofort weiterfahren kann (Bay VRS 70, 461). Das zuerst einzuschaltende Warnblinklicht muß auch dann eingeschaltet bleiben, wenn warnende Zeichen aufgestellt sind (Hbg VRS 61, 294). Auch der Ausfall des Warnblinklichts wegen Erschöpfung der Batterie ist uU zu berücksichtigen (BGH(Z) VM 88, 25).

6 a   Das **Warndreieck** oder – soweit nach § 53 a II StVZO (s Anh I) vorgeschrieben – die **Warnleuchte** müssen in einem so großen Abstand hinter dem Fz aufgestellt werden, daß sich ein Nachfolgender auf das Hindernis rechtzeitig einstellen kann (BGH VM 59, 34; BGH(Z) VM 71, 44). § 15 S 2 gibt als Richtwert bei schnellem Verkehr eine Entfernung von 100 m an. § 15 S 2 schreibt die Aufstellung **mind eines** warnenden Zeichens vor; das ist bei Pkw das Warndreieck, weil seine Mitnahme in § 53 a II 1 StVZO vorgeschrieben ist, während bei schweren Kfzen der Führer die Wahl zwischen Warndreieck u **Warnleuchte** hat, aber verpflichtet ist, die unter den jew Umständen ausreichende Sicherung – zB bei Nebel oder Schneetreiben, bei denen das Warndreieck keine weite Wirkung hat, die Blinkleuchte – zu verwenden. Die Warnleuchte ist nicht auf der Fahrbahn, sondern am rechten Fahrbahnrand aufzustellen (Sa VM 80, 51); über ihre Mitführung u Aufstellung beim Transport **gefährlicher Güter** s § 9 IV 10 GGVS (Dü VM 89, 24), im übrigen s § 53 a StVZO, der zwar nicht direkt für ausl Fze gilt, doch auch von ihnen zu beachten ist, wenn sie sich auf ein unabwendbares Ereignis berufen wollen (Stu VRS 80, 181).

7   Fällt die **Schlußbeleuchtung** aus oder besitzt das liegengebliebene Fz oder der Anhänger keine, so muß außer den in § 15 vorgeschriebenen Maßnahmen die Rückseite des Fz beleuchtet werden. Ausreichend ist dann die Sicherung nach rückwärts nur, wenn sie die Umrisse des Fz ebenso gut

Allgemeines **1 § 15a StVO**

wie die vorgeschriebenen Schlußleuchten kenntlich macht u zusätzlich darauf hinweist, daß das Fz steht (vgl Ha VRS 11, 138). Heute nicht mehr zeitgemäß ist die Sicherung eines Anhängers nur durch eine Sturmlaterne, wie sie noch BGH(Z) VRS 4, 164 für ausreichend erachtet hat.

3. Zuwiderhandlungen

Die Verantwortung für die Sicherung liegengebliebener Fze trifft 8 in erster Linie den Fz-Führer, der das Fz abgestellt hat, daneben auch denjenigen, der dessen Pflichten nach dem Anhalten übernommen hat (vgl § 12 Rn 72). Wer im Fall des Liegenbleibens die in § 15 gebotene Sicherung unterläßt, handelt ow nach § 49 I 15 iVm § 24 StVG (Nr 15 BKat). Wegen der großen Bedeutung ausreichender Sicherung liegengebliebener Fze für die Verhütung von Auffahrunfällen sind qualifizierte Verstöße Vergehen nach § 315 c I 1 g StGB. Die Sicherungspflicht betrifft auch Ausländer (BGH(Z) VM 68, 127). Zur Vorwerfbarkeit bei vorheriger Hilfeleistung s oben 6; zur OW bei Fehlen der Sicherungsvorrichtungen s § 69 a III 19 StVZO u oben 1.

4. Zivilrecht

Treffen von Vorkehrungen, daß Fz nicht liegen bleibt. Nichtmitführen 9 der vorgeschrieb Sichmittel (§ 31 b Nr 3–6, §§ 53 a, 53 b StVZO) oder von ausreich Treibstoff kann auffahrursächl sein (BGH DAR 58, 218; Ha VRS 16, 35). Sichern des liegen gebliebenen Fz. Wer Warndreieck nicht unverzügl aufstellt, handelt schuldhaft (BGH NJW-RR 87, 1235). Unterlassen der vorgeschrieb Sicherg, spricht für Unfallsursächlichkeit (Dü DAR 77, 168); erfolgt trotz ordnungsgem Sicherg ein Unfall, ist abgesicherte Gefahr nicht mehr ursächl (BGH VersR 69, 895). Erforderlich ist umsichtige Vornahme der Absicherg, besond auf BAB, damit der Sichernde nicht selbst zu Schaden kommt (BGH VersR 77, 36; Ha NZV 94, 394).

§ 15 a Abschleppen von Fahrzeugen

(1) **Beim Abschleppen eines auf der Autobahn liegengebliebenen Fahrzeugs ist die Autobahn (Zeichen 330) bei der nächsten Ausfahrt zu verlassen.**

(2) **Beim Abschleppen eines außerhalb der Autobahn liegengebliebenen Fahrzeugs darf nicht in die Autobahn eingefahren werden.**

(3) **Während des Abschleppens haben beide Fahrzeuge Warnblinklicht einzuschalten.**

(4) **Krafträder dürfen nicht abgeschleppt werden.**

1. Allgemeines

Die Vorschrift soll das wegen der auf der AB üblichen hohen Ge- 1 schwindigkeiten bes gefährliche Abschleppen auf das unumgängliche Maß

StVO § 16 Warnzeichen

beschränken (Begr; vgl auch §§ 15, 16 II u 23 Rn 23). – **III u IV** gelten auf allen Straßen.

2. Das Abschleppverbot

2 gilt nach **I** nur auf ABen, nicht auch für Kraftfahrstr (Z 331). Die AB ist an der nächsten gekennzeichneten Ausfahrt zu verlassen. Dies gilt auch für gewerbliche Abschleppdienste (Schl VRS 64, 234 = StVE 2: Abschleppen auf dem Haken), soweit sie keine Ausnahmegenehmigung haben.

3. Einfahrverbot

3 **II** verbietet das Einfahren in die AB beim Abschleppen etwa zum leichteren Fortkommen.

4 **4. Warnblinklicht** haben nach **III** beide Fze während des Abschleppens zu führen, nicht also nur bei Gefährdung (s § 16 II). Wegen der Führung des gelben Blinklichts s § 38 III.

5 **5.** Das gefährliche **Abschleppen** liegengebliebener, betriebsunfähiger **Krafträder** ist durch **IV** ausdrücklich verboten, das Schleppen betriebsfähiger nach § 33 I StVZO.

6 **6. Zuwiderhandlungen** sind nach §§ 49 I 15 a iVm 24 StVG OWen (zu § 15 a I, II s VwKat Nr 45, zu III VwKat Nr 46, zu IV VwKat Nr 47).

§ 16 Warnzeichen

(1) **Schall- und Leuchtzeichen darf nur geben**

1. **wer außerhalb geschlossener Ortschaften überholt (§ 5 Abs. 5) oder**
2. **wer sich oder andere gefährdet sieht.**

(2) **Der Führer eines Omnibusses des Linienverkehrs oder eines gekennzeichneten Schulbusses muß Warnblinklicht einschalten, wenn er sich einer Haltestelle nähert und solange Fahrgäste ein- oder aussteigen, soweit die Straßenverkehrsbehörde für bestimmte Haltestellen ein solches Verhalten angeordnet hat. Im übrigen darf außer beim Liegenbleiben (§ 15) und beim Abschleppen von Fahrzeugen (§ 15 a) Warnblinklicht nur einschalten, wer andere durch sein Fahrzeug gefährdet oder andere vor Gefahren warnen will zum Beispiel bei Annäherung an einen Stau oder bei besonders langsamer Fahrgeschwindigkeit auf Autobahnen und anderen schnell befahrenen Straßen.**

(3) **Schallzeichen dürfen nicht aus einer Folge verschieden hoher Töne bestehen.**

Warnzeichen § 16 StVO

VwV – StVO

Zu § 16 Warnzeichen

Zu Absatz 1 Nr. 2

Gegen mißbräuchliche Benutzung des Warnblinklichts ist stets einzuschreiten. Das ist immer der Fall, wenn durch ein Fahrzeug der Verkehr nicht gefährdet, sondern nur behindert wird, z. B. ein Fahrzeug an übersichtlicher Stelle be- oder entladen wird.

Zu Absatz 2

Die Straßenverkehrsbehörden haben sorgfältig zu prüfen, an welchen Haltestellen von Schulbussen sowie von Omnibussen des Linienverkehrs, der Fahrer des Busses das Warnblinklicht einzuschalten hat. Maßgebliches Kriterium sind dabei die Belange der Verkehrssicherheit.

Dort, wo sich in der Vergangenheit bereits Unfälle zwischen Fahrgästen und dem Kraftfahrzeugverkehr an der Haltestelle ereignet haben, ist die Anordnung, das Warnblinklicht einzuschalten, indiziert. Andererseits spricht das Nichtvorkommen von Unfällen vor allem bei Vorhandensein von Querungshilfen für Fußgänger (z. B. Fußgängerüberweg, Lichtsignalanlage) in unmittelbarer Nähe der Haltestelle, gegen eine entsprechende Anordnung. Auch die Höhe des Verkehrsaufkommens, das Vorhandensein baulich getrennter Richtungsfahrbahnen, insbesondere bei mehrstreifiger Fahrbahnführung sowie die bauliche Ausgestaltung der Haltestelle selbst (z. B. Absperrgitter zur Fahrbahn), sind in die Entscheidung einzubeziehende Abwägungskriterien. Die Lage der Haltestelle in unmittelbarer Nähe einer Schule oder eines Altenheimes spricht für das Einschalten des Warnblinklichts. Unter Umständen kann es auch in Betracht kommen, das Einschalten des Warnblinklichtes nur zu bestimmten Zeiten, gegebenenfalls auch für bestimmte Tagesstunden, anzuordnen.

Maßgeblich für die Entscheidung, an welcher Haltestelle die Anordnung, das Warnblinklicht einzuschalten, erforderlich ist, ist in jedem Fall die Sachkunde und die Ortskenntnis der Straßenverkehrsbehörden. Entsprechendes gilt für die Anordnung, in welcher Entfernung von der Haltestelle das Warnblinklicht eingeschaltet werden soll.

Die Anordnung, wo das Warnblinklicht eingeschaltet werden muß, ist gegenüber den Busbetreibern und den Fahrern der Busse auszusprechen.

Inhaltsübersicht

	Rn
1. Allgemeines	1
2. Abs 1 Nr 2: Verwendung von Schall- und Leuchtzeichen	3
3. Hupen u Bremsen	7
4. Art der Warnzeichen	9
5. Abs 2: Das Warnblinklicht	11
a) Neufassung	11
b) bei Gefährdung	13
6. Zuwiderhandlungen	14
7. Zivilrecht	15

StVO § 16 1–3a Warnzeichen

1. Allgemeines

1 § 16 I regelt nur, wann WarnZ abgegeben werden **dürfen**. Wann sie gegeben werden **müssen**, ist § 1 II u § 16 II S 1 zu entnehmen (Kö NZV 92, 32). Nach der amtl Begr genügt die Abgabe eines WarnZ nur dann u ist geboten, wenn damit gerechnet werden darf, daß der Gewarnte auch sachgerecht reagieren wird, oder wenn die Gefahr durch andere Mittel, wie Verlangsamung der Fahrt oder Halten nicht mehr gebannt werden kann u die Abgabe eines WarnZ noch Erfolg verspricht. Zum anderen darf ein WarnZ dann nicht gegeben werden u ist statt dessen zu bremsen, wenn das WarnZ die Gefahr vergrößern (der Gefährdete könnte erschrecken und um so unsicherer werden) oder andere Gefahren heraufbeschwören würde.

2 Die Vorschrift gilt auch für Straba (Kö NZV 92, 32), ebenso für die Eisenbahn, die eine öff Str benutzt (Bay 57, 110 = VRS 14, 217). Für das **Überholen** ergänzt § 5 V den § 16 I 1 (s dazu § 5 Rn 48). Bei unklarer Verkehrslage besteht Verpflichtung zur Abgabe von Hup- oder Lichtzeichen (§ 16 I Nr 1), um sicherzustellen, daß die vorausfahrenden Fahrzeugführer die Überholabsicht rechtzeitig und sicher bemerken (Kar NZV 01, 473).

2a **II** regelt idF der 13. StVO-ÄndVO (VkBl 95, 531 m Begr; s dazu Bouska DAR 95, 397) u der 24. VO zur Änd verkehrsrechtlicher Vorschriften (s Nr 24 der Änd-Übersicht) die Verwendung des Warnblinklichts. **III** ist erforderlich, weil die Ausrüstungsvorschriften (hier: § 55 StVZO) nicht für Ausländer im internationalen Verkehr gelten u diese deshalb mit ihren Mehrklanghupen zu uns einreisen dürfen (Begr). – Die Verwendung der Warnsignale blaues u gelbes Blinklicht (nach § 52 III, IV StVZO) regelt § 38.

2. Abs 1 Nr 2: Verwendung von Schall- u Leuchtzeichen

3 Die Vorschrift stellt klar, daß ein WarnZ nicht nur von fahrenden, sondern auch von stehenden VTn gegeben werden darf, nämlich dann, wenn ein unachtsamer anderer VT aufzufahren droht (Begr zu I; LG Traunstein NJW 87, 2590). Das WarnZ ist nur zulässig, wenn ein **sichtbarer VT konkret gefährdet** ist (Kö NZV 92, 32), also nicht, wenn ohne Gefahrenlage jemand nur zur Freigabe der Fahrbahn veranlaßt werden (Kö VRS 65, 468 = StVE 4) oder einem Fußgänger der Vortritt eingeräumt werden soll (BGH StVE 2). Insb muß, jedenfalls in bewohnten Gegenden, den Gefahren, die durch unübersichtliche Kurven drohen, auf andere Weise, bes durch Ermäßigung der Geschwindigkeit, Rechnung getragen werden.

3a **Ausnahmen** hiervon sieht die RSpr nur noch für solche VLagen vor, in denen ein Kf eine über den normalen VAblauf hinausgehende Gefährdung schafft, mit der ein zunächst noch nicht sichtbarer VT nicht zu rechnen braucht. Das gilt in erster Linie, wenn der Kf beim **Befahren** einer **unübersichtlichen Kurve** auf einer Fahrbahn, die an sich zur zügigen Begegnung zweier Fze ausreichend breit ist, an einem Hindernis (zB stehenden Fz) vorbeifahren u dabei die **linke Fahrbahnhälfte** mitbenutzen muß (BGH(Z) VRS 19, 85; VersR 66, 541; Ha VM 71, 32; Ol VM 66, 87). In

Verwendung von Schall- u Leuchtzeichen **4–6 § 16 StVO**

solchen Lagen wird aus der Erlaubnis oft nach § 1 II die **Pflicht** zur Abgabe von WarnZ, wenn die Gefahr für andere nicht anders beseitigt werden kann (s § 1 Rn 71). Ebenso muß der Führer eines über 2,50 m breiten Fz vor einer unübersichtlichen Kurve hupen, wenn die Fahrbahn so breit ist, daß der GegenV auf ganze Sichtweite fahren darf, aber wegen der Überbreite des Fz eine zügige Begegnung nicht gefahrlos möglich ist (Bay 63, 75, 77 = VRS 25, 217; vgl § 3 Rn 4 ff, 20). Weiter muß hupen, wer bei **starkem Nebel** die linke Fahrbahnseite benutzen muß (Neustadt VRS 10, 170; Dü VM 58, 71).

Die Wendung in I 2: „gefährdet sieht" bedeutet nicht nur, daß der Kf **4** idR nur auf Gefahren, die in seinem Gesichtsfeld liegen, durch WarnZ reagieren darf, sondern auch, daß er aus seiner Sicht pflichtmäßig entscheiden muß, ob er den anderen für konkret gefährdet hält (subjektiver Maßstab); eine nur abstrakt allg mögliche Gefahr (zB Glatteis) genügt nicht.

Radf sind nicht „gefährdet" iS des § 16, solange sie sich verkehrsgerecht **5** verhalten. Wohl aber ist gegenüber einem erkennbar unaufmerksam entgegenkommenden Radf Hupen geboten (Kö VRS 50, 200). Anhalten genügt in diesem Fall nicht, weil es die Gefahr nicht beseitigt (BGH VRS 23, 273). Wechselt ein Radf auf einer schlechten Str von der rechten auf die linke Fahrbahnseite u fährt dort geradeaus weiter, so muß ein Kf ein Warnsignal geben, bevor er ihn überholt, weil er nicht darauf vertrauen darf, daß der Radf links bleibt (BGH VRS 21, 53). Von jugendlichen Radf (etwa ab 11 Jahre) darf im allg ein vorschriftsmäßiges Verhalten erwartet werden. Wer aber mehrere Radf im Kindesalter überholen will, muß damit rechnen, daß sie einander überholen wollen, u deshalb ein WarnZ geben (Dü VM 65, 151). Dabei kommt es aber wohl auch darauf an, wie sie sich verhalten, ob sie tourenmäßig hintereinanderfahren oder mehr zu spielerischer Fahrweise neigen.

Gegenüber **Fußgängern** sind weder beim Begegnen noch beim Überholen **6** WarnZ geboten, solange sie sich verkehrsgerecht verhalten, insb zügig am Str-Rand gehen (Schl VM 56, 61; Ol DAR 63, 194) oder auf einer VInsel ohne Anzeichen des Weitergehens (Dü VersR 73, 40) u nicht vor Gefährdung zu warnen sind (BGH StVE 2: sonst mißverständliche Einräumung des Vortritts durch Lichthupe). Geht aber ein Fußgänger oder ein abgesessener Radf auf der Fahrbahnmitte oder zeigt er sich unachtsam, so besteht eine unklare VLage, die Hupen erfordert (Ha VRS 28, 45). Bei lebhaftem Verkehr auf einem schmalen Bürgersteig muß damit gerechnet werden, daß Fußgänger bis zum Bordstein ausweichen. Sie sind gefährdet, wenn der Kf ebenfalls gezwungen ist, unmittelbar an der Bordsteinkante zu fahren (Schl aaO). Überqueren Fußgänger die Fahrbahn zügig, ohne mit dem nahe herangekommenen Kfz Blickverbindung aufgenommen zu haben, so ist WarnZ erforderlich (BGH VRS 18, 302). Auch ein VT, der von der Seite her unachtsam der Fahrbahn naht, muß durch Hupsignal gewarnt werden (vgl § 1 Rn 30 f). Wer an einem vierjährigen Kind, das mit dem Rücken zur Fahrbahn spielt, in relativ geringem Abstand vorbeifährt, muß rechtzeitig hupen (KG VM 79, 61); ebenso beim Überholen von ca siebenjährigen Radf, die sich auf einem nur durch un-

Jagow

unterbrochene Linie von der Fahrbahn getrennten Seitenstreifen bewegen; hier ist das Hupen ebenso nach § 1 II geboten (Ol VM 79, 62) wie beim Vorbeifahren an spielenden Schülern (Kar VersR 81, 579). Bei Prüfung der Frage, ob das Unterlassen eines WarnZ für den Unfall **ursächlich** war, ist neben der Reaktionszeit des Kf auch diejenige des Fußgängers zu berücksichtigen (Bay 59, 367 = VRS 18, 466).

3. Hupen und Bremsen

7 Durch das WarnZ soll ein VT, der das nahende Fz noch nicht bemerkt hat, auf dieses aufmerksam gemacht werden. Wer aus genügender Entfernung ein deutliches WarnZ gibt, darf daher zunächst annehmen, daß die Gefahr seiner unbemerkten Annäherung ausgeschaltet ist. Er braucht nicht gleichzeitig zu bremsen (BGH VRS 10, 287; Bay 54, 20 = VRS 6, 394; Bra VRS 30, 447). Durch das bloße WarnZ genügt der Kf seiner VPflicht aber nur dann, wenn seine Entfernung von dem gefährdeten VT so groß ist, daß diesem nach dem WarnZ genügend Zeit verbleibt, um die Lage zu beurteilen, den richtigen Entschluß zu fassen u auszuführen. Ist aber die Entfernung vom Gefährdeten unter Berücksichtigung der Annäherungsgeschwindigkeit schon so gering, daß der Kf einer etwaigen fehlerhaften Schreckreaktion des anderen nicht mehr durch eigene Abwehrmaßnahmen begegnen kann, dann darf er – jedenfalls außerhalb von Bundes- u anderen Str mit SchnellV – nicht erst die Wirkung des WarnZ abwarten, sondern muß unverzüglich die nötigen Maßnahmen zur Verhütung eines Unfalls treffen, meistens seine Geschwindigkeit gleichzeitig mit dem WarnZ herabsetzen (Ha DAR 58, 79; BGH VRS 18, 302).

8 Das WarnZ allein genügt nicht gegenüber offensichtlich unachtsamen, verkehrsungewandten, erkennbar hochbetagten oder gebrechlichen Personen sowie kleinen Kindern (BGH VRS 18, 302; § 3 II a!). Das Hupen reicht auch dann nicht aus, wenn es leicht überhört werden kann oder nicht sicher auf die Gefahr bezogen wird, der begegnet werden soll, zB Hupen vor Einbiegen in eine Vorfahrtstraße bei Nebel (Ha VRS 19, 462) oder zur Warnung eines Entgegenkommenden vor der Gefahr, daß der Anhänger des Lastzuges nach links ausscheren könne. Wenn das WarnZ allein ausreicht, wird man nicht verlangen können, daß der Kf den Gewarnten erst überholt, wenn er dessen Einverständnis hergestellt hat; denn gewarnte VT pflegen das Hören eines Signals nicht zu bestätigen, insb dann nicht, wenn sie sich verkehrsgerecht verhalten u daher nicht gefährdet fühlen (ebenso Ol DAR 63, 194; aA Dü VM 65, 151). Wenn zur Abwehr der überraschend auftretenden Gefährdung eines anderen gleichzeitig WarnZ u Bremsen oder Ausweichen geboten sind, kann der Kf entschuldigt sein, wenn er über dem Bemühen, sein Fz rechtzeitig anzuhalten oder genügend auszuweichen, die Abgabe eines WarnZ unterläßt (Bay 59, 367 = VRS 18, 466). Nach BGH(Z) VM 66, 63 sollen für einen geistesgegenwärtigen Kf im Augenblick der Gefahr Hupen, Bremsen u Ausweichen gleichlaufende Maßnahmen sein, die er auch mechanisch miteinander verbindet; Unterlassen des Hupens sei daher kein unabwendbares Ereignis iS des § 7 StVG.

4. Art der Warnzeichen

Zugelassen sind Schall- u LeuchtZ (Lichthupe). SchallZ für Kfze s § 55 StVZO, SchallZ für Fahrräder u Schlitten s § 64a StVZO, Beschaffenheit der Scheinwerfer s § 50 StVZO. Die beiden WarnZ stehen gleichberechtigt nebeneinander. Der Fz-Führer muß das zur jew Gefahrabwehr taugliche Mittel wählen. Es muß nicht – wie beim Ankündigen des Überholens (§ 5 V S 1) – kurz sein, sondern so lang wie nötig. **9**

Die Abgabe von LeuchtZ, sog **Lichthupe,** hat an sich – nicht anders als die Hupe – nur die Funktion, andere VT zu warnen; sie darf diese nicht blenden (s § 5 V S 2). IdR dürfen WarnZ nicht als Zeichen der Verständigung (§ 11 II) gegeben werden; auch die Übung, andere VT durch Anblinken auf sich aufmerksam zu machen, etwa um ihnen den Vorrang einzuräumen, ist grundsätzlich unzulässig u nur dann nicht zu beanstanden u als Vorfahrtverzicht beachtlich, wenn durch zusätzliche bes Umstände, Maßnahmen u Zeichen (Verminderung der Geschwindigkeit, Einräumen eines Durchlasses in stehender FzSchlange oder deutliches Anhalten, Handzeichen) Mißverständnisse des Angeblinkten ausgeschlossen sind (BGH(Z) VRS 52, 405 = StVE 2; Ha NZV 88, 24; Ko NZV 91, 428; 93, 273; Ha NZV 00, 415; zur Lichthupe beim Überholen s oben Rn 2 u § 5 Rn 47 f). Unzulässig ist die Verwendung der Lichthupe zur Warnung vor **Radarkontrolle** (Zw VRS 64, 454), doch darf dieses Motiv nicht bußgelderhöhend verwertet werden (Ce NZV 89, 405; s dazu auch § 3 Rn 107). **10**

5. Abs 2: Warnblinklicht (s § 53a StVZO)

a) Der durch die 13. StVO-ÄndVO neu gefaßte **S 1** schreibt vor, wo, wann u wie lange der Führer eines Linien- oder gekennzeichneten Schulbusses Warnblinklicht einschalten **muß**. Die Regelung gilt nur an den von der VB nach Maßgabe der VwV zu § 16 II näher bestimmten „gefährlichen" Haltestellen u betrifft nicht mehr nur den Schulbus-, sondern auch den allg LinienV (nicht aber Busse im GelegenheitsV nach § 46 I PBefG); sie dient somit nicht nur dem Schutz der Schulkinder, sondern auch dem aller Fahrgäste. **11**

Die Blinkpflicht beginnt bereits mit der **Annäherung** an eine von der VB bestimmte Haltestelle. Wann, dh ab welcher Entfernung diese (nach § 49 I 16 bußgeldbewehrte) Pflicht besteht, soll nach der (für die Gerichte unverbindlichen) VwV zu § 16 von der VB näher bestimmt u den Busf mitgeteilt werden. Zum Ein- u Aussteigen gehört nicht auch das Überqueren der Fahrbahn, so daß die Blinkpflicht endet, wenn der letzte Fahrgast den Bus betreten oder verlassen hat (Bouska DAR 95, 398). Die Vorschrift ist im übrigen im Zusammenhang mit **§ 20** zu sehen. **12**

b) **S 2** richtet sich – wie bisher – an die übrigen VT. Er erstrebt eine möglichst eingeengte Benutzung des Warnblinklichts u soll Mißbräuchen vorbeugen. Danach ist das Warnblinklicht beim Liegenbleiben (§ 15), beim Abschleppen (§ 15a) oder Gefährdung anderer einzuschalten. Die **Gefährdung** anderer (s dazu § 1 Rn 71) muß zwar grundsätzlich durch das Fz **13** eintreten, das warnt; damit ist aber auch eine Gefährdung gemeint, die dadurch entsteht, daß ein anderer auf das Fz auffährt, weil er es zB im Stau als letztes oder weil es bes langsam fährt (Fra VRS 69, 58; Dü NZV 00, 164), zu spät erkennt (s die deshalb durch 24. ÄndVO an II S 2 angefügten Beisp); doch es darf auch zur Warnung Dritter vor einem „Geisterfahrer" oder einer sonstigen Unfallmöglichkeit (vgl Kö VRS 68, 354 = StVE § 3 StVO 73; Begr zur 9. ÄndVO) u auch nur zur Sicherung von Unfallstellen eingeschaltet werden; darauf muß sich der nachfolgende Verkehr idR einstellen (Kö aaO); das gilt aber nicht, wenn ein Warnblinklicht auf der Standspur auf ein Hindernis auf der Überholspur hinweisen will, an dem der Verkehr ungehindert vorbeifließt (Bay 85, 97 = StVE § 18 StVO 37).

13 a Keinesfalls darf ein Fahrer die Warnblinkanlage einschalten, um im Verkehr schneller durchzufahren oder bei gewöhnlichem Halten oder Parken sein Fz bes auffällig hervorzuheben. Ob zusätzlich zum Warnblinklicht durch LeuchtZ gewarnt werden muß, hängt von den Umständen ab (Sa VM 78, 60).

6. Zuwiderhandlungen

14 Verstöße gegen § 16 sind OWen nach § 49 I 16 iVm § 24 StVG (VwKat Nrn 48–50). – Abgabe von Schall- u LeuchtZ zur Ankündigung des Überholens **innerorts** verstößt gegen § 16 I 1 (lex specialis gegenüber § 5 V). – Das nach I 2 abgegebene WarnZ ist auch dann nicht vorwerfbar, wenn sich hinterher ergibt, daß der Gewarnte nicht gefährdet war, außer wenn der Kf einen trotz der Eile seiner Entscheidung vorwerfbaren Beurteilungsfehler begangen hat (s auch Cramer 21, 26 zu § 16). **Unterlassenes WarnZ** trotz konkreter Gefährdung kann nach § 1 II verfolgbar sein (Ol VRS 57, 118; Fra StVE § 1 StVO 36) u evtl Vorwurf fahrlässiger Tötung begründen (Schl DAR 71, 272). – Bedrängendes Hupen, das den Vordermann zum Weiterfahren veranlassen soll, ist nicht stets Nötigung (Schl VM 74, 18; s auch § 5 Rn 46 f sowie Janiszewski 561 ff), wohl aber uU lang anhaltendes Hupen (s Dü NZV 96, 288).

7. Zivilrecht

15 Rechtzeitige WarnZ befreien Kf nicht von weitergehenden Sorgfaltspflichten (BGH NJW 60, 1524). Unangebrachte WarnZ können ersatzpflichtig machen, wenn zB deswegen Fußgänger verunglückt, uU aber Mitschuld des Fußgängers (BGH VersR 67, 348).

§ 17 Beleuchtung

(1) **Während der Dämmerung, bei Dunkelheit oder wenn die Sichtverhältnisse es sonst erfordern, sind die vorgeschriebenen Beleuchtungseinrichtungen zu benutzen. Die Beleuchtungseinrichtungen dürfen nicht verdeckt oder verschmutzt sein.**

Beleuchtung **§ 17 StVO**

(2) Mit Begrenzungsleuchten (Standlicht) allein darf nicht gefahren werden. Auf Straßen mit durchgehender, ausreichender Beleuchtung darf auch nicht mit Fernlicht gefahren werden. Es ist rechtzeitig abzublenden, wenn ein Fahrzeug entgegenkommt oder mit geringem Abstand vorausfährt oder wenn es sonst die Sicherheit des Verkehrs auf oder neben der Straße erfordert. Wenn nötig, ist entsprechend langsamer zu fahren.

(2 a) Krafträder müssen auch am Tage mit Abblendlicht fahren.

(3) Behindert Nebel, Schneefall oder Regen die Sicht erheblich, dann ist auch am Tage mit Abblendlicht zu fahren. Nur bei solcher Witterung dürfen Nebelscheinwerfer eingeschaltet sein. Bei zwei Nebelscheinwerfern genügt statt des Abblendlichts die zusätzliche Benutzung der Begrenzungsleuchten. An Krafträdern ohne Beiwagen braucht nur der Nebelscheinwerfer benutzt zu werden. Nebelschlußleuchten dürfen nur dann benutzt werden, wenn durch Nebel die Sichtweite weniger als 50 m beträgt.

(4) Haltende Fahrzeuge sind außerhalb geschlossener Ortschaften mit eigener Lichtquelle zu beleuchten. Innerhalb geschlossener Ortschaften genügt es, nur die der Fahrbahn zugewandte Fahrzeugseite durch Parkleuchten oder auf andere zugelassene Weise kenntlich zu machen; eigene Beleuchtung ist entbehrlich, wenn die Straßenbeleuchtung das Fahrzeug auf ausreichende Entfernung deutlich sichtbar macht. Auf der Fahrbahn haltende Fahrzeuge, ausgenommen Personenkraftwagen, mit einem zulässigen Gesamtgewicht von mehr als 3,5 t und Anhänger sind innerhalb geschlossener Ortschaften stets mit eigener Lichtquelle zu beleuchten oder durch andere zugelassene lichttechnische Einrichtungen kenntlich zu machen. Fahrzeuge, die ohne Schwierigkeiten von der Fahrbahn entfernt werden können, wie Krafträder, Fahrräder mit Hilfsmotor, Fahrräder, Krankenfahrstühle, einachsige Zugmaschinen, einachsige Anhänger, Handfahrzeuge oder unbesetzte Fuhrwerke dürfen bei Dunkelheit dort nicht unbeleuchtet stehen gelassen werden.

(4 a) Soweit bei Militärfahrzeugen von den allgemeinen Beleuchtungsvorschriften abgewichen wird, sind gelb-rote retroreflektierende Warntafeln oder gleichwertige Absicherungsmittel zu verwenden. Im übrigen können sie an diesen Fahrzeugen zusätzlich verwendet werden.

(5) Führen Fußgänger einachsige Zug- oder Arbeitsmaschinen an Holmen oder Handfahrzeuge mit, so ist mindestens eine nach vorn und hinten gut sichtbare, nicht blendende Leuchte mit weißem Licht auf der linken Seite anzubringen oder zu tragen.

(6) Suchscheinwerfer dürfen nur kurz und nicht zum Beleuchten der Fahrbahn benutzt werden.

StVO § 17

Beleuchtung

VwV – StVO
Zu § 17 Beleuchtung

Zu Absatz 1

1 Es ist zu beanstanden, wenn der, welcher sein Fahrzeug schiebt, Beleuchtungseinrichtungen durch seinen Körper verdeckt; zu den Beleuchtungseinrichtungen zählen auch die Rückstrahler (§ 49a Abs. 1 Satz 2 StVZO).

Zu Absatz 2

2 I. Es ist darauf hinzuwirken, daß der Abblendpflicht auch gegenüber Radfahrern auf Radwegen sowie bei der Begegnung mit Schienenfahrzeugen und gegenüber dem Schiffsverkehr, falls die Führer dieser Fahrzeuge geblendet werden können, genügt wird. Einzelner entgegenkommender Fußgänger wegen muß dann abgeblendet werden, wenn sie sonst gefährdet wären (§ 1 Abs. 2).

3 II. Nicht nur die rechtzeitige Erfüllung der Abblendpflicht und die daraus folgende Pflicht zur Mäßigung der Fahrgeschwindigkeit sind streng zu überwachen; vielmehr ist auch darauf zu achten, daß nicht

4 1. Standlicht vorschriftswidrig verwendet wird,
5 2. Blendwirkung trotz Abblendens bestehen bleibt,
6 3. die vordere Beleuchtung ungleichmäßig ist,
7 4. Nebelscheinwerfer, Nebelschlußleuchte oder andere zusätzliche Scheinwerfer oder Leuchten vorschriftswidrig verwendet werden.

Zu Absatz 4

8 Andere zugelassene lichttechnische Einrichtungen zur Kennzeichnung sind Park-Warntafeln nach § 43 Abs. 4. Einzelheiten über die Verwendung ergeben sich aus § 51c Abs. 5 StVZO. Die Park-Warntafeln unterliegen einer Bauartgenehmigung nach § 22a StVZO.

Zu Absatz 4a

9 Machen Militärfahrzeuge, insbesondere Panzer, von den Sonderrechten nach § 35 Gebrauch und fahren ohne Beleuchtung, so sind sie mit gelb-roten retroreflektierenden Warntafeln oder gleichwertigen Absicherungsmitteln zu kennzeichnen.

Inhaltsübersicht

	Rn
1. Allgemeines	1
2. Abs 1: Die Beleuchtungspflicht im allgemeinen	2
a) Geltungsbereich, Vertrauensgrundsatz	2
b) Vorgeschriebene lichttechnische Einrichtungen	4
c) Satz 2: Sichtbar u sauber	5
3. Abs 2: Die Beleuchtung im fließenden Verkehr	6
a) Satz 1: Verbot des Standlichts	6
b) Satz 2: Verbot des Fernlichts	7
c) Satz 3: Abblenden	8
d) Satz 4: Fahren auf Sicht	10
e) Abs 2a: Beleuchtungspflicht für Krafträder	10a

Beleuchtungspflicht im allgemeinen 1, 2 § 17 StVO

	Rn
4. Abs 3: Nebel, Schneefall, Regen	11
a) Satz 1: Abblendlicht	12
b) Satz 2–4: Nebelscheinwerfer	13
c) Satz 5: Nebelschlußleuchten	14
5. Abs 4: Beleuchtung im ruhenden Verkehr	15
a) Haltende Fahrzeuge	15
b) Satz 1: Außerhalb geschlossener Ortschaften	16
c) Satz 2, 3: Innerhalb geschlossener Ortschaften	17
d) Satz 4: Pflicht zur Entfernung unbeleuchteter Kleinfahrzeuge u unbespannter Fuhrwerke	18
6. Abs 4 a: Kennzeichnung unbeleuchteter Militärfahrzeuge	18 a
7. Abs 5: Beleuchtung von Handfahrzeugen	19
8. Abs 6: Suchscheinwerfer	20
9. Zuwiderhandlungen	21
10. Zivilrecht	22

1. Allgemeines

§ 17 regelt den **Einsatz** der lichttechnischen Einrichtungen im öff Verkehr. Welche mitgeführt, wie sie beschaffen u angebracht sein müssen, ergibt sich aus den Bau- u Ausrüstungsvorschriften der StVZO, u zwar für Kfze aus §§ 49 a–54 b, für andere aus § 66 a, für Fahrräder aus § 67 StVZO. § 17 wird ergänzt für geschl Verbände durch § 27 IV, für Reiter u Führer von Tieren durch § 28 II S 2. Eine erweiterte Beleuchtungspflicht besteht für liegengebliebene Fze nach § 15 u für Krafträder nach II a (s unten Rn 10 a). Eine wichtige Betriebsvorschrift enthält § 23 I S 4. 1

2. Abs 1: Beleuchtungspflicht im allgemeinen

a) **Geltungsbereich, Vertrauensgrundsatz.** I wendet sich an den fließenden wie an den ruhenden Verkehr u alle Arten von VT, denen Beleuchtungseinrichtungen vorgeschrieben sind. Die Vorschrift gilt auch für Fze, die auf Gehwegen oder Haltestreifen unmittelbar neben der Fahrbahn abgestellt sind (Dü VRS 14, 376; VM 72, 63) u für ABParkplätze, die die Form eines von der AB abzweigenden u dann wieder in sie einmündenden Weges haben (Bay 61, 297 = VRS 22, 382; Hbg VRS 32, 121). Dagegen besteht auf Parkplätzen, die vom fließenden Verkehr räumlich getrennt u in Parkflächen u Zufahrtstreifen zu diesen unterteilt sind, keine Beleuchtungspflicht (Stu VRS 44, 369; anders beim Parken außerhalb der markierten Parkflächen eines AB-Rastplatzes: Stu NZV 93, 436). Das gleiche muß auch für andere vom fließenden Verkehr abgeschiedene Parkplätze gelten, wie solche von Hotels oder Gaststätten (bzgl ABParkplatz s unten 16 u § 18 Rn 22). § 17 gilt auch für die Dämmerung u stellt auch bei Tage nicht nur auf die Wetterverhältnisse, sondern allg auf die Sichtverhältnisse ab. Dazu gehören auch das Durchfahren eines Tunnels oder einer dunklen Schlucht. Die Witterung kann, zB bei starker Bewölkung, auch am Tage eine Beleuchtungspflicht herbeiführen. Außerdem kann sie die Sicht so behindern (starker **Nebel**, Schneetreiben, Platzregen), daß Fze beleuchtet 2

Jagow 335

StVO § 17 3–7 Beleuchtung

sein müssen, um von einem anderen VT rechtzeitig erkannt zu werden. Beleuchtungspflicht besteht, wenn die Witterung die Sicht nur auf 100–120 m freigibt (Ha VM 73, 9; Bay 70, 31 = VRS 39, 300; Ko VRS 64, 305 = StVE 7); auf ABen, wenn die Sichtweite geringer ist als der doppelte Anhalteweg (ca 150 m, so Ha VRS 59, 379); nicht aber, wenn die Sichtweite erheblich mehr, etwa 150 m, beträgt (Schl VM 59, 72; Neu DAR 57, 166; Ce DAR 82, 28).

3   VT dürfen darauf **vertrauen,** daß Fze, auch Fahrräder (BGH VRS 22, 137), bei Eintritt der Beleuchtungspflicht beleuchtet sind (Bay bei Rüth DAR 85, 235; KG DAR 83, 82); das gilt aber nicht bei **Dämmerung** (Def s KG VM 75, 68; VGH Ka NJW 87, 797), solange ein Teil der Fze noch unbeleuchtet fährt (Ha VRS 28, 303), u bzgl haltender Fze (vgl BGH VersR 56, 796; 62, 1152; Dü VersR 59, 483). Für die Beleuchtungspflicht muß darauf abgestellt werden, ob Benutzer ihrer jew rechten Fahrbahnseite entgegenkommende Fze rechtzeitig erkennen können (ähnlich Bay v 2. 12. 70 – 5 St 167/70 bei Rüth DAR 71, 197).

4   b) **Vorgeschriebene lichttechnische Einrichtungen** (s 1) müssen benutzt werden. Das sind nach § 49 a I S 2 StVZO auch die vorgeschriebenen **rückstrahlenden Mittel.** Fze, die keine vorschriftsmäßige Beleuchtung besitzen, dürfen am Verkehr nicht teilnehmen. **Krafträder** u **Fahrräder** dürfen aber – auch wenn der Mangel der Beleuchtung nicht erst unterwegs aufgetreten ist – entspr § 23 II Halbs 2 geschoben werden. Wer aber ein solches Fz in Betrieb setzt, obwohl die vorgeschriebenen lichttechnischen Einrichtungen nicht oder nicht vollständig vorhanden sind, handelt ow nach § 69 a III 29, IV 8 StVZO.

5   c) Nach **I S 2** müssen die lichttechnischen Einrichtungen für andere VT **sichtbar** u in **sauberem Zustand** gehalten sein, so daß sie die gebotene Lichtstärke ausstrahlen.

3. Abs 2: Beleuchtung im fließenden Verkehr

6   a) **Satz 1: Verbot des Standlichts.** Das auf beleuchteten Straßen gefährliche **Fahren** mit **Standlicht** ist **allg verboten,** wenn die Voraussetzungen von I S 1 vorliegen; dann ist beim Fahren immer mind Abblendlicht zu verwenden (Bay 70, 31 = VM 70, 41); Fahren mit Standlicht kann Anscheinsbeweis für einen dadurch verursachten Unfall begründen (KG VM 85, 67). Ein – zB vor einer Bahnschranke oder LZA – **wartendes** Fz bleibt zwar Teilnehmer des fließenden Verkehrs, „fährt" aber nicht. Sein Führer darf daher Standlicht einschalten, bis er wieder anfährt (aA Rüth-BB 9 zu § 17; Kö VM 75, 119 m abl Anm Booß).

7   b) **Satz 2:** Das beschränkte **Verbot** des **Fernlichts** auf gut beleuchteten Str dient der Vermeidung unnötigen Blendens. Der VSicherheit ist am besten gedient, wenn die Scheinwerfer nicht zu wenig, aber auch nicht unnötig viel Licht ausstrahlen. Das Abblendlicht ist das normale Fahrlicht im innerörtl Verkehr. Allerdings ist auf schlecht beleuchteten Str das

Beleuchtung im fließenden Verkehr 8–10 a § 17 StVO

Fernlicht gestattet, solange kein Entgegenkommender geblendet werden kann.

c) **Satz 3: Abblenden.** Über das Verhalten bei Blendung vgl § 1 **8** Rn 64 f; zur Frage einer Blendwirkung und Reaktion des Kf darauf vgl Ka VRS 57, 193. Da durch Blendung bes schwere Unfälle verursacht werden, ist in der VwV eine bes strenge Überwachung von Mängeln an den Beleuchtungseinrichtungen vorgeschrieben. Die Pflicht abzublenden besteht nicht nur gegenüber den in derselben Fahrbahn Entgegenkommenden, sondern auch bei der Begegnung mit Radf, Schienen-Fzen auf eigenem Gleiskörper u Schiffen (s VwV zu Abs 2 I).

Auf der **AB** wird ein entgegenkommender Kf bei geradem Strecken- **8 a** verlauf u richtiger Scheinwerfereinstellung nicht geblendet, wenn beide Fahrer die für sie rechte Fahrbahnspur einhalten. Abzublenden ist aber beim Befahren des inneren Bogens einer Str-Krümmung, ferner wenn eines der entgegenkommenden Fze die Überholspur benutzt, außer wenn der GegenV durch den Bewuchs des Zwischenstreifens vor Blendung geschützt ist (vgl KG VRS 4, 530; Dü VM 65, 67). Blendet ein entgegenkommender VT nicht ab, so berechtigt das den geblendeten Kf nicht dazu, seinerseits mit aufgeblendeten Scheinwerfern weiterzufahren (Ol DAR 54, 24). Er darf zwar durch kurzes Blinkzeichen den Entgegenkommenden darauf aufmerksam machen, daß er sich durch ihn geblendet fühlt, muß aber dann seinerseits abblenden, auch wenn der Entgegenkommende mit Fernlicht weiterfährt. Der Kf muß so bald abblenden, daß der Entgegenkommende nicht beeinträchtigt oder unsicher gemacht wird.

Auch auf offener Landstr besteht **keine Pflicht,** mit **Fernlicht** zu fah- **8 b** ren, jedoch muß die Geschwindigkeit immer der Sichtweite angepaßt sein. Beim zügigen **Überholen** darf das Fernlicht idR eingeschaltet bleiben; sonst könnte meistens der Überholweg nicht überblickt werden (Ha VM 61, 38). Der Überholte muß im allg nicht aus Rücksicht auf denjenigen, der ihn überholt hat, abblenden (Bay 63, 203 = VRS 26, 226; Sa VRS 42, 37). Wer aber in geringem Abstand hinter einem anderen über eine nicht nur ganz kurze Strecke fährt, insb beim Kolonnenfahren, hat abzublenden. Abstände von 100–150 m sind auch auf der AB nicht „gering" iS des S 3 (Bay bei Rüth DAR 75, 200). Wegen der Bauvorschriften für die Scheinwerfer vgl § 50 StVZO.

Gegenüber **Fußgängern** ist abzublenden, wenn sie in geschl Abteilun- **9** gen marschieren (vgl § 27 I S 1), gegenüber einzelnen Fußgängern dann, wenn sie erkennbar infolge der Blendung unsicher werden u dadurch gefährdet sind (VwV zu Abs 2 I S 2).

d) **Satz 4** enthält den mahnenden Hinweis auf das Gebot des **Fahrens** **10** **auf Sicht,** aber keine eigene bußgeldbewehrte Fahrregel. Maßgebend ist das zu § 3 Rn 7 ff Ausgeführte.

e) **Abs 2 a** schreibt – unabhängig von sonstiger **Beleuchtungspflicht** **10 a** nach I u III – aus Sicherheitsgründen **für Krafträder** (einschl Mopeds u Mofas ohne Leichtmofas, die nur Fahrradbeleuchtung haben) auch am Tage Abblendlicht vor.

Jagow

StVO § 17 11–16   Beleuchtung

4. Abs 3: Nebel, Schneefall, Regen

11   Daß diese Witterungsverhältnisse die Beleuchtungspflicht begründen, ergibt sich schon aus I S 1. III regelt, welche Scheinwerfer eingeschaltet werden dürfen oder müssen.

12   a) **Satz 1:** Das **Abblendlicht** ist auch am Tage, wie zu jedem Fahren, als mindeste Lichtquelle vorgeschrieben. Das Standlicht ist immer verboten (Bay 70, 31 = VM 70, 41). Auch bei liegenbleibenden Fzen muß Abblendlicht eingeschaltet sein, solange nicht zusätzliche Sicherungen (§ 15) getroffen sind (Schl VM 62, 129). S 1 verbietet, das Fernlicht zu verwenden (Ha v 10. 12. 87, 3 Ss OWi 1213/86, s dazu Verf NStZ 88, 266; ebenso Cramer 17 zu § 17 u Rüth-BB 19 zu § 17; aA Bay 64, 68 = VRS 27, 389), das bei dichtem Nebel wegen der Reflexwirkung ohnehin ungünstiger als das Abblendlicht ist.

13   b) **Satz 2–4** regeln die Benutzung der zulässigen, aber nicht vorgeschriebenen **Nebelscheinwerfer.** Bauvorschrift: § 52 StVZO. Da sie eine wesentlich stärkere Blendwirkung als das Abblendlicht hervorrufen, dürfen sie nur bei der in S 1 betonten **erheblichen** Behinderung der Sicht durch Nebel, Schneefall oder Regen benutzt werden (vgl VwV zu Abs 2 II 4).

14   c) **Satz 5: Nebelschlußleuchten** sind nach § 53d II StVZO (Anh I.) für mehrspurige Kfze, die ab 1. 1. 91 in den Verkehr gekommen sind (§ 72 II StVZO), vorgeschrieben. Ihre Verwendung unterliegt noch stärkeren Einschränkungen als diejenige der Nebelscheinwerfer, da ihre Lichtstärke an der Blendstörungsgrenze liegt. S 5 erlaubt daher die Verwendung von Nebelschlußleuchten inner- u außerorts nur bei sehr starkem Nebel mit Sichtweiten unter 50 m (entspr Leitpfostenentfernung). Zur Sicherung liegengebliebener Fze ist in erster Linie die Warnblinkanlage (§§ 15, 16 II S 2) zu verwenden.

5. Abs 4: Beleuchtung im ruhenden Verkehr

15   a) **Haltende Fze** iS des IV sind alle Fze, die halten oder parken (vgl § 12) u nicht nur verkehrsbedingt warten (vgl § 5 Rn 2). Für diese gelten idR die Vorschriften des I. Ausn können bei längerem, bes Warten inmitten von anderen Fzen, zB vor einem Bahnübergang (§ 19 VII), gerechtfertigt sein (vgl auch 6). IV regelt die Beleuchtung stehender Fze innerhalb u außerhalb geschl Ortschaften unterschiedlich, gilt aber **nicht auf Privatplätzen** (LG Bochum VRS 84, 423). § 17 IV hat **nicht** den Zweck, **Fußgänger** davor zu schützen, gegen haltende Fz zu laufen (Kar NZV 00, 86).

16   b) **Satz 1: Außerhalb geschl Ortschaften** müssen haltende Fze immer „mit eigener Lichtquelle" beleuchtet sein, u zwar auch auf einem AB-Parkplatz, der die Form eines von der Fahrbahn abgezweigten Weges hat (Bay 61, 297 = VM 62, 15, Ausn von oben 2) u außerhalb der markierten Parkfläche eines AB-Rastplatzes (Stu NZV 93, 436). Aus S 2 ergibt sich – argumentum e contrario –, daß mind die **Begrenzungsleuchten** (§ 51

StVZO) eingeschaltet sein müssen. Ob das stärker leuchtende Abblendlicht verwendet werden darf, richtet sich nach § 1 II: Es ist nur dann zulässig, wenn es nach seiner Bauart u nach den Witterungsverhältnissen – kein Lichtreflex durch spiegelndes Eis oder Nässe auf der Str – entgegenkommende Fahrer nicht blendet (Ha DAR 63, 23). Wegen der erhöhten Sicherungsmaßnahmen beim Liegenbleiben s § 15 Rn 4 ff.

c) Satz 2, 3: Innerhalb geschl Ortschaften reicht die Beleuchtung der dem FahrV zugewandten Str durch **Parkleuchten,** die dem § 51 c StVZO entspr, aus. Als „andere zugelassene Weise" kommen nach § 51 c I, V StVZO Park-Warntafeln **(Z 630)** in Betracht. Nach S 3 müssen auf der Fahrbahn innerorts abgestellte Fze mit mehr als 3,5 t Gesamtgewicht immer mit eigener Lichtquelle beleuchtet sein; andere zugelassene lichttechnische Einrichtungen (§ 49 a StVZO) genügen zur Kenntlichmachung auch **(retroreflektierende Warntafeln).** Bei kleineren Fzen, insb Pkw, entfällt die Beleuchtungspflicht ganz, wenn das Fz durch die **Str-Beleuchtung** auf ausreichende Entfernung deutlich sichtbar ist; dagegen entbindet die Beleuchtung des Fz durch „andere Lichtquellen", wie Mondlicht, Schaufensterbeleuchtung, Reklameschilder u dergl nicht von dem Einschalten einer eigenen Lichtquelle. Die Beleuchtung abgestellter Fze durch die Str-Beleuchtung reicht nur aus, wenn die Umrisse des Fz insb für einen von hinten nahenden VT auf eine Entfernung, die ein Auffahren sicher vermeiden läßt, deutlich erkennbar sind (Sa VM 75, 80). Wo im innerörtlichen Verkehr die zulässige Höchstgeschwindigkeit von 50 km/h gilt, reicht eine deutliche Erkennbarkeit auf etwa 40 m aus (so auch Ce VRS 63, 72). Auf Str, die mit höherer Geschwindigkeit befahren werden, muß das Fz auf entspr größere Entfernung deutlich zu sehen sein. Der Parkende muß bei Aufstellung unter einer Str-Laterne darauf achten, ob an ihr ein **Z 394** angebracht ist; fehlt es, so darf er darauf vertrauen, daß die Laterne während der ganzen Nacht leuchtet (Bay 51, 498; aA Bra VRS 14, 133). Anforderungen an die Beleuchtung eines Lkw-Anhängers, der regelmäßig nachts auf einer öff Str abgestellt wird: BGH(Z) VRS 40, 331; die nächtliche Sicherung des Anhängers durch Park-Warntafel nach Z 630 reicht aus (Ce NZV 99, 469).

d) Satz 4: Pflicht zur Entfernung unbeleuchteter Klein-Fze u unbespannter Fuhrwerke. Während vorschriftsmäßig beleuchtete Fze der in S 4 genannten Art beim Fehlen von Seitenstreifen am rechten Fahrbahnrand parken dürfen (§ 12), müssen sie von der Str entfernt werden, wenn sie unbeleuchtet sind. Müssen sie wegen eines Unfalls bis zum Abschluß pol Erhebungen am Tatort bleiben, so gilt § 34 I 2 (Sicherung des Verkehrs). Ein Radf muß bei Dunkelheit zum Zwecke der Durchführung einer Reparatur die Fahrbahn verlassen (vgl Bay 58, 276 = VRS 16, 307).

6. Abs 4 a gilt für Militär-Fze, die bei Inanspruchnahme des Sonderrechts aus § 35 bei Dunkelheit ohne Beleuchtung fahren.

Jagow

7. Abs 5: Beleuchtung von Handfahrzeugen

19 **Hand-Fze,** zu denen auch die in V genannten **einachsigen Zug- u Arbeitsmaschinen** gehören, sind zwar Fze, aber nicht dem Fahr-, sondern dem FußgängerV zugeordnet (vgl § 2 Rn 3; § 25 II; VwV zu § 23 Abs 1 II). Sie unterliegen nicht den allg Beleuchtungsbestimmungen, sondern ausschl der Regelung nach V, gleichgültig, ob sie auf der Fahrbahn (§ 25 II) oder auf einem Fußweg oder Seitenstreifen geführt werden. Diese Beleuchtungsvorschrift findet auf die in § 24 I genannten „besonderen Fortbewegungsmittel" keine Anwendung (VwV zu § 24 I), wohl aber auf geschobene Krankenfahrstühle. Dagegen sind **maschinell angetriebene Krankenfahrstühle** Kfze (§ 18 II 5 StVZO); für sie gelten die Beleuchtungsvorschriften § 50 II S 2 u § 53 II S 2 StVZO.

20 **8. Abs 6: Suchscheinwerfer** dürfen nur kurz benutzt werden, um Gegenstände außerhalb der Fahrbahn anzustrahlen, die die Scheinwerfer nicht erreichen, um Hinweise für eigenes Fahrverhalten zu bekommen (KG VRS 36, 374); nicht zB zum belästigenden Anstrahlen eines Radarwagens (KG aaO).

9. Zuwiderhandlungen

21 Verstöße gegen die Beleuchtungsvorschriften des § 17 sind als reine Tätigkeitsdelikte OWen nach § 49 I 17 iVm § 24 StVG (VwKat Nrn 51–54; BKat Nrn 15, 16). Behinderung oder Belästigung eines anderen ist nicht Voraussetzung der Ahndung. Feststellungen zur Vorwerfbarkeit sind nötig, da Beleuchtung auch ohne Kenntnis des Betroffenen während der Fahrt ausfallen kann (Dü JMBlNW 83, 105). Für die Beleuchtung eines geschl Verbandes (§ 27 IV) ist dessen Führer verantwortlich (§§ 27 V, 49 II 1). Zur Kenntlichmachung haltender u liegengebliebener Fze s auch § 315 c I g StGB.

10. Zivilrecht

22 Bei Beleuchtungsverstößen spricht Anschein für Unfallursächlichkeit (BGH VersR 64, 296; KG DAR 83, 82; Ha NZV 90, 312; Kö VRS 73, 176). Mitschuld u Mithaftung ist zu prüfen, wenn unzureich Beleuchtet eine Mitursache (neben anderer, Hauptsache) sein kann (BGH DAR 56, 78). Fährt Kfz auf unbeleucht Hindernis auf, spricht Anscheinsbeweis für schuldhafte Fahrweise (BGH NJW-RR 88, 406; Kar VersR 89, 302; Weber DAR 84, 173). Kein Anspruch des Polizeib, der sich am haltenden Fz verletzt, das nicht beleuchtet ist, denn § 17 IV bezweckt nicht den Schutz von Fußgängern, sondern nur von Fz, die in Gefahr sind, auf haltende Fz bei Dunkelheit aufzufahren (Kar NZV 00, 86).

§ 18 Autobahnen und Kraftfahrstraßen

(1) Autobahnen (Zeichen 330) und Kraftfahrstraßen (Zeichen 331) dürfen nur mit Kraftfahrzeugen benutzt werden, deren durch die Bauart bestimmte Höchstgeschwindigkeit mehr als 60 km/h beträgt; werden Anhänger mitgeführt, so gilt das gleiche auch für diese. Fahrzeug und Ladung dürfen zusammen nicht höher als 4 m und nicht breiter als 2,55 m sein. Kühlfahrzeuge dürfen nicht breiter als 2,6 m sein.

(2) Auf Autobahnen darf nur an gekennzeichneten Anschlußstellen (Zeichen 330) eingefahren werden, auf Kraftfahrstraßen nur an Kreuzungen oder Einmündungen.

(3) Der Verkehr auf der durchgehenden Fahrbahn hat die Vorfahrt.

(4) (aufgehoben)

(5) Auf Autobahnen darf innerhalb geschlossener Ortschaften schneller als 50 km/h gefahren werden. Auf ihnen sowie außerhalb geschlossener Ortschaften auf Kraftfahrstraßen mit Fahrbahnen für eine Richtung, die durch Mittelstreifen oder sonstige bauliche Einrichtungen getrennt sind, beträgt die zulässige Höchstgeschwindigkeit auch unter günstigsten Umständen

1. für Kraftfahrzeuge mit einem zulässigen Gesamtgewicht von mehr als 3,5 t, ausgenommen Personenkraftwagen, für Personenkraftwagen mit Anhänger, Lastkraftwagen mit Anhänger, Wohnmobile mit Anhänger und Zugmaschinen mit Anhänger sowie für Kraftomnibusse ohne Anhänger oder mit Gepäckanhänger   80 km/h,
2. für Krafträder mit Anhänger und selbstfahrende Arbeitsmaschinen mit Anhänger, für Zugmaschinen mit zwei Anhängern sowie für Kraftomnibusse mit Anhänger oder Fahrgästen, für die keine Sitzplätze mehr zur Verfügung stehen   60 km/h,
3. für Kraftomnibusse ohne Anhänger,
   a) die nach Eintragung im Fahrzeugschein geeignet sind, eine Höchstgeschwindigkeit von 100 km/h zu fahren,
   b) deren Motorleistung mindestens 11 kW/t des zulässigen Gesamtgewichts beträgt und
   c) an deren Rückseite eine mit dem Siegel der Zulassungsstelle versehene „100"-Plakette angebracht ist,   100 km/h.

(6) Wer auf der Autobahn mit Abblendlicht fährt, braucht seine Geschwindigkeit nicht der Reichweite des Abblendlichts anzupassen, wenn

1. die Schlußleuchten des vorausfahrenden Kraftfahrzeugs klar erkennbar sind und ein ausreichender Abstand von ihm eingehalten wird oder

2. der Verlauf der Fahrbahn durch Leiteinrichtungen mit Rückstrahlern und, zusammen mit fremdem Licht, Hindernisse rechtzeitig erkennbar sind.

(7) Wenden und Rückwärtsfahren sind verboten.

(8) Halten, auch auf Seitenstreifen, ist verboten.

(9) Fußgänger dürfen Autobahnen nicht betreten. Kraftfahrstraßen dürfen sie nur an Kreuzungen, Einmündungen oder sonstigen dafür vorgesehenen Stellen überschreiten; sonst ist jedes Betreten verboten.

(10) Die Ausfahrt von Autobahnen ist nur an Stellen erlaubt, die durch die Ausfahrttafel (Zeichen 332) und durch das Pfeilschild (Zeichen 333) oder durch eins dieser Zeichen gekennzeichnet sind. Die Ausfahrt von Kraftfahrstraßen ist nur an Kreuzungen oder Einmündungen erlaubt.

Verordnung zur Erleichterung des Ferienreiseverkehrs auf der Straße (FerienreiseVO)

Vom 13. Mai 1985 (BGBl. I S. 774), zuletzt geänd. durch Fünfte ÄndVO v. 12. 6. 2002 (BGBl. I S. 1841)

BGBl. III/FNA 9233-1-2-6

Auf Grund des § 6 Abs. 1 Nr. 3 des Straßenverkehrsgesetzes in der im Bundesgesetzblatt Teil III, Gliederungsnummer 9231-1, veröffentlichten bereinigten Fassung, der zuletzt durch das Gesetz vom 6. April 1980 (BGBl. I S. 413) geändert worden ist, wird mit Zustimmung des Bundesrates verordnet:

§ 1

(1) Lastkraftwagen mit einem zulässigen Gesamtgewicht über 7,5 Tonnen sowie Anhänger hinter Lastkraftwagen dürfen auf den in Absatz 2 genannten Autobahnen (Zeichen 330 der Straßenverkehrs-Ordnung) und den in Absatz 3 genannten Bundesstraßen an allen Samstagen in den Zeiten vom 15. Juni bis 31. August 1985 und vom 1. Juli bis 31. August der folgenden Jahre jeweils in der Zeit von 7.00 Uhr bis 20.00 Uhr nicht verkehren.

(2) Das Verbot des Absatzes 1 gilt für folgende Autobahnstrecken in beiden Fahrtrichtungen:

A 1   von Autobahnkreuz Leverkusen-West über Wuppertal, Kamener Kreuz, Münster bis Anschlussstelle Cloppenburg und von Anschlussstelle Oyten bis Horster Dreieck

A 2/E 30   von Autobahnkreuz Oberhausen bis Autobahnkreuz Hannover-Ost

A 3   von Oberhausener Kreuz bis Autobahndreieck Heumar, von Mönchhof Dreieck über Frankfurter Kreuz bis Autobahnkreuz Nürnberg

Ferienreise-VO § 18 StVO

A 4/E 40	vom Kirchheimer Dreieck bis Dreieck Dresden-Nord
A 5	von Hattenbacher Dreieck über Frankfurt, Karlsruhe bis Autobahndreieck Neuenburg
A 6	von Anschlussstelle Schwetzingen-Hockenheim bis Autobahnkreuz Nürnberg-Süd
A 7	von Anschlussstelle Schleswig/Jagel bis Anschlußstelle Hamburg-Schnelsen-Nord, von Abzweig A 250 (nördlich des Horster Dreiecks) über Horster Dreieck, Hannover, Kassel, Hattenbacher Dreieck, Autobahnkreuz Biebelried, Autobahnkreuz Ulm/Elchingen und Autobahndreieck Allgäu bis zum Autobahnende Attlesee
A 8	Von Autobahndreieck Karlsruhe bis Anschlußstelle München-West und von Anschlußstelle München-Ramersdorf bis Anschlußstelle Bad Reichenhall
A 9/E 51	Berliner Ring (Abzweig Leipzig/Autobahndreieck Potsdam) bis Anschlußstelle München-Schwabing
A 10	Berliner Ring, ausgenommen der Bereich zwischen der Anschlussstelle Berlin-Spandau über Autobahndreieck Havelland bis Autobahndreieck Oranienburg und der Bereich zwischen dem Autobahndreieck Spreeau bis Autobahndreieck Werder
A 13/E 55	von Anschlussstelle Ortrand bis Dreieck Dresden-Nord
A 13/ E 36/E 55	vom Schönefelder Kreuz bis Autobahndreieck Spreewald
A 45	von Anschlußstelle Dortmund-Süd über Westhofener Kreuz und Gambacher Kreuz bis Seligenstädter Dreieck
A 61	von Autobahnkreuz Meckenheim über Autobahnkreuz Koblenz bis Autobahndreieck Hockenheim
A 81	von Autobahnkreuz Weinsberg bis Anschlussstelle Gärtringen
A 92	von Autobahndreieck München-Feldmoching bis Anschlussstelle Oberschleißheim und von Anschlussstelle Neufahrn bis Anschlussstelle Erding
A 93	von Autobahndreieck Inntal bis Anschlußstelle Reischenhart
A 99	von Autobahndreieck München-Eschenried über Autobahndreieck München-Feldmoching und Autobahnkreuz München-Nord bis Autobahnkreuz München-Süd
A 215	von Autobahndreieck Bordesholm bis Anschlußstelle Blumenthal
A 831	von Anschlußstelle Stuttgart-Vaihingen bis Autobahnkreuz Stuttgart
A 980	von Autobahnkreuz Allgäu bis Anschlußstelle Waltenhofen
A 995	von Anschlußstelle Sauerlach bis Autobahnkreuz München-Süd.

(3) Das Verbot des Absatzes 1 gilt außerdem für folgende Bundesstraßen außerhalb geschlossener Ortschaften in beiden Fahrtrichtungen:

B 18	Von Anschluß an die Autobahn A 96 bei Aitrach (Landkreis Ravensburg) bis Anschluß an die Autobahn A 96 bei Schwatzen.
B 31	Von Anschlussstelle Stockach-Ost bis Anschlussstelle Sigmarszell der A 96 (Zeichen 310 der Straßenverkehrs-Ordnung).
E 22	Stralsund bei Anschlussstelle Rostock Ost der A 19
E 251	Greifswald bis Berlin.

§ 2

(1) § 1 gilt nicht für Fahrzeuge
1. der Polizei einschließlich des Bundesgrenzschutzes,
2. des öffentlichen Straßendienstes der Verwaltung,
3. der Feuerwehr und des Katastrophenschutzes, soweit die Voraussetzungen des § 35 Abs. 4 der Straßenverkehrs-Ordnung vorliegen,
4. der Bundeswehr, soweit das zuständige Wehrbereichskommando ein dringendes Erfordernis festgestellt hat, und für Fahrzeuge, die für Zwecke der Verteidigung nach dem Bundesleistungsgesetz herangezogen werden,
5. der Truppen der nichtdeutschen Vertragsstaaten des Nordatlantikpakts im Falle dringender militärischer Erfordernisse.

(2) Bei Fahrten mit Fahrzeugen, die nach dem Bundesleistungsgesetz herangezogen werden (Absatz 1 Nr. 4), ist der Leistungsbescheid mitzuführen und auf Verlangen zuständigen Personen zur Prüfung auszuhändigen.

(3) Die Befreiungen nach Absatz 1 dürfen nur unter gebührender Berücksichtigung der öffentlichen Sicherheit und Ordnung in Anspruch genommen werden.

§ 3

(1) § 1 gilt ferner nicht für
1. kombinierten Güterverkehr Schiene-Straße vom Versender bis zum nächstgelegenen Verladebahnhof oder vom nächstgelegenen Entladebahnhof bis zum Empfänger,
1 a. kombinierten Güterverkehr Hafen-Straße zwischen Belade- oder Entladestelle und einem innerhalb eines Umkreises von höchstens 150 Kilometern gelegenen Hafen (An- oder Abfuhr),
2. Beförderungen von
   a) frischer Milch und frischen Milcherzeugnissen,
   b) frischem Fleisch und frischen Fleischerzeugnissen,
   c) frischen Fischen, lebenden Fischen und frischen Fischerzeugnissen,
   d) leichtverderblichem Obst und Gemüse,
3. Leerfahrten, die im Zusammenhang mit Fahrten nach Nummer 2 stehen.

(2) Für alle geladenen Güter sind die vorgeschriebenen Fracht- oder Begleitpapiere mitzuführen und zuständigen Personen auf Verlangen zur Prüfung auszuhändigen.

§ 4

(1) Die Straßenverkehrsbehörden können Ausnahmen vom Verbot des § 1 in dringenden Fällen genehmigen, wenn eine Beförderung mit anderen Verkehrsmitteln nicht möglich ist.

(2) Örtlich zuständig für die Erteilung von Ausnahmegenehmigungen nach Absatz 1 ist die Straßenverkehrsbehörde, in deren Bezirk die Ladung aufgenommen wird oder die Straßenverkehrsbehörde, in deren Bezirk der Antragsteller seinen Wohnort, seinen Sitz oder eine Zweigniederlassung hat. Wird die Ladung außerhalb des Geltungsbereichs dieser Verordnung aufgenommen, so ist die Straßenverkehrsbehörde zuständig, in deren Bezirk die Grenzübergangsstelle des Geltungsbereichs dieser Verordnung liegt.

Ferienreise-VO **§ 18 StVO**

(3) Die zuständigen obersten Landesbehörden oder die nach Landesrecht bestimmten Stellen können von allen Vorschriften dieser Verordnung Ausnahmen für bestimmte Einzelfälle oder allgemein für bestimmte Antragsteller genehmigen. Erstrecken sich die Auswirkungen der Ausnahme über ein Land hinaus und ist eine einheitliche Entscheidung notwendig, so ist das Bundesministerium für Verkehr, Bau- und Wohnungswesen zuständig.

(4) Die Ausnahmegenehmigung ist schriftlich zu erteilen. Der Bescheid über die Erteilung der Ausnahmegenehmigung ist mitzuführen und auf Verlangen zuständigen Personen zur Prüfung auszuhändigen.

§ 5

Ordnungswidrig im Sinne des § 24 des Straßenverkehrsgesetzes handelt, wer vorsätzlich oder fahrlässig
1. entgegen § 1 ein Kraftfahrzeug führt oder das Führen eines Kraftfahrzeuges zuläßt oder
2. entgegen § 2 Abs. 2 den Leistungsbescheid oder entgegen § 3 Abs. 2 vorgeschriebene Fracht- oder Begleitpapiere oder entgegen § 4 Abs. 4 Satz 2 die Ausnahmegenehmigung nicht mitführt oder zuständigen Personen auf Verlangen zur Prüfung nicht aushändigt.

§ 6

(gegenstandslos)

§ 7

Inkrafttreten

VwV - StVO

Zu § 18 Autobahnen und Kraftfahrstraßen

Vgl zu den Zeichen 330, 331, 332, zu den Zeichen 332 und 333, zu Zeichen 334, zu den Zeichen 330, 332 bis 334 und 448 bis 453, zu Zeichen 336 und zu den Zeichen 330, 331, 334 und 336.

Inhaltsübersicht

	Rn
1. Allgemeines	1
2. Abs 1: Zugelassene Fahrzeuge	3
a) Satz 1: Mögliche Mindestgeschwindigkeit	3
b) Satz 2: Umfang der Kraftfahrzeuge	4
c) Satz 3: Sonderregelung für Kühl-Fze	5
d) FerienreiseVO	6
3. Abs 2: Einfahrt	7
4. Abs 3: Vorfahrt	7a
5. Abs 4: Überholen	14
6. Geschwindigkeit	16
a) Abs 5 Satz 1: Innerhalb geschlossener Ortschaften	16

	Rn
b) Abs 5 Satz 2: Geschwindigkeitsbeschränkungen	17
c) Abs 6: Geschwindigkeit bei Abblendlicht	18
7. Abs 7: Wenden u Rückwärtsfahren	19
a) Allgemeines	19
b) Wenden	20
c) Rückwärtsfahren	21
8. Abs 8: Haltverbot	22
9. Abs 9: Fußgänger	24
10. Abs 10: Ausfahrt	25
11. Zivilrecht/Haftungsverteilung	25 a
12. Zuwiderhandlungen	26
13. Literatur	30

1. Allgemeines

1 Die Vorschrift faßt alle Regelungen über die Benutzung der **ABen** u **Kraftfahrstr** zusammen. Nach dem Weltabkommen (s **E** 97) unterscheiden sich die ABen von den Kraftfahrstr im wesentlichen nur dadurch, daß jene kreuzungsfrei sein müssen, diese es nicht zu sein brauchen. Die Benutzungsvorschriften für beide Arten sind dieselben. Soweit nicht für die Kraftfahrstr etwas Abweichendes bestimmt ist – hauptsächlich wegen der Möglichkeit von höhengleichen Kreuzungen –, gelten daher die Vorschriften des § 18 für beide Straßenarten. Die Eigenschaft einer Str als AB oder Kraftfahrstr wird nicht durch begriffliche Merkmale oder ihren Ausbau, sondern durch die rechtsgestaltende Wirkung der **Z 330 u 331** begründet (ebenso Ha VRS 48, 65; Bay VRS 58, 154; Dü DAR 97, 319 u Kar VRS 60, 227 = StVE § 42 StVO 4). Zur „Autobahn" gehören daher formell alle hinter dem Z 330 befindlichen durchgehenden Fahrbahnen, Beschleunigungs-, Verzögerungs- u Seitenstreifen, Verbindungsrampen an Knotenpunkten, die inneren Schleifen u direkten Verbindungen (BGH VM 63, 80; Bay StVE 20) auch zwischen Ein- u Ausfahrten (s BGHSt 18, 188 u Bay 82, 104 = StVE 30 a), sowie die Rastplatzzufahrten, Parkplätze u Flächen der Nebenbetriebe (Booß Anm 1 zu § 18 u Bay StVE 23 jew mwN). Doch nicht alle Vorschriften des § 18 gelten hier ausnahmslos; vgl zB Rn 19 u 22 ff; insb Parkplätze, Tank- u Raststättengelände unterliegen nicht durchweg den strengen Regeln des § 18 (s zB Bay StVE 20; Thü VM 79, 43 m zutr abl Anm Booß u Fra VRS 57, 311; Ko NZV 94, 83 = VM 94, 21 m abl St Booß), da diese Bereiche anderen Zwecken als dem SchnellV dienen (s auch Ha StVE 24 = VRS 59, 458 mwN). – Zum Abschleppen auf der AB s § 15 a.

2 **Widmung** nach dem BFStrG ist nicht maßgebend (VwV zu Z 330 III). Die **Z 448–453** enthalten nur Hinweise, keine RVorschriften. Das **Z 460 – Bedarfsumleitungen** für den AutobahnV – ermöglicht Umleitungen des Verkehrs, bes bei Überfüllung von ABen, Unfällen usw; die aufgezeichnete Nummer bedeutet nicht die Nummer der AB, sondern diejenige der Umleitung für die betr AB-Strecke (vgl VwV zu Z 460 III). **Z 406** soll

Vorfahrt 3–7a § 18 StVO

eine bessere Orientierung an Knotenpunkten ermöglichen (s auch Z 448 u VwV zu Z 406).

2. Abs 1: Zugelassene Fahrzeuge

a) **Satz 1: Mögliche Mindestgeschwindigkeit.** Da die ABen dem 3 SchnellV dienen, dürfen sie nur von Kfzen, wozu auch Krafträder gehören, benutzt werden, die schneller als 60 km/h fahren können. Maßgebend ist die im Fahrzeugschein eingetragene Geschwindigkeit (BGH(Z) VRS 27, 412). Auch zulassungsfreie Kleinkräder und Motorroller, die aber aufgrund ihrer Bauart die Mindestgeschwindigkeit erreichen, sind zugelassen; Fahrräder mit u ohne Hilfsmotor sind daher ausgeschlossen. Kfze, die infolge Maschinenschadens nur noch langsam fahren können, müssen ehestens aus dem fließenden Verkehr der AB entfernt werden (s auch § 15 a), widrigenfalls der Führer für einen Auffahrunfall verantwortlich ist (Kö NJW 65, 2310). Die Vorschrift verbietet aber nicht das Langsamfahren eines Kfz mit zulässiger Leistungsfähigkeit. Hierfür ist vielmehr § 3 II maßgebend, wobei allerdings auf ABen u Kraftfahrstr ein strengerer Maßstab als auf Str mit geringerer VBedeutung anzulegen ist.

b) **Satz 2:** Der **Umfang** der **Kfze** darf die in § 32 StVZO für die Fze, 4 in § 22 II StVO für Fz samt Ladung vorgeschriebenen Normalmaße nicht überschreiten. Das Privileg für land- u forstwirtschaftliche Fze gilt auf ABen u Kraftfahrstr nicht.

c) **Satz 3:** Die Sonderregelung für Kühl-Fze (Breite 2,6 m) beruht 5 auf der Ergänzung durch 11. ÄndVO entspr der 36. AusnVO zur StVZO (s auch § 22 II S 3).

d) **FerienreiseVO** (oben vor 1) verbietet Lkw-Verkehr v 1. 7.–31. 8. 6 jeden Jahres an allen Samstagen zwischen 7 u 20 Uhr auf bestimmten ABen. Die VO ist jetzt zeitlich unbefristet; sie ist verfassungskonform (vgl BVfG VRS 37, 81). OWen s § 5 der FerienreiseVO (s auch § 30 Rn 7).

3. Abs 2: Die Einfahrt ist außerhalb der Anschlußstellen, Z 330, bzw 7 der durch Z 331 gekennzeichneten Kreuzungen u Einmündungen unzulässig, auch wenn sie nach den örtl Gegebenheiten technisch möglich wäre, wie zB über den nur für Zulieferer einer Raststätte bestimmten Weg (Ko VRS 65, 468 = StVE § 16 StVO 4). Die Einfahrt aus dem Seitenstreifen in die Fahrbahn ist erlaubt, erfordert aber bes Vorsicht (vgl § 10).

4. Abs 3: Vorfahrt

III verdrängt als Spezialregelung die des § 8. Der Verkehr auf der durch- 7a gehenden Fahrbahn hat Vorfahrt, auf deren Beachtung er vertrauen darf (Kö NZV 99, 43); der einfahrende ist also wartepflichtig u darf den durchgehenden weder behindern noch gefährden (KG VM 96, 5; KG NZV 00, 43; Ha DAR 01, 359). Eine Behinderung wird schon dann angenommen, wenn der Vorfahrtberechtigte zum Abbremsen veranlaßt wird (Kar NZV 96, 319).

StVO § 18 8–11 Autobahnen und Kraftfahrstraßen

8 Die **durchgehende Fahrbahn,** ein durch § 18 III geschaffener, nicht nur für ABen u Kraftfahrstr, sondern auch für andere Str mit ähnlichem Ausbau der Anschlußstellen gültiger RBegriff, umfaßt nach der amtl Begr alle Fahrstreifen für den durchgehenden Verkehr einschl der sog Kriechspuren, nicht aber die Beschleunigungsstreifen, die der zügigen Einfädelung des in die AB einfahrenden Verkehrs dienen (BGH VRS 70, 184; Kar NZV 96, 319).

9 **Beschleunigungs-** u **Verzögerungsstreifen** (richtiger: Ein- u Ausfahrstreifen) sind straßenbautechnisch vorübergehende Verbreiterungen der Fahrbahn um einen weiteren Fahrstreifen, der ausschl dem zügigen Einfädeln in den durchgehenden Verkehr (Beschleunigungsstreifen) oder dem Abbiegen (Verzögerungsstreifen) dient. Sie sind nach VwV zu Z 340 III durch Leitlinien in Form von Breitstrichen zu markieren u dürfen vom durchgehenden Verkehr – ebenso wie die Standspur – nur in Notfällen benutzt werden (Fra VRS 72, 40 = StVE 37 a). Rechtlich – für die Anwendung der Fahrregeln – sind sie im Verhältnis zur „durchgehenden Fahrbahn" **selbständige Fahrbahnen** (gehören also nicht zu diesen: BGH(Z) StVE 39; Kar NVZ 96, 319; Begr), u zwar der Beschleunigungsstreifen der letzte Teil der einmündenden, der Verzögerungsstreifen der erste Teil der abbiegenden Fahrbahn.

10 Für das **Einfahren vom Beschleunigungsstreifen** in die durchgehende Fahrbahn, das an jeder nicht (zB durch Z 295) gesperrten Stelle des Streifens in beliebiger Reihenfolge zulässig ist (Bay VM 70, 72; Ha VersR 78, 674), gelten daher die Regeln der Vorfahrt, nicht diejenigen der Benutzung derselben Fahrbahn, bes des Überholens (so schon zum alten R Ha VM 62, 126; Bay 70, 64 = VRS 39, 135; zum neuen R Ha DAR 75, 277). Nur der Verkehr auf der durchgehenden Fahrbahn (einschl der Kriechspur) hat nach § 18 III die Vorfahrt, nicht auch der auf der Verteilerfahrbahn (Dü VRS 67, 375; KG NZV 00, 43; Bouska NZV 00, 31), doch auch, wer sich zügiger als sein Vordermann vom Beschleunigungsstreifen auf die durchgehende Fahrbahn eingeordnet hat (kein Überholfall: Bay 70, 64 = VM 70, 72); er muß aber auf das alsbaldige Einfahren des anderen Rücksicht nehmen (Ko VRS 73, 65 = StVE 40). Auf allen Beschleunigungsstreifen, nicht nur auf ABen u Kraftfahrstr, darf nach § 42 VI 1 e schneller gefahren werden als auf der durchgehenden Fahrbahn; kein Überholfall (s § 5 Rn 59)! Die Vorfahrt auf der durchgehenden Fahrbahn steht nur demjenigen zu, der auf ihr durchfährt, nicht auch demjenigen, der aus ihr auf den Beschleunigungsstreifen abbiegen will (Bra VRS 50, 386; zw).

11 Abbiegen auf **Ausfahr-** (sog Verzögerungs-)**Streifen:** Das Richtungszeichen ist rechtzeitig vor dem Abbiegen auf den Streifen zu setzen; auf ihm darf es eingezogen werden. Auf Verzögerungsstreifen ist die Geschwindigkeit zwar idR schon aus baulichen Gründen herabzusetzen; wird hier aber schneller gefahren als (ein langsamer Lastzug) auf der durchgehenden Fahrbahn, so ist dies zwar kein verbotenes „Überholen" (s § 5 Rn 59), doch neuerdings nach § 42 VI 1 f S 2 verboten (krit dazu m Recht Felke DAR 89, 179 u Verf DAR 89, 410). Ein Kf, der vom Verzögerungsstreifen auf die durchgehende Fahrbahn überwechselt, fährt in diese aus einem „anderen Straßenteil" iS des § 10 ein. Wer auf der durchgehenden Fahrbahn an einem langsameren Benutzer des Verzögerungsstreifens vorbeigefahren ist u sich vor diesen auf den Verzögerungsstreifen setzen will, „biegt" auf diesen „ab" u hat die Pflichten aus § 9 I S 4 gegenüber dem nachfolgenden Verkehr zu beachten, weder Überhol- noch Vorfahrtfall. Vgl Mühlhaus DAR 75, 64, 67. Halteverbot s § 12 I 3.

Derjenige verstößt gegen § 1 II, der kurz vor einer Einfahrt von der **12** Überholspur auf die rechte Fahrbahn hinüberwechselt, obwohl ein anderer im Begriff ist einzufahren. Auf ABen u Kraftfahrstr ist es auch üblich geworden, bei Annäherung an Einfahrten, insb wenn sie spitzwinkelig einmünden (Beschleunigungsstreifen!), auf die Überholspur zu wechseln, um anderen VT das Einfahren in die Schnellstraße zu erleichtern (krit hierzu Janiszewski Gedenkschrift für K. H. Meyer); verlassen darf sich der Einfahrende auf dieses Ausweichmanöver jedoch nicht (Ko VRS 86, 429), auch nicht, wenn der Durchfahrende links blinkt (Ha ZfS 93, 365). Er verletzt die Vorfahrt gröblich, wenn er in eine AB einfährt, obwohl auf dem rechten Fahrstreifen bereits ein anderes Fz nahe herangekommen ist u durch das Einfahren auf die Überholspur abgedrängt oder zum Bremsen gezwungen wird (Kö VRS 28, 143; VRS 65, 68); der Einfahrende darf auch nicht in einem Zuge auf die Überholspur wechseln, wenn dabei eine Gefährdung schnell Herankommender nicht ausgeschlossen ist (BGH(Z) VRS 70, 184 = StVE 39); fahren diese auf, haftet er allein (Ha NZV 92, 320; 94, 229).

Die zunehmende Häufigkeit dieser **Einfahr-Unsitte** hat den BGH(Z) **13** (VRS 63, 10) zu der Feststellung veranlaßt, daß der sonst bei Auffahrunfällen übliche Beweis des ersten Anscheins für ein Verschulden des Auffahrenden für den die AB benutzenden, bevorrechtigten Auffahrenden dann nicht gilt, wenn sich der Auffahrunfall im zeitlichen u räumlichen Zusammenhang mit dem Einfahren eines Fz ereignet hat (s auch Ce VRS 82, 426; Ko VRS 86, 429). Ist die Sichtmöglichkeit auf die rückwärtige Fahrbahn wegen dem kurvenförmigen Verlaufs gering, so dürfen schwerfällige Lkw u Lastzüge erst am Ende des Beschleunigungsstreifens in die durchgehende Fahrbahn einfahren, um nachfolgenden Fz-Führern eine größere Sichtweite auf ihr Einfahrmanöver einzuräumen (Fra VRS 50, 202). Ein vom Beschleunigungsstreifen einfahrender Sattelzug muß den bevorrechtigten Verkehr auf sich und den beabsichtigten Spurwechsel durch vorsichtiges Heranfahren an die linke Fahrbahnmarkierung, frühzeitiges Einschalten des linken Fahrtrichtungsanzeigers oder des Warnlichts aufmerksam machen (Ha NZV 01, 85). Grobe Verstöße gegen III stellen bei Vorhandensein der sonstigen Voraussetzungen Verkehrsgefährdung nach § 315 c I 2 a StGB dar (s dazu unten 28 f).

5. Abs 4 (Überholen) wurde durch die 9. ÄndVO gestrichen. Die bis- **14** her hier nur für Schnellstr vorgesehen gewesene verschärfte Sorgfaltspflicht gegenüber Nachfolgenden gilt jetzt nach § 5 IV S 1 allg für alle Str (s § 5 Rn 33). Dadurch soll auch verdeutlicht werden, daß sich der Überholer

StVO § 18 15–18 Autobahnen und Kraftfahrstraßen

auch auf den in § 18 behandelten Schnellstr entspr den beim Überholen allg geltenden Regeln des § 5 ebenfalls baldigst wieder rechts einordnen muß (s § 5 IV S 3; Begr 9. ÄndVO).

15 Wer auf der **Kriechspur** (s § 5 Rn 59 a) an einem weiter links befindlichen Fz vorbeifährt, überholt vorschriftswidrig rechts (BGHSt 23, 128; s dazu § 5 Rn 58 f). – Zum Rechtsüberholen auf ABen u zum schnelleren Fahren auf Beschleunigungs- u Verzögerungsstreifen s oben 10.

6. Geschwindigkeit

16 a) **Abs 5 S 1** enthält eine bundesweite, abschl Regelung, die entgegenstehende auf Landesebene ausschließt (**E** 157–159). Die nach § 44 zuständigen VBn können deshalb Geschwindigkeitsbeschränkungen allenfalls unter den Voraussetzungen des § 45 I für einzelne Abschnitte anordnen (s dazu VG Schl NZV 91, 127; VG Ko DAR 93, 310 [nicht rkr]; § 45 Rn 2). – Die Geschwindigkeitsgrenze des § 3 III 1 gilt nach § 18 V S 1 nicht für innerörtl ABen, wohl aber für Kraftfahrstr. – Die „goldene Regel" des Fahrens auf Sicht (s § 3 Rn 4) gilt – auch bei Dunkelheit – auf ABen u Kraftfahrstr.

17 b) **Abs 5 S 2** enthält **Geschwindigkeitsbeschränkungen** für bestimmte Fz-Arten. Er tritt innerhalb wie außerhalb geschl Ortschaften an Stelle des § 3 III 2; außerhalb geschl Ortschaften gilt er auch auf autobahnähnlich ausgebauten Kraftfahrstr. Das zu § 3 Rn 61 ff Ausgeführte gilt entspr. **Autobahn-Richtgeschwindigkeits-VO** s § 3 vor Anm 1, Rn 65 zu § 3. – **Wohnmobile** bis 3,5 t sind hier nicht erfaßt, wohl aber darüber (s auch Bra NZV 94, 80) u mit Anhänger, was in V 1 ausdrücklich vorgeschrieben ist. Aufgrund der 9. AusnahmeVO dürfen Gespanne (PKW mit Anhänger, mehrspurige Kfze bis 3,5 t mit Anhänger) auf AB und Kraftfahrstr 100 km/h fahren (zunächst befristet bis 31. 12. 2003). – Fehlt die nach V 3 c (wenn auch nur zur pol Überwachung) vorgesehene Plakette, dürfen nur 80 km/h gefahren werden. Eine selbstfahrende Arbeitsmaschine mit einem zulässigen Gesamtgewicht von 3,5 t ist ein Kraftfahrzeug iSv § 18 V 2 S 1, für das die dort genannte Höchstgeschwindigkeit von 80 km/h gilt (Dü NZV 99, 51).

18 c) **Abs 6: Geschwindigkeit bei Abblendlicht.** Die Vorschrift, die ebenfalls nur für ABen, nicht für Kraftfahrstr gilt, enthält keine Ausn vom Gebot des Fahrens auf Sichtweite, das auch hier zu beachten ist (BGH(Z) VRS 67, 195 = StVE 35; Ha NZV 00, 369), sondern will nur – im Anschl an BGHSt 16, 145, 151 – zum Ausdruck bringen, daß die Geschwindigkeit nicht der Reichweite der abgeblendeten Scheinwerfer angepaßt sein muß, wenn mit Hilfe der angegebenen anderen Lichtquellen u der Tatsache, daß das auf demselben Fahrstreifen (Kö NZV 93, 271) vorausfahrende Fz die Strecke ohne Behinderung durchfahren hat, sicher gefolgert werden kann, daß die Fahrbahn jedenfalls in dem Augenblick frei von Hindernissen war, als das vordere Fz durchfuhr; dann verpflichten dunkle Stellen zwischen dem vorderen Fz u der Reichweite der eigenen Scheinwerfer nicht zum

Fahren auf Reichweite der letzteren. Die Bestimmung bedeutet demnach nicht eine Durchbrechung, sondern lediglich eine Modifizierung des Grundsatzes des Fahrens auf Sichtweite, die ihre Rechtfertigung darin findet, daß auf ABen weniger als auf anderen Str damit gerechnet werden muß, daß von der Seite her Menschen entgegen IX in die Fahrbahn gelangen (vgl § 3 Rn 4 ff; BGH(Z) aaO; Mü NZV 93, 26). Sie gilt daher nicht, wenn der Kf Anhaltspunkte für eine bestimmte Gefahrenlage erkennt, zB mit Fußgängern auf der Fahrbahn rechnen muß, die für ein liegengebliebenes Fz Hilfe holen wollen (Dü VM 79, 84). Auf Hindernisse, die gemessen an den jew herrschenden Sichtbedingungen erst außergewöhnlich spät erkennbar werden, braucht er seine Geschwindigkeit aber nicht einzurichten (BGH(Z) aaO; Ha VRS 75, 91).

7. Abs 7: Wenden und Rückwärtsfahren

a) Das Verbot gilt für ABen u Kraftfahrstr (Def s 1; s auch § 9 Rn 60). **19** Es erstreckt sich auch auf die Zu- u Abfahrtsspuren (auch von AB-Raststätten: Bay VM 80, 47; Ha VRS 59, 458 = StVE 24), auf die parallel zur Hauptfahrbahn verlaufende Verbindungsfahrbahn zwischen Aus- u Zufahrt (BGHSt 31, 71 = StVE 30; s aber Bay StVE 30 a) u auf die Standspur (Ol VRS 60, 312 = StVE 26; Dü VRS 68, 141 = StVE 36; 71, 459); nicht aber auf den vor dem Z 330 befindlichen Teil der AB-Zufahrt (Dü DAR 97, 319) sowie auf die Parkplätze u das Gelände von Tankstellen u Raststätten selbst (s oben 1; Bay VRS 58, 154) u anschl, nicht öff Gelände (Dü VRS 64, 306 = StVE 32), wenn der Vorgang nur dort ohne Benutzung auch der Fahrbahn durchgeführt wird. Kein Wenden liegt vor, wenn der Fahrer vor Erreichen der durchgehenden Fahrbahn nach links in eine parallel zur AB verlaufende Verbindungsbahn (Umfahrspur) einbiegt u diese entgegen deren Fahrtrichtung befährt, sondern (zweimaliges) Linksabbiegen in eine andere Str (BGH aaO; aA Ce VM 80, 102; zum Wenden s § 9 Rn 56 ff). Kein Wenden iSv § 18 VII ist, wenn der Betroffene lediglich abbremst/anhält, um bei der nächsten Gelegenheit zu wenden (BayOLG NZV 1997, 766). Wer auf der Autobahn entgegen der vorgeschriebenen Fahrtrichtung fährt (**„Geisterfahrer"**) verstößt nicht gegen § 18 Abs 7, sondern gegen das Verbot der Fahrbahnbenutzung gem § 2 Abs 1.

b) Da das **Wenden** (Def § 9 Rn 56) bes gefährlich ist, ist es auf ABen u **20** Kraftfahrstr grundsätzlich verboten (Bay VRS 58, 154), auch wenn es unter Benutzung eines rechts oder links der Fahrbahn gelegenen Parkplatzes (Bay VRS 62, 143; Ko NZV 92, 406) oder bei teilweiser Sperrung der AB erfolgt (Ha NZV 98, 40). Nach Bay (NZV 01, 526) kann nichts anderes gelten, wenn der Betroffene sein Fz unter Einbeziehung von zwei gegenüberliegenden Parkplätzen in die der bisherigen Fahrtrichtung entgegengesetzten Richtung bringt (aA Stu NZV 01, 179). Daher kann entschuldigt sein, wer bei Nacht auf der AB auf ein wendendes Fz auffährt, da er hiermit nicht rechnen muß (BGH VersR 60, 802; VRS 14, 89). Nach Ha (VRS 45, 256) soll das Wenden auf einer **Kraftfahrstr** auch dann verboten sein, wenn im Zuge einer Straßeneinmündung der QuerV den Mittelstreifen überqueren darf (ebenso auch Dü NZV 00, 176 für eine ampelgesicherte Unterbrechung des die Richtungsfahrbahn trennenden Mittelstreifens; zw). Kreuzt aber die Querstr die Kraftfahrstr u darf aus dieser nach links abgebogen werden, so dürfte an dieser Stelle das Wendeverbot unterbrochen sein, da das Wenden keine höheren Gefahren für den fließenden Verkehr mit sich bringt als das Aus- u Einbiegen über den Mittelstreifen (Mühlhaus DAR 77, 11). – Wenden als VGefährdung s § 315 c I 2 f StGB; als Rechtfertigungsgrund s 29.

21 c) **Rückwärtsfahren** (Def s § 9 Rn 67) auf der AB kann als reine Notmaßnahme, zB beim Verlust eines Gepäckstücks oder eines Zubehörteils des Kfz, nicht aber wegen Verpassens einer Ausfahrt (s 19) – u zwar auf dem Seitenstreifen – durch Notstand gerechtfertigt sein, wenn dadurch die Beseitigung einer Gefahr für nachfolgende VT sicherer u schneller erreicht werden kann, als wenn der Fz-Führer auf dem Seitenstreifen anhält u zu Fuß zurückläuft (anders Dü ZfS 91, 394 bei bloßem Verlust einer Brieftasche; unten 29). Ausnahmsweise kann es auch auf einer sog Umfahrspur erlaubt sein, soweit der betr Teil vornehmlich dem ruhenden Verkehr (Tankvorgang) dient (Ce VRS 61, 66 = StVE 27). Das Zurücksetzen aus einer Nebenstr in die Kraftfahrstr, um in der Gegenrichtung fortzufahren, ist verbotenes Rückwärtsfahren (Bay NZV 96, 161). – Wegen der sog **„Geisterfahrer"** s 28 u § 315 c I 2 f StGB.

8. Abs 8: Haltverbot

22 Zur Def des Haltens s 4 zu § 12. – Das Haltverbot erstreckt sich auf alle Teile der AB, welche der Sicherheit u Leichtigkeit des Verkehrs dienen, auch auf Anschlußstellen (Kar DAR 02, 34; Fra DAR 01, 504 für Abbiege-/Einfädelspur), auf die im AB-Bereich liegenden Zu- u Abfahrten von Parkplätzen (Bay VRS 59, 54 = StVE 23), AB-Tankstellen (Dü VM 66, 127 bzgl Rückwärtsfahren) u -Raststätten (Bay VRS 58, 154 = StVE 20 bzgl Rückwärtsfahren) sowie auf Seitenstreifen (Ha VersR 91, 83). Hier haltende Fze könnten die Sicherheit u Leichtigkeit auch in diesen Bereichen bestehenden SchnellV erheblich stören u den zu- u abfahrenden Verkehr gefährden (Bay StVE 23). Es erstreckt sich aber natürlich nicht auch auf die entspr abgegrenzten Parkplätze u Tankstellen selbst (Ko DAR 94, 76; abl Booß VM 94, 16) u auch nicht auf die nicht der Sicherheit des SchnellV dienenden AB-Teile, wie eine Str, die von der Zufahrtstr zu einer Raststätte abzweigt (Bra VRS 32, 375).

23 Kann ein Fz, das sich auf der Überholspur befindet, seine Fahrt nicht fortsetzen, so muß es auf dem Mittelstreifen bzw äußerst links an der Leitplanke anhalten (Mü NZV 97, 231; AG Hildesheim ZfS 99, 374), wenn es den Seitenstreifen nicht mehr gefahrlos erreichen kann. Die Fahrbahn ist, wenn irgend möglich, freizumachen. Nach einem **Unfall** muß auch auf der AB angehalten werden, um die Feststellungen abzuwarten. Dann gilt § 11 II; beachte § 34 I 2. Zwingende Notwendigkeit, zB eine nach § 323 c StGB gebotene Hilfeleistung, rechtfertigt das Halten (BGH(Z) VRS 49, 327; Kar DAR 02, 34; s auch Schl NZV 93, 109). Wer auf der AB halten

Zivilrecht/Haftungsverteilung   **24–25 a   § 18 StVO**

muß, ist in bes Maße zur Sicherung nach rückwärts verpflichtet (§ 15). Auf dem **Seitenstreifen** darf nur in Notfällen vorübergehend gehalten u auch ein liegengebliebenes Kfz (s dazu 4 zu § 15) nicht länger als nötig stehengelassen werden (Kö VM 74, 20 u Dü VRS 58, 281 = StVE 18; s auch 23 zu § 23 u § 12 Rn 4).

9. Abs 9: Fußgänger dürfen ABen überhaupt nicht, Kraftfahrstr nur 24 nach Maßgabe des S 2 betreten. Ausn: Notstand, Unfallsicherung (s mit der nötigen Vorsicht auch Mü NZV 1997, 231 NZV 94, 399: Benutzung der sog Standspur zur Benachrichtigung der Pol). Anhalter, die sich an den Anschlußstellen oder gar am Fahrbahnrand der Autobahn aufstellen, verstoßen eindeutig gegen § 18 Abs 9.

10. Abs 10: Die Ausfahrt ist für ABen in S 1, für Kraftfahrstr in S 2 25 unterschiedlich geregelt. Die **Z 332 u 333** haben rechtsbegründende Wirkung, indem sie die Erlaubnis zum Verlassen der AB gewähren, wobei eines dieser Z genügt, wenn auch außerhalb geschl Ortschaften beide aufgestellt sein müssen (VwV zu Z 332 u 333). Da beim Ausfahren die Regeln des Einfahrens entsprechend gelten, hat derjenige, der ausfährt, die Änderung seiner Fahrtrichtung rechtzeitig durch Rechtsblinken anzuzeigen (LG Berlin NZV 00, 45). Ist eine **Kraftfahrstr** wie eine AB ausgebaut u sind ihre Ausfahrten wie AB-Ausfahrten gekennzeichnet, so gilt auch für sie § 18 X S 1 entspr. Wer eine solche Kraftfahrstr über eine Zufahrt verläßt, wendet nicht, verstößt aber nach Ha (VRS 48, 65) gegen § 18 X. Die aus der AB hinausführende **Abfahrtspur** ist eine selbständige Fahrbahn. Wer auf sie ausbiegt, hat Richtungs-Z zu geben u den bereits auf ihr befindlichen rückwärtigen Verkehr zu beachten (Ha VM 68, 16). Zur unerlaubten Ausfahrt über den Wirtschaftsweg einer Raststätte s Fra VRS 57, 311, über eine Verbindungstangente s Bay 84, 54 = VRS 67, 142 m krit Anm Booß VM 84, 71 u Hentschel NJW 85, 1316.

11. Zivilrecht/Haftungsverteilung

a) Verkehrsteilnehmer, die sich bereits auf der Autobahn und damit auf 25 a den durchgehenden Fahrspuren befinden, haben gem § 18 III StVO Vorfahrt vor Fahrzeugen, die **auf die Autobahn auffahren** wollen. Regelmäßig trifft daher das Fahrzeug die volle Haftung, das von einer Autobahnauffahrt oder einem Autobahnkreuz kommend auf die Autobahn auffährt und dann einen Unfall verursacht (Kö NZV 99, 43). In diesen Fällen kann aber eine Berücksichtigung der Betriebsgefahr (Ha NZV 93, 436 – 20%) möglich sein, wenn es sich bei dem auffahrenden Fahrzeug zB um einen Lkw handelt, der wegen seiner Schwerfälligkeit und geringen Beschleunigungsfähigkeit in besonderem Maße auf Entgegenkommen der Vorfahrtberechtigten angewiesen ist. Eine volle Haftung des Einfahrenden besteht allerdings idR dann, wenn er in einem Zug vom Beschleunigungsstreifen auf die Überholspur wechselt (Ha NZV 92, 320; 94, 229). Auch die Möglichkeit trotz der Vorfahrt (§ 18 III StVO) auf eine andere Spur auszuweichen bzw die Geschwindigkeit herabzusetzen, kann bei der Haftungs-

StVO § 18 25 b–29 Autobahnen und Kraftfahrstraßen

quotelung Berücksichtigung finden. **Einzelfälle:** Ein Lkw-Fahrer, der sich auf der rechten Fahrspur einer Autobahn befindet, hat damit zu rechnen, daß ein sich auf der Beschleunigungsspur rechts vor ihm befindliches Gespann am Ende der Beschleunigungsspur auf die Fahrbahn auffährt (Ha NJW-RR 01, 165 – $^1/_3$ Mithaft des Lkw). Der Einfahrende muß sich allerdings vor dem Einfahren vergewissern, daß der durchgehende Verkehr die Absicht des Spurwechsels wahrgenommen und auf sein Vorrecht verzichtet (§ 11 III StVO; Ha NZV 01, 85 – 75% zu 25% zu Lasten des auf die Autobahn Auffahrenden). Allerdings kann der auf der Autobahn schon Fahrende den vollen Schaden dann zu tragen haben, wenn er den Unfall zwar nicht durch bloßes Gaswegnehmen, wohl aber durch leichtes Abbremsen hätte verhindert werden können (Kar NZV 96, 319).

25 b Ereignet sich im **zeitlichen und räumlichen Zusammenhang mit den Einfahren** ein Auffahrunfall, so spricht – anders als sonst – der Beweis des ersten Anscheins nicht für ein Verschulden des Auffahrenden (s Rn 13). Anscheinsbeweis gegen den Einfahrenden (Kö VersR 93, 361).

25 c Ein Kraftfahrer, der sich nach einem Unfall kurzzeitig neben seinem Fahrzeug auf dem Grünstreifen aufhält, trifft grds bei einer Verletzung durch einen zweiten Unfall kein Verschulden (Mü NZV 97, 231).

25 d b) Kommt es beim **Abfahren von der Autobahn** zu einem Unfall, so nehmen die Gerichte im Normalfall eine Schadensteilung vor. Die Quotelung erfolgt aber idR nicht hälftig. Vielmehr trifft den Fahrer des abfahrenden Fahrzeuges grds der höhere Haftungsanteil, weil ihn erhöhte Sorgfaltspflichten treffen (LG Berlin NZV 00, 45 – $^1/_3$ zum $^2/_3$).

12. Zuwiderhandlungen

26 Verstöße gegen Ge- u Verbote des § 18 I–III, V S 2 u VI–X sind OWen nach § 49 I 18 iVm § 24 StVG (s Nrn 55–60 VwKat; 17–21 BKat). – Zur FerienreiseVO s oben 6. – Die TBe des § 5 sind auch auf Überholverstöße auf der AB anwendbar u nach § 49 I 5 ahndbar.

27 Vorfahrtverletzung nach III kann Straftat nach § 315c I 2a StGB sein; im allg aber keine Nötigung nach § 240 StGB (Dü NZV 88, 187); Verstoß gegen V kann § 315 c I 2 d StGB erfüllen.

28 Folgenloses Fahren entgegen der Fahrtrichtung (sog **„Geisterfahrer"**) ist kein verbotenes Rückwärtsfahren nach § 18 VII (so aber Ko VRS 63, 74), sondern Fahren in falscher Fahrtrichtung nach § 2 I u uU § 1 II (Stu VRS 58, 203; Kö VRS 60, 221 = StVE 25; s auch Ce VM 83, 105 u Verf NStZ 83, 546 f); bei konkreter Gefährdung s § 315 c I 2 f StGB.

29 Einen **Rechtfertigungsgrund** (§ 16 OWiG) für das **Wenden** auf einer AB oder Kraftfahrstr bildet uU die Bergung von Ladegut zur Gefahrenbeseitigung (Kö DAR 56, 131), nach vorheriger Geisterfahrt (Kar VRS 65, 470), das **Rückwärtsfahren** zum Rastplatz wegen eines plötzlich entdeckten schweren Defekts (Kö VRS 59, 53; s oben 21), für das **Halten** zB Reifenpanne, Fahrunsicherheit, dringende Hilfeleistung (Schl NZV 93, 109); **nicht** aber die Gefahr des Verderbens von nicht sehr wertvollem Frachtgut (Zw VM 80, 20), die Bergung der verlorenen Brieftasche (Dü ZfS

Bahnübergänge § 19 StVO

91, 394) oder die vorübergehende Übelkeit der mitfahrenden schwangeren Ehefrau das Rückwärtsfahren um 50 m auf dem Seitenstreifen der AB, um dort auf einer Ausfahrt die AB zu verlassen (Dü VM 80, 124).

13. Literatur:

Bohnert „Sichtgeschwindigkeit auf ABen" DAR 86, 11; **Janiszewski** „Zur Zulässigkeit des Schnellfahrens auf abgehenden Fahrstreifen" DAR 89, 410; **Mühlhaus** „Beschleunigungs- u Verzögerungsstreifen" DAR 75, 64; „Standspur der AB" DAR 78, 162; **Seidenstecher** „Zur Unzulässigkeit des Rechtsüberholens auf Verzögerungsstreifen" DAR 89, 412.

§ 19 Bahnübergänge

(1) **Schienenfahrzeuge haben Vorrang**
1. **auf Bahnübergängen mit Andreaskreuz (Zeichen 201),**
2. **auf Bahnübergängen über Fuß-, Feld-, Wald- oder Radwege und**
3. **in Hafen- und Industriegebieten, wenn an den Einfahrten das Andreaskreuz mit dem Zusatzschild „Hafengebiet, Schienenfahrzeuge haben Vorrang" oder „Industriegebiet, Schienenfahrzeuge haben Vorrang" steht.**

Der Straßenverkehr darf sich solchen Bahnübergängen nur mit mäßiger Geschwindigkeit nähern.

(2) Fahrzeuge haben vor dem Andreaskreuz, Fußgänger in sicherer Entfernung vor dem Bahnübergang zu warten, wenn
1. sich ein Schienenfahrzeug nähert,
2. rotes Blinklicht oder gelbe oder rote Lichtzeichen gegeben werden,
3. die Schranken sich senken oder geschlossen sind oder
4. ein Bahnbediensteter Halt gebietet.

Hat rotes Blinklicht die Form eines Pfeiles, so hat nur zu warten, wer in die Richtung des Pfeiles abbiegen will. Das Senken der Schranken kann durch Glockenzeichen angekündigt werden.

(3) Lastkraftwagen mit einem zulässigen Gesamtgewicht über 7,5 t und Züge haben in den Fällen des Absatzes 2 Nr. 2 und 3 außerhalb geschlossener Ortschaften auf Straßen, auf denen sie von mehrspurigen Fahrzeugen überholt werden können und dürfen, schon unmittelbar nach der einstreifigen Bake (Zeichen 162) zu warten.

(4) Kann der Bahnübergang wegen des Straßenverkehrs nicht zügig und ohne Aufenthalt überquert werden, ist vor dem Andreaskreuz zu warten.

(5) Wer einen Fuß-, Feld-, Wald- oder Radweg benutzt, muß sich an Bahnübergängen ohne Andreaskreuz entsprechend verhalten.

(6) Vor Bahnübergängen ohne Vorrang der Schienenfahrzeuge ist in sicherer Entfernung zu warten, wenn ein Bahnbediensteter mit einer weiß-rot-weißen Fahne oder einer roten Leuchte Halt gebietet. Wer-

den gelbe oder rote Lichtzeichen gegeben, gilt § 37 Abs. 2 Nr. 1 entsprechend.

(7) **Die Scheinwerfer wartender Kraftfahrzeuge dürfen niemand blenden.**

Inhaltsübersicht

	Rn
1. Allgemeines	1
2. Abs 1 Satz 1: Vorrang der Schienenbahn	6
a) Andreaskreuz	6
b) Fuß-, Feld-, Wald- oder Radwege	10
3. Abs 1 Satz 2: Annäherungsgeschwindigkeit	11
a) Allgemeines	11
b) Ungesicherter Bahnübergang	12
c) Gesicherter Bahnübergang	13
4. Abs 2: Wartepflicht	15
a) Läutezeichen	15
b) Bewegung der Schranken	16
c) Lichtzeichen	18
5. Abs 3: Schwere Lkw u Züge	20
6. Abs 4: Verkehrsstockung	21
7. Abs 6: Bahnübergang ohne Vorrang der Schienenfahrzeuge	22
8. Abs 7: Blendverbot	23
9. Zuwiderhandlungen	24
10. Zivilrecht	25

1. Allgemeines

1 § 19 faßt die Regeln über das Verhalten der Str-Benutzer **an Bahnübergängen** im Zuge einer öff Str zusammen (Bay 72, 33) u geht den allg Regeln vor (s 24). Das Andreaskreuz ist **Vorschriftzeichen 201;** GefahrZ zur Vorwarnung sind **Z 101** für Bahnübergänge ohne Vorrang, **Z 150–162** für Bahnübergänge mit Vorrang. – Für den strafrechtlichen Bereich s § 315 d StGB.

2 Vorschriften für die **Bahnverwaltungen** finden sich in den Eisenbahnbau- u Betriebsordnungen, das sind

a) für die **regelspurigen Eisenbahnen** des **öff Verkehrs** die Eisenbahnbau- u Betriebsordnung v 8. 5. 67 – **EBO** – (BGBl II 1563; III 933–10)*;

3 b) für **Schmalspurbahnen,** die dem **allg Verkehr** dienen, die Eisenbahn-Bau- u Betriebsordnung für Schmalspurbahnen – **ESBO** – v 25. 2. 72 (BGBl I 269; III 933–11)*.

---

* Gilt nach Maßgabe der Anl I zum Ein-Vertr Kap XI Sachgeb A Abschn III 6 u 7 auch im Gebiet der ehem DDR; gem § 2 III G v 25. 9. 90 (BGBl I, 2106) auch in Berlin.

Vorrang der Schienenbahn **4–9 § 19 StVO**

c) für **Straßenbahnen** die Straßenbahn-Bau- u Betriebsordnung v 11. 12. **4**
87 – **BOStrab** – (BGBl I 2648; III 9234–5).

§ 64a EBO enthält Tbe von OWen, für deren Ahndung die Bundes- **4a**
bahndirektionen zuständig sind. Für das Verhalten von VTn an Bahnübergängen im Bereich öff Str ist allein § 19 maßgebend (Bay 76, 140 = VRS 52, 301; 73, 137 = VRS 46, 58). Vgl auch § 26 StVG 1 wegen der Zuständigkeit. § 11 EBO enthält die Vorschriften, wie höhengleiche Kreuzungen von Eisenbahnen mit Str zu sichern sind; vgl die Zuständigkeitsvorschrift § 45 II S 3.

Dazu ist das **EisenbahnkreuzungsG** idF v 21. 3. 71 (BGBl I 1971, **5**
337) zu erwähnen, das nach Maßgabe der Anl I, Kap XI, Sachgeb A III 5 Ein-Vertr auch in der ehem DDR gilt, jedoch keine VRegelungen enthält.

d) Nach § 11 II der Eisenbahnbetriebsordnung in der Fassung von 1967 **5a**
(EBO) ist ein mit einer Blinklichtanlage versehener Bahnübergang ein technisch gesicherter Übergang, der einem beschrankten Übergang in technischer Hinsicht grundsätzlich gleichwertig ist und an dem jeder Verkehrsteilnehmer größte Vorsicht walten lassen muß (OLG Ko NZV 02, 184).

2. Abs 1 Satz 1: Vorrang der Schienenbahn

a) **Andreaskreuz.** Der Vorrang der Schienenbahn auf höhengleichen **6**
Bahnübergängen wird durch das **Andreaskreuz** – **Z 201** – begründet. Durch das Andreaskreuz kann auch für **Straßenbahnen** u **Privatbahnen** der Vorrang begründet werden (Kö VRS 15, 50). In **Hafen-** u **Industriegebieten,** in denen es streng genommen gar keine Bahnübergänge gibt, steht das Andreaskreuz an den Einfahrten u gibt damit den Schienenbahnen im ganzen Gebiet Vorrang (Begr; s auch VwV zu Z 201 VI). Durch **Zusatzschild** mit **schwarzem Pfeil** kann nach § 41 II 1a ausgedrückt werden, daß das Andreaskreuz nur für den StrV in Richtung des Pfeiles gilt, ähnlich wie bei den Pfeilen nach § 37 II 1.

Die **GefahrZ 150–162** kündigen das Andreaskreuz an, haben aber selbst **7**
keinen Vorschriftcharakter. Wenn das Andreaskreuz fehlt, begründen sie nicht die Vorfahrt der Schienenbahn, verpflichten aber durch ihr Vorhandensein zu bes Vorsicht. Die Anbringung von **Schranken** ist in der EBO, nicht in der StVO geregelt. Ihre Bedeutung für den StrV ergibt sich aus § 19 II 3.

Die Sperrung des Bahnkörpers in anderer Weise als durch Andreaskreu- **8**
ze, zB durch einen Sperrbock mit Umleitungs-Z, begründet keinen Vorrang der Schienenbahn (Ha VRS 27, 468). Andererseits genügt das Warnkreuz; es bedarf keiner zusätzlichen baulichen Gestaltung, die den Bereich des Übergangs augenfällig in Erscheinung treten läßt (BGH VRS 19, 442).

Der Begriff „Bahnübergang" setzt voraus, daß die Schienenbahn außer- **9**
halb der Kreuzung auf einem **besonderen Gleiskörper** verläuft (VwV zu Z 201 VIII 2). Ein solcher liegt vor, wenn die Gleise innerhalb des VRaums einer öff Str liegen u der Bahnkörper so beschaffen ist, daß der übrige Verkehr von dem der Schienenbahn vorbehaltenen Str-Teil außer-

halb der Kreuzungsfläche ausgeschlossen ist (BGHSt 15, 9). Für den Vorrang der Straba genügt es, wenn ihr Gleis an einer Seite des mit Warnkreuzen versehenen Übergangs auf bes Bahnkörper verlegt ist (BGH(Z) VM 61, 13). Ist aber die Straba oder Privatbahn ohne eigenen Gleiskörper in eine öff Str eingebaut, so gelten für sie die allg Regeln des StrV; sie nimmt daher auch an dessen Vorfahrtregelung teil; vgl § 315 d StGB.

10 b) Schienen-Fze haben gegenüber einmündenden öff **Fuß-, Feld-, Wald- u Radwegen** nach I 2 (s § 8 Rn 47) auch dann den Vorrang, wenn keine Warnkreuze aufgestellt sind. Das gleiche gilt gegenüber Privatwegen; sie sind Grundstücksausfahrten iS des § 10.

3. Abs 1 Satz 2: Annäherungsgeschwindigkeit

11 a) **Allgemeines.** Übergängen **mit Vorrang,** dh nur solchen, muß sich der StraßenV mit mäßiger Geschwindigkeit nähern; diese soll dem Fz-Führer die gründliche Beobachtung der Bahnstrecke ermöglichen u die Einhaltung der Wartepflicht nach II erleichtern. Ist vor dem Bahnübergang die Geschwindigkeit durch **Z 274** beschränkt, so bedeutet dies, daß die Geschwindigkeit schon am VZeichen auf die vorgeschriebene Höchstgeschwindigkeit ermäßigt sein muß (Ce VM 57, 120). Zeigt das Z 274 eine höhere Geschwindigkeit, zB 70 km/h, an, so darf sich im Kf darauf verlassen, daß dabei den mit der Bahnüberquerung verbundenen Gefahren bereits Rechnung getragen ist (Bay 85, 36 = VRS 68, 472) u er unter normalen Str- u Witterungsverhältnissen den Übergang mit dieser Geschwindigkeit mit einem verkehrssicheren Fz gefahrlos überqueren kann (Ha VRS 36, 75); das gilt auch für die allg innerorts zugelassene Geschwindigkeit (Schl DAR 85, 291). Ist die Geschwindigkeit nicht durch VZ beschränkt, ist der Kf nur dann zur Einhaltung einer unter 50 km/h liegenden Geschwindigkeit verpflichtet, wenn bes Umstände dazu Anlaß bieten (Bay aaO). Sonst sind die Pflichten des Str-Benutzers verschieden, je nachdem, ob der Bahnübergang durch Schranken oder LichtZ gesichert oder ungesichert ist, jedoch besteht in allen Fällen Vorrang des Schienenverkehrs (Ko NZV 02, 184; AG Coburg NZV 02, 188).

12 b) Vor einem **ungesicherten Bahnübergang** ist höchste Aufmerksamkeit geboten (Sa NZV 93, 31); der Kf muß seine Geschwindigkeit so ermäßigen, daß er vor dem Warnkreuz anhalten kann, solange er nicht die Bahnstrecke nach beiden Seiten als frei erkannt hat (Ha DAR 53, 119; Ol VRS 23, 150). Ist die Strecke unübersichtlich, so muß sich der Kf langsam, nötigenfalls in Schrittgeschwindigkeit an den Übergang bis zur Erlangung freier Sicht herantasten. Er darf sich nicht darauf verlassen, daß die Bahnbediensteten die in den Fahrvorschriften angeordneten Warnsignale geben (BGH VRS 21, 356; Ha VRS 41, 122). Allerdings darf der Kf nicht für Unfälle verantwortlich gemacht werden, die ausschl auf Verschulden der Bahnbeamten zurückzuführen sind; zB Unterlassen von Warn-Z an einer sehr unübersichtlichen Stelle (so schon Dr DAR 39, 116). Bei Nebel muß der Fahrer eines Lkw vor Überfahren eines unbeschrankten Bahnübergangs

Annäherungsgeschwindigkeit 13, 14 § 19 StVO

uU seinen Motor u Radio abstellen u bei geöffnetem Fenster horchen (Schl VM 57, 67; BGH NJW 52, 713). Der Führer eines langen Lastzuges darf bei starkem Nebel einen unbeschrankten Bahnübergang uU überhaupt nicht überqueren, ohne sich vorher zu vergewissen, ob ein Zug zu erwarten ist (Ha VRS 7, 204). Kfz-Führer ist zu besonderer Aufmerksamkeit verpflichtet, und zwar um so mehr, je unübersichtlicher der Übergang ist (AG Coburg NZV 02, 188).

c) Auch an einen **technisch gesicherten Bahnübergang** (durch Blink- 13 licht oder Schranke, OLG Ko NZV 02, 184) darf der Str-Benutzer nur mit mäßiger Geschwindigkeit heranfahren, damit er bei Erscheinen eines Warnsignals oder Niedergehen der Schranken rechtzeitig anhalten kann (Bay VRS 18, 368; 62, 144; ZfS 85, 126). Etwas anderes gilt nur, wenn die Schranke geöffnet ist u er darauf vertrauen darf, daß eine Schließung des Übergangs für den StraßenV nicht bevorsteht oder wenigstens nicht durchgeführt wird, bevor er den Übergang überquert hat. Umstritten ist aber, welche **Geschwindigkeit** zulässig ist. Nach Ce (VRS 17, 281; eingeschränkt in VRS 38, 308) darf sich ein Kf bei geöffneten Schranken einem Bahnübergang auch bei Dunkelheit mit einer Geschwindigkeit von 50 km/h nähern; er darf selbst bei Unübersichtlichkeit mangels Gegenanzeichen darauf vertrauen, daß kein Zug kommt (BGH GA 58, 51). Doch soll nach Bay (60, 11 = VRS 18, 368) der Kf bei Annäherung an einen schienengleichen Bahnübergang, dessen Schranken offenstehen, seine Geschwindigkeit so ermäßigen müssen, daß er bis zuletzt beim Ertönen des Warn-Z oder Niedergehen der Schranken anhalten kann (s Bay VRS 62, 144 u ZfS 85, 126). Kö (DAR 58, 311; VRS 36, 453) hält eine Annäherungsgeschwindigkeit von 60 km/h für zulässig, verlangt aber deren Herabsetzung, wenn der Fahrer wegen lauter Fahrgeräusche allein auf das optische Zeichen der Schrankenbewegung angewiesen ist. Bei witterungsbedingt fehlender sicherer Erkennungsmöglichkeit von Ampel und Verkehrszeichen darf sich ein Kraftfahrer einem Bahnübergang nur so langsam nähern, daß er rechtzeitig vor der Halbschranke anhalten kann (OLG Mü NZV 02, 43). Das bevorstehende Senken der Schranken kann (nicht „muß") nach II S 3 durch **Glocken-Z** angekündigt werden; es hat eine ähnliche Funktion wie das Gelblicht einer LZA, dh der Herankommende hat sich darauf einzustellen, daß er noch rechtzeitig anhalten kann, wenn sich die Schranke zu senken beginnt; befindet er sich bereits auf dem Übergang, hat er ihn schleunigst zu räumen.

Eine Schwierigkeit liegt darin, daß – auch in der EBO – nicht verbind- 14 lich vorgeschrieben ist, wie lang das **Läutesignal** dauern muß u in welchem Zeitraum sich die Schranken so weit schließen dürfen, daß ein Kfz nicht mehr durchfahren kann. Eine solche Zwischenphase – ähnlich dem Gelblicht nach § 37 – ist aber notwendig, da auch ein langsam fahrendes Fz – jedenfalls bei fernbedienten Schranken – auf dem Bahnübergang durch das Schließen der Schranken überrascht werden kann u um so länger zum Räumen des Gleisbereichs braucht, je langsamer es fährt. Ertönt das Läutesignal unmittelbar vor dem Erreichen des Bahnübergangs, so muß sich der

Jagow

Kf darauf verlassen können, daß er den Bahnübergang noch gefahrlos überqueren kann (Dü VM 62, 116 f; s hierzu auch unten 18). Kö (VRS 58, 455 = StVE 3) geht davon aus, daß ein Kf darauf vertrauen kann, daß ihm 3 sec zum Halten vor dem Andreaskreuz zur Verfügung stehen, wenn dem Senken der Schranken ein rotes Blinklicht vorgeschaltet ist; dies sollte auch für das Glocken-Z gelten (s Mühlhaus DAR 67, 316).

4. Abs 2: Wartepflicht

15 a) Das **Läutezeichen** begründet für sich allein nicht die Wartepflicht, wenn sich nicht ein Schienen-Fz im Sichtbereich nähert (Begr). Es gebietet aber erhöhte Aufmerksamkeit (Bra VRS 54, 222 = StVE 1), da es auf die unmittelbar bevorstehende Sperrung des Übergangs hinweist (Bay VRS 62, 144). Der Kf muß deshalb bei Annäherung an einen beschrankten Bahnübergang die Fenster offenhalten, Radio abschalten u auf das Läutesignal gespannt **horchen,** aber idR nicht anhalten u den Motor abstellen (Ha VRS 29, 49; Bay aaO). – Ein Zug **nähert** sich, wenn er nicht mehr so weit entfernt ist, daß jede Beeinträchtigung des SchienenV von vornherein offensichtlich ausgeschlossen ist (Bay 72, 33 = VRS 43, 222).

16 b) **Bewegung der Schranken.** Das Überqueren des Bahnübergangs ist – mit der erörterten Einschränkung – schon dann verboten, wenn die Abwärtsbewegung der Schranken begonnen hat (vgl Bay 56, 18 = VRS 11, 69). Wird in der Abwärtsbewegung der Schranken innegehalten, so darf der Kf durchfahren, wenn der Schrankenwärter die sich senkenden Schranken eindeutig anhält, um dem Fz die Durchfahrt zu ermöglichen, nicht aber, wenn sich bloß das Schließen der Schranken ruckartig vollzieht (BGH VM 61, 21; Ha VRS 21, 368; Kö VRS 17, 304; Bay 56, 18 = VRS 11, 69).

16 a **Zur Beobachtung des Bahnkörpers** sind die Str-Benutzer nur im Rahmen der Möglichkeiten verpflichtet, die sich ihnen bei Erfüllung der für sie vorhergehenden Pflicht, die Bahnschranken u die Str im Auge zu behalten, vom fahrenden Fz aus bieten. Das gilt auch an unübersichtlichen Bahnübergängen, weil der durch die Unübersichtlichkeit bedingten Gefahrenerhöhung gerade durch die Anbringung der Schranken vorgebeugt werden soll (BGH VM 55, 97). Auf die richtige Bedienung der Schranken darf der Kf vertrauen (Ha VRS 7, 382). Anders allerdings, wenn der Kf erkennen kann, daß die Schranken verwahrlost oder gestört sind; dann muß er sich wie vor einem unbeschrankten Bahnübergang verhalten (BGH VM 55, 97). **Mehrspuriges Auffahren** vor einer geschl Bahnschranke ist bei genügender Fahrbahnbreite zulässig, aber nicht bei Überholverbot – Z 276 (BGH VRS 48, 381; vgl Bay 73, 1 = VRS 45, 70; s auch VwV zu Z 201 VII. 3.).

17 Werden die **Schranken geöffnet,** so darf der Bahnübergang schon befahren werden, wenn sich die Schranken nach oben bewegen, nicht erst, wenn sie oben zum Stillstand gekommen sind. II 3 bezieht sich eindeutig nur auf das Schließen, nicht auf das Anfahren vor vollständiger Öffnung der Schranken. Wird vor einem Bahnübergang durch ein Z 150–162 ge-

warnt, so steht dem Kf für seine Verpflichtung zu halten, keine Schrecksekunde zu (Schl VM 65, 71). **Halbschranken** sind Schranken.

c) **Lichtzeichen.** Nach II 2 gibt es außer dem bisher üblichen **roten** **18** **Blinklicht gelbe u rote Lichtzeichen,** nach der Begr aber nur „da und dort". Bahnübergänge mit Warnlichtanlage sind nach § 11 EBO gesicherte Bahnübergänge u stehen daher im wesentlichen beschrankten Bahnübergängen gleich. Das oben 13 f Ausgeführte gilt entspr. Hat ein Kf die Lichtanlage erkannt u zeigt sie kein rotes oder gelbes Licht, so darf er sich dem Bahnübergang mit der nach den örtl Verhältnissen oder entspr Beschilderung (Z 274) zulässigen Geschwindigkeit nähern u ihn bei einsetzendem Rotlicht überqueren, wenn er vor ihm nicht mehr ohne stärkeres Bremsen anhalten kann (Bay VRS 60, 394 = StVE 4; Kar VRS 62, 219; Schl DAR 85, 291; s auch § 37 Rn 17). Befindet sich an einem mit Z 201 (Andreaskreuz) ausgestatteten Bahnübergang eine auf die Farbfolge Gelb-Rot beschränkte LZA u leuchtet diese nicht auf, so darf bei fehlender Einsicht auf den Bahnkörper ein Kf darauf vertrauen, daß sich kein Schienen-Fz nähert u für den Fall einer Störung bes Sicherungsvorkehrungen bestehen (Bay 74, 172 = VRS 48, 270). Überfahren des roten Blinklichts ist auch dann grob fahrlässig, wenn Kf bei Annäherung durch Sonnenlicht geblendet wurde (Kö NZV 97, 477). Die Möglichkeit, daß das Lockführerüberwachungssignal auch bei ausgefallener LZA funktioniert, soll nur theoretisch bestehen (KG VM 80, 72). Das Haltgebot gilt, solange das rote Licht gegeben wird, auch, wenn der Zug vorbeigefahren ist (Ha DAR 62, 59).

Daß ein **roter Pfeil** nach II S 2 die Wartepflicht nur in Richtung des **19** Pfeils begründet, entspricht dem Zusatzschild mit Pfeil zu Z 201 u dem roten Pfeil nach § 37 II 1.

5. Abs 3: Schwere Lkw u **Züge** (Kfze mit Anhänger) haben in den **20** aufgeführten Fällen unmittelbar nach der einstreifigen Bake (Z 162) zu warten. Dadurch soll ermöglicht werden, daß später eintreffende bewegliche Fze vor ihnen warten u nach Erlangung freier Fahrt ungehindert weiterfahren können, während sonst unerwünschte Stauungen entstehen würden.

6. Abs 4: Verkehrsstockung

Der Übergang ist zügig zu überqueren (Kö NZV 90, 152). Die Vorschrift soll verhindern, daß bei Stockungen Fze auf dem Gleisbereich zum **21** Stehen kommen u ihn bei Annäherung eines Zuges möglicherweise nicht räumen können. Deshalb darf auch nur einfahren, wer sicher ist, jenseits des Übergangs genügend Platz zum Halten oder Weiterfahren hat (Fra VersR 88, 295).

7. Abs 6: Bahnübergänge ohne Vorrang der Schienen-Fze

Für sie begründet die StVO zwar nur eine Wartepflicht, wenn ein **22** „Bahnbediensteter" Halt gebietet; wer sonst die Vorfahrt hat, ist der StVO nicht zu entnehmen; doch ist auch hier stets mit BahnV zu rechnen (Stu

VRS 26, 68). Die Regel „rechts vor links" ist nicht unmittelbar anwendbar. Private Gleisanschlüsse der Industrie gleichen Grundstücksausfahrten, sind aber keine öff Str iS der StVO. S 2 stellt nach der amtl Begr klar, daß die Lichtzeichenregelung des § 19 II 2 auch an Bahnübergängen ohne Vorrang des SchienenV möglich ist.

8. Abs 7: Blendverbot

23 Die Vorschrift gebietet nicht mehr schlechthin das Abblenden. Das richtet sich vielmehr nach den örtl Verhältnissen. So müssen bei ansteigender Str auch Abblendlichter zur Vermeidung des Blendens abgeschaltet werden. Es dürfen weder der Lokomotivführer noch der GegenV geblendet werden.

9. Zuwiderhandlungen

24 gegen § 19 sind OWen nach den §§ 49 I 19a iVm 24 StVG (s Nrn 61 VwKat; 22 BKat); § 19 geht als Sondervorschrift den allg Regelungen vor (wie zB § 8; Bay VRS 52, 301; Dü NZV 89, 482 oder § 37 II: Kö NZV 97, 365); bei Behinderung der Bahn TE mit § 1 II (Kö aaO). Verstoß gegen § 19 I S 2 kann unter den Voraussetzungen des § 315 c I 2 d StGB Straftat sein. Ob die Vorrangverletzung nach § 19 I nach § 315 c I 2 a StGB verfolgt werden kann, ist str (bejaht von Hbg VM 61, 49; abgelehnt von Cramer 56 zu § 19 u Demuth JurA 71, 386); unter den Voraussetzungen des § 315 d StGB ist die Anwendbarkeit des § 315 c I 2 a StGB wohl zu bejahen (s auch Cramer 10 zu § 315 d). Nahes Heranfahren eines Lkw an unbeschrankten Übergang mit unverminderter Geschwindigkeit kann § 315 I 4 StGB erfüllen (BGHSt 13, 66, 69).

10. Zivilrecht

25 Bedienen der Schranken gehört zur Verkehrssichpflicht der Bahn (BGH VRS 6, 943; Bra VkBl 54, 369). Schrankenwärter ist Verrichtungsgehilfe, § 831 BGB (Ko VRS 9, 321). Verletzg der Verkehrssichpflicht, wenn Aufsichtsbehörde der höheren Verkehrsfrequenz des Übergangs nicht Rechnung trägt (BGH NJW 54, 640); desgl, wenn Bahn gegen Verdecken des Warnlichts durch Laub keine Maßnahmen ergreift (HA NZV 93, 28). Unterläßt Bahn Beseitigung der Sichtbehinderung, haftet sie gem. §§ 1, 5 u 9 HaftpflG u § 823 BGB (BGH NZV 94, 146). Kf darf grundsätzlich auf richtige Funktion des Warnblinklichts vertrauen; zur Haftung der Bahn bei gestörter Funktion s Stu VersR 79, 1129 u KG VM 80, 56.

Betriebsgefahr der Bahn tritt voll zurück, wenn Kfz-Führer durch Nichtbeachten des roten Blinklichts grob fahrlässig gehandelt hat (OLG Ko NZV 02, 184).

§ 20 Öffentliche Verkehrsmittel und Schulbusse

(1) An Omnibussen des Linienverkehrs, an Straßenbahnen und an gekennzeichneten Schulbussen, die an Haltestellen (Z 224) halten, darf, auch im Gegenverkehr, nur vorsichtig vorbeigefahren werden.

(2) Wenn Fahrgäste ein- oder aussteigen, darf rechts nur mit Schrittgeschwindigkeit und nur in einem solchen Abstand vorbeigefahren werden, daß eine Gefährdung von Fahrgästen ausgeschlossen ist. Sie dürfen auch nicht behindert werden. Wenn nötig, muß der Fahrzeugführer warten.

(3) Omnibusse des Linienverkehrs und gekennzeichnete Schulbusse, die sich einer Haltestelle (Zeichen 224) nähern und Warnblinklicht eingeschaltet haben, dürfen nicht überholt werden.

(4) An Omnibussen des Linienverkehrs und an gekennzeichneten Schulbussen, die an Haltestellen (Zeichen 224) halten und Warnblinklicht eingeschaltet haben, darf nur mit Schrittgeschwindigkeit und nur in einem solchen Abstand vorbeigefahren werden, daß eine Gefährdung von Fahrgästen ausgeschlossen ist. Die Schrittgeschwindigkeit gilt auch für den Gegenverkehr auf derselben Fahrbahn. Die Fahrgäste dürfen auch nicht behindert werden. Wenn nötig, muß der Fahrzeugführer warten.

(5) Omnibussen des Linienverkehrs und Schulbussen ist das Abfahren von gekennzeichneten Haltestellen zu ermöglichen. Wenn nötig, müssen andere Fahrzeuge warten.

(6) Personen, die öffentliche Verkehrsmittel benutzen wollen, müssen sie auf den Gehwegen, den Seitenstreifen oder einer Haltestelleninsel, sonst am Rand der Fahrbahn erwarten.

VwV – StVO

Zu § 20 öffentliche Verkehrsmittel und Schulbusse

Zu Absatz 4

I. Vor der Festlegung von Haltestellen von Schulbussen sind von der Straßenverkehrsbehörde neben Polizei und Straßenbaubehörde auch Schule, Schulträger und Schulbusunternehmer zu hören. Dabei ist darauf zu achten, daß die Schulbusse möglichst – gegebenenfalls unter Hinnahme eines Umwegs – so halten, daß die Kinder die Fahrbahn nicht überqueren müssen.

II. Es ist vorzusehen, daß Schulbusse nur rechts halten. Die Mitbenutzung der Haltestellen öffentlicher Verkehrsmittel ist anzustreben.

Inhaltsübersicht

	Rn
1. Allgemeines	1
2. Vorbeifahrt an Haltestellen (Abs 1)	2
a) Öff VMittel	2
b) Vorbeifahrt links (Abs 1)	3

StVO § 20 1–3   Öffentliche Verkehrsmittel und Schulbusse

	Rn
c) Vorbeifahrt bei Warnblinklicht (Abs 4)	4
d) Vorbeifahrt rechts (Abs 2)	5
e) Vorbeifahrt an VInsel	6
f) Grundregel § 1	7
3. Überholverbot (Abs 3)	8
4. Vorrang der Linien- u Schulbusse (Abs 5)	9
5. Warten auf öff VMittel (Abs 6)	10
6. Zuwiderhandlungen	11
7. Literatur	12

1. Allgemeines

1   Die durch die 13. StVO-ÄndVO erfolgte Neufassung erstrebt eine Verbesserung der Sicherheit der Fahrgäste insb im Linien- u Schulbus-V. Schutzzweck des § 20 StVO bezieht sich nur auf Busbenutzer. Ein Kraftfahrer, der an einem haltenden Linienbus vorbeifährt, muß deshalb – in Bezug auf einen *anderen* Passanten – die spezifischen Vorschriften des § 20 StVO nicht beachten (LG Mü NZV 00, 473 mit krit Anmerkg von Bouska). – **Abs 1** mahnt ganz allg beim Vorbeifahren an Linienbussen, Straba u gekennzeichneten Schulbussen, die an Haltestellen halten, die mit **Z 224** gekennzeichnet sind, zur Vorsicht, um eine Gefährdung etwa hinter dem Bus unvorsichtig in die Fahrbahn tretender Fahrgäste zu vermeiden (s Ol NZV 91, 468; Kar NZV 89, 393); an nicht so gekennzeichneten Haltestellen gilt diese Schutzvorschrift nicht. Zu diesem Zweck sind die Verhaltensvorschriften in **I–IV** verschärft u (in I u IV) ausdrücklich auch auf den **GegenV** erstreckt worden. Die Abs III u IV sind im Zusammenhang mit § 16 II S 1 zu sehen. Die Anforderungen an das Verhalten gegenüber haltenden Linien- u Schulbussen sind gleichbehandelt worden, da auch erstere in hohem Maße von den bes gefährdeten jungen Fahrgästen benutzt werden. – **V** begründet – wie bisher II – ein beschränktes VorR der Linien- u Schulbusse gegenüber dem IndividualV; **VI** regelt – wie bisher III – das Warten der Fußgänger auf öff VMittel. – Die Vorschrift wird ergänzt durch das Parkverbot § 12 III 4 u § 16 II.

2. Vorbeifahrt an Haltestellen

2   a) **Abs 1** erfaßt neben den Linienbussen, zu denen von der Zweckbestimmung her auch Obusse gehören dürften (so auch Jag/Hentschel 4; Filthaut Rn 12; aA Seidenstecher Rn 12), auch Straba iS des § 4 I, doch wohl (trotz ihrer Zuordnung zu den Straba gem § 4 II PBefG) nicht auch Hoch- u Untergrundbahnen, wenn sie nicht am StraßenV teilnehmen (vgl § 315 d StGB). Privatomnibusse von Reisegesellschaften u im Gelegenheitsv sowie Taxen fallen nicht unter § 20. Schulbusse müssen als solche gekennzeichnet sein (§ 33 IV BOKraft), auch die Haltestelle durch Z 224. Die Vorschrift gilt auch an sog Haltestellen-Buchten.

3   b) Das in **Abs 1** geforderte vorsichtige Vorbeifahren **links** am haltenden Bus setzt erhöhte Aufmerksamkeit (s Ol NZV 91, 468), insb eine

Vorbeifahrt an Haltestellen 4–6 **§ 20 StVO**

sorgfältige Beobachtung der VSituation u eine derart reduzierte Geschwindigkeit voraus, daß vor etwa plötzlich hinter dem Bus auftauchenden Fahrgästen, insb Kindern, rechtzeitig angehalten werden kann. Das Vorsichtsgebot, das in I u IV auch ausdrücklich auf den **GegenV** erstreckt ist, gilt nur an Haltestellen, dh nicht auch woanders.

c) Haben die haltenden Linien- oder Schulbusse **Warnblinklicht** (nach **4** § 16 II) eingeschaltet, genügt die bisher in I a (aF) gebotene „mäßige Geschwindigkeit" nicht mehr; nach der strengeren Regelung in **IV** dürfen diese Fze nur noch mit **Schrittgeschwindigkeit** (s § 3 Rn 74) u in einem solchen Abstand passiert werden, daß eine Gefährdung von Fahrgästen durch sofortiges Anhalten **ausgeschlossen** ist (s § 10 Rn 7), solange das Warnblinklicht eingeschaltet ist (Ha VRS 60, 38; Ol VRS 75, 279).

d) Auch für die Vorbeifahrt **rechts** an haltenden Fzen genügt nach **II** **5** **S 1** (entgegen der früheren Regelung in § 20 I S 2) nicht mehr nur „mäßige" Geschwindigkeit; gefordert wird vielmehr auch hier jetzt **Schrittgeschwindigkeit** (s § 3 Rn 74), solange Fahrgäste ein- u aussteigen. Das damit u zusätzlich durch **II S 2 u 3** verstärkte VorR der Fahrgäste gegenüber dem FahrV besteht nicht nur an Haltestellen, an denen die Fahrgäste „auf der Fahrbahn" ein- u aussteigen, also vornehmlich an Straba-Haltestellen ohne Haltestelleninseln (BGH VRS 15, 445; Br VM 66, 17), sondern auch dort, wo zB Busse am rechten Fahrbahnrand neben einem Radweg halten, so daß auch Radf sich dort entspr zu verhalten haben.

e) Ist eine **VInsel** für den Fahrgastwechsel vorhanden, so darf der FahrV **6** regelmäßig darauf vertrauen, daß die Fahrgäste der Straba sein VorR beachten, außer wenn starker FußgängerV, insb UmsteigeV herrscht, bei dem damit gerechnet werden muß, daß Fahrgäste die Fahrbahn unachtsam betreten (BGH aaO; BGH VRS 32, 250; vgl aber auch Br Rn 5). Das VorR des **S 2** erstreckt sich auf die ganze Länge des öff VMittels, evtl einige Meter darüber hinaus (Dü VM 70, 11). Es **beginnt** erst, wenn die Straba oder der Bus erkennbar zum Halten ausrollt (Br VM 65, 37) bzw wenn die Fahrgäste beginnen, die Fahrbahn zum Einsteigen zu betreten. Der Kf muß dann seine Geschwindigkeit so weit herabsetzen, daß er beim Erreichen der Haltestelle jederzeit anhalten kann, falls die Fahrbahn nicht breit genug ist, um ihm die Vorbeifahrt in ausreichendem Abstand ohne Gefährdung der Fahrgäste zu ermöglichen (BGH VRS 17, 43). Jede Gefährdung ist **auszuschließen,** dh auch hier höchste Sorgfaltspflicht (s § 10 Rn 7). Befindet sich der Kf bereits in gleicher Höhe mit der ausrollenden Straba u haben die Fußgänger die Fahrbahn noch nicht betreten, dann darf er vorsichtig weiterfahren; die Vorschrift enthält kein unbedingtes Haltgebot (Br VM 65, 37). Betreten die Fahrgäste die Fahrbahn zu früh, gelten die allg Sorgfaltsregeln (§§ 1, 3 I; s BGH NJW 55, 510), nicht aber § 20. Der Kf darf darauf vertrauen, daß Fahrgäste nicht unverhofft die Fahrbahn betreten (BGH VM 55, 12); er muß aber auch mit unvorsichtigen rechnen (BGH VRS 49, 245; VM 73, 4) u darf sie nach II S 2 auch nicht konkret behindern iS von § 1 II (s Dü DAR 97, 408).

StVO § 20 7–9   Öffentliche Verkehrsmittel und Schulbusse

7 f) Die Grundregel des § 1 gilt uneingeschränkt neben § 20 I, II. Aus ihr ergibt sich – auch beim Vorbeifahren an einer Haltestelleninsel – bei **lebhaftem** Verkehr die Pflicht zum Langsamfahren, insb auch, wenn Fahrgäste noch eilig die Fahrbahn überqueren wollen, um das wartende VMittel noch zu erreichen (BGH(Z) VM 57, 128; s auch § 6 Rn 7).

8 **3. Überholverbot. Abs 3** verbietet ausdrücklich das Überholen von Linien- u Schulbussen,, die sich mit dem gem **§ 16 II** vorschriftsmäßig eingeschalteten Warnblinklicht einer gekennzeichneten Haltestelle (Z 224) **nähern**; dies dient insb dem Schutz von Kindern, die die Fahrbahn noch kurz vor dem Anhalten des Busses überqueren wollen. Das Überholverbot gilt seinem speziellen Schutzzweck entspr (anders als beim allg Verkehr, s § 5 Rn 4) auch noch während des langsamen Ausrollens **vor** der Haltestelle bis zum endgültigen Anhalten. Danach gelten die Vorsichtsmaßregeln der Abs. I, II u IV beim Vorbeifahren (zur Unterscheidung s auch § 5 Rn 2a).

4. Abs 5: Vorrang der Linien- u Schulbusse

9 Die Vorschrift verpflichtet die Fahrer, den Linien- (u nicht des bloßen Gelegenheits-Verkehrs; s §§ 42, 46 PBefG u Filthaut DAR 84, 277) u Schul-Bussen das **Anfahren** von gekennzeichneten (!) Haltestellen (Z 224), nicht von anderen Str-Teilen, wie zB Wendeschleife (Dü StVE 5) aus zu erleichtern, indem sie auf das sonst dem fließenden Verkehr zustehende VorR (§ 10) kurzfristig verzichten, erforderlichenfalls sogar anhalten, um dem Omnibus das Einordnen in den fließenden Verkehr, nicht aber zum Wenden (KG VM 91, 2) zu ermöglichen. Hat er sein Vorhaben ordnungsgemäß u rechtzeitig angezeigt (§ 10 S 2), so daß der fließende Verkehr sich darauf einstellen u notfalls mit mittelstarker Bremsung anhalten kann (Kö VRS 67, 59 = StVE 8; Bay NZV 90, 402; Dü DAR 90, 462), müssen der Fze des fließenden Verkehrs eine mit seinem Anfahren verbundene Behinderung hinnehmen. Im Zweifel kann er sich zwar darauf verlassen, daß der fließende Verkehr seiner Wartepflicht (§ 20 V S 2) nachkommt (BGH StVE 2; Dü VRS 60, 225; 82, 378); V entbindet aber den Omnibusf nicht von den ihn nach §§ 1 u 10 treffenden Pflichten (Dü VM 74, 19; VRS 65, 156 u 336 = StVE 7). Danach hat sich auch der Busf beim Abfahren von einer gekennzeichneten Haltestelle so zu verhalten, daß eine Gefährdung anderer vermieden wird (BGH aaO; Bay NZV 90, 402). Bes Sorgfaltspflicht trifft ihn, wenn er auf innerstädtischer Str, auf der mit 70 km/h gefahren werden darf, aus einer Haltebucht ausfährt, um dann sogleich nach links in eine andere Str abzubiegen, da damit der nachfolgende Verkehr nicht ohne weiteres rechnen kann (Dü VM 79, 16); dasselbe gilt, wenn der Bus sofort in den linken Fahrstreifen hinüberwechselt (Bay VRS 58, 457 = StVE 3; Dü VRS 64, 409). – Ob V auch für den aus der Gegenrichtung anfahrenden Bus gilt, ist zw (offen bei Kö VRS 64, 434 = StVE 6; bejahend Filthaut aaO S 279; zum Seitenabstand s § 6 Rn 6), zumal hier – iG zu I u IV – der GegenV nicht erwähnt ist.

Personenbeförderung § 21 StVO

5. Abs 6: Warten auf öffentliche Verkehrsmittel

Die Fahrgäste dürfen die Fahrbahn mit der nötigen Vorsicht gegenüber dem FahrV schon betreten, wenn das öff VMittel im Ausrollen begriffen ist (BGH VM 55, 12; s auch § 25 III). VI richtet sich an die **Fahrgäste,** nicht an das Personal des öff VBetriebes. Der **Führer** oder **Schaffner** des öff VMittels ist verpflichtet, die Türen bis zum Anhalten geschlossen zu halten u erst abzufahren, wenn er sich vergewissert hat, daß die Türen geschlossen sind, auch beim Vorhandensein eines Schaffners (Ce VRS 24, 129; Ko VRS 39, 265). Der Führer eines **Schulbusses** muß sich vor dem Anfahren bes sorgfältig vergewissern, daß sich kein Schulkind vor dem Fz aufhält (Bay 69, 33 = VM 69, 73).

6. Zuwiderhandlungen

Alle Verstöße gegen die Ge- u Verbote des § 20 einschl des Überholverbots nach III sind seit der Änd von § 49 I 19b (22. VO zur Änd verkehrsrechtlicher Vorschriften) OWen nach §§ 49 I 19b StVO, 24 StVG (s Nr 62 VwKat; Nrn 23–24.2 Bkat). Die Erfassung auch des I mangels hinreichender Konkretisierung ist allerdings nicht unbedenklich (vgl § 1 Rn 84; Booß Anm 5). Vorbeifahren mit zu hoher Geschwindigkeit oder zu geringem (II, IV) Abstand ist konkretes Erfolgsdelikt, das vollendet ist, wenn es mind zu einer Behinderung eines Fahrgastes gekommen ist. Verstoß gegen VI ist reines Tätigkeitsdelikt. Fährt der Busf ohne genügende Rücksicht auf den nahe herangekommenen fließenden Verkehr an, verletzt er uU §§ 1 II u 10 in TE (Dü VM 74, 19).

7. Literatur

Bouska „Mehr Sicherheit im Bereich von Omnibushaltestellen" DAR 95, 397; **Filthaut** „Vorbeifahren u Überholen an Straßenbahn- u Omnibushaltestellen" NZV 96, 58; **Seidenstecher** „Mehr Sicherheit an Haltestellen?" DAR 95, 427.

§ 21 Personenbeförderung

(1) Es ist verboten, Personen mitzunehmen
1. **auf Krafträdern ohne besonderen Sitz,**
2. **auf Zugmaschinen ohne geeignete Sitzgelegenheit oder**
3. **in Wohnwagen mit nur einer Achse oder mit Doppelachse hinter Kraftfahrzeugen.**

(1a) **Kinder bis zum vollendeten 12. Lebensjahr, die kleiner als 150 cm sind, dürfen in Kraftfahrzeugen auf Sitzen, für die Sicherheitsgurte vorgeschrieben sind, nur mitgenommen werden, wenn Rückhalteeinrichtungen für Kinder benutzt werden, die amtlich genehmigt und für das Kind geeignet sind. Das gilt nicht in Kraftomnibussen mit einer zulässigen Gesamtmasse von mehr als 3,5 t. Abweichend von Satz 1 dürfen Kinder auf Rücksitzen ohne Sicherung durch Rückhal-**

teeinrichtungen befördert werden, wenn wegen der Sicherung von anderen Personen für die Befestigung von Rückhalteeinrichtungen für Kinder keine Möglichkeit mehr besteht.*

(2) **Auf der Ladefläche von Lastkraftwagen dürfen nur bis zu 8 Personen mitgenommen werden, wenn sie die Ladung begleiten müssen, auf der Ladefläche zu arbeiten haben oder wenn sie mit dem für ihren Arbeitgeber eingesetzten Fahrzeug zu oder von ihrer Arbeitsstelle befördert werden. Auf der Ladefläche von Anhängern darf niemand mitgenommen werden.** Jedoch dürfen auf Anhängern, wenn diese für land- oder forstwirtschaftliche Zwecke eingesetzt werden, Personen auf geeigneten Sitzgelegenheiten mitgenommen werden. Das Stehen während der Fahrt ist verboten, soweit es nicht zur Begleitung der Ladung oder zur Arbeit auf der Ladefläche erforderlich ist.

(3) **Auf Fahrrädern dürfen nur Kinder unter 7 Jahren von mindestens 16 Jahre alten Personen mitgenommen werden, wenn für die Kinder besondere Sitze vorhanden sind und durch Radverkleidungen oder gleich wirksame Vorrichtungen dafür gesorgt ist, daß die Füße der Kinder nicht in die Speichen geraten können.**

VwV – StVO

Zu § 21 Personenbeförderung

Zu den Absätzen 1 und 2

1 „Besonderer Sitz" ist eine Vorrichtung, die nach ihrer Bauart dazu bestimmt ist, als Sitz zu dienen, mag diese Zweckbestimmung auch nicht die ausschließliche sein. Geeignet ist eine Sitzgelegenheit nur dann, wenn man auf ihr sicher sitzen kann; bei Anhängern, die für land- oder forstwirtschaftliche Zwecke verwendet werden, kann das auch die Ladefläche sein.

Zu Absatz 1 a

2 Geeignet sind Rückhalteeinrichtungen für Kinder, die entsprechend der ECE-Regelung Nr. 44 (BGBl. 1984 II S. 458, mit weiteren Änderungen) gebaut, geprüft, genehmigt und entweder mit dem nach ECE-Regelung Nr. 44 vorgeschriebenen Genehmigungszeichen oder mit dem nationalen Prüfzeichen nach der Fahrzeugteileverordnung gekennzeichnet sind. Dies gilt entsprechend für Rückhalteeinrichtungen für Kinder der Klasse 0 (geeignet für Kinder bis zu einem Gewicht von 9 kg), wenn für sie eine Betriebserlaubnis nach § 22 StVZO vorliegt.

3 Die Eignung der Rückhalteeinrichtungen für Kinder zur Verwendung auf Vordersitzen ergibt sich aus der Genehmigung sowie der Einbauanweisung, die vom Hersteller der Rückhalteeinrichtung für Kinder beizufügen ist.

Zu Absatz 2

4 Satz 1 stellt nur die Beförderung von Arbeitskräften zwischen verschiedenen Arbeitsstätten zu betrieblichen Zwecken und nicht die regelmäßige Beförderung

---

* Siehe hierzu 3. VO über Ausn von straßenverkehrsrechtlichen Vorschriften v 5. 6. 1990 (BGBl I 999, geänd durch VO v 22. 12. 92 (BGBl I 2480), 5. AusnVO zur StVO v 24. 3. 94 (BGBl I, 623) u 7. AusnVO v 17. 12. 97 (BGBl I 3196), die bis 31. 12. 2002 gilt.

Personenbeförderung auf Krafträdern 1–3 **§ 21 StVO**

zwischen Wohnung und Arbeitsstätte frei; jedoch ist die Beförderung von Arbeitskräften, die zur Durchführung bestimmter Arbeitsvorhaben in Gemeinschaftsunterkünften untergebracht sind oder die sich an einem bestimmten Punkt regelmäßig zur Arbeitsaufnahme sammeln, zu und von ihren Arbeitsstellen nicht zu beanstanden.

Inhaltsübersicht

	Rn
1. Abs 1: Personenbeförderung	1
a) auf Krafträdern	2
b) in Wohnanhängern	3
2. Abs 2: Personenbeförderung auf Ladeflächen von Lkw u Anhängern	4
a) Lastkraftwagen	4
b) Mitnahme von Personen	6
3. Abs 1 a, 3: Mitnahme von Kindern	7
4. Zuwiderhandlungen	9
5. Zivilrecht	11

1. Abs 1: Personenbeförderung auf Krafträdern, Zugmaschinen u in Wohnwagen

Durch die Vorschrift wird die Personenbeförderung im StraßenV allg 1 geregelt, ergänzt durch §§ 23 StVO, 35a StVZO (Anh I.) u Vorschriften des PBefG.

a) Auf **Krafträdern** dürfen nur so viele Personen mitgenommen wer- 2 den, wie Sitzgelegenheiten vorhanden sind, die dem § 35a IV StVZO entsprechen. Begriff des Sitzes s VwV zu Abs 1 u 2. Ein auf das Schutzblech geschnalltes Kissen ist keine vorschriftsmäßige Sitzgelegenheit (Ol DAR 57, 364), ebensowenig der Tank u der vordere Sitzteil des Fahrers. Kindersitze müssen denselben Anforderungen wie nach III für Fahrräder genügen (s auch § 4 I 1 StVZO). Die Mitnahme eines Kindes auf dem Schoß der Mutter ist unzulässig (BGHSt 16, 160). Ein Krad, der weiß, daß sein Beif in Kurven sein Gewicht fehlerhaft verlegt, hat dem durch bes langsames Fahren Rechnung zu tragen (BGH(Z) VM 63, 67) u bei Beschleunigung dafür zu sorgen, daß sich sein Sozius ausreichend festhält (KG NZV 96, 490). – Das Verbot des gefährlichen **Damenreitsitzes** ergibt sich für den Beifahrer (als VT s § 1 Rn 11) aus § 1 II, für den Fz-Führer aus § 23 I S 2.

b) In **Wohnanhängern** dürfen Personen auch nicht befördert werden, 3 wenn eine Sitz- oder Liegegelegenheit vorhanden ist. Als **Doppelachse** galten nach § 34 I S 3 StVZO (aF) zwei Achsen mit einem Abstand von mind 1 m u weniger als 2 m voneinander; von dieser Def ist auch nach der Änderung des § 34 StVZO weiterhin auszugehen (s auch Begr zu § 5 StVZO VkBl 86, 443; Jagow Nr 7 zu § 5; Dü VRS 75, 366). – Das Beförderungsverbot gilt nicht für sog Wohnmobile, die – anders als Wohnanhänger – nicht nur zum Wohnen, sondern auch zur Beförderung von Personen dienen (s dazu Jagow VD 82, 12).

Jagow

StVO § 21 4–7a Personenbeförderung

2. Abs 2: Personenbeförderung auf Ladeflächen von Lkw u Anhängern

4 a) **Lastkraftwagen** (Lkw) sind Kfze, die nach ihrer Bauart u Einrichtung zur Beförderung von fremden, nicht nur der Funktion des Fz dienenden Gütern bestimmt sind (Ha DAR 76, 217; Dü NZV 91, 483; § 4 IV 3 PBefG). Kombiwagen sind Pkw (§ 1 StVG 8).

5 **Anhänger:** Das Beförderungsverbot gilt für Anhänger jeder Art unbeschadet der Art des ziehenden Fz, also auch für Fahrradanhänger (Br StVE 4 unter Hinweis auf die Entstehungsgeschichte u Booß Anm 2). Zur Zulässigkeit der Kinderbeförderung unter bestimmten Voraussetzungen s Seidenstecher NZV 94, 341.

6 b) Die **Mitnahme von Personen** auf der Ladefläche des ziehenden Fz ist im Rahmen des S 1 erlaubt, darüber hinaus nach Maßgabe von VwV zu Abs 2 geduldet. Auf den Ladeflächen der Anhänger ist sie nach S 2 verboten; Ausn nur nach S 3 für land- u forstwirtschaftliche Anhänger u nach § 1 III, IV der 2. AusnVO v 28. 2. 89 (BGBl I 481) auf örtl Brauchtumsveranstaltungen, wenn ausreichende Sicherungen angebracht sind, Haftpflichtversicherung besteht u Schrittgeschwindigkeit eingehalten wird. Im Führerhaus des Lkw dürfen Personen auf vorschriftsmäßigen Sitzen nach Maßgabe des § 23 I mitgenommen werden. Das **Stehen während der Fahrt** ist regelmäßig verboten (S 4).

3. Abs 1a, 3: Mitnahme von Kindern

7 Abs **I a** (idF der 12. ÄndVO, die die RiLi 91/671 EWG – ABl EG Nr L 373 S 26 – in dt R umgesetzt hat), schreibt in S 1 vor, daß unter 150 cm kleine Kinder bis zu 12 Jahren in **Kraftwagen** auf Vorder- u Hintersitzen nur unter den in S 1 gen Voraussetzungen befördert werden dürfen; für Kinder ab 150 cm sind keine Rückhalteeinrichtungen nötig; sie sind nach § 21 a I S 1 zu sichern. Die Rückhalteeinrichtungen sind amtl genehmigt – u dann auch geeignet –, wenn sie der ECE-Regelung Nr 44 entsprechen u gekennzeichnet sind (s VwV zu Abs 1 a); selbst zum Ausgleich verwendete Sitzkissen müssen amtl genehmigt sein. Zur Beachtung von I a ist der **Führer** verpflichtet.

7 a **Ausn** nach S 3 bei fehlender Möglichkeit zur Befestigung einer Rückhalteeinrichtung; nach S 2 Übergangsregelung bis 31. 12. 1997 bei gelegentlicher Taxi-Beförderung; eine entspr Ausn für Gelegenheitsbeförderung zB durch Nachbarn ua fehlt; soweit keine entspr Ausn-Genehmigung nach § 46 I StVO vorliegt, gilt S 1. Bei der Beförderung eines bestimmten **behinderten Kindes,** das eine bes, § 1 der 3. Ausn-VO v 5. 6. 90 (s oben Fn zu § 21 Ia) entspr Rückhalteeinrichtung benötigt, muß eine entspr ärztl Bescheinigung mitgeführt werden, die nicht älter als 4 Jahre sein darf (s dazu Bormuth DAR 93, 121; Sandl DAR 93, 194 u Etzel DAR 94, 301 zu Haftungsfragen). In Fzen der Stationierungsstreitkräfte genügen für Kinder bis 12 Jahre, die kleiner al 150 cm sind, im Heimatland geprüfte u zugelassene Rückhalteeinrichtungen (5. AusnVO zur StVO BGBl I 1994, 623). Auf Führer **ausl Fze** dürfte I a anwendbar sein, wenn in ihrem

Sicherheitsgurte, Schutzhelme § 21a StVO

Heimatland entspr Sicherungen vorgeschrieben u im Fz vorhanden sind (Bouska StVO 10).

III stellt an die **Kindersitze** auf **Fahrrädern** die gleichen Anforderungen wie für die Beifahrersitze auf Krafträdern (vgl oben 2). Personen unter 16 Jahren dürfen Kinder auf dem Fahrrad nicht mitnehmen. Kinder über 7 Jahre dürfen auf Fahrrädern überhaupt nicht mitgenommen werden. 8

4. Zuwiderhandlungen

Verstöße gegen § 21 sind OWen nach Maßgabe des § 49 I 20 iVm § 24 StVG (s Nr 63 VwKat). Die Bußgeldvorschrift richtet sich grundsätzlich (Ausn s 10) nur gegen den Fz-Führer, nicht gegen die mitgenommenen Personen, insb nicht gegen die Kinder im Falle des I a (s oben 7). Der Beif kann als Beteiligter (**E** 140) oder, wenn er selbständig in VVorgänge eingreift, als selbständiger Täter eines VVerstoßes verantwortlich sein (Ol DAR 57, 364; 61, 309). Zum Umfang der Sorgfaltspflicht des Fz-Führers zur Verhütung des verbotenen Mitfahrens von Personen s BGH(Z) VM 57, 61. 9

Die Pflichten aus II S 4 treffen sowohl den Fz-Führer, der das Stehen duldet (so Bay 83, 62 = StVE 5), als auch die beförderten Personen, die während der Fahrt stehen (aA Booß Anm 4, der nur den Stehenden als Normadressaten ansieht; dann käme aber für den Fahrer uU Beteiligung nach § 14 OWiG in Betracht, uU auch § 23 I S 2). Auf die Gefährdung des unerlaubt Beförderten kommt es nicht an (Ha VRS 7, 202). 10

5. Zivilrecht

Zugunsten der beförderten Personen ist § 21 StVO Schutzgesetz iS v § 823 II BGB (Jag./Hentschel, Rn 16 zu § 21 StVO). FzHalter u FzFührer haften für schuldhafte Verletzg der Beförderten nach allg Vorschriften (Kar VkBl 51, 107). Zu Haftungsfragen durch vorgeschrieb Kinderrückhaltevorrichtg in PKW s Etzel, DAR 94, 301. 11

§ 21 a Sicherheitsgurte, Schutzhelme

(1) **Vorgeschriebene Sicherheitsgurte müssen während der Fahrt angelegt sein. Das gilt nicht für**
1. **Taxifahrer und Mietwagenfahrer bei der Fahrgastbeförderung,**
2. **Lieferanten beim Haus-zu-Haus-Verkehr im Auslieferungsbezirk,**
3. **Fahrten mit Schrittgeschwindigkeit, wie Rückwärtsfahren, Fahrten auf Parkplätzen,**
4. **Fahrten in Kraftomnibussen, bei denen die Beförderung stehender Fahrgäste zugelassen ist,**
5. **das Betriebspersonal in Kraftomnibussen und das Begleitpersonal von besonders betreuungsbedürftigen Personengruppen während der Dienstleistungen, die ein Verlassen des Sitzplatzes erfordern,**

Jagow

StVO § 21a 1, 2 Sicherheitsgurte, Schutzhelme

6. Fahrgäste in Kraftomnibussen mit einer zulässigen Gesamtmasse von mehr als 3,5 t beim kurzzeitigen Verlassen des Sitzplatzes.

(2) Die Führer von Krafträdern und ihre Beifahrer müssen während der Fahrt amtlich genehmigte Schutzhelme tragen.

VwV – StVO
Zu § 21a Sicherheitsgurte, Schutzhelme
Zu Absatz 2

Amtlich genehmigt sind Schutzhelme, die entsprechend der ECE-Regelung Nr. 22 (BGBl. 1984 II S. 746, mit weiteren Änderungen) gebaut, geprüft, genehmigt und mit dem nach ECE-Regelung Nr. 22 vorgeschriebenen Genehmigungszeichen gekennzeichnet sind.

Bis auf weiteres dürfen auch Schutzhelme verwendet werden, die nicht amtlich genehmigt sind. Dabei muß es sich aber jedenfalls um Kraftrad-Schutzhelme mit ausreichender Schutzwirkung handeln. Es gilt die 2. Ausnahmeverordnung zur StVO vom 19. März 1990 (BGBl. I S. 550) geändert durch die Verordnung vom 22. Dezember 1992 (BGBl. I S. 2481).

Inhaltsübersicht

	Rn
1. Abs 1: Anschnallpflicht	1
a) Allgemeines	1
b) Satz 1: Anschnallpflicht	2
c) Satz 2: Ausnahmen	4
2. Abs 2: Schutzhelm für Kraftradfahrer	5
3. Zuwiderhandlungen	6
a) Zivilrechtliche Folgen	6
b) Bußgeldrechtliche Folgen	8
4. Literatur	11

1. Abs 1: Anschnallpflicht

1 a) **Allgemeines.** Nach Maßgabe des § 35a VII–IX StVZO (Anh Ib) müssen Pkw, Lkw u Sattelzugmaschinen mit mehr als 25 km/h Höchstgeschwindigkeit Becken- bzw Schulterschräggurten ausgerüstet sein; ein „Airbag" kann sie nicht ersetzen (Ce NZV 90, 81). – Wegen der Sicherungspflicht kleiner Kinder s § 21 Ia u dort Rn 7, 7a. – Zur Mitnahme **behinderter Kinder** in Kfzen s § 22a I 27 StVZO iVm 3. AusnVO v 5. 6. 90, s oben Fn zu § 21 Ia.

2 b) **Abs 1 Satz 1** begründet für die Benutzer von Fzen, in denen **Anschnallgurte** vorhanden sein müssen, die Pflicht, diese vorschriftsmäßig (Ha StVE 13; Dü VRS 80, 291: Schultergurt nicht unter dem Arm) u dem Schutzzweck entspr (Ol DAR 86, 28) anzulegen, soweit keine Ausn besteht (s unten 4). Zur „**Fahrt**" gehört zwar auch das verkehrsbedingte, vorübergehende Anhalten, zumal die „Fahrt" bis zu ihrer (freiwilligen) Beendigung dauert (so KG VRS 70, 299; LG Hannover ZfS 89, 334; BGH NZV 01, 130), bis dahin also die das Anlegen des Gurtes bedin-

372 *Jagow*

Anschnallpflicht 3–4a § 21a StVO

genden Gefahren fortdauern u auch sonst, wie zB beim Überholen, ein nur wartendes Kfz als „in Fahrt" befindlich betrachtet wird (s § 5 Rn 2; KG aaO; Verf NStZ 86, 257; aA Ce DAR 86, 28; Dü VRS 72, 211; Hentschel NJW 86, 1311; Jag/Hentschel 3); die Ahndung eines nur kurzfristigen Abschnallens (zB bei Rot, vor einer Schranke oder im länger dauernden Stau) ist aber inopportun. Beim Startversuch besteht noch keine Anschnallpflicht (Ba VersR 85, 344).

Der Sicherheitsgurt ist geeignet, Folgen von Zusammenstößen zu 3 mildern oder gar zu verhindern. Der Nutzen moderner Sicherheitsgurte überwiegt gegenüber denkbaren Nachteilen (in höchstens 0,5–1% aller Fälle), so daß ein einsichtiger u verantwortungsbewußter Kf nur dann verkehrsrichtig handelt, wenn er sich anschnallt (so zB Kar VRS 77, 415). Das geringe Risiko, das sich aus der Benutzung der Gurte ergeben könnte, steht angesichts der erheblichen Vorteile für Leben u Gesundheit nicht außer Verhältnis zu den verfolgten Zwecken; § 21a I verstößt daher gegen keine GrundRe, insb nicht gegen die der Handlungsfreiheit u der körperlichen Unversehrtheit (Art 2 I u II GG; BVfG VRS 72, 1 = StVE 20; BGH(Z) StVE 3; VRS 56, 429 u 431; Bay VRS 69, 150). Das BVfG hat die Annahme einschlägiger Verfassungsbeschwerden abgelehnt (vgl NJW 77, 299; 87, 180). Die Anschnallpflicht schützt nicht nur den Kfz-Benutzer selbst, sondern in vielfacher Weise auch berechtigte Interessen der Allgemeinheit (vgl amtl Begr VkBl 75, 675 sowie BVfGE 59, 275 zu § 21a II). Ob § 21a auch für **ausl** Kf gilt, ist bes dann zw, wenn für sie nach HeimatR keine Gurtausstattungspflicht besteht, zumal § 35a StVZO für sie nicht gilt (s § 3 IntKfzVO) u § 21a es auf „vorgeschriebene" Gurte abstellt.

c) **Abs 1 Satz 2: Ausn von der Anschnallpflicht** sollen den Bedürf- 4 nissen der Praxis u dem Verhältnismäßigkeitsgrundsatz in einem Bereich Rechnung tragen, in dem das Anlegen zum eigenen u fremden Schutz nicht erforderlich u damit nicht zumutbar ist (Begr; Stu VRS 70, 49; Zw VRS 77, 302; zu Ausn bei Beförderung kleiner u behinderter Kinder s § 21 Rn 7a). Die ges Befreiung des **Taxifahrers** (zur Def s Ha DAR 88, 174) nach **I 1** gilt – synchron mit § 31 VBG 12 – nur noch während der Fahrgastbeförderung, nicht also bei Leerfahrten (zum früheren R s BGH(Z) StVE § 254 BGB 14; Ha aaO; Weber DAR 86, 1; Hbg StVE 23; Dü NZV 99, 259). – **I 2** setzt sn **LieferantenV** kürzeste Entfernung der Kunden voraus, so daß im Auslieferungsbezirk auffallend langsam gefahren wird (Begr VkBl 75, 675 ff; Ce VM 86, 22), wie auch beim Post- u städtischen Amtsboten (Bay VRS 72, 304 = StVE 22; s auch Zw aaO; Dü VRS 81, 394); 300 m sind keine „kurze" Entfernung (Dü NZV 92, 40). – Die in **I 3** gen Fälle sind zwar erweiterungsfähige Beispiele, wozu aber nicht langsames Fahren beim Suchen einer Parklücke (Stu VRS 70, 49) u verkehrsbedingtes Schrittempo im fließenden Verkehr gehören (KG VRS 70, 299; Dü VRS 72, 211).

Abs 1 Satz 2 Nr 4 bis 6: Die Einführung weiterer Ausnahmen von der 4a Gurtanlegepflicht trägt dem Umstand Rechnung, daß nach § 35a StVZO

StVO § 21a 4 b–6 Sicherheitsgurte, Schutzhelme

neuerdings auch bestimmte Busse mit Sicherheitsgurten ausgerüstet sein müssen. Diese Ausrüstungspflicht führt in Verbindung mit § 21a Abs. 1 Satz 1 StVO („Vorgeschriebene Sicherheitsgurte müssen während der Fahrt angelegt sein.") zugleich zu einer uneingeschränkten Gurtanlegepflicht. Diese Konsequenz läßt sich aber nicht immer vertreten; deshalb sieht I die Ausnahmen von der Anlegepflicht nach Nr. 4 bis 6 vor.

4 b Darüber hinaus können unter strengen Voraussetzungen **AusnGenehmigungen** nach § 46 I 5b erteilt werden (s RiLien v 3. 3. 86, VkBl 206; ber v 29. 8. 86, VkBl 558; BVwG NJW 74, 1781; BGH NZV 93, 23; Vordrucke s VkBl 88, 183), wenn das Anlegen der Gurte aus gesundheitlichen Gründen nicht möglich ist oder die Körpergröße weniger als 150 cm beträgt (s VwV zu § 46 zu Abs 1 Nr 5b; § 21 I a); zur Ermessensausübung bei Anwendung der früheren Erlasse s VGe Dü VM 81, 27 u Fra DAR 89, 73. **Keine Ausn für Fahrlehrer** (Kö VRS 69, 307 u Ha VM 86, 38) u **Krankenfahrer** (KG VRS 70, 294 = StVE 17). Eheleute können kraft ihrer bes Fürsorgepflicht verpflichtet sein, den hilfsbedürftig gewordenen Partner anzuschnallen (Fra VM 87, 6).

2. Abs 2: Schutzhelm für Kraftradfahrer

5 Diese Bestimmung trägt zum Schutz der Kradf (nicht auch **Radf**: Nü NZV 91, 230; Kar NZV 91, 25) gegen Kopfverletzungen bei, bringt aber keine zusätzlichen Gefahren mit sich. Die Schutzhelmpflicht wurde durch VO v 24. 5. 78 (BGBl I 635) auf Mopeds u durch Art 2 der ÄndVO v 28. 2. 85 (BGBl I 499) ab 1. 10. 85 auch auf Mofaf ausgedehnt, ausgenommen ab 28. 2. 93 Leicht-Mofas (iS der Anl zur AusnVO v 26. 3. 93, BGBl I 394; Beck'sche Loseblattausgabe Nr 2c) u Führer von Krafträdern bis 20 km/h: 6. AusnVO v 24. 3. 94, BGBl I 624 u VkBl 346). Befreit von Helmtragepflicht sind auch Fahrer auf Krafträdern mit bestimmten Rückhaltesystemen eingebaut in eine bestimmte Rahmenkonstruktion: 8. Ausnahme VO zur StVO v 20. 5. 98 (BGBl I 1130). Der Helm muß (seit 1. 1. 90; s § 53 VI sowie 2. AusnVO v 19. 3. 90, BGBl I 550 iVm AusnVO v 22. 12. 92, BGBl I 2481) amtl genehmigt (s VwV zu Abs 2; ECE-Regelung Nr 22 u ÄndVO v 13. 7. 89, BGBl II 690) u geeignet sein, Kopfverletzungen bei Krad-Unfällen erheblich zu mindern (Ha VRS 67, 144) u dementspr (mit geschlossenem Kinnriemen) getragen werden (sonst ow, s 8); ein Bauarbeiterhelm ist ungeeignet (Dü VM 88, 87). – **Gesundheitliche Gründe** können die Helmtragepflicht als unzumutbar erscheinen lassen u Ausn-Genehmigungen nach der zu Rn 4 genannten VwV rechtfertigen (BGH(Z) StVE 9 = VRS 64, 340), nicht aber bloßes Nichtpassen des Helms bei Brillen- (BGH(Z) aaO) oder Turbanträgern oder religiöse Kleidungsvorschriften (Kreutal DAR 86, 38). Die Helmtragepflicht ist verfassungskonform, zumal sie keine beachtlichen Nachteile bringt (s BVfG NJW 82, 1276; Stu VRS 61, 388).

6 **3. Zuwiderhandlungen** können zivil- u bußgeldrechtliche Folgen haben:

Zuwiderhandlungen　　　　　　　7–8　§ 21a StVO

a) **Zivilrechtlich** können Verstöße gegen die Pflichten aus I u II **Mitschuld** nach § 254 BGB begründen. Einem Kfz-Insassen, der den Sicherheitsgurt nicht anlegt, fällt grundsätzlich ein Mitverschulden (§ 254 I BGB) an seinen infolge der Nichtanlegung des Gurtes erlittenen Unfallverletzungen zur Last (Fortsetzung der st Rspr, BGHZ 119, 268, 270 mwN, BGH NZV 01, 130). Zur Haftung unter Eheleuten s Fra VM 87, 6. Eine pauschale Mithaftungsquote gibt es nicht (Kar VRS 77, 415; DAR 90, 342 m umfangreicher RSpr); ihre Bemessung unterliegt tatrichterlichem Ermessen; sie richtet sich nach den maßgeblichen Umständen (wie insb nach dem Maß der Vorwerfbarkeit der Unfallverursachung u des Nichtanschnallens, s Fra VersR 87, 670; StVE 19 a), nicht nach festen Quoten (BGH(Z) VRS 60, 94; KG VM 81, 6; VRS 62, 247; Sa VM 81, 79: Minderung um $3/10$, wenn Beif ohne Helm, ebenso Nü DAR 89, 296 mwN; um 20% bei Nichtanschnallen in Durchschnittsfällen: KG StVE 4, um $3/10$: Sa DAR 87, 381 mwN, in Einzelfällen um 50% oder mehr: KG VRS 62, 247; zur Mithaftungsquote des nichtangeschnallten Insassen s KG VM 86, 41; Kar NZV 90, 151). Bei Verletzungen, vor denen der **Helm** schützen soll, spricht **Beweis des ersten Anscheins** für die Ursächlichkeit der Nichtbenutzung (BGH(Z) StVE 9 = VRS 64, 340). Das gilt bei typischen Unfallverläufen auch im Falle des **Nichtanschnallens** (BGH(Z) NJW 91, 230; s dazu auch Zw VRS 84, 177); im übrigen hat der Haftpflichtige die Mitschuld des Verletzten zu beweisen, insb die Ursächlichkeit des Nichtanschnallens für die Verletzungen (BGH(Z) StVE 5 = VRS 59, 166; KG VRS 62, 247; Ha VM 86, 25; Weber NJW 86, 2667; krit dazu Ludolph NJW 82, 2595), während umgekehrt der Verletzte seinen Einwand zu beweisen hat, daß er auch bei angelegtem Gurt dieselben oder vergleichbare Verletzungen erlitten hätte (Kar aaO mwN).

Keine Mitschuld im Rahmen der ges Befreiung (s aber BGH(Z) VRS 62, **7** 321; Rn 4), wenn Ausn-Genehmigung vorliegt oder im Falle eines Antrags hätte erteilt werden müssen (BGH NZV 93, 23) oder bei Unzumutbarkeit (s Rn 5) sowie bei Mitfahrt in vorschriftswidrig nicht mit Gurten ausgestattetem Kfz (BGH(Z) VRS 64, 107. – **Keine Lohnfortzahlung** bei Nichtanlegen des Gurtes (BArbGer NJW 82, 1013; s dazu Weber DAR 83, 9).

Verstoß gegen Anschnallpflicht führt nicht zwingend stets zu einer Haftungsverringerung des Schädigers, vielmehr ist im Einzelfall im Rahmen von § 254 BGB Freistellung von Mithaftung möglich (BGH DAR 98, 191 = NZV 98, 148).

Nichttragen eines Schutzhelms durch einen Radfahrer begründet kein **7 a** Mitverschulden nach § 254 BGB (Nü NZV 99, 472), vgl auch OLG Ha NZV 01, 86: „Der Umstand, daß ein erwachsener Radfahrer keinen Schutzhelm getragen und womöglich deshalb bei einem Sturz schwere Kopfverletzungen erlitten hat, begründet keinen Mitverschuldensvorwurf, weil eine allgemeine Verkehrsanerkennung der Notwendigkeit einer solchen Schutzmaßnahme (noch) nicht festzustellen ist."

b) **OWen** sind Verstöße gegen die Anschnallpflicht auf **allen** Sitzen **8** (vorn seit 1. 8. 84, hinten seit 1. 7. 86) u gegen die Helmtragepflicht

Jagow 375

(§ 21a iVm § 49 I 20a iVm § 24 StVG; s Nrn 64, 65 VwKat). Bußgeldbewehrung des § 21a ist verfassungskonform (zu I s oben 3; Ol VRS 68, 438; Ha VRS 69, 147 u 458 = StVE 13; Bay VRS 69, 150; StuVRS 70, 44 = StVE 12; Dü ZfS 86, 158; aA AGe Albstadt NJW 85, 927 u Würzburg JR 86, 304; Lisken NJW 85, 3053; s auch Seebode JR 86, 265); zu II s BVfGE 59, 275 = VRS 62, 241; Stu VRS 61, 388; Ha StVE 8). – **Gerechtfertigt** ist das Nichtanschnallen (nach Dü VRS 80, 376) nur nach Erteilung einer (nach § 46 III S 3 mitzuführenden) Ausn-Genehmigung nach § 46 I 5b. – Nichtanschnallen des Getöteten wirkt strafmindernd, wenn Tötung sonst ausgeblieben wäre (Bay VRS 55, 269; v 31. 10. 85, 2 St 282/85). – Tragen eines ungeeigneten oder nicht vorschriftsmäßig befestigten „Helmes" ist ow.

9 An einer **OW des Beif** nach § 21a I u II kann sich der Kfz-Führer nach § 14 OWiG beteiligen (Ha StVE 8; Bouska DAR 84, 265), insb durch entspr Ermutigung, den Gurt nicht anzulegen (KG VRS 70, 469); aber nicht allein durch die Führung des Kfz (KG VRS 70, 294 = StVE 17; Bay NZV 93, 491; Verf NStZ 86, 257); zur evtl Verantwortlichkeit des Kfz-Führers über § 23 (s dort Rn 16 f).

10 Als **Dauer**-OWen stehen die Verstöße gegen § 21a mit anderen, in zeitlich, räumlich u sachlichem Zusammenhang begangenen VerkOWen zwar in TE, sie verklammern diese aber bei fehlender Gleichwertigkeit nicht auch untereinander zur TE (Dü VRS 73, 387; Göhler § 19 Rn 30 ff). Wird ein funktionsunfähiger Gurt nicht angelegt, liegt kein Verstoß gegen die §§ 21a oder 23 II vor, sondern allenfalls nach § 35a VII StVZO, der als spezielle Beschaffenheitsvorschrift den insoweit subsidiären Regelungen der StVO vorgeht (Bay VRS 79, 382).

4. Literatur

11 **BASt** „Sicherheitsgurte in Pkw" Unfall- u Sicherheitsforschung StraßenV H 17/78; **Danner/Gögler/Schlund** „Sicherheitsgurt u Mitverschulden" 16. VGT u DAR 78, 215 ff; **Kreutel** „RLage nach Bußgeldbewehrung des § 21a" VD 85, 6; „Schutzhelmtragepflicht ..." DAR 86, 38; **Landscheidt** „Schadensersatz u Sicherheitsgurt" NZV 88, 7; **Lisken** „Freispruch für ‚Gurtmuffel' – ein PolProblem?" NJW 85, 3053; **Löhle** „Schutzwirkungen der Sicherungssysteme Airbag u Sicherheitsgurt ..." DAR 96, 8; **K. Müller** „Aufopferungsanspruch im Zusammenhang m d Gurtanlegepflicht" NJW 83, 593; **Schwabe** „Aufopferungsansprüche bei Gurtschäden?" NJW 83, 2370; **Seebode** „Freisprüche für ‚Gurtmuffel' " JR 86, 265; **Weber** „Nachweis der Kausalität zwischen Nichtanschnallen u Verletzungen" NJW 86, 2667; „Anschnallpflicht u Lohnfortzahlung" DAR 83, 9; **Zimmer** „Sicherheitsgurt als Rückhaltesystem in Fzen" Verkehrsunfall 85, 336.

§ 22 Ladung

(1) Die Ladung sowie Spannketten, Geräte und sonstige Ladeeinrichtungen sind verkehrssicher zu verstauen und gegen Herabfallen und vermeidbares Lärmen besonders zu sichern.

Ladung **§ 22 StVO**

(2) Fahrzeug und Ladung dürfen zusammen nicht breiter als 2,55 m und nicht höher als 4 m sein. Fahrzeuge, die für land- oder forstwirtschaftliche Zwecke eingesetzt werden, dürfen, wenn sie mit land- oder forstwirtschaftlichen Erzeugnissen oder Arbeitsgeräten beladen sind, samt Ladung nicht breiter als 3 m sein. Sind sie mit land- oder forstwirtschaftlichen Erzeugnissen beladen, dürfen sie samt Ladung höher als 4 m sein. Kühlfahrzeuge dürfen nicht breiter als 2,6 m sein.

(3) Die Ladung darf bis zu einer Höhe von 2,5 m nach vorn über das Fahrzeug, bei Zügen über das ziehende Fahrzeug hinausragen. Im Übrigen darf der Ladungsüberstand nach vorn bis zu 50 cm über das Fahrzeug, bei Zügen bis zu 50 cm über das ziehende Fahrzeug betragen.

(4) Nach hinten darf die Ladung bis zu 1,5 m hinausragen, jedoch bei Beförderung über eine Wegstrecke bis zu einer Entfernung von 100 km bis zu 3 m; die außerhalb des Geltungsbereichs dieser Verordnung zurückgelegten Wegstrecken werden nicht berücksichtigt. Fahrzeug oder Zug samt Ladung darf nicht länger als 20,75 m sein. Ragt das äußerste Ende der Ladung mehr als 1 m über die Rückstrahler des Fahrzeugs nach hinten hinaus, so ist es kenntlich zu machen durch mindestens

1. eine hellrote, nicht unter 30 × 30 cm große, durch eine Querstange auseinandergehaltene Fahne,
2. ein gleich großes, hellrotes, quer zur Fahrtrichtung pendelnd aufgehängtes Schild oder
3. einen senkrecht angebrachten zylindrischen Körper gleicher Farbe und Höhe mit einem Durchmesser von mindestens 35 cm.

Diese Sicherungsmittel dürfen nicht höher als 1,5 m über der Fahrbahn angebracht werden. Wenn nötig (§ 17 Abs. 1), ist mindestens eine Leuchte mit rotem Licht an gleicher Stelle anzubringen, außerdem ein roter Rückstrahler nicht höher als 90 cm.

(5) Ragt die Ladung seitlich mehr als 40 cm über die Fahrzeugleuchten, bei Kraftfahrzeugen über den äußeren Rand der Lichtaustrittsflächen der Begrenzungs- oder Schlußleuchten hinaus, so ist sie, wenn nötig (§ 17 Abs. 1), kenntlich zu machen, und zwar seitlich höchstens 40 cm von ihrem Rand und höchstens 1,5 m über der Fahrbahn nach vorn durch eine Leuchte mit weißem, nach hinten durch eine mit rotem Licht. Einzelne Stangen oder Pfähle, waagerecht liegende Platten und andere schlecht erkennbare Gegenstände dürfen seitlich nicht hinausragen.

VwV – StVO
Zu § 22 Ladung

Zu Absatz 1

I. Zu verkehrssicherer Verstauung gehört sowohl eine die Verkehrs- und Betriebssicherheit nicht beeinträchtigende Verteilung der Ladung als auch deren

StVO § 22 1, 2 — Ladung

sichere Verwahrung, wenn nötig Befestigung, die ein Verrutschen oder gar Herabfallen unmöglich macht.

2 II. Schüttgüter, wie Kies, Sand, aber auch gebündeltes Papier, die auf Lastkraftwagen befördert werden, sind in der Regel nur dann gegen Herabfallen besonders gesichert, wenn durch überhohe Bordwände, Planen oder ähnliche Mittel sichergestellt ist, daß auch nur unwesentliche Teile der Ladung nicht herabfallen können.

3 III. Es ist vor allem verboten, Kanister oder Blechbehälter ungesichert auf der Ladefläche zu befördern.

4 IV. Vgl. auch § 32 Abs. 1.

Inhaltsübersicht

	Rn
1. Allgemeines	1
2. Abs 1: Verkehrssichere Verstauung der Ladung	2
3. Abs 2 bis 5: Beschaffenheit u Kennzeichnung der Ladung	5
4. Abs 2 Satz 2 u 3: Land- u forstwirtschaftliche Fahrzeuge	6
5. Abs 4: Nahzone bis 100 km	7
6. Zuwiderhandlungen	8
7. Zivilrecht	12

1 **1. Allgemeines**

Die Vorschrift gilt für alle Fze (einschl Fahrräder u Handwagen), nicht aber für die Fortbewegungsmittel des § 24 I. Die Verantwortlichkeit für mitfahrende Personen ist in den §§ 21 u 23 I S 1 u 2 geregelt. Für das **Verhalten der mitfahrenden Personen** gilt – soweit sie nicht VT sind – § 21 II S 4 (vgl § 21 Rn 6 u 10); s auch 34 StVZO (Achslast u Gesamtgewicht). Abs II und III neu gefaßt durch VO v 11. Dez 2000 (BGBl I S 1690).

2 **2. Abs 1: Verkehrssichere Verstauung der Ladung**

Zur **Ladung** gehören alle beförderten Gegenstände, aber nicht die Sachen, die zur Ausrüstung des Fz dienen (Bay v 14. 9. 93, 1 Ob OWi 275/93). Ladung iS von § 22 IV ist auch iam Heck von Kfz und Anhängern mitgeführter Gabelstapler (Bay NZV 99, 479). Mitfahrende Personen sind keine Ladung. I bezieht sich nur auf die **Verstauung,** dh die Unterbringung u Befestigung, aber nicht auf die Beschaffenheit u das Gewicht der Ladung (s VwV I–III). So verstößt derjenige, der nassen Kies befördert, von dem Wasser auf die Fahrbahn tropft, nicht gegen § 22 I, sondern nur gegen § 32 I S 1 (Bay 63, 131 = VRS 30, 135). Wegen des Gewichts der Ladung vgl § 34 StVZO, wegen der Verteilung der Last auf ZugFz u Anhänger § 42 StVZO (Dü VM 94, 72). Hohe u schwere Lasten, bei denen Kippgefahr besteht, dürfen nur auf Tiefladern transportiert werden (BGH VRS 16, 192). Jeder Kf muß wissen, daß eine ungleichmäßige Verteilung schwerer Lasten nicht nur die Lenkfähigkeit des Fz beeinträchtigt u die Schleudergefahr erhöht, sondern auch das gleichmäßige Abbremsen aller Räder erschwert oder unmöglich macht (Ha VRS 20, 462). Die Ladung muß auch gegen **vermeidbares Lärmen,** wie Aneinanderstoßen oder Auf- u Abspringen von Metallgegenständen, gesichert sein u Notbremsung aushalten (Ce VersR 85, 478 Ls). Auch unbeabsichtigt befördertes Restgut bleibt „Ladung" (Bay bei Bär DAR 94, 381).

Der **Fz-Führer** muß die Sicherheit der Ladung des Fz auch dann prüfen, wenn es Personen, die seiner Aufsicht nicht unterstehen, beladen haben (Dü VM 67, 126). Nach Kö (VRS 24, 74) soll er sogar für solche Beladungsfehler verantwortlich sein, die nur derjenige feststellen kann, der von Beladungsfragen etwas versteht. Für äußerlich nicht erkennbare Beladungsfehler kann aber nur der **Belader** verantwortlich sein (vgl § 23 Rn 15). Ein Arbeiter, der eine Planierraupe auf den Tieflader gefahren, aber mit der Führung desselben nichts zu tun hat, ist nicht mitverantwortlich (BGH VRS 46, 116). Ist das Ladegut gegen Erschütterungen bes empfindlich, muß der Fz-Führer die Befestigung der Ladung auch unterwegs in gewissen Abständen, insb nach Befahren einer holperigen Stelle, überprüfen (BGH VRS 17, 462; vgl im übrigen § 23 Rn 15). 3

Der **Halter** des Fz ist im Rahmen des § 31 II StVZO auch für die Ladung mitverantwortlich. Können sich aus Art u Beschaffenheit eines Transports bes Gefahren für den StraßenV ergeben, so ist er verpflichtet, seinen Leuten die nötigen Anweisungen zur Sicherung des Verkehrs zu geben (BGH(Z) VRS 10, 252). 4

Die **Art der Sicherung** hängt von der Art der Ladung, des verwendeten Kfz u der Wegstrecke ab. Nicht nur andere VT, sondern auch die dem Verkehr benachbarten Personen u Sachen sowie Häuser, Brücken pp dürfen nicht gefährdet werden (Ha VRS 27, 300; Dü VM 93, 94). Sachgerecht ist die Sicherung, wenn sie den in der Praxis anerkannten u zu beachtenden Regeln des Speditions- u Fuhrbetriebs entspricht (s VDI-RiLi 2700 „Ladungssicherung auf Straßen-Fzen"; Egger VD 79, 97; Dü NZV 90, 323; VRS 85, 373; Ko VRS 82, 53; Bay v 3. 5. 96, 2 Ob OWi 315/96), die als „objektivierte Sachverständigengutachten" der richterlichen Nachprüfung im Einzelfall unterliegen (Näheres s Ko aaO). Die Ladung darf auch bei **Notbremsung** nicht herunterfallen, umfallen oder verrutschen (Dü aaO; Ko VRS 82, 53); eine bis zur Bordkante reichende Ladung kleiner Steine ist ggf durch Plane zu sichern (Kö VRS 88, 22; Dü NZV 92, 494; s auch VwV zu § 22). 4 a

3. Abs 2 bis 5: Beschaffenheit u Kennzeichnung der Ladung 5

Die Vorschriften über die Größenverhältnisse u Beleuchtung der Ladung entsprechen den für die Fze geltenden Vorschriften in §§ 32, 51, 53 StVZO. Zusätzliche Sicherungen sind für Ladungsteile vorgesehen, die über das Fz oder die sonstige Ladung hinausragen. Die Vorschrift über die Kenntlichmachung der Ladung durch eine rote Fahne **(IV S 3)** muß so lange beachtet werden, wie die Ladung sich auf dem Fz befindet u dieses nicht völlig aus dem Verkehr gezogen ist (Bay 51, 555 = VRS 4, 146). Ist für einen überbreiten Transport die Sicherung durch ein vorausfahrendes Fz angeordnet, so kann der Führer des Lastzuges die entgegenkommen-

StVO § 22   6–10   Ladung

VT nicht ohne weiteres als gesichert ansehen, wenn er zum Vorausfahrenden die Verbindung verloren hat (Bay 58, 306 = VM 59, 105). Ein Fz-Führer, der am Tage einen mit nach hinten 20–25 cm über die Ladefläche überstehenden Baustahlmatten beladenen Anhänger auf öff Str abstellt, muß Vorkehrungen dagegen, daß sich jemand an den scharfen Spitzen der Stahlmatten verletzt, nur dann treffen, wenn nach den örtl Verhältnissen zu befürchten ist, ein anderer könne von hinten auf den Anhänger auffahren (Bay 74, 11 = StVE 2). – Wegen Ausn-Genehmigungen s § 46 I 5 u II.

6 **4. Abs 2 Satz 2 u 3: Land- u forstwirtschaftliche Fze** dürfen breiter als bis zu 2,55 m, jedoch (entspr § 32 I 1 b StVZO) nicht breiter als 3 m beladen sein. Die Höhe ist nicht beschränkt, wenn das Fz mit land- oder forstwirtschaftl Erzeugnissen beladen ist. Das Privileg gilt nur für Betriebs-Fze der Land- u Forstwirtschaft, soweit sie für deren Zwecke eingesetzt sind, nicht für Vieh- oder sonstige landwirtschaftliche Transporte von gewerblichen Fuhrunternehmern u Händlern (Begr; Bay 85, 118 = StVE 7), es sei denn sie helfen nur bei der Einbringung der Ernte (Bouska StVO 3). – **S 4,** Zulassung von Kühl-Fzen bis 2,60 m, entspr der 36. AusnVO zur StVZO (s 11. ÄndVO; s auch § 18 I S 3). – Ausn-Genehmigung ist nach § 46 I 5 möglich.

7 **5. Abs 4: Nahzone bis 100 km**

„Wegstrecke bis zu 100 km" ist die jew beabsichtigte, nicht tatsächlich zurückgelegte, so daß ein etwaiger Verstoß schon bei Fahrtbeginn vorliegen kann (Ha VRS 61, 389; Verf NStZ 81, 473).

6. Zuwiderhandlungen

8 Verstöße gegen § 22 sind OWen nach § 49 I 21 iVm § 24 StVG (s Nrn 66–68 VwKat; 25 BKat). § 22 ist eine selbständige bußgeldbewehrte Verhaltensnorm, die sich an jeden richtet, der für die ordnungsmäßige Verstauung der Ladung verantwortlich ist, also auch an den Leiter der Ladearbeit, wenn er nicht Halter oder Führer des Fz ist (Bay 60, 120 = VRS 19, 391; Bay 62, 269 = VM 63, 43; Ha VRS 27, 300). Das gilt im Hinblick auf die allg Fassung der Bußgeldvorschrift für alle Absätze (Stu VRS 64, 308 = StVE 4) u § 9 II OWiG. – Zur Feststellung der Fahrlässigkeit bei vorschriftsmäßiger Befestigung eines Fahrrades auf dem Dachgepäckträger s Bra NZV 95, 406; E 85. – Zur Überladung s § 23 Rn 15 sowie §§ 34, 69 a III 4 u V 4 c StVZO, zur Nichtbeachtung der Auflage einer AusnGenehmigung nach § 46 I s § 49 IV 4 (Dü VRS 79, 131).

9 Die Tat ist vollendet, wenn das Fz am öff Verkehr teilgenommen hat (**E** 22). Zur OW nach IV S 1 s oben 7. – Der Verstoß setzt keine konkrete Gefährdung, Schädigung, Behinderung oder Belästigung eines anderen voraus (Ha VM 64, 44). Tritt eine dieser Folgen ein, ist Idealkonkurrenz mit § 1 II möglich (Dü NZV 92, 494).

10 Fällt ein ungenügend befestigtes Teil der Ladung auf die Str, liegt nur OW nach § 22 I, nicht auch nach dem bloßen AuffangTB des § 23 I vor (s § 23 Rn 1 u 39; Dü VRS 67, 145 = StVE 5); bleibt es dort verkehrsgefährdend liegen, so kommt neben der OW nach § 22 eine solche nach § 32 in Betracht. – Bei zu hoher Ladung liegt nur eine OW nach §§ 22 II S 1, nicht nach § 32 I StVZO vor, da § 32 StVZO nur die Abmessung des Fz, nicht die Ladung betrifft (Bay 85, 118 = StVE 7).

Ein Verstoß des **Halters** gegen Beladungsvorschriften ist nur nach §§ 31 II, 69a V 3 StVZO iVm § 24 StVG (s Nr 121 VwKat), nicht auch nach §§ 22, 49 I StVO zu ahnden (Ha DAR 75, 249; Dü JMBl NW 90, 34). 11

7. Zivilrechtlich unterliegt ein während der Fahrt durch heruntergefallene Ladung verursachter Schaden der Haftung nach § 823 I BGB, § 7 StVG (Kö VRS 88, 22). 12

§ 23 Sonstige Pflichten des Fahrzeugführers

(1) **Der Fahrzeugführer ist dafür verantwortlich, daß seine Sicht und das Gehör nicht durch die Besetzung, Tiere, die Ladung, Geräte oder den Zustand des Fahrzeugs beeinträchtigt werden. Er muß dafür sorgen, daß das Fahrzeug, der Zug, das Gespann sowie die Ladung und die Besetzung vorschriftsmäßig sind und daß die Verkehrssicherheit des Fahrzeugs durch die Ladung oder die Besetzung nicht leidet. Er muß auch dafür sorgen, daß die vorgeschriebenen Kennzeichen stets gut lesbar sind. Vorgeschriebene Beleuchtungseinrichtungen müssen an Kraftfahrzeugen und ihren Anhängern sowie an Fahrrädern auch am Tage vorhanden und betriebsbereit sein, sonst jedoch nur, falls zu erwarten ist, daß sich das Fahrzeug noch im Verkehr befinden wird, wenn Beleuchtung nötig ist (§ 17 Abs. 1).**

(1 a) **Dem Fahrzeugführer ist die Benutzung eines Mobil- oder Autotelefons untersagt, wenn er hierfür das Mobiltelefon oder den Hörer des Autotelefons aufnimmt oder hält. Dies gilt nicht, wenn das Fahrzeug steht und bei Kraftfahrzeugen der Motor ausgeschaltet ist.**

(1 b) **Dem Führer eines Kraftfahrzeuges ist es untersagt, ein technisches Gerät zu betreiben oder betriebsbereit mitzuführen, das dafür bestimmt ist, Verkehrsüberwachungsmaßnahmen anzuzeigen oder zu stören. Das gilt insbesondere für Geräte zur Störung oder Anzeige von Geschwindigkeitsmessungen (Radarwarn- oder Laserstörgeräte).**

(2) **Der Fahrzeugführer muß das Fahrzeug, den Zug oder das Gespann auf dem kürzesten Weg aus dem Verkehr ziehen, falls unterwegs auftretende Mängel, welche die Verkehrssicherheit wesentlich beeinträchtigen, nicht alsbald beseitigt werden; dagegen dürfen Krafträder und Fahrräder dann geschoben werden.**

(3) **Radfahrer und Führer von Krafträdern dürfen sich nicht an Fahrzeuge anhängen. Sie dürfen nicht freihändig fahren. Die Füße dürfen sie nur dann von den Pedalen oder den Fußrasten nehmen, wenn der Straßenzustand das erfordert.**

VwV – StVO

Zu § 23 Sonstige Pflichten des Fahrzeugführers

Zu Absatz 1

1 I. Bei Kraftwagen, die neben dem Innenspiegel nur einen Außenspiegel haben, ist gegen sichtbehinderndes Bekleben und Verstellen der Rückfenster mit Gegenständen einzuschreiten. Zu beanstanden ist das Fehlen eines zweiten Außenspiegels auch dann, wenn ein mitgeführter Anhänger die Sicht beim Blick in den Außen- oder Innenspiegel wesentlich beeinträchtigt. Auch der sichtbehindernde Zustand der Fenster (z. B. durch Beschlagen oder Vereisung) ist zu beanstanden.

2 II. Fußgänger, die Handfahrzeuge mitführen, sind keine Fahrzeugführer.

Inhaltsübersicht

	Rn
1. Allgemeines	1
2. Abs 1 Satz 1: Freie Sicht u Gehör des Fahrzeugführers	2
3. Abs 1 Satz 2: Verantwortung für Vorschriftsmäßigkeit u Verkehrssicherheit	4
4. Abs 1 Satz 3: Vorgeschriebene Kennzeichen	21
5. Abs 1 Satz 4: Lichttechnische Einrichtungen	22
6. Abs 1 a: Nutzung von Mobil- und Autotelefonen	22 a
7. Abs 1 b: Betrieb von Radarwarngeräten u ähnlichen Einrichtungen	22b
8. Abs 2: Unterwegs auftretende Mängel	23
9. Abs 3: Radfahrer u Kraftfahrer	28
10. Fahrzeughalter	29
11. § 31 Abs 2 StVZO	31
12. § 29 StVZO	39
13. § 31 a StVZO	45
14. Zivilrecht/Haftungsverteilung	50 a
15. Ordnungswidrigkeiten	51
16. Literatur	55

1 ### 1. Allgemeines

§ 23 enthält die „sonstigen", dh woanders nicht normierten Pflichten des Fz-Führers (insoweit **AuffangTB**: BGHSt 25, 338; Dü StVE § 22 StVO 5; s dazu unten Rn 51 ff), während die Verantwortung des Halters in § 31 II StVZO (Anh I) geregelt ist. §§ 2, 31 I StVZO (Anh I) betreffen die Eignung des Fz-Führers (s Rn 20), wie überhaupt die Betriebsvorschriften der StVZO nicht nur den Halter, sondern auch den Führer des Fz ansprechen, während sich die Verhaltensvorschriften im StraßenV meistens nur an den Fz-Führer wenden (vgl unten Rn 51 ff). Die Führung des Fahrtenbuchs behandelt § 31 a StVZO (s dazu Rn 45 ff). § 23 gilt auch für **ausl** Kfze (vgl § 1 StVG Rn 12; Bay VRS 53, 469; KG VRS 69, 309; Kö VRS 57, 381), die zwar den einschlägigen internat Abkommen, nicht aber den spez Vorschriften der StVZO entsprechen müssen. – Zur Beschaffen-

Vorschriftsmäßigkeit u Verkehrssicherheit **2–4 § 23 StVO**

heit land- u forstwirtschaftlicher Arbeitsgeräte s Merkblatt BMV v 18. 3. 92 (VkBl 201). Durch die 33. ÄndVStVR wurde der Abs 1a, durch die 35. ÄndVStVR der Abs 1b neu eingeführt. Abs 1a regelt die Benutzung eines Mobil- bzw Autotelefons durch Fzführer und Radfahrer. Nach der Neuregelung in Abs 1b ist dem Fzführer das Betreiben oder betriebsbereite Mitführen eines technischen Gerätes, was dazu geeignet ist, etwaige Verkehrsüberwachungsmaßnahmen anzuzeigen oder gar zu stören, untersagt.

2. Abs 1 Satz 1: Freie Sicht u unbeeinträchtigtes Gehör des Fz- 2
Führers sind als bes wichtige Voraussetzungen an die Spitze des I gestellt. Die Fahrstrecke muß nach vorn u hinten überschaubar sein (Ko VRS 58, 256). Während die **Sicht** nach vorn jedenfalls bei Kfzen schon durch ihre Bauart sichergestellt ist, erforderlichenfalls von Schmutz oder Vereisung freigehalten werden muß (s Rn 13), betrifft das Gebot bes die Sicht nach der Seite u nach hinten durch die Innen- u Außen-Rückspiegel. Sie darf bei nur einem Außenspiegel nicht durch Personen auf dem Rücksitz, durch sichtbehinderndes Gepäck, Bekleben der Heckscheibe mit Plaketten, aber auch nicht durch Schmutz, Eis- oder Wasserbeschlag beeinträchtigt sein (VwV I; Br VRS 30, 226). Eine Sichtbehinderung nach hinten, auch durch Anhänger, ist durch 2. Außenspiegel auszugleichen (s VwV I zu Abs 1, § 56 II s 2, 3 StVZO; Kar StVE 19 = VRS 71, 305; Dü VM 91, 42); etwaigen durch Fensterholme bedingten toten Winkeln muß der Fzführer Rechnung tragen; notfalls ist ein Einweiser zu benutzen (Ko aaO; § 9 Rn 70).

Auch das **Gehör** darf nicht beeinträchtigt sein, zB durch lautstarke Ton- 3
übertragung oder Verwendung von Kopfhörern (sog **Walkman:** Kö VRS 73, 148 = StVE 20; s Berr DAR 92, 111), so daß akustische Eindrücke aus dem VUmfeld nicht mehr wahrgenommen werden können (u zwar nicht nur Signale nach §§ 16 oder 38). Als ungewöhnlich starke Beeinträchtigung gilt nicht lautes Singen der Fahrgäste uä. Bei Beeinträchtigung des Gehörs durch Geräte (Walkman) verdrängt die Spezialnorm des § 23 I die allg Vorschrift des § 2 I StVZO (Kö aaO). Auch Radf mit Kopfhörern können gegen Abs 1 verstoßen, wenn durch die Lautstärke des Geräts die akustische Wahrnehmung mehr als nur unwesentlich beeinträchtigt wird (Kö VRS 73, 148).

3. Abs 1 Satz 2: Verantwortung für Vorschriftsmäßigkeit u Ver- 4
kehrssicherheit

a) **Vorschriftsmäßiger Zustand** besagt: Fz, Zug, Gespann, Ladung u Besetzung müssen den in den §§ 32 bis 67 StVZO enthaltenen Bau- und Betriebsvorschriften sowie den §§ 21 StVZO (Personenbeförderung, Ladung) entsprechen; nicht vorgeschriebene defekte Teile berühren die Vorschriftsmäßigkeit grundsätzlich nicht (Dü VRS 75, 69; beachte auch die AusnVOen zur StVZO, insb die 39. AusnVO, BGBl 1991 I 1431, geänd durch VO v 23. 6. 93, BGBl I 1024, zur vorübergehenden Ausn für ehem DDR-Fze von der höchstzul Breite, Achslasten u Kontrollgeräten). Die **DIN-Vorschriften** sind keine RVorschriften, sondern nur technische

Regeln. Gleichwohl ist die nach dem Stand der Technik erreichbare Sicherheit (zB § 43 I StVZO) regelmäßig nur gewährleistet, wenn die einschlägigen DIN-Regeln beachtet sind (Bay 69, 147 = VM 70, 7). **§ 30 StVZO** enthält eine Generalklausel für die Beschaffenheit der Fze. Danach ist der Zustand eines Fz auch dann **vorschriftswidrig,** wenn er zwar den Bau- u Ausrüstungsvorschriften der StVZO genügt, aber Mängel aufweist, die seine VSicherheit beeinträchtigen oder andere zu belästigen geeignet sind, vor allem Mängel des Motors (Ce VRS 39, 33), der Lenkung, der Bremsen, der Bereifung u der Beleuchtungseinrichtungen, aber auch der Auspuffanlage (Fra VM 55, 69; Ce VkBl 61, 497) oder wenn wegen der Art der Ladung oder aus sonstigen Gründen ein zur Erhöhung der VSicherheit vorgeschriebenes Ausrüstungsstück, zB die Handbremse, nicht benutzt werden kann (Ol VRS 16, 297). Das gleiche gilt, wenn der Zustand für die bestimmungsgemäße Verwendung des Fz ausreicht, dieses aber in verkehrsgefährdender Weise überbeansprucht wird, zB wenn die für einzelne bauartgenehmigungspflichtige Fz-Teile (Reifen) erteilte Bauartgenehmigung auf Fahrten mit einer bestimmten Höchstgeschwindigkeit beschränkt ist, das Fz aber wesentlich schneller gefahren wird (Bay 68, 80 = VRS 36, 454). Wer ein vorschriftswidriges Fz in Betrieb nimmt, verstößt gegen die §§ 30, 69 a III s 1 StVZO auch dann, wenn keine konkrete Gefährdung oder Belästigung eines anderen eingetreten ist (Bay 67, 131 = VM 67, 106; VRS 38, 76; Ha VRS 48, 156). Über Fahrten zur Werkstätte vgl unten Rn 24, 34, 37.

5   Erst das **Fahren,** dh die Inbetriebnahme im StraßenV (s § 69 a III StVZO Einleitungssatz „in Betrieb nimmt ..." sowie unten Rn 34), nicht schon das Abstellen des **Parken** eines vorschriftswidrigen Kfz begründet die OW (Bay 74, 58 = VRS 47, 297). Der Beamte, der am stehenden Fz Mängel feststellt, muß daher auch ermitteln, wann u von wem es zuletzt gefahren wurde (zur Angabe der Tatzeit s **E** 37; zum Begriff „Betrieb" vgl § 1 StVG Rn 9).

6   b) **Pflichten des Fz-Führers.** In erster Linie ist der Fz-Führer für den vorschriftsmäßigen Zustand des Fz verantwortlich, von dem er sich vor Fahrtantritt überzeugen muß (Stu NZV 91, 68; Dü VM 93, 30; Ha VRS 74, 218), so insb beim Kauf eines sehr alten Fz (BGH NZV 95, 310; Ce VR 97, 202); an die Prüfung sind strenge Anforderungen zu stellen (Dü VM 92, 103), denn diese Überwachungspflicht ist eine Schutzpflicht gegenüber den übrigen VTeilnehmern gegen erhöhte Gefahr durch einen mangelhaften Fahrzeugzustand (Bay DAR 00, 223). Bei Kauf eines neuen Kfz darf der Käufer dagegen nach Übergabedurchsicht auf die Betriebssicherheit vertrauen; insb braucht er die Radmuttern nicht überprüfen (Ha MDR 63, 216). Er verursacht schuldhaft ein Versagen des Fz im Verkehr, wenn er die nach den Umständen zumutbare Prüfung unterlassen hat u diese Prüfung einen bestehenden oder demnächst eintretenden Mangel aufgedeckt hätte (Bay 52, 119 = VRS 4, 623; Kar VRS 34, 143). Dabei sind die Anforderungen verschieden, je nachdem, ob jemand die Führung eines Fzs nur ausnahmsweise übernimmt, zB den Fz-Halter auf der Fahrt ablöst, oder ob er für das Fz ständig verantwortlich ist, sei es als selbstfahrender Halter oder als angestellter Fahrer, dem zugleich die Pflege u laufende Instandhaltung des Fz übertragen ist. Während der gelegentliche Benutzer eines Fz dessen Zustand nur äußerlich u durch eine Probe des Funktionierens der inneren Fz-Teile überprüfen kann, ist derjenige, dem die laufende Pflege des Fz obliegt, auch dafür verantwortlich, daß Mängel rechtzeitig entdeckt werden, die nur durch eine eingehendere Untersuchung erkannt werden können.

Diesem Zweck dienen in erster Linie die von den Herstellerfirmen vorgeschriebenen **Wartungsdienste** oder **Inspektionen.** Die meisten Kfz-Führer sind beim heutigen Massenautomobilismus zur sachgemäßen Instandhaltung ihres Fz technisch nicht befähigt. Sie genügen daher ihrer Pflicht zur Erhaltung des vorschriftsmäßigen Zustandes nur dann, wenn sie die vorgeschriebenen Inspektionen regelmäßig in einer zuverlässigen Werkstätte durchführen lassen (BGH(Z) VM 65, 31; 66, 60). Darüber hinaus sind sie zur Abstellung von Mängeln, die zwischen den Inspektionen auftreten, verpflichtet, soweit sie ihnen bekannt sind oder durch eine ihnen zumutbare Prüfung bekannt sein müssen. Wer die vorgeschriebenen Wartungsdienste nicht in Anspruch nimmt, ist für den vorschriftsmäßigen Zustand des Fz, u zwar auch für noch nicht offenkundige Verschleißmängel, die bei einer Inspektion entdeckt oder rechtzeitig verhindert worden wären, selbst verantwortlich. 6 a

Mit der bloßen Ausführung der anfallenden Reparaturen u Vorführung des Fz zu den **Pflichtuntersuchungen nach § 29 StVZO** genügen Fahrer u Halter ihrer Pflicht nicht. Auch bei angestelltem Kf kann die Prüfungspflicht auf äußerlich erkennbare Mängel beschränkt sein, wenn ihm ein Fz nicht zur dauernden Pflege überlassen ist, sondern er auf wechselnden Fzen des Betriebs eingesetzt wird. Der Fahrer wird allerdings von der Überprüfung der betriebswichtigen Teile des Fz vor Antritt einer Fahrt nicht dadurch befreit, daß der Fz-Halter einen **Kfz-Meister** beschäftigt. Der Fz-Halter kann zwar durch die Einstellung eines solchen in gewissem Umfang seine eigene Verantwortung einschränken (vgl Rn 31), nicht aber die ges Verantwortlichkeit des Fz-Führers (BGH VRS 27, 148). Jedoch sind an die Prüfungspflicht des Fahrers vor Fahrtbeginn geringere Anforderungen zu stellen, wenn der Wagenpark durch den Kfz-Meister gut instandgehalten wird, während demjenigen, der ein erkennbar schlecht gepflegtes oder gar verwahrlostes Fz übernimmt, eine genauere Untersuchung zugemutet werden muß. So darf nach Ol (VM 58,10) der Führer eines Omnibusses, der in der Betriebswerkstätte des Verkehrsunternehmens in kurzen Abständen durch einen Kfz-Meister auf Betriebssicherheit untersucht wird, auf die Verläßlichkeit der Überwachung vertrauen, zumal seine eigenen techn Kenntnisse meistens geringer sind als diejenigen des verantwortlichen Leiters der Werkstätte. Die Versicherung des Halters, das Fz sei in Ordnung, entbindet den Fahrer nicht von seiner Prüfungspflicht, selbst wenn der Halter mitfährt (BGHSt 17, 277). 7

Der **angestellte Fahrer** muß beim Halter auf Beseitigung eines aufgetretenen Mangels drängen u, solange das Fz nicht in einen vorschriftsmäßi- 8 gen Zustand versetzt ist, weitere Fahrten als unzumutbar ablehnen. Auch der dt Fahrer eines den Stationierungstruppen gehörenden Kfz ist grundsätzlich dafür verantwortlich, daß die Ausrüstung des Kfz den dt Vorschriften entspricht (Dü VM 59, 11). Der angestellte Kfz-Führer, der den Wagen zugleich zu pflegen hat, muß bei seinem Vorgesetzten auf rechtzeitige Durchführung derjenigen Überwachungsmaßnahmen dringen, die er selbst nicht durchführen kann (BGH VRS 7, 385 f). Lösen sich Halter u angestellter Fahrer in der Führung des Fz ab, so soll nach BGH (VRS 22, 211) jeder vor Antritt der Fahrt verpflichtet sein, sich von der Wirksamkeit der Bremsen zu überzeugen. Das kann wohl nicht gelten, wenn der – nicht sachkundige – Halter seinem Kf die Verantwortung für den Zustand des Fz übertragen hat (vgl unten Rn 34 ff); der Halter ist dann zu einer eigenen Prüfung erst verpflichtet, wenn er selbst die Führung übernimmt.

9 c) **Einzelheiten zur Vorschriftsmäßigkeit des Fz.** Die vorgeschriebenen **lichttechnischen Einrichtungen** müssen jederzeit betriebsbereit sein u den Bauvorschriften der §§ 49 a–54 b StVZO entsprechen (s auch Rn 22). Der Führer muß sich vor Antritt einer Fahrt bei Dunkelheit über ihr richtiges Funktionieren vergewissern (Kar VRS 34, 143; zur Funktionsprüfung mitzuführender Warnleuchten vor jedem Transport gefährlicher Güter s Dü VM 89, 24; vgl auch § 53 a StVZO u § 10 II s 4 c GGVS). Im allg kann vom Kf nicht verlangt werden, daß er selbst feststellen kann, ob seine Scheinwerfer den Anforderungen des § 50 VI StVZO entsprechen. Er genügt seiner Pflicht, wenn er sie in angemessenen Abständen in einer zuverlässigen Werkstätte untersuchen läßt (Kar DAR 65, 108; Fra VRS 97, 405). Nach Fahrtantritt braucht der Kf die Betriebssicherheit der lichttechn Einrichtungen nur zu prüfen, wenn ihm besondere Umstände hierzu Anlaß geben, zB wenn das Abblendlicht außergewöhnlich weit reicht oder entgegenkommende Kf anzeigen, daß sie geblendet werden (Kö VRS 16, 468; KG VRS 39, 29). Fällt die Beleuchtung während der Fahrt aus, muß das Fz unverzüglich an den Fahrbahnrand gesteuert u angehalten werden. Sodann ist der nachfolgende V zu sichern (§ 15 StVO; BGH VersR 64, 621; Mü VersR 66, 1082; s auch Rn 23 f).

10 Die Beschaffenheitsvorschriften für die **Bremsen** enthält § 41 StVZO. Der Führer muß sich von ihrer Wirksamkeit – u zwar von Fuß- u Handbremse gesondert – vor Antritt jeder Fahrt überzeugen (BGH VRS 22, 211), bes als Lastzugführer (Ko StVE 7). Wer sich einen schnellen Sportwagen leiht u vor Antritt der Fahrt die Wirksamkeit der Bremsanlage auch bei hoher Geschwindigkeit nicht überprüft hat, muß jede Gefahrensituation vermeiden, die ihn bei hoher Geschwindigkeit zu einer Vollbremsung mit den ihm unbekannten Folgen zwingen würde (BGH VRS 32, 209). Demgegenüber darf sich aber der Fz-Führer bei einem fast neuen oder frisch überprüften Fz darauf verlassen, daß die Bremseinrichtungen richtig eingestellt sind (BGH VM 65, 32; VRS 27, 348). Bremsen haben keine ausreichende Wirkung, wenn die geforderte Bremswirkung erst nach mehrmaligem „Pumpen" erreicht wird (Hbg VM 66, 130). Ein zu weiter Pedalweg der Fußbremse eines Kfz verstößt auch dann, wenn die in § 41 IV

StVZO vorgeschriebene Mindestverzögerung erreicht wird, gegen § 30 StVZO (Bay 73, 168 = VRS 46, 313). Der Kfz-Führer muß bei ordnungsgemäßer Wartung des Fz nicht ohne bes Anlaß außerhalb der vorgeschriebenen Inspektionstermine den Stand der Bremsflüssigkeit überprüfen (Bay 73, 216 = VRS 46, 395) u bei regelmäßiger Inspektion außer einer Bremsprobe keine sonstigen techn Prüfungen vornehmen (Bay DAR 78, 199; Fra VersR 80, 196).

Die **Bereifung** – Beschaffenheitsvorschriften s § 36 StVZO – gehört **11** ebenfalls zu den Teilen des Fz, die vor Antritt jeder Fahrt auf ihre VSicherheit zu prüfen sind (BGH VRS 17, 103; Dü NZV 97, 366). Der Fahrer muß sich aber an ihren äußeren Zustand halten. Eine innere Untersuchung ist ihm nicht zuzumuten (BGH VRS 13, 210; Ha VM 68, 89; s auch VRS 74, 218). Die Profilrillen oder Einschnitte müssen an jeder Stelle der Lauffläche nach § 36 II S 4 StVZO (Anh I) mind 1,6 mm tief sein, für motorisierte Kleinkrafträder genügt nach § 36 II S 5 StVZO (Anh I) 1 mm. Das gilt nicht für Geländereifen (Bay 70, 188 = VM 71, 17). Lauffläche ist der Teil der Oberfläche, der normalerweise dazu dient, die Verbindung zwischen dem Kfz u der Str herzustellen (KG VRS 33, 214). Über die zulässige Rippenbreite u Seitenstollen als Teile der Lauffläche s Bay 70, 75 = VM 70, 71. Lkw-Reifen, an denen die am Rand der Lauffläche befindlichen Profilblöcke zum Teil ausgebrochen sind, entsprechen nicht den Mindestanforderungen des § 36 II S 3 StVZO (Ha VRS 51, 460). Die Benutzung von Reifen, die bis auf den Gewebeunterbau nachgeschnitten sind, verstößt zwar nicht gegen § 36 StVZO, wenn die Profilrillen die vorgeschriebene Tiefe erreichen, aber gegen § 30 StVZO (Bay 67, 131 = VM 67, 106; wegen der Verantwortlichkeit von Fahrer u Halter für das Nachschneiden abgefahrener Reifen vgl auch BGH VRS 22, 281). Auch das **Reserverad** muß einwandfrei bereift sein, sobald es benutzt wird. Das bloße Mitführen eines Reserverades mit unvorschriftsmäßiger Bereifung stellt für sich allein keinen Verstoß dar (Dü VM 61, 20; Hbg VRS 31, 300; zum **Notgebrauch** s unten Rn 24; zur Verantwortlichkeit des Halters, wenn der in seinem Pkw mitgeführte Reservereifen, der kein vorschriftsmäßiges Profil mehr hat, zur Weiterfahrt nach einer Reifenpanne benutzt wird, s Bay 71, 115 = VRS 41, 458). – Die Führung eines Kfz mit mehreren abgefahrenen Reifen ist nur als **eine** OW zu bewerten (Bay 81, 62 = VRS 61, 133). **Spikesreifen** dürfen nach § 36 I StVZO nicht verwendet werden. Darunter fallen auch Reifen, die nicht auf der gesamten Breite der Lauffläche mit Spikes versehen sind, sondern nur an deren Rändern (Ha VRS 46, 318). Abgefahrene Reifen ausl Kfze s § 1 StVG Rn 12.

Die Kfze mit einem zulässigen Gesamtgewicht von 7,5 t u darüber, die **12** Zugmaschinen von 40 KW u darüber u die zur Beförderung von Personen bestimmten Kfze mit mehr als acht Fahrgastsitzen müssen nach § 57 a I S 1 StVZO einen eichfähigen **Fahrtschreiber** haben u unterwegs benutzen (s dazu VO [EWG] Nr 3821/85 [ABl EG Nr L 370] iVm Kontrollmittel-VO v 16. 5. 91 [BGBl I 1134] u 39. AusnVO v 27. 6. 91 [BGBl I 1431] für ehem DDR-Bereich; ausgenommen sind ferner die in Art 4 VO

StVO § 23 13 Sonstige Pflichten des Fahrzeugführers

[EWG] Nr 3820 gen Fze; s auch Bay VRS 86, 77: Milch-Fz auf BAB). Der Fahrer ist für die rechtzeitige u fachgemäße Auswechslung des Schaublattes des Fahrtschreibers, nicht aber für die Richtigkeit der aufgezeichneten Meßwerte verantwortlich (Schl VM 67, 23; Bay 61, 148). Wegen Auswertung des Schaublattes des Fahrtschreibers vgl § 3 Rn 47. Ist der freiwillig eingebaute Fahrtschreiber nicht nach § 57 a I StVZO vorgeschrieben, besteht keine Benutzungspflicht (Bay VRS 80, 230). § 57 a I StVZO gilt auch nicht für **ausl** Kfze bei vorübergehender Inlandsbenutzung (Bay VM 92, 71). – Ein Kfz darf nicht ohne **Radkappen** in Betrieb genommen werden, wenn die durch Entfernen der Radkappen freigelegten Teile (Achsabschluß, Radbefestigungsschrauben) so hervorragen, daß sie dadurch mit dem Fz in Berührung kommende Personen bes gefährden (Bay 71, 215 = VM 72, 27). Auch an der **Rückseite** eines Kfz dürfen **keine Teile** so am Fz-Umriß **hervorragen**, daß sie den Verkehr mehr als unvermeidbar gefährden, zB wenn infolge Entfernung der rückwärtigen Stoßstange die Auspuffrohre 12 cm weit vorstehen (Bay 72, 131 = VRS 43, 464).

13 Bei **Vereisung der Windschutzscheibe** darf das Fz erst in Betrieb genommen werden, wenn ein ausreichendes Sichtfeld gewährleistet ist (§ 35 b II S 1 StVZO; zur Heckscheibe s oben Rn 2). Andernfalls ist sein Zustand vorschriftswidrig. Der Kf hat grundsätzlich alle an seinem Fz gegen eine mögliche VGefahr vorgesehenen **Sicherungseinrichtungen** zu gebrauchen, auch wenn er deren Notwendigkeit nicht durchschaut. Das Fz befindet sich in vorschriftswidrigem Zustand, wenn ein Sicherungshaken, durch den die Bordwand gegen ein Herabfallen während der Fahrt gesichert werden soll, nicht eingehängt ist (BGHSt 15, 386). Ob **Rückspiegel** vorschriftsmäßig sind oder ein 2. Außenspiegel erforderlich ist (s oben Rn 2), bemißt sich nach § 56 StVZO (s dazu VkBl 61, 132; 66, 338, 406). Ob zur Vorschriftsmäßigkeit des Fz (iS von § 30 I StVZO) auch eine ausreichende Menge **Treibstoff** gehört, ist umstritten (bejahend KG VRS 47, 315; Dvorak DAR 84, 313 mwN Huppertz VD 99, 253; aA Hentschel 27 im Anschl an Ce VRS 11, 227; Ha VRS 57, 215, die m R darauf hinweisen, daß ein Fz allein durch Fehlen des Treibstoffes unter nichtgefährdenden Umständen nicht vorschriftswidrig wird). Dies gilt auch auf der AB, weil die Frage der Vorschriftsmäßigkeit eines Fz nicht von der Art der benutzten Verkehrswege, der Entfernung und der Dichte des Tankstellennetzes abhängen kann (einschränkend Dü DAR 00, 223). Bleibt das Kfz allerdings wegen **Treibstoffmangels** an einer unübersichtlichen Str-Stelle liegen, hat der Fahrer etwaige Folgen – außer bei Sicherung nach § 15 – zu vertreten, zumal die Verletzung eines auffahrenden VT ursächlich u regelmäßig für den Fahrer voraussehbar ist (BGH VRS 15, 38; Stu VRS 27, 269). Der Fahrer eines mit Dieselöl betriebenen Fz muß nach dem Auftanken persönlich den festen **Verschluß** des **Treibstofftanks** nachprüfen, während diese Vorsichtsmaßnahme beim Auftanken mit Benzin nicht gefordert wird (Ha VRS 30, 225). Die Dichtigkeit eines im Kofferraum befindlichen Treibstoff-**Reservekanisters** muß er nur überprüfen, wenn bes Anlaß besteht (Dü VRS 52, 377).

d) Während der Fahrt ergibt sich eine Pflicht zur Überprüfung des Fz **14** nur aus einem bes Anlaß, zB nach einem Sturz mit dem Krad oder einem sonstigen Unfall, nach dem Befahren bes schlechter Str-Strecken oder bei Anzeichen, die auf einen Mangel hinweisen (Bay DAR 55, 120). Auf langen, insb mehrtägigen Fahrten ist an jedem Tag vor Fahrtantritt eine Überprüfung des Funktionierens der betriebswichtigen Teile geboten.

e) Verantwortlichkeit für die Ladung. Wie die Ladung beschaffen u **15** verstaut sein muß, ergibt sich aus § 22. Benutzt der Fahrer ein Fz mit einer gegen eine dieser Bestimmungen verstoßenden Ladung im öff Verkehr, so liegt nur ein Verstoß gegen § 22 I vor, nicht auch gegen § 23 (s oben Rn 1 u 10 zu § 22). Unterwegs muß der Fz-Führer die Beladung nur aus gegebenem Anlaß überprüfen, zB nach Durchfahren schlechter Str-Stellen, wenn eine Lockerung des Ladegutes zu befürchten ist (BGH VRS 29, 26). – Bzgl der **Ladegewichts** darf er sich im allg auf die Gewichtsangaben des Verladers verlassen, sofern zu Zweifeln kein Anlaß besteht (Bay 69, 107 = VRS 38, 226; v 18. 11. 85, 1 Ob OWi 357/85; Dü NZV 93, 80); er hat aber grundsätzlich unter Anwendung aller ihm zur Verfügung stehenden Möglichkeiten eine **Überladung** zu vermeiden; an seine Sorgfaltspflicht sind wegen der VGefahren strenge Anforderungen zu stellen (Dü VRS 57, 312; 65, 397; DAR 93, 105 mwN). Zur Vorwerfbarkeit einer Überladung bedarf es idR der Feststellung erkennbarer Anhaltspunkte (Dü VRS 64, 462; 70, 226; 88, 71; Stu NZV 96, 417), die auf Überladung hinweisen (wie zB durchbiegende Federn, Umfang der Ladung, verändertes Anzugs- u Bremsverhalten; Dü DAR 95, 414; weitere Beisp bei Berr DAR 93, 106). Sind keine **Überladungsindikatoren** feststellbar, soll es nach Ko (NZV 97, 194) darauf ankommen, ob die Überladung vermeidbar gewesen wäre (anders noch der Senat in VRS 71, 441, wo er auf die Erkennbarkeit der Überladung abstellte). – Nach § 34 V S 1 u 2 StVZO trifft den Fahrer uU eine Mitwirkungspflicht zum Nachwiegen, kann Br (v 28. 7. 88 bei Verf NStZ 89, 570) jedoch nur bis zum Erreichen des Fahrtzieles. Ein Abzug von ca 12% vom Meßergebnis genügt idR zum Ausgleich etwaiger Meßungenauigkeiten (Bay bei Rüth DAR 86, 242 u Dü VRS 82, 233). – Der Beifahrer eines Lkw muß, wenn er unterwegs den Fahrer am Steuer ablöst, nur bei Vorliegen bes Umstände prüfen, ob die vom Fahrer übernommene Ladung zu einer Überschreitung des zul Gesamtgewichts führt (Bay 73, 55 = StVE 1; VRS 75, 230). – Radf ist es dann erlaubt, Gegenstände mitzuführen, wenn diese ihre Bewegungsfreiheit beim Fahren, das Zeichengeben und andere Personen oder Sachen nicht beeinträchtigen; dies sogar dann, wenn sie dadurch einhändig oder mit einer Tasche am Lenker fahren müssen (Ha NZV 92, 318 = StVE § 2 StVO 32).

f) Verantwortlichkeit für Tiere. Durch die 33. ÄndVStVOR ist jetzt **15 a** ausdrücklich bestimmt, daß der Fzführer für die sichere Mitnahme von Tieren verantwortlich ist. Der Fzführer muß sicherstellen, daß seine Beherrschung des Fz durch das Tier nicht beeinträchtigt wird (so bereits zur alten Rechtslage Nü NZV 98, 286; VM 94, 23; jew zu § 61 VVG).

Heß

16 g) **Verantwortlich für die Besetzung** ist der Fz-Führer, u zwar auch dafür, daß die Bestimmungen des § 21 über die Personenbeförderung eingehalten werden ("vorschriftsmäßige Besetzung"). Es stellt aber keine OW dar, wenn die Zahl der in einem Pkw (Def ergibt sich aus der Abgrenzung zum Kraftomnibus: § 15 d I s 1 StVZO) beförderten Personen die Anzahl der im Fz-Schein angegebenen Sitzplätze überschreitet, solange dabei das zul Gesamtgewicht eingehalten u die VSicherheit nicht beeinträchtigt wird (Kar NZV 99, 422); denn die höchstzul Zahl der von einem Pkw zu befördernden Personen ist ges nicht bestimmt (Kar VM 81, 40; Bay VRS 66, 280; Jagow VD 87, 193); anders bei Kraftomnibussen (§ 34 a I StVZO). Die mitgenommenen Personen verstoßen nicht gegen § 23, uU aber gegen § 21 II S 4 oder § 21 a. Zur Frage, ob der Führer auch dafür zu sorgen hat, daß sein Mitf sich § 21 a entspr verhält, s § 21 a Rn 9 u die folgende Rn.

17 Die **VSicherheit** darf durch die Besetzung, insb durch das Verhalten der Beförderten, nicht leiden (Begr; Kö VRS 75, 131: Mitf lassen aus dem Kofferraum Beine hinaushängen). Das heißt aber nicht, daß der Führer auch für die Befolgung der Pflichten der Fahrgäste aus § 21 a zu sorgen hat (so auch Ha JMBl NW 82, 212; KG VRS 70, 469; Bay NZV 93, 491; Bouska DAR 84, 265; Verf NStZ 82, 505 mwN; aA KG VM 82, 64 m abl Anm Booß; Kar NZV 99, 292), zumal die VSicherheit des Fz durch eine Verletzung der Anschnallpflicht durch Fahrgäste grundsätzlich nicht leidet (Booß aaO). Etwas anderes kann allenfalls gelten, wenn ausnahmsweise eine Garantenstellung des Fz-Führers (s KG VRS 70, 469) oder eine bes Fürsorgepflicht gegenüber schutzwürdigen Personen zB iS von § 3 II a oder Betrunkenen besteht (Fra VM 86,6; Ha DAR 96, 24). – Der **Kraftradf**, der weiß, daß seine Beifin in Kurven ihr Gewicht fehlerhafterweise nach außen verlegt, hat dem durch bes langsames Fahren Rechnung zu tragen (BGH(Z) VM 63, 67).

18 Die Mitnahme von betrunkenen oder angetrunkenen Personen in einem Kfz ist nicht verboten. Je nach den Umständen kann es jedoch geboten sein, ihre Mitnahme abzulehnen, bes auf einem Krad, oder sie doch nicht **neben** dem Fz-Führer Platz nehmen zu lassen (BGHSt 9, 335). Der Führer eines Pkw, der einen Betrunkenen auf dem vorderen Beifahrersitz mitnimmt, kann für einen Unfall auch dann verantwortlich sein, wenn dieser durch eine im Zeitpunkt der Fahrt unabwendbare Behinderung durch den Beif verursacht worden ist (Kö VRS 32, 268; Ha VRS 54, 197); er hat auch im Rahmen seiner allg Fürsorgepflicht auf die Sicherung des betrunkenen Beif durch Anschnallen zu achten (Ha DAR 96, 24).

21 **4. Abs 1 Satz 3: Vorgeschriebene Kennzeichen**

Die Vorschrift umfaßt die Pflicht, die Kennzeichen (§§ 18, 23 StVZO) in sauberem Zustand zu erhalten, bei längeren Fahrten auch unterwegs nach Durchfahren bes schmutziger Stellen zu reinigen u Kennzeichen, die durch Abnutzung schlecht lesbar sind, durch neue zu ersetzen. Fährt der Fahrer ein fremdes Fz, so muß er sich vor Inbetriebnahme von dem Vorhandensein eines gestempelten amtlichen Kennzeichens überzeugen (Ha VRS 58, 64).

5. Abs 1 Satz 4: Lichttechnische Einrichtungen

Die vorgeschriebenen lichttechn Einrichtungen (s § 17 Rn 4) müssen an Kfzen, ihren Anhängern u an Fahrrädern (auch Rennrädern außerhalb von Rennen: KG VM 82, 93) immer vorhanden u betriebsbereit sein, an anderen Fzen nur, wenn zu erwarten ist, daß sie benötigt werden. Diese Betriebsvorschrift steht selbständig neben § 17, der die Verwendung dieser Einrichtungen im Verkehr behandelt. Über den Umfang der Sorgfaltspflicht des Fz-Führers vgl oben Rn 9.

6. Abs 1 a: Nutzung von Mobil- und Autotelefonen

Die Vorschrift soll gewährleisten, daß der Fzführer während der Benutzung des Mobil- oder Autotelefons beide Hände zur Bewältigung seiner eigentlichen Fahraufgabe frei hat (Begr). Benutzung iS des Abs 1 a bedeutet nicht nur das eigentliche Gespräch, sondern umfaßt daneben sämtliche Bedienfunktionen des Telefons wie zB Wählen, Verschicken von SMS (Kurznachrichten) oder das Abhören der Mailbox (Begr).

Für Fahrradfahrer gilt dieses Verbot uneingeschränkt (VBl 01, S 8), für Kraftfahrzeugführer beinhaltet Abs 1 a S 2 dagegen eine Einschränkung. Danach gilt das Verbot nicht, wenn das Fz steht und der Motor ausgeschaltet ist. Die Benutzung des Handys bei längerem Stillstand des Fz wie zB im Stau oder bei (längerem) Halt vor einer geschlossenen Bahnschranke im Wege des Aufnehmens oder Haltens des Telefons ist damit (weiter) erlaubt; nicht dagegen bei einer verkehrsbedingten Fahrtunterbrechung von nur kürzerer Dauer wie dem Warten vor einer roten Ampel oder dem Stop + Go Verkehr, wenn der Fzführer dann den Motor nicht abschaltet, da er von einer zügigen Weiterfahrt ausgeht.

Zulässig ist daher das Telefonieren auf Grund des eindeutigen Wortlauts des Abs 1 a S 2, wenn kumulativ das Stehen des Fz und der ausgeschaltete Motor vorliegen.

Ebenfalls zulässig ist die Benutzung des Mobiltelefons über eine Freisprecheinrichtung (so schon zum alten Recht Verf in der Voraufl Rn 3; s allg auch zur alten Rechtslage Niendorf VGT 99, 76; Graß/Staak NZV 98, 189; Kärger DAR 99, 183).

7. Abs 1 b: Betrieb von Radarwarngeräten u ähnlichen Einrichtungen

Mit der 35. ÄndVO wurde ein neuer Abs 1 b eingeführt, der ein Verbot zur Verwendung technischer Einrichtungen in Kraftfahrzeugen, die dafür bestimmt sind, die Verkehrsüberwachung zu beeinträchtigen, enthält. Damit wird von der mit Gesetz v 19. 3. 2001 neu geschaffenen Verordnungsermächtigung (§ 6 Abs 1 Nr 3 i StVG) Gebrauch gemacht. Satz 1 verbietet Maßnahmen, die ein Kraftfahrer gegen die Verkehrsüberwachung ergreift

StVO § 23 23, 24   Sonstige Pflichten des Fahrzeugführers

und die darauf abzielen, sich den Verkehrskontrollen tatsächlich wirksam zu entziehen. Dies kann bewirkt werden durch den Einsatz technischer Geräte, die den Standort von Verkehrskontrollen anzeigen oder die konkrete Überwachungsmaßnahme stören (Begr). Durch die Vorschrift sollen sowohl technische Geräte wie Radarwarngeräte und Laserstörgeräte erfaßt werden als auch alle anderen technischen Möglichkeiten, die im Ergebnis vergleichbar sind (Begr).

Ausreichend ist, daß das Gerät aus der Sicht des Kraftfahrers zur Warnung oder Störung bestimmt ist. Ob das Gerät tatsächlich geeignet ist, vor den Radarkontrollen zu warnen, ist unbeachtlich. Das hat seinen Grund darin, daß ansonsten die Polizei und Behörden in Nachweisschwierigkeiten kämen (Begr).

Auch das betriebsbereite Mitführen solcher Geräte wird untersagt. Nicht verboten werden soll dagegen der gewerbliche Transport solcher Geräte (Begr).

Satz 2 dient allein der Verdeutlichung und dem Verständnis des Satz 1; er enthält keine Beschränkung der Vorschrift auf die dort aufgezählten Geräte (Begr).

23 8. Abs 2: **Bei unterwegs auftretenden Mängeln,** die nicht alsbald beseitigt werden u die VSicherheit **wesentlich** beeinträchtigen, wie Versagen des linken Scheinwerfers am Lkw (Dü VM 59, 143), des Motors, der Kupplung, der Lenkung oder der Bremsanlage (BGH VRS 65, 140) sowie nach Reifenpanne ohne brauchbaren Ersatzreifen (Bay StVE 21), ist das Fz auf kürzestem Wege aus dem fließenden Verkehr zu ziehen, (b möglichst von der Fahrbahn zu schaffen (Kö VRS 29, 367; Dü VRS 58, 281 = StVE 11). Dazu darf auf der AB notfalls kurzfristig, dh nur bis zum unverzüglichen Abschleppen, auch die Standspur benutzt werden (s Rn 23 zu § 18). Wird auf der AB durch Motorschaden die Geschwindigkeit auf 8–10 km/h herabgesetzt, muß sofort ganz rechts herangefahren u die AB bei der nächsten Ausfahrt verlassen werden (s § 15 a I); anderenfalls ist der Kfz-Führer für einen Auffahrunfall auch dann verantwortlich, wenn der Mangel ohne sein Verschulden aufgetreten war (Kö VRS 29, 367). Fällt bei einem Lkw die rückwärtige Beleuchtung aus, ist die VSicherung nach § 15 vordringlicher als die Behebung des Schadens (BGH(Z) VM 63, 81).

24 Bei anderen, während der Fahrt **unvorhersehbar** (Hbg VRS 50, 145 = StVE 5) auftretenden, die VSicherheit nicht so wesentlich beeinträchtigenden Mängeln, daß es sofort aus dem Verkehr gezogen werden muß (BGH VRS 65, 140; wie zB Auspuffdefekt: Dü VRS 69, 233 = StVE 16; VRS 69, 464, Reifenpanne: Bay ZfS 85, 255, defektem Sicherheitsgurt: Bay VRS 79, 382) darf die Fahrt jedenfalls bis zur nächsten **Werkstatt** – nicht aber zunächst zu einem Krankenbesuch (Stu VRS 87, 55) – fortgesetzt werden, insb wenn die Mängel durch Hilfsmaßnahmen (Ersatz der Blinkanlage durch Handzeichen, der Betriebsbremse durch die Handbremse u langsameres Fahren, s Schl VM 57, 148, oder auch unpassenden oder abgefahrenen Reservereifen: Bay ZfS 85, 255; VRS 75, 133; vgl auch BGH NJW 77, 114) genügend ausgeglichen werden können. Ob von die-

sem **„Notrecht"** Gebrauch gemacht werden darf, hängt von der Art des Mangels u der von ihm ausgehenden Gefährdung ab (BGH VRS 65, 140). Bei Ausübung des Notrechts entfällt zwar ein Verstoß gegen § 23 II oder die StVZO; es sind aber die erforderlichen Sorgfalts- u VRegeln zu beachten (Bay 84, 69 = VRS 67, 291 = StVE 15).

Kein Notrecht bei nicht unvorhersehbaren, insb vor der Fahrt be- 25 kannten oder erkennbaren Mängeln (wie bei Wirkungslosigkeit der Bremsen: BGH VRS 65, 140; schadhaften Reifen: Ha VM 69, 68; Hbg VRS 50, 145 = StVE 5; Stu VRS 87, 55: nach vorheriger pol Beanstandung; Ce ZfS 94, 345: Verbringung eines in betriebsunfähigem Zustand gekauften Kfz über 45 km; oder bei unzulänglich geflicktem Auspuff: Dü Rn 24); dann gelten die §§ 23 I S 2 StVO u 31 II StVZO bzw die im Einzelfall verletzten Betriebs- oder Ausrüstungsvorschriften.

Muß ein betriebsunfähig gewordenes Kfz, das wegen techn Mängel mit 26 eigener Motorkraft nicht oder nur mit wesentlich beeinträchtigter Betriebssicherheit gefahren werden kann (vgl Dü VM 77, 109; Bay v 11. 6. 91, 1 St 105/91), **abgeschleppt** werden (zum Begriff des Abschleppens s Fra NStZ-RR 97, 93; Ko NStZ-RR 97, 249), so darf es nach § 18 I StVZO ohne bes Erlaubnis mitgeführt werden (zur rückwärtigen Beleuchtung u Sicherung s §§ 15 u 16 StVO sowie § 53 StVZO; zur AB-Benutzung s § 15 a). Die Fze bilden im Hinblick auf den Notstandscharakter des Abschleppens keinen Zug iS des § 5 I StVZO (Klasse 2; Br VM 63, 83), so daß die FE für das abschleppende Kfz genügt (§ 5 II S 2 StVZO). Zul Abschleppen liegt nicht nur vor, wenn ein fahruntüchtiges Fz in eine möglichst nahe, geeignete Werkstätte oder in die Garage des Halters überführt wird, sondern auch dann, wenn es von dort zum Zweck des Ausschlachtens in einen Kfz-Verwertungsbetrieb überführt wird (BGHSt 23, 108). Abschleppen eines Krad ist verboten (§ 15 a IV; s auch unten 28). „Schleppen" (= Ziehen eines betriebsbereiten Kfz) s § 33 StVZO. Abschleppseil: § 43 StVZO. Zur Werkstättenfahrt vom Standort des Kfz aus s Rn 37. Das **Anschleppen** eines Fz ist grundsätzlich dem Abschleppen gleichzustellen (Dü VRS 54, 304).

Krafträder u Fahrräder müssen beim Auftreten eines wesentlichen 27 Mangels unterwegs nicht aus dem Verkehr gezogen, sondern dürfen geschoben (nach § 15 a IV aber nicht abgeschleppt) werden. Die Vorschrift gilt für alle Mängel, nicht nur für das Versagen der lichttechn Einrichtungen. Die Vergünstigung gilt nicht, wenn hinter dem Kraft- oder Fahrrad ein Anhänger mitgeführt wird (Ol VRS 25, 458). War das Fahrrad schon bei Beginn der Fahrt nicht mit betriebsfähigen lichttechn Einrichtungen (§ 67 StVZO) ausgerüstet, liegt ein Verstoß gegen § 23 I S 4 (vgl oben 22) vor.

9. Abs 3: Radfahrer u Kraftradfahrer 28

Wer ein Fahrrad schiebt, ist rechtlich als Fußgänger zu behandeln (§ 25 II; Ce VRS 20, 310; BGH(Z) VM 63, 7). Wer sich aber, auf einem Fahrrad sitzend, von einem anderen schieben läßt, was auch durch S 1 nicht verboten ist, ist Radf (Ce VRS 25, 471). Verboten ist durch III S 2 nur das Loslassen des Lenkrades mit beiden Händen, nicht aber das Mitführen von Gegenständen in einer Hand (KG VM 81, 109) oder das Abwinken. Wer in einer Hand ein Gepäckstück mitführt, verstößt möglicherweise gegen I S 2 dann, wenn er durch das Gepäckstück am vorschriftsmäßigen Geben des Richtungs-Z verhindert ist, da er auch hierzu die Lenkstange nicht mit beiden Händen loslassen darf. III verbietet auch nicht das Fahren allein auf dem Hinterrad (Bay 85, 60 = VRS 69, 146) oder nach S 1 das Abschleppen eines Krads (Bouska DAR 86, 16), was aber nach § 15 a IV verboten ist.

29 **10. Fz-Halter** in **formellem** Sinne ist derjenige, der bei der Zulassungsstelle als Halter vermerkt u im Kfz-Brief eingetragen ist (BVwG v 17. 2. 77 bei Bay DAR 85, 390 zitiert). Doch ist dies nicht zwingend (VGH BW ZfS 97, 438); im überwiegend vertretenen **wirtschaftlichen** Sinne ist Halter, wer das Fz für eigene Rechnung in Gebrauch hat u die Verfügungsgewalt darüber besitzt, die dieser Gebrauch voraussetzt (BGH(Z) VRS 65, 108; NZV 97, 116; Bay VRS 58, 462; Ko VRS 71, 230; Kö VRS 86, 202; NZV 94, 203; VGH BW NZV 92, 167; ZfS 97, 438; Kar DAR 96, 417; doch keine Anwaltssozietät als Gesellschaft bürgerlichen R's: BVwG NVwZ 87, 1081). Der formelle Begriff gilt vorrangig bei § 25 a StVG (AG Essen DAR 89, 115) bis zum anderweitigen Nachweis; in § 27 I S 2 StVZO stehen beide nebeneinander (s auch VGH BW NZV 92, 167). Bei der wirtschaftlichen Betrachtungsweise ist das Eigentum am Fz nicht entscheidend (s Kar DAR 96, 417; Dü VM 88, 34; Kö VRS 85, 209). Auf **eigene** Rechnung hält ein Fz, wer die Nutzung aus dem Gebrauch zieht u die Kosten der Fz-Haltung bestreitet (BGH VRS 22, 422; Ko VRS 71, 230; Kar aaO; Bay VRS 58, 462: wirtschaftl-faktische Umstände entscheiden). Nicht entscheidend ist, auf wessen Name das Fz zugelassen u haftpflichtversichert ist (BGH(Z) 13, 351; VM 69, 122); deshalb sind auch der Nießbraucher, der Mieter, der unentgeltliche Entleiher eines Fz (Kar NZV 88, 191) dann „Halter", wenn sie das Fz auf eigene Rechnung betreiben. Ebenso ist Halter, wer ein Fz auf längere Zeit u nicht nur für einen eng begrenzten Zeitraum (s Kar NZV 88, 191) zu freier Verfügung entleiht oder mietet (Zw VM 80, 6; s unten Rn 30), beim Kfz-**Leasing** idR der Leasing-Nehmer (BGH(Z) VRS 65, 108; Ha NZV 95, 233), soweit er die Betriebskosten zahlt u die Verfügungsgewalt über das Kfz hat. Der Leasing-Geber ist idR auch nicht Mit-Halter (aA Hbg VRS 60, 55), es sei denn, daß er Weisungsbefugnisse bzgl des Einsatzes des Kfz während der Vertragsdauer behalten hat (Bay 85, 23 = VRS 69, 70; v 17. 2. 97, 2 Ob OWi 57/97). Bei Teilung der Betriebskosten zwischen Eigentümer u Benutzer des Kfz kann Halter nur sein, wer mind einen Teil der Betriebskosten, etwa die Aufwendungen für den Treibstoff, trägt. – Die Halter-Eigenschaft ist aufgrund rechtlicher Würdigung der Einzelumstände, nicht eines Zugeständnisses des Betr zu beurteilen (Kö VRS 85, 209).

29 a **Nicht Halter** ist, wer sich in einem Mietkraftwagen durch den Halter oder einen Kf im Dienste des Halters **befördern läßt** oder als Selbstfahrer ein Kfz für eine **bestimmte Fahrt mietet** (BGH(Z) NZV 92, 145 mwN), als Angestellter im Gewerbebetrieb einen Firmen-Pkw zur Verfügung hat, den er auch für Privatfahrten benutzen darf, ohne dafür Kosten zu tragen (Bay 68, 54 = NJW 68, 2073; s auch Kö VM 80, 11: 81 jährige formelle Geschäftsinhaberin als Halterin?) oder ein Dieb, solange er noch pol Verfolgung ausgesetzt ist oder das Kfz nicht benutzen, sondern nur ausschlachten will (KG VM 89, 58). Wer seinem minderjährigen Sohn ein Mofa schenkt, das dieser u sein Bruder benutzen, wobei der Vater alle Betriebskosten trägt u die Verfügungsgewalt behält, ist Halter des Fz (Ha VRS 53, 313; s auch Ko VRS 65, 475 = StVE § 31 StVZO 10).

Die zum Halterbegriff erforderliche **Verfügungsgewalt** ist gegeben, 30 wenn der Benutzer des Fz Anlaß, Ziel u Zeit seiner Fahrten selbst bestimmen darf (BVwG VRS 66, 309; Dü NZV 91, 39), auch wenn es auf einen anderen zugelassen ist u dieser die fixen Kosten trägt (Ha NZV 90, 363), wie zB ein Firmen-Fz nach Belieben auch zu Privatfahrten benutzen darf (Ha VRS 29, 378; Bay VRS 58, 462). Die Verfügungsgewalt braucht nicht jederzeit vorzuliegen; die kurzfristige Überlassung des Fz an einen anderen, zB Vermietung an einen Fahrer auf wenige Wochen, hebt die Haltereigenschaft nicht auf (BGH(Z) NZV 92, 145); sie erlischt aber, wenn sie für eine nicht nur vorübergehende Zeit entzogen wird (BGH(Z) NZV 97, 116). Es ist durchaus möglich, daß die Verfügungsgewalt bei mehreren Personen vorliegt, zB beim Inhaber des Kfz-Verleihs u dem Mieter eines Fz auf längere Zeit (VGH BW NZV 92, 167). Zur Halterfrage, wenn das Kfz ständig von einer anderen als derjenigen Person benutzt wird, auf deren Namen es zugelassen u haftpflichtversichert ist, s Dü NZV 91, 39 u VRS 55, 383. Zur Halterverantwortlichkeit des vertretungsberechtigten Gesellschafters einer Personenhandelsgesellschaft hinsichtlich der Fze der Gesellschaft, die sie ihren Reisevertretern zur ausschließlichen Nutzung überläßt, deren Betriebskosten jedoch voll u ganz die Gesellschaft trägt, s Bay 76, 44 = StVE § 31 StVZO 2). Der Eigentümer eines Kfz-Anhängers wird nicht dadurch zum Halter eines Kfz, daß sein Anhänger an das Zug-Fz eines anderen angehängt u mit diesem in Betrieb genommen wird (BGH(Z) 20, 385, 392). Halter kann auch eine juristische Person sein (s dazu Kö VRS 66, 157).

11. § 31 II StVZO: Pflichten des Fahrzeughalters u seiner Stellvertreter   31

a) **Fz-Halter u Betriebsorganisation.** Der Halter (s Rn 29 ff) ist der eigentliche Träger der aus der Zulassung eines Fz zum Betrieb entstehenden Rechtspflichten. Auf ihn wird das Fz zugelassen (§ 24 StVZO); ihn trifft die Steuerpflicht nach dem Kfz-SteuerG, die zivilrechtliche Haftung nach §§ 7 ff StVG u die Versicherungspflicht nach dem PflVG. Der Halter ist auch zur Vorführung seiner Fze zur amtl Überwachung nach § 29 StVZO verpflichtet. Für das Verhalten des Fz im Verkehr ist zwar in erster Linie der Fz-Führer verantwortlich, aber den Halter trifft eine Mitverantwortung für die Auswahl, uU auch für die Überwachung des Fz-Führers u für den ordnungsmäßigen Zustand des Fz, auch wenn er selbst nicht am

Verkehr teilnimmt (BGH VRS 37, 271); an die Sorgfaltspflicht des Halters werden strenge Anforderungen gestellt (vgl zur Verhinderung von Überladungen: Dü NZV 88, 192), bes beim Transport gefährlicher Güter (Dü VM 88, 56). Ist der Halter eine juristische Person, so treffen die Halterpflichten die natürlichen Personen, die verantwortlich für sie handeln (§§ 14 StGB, 9 OWiG).

31 a **Mehrere Personen,** zB die beiden Mitinhaber einer Firma oder mehrere vertretungsberechtigte Vorstandsmitglieder einer Handelsgesellschaft, sind selbständig u nebeneinander als Kfz-Halter verantwortlich (s VGH BW NZV 92, 167). Es ist aber zul, im Wege der Geschäftsaufteilung die Betreuung des Fz-Parks auf einen von ihnen zu übertragen; dann ist die Verantwortlichkeit der nicht speziell zuständigen Gesellschafter zwar nicht beseitigt, aber doch stark gemindert (Ha VRS 40, 370). Die straf- bzw bußgeldrechtliche Verantwortlichkeit setzt voraus, daß bei dem betroffenen Gesellschafter alle wesentlichen, die Haltereigenschaft begründenden Merkmale (oben Rn 29 f) vorliegen (Bay 74, 18 = VRS 47, 137). In größeren Betrieben kann sich der Inhaber oder Vorstand oft nicht selbst um den Fz-Park kümmern. Dann gelten §§ 9 II OWiG bzw 14 II StGB (s 32). Ebenso, wenn die Eigentümer des Betriebes sich aus dem Geschäftsleben weitgehend zurückgezogen u zB einem Sohn die Leitung des Betriebs, verbunden mit Prokura, überlassen haben (Bay 68, 54 = NJW 68, 2073). Zur Verantwortung des persönlich haftenden Gesellschafters einer Personenhandelsgesellschaft s Schl VRS 58, 384; Dü VM 87, 9; eines GmbH-Gesellschafters nach § 9 II OWiG s Bay VRS 66, 287, zu der des Betriebsinhabers s auch § 130 OWiG (Dü VM 83, 26; vgl auch unten Rn 38).

32 Wird ein **Fz-Meister** für den Fuhrpark bestellt, so treffen diesen neben dem Inhaber oder Leiter des Betriebs die Pflichten des Fz-Halters einschl der strafrechtlichen Verantwortlichkeit (BGHSt 8, 139). Letztere sind entlastet, wenn sie den Fz-Meister mit der nötigen Sorgfalt ausgesucht, mit notwendigen Weisungen versehen u überwacht haben (KG VRS 36, 269; Ha 41, 394 u 46, 472; Kö VRS 66, 157), es sei denn, daß bes Umstände (Verstöße gegen Weisungen pp) gesteigerte Maßnahmen erfordern (s Bay VRS 66, 287). Der Halter, der seine Fze wegen mangelnder Fachkenntnisse oder wegen anderweitiger Beanspruchung nicht selbst beaufsichtigen kann, muß durch Schaffung einer **Betriebsorganisation** dafür sorgen, daß ein Höchstmaß an Sicherheit gegen den Gebrauch vorschriftswidriger Fze gewährleistet ist; an seine Sorgfaltspflicht sind dabei strenge Anforderungen zu stellen (Dü VM 87, 9; 88, 5, 56). Gelegentliche **Stichproben** oder Kontrollen der Durchführung der Anordnungen sind notwendig (BGH VRS 13, 94; Ha VRS 34, 149; VM 59, 87; Dü VM 87, 9; NZV 88, 192; 89, 244). Ist der Platzmeister, dem die Überwachung eines Kfz-Parks übertragen ist, für nicht nur ganz kurze Zeit erkrankt, so fällt die Halterverantwortlichkeit auf den Firmeninhaber zurück, wenn nicht etwa für die Erkrankungsdauer ein Vertreter des Platzmeisters vorhanden ist (Ha VRS 30, 202). Ein Baustellenleiter ist ohne entspr Auftrag nicht ohne weiteres auch für die Betriebssicherheit der dort eingesetzten Kfze verantwortlich (Bay

NZV 94, 82). – Verstöße gegen die Halterpflichten sind OWen nach § 69a V 3 StVZO (s Anh I). Zur Problematik s Göhler zu § 9 OWiG u Tröndle zu § 14 StGB sowie Janiszewski 150ff.

b) Verantwortung für geeigneten Führer. Für die Auswahl des Fz- 33 Führers ist in erster Linie der Fz-Halter verantwortlich. Dieser darf die Führung nie einer fahruntüchtigen Person überlassen, insb auch nicht einem Angetrunkenen oder Betrunkenen (vgl auch § 24 StVG Rn 5ff). Gegen II verstoßen auch die Personen, die nach dem unter a) Ausgeführten neben oder anstelle des Halters verpflichtet sind. Auch derjenige, der im Auftrag des Halters die tatsächliche Verfügungsmacht über das Fz hat, wie der unterwegs befindliche Firmen-Kf, verstößt – nach § 9 II S 2 OWiG – gegen § 31 II StVZO, wenn er die Führung des Fzs einem Fahruntauglichen (zB Betrunkenen) überläßt (Dü VM 71, 21; Bay 68, 13 = VM 68, 83). Die Tat ist vollendet, wenn der Fahruntaugliche eine Handlung vorgenommen hat, die nach dem in § 2 Rn 5ff Dargelegten das „Führen eines Fahrzeugs" darstellt. Wegen des Überlassens der Fz-Führung an einen anderen, der keine FE besitzt, s § 21 I S 2 StVG. Läßt sich nicht ermitteln, wer in fahrunsicherem Zustand gefahren ist oder die Führung einem anderen fahrunsicheren Fahrer überlassen hat, kommt wahlweise Verurteilung zwischen § 69a V S 2 oder 3 StVZO in Betracht (s dazu unten Rn 53). Sind **mehrere Fernfahrer** unterwegs, die sich in der Lenkung ablösen, so ist jeder nur solange Führer des Fz, als er selbst steuert, nicht während der Zeit seiner Ruhepause (vgl § 2 Rn 5ff). Trotzdem ist jeder von ihnen auf Grund der sie verbindenden Fahrgemeinschaft verpflichtet, im Rahmen des ihm Möglichen u Zumutbaren darauf bedacht zu sein, daß sein Fahrtgenosse die Ruhepause insb durch Schlaf zu seiner Erholung ausnutzt. Er darf dem anderen das Steuer nicht überlassen, wenn er erkennt, daß dieser **übermüdet** ist (BGH VRS 17, 290; vgl auch § 315c StGB Rn 16). Das Überlassen eines Kfz an einen Führer ohne FE oder an einen angetrunkenen Fahrer begründet die Verantwortung für den durch die Fahrt verursachten Tod eines anderen nur dann, wenn die Fahrweise zu beanstanden war. Hat sich der Fahrer verkehrsgerecht verhalten, so fehlt der ursächliche Zusammenhang mit dem Erfolg (Bay 55, 96 = VRS 9, 208).

c) Verantwortung für Fz u Ladung. Der **Halter** ist nach § 31 II 34 StVZO auch für den vorschriftsmäßigen Zustand von Fz u Ladung bei der **Inbetriebnahme** verantwortlich (nicht für unterwegs vom Fahrer begangene Verstöße: Bay 71, 115). Was unter „Inbetriebnahme" iS der §§ 31 II, 69a III u IV StVZO zu verstehen ist, richtet sich jew nach Sinn u Zweck der einzelnen Vorschrift (BGHSt 28, 213; 216; Bay VRS 61, 472). Maßgeblich ist jedenfalls nicht der wirtschaftliche Einsatz, also die erste Indienststellung des Fz (Rüth-BB 32 zu § 31 StVZO), sondern der Einsatz im öff Verkehr, u zwar im fließenden u nicht im ruhenden Verkehr (Bay aaO; Jagow Rn 5 zu § 69a StVZO), denn es soll den mit dem fließenden Verkehr verbundenen Gefahren begegnet werden. Ein auf der Str mit mangelhaften Reifen abgestelltes Kfz ist hiernach nicht in Betrieb genommen (Stu VM 68, 66; Schl VM 77, 9m krit St Booß). Dieser Begriff ist daher enger als der des „Inbetriebsetzens" iS der §§ 1, 7 StVG (s dazu § 1 StVG Rn 9), zumal § 7 StVG auch im ruhenden u (iG zu § 1 StVG) nicht öff Verkehr greift (s Greger § 7 StVG Rn 38 f). In Betrieb genommen ist ein Fz, wenn die bestimmungsgemäßen Triebkräfte auf das Fz zur Fortbewegung zur Teilnahme am StraßenV (Bay aaO), einwirken, gleichgültig, welchen Zweck die Fahrt hat (Bay 58, 25 = VRS 15, 72). Auch eine Fahrt zur Werkstatt oder eine Überführungsfahrt fällt darunter. § 31 II StVZO gilt auch für den Betrieb eines Kfz, das nur als gewöhnliches Fz ohne eigene Kraft betrieben wird (Bay 55, 129); jedoch muß dann sein Zustand nur den an alle Fze gestellten Anforderungen hinsichtlich Lenkung, Bremsen, Beleuchtung usw, nicht aber den bes Anforderungen an ein mit Motorkraft betriebenes Kfz entsprechen. Verantwortlichkeit für Zustand des Reservereifens s oben Rn 6 ff, 11.

35 Die Verantwortung für den vorschriftsmäßigen Zustand entfällt grundsätzlich nicht mit der Gebrauchsüberlassung an einen anderen (KG VRS 36, 226), bes nicht bei Überlassung in schlechtem Zustand (Dü bei Verf NStZ 89, 570 zu § 31 II StVZO); er muß den Benutzer stichprobenweise überwachen u darf sich nur auf erwiesenermaßen zuverlässige Fahrer verlassen, sofern keine bes Umstände vorliegen (BGH VRS 6, 377; Ha VRS 52, 64; Dü VRS 40, 141). Bei Überlassung zu längerem Gebrauch ist er für Mängel, die erst nach der Überlassung auftreten, nur dann verantwortlich, wenn er die Möglichkeit tatsächlicher Überwachung des Fz auch nach der Überlassung behalten hat (Fra VRS 52, 220; Kö VRS 52, 221) oder voraussehen konnte, daß während der Überlassung ein Mangel eintritt, dessen Behebung durch den Benutzer nicht sicher ist (Bay VRS 79, 383).

36 **Zulassen der Inbetriebnahme:** Es genügt, daß der Halter die Benutzung des Fzs durch einen anderen fahrlässig ermöglicht, zB die Schlüssel schlecht verwahrt hat, so daß ein Unbefugter das Fz in Betrieb setzen konnte (vgl § 21 StVG Rn 11 f; § 14 II; Ha VRS 46, 399); ob es einer zusätzlichen Sicherstellung der Fz-Schlüssel bedarf, hängt namentlich von der Verläßlichkeit des Fahrpersonals ab (Bay VRS 66, 287). Hat der Halter das Fz allg zur Benutzung durch seine Betriebsangehörigen freigegeben, so dauert die darin liegende Zulassung so lange fort, bis der Halter seinen entgegenstehenden Willen eindeutig u für die bis dahin berechtigten Benutzer des Fz unmißverständlich zum Ausdruck gebracht hat (Ha VkBl 68, 508; Bay 66, 125 = VRS 32, 144).

37 Ebenso wie für den Fahrer besteht auch für den Fz-Halter das **Notrecht,** die Inbetriebnahme eines unvorschriftsmäßigen Fz zum Zweck der **Verbringung** in die **nächste geeignete Werkstätte** unter Beachtung der oben Rn 24 behandelten Vorsicht anzuordnen oder zuzulassen (Ha DAR 73, 307). Ist die VSicherheit des Fz durch die Mängel erheblich beeinträchtigt, so ist diese Inbetriebnahme doch zulässig, wenn ein Angestellter des mit der Instandsetzung beauftragten Werkstättenunternehmens, der über die Mängel unterrichtet ist, das Fz abholt u mit eigener Motorkraft auf seine Verantwortung in die Werkstätte verbringt. Der Halter darf sich in solchen Fällen darauf verlassen, daß der Inhaber der Reparaturwerkstatt sachkundig darüber entscheidet, ob das Fz mit eigener Kraft fah-

Amtliche Überwachung der Kraftfahrzeuge **38–41 § 23 StVO**

ren darf oder abgeschleppt werden muß (Bay 63, 165 = VM 63, 141; vgl auch Bay 72, 162 = VRS 44, 150).

Der **Halter,** der einen zuverlässigen, sachkundigen Kraftwagenf beschäftigt, der das Fz regelmäßig pflegt u führt, darf sich darauf verlassen, daß sein Fahrer laufend den Fz-Zustand überprüft u ihn über auftretende Mängel unterrichtet (BGH VRS 6, 477; Ha VM 00, 4). Wer aber nicht fachkundig ist u keinen Wagenpfleger beschäftigt, genügt seiner Halterpflicht nur, wenn er das Fz laufend überwachen, insb die durch die Herstellerfirma vorgeschriebenen Inspektionen durchführen läßt (vgl oben Rn 6 f). Das gilt bes für die Überprüfung der für die VSicherheit bes wichtigen Bremsen bei Lkw u Anhängern (BGH VM 60, 2). **Überladungen** sind mind durch gelegentliche Kontrollen zu verhindern (BGH VRS 10, 282, 286; Dü VRS 72, 218), insb bei Zweifeln an der Zuverlässigkeit des Fahrers (Kö VM 80, 85; Bay v 10. 3. 88, 1 Ob OWi 350/87); sonst haftet der Halter selbst dafür (nach den §§ 31 II, 34 II StVZO), nicht aber nach § 130 OWiG (Ha VRS 15, 153; Dü VRS 69, 234 = StVE § 31 StVZO 13), der bloßer AuffangTB ist (Dü VM 87, 107). Den **Vermieter** von Kfzen an **Selbstfahrer** trifft hinsichtlich der laufenden Überwachung u Instandhaltung ihrer Fze eine erhöhte Sorgfaltspflicht (BGH VM 61, 12; vgl 31 f). **38**

d) Auf die **vorschriftsmäßige Besetzung,** vor allem bei der Personenbeförderung, hat der Halter zu achten (§ 21 StVO). Er hat die vorschriftswidrige Mitnahme von Personen zu verhindern u als Unternehmer einen neuen Fahrer auf die entspr Vorschriften u deren Beachtung hinzuweisen (s § 34 a StVZO; Ko VRS 72, 466; Dü VRS 85, 388; VM 93, 92). **38 a**

12. § 29 StVZO: Amtliche Überwachung der Kraftfahrzeuge **39**

Nach Anl VIII zu § 29 I u II StVZO (abgedr Beck-Loseblattausgabe „Straßenverkehrsrecht") unterliegen die untersuchungspflichtigen Kfze u Anhänger Hauptuntersuchungen und Sicherheitsprüfungen. Der Zeitabstand der Untersuchungen ist in Anl VIII 2 geregelt, die Durchführung der Untersuchungen, bes Untersuchungsformen, Einzelheiten über Prüfbücher ua Untersuchungsnachweise, die Anerkennung von Werkstätten u Überwachungsorganisationen sind in § 29 und Anlagen VIII, VIII a, VIII b, VIII c, und VIII d geregelt.

Vorübergehende Stillegung des Kfz: Nach Anl VIII 2.8. ruht die Untersuchungspflicht während der Abmeldung, ist aber nach Wiederzulassung nachzuholen. Keine Verlängerung der laufenden Frist um die Zeit einer Stillegung ohne Abmeldung (Bay 69, 183 = VRS 38, 316; Ko VRS 50, 144). So ist das zugelassene u betriebsbereite Kfz auch dann zur Hauptuntersuchung vorzuführen, wenn das Kfz wegen Entz der FE nicht benutzt wird (Zw VM 78, 15). **40**

Der **Verstoß** gegen § 29 I **(echtes Unterlassungsdelikt)** ist vollendet, wenn der Halter sein Fz nicht spätestens in dem Monat, der durch die Plakette ausgewiesen ist, zur Prüfung angemeldet hat. Die in § 29 V S 1 enthaltene Bestimmung, daß die Plakette mit dem Ablauf von 2 Mon nach dem auf ihr angegebenen Monat ungültig wird, bedeutet nicht, daß die **41**

Heß

StVO § 23 42–45 a   Sonstige Pflichten des Fahrzeugführers

Anmeldung bis dahin hinausgeschoben werden darf (Ha VRS 31, 312). In der Weiterbenutzung eines Kfz mit ungültig gewordener Prüfplakette liegt allein noch kein Verstoß gegen § 29 StVZO (Ol StVE § 29 StVZO 3). Die Pflicht zur Vorführung u damit die Dauertat nach § 29 endet, wenn die Anmeldung erfolgt ist (Bay VRS 63, 221). Von diesem Zeitpunkt an läuft die Verfolgungsverjährungsfrist (Ha aaO; Stu VRS 33, 273). Der Halter eines größeren Fz-Parks genügt den an ihn zu stellenden Anforderungen, wenn er einen zuverlässigen Buchhalter mit der Führung des Fristenkalenders beauftragt u ausreichend überwacht (Ce VRS 31, 134). Ein vielbeschäftigter Rechtsanwalt kann aber die Überschreitung der Untersuchungsfrist um mehr als 5 Monate nicht damit entschuldigen, er habe sich auf eine beauftragte Werkstatt verlassen (Kö VM 80, 37). Der Verstoß gegen § 29 I StVZO steht zu Verstößen gegen Beschaffenheitsvorschriften der StVZO im Verhältnis der TM (KG VRS 16, 116; Bay VRS 47, 138; Ha VRS 48, 38).

42 **Verkehrsunsichere Fze** dürfen nur mit der erforderlichen Vorsicht zur nächsten geeigneten Reparaturwerkstätte gefahren werden. Ein Kfz, an dem bei der Untersuchung nach § 29 StVZO ein Mangel festgestellt wurde, wegen dessen das Fz zwar nicht verkehrsunsicher, aber doch vorschriftswidrig ist, darf auch während der zur Beseitigung gesetzten Frist nicht entgegen § 23 I S 2 weiter benutzt werden; denn § 29 StVZO schränkt die Pflichten aus § 23 I S 2 nicht ein, sondern dient der Überwachung ihrer Einhaltung (Anl VIII 3.3; s auch unten 52).

43 **§ 29 Abs 2 StVZO (Prüfplakette)** begründet bußgeldbewehrte Pflichten des Halters (§ 69a II 14–18 StVZO; s dazu Nrn 113–114 VwKat; 50 BKat). Die Prüfplakette ist eine Urkunde iS des § 267 StGB. Wer sie mit der Farbe eines anderen Jahrgangs übermalt, verfälscht sie (Bay 65, 117 = VM 66, 3). – **§ 29 III StVZO** beseitigt Zweifel, die in der RSpr (Ha VRS 47, 430) über die Bedeutung der Prüfplakette aufgekommen waren (Begr VkBl 80, 144).

44 **§ 29 Abs 7 S 4 u 5 StVZO: Untersagung des Betriebs.** Wer das Fz entgegen VII S. 5 weiter benutzt, verstößt gegen § 69a II 15 StVZO iVm § 24 StVG (s 48 BKat; Stu VRS 57, 462).

45 **13. § 31 a StVZO: Führung eines Fahrtenbuches**

Die Vorschrift (s Anh I) soll es durch Ergänzung der Kennzeichnungspflicht nach den §§ 18, 23 StVZO erleichtern, nach Verstößen den jew Führer eines Kfz zu ermitteln (BVwG NJW 89, 2704; OVG NW DAR 99, 375; VGH BW NZV 91, 445; OVG Saar ZfS 98, 38); sie verstößt bei Beachtung des Verhältnismäßigkeitsgrundsatzes nicht gegen das GG u steht nicht mit den Grundsätzen über das ZeugnisverweigerungsR oder der straflosen Selbstbegünstigung in Widerspruch (BVfG VRS 62, 81 = StVE § 31a StVZO 14; BVwG VRS 61, 314; 90, 70; ZfS 95, 396; HessVGH VM 80, 43; zur Reformbedürftigkeit s Janiszewski 829). Die AO wird auch nicht durch längeren Zeitabstand zur Tat unverhältnismäßig (BVwG ZfS 95, 477).

45 a Die AO richtet sich gegen den **Fz-Halter** (Rn 29), mit dessen Fz ein (objektiv festgestellter) VVerstoß begangen wurde, der Führer aber nicht ermittelt werden konnte. Kann oder will der Halter den Fahrer nicht nennen, dh wird dessen Ermittlung infolge des Verhaltens des Halters unmöglich (VGH BW NZV 92, 46, 47; s unten Rn 46a), darf er durch eine Fahrtenbuchauflage im Interesse der VSicherheit zu einer überprüfbaren Überwachung der Kfz-Benutzer angehalten werden; anders, wenn er das ihm Zumutbare u Mögliche zur Fahrer-Ermittlung beigetragen hat, dieser aber infolge Aussageverweigerung des Entleihers des Kfz nicht überführt werden kann (VGH BW NZV 92, 46). Voraussetzung ist nicht, daß er selbst VOWen begehen wird (BVwG aaO Rn 45).

Materielle Voraussetzung ist ein nicht unerheblicher VVerstoß. Die 46 AO ist im Hinblick auf den **Verhältnismäßigkeitsgrundsatz nicht zulässig** bei einem einmaligen unwesentlichen Verstoß, der sich weder verkehrsgefährdend auswirken noch Bedenken gegen die charakterliche Zuverlässigkeit des Kf begründen lassen (BVwG NZV 00, 386 NZV 95, 460), insb nicht bei einem geringfügigen, verwarnungsfähigen (OVG Lü VRS 58, 231) u nicht eintragungsfähigen Verstoß (VG Bra StVE § 31a StVZO 18); wohl aber bei erheblicher, wenn auch nur einmaliger Zuwiderhandlung (VGH BW VRS 59, 73; HessVGH VM 73, 114), bei erheblicher Geschwindigkeitsüberschreitung (VG Berlin NZV 99, 104: über 20 km/h; VG Dr DAR 94, 128: im BerufsV; VGH BW DAR 91, 433; NZV 92, 167; 93, 47; VG Mü DAR 91, 473), wenn die OW mit mind 1 Punkt zu bewerten ist (OVG NW VRS 90, 231; DAR 99, 375; einschränkend BVwG NZV 00, 386: „kann die Auflage rechtfertigen"), bei Rechtsüberholen u Lückenspringen bei hoher Geschwindigkeit auf der AB (OVG NW NZV 92, 423) oder beim Überfahren von Rotlicht, insb wenn dabei in eine durch Grün für Fußgänger freigegebene Furt eingefahren wird (VG Bln NZV 97, 327), doch selbst in harmloser Situation (BVwG NJW 87; 143; VGH BW VRS 81, 311: an Baustelle), insb unter den Voraussetzungen der Nr 34.2 BKat (NdsOVG ZfS 97, 77), da dies stets, bes für die auf Grün vertrauenden VT, gefährlich ist; auf eine konkrete Gefährdung kommt es allerdings nicht an (BVwG NZV 95, 460; NZV 00, 386). Wiederholte gleichartige Verstöße, die nicht aufgeklärt werden konnten, auch solche gegen Parkverbote, rechtfertigen aber die Maßnahme dann ausnahmsweise, wenn der einzelne Verstoß unbedeutend ist (OVG NW VRS 66, 317 = StVE § 31a StVZO 18); das insb, wenn für den Wiederholungsfall Fahrtenbuchauflage angeordnet war. IdR ist die Anordnung in einem solchen Fall aber nicht gerechtfertigt (VG Saar ZfS 97, 318). Auch die erhebliche Überschreitung einer nur aus Lärmschutzgründen angeordneten Geschwindigkeitsbeschränkung kann ausreichen (VGH BW DAR 91, 313).

Weitere Voraussetzung ist, daß die Feststellung des Fz-Führers **nicht** 46a **möglich** war. „Unmöglichkeit" ist hier nicht im logischen Sinne zu verstehen, sondern liegt schon dann vor, wenn die Behörde nicht in der Lage war, den Täter zu ermitteln, obwohl sie alle angemessenen u zumutbaren Maßnahmen ergriffen hat (BVwG ZfS 92, 286; VGH BW DAR 91, 313; VGH Ma NZV 99, 396; VRS 98, 319; OVG NW NJW 95, 3335; vgl auch § 25a StVG Rn 3 ff). Welche Ermittlungsmaßnahmen im einzelnen geboten sind, richtet sich danach, ob die Behörde in sachgerechtem u

StVO § 23 46 b Sonstige Pflichten des Fahrzeugführers

rationellem Einsatz der ihr zur Verfügung stehenden Mittel nach pflichtgem Ermessen die Maßnahmen getroffen hat, die der Bedeutung des Verstoßes gerecht werden u erfahrungsgem Erfolg haben können (OVG Br VRS 86, 159; BVwG DAR 88, 68). Bei der Kontrolle von Park-, Rotlicht- u Geschwindigkeitsverstößen genügt im allg das Notieren des Kennzeichens als Sofortmaßnahme; sofortiges Anhalten ist bei letzteren nicht nötig (BVwG NJW 79, 1054; VGH BW ZfS 84, 381). Verweigert der Halter die ihm zumutbare Mitwirkung bei der Feststellung des Fahrers (s dazu VGH BW NZV 92, 46 bei Weitergabe des Fz an Dritte), so sind der Behörde idR weitergehende Ermittlungen nicht zuzumuten (BVwG VRS 88, 158; Bay VRS 64, 466; OVG NW VRS 70, 78; s auch OVG Br VRS 86, 159), falls keine bes Anhaltspunkte vorliegen (st Rspr BVwG aaO; VGH BW DAR 91, 433). Können Eheleute nach Urlaubsrückkehr nicht mehr sagen, wer gefahren ist, ist die Ermittlung des Fahrers „nicht möglich" (VG Hannover VRS 52, 70). Dasselbe gilt, wenn ein PolBeamter den Fahrer nach einem Parkverstoß nicht beim Fz antrifft (OVG Ko VRS 54, 380 = StVE § 31a StVZO 4) oder bei Radarkontrolle kein Anhalteposten eingesetzt ist (BVwG NJW 79, 1054) oder der Halter von seinem Aussage- u ZeugnisverweigerungsR Gebrauch macht (BVwG StVE § 31a StVZO 21; ZfS 95, 397; VGH BW ZfS 97, 438; NZV 01, 448; Bay NZV 00, 385) u den Anhörbogen ohne Angaben zur Sache zurückschickt (BGH BW DAR 90, 233), nicht aber bei Nichtrücksendung des Anhörbogens (VGH BW NZV 89, 408), dessen (rechtzeitigen) Zugang die VB nachweisen muß (VG Fra DAR 91, 314). Zum Umfang der Prüfungspflicht der VB s auch VGH BW DAR 91, 433 bei Radarmessung; OVG NW VRS 50, 155; 53, 478 u OVG Saar VM 82, 75: zeugenschaftliche Vernehmung des Halters. Die AO, ein Fahrtenbuch zu führen, wird durch die Feststellung des Fz-Führers nach Eintritt der Verfolgungsverjährung nicht ausgeschlossen (OVG Bln VRS 51, 319).

46 b Die Ermittlungen (Vernehmung des Fz-Halters u etwaiger weiterer als Fz-Führer in Frage kommender Personen oder von Angehörigen: OVG Br VRS 57, 478) müssen so **bald,** dh idR binnen 2 Wochen (BVwG VRS 56, 306 = StVE § 31a StVZO 7; VGH BW DAR 91, 313; VG Fra DAR 91, 314; VGH Mü NZV 98, 88; OVG Saar ZfS 98, 38) durchgeführt werden, daß sich diese Personen an den Vorfall noch erinnern können (BVwG VRS 42, 61; Ausn wenn die OW mit dem Firmen-Fz eines Vollkaufmanns im geschäftlichen Zusammenhang begangen wurde: OVG NW VRS 90, 231; s auch VG Saar ZfS 97, 318). Unterrichtung eines Geschäftsführers einer GmbH genügt (OVG NW 19. 10. 87, 19 A 207/87), ebenso die rechtzeitige Zusendung des Anhörbogens (VGH BW VM 92, 118). Versäumnisse der Behörde gehen nicht zu Lasten des Fz-Halters (ebenso BVwG VM 71, 42; OVG NW VRS 18, 479). Die vom BVwG (aaO) entwickelte 2-Wochen-Frist ist keine starre Grenze (VGH BW NZV 99, 224); eine Verzögerung ist dann unbeachtlich, wenn sie für die Nichtermittlung nicht ursächlich war, also auch eine frühere Anhörung kein anderes Ermittlungsergebnis gebracht hätte (BVwG VRS 73, 400; OVG NW NJW 95, 3335; OVG Saar ZfS 98, 38; VGH Mü NZV 98, 88; VGH BW

NZV 99, 224), wie zB bei Berufung auf ZeugnisverweigerungsR (OVG Saar ZfS 98, 38) oder die Position des Halters nicht beeinträchtigt hat (OVG NW NJW 95, 3335).

Die **Dauer der Auflage** – wenn sie befristet wird (s Rn 49) – muß angemessen sein u sollte im Erstfall ohne erschwerende Umstände 6 Mon nicht überschreiten (OVG NW VRS 75, 384; VGH BW DAR 91, 433, 435: 1 Jahr bei erheblicher Geschwindigkeitsüberschreitung). 47

Zuständig zur AO der Fahrtenbuchführung ist die Straßen-VB; verpflichtet ist der Halter, nicht der Führer des Fz. Die AO kann sich auf alle Fze des Halters erstrecken, auch wenn nicht mit allen, sondern nur mit einigen unaufklärbare VVerstöße begangen wurden (BVwG VM 71, 64; VGH BW DAR 90, 114), auch auf ein Folge- oder ErsatzFz (so jetzt ausdrücklich § 31a I nF; BVwG DAR 89, 192; OVG NW NZV 92, 423). Nach BayVGH (DAR 76, 278) darf sich die AO aber nicht auf Fze erstrecken, bei denen keine Gefahr der Nichtfeststellbarkeit des Fahrers besteht, zB weil sie einem bestimmten Betriebsangehörigen zur ausschl Benutzung zugewiesen sind. 48

Gegenstand der Eintragung ist (nach § 31a II) jede einzelne Fahrt. Einzutragen sind vor u nach der Fahrt nur die in § 31a II gen Fakten u Daten, nicht aber die Strecke (VGH BW ZfS 84, 391), Kilometerstand, Abfahrts- u Zielort, solche Auflagen sind unzul, da § 31a die Fahrtenbuchauflage abschließend regelt (OVG NW DAR 95, 379). Die Eintragungen müssen aus sich heraus verständlich sein u eine nachprüfbare Überwachung der Kfz-Benutzung ermöglichen (KG VRS 70, 59); computermäßige Speicherung ohne Ausdruck der Angaben genügt nicht (KG NZV 94, 410). 48a

Die AO dauert bis zu ihrer **Aufhebung,** wenn sie nicht von vornherein befristet wurde, soweit dies angezeigt ist (s dazu VGH BW DAR 91, 433, 435; Janiszewski Rn 827). Wird das Fz veräußert, erlischt die AO, wenn sie sich nur auf das bestimmte Fz bezogen hat. War sie dagegen allg für alle Fze eines Halters angeordnet, so ist sie erst erledigt, wenn dieser alle Fze veräußert hat u nach den Umständen des Falles, zB wegen hohen Alters des Halters, mit Sicherheit davon ausgegangen werden kann, daß er von der Wiederbeschaffung eines Kfz Abstand nehmen wird (BVwG VM 67, 58). 49

Das Fahrtenbuch muß auf der Fahrt **nicht mitgeführt,** wohl aber noch 6 Mon nach Fristablauf aufbewahrt werden (§ 31a III b StVZO). Der Fz-Halter, dem die Führung eines Fahrtenbuches auferlegt ist, ist nach § 31a III b verpflichtet, dieses auf Aufforderung zur zuständigen Behörde zu bringen u zuständigen Personen auf Verlangen auszuhändigen. Die Aushändigungspflicht besteht unabhängig davon, ob eintragungspflichtige Fahrten erfolgt sind (KG NZV 90, 362). § 31a ermächtigt die VB nicht zur AO, das Fahrtenbuch regelmäßig vorzulegen (OVG Lü NJW 84, 2374 = StVE § 31a StVZO 17). 49a

Ordnungswidrig nach § 69a V S 4 StVZO iVm § 24 StVG (s Nr 52 BKat) handelt, wer als Halter oder dessen Beauftragter die in § 31a II vorgeschriebenen Fakten nicht einträgt oder nicht unverzüglich nach Fahrtende unterzeichnet oder es entgegen § 31a III nicht aushändigt oder aufbewahrt; zusätzliche AOen der VB sind nicht erfaßt (Bay 73, 164 = VRS 46, 50

StVO § 23 50 a–52   Sonstige Pflichten des Fahrzeugführers

316; KG VRS 70, 59). Die Haltereigenschaft ist im Bußgeldverfahren selbständig nachzuprüfen (Bay aaO).

50 a **14. Zivilrecht/Haftungsverteilung**

Einzelfälle: Wird ein Mofa während der Fahrt defekt und versagt die Beleuchtung, so muß es auch bei Dunkelheit nicht auf dem kürzesten Weg aus dem Verkehr gezogen werden, sondern darf grds ohne Licht auf der rechten Seite geschoben werden. Allerdings kommt es zur Anrechnung der Betriebsgefahr (20%), wenn der Fahrer beim Herannahen eines anderen Fahrzeuges von hinten nicht nach rechts auf den Seitenstreifen ausgewichen ist (Old ZfS 97, 131). Verliert ein Lkw während der Fahrt auf einer Autobahn einen Reifen und gerät ein Pkw-Fahrer bei dem erforderlichen Ausweichmanöver ins Schleudern, trifft den Lkw-Fahrer ein überwiegendes Mitverschulden an dem Unfall, wenn das Fahrzeug nicht vor Fahrtantritt auf seine Verkehrssicherheit überprüft worden ist (LG Aschaffenburg SP 95, 69 – LKW 75%; Pkw 25%). Ein Kraftfahrer, der in seinem Pkw sehr **laute Musik** hört, beeinträchtigt unter Verstoß gegen §§ 1, 23 I StVO sein Reaktionsvermögen. Dies kann im Fall eines Unfalles zur Mithaft führen (LG Aachen VersR 92, 843 – $^1/_3$).

51 **15. Ordnungswidrigkeiten**

§ 22 geht als Spezialvorschrift dem Auffang-TB des § 23 vor (s oben 1 u 15), der seinerseits im Falle der Gehörbeeinträchtigung § 2 I StVZO verdrängt (s oben 3). – Verstöße des Fz-**Führers** sind OWen nach § 49 I 22 iVm § 24 StVG (s Nr 26 BKat), solche des **Halters** gegen § 31 II StVZO nach § 69 a V 3 StVZO iVm § 24 StVG (s Nrn 121, 123, 125, 127 VwKat; 51 BKat). Sind Fahrer u Halter identisch, tritt § 31 II StVZO hinter § 23 I S 2 zurück (Dü VM 73, 88; Ko VRS 63, 150; KG VRS 69, 309 = StVE 17); uU aber Bußgelderhöhung (Ha NJW 74, 2100 Ls). – Zur OW wegen Nichtführung des Fahrtenbuchs s Rn 50. Sowohl Verstöße gegen § 23 Abs 1 a als auch gegen § 23 Abs 1 b sind bußgeldbewehrt (§ 49 I 22).

52 Die **Bau- u Ausrüstungsvorschriften** der §§ 30, 32 ff StVZO schließen als engere Sondervorschriften eine Verurteilung auf Grund der §§ 23 I S 2, 49 I 22 aus (BGHSt 25, 338; Bay 71, 215 = VM 72, 27; Dü VRS 70, 226; 77, 371; Kar VRS 47, 295 zu § 57 a I 1, II StVZO; KG VRS 82, 149). Aber keine Verfolgung wegen Beschaffenheitsmängeln nach § 69 a StVZO, solange das NotR nach § 23 II wahrgenommen wird; dabei begangene Verstöße gegen allg VRegeln sind nach den entspr Vorschriften, nicht nach §§ 23 II, 49 I 22 zu ahnden (Bay 84, 69 = VRS 67, 291 = StVE 15). Wer während der Dunkelheit ein nicht mit den vorgeschriebenen Schlußleuchten ausgerüstetes Fz führt, begeht zwei in TE zusammentreffende Zuwiderhandlungen, einerseits gegen die Beschaffenheitsvorschrift des § 69 a III 18 StVZO iVm §§ 49 a, 53 StVZO, andererseits gegen die Fahrregel des § 17 I (Bay 63, 127 = VRS 25, 464). Führen eines Kfz mit mehreren abgefahrenen Reifen ist **eine** einheitliche Tat (Bay 81, 62 = VRS 61, 133).

Ist nicht feststellbar, ob der angetrunkene Halter oder Verfügungsbe- 53
rechtigte selbst gefahren ist oder die Führung einem ebenfalls fahrunsicheren Mitf überlassen hat, so ist eine **wahlweise Verurteilung** des Halters zwischen § 69a V S 2 u 3 StVZO zulässig (Ha VRS 29, 306; s auch Ha VRS 62, 33 u Kar Justiz 80, 282). Wer als Fz-Halter die Inbetriebnahme eines Kfz zuläßt, das mehreren Beschaffenheits- oder Ausrüstungsvorschriften nicht entspricht, begeht nur **eine** einzige OW des Zulassens der Inbetriebnahme eines nicht vorschriftsmäßigen Fz (Bay VRS 57, 379; Ha VRS 61, 305; Dü VRS 65, 69; 74, 224).

Die Funktion des § 23 als Auffang-TB (s oben Rn 1) erlaubt nicht, auch 54
solche TBe über die §§ 23, 49 I 22 als OWen zu erfassen, die über die Rückverweisungstechnik (§ 24 StVG 3) absichtlich oder offensichtlich nicht als OWen eingeordnet worden sind (Verf NStZ 84, 406; aA Dü VRS 67, 289).

16. Literatur 55

Bachmann „Bau- und Ausrüstungsvorschriften für ausl Fze" VD93, 101; **Bouska** „Darf der Führer eines Kfz Rundfunksendungen oder Kassettenmusik über Kopfhörer anhören?" VD 79, 315; **Corinth** „Untersuchungen über die Wahrnehmbarkeit von Sondersignalen im Auto mit und ohne gleichzeitigem Musikhören" PVT 93, 8; **ders.** „Orientierende Versuche zur Beeinflussung der Reaktionszeit durch das Autotelefon" PVT 97, 46; **Dvorak** „Liegenbleiben mit einem Kfz wegen Kraftstoffmangels" DAR 84, 313; **Graß/Staak** „Einschätzung der VGefährdung durch Nutzung von Mobiltelefonen im internationalen Vergleich" NZV 98, 189; **Händel** „Telefonieren während der Fahrt" PVT 98, 262; **Kärger** „Das Mobiltelefon im Auto – Rechtsfragen des privaten und dienstlichen Telefonierens am Steuer" DAR 98, 266; **Kreutel** „Untersagung/Beschränkung des Betriebs von Fzen durch Polizeibeamte" Die Polizei 83, 335; **Mühlhaus** „Ursächlichkeitsprüfung bei mangelhaftem Zustand des Fzs" DAR 72, 174.

§ 24 Besondere Fortbewegungsmittel

(1) **Schiebe- und Greifreifenrollstühle, Rodelschlitten, Kinderwagen, Roller, Kinderfahrräder und ähnliche Fortbewegungsmittel sind nicht Fahrzeuge im Sinne der Verordnung.**

(2) **Mit Krankenfahrstühlen oder mit anderen als in Absatz 1 genannten Rollstühlen darf dort, wo Fußgängerverkehr zulässig ist, gefahren werden, jedoch nur mit Schrittgeschwindigkeit.**

VwV – StVO

Zu § 24 Besondere Fortbewegungsmittel

Zu Absatz 1

I. Solche Fortbewegungsmittel unterliegen auch nicht den Vorschriften der 1
StVZO.

StVO § 24 1–3 Besondere Fortbewegungsmittel

2 II. Schieberollstühle sind Rollstühle mit Schiebeantrieb nach Nr. 2.1.1, Greifreifenrollstühle sind Rollstühle mit Greifreifenantrieb nach Nr. 2.1.2 der DIN 13240 Teil 1.

3 III. Kinderfahrräder sind solche, die üblicherweise zum spielerischen Umherfahren im Vorschulalter verwendet werden.

Zu Absatz 2

4 Krankenfahrstühle sind Fahrzeuge.

1. Abs 1: Fortbewegungsmittel

1 Unter den Begriff „Besondere Fortbewegungsmittel" fallen solche, die ohne wesentliche Gefährdung von Fußgängern dem Gehwegverkehr zugeordnet werden können (Mü VM 77, 38 = StVE Nr 1). Kennzeichnend ist für sie die idR geringe Größe, ihr meist geringes Eigengewicht sowie die bau- u benutzungsbedingt relativ niedrige Fahrgeschwindigkeit; sie werden meist durch Schieben, Ziehen, Stoßen oder Abstoßen idR mit Schrittgeschwindigkeit (4–7 km/h) oder wenig mehr bewegt, so daß in aller Regel nur eine geringe Gefahr von ihnen ausgeht (Kö VRS 87, 61; Ausn Skater s Rn 3). Sie sind vom Fahrzeugbegriff iS der StVO ausgeschlossen. Als Fze gelten demnach nicht Schiebe- und Greifreifenrollstühle, Rodelschlitten, Kinderwagen, Rollschuhe, Skier, kleine Schiebkarren und Handwagen (Kö VRS 87, 61). Auch von Erwachsenen benutzte größere Roller gelten grundsätzlich als bes Fortbewegungsmittel (Ol DAR 96, 470; zust Janiszewski NStZ 97, 270) u dürfen daher auf Gehwegen benutzt werden, doch nur solange dadurch Fußgänger nicht wesentlich behindert oder gar gefährdet werden (Ol aaO). Die für den FahrV geltenden Vorschriften sind auf die bes Fortbewegungsmittel nicht anwendbar. Sie müssen also nicht die Fahrbahn benutzen, nicht beleuchtet u nicht mit einem Rückstrahler versehen sein (anders Handwagen s § 17 V). Dies gilt allg, nicht nur, soweit sie ihrem Bestimmungszweck dienen; also zB auch, wenn eine Hausfrau auf dem Rodelschlitten gekaufte Waren nach Hause fährt. Da diese Fortbewegungsmittel ganz dem FußgängerV zugeordnet sind, **müssen** sie auf dem **Gehweg** (Def § 25 Rn 2) fahren u außerorts links geschoben werden.

2 **Kinderfahrräder,** insb Kleinkinderfahrräder (s Kar NZV 91, 355), sind keine Fze iS der StVO, sondern „besondere Fortbewegungsmittel" für vorwiegend spielerisches Umherfahren im Vorschulalter (VwV zu Abs 1; Berr DAR 92, 161). Das gilt aber nicht für Fahrräder größerer Kinder, die nicht mehr zum Spielen, sondern als Beförderungsmittel verwendet werden (vgl Dü MDR 75, 580; s auch BerrDAR 92, 161 § 8 Rn 3, § 31 Rn 2). Für Kinder bis zum 8. bzw 10. Lebensjahr gilt im übrigen § 2 V StVO.

3 **Inline-Skates, Skate-Boards** (Rollbretter) u **Rollschuhe** sind besondere Fortbewegungsmittel iS von Abs 1 (Ce NZV 99, 509; AG Bersenbrück ZfS 99, 375; Scheffen NZV 92, 387; Schmidt DAR 98, 9; Seidenstecher DAR 97, 104), keine „Fahrzeuge" iS der StVO (Ka NZV 99, 44; aA Ol NZV 00, 470, wonach Inline-Skates keine Fortbewegungsmittel iS von § 24 I sind; Grams NZV 97, 65 neigt mehr zur Einordnung als „Fz";

differenzierend Vieweg NZV 98, 5 f, der Untersuchungen über Durchschnittsgeschwindigkeit, Bremsweg, Breitenbedarf u Unfallrisiken berücksichtigt). Sie dienen nicht als Beförderungsmittel, sondern sind dem Spiel oder Sport zuzurechnen (so auch Hentschel 6 zu § 31: Sportgeräte). Der BGH hat entschieden, daß Inline-Skates keine Fahrzeuge, sondern ähnliche Beförderungsmittel iSd § 24 I sind (BGH Urt v 19. 3. 2002 – VI ZR 333/00). Sie dürfen daher nach § 31 auf Spielstr, doch nicht auf der Fahrbahn, Radwegen u auf Seitenstreifen, wohl aber – im Rahmen des § 1 II, dh bei Vermeidung wesentlicher Behinderung von Fußgängern, – auf Gehwegen u in sonstigen Fußgängerbereichen verwendet werden (Scheffen NZV 92, 387; 36. VGT 98; s auch § 31 Rn 1, 2); für Skater gelten grundsätzlich die Regeln für den FußgängerV (s § 25 u VGT 98). Inlineskater dürfen auf dem Gehweg, in der Fußgängerzone und verkehrsberuhigtem Bereich unter Rücksicht auf Fußgänger mit Schrittgeschwindigkeit fahren Kar NZV 99, 44; Seidenstecher DAR 97, 104; aA Wiesner NZV 98, 177). Nach AG Bersenbrück (ZfS 99, 375) müssen Inlineskater entsprechend § 25 II S 2 wie Fußgänger, die Fahrzeuge mitführen, den rechten Fahrbahnrand benutzen. Inline-Skater können auch nicht erwarten, daß der Zustand von Gehwegen den besonderen Sicherheitsbedürfnissen dieser Fortbewegungsart Rechnung trägt (Ce NZV 99, 509). – Unzulässigerweise motorgetriebene Skate-Boards sind keine „ähnlichen Beförderungsmittel", sondern uU Kfze (s Grams NZV 94, 172), für die aber eine Zulassung zum öff Verkehr bisher nicht vorgesehen ist. Sie sind daher in ihm verboten (§ 1 StVG 8; ebenso Bouska VD 77, 109; s zur Problematik auch Kramer, Albat u Wiesner beim VGT 98).

2. Abs 2: Krankenfahrstühle

Krankenfahrstühle u nicht in I gen **Rollstühle** (die idR nach § 4 I S 2 StVZO nicht zulassungspflichtig sind) bleiben zwar Fze iS der StVO, ihre Benutzer werden aber rechtlich wie Fußgänger behandelt, indem ihnen die Benutzung des Gehwegs in Schrittgeschwindigkeit, gleichgültig, ob sie durch ein Motor, durch Muskelkraft des Kranken oder von einem Dritten durch Schieben bewegt werden, gestattet wird (s auch § 26 I S 1); sie dürfen allerdings auch die Fahrbahn benutzen. Schneller fahrende motorisierte Krankenfahrstühle müssen als Kfze die Fahrbahn benutzen. Zur Beleuchtungspflicht s § 17 Rn 19.

3. Zuwiderhandlungen

Wer mit einem Krankenfahrstuhl auf Gehwegen oder Seitenstreifen schneller als in Schrittgeschwindigkeit (s dazu § 3 Rn 69) fährt, handelt ow nach § 49 I 23 iVm § 24 StVG (im Vw- u BKat nicht erfaßt). Soweit Fußgänger solche Fortbewegungsmittel iS von § 24 I nicht auf Gehwegen oder entgegen § 25 II mitführen, liegt OW vor (s § 25).

4. Literatur

Grams „Was sind „Skater"? Fze oder Spielzeug?" NZV 97, 65; **Kramer** „Inline-Skates und Skateboards" VGT 98, 250; **Passath** „Inline-Skating im StraßenV" ZVR

97, 388; **Robatsch** „Geschwindigkeiten, Bremsweg u Breitenbedarf" ZfV 98, 25; **Schmidt** „Inlineskater"-Mobilität in der rechtlichen Grenzzone DAR 98, 8; **Seidenstecher** „Inline-Skates" DAR 97, 104; **Ternig** VD 01, 56; **ders** VD 01, 29; **Vieweg** „Inline-Skating-RTatsachen, RLage u Reformbedarf" NZV 98, 1; **Wiesner** „Inline-Skates und Skateboards im StV – Haftungs- und versicherungsrechtliche Fragen" NZV 98, 177.

§ 25 Fußgänger

(1) Fußgänger müssen die Gehwege benutzen. Auf der Fahrbahn dürfen sie nur gehen, wenn die Straße weder einen Gehweg noch einen Seitenstreifen hat. Benutzen sie die Fahrbahn, so müssen sie innerhalb geschlossener Ortschaften am rechten oder linken Fahrbahnrand gehen; außerhalb geschlossener Ortschaften müssen sie am linken Fahrbahnrand gehen, wenn das zumutbar ist. Bei Dunkelheit, bei schlechter Sicht oder wenn die Verkehrslage es erfordert, müssen sie einzeln hintereinander gehen.

(2) Fußgänger, die Fahrzeuge oder sperrige Gegenstände mitführen, müssen die Fahrbahn benutzen, wenn sie auf dem Gehweg oder auf dem Seitenstreifen die anderen Fußgänger erheblich behindern würden. Benutzen Fußgänger, die Fahrzeuge mitführen, die Fahrbahn, so müssen sie am rechten Fahrbahnrand gehen; vor dem Abbiegen nach links dürfen sie sich nicht links einordnen.

(3) Fußgänger haben Fahrbahnen unter Beachtung des Fahrzeugverkehrs zügig auf dem kürzesten Weg quer zur Fahrtrichtung zu überschreiten, und zwar, wenn die Verkehrslage es erfordert, nur an Kreuzungen oder Einmündungen, an Lichtzeichenanlagen innerhalb von Markierungen oder auf Fußgängerüberwegen (Zeichen 293). Wird die Fahrbahn an Kreuzungen oder Einmündungen überschritten, so sind dort angebrachte Fußgängerüberwege oder Markierungen an Lichtzeichenanlagen stets zu benutzen.

(4) Fußgänger dürfen Absperrungen, wie Stangen- oder Kettengeländer, nicht überschreiten. Absperrschranken (§ 43) verbieten das Betreten der abgesperrten Straßenfläche.

(5) Gleisanlagen, die nicht zugleich dem sonstigen öffentlichen Straßenverkehr dienen, dürfen nur an den dafür vorgesehenen Stellen betreten werden.

VwV – StVO

Zu § 25 Fußgänger

Zu Absatz 3

[1] I. Die Sicherung des Fußgängers beim Überqueren der Fahrbahn ist eine der vornehmsten Aufgaben der Straßenverkehrsbehörden und der Polizei. Es bedarf laufender Beobachtungen, ob die hierfür verwendeten Verkehrszeichen und Ver-

kehrseinrichtungen den Gegebenheiten des Verkehrs entsprechen und ob weitere Maßnahmen sich als notwendig erweisen.

II. Wo der Fahrzeugverkehr so stark ist, daß Fußgänger die Fahrbahn nicht sicher überschreiten können, und da, wo Fußgänger den Fahrzeugverkehr unzumutbar behindern, sollten die Fußgänger entweder von der Fahrbahn ferngehalten werden (Stangen- oder Kettengeländer), oder der Fußgängerquerverkehr muß unter Berücksichtigung zumutbarer Umwege an bestimmten Stellen zusammengefaßt werden (z. B. Markierung von Fußgängerüberwegen oder Errichtung von Lichtzeichenanlagen). Erforderlichenfalls ist bei der Straßenbaubehörde der Einbau von Inseln anzuregen.

III. 1. Die Markierungen an Lichtzeichenanlagen für Fußgänger, sogenannte Fußgängerfurten, bestehen aus zwei in der Regel 4 m voneinander entfernten, unterbrochenen Quermarkierungen. Einzelheiten ergeben sich aus den Richtlinien für die Markierung von Straßen (RMS). Vgl. zu § 41 Absatz 3.

2. Wo der Fußgängerquerverkehr dauernd oder zeitweise durch besondere Lichtzeichen geregelt ist, sind Fußgängerfurten zu markieren. Sonst ist diese Markierung, mit Ausnahme an Überwegen, die durch Schülerlotsen, Schulweghelfer oder sonstige Verkehrshelfer gesichert werden, unzulässig.

3. Mindestens 1 m vor jeder Fußgängerfurt ist eine Haltlinie (Zeichen 294) zu markieren; nur wenn die Furt hinter einer Kreuzung oder Einmündung angebracht ist, entfällt selbstverständlich eine Haltlinie auf der der Kreuzung oder Einmündung zugewandten Seite.

IV. Über Fußgängerüberwege vgl. zu § 26.

V. Wenn nach den dort genannten Grundsätzen die Anlage von Fußgängerüberwegen ausscheidet, der Schutz des Fußgängerquerverkehrs aber erforderlich ist, muß es nicht immer geboten sein, Lichtzeichen vorzusehen oder Über- oder Unterführungen bei der Straßenbaubehörde anzuregen. In vielen Fällen wird es vielmehr genügen, die Bedingungen für das Überschreiten der Straße zu verbessern (z. B. durch Einbau von Inseln, Haltverbote, Überholverbote, Geschwindigkeitsbeschränkungen, Beleuchtung).

VI. Die Straßenverkehrsbehörde hat bei der Straßenbaubehörde anzuregen, die in § 11 Abs. 4 der Straßenbahn-Bau- und Betriebsordnung vorgesehene Aufstellfläche an den für das Überschreiten durch Fußgänger vorgesehenen Stellen zu schaffen; das bloße Anbringen einer Fahrstreifenbegrenzung (Zeichen 295) wird nur ausnahmsweise den Fußgängern ausreichenden Schutz geben.

Zu Absatz 5

Das Verbot ist bußgeldbewehrt durch § 63 Abs. 2 Nr. 1 der Straßenbahn-Bau- und Betriebsordnung, wenn es sich um Eisenbahnanlagen handelt, durch § 64 b Eisenbahn-Bau- und Betriebsordnung.

Inhaltsübersicht

	Rn
1. Allgemeines	1
2. Abs 1: Benutzung der Gehwege u der Fahrbahn	2
a) Satz 1: Der Gehweg	2
b) Satz 2: Benutzung der Fahrbahn	3

	Rn
c) Satz 3: Das Linksgehgebot	4
d) Satz 4: Nebeneinandergehen	5
3. Abs 2: Mitführen von Fahrzeugen oder sperrigen Gegenständen	6
a) Fahrzeuge	6
b) Sperrige Gegenstände	7
c) Krankenfahrstühle	8
d) Kinderwagen, Rodelschlitten, Roller	9
4. Abs 3: Überqueren der Fahrbahn	10
a) Sorgfaltspflicht im allgemeinen	10
b) Zügig überschreiten	11
c) Kürzester Weg	12
d) Beschränkung der Wahl der Übergangsstelle	13
e) Fußgängerfurten	14
f) Fußgängerüberwege	15
g) Satz 2: Fußgängerüberwege u -furten an Kreuzungen u Einmündungen	16
5. Abs 5: Betreten von Gleisanlagen	17
6. Zivilrecht/Haftungsverteilung	17a
7. Zuwiderhandlungen	18
8. Literatur	19

1. Allgemeines

Ergänzende Vorschriften enthalten die §§ 9 III S 3 (Vorrang der Fußgänger gegenüber dem AbbiegeV), 18 IX (Benutzungsverbot für ABen u Kraftfahrstr), 26 (Fußgängerüberweg) u 27 (geschl Verband). § 24 I ordnet die bes Fortbewegungsmittel dem FußgängerV zu. Ist jeglicher FahrV durch Z 250 verboten, dürfen Fußgänger die ganze Str, nicht auch die Fahrbahn benutzen (s VwV V zu Z 250); ebenso in den durch Z 325/326 gekennzeichneten verkehrsberuhigten Bereichen (s Nr 1 zu Z 326). – § 25 schützt auch den FahrV (Kö VRS 72, 34).

2. Abs 1: Benutzung der Gehwege u der Fahrbahn

a) **Satz 1: Der Gehweg** ist ein von der Fahrbahn räumlich getrennter, idR durch einen Bordstein abgegrenzter, deutlich durch Pflasterung oder auf sonstige Weise erkennbarer, für die Fußgänger eingerichteter u bestimmter Teil der Str (Kar DAR 00, 307; Dü DAR 96, 244; eine teilweise Bepflanzung steht dem nicht entgegen (Dü NZV 94, 372; Ha DAR 94, 409; Kö DAR 97, 286 zur Abgrenzung einer „Baumscheibe"), auch nicht seine Überquerung durch eine Grundstückszufahrt (Dü VM 92, 87). Fußgänger müssen sowohl inner- wie außerorts vorhandene Gehwege, auch wenn nur auf einer Straßenseite (BGH NJW 57, 223) benutzen. Inline-Skater dürfen nicht die Fahrbahn benutzen, da sie den Regeln für Fußgänger unterliegen (Ce NZV 99, 509; s a § 24 Rn 3). Sie müssen daher den Gehweg benutzen und, wenn dies die Rücksicht auf die übrigen Fußgänger erfordert, Schrittgeschwindigkeit halten (Ce NZV 99, 509; nach AG Bersenbrück ZfS 99, 375 hat eine Behandlung entsprechend § 25 II 2 zu erfolgen, so daß sie den rechten Fahrbahnrand zu benutzen haben). Einen **befestigten Randstreifen** neben der Fahrbahn müssen die Fußgänger benutzen, wenn er als Gehweg bestimmt (Z 239) u geeignet, also nicht etwa eingeschneit oder wegen seines Zustands nur schlecht benutzbar ist (BGH VRS 32, 206). Innerorts sind Gehwege u Fußgängerüberwege bei Glätte zu bestreuen (BGH NZV 95, 144 mwN; Ha ZfS 96, 9), insb stark frequentierte Plätze (Bahnhöfe pp; s BGH NZV 93, 387); außerorts besteht eine **Streupflicht** nur ganz ausnahmsweise (BGH NZV 95, 144; s auch § 45 Rn 13). UU kann der Fußgänger verpflichtet sein, auf einem Pfad neben der Str zu gehen, wenn die Sicherheit des StraßenV u seine eigene dies gebieten (BGH(Z) VRS 18, 85). Ein Fußgängerweg oder Seitenstreifen muß auch dann benutzt werden, wenn er auf der gegenüberliegenden Seite der Fahrbahn liegt (BGH VM 64, 32. Nach § 1 II können Fußgänger auch zur Benutzung eines Sommerweges verpflichtet sein.

b) **Satz 2: Benutzung der Fahrbahn.** Müssen Fußgänger mangels eines benutzbaren Gehweges oder geeigneten Randstreifens auf der Fahrbahn gehen (vgl Ha VM 72, 17), so dürfen sie **innerhalb geschl Ortschaften** (§ 3 Rn 66), soweit nicht bes Umstände die Benutzung einer Fahrbahnseite gebieten, nach ihrer Wahl rechts oder links gehen (BGH VM 65, 128). **Außerhalb geschl Ortschaften** sind sie nach I S 3 zum Gehen am linken Fahrbahnrand verpflichtet, erforderlichenfalls auch zum Ausweichen auf einen nicht zum Gehen geeigneten Randstreifen (BGH VM 64, 108; 67, 48). Dort, wo die Gehwege unbenutzbar sind zB wegen Eis oder Schnee, darf der Fußgänger auf der Fahrbahn gehen (BGH NZV 95, 144). Dabei muß er sich aber so verhalten, daß ein Fz nicht seinetwegen bremsen muß (BGH VM 63, 1); sowohl der Fußgänger als auch der Fahrverkehr müssen mit äußerster Sorgfalt und gegenseitiger Rücksichtnahme handeln (BGH NZV 95, 144). Sie müssen aber nicht die Str verlassen oder über den Str-Graben springen, um zwei sich begegnenden Fzen der Vorbeifahrt zu ermöglichen (BGH(Z) VM 67, 85 m Anm Booß). Fußgänger, die vorschriftsmäßig am Fahrbahnrand gehen, dürfen im allg darauf vertrauen, daß die Fahrer einen genügenden Abstand von ihnen einhalten. Sie sind aber zu erhöhter Aufmerksamkeit verpflichtet, wenn schlechte Sichtverhältnisse herrschen oder zu befürchten ist, daß Kf wegen der Blendwirkung entgegenkommender Fze sie nicht rechtzeitig erkennen. Den rückwärtigen Verkehr muß der Fußgänger im allg nicht beobachten, insb nicht ständig oder auch nur von Zeit zu Zeit zurückschauen, außer wenn er vorschriftswidrig nicht am äußersten – außerorts linken – Fahrbahnrand geht (vgl Ol DAR 53, 114; BGH(Z) VM 59, 123) oder die Fahrbahn sehr schmal u er schlecht erkennbar ist (Ce DAR 84, 124). – Der Fahrverkehr muß nicht damit rechnen, daß ein Fußgänger plötzlich vom Fahrbahnrand auf die Fahrbahn tritt (Ha NZV 99, 374).

c) **Satz 3: Das Linksgehgebot** außerhalb geschl Ortschaften dient in erster Linie dem Schutz der Fußgänger, aber auch des FahrV, so daß auch der Fußgänger, der vorschriftswidrig rechts geht, für einen dadurch verursachten Unfall verantwortlich sein kann (BGHSt 10, 369 = NJW 57, 1526;

VRS 32, 206). Das Linksgehgebot gilt nicht unbedingt, sondern nur, wenn es **zumutbar** ist. Umstände, die das Rechtsgehen rechtfertigen, liegen bes dann vor, wenn das Linksgehen für den Fußgänger oder den FahrV wegen der VLage oder der Örtlichkeit (links Abgrund oder steile Felswand, rechts Ausweichmöglichkeit; unübersichtliche Linkskurve) gefährlicher ist als das Rechtsgehen. (vgl. Begr zu § 25 I StVO) Außerdem können Körperbehinderungen des Fußgängers das Gehen auf der rechten Fahrbahnseite rechtfertigen (vgl. Begr zu § 25 I StVO; ferner Anm Booß VM 60, 11; BMV VBl 58, 515). Auch das Verbleiben auf der rechten Seite nach Verlassen der Gefahrenstelle kann entschuldigt sein, wenn zB der Fußgänger kurz danach die Str nach rechts verlassen u deshalb die sonst erforderliche doppelte Fahrbahnüberquerung vermeiden möchte. Es genügt, wenn der Fußgänger für das Abweichen von der Regel triftige u vernünftige Gründe hat, zumal es sich bei diesem Gebot um eine reine Schutznorm für die Fußgänger selbst handelt, die dem FahrV keine Erleichterung bringt (Begr zu § 25 I StVO). Rollschuhfahrer und Inlineskater verhalten sich verkehrsgerecht, wenn sie außerorts am linken Fahrbahnrand fahren (Wiesner NZV 98, 180; Empfehlung 36. VGT NZV 98, 146; aA AG Bersenbrück ZfS 99, 375: Abs 2 S 2 entsprechend; Ol NZV 00, 470: Laufen am rechten Fahrbahnrand gem § 2 Abs 1).

5 d) **Nebeneinandergehen** ist nicht allg verboten, sondern nur bei Dunkelheit, schlechter Sicht u starkem Verkehr. Fußgänger, die nebeneinander auf der Fahrbahn gehen, dürfen sich nicht darauf verlassen, daß die übrigen VT die Gefahren, die damit verbunden sind, meistern werden. Sie müssen deshalb selbst zur Verhütung eines Unfalls beitragen u bei Annäherung eines Fz rechtzeitig hintereinander treten (Bay 63, 91 = VM 63, 104; bei Rüth DAR 67, 289 Nr 13). Auf verkehrsreichen Str kann das Gebot, den rechten oder linken Fahrbahnrand zu benutzen, ein Nebeneinandergehen von vornherein verbieten, namentlich wenn die Fußgänger Fahrräder schieben oder sonst am schnellen Ausweichen vor einem Fz gehindert sind (Bay aaO).

3. Abs 2: Mitführen von Fzen oder sperrigen Gegenständen

6 a) **Fahrzeuge,** wie Handwagen, Fahrräder, Mopeds, Krafträder, sind auf dem Gehweg zu **schieben** oder zu **ziehen,** wenn sie keine erhebliche Behinderung der Fußgänger herbeiführen (§ 2 Rn 2ff). Andernfalls müssen sie – auch außerhalb geschl Ortschaften – am rechten Fahrbahnrand geschoben werden. Beim Abbiegen nach links gelten nach S 2 nicht die Grundsätze des FahrV (Einordnen), sondern diejenigen des FußgängerV. An Kreuzungen haben sie immer zu warten (s § 8 Rn 3), nehmen aber, wie die übrigen Fußgänger, an dem Vorrecht des § 9 III S 3 gegenüber dem AbbiegeV teil.

7 b) Wer **sperrige Gegenstände** (Kisten, Tonnen, aber nicht Handkoffer) transportiert, muß sich wie zu a) verhalten, außerorts aber links gehen.

8 c) Für **Krankenfahrstühle** gilt § 24 II (vgl dort Rn 4). Auf der Fahrbahn müssen sie äußerst rechts fahren.

d) **Kinderwagen, Rodelschlitten, Roller** u ä Fortbewegungsmittel **9**
sind keine Fze (§ 24 I). Für ihre Bewegung gelten allein die Fußgängerregeln, einschl des Linksgehgebotes des I S 3.

4. Abs 3: Überqueren der Fahrbahn

a) **Die Sorgfaltspflicht beim Überschreiten der Fahrbahn im all- 10
gemeinen** (s Mü NZV 91, 389). Wer die Fahrbahn, wozu hier auch Radwege gehören (s Verf NStZ 85, 115; LG Hannover ZfS 95, 328; aA KG VM 84, 103), außerhalb eines Fußgängerüberwegs überschreiten will, hat bes Vorsicht zu wahren, insb vorher den FahrV, dem das VorR gebührt u der auch durch § 25 geschützt wird (BGH NJW 00, 3069; Ol NZV 94, 26), sorgfältig zu beobachten (BGH(Z) VRS 26, 327) u ihm den Vorrang zu überlassen (KG VM 99, 50). Er darf die Fahrbahn erst betreten, wenn er sich davon überzeugt hat, daß er keinen Fz-Führer gefährdet oder auch nur in der Weiterfahrt behindert. Bei Annäherung eines Fz hat er zu warten (BGH NJW 00, 3069; KG VM 99, 50).

Der **FahrV** darf darauf vertrauen, daß kein Fußgänger die Fahrbahn un- **10 a**
achtsam betritt (Kö VRS 59, 118, 120; 91, 264; s auch § 1 Rn 30), es sei denn, es handelt sich um Kinder (Schl NZV 95, 24), erkennbar gebrechliche, betagte, unbeholfene, unsichere, unachtsame oder betrunkene Menschen (Hentschel, Rn 23f zu § 25 StVO); ansonsten muß er erst Abwehrmaßnahmen ergreifen, wenn er ein fehlerhaftes Verhalten eines Fußgängers bei gehöriger Aufmerksamkeit erkennen muß, zB wenn der Fußgänger zwischen parkenden Fzen in den Raum des fließenden Verkehrs tritt, nicht schon, solange er sich zwischen den stehenden Fzen aufhält (BGH(Z) VM 66, 133; Ha DAR 58, 339). Wer vor einem haltenden LKW hervortritt, muß auf möglicherweise vorbeifahrende bzw überholende Fz achten (Kö VM 99, 76). Ob der Fußgänger bei Herannahen eines Fz mit dem Überqueren der Fahrbahn beginnen darf, hängt von den örtl Verhältnissen u der Vlage ab; er muß insb davon absehen, wenn damit gerechnet werden muß, daß ein sichtbares, langsam fahrendes Fz von einem schnelleren, nicht sichtbaren überholt werden kann (Hbg VM 60, 36). So darf er sich zB nicht darauf verlassen, daß er nach Erreichen der Mitte einer 13 m breiten, dicht befahrenen Str von links nicht mehr angefahren werden kann (BGH(Z) VRS 23, 333; VersR 59, 809). Die Fz-Führer brauchen nicht darauf gefaßt zu sein, daß ein auf der Fahrbahnseite aus einem stehenden Fz ausgestiegener Kf die weitere Fahrbahn plötzlich unachtsam überschreitet (BGH VRS 32, 437; Kö VRS 56, 29) oder daß sie ein Fußgänger im Laufschritt überquert (Ce VRS 12, 273; BGH VRS 19, 282).

Der **Führer einer Straba** darf darauf vertrauen, daß ein Fußgänger, der **10 b**
die Gleise überschreiten will, sich nicht trotz der abgegebenen Warnsignale unachtsam auf die Schienen begibt (BGH VersR 61, 475). Umgekehrt kann der Fußgänger, der die Fahrbahn in einem ausreichenden Abstand vor einem herankommenden Fz betreten hat, darauf vertrauen, daß sich ein Kf, der ihn gesehen hat, verkehrsgerecht verhält oder zB auch entspr der angezeigten Fahrtrichtung u seiner verminderten Geschwindigkeit ab-

biegt (KG VRS 57, 173 = StVE 9). Er darf nicht annehmen, daß sich ein Kf durchweg mit vorschriftsmäßiger Geschwindigkeit bewegt, muß aber nicht mit unvernünftig hohen Geschwindigkeitsüberschreitungen rechnen (Schl VM 61, 16; Bay 64, 145 = VRS 28, 291; s auch § 3 Rn 19, 64; § 8 Rn 56 u § 9 Rn 28). Der an der linken Seite eines haltenden Fz stehende u sich mit dem Fz-Führer unterhaltende Fußgänger muß den fließenden Verkehr sorgfältig beobachten; an ihm muß mit mind 1 m Abstand vorbeigefahren werden (Sa VM 79, 104). Wegen der Pflichten des FahrV gegenüber Fußgängern im übrigen s § 1 Rn 30 ff, 38 ff; § 3 Rn 32; § 9 Rn 39.

11 b) **Zügig überschreiten** bedeutet, daß Fußgänger die Fahrbahn ohne überflüssigen Aufenthalt überqueren müssen, nicht aber, daß ihnen ein durch die VLage gebotener Aufenthalt verboten ist (BGH(Z) VM 58, 57; Ha NZV 93, 314; NZV 98, 372). Ein die Fahrbahn überschreitender Fußgänger, der auf das WarnZ eines Kf- oder Radf hin stehenbleibt, verstößt regelmäßig nicht gegen § 25 III (Dü VM 62, 157). Im allg muß der Fußgänger die Fahrbahn in einem Zug überqueren (Mü NZV 91, 389). Auf breiten Str, insb im StadtV, ist es aber verkehrsgerecht, die Fahrbahn **abschnittsweise** zu **überschreiten,** so daß der Fußgänger zunächst über die freie Fahrbahnhälfte bis zur Fahrbahnmitte geht u dort wartet, bis er die andere Fahrbahnhälfte gefahrlos überqueren kann. Diese Gehweise ist auch bei ausreichender künstlicher Beleuchtung zulässig (BGH VM 61, 6; VersR 59, 809; 66, 873). In solchen Fällen darf der Fußgänger darauf vertrauen, daß ihn ein von rechts kommender Kf, der ihn rechtzeitig sehen konnte, nicht gefährdet, nicht aber außerorts bei Überschreiten einer (7 m) schmalen, schlecht beleuchteten Fahrbahn (BGH VRS 65, 338). Auch beim Überqueren der Fahrbahn darf ein Fußgänger an der durchgezogenen Mittellinie darauf vertrauen, daß auf der Gegenfahrbahn kein Fz von links kommt (Mü VRS 90, 265). – Umgekehrt darf der Kf darauf vertrauen, daß ein Fußgänger, der auf der Mitte der Fahrbahn mit Blickrichtung auf das nahende Fz steht, nicht achtlos weitergehen werde (Hbg VM 66, 81; Kö VRS 52, 276; s auch § 1 Rn 34; Weber DAR 84, 171 Nr 2); insb bei Blickkontakt muß der Kf nicht damit rechnen, daß ein in der Fahrbahnmitte wartender Fußgänger plötzlich losläuft (Kar VersR 82, 450; Fra ZfS 85, 317); anders, wenn der Fußgänger die Fahrbahn unachtsam überschreitet (Bay bei Rüth DAR 74, 170 Nr 2 a, b) oder eine größere Menschenmenge in der Mitte wartet; dann ist mit äußerster Vorsicht u genügendem Abstand vorbeizufahren (KG VM 93, 110); doch auch nach Herstellung eines Blickkontaktes muß der Kf damit rechnen, daß eine in der Fahrbahnmitte stehengebliebene 78 Jahre alte Fußgängerin die VLage unrichtig einschätzt u falsch reagiert (Hbg VRS 57, 187 = StVE 8; s auch KG VM 82, 40). Ein Fz-Führer muß nicht damit rechnen, daß ein Fußgänger zwischen den beiden Reihen einer in Bewegung befindlichen Fz-Kolonne auftauchen u stehen bleiben werde, um die eine Kolonne vor, die andere hinter sich vorbeifahren zu lassen. Eine derartige abschnittsweise Überquerung der Fahrbahn ist unzulässig (Bay 69, 106 = VRS 38, 225).

Überqueren der Fahrbahn **12–15 § 25 StVO**

c) **Kürzester Weg** ist die nächste Verbindung zwischen den beiden 12
Fahrbahngrenzen (s Ha NZV 93, 314). Die Fahrbahn muß also im rechten
Winkel zum Fahrbahnrand überschritten werden. Der Fußgänger braucht
sie aber nicht an der schmalsten u übersichtlichsten Stelle zu überqueren,
sondern ist in der Wahl der Übergangsstelle frei, soweit sich nicht aus den
folgenden Ausführungen etwas anderes ergibt (Ce VM 56, 104).

d) **Beschränkung der Wahl der Übergangsstelle.** Da die Fußgänger 13
den FahrV auf der Fahrbahn nicht behindern dürfen, müssen sie die Fahrbahn an den für sie gefahrlosesten, für den FahrV am wenigsten hinder-
lichen Stellen, nämlich an Kreuzungen, Einmündungen, LZAn u an Fußgängerüberwegen, konzentriert überschreiten, wenn die VLage es erfordert,
also bei dichtem FahrV oder wenn das Überqueren aus sonstigen Gründen
mit bes Schwierigkeiten oder Gefahren verbunden ist; so kann es auch bei
geringer VDichte im Hinblick auf ungünstige Sichtverhältnisse für einen
Fußgänger geboten sein, die Fahrbahn nur an den gen Stellen zu überqueren (Bay 71, 209 = VM 72, 22). Das gleiche gilt für gebrechliche u körperlich behinderte Fußgänger (Ha VRS 49, 297). Wer eine Großstadtstr
bei starkem Verkehr an einer Stelle überschreitet, die nur 30 m von einem
Fußgängerüberweg (Ha VRS 49, 297) oder 40 m vom nächsten Ampel-
übergang entfernt ist (BGH NJW 00, 3069), ist an einem ihm zustoßenden
VUnfall (mit-)schuldig. Grob fahrlässig handelt auch, wer bei Dunkelheit,
Regen u lebhaftem Verkehr in dunkler Kleidung die Fahrbahn 20 m von
der ampelgesicherten Fußgängerfurt überschreitet (KG VRS 57, 9; DAR
77, 70; vgl andererseits KG VM 79, 85). Für die Wahl des Übergangs sind
die jew Umstände entscheidend (Mü NZV 94, 188).

e) **Markierungen an LZAn für Fußgänger. Fußgängerfurten** sind 14
nach VwV zu Abs 3 III markierte Übergänge im Bereich von Lichtampeln.
Sie sind neben den Fußgängerüberwegen als weitere Übergangsstellen für
Fußgänger vorgeschrieben. Zwischen einer Kreuzung oder Einmündung
u einem ampelgesicherten Fußgängerüberweg, der nach natürlicher Betrachtung noch zum Bereich der Kreuzung oder Einmündung gehört, dürfen
Fußgänger die Fahrbahn nicht überqueren. Ein ampelgesicherter Übergang,
der zwischen zwei dicht aufeinanderfolgenden Kreuzungen oder Einmündungen liegt, kann zum Bereich beider Kreuzungen oder Einmündungen
gehören; die Fahrbahn darf dann zwischen den beiden Kreuzungen oder
Einmündungen nur auf dem Übergang überschritten werden (Bay 71, 209
= VM 72, 22). – Der sich bei Grün einer Fußgängerfurt nähernde Kf kann
grundsätzlich darauf vertrauen, daß ein (auch erst 9-jähriger) Fußgänger der
ihm durch Rot gebotenen Wartepflicht genügt (Ha VRS 68, 321; BGH
VersR 62, 621).

f) **Fußgängerüberwege** sind nur die durch **Z 293** gekennzeichneten 15
Übergänge (Bay 67, 155 = NJW 68, 313; s auch § 315c StGB Rn 23).
Bis zu welcher Entfernung vom Fußgängerüberweg oder von der Kreuzung oder Einmündung das Überschreiten der Fahrbahn verboten ist, richtet sich nach den VVerhältnissen im Einzelfall (vgl BGH(Z) VRS 19, 401;

Heß

Hbg VM 61, 36). Einen 200 m entfernten Fußgängerüberweg muß der Fußgänger nur benutzen, wenn eine anderweitige Überquerung der Fahrbahn nach Sachlage bedrohlich ist (BGH(Z) VM 69, 129). – Wegen des Verhaltens der Fußgänger bei VRegelung durch Farbzeichen s § 37 Rn 25 ff.

16   g) **Satz 2: Fußgängerüberwege u -furten** an **Kreuzungen** u **Einmündungen** sind stets zu benutzen. Hier muß dem Fußgänger uU ein Umweg zugemutet werden (Begr).

17   **5. Abs 5: Betreten von Gleisanlagen**

Gleisanlagen, bes solche der Straba, die auf eigenem Gleiskörper verlegt sind, dürfen nach § 68 BOStrab, § 62 I EBO außerhalb der zugelassenen Übergänge nicht betreten werden; bei Zuwiderhandlung kann Haftung der Bahn für die Betriebsgefahr entfallen (BGH VersR 64, 88 mit Anm Böhmer). Ebenso brauchen Kf mit deratigen Überschreitungen nicht zu rechnen (Kö VRS 29,31).

6. Zivilrecht/Haftungsverteilung

17 a   Bei einem Unfall zwischen einem Kfz u einem **bei Tageslicht** am – aus seiner Sicht gesehen – **linken Fb-Rand gehenden Fußgänger** ist grds von einer alleinigen oder deutlich überwiegenden Haftung des Kfz-Halters auszugehen (BGH VersR 67, 706 = VM 67, 58; Kar VRS 76, 248; AG Kö VersR 63,7), wobei der Halter des Fz den **Beweis des ersten Anscheins** gegen sich hat. Gleiches gilt, sofern der Fußgänger bei Dunkelheit verkehrsgerecht am linken Fb-Rand geht u mit einem von hinten kommenden Fz zusammenstößt (Grüneberg Rn 403).

17 b   Eine **Mithaftung des Fußgängers** iHv 20–25% kommt allerdings dann in Betracht, wenn er bei Näherkommen des Kfz hätte neben die Fb treten müssen (Ol VersR 87, 1150 f = VRS 72, 410 – Mithaftung eines betrunkenen Fußgängers zu 20%, der von einem gleichfalls alkoholisierten Kfz-Führer angefahren worden ist; VersR 70, 187 – Mithaftung eines Fußgängers zu 25% bei Nacht, Nebel u Regen). Geht der Fußgänger nachts auf der linken Fb-Seite u kollidiert er mit einem ordnungsgemäß beleuchteten, entgegenkommenden Kfz, so trifft diesen regelmäßig eine Mithaftung iHv $1/3$ bis $1/4$, da er das Fz hätte erkennen u neben die Fb treten müssen (BGH VersR 76, 189 = VRS 50, 14 = DAR 76, 18 = NJW 76, 288 – Mithaftung zu $1/3$; Hamm NJW 95, 483 = VRS 90, 84 = r + s 95, 379 – Mithaftung zu $1/4$). Im Falle einer Kollision zwischen einem Fz u einem bei Tageslicht am – für ihn – rechten Fb-Rand gehenden Fußgänger ist im Regelfall ebenfalls von einer Alleinhaftung des Fz-Halters auszugehen (BGH VersR 64, 687 = VRS 27, 13 = DAR 64, 248 = NJW 64, 1565 mit Anm Schmidt NJW 64, 2010). Eine Haftung des Halters scheidet uU dann aus, falls der Fußgänger kurz vor dem Herannahen des Kfz plötzlich auf die Fb gerät, ohne daß der Fz-Führer hiermit rechnen mußte (Grüneberg Rn 405; LG Ver VersR 55, 431; LG Wü VersR 55, 143). Geht der Fußgänger bei **Dunkelheit** auf der rechten Fb, so ist zu unterscheiden:

Fährt das Kfz in Gehrichtung u ist ein Gehweg vorhanden u dieser begehbar, trifft den Fußgänger eine Mithaftung von 1/5 bis 2/3, sofern er anstelle des Gehweges die Fb benutzt (BGH VersR 68, 1092 – Mithaftung zu 1/3; Dü VersR 72, 793 – Mithaftung zu 1/4; LG Ki, DAR 67, 188 – Mithaftung zu 2/3). Schiebt der Fußgänger einen Handwagen, Fahrrad, Moped etc. (§ 25 II StVO; s Rn 6ff), kommt möglicherweise eine Mithaftung von 1/4 bzw 1/3 in Betracht (BGH VersR 60, 804 = VRS 19, 83 – Mithaftung zu 1/4; Ol DAR 58, 218 – Mithaftung zu 1/3), u zwar deshalb, weil er durch das Schieben des Fz nicht am äußersten Fb-Rand gehen kann (Grüneberg Rn 407). Befindet sich der Fußgänger mit dem Fz dagegen auf dem Gehsteig, Bankett oä, so ist idR von einer Alleinhaftung des Kfz-Halters auszugehen (BGH VersR 58, 831 = VRS 16, 5 = DAR 59, 46 = MDR 59, 33). In den übrigen Fällen, in denen keine weiteren Besonderheiten bestehen, trifft den Kfz-Halter grds die alleinige Haftung. Dies gilt zumindest dann, soweit der Fußgänger nicht gegen das Linksgehgebot des § 25 I S 3 StVO verstößt (BGH VersR 62, 505 = VRS 23, 6; vgl. auch LG Tü NJWE-VHR 97, 230 – Haftung des Fußgängers zu 80%, weil dieser nachts entgegen § 25 I S 3 StVO auf der falschen Fb-Seite ging u zudem die ernsthafte Möglichkeit bestand, daß dieser erst kurz vor der Kollision mit einem nachfolgenden Moped plötzlich auf die Fb getreten ist). Kommt dem im Dunkeln auf der rechten Fb gehenden Fußgänger ein Fz entgegen, ist eine Mithaftung des Fußgängers prinzipiell in Betracht zu ziehen (BGH VersR 64, 633 – Mithaftung zu 20%; VersR 58, 770 – Mithaftung zu 50%). Befindet sich der Fußgänger auf der rechten Fb-Hälfte, ist idR von einer Mithaftung iHv mindestens 20% auszugehen, die sich abhängig vom Abstand zum Fb-Rand weiter erhöhen und bei Vorliegen weiterer Verschuldensmerkmale – wie beispielsweise Alkoholeinfluß, Gehen auf einer Hauptverkehrsstraße – im Einzelfall uU zu einer Alleinhaftung verdichten kann (BGH VersR 68, 1093 – Mithaftung zu 50%; Kar VersR 89, 302 – Alleinhaftung eines Fußgängers, der nachts auf einer Landstraße betrunken auf der Fb-Mitte läuft).

Bei einem Zusammenstoß zwischen einem Kfz u einem **bei Tageslicht** die Straße überquerenden Fußgänger haftet der Fußgänger wegen des Verstoßes gegen § 25 III StVO grds allein, sofern er erst kurz vor dem Fz (dh maximal 50 m) auf die Fb getreten ist (BGH VersR 75, 1121; Ha ZfS 92, 113; Kö VersR 91, 264). Dabei hat der Fußgänger den Anscheinsbeweis gegen sich. Eine Mithaftung des Kfz-Halters ist indes dann in Betracht zu ziehen, wenn er die **zulässige Höchstgeschwindigkeit** überschreitet (§ 3 StVO) bzw den erforderlichen **Seitenabstand** zum Fb-Rand nicht einhält (Ha NZV 95, 72 – Mithaftung zu 25%; VersR 81, 265 = r + s 81, 54 – Haftung zu 80%; Kar VersR 82, 1149 – Haftung zu 70%). Überquert der Fußgänger kurz vor dem Herannahen des Kfz die Straße bei Dunkelheit, ist ebenfalls von einer alleinigen oder deutlich überwiegenden Haftung des Kfz-Halters auszugehen (BGH VersR 64, 823 – Alleinhaftung des Fußgängers; Ce VersR 86, 450f – Haftung zu 80%; Ham VersR 83, 643 – Haftung zu 80%; Kö VRS 89, 105 – Haftung zu mindestens 2/3). Eine Mithaftung des Fz-Führers ist aber dann in Erwägung zu ziehen, falls für

StVO § 25 17 d   Fußgänger

diesen erkennbar ist, daß der Fußgänger die Fb betreten will (Ce VersR 77, 1131 – Mithaftung zu 50%). Gleiches gilt, sofern der **Fahrer betrunken** ist (Dü VRS 91, 464 – Mithaftung zu 2/3 bei einem BAK-Wert von 1,15 %/00), die zulässige Höchstgeschwindigkeit überschreitet (Dü aaO) oder unangemessen reagiert (KG VersR 86, 870 = VRS 69, 417 – Mithaftung zu 50%). Kommt es zwischen einem Kfz u einem bei Tageslicht die Straße überquerenden Fußgänger zu einem Unfall, be-vor der Fußgänger die Mittellinie erreicht, ist in aller Regel eine Schadensquotierung in Betracht zu ziehen, wobei sich die konkrete Quote nach den Umständen des Einzelfalls bemißt (Ha NZV 97, 123 = NJWE – VHR 97, 109 – Quote 1/3 zu 2/3 zu Lasten des Kfz). Bei Dunkelheit kommt eine Mithaftung des Fußgängers iHv 70–75% in Betracht (Ha NZV 95, 357 = VersR 95, 1326 = VRS 89, 241 = ZfS 95, 245 = r + s 95, 336).

17 d   Hat der Fußgänger die **Mittellinie** bereits überschritten u stößt er mit einem von rechts kommenden Fz zusammen, ist im Grundsatz eine Schadensquotierung vorzunehmen (KG VM 92,27 – Haftung zu je 50%; VM 85, 3 – Haftung 1/3 zu 2/3 zu Lasten des PKW). Grund für die Quotierung ist, daß beide VT den jeweils anderen hätten rechtzeitig sehen können u daher im Zweifel falsch reagiert haben. Richtigerweise hätte der Fußgänger an der Mittellinie warten u der Fz-Führer abbremsen bzw. anhalten müssen (Grüneberg Rn 416). Bei Dunkelheit gilt nichts anderes, es sei denn, es liegen außergewöhnliche Umstände vor, die eine überwiegende Haftung des Fußgängers (zB dunkle Kleidung, plötzliches Heraustreten aus einer dunklen Straßenzone) oder des Kfz-Halters (zB nicht verkehrsgerechte Beleuchtung) rechtfertigen (BGH, VersR 67, 608 – Haftung 2/3 zu 1/3 zu Lasten des Fußgängers; Dü NZV 94, 70 = VRS 86, 94 = r + s 93, 455 – Haftung 3/4 zu 1/4 zu Lasten des Fußgängers; Ham VRS 82, 12 = r + s 92,13 – Haftung 80% zu 20% zu Lasten des Fußgängers; Kö VRS 85, 262 = ZfS 93, 258 – Haftung 2/3 zu 1/3 zu Lasten des Kfz, Mü VRS 90, 246 – Alleinhaftung des unbeleuchteten PKW; Ol NZV 94, 26 = VRS 86, 84 = r + s 94, 10 – Haftung 60% zu 40% zu Lasten des Fußgängers). Kollidiert der Fußgänger dagegen tagsüber mit einem von links kommenden Kfz, ist idR eine alleinige oder überwiegende Haftung des Fz-Halters in Betracht zu ziehen, da sich der Unfall nicht ereignet hätte, wenn das Kfz auf seiner Fahrspur verblieben wäre (Mü NZV 96, 115 = VersR 95, 1506 = VRS 90, 265 = ZfS 96, 167). Gleiches gilt bei Dunkelheit. Wenn der Fußgänger die andere Straßenseite noch nicht erreicht hat, trifft diesen prinzipiell ein nicht unerhebliches Mitverschulden, weil er an der Mittellinie hätte stehenbleiben müssen (Kar VersR 88, 59 = NJW-RR 87, 1249 – Mithaftung zu 40%; Grüneberg Rn 420). Umgekehrt ist nachts von einer überwiegenden oder alleinigen Haftung des Kfz-Halters auszugehen (BGH VersR 71, 152; Kö VRS 75, 87). Etwas anderes gilt, sofern der Fußgänger mit der Straßenüberquerung erst kurz vor dem Herannahen des Fz begonnen hat. Dann ist eine Schadensquotierung in Betracht zu ziehen (KG VersR 81, 263 – Haftung zu je 50%). Bleibt der Fußgänger tagsüber auf der Fb (Mittellinie) stehen, um das Kfz vorbeifahren zu lassen, haftet der Fz-Führer grds voll (Ha NZV 98, 372 = DAR 98, 274 = MDR 98, 902 =

r + s 98, 371; NZV 95, 234 = VersR 95, 1113 = VRS 89, 13 = r + s 95, 134). Setzt der Fußgänger indes plötzlich seine Straßenüberquerung fort, ist idR eine Schadensteilung vorzunehmen, u zwar deshalb, weil der Fahrer mit einem solchen Verhalten rechnen muß u aus diesem Grunde vorsichtiger hätte fahren müssen (Dü r + s 87, 67). Bei **Dunkelheit** gelten die gleichen Prinzipien (Ha VRS 87, 249 – Alleinhaftung des Kfz-Halters; Ha VRS 78, 5 – Haftung zu je 50%; Kö NJWE – VHR 97, 109 = VRS 92, 241 – Haftung 1/3 zu 2/3 zu Lasten des Fz-Führers). Kehrt der Fußgänger bei Tageslicht auf der Fb wieder um, so ist eine Schadensquotelung vorzunehmen (KG VM 82, 36 – Haftung je 50%; Kar VRS 74, 86 – Haftung 65% zu 35% zu Lasten des Fußgängers). Soweit der Fahrer das Handeln des Fußgängers allerdings provoziert, etwa durch Hupen oder unklare Verkehrslage, haftet der Kfz-Führer auch allein (Grüneberg Rn 424 mwN). Bei Dunkelheit kommt ebenfalls eine Schadensquotierung in Betracht, wobei von einer überwiegenden oder vollen Haftung des Fußgängers zumindest dann auszugehen sein dürfte, wenn der Fz-Führer die Gefahr erkennt, hupt u sofort bremst. Überquert der Fußgänger die Straße tagsüber in betrunkenem Zustand, wird in aller Regel von einer Mithaftung iHv 1/3 bis ½ auszugehen sein. Namentlich kommt es hier darauf an, ob der Kfz-Halter die **Alkoholeinwirkung** erkennt u wie er darauf reagiert (Kö VersR 87, 513 = VRS 72, 34 – Haftung 2/3 zu 1/3 zu Lasten des Kfz). Nachts haftet der Fußgänger regelmäßig zu mindestens 50% (Sa VersR 89, 758 = VRS 76, 321 = DAR 89, 185), wobei sich die Haftungsquote des Fußgängers noch erhöht, wenn sich der Fahrer verkehrsgerecht verhält (Grüneberg Rn 427). Im Falle einer irreführenden Fahrweise des Fz haftet der Kfz-Führer grds überwiegend oder allein (BGH VersR 61, 615 – Alleinhaftung; KG VersR 79, 1031 = VRS 57, 173 = DAR 80, 22 = VM 80, 7 – Haftung 1/4 zu 3/4 zu Lasten des Kfz).

Überschreitet das Fz die **zulässige Höchstgeschwindigkeit** iSd § 3 StVO, führt dies idR zu seiner überwiegenden oder alleinigen Haftung, u zwar unabhängig davon, ob Tageslicht oder Dunkelheit herrscht (Ha VersR 89, 1057 = VRS 77, 253 = DAR 89, 465 – Alleinhaftung; Kö r + s 84, 50 – Haftung zu je 50%). Dabei bemißt sich die Quote nach dem Maß der Geschwindigkeitsüberschreitung.

Kommt es in der Nähe einer **Haltestelle** zu einem Unfall zwischen einem Kfz u einem die Haltestelle verlassenden Fußgänger, so trifft den Fußgänger prinzipiell die alleinige oder überwiegende Haftung (KG VM 87, 87 – Alleinhaftung; Ha r + s 95, 253 – Haftung 60% zu 40% zu Lasten des Fußgängers), es sei denn, der Fahrer beachtet den noch nicht abgeschlossenen Fahrgastwechsel nicht hinreichend. In diesem Falle haftet der Kfz-Führer überwiegend (BGH VRS 4, 494). Läuft der Fußgänger demgegenüber zur Haltestelle hin, kommt für gewöhnlich eine Haftung des Fz-Führers iHv mindestens 75% in Betracht (BGB VersR 60, 831 – Alleinhaftung; ferner Grüneberg Rn 433 mwN). Grund für diese überwiegende oder alleinige Haftung ist, daß der Fahrer in der Nähe einer Haltestelle stets damit rechnen muß, daß Fußgänger unachtsam die Fb überqueren, um das V-Mittel noch zu erreichen.

StVO § 25 17g–17i Fußgänger

17g Zu den – freilich seltenen – Fällen der Kollision zwischen Fußgänger und Bus vgl Grüneberg Rn 435 ff.

17h Geht ein Fußgänger bei **Grünlicht** über eine Straße mit Lichtzeichenanlagen und stößt dieser mit einem Kfz zusammen, ist regelmäßig von einer Alleinhaftung des Fahrers auszugehen (KG VersR 81, 1081 = VRS 61, 328 Mü NZV 94, 107 = VRS 86, 253 = r + s 94, 54). Eine Mithaftung des Fußgängers ist jedoch in Erwägung zu ziehen, sofern er grob fahrlässig nicht auf den Verkehr achtet bzw sich bei beginnender Rotlichtphase noch auf dem Überweg befindet (VersR 85, 1072 – Haftung zu je 50%). Überquert der Fußgänger den Überweg bei Rotlicht, haftet grds der Fußgänger überwiegend oder voll (Ha r + s 92, 300, für einen Fußgänger mit einem BAK von 2,5 $^0/_{00}$; Kö VersR 76, 1095). Überschreitet der Fz-Führer bei der Heranfahrt an den Überweg die zulässige Höchstgeschwindigkeit iSd § 3 StVO, ist von einer Mithaftung auszugehen (BGH NJW 92, 1459 – Mithaftung zu 30%; Ha r + s 95, 253 – Mithaftung zu 40%; NZV 94, 276 – Mithaftung zu 33%).

17i Kommt es auf einem Überweg mit **Zebrastreifen** zu einem Unfall, so haftet in aller Regel der Fahrer allein (KG VersR 88, 274 = VRS 74, 257 – Alleinhaftung; VersR 77, 1008 – Haftung zu $^3/_4$), es sei denn, der Fußgänger betritt den Zebrastreifen erst kurz vor dem Herannahen des Fz. In diesen Fällen kommt eine Mithaftung des Fußgängers in Betracht (Kar VersR 93, 200 = VRS 83, 161 – Mithaftung zu 50%). Bei einem Unfall in der Nähe eines **Fußgängerüberweges** ist für die zivilrechtliche Haftungsverteilung entscheidend, in welcher Entfernung zum Überweg sich die Kollision ereignet. Stößt das Kfz in noch unmittelbarer Nähe (dh maximal 5 m) zu einem Überweg mit einem Fußgänger zusammen, ist grds von einer überwiegenden oder vollen Haftung des Kfz-Halters auszugehen, weil dieser auch dort mit kreuzenden Fußgängern rechnen muß (BGH VersR 90, 99 = DAR 90, 341 = NZV 90, 150 = r + s 98, 14 f; LG Sa ZfS 92, 4). Findet der Unfall in einer größeren Entfernung zum Fußgängerüberweg (dh bis zu 40 m) statt, muß mit Fußgängerverkehr nicht mehr gerechnet werden, da der Fußgänger in diesem Bereich gem. § 25 III StVO verpflichtet ist, einen Überweg zu benutzen. Dies bedeutet, daß der Fußgänger dann prinzipiell überwiegend oder sogar voll haftet (Kar VerR 82, 657 – Haftung zu 67%; KG VM 89, 61 – Alleinhaftung). Bei einer Entfernung von bis zu 70 m ist grds eine Schadensquotierung vorzunehmen, wobei den Fußgänger angesichts der noch zumutbaren Benutzung des Überweges eine Mithaftung von mindestens $^1/_4$ trifft (KG VM 89, 29 – Mithaftung zu 25%). Ist der Unfallort vom Überweg mehr als 70 m entfernt, ist dem Fußgänger die Benutzung nicht ohne weiteres zumutbar, so daß bei einem im übrigen verkehrsgerechtem Verhalten des Fußgängers von einer überwiegenden bzw alleinigen Haftung des Kfz-Führers auszugehen sein wird (Ha VersR 89, 268 = VRS 76, 99 – Haftung zu $^2/_3$; vgl auch BGH NZV 96, 402 = VRS 92, 85 – Haftungsteilung zwischen einem betrunkenen Fußgänger, der eine Straße nachts in ca. 200 m Entfernung von einer Lichtzeichenanlage überquert u einem die zulässige Höchstgeschwindigkeit überschreitenden PKW). Wenn eine Unterführung vorhanden ist, kommt für gewöhnlich eine Schadensquotierung mit einer höheren Quote zu Lasten des Fußgängers in Betracht. Denn einerseits ist diesem die Benutzung der Unterführung trotz etwaiger Erschwernisse durch das Treppensteigen zumutbar; andererseits ist das Verschulden des Fußgängers nicht so gravierend, daß die Betriebsgefahr des Kfz dahinter vollständig zurücktritt (Mü r + s 86, 6 – Haftung 2/3 zu 1/3 zu Lasten des Fußgängers). Da Fußgängern ausweislich § 18 IX StVO das Betreten einer BAB untersagt ist, trifft ihn im Falle eines Unfalls idR die überwiegende bzw ausschließliche Haftung (Ha VRS 85, 13 = r + s 93, 252; Mü NZV 97, 231 = VersR 97, 460).

Nichts anderes gilt, wenn der **Fußgänger auf der Fb liegt oder sitzt** 17j (BGH VersR 60, 1147 = VRS 20, 12; vgl ferner KG NZV 96, 235 = VRS 98, 262 = ZfS 96, 129; Ha NZV 98, 202 = NJWE – VHR 98, 57 = r + s 98, 280), wobei hier aufgrund der besonderen Umstände des konkreten Sachverhalts eine Schadensteilung vorgenommen worden ist). Steht der Fußgänger hingegen auf der Fb, ist jedenfalls dann von einer überwiegenden Mitverursachung des Fz-Führers auszugehen, wenn die Kollision durch die Nichteinhaltung des erforderlichen Seitenabstandes verursacht worden ist (Kar VersR 89, 269 = VRS 76, 243 = DAR 89, 146 = r + s 89, 46 – Alleinhaftung des Kfz). Bei einem Zusammenstoß zwischen einem rückwärtsfahrenden Kfz u einem Fußgänger, trifft idR den Kfz-Führer die überwiegende oder volle Haftung (KG VM 75, 92 – Alleinhaftung; Schl VRS 84, 166 = DAR 93, 158 – Haftung 80% zu 20% zu Lasten des Kfz).

Befindet sich der Fußgänger an der **Bordsteinkante** u wird er dort von 17k einem vorbeifahrenden Kfz–Halter erfaßt, haftet grds der Kfz-Halter überwiegend oder sogar ausschließlich (Dü NZV 92, 232 = VersR 92, 1486 = VRS 83, 96 – Alleinhaftung). Eine Mithaftung des Fußgängers in der Größenordnung von 1/4 bis 1/3 ist dann in Erwägung zu ziehen, wenn er grundlos so nah an der Bordsteinkante geht oder steht, daß er erkennbar ohne weiteres von einem vorbeifahrenden Kfz gestreift werden kann (Grüneberg Rn 465). Schleudert das Kfz auf den Gehsteig, ist in der Regel von einer Alleinhaftung des Fz-Führers auszugehen (Ha NZV 97, 78 = ZfS 96, 444). Gleiches gilt, wenn von dem Kfz ein Teil abspringt oder das Fz einen Stein hochschleudert und der Fußgänger hiervon getroffen wird, wobei eine Mithaftung des Fußgängers in Betracht kommt, sofern dieser dem Gegenstand hätte ausweichen können (AG Fra NJW – RR 95, 728 – Haftung 75% zu 25% zu Lasten des Kfz).

Kommt es zwischen einem Fz u einem Fußgänger auf einem **Park-** 17l **platz,** Tankstellen – oder Betriebsgebäude, Bahnhofsvorplatz oä zu einem Zusammenstoß, ist prinzipiell eine Schadensquotierung vorzunehmen (LG Dü DAR 98, 106 – Haftung 1/3 zu 2/3 zu Lasten des Kfz; Schl NZV 96, 68 = VersR 96, 386 = r + s 95, 380 – Haftung 70% zu 30% zu Lasten des Kfz). Grund für die Quotelung ist, daß in dieser Fallkonstellation beide VT mit gleichzeitigem Fz – und Fußgängerverkehr rechnen u sich hierauf einrichten müssen.

Bei Unfällen mit **Kindern** u **Jugendlichen** ist zu berücksichtigen, daß 17m der Fz-Führer der erhöhten Sorgfaltspflicht des § 3 II a StVO unterliegt,

StVO § 25 17 n   Fußgänger

sobald Kinder bzw Jugendliche in der Nähe der Fb auftauchen (vgl hierzu BGH NJW 94, 2829 = NZV 94, 273 = VersR 94, 739 = DAR 94, 320). Daraus folgt, daß der KFz-Halter in aller Regel den **Unabwendbarkeitsbeweis** (§ 7 II StVG) nicht führen kann u mithin bei Unfällen mit deliktsunfähigen Kindern (§ 828 I BGB) idR voll haftet. Demgegenüber kommt bei Kollisionen mit deliktsfähigen Kindern u Jugendlichen eine Schadensquotierung in Betracht, wobei der Fz-Führer regelmäßig den höheren Haftungsanteil zu tragen hat. Unter Berücksichtigung dieser Grundsätze ist davon auszugehen, daß bei einem Zusammenstoß zwischen einem Kfz u einem am − aus seiner Sicht gesehen − linken Fb-Rand gehenden Kind bzw. Jugendlichen prinzipiell eine alleinige Haftung des Fz-Halters in Betracht kommt (Ol VRS 76, 331 = DAR 89, 186), wobei dieser VT den Beweis des ersten Anscheins gegen sich hat. Geht das Kind bzw. der Jugendliche verkehrswidrig am − für ihn − rechten Fb-Rand, haftet er uU mit (Grüneberg Rn 484 mwN). Überquert oder läuft das Kind bzw der Jugendliche auf die Straße u ist dies für den Fahrer erkennbar, kommt es für die zivilrechtliche Haftungsverteilung auf das **Alter des Kindes** an. Ist das Kind unter sieben Jahre alt, so haftet der Kfz-Halter aufgrund der Erkennbarkeit des Kindes und der fehlenden Verantwortlichkeit gemäß § 828 I BGB grds ausschließlich (KG NZV 95, 109 = DAR 95, 72 = VRS 88, 241; Dü VRS 72, 29 = r+s 96, 279; Kar VRS 78, 166 = DAR 90, 137; Schl VRS 75, 282), wobei es für die Verschuldenshaftung des Fz-Halters darauf ankommt, wie lange das Kind erkennbar gewesen ist, ob der Fahrer Warnzeichen gegeben, seine Geschwindigkeit verringert u den Abstand zum Fb-Rand vergrößert hat. Wenn das Kind älter als sieben Jahre ist, kommt wegen der zu berücksichtigenden Mitverantwortlichkeit prinzipiell eine Schadensquotierung in Betracht. Dabei kann die Quote grds − abhängig vom Alter des Kindes bzw. des Jugendlichen sowie des konkreten Verschuldens − mit $1/4$ bis $3/4$ festgesetzt werden (BGH VersR 77, 434 = VRS 52, 405 = DAR 77, 157 = NJW 77, 1057 − Haftung je 50%; Ha NZV 96, 70 − Haftung $3/4$ zu $1/4$ zu Lasten des Kindes; Ol VRS 87, 17 = r+s 94, 253 − Alleinhaftung des PKW). Die Tendenz der Rechtsprechung geht aber dahin, auch eine (größere) Mithaft erst ab dem Alter von 10 Jahren anzunehmen. Ab dem 1. 8. 2002 ist die Deliktsfähigkeit von Kindern für Unfälle im motorisierten Verkehr auf 10 Jahre heraufgesetzt (§ 828 BGB). Dh, daß für solche Unfälle ab dem 1. 8. 2002 das noch nicht 10 Jahre alte Kind kein Mitverschuldensanteil trifft.

17 n   Die gleichen Prinzipien gelten, wenn ein **Kind** bzw. **Jugendlicher** aus einer Personengruppe auf die Fb läuft u dort mit einem Fz zusammenstößt (BGH VersR 82, 441 = VRS 62, 338 = NJW 82, 1149 = r+s 82, 73 − Alleinhaftung des PKW-Fahrers, der nachts ein auf die Fb laufendes 6-jähriges Kind angefahren hat; KG VM 97, 52 − Haftung 75% zu 25% zu Lasten des PKW; Ha VersR 94, 831 = NZV 93, 397 − Haftung je 50%). Ist dem Fahrer durch parkende Autos die Sicht versperrt und stößt er mit einem auf die Fb laufenden Kind unter sieben Jahren (ab 1. 8. 2002 − 10 Jahre) zusammen, so haftet der Fz-Führer zumeist allein. Jedoch scheidet in diesen Fällen häufig eine Verschuldenshaftung mangels Erkennbar-

keit aus (BGH VersR 90, 1366 = VRS 80, 86 = DAR 91,22 = NJW 91, 292 = NZV 91, 23 = MDR 91, 327 = r + s 91, 15; Ha NJWE – VHR 97, 108; VRS 88, 178; VersR 93, 711 = VRS 85, 16; Schl MDR 97, 1122 = ZfS 98, 287). Ist das Kind bzw der Jugendliche über sieben (ab 1. 8. 2002 – 10) Jahre alt, so kommt idR eine Schadensquotierung mit einem überwiegenden Haftungsanteil zu Lasten des Kindes bzw Jugendlichen von etwa 60% – 75% in Betracht (Ce VersR 87, 360f – Haftung 30% zu 70% zu Lasten des neunjährigen Kindes; Hbg VersR 88, 858 = VRS 75, 274 – Haftung 60% zu 40% zu Lasten des neunjährigen Kindes; vgl aber auch Ha VRS 79, 267 = NZV 90, 473 = r + s 90, 267 – Haftung ²/₃ zu ¹/₃ zu Lasten des Kfz).

Bei einer **Sichtbehinderung** aus anderen Gründen gelingt dem Halter 17 o vielfach der Unabwendbarkeitsbeweis iSd § 7 II StVG (Kö VersR 89, 1059; Mü VRS 93, 256). Bleibt ungeklärt, ob der Fz-Führer das Kind oder den Jugendlichen gesehen hat, ist wiederum zu differenzieren: Ist das Unfallopfer unter sieben Jahre alt, haftet in aller Regel der Kfz-Halter voll. Denn die ungeklärte Unfallsituation wirkt sich zu seinen Ungunsten aus, weil eine Verantwortlichkeit des Kindes nach § 828 I BGB regelmäßig nicht gegeben ist (Ha NZV 89, 190; Kö VRS 83, 322 = DAR 92, 383 = r + s 92, 337). Falls das Kind oder der Jugendliche älter als sieben Jahre ist, kommt eine Schadensquotierung in Betracht, die sich nach den Umständen des Einzelfalles bemißt (Kö VersR 89, 206 – Haftung 85% zu 15% zu Lasten des PKW; Sa ZfS 95, 406 – Haftung 75% zu 25% zu Lasten des 14-jährigen Kindes; Schl NZV 98, 25 – Haftung 25% zu 75% zu Lasten des 13-jährigen Kindes).

Bei einem Unfall zwischen einem vorbeifahrenden Kfz u einem unter 17 p sieben Jahre alten Kind in der Nähe einer **Haltestelle,** ist grds von einer Alleinhaftung des Kfz-Halters auszugehen, sofern das öffentliche V-Mittel gerade an – bzw. abfährt. Grund hierfür ist, daß insoweit damit gerechnet werden muß, daß Fußgänger auf der Fb auftauchen (§ 20 I StVO). Fährt der Fahrer an einem **haltenden Schulbus** vorbei, muß er uU die besondere Pflicht des § 20 IV StVO beachten (AG Berlin-Charlottenburg VersR 77, 779). Sofern das Kind über sieben Jahre alt ist, ist in aller Regel eine Schadensquotierung mit einem überwiegenden Haftungsanteil zu Lasten des Kfz-Halters auszugehen (Ce NZV 91, 228 – Haftung ¹/₃ zu ²/₃ zu Lasten des PKW; Ha NZV 91, 467 – Haftung 75% zu 25% zu Lasten des PKW).

Kollidiert ein Kind bzw Jugendlicher mit einem **Bus,** wird unter der 17 q Prämisse, daß eine Deliktsfähigkeit gem. § 828 I BGB nicht gegeben ist, grds eine Schadensquotierung in Betracht kommen, wobei das Kind bzw den Jugendlichen die überwiegende Quote trifft. Dies gilt zumindest dann, wenn der Busfahrer sich der Haltestelle vorsichtig und langsam nähert bzw wieder von ihr abfährt (Bamb VersR 93, 898 = NZV 93, 268 = VRS 85, 4 – Haftung ²/₃ zu ¹/₃ zu Lasten des 10-jährigen Kindes; Kö VersR 90, 434 – Alleinhaftung des Busfahrers; Sa NZV 96, 198 – Haftung 70% zu 30% zu Lasten des 10-jährigen Kindes). Gleiches gilt, sofern sich der Unfall in der Nähe einer Schule, eines Kindergartens oder Spielplatzes ereignet (Fra

StVO § 26 — Fußgängerüberwege

NJW 98, 548 = VersR 98, 206 = MDR 98, 216 = VM 98, 29 – Alleinhaftung des Kfz). Ereignet sich der Zusammenstoß auf einem Überweg (§ 26 StVO), haftet regelmäßig der Kfz-Halter allein, da eine Mithaftung des Kindes gem § 828 I BGB ausscheidet (Ko VRS 72, 335). Ist das Kind bzw der Jugendliche älter als sieben (ab 1. 8. 2002 – 10) Jahre, so kommt eine Mithaftung dann in Betracht, wenn die Voraussetzungen des § 828 II BGB erfüllt sind. Dabei bemißt sich die Quote nach dem Maß der Verantwortlichkeit. Namentlich bei einem **Rotlichtverstoß** ist uU von einer vollen Haftung des Jugendlichen auszugehen (KG VersR 89, 491 = VRS 75, 285 = DAR 88, 349 = NZV 88, 104 = VM 88, 78 – Alleinhaftung des 8-jährigen Kindes; Ce r + s 82, 10 – Haftung 70% zu 30% zu Lasten des PKW).

17 r Stößt das Kfz mit einem Kind bzw Jugendlichen mit **Rollschuhen,** Roller, Inline-Skates, Skateboards oä zusammen, wird für gewöhnlich eine Schadensquotierung vorzunehmen sein (Fra VersR 84, 1093 = VRS 67, 415 = DAR 85, 79 = MDR 85, 583 – Haftung 80% zu 20% zu Lasten des Kfz; vgl ferner Ha NJWE-VHR 97, 108 – Alleinhaftung des Kfz). Denn beide VT haben den Unfall in nicht unerheblichem Maße mitverursacht: Der Fahrer hätte bei Auftauchen des Kindes auf jeden Fall (noch) vorsichtiger fahren müssen; das Kind bzw der Jugendliche hätte sich seiner nicht ungefährlichen Fortbewegungsart bewußt sein und sich darauf einstellen müssen.

17 s Vgl zur Haftungsverteilung bei einer Kollision zwischen einem Fußgänger und einem Radfahrer Grüneberg Rn 539 ff.

18 **7. Zuwiderhandlungen**

Verstöße nach I–IV sind OWen nach § 49 I 24 a iVm § 24 StVG (s Nrn 71, 72, VwKat), solche gegen V nach § 71 I 4 BOStrab, evtl § 64 a EBO (VwV zu Abs 5).

19 **8. Literatur**

Fuchs „Die deliktsrechtliche Verantwortung der Eltern für Schäden von u an Kindern im StV" NZV 98, 7; **Greger** „Haftungsfragen beim Fußgängerunfall" NZV 90, 409; **Kielhorn** „Tödliche StV-Unfälle von Fußgängern" ZBlVM 72, 129; **Limbourg/Steffen/H. Müller** „Kinder im StV – Fragen der Haftung" VGT 98, 211; **Martin** „Vertrauensgrds und Kinder im StV" DAR 63, 117; **Scheffen** „Schadensersatzansprüche bei Beteiligung von Kindern u Jugendlichen an V-Unfällen" VR 87, 116.

§ 26 Fußgängerüberwege

(1) **An Fußgängerüberwegen haben Fahrzeuge mit Ausnahme von Schienenfahrzeugen den Fußgängern sowie Fahrern von Krankenfahrstühlen oder Rollstühlen, welche den Überweg erkennbar benutzen wollen, das Überqueren der Fahrbahn zu ermöglichen. Dann dürfen sie nur mit mäßiger Geschwindigkeit heranfahren; wenn nötig, müssen sie warten.**

Fußgängerüberwege § 26 StVO

(2) **Stockt der Verkehr, so dürfen Fahrzeuge nicht auf den Überweg fahren, wenn sie auf ihm warten müßten.**

(3) **An Überwegen darf nicht überholt werden.**

(4) **Führt die Markierung über einen Radweg oder einen anderen Straßenteil, so gelten diese Vorschriften entsprechend.**

VwV – StVO

Zu § 26 Fußgängerüberwege

II. Örtliche Voraussetzungen

1. Fußgängerüberwege dürfen nur innerhalb geschlossener Ortschaften und nicht auf Straßen angelegt werden, auf denen schneller als 50 km/h gefahren werden darf.
2. Die Anlage von Fußgängerüberwegen kommt in der Regel nur in Frage, wenn auf beiden Straßenseiten Gehwege vorhanden sind.
3. Fußgängerüberwege dürfen nur angelegt werden, wenn nicht mehr als ein Fahrstreifen je Richtung überquert werden muß. Dies gilt nicht an Kreuzungen und Einmündungen in den Straßen mit Wartepflicht.
4. Fußgängerüberwege müssen ausreichend weit voneinander entfernt sein; das gilt nicht, wenn ausnahmsweise zwei Überwege hintereinander an einer Kreuzung oder Einmündung liegen.
5. Im Zuge von Grünen Wellen, in der Nähe von Lichtzeichenanlagen oder über gekennzeichnete Sonderfahrstreifen nach Zeichen 245 dürfen Fußgängerüberwege nicht angelegt werden.
6. In der Regel sollen Fußgängerüberwege zum Schutz der Fußgänger auch über Radwege hinweg angelegt werden.

III. Verkehrliche Voraussetzungen

Fußgängerüberwege sollten in der Regel nur angelegt werden, wenn es erforderlich ist, dem Fußgänger Vorrang zu geben, weil er sonst nicht sicher über die Straße kommt.

Dies ist jedoch nur dann der Fall, wenn es die Fahrzeugstärke zuläßt und es das Fußgängeraufkommen nötig macht.

IV. Lage

1. Fußgängerüberwege sollten möglichst so angelegt werden, daß die Fußgänger die Fahrbahn auf dem kürzesten Wege überschreiten.
2. Fußgängerüberwege sollten in der Gehrichtung der Fußgänger liegen. Wo Umwege für Fußgänger zum Erreichen des Überwegs unvermeidbar sind, empfehlen sich z. B. Geländer.
3. Bei Fußgängerüberwegen an Kreuzungen und Einmündungen ist zu prüfen, ob es nicht ausreicht, über die Straße mit Vorfahrt nur einen Fußgängerüberweg anzulegen. Bei Einbahnstraßen sollte dieser vor der Kreuzung oder Einmündung liegen. An Kreuzungen und Einmündungen mit abknickender Vorfahrt darf ein Fußgängerüberweg auf der bevorrechtigten Straße nicht angelegt werden.
4. Vor Schulen, Werksausgängen und dergleichen sollten Fußgänger nicht unmittelbar auf den Fußgängerüberweg stoßen, sondern durch Absperrungen geführt werden.

Heß

12 5. Im Zuge von Straßen mit Straßenbahnen ohne eigenen Bahnkörper sollen Fußgängerüberwege nicht angelegt werden. Fußgängerüberwege über Straßen mit Schienenbahnen auf eigenem Bahnkörper sollen an den Übergängen über den Gleisraum mit versetzten Absperrungen abgeschrankt werden.

13 V. Markierung und Beschilderung

14 1. Die Markierung erfolgt mit Zeichen 293. Auf Fußgängerüberwege wird mit Zeichen 350 hingewiesen. In wartepflichtigen Zufahrten ist dies in der Regel entbehrlich.

15 2. Vor Überwegen, die nicht an Kreuzungen oder Einmündungen liegen, ist in der Regel durch das Zeichen 134, gegebenenfalls mit Entfernungsangabe auf einem Zusatzschild, zu warnen.

16 VI. Beleuchtung

Durch Beleuchtung muß dafür gesorgt werden, daß auf dem Fußgängerüberweg befindliche und am Gehwegrand wartende Fußgänger bei Dunkelheit auch bei ungünstigen Verhältnissen (z. B. bei nasser Straße) vom Kraftfahrer rechtzeitig wahrgenommen werden können.

17 VII. Richtlinien

Das Bundesministerium für Verkehr gibt im Einvernehmen mit den zuständigen obersten Landesbehörden Richtlinien für die Anlage und Ausstattung von Fußgängerüberwegen (R-FGÜ) im Verkehrsblatt bekannt.

Inhaltsübersicht

	Rn
1. Allgemeines	1
2. Abs 1: Vorrang der Fußgänger u gleichgestellten VT	3
a) Voraussetzungen des Vorrangs	3
b) Inhalt des Vorrangs, Verzicht	4
c) Straßenbahn	7
3. Abs 2: Verhalten bei Stockungen	8
4. Abs 3: Überholverbot	9
5. Zivilrecht/Haftungsverteilung	9 a
6. Zuwiderhandlungen	10
7. Literatur	12

1 **1. Allgemeines**

§ 26 I S 1 bezieht Kranken- u Rollstuhlfahrer in die Regelung für Fußgänger ein; **I S 2** ist der RSpr u Literatur angepaßt worden. **II** enthält eine dem § 11 I entspr Vorschrift für VStockungen, **III** ein Überholverbot. **IV** erklärt die Vorschriften für Radwege u andere Str-Teile für entspr anwendbar. § 26 wird ergänzt durch das Haltverbot des § 12 I 4 u § 315 c I 2 c StGB.

2 Die Vorschriften sichern den Fußgängern, auch wenn sie ein Rad schieben (nicht aber, wenn sie damit fahren: Ha NZV 93, 66; 96, 449; Dü NZV 98, 296; Grüneberg NZV 97, 420), u ihnen gleichgestellten VT (§ 2 V S 1; § 2 Rn 59: radfahrenden Kindern; Roll- u Krankenfahrstuhlfahrern,

Vorrang der Fußgänger u gleichgestellten VT 3–4 a § 26 StVO

auch motorisierten) auf den durch **Z 293** gekennzeichneten Überwegen, nicht aber auf anderen Übergängen, den Vorrang vor dem FahrV (Bay 67, 155 = DAR 68, 27; Hbg VM 74, 22). „Fußgängerüberweg" ist ein **Rechtsbegriff;** der Tatrichter muß feststellen, ob, erforderlichenfalls wie, der Überweg markiert war. Die an LZAn nach VwV III zu § 25 III markierten Fußgänger**furten** sind keine Fußgängerüberwege iS des § 26 (s § 315 c StGB 23; Dü VRS 78, 140). Die Fußgänger sollen durch § 25 III zur Benutzung vorhandener Fußgängerüberwege angehalten werden. Liegt der Fußgängerüberweg innerhalb des Bereichs einer durch eine LZA geregelten Kreuzung, so gelten **nur die Farbzeichen,** nicht auch § 26 I (Ha NZV 96, 449; Kö VM 80, 87).

2. Abs 1: Vorrang der Fußgänger u gleichgestellten VT

a) Die **Begründung des Vorrangs** setzt eine deutliche, durchgehende 3
Kennzeichnung mit sog Zebrastreifen (Z 293) voraus. Daher kein Vorrang, wenn Zebrastreifen verwittert, durch neuen Str-Belag überdeckt oder zugeschneit sind (Bay NJW 68, 313; Fra VRS 34, 308; Booß VM 80, 6; Knippel DAR 80, 243; aA Ol VRS 58, 285 = StVE 12; s auch § 39 Rn 18 a). Im Zweifel ist der Kf zu erhöhter Sorgfalt verpflichtet (Ko VRS 44, 68). Das **Gefahr Z 134** begründet den Vorrang nicht, mahnt aber zu erhöhter Vorsicht, wenn die Bodenmarkierung verschmutzt oder verschneit ist, u schließt den Vertrauensgrundsatz gegenüber Fußgängern pp aus (BGH VRS 41, 307; Ha VRS 39, 340; Bay 71, 143 = VRS 40, 215). Auch das **Richt Z 350** gewährt keinen Vorrang, es gibt nur Hinweis u ersetzt die Bodenmarkierung nicht, doch muß der Kf damit rechnen, daß sich Fußgänger auch hier wie an einem normalen Überweg verhalten (BGH aaO).

b) **Inhalt des Vorrangs.** Der Vorrang steht nur dem Bevorrechtigten 4
zu, der die Fahrbahn **erkennbar** überschreiten will (Ha VRS 61, 295; ZfS 96, 276; Hbg VM 70, 29; s auch BGH VersR 68, 356), auch wenn er aus Ängstlichkeit etwas zögert (BGHSt 20, 215; NJW 65, 1236; VRS 38, 278; KG NZV 92, 40) oder als Fußgänger ein Rad mitführt (Stu DAR 88, 101), solange er damit nicht fährt (Ha NZV 93, 66; Dü NZV 98, 296; aA Dü MDR 87, 1029 = StVE 21 m zutr abl St Hentschel NJW 88, 1124); das gilt auch für (auf dem Gehweg!) radfahrende Kinder bis 10 Jahre, wenn sie gem § 2 V S 3, der im Sicherheitsinteresse auch bei Benutzung eines Fußgängerüberwegs gilt, vom Gehweg her zu Fuß die Fahrbahn überqueren (s auch § 2 Rn 59).

Der Vorrang auf dem Überweg hängt nicht davon ab, daß der Bevor- 4 a
rechtigte seine Absicht, die Fahrbahn zu überqueren, durch **Zeichen** zu erkennen gibt; es genügt, daß dessen Absicht objektiv aus seinem Gesamtverhalten (BGH aaO) erkennbar ist, also für einen Betrachter, der den Überweg u seine Umgebung überblicken kann (Dü VM 67, 115; Mühlhaus DAR 70, 199; aA Bra VRS 34, 234). Ein Fußgänger, der am Bordstein mit Blick auf den Überweg steht oder zügig darauf zugeht, gibt seine Absicht hinreichend deutlich zu erkennen (KG NZV 92, 40; Kar NZV 92,

330; Dü DAR 98, 318), **nicht** aber, wenn er sich zu einer Kinderkarre hinunterbeugt (Hbg VRS 59, 300 = StVE 13) oder in einiger Entfernung parallel zur Fahrbahn auf den Überweg zugeht (Kar aaO; Ha DAR 81, 154). Ist kein Bevorrechtigter, der die Fahrbahn überqueren will, zu sehen, ist die Vorschrift nicht anwendbar (BGH VersR 68, 356). Auf ein völlig verkehrswidriges Verhalten eines Fußgängers, etwa das Betreten der Fahrbahn durch einen vorher nicht sichtbaren Fußgänger, braucht der Kf nicht gefaßt zu sein (Fra DAR 68, 247; vgl aber auch VRS 33, 385; Hbg VRS 30, 218; Ce VM 75, 71, 95) Zweifel an der Benutzungsabsicht gehen zu Lasten des Fz-Führers (Ha DAR 81, 154; KG NZV 92, 40; Dü DAR 98, 318)

4 b Der **Schutzbereich** für die Fußgänger reicht einige Meter über die mit Zebrastreifen markierte Fläche hinaus; nach Ha (VRS 54, 223 = StVE 9) mind 4 m, nach Ko (VRS 49, 140) gilt er 14 Schritte seitwärts nicht mehr; nach Booß (Anm 1) bis zu 4 m seitwärts u nach Bay nicht mehr 6–8 m daneben (VM 78, 76). Jedenfalls muß der Kf damit rechnen, daß Fußgänger die Fahrbahn einige Meter neben dem Zebrastreifen überschreiten (Kar VRS 44, 370 = StVE 2).

5 Der FahrV darf sich einem Fußgängerüberweg nur mit einer so **geringen Geschwindigkeit** nähern, daß er auch vor einem kurz vor seiner Annäherung auftauchenden Bevorrechtigten anhalten kann u daß auch weniger gewandte Fußgänger nicht das Gefühl haben, ihr VorR werde mißachtet (Dü VM 66, 118; 67, 56; Ha VM 66, 151; Bay bei Rüth DAR 85, 236; s auch Ol VRS 58, 286 = StVE 11). Der Kf muß damit rechnen, daß auf dem Fußgängerüberweg aus dem durch andere Fze verdeckten Teil Bevorrechtigte sich nähern u die Fahrbahn überqueren (Kö VRS 41, 121; Dü VM 67, 115; 70, 74; Ha VRS 31, 462); doch er muß sich nicht **stets**, sondern nur **dann** mit mäßiger Geschwindigkeit nähern (wie es in S 2 klargestellt ist; s auch Janiszewski NStZ 81, 337), wenn ein Fußgänger erkennbar den Übergang überschreiten will (s oben Rn 4 u Kar NZV 92, 330; StVE 21 a). Welche Geschwindigkeit „mäßig" ist, richtet sich nach der Beobachtungsmöglichkeit, der Breite des Fz, dem FußgängerV u der Fahrlinie (Ce VM 75, 71). IdR sind 25–30 km/h mäßig (Fra DAR 68, 247; Schl VM 76, 38), 40–50 km/h dagegen nicht mehr (Dü DAR 74, 160), weil dann kein rechtzeitiges Anhalten mehr möglich ist.

5 a **Von der Wartepflicht ist der Kf nur befreit,** wenn der Bevorrechtigte eindeutig u freiwillig zu erkennen gibt, daß er auf seinen Vorrang (für sich: Dü VRS 63, 472) **verzichten** will. Das gilt nicht, wenn der Kf den Bevorrechtigten dadurch zum Verzicht veranlaßt, daß er sich dem Überweg zu schnell nähert (BGHSt 20, 215 = NJW 75, 1236; Ha VRS 56, 380; Bay VRS 62, 466; Dü aaO; KG NZV 92, 40). Der Kf darf weiterfahren, wenn sein Abstand von dem Bevorrechtigten so groß ist, daß er diesen beim Überschreiten des Überweges weder gefährdet noch behindert (Ha VRS 48, 148; Ce NZV 92, 122; Dü VRS 88, 211), so wenn dieser noch am linken Fahrbahnrand steht (Dü VRS 64, 461 = StVE 19). – Der Bevorrechtigte darf auf Einräumung seines Vorrangs weder blindlings ver-

trauen (BGH(Z) VRS 63, 255), noch ihn erzwingen (KG bei Darkow DAR 74, 235). An Fußgängerüberwegen herrscht weder für die Fahrzeugführer noch für die Fußgänger der Vertrauensgrundsatz (Ce NZV 01, 79). Der Überwegbenutzer hat den Fahrverkehr mit Sorgfalt zu beobachten (Ce NZV 01, 79).

Im Bereich einer Schule u des **Z 136** muß der sich einem Fußgängerüberweg nähernde Kf so fahren, daß er auch beim Auftauchen vorher nicht sichtbarer Kinder jederzeit anhalten kann (Ko VRS 62, 335; s auch § 1 Rn 42).

c) Die **Straba** hat auch auf Fußgängerüberwegen Vorrang vor Fußgängern. Aber auch für sie gilt das Haltverbot des § 12 I 4, ferner die sich aus § 1 ergebenden Pflichten (BGH(Z) VRS 49, 243; VM 77, 15; s auch Rn 9). Daneben muß die Straba vor nicht oder nur schlecht einsehbaren Fußgängerüberwegen entweder unter geringfügiger Geschwindigkeitsermäßigung läuten oder deutlich verlangsamen (BGH NJW 76, 2014 = StVE 8; Dü VersR 83, 861).

3. Abs 2: Bei **Verkehrsstockungen** müssen die Fze vor, nicht auf dem Fußgängerüberweg warten, um den FußgängerV nicht zu behindern. Abs 2 entspricht der besonderen Verkehrslage des Stockens in § 11 (s § 11 Rn 2). Kann der Überweg aber noch nahezu ganz passiert werden, so darf auf ihn gefahren werden (Ol VRS 58, 286).

4. Abs 3: Überholverbot

An Fußgängerüberwegen, dh im Bereich der Markierung (Z 293) bzw ab Z 350, besteht zur Verbesserung der VSicherheit ein **absolutes Überholverbot;** es kommt also nicht darauf an, ob Bevorrechtigte den Überweg bereits überschreiten (s dazu auch § 315c StGB 23 sowie Janiszewski 275 f). Soweit die VLage ein Vorbeifahren an einem bereits haltenden Kf erlaubt, ist äußerste Vorsicht geboten, da dieses idR die Übersicht zT verdeckt. Die Führer von Schienen-Fzen sind, da I sie ausnimmt, trotz der allg Fassung von III, nicht an III gebunden; sie müssen aber vor einem nicht voll einsehbaren Fußgängerüberweg SchallZ geben u mit geringer Geschwindigkeit fahren (BGH(Z) VRS 51, 198 = NJW 76, 2014 = StVE 8).

5. Zivilrecht/Haftungsverteilung

s hierzu § 25 Rn 17a ff

6. Zuwiderhandlungen

Verstöße gegen § 26 sind OWen nach § 49 I 24b StVO iVm § 24 StVG (s Nr 73 VwKat; 27 BKat); unter den qualifizierenden Voraussetzungen des § 315c I 2c StGB kann Straftat vorliegen.

Die OW nach § 26 I setzt voraus, daß zumindest ein Fußgänger vermeidbar behindert, belästigt oder mind durch das herankommende Fz in seinem Verhalten beeinflußt worden ist (Ha DAR 95, 501; Dü NZV 93,

39 mwN; Kö VRS 64, 310; Dü DAR 00, 176; Ce NZV 92, 122); ein Erschrecken, Verwirren oder Gefährden ist nicht erforderlich (Dü VRS 84, 306). § 26 I ist gegenüber § 1 II auch dann SpezialG, wenn es zu einer Gefährdung kommt (Ko VRS 46, 154); bei Schädigung eines Dritten liegt TE mit § 1 II vor. Aber nicht in jedem Falle, in dem ein Kf einen Fußgängerüberweg, den ein Bevorrechtigter erkennbar überqueren will, ohne anzuhalten passiert, liegt ein Verstoß gegen § 26 I vor (s Dü NZV 93, 39; Ce aaO); die Entscheidungsgründe müssen insb hinreichende Darlegungen enthalten über die konkrete VSituation, wie Geschwindigkeiten, Entfernungen, Sichtverhältnisse uä, sowie dartun, ob der Bevorrechtigte in der Ausübung seines VorR merkbar eingeschränkt worden ist (Stu VRS 61, 67 = StVE 16; Ha VRS 47, 468; 48, 148; Kö VRS 64, 310; Dü NZV 93, 162) oder ob dies zB infolge ausreichenden Abstands nicht der Fall war (Kö, Stu aaO; KG Rn 4; Dü DAR 93, 153: 2,50 m reichen nicht), so bes wenn er die Fahrbahn noch gar nicht betreten hatte u am linken Fahrbahnrand stehen geblieben war (Ha ZfS 95, 474) oder ob er auf sein VorR verzichtet hatte. Zur Feststellung des pflichtwidrigen Verhaltens des Kfz-Führers ist idR die Vernehmung des Fußgängers geboten (s Dü DAR 93, 273).

12 **7. Literatur**

Hoppe „Kraftfahrer und Fußgänger an Zebrastreifen" DAR 68, 173; **Mühlhaus** „Verhalten an Fußgängerüberwegen" DAR 70, 197.

§ 27 Verbände

(1) **Für geschlossene Verbände gelten die für den gesamten Fahrverkehr einheitlich bestehenden Verkehrsregeln und Anordnungen sinngemäß. Mehr als 15 Radfahrer dürfen einen geschlossenen Verband bilden. Dann dürfen sie zu zweit nebeneinander auf der Fahrbahn fahren. Kinder- und Jugendgruppen zu Fuß müssen, soweit möglich, die Gehwege benutzen.**

(2) **Geschlossene Verbände, Leichenzüge und Prozessionen müssen, wenn ihre Länge dies erfordert, in angemessenen Abständen Zwischenräume für den übrigen Verkehr frei lassen; an anderen Stellen darf dieser sie nicht unterbrechen.**

(3) **Geschlossen ist ein Verband, wenn er für andere Verkehrsteilnehmer als solcher deutlich erkennbar ist. Bei Kraftfahrzeugverbänden muß dazu jedes einzelne Fahrzeug als zum Verband gehörig gekennzeichnet sein.**

(4) **Die seitliche Begrenzung geschlossen reitender oder zu Fuß marschierender Verbände muß, wenn nötig (§ 17 Abs. 1), mindestens nach vorn durch nicht blendende Leuchten mit weißem Licht, nach hinten durch Leuchten mit rotem Licht oder gelbem Blinklicht kennt-

Verbände § 27 StVO

lich gemacht werden. Gliedert sich ein solcher Verband in mehrere deutlich voneinander getrennte Abteilungen, dann ist jede auf diese Weise zu sichern. Eigene Beleuchtung brauchen die Verbände nicht, wenn sie sonst ausreichend beleuchtet sind.

(5) **Der Führer des Verbandes hat dafür zu sorgen, daß die für geschlossene Verbände geltenden Vorschriften befolgt werden.**

(6) **Auf Brücken darf nicht im Gleichschritt marschiert werden.**

VwV – StVO
Zu § 27 Verbände

Zu Absatz 1

Abweichend von den (nur sinngemäß geltenden) allgemeinen Verkehrsregeln ist darauf hinzuwirken, daß zu Fuß marschierende Verbände, die nach links abbiegen wollen, sich nicht nach links einordnen, sondern bis zur Kreuzung oder Einmündung am rechten Fahrbahnrand geführt werden.

Zu Absatz 2

Leichenzügen und Prozessionen ist, soweit erforderlich, polizeiliche Begleitung zu gewähren. Gemeinsam mit den kirchlichen Stellen ist jeweils zu prüfen, wie sich die Inanspruchnahme stark befahrener Straßen einschränken läßt.

Zu Absatz 3

Bei geschlossenen Verbänden ist besonders darauf zu achten, daß sie geschlossen bleiben; bei Verbänden von Kraftfahrzeugen auch darauf, daß alle Fahrzeuge die gleichen Fahnen, Drapierungen, Sonderbeleuchtungen oder ähnlich wirksamen Hinweise auf ihre Verbandszugehörigkeit führen.

Zu Absatz 4

Bedarf ein zu Fuß marschierender Verband eigener Beleuchtung, so ist darauf zu achten, daß die Flügelmänner des ersten und des letzten Gliedes auch dann Leuchten tragen, wenn ein Fahrzeug zum Schutze des Verbandes vorausfährt oder ihm folgt.

Inhaltsübersicht

	Rn
1. Allgemeines	1
2. Geschlossene Verbände	2
a) Abs 3: Deutliche Erkennbarkeit	2
b) Abs 5: Verantwortlicher Führer	3
3. Abs 1: Verkehrsregeln für geschlossene Verbände	4
a) Satz 1: Anwendung der Fahrvorschriften	4
b) Satz 2 u 3: Radfahrerverbände	6
c) Satz 4: Kinder- u Jugendgruppen	7
4. Abs 2: Verhältnis zum übrigen Verkehr	8
5. Abs 4: Beleuchtungsvorschriften	9
6. Abs 5: Verbot des Gleichschritts auf Brücken	10
7. Zuwiderhandlungen	11

StVO § 27 1–5   Verbände

1   1. Allgemeines

In § 27 sind alle Arten von geschl Verbänden zusammengefaßt, dh die marschierenden Abteilungen, die Schulklassen u Jugendgruppen, die Radf-Verbände, die Prozessionen u Leichenzüge sowie alle verbandsmäßigen Fahrten mit Kfzen oder nicht motorisierten Fzen. Für die Genehmigungspflicht dieser Veranstaltungen ist zusätzlich § 29 zu beachten. Sonderrechte s § 35.

2   2. Geschlossene Verbände

a) **Abs 3: Deutliche Erkennbarkeit.** Es gibt keine Sondervorschriften für nicht geschl, „offene" Verbände; bei ihnen ist jeder einzelne VT – für sich allein – den VRegeln unterworfen. Ein „geschlossener Verband" ist eine Mehrheit von VT, die als **einheitliches Ganzes,** das für andere als solches **deutlich erkennbar** ist, sich gleichartig (zu Fuß oder mit gleichartigen Fzen oder sonstigen Fortbewegungsmitteln) in einer Richtung bewegt (vgl Kar NZV 91, 154). Bei marschierenden, reitenden u radfahrenden Verbänden wird die Verbandszugehörigkeit schon durch die aufgeschlossene Bewegungsform deutlich. Hintereinanderfahrende Kfze lassen demgegenüber nicht ohne weiteres die Zugehörigkeit zu einem Verband erkennen. Deshalb schreibt III S 2 vor, daß jedes einzelne Fz, zB durch Wimpel, gekennzeichnet sein muß. Die Einschaltung von Abblendlicht reicht auch bei Tage für sich allein nicht aus, um einen Verband von Kfzen als geschl zu kennzeichnen (Bay 74, 43 = StVE 1). Drei Kfze sollen bereits einen Verband bilden können (Nü VersR 82, 1035). 30 m Abstand zwischen zwei Kfzen beseitigt den geschl Charakter eines militärischen Verbands nicht (LG Verden NZV 89, 324, anders bei 50 m (so Schl NZV 92, 321). Durch die Bildung von Lücken (II) wird die Geschlossenheit des Verbandes nicht berührt, solange der Zusammenhang erkennbar bleibt (Kar NZV 91, 154).

3   b) **Abs 5: Verantwortlicher Führer.** Der geschl Verband setzt nach V einen Führer voraus. Dieser bestimmt die Kennzeichnung u trägt die Verantwortung für die Einhaltung der Vorschriften des § 27. Daneben sind die einzelnen Mitglieder des Verbandes für ihre persönliche Fahrweise, diejenigen, die bes Aufgaben, wie das Tragen von Sicherungslampen, übernommen haben, auch für diese Aufgaben verantwortlich (Ol VM 71, 6).

3. Abs 1: Verkehrsregeln für geschlossene Verbände

4   a) **Satz 1:** Die **Fahrvorschriften** gelten sinngemäß auch für geschl **Fußgängerverbände.** Daraus, daß sie sich nach den Fahrregeln verhalten müssen, ergibt sich umgekehrt, daß auch der FahrV ihnen gegenüber die Pflichten gegenüber anderen Fzen, nicht diejenigen gegenüber Einzelfußgängern hat.

5   Für motorisierte Verbände gelten danach insb auch die Vorschriften über die Fahrgeschwindigkeit u das Überholen, für alle Verbände die Vorrangregelung beim Vorbeikommen an einem Hindernis. Als von rechts Kommende dürfen **marschierende Kolonnen** auch den **Vorrang an Kreuzungen** beanspruchen. Das Abbiegen ist rechtzeitig anzukündigen: beim Einfahren oder Einmarschieren auf eine Str gelten dieselben außerordentlichen Sorgfaltspflichten. Da die VRegeln des FahrV nur sinngemäß gelten, bedurfte es nicht der ausdrücklichen Regelung, daß sich zu Fuß marschierende Verbände vor dem **Linksabbiegen nicht einzuordnen** haben; verkehrsgerecht ist es vielmehr, daß zB ein marschierender Verband erst an der Kreuzung selbst die Schwenkung vollzieht (Begr). – Da der Verband als **ein** VT gilt (s 2 u 8), sind auch die dem ordnungsgem nach links abgebogenen Führungs-Fz folgenden Fze des Verbandes entgegenkommenden Fzen nicht wartepflichtig (LG Rottweil VRS 72, 169; LG Verden NZV 89, 324).

b) **Satz 2 u 3: Radfahrerverbände.** Mind 16 Radf dürfen einen Verband bilden u dann zu zweit nebeneinander auf der Fahrbahn (nicht auf dem Radweg) fahren, wenn sie den Verkehr nicht behindern (Begr zu § 2). 6

c) **Satz 4: Kinder- u Jugendgruppen,** nicht nur Schulklassen, sind geschl Verbände iS des III. Für sie begründet aber S 4 die abweichende **Pflicht,** nach Möglichkeit die Gehwege zu benutzen, da sie auf der Fahrbahn sich selbst u den FahrV gefährden. 7

4. Abs 2: Verhältnis zum übrigen Verkehr 8

Der geschl Verband u ihnen gleichgestellte Verbände sind verkehrsrechtlich **ein** VT; es liegt auch im Interesse des Verkehrs, sie nicht unnötig zu zerreißen (Begr). Der 1. Halbs verpflichtet daher nicht nur die **geschlossenen Verbände,** sondern auch **Leichenzüge** u **Prozessionen** (ihrem Wesen nach keine geschl Verbände), Lücken freizulassen, die hauptsächlich dem QuerV dienen sollen. Umgekehrt verbietet der 2. Halbs dem übrigen Verkehr, jene zu **unterbrechen,** dh sich in einen geschl Block hineinzudrängen. Ein Vorrang wird durch diese Vorschrift nicht begründet (Begr). Die einzelnen Verbandsmitglieder dürfen auf die Beachtung der Vorschrift weder vertrauen noch deren Einhaltung erzwingen (Ol VM 71, 6) u dem Führungs-Fz etwa „blind" folgen (Kar NZV 91, 154).

5. Abs 4: Beleuchtungsvorschriften 9

Die Beleuchtungsvorschriften entspr dem schon erwähnten Gedanken, daß der Verband – auch bei Aufgliederung die einzelne Abteilung – als **ein** VT nach außen in Erscheinung tritt (2, 8). Auch wenn ein Fz vorausfährt, müssen marschierende oder reitende Verbände vorn Leuchten mitführen, die die seitlichen Grenzen des Verbandes kenntlich machen (Begr, VwV zu Abs 4).

6. Abs 5: Das Verbot des Gleichschritts auf Brücken gilt auch für marschierende Fußgänger, die keinen geschl Verband bilden. 10

StVO § 28

11 **7. Zuwiderhandlungen**

Der **Führer** eines Verbandes ist bußgeldrechtlich nach § 49 II 1 u 2 iVm § 24 StVG (im Vw- u BKat nicht erfaßt) verantwortlich; die einzelnen Mitglieder des Verbandes, soweit sie selber ow handeln, zB entgegen § 27 V auf Brücken im Gleichschritt marschieren (§ 49 I 24 c). An ihren OWen kann sich der Führer beteiligen (aktiv oder passiv; § 14 OWiG). Verstoß gegen II Halbs 2 (Unterbrechung des Verbandes) ist durch § 49 II 1 a erfaßt.

§ 28 Tiere

(1) **Haus- und Stalltiere, die den Verkehr gefährden können, sind von der Straße fernzuhalten. Sie sind dort nur zugelassen, wenn sie von geeigneten Personen begleitet sind, die ausreichend auf sie einwirken können. Es ist verboten, Tiere von Kraftfahrzeugen aus zu führen. Von Fahrrädern aus dürfen nur Hunde geführt werden.**

(2) **Für Reiter, Führer von Pferden sowie Treiber und Führer von Vieh gelten die für den gesamten Fahrverkehr einheitlich bestehenden Verkehrsregeln und Anordnungen sinngemäß. Zur Beleuchtung müssen mindestens verwendet werden:**
1. **beim Treiben von Vieh vorn eine nicht blendende Leuchte mit weißem Licht und am Ende eine Leuchte mit rotem Licht,**
2. **beim Führen auch nur eines Großtieres oder von Vieh eine nicht blendende Leuchte mit weißem Licht, die auf der linken Seite nach vorn und hinten gut sichtbar mitzuführen ist.**

VwV – StVO
Zu § 28 Tiere

Zu Absatz 1

1 I. Die Halter von Federvieh sind erforderlichenfalls dazu anzuhalten, die notwendigen Vorkehrungen zur Fernhaltung ihrer Tiere von der Straße zu treffen.

2 II. Wenn Hunde auf Straßen mit mäßigem Verkehr nicht an der Leine, sondern durch Zuruf und Zeichen geführt werden, so ist das in der Regel nicht zu beanstanden.

3 III. Solange Beleuchtung nicht erforderlich ist, genügt zum Treiben einer Schafherde in der Regel ein Schäfer, wenn ihm je nach Größe der Herde ein Hund oder mehrere zur Verfügung stehen.

Inhaltsübersicht

	Rn
1. Allgemeines	1
2. Abs 1: Zulassung von Tieren im Straßenverkehr	2
a) Haus- u Stalltiere	2
b) Pflichten des Tierhalters	3

Zulassung von Tieren im Straßenverkehr 1–4 § 28 StVO

	Rn
c) Einwirkungsmöglichkeit	4
d) Viehtreiben	6
e) Führen von Pferden	7
f) Sätze 3 u 4: Führen von Fahrzeugen aus	9
3. Abs 2 Satz 1: Anwendung der Fahrvorschriften	10
4. Abs 2 Satz 2: Beleuchtungsvorschriften	11
5. Zuwiderhandlungen	12
6. Zivilrecht	13

1. Allgemeines 1

§ 28 faßt die Vorschriften über das Reiten, Treiben u Führen von Tieren zusammen; er konkretisiert die Sorgfaltspflicht für das Verhalten von Tierhaltern u -Hütern gegenüber den anderen VT; § 1 gilt daneben weiter, insb § 1 II, zumal § 28 I S 1 keine konkrete Gefährdung, sondern nur die allg Eignung voraussetzt (aA Ha VRS 80, 131 zu § 28 I). Örtliche, auf LandesR beruhende Regelungen, wie zB über das Führen von Hunden im öff StraßenV, sind – soweit sie wie § 28 der Abwehr von Gefahren im StraßenV dienen – wegen Verstoßes gegen höherrangiges BundesR unzulässig (BGHSt 37, 366 = NZV 91, 277; Dü VM 83, 92; aA Ha VRS 80, 131), nicht aber soweit sie allgem keine verkehrsbezogene, ordnungsrechtliche Zwecke, sondern nur Schutz zB von Grünanlagen vor Schäden pp bezwecken (BGH aaO; Dü VRS 82, 59). – Zur **zivilrechtlichen** (Gefährdungs-)**Haftung** des Tierhalters bzw -Hüters s §§ 833f BGB; § 28 ist SchutzG iS von § 823 II BGB.

2. Abs 1: Zulassung von Tieren im Straßenverkehr

a) **Haus- u Stalltiere** sind von der Str (incl Seitenstreifen, Gehwege, 2 Parkplätze pp; s § 2 Rn 17) fernzuhalten oder ausreichend zu beaufsichtigen. Zu ihnen gehört nach der Begr auch das Federvieh (s VwV zu Abs 1), nicht aber Tauben, Bienen u der menschlichen Führung ohnehin unzugängliche Katzen, zumal sie dem Verkehr meist ungefährlich sind (Ol MDR 58, 604). Auf wilde Tiere bezieht sich die Vorschrift nicht; wegen des Haltens gefährlicher Tiere s § 121 OWiG.

b) Die **Pflichten** aus S 1 u 2 treffen in erster Linie den **Tierhalter,** dh 3 denjenigen, der im eigenen Hausstand oder Betrieb durch Gewährung von Obdach u Unterhalt die Sorge für ein Tier für gewisse Dauer übernommen hat (Dü VRS 71, 436; eingehend dazu Schmidt KVR „Tiere"); sodann denjenigen, der die tatsächliche Herrschaft über das Tier ausübt. Sie müssen zum Führen von Tieren geeignet sein (s § 3 I FeV); ungeeignet können insb kleine Kinder u Gebrechliche sein.

c) Die **gebotene Einwirkungsmöglichkeit** nach I S 2 hängt von den 4 Einzelumständen u der Tierart ab. Ein **verkehrssicherer,** aufs Wort gehorchender **Hund** muß auch im StrV auf der Str nicht an der Leine geführt werden (Bay VRS 72, 366), jedenfalls nicht bei mäßigem Verkehr u ohne bes Anlaß (VwV II; BGH NZV 91, 277; Dü VRS 68, 144; s oben 1) oder auf nicht besonders belebter Straße (Mü DAR 99, 456) oder auf einer Feldstraße mit mäßigem Verkehr (Ko DAR 99, 505). Die Begleitperson hat aber einen sonst verkehrssicheren Hund zurückzurufen, wenn dieser sich unmittelbar am Fahrbahnrand so verhält, daß bei einem Fz-Führer die nicht unbegründete Befürchtung hervorgerufen werden kann, der Hund werde in die Fahrbahn laufen (Kö VM 64, 75). Ein **nicht verkehrssicherer** Hund muß an der Leine geführt, ein zum Beißen oder zu bedrohlichem Verhalten gegenüber Menschen neigender Hund mit einem Beißkorb versehen werden (vgl Br VRS 24, 461). Zur strafrechtlichen Haftung für unbeaufsichtigten Hund s Bay VRS 72, 366.

5   **Weidevieh** ist auf gesicherter Weide zu halten; an die Sicherung sind in ABNähe bes hohe Anforderungen zu stellen (BGH VersR 76, 1086; NZV 90, 305; Ol NZV 91, 115). Es darf nicht ohne Aufsicht auf die öff Str gelassen werden (Bay 57, 172 = VRS 14, 372). Wegen der VTeilnahme in einem solchen Fall vgl § 1 Rn 6. Wer aus Fahrlässigkeit Vieh aus einer Weide ohne Aufsicht auf die Str gelangen läßt, kann voraussehen, daß dadurch der Verkehr möglicherweise gefährdet wird (Ha VRS 15, 130; vgl auch Ol DAR 61, 233).

6   d) **Viehtreiben.** Vieh wird getrieben, wenn es sich unter der Aufsicht eines Hüters frei bewegt, also nicht an einer Leine geführt wird. Die Zahl der benötigten Treiber hängt nicht nur von der Menge der getriebenen Tiere, sondern auch von der VBedeutung der Str ab. Die Zahl der Treiber ist nicht schon deshalb zu gering, weil sie nicht ausreicht, die Tiere auf der rechten Fahrbahnseite zu halten (Bay VRS 57, 211). Zum Treiben einer Schafherde genügt idR ein Schäfer mit der nötigen Anzahl von Hunden (VwV III). Bei Dunkelheit sind mind zwei Schäfer erforderlich, da sonst die Herde nicht nach beiden Seiten genügend mit Warnleuchten (II) abgesichert werden kann. Wird die ganze StrBreite in Anspruch genommen, ist der GegenV rechtzeitig zu warnen (Bay NZV 89, 482). Zum Treiben einer Herde von 10–12 Rindern sind mind zwei Hirten erforderlich (Ce VRS 9, 412). Ein gelegentliches vorübergehendes Überwechseln einiger Kühe einer Herde auf den Gehweg ist unvermeidbar; der Hirte verstößt dadurch nicht gegen die Pflicht, das Vieh auf der Fahrbahn zu treiben (Schl VM 61, 135; s 10). Zur Sorgfaltspflicht beim Treiben von Vieh **quer** über die Fahrbahn s Bay 72, 255 = VRS 44, 366. Der **Kf** hat sich einer Viehherde vorsichtig zu nähern u darf an ihr nur in Schrittgeschwindigkeit bremsbereit vorbeifahren, wenn nur ein geringer Abstand eingehalten werden kann (Mü VRS 84, 206).

7   e) **Beim Führen von Pferden** ist es (lt Begr) ebenso selbstverständlich, daß ein Pferdeführer zwei Pferde ungekoppelt (dh wenn sie untereinander nicht durch Zügel verbunden sind) nicht führen kann, da er links von den Pferden gehen muß, wie daß ein Reiter über mehr als zwei Handpferde (dh solche, die er neben sich am Zügel führt) nicht die erforderliche Gewalt hat, wie auch, daß ein Pferdeführer keinesfalls mehr als vier Pferde zugleich führen kann.

Der **Kf** darf im allg darauf **vertrauen,** daß Zugtiere, die im StraßenV 8
verwendet werden, an den Kfz-Verkehr gewöhnt sind (Ce DAR 51, 141).
Das gilt aber nur für eingeschirrte Tiere, nicht für ein Fohlen, das an einem
Zügel geführt wird. An einem solchen Tier darf nur mit bes Vorsicht u mit
möglichst großem Abstand vorbeigefahren werden (BGH(Z) VM 61, 107).

f) **Sätze 3 u 4** verbieten im Interesse der VSicherheit grundsätzlich das 9
Führen von **Fzen aus,** wovon nur größere (folgsame) Hunde hinter Fahr-
rädern ausgenommen sind. Ausn-Genehmigung ist nach § 46 I 6 möglich.
Weitergehende Tierschutzbestimmungen werden davon nicht berührt.

3. Abs 2 Satz 1: Anwendung der Fahrvorschriften 10

Reiter u Viehtreiber sind VT, aber keine Fz-Führer (vgl § 1 Rn 6, § 2
Rn 4); nach II S 1 gelten aber für sie die Fahrvorschriften sinngemäß, so
daß sie grundsätzlich die Fahrbahn zu benutzen haben, u zwar den rechten
Fahrstreifen, falls sonst der GegenV gefährdet wird (Bay DAR 89, 428:
Schafherde; s oben 6); nicht aber etwa die AB (s § 18 IX u unten Rn 12).
Reiter müssen sich in erster Linie auf den durch Z 238 gekennzeichneten
Sonderwegen, bei Fehlen eines solchen entspr § 2 I auf der Fahrbahn bewegen; Gehwege, auch Feld- u Waldwege, die deutlich erkennbar nicht für
den FahrV, sondern nur für Fußgänger bestimmt sind, dürfen sie nicht benutzen (ebenso Bek d BMV in VkBl 73, 770); Abbiegen nach links ist unter Einordnung zur Mitte rechtzeitig anzuzeigen (§ 9); ebenso gelten sinngem die §§ 8, 10 u 11 sowie Geschwindigkeitsvorschriften (Z 325; Bay VRS
41, 117), nicht **Z 250.** – Zur **Sorgfaltspflicht** des Reiters s Bay 71, 50 =
VRS 41, 117; zur Sorgfaltspflicht gegenüber Reitern s Ha VRS 42, 27.

4. Abs 2 Satz 2 enthält **Beleuchtungsvorschriften** gesondert für das 11
Treiben u Führen. Reiter müssen sich nach der Begr erforderlichenfalls
gem § 1 sachgem erkennbar machen (zB Leuchte an der linken Seite
u/oder rückstrahlende Gamaschen an Hinterfüßen, so § 39 II aF). Reiter-
verband: § 27 IV. II S 2 regelt nur den LängsV, nicht auch das Treiben
quer über die Str (Bay DAR 73, 110; Ko ZfS 88, 200). Ein bei Dunkelheit über die Fahrbahn geführtes Pferd muß nach beiden Seiten erkennbar
beleuchtet sein (KG VM 78, 64). Wann Beleuchtung erforderlich ist, regelt
§ 17 I.

5. Zuwiderhandlungen 12

Verstöße gegen I u II S 2 sind in § 49 II 3 erfaßt, solche gegen II S 1 in
§ 49 II 4 jew iVm § 24 StVG (nicht in Vw- u BKat erfaßt). Verletzt der an
sich geeignete Führer eines verkehrssicheren Hundes seine Sorgfaltspflicht
dadurch, daß er das Tier für kurze Zeit unbeobachtet läßt, so verstößt er
damit nicht gegen § 28, wohl aber gegen § 1 II, wenn es zu einer Gefährdung oder Behinderung anderer kommt (KG VRS 21, 143; Ha DAR 54,
142); zur Körperverletzung durch unbeaufsichtigten Hund s Bay VRS 72,
366. Wer sich mit quergehaltenem Invalidenstock auf schmalem Weg
einem Reiter entgegenstellt u das Weiterreiten durch Stockschläge auf das

Pferd zu hindern versucht, begeht versuchte Nötigung (Kö VM 79, 77). Treiben einer Schafherde auf der AB kann § 315b I 2 StGB erfüllen (LG Lübeck SchlHA 62, 202).

13 **6. Zivilrecht**

Zur Tierhalterhaftung s § 833 BGB. Bei Unfällen – verursacht Kfz und Tier – gilt zum internen Schadensausgleich § 17 II StVG.

§ 29 Übermäßige Straßenbenutzung

(1) **Rennen mit Kraftfahrzeugen sind verboten.**

(2) **Veranstaltungen, für die Straßen mehr als verkehrsüblich in Anspruch genommen werden, bedürfen der Erlaubnis. Das ist der Fall, wenn die Benutzung der Straße für den Verkehr wegen der Zahl oder des Verhaltens der Teilnehmer oder der Fahrweise der beteiligten Fahrzeuge eingeschränkt wird; Kraftfahrzeuge in geschlossenem Verband nehmen die Straße stets mehr als verkehrsüblich in Anspruch. Der Veranstalter hat dafür zu sorgen, daß die Verkehrsvorschriften sowie etwaige Bedingungen und Auflagen befolgt werden.**

(3) **Einer Erlaubnis bedarf der Verkehr mit Fahrzeugen und Zügen, deren Abmessungen, Achslasten oder Gesamtgewichte die gesetzlich allgemein zugelassenen Grenzen tatsächlich überschreiten. Das gilt auch für den Verkehr mit Fahrzeugen, deren Bauart dem Führer kein ausreichendes Sichtfeld läßt.**

VwV – StVO
Zu § 29 Übermäßige Straßenbenutzung

Zu Absatz 1

1 I. Rennen im Sinne des § 29 Abs. 1 sind Wettbewerbe oder Teile eines Wettbewerbes (z. B. Sonderprüfungen mit Renncharakter) sowie Veranstaltungen (z. B. Rekordversuche) zur Erzielung von Höchstgeschwindigkeiten mit Kraftfahrzeugen. Auf die Art des Starts (Gemeinsamer Start, Gruppenstart, Einzelstart) kommt es dabei nicht an.

2 II. Das Verbot gilt auch für nichtorganisierte Rennen.

3 III. Eine Ausnahmegenehmigung für eine Rennveranstaltung mit Kraftfahrzeugen darf in der Regel nur dann erteilt werden, wenn Straßen benutzt werden, die nur geringe Verkehrsbedeutung haben. Die von der Veranstaltung in Anspruch genommenen Straßen sind zu sperren. In jedem Fall ist zu prüfen, ob eine zumutbare Umleitung für den Verkehr vorhanden ist und ob das Interesse an der Veranstaltung so stark überwiegt, daß die Beeinträchtigung des allgemeinen Verkehrs hingenommen werden kann.

4 IV. Die genehmigende oberste Landesbehörde kann es der zuständigen Straßenverkehrsbehörde oder höheren Verwaltungsbehörde überlassen, im Erlaubnisverfahren die erforderlichen Maßnahmen zu treffen, Bedingungen zu stellen und Auflagen zu machen.

Erlaubnispflichtige Veranstaltungen § 29 StVO

Zu Absatz 2

I. Erlaubnispflichtige Veranstaltungen

1. Motorsportliche Veranstaltungen
Diese sind stets dann erlaubnispflichtig, wenn 30 Fahrzeuge und mehr am gleichen Platz starten oder ankommen. Unabhängig von der Zahl der teilnehmenden Fahrzeuge besteht eine Erlaubnispflicht nach Maßgabe folgender Grundsätze:

Faktor	Merkmal	erlaubnispflichtig ja	nein
1. Geschwindigkeit	a) vorgeschriebene Durchschnittsgeschwindigkeit	x	
	b) vorgeschriebene Mindestgeschwindigkeit	x	
2. Strecke	a) vorgeschriebene Streckenführung	x	
	b) Ermittlung des Siegers nach meistgefahrenen Kilometern	x	
	c) freie Streckenwahl ohne Kontrollstelle		x
	d) freie Streckenwahl mit Kontrollstellen (Dauer bis zu einer Woche)	x	
3. Zeit	a) vorgeschriebene Fahrtzeit	x	
	b) ohne Bewertung der Fahrtzeit		x
4. Besonderheiten	a) Sonderprüfungen	x	
	b) geschlossener Verband		x

Wenn in der Ausschreibung einer motorsportlichen Veranstaltung ein Faktor enthalten ist, der eine Erlaubnis erforderlich macht, so ist diese Veranstaltung erlaubnispflichtig, auch wenn die anderen Faktoren eine Erlaubnis nicht erfordern.

Nicht erlaubt werden dürfen:
a) Ballon-Begleitfahrten,
b) Moto-Ball,
c) Fahrten mit Motorschlitten,
d) Stock-Car-Rennen,
e) Autovernichtungs- oder Karambolagerennen.
Dasselbe gilt für vergleichbare Veranstaltungen.

2. Veranstaltungen mit Fahrrädern
Erlaubnispflichtig sind
a) Radrennen,
b) Mannschaftsfahrten.
Dasselbe gilt für vergleichbare Veranstaltungen.

Jagow

StVO § 29   Übermäßige Straßenbenutzung

9   3. Sonstige Veranstaltungen
Erlaubnispflichtig sind
a) Volksmärsche und Volksläufe, wenn mehr als 500 Personen teilnehmen oder das überörtliche Straßennetz (ab Kreisstraße) beansprucht wird,
b) Radmärsche,
c) Umzüge bei Volksfesten u. ä.

10   Dasselbe gilt für vergleichbare Veranstaltungen.
Ortsübliche Prozessionen und andere ortsübliche kirchliche Veranstaltungen sowie kleinere örtliche Brauchtumsveranstaltungen sind verkehrsüblich und somit nicht erlaubnispflichtig. Es soll aber darauf hingewirkt werden, daß diese Veranstaltungen der zuständigen Straßenverkehrsbehörde angezeigt werden, damit diese im Einvernehmen mit der Polizei die notwendigen Maßnahmen im Interesse der Sicherheit und Ordnung treffen kann.

11   II. Allgemeine Grundsätze

Die nachfolgenden Vorschriften verpflichten den Veranstalter nicht unmittelbar; die Erlaubnisbehörde hat die erforderlichen Maßnahmen zu treffen, insbesondere entsprechende Auflagen zu machen oder Bedingungen zu stellen.

12   1. Veranstaltungen sollen in der Regel auf abgesperrtem Gelände durchgeführt werden. Ist das wegen der Eigenart der Veranstaltung nicht möglich, so sollen Straßen nur benutzt werden, wenn dadurch die Sicherheit oder Ordnung des allgemeinen Verkehrs nicht beeinträchtigt wird.

13   2. Die Erlaubnispflicht erstreckt sich auch auf Straßen mit tatsächlich öffentlichem Verkehr; für deren Benutzung ist zusätzlich die Zustimmung des Verfügungsberechtigten erforderlich.

14   3. Auf das Erholungs- und Ruhebedürfnis der Bevölkerung ist besonders Rücksicht zu nehmen. Veranstaltungen, gleich welcher Art, die geeignet sind, die Nachtruhe der Bevölkerung zu stören, dürfen für die Zeit von 22.00 bis 6.00 Uhr nicht erlaubt werden.

15   4. Eine Erlaubnis darf nur für solche Veranstaltungen erteilt werden, die von einem Veranstalter organisiert und verantwortlich durchgeführt werden.

16   5. Eine Erlaubnis darf nur solchen Veranstaltern erteilt werden, die die Gewähr dafür bieten, daß die Veranstaltung entsprechend der Ausschreibung und den Bedingungen und Auflagen der Erlaubnisbehörde abgewickelt wird. Diese Gewähr bietet ein Veranstalter in der Regel nicht, wenn er eine erlaubnispflichtige Veranstaltung ohne Erlaubnis durchgeführt oder die Nichtbeachtung von Bedingungen oder Auflagen einer erlaubten Veranstaltung zu vertreten hat. In diesen Fällen soll für eine angemessene Dauer keine Erlaubnis mehr erteilt werden.

17   6. Der Veranstalter muß sich durch eine gegenüber der Erlaubnisbehörde abzugebende schriftliche Erklärung verpflichten, den Bund, die Länder, die Landkreise, die Gemeinden und sonstige Körperschaften des öffentlichen Rechts von allen Ersatzansprüchen freizustellen, die aus Anlaß der Veranstaltung aufgrund gesetzlicher Haftpflichtbestimmungen von Teilnehmern oder Dritten erhoben werden könnten. Er muß sich ferner verpflichten, die Wiedergutmachung aller Schäden zu übernehmen, die – auch ohne eigenes Verschulden von Teilnehmern – durch die Veranstaltung oder aus Anlaß ihrer Durchführung an den zu benutzenden Straßen einschließlich der Verkehrszeichen und Verkehrseinrichtungen sowie an Grundstücken (Flurschäden) entstehen. Bei Veranstaltungen mit Fahrrädern und sonstigen Veranstaltungen im Sinne von

Allgemeine Grundsätze **§ 29 StVO**

Nummer I 3 wird auf die Erklärung nach Satz 2 verzichtet, soweit sie sich auf Straßenschäden bezieht. Im übrigen bleiben die gesetzlichen Vorschriften über die Haftpflicht des Veranstalters unberührt.

7. Der Veranstalter muß eine Veranstaltungshaftpflichtversicherung, die auch die sich aus Nummer 6 ergebenden Wagnisse deckt, mit folgenden Mindestversicherungssummen abschließen:

 a) Bei Veranstaltungen mit Kraftwagen und bei gemischten Veranstaltungen
   1 000 000 DM für Personenschäden (für die einzelne Person mindestens 300 000 DM),
   200 000 DM für Sachschäden,
   40 000 DM für Vermögensschäden;

 b) Bei Veranstaltungen mit Motorrädern und Karts
   500 000 DM für Personenschäden (für die einzelne Person mindestens 300 000 DM),
   100 000 DM für Sachschäden,
   10 000 DM für Vermögensschäden;

 c) Bei Radsportveranstaltungen
   (als vereinigte Sport-, Unfall- und Haftpflichtversicherung zulässig)
   500 000 DM für Personenschäden (für die einzelne Person mindestens 200 000 DM),
   100 000 DM für Sachschäden,
   10 000 DM für Vermögensschäden;

 d) Bei sonstigen Veranstaltungen
   50 000 DM bis 500 000 DM
   je nach Größe der Veranstaltung (als Rahmendeckungssumme); Abweichungen sind zulässig.

8. Unabhängig von Nummer 7 muß bei motorsportlichen Veranstaltungen, die auf nichtabgesperrten Straßen stattfinden, für jedes teilnehmende Fahrzeug der Abschluß eines für die Teilnahme an der Veranstaltung geltenden Haftpflichtversicherungsvertrages mit folgenden Mindestversicherungssummen nachgewiesen werden:

 a) Bei Veranstaltungen mit Kraftwagen
   2 000 000 DM pauschal;

 b) Bei Veranstaltungen mit Motorrädern und Karts
   1 000 000 DM pauschal.

9. Bei Rennen und Sonderprüfungen mit Renncharakter haften Veranstalter, Fahrer und Halter nach Maßgabe der gesetzlichen Bestimmungen über Verschuldens- und Gefährdungshaftung für die Schäden, die durch die Veranstaltung an Personen und Sachen verursacht worden sind. Haftungsausschlußvereinbarungen sind zu untersagen, soweit sie nicht Haftpflichtansprüche der Fahrer, Beifahrer, Fahrzeughalter, Fahrzeugeigentümer sowie der Helfer dieser Personen betreffen.

Für ausreichenden Versicherungsschutz zur Deckung von Ansprüchen aus vorbezeichneten Schäden hat der Veranstalter zu sorgen. Mindestversicherungssummen sind:

 a) Für jede Rennveranstaltung mit Kraftwagen
   1 000 000 DM für Personenschäden pro Ereignis,
   300 000 DM für die einzelne Person,
   200 000 DM für Sachschäden,
   40 000 DM für Vermögensschäden.

StVO § 29 — Übermäßige Straßenbenutzung

26 b) Für jede Rennveranstaltung mit Motorrädern und Karts
500 000 DM für Personenschäden pro Ereignis,
300 000 DM für die einzelne Person,
100 000 DM für Sachschäden,
20 000 DM für Vermögensschäden.

27 Außerdem hat der Veranstalter für eine Unfallversicherung für den einzelnen Zuschauer in Höhe folgender Versicherungssummen zu sorgen:
30 000 DM für den Todesfall,
60 000 DM für den Invaliditätsfall (Kapitalzahlung je Person).

28 Hierbei muß sichergestellt sein, daß die Beträge der Unfallversicherung im Schadensfall ohne Berücksichtigung der Haftungsfrage an die Geschädigten gezahlt werden. In den Unfallversicherungsbedingungen ist den Zuschauern ein unmittelbarer Anspruch auf die Versicherungssumme gegen die Versicherungsgesellschaften einzuräumen.

29 Der Veranstalter hat ferner dafür zu sorgen, daß an der Veranstaltung nur Personen als Fahrer, Beifahrer oder deren Helfer teilnehmen, für die einschließlich etwaiger freiwilliger Zuwendungen der Automobilklubs folgender Unfallversicherungsschutz besteht:
15 000 DM für den Todesfall,
30 000 DM für den Invaliditätsfall (Kapitalzahlung je Person).
Die Nummern 7 und 8 bleiben unberührt.

30 10. Die Erlaubnisbehörde hat vom Veranstalter schriftliche Erklärungen zu verlangen, wonach er und die Teilnehmer auf Schadensersatzansprüche gegen den Straßenbaulastträger verzichten, die durch die Beschaffenheit der bei der Veranstaltung zu benützenden Straßen samt Zubehör verursacht sein können. Die Straßenbaulastträger und Erlaubnisbehörden übernehmen keine Gewähr dafür, daß die Straßen uneingeschränkt benutzt werden können.

31 11. Wenn notwendig sind im Streckenverlauf, insbesondere an Gefahrenstellen (z. B. vor Kreuzungen oder Einmündungen mit Vorfahrtregelung, vor Bahnübergängen) zuverlässige, durch Armbinden kenntlich gemachte Ordner aufzustellen. Polizeiliche Befugnisse stehen den Ordnern nicht zu. Die Ordner haben Weisungen der Polizei zu befolgen.

32 12. Anfang und Ende der Teilnehmerfelder sind durch besonders gekennzeichnete Fahrzeuge (Spitzen- und Schlußfahrzeuge) oder durch Personen anzuzeigen, soweit die Art der Veranstaltung das zuläßt.

33 13. Dem Veranstalter kann aufgegeben werden, in der Tagespresse und in sonst geeigneter Weise rechtzeitig auf die Veranstaltung hinzuweisen.

34 14. Die Teilnehmer an einer Veranstaltung genießen kein Vorrecht im Straßenverkehr; sie haben die Straßenverkehrsvorschriften, ausgenommen auf gesperrten Straßen, zu beachten.

35 III. Erlaubnisverfahren

1. Allgemeines
a) Der Antragsteller ist darauf hinzuweisen, daß die Bearbeitung der Anträge in der Regel zwei Monate erfordert.

36 b) Für das Verfahren werden vom Bundesministerium für Verkehr nach Abstimmung mit den zuständigen obersten Landesbehörden Formblätter herausgegeben und im Verkehrsblatt veröffentlicht.

37 c) Wagenrennen, Motorradrennen und Sonderprüfungen mit Renncharakter betreffende Anträge sind nur zu bearbeiten, wenn zugleich Gutachten von

Sachverständigen, vor allem über die Geeignetheit der Fahrtstrecken und über die gebotenen Sicherungsmaßnahmen, vorgelegt werden.
Das Streckenabnahmeprotokoll des Deutschen Motorsport Bundes e.V., Hahnstr. 70, 60528 Frankfurt (DMSB) ist in der Regel ein Gutachten in diesem Sinne.

d) Neben der Polizei sind stets auch die Straßenverkehrsbehörden, die Straßenbaubehörden, die Straßenbaulastträger, die Forstbehörden und die Naturschutzbehörden, soweit ihr Zuständigkeitsbereich berührt wird, zu hören. Die Beteiligung der Bahnunternehmen im Anhörverfahren ist erforderlich, wenn Bahnstrecken höhengleich (Bahnübergänge) oder nicht höhengleich (Überführungen) gekreuzt oder Bahnanlagen berührt werden. Eine von der Straßenbaubehörde etwa geforderte Sondernutzungsgebühr ist im Erlaubnisbescheid gesondert festzusetzen.

e) Forderungen der nach Buchstabe d gehörten Stellen werden grundsätzlich im Erlaubnisbescheid durch entsprechende Bedingungen und Auflagen berücksichtigt. Kann die Polizei, eine Straßenbaubehörde, ein Straßenbaulastträger oder ein Bahnunternehmen Erstattung von Aufwendungen für besondere Maßnahmen aus Anlaß der Veranstaltung verlangen, so hat sich der Antragsteller schriftlich zur Erstattung zu verpflichten.

f) Die Erlaubnis soll erst dann erteilt werden, wenn die beteiligten Behörden und Dienststellen gegen die Veranstaltung keine Bedenken geltend gemacht haben.

2. Rennen mit Kraftfahrzeugen

a) Rennen nach Nummer I zu Absatz 1 (Rn 1) dürfen nur auf abgesperrten Straßen durchgeführt werden. Die Absperrung hat durch Absperrschranken längs und quer zur gesperrten Straßenstrecke oder durch ähnlich wirksame Maßnahmen zu geschehen.

b) Bevor die Erlaubnis erteilt wird, müssen
  aa) die Ausnahmegenehmigung von der Vorschrift des § 29 Abs 1,
  bb) das Streckenabnahmeprotokoll des DMSB oder das Gutachten eines von dem betreffenden Land im Einzelfall zugelassenen oder von einer zuständigen Behörde beauftragten Sachverständigen über die Eignung der Strecke für das Rennen und
  cc) der Nachweis des Abschlusses der in den Nummern II 7, 8 und 9 (Rn 18 ff) genannten Versicherungen
vorliegen.

c) Ein Streckenabnahmeprotokoll des DMSB oder ein sonstiges Gutachten ist nicht erforderlich, wenn das Rennen auf der gleichen Strecke wiederholt wird. Dann genügt eine rechtsverbindliche Erklärung des DMSB oder des Gutachters, daß sich die Strecke seit der letzten Abnahme weder in baulicher noch in rennmäßiger Hinsicht verändert hat.

d) Dem Rennen muß stets ein Training, das Teil des Wettbewerbs ist, vorausgehen; das gilt nicht für Sonderprüfungen mit Renncharakter.
Fahrer, die am Pflichttraining nicht teilgenommen haben, sind für das Rennen nicht zugelassen.

e) Beginn und Ende des Rennens sind auf geeignete Weise bekanntzugeben, damit die erforderlichen Sicherheitsmaßnahmen der zuständigen Stellen eingeleitet und wieder aufgehoben werden können.

f) Vor und während des Rennens hat der Veranstalter Verbindung mit der Polizeieinsatzleitung herzustellen und zu halten. Besondere Vorkommnisse während des Rennens sind der Einsatzleitung der Polizei sofort bekanntzu-

StVO § 29 — Übermäßige Straßenbenutzung

geben. Es ist ausschließlich Sache des Veranstalters, für die Sicherheit der Teilnehmer, Sportwarte und Zuschauer innerhalb des Sperrbereichs zu sorgen. Die Polizei hat lediglich die Aufgabe, verkehrsregelnde Maßnahmen außerhalb des Sperrbereichs – soweit erforderlich – zu treffen, es sei denn, daß ausnahmsweise (z. B. weil die Zuschauer den Anordnungen der Ordner nicht nachkommen) auf ausdrückliche Weisung ihres Leiters ein Einsatz innerhalb des Sperraums erforderlich ist.

49 g) Dem Veranstalter ist der Einsatz einer ausreichenden Zahl von Ordnern entlang der Absperrung aufzuerlegen. Umfang, Art und Beschaffenheit der Sicherungen ergeben sich aus den örtlichen Verhältnissen. Dabei sind die Auflagen im Streckenabnahmeprotokoll oder im Sachverständigengutachten zu beachten.

50 h) Der Veranstalter
   aa) darf nur solche Fahrer am Rennen teilnehmen lassen, die eine gültige Fahrerlizenz des DMSB oder bei Ausländern eine gültige Lizenz der zuständigen ausländischen Organisationen besitzen,

51 bb) hat die bei der Abnahme der Rennstrecke festgesetzten Sperrzonen abzugrenzen, zu beschildern und mit eigenen Kräften zu überwachen,

52 cc) hat einen Sanitätsdienst mit den erforderlichen Ärzten, Unfallstationen und Krankentransportwagen einzurichten,

53 dd) hat für ausreichenden Feuerschutz zu sorgen und die notwendigen hygienischen Anlagen bereitzustellen,

54 ee) hat auf Verlangen der Erlaubnisbehörde eine Lautsprecheranlage um die Rennstrecke aufzubauen und während des Rennens in Betrieb zu halten; diese Anlage und andere vorhandene Verständigungseinrichtungen müssen der Polizei zur Verfügung gestellt werden, falls das im Interesse der öffentlichen Sicherheit oder Ordnung notwendig ist,

55 ff) hat dafür zu sorgen, daß die Rennstrecke während des Wettbewerbs nicht betreten wird. Ausgenommen davon sind Sportwarte mit besonderem Auftrag der Rennleitung und Personen, die von der Rennleitung zur Beseitigung von Ölspuren und sonstigen Hindernissen sowie für den Sanitäts- und Rettungsdienst eingesetzt werden; sie müssen eine auffällige Warnkleidung tragen,

56 gg) hat die Untersuchung sämtlicher Rennfahrzeuge vor dem Rennen durch Sachverständige zu veranlassen. Hierbei sind vornehmlich die Teile genau zu untersuchen, die die Verkehrssicherheit der Fahrzeuge beeinflussen können,

57 hh) hat die Fahrzeuge der Rennleitung besonders deutlich zu kennzeichnen.
58 i) Das Rennen darf erst beginnen, wenn die Rennstrecke durch den Veranstalter freigegeben worden ist.

59 3. Sonstige motorsportliche Veranstaltungen
   a) Es dürfen nur solche Fahrer zum Start zugelassen werden, die
      aa) eine gültige Fahrerlaubnis besitzen und
      bb) nachweisen können, daß ihr Fahrzeug ausreichend versichert ist.

60 b) Fahrzeuge, die nicht den Vorschriften der StVZO entsprechen, sind von der Teilnahme auszuschließen. Teilnehmer, die ihr Fahrzeug, insbesondere die Auspuffanlagen oder die Beleuchtungseinrichtungen, nach dem Start verändern, sind unverzüglich aus der Wertung zu nehmen.

61 c) Jedem Teilnehmer ist eine Startnummer zuzuteilen, die deutlich sichtbar rechts oder links am Fahrzeug anzubringen ist. Von einer entsprechenden

Auflage kann abgesehen werden, wenn die Art der Veranstaltung diese Kennzeichnung entbehrlich macht. Die Startnummernschilder dürfen erst bei der Fahrzeugabnahme angebracht und müssen nach Beendigung des Wettbewerbs oder beim vorzeitigen Ausscheiden sofort entfernt werden.

d) Alle an der Veranstaltung teilnehmenden Fahrzeuge sind vor dem Start von einem Sachverständigen zu überprüfen. Hierbei sind vornehmlich die Teile genau zu untersuchen, die die Verkehrssicherheit der Fahrzeuge beeinflussen können.

e) Der Abstand der Fahrzeuge beim Start darf eine Minute nicht unterschreiten.

f) Kontrollstellen dürfen nur abseits von bewohnten Grundstücken an geeigneten Stellen eingerichtet werden. Der allgemeine Verkehr darf durch die Kontrollstellen nicht beeinträchtigt werden.

g) Bei Wettbewerben, die ohne Fahrerwechsel über mehr als 450 km geführt werden oder die mehr als acht Stunden Fahrzeit erfordern, muß eine Zwangspause von mindestens 30 Minuten eingelegt werden.

h) Die Fahrzeugbesatzung muß aus mindestens zwei Personen bestehen, wenn die Art der Veranstaltung (z. B. Suchfahrt) dies erfordert.

i) Im Rahmen einer Veranstaltung dürfen je 30 km Streckenlänge je eine, insgesamt jedoch nicht mehr als fünf Sonderprüfungen mit Renncharakter auf öffentlichen Straßen durchgeführt werden. Der Veranstalter kann nach Maßgabe landesrechtlicher Vorschriften zusätzlich abseits öffentlicher Straßen weitere Sonderprüfungen mit Renncharakter abhalten. Sonderprüfungsstrecken auf öffentlichen Straßen dürfen in der Regel während einer Veranstaltung nur einmal durchfahren werden.

k) Die Polizei wird nicht nur Verstöße der Teilnehmer gegen die Verkehrsvorschriften verfolgen, sondern sie auch dem Veranstalter anzeigen. Dem Veranstalter ist daher aufzugeben, die Teilnehmer zu verpflichten, die Bordbücher und -karten auf Verlangen Polizeibeamten zur Eintragung festgestellter Verstöße gegen straßenverkehrsrechtliche Bestimmungen auszuhändigen. Der Veranstalter ist verpflichtet, bei Feststellung solcher Eintragungen den betreffenden Teilnehmer aus der Wertung zu nehmen. Er ist ferner verpflichtet, während der Fahrt verkehrs- oder betriebsunsicher gewordene Fahrzeuge aus dem Wettbewerb zu nehmen.

l) Die Fahrzeiten sind unter Berücksichtigung der Straßenverhältnisse so zu bemessen, daß jeder Teilnehmer in der Lage ist, die Verkehrsvorschriften zu beachten.

4. Radsportveranstaltungen

a) Eine Radsportveranstaltung soll in der Regel nur auf Straßen erlaubt werden, die keine oder nur eine geringe Verkehrsbedeutung haben.

b) Die Zahl der zur Sicherung erforderlichen Begleitfahrzeuge ist im Erlaubnisbescheid festzulegen, die Höchstzahl der Begleitfahrzeuge kann beschränkt werden; die Begleitfahrzeuge müssen gekennzeichnet sein. Werbung an diesen Fahrzeugen ist gestattet.

c) In der Regel muß die Straße zumindest im ersten und letzten Teilabschnitt gesperrt werden. Der Gegenverkehr kann an Ausweichstellen vorübergehend angehalten werden.

5. Sonstige Veranstaltungen

a) Volksmärsche, Volksläufe und Radmärsche sollen nur auf abgelegenen Straßen (Gemeindestraßen, Feld- und Waldwege) zugelassen werden.

StVO § 29 — Übermäßige Straßenbenutzung

74 b) Für ausreichenden Feuerschutz (Waldbrände), Sanitätsdienst und hygienische Anlagen ist zu sorgen.

75 c) Es empfiehlt sich, die Teilnehmer in Gruppen starten zu lassen.

76 d) Bei Umzügen wird der Verkehr, soweit erforderlich, von den Straßenverkehrsbehörden in Zusammenarbeit mit anderen Stellen, insbesondere mit der Polizei, geregelt.

77 IV. Öffentliche Versammlungen und Aufzüge
Öffentliche Versammlungen unter freiem Himmel und Aufzüge, für die die Bestimmung des § 14 des Versammlungsgesetzes gilt, bedürfen keiner Erlaubnis. Notwendige Maßnahmen verkehrlicher Art hat die Straßenverkehrsbehörde der für Versammlungen zuständigen Behörde vorzuschlagen, damit sie bei den Anordnungen nach den Bestimmungen des Versammlungsgesetzes berücksichtigt werden.

78 V. Veranstaltungen auf nichtöffentlichen Straßen
Für Veranstaltungen auf nicht gewidmeten Straßen ohne tatsächlich öffentlichen Verkehr gilt Landesrecht.

Zu Absatz 3 Großraum- und Schwerverkehr

79 I. Fahrzeuge und Fahrzeugkombinationen, deren Abmessungen, Achslasten oder Gesamtgewichte die nach den §§ 32 und 34 StVZO zulässigen Grenzen überschreiten oder bei denen das Sichtfeld (§ 35 b Abs. 2 StVZO) eingeschränkt ist, bedürfen einer Ausnahmegenehmigung nach § 70 StVZO.

80 II. Die Abmessungen eines Fahrzeugs oder einer Fahrzeugkombination sind auch dann überschritten, wenn die Vorschriften über die Kurvenläufigkeit (§ 32 d StVZO) nicht eingehalten werden.

81 III. Eine Erlaubnis ist nicht erforderlich, wenn
1. nicht das Fahrzeug oder die Fahrzeugkombination, sondern nur die Ladung zu breit oder zu hoch ist oder die Vorschriften über die Abmessungen nur deshalb nicht eingehalten werden, weil die Ladung nach vorn oder nach hinten zu weit hinausragt; in diesem Fall ist nur eine Ausnahme von den in Betracht kommenden Vorschriften des § 22 und gegebenenfalls des § 18 Abs. 1 Satz 2 erforderlich (vgl. Nummer I bis V zu § 46 Abs. Nr. 5; Rn 13 ff.),

82 2. eine konstruktiv vorgesehene Verlängerung oder Verbreiterung des Fahrzeugs, z. B. durch Ausziehen der Ladefläche oder Ausklappen oder Anstecken von Konsolen usw., nicht oder nur teilweise erfolgt und das Fahrzeug in diesem Zustand den Bestimmungen des § 32 StVZO entspricht,

83 3. bei einem Fahrzeug, dessen Zulassung einer Ausnahmegenehmigung nach § 70 StVZO bedarf, im Einzelfall das tatsächliche Gesamtgewicht und die tatsächlichen Achslasten nicht die in § 34 Abs. 3 StVZO festgelegten Grenzen überschreiten.

IV. Voraussetzungen der Erlaubnis

1. Eine Erlaubnis darf nur erteilt werden, wenn

84 a) der Verkehr nicht – wenigstens zum größten Teil der Strecke – auf der Schiene oder auf dem Wasser möglich ist oder wenn durch einen Verkehr auf dem Schienen- oder Wasserweg unzumutbare Mehrkosten (auch andere als die reinen Transportmehrkosten) entstehen würden und

85 b) für den gesamten Fahrtweg Straßen zur Verfügung stehen, deren baulicher Zustand durch den Verkehr nicht beeinträchtigt wird und für deren Schutz keine besonderen Maßnahmen erforderlich sind, oder wenn wenigstens die

späterer Wiederherstellung der Straßen oder die Durchführung jener Maßnahmen vor allem aus verkehrlichen Gründen nicht zu zeitraubend oder zu umfangreich wäre.
2. Eine Erlaubnis darf außerdem nur erteilt werden:
   a) Für die Überführung eines Fahrzeugs oder einer Fahrzeugkombination, dessen tatsächliche Abmessungen, Achslasten oder Gesamtgewichte die nach den §§ 32 und 34 StVZO zulässigen Grenzen überschreiten oder
   b) für die Beförderung folgender Ladungen:
      aa) **Einer** unteilbaren Ladung.
         Unteilbar ist eine Ladung, wenn ihre Zerlegung aus technischen Gründen unmöglich ist oder unzumutbare Kosten verursachen würde. Als unteilbar gilt auch das Zubehör von Kränen.
      bb) Einer aus **zwei Teilen** bestehenden Ladung, wenn die Teile aus Festigkeitsgründen nicht als Einzelstücke befördert werden können und diese unteilbar sind.
      cc) **Mehrerer** einzelner Teile, die je für sich wegen ihrer Länge, Breite oder Höhe die Benutzung eines Fahrzeugs mit einer Ausnahmegenehmigung nach § 70 StVZO erfordern und unteilbar sind, jedoch unter Einhaltung der nach § 34 StVZO zulässigen Gesamtgewichte und Achslasten.
      dd) Zubehör zu unteilbaren Ladungen; es darf 10% des Gesamtgewichts der Ladung nicht überschreiten und muß in dem Begleitpapier mit genauer Bezeichnung aufgeführt sein.
3. Hat der Antragsteller vorsätzlich oder grobfahrlässig zuvor einen Verkehr ohne die erforderliche Erlaubnis durchgeführt oder gegen die Bedingungen und Auflagen einer früheren Erlaubnis verstoßen, so soll ihm für einen angemessenen Zeitraum keine Erlaubnis mehr erteilt werden.

V. Das Verfahren

1. Der Antragsteller ist darauf hinzuweisen, daß die Bearbeitung der Anträge in der Regel zwei Wochen erfordert und bei statischer Nachrechnung von Brückenbauwerken längere Fristen erforderlich sind. Von diesem Hinweis kann nur dann abgesehen werden, wenn der Antragsteller nachweist, daß die Beförderung eilbedürftig ist, nicht vorhersehbar war und geeigneter Eisenbahn- oder Schiffstransportraum nicht mehr rechtzeitig zur Verfügung gestellt werden kann; dabei ist ein strenger Maßstab anzulegen.
Aus dem Antrag müssen mindestens folgende technische Daten des Fahrzeuges oder der Fahrzeugkombination einschließlich der Ladung ersichtlich sein:
Länge, Breite, Höhe, zulässiges und tatsächliches Gesamtgewicht, zulässige und tatsächliche Achslasten, Anzahl der Achsen, Achsabstände, Anzahl der Räder je Achse, Motorleistung, Art der Federung, Kurvenlaufverhalten, Abmessungen und Gewicht der Ladung, Höchstgeschwindigkeit des Transports, amtliches Kennzeichen von Zugfahrzeugen und Anhängern sowie die Bodenfreiheit.
2. Außer in den Fällen der Nummer 4 hat die zuständige Straßenverkehrsbehörde die nach § 8 Abs. 6 des Bundesfernstraßengesetzes oder den entsprechenden landesrechtlichen Bestimmungen zu beteiligenden Straßenbaubehörden sowie die Polizei und, wenn Bahnstrecken höhengleich (Bahnübergänge) oder nicht höhengleich (Überführungen) gekreuzt oder Bahnanlagen berührt werden, auch die Bahnunternehmen zu hören. Geht die Fahrt über den Bezirk einer Straßenverkehrsbehörde hinaus, so sind außerdem die Straßenverkehrsbehörden zu

StVO § 29   Übermäßige Straßenbenutzung

hören, durch deren Bezirk der Fahrtweg führt; diese verfahren für ihren Bezirk nach Satz 1. Die zuständige Erlaubnisbehörde hat im Anhörverfahren ausdrücklich zu bestätigen, daß die Abwicklung des Transports auf dem Schienen- oder Wasserweg unmöglich oder unzumutbar ist.

96 Ist die zeitweise Sperrung einer Autobahn-Richtungsfahrbahn erforderlich, bedarf es der Zustimmung der höheren Verwaltungsbehörde. Den beteiligten Behörden sind die in Nummer V 1 aufgeführten technischen Daten des Fahrzeugs oder der Fahrzeugkombination mitzuteilen.

97 3. Geht die Fahrt über das Gebiet eines Landes hinaus, so ist unter Mitteilung der in Nummer V 1 aufgeführten technischen Daten des Fahrzeugs oder der Fahrzeugkombination die Zustimmung derjenigen höheren Verwaltungsbehörde einzuholen, durch deren Bezirk die Fahrt in den anderen Ländern jeweils zuerst geht. Auch für diese Behörden gilt Nummer 2 Satz 1. Auf die Anhörung der Polizei kann im Rahmen des Zustimmungsverfahrens in der Regel verzichtet werden. Eine Unterrichtung der Polizei über die Erteilung von Erlaubnissen für Großraum- und Schwertransporte ist jedoch unbedingt sicherzustellen. Die Zustimmung der genannten Behörden darf nur mit der Begründung versagt werden, daß die Voraussetzungen nach Nummer IV 1 Buchstabe b (Rn 85) in ihrem Bezirk nicht vorliegen. Die zuständigen obersten Landesbehörden können die für das Anhörverfahren bei der Erteilung von Dauererlaubnissen ohne festgelegten Fahrtweg zuständigen höheren Verwaltungsbehörden bestimmen. Führt die Fahrt nur auf kurze Strecken in ein anderes Land, so genügt es, statt mit der dortigen höheren Verwaltungsbehörde unmittelbar mit der örtlichen Straßenverkehrsbehörde und der örtlichen Straßenbaubehörde des Nachbarlandes Verbindung aufzunehmen.

98 4. Von dem in Nummer 2 und 3 angeführten Anhörungsverfahren ist abzusehen, wenn folgende tatsächliche Abmessungen, Achslasten und Gesamtgewichte im Einzelfall nicht überschritten werden und Zweifel an der Geeignetheit des Fahrtweges, insbesondere der Tunnelanlagen und an der Tragfähigkeit der Brücken, nicht bestehen:

a) Höhe über alles	4,0 m
b) Breite über alles	3,0 m

99 c) Länge über alles:

– Einzelfahrzeuge (ausgenommen Sattelanhänger)	15,0 m
– Sattelkraftfahrzeuge	20,0 m
wenn das Kurvenlaufverhalten in einer Teilkreisfahrt unter Anwendung des § 32 d StVZO eingehalten wird	23,0 m
– Züge	23,0 m

100 d) Achslasten

– Einzelachsen	11,5 t
– Doppelachsen	
Achsabstand 1,0 m bis weniger 1,3 m	17,6 t
1,3 m bis 1,8 m	20,0 t

101 e) Gesamtgewicht

aa) Einzelfahrzeuge	
– Fahrzeuge mit zwei Achsen (ausgenommen Sattelanhänger)	18,0 t
– Kraftfahrzeuge mit drei Achsen	27,5 t
– Anhänger mit drei Achsen	25,0 t

Das Verfahren § 29 StVO

- Kraftfahrzeuge mit zwei Doppelachsen, deren Mitten mindestens 4,0 m voneinander entfernt sind, sowie Sattelzugmaschinen und Zugmaschinen mit vier Achsen 33,0 t
bb) Fahrzeugkombinationen
(Züge und Sattelkraftfahrzeuge)
- mit drei Achsen 29,0 t
- mit vier Achsen 38,0 t
- mit mehr als vier Achsen 41,8 t

Dies gilt auch, wenn das Sichtfeld eines Kraftfahrzeugs (§ 35 b Abs. 2 StVZO) eingeschränkt ist.

5. a) An den Nachweis der Voraussetzungen der Erlaubniserteilung nach Nummer IV sind strenge Anforderungen zu stellen. Über das Verlangen von Sachverständigengutachten vgl. § 46 Abs. 3 Satz 2. Die Erteilungsvoraussetzungen dürfen nur dann als amtsbekannt behandelt werden, wenn in den Akten dargelegt wird, worauf sich diese Kenntnis gründet. Haben Absender und Empfänger Gleisanschlüsse, ist eine Erlaubniserteilung nur zulässig, wenn sich aus einer Bescheinigung der für den Versandort zuständigen Güterabfertigung ergibt, daß eine Schienenbeförderung nicht möglich oder unzumutbar ist. Von dem Nachweis darf nur in dringenden Fällen abgesehen werden.

b) Die Straßenverkehrsbehörde hat, wenn es sich um einen Verkehr über eine Wegstrecke von mehr als 250 km handelt, nach Nummer V 2 und 3 ein Anhörverfahren vorgeschrieben ist und eine Gesamtbreite von 4,20 m oder eine Gesamthöhe von 4,80 m (jeweils von Fahrzeug und Ladung) nicht überschritten wird, sich vom Antragsteller vorlegen zu lassen,

aa) eine Bescheinigung der für den Versandort zuständigen Güterabfertigung darüber, ob und gegebenenfalls innerhalb welcher Fristen und unter welchen Gesamtkosten die Schienenbeförderung bzw. die gebrochene Beförderung Schiene/Straße möglich ist,

bb) im gewerblichen Verkehr eine Bescheinigung des Frachtführers oder des Spediteurs über die tarifmäßigen Beförderungsentgelte und die Entgelte für zusätzliche Leistungen,

cc) im Werkverkehr den Nachweis über die gesamten Beförderungskosten; wird der Nachweis nicht erbracht, kann das tarifmäßige Beförderungsentgelt zuzüglich der Entgelte für zusätzliche Leistungen als Richtwert herangezogen werden.

c) Die Straßenverkehrsbehörde hat, wenn es sich um einen Verkehr über eine Wegstrecke von mehr als 250 km handelt und eine Gesamtbreite von 4,20 m oder eine Gesamthöhe von 4,80 m (jeweils von Fahrzeug und Ladung) oder ein Gesamtgewicht von 72 t überschritten wird, sich vom Antragsteller vorlegen zu lassen:

aa) eine Bescheinigung der nächsten Wasser- und Schiffahrtsdirektion darüber, ob und ggf. innerhalb welcher Fristen und unter welchen Gesamtkosten die Beförderung auf dem Wasser bzw. die gebrochene Beförderung Wasser/Straße möglich ist,

bb) im gewerblichen Verkehr eine Bescheinigung des Frachtführers oder des Spediteurs über die tarifmäßigen Beförderungsentgelte und die Entgelte für zusätzliche Leistungen,

cc) im Werkverkehr den Nachweis über die gesamten Beförderungskosten; wird der Nachweis nicht erbracht, kann das tarifmäßige Beförderungs-

StVO § 29 — Übermäßige Straßenbenutzung

entgelt zuzüglich der Entgelte für zusätzliche Leistungen als Richtwert herangezogen werden.

113 In geeigneten Fällen kann die Straßenverkehrsbehörde die Bescheinigung auch für Transporte mit weniger als 250 km Wegstrecke verlangen.

Die Vorlage der Bescheinigungen nach den Doppelbuchstaben aa, bb oder cc ist nicht erforderlich, wenn ein Transport auf dem Wasserweg offensichtlich nicht in Betracht kommt.

114 VI. Der Inhalt des Erlaubnisbescheides

1. Der Fahrtweg ist in den Fällen festzulegen, in denen nach Nummer V 2 und 3 (Rn. 95 ff.) ein Anhörungsverfahren vorgeschrieben ist. Dabei müssen sämtliche Möglichkeiten des gesamten Straßennetzes bedacht werden. Eine Beeinträchtigung des Verkehrsflusses in den Hauptverkehrszeiten muß vermieden werden. Auch sollte der Fahrweg so festgelegt werden, daß eine Verkehrsregelung nicht erforderlich ist.

115 2. Erforderlichenfalls ist auch die Fahrzeit festzulegen. Jedenfalls in den Fällen, in denen nach Nummer V 2 und 3 (Rn 95 ff) ein Anhörungsverfahren vorgeschrieben ist, soll für Straßenabschnitte, die erfahrungsgemäß zu bestimmten Zeiten einen erheblichen Verkehr aufweisen, die Fahrzeit in der Regel wie folgt beschränkt werden:

116 a) Die Benutzung von Autobahnen ist in der Regel von Freitag 15.00 Uhr bis Montag 9.00 Uhr zu verbieten und, falls diese Straßen starken Berufsverkehr aufweisen, auch an den übrigen Wochentagen von 6.00 Uhr bis 8.30 Uhr und von 15.30 Uhr bis 19.00 Uhr. Vom 1. Juli bis 31. August sowie von Gründonnerstag bis Dienstag nach Ostern und von Freitag vor Pfingsten bis Dienstag danach sollte solchem Verkehr die Benutzung der Autobahnen möglichst nur von 22.00 Uhr bis 6.00 Uhr erlaubt werden. Gegebenenfalls kommt auch ein Verbot der Autobahnbenutzung an anderen Feiertagen (z. B. Weihnachten) sowie an den Tagen davor und danach in Betracht.

117 b) Auf Bundesstraßen samt ihren Ortsdurchfahrten und auf anderen Straßen mit erheblichem Verkehr außerhalb geschlossener Ortschaften darf solcher Verkehr in der Regel nur von Montag 9.00 Uhr bis Freitag 15.00 Uhr erlaubt werden. Die Benutzung von Straßen mit starkem Berufsverkehr ist in der Regel werktags von 6.00 Uhr bis 8.30 Uhr und von 15.30 Uhr bis 19.00 Uhr zu verbieten.

Zu Buchstabe a und b:

118 Ist die Sperrung einer Autobahn, einer ganzen Fahrbahn oder die teilweise Sperrung einer Straße mit erheblichem Verkehr notwendig, so ist das in Regel nur in der Zeit von 22.00 Uhr bis 6.00 Uhr zu erlauben.

119 3. Von der Fahrzeitbeschränkung nach Nummer VI 2 Buchstabe a Satz 2 kann abgesehen werden, wenn Last- und Leerfahrten mit Fahrzeugen oder Fahrzeugkombinationen durchgeführt werden, deren transportbedingte und nach der Ausnahmegenehmigung gemäß § 70 StVZO bzw. nach der Erlaubnis gemäß § 29 Abs. 3 StVO zulässige Höchstgeschwindigkeit 80 km/h beträgt, sofern sie die in Nummer V 4 Buchstabe a) bis c) (Rn 98, 99) aufgeführten Abmessungen nicht überschreiten.

Von der Fahrzeitbeschränkung nach Nummer VI 2 kann ferner abgesehen werden, wenn der Antragsteller nachweist, daß die Beförderung eilbedürftig ist und bei einer Beschränkung der Fahrzeit die termingerechte Durchführung des Transportauftrags nicht gewährleistet ist. Dies gilt jedoch nicht, wenn die Eilbedürftigkeit durch Verschulden des Antragstellers entstanden ist.

Ein Abweichen soll nicht zugelassen werden, wenn es erhebliche Einschränkungen des allgemeinen Verkehrs zu Verkehrsspitzenzeiten oder auf Strecken mit starkem Verkehrsaufkommen zur Folge haben würde. In diesen Fällen muß der Transport auf weniger bedeutende Straßen ausweichen.

4. Um einen reibungslosen Ablauf des Großraum- und Schwerverkehrs sicherzustellen, kann die zuständige Polizeidienststelle im Einzelfall von der im Erlaubnisbescheid festgesetzten zeitlichen Beschränkung abweichen, wenn es die Verkehrslage erfordert oder gestattet.

5. a) Soweit es die Sicherheit oder Ordnung des Verkehrs erfordert, sind Bedingungen zu stellen und Auflagen zu machen; insbesondere werden die von den Straßenverkehrsbehörden, den Straßenbaubehörden und Bahnunternehmen mitgeteilten Bedingungen, Auflagen und Sondernutzungsgebühren grundsätzlich in die Erlaubnis aufgenommen. Erforderlichenfalls ist für den ganzen Fahrtweg oder für bestimmte Fahrstrecken die zulässige Höchstgeschwindigkeit zu beschränken.

b) Es ist vorzuschreiben, daß die Fahrt bei erheblicher Sichtbehinderung durch Nebel, Schneefall oder Regen oder bei Glatteis zu unterbrechen und das Fahrzeug möglichst außerhalb der Fahrbahn abzustellen und zu sichern ist.

c) Die Auflage, das Fahrzeug oder die Fahrzeugkombination besonders kenntlich zu machen, ist häufig geboten, etwa durch Verwendung von Kennleuchten mit gelbem Blinklicht (§ 38 Abs. 3) oder durch Anbringung weiß-rot-weißer Warnfahnen oder weiß-roter Warntafeln am Fahrzeug oder an Fahrzeugkombination selbst oder an einem begleitenden Fahrzeug. Auf die „Richtlinien für die Kenntlichmachung überbreiter und überlanger Straßenfahrzeuge sowie bestimmter hinausragender Ladungen" (VkBl. 1974 S. 2) wird verwiesen.

d) Außerdem ist die Auflage aufzunehmen, daß vor Fahrtantritt zu prüfen ist, ob die im Erlaubnisbescheid festgelegten Abmessungen, insbesondere die vorgeschriebene Höhe, eingehalten werden.

6. Der Antragsteller hat bei der Antragstellung folgende Haftungserklärung bzw. folgenden Haftungsverzicht abzugeben: „Soweit durch den Transport Schäden entstehen, verpflichte ich mich, für Schäden an Straßen und deren Einrichtungen sowie an Eisenbahnanlagen, Eisenbahnfahrzeugen, sonstigen Eisenbahngegenständen und Grundstücken aufzukommen und Straßenbaulastträger, Polizei, Verkehrssicherungspflichtige und Eisenbahnunternehmer von Ersatzansprüchen Dritter, die aus diesen Schäden hergeleitet werden, freizustellen. Ich verzichte ferner darauf, Ansprüche daraus herzuleiten, daß die Straßenbeschaffenheit nicht den besonderen Anforderungen des Transportes entspricht."

7. Es kann geboten sein, einen Beifahrer, weiteres Begleitpersonal und private Begleitfahrzeuge mit oder ohne Wechselverkehrszeichen-Anlage vorzuschreiben. Begleitfahrzeuge mit Wechselverkehrszeichen-Anlage sind gemäß „Merkblatt über die Ausrüstung eines privaten Begleitfahrzeuges" auszurüsten. Ein Begleitfahrzeug mit Wechselverkehrszeichen-Anlage darf nur vorgeschrieben werden, wenn wegen besonderer Umstände das Zeigen von Verkehrszeichen durch die Straßenverkehrsbehörde anzuordnen ist. Diese Voraussetzung liegt bei einem Großraumtransport insbesondere vor, wenn bei einem Transport

a) auf Autobahnen und Straßen,
die wie eine Autobahn ausgebaut sind

StVO § 29 — Übermäßige Straßenbenutzung

- bei zwei oder mehr Fahrstreifen plus Seitenstreifen je
  Richtung die Breite über alles   4,50 m
- bei zwei Fahrstreifen ohne Seitenstreifen je Richtung die
  Breite über alles   4,00 m

(bei anderen Querschnitten ist die Regel sinngemäß anzuwenden)

oder

129   b) auf anderen Straßen in der Regel

die Breite über alles von   3,00 m
die Länge über alles von   27,00 m

überschritten wird,

130   c) auf allen Straßen

der Sicherheitsabstand bei Überführungsbauwerken von 10 cm nicht eingehalten werden kann.

Die Voraussetzungen liegen ebenfalls vor, wenn im Richtungsverkehr aufgrund des Gewichtes des Transportes nur eine Einzelfahrt oder die Fahrt mit Pkw-Verkehr über Brücken durchgeführt werden darf.

131   Eine polizeiliche Begleitung ist grundsätzlich nur erforderlich, wenn

a) bei Autobahnen und Straßen, die wie eine Autobahn ausgebaut sind,
- bei zwei oder mehr Fahrstreifen plus Seitenstreifen je Richtung die Breite über alles von 5,50 m,
- bei zwei Fahrstreifen ohne Seitenstreifen je Richtung die Breite von 4,50 m

oder

b) auf anderen Straßen
- die Breite über alles von 3,50 m

überschritten wird.

132   Polizeiliche Maßnahmen aus Anlaß eines Transportes sind nur erforderlich, wenn

a) der Gegenverkehr gesperrt werden muß,

b) bei einer Durchfahrt durch ein Überführungsbauwerk oder durch sonstige feste Straßenüberbauten der Transport nur in abgesenktem Zustand erfolgen kann

oder

c) bei sonstigen schwierigen Straßen- oder Verkehrsverhältnissen

oder

d) eine besondere Anordnung für das Überfahren bestimmter Brückenbauwerke aufgrund der Länge des betreffenden Bauwerkes erforderlich ist.

133   Sofern eine polizeiliche Begleitung/polizeiliche Maßnahme erforderlich ist, ist der Transport frühzeitig, in der Regel spätestens 48 Stunden vor Fahrtantritt, bei der für den Ausgangsort zuständigen Polizeidienststelle anzumelden.

134   8. Entfällt nach Nummer V 4 (Rn. 98 ff.) das Anhörverfahren, so ist dem Erlaubnisnehmer die Auflage zu erteilen, vor der Durchführung des Verkehrs in eigener Verantwortung zu prüfen, ob der beabsichtigte Fahrtweg für den Verkehr geeignet ist.

VII. Dauererlaubnis

135   1. Einem Antragsteller kann, wenn die Voraussetzungen nach Nummer IV (Rn. 84 ff.) vorliegen und er nachweist, daß er häufig entsprechenden Verkehr durchführt, eine auf höchstens drei Jahre befristete Dauererlaubnis für Großraum- und Schwerverkehr erteilt werden.

Sonderbestimmungen für Autokräne § 29 StVO

2. Eine Dauererlaubnis darf nur erteilt werden, wenn **136**
   a) polizeiliche Begleitung nicht erforderlich ist und
   b) der Antragsteller Großraum- und Schwertransporte schon längere Zeit mit sachkundigen, zuverlässigen Fahrern verkehrssicheren Fahrzeugen ohne Beanstandung durchgeführt hat.
3. Die Dauererlaubnis ist auf Fahrten zwischen bestimmten Orten zu beschränken; **137** statt eines bestimmten Fahrtwegs können dem Antragsteller auch mehrere zur Verfügung gestellt werden. Eine Dauererlaubnis kann auch für alle Straßen im Zuständigkeitsbereich der Erlaubnisbehörde und der benachbarten Straßenverkehrsbehörden erteilt werden. Für Straßenverkehrsbehörden mit kleinen räumlichen Zuständigkeitsbereichen können die obersten Landesbehörden Sonderregelungen treffen.
4. In die Dauererlaubnis ist die Auflage aufzunehmen, daß der Antragsteller vor **138** der Durchführung des Verkehrs in eigener Verantwortung zu überprüfen hat, ob der beabsichtigte Fahrtweg für den Verkehr geeignet ist. Die Maße und Gewichte, die einzuhalten sind, und die Güter, die befördert werden dürfen, sind genau festzulegen.
5. Für die Zustellung und Abholung von Eisenbahnwagen zwischen einem Bahnhof **139** und einer Versand- oder Empfangsstelle kann eine befristete Dauererlaubnis erteilt werden, wenn der Verkehr auf der Straße und deren Zustand dies zulassen.
6. Die höhere Verwaltungsbehörde, die nach § 70 Abs. 1 Nr. 1 StVZO eine Ausnahmegenehmigung **140** von den Vorschriften der §§ 32 und 34 StVZO erteilt, kann zugleich eine allgemeine Dauererlaubnis für eine Überschreitung bis zu den in Nummer V 4 aufgeführten Abmessungen, Achslasten und Gesamtgewichten erteilen. Dies gilt auch, wenn das Sichtfeld (§ 35 b Abs. 2 StVZO) eingeschränkt ist. Die Dauererlaubnis ist auf die Geltungsdauer, höchstens jedoch auf drei Jahre, und den Geltungsbereich der Ausnahmegenehmigung nach § 70 Abs. 1 Nr. 1 StVZO zu beschränken.
7. Eine Dauererlaubnis darf nur unter dem Vorbehalt des Widerrufs erteilt werden. **141** Sie ist zu widerrufen, wenn der Verkehrsablauf unzumutbar beeinträchtigt wird oder sonstige erhebliche Belästigungen oder Gefährdungen der Verkehrsteilnehmer eingetreten sind. Die Dauererlaubnis kann widerrufen werden, wenn der Erlaubnisinhaber eine Auflage nicht erfüllt.
8. Im übrigen sind die Vorschriften in Nummer I bis VI sinngemäß anzuwenden. **142**

VIII. Sonderbestimmungen für Autokräne

1. Die Vorschriften in Nummer IV 1 Buchstabe a (Rn 84) sowie in Nummer V 5 **143** Buchstabe b und V 5 Buchstabe c (Rn. 105 ff.) sind nicht anzuwenden.
2. Die Vorschriften in Nummer VI 2 (Rn. 115 ff. sind nicht anzuwenden, wenn folgende **144** Abmessungen, Achslasten und zulässigen Gesamtgewichte nicht überschritten werden:
   a) Höhe über alles   4 m
   b) Breite über alles   3 m
   c) Länge über alles   15 m
   d) Einzelachslast   12 t
   e) Doppelachslast   24 t
   f) Zulässiges Gesamtgewicht   48 t
3. Im übrigen sind die Vorschriften in Nummer I bis VII sinngemäß anzuwenden. **145**

StVO § 29 1–3 Übermäßige Straßenbenutzung

Inhaltsübersicht

	Rn
1. Allgemeines	1
2. Abs 1: Verbot von Rennen	2
3. Abs 2: Erlaubnispflichtige Veranstaltungen	4
a) Begriff der Veranstaltung	4
b) Zahl u Verhalten der Teilnehmer	5
4. Abs 3: Großraum- u Schwerverkehr	6
5. Zuwiderhandlungen	7
6. Literatur	8

1 **1. Allgemeines**

§ 29 regelt die über den Gemeingebrauch hinausgehende **Sondernutzung** öff Str (vgl **E** 164; § 1 Rn 13 ff; Bra DAR 95, 30); er dient dem Schutz des allg Verkehrs, nicht des einzelnen Anliegers (VG Ko DAR 91, 435). Die Vorschrift wird ergänzt durch die Erlaubnispflicht ruhestörender Veranstaltungen nach § 30 II. – **Formblätter** für Anträge auf Erteilung von Ausn-Genehmigungen bzw Erlaubnissen s VkBl 79, 746. Für die Sondernutzungserlaubnis auf anderen als Bundesstr sind **landesrechtliche Gebühren**regelungen zulässig (BVwG VD 88, 136).

2 **2. Abs 1: Das Verbot von Rennen mit Kfzen,** dh Veranstaltungen zur Erzielung von Höchstgeschwindigkeiten (Def s VwV zu Abs 1; s auch OVG NW DAR 96, 369; krit dazu Krampe u Ronellenfitsch DAR 97, 377, 387) gilt für alle Kfze, dh auch für Krafträder u für motorsportlich organisierte Rennen im Rahmen von **Rallyes** (BVwG NZV 97, 372). Fahrten mit dem Zweck, möglichst hohe Geschwindigkeiten zu erzielen, sind auch dann Rennveranstaltungen, wenn die Fze in Abständen hintereinander starten (VwV zu Abs 1 II; Kar VRS 66, 56), auch sog „Sprintprüfungen" (Bra DAR 95, 30). Veranstaltungen, bei denen es nicht auf die Höchstgeschwindigkeit, sondern auf andere Leistungsmerkmale ankommt, sind nicht Rennen, sondern erlaubnispflichtige Veranstaltungen iS des II (VwV zu Abs 2 I; eingehend dazu Krampe DAR 97, 377, der Rennen auf abgesperrten Str ausnimmt).

3 **Ausnahmen** vom generellen Verbot des I können die zuständigen obersten Landesbehörden oder die nach LandesR bestimmten Stellen nach § 46 II S 1 u 3 genehmigen (VwV zu Abs 1); sie kommen in Betracht, um bes Ausn-Situationen Rechnung zu tragen, die bei strikter Anwendung des Verbots nicht hinreichend berücksichtigt werden könnten (vgl BVfGE 40, 371, 377; BVwG VM 95, 1: Keine Ausn bei vorrangigem Schutz Erholungsuchender vor Lärm- u Abgasbelästigungen durch Rennen). Da der VOGeber durch das generelle Verbot von Rennen auf den Str zum Ausdruck gebracht hat, daß er diese grundsätzlich als sozial schädlich u unerwünscht erachtet, sind an eine Ausn-Genehmigung strenge Anforderungen zu stellen (s VwV zu Abs 3 V.5.a; ausführlich dazu OVG NW DAR 96, 369; 95, 121 m abl St Seidenstecher DAR 95, 95; s auch Ronellenfitsch Rn 8). Zur Versagung aus Naturschutzgründen s VG Freiburg NZV 89, 207, im normalen StraßenV s Ha NZV 89, 312.

3. Abs 2: Erlaubnispflichtige Veranstaltungen 4

a) Zum **Begriff** der **Veranstaltung,** der weit auszulegen ist, gehören Maßnahmen, die mit einem gewissen Aufwand u Umfang verbunden sind u im allg mit der Benutzung der Str zu VZwecken zusammenhängen (Kar StVE 2); doch sind auch **stationäre** Vorgänge erfaßt, die zwar nicht zum Verkehr im engeren Sinne, dh zur Fortbewegung von Personen u Gütern (so noch Kar aaO) gehören, durch die Str aber mehr als verkehrsüblich in Anspruch genommen werden (BVwG NZV 89, 325). So kann auch das Aufstellen von Fzen ausschl zum Zeigen von Reklameflächen eine derartige Veranstaltung sein (BVwG aaO; Bay 66, 7 = VRS 30, 466), nicht aber das Gehen mit einem umgehängten Plakat oder das Verteilen von Werbezetteln oder Flugblättern (Bay 53, 45 f.; KG VRS 34, 369) u die Aufstellung eines Informationsstandes (Kar aaO; BVwG aaO). Zum Begriff des Gemeingebrauchs u der Bedeutung der verkehrsrechtlichen Erlaubnis für einen Tiefladeanhänger s BVwG VRS 30, 155.

b) Durch die **Zahl** u das **Verhalten** der Teilnehmer oder die Fahrweise 5 der beteiligten Fze wird die Benutzung der Str bes durch religiöse Prozessionen, öff Versammlungen, Aufmärsche, Jahrmärkte sowie motorsportliche Veranstaltungen eingeschränkt. Dabei kommt es nicht nur auf die Zahl u das Verhalten der Teilnehmer, sondern auch der Zuschauer an. Eine motorsportliche Zielfahrt mit 50–60 Beteiligten ist eine erlaubnispflichtige Veranstaltung (Dü VM 79, 94; s auch StVE 1: Zuverlässigkeitsfahrt mit wenigen Beteiligten; zur Genehmigung einer Rallye s BVwG NZV 97, 372; Vg Ko DAR 91, 435; Nds OVG ZfS 92, 142: Ablehnung wegen Landschaftsschutzes; s auch BGH DAR 82, 130 u OVG Ko DAR 94, 166 zur Genehmigung einer Motorsportveranstaltung im Landschaftsschutzgebiet). **Öff Versammlungen** unter freiem Himmel unterliegen vorrangig den §§ 14, 15 VersammlG (s VwV zu Abs 2 IV), denen gegenüber die Erlaubnispflicht nach § 29 II zurücktritt (BVwG aaO Rn 3).

4. Abs 3: Großraum- u Schwerverkehr 6

Maßgebend für die Erlaubnispflicht ist nach S 1 das jew **tatsächliche,** nicht das zul Gesamtgewicht des Fz mit Ladung (so Ha VRS 54, 304 = StVE 3 schon zum früheren R; s Begr 9. ÄndVO) oder dessen ladungsbedingte Überlänge (Dü VRS 79, 131, 141). Zur Frage wirtschaftlicher Erwägungen bei der Erlaubniserteilung s Stu VM 82, 16. Mit S 2 sind vor allem verschiedene Typen von zugelassenen Baumaschinen, wie Bagger, Kranwagen gemeint. Zur Zulässigkeit landesrechtlicher Gebührenregelungen s oben 1. Die Erlaubnis kann auch einem sog „Genehmigungs-Service" erteilt werden, der den Transport nicht selbst durchführt, sondern nur Erlaubnisse vermittelt (OVG NW VRS 83, 298).

5. Zuwiderhandlungen 7

Ein Fz-**Führer** handelt ow, wenn er entgegen I an einem Rennen teilnimmt (§ 49 II 5; im BKat nicht erfaßt), was auch ohne vorherige Absprache erfolgen kann (Ha NZV 97, 367), oder entgegen III ein dort gen Fz führt (§ 49 II 7; BKat Nr 29). Letzteren Verstoß kann nur der Fz-Führer begehen; für andere, wie auch den Halter, kann Beteiligung nach § 14 OWiG in Betracht kommen, wenn die entspr Voraussetzungen vorliegen (Bay NStZ-RR 97, 123; VRS 58, 458; Dü VRS 79, 141; Kar VRS 66, 56: „Co-Driver"). Mit dem Verstoß des Halters gegen § 34 III 3 StVZO, der einen anderen Sachverhalt regelt, kann TE bestehen (Bay NStZ-RR 97, 123). – Verstöße des **Veranstalters** gegen II S 1 u 3 sind OWen nach § 49 II 6 (s BKat Nrn 28, 29). Wer bei einer Veranstaltung, für die die nach § 29 II erforderliche Erlaubnis nicht erteilt wurde, die Zielkontrolle durchfährt, ist Beteiligter iS von § 14 OWiG (Dü VM 79, 94).

8 **6. Literatur**

Krampe „Rennen mit Kfzen verboten?" DAR 96, 377; **Ronellenfitsch** „Die Zulassung von Automobilsportveranstaltungen" DAR 92, 321; 95, 241, 274; 97, 387.

§ 30 Umweltschutz und Sonntagsfahrverbot

(1) **Bei der Benutzung von Fahrzeugen sind unnötiger Lärm und vermeidbare Abgasbelästigungen verboten. Es ist insbesondere verboten, Fahrzeugmotoren unnötig laufen zu lassen und Fahrzeugtüren übermäßig laut zu schließen. Unnützes Hin- und Herfahren ist innerhalb geschlossener Ortschaften verboten, wenn andere dadurch belästigt werden.**

(2) **Veranstaltungen mit Kraftfahrzeugen bedürfen der Erlaubnis, wenn sie die Nachtruhe stören können.**

(3) **An Sonntagen und Feiertagen dürfen in der Zeit von 0 bis 22 Uhr Lastkraftwagen mit einem zulässigen Gesamtgewicht über 7,5 t sowie Anhänger hinter Lastkraftwagen nicht verkehren. Das Verbot gilt nicht für**

1. **kombinierten Güterverkehr Schiene-Straße vom Versender bis zum nächstgelegenen geeigneten Verladebahnhof oder vom nächstgelegenen geeigneten Entladebahnhof bis zum Empfänger, jedoch nur bis zu einer Entfernung von 200 km,**
1a.**kombinierten Güterverkehr Hafen-Straße zwischen Belade- oder Entladestelle und einem innerhalb eines Umkreises von höchstens 150 Kilometern gelegenen Hafen (An- oder Abfuhr),**
2. **die Beförderung von**
    a) **frischer Milch und frischen Milcherzeugnissen,**
    b) **frischem Fleisch und frischen Fleischerzeugnissen,**
    c) **frischen Fischen, lebenden Fischen und frischen Fischerzeugnissen,**
    d) **leichtverderblichem Obst und Gemüse,**
3. **Leerfahrten, die im Zusammenhang mit Fahrten nach Nummer 2 stehen,**

Umweltschutz und Sonntagsfahrverbot § 30 StVO

4. Fahrten mit Fahrzeugen, die nach dem Bundesleistungsgesetz herangezogen werden. Dabei ist der Leistungsbescheid mitzuführen und auf Verlangen zuständigen Personen zur Prüfung auszuhändigen.

(4) Feiertage im Sinne des Absatzes 3 sind
Neujahr,
Karfreitag,
Ostermontag,
Tag der Arbeit (1. Mai),
Christi Himmelfahrt,
Pfingstmontag,
Fronleichnam, jedoch nur in Baden-Württemberg, Bayern, Hessen, Nordrhein-Westfalen, Rheinland-Pfalz und im Saarland,
Tag der deutschen Einheit (3. Oktober),
Reformationstag (31. Oktober), jedoch nur in Brandenburg, Mecklenburg-Vorpommern, Sachsen, Sachsen-Anhalt und Thüringen,
Allerheiligen (1. November), jedoch nur in Baden-Württemberg, Bayern, Nordrhein-Westfalen, Rheinland-Pfalz und im Saarland,
1. und 2. Weihnachtstag.

VwV – StVO
Zu § 30 Umweltschutz und Sonntagsfahrverbot

Zu Absatz 1

I. Unnötiger Lärm wird auch verursacht durch

1. unnötiges Laufenlassen des Motors stehender Fahrzeuge,
2. Hochjagen des Motors im Leerlauf und beim Fahren in niedrigen Gängen,
3. unnötig schnelles Beschleunigen des Fahrzeugs, namentlich beim Anfahren,
4. zu schnelles Fahren in Kurven,
5. unnötig lautes Zuschlagen von Wagentüren, Motorhauben und Kofferraumdeckeln.

II. Vermeidbare Abgasbelästigungen treten vor allem bei den in Nummer 1 bis 3 aufgeführten Ursachen auf.

Zu Absatz 2

I. Als Nachtzeit gilt die Zeit zwischen 22.00 und 6.00 Uhr.

II. Nur Veranstaltungen mit nur wenigen Kraftfahrzeugen und solche, die weitab von menschlichen Behausungen stattfinden, vermögen die Nachtruhe nicht zu stören.

III. Die Polizei und die betroffenen Gemeinden sind zu hören.

Zu Absatz 3

Vom Sonntagsfahrverbot sind nicht betroffen Zugmaschinen, die ausschließlich dazu dienen, andere Fahrzeuge zu ziehen, ferner Zugmaschinen mit Hilfsladefläche, deren Nutzlast nicht mehr als das 0,4fache des zulässigen Gesamtgewichts beträgt.

Das Sonntagsfahrverbot gilt ebenfalls nicht für Kraftfahrzeuge, bei denen die beförderten Gegenstände zum Inventar der Fahrzeuge gehören (z. B. Ausstellungs-, Filmfahrzeuge).

Jagow

StVO § 30 1–4 Umweltschutz und Sonntagsfahrverbot

Inhaltsübersicht

	Rn
1. Allgemeines	1
2. Umweltschutz	4
3. Abs 3: Sonntagsfahrverbot	7
4. Zuwiderhandlungen	8

1 1. Allgemeines

Nach der RSpr zum früheren R (BGHSt 26, 340 = StVE 3) schützte § 30 I S 2 nur vor unnötigem Lärm, nicht aber auch gegen Abgas; derartige Belästigungen waren nur über § 1 II erfaßbar. Angesichts der Bedeutung des Umweltschutzes soll dem Kf darüber hinaus durch die ausdrückliche zusätzliche Erwähnung vermeidbarer Abgasbelästigungen in **I S 1** nachdrücklich auch das Unterlassen derartigen Verhaltens selbst ohne konkrete Belästigung anderer (KG VRS 63, 390; Kö VRS 72, 384) nahegebracht werden.

2   **II** begründet eine neben § 29 zu beachtende Erlaubnispflicht für Kfz--Veranstaltungen, die die **Nachtruhe** stören könnten. **III** enthält das **Sonntagsfahrverbot** für Lkw's, das der AusnRegelung der FerienreiseVO (s § 18 vor 1) jetzt auch durch die Neuregelung des Hafen-Str-V (**III 1 a**) angepaßt ist. In **IV** sind die **ges Feiertage** für das gesamte Bundesgebiet verbindlich aufgeführt; „Buß- u Bettag" wurde durch 13. StVO-ÄndVO gestr.

3   Beachte auch die §§ 16 I (mißbräuchliches Hupen), 22 I (Lärm durch Ladung), 33 I 1 (Störungen durch Lautsprecher), 45 I 3, I a, die Lärmschutz-RiLi-StV des BMV v 6. 11. 81 (VkBl 81, 428), die entspr der Länder (s zB NdsMBl 82, 103), § 49 StVZO u die Auffangvorschrift des § 117 OWiG (s unten 5). Zum Umweltschutz s auch § 41 **Z 270**.

4 2. Umweltschutz (I: Lärmverbot u Abgasbelästigungen)

Das Laufenlassen des Motors (I S 2) ist unnötig, wenn ein vernünftiger technischer Grund dafür nicht vorliegt (Beispiele s VwV zu Abs 1 I; Bay VRS 46, 466; Kö VRS 56, 471; 63, 379: Reifenquietschen; KG VRS 63, 390; Kö VRS 72, 384: Heizen m lfd Motor im Stand; aA Fra VRS 53, 154). Unzulässig sind vermeidbare **Abgasbelästigungen** wie **unnötiger Lärm;** nicht die normale, mit der ordnungsgem Kfz-Benutzung unvermeidbar verbundene Geräuschentwicklung, mag sie auch auf zu schnelle Fortbewegung zurückgehen (Bay VRS 65, 300). Ein Dieselmotor muß während einer Fahrtunterbrechung von 1 1/2 Min nicht abgestellt werden (Bay 73, 193 = VRS 46, 466). Ob das Laufenlassen eines Motors im Stand „unnötig" ist, hängt außer vom Anlaß auch davon ab, in welchen örtl u zeitlichen Verhältnissen eine Belästigung der Allgemeinheit zu erwarten ist (Bay 82, 66 = VRS 63, 219; 83, 170 = StVE 8; Fra VRS 53, 154 = StVE 5; s auch KG VRS 63, 390). – Zur Frage, welche Maßnahmen einem mittelbaren Störer zur Verhinderung der von seinem Betrieb ausgehenden Belästigungen (Halten u Parken von Zuliefer-Lkw mit laufendem Motor) zugemutet werden müssen s BGH NJW 82, 440.

Wer **außerhalb** des öff VRaumes seinen Motor unnötig laufen läßt u 5
dadurch die Allgemeinheit oder die Nachbarschaft belästigt, verstößt nicht
gegen § 30 I, sondern gegen § 117 I OWiG (Bay 76, 24 = StVE 2; s E 26
u unten 8).

„**Unnütz**" ist das Hin- u Herfahren iS von I S 3 innerorts, wenn kein 6
ausreichender Grund dafür vorliegt; so genügt es zB, wenn dadurch vermeintliche Einbrecher verjagt werden sollen (Kö VRS 56, 471 = StVE 6)
oder zu Reklamezwecken (s aber § 33); das Hin- u Herfahren in einem
Dirnenviertel, um den Betrieb zu beobachten oder Kontakte anzuknüpfen,
kann zu Belästigungen führen (Kö VRS 36, 365; AG Br NStZ 97, 558).
I S 3 soll nach Jag/Hentschel (Rn 14) nicht durch § 6 StVG gedeckt, nach
AG Cochem außerdem verfassungswidrig sein (VM 86, 54: Verstoß gegen
Art 2 I GG; zw).

3. Abs 3: Sonntagsfahrverbot 7

Die Neufassung der Nr 1 u Einfügung der Nrn 2–4 (durch 9. u 11. Änd-VO) dient der Verwaltungsvereinfachung; sie ist an die **FerienreiseVO**
(§ 18 vor 1) angelehnt, für die dieselben Def gelten (Fra v 22. 4. 83, 2 Ws
(B) 74/83 OWiG); sie ist verfassungskonform (OVG NW VRS 88, 227).
III 2 Nr 1 liegt zumindest dann nicht vor, wenn zunächst vom Entladebahnhof aus der in entgegengesetzter Richtung gelegene Heimatort und
von dort aus über eine Strecke von mehr als 200 km bis zum Zielort (Empfänger) angefahren wird (Bay NZV 98, 297). Zur Def des Lkw s § 21
Rn 4; Bay NStZ-RR 97, 320 u Ha NZV 97, 323. **Zugmaschinen** sind
Kfze, deren Aufgabe iw in der Zugleistung besteht u deren Gestaltung erkennen läßt, daß etwaiger Laderaum nur geringe Bedeutung hat (BMV
VkBl 62, 309; Dü NZV 91, 483; Bay NZV 97, 407); mit eigener Ladefläche (nicht aber Sattelzugmaschinen ohne eigene Ladefläche u ohne Anhänger: Bay v 19. 3. 92, 2 Ob OWi 85/92) sind sie Lkw iS der Vorschrift (Bay
73, 51 = VRS 45, 216), mit Hilfsladefläche nur, wenn die zul Nutz- oder
Aufliegelast mehr als 40% des zul Gesamtgewichts beträgt (Ce VRS 73,
220; Dü NZV 91, 483 u Ha NZV 97, 323 zur Unterscheidung zwischen
Lkw u Zugmaschine); ebenso Kfze mit einem zul Gesamtgewicht unter
2,8 t, wenn sie die typischen Baumerkmale eines Lkw aufweisen (Ha VRS
47, 469); die Eintragung in den Kfz-Papieren hat für die Unterscheidung
keine entscheidende Bedeutung (Ha NZV 97, 323; Dü NZV 91, 483).
Auch Wohnwagenanhänger hinter Kleinlastwagen unterliegen dem Sonntagsfahrverbot (Stu VRS 61, 390), ebenso Fze mit ausl Standort, die ggf an
der Grenze zurückzuweisen sind. – Zu den Voraussetzungen für eine
Ausn-Genehmigung nach § 46 I S 1 Nr 7 s OVG NW aaO.

4. Zuwiderhandlungen 8

Verstöße gegen I, II u III S 1 sind OWen nach § 49 I 25 iVm § 24
StVG (Nrn 74, 75 VwKat; 30, 31 BKat). I S 3 setzt konkrete Belästigung
eines anderen voraus (BGHSt 26, 340 = StVE 3; Stu VRS 43, 311; Ha
VRS 46, 396; Br DAR 97, 282, die im Urt darzulegen ist (Br aaO)).

StVO § 31 Sport und Spiel

Abgasbelästigungen nach I S 1 u 2 nicht (KG VRS 63, 390; Kö VRS 72, 384), auch nicht verbotenes Lärmen (Ha VRS 48, 149 = StVE 1). § 117 OWiG gilt als AuffangTB nur subsidiär. Verstöße gegen I 1 gehen solchen nach § 1 II vor. Bei konkreter Abgas- u Lärmbelästigung besteht zwischen §§ 30 I u 1 II TE (s auch Ha VRS 48, 149), während § 30 I S 3 dem § 1 II als SpezialG vorgeht. OWen nach § 30 I S 1 u 3 können in TE stehen (Ha aaO). – Für die Einhaltung des Sonntagsfahrverbots nach III kann auch der (gewerbliche) Halter verantwortlich sein (Bay 86, 10 = VRS 70, 471), insb wenn er den Verstoß anordnet oder zuläßt (Bay v 7. 2. 95, 2 Ob OWi 573/94).

9 Zur Anwendung landesrechtlicher Lärm- u Immissionsschutzvorschriften (außerhalb des öff VRaumes) s E 26 u 86 sowie Bay 83, 170 = StVE 8.

§ 31 Sport und Spiel

Sport und Spiele auf der Fahrbahn und den Seitenstreifen sind nur auf den dafür zugelassenen Straßen erlaubt (Zusatzschilder hinter Zeichen 101 und 250).

VwV – StVO
Zu § 31 Sport und Spiel

1 I. Gegen Spiele auf Gehwegen soll nicht eingeschritten werden, solange dadurch die Fußgänger nicht gefährdet oder wesentlich behindert oder belästigt werden.

2 II. 1. Die Straßenverkehrsbehörden sollten, selbst in stärker bewohnten Innenbezirken von Großstädten, die Schaffung von Spielplätzen anregen. Auch wenn Spielplätze und sonstige Anlagen, wo Kinder spielen können, zur Verfügung stehen, muß geprüft werden, wie Kinder auf denjenigen Straßen geschützt werden können, auf denen sich Kinderspiele erfahrungsgemäß nicht unterbinden lassen.

3 Eine Möglichkeit hierzu kann die Einrichtung von Spielstraßen sein. Sie kommt aber nur dann in Frage, wenn es möglich ist, die Straße auch für den Anliegerverkehr zu sperren. Dann ist Zeichen 250 mit dem Zusatzschild „Spielstraße" aufzustellen.

4 2. Wohnstraßen und auch andere Straßen ohne Verkehrsbedeutung, auf denen der Kraftfahrer mit spielenden Kindern rechnen muß, brauchen nach der Erfahrung nicht zu „Spielstraßen" erklärt zu werden. Auch das Zeichen 136 ist dort in der Regel entbehrlich. Gegen Kinderspiele sollte dort nicht eingeschritten werden.

5 III. 1. Die Freigabe von Straßen zum Wintersport, besonders zum Rodeln, ist auf das unbedingt notwendige Maß zu beschränken. Vor allem sind nur solche Straßen und Plätze dafür auszuwählen, die keinen oder nur geringen Fahrzeugverkehr aufweisen.

6 2. Wo die Benutzung von Skiern oder Schlitten ortsüblich ist, ist nicht einzuschreiten. Wenn es aus Gründen der Verkehrssicherheit erforderlich ist, sind in solchen Orten verkehrsrechtliche Anordnungen zu treffen (Zusatzschild hinter Zeichen 101, Zusatzschild hinter Zeichen 250).

Spiel u Sportverbot 1, 2 § 31 StVO

Inhaltsübersicht

	Rn
1. Spiel u Sportverbot	1
a) Begriff	1
b) Zulässigkeit auf allgemeinen Straßen	2
c) Spielstraßen	3
d) Verkehrsberuhigte Bereiche	5
2. Sport	6
a) Sportstraße	6
b) „Sportmäßig"	7
c) Skifahrer	8
d) Rodeln	9
3. Zuwiderhandlungen	10

1. Spiel u Sportverbot

a) **Begriff.** Die Grenze zwischen Sport u Spiel ist fließend. So wird bei Erwachsenen u Halbwüchsigen auf die Art der Beteiligung im Einzelfall abzustellen sein; ihre Mannschaftsspiele sind idR Sport, ebenso ihre Läufe u Sprünge, wenn diese gewertet werden. Kinder spielen stets (Begr). **Inline-Skates, Skate-Boards** u Rollschuhe sind keine Fz iS des StrVerkR, sondern andere Fortbewegungsmittel iS von § 24 (VGT 98, 13), die dem Bereich „Sport u Spiel" des § 31 zuzurechnen sind (soweit sie nicht im Einzelfall allein der Ortsveränderung dienen), so daß sie entweder auf die Spielstr oder auf den Gehweg gehören (s hierzu VGT 1998). Soweit Inline-Skater hiernach auf Gehwege oder verkehrsberuhigte Bereiche verwiesen sind, haben sie – entspr § 1 II – auf Fußgänger bes Rücksicht zu nehmen (s § 24 Rn 3). Zur Unfallrelevanz s Nakas, Inline-Skating aus unfallanalytischer Sicht (NZV 99, 278).

b) **Zulässigkeit auf allg Straßen.** Die Vorschrift verbietet Spiel u Sport auf den Fahrbahnen u Seitenstreifen der öff Str einheitlich für Erwachsene u Kinder. Das gilt auch für **Inline-Skater,** soweit diese Bereiche nicht durch entspr Beschilderung freigegeben sind. Auf Gehwegen richtet sich die Zulässigkeit von Spielen nach § 1 (vgl VwV I). Die Verpflichtung trifft für Kinder den ges Vertreter u die Personen, denen die Sorge für die Person zusteht (BGH VersR 65, 385, 906). Die Eltern sind dafür verantwortlich, daß ihre Kinder auch auf verkehrsarmen Str nicht auf der Fahrbahn spielen, soweit sie nicht als Spielstr deklariert sind (vgl Hbg VM 56, 85). Benutzt ein Kind ein Kinderfahrrad als Beförderungsmittel, zB zur Fahrt in die Schule, so ist es berechtigter VT u sind die VRegeln anwendbar (vgl § 24 Rn 2; beachte aber § 2 V). Wenn aber Kinder nur zum Spielen auf der Fahrbahn herumradeln, liegt ein nach § 31 verbotenes Kinderspiel vor. Dann gelten für den FahrV nicht die Vorfahrtregeln, sondern die Sorgfaltspflichten bei Annäherung an spielende Kinder (vgl BGH VM 64, 120 m Anm Booß; § 8 Rn 3). Der Kf muß deshalb, wenn er das spielende Kind bemerkt oder mit seinem Auftauchen rechnen muß, ohne Rücksicht auf sein etwaiges VorR die erforderlichen Vorsichtsmaßnahmen

StVO § 31 3–8

ergreifen (vgl § 1 Rn 38 ff). Zur Aufsichtspflicht der Eltern für die Kinderspiele s Mü VM 77, 48.

3 c) **Spielstraßen.** Das Spielen auf der Fahrbahn u auf Seitenstreifen kann erlaubt werden durch das Zusatzschild iVm **Z 250** – Verbot für Fze aller Art – u durch das gleiche Zusatzschild iVm **Z 357** – Sackgasse.

4 Auf Spielstr haben die Kinder das **VorR** vor dem FahrV (s VwV V zu Z 250). Die Kf müssen sich darauf einstellen, daß nicht sichtbare Kinder von der Seite her in ihre Fze hineinlaufen können. Der Vertrauensgrundsatz gilt hier gegenüber Kindern nicht (Bra DAR 63, 353; Kö VRS 36, 360).

5 d) **Verkehrsberuhigte Bereiche.** Nach **Z 325, 326** sind Kinderspiele hier überall erlaubt, dh auch auf der „Fahrbahn", soweit diese dort noch existiert.

2. Sport

6 a) **Sportstraßen.** Durch Zusatzschild zu **Z 250 kann jeder Sport** erlaubt werden (s Erl zu Z 250 Satz 4); für Wintersport s Zusatzschild zu **Z 101** u Erl zu **Z 357**. Umgekehrt dürfen Skiläufer u Rodler öff Str benutzen, soweit dies ortsüblich u nicht ausdrücklich verboten ist (s auch § 2 Rn 2, 3; VwV zu § 31 III. 2.).

7 b) **„Sportmäßiges" Skilaufen u Rodeln.** Der Begriff verlangt den Einsatz der dem Sportgerät eigentümlichen Kunstfertigkeit beim Gebrauch, also hier die Beherrschung der gleitenden Bewegung insb auf einer Gefällstrecke. Wer auf der ebenen Dorfstr auf Skiern langsam läuft oder einen Rodelschlitten zieht, bewegt sich als Fußgänger, betreibt aber nicht „Wintersport".

8 c) Der **Skifahrer** ist VT, u zwar eine bes Art des Fußgängers, wenn er sich im öff VRaum bewegt (vgl § 1 Rn 13 ff). Bei der heutigen Verbreitung des Skisportes sind zwar nicht reine Sportflächen, wie Übungshänge, Pisten oder Sprungschanzen, wohl aber die dem öff Verkehr zur Verfügung gestellten Wege einschl der über freies Gelände führenden markierten „Skirouten" als öff Wege anzusehen. Die Grundregel des § 1 gilt dort auch für Skifahrer. Aus ihr wird für den Skifahrer die Pflicht, nur auf Sichtweite zu fahren, abgeleitet, die sich für den FahrV aus § 3 I ergibt. Ein schnelleres Tempo ist erlaubt, wenn der Skifahrer beim Auftauchen eines Hindernisses sicher in angrenzendes Gelände ausweichen kann (Bay 57, 90 = VM 57, 95; BGH VersR 60, 180; aA Kö VersR 62, 791). Bewegt sich ein Skifahrer abseits von öff Wegen im Gelände, so ist er kein Teilnehmer am öff StraßenV. Seine Sorgfaltspflicht bemißt sich dann nach den allg Bestimmungen (§ 823 BGB, §§ 222, 230 StGB; BGH(Z) VRS 42, 337), auf Skipisten u Abfahrten nach den **FIS-Regeln** (s dazu Dambeck DAR 93, 132; zur Sicherungspflicht eines Bergbahnunternehmens für Skipiste s BGH VRS 40, 351 u NJW 73, 1379).

Verkehrshindernisse **§ 32 StVO**

d) **Rodeln** ist das **Bergabfahren** auf einem Rodelschlitten, nicht das Ziehen eines solchen. Sitzen mehrere Rodler im öff VRaum auf einem fahrenden Rodelschlitten, so ist jeder VT, da sich keiner von der dem Rodeln eigenen Art des Steuerns ausschließen kann. 9

3. Zuwiderhandlungen sind als OWen nach den §§ 49 I 26 iVm 24 StVG verfolgbar (nicht in Vw- u BKat erfaßt). Zur Verantwortlichkeit von Kindern u Jugendlichen s § 12 OWiG u **E** 32 f. Eltern müssen ihre Kinder zur Beachtung der Vorschriften (Hbg VM 56, 85) u zu Vorsicht u Rücksicht anhalten (BGH VersR 65, 385, 906). Einen BußgeldTB wegen Verletzung der Aufsichtspflicht gibt es nicht mehr. 10

§ 32 Verkehrshindernisse

(1) **Es ist verboten, die Straße zu beschmutzen oder zu benetzen oder Gegenstände auf Straßen zu bringen oder dort liegen zu lassen, wenn dadurch der Verkehr gefährdet oder erschwert werden kann. Der für solche verkehrswidrigen Zustände Verantwortliche hat sie unverzüglich zu beseitigen und sie bis dahin ausreichend kenntlich zu machen. Verkehrshindernisse sind, wenn nötig (§ 17 Abs. 1), mit eigener Lichtquelle zu beleuchten oder durch andere zugelassene lichttechnische Einrichtungen kenntlich zu machen.**

(2) **Sensen, Mähmesser oder ähnlich gefährliche Geräte sind wirksam zu verkleiden.**

VwV – StVO
Zu § 32 Verkehrshindernisse

Zu Absatz 1

I. Insbesondere in ländlichen Gegenden ist darauf zu achten, daß verkehrswidrige Zustände infolge von Beschmutzung der Fahrbahn durch Vieh oder Ackerfahrzeuge möglichst unterbleiben (z. B. durch Reinigung der Bereifung vor Einfahren auf die Fahrbahn), jedenfalls aber unverzüglich beseitigt werden. 1

II. Zuständige Stellen dürfen nach Maßgabe der hierfür erlassenen Vorschriften die verkehrswidrigen Zustände auf Kosten des Verantwortlichen beseitigen. 2

III. Kennzeichnung von Containern und Wechselbehältern
Die Aufstellung von Containern und Wechselbehältern im öffentlichen Verkehrsraum bedarf der Ausnahmegenehmigung durch die zuständige Straßenverkehrsbehörde. 3

Als „Mindestvoraussetzungen" für eine Genehmigung ist die sachgerechte Kennzeichnung von Containern und Wechselbehältern erforderlich. 4

Einzelheiten hierzu gibt das Bundesministerium für Verkehr im Einvernehmen mit den zuständigen obersten Landesbehörden im Verkehrsblatt bekannt. 5

Jagow

StVO § 32 1–3 Verkehrshindernisse

Inhaltsübersicht

	Rn
1. Schutzzweck der Vorschrift	1
2. Abs 1: Bereiten von Verkehrshindernissen	2
a) Täter	2
b) Beschmutzen oder Benetzen	3
c) Gegenstände	4
d) Pflichten	7
3. Abs 2: Gefährliche Geräte	9
4. Zuwiderhandlungen	10
5. Zivilrecht	11

1 1. Schutzzweck der Vorschrift

§ 32 dient dem Schutz des StraßenV gegen verkehrsfremde Eingriffe; gleichartige **landesrechtliche** Vorschriften sind, soweit sie ebenfalls der Leichtigkeit u Sicherheit des Verkehrs dienen, nichtig (Dü VRS 77, 303). Anders jedoch bei erlaubnispflichtiger Sondernutzung, BGH NZV 02, 193: „Bei einer Zuwiderhandlung gegen die §§ 32 und 33 der Straßenverkehrsordnung ist die gleichzeitige Anwendung landesrechtlicher Bestimmungen, nach denen die ungenehmigte Sondernutzung einer Straße verboten ist und als Ordnungswidrigkeit geahndet wird, nicht ausgeschlossen." § 32 ist **SchutzG** iS des § 823 II BGB zugunsten des StraßenV (Ba VRS 72, 88), dient aber nicht dem Schutz spielender Kinder, die durch umherliegende Gegenstände verletzt werden oder von einem Holzstapel herunterfallen können (Dü NJW 57, 1153; LG Ulm MDR 59, 302). Zur „Straße" gehören alle öff Wege (s § 1 Rn 13 ff), dh auch Gehwege (Kö VRS 63, 76; Dü VRS 74, 285; NJW 95, 2172) u alle Sonderwege (§ 2 Rn 17). – Zum Abstellen eines Autowracks s § 5 AbfG (u unten 4); zur VBeruhigung durch Hindernisse s unten Rn 4 u § 45 Rn 12.

2. Abs 1: Bereiten von Verkehrshindernissen

2 a) **Täter** des Verstoßes gegen I ist in erster Linie derjenige, der das VHindernis geschaffen hat (wie zB der Parkhausbesitzer, der den Pkw des Benutzers bei Zahlungsverzug auf den Gehweg gestellt hat: Kö VRS 63, 394), daneben aber auch derjenige, der für die VSicherheit auf der Str sonst verantwortlich u zur Beseitigung des Hindernisses verpflichtet ist. Der Täter kann, muß aber nicht VT sein. So können für eine Beschmutzung der Fahrbahn außer dem Führer des Lkw, von dem Steine oder Erde herabgefallen sind, dessen Arbeitgeber u der für die VSicherungspflicht zuständige Beamte nebeneinander aus § 32 I verantwortlich sein (BGH(Z) VM 61, 57; Fra VM 61, 101; Schl NJW 66, 1269; Ha VRS 7, 213). UU tritt die Verantwortlichkeit des Fahrers oder Abladers von Gegenständen gegenüber derjenigen anderer ganz zurück (Ha VRS 52, 375 = StVE 2).

3 b) **Beschmutzen oder Benetzen.** Der Verkehr muß durch das Hindernis möglicherweise gefährdet oder mind **erschwert** werden können (s 6);

Bereiten von Verkehrshindernissen 4 § 32 StVO

das bedeutet, daß nicht jede geringfügige Beeinträchtigung der Leichtigkeit des Verkehrs genügt. Erschwerend können aber zB wirken Flüssigkeiten, welche die Fahrbahn glatt u rutschig machen, wie Öl u Seifenlauge (Ba VRS 72, 88, 92) oder die schlammartige Masse, die bei der Beförderung von nassem Kies oder Sand vom Fz abtropft (BGHSt 12, 48; Bay 55, 90 = DAR 55, 231); ferner Erde oder Dung, die im Zusammenhang mit Wasser die Str glitschig machen können (Ha VRS 4, 35; 8, 134; Schl VM 55, 82), u Kot, soweit er nicht nur geringfügige Beschmutzung bewirkt (Ce NJW 79, 227 = StVE 5); uU auch Reinigungsschaum, selbst wenn er die Str nicht schmierig macht, andere aber veranlaßt, diese evtl Gefahrenquelle zu meiden (Dü VRS 77, 303). Reines Wasser benetzt verkehrsgefährdend nur, wenn es bei Temperaturen auf die Str gelangt, bei denen es alsbald gefriert u dadurch zur Glatteisbildung führt, oder auf eine bereits verschmutzte Fahrbahn fließt u diese dadurch rutschig macht.

c) **Gegenstände** iS der Vorschrift, die im Interesse der VSicherheit weit 4 auszulegen ist (Ko VRS 72, 128), sind nur **verkehrsfremde** Sachen wie zB auf der Str abgeladenes Baumaterial (BGH(Z) VRS 20, 337; Ha VRS 27, 62; Kö VRS 63, 76), abgestellte Baugeräte (Ko VRS 72, 128) aber auch außerhalb einer verkehrsberuhigten Zone zur VBeruhigung auf der Fahrbahn ungesichert aufgestellte **Blumenkübel** (Fra NZV 91, 469) u Fahrbahnschwellen (BHG(Z) NZV 91, 385 krit; Dü NJW 93, 865; Hentschel NJW 90, 683; 92, 1080; Berr DAR 92, 377; Hentschel 8; **aA** Ha NZV 94, 400; Dü NZV 94, 478; ZfS 96, 128: Blumenkübel auf Sperrfläche kein „Hindernis"; s auch § 315b StGB 4; desgleichen grundsätzl zulässig auch Blumenkübel zur Verschönerung auf öffentl Parkflächen, OLG Ko NZV 00, 378, nicht jedoch bei Verschiebung des Kübels auf die Fahrbahn, aaO). Zulässig sind außerdem zur VBeruhigung angebrachte **Aufpflasterungen** (VGH BW ZfS 92, 395) u VMittel, insb Fze, die am Verkehr teilnehmen (s Nau VM 95, 23 zur [unzul] Behandlung eines noch zugelassenen, beschädigten, abgestellten Kfz als „Abfall"). Ist aber das Fz nicht berechtigt, am Verkehr teilzunehmen (zB stillgelegt: Zw VRS 72, 130; Dü DAR 96, 415 Ls), nicht betriebsbereit oder zu verkehrsfremden Zwecken, zB zum Zeigen von Reklameflächen unter Überschreitung des Gemeingebrauchs abgestellt, ist es idR als „Gegenstand" zu behandeln (Kar VRS 59, 153 = StVE 7; Ko VRS 65, 472 = StVE 13; KG VRS 45, 73), kein Parken (Ha VRS 59, 298 = StVE 10; zum abgestellten Schrott-Fz s § 12 Rn 10 u Dü VD 88, 265; Bay NZV 93, 164). Das gilt auch für ein unbefugt auf Privatgrund abgestelltes Fz, das der Grundstückseigentümer auf die Str schiebt u dort in einer den Verkehr störenden Stellung beläßt (Bay VRS 57, 60). Auch das Aufstellen eines als Arbeitsplattform dienenden Lieferwagens auf dem Gehweg (ohne Ausn-Genehmigung) erfüllt § 32 I S 1 (Ha aaO); **nicht aber** (mehr) ein sonst ordnungsgemäß geparkter, zugelassener u fahrbereiter **Wohnanhänger,** mag er auch vom Zug-Fz getrennt sein (anders noch zum früheren R: zB Zw VM 80, 101 u Ko VRS 57, 58 = StVE 6), es sei denn, er ist nicht für eine zum Parken übliche (dh auf alsbaldige Wiederinbetriebnahme gerichtete u nach § 12 III b

StVO § 32 5–7 Verkehrshindernisse

erlaubte) Zeit geparkt, sondern für längere Zeit (bis zum nächsten Urlaub) nur zur Aufbewahrung abgestellt (s oben § 12 Rn 13). Über das Verhältnis des § 32 zu den VVorschriften in solchen Fällen vgl § 12 Rn 8 ff; zur VSicherungspflicht s Rn 7–8.

5 Auch Gegenstände, die nicht unmittelbar auf der Str liegen, sondern nur in den Luftraum über ihr hineinragen, zB ein in den Str-Raum hineinragender Schaukasten oder Warenautomat, ein Arm eines Kranes oder ein Förderband, ein tiefer als 4 m hoch gespanntes Kabel, fallen unter § 32 (Ha VRS 17, 309; 41, 396; Bay 68, 77 = VRS 36, 464); ebenso die Aufstellung eines Verkaufs- u Informationsstandes auf dem Gehweg (Ko VRS 60, 473) oder eine in geringer Höhe über die Fahrbahn gespannte Schnur (KG VRS 51, 388) sowie die Sperrung eines öff Weges (Bay NZV 92, 455). Ein über den umgebenden Teil der Fahrbahn hinausragender Kanaldeckel ist zwar kein Gegenstand iS von I (Bay 76, 54 = VM 76, 109); auch nicht ein infolge einer Panne oder eines Unfalls liegengebliebenes Fz (Dü VRS 58, 281 = StVE 8) oder ein zum Entladen auf dem Gehweg geparkter Lkw, dessen ungesicherte u von anderen nur schwer erkennbare Ladebordwand in die Fahrbahn ragt (Dü VRS 62, 309 = StVE 11), doch ist der Verkehr entspr zu sichern. Ebenfalls kein Hindernis iSv § 32 ist ausgefahrene Ladeschiene eines Abschleppwagens, da sie nicht verkehrsfremden Zwecken dient, sondern mit der Funktion dieses Fahrzeugs als Verkehrs- u Transportmittel in innerem Zusammenhang steht (OLG Kar NZV 00, 86).

6 Der **Verkehr** muß dadurch erschwert, dh nicht unmaßgeblich behindert oder gar (abstrakt) gefährdet sein; er kann schon dadurch **erschwert** werden, daß auf einer belebten städtischen Str durch ein nicht mehr zum Verkehr zugelassenes Fz ein Parkplatz wegfällt (Dü VM 75, 90; DAR 96, 415 Ls; Zw VRS 72, 130).

7 d) **Die Pflichten** der Verantwortlichen bestehen zwar in erster Linie darin, verkehrsgefährdende oder -behindernde Gegenstände nicht auf die Fahrbahn zu verbringen. Sind sie dennoch dorthin gelangt, so sind sie nach I S 2 **alsbald wieder zu entfernen.** Ist dies nicht möglich, so ist die Stelle nach Maßgabe der S 2 u 3 durch ausreichende **Kenntlichmachung** zu sichern, u zwar durch eigene Lichtquelle oder andere zugelassene lichttechnische Einrichtungen (wie weiß-rot schraffierte, reflektierende Warntafeln oder notfalls Warndreiecke (s §§ 49 a, 53 a StVZO). Diese Pflichten bestehen nicht unbedingt, sondern nur im Rahmen des Zumutbaren, insb, solange die Arbeiten, etwa Transporte von Lehm u Erde an einer Baustelle oder Kuhdung hinterlassender Viehtrieb, noch nicht abgeschlossen sind (Fra VRS 35, 224; Kö v 9. 9. 94 bei Verf NStZ 95, 274). Nach einem VUnfall sind Glassplitter, Fz-Teile u dergl zu beseitigen, sobald die örtl Ermittlungen abgeschlossen sind. Bis dahin ist die Unfallstelle abzusichern. Auch die Bundeswehr hat eine Str-Beschmutzung durch Ketten-Fze wieder zu beseitigen (Ce VersR 65, 574; Schl NJW 66, 1269); zur **VSicherungspflicht** bei Maßnahmen zur VBeruhigung s BGH NZV 91, 385 (Fahrbahnschwellen), Fra NZV 92, 38 (Kölner Teller), Ce NZV 91, 353, Ha NZV 94, 400, Dü ZfS 96, 128 (Blumenkübel).

Im übrigen richten sich die zu stellenden Anforderungen nach den Gegebenheiten des konkreten Falles, wobei vor allem auch die Art u Wichtigkeit des VWeges sowie die Stärke des Verkehrs zu berücksichtigen sind. Zur Erntezeit liegt eine gewisse Beschmutzung auf Nebenstr durch landwirtschaftliche Acker-Fze im Rahmen des zulässigen Gemeingebrauchs u muß vom übrigen Verkehr hingenommen werden, der sich darauf u auf die damit, bes bei Regen, verbundenen Gefahren einrichten muß (Sa VM 79, 71). Eine dauernde Freihaltung von Verschmutzung kann auf solchen Str nicht verlangt werden (Mü VersR 66, 1082; Ol MDR 58, 843). Dagegen muß derjenige, der die Fahrbahn einer dem schnelleren KraftV dienenden Str, insb einer Bundesstr, beschmutzt, im Rahmen des ihm Möglichen die Verunreinigung beseitigen, mind die Stelle zur Warnung des Kfz-Verkehrs kennzeichnen (zB Z 114). Das gilt auch für die Verschmutzung durch Viehtrieb (BGH(Z) VM 62, 27; Kö VM 68, 109; v 9. 9. 94 s o 7) oder Feldarbeiten (Schl NZV 92, 31) u an Baustellen; hier kann sich der Bauunternehmer aber darauf verlassen, daß VT im Bereich gekennzeichneter Baustellen mit leichter Verschmutzung rechnen u ihre Fahrweise darauf einstellen (Sa VM 74, 84).

3. Gefährliche Geräte sind nach **II** wirksam zu verkleiden; **II** ist Ausfluß der allg VSicherungspflicht (Bay 78, 80 = StVE 4; s dazu auch § 45 Rn 11, 12); er gilt für alle VT; soll aber nach Bay 85, 136 = VRS 70, 382 nur für Ladung u mitgeführte Gegenstände, nicht auch für das Fz selbst u sein Zubehör gelten, da insoweit § 32 III StVZO eingreife (vgl auch Bay VRS 58, 463; zw, s Verf NStZ 86, 258). Weitergehend Kö (VM 58, 143), wonach **Mähmesser** u Mähbalken auch dann durch eine Umhüllung geschützt werden müssen, wenn sie Bestandteil eines zum Verkehr zugelassenen Mähdreschers sind. Eine ungeschützt auf einem Anhänger mitgeführte Bootsschraube kann ein gefährliches Gerät iS des II sein (Bay 78, 80 s o), ebenso ungeschützte Spitzen von Holmteilen (Ha VRS 48, 385).

4. Zuwiderhandlungen

Verstöße sind OWen nach § 49 I 27 iVm § 24 StVG (s Nrn 76–78 VwKat; 32 BKat). Der TB setzt **keine konkrete Gefährdung** oder Erschwerung des Verkehrs voraus; abstrakte Gefährdung oder Erschwerung ist ausreichend u erforderlich (Ko VRS 62, 145; Zw VRS 72, 130), wobei es genügt, daß sie möglich u nicht ganz unwahrscheinlich ist (Dü VRS 74, 285). Normadressat s oben 2. Verstoß gegen § 32 I kann unter den weiteren Voraussetzungen des § 315b I 2 oder 3 StGB Straftat sein; dahinter träte § 32 zurück (§ 21 OWiG). – Ein Verstoß nach I kann zugleich auch landesrechtliche Vorschriften verletzen (s dazu zB Ko VRS 60, 473; Kar VRS 56, 380 u Bay VM 80, 22); diese treten allerdings gegenüber § 32 I zurück (Ko aaO; KG VRS 45, 73; Dü VM 75, 90; Zw aaO; aA Kar aaO mwN u im Ergebnis Bay VM 78, 21 (zu § 33 I 2)). – TE mit § 1 II kommt bei konkreter Gefährdung in Betracht (KG VRS 51, 388; Ha VRS 52, 376). – Siehe auch § 18 I 1 AbfG, auch iVm kommunalen Regelungen.

Jagow

StVO § 33 — Verkehrsbeeinträchtigungen

11 **5. Zivilrecht**

§ 32 StVO ist Schutzgesetz iSv § 823 II BGB (BGH VRS 20, 337; Fra NZV 91, 469). Hindernis bereiten mit der Folge, daß andere VT dadurch geschädigt werden, löst Haftung des dafür Verantwortlichen aus. Maßnahmen zur Verkehrsberuhigung, zB Aufstellen von Blumen-Kübeln auf der Fahrbahn, können Konflikte hervorrufen, s hierzu Fra aaO u OLG Ko NZV 00, 378.

Nicht gegen § 32 verstößt, wer ortsüblich vorübergehend eine Mülltonne aufdemGehwegimRahmen der Entsorgung stehen läßt (Ha NZV 91, 152).

Tierhalter haftet, wenn sein überfahrenes Tier auf der Fahrbahn liegen bleibt und alsbald einen Ausweichunfall verursacht (Ce VersR 80, 430).

§ 33 Verkehrsbeeinträchtigungen

(1) **Verboten ist**
1. **der Betrieb von Lautsprechern,**
2. **das Anbieten von Waren und Leistungen aller Art auf der Straße,**
3. **außerhalb geschlossener Ortschaften jede Werbung und Propaganda durch Bild, Schrift, Licht oder Ton,**

wenn dadurch Verkehrsteilnehmer in einer den Verkehr gefährdenden oder erschwerenden Weise abgelenkt oder belästigt werden können. Auch durch innerörtliche Werbung und Propaganda darf der Verkehr außerhalb geschlossener Ortschaften nicht in solcher Weise gestört werden.

(2) **Einrichtungen, die Zeichen oder Verkehrseinrichtungen (§§ 36 bis 43) gleichen, mit ihnen verwechselt werden können oder deren Wirkung beeinträchtigen können, dürfen dort nicht angebracht oder sonst verwendet werden, wo sie sich auf den Verkehr auswirken können. Werbung und Propaganda in Verbindung mit Verkehrszeichen und Verkehrseinrichtungen sind unzulässig.**

VwV – StVO
Zu § 33 Verkehrsbeeinträchtigungen

Zu Absatz 1 Nr. 1

1 Lautsprecher aus Fahrzeugen erschweren den Verkehr immer.

Zu Absatz 1 Nr. 2

2 Das Ausrufen von Zeitungen und Zeitschriften wird den Verkehr nur unter außergewöhnlichen Umständen gefährden oder erschweren.

Zu Absatz 2

3 I. Schon bei nur oberflächlicher Betrachtung darf eine Einrichtung nicht den Eindruck erwecken, daß es sich um ein amtliches oder sonstiges zugelassenes Verkehrszeichen oder eine amtliche Verkehrseinrichtung handelt. Verwechselbar ist eine Einrichtung auch dann, wenn (nur) andere Farben gewählt werden.

II. Auch Beleuchtung im Umfeld der Straße darf die Wirkung der Verkehrszeichen und Verkehrseinrichtungen nicht beeinträchtigen.

III. Wenn auf Grundstücken, auf denen kein öffentlicher Verkehr stattfindet, z. B. auf Fabrik- oder Kasernenhöfen, zur Regelung des dortigen Verkehrs den Verkehrszeichen oder Verkehrseinrichtungen gleiche Einrichtungen aufgestellt sind, darf das auch dann nicht beanstandet werden, wenn diese Einrichtungen von einer Straße aus sichtbar sind. Denn es ist wünschenswert, wenn auf nichtöffentlichem Raum sich der Verkehr ebenso abwickelt wie auf öffentlichen Straßen.

Inhaltsübersicht

	Rn
1. Allgemeines	1
2. Abs 1: Lautsprecher u Werbung	2
a) Betrieb von Lautsprechern	2
b) Anbieten von gewerblichen Leistungen u Waren	3
c) Werbung u Propaganda	5
3. Abs 2: Private Verkehrszeichen u ihnen gleichende Einrichtungen	6
4. Zuwiderhandlungen	8

1. Allgemeines

§ 33 bringt nach den in § 32 behandelten VHindernissen auf der Fahrbahn das Verbot von Beeinträchtigungen, die von **außen** her störend auf den Verkehr einwirken, u zwar durch Lautsprecher, Werbung u Propaganda u durch Einrichtungen, die mit VZ oder LichtZ verwechselt werden können. – Gleichartige, dieselben Zwecke der VSicherheit verfolgende landesrechtliche Vorschriften treten gem Art 31 GG hinter § 33 zurück (Hbg VRS 42, 447; Ha NJW 75, 1897), ebenso der AuffangTB § 117 OWiG (Göhler 17 zu § 117); nicht aber anderen Zielen (zB Schutz vor gesundheitsgefährdendem Lärm) dienende Regelungen (s **E 88** u Stu VRS 67, 60: wegerechtlich geregelter Gemeingebrauch), soweit sie bundesrechtlichen Vorschriften nicht widersprechen (Bay NZV 88, 188). Bei erlaubnispflichtiger Sondernutzung ist gleichzeitige Anwendung landesrechtlicher Bestimmungen nicht ausgeschlossen (BGH NZV 02, 193; s auch Rn 1 zu § 32 StVO).

2. Abs 1: Lautsprecher u Werbung

a) Der **Betrieb** von **Lautsprechern** ist nach **I 1** nicht mehr erlaubnispflichtig, sondern unter den dort aufgeführten Voraussetzungen verboten (s VwV zu Abs 1 Nr 1); Ausn-Genehmigung nach § 46 I 9 zul. Das Verbot gilt auch für Versammlungen auf der Str u verstößt nicht gegen Art 5 oder 8 GG (BVwG VRS 57, 68); zur Verfassungsmäßigkeit des § 33 I s Bettermann BB 82, 2146.

b) **Anbieten von gewerblichen Leistungen u Waren (Nr 2).** Verboten ist nur die Wirtschaftswerbung auf dem öff VGrund. Die Einwirkungen, die von außen her auf die Str gelangen, wie Lichtreklame oder beleuchtete Schaufenster, fallen darunter, wenn sie sich auf den Verkehr außerhalb geschl Ortschaften störend auswirken (Bay 72, 229 = VRS 44, 319); innerhalb von Ortschaften sind sie zul. „Anbieten" ist Hinweis auf die Bezugsmöglichkeit einer Ware oder Leistung mit der – auch stillschweigenden – Aufforderung zu ihrem Erwerb. Nicht erforderlich ist, daß dem Kunden ein Kaufangebot gemacht wird oder daß die Waren **auf** der Str auch ausgehändigt werden (OVG Bln VM 66, 137); es genügt auch, wenn das Angebot neben der Str erfolgt, aber direkt auf die Str wirkt (BVwG NZV 94, 126). – Unbedeutende Werbemaßnahmen, wie das Verteilen von Werbezetteln oder deren Anbringung an Windschutzscheiben, ebenso das Ausstellen von Obst auf dem Gehweg unmittelbar vor dem Schaufenster, verstoßen nicht gegen § 33 I (Bay 66, 158, 161 = VRS 33, 74; 58, 98 = VRS 15, 389; Ha VRS 17, 463). Aufstellen eines Kfz zum Verkauf oder zur Vermietung auf öff Str s § 12 Rn 8 f. Das frühere (in I S 3 enthalten gewesene) allg Verbot der VTeilnahme nur für Werbezwecke ist zwar als verfassungswidrig aufgehoben (u durch 9. ÄndVO gestr) worden (BVfG VRS 50, 241); solche Verbote sind aber im Einzelfall unter Berücksichtigung der örtl u zeitl Verhältnisse zul (BVfG aaO S 246; BVfGE 20, 150).

4 Für Gewerbearten, die nur oder hauptsächlich auf der Str ausgeübt werden, wie Taxi- u Droschkenfahren, Obstverkauf durch Hausierer auf der Str, Dienstmänner u dergl bestehen bes gewerbliche Vorschriften (§§ 37, 55–63 GewO).

5 c) **Werbung u Propaganda (I 3)**, die für den **außerörtl Verkehr** (§ 3 Rn 66 f) eine der verpönten Folgen haben kann, ist sowohl innerhalb wie außerhalb geschl Ortschaften verboten. Eine Prismenwendeanlage, die auf einem 40 qm hohen Pylon in einem Abstand von 130 Metern zur Bundesautobahn montiert ist, begründet regelmäßig eine abstrakte Verkehrsgefährdung im Sinne des § 33 I 1 Nr 3, S 2 StVO (OVG Mstr NZV 00, 310).

Der Landesgesetzgeber ist durch das StVG u die StVO nicht gehindert, Vorschriften über die Außenwerbung innerhalb geschl Ortschaften zu erlassen (BVfG VRS 42, 325).

6 **3. Abs 2: Private VZ u ihnen gleichende Einrichtungen** dürfen nach S 1 nicht angebracht oder sonst verwendet werden, „wo sie sich auf den Verkehr auswirken können". Diese Vorschrift will nur den Mißbrauch, aber nicht einen gerechtfertigten Gebrauch von privaten VZ verbieten. Jedenfalls darf in die Beschilderung auf öff Str nicht durch private VZ eingegriffen werden.

7 Der Besitzer eines Grundstücks oder einer Fabrik muß aber berechtigt sein, vor der Einmündung seiner Privatstr in eine öff Str ein Haltgebotsschild nach Z 206 oder ein Warteschild Z 205 anzubringen; denn ein solches kann sich auf den öff Verkehr nur sicherheitsfördernd auswirken (s aber Rn 1, 8 zu § 39). Dagegen ist es unzul, an der von der öff Str abzweigenden Einfahrt in ein Privatgrundstück, bes eine Privatstr, ein nicht amtl Z 250 anzubringen (Ce VRS 53, 214 = StVE 3; s auch 8 zu § 39). – Zur **Verwechslungsgefahr** s VwV I zu Abs 2 sowie VGHBW VM 82, 19.

4. Zuwiderhandlungen

Verstöße sind OWen nach § 49 I 28 iVm § 24 StVG (nicht im Vw- u BKat erfaßt). Die Vorschrift richtet sich gegen jeden, der die verbotene Tätigkeit ausübt, gleichgültig, ob er am Verkehr teilnimmt oder nicht. Die OW nach I setzt **keine konkrete Gefährdung** des StraßenV voraus (BVwG VRS 39, 309), abstrakte Beeinträchtigungsmöglichkeit genügt (Dü NZV 90, 282). In strafrechtlicher Hinsicht s §§ 145 II u 304 StGB.

Unfall

§ 34 Unfall

(1) Nach einem Verkehrsunfall hat jeder Beteiligte
1. unverzüglich zu halten,
2. den Verkehr zu sichern und bei geringfügigem Schaden unverzüglich beiseite zu fahren,
3. sich über die Unfallfolgen zu vergewissern,
4. Verletzten zu helfen (§ 323 c des Strafgesetzbuches),
5. anderen am Unfallort anwesenden Beteiligten und Geschädigten
   a) anzugeben, daß er am Unfall beteiligt war und
   b) auf Verlangen seinen Namen und seine Anschrift anzugeben sowie ihnen Führerschein und Fahrzeugschein vorzuweisen und nach bestem Wissen Angaben über seine Haftpflichtversicherung zu machen,
6. a) solange am Unfallort zu bleiben, bis er zugunsten der anderen Beteiligten und der Geschädigten die Feststellung seiner Person, seines Fahrzeuges und der Art seiner Beteiligung durch seine Anwesenheit ermöglicht hat oder
   b) eine nach den Umständen angemessene Zeit zu warten und am Unfallort Namen und Anschrift zu hinterlassen, wenn niemand bereit war, die Feststellung zu treffen,
7. unverzüglich die Feststellungen nachträglich zu ermöglichen, wenn er sich berechtigt, entschuldigt oder nach Ablauf der Wartefrist (Nummer 6 Buchstabe b) vom Unfallort entfernt hat. Dazu hat er mindestens den Berechtigten (Nummer 6 Buchstabe a) oder einer nahe gelegenen Polizeidienststelle mitzuteilen, daß er am Unfall beteiligt gewesen ist, und seine Anschrift, seinen Aufenthalt sowie das Kennzeichen und den Standort seines Fahrzeugs anzugeben und dieses zu unverzüglichen Feststellungen für eine ihm zumutbare Zeit zur Verfügung zu halten.

(2) Beteiligt an einem Verkehrsunfall ist jeder, dessen Verhalten nach den Umständen zum Unfall beigetragen haben kann.

(3) Unfallspuren dürfen nicht beseitigt werden, bevor die notwendigen Feststellungen getroffen worden sind.

StVO § 34 1–5 Unfall

Inhaltsübersicht

	Rn
1. Allgemeines	1
2. Verkehrsunfall	2
3. Beteiligter	3
4. Pflichten	4
5. Zuwiderhandlungen	5

1 **1. Allgemeines**

§ 34 bringt im Anschluß an § 142 StGB eine eingehendere Regelung der Pflichten nach einem Unfall (s § 34 I), für die § 6 I 4a StVG die ges Grundlage bildet; er richtet sich an alle am Unfall beteiligten VT (s II), nicht nur an Fz-Führer, andererseits nur an UB (Kar VRS 68, 233). Die Pflicht, Verletzten zu helfen, ergibt sich für alle Anwesenden, nicht allein für die UBn, schon aus § 323c StGB. Verhältnis zu § 142 StGB s Janiszewski 554 ff.

2 **2. Verkehrsunfall**

Begriff s § 142 StGB 4; Janiszewski 481. Auch § 34 setzt Fremdschaden voraus (Ce VRS 69, 394 = StVE 4). **Anders als bei § 142 StGB ist § 34 allerdings nicht an eine Schadensbegrenzung gebunden, also nicht an einen völlig belanglosen Schaden, sondern bei jedem wirtschaftlich ausdrückbaren Sachschaden;** ein solcher von 1200 DM ist nicht geringfügig iS von I 2 (LG Ulm, DAR 94, 287), so daß **der Geschädigte** mind die Feststellung des Standortes **seines Fz abwarten** darf.

3 **3. Beteiligter**

Die in **II** enthaltene Begriffsbestimmung deckt sich mit § 142 V StGB. Vgl dort Rn 4. **III** wendet sich nach Entstehungsgeschichte u § 6 I 4a StVG ebenfalls nur an die UBn (Kar VRS 68, 233 = StVE 3; aA Booß S 312). Er erfaßt nicht das Entfernen des unfallbeteiligten, unbeschädigten Kfz (Stu NZV 92, 327; Bay VRS 78, 443).

4 **4. Pflichten.** VSicherung: Vgl §§ 15, 17 IV. Im übrigen gilt das zu § 142 StGB 9–32 Ausgeführte entspr.

5 **5. Zuwiderhandlungen**

§ 34 enthält einen Gesamtkatalog mit ganz unterschiedlichen Pflichten und Konsequenzen. So gibt es Pflichten, die über die Begehungsweisen der Unfallflucht des § 142 StGB hinausgehen, dann solche, die sich damit völlig decken und schließlich solche, die Hilfspflichten für andere Pflichten darstellen. Verstöße gegen § 34 I 1, 2, 5a, b, 6b u III sind daher OWen nach § 49 I 29 iVm § 24 StVG (s Nrn 79, 80 VwKat), soweit sie nicht durch § 142 StGB verdrängt werden (§ 21 I S 1 OWiG; s Bay v 27. 11. 87

bei Janiszewski NStZ 88, 266). Bei Absehen von Strafe gem § 142 IV StGB greift § 21 II OWiG, so daß Ahndung als Ordnungswidrigkeit möglich ist (Bönke NZV 00, 131). Verstöße gegen alle übrigen Pflichten des § 34 sind nicht bußgeldbewehrt; sie dienen nur der Unterrichtung der Beteiligten über richtiges Verhalten. Ihr rechtliches Verhältnis zu Vorschriften des StGB ist mangels Bußgeldbewehrung ohne Bedeutung. § 34 soll § 142 nicht bei fahrlässigem Entfernen ergänzen; wer fahrlässig einen VUnfall nicht bemerkt u sich entfernt, begeht keine OW iS von § 34 I 1 (BGHSt 31, 55 = StVE 2; Bay VRS 56, 205; Kar VRS 54, 462 zu § 34 I 6 b; aA Ol VRS 57, 62). Verletzung der Vorstellungspflicht (§ 34 I 5 a) ohne Entfernung vom Unfallort ist bloße OW (s § 142 StGB 14). Die Pönalisierung des § 34 III erscheint angesichts der sonstigen Straflosigkeit solchen Verhaltens nach allg strafrechtlichen Grundsätzen nicht unbedenklich; er geht über § 142 StGB hinaus, der nicht erfüllt ist beim Verwischen von Spuren (Bay bei Rüth DAR 74, 177; aA Hentschel § 142 Rdnr 33, der die Veränderung von Unfallspuren als Verstoß gegen die Vorstellungspflicht nach § 142 StGB ansieht). Der UB ist auch sonst nicht verpflichtet, an der Unfallaufklärung mitzuwirken (s Sch/Sch-Cramer 23 zu § 142 StGB).

§ 35 Sonderrechte

(1) **Von den Vorschriften dieser Verordnung sind die Bundeswehr, der Bundesgrenzschutz, die Feuerwehr, der Katastrophenschutz, die Polizei und der Zolldienst befreit, soweit das zur Erfüllung hoheitlicher Aufgaben dringend geboten ist.**

(1 a) **Absatz 1 gilt entsprechend für ausländische Beamte, die auf Grund völkerrechtlicher Vereinbarungen zur Nacheile oder Observation im Inland berechtigt sind.**

(2) **Dagegen bedürfen diese Organisationen auch unter den Voraussetzungen des Absatzes 1 der Erlaubnis,**

1. **wenn sie mehr als 30 Kraftfahrzeuge im geschlossenen Verband (§ 27) fahren lassen wollen,**
2. **im übrigen bei jeder sonstigen übermäßigen Straßenbenutzung mit Ausnahme der nach § 29 Abs. 3 Satz 2.**

(3) **Die Bundeswehr ist über Absatz 2 hinaus auch zu übermäßiger Straßenbenutzung befugt, soweit Vereinbarungen getroffen sind.**

(4) **Die Beschränkungen der Sonderrechte durch die Absätze 2 und 3 gelten nicht bei Einsätzen anläßlich von Unglücksfällen, Katastrophen und Störungen der öffentlichen Sicherheit oder Ordnung sowie in den Fällen der Artikel 91 und 87 a Abs. 4 des Grundgesetzes sowie im Verteidigungsfall und im Spannungsfall.**

(5) **Die Truppen der nichtdeutschen Vertragsstaaten des Nordatlantikpaktes sind im Falle dringender militärischer Erfordernisse von den Vorschriften dieser Verordnung befreit, von den Vorschriften des § 29**

StVO § 35 Sonderrechte

allerdings nur, soweit für diese Truppen Sonderregelungen oder Vereinbarungen bestehen.

(5a) Fahrzeuge des Rettungsdienstes sind von den Vorschriften dieser Verordnung befreit, wenn höchste Eile geboten ist, um Menschenleben zu retten oder schwere gesundheitliche Schäden abzuwenden.

(6) Fahrzeuge, die dem Bau, der Unterhaltung oder Reinigung der Straßen und Anlagen im Straßenraum oder der Müllabfuhr dienen und durch weiß-rot-weiße Warneinrichtungen gekennzeichnet sind, dürfen auf allen Straßen und Straßenteilen und auf jeder Straßenseite in jeder Richtung zu allen Zeiten fahren und halten, soweit ihr Einsatz dies erfordert, zur Reinigung der Gehwege jedoch nur, wenn das zulässige Gesamtgewicht bis zu 2,8 t beträgt. Dasselbe gilt auch für Fahrzeuge zur Reinigung der Gehwege, deren zulässiges Gesamtgewicht 3,5 t nicht übersteigt und deren Reifeninnendruck nicht mehr als 3 bar beträgt. Dabei ist sicherzustellen, daß keine Beschädigung der Gehwege und der darunterliegenden Versorgungsleitungen erfolgen kann. Personen, die hierbei eingesetzt sind oder Straßen oder in deren Raum befindliche Anlagen zu beaufsichtigen haben, müssen bei ihrer Arbeit außerhalb von Gehwegen und Absperrungen auffällige Warnkleidung tragen.

(7) Messfahrzeuge der Regulierungsbehörde für Telekommunikation und Post (§ 66 des Telekommunikationsgesetzes) dürfen auf allen Straßen und Straßenteilen zu allen Zeiten fahren und halten, soweit ihr hoheitlicher Einsatz dies erfordert.

(8) Die Sonderrechte dürfen nur unter gebührender Berücksichtigung der öffentlichen Sicherheit und Ordnung ausgeübt werden.

VwV – StVO

Zu § 35 Sonderrechte

Zu den Absätzen 1 und 5

1 I. Bei Fahrten, bei denen nicht alle Vorschriften eingehalten werden können, sollte, wenn möglich und zulässig, die Inanspruchnahme von Sonderrechten durch blaues Blinklicht zusammen mit dem Einsatzhorn angezeigt werden. Bei Fahrten im geschlossenen Verband sollte mindestens das erste Kraftfahrzeug blaues Blinklicht verwenden.

2 II. Das Verhalten geschlossener Verbände mit Sonderrecht.
Selbst hoheitliche Aufgaben oder militärische Erfordernisse rechtfertigen es kaum je und zudem ist es mit Rücksicht auf die öffentliche Sicherheit (Absatz 8) auch dann wohl nie zu verantworten, daß solche geschlossenen Verbände auf Weisung eines Polizeibeamten (§ 36 Abs. 1) nicht warten oder Kraftfahrzeugen, die mit blauem Blinklicht und Einsatzhorn (§ 38 Abs. 1) fahren, nicht freie Bahn schaffen.

Zu Absatz 2

3 I. Die Erlaubnis (§ 29 Abs. 2 und 3) ist möglichst frühzeitig vor Marschbeginn bei der zuständigen Verwaltungsbehörde zu beantragen, in deren Bezirk der Marsch beginnt.

Sonderrechte § 35 StVO

II. Die zuständige Verwaltungsbehörde beteiligt die Straßenbaubehörden und die Polizei. Geht der Marsch über den eigenen Bezirk hinaus, so beteiligt sie die anderen zuständigen Verwaltungsbehörden. Berührt der Marsch Bahnanlagen, so sind zudem die Bahnunternehmen zu hören. Alle beteiligten Behörden sind verpflichtet, das Erlaubnisverfahren beschleunigt durchzuführen.

III. Die Erlaubnis kann auch mündlich erteilt werden. Wenn es die Verkehrs- und Straßenverhältnisse dringend erfordern, sind Bedingungen zu stellen oder Auflagen zu machen. Es kann auch geboten sein, die Benutzung bestimmter Straßen vorzuschreiben.

IV. Wenn der Verkehr auf der Straße und deren Zustand dies zulassen, kann eine Dauererlaubnis erteilt werden. Sie ist zu widerrufen, wenn der genehmigte Verkehr zu unerträglichen Behinderungen des anderen Verkehrs führen würde.

Zu Absatz 3

I. In die Vereinbarungen sind folgende Bestimmungen aufzunehmen:

1. Ein Verkehr mit mehr als 50 Kraftfahrzeugen in geschlossenem Verband (§ 27) ist möglichst frühzeitig – spätestens 5 Tage vor Marschbeginn – der zuständigen Verwaltungsbehörde anzuzeigen, in deren Bezirk der Marsch beginnt. Bei besonders schwierigen Verkehrslagen ist die zuständige Verwaltungsbehörde berechtigt, eine kurze zeitliche Verlegung des Marsches anzuordnen.

2. Ein Verkehr mit Kraftfahrzeugen, welche die in der Vereinbarung bestimmten Abmessungen und Gewichte überschreiten, bedarf der Erlaubnis. Diese ist möglichst frühzeitig zu beantragen. Auflagen können erteilt werden, wenn es die Verkehrs- oder Straßenverhältnisse dringend erfordern. Das Verfahren richtet sich nach Nummer II zu Absatz 2 (Rn 4).

Zu Absatz 4

Es sind sehr wohl Fälle denkbar, in denen schon eine unmittelbar drohende Gefahr für die öffentliche Sicherheit oder Ordnung einen jener Hoheitsträger zwingt, die Beschränkungen der Sonderrechte nicht einzuhalten. Dann darf das nicht beanstandet werden.

Zu Absatz 5

I. Das zu Absatz 2 Gesagte gilt entsprechend.

II. In Vereinbarungen über Militärstraßen nach Artikel 57 Abs. 4 Buchstabe b) des Zusatzabkommens zum NATO-Truppenstatut (BGBl. 1961 II S. 1183), zuletzt geändert durch Artikel 2 des Gesetzes vom 28. September 1994 (BGBl. 1994 II S. 2594), in der jeweils geltenden Fassung, sind die zu Absatz 3 erwähnten Bestimmungen (Rn 7 und 8) aufzunehmen.

III. Die Truppen können sich der zuständigen militärischen Verkehrsdienststelle der Bundeswehr bedienen, welche die erforderliche Erlaubnis einholt oder die erforderliche Anzeige übermittelt.

Zu Absatz 6

I. Satz 1 gilt auch für Fahrzeuge des Straßenwinterdienstes, die zum Schneeräumen, Streuen usw. eingesetzt sind.

II. Die Fahrzeuge sind nach DIN 30 710 zu kennzeichnen.

III. Nicht gekennzeichnete Fahrzeuge dürfen die Sonderrechte nicht in Anspruch nehmen.

StVO § 35 1, 2   Sonderrechte

16 IV. Die Warnkleidung muß der EN 471 entsprechen. Folgende Anforderungsmerkmale der EN 471 müssen hierbei eingehalten werden.

17 1. Warnkleidungsausführung (Absatz 4.1) mindestens die Klasse 2 gemäß Tabelle 1,

18 2. Farbe (Absatz 5.1) ausschließlich fluoreszierendes Orange-Rot gemäß Tabelle 2,

19 3. Mindestrückstrahlwerte (Absatz 6.1) die Klasse 2 gemäß Tabelle 5.

20 Warnkleidung, deren Warnwirkung durch Verschmutzung, Alterung oder Abnahme der Leuchtkraft der verwendeten Materialien nicht mehr ausreicht, darf nicht verwendet werden.

Inhaltsübersicht

	Rn
1. Allgemeines	1
2. Abs 1–5: Sonderrechte für Hoheitsträger	2
a) Befreiung von den Verkehrsvorschriften	2
b) Erfüllung von Hoheitsaufgaben	3
c) Dringend geboten	8
3. Abs 5 a: Rettungsdienste	9
4. Abs 6: Straßenbauunterhaltung, -reinigung u Müllabfuhr	10
5. Abs 7: Post-Fze	12
6. Abs 8: Berücksichtigung der öff Sicherheit u Ordnung	13
7. Zuwiderhandlungen	15
8. Zivilrecht/Haftungsverteilung	16

1 ### 1. Allgemeines

§ 35 I–V regelt die SonderRe bestimmter Hoheitsträger u Hilfsorganisationen zur Erfüllung öff hoheitlicher Aufgaben, denen der Rettungsdienst in Fällen des rechtfertigenden Notstands gleichgestellt ist (**V a**). Der zunächst durch die 11. ÄndVO neu eingeführte und durch die 33. ÄndVO geänderte **I a** dient der Umsetzung des Schengener Zusatzübereinkommens bzgl der zur Nacheile oder Observation im Inland befugten ausländischen Beamten. **VI** regelt die SonderRe für Str-Bau, -Unterhaltung, -Reinigung u Müllabfuhr. **VII** bringt ähnliche SonderRe für Meßfahrzeuge der Regulierungsbehörde für Telekommunikation und Post. **VIII** beschränkt alle SonderRe durch das Gebot der Rücksicht auf die VSicherheit. Prozessionen u Leichenzüge sind in § 27 II, Blaulicht u Einsatzhorn in § 38 geregelt.

2 ### 2. Abs 1–5: Sonderrechte für Hoheitsträger

a) **Befreiung von den VVorschriften.** Zum Verhältnis des SonderRs zum Wegerechts-Fz s § 38 Rn 2 u Kullik NZV 94, 58. **Wegerechtsfahrzeuge** nicht in Abs 1 genannter Organisationen dürfen das Vorrecht aus § 35 unter Verwendung von Blaulicht und Martinshorn ausüben und sind unter den Voraussetzungen von Abs 5 a von den Vorschriften der StVO befreit. Nur die aufgezählten Organisationen sind bei Erfüllung ihrer hoheitlichen Aufgaben von den Vorschriften der StVO **„befreit"**. Diese Freistellung gibt jedoch kein VorR, insb keine Vorfahrt gegenüber dem übrigen Verkehr, sondern nur die Berechtigung, die allg VRegeln unter Beachtung größtmöglicher Sorgfalt (s **VIII**) zu „mißachten" (BGH(Z) VRS 48, 260 = StVE § 38 StVO 1; KG VM 85, 105; s auch **E** 108 a). Die Freistellung von den VVorschriften nach I u V a setzt, wenn die übrigen Voraussetzungen zutreffen, nicht voraus, daß das Fz mit Blaulicht u Martinshorn ausgestattet ist oder beide Signale benutzt werden (KG VM 85, 105; Kö NZV 96, 237; anders bei § 38, wo die Inanspruchnahme des Wegerechts den Einsatz beider Warnvorrichtungen voraussetzt); auch getarnte PolStreifen in Zivil u Privat-Fze der Jagd-, Forst- u Fischereiaufseher (s Kullik aaO), ferner alle Fze der aufgeführten Verwaltungen, die nicht dem Vollzugsdienst angehören, können die Begünstigungen in Anspruch nehmen. IdR ist die Nichtbeachtung von VRegeln soweit zulässig, jedoch im Sicherheitsinteresse durch Blaulicht und Einsatzhorn anzuzeigen (OVG Lü ZfS 97, 397). Das VorR entfällt nicht für einen PolBeamten deshalb, weil er sich gerade nicht im Dienst befindet, wenn er zB einen von ihm erkannten Verbrecher mit seinem Privat-Fz verfolgen will (AG Siegen VM 96, 40; Stu NZV 92, 123) oder wenn ein Feuerwehrmann mit seinem Privatwagen einen dringend gebotenen hoheitlichen Auftrag erfüllt u das Übermaßverbot nicht verletzt (Fra StVE 6), nicht aber, wenn er erst zum Einsatz fährt (Fra NZV 92, 334 im Anschl an AG Groß-Gerau ebenda). – **Gerichtsvollzieher** sind bei der (weitgehenden) Erfüllung hoheitlicher Aufgaben nicht befreit (krit dazu Grohmann DGVZ 96, 177 m beachtl Argumenten).

b) **Erfüllung hoheitlicher Aufgaben. Bundeswehr u Bundesgrenzschutz** erfüllen solche auch bei Manövern u bei Übungsfahrten. Während bei den übrigen Bevorrechtigten im allg nur die Befreiung von Verhaltensvorschriften in Betracht kommt, spielt bei Militär-Fzen auch eine über den Gemeingebrauch hinausgehende, nach § 29 genehmigungspflichtige Abnutzung der Str eine erhebliche Rolle. Hierfür sind deshalb in II–V bes Beschränkungen vorgesehen (vgl dazu Riecker „Kolonnenvorrecht der Bundeswehr" VersR 82, 1034). 3

Für die in der BRep stationierten fremden Truppen richtet sich die Benutzung öff Str nach dem **NATO-Truppenstatut** v 19. 6. 51 (BGBl 61 II 1190) u Art 57 IV a des Zusatzvertrages v 3. 8. 59 (BGBl 61 II 1218), geändert durch Abkommen v 18. 3. 1993 (BGBl 94 II 2594, 2589). Danach dürfen Truppen-Fze bei dringendem militärischen Erfordernis u unter gebührender Berücksichtigung der öff Sicherheit u Ordnung von den dt VRegeln abweichen (vgl BGH NZV 90, 112); mit übergroßen u überschweren Kfzen dürfen sie aber nur nach Vereinbarung mit der VB oder bei Unglücksfällen oder Katastrophen verkehren (s Art 57 IV b ZA). In den neuen Bundesländern gelten das NATO-Truppenstatut u ZA nicht (Anl I Kap I Nr 5, 6 zum Ein-Vertr). Ob dringende militärische Erfordernisse das Abweichen von VVorschriften gebieten, entscheidet die militäri- 4

StVO § 35 5–8 Sonderrechte

sche Dienststelle (Bay 59, 356 = VM 60, 56). Den übrigen VTn muß aber deutlich u rechtzeitig zur Kenntnis gebracht werden, daß ein Fz naht, das ein hoheitliches VorfahrtsR in Anspruch nimmt, bes dann, wenn den anderen nach den allg VVorschriften die Vorfahrt zusteht (Bay aaO). – Eine Panzerkolonne kann einen geschl Verband darstellen u insges nach § 35 I bevorrechtigt sein (s aber Mü VRS 72, 170 m krit Anm Janiszewski NStZ 87, 404). – Für ZivilFze der fremden Truppen gelten die Vorschriften der StVZO u der StVO ohne Einschränkung. Die Pflicht, VGefahren abzuwenden, trifft auch die stationierten Streitkräfte (BVwGE 14, 304; BGH(Z) VRS 78, 176).

5   Unter den Begriff der Polizei, der weit auszulegen ist, fallen alle Dienststellen und Beamte, die nach den Polizeiaufgabengesetzen oder aufgrund anderer Bestimmungen Polizeiangaben hoheitlicher Art zu erfüllen haben. Die **Polizei** handelt in hoheitlichem Einsatz auch dann, wenn sie VKontrollen u andere Amtshandlungen in Zivil u mit einem Privat-Fz durchführt oder der Beamte keinen bes Einsatzbefehl hat (KG VM 89, 84; vgl 2). Ob das Abweichen von VVorschriften notwendig ist, entscheidet allein die Dienststelle, die den Einsatz anordnet, oder der Fz-Führer nach pflichtgemäßem Ermessen. Geschwindigkeitsüberschreitungen zur Verfolgung eines flüchtigen Kf oder zur Geschwindigkeitskontrolle sind im Rahmen der unten 13 behandelten Einschränkungen zul (Ha VRS 20, 378). Auch Beamte der mit der Steuerfahndung betrauten Finanzbehörden fallen hierunter (KG VRS 74, 220).

6   **Feuerwehr** sind die DienstFze sowohl der beruflichen wie der freiwilligen Feuerwehren u die Werkfeuerwehren (zum Privat-Fz s oben 2). Sie versehen hoheitliche Aufgaben auch dann, wenn sie nicht zur Löschung eines Brandes, sondern zur Hilfeleistung bei anderen Vorkommnissen, wie Wasserschäden oder VUnfällen, unterwegs sind (BGH(Z) VRS 40, 241; KG VRS 32, 291; Bay VRS 65, 227). Auch die Feuerwehrübung u die Rückfahrt von einem Einsatz sind Ausübung hoheitlicher Aufgaben (BGHZ 20, 290). Wenn die Vorsorge für einen geordneten Krankentransport- u Rettungsdienst zu den hoheitlichen Aufgaben der Feuerwehr gehört, genießen auch die Unfallrettungswagen der Feuerwehr die Rechte aus § 35 I (BGH(Z) VRS 23, 251), selbst wenn die bes Voraussetzungen des V a nicht vorliegen (Bay 83, 37 = VRS 65, 227).

7   Auch Bedienstete des **Technischen Hilfswerks** handeln im Katastrophenschutz in Ausübung hoheitlicher Tätigkeit (KG VM 82, 41); nicht aber Vermessungs-Fze (Schl GA 82, 509).

8   c) **Dringend geboten** ist das Abweichen von VVorschriften zur Erfüllung hoheitlicher Aufgaben nur, wenn die sofortige Diensterfüllung wichtiger erscheint als die Beachtung der VRegeln. Andernfalls sind auch die Bevorrechtigten nicht von der Einhaltung der Vorschriften befreit. Die Freistellung hat ausgesprochenen Ausn-Charakter u verlangt eine Feststellung der konkreten Umstände, die die Dringlichkeit der Dienstaufgabe im Verhältnis zu den Gefahren, die durch die Verletzung von VVorschriften entstehen können, belegen (BGH NJW 90, 632). Bei der Beurteilung steht

dem Beamten zwar ein gewisser Spielraum zu (s Rn 13a; KG NZV 00, 510; Stu NZV 92, 123; Fra ZfS 95, 85), doch ist eine Geschwindigkeitsüberschreitung nicht zulässig, um einen Zeugen möglichst schnell zu einer Gerichtsverhandlung zu bringen (BGH(Z) VRS 4, 260 f). Das Überfahren einer Kreuzung bei Rotlicht kann auf dem Wege **zu** einem Brand, nicht aber auf der Rückfahrt oder bei Feuerwehrübungen gerechtfertigt sein. Ein **Einsatzbefehl** an eine PolStreife oder an einen Feuerwehrwagen rechtfertigt im allg die Inanspruchnahme des VorR aus I, wenn sich nicht aus der AO selbst oder aus dem Inhalt des Auftrags ergibt, daß keine dringende Eile vorliegt. Die Dringlichkeit fehlt bei der bloßen Ablieferung beschlagnahmter Sachen (KG VRS 63; 148).

3. Abs 5 a: Rettungsdienste 9

Zu den Fzen des **Rettungsdienstes** gehören alle Fahrzeuge, welche ihrer Bestimmung nach der Lebensrettung dienen, auch wenn sie private Halter haben, wie private Krankenwagen (BGH NJW 92, 2882; Kö VRS 59, 382 = StVE 3; LG Mü VersR 82, 679: SanitätsKfze) u für die in S 1 gen Zwecke zB Blutkonserven befördernde Kfze (Begr 9. ÄndVO; OVG Lü ZfS 97, 397; s auch entspr Ergänzung in § 38 I S 1). Auch die Eilbedürftigkeit von Ärztetransporten rechtfertigt die Befreiung von den Vorschriften der StVO (OVG NW NZV 00, 514). Soweit Fahrzeuge der in Abs. 1 genannten Institutionen im Rettungsdienst eingesetzt sind, gilt Abs 1 (Bay VRS 65, 227). Nur soweit höchste Eile geboten ist, besteht das Sonderrecht nach V a. Die Beurteilung richtet sich maßgeblich nach dem Einsatzbefehl und dessen Glaubwürdigkeit, nicht nach späterer objektiver Betrachtung, da der Einsatzfahrer diese nicht anstellen konnte (OVG Lü ZfS 97, 397). Liegen jedoch die übrigen Voraussetzungen des V a vor, so kommt es für die Befreiung von den Vorschriften der StVO nicht darauf an, ob tatsächlich ein Einsatzbefehl der Rettungsleitstelle vorlag (Bay VRS 59, 385). Andererseits ist ein unter § 35 fallender Hoheitsträger bei einer Fahrt, die bei Beachtung der Vorschriften der StVO nicht so schnell durchgeführt werden könnte, wie es zur Erfüllung einer hoheitlichen Aufgabe dringend geboten ist (vgl. Rdnr 8), von den Vorschriften der StVO auch dann schlechthin befreit, wenn er bei der Fahrt im Rettungsdienst tätig wird und die in § 35 Abs. 5 a bezeichneten besonderen Voraussetzungen nicht gegeben sind (Bay VRS 65, 227). – § 16 OWiG wird durch V a nicht eingeschränkt, sondern bestätigt, soweit die entspr Voraussetzungen vorliegen. Die Erleichterungen rechtfertigen aber nicht die Gefährdung anderer VT (Bra NZV 90, 198). – Das Zusatzschild „Krankenfahrzeuge frei" (1026–34 VzKat) erfaßt nur spezielle Kranken-Fze (Ko VRS 70, 302). – Blaulicht u Einsatzhorn sind im Rahmen des § 35 V a nicht mehr erforderlich (s aber § 38).

4. Abs 6: Straßenbauunterhaltung, -reinigung u Müllabfuhr 10

Die in VI gen Fze sind im Rahmen ihres Einsatzes „zu allen Zeiten" (dh auch sonntags entgegen § 30 III) von allen Beschränkungen in der Benutzung von Str zum **Fahren** u **Halten** befreit, nicht aber von den sonstigen, hier nicht genannten u deshalb zu beachtenden VVorschriften (Geschwindigkeit, Vorfahrt, Überholen pp), insb nicht vom Gefährdungs- u Schädigungsverbot des § 1 II; ergänzend gilt die Beschränkung nach VIII (s Rn 13; Bay v 6. 2. 96, 1 StRR 11/96). Die Grundregeln sind immer zu beachten (Ko VersR 94, 1320; Thü ZfS 00, 98), wie zB § 10 S 1, der auch für mit SonderREn ausgestattete Führer von Müll-Fzen gilt (Dü VM 78, 69). Auch vermeidbare Behinderung u Belästigung ist unzul. Das SonderR geht auch der Regelung durch VZ vor. Die Ausn dürfen nicht auf weitere Fze, zB Milchfuhrwerke, ausgedehnt werden.

11 Das SonderR nach S 1 steht nur Fzen mit vorschriftsmäßigem **Warnanstrich** zu. Fehlt dieser, so gelten die allg Vorschriften. Die vorgeschriebene bes Kennzeichnung kann nicht durch eine andere ersetzt werden, wie zB durch orangefarbene Sicherheitslackierung u gelbe Rundumleuchte (Ol VM 80, 68). Für das Tragen von **Warnkleidung** nach S 4 ist der auf der Fahrbahn Beschäftigte verantwortlich (§ 49 IV 1 a).

12 **5. Abs 7:** geändert durch die 33. ÄndVO v 11. 12. 00. Weggefallen sind dadurch die Sonderrechte für die Unternehmen, die Grundversorgungsleistungen nach dem Postgesetz erbringen. Durch die Gesetzesänderungen gelten die Befugnisse des Abs 7 nur noch für Meßfahrzeuge der Regulierungsbehörde für Telekommunikation und Post. Diese haben das gleiche SonderR wie die in VI gen Fze; es betrifft insb Halt- und Parkbeschränkungen sowie die Erlaubnis, auf allen Str zu fahren, soweit der hoheitliche Einsatz dies erfordert. So darf zB ein auf einer Zustellfahrt befindlicher PostKf einen sonst gesperrten Wirtschaftsweg oder eine sonstige, nicht dem KfzV gewidmete öff Str benutzen (noch zur alten Rechtslage LG Aachen VersR 81, 1039; BVwG DAR 89, 473 Ls) u im Haltverbot halten, soweit dies der Post- u nicht der Personenbeförderung dient. Das SonderR nach VII betrifft aber iG zu I u V a nicht die Grundregeln des Fahrverhaltens, wie die des § 1, u zB das Rechtsfahrgebot, Geschwindigkeitsbeschränkungen, Überhol- u Vorfahrtregeln sowie die über das Anfahren, Einfahren, Abbiegen oder das Befahren einer Einbahnstr. Auch das Post-Fz darf nicht verkehrsbehindernd parken, insb dann nicht, wenn dies sein Einsatz nicht erfordert, etwa weil in kurzer Entfernung eine ausreichende Parkmöglichkeit besteht (KG VRS 59, 228; s auch 10). Schließlich steht die Ausübung des SonderR unter dem Vorbehalt von VIII. Die StVO schreibt für die privilegierten Fze (iG zu VI) keine bes Kennzeichnung vor.

13 **6. Abs 8: Berücksichtigung der öff Sicherheit u Ordnung**

Die nach I u V a Begünstigten sind an sich von jeder VVorschrift, also auch von der Grundregel des § 1 freigestellt. Diese Sonderstellung wird aber einmal begrenzt durch **VIII;** sie kann aber auch nach dem auch den VOGeber bindenden Übermaßverbot nur die Behinderung oder Belästigung anderer in erweitertem Umfang rechtfertigen u enthebt die Bevorrechtigten nicht vom Verbot der konkreten Gefährdung (Bra NZV 90, 198; Kullik NZV 94, 58; nach BGH VRS 32, 321, 324 nur vom allg Gefährdungsverbot) oder gar der Verletzung anderer (Ko VersR 81, 1136; Hentschel 4 u 8); letzteres wäre selbst dann nur nach allg Rechtfertigungsgründen vertretbar, wenn man die Befreiung nach I auch auf die nach § 1 II sonst verbotene Schädigung anderer erstreckte, zumal die entspr Straf-TBe (wie zB §§ 230, 303, 315 c StGB) durch § 35 I ohnehin unberührt bleiben. Deshalb ist eine Fahrweise, die andere konkret gefährdet oder schädigt, wie zB bei Jagd auf Verbrecher oder im Katastropheneinsatz, nur auf Grund einer Abwägung nach Notstandsgesichtspunkten erlaubt (BGH VRS 32, 321; Kar VRS 22, 228; vgl **E** 98).

Jedes Abweichen von den VRegeln erfordert erhöhte Sorgfalt (Dü VRS 64, 458; Schl VersR 96, 1096). Der allg **Maßstab der Beurteilung** verkehrsgerechten Verhaltens wird für den Vorrechtsfahrer in zwei Richtungen abgewandelt: Einmal erleichtert dadurch, daß es ihm erlaubt ist, von Vorschriften abzuweichen; andererseits verschärft dadurch, daß er der erhöhten Unfallgefahr, die durch das Abweichen von Vorschriften herbeigeführt wird, zusätzlich begegnen muß (BGHZ 26, 69, 71; VM 62, 38; Bay 57, 267); je gefährlicher das Abweichen umso größer muß die Vorsicht sein (Ha DAR 96, 93; OLGR Fra 98, 341). Der nach § 35 befreite Fahrer darf sich grundsätzlich über die Rechte anderer hinwegsetzen, wenn er nach ausreichender Ankündigung sicher sein kann, daß ihm Vorrang eingeräumt wird (BGH NJW 71, 616; KG NZV 92, 456; Thü ZfS 00, 98). Er darf zB nicht bei Rot darauflosfahren (Nü DAR 01, 512; Dr DAR 01, 214; LG Hof DAR 00, 362); eine pol Zivilstreife, deren Pkw nicht mit Blaulicht u Martinshorn ausgestattet ist, hat Geschwindigkeitskontrollen, bei denen mit überhöhter Geschwindigkeit gefahren werden muß, abzubrechen, wenn sie nur noch auf Kosten der Gefährdung anderer fortgesetzt werden könnten (Kö VRS 32, 466, 468f). Zur Sorgfaltspflicht beim Fahren m Panzern s BGH NJW 90, 632. – VIII soll nach Mü (VRS 72, 170) auch für die einzelnen Verbandsmitglieder gelten (abl Anm Janiszewski NStZ 87, 404).

Auch der Fahrer eines **Wegerechts-Fz** nach § 38 I, II, der zugleich nach § 35 I bevorrechtigt ist (Pol-Einsatzwagen mit Blaulicht u Martinshorn, Feuerwehr), darf andere nicht gefährden. Er muß eine Gefährdung anderer auch dann vermeiden, wenn er zur Rettung von Menschenleben unterwegs ist. Es ist nicht zulässig, gefährdete Menschen auf Kosten anderer zu retten (Bra VRS 19, 230). Er darf eine Kreuzung bei Rotlicht nur überqueren, wenn er den Umständen nach annehmen kann, daß alle im Gefahrenbereich befindlichen VT die Signale wahrgenommen haben, sonst darf er nur mit Schrittgeschwindigkeit in die Kreuzung einfahren (KG NZV 92, 456; Ha VersR 97, 1547), ebenso bei Unübersichtlichkeit (Kö VersR 85, 372) oder Glatteis (KG VM 85, 84). Er darf nicht darauf vertrauen, daß alle Kf auf einer stark befahrenen Querstr die Annäherung des Einsatz-Fz erkennen (BGH VRS 36, 40, 42; BGHZ 20, 290; KG VRS 32, 291). Kann er aber nach den Umständen annehmen, daß alle im Gefahrenbereich befindlichen VT die Signale wahrgenommen haben, darf er darauf vertrauen, daß sie ihm freie Bahn schaffen (BGH(Z) VRS 40, 241; LG OL ZfS 00, 333). Vom Grundsatz des Fahrens auf Sichtweite ist er aber auch dann nicht entbunden.

15 **7. Zuwiderhandlungen, Nachprüfung im Straf- u Bußgeldverfahren.** Bußgeldbewehrt sind nach § 49 IV 1–2 iVm § 24 StVG nur Verstöße gegen § 35 VI S 1–4 u VIII (s Nr 81 VwKat zu § 35 VI S 4; andere TBe des § 35 sind nicht katalogisiert). Da I nur die Befreiung von Vorschriften enthält, stellt er keinen selbständigen BußgeldTB dar. Wer das SonderR zu Unrecht in Anspruch nimmt, verstößt daher nicht gegen I, sondern gegen die Vorschrift, von der er unerlaubt abweicht. Im Straf- u Bußgeldverfahren prüft das Gericht nach, ob eine berechtigte Ausübung des einheitlichen R vorliegt dh, ob das Fahrzeug in den Kreis der Sonderrechtsträger fällt, ob es eine vorrangige dringende öffentliche Aufgabe erfüllt hat und ob das Sonderrecht ggf. zu fremder Gefährdung berechtigte KG 12 U 2664/95. Die Nachprüfung der Ermessensentscheidung, ob ein Abweichen von VVorschriften dringend geboten ist, beschränkt sich, solange niemand gefährdet worden ist, darauf, ob die Entscheidung einen Ermessensmißbrauch darstellt. Wer bei an sich zulässiger Inanspruchnahme des SonderR gegen VIII verstößt, handelt grundsätzlich ow allein nach § 49 IV 2, soweit § 35 I eingreift (s oben 13 f; Bay VRS 64, 143 = StVE 5; Ce VM 81, 115; KG NZV 00, 510); sonst, dh bei Schädigung anderer, in TE nach den §§ 1 II, 49 I 1. Inwieweit die Gefährdung anderer durch die Wichtigkeit des Einsatzes gerechtfertigt war, unterliegt der Beurteilung der Gerichte in vollem Umfange. Die Rechtmäßigkeit der Inanspruchnahme des WegeR muß vom Standpunkt des Beamten im Zeitpunkt der Ermessensentscheidung aus geprüft werden, nicht rückschauend unter Berücksichtigung von Umständen, die ihm unbekannt waren (Bay VRS 28, 60).

8. Zivilrecht/Haftungsverteilung

16 Die vorgenannten Hoheitsträger sind im Rahmen des § 35 von den Pflichten der StVO befreit; sie dürfen davon aber nach § 35 Abs 8 nur unter gebührender Berücksichtigung der öffentlichen Sicherheit und Ordnung Gebrauch machen. Die Einhaltung dieses Gebots obliegt dem Sonderrechtsfahrer gegenüber allen anderen Verkehrsteilnehmern als **Amtspflicht** (KG, VersR 241; Ol VersR 63, 1087). Bei einem Unfall im Rahmen einer **hoheitlichen** Einsatzfahrt können daher auch Ansprüche aus § 839 BGB, Art 34 GG neben § 7 StVG und § 823 BGB entstehen (BGH VersR 58, 688). Die Haftung trifft dann nicht den handelnden Beamten selbst, sondern die Körperschaft, in deren Auftrag er tätig war. Aufgrund des haftungsrechtlichen Beamtenbegriffs gilt dies auch für Angehörige privater Hilfsorganisationen, die von staatlichen Organen zur Katastrophenabwehr herangezogen werden (Dü VersR 71, 185). Dem Halter und ggf. dem Fahrer des Einsatzfahrzeuges obliegt die volle **Darlegungs- und Beweislast** für Umstände, die eine Inanspruchnahme des Sonderrechts rechtfertigen (BGH NJW 62, 1767; KG VersR 92, 1129). Allerdings ist zu beachten, daß die Verwendung von **Sondersignalen** den übrigen

Verkehrsteilnehmern das Gebot, freie Bahn zu schaffen, auferlegt, unabhängig davon, ob die objektiven Voraussetzungen auch tatsächlich gegeben waren.

Zu den Sonderrechten der Einsatzfahrzeuge, die nur unter größtmöglicher Sorgfalt wahrgenommen werden dürfen, und der **Haftungsverteilung** vgl KG ZfS 86, 227 [Rechtsprechungsübersicht], Dü VersR 87, 1140. 16 a

Den Erfordernissen der Verkehrssicherheit kommt stets Vorrang gegenüber dem Interesse des Einsatzfahrzeuges am raschen Vorwärtskommen zu. Deshalb hat die Vorsicht des Fahrers eines Sonderrechtsfahrzeuges um so größer zu sein, je stärker er sich über die sonst geltenden Verkehrsvorschriften hinwegsetzt (Ha DAR 96, 93). Insbesondere hat der Sonderrechtsfahrer seine Absicht, das Vorrecht in Anspruch zu nehmen, durch Verwendung von Martinshorn und Blaulicht für alle übrigen Verkehrsteilnehmer hinreichend deutlich zu machen. Hierbei ist zu beachten, daß es einen Vertrauensgrundsatz zugunsten des Sonderrechtsfahrers nicht gibt. Vielmehr hat dieser sich auch bei hinreichender Ankündigung vor allem beim Einfahren in Kreuzungsbereiche davon zu überzeugen, daß die übrigen Verkehrsteilnehmer die Warnsignale wahrgenommen und sich darauf eingestellt haben (KG NZV 92, 456). Nur dann darf der Sonderrechtsfahrer darauf trauen, daß ihm nunmehr freie Bahn gewährt wird (BGH, NJW 75, 648). 17

Bei **Unfällen an Kreuzungen** dh bei Unfällen bei denen das Einsatzfahrzeug bei **Rotlicht** in die Kreuzung einfährt, kommt es für die Haftung bzw die Haftungsquote darauf an, welche Geschwindigkeit das Einsatzfahrzeug gefahren ist, ob es alle Warnsignale benutzt hat und ob das Einsatzfahrzeug und sein Fahrverhalten für die anderen Verkehrsteilnehmer sichtbar und richtig einzuschätzen war. 17 a

Bei einem Zusammenstoß auf einer **(ampelgeregelten Kreuzung)** ist im Grundsatz von einer hälftigen Schadensteilung auszugehen, wenn das Einsatzfahrzeug **die Warnsignale eingeschaltet** und eine Geschwindigkeit von bis zu 30 km/h aufgewiesen hat (KG, VersR 82, 407: 50%; Fra VersR 79, 1127: 60%; OLG Köln, VersR 85, 372: 80%). Bei einer höheren Geschwindigkeit liegt idR die überwiegende Mitverursachung bis hin zur Alleinhaftung auf Seiten des Sonderrechtsfahrzeuges (Kö NZV 96, 237). Steht die Geschwindigkeit des Sonderrechtsfahrzeuges nicht fest, kommt idR eine Mithaftung seines Halters von 50–75%, uU auch zu 100% in Betracht (BGH, NJW 75, 648; KG VM 89, 77). 18

Bei schlechter Übersicht der Gegenfahrbahn ist der Sonderrechtsfahrer verpflichtet, sich – uU lediglich mit **Schrittgeschwindigkeit** – in den Kreuzungsbereich hinein und hinüber zu tasten (KG NZV 92, 456). Dies gilt selbst dann, wenn für das Einsatzfahrzeug höchste Eile geboten ist. 19

Die Betriebsgefahr des Einsatzfahrzeuges kann völlig zurücktreten, wenn dem anderen Fahrer ein Fehlverhalten vorzuwerfen ist, wenn er zB bei Annäherung des Einsatzfahrzeuges unverhofft den Fahrstreifen wechselt (Dü VersR 88, 813). 20

Den Vorfahrtberechtigten trifft keine Haftung, wenn dieser Blaulicht und Martinshorn nicht wahrnehmen konnte (KG NZV 89, 192). Allerdings hat 20 a grundsätzlich jeder Kraftfahrer dafür Sorge zu tragen, daß er Warnsignale von Einsatzfahrzeugen wahrnehmen kann (LG Aachen, VersR 92, 843).

21 Hat das Einsatzfahrzeug die **Warnsignale nur teilweise eingeschaltet,** verschiebt sich grds die Haftung zu Lasten des Einsatzfahrzeuges. Allein durch die Betätigung des Blaulichtes wird nicht die Verpflichtung für andere Verkehrsteilnehmer geschaffen, gem § 38 I 2 StVO sofort freie Bahn zu schaffen (Kö NJW 96, 1972; KG KGR Berlin 00, 297 – 100% Haftung des Einsatzfahrzeuges; Nau ZfS 95, 254 – 75%).

22 Bei einem **Mißbrauch der Warnsignale** gilt, daß die Sonderrechte des § 35 StVO unabhängig davon bestehen, ob die Inanspruchnahme von Sonderrechten gerechtfertigt war (Dü NZV 92, 489 – Einsatzfahrzeug 67%).

23 Bei einer **Verkehrsregelung durch Verkehrszeichen** ist zu berücksichtigen, daß von Verkehrszeichen nicht die gleiche Wirkung ausgeht, wie von einer Ampel. Der Autofahrer muß sich einer solchen Kreuzung vorsichtiger als einer durch Ampelschaltung geregelten Kreuzung nähern. Das Einsatzfahrzeug, daß sich einer solchen Kreuzung nähert darf daher grds darauf vertrauen, daß die Warnsignale und damit sein Vorfahrtrecht früher wahrgenommen und beachtet werden. Der Haftungsanteil ist daher grds niedriger als bei einer beampelten Kreuzung (Kö DAR 77, 324).

24 Kommt es zu einem **Auffahrunfall** zwischen Einsatzfahrzeug und einem anderen Pkw, so haftet grds der auffahrende Pkw allein (Ko NJW 92, 3047). Eine Mithaftung des Einsatzfahrzeuges nur, wenn dieser nicht ausreichend Sorge dafür getragen hat, daß andere Verkehrsteilnehmer nicht gefährdet werden (Stu VersR 88, 1159 – $^1/_3$).

25 Handelt der Fahrer eines Einsatzfahrzeuges in Ausübung eines öffentlichen Amtes, scheiden Ansprüche gegen ihn persönlich aus §§ 18 StVG, 823, 847 BGB wegen Art. 34 Abs. 1 S. 1 GG aus. Die Haftung trifft dann nur die Körperschaft, in deren Auftrag der Beamte tätig war. Einsatzfahrten und auch Fahrten, die der Vorbereitung von Einsätzen dienen, gehören zum öffentlich-rechtlichen Aufgabengebiet und stellen daher hoheitliches Handeln iSd § 839 BGB dar (Palandt-Thomas § 839 Rn 98, BGH MDR 62, 803).

II. Zeichen und Verkehrseinrichtungen

§ 36 Zeichen und Weisungen der Polizeibeamten

(1) **Die Zeichen und Weisungen der Polizeibeamten sind zu befolgen. Sie gehen allen anderen Anordnungen und sonstigen Regeln vor, entbinden den Verkehrsteilnehmer jedoch nicht von seiner Sorgfaltspflicht.**

(2) An Kreuzungen ordnet an:

1. **Seitliches Ausstrecken eines Armes oder beider Arme quer zur Fahrtrichtung:**
 „Halt vor der Kreuzung".
 Der Querverkehr ist freigegeben.

Zeichen und Weisungen der Polizeibeamten **§ 36 StVO**

Hat der Beamte dieses Zeichen gegeben, so gilt es fort, solange er in der gleichen Richtung winkt oder nur seine Grundstellung beibehält. Der freigegebene Verkehr kann nach den Regeln des § 9 abbiegen, nach links jedoch nur, wenn er Schienenfahrzeuge dadurch nicht behindert.

2. Hochheben eines Armes:
„Vor der Kreuzung auf das nächste Zeichen warten",
für Verkehrsteilnehmer in der Kreuzung:
„Kreuzung räumen".

(3) Diese Zeichen können durch Weisungen ergänzt oder geändert werden.

(4) An anderen Straßenstellen, wie an Einmündungen und an Fußgängerüberwegen, haben die Zeichen entsprechende Bedeutung.

(5) Polizeibeamte dürfen Verkehrsteilnehmer zur Verkehrskontrolle einschließlich der Kontrolle der Verkehrstüchtigkeit und zu Verkehrserhebungen anhalten. Das Zeichen zum Anhalten kann der Beamte auch durch geeignete technische Einrichtungen am Einsatzfahrzeug, eine Winkerkelle oder eine rote Leuchte geben. Mit diesem Zeichen kann auch ein vorausfahrender Verkehrsteilnehmer angehalten werden. Die Verkehrsteilnehmer haben die Anweisungen der Polizeibeamten zu befolgen.

VwV – StVO
Zu § 36 Zeichen und Weisungen der Polizeibeamten

Zu Absatz 1

I. Dem fließenden Verkehr dürfen nur diejenigen Polizeibeamten, die selbst als solche oder deren Fahrzeuge als Polizeifahrzeuge erkennbar sind, Zeichen und Weisungen geben. Das gilt nicht bei der Verfolgung von Zuwiderhandlungen.

II. Weisungen müssen klar und eindeutig sein. Es empfiehlt sich, sie durch Armbewegungen zu geben. Zum Anhalten kann der Beamte eine Winkerkelle benutzen oder eine rote Leuchte schwenken.

Zu den Absätzen 2 und 4

I. Ist der Verkehr an Kreuzungen und Einmündungen regelungsbedürftig, so sollte er vorzugsweise durch Lichtzeichenanlagen geregelt werden; selbst an besonders schwierigen und überbelasteten Kreuzungen werden Lichtzeichenanlagen im allgemeinen den Anforderungen des Verkehrs gerecht. An solchen Stellen kann es sich empfehlen, Polizeibeamte zur Überwachung des Verkehrs einzusetzen, die dann erforderlichenfalls in den Verkehrsablauf eingreifen.

II. Wenn besondere Verhältnisse es erfordern, kann der Polizeibeamte mit dem einen Arm „Halt" anordnen und mit dem anderen abbiegenden Verkehr freigeben.

III. Bei allen Zeichen sind die Arme so lange in der vorgeschriebenen Haltung zu belassen, bis sich der Verkehr auf die Zeichen eingestellt hat. Die Grundstellung muß jedoch bis zur Abgabe eines neuen Zeichens beibehalten werden.

IV. Die Zeichen müssen klar und bestimmt, aber auch leicht und flüssig gegeben werden.

Zu Absatz 5

7 I. Verkehrskontrollen sind sowohl solche zur Prüfung der Fahrtüchtigkeit der Führer oder der nach den Verkehrsvorschriften mitzuführenden Papiere als auch solche zur Prüfung des Zustandes, der Ausrüstung und der Beladung der Fahrzeuge.

8 II. Straßenkontrollen des Bundesamtes für den Güterverkehr (§ 12 Abs. 1 und 2 GüKG) sollen in Zusammenarbeit mit der örtlich zuständigen Polizei durchgeführt werden.

Inhaltsübersicht

	Rn
1. Allgemeines	1
2. Abs 1: Verbindlichkeit u Rangfolge	2
a) Weisungen u Zeichen	2
b) Satz 1: Gehorsamspflicht	3
c) Satz 2: Rangfolge der Anordnungen	11
3. Abs 5: Verkehrskontrollen	12
4. Zuwiderhandlungen	15
5. Zivilrecht	17
6. Literatur	18

1 **1. Allgemeines**

In § 36 sind die Zeichen u Weisungen der PolBeamten zur VLenkung u zu VKontrollen zusammengefaßt. Die LichtZ sind gesondert in § 37 geregelt.

2 **2. Abs 1: Verbindlichkeit u Rangfolge**

a) **Weisungen u Zeichen** der PolBeamten unterscheiden sich grundsätzlich dadurch, daß jene sich nur an einzelne bestimmte VT richten (Einzelverfügung), diese aber an alle, die es angeht (Allgemeinverfügung). Die Unterscheidung ist nötig, weil nach III die Weisungen den Z der PolBeamten vorgehen. Da beide Arten von AOen praktisch ineinandergehen, will die VO Klarheit dadurch schaffen, daß sie allein bestimmte Handbewegungen der PolBeamten in II als sog Z herausstellt. Alle übrigen AOen der PolBeamten sind sonach Weisungen. Sie können sowohl durch Winken als auch durch Zurufe oder Pfeifen gegeben werden; sie müssen nur deutlich genug sein, um rechtliche Bedeutung zu erlangen (s auch Dü VRS 60, 149 = StVE 18). Eine Weisung ist ein sofort vollziehbarer VA (Dü aaO).

3 b) **Satz 1** begründet die **Gehorsamspflicht** gegenüber Z u Weisungen von PolBeamten, die als solche erkennbar sind (Kö StVE 3; Ha JZ 72, 372; VwV I zu Abs 1); sie besteht nicht gegenüber militärischen VPosten (VkBl 71, 538) u **Schülerlotsen** (Dü VRS 36, 30; Bormuth NZV 92, 298), die nur Hinweise geben, deren Nichtbefolgung nicht ow ist. Zu befolgen sind AOen, die ein (wenn auch innerdienstlich unzuständiger: Ha aaO; Bay

VRS 48, 232 = StVE 1) PolBeamter aus einem augenblicklichen VBedürfnis zur unmittelbaren Regelung des (auch ruhenden: Br VkBl 59, 260; Kö VRS 20, 300) StraßenV oder Beseitigung einer andauernden VBeeinträchtigung trifft (BGHSt 32, 248 = StVE 12; Dü VRS 71, 307). Der Anwendungsbereich bestimmt sich nach § 6 I 3 StVG; erfaßt sind also nur Weisungen, die Ordnung u Sicherheit des Verkehrs gewährleisten sollen (BGH aaO; Zw VRS 61, 466), sei es auch vorausschauend (Kö VRS 20, 300; Dü VRS 60, 149 = StVE 18; Bouska DAR 84, 33), also unmittelbar einen VVorgang regeln sollen (BGH aaO). Darunter fällt auch die Weisung eines PolBeamten an einen Lkw-Fahrer, wegen Überschreitung der zulässigen Tageslenkzeit (Ha VRS 46, 397) oder Fahrunsicherheit (BGH aaO) nicht mehr weiterzufahren oder an verkehrsbehindernder Stelle nicht zu parken (Ha VRS 65, 230; Zw aaO; Dü NZV 94, 330).

Weisungen, die anderen Zwecken, insb der Verfolgung nach beendetem 4 oder nicht mehr den Verkehr beeinträchtigenden VVerstoß dienen, sind hier **nicht erfaßt** (BGHSt 32, 248; Verf NStZ 83, 513f; Zw Rn 3; Kö VM 81, 43; VRS 59, 462 = StVE 6; Ko VRS 71, 70), ebensowenig Weisungen, die nicht unmittelbar verkehrsbezogen sind, wie Anhalten, um Überladung festzustellen (Kö VM 85, 61; s aber V u § 34 V StVZO!), sich zur Überprüfung zum Streifenwagen zu begeben (Ko VRS 61, 392; Kö VRS 64, 59), die zur Auflage einer Erlaubnis (Kö VM 84, 84 = StVE 13) oder sonstige allg Regeln einzuhalten (Dü VRS 60, 149 = StVE 18; 72, 296; DAR 94, 330; Ha DAR 78, 27) oder das abgestellte Kfz abzuschließen (Ce VM 66, 166).

Der Angewiesene braucht nicht auf der Str zu sein, zB Weisung an den 5 in einem Gasthaus sitzenden Führer, das verkehrsbehindernd geparkte Kfz wegzufahren (Neu VRS 13, 475 m zust Anm Hartung JR 58, 32; Ha VRS 16, 382). **Telefonische** Weisung dürfte nicht verbindlich sein (aA Ha VM 72, 93 m abl Anm Booß; Möhl JR 72, 431).

Für VKontrollen u -erhebungen ist Abs 5, im übrigen sind für die Ver- 6 folgung von OWen pp die einschlägigen Vorschriften der StPO/OWiG (s 12) u der PolGe der Länder maßgebend (s dazu Kullik BA 88, 360). Befugnisse der **BahnpolBeamten** s §§ 55–60 EBO; Ce VRS 32, 150.

Die VT haben die Weisungen u die – eine Weisung, nicht nur eine Er- 7 laubnis enthaltenden – Z der PolBeamten zu befolgen. Voraussetzung der Gehorsamspflicht ist, daß die AO deutlich erkennbar u bestimmt, objektiv aus Gründen der VRegelung gegeben u von dem Beamten nach pflichtgem Ermessen für notwendig erachtet wurde; der räumliche Wirkungsbereich der Weisung ergibt sich aus ihrer Zielrichtung (Dü VM 86, 87). Weder dem Angewiesenen noch den Gerichten steht die Nachprüfung darüber zu, ob die Weisung notwendig u zweckmäßig war (KG VRS 19, 67). In diesem Rahmen sind auch andere als die in II beschriebenen Zeichen rechtsverbindlich (Ha VM 59, 48).

Unbeachtlich sind aber offensichtlich nichtige Weisungen, wie die, 8 durch einen Glassplitterhaufen zu fahren (Kö VRS 57, 216 = StVE 6). Auch die Nichtbefolgung der Weisung, einen unfallbeschädigten Wagen beiseite zu fahren, kann nach § 16 OWiG gerechtfertigt sein, wenn das

StVO § 36 9–12   Zeichen und Weisungen der Polizeibeamten

Interesse des Geschädigten an der Unfallaufklärung das der anderen VT an zügiger Weiterfahrt wesentlich übersteigt (Kö VRS 57, 143 = StVE 5).

9 Der **freigegebene Verkehr** erhält im allg nur die **Erlaubnis,** nicht die AO, weiterzufahren, diese kann aber mit dem Z verbunden werden. Sie befreit den Kf im allg nicht von der Pflicht, den übrigen Verkehr in eigener Verantwortung zu prüfen; so muß der Lkw-Fahrer die Weisung, in einen für ihn nicht einsehbaren Raum zurückzustoßen, nicht befolgen, wenn er nicht die Gewißheit hat, daß der PolBeamte den Raum hinter dem Lkw als hindernisfrei erkannt hat (Bay VRS 59, 234 = StVE 9). Das gilt aber nicht, wenn der Beamte erkennbar den besseren Überblick über die VLage hat u den Kf zur Weiterfahrt **auffordert** (Hbg VRS 21, 291; Fra VRS 29, 161). Ein VPolizist, der einem Kf ein Freifahrtzeichen gibt u ihn damit veranlaßt, in eine unübersichtliche Kreuzung einzufahren, ist verpflichtet, ihm eine gefahrlose Überquerung der Kreuzung zu ermöglichen (BGH(Z) VRS 20, 166); er darf bei dem Angewiesenen nicht die irrige Meinung erwecken, die Befolgung der Weisung sei risikolos (KG VM 80, 9). Zur Haftung bei pflichtwidriger Weisung s Kö NZV 93, 64.

10 Das **HaltZ** begründet nicht unter allen Umständen die Verpflichtung des Angewiesenen, auf der Stelle u ohne Rücksicht auf eine dadurch entstehende Gefahr für andere anzuhalten. Die Weisung muß vielmehr unter Berücksichtigung des übrigen Verkehrs durchgeführt werden I S 2). Die Weisung ist als sofort vollziehbarer VA unverzüglich zu befolgen (Dü DAR 80, 378 = StVE 18).

11 c) **Satz 2: Rangfolge der Anordnungen.** Die **spezielleren** AOen gehen den jew allg vor: Die VZ den ges VRegeln, dieLicht-Z im Rahmen des § 37 I den VZ, die Z der PolBeamten den LichtZ, die Einzelweisungen der PolBeamten den LichtZ u sogar den gleichzeitig gegebenen Z desselben oder eines anderen PolBeamten. Das gilt jedoch immer nur insoweit, als die speziellere AO die allg ausschließt. So muß derjenige, der freie Fahrt hat, die Geschwindigkeitsvorschriften oder beim Abbiegen die Regeln des § 9 beachten, widrigenfalls er gegen diese Vorschriften, aber nicht gegen §§ 36 oder 37 verstößt. Wer durch Nichtbeachtung des Rotlichts oder des Z eines PolBeamten an einer Kreuzung den QuerV gefährdet, mißachtet die Vorfahrt iS des § 315 c I 2 a StGB (Bay 58, 252).

12 3. Abs 5: Verkehrskontrollen

Abs 5 enthält neben der Ermächtigung der Pol auch eine Verpflichtung der VT zum Anhalten zu den in S 1 gen Zwecken. Zu befolgen sind aber auch weitere, mit der VKontrolle u VErhebung verbundene u deren Durchführung dienende Anweisungen. VKontrollen sind präventive, verkehrsbezogene Maßnahmen (s dazu Janiszewski NStZ 87, 116), zu denen auch die Prüfung von Fahrer u Kfz, der Papiere u auch der **Fahrtüchtigkeit** des Fahrers gehören (s auch VwV I zu Abs. 5; zur Kontrollbefugnis der Pol s Kullik BA 88, 360; Lisken/Denninger-Hilse G 30 ff); sie dienen nicht der VRegelung wie nach I oder gar der Strafverfolgung (BGHSt 32, 248; Bay VRS 72, 132 = StVE 14; **E** 114). Weisungen anderen Inhalts, zB

Verkehrskontrollen 12 a–14 § 36 StVO

der Pol zu folgen oder Anhalten zwecks allg Verbrechensbekämpfung oder ausschließlich zur Verfolgung u Ahndung begangener VVerstöße sind auch durch die Neufassung von V entgegen der amtl Begr dazu (BRDr 75/92 S 73) **nicht erfaßt;** ein entspr Ergänzungsantrag wurde bei den Beratungen der 9. u 11. ÄndVO auf Widerspruch des RA im BR mit R abgelehnt (s BRDr 75/1/92 Nr 6), weil es dazu an der entspr Ermächtigung in § 6 StVG fehlte u außerdem grundsätzliche strafprozessuale Erwägungen entgegenstünden (s BGH aaO u Rn 3). Strafverfolgungsmaßnahmen sind zB auf Grund der §§ 111, 163, 163 b StPO; §§ 53, 111 OWiG oder §§ 79 a II 14, 15 ZollG (vgl Bay 61, 42 f) zul; ihre Nichtbefolgung verstößt aber nicht gegen V (Ko VRS 61, 68) u ist daher nicht bußgeldbewehrt, es sei denn das Haltgebot dient nicht allein der Strafverfolgung, sondern auch einer VKontrolle (Prüfung der FE oder der Fahrtüchtigkeit pp; Dü NZV 96, 458). V ermächtigt nicht zur AO einer Blutprobe ohne konkreten Verdacht oder zur Mitwirkung an einem Atemalkoholtest (Hentschel NJW 92, 2064; Salger DRiZ 93, 313; zur Einführung einer ges Grundlage für verdachtsfreie Alkoholkontrollen s 30. u 35. VGT; abl Geppert Rn 17). Sofern eine vorangegangene VerkehrsOW eine allg VKontrolle ausgelöst hat, ist ein Haltgebot in diesem Rahmen nach V zu befolgen (s Hentschel NStZ 84, 271; Verf NStZ 83, 513 u 87, 116).

Ein Kf, der sich einem zum Zwecke der VKontrolle eindeutig haltgebietenden PolBeamten bereits so weit genähert hat, daß er sich in dessen unmittelbarem Einwirkungsbereich befindet (zB 60 m), darf sein Fz nicht wenden u davonfahren, um sich der **VKontrolle zu entziehen** (Bay VM 78, 39). Das Haltgebot eines hinter einer Kreuzung, jedoch noch in engem räumlichen Zusammenhang mit dieser stehenden PolBeamten verpflichtet auch einen Kf, der an der Kreuzung in eine Seitenstr abbiegen will, zum Anhalten (Bay VM 78, 38). Dagegen soll nach Kö (VRS 53, 215 = StVE 3) ein bei Nacht auf 120 m Entfernung gegebenes Haltgebot dem Kf das Abbiegen in eine Seitenstr nicht verbieten. **12 a**

Von der Pol (unzuständigerweise) zur Sicherung von VKontrollen aufgestellte VZ sind zu befolgen (Stu VRS 59, 464; s auch § 39 Rn 9). Die in V S 2 gen techn Mittel sind nur Beispiele; auch in der mit Blaulicht u Martinshorn durchgeführten Verfolgung kann nach S 2 („techn Einrichtungen am Einsatz-Fz") wie auch schon nach BGH (VM 67, 41) ein andauerndes Haltgebot zu sehen sein, obwohl diese Z nach § 38 I S 2 nicht unbedingt nur „Halt" gebieten (s § 38 Rn 4 u Kö VM 84, 91). **12 b**

Der Kf muß den FSch auch nach Beendigung der Fahrt dem PolBeamten auf Verlangen vorzeigen, solange ein räumlicher u zeitlicher Zusammenhang mit der Fahrt besteht (Dü VM 69, 30; Kö VRS 53, 347). Der Angehaltene hat auch angemessene Zeit zu warten (Kö VRS 67, 293). **13**

Das Haltgebot dient dem Vollzug der VKontrolle; es ist nach V S 4 von jedem VT zu befolgen. Der die VKontrolle durchführende PolBeamte unternimmt damit eine Vollstreckungshandlung iS von § 113 StGB (Dü NZV 96, 458). Wer sich gegen ein Haltgebot nach V oder die ihm folgende Kontrolle mit Gewalt zur Wehr setzt, kann daher wegen Widerstands **14**

StVO § 36 15–18 Zeichen und Weisungen der Polizeibeamten

(§ 113 StGB) strafbar sein (BGH VRS 47, 177; Dü aaO: Nichtbefolgen der Aufforderung zum Aussteigen u stattdessen Verriegeln der Fz-Türen).

15 **4. Zuwiderhandlungen** sind als OWen nach den §§ 49 III 1 StVO iVm 24 StVG verfolgbar (s Nr 82 VwKat zu I S 1, III, V S 2; Nr 33 BKat zu I S 1, II, IV, V). **Irrtum:** Die Ahndbarkeit nach § 49 III 1 setzt nicht voraus, daß der Angewiesene den Anweisenden als PolBeamten erkannt hat; es genügt, daß er ihn als solchen erkennen mußte (Neu VRS 13, 475). Erfaßt der VT den Sinn einer ihm von einem PolBeamten gegebenen Weisung nicht, so besteht TB-Irrtum (Kö VRS 26, 107). Nimmt er dagegen das Z des Beamten richtig auf, deutet aber seine rechtliche Bedeutung falsch oder hält es für nicht rechtmäßig, so liegt Verbotsirrtum vor (Ha VRS 5, 634).

16 Ein VT, der ein Haltgebot, das ihm von einem PolBeamten in Zivilkleidung aus einem nicht als PolFz erkennbaren Kfz heraus mit einer Anhaltekelle gegeben wird, in der Annahme unbeachtet läßt, es handle sich um den Scherz eines Unbefugten, handelt nicht ohne weiteres fahrlässig (Bay 74, 137 = VRS 48, 232). Es liegt auch kein Verstoß gegen § 36 I vor, wenn der VT verspätet reagiert (Kö VRS 59, 462 = StVE 6) oder der Aufforderung, dem Streifenwagen zum schnelleren Vorwärtskommen Platz zu machen, nicht folgt (Stu VRS 61, 223) oder dem Hinweis eines Schülerlotsen nicht folgt (s oben 3). § 49 III 1 erfaßt auch Verstöße gegen das Haltgebot nach § 36 V u der VKontrolle dienende Anweisungen, wie zB die zum Aussteigen (Dü aaO Rn 14). – Ein in der belgischen Grenzabfertigungszone begangener Verstoß gegen § 36 V ist in der BRep als OW verfolgbar (Kö VRS 67, 50; s E 21 u § 35 I a).

5. Zivilrecht

17 Amtshaftung nach § 839 BGB bei polizeilicher Weisung zur Weiterfahrt trotz erkennbarer Gefahrenlage (Nichtberücksichtigg. des roten LichtZ durch PolB), Kö NZV 93, 64. Bei Weisung entgegen einem LichtZ muß PolB gewiß sein, daß alle VT die Weisung richtig verstanden haben, andernfalls Amtspflichtverletzg (Jagusch/Hentschel Rn 26 zu § 36 StVO). Zur Amtshaftg von Schülerlotsen s Kö NJW 68, 655 m krit Anm von Martens NJW 70, 1029.

6. Literatur:

18

Bouska „Weisungen der Pol nach § 36" DAR 84, 33; **Dvorak** „Pol Haltgebot zur VKontrolle" JR 82, 446; **Geppert** „Zur ... verdachtsfreien Atem-Alkoholkontrolle" FS für Spendel 1992, de Gruyter; **Kullik** „Kontrollbefugnisse der Pol im StraßenV" BA 88, 360; **Legat** „Rechtliche Grenzen pol Alkoholkontrollen" BA 88, 374; **Lisken/Denninger-Hilse** Handbuch des Pol-R 1992.

§ 37 Wechsellichtzeichen, Dauerlichtzeichen und Grünpfeil

(1) Lichtzeichen gehen Vorrangregeln, vorrangregelnden Verkehrsschildern und Fahrbahnmarkierungen vor.

(2) Wechsellichtzeichen haben die Farbfolge Grün – Gelb – Rot – Rot und Gelb (gleichzeitig) – Grün. Rot ist oben, Gelb in der Mitte und Grün unten.

1. An Kreuzungen bedeuten:
Grün: „Der Verkehr ist freigegeben".
Er kann nach den Regeln des § 9 abbiegen, nach links jedoch nur, wenn er Schienenfahrzeuge dadurch nicht behindert.
Grüner Pfeil:
„Nur in Richtung des Pfeiles ist der Verkehr freigegeben".
Ein grüner Pfeil links hinter der Kreuzung zeigt an, daß der Gegenverkehr durch Rotlicht angehalten ist und daß Linksabbieger die Kreuzung in Richtung des grünen Pfeils ungehindert befahren und räumen können.
Gelb ordnet an:
„Vor der Kreuzung auf das nächste Zeichen warten".
Keines dieser Zeichen entbindet von der Sorgfaltspflicht.
Rot ordnet an: „Halt vor der Kreuzung".
Nach dem Anhalten ist das Abbiegen nach rechts auch bei Rot erlaubt, wenn rechts neben dem Lichtzeichen Rot ein Schild mit grünem Pfeil auf schwarzem Grund (Grünpfeil) angebracht ist. Der Fahrzeugführer darf nur aus dem rechten Fahrstreifen abbiegen. Er muß sich dabei so verhalten, daß eine Behinderung oder Gefährdung anderer Verkehrsteilnehmer, insbesondere des Fußgänger- und Fahrzeugverkehrs der freigegebenen Verkehrsrichtung, ausgeschlossen ist. Schwarzer Pfeil auf Rot ordnet das Halten, schwarzer Pfeil auf Gelb das Warten nur für die angegebene Richtung an. Ein einfeldriger Signalgeber mit Grünpfeil zeigt an, daß bei Rot für die Geradeaus-Richtung nach rechts abgebogen werden darf.
2. An anderen Straßenstellen, wie an Einmündungen und an Markierungen für den Fußgängerverkehr, haben die Lichtzeichen entsprechende Bedeutung.
3. Lichtzeichenanlagen können auf die Farbfolge Gelb – Rot beschränkt sein.
4. Für jeden von mehreren markierten Fahrstreifen (Zeichen 295, 296 oder 340) kann ein eigenes Lichtzeichen gegeben werden. Für Schienenbahnen können besondere Zeichen, auch in abweichenden Phasen, gegeben werden; das gilt auch für Linienomnibusse und Taxen, wenn sie einen vom übrigen Verkehr freigehaltenen Verkehrsraum benutzen.
5. Gelten die Lichtzeichen nur für Fußgänger oder nur für Radfahrer, so wird das durch das Sinnbild eines Fußgängers oder eines Fahrrades angezeigt. Für Fußgänger ist die Farbfolge Grün – Rot – Grün;

Jagow

für Radfahrer kann sie so sein. Wechselt Grün auf Rot, während Fußgänger die Fahrbahn überschreiten, so haben sie ihren Weg zügig fortzusetzen.

6. Radfahrer haben die Lichtzeichen für Fußgänger zu beachten, wenn eine Radwegfurt an eine Fußgängerfurt grenzt und keine gesonderten Lichtzeichen für Radfahrer vorhanden sind.

(3) **Dauerlichtzeichen über einem Fahrstreifen sperren ihn oder geben ihn zum Befahren frei.**
Rote gekreuzte Schrägbalken ordnen an:
„Der Fahrstreifen darf nicht benutzt werden, davor darf nicht gehalten werden".
Ein grüner, nach unten gerichteter Pfeil bedeutet:
„Der Verkehr auf dem Fahrstreifen ist freigegeben". Ein gelb blinkender, schräg nach unten gerichteter Pfeil ordnet an:
„Fahrstreifen in Pfeilrichtung wechseln".

(4) **Wo Lichtzeichen den Verkehr regeln, darf nebeneinander gefahren werden, auch wenn die Verkehrsdichte das nicht rechtfertigt.**

VwV – StVO

Zu § 37 Wechsellichtzeichen, Dauerlichtzeichen und Grünpfeil

1 Die Gleichungen der Farbgrenzlinien in der Farbtafel nach DIN 6163, Blatt 5 sind einzuhalten.

Zu Absatz 1

2 So bleiben z. B. die Zeichen 209 ff. „Vorgeschriebene Fahrtrichtung" neben Lichtzeichen gültig, ebenso die die Benutzung von Fahrstreifen regelnden Längsmarkierungen (Zeichen 295, 296, 297, 340).

Zu Absatz 2

3 I. Die Regelung des Verkehrs durch Lichtzeichen setzt eine genaue Prüfung der örtlichen Gegebenheiten baulicher und verkehrlicher Art voraus und trägt auch nur dann zu einer Verbesserung des Verkehrsablaufs bei, wenn die Regelung unter Berücksichtigung der Einflüsse und Auswirkungen im Gesamtstraßennetz sachgerecht geplant wird. Die danach erforderlichen Untersuchungen müssen von Sachverständigen durchgeführt werden.

4 II. Wechsellichtzeichen dürfen nicht blinken, auch nicht vor Farbwechsel.

5 III. Die Lichtzeichen sind rund, soweit sie nicht Pfeile oder Sinnbilder darstellen. Die Unterkante der Lichtzeichen soll in der Regel 2,10 m und, wenn die Lichtzeichen über der Fahrbahn angebracht sind, 4,50 m vom Boden entfernt sein.

6 IV. Die Haltlinie (Zeichen 294) sollte nur so weit vor der Lichtzeichenanlage angebracht werden, daß die Lichtzeichen aus einem vor ihr wartenden Personenkraftwagen noch ohne Schwierigkeit beobachtet werden können (vgl. aber III 3 zu § 25; Rn 5). Befindet sich z. B. die Unterkante des grünen Lichtzeichens 2,10 m über einem Gehweg, so sollte der Abstand zur Haltlinie 3,50 m betragen, jedenfalls über 2,50 m. Sind die Lichtzeichen wesentlich höher angebracht oder muß die Haltlinie in geringerem Abstand markiert werden, so empfiehlt es sich, die Lichtzeichen verkleinert weiter unten am gleichen Pfosten zu wiederholen.

VwV zu § 37 **§ 37 StVO**

Zu den Nummern 1 und 2.

I. An Kreuzungen und Einmündungen sind Lichtzeichenanlagen für den Fahrverkehr erforderlich,

1. wo es wegen fehlender Übersicht immer wieder zu Unfällen kommt und es nicht möglich ist, die Sichtverhältnisse zu verbessern oder den kreuzenden oder einmündenden Verkehr zu verbieten,
2. wo immer wieder die Vorfahrt verletzt wird, ohne daß dies mit schlechter Erkennbarkeit der Kreuzung oder mangelnder Verständlichkeit der Vorfahrtregelung zusammenhängt, was jeweils durch Unfalluntersuchungen zu klären ist,
3. wo auf einer der Straßen, sei es auch nur während der Spitzenstunden, der Verkehr so stark ist, daß sich in den wartepflichtigen Kreuzungszufahrten ein großer Rückstau bildet oder einzelne Wartepflichtige unzumutbar lange warten müssen.

II. Auf Straßenabschnitten, die mit mehr als 70 km/h befahren werden dürfen, sollen Lichtzeichenanlagen nicht eingerichtet werden; sonst ist die Geschwindigkeit durch Zeichen 274 in ausreichender Entfernung zu beschränken.

III. Bei Lichtzeichen, vor allem auf Straßen, die mit mehr als 50 km/h befahren werden dürfen, soll geprüft werden, ob es erforderlich ist, durch geeignete Maßnahmen (z. B. Blenden hinter den Lichtzeichen, übergroße oder wiederholte Lichtzeichen, entsprechende Gestaltung der Optik) dafür zu sorgen, daß sie auf ausreichende Entfernung erkennbar sind. Ferner ist die Wiederholung von Lichtzeichen links von der Fahrbahn, auf Inseln oder über der Straße zu erwägen, weil nur rechts stehende Lichtzeichen durch voranfahrende größere Fahrzeuge verdeckt werden können.

IV. Sind im Zuge einer Straße mehrere Lichtzeichenanlagen eingerichtet, so empfiehlt es sich in der Regel, sie aufeinander abzustimmen (z. B. auf eine Grüne Welle). Jedenfalls sollte dafür gesorgt werden, daß bei dicht benachbarten Kreuzungen der Verkehr, der eine Kreuzung noch bei „Grün" durchfahren konnte, auch an der nächsten Kreuzung „Grün" vorfindet.

V. Häufig kann es sich empfehlen, Lichtzeichenanlagen verkehrsabhängig so zu schalten, daß die Stärke des Verkehrs die Länge der jeweiligen Grünphase bestimmt. An Kreuzungen und Einmündungen, an denen der Querverkehr schwach ist, kann sogar erwogen werden, der Hauptrichtung ständig Grün zu geben, das von Fahrzeugen und Fußgängern aus der Querrichtung erforderlichenfalls unterbrochen werden kann.

VI. Lichtzeichenanlagen sollten in der Regel auch nachts in Betrieb gehalten werden; ist die Verkehrsbelastung nachts schwächer, so empfiehlt es sich, für diese Zeit ein besonderes Lichtzeichenprogramm zu wählen, das alle Verkehrsteilnehmer möglichst nur kurz warten läßt. Nächtliches Ausschalten ist nur dann zu verantworten, wenn eingehend geprüft ist, daß auch ohne Lichtzeichen ein sicherer Verkehr möglich ist. Solange die Lichtzeichenanlagen, die nicht nur ausnahmsweise in Betrieb sind, nachts abgeschaltet sind, soll in den wartepflichtigen Kreuzungszufahrten gelbes Blinklicht gegeben werden. Darüber hinaus kann es sich empfehlen, negative Vorfahrtzeichen (Zeichen 205 und 206) von innen zu beleuchten. Solange Lichtzeichen gegeben werden, dürfen diese Vorfahrtzeichen dagegen nicht beleuchtet sein.

VII. Bei der Errichtung von Lichtzeichenanlagen an bestehenden Kreuzungen und Einmündungen muß immer geprüft werden, ob neue Markierungen (z. B.

StVO § 37 Wechsel-, Dauerlichtzeichen, Grünpfeil

Abbiegestreifen) anzubringen sind oder alte Markierungen (z. B. Fußgängerüberwege) verlegt oder aufgehoben werden müssen, ob Verkehrseinrichtungen (z. B. Geländer für Fußgänger) anzubringen oder ob bei der Straßenbaubehörde anzuregende bauliche Maßnahmen (Verbreiterung der Straßen zur Schaffung von Stauraum) erforderlich sind.

16 VIII. Die Schaltung von Lichtzeichenanlagen bedarf stets gründlicher Prüfung. Dabei ist auch besonders auf die sichere Führung der Abbieger zu achten.

17 IX. Besonders sorgfältig sind die Zeiten zu bestimmen, die zwischen dem Ende der Grünphase für die eine Verkehrsrichtung und dem Beginn der Grünphase für die andere (kreuzende) Verkehrsrichtung liegen. Die Zeiten für Gelb und Rot-Gelb sind unabhängig von dieser Zwischenzeit festzulegen. Die Übergangszeit Rot und Gelb (gleichzeitig) soll für Kraftfahrzeugströme eine Sekunde dauern, darf aber nicht länger als zwei Sekunden sein. Die Übergangszeit Gelb richtet sich bei Kraftfahrzeugströmen nach der zulässigen Höchstgeschwindigkeit in der Zufahrt. In der Regel beträgt die Gelbzeit 3 s bei zul. V = 50 km/h, 4 s bei zul. V = 60 km/h und 5 s bei zul. V = 70 km/h. Bei verkehrsabhängigen Lichtzeichenanlagen ist beim Rücksprung in die gleiche Phase eine Alles-Rot-Zeit von mindestens 1 s einzuhalten, ebenso bei Fußgänger-Lichtzeichenanlagen mit der Grundstellung Dunkel für den Fahrzeugverkehr. Bei Fußgänger-Lichtzeichenanlagen soll bei Ausführung eines Rücksprungs in die gleiche Fahrzeugphase die Mindestsperrzeit für den Fußgängerverkehr 4 s betragen.

18 X. Pfeile in Lichtzeichen.

1. Solange ein grüner Pfeil gezeigt wird, darf kein anderer Verkehrsstrom Grün haben, der den durch den Pfeil gelenkten kreuzt; auch darf Fußgängern, die in der Nähe den gelenkten Verkehrsstrom kreuzen, nicht durch Markierung eines Fußgängerüberwegs Vorrang gegeben werden. Schwarze Pfeile auf Grün dürfen nicht verwendet werden.

19 2. Wenn in einem von drei Leuchtfeldern ein Pfeil erscheint, müssen auch in den anderen Feldern Pfeile gezeigt werden, die in die gleiche Richtung weisen. Vgl. X 6.

20 3. Darf aus einer Kreuzungszufahrt, die durch ein Lichtzeichen geregelt ist, nicht in allen Richtungen weitergefahren werden, so ist die Fahrtrichtung durch die Zeichen 209 bis 214 vorzuschreiben. Vgl. dazu Nummer VI zu den Zeichen 209 bis 214 (Rn. 7, 8). Dort, wo Mißverständnisse sich auf andere Weise nicht beheben lassen, kann es sich empfehlen, zusätzlich durch Pfeile in den Lichtzeichen die vorgeschriebene Fahrtrichtung zum Ausdruck zu bringen; dabei sind schwarze Pfeile auf Rot und Gelb zu verwenden.

21 4. Pfeile in Lichtzeichen dürfen nicht in Richtungen weisen, die durch die Zeichen 209 bis 214 verboten sind.

22 5. Werden nicht alle Fahrstreifen einer Kreuzungszufahrt zur gleichen Zeit durch Lichtzeichen freigegeben, so kann auf Pfeile in den Lichtzeichen dann verzichtet werden, wenn die in die verschiedenen Richtungen weiterführenden Fahrstreifen baulich so getrennt sind, daß zweifelsfrei erkennbar ist, für welche Richtung die verschiedenen Lichtzeichen gelten. Sonst ist die Richtung, für die die Lichtzeichen gelten, durch Pfeile in den Lichtzeichen zum Ausdruck zu bringen.

23 Hierbei sind Pfeile in allen Lichtzeichen nicht immer erforderlich. Hat z. B. eine Kreuzungszufahrt mit Abbiegestreifen ohne bauliche Trennung ein besonderes Lichtzeichen für den Abbiegeverkehr, so genügen in der Regel Pfeile in diesen Lichtzeichen. Für den anderen Verkehr sollten Lichtzeichen ohne Pfeile gezeigt werden. Werden kombinierte Pfeile in solchen Lichtzeichen verwendet, dann darf in keinem Fall gleichzeitig der zur Hauptrichtung parallel gehende Fußgängerverkehr freigegeben werden (vgl. Nummer XI; Rn. 27 ff.).

6. Wo für verschiedene Fahrstreifen besondere Lichtzeichen gegeben werden sollen, ist die Anbringung der Lichtzeichen besonders sorgfältig zu prüfen (z. B. Lichtzeichenbrücken, Peitschenmaste, Wiederholung am linken Fahrbahnrand). Wo der links abbiegende Verkehr vom übrigen Verkehr getrennt geregelt ist, sollte das Lichtzeichen für den Linksabbieger nach Möglichkeit zusätzlich über der Fahrbahn angebracht werden; eine Anbringung allein links ist in der Regel nur bei Fahrbahnen für eine Richtung möglich, wenn es für Linksabbieger lediglich einen Fahrstreifen gibt.

7. Wo der Gegenverkehr durch Rotlicht aufgehalten wird, um Linksabbiegern, die sich bereits auf der Kreuzung oder Einmündung befinden, die Räumung zu ermöglichen, kann das diesen durch einen nach links gerichteten grünen Pfeil, der links hinter der Kreuzung angebracht ist, angezeigt werden. Gelbes Licht darf zu diesem Zweck nicht verwendet werden.

8. Eine getrennte Regelung des abbiegenden Verkehrs setzt in der Regel voraus, daß für ihn auf der Fahrbahn ein besonderer Fahrstreifen mit Richtungspfeilen markiert ist (Zeichen 297).

XI. Grünpfeil

1. Der Einsatz des Schildes mit grünem Pfeil auf schwarzem Grund (Grünpfeil) kommt nur in Betracht, wenn der Rechtsabbieger Fußgänger- und Fahrzeugverkehr der freigegebenen Verkehrsrichtungen ausreichend einsehen kann, um die ihm auferlegten Sorgfaltspflichten zu erfüllen. Es darf nicht verwendet werden, wenn

a) dem entgegenkommenden Verkehr ein konfliktfreies Abbiegen nach links signalisiert wird,

b) für den entgegenkommenden Linksabbieger der grüne Pfeil gemäß § 37 Abs. 2 Nr. 1 Satz 4 verwendet wird,

c) Pfeile in den für den Rechtsabbieger gültigen Lichtzeichen die Fahrtrichtung vorschreiben,

d) beim Rechtsabbiegen Gleise von Schienenfahrzeugen gekreuzt oder befahren werden müssen,

e) der freigegebene Fahrradverkehr auf dem zu kreuzenden Radweg für beide Richtungen zugelassen ist oder den Fahrradverkehr trotz Verbotes in der Gegenrichtung in erheblichem Umfang stattfindet und durch geeignete Maßnahmen nicht ausreichend eingeschränkt werden kann,

f) für das Rechtsabbiegen mehrere markierte Fahrstreifen zur Verfügung stehen oder

g) die Lichtzeichenanlage überwiegend der Schulwegsicherung dient.

2. An Kreuzungen und Einmündungen, die häufig von seh- oder gehbehinderten Personen überquert werden, soll die Grünpfeil-Regelung nicht angewandt werden. Ist sie ausnahmsweise an Kreuzungen oder Einmündungen erforderlich, die häufig von Blinden oder Sehbehinderten überquert werden, so sind Lichtzeichenanlagen dort mit akustischen oder anderen geeigneten Zusatzeinrichtungen auszustatten.

3. Für Knotenpunktzufahrten mit Grünpfeil ist das Unfallgeschehen regelmäßig mindestens anhand von Unfallsteckkarten auszuwerten. Im Falle einer Häufung von Unfällen, bei denen der Grünpfeil ein unfallbegünstigender Faktor war, ist

StVO § 37   Wechsel-, Dauerlichtzeichen, Grünpfeil

der Grünpfeil zu entfernen, soweit nicht verkehrstechnische Verbesserungen möglich sind. Eine Unfallhäufung liegt in der Regel vor, wenn in einem Zeitraum von drei Jahren zwei oder mehr Unfälle mit Personenschaden, drei Unfälle mit schwerwiegendem oder fünf Unfälle mit geringfügigem Verkehrsverstoß geschehen sind.

37   4. Der auf schwarzem Grund ausgeführte grüne Pfeil darf nicht leuchten, nicht beleuchtet sein und nicht retroreflektieren. Das Schild hat eine Breite von 250 mm und eine Höhe von 250 mm.

Zu Nummer 2

38   Vgl. für verengte Fahrbahn Nummer II zu Zeichen 208 (Rn. 2); bei Festlegung der Phasen ist sicherzustellen, daß auch langsamer Fahrverkehr das Ende der Engstelle erreicht hat, bevor der Gegenverkehr freigegeben wird.

Zu Nummer 3

39   Die Farbfolge Gelb-Rot darf lediglich dort verwendet werden, wo Lichtzeichenanlagen nur in größeren zeitlichen Abständen in Betrieb gesetzt werden müssen, z. B. an Bahnübergängen, an Ausfahrten aus Feuerwehr- und Straßenbahnhallen und Kasernen. Diese Farbfolge empfiehlt sich häufig auch an Wendeschleifen von Straßenbahnen und Oberleitungsomnibussen. Auch an Haltebuchten von Oberleitungsomnibussen und anderen Linienomnibussen ist ihre Anbringung zu erwägen, wenn auf der Straße starker Verkehr herrscht. Sie oder Lichtzeichenanlagen mit drei Farben sollten in der Regel da nicht fehlen, wo Straßenbahnen in eine andere Straße abbiegen.

Zu Nummer 4

40   I. Vgl. Nummer X 6 bis 8 zu den Nummern 1 und 2; Rn. 24 bis 26.

41   II. Besondere Zeichen sind die in der Anlage 4 der Straßenbahn-Bau- und Betriebsordnung aufgeführten. Zur Markierung vorbehaltener Fahrstreifen vgl. zu Zeichen 245.

Zu Nummer 5

42   I. Im Lichtzeichen für Fußgänger muß das rote Sinnbild einen stehenden, das grüne einen schreitenden Fußgänger zeigen.

43   II. Lichtzeichen für Radfahrer sollten in der Regel das Sinnbild eines Fahrrades zeigen. Besondere Lichtzeichen für Radfahrer, die vor der kreuzenden Straße angebracht werden, sollten in der Regel auch Gelb sowie Rot und Gelb (gleichzeitig) zeigen. Sind solche Lichtzeichen für einen abbiegenden Radfahrverkehr bestimmt, kann entweder in den Lichtzeichen zusätzlich zu dem farbigen Sinnbild des Fahrrades ein farbiger Pfeil oder über den Lichtzeichen das leuchtende Sinnbild eines Fahrrades und in den Lichtzeichen ein farbiger Pfeil gezeigt werden.

Zu Nummer 6

44   In den Fällen, in denen Radfahrer- und Fußgängerfurten nebeneinander liegen, bieten sich folgende Lösungen an:

1. Für Radfahrer wird kein besonderes Lichtzeichen gegeben. Durch ein Zusatzschild kann deutlich gemacht werden, daß die Radfahrer die Lichtzeichen für Fußgänger zu beachten haben.

45   2. In den roten und grünen Lichtzeichen der Fußgängerlichtzeichenanlage für Fußgänger werden jeweils die Sinnbilder für Fußgänger und Radfahrer gezeigt.

46   3. Über der Lichtzeichenanlage für Fußgänger wird Zeichen 241 angebracht.

§ 37 StVO

4. Neben dem Lichtzeichen für Fußgänger wird ein zweifarbiges Lichtzeichen für Radfahrer angebracht.
Beide Lichtzeichenanlagen müssen jeweils die gleiche Farbe zeigen.

Zu Absatz 3

I. Dauerlichtzeichen dürfen nur über markierten Fahrstreifen (Zeichen 295, 296, 340) gezeigt werden. Ist durch Zeichen 223.1 das Befahren eines Seitenstreifens angeordnet, können Dauerlichtzeichen diese Anordnung und die Markierung durch Zeichen 223.2 und Zeichen 223.3 unterstützen, aber nicht ersetzen (vgl. Nummer V zu den Zeichen 223.1 bis 223.3; Rn 5).

II. Die Unterkante der Lichtzeichen soll in der Regel 4,50 m vom Boden entfernt sein.

III. Die Lichtzeichen sind an jeder Kreuzung und Einmündung und erforderlichenfalls auch sonst in angemessenen Abständen zu wiederholen.

IV. Umkehrstreifen im besonderen: Wird ein Fahrstreifen wechselweise dem Verkehr der einen oder der anderen Fahrtrichtung zugewiesen, müssen die Dauerlichtzeichen für beide Fahrtrichtungen über allen Fahrstreifen gezeigt werden. Bevor die Fahrstreifenzuweisung umgestellt wird, muß für eine zur Räumung des Fahrstreifens ausreichende Zeit das Zeichen gekreuzte rote Balken für beide Richtungen gezeigt werden.

Inhaltsübersicht

	Rn
1. Allgemeines	1
2. Abs 1: Vorrang der Lichtzeichen	2
3. Abs 2 Nr 1: Wechsellichtzeichen an Kreuzungen	4
a) Grün	4
b) Abbiegen, grüner Pfeil	11
c) Gelb	14
d) Rot	17
e) Rot u Gelb	18
f) Rote u gelbe Pfeile u schwarze Pfeile auf Rot u Gelb	19
4. Abs 2 Nr 2: Wechsellichtzeichen an anderen Stellen	20
5. Abs 2 Nr 3: Farbfolge Gelb–Rot	21
6. Abs 2 Nr 4: Lichtzeichen für einzelne Fahrstreifen	22
a) Sonderfahrstreifen	22
b) Busstreifen	24
7. Abs 2 Nr 5 u 6: Fußgänger u Radfahrer im Ampelbereich	25
a) Fußgänger	25
b) Radfahrer	27
8. Abs 3: Dauerlichtzeichen, gekreuzte Schrägbalken	28
9. Abs 4: Nebeneinanderfahren	29
10. Zuwiderhandlungen	30
11. Zivilrecht	32
a) Verantwortung für Ampel	32
b) Haftung für Ampel-Störungen	32 a
c) Verschulden bei Rotlichtverstößen	32b
12. Literatur	33

StVO § 37 1–3 Wechsel-, Dauerlichtzeichen, Grünpfeil

1 **1. Allgemeines**

§ 37 behandelt die FarbZ. Die zwischen Grün, Gelb u Rot wechselnden FarbZ der Lichtzeichenanlagen (LZA) heißen **Wechsellichtzeichen.** Dem steht gegenüber das **Dauerlichtzeichen** in III (zB an einer Baustelle: Bay DAR 95, 497). Das – auch ortsfeste – **gelbe Blinklicht** ist in § 38 III gesondert geregelt. Durch 17. ÄndVO v 14. 12. 93 wurde die sog Grünpfeil-Regelung in Abs II nach S 7 eingeführt (s VwV zu Abs 2 zu den Nummern 1 u 2 XI) u die vorübergehende VO v 20. 12. 91 (s 13. Aufl) aufgehoben.

2 **2. Abs 1: Vorrang u Geltungsbereich der Lichtzeichen**

LichtZ sind VAe in Form von Allgemeinverfügungen (s § 39 Rn 8; BGH(Z) NJW 87, 1945 = VRS 73, 271); sie gehen den allg Regeln u VSchildern nur vor, soweit sie den Vorrang regeln, zB § 6 S 1, § 8 I, § 26 sowie Z 205, 206, 208, 293 (s auch § 36 Rn 11). Andere VZ, bes auch die Richtungspfeile Z 209–222 u Geschwindigkeitsbeschränkungen, sind auch im Lichtzeichenverkehr zu beachten. Ob **Fahrbahnmarkierungen,** bes die durch **Z 297** vorgeschriebene Fahrtrichtung, neben den FarbZ zu beachten sind, hängt davon ab, ob das Wort „vorrangregelnden" in I nur zu „Verkehrsschildern" oder auch zu „Fahrbahnmarkierungen" gehört. Beide Auslegungen sind sprachlich möglich; nach der VwV zu I geht der VOGeber offenbar von der Verbindlichkeit des Z 297 auch im LichtzeichenV aus (krit dazu Mühlhaus DAR 72, 32 ff).

3 **WechsellichtZ** gelten nur an der StrStelle (Kreuzung, Einmündung, II 1 u 2), an der die LZA angebracht ist, nicht also auch außerhalb des geschützten Bereichs (Dü NZV 93, 243; Bay VRS 61, 289) oder an einer erst 20 oder 30 m entfernten oder erst später folgenden weiteren Einmündung (KG VM 73, 8; Bay VRS 65, 301; v 21. 3. 84, 1 Ob OWi 35/84). Allerdings reicht der **Wirkungsbereich** einer LZA weiter als die eigentliche Kreuzungsfläche, da er außer den Schnittflächen der Fahrbahnen noch weitere Str-Teile, wie die in ihm liegenden Fußgängerüberwege u parallel zur Fahrbahn verlaufenden Rad- u Fußwege sowie die Rand- u Parkstreifen, mit umfaßt (Bay VRS 34, 300; Kö StVE 27; Ko VRS 69, 60 = StVE 32; s 4 zu § 8; er beginnt an der Haltelinie, wenn eine solche vorhanden ist (BGH NZV 99, 430); nach Fra VM 87, 14 nur den zwischen den Haltlinien liegenden VRaum; nach Dü VM 94, 70 nicht Seitenstreifen; zw); wer also den Ampelbereich bei „Rot" bewußt auf dem Gehweg umfährt, um dahinter bei anhaltendem „Rot" im geschützten Wirkungsbereich der LZA weiterzufahren, verstößt gegen §§ 2 I (s § 2 Rn 21) u 37 in TE (Kö VRS 61, 291; DAR 85, 229; Kar NZV 89, 158; nach Dü VRS 63, 75; 68, 377 u Ha VRS 65, 158 sogar bei einschl Rechtsabbiegen u Weiterfahrt in der Querstr; ebenso wer auf der durch Grünlicht freigegebenen Geradeausspur in eine Kreuzung einfährt und nach Überfahren der Haltelinie auf den durch Rotlicht gesperrten Fahrstreifen für Linksabbieger wechselt, begeht Rotlichtverstoß (Bay ObLG NZV 00, 422). Jedoch **nicht** aber beim **Umfahren des Rotlichts** auf einem außerhalb des geschützten Ampelbereichs gelegenen (Park-)Platz (Bay VRS 61, 289; Dü VRS 66, 370) oder beim vorherigen Abbiegen ohne Berührung des durch die LZA geschützten Bereichs (Bay bei Verf NStZ 82, 109; Ha VRS 55, 292; Ol VRS 68, 381; Fra VM 87, 14; Dü NZV 93, 243) u anschl Weiterfahren hinter dem geschützten Bereich (Dü VRS 66, 371; NZV 98, 41; Verf NStZ 82, 109; Bay NZV 94, 80). – Die LichtZ gelten für alle VT, also auch für Radf (Bra NZV 94, 39), soweit für Radf u Fußgänger keine bes LichtZ angebracht sind (s unten 27), das einem bestimmten Fahrstreifen zugeordnete (§ 37 II 4 S 1) grundsätzlich nur für diesen (Bay 82, 155 = StVE 25; s unten 22 f).

3. Abs 2 Nr 1: Wechsellichtzeichen an Kreuzungen 4

sollen Gefährdung des kreuzenden u entgegenkommenden Verkehrs ausschließen (Dü DAR 88, 100; Bay VRS 61, 289).

a) **Grün** bedeutet nicht das Gebot, sondern nur die Erlaubnis, weiterzufahren. Wer sich bei Grün einer LZA nähert, muß seine Fahrgeschwindigkeit nicht deshalb herabsetzen, weil möglicherweise bald Gelb erscheint (Kar StVE 1; Hbg VM 58, 118); das gilt grundsätzlich (Ausn s unten) auch für Lastzug-Fahrer (Bay 59, 82 = VRS 17, 295); iVm § 3 II ist der Fahrer sogar verpflichtet, zügig weiterzufahren, um den VFluß nicht zu behindern (Dü VRS 65, 62; DAR 92, 109). Grundlose Verzögerung der Weiterfahrt (s § 3 II!) oder gar Anhalten vor Grün stellt eine vermeidbare Behinderung des nachfolgenden Verkehrs dar (KG VRS 47, 316). Grün entbindet aber den VT nicht von der ihm nach § 1 obliegenden Pflicht zur Rücksichtnahme auf den übrigen Verkehr (II 1 S 6). Wer sich falsch eingeordnet hat, muß, wenn ein grüner Pfeil nur für eine Richtung erscheint, nicht in dieser weiterfahren, sondern darf auf das Grün seiner Fahrtrichtung warten. Er verstößt aber gegen § 1 II, wenn er sich schuldhaft falsch eingeordnet hat u dadurch die Nachfolgenden behindert (Bay 59, 153; Stu VRS 24, 227).

Da die **Dauer** der **Gelbphase** mit 3 bis 5 sec (je nach zul Höchstgeschwin- 5 digkeit, s VwV zu Abs 2: In der Regel beträgt die Gelbzeit 3 s bei zul. V = 50 km/h, 4 s bei zul. V = 60 km/h und 5 s bei zul V = 70 km/h) bei Einhaltung der erlaubten Geschwindigkeit u normalem Bremsen rechtzeitiges Anhalten erlaubt, darf allerdings ein Kf, der sich im GroßstadtV einer LZA nähert, nur so schnell fahren, daß sein Anhalteweg nicht größer ist als die Strecke, die er in der innerorts üblicherweise 3 sec dauernden Gelbphase durchfährt (KG VM 81, 48; Bay v 26. 8. 85, 2 Ob OWi 181/85; s hierzu auch Ha VRS 57, 146 = StVE 10; VRS 57, 451; s unten 10). Ein Straba-Führer muß allerdings die Geschwindigkeit vor LZAn der Länge des Bremsweges seines Zuges anpassen (Dü VRS 57, 144; NZV 94, 408); ebenso derjenige, dessen Fz zB wegen der Ladung ungewöhnliches Bremsverhalten aufweist oder wenn Besonderheiten des StrZustands (Glätte) ein Anhalten (bei Rot) auch bei Einhaltung der zul Höchstgeschwindigkeit nicht ermöglichen würden, dann muß er die (an sich zul) Geschwindigkeit selbst bei Grün so weit herabsetzen, daß er noch innerhalb der etwa einsetzenden Gelbphase vor der LZA anhalten kann (zB bei Viehtransport; mit

Stahl beladener Lkw: Dü DAR 92, 109; VRS 65, 62 = StVE 26; Br VRS 79, 38; s auch unten 31).

6 **Grünes Blinklicht** in den letzten Sekunden der Grünphase ist nicht zugelassen (VwV zu Abs 2 II). Die RSpr billigt dem Kf beim Farbwechsel nur eine verkürzte Reaktions- u Bremsansprechzeit von 0,75 sec, bei handgesteuerten LichtZ an Fußgängerüberwegen eine solche von 0,9 sec zu (Bay 59, 321 = VM 60, 4; Br VM 66, 15; vgl hierzu auch Kö VM 81, 34 zur Reaktionszeit von Ortsunkundigen).

7 Beim Erscheinen von Grün müssen die Fz-Führer den **Nachzüglern des QuerV** die Räumung der Kreuzung ermöglichen (BGH(Z) VRS 52, 104 = StVE 3; KG VM 83, 100). Nachzügler sind VT, die bereits bei einer **früheren** Lichtphase berechtigt in die Kreuzung gefahren oder gegangen sind, sie aber vor dem Farbwechsel nicht verlassen haben (Ko VRS 68, 419), nicht aber solche, die noch **vor** dem eigentlichen Kreuzungsbereich aufgehalten worden sind (Kö VRS 72, 212 unter Aufg von VRS 36, 72), u entgegenkommende Linksabbieger derselben Lichtphase; letztere dürfen bei Rot nicht in die Kreuzung einfahren (Kö VRS 60, 63). „Echte" Nachzügler im obigen Sinne sind aber gegenüber den neu Einfahrenden auch dann bevorrechtigt, wenn für ihre Richtung inzw Rotlicht gegeben wurde (BGH VM 68, 81; VRS 21, 17) oder wenn sie an einem in der Kreuzung unterbrochenen Grünstreifen warten (BGHZ aaO). Die Nachzügler müssen bei Räumung der Kreuzung auf den wieder einsetzenden QuerV sorgfältig achten, kein Vertrauen auf ihr VorR (BGH(Z) aaO sowie KG VM 81, 89). – Zum Verbot der Einfahrt in die **verstopfte Kreuzung** s § 11 I u Ha NZV 93, 405. – Zur Quotelung bei Kollision zwischen Nachzügler u bei Grün einfahrendem QuerV s KG VM 93, 50; s unten 31 a.

8 Bes Vorsicht ist geboten, wenn der Lichtzeichenbetrieb nach vorheriger Abschaltung u Regelung durch PolBeamte wieder aufgenommen wird u die VLage in der Kreuzung nicht voll übersehbar ist (KG VM 81, 53).

9 **Grün** entbindet nicht von der Sorgfaltspflicht (BGH NZV 92, 108). Wer bei Grün in eine Kreuzung einfährt, darf zwar darauf **vertrauen**, daß der SeitenV gesperrt ist u daß sich die Fz-Führer hieran halten (BGH aaO; Fußgänger s § 25 Rn 14 f), nicht aber darauf, daß die Kreuzung von Nachzüglern frei ist. Doch 4–5 sec nach Aufleuchten von Grün muß nicht mehr mit verbotswidrigem QuerV gerechnet werden (Kö VRS 88, 25). – Weiter rückwärts befindliche Fahrer dürfen im **„fliegenden Start"**, dh mit unverminderter oder bis zur zul Höchstgeschwindigkeit gesteigerter Geschwindigkeit in die Kreuzung nur dann einfahren, wenn sie sicher beurteilen können, daß diese von bevorrechtigtem Verkehr (insb Nachzüglern) frei ist (KG VM 85, 49), sonst nicht (Dü VRS 71, 261; Kö StVE 5). Ist ihnen die volle Sicht durch andere – bes durch seitlich vor ihnen anfahrende – Fze verdeckt oder aus sonstigen Gründen unübersichtlich, so dürfen sie nur mit einer Geschwindigkeit einfahren, die ihnen das Anhalten vor in der Kreuzung befindlichen VT ermöglicht (BGH VM 68, 81; Bay 68, 50–52 = VRS 35, 383; Stu VRS 33, 376; Ha VRS 36, 419).

10 Das gleiche gilt, wenn der Einfahrende zwar die eigentliche Kreuzungsfläche, nicht aber den vor ihr befindlichen markierten Fußgängerübergang

als frei erkennen kann, solange sich die links von ihm befindlichen Fze nicht über den Fußgängerübergang hinaus bewegen (Bay 75, 59 = VRS 50, 65). Wer bei frühem Grün in die Kreuzung einfährt, muß mit **Nachzüglern** auf dem **Fußgängerüberweg** rechnen (Sa VM 80, 35; s aber Ha VersR 84, 195). Ein Kf, der bei „Grün" in eine Kreuzung einfährt, darf auch darauf vertrauen, daß der Führer eines EinsatzFz, der bei „Rot" in die Kreuzung einfahren will, dieses Vorhaben nicht nur durch blaues Blinklicht, sondern auch durch das Einsatzhorn anzeigen wird (KG VM 79, 26; 86, 71).

„**Feindliches Grün**": Die VB ist dafür verantwortlich, daß die VRegelung weder irreführend noch undeutlich ist oder gar neue Gefahren schafft, zB Grün gleichzeitig für zwei seitlich zusammentreffende Str (BGH(Z) NJW 87, 1945 = VRS 73, 271 = StVE 37) oder schwarzer Pfeil auf grünem Grund bei Zulassung von GegenV (BGH(Z) VM 72, 105; zur Haftung bei fehlerhafter Ampelschaltung s Jox NZV 89, 133). Der Nachweis obliegt dem Geschädigten; zu den Beweisanforderungen s Ha ZfS 96, 363. Fehlt eine landesrechtliche Haftungsgrundlage, kommt Haftung aus enteignungsgleichem Eingriff in Frage (Kar NZV 93, 187 = StVE 42). Für unzulängliche Überprüfung einer Baustellen-LZA haftet der Betreiber (Kö NZV 92, 364). **10 a**

b) **Abbiegen.** Gegenüber den während **derselben Grünphase** aus der Gegenrichtung einfahrenden **Linksabbiegern** sind die geradeaus Fahrenden bevorrechtigt (§ 9 III) u dürfen auf die Beachtung ihrer Vorfahrt vertrauen. Kann der Linksabbieger die Gegenfahrbahn nicht überblicken, muß er sich verhalten wie ein Wartepflichtiger an einer unübersichtlichen Kreuzung (Bay 60, 153). Solange für den GegenV Gelb erscheint, muß der Linksabbieger damit rechnen, daß Entgegenkommende in die Kreuzung einfahren. Hat der GegenV Rot, darf der Linksabbieger darauf vertrauen, daß kein VT das Rotlicht mißachtet (Bra NZV 95, 408), zumal das Rotlicht den Vorrang des GegenV aufhebt (Bra aaO mwN); der Linksabbieger muß aber auf **Nachzügler** achten, die an der Ampel schon vorher vorbeigefahren sind (Bay 67, 172 = DAR 68, 190; 68, 23 = VM 68, 56; Ha VRS 32, 147 u 58, 58). Kann er kein LichtZ sehen, ist er zu bes Sorgfalt verpflichtet (Hbg VM 72, 85). Ist aber aus dem Anhalten entgegenkommender Fze zuverlässig zu schließen, daß der GegenV Rot hat, darf der Linksabbieger darauf vertrauen, daß kein GegenV mehr in die Kreuzung einfährt (Bay VRS 48, 277; Zw VRS 66, 150; KG VRS 62, 261). **11**

Gibt ein **Grüner Pfeil** der LZA, dessen Bedeutung in II 1 S 3 definiert ist, das Abbiegen in einer Richtung frei, während der GeradeausV durch Rot gesperrt ist, darf der Abbieger darauf vertrauen, daß auch der GegenV durch Rot abgeschirmt ist (BGH(Z) DAR 92, 143 = NZV 92, 108; KG VM 86, 70, 73; Bay VRS 58, 147), dies beachtet u ihm das Räumen der Kreuzung ermöglicht (KG VM 82, 11; NZV 91, 271; BGH aaO). Das gilt auch, wenn neben dem grünen Pfeil für die Abbieger auch für den GeradeausV freie Fahrt durch einen Grünpfeil gegeben wird (Bay 64, 61 = VRS 27, 378; vgl VwV zu Abs 2 Nr 1 u 2 X 1). Der sonstige Vorrang **12** des GegenV nach § 9 III wird durch den aufleuchtenden Grünpfeil verdrängt (§ 37 II 1: BGH aaO u NZV 96, 231; 97, 350).

12 a Inzw bestehen folgende unterschiedliche **Grün-Pfeil-Regelungen:**
1. Grün-Pfeil **links hinter der Kreuzung** (II S 4, sog **Diagonal-Grünpfeil**), an der der Verkehr durch WechsellichtZ geregelt wird, erlaubt die Räumung der Kreuzung u das **Linksabbiegen;**
2. **einfeldiger Signalgeber mit Grün-Pfeil** (II S 12), der seit 11. ÄndVO ausdrücklich bei Rot das **Rechtsabbiegen** ebenso erlaubt wie
3. das aus der ehem DDR-Regelung durch die 17. ÄndVO mit Wirkung ab 1. 3. 94 übernommene **grüne Pfeilschild** auf schwarzem Grund (zur Ausgestaltung s Erl v 10. 3. 94, VkBl S 294), das rechts neben der Rot zeigenden LZA ebenfalls das **Rechtsabbiegen** unter bestimmten Vorsichtsmaßnahmen nach § 37 II Nr 1 S 8–10 erlaubt. Danach ist vor dem Rechtsabbiegen aufgrund des grünen Pfeilschildes zunächst an der Halt- oder Fluchtlinie des kreuzenden VBereichs anzuhalten (KG NZV 95, 199; s dazu auch Albrecht Rn 33; zu Verstößen gegen Grünpfeil-Regelung s Nr 131 u 133 BKat). Das Abbiegen ist nur erlaubt (nicht geboten!), wenn Behinderung u Gefährdung anderer ausgeschlossen ist (s § 10 Rn 7). Das vor einem Kreisverkehr (kein Kreisverkehr im Sinne von § 9 a) angebrachte grüne Pfeilschild erlaubt nur das sofortige Ausfahren bei der ersten Möglichkeit, nicht aber die Weiterfahrt im Kreis (KG NZV 02, 49).

12 b In allen Fällen 1 u 2 entbindet aber auch der grüne Pfeil nicht von der allg **Sorgfaltspflicht** (II S 6 ff) u dem Verbot nach § 11 I; der Abbieger darf nicht blindlings abbiegen (BGH VM 79, 11; NZV 92, 108; s auch II S 6); er muß bes auf **Nachzügler** u Fußgänger Rücksicht nehmen (s auch § 1 II; KG VRS 59, 367 = StVE 17; Dü VM 87, 11 mwN). Bei Diagonal-Grünpfeil (Fall 1) darf der Linksabbieger darauf vertrauen, daß GegenV gesperrt ist (BGH NZV 92, 108). Vor Aufleuchten des Grünpfeils (II S 4) ist der geradeaus gerichtete GegenV bevorrechtigt; der Abbieger darf nicht darauf vertrauen, ungefährdet abbiegen zu können (Ha DAR 91, 177; KG VM 92, 101).

13 Wenn an einer Kreuzung, vor der für die Linksabbieger ein eigenes Str-Stück nach links an die Querstr heranführt, für den Linksabbieger- u den QuerV gleichzeitig Grün gegeben wird, so gelten, wenn die gemeinsame Str-Fortsetzung nach ihrer Breite zur Aufnahme von mehrspurigem Verkehr ausreicht, für das Zusammentreffen der beiden VStröme nicht die Vorfahrtregeln, sondern diejenigen des mehrspurigen Verkehrs (Bay 66, 16 = VM 66, 64).

14 c) **Gelb** bedeutet nur für denjenigen „Warten!", der – zulässige Geschwindigkeit vorausgesetzt – bei mittlerer, dh normaler Betriebs-Bremsung (mit Bremsverzögerung bis 3,5–4 m/sec^2: Bay VRS 70, 384 mwN; Ha NZV 92, 409 u § 3 Rn 15) ohne Gefährdung Nachfolgender vor der LZA anhalten kann (s dazu BGH NZV 92, 157; KG VRS 67, 63); er muß also nicht voll bremsen, sondern darf jedenfalls in der ersten Gelbphase noch in die Kreuzung einfahren (Bay aaO; KG VM 92, 101). Ist das Anhalten nur durch scharfes Bremsen möglich, so ist vorsichtig u unter Beachtung des QuerV weiterzufahren (BGH NZV 92, 157; Bay 59, 57 = VM 59, 78; 68, 23 = VM 68, 56; Kö DAR 76, 250; Ha VRS 57, 453; KG aaO). Andererseits darf der Fahrer ohne vorherige Rückschau (Hbg MDR 64, 595; Kar VRS 72, 168) auch stärker bremsen, um **vor** der Kreuzung anzuhalten (Bay aaO; s auch § 4 Rn 15); das gilt auch für den, der „Gelb" übersehen hat u erst bei „Rot" auf die LZA aufmerksam geworden ist; er braucht vor dem Anhalten nicht erst den ausreichenden Abstand zum Nachfolgenden zu prüfen (Bay VRS 60, 381 = StVE 20 im Anschl an Bay VRS 17, 226; Fra DAR 72, 83), für dessen Einhaltung ohnehin der Nachfolgende verantwortlich ist (BGH NZV 92, 157; Dü NZV 92, 201). Wer aber unmittelbar vor der Kreuzung scharf bremst, obwohl er erst hinter der Haltlinie oder im Kreuzungsbereich zum Stehen kommen kann, verstößt gegen § 1 (Bay 64, 123 = VM 64, 122; Ha VRS 29, 43, 297), gegen § 315 b StGB, wenn er bei Gelb verkehrswidrig scharf bremst, um einen Auffahrunfall zu provozieren (s BGH NZV 92, 157).

Der Kf muß nach hM bei Gelb auch dann halten, wenn er bei normaler Bremsung zwar nicht mehr vor der **Haltlinie,** die eine Fußgängerfurt vor der Kreuzung abgrenzt, aber noch vor dem eigentlichen Kreuzungsbereich zum Stehen kommen kann (Stu NJW 65, 1093; KG VRS 34, 468; Ha VRS 49, 220 = StVE § 39 StVO 1). Zeigt die Ampel bereits Rot, so muß er anhalten, auch wenn er die Haltlinie überfahren hat (Ha VRS 48, 68). Jedenfalls darf der Nachfolgende nicht darauf vertrauen, daß ein Vordermann bei Gelb durchfährt, sondern muß sich auf dessen Anhalten auch noch im Kreuzungsbereich einrichten (Bay v 9. 11. 66 – 1 a St 213/66; vgl wegen des Abstandes § 4 Rn 11 f); jedoch nicht auf ein verspätetes verkehrswidriges scharfes Bremsen, durch das er erst in der eigentlichen Kreuzung zum Stehen kommt (Ha VRS 28, 385). **14 a**

In der Kreuzung aufgehaltene VT müssen bei Gelb die **Kreuzung räumen,** auch wenn für ihre Richtung inzwischen Rot gegeben wurde. Dabei haben sie zwar Vorrang vor dem einfahrenden QuerV (KG VM 93, 27; Ha NZV 93, 405), sie haben aber dann bes Rücksicht auf den inzw anlaufenden QuerV zu nehmen (Stu VRS 27, 464; KG VRS 34, 466; Dü VersR 87, 468). Über die **Dauer** der Gelb- u Gelb-Rot-Phase s VwV zu Abs 2 zu den Nrn 1 u 2 IX u oben 5. Ging dem Rotlicht eine Gelbphase mit mind 3 sec voraus, so genügt diese im innerstädtischen Verkehr zu einem gefahrlosen Anhalten vor der Kreuzung (Kö DAR 76, 250; s hierzu auch KG VM 81, 48). Fährt ein Kf auf eine Ampel zu, die zunächst gelbes Blinklicht zeigt, dann aber auf gelbes Dauerlicht u schließlich auf Rotlicht übergeht, so kann ihm kein Vorwurf daraus gemacht werden, daß er die Umschaltung nicht bereits mit dem Beginn der Gelbphase bemerkt (Bay 73, 185 = VRS 46, 307; Kö VRS 53, 308). – Zur Zulässigkeit des Abbremsens bei gelbem Blinklicht einer Vorampel s Ha NZV 95, 25. **15**

„Diagonalgelblicht" ist im Kreuzungsbereich nicht mehr zulässig; an dessen Stelle ist der grüne Linkspfeil getreten (Begr VkBl 80, 514; s oben 12 a). – **Gelbes Blinklicht** s § 38 Rn 7. **16**

StVO § 37 17–18 Wechsel-, Dauerlichtzeichen, Grünpfeil

17 d) **Rot** gebietet Anhalten „vor der Kreuzung" (s § 8 Rn 4), dh vor dem durch die Fluchtlinien der sich kreuzenden Fahrbahnen begrenzten, geschützten Bereich (Bay ZfS 94, 467; Ol NZV 93, 446), jedoch nicht vor der unterbrochenen Wartelinie nach § 42 VI Nr 2 StVO, da diese nur empfehlenden Charakter hat (LG Berlin NZV 00, 472). Rot dient in erster Linie dem Schutz des Quer- oder einmündenden sowie des entgegenkommenden, nach links abbiegenden Verkehrs (BGH(Z) VRS 61, 180), der darauf vertrauen darf, daß aus der gesperrten Fahrtrichtung keine Fze in den geschützten Bereich einfahren (Dü NZV 93, 243). Das gilt auch bei Rot für Linksabbieger zum Schutz des GegenV (Bay v 30. 7. 97 bei Verf NStZ 97, 590). Wird das Haltgebot durch eine Haltlinie (Z 294) ergänzt, ist bei Rot dort zu halten (s Kar DAR 95, 261; Dü NZV 00, 134); zu **Verstößen** gegen **rotes Wechsellicht** s **unten 31 ff**). Das Anhaltegebot gebietet keine gefährliche Vollbremsung, sondern muß unter Vermeidung einer Gefährdung des übrigen Verkehrs befolgt werden (Bay 52, 168; s auch § 19 Rn 18).

17 a „**Dauerrot**" an einer Kreuzung infolge Ampeldefekts beinhaltet zwar kein Daueranhaltegebot (Durchfahrtverbot); da aber mit „Dauergrün" für den (bei der Annäherung die Ampelstörung nicht erkennenden) QuerV zu rechnen ist (oder mit dem normalen Taktwechsel auf der Ampelseite des QuerV), darf das Durchfahren des „Dauerrots" nur mit äußerster Vorsicht geschehen (extremer **Mißtrauensgrundsatz;** Kö VRS 59, 454 = StVE 19; BGH NJW 75, 685: kein Anspruch aus Gefährdungshaftung bei Versagen einer LZA; s aber Ha StVE 34 = NVwZ 86, 509 zur Amtshaftung bei „**feindlichem Grün**"; s BGH VRS 73, 271 = StVE 37 unter Aufg von BGHZ 54, 332; Kar VRS 84, 401; Ha StVE 34 sowie Jox NZV 89, 133).

17 b Zur **Umgehung des Rotlichts** durch Umfahren des Ampelbereichs s oben 3, zum Überfahren der Haltlinie s 14. – Nichtbeachten des nicht als VorschriftZ in der StVO vorgesehenen Schildes „Bei Rot hier halten" kann allenfalls als Empfehlung im Rahmen des § 1 II beachtlich sein; auch im VzKat 92 wird es unter Nr 1012–35 als bloßes Hinweis-Schild geführt.

17 c **Rotlichtüberwachungskameras** sind zul Beweismittel; ihre Uhrwerke müssen aber geeicht sein (§ 2 II EichG), sonst Sicherheitsabschlag (KG NZV 92, 251: 0,2 sec; Ha NZV 93, 361; VRS 84, 51: Bemessung idR durch Sachverständigen; Kar NZV 93, 323 u VRS 85, 467: Anforderungen an UrtGründe; s auch § 3 Rn 93b). Die Rotlichtüberwachungsanlagen gelten inzw im allg als zuverlässig (s Ce VRS 92, 39 iG zu Ol NZV 93, 447), so daß es insoweit bei Fehlen konkreter Mängelhinweise keiner Begründung bedarf. Das 1. Foto soll idR 0,6 sec nach Beginn der Rotlichtphase ausgelöst werden (BLFA OWi Okt 90; Hessen Erl v 31. 10. 90; s auch unten 31).

17 d **Rechtsabbiegen** bei Rot ist unter den oben (12 a) gen Voraussetzungen erlaubt, wenn eine Behinderung oder Gefährdung der Fußgänger u Fze der freigegebenen Richtung ausgeschlossen ist (s § 37 II 1 S 8 ff).

18 e) **Rot** u **Gelb** zugleich kündigt nur das baldige Erscheinen von Grün an, hebt aber das Haltgebot nicht auf.

Lichtz f einzelne Fahrstreifen u best Fahrz   **19–24 § 37 StVO**

f) Rote u gelbe Pfeile u schwarze Pfeile auf Rot oder Gelb s II 1   19
S 8 u VwV zu II 1 u 2 X. Schwarze Pfeile auf Grün sind unzulässig (VwV
zu II 1 u 2 X 1).

4. Abs 2 Nr 2: Wechsellichtzeichen an anderen Stellen, zu denen   20
ua auch Engstellen, Grundstücksausfahrten pp gehören, haben entspr Bedeutung.

5. Abs 2 Nr 3: Zur **Farbfolge Gelb-Rot** s VwV zu Nr 3.   21

6. Abs 2 Nr 4: Lichtzeichen für einzelne Fahrstreifen u best   22
Fahrzeuge

a) **Sonderfahrstreifen u Fahrbahnteiler.** Sonderfahrstreifen sind zwar ausdrücklich zugelassen, setzen aber Fahrbahnmarkierungen voraus (Z 295, 296, 340). Auf jeder Fahrspur darf die Fahrt grundsätzlich nur nach Maßgabe der für sie geltenden FarbZ fortgesetzt werden (Bay 68, 56 = VRS 35, 388; 64, 148 = StVE 25; bei Rüth DAR 85, 236); bei rotem Linksabbiegepfeil darf daher bei Grün für die Geradeausspur nicht nach links abgebogen (KG VRS 73, 75), wohl aber geradeaus gefahren werden (Dü StVE 38); umgekehrt ist das Umfahren von Rot für die Geradeausspur auf der durch Grün freigegebenen Linksabbiegespur mit anschl Wechsel auf die durch Rot gesperrte Geradeausspur mind dann ow nach § 37 II 4, wenn der Betr von vornherein die Absicht hatte, in der gesperrten Richtung weiterzufahren (Bay DAR 96, 104); nach Bay NZV 00, 422 spielt keine Rolle, ob Absicht von vornherein oder erst später erfolgt; s hierzu auch Zw NZV 97, 324 zum Rotlichtverstoß bei Weiterfahrt in gesperrter Richtung.

Für den Führer eines Kraftfahrzeuges, der unbefugt einen Sonderfahrstreifen iS des § 41 II Nr 5 (Zeichen 245) StVO mit einer für diesen Streifen gesondert installierten Anlage entsprechend Anlage 4 BOStrab benutzt, gelten die Lichtzeichen einer daneben für den allgemeinen Verkehr auf den übrigen Fahrstreifen eingerichteten Verkehrsampel (Hbg NZV 01, 389).

Bauliche **Teilung** der **Fahrbahn** vor einer Kreuzung (zB keilförmige   23
VInsel) schafft selbständige Fahrbahnen, zB eine eigene Fahrbahn für die
Rechtsabbieger. Ist in einem solchen Fall die Lichtampel auf der VInsel, also links neben der Rechtsabbiegerbahn, u rechts neben dieser ein Warteschild (Z 205, 206) aufgestellt, so gilt die Lichtzeichenregelung nicht für die Rechtsabbieger. Diese können daher unabhängig von der Farbzeichenregelung nach rechts abbiegen, jedoch unter Beachtung der Vorfahrt des QuerV. Zur Vorfahrt an VInseln vgl § 8 Rn 5; Bay VM 78, 87.

b) **Busstreifen** sind entspr gekennzeichnete Sonderfahrstreifen (s § 9   24
Rn 38; **Z 245** oder **250** m Zusatzschild). II 4 S 2 betrifft bes die Lichtzeichenregelung auf Fahrstreifen für den LinienbusV. Die hier gegebenen bes LichtZ gelten nur für Linienbusse u dort zugelassene Taxen, nicht aber für unbefugte Benutzer (Bay 84, 109 = StVE 31; Verf NStZ 85, 115; aA Dü VRS 68, 70). Das Erlöschen des weißen SonderlichtZ für Busse bedeutet für diese kein Haltgebot, wenn die für den allg Verkehr maßgebliche Ampel Grün zeigt (LG Mainz NZV 95, 33).

Jagow 505

StVO § 37 25–28 Wechsel-, Dauerlichtzeichen, Grünpfeil

25 **7. Abs 2 Nr 5 u 6: Fußgänger u Radfahrer im Lichtzeichenbereich**

a) Bei Grün für die **Fußgänger** dürfen diese darauf vertrauen, daß sie gegen FahrV abgeschirmt sind, müssen sich aber vor Betreten der Fahrbahn davon überzeugen, ob Nachzügler des FahrV noch durchfahren wollen, u diesen das Räumen der Kreuzung ermöglichen (BGH(Z) VRS 19, 403; 31, 3). Das VorR des Fußgängers auf den Zebrastreifen (§ 26 I) gilt nicht, wenn die Durchfahrt durch FarbZ geregelt wird (§ 37 I; Bay 66, 123 = VRS 32, 57). Wohl aber gilt das VorR der Fußgänger nach § 9 III S 2, wenn abbiegende Fze den Fußgängerübergang überqueren wollen u beide gleichzeitig Grün haben (Kö VM 80, 87; KG VM 81, 90). Ein Fußgängerüberweg liegt im Ampelbereich, wenn die für ihn bestimmten FarbZ ein Teil der gesamten LZA an der Kreuzung sind, auch wenn er nicht unmittelbar an die Schnittlinien der Fahrbahnen angrenzt (s dazu Bay VRS 34, 300 u Kö VRS 61, 291 = StVE § 8 StVO 57; oben 3). Befinden sich an ihm keine LichtZ, so fällt er nicht in den Geltungsbereich der LichtZ-Regelung, wenn er von der Kreuzung so weit entfernt ist, daß ein Zusammenhang mit der Kreuzung nicht mehr besteht (Bay aaO S 154; vgl auch § 25 III u dort Rn 14).

26 Hat ein Fußgänger bei Grün die Fahrbahn zu überqueren begonnen, so muß er, wenn inzw Rot erscheint, nach S 2 zügig weitergehen (BGH NZV 91, 114). Wird die Str durch eine VInsel oder einen Mittelstreifen geteilt, so muß der Fußgänger dort anhalten, wenn sich dort die LZA befindet, die Rot zeigt (vgl Sa VM 80, 35). Andernfalls darf er die Str trotz des Rotlichts noch ganz überqueren, wenn er dadurch nicht den inzw angelaufenen FahrV behindert (vgl Kö MDR 59, 488; Ol VRS 31, 131). Das Rotlicht des Fußgängerübergangs verbietet das Überschreiten der Fahrbahn nur auf der durch die Haltlinie oder den Zebrastreifen begrenzten Fläche. Das Überqueren außerhalb der Markierung beurteilt sich nicht nach § 37, sondern nach §§ 1 u 25 III (KG VM 58, 110; Schl VM 61, 9; aA Hbg VRS 7, 376; Bay 59, 63).

27 b) Das spezielle LichtZ für **Radf** gilt für sie im gesamten Wirkungsbereich der LZA, also auch außerhalb des Radweges (Ce VRS 67, 294; Kö VRS 73, 144; s auch Rn 3). – **Nr 6** stellt eine Spezialregelung dar, die der Erhöhung der VSicherheit u Einsparung bes LZAn dienen soll.

28 **8. Abs 3: Dauerlichtzeichen, gekreuzte Schrägbalken**

DauerlichtZ dienen auf Ein- u Ausfallstr der Großstädte der Schaffung von **Umkehrstreifen,** dh durch die DauerlichtZ werden zB am Morgen dem Verkehr stadteinwärts u umgekehrt am Abend stadtauswärts mehr Fahrstreifen zur Verfügung gestellt. Durch DauerlichtZ kann der Verkehr auf einem Fahrstreifen auch in beiden Fahrtrichtungen gleichzeitig gesperrt (Dü VRS 63, 70) u hiervon durch Zusatzschilder eine bestimmte VArt, insb der Verkehr mit öff VMitteln, ausgenommen werden (Bay 77, 139 = VRS 54, 73). Zur Erhöhung der VSicherheit beim Wechsel von „Grün" auf „Rot" ist als Zwischensignal in III S 4 der gelb blinkende Diagonalpfeil eingeführt worden, der einen Fahrstreifenwechsel in Pfeilrichtung anordnet. – Die **roten gekreuzten Schrägbalken** dienen der Sperrung von Fahrstreifen, bes der Umkehrstreifen.

9. Abs 4: Nebeneinanderfahren – s hierzu § 7 Rn 9 ff. 29

10. Zuwiderhandlungen 30

a) Verstöße gegen Ge- oder Verbote nach § 37 sind OWen nach den §§ 49 III 2 StVO iVm 24 StVG (s Nrn 130 bis 133 BKat). Zum tateinheitlichen Verstoß gegen § 2 I s oben 3. – Wer die Haltlinie überfährt, aber vor dem geschützten Kreuzungsbereich noch anhält, verstößt nicht gegen §§ 37 II, 49 III 2, sondern gegen § 49 III 4 (Kö VRS 60, 63; Bay VRS 60, 381 = StVE 20; 61, 289; NZV 94, 200; Fra VRS 59, 385 = StVE 16; Ce ZfS 97, 355); erst nach Einfahren in die Kreuzung oder in eine davor mitgesicherte Fußgängerfurt liegt ein Verstoß gegen §§ 37 II 1 oder 2, 49 III 2 vor (Ha DAR 93, 439; Bay 84, 30 = VRS 67, 150 = StVE 29; NZV 94, 200; Verf NStZ 84, 546).

Der Vorwurf, ein **rotes Wechsellicht** mißachtet zu haben, setzt zunächst voraus, daß die LZA als Wechsel-LZA in Betrieb war (Bay DAR 95, 497 = NZV 96, 81: nicht als Dauerlicht für Sonder-Fze; Je NZV 97, 86), sonst kein Verstoß gegen § 37. Zur Verurteilung wegen Rotlichtverstoßes bedarf es zwar grundsätzlich der Feststellung der Ampelschaltung, insb der Dauer der Gelbphase, der zul u gefahrenen Geschwindigkeit sowie der Entfernung des Betr von der LZA bei Wechsel auf Rot (Dü BA 96, 374; Kö VM 84, 92; VRS 84, 115; Hbg DAR 93, 395; Ol NZV 93, 408: Frühstarter; DAR 93, 440: Nachzügler; Dü NZV 94, 408: bei Straßenbahnen); **nicht** aber bei Feststellung des Rotlichtverstoßes mit stationärer Überwachungsanlage (Traffipax) innerorts, wo grundsätzlich von einer Höchstgeschwindigkeit von 50 km/h u einer Gelbphase von 3 sec auszugehen ist, wenn keine gegenteiligen Hinweise vorliegen (Hbg VRS 90, 452; Dü aaO; Ha VRS 85, 375; Kö VM 84, 92; s dazu auch Bay v 30. 12. 87 bei Verf NStZ 88, 266; Br NZV 90, 482), so daß hierzu auch ergänzende tatrichterliche Darlegungen grundsätzlich entbehrlich sind (Dü NZV 96, 81; Ha VRS 57, 453, 454; Hbg DAR 95, 500, 501; Dü NZV 99, 94; Jag/Hentschel, Rn 61 zu § 37 StVO); bei Rotlichtverstoß an Baustelle bedarf es nach Ha (NZV 94, 369) der Feststellung der konkreten VSituation (Länge u Lage des Baustellenbereichs, Breite u Übersichtlichkeit der Überleitungsspur). Die obergerichtliche RSpr geht allerdings zunehmend dazu über, die vom BGH (DAR 93, 474) festgelegten Grundsätze für die Bewertung von Meßverfahren auch auf die Feststellung eines Rotlichtverstoßes durch eine automatische Überwachungsanlage anzuwenden (vgl Bay DAR 94, 123; Dü DAR 95, 456 u Ce VRS 92, 39).

Das Passieren der Rotlichtampel nach Ablauf der 3–4 sec dauernden 31a Gelbphase u 1 sec Rotlicht wird nach den Nrn 34.1 u 34.2 BKat wegen der bes Gefährlichkeit als sog **qualifizierter Rotlichtverstoß** strenger geahndet (Bay NZV 97, 84), wenn es sich um Regelfall u keinen atypischen

StVO § 37 31 b Wechsel-, Dauerlichtzeichen, Grünpfeil

Rotlichtverstoss handelt (s unten Rn 313 c). Die Regelung ist nicht auf den Schutz des QuerV beschränkt, sondern **gilt für alle Vorrangverletzungen** (Bay DAR 97, 28 = NZV 97, 242), dh sie gilt auch an sog **Bedarfsampeln** für Fußgänger (Bay NZV 97, 84), bei Rot für Linksabbieger (Bay v 30. 7. 97 bei Verf NStZ 97, 590) u an Baustellenampeln zur Regelung des Gegen- und DiagonalV.

31 b Voraussetzung ist eine **exakte Messung der Rotlichtdauer von 1 sec** (Ce NZV 94, 40; KG NZV 95, 240: Ablesen der Armbanduhr genügt nicht; **Traffiphot III** ist mind seit Anfang 94 zuverlässig: Nds OVG ZfS 97, 77; anders vorher Fra DAR 94, 204) u die Feststellung der Art u Zuverlässigkeit der Überwachungsmethode (Ka NZV 93, 323) u der Zeitmeßeinrichtung insb im Grenzbereich von 1 sec (Ol DAR 96, 368); bloße Schätzung genügt grundsätzlich nicht (Dü DAR 95, 167; ZfS 95, 394; NZV 98, 78 Ls; Bay ZfS 95, 433; KG NZV 95, 240 u DAR 96, 503; anders aber uU nach Ha NStZ-RR 96, 216 u DAR 97, 77 bei gezielter Rotlichtüberwachung oder durch erfahrene Pol-Beamten: Dü BA 96, 37), jedoch nicht bloßes Zählen bei nur zufällig beobachtetem Rotlichtverstoß (Ha DAR 96, 415). Gezielte Rotlichtüberwachung durch Schätzung von Polizeibeamten ist aber angesichts der in Betracht kommenden Fehlerquellen mit Unsicherheiten behaftet, denen die Beweiswürdigung in nachvollziehbarer Weise Rechnung tragen muß; deshalb Darlegung tatsächlicher Anhaltspunkte, die eine Überprüfung der zeugenschaftlichen Schätzung auf ihre Zuverlässigkeit zulassen (Dü NZV 99, 94; Ha NZV 01, 177; KG NZV 02, 50; Dü NZV 00, 134).

Automatische Überwachungskameras u Stoppuhren unterliegen zwar der **Eichpflicht** (KG NZV 92, 251; zum Sicherheitsabzug s Bay DAR 95, 299); das mit einem ungeeichten Meßgerät gewonnene Ergebnis ist aber nicht unverwertbar, da § 25 I 3 EichG kein Verwertungsverbot für das OWi-Verfahren enthält; es kann aber ein höherer Toleranzwert angebracht sein (Ce NZV 96, 419).

Maßgeblich für die nach Nr 132.2 BKat erforderliche **Berechnung der Rotlichtzeit** von 1 sec ist nach der zutr inzw hM (Bay NZV 94, 200 u 97, 84; Dü DAR 95, 167; 97, 116; Ce VRS 91, 312; Kö NZV 95, 327 unter Aufg von NZV 94, 330; Ol ZfS 96, 433 unter Aufg von NZV 93, 446; Hbg DAR 97, 324 Ls; Stu NZV 97, 450; Ha NZV 93, 492; KG NZV 92, 251; Dr NZV 98, 335 u BGH NZV 99, 430) der **Zeitpunkt des Überfahrens der Haltlinie** (auch wenn sie beim Abbiegen etwas zurückversetzt ist: Dü v 15. 10. 97 bei Verf NStZ 98 HG), wenn der Betr anschließend in den geschützten Bereich einfährt (so Ce aaO; Ol aaO; Stu DAR 97, 364 Ls; BGH aaO); bei **Fehlen der Haltlinie** der des Einfahrens in den **geschützten Kreuzungsbereich** (Ha NStZ-RR 96, 216; Kö NZV 95, 327; Dü VRS 93, 212; Bay aaO; Ol NZV 93, 446; Kar DAR 95, 261; Fra DAR 95, 30; Dü DAR 97, 283 u NZV 00, 134; BGH aaO). Wer Haltelinie bei Grün überfährt, aber – wegen Stau – vor dem geschützten Kreuzungsbereich halten muß und gleichzeitig auch noch die Lichtzeichen der Ampel im Blick hat, darf nach Umschalten der Ampel auf Rot nicht mehr in den geschützten Kreuzungsbereich einfahren; Betroffe-

Jagow

ner ist hier ggf. (hängt von der Dauer des Rotlichts ab) wegen qualifiziertem Rotlichtverstoß zu belangen (BGH NZV 99, 430 unter Ablehnung von Kö NZV 98, 297). Die strengere Ahndung nach Nr 34.2 BKat beginnt mit Ablauf der ersten sec u erfaßt die gesamte weitere Rotlichtdauer (Dü DAR 96, 107; Ha DAR 97, 117). Liegt bei automatischer Rotlichtüberwachung die erste **Kontaktschleife** in Fahrtrichtung des Betroffenen hinter der Haltelinie, ist für Feststellung des qualifizierten Rotlichtverstoßes die Zeit abzuziehen, die der Betroffene für die Strecke zwischen Haltelinie und Kontaktschleife benötigt hat (Kö NZV 98, 472).

Nachzüglern (Kf, die bei Grün noch ihre Ampel passiert haben) und die in den Kreuzungsbereich eingefahren sind (echte Nachzügler), ist vom Querverkehr, der inzwischen seinerseits Grün erhalten hat, das Verlassen der Kreuzung vorrangig zu gestatten; dies gilt jedoch nicht für Nachzügler, die den Kreuzungsbereich noch nicht erreicht haben (unechte Nachzügler) und die deshalb warten müssen, bis der Querverkehr die Kreuzung frei gemacht hat (Ko NZV 98, 465).

Der Feststellung einer (von StVO u BKat nicht vorausgesetzten) konkreten Gefährdung bedarf es nicht (Zw NZV 94, 160; Kar DAR 96, 33; Ha NZV 96, 327); abstrakte Gefährdung genügt (Bay NZV 97, 84, 320); fehlt sie, muß kein bes schwerer Fall iS der Nr 132.2 BKat vorliegen (Kö VRS 92, 228, 279). Ob Rotlichtverstoß, der auf sog. **„Mitzieh-Effekt"** beruht, einfach oder qualifiziert ist, hängt von den näheren Umständen ab. Grobe **Pflichtverletzung** iS von § 25 I 1 StVG (Fahrverbot) muß **objektiv** und **subjektiv** gegeben sein (KG NZV 02, 50; Ha NZV 01, 221), wobei auch der Grad der Gefährdung durch das Verhalten des Betroffenen eine Rolle spielt (Bay NZV 99, 216; Ha NZV 99, 176). Qualifizierter Rotlichtverstoß wurde auch angenommen bei Ablenkung durch Telefonanruf (Dü NZV 98, 335), durch Telefonieren ohne Freisprecheinrichtung während der Fahrt, wobei Gericht deshalb Vorsatz angenommen hat (Ce NZV 01, 354 mit krit Anm von Wrage NZV 02, 196) u bei Nichterkennbarkeit des Rotlichts infolge Einstrahlung von Sonnenlicht, wenn Kf trotz solcher Lichtverhältnisse ohne weitere Vorsichtsmaßnahmen in einen Kreuzungsbereich einfährt und dort einen Unfall verursacht (Ha NZV 99, 302).

Annahme von **Vorsatz** erfordert Feststellung, mit welcher Geschwindigkeit sich Betr der Ampel genähert und in welcher Entfernung von der Haltelinie er das vorausgehende Gelblicht bemerkt hat (KG NZV 01, 441). **Grobe Fahrlässigkeit** bei Führen eines Mietwagens im Großstadtverkehr, wenn Betr mit Fz so wenig vertraut ist, daß er versehentlich bei Rotlicht in eine Kreuzung einfährt (By ObLG NZV 01, 135).

Kein Regelfall wurde angenommen bei der Nichtbeachtung von Rot einer Baustellenampel unter bes, eine abstrakte Gefährdung anderer ausschließenden Umständen (Kö NZV 94, 41; Ha NZV 94, 369; Dü NZV 95, 35; sonst s oben 31 a), bei bloßer Unachtsamkeit (Bay NZV 94, 287, 370; Ha DAR 95, 501) bes bei unübersichtlicher VSituation (Bay DAR 97, 28 = NZV 97, 242), infolge Irrtums nach vorherigem Anhalten (Dü DAR 96, 107); bei leichter Fahrlässigkeit (Dü NZV 97, 241); beim Übersehen einer überraschend sichtbar gewordenen LZA (Dü VRS 85, 470;

StVO § 37 31 d–31 f Wechsel-, Dauerlichtzeichen, Grünpfeil

NZV 94, 161), beim Abbiegen infolge Ampelverwechselung (Dü NZV 93, 320, 409; Bay NZV 94, 370), beim „Mitzieh-Effekt" ohne Gefährdung (Ha VRS 88, 216; Bay v 30. 3. 95, 2 Ob OWi 89/95), bei Mißachtung von Rot in notstandsähnlicher, ungefährlicher Situation (Ha v 22. 2. 94 bei Janiszewski NStZ 95, 274) bzw unter starkem psychischem Druck (Hbg DAR 95, 168) oder wenn der geschützte Bereich gar nicht berührt wird (Ce ZfS 94, 306) oder jede Gefährdung ausgeschlossen war (Dü ZfS 95, 394; KG NZV 01, 91); Dr (DAR 95, 498) läßt eine Ausn selbst bei längerer Rotlichtdauer (3,18 sec) im Falle unverhältnismäßiger Härte zu (s auch § 25 StVG 10 c; zu weiteren Ausn-Fällen s Beck DAR 97, 32).

Qualifizierter Rotlichtverstoß nach Nr 132.1 u 132.2 BKat liegt auch nicht vor bei sog **atypischem Rotlichtverstoß,** wenn abstrakte Gefährdung anderer ausgeschlossen werden kann (Dü NZV 93, 320, 409; 94, 161; Kö NZV 94, 41; Bay NZV 94, 287, 370; Bay DAR 97, 28; 96, 31) oder bei bloßer Unachtsamkeit ohne Gefährdung; zu den nötigen Feststellungen s Ha NStZ-RR 96, 216; s auch § 25 StVG 10 c. – Qualifizierter Rotlichtverstoß liegt nicht vor, wenn der Betr, der mit seinem Fahrzeug vor der Rotlichtzeigenden Ampel angehalten hat, bei fortdauerndem Rotlicht nach rechts abbiegt, nachdem der Querverkehr den Kreuzungsbereich bereits verlassen hat (Dü NZV 00, 90). – Auch nur einfacher Rotlichtverstoß bei Sattelzug auf einer Kreuzung, der für den Querverkehr ein weithin sichtbares Hindernis auf der Kreuzung darstellt, so daß von einer besonderen objektiven Gefährlichkeit des Verhaltens des Betroffenen nicht auszugehen ist (KG NZV 99, 435).

31 d Eine Erhöhung der Geldbuße kann nicht abstrakt auf eine lange Rotlichtzeit oder Gefahr für den QuerV gestützt werden, da diese Umstände bereits im BKat berücksichtigt sind (Ha NZV 93, 361). – Zur **Identitätsfeststellung** durch Rotlichtüberwachungskameras s oben 17 c u § 3 Rn. 93 b. – Bei Nichtbeachtung des Rotlichts u mehreren Voreintragungen im VZR ist eine Verdoppelung der Regelgeldbuße nach Kö (VRS 61, 152 = StVE 22) unbedenklich. – **Zwei Rotlichtverstöße** an zwei Kreuzungen auf einer Fahrt bilden **keine TE** (Dü DAR 97, 322). – Bei Mitschuld des Gefährdeten kann uU vom FV abgesehen werden (Ce NZV 94, 40). – Zur Bußgeldhöhe bei **Radf** s § 1 VII BKatV; Bra NZV 94, 39.

31 e **Gerechtfertigt** (§ 16 OWiG) kann die Mißachtung von Rot sein, wenn nur so ein drohender Auffahrunfall vermeidbar (Dü DAR 92, 108) u die Gefährdung anderer VT nahezu ausgeschlossen ist (KG NZV 93, 362). Str-Glätte ist kein Rechtfertigungsgrund (Dü DAR 92, 109). – **Vorsatz** wird nicht allein dadurch belegt, daß der Betr hätte anhalten können (KG NZV 92, 251). Es ist aber grob fahrlässig u verkehrswidrig, in eine Kreuzung einzufahren, ohne infolge Sonnenblendung das LichtZ zu erkennen (Ha NZV 96, 327; Kar DAR 97, 29: bes Vorsicht!). – Wer ein FarbZ übersieht oder nicht richtig erkennt, handelt im **Tatirrtum;** wer das FarbZ richtig sieht, aber seine Bedeutung falsch beurteilt, im **Verbotsirrtum.**

31 f b) Verstoß gegen **Dauerlichtzeichen** (durch V-Leitsystem angeordnete Geschwindigkeitsbeschränkung) liegt auch vor, wenn Kf auf BAB-Parkplatz Fahrt unterbricht, das V-Leitsystem zwischenzeitlich Geschwindigkeitsbegrenzung ändert und Kf anschließend – ohne Kenntnis von der Änderung – Geschwindigkeit überschreitet; Kf sei verpflichtet, sich bis zur nächsten Anzeigebrücke vorsichtshalber der Geschwindigkeit der Mehrzahl der Pkw anzupassen (Bay NZV 98, 386, krit. Anm. von Scheffler, NZV 99, 363).

11. Zivilrecht

a) Ob eine **Ampel** errichtet werden soll, steht idR im Ermessen der StrVB (BGH VersR 67, 602). Ampeln sind sachgerecht aufzustellen und fehlerfrei zu betreiben, Amtspflicht der StrVB (BGH VersR 90, 739). Die Richtlinien für Lichtsignalanlagen sind zu beachten (RiLiSA 1992), vgl VkBl 1992, 356, mit Änderungen VkBl 1994, 602 u 1999, 409. Desgleichen ist für die StrVB die VwV-StVO zu § 37 verbindlich. Jeder VT darf auf verkehrsgerechte und ungefährliche Phasierung vertrauen (Dü VersR 77, 455). Vorsorge gegen Störungen sind Gegenstand der **Verkehrssicherungspflicht** (BGHZ 99, 249 = NJW 87, 1945; vgl auch Burmann/Heß in Berz/Burmann, Handbuch, Rn 7 zu Abschn 9 C; Hentschel, Rn 62f zu § 37 StVO). **32**

b) Zur **zivilrechtlichen Haftung,** insb zur Haftungsverteilung bei **ungeklärter Ampelschaltung** s BGH NZV 96, 231 u 97, 350: Gleiche Belastung bei gleicher Betriebsgefahr; der geradeaus Fahrende hat zu beweisen, daß der Grünpfeil für den ihm entgegenkommenden Linksabbieger nicht aufgeleuchtet hat, wenn er daraus für sich günstige RFolgen herleiten will (BGH NZV 96, 231). Zum „feindlichen Grün" s oben Rn 10 a. **32 a**

c) Es kommt für die Beurteilung der **Schuldfrage** bei **Rotlichtverstößen** auf die das Umstände des Einzelfalles an. Die Nichtbeachtung von Rot wird zwar idR als grobe Fahrlässigkeit beurteilt (vgl BGH r + s 92, 292; Ha VersR 88, 1260; 95, 92; r + s 94, 4; Ol r + s 94, 47), doch muß sie nicht stets auf grober Fahrlässigkeit beruhen (LG Regensburg ZfS 90, 135; s RSprÜb bei Greger Rn 257), so zB bei Ortsunkundigen oder FSch-Neulingen in schwierigen VLagen (van Büren DAR 95, 470); andererseits kann selbst das unbewußte Übersehen von Rot eine bes schwere Sorgfaltspflichtverletzung darstellen (Stu NZV 92, 322; Kö r + s 92, 7). – Der Nachzügler (s 7) haftet bei Kollision m QuerV idR zu 1/3 (s KG VM 93, 50 m krit Anm Booß u mwN), soweit nicht bes Umstände vorliegen. – Zur Haftung bei „feindlichem Grün" s oben 10 a u 33 (Jox). **32 b**

12. Literatur **33**

Albrecht „Die bundesweite Einführung des Grünpfeils ..." DAR 94, 89; **Beck** „Ausn vom FV" DAR 97, 32; **Jox** „Haftung bei fehlerhafter Ampelschaltung („feindliches Grün")" NZV 89, 133; **Löhle/Berr** „Rotlichtüberwachungsanlagen" DAR 95, 309; **Seidenstecher** „Rechtsabbiegen bei „Rot"?" NZV 91, 215; 92, 345; 94, 96.

§ 38 Blaues Blinklicht und gelbes Blinklicht

(1) Blaues Blinklicht zusammen mit dem Einsatzhorn darf nur verwendet werden, wenn höchste Eile geboten ist, um Menschenleben zu retten oder schwere gesundheitliche Schäden abzuwenden, eine Gefahr für die öffentliche Sicherheit oder Ordnung abzuwenden, flüchtige Personen zu verfolgen oder bedeutende Sachwerte zu erhalten.

Es ordnet an:

„Alle übrigen Verkehrsteilnehmer haben sofort freie Bahn zu schaffen."

(2) Blaues Blinklicht allein darf nur von den damit ausgerüsteten Fahrzeugen und nur zur Warnung an Unfall- oder sonstigen Einsatzstellen, bei Einsatzfahrten oder bei der Begleitung von Fahrzeugen oder von geschlossenen Verbänden verwendet werden.

(3) Gelbes Blinklicht warnt vor Gefahren. Es kann ortsfest oder von Fahrzeugen aus verwendet werden. Die Verwendung von Fahrzeugen aus ist nur zulässig, um vor Arbeits- oder Unfallstellen, bei ungewöhnlich langsam fahrenden Fahrzeugen oder vor Fahrzeugen mit ungewöhnlicher Breite oder Länge oder mit ungewöhnlich breiter oder langer Ladung zu warnen.

VwV – StVO
Zu § 38 Blaues Blinklicht und gelbes Blinklicht

Zu den Absätzen 1 bis 3

1 Gegen mißbräuchliche Verwendung von gelbem und blauem Blinklicht an damit ausgerüsteten Fahrzeugen ist stets einzuschreiten.

Zu Absatz 3

2 I. Gelbes Blinklicht darf auf der Fahrt zur Arbeits- oder Unfallstelle nicht verwendet werden, während des Abschleppens nur, wenn der Zug ungewöhnlich langsam fahren muß oder das abgeschleppte Fahrzeug oder seine Ladung genehmigungspflichtige Übermaße hat. Fahrzeuge des Straßendienstes der öffentlichen Verwaltung dürfen gelbes Blinklicht verwenden, wenn sie Sonderrechte (§ 35 Abs. 6) beanspruchen oder vorgebaute oder angehängte Räum- oder Streugeräte mitführen.

3 II. Ortsfestes gelbes Blinklicht sollte nur sparsam verwendet werden und nur dann, wenn die erforderliche Warnung auf andere Weise nicht deutlich genug gegeben werden kann. Empfehlenswert ist vor allem, es anzubringen, um den Blick des Kraftfahrers auf Stellen zu lenken, die außerhalb seines Blickfeldes liegen, z. B. auf ein negatives Vorfahrtzeichen (Zeichen 205 und 206), wenn der Kraftfahrer wegen der baulichen Beschaffenheit der Stelle nicht ausreichend klar erkennt, daß er wartepflichtig ist. Aber auch auf eine Kreuzung selbst kann so hingewiesen werden, wenn diese besonders schlecht erkennbar oder aus irgendwelchen Gründen besonders gefährlich ist. Vgl. auch Nummer VI zu § 37 Abs. 2 Nr. 1 und 2; Rn 14. Im gelben Blinklicht dürfen nur schwarze Sinnbilder für einen schreitenden Fußgänger, ein Fahrrad, eine Straßenbahn, einen Kraftomnibus, einen Reiter oder ein schwarzer Pfeil gezeigt werden.

III. Fahrzeuge und Ladungen sind als ungewöhnlich breit anzusehen, wenn sie **4** die gesetzlich zugelassenen Breiten überschreiten (§ 32 Abs. 1 StVZO und § 22 Abs. 2).

Inhaltsübersicht

	Rn
1. Allgemeines	1
2. Abs 1: Wegerechtsfahrzeuge	2
a) Sonderrechte u Wegerechtsfahrzeuge	2
b) Begründung des Wegerechts	3
c) Freie Bahn schaffen	4
3. Abs 2: Blaues Blinklicht	6
4. Abs 3: Gelbes Blinklicht	7
5. Zivilrecht/Haftungsverteilung	8
6. Zuwiderhandlungen	9

1. Allgemeines 1

In § 38 sind die Vorschriften über das blaue Blinklicht der sog Wegerechts-Fze, das ortsfeste gelbe Blinklicht u gelb blinkende Kennleuchten an Fzen zusammengefaßt. Wegen der zum Führen von Kennleuchten berechtigten Fze s § 52 III, IV StVZO.

2. Abs 1: Wegerechtsfahrzeuge

a) **Sonderrechte u Wegerechts-Fze.** Das SonderR nach § 35 I u der 2 Anspruch der Wegerechts-Fze auf freie Bahn decken sich nicht. Die Befreiung von VVorschriften steht den Wegerechts-Fzen auch beim Einschalten von Blaulicht u Einsatzhorn nur zu, wenn sie einem der in § 35 I aufgeführten Hoheitsträger gehören. Die übrigen Wegerechts-Fze wie Unfall- u Krankenwagen, sind nicht allg von der Einhaltung der VVorschriften befreit (sondern nur unter den Voraussetzungen des § 35 V a). § 38 I S 2 führt nicht zu einer Umkehrung des VorfahrtR. Jedoch werden die allg Maßstäbe dahin abgewandelt, daß die anderen VT auf ihr VorfahrtsR vorübergehend verzichten müssen (Ha DAR 96, 93; BGH(Z) StVE 1). Das Wegerechts-Fz darf, wenn alle übrigen VT freie Bahn geschaffen haben, diese mit der in § 35 Rn 13 f erörterten Vorsicht in Anspruch nehmen u dabei sogar bei Rot durchfahren (BGH(Z) StVE 1; OVG Hbg DAR 01, 470; s aber auch KG VM 82, 41; 85, 84; 89, 43 u NZV 92, 456), nicht aber blindlings (KG VRS 88, 321).

b) **Begründung des Wegerechts:** Das WegeR ist nur dann rechts- 3 wirksam in Anspruch genommen, wenn blaues Blinklicht (§ 52 III StVZO) **und** Tonsignal des Einsatzhorns (§ 55 III StVZO) rechtzeitig zusammen zur Verfolgung der in I gen Zwecke gegeben werden (KG VRS 100, 329; Kö NZV 96, 237; Nau VM 95, 24); die Voraussetzungen für das SonderR hat der es in Anspruch Nehmende zu beweisen (KG VM 85, 5; Dü NZV 92, 489); bei vorübergehendem Ausfall des Tonsignals s unten 6.

StVO § 38 4–6   Blaues Blinklicht und gelbes Blinklicht

Der Einsatzbefehl berechtigt den Fahrer meistens zum Fahren mit Blaulicht u Einsatzhorn (vgl dazu Bay VRS 59, 385 u oben 8 zu § 35); er darf aber zB in eine Kreuzung nur einfahren, wenn er sicher beurteilen kann, daß sämtliche bevorrechtigten VT ihm freie Bahn gewähren (KG NZV 92, 456; KG VRS 100, 329). – § 38 I S 1 erfaßt – synchron mit § 35 V a – auch die Fälle der Abwehr schwerer gesundheitlicher Schäden, was zB auch Fahrten mit Blutkonserven unter Einsatzbedingungen ermöglicht.

4   c) **Freie Bahn schaffen** bedeutet – je nach VLage u örtl Verhältnissen (Kö VRS 67, 295) – für alle VT u den Verfolgten (Bay Rüth DAR 86, 240) äußerst rechts heranfahren u dort entweder vorübergehend anhalten oder langsam weiterfahren (Bay 59, 50 = VM 60, 17). Zur Bildung einer **freien Gasse** auf ABen u außerorts s § 11 II. Wer sich beim Ertönen des Einsatzhorns unmittelbar vor einer Kreuzung befindet u nicht weiß oder erkennen kann, woher das Einsatz-Fz kommt, darf nicht in die Kreuzung einfahren (Dü NZV 92, 489; Ce Schaden-Praxis 99, 224); er handelt nicht schuldhaft, wenn er zunächst mitten auf der Fahrbahn sofort anhält (BGH(Z) VRS 22, 191). Andererseits handelt derjenige, der sich gerade in einer Kreuzung be-findet, richtig, wenn er diese noch räumt, außer, wenn er die freie Bahn gerade dadurch schaffen kann, daß er in der Kreuzung sofort anhält (Bay 53, 13). Auf einer Einbahnstr kann es richtig sein, auf der linken Fahrbahnseite zu bleiben, wenn rechts genügend Platz zum Durchfahren ist (Dü VM 60, 60; vgl auch § 11 II). Bei unklarer Lage ist im Zweifel zu warten (KG VM 81, 108). FzF müssen dafür sorgen, daß sie das Einsatzhorn hören können (KG NZV 92, 456). Wer das Einsatzhorn wegen starkem Innengeräusch nicht hören kann, muß dies durch besondere Aufmerksamkeit ausgleichen (Nü VersR 77, 64). Auch die **Straba** muß erforderlichenfalls anhalten, um den WegeR-Fzen freie Bahn zu schaffen (BGH(Z) VRS 16, 105). Treffen zwei SonderR-Fze aufeinander, müssen sie sich verständigen (KG VM 92, 52).

5   Das Gebot, freie Bahn zu schaffen, wird allein durch die **Signale** des Vorrechts-Fz ausgelöst, die – wie andere Ge- u Verbotszeichen – sofort (dh mit angemessener Reaktionszeit, KG VM 81, 119; VGH Mü BayVBl 97, 374) – auch von Fußgängern (Kö VRS 67, 295; Ha NJWE-VHR 98, 233) – zu befolgen sind, ohne daß die anderen VT befugt sind nachzuprüfen, ob das WegeR zu Recht beansprucht wird (Dü NZV 92, 489; KG NZV 98, 27); die Pflicht, sofort freie Bahn zu schaffen, hängt nicht von der Eilbedürftigkeit der Einsatzfahrt ab (KG VM 82, 41). Auch im Verfahren wegen der OW nach § 49 III 3 kann daher nicht nachgeprüft werden, ob das WegeR zu Unrecht in Anspruch genommen worden ist, außer bei offensichtlichem Mißbrauch, zB Feuerwehr fährt mit Blaulicht u Einsatzhorn bei einem Schützenfest auf (Bay VRS 28, 60). Die mißbräuchliche Verwendung des Sondersignals findet auch im Haftpflichtprozeß Berücksichtigung (Dresden DAR 01, 214).

6   3. **Abs 2: Blaues Blinklicht allein (II)** ohne gleichzeitige Einschaltung des Einsatzhorns begründet zwar nicht das WegeR des 38 I 2 (s 3; Nau VM 95, 24; Kö NZV 96, 237) oder bes Pflichten für die VT; es ist nur ein **Warnsignal,** das andere VT zur Vorsicht mahnt, dessen alleinige Verwendung aber bei **Einsatzfahrten** sinnvoll sein kann u deshalb (durch die 11. ÄndVO) zugelassen worden ist. Die Verwendung des Blaulichts allein entgegen II ist mißbräuchlich u kann zur Haftung für einen dadurch entstehenden Unfallschaden führen (KG DAR 76, 78; Nau aaO). Die VT müssen nicht damit rechnen, daß ein Einsatz-Fz nur mit blauem Blinklicht u ohne Betätigung des Einsatzhorns bei Rot durchfährt (KG VM 79, 26; VRS 56, 241); das gilt auch bei vorübergehendem Ausfall des Einsatzhorns (KG VM 81, 119).

4. Abs. 3: Gelbes Blinklicht ist ein Warnsignal, dessen – auch stationäre – Verwendung durch die 11. ÄndVO klargestellt ist. Es ist ein GefahrZ, welches ausschließlich in den in Abs III bezeichneten Fällen verwendet werden darf. Ein Vorrecht schafft es nicht. Ortsfestes gelbes Blinklicht an Kreuzungen ist, bes wenn die LZA nicht in Betrieb ist, zur Verdeutlichung der **Wartepflicht** (Z 205, 206), nicht aber an der bevorrechtigten Str zulässig (VwV zu § 37 II 1 u 2 VI). Es geht iG zu den anderen FahrbZ den allg VRegeln u den durch amtl VZ angezeigten Sonderregelungen nicht vor, sondern ermahnt gerade zu deren genauer Einhaltung (Dü VM 60, 92). An einem Reinigungs-Fz warnt es nur vor Gefahren, die von dem Fz bzw von dort ausgeführten Arbeiten ausgehen (Dü VRS 82, 94). Bei einem Verstoß sind die allg Regeln oder § 41 verletzt, nicht § 38.

5. Zivilrecht/Haftungsverteilung

Wegen der zivilrechtlichen Haftungsfragen wird auf die Anmerkungen zu § 35 Rn 16f verwiesen.

§ 38 gibt nur dem mit **blauem Blinklicht und Einsatzhorn** in Betrieb befindlichen Fahrzeugen Anspruch auf freie Bahn (KG VersR 1987, 822; Kö VersR 96, 906). Mithin verpflichtet § 38 alle übrigen Verkehrsteilnehmer, den vorgenannten Fahrzeugen freie Fahrt zu gewähren und ihnen Vorrecht einzuräumen (BGHZ 63, 327). Dies setzt allerdings die gleichzeitige Verwendung beider Warnvorrichtungen voraus. Auch bei Inanspruchnahme beider Sondersignale ergibt sich aber keine Umkehrung des Vorfahrtsrechts; die anderen Verkehrsteilnehmer müssen allerdings auf ihr Vorfahrtsrecht verzichten, soweit sie den Einsatz der Warnvorrichtung bemerkt haben. Dem steht eine besondere Sorgfaltspflicht des Sonderrechtsfahrers gegenüber. Je mehr der Fahrer bei einem Sondereinsatz von den Verkehrsregeln abweicht, umso mehr muß er Warnzeichen geben und sich auch darüber vergewissern, daß der übrige Verkehr sie auch beachtet (Kö VersR 96, 906 mwN).

6. Zuwiderhandlungen

Verstöße gegen das Gebot, sofort freie Bahn zu schaffen (I S 2) u gegen das Verbot der unbefugten oder vorschriftswidrigen Verwendung der Signale (I, II, III S 3) sind OWen nach §§ 49 III 3 StVO iVm 24 StVG (Nr 84 VwKat). Wegen des Verstoßes gegen I S 2 s oben 4 u Nr 85 VwKat.

StVO § 39 Verkehrszeichen

§ 39 Verkehrszeichen*

(1) **Angesichts der allen Verkehrsteilnehmern obliegenden Verpflichtung, die allgemeinen und besonderen Verhaltensvorschriften dieser Verordnung eigenverantwortlich zu beachten, werden örtliche Anordnungen durch Verkehrszeichen nur dort getroffen, wo dies aufgrund der besonderen Umstände zwingend geboten ist.**

(1 a) **Innerhalb geschlossener Ortschaften ist abseits der Vorfahrtstraßen (Zeichen 306) mit der Anordnung von Tempo 30-Zonen (Zeichen 274.1) zu rechnen.**

(2) **Verkehrszeichen sind Gefahrzeichen, Vorschriftzeichen und Richtzeichen. Auch Zusatzschilder sind Verkehrszeichen. Die Zusatzschilder zeigen auf weißem Grund mit schwarzem Rand schwarze Zeichnungen oder Aufschriften. Sie sind dicht unter den Verkehrszeichen angebracht. Verkehrszeichen und Zusatzschilder können, auch gemeinsam, auf einer Trägerfläche aufgebracht werden. Abweichend von den abgebildeten Verkehrszeichen und Zuatzschildern können die weißen Flächen schwarz und die schwarzen Sinnbilder und der schwarze Rand weiß sein, wenn diese Zeichen nur durch Lichter erzeugt werden.**

(2 a) **Verkehrszeichen können auf einem Fahrzeug angebracht werden. Sie gelten auch, während das Fahrzeug sich bewegt. Sie gehen den Anordnungen der ortsfest angebrachten Verkehrszeichen vor.**

(3) **Regelungen durch Verkehrszeichen gehen den allgemeinen Verkehrsregeln vor.**

(4) **Werden Sinnbilder auf anderen Verkehrsschildern als den in §§ 40 bis 42 dargestellten gezeigt, so bedeuten die Sinnbilder:**

Kraftwagen und sonstige mehrspurige Kraftfahrzeuge

Kraftfahrzeuge mit einem zulässigen Gesamtgewicht über 3,5 t einschließlich ihrer Anhänger, und Zugmaschinen, ausgenommen Personenkraftwagen und Kraftomnibusse

Radfahrer

Fußgänger

---

* S auch VzKat 1992.

Verkehrszeichen § 39 StVO

Reiter

Viehtrieb, Tiere

Straßenbahn

Kraftomnibus

Personenkraftwagen

Personenkraftwagen
mit Anhänger

Lastkraftwagen
mit Anhänger

Kraftfahrzeuge und Züge, die nicht
schneller als 25 km/h fahren können
oder dürfen

Krafträder, auch mit Beiwagen,
Kleinkrafträder und Mofas

Mofas

Jagow

StVO § 39 Anh. Katalog der Verkehrszeichen

Anhang zu § 39
Katalog der Verkehrszeichen
– VzKat 1992 –
vom 19. 3. 1992 (BAnz. Nr. 66 a)

– Auszug –

Teil 8: Zusatzzeichen

– 8.1 Einteilung –

Die Zusatzzeichen werden in vier Hauptgruppen mit Untergruppen eingeteilt und den Nummern entsprechend zugeordnet:

1000–1019 Gruppe der allgemeinen Zusatzzeichen
1000   Richtungsangaben durch Pfeile
1001   Länge einer Verbotsstrecke
1002/1003 Hinweise auf den Verlauf von Vorfahrtstraßen
1004/1005 Entfernungsangaben
1006/1007 Hinweise auf Gefahren
1008/1009 Hinweise auf geänderte Vorfahrt, Verkehrsführung u. ä.
1010/1011 sonstige Hinweise mit grafischen Symbolen
1012/1013 sonstige Hinweise durch verbale Angaben

1020–1039 Gruppe der „frei"-Zusatzzeichen
1020/1021 Personendarstellungen (auch verbal)
1022/1023 Fahrzeugdarstellungen: Fahrzeuge ohne Motor und Krafträder
1024/1025 Fahrzeugdarstellungen: Fahrzeuge mit Motor außer Krafträder
1026/1027 Taxis, Krankenfahrzeuge u. ä. „frei" (verbale Angabe)
1028/1030 sonstige Verkehrsteilnehmer „frei" (verbale Angabe)

1040–1059 Gruppe der beschränkenden Zusatzzeichen
1040/1041 Zeitangaben: Stunden ohne Beschränkung auf Wochentage
1042/1043 Zeitangaben: mit Beschränkung auf Wochentage
1044/1045 Personendarstellungen
1046/1047 Fahrzeugdarstellungen: Fahrzeuge ohne Motor und Krafträder
1048/1049 Fahrzeugdarstellungen: Fahrzeuge mit Motor außer Krafträder
1050/1051 Fahrzeugdarstellungen: verbale Bezeichnung von Fahrzeugen mit Motor außer Krafträder
1052/1053 Fahrzeuge mit besonderer Ladung und sonstige Beschränkungen

ab 1060 ... Gruppe der besonderen Zusatzzeichen
z. B. Zusatzzeichen 1060–10: Gefahrzeichen für Wohnwagengespanne an Gefällestrecken mit starkem Seitenwind auf Autobahnen

Zusatzzeichen **Anh. § 39 StVO**

8.2 Ausführung (Gestaltung)

Zusatzzeichen 1000–1019 Gruppe der allgemeinen Zusatzzeichen
Zusatzzeichen 1000/1001: Richtungsangaben durch Pfeile

mit zugehörigen Unternummern

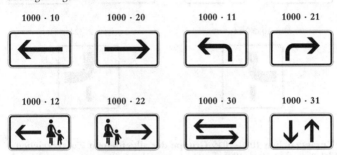

Zusatzzeichen 1000–1019 Gruppe der allgemeinen Zusatzzeichen
Zusatzzeichen 1001: Länge einer Verbotsstrecke

mit zugehörigen Unternummern

Zusatzzeichen 1000–1019 Gruppe der allgemeinen Zusatzzeichen
Zusatzzeichen 1002/1003: Hinweise auf den Verlauf von Vorfahrtstraßen

mit zugehörigen Unternummern

StVO § 39 Anh. Katalog der Verkehrszeichen

1002 · 12   1002 · 22   1002 · 13   1002 · 23

1002 · 14   1002 · 24

Zusatzzeichen 1000–1019 Gruppe der allgemeinen Zusatzzeichen
Zusatzzeichen 1004/1005: Entfernungsangaben

mit zugehörigen Unternummern

1004 · 30   1004 · 31   1004 · 32   1004 · 33

| 100 m | STOP 100 m | 200 m | 400 m |

1004 · 34   1004 · 35

| 600 m | 2 km |

Zusatzzeichen 1000–1019 Gruppe der allgemeinen Zusatzzeichen
Zusatzzeichen 1006–1007: Hinweise auf Gefahren

mit zugehörigen Unternummern

1006 · 30   1006 · 31   1006 · 32   1006 · 33

| Ölspur | Rauch | Rollsplitt | Baustellen-ausfahrt |

Zusatzzeichen **Anh. § 39 StVO**

1006 · 34　　　1006 · 35　　　1006 · 36　　　1006 · 37

| Straßen-schäden | Verschmutzte Fahrbahn | | |

Zusatzzeichen 1000–1019 Gruppe der allgemeinen Zusatzzeichen
Zusatzzeichen 1006/1007: Hinweise auf Gefahren
mit zugehörigen Unternummern

1006 · 38　　　1006 · 39　　　1007 · 30

Zusatzzeichen 1000–1019 Gruppe der allgemeinen Zusatzzeichen
Zusatzzeichen 1008/1009: Hinweise auf geänderte Vorfahrt, Verkehrsführung u. ä.
mit zugehörigen Unternummern

1008 · 30　　1008 · 31　　1008 · 32　　1008 · 33

| Vorfahrt geändert | Verkehrs-führung geändert | Industriegebiet Schienenfahrzeuge haben Vorrang | Hafengebiet Schienenfahrzeuge haben Vorrang |

Zusatzzeichen 1000–1019 Gruppe der allgemeinen Zusatzzeichen
Zusatzzeichen 1010/1011: Hinweise mit grafischen Symbolen
mit zugehörigen Unternummern

1010 · 10　　　1010 · 11　　　1010 · 12

1010 · 13　　　1010 · 14

Jagow

StVO § 39 Anh. Katalog der Verkehrszeichen

Zusatzzeichen 1000–1019 Gruppe der allgemeinen Zusatzzeichen
Zusatzzeichen 1012/1013: sonstige Hinweise durch verbale Angaben
mit zugehörigen Unternummern

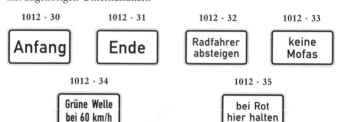

Zusatzzeichen 1020–1039 Gruppe der „frei"-Zusatzzeichen
Zusatzzeichen 1020/1021: Personendarstellung (auch verbal)
mit zugehörigen Unternummern

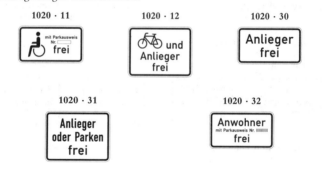

Zusatzzeichen 1020–1039 Gruppe der „frei"-Zusatzzeichen
Zusatzzeichen 1022/1023: Fahrzeugdarstellungen: Radfahrer, Krafträder, auch mit Beiwagen, Kleinkrafträder und Mofas

mit zugehörigen Unternummern

Jagow

Zusatzzeichen   **Anh. § 39 StVO**

Zusatzzeichen 1020–1039 Gruppe der „frei"-Zusatzzeichen
Zusatzzeichen 1024/1025: Fahrzeugdarstellungen: mehrspurige Fahrzeuge
mit zugehörigen Unternummern

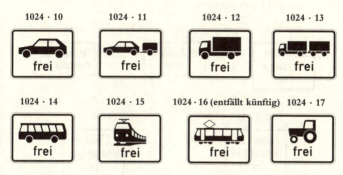

Zusatzzeichen 1020–1039 Gruppe der „frei"-Zusatzzeichen
Zusatzzeichen 1026/1027: Taxi, Krankenfahrzeuge u. ä. „frei" (verbale
Angaben)

mit zugehörigen Unternummern

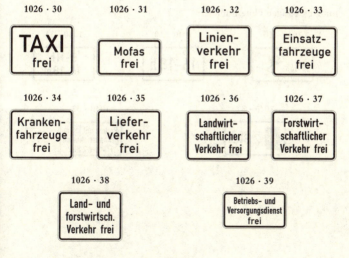

StVO § 39 Anh. Katalog der Verkehrszeichen

Zusatzzeichen 1020–1039 Gruppe der „frei"-Zusatzzeichen
Zusatzzeichen 1028/1029: sonstige Verkehrsteilnehmer „frei" (verbale Angaben)

mit zugehörigen Unternummern

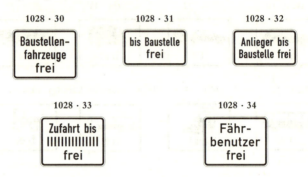

Zusatzzeichen 1040–1059 Gruppe der beschränkenden Zusatzzeichen
Zusatzzeichen 1040/1041: Zeitangaben: Stunden ohne Beschränkung auf Wochentage

mit zugehörigen Unternummern

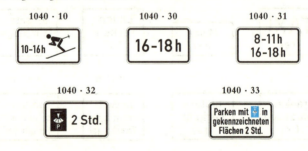

Zusatzzeichen **Anh. § 39 StVO**

Zusatzzeichen 1040–1059 Gruppe der beschränkenden Zusatzzeichen
Zusatzzeichen 1042/1043: Zeitangaben: mit Beschränkung auf Wochentage

mit zugehörigen Unternummern

1042 · 30	1042 · 31	1042 · 32	1042 · 33
werktags	werktags 18-19h	werktags 8³⁰-11³⁰h 16-18h	Mo-Fr 16-18h

1042 · 34	1042 · 35	1042 · 36	1042 · 37
Di,Do,Fr 16-18h	6-22h an Sonn- und Feiertagen	Schulbus werktags 7-9h 11-13h	Parken Sa und So erlaubt

Zusatzzeichen 1040–1059 Gruppe der beschränkenden Zusatzzeichen
Zusatzzeichen 1044/1045: Personendarstellungen

mit zugehörigen Unternummern

1044 · 10   1044 · 11   1044 · 30

Zusatzzeichen 1040–1059 Gruppe der beschränkenden Zusatzzeichen
Zusatzzeichen 1046/1047: Fahrzeugdarstellungen: Krafträder, auch mit Beiwagen, Kleinkrafträder und Mofas

mit zugehörigen Unternummern

1046 · 11   1046 · 12

Jagow

StVO § 39 Anh. Katalog der Verkehrszeichen

Zusatzzeichen 1040–1059 Gruppe der beschränkenden Zusatzzeichen
Zusatzzeichen 1048/1049: Fahrzeugdarstellungen: mehrspurige Fahrzeuge mit zugehörigen Unternummern

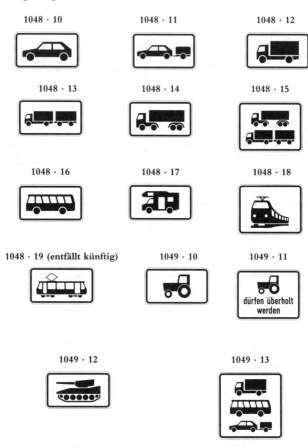

Zusatzzeichen **Anh. § 39 StVO**

Zusatzzeichen 1040–1059 Gruppe der beschränkenden Zusatzzeichen
Zusatzzeichen 1050/1051: Fahrzeugdarstellungen: verbale Bezeichnungen von Fahrzeugen

mit zugehörigen Unternummern

Zusatzzeichen 1040–1059 Gruppe der beschränkenden Zusatzzeichen
Zusatzzeichen 1052/1053: Fahrzeuge mit besonderer Ladung und sonstige Beschränkungen

mit zugehörigen Unternummern

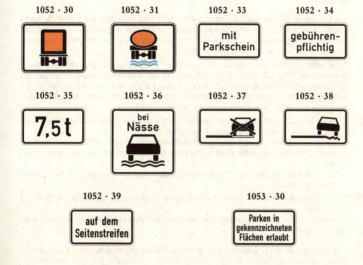

StVO § 39 Katalog der Verkehrszeichen

Zusatzzeichen 1040–1059 Gruppe der besonderen Zusatzzeichen
Zusatzzeichen 1060: besonderen Zusatzzeichen

mit zugehörigen Unternummern

1060 · 10   1060 · 11   1060 · 30

VwV – StVO

Zu den §§ 39 bis 43 Allgemeines über Verkehrszeichen und Verkehrseinrichtungen

1 I. Die behördlichen Maßnahmen zur Regelung und Lenkung des Verkehrs durch Verkehrszeichen und Verkehrseinrichtungen sollen die allgemeinen Verkehrsvorschriften sinnvoll ergänzen. Dabei ist nach dem Grundsatz zu verfahren, so wenig Verkehrszeichen wie möglich anzuordnen.

2 Verkehrszeichen, die lediglich die gesetzliche Regelung wiedergeben, sind nicht anzuordnen. Dies gilt auch für die Anordnung von Verkehrszeichen einschließlich Markierungen, deren rechtliche Wirkung bereits durch ein anderes vorhandenes oder gleichzeitig angeordnetes Verkehrszeichen erreicht wird. Abweichungen bedürfen der Zustimmung der obersten Landesbehörde.

3 1. Beim Einsatz moderner Mittel zur Regelung und Lenkung des Verkehrs ist auf die Sicherheit besonders Bedacht zu nehmen.
Verkehrszeichen, Markierungen, Verkehrseinrichtungen sollen den Verkehr sinnvoll lenken, einander nicht widersprechen und so den Verkehr sicher führen.
Die Wahrnehmbarkeit darf nicht durch Häufung von Verkehrszeichen beeinträchtigt werden.

4 2. Die Flüssigkeit des Verkehrs ist mit den zur Verfügung stehenden Mitteln zu erhalten.
Dabei gehört der Förderung der öffentlichen Verkehrsmittel besondere Aufmerksamkeit.

5 II. Soweit die StVO und diese Allgemeine Verwaltungsvorschrift für Ausgestaltung und Beschaffenheit, für den Ort und die Art der Anbringung von Verkehrszeichen und Verkehrseinrichtungen nur Rahmenvorschriften geben, soll im einzelnen nach dem jeweiligen Stand der Wissenschaft und Technik verfahren werden, den das Bundesministerium für Verkehr nach Anhörung der zuständigen obersten Landesbehörden im Verkehrsblatt erforderlichenfalls bekanntgibt.

VwV zu § 39 **§ 39 StVO**

III. Allgemeines über Verkehrszeichen

1. Es dürfen nur die in der StVO abgebildeten Verkehrszeichen verwendet werden oder solche, die das Bundesministerium für Verkehr nach Anhörung der zuständigen obersten Landesbehörden durch Verlautbarung im Verkehrsblatt zuläßt.
Die Formen der Verkehrszeichen müssen den Mustern der StVO entsprechen.

2. Allgemeine Regeln zur Ausführung der Gestaltung von Verkehrszeichen einschließlich der verkehrsrechtlich erforderlichen Anforderungen an ihre Materialien sind als Anlage zu dieser Verwaltungsvorschrift im Katalog für Verkehrszeichen (VzKat) – (BAnz Nr. 66a vom 3. April 1992) – ausgeführt.

3. Größe der Verkehrszeichen
   a) Die Ausführung der Verkehrszeichen und der Verkehrseinrichtungen ist auf das tatsächliche, individuelle Erfordernis zu begrenzen; unnötig groß dimensionierte Zeichen sind zu vermeiden.
   b) Sofern in dieser Vorschrift nichts anderes bestimmt wird, erfolgt die Wahl der benötigten Verkehrszeichengröße – vor dem Hintergrund einer sorgfältigen Abwägung – anhand der folgenden Tabellen:

Verkehrszeichen	Größe 1 (70 %)	Größe 2 (100 %)	Größe 3 (125 bzw. 140 %)
Ronde (Ø)	420	600	750 (125 %)
Dreieck (Seitenl.)	630	900	1260 (140 %)
Quadrat (Seitenl.)	420	600	840 (140 %)
Rechteck (H x B)	630 x 420	900 x 600	1260 x 840 (140 %)

Maße in mm

Zusatzzeichen	Größe 1 (70 %)	Größe 2 (100 %)	Größe 3 (125 %)
Höhe 1	231 x 420	330 x 600	412 x 750
Höhe 2	315 x 420	450 x 600	562 x 750
Höhe 3	420 x 420	600 x 600	750 x 750

Maße der Zusatzzeichen in mm

   c) Größenangaben für Sonderformen (z. B. Zeichen 201 „Andreaskreuz"), die in dieser Vorschrift nicht ausgeführt werden, finden sich im VzKat.
   d) In der Regel können die Verkehrszeichen folgenden Geschwindigkeitsbereichen zugeordnet werden:

Größen der Verkehrszeichen für Dreiecke, Quadrate und Rechtecke

Geschwindigkeitsbereich (km/h)	Größe
20 bis weniger als 50	1
50 bis 100	2
mehr als 100	3

Größen der Verkehrszeichen für Ronden

Geschwindigkeitsbereich (km/h)	Größe
0 bis 20	1
mehr als 20 bis 80	2
mehr als 80	3

Jagow

StVO § 39 — Verkehrszeichen

12 e) Übergrößen der Verkehrszeichen können verwendet werden, wenn das an wichtigen Straßenstellen zur besseren Sichtbarkeit aus größerer Entfernung zweckmäßig ist.

13 f) Auf Autobahnen und autobahnähnlich ausgebauten Straßen ohne Geschwindigkeitsbeschränkung werden Verbote und vergleichbare Anordnungen zunächst durch Verkehrszeichen der Größe 3 angekündigt. Wiederholungen erfolgen in der Regel in der Größe 2.

14 g) In verkleinerter Ausführung dürfen nur diejenigen Verkehrszeichen angebracht werden, bei denen das in dieser Verwaltungsvorschrift ausdrücklich zugelassen ist. Das Verhältnis der vorgeschriebenen Maße soll auch bei Übergrößen und Verkleinerungen gegeben sein. Im übrigen sind bei allen Verkehrszeichen kleine Abweichungen von den Maßen zulässig, wenn dieses aus besonderen Gründen notwendig ist und keine auffällige Veränderung des Zeichens bewirkt wird.

15 4. Die Ausführung der Verkehrszeichen darf nicht unter den Anforderungen anerkannter Gütebedingungen liegen.

16 5. Als Schrift ist die Schrift für den Straßenverkehr DIN 1451, Teil 2 zu verwenden.

17 6. Die Farben müssen den Bestimmungen und Abgrenzungen des Normblattes „Aufsichtsfarben für Verkehrszeichen – Farben und Farbgrenzen" (DIN 6171) entsprechen.

18 7. Alle Verkehrszeichen dürfen rückstrahlen oder von außen oder innen beleuchtet sein, soweit dies nicht ohnehin vorgeschrieben ist.

19 a) Vor allem bei Gefahrzeichen (§ 40) und Vorschriftzeichen (§ 41) empfiehlt sich in der Regel solche Ausführung (vgl. aber Nummer I zu Zeichen 283 und 286; Rn. 1).

20 b) Bei Verkehrszeichen, die rückstrahlen oder beleuchtet sind, ist darauf zu achten, daß die Wirkung der übrigen Verkehrszeichen nicht beeinträchtigt wird und Verkehrsteilnehmer durch die beleuchteten Verkehrszeichen nicht geblendet werden. Wo Verkehrszeichen von innen oder außen beleuchtet sind, müssen in der Nähe befindliche Verkehrszeichen, durch die eine Wartepflicht angeordnet oder angekündigt wird, mindestens ebenso wirksam beleuchtet sein.

21 c) Im Interesse der Gleichheit des Erscheinungsbildes der Verkehrszeichen bei Tag und Nacht ist in der Regel eine voll retroreflektierende Ausführung einer nur teilweise retroreflektierenden vorzuziehen.

22 d) Vgl. Nummer 16 Satz 2 und 3; Rn. 44.

23 e) Ein Verkehrszeichen ist nicht schon dann von außen beleuchtet, wenn es von einer Straßenleuchte angestrahlt ist, vielmehr nur dann, wenn es von einer eigenen Lichtquelle angestrahlt ist.

24 f) Verkehrszeichen können auch als Wechselverkehrszeichen in Wechselzeichengebern dargestellt werden. Solche Zeichen können zeitweise gezeigt, geändert oder aufgehoben werden. Für die Wechselzeichengeber haben sich verschiedene Techniken als zweckmäßig erwiesen. Einzelheiten enthalten die „Richtlinien für Wechselverkehrszeichen an Bundesfernstraßen (RWVZ)", die das Bundesministerium für Verkehr im Einvernehmen mit den zuständigen obersten Landesbehörden im Verkehrsblatt bekanntgibt.

VwV zu § 39 **§ 39 StVO**

8. Die Verkehrszeichen müssen fest eingebaut sein, soweit sie nicht nur vorübergehend aufgestellt werden. Pfosten und Rahmen sollen grau oder weiß sein.

9. Verkehrszeichen sind gut sichtbar in etwa rechtem Winkel zur Verkehrsrichtung auf der rechten Seite der Straße anzubringen, soweit nicht in dieser Verwaltungsvorschrift anderes gesagt ist.
    a) Links allein oder über der Straße allein dürfen sie nur angebracht werden, wenn Mißverständnisse darüber, daß sie für den gesamten Verkehr in einer Richtung gelten, nicht entstehen können und wenn sie so besonders auffallen und im Blickfeld des Fahrers liegen.
    b) Wo nötig, vor allem an besonders gefährlichen Straßenstellen, können die Verkehrszeichen auf beiden Straßenseiten, bei getrennten Fahrbahnen auf beiden Fahrbahnseiten aufgestellt werden.

10. Es ist darauf zu achten, daß Verkehrszeichen nicht die Sicht behindern, insbesondere auch nicht die Sicht auf andere Verkehrszeichen oder auf Blinklicht- oder Lichtzeichenanlagen verdecken.

11. Häufung von Verkehrszeichen
    Weil die Bedeutung von Verkehrszeichen bei durchschnittlicher Aufmerksamkeit zweifelsfrei erfaßbar sein muß, sind Häufungen von Verkehrszeichen zu vermeiden. Es ist daher stets vorrangig zu prüfen, auf welche vorgesehenen oder bereits vorhandenen Verkehrszeichen verzichtet werden kann.
    Sind dennoch an einer Stelle oder kurz hintereinander mehrere Verkehrszeichen unvermeidlich, so muß dafür gesorgt werden, daß die für den fließenden Verkehr wichtigen besonders auffallen. Kann dies nicht realisiert werden oder wird ein für den fließenden Verkehr bedeutsames Verkehrszeichen an der betreffenden Stelle nicht erwartet, so ist jene Wirkung auf andere Weise zu erzielen (z. B. durch Übergröße oder gelbes Blinklicht).
    a) Am gleichen Pfosten oder sonst unmittelbar über- oder nebeneinander dürfen nicht mehr als drei Verkehrszeichen angebracht werden.
        aa) Gefahrzeichen stehen in der Regel allein. Sie können mit Verkehrsverboten und Streckenverboten kombiniert werden, wenn durch das Gefahrzeichen vor der Gefahr gewarnt wird, deretwegen die Verbote ausgesprochen werden. Solche Kombinationen (z. B. Zeichen 103, 274 und 276, Zeichen 110 und 277, Zeichen 120, 264 und 274) sind zweckmäßig, weil das Gefahrzeichen dem Verkehrsteilnehmer klarmacht, warum die Vorschriften gegeben werden. Dann sind die Verkehrszeichen in möglichst geringer Entfernung vor der Gefahrstelle aufzustellen.
        bb) Mehr als zwei Vorschriftzeichen sollen an einem Pfosten nicht angebracht werden. Sind ausnahmsweise drei solcher Verkehrszeichen an einem Pfosten vereinigt, dann darf sich nur eins davon an den fließenden Verkehr wenden.
        cc) Vorschriftzeichen für den fließenden Verkehr dürfen in der Regel nur dann kombiniert werden, wenn sie sich an die gleichen Verkehrsarten wenden und wenn sie die gleiche Strecke oder den gleichen Punkt betreffen.
        dd) Verkehrszeichen, durch die eine Wartepflicht angeordnet oder angekündigt wird, dürfen nur dann an einem Pfosten mit anderen Verkehrs-

Jagow

StVO § 39 — Verkehrszeichen

zeichen angebracht werden, wenn jene wichtigen Zeichen besonders auffallen.

37 ee) Dasselbe gilt für die Kombination von Vorschriftzeichen für den fließenden Verkehr mit Haltverboten.

38 ff) Zeichen 201, 278 bis 282 und 350 dürfen mit anderen Verkehrszeichen nicht kombiniert werden.

39 b) Dicht hintereinander sollen Verkehrszeichen für den fließenden Verkehr nicht folgen. Zwischen Pfosten, an denen solche Verkehrszeichen gezeigt werden, sollte vielmehr ein so großer Abstand bestehen, daß der Verkehrsteilnehmer bei der dort gefahrenen Geschwindigkeit Gelegenheit hat, die Bedeutung der Verkehrszeichen nacheinander zu erfassen.

40 12. An spitzwinkligen Einmündungen ist bei der Aufstellung der Verkehrszeichen dafür zu sorgen, daß Benutzer der anderen Straße sie nicht auf sich beziehen, auch nicht bei der Annäherung; erforderlichenfalls sind Sichtblenden oder ähnliche Vorrichtungen anzubringen.

41 13. a) Die Unterkante der Verkehrszeichen sollte, soweit nicht bei einzelnen Zeichen anderes gesagt ist, in der Regel 2 m vom Boden entfernt sein, über Radwegen 2,20 m, an Schilderbrücken 4,50 m, auf Inseln und an Verkehrsteilern 0,60 m.

42 b) Verkehrszeichen dürfen nicht innerhalb der Fahrbahn aufgestellt werden. In der Regel sollte der Seitenabstand von ihr innerhalb geschlossener Ortschaften 0,50 m, keinesfalls weniger als 0,30 m betragen, außerhalb geschlossener Ortschaften 1,50 m.

43 14. Verkehrszeichen sollen nur dort angebracht werden, wo dies nach den Umständen geboten ist. Über die Anordnung von Verkehrszeichen darf in jedem Einzelfall nur nach gründlicher Prüfung entschieden werden; die Zuziehung ortsfremder Sachverständiger kann sich empfehlen. Hierbei ist auch zu prüfen, ob sich anstelle der Verkehrszeichen oder zusätzlich eine bauliche Umgestaltung oder das Anbringen von Leiteinrichtungen empfiehlt; das ist bei der Straßenbaubehörde anzuregen.

44 15. Sollen Verkehrszeichen nur zu gewissen Zeiten gelten, dürfen sie sonst nicht sichtbar sein. Nur die Geltung der Zeichen 229, 245, 250, 251, 253, 255, 260, 261, 270, 274, 276, 277, 283, 286, 290, 314 und 315 darf statt dessen auf einem Zusatzschild, z. B. „8–16 h", zeitlich beschränkt werden. Verkehren öffentliche Verkehrsmittel zu gewissen Tageszeiten oder an bestimmten Wochentagen nicht, so kann auch das Parkverbot an ihren Haltestellen durch ein Zusatzschild zu dem Zeichen 224 beschränkt werden, z. B. „Parken Sa und So erlaubt". Vorfahrtregelnde Zeichen vertragen keinerlei zeitliche Beschränkungen, weder auf diese noch auf jene Weise.

45 16. Auf Straßen mit Straßenbeleuchtung ist darauf zu achten, daß die Verkehrszeichen von ihr erhellt werden; es empfiehlt sich daher, Verkehrszeichen entweder hinter den Leuchten aufzustellen oder sie an den Lichtmasten so anzubringen, daß sie vom Licht getroffen werden. Ist das nicht möglich, so müssen die Schilder rückstrahlen oder erforderlichenfalls (§ 17 Abs. 1) von innen oder außen beleuchtet sein. Das gilt nicht für die Zeichen 224, 229, 237, 239, 240, 241, 242, 243, 244, 244 a, 283, 286, 314, 315, 355, 357 bis 359, 375 bis 377, 385, 388, 394 und 437.

17. Zusatzzeichen im besonderen
   a) Sie sollten, wenn irgend möglich, nicht beschriftet sein, sondern nur Sinnbilder zeigen. Wie Zusatzzeichen auszugestalten sind, die in der StVO oder in dieser Vorschrift nicht erwähnt, aber häufig notwendig sind, wird das Bundesministerium für Verkehr nach Anhörung der zuständigen obersten Landesbehörden in einem Verzeichnis im Verkehrsblatt bekanntgeben. Abweichungen von den in diesem Verzeichnis aufgeführten Zusatzzeichen sind nicht zulässig; andere Zusatzzeichen bedürfen der Zustimmung der zuständigen obersten Landesbehörde oder der von ihr bestimmten Stelle.
   b) Mehr als zwei Zusatzzeichen sollten an einem Pfosten, auch zu verschiedenen Verkehrszeichen, nicht angebracht werden. Die Zuordnung der Zusatzzeichen zu dem Verkehrszeichen muß eindeutig erkennbar sein.
   c) Zusatzzeichen zu beleuchteten oder retroreflektierenden Verkehrszeichen müssen wie diese beleuchtet sein oder retroreflektieren.
   d) Entfernungs- und Längenangaben sind auf- oder abzurunden. Anzugeben sind zB 60 m statt 63 m, 80 m statt 75 m, 250 m statt 268 m, 800 m statt 750 m, 1,2 km statt 1235 m.

IV. Allgemeines über Markierungen (§ 41 Abs. 3 und 4 und § 42 Abs. 6)

1. Die Markierungen sind weiß (vgl. aber Nummer 3 vor Zeichen 350). Als weiße Markierungen sind auch metallfarbene Markierungsknöpfe anzusehen. Gelbe Markierungsknöpfe und gelbe Markierungen dürfen nur im Falle des § 41 Abs. 4 verwendet werden.

2. Anstelle von Markierungen dürfen Markierungsknöpfe nur verwendet werden, wenn dies in der StVO zugelassen ist, und das auch nur dann, wenn es zweckmäßig ist, z. B. auf Pflasterdecken.

3. Dagegen können Markierungen aller Art durch das zusätzliche Anbringen von Markierungsknöpfen in ihrer Wirkung unterstützt werden; geschieht dies an einer ununterbrochenen Linie, so dürfen die Markierungsknöpfe nicht gruppenweise gesetzt werden. Zur Kennzeichnung gefährlicher Kurven und überhaupt zur Verdeutlichung des Straßenverlaufs an unübersichtlichen Stellen kann das Anbringen von Markierungsknöpfen auf Fahrstreifenbegrenzungen, auf Fahrbahnbegrenzungen und auf Leitlinien nützlich sein. Sperrflächen lassen sich auf solche Weise verdeutlichen. Markierungsknöpfe können an Fußgängerüberwegen von Nutzen sein.

4. Markierungsknöpfe ohne und mit Rückstrahlern müssen in Grund- und Aufriß eine abgerundete Form haben. Der Durchmesser soll nicht kleiner als 120 mm und nicht größer als 150 mm sein. Die Markierungsknöpfe dürfen nicht mehr als 25 mm aus der Fahrbahn herausragen.

V. Allgemeines über Verkehrseinrichtungen

Für Verkehrseinrichtungen gelten die Vorschriften der Nummer III 1, 2, 4, 5, 6, 7 a bis c, 7 e, 8, 10, 13 und 14 sinngemäß; Rn. 6 ff.

StVO § 39

VwV – StVO

Zu § 39 Verkehrszeichen

Zu Absatz 1

1 Auf Nummer I zu den §§ 39 bis 43 wird verwiesen; *Rn. 1.*

Zu Absatz 2

2 Verkehrszeichen, die als Wechselverkehrszeichen aus einem Lichtraster gebildet werden (sogenannte Matrixzeichen), zeigen die sonst schwarzen Symbole, Schriften und Ziffern duch weiße Lichter an, der sonst weiße Untergrund bleibt als Hintergrund für die Lichtpunkte schwarz. Diese Umkehrung für Weiß und Schwarz ist nur solchen Matrixzeichen vorbehalten.

Inhaltsübersicht

	Rn
1. Allgemeines	1
2. Verkehrszeichen u Verkehrseinrichtungen	3
a) Begriffe	3
b) Gefahrzeichen	4
c) Vorschriftzeichen	5
d) Richtzeichen	6
3. Rechtsnatur u Verbindlichkeit der Anordnungen	8
a) Vorschriftzeichen als Verwaltungsakte	8
b) Verbindlichkeit fehlerhafter Anordnungen	9
c) Verkehrszeichen als Tatbestandsmerkmale	13
d) Ausnahmen vom Verkehrsverbot	14
4. Wirksamkeit u Reichweite der Verkehrsbeschränkungen	15
a) Sichtbarkeitsgrundsatz	15
b) Fehlerhafte u undeutliche Verkehrszeichen	17
c) Neue Verkehrszeichen	22 a
5. Irrtum	23

1 1. Allgemeines

§ 39 enthält die **allg Vorschriften** über VZ (vgl Rn 7 zu Vorbem–StVO). Sein (durch 24. ÄndVO eingefügter) **Abs 1** soll einer übermäßigen Beschilderung im StraßenV u einer damit verbundenen Überforderung u Ablenkung der VT beggnen sowie die Akzeptanz u Beachtung der wichtigen Vorschriften fördern. Dementspr verpflichtet § 45 IX (neu) die VB bei der AO von VZ restriktiv zu verfahren. – In den folgenden §§ 40–42 werden die GefahrZ, VorschriftZ u RichtZ, in § 43 die Verkehrseinrichtungen" gesondert behandelt. Die Sinnbilder aller VZ sind der aktuellen u internationalen Ausgestaltung angepaßt (s VZ-Kat 1992). – Wegen der Fortgeltung bestimmter VZ der StVO-DDR, die in ihrer Ausführung dem Sinn der §§ 39–43 entsprechen, s Voraufl.

Nach dem seit 1. 9. 97 geltenden neuen § 45 IX 1 genügt für Aufstellung der VZ nicht nur, dass sie sachgerecht oder zweckmäßig zur Abwehr einer Gefahrenlage sind, sondern darüber hinaus muß ihre Aufstellung „zwingend geboten" sein (Anm von Rinze, NZV 99, 399 zu Ka NZV 99, 397).

§ 45 enthält die ges Ermächtigungen u Zuständigkeiten. Daß den 1a Geboten u Verboten der VorschriftZ Folge zu leisten ist, ergibt sich aus § 41 I, II. Verstöße gegen sie sind **OWen** nach § 49 III 4 (s Nrn 86–99 VwKat; 35–38 BKat). § 39 selbst enthält keine bußgeldbewehrte Vorschrift. Die von den zuständigen Behörden angeordneten VZ enthalten hoheitliche Gebote, vorausgesetzt, daß sie sich auf öff Wege (einschl der „tatsächlich-öff") beziehen (dazu § 1 Rn 13 ff; **E** 22). Vom Eigentümer aufgestellte VZ auf Privatwegen sind keine amtl VZ (Bay 73, 86 = VM 73, 71; wegen der Zulässigkeit solcher Z s § 33 II mit VwV); sie können aber zB auf privatem Firmengelände **zivilrechtlich** beachtlich sein (Kö VRS 86, 9 zu Z 205).

Verpflichtung der VB zur Aufstellung von VZ u V-Einrichtungen: 1b Verpflichtungen können sich aus der VwV zur StVO bzw. den einzelnen VZn ergeben (zB das Z 286 „ist dort aufzustellen ...", das Z 112 „ist vor allem aufzustellen ..."). VwV enthält jedoch auch eine Reihe von Einschränkungen oder gar Verboten in bestimmten Fällen Z aufzustellen (zB das Z 102 „darf nur aufgestellt werden ..."; das Z 114 „ist nur aufzustellen ..."; das Z 140, 142 „darf nur auf Straßen mit schnellerem Verkehr aufgestellt werden ..."). **Veranlassung** für VB zur Aufstellung von Z können auch drohende **Schadensersatzansprüche** aus § 839 I BGB iVm Art. 34 I GG sein, s jedoch Br NZV 98, 501: kein Schadensersatzanspruch, da sich nicht feststellen läßt, daß bekl. Land verpflichtet war, im Bereich der Unfallstelle einen Wildschutzzaun zu errichten oder Z 142 (Wildwechsel) aufzustellen. Richtschnur für Handeln der VB ist § 45 IX (RVO, keine VwV), wonach VZ und V-Einrichtungen nur dort anzuordnen sind, wo dies aufgrund der besonderen Umstände „zwingend geboten" ist. Nach § 45 IX 3 dürfen Gefahrzeichen nur dort angebracht werden, wo es für die Sicherheit des Verkehrs unbedingt erforderlich ist, weil auch ein aufmerksamer Verkehrsteilnehmer die Gefahr nicht oder nicht rechtzeitig erkennen kann und auch nicht mit ihr rechnen muß.

Der **Vorrang** der VZ vor den allg VRegeln ist in § 39 II, derjenige der 2 VEinrichtungen in § 43 II ausgesprochen. Verhältnis zu LichtZ u Weisungen der PolBeamten s § 36 Rn 11, § 37 Rn 2. Die einzelnen VZ sind bei den Vorgängen, zu denen die Regelung gehört, erläutert (s Sachverzeichnis „Zeichen").

Die Erläuterung der inhaltlichen Bedeutung der VZ und V-Einrich- 2a tungen erfolgt bei den allgemeinen Verkehrsregeln (Z 274 bei § 3, Z 286 bei § 12, etc).

2. Verkehrszeichen u Verkehrseinrichtungen 3

a) **Begriffe.** Zur VRegelung sind nur die in den folgenden Paragraphen vorgesehenen VZ oder solche zugelassen, die der BMV im Rahmen seiner Ermächtigung nach Anhörung der obersten Landesbehörden künftig zuläßt (BGHSt 26, 348; Kö NZV 90, 483; VwV zu §§ 39–43 III 1). Die VBen u

Jagow

StVO § 39 4–5a   Verkehrszeichen

die sonst zuständigen Behörden dürfen den Verkehr nach § 45 IV ausschl durch VZ u VEinrichtungen u nur im Rahmen der Widmung (s OVG Lü VRS 68, 476) regeln (s dazu auch **E** 92). Die **VEinrichtungen** sind in § 43 I erschöpfend aufgezählt.

4   b) **Gefahrzeichen.** Bedeutung u Aufstellung s § 40 I–V. Ihre sachgerechte Aufstellung gehört zu den Amtspflichten der VBen, deren Verletzung Schadensersatzansprüche begründen kann (vgl § 45 Rn 11–13). Der Kf darf darauf vertrauen, daß auf Gefahrenstellen durch WarnZ hingewiesen wird (BGH VRS 18, 268); er hat Vorsichtsvorkehrungen auch schon dann zu treffen, wenn die Gefahr, vor der gewarnt wird, noch nicht sichtbar ist (Dü VRS 60, 265); so muß er beim **Z 138** „Radfahrer kreuzen" mit gespannter Aufmerksamkeit u merklich geringerer Geschwindigkeit fahren (Dü aaO; s auch Ol VRS 71, 172). Auf der linken Seite einer breiteren Str (insb AB) braucht der Autofahrer kein WarnZ zu vermuten (Kar VRS 3, 86; s auch Rn 15, 16). Wer ein WarnZ nicht beachtet, verstößt nicht gegen § 40, aber ggf gegen die Pflicht, auf deren Einhaltung das WarnZ hinweist, zB Beachtung der Vorfahrt oder Herabsetzung der Geschwindigkeit (vgl § 1 Rn 39 ff, § 3 Rn 43 f, 54); die **Nichtbeachtung** kann als Vernachlässigung der Sorgfaltspflicht den Schuldvorwurf u damit die Geldbuße erhöhen (§ 17 III S 1 OWiG; Dü aaO). – Ist Z 142 (Wildwechsel) aufgestellt, wird nicht nur der Unabwendbarkeitsbeweis erschwert, es kann darüber hinaus auch eine Verschuldenshaftung in Betracht kommen. Das Z mahnt Kf, sich auf die angekündigte Gefahr einzurichten (Kö DAR 76, 489); hierzu gehört sorgfältige Beobachtung der Fahrbahnränder, so dass bei auftauchendem Wild sofort gebremst, ausgewichen, abgeblendet werden kann. Zwar kann trotz Einstellung auf Gefahr Zusammenstoß mit Wild unvermeidbar sein (KG NZV 93, 313); im Rahmen des Entlastungsbeweises nach § 7 II StVG wird jedoch Kf falsche Reaktion im ersten Schrecken nicht zugebilligt (BGH VersR 87, 158, 159 sowie Stadler, Wildschäden in der Krafthaftpflichtversicherung, NZV 98, 493).

4a   § 40 VI letzter Satz läßt offen, **wer** weitere GefahrZ schaffen darf. Die VwV zu den Z §§ 39–43 III.1. enthält keine entspr Ermächtigung, sondern nur eine an die VB gerichtete Verwendungsvorschrift. Die Praxis, neue VZ im Wege einer bloßen Verlautbarung in die StVO einzuführen, ist bedenklich (s zB Verlautbarung des BMV VkBl 88, 500 Nrn 117 u 118 bzgl der Z 113, 124, 269 u 354).

5   c) Die **Vorschriftzeichen** des § 41 verkörpern die eigentlichen **Anordnungen** der Behörden, nämlich Gebote u Verbote. Auf sie beziehen sich in erster Linie die folgenden Ausführungen.

5a   Der mit VwV sehr lange § 41 weist folgende **Gliederung** auf:

Abs 1: Gebote u Verbote

Abs 2: Arten u Aufstellung der Verkehrszeichen
   1. Warte- u Haltgebote
   2. Vorgeschriebene Fahrtrichtung

3. Vorgeschriebene Vorbeifahrt
4. Haltestellen
5. Sonderwege u Fußgängerzone
6. Verkehrsverbote
7. Streckenverbote
8. Haltverbote
Abs 3: Markierungen
1. Fußgängerüberweg
2. Haltlinie
3. Fahrstreifen- u Fahrbahnbegrenzung
4. Einseitige Fahrstreifenbegrenzung
5. Pfeile
5 a. Vorankündigungspfeil
6. Sperrflächen
7. Parkflächenmarkierungen
8. Grenzmarkierung für Halt- u Parkverbot
Abs 4: Vorübergehende Fahrstreifenbegrenzung

d) **Richtzeichen – § 42 –** sind zT bloße Hinweisschilder. Andere 6 weisen auf ein bestehendes VorR hin oder begründen ein solches, zB Z 301, 306, 308. Das Parkplatzschild (Z 314, 315) begründet die Parkerlaubnis, wenn das Parken sonst an der gekennzeichneten Stelle verboten wäre. Z 325/326 regeln das Verhalten in verkehrsberuhigten Bereichen. Die Z 330 u 331 begründen die Rechte u Pflichten des § 18, die Z 334 u 336 beenden sie. Die Ortstafeln Z 310, 311 begrenzen rechtsverbindlich den Bereich der geschl Ortschaft. **Bußgeldbewehrte** Gebote enthalten die RichtZ nach Maßgabe des § 49 III 5 iVm § 24 StVG (s dazu Nrn 100–103 VwKat; Nrn 39, 40 BKat).

Zur leichteren Orientierung sei auch die **Gliederung** des § 42 hier an- 7 gegeben:
Abs 1: Wesen der Richtzeichen
Abs 2: Vorrang
Abs 3: Die Ortstafel
Abs 4: Parken
Abs 4a: Verkehrsberuhigte Bereiche
Abs 5: Autobahnen u Kraftfahrstraßen
Abs 6: Markierungen
1. Leitlinie
2. Wartelinie
3. Schriftzeichen u Bilder auf der Fahrbahn
Abs 7: Hinweise
Abs 8: Wegweisung

3. Rechtsnatur u Verbindlichkeit der Anordnungen 8

a) **Vorschriftzeichen.** Die durch VZ getroffenen Anordnungen nach §§ 41, 42 sind nach der heute hM keine RVorschriften (BGHSt 20, 125), sondern **VAe** in Gestalt von **Allgemeinverfügungen** oder doch wie solche zu behandeln (BVfG NJW 65, 2395; BVwG VRS 33, 149 sowie VRS 54, 235; 58, 314 = StVE § 45 StVO 12; DAR 93, 401: Busspur; BGHSt 23, 86; Bay 83, 17 = StVE § 12 StVO 35; Bay 84, 57; 85, 11; StVE 7; Stu NZV 01, 274). Der VA ergeht, sobald ein VT in den Wirkungsbereich des VZ gelangt u von ihm Kenntnis nehmen kann (BGHSt 20, 125, 130; BVwG VRS 33, 149; Bay VRS 67, 233; Kö ZfS 93, 283 m Anm Notthoff ZfS 95, 81; s unten 18). Diese rechtliche Bedeutung können von privater Seite ohne AO oder Genehmigung der zust VB angebrachte Z auch dort nicht erlangen, wo „öff Verkehr" (s § 1 Rn 13 ff) stattfindet (Bay StVE § 41 StVO 41 = Bay 83, 151: Forstverwaltung; Brbg VRS 93, 28; s auch § 33 Rn 6); sie können aber zivilrechtlich bedeutsam sein (Kö VRS 86, 9 zur Z 205). – Die durch VZ erlassenen VBeschränkungen u -verbote sind **SchutzGe** iS des § 823 II BGB (Fra VM 71, 106).

9 b) **Verbindlichkeit fehlerhafter Anordnungen.** Der VT muß auch ein VVerbot beachten, das unter Verletzung von Vorschriften, insb unter Überschreitung der in § 45 gegebenen Ermächtigung erlassen ist. Denn auch unzulässige oder sonst fehlerhafte VAe sind im allg gültig u rechtsverbindlich, solange sie nicht durch eine vorgesetzte Behörde oder ein Verwaltungsgericht beseitigt sind oder ihre Vollziehbarkeit aufgehoben ist (s die oben aufgeführte RSpr sowie BVwG NJW 67, 1627; BGHSt 20, 125; Ko DAR 95, 31; Bay 67, 69, 73 ff u VRS 61, 138 = StVE § 45 StVO; Sa NZV 89, 159; Stu VRS 59, 464 = StVE § 44 StVO 1: Absicherung von VKontrollen der Pol). Jedoch ist jeder, der durch eine AO, zB ein Parkverbot, in seiner Bewegungsfreiheit gehindert ist, zur verwaltungsrechtlichen Klage berechtigt (BVwG aaO). Der Verstoß entfällt aber nicht, wenn der Täter vor oder nach der Tat gegen die AO Widerspruch eingelegt oder Verwaltungsklage erhoben hat. Auch eine spätere Aufhebung der AO durch die Widerspruchsbehörde oder das Verwaltungsgericht läßt die Ahndung der bereits vorher begangenen Zuwiderhandlung unberührt (BGHSt 23, 86; Bay VRS 35, 195; vgl auch HessVGH VM 70, 92 u § 48 Rn 7, § 49 Rn 4); das gilt auch bei Wegfall einer sonstigen Strafbarkeitsvoraussetzung nach der Tat (s BGHSt 32, 152: Wegfall der Wirkung der fristlosen Kündigung nach § 39 III S 3 VVG; s auch Bay VRS 64, 149; aA Fra DAR 82, 28).

9a **Anfechtung von Verkehrszeichen.** VZ können als VAe nach erfolglosem Widerspruch durch Verw Klage angefochten werden. Die einmonatige Widerspruchsfrist nach § 70 I VwGO ist nicht einschlägig, da bei Aufstellung eines VZ eine Rechtsmittelbelehrung an den Beschwerten nicht erfolgt (und praktisch auch nicht erfolgen kann). Daher einjährige Klagefrist nach § 58 II VwGO, die grundsätzlich mit der Aufstellung des VZ beginnt (Ka NZV 99, 397 unter Abkehr von der bisherigen Rechtsprechung, wonach die Rechtsmittelfrist mit Kenntnisnahme des VZ durch Betroffenen in Gang gesetzt wird, s auch krit. Anm. von Rinze, NZV 99, 399).

Schlechthin **unbeachtlich** sind amtl Gebots- u VerbotsZ nur, wenn ein **10** **Nichtigkeitsgrund** vorliegt (§ 44 I u II VwVfG). Ein solcher ist zB nach § 44 VwVfG gegeben, wenn ein bes schwerer Fehler vorliegt, so zB wenn eine sachlich völlig unzuständige Behörde – zB Flurbereinigungsamt, Gesundheitsamt oder Forstverwaltung (Bay NJW 65, 1973; StVE § 41 StVO 41), aber nicht eine nur örtlich unzuständige Behörde (§ 44 III 1 VwVfG; Ploen DAR 68, 237) oder ein unzuständiger Beamter – die AO getroffen hat u sich die Fehlerhaftigkeit bei Kenntnis aller für das Zustandekommen des VA wesentlichen Tatsachen einem Rechtskundigen ohne weiteres aufdrängt, zB weil er offensichtlich gegen höherwertiges R verstößt (Bay 65, 39, 42) oder bei sog **Phantasie-Z** (Bay VRS 40, 379; s dazu unten 17; s auch Kö NZV 91, 484: zu weit ausgedehntes Z 299).

Ein von einer Baufirma auf Veranlassung der Pol in Abweichung von **11** einer AO der VB aufgestelltes Haltverbot ist nicht schlechthin unwirksam (Bay StVE § 45 StVO 18 in Erg von Bay 77, 47), sondern bis zur Aufhebung wirksam (vgl BVwG NJW 67, 1627; BGHSt 20, 125). Ist ein VSchild von einer **unzuständigen Stelle** angebracht worden, so verkörpert es jedenfalls von dem Zeitpunkt an ein wirksames Gebot, in dem die VB der Anbringung zustimmt (Stu VRS 26, 378; zur Wirkung im Privatbereich s oben 1, 8 u Kö VRS 86, 9). Im Verfahren wegen der OW kann nur die Nichtigkeit, nicht die Fehlerhaftigkeit (Anfechtbarkeit) der AO nachgeprüft werden. Verstößt eine AO gegen das Willkürverbot des Gleichheitssatzes, so ist sie im allg nicht nichtig, sondern nur anfechtbar (Bay 67, 70, 75). Nichtigkeit wird nur angenommen, wenn ein offensichtlich in keiner Weise zu rechtfertigender, reiner Willkürakt der Behörde vorliegt (Bay VRS 26, 380; Ha VRS 30, 478). Dementspr können die Vorgänge, die zur Aufstellung eines amtl Gebots- oder VerbotsZ geführt haben, im Verfahren gegen den Betr nur dahin nachgeprüft werden, ob der Aufsteller zuständig war u ob etwa ein reiner Willkürakt vorlag (Bay aaO; vgl auch Bay 58, 167 = VM 59, 83).

Ein von einem privaten Bauunternehmer aufgestelltes Verkehrszeichen **11 a** ist wirksam und von den Verkehrsteilnehmern zu beachten, wenn lediglich eine unwesentliche Abweichung vom behördlich genehmigten Verkehrszeichenplan vorliegt (Mstr NZV 01, 279).

Zu weit geht die Ansicht, ein VVerbot sei nur nichtig, wenn seine Un- **12** gültigkeit für jedermann derart augenscheinlich sei, daß es gleichsam den Stempel der **Nichtigkeit** auf der Stirn trage (so KG VRS 34, 307); denn der bloße Rechtsschein bewirkt nicht die Gültigkeit einer AO. Jedoch muß derjenige, der die – nicht offensichtliche – Nichtigkeit einer AO kennt, nach § 1 der Tatsache Rechnung tragen, daß die anderen VT auf ihre RWirksamkeit vertrauen; er darf sich daher nicht über das Gebot hinwegsetzen, wenn dadurch andere gefährdet werden können (Bay 65, 45 = VRS 29, 151). Erscheint es im Einzelfall zweifelhaft, ob einem VorschriftZ eine seiner Bedeutung entspr AO zugrundeliegt, bes deshalb, weil für sie kein vernünftiger Sinn erkennbar ist, so bedarf es im Urt der ausdrücklichen Feststellung über Vorhandensein u Inhalt der AO (Kar VRS 47, 134); Sicherung von Baustellen: § 45 Rn 16.

StVO § 39 13–15   Verkehrszeichen

13   c) **Verkehrszeichen als TB-Merkmale.** Da die AOen nur durch amtl VZ wirksam getroffen werden können, ist deren Vorhandensein u vorschriftsmäßige Anbringung zugleich ein normatives **TB-Merkmal** des Verstoßes gegen §§ 41, 42, wenn sich auch ihre Bedeutung, wie unter a) ausgeführt, darin nicht erschöpft (Bay 65, 41; 67, 69, 73 = VRS 33, 295). Daraus folgt, daß im Verfahren wegen der OW in vollem Umfang nachzuprüfen ist, ob die **Beschilderung** vorschriftsmäßig war (Bay v 20. 4. 83, 2 Ob OWi 90/83; s auch unten 15).

14   d) **Ausnahme vom Verkehrsverbot.** Ist zwar das Verbot durch ein vorschriftsmäßiges VZ getroffen, aber durch eine **Zusatztafel** eine offensichtlich willkürliche **Ausn** zugelassen, so ist idR nicht die Beschränkung, zB das Parkverbot, sondern nur die Ausn-Genehmigung nichtig. Der RVerstoß bei der AO der Ausn bewirkt weder die RUnwirksamkeit der VBeschränkung noch die Ausdehnung der Ausn auf andere VT (Bay VkBl 60, 250; Ha VRS 30, 478). Demgegenüber erachtet Ce (VRS 43, 69) Haltverbot u Sondererlaubnis als eine Einheit mit dem Zweck, den Platz durch Fernhalten fremder Fze für die begünstigten Fze freizuhalten; sei die Sondererlaubnis unwirksam, so auch das Haltverbot. Man wird in Fällen, in denen die ganze AO nur einen reinen Willkürakt zugunsten einer Personengruppe darstellt, Celle zustimmen müssen. Ist aber das Verbot an sich vertretbar u nur die Ausn rein willkürlich, zB eine Geschwindigkeitsbeschränkung auf 40km/h mit Ausn-Genehmigung für Herrn X oder die Mitglieder eines bestimmten Motorrennklubs, so muß daran festgehalten werden, daß nur die Ausn-Genehmigung nichtig ist. Die Frage kann also nicht allg, sondern nur nach Lage des Einzelfalles entschieden werden. Sollte allerdings das Verbot ohne die (unwirksame) Ausn nicht erlassen werden, so ist dieser einheitliche VA nach § 44 IV VwVfG insges unwirksam (Bay 86, 48 = StVE 5; vgl auch Bay VRS 69, 64). – Ein Parkverbot mit einer **Ausn-Genehmigung** für die Fze einer **bestimmten Behörde** ist nach einhelliger Meinung kein Willkürakt, daher für die VT verbindlich (Bay, Ha aaO ua). Darüber, inwieweit es unzulässig u somit anfechtbar ist, vgl § 45 Rn 6; § 46 Rn 2.

15   **4. Wirksamkeit u Reichweite der Verkehrsbeschränkungen**

a) **Der Sichtbarkeitsgrundsatz** besagt: Der VT braucht nur solche AOen zu beachten, die ordnungsgemäß bekannt gegeben worden sind (§§ 41, 43 VwVfG; VG Bln NZV 89, 168; Kö NZV 93, 406), dh ihm auf seiner Fahrt in Gestalt sichtbarer VZ begegnen (BGHSt 11, 7) u die er bei Anwendung der nötigen Sorgfalt ohne weiteres wahrnehmen kann (OVG NW VBl 90, 387), zumal der dadurch verkörperte VA erst durch die Wahrnehmungsmöglichkeit eröffnet u damit wirksam wird (s § 43 VwVfG; BVwGE 59, 221, 226; Bay 84, 57 = StVE § 41 StVO 42; VG Stu VRS 76, 69; OVG Hbg VRS 89, 68). Es genügt die **abstrakte Wahrnehmungsmöglichkeit;** auf die tatsächliche Wahrnehmung im Einzelfall kommt es nicht an (BVwG DAR 97, 119, Kö NZV 93, 406; OVG NW aaO; zur faktischen Wahrnehmbarkeit von VSchildern s Erklärung der BASt NZV 88, 55, 92; 89, 63); deshalb ist zB auch ein nach erlaubtem Parken aufgestelltes Haltverbot gegenüber dem abwesenden Parker wirksam (BVwG aaO; Kö aaO; OVG NW DAR 97, 366; aA noch Hbg aaO; zur evtl fehlenden Vorwerfbarkeit bei unbekannter Zonengeschwindigkeitsregelung s unten 23; zum Abschleppen aus anderen Gründen s § 12 Rn 76). Sind Verkehrszeichen so aufgestellt oder angebracht, dass sie ein durchschnittlicher Kraftfahrer bei Einhaltung der nach § 1 StVO erforderlichen Sorgfalt schon „mit einem raschen und beiläufigen Blick" erfassen kann, so äußern sie ihre Rechtswirkung gegenüber jedem von der Regelung betroffenen Verkehrsteilnehmer, gleichgültig, ob er das Verkehrszeichen tatsächlich wahrnimmt oder nicht (BVerwGE 102, S 316 = NJW 1997, S 1021; VG Berlin NZV 00, 392).

VZ sind grundsätzlich rechts (§ 41 II 1; Kö NZV 95, 327) u **ortsfest** aufgestellt; für bes Einsätze können sie aber nach **§ 39 II a** (neu) auch auf einem Fz angebracht sein (zB bei Schwertransporten u in Baustellenbereichen); diese gehen dann den ortsfesten Z vor. **Ausn:** § 45 IV Halbs 2; Strecken- u Zonenverbote: Z 270 (s AG Tiergarten NJW 87, 2757; KG VRS 74, 141), Z 274, 274.1, 290; s § 3 Rn 74f).

Wer in eine Str einbiegt, muß VZ nur beachten, die ihm auf der von ihm **befahrenen Teilstrecke** begegnen, selbst wenn er weiß, daß auf einem anderen Teil der Str ein VerbotsZ aufgestellt ist (Bay 55, 207 = VM 56, 5; Bay VkBl 59, 71). Das gilt aber nicht, wenn der Einbiegende weiß, daß auf der Str ein **durchgehendes** VVerbot besteht (s auch Bay 85, 96 u unten 23). Auch wer in eine Str einbiegt, der gegenüber die von ihm bisher befahrene Str durch Z 205 oder 206 als untergeordnet gekennzeichnet ist, muß sich, solange er nicht die Gewißheit vom Gegenteil erlangt hat, auf die Möglichkeit einstellen, daß die von ihm nunmehr befahrene Str eine durch Z 306 gekennzeichnete Vorfahrtstr sein könnte, auf deren Fahrbahn außerhalb geschl Ortschaften nicht geparkt werden darf (Bay VRS 51, 308 = StVE § 12 StVO 6). Wer aber aus einem Grundstück in eine Str einfahren will, muß sich nicht vorher danach erkundigen, welche Streckenverbote angeordnet sind (Ha VM 72, 124). Befindet sich ein sichtbares Gebots- oder VerbotsZ auf dem befahrenen Str-Teil, so muß es auf der ganzen Strecke, für die es gilt, beachtet werden, auch wenn die Fahrt vorübergehend unterbrochen wird, aber ein einheitliches, beim Vorbeifahren am Z geplantes Unternehmen darstellt (BGHSt 11, 7). Das Gebot ist vom (1.) VSchild an zu befolgen (BGHSt 25, 293, 299), wenn nicht durch eine Zusatztafel ein anderer Beginn der Beschränkung angeordnet ist (Bay 52, 37; 57, 153). 15a

Ein **Streckenverbot** dauert nach § 41 II 7 bis zum Ende der Gefahrenstelle, wenn es zusammen mit einem GefahrZ angebracht ist; sonst bis zum Ende der auf einem Zusatzschild zu Z 276, 277 angegebenen Strecke oder bis zu einem Z 278–282 (vgl auch § 3 Rn 71). Verbotsschilder müssen auf der ganzen Strecke, für die sie gelten, erkennbar sein, daher in angemessenen Abständen wiederholt werden, wenn sie sich auf eine längere Strecke beziehen (Dü VM 66, 89). Wiederholung ist auf jeden Fall nach dem 15b

Einbiegevorgang erforderlich (Ha NZV 01, 489). Wer 100 m hinter einem Halteverbotsschild hält, muß im allg damit rechnen, daß das Verbot noch gilt (Dü aaO); das gilt entspr auch für den Wendenden, der mit VRegelungen auf dieser Str-Seite rechnen muß (vgl § 41 II 8 b; OVG NW VBl 90, 387). Das Parkverbot in einer Sicherheitszone nach § 45 I S 2 Nr 5 ist deutlich zu kennzeichnen (BayVGH VwBl 88, 180). Auf der AB ist die Wiederholung der eine Geschwindigkeitsbeschränkung anordnenden VSchilder in Abständen von 1500 m ausreichend (Stu VRS 26, 60). Das VerbotsZ muß im **Zeitpunkt des Verstoßes** sichtbar sein (s 15); das Verbot gilt auch dann nicht, wenn das VZ durch einen Unbefugten entfernt (Bay 63, 183, 186 = VRS 26, 62 ff) oder in seiner Erkennbarkeit stark beeinträchtigt worden ist (OVG NW DAR 97, 366; s auch Hauser DAR 91, 324).

16 VZ gelten nur für die **Fahrtrichtung,** in die ihre Bildseite zeigt (Ol VRS 89, 53). Ein mit dem Schaubild in die entgegengesetzte Richtung aufgestelltes Schild ist für den Fahrer weder bestimmt noch „sichtbar", auch wenn es ihm bekannt oder von hinten erkennbar ist (Bay VRS 28, 117; Ha DAR 60, 122; Ce VRS 23, 66). Allerdings verliert eine zu Beginn einer geschl Ortschaft aufgestellte Ortstafel ihre Bedeutung für die Geschwindigkeitsbegrenzung nach § 3 III 1 nicht dadurch, daß sie verkehrt steht, weil hier die Aufstellung auf der rechten Str-Seite den Ortsbeginn deutlicher bekundet als die Aufschrift (Ha VRS 25, 296). Ebenso beeinträchtigen kleinere Abweichungen in der Art der Aufstellung, wie ParkverbotsZ parallel statt quer zur Str, die Wirksamkeit der AOen nicht (Ha VRS 29, 139). Wenn aber ein Haltschild so verdreht ist, daß es mit der Bildseite zum Str-Rand zeigt, ist es entgegen Ha VRS 40, 153 wohl nicht mehr verbindlich (VG Bln NZV 89, 168).

17 b) **Fehlerhafte u undeutliche Verkehrszeichen.** VZ, die den Z der StVO nicht nur in Kleinigkeiten nicht entsprechen (sog **PhantasieZ**), **sind regelmäßig nichtig,** daher unbeachtlich (Bay 70, 250 = VRS 40, 379). Z 205 ist nicht verbindlich, wenn seine Schenkellänge nur zwei Drittel der vorgeschriebenen Länge beträgt (Dü VM 66, 29). Andererseits müssen auf der linken Str-Seite befindliche VerbotsZ, die sich eindeutig auf die ganze Str-Breite beziehen, beachtet werden (VwV zu §§ 39 bis 43 III 8).

17 a Beim **Z 274** mit dem Zusatz „km", das seit 1. 1. 99 **ungültig** ist (§ 53 IV StVO), „fehlt es bereits am Vorhandensein eines Vorschriftszeichens nach § 41 StVO" (Stu NZV 01, 274), es ist daher als nichtig anzusehen.

17 b Zwei **mobile** Halteverbotszeichen, die für jeweils unterschiedliche Tage Halteverbotszonen im selben Straßenbereich anordnen, sind nur dann beanstandungsfrei, wenn sämtliche Regelungen an jeder Stelle vor Ort auf einen Blick erkennbar sind (VG Berlin NZV 00, 392); andernfalls fehlt es gegenüber den Betr an der notwendigen Bekanntgabe.

18 VZ müssen so aufgestellt werden, daß sie auch für einen Ortsunkundigen mit durchschnittlicher Aufmerksamkeit durch einen beiläufigen Blick **deutlich erkennbar** sind (BGH(Z) VRS 21, 91; Bay VRS 54, 306 =

StVE 3; AG Freiburg VRS 85, 51; Kö ZfS 93, 283). Allerdings muß der Kf im StadtV sorgfältig auf VZ achten (Ha VRS 29, 139), auch auf solche, durch die die Fahrtrichtung beschränkt wird (Z 209–222). Befinden sich auf beiden Seiten Lichtampeln, fehlt aber links das Z 214, so kann der Fahrer der linken FzReihe, die rechte Ampel nicht oder nur unter erschwerten Umständen sehen kann, entschuldigt sein (Bay DAR 68, 165). Das gleiche gilt, wenn ein VZ so hoch oder infolge eines Str-Knicks so unzweckmäßig angebracht ist, daß es im Scheinwerferlicht nicht auffällt (BGH VRS 5, 309); Änderung einer bestehenden Vorfahrtregelung: s § 45 Rn 12.

Bei Geschwindigkeitsbegrenzung, auch auf BAB, reicht Aufstellung eines Z 274 zur Beschränkung auf 60 km/h aus, auch wenn durch VwV zu Z 274, 276 und 277 sog. Geschwindigkeitstrichter empfohlen wird; Kf, der schneller als 100 km/h fährt, handelt grob pflichtwidrig (Ha NZV 99, 341).

Der **Zustand** eines VZ muß den Inhalt des VA erkennen lassen; nur **18 a** andeutungsweise vorhandene Markierungen oder nicht zuverlässig erkennbare Schilder sind wirkungslos (Bay NJW 84, 2110 = StVE § 41 StVO 42; Ha VRS 39, 340); ebenso bei nur vorübergehender witterungsbedingter Unkenntlichkeit (Bay 84, 57 = VRS 67, 233: verschneit; s § 26 Rn 3 sowie Ol VRS 58, 285 = StVE § 26 StVO 12 m krit Anm Knippel DAR 80, 243 u Booß VM 80 S 6–7). Entscheidend ist das äußere Erscheinungsbild (Kö VRS 31, 305), nicht die Ortskunde (Ol VRS 35, 250) oder die Kenntnis der ursprünglichen Bedeutung des Z im Einzelfall (Bay VM 72, 4; aA Schl VRS 71, 227 m krit Anm Booß VM 87 S 3); nicht mehr eindeutiger Kennzeichnung ist aber im Rahmen des § 1 u im subjektiven Bereich Rechnung zu tragen (Ha VRS 39, 340; Bay aaO).

VerkehrsZ, dh auch Zusatzschilder, müssen sofort befolgt werden; sie **19** müssen deshalb **inhaltlich klar, sinnvoll, verständlich u frei** von **Widersprüchen** sein (vgl BGHSt 25, 293, 299; 27, 318 zum Zusatzschild „Bei Nässe"; Bay 77, 192; 83, 17 = StVE § 12 StVO 35; NZV 89, 38; 92, 83; Kö VRS 62, 310; NZV 92, 200; Br VRS 49, 65; Dü VM 88, 100; Dr DAR 97, 160), sonst sind die entspr AOen unwirksam (BGH aaO; Dü NZV 91, 204; 96, 329). Ist eine AO nicht aus sich heraus eindeutig u gibt sie bei vernünftiger Auslegung berechtigten Anlaß zu Zweifeln, so geht diese Unklarheit zu Lasten der Behörde (Bay 61, 11 = VRS 21, 145; 69, 64; s auch oben 14; Ce VRS 34, 473; Kar VRS 59, 378 = StVE § 41 StVO 26; s hierzu auch Hauser DAR 91, 324 mwN); die unrichtige Deutung irreführender VorschriftZ kann entschuldigt (Bay 83, 17 = VRS 64, 383), die Abgabe widersprechender LichtZ („feindliches Grün") rechtswidrig sein (BGH(Z) NJW 87, 1945).

Kein Widerspruch, wenn zunächst Z 274 (Beschränkung auf 30 km/h) zusammen mit Z 123 (Baustelle) aufgestellt ist, jedoch noch vor dem Ende des Baustellenbereichs ein weiteres Z 274 (mit Beschränkung auf 50 km/h) steht; Z 274 (50 km/h-Beschränkung) sei rechtlich ohne Bedeutung, da die wirksam angeordnete Begrenzung auf 30 km/h für Baustellenbereich

StVO § 39 19a–21   Verkehrszeichen

nicht zuvor oder gleichzeitig durch ein AufhebungsZ 278–282 aufgehoben war (KG NZV 99, 85).

Namentlich komplexe Richtzeichen wie zB **Z 325 (verkehrsberuhigte Bereiche)** sind auslegungsfähig und auslegungsbedürftig; so hinsichtlich der elterlichen Aufsicht das OLG Ha NZV 01, 42, wonach in einer sog. Spielstraße (in einer verkehrsberuhigten Zone – Z 325) zu den erlaubten Kinderspielen auch das Herumfahren mit Kinderfahrrädern gehört. „Innerhalb solcher Zonen ist eine wesentlich geringere elterliche Überwachung als in anderen Verkehrsräumen geboten. Der Umstand, daß ein Kind den Bereich zielgerichtet als Verkehrsteilnehmer befährt, ändert daran nichts" (aaO).

19 a   Auch **Zusatzschilder** müssen eindeutig sein. Das Schild „im Bereich der Basilika" bezeichnet den Bereich unklar. Aber ein Z 286 ohne Zusatzschild u ein Z 283 mit Zusatz „7–9 h" auf dem gleichen Mast drücken klar aus, daß von 7–9 h überhaupt nicht, sonst im Rahmen des Z 286 gehalten werden darf. Eine zeitliche Begrenzung des Z 286 durch Zusatzschild „9–7 h" ist nicht erforderlich. Wären aber beide Z zeitlich unbegrenzt, so widersprächen sie sich, **Z 286** als das mildere Verbot gälte allein. Auch das Zusatzschild „Anwohner frei" zu **Z 250** ist eindeutig u nicht anders als „Anlieger frei" zu behandeln (Bay VRS 60, 152), obwohl auf eine einheitliche Terminologie geachtet werden sollte. Das gilt auch für das Zusatzschild „Zufahrt zur Fa ... frei", das dem Z „Zufahrt bis ... frei" entspricht; es verbietet nicht das Parken auf der Zufahrtstr (Dü VM 93, 62). Das die Geschwindigkeitsbeschränkung nur erläuternde Zusatzschild „Lärmschutz" berührt nicht die Wirksamkeit des **Z 274** (Sa NZV 89, 159; eingehend über Zusatzschilder, Größe, Numerierung pp s Teil 8 VzKat).

19 b   Verbote können durch den Zusatz **„nur"** zum Symbol auf die dargestellten Fze beschränkt werden, während das Wort **„frei"** bedeutet, daß die im Symbol gezeichneten Fze von dem allg Verbot ausgenommen sind (VwV zu § 41 VII). Zusatzschild „im Seitenstreifen" s § 12 Rn 30. Sind an einem Pfosten untereinander zwei VZ u zwischen diesen ein eine Entfernungsangabe enthaltendes Zusatzschild angebracht, so bezieht sich letzteres nur auf das unmittelbar darüber befindliche VZ (§ 39 I S 4; Bay NZV 89, 38). Ein Irrtum hierüber ist jedoch einem VT nur unter bes Umständen vorzuwerfen (Bay 77, 192 = StVE 3). – Der Begriff „werktags" umfaßt auch den Sonnabend (bzw Samstag: Hbg DAR 84, 157; Dü VRS 81, 132; Ha NZV 01, 355; krit dazu Ortbauer DAR 95, 463).

20   Zusatzschilder müssen den formellen Anforderungen des Abs II S 3–6 in allen Einzelheiten entsprechen, sonst sind sie unwirksam (Bay VRS 71, 309; 72, 306). Weitere Anforderungen enthalten VwV zu den §§ 39 bis 43 Abschn III sowie VzKat Teil 1.1 u 8).

20 a   Ein oder mehrere Verkehrszeichen, die (auch gemeinsam mit Zusatzschildern) auf einer Trägerfläche (Tafel) aufgebracht sind, stehen selbständig ausgeführten Verkehrszeichen in jeder Hinsicht gleich, sofern sie nur im übrigen nach Inhalt und Gestaltung den Vorschriften der Straßenverkehrs-Ordnung entsprechen (§ 39 II 5 StVO, s auch Bay ObLG NZV 01, 220).

21   Auf Schilder, die **nicht** als **amtliche VZ** ausgestaltet sind, muß ein Kf aber dann achten, wenn sich ihm bereits auf Grund des äußeren

Erscheinungsbildes der Eindruck aufdrängen muß, das Schild könne einen für sein Verhalten bedeutsamen Hinweis enthalten (Bay 70, 143 = VM 70, 81).

Einschränkungen des **Verbots** gelten auch dann, wenn sie nicht 22 durch ein vorschriftsmäßiges VZ ausgedrückt sind, zB in der Umrandung eines Verbotsschildes statt durch eine Zusatztafel; denn einem Verbotsschild kann keine größere Verbotswirkung zugelegt werden, als ihm nach seinem äußeren Erklärungsinhalt zukommt (Ce VRS 23, 66; s aber auch oben 14 u 20). Eine Verbotstafel ist auch sofort zu befolgen, wenn ein GefahrZ 123 beigefügt ist. Soll das Verbot erst an einer späteren Stelle beginnen, so ist dies durch eine Zusatztafel nach § 40 II, § 41 II S 3, 4 anzugeben (Bay 57, 153 = VM 57, 133).

c) Auf **neue VZ,** durch die eine bestehende V-Regelung geändert wird, 22 a deren Mißachtung bes gefährlich ist, muß für eine ausreichende Übergangszeit hingewiesen werden (Abs 4 VwV zu § 41; LG Marburg AR 97, 279: Vorfahrtsänderung). Das sollte auch für Halt- u Parkverbotsschilder gelten, die neu an Stellen aufgestellt werden, wo sonst Halten u Parken üblicherweise erlaubt war (vgl BVwG DAR 97, 119: 4 Tage Karenzzeit).

5. Irrtum 23

Hat der Täter ein Verbotsschild nicht gesehen oder nicht richtig erkannt, so liegt **Tatirrtum** vor. Dagegen begründet die falsche rechtliche Auslegung eines optisch richtig wahrgenommenen VZ einen **Verbotsirrtum.** Dies gilt auch dann, wenn der Täter glaubt, ein VGebot sei ungültig (Ko DAR 95, 31; Hbg VM 65, 57; Stu VRS 26, 378). – **Nicht vorwerfbar** handelt idR, wer beim Einfahren in eine andere Str kein Streckenverbotsschild passiert (zB Z 276) u sich daran aufgrund früherer Fahrten nicht erinnert (Bay VRS 73, 76 = StVE 6), von einem unzweckmäßig aufgestellten Z überrascht wird (Dü DAR 90, 32) oder nicht weiß, daß er sich in einer geschwindigkeitsbeschränkten Zone befindet (Dü ZfS 97, 276), anders wenn er wendet oder sonst auf die Gegenfahrbahn einschwenkt (OVG NW VRS 79, 476).

StVO § 40 Abs 1–5   Gefahrzeichen

§ 40 Gefahrzeichen*

(1) Gefahrzeichen mahnen, sich auf die angekündigte Gefahr einzurichten.

(2) Außerhalb geschlossener Ortschaften stehen sie im allgemeinen 150 bis 250 m vor den Gefahrstellen. Ist die Entfernung erheblich geringer, so kann sie auf einem Zusatzschild angegeben sein, wie

[100 m]

(3) Innerhalb geschlossener Ortschaften stehen sie im allgemeinen kurz vor der Gefahrstelle.

(4) Ein Zusatzschild wie

kann die Länge der Gefahrstrecke angeben.

(5) Steht ein Gefahrzeichen vor einer Einmündung, so weist auf einem Zusatzschild ein schwarzer Pfeil in die Richtung der Gefahrstelle, falls diese in der anderen Straße liegt.

VwV – StVO
Zu § 40 Gefahrzeichen

I. Soweit bei den einzelnen Gefahrzeichen nichts anderes bestimmt ist, dürfen sie außerhalb geschlossener Ortschaften nur dann mehr als 250 m oder weniger als 150 m von der Gefahrstelle entfernt aufgestellt werden, wenn dies zur ausreichenden Unterrichtung der Kraftfahrer dienlich ist. Innerhalb geschlossener Ortschaften empfiehlt es sich, auf einem Zusatzschild die Entfernung anzugeben, wenn die Schilder auf Straßen mit erheblichem Fahrverkehr weniger als 30 m oder mehr als 50 m vor der Gefahrstelle stehen.

II. Die Entfernung zur Gefahrstelle und die Länge der Gefahrstrecke auf Zusatzschildern mit Umstandswörtern wie „nach...", „auf..." bekanntzugeben, ist unzulässig. Solche Zusatzschilder müssen vielmehr den in der StVO angegebenen Beispielen entsprechen.

III. Wegen der Aufstellung von Gefahrzeichen an Autobahnen vgl. Nummer II zu den Zeichen 330, 332 bis 334 und 448 bis 453; Rn. 5 ff.

---

* Erl bei § 39 Rn 4; § 3 Rn 43, 44.

Gefahrzeichen Abs 6 § 40 StVO

(6) **Gefahrzeichen im einzelnen:**

Zeichen 101*

Gefahrstelle

Ein Zusatzschild kann die Gefahr näher bezeichnen. So warnt das

Zusatzschild

vor schlechtem Fahrbahnrand. Das

Zusatzschild

erlaubt, auf dieser Straße Wintersport zu treiben, gegebenenfalls zeitlich beschränkt, wie „9–17 h".

VwV – StVO
Zu Zeichen 101 Gefahrstelle

I. Das Zeichen darf nicht anstelle der anderen amtlichen Gefahrzeichen verwendet werden, es sei denn, daß in Notfällen das andere Zeichen nicht zur Verfügung steht. Auch die nähere Kennzeichnung der Gefahr auf einem Zusatzschild sollte nur in solchen Fällen unterbleiben. Vgl. auch Nummer I zu § 44 Abs. 2; Rn. 7 und 8.

II. Vor Schienenbahnen ohne Vorrang darf nur durch dieses Zeichen samt einem Zusatzschild z. B. mit der Abbildung des Sinnbildes im Zeichen 151 gewarnt werden, bei nicht oder kaum benutzten Gleisen auch durch das Zeichen 112.

III. Der Warnung vor „schlechtem Fahrbahnrand" bedarf es nur, wenn die Straße sonst gut ausgebaut ist und die Schadhaftigkeit des Randes schlecht erkennbar ist und bei erheblicher Geschwindigkeit gefährlich werden kann.

---

* Erl bei § 19 Rn 1; § 31 Rn 6.

StVO § 40 Abs 6 — Gefahrzeichen

Zeichen 102

Kreuzung oder Einmündung mit Vorfahrt von rechts

VwV – StVO

Zu Zeichen 102 Kreuzung oder Einmündung mit Vorfahrt von rechts

1. Das Zeichen darf nur aufgestellt werden vor schwer erkennbaren Kreuzungen und Einmündungen von rechts, an denen die Vorfahrt nicht durch Vorfahrtszeichen geregelt ist. Innerhalb geschlossener Ortschaften ist das Zeichen im allgemeinen entbehrlich.

Zeichen 103

Kurve (rechts)

Zeichen 105

Doppelkurve (zunächst rechts)

VwV – StVO

Zu den Zeichen 103 und 105 Kurve

1. I. Die Zeichen für „Linkskurve" und „Doppelkurve (zunächst links)" sind als symmetrisches Gegenstück zu den Zeichen 103 und 105 auszuführen. Nur diese vier Ausführungen von Kurvenzeichen dürfen gezeigt werden; es ist unzulässig, etwa durch Änderung des Pfeils zu versuchen, den näheren Verlauf der Kurve darzustellen.

2. II. Mehr als zwei Kurven hintereinander sind durch ein Doppelkurvenzeichen mit einem Zusatzschild, das die Länge der kurvenreichen Strecke angibt, anzukündigen. Vor den einzelnen Kurven kann dann eine Warnung in der Regel unterbleiben.

3. III. Gefährliche Kurven
   Wenn der Fahrer bei der Annäherung an eine Kurve den weiteren Straßenverlauf nicht rechtzeitig sehen kann und deshalb oder aus anderen Gründen nicht

Gefahrzeichen **Abs 6 § 40 StVO**

den richtigen Eindruck von der in der Kurve gefahrlos zu fahrenden Geschwindigkeit erhält, ist durch Zeichen 103 oder 105 oder durch Richtungstafeln (§ 43 Abs. 3 Nr. 3 Buchst. b) oder auf beide Weisen zu warnen:
1. Das Zeichen 103 ist anzubringen, wenn die in der Kurve mögliche Geschwindigkeit erheblich unter derjenigen liegt, die in der davor liegenden Strecke gefahren wird, und dies bei der Annäherung nicht ohne weiteres erkennbar ist.
2. Richtungstafeln kommen in Frage,
    a) wenn eine Kurve überhaupt nicht erwartet wird,
    b) wenn nicht rechtzeitig zu erkennen ist, ob es sich um eine Rechts- oder Linkskurve handelt,
    c) wenn sich die Krümmung der Kurve in deren Verlauf wesentlich ändert oder
    d) wenn die Kurve bei gleichbleibender Krümmung eine größere Richtungsänderung bringt, als bei der Einfahrt in die Kurve zu vermuten ist.
    In den Fällen a) und b) ist die Tafel so aufzustellen, daß sie vom Blick des Geradeausschauenden bei der Annäherung erfaßt wird, in den Fällen c) und d) dort, wo die Kurve gefährlich wird, gegebenenfalls an mehreren Stellen.
3. Zusätzlich zu einer Richtungstafel ist das Zeichen 103 immer dann notwendig, wenn die Richtungsänderung größer ist als vermutet oder wenn die Krümmung der Kurve zunimmt, sonst dann, wenn eine Richtungstafel nicht rechtzeitig erkennbar ist. Die zusätzliche Anbringung einer Richtungstafel zu den Gefahrzeichen kann notwendig sein, wenn es sich um eine besonders gefährliche Kurve handelt.
4. Handelt es sich nicht um eine, sondern um zwei oder mehrere unmittelbar hintereinander liegende Kurven, so ist statt des Zeichens 103 gegebenenfalls das Zeichen 105 anzubringen. Es kann erforderlich sein, auch vor der zweiten Kurve oder auch nur vor dieser unter den obengenannten Voraussetzungen durch Richtungstafeln zu warnen.
In jedem Fall ist außerdem bei der Straßenbaubehörde eine Prüfung anzuregen, ob durch bauliche Maßnahmen eine Verbesserung erreicht werden kann.

IV. Läßt sich durch die Wahl des Aufstellungsorts nicht erreichen, daß das Zeichen zweifelsfrei auf die gefährliche Kurve bezogen wird (z. B. wenn vor dieser eine andere Kurve liegt), so ist durch geeignete Maßnahmen (z. B. Richtungstafeln in der gefährlichen Kurve, entsprechende Fahrbahnmarkierungen oder Wiederholung des Kurvenzeichens) dafür zu sorgen, daß die Warnung richtig verstanden wird.

V. Vgl. auch Nummer II zu Zeichen 114; Rn. 2.

Zeichen 108 **Zeichen 110**

Gefälle **Steigung**

Jagow

StVO § 40 Abs 6 — Gefahrzeichen

VwV – StVO
Zu Zeichen 108 Gefälle und 110 Steigung

I. Die Zeichen unterscheiden sich dadurch, daß im Zeichen „Gefälle" die angegebene Prozentzahl schräg abwärts steht, im Zeichen „Steigung" schräg aufwärts.

II. Es dürfen nur volle Prozentzahlen angegeben werden.

III. Die Zeichen sollen nur dann aufgestellt werden, wenn der Verkehrsteilnehmer die Steigung oder das Gefälle nicht rechtzeitig erkennen oder wegen besonderer örtlicher Verhältnisse oder des Streckencharakters die Stärke oder die Länge der Neigungsstrecke unterschätzen kann. Im Gebirge kann selbst bei starker und langer Neigung oft auf solche Warnung verzichtet werden, während im Flachland unter Umständen schon Neigungen von 5 Prozent dazu Veranlassung geben können, dies namentlich dann, wenn auf der Gefäll- oder Steigungsstrecke sich Kurven oder Engstellen befinden, die nur mit mäßiger Geschwindigkeit durchfahren werden dürfen.

IV. In der Regel ist die Länge der Gefahrstrecke auf einem Zusatzschild anzugeben.

V. Vgl. auch Nummer V 3 zu Zeichen 275; Rn 7.

Zeichen 112 **Zeichen 113** **Zeichen 114**

Unebene Fahrbahn **Schnee- oder Eisglätte** **Schleudergefahr bei Nässe oder Schmutz**

Zusatzschild

Gefahr unerwarteter Glatteisbildung

VwV – StVO
Zu Zeichen 112 Unebene Fahrbahn

I. Das Zeichen ist vor allem aufzustellen, wenn Unebenheiten bei schneller Fahrt gefährlich werden können. Es darf aber nur an sonst gut ausgebauten Straßen aufgestellt werden, wenn deren Unebenheiten schlecht erkennbar sind.

Gefahrzeichen   **Abs 7 § 40 StVO**

II. Die Entfernung zwischen dem Standort des Zeichens und dem Ende der Gefahrstelle anzugeben, ist häufig empfehlenswert, dies namentlich dann, wenn vor einer unebenen Fahrbahn von erheblicher Länge gewarnt werden muß.

III. Auch kann es zweckmäßig sein, kurz vor einer besonders unebenen Stelle das Zeichen zu wiederholen; auf einem Zusatzschild ist dann die Entfernung anzugeben, z. B. „20 m".

IV. Vgl. auch Nummer II zu Zeichen 101; Rn 2.

Zu Zeichen 113 Schnee- oder Eisglätte

An Straßen, die nach allgemeiner Erfahrung zu Glatteisbildung neigen, z. B. auf Brücken, auf ungeschützten Dämmen, in kurzen Waldstücken, braucht das Gefahrzeichen „Schnee- oder Eisglätte" in der Regel nicht angebracht zu werden, vielmehr nur dann, wenn die Brücke, der Damm usw. nicht ohne weiteres zu erkennen ist. Muß aber an einer Gefahrstelle solcher Art das Gefahrzeichen aufgestellt werden, so darf es an entsprechenden Gefahrstellen im Verlauf der gleichen Straße nicht fehlen. Die Zeichen sind im Frühjahr zu entfernen.

VwV – StVO

Zu Zeichen 114 Schleudergefahr bei Nässe oder Schmutz

I. Das Zeichen ist nur aufzustellen, wo der Verkehrsteilnehmer die bei Nässe oder Verschmutzung (z. B. durch angeschwemmtes Erdreich in Einschnitten) mangelnde Griffigkeit des Fahrbahnbelags trotz angemessener Sorgfalt nicht ohne weiteres erkennen kann. Ein Wechsel des Fahrbahnbelags gibt in der Regel dazu noch keinen Anlaß. Geht aber ein griffiger Belag in einen bei Nässe rutschgefährlichen über, so bedarf es jedenfalls außerhalb geschlossener Ortschaften der Warnung.

II. Wo Schleudergefahr nicht wegen mangelnder Griffigkeit des Fahrbahnbelags bei Nässe oder Schmutz entstehen kann, sondern wegen der Anlage oder der Führung der Straße, ist mit anderen Mitteln zu helfen, z. B. durch Beschränkung der Geschwindigkeit (Zeichen 274) oder durch Aufstellen eines Zeichens „Kurve" (Zeichen 103 ff.).

III. Vor der Beschmutzung durch Vieh oder Ackerfahrzeuge ist in der Regel nicht zu warnen; vgl. Nummer I zu § 32 Abs. 1; Rn 1.

Zeichen 115	Zeichen 116	Zeichen 117

Steinschlag	Splitt, Schotter	Seitenwind

Jagow

StVO § 40 Abs 6 — Gefahrzeichen

VwV – StVO

Zu den Zeichen 115, 117, 133 bis 144

1. Nur diese Zeichen dürfen spiegelbildlich gezeigt werden und nur dann, wenn sie links wiederholt werden; vgl. jedoch Nummer I zu Zeichen 117; Rn 1.

Zu Zeichen 115 Steinschlag

1. Wo mit Steinbrocken auf der Fahrbahn zu rechnen ist, so, wenn sich eine steile Felswand unmittelbar neben der Straße erhebt, bedarf es dieses Zeichens in der Regel nicht.

Zu Zeichen 117 Seitenwind

1. I. Droht Seitenwind in der Regel von der rechten Seite, so empfiehlt es sich, das Zeichen spiegelbildlich auszuführen.

2. II. Droht auf einer längeren Strecke Seitenwind, so kann das Zeichen wiederholt werden.

Zeichen 120

Verengte Fahrbahn

Zeichen 121

Einseitig (rechts) verengte Fahrbahn

VwV – StVO

Zu den Zeichen 120 und 121 Verengte Fahrbahn

1. I. Das Zeichen 120 darf bei einseitig verengter Fahrbahn nur dann aufgestellt werden, wenn das Zeichen 121 in Notfällen nicht zur Verfügung steht.

2. II. Verengt sich die Fahrbahn nur allmählich – z. B. um 1 m auf 20 m – oder ist die Verengung durch horizontale und vertikale Leiteinrichtungen ausreichend gekennzeichnet, so bedarf es eines Zeichens nur dann, wenn die Straße sehr schnell befahren wird.

3. III. Auf Fahrbahnen für beide Richtungen ist das Zeichen aufzustellen, wenn sich die Fahrbahn auf weniger als zwei Fahrstreifen verengt. Dessen bedarf es auf verkehrsarmen engen Ortsstraßen nicht, wenn bereits bei der Einfahrt in die Straße zu erkennen ist, daß diese den Erfordernissen des modernen Verkehrs nicht genügt.

4. IV. Vgl. auch Nummer IV zu Zeichen 208; Rn 4.

Gefahrzeichen   Abs 6 § 40 StVO

Zeichen 123* **Zeichen 124*** **Zeichen 125****

Baustelle   **Stau**   **Gegenverkehr**

VwV – StVO
Zu Zeichen 125 Gegenverkehr

I. Das Zeichen ist stets aufzustellen, wenn eine Fahrbahn für eine Richtung vorübergehend (z. B. wegen Bauarbeiten) in beiden Richtungen befahren wird. In übrigen geeigneten Fällen ist von diesem Zeichen nur sehr sparsam Gebrauch zu machen. Auf längeren Strecken kann sich eine Wiederholung des Zeichens empfehlen. Das Zusatzschild nach § 40 Abs. 4 darf dem Zeichen nicht beigegeben werden.

II. Vgl. auch Nummer I 5 zu Zeichen 220; Rn 5.

Zeichen 128   **Zeichen 129**

Bewegliche Brücke   **Ufer**

VwV – StVO
Zu Zeichen 128 Bewegliche Brücke

Zur Sicherung des Verkehrs genügt die Aufstellung des Zeichens allein keinesfalls. Vor der Brücke sind vielmehr Lichtzeichen zu geben, Schranken anzubringen oder dergleichen.

Zu Zeichen 129 Ufer

Das Zeichen ist nur anzubringen, wenn eine Straße auf ein unbeschranktes oder unzulänglich gesichertes Ufer zuführt, vor allem auf Schiffsanlegestellen. Vor solchen Gefahrstellen ist in der Regel zu warnen; das gilt nicht in Hafengebieten. Erforderlichenfalls ist der Verkehr ergänzend durch Beschränkung der Fahrgeschwindigkeit (Zeichen 274) zu sichern.

---

* Erl bei § 39 Rn 22; § 45 Rn 19.
** Erl bei § 9 Rn 47.

StVO § 40 Abs 6　　　　　　　　　　　　　　　　　Gefahrzeichen

Zeichen 131	Zeichen 133	Zeichen 134*
Lichtzeichenanlage	Fußgänger	Fußgängerüberweg

Die Zeichen 128 bis 134 stehen auch innerhalb geschlossener Ortschaften in angemessener Entfernung vor der Gefahrstelle. Die Entfernung kann auf einem Zusatzschild angegeben sein (Absatz 2 Satz 2).

VwV – StVO
Zu Zeichen 131 Lichtzeichenanlage

1　I. Das Zeichen kommt dann in Betracht, wenn der Fahrverkehr die Lichtzeichen, z. B. wegen einer Kurve, nicht rechtzeitig sehen kann. Es kann sich empfehlen, dieses Zeichen auch bei Lichtzeichenanlagen an Baustellen oder bei der Inbetriebnahme einer neuen Lichtzeichenanlage vorübergehend zu verwenden.

2　II. Auch vor Lichtzeichenanlagen, die nur Gelb und dann Rot geben (§ 37 Abs. 2 Nr. 3) kann durch dieses Zeichen gewarnt werden.

VwV – StVO
Zu den Zeichen 133 bis 144

1　Eines dieser Zeichen spiegelbildlich zu zeigen, empfiehlt sich allenfalls dann, wenn es zusätzlich links angebracht ist und wenn die Gefahr gleichermaßen von beiden Seiten droht.

VwV – StVO
Zu Zeichen 134 Fußgängerüberweg
Vgl. Nummer V 2 zu § 26; Rn 16.

Zeichen 136**	Zeichen 138***

Kinder	Radfahrer kreuzen

---

* Erl bei § 26 Rn 3.
** Erl bei § 1 Rn 42; § 3 Rn 43, 60 a; § 26 Rn 6.
*** Erl bei § 39 Rn 4.

Gefahrzeichen   Abs 6 § 40 StVO

Zu Zeichen 136 Kinder

I. Wo erfahrungsgemäß Kinder häufig auf die Fahrbahn laufen, vor allem dort, wo eine Schule, ein Kindergarten oder ein Spielplatz in unmittelbarer Nähe ist, sollte das Zeichen aufgestellt werden. Zuvor ist aber immer zu prüfen, ob Kinder nicht durch Absperrungen ferngehalten werden können.

II. Vgl. auch Nummer II zu § 31; Rn 2 bis 4.

Zu Zeichen 138 Radfahrer kreuzen

Das Zeichen soll vor Stellen warnen, an denen Radfahrer häufig oder unvermutet die Fahrbahn kreuzen oder in sie einfahren. Kommen die Radfahrer von einer einmündenden oder kreuzenden Straße, so bedarf es einer Warnung nicht, und zwar auch dann nicht, wenn die Radfahrer dort durch eine Radfahrerfurt (vgl. Nummer II zu § 9 Abs. 2; Rn. 4 ff.) gelenkt werden. Das gleiche gilt, wenn eine Radfahrerfurt in unmittelbarer Nähe einer Kreuzung oder Einmündung angebracht ist. Dagegen ist das Zeichen erforderlich, wenn außerhalb einer Kreuzung oder Einmündung ein für beide Richtungen gemeinsamer Radweg beginnt oder endet oder dort ein Radweg für eine Richtung endet und ein für beide Richtungen gemeinsamer Radweg auf der anderen Seite beginnt.

Das Zeichen mit dem Zusatzschild „Zwei gegengerichtete Pfeile" warnt vor Radwegen mit Radfahrverkehr in beiden Richtungen. Es soll aber nur ausnahmsweise an solchen Radwegen aufgestellt werden. An Kreuzungen und Einmündungen ist das Zeichen mit diesem Zusatzschild, z. B. in den untergeordneten Straßen, in der Regel nicht erforderlich, es sei denn, es handelt sich um eine Straßenstelle mit Unfallhäufung oder einen in Gegenrichtung freigegebenen linken Radweg (vgl. zu § 2 Abs. 4 Satz 3; Rn. 30 ff.).

Zeichen 140   Zeichen 142*   Zeichen 144

Viehbetrieb, Tiere   Wildwechsel   Flugbetrieb

Vor anderen Gefahrstellen kann durch Gefahrzeichen gleicher Art mit geeigneten Sinnbildern gewarnt werden.

---

* Erl bei § 3 Rn 44.

StVO § 40 Abs 7 — Gefahrzeichen

VwV – StVO

Zu Zeichen 140 Viehtrieb, Tiere

1 Das Zeichen darf nur auf Straßen mit schnellerem Verkehr aufgestellt werden, auf denen häufig Vieh über die Fahrbahn oder ihr entlang getrieben wird (z. B. Schafherden, Auftrieb zur Weide).

Zu Zeichen 142 Wildwechsel

1 I. Dieses Zeichen darf nur auf Straßen mit schnellerem Verkehr aufgestellt werden. Auf ihnen muß es aber überall dort stehen, wo Schalenwild häufig über die Fahrbahn wechselt. Diese Gefahrstellen sind in Besprechungen mit den unteren Jagdbehörden und den Jagdausübungsberechtigten festzulegen. Führt die Straße durch einen Wald oder neben einem Wald vorbei, der von einem Forstamt betreut wird, so ist auch diese Behörde zu beteiligen.

2 II. Die Länge der Gefahrstrecke ist in der Regel auf einem Zusatzschild anzugeben; ist die Gefahrstrecke mehrere Kilometer lang, so empfiehlt es sich, auf Wiederholungsschildern die Länge der jeweiligen Reststrecke anzugeben.

Zu Zeichen 144 Flugbetrieb

1 Das Zeichen dient der Warnung des Kraftfahrers vor überraschendem Flugverkehr. Es sollte daher auf Straßen mit schnellerem Verkehr dort aufgestellt werden, wo in der Nähe entweder ein Flugplatz liegt (vor Aufstellung des Zeichens und vor der Festlegung der Länge der Gefahrstrecke auf einem Zusatzschild sind die Flugschneisen zu ermitteln) oder militärische Tiefflugschneisen festgelegt sind.

(7) **Besondere Gefahrzeichen vor Übergängen von Schienenbahnen mit Vorrang:**

Zeichen 150*   **Zeichen 151**

Bahnübergang mit Schranken oder Halbschranken   Unbeschrankter Bahnübergang

---

* Z 150–162 erl bei § 19 Rn 1, 7, 17, 20.

Gefahrzeichen Abs 7 § 40 StVO

oder folgende drei Warnbaken

etwa 240 m vor dem Bahnübergang

Zeichen 153	Zeichen 156

dreistreifige Bake (links) – vor beschranktem Bahnübergang –	dreistreifige Bake (rechts) – vor unbeschranktem Bahnübergang –
etwa 160 m vor dem Bahnübergang	etwa 80 m vor dem Bahnübergang
Zeichen 159	Zeichen 162
zweistreifige Bake (links)	einstreifige Bake (rechts)

Sind die Baken in erheblich abweichenden Abständen aufgestellt, so ist der Abstand in Metern oberhalb der Schrägstreifen in schwarzen Ziffern angegeben.

VwV – StVO
Zu den Zeichen 150 bis 162 Bahnübergang

I. Die Zeichen sollen rückstrahlen.

II. Die Zeichen sind in der Regel auf beiden Straßenseiten aufzustellen.

III. Die Zeichen dürfen nur vor Übergängen von Schienenbahnen mit Vorrang verwendet werden. Vgl. auch Nummer II zu Zeichen 101; Rn 2.

StVO § 41 Abs 1, 2 Vorschriftzeichen

4   IV. In der Regel sind die Zeichen 153–162 anzubringen. Selbst auf Straßen von geringer Verkehrsbedeutung genügen die Zeichen 150 und 151 nicht, wenn dort schnell gefahren wird oder wenn der Bahnübergang spät zu erkennen ist.

§ 41 Vorschriftzeichen*

(1) **Auch Schilder oder weiße Markierungen auf der Straßenoberfläche enthalten Gebote und Verbote.**

(2) **Schilder stehen regelmäßig rechts. Gelten sie nur für einzelne markierte Fahrstreifen (Zeichen 295, 296 oder 340), so sind sie in der Regel darüber angebracht. Die Schilder stehen im allgemeinen dort, wo oder von wo an die Anordnungen zu befolgen sind. Sonst ist, soweit nötig, die Entfernung zu diesen Stellen auf einem Zusatzschild (§ 40 Abs. 2) angegeben. Andere Zusatzschilder enthalten nur allgemeine Beschränkungen der Gebote oder Verbote oder allgemeine Ausnahmen von ihnen. Besondere Zusatzschilder können etwas anderes bestimmen (zu Zeichen 237, 250, 283, 286, 290 und hinter Zeichen 277).**

VwV – StVO
Zu § 41 Vorschriftzeichen

1   I. Es empfiehlt sich vielfach, die durch Vorschriftzeichen erlassenen Anordnungen dem fließenden Verkehr zusätzlich durch bauliche Maßnahmen oder durch Markierungen nahezubringen.

2   II. Vgl. Nummer III 7 Buchstabe a und Nummer 9 zu den §§ 39 bis 43; Rn. 19, 26 ff. Vorschriftzeichen dürfen allein über der Straße nur dann angebracht sein, wenn sie von innen oder außen beleuchtet sind oder wenn sie so rückstrahlen, daß sie auf ausreichende Entfernung auch im Abblendlicht deutlich erkennbar sind. Sonst dürfen sie dort nur zur Unterstützung eines gleichen, rechtsstehenden Verkehrsschildes angebracht werden.

3   III. Bei Änderungen von Verkehrsregeln, deren Mißachtung besonders gefährlich ist, z. B. bei Änderung der Vorfahrt, ist für eine ausreichende Übergangszeit der Fahrverkehr zu warnen, z. B. durch Polizeibeamte, durch Hinweise auf der Fahrbahnoberfläche (Nummer 3 vor Zeichen 350) oder durch auffallende Tafeln mit erläuternder Beschriftung.

4   IV. Für einzelne markierte Fahrstreifen dürfen Fahrtrichtungen (Zeichen 209 ff.) oder Höchst- oder Mindestgeschwindigkeiten (Zeichen 274 und 275) vorgeschrieben oder das Überholen (Zeichen 276 oder 277) oder der Verkehr (Zeichen 250 bis 266) verboten werden.

5   Es empfiehlt sich, Verbote oder Beschränkungen rechtzeitig vorher anzukündigen und, wenn einzelne Verkehrsarten ausgeschlossen werden, auf mögliche Umleitungen hinzuweisen.
1. Strecken- und Verkehrsverbote für einzelne Fahrstreifen werden auf folgende Weise bekanntgemacht:

---

* Gliederung des § 41 s § 39 Rn 5.

Warte- und Haltgebote **Abs 2 Nr 1 § 41 StVO**

Die Schilder sind in der Regel so über den einzelnen Fahrstreifen anzubringen, daß kein Zweifel darüber entstehen kann, für welche Fahrstreifen die einzelnen Schilder gelten; das wird in der Regel nur durch Fahnenschilder, Schilderbrücken oder Auslegermaste zu erreichen sein. Unter den Schildern Pfeile auf Zusatzschildern anzubringen, die auf die Fahrstreifen weisen, für die die einzelnen Schilder gelten, kann zweckmäßig sein.

Kann ein Schild so nicht angebracht werden oder ist das Verbot nur vorübergehend, wie an Baustellen, notwendig, so ist auf der rechten Seite der Straße eine weiße Tafel aufzustellen, auf welcher die Fahrstreifen durch schwarze Pfeile wiedergegeben sind und das Verbotszeichen in der für Schilder vorgeschriebenen Größe in dem betreffenden Pfeilschaft dargestellt ist. Diese Art der Bekanntgabe ist nur zulässig, wenn Verbote für nicht mehr als zwei Fahrstreifen erlassen werden. Werden die Verbote so erlassen, so sind sie durch die gleichen Schilder mit Entfernungsangabe auf einem Zusatzschild anzukündigen.

2. Bei Schildern der Zeichen 209 bis 214 kann es genügen, wenn die Schilder neben dem Fahrstreifen aufgestellt werden, für den sie gelten.

V. Soll die Geltung eines Vorschriftzeichens auf eine oder mehrere Verkehrsarten beschränkt werden, so ist die sinnbildliche Darstellung der Verkehrsart auf einem Zusatzschild unterhalb des Verkehrszeichens darzustellen. Soll eine Verkehrsart oder sollen Verkehrsarten ausgenommen werden, so ist der sinnbildlichen Darstellung das Wort „frei" anzuschließen.

VI. Wegen der Angabe von zeitlichen Beschränkungen auf Zusatzschildern vgl Nummer III 15 zu den §§ 39 bis 43, *Rn 43*.

1. Warte- und Haltegebote
a) An Bahnübergängen:

Zeichen 201*

(auch liegend)
Andreaskreuz
Dem Schienenverkehr Vorrang gewähren!

Es befindet sich vor dem Bahnübergang, und zwar in der Regel unmittelbar davor. Ein Blitzpfeil in der Mitte des Andreaskreuzes zeigt an, daß die Bahnstrecke elektrische Fahrleitung hat. Ein Zusatzschild mit schwarzem Pfeil zeigt an, daß das Andreaskreuz nur für den Straßenverkehr in Richtung dieses Pfeiles gilt.

---

* S § 12 I 7 u § 19 Rn 1, 6, 18, 19.

StVO § 41 Abs 2 Nr 1   Vorschriftzeichen

VwV – StVO

Zu Zeichen 201 Andreaskreuz

1   I. Das Zeichen muß voll rückstrahlen. Von einer solchen Ausführung darf nur abgesehen werden

2   1. bei Andreaskreuzen, die nach Nummer III 7 Buchstabe e zu den §§ 39 bis 43 *(Rn. 23)* dieser Vorschrift beleuchtet sind,

3   2. bei Andreaskreuzen an Feld- oder Waldwegen.

4   II. Die Andreaskreuze sind in der Regel möglichst nahe, aber nicht weniger als 2,25 m vor der äußeren Schiene aufzustellen.

5   III. Andreaskreuze sind am gleichen Pfosten wie Blinklichter oder Lichtzeichen anzubringen. Mit anderen Verkehrszeichen dürfen sie nicht kombiniert werden.

6   IV. Wo in den Hafen- und Industriegebieten den Schienenbahnen Vorrang gewährt werden soll, müssen Andreaskreuze an allen Einfahrten aufgestellt werden. Vorrang haben dann auch Schienenbahnen, die nicht auf besonderem Bahnkörper verlegt sind. Für Industriegebiete kommt eine solche Regelung nur in Betracht, wenn es sich um geschlossene Gebiete handelt, die als solche erkennbar sind und die nur über bestimmte Zufahrten erreicht werden können.

V. Weitere Sicherung von Übergängen von Schienenbahnen mit Vorrang

7   1. Wegen der ständig zunehmenden Verkehrsdichte auf den Straßen ist die technische Sicherung der bisher nicht so gesicherten Bahnübergänge anzustreben. Besonders ist darauf zu achten, ob Bahnübergänge infolge Zunahme der Verkehrsstärke einer technischen Sicherung bedürfen. Anregungen sind der höheren Verwaltungsbehörde vorzulegen.

8   2. Auf die Schaffung ausreichender Sichtflächen an Bahnübergängen ohne technische Sicherung ist hinzuwirken. Wo solche Übersicht fehlt, ist die zulässige Höchstgeschwindigkeit vor dem Bahnübergang angemessen zu beschränken. Das Zeichen 274 ist über den ein- oder zweistreifigen Baken (Zeichen 159 und 162) anzubringen (vgl. jedoch Nummer 5; Rn. 11).

9   3. Auf Straßen mit nicht unerheblichem Fahrverkehr ist von den dreistreifigen Baken (Zeichen 153 und 156) ab der für den Gegenverkehr bestimmte Teil der Fahrbahn durch Leitlinien (Zeichen 340) zu markieren, an gefährlichen Stellen, vor Halbschranken bei ausreichender Straßenbreite stets, von den zweistreifigen Baken (Zeichen 159) ab mindestens durch einseitige Fahrstreifenbegrenzungen (Zeichen 296) für den Fahrstreifen A.

Daneben kann es sich dann aber auch empfehlen, das Überholen durch Zeichen 276, die in der Regel über den zweistreifigen Baken (Zeichen 159) anzubringen sind, zu verbieten.

10 4. Vor technisch nicht gesicherten Übergängen von Schienenbahnen mit Vorrang ist jedes Überholen, wenn die Straße dazu breit genug wäre, durch Zeichen 276 zu verbieten oder durch Fahrstreifenbegrenzung (Zeichen 295 oder 296) unmöglich zu machen, und zwar auch dann, wenn der Fahrverkehr auf der Straße ganz unerheblich ist. Die Fahrstreifenbegrenzung sollte spätestens an der einstreifigen Bake beginnen, sonst mindestens 50 m lang sein; das Überholverbotszeichen ist spätestens über der zweistreifigen Bake anzubringen, sonst mindestens 100 m vor dem Bahnübergang.

11 5. Wo nach § 19 Abs. 3 Lastkraftwagen mit einem zulässigen Gesamtgewicht über 7,5 t und Züge schon unmittelbar nach der einstreifigen Bake warten müs-

sen, empfiehlt es sich, die Überholverbotszeichen erst 30 m vor dem Übergang aufzustellen und Fahrstreifenbegrenzungen erst dort beginnen zu lassen; eine Geschwindigkeitsbeschränkung von den zweistreifigen Baken (Zeichen 159) ab ist dann unerläßlich.
6. Jedenfalls dort, wo Längsmarkierungen angebracht sind, empfiehlt es sich, auch eine Haltlinie (Zeichen 294), in der Regel in Höhe des Andreaskreuzes, zu markieren.
7. Vgl. auch zu den Zeichen 150 bis 162.
8. Bevor ein Verkehrsschild oder eine Markierung angebracht oder entfernt wird, ist das Bahnunternehmen zu hören.

VI. Straßenbahnen und die übrigen Schienenbahnen (Privatanschlußbahnen)
1. Über die Zustimmungsbedürftigkeit der Aufstellung und Entfernung von Andreaskreuzen vgl. Nummer III zu § 45 Abs. 1 bis 1 e; Rn 3 ff. Außerdem sind, soweit die Aufsicht über die Bahnen nicht bei den obersten Landesbehörden liegt, die für die Aufsicht zuständigen Behörden zu beteiligen; sind die Bahnen Zubehör einer bergbaulichen Anlage, dann sind auch die obersten Bergbaubehörden zu beteiligen.
2. Der Vorrang darf nur gewährt werden, wenn eine solche Schienenbahn auf besonderem Bahnkörper verlegt ist, dies auch dann, wenn der besondere Bahnkörper innerhalb des Verkehrsraums einer öffentlichen Straße liegt. Eine Schienenbahn ist schon dann an einem Übergang auf besonderem Bahnkörper verlegt, wenn dieser an dem Übergang endet. Ein besonderer Bahnkörper setzt mindestens voraus, daß die Gleise durch ortsfeste, körperliche Hindernisse vom übrigen Verkehrsraum abgegrenzt und diese Hindernisse auffällig kenntlich gemacht sind; abtrennende Bordsteine müssen weiß sein.

VII. 1. Straßenbahnen auf besonderem Bahnkörper, der nicht innerhalb des Verkehrsraums einer öffentlichen Straße liegt, ist in der Regel durch Aufstellung von Andreaskreuzen der Vorrang zu geben. An solchen Bahnübergängen ist schon bei mäßigem Verkehr auf der querenden Straße oder wenn auf dieser Straße schneller als 50 km/h gefahren wird, die Anbringung einer straßenbahnabhängigen, in der Regel zweifarbigen Lichtzeichenanlage (vgl. § 37 Abs. 2 Nr. 3) oder von Schranken zu erwägen. Auch an solchen Bahnübergängen über Feld- und Waldwege sind Andreaskreuze dann erforderlich, wenn der Bahnübergang nicht ausreichend erkennbar ist; unzureichende Übersicht über die Bahnstrecke kann ebenfalls dazu Anlaß geben.
2. a) Liegt der besondere Bahnkörper innerhalb des Verkehrsraums einer Straße mit Vorfahrt oder verläuft er neben einer solchen Straße, so bedarf es nur dann eines Andreaskreuzes, wenn der Schienenverkehr für den kreuzenden oder abbiegenden Fahrzeugführer nach dem optischen Eindruck nicht zweifelsfrei zu dem Verkehr auf der Straße mit Vorfahrt gehört. Unmittelbar vor dem besonderen Bahnkörper darf das Andreaskreuz nur dann aufgestellt werden, wenn so viel Stauraum vorhanden ist, daß ein vor dem Andreaskreuz wartendes Fahrzeug den Längsverkehr nicht stört. Wird an einer Kreuzung oder Einmündung der Verkehr durch Lichtzeichen geregelt, so muß auch der Straßenbahnverkehr auf diese Weise geregelt werden, und das auch dann, wenn der Bahnkörper parallel zu einer Straße in deren unmittelbarer Nähe verläuft. Dann ist auch stets zu erwägen, ob der die Schienen kreuzende Abbiegeverkehr gleichfalls durch Lichtzeichen zu regeln oder durch gelbes Blinklicht mit dem Sinnbild einer Straßenbahn zu warnen ist.

StVO § 41 Abs 2 Nr 1   Vorschriftzeichen

19   b) Hat der gleichgerichtete Verkehr an einer Kreuzung oder Einmündung nicht die Vorfahrt, so ist es kaum je zu verantworten, der Straßenbahn Vorrang zu geben.

b) An Kreuzungen und Einmündungen:

Zeichen 205*

Vorfahrt gewähren!

Das Schild steht unmittelbar vor der Kreuzung oder Einmündung. Es kann durch dasselbe Schild mit Zusatzschild (wie „100 m") angekündigt sein. Wo linke Radwege auch für die Gegenrichtung freigegeben sind und Radfahrer die Fahrbahn kreuzen, kann über dem Zeichen 205 das Zusatzschild

angebracht sein. Mit diesem Zusatzschild enthält das Zeichen das Gebot:

„Vorfahrt gewähren und auf kreuzenden Radverkehr von links und rechts achten!"

Wo Schienenfahrzeuge einen kreisförmigen Verkehr kreuzen, an Wendeschleifen oder ähnlich geführten Gleisanlagen von Schienenbahnen, enthält das Zeichen mit dem Sinnbild einer Straßenbahn auf einem darüber angebrachten Zusatzschild das Gebot: „Der Schienenbahn Vorfahrt gewähren!".

VwV – StVO
Zu Zeichen 205 Vorfahrt gewähren!

1   I. Das Zeichen muß mindestens voll rückstrahlen.

---

* Erl bei § 8 Rn 52; § 12 I 7; § 37 Rn 2, 23; § 39 Rn 15 a u 17.

Warte- und Haltgebote Abs 2 Nr 1 § 41 StVO

II. Ist neben einer durchgehenden Fahrbahn ein Fahrstreifen angebracht, welcher der Einfädelung des einmündenden Verkehrs dient (Beschleunigungsstreifen), darf das Zeichen nur vor dem Beginn des Beschleunigungsstreifens stehen. Vgl. Nummer I zu § 7 Abs. 1 bis 3; Rn 1.

III. Über Kreisverkehr vgl. Nummer IX zu den Zeichen 209 bis 214; Rn 11 ff.

IV. Außerhalb geschlossener Ortschaften muß das Zeichen auf Straßen mit schnellerem oder stärkerem Verkehr in einer Entfernung von mindestens 100 bis 150 m durch dasselbe Zeichen mit der Entfernungsangabe auf einem Zusatzschild angekündigt werden. Innerhalb geschlossener Ortschaften ist die Ankündigung in der Regel nicht erforderlich.

Zeichen 206*

Halt! Vorfahrt gewähren!

Das unbedingte Haltgebot ist dort zu befolgen, wo die andere Straße zu übersehen ist, in jedem Fall an der Haltlinie (Zeichen 294).
Das Schild steht unmittelbar vor der Kreuzung oder Einmündung.
Das Haltgebot wird außerhalb geschlossener Ortschaften angekündigt durch das Zeichen 205 mit Zusatzschild

Innerhalb geschlossener Ortschaften kann das Haltgebot so angekündigt sein.
Der Verlauf der Vorfahrtstraße kann durch ein Zusatzschild zu den Zeichen 205 und 206

bekanntgegeben sein.

---

* Erl bei § 8 Rn 23, 52 f; § 17 I 7; § 37 Rn 2, 23; § 39 Rn 15 a.

Jagow

StVO § 41 Abs 2 Nr 1 — Vorschriftzeichen

VwV – StVO

Zu Zeichen 206 Halt! Vorfahrt gewähren!

1. I. Das Zeichen muß mindestens voll rückstrahlen.

2. II. In der Regel ist eine Haltlinie (Zeichen 294) anzubringen, und zwar dort, wo der Wartepflichtige die andere Straße übersehen kann. Ist es nicht möglich, die Linie dort anzubringen, so empfiehlt sich die Fahrbahnmarkierung „STOP" (Nummer 3 vor Zeichen 350) unmittelbar vor dem Rand der anderen Straße. Diese Fahrbahnmarkierung kann auch zusätzlich zu der Haltlinie zweckmäßig sein.

3. III. Das Zeichen muß außerhalb geschlossener Ortschaften mindestens 100 bis 150 m vor der Kreuzung oder Einmündung angekündigt werden.

Zu den Zeichen 205 und 206

1. I. Die Zeichen müssen unmittelbar vor der Kreuzung oder Einmündung stehen.

2. II. Als negatives Vorfahrtzeichen ist in der Regel das Zeichen 205 zu wählen. Das Zeichen 206 ist nur dann aufzustellen, wenn

3. 1. die Sichtverhältnisse so schlecht sind oder die Straße mit Vorfahrt so stark befahren wird, daß die meisten halten,

4. 2. wegen der Örtlichkeit (Einmündung in einer Innenkurve oder in eine besonders schnell befahrene Straße) schwierig ist, die Geschwindigkeit der Fahrzeuge auf der anderen Straße zu beurteilen, oder wenn es

5. 3. sonst aus Gründen der Sicherheit notwendig erscheint, einen Wartepflichtigen zu besonderer Vorsicht zu mahnen (z. B. in der Regel an der Kreuzung zweier Vorfahrtstraßen).

6. Anhaltspunkte bieten oft die Unfalluntersuchungen. Ergeben diese, daß die Unfälle darauf zurückzuführen sind, daß die Wartepflichtigen die Kreuzung übersehen oder ihre Wartepflicht nicht erfaßt haben, so ist eine Verbesserung der optischen Führung anzustreben. Haben die Unfälle andere Ursachen, so empfiehlt es sich häufig, das Zeichen 206 aufzustellen, wenn nicht die Errichtung einer Lichtzeichenanlage angezeigt ist.

7. III. Eine Beleuchtung des negativen Vorfahrtzeichens ist an Kreuzungen außer in den Fällen der Nummer VI zu § 37 Abs. 2 Nr. 1 und 2 (Rn. 14) immer dann geboten, wenn eine Straße mit Wartepflicht eine Straßenbeleuchtung hat, die den Eindruck einer durchgehenden Straße entstehen läßt. Eine Beleuchtung empfiehlt sich auch, wenn die Beleuchtungsverhältnisse in der Umgebung so sind, daß die Erkennbarkeit der Zeichen beeinträchtigt ist. Vgl. auch Nummer III 7 Buchstabe b zu den §§ 39 bis 43; Rn 20.

8. IV. Übergrößen sind überall dort in Erwägung zu ziehen, wo der Verkehr, besonders wegen seiner Schnelligkeit, negative Vorfahrtzeichen nicht erwartet.

9. V. Wo eine Lichtzeichenanlage steht, sind die Zeichen in der Regel unter oder neben den Lichtzeichen am gleichen Pfosten anzubringen.

10. VI. Kreuzt eine Straße mit Wartepflicht eine Straße mit Mittelstreifen, so ist zu prüfen, ob zusätzlich zu den vor der Kreuzung stehenden Zeichen 205 oder 206 auf dem Mittelstreifen ein Zeichen 205 aufgestellt werden soll, um an die Wartepflicht vor der zweiten Richtungsfahrbahn zu erinnern.

VII. Die Beschilderung von Kreuzungen und Einmündungen

11. 1. Jede Kreuzung und Einmündung, in der vom Grundsatz „Rechts vor Links" abgewichen werden soll, ist sowohl positiv als auch negativ zu beschildern,

Warte- und Haltgebote **Abs 2 Nr 1** § **41 StVO**

und zwar sowohl innerhalb als auch außerhalb geschlossener Ortschaften. Ausgenommen sind nur Feld- und Waldwege; aber auch sie sind zu beschildern, wenn der Charakter des Weges für Ortsfremde nicht ohne weiteres zu erkennen ist; dabei wird häufig die negative Beschilderung genügen. Solch einseitige Beschilderung darf an sonstigen Kreuzungen und Einmündungen allenfalls dann erwogen werden, wenn sich Kreuzungen und Einmündungen häufen und darum positive und negative Vorfahrtzeichen so dicht aufeinander folgen, daß ortsfremde Verkehrsteilnehmer verwirrt würden. Zuvor ist in solchen Fällen zu erwägen, ob nicht auf andere Weise abgeholfen werden kann, z. B. durch Einführung wegführender Einbahnstraßen. Straßen, die wie Grundstücksausfahrten aussehen, sind einseitig mit Zeichen 205 zu versehen.

2. Endet eine Vorfahrtstraße oder kann einer weiterführenden Vorfahrtstraße (vgl. dazu Nummer 5 Buchstabe a) zu Zeichen 306 und 307; Rn. 8) oder einer Straße, auf der an mehreren vorausgehenden Kreuzungen und Einmündungen hintereinander das Zeichen 301 aufgestellt ist, an einer Kreuzung oder Einmündung die Vorfahrt nicht gegeben werden, so ist stets ein negatives Vorfahrtzeichen aufzustellen. Dieses ist außerhalb geschlossener Ortschaften dann stets anzukündigen, innerhalb geschlossener Ortschaften jedenfalls dann, wenn der Verkehr nicht durch Lichtzeichen geregelt ist. Das negative Vorfahrtzeichen soll dann jeweils auf beiden Seiten der Straße aufgestellt und gegebenenfalls über der Fahrbahn wiederholt werden. Auch seine zusätzliche Wiedergabe auf der Fahrbahn (vgl. Nummer 3 vor Zeichen 350) kann in Frage kommen. Solch verstärkte Kennzeichnung sowie die Ankündigung der Wartepflicht durch negative Vorfahrtzeichen mit Entfernungsangabe ist darüber hinaus auf Straßen mit schnellerem und stärkerem Verkehr, insbesondere mit stärkerem Lastkraftwagenverkehr, sowie dann in Erwägung zu ziehen, wenn der Verkehr eine solche Regelung nicht erwartet.
3. Vgl. auch Nummer II bis IV zu § 8 Abs. 1; Rn. 3 ff.
4. Zusatzschild „abknickende Vorfahrt".
Über die Zustimmungsbedürftigkeit vgl. Nummer III 1 Buchstabe a zu § 45 Abs. 1 bis 1 e (Rn 4); über abknickende Vorfahrt vgl. ferner Nummer 4 zu den Zeichen 306 und 307 (Rn. 5 bis 7) und Nummer III zu Zeichen 301; Rn 3.

c) Bei verengter Fahrbahn:

Zeichen 208*

Dem Gegenverkehr Vorrang gewähren!

---

* Erl bei § 2 Rn 73; § 37 Rn 2.

StVO § 41 Abs 2 Nr 2 — Vorschriftzeichen

VwV – StVO

Zu Zeichen 208 Dem Gegenverkehr Vorrang gewähren!

1. I. Am anderen Ende der Verengung muß das Zeichen 308 aufgestellt werden.

2. II. Die Zeichen 208 und 308 dürfen nur verwendet werden, wo für die Begegnung mehrspuriger Fahrzeuge nicht genügend Raum und die Verengung beiderseits überschaubar ist. Sonst kommt z. B. die Errichtung einer Einbahnstraße (Zeichen 220) oder die Verkehrsregelung durch Lichtzeichen in Betracht. Lichtzeichen sind in der Regel dann nicht zu entbehren, wenn auch nur zu gewissen Tageszeiten starker Verkehr herrscht.

3. III. Welcher Fahrtrichtung der Vorrang einzuräumen ist, ist auf Grund der örtlichen Verhältnisse und der beiderseitigen Verkehrsmenge zu entscheiden. Bei einseitiger Straßenverengung sollte im Zweifel dieselbe Rechtslage geschaffen werden, die nach § 6 an vorübergehenden Hindernissen besteht.

4. IV. Der wartepflichtige Verkehr soll, der Verkehr mit Vorrang kann durch ein Gefahrzeichen für verengte Fahrbahn (z. B. Zeichen 120) gewarnt werden.

5. V. Das Zeichen muß mindestens voll rückstrahlen.

2. Vorgeschriebene Fahrtrichtung

Zeichen 209* — Rechts
Zeichen 211* — Hier rechts
Zeichen 214* — Geradeaus und rechts

Andere Fahrtrichtungen werden entsprechend vorgeschrieben.

VwV – StVO

Zu den Zeichen 209 bis 214 Vorgeschriebene Fahrtrichtung

1. I. Die Zeichen stehen an Kreuzungen und Einmündungen. Sie können auch an Grundstücksausfahrten und anderen Straßenteilen aufgestellt werden.

2. II. Sie dürfen nur aufgestellt werden, wo andere Fahrtrichtungen möglich sind, aber verboten werden müssen.

3. III. In Abweichung von den abgebildeten Grundformen dürfen die Pfeilrichtungen dem tatsächlichen Verlauf der Straße, in die der Fahrverkehr eingewiesen wird, nur dann angepaßt werden, wenn dies zur Klarstellung notwendig ist.

4. IV. Die Zeichen „Hier rechts" und „Hier links" sind hinter der Stelle anzubringen, an der abzubiegen ist, die Zeichen „Rechts" und „Links" vor dieser Stelle. Das Zeichen „Geradeaus" und alle Zeichen mit kombinierten Pfeilen müssen vor der

---

* Erl bei § 9 Rn 44 f; § 37 Rn 2; § 39 Rn 18.

Vorgeschriebene Fahrtrichtung **Abs 2 Nr 2 § 41 StVO**

Stelle stehen, an der in eine oder mehrere Richtungen nicht abgebogen werden darf.

V. Die Zeichen „Hier rechts" und „Hier links" dürfen nur durch die Zeichen „Rechts" beziehungsweise „Links" angekündigt werden, die anderen Zeichen durch diese selbst. Erforderlichenfalls ist die Entfernung auf einem Zusatzschild anzugeben.

VI. Die Zeichen „Geradeaus" und „Geradeaus und links" dürfen vor Einmündungen bzw. Kreuzungen nur aufgestellt werden, wenn dort eine Vorfahrtregelung durch Verkehrszeichen besteht.

VII. Die Zeichen müssen, wenn sie in Verbindung mit Lichtzeichen ohne Pfeile auf der rechten Straßenseite verwendet werden, bei Dämmerung und Dunkelheit von außen oder innen beleuchtet sein. Bei Zeichen auf der linken Straßenseite genügt es, wenn sie voll rückstrahlen.

Sie sind über oder neben den Lichtzeichen anzubringen. Vgl. auch Nummer X 4 und 5 zu § 37 Abs. 2 Nr. 1 und 2; Rn 21 und 22.

VIII. Abbiegeverbote, insbesondere das Verbot des Linksabbiegens, steigern nicht bloß die Leistungsfähigkeit von Kreuzungen, sondern können auch der Sicherheit dienen. Stets ist zuvor auch zu prüfen, ob nicht an anderer Stelle durch die Verlagerung des Verkehrs neue Schwierigkeiten auftreten. Es kann sich empfehlen, dem unterbundenen Abbiegeverkehr den zweckmäßigsten Weg zu zeigen, z. B. durch Zeichen 468.

IX. Vgl. auch Nummer IV 2 zu § 41 (Rn. 8) und über die Zustimmungsbedürftigkeit Nummer III 1 Buchstabe d zu § 45 Abs. 1 bis 1 e; Rn 7.

Zeichen 215*

Kreisverkehr

VwV – StVO
Zu Zeichen 215 Kreisverkehr

I. An einem baulich angelegten Kreisverkehr soll in der Regel Zeichen 215 angeordnet werden. Diese Anordnung setzt voraus, dass an allen Zufahrten Zeichen 205 angeordnet wird. Ist eine abweichende Vorfahrtregelung durch Verkehrszeichen für den Kreisverkehr erforderlich, ist Zeichen 209 (Rechts) anzuordnen.

II. Die Anordnung von Zeichen 215 macht in der Regel eine zusätzliche Anordnung von Zeichen 211 (Hier rechts) auf der Mittelinsel entbehrlich. Außerhalb geschlossener Ortschaften empfiehlt es sich in der Regel, auf baulich angelegten,

---

* Erl bei § 9 a.

StVO § 41 Abs 2 Nr 2 — Vorschriftzeichen

nicht überfahrbaren Mittelinseln gegenüber der jeweiligen Einfahrt entweder Zeichen 625 (Richtungstafel in Kurven) oder Zeichen 211 (Hier rechts) anzuordnen.

III. Wo eine Straßenbahn die Mittelinsel überquert, darf Zeichen 215 nicht angeordnet werden. Der Straßenbahn ist regelmäßig Vorfahrt zu gewähren; dabei sind Lichtzeichen vorzuziehen.

Zeichen 220*

Es steht parallel zur Fahrtrichtung und schreibt allen Verkehrsteilnehmern auf der Fahrbahn die Richtung vor, Fußgängern jedoch nur, wenn sie Fahrzeuge mitführen. Ist in einer Einbahnstraße mit geringer Verkehrsbelastung die zulässige Höchstgeschwindigkeit durch Verkehrszeichen auf 30 km/h oder weniger begrenzt, so kann durch das Zusatzschild

Fahrradverkehr in der Gegenrichtung zugelassen werden. Das Zusatzschild ist dann auch bei Zeichen 353 anzubringen. Aus der entgegengesetzten Richtung ist dann bei Zeichen 267 das Zusatzschild „Radfahrer (Sinnbild) frei" anzubringen.

VwV – StVO

Zu Zeichen 220 Einbahnstraße

I. Beschilderung von Einbahnstraßen

1. Das Zeichen 220 ist stets längs der Straße anzubringen. Es darf weder am Beginn der Einbahnstraße noch an einer Kreuzung oder Einmündung in ihrem Verlauf fehlen. Am Beginn der Einbahnstraße und an jeder Kreuzung ist es in der Regel beiderseits aufzustellen, wenn aus beiden Richtungen der kreuzenden Straßen Verkehr kommen kann.

2. Bei Einmündungen (auch bei Ausfahrten aus größeren Parkplätzen) empfiehlt sich die Anbringung des Zeichens 220 gegenüber der einmündenden Straße, bei Kreuzungen hinter diesen. In diesem Fall soll das Zeichen in möglichst geringer Entfernung von der kreuzenden Straße angebracht werden, damit es vom kreuzenden Verkehr leicht erkannt werden kann. Um Ortsfremden die Orientierung über die Vorfahrtverhältnisse zu erleichtern, kann es sich empfehlen,

---

* Erl bei § 9 Rn 46.

Vorgeschriebene Fahrtrichtung **Abs 2 Nr 2 § 41 StVO**

ein positives Vorfahrtzeichen vor einer Kreuzung oder Einmündung auch dann aufzustellen, wenn von dort kein Verkehr kommen kann, weil es sich um eine wegführende Einbahnstraße handelt.

3. In den kreuzenden und einmündenden Straßen sind die Zeichen „Vorgeschriebene Fahrtrichtung" (z. B. Zeichen 209, 214) in der Regel nicht zu entbehren.

4. Das Zeichen 353 ist am Beginn der Einbahnstraße dann aufzustellen, wenn das Zeichen 220 dort nicht so angebracht werden kann, daß es für den Einfahrenden leicht erkennbar ist, im Verlauf der Einbahnstraße nur dort, wo deren Benutzern Zweifel auftauchen können, ob der Straßenzug noch immer Einbahnstraße ist.

5. Ist nur ein Teil eines Straßenzuges Einbahnstraße, so ist an deren Ende durch das Zeichen 125 zu warnen, in der Fortsetzung der Straße dem Gegenverkehr z. B. durch das Zeichen 209 die Fahrtrichtung vorzuschreiben; eine Unterstützung durch Fahrbahnmarkierungen (Leitlinien und Pfeile) empfiehlt sich. Wird dagegen die Einbahnstraße bis zum Ende der Straße weitergeführt, so ist der Benutzer der Einbahnstraße nur dann durch das Zeichen 125 zu warnen, wenn sich dies nicht aus der Gestaltung der Örtlichkeit von selbst versteht. Die Einfahrt aus der entgegengesetzten Richtung in die Einbahnstraße ist durch Zeichen 267 zu sperren. Soll auf Einbahnstraßen das Halten auf beiden Seiten untersagt werden, so sind die Zeichen 283 oder 286 beiderseits aufzustellen.

II. Straßenbahnverkehr in beiden Richtungen auf der Fahrbahn ist mit dem Sinn und Zweck von Einbahnstraßen nicht zu vereinbaren.

III. Die Einführung von Einbahnstraßen ist erwünscht, weil diese die Sicherheit und die Flüssigkeit des Verkehrs, vor allem auch der öffentlichen Verkehrsmittel fördern und übrigens auch Parkraum schaffen. Allerdings bedarf es in jedem Fall der Abwägung der durch die Einrichtung von Einbahnstraßen berührten Interessen. Es muß insbesondere vermieden werden, daß ortsfremden Kraftfahrern dadurch unangemessen erschwert wird, sich zurechtzufinden; Wegweiser können helfen. In jedem Fall ist darauf zu achten, daß für den Gegenverkehr eine gleichwertige (Einbahn-) Straßenführung in nicht zu großem Abstand zur Verfügung steht. Schließlich ist zu vermeiden, daß durch diese Maßnahmen die Verkehrsbehinderungen nur auf andere Straßen verlagert werden.

IV. 1. Die Öffnung von Einbahnstraßen für den Radverkehr in Gegenrichtung kommt nur in Betracht, wenn

a) nach der flächenhaften Radverkehrsplanung die Benutzung der bestimmten Straßenstrecke innerorts erforderlich ist,

b) die Anordnung der Einbahnstraße unter Berücksichtigung der Belange des Radverkehrs nicht aufgehoben oder nicht durch andere Maßnahmen (z. B. unechte Einbahnstraßen mit Zeichen 267, Einrichtung eines entlang der Einbahnstraße abgetrennten Radweges) ersetzt werden kann,

c) für den Fahrverkehr auf der Fahrbahn eine Breite von in der Regel 3,5 m, mindestens jedoch 3 m mit ausreichenden Ausweichmöglichkeiten, vorhanden ist; verkehren dort auch Omnibusse des Linienverkehrs oder besteht stärkerer Verkehr mit Lastkraftwagen, so muß die Breite mehr als 3,5 m betragen.

d) die Verkehrsführung im Streckenverlauf und an den Knotenpunkten (Einmündungen und Kreuzungen) übersichtlich und die Begegnungsstrecke nur von geringer Länge ist,

StVO § 41 Abs 2 Nr 3   Vorschriftzeichen

13   e) für den ruhenden Verkehr Vorsorge getroffen wurde und

14   f) für den Radverkehr dort, wo es orts- und verkehrsbezogen erforderlich ist, zum Einbiegen in die Einbahnstraße in Gegenrichtung ein abgetrennter Einfahrtbereich angeboten wird.

15   2. Die Verkehrszeichen sind in jedem Fall deutlich sichtbar aufzustellen. An Knotenpunkten (Einmündungen und Kreuzungen) ist insbesondere auch darauf zu achten, daß auf die Öffnung der Einbahnstraße für den Radverkehr in Gegenrichtung mit dem Zusatzschild zu Zeichen 353 deutlich hingewiesen wird.

16   3. Die Straßenverkehrsbehörde muß vor der Öffnung der Einbahnstraße für den Radverkehr in Gegenrichtung das Verkehrs- und Unfallgeschehen (z. B. Verkehrsdichte, Verkehrsstruktur, Art und Umfang der Unfälle) dokumentieren und deren Entwicklung nach der Öffnung beobachten, dokumentieren und auswerten. Bei einer Unfallhäufung im Zusammenhang mit der Regelung (z. B. zwei oder mehr Radfahrunfälle mit schwerem Sachschaden bzw. Personenschaden) ist die Regelung sofort aufzuheben.

3. Vorgeschriebene Vorbeifahrt

Rechts vorbei

„Links vorbei" wird entsprechend vorgeschrieben.

VwV – StVO
Zu Zeichen 222 Rechts vorbei

1   I. Ist das Zeichen von innen beleuchtet, so darf es innerhalb geschlossener Ortschaften in verkleinerter Ausführung aufgestellt werden, wenn dies zur Raumersparnis, z. B. an Fahrbahnteilern oder sonstigen Verkehrsinseln, geboten ist. Der Durchmesser muß dann aber mindestens 400 mm betragen.

2   II. Es ist wegen der Verwechslungsgefahr mit den Zeichen „Vorgeschriebene Fahrtrichtung" streng darauf zu achten, daß die Pfeile genau in einem Winkel von 45° schräg abwärts weisen.

3   III. Die Durchfahrt zwischen zwei in der Fahrbahn liegenden Haltestelleninseln sollte aus Sicherheitsgründen durch das Zeichen „Rechts vorbei" gesperrt werden.

4   IV. Sind in der Mitte der Fahrbahn Inseln oder Fahrbahnteiler errichtet, so ist an ihnen das Zeichen „Rechts vorbei" anzubringen. Diese Anordnung durch

---

* Erl bei § 9 Rn 45; § 37 Rn 2; § 39 Rn 18.

Fahrstreifenbegrenzungen (Zeichen 295) oder Sperrflächen (Zeichen 298) zu unterstreichen, wird sich häufig empfehlen.

V. Das Zeichen soll nur verwendet werden, wenn zwischen ihm und dem Verkehrsteilnehmer, an den es sich wendet, Gegenverkehr nicht zugelassen ist.

VI. Es widerstrebt dem Sinn der Zeichen, wenn sowohl das Zeichen „Rechts vorbei" als auch das Zeichen „Links vorbei" an einem Hindernis auf der Fahrbahn angebracht werden, um damit darzutun, daß das Hindernis beiderseits umfahren werden darf. Das ist erforderlichenfalls durch geeignete Maßnahmen, wie durch Aufstellung von Absperrbaken mit nach beiden Seiten fallenden Streifen, Anbringung von Fahrbahnmarkierungen und dergleichen deutlich zu machen.

3a. Befahren eines Seitenstreifens als Fahrstreifen

Zeichen 223.1*

Seitenstreifen befahren

Das Zeichen ordnet das Befahren eines Seitenstreifens an; dieser ist dann wie ein rechter Fahrstreifen zu befahren. Das Zeichen mit Zusatzschild „Ende in ... m" kündigt die Aufhebung der Anordnung an.

Zeichen 223.2

Seitenstreifen nicht mehr befahren

Das Zeichen hebt die Anordnung „Seitenstreifen befahren" auf.

---

* Erl bei § 18 Rn 1, 22, 23.

StVO § 41 Abs 2 Nr 3 a   Vorschriftzeichen

Zeichen 223.3

Seitenstreifen räumen

Das Zeichen ordnet die Räumung des Seitenstreifens an.

Werden die Zeichen 223.1 bis 223.3 für eine Fahrbahn mit mehr als zwei Fahrstreifen angeordnet, zeigen die Zeichen die entsprechende Anzahl der Pfeile.

VwV – StVO
Zu den Zeichen 223.1 bis 223.3 Befahren eines Seitenstreifens als Fahrstreifen

1. I. Die Zeichen dürfen nur für die Tageszeiten angeordnet werden, zu denen auf Grund der Verkehrsbelastung eine erhebliche Beeinträchtigung des Verkehrsablaufs zu erwarten ist. Sie sind deshalb als Wechselverkehrszeichen auszubilden. Die Anordnung darf nur erfolgen, wenn der Seitenstreifen von den baulichen Voraussetzungen her wie ein Fahrstreifen (vgl. § 7 Abs. 1 Satz 2 StVO) befahrbar ist. Vor jeder Anordnung ist zu prüfen, ob der Seitenstreifen frei von Hindernissen ist. Während der Dauer der Anordnung ist die Prüfung regelmäßig zu wiederholen.

2. II. Die Zeichen sind beidseitig anzuordnen. Die Abmessungen der Zeichen betragen 2,25 m x 2,25 m.

3. III. Das Zeichen 223.1 soll durch ein Zusatzschild „Seitenstreifen befahren" unterstützt werden. Das Zusatzschild soll dann zu jedem Zeichen angeordnet werden.

4. IV. Das Zeichen 223.1 darf nur in Kombination mit einer Beschränkung der zulässigen Höchstgeschwindigkeit (Zeichen 274) auf nicht mehr als 100 km/h angeordnet werden. Zusätzlich empfiehlt sich bei starkem Lkw-Verkehr die Anordnung von Zeichen 277.

5. V. Das Zeichen 223.1 ist je nach örtlicher Situation in Abständen von etwa 1000 bis 2000 m aufzustellen. Die Standorte sind mit einer Verkehrsbeeinflussungsanlage abzustimmen. Im Bereich einer Verkehrsbeeinflussungsanlage können die Abstände zwischen zwei Zeichen vergrößert werden.

6. VI. Das Zeichen 223.2 ist in der Regel im Bereich einer Anschlußstelle anzuordnen. Wenigstens 400 m vorher ist entweder Zeichen 223.3 oder 223.1 mit dem Zusatz „Ende in ... m" anzuordnen. Die Anordnung von Zeichen 223.1 mit dem Zusatz „Ende in ... m" empfiehlt sich nur, wenn der befahrbare Seitenstreifen in

Haltestellen　　　　　　　　　　　　　　　　　Abs 2 Nr 4　§ 41 StVO

einer Anschlußstelle in den Ausfädelungsstreifen übergeht und nur noch vom ausfahrenden Verkehr benutzt werden kann. Zeichen 223.3 soll durch ein Zusatzschild „Seitenstreifen räumen" unterstützt werden.

VII. Im Bereich von Ausfahrten ist die Nutzung des Seitenstreifens als Fahrstreifen in der Wegweisung zu berücksichtigen. Vorwegweiser und Wegweiser sind dann fahrstreifenbezogen als Wechselwegweiser auszuführen.

VIII. Zur Markierung vgl. zu Zeichen 295 Buchst. b; Rn 9.

IX. Die Zeichen können durch Dauerlichtzeichen unterstützt werden. Dies empfiehlt sich besonders für Zeichen 223.2; vgl. Nummer I zu § 37 Abs. 3; Rn 48.

4. Haltestellen

Zeichen 224*

**Straßenbahnen
oder Linienbusse**

Das Zeichen 224 mit dem Zusatzschild „Schulbus (Angabe der tageszeitlichen Benutzung)" kennzeichnet eine Schulbushaltestelle.

VwV – StVO
Zu Zeichen 224 Haltestellen

I. Durch das Zeichen werden Haltestellen für Straßenbahnen und für Linienbusse gekennzeichnet.

Auch Haltestellen für Fahrzeuge des Schüler- und Behindertenverkehrs können so gekennzeichnet werden.

II. Über die Festlegung des Ortes der Haltestellenzeichen vgl. die Straßenbahn-Bau- und Betriebsordnung und die Verordnung über den Betrieb von Kraftfahrunternehmen im Personenverkehr.

III. Die Errichtung von Haltestelleninseln für Straßenbahnen und von Haltestellenbuchten für Busse und Oberleitungsbusse ist anzustreben.

Wo eine Insel errichtet ist, sollte das Zeichen auf ihr angebracht werden.

IV. An Haltestellen von Straßenbahnen ist zu prüfen, ob die Parkverbotsstrecke durch Zeichen 299 verkürzt werden kann.

V. Muß an Bushaltestellen die Verbotsstrecke durch Zeichen 299 markiert werden, so ist sie so zu bemessen, daß der Omnibus mühelos an- und abfahren kann.

---

* Erl bei § 12 Rn 51; § 20 Rn 1.

StVO § 41 Abs 2 Nr 5 — Vorschriftzeichen

8 VI. Im Orts- und Nachbarorts-Linienverkehr gehört zu dem Zeichen ein Zusatzschild mit der Bezeichnung der Haltestelle (Haltestellenname). Darüber hinaus kann die Linie angegeben werden.

9 Bei Bedarf können dazu das Symbol der Straßenbahn bzw. des Kraftomnibusses gezeigt werden.

10 VII. Schulbushaltestellen werden mit einem Zusatzschild „Schulbus (Angabe der tageszeitlichen Benutzung)" gekennzeichnet.

Zeichen 229*

Taxenstand

Ein Zusatzschild kann die Anzahl der vorgesehenen Taxen angeben.

VwV – StVO
Zu Zeichen 229 Taxenstand

1 I. Das Zeichen steht am Beginn der Verbotsstrecke. Ist diese für mehr als fünf Taxen vorgesehen, so ist das Zeichen auch am Ende der Verbotsstrecke aufzustellen.

2 II. Verbotsstrecken mit nur einem Zeichen (bis zu fünf Taxen) sind zu markieren (Zeichen 299). Verbotsstrecken für mehr als fünf Taxen brauchen nur auf besonders langen oder unübersichtlichen Strecken gekennzeichnet zu werden. Für jedes Taxi sollten dabei 5 m zugrunde gelegt werden.

5. Sonderwege

Zeichen 237**	Zeichen 238	Zeichen 239***
Radfahrer	Reiter	Fußgänger

---

* Erl bei § 12 Rn 43 b.
** Erl bei § 2 Rn 17, 20, 54.
*** Erl bei § 12 Rn 71; § 46 Rn 2.

Sonderwege Abs 2 Nr 5 § 41 StVO

Diese Zeichen stehen rechts oder links. Die Sinnbilder der Zeichen 237 und 239 können auch gemeinsam auf einem Schild, durch einen senkrechten weißen Streifen getrennt, gezeigt werden. Ein gemeinsamer Rad- und Gehweg kann durch ein Schild gekennzeichnet sein, das – durch einen waagerechten weißen Streifen getrennt – die entsprechenden Sinnbilder zeigt. Das Zeichen „Fußgänger" steht nur dort, wo eine Klarstellung notwendig ist. Durch ein Zusatzschild kann die Benutzung des Radweges durch Mofas gestattet werden.

VwV – StVO

Zu den Zeichen 237, 240 und 241

I. Die Zeichen 237, 240 und 241 begründen einen Sonderweg und kennzeichnen die Radwegebenutzungspflicht. Sie stehen dort, wo der Sonderweg beginnt. Sie sind an jeder Kreuzung und Einmündung zu wiederholen. Zur Radwegebenutzungspflicht vgl. zu § 2 Abs. 4 Satz 2; Rn. 9 ff.

II. Wo mit dem Zeichen 237, 240 und 241 ein Sonderweg (auch) für Radfahrer und damit eine Radwegebenutzungspflicht begründet wird, dürfen die Radfahrer an Kreuzungen und Einmündungen im Zuge von gekennzeichneten Vorfahrtstraßen (vgl. Nummer III zu § 8 Abs. 1; Rn. 15 ff.) und an Lichtzeichenanlagen nicht sich selbst überlassen bleiben. Zur Radwegeführung sind hier Radfahrerfurten zu markieren. Zur Radwegeführung vgl. Nummer II Nr. 2 Buchstabe c zu § 2 Abs. 4 Satz 2 (Rn. 25 und 26) sowie zu § 9 Abs. 2 und 3; Rn. 3 ff. Zur Lichtzeichenregelung vgl. zu § 37 Abs. 2 Nr. 5 und 6; Rn. 42 ff.

III. Das Ende der Sonderwege bedarf keiner Kennzeichnung. In unklaren Fällen kann das Verkehrszeichen mit dem Zusatzschild „Ende" angebracht sein.

IV. Die Zeichen können abweichend von Nummer III 3 zu den §§ 39 bis 43 (Rn. 9) bei baulichen Radwegen immer, bei Radfahrstreifen in besonders gelagerten Fällen, in der Größe 1 aufgestellt werden.

Zu den Zeichen 237 Radfahrer

I. Baulich angelegte Radwege sind, wenn die Anordnung der Radwegebenutzungspflicht erforderlich und verhältnismäßig ist, in der Regel mit Zeichen 237 zu kennzeichnen; außerorts soll die Kennzeichnung stets erfolgen. Zur Radwegebenutzungspflicht und zum Begriff des Radfahrstreifens vgl. zu § 2 Abs. 4 Satz 2; Rn. 9 ff.

II. 1. Die Abtrennung eines Radfahrstreifens von der Fahrbahn genügt nicht, wenn die Verkehrsbelastung an Straßen mit zwei Fahrstreifen mehr als 18 000 Kfz/24 Std. und an Straßen mit vier Fahrstreifen mehr als 25 000 Kfz/24 Std. aufweist. Sie scheidet immer aus in Kreisverkehren.

2. Die Kennzeichnung eines Radfahrstreifens setzt voraus, daß Vorsorge für den ruhenden Verkehr getroffen wurde.

3. Radfahrstreifen sind in regelmäßigen Abständen mit dem Zeichen 237 zu markieren.

III. Manchmal ist es erforderlich, Radfahrer durch Verkehrsverbote (Zeichen 254) bzw. die Wegweisung für bestimmte Verkehrsarten (Zeichen 421, 442)

StVO § 41 Abs 2 Nr 5   Vorschriftzeichen

auf andere Straßen zu verweisen. Davon soll dann Gebrauch gemacht werden, wenn dies aus Gründen der Verkehrssicherheit geboten und auf Grundlage des vorhandenen Straßennetzes möglich erscheint. Zur Wegweisung für bestimmte Verkehrsarten vgl. Nummer III 2 zu den Zeichen 421 und 442; Rn. 4.

6   IV. Auf Straßen ohne Gehweg und Seitenstreifen dürfen Radwege alleine nicht gekennzeichnet werden. Hier kann sich aber die Kennzeichnung als gemeinsamer Fuß- und Radweg (Zeichen 240) anbieten.

Zu Zeichen 238 Reiter

1   I. Da in der Regel wegen der Beschaffenheit der Reitwege weder zu besorgen ist, daß ihn Reiter nicht benutzen, noch daß ihn andere Verkehrsteilnehmer benutzen, wird sich vielfach die Aufstellung des Zeichens erübrigen.

Zu Zeichen 239 Fußgänger

1   I. Der Klarstellung durch das Zeichen bedarf es nur dort, wo die Zweckbestimmung des Straßenteils als Gehweg sich nicht aus dessen Ausgestaltung ergibt. Soll ein Seitenstreifen den Fußgängern allein vorbehalten werden, so ist das Zeichen zu verwenden.

2   II. Die Freigabe des Gehweges zur Benutzung durch Radfahrer durch das Zeichen mit Zusatzschild 1022-10 „Radfahrer frei" ist nicht ausgeschlossen. Damit wird dem Radverkehr ein Benutzungsrecht auf dem Gehweg eröffnet. Eine Benutzungspflicht besteht dagegen nicht.

3   III. 1. Die Freigabe bewirkt eine teilweise Entmischung des Fahrzeugverkehrs und eine teilweise Mischung von Radverkehr und Fußgängern auf einer gemeinsamen Verkehrsfläche. Es ist zu erwarten, daß von einem solchen Benutzungsrecht vornehmlich ungeübte oder unsichere Radfahrer Gebrauch machen werden.

4   2. Die Freigabe kann nur dann in Betracht kommen, wenn dem straßenrechtliche Bestimmungen nicht entgegenstehen, die Interessen der vorgenannten Radfahrer dies notwendig machen und wenn die Freigabe nach den örtlichen Gegebenheiten und unter Berücksichtigung der Belange der Fußgänger, insbesondere der älteren Menschen, der Kinder und der radfahrenden Kinder, im Hinblick auf die Verkehrssicherheit vertretbar erscheint.

5   3. Den Belangen der Fußgänger kommt dabei ein besonderes Gewicht zu, zumal der Radverkehr nach den Erläuterungen zu Zeichen 239 nur mit Schrittgeschwindigkeit fahren darf.

6   IV. Die Beschaffenheit und der Zustand des Gehweges soll dann auch die gewöhnlichen Verkehrsbedürfnisse des Radverkehrs (z. B. Bordsteinabsenkung an Einmündungen und Kreuzungen) berücksichtigen. Auch sind die allgemeinen Verkehrsregeln, insbesondere der §§ 9 und 10, aber auch des § 2 Abs. 5 Satz 1 Halbsatz 2, zu bedenken.

7   V. Soweit die Freigabe in einzelnen Ausnahmefällen erforderlich und verhältnismäßig ist, müssen die Zeichen an jeder Kreuzung und Einmündung wiederholt werden. Von der Markierung des Sinnbildes „Radfahrer" (§ 39 Abs. 4) auf dem Gehweg soll abgesehen werden.

Sonderwege Abs 2 Nr 5 § 41 StVO

Zeichen 240

gemeinsamer
Fuß- und Radweg

Zeichen 241

getrennter
Rad- und Fußweg

Die Zeichen bedeuten:
a) Radfahrer, Reiter und Fußgänger müssen die für sie bestimmten Sonderwege benutzen. Andere Verkehrsteilnehmer dürfen sie nicht benutzen;
b) wer ein Mofa durch Treten fortbewegt, muß den Radweg benutzen;
c) auf einem gemeinsamen Rad- und Gehweg haben Radfahrer und die Führer von motorisierten Zweiradfahrzeugen auf Fußgänger Rücksicht zu nehmen;
d) auf Reitwegen dürfen Pferde geführt werden;
e) wird bei Zeichen 239 durch Zusatzschild Fahrzeugverkehr zugelassen, so darf nur mit Schrittgeschwindigkeit gefahren werden;
f) wird bei Zeichen 237 durch Zusatzschild anderer Fahrzeugverkehr zugelassen, so darf nur mit mäßiger Geschwindigkeit gefahren werden.

VwV – StVO

Zu Zeichen 240 gemeinsamer Fuß- und Radweg

I. Gemeinsame Fuß- und Radwege müssen außerorts und können innerorts, wenn die Anordnung der Radwegebenutzungspflicht erforderlich und verhältnismäßig ist, mit Zeichen 240 gekennzeichnet werden. Zur Radwegebenutzungspflicht vgl. zu § 2 Abs. 4 Satz 2 (Rn. 9 ff.) und zur Freigabe linker Radwege für die Gegenrichtung vgl. Nummer II zu § 2 Abs. 4 Satz 3; Rn 35 ff.

II. 1. Ein gemeinsamer Fuß- und Radweg bewirkt eine Entmischung des Fahrzeugverkehrs und eine Mischung des Radverkehrs mit den Fußgängern auf einer gemeinsamen Verkehrsfläche.
2. Im Hinblick auf die mit der Kennzeichnung verbundene Radwegebenutzungspflicht kann dies nur dann in Betracht kommen, wenn die Interessen des Radverkehrs das notwendig machen und wenn es nach den örtlichen Gegebenheiten und unter Berücksichtigung der Belange der Fußgänger, insbesondere der älteren Verkehrsteilnehmer und der Kinder, im Hinblick auf die Verkehrssicherheit vertretbar erscheint.

III. 1. An Lichtzeichenanlagen kann zur Führung der Fußgänger eine zusätzliche Fußgängerfurt (vgl. Nummer III zu § 25 Abs. 3; Rn 3 bis 5) entbehrlich sein.

Jagow

StVO § 41 Abs 2 Nr 5   Vorschriftzeichen

5 2. An den roten und grünen Lichtzeichen der Lichtzeichenanlage für Fußgänger werden in der Regel, wenn sich orts- und verkehrsbezogen keine andere Lösung anbietet, jeweils die Sinnbilder für Fußgänger und Radfahrer gezeigt. Zur Lichtzeichenregelung vgl. zu § 37 Abs. 2 Nr. 5 und 6; Rn 42 ff.

Zu Zeichen 241 getrennter Fuß- und Radweg

1 I. Radwege sollen, wenn die Anordnung der Radwegebenutzungspflicht erforderlich und verhältnismäßig ist, von einem Gehweg baulich oder mit durchgehender weißer Linie abgetrennt und mit Zeichen 241 gekennzeichnet werden. Zur Radwegebenutzungspflicht vgl. zu § 2 Abs. 4 Satz 2; Rn. 9 ff.

2 II. 1. An Lichtzeichenanlagen ist in der Regel auch eine Führung der Fußgänger durch eine Fußgängerfurt (vgl. Nummer III zu § 25 Abs. 3; Rn. 3 und 5) erforderlich. Zur Lichtzeichenregelung vgl. zu § 37 Abs. 2 Nr. 5 und 6; Rn. 42 ff.

3 2. Nebeneinanderliegende Radfahrer- und Fußgängerfurten sind durch eine gleichartige Markierung zu trennen. Entsprechendes gilt, wenn die Radfahrerfurt nicht weit von einer Fußgängerfurt angebracht ist.

Zeichen 242*   Zeichen 243

Beginn eines Fußgängerbereichs   Ende eines Fußgängerbereichs

Innerhalb des Fußgängerbereichs gilt:
1. Der Fußgängerbereich ist Fußgängern vorbehalten. Andere Verkehrsteilnehmer dürfen ihn nicht benutzen.
2. Wird durch Zusatzschild Fahrzeugverkehr zugelassen, so darf nur mit Schrittgeschwindigkeit gefahren werden. Die Fahrzeugführer dürfen Fußgänger weder gefährden noch behindern; wenn nötig müssen sie warten.

VwV – StVO

Zu den Zeichen 242 (Beginn eines Fußgängerbereichs) und 243 (Ende eines Fußgängerbereichs)

1 Die Zeichen können innerhalb geschlossener Ortschaften für Bereiche aufgestellt werden, die Fußgängern vorbehalten bleiben sollen. Fahrzeugverkehr soll nur ausnahmsweise zugelassen werden, insbesondere als Anlieger- und Anlieferverkehr.

---

* Erl bei § 2 Rn 17–20; § 10 Rn 5; § 12 Rn 71.

Sonderwege   Abs 2 Nr 5 § 41 StVO

       Zeichen 244   Zeichen 244 a

Auf Fahrradstraßen gelten die Vorschriften über die Benutzung von Fahrbahnen; abweichend davon gilt:
1. Andere Fahrzeugführer als Radfahrer dürfen Fahrradstraßen nur benutzen, soweit dies durch Zusatzschild zugelassen ist.
2. Alle Fahrzeuge dürfen nur mit mäßiger Geschwindigkeit fahren.
3. Radfahrer dürfen auch nebeneinander fahren.

VwV – StVO
Zu den Zeichen 244 (Beginn einer Fahrradstraße) und 244a (Ende einer Fahrradstraße)

I. Fahrradstraßen können, unter Beachtung der straßenrechtlichen Bestimmungen, für bestimmte Straßen oder Straßenabschnitte zur Bündelung des vorhandenen oder zu erwartenden Radverkehrs eingerichtet werden. Sie kommen dann in Betracht, wenn der Radverkehr die vorherrschende Verkehrsart ist oder dies alsbald zu erwarten ist. Ihre Anwendung ist deshalb vornehmlich im Verlauf wichtiger Hauptverbindungen des Radverkehrs gerechtfertigt.

II. Fahrradstraßen müssen entsprechend ihrer Zweckbestimmung auch für den Ortsfremden eindeutig erkennbar und durch ihre Beschaffenheit und ihren Zustand für den Radverkehr zumutbar sein. In Fahrradstraßen gelten einschließlich der Vorfahrtregelung alle Vorschriften über die Straßenbenutzung auf der Fahrbahn.

III. Durch die Kennzeichnung als Fahrradstraße wird anderer Fahrzeugverkehr als Radverkehr ausgeschlossen. Vor der Kennzeichnung sind deshalb die Verkehrsbedeutung für den Kraftfahrzeugverkehr sowie dessen Verkehrslenkung zu berücksichtigen.

IV. Anderer Fahrzeugverkehr als Radverkehr darf nur ausnahmsweise zugelassen werden. Dieser soll sich nach Möglichkeit auf den Anliegerverkehr beschränken. Die Einhaltung der mäßigen Geschwindigkeit für alle Fahrzeugführer soll dann, insbesondere wenn die Fahrradstraße als Vorfahrtstraße gekennzeichnet werden soll (vgl. Nummer III zu § 8 Abs. 1; Rn. 15 ff.), durch bauliche Maßnahmen (z. B. Aufpflasterungen) verdeutlicht werden. Auch ist dann Vorsorge für den ruhenden Verkehr (z. B. Besucher) zu treffen.

V. Der Beginn und das Ende einer Fahrradstraße sollte durch straßenbauliche Gestaltungselemente (z. B. Aufpflasterungen, Fahrbahnverengungen) hervorgehoben werden. Die Fläche für den ausnahmsweise ein- und ausfahrenden Kraftfahrzeugverkehr sollte dabei so klein wie möglich bemessen werden. Gleiches gilt im Verlauf der Fahrradstraße an jeder die Fahrradstraße begrenzenden Kreuzung und Einmündung.

StVO § 41 Abs 2 Nr 5   Vorschriftzeichen

Zeichen 245*

Linienomnibusse

Der so gekennzeichnete Sonderfahrstreifen ist Omnibussen des Linienverkehrs vorbehalten. Dasselbe gilt auch für Taxen, wenn dies durch das Zusatzschild „Taxi frei" angezeigt ist, sowie für Radfahrer, wenn dies durch das Zusatzschild

angezeigt ist. Andere Verkehrsteilnehmer dürfen den Sonderfahrstreifen nicht benutzen.

VwV – StVO

Zu Zeichen 245 Linienomnibusse

1. I. Durch das Zeichen werden markierte Sonderfahrstreifen den Omnibussen des Linienverkehrs vorbehalten.

2. Als Linienverkehr gilt auch der Verkehr mit gekennzeichneten Fahrzeugen des Schüler- und Behindertenverkehrs.

3. Sie sollen im Interesse der Sicherheit oder Ordnung des Verkehrs Störungen des Linienverkehrs vermeiden und einen geordneten und zügigen Betriebsablauf ermöglichen. Sonderfahrstreifen für Linienomnibusse sind damit besonders geeignet, den öffentlichen Personenverkehr gegenüber dem Individualverkehr zu fördern (vgl. Nummer I zu den §§ 39 bis 43; Rn 1).

4. Sonderfahrstreifen können in Randlage rechts, in Einbahnstraßen rechts oder links, in Mittellage allein oder im Gleisraum von Straßenbahnen sowie auf baulich abgegrenzten Straßenteilen auch entgegengesetzt der Fahrtrichtung angeordnet werden.

5. Bevor die Anordnung des Zeichens erwogen wird, ist zu prüfen, ob nicht durch andere verkehrsregelnde Maßnahmen (z. B. durch Zeichen 220, 253, 283, 301, 306, 421) eine Verbesserung des Verkehrsflusses oder eine Verlagerung des Verkehrs erreicht werden kann.

---

* Erl bei § 9 Rn 38; § 12 Rn 44; § 37 Rn 24; § 45 Rn 7.

Sonderwege Abs 2 Nr 5 § 41 StVO

Voraussetzungen:

1. Die Anordnung von Sonderfahrstreifen kommt nur dann in Betracht, wenn die vorhandene Fahrbahnbreite ein ausgewogenes Verhältnis im Verkehrsablauf des öffentlichen Personenverkehrs und des Individualverkehrs unter Berücksichtigung der Zahl der beförderten Personen nicht mehr zuläßt. Auch bei kurzen Straßenabschnitten (z. B. vor Verkehrsknotenpunkten) kann die Anordnung von Sonderfahrstreifen gerechtfertigt sein.
2. Die Breite des Sonderfahrstreifens soll in der Regel 3,50 m betragen. Verbleibt für den Individualverkehr derselben Richtung nur ein Fahrstreifen, darf dessen Breite 3,25 m nicht unterschreiten.
   Besondere Sicherheitsvorkehrungen für etwa vorhandenen Radfahrverkehr, z. B. Radwege, sind in der Regel unerläßlich. Radfahrverkehr ist auszuschließen, wenn sich Radfahrer zwischen dem Linien- und Individualverkehr fortbewegen müßten.
3. Gegenseitige Behinderungen, die durch stark benutzte Zu- und Abfahrten (z. B. bei Parkhäusern, Tankstellen usw.) hervorgerufen werden, sind durch geeignete Maßnahmen, wie z. B. durch Verlegung der Zu- und Abfahrten in Nebenstraßen auf ein Mindestmaß zu beschränken. Ist dies nicht möglich, sollte auf den Sonderfahrstreifen verzichtet werden.
4. Sonderfahrstreifen ohne zeitliche Beschränkung in Randlage dürfen nur dort angeordnet werden, wo kein Anliegerverkehr vorhanden ist und das Be- und Entladen, z. B. in besonderen Ladestraßen oder Innenhöfen, erfolgen kann. Sind diese Voraussetzungen nicht gegeben, sind für die Sonderfahrstreifen zeitliche Beschränkungen vorzusehen.
   Zur Befriedigung des Kurzparkbedürfnisses während der Geltungsdauer der Sonderfahrstreifen sollte die Parkzeit in nahe gelegenen Nebenstraßen beschränkt werden.
5. Sonderfahrstreifen im Gleisraum von Straßenbahnen dürfen nur im Einvernehmen mit der Technischen Aufsichtsbehörde nach § 58 Abs. 3 der Straßenbahn-Bau- und Betriebsordnung angeordnet werden.
6. Die Anordnung von Sonderfahrstreifen kann sich auch dann anbieten, wenn eine Entflechtung des öffentlichen Personenverkehrs und des Individualverkehrs von Vorteil ist oder zumindest der Verkehrsablauf des öffentlichen Personennahverkehrs verbessert werden kann.
   Sonderfahrstreifen in Randlage rechts sollen zeitlich beschränkt (vgl. Nummer III 15 zu den §§ 39 bis 43; Rn 43), Sonderfahrstreifen in Mittellage zeitlich unbeschränkt angeordnet werden.
   Die Geltungsdauer zeitlich beschränkter Sonderfahrstreifen sollte innerhalb des Betriebsnetzes einheitlich angeordnet werden.
7. Die Anordnung von Sonderfahrstreifen soll in der Regel nur dann erfolgen, wenn mindestens 20 Omnibusse des Linienverkehrs pro Stunde der stärksten Verkehrsbelastung verkehren.

II. 1. Das Zeichen ist möglichst über dem Sonderfahrstreifen anzubringen (vgl. Nummer IV 1 zu § 41; Rn 4 bis 7); es ist an jeder Kreuzung und Einmündung zu wiederholen.
   Zur Verdeutlichung kann die Markierung „BUS" auf der Fahrbahn aufgetragen werden.
2. Wo ein Sonderfahrstreifen ohne zeitliche Beschränkung angeordnet ist, soll er durch eine Fahrstreifenbegrenzung (Zeichen 295) abgetrennt werden; im Be-

StVO § 41 Abs 2 Nr 5   Vorschriftzeichen

reich von Haltestellen und Grundstückseinfahrten hat die Abtrennung durch eine Leitlinie (Zeichen 340) zu erfolgen.

20 Sonderfahrstreifen in Einbahnstraßen entgegen der Fahrtrichtung, die gegen die Fahrbahn des entgegengerichteten Verkehrs baulich abzugrenzen sind, sollen auch am Beginn der Einbahnstraße durch das Zeichen kenntlich gemacht werden. Es kann sich empfehlen, dem allgemeinen Verkehr die Führung des Busverkehrs anzuzeigen.

21 Zeitlich beschränkt angeordnete Sonderfahrstreifen sind durch eine Leitlinie (Zeichen 340) abzutrennen.

22 Die Ausführung der Markierungen richtet sich nach den Richtlinien für die Markierung von Straßen (RMS).

23 Kann durch eine Markierung eine Erleichterung des Linienverkehrs erreicht werden (Fahrstreifen in Mittellage, im Gleisraum von Straßenbahnen oder auf baulich abgesetzten Straßenteilen), empfiehlt es sich, auf das Zeichen zu verzichten (vgl. Nummer III 14 Satz 1 zu den §§ 39 bis 43; Rn. 42). Die Voraussetzungen für die Einrichtung eines Sonderfahrstreifens gelten entsprechend.

24 3. Die Flüssigkeit des Verkehrs auf Sonderfahrstreifen an Kreuzungen und Einmündungen kann durch Abbiegeverbote für den Individualverkehr (z. B. Zeichen 209 bis 214) verbessert werden. Notfalls sind besondere Lichtzeichen (§ 37 Abs. 2 Nr. 4) anzuordnen. Die Einrichtung von Busschleusen oder die Vorgabe bedarfsgerechter Vor- und Nachlaufzeiten an Lichtzeichenanlagen wird empfohlen.

25 4. Ist die Kennzeichnung des Endes eines Sonderfahrstreifens erforderlich, so ist das Zeichen mit dem Zusatzschild „Ende" anzuordnen.

26 5. Das Zeichen muß mindestens voll rückstrahlen. Eine Beleuchtung empfiehlt sich dann, wenn die Beleuchtungsverhältnisse in der Umgebung die Erkennbarkeit des Zeichens beeinträchtigen (vgl. auch Nummer III 7 b zu den §§ 39 bis 43; Rn 20).

27 III. 1. Taxen sollen grundsätzlich auf Sonderfahrstreifen für Linienomnibusse zugelassen werden. Dies gilt nicht, wenn dadurch der Linienverkehr, auch unter Berücksichtigung der besonderen Lichtzeichenregelung, gestört würde.

28 2. Auf Sonderfahrstreifen für Linienomnibusse im Gleisraum von Schienenbahnen dürfen Taxen nicht zugelassen werden.

29 IV. Radverkehr kann im Benehmen mit den Verkehrsunternehmen auf Sonderfahrstreifen für Linienomnibusse in Randlage dann zugelassen werden, wenn

30 1. die Flüssigkeit des Verkehrs mit Linienomnibussen nicht beeinträchtigt wird,

31 2. die Schaffung benutzungspflichtiger Radwege oder andere Maßnahmen, welche die Sicherheit des Radverkehrs auf der Fahrbahn gewährleisten, bei Einrichtung des Sonderfahrstreifens nicht möglich sind,

32 3. die Verkehrsstruktur und die unterschiedlichen Benutzungsansprüche dies im Einzelfall vertretbar erscheinen lassen.

33 Wird der Radverkehr ausnahmsweise zugelassen, dürfen auf dem Sonderfahrstreifen keine besonderen Lichtzeichen (§ 37 Abs. 2 Satz 3 Nr. 4 Satz 2) gezeigt werden, es sei denn, für den Radverkehr gelten eigene Lichtzeichen.

34 V. Die Funktionsfähigkeit der Sonderfahrstreifen hängt weitgehend von ihrer völligen Freihaltung vom Individualverkehr ab (vgl. Nummer V zu § 13 Abs. 1; Rn 5).

6. Verkehrsverbote

Verkehrsverbote untersagen den Verkehr insgesamt oder teilweise. Soweit von Verkehrsverboten, die aus Gründen der Luftverunreinigung ergehen, für Kraftfahrzeuge Ausnahmen durch Verkehrszeichen zugelassen werden, ist dies durch Zusatzschild zu den Zeichen 251, 253, 255, 260 oder 270 angezeigt.

Das Zusatzschild*

Freistellung vom Verkehrsverbot nach § 40 Abs. 2 Bundes-Immissionsschutzgesetz nimmt Kraftfahrzeuge vom Verkehrsverbot aus,
a) die mit einer G-Kat-Plakette oder einer amtlichen Plakette gekennzeichnet sind, die nach dem Anhang zu § 40 c Abs. 1 des Bundes-Immissionsschutzgesetzes in der Fassung der Bekanntmachung vom 14. Mai 1990 (BGBl. I S. 880), zuletzt geändert durch Artikel 2 des Gesetzes vom 18. April 1997 (BGBl. I S. 805) oder in den Fällen des § 40 e Abs. 2 des Bundes-Immissionsschutzgesetzes in der Fassung des Artikels 1 Nr. 1 des Gesetzes vom 19. Juli 1995 (BGBl. I S. 930) erteilt worden ist, oder
b) mit denen Fahrten zu besonderen Zwecken im Sinne des § 40 d Abs. 1 Nr. 1 bis 6 des Bundes-Immissionsschutzgesetzes in der Fassung des Artikels 1 Nr. 1 des Gesetzes vom 19. Juli 1995 (BGBl. I S. 930) oder zur sozialen Betreuung der Bevölkerung in dem Verbotsgebiet durchgeführt werden.

Zeichen 250**

Verbot für Fahrzeuge aller Art

Es gilt nicht für Handfahrzeuge, abweichend von § 28 Abs. 2 auch nicht für Tiere. Krafträder und Fahrräder dürfen geschoben werden.

---

* Erl bei § 45 Rn 10 b.
** Erl bei § 2 Rn 76, 78, 82; § 31 Rn 3, 6; § 37 Rn 24; § 39 Rn 19 a.

StVO § 41 Abs 2 Nr 6 — Vorschriftzeichen

Das Zusatzschild

erlaubt Kindern, auch auf der Fahrbahn und den Seitenstreifen zu spielen. Auch Sport kann dort durch ein Zusatzschild erlaubt sein.

VwV – StVO

Zu Zeichen 250 Verbot für Fahrzeuge aller Art

1. I. Das Schild kann so gewölbt sein, daß es auch seitlich erkennbar ist.
2. II. Wo das Zeichen von der anderen Straße aus nicht rechtzeitig zu erkennen ist, empfiehlt es sich, auch durch ein Zeichen „Vorgeschriebene Fahrtrichtung" (z. B. Zeichen 214) das Einfahren zu verbieten.
3. III. Das uneingeschränkte Verbot jeglichen Fahrverkehrs rechtfertigt die Benutzung der ganzen Straße durch Fußgänger und spielende Kinder.

Zeichen 251*

**Verbot für Kraftwagen
und sonstige mehrspurige Kraftfahrzeuge**

Zeichen 253

Verbot für Kraftfahrzeuge
mit einem zulässigen Gesamtgewicht über 3,5 t, einschließlich ihrer Anhänger,
und Zugmaschinen, ausgenommen Personenkraftwagen und Kraftomnibusse

---

* Erl bei § 2 Rn 76.

Verkehrsverbote **Abs 2 Nr 6 § 41 StVO**

Zeichen 254	Zeichen 255	Zeichen 259
Verbot für Radfahrer	Verbot für Krafträder auch mit Beiwagen Kleinkrafträder und Mofas	Verbot für Fußgänger

a) Für andere Verkehrsarten, wie Lastzüge, Reiter können gleichfalls durch das Zeichen 250 mit Sinnbild entsprechende Verbote erlassen werden.
b) Ist auf einem Zusatzschild ein Gewicht, wie „7,5 t", angegeben, so gilt das Verbot nur, soweit das zulässige Gesamtgewicht dieser Verkehrsmittel die angegebene Grenze überschreitet.
c) Mehrere dieser Verbote können auf einem Schild vereinigt sein.

Zeichen 260	Zeichen 261*
Verbot für Krafträder, auch mit Beiwagen, Kleinräder und Mofas sowie für Kraftwagen und sonstige mehrspurige Kraftfahrzeuge	Verbot für Kennzeichnungspflichtige Kraftfahrzeuge mit gefährlichen Gütern

VwV – StVO

Zu den Zeichen 250 bis 253

I. Mehr als zwei Verbote dürfen auf einem Schild nicht vereinigt werden, wenn das Schild Bedeutung für den Kraftfahrzeugverkehr hat. **1**

II. Vgl. Nummer IV zu § 41 (Rn. 4 bis 8) und über die Zustimmungsbedürftigkeit Nummer III 1 b zu § 45 Abs. 1 bis 1 e; Rn 5. **2**

---

* Erl bei § 2 Rn 96.

StVO § 41 Abs 2 Nr 6   Vorschriftzeichen

Zu Zeichen 261 Verbot für kennzeichnungspflichtige Kraftfahrzeuge mit gefährlichen Gütern

1 I. Gefährliche Güter sind die Stoffe und Gegenstände, deren Beförderung auf der Straße nach § 2 Abs. 1 Nr. 2 der Gefahrgutverordnung Straße (GGVS) in Verbindung mit den Anlagen A und B des Europäischen Übereinkommens über die internationale Beförderung auf der Straße (ADR) verboten oder nur unter bestimmten Bedingungen gestattet ist. Die Kennzeichnung von Fahrzeugen mit gefährlichen Gütern ist in Randnummer 10 500 des Teils I und den auf die Endziffern 500 lautenden Randnummern des Teils II der Anlage B zum ADR geregelt.

2 II. Das Zeichen ist aufzustellen, wenn zu befürchten ist, daß durch die gefährlichen Güter infolge eines Unfalls oder Zwischenfalls, auch durch das Undichtwerden des Tanks, Gefahren für das Leben, die Gesundheit, die Umwelt oder Bauwerke in erheblichem Umfang eintreten können. Hierfür kommen z. B. Gefällestrecken in Betracht, die unmittelbar in bebaute Ortslagen führen. Für die Anordnung entsprechender Maßnahmen erläßt das Bundesministerium für Verkehr im Einvernehmen mit den obersten Landesbehörden Richtlinien, die im Verkehrsblatt veröffentlicht werden.

Verbot für Fahrzeuge, deren

je einschließlich Ladung eine bestimmte Grenze überschreitet.

Verkehrsverbote Abs 2 Nr 6 § 41 StVO

Die Beschränkung durch Zeichen 262 gilt bei Zügen für das einzelne Fahrzeug, bei Sattelkraftfahrzeugen gesondert für die Sattelzugmaschine einschließlich Sattellast und für die tatsächlich vorhandenen Achslasten des Sattelanhängers. Das Zeichen 266 gilt auch für Züge.

VwV – StVO
Zu den Zeichen 262 bis 266

Die betroffenen Fahrzeuge sind rechtzeitig auf andere Straßen umzuleiten (Zeichen 421 und 442).

Zu den Zeichen 264 und 265

I. Bei Festlegung der Maße ist ein ausreichender Sicherheitsabstand zu berücksichtigen.

II. Muß das Zeichen 265 bei Brückenbauwerken angebracht werden, unter denen der Fahrdraht einer Straßenbahn oder eines Oberleitungsomnibusses verlegt ist, so ist wegen des Sicherheitsabstandes der Verkehrsunternehmer zu hören.

Verbot der Einfahrt

Das Zeichen steht auf der rechten Seite der Fahrbahn, für die es gilt, oder auf beiden Seiten dieser Fahrbahn.

VwV – StVO
Zu Zeichen 267 Verbot der Einfahrt

I. Das Schild darf so gewölbt sein, daß es auch seitlich erkennbar ist.

II. Es muß und darf nur dort aufgestellt werden, wo die Einfahrt verboten, aber aus der Gegenrichtung Verkehr zugelassen ist. Es ist vor allem zu verwenden, um die Einfahrt in eine Einbahnstraße aus entgegengesetzter Richtung zu sperren.

III. Für Einbahnstraßen vgl. zu Zeichen 220.

---

* Erl bei § 9 Rn 46.

StVO § 41 Abs 2 Nr 6 — Vorschriftzeichen

Zeichen 268*	Zeichen 269**	Zeichen 270
Schneeketten sind vorgeschrieben	Verbot für Fahrzeuge mit wassergefährdender Ladung	Verkehrsverbot bei Smog oder zur Verminderung schädlicher Luftverunreinigungen

Es verbietet den Verkehr mit Kraftfahrzeugen nach Maßgabe landesrechtlicher Smog-Verordnungen oder bei Maßnahmen zur Vermeidung von schädlichen Umwelteinwirkungen durch Luftverunreinigungen nach § 40 Abs. 2 des Bundes-Immissionsschutzgesetzes*** .

VwV – StVO

Zu Zeichen 268 Schneeketten sind vorgeschrieben

1 Das Zeichen darf nur gezeigt werden, solange Schneeketten wirklich erforderlich sind.

Zu Zeichen 269 Verbot für Fahrzeuge mit wassergefährdender Ladung

1 I. Das Zeichen sollte in der Regel nur auf Anregung der für die Reinhaltung des Wassers zuständigen Behörde aufgestellt werden. Diese ist in jedem Fall zu hören.

2 II. Wassergefährdende Stoffe sind feste, flüssige und gasförmige Stoffe, insbesondere

3 – Säuren, Laugen,

4 – Alkalimetalle, Siliciumlegierungen mit über 30 Prozent Silicium, metallorganische Verbindungen, Halogene, Säurehalogenide, Metallcarbonyle und Beizsalze,

5 – Mineral- und Teeröle sowie deren Produkte,

---

* Erl bei § 3 Rn 70.
** S hierzu auch Fn zu Z 421 u 422 (VkBl 1988, 500) sowie Richtlinien für die Anordnung von verkehrsregelnden Maßnahmen für den Transport gefährlicher Güter v 9. 12. 87, VkBl S 857; ber v 21. 7. 88, VkBl S 576.
*** S hierzu § 45 I d; Erl bei § 45 Rn 10 b.

Verkehrsverbote **Abs 2 Nr 6 § 41 StVO**

– flüssige sowie wasserlösliche Kohlenwasserstoffe, Alkohole, Aldehyde, Ketone, Ester, halogen-, stickstoff- und schwefelhaltige organische Verbindungen,
– Gifte,
die geeignet sind, nachhaltig die physikalische, chemische oder biologische Beschaffenheit des Wassers nachteilig zu verändern.

III. Vgl. auch zu Zeichen 354 und über die Zustimmungsbedürftigkeit Nummer III 1 a zu § 45 Abs. 1 bis 1 e; Rn 4.

IV. Auf die zu Zeichen 261 erwähnten Richtlinien wird verwiesen.

Zeichen 272

Wendeverbot

Zeichen 273*

Verbot des Fahrens
ohne einen Mindestabstand

**Es verbietet dem Führer eines Kraftfahrzeuges mit einem zulässigen Gesamtgewicht über 3,5 t oder einer Zugmaschine mit Ausnahme von Personenkraftwagen und Kraftomnibussen den angegebenen Mindestabstand zu einem vorherfahrenden Kraftfahrzeug gleicher Art zu unterschreiten.
Durch Zusatzschilder kann die Bedeutung des Zeichens eingeengt werden.**

---

* Erl bei § 4 Rn 19.

Jagow

StVO § 41 Abs 2 Nr 7 — Vorschriftzeichen

VwV – StVO

Zu Zeichen 273 Verbot des Fahrens ohne einen Mindestabstand

1. I. Das Zeichen darf nur dort aufgestellt werden, wo Überbeanspruchungen von Brücken mit beschränkter Tragfähigkeit oder sonstigen Kunstbauten dadurch auftreten können, daß mehrere schwere Kraftfahrzeuge dicht hintereinanderfahren.

2. II. Das Zeichen wird in der Regel nur mit einem Zusatzschild (vgl. § 41 Abs. 2 Nr. 6 Buchstabe b) verwendet werden können.

7. **Streckenverbote**
   Sie beschränken den Verkehr auf bestimmten Strecken.

Zeichen 274*

Zulässige Höchstgeschwindigkeit

verbietet, schneller als mit einer bestimmten Geschwindigkeit zu fahren. Sind durch das Zeichen innerhalb geschlossener Ortschaften bestimmte Geschwindigkeiten über 50 km/h zugelassen, so gilt das für Fahrzeuge aller Art. Außerhalb geschlossener Ortschaften bleiben die für bestimmte Fahrzeugarten geltenden Höchstgeschwindigkeiten (§ 3 Abs. 3 Nr. 2 Buchstaben a und b und § 18 Abs. 5) unberührt, wenn durch das Zeichen eine höhere Geschwindigkeit zugelassen wird.

Das Zusatzschild

verbietet, bei nasser Fahrbahn die angegebene Geschwindigkeit zu überschreiten.

---

* Erl bei § 3 Rn 3, 62, 71 ff; § 19 Rn 11; § 39 Rn 19.

Streckenverbote Abs 2 Nr 7 § 41 StVO

Zeichen 274.1* Zeichen 274.2

Beginn Ende

der Tempo 30-Zone

Die Zeichen bestimmen Beginn und Ende der Tempo 30-Zone. Mit den Zeichen kann auch eine niedrigere Zonengeschwindigkeit, zum Beispiel verkehrsberuhigter Geschäftsbereich, angeordnet sein. Es ist verboten, innerhalb der Zone mit einer höheren Geschwindigkeit zu fahren als angegeben.

VwV – StVO
Zu Zeichen 274 Zulässige Höchstgeschwindigkeit

I. Gründe für Geschwindigkeitsbeschränkungen

Geschwindigkeitsbeschränkungen sollten, außer wenn unangemessene Geschwindigkeiten mit Sicherheit zu erwarten sind, nur auf Grund von Verkehrsbeobachtungen oder Unfalluntersuchungen dort angeordnet werden, wo diese ergeben haben, daß

1. für den Fahrzeugführer eine Eigenart des Straßenverlaufs nicht immer so erkennbar ist, daß er seine Geschwindigkeit von sich aus den Straßenverhältnissen anpaßt. Das kann vor allem der Fall sein,

  a) wenn in Kurven, auf Gefällstrecken mit Kurven und an Stellen besonders unebener Fahrbahn häufiger Kraftfahrzeugführer die Gewalt über ihr Fahrzeug verlieren, ohne durch die Begegnung mit einem anderen Verkehrsteilnehmer zu einer Änderung ihrer Fahrweise gezwungen worden zu sein. An solchen Stellen sollten Geschwindigkeitsbeschränkungen aber nur ausgesprochen werden, wenn Warnungen vor der Gefahrstelle (durch Zeichen 103 oder 105 oder durch Richtungstafeln – vgl. § 43 Abs. 3 Nr. 3 Buchst. b –, durch Zeichen 108 oder durch Zeichen 112) nicht ausreichen,

  b) wenn an einer Kreuzung oder Einmündung auf der bevorrechtigten Straße so schnell gefahren wird, daß der Wartepflichtige die Fahrzeuge mit Vorfahrt nicht rechtzeitig sehen kann;

2. auf einer bestimmten Strecke eine Verminderung der Geschwindigkeitsunterschiede geboten ist. Das kann vor allem der Fall sein

  a) außerhalb geschlossener Ortschaften auf einseitig oder beiderseits bebauten Straßen, wo durch den Anliegerverkehr häufiger Unfälle oder gefährliche Verkehrslagen entstanden sind,

---

* Erl bei § 3 Rn 1, 71.

StVO § 41 Abs 2 Nr 7 — Vorschriftzeichen

7 b) auf Strecken, auf denen längs verkehrende Fußgänger oder Radfahrer häufiger angefahren oder gefährdet worden sind,

8 c) vor Stellen, an denen Verkehrsströme zusammengeführt oder getrennt werden (vgl. auch Nummer II zu § 7; Rn 2),

9 d) auf Steigungsstrecken und Gefällstrecken, auf denen große Geschwindigkeitsunterschiede zwischen langsamer fahrenden Lastkraftwagen und schnellen Personenkraftwagen häufiger zu Unfällen oder gefährlichen Situationen geführt haben,

10 e) in bevorrechtigten Kreuzungszufahrten, wenn für Linksabbieger keine Abbiegestreifen markiert sind,

11 f) außerhalb geschlossener Ortschaften vor Lichtzeichenanlagen;

12 3. die tatsächlich gefahrenen Geschwindigkeiten von anderen Verkehrsteilnehmern unterschätzt oder nicht erwartet worden sind. Das kann außerhalb geschlossener Ortschaften vor allem der Fall sein

13 a) in bevorrechtigten Kreuzungszufahrten im Verlauf schnell befahrener Straßen,

14 b) an Kreuzungen und Einmündungen im Zuge von Fahrbahnen mit insgesamt vier oder mehr Fahrstreifen für beide Richtungen, wenn der auf die Fahrbahn einfahrende oder aus ihr ausfahrende Linksabbieger den durchgehenden Verkehr kreuzen muß oder sonstiger kreuzender Verkehr vorhanden ist,

15 c) auf Strecken, auf denen Fußgänger beim Überschreiten der Fahrbahn häufiger angefahren worden oder in Gefahr geraten sind.

16 II. Der Umfang der Geschwindigkeitsbeschränkung richtet sich nach der Art der Gefahr, nach den Geschwindigkeiten, die dort gefahren werden, und nach den Eigenarten der Örtlichkeit, vor allem nach deren optischem Eindruck. Es empfiehlt sich, die zulässige Höchstgeschwindigkeit festzulegen:

17 1. Im Falle Nummer I 1 a (Rn 3) auf die Geschwindigkeit, die bei nasser Fahrbahn noch sicher gefahren werden kann;

18 2. im Falle Nummer I 1 b (Rn 4) auf die nach den Sichtverhältnissen angemessene Geschwindigkeit;

19 3. in den Fällen Nummer I 2 a, b, d und 3 a (Rn 6, 7, 9, 13) auf diejenigen Geschwindigkeiten, die etwa 85 Prozent der Kraftfahrer von sich aus ohne Geschwindigkeitsbeschränkungen, ohne überwachende Polizeibeamte und ohne Behinderung durch andere Fahrzeuge nicht überschreiten. Erweist sich oder ist mit Sicherheit zu erwarten, daß diese Beschränkung nicht ausreicht, so ist die zulässige Höchstgeschwindigkeit noch weiter herabzusetzen. Dann bedarf es aber regelmäßiger Überwachung;

20 4. im Falle Nummer I 2 c (Rn 8) sind die Geschwindigkeiten der zusammenführenden oder zu trennenden Verkehrsströme einander anzugleichen;

21 5. in den Fällen Nummer I 2 e, f und 3 b (Rn 10, 11, 14) auf höchstens 70 km/h;

22 6. im Falle Nummer I 3 c (Rn 15) in der Regel auf 50 km/h.

23 Liegt diese Geschwindigkeit erheblich unter der Übung von 85 Prozent der Kraftfahrer und ist eine regelmäßige Überwachung nicht möglich, so darf eine zulässige Geschwindigkeit über 50 km/h allenfalls dann erwogen werden, wenn zusätzlich ein Überholverbot ausgesprochen wird.

24 7. Als Höchstgeschwindigkeit dürfen nicht mehr als 120 km/h zugelassen werden.

25 8. Zulässige Höchstgeschwindigkeiten sollen nur auf volle Zahlen (z. B. 80, 60, 40 km/h) festgesetzt werden.

Streckenverbote **Abs 2 Nr 7 § 41 StVO**

III. Beschilderung:
Das Zeichen 274 soll so weit vor der Gefahrstelle oder Gefahrstrecke stehen, daß die Fahrzeugführer auch dann noch rechtzeitig auf die vorgeschriebene Höchstgeschwindigkeit verzögern können, wenn sie das Zeichen, z. B. bei Nacht, erst aus geringer Entfernung erkannt haben. Außerhalb geschlossener Ortschaften kann sich eine erhebliche Entfernung empfehlen; sie kann bis zu 150 m betragen.

IV. Geschwindigkeitsbeschränkungen für längere Strecken
1. Sie können sich empfehlen, wenn es aus Sicherheitsgründen erforderlich ist, die Zahl der Überholvorgänge zu vermindern, ein Überholverbot aber einen zu starken Eingriff bedeuten würde (vgl. Nummer I 1 zu Zeichen 276; Rn. 1 und 2).
2. Eine dichte Aufeinanderfolge von Strecken mit und ohne Geschwindigkeitsbeschränkungen oder von Strecken mit solchen Beschränkungen in verschiedener Höhe sollte vermieden werden. Ist zu befürchten, daß wegen häufigen Wechsels der zugelassenen Geschwindigkeiten Unklarheiten auftreten, so ist zu prüfen, ob an einzelnen Stellen auf eine Geschwindigkeitsbeschränkung verzichtet werden kann. Ist das aus Gründen der Verkehrssicherheit nicht möglich, so empfiehlt es sich, für die Gesamtstrecke eine einheitliche Höchstgeschwindigkeit vorzuschreiben. In diesen Fällen ist allerdings durch regelmäßige Überwachung dafür zu sorgen, daß diese Höchstgeschwindigkeit auch eingehalten wird.
3. Gilt nach Nummer 1 und 2 die Geschwindigkeitsbeschränkung für eine längere Strecke, so sollte an jedem Zeichen 274 die jeweilige Länge der restlichen Verbotsstrecke auf einem Zusatzschild angegeben werden.

V. Auf Autobahnen und Straßen mit schnellem Verkehr empfiehlt es sich, bei starker Herabsetzung der zulässigen Fahrgeschwindigkeit diese stufenweise herabzusetzen (z. B. auf Autobahnen 100 km/h, dann 80 km/h und dann 60 km/h). Die Geschwindigkeitsstufen sollen je 20 km/h und der Mindestabstand zwischen ihnen dann je 200 m betragen.

VI. Ist durch das Zeichen 274 innerhalb geschlossener Ortschaften eine Geschwindigkeit über 50 km/h zugelassen, so darf das Zeichen nicht mit einem Gefahrzeichen verbunden werden. Die Zulassung von Geschwindigkeiten über 50 km/h empfiehlt sich auf Straßen, die größere Verkehrsbedeutung haben (z. B. Ausfallstraßen) und baulich so gestaltet sind, daß sie dem Kraftfahrer den Eindruck vermitteln, sie dienten in erster Linie dem Kraftfahrzeugverkehr. Der Fußgängerquerverkehr ist durch Lichtzeichen zu schützen; Stangen- oder Kettengeländer können sich empfehlen. An anderen Stellen darf es keinen nennenswerten Fußgängerquerverkehr geben. Fußgängerüberwege (Zeichen 293) dürfen nicht angelegt werden, vgl. Nummer II 1 zu § 26; Rn. 2. Der Fahrverkehr muß an sämtlichen Kreuzungen und Einmündungen die Vorfahrt haben. Auch das Abbiegen sollte weitgehend durch Zeichen 209 ff. (vorgeschriebene Fahrtrichtung) oder auch durch Zeichen 295 (Fahrstreifenbegrenzung) auf der Fahrbahnmitte verboten werden, wenn nicht besondere Fahrstreifen für den Abbiegeverkehr angelegt sind. Höhere Geschwindigkeiten als 70 km/h sollten nicht erlaubt werden. Vgl. Nummer I zu § 37 Abs. 2 Nr. 1 und 2; Rn 10.

VII. Wegen Verwendung des Zeichens an Bahnübergängen vgl. Nummer V zu Zeichen 201 (Rn 7 ff.) und an Arbeitsstellen vgl. die Richtlinien für die Sicherung von Arbeitsstellen an Straßen (RSA), Ausgabe 1995 (VkBl 1995 S. 221).

Jagow

StVO § 41 Abs 2 Nr 7   Vorschriftzeichen

33 VIII. Zusatzschild bei Nässe

Es soll mit dem Zeichen 274 aufgestellt werden, wo Zeichen 114 als Warnung vor der Gefahr nicht ausreicht, weil bei Nässe eine besondere Gefahr von Aquaplaning besteht, z. B. in abflußschwachen Bereichen einer Straße, oder wo sich Spurrillen von größerer Tiefe gebildet haben.

Zu den Zeichen 274.1 und 274.2 Zonen mit zulässiger Höchstgeschwindigkeit

1 Am Anfang einer Zone mit zulässiger Höchstgeschwindigkeit ist Zeichen 274.1 so aufzustellen, daß es bereits auf ausreichende Entfernung vor dem Einfahren in die Zone wahrgenommen werden kann. Dazu kann es erforderlich sein, daß das Zeichen von Einmündungen oder Kreuzungen abgesetzt oder beidseitig aufgestellt wird, so daß es z. B. nach dem Einbiegen in den Bereich deutlich wahrgenommen wird.

2 Das Ende der Zone ist durch Zeichen 274.2 zu kennzeichnen. Zeichen 274.2 ist entbehrlich, wenn die Zone in einen verkehrsberuhigten Bereich (Zeichen 325) übergeht.

Zeichen 275*

Vorgeschriebene
Mindestgeschwindigkeit

verbietet, langsamer als mit einer bestimmten Geschwindigkeit zu fahren. Es verbietet Fahrzeugführern, die wegen mangelnder persönlicher Fähigkeiten oder wegen der Eigenschaften von Fahrzeug oder Ladung nicht so schnell fahren können oder dürfen, diese Straße zu benutzen. Straßen-, Verkehrs-, Sicht- oder Wetterverhältnisse können dazu verpflichten, langsamer zu fahren.

VwV – StVO

Zu Zeichen 275 Vorgeschriebene Mindestgeschwindigkeit

1 I. Die vorgeschriebene Mindestgeschwindigkeit muß bei normalen Straßen-, Verkehrs- und Sichtverhältnissen völlig unbedenklich sein.

2 II. Auf Autobahnen mit nur zwei Fahrstreifen für eine Richtung und auf Kraftfahrstraßen sollen nicht mehr als 70 km/h, auf anderen Straßen nicht mehr als 30 km/h verlangt werden.

3 III. Innerhalb geschlossener Ortschaften sollten die Zeichen nicht aufgestellt werden.

4 IV. Soll der langsame Verkehr auf einer Fahrbahn mit drei oder mehr markierten Fahrstreifen für eine Richtung auf den rechten Fahrstreifen verwiesen werden, so

---

* Erl bei § 3 Rn 54.

Streckenverbote Abs 2 Nr 7 § 41 StVO

kann das durch Anbringung des Zeichens über den anderen Fahrstreifen erreicht werden. Vgl. Nummer IV zu § 41; Rn 4 bis 8.

V. 1. Für eine ganze Fahrtrichtung soll eine Mindestgeschwindigkeit nur vorgeschrieben werden, wenn dies aus Gründen der Leistungsfähigkeit der Straße oder aus Sicherheitsgründen (z. B. Unterbinden überflüssiger Überholvorgänge) besonders dringend ist. Dann muß auch die zulässige Höchstgeschwindigkeit beschränkt werden.

2. Bevor eine Mindestgeschwindigkeit für eine ganze Fahrbahn angeordnet wird, ist zu bedenken, daß damit in jedem Fall ganze Verkehrsarten (z. B. Radfahrer) und schon bei mäßig hoch angesetzter Mindestgeschwindigkeit auch schwere und schwach motorisierte Kraftfahrzeuge abgedrängt werden. Das läßt sich nur dann vertreten, wenn es unter Berücksichtigung des Verkehrs auf der fraglichen Straße und der Verkehrsverhältnisse auf denjenigen Straßen, die für die Aufnahme des durch die vorgeschriebene Mindestgeschwindigkeit abgedrängten langsamen Verkehrs in Frage kommen, sinnvoll und zumutbar ist.

3. Das Zeichen ist in der Regel im Vorwegweiser (Zeichen 438 und 439) oder in einer Planskizze (Zeichen 458) anzukündigen, wenn in solchen Fällen bestimmte Fahrzeugarten die Mindestgeschwindigkeit nicht einhalten können. Hat dieses Unvermögen in einer langen Steigung seinen Grund, so ist im Vorwegweiser oder in der Planskizze auch das Zeichen 110 mit zusätzlicher Angabe der Länge der Steigung wiederzugeben.

VI. Das Zeichen soll hinter jeder Kreuzung und Einmündung wiederholt werden.

VII. Über die Zustimmungsbedürftigkeit vgl. Nummer III 1 a zu § 45 Abs. 1 bis 1 e; Rn 4.

Zeichen 276* Zeichen 277

Überholverbote

verbieten Führern von

Kraftfahrzeugen aller Art, Kraftfahrzeugen mit einem zulässigen Gesamtgewicht über 3,5 t einschließlich ihrer Anhänger, und von Zugmaschinen, ausgenommen Personenkraftwagen und Kraftomnibusse,

mehrspurige Kraftfahrzeuge und Krafträder mit Beiwagen zu überholen.

---

* Erl bei § 5 Rn 28, 29.

Jagow

StVO § 41 Abs 2 Nr 7   Vorschriftzeichen

Ist auf einem Zusatzschild ein Gewicht, wie „7,5 t", angegeben, so gilt das Verbot nur, soweit das zulässige Gesamtgewicht dieser Verkehrsmittel die angegebene Grenze überschreitet.
Die Länge einer Verbotsstrecke kann an deren Beginn auf einem Zusatzschild wie

angegeben sein.
Das Ende einer Verbotsstrecke ist nicht gekennzeichnet, wenn das Streckenverbotszeichen zusammen mit einem Gefahrzeichen angebracht ist und sich aus der Örtlichkeit zweifelsfrei ergibt, von wo an die angezeigte Gefahr nicht mehr besteht. Es ist auch nicht gekennzeichnet, wenn das Verbot nur für eine kurze Strecke gilt und auf einem Zusatzschild die Länge der Verbotsstrecke angegeben ist. Sonst ist es gekennzeichnet durch die

Zeichen 278   Zeichen 279*   Zeichen 280   Zeichen 281

Wo sämtliche Streckenverbote enden, steht das

Zeichen 282

Diese Zeichen können auch alleine links stehen.

---

* Erl bei § 3 Rn 54.

596   *Jagow*

Streckenverbote Abs 2 Nr 7 § 41 StVO

VwV – StVO

Zu Zeichen 276 Überholverbot

I. Das Zeichen sollte nur dort aufgestellt werden, wo die Gefährlichkeit des Überholens dem Fahrzeugführer nicht so erkennbar ist, daß er von sich aus nicht überholt, oder wo der störungsfreie Ablauf des Verkehrs es erfordert. Überholverbote kommen vor allem in Frage, wenn

1. die Sichtweite geringer ist, als sie zu sein scheint oder der Gegenverkehr sehr schnell fährt und Überholvorgänge besonders gefährlich sind,
2. die übersichtlichen Stellen einer kurvenreichen Strecke allenfalls zum Überholen langsamer Fahrzeuge ausreichen,
3. an Kreuzungen oder Einmündungen außerhalb geschlossener Ortschaften kein besonderer Streifen für Linksabbieger vorhanden ist,
4. eine Fahrbahn enger wird, etwa auch durch eine Mittelinsel,
5. eine Fahrbahn für beide Richtungen häufig von Fußgängern überschritten wird und eine Geschwindigkeitsbeschränkung auf 50 km/h ausscheidet (vgl. Nummer VI zu Zeichen 274; Rn 31) nicht wirksam ist oder nicht ausreicht; auf Fahrbahnen für eine Richtung helfen in solchen Fällen nur technische Sicherungen.

II. Das Zeichen sollte auf beiden Straßenseiten aufgestellt werden.

III. Wird das Überholverbot nur wegen einer bestimmten Gefahrstelle angeordnet, so ist es in der Regel durch ein Gefahrzeichen zu „begründen".

IV. Gilt das Überholverbot für eine längere Strecke, so sollte, jedenfalls außerhalb geschlossener Ortschaften, an jedem Zeichen die jeweilige Länge der restlichen Verbotsstrecke auf einem Zusatzschild angegeben werden.

V. Wegen der Verwendung des Zeichens an Bahnübergängen vgl. Nummer V zu Zeichen 201; Rn 7 ff.

Zu Zeichen 277 Überholverbot für Kraftfahrzeuge mit einem zulässigen Gesamtgewicht über 3,5 t, einschließlich ihrer Anhänger und von Zugmaschinen, ausgenommen Personenkraftwagen und Kraftomnibusse

I. Das Zeichen sollte nur auf Straßen mit erheblichem und schnellem Fahrverkehr dort aufgestellt werden, wo der reibungslose Verkehrsablauf das erfordert. Das kommt z. B. vor Steigungs- und Gefällstrecken in Frage, auf denen Lastkraftwagen nicht mehr zügig überholen können; dabei ist maßgebend die Stärke und Länge der Steigung oder des Gefälles; Berechnungen durch Sachverständige empfehlen sich.

II. Nummer IV zu Zeichen 276 gilt auch hier; Rn 9.

Zu den Zeichen 274, 276 und 277

I. Geschwindigkeitsbeschränkungen und Überholverbote für nur kurze Strecken sind in der Regel nur Behelfsmaßnahmen. Sie sollten nur angeordnet werden, wenn die Gefahren, deretwegen diese Verkehrsbeschränkungen erwogen werden, nicht auf andere Weise zu beheben sind. So ist bei Kurven immer zu prüfen, ob die Gefahr nicht durch Gefahrzeichen oder Richtungstafeln (vgl. Nummer III und IV zu Zeichen 103 und 105; Rn 3 ff.) ausreichend deutlich gemacht werden kann; genügt das nicht, so ist ein Umbau der Kurve anzuregen und die Geschwindigkeit vorläufig zu beschränken. In anderen Fällen sind bei vorläufiger Anordnung einer Verkehrsbeschränkung andere bauliche Maßnahmen, wie die Anlage von Geh- oder Radwegen, von Unter- oder Überführungen anzuregen.

Jagow

StVO § 41 Abs 2 Nr 7 — Vorschriftzeichen

2 II. Häufig genügt es, die Verkehrsbeschränkungen für nur eine Fahrtrichtung zu erlassen. Auch wenn sie für beide Fahrtrichtungen gelten müssen, kann es den Gegenheiten entsprechen, die Verbotsstrecken verschieden lang zu bemessen; sie brauchen sich nicht einmal räumlich zu überschneiden. Von diesen Möglichkeiten darf bei Geschwindigkeitsbeschränkungen allerdings nur für kurze Strecken Gebrauch gemacht werden.

3 III. Wenn längs einer Strecke sowohl eine Geschwindigkeitsbeschränkung als auch ein Überholverbot angeordnet werden muß, so sollten die entsprechenden Zeichen an einem Pfosten angebracht werden: die Geschwindigkeitsbeschränkung oben, das Überholverbot unten. Nur dann, wenn eines dieser Verbote durch ein Zusatzschild auf bestimmte Verkehrsarten beschränkt werden muß, empfiehlt es sich, die Verbote hintereinander zu erlassen.

4 IV. Die Zeichen 274, 276 und 277 sollen hinter solchen Kreuzungen und Einmündungen wiederholt werden, an denen mit dem Einbiegen ortsunkundiger Kraftfahrer zu rechnen ist. Wo innerhalb geschlossener Ortschaften durch das Zeichen 274 eine Geschwindigkeit über 50 km/h zugelassen ist, genügt dagegen dessen Wiederholung in angemessenen Abständen.

5 V. Die Zeichen dürfen nicht in Höhe der Ortstafel (Zeichen 310) oder kurz hinter ihr angebracht werden. Darf eine Geschwindigkeitsbeschränkung unter 50 km/h oder ein Überholverbot nicht am Beginn der geschlossenen Ortschaften enden, so ist zu erwägen, ob die Ortstafel erst am Ende der Verbotsstrecke aufgestellt werden kann; dabei ist aber eingehend zu prüfen, ob sich das im Hinblick darauf verantworten läßt, daß eine Reihe von Vorschriften nur innerhalb oder außerhalb geschlossener Ortschaften gelten (z. B. § 5 Abs. 5 Satz 1, § 25 Abs. 1 Satz 3).

6 VI. Vgl. auch Nummer IV zu § 41 (Rn. 4 bis 8) und über die Zustimmungsbedürftigkeit Nummer III 1 c und e zu § 45 Abs. 1 bis 1 e; Rn 6 ff.

7 VII. Die Zeichen müssen mindestens voll rückstrahlen.

Zu den Zeichen 274 bis 282

1 Über die teilweise Zustimmungsbedürftigkeit vgl. Nummer III und VI zu § 45 Abs. 1 bis 1 e; Rn 3 ff.

Zu den Zeichen 278 bis 282 Ende der Streckenverbote

1 I. Soll ein Streckenverbot dort enden, wo es für den Gegenverkehr beginnt, so genügt es, das Zeichen am Pfosten des Verbotsschildes für den Gegenverkehr, also allein links anzubringen.

2 II. Ob das Endzeichen fehlen darf, weil sich zweifelsfrei ergibt, wo die Gefahr nicht mehr besteht, ist sehr gründlich zu prüfen.

3 III. Wo das Ende der Verbotsstrecken zu bestimmen ist, bedarf stets gründlicher Prüfung. Verfehlt ist es, die Endzeichen 278 oder 280 bis 282 schon dort aufzustellen, wo schon nach allgemeinen Vorschriften eine höhere Geschwindigkeit oder das Überholen verboten ist.

4 IV. Soll eine Geschwindigkeitsbeschränkung über das Ende einer Ortschaft hinaus weitergelten, so ist das betreffende Streckenverbotsschild hinter der Ortstafel nochmals aufzustellen.

5 V. Das Zeichen 278 darf nicht verwendet werden, wenn auf der folgenden Strecke die zulässige Höchstgeschwindigkeit anderweitig beschränkt ist (z. B. innerhalb geschlossener Ortschaften, bei Geschwindigkeitstrichtern); in solchen Fällen ist stattdessen das Zeichen 274 aufzustellen.

VI. Die Zeichen dürfen nicht in Kombination mit anderen Zeichen gezeigt werden.

8. Haltverbote

Zeichen 283*

Haltverbot

Es verbietet jedes Halten auf der Fahrbahn. Das Zusatzschild

verbietet es auch auf dem Seitenstreifen.

VwV – StVO
Zu Zeichen 283 Haltverbot

I. Wo das Halten die Verkehrssicherheit beeinträchtigt und es nicht schon nach § 12 Abs. 1 oder § 18 Abs. 8 verboten ist, kommt ein Haltverbot durch Zeichen 283 in Frage. Zeitliche Beschränkungen sind in diesen Fällen in der Regel nicht zulässig.

II. Wo es die Flüssigkeit starken Verkehrs oder das Bedürfnis des öffentlichen Personenverkehrs erfordert, kommt ein Haltverbot durch Zeichen 283 mit tageszeitlicher Beschränkung in Frage. Das kann etwa auf die Zeiten des Spitzenverkehrs z. B.

7–9 h
17–18 h

beschränkt werden. Bei unterschiedlicher Stärke der beiderseitigen Verkehrsströme am Morgen und am Abend kommen auch Haltverbote morgens für die eine, nachmittags für die andere Richtung in Betracht. Auch wochentägliche Beschränkungen wie

Di, Do, Sa
6–8 h

oder

werktags
18–19 h

---

* Erl bei § 12 Rn 30 ff.

StVO § 41 Abs 2 Nr 8 — Vorschriftzeichen

4 sind zulässig. Sonstige Beschränkungen des Haltverbots, wie „Be- und Entladen 7–9 h erlaubt" sind unzulässig.

5 III. Haltverbote mit zeitlichen Beschränkungen können auch erforderlich sein für die Unterhaltung und Reinigung der Straße sowie für den Winterdienst.

6 IV. Befindet sich innerhalb einer Haltverbotsstrecke eine Haltestelle von Kraftfahrlinien (Zeichen 226), so ist ein Zusatzschild, das Linienomnibussen das Halten zum Fahrgastwechsel erlaubt, überflüssig.

Zeichen 286*

Eingeschränktes Haltverbot

Es verbietet das Halten auf der Fahrbahn über 3 Minuten, ausgenommen zum Ein- oder Aussteigen oder zum Be- oder Entladen. Ladegeschäfte müssen ohne Verzögerung durchgeführt werden. Das Zusatzschild „auch auf Seitenstreifen" (hinter Zeichen 283) kann auch hier angebracht sein.
Das Zusatzschild mit den Worten „auf dem Seitenstreifen" verbietet das Halten nur auf dem Seitenstreifen.
Das Zusatzschild „(Rollstuhlfahrersymbol) mit Parkausweis Nr. ... frei" nimmt Schwerbehinderte mit außergewöhnlicher Gehbehinderung und Blinde, jeweils mit besonderem Parkausweis, vom Haltverbot aus.
Das Zusatzschild „Bewohner mit besonderem Parkausweis frei" nimmt Bewohner mit besonderem Parkausweis von dem Haltverbot aus.
Die Ausnahmen gelten nur, wenn die Parkausweise gut lesbar ausgelegt sind.
a) Haltverbote gelten nur auf der Straßenseite, auf der die Schilder angebracht sind.
b) Sie gelten auch nur bis zur nächsten Kreuzung oder bis zur nächsten Einmündung auf der gleichen Straßenseite.
c) Der Anfang der Verbotsstrecke kann durch einen zur Fahrbahn weisenden waagerechten weißen Pfeil im Schild, das Ende durch einen solchen von der Fahrbahn wegweisenden Pfeil gekennzeichnet sein. Bei in der Verbotsstrecke wiederholten Schildern weist ein waagerechter Pfeil zur Fahrbahn, ein zweiter von ihr weg.

---

* Erl bei § 12 Rn 32, § 39 Rn 19.

Haltverbote Abs 2 Nr 8 § 41 StVO

VwV – StVO

Zu Zeichen 286 Eingeschränktes Haltverbot

I. Das Zeichen 286 ist dort aufzustellen, wo das Parken die Sicherheit und Flüssigkeit des Verkehrs zwar nicht beeinträchtigt, ganztägiges Parken aber nicht zugelassen werden kann, vor allem weil der Raum für das Be- und Entladen freigehalten werden muß. Das Verbot kann häufig auf bestimmte Zeiten beschränkt bleiben (z. B. „9 – 12 h" oder „werktags").

II. Durch ein Zusatzschild können gewisse Verkehrsarten vom Haltverbot ausgenommen werden.

III. Ausnahmsweise können eingeschränkte Haltverbote auch vor Theatern, Filmtheatern, öffentlichen Gebäuden, großen Hotels usw. notwendig sein. Bei Prüfung dieser Frage ist wegen der Erhaltung des Parkraums jedesmal festzustellen, ob das aus Gründen der Sicherheit und Ordnung des Verkehrs erforderlich ist.

IV. Zum Begriff „Bewohner" vgl. Nummer X.7 zu § 45 Abs. 1 bis 1 e; Rn 35.

Zu den Zeichen 283 und 286

I. Die Zeichen sollen in der Regel weder beleuchtet sein noch rückstrahlen.

II. Ergibt sich die Notwendigkeit, für dieselbe Verbotsstrecke beide Schilder zu verwenden, so ist das Zeichen 283 über dem Zeichen 286 anzubringen.

III. 1. Den Anfang einer Haltverbotsstrecke durch einen zur Fahrbahn weisenden Pfeil zu kennzeichnen, ist zumindest dann zweckmäßig, wenn wiederholte Schilder aufgestellt sind oder wenn das Ende der Haltverbotsstrecke gekennzeichnet ist.

2. Das Ende der Haltverbotsstrecke ist stets zu kennzeichnen, wenn Haltverbotsschilder wiederholt aufgestellt sind oder wenn die Verbotsstrecke lang ist. Das gilt auch, wenn die Verbotsstrecke vor der nächsten Kreuzung oder Einmündung endet.

3. Haltverbotsschilder mit Pfeilen im Schild sind schräg anzubringen.

Zeichen 290*

**eingeschränktes Haltverbot
für eine Zone**

---

* Erl bei § 12 Rn 32a, § 13 Rn 5a; s auch § 41 II S 6.

StVO § 41 Abs 2 Nr 8   Vorschriftzeichen

Bild 291

Parkscheibe

Zeichen 292*

Ende eines eingeschränkten Haltverbotes
für eine Zone

Mit diesen Zeichen werden die Grenzen der Haltverbotszone bestimmt. Das Verbot gilt für alle öffentlichen Verkehrsflächen innerhalb des durch die Zeichen 290 und 292 begrenzten Bereichs, sofern nicht abweichende Regelungen durch Verkehrszeichen angeordnet oder erlaubt sind. Durch ein Zusatzschild kann die Benutzung einer Parkscheibe oder das Parken mit Parkschein vorgeschrieben oder das Parken auf dafür gekennzeichneten Flächen beschränkt werden, soweit es nicht dem Ein- oder Aussteigen oder dem Be- oder Entladen dient.

VwV – StVO

Zu den Zeichen 290 eingeschränktes Haltverbot für eine Zone und 292 Ende eines eingeschränkten Haltverbotes für eine Zone

1   I. Sie sind auf beiden Straßenseiten aufzustellen.

2   II. Wo an gewissen Stellen in der Zone nur kürzeres Parken als das im allgemeinen mit Parkscheibe zugelassene gestattet werden kann, sind Parkuhren aufzustellen.

3   III. Vgl. Nummer I bis III zu § 13 Abs. 2 *(Rn. 11 bis 13)* und über die Zustimmungsbedürftigkeit Nummer III 1 a zu § 45 Abs. 1 bis 1 e; Rn 4.

Fußgängerüberweg Abs 3 Nr 1 § 41 StVO

Zu Bild 291 Parkscheibe

Einzelheiten über die Ausgestaltung der Parkscheibe gibt das Bundesministerium für Verkehr im Einvernehmen mit den zuständigen obersten Landesbehörden im Verkehrsblatt bekannt.

(3) **Markierungen**

VwV – StVO

Zu Absatz 3 Markierungen

1. Markierungen sind nach den Richtlinien für die Markierung von Straßen (RMS) auszuführen.
Die RMS enthalten Angaben zu Abmessungen und geometrischer Anordnung sowie Einsatzkriterien von Markierungszeichen.
Das Bundesministerium für Verkehr gibt die RMS im Einvernehmen mit den zuständigen obersten Landesbehörden im Verkehrsblatt bekannt.
2. Es empfiehlt sich, Markierungen, die den fließenden Verkehr angehen, jedenfalls dann retroreflektierend auszuführen, wenn dieser Verkehr stark oder schnell ist.
3. Markierungen sollen auf Straßen mit stärkerem Verkehr in verkehrsarmer Zeit angebracht werden. Dauerhafte Markierungen sind dort vorzuziehen. Finanzielle Gründe allein rechtfertigen es in der Regel nicht, diese Empfehlungen nicht zu beachten. Markierungen sind, soweit technisch irgend möglich, laufend zu unterhalten. Nach Erneuerung oder Änderung der Markierung darf die alte Markierung nicht mehr sichtbar sein, wenn dadurch Zweifel entstehen können.
4. Schmalstriche sollen 10 bis 15 cm, Breitstriche mindestens doppelt so breit wie die jeweils markierten Schmalstriche, mindestens aber 25 cm breit sein.

1. Fußgängerüberweg

Zeichen 293*

---

* Erl bei § 25 Rn 15, § 26 Rn 2, § 37 Rn 2.

StVO § 41 Abs 3 Nr 2, 3   Vorschriftzeichen

VwV – StVO – Zu Zeichen 293 Fußgängerüberweg

1   Vgl. zu § 26.

2. **Haltlinie**

Zeichen 294*

Ergänzend zu Halt- und Wartegeboten, die durch Zeichen 206, durch Polizeibeamte oder Lichtzeichen gegeben werden, ordnet sie an: „Hier halten!". Dasselbe gilt vor Bahnübergängen für den, der warten muß (§ 19 Abs. 2).

3. **Fahrstreifenbegrenzung und Fahrbahnbegrenzung**

Zeichen 295**

Sie besteht aus einer durchgehenden Linie.

a) Sie wird vor allem verwendet, um den für den Gegenverkehr bestimmten Teil der Fahrbahn oder mehrere Fahrstreifen für den gleichgerichteten Verkehr zu begrenzen. Die Fahrstreifenbegrenzung kann aus einer Doppellinie bestehen. Sie ordnen an:

---

* Erl bei § 8 Rn 23, § 37 Rn 14, 17.
** Erl bei § 2 Rn 85, § 9 Rn 50, § 12 Rn 41, § 18 Rn 10; s auch § 12 I 6 c, III 8 b.

Fahrstreifenbegrenzung **Abs 3 Nr 3 § 41 StVO**

Fahrzeuge dürfen sie nicht überqueren oder über ihnen fahren. Begrenzen sie den Fahrbahnteil für den Gegenverkehr, so ordnen sie weiter an:
Es ist rechts von ihnen zu fahren.
Parken (§ 12 Abs. 2) auf der Fahrbahn ist nur erlaubt, wenn zwischen dem parkenden Fahrzeug und der Linie ein Fahrstreifen von mindestens 3 m verbleibt.
b) Die durchgehende Linie kann auch Fahrbahnbegrenzung sein. Dann soll sie den Fahrbahnrand deutlich erkennbar machen. Bleibt rechts von ihr ausreichender Straßenraum frei (befestigter Seitenstreifen), so ordnet sie an:
aa) Landwirtschaftliche Zug- oder Arbeitsmaschinen, Fuhrwerke und ähnlich langsame Fahrzeuge müssen möglichst rechts von ihr fahren.
bb) Links von ihr darf nicht gehalten werden.
Wird durch Zeichen 223.1 das Befahren eines Seitenstreifens angeordnet, darf die Fahrbahnbegrenzung wie eine Leitlinie zur Markierung von Fahrstreifen einer durchgehenden Fahrbahn (Zeichen 340) überfahren werden.
Begrenzt die durchgehende Linie die Mittelinsel eines Kreisverkehrs, darf sie nur im Fall des § 9 a Abs. 2 Satz 2 überfahren werden.

VwV – StVO

Zu Zeichen 295 Fahrstreifenbegrenzung und Fahrbahnbegrenzung

Allgemeines über Längsmarkierungen

I. Außerhalb geschlossener Ortschaften ist auf ausreichend breiten Straßen mit erheblicherem Kraftfahrverkehr der für den Gegenverkehr bestimmte Teil der Fahrbahn, möglichst auch der Fahrbahnrand, zu markieren. Ausreichend breit ist eine Straße dann, wenn die Fahrbahn je Fahrtrichtung mindestens einen Fahrstreifen hat.

II. Der für den Gegenverkehr bestimmte Teil der Fahrbahn ist in der Regel durch Leitlinien (Zeichen 340) zu markieren, auf Fahrbahnen mit zwei oder mehr Fahrstreifen für jede Richtung durch Fahrstreifenbegrenzungen (Zeichen 295). Die Fahrstreifenbegrenzung sollte an Grundstückszufahrten nur dann unterbrochen werden, wenn andernfalls für den Anliegerverkehr unzumutbare Umwege oder sonstige Unzuträglichkeiten entstehen; wenn es erforderlich ist, das Linksabbiegen zu einem Grundstück zuzulassen, das Linksabbiegen aus diesem Grundstück aber verboten werden soll, kommt gegebenenfalls die Anbringung einer einseitigen Fahrstreifenbegrenzung (Zeichen 296) in Frage. Fahrstreifenbegrenzungen sind nicht zweckmäßig, wenn zu gewissen Tageszeiten Fahrstreifen für den Verkehr aus der anderen Richtung zur Verfügung gestellt werden müssen. Vgl. § 37 Abs. 3.

III. Bei Markierungsknopfreihen müssen mindestens drei Markierungsknöpfe je Meter angebracht werden. Längsmarkierungen dürfen durch Markierungsknopfreihen nur dort ersetzt werden, wo die zulässige Höchstgeschwindigkeit 50 km/h oder weniger beträgt. Vgl. aber zu § 41 Abs. 4 und Nummer IV 6 zu den §§ 39 bis 43; Rn. 51.

StVO § 41 Abs 3 Nr 4   Vorschriftzeichen

Zu Buchstabe a)

I. Die Begrenzung des für den Gegenverkehr bestimmten Teils der Fahrbahn:

4 1. Sie ist in der Regel als Schmalstrich auszuführen.

5 2. Sie soll außer auf breiten Straßen (vgl. Nummer II zu Zeichen 295; Rn 2) nur bei gefährlichen Fahrbahnverengungen, vor und im Bereich gefährlicher Kuppen und Kurven und vor gefährlichen Kreuzungen und Einmündungen angebracht werden. Dann sollte ihrem Beginn eine Leitlinie von ausreichender Länge vorgeschaltet werden, deren Striche wesentlich länger sein müssen als ihre Lücken.

6 II. Die Begrenzung mehrerer Fahrstreifen für den gleichgerichteten Verkehr:
Sie ist als Schmalstrich auszuführen; vgl. aber Nummer II 2 zu Zeichen 245; Rn 19 ff.

7 III. Es ist schon einzuschreiten, wenn die Aufbauten oder die Ladung in die Fahrstreifenbegrenzung hineinragen.

8 IV. Wegen der Zustimmungsbedürftigkeit vgl. Nummer III 1 c zu § 45 Abs. 1 bis 1 e; Rn 6.

Zu Buchstabe b)

9 Verbleibt rechts neben der Fahrbahnbegrenzung ein befestigter Seitenstreifen, ist die Markierung als Breitstrich gemäß RMS auszuführen. Dies gilt auch dort, wo zu bestimmten Tageszeiten das Befahren des Seitenstreifens durch Zeichen 223.1 angeordnet wird (vgl. Nummer I zu den Zeichen 223.1 bis 223.3; Rn 1). Nur in diesem Fall darf am rechten Rand des Seitenstreifens eine weitere durchgehende Linie (Schmalstrich) aufgebracht werden.

4. Einseitige Fahrstreifenbegrenzung

Zeichen 296*

Fahrstreifen B   Fahrstreifen A

Sie besteht aus einer durchgehenden neben einer unterbrochenen Linie.

---

* Erl bei § 2 Rn 91; s auch § 12 III 8 b.

Für Fahrzeuge auf dem Fahrstreifen A ordnet die Markierung an:
a) Der Fahrverkehr darf die durchgehende Linie nicht überqueren oder über ihr fahren.
b) Parken (§ 12 Abs. 2) auf der Fahrbahn ist nur erlaubt, wenn zwischen dem parkenden Fahrzeug und der durchgehenden Linie ein Fahrstreifen von mindestens 3 m verbleibt.

Fahrzeuge auf dem Fahrstreifen B dürfen die Markierung überfahren, wenn der Verkehr dadurch nicht gefährdet wird.

5. Pfeile

Pfeile, die nebeneinander angebracht sind und in verschiedene Richtungen weisen, empfehlen, sich frühzeitig einzuordnen und in Fahrstreifen nebeneinander zu fahren. Fahrzeuge, die sich eingeordnet haben, dürfen hier auch rechts überholt werden.

Sind zwischen den Pfeilen Leitlinien (Zeichen 340) oder Fahrstreifenbegrenzungen (Zeichen 295) markiert,

Zeichen 297*

so schreiben die Pfeile die Fahrtrichtungen auf der folgenden Kreuzung oder Einmündung vor. Halten auf der so markierten Strecke der Fahrbahn ist verboten.

---

* Erl bei § 5 Rn 63, § 7 Rn 13, § 9 Rn 51, § 12 Rn 42 u § 37 Rn 2.

StVO § 41 Abs 3 Nr 5 a–7 Vorschriftzeichen

5 a. Vorankündigungspfeil

Zeichen 297.1

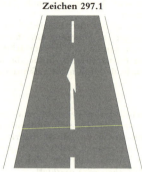

Der Vorankündigungspfeil kann eine Fahrstreifenbegrenzung ankündigen oder das Ende eines Fahrstreifens anzeigen.

6. Sperrflächen

Zeichen 298*

Sie dürfen von Fahrzeugen nicht benutzt werden.

7. Parkflächenmarkierungen erlauben das Parken (§ 12 Abs. 2), auf Gehwegen aber nur Fahrzeugen mit einem zulässigen Gesamtgewicht bis zu 2,8 t.** Sind Parkflächen auf Straßen durch durchge-

---

* Erl bei § 2 Rn 92.
** Diese Gewichtsangabe wurde aus bautechn Gründen nicht von der allgemeinen Anhebung auf 3,5 t durch die 24. VO z Änd v VVorschriften erfaßt; dasselbe gilt für § 42 IV Z 315 Erl 1.

Grenzmarkierung Abs 3 Nr 8 § 41 StVO

hende Linien abgegrenzt, so wird damit angeordnet, wie Fahrzeuge aufzustellen sind. Dazu genügt auf gekennzeichneten Parkplätzen (Zeichen 314, 315 und 316) und an Parkuhren eine einfachere Markierung.
Die durchgehenden Linien dürfen überquert werden.

VwV – StVO
Zu Nummer 7 Parkflächenmarkierungen vor Zeichen 299

I. Wo gegen das Längsparken auf der Fahrbahn nichts einzuwenden ist, bedarf es außer an Parkuhren in der Regel einer Parkflächenmarkierung nicht, wohl aber dort, wo es wünschenswert ist, quer oder schräg parken zu lassen. Dann empfiehlt es sich, die Einzelparkflächen durch ununterbrochene Linien oder durch Markierungsknopfreihen zu begrenzen oder, insbesondere bei größerer Gesamtparkfläche, das Zeichen 314 „Parkplatz" aufzustellen und die Art der geforderten Aufstellung wenigstens durch Markierung der vier Ecken der Einzelparkflächen deutlich zu machen.

II. Das Parken auf Gehwegen darf nur zugelassen werden, wenn genügend Platz für Fußgänger, Kinderwagen und Rollstuhlfahrer bleibt, die Gehwege und die darunter liegenden Leitungen durch die parkenden Fahrzeuge nicht beschädigt werden können und der Zugang zu Leitungen nicht beeinträchtigt werden kann. Solches Parken sollte auch nur dort zugelassen werden, wo die Bordsteine abgeschrägt oder niedrig sind. Die Zulassung des Parkens durch Markierung auf Gehwegen ist dort zu erwägen, wo nur wenigen Fahrzeugen das Parken erlaubt werden soll; sonst ist die Aufstellung des Zeichens 315 ratsam.

8. Grenzmarkierung für Halt- und Parkverbote

Zeichen 299*

Die Markierung bezeichnet, verlängert oder verkürzt vorgeschriebene Halt- oder Parkverbote.

---

* Erl bei § 12 Rn 63 u § 20.

StVO § 41 Abs 4   Vorschriftzeichen

9. Alle Linien können durch gleichmäßig dichte Markierungsknopfreihen ersetzt werden. In verkehrsberuhigten Geschäftsbereichen (§ 45 Abs. 1 c) können Fahrbahnbegrenzungen auch mit anderen Mitteln, wie z. B. durch Pflasterlinien, ausgeführt werden.

VwV – StVO

Zu Zeichen 299 Grenzmarkierungen für Halt- und Parkverbote

1 I. Vgl. zu § 12 Abs. 3 Nr. 1 und Nr. 8 Buchstabe d (Rn 2), Nummer IV und V zu Zeichen 224 (Rn 6, 7) und Nummer II zu Zeichen 229; Rn 2.

2 II. Die Markierung sollte auch vor und hinter Kreuzungen oder Einmündungen überall dort angebracht werden, wo das Parken auf mehr als 5 m verboten werden muß. Sie soll ferner eingesetzt werden, wo ein Haltverbot an für die Verkehrssicherheit bedeutsamen Stellen kenntlich gemacht oder verlängert werden muß, z. B. an Fußgängerüberwegen. Die Markierung soll jedoch nicht allgemeine Anwendung finden an Stellen, wo sich Halt- und Parkverbote sonst nicht durchsetzen lassen.

Zu Nummer 9

1 Markierungen sollen nur dort aus gleichmäßig dichten Reihen von Markierungsknöpfen hergestellt werden, wo dies zweckmäßig ist, z. B. auf Pflasterdecken.

2 Pflasterlinien zur Fahrbahnbegrenzung in verkehrsberuhigten Geschäftsbereichen müssen ausreichend breit sein, in der Regel mindestens 10 cm, und einen deutlichen Kontrast zur Fahrbahn aufweisen.

(4) **Auffällige Einrichtungen wie gelbe Markierungen, gelbe Markierungsknopfreihen, Reihen von Markierungsleuchtknöpfen oder rotweißen Leitmarken heben die durch Fahrstreifenbegrenzungen (Zeichen 295) und Leitlinien (Zeichen 340) gegebenen Anordnungen auf. Fahrzeuge dürfen sie nicht überqueren und nicht über ihnen fahren. Für Reihen von Markierungsleuchtknöpfen gilt dies nur, wenn sie eingeschaltet sind. Nur wenn die auffälligen Einrichtungen so aufgebracht sind, dass sie wie Leitlinien aussehen, dürfen sie überquert werden, wenn der Verkehr dadurch nicht gefährdet wird.**

VwV – StVO

Zu Absatz 4

1 Zur Kennzeichnung von Behelfsfahrstreifen an Baustellen sind in der Regel gelbe Markierungsknopfreihen zu bevorzugen. Abweichend von Nummer III zu Zeichen 295 (Rn 3) kann in diesem Fall die zugelassene Höchstgeschwindigkeit höher als 50 km/h liegen. Bei vorübergehender Markierung auf Autobahnen genügt ein Markierungsknopf je Meter.

2 Gelbe Markierungsleuchtknöpfe dürfen nur in Kombination mit Dauerlichtzeichen oder Wechselverkehrszeichen (z. B. Verkehrslenkungstafel, Wechselwegweiser) angeordnet werden. Als Fahrstreifenbegrenzung (Zeichen 295) sollte der Abstand der Leuchtknöpfe auf Autobahnen 6 m, auf anderen Straßen außerorts 4 m und innerorts 3 m betragen. Werden gelbe Markierungsleuchtknöpfe als Leitlinie angeordnet, muss der Abstand untereinander deutlich größer sein.

Jagow

Richtzeichen Abs 1, 2 § 42 StVO

§ 42 Richtzeichen*

(1) **Richtzeichen** geben besondere Hinweise zur Erleichterung des Verkehrs. Sie können auch Anordnungen enthalten.

(2) **Vorrang**

Vorfahrt

Das Zeichen gibt die Vorfahrt nur an der nächsten Kreuzung oder Einmündung. Außerhalb geschlossener Ortschaften steht es 150 bis 250 m davor, sonst wird auf einem Zusatzschild die Entfernung, wie „80 m", angegeben. Innerhalb geschlossener Ortschaften steht es unmittelbar vor der Kreuzung oder Einmündung.

VwV – StVO

Zu § 42 Richtzeichen

Zu Zeichen 301 Vorfahrt

I. Es ist darauf zu achten, daß zwischen der Kreuzung und Einmündung, für die das Zeichen gelten soll, auch kein Feldweg einmündet.

II. An jeder Kreuzung und Einmündung, vor der das Zeichen steht, muß auf der anderen Straße das Zeichen 205 oder das Zeichen 206 angebracht werden.

III. Das Zusatzschild für die abknickende Vorfahrt (hinter Zeichen 306) darf dem Zeichen nicht beigegeben werden.

IV. Innerhalb geschlossener Ortschaften ist das Zeichen in der Regel nicht häufiger als an drei hintereinander liegenden Kreuzungen oder Einmündungen aufzustellen; sonst ist das Zeichen 306 zu verwenden. Eine Abweichung von dem Regelfall ist nur angezeigt, wenn die Bedürfnisse des Buslinienverkehrs in Tempo 30-Zohnen dies zwingend erfordern.

V. Über Kreisverkehr vgl. zu Zeichen 215.

---

* Gliederung des § 42 s § 39 Rn 7; zu Varianten s VzKat.
** Erl bei § 8 Rn 55, § 37 Rn 6, 15.

Jagow

StVO § 42 Abs 2   Richtzeichen

Zeichen 306*

Vorfahrtstraße

Es steht am Anfang der Vorfahrtstraße und wird an jeder Kreuzung und an jeder Einmündung von rechts wiederholt. Es steht vor, auf oder hinter der Kreuzung oder Einmündung. Es gibt die Vorfahrt bis zum nächsten Zeichen 205 „Vorfahrt gewähren!", 206 „Halt! Vorfahrt gewähren!" oder 307 „Ende der Vorfahrtstraße". Außerhalb geschlossener Ortschaften verbietet es bis dorthin das Parken (§ 12 Abs. 2) auf der Fahrbahn.

Ein Zusatzschild

zum Zeichen 306 kann den Verlauf der Vorfahrtstraße bekanntgeben. Wer ihm folgen will, muß dies rechtzeitig und deutlich ankündigen; dabei sind die Fahrtrichtungsanzeiger zu benutzen. Auf Fußgänger ist besondere Rücksicht zu nehmen; wenn nötig, ist zu warten.

Zeichen 307**

Ende der Vorfahrtstraße

---

* Erl bei § 8 Rn 56, § 9 Rn 40, § 37 Rn 6, 15; s auch §§ 12 III 8 a u 49 III 5.
** Erl bei § 8 Rn 56

Vorrang **Abs 2 § 42 StVO**

VwV – StVO
Zu den Zeichen 306 und 307

I. Innerhalb geschlossener Ortschaften ist die Vorfahrt für alle Straßen des überörtlichen Verkehrs (Bundes-, Landes- und Kreisstraßen) und weitere für den innerörtlichen Verkehr wesentliche Hauptverkehrsstraßen grundsätzlich unter Verwendung des Zeichens 306 anzuordnen (vgl. zu § 45 Abs. 1 bis 1 e (Rn 34)).

II. Bei der Anordnung von Vorfahrtsstraßen ist Folgendes zu beachten:

1. Das Zeichen 306 muß an jeder Kreuzung und Einmündung stehen, und zwar innerhalb geschlossener Ortschaften in der Regel vor ihr, außerhalb geschlossener Ortschaften in der Regel hinter ihr.

   Nummer VII 1 zu Zeichen 205 und 206 (Rn 11) gilt auch hier. Unter Umständen kann es zweckmäßig sein, das Zeichen 306 auch gegenüber einer Einmündung von links anzubringen, um Linksabbieger vor dem Irrtum zu bewahren, an der Einmündung gelte der Grundsatz „Rechts vor Links".

2. An jeder Kreuzung und Einmündung, an der das Zeichen 306 steht, muß auf der anderen Straße das Zeichen 205 oder das Zeichen 206 angebracht werden.

3. Wäre das Zeichen 306, wenn es hinter der Kreuzung oder Einmündung stünde, nicht deutlich erkennbar, z. B. an weiträumigen Kreuzungen, so ist es vor oder in der Kreuzung anzubringen. Erforderlichenfalls kann das Zeichen dann hinter der Kreuzung oder Einmündung wiederholt werden. Vgl. auch Nummer 5 Buchstabe b; Rn 9.

4. a) Das Zeichen 306 mit dem Zusatzschild „abknickende Vorfahrt" ist vor der Kreuzung oder Einmündung anzubringen. Im übrigen vgl. Nummer VII 4 zu den Zeichen 205 und 206; Rn 14.

   b) Die abknickende Vorfahrt darf nur ausnahmsweise gegeben werden, in der Regel nur dann, wenn der Verkehr in dieser Richtung so viel stärker ist, daß er sich ohnehin durchzusetzen beginnt. Die amtliche Klassifizierung der Straßen allein ist kein Grund zu solcher Kennzeichnung. Jedenfalls darf das Zusatzschild nur angebracht werden, wenn der Verkehr durch auffällige Markierungen unterstützt wird und, falls das nicht ausreicht, bauliche Änderungen durchgeführt sind. Ein Umbau ist anzustreben, der die beiden bevorrechtigten Straßenstrecken optisch als natürliche Fortsetzung erscheinen läßt. Ist das nicht möglich, so muß durch Bordsteinkorrekturen oder Einbau von Fahrbahnteilern erreicht sein, daß die Einfahrt aus anderen Richtungen erschwert ist. Vorwegweiser, Wegweiser und Lichtführung durch Straßenleuchten können helfen. Sollen auf Straßen aus anderen Richtungen kurz vor der Kreuzung oder Einmündung Längsmarkierungen angebracht werden, so ist zu prüfen, ob die Erkennbarkeit der Wartepflicht dadurch nicht beeinträchtigt wird.

   c) Fußgängerquerverkehr über eine Vorfahrtstraße an der Kreuzung oder Einmündung mit abknickender Vorfahrt ist durch Stangen- oder Kettengeländer zu unterbinden. Gegebenenfalls kommt – jedoch in einiger Entfernung von der Kreuzung oder Einmündung – die Anbringung von Lichtzeichen für Fußgänger in Frage. Bei stärkerem Fußgängerverkehr wird es häufig erforderlich sein, den gesamten Kreuzungsverkehr durch Lichtzeichen zu regeln.

StVO § 42 Abs 2   Richtzeichen

9   5. a) Wird eine weiterführende Vorfahrtstraße an einer Kreuzung oder Einmündung durch Zeichen 205 oder 206 unterbrochen, so darf das Zeichen 307 nicht aufgestellt werden. Im übrigen vgl. Nummer VII 2 zu Zeichen 205 und 206; Rn. 12.

10   b) Soll in diesem Falle das Parken auch hinter der Kreuzung verboten werden, so ist dort nicht das Zeichen 306, sondern das Zeichen 286 aufzustellen.

11   6. Endet eine Vorfahrtstraße außerhalb geschlossener Ortschaften, ist sowohl das Zeichen 307 als auch das Zeichen 205 oder das Zeichen 206 aufzustellen.

12   Innerhalb geschlossener Ortschaften ist Zeichen 307 in der Regel nicht aufzustellen.

13   7. Das Ende einer Vorfahrtstraße kann durch Zeichen 307 allein außerhalb einer Kreuzung oder Einmündung angezeigt werden. Dann ist folgendes zu beachten:

14   a) Zeichen 307 kann hinter einer Kreuzung oder Einmündung allein stehen, wenn der weitere Verlauf der Straße z. B. als Feldweg, eine Beschilderung mit Vorfahrtzeichen nicht rechtfertigt und es nicht möglich ist, die Vorfahrtstraße bereits an der letzten Kreuzung oder Einmündung enden zu lassen.

15   b) Zeichen 307 kann hinter einer Kreuzung oder Einmündung mit abknickender Vorfahrt allein aufgestellt werden. An allen übrigen Kreuzungen und Einmündungen der Straße kann die Vorfahrt dann durch Zeichen 301 gegeben werden; vor der Kreuzung oder Einmündung mit abknickender Vorfahrt ist Zeichen 306 mit Zusatzschild, dahinter Zeichen 307 aufzustellen. So wird vermieden, daß ein ganzer Straßenzug zur Vorfahrtstraße erklärt werden muß, nur weil an einer Kreuzung oder Einmündung eine abknickende Vorfahrt eingerichtet werden soll.

16   c) Wird das Zeichen 307 allein aufgestellt, so ist darauf zu achten, daß der Grundsatz der Stetigkeit (vgl. zu § 8 Abs. 1 Nummer II 1; Rn. 4) beachtet wird. Auch wenn die Vorfahrtstraße durch Zeichen 307 endet, muß auf dem folgenden Straßenzug bis zur nächsten Kreuzung oder Einmündung mit Wartepflicht an allen Kreuzungen oder Einmündungen durch Zeichen 301 die Vorfahrt gegeben werden, wenn nicht der Abstand zwischen den Kreuzungen oder Einmündungen sehr groß ist oder der Charakter der Straße sich von einer Kreuzung oder Einmündung zur anderen grundlegend ändert.

17   8. Das Zeichen 307 muß mindestens voll rückstrahlen.
Dasselbe gilt für Zeichen 306 außerhalb geschlossener Ortschaften.

Zeichen 308*

Vorrang vor dem Gegenverkehr

Das Zeichen steht vor einer verengten Fahrbahn.

---

* Erl bei § 2 Rn 73, § 37 Rn 6, 15.

Ortstafel Abs 3 § 42 StVO

VwV – StVO

Zu den Zeichen 301 bis 308

I. Was in Nummer II zu § 41 „Vorschriftzeichen" (Rn 2) für solche über der Fahrbahn vorgeschrieben ist, gilt auch für diese Zeichen.

II. Vgl. zu den Zeichen 205 und 206.

Zu Zeichen 308 Vorrang vor dem Gegenverkehr

Vgl. zu Zeichen 208.

(3) **Die Ortstafel**

Zeichen 310* Zeichen 311*

Vorderseite Rückseite

bestimmt:

Hier beginnt Hier endet

eine geschlossene Ortschaft.

Von hier an gelten die für den Verkehr innerhalb (außerhalb) geschlossener Ortschaften bestehenden Vorschriften. Der obere Teil des Zeichens 311 ist weiß, wenn die Ortschaft, auf die hingewiesen wird, zu derselben Gemeinde wie die soeben durchfahrene Ortschaft gehört.

VwV – StVO

Zu den Zeichen 310 und 311 Ortstafel

I. Sie sind ohne Rücksicht auf Gemeindegrenze und Straßenbaulast in der Regel dort anzubringen, wo ungeachtet einzelner unbebauter Grundstücke die geschlossene Bebauung auf einer der beiden Seiten der Straße beginnt oder endet. Ist aus zwingenden Gründen ein anderer Standort zu wählen (vgl. z. B. Nummer V zu den Zeichen 274, 276 und 277; Rn 5), so kann es sich, freilich in der Regel nur auf Einfallstraßen größerer Städte, empfehlen, den ortseinwärts Fahrenden durch das Zeichen 385 zu orientieren.

II. Die Zeichen sind auf der für den ortseinwärts Fahrenden rechten Straßenseite so aufzustellen, daß sie auch der ortsauswärts Fahrende deutlich erkennen kann. Ist das nicht möglich, so ist die Ortstafel auch links anzubringen.

III. Das Zeichen 310 soll voll rückstrahlen.

---

* Erl bei § 3 Rn 66.

Jagow

StVO § 42 Abs 3 — Richtzeichen

4 IV. Die Ortstafel darf auch auf unbedeutenden Straßen nicht fehlen. Nur an nicht befestigten Feldwegen braucht sie nicht aufgestellt zu werden.

5 V. Das Zeichen 310 nennt den amtlichen Namen der Ortschaft und den Verwaltungsbezirk. Die Zusätze „Stadt", „Kreisstadt", „Landeshauptstadt" sind zulässig. Die Angabe des Verwaltungsbezirks hat zu unterbleiben, wenn dieser den gleichen Namen wie die Ortschaft hat (z. B. Stadtkreis). Ergänzend auch den höheren Verwaltungsbezirk zu nennen, ist nur dann zulässig, wenn dies zur Vermeidung einer Verwechslung nötig ist.

6 Das Zeichen 311 nennt auf der unteren Hälfte den Namen der Ortschaft oder des Ortsteils. Dieser Teil des Zeichens 311 ist mit einem roten Schrägbalken, der von links unten nach rechts oben verläuft, durchstrichen. Angaben über den Verwaltungsbezirk sowie die in Absatz 1 genannten zusätzlichen Bezeichnungen braucht das Zeichen 311 nicht zu enthalten.

7 Die obere Hälfte des Zeichens 311 nennt den Namen der nächsten Ortschaft bzw. des nächsten Ortsteiles. An Bundesstraßen kann stattdessen das nächste Nahziel nach dem Fern- und Nahzielverzeichnis gewählt werden. Die Ziele werden auf gelbem Grund angegeben. Gehört das nächste Ziel zur selben Gemeinde wie die durchfahrene Ortschaft, so nennt das Zeichen den Namen des Ortsteils auf weißem Grund. Unter dem Ortsnamen ist die Entfernung in ganzen Kilometern anzugeben.

8 VI. Durch die Tafel können auch Anfang und Ende eines geschlossenen Ortsteils gekennzeichnet werden. Sie nennt dann am Anfang entweder unter dem Namen der Gemeinde den des Ortsteils in verkleinerter Schrift, z. B. „Stadtteil Pasing", „Ortsteil Parksiedlung" oder den Namen des Ortsteils und darunter in verkleinerter Schrift den der Gemeinde mit dem vorgeschalteten Wort: „Stadt" oder „Gemeinde". Die zweite Fassung ist dann vorzuziehen, wenn zwischen den Ortsteilen einer Gemeinde eine größere Entfernung liegt. Die erste Fassung sollte auch dann, wenn die Straße nicht unmittelbar dorthin führt, nicht gewählt werden.

9 VII. Gehen zwei geschlossene Ortschaften oder Ortsteile ineinander über und müssen die Verkehrsteilnehmer über deren Namen unterrichtet werden, so sind die Ortstafeln für beide etwa auf gleicher Höhe aufzustellen. Deren Rückseiten sind dann aber nicht nach dem Zeichen 311 zu beschriften, sondern – falls sie nicht freigelassen werden – gleich den Vorderseiten der rechts stehenden Tafeln (Zeichen 310).

10 VIII. Bundesstraßen-Nummernschilder (Zeichen 401) und Europastraßen-Nummernschilder (Zeichen 410) dürfen am Pfosten der Ortstafel nur dann angebracht werden, wenn an der nächsten Kreuzung oder Einmündung das Zeichen 306 „Vorfahrtstraße" steht.

11 IX. Andere Angaben als die hier erwähnten, wie werbende Zusätze und Stadtwappen, sind auf Ortstafeln unzulässig.

Parken **Abs 4 § 42 StVO**

(4) **Parken**

Zeichen 314*

Parkplatz

1. Das Zeichen erlaubt das Parken (§ 12 Abs. 2).
2. Durch ein Zusatzschild kann die Parkerlaubnis beschränkt sein, insbesondere nach der Dauer, nach Fahrzeugarten, zugunsten der mit besonderem Parkausweis versehenen Bewohner, Schwerbehinderten mit außergewöhnlicher Gehbehinderung und Blinden. Die Ausnahmen gelten nur, wenn die Parkausweise gut lesbar ausgelegt sind. Das Zusatzschild „nur mit Parkschein" kennzeichnet den Geltungsbereich von Parkscheinautomaten, das Zusatzschild „gebührenpflichtig" kennzeichnet einen Parkplatz für Großveranstaltungen als gebührenpflichtig (§ 45 Abs. 1 b Nr. 1).
3. Der Anfang des erlaubten Parkens kann durch einen waagerechten weißen Pfeil im Schild, das Ende durch einen solchen in entgegengesetze Richtung weisenden Pfeil gekennzeichnet werden.
   Der Hinweis auf einen Parkplatz kann, soweit dies nicht durch Zeichen 432 geschieht, durch ein Zusatzschild mit schwarzem Pfeil erfolgen.

VwV – StVO

Zu Zeichen 314 Parkplatz

I. Das Zeichen ist in der Regel an der Einfahrt des Parkplatzes aufzustellen. Am Beginn von Parkplätzen im Verlauf einer durchgehenden Fahrbahn ist es nur anzubringen, wenn das zur Klarstellung notwendig ist und Parkraum größeren Umfangs vorhanden ist. Sonst genügt es, die Parkflächen zu markieren.

II. Beschränkungen der Parkerlaubnis dürfen nur auf einem Zusatzschild angeordnet werden.

Es dürfen nur die im Verkehrsblatt bekanntgemachten Zusatzschilder verwendet werden.* Zum Begriff Bewohner vgl. Nummer X.7 zu § 45 Abs. 1 bis 1 e; Rn 35.

III. Zu größeren Parkplätzen und Parkhäusern, auch wenn sie von Privatpersonen betrieben werden, sollte gewiesen werden.

IV. Vgl. Nummer I zu Nummer 7 Parkflächenmarkierungen vor Zeichen 299; Rn 1.

---

* Erl bei § 12 Rn 64 ff; s auch §§ 13 II u 49 III 5.

Jagow

StVO § 42 Abs 4   Richtzeichen

Zeichen 315*

Parken auf Gehwegen

1. Das Zeichen erlaubt Fahrzeugen mit einem zulässigen Gesamtgewicht bis zu 2,8 t** das Parken (§ 12 Abs. 2) auf Gehwegen.
2. Im Zeichen wird bildlich angeordnet, wie die Fahrzeuge aufzustellen sind.
3. Durch ein Zusatzschild kann die Parkerlaubnis beschränkt sein, insbesondere nach der Dauer, zugunsten der mit besonderem Parkausweis versehenen Bewohner, Schwerbehinderten mit außergewöhnlicher Gehbehinderung und Blinden. Die Ausnahmen gelten nur, wenn die Parkausweise gut lesbar ausgelegt sind. Das Zusatzschild ‚nur mit Parkschein' kennzeichnet den Geltungsbereich von Parkscheinautomaten.
4. Der Anfang des erlaubten Parkens kann durch einen waagerechten weißen Pfeil im Schild, das Ende durch einen solchen in entgegengesetzte Richtung weisenden Pfeil gekennzeichnet werden.

VwV – StVO
Zu Zeichen 315 Parken auf Gehwegen

1   I. Vgl. Nummer 7 vor Zeichen 299.
2   II. Nummer II Satz 1 und 2 zu Nummer 7 vor Zeichen 299 (Rn 2) gilt auch hier.
3   III. Anfang und Ende der Strecke, auf denen das Parken erlaubt ist, kann durch entsprechende weiße Pfeile im Schild kenntlich gemacht werden.

Zeichen 316   Zeichen 317

Parken und Reisen   Wandererparkplatz

---

* Erl bei § 12 Rn 61, 67, 71, § 39 Rn 5, 6; s auch 12 III 7, 8 c; § 13 II.
** S Fn zu § 41 III 7.

Verkehrsberuhigte Bereiche **Abs 4a** **§ 42 StVO**

Zu Zeichen 317 Wandererparkplatz
I. Das Zeichen darf nicht auf Autobahnparkplätzen aufgestellt werden.
II. Vgl. zu Zeichen 314.

(4a) **Verkehrsberuhigte Bereiche**

Zeichen 325* Zeichen 326*

Beginn Ende

eines verkehrsberuhigten Bereichs

Innerhalb dieses Bereichs gilt:
1. **Fußgänger dürfen die Straße in ihrer ganzen Breite benutzen; Kinderspiele sind überall erlaubt.**
2. **Der Fahrzeugverkehr muß Schrittgeschwindigkeit einhalten.**
3. **Die Fahrzeugführer dürfen die Fußgänger weder gefährden noch behindern; wenn nötig müssen sie warten.**
4. **Die Fußgänger dürfen den Fahrverkehr nicht unnötig behindern.**
5. **Das Parken ist außerhalb der dafür gekennzeichneten Flächen unzulässig, ausgenommen zum Ein- oder Aussteigen, zum Be- oder Entladen.**

VwV – StVO
Zu den Zeichen 325 und 326 Verkehrsberuhigte Bereiche
I. Allgemeines
 Am Anfang solcher Bereiche ist Zeichen 325 so aufzustellen, daß es bereits auf ausreichende Entfernung vor dem Einbiegen in den Bereich wahrgenommen werden kann. Am Ende ist Zeichen 326 höchstens 30 m vor der nächsten Einmündung oder Kreuzung aufzustellen.

II. Örtliche Voraussetzungen
 Die Kennzeichnung von verkehrsberuhigten Bereichen setzt voraus, daß die in Betracht kommenden Straßen, insbesondere durch geschwindigkeitsmindernde Maßnahmen des Straßenbaulastträgers oder der Straßenbaubehörde, überwiegend Aufenthalts- und Erschließungsfunktionen haben.

---

* Erl bei § 1 Rn 42, § 2 Rn 83, § 3 Rn 32, 71, § 10 Rn 5, § 12 Rn 69, § 39 Rn 6 u 19; s auch § 49 III 5.

Jagow

StVO § 42 Abs 4a

3 III. Bauliche Voraussetzungen
1. Maßgebend für die Beschilderung von verkehrsberuhigten Bereichen sind – neben der damit angestrebten Erhöhung der Verkehrssicherheit – Gesichtspunkte des Städtebaus, insbesondere der Verbesserung des Wohnumfeldes durch Umgestaltung des Straßenraumes.

4 2. Die mit Zeichen 325 erfaßten Straßen müssen durch ihre Gestaltung den Eindruck vermitteln, daß die Aufenthaltsfunktion überwiegt und der Fahrzeugverkehr hier eine untergeordnete Bedeutung hat. Dies kann u. a. dadurch erreicht werden, daß der Ausbau der Straße sich deutlich von angrenzenden Straßen, die nicht mit Zeichen 325 beschildert sind, unterscheidet. In der Regel wird ein niveaugleicher Ausbau für die ganze Straßenbreite erforderlich sein.

5 3. Straßen, die mit Zeichen 325 beschildert sind, dürfen von Fußgängern zwar in ihrer ganzen Breite benutzt werden; dies bedeutet aber nicht, daß auch Fahrzeugführern ermöglicht werden muß, die Straße überall zu befahren. Daher kann es im Einzelfall zweckmäßig sein, Flächen für Fußgänger zu reservieren und diese in geeigneter Weise (z. B. durch Poller, Bewuchs) von dem befahrbaren Bereich abzugrenzen.

6 4. Die Straße muß ein Befahren für alle dort zu erwartenden Fahrzeugarten gestatten.

7 5. Der Parkraumbedarf sollte in angemessener Weise berücksichtigt werden.

8 Die zum Parken bestimmten Flächen innerhalb des verkehrsberuhigten Bereichs brauchen nicht durch Parkplatzschilder gekennzeichnet zu sein.

Es genügt eine andere Kennzeichnung, z. B. eine Bodenmarkierung (§ 41 Abs. 3 Nr. 7) oder Pflasterwechsel.

9 IV. Die Kennzeichnung von verkehrsberuhigten Bereichen kommt sowohl für alle Straßen eines abgegrenzten Gebietes als auch für einzelne Straßen und Straßenabschnitte in Betracht. Die Zeichen 325 und 326 dürfen nur angeordnet werden, wenn die unter Nummern II und III aufgeführten Voraussetzungen vorliegen. Dabei muß jede Straße oder jeder Straßenabschnitt diesen Voraussetzungen genügen, sofern nicht die örtlichen Gegebenheiten – auch im Hinblick auf die Verkehrssituation – einzelne Abweichungen zulassen.

10 V. Innerhalb der durch die Zeichen 325 und 326 gekennzeichneten Bereiche sind weitere Zeichen, z. B. Gefahrzeichen und Verkehrseinrichtungen in der Regel entbehrlich.

11 VI. Sonstiges
Neben der Einrichtung von verkehrsberuhigten Bereichen (Zeichen 325) kommen zur Verbesserung der Verkehrssicherheit und aus städtebaulichen Gründen u. a. folgende Maßnahmen in Frage:

12 1. Veränderungen des Straßennetzes oder der Verkehrsführung, um den Durchgangsverkehr zu verhindern, wie die Einrichtung von Sackgassen, Sperrung von „Schleichwegen", Diagonalsperre von Kreuzungen,

13 2. die Sperrung für bestimmte Verkehrsarten, ggf. nur für die Nachtstunden,

14 3. die Anordnung von Haltverboten und Geschwindigkeitsbeschränkungen an besonderen Gefahrenstellen (z. B. Zeichen 274 mit 136),

15 4. die Einrichtung von Einbahnstraßen,

16 5. Aufpflasterungen.

17 Erfahrungsgemäß verspricht nur die Kombination mehrerer dieser Maßnahmen Erfolg.

Autobahnen und Kraftfahrstraßen   Abs 5   § 42 StVO

(5) **Autobahnen und Kraftfahrstraßen**

Zeichen 330*   Zeichen 331*

Autobahn
Das Zeichen steht an den Zufahrten der Anschlußstellen

Kraftfahrstraße
Das Zeichen steht am Anfang, an jeder Kreuzung und Einmündung und wird, wenn nötig, auch sonst wiederholt

VwV – StVO

Zu Zeichen 330 Autobahn

I. Das Zeichen ist sowohl am Beginn der Autobahn als auch an jeder Anschlußstellenzufahrt aufzustellen. In der Regel muß es am Beginn der Zufahrt angebracht werden.

II. Das Zeichen darf auch an Straßen aufgestellt werden, die nicht als Bundesautobahnen nach dem Bundesfernstraßengesetz gewidmet sind, wenn diese Straßen für Schnellverkehr geeignet sind, frei von höhengleichen Kreuzungen sind, getrennte Fahrbahnen für den Richtungsverkehr haben und mit besonderen Anschlußstellen für die Zu- und Ausfahrten ausgestattet sind. Voraussetzung ist aber, daß für den abgedrängten langsameren Verkehr andere Straßen, deren Benutzung zumutbar ist, und für die Anlieger anderweitige Ein- und Ausfahrten zur Verfügung stehen.

III. Das Zeichen braucht auch nicht an allen Straßen aufgestellt zu werden, die nach dem Bundesfernstraßengesetz als Bundesautobahnen gewidmet sind.

Zu Zeichen 331 Kraftfahrstraße

I. Mindestens der weiße Rand und das weiße Sinnbild, im Zeichen 336 auch der rote Streifen, müssen rückstrahlen.

II. Das Zeichen ist nicht bloß hinter allen Kreuzungen und Einmündungen zu wiederholen, sondern auch überall dort, wo verbotenes Einfahren oder Betreten ohne Schwierigkeiten möglich ist.

III. An allen Kreuzungen und Einmündungen ist auf den zuführenden Straßen das Zeichen 205 oder das Zeichen 206 aufzustellen.

IV. Nummer II Satz 2 zu Zeichen 330 (Rn 2) gilt auch hier.

V. Vgl. Nummer II und III zu § 2 Abs. 1; Rn 3 bis 6.

---

* Erl bei § 18 Rn 1, 7, § 37 Rn 6.

StVO § 42 Abs 5 — Richtzeichen

Zeichen 332*

Zeichen 333*

Ausfahrt von der Autobahn

VwV – StVO

Zu Zeichen 332 Ausfahrt von der Autobahn

1. I. Die Tafel ist unmittelbar am Beginn der Ausfahrt der Anschlussstelle, in der Regel am rechten Fahrbahnrand, aufzustellen. Die Tafel kann dort auch in einer Schilderbrücke oder an einem Auslegermast über dem ausmündenden Fahrstreifen angebracht werden.

2. II. In der Regel sollten nur zwei Ziele angegeben werden, ein benachbartes Ziel links und ein solches rechts der Autobahn. Mehr als vier Ziele dürfen keinesfalls angeführt werden. Bei Zielangaben, die aus mehreren Worten bestehen, sollten nach Möglichkeit Kurzbezeichnungen gewählt werden.

Zu den Zeichen 332 und 333

1. I. Statt beider Ausfahrtzeichen braucht innerhalb geschlossener Ortschaften nur eines von ihnen aufgestellt zu werden, wenn Platzmangel das rechtfertigt.

2. II. Stehen die Zeichen 332 und 333 nicht an einer Autobahn, so haben sie gelben oder – sofern sie Bestandteil der innerörtlichen Wegweisung sind – weißen Grund. Schrift, Rand und Pfeil sind schwarz.

Zeichen 334

Ende der Autobahn

Zeichen 336

Ende der Kraftfahrstraße

Das Ende kann auch durch dasselbe Zeichen mit einer Entfernungsangabe unter dem Sinnbild, wie „800 m", angekündigt sein.

---

* Erl bei § 18 Rn 26; s auch § 42 VIII 3.

Autobahnen und Kraftfahrstraßen **Abs 5 § 42 StVO**

VwV – StVO

Zu Zeichen 334 Ende der Autobahn

I. Das Zeichen ist am Ende der Autobahn und an allen Ausfahrten der Anschlußstellen aufzustellen. Wo es aus Sicherheitsgründen nicht geboten ist, die Autobahnregeln für die ganze Ausfahrt aufrechtzuerhalten, darf es schon in deren Verlauf angebracht werden.

II. Das Ende der Autobahn ist stets anzukündigen.

Zu den Zeichen 330, 332 bis 334 und 448 bis 453

I. Wegweisende Beschilderung auf Autobahnen
1. Die wegweisende Beschilderung auf Autobahnen ist blau.
2. Die Zeichen müssen mindestens voll retroreflektierend ausgeführt sein.
3. Die Ausgestaltung und Aufstellung richtet sich nach den Richtlinien für die wegweisende Beschilderung auf Autobahnen (RWBA).
Das Bundesministerium für Verkehr gibt die RWBA im Einvernehmen mit den zuständigen obersten Landesbehörden im Verkehrsblatt bekannt.

II. Die sonstige Beschilderung
Abweichend von den allgemeinen Regeln gilt folgendes:
1. Gefahrzeichen und Vorschriftzeichen sind in der Regel beiderseits der Fahrbahn aufzustellen.
2. Alle Verkehrszeichen müssen mindestens voll rückstrahlen.
3. Gefahrzeichen sind in der Regel 400 m vor der Gefahrstelle aufzustellen. Diese Entfernung auf einem Zusatzschild anzugeben, kann sich häufig erübrigen. Dagegen kann sich an besonders gefährlichen Stellen eine Wiederholung der Gefahrzeichen 200 m vor der Gefahrstelle empfehlen oder sogar eine zusätzliche Vorwarnung auf 800 und 600 m; in diesen Fällen ist die jeweilige Entfernung auf Zusatzschildern anzugeben.

Zu Zeichen 336 Ende der Kraftfahrstraße

Über die Ausgestaltung vgl. Nummer I zu Zeichen 331; Rn 1.

Zu den Zeichen 330, 331, 334 und 336

Über die Zustimmungsbedürftigkeit vgl. Nummer III 1 a zu § 45 Abs. 1 bis 1 e; Rn 3 bis 4. Ist die oberste Landesbehörde nicht zugleich oberste Landesbehörde für den Straßenbau, so muß auch diese zustimmen.

Jagow

StVO § 42 Abs 6 Nr 1 Richtzeichen

(6) Markierungen sind weiß, ausgenommen in den Fällen des § 41 Abs. 4.

1. Leitlinie

Zeichen 340*

Sie besteht in der Regel aus gleich langen Strichen mit gleichmäßigen Abständen. Eine Leitlinie kann auch als Warnlinie ausgeführt werden; bei der Warnlinie sind die Striche länger als die Lücken.
Die Markierung bedeutet:
a) Leitlinien dürfen überfahren werden, wenn dadurch der Verkehr nicht gefährdet wird;
b) sind auf einer Fahrbahn für beide Richtungen insgesamt 3 Fahrstreifen so markiert, dann darf der linke Fahrstreifen nicht zum Überholen benutzt werden. Wer nach links abbiegen will, darf sich auf dem mittleren Fahrstreifen einordnen;
c) auf Fahrbahnen für beide Richtungen mit 4 so markierten Fahrstreifen sind die beiden linken ausschließlich dem Gegenverkehr vorbehalten; sie dürfen daher auch nicht zum Überholen benutzt werden. Dasselbe gilt auf 6-streifigen Fahrbahnen für die 3 linken Fahrstreifen;
d) sind außerhalb geschlossener Ortschaften für eine Richtung 3 Fahrstreifen so markiert, dann darf der mittlere Fahrstreifen dort durchgängig befahren werden, wo – auch nur hin und wieder – rechts davon ein Fahrzeug hält oder fährt. Dasselbe gilt auf Fahrbahnen mit mehr als drei so markierten Fahrstreifen für eine Richtung für den zweiten Fahrstreifen von rechts. Den linken Fahrstreifen dürfen außerhalb geschlossener Ortschaften Lastkraftwagen mit einem zulässigen Gesamtgewicht von mehr als 3,5 t sowie Züge, die länger als 7 m sind, nur benutzen, wenn sie sich dort zum Zwecke des Linksabbiegens einordnen;
e) sind Beschleunigungsstreifen so markiert, dann darf dort auch schneller gefahren werden als auf den anderen Fahrstreifen;
f) gehen Fahrstreifen, insbesondere auf Autobahnen oder Kraftfahrstraßen, von der durchgehenden Fahrbahn ab, so dürfen Abbieger vom Beginn einer breiten Leitlinie rechts von dieser schneller als

---

* Erl bei § 2 Rn 94, § 7 Rn 14, § 12 Rn 42; s auch § 49 III 5.

Leitlinie Abs 6 Nr 1 § 42 StVO

auf der durchgehenden Fahrbahn fahren.* Das gilt nicht für Verzögerungsstreifen;
g) Wird am rechten Fahrbahnrand ein Schutzstreifen für Radfahrer so markiert, dann dürfen andere Fahrzeuge die Markierung bei Bedarf überfahren; eine Gefährdung von Radfahrern ist dabei auszuschließen. Der Schutzstreifen kann mit Fahrbahnmarkierungen (Sinnbild „Radfahrer", § 39 Abs. 3) gekennzeichnet sein.

VwV – StVO
Zu Zeichen 340 Leitlinie

I. Eine Leitlinie kann auch als Warnlinie markiert werden; dann sind die Striche länger als die Lücken.

II. Schutzstreifen für Radfahrer

1. Allgemeines

Eine Leitlinie kann auch markiert werden, um die Fahrbahn in Fahrstreifen und einen oder zwei Schutzstreifen zu gliedern. Die Schutzstreifen liegen jeweils am rechten Fahrbahnrand.

Der Radverkehr muß den Schutzstreifen im Streckenverlauf benutzen. Dessen Benutzungspflicht ergibt sich aus dem Rechtsfahrgebot (§ 2 Abs. 4 Satz 3).

2. Innerorts

a) Innerorts kann die Markierung von Schutzstreifen auf der Fahrbahn dann in Betracht kommen, wenn
   1. die Trennung des Fahrzeugverkehrs durch Kennzeichnung einer Radwegebenutzungspflicht erforderlich wäre, die Anlage des Sonderweges (baulich angelegter Radweg, Radfahrstreifen) aber nicht möglich ist oder
   2. die Trennung des Fahrzeugverkehrs durch Kennzeichnung einer Radwegebenutzungspflicht nicht zwingend erforderlich wäre, dem Radverkehr aber wegen der nicht nur geringen Verkehrsbelastung (in der Regel mehr als 5000 Kfz/24 Std.) und der Verkehrsbedeutung ein besonderer Schonraum angeboten werden soll und
   3. dies die Breite der Fahrbahn, die Verkehrsbelastung (in der Regel bis zu 10 000 Kfz/24 Std.) und die Verkehrsstruktur (in der Regel Anteil des Schwerverkehrs am Gesamtverkehr unter 5% bzw. unter 500 Lkw/24 Std.) grundsätzlich zuläßt.

Die besonderen örtlichen und verkehrlichen Umstände sind zu berücksichtigen.

b) Voraussetzung für die Markierung von Schutzstreifen innerorts ist, daß
   1. bei beidseitigen Schutzstreifen die Breite der für den fließenden Fahrzeugverkehr zur Verfügung stehenden, im Gegenverkehr benutzbaren Fahrbahn mindestens 7 m und weniger als 8,5 m,
   2. die Breite der Schutzstreifen für den Radverkehr 1,6 m, mindestens 1,25 m und
   3. die restliche Fahrbahnbreite für den Kraftfahrzeugverkehr mindestens 4,5 m, höchstens 5,5 m
   beträgt sowie

---

* Erl bei § 5 Rn 58 ff.

StVO § 42 Abs 6 Nr 2 — Richtzeichen

12   4. die Verkehrsbelastung und Verkehrsstruktur eine Mitbenutzung des Schutzstreifens durch mehrspurige Fahrzeuge nur in seltenen Ausnahmefällen notwendig macht und

13   5. der ruhende Verkehr auf der Fahrbahn durch Zeichen 283 ausgeschlossen wird.

14   c) Der Einsatz von Schutzstreifen in Kreisverkehren scheidet aus.

15   3. Außerorts scheidet die Markierung von Schutzstreifen aus.

16   4. a) Die Leitlinie ist im Streckenverlauf als unterbrochener Schmalstrich im Verhältnis 1:1:1 zu markieren. An Kreuzungen und Einmündungen soll von einer Markierung abgesehen werden.

17   b) Die Zweckbestimmung des Schutzstreifens kann in regelmäßigen Abständen mit dem Sinnbild „Radfahrer" (§ 39 Abs. 4) verdeutlicht werden.

18   III. Leitlinien sind nach den Richtlinien für die Markierung von Straßen (RMS) auszuführen. Vgl. zu § 41 Abs. 3.

19   IV. Vgl. auch Nummer I zu § 7 Abs. 1 bis 3; Rn 1.

2. Wartelinie

Zeichen 341*

Sie kann angebracht sein, wo das Zeichen 205 anordnet: „Vorfahrt gewähren!". Sie kann ferner dort angebracht sein, wo abbiegende Fahrzeuge Gegenverkehr durchfahren lassen müssen. Sie empfiehlt dem, der warten muß, hier zu warten.

VwV – StVO

Zu Zeichen 341 Wartelinie

1   Wartelinien sind nach den Richtlinien für Markierung von Straßen (RMS) anzubringen und auszuführen. Vgl. zu § 41 Abs. 3.

---

* Erl bei § 37 Rn 17.

Hinweise   **Abs 7 § 42 StVO**

3. Schriftzeichen und die Wiedergabe von Verkehrsschildern auf der Fahrbahn dienen dem Hinweis auf ein ensprechendes Verkehrszeichen.

VwV – StVO
Zu § 42 Abs. 6 Nr. 3 Schriftzeichen und Wiedergabe von Verkehrsschildern auf der Fahrbahn

I. Durch die Wiedergabe eines Verkehrsschildes auf der Fahrbahn wird der Fahrzeugverkehr auf eine besondere Situation aufmerksam gemacht.

Von der Möglichkeit, Verkehrsschilder auf der Fahrbahn darzustellen, sollte nur sehr sparsam Gebrauch gemacht werden.

In der Regel genügt es, das Sinnbild des Verkehrszeichens auf der Fahrbahn darzustellen (z. B. ein Fahrrad).

II. Bei der Ausführung der Darstellung sind die Richtlinien für die Markierung von Straßen (RMS) zu beachten. Vgl. zu § 41 Abs. 3.

III. Vgl. auch Nummer I 1 zu § 8 Abs. 1 (Rn. 1), Nummer II zu § 41 (Rn. 2), Nummer III zu Zeichen 206 (Rn. 3) sowie Nummer VII 2 zu den Zeichen 205 und 206; Rn. 12.

(7) **Hinweise**

Zeichen 350*	Zeichen 353**	Zeichen 354***
Fußgängerüberweg Das Zeichen ist unmittelbar an der Markierung (Zeichen 293) angebracht.	**Einbahnstraße** Es kann ergänzend anzeigen, daß die Straße eine Einbahnstraße (Zeichen 220) ist.	**Wasserschutzgebiet** Es mahnt Fahrzeugführer, die wassergefährdende Stoffe geladen haben, sich besonders vorsichtig zu verhalten.

VwV – StVO
Zu Zeichen 350 Fußgängerüberweg

I. Das Zeichen darf nicht in Kombination mit anderen Zeichen aufgestellt werden.

II. Das Zeichen muß mindestens voll retroreflektierend ausgeführt sein.

---

* Erl bei § 26 Rn 3.
** Erl bei § 9 Rn 47.
*** VkBl 1988, 500.

StVO § 42 Abs 7

VwV – StVO

Zu Zeichen 353 Einbahnstraße

1 Vgl. Nummer I zu Zeichen 220; Rn. 1 ff.

VwV – StVO

Zu Zeichen 354 Wasserschutzgebiet

1 I. Es ist an den Grenzen der Einzugsgebiete von Trinkwasser und von Heilquellen auf Straßen aufzustellen, auf denen Fahrzeuge mit wassergefährdender Ladung häufig fahren. In der Regel ist die Länge der Strecke, die durch das Wasserschutzgebiet führt, auf einem Zusatzschild (§ 40 Abs. 4) anzugeben.

2 II. Nummer I zu Zeichen 269 (Rn 1) gilt auch hier.

3 III. Vgl. auch Nummer II zu Zeichen 269, Rn 2 bis 8.

4 IV. Es empfiehlt sich, das Zeichen voll retroflektierend auszuführen.

Zeichen 355   Zeichen 356

Fußgängerunter- oder   Verkehrshelfer
-überführung

VwV – StVO

Zu Zeichen 355 Fußgängerunter- oder -überführungen

1 An Unterführungen sollte das Zeichen in der Regel aufgestellt werden, an Überführungen nur ausnahmsweise.

VwV – StVO

Zu Zeichen 356 Verkehrshelfer

1 I. Wo Schülerlotsen, Schulweghelfer oder sonstige Verkehrshelfer tätig werden, soll das Zeichen angebracht sein. Wo ein Fußgängerüberweg markiert ist, kann das Zeichen entbehrlich sein. Wenn der Einsatz z. B. von „Verkehrskadetten" es erfordert, soll durch ein mobiles Schild auf den Einsatz hingewiesen werden.

2 II. Es soll etwa 50 m vor der Einsatzstelle stehen.

3 III. Sollen Verkehrshelfer für ordnende Aufgaben, z. B. für Hinweise zum ordnungsgemäßen Parken auf Parkplätzen, eingesetzt werden, so ist dafür die Zustimmung der Straßenverkehrsbehörde erforderlich. Die Zustimmung kann mit Auflagen verbunden sein.

Hinweise   **Abs 7   § 42 StVO**

Zeichen 357*

Sackgasse

Wintersport kann durch Zusatzschild (hinter Zeichen 101) erlaubt sein.

VwV – StVO

Zu Zeichen 357 Sackgasse

I. Das Zeichen sollte nur aufgestellt werden, wenn die Straße nicht ohne weiteres als Sackgasse erkennbar ist.

II. Vgl. Nummer II zu § 31; Rn. 2 bis 4.

Zeichen 358   Zeichen 359

Erste Hilfe   Pannenhilfe

Zeichen 363

Polizei

Durch solche Zeichen mit entsprechenden Sinnbildern können auch andere Hinweise gegeben werden, wie auf Fernsprecher, Tankstellen, Zeltplätze und Plätze für Wohnwagen.**

---

* Erl bei § 31 Rn 3, 6.
** Bek BMV v 31. 7. 1972 (VkBl S 610). Fernsprecher: Z 360; Tankstelle: Z 361; Zeltplatz/Wohnwagenplatz: Z 366; Fremdenverkehrsbüro: Z 367.

Jagow

StVO § 42 Abs 7   Richtzeichen

Zeichen 368*

Verkehrsfunksender

Durch das Zeichen wird auf Verkehrsfunksender hingewiesen und den Fahrzeugführern empfohlen, auf Verkehrsdurchsagen zu achten. Im weißen Feld wird die Bezeichnung des Senders in abgekürzter Form angegeben. Die Zahl bezeichnet die Ukw-Frequenz in Megahertz (MHz) und der Buchstabe den Verkehrsbereich.

VwV – StVO

Zu Zeichen 358 Erste Hilfe

1. I. Das Zeichen zeigt stets das rote Kreuz ohne Rücksicht darauf, wer den Hilfsposten eingerichtet hat.
2. II. Es darf nur verwendet werden zum Hinweis auf regelmäßig besetzte Posten amtlich anerkannter Verbände.
3. III. Vgl. auch die Verlautbarung Nr. 115 vom 13. März 1967 (Verkehrsblatt 1967 Seite 225).

VwV – StVO

Zu Zeichen 359 Pannenhilfe

1. Liegt die nächste Werkstatt an der Straße, so ist der Hinweis entbehrlich. Es kann sich außerhalb geschlossener Ortschaften auf Straßen mit schnellerem oder stärkerem Verkehr empfehlen, wenn sich auf größere Entfernung nur eine Werkstatt abseits der Straße befindet, auf sie mittels Pfeils und Entfernungsangabe hinzuweisen.

VwV – StVO

Zu Zeichen 363 Polizei

1. Das Zeichen sollte, mit zusätzlichen näheren Hinweisen, in der Regel nur außerhalb geschlossener Ortschaften auf Straßen mit schnellerem oder stärkerem Verkehr angebracht werden.

---

* Durch 24. VO zur Änd von VVorschriften gestr, gilt aber nach Maßgabe von § 53 XIV bis 31. 12. 2002 weiter.

Hinweise **Abs 7 § 42 StVO**

Zeichen 375

Autobahnhotel

Zeichen 376

Autobahngasthaus

Zeichen 377

Autobahnkiosk

Auf den Zeichen 358 bis 377 kann Näheres in Weiß angegeben sein.

VwV – StVO
Zu den Zeichen 375 bis 377 Autobahnhotel usw.

I. Die Zeichen dürfen nur auf Autobahnen aufgestellt werden.

II. Sie dürfen nur für Betriebe verwendet werden, die von der Autobahn aus unmittelbar zu erreichen sind.

III. Durch das Zeichen 375 ist auf ein Autobahngasthaus mit, durch das Zeichen 376 auf ein solches ohne Übernachtungsmöglichkeit hinzuweisen, durch das Zeichen 377 auf kleine Erfrischungsstellen.

Zeichen 380

Richtgeschwindigkeit

Es empfiehlt, die angegebene Geschwindigkeit auch bei günstigen Straßen-, Verkehrs-, Sicht- und Wetterverhältnissen nicht zu überschreiten.

Zeichen 381

Ende der Richtgeschwindigkeit

---

* Erl bei § 3 Rn 65.

StVO § 42 Abs 7 — Richtzeichen

VwV – StVO

Zu den Zeichen 380 Richtgeschwindigkeit und Zeichen 381 Ende der Richtgeschwindigkeit

1. I. Eine Richtgeschwindigkeit kann sich auf bestimmten Straßenstrecken dort empfehlen, wo es zweckmäßig ist, auf die Gefahren höherer Geschwindigkeiten hinzuweisen, eine Beschränkung durch Zeichen 274 aber noch nicht geboten ist (vgl. zu Zeichen 274).

2. II. Richtgeschwindigkeiten sollten so festgelegt werden, daß sie vor ihrer Anordnung bei nasser Fahrbahn von nicht mehr als 15% der Fahrer überschritten werden.

3. III. Die Richtgeschwindigkeit darf nur für alle Fahrstreifen einer Fahrtrichtung, nicht für einzelne dieser Fahrstreifen empfohlen werden.

4. IV. Über die Zustimmungsbedürftigkeit vgl. Nummer III 1 zu § 45 Abs. 1 bis 1 e; Rn 3 ff.

Zeichen 385*

Ortshinweistafel

Es dient der Unterrichtung über Namen von Ortschaften, soweit keine Ortstafeln (Zeichen 310) aufgestellt sind.

VwV – StVO

Zu Zeichen 385 Ortshinweistafel

1. I. Das Zeichen kann auch dann verwendet werden, wenn die Straße durch die genannte Ortschaft, nicht aber durch deren fest umrissenen Ortskern führt.

2. II. Vgl. auch Nummer I zu den Zeichen 310 und 311 (Rn 1) sowie die Richtlinien für wegweisende Beschilderung außerhalb von Autobahnen (RWB), Ausgabe 1992 (VkBl. 1995 S. 218).

Zeichen 386

Touristischer Hinweis

---

* Erl bei § 3 Rn 66.

Hinweise Abs 7 § 42 StVO

Es dient außerhalb der Autobahnen dem Hinweis auf touristisch bedeutsame Ziele und der Kennzeichnung von Touristikstraßen sowie an Autobahnen der Unterrichtung über Landschaften und Sehenswürdigkeiten.

VwV – StVO

Zu Zeichen 386 Touristischer Hinweis

I. Das Zeichen wird in drei Formen und Funktionen verwendet:
- als Hinweiszeichen im Nahbereich touristisch bedeutsamer Ziele mit wegweisender Funktion außerhalb der Autobahn,
- als Kennzeichnung von Touristikstraßen außerhalb der Autobahnen,
- als Unterrichtungstafel über Landschaften und Sehenswürdigkeiten entlang der Autobahnen.

Das Zeichen soll voll retroreflektierend ausgeführt werden.

Touristische Hinweiszeichen dürfen nur äußerst sparsam aufgestellt werden. Durch sie darf die Auffälligkeit, Erkennbarkeit und Lesbarkeit anderer Verkehrszeichen nicht beeinträchtigt werden.

II. Hinweiszeichen im Nahbereich touristisch bedeutsamer Ziele

1. Die Festlegung der Maße richtet sich nach den Vorgaben der Vorläufigen Richtlinie für Touristische Hinweise an Straßen (RtH 1988), Ausgabe 1988 (VkBl. 1988 S. 488), die das Bundesministerium für Verkehr mit Zustimmung der obersten Landesbehörden bekanntgibt.
2. In der Regel stehen solche Zeichen nur außerorts an Straßen von regionaler Bedeutung, innerorts kommen sie nur ausnahmsweise und nur dann in Betracht, wenn nicht mit anderen Zeichen auf die Ziele hingewiesen wird.
3. Auf die ausgewählten Ziele soll nur im unmittelbaren Nahbereich hingewiesen werden, wenn die übrige Wegweisung keine Hilfen mehr gibt.
4. Auf bedeutende touristische Ziele kann mit einem einheitlichen grafischen Symbol hingewiesen werden.

III. Kennzeichnung von Touristikstraßen außerhalb von Autobahnen

1. Siehe Nummer II Nr. 1; Rn 7.
2. Die Zeichen enthalten den Namen der Straßen, z. B. „Burgenstraße", gegebenenfalls zusammen mit einem einheitlich auf diese Straße zu verwendenden grafischen Symbol.
3. Die Zeichen haben nur kennzeichnende und keine wegweisende Funktion.
4. Die Zeichen dürfen nicht zusammen mit der übrigen Beschilderung aufgestellt werden.

IV. Unterrichtungstafel über Landschaften und Sehenswürdigkeiten entlang der Autobahnen

1. Siehe Nummer II Nr. 1; Rn 7.
2. Die Tafel dient nur der Unterrichtung und darf weder selbst eine Wegweisungsfunktion haben noch eine Folgewegweisung an den Autobahnausfahrten nach sich ziehen. Entfernungsangaben, Pfeile u. ä. dürfen auf der Tafel nicht verwendet werden.
3. Die Unterrichtungstafel muß ein eigenständiges und einheitliches Erscheinungsbild aufweisen, es darf keine Verwechslungsgefahr mit anderen Verkehrszeichen auf der Autobahn bestehen.

StVO § 42 Abs 7 — Richtzeichen

18 4. Inhalt der Unterrichtungstafel sollen bevorzugt Landschaften oder von der Autobahn aus sichtbare bedeutsame Kultur- oder Baudenkmäler sein.
19 In einer Tafel darf nur ein Thema grafisch umgesetzt werden.
20 5. Die Tafel darf nicht innerhalb einer Wegweiserkette, d.h. zwischen Ankündigungstafel und Ausfahrt bzw. Entfernungstafel aufgestellt werden. Der Abstand zur wegweisenden Beschilderung muß mindestens 1 km betragen. Untereinander sollen die braun-weißen Tafeln in der Regel keinen geringeren Abstand als 20km haben.

21 V. Richtlinien und Verzeichnisse
1. Die Auswahl der Sehenswürdigkeiten sowie die Ausstattung und Aufstellung der Zeichen sollen im einzelnen nach Richtlinien erfolgen, die das Bundesministerium für Verkehr im Einvernehmen mit den zuständigen obersten Landesbehörden im Verkehrsblatt bekanntgibt.*

22 2. Es wird empfohlen, für die ausgewählten Ziele, Kennzeichnungen und Inhalte der Unterrichtungstafeln bei den Ländern ein Verzeichnis anzulegen und fortzuschreiben.

23 3. Die Ziele, Kennzeichnungen und Unterrichtungen sollen unter Beteiligung von Interessenvertretern der Touristik und anderen interessierten Verbänden von der Straßenverkehrsbehörde festgelegt werden. Zu beteiligen sind von seiten der Behörden vor allem die Straßenbaubehörde, Denkmalschutzbehörde, Forstbehörde.

Zeichen 388**

Es warnt, mit mehrspurigen Kraftfahrzeugen den für diese nicht genügend befestigten Seitenstreifen zu benutzen.
Wird statt des Sinnbildes eines Personenkraftwagens das eines Lastkraftwagens gezeigt, so gilt die Warnung nur Führern von Fahrzeugen mit einem zulässigen Gesamtgewicht über 3,5 t und Zugmaschinen.

VwV – StVO

Zu Zeichen 388 Seitenstreifen nicht befahrbar

1 I. Der Warnung bedarf es nicht, wenn der Seitenstreifen ersichtlich unzureichend befestigt oder überhaupt ungeeignet ist.

2 II. Dagegen sollte durch das Zeichen vor unzureichend befestigten Seitenstreifen gewarnt werden, die ähnlich wie die Fahrbahn aussehen oder sonst den Eindruck machen, als ob sie vor allem zum Halten oder Parken geeignet wären.

3 III. Auf schmalen Straßen muß häufig vor unzureichend befestigten Seitenstreifen gewarnt werden, damit Kraftfahrer bei einer Begegnung nicht dorthin ausweichen.

4 IV. Die Anbringung des Zeichens 101 über dem Zeichen 388 ist unzulässig.

---

* VkBl 1988, 488.
** Erl bei § 12 Rn 14.

Hinweise Abs 7 § 42 StVO

Zeichen 392

Es weist auf eine Zollstelle hin.

VwV – StVO
Zu Zeichen 392 Zollstelle

Das Zeichen sollte in der Regel 150 bis 250 m vor der Zollabfertigungsstelle aufgestellt werden. Die Zollbehörden sind zu hören.

Zeichen 393

Informationstafel an Grenzübergangsstellen

VwV – StVO
Zu Zeichen 393 Informationstafel an Grenzübergangsstellen

I. Das Zeichen informiert den in die Bundesrepublik Deutschland einreisenden Verkehrsteilnehmer über die bestehenden allgemeinen Geschwindigkeitsbegrenzungen und über die Richtgeschwindigkeit auf Autobahnen.

II. Die Informationstafel sollte hinter der Grenzübergangsstelle neben der Fahrbahn stehen und zwar

– die **erste Tafel** nach Möglichkeit unmittelbar hinter der letzten Paßkontrollstelle in einem Bereich, in dem die Tafel bereits von den auf die Abfertigung wartenden Fahrzeugen aus gelesen werden kann, und

Jagow

StVO § 42 Abs 8 Nr 1   Richtzeichen

4 – die **Wiederholungstafel** stets hinter der Grenzübergangsstelle in einem Bereich ab 200 m bis 500 m (auf Autobahnen einheitlich 500 m) von der Stelle entfernt, an der der Querschnitt der durchgehenden Strecke beginnt.

5 An Grenzübergangsstellen außerhalb von Autobahnen kann, je nach den örtlichen Gegebenheiten, eine Informationstafel ausreichen.

Zeichen 394*

Es kennzeichnet innerhalb geschlossener Ortschaften Laternen, die nicht die ganze Nacht brennen. Laternenpfähle tragen Ringe gleicher Farbe. In dem roten Feld kann in weißer Schrift angegeben sein, wann die Laterne erlischt.

VwV – StVO

Zu Zeichen 394 Laternenring

Ringe und Schilder sind 70 mm hoch, Schilder 150 mm breit.

(8) **Wegweisung**

1. **Wegweiser**

Zeichen 401	Zeichen 405	Zeichen 406**	Zeichen 410
		Nummernschilder für	
Bundesstraßen	Autobahnen	Knotenpunkte der Autobahnen (Autobahnausfahrten, Autobahnkreuze und Autobahndreiecke)	Europastraßen

VwV – StVO

Zu den Zeichen 401 und 410

1 I. Allein dürfen diese Schilder nur im Verlauf von Bundesstraßen und Europastraßen, die Vorfahrtstraßen sind, aufgestellt werden. Vgl. auch Nummer III 11 a zu den §§ 39 bis 43; Rn. 32 ff.

2 II. Vgl. auch Nummer VIII zu den Zeichen 310 und 311; Rn 10.

---

* Erl bei § 17 Rn 17.
** Erl bei § 18 Rn 2.

Wegweiser Abs 8 Nr 1 § 42 StVO

III. Das Zeichen 401 darf auf neu gebauten Straßen, z. B. Umgehungsstraßen, schon vor deren Widmung angebracht werden. 3

VwV - StVO
Zu Zeichen 405 Nummernschild für Autobahnen

I. Die Abmessungen richten sich nach der Höhe der Ziffern auf den Wegweisern. 1

II. Das Zeichen darf nur zugleich mit Vorwegweisern, Wegweisern und Entfernungstafeln gezeigt werden. 2

III. Nummer I zu den Zeichen 330, 332 bis 334 und 448 bis 453 (Rn 1 bis 4) gilt sinngemäß. 3

Zu Zeichen 406 Nummernschild für Knotenpunkte der Autobahnen

I. Das Zeichen darf nur zugleich mit Zeichen 448 und Zeichen 450 (300-m-Bake) gezeigt werden. 1

II. Alle Ankündigungstafeln der Autobahnausfahrten, Autobahnkreuze und Autobahndreiecke sollen für jeden Autobahnverlauf eine fortlaufende Nummer erhalten. Eine Wiederholung dieser Knotenpunktnummer soll nur für Anschlußstellen auf der 300-m-Bake (Zeichen 450) erfolgen. 2

Zeichen 415

auf Bundesstraßen

Diese Schilder geben keine Vorfahrt.

VwV - StVO
Zu Zeichen 415 bis 442 Wegweisung außerhalb von Autobahnen

I. Die Wegweisung soll Ortsfremde unterrichten. Dabei soll auch angestrebt werden, den Verkehr unter Berücksichtigung der tatsächlichen Verkehrsbedürfnisse auf das vorhandene Straßennetz zu verteilen. Folgende Grundsätze sind einzuhalten: 1
1. Ein einmal in der Wegweisung angegebenes Ziel muß in jeder folgenden Wegweisung bis zu diesem Ziel wiederholt werden. 2
2. Wird an einer Kreuzung oder Einmündung auf ein über eine abzweigende Straße erreichbares Ziel hingewiesen, so empfiehlt es sich immer dann, an der gleichen Stelle auch einen Wegweiser für die Hauptrichtung anzubringen, wenn Zweifel über die Weiterführung der Hauptrichtung auftreten können. 3

II. Anzugeben ist die Entfernung bis zur Ortsmitte. Es sind nur volle Kilometer zu nennen. Innerhalb geschlossener Ortschaften ist die Entfernungsangabe häufig entbehrlich. 4

III. Ist an einer Kreuzung oder Einmündung ein beleuchteter oder ein retroreflektierender Wegweiser angebracht, so muß geprüft werden, ob nicht auch alle übrigen so auszuführen sind. 5

IV. Für Bundesfernstraßen gibt das Bundesministerium für Verkehr ein Verzeichnis der Fern- und Nahziele sowie der Entfernungen heraus. Diese sowie die 6

Jagow

StVO § 42 Abs 8 Nr 1   Richtzeichen

entsprechenden Verzeichnisse der obersten Landesbehörde für die übrigen Straßen sind bei der Auswahl der Ziele zu beachten.

7   V. Soweit in den folgenden Ausführungen keine speziellen Regelungen getroffen sind, ist die Ausgestaltung und Aufstellung nach den „Richtlinien für wegweisende Beschilderung außerhalb von Autobahnen (RWB)" auszuführen. Das Bundesministerium für Verkehr gibt die RWB im Einvernehmen mit den zuständigen obersten Landesbehörden im Verkehrsblatt bekannt.

        Zeichen 418   Zeichen 419

auf sonstigen Straßen

mit größerer   mit geringerer

Verkehrsbedeutung

Das Zusatzschild „Nebenstrecke" weist auf einen wegen seines schwächeren Verkehrs empfehlenswerten Umweg hin.

Zeichen 421*

für bestimmte Verkehrsarten

VwV – StVO

Zu den Zeichen 421 und 442

1   I. Die Zeichen können zur Ableitung jeder Verkehrsart verwendet werden. In den Zeichen können erforderlichenfalls auch mehrere Sinnbilder gezeigt werden.

2   II. Die Aufstellung des Zeichens 442 ist dort zu erwägen, wo schnell gefahren wird und das Zeichen 421 deshalb nicht immer rechtzeitig erkannt werden kann. Außerdem empfiehlt sich die Aufstellung auf breiten Straßen, auf denen der abzuleitende Verkehr sich frühzeitig einordnen muß. Wo das Zeichen 442 steht, kann das Zeichen 421 oft entbehrt werden.

III. Die Ableitung bestimmter Verkehrsarten ist in der Regel geboten,

3   1. wenn für Verkehrsarten (z. B. für Lastkraftwagen) im weiteren Verlauf der Straße ein Verkehrsverbot besteht. In solchen Fällen ist auf das folgende Verkehrsverbot zusätzlich z. B. durch Aufstellung des Zeichens 253 mit Angabe der Entfernung auf einer Zusatztafel hinzuweisen,

---

* Gem den „Richtlinien für die Anordnung von vekehrsregelnden Maßnahmen für den Transport gefährlicher Güter auf Straßen" ist das Symbol aus Z 269 erforderlichenfalls in die Schilder Z 421 u 442 einzusetzen (s Bek BMV v 14. 6. 1988, VkBl S 500).

2. wenn bestimmte Verkehrsarten von der Weiterbenutzung der Straße fernzuhalten sind (z. B. Ableitung von Lastkraftwagen vor engen Ortsdurchfahrten oder von Radfahrern auf weniger belastete Straßen). In solchen Fällen wird zu prüfen sein, ob ein Verkehrsverbot, etwa mit dem beschränkenden Zusatzschild „Anlieger frei", ausgesprochen werden kann,
3. wenn es für bestimmte Verkehrsarten zweckmäßig ist, die Umleitungsstrecke zu benutzen. So kann z. B. Personenkraftwagen eine schwächer befestigte Strecke zur Umgehung des Stadtkerns angeboten werden, wenn der Verkehr dort schneller vorankommt als auf der überlasteten Ortsdurchfahrt.

Zeichen 430

zur Autobahn

Zeichen 432

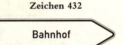

zu innerörtlichen Zielen und zu Einrichtungen mit erheblicher Verkehrsbedeutung. Wird aus verkehrlichen Gründen auf private Ziele hingewiesen, so kann die Ausführung des Zeichens mit braunem Grund und weißem Zeichen erfolgen.

VwV – StVO

Zu Zeichen 432 Wegweiser zu innerörtlichen Zielen

I. Innerörtliche Ziele, zu denen zu weisen ratsam ist, können sowohl Ortsteile (z. B. Parksiedlung, Innenstadt, Kurviertel), als auch öffentliche Anlagen und Gebäude sein (z. B. Flughafen, Bahnhof, Messegelände, Universität, Stadion, Autohof). Wenn auch in der Regel durch das weiße Pfeilschild nur der Weg zu Zielen innerhalb der geschlossenen Ortschaft gewiesen werden sollte, wird empfohlen, es auch als Wegweiser auf einen außerhalb gelegenen Flugplatz, Bahnhof oder ähnliche Einrichtungen zu verwenden.

Zusätzlich ein Sinnbild des angegebenen Zieles zu zeigen, empfiehlt sich.

II. Zu privaten Unternehmen darf nur dann so gewiesen werden, wenn das wegen besonders starken auswärtigen Zielverkehrs dorthin unerläßlich ist und auch nur, wenn allgemeine Hinweise wie „Industriegebiet Nord" nicht ausreichen.

III. Auf Autobahnen dürfen Wegweiser zu privaten Unternehmen, zu Industrie- oder Gewerbegebieten und zu öffentlichen Einrichtungen nicht aufgestellt werden. Hinweise auf Flughäfen, die in weißen Einsätzen mit dem Sinnbild eines Flugzeuges (entsprechend Zeichen 144) auf den blauen Autobahnwegweisern angezeigt werden, bleiben davon unberührt.

StVO § 42 Abs 8 Nr 1   Richtzeichen

Zeichen 434

Wegweisertafel

Sie faßt alle Wegweiser einer Kreuzungszufahrt zusammen. Die Tafel kann auch als Vorwegweiser dienen.

VwV – StVO
Zu Zeichen 434 Wegweisertafel

1   Vgl. auch Nummer II zu den Zeichen 332 und 333; Rn 2.

Innerorts können Wegweiser auch folgende Formen haben:

Zeichen 435   Zeichen 436

Zeichen 437

Straßennamensschilder

Vorwegweiser Abs 8 Nr 2 § 42 StVO

An Kreuzungen und Einmündungen mit erheblichem Fahrverkehr sind sie auf die oben bezeichnete Weise aufgestellt.

VwV – StVO

Zu Zeichen 437 Straßennamensschilder

I. Die Schilder haben entweder weiße Schrift auf dunklem Grund oder schwarze Schrift auf hellem Grund.

II. Die so aufgestellten Straßennamensschilder sind beiderseits zu beschriften. Werden zusätzlich Hausnummern angegeben, so ist dafür zu sorgen, daß die Schilder lesbar bleiben.

III. An Kreuzungen und Einmündungen sollen sie auf die gezeigte Weise angebracht und angeordnet werden; bei erheblichem Fahrverkehr sind sie stets so anzubringen und anzuordnen.

2. Vorwegweiser

Zeichen 438

Zeichen 439

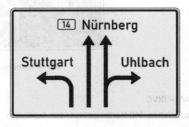

Es empfiehlt, sich frühzeitig einzuordnen.

VwV – StVO

Zu Zeichen 438 Vorwegweiser

I. Durch die schwarzen Pfeile den tatsächlichen Verlauf der Straße schematisch darzustellen, empfiehlt sich nur, wenn dadurch die Übersichtlichkeit der Wegweisung nicht leidet, z. B. vor einem Kreisverkehr.

II. Die Stärke der Pfeilstriche ist nicht nach der Klassifizierung der Straße zu wählen, sondern nach der Vorfahrtregelung, die an der angekündigten Kreuzung oder Einmündung gilt. Die Strichstärken sind in einem Verhältnis 4 (für die Vorfahrtstraße) : 3 (für die nachgeordnete Straße) darzustellen. Die Ankündigung der Wartepflicht durch Zeichen 205 mit Entfernungsangabe auf einem Zusatzschild, gegebenenfalls auch mit dem Sinnbild STOP (hinter Zeichen 206), am gleichen Pfosten kann empfehlenswert sein.

Jagow

StVO § 42 Abs 8 Nr 2 Richtzeichen

III. Im Vorwegweiser kann durch verkleinerte Wiedergabe auf den Strichen auf Verkehrsschilder hingewiesen werden, die im weiteren Verlauf der Straße stehen, z. B. durch Wiedergabe des Gefahrzeichens 150 oder 151 auf einen Bahnübergang, des Zeichens 205 auf die Wartepflicht an der folgenden Kreuzung (Ausführungsbeispiele siehe RWB). Als Einsätze sind nur Verkehrszeichen zulässig.

Zeichen 440

zur Autobahn

VwV – StVO

Zu Zeichen 440 Vorwegweiser zur Autobahn

Die Nummer I zu den Zeichen 330, 332 bis 334 und 448 bis 453 (Rn 1 bis 4) gilt auch für das Zeichen 440.

Zeichen 442*

für bestimmte Verkehrsarten

---

* S hierzu auch Fn zu Z 421.

Wegweisung auf Autobahnen **Abs 8 Nr 3** § 42 StVO

VwV – StVO

Zu Zeichen 442 Vorwegweiser für bestimmte Verkehrsarten

Vgl. auch zu den Zeichen 421 und 442.

3. **Wegweisung auf Autobahnen**

Die „Ausfahrt" (Zeichen 332 und 333), ein Autobahnkreuz und ein Autobahndreieck werden angekündigt durch
– die Ankündigungstafel

Zeichen 448*

in der die Sinnbilder hinweisen:

auf eine Autobahnausfahrt

auf ein Autobahnkreuz oder
Autobahndreieck; es weist auch
auf Kreuze und Dreiecke von
Autobahnen mit autobahnähnlich ausgebauten Straßen des nachgeordneten Netzes hin.

**Die Nummer ist die laufende Nummer der Ausfahrten, Autobahn-
kreuze und Autobahndreiecke der jeweils benutzten Autobahnen.**

---

* Zur Gültigkeitsdauer der bisherigen Zeichen bis 31. 12. 1995 s § 53 VIII: Erl bei § 18 Rn 2.

Jagow

StVO § 42 Abs 8 Nr 3   Richtzeichen

Ein Autohof in unmittelbarer Nähe einer Autobahnanschlussstelle wird angekündigt durch die Hinweisbeschilderung

Zeichen 448.1

Der Autohof wird einmal am rechten Fahrbahnrand 500 bis 1 000 m vor der Ankündigungstafel (Zeichen 448) angekündigt. Auf einem Zusatzschild wird durch grafische Symbole der Leistungsumfang des Autohofs dargestellt.

– den Vorwegweiser

Zeichen 449

– sowie auf 300 m, 200 m und 100 m durch Baken wie

Wegweisung auf Autobahnen Abs 8 Nr 3 § 42 StVO

Zeichen 450

Auf der 300-m-Bake einer Ausfahrt wird die Nummer der Ausfahrt wiederholt.

Autobahnkreuze und Autobahndreiecke werden 2000 m vorher, Ausfahrten werden 1000 m vorher durch Zeichen 448 angekündigt. Der Vorwegweiser Zeichen 449 steht bei Autobahnkreuzen und Autobahndreiecken 1000 m und 500 m, bei Ausfahrten 500 m vorher.

Zeichen 453

Entfernungstafel

Sie gibt hinter jeder Ausfahrt, Abzweigung und Kreuzung die Entfernungen zur jeweiligen Ortsmitte an. Ziele, die über eine andere als die gerade befahrene Autobahn zu erreichen sind, werden in der Regel unterhalb des waagrechten Striches angegeben.

VwV – StVO

Zu den Zeichen 448, 448.1, 449 und 453

Vgl. auch Nummer I zu den Zeichen 330, 332 bis 334 und 448 bis 453; Rn 1 bis 4.

Zu Zeichen 448.1 Autohof

I. Die Abmessung des Zeichens beträgt 2,0 m x 2,8 m.

II. Zeichen 448.1 ist nur anzuordnen, wenn folgende Voraussetzungen erfüllt sind:

1. Der Autohof ist höchstens 1 km von der Anschlussstelle entfernt.
2. Die Straßenverbindung ist für den Schwerverkehr baulich und unter Berücksichtigung der Anliegerinteressen Dritter geeignet.
3. Der Autohof ist ganzjährig und ganztägig (24 h) geöffnet.

Jagow

StVO § 42 Abs 8 Nr 3 Richtzeichen

4. Es sind mindestens 50 Lkw-Stellplätze an schwach frequentierten (DTV bis 50.000 Kfz) und 100 Lkw-Stellplätze an stärker frequentierten Autobahnen vorhanden. Pkw-Stellplätze sind davon getrennt ausgewiesen.
5. Tankmöglichkeit besteht rund um die Uhr; für Fahrzeugreparaturen werden wenigstens Fachwerkstätten und Servicedienste vermittelt.
6. Von 11 bis 22 Uhr wird ein umfassendes Speiseangebot, außerhalb dieser Zeit werden Getränke und Imbiss angeboten.
7. Sanitäre Einrichtungen sind sowohl für Behinderte als auch für die besonderen Bedürfnisse des Fahrpersonals vorhanden.

3 III. Die Abmessung des Zusatzschildes beträg 0,8 m x 2,8 m, die der in einer Reihe anzuordnenden grafischen Symbole 0,52 m x 0,52 m. Sollen mehr als 4 (maximal 6) Symbole gezeigt werden, sind diese entsprechend zu verkleinern.

4 IV. Das Zusatzschild enthält nur grafische Symbole für rund um die Uhr angebotene Leistungen. Es dürfen die Symbole verwendet werden, die auch das Leistungsangebot von bewirtschafteten Rastanlagen beschreiben (vgl. RWBA 2000, Kap. 8.1.2). Zusätzlich kann auch das Symbol „Autobahnkapelle" verwendet werden, wenn ein jederzeit zugänglicher Andachtsraum vorhanden ist. Zur Verwendung des Symbols „Werkstatt" vgl. RWBA 2000, Kap. 15.1(5).

5 V. Die Autohof-Hinweiszeichen, deren Aufstellung vor der Aufnahme des Zeichens 448.1 (Autohof) in die StVO erfolgte und deren Maße nicht den Vorgaben (2,0 m x 2,8 m) entsprechen, sind bis zum 1. Januar 2006 gegen die entsprechenden Zeichen auszutauschen.

VwV – StVO
Zu Zeichen 449 Vorwegweiser auf Autobahnen

1 I. Über dem Pfeil für die Richtung „Geradeaus" darf nur der Name der nächsten Anschlußstelle für die Ausfahrt angegeben werden.

2 II. Der andere Pfeil hat zunächst halbrechts zu zeigen, darf dann aber den tatsächlichen Verlauf der Ausfahrt darstellen. Nummer II zu Zeichen 332 (Rn. 2) gilt auch hier.

3 III. Abweichend von Nummer I und II dürfen in Schilderbrücken an Autobahnkreuzen und Autobahndreiecken über oder neben beiden Pfeilen bis zu drei Ziele genannt werden.

4 IV. Wo es zur Orientierung geboten ist, namentlich an Ausfahrten, die so ausgebaut sind, daß sie Autobahnabzweigungen ähneln, dürfen bei den Ortsnamen über dem nach halbrechts weisenden Pfeil Nummernschilder für Bundesstraßen (Zeichen 401) angebracht werden, wenn diese Bundesstraßen als Vorfahrtsstraßen gekennzeichnet sind.

VwV – StVO
Zu Zeichen 450 Ankündigungsbake

1 Vgl. auch Nummer I zu den Zeichen 330, 332 bis 334 und 448 bis 453; Rn 1 bis 4.

VwV – StVO
Zu Zeichen 453 Entfernungstafel

1 An Autobahnen werden als Bestätigung der Ziele Fernziele in maximal vier Zielangaben auf der Entfernungstafel hinter den Knotenpunkten angezeigt.

Umleitungen Abs 8 Nr 4 § 42 StVO

Liegt das angegebene Ziel nicht an der gerade befahrenen Autobahn, wird dieses Ziel unterhalb eines Trennstriches mit der zugehörigen Autobahnnummer aufgeführt, über die das Ziel zu erreichen ist. Die Anzahl von höchstens 4 Zielangaben in der Entfernungstafel darf auch in diesen Fällen nicht überschritten werden. Wird die Zielangabe über mehrere Autobahnen geführt, wird nur die A-Nummer der nächsten Autobahnstrecke der Zielangabe vorangestellt.

4. Umleitungen des Verkehrs bei Straßensperrungen

Zeichen 454

Es ist am Beginn der Umleitung und, soweit erforderlich, an den Kreuzungen und Einmündungen im Verlauf der Umleitungsstrecke angebracht.

Zeichen 455

Numerierte Umleitung

VwV – StVO
Zu den Zeichen 421 und 442, 454 bis 466 Beschilderung von Umleitungen und Bedarfsumleitungen

I. Die Ausgestaltung und Aufstellung richtet sich, soweit im folgenden keine speziellen Regelungen getroffen sind, nach den „Richtlinien für Umleitungsbeschilderung (RUB)". Das Bundesministerium für Verkehr gibt die RUB im Einvernehmen mit den zuständigen obersten Landesbehörden im Verkehrsblatt bekannt.

II. Umleitungen, auch nur von Teilen des Fahrverkehrs, und Bedarfsumleitungen sind in der Regel in einem Umleitungsplan festzulegen. Die zuständige Behörde hat sämtliche beteiligten Behörden und die Polizei, gegebenenfalls auch die Bahnunternehmen, Linienverkehrsunternehmen und die Versorgungsunternehmen zur Planung heranzuziehen. Dabei sind die Vorschriften des Straßenrechts, insbesondere des § 14 des Bundesfernstraßengesetzes und die entsprechenden Vorschriften der Landesstraßengesetze zu berücksichtigen. Bei allen in den Verkehrsablauf erheblich eingreifenden Umleitungsplänen empfiehlt es sich, einen Anhörungstermin anzuberaumen.

StVO § 42 Abs 8 Nr 4   Richtzeichen

3   III. Als Umleitungsstrecken sollten solche ausgewählt werden, die für die Verkehrsteilnehmer einen möglichst geringen Umweg bedeuten, die für die Art und Menge des umzuleitenden Verkehrs genügen und die, wenn notwendig, mit zumutbaren Aufwendungen für die Umleitung hergerichtet werden können. Genügt die Umleitungsstrecke dem verstärkten Verkehr nicht, so ist durch zusätzliche Maßnahmen dafür zu sorgen, daß sie für den verstärkten Verkehr verkehrssicher wird und sich dieser möglichst reibungslos abwickeln kann. Hierzu können Baumaßnahmen (z. B. Verbesserung der Fahrbahndecke, Schaffung von Ausweichstellen), die bei der Straßenbaubehörde anzuregen sind, und verkehrsregelnde Maßnahmen (z. B. Anordnung von Haltverboten, Geschwindigkeitsbeschränkungen, Schaffung von Einbahnstraßen) notwendig sein. Die Umleitungsstrecke und die zu ihrer Herrichtung gebotenen Maßnahmen sind in dem Umleitungsplan darzustellen. Die Umleitungsschilder dürfen erst aufgestellt werden, wenn die festgelegten Maßnahmen durchgeführt sind.

4   IV. Bedarfsumleitungen des Autobahnverkehrs werden durch Zeichen 460 gekennzeichnet.

5   V. Umleitungen, die innerhalb eines Landes besonders bedeutsam sind, sowie Einrichtung und Inanspruchnahme von Bedarfsumleitungen müssen den Landesmeldestellen, die für die Unterrichtung der Kraftfahrer durch Rundfunk eingerichtet sind, bekanntgemacht werden.

6   VI. Nebenstrecken sind außerhalb geschlossener Ortschaften zu bevorrechtigen.

VwV – StVO
Zu Zeichen 454 Umleitungswegweiser

1   I. Das Zeichen muß mindestens an jeder Kreuzung und Einmündung im Verlauf der Umleitungsstrecke aufgestellt werden, wo Zweifel über deren weiteren Verlauf entstehen können.

2   II. Es kann sich empfehlen, das Ende der Umleitungsstrecke durch Wegweisung kenntlich zu machen.

VwV – StVO
Zu Zeichen 455 numerierte Umleitung

1   Das Zeichen kann anstelle von Zeichen 454 eingesetzt werden, wo eine Unterscheidung mehrerer Umleitungsstrecken durch eine Numerierung erforderlich wird. Häufigste Einsatzfälle werden in städtischen Bereichen mit Großbaustellen liegen. Außerorts kann bei einfachen Verkehrsführungen Zeichen 454 angewendet werden.

Die Umleitung kann angekündigt sein durch das

Zeichen 457

Umleitung

Umleitungen Abs 8 Nr 4 § 42 StVO

mit Zusatzschild, wie „400 m" oder „Richtung Stuttgart" sowie durch die Planskizze

Zeichen 458*

Müssen nur bestimmte Verkehrsarten umgeleitet werden, so sind diese auf einem Zusatzschild über dem Wegweiser (Zeichen 454) und über dem Ankündigungszeichen (Zeichen 457) angegeben, wie „Fahrzeuge über 7,5 t zulässiges Gesamtgewicht". Der Vorwegweiser und die Planskizze zeigen dann Verbotszeichen für die betroffenen Verkehrsarten, wie das Zeichen 262.

Das Ende der Umleitung wird mit dem

Zeichen 459

Ende einer Umleitung

angezeigt.

VwV – StVO
Zu den Zeichen 457 bis 469

  I. Größere Umleitungen sollten immer angekündigt werden, und zwar in der Regel durch die Planskizze.

---

* Erl bei § 45 Rn 19.

StVO § 42 Abs 8 Nr 5   Richtzeichen

2   II. Kleinere Umleitungen bedürfen der Ankündigung nur, wenn das Zeichen 454 nicht schon auf größere Entfernung gesehen werden kann. Dann sollte in der Regel das Zeichen 457 verwendet werden.

3   III. Wegweiser und Vorwegweiser, die wegen einer Umleitung vorübergehend nicht gelten, sollten nicht entfernt oder völlig verdeckt werden, sondern nur mit sich kreuzenden Bändern versehen werden, damit der nach Straßenkarten reisende Verkehrsteilnehmer die Orientierung behält.

5. Numerierte Bedarfsumleitungen für den Autobahnverkehr

Bedarfsumleitung

Wer seine Fahrt vorübergehend auf anderen Strecken fortsetzen muß oder will, wird durch dieses Zeichen auf die Autobahn zurückgeleitet.

VwV – StVO

Zu Zeichen 460 Bedarfsumleitung

1   I. Für den Autobahnverkehr in nördlicher oder östlicher Richtung sind die Bedarfsumleitungen mit ungeraden Nummern und für den Autobahnverkehr in südlicher oder westlicher Richtung mit geraden Nummern zu bezeichnen. Die Nummern sollen so gewählt werden, daß sie in Fahrtrichtung zunehmen. Jedem Land stehen die Nummern 1 bis 99 zur Verfügung. Für eine sinnvolle Koordinierung sorgen die Länder.

2   II. Maßnahmen im und für den Bedarfsfall.

Wenn eine Bedarfsumleitung (z. B. wegen eines Unfalls oder wegen Überfüllung einer Strecke) in Anspruch genommen werden muß, ist der Verkehr, gegebenenfalls unter Zuhilfenahme von Absperrgeräten, durch Lichtzeichen, Verkehrszeichen oder Polizeibeamte abzuleiten. Es ist auch zu prüfen, inwieweit es notwendig ist, den auf die Autobahn zufließenden Verkehr rechtzeitig in die Bedarfsumleitungsstrecken oder andere Ausweichstrecken zu führen.

---

* Erl bei § 18 Rn 2.

Umleitungen Abs 8 Nr 5 § 42 StVO

Zeichen 466

Bedarfsumleitungstafel

Kann der umgeleitete Verkehr an der nach Zeichen 460 vorgesehenen Anschlußstelle noch nicht auf die Autobahn zurückgeleitet werden, so wird er durch dieses Zeichen über die nächste Bedarfsumleitungsstrecke weitergeführt.

Zeichen 467

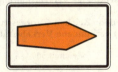

Umlenkungs-Pfeil

Streckenempfehlungen auf Autobahnen können durch den Umlenkungs-Pfeil gekennzeichnet werden.

VwV – StVO
Zu Zeichen 467 Umlenkungspfeil

I. Das orangefarbene Pfeilzeichen ist ein Leitsymbol für eine empfohlene Umleitung innerhalb des Autobahnnetzes. Das Zeichen wird in allen Schildern gezeigt, die der Ankündigung, Vorwegweisung, Wegweisung und Bestätigung einer empfohlenen Umleitungsstrecke dienen. Sie sind zusätzlich zur blauen Autobahnwegweisung aufgestellt.

II. Die Umlenkungsbeschilderung zeigt den Umlenkungspfeil und etwaige schwarze Symbole und Aufschriften auf weißem Grund.

III. Der umzulenkende Verkehr wird am Beginn der Umlenkung durch entsprechende Ziele und den orangefarbenen Umlenkungspfeil geführt. Im Verlauf der

StVO § 42 Abs 8 Nr 6 — Richtzeichen

Umlenkungsroute brauchen die Ziele nicht erneut ausgeschildert zu werden. Der Umlenkungspfeil als Leitsymbol übernimmt die weitere Wegführung.

IV. Bei Überschneidungen von umgelenkten Routen kann es zweckmäßig sein, die Routen regional zu numerieren. Die Nummer kann in schwarzer Schrift in dem Pfeilzeichen eingesetzt werden.

V. Einzelheiten werden in den „Richtlinien für Wechselverkehrszeichen an Bundesfernstraßen (RWVZ)" festgelegt, die das Bundesministerium für Verkehr im Einvernehmen mit den zuständigen obersten Landesbehörden im Verkehrsblatt bekanntgibt.

6. Sonstige Verkehrslenkungstafeln*

Zeichen 468

Schwierige Verkehrsführung

Es kündigt eine mit dem Zeichen „Vorgeschriebene Fahrtrichtung" (Zeichen 209 bis 214) verbundene Verkehrsführung an.

Zeichen 500

Überleitungstafel

---

* Varianten hierzu s Anh zum VzKat.

Verkehrseinrichtungen Abs 1–3 Nr 1, 2 § 44 StVO

Überleitungen des Verkehrs auf die Fahrbahn oder Fahrstreifen für den Gegenverkehr werden durch solche Tafeln angekündigt. Auch die Rückleitung des Verkehrs wird so angekündigt.*

§ 43 Verkehrseinrichtungen

(1) Verkehrseinrichtungen sind Schranken, Sperrpfosten, Parkuhren, Parkscheinautomaten, Geländer, Absperrgeräte, Leiteinrichtungen sowie Blinklicht- und Lichtzeichenanlagen. § 39 Abs. 1 gilt entsprechend.

(2) Regelungen durch Verkehrseinrichtungen gehen den allgemeinen Verkehrsregeln vor.

(3) Verkehrseinrichtungen im einzelnen:
1. An Bahnübergängen sind die Schranken rot-weiß gestreift.
2. Absperrgeräte für Arbeits-, Schaden-, Unfall- und andere Stellen sind

Zeichen 600

Absperrschranke

Leitbake (Warnbake) Leitkegel

---

* S hierzu VzKat Teil 6 Z 521 ff.

StVO § 43 Abs 3 Nr 2   Verkehrseinrichtungen

Zeichen 615   Zeichen 616

fahrbare Absperrtafel   fahrbare Absperrtafel mit Blinkpfeil

Die Absperrtafel weist auf eine Arbeitsstelle hin. Behelfsmäßig oder zusätzlich können weiß-rot-weiße Warnfahnen, aufgereihte rot-weiße Fahnen oder andere rot-weiße Warneinrichtungen verwendet werden. Warnleuchten an Absperrgeräten zeigen rotes Licht, wenn die ganze Fahrbahn gesperrt ist, sonst gelbes Licht oder gelbes Blinklicht. Die Absperrgeräte verbieten das Befahren der abgesperrten Straßenfläche.

VwV – StVO

Zu § 43 Verkehrseinrichtungen

Zu Absatz 1

1   Auf Nummer I zu den §§ 39 bis 43 (Rn 1) wird verwiesen.

Zu Absatz 3 Nr. 2

2   I. Die Sicherung von Arbeitsstellen und der Einsatz von Absperrgeräten erfolgt nach den Richtlinien für die Sicherung von Arbeitsstellen an Straßen (RSA), die das Bundesministerium für Verkehr im Einvernehmen mit den zuständigen obersten Landesbehörden im Verkehrsblatt bekanntgibt.

3   II. Über die Ausgestaltung und Beschaffenheit der Absperrgeräte gelten die Vorschriften in Nummer II, III 1 bis 7 zu den §§ 39 bis 43 (Rn 5 ff.) entsprechend.

4   III. Absperrgeräte sind mindestens voll retroreflektierend auszuführen.

Verkehrseinrichtungen Abs 3 Nr 3 § 44 StVO

3. **Leiteinrichtungen**
   a) Um den Verlauf der Straße kenntlich zu machen, können an den Straßenseiten

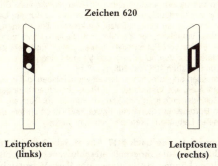

Zeichen 620

Leitpfosten (links)   Leitpfosten (rechts)

in der Regel in Abständen von 50 m stehen.

b) **An gefährlichen Stellen können schraffierte Leittafeln oder Leitmale angebracht sein, wie**

Zeichen 625

Richtungstafel in Kurven

VwV – StVO

Zu Absatz 3 Nr. 3

Senkrechte Leiteinrichtungen unterstützen vor allem außerhalb geschlossener Ortschaften die Längsmarkierungen, geben Gefahrstellen, die durch Einschränkungen des Verkehrsraums oder durch Änderungen des Straßenverlaufs hervorgerufen werden, nach Lage, Ausdehnung und Umriß an und helfen, das Abkommen von Fahrzeugen von der Fahrbahn zu verhüten.

Als Leiteinrichtungen dienen vor allem Leitpfosten, Leittafeln und Leitmale.

1. Außerhalb geschlossener Ortschaften sollten auf Straßen mit stärkerem und schnellerem Verkehr zur Kenntlichmachung des Verlaufs der Straße Leitpfosten aufgestellt werden, jedenfalls auf solchen Teilstrecken, wo häufig Änderungen des Straßenquerschnitts und des Straßenverlaufs auftreten.

2. Leittafeln und Leitmale sind schraffiert. Sie sind rot-weiß und müssen rückstrahlen. Schräge Leitschraffen werden angebracht bei Hindernissen auf oder neben der Fahrbahn. Die Streifen fallen nach der Seite, auf der an dem Hindernis vorbeizufahren ist. Senkrechte Leitschraffen werden angebracht bei Hindernissen über der Fahrbahn, liegende Leitschraffen bei Hindernissen am Boden.

Jagow

StVO § 43 Abs 4 Verkehrseinrichtungen

9 a) Leittafeln werden aufgestellt, wenn an Hindernissen nicht unmittelbar Leitmale angebracht werden können oder zur Verdeutlichung von Einengungen oder Richtungsänderungen der Fahrbahn. Als Leittafeln können verwendet werden Absperrbaken vorzugsweise vor Bauwerkskanten, Brückenpfeilern, Masten und zur Verdeutlichung von Engstellen und Kurven, Leitplatten vorzugsweise vor oder an Leuchtsäulen, Verkehrsschilderpfosten, Inselspitzen, Leitschranken vor allem vor Zäunen und Mauern sowie zur Kenntlichmachung des Endes von Fahrstreifen, Seitenstreifen und sehr engen Kurven, Richtungstafeln zur Verdeutlichung des Verlaufs einer Kurve (vgl. Nummer III und IV zu den Zeichen 103 und 105; Rn. 3 ff.).

10 b) Leitmale müssen angebracht werden an Hindernissen, die in das Lichtraumprofil hineinragen, wie Widerlager und Pfeiler bei Überführungen, Brüstungsmauern, Geländer an engen Brücken, im Bereich von Kurven, vorspringende Ecken von Bordsteinen, Gebäude, Felsen und Durchfahrten. Bäume können mit nur weißen Leitmalen erkennbar gemacht werden.

(4) **Zur Kennzeichnung nach § 17 Abs. 4 Satz 2 und 3 von Fahrzeugen und Anhängern, die innerhalb geschlossener Ortschaften auf der Fahrbahn halten, können amtlich geprüfte Park-Warntafeln verwendet werden.**

Zeichen 630*

Park-Warntafel

VwV – StVO
Zu Absatz 4

11 Die Park-Warntafeln müssen nach § 22 a StVZO bauartgenehmigt und mit dem nationalen Prüfzeichen nach der Fahrzeugteileverordnung gekennzeichnet sein.

Erläuterungen:
1. **Absperrgeräte,** die idR nur vorübergehend aufgestellt werden, lassen den Charakter der Fahrbahn als VRaum unberührt (s § 6) u untersagen nur ihre teilweise Benutzung (KG VRS 62, 63 f = StVE § 12 StVO 28; Bay 84, 121 = VRS 68, 139; s auch § 12 Rn 14). – Befahren abgesperrter Flächen ist ow nach § 49 III 6 iVm § 24 StVG.
2. StrVB ist nicht verpflichtet, beim regelmäßigen täglichen Abschalten der Ampel von 20.00 bis 6.00 Uhr gelbes Blinklicht vorangehen zu lassen oder ein Warnschild aufzustellen, das auf den Abschaltzeitpunkt hinweist (LG Bra NZV 01,262).

---

* Erl bei § 17 Rn 17.

3. Der Straßenbaulastträger verletzt nicht seine Verkehrssicherungspflicht, wenn er neben Verbotsschildern für Lkw zur Durchsetzung dieses Verbots die Auffahrt zu einer altersbedingt einsturzgefährdeten Brücke durch weiß gestrichene Betonbalken mit **aufgesetzten Warnbaken** auf 2,27 m verengt. Keine Haftung des Straßenbaulastträgers, wenn PKW bei Fahrt durch die Verengung beschädigt wird, obwohl rechtzeitige Vorwarnung durch Schilder bzw Verbotsschilder erfolgt (LG Bra NZV 01, 373; s auch OLG Ha NZV 98, 500 u BGH VersR 79, 1055).

III. Durchführungs-, Bußgeld- und Schlußvorschriften

§ 44 Sachliche Zuständigkeit

(1) Sachlich zuständig zur Ausführung dieser Verordnung sind, soweit nichts anderes bestimmt ist, die Straßenverkehrsbehörden; dies sind die nach Landesrecht zuständigen unteren Verwaltungsbehörden oder die Behörden, denen durch Landesrecht die Aufgaben der Straßenverkehrsbehörde zugewiesen sind. Die zuständigen obersten Landesbehörden und die höheren Verwaltungsbehörden können diesen Behörden Weisungen auch für den Einzelfall erteilen oder die erforderlichen Maßnahmen selbst treffen. Nach Maßgabe des Landesrechts kann die Zuständigkeit der obersten Landesbehörden und der höheren Verwaltungsbehörden im Einzelfall oder allgemein auf eine andere Stelle übertragen werden.

(2) Die Polizei ist befugt, den Verkehr durch Zeichen und Weisungen (§ 36) und durch Bedienung von Lichtzeichenanlagen zu regeln. Bei Gefahr im Verzuge kann zur Aufrechterhaltung der Sicherheit oder Ordnung des Straßenverkehrs die Polizei an Stelle der an sich zuständigen Behörden tätig werden und vorläufige Maßnahmen treffen; sie bestimmt dann die Mittel zur Sicherung und Lenkung des Verkehrs.

(3) Die Erlaubnis nach § 29 Abs. 2 und nach § 30 Abs. 2 erteilt die Straßenverkehrsbehörde, dagegen die höhere Verwaltungsbehörde, wenn die Veranstaltung über den Bezirk einer Straßenverkehrsbehörde hinausgeht, und die oberste Landesbehörde, wenn die Veranstaltung sich über den Verwaltungsbezirk einer höheren Verwaltungsbehörde hinaus erstreckt. Berührt die Veranstaltung mehrere Länder, so ist diejenige oberste Landesbehörde zuständig, in deren Land die Veranstaltung beginnt. Nach Maßgabe des Landesrechts kann die Zuständigkeit der obersten Landesbehörden und der höheren Verwaltungsbehörden im Einzelfall oder allgemein auf eine andere Stelle übertragen werden.

(3 a) Die Erlaubnis nach § 29 Abs. 3 erteilt die Straßenverkehrsbehörde, dagegen die höhere Verwaltungsbehörde, welche Abweichungen von den Abmessungen, den Achslasten, dem zulässigen Gesamt-

StVO § 44

gewicht und dem Sichtfeld des Fahrzeugs über eine Ausnahme zuläßt, sofern kein Anhörverfahren stattfindet; sie ist dann auch zuständig für Ausnahmen nach § 46 Abs. 1 Nr. 2 und 5 im Rahmen einer solchen Erlaubnis. Dasselbe gilt, wenn eine andere Behörde diese Aufgabe der höheren Verwaltungsbehörde wahrnimmt.

(4) Vereinbarungen über die Benutzung von Straßen durch den Militärverkehr werden von der Bundeswehr oder den Truppen der nichtdeutschen Vertragsstaaten des Nordatlantikpaktes mit der obersten Landesbehörde oder der von ihr bestimmten Stelle abgeschlossen.

(5) Soweit keine Vereinbarungen oder keine Sonderregelungen für ausländische Streitkräfte bestehen, erteilen die höheren Verwaltungsbehörden oder die nach Landesrecht bestimmten Stellen die Erlaubnis für übermäßige Benutzung der Straße durch die Bundeswehr oder durch die Truppen der nichtdeutschen Vertragsstaaten des Nordatlantikpaktes; sie erteilen auch die Erlaubnis für die übermäßige Benutzung der Straße durch den Bundesgrenzschutz, die Polizei und den Katastrophenschutz.

VwV – StVO
Zu § 44 Sachliche Zuständigkeit

Die Bekämpfung der Verkehrsunfälle

1 I. Die Bekämpfung der Verkehrsunfälle setzt eine möglichst genaue Kenntnis aller mitwirkenden Ursachen voraus. Für allgemeine Maßnahmen sind die Unfallstatistiken unentbehrlich. Diese bedürfen aber der Ergänzung durch die örtliche Untersuchung der Straßenverkehrsunfälle, weil nur so die Verwaltungsbehörden Unterlagen für die Behebung örtlicher Gefahrenquellen erhalten. Diese Erhebungen dienen vor allem dem Ziel, zu ermitteln, wo sich die Unfälle häufen, worauf diese gerade dort zurückzuführen sind, und welche Maßnahmen als angezeigt erscheinen, um erkannte Unfallquellen zu beseitigen.

2 II. Das Ergebnis der örtlichen Untersuchungen dient der Polizei als Unterlage für zweckmäßigen Einsatz, den Verkehrsbehörden für verkehrsregelnde und den Straßenbaubehörden für straßenbauliche Maßnahmen.

3 III. Dazu bedarf es der Anlegung von Unfallsteckkarten, wobei es sich empfiehlt, bestimmte Arten von Unfällen in besonderer Weise, etwa durch die Verwendung verschiedenfarbiger Nadeln, zu kennzeichnen. Außerdem sind Unfallblattsammlungen zu führen oder Unfallstraßenkarteien anzulegen. Für Straßenstellen mit besonders vielen Unfällen oder mit Häufungen gleichartiger Unfälle sind Kollisionsdiagramme zu fertigen. Diese Unterlagen sind sorgfältig auszuwerten; vor allem Vorfahrtunfälle, Abbiegeunfälle, Unfälle mit kreuzenden Fußgängern und Unfälle infolge Verlustes der Fahrzeugkontrolle weisen häufig darauf hin, daß die bauliche Beschaffenheit der Straße mangelhaft oder die Verkehrsregelung unzulänglich ist.

4 IV. Welche Behörde diese Unterlagen zu führen und auszuwerten hat, richtet sich nach Landesrecht. Jedenfalls bedarf es engster Mitwirkung auch der übrigen beteiligten Behörden.

V. Wenn örtliche Unfalluntersuchungen ergeben haben, daß sich an einer bestimmten Stelle regelmäßig Unfälle ereignen, so ist zu prüfen, ob es sich dabei um Unfälle ähnlicher Art handelt. Ist das der Fall, so kann durch verkehrsregelnde oder bauliche Maßnahmen häufig für eine Entschärfung der Gefahrenstelle gesorgt werden. Derartige Maßnahmen sind in jedem Fall ins Auge zu fassen, auch wenn in absehbarer Zeit eine völlige Umgestaltung geplant ist.

Zu Absatz 1

Müssen Verkehrszeichen und Verkehrseinrichtungen, insbesondere Fahrbahnmarkierungen, aus technischen oder wirtschaftlichen Gründen über die Grenzen der Verwaltungsbezirke hinweg einheitlich angebracht werden, so sorgen die zuständigen obersten Landesbehörden für die notwendigen Anweisungen.

Zu Absatz 2

Aufgaben der Polizei

I. Bei Gefahr im Verzug, vor allem an Schadenstellen, bei Unfällen und sonstigen unvorhergesehenen Verkehrsbehinderungen ist es Aufgabe der Polizei, auch mit Hilfe von Absperrgeräten und Verkehrszeichen den Verkehr vorläufig zu sichern und zu regeln. Welche Verkehrszeichen und Absperrgeräte im Einzelfall angebracht werden, richtet sich nach den Straßen-, Verkehrs- und Sichtverhältnissen sowie nach der Ausrüstung der eingesetzten Polizeikräfte.

An Unfallstellen ist dabei, wenn möglich, das Zeichen 101 mit dem Zusatzschild „Unfall" zu verwenden. Auch am Tage ist zur rechtzeitigen Warnung des übrigen Verkehrs am Polizeifahrzeug das blaue Blinklicht einzuschalten. Auf Autobahnen und Kraftfahrstraßen sind darüber hinaus zur rückwärtigen Sicherung besondere Sicherungsleuchten zu verwenden. Nicht retroreflektierende Vorschriftzeichen sind erforderlichenfalls (§ 17 Abs. 1) durch Handweitleuchten oder ähnliche Lichtquellen anzustrahlen.

II. Vorheriger Anhörung der Straßenverkehrsbehörde oder der Straßenbaubehörde bedarf es in den Fällen der Nummer I nicht. Dagegen hat die Polizei, wenn wegen der Art der Schadenstelle, des Unfalls oder der Verkehrsbehinderung eine länger dauernde Verkehrssicherung oder -regelung notwendig ist, die zuständige Behörde zu unterrichten, damit diese die weiteren Maßnahmen treffen kann. Welche Maßnahmen notwendig sind, haben die zuständigen Behörden im Einzelfall zu entscheiden.

1. Sachliche Zuständigkeit

§ 44 regelt die sachliche Zuständigkeit, u zwar **I** die grundsätzliche der Straßen-VBen zur Ausführung der StVO; dazu gehört zB auch das Einschreiten gegen unzulässige Maßnahmen der Str-Baubehörde, die den Verkehr beschränken (HessVGH VM 78, 89). Diese grundsätzliche Zuständigkeit wird durch § 45 I–III für das Gebiet der VZ u VEinrichtungen ergänzt. **II** behandelt die Befugnisse der Pol, **III** die Zuständigkeit für die Erlaubniserteilung, **IV** u **V** die Zuständigkeit für Vereinbarungen mit Militärdienststellen. Die Übertragung der Befugnisse aus den §§ 44, 45 auf andere, insb private Stellen ist unzulässig (Bay VGH DAR 92, 272: Sperrung einer öff Str). Zu Möglichkeiten u Grenzen kommunaler u privater V-Überwachung s Steiner DAR 96, 272.

Jagow

StVO § 45   Verkehrszeichen und -einrichtungen

2   **2. Die Polizei**

„Polizei" sind sowohl die PolBehörden als auch jeder einzelne PolBeamte (Zw NZV 89, 311). Sie hat als Regelzuständigkeit die Verwirklichung der Vorschriften u AOen der StraßenVBen auf der Str, bei **Gefahr im Verzug** eine erweiterte Zuständigkeit, die erforderlichen Maßnahmen, zu denen auch AOen gehören können, vorl nach pflichtigem Ermessen u im Rahmen des § 44 II zu treffen, der die allg PolKlausel hier für den StrVerkehrsbereich konkretisiert (Stu VRS 59, 464 = StVE 1). Die Maßnahmen sind nur vorläufiger Art (s VwV 1 zu Abs 2); endgültige VRegelungen wie die Einrichtung einer LZA kann nur die zuständige VB treffen (Zw aaO).

3   Ob die Pol nach § 44 II auch das **Abschleppen** anordnen darf (so BGH VersR 78, 1070; OVG NW VRS 48, 478), dürfte mit der hM zu verneinen sein; § 44 II S 2 räumt der Pol ersatzweise nur **die** Befugnisse ein, die an sich nach § 44 I iVm § 45 der VB zustehen. Abschleppmaßnahmen gehören aber nicht dazu; sie richten sich vielmehr nach dem PolAufgabenu VollzugsR der Länder (BVwG VRS 62, 156 = StVE § 41 StVO 33; Bouska DAR 83, 147; im übrigen s zum Abschleppen § 12 Rn 76ff u Janiszewski 830ff; s zum Pol-Einsatz auch Ha NZV 93, 192: Beseitigung einer Ölspur auf der Fahrbahn).

4   Während die StraßenVBen ihre AOen nur durch VZ u -Einrichtungen treffen können (§ 45 IV), ist die Pol bei Gefahr im Verzuge in der Wahl ihrer Mittel freigestellt. Sie müssen sich aber innerhalb der Grenzen der Verhältnismäßigkeit u der allg pol Grundsätze halten (s VwV zu Abs 2). Von der Pol ohne Gefahr im Verzuge (zB zur bloßen Absicherung von VKontrollstellen) aufgestellte VZ sind trotz sachlicher Unzuständigkeit nicht nichtig, sondern zu beachten u bußgeldbewehrt (Stu VRS 59, 464; s Rn 9 zu § 39).

§ 45* ** Verkehrszeichen und Verkehrseinrichtungen

(1) **Die Straßenverkehrsbehörden können die Benutzung bestimmter Straßen oder Straßenstrecken aus Gründen der Sicherheit oder Ordnung des Verkehrs beschränken oder verbieten und den Verkehr umleiten. Das gleiche Recht haben sie**
1. **zur Durchführung von Arbeiten im Straßenraum,**
2. **zur Verhütung außerordentlicher Schäden an der Straße,**
3. **zum Schutz der Wohnbevölkerung vor Lärm und Abgasen,**
4. **zum Schutz der Gewässer und Heilquellen,**
5. **hinsichtlich der zur Erhaltung der öffentlichen Sicherheit erforderlichen Maßnahmen sowie**
6. **zur Erforschung des Unfallgeschehens, des Verkehrsverhaltens, der Verkehrsabläufe sowie zur Erprobung geplanter verkehrssichernder oder verkehrsregelnder Maßnahmen.**

---

* Abs 1 a, 1 b, 1 d und 1 e sowie Abs 9 geändert und Abs 1 c neu eingefügt durch VO v 11. 12. 00 (BGBl I S 1690).
** Abs 1 b geändert durch VO v 14. 12. 01 (BGBl I S 3783).

Verkehrszeichen und -einrichtungen **§ 45 StVO**

(1 a) **Das gleiche Recht haben sie ferner**
1. in Bade- und heilklimatischen Kurorten,
2. in Luftkurorten,
3. in Erholungsorten von besonderer Bedeutung,
4. in Landschaftsgebieten und Ortsteilen, die überwiegend der Erholung dienen,
4 a. hinsichtlich örtlich begrenzter Maßnahmen aus Gründen des Arten- oder Biotopschutzes,
4 b. hinsichtlich örtlich und zeitlich begrenzter Maßnahmen zum Schutz kultureller Verantstaltungen, die außerhalb des Straßenraumes stattfinden und durch den Straßenverkehr, insbesondere durch den von diesem ausgehenden Lärm, erheblich beeinträchtigt werden,
5. in der Nähe von Krankenhäusern und Pflegeanstalten sowie
6. in unmittelbarer Nähe von Erholungsstätten außerhalb geschlossener Ortschaften,

wenn dadurch anders nicht vermeidbare Belästigungen durch den Fahrzeugverkehr verhütet werden können.

(1 b) Die Straßenverkehrsbehörden treffen auch die notwendigen Anordnungen
1. im Zusammenhang mit der Einrichtung von gebührenpflichtigen Parkplätzen für Großveranstaltungen,
2. im Zusammenhang mit der Kennzeichnung von Parkmöglichkeiten für Schwerbehinderte mit außergewöhnlicher Gehbehinderung und Blinde,
2 a. im Zusammenhang mit der Kennzeichnung von Parkmöglichkeiten für Bewohner städtischer Quartiere mit erheblichem Parkraummangel durch vollständige oder zeitlich beschränkte Reservierung des Parkraums für die Berechtigten oder durch Anordnung der Freistellung von angeordneten Parkraumbewirtschaftungsmaßnahmen,
3. zur Kennzeichnung von Fußgängerbereichen und verkehrsberuhigten Bereichen,
4. zur Erhaltung der Sicherheit oder Ordnung in diesen Bereichen sowie
5. zum Schutz der Bevölkerung vor Lärm und Abgasen oder zur Unterstützung einer geordneten städtebaulichen Entwicklung.

Die Straßenverkehrsbehörden ordnen die Parkmöglichkeiten für Bewohner, die Kennzeichnung von Fußgängerbereichen, verkehrsberuhigten Bereichen und Maßnahmen zum Schutze der Bevölkerung vor Lärm und Abgasen oder zur Unterstützung einer geordneten städtebaulichen Entwicklung im Einvernehmen mit der Gemeinde an.

(1 c) Die Straßenverkehrsbehörden ordnen ferner innerhalb geschlossener Ortschaften, insbesondere in Wohngebieten und Gebieten mit hoher Fußgänger- und Fahrradverkehrsdichte sowie hohem Querungsbedarf, Tempo 30-Zonen im Einvernehmen mit der Gemeinde an. Die Zonen-Anordnung darf sich weder auf Straßen des überörtli-

chen Verkehrs (Bundes-, Landes- und Kreisstraßen) noch auf weitere Vorfahrtstraßen (Zeichen 306) erstrecken. Sie darf nur Straßen ohne Lichtzeichen geregelte Kreuzungen oder Einmündungen, Fahrstreifenbegrenzungen (Zeichen 295), Leitlinien (Zeichen 340) und benutzungspflichtige Radwege (Zeichen 237, 240, 241 oder Zeichen 295 in Verbindung mit Zeichen 237) umfassen. An Kreuzungen und Einmündungen innerhalb der Zone muss grundsätzlich die Vorfahrtregel nach § 8 Abs. 1 Satz 1 („rechts vor links") gelten. Abweichend von Satz 3 bleiben vor dem 1. November 2000 angeordnete Tempo 30-Zonen mit Lichtzeichenanlagen zum Schutz der Fußgänger zulässig.

(1 d) In zentralen städtischen Bereichen mit hohem Fußgängeraufkommen und überwiegender Aufenthaltsfunktion (verkehrsberuhigte Geschäftsbereiche) können auch Zonen-Geschwindigkeitsbeschränkungen von weniger als 30 km/h angeordnet werden.

(1 e) Nach Maßgabe der auf Grund des § 40 des Bundes-Immissionsschutzgesetzes von den Landesregierungen erlassenen Rechtsverordnungen (Smog-Verordnungen) bestimmen die Straßenverkehrsbehörden schließlich, wo und welche Verkehrszeichen und Verkehrseinrichtungen bei Smog aufzustellen sind.*

(2) Zur Durchführung von Straßenbauarbeiten und zur Verhütung von außerordentlichen Schäden an der Straße, die durch deren baulichen Zustand bedingt sind, können die Straßenbaubehörden – vorbehaltlich anderer Maßnahmen der Straßenverkehrsbehörden – Verkehrsverbote und -beschränkungen anordnen, den Verkehr umleiten und ihn durch Markierungen und Leiteinrichtungen lenken. Straßenbaubehörde im Sinne dieser Verordnung ist die Behörde, welche die Aufgaben des beteiligten Trägers der Straßenbaulast nach den gesetzlichen Vorschriften wahrnimmt. Für Bahnübergänge von Eisenbahnen des öffentlichen Verkehrs können nur die Bahnunternehmen durch Blinklicht- oder Lichtzeichenanlagen, durch rot-weiß gestreifte Schranken oder durch Aufstellung des Andreaskreuzes ein bestimmtes Verhalten der Verkehrsteilnehmer vorschreiben. Alle Gebote und Verbote sind durch Zeichen und Verkehrseinrichtungen nach dieser Verordnung anzuordnen.

(3) Im übrigen bestimmen die Straßenverkehrsbehörden, wo und welche Verkehrszeichen und Verkehrseinrichtungen anzubringen und zu entfernen sind, bei Straßennamensschildern nur darüber, wo diese so anzubringen sind, wie Zeichen 437 zeigt. Die Straßenbaubehörden bestimmen – vorbehaltlich anderer Anordnungen der Straßenverkehrsbehörden – die Art der Anbringung und der Ausgestaltung, wie Übergröße, Beleuchtung; ob Leitpfosten anzubringen sind, bestimmen sie allein. Sie können auch – vorbehaltlich anderer Maßnahmen

---

* Vgl Z 270; Ausnahme-Plakette s VkBl 1988, 411. – Erl s Rn 10 b. Vgl. auch § 41 II Nr. 6 (Zusatzschild zu § 40 II BImSch).

Verkehrszeichen und -einrichtungen **§ 45 StVO**

der Straßenverkehrsbehörden – Gefahrzeichen anbringen, wenn die Sicherheit des Verkehrs durch den Zustand der Straße gefährdet wird.

(3 a) Die Straßenverkehrsbehörde erläßt die Anordnung zur Aufstellung der Zeichen 386 nur im Einvernehmen mit der obersten Straßenverkehrsbehörde des Landes oder der von ihr dafür beauftragten Stelle. Die Zeichen werden durch die zuständige Straßenbaubehörde aufgestellt.

(4) Die genannten Behörden dürfen den Verkehr nur durch Verkehrszeichen und Verkehrseinrichtungen regeln und lenken; in den Fällen des Absatzes 1 Satz 2 Nr. 5 und des Absatzes 1 e jedoch auch durch Anordnungen, die durch Rundfunk, Fernsehen, Tageszeitungen oder auf andere Weise bekanntgegeben werden, sofern die Aufstellung von Verkehrszeichen und -einrichtungen nach den gegebenen Umständen nicht möglich ist.

(5) Zur Beschaffung, Anbringung, Unterhaltung und Entfernung der Verkehrszeichen und Verkehrseinrichtungen und zu deren Betrieb einschließlich ihrer Beleuchtung ist der Baulastträger verpflichtet, sonst der Eigentümer der Straße. Das gilt auch für die von der Straßenverkehrsbehörde angeordnete Beleuchtung von Fußgängerüberwegen. Werden Verkehrszeichen oder Verkehrseinrichtungen für eine Veranstaltung nach § 29 Abs. 2 erforderlich, so kann die Straßenverkehrsbehörde der Gemeinde, in der die Veranstaltung stattfindet, mit deren Einvernehmen die Verpflichtung nach Satz 1 übertragen.

(6) Vor dem Beginn von Arbeiten, die sich auf den Straßenverkehr auswirken, müssen die Unternehmer – die Bauunternehmer unter Vorlage eines Verkehrszeichenplans – von der zuständigen Behörde Anordnungen nach Absatz 1 bis 3 darüber einholen, wie ihre Arbeitsstellen abzusperren und zu kennzeichnen sind, ob und wie der Verkehr, auch bei teilweiser Straßensperrung, zu beschränken, zu leiten und zu regeln ist, ferner ob und wie sie gesperrte Straßen und Umleitungen zu kennzeichnen haben. Sie haben diese Anordnungen zu befolgen und Lichtzeichenanlagen zu bedienen.

(7) Sind Straßen als Vorfahrtstraßen oder als Verkehrsumleitungen gekennzeichnet, bedürfen Baumaßnahmen, durch welche die Fahrbahn eingeengt wird, der Zustimmung der Straßenverkehrsbehörde; ausgenommen sind die laufende Straßenunterhaltung sowie Notmaßnahmen. Die Zustimmung gilt als erteilt, wenn sich die Behörde nicht innerhalb einer Woche nach Eingang des Antrags zu der Maßnahme geäußert hat.

(8) Die Straßenverkehrsbehörden können innerhalb geschlossener Ortschaften die zulässige Höchstgeschwindigkeit auf bestimmten Straßen durch Zeichen 274 erhöhen. Außerhalb geschlossener Ortschaften können sie mit Zustimmung der zuständigen obersten Landesbehörden die nach § 3 Abs. 3 Nr. 2 Buchstabe c zulässige Höchstgeschwindigkeit durch Zeichen 274 auf 120 km/h anheben.

Jagow

StVO § 45 Verkehrszeichen und -einrichtungen

(9) **Verkehrszeichen und Verkehrseinrichtungen sind nur dort anzuordnen, wo dies aufgrund der besonderen Umstände zwingend geboten ist.** Abgesehen von der Anordnung von Tempo 30-Zonen nach Absatz 1 c oder Zonen-Geschwindigkeitsbeschränkungen nach Absatz 1 d dürfen insbesondere Beschränkungen und Verbote des fließenden Verkehrs nur angeordnet werden, wenn auf Grund der besonderen örtlichen Verhältnisse eine Gefahrenlage besteht, die das allgemeine Risiko einer Beeinträchtigung der in den vorstehenden Absätzen genannten Rechtsgüter erheblich übersteigt. Gefahrzeichen dürfen nur dort angebracht werden, wo es für die Sicherheit des Verkehrs unbedingt erforderlich ist, weil auch ein aufmerksamer Verkehrsteilnehmer die Gefahr nicht oder nicht rechtzeitig erkennen kann und auch nicht mit ihr rechnen muß.

VwV – StVO
Zu § 45 Verkehrszeichen und Verkehrseinrichtungen

Zu Absatz 1 bis 1 e

1 I. Vor jeder Entscheidung sind die Straßenbaubehörde und die Polizei zu hören. Wenn auch andere Behörden zu hören sind, ist dies bei den einzelnen Zeichen gesagt.

2 II. Vor jeder Entscheidung sind erforderlichenfalls zumutbare Umleitungen im Rahmen des Möglichen festzulegen.

3 III. 1. Die Straßenverkehrsbehörde bedarf der Zustimmung der obersten Landesbehörde oder der von ihr bestimmten Stelle zur Anbringung und Entfernung folgender Verkehrszeichen:

4 a) auf allen Straßen der Zeichen 201, 261, 269, 275, 279, 290, 292, 330, 331, 334, 336, 363, 380, 460 sowie des Zusatzschildes „abknickende Vorfahrt" (hinter Zeichen 306),

5 b) auf Autobahnen, Kraftfahrstraßen und Bundesstraßen:
des Zeichens 250, auch mit auf bestimmte Verkehrsarten beschränkenden Sinnbildern, wie der Zeichen 251 oder 253, sowie der Zeichen 262 und 263,

6 c) auf Autobahnen, Kraftfahrstraßen sowie auf Bundesstraßen außerhalb geschlossener Ortschaften:
der Zeichen 276, 277, 280, 281, 295 als Fahrstreifenbegrenzung und 296,

7 d) auf Autobahnen und Kraftfahrstraßen:
der Zeichen 209 bis 214, 274 und 278,

8 e) auf Bundesstraßen:
des Zeichens 274 samt dem Zeichen 278 dann, wenn die zulässige Höchstgeschwindigkeit auf weniger als 60 km/h ermäßigt wird.

9 2. Die obersten Landesbehörden sollten jedenfalls für Straßen von erheblicher Verkehrsbedeutung, die in Nummer 1 Buchst. b bis e nicht aufgeführt sind, entsprechende Anweisungen geben.

10 3. Der Zustimmung bedarf es nicht, wenn jene Maßnahmen zur Durchführung von Arbeiten im Straßenraum oder zur Verhütung außerordentlicher Schäden an den Straßen getroffen werden oder durch unvorhergesehene Ereignisse wie Unfälle, Schadenstellen oder Verkehrsstauungen veranlaßt sind.

VwV zu § 45 § 45 StVO

4. Die Straßenverkehrsbehörde bedarf der Zustimmung der obersten Landesbehörde oder der von ihr beauftragten Stelle außerdem für die Anordnung des Schildes nach § 37 Abs. 2 Nr. 1 Satz 8 („Grünpfeil").

IV. Die Straßenverkehrsbehörde bedarf der Zustimmung der höheren Verwaltungsbehörde oder der von ihr bestimmten Stelle zur Aufstellung und Entfernung folgender Verkehrszeichen auf allen Straßen: der Zeichen 293, 306, 307 und 354 sowie des Zusatzschilds „Nebenstrecke".

V. Die Straßenverkehrsbehörde bedarf der Zustimmung der obersten Landesbehörde oder der von ihr bestimmten Stelle zur Anordnung von Maßnahmen zum Schutz der Bevölkerung vor Lärm und Abgasen. Das Bundesministerium für Verkehr gibt im Einvernehmen mit den zuständigen obersten Landesbehörden „Richtlinien für straßenverkehrsrechtliche Maßnahmen zum Schutz der Bevölkerung vor Lärm (Lärmschutz-Richtlinien-StV)" im Verkehrsblatt bekannt.

VI. Der Zustimmung bedarf es in Fällen der Nummer III bis V nicht, wenn und soweit die oberste Landesbehörde die Straßenverkehrsbehörde vom Erfordernis der Zustimmung befreit hat.

VII. Unter Landschaftsgebieten, die überwiegend der Erholung der Bevölkerung dienen, sind z. B. Naturparks zu verstehen.

VIII. Maßnahmen zum Schutz kultureller Veranstaltungen (z. B. bedeutende Musik- oder Theaterdarbietungen insbesondere auf Freilichtbühnen) kommen nur in Betracht, wenn diese erheblich durch vom Straßenverkehr ausgehende Lärmemissionen beeinträchtigt werden. Insbesondere kann sich für die Dauer der Veranstaltung eine Umleitung des Schwerverkehrs empfehlen.

IX. Parkmöglichkeiten für Schwerbehinderte mit außergewöhnlicher Gehbehinderung und Blinde
Der begünstigte Personenkreis ist derselbe wie in Nummer 2 zu § 46 Abs. 1 Nr. 11 aufgeführt.
Wegen der Ausgestaltung der Parkplätze wird auf die DIN 18 024-1 „Barrierefreies Bauen, Teil 1: Straßen, Plätze, Wege, öffentliche Verkehrs- und Grünanlagen sowie Spielplätze; Planungsgrundlagen" verwiesen.

1. a) Parkplätze, die allgemein dem erwähnten Personenkreis zur Verfügung stehen, kommen, gegebenenfalls mit zeitlicher Beschränkung, insbesondere dort in Betracht, wo der erwähnte Personenkreis besonders häufig auf einen derartigen Parkplatz angewiesen ist, z. B. in der Nähe von Behörden, Krankenhäusern, Orthopädischen Kliniken.
b) Für die Benutzung dieser Parkplätze genügt die nach § 46 Abs. 1 Nr. 11 erteilte Ausnahmegenehmigung.
c) Die Kennzeichnung dieser Parkplätze erfolgt in der Regel durch die Zeichen 314 oder 315 mit dem Zusatzschild „Rollstuhlfahrersymbol".
Ausnahmsweise (§ 41 Abs. 3 Nr. 7) kann eine Bodenmarkierung „Rollstuhlfahrersymbol" genügen.

2. a) Parkplätze für bestimmte Schwerbehinderte mit außergewöhnlicher Gehbehinderung und Blinde, z. B. vor der Wohnung oder in der Nähe der Arbeitsstätte, setzen eine Prüfung voraus, ob
– ein Parksonderrecht erforderlich ist. Das ist z. B. nicht der Fall, wenn Parkraummangel nicht besteht oder der Schwerbehinderte in zumutbarer Entfernung eine Garage oder einen Abstellplatz außerhalb des öffentlichen Verkehrsraumes hat,

StVO § 45 — Verkehrszeichen und -einrichtungen

25 – ein Parksonderrecht vertretbar ist. Das ist z. B. nicht der Fall, wenn ein Haltverbot (Zeichen 283) angeordnet wurde,

26 – ein zeitlich beschränktes Parksonderrecht genügt.

27 b) In diesen Fällen erteilt die zuständige Straßenverkehrsbehörde einen besonderen bundeseinheitlichen Parkausweis, den das Bundesministerium für Verkehr im Verkehrsblatt bekanntgibt.

28 c) Die Kennzeichnung dieser Parkplätze erfolgt durch die Zeichen 314, 315 mit dem Zusatzschild „(Rollstuhlfahrersymbol) mit Parkausweis Nr. …".

29 X. Sonderparkberechtigung für Bewohner städtischer Quartiere mit erheblichem Parkraummangel (Bewohnerparkvorrechte)

1. Die Anordnung von Bewohnerparkvorrechten ist nur dort zulässig, wo mangels privater Stellflächen und auf Grund eines erheblichen allgemeinen Parkdrucks die Bewohner des städtischen Quartiers regelmäßig keine ausreichende Möglichkeit haben, in ortsüblich fußläufig zumutbarer Entfernung von ihrer Wohnung einen Stellplatz für ihr Kraftfahrzeug zu finden.

30 2. Bewohnerparkvorrechte sind vorrangig mit Zeichen 286 oder Zeichen 290 mit Zusatzschild „Bewohner mit Parkausweis … frei", in den Fällen des erlaubten Gehwegparkens mit Zeichen 315 mit Zusatzschild „nur Bewohner mit Parkausweis …" anzuordnen. Eine bereits angeordnete Beschilderung mit Zeichen 314 (Anwohnerparkvorrecht nach altem Recht) bleibt weiter zulässig. Werden solche Bewohnerparkvorrechte als Freistellung von angeordneten Parkraumbewirtschaftungsmaßnahmen angeordnet (vgl. Nummer 6), kommen nur Zeichen 314, 315 in Betracht. Die Bezeichnung des Parkausweises (Buchstabe oder Nummer) auf dem Zusatzschild kennzeichnet zugleich die räumliche Geltung des Bewohnerparkvorrechts.

31 3. Die Bereiche mit Bewohnerparkvorrechten sind unter Berücksichtigung des Gemeingebrauchs (vgl. dazu Nummer 4), des vorhandenen Parkdrucks (vgl. dazu Nummer 1) und der örtlichen Gegebenheiten festzulegen. Dabei muss es sich um Nahbereiche handeln, die von den Bewohnern dieser städtischen Quartiere üblicherweise zum Parken aufgesucht werden. Die maximale Ausdehnung eines Bereiches darf auch in Städten mit mehr als 1 Mio. Einwohnern 1000 m nicht übersteigen. Soweit die Voraussetzungen nach Nummer 1 in einem städtischen Gebiet vorliegen, dessen Größe die ortsangemessene Ausdehnung eines Bereiches mit Bewohnerparkvorrechten übersteigt, ist die Aufteilung des Gebietes in mehrere Bereiche mit Bewohnerparkvorrechten (mit verschiedenen Buchstaben oder Nummern) zulässig.

32 4. Innerhalb eines Bereiches mit Bewohnerparkvorrechten dürfen werktags von 9.00 bis 18.00 Uhr nicht mehr als 50 %, in der übrigen Zeit nicht mehr als 75 % der zur Verfügung stehenden Parkfläche für die Bewohner reserviert werden. In kleinräumigen Bereichen mit Wohnbebauung, in denen die ortsangemessene Ausdehnung (vgl. Nummer 3) wesentlich unterschritten wird, können diese Prozentvorgaben überschritten werden, wenn eine Gesamtbetrachtung der ortsangemessenen Höchstausdehnung wiederum die Einhaltung der Prozent-Vorgaben ergibt.

33 5. Für die Parkflächen zur allgemeinen Nutzung empfiehlt sich die Parkraumbewirtschaftung (Parkscheibe, Parkuhr, Parkscheinautomat). Nicht reservierte Parkflächen sollen möglichst gleichmäßig und unter besonderer Berücksichtigung ansässiger Wirtschafts- und Dienstleistungsunternehmen mit Liefer- und

Publikumsverkehr sowie des Publikumsverkehrs von freiberuflich Tätigen in dem Bereich verteilt sein.
6. Bewohnerparkvorrechte können in Bereichen mit angeordneter Parkraumbewirtschaftung (vgl. zu § 13) auch als Befreiung von der Pflicht, die Parkscheibe auszulegen oder die Parkuhr/den Parkscheinautomat zu bedienen, angeordnet werden. Zur Anordnung der Zusatzschilder vgl. Nummer 2.
7. Bewohnerparkausweise werden auf Antrag ausgegeben. Einen Anspruch auf Erteilung hat, wer in dem Bereich meldebehördlich registriert ist und dort tatsächlich wohnt. Je nach örtlichen Verhältnissen kann die angemeldete Nebenwohnung ausreichen. Die Entscheidung darüber trifft die Straßenverkehrsbehörde ebenfalls im Einvernehmen mit der Stadt. Jeder Bewohner erhält nur einen Parkausweis für ein auf ihn als Halter zugelassenes oder nachweislich von ihm dauerhaft genutztes Kraftfahrzeug. Nur in begründeten Einzelfällen können mehrere Kennzeichen in dem Parkausweis eingetragen oder der Eintrag „wechselnde Fahrzeuge" vorgenommen werden. Ist der Bewohner Mitglied einer Car-Sharing-Organisation, wird deren Name im Kennzeichenfeld des Parkausweises eingetragen. Das Bewohnerparkvorrecht gilt dann nur für das Parken eines von außen deutlich erkennbaren Fahrzeugs dieser Organisation (Aufschrift, Aufkleber am Fahrzeug); darauf ist der Antragsteller schriftlich hinzuweisen.
8. Der Bewohnerparkausweis wird von der zuständigen Straßenverkehrsbehörde erteilt. Dabei ist das Muster zu verwenden, das das Bundesministerium für Verkehr, Bau- und Wohnungswesen im Verkehrsblatt bekannt gibt.

XI. Tempo 30-Zonen

1. Die Anordnung von Tempo 30-Zonen soll auf der Grundlage einer flächenhaften Verkehrsplanung der Gemeinde vorgenommen werden, in deren Rahmen zugleich das innerörtliche Vorfahrtstraßennetz (Zeichen 306) festgelegt werden soll. Dabei ist ein leistungsfähiges, auch den Bedürfnissen des öffentlichen Personennahverkehrs und des Wirtschaftsverkehrs entsprechendes Vorfahrtstraßennetz (Zeichen 306) sicher zu stellen. Der öffentlichen Sicherheit und Ordnung (wie Rettungswesen, Katastrophenschutz, Feuerwehr) sowie der Verkehrssicherheit ist vorrangig Rechnung zu tragen.
2. Zonen-Geschwindigkeitsbeschränkungen kommen nur dort in Betracht, wo der Durchgangsverkehr von geringer Bedeutung ist. Sie dienen vorrangig dem Schutz der Wohnbevölkerung sowie der Fußgänger und Fahrradfahrer. In Gewerbe- oder Industriegebieten kommen sie daher grundsätzlich nicht in Betracht.
3. Durch die folgenden Anordnungen und Merkmale soll ein weitgehend einheitliches Erscheinungsbild der Straßen innerhalb der Zone sicher gestellt werden:

   a) Die dem fließenden Verkehr zur Verfügung stehende Fahrbahnbreite soll erforderlichenfalls durch Markierung von Senkrecht- oder Schrägparkständen, wo nötig auch durch Sperrflächen (Zeichen 298) am Fahrbahnrand, eingeengt werden. Werden bauliche Maßnahmen zur Geschwindigkeitsdämpfung vorgenommen, darf von ihnen keine Beeinträchtigung der öffentlichen Sicherheit oder Ordnung, keine Lärmbelästigung für die Anwohner und keine Erschwerung für den Buslinienverkehr ausgehen.

   b) Wo die Verkehrssicherheit es wegen der Gestaltung der Kreuzung oder Einmündung oder die Belange des Buslinienverkehrs es erfordern, kann ab-

StVO § 45   Verkehrszeichen und -einrichtungen

weichend von der Grundregel „rechts vor links" die Vorfahrt durch Zeichen 301 angeordnet werden; vgl zu Zeichen 301 Vorfahrt Rn 4 und 5.

42   c) Die Fortdauer der Zonen-Anordnung kann in großen Zonen durch Aufbringung von „30" auf der Fahrbahn verdeutlicht werden. Dies empfiehlt sich auch dort, wo durch Zeichen 301 Vorfahrt an einer Kreuzung oder Einmündung angeordnet ist.

43   4. Zur Kennzeichnung der Zone vgl zu Zeichen 274.1 und 274.2.

44   5. Die Anordnung von Tempo 30-Zonen ist auf Antrag der Gemeinde vorzunehmen, wenn die Voraussetzungen und Merkmale der Verordnung und dieser Vorschrift vorliegen oder mit der Anordnung geschaffen werden können, indem vorhandene aber nicht mehr erforderliche Zeichen und Einrichtungen entfernt werden.

45   6. Lichtzeichenanlagen zum Schutz des Fußgängerverkehrs, die in bis zum Stichtag angeordneten Tempo 30-Zonen zulässig bleiben, sind neben den Fußgänger-Lichtzeichenanlagen auch Lichtzeichenanlagen an Kreuzungen und Einmündungen, die vorrangig dem Schutz des Fußgängerquerungsverkehrs dienen. Dies ist durch Einzelfallprüfung festzustellen.

Zu Absatz 2

Zu Satz 1

46   I. Die Straßenverkehrsbehörde ist mindestens zwei Wochen vor der Durchführung der in Satz 1 genannten Maßnahmen davon zu verständigen; sie hat die Polizei rechtzeitig davon zu unterrichten; sie darf die Maßnahmen nur nach Anhörung der Straßenbaubehörde und der Polizei aufheben oder ändern. Ist von vornherein mit Beschränkungen oder Verboten von mehr als drei Monaten Dauer zu rechnen, so haben die Straßenbaubehörden die Entscheidung der Straßenverkehrsbehörden über die in einem Verkehrszeichenplan vorgesehenen Maßnahmen einzuholen.

47   II. Schutz gefährdeter Straßen
1. Straßenbau- und Straßenverkehrsbehörden und die Polizei haben ihr Augenmerk darauf zu richten, daß frostgefährdete, hitzegefährdete und abgenutzte Straßen nicht in ihrem Bestand bedroht werden.

48   2. Für Verkehrsbeschränkungen und Verkehrsverbote, welche die Straßenbaubehörde zum Schutz der Straße außer wegen Frost- oder Hitzegefährdung erlassen hat, gilt Nummer I entsprechend. Die Straßenverkehrsbehörde darf Verkehrsbeschränkungen und Verkehrsverbote, welche die Straßenbaubehörde zum Schutz der Straße erlassen hat, nur mit Zustimmung der höheren Verwaltungsbehörde aufheben oder einschränken. Ausnahmegenehmigungen bedürfen der Anhörung der Straßenbaubehörde.

49   3. Als vorbeugende Maßnahmen kommen in der Regel Geschwindigkeitsbeschränkungen (Zeichen 274) und beschränkte Verkehrsverbote (z. B. Zeichen 262) in Betracht. Das Zeichen 274 ist in angemessenen Abständen zu wiederholen. Die Umleitung der betroffenen Fahrzeuge ist auf Straßen mit schnellerem oder stärkerem Verkehr in der Regel 400 m vor dieser durch einen Vorwegweiser, je mit einem Zusatzschild, das die Entfernung, und einem zweiten, das die betroffenen Fahrzeugarten angibt, anzukündigen. Auf Straßen, auf denen nicht schneller als 50 km/h gefahren wird, genügt der Vorwegweiser; auf Straßen von geringerer Verkehrsbedeutung entfällt auch er.

Jagow

4. Für frostgefährdete Straßen stellt die Straßenbaubehörde alljährlich frühzeitig im Zusammenwirken mit der Straßenverkehrsbehörde und der Polizei einen Verkehrszeichenplan auf. Dabei sind auch Vertreter der betroffenen Straßenbenutzer zu hören. Auch die technischen Maßnahmen zur Durchführung sind rechtzeitig vorzubereiten. Die Straßenbaubehörde bestimmt bei eintretender Frostgefahr möglichst drei Tage zuvor den Tag des Beginns und der Beendigung dieser Maßnahmen, sorgt für rechtzeitige Beschilderung, teilt die Daten der Straßenverkehrsbehörde und der Polizei mit und unterrichtet die Öffentlichkeit (vgl. dazu Nummer IV zu den Zeichen 421 und 442, 454 bis 466; Rn 4).

Zu Satz 3

I. Dazu müssen die Bahnunternehmen die Straßenverkehrsbehörde, die Straßenbaubehörde und die Polizei hören. Das gilt nicht, wenn ein Planfeststellungsverfahren vorausgegangen ist.

II. Für Übergänge anderer Schienenbahnen vgl. Nummer VII zu Zeichen 201; Rn 17 ff.

Zu Absatz 3

I. Zu den Verkehrszeichen gehören nicht bloß die in der StVO genannten, sondern auch die nach Nummer III 1 zu den §§ 39 bis 43 (Rn 6) vom Bundesministerium für Verkehr zugelassenen Verkehrszeichen.

II. Vor der Entscheidung über die Anbringung oder Entfernung jedes Verkehrszeichens und jeder Verkehrseinrichtung sind die Straßenbaubehörden und die Polizei zu hören, in Zweifelsfällen auch andere Sachverständige. Ist nach § 5b StVG ein Dritter Kostenträger, so soll auch er gehört werden.

III. Bei welchen Verkehrszeichen die Zustimmung nicht übergeordneter anderer Behörden und sonstiger Beteiligter einzuholen ist, wird bei den einzelnen Verkehrszeichen gesagt.

IV. Überprüfung der Verkehrszeichen und Verkehrseinrichtungen

1. Die Straßenverkehrsbehörden haben bei jeder Gelegenheit die Voraussetzungen für einen reibungslosen Ablauf des Verkehrs zu prüfen. Dabei haben sie besonders darauf zu achten, daß die Verkehrszeichen und die Verkehrseinrichtungen, auch bei Dunkelheit, gut sichtbar sind und sich in gutem Zustand befinden, daß die Sicht an Kreuzungen, Bahnübergängen und Kurven ausreicht und ob sie sich noch verbessern läßt. Gefährliche Stellen sind darauf zu prüfen, ob sie sich ergänzend zu den Verkehrszeichen oder an deren Stelle durch Verkehrseinrichtungen wie Leitpfosten, Leittafeln oder durch Schutzplanken oder durch bauliche Maßnahmen ausreichend sichern lassen. Erforderlichenfalls sind solche Maßnahmen bei der Straßenbaubehörde anzuregen. Straßenabschnitte, auf denen sich häufig Unfälle bei Dunkelheit ereignet haben, müssen bei Nacht besichtigt werden.

2. a) Alle zwei Jahre haben die Straßenverkehrsbehörden zu diesem Zweck eine umfassende Verkehrsschau vorzunehmen, auf Straßen von erheblicher Verkehrsbedeutung und überall dort, wo nicht selten Unfälle vorkommen, alljährlich, erforderlichenfalls auch bei Nacht. An den Verkehrsschauen haben sich die Polizei und die Straßenbaubehörden zu beteiligen; auch die Träger der Straßenbaulast, die öffentlichen Verkehrsunternehmen und ortsfremde Sachkundige aus Kreisen der Verkehrsteilnehmer sind dazu einzuladen. Bei der Prüfung der Sicherung von Bahnübergängen sind die Bahnunternehmen, für

andere Schienenbahnen gegebenenfalls die für die technische Bahnaufsicht zuständigen Behörden hinzuzuziehen. Über die Durchführung der Verkehrsschau ist eine Niederschrift zu fertigen.

58 b) Eine Verkehrsschau darf nur mit Zustimmung der höheren Verwaltungsbehörde unterbleiben.

59 c) Die zuständigen obersten Landesbehörden sorgen dafür, daß bei der Verkehrsschau überall die gleichen Maßstäbe angelegt werden. Sie führen von Zeit zu Zeit eigene Landesverkehrsschauen durch, die auch den Bedürfnissen überörtlicher Verkehrslenkung dienen.

60 V. Den obersten Landesbehörden wird empfohlen, in Übereinstimmung mit den Fern- und Nahzielverzeichnissen für die wegweisende Beschilderung an Bundesfernstraßen entsprechende Verzeichnisse für ihre Straßen aufzustellen.

61 VI. Von der Anbringung von Gefahrzeichen aus Verkehrssicherheitsgründen wegen des Straßenzustandes sind die Straßenverkehrsbehörde und die Polizei unverzüglich zu unterrichten.

Zu Absatz 5

62 Wer zur Unterhaltung der Verkehrszeichen und Verkehrseinrichtungen verpflichtet ist, hat auch dafür zu sorgen, daß diese jederzeit deutlich sichtbar sind (z. B. durch Reinigung, durch Beschneiden oder Beseitigung von Hecken und Bäumen).

Zu Absatz 6

63 I. Soweit die Straßenbaubehörde zuständig ist, ordnet sie die erforderlichen Maßnahmen an, im übrigen die Straßenverkehrsbehörde. Vor jeder Anordnung solcher Maßnahmen ist die Polizei zu hören.

64 II. Straßenverkehrs- und Straßenbaubehörde sowie die Polizei sind gehalten, die planmäßige Kennzeichnung der Verkehrsregelung zu überwachen und die angeordneten Maßnahmen auf ihre Zweckmäßigkeit zu prüfen. Zu diesem Zweck erhält die Polizei eine Abschrift des Verkehrszeichenplans von der zuständigen Behörde.

65 III. Die Straßenbaubehörden prüfen die für Straßenbauarbeiten von Bauunternehmern vorgelegten Verkehrszeichenpläne. Die Prüfung solcher Pläne für andere Arbeiten im Straßenraum obliegt der Straßenverkehrsbehörde, die dabei die Straßenbaubehörde, gegebenenfalls die Polizei zu beteiligen hat.

66 IV. Der Vorlage eines Verkehrszeichenplans durch den Unternehmer bedarf es nicht
1. bei Arbeiten von kurzer Dauer und geringem Umfang der Arbeitsstelle, wenn die Arbeiten sich nur unwesentlich auf den Straßenverkehr auswirken,
67 2. wenn ein geeigneter Regelplan besteht oder
68 3. wenn die zuständige Behörde selbst einen Plan aufstellt.

Zu Absatz 7

69 I. Zur laufenden Straßenunterhaltung gehört z. B. die Beseitigung von Schlaglöchern, die Unterhaltung von Betonplatten, die Pflege der Randstreifen und Verkehrssicherungsanlagen, in der Regel dagegen nicht die Erneuerung der Fahrbahndecke.

70 II. Notmaßnahmen sind z. B. die Beseitigung von Wasserrohrbrüchen und von Kabelschäden.

Allgemeines 1, 2 § 45 StVO

Zu Absatz 8

Die Zustimmung der höheren Verwaltungsbehörde oder der von ihr bestimmten Stelle ist erforderlich. Nummer VI zu Absatz 1 bis 1 e (Rn 14) gilt auch hier. **71**

Zu Absatz 9

Auf Nummer I zu den §§ 39 bis 43 (Rn 1) wird verwiesen. **72**

Inhaltsübersicht

	Rn
1. Allgemeines	1
2. Abs 1, 1 a: Verkehrsbeschränkungen u Parkmöglichkeiten	3
3. Verkehrssicherungspflicht	11
4. Abs 4 Halbs 2: Katastrophenfall	14
5. Abs 5: Beschaffung u Unterhaltung	15
6. Abs 6: Sicherung von Baustellen	16
a) Anordnung u Ausführung	16
b) Pflichten der Bauunternehmer	18
7. Zuwiderhandlungen	21

1. Allgemeines 1

§ 45 hat fortlaufend Änderungen erfahren (s Länd-Übersichten 1 u 2, auch Fn zu § 45 I d).

Abs 1–1 e ermächtigen die **Str-Verkehrsbehörden** (§ 44 I) als in er- 2 ster Linie zuständige Behörden zur **AO** von **VBeschränkungen** (I, I a), zur Einrichtung von **Parkmöglichkeiten** insbesondere für Behinderte und Anwohner und von geschwindigkeitsbeschränkten Zonen zum Schutz vor Lärm und Abgasen (I b), zur Anordnung von Tempo 30-Zonen (1 c), zu Zonen-Geschwindigkeitsbeschränkungen unter 30 km/h in verkehrsberuhigten Geschäftsbereichen (I d) u zur Aufstellung von VZ bei Smog (I e). – **II** S 1 u 2 enthalten die Zuständigkeiten der **Str-Baubehörden**, S 3 diejenigen der **Bahnunternehmen** für die Sicherung der Bahnübergänge. – **III** verteilt die Zuständigkeit zwischen Verkehrs- u Baubehörden bei der **Durchführung** der Beschilderung. – **III a** soll einen „sparsamen" Gebrauch vom Z 386 sicherstellen (Begr). – **IV** bestimmt, daß der Verkehr nur durch amtl VZ u -Einrichtungen bzw durch über die Medien bekanntzumachende AOen geregelt werden darf. Im übrigen sind AOen, für die VZ oder Einrichtungen nicht vorgesehen sind, unzulässig (wegen der andersartigen Befugnisse der Pol im Rahmen ihrer Eilzuständigkeit vgl § 44 II). – **V** regelt, wer VZ u Einrichtungen beschaffen u in Betrieb halten muß (zur Kostentragungspflicht vgl § 5 b StVG). – **VI** behandelt die Pflichten der **Bauunternehmer** (s unten Rn 16). – **VII** macht **Bauarbeiten** an bestimmten **Durchgangsstr** (von denen auch Bundesfernstr nicht mehr ausgenommen sind) von der Zustimmung der VB abhängig, während sonst die Zustimmungsbedürftigkeit von Maßnahmen in die VwV verwiesen worden ist. – **VIII** ergänzt die Ermächtigung der VBen zu

StVO § 45 3–3 b   Verkehrszeichen und -einrichtungen

VBeschränkungen dahin, daß sie innerorts die nach § 3 III 1 zul **Höchstgeschwindigkeit erhöhen** können. Landesweite **Geschwindigkeitsbeschränkungen auf ABen** sind unzul (VG Ko DAR 93, 310 = StVE 46; s auch unten Rn 10 sowie § 18 Rn 16 u **E** 86; s aber VG Bln NZV 91, 366: Zulässigkeit auf der AVUS). – **IX** korrespondiert mit § 39 I; er verpflichtet die VB, bei der AO von VZ ua V-Einrichtungen restriktiv zu verfahren u nur dort regelnd einzugreifen, wo es aufgrund der bes Umstände zwingend geboten ist, weil die allg u bes Verhaltensregeln der VO für einen sicheren u geordneten V-Ablauf nicht ausreichen (Begr).

3 2. Abs 1, 1 a: Verkehrsbeschränkungen u Parkmöglichkeiten

Die VBen sind in der Anbringung von Gefahr- u HinweisZ nicht beschränkt, aber bei Geboten u Verboten an die Ermächtigungen in § 45 gebunden. Danach sind zwar grundsätzlich nur verkehrsregelnde AOen zu treffen, die auf den **Schutz der Allgemeinheit** u nicht auf die Wahrung der Interessen einzelner gerichtet sind (BVwG VRS 63, 232 = StVE 23; VM 90, 35; NJW 93, 1729), doch kann auch dem einzelnen ein Anspruch auf verkehrsregelndes Eingreifen zu seinen Gunsten erwachsen, wenn die Verletzung seiner öff-rechtlich geschützten Individualinteressen in Betracht kommt (OVG NW NZV 96, 87; VGH BW ZfS 97, 436); Antrag, durch straßenverkehrsrechtliche Maßnahmen der Lärmbeeinträchtigung von Grundstücken entgegenzuwirken, läuft auf Anspruch nach ermessensfehlerfreier Entscheidung gemäß § 45 I 2 Nr. 3 hinaus (Mü NZV 99, 269).
– Beschränkungen aus Gründen der Sicherheit des Verkehrs setzen eine **konkrete Gefahrenlage** voraus. Es muß sorgfältig geprüft werden, ob der Eintritt eines schädigenden Ereignisses, hauptsächlich von VUnfällen, hinreichend wahrscheinlich ist. Dazu genügt die Feststellung, daß die konkrete Situation auf einer bestimmten Strecke die Befürchtung nahelegt, es könnten in überschaubarer Zukunft mit hinreichender Wahrscheinlichkeit Schadensfälle eintreten (BVwG StVE 12; NZV 96, 86: auch auf einer längeren Strecke). Die Gefährlichkeit einer Strecke beurteilt sich nicht nach der Fähigkeit von Spitzenfahrern, sondern nach dem Durchschnitt der Fahrer (BVwG VRS 49, 70 = StVE 1). Anordnung einer Geschwindigkeitsbegrenzung auf 120 km/h auf BAB durch Z 274 ist rechts- und ermessensfehlerfrei, wenn Zielsenkung der Unfallzahlen gewollt und Geschwindigkeitsbeschränkung als Mittel geeignet ist (BVerwG NZV 99, 309 u NZV 00, 345) und muß auf § 45 I 1 iVm IX 2 StVO beruhen (BVerwG NZV 01, 528).

3 a § 45 StVO enthält keine Rechtsgrundlage, den Fz-Verkehr allein wegen verkehrsordnungspolitischer Konzeptionen zugunsten des öffentl Nahverkehrs sowie des Anwohner- u Wirtschaftsverkehrs zu verdrängen; § 45 I 1 StVO dient lediglich der Abwehr von Gefahren für die Sicherheit und Ordnung des Verkehrs (VG Berlin NZV 01, 395).

3 b § 45 I StVO bezeichnet mit der Formulierung „aus Gründen der Sicherheit oder Ordnung des Verkehrs" nicht nur eine rechtssatzmäßige Voraussetzung für Verkehrsbeschränkungen, sondern gibt zugleich den

Zweck des Ermessens normativ vor. Die Verkehrsbehörde handelt ermessensfehlerhaft, wenn sie nicht zum Zwecke der Gefahrenabwehr handelt, sondern das verkehrsrechtliche Instrumentarium für einen außerhalb der Gefahrenabwehr liegenden Zweck in Dienst nimmt (hier bei der Einrichtung von Fahrradabstellplätzen), OVG Br NZV 00, 140.

Alle VBeschränkungen müssen den Verwaltungsgrundsätzen der **Notwendigkeit** u **Verhältnismäßigkeit** des Mittels entsprechen (BVwG VRS 46, 237; BGH(Z) VkBl 64, 613); sie sind daher nach I u I a nur für bestimmte Str oder Strecken zul, um einer dort bestehenden konkreten Gefahr für die Sicherheit oder Ordnung, also im Vergleich zu anderen Strecken einer erhöhten Unfallgefahr zu begegnen (Ko DAR 93, 310). Die Beschränkung ist insb zul, wenn sie zur Wiederherstellung oder Verbesserung der Flüssigkeit u Leichtigkeit des Verkehrs in innerörtl Ballungsgebieten geeignet u erforderlich ist (BVwG NZV 93, 284). Über die Nichtigkeit u Anfechtbarkeit von AOen, die gegen I verstoßen, vgl 9 zu § 39. Auf Grund § 45 hat der Bürger grundsätzlich keinen subjektiv öff RAnspruch auf Erlaß verkehrsbeschränkender Maßnahmen auch bei Vorliegen ihrer Voraussetzungen, auch nicht stets auf eine rechtsfehlerfreie Ermessensentscheidung (BVwG VRS 59, 312; OVG Br VRS 66, 233), sofern nicht auch individuelle Belange geschützt sind (s unten 5, 6 sowie OVG Lü NJW 85, 2966: Einrichtung einer Wechsel-LZA zum Schutz eines Landwirts vor VGefahren; ebenso BVwG NJW 87, 1096; VG Br NZV 92, 335: Abwehr von VRegelungen bei Beeinträchtigung von Individualinteressen iS von § 42 II VwGO; OVG SchlH VM 92, 107: Kein Anspruch auf Maßnahmen zum Schutz vor Auswirkungen des StrV auf Gebäude). Namentlich bei einer tatsächlich-öff VFläche bedarf eine VRegelung eines Bedürfnisses (VGH Ka NZV 89, 406). Zur sonstigen Zulässigkeit von VBeruhigungsmaßnahmen s VG Br aaO mwN. – VVerbote oder -Beschränkungen, die generell in der StVO geregelt sind, können durch konkrete AOen nach § 45 I S 1 verdeutlicht werden, wenn ihre Voraussetzungen oder ihr Geltungsbereich den VTn nicht ohne weiteres erkennbar ist (BVwG VM 71, 90: Parkverbot gegenüber Garagenausfahrt). – Verkehrsbeschränkungen oder Ausnahmen hiervon sollen nicht nur den **Anliegern** selbst, sondern ggf **auch** ihren **Besuchern** und allen anderen Personen zugute kommen, die mit dem Anlieger Beziehungen irgendwelcher Art unterhalten oder anknüpfen wollen (BVwG NZV 00, 435); jedoch keine Ausweitung auf ein Recht zur Durchfahrt auf bestimmten weiteren Straßen, um die eigene Anliegerstraße zu erreichen (BVerwG aaO).

Der Sicherheit u Ordnung des Verkehrs dienen auch Maßnahmen zugunsten des **ruhenden** Verkehrs, zB Parkverbote, um eine Haltestelle für einen Linienbus oder auch private Reiseomnibusse freizuhalten; denn die Ermöglichung des Ein- u Aussteigens in Massenverkehrsmittel ist ein dringendes VBedürfnis (Bay VkBl 60, 250; Ha VRS 30, 478). Der Anlieger, der seine Garagenausfahrt nicht benutzen kann, wenn auf der gegenüberliegenden Seite der Str Fze parken, hat gegen die VB einen Anspruch auf ermessensfehlerfreie Entschließung darüber, ob u ggf welche Maßnah-

StVO § 45 6–9a Verkehrszeichen und -einrichtungen

men zur Beseitigung dieser Behinderung zu treffen sind (s BVwG VM 71, 90). § 45 I S 1 schützt insoweit auch die Interessen eines einzelnen (BVwG aaO; s auch BayVGH VM 91, 37: Anspruch des Garageneigentümers auf ungehinderten Zugang), soweit er nicht in der Lage ist, die Situation durch Umgestaltung des Einfahrtbereichs zu verbessern (BayVGH VM 94, 102). Er hat aber keinen Anspruch auf Einrichtung von Parkmöglichkeiten vor oder nahe seinem Grundstück (BVwG ZfS 92, 249 mwN; zum vorläufigen vorbeugenden RSchutz des Anliegers gegenüber der VB nach § 123 I S 1 VwGO s VGH Ka VRS 75, 148).

6   Streitig ist aber, ob **Parkverbote,** durch deren Ausn-Regelungen Parkplätze für bestimmte **Personengruppen,** insb für die Fze einer Behörde, freigehalten werden sollen, mit I S 1 vereinbar sind. Nach Kar (VRS 33, 458) ist ein Parkverbot mit Zusatz „Frei für Anlieger der R-Straße Nr. –", nach Bay 65, 147 = VRS 30, 221 ein solches mit Ausn der Fze eines anliegenden Konsulats zulässig (s auch 34 zu § 12). Dagegen lehnen das BVwG (VRS 40, 381; Ausn für Pol-Fze: VRS 40, 393), die VwGe Stu (VRS 30, 144), Kö (DAR 68, 222) u Fra (VM 69, 119) die Freihaltung von Parkplätzen für Behörden u ausl Botschaften als unzulässig ab, da sie verkehrsfremden Zwecken dienen (vgl 14 zu § 39); andererseits dürfen aber gerade solche bei Ausn-Genehmigungen nach § 46 berücksichtigt werden (vgl § 46 Rn 1, 2). Zulässig ist Sperrung eines ganzen Ortsteils, falls die Voraussetzungen des Verbots für alle Str vorliegen (BVwG DAR 58, 282). Die öff Hand darf eine dem öff Verkehr lediglich tatsächlich zur Verfügung gestellte Fläche einer sachgerechten anderen Verwendung zuführen (BVwG VM 75, 13).

7   Für **Linienomnibusse** darf durch **Z 245 eine** sog **Busspur** eingerichtet werden, wenn dies zur Förderung der Sicherheit u Ordnung, insb der Leichtigkeit des Verkehrs erforderlich ist (BVwG DAR 93, 401); dies verletzt nicht die Zugangsrechte der Anlieger (Bay VGH DAR 84, 159). – Zur Zulässigkeit der Einrichtung eines **Radweges** s OVG Br ZfS 83, 379, von Fahrradstr s Z 244 u § 42 VI 1 g.

8   Zulässigkeit der Schaffung von **Fußgängerzonen** (Z 242, 243) s I b 3 u BVwG VRS 48, 395; deren Schutz durch Einschränkung des Verkehrs s BVwG StVE 14. Parkerleichterungen für Ärzte, Blinde u Schwerbehinderte s § 46 VwV zu I 11. Zur Einrichtung von Gehwegen in Erholungsgebieten s HessVGH VM 81, 85. Das StraßenverkehrsR berechtigt nicht zu verkehrsregelnden Maßnahmen, die die wegerechtliche Teilentwidmung der Str (Einrichtung eines Fußgängerbereichs) durch Zulassung einer anderen Benutzungsart (beschränkter Kfz-Verkehr) faktisch wieder aufheben (BVwG VM 82, 1; s auch **E** 91 ff).

9   Nach **I Nr 2** ist ein **Reitverbot** auf Waldwegen zul (VGH BW NZV 95, 167).

9a Nach **I Nr 3** sind VBeschränkungen u -Verbote nur zum Schutz vor Einwirkungen, die vom KfzV herrühren, zul (BayVGH NZV 96, 167). Sie sind aus **Lärmschutzgründen** (dh wenn der Lärm das ortsüblich akzeptable Maß überschreitet: BVwG StVE 30; VGH BW ZfS 97, 436; Mü NZV 99, 269) u zum Schutz vor **Abgasbelästigungen** zu **jeder** Zeit zulässig (BayVGH DAR 84, 62), wie zB Beschränkung eines Taxenstandes (Z 229) auf die Zeit von 7–21 Uhr zum Schutz der Nachtruhe (OVG Ko NJW 86, 2845). I 3 knüpft – anders als § 17 IV FStrG – nicht an einen bestimmten Grenzwert an, nach dessen Überschreiten, die VB tätig werden müßte; es besteht selbst bei intensiver Lärmbelästigung nur Anspruch auf ermessensfehlerfreie Entscheidung (VGH Ka VM 89, 93; VGH BW ZfS 97, 436). – Da Lärmschutzmaßnahmen häufig nicht zur Beseitigung des Lärms, sondern nur zu dessen Verlagerung führen, hat VB auch die Belange der **Anlieger** zu berücksichtigen, die durch den verlagerten Lärm beeinträchtigt werden könnten (BVerwG NZV 00, 386). Notwendigkeit einer **Gesamtschau!** VB darf selbst bei erheblicher Lärmbeeinträchtigung von verkehrsbeschränkenden Maßnahmen absehen, wenn ihr dies mit Rücksicht auf die damit verbundenen Nachteile gerechtfertigt erscheint (BVerwG, aaO). – § 45 I Nr 3 ermächtigt zur AO von Lärmschutzmaßnahmen nur, wenn er vom Kfz-Verkehr, hingegen nicht vom Straßenbahnverkehr ausgeht (BVerwG NZV 00, 309).

Zu **Nr 4** s Z 261, 269 u 354 iVm den in den zugehörigen VwV gen RiLi (Bg VGH NZV 02, 147). – **Nr 5** soll insb Sicherungsmaßnahmen ermöglichen, die nicht verkehrsbedingt, sondern aus allg Sicherheitsgründen erforderlich sind (zB Haltverbote zum Schutze öff Einrichtungen gegen Bombenanschläge mittels abgestellter Fze oder weitreichende Fahrverbote in Katastrophenfällen; BTDr 8/3150; s hierzu auch IV Halbs 2 u BVwG NZV 93, 44). „Flächendeckende Fahrverbote" s zB RdErl d MW Nds v 11. 12. 81, MBl 82 S 24; bei gesundheitsgefährdender Ozonbelastung s VGH Mü NZV 94, 87 = StVE 47). – Durch **Nr 6** soll klargestellt werden, daß Vbeschränkungen u -verbote auch im Rahmen von Untersuchungen zum VGeschehen (Forschungsvorhaben) zulässig sind (Ermächtigung: § 6 I 16 StVG); zu Umfang u Dauer vorläufiger V-Regelung s VGH BW NZV 95, 45; OVG NW NZV 96, 214.

Abs I b hat verschiedene Aufgaben: **Nr 1** gibt den VBen die rechtliche Grundlage für die Einrichtung gebührenpflichtiger Parkplätze bei Großveranstaltungen, die bisher gefehlt hat (s BVwG VRS 38, 386). Zur zul Gebührenerhebung vor Veranstaltungsbeginn s Kö NZV 92, 200. – **Nr 2** soll helfen, außergewöhnlich Gehbehinderten, Blinden ParkvorRe zu gewähren (s Erl zu Z 286; VwV zu Abs 1 VIII u IX); diese ParkvorRe können zeitl beschränkt sein (VGH Bad-Wttbg NZV 02, 54); die Regelung ist verfassungskonform (Dü VRS 63, 377 = StVE 25; 69, 45). Für „**Bewohner**" kommt nach **Nr 2 a** ein ParkvorR nicht nur für die Straße in Betracht, an der sie tatsächlich wohnen, sondern – nach der Neuregelung durch VO v 14. Dez. 2001 (BGBl I S 3783) – ggf. auch für ein Gebiet mit mehr als nur zwei bis drei Straßen („städtische Quartiere", max Ausdehnung bis ca. 1 000 m – vgl amtl Begr im VKBl 02, 139, 140). Zur ordnungsgem Kennzeichnung eines „Bewohnerparkgebiets" s Dü NZV 96, 248. Privilegierung des Anwohnerparkens ist zulässig und verfassungskonform, findet jedoch dort seine Grenzen, wo es um berechtigte Parkinteressen von anderen wie Besuchern, Geschäftsleuten geht (BVerwG NZV 98, 427); Gesetzgeber wurde zu einer entsprechenden Änderung von

StVO § 45 10 a–11   Verkehrszeichen und -einrichtungen

§ 6 I StVG aufgefordert, um Ausgleich aller Interessen sicherzustellen (Tettinger, Möglichkeiten einer zukünftigen Handhabung des bisherigen Anwohnerparkens, NZV 98, 481; Röthel individuelle Mobilität in der Interessenabwägung, NZV 99, 63), was durch Ges v 19. März 2001 (BGBl I S 386, amtl Begr VK Bl 02, 260) und durch VO v 14. Dez. 2001 (aaO) erfolgt ist. – Die **Nrn 3 u 4** geben den VBen die Möglichkeit, die zur Kennzeichnung von Fußgängerbereichen u verkehrsberuhigten Bereichen durch die amtl VZ (242–243, 274.1, 2; 325–6) sowie zur Erhaltung von Ordnung u Sicherheit in diesen Bereichen notwendigen Maßnahmen – im Einvernehmen mit der Gemeinde (Satz 2) – zu ergreifen (s hierzu Z 325 u 326 sowie Steiner NVwZ 84, 201; NZV 95, 209; zur Voraussetzung einer Zonen-Einrichtung s § 3 Rn 75 u BVwG NZV 95, 165); die AO eines verkehrsberuhigten Bereichs ist eine Allgemeinverfügung (Stu VRS 73, 221); die Anwohner haben keinen Anspruch auf Schaffung öff, für sie reservierter Parkplätze (BVwG DAR 88, 391). – **Nr 5** erlaubt der VB allg Schutzmaßnahmen gegen Lärm u Abgase; s hierzu Lärmschutz-RiLi-StV d BMV v 6. 11. 81, VkBl 81, 428; soweit diese Vorschrift ansonsten den zur Selbstverwaltung gehörenden Planungs- u Entwicklungsbelangen einer Gemeinde dient, kann diese von der VB eine ermessensfehlerfreie Entscheidung verlangen (BVwG VM 94, 111); im übrigen gewährt I b S 2 aber nur ein VetoR (BVwG aaO). **Abs I c** ist die Grundlage für die Anordnung von **Tempo 30-Zonen.**

10 a **Abs I d** ist zu sehen iVm **Z 274.1** u **290**; beachtlich ist hierzu auch Abschnitt X VwV zu § 45. **Verkehrsberuhigte Geschäftsbereiche** sind solche mit hohem Fußgängeraufkommen u überwiegender Aufenthaltsfunktion in zentralen städt Bereichen (s dazu § 3 Rn 74); sie sollten idR durch eine Kombination der Z 274.1 u 290 gekennzeichnet sein (Näheres bei Bouska DAR 89, 442 f).

10 b Nähere Vorschriften über den Erlaß von **VVerboten bei erhöhten Ozonkonzentrationen** nach **Abs I e** enthalten die §§ 40a bis e und 62a BImSchG. Danach kann der Verkehr mit Kfzen ab einer Ozonkonzentration von 240 Mikrogr/m^3 in einem Land ganz oder teilweise verboten werden. Die VVerbote werden von der obersten Landes-VB gem § 40b I BImSchG entspr § 45 IV bekanntgegeben u gelten ab 6 Uhr des folgenden Tages. Ausgenommen sind Kfze mit geringem Schadstoffausstoß (s Anh zu § 40c I BImSchG), die mit einer Plakette zu kennzeichnen sind. Das VVerbot gilt nicht für Fahrten zu bes Zwecken (§ 40d BImSchG) u SonderR-Fze nach § 35. Rechtsgrundlage für derartige Maßnahmen wären also nicht StVG und StVO, sondern ausschließlich die erwähnten Bestimmungen des BImSchG, vgl auch BVerwG NZV 00, 342. – Zur Kompetenz für die AO von Geschwindigkeitsbeschränkungen wegen Ozonbelastung s Schmidt NZV 95, 49 u Bouska DAR 96, 227.

11 **3. Verkehrssicherungspflicht**

Die erörterten Zuständigkeiten (Rn 2) begründen nicht nur die Befugnis, sondern auch die **Pflicht,** für die Sicherheit der Str zu sorgen, insb auf

Schäden u Gefahrenstellen durch WarnZ hinzuweisen, die ein sorgfältiger Benutzer bei zweckentspr Benutzung der Str nicht oder nicht rechtzeitig erkennen kann (BGH NJW 80, 2194; KG VRS 65, 167). Der VT muß zB nicht mit erheblichen Vertiefungen auf der AB rechnen (Nü DAR 96, 59). Die allg StrVerkehrssicherungspflicht soll den Gefahren begegnen, die aus der Zulassung eines Verkehrs auf öff Wegen entstehen können. Ihr Inhalt u Umfang richten sich nach dem Verkehr, für den der Weg zugelassen ist (BGH(Z) NZV 89, 390; Kö VM 93, 57) sowie nach Erkennbarkeit einer Gefahrenquelle, Frequentierung u Breite der Str pp (Brbg DAR 95, 403). Die Amtspflicht der VBen, VZ sachgem u deutlich anbringen zu lassen, besteht gegenüber allen, die die Str nach der Art ihrer VEröffnung benutzen dürfen; sie entfällt nicht gegenüber einem VT, der ein nicht mehr zugel Fz benutzt oder sich verkehrswidrig verhält (BGH(Z) VM 66, 107; Bay 56, 272). Für denjenigen, der auf der Str Bauarbeiten ausführt, ergibt sich die VSicherungspflicht aus dem dem § 823 I BGB zu entnehmenden Grundsatz, daß derjenige, der eine Gefahr schafft, Sicherheitsvorkehrungen zur Abwehr von Schäden für Dritte treffen muß (BGH(Z) VRS 29, 173; Ko VRS 72, 128).

Verletzung der Verkehrssicherungspflicht kann Schadensersatzanspruch auslösen (**E** 123). Anspruchsgrundlage hängt davon ab, ob Erfüllung privatrechtl oder öffentlichrechtl Natur ist. Privatrechtl Grundlage ist § 823 BGB (BGHZ 60, 54; BvwGE 14, 304). Ist Erfüllung hoheitl Aufgabe (kraft Gesetzes oder durch Übernahme) so haftet die verantwortl Körperschaft nach § 839 BGB, Art. 34 GG (BGHZ 60, 54; s auch Jag/Hentschel Rn 54 zu § 45 StVO mw Nachw).

Verkehrssicherungspflicht für Standfestigkeit von Verkehrsschildern kann nicht dadurch erfüllt werden, dass ein nur mit Fahrer besetztes Fz der Straßenmeisterei die Straße abfährt und dabei seine Geschwindigkeit dem normalen Verkehrsfluss anpasst. Vielmehr ist erforderlich, daß der Kontrolleur langsam genug an dem Schild vorbeigeht oder fährt, und dass seine Aufmerksamkeit nicht durch den Straßenverkehr zu sehr in Anspruch genommen wird (OLG Nü NZV 01, 44).

Die VSicherungspflicht umfaßt auch die **VRegelungspflicht**, dh die Amtspflicht, den Verkehr durch VZ u VEinrichtungen möglichst gefahrlos zu leiten (BGH VersR 90, 739; Dü NJW-RR 94, 1443; Ha NZV 95, 275). Ihr Umfang richtet sich nach dem VBedürfnis (BGH(Z) NZV 89, 390). Bei **Änderung** einer längere Zeit bestehenden Vorfahrtsregelung können zusätzliche Sicherungsmaßnahmen geboten sein (BGH(Z) RS 38, 412). Haftung für falsch geschaltete **LZA** s BGH(Z) VM 71, 79 u § 37 Rn 13. Zum Verhältnis der Amtshaftung zur Haftpflicht der beauftragten Privatfirma s (BGH(Z) aaO mwN. Zur Sicherungspflicht bei öff Kinderspielplätzen s Kar VRS 44, 22; an Tankstellenausfahrten durch Hinweis auf Einbahnstr s BGH(Z) VM 85, 103; zur Vorfahrtregelung beim Verlassen eines Fußgängerbereichs s BGH(Z) VRS 75, 406.

Maßnahmen zur VBeruhigung dürfen den Verkehr nicht gefährden (s BGH NZV 91, 385; Ha NZV 92, 483), notfalls ist davor zu warnen (Nü NZV 90, 433; Ha NJW 96, 733; Ce NZV 91, 353); zu den Anforderungen bei Anbringung von **Fahrbahnschwellen** zur VBeruhigung s BGH(Z) VRS 81, 421; Ha aaO; Kö VM 93, 57; bei **Pollern** s Nü aaO. Die Aufstellung von **Blumenkübeln** auf der Fahrbahn verstößt gegen § 32 (s dort), anders bei Aufstellung auf einer Sperrfläche (Z 298: Dü ZfS 96, 128); zu **Betonpollern** auf der Fahrbahn s Dü ZfS 96, 129; zu „**Kölner Tellern**" als Geschwindigkeitsbremse s Fra NZV 92, 38; s auch Palandt § 839 Rn 158. Verhältnis von Amtspflichthaftung zur deliktischen Haftung: BGH(Z) VRS 44, 326; zur **VSicherungspflicht** s auch § 32.

13 Zur VSicherungspflicht gehört auch die **Räum- u Streupflicht,** die allerdings landesrechtlich unterschiedlich für die Gemeinden teils als Amtspflicht, teils durch Abwälzung auf die Anlieger privatrechtlich geregelt ist. Ihr Umfang richtet sich nach den jew Umständen, insb nach der VBedeutung des Weges, seiner Gefährlichkeit, der Zumutbarkeit u der Witterung (BGH NZV 93, 387; 95, 144). **Innerorts** ist die Fahrbahn nur an wichtigen u gefährlichen Stellen zu räumen (BGH NJW 72, 903; NZV 95, 144; Fra NJW 88, 2546), **Gehwege** bes an Fußgängerüberwegen (BGH NJW 91, 265; s auch § 25 Rn 2), sonst so, daß ihn 2 Personen nebeneinander benutzen können (KG VersR 65, 1105; Schmid NJW 88, 3182). **Außerorts** nur an nicht erkennbaren bes gefährlichen Stellen (BGH VRS 57, 330; StVE § 823 BGB 52; s auch § 25 Rn 2). Die Streupflicht auf der AB regelt sich nach § 3 BFernStrG, wonach der Träger der Str-Baulast „nach besten Kräften" bei Schnee u Eis räumen u streuen soll.

14 **4. Abs 4 Halbs 2** sieht vor, daß die VRegelungen – abweichend von dem Grundsatz, daß verkehrsrechtliche AOen erst mit der Aufstellung entspr Z oder Einrichtungen wirksam werden (**Sichtbarkeitsgrundsatz,** s § 39 Rn 15; VG Stu VRS 76, 69) – ausnahmsweise auch durch die Massenmedien Rundfunk, Fernsehen u Presse vorgenommen werden dürfen, wenn dies im **Katastrophenfall** u bei Smog-Alarm durch VZ u -Einrichtungen nicht möglich ist, wie zB bei Unwettern, Schneekatastrophen uä (s dazu KG NJW 88, 2393 = VRS 74, 141). Dies gilt aber nur für die Dauer des Ausn-Zustands, wobei die Frage des Verbotsirrtums bei Nichtbefolgung infolge Unkenntnis der AO bes zu beachten ist (KG aaO).

15 **5. Abs 5: Beschaffung, Anbringung, Unterhaltung, Betrieb u Entfernung** der VZ u -Einrichtungen trifft grundsätzlich den Träger der Str-Baulast. Die Worte „sonst der Eigentümer der Straße" schließen nach der Begr eine Lücke. Gemeint sind damit offenbar die „tatsächlich öff Wege", bes private Parkplätze (13 zu § 1). Träger der Str-Baulast ist jedoch nur für Durchführung der Maßnahmen verantwortlich; zuständig für AO ist StrVB (BGH NZV 00, 412). Dennoch kann im Einzelfall auch der Träger der Stbaulast als Verkehrssicherungspflichtiger verpflichtet sein, bei der StrVB auf eine Änderung der Verkehrsregelung hinzuwirken, wenn er die von einer unzulänglichen Beschilderung ausgehenden Gefahren erkennt oder eine derartige Verkehrsgefährdung so offensichtlich ist, dass sich die Notwendigkeit alsbaldiger Maßnahmen geradezu aufdrängen (BGH, aaO).

Zur **Amtshaftung** bei Verletzung durch VZ u deren Ausschluß gegenüber Ausländern bei fehlender Gegenseitigkeit s BGH (Z) VM 85, 39. 15 a

6. Abs 6: Sicherung von Baustellen 16

a) VI unterscheidet zwischen der **AO** u **Ausführung.** Aufgabe der Behörde ist es, die erforderlichen AOen zu treffen (s BVwG DAR 70, 277); Bauunternehmer haben sie dabei nur durch Vorlage von VZeichenplänen zu unterstützen u **vor** Baubeginn die erforderlichen AOen einzuholen (Ol NZV 92, 405). Jedes Z u sein Standort sind festzulegen. Ob u welche Geschwindigkeitsbeschränkungen vorzuschreiben sind, bedarf in jedem Einzelfall eingehender Erwägungen. Der Unternehmer ist dann, wie sonst der Str-Baulastträger, verpflichtet, entspr dieser AO die fraglichen Mittel zu beschaffen, anzubringen u zu entfernen (Begr; zur Baustellenabsicherung s Berr DAR 84, 6). Maßgeblich sind die „RiLien für die Sicherung von Baustellen" (VkBl 95, 221).

Wegen Verstöße der Bauunternehmer oder ihrer Vertreter s unten 21. Zum Verhältnis der Sicherungspflichten des Bauunternehmers u der Baubehörden s Ha VRS 42, 105. 17

b) **Pflichten der Bauunternehmer.** 7; aA Kö VRS 63, 76 = StVE 21 (inzw aufgegeben, s BGH v 19. 6. 84 bei Verf NStZ 84, 547); Bay 61, 206 zur früheren Fassung; s dazu Verf NStZ 84, 257, 547). „Unternehmer" ist der für die Arbeiten Verantwortliche. Der Inhaber der Baufirma darf die Sicherung der Baustelle einer ihm als zuverlässig bekannten Person übertragen. Der bestellte Bauleiter, der auch ein Bauarbeiter sein kann, ist neben dem Firmeninhaber verantwortlich (§ 9 II OWiG; § 151 GewO; Zw VRS 32, 62; Fra VM 73, 64). Die Anzeigepflicht der Bauunternehmer besteht für alle Arbeiten, die sich auf den StrV auswirken, nicht nur für solche, bei denen der Unternehmer eine bes Regelung für erforderlich hält (Ha VM 73, 87). Unbedeutende Arbeiten scheiden aus; bloßes Ablegen von Gegenständen auf der Str regelt § 32 (Kö aaO). 18

Die erforderlichen Maßnahmen richten sich nach den Umständen des Einzelfalles (Kar VRS 79, 344); in Betracht kommen u a Absperrung, Kennzeichnung u Beleuchtung der Arbeitsstellen (vgl Z 127, 454–459, § 43 III), eine bes VRegelung bei halbseitigen Str-Sperrungen oder Umleitungen. Eine Regelung des Fz-Verkehrs durch LichtZ oder Weisungen ist geboten bei starkem Verkehr oder auf langen oder unübersichtlichen Baustellen (Fra VM 64, 141). Auch innerhalb der Baustelle muß durch bes WarnZ auf bes Gefahrenquellen hingewiesen werden, wenn sie ein sorgfältiger Kf nicht mit einem beiläufigen Blick erfassen kann (Ol VRS 29, 373). An Baustellen, die nach **Z 123** gekennzeichnet sind, darf der Kf nicht darauf vertrauen, daß am Fahrbahnrand beschäftigte Arbeiter mit genügender Vorsicht in die Fahrbahn treten (Bay 63, 236 = VRS 26, 372). Wegen zu weitgehender VBeschränkungen an Baustellen vgl § 3 Rn 73). Zur Wirksamkeit von Maßnahmen des Bauunternehmers, die von der AO der VB abweichen, s § 39 Rn 11. 19

Jagow

20 **Straßensperrungen** werden wirksam durch die Z 250–269 begründet. Die Aufstellung eines Umleitungsschildes (Z 459) genügt nicht (Bay 59, 77 = VM 59, 55). Umgekehrt ist die Str-Sperrung auch gültig, wenn Z 459 fehlt (Bay 57, 2 = VM 57, 73). Vom Bauunternehmer aufgestellte VZ sind unverbindlich, wenn die Aufstellung nicht von der VB angeordnet oder genehmigt war (Zw VM 77, 5; Ha VRS 52, 150; Bay VGH DAR 92, 272). Hat die Str-Baubehörde an einer Baustelle eine halbseitige Str-Sperre mit Einbahnregelung u zugleich eine Geschwindigkeitsbegrenzung angeordnet, so ist der Bauunternehmer nicht berechtigt, Geschwindigkeitsbegrenzungsschilder auch dann aufzustellen, wenn er von der halbseitigen Str-Sperre Abstand nimmt; gleichwohl von ihm aufgestellte Geschwindigkeitsbegrenzungsschilder führen nicht zu einer wirksamen Begrenzung der höchstzul Geschwindigkeit (Bay 77, 47 = VRS 53, 217). Ein Haltverbot aber, das eine Baufirma auf Veranlassung der Pol in Abweichung von einer AO der VB aufgestellt hat, ist nicht schlechthin unwirksam (Bay VRS 61, 138 in Ergänzung von Bay 77, 47 = VRS 53, 217). Fährt ein VT auf eine Absperrung auf, die ein Unternehmer ohne vorherige Zustimmung der VB errichtet hat, so ist die Absperrung für den Unfall auch dann ursächlich, wenn er sich bei Einholung der Zustimmung ebenfalls ereignet hätte. Die Voraussehbarkeit ist aber zu verneinen, wenn nach der Art der Absperrung nicht zu erwarten war, daß ein Str-Benutzer die Sperre zu spät bemerken werde (Bay 58, 285 = VRS 16, 37).

21 **7. Zuwiderhandlungen**

Verstöße der Bauunternehmer oder ihrer Vertreter gegen die ihnen nach VI obliegenden Pflichten sind OWen in dem in § 49 IV 3 umschriebenen Umfang; darunter fallen aber nur solche AOen, die in § 45 VI ausdrücklich aufgezählt u von der zust Behörde auch erteilt worden sind, soweit sie insb VVerbote oder -Beschränkungen oder das Anbringen von VZ oder -Einrichtungen u deren spätere Entfernung (s Dü VRS 63, 474) zum Gegenstand haben (s dazu Stu NZV 93, 447); darüber hinausgehende AOen, mögen sie auch mittelbar der VSicherheit dienen, wie die AO, vom Beginn der Bauarbeiten die Pol zu benachrichtigen, fallen nicht unter die Bußgeldbewehrung des § 49 IV 3 (Bay VRS 61, 158 = StVE 17). Die Nichtbeachtung einer nach IV Halbs 2 bekanntgegebenen AO ist durch § 49 III 7 in die Bußgeldbewehrung einbezogen worden (Verbotsirrtum beachten!); s dazu KG NJW 88, 2393. Nichtbeachtung der im Rahmen von § 45 aufgestellten VZ ist ggf nach der entspr Vorschrift als OW verfolgbar (vgl Bay VRS 70, 53).

§ 46 Ausnahmegenehmigung und Erlaubnis

(1) Die Straßenverkehrsbehörden können in bestimmten Einzelfällen oder allgemein für bestimmte Antragsteller Ausnahmen genehmigen

1. von den Vorschriften über die Straßenbenutzung (§ 2);

Ausnahmegenehmigung und Erlaubnis § 46 StVO

2. vom Verbot, eine Autobahn oder eine Kraftfahrstraße zu betreten oder mit dort nicht zugelassenen Fahrzeugen zu benutzen (§ 18 Abs. 1, 10);
3. von den Halt- und Parkverboten (§ 12 Abs. 4);
4. vom Verbot des Parkens vor oder gegenüber von Grundstückseinund -ausfahrten (§ 12 Abs. 3 Nr. 3);
4 a. von der Vorschrift, an Parkuhren nur während des Laufes der Uhr, an Parkscheinautomaten nur mit einem Parkschein zu halten (§ 13 Abs. 1);
4 b. von der Vorschrift, im Bereich eines Zonenhaltverbots (Zeichen 290 und 292) nur während der dort vorgeschriebenen Zeit zu parken (§ 13 Abs. 2);
4 c. von den Vorschriften über das Abschleppen von Fahrzeugen (§ 15 a);
5. von den Vorschriften über Höhe, Länge und Breite von Fahrzeug und Ladung (§ 18 Abs. 1 Satz 2, § 22 Abs. 2 bis 4);
5 a. von dem Verbot der unzulässigen Mitnahme von Personen (§ 21);
5 b. von den Vorschriften über das Anlegen von Sicherheitsgurten und das Tragen von Schutzhelmen (§ 21 a);
6. vom Verbot, Tiere von Kraftfahrzeugen und andere Tiere als Hunde von Fahrrädern aus zu führen (§ 28 Abs. 1 Satz 3 und 4);
7. vom Sonntagsfahrverbot (§ 30 Abs. 3);
8. vom Verbot, Hindernisse auf die Straße zu bringen (§ 32 Abs. 1);
9. von den Verboten, Lautsprecher zu betreiben, Waren oder Leistungen auf der Straße anzubieten (§ 33 Abs. 1 Nr. 1 und 2);
10. vom Verbot der Werbung und Propaganda in Verbindung mit Verkehrszeichen (§ 33 Abs. 2 Satz 2) nur für die Flächen von Leuchtsäulen, an denen Haltestellenschilder öffentlicher Verkehrsmittel angebracht sind;
11. von den Verboten oder Beschränkungen, die durch Vorschriftzeichen (§ 41), Richtzeichen (§ 42), Verkehrseinrichtungen (§ 43 Abs. 1 und 3) oder Anordnungen (§ 45 Abs. 4) erlassen sind;
12. von dem Nacht- und Sonntagsparkverbot (§ 12 Abs. 3 a).

Vom Verbot, Personen auf der Ladefläche mitzunehmen (§ 21 Abs. 2), können für die Dienstbereiche der Bundeswehr, der auf Grund des Nordatlantik-Vertrages errichteten internationalen Hauptquartiere, des Bundesgrenzschutzes und der Polizei deren Dienststellen, für den Katastrophenschutz die zuständigen Landesbehörden, Ausnahmen genehmigen. Dasselbe gilt für die Vorschrift, daß vorgeschriebene Sicherheitsgurte angelegt sein oder Schutzhelme getragen werden müssen (§ 21 a).

(2) Die zuständigen obersten Landesbehörden oder die nach Landesrecht bestimmten Stellen können von allen Vorschriften dieser Verordnung Ausnahmen für bestimmte Einzelfälle oder allgemein für bestimmte Antragsteller genehmigen. Vom Sonntagsfahrverbot (§ 30

StVO § 46 — Ausnahmegenehmigung und Erlaubnis

Abs. 3) können sie darüber hinaus für bestimmte Straßen oder Straßenstrecken Ausnahmen zulassen, soweit diese im Rahmen unterschiedlicher Feiertagsregelung in den Ländern (§ 30 Abs. 4) notwendig werden. Erstrecken sich die Auswirkungen der Ausnahme über ein Land hinaus und ist eine einheitliche Entscheidung notwendig, so ist der Bundesministerium für Verkehr, Bau- und Wohnungswesen zuständig; das gilt nicht für Ausnahmen vom Verbot der Rennveranstaltungen (§ 29 Abs. 1).

(3) Ausnahmegenehmigung und Erlaubnis können unter dem Vorbehalt des Widerrufs erteilt werden und mit Nebenbestimmungen (Bedingungen, Befristungen, Auflagen) versehen werden. Erforderlichenfalls kann die zuständige Behörde die Beibringung eines Sachverständigengutachtens auf Kosten des Antragstellers verlangen. Die Bescheide sind mitzuführen und auf Verlangen zuständigen Personen auszuhändigen. Bei Erlaubnissen nach § 29 Abs. 3 genügt das Mitführen fernkopierter Bescheide.

(4) Ausnahmegenehmigungen und Erlaubnisse der zuständigen Behörde sind für den Geltungsbereich dieser Verordnung wirksam, sofern sie nicht einen anderen Geltungsbereich nennen.

VwV – StVO
Zu § 46 Ausnahmegenehmigung und Erlaubnis
Allgemeines über Ausnahmegenehmigungen.

1. I. Die Straßen sind nur für den normalen Verkehr gebaut. Eine Ausnahmegenehmigung zu erteilen, ist daher nur in besonders dringenden Fällen gerechtfertigt. An den Nachweis solcher Dringlichkeit sind strenge Anforderungen zu stellen. Erteilungsvoraussetzungen dürfen nur dann als amtsbekannt behandelt werden, wenn in den Akten dargetan wird, worauf sich diese Kenntnis gründet.

2. II. Die Sicherheit des Verkehrs darf durch eine Ausnahmegenehmigung nicht beeinträchtigt werden; sie ist erforderlichenfalls durch Auflagen und Bedingungen zu gewährleisten. Auch Einbußen der Flüssigkeit des Verkehrs sind auf solche Weise möglichst zu mindern.

3. III. Die straßenrechtlichen Vorschriften über Sondernutzungen sind zu beachten.

4. IV. Hat der Inhaber einer Ausnahmegenehmigung die Nichtbeachtung von Bedingungen und Auflagen zu vertreten, so soll ihm grundsätzlich keine neue Ausnahmegenehmigung erteilt werden.

5. V. Vor der Erteilung einer Ausnahmegenehmigung sollen die beteiligten Behörden gehört werden, wenn dies bei dem Zweck oder dem Geltungsbereich der Ausnahmegenehmigung geboten ist.

6. VI. Dauerausnahmegenehmigungen sind auf höchstens drei Jahre zu befristen. Sie dürfen nur widerruflich erteilt werden.

Zu Absatz 1
Zu Nummer 1

7. Aus Sicherheitsgründen werden in der Regel Bedingungen oder Auflagen geboten sein.

VwV zu § 46 — § 46 StVO

Zu Nummer 2

Sofern die Ausnahmegenehmigung sich auf dort nicht zugelassene Fahrzeuge bezieht, gilt Nummer VI 2 a zu § 29 Abs. 3; Rn. 115 und 116.

Zu Nummer 4

Die betroffenen Anlieger sind zu hören.

Zu Nummer 4 a und 4 b

I. Ohnhänder (Ohnarmer) erhalten eine Ausnahmegenehmigung, um an Parkuhren und Parkscheinautomaten gebührenfrei und im Zonenhaltverbot bzw. auf Parkplätzen mit zeitlicher Begrenzung ohne Benutzung der Parkscheibe zu parken.

II. Kleinwüchsige Menschen mit einer Körpergröße von 1,39 m und darunter erhalten eine Ausnahmegenehmigung, um an Parkuhren und Parkscheinautomaten gebührenfrei zu parken.

III. Nummer III zu § 46 Abs. 1 Nr. 11 gilt entsprechend.

Zu Nummer 5

I. Fahrzeuge und Fahrzeugkombinationen, die aufgrund ihrer Ladung die Abmessungen der § 18 Abs. 1 oder § 22 Abs. 2 bis 4 überschreiten, bedürfen einer Ausnahmegenehmigung. Bei Überschreiten der Maße und Gewichte nach den §§ 32 bis 34 StVZO bedürfen diese Fahrzeuge zusätzlich einer Ausnahmegenehmigung nach § 70 StVZO und einer Erlaubnis nach § 29 Abs. 3 (vgl. zu § 29 Abs. 3; *Rn. 79 ff.*).

II. Voraussetzungen der Ausnahmegenehmigung
1. Eine Ausnahmegenehmigung darf nur erteilt werden, wenn
   a) der Verkehr nicht – wenigstens zum größten Teil der Strecke – auf der Schiene oder auf dem Wasser möglich ist oder wenn durch einen Verkehr auf dem Schienen- oder Wasserweg unzumutbare Mehrkosten (auch andere als die reinen Transportkosten) entstehen würden;
   b) für den gesamten Fahrtweg Straßen zur Verfügung stehen, deren baulicher Zustand durch den Verkehr nicht beeinträchtigt wird und für deren Schutz keine besonderen Maßnahmen erforderlich sind, oder wenn wenigstens die spätere Wiederherstellung der Straßen oder die Durchführung jener Maßnahmen vor allem aus verkehrlichen Gründen nicht zu zeitraubend oder zu umfangreich wäre;
   c) die Beschaffung eines Spezialfahrzeugs für die Beförderung unmöglich oder unzumutbar ist;
   d) die Ladung nach vorn nicht über 1 m hinausragt.
2. Eine Ausnahmegenehmigung darf außerdem nur für die Beförderung folgender Ladungen erteilt werden:
   a) **Einer** unteilbaren Ladung
   Unteilbar ist eine Ladung, wenn ihre Zerlegung aus technischen Gründen unmöglich ist oder unzumutbare Kosten verursachen würde.
   b) Einer aus **zwei Teilen** bestehenden Ladung, wenn die Teile aus Festigkeitsgründen nicht als Einzelstücke befördert werden können und diese unteilbar sind.
   c) **Mehrerer** einzelner Teile, die je für sich mit ihrer Länge, Breite oder Höhe über den im Fahrzeugschein (Muster 2 a oder 2 b zu § 24 StVZO) festge-

StVO § 46 — Ausnahmegenehmigung und Erlaubnis

legten Abmessungen des Fahrzeugs oder der Fahrzeugkombination hinausragen und unteilbar sind.

24   d) Beiladung ist gestattet, soweit Gesamtgewicht und Achslasten die nach § 34 StVZO zulässigen Werte nicht überschreiten.

25   3. Hat der Antragsteller vorsätzlich oder grobfahrlässig zuvor einen genehmigungspflichtigen Verkehr ohne die erforderliche Ausnahmegenehmigung durchgeführt oder gegen die Bedingungen und Auflagen einer Ausnahmegenehmigung verstoßen, so soll ihm für einen angemessenen Zeitraum keine Genehmigung mehr erteilt werden.

III. Das Verfahren

26   1. Der Antragsteller ist darauf hinzuweisen, daß die Bearbeitung der Anträge in der Regel zwei Wochen erfordert. Von diesem Hinweis kann nur dann abgesehen werden, wenn der Antragsteller nachweist, daß die Beförderung eilbedürftig ist, nicht vorhersehbar war und geeigneter Eisenbahn- oder Schiffstransportraum nicht mehr rechtzeitig zur Verfügung gestellt werden kann; dabei ist ein strenger Maßstab anzulegen.

27   Aus dem Antrag müssen mindestens folgende technischen Daten des Fahrzeuges oder der Fahrzeugkombination einschließlich der Ladung ersichtlich sein:

28   Länge, Breite und Höhe des Fahrzeuges oder der Fahrzeugkombination, Abmessungen der Ladung, Höchstgeschwindigkeit des Transports, amtliches Kennzeichen von Zugfahrzeugen und Anhängern.

29   2. Außer in den Fällen der Nummer 4 hat die zuständige Straßenverkehrsbehörde die nach § 8 Abs. 6 des Bundesfernstraßengesetzes oder den entsprechenden landesrechtlichen Bestimmungen zu beteiligenden Straßenbaubehörden sowie die Polizei und, wenn Bahnstrecken höhengleich (Bahnübergänge) oder nicht höhengleich (Überführungen) gekreuzt oder Bahnanlagen berührt werden, auch die Bahnunternehmen zu hören. Geht die Fahrt über den Bezirk einer Straßenverkehrsbehörde hinaus, so sind außerdem die Straßenverkehrsbehörden zu hören, durch deren Bezirk der Fahrtweg führt; diese verfahren für ihren Bezirk nach Satz 1. Die zuständige Genehmigungsbehörde hat im Anhörverfahren ausdrücklich zu bestätigen, daß die Abwicklung des Transports auf dem Schienen- oder Wasserweg unmöglich oder unzumutbar ist. Ist die zeitweise Sperrung einer Autobahn-Richtungsfahrbahn erforderlich, bedarf es der Zustimmung der höheren Verwaltungsbehörde. Den beteiligten Behörden sind die in Nummer III 1 aufgeführten technischen Daten des Fahrzeugs oder der Fahrzeugkombination und der Ladung mitzuteilen.

30   3. Geht die Fahrt über das Gebiet eines Landes hinaus, so ist unter Mitteilung der in Nummer III 1 aufgeführten technischen Daten des Fahrzeugs oder der Fahrzeugkombination und der Ladung die Zustimmung derjenigen höheren Verwaltungsbehörde einzuholen, durch deren Bezirk die Fahrt in den anderen Ländern jeweils zuerst geht. Auch für diese Behörden gilt Nummer 2 Satz 1. Auf die Anhörung der Polizei kann im Rahmen des Zustimmungsverfahrens in der Regel verzichtet werden. Eine Unterrichtung der Polizei über die Erteilung von Ausnahmegenehmigungen für Großraum- und Schwertransporte ist jedoch unbedingt sicherzustellen. Die Zustimmung der genannten Behörden darf nur mit der Begründung versagt werden, daß die Voraussetzungen nach Nummer II 1 Buchstabe b (Rn. 16) in ihrem Bezirk nicht vorliegen. Die zuständigen obersten Landesbehörden können die für das Anhörverfahren bei der Erteilung von

Dauerausnahmegenehmigungen ohne festgelegten Fahrtweg zuständigen höheren Verwaltungsbehörden bestimmen.

Führt die Fahrt nur auf kurze Strecken in ein anderes Land, so genügt es, statt mit der dortigen höheren Verwaltungsbehörde unmittelbar mit der örtlichen Straßenverkehrsbehörde und der örtlichen Straßenbaubehörde des Nachbarlandes Verbindung aufzunehmen.

4. Von dem in Nummer 2 und 3 angeführten Anhörverfahren ist abzusehen, wenn folgende Abmessungen im Einzelfall nicht überschritten werden:
a) Höhe (Fahrzeug/Fahrzeugkombination und Ladung) 4
b) Breite (Fahrzeug/Fahrzeugkombination und Ladung) 3
c) Länge (Fahrzeug/Fahrzeugkombination und Ladung) 22
d) Hinausragen der Ladung nach hinten 4
e) Hinausragen der Ladung über die letzte Achse 5
f) Hinausragen der Ladung nach vorn 1

5. a) An den Nachweis der Voraussetzungen der Erteilung einer Ausnahmegenehmigung nach Nummer II sind strenge Anforderungen zu stellen. Über das Verlangen von Sachverständigengutachten vgl. § 46 Abs. 3 Satz 2. Die Erteilungsvoraussetzungen dürfen nur dann als amtsbekannt behandelt werden, wenn in den Akten dargelegt wird, worauf sich diese Kenntnis gründet.

b) Die Straßenverkehrsbehörde hat, wenn es sich um einen Verkehr über eine Wegstrecke von mehr als 250 km handelt, nach Nummer III 2 und 3 ein Anhörverfahren vorgeschrieben ist und eine Gesamtbreite von 4,20 m oder eine Gesamthöhe von 4,80 m (jeweils von Fahrzeug und Ladung) nicht überschritten wird, sich vom Antragsteller vorlegen zu lassen:
aa) eine Bescheinigung der für den Versandort zuständigen Güterabfertigung darüber, ob und gegebenenfalls innerhalb welcher Fristen und unter welchen Gesamtkosten die Schienenbeförderung bzw. die gebrochene Beförderung Schiene/Straße möglich ist,
bb) im gewerblichen Verkehr eine Bescheinigung des Frachtführers oder des Spediteurs über die tarifmäßigen Beförderungsentgelte und die Entgelte für zusätzliche Leistungen,
cc) im Werkverkehr den Nachweis über die gesamten Beförderungskosten; wird der Nachweis nicht erbracht, kann das tarifmäßige Beförderungsentgelt zuzüglich der Entgelte für zusätzliche Leistungen als Richtwert herangezogen werden.

c) Die Straßenverkehrsbehörde hat, wenn es sich um einen Verkehr über eine Wegstrecke von mehr als 250 km handelt und eine Gesamtbreite von 4,20 m oder eine Gesamthöhe von 4,80 m (jeweils von Fahrzeug und Ladung) überschritten wird, sich vom Antragsteller vorlegen zu lassen:
aa) eine Bescheinigung der nächsten Wasser- und Schiffahrtsdirektion darüber, ob und ggf. innerhalb welcher Fristen und unter welchen Gesamtkosten die Beförderung auf dem Wasser bzw. die gebrochene Beförderung Wasser/Straße möglich ist,
bb) im gewerblichen Verkehr eine Bescheinigung des Frachtführers oder des Spediteurs über die tarifmäßigen Beförderungsentgelte und die Entgelte für zusätzliche Leistungen,
cc) im Werkverkehr den Nachweis über die gesamten Beförderungskosten; wird der Nachweis nicht erbracht, kann das tarifmäßige Beförderungsentgelt zuzüglich der Entgelte für zusätzliche Leistungen als Richtwert herangezogen werden.

StVO § 46 — Ausnahmegenehmigung und Erlaubnis

48 In geeigneten Fällen kann die Straßenverkehrsbehörde die Bescheinigung auch für Transporte mit weniger als 250 km Wegstrecke verlangen.

49 Die Vorlage der Bescheinigungen nach Doppelbuchstabe aa, bb oder cc ist nicht erforderlich, wenn ein Transport auf dem Wasserweg offensichtlich nicht in Betracht kommt.

IV. Der Inhalt des Genehmigungsbescheides

50 1. Der Fahrtweg ist in den Fällen festzulegen, in denen nach Nummer III 2 und 3 ein Anhörverfahren vorgeschrieben ist. Dabei müssen sämtliche Möglichkeiten des gesamten Straßennetzes bedacht werden. Eine Beeinträchtigung des Verkehrsflusses in den Hauptverkehrszeiten muß vermieden werden. Auch sollte der Fahrtweg so festgelegt werden, daß eine Verkehrsregelung nicht erforderlich ist.

51 2. Erforderlichenfalls ist auch die Fahrzeit festzulegen. Jedenfalls in den Fällen, in denen nach Nummer III 2 und 3 ein Anhörverfahren vorgeschrieben ist, soll für Straßenabschnitte, die erfahrungsgemäß zu bestimmten Zeiten einen erheblichen Verkehr aufweisen, die Fahrzeit in der Regel wie folgt beschränkt werden:

52 a) Die Benutzung von Autobahnen ist in der Regel von Freitag 15.00 Uhr bis Montag 9.00 Uhr zu verbieten und, falls diese Straßen starken Berufsverkehr aufweisen, auch an den übrigen Wochentagen von 6.00 Uhr bis 8.30 Uhr und von 15.30 Uhr bis 19.00 Uhr. Vom 15. Juni bis 15. September sowie von Gründonnerstag bis Dienstag nach Ostern und von Freitag vor Pfingsten bis Dienstag danach sollte solchem Verkehr die Benutzung der Autobahnen möglichst nur von 22.00 Uhr bis 6.00 Uhr erlaubt werden. Gegebenenfalls kommt auch ein Verbot der Autobahnbenutzung an anderen Feiertagen (z. B. Weihnachten) sowie an den Tagen davor und danach in Betracht.

53 b) Auf Bundesstraßen samt ihren Ortsdurchfahrten und auf anderen Straßen mit erheblichem Verkehr außerhalb geschlossener Ortschaften darf solcher Verkehr in der Regel nur von Montag 9.00 Uhr bis Freitag 15.00 Uhr erlaubt werden.

54 Die Benutzung von Straßen mit starkem Berufsverkehr ist in der Regel werktags von 6.00 Uhr bis 8.30 Uhr und von 15.30 Uhr bis 19.00 Uhr zu verbieten.

Zu Buchstabe a und b:

55 Ist die Sperrung einer Autobahn, einer ganzen Fahrbahn oder die teilweise Sperrung einer Straße mit erheblichem Verkehr notwendig, so ist das in der Regel nur in der Zeit von 22.00 Uhr bis 6.00 Uhr zu erlauben.

56 3. Von der Fahrzeitbeschränkung nach Nummer IV 2 kann abgesehen werden, wenn der Antragsteller nachweist, daß die Beförderung eilbedürftig ist und bei einer Beschränkung der Fahrzeit die termingerechte Durchführung des Transportauftrags nicht gewährleistet ist. Dies gilt jedoch nicht, wenn die Eilbedürftigkeit durch Verschulden des Antragstellers entstanden ist. Ein Abweichen soll nicht zugelassen werden, wenn es erhebliche Einschränkungen des allgemeinen Verkehrs zu Verkehrsspitzenzeiten oder auf Strecken mit starkem Verkehrsaufkommen zur Folge haben wird. In diesen Fällen muß der Transport auf weniger bedeutende Straßen ausweichen.

57 Von der Fahrzeitbeschränkung nach Nummer IV 2 Buchstabe a Satz 2 kann abgesehen werden, wenn Lastfahrten mit Fahrzeugen oder Fahrzeugkombinationen durchgeführt werden, deren zulässige Höchstgeschwindigkeit 80 km/h beträgt und die diese Geschwindigkeit transportbedingt einhalten können,

sofern sie die in Nummer III 4 (Rn. 32 ff.) aufgeführten Abmessungen nicht überschreiten.
4. Um einen reibungslosen Ablauf des genehmigungspflichtigen Verkehrs sicherzustellen, kann die zuständige Polizeidienststelle im Einzelfall von der im Genehmigungsbescheid festgesetzten zeitlichen Beschränkung abweichen, wenn es die Verkehrslage erfordert oder gestattet.
5. a) Soweit es die Sicherheit oder Ordnung des Verkehrs erfordert, sind Bedingungen zu stellen und Auflagen zu machen; insbesondere werden die von den Straßenverkehrsbehörden, den Straßenbaubehörden und Bahnunternehmen mitgeteilten Bedingungen, Auflagen und Sondernutzungsgebühren grundsätzlich in die Ausnahmegenehmigung aufgenommen. Erforderlichenfalls ist für den ganzen Fahrtweg oder für bestimmte Fahrstrecken die zulässige Höchstgeschwindigkeit zu beschränken.
b) Es ist vorzuschreiben, daß die Fahrt bei erheblicher Sichtbehinderung durch Nebel, Schneefall oder Regen oder bei Glatteis zu unterbrechen und das Fahrzeug möglichst außerhalb der Fahrbahn abzustellen und zu sichern ist.
c) Die Auflage, das Fahrzeug, die Fahrzeugkombination oder die Ladung besonders kenntlich zu machen, ist häufig geboten, etwa durch Verwendung von Kennleuchten mit gelbem Blinklicht oder durch Anbringung weiß-rot-weißer Warnfahnen oder weiß-roter Warntafeln am Fahrzeug oder Zug selbst oder an einem begleitenden Fahrzeug oder an der Ladung. Auf die „Richtlinien für die Kenntlichmachung überbreiter und überlanger Straßenfahrzeuge sowie bestimmter hinausragender Ladungen" wird verwiesen.
d) Außerdem ist die Auflage aufzunehmen, daß vor Fahrtantritt zu prüfen ist, ob die im Genehmigungsbescheid festgelegten Abmessungen, insbesondere die vorgeschriebene Höhe, eingehalten werden.
6. Erforderlichenfalls ist vorzuschreiben, daß sich solche Fahrzeuge wie Züge nach § 4 Abs. 2 und § 19 Abs. 3 zu verhalten haben.
7. a) Ragt die Ladung mehr als 50 cm nach vorn hinaus, so ist die Auflage zu erteilen, die Ladung durch eine rot-weiß gestreifte Schutzvorrichtung zu sichern, die bei Dunkelheit blendfrei zu beleuchten ist. Soweit möglich, ist dazu eine mindestens 50 cm lange Schutzkappe über das vordere Ende der Ladung zu stülpen und so zu befestigen, daß die Ladung nicht nach vorn verrutschen kann.
b) Ragt die Ladung nach hinten hinaus, dann sind folgende Auflagen zu erteilen:
aa) Die Ladung, insbesondere deren hintere Enden, sind durch Spannmittel oder sonstige Vorrichtungen ausreichend zu sichern.
bb) Es darf nur abgebogen werden, wenn das wegen des Ausschwenkens der Ladung ohne Gefährdung, insbesondere des nachfolgenden oder des Gegenverkehrs, möglich ist.
cc) Besteht die Gefahr, daß die Ladung auf der Fahrbahn schleift, so ist ein Nachläufer vorzuschreiben. Auf die „Richtlinien für Langmaterialzüge mit selbstlenkendem Nachläufer" wird verwiesen.
8. Der Antragsteller hat bei der Antragstellung folgende Haftungserklärung bzw. folgenden Haftungsverzicht abzugeben:
„Soweit durch den Transport Schäden entstehen, verpflichte ich mich, für Schäden an Straßen und deren Einrichtungen sowie an Eisenbahnanlagen, Eisenbahnfahrzeugen, sonstigen Eisenbahngegenständen und Grundstücken aufzukommen und Straßenbaulastträger, Polizei, Verkehrssicherungspflichtige und Eisenbahnunternehmer von Ersatzansprüchen Dritter, die aus diesen Schä-

StVO § 46   Ausnahmegenehmigung und Erlaubnis

den hergeleitet werden, freizustellen. Ich verzichte ferner darauf, Ansprüche daraus herzuleiten, daß die Straßenbeschaffenheit nicht den besonderen Anforderungen des Transportes entspricht."

9. Es kann geboten sein, einen Beifahrer, weiteres Begleitpersonal und private Begleitfahrzeuge mit oder ohne Wechselverkehrszeichen-Anlage vorzuschreiben. Begleitfahrzeuge mit Wechselverkehrszeichen-Anlage sind gemäß „Merkblatt über die Ausrüstung eines privaten Begleitfahrzeuges" auszurüsten. Ein Begleitfahrzeug mit Wechselverkehrszeichen-Anlage darf nur vorgeschrieben werden, wenn wegen besonderer Umstände das Zeigen von Verkehrszeichen durch die Straßenverkehrsbehörde anzuordnen ist. Diese Voraussetzung liegt bei einem Großraumtransport insbesondere vor, wenn bei einem Transport

a) auf Autobahnen und Straßen, die wie eine Autobahn ausgebaut sind,
 – bei zwei oder mehr Fahrstreifen plus Seitenstreifen je Richtung die Breite über alles   4,50 m
 – bei zwei Fahrstreifen ohne Seitenstreifen je Richtung die Breite über alles   4 m
 (bei anderen Querschnitten ist die Regel sinngemäß anzuwenden)
oder

b) auf anderen Straßen in der Regel
 die Breite über alles von   3 m
 die Länge über alles von   27 m
überschritten wird,

c) auf allen Straßen der Sicherheitsabstand bei Überführungsbauwerken von 10 cm nicht eingehalten werden kann.

Eine polizeiliche Begleitung ist grundsätzlich nur erforderlich, wenn

a) bei Autobahnen und Straßen, die wie eine Autobahn ausgebaut sind,
 – bei zwei oder mehr Fahrstreifen plus Seitenstreifen je Richtung die Breite über alles von   5,50 m
 – bei zwei Fahrstreifen ohne Seitenstreifen je Richtung die Breite von   4,50 m
 oder

b) auf anderen Straßen
 – die Breite über alles von   3,50 m
überschritten wird.

Polizeiliche Maßnahmen aus Anlaß eines Transports sind nur erforderlich, wenn

a) der Gegenverkehr gesperrt werden muß,

b) bei einer Durchfahrt durch ein Überführungsbauwerk oder durch sonstige feste Straßenüberbauten der Transport nur in abgesenktem Zustand erfolgen kann
oder

c) bei sonstigen schwierigen Straßen- oder Verkehrsverhältnissen.

Sofern eine polizeiliche Begleitung/polizeiliche Maßnahme erforderlich ist, ist der Transport frühzeitig, in der Regel spätestens 48 Stunden vorher, bei der für den Ausgangsort zuständigen Polizeidienststelle anzumelden.

10. Entfällt nach Nummer III 4 (Rn. 32 ff.) das Anhörverfahren, so ist dem Genehmigungsinhaber die Auflage zu erteilen, vor der Durchführung des Verkehrs in eigener Verantwortung zu prüfen, ob der beabsichtigte Fahrtweg für den Verkehr geeignet ist.

VwV zu § 46 — § 46 StVO

V. Dauerausnahmegenehmigung

1. Einem Antragsteller kann, wenn die Voraussetzungen nach Nummer II (Rn. 14 ff.) vorliegen und er nachweist, daß er häufig entsprechenden Verkehr durchführt, eine auf höchstens drei Jahre befristete Dauerausnahmegenehmigung erteilt werden. |85|
2. Eine Dauerausnahmegenehmigung darf nur erteilt werden, wenn |86|
   a) polizeiliche Begleitung nicht erforderlich ist und
   b) der Antragsteller Großraum- und Schwertransporte schon längere Zeit mit sachkundigen, zuverlässigen Fahrern und verkehrssicheren Fahrzeugen ohne Beanstandung durchgeführt hat. |87|
3. Die Dauerausnahmegenehmigung ist auf Fahrten zwischen bestimmten Orten zu beschränken; statt eines bestimmten Fahrtwegs können dem Antragsteller auch mehrere zur Verfügung gestellt werden. Eine Dauerausnahmegenehmigung kann auch für alle Straßen im Zuständigkeitsbereich der Genehmigungsbehörde und der benachbarten Straßenverkehrsbehörden erteilt werden. Für Straßenverkehrsbehörden mit kleinen räumlichen Zuständigkeitsbereichen können die obersten Landesbehörden Sonderregelungen treffen. |88|
4. Eine allgemeine Dauerausnahmegenehmigung (vgl. Allgemeines über Ausnahmegenehmigungen Nummer VI.) kann bis zu den in Nummer III. 4 aufgeführten Abmessungen erteilt werden. Die höhere Verwaltungsbehörde, die nach § 70 Abs. 1 Nr. 1 StVZO eine Ausnahmegenehmigung von den Vorschriften der §§ 32 und 34 StVZO erteilt, kann zugleich eine allgemeine Dauerausnahmegenehmigung für eine Überschreitung bis zu den in Nummer III 4 (Rn 32 ff.) aufgeführten Abmessungen erteilen. Die Dauerausnahmegenehmigung ist auf die Geltungsdauer, höchstens jedoch auf drei Jahre, und den Geltungsbereich der Ausnahmegenehmigung nach § 70 Abs. 1 Nr. 1 StVZO zu beschränken. |89|
5. In die Dauerausnahmegenehmigung ist die Auflage aufzunehmen, daß der Antragsteller vor der Durchführung des Verkehrs in eigener Verantwortung zu überprüfen hat, ob der beabsichtigte Fahrtweg für den Verkehr geeignet ist. Die Abmessungen, die einzuhalten sind, und die Güter, die befördert werden dürfen, sind genau festzulegen. |90|
6. Eine Dauerausnahmegenehmigung darf nur unter dem Vorbehalt des Widerrufs erteilt werden. Sie ist zu widerrufen, wenn der Verkehrsablauf unzumutbar beeinträchtigt wird oder sonstige erhebliche Belästigungen oder Gefährdungen der Verkehrsteilnehmer eingetreten sind. Die Dauerausnahmegenehmigung kann widerrufen werden, wenn der Genehmigungsinhaber eine Auflage nicht erfüllt. |91|
7. Im übrigen sind die Vorschriften in Nummer I bis IV sinngemäß anzuwenden. |92|

Zu Nummer 5 b

I. Ausnahmen von der Anlegepflicht |93|
Von der Anlegepflicht für Sicherheitsgurte können Personen im Ausnahmewege befreit werden, wenn
– das Anlegen der Gurte aus gesundheitlichen Gründen nicht möglich ist, oder |94|
– die Körpergröße weniger als 150 cm beträgt. |95|

II. Ausnahmen von der Schutzhelmtragepflicht |96|
Von der Schutzhelmtragepflicht können Personen im Ausnahmewege befreit werden, wenn das Tragen eines Schutzhelmes aus gesundheitlichen Gründen nicht möglich ist.

StVO § 46 — Ausnahmegenehmigung und Erlaubnis

97 III. Voraussetzungen
Die in Nummer I und II genannten Voraussetzungen gesundheitlicher Art sind durch eine ärztliche Bescheinigung nachzuweisen. In der ärztlichen Bescheinigung ist ausdrücklich zu bestätigen, daß der Antragsteller aufgrund des ärztlichen Befundes von der Gurtanlege- bzw. Helmtragepflicht befreit werden muß. Die Diagnose braucht aus der Bescheinigung nicht hervorzugehen.

98 IV. Geltungsdauer und Auflagen
Die Ausnahmegenehmigungen sind widerruflich und befristet zu erteilen.

99 Soweit aus der ärztlichen Bescheinigung keine geringere Dauer hervorgeht, ist die Ausnahmegenehmigung in der Regel auf 1 Jahr zu befristen. Dort, wo es sich um einen attestierten nichtbesserungsfähigen Dauerzustand handelt, ist eine unbefristete Ausnahmegenehmigung zu erteilen.

100 Zu Nummer 6
Gegen das Führen von Rindvieh in Viehtriebrahmen hinter Schleppern bestehen keine grundsätzlichen Bedenken. In der Ausnahmegenehmigung ist die zulässige Geschwindigkeit auf weniger als 5 km/h festzusetzen. Die Zahl der zu führenden Tiere ist festzulegen.

101 Zu Nummer 7
I. Voraussetzung der Genehmigung
1. Eine Einzelgenehmigung darf nur unter folgenden Voraussetzungen erteilt werden:

102 a) In dringenden Fällen, z. B. zur Versorgung der Bevölkerung mit leichtverderblichen Lebensmitteln, zur termingerechten Be- oder Entladung von Seeschiffen, zur Aufrechterhaltung des Betriebes öffentlicher Versorgungseinrichtungen; wirtschaftliche oder wettbewerbliche Gründe allein rechtfertigen eine Genehmigung keinesfalls,

103 b) für Güter, zu deren Beförderung keine Fahrzeuge bis zu 7,5 t zulässiges Gesamtgewicht verfügbar sind,

104 c) für Güter, deren fristgerechte Beförderung nicht wenigstens zum größten Teil der Strecke auf der Schiene möglich ist, sofern es sich um eine Beförderung über eine Straßenstrecke von mehr als 100 km handelt und

105 d) für grenzüberschreitenden Verkehr, wenn die deutschen und ausländischen Grenzzollstellen zur Zeit der voraussichtlichen Ankunft an der Grenze Lastkraftwagenladungen abfertigen können.

106 2. Eine Dauerausnahmegenehmigung darf nur erteilt werden, wenn außerdem die Notwendigkeit regelmäßiger Beförderung feststeht.

107 II. Das Verfahren
1. Vom Antragsteller sind folgende Unterlagen zu verlangen:
a) Fracht- und Begleitpapiere,

108 b) falls es sich um eine Beförderung über eine Straßenstrecke von mehr als 100 km handelt, eine Bescheinigung der für den Versandort zuständigen Güterabfertigung über die Unmöglichkeit der fristgerechten Schienenbeförderung,

109 c) für grenzüberschreitenden Verkehr ein Nachweis über die Abfertigungszeiten der Grenzzollstelle für Ladungen auf Lastkraftwagen,

110 d) Kraftfahrzeug- und Anhängerschein. Für ausländische Kraftfahrzeuge, in deren Zulassungspapieren zulässiges Gesamtgewicht und Motorleistung nicht eingetragen sind, ist eine entsprechende amtliche Bescheinigung erforderlich.

2. Eine Dauerausnahmegenehmigung darf nur erteilt werden, wenn der Antragsteller die Dringlichkeit der Beförderung durch eine Bescheinigung der Industrie- und Handelskammer nachweist oder sonst glaubhaft macht.

III. Inhalt der Genehmigung

Für den Genehmigungsbescheid ist ein Formblatt zu verwenden, daß das Bundesministerium für Verkehr nach Anhörung der obersten Landesbehörden im Verkehrsblatt bekanntgibt.

1. Der Beförderungsweg braucht nur festgelegt zu werden, wenn das aus verkehrlichen Gründen geboten ist.
2. Für grenzüberschreitenden Verkehr ist die Beförderungszeit so festzulegen, daß das Kraftfahrzeug an der Grenze voraussichtlich zu einem Zeitpunkt eintrifft, an dem sowohl die deutsche als auch die ausländische Grenzzollstelle zur Abfertigung von Ladungen besetzt ist.
3. Die für die Beförderung zugelassenen Güter sind einzeln und genau aufzuführen.

Zu Nummer 9

Von dem Verbot verkehrsstörenden Lautsprecherlärms dürfen Ausnahmen nur genehmigt werden, wenn ein überwiegendes Interesse der Allgemeinheit vorliegt.

Zu Nummer 10

Gegen die Erteilung einer Ausnahmegenehmigung für Werbung auf Flächen von Leuchtsäulen bestehen in der Regel keine Bedenken; Gründe der Sicherheit oder Leichtigkeit des Straßenverkehrs werden kaum je entgegenstehen.

Zu Nummer 11

Ausnahmegenehmigungen für Schwerbehinderte mit außergewöhnlicher Gehbehinderung sowie für Blinde

I. Parkerleichterungen

1. Schwerbehinderten mit außergewöhnlicher Gehbehinderung kann gestattet werden,
   a) an Stellen, an denen das eingeschränkte Haltverbot angeordnet ist (Zeichen 286, 290), bis zu drei Stunden zu parken. Antragstellern kann für bestimmte Haltverbotsstrecken eine längere Parkzeit genehmigt werden. Die Ankunftszeit muß sich aus der Einstellung auf einer Parkscheibe (§ 13 Abs. 2 Nr. 2, Bild 291) ergeben,
   b) im Bereich eines Zonenhaltverbots (Zeichen 290) die zugelassene Parkdauer zu überschreiten,
   c) an Stellen, die durch Zeichen 314 und 315 gekennzeichnet sind und für die durch ein Zusatzschild eine Begrenzung der Parkzeit angeordnet ist, über die zugelassene Zeit hinaus zu parken,
   d) in Fußgängerzonen, in denen das Be- oder Entladen für bestimmte Zeiten freigegeben ist, während der Ladezeiten zu parken,
   e) an Parkuhren und bei Parkscheinautomaten zu parken, ohne Gebühr und zeitliche Begrenzung,
   f) auf Parkplätzen für Anwohner bis zu 3 Stunden zu parken.

StVO § 46 — Ausnahmegenehmigung und Erlaubnis

125 g) in verkehrsberuhigten Bereichen (Zeichen 325) außerhalb der gekennzeichneten Flächen, ohne den durchgehenden Verkehr zu behindern, zu parken, sofern in zumutbarer Entfernung keine andere Parkmöglichkeit besteht.

126 Die vorgenannten Parkerleichterungen dürfen mit allen Kraftfahrzeugen in Anspruch genommen werden.

127 Die höchstzulässige Parkzeit beträgt 24 Stunden.

128 2. Die Berechtigung ist durch einen Ausweis, der gut sichtbar hinter der Windschutzscheibe anzubringen ist, nachzuweisen.

II. Voraussetzungen der Ausnahmegenehmigung

129 1. Als Schwerbehinderte mit außergewöhnlicher Gehbehinderung sind solche Personen anzusehen, die sich wegen der Schwere ihres Leidens dauernd nur mit fremder Hilfe oder nur mit großer Anstrengung außerhalb ihres Kraftfahrzeuges bewegen können.

Hierzu zählen:

130 Querschnittsgelähmte, Doppeloberschenkelamputierte, Doppelunterschenkelamputierte, Hüftexartikulierte und einseitig Oberschenkelamputierte, die dauernd außerstande sind, ein Kunstbein zu tragen, oder nur eine Beckenkorbprothese tragen können oder zugleich unterschenkel- oder armamputiert sind sowie andere Schwerbehinderte, die nach versorgungsärztlicher Feststellung, auch auf Grund von Erkrankungen, dem vorstehend angeführten Personenkreis gleichzustellen sind.

131 2. Schwerbehinderten mit außergewöhnlicher Gehbehinderung, die keine Fahrerlaubnis besitzen, und Blinden, die auf die Benutzung eines Kraftfahrzeuges angewiesen sind und die sich nur mit fremder Hilfe bewegen können, kann ebenfalls eine Ausnahmegenehmigung (Nummer I 1; Rn. 118 ff.) erteilt werden.

132 In diesen Fällen ist den Behinderten eine Ausnahmegenehmigung des Inhalts auszustellen, daß der sie jeweils befördernde Kraftfahrzeugführer von den entsprechenden Vorschriften der StVO befreit ist.

III. Das Verfahren

133 1. Der Antrag auf Ausnahmegenehmigung ist bei der örtlich zuständigen Straßenverkehrsbehörde zu stellen.

134 2. Die Dauerausnahmegenehmigung soll in der Regel auf 2 Jahre in stets widerruflicher Weise erteilt werden.

135 Antragstellern mit nichtbesserungsfähigen Körperschäden kann die Ausnahme unbefristet unter Widerrufsvorbehalt genehmigt werden.

136 3. Die Ausnahmegenehmigung soll in der Regel gebührenfrei erteilt werden.

137 IV. Inhalt der Genehmigung
Für den Genehmigungsbescheid und den Ausweis ist ein bundeseinheitliches Formblatt zu verwenden.

138 V. Geltungsbereich
Die Ausnahmegenehmigungen gelten für das ganze Bundesgebiet.

Parkerleichterungen für Ärzte

139 I. Ärzte handeln bei einem „rechtfertigenden Notstand" (§ 16 des Gesetzes über Ordnungswidrigkeiten) nicht rechtswidrig, wenn sie die Vorschriften der StVO nicht beachten.

Ausnahmegenehmigung   1   § 46 StVO

II. Ärzte, die häufig von dieser gesetzlichen Ausnahmeregelung Gebrauch machen müssen, erhalten von der zuständigen Landesärztekammer ein Schild mit der Aufschrift

„Arzt – Notfall –
Name des Arztes ...
Landesärztekammer",

das im Falle von Nummer I gut sichtbar hinter der Windschutzscheibe anzubringen ist.

Zu Nummer 12

Eine Ausnahmegenehmigung soll grundsätzlich erteilt werden, wenn die Betroffenen über keine eigenen Betriebshöfe oder Abstellflächen verfügen und sich solche Möglichkeiten auch nicht in zumutbarer Weise beschaffen können und wenn sich zugleich keine Parkplätze mit Abstellerlaubnis in der näheren Umgebung befinden und auch nicht geschaffen werden können.

Zu Absatz 2

Die zuständigen obersten Landesbehörden oder die von ihnen bestimmten Stellen können von allen Bestimmungen dieser Allgemeinen Verwaltungsvorschrift Abweichungen zulassen.

Zu Absatz 3

Zu Satz 3

Es genügt nicht, wenn eine beglaubigte Abschrift oder eine Ablichtung des Bescheides mitgeführt wird.

1. Wesen der Ausnahmegenehmigung

Die Vorschrift läßt die Genehmigung von Befreiungen von bestimmten VRegeln u in I 11 allg von den Verboten der VSchilder u -Einrichtungen zu. Die **Verbote** können nur aus den in § 45 I genannten Gründen erlassen werden. Dagegen dient die **Befreiung** von einem solchen Verbot nicht diesen Gründen, sondern steht ihnen eher entgegen, wird aber wegen des überwiegenden berechtigten Interesses des Antragstellers oder des von ihm Vertretenen zugelassen. Die Ausn-Genehmigung soll Ausn-Situationen Rechnung tragen (BVfGE 40, 371, 377; BVwG VM 95, 1; für Ärzte s VwV zu Nr 11 V); sie darf nicht rein willkürlich, sondern nur aus berechtigten sachlichen Gründen erteilt werden (vgl BayVGH VRS 84, 70); sie darf das Schutzgut der Vorschrift nicht wesentlich beeinträchtigen u muß auch die Interessen der Anlieger berücksichtigen; die öff Belange sind gegen die bes Interessen des Betr abzuwägen (BVwG NZV 94, 244; OVG NW DAR 96, 369; Ol NZV 89, 22; Mstr NZV 00, 514); dem ist ggf durch Nebenbestimmungen (III; keine bloßen Hinweise oder Empfehlungen: Dü VRS 78, 312) Rechnung zu tragen. Die Nebenbestimmungen müssen sich im Rahmen des Zwecks der Ermächtigung halten, auf der Ausnahmegenehmigung oder Erlaubnis beruhen (VG Berlin NZV 02, 55). Der begünstigte VT muß bestimmt sein (BVwG aaO). – Der Ausweis eines Gemeinderats, gemeindliche Wege befahren zu dürfen, ist keine Ausn-

Genehmigung gegenüber Z 250 (Dü VRS 71, 71 = StVE 6). Keine Ausn von Halt- u Parkverboten für privaten Paketzusteller (OVG NW NZV 94, 86), keine Parksondererlaubnis nach I 4 a, b für nicht behinderten Anwohner (VGH Mü NZV 92, 503); zur Ausn-Genehmigung für Einfahrt in Fußgängerzone s OVG Saar ZfS 96, 358.

2   2. Parkplätze für bestimmte Personengruppen

Aus dem dargelegten Wesen der Ausn-Genehmigung ergibt sich auch die Zulässigkeit von **Parkverboten** mit Ausn-Genehmigungen für einen bestimmten Personenkreis, zB eine Behörde, die Besucher eines Bahnhofs oder des Halteplatzes eines Omnibusreiseunternehmens. Einige Gerichte halten die Freihaltung solcher Parkplätze für unzul, da sie nicht aus verkehrsbedingten Gründen erfolgt; vgl 14 zu § 39 u 6 zu § 45. Zu den Voraussetzungen für eine Ausn-Genehmigung zum Befahren einer Fußgängern vorbehaltenen Str (**Z 239** mit Zusatzschild „Lieferverkehr frei") s OVG Lü VM 81, 61 u § 12 Rn 37 a; zur Erteilung einer Sonderparkerlaubnis für Anlieger s BayVGH VRS 84, 70.

3   3. Zuwiderhandlungen

OW ist nach § 49 IV 4 iVm § 24 StVG das Nichtbefolgen einer nach § 46 III S 1 erteilten vollziehbaren Auflage (s Nr 43 BKat), nicht bloßer Empfehlungen (S 1) u auch nicht sonstiger Nebenbestimmungen, deren Mißachtung den Bestand der Ausn-Genehmigung berührt, so daß dann die jew Verbote direkt verletzt sind; Täter kann idR auch der Halter sein (Bay 83, 125 = VM 84, 2). – OW ist ferner das Nichtmitführen oder -Aushändigen der Bescheide nach den §§ 46 III S 3, 49 IV 5 (s Nr 105 VwKat). Zur möglichen Beteiligung anderer nach § 14 OWiG s Dü NZV 90, 321.

§ 47 Örtliche Zuständigkeit

(1) **Die Erlaubnis nach § 29 Abs. 2 und nach § 30 Abs. 2 erteilt für eine Veranstaltung, die im Ausland beginnt, die nach § 44 Abs. 3 sachlich zuständige Behörde, in deren Gebiet die Grenzübergangsstelle liegt. Diese Behörde ist auch zuständig, wenn sonst erlaubnis- oder genehmigungspflichtiger Verkehr im Ausland beginnt. Die Erlaubnis nach § 29 Abs. 3 erteilt die Straßenverkehrsbehörde, in deren Bezirk der erlaubnispflichtige Verkehr beginnt, oder die Straßenverkehrsbehörde, in deren Bezirk der Antragsteller seinen Wohnort, seinen Sitz oder eine Zweigniederlassung hat.**

(2) **Zuständig sind für die Erteilung von Ausnahmegenehmigungen:**
1. **nach § 46 Abs. 1 Nr. 2 für eine Ausnahme von § 18 Abs. 1 die Straßenverkehrsbehörde, in deren Bezirk auf die Autobahn oder Kraftfahrstraße eingefahren werden soll. Wird jedoch eine Erlaubnis nach § 29 Abs. 3 oder eine Ausnahmegenehmigung nach § 46**

Örtliche Zuständigkeit **§ 47 StVO**

Abs. 1 Nr. 5 erteilt, so ist die Verwaltungsbehörde zuständig, die diese Verfügung erläßt;
2. nach § 46 Abs. 1 Nr. 4a für kleinwüchsige Menschen sowie nach § 46 Abs. 1 Nr. 4a und 4b für Ohnhänder die Straßenverkehrsbehörde, in deren Bezirk der Antragsteller seinen Wohnort hat, auch für die Bereiche, die außerhalb ihres Bezirks liegen;
3. nach § 46 Abs. 1 Nr. 4c die Straßenverkehrsbehörde, in deren Bezirk der Antragsteller seinen Wohnort, seinen Sitz oder eine Zweigniederlassung hat;
4. nach § 46 Abs. 1 Nr. 5 die Straßenverkehrsbehörde, in deren Bezirk der zu genehmigende Verkehr beginnt oder die Straßenverkehrsbehörde, in deren Bezirk der Antragsteller seinen Wohnort, seinen Sitz oder eine Zweigniederlassung hat;
5. nach § 46 Abs. 1 Nr. 5b die Straßenverkehrsbehörde, in deren Bezirk der Antragsteller seinen Wohnort hat, auch für die Bereiche, die außerhalb ihres Bezirks liegen;
6. nach § 46 Abs. 1 Nr. 7 die Straßenverkehrsbehörde, in deren Bezirk die Ladung aufgenommen wird oder die Straßenverkehrsbehörde, in deren Bezirk der Antragsteller seinen Wohnort, seinen Sitz oder eine Zweigniederlassung hat. Diese sind auch für die Genehmigung der Leerfahrt zum Beladungsort zuständig, ferner dann, wenn in ihrem Land von der Ausnahmegenehmigung kein Gebrauch gemacht wird oder wenn dort kein Fahrverbot besteht;
7. nach § 46 Abs. 1 Nr. 11 die Straßenverkehrsbehörde, in deren Bezirk die Verbote, Beschränkungen und Anordnungen erlassen sind, für Schwerbehinderte mit außergewöhnlicher Gehbehinderung und Blinde jedoch jede Straßenverkehrsbehörde auch für solche Maßnahmen, die außerhalb ihres Bezirks angeordnet sind;
8. in allen übrigen Fällen die Straßenverkehrsbehörde, in deren Bezirk von der Ausnahmegenehmigung Gebrauch gemacht werden soll.

(3) Die Erlaubnis für die übermäßige Benutzung der Straße durch die Bundeswehr, die in § 35 Abs. 5 genannten Truppen, den Bundesgrenzschutz, die Polizei und den Katastrophenschutz erteilt die höhere Verwaltungsbehörde oder die nach Landesrecht bestimmte Stelle, in deren Bezirk der erlaubnispflichtige Verkehr beginnt.

VwV – StVO
Zu § 47 Örtliche Zuständigkeit

Zu Absatz 1 und Absatz 2 Nr. 1

Über Anträge auf Erteilung einer Dauererlaubnis und Dauerausnahmegenehmigung sollte in der Regel diejenige Straßenverkehrsbehörde entscheiden, in deren Bezirk der Antragsteller seinen Wohnsitz, seinen Sitz oder eine Zweigniederlassung hat. Will diese Behörde das Verfahren abgeben, so hat sie das eingehend zu begründen und über den Antragsteller ausführlich zu berichten.

§ 48 Verkehrsunterricht

Wer Verkehrsvorschriften nicht beachtet, ist auf Vorladung der Straßenverkehrsbehörde oder der von ihr beauftragten Beamten verpflichtet, an einem Unterricht über das Verhalten im Straßenverkehr teilzunehmen.

VwV – StVO
Zu § 48 Verkehrsunterricht

1 I. Zum Verkehrsunterricht sind auch Jugendliche von 14 Jahren an, Halter sowie Aufsichtspflichtige in Betrieben und Unternehmen heranzuziehen, wenn sie ihre Pflichten nicht erfüllt haben.

2 II. Zweck der Vorschrift ist es, die Sicherheit und Ordnung auf den Straßen durch Belehrung solcher, die im Verkehr Fehler begangen haben, zu heben. Eine Vorladung ist daher nur dann sinnvoll und überhaupt zulässig, wenn anzunehmen ist, daß der Betroffene aus diesem Grunde einer Belehrung bedarf. Das trifft in der Regel nicht bloß bei Personen zu, welche die Verkehrsvorschriften nicht oder nur unzureichend kennen oder beherrschen, sondern auch bei solchen, welche die Bedeutung und Tragweite der Vorschriften nicht erfaßt haben. Gerade Mehrfachtäter bedürfen in der Regel solcher Einwirkung. Aber auch schon eine einmalige Verfehlung kann sehr wohl Anlaß zu einer Vorladung sein, dies vor allem dann, wenn ein grober Verstoß gegen eine grundlegende Vorschrift vorliegt, oder wenn der bei dem Verstoß Betroffene sich trotz Belehrung uneinsichtig gezeigt hat.

3 III. Die Straßenverkehrsbehörde soll in der Regel nur Personen zum Verkehrsunterricht heranziehen, die in ihrem Bezirk wohnen. Müssen Auswärtige unterrichtet werden, so ist die für deren Wohnort zuständige Straßenverkehrsbehörde zu bitten, Heranziehung und Unterrichtung zu übernehmen.

4 IV. Der Verkehrsunterricht kann auch durch Einzelaussprache erteilt werden, wenn die Betroffenen aus wichtigen Gründen am allgemeinen Verkehrsunterricht nicht teilnehmen können oder ein solcher nicht stattfindet.

5 V. Die Vorladung muß die beruflichen Verpflichtungen der Betroffenen berücksichtigen. Darum kann es unter Umständen zweckmäßig sein, den Unterricht auf einen Sonntag festzusetzen; dann sind die Unterrichtszeiten mit den kirchlichen Behörden abzustimmen; Betroffene, die sich weigern oder nicht erscheinen, dürfen dafür nicht zur Verantwortung gezogen werden und sind auf einen Werktag oder Samstag umzuladen.

1. Zulässigkeit u Sinn der Vorschrift

Der VUnterricht ist keine Strafe, sondern eine verkehrserzieherische Maßnahme vorbeugender Gefahrenabwehr (VGH Mü NZV 91, 207; vgl auch die entspr Möglichkeit nach den §§ 10 I 9, 45 III JGG u 98 I 3 OWiG). Er dient nicht nur der Vermittlung theoretischer Kenntnisse, sondern hat in erster Linie den Zweck, die Kenntnisse zu vertiefen u in den Betr die Beachtung der VVorschriften nachhaltig einzuprägen (BVwGE 6, 354 = VRS 15, 229; OVG NW VRS 29, 319; Janiszewski 797 ff). § 48 ist verfassungsmäßig u durch die Ermächtigungsnorm des § 6 I 3 StVG gedeckt (BVfGE 22, 21 = VRS 33, 1; BGHSt 21, 135 zur inhaltlich gleichen aF), doch reformbedürftig (s Janiszewski 805 ff; zur Nachschulung s § 69 StGB 15).

2. Die Vorladung als Verwaltungsakt

a) **Zuständigkeit u Verfahren.** Zuständig für die Vorladung ist die StraßenVB. Sie kann einen Beamten im Rahmen der Geschäftsverteilung damit beauftragen, nicht aber ihre Befugnisse auf andere PolBeamte übertragen. Gegen die Vorladung steht der Verwaltungsrechtsweg offen, zunächst der Widerspruch innerhalb eines Monats nach Bekanntgabe (§§ 69, 70 VwGO), der gem § 80 I S 1 VwGO aufschiebende Wirkung hat. Das Verwaltungsgericht prüft außer den rechtlichen Voraussetzungen auch, ob die ges Grenzen des Ermessens eingehalten worden sind.

b) Die **Nichtbeachtung von VVorschriften** ist sachliche Voraussetzung der Vorladung. In dieser müssen die Tatsachen angegeben werden, in denen die Zuwiderhandlung erblickt wird. Nicht erforderlich ist, daß der Verstoß **schuldhaft** begangen wurde (BGHSt 21, 135). Die Vorladung ist unabhängig von einer Ahndung der Zuwiderhandlung im Straf- oder Bußgeldverfahren (BGH aaO). Sie ist nicht auf Kf beschränkt, sondern richtet sich auch gegen den Halter oder dessen verantwortlichen Beauftragten (HessVGH VM 75, 102); auch Fußgänger u Personen, denen die FE entzogen ist, dürfen vorgeladen werden. Vgl auch VwV I.

c) **Die Ermessensentscheidung.** Der VUnterricht darf nicht aus Schikane oder Willkür angeordnet werden oder den Charakter einer Strafe annehmen (BVfG aaO Rn 1). Er muß sinnvoll, dh zur Belehrung des Betr erforderlich u geeignet sein (eingehend hierzu VGH Mü NZV 91, 207; VGH Ka VM 74, 78). Auch eine einmalige Zuwiderhandlung kann den VUnterricht rechtfertigen, aber eine kleinliche Anwendung bei einem geringfügigen Verstoß kann einen Ermessensmißbrauch darstellen (BVfG aaO; BVwG aaO; OVG NW aaO; OVG Lü MDR 56, 253). Der VUnterricht ist nicht für Personen bestimmt, bei denen kein Erziehungsbedürfnis vorliegt (s VGH Mü aaO), insb Beruf, Lebensalter u Fahrpraxis darauf schließen lassen, daß sie die VVorschriften kennen u die möglichen Folgen einer Übertretung kraft eigener Einsicht zu übersehen vermögen (OVG Ko VRS 29, 316). Anzeige gegen den Betr schließt die Vorladung zum VUnterricht nicht aus. Mehrere Verstöße gegen VVorschriften rechtfertigen nur die Vorladung zu **einem** VUnterricht. Eine neuerliche Vorladung ist zulässig, wenn der Täter nach dem VUnterricht erneut gegen VVorschriften verstoßen hat (Kö VRS 26, 382).

3. Nichtteilnahme am Verkehrsunterricht als Ordnungswidrigkeit

a) **VVerstoß als TB-Merkmal.** Die Zuwiderhandlung gegen § 48 liegt nach hM nicht im formellen Ungehorsam gegen die Vorladung, sondern in der Nichtbeachtung der durch die VerkehrsOW begründeten ges Pflicht, am VUnterricht teilzunehmen. Die Vorladung ist die Bedingung, von der die bis dahin „latente Pflicht" abhängt (BGHSt 21, 135; Bay 52, 250 = VRS 5, 314; Bay 69, 26 = VRS 37, 222). Das verkehrswidrige Verhalten des Betr ist daher TB-Merkmal des § 48 u muß vom Gericht festgestellt werden, sogar dann, wenn der Betr wegen desselben in einem anderen Verfahren verurteilt worden ist (Bay aaO; Ha NJW 59, 1982).

6 Dem entspricht § 49 IV 6, der stichwortartig auf § 48 verweist, der den „bestimmten Tatbestand" der OW enthält. Durch die in § 49 IV 6 gewählte Formulierung „entgegen § 48" ist der gesamte TB des § 48, soweit er Forderungen enthält, Gegenstand der OW geworden (s dazu 2 zu § 49). Nach aA (Kar JR 73, 27 m zust Anm Möhl; Cramer 15) dürfte das Gericht im Bußgeldverfahren wegen der OW nach § 48 nur prüfen, ob die Vorladung als VA rechtsgültig ist, wäre aber an die Beurteilung des VVerhaltens des Betr durch die VB gebunden; ein bedenkliches Ergebnis! Vgl hierzu Janiszewski 802.

7 b) **Unanfechtbarkeit der Vorladung.** Die Vorladung zum VUnterricht enthält nicht nur die Bestimmung eines Termins, sondern in erster Linie die Ermessensentscheidung, die die Pflicht zur Teilnahme am VUnterricht erst auslöst. Sie fällt nicht unter die unaufschiebbaren AOen der PolVollzugsbeamten iS des § 80 II 2 VwGO, sie muß aber vollziehbar sein (BGHSt 23, 86, 91; 4 zu § 49). Das Ausbleiben in ihm ist daher nur ahndbar, wenn die Vorladung unanfechtbar oder für sofort vollziehbar erklärt war. War sie dies, so beseitigt auch eine spätere Aufhebung der Vorladung die OW nicht (s 4 zu § 49 u BGH VM 85, 89).

8 Sowohl die Vorladung selbst als auch ihre Unanfechtbarkeit oder sofortige Vollziehbarkeit sind **TB-Merkmale** des § 48 (BGHSt 23, 86).

9 c) **Verschulden.** Im Bußgeldverfahren ist zu prüfen, ob der Täter objektiv VVorschriften verletzt hat. Nicht erforderlich ist, daß dies schuldhaft geschah (s oben 3), wohl aber, daß er dem VUnterricht schuldhaft ferngeblieben ist, obwohl ihm die erörterten TB-Merkmale bekannt sein mußten.

§ 49 Ordnungswidrigkeiten

(1) **Ordnungswidrig im Sinne des § 24 des Straßenverkehrsgesetzes handelt, wer vorsätzlich oder fahrlässig gegen eine Vorschrift über**
  1. **das allgemeine Verhalten im Straßenverkehr nach § 1 Abs. 2,**
  2. **die Straßenbenutzung durch Fahrzeuge nach § 2,**
  3. **die Geschwindigkeit nach § 3,**
  4. **den Abstand nach § 4,**
  5. **das Überholen nach § 5 Abs. 1 bis 4 a, Abs. 5 Satz 2, Abs. 6 oder 7,**
  6. **das Vorbeifahren nach § 6,**
  7. **den Fahrstreifenwechsel nach § 7 Abs. 5,**
  8. **die Vorfahrt nach § 8,**

Ordnungswidrigkeiten § 49 StVO

9. das Abbiegen, Wenden oder Rückwärtsfahren nach § 9 Abs. 1, 2 Satz 1, 4 oder 5, Abs. 3 bis 5,
9a. das Verhalten bei der Einfahrt in einen Kreisverkehr oder im Kreisverkehr nach § 9a,
10. das Einfahren oder Anfahren nach § 10,
11. das Verhalten bei besonderen Verkehrslagen nach § 11 Abs. 1 oder 2,
12. das Halten oder Parken nach § 12 Abs. 1, 1a, 3, 3a Satz 1, Abs. 3b Satz 1, Abs. 4 Satz 1, 2 zweiter Halbsatz, Satz 3 oder 5 oder Abs. 4a bis 6,
13. Parkuhren, Parkscheine oder Parkscheiben nach § 13 Abs. 1 oder 2,
14. die Sorgfaltspflichten beim Ein- oder Aussteigen nach § 14,
15. das Liegenbleiben von Fahrzeugen nach § 15,
15a. das Abschleppen nach § 15a,
16. die Abgabe von Warnzeichen nach § 16,
17. die Beleuchtung und das Stehenlassen unbeleuchteter Fahrzeuge nach § 17,
18. die Benutzung von Autobahnen und Kraftfahrstraßen nach § 18 Abs. 1 bis 3, Abs. 5 Satz 2 oder Abs. 6 bis 10,
19. das Verhalten
 a) an Bahnübergängen nach § 19 oder
 b) an und vor Haltestellen von öffentlichen Verkehrsmitteln und Schulbussen nach § 20,
20. die Personenbeförderung nach § 21 Abs. 1, 1a, Abs. 2 oder 3,
20a. das Anlegen von Sicherheitsgurten nach § 21a Abs. 1 Satz 1, außer in Kraftomnibussen mit einer zulässigen Gesamtmasse von mehr als 3,5 t, oder das Tragen von Schutzhelmen nach § 21a Abs. 2,
21. die Ladung nach § 22,
22. sonstige Pflichten des Fahrzeugführers nach § 23,
23. das Fahren mit Krankenfahrstühlen oder anderen als in § 24 Abs. 1 genannten Rollstühlen nach § 24 Abs. 2,
24. das Verhalten
 a) als Fußgänger nach § 25 Abs. 1 bis 4,
 b) an Fußgängerüberwegen nach § 26 oder
 c) auf Brücken nach § 27 Abs. 6,
25. den Umweltschutz nach § 30 Abs. 1 oder 2 oder das Sonntagsfahrverbot nach § 30 Abs. 3 Satz 1 oder 2 Nr. 4 Satz 2,
26. das Sporttreiben oder Spielen nach § 31,
27. das Bereiten, Beseitigen oder Kenntlichmachen von verkehrswidrigen Zuständen oder die wirksame Verkleidung gefährlicher Geräte nach § 32,
28. Verkehrsbeeinträchtigungen nach § 33 oder
29. das Verhalten nach einem Verkehrsunfall nach § 34 Abs. 1 Nr. 1, Nr. 2, Nr. 5 Buchstabe a, b oder Nr. 6 Buchstabe b – sofern er in diesem letzten Fall zwar eine nach den Umständen angemessene Frist wartet, aber nicht Namen und Anschrift am Unfallort hinterläßt – oder nach § 34 Abs. 3
verstößt.

Jagow

StVO § 49 Ordnungswidrigkeiten

(2) Ordnungswidrig im Sinne des § 24 des Straßenverkehrsgesetzes handelt auch, wer vorsätzlich oder fahrlässig

1. als Führer eines geschlossenen Verbandes entgegen § 27 Abs. 5 nicht dafür sorgt, daß die für geschlossene Verbände geltenden Vorschriften befolgt werden,
1 a. entgegen § 27 Abs. 2 einen geschlossenen Verband unterbricht,
2. als Führer einer Kinder- oder Jugendgruppe entgegen § 27 Abs. 1 Satz 4 diese nicht den Gehweg benutzen läßt,
3. als Tierhalter oder sonst für die Tiere Verantwortlicher einer Vorschrift nach § 28 Abs. 1 oder Abs. 2 Satz 2 zuwiderhandelt,
4. als Reiter, Führer von Pferden, Treiber oder Führer von Vieh entgegen § 28 Abs. 2 einer für den gesamten Fahrverkehr einheitlich bestehenden Verkehrsregel oder Anordnung zuwiderhandelt,
5. als Kraftfahrzeugführer entgegen § 29 Abs. 1 an einem Rennen teilnimmt,
6. entgegen § 29 Abs. 2 Satz 1 eine Veranstaltung durchführt oder als Veranstalter entgegen § 29 Abs. 2 Satz 3 nicht dafür sorgt, daß die in Betracht kommenden Verkehrsvorschriften oder Auflagen befolgt werden oder
7. entgegen § 29 Abs. 3 ein dort genanntes Fahrzeug oder einen Zug führt.

(3) Ordnungswidrig im Sinne des § 24 des Straßenverkehrsgesetzes handelt ferner, wer vorsätzlich oder fahrlässig

1. entgegen § 36 Abs. 1 bis 4 ein Zeichen oder eine Weisung oder entgegen Abs. 5 Satz 4 ein Haltgebot oder eine Anweisung eines Polizeibeamten nicht befolgt,
2. einer Vorschrift des § 37 über das Verhalten an Wechsellichtzeichen, Dauerlichtzeichen oder beim Rechtsabbiegen mit Grünpfeil zuwiderhandelt,
3. entgegen § 38 Abs. 1, Abs. 2 oder 3 Satz 3 blaues Blinklicht zusammen mit dem Einsatzhorn oder allein oder gelbes Blinklicht verwendet oder entgegen § 38 Abs. 1 Satz 2 nicht sofort freie Bahn schafft,
4. entgegen § 41 eine durch ein Vorschriftzeichen gegebene Anordnung nicht befolgt,
5. entgegen § 42 eine durch die Zusatzschilder zu den Zeichen 306, 314, 315 oder durch die Zeichen 315, 325 oder 340 gegebene Anordnung nicht befolgt,
6. entgegen § 43 Abs. 2 und 3 Nr. 2 durch Absperrgeräte abgesperrte Straßenflächen befährt oder
7. einer den Verkehr verbietenden oder beschränkenden Anordnung, die nach § 45 Abs. 4 zweiter Halbsatz bekanntgegeben worden ist, zuwiderhandelt.

(4) Ordnungswidrig im Sinne des § 24 des Straßenverkehrsgesetzes handelt schließlich, wer vorsätzlich oder fahrlässig

1. dem Verbot des § 35 Abs. 6 Satz 1, 2 oder 3 über die Reinigung von Gehwegen zuwiderhandelt,

Vollziehbarkeit 1–4 § 49 StVO

1 a. entgegen § 35 Abs. 6 Satz 4 keine auffällige Warnkleidung trägt,
2. entgegen § 35 Abs. 8 Sonderrechte ausübt, ohne die öffentliche Sicherheit und Ordnung gebührend zu berücksichtigen,
3. entgegen § 45 Abs. 6 mit Arbeiten beginnt, ohne zuvor Anordnungen eingeholt zu haben, diese Anordnungen nicht befolgt oder Lichtzeichenanlagen nicht bedient,
4. entgegen § 46 Abs. 3 Satz 1 eine vollziehbare Auflage der Ausnahmegenehmigung oder Erlaubnis nicht befolgt,
5. entgegen § 46 Abs. 3 Satz 3 die Bescheide nicht mitführt oder auf Verlangen nicht aushändigt,
6. entgegen § 48 einer Vorladung zum Verkehrsunterricht nicht folgt oder
7. entgegen § 50 auf der Insel Helgoland ein Kraftfahrzeug führt oder mit einem Fahrrad fährt.

1. Zweck u Bedeutung der Vorschrift 1

Ahndungsgrundlage für Verstöße gegen Ge- u Verbote der StVO ist § 24 StVG. Dieser setzt voraus, daß die Rechts-VO, hier die StVO, „für einen bestimmten Tatbestand" auf § 24 StVG verweist; ohne diese Rückverweisung auf die ges Bußgeldvorschrift würde die Bußgeldnorm (§ 24) nicht eingreifen (BayVwBl 90, 158). Diesem Erfordernis ist dadurch genügt, daß in § 49 die Verweisung für alle OWen der StVO zusammengefaßt ist; hier nicht aufgeführte Vorschriften der StVO sind mithin nicht bußgeldbewehrt (wie zB §§ 1 I, 7 I–III u 11 III; s auch 3f zu § 24 StVG).

Der ges TB der OW ergibt sich demnach nicht aus § 49 allein, sondern 2 zusammen mit der Vorschrift, auf die § 49 verweist. In den Fällen des I gilt dies uneingeschränkt, während in II–IV manchmal durch das Stichwort aus dem umfassenderen Inhalt des Paragraphen ein bestimmtes Verhalten zur OW erklärt bzw oft auch klargestellt wird, wer als Täter verantwortlich ist (vgl § 24 StVG 5f; Janiszewski 167ff). – § 26a StVG enthält keine zusätzliche Ahndungsvoraussetzung (s Erl zu § 26a StVG).

2. Täterkreis, Teilnahme u Konkurrenzen s § 24 StVG 5f. Zur TE 3 u TM s E 56; Rn 100a zu § 3: Mehrere auf einer Fahrt begangene OWen stehen idR in TM zueinander (Bay DAR 96, 31).

3. Vollziehbarkeit einer behördlichen AO zZ der Nichtbeachtung ist 4 Ahndungsvoraussetzung (s zB § 49 IV 4), dh daß sie nicht mehr anfechtbar (Ce VRS 67, 464) oder sofort vollziehbar war (§ 80 II 4 VwGO; Janiszewski 35a; Bay VRS 73, 395; Ha NJW 80, 1476; Dü NStZ 81, 68; Ko VRS 80, 51). Bei VZ ergibt sich die Vollziehbarkeit bereits aus deren Aufstellung (VG Kö NJW 68, 1347; s auch 8 zu § 39), für pol Weisungen aus § 80 II 2 VwGO. Die Anfechtung oder spätere Aufhebung eines VA läßt die Verfolgbarkeit der vorher begangenen OW unberührt (BGHSt 23, 86, 93; 32, 152; KG VRS 79, 450; s § 39 Rn 9).

StVO §§ 50–53

5   **4. Vorsatz u Fahrlässigkeit** s E 38.
6   **Geldbuße.** Zu den Voraussetzungen ihrer Festsetzung u Höhe s § 24 StVG sowie **E** 35 ff u 61 ff. Bei in den BKat aufgenommenen OWi sind jeweils Regelsätze für die Geldbuße festgesetzt.

§ 50 Sonderregelung für die Insel Helgoland

Auf der Insel Helgoland sind der Verkehr mit Kraftfahrzeugen und das Radfahren verboten.

Verstoß ist OW nach § 49 IV 7 iVm § 24 StVG, die allerdings nicht im Vw- bzw BKat erfaßt ist.

§ 51 Besondere Kostenregelung

Die Kosten des Zeichens 386 trägt abweichend von § 5 b Abs. 1 des Straßenverkehrsgesetzes derjenige, der die Aufstellung dieses Zeichens beantragt.

§ 52 Entgelt für die Benutzung tatsächlich-öffentlicher Verkehrsflächen

Diese Verordnung steht der Erhebung von Entgelten für die Benutzung von Verkehrsflächen, an denen kein Gemeingebrauch besteht, auf Grund anderer als straßenverkehrsrechtlicher Bestimmungen nicht entgegen.

1   Eingefügt durch 9. ÄndVO. Während die Erhebung von Entgelten für das Parken auf straßenrechtlich öff Flächen durch Vorschriften der StVO (§§ 13, 42 IV Z 314 iVm § 6 a VI StVG) geregelt ist, soll § 52 im Hinblick darauf, daß das BVwG (VM 70, 88) für entspr Maßnahmen auf nicht rechtlich-öff Gebiet in der StVO (bis dahin) keine ausreichende RGrundlage gesehen hatte, die Erhebung von Entgelten nun auch für die Benutzung von nur tatsächlich-öff VFlächen ermöglichen (s dazu auch § 1 Rn 13 ff u Begr).
2   In Bay dürfen Gemeinden das Parken auf verkehrsrechtlich öffentlichen Flächen, an denen kein Gemeingebrauch besteht, privatrechtlich regeln, was Benutzungsregelungen durch Schilder für Kf einschließt (BayVGH, NZV 98, 478).

§ 53 Inkrafttreten

(1) **Diese Verordnung tritt am 1. März 1971 in Kraft.**

(2) **Die Straßenverkehrs-Ordnung vom 13. November 1937 (Reichsgesetzbl. I S. 1179) in der Fassung der Bekanntmachung vom 29. März 1956 (Bundesgesetzbl. I S. 271, 327) mit den Änderungen der Verord-**

Inkrafttreten § 53 StVO

nung vom 25. Juli 1957 (Bundesgesetzbl. I S. 780), vom 7. Juli 1960 (Bundesgesetzbl. I S. 485), vom 29. Dezember 1960 (Bundesgesetzbl. 1961 I S. 8) und vom 30. April 1964 (Bundesgesetzbl. I S. 305) tritt mit dem gleichen Tage außer Kraft.

(3) Das Zeichen 226 der Straßenverkehrs-Ordnung vom 16. November 1970 (BGBl. I S. 1565, 1971 I S. 38) in der Fassung der Verordnung vom 28. April 1982 (BGBl. I S. 564) hat bis zum 31. Dezember 1995 die Bedeutung des Zeichens 224 in der Fassung der vorstehenden Verordnung.

(4) Die Zeichen 274, 278, 307, 314, 380, 385 und die bisherigen Absperrschranken mit schrägen Schraffen behalten die Bedeutung, die sie nach der vor dem 1. Oktober 1988 geltenden Fassung dieser Verordnung hatten, bis längstens zum 31. Dezember 1998. Bis längstens 31. Dezember 1998 können Fußgängerbereiche (Zeichen 242/243) auch weiterhin mit Zeichen 241 gekennzeichnet werden. Bild 291 behält die Bedeutung, die es nach der vor dem 1. Oktober 1988 geltenden Fassung dieser Verordnung hatte, bis längstens zum 30. April 1989.

(5) Das Zusatzschild mit der Aufschrift „bei Nässe" darf bis zum 31. Dezember 1988 verwendet werden.

(6) Schutzhelme, die nicht in amtlich genehmigter Bauart ausgeführt sind, dürfen nach dem 1. Januar 1990 nicht mehr verwendet werden.*

(7) Die bisherigen Zeichen 290 und 292 behalten die Bedeutung, die sie nach der vor dem 1. Januar 1990 geltenden Fassung der Straßenverkehrs-Ordnung hatten, bis längstens zum 31. Dezember 1999.

(8) Die bisherigen Zeichen 448 und 450 (300-m-Bake) bei Autobahnausfahrten dürfen bis zum 31. Dezember 1995 verwendet werden.

(9) Verkehrszeichen in der Gestaltung nach der bis zum 1. Juli 1992 geltenden Fassung dieser Verordnung behalten auch danach ihre Gültigkeit. Ab dem 1. Juli 1992 dürfen jedoch nur noch Verkehrszeichen mit den neuen Symbolen angeordnet und aufgestellt werden.**

(10) Die Kennzeichnung des Anfangs, des Verlaufs und des Endes einer Verbotsstrecke durch Zusatzschilder (§ 41 Abs. 2 Nr. 8 Buchstabe c Satz 3 in der bis 30. Juni 1992 geltenden Fassung) bleibt bis 30. Juni 1994 wirksam.

(11) Die Kennzeichnung des Anfangs, des Verlaufs und des Endes einer Strecke, auf der das Parken durch die Zeichen 314 oder 315 (§ 42 Abs. 4) erlaubt ist, durch Zusatzschilder bleibt bis 30. Juni 1994 wirksam.

---

* Frist durch 2. AusnVO v 19. 3. 1990, BGBl I 550, bis 31. 12. 1992 u durch 1. VO zur Änd der 2. AusnVO v 22. 12. 1992, BGBl I 2481, ohne zeitliche Beschränkung verlängert (s auch § 21 a Rn 5).
** Durch 4. AusnVO v. 23. 6. 1992 (BGBl. I 1124) bis 1. 7. 1994 verlängert.

Jagow

(12) Rote und gelbe Pfeile in Lichtzeichenanlagen gemäß § 37 Abs. 2 Nr. 1 in der bis zum 30. Juni 1992 geltenden Fassung bleiben bis zum 31. Dezember 2005 gültig.

(13) Die bisherigen Zeichen 229 behalten die Bedeutung, die sie nach der vor dem 1. März 1994 geltenden Fassung der Straßenverkehrs-Ordnung hatten, bis längstens 31. Dezember 1994.

(14) Die bisherigen Zeichen 368, die zum Zeitpunkt des Inkrafttretens der Streichung des Zeichens 368 bereits angeordnet und aufgestellt worden sind, behalten bis zum 31. Dezember 2002 ihre Gültigkeit.

(15) Autohofhinweistafeln, die auf Grund der Verkehrsblattverlautbarung vom 24. Oktober 1994 (VkBl. 1994, S. 699) vor Inkrafttreten des Zeichens 448.1 angeordnet und aufgestellt worden sind, behalten bis zum 31. Dezember 2005 ihre Gültigkeit.

(16) Zusatzschilder, die bislang Anwohner mit besonderem Parkausweis vom eingeschränkten Haltverbot nach Zeichen 286 oder einem Haltverbot für die Zone nach Zeichen 290 ausgenommen haben, und Zusatzschilder zu den Zeichen 314 oder 315, die die Erlaubnis zum Parken bislang auf Anwohner beschränkt haben, sowie der mit Verkehrsblattverlautbarung vom 6. Januar 1998 (VkBl. 1998 S. 99) bekannt gegebene Parkausweis für Anwohner behalten bis zum 31. Dezember 2003 ihre Gültigkeit.

VwV – StVO
Zu § 53 Inkrafttreten

Zu Absatz 3

1 Die bisherigen Regeln dieser Verwaltungsvorschrift zu § 37 „Wechsellichtzeichen, Dauerlichtzeichen und Grünpfeil" zu Absatz 2 zu den Nummern 1 und 2 IX behalten auch nach der bis zum 1. Juli 1992 geltenden Fassung dieser Vorschrift ihre Gültigkeit, jedoch längstens bis zum 31. Dezember 2005. Neue Lichtsignalanlagen sind nach dem 1. Juli 1992 nach den neuen Regeln auszuführen.

3. Teil

Straßenverkehrsgesetz*

I. Verkehrsvorschriften

§ 1 (Zulassung)

(1)** **Kraftfahrzeuge und ihre Anhänger, die auf öffentlichen Straßen in Betrieb gesetzt werden sollen, müssen von der zuständigen Behörde (Zulassungsbehörde) zum Verkehr zugelassen sein.**

(2) **Als Kraftfahrzeuge im Sinne dieses Gesetzes gelten Landfahrzeuge, die durch Maschinenkraft bewegt werden, ohne an Bahngleise gebunden zu sein.**

Inhaltsübersicht

	Rn
1. Zulassungsbestimmungen der StVZO für Kraftfahrzeuge	1
2. Erteilung u Dauer der Zulassung	2
3. Der Begriff „Kraftfahrzeug"	8
4. Inbetriebsetzen	9
5. Auf öffentlichen Straßen	10
6. Einschränkung u Entziehung der Zulassung	11
7. Ausländische Fahrzeuge	12
8. Zuwiderhandlungen	13

1. § 1 I normiert abweichend vom sonst für jedermann freien Verkehr (vgl § 1 StVZO) für **Kfze** eine **Zulassungspflicht** auf öff Str, die durch das StVG-ÄndG (s Fn) ausdrücklich auch auf Anhänger erstreckt wird. Der BMV kann durch VO nach § 6 I 2 oder III Ausn hiervon zulassen. Die für den Fz-Halter wesentlichen **Zulassungsbestimmungen** ergeben sich aus der **StVZO** (teilweise abgedr in Anh I b). 1

2. Erteilung u Dauer der Zulassung 2

Das Zulassungsverfahren ist in der StVZO geregelt. Ausn von der Zulassungspflicht enthalten zB die §§ 18 II, III, 28 StVZO, § 1 I der

---

* Überschriften der Paragraphen sind – bis auf die der §§ 2–5, 22 a, 24 b, 25 a, 26 a und 28–30 c – nicht amtlich. Die nicht unmittelbar die Ordnung des Straßenverkehrs betreffenden §§ 31–65 (Fahrzeugregister, Fahrerlaubnisregister, ZEVIS) sind hier nicht abgedruckt.
** Abs 1 neu gefaßt durch StVG-ÄndG v 24. 4. 1998 (BGBl I 747); gilt ab 1. 1. 1999.

StVG § 1 2a, 3   3. Teil. StraßenverkehrsG

2. AusnVO v 28. 2. 89 (BGBl I 481, zul geänd durch VO v 18. 8. 98, BGBl I 2214) für land- u forstwirtschaftliche Zugmaschinen bei Brauchtumsveranstaltungen u 49. AusnVO v 15. 9. 94 (BGBl I 2416) für **Oldtimer** (s im übrigen die Ausn-VOen unter 2a der Loseblatt-Textsammlung StraßenVR bei Beck).

2a Die Zulassung, auf die der Berechtigte bei Erfüllung der Voraussetzungen einen RAnspruch hat (Ko NZV 91, 406), besteht in der **Erteilung** der **Betriebserlaubnis** (BE) u in der **Zuteilung** des **amtl KennZ** durch die Zulassungsbehörde (§ 18 I StVZO). Erst wenn beide Voraussetzungen zusammen gegeben sind, ist das Fz zugelassen. Das KennZ ist erst mit der Abstempelung nach § 23 IV StVZO rechtswirksam erteilt (BGH VM 58, 48). Die BE wird mit der Aushändigung des Fz-Scheins an den Eigentümer des Kfz wirksam (§ 24 StVZO). Der **Fz-Schein** ist zwar eine öff Urkunde, in der beglaubigt wird, daß das darin nach seinen erkennbaren Merkmalen bezeichnete Kfz unter Zuteilung des angegebenen amtl KennZ zum öff Verkehr zugelassen ist (BGHSt 20, 186) u ist Zubehör des Kfz; er beweist aber nicht zu öff Glauben, daß die Eintragungen über die Person des Zulassungsinhabers richtig sind (BGHSt 22, 201). – Der auf Grund der BE zu erteilende **Fz-Brief** (§§ 20 III, 25 StVZO) dient der Sicherung des Eigentums am Kfz, ist zwar kein Traditionspapier (BGH(Z) VRS 38, 241; s Wirsing VD 80, 361); sein Fehlen schließt aber den guten Glauben des Erwerbers idR aus (BGH(Z) NZV 94, 312).

3 Die **Zulassung erlischt,** falls sie nicht ausdrücklich entzogen wird (unten 11), mit der endgültigen Außerbetriebsetzung des Kfz oder bei Änderungen am Fz nach näherer Bestimmung des § 19 II StVZO (Anh I b). Die Änderung (dh Entfernen, Austausch oder Hinzufügen) von Fz-Teilen, deren Beschaffenheit vorgeschrieben ist, reicht allein nicht mehr zum Erlöschen der BE aus, auch wenn sie eine Gefährdung anderer VT verursachen könnte (§ 19 II S 1 aF). Entsprechen sie nicht den jew Beschaffenheitsvorschriften der StVZO, so liegt ggf lediglich Verstoß gegen diese (oder § 31 II StVZO) vor, soweit nicht II 2 (s unten) erfüllt ist. Nach der Neufassung des § 19 II StVZO (durch ÄndVO v 16. 12. 93, BGBl I 2106) erlischt die BE nur unter den in § 19 II 1–3 (s Anh Ib) gen Voraussetzungen (Kö v 28. 3. 95 bei Verf NStZ 95, 587); dh
– nach **Nr 1**, wenn die nach der BE genehmigte Fz-**Art** geändert wird, also zB nach Nr 10 BeispKat (s 3a) Pkw in Lkw, Lkw in Pkw oder in Wohnmobile, Lkw in Zugmaschine uäm umgebaut wird; eine Änderung der Aufbauart genügt nicht; oder
– nach **Nr 2**, wenn durch eine Änderung eine Gefährdung anderer VT (Fz-Führer, Fz-Insassen, Fußgänger u andere VT) mit gewisser **Wahrscheinlichkeit** zu erwarten ist; die bisher ausreichende bloße Möglichkeit einer Gefährdung genügt nicht mehr (s Begr VkBl 94, 159; Dü VRS 90, 195 = NZV 96, 40 m abl St Schmitt/Kreutel NZV 96, 41; dagegen Dü ZfS 96, 235). Die Gefährdung muß nach der Begr „schon etwas konkreter" zu erwarten sein; sie kann sowohl durch den unsachgem Anbau eines unbedenklichen Teils als auch durch den sachgem Anbau eines nicht sachgerechten Teils eintreten (Begr aaO S 150); oder

Erteilung u Dauer der Zulassung **3 a–5 § 1 StVG**

– nach **Nr 3** wenn durch die Änderung das Abgas- oder Geräuschverhalten gegenüber dem vorherigen Zustand verschlechtert wird
– u keine Ausn nach § 19 III StVZO vorliegt (s 4).

Der **Beispiel-Kat** des BMVBW ist mit Bekanntmachung vom 9. 6. 99 **3 a** (VkBl 99, 451) neu gefaßt worden; er ist weder erschöpfend noch verbindlich (zum bisherigen Kat: Dü NZV 96, 249; BGHSt 32, 16; Ce VM 93, 13; Dü DAR 91, 349); er bietet aber eine Auslegungshilfe zu § 19 II StVZO (Stu VRS 75, 470).

Die **bisherige RSpr** zum Erlöschen der BE bei Veränderungen am Fz **3 b** ist durch die Neufassung des § 19 I, II weitgehend überholt; sie ist allenfalls noch insoweit verwertbar, als sie sich in Einzelfällen mit der Änd von Fz-Teilen befaßt, die für die VSicherheit von bes Bedeutung sind, wodurch auch nach der nF eine ausreichende Gefährdung iS von II 2 zu erwarten wäre (Dü VRS 89/382; ZfS 96, 235). Dies ist ggf mit Hilfe eines techn SV festzustellen u könnte zB der Fall sein bei Anbringung eines andersartigen Lenkrads (Bay 72, 236; 74, 106 = VM 75, 4), einer Anhängerkupplung (Bay 70, 35 = VRS 38, 366), Anbringung von Distanzscheiben, die die Spurweite vergrößern (Bay 70, 46 = VRS 39, 142), Verwendung nicht zum Wagentyp gehöriger Karosserieteile (Ha VRS 50, 139), eines sog Frontspoilers (Bay 77, 180 = StVE § 19 StVZO 6; s aber auch Kö VRS 59, 61) oder Heckspoilers (Bay VRS 60, 155 = StVE § 19 StVZO 12), durch Anbringung unzulässiger Bereifung (s Verlautbarung BMV v 16. 9. 91, VkBl 91, 578; 93, 411; Kar VRS 85, 305; Zw ZfS 81, 355; Kö VRS 70, 305; Bay VRS 70, 473; nicht unbedingt bei falscher Reifengröße: Dü NZV 97, 366), Einbau eines andersartigen Motors (Bay VRS 65, 158) oder gravierender Eingriff in lichttechn Einrichtungen (Dü DAR 91, 349; VM 93, 14). – Der Umbau u die Verwendung eines Wohnmobils als Stückguttransporter (s KG VRS 85, 226) dürfte bereits eine Änderung der Fz-Art nach II 1 darstellen.

Die **BE erlischt nicht** unter den Voraussetzungen des § 19 III StVZO **4** bei Änderungen durch Ein- oder Anbau von Teilen, für die eine BE nach § 22 StVZO oder eine Bauartgenehmigung nach § 22 a StVZO erteilt ist oder ein Teilegutachten (§ 19 III 4 StVZO) vorliegt. Sie erlischt auch nicht bei einer Änd durch eine die VSicherheit nicht beeinträchtigende Änd durch Abnutzung (Begr zum neuen BeispKat VkBl 99, 451; Bay VRS 69, 464) oder durch eine nur vorübergehende Änd aufgrund des nach § 23 II StVO ausgeübten Notrechts (Bay aaO zur aF). Besteht begründeter Anlaß zur Annahme, daß ein Fz unvorschriftsmäßig ist, kann die VB ein Gutachten anfordern oder die Vorführung des Fz anordnen (§ 17 III StVZO). Die BE bleibt im übrigen bei Veränderung von Teilen unter den Voraussetzungen des § 19 VI StVZO zur Erprobung wirksam.

§ 27 StVZO enthält die **Meldepflichten** im Falle der Veräußerung u **5** Veränderung des Kfz. Zur Ummeldung eines langfristig vermieteten Fz (Leasing) nach § 27 II StVZO ist nur der Halter verpflichtet (BayVGH StVE § 27 StVZO 1). Eine nur „vorübergehende" Standortverlegung liegt vor, wenn diese von vornherein für eine bestimmte Zeit gedacht ist (BVwG VRS 66, 315 = StVE § 27 StVZO 2).

6 § 28 StVZO enthält Sonderbestimmungen für **Prüfungs-, Probe-** u **Überführungsfahrten.** Das **rote KennZ** bzw das **KurzzeitkennZ,** das gem § 60 II S 1 iVm § 28 II StVZO außen an Vorder- u Rückseite des Fz anzubringen u nicht nur hinter der Windschutzscheibe mitzuführen ist (Bay DAR 90, 268; NZV 89, 123), ist keine Urkunde iS von § 267 StGB (Stu VRS 47, 25), seine unberechtigte Benutzung daher keine Urkundenfälschung, uU aber **KennZ-Mißbrauch** nach § 22 I 1 StVG (BGHSt 34, 375). Es dient der vereinfachten Zulassung ohne BE, die bei einmaliger Verwendung mit der Ausgabe als KurzzeitkennZ, bei wiederkehrender als rotes KennZ mit der Konkretisierung auf ein bestimmtes Fz bewirkt wird (Bay NZV 93, 404). – Selbst eine längere zur Erprobung des Fz vorgenommene Fahrt verliert nicht die Eigenschaft der Probefahrt, auch wenn daneben noch andere Zwecke verfolgt werden (Dü VRS 50, 140). Probefahrt ohne Anbringung des zugeteilten KurzzeitkennZ oder roten KennZ verstößt nur gegen § 28 I S 2 iVm § 69a II 4 StVZO (Bay VRS 67, 155). – **Überführungsfahrt** dient der Verbringung eines (nicht zugelassenen) Kfz an einen anderen Ort; unmaßgeblich ist die gleichzeitige Beförderung von Sachen oder Personen (Ce VRS 67, 65) u die spätere Verwendung (Bay StVE § 28 StVZO 4). Für **Oldtimer** kann entweder eine besondere Zulassung nach § 21c, § 23 Abs 1c StVZO erfolgen oder ein rotes KennZ nach 49. AusnVO (s dazu VkBl 95, 248) verwendet werden. – Wird das Fz nicht zu einem der privilegierten Zwecke verwendet, ist es nicht zugelassen (Bay 87, 22; Zw NZV 92, 460); Überlassung der roten KennZ an Dritte für andere Zwecke kann Teilnahme an der entspr OW sein (Bay NZV 95, 458).

7 Nach **§ 19 V StVZO** dürfen mit Fzen, deren BE nach § 19 II StVZO erloschen ist, nur solche Fahrten durchgeführt werden, die unmittelbar zur Erlangung einer neuen BE notwendig sind (zur Notwendigkeit s Bay 77, 167 = VRS 54, 228; zur freien Auswahl der nahe gelegenen Prüfstelle s Dü VM 93, 56). Bei der Fahrt sind die bisherigen oder rote KennZ oder KurzzeitkennZ nach § 28 StVZO zu führen.

8 **3. Der Begriff „Kraftfahrzeug"** umfaßt nach II alle Fze – ausgenommen Wasser- u Luft-Fze –, die durch Maschinenkraft bewegt werden, ohne an Bahngleise gebunden zu sein. Auch Obusse sind ebenso erfaßt wie Amphibien-Fze, nicht aber Fze, die der Bauart ihrer Räder nach nur auf Schienen laufen können, wie Lokomotiven (s Bay NZV 93, 239; Hentschel NZV 93, 83; Verf NStZ 93, 274); ansonsten ist die Art der Fortbewegung gleichgültig (Ketten, Kufen, Luftkissen), ebenso der Verwendungszweck (zB Arbeits- oder Kriegsgerät). Als Kfz gilt auch ein Fahrrad, das durch einen auf dem Rücken des Fahrers geschnallten Gleitschirmpropellermotor fortbewegt wird, OLG Ol NZV 99, 390, mit Anm von Grunewald NZV 00, 384. Auch **Kleinkrafträder** u **Fahrräder m Hilfsmotor** einschl der Mofas (Begriffsbestimmungen § 4 I 1 FeV, § 18 II 4 StVZO; BGH NZV 93, 443) u **Leichtmofas** (s Heiler/Jagow 23) sind Kfze – Untergruppen der Krafträder; für sie bestehen erleichterte Zulassungs- u Führungsbestimmungen (§ 4 I 2, §§ 5, 6 I FeV, Klasse M, und

§ 18 II 4, III StVZO). **Kindersitze** stehen dem Merkmal der Einsitzigkeit nicht entgegen. Ein vorübergehender Ausfall der Maschinenkraft infolge eines Schadens beeinträchtigt die Eigenschaft als Kfz nicht.

Anhänger sind zwar keine Kfze (BGH VRS 72, 38), sie unterliegen aber nach § 1 I StVG u § 18 StVZO den Vorschriften der StVZO. Anhänger an Fahrrädern mit Hilfsmotor s § 61a StVZO. „**Kombinationsfahrzeuge**" gelten als Pkw (s § 23 VI a StVZO), die in § 24 I StO gen Fortbewegungsmittel werden durch Ausrüstung mit einem Motor Kfze (zB Roller u Skateboards uä; s dazu Grams NZV 94, 172). 8a

Zu den Begriffen „Fortbewegungsmittel" und „Fahrzeuge" s auch Erl zu § 24 StVO. 8b

4. Inbetriebsetzen bedeutet, daß das Fz zu seiner bestimmungsmäßigen Verwendung, der Fortbewegung unter Verwendung seiner Maschinenkraft, in den öff Verkehr eingeführt wird (zum Begriff „Betrieb" s Greger 32 ff zu § 7 StVG). Der **Betrieb beginnt** spätestens mit dem Anlassen des Motors, dh früher als das „Führen" eines Kfz (vgl 5 ff zu § 2 StVO); er geht weiter als das des Inbetrieb**nehmens** (s dazu § 23 StO 34). „Inbetriebsetzen" verlangt – iG zum „Inbetriebnehmen" – kein persönliches Führen des Kfz. Gegen § 18 I, § 69 a II 3 StVZO verstößt auch, wer – gleichgültig, ob als Halter oder auf Grund einer sonstigen Verfügungsmöglichkeit – das Kfz durch einen Dritten im öff Verkehr führen läßt (Bay 72, 123; Kö VRS 72, 137; Ha VRS 59, 468 = StVE § 25 StVG 4; Dü VRS 68, 385; 79, 451; s auch Bay 81, 142, 165 zum Beurteilungszeitpunkt). 9

Der Betrieb **endet** nach dem zu § 7 StVG entwickelten verkehrstechnischen Betriebsbegriff nicht mit jedem Halten, sondern dann, wenn das Kfz nach Abschluß der Fahrt aus dem Verkehr gezogen, zB vorschriftsmäßig auf einem Parkplatz abgestellt ist (BGHZ 29, 163; Ce VRS 47, 476; Bouska DAR 72, 263; Tschernitschek NJW 84, 42; einschränkend für die Anwendung des § 69a StVZO Bay 74, 58; vgl § 23 StO 5). Der Betrieb des Kfz umfaßt zwar auch das Abladen, zB mittels einer vom Fz-Motor betriebenen Kippvorrichtung, doch stellt die Verwendung des Motors eines stehenden Sonder-Kfz zum Ingangsetzen dessen Arbeitsmaschine, zB zum Betrieb eines Baukrans oder des Kompressors eines Gebläses, keinen Betrieb des Kfz dar (vgl BGH(Z) NJW 75, 1886), auch nicht Dauerparken (Bay v 26. 8. 87, 1 Ob OWi 162/87). 9a

5. Der anstelle von „**öff Wegen u Plätzen**" durch das StVG ÄndG v 24. 4. 1998 neu eingeführte Begriff „**öff Straßen**" deckt sich mit dem des „öffentlichen Verkehrs" in § 1 StVO (vgl dort 13); eine inhaltliche Änd ist damit nicht verbunden. 10

6. Einschränkung u Entziehung der Zulassung. Die Zulassung endet mit der Zustellung der nach § 17 I StVZO ergangenen Verfügung. Wird die Entz durch Wegnahme oder Entwertung des amtl KennZ vor oder ohne Zustellung einer schriftlichen Verfügung vorgenommen, so endet die Zulassung bereits mit der Entstempelung des KennZ oder mit dessen Wegnahme zwecks Entstempelung (BGHSt 11, 165; Bay VM 58, 93; 11

Jagow

StVG § 2 3. Teil. StraßenverkehrsG

Schl VM 60, 18). Das abgestempelte KennZ ist eine Urkunde iS des § 267 StGB, während dem nicht abgestempelten KennZ diese Eigenschaft nicht zukommt (BGH aaO; Hbg VM 59, 40).

12 **7.** Für **ausl Kfze** gelten die §§ 1–3 a, 5–7 a u 11 I IntKfzVO (s Anh II.). Danach sind ausl Kfze zum Verkehr zugelassen u vorübergehend, dh bis zu einem Jahr (§ 5 IntKfzVO), im Inland von den inländischen Vorschriften über das Zulassungsverfahren u – nach Maßgabe der §§ 3, 3 a IntKfzVO – auch von den sachlichrechtlichen Beschaffenheits- u Ausrüstungsvorschriften der StVZO befreit. Unabhängig davon gelten die inländischen Betriebsvorschriften für alle im Inland verkehrenden Fze. Insb müssen sich diese in verkehrssicherem Zustand befinden. Ein Ausländer, der zB im Inland ein Kfz führt, dessen Reifen nicht mehr die nach § 36 II StVZO vorgeschriebene Profiltiefe aufweisen, verstößt demnach zwar nicht gegen § 36 StVZO, wohl aber gegen § 23 StVO, weil so weit abgefahrene Reifen verkehrsunsicher sind (Bay 77, 133 = VRS 53, 469; s § 23 Rn 11). Nichtführen des NationalitätsZs ist OW nach § 14 Nr 1 IntKfzVO (s Nr 234 BKat).

13 **8. Zuwiderhandlungen**

Das Inbetriebsetzen eines nicht zugelassenen Kfz (oder künftig auch Anhängers) ist OW nach § 24 StVG iVm §§ 18 I, 69 a II 3 StVZO (s Nr 49 BKat). **Irrtum:** Der Kfz-Halter darf sich auf die Auskunft einer Fachwerkstätte, daß die BE durch eine Maßnahme (Einbau einer Anhängerkupplung) nicht erlösche, verlassen (Bay 73, 13 = VM 73, 54), sofern nicht bes Umstände eine Kontrolle nahelegen (s Ko VRS 46, 467: auffällig unterschiedliche Reifengröße). Ebenso nach Überprüfung durch den TÜV (Ko v 30. 6. 81, 2 Ss 305/81) u bei unzulässiger Bereifung durch eine Spezialwerkstatt (Zw ZfS 81, 355; Bay VRS 59, 60; Kar VRS 85, 305) oder bei Neukauf (Bay 86, 4 = VM 86, 90). Wegen des Erlöschens der BE s oben 3. Zur inneren Tatseite beim Führen eines Kfz, dessen BE erloschen ist, s Kö VRS 60, 474 = StVE § 19 StVZO 13 (MietFz), Bay VRS 62, 68 (keine Überprüfungspflicht bei Erwerb eines neuen Anhängers); s auch Dü VRS 62, 69 (Prüfungspflicht bei nur kurzfristiger Übernahme).

§ 2 Fahrerlaubnis und Führerschein

(1) **Wer auf öffentlichen Straßen ein Kraftfahrzeug führt, bedarf der Erlaubnis (Fahrerlaubnis) der zuständigen Behörde (Fahrerlaubnisbehörde). Die Fahrerlaubnis wird in bestimmten Klassen erteilt. Sie ist durch eine amtliche Bescheinigung (Führerschein) nachzuweisen.**

(2) **Die Fahrerlaubnis ist für die jeweilige Klasse zu erteilen, wenn der Bewerber**

1. **seinen ordentlichen Wohnsitz im Sinne des Artikels 9 der Richtlinie 91/439/EWG des Rates vom 29. Juli 1991 über den Führerschein (ABl. EG Nr. L 237 S. 1) im Inland hat,**
2. **das erforderliche Mindestalter erreicht hat,**

Fahrerlaubnis und Führerschein § 2 StVG

3. zum Führen von Kraftfahrzeugen geeignet ist,
4. zum Führen von Kraftfahrzeugen nach dem Fahrlehrergesetz und den auf ihm beruhenden Rechtsvorschriften ausgebildet worden ist,
5. die Befähigung zum Führen von Kraftfahrzeugen in einer theoretischen und praktischen Prüfung nachgewiesen hat,
6. die Grundzüge der Versorgung Unfallverletzter im Straßenverkehr beherrscht oder Erste Hilfe leisten kann und
7. keine in einem Mitgliedstaat der Europäischen Union oder einem anderen Vertragsstaat des Abkommens über den Europäischen Wirtschaftsraum erteilte Fahrerlaubnis dieser Klasse besitzt.

Nach näherer Bestimmung durch Rechtsverordnung gemäß § 6 Abs. 1 Nr. 1 Buchstabe g können als weitere Voraussetzungen der Vorbesitz anderer Klassen oder Fahrpraxis in einer anderen Klasse festgelegt werden. Die Fahrerlaubnis kann für die Klassen C und D sowie ihre Unterklassen und Anhängerklassen befristet erteilt werden. Sie ist auf Antrag zu verlängern, wenn der Bewerber zum Führen von Kraftfahrzeugen geeignet ist und kein Anlaß zur Annahme besteht, daß eine der aus den Sätzen 1 und 2 ersichtlichen sonstigen Voraussetzungen fehlt.

(3) Nach näherer Bestimmung durch Rechtsverordnung gemäß § 6 Abs. 1 Nr. 1 Buchstabe b und g kann für die Personenbeförderung in anderen Fahrzeugen als Kraftomnibussen zusätzlich zur Fahrerlaubnis nach Absatz 1 eine besondere Erlaubnis verlangt werden. Die Erlaubnis wird befristet erteilt. Für die Erteilung und Verlängerung können dieselben Voraussetzungen bestimmt werden, die für die Fahrerlaubnis zum Führen von Kraftomnibussen gelten. Außerdem können Ortskenntnisse verlangt werden. Im übrigen gelten die Bestimmungen für Fahrerlaubnisse entsprechend, soweit gesetzlich nichts anderes bestimmt ist.

(4) Geeignet zum Führen von Kraftfahrzeugen ist, wer die notwendigen körperlichen und geistigen Anforderungen erfüllt und nicht erheblich oder nicht wiederholt gegen verkehrsrechtliche Vorschriften oder gegen Strafgesetze verstoßen hat. Ist der Bewerber auf Grund körperlicher oder geistiger Mängel nur bedingt zum Führen von Kraftfahrzeugen geeignet, so erteilt die Fahrerlaubnisbehörde die Fahrerlaubnis mit Beschränkungen oder unter Auflagen, wenn dadurch das sichere Führen von Kraftfahrzeugen gewährleistet ist.

(5) Befähigt zum Führen von Kraftfahrzeugen ist, wer

1. ausreichende Kenntnisse der für das Führen von Kraftfahrzeugen maßgebenden gesetzlichen Vorschriften hat,
2. mit den Gefahren des Straßenverkehrs und den zu ihrer Abwehr erforderlichen Verhaltensweisen vertraut ist,
3. die zum sicheren Führen eines Kraftfahrzeugs, gegebenenfalls mit Anhänger, erforderlichen technischen Kenntnisse besitzt und zu ihrer praktischen Anwendung in der Lage ist und

4. über ausreichende Kenntnisse einer umweltbewußten und energiesparenden Fahrweise verfügt und zu ihrer praktischen Anwendung in der Lage ist.

(6) Wer die Erteilung, Erweiterung, Verlängerung oder Änderung einer Fahrerlaubnis oder einer besonderen Erlaubnis nach Absatz 3, die Aufhebung einer Beschränkung oder Auflage oder die Ausfertigung oder Änderung eines Führerscheines beantragt, hat der Fahrerlaubnisbehörde nach näherer Bestimmung durch Rechtsverordnung gemäß § 6 Abs. 1 Nr. 1 Buchstabe h mitzuteilen und nachzuweisen

1. Familiennamen, Geburtsnamen, sonstige frühere Namen, Vornamen, Ordens- oder Künstlernamen, Doktorgrad, Geschlecht, Tag und Ort der Geburt, Anschrift und
2. das Vorliegen der Voraussetzungen nach Absatz 2 Satz 1 Nr. 1 bis 6 und Satz 2 und Absatz 3

sowie ein Lichtbild abzugeben. Außerdem hat der Antragsteller eine Erklärung darüber abzugeben, ob er bereits eine in- oder ausländische Fahrerlaubnis der beantragten Klasse oder einen entsprechenden Führerschein besitzt.

(7) Die Fahrerlaubnisbehörde hat zu ermitteln, ob der Antragsteller zum Führen von Kraftfahrzeugen, gegebenenfalls mit Anhänger, geeignet und befähigt ist, und ob er bereits eine in- oder ausländische Fahrerlaubnis oder einen entsprechenden Führerschein besitzt. Sie hat dazu Auskünfte aus dem Verkehrszentralregister und dem Zentralen Fahrerlaubnisregister nach den Vorschriften dieses Gesetzes einzuholen. Sie kann außerdem insbesondere entsprechende Auskünfte aus ausländischen Registern oder von ausländischen Stellen einholen sowie die Beibringung eines Führungszeugnisses zur Vorlage bei der Verwaltungsbehörde nach den Vorschriften des Bundeszentralregistergesetzes verlangen.

(8) Werden Tatsachen bekannt, die Bedenken gegen die Eignung oder Befähigung des Bewerbers begründen, so kann die Fahrerlaubnisbehörde anordnen, daß der Antragsteller ein Gutachten oder Zeugnis eines Facharztes oder Amtsarztes, ein Gutachten einer amtlich anerkannten Begutachtungsstelle für Fahreignung oder eines amtlichen anerkannten Sachverständigen oder Prüfers für den Kraftfahrzeugverkehr innerhalb einer angemessenen Frist beibringt.

(9) Die Registerauskünfte, Führungszeugnisse, Gutachten und Gesundheitszeugnisse dürfen nur zur Feststellung oder Überprüfung der Eignung oder Befähigung verwendet werden. Sie sind nach spätestens zehn Jahren zu vernichten, es sei denn, mit ihnen im Zusammenhang stehende Eintragungen im Verkehrszentralregister oder im Zentralen Fahrerlaubnisregister sind nach den Bestimmungen für diese Register zu einem späteren Zeitpunkt zu tilgen oder zu löschen. In diesem Fall ist für die Vernichtung oder Löschung der spätere Zeitpunkt maßgeblich. Die Zehnjahresfrist nach Satz 2 beginnt mit der rechts- oder be-

standskräftigen Entscheidung oder mit der Rücknahme des Antrages durch den Antragsteller. Die Sätze 1 bis 4 gelten auch für entsprechende Unterlagen, die der Antragsteller nach Absatz 6 Satz 1 Nr. 2 beibringt. Anstelle einer Vernichtung der Unterlagen sind die darin enthaltenen Daten zu sperren, wenn die Vernichtung wegen der besonderen Art der Führung der Akten nicht oder nur mit unverhältnismäßigem Aufwand möglich ist.

(10) Bundeswehr, Bundesgrenzschutz und Polizei können durch ihre Dienststellen Fahrerlaubnisse für das Führen von Dienstfahrzeugen erteilen (Dienstfahrerlaubnisse). Diese Dienststellen nehmen die Aufgaben der Fahrerlaubnisbehörde wahr. Für Dienstfahrerlaubnisse gelten die Bestimmungen dieses Gesetzes und der auf ihm beruhenden Rechtsvorschriften, soweit gesetzlich nichts anderes bestimmt ist. Mit Dienstfahrerlaubnissen dürfen nur Dienstfahrzeuge geführt werden.

(11) Nach näherer Bestimmung durch Rechtsverordnung gemäß § 6 Abs. 1 Nr. 1 Buchstabe j berechtigen auch ausländische Fahrerlaubnisse zum Führen von Kraftfahrzeugen im Inland. Inhaber einer in einem Mitgliedstaat der Europäischen Union oder einem anderen Vertragsstaat des Abkommens über den Europäischen Wirtschaftsraum erteilten Fahrerlaubnis, die ihren ordentlichen Wohnsitz in das Inland verlegt haben, sind verpflichtet, ihre Fahrerlaubnis nach näherer Bestimmung durch Rechtsverordnung gemäß § 6 Abs. 1 Nr. 1 Buchstabe j bei der örtlich zuständigen Fahrerlaubnisbehörde registrieren zu lassen und ihr die Daten nach § 50 Abs. 1 und 2 Nr. 1 mitzuteilen.

(12) Die Polizei hat Informationen über Tatsachen, die auf nicht nur vorübergehende Mängel hinsichtlich der Eignung oder auf Mängel hinsichtlich der Befähigung einer Person zum Führen von Kraftfahrzeugen schließen lassen, den Fahrerlaubnisbehörden zu übermitteln, soweit dies für die Überprüfung der Eignung oder Befähigung aus der Sicht der übermittelnden Stelle erforderlich ist. Soweit die mitgeteilten Informationen für die Beurteilung der Eignung oder Befähigung nicht erforderlich sind, sind die Unterlagen unverzüglich zu vernichten.

(13) Stellen oder Personen, die die Eignung oder Befähigung zur Teilnahme am Straßenverkehr oder Ortskenntnisse zwecks Vorbereitung einer verwaltungsbehördlichen Entscheidung beurteilen oder prüfen oder die in der Versorgung Unfallverletzter im Straßenverkehr oder Erster Hilfe (§ 2 Abs. 2 Satz 1 Nr. 6) ausbilden, müssen für diese Aufgaben gesetzlich oder amtlich anerkannt oder beauftragt sein. Personen, die die Befähigung zum Führen von Kraftfahrzeugen nach § 2 Abs. 5 prüfen, müssen darüber hinaus einer Technischen Prüfstelle für den Kraftfahrzeugverkehr nach § 10 des Kraftfahrsachverständigengesetzes angehören. Voraussetzungen, Inhalt, Umfang und Verfahren für die Anerkennung oder Beauftragung und die Aufsicht werden – soweit nicht bereits im Kraftfahrsachverständigengesetz oder in auf ihm beruhenden Rechtsvorschriften geregelt – durch Rechtsverordnung gemäß § 6 Abs. 1 Nr. 1 Buchstabe k näher bestimmt.

StVG § 2 1 3. Teil. StraßenverkehrsG

(14) Die Fahrerlaubnisbehörden dürfen den in Absatz 13 Satz 1 genannten Stellen und Personen die Daten übermitteln, die diese zur Erfüllung ihrer Aufgaben benötigen. Die betreffenden Stellen und Personen dürfen diese Daten und nach näherer Bestimmung durch Rechtsverordnung gemäß § 6 Abs. 1 Nr. 1 Buchstabe k die bei der Erfüllung ihrer Aufgaben anfallenden Daten verarbeiten und nutzen.

(15) Wer zur Ausbildung, zur Ablegung der Prüfung oder zur Begutachtung der Eignung oder Befähigung ein Kraftfahrzeug auf öffentlichen Straßen führt, muß dabei von einem Fahrlehrer im Sinne des Fahrlehrergesetzes begleitet werden. Bei den Fahrten nach Satz 1 gilt im Sinne dieses Gesetzes der Fahrlehrer als Führer des Kraftfahrzeugs, wenn der Kraftfahrzeugführer keine entsprechende Fahrerlaubnis besitzt.

Inhaltsübersicht

	Rn
1. Allgemeines	1
2. Der Fahrerlaubniszwang	2
3. Voraussetzungen der Fahrerlaubnis	4
a) Fahrerlaubnisprüfung	5
b) Eignung	7
c) Unterweisung in Sofortmaßnahmen am Unfallort	13
d) Befähigung	13 a
4. Erteilung der Fahrerlaubnis	14
a) Allgemeines	14
b) Wiedererteilung nach Entziehung	15
5. Beschränkte Fahrerlaubnis	17
6. Geltungsbereich der Fahrerlaubnis, ausländische Fahrausweise	18
a) Ausländischer Führerschein	18
b) Ordentlicher Wohnsitz	18 a
c) Die 6-Monatsfrist	20
d) Berufspendler	21
e) Fahrerlaubnis aus EU- u EWR-Staat	21 a
7. Fahrten zur Ausbildung, Prüfung und Begutachtung	21 b
a) Fahrlehrer	21 c
b) Fahrschüler	21 f
c) Kfz-Sachverständige	21 g
8. Strafbestimmung	22
9. Lenk- u Ruhezeiten	23
10. Berufskraftfahrer	25
11. Literatur	26

1 1. Allgemeines

Das FE-Wesen hat durch die Einführung der **FE auf Probe** (durch G v 13. 5. 86, BGBl I 700, s §§ 2 a–e) u des **Stufenführerscheins** für motorisierte Zweiräder (durch 5. ÄndVO v 13. 12. 85, BGBl I 2276; s § 6 II

Der Fahrerlaubniszwang 1a–2a § 2 StVG

FeV) erhebliche Änderungen erfahren. Grundlegend neu konzipiert wurde das Fahrerlaubnisrecht im Zuge der **Umsetzung der 2. EU-FS-Rili** durch das G zur Änd des StVG v 24. 4. 1998 (BGBl I 747), in Kraft ab 1. 1. 99 (Begr s BRDr 821/96; BTDr 13/7888; VkBl 99 S 770). Die Neuregelung wird durch eine eigenständige FeV ergänzt (s Anh I a).

Das System der neuen Fahrerlaubnisklassen mit Vorbesitz – u Einschluß- 1a
regelungen ist in § 6 FeV enthalten. Zu den Regelungen über Besitzstände aus dem alten bundesdeutschen Recht und dem ehemaligen DDR-Recht s Anlage 3 FeV (BGBl I 98, 2214; VkBl 98, 983).

Die **FE** ist die **öff-rechtliche Erlaubnis** zum Führen von Kfzen im öff 1b
Verkehr, die durch den **Führerschein** (FSch) nachgewiesen wird; dessen Verlust berührt daher nicht den Fortbestand der FE, während umgekehrt bei Entz der FE der Besitz des FSch nicht zum Führen von Kfzen berechtigt (s dazu § 21 StVG Rn 5). Der FSch beweist als öff Urkunde, daß der Besitzer mit der im FSch bezeichneten Person identisch ist (BGHSt 25, 95 f u VRS 73, 43: auch bzgl des Geburtsdatums; zum Fz-Schein s aber BGHSt 22, 201; § 1 StVG Rn 2 a). – § 2 ist **SchutzG** iS von § 823 II BGB. – Wegen Neuerteilung der FE nach Entzug s unten Rn 15 ff., § 3 VI u § 20 FeV. – Einer einstweiligen AO zur Erteilung einer „vorläufigen FE" steht idR das Verbot der Vorwegnahme der Hauptsache entgegen (VGH BW VM 91, 100).

2. Der Fahrerlaubniszwang 2

§ 2 I hat den bisher in § 2 I S 1 u II enthaltenen Grundsatz der FE- u FSch-Pflicht übernommen; die in II (nF) gen Voraussetzungen für die Erteilung einer FE entsprechen ebenfalls weitgehend dem bish R. § 2 (aF) ist verfassungskonform (BVfG VM 79, 66) u gilt für alle Kfze iS des § 1 II. Für **Mofas** (§ 5 FeV) incl **Leichtmofas** bedarf es einer bloßen **Prüfbescheinigung**, wenn keine FE vorliegt (§ 5 I FeV). Die Prüfbescheinigung ist einer FE nicht gleichgestellt; wird letztere entzogen, darf ein Mofa m Prüfbescheinigung weiter geführt werden, soweit dies nicht auch nach §§ 2, 3 FeV verboten (s SchlHolst VG BA 87, 158) oder sonst zusätzlich ein FV nach § 44 StGB oder § 25 StVG angeordnet worden ist (s Janiszewski 670).

Fahrerlaubnisfrei ist **motorisierter Krankenfahrstuhl** iSv § 4 I 2 Nr 2 2a
FeV, der die Kriterien „einsitzig", „Leergew max 300 kg", „bauartbedingte Höchstgeschw 25 km/h" sowie „nach Bauart zum Gebrauch durch körperl gebrechl oder behinderte Personen bestimmt" erfüllt; auf äußeres Erscheinungsbild kommt es nicht an (By VGH NZV 01, 444; LG Mü NZV 01, 385; Ag Leutkirch NZV 00, 513); dagegen: By ObLG NZV 01, 136; VG Würzbg NZV 00, 104. – Beim Umbau eines PKW in mot KrankenFahrst kommt es darauf an, ob den Bedürfnissen von Gebrechl und Behindert nach erleichterter Benutzg und Bedieng in nachhaltiger Weise Rechnung getragen wird (By VGH aaO). – Benutzg ohne FE ist auch durch nicht behindert o gebrechl Personen zulässig (VG Würzbg).

Führen eines Kfz: § 2 StVO 8 ff. **Öff Str** s § 1 StVO 13 ff.

Jagow

StVG § 2 3–7 3. Teil. StraßenverkehrsG

3 Die FE wird gem der 2. EU-FSch-RiLi nach § 6 I FeV in den Kl A–E u (fakultativ) in Unterkl (A1–D1) sowie Kl M, T u L erteilt (Näheres s BRDr 821/96 S 66f; VkBl 98, 1050 u § 6 FeV Anh I a). Sie darf nur einem Bewerber erteilt werden, der seinen ordentlichen Wohnsitz im Inland (II 1, § 7 FeV) u das für die betr Kl vorgesehene **Mindestalter** von 16, 18, 21 oder 25 Jahren (II 2) hat (§ 10 I FeV). Personen, die die Altersgrenze noch nicht erreicht haben, dürfen aber eine Fahrschule besuchen u Übungsfahrten in Begleitung eines Fahrlehrers (§ 2 XV StVG) ausführen, damit sie sofort nach Erreichen des Mindestalters die FE erwerben können. Das gilt aber nur für ernsthafte Bewerber, nicht etwa für 12jährige Kinder; sie dürfen auch nicht in Begleitung eines Fahrlehrers ein Kfz führen (Ha VRS 22, 372; Br VRS 28, 445; s auch § 5 V FeV; Bouska VD 80, 255 zur Ausbildung Minderjähriger).

4 3. Die grundlegenden materiellen **Voraussetzungen** der FE sind in § 2 II ff geregelt, die weitgehend dem bish R entspr; dazu gehört vor allem die durch eine Prüfung nachzuweisende (theoretische u praktische) **Befähigung** zum Führen von Kfzen (§ 2 II 5; Def s § 2 V) sowie die Eignung durch Nachweis bestimmter Anforderungen, zB an das Sehvermögen, und im übrigen durch Fehlen von Tatsachen, die die Eignung ausschließen (§ 2 IV, VII u VIII; BVwG VRS 63, 222 = StVE § 15b StVZO 8) u Vorlage der Ausbildungsbescheinigung (§ 2 II 4 StVG, Anlagen 7.1, 7.2 und 7.3 FahrschAusbO). Für **Krafträder der** Kl A gilt außerdem die „**Stufenführerschein**"-Regelung nach § 6 II FeV. – Für ausländische Fahrerlaubnisse und Führerscheine s § 2 XI u IntKfzVO (Anh II). – Die 2. EU-FSch-RiLi brachte die gegenseitige unbeschränkte Anerkennung der FSche aus anderen Mitgliedstaaten, auch bei Wohnsitzverlegung nach Deutschland (keine Umtauschpflicht mehr); s § 28 FeV.

5 a) Die **Fahrerlaubnisprüfung** (s § 2 II 5 StVG; § 15 FeV) besteht aus einer theoretischen u praktischen Prüfung. Durch diese soll die ausreichende Kenntnis der VVorschriften, der umweltbewußten u energiesparenden Fahrweise, der Abwehr der VGefahren u die Fähigkeit zur sicheren Führung eines Kfz im Verkehr nachgewiesen werden.

6 Die Abnahme der theoretischen u praktischen Prüfung obliegt einem amtl anerkannten SV oder Prüfer für den Kfz-Verkehr (s § 2 XIII; § 15, S 3 FeV). Beschränkung der FE auf Kfz mit automatischer Kraftübertragung s § 17 VI FeV.

7 b) Die **Eignung** (s **§ 2 I 3 u IV;** § 11 FeV) ist aufgrund umfassender Würdigung der **Gesamtpersönlichkeit** zu beurteilen (BVwG VM 87, 71; 88, 17; VRS 88, 225); wie sie zu überprüfen u nachzuweisen ist, ergibt sich bei der Neuregelung aus den Abs VI–VIII. Die **mangelnde Eignung** kann – wie bisher – vor allem in körperlichen, geistigen u charakterlichen Mängeln des Bewerbers bestehen. Die Behörde muß **von Amts wegen** vor Erteilung der FE oder bei der sog Umschreibung einer ausl FE hierüber Ermittlungen anstellen (s § 2 VI–VIII; BVwG NZV 96, 292); materielle Anforderungen s Anlagen 4, 5 und 6 FeV sowie Begutachtungsleitlinien zur Kraftfahrer-

Voraussetzungen der FE 8, 8a § 2 StVG

eignung, BAST (Reihe Mensch und Sicherheit, Heft M 115); ggf bei Bedenken gegen die Eignung (nicht ohne konkreten Anlaß: Hess VGH ZfS 95, 199) unter Beachtung des Verhältnismäßigkeitsgrundsatzes (BVwG NJW 87, 2455) ein **Gutachten** verlangen (§ 2 VIII; § 11 II, III FeV). Das Gutachten muß nachvollziehbar und nachprüfbar sein, Anlage 15 FeV, (s auch Kunkel ZfS 96, 241). Anforderung u Verwertung von MPU-Gutachten ist verfassungskonform (BVfG ZfS 84, 380) u als bloß vorbereitende Maßnahme nicht selbständig anfechtbar (OVG Münster NZV 01, 396; BVwG DAR 94, 372 zu § 15b StVZO sowie amtliche Begründung zu § 11 FeV, VkBl 98, 1067; s aber Grünning/Ludovisy DAR 93, 53 sowie letzterer beim 32. VGT; zu Fehlern bei der MPU s Stephan DAR 93, 41). **Verweigert** der Bewerber die Vorlage des rechtmäßig angeordneten Gutachtens trotz **berechtigter Zweifel** an seiner Eignung, kann die VB die Nichteignung als erwiesen erachten, § 11 VIII FeV (ebenso VGH BW VM 72, 107; OVG Hbg VRS 35, 348); das gilt auch bei gerichtlicher AO (BVwG VRS 70, 231; Hess VGH VRS 76, 42; VGH BW VRS 83, 301). – Die die Gutachtenanforderung begründenden Zweifel müssen bis zum Verfahrensende verwertbar sein (BayVGH NZV 97, 198).

Körperliche Mängel beeinträchtigen die **Eignung** zum Führen von 8 Kfzen nur, wenn sie nicht durch geeignete Hilfsmittel ausgeglichen werden können (s hierzu Vorbemerkung Nr 3 zu Anlage 4 FeV). Die FE kann in solchen Fällen unter **Auflagen**, die der Kfz-Führer beachten muß, erteilt werden (§ 2 IV), zB unter der Auflage, beim Fahren eine Brille zu tragen (s 17) oder Alkoholabstinenz nachzuweisen (OVG Ko NJW 90, 1194). Wegen der Mindestanforderungen an das **Sehvermögen** s § 12 FeV; werden die festgelegten Mindestanforderungen nicht erreicht, ist die FE zu versagen bzw zu entziehen (BVwG NZV 93, 126). **Farbensehen:** Mit Anomalquotient unter 0,5 unzulässig bei Bus-Klassen (D etc.) und bei FzF; bei Lkw-Klassen (C etc.) genügt Aufklärung des Betroffenen über mögliche Gefährdung, Anlage 6 FeV. Beeinträchtigtes **Hörvermögen** schließt die Eignung nicht grundsätzlich aus (zur Schwerhörigkeit u Gehörlosigkeit s Nr 2 der Anlage 4 FeV). Diese Gesichtspunkte sind daher bei der Entscheidung über die Erteilung der FE zu berücksichtigen.

Krankheit, die die Fahrtüchtigkeit entweder ständig unter das erforderli- 8a che Maß herabsetzt oder auch nur die erhebliche Gefahr einer plötzlich u überraschend eintretenden Fahruntüchtigkeit bildet, kann Nichteignung bewirken (s Anlage 4 FeV). Hirnverletzungen, altersbedingte Leistungsschwäche, schwere Diabetes können Eignungsmängel darstellen (aber nicht bei gut eingestellten, sich an die ärztliche VO Haltenden: Nr 5 der Anlage 4 FeV), jedoch ist auch hier zu prüfen, ob der Fehler nicht durch Gewöhnung u charakterliche Zuverlässigkeit oder ordnungsgem Behandlung ausgeglichen wird, Vorbem Nr 3 zu Anlage 4 FeV (vgl auch BVwG VM 66, 159f; VRS 30, 386; VM 71, 103; OVG Bln VM 67, 71; VGH BW NZV 91, 287); anfallartige Bewußtseinsstörungen können die Eignung ausschließen (OVG Lü ZfS 93, 393), sofern es sich nicht um eine einmalige Erscheinung (nach Tabletteneinnahme) ohne Wiederholungsrisiko handelt (OVG NW NZV 95, 412), s auch Nr 6 der Anlage 4 FeV.

8 b **Hohes Alter** allein genügt nicht zur Annahme der Nichteignung (BVwG VM 66, 159 f; OVGe Bln VRS 24, 158; Ko DAR 69, 332; VGH BW VRS 76, 411; eingehend dazu Himmelreich DAR 95, 12); es müssen greifbare Ausfallerscheinungen vorliegen (OVG Br VRS 68, 395 = StVE § 4 StVG 14).

9 **Geistige Eignungsmängel** sind bes organische Geisteskrankheiten, schwere Nervenleiden, psychopathische Veranlagung mit Neigung zu Alkoholmißbrauch (BVwG JR 64, 72; s aber OVG Saar VM 78, 55 einschränkend) u Drogenkonsum (VGH BW VRS 78, 154), Schwachsinn erheblichen Grades u fortgeschrittene Cerebralsklerose (Hess VGH DAR 64, 255) sowie schwere psychische Störungen (auch außerhalb des StraßenV: VGH BW NZV 92, 502). Analphabeten oder wenig Intelligente müssen nicht unbedingt auch zum Führen von Kfzen ungeeignet sein (vgl OVGe Br VRS 25, 154 u NW NJW 75, 181).

9 a Bewerber um eine FE der Kl C u D m Unterkl haben ihre geistige u körperliche Eignung zum Kfz-Führen nach **Anlage 5** FeV nachzuweisen (§ 11 IX FeV).

9 b Zur Frage der Beeinträchtigung der Eignung zum Führen von Kfz durch Medikamente s Pluisch NZV 99, 1.

10 Unter den Begriff **Eignung** fällt auch die **persönliche Zuverlässigkeit** als Ausdruck gesteigerter charakterlicher Eignung (Begr BRDr 821/96 S 67, VkBl 99 S 789, zu § 2). **Charakterliche Mängel,** die auch bzgl des Führens landwirtschaftlicher Fze nicht geringer einzuschätzen sind (VGH BW VM 94, 12), können bereits in sonst nicht vorwerfbaren Eigenschaften, wie unbeherrschter Impulsivität, übertriebener Schreckhaftigkeit oder Neigung zu unbesonnenen Reaktionen auf äußere Einflüsse liegen; sie treten aber hauptsächlich bei beharrlichem oder oft wiederholtem Hinwegsetzen über VBestimmungen oder bei Mißbrauch des Kfz zur Begehung **strafbarer Handlungen** in Erscheinung (s § 2 IV). Dabei ist das Gesamtverhalten des FSch-Bewerbers zu beurteilen (zB BVwG NJW 64, 1686 u 77, 1077). Auch weit zurückliegende VStraftaten u Halterdelikte dürfen bei der umfassenden Würdigung der Gesamtpersönlichkeit ebenso berücksichtigt werden (BVwG VRS 75, 142) wie Vorstrafen wegen Taten, die in keinem Zusammenhang mit dem Führen eines Kfz stehen, wenn sich aus ihnen ergibt, daß der Besitz einer FE des Bewerbers eine Gefahr für die übrigen VT oder die Allgemeinheit bildet, wenn er insb derartige Straftaten erleichtern oder den Bewerber in seiner Neigung fördern würde (BVwG VRS 20, 394); deshalb ist ein Auszug aus dem VZR und ggf aus dem BZR einzuholen (§ 2 VII; § 22 II FeV). So wurden Bestrafungen wegen Sittlichkeitsverbrechen, wie Unzucht mit Kindern, sogar wegen Vergehen nach § 183 StGB, als ausreichende Eignungsmängel angesehen (OVG NW VRS 29, 310).

Die ab 1. 1. 1999 geltende Neuregelung von § 11 III 4 StVG sieht wegen der AO einer MPU insoweit eine Beschränkung vor, als hierfür nur noch solche Straftaten relevant sind, die entweder im Zusammenhang mit dem Straßenverkehr oder mit der Kraftfahreignung stehen oder bei denen Anhaltspunkte für ein hohes Aggressionspotenzial vorliegen.

Voraussetzungen der FE **11–13 a § 2 StVG**

Auch eine größere Anzahl von im einzelnen leichteren Verstößen kann 11
charakterliche Unzuverlässigkeit beweisen (BVwG VRS 52, 461 = StVE
§ 4 StVG 3), ebenso wiederholte Bestrafung wegen **Trunkenheit im
Verkehr** (vgl OVG NW NJW 77, 1503; VRS 66, 389; aA VG Minden
VRS 67, 395; s auch Hi/He II 50 ff); bei Abhängigkeit kann Nichteignung
mind 1 Jahr nach Entwöhnungskur fortbestehen (OVG Br VRS 74, 465);
Neigung zum Fahren unter Alkoholeinfluß spielt bes bei der Entz bzw
Neuerteilung eine Rolle, doch auch bei erstmaliger Alkoholauffälligkeit
mit einer BAK ab 1,6 Promille kann die AO einer MPU in Betracht
kommen, auch ohne Vorliegen zusätzlicher Umstände (§ 13 und Nr 8 der
Anlage 4 FeV; BVwG NJW 89, 116; DAR 94, 332; VGH BW ZfS 93,
70); nach Stephan (BA 88, 201; NZV 93, 129) kommt Alkoholgewöhnung
schon ab 1,3‰ in Betracht); nach OVG Schl (NZV 92, 379; ZfS 92, 286)
gilt ein Kf ab 1,6‰ als alkoholgewöhnt mit überdurchschnittlicher Rückfallwahrscheinlichkeit, der seine (Wieder-)Eignung nur durch dauerhafte
vollständige Abstinenz nachweisen kann (s auch OVG Schl VRS 83, 392).
Erhöhte Gamma-GT-Werte können auf längeren Alkoholmißbrauch hinweisen (Nds OVG ZfS 93, 323). Siehe auch Rn 3 zu § 3 StVG.
Rauschmittelabhängigkeit führt idR zur Nichteignung (s auch § 3
Rn 4 u § 316 StGB Rn 27; § 14 FeV). Zur Bewertung von **Haschisch**konsum s ZfS 94, 470; VGH Mü NZV 95, 566; VG Bln NZV 96, 423; einmaliger
Konsum genügt nicht: BVfG ZfS 93, 285; s auch OVG Hbg VRS 87, 384 u
VGe Sigmaringen DAR 95, 213 u Bln aaO, kann jedoch Anlaß für Anordnung eines Drogenscreenings sein, s Rn 4a zu § 3 StVG. Im übrigen vgl zu
Eignungs- und Begutachtungsfragen Rn 2 ff zu § 3 StVG betr FE-Entzug.

Bei der gebotenen Prüfung der Gesamtpersönlichkeit dürfen auch die 11a
verwertbaren Eintragungen aus **BZR** und **VZR** berücksichtigt werden
(vgl. Rn 2 ff zu § 29 StVG).

Bußgeldentscheidungen, die nicht in das VZR aufzunehmen sind, blei- 12
ben bei der Prüfung der Eignung eines Kf grundsätzlich unberücksichtigt
(BVwG VRS 45, 234); das gilt aber ausnahmsweise nicht bei hartnäckiger
Mißachtung von Vorschriften, zB von Parkverboten (BVwG VRS 52, 461
= StVE § 4 StVG 3).

Für wiederholt begangene Verstöße gegen Verkehrsvorschriften gilt § 4 12a
StVG (Punktsystem) als Spezialvorschrift. Zugleich hat § 4 StVG nur subsidiäre Geltung: Punktsystem findet keine Anwendung, wenn sich die Notwendigkeit früherer oder anderer Maßnahmen aufgrund anderer Vorschriften ergibt (§ 4 I 2 StVG).

c) Der **Nachweis** der **Unterweisung in Sofortmaßnahmen** am Un- 13
fallort ist weitere Voraussetzung für die Erteilung des FSch (§ 2 VI; § 19
FeV), während für die Erteilung der Kl. C, D, m Unterkl der weitergehende
Nachweis der **Ausbildung** in **Erster Hilfe** verlangt wird (§ 19 II FeV). Zur
Mitführung Erste-Hilfe-Materials in Kfzen verpflichtet § 35 h StVZO.

d) Die nötige **Befähigung** ergibt sich aus den in § 2 V 1–4 aufgeführten 13a
Voraussetzungen; sie ist gem § 2 II 5 in einer Prüfung nachzuweisen.

Jagow

StVG § 2 14–16   3. Teil. StraßenverkehrsG

e) **Zusätzliche Voraussetzungen** seit 1. 1. 1999 sind, daß der FE-Bewerber noch keine FE der beantragten Klasse aus einem Mitgliedstaat im Geltungsbereich der 2. EU-FSch-RiLi besitzen darf (§ 2 II 7, § 8 FeV) u seinen ordentlichen Wohnsitz im Inland hat (§ 2 II 1; § 7 FeV).

14   **4. Erteilung der Fahrerlaubnis**

a) **Allgemeines.** Die FE – auch die auf Probe – ist ein begünstigender, formgebundener VA, der grundsätzlich **unbefristet** u **bedingungslos** zu erteilen ist (BGH VM 60, 104; s unten 17; § 2a StVG) u durch die Aushändigung des FSch rechtswirksam wird (§ 22 IV S 6 FeV). Wer die ges Voraussetzungen erfüllt, hat einen im Verwaltungsrechtsweg verfolgbaren Rechtsanspruch auf Erteilung der FE. Andererseits darf die VB die FE nicht – etwa aus Gefälligkeit oder aus sozialen Gründen – erteilen, wenn eine der erforderlichen Voraussetzungen fehlt (BayVGH DAR 57, 368; BGH(Z) DAR 66, 217). **Zuständig** ist nach § 73 FeV die untere VB oder die durch LandesR bestimmte sonstige Behörde am Wohnsitz des Antragstellers (s Sonderbestimmung §§ 26, 27 FeV für Dienst-FE). Bei **erstmaligem** Erwerb der FE gelten die bes Vorschriften der §§ 2a–2c StVG.

15   b) **Nach Entziehung:** War die FE durch **Gerichtsentscheidung** nach den §§ 69ff StGB entzogen, darf vor Ablauf der Sperrfrist (§ 69a StGB) keine neue FE erteilt werden. Eine in Unkenntnis der Sperre erteilte FE ist zwar fehlerhaft, aber nicht nichtig (Ha VRS 26, 345). Nach Ablauf der Sperre hat der Betr keinen Anspruch auf sofortige Erteilung einer neuen FE. Die VB muß vielmehr vorher wie bei der ersten FE prüfen, ob alle Voraussetzungen erfüllt sind (s § 20 FeV). Dabei muß sie auch Umstände berücksichtigen, die im Straf-Urt, das sich nur mit der angeklagten Tat befaßt, nicht untersucht wurden. Selbst wenn außer dem Urt, durch das die FE entzogen wurde, keine nachteiligen Tatsachen gegen den Antragsteller vorliegen, ist die VB nicht verpflichtet, die FE „automatisch" zu erteilen; denn das Straf-Urt bindet die VB nur insoweit, als sie vor Ablauf der Sperrfrist eine neue FE nicht erteilen darf (BVfG VRS 32, 1; BVwG VRS 26, 227; BGHSt 15, 393). – Der Antrag (Muster bei Hi/He II/248) kann 8–10 Wochen vor Fristablauf gestellt werden (s Himmelreich ZfS 89, 181).

16   Die **Voraussetzungen** für die **Neuerteilung** sind etwas abgeschwächt (eingehend dazu Hi/He II/238ff); so kann auf eine neuerliche Fahrprüfung verzichtet werden (s § 20 II FeV). Es ist auch zul, von dem Bewerber die Ablegung einer auf einen Teilbereich der Eignung beschränkten Teilprüfung zu verlangen (OVG NW VM 75, 14). Bei erstmaliger Trunkenheitsfahrt s Begutachtungsleitlinien oben Rn 7. Bei rückfälligen Trunkenheitstätern kommt nach OVG NW (VRS 66, 389) im Hinblick auf die hohe Rückfallquote zwar eine Wiedererteilung nur bei sicherem Ausschluß der Rückfälligkeit auf Grund Sachverständigengutachtens in Betracht (s BVwG VM 92, 47; OVG Br VRS 67, 309), doch ist dabei die Würdigung der Gesamtpersönlichkeit entscheidend u nicht allein ein Rückfallwahrscheinlichkeitsgrenzwert (BVwG VRS 72, 393). Zur Wiedererlangung der Eignung nach Drogenkonsum s VGH BW NZV 93, 45. Vor Neuerteilung

Geltungsbereich 17–18 **§ 2 StVG**

kann VB MPU anordnen, wenn Verkehrsverstoß, der zur Entziehung der Fahrerlaubnis geführt hat, unter Alkoholeinfluß (0,95 Promille) und unter gleichzeitigem Cannabis-Einfluß begangen worden ist, VGH BW NZV 99, 54. – Die in § 20 II FeV (früher § 15 c II 3 StVZO) bestimmte Frist von 2 Jahren ist verfassungskonform (BVwG VM 94, 112); sie beginnt bei vorläufiger Entz der FE mit dem Tag, an dem der Strafrichter den Beschluß nach § 111 a StPO erlassen hat (OVG NW aaO).

5. Beschränkte Fahrerlaubnis. Auch der nur bedingt Geeignete hat **17** einen RAnspruch auf Erteilung einer FE unter entspr Beschränkungen oder Auflagen (§ 2 IV; § 23 II FeV); das gilt auch für die FE auf Probe. Die **Auflage** ist immer dann geboten, wenn ein an die Person des Fz-Führers gerichtetes Gebot erforderlich ist, zB das Tragen einer Brille, Anbringung eines zusätzlichen Außenspiegels (BGH(Z) VRS 36, 401; Bay 69, 210 = VRS 38, 467), Nachtfahrverbot (VG Fra NJW 87, 796), Nachweis der Alkohol-Abstinenz (OVG Ko s Rn 8) oder Vorlage der Leberlaborwerte (VGH BW VRS 92, 301). Das gleiche gilt für die Beschränkung, eine landwirtschaftliche Zugmaschine nur im Ortsbereich zu führen; eine derartige Einengung der FE selbst wäre nicht zulässig (Bay 69, 186 = VM 70, 21). Auflagen sind – anders als Bedingungen (Beschränkungen) – selbständig anfechtbar (VGH BW VRS 92, 301); sie schränken die FE nicht ein, Verstöße gegen sie stellen daher nicht Vergehen nach § 21 StVG dar, sondern nur OWen, u zwar nach §§ 23 II 1, 75 Nr 9 FeV, wenn u solange der Betr wegen körperlicher oder geistiger Mängel nur bedingt fahrtauglich ist (Bay aaO; zur Unbeachtlichkeit einer Auflage zum Brilletragen bei Wegfall der Sehbeeinträchtigung s BGHSt 32, 80 = StVE § 12 StVZO 3).

Die VB kann aber die FE auch in der Weise beschränken, daß der Be- **17a** rechtigte nur Fze einer **bestimmten Bauart** oder mit bestimmten Einrichtungen, zB bes Lenkungs- u Bremseinrichtungen für Amputierte oder nur mit automatischem Getriebe (§ 17 VI FeV), verwenden darf. In solchen Fällen ist die FE **inhaltlich beschränkt;** sie gilt nur für Fze dieser Bauart oder mit diesen bes Einrichtungen. Der FE-Inhaber, der ein der beschränkten Zulassung nicht entspr Fz benutzt, fährt ebenso wie der Inhaber einer zu niedrigen FE-Kl ohne FE iS des § 21; er verletzt nicht eine Auflage im Rahmen einer OW nach § 75 Nr 9 FeV (Stu DAR 63, 26; Schl SchlHA 65, 241; Ce VRS 10, 377; Bouska VD 72, 296; vgl auch § 21 Rn 4). Wegen dieser unterschiedlichen Folgen müssen die Fahrerlaubnisse (u Urt nach § 21 StVG) eindeutig die RGrundlage erkennen lassen (BayVBl 90, 377; BGHSt 28, 72).

6. Geltungsbereich der FE ist das Inland **18**

a) **Ausländische FSche** (s Merkblatt BMV v 22. 6. 93, VkBl 93, 522): Nach **§ 4 I IntKfzVO** (s Anh II) dürfen ausl Kf in der BRep Kfze führen, wenn sie auf Grund einer ausl FE einen der in § 4 II IntKfzVO gen Führerscheine besitzen u sie hier keinen ordentlichen Wohnsitz haben bzw bis zu 6 Mon seit Begründung eines ordentlichen Wohnsitzes fahren. Diese

StVG § 2 18 a–21 3. Teil. StraßenverkehrsG

AusnRegelung gilt also nur für einen **vorübergehenden** Aufenthalt im Inland. – Für **EU-FE-Inhaber** s unten Rn 21 a.

18 a b) **„Ordentlicher Wohnsitz"** liegt vor, wenn der Betreffende im Inland nicht nur kurzfristig, sondern auch längere Zeit ansässig wird; nach der in § 7 FeV (Anh I a) eingeführten Legaldefinition ist dies der Fall, wenn der Betreffende hier mind 185 Tage hintereinander wohnt. Wer im In- u Ausland einen ordentlichen Wohnsitz hat, sei es als Neben- oder Doppelwohnsitz, hält sich idR nicht nur „vorübergehend" im Inland auf (s Zw DAR 91, 350), wobei es nicht darauf ankommt, wo der Schwerpunkt der Lebensverhältnisse liegt (Stu VRS 34, 226; Bay NJW 71, 336; Kar MDR 78, 251; Zw DAR 91, 350; Hi/He I 200). Es kommt nicht nur auf die Begründung des Wohnsitzes, sondern auch auf dessen Beendigung an (By ObLG NZV 00, 261); jedoch kann auch Wohnsitz gegeben sein, wenn der Zeitraum kürzer als 185 Tage war, der Betr aber glaubhaft machen kann, daß er seinerzeit mehr als 185 Tage wohnen bleiben wollte (By ObLG, aaO).

19 Inhaber einer **ausländischen Fahrerlaubnis** ist ohne Rücksicht auf seine Staatsangehörigkeit, wer in einem ausl Staat berechtigt ist, ein Kfz zu führen (Bay VRS 40, 375; zu EU- u EWR-Staaten s 21 a). Demnach darf auch ein Deutscher, der im Ausland eine FE erworben hat u erst dann seinen ständigen Aufenthalt in die BRep verlegt, noch bis zum Ablauf von 6 Monaten ein Kfz ohne dt FE führen (§ 4 IntKfzVO; Ha VM 63, 100; BayVGH VRS 63, 154; AG Bad Homburg v d H DAR 86, 158), **nicht** aber, wer bereits beim Erwerb der ausl FE seinen ordentlichen Wohnsitz im Inland hatte (§ 4 III Nr 2 IntKfzVO; Zw DAR 91, 350; so schon zum früheren R: BVwG VRS 66, 302; OVG Hbg VRS 64, 470) oder nach Entz der FE im Ausland einen neuen oder Scheinwohnsitz begründet u dort eine FE erwirbt (§ 4 III Nr 3 IntKfzVO). Das gilt nach § 4 III Nr 3 IntKfzVO für Deutsche u Ausländer auch, solange gegen sie eine vorläufige Entz der FE oder Sperrfrist (§§ 69 a, b StGB) wirkt (Ha VRS 67, 457 = StVE § 21 StVG 20). Außerdem besteht keine Fahrberechtigung, solange dem Inhaber des Führerscheins im Inland, in dem Staat, der die Fahrerlaubnis erteilt hatte, oder in dem Staat, in dem er seinen ordentlichen Wohnsitz hat, einem Fahrverbot unterliegt oder der Führerschein nach § 94 StPO beschlagnahmt, sichergestellt oder in Verwahrung genommen ist (§ 4 III Nr 4 IntKfzVO).

20 c) Die **6-Monatsfrist** (oben Rn 18) gilt auch dann, wenn der Ausländer während dieser Zeit im Inland einen Wohnsitz begründet u nicht mehr ausreisen will (BGH(Z) VRS 27, 88; Stu VRS 61, 479; für EU-FE-Inhaber s 21 a); die formelle Beibehaltung des ausl Wohnsitzes hindert den Beginn der Frist nicht (Ko VRS 39, 365; Slapnicar NJW 85, 2861/63).

21 d) Unbefristet gilt die AusnRegelung des § 4 I IntKfzVO für im Ausland (nicht im Inland!) lebende **Berufspendler,** die mit ihrer ausl FE Kfze auch im Inland führen (Begr aaO S 43/44) u regelmäßig, dh täglich oder mind einmal wöchentlich u nicht nur alle 14 Tage zum Wochenende, an ihren ausl Wohnsitz zurückkehren, denn sie haben eben keinen ordentlichen Wohnsitz im Inland.

Fahrten zur Ausbildung 21a–21e § 2 StVG

e) Für Inhaber einer FE aus einem **EU-** oder **EWR-Mitgliedstaat**, die 21a ihren ordentlichen Wohnsitz in Deutschland begründet haben, richtet sich ihre weitere Berechtigung zum Führen von Kfz nach §§ 28 u 29 FeV. Ihre mitgebrachte ausländische FE gilt weiter in Deutschland. Von einer sog Umschreibung in eine deutsche FE sind sie befreit. Der Umfang der Fahrberechtigung in Deutschland entspricht dem der ausländischen FE; mitgebrachte Bedingungen und Auflagen gelten daher auch hier. Sie sind insoweit grundsätzlich den in Deutschland erteilten Fahrerlaubnissen gleichgestellt.

Für Fahranfänger, die ihre ausl FE noch nicht länger als zwei Jahre besitzen sowie für Inhaber der nach deutschem Recht befristeten Fahrerlaubnisse (C, D, m Unterkl) besteht eine bußgeldbewehrte Registrierungspflicht (§ 29 I, § 75 Nr 11 FeV).

Der Ausschluß der Fahrberechtigung nach § 28 IV FeV ist – unabhängig von § 4 III IntKfzVO – selbständig. Die Regelung entspricht jedoch inhaltlich § 4 III IntKfzVO.

7. Fahrten zur Ausbildung, Prüfung oder Begutachtung 21b

§ 2 XV entspricht im wesentlichen dem alten bis 31. 12. 1998 geltenden § 3.

a) Der **Fahrlehrer**. Vgl dazu FahrlG, FahrschAusbO. – § 3 aF ist 21c SchutzG zugunsten des Fahrschülers u anderer VT (BGH(Z) VRS 37, 346 = StVE 1; KG NZV 89, 150).

Der Fahrlehrer **gilt als Führer** des Kfz, er trägt die Verantwortung für 21d die Erfüllung der VPflichten aus der StVO –, StVZO und FeV. Da er den Fahrschüler bis zur Prüfungsreife fördern muß, darf er ihn bei entspr Ausbildungsstand auch mit schwierigen VAufgaben betrauen (vgl Ha MDR 68, 666: Übungsfahrt auf Blaubasaltdecke bei Regen; s auch Ha NJW 79, 993; KG NZV 89, 150), muß aber dabei durch Belehrung des Fahrschülers u erforderlichenfalls rechtzeitiges Eingreifen die Schädigung Dritter verhindern (KG VM 66, 122). Er muß den Fahrschüler grundsätzlich im SchulFz auf dem Beifahrersitz begleiten u jederzeit in der Lage sein, auf die Kfz-Führung zB durch Benutzung der Doppelbedienungseinrichtung einzuwirken (BGH(Z) aaO; OVG Bln NZV 91, 46). Ausn sind zulässig, wenn sie unvermeidbar oder für die Ausbildung erforderlich sind, zB Unterricht an einsitzigen Fzen (s dazu KG aaO), Ausbildung einer Gruppe bereits fortgeschrittener Fahrschüler, Erzielung größerer Selbständigkeit eines Schülers. In solchen Fällen muß der Fahrlehrer die Fahrt bes sorgfältig vorbereiten – Auswahl von Zeit u Ort, genaue Anweisung (Ha VM 61, 110). **Gleichzeitiger** praktischer Fahrunterricht **für mehrere** Krad-Fahrschüler ist untersagt (§ 5 VIII FahrschAusbO; Kar VRS 64, 153 = StVE § 6 StVZO 2).

§ 2 XV enthält keine gegen den Fahrlehrer gerichteteten BußgeldTBe, 21e etwa dahin, daß dieser eine OW begeht, wenn er die Aufsichtspflicht verletzt (s BGH(Z) DAR 72, 187). Der Fahrlehrer ist aber als verantwortlicher Führer des Kfz Täter der auf der Fahrt begangenen VVerstöße u für Folgen

StVG § 2 21 f–24   3. Teil. StraßenverkehrsG

aus einer Vernachlässigung seiner Pflichten nach den allg Strafvorschriften (§§ 222, 230 StGB) verantwortlich (KG VM 58, 82; Sa VRS 46, 212), nicht aber, wenn die Schulfahrt mit einem leeren Bus nur der Erlangung des Personenbeförderungsscheins dient u der Schüler die entspr FE besitzt (Ha v 14. 7. 82, 3 Ss OWi 76/82). – Die **zivilrechtliche Haftung** gegenüber dem Fahrschüler u anderen VT kann sich aus § 823 BGB u § 18 I StVG ergeben (s RSprÜb DAR 88, 58; KG NZV 89, 150: zur Haftung des Fahrschulinhabers bei Unfall eines auszubildenden Kradf). Wegen sonstiger Verletzung der Berufspflichten des Fahrlehrers s § 36 FahrlG, § 18 DVO FahrlG u § 8 FahrschAusbO.

21 f   b) Der **Fahrschüler** muß die altersmäßigen Voraussetzungen nach § 10 FeV wenigstens annähernd erfüllen (s dazu § 2 Rn 3). Er ist für die Körperverletzung oder Tötung eines anderen verantwortlich, wenn er schuldhaft von Anweisungen des Fahrlehrers abweicht, zB vorsätzlich schneller oder mit einem größeren Gang fährt als der Fahrlehrer gestattet. Fahrlässige Verstöße bei Übungsfahrten können im Hinblick auf den anzulegenden Maßstab der subjektiven Leistungsfähigkeit nur dem fortgeschrittenen Fahrschüler zur Last gelegt werden u auch nur dann, wenn sie bei seinem Ausbildungsstand unschwer vermeidbar sind (BGH(Z) oben Rn 1). Ein Verschulden ist idR nicht anzunehmen, wenn er lediglich Anweisungen des Fahrlehrers befolgt (Ha StVE 3).

21 g   c) Der **Kfz-Sachverständige,** der die FE-Prüfung abnimmt, trägt idR keine Verantwortung für die Fahrweise des Prüflings, wenn dieser durch eine andere Begleitperson beaufsichtigt wird. Übernimmt er aber selbst die Rolle der Begleitperson, so trägt er auch deren Verantwortung (Bay [alte Folge] 25, 198). Näheres über Sachverständige u **Technische Prüfstellen** s KfSachvG.

22   **8. Straftaten u OWen: Führen** eines Kfz **ohne Fahrerlaubnis** ist **Vergehen** nach § 21 StVG. Vorlage eines bzgl der FE-Klasse verfälschten FSch erfüllt auch dann § 267 StGB, wenn sich die Fälschung nicht auf die Klasse des von ihm geführten Fz bezieht (BGHSt 33, 105 m abl St Kühl JR 86, 297 u Puppe JZ 86, 938, 947). In Betracht kommt auch § 281 StGB: Mißbrauch des FSch. – Verstöße gegen §§ 4 II 2, 75 Nr 4 FeV (Nichtmitführen oder Nichtvorzeigen des FSch bei oder in engem zeitlichen Zusammenhang mit der Fahrt: Ko VRS 45, 398 = StVE § 4 StVZO 1) sind OWen; für Inhaber ausl FS s § 14 Nr 4 IntKfzVO iVm Nr 237 BKat. Zusammentreffen mit anderen OWen oder Straftaten s § 24 Rn 10 ff.

23   **9. Lenk- u Ruhezeiten** sind nicht mehr in § 15a StVZO vorgeschrieben; diese Regelung ist durch VO zur Änd fahrpersonal- u straßenverkehrsrechtlicher Vorschriften aufgehoben u durch § 6 FahrpersVO ersetzt worden (vgl BGBl I 1990 S 1484).

24   Weitere arbeitsrechtliche Bestimmungen enthalten das G zu dem Europäischen Übereinkommen über die Arbeit des im internationalen StraßenV beschäftigten Fahrpersonals (AETR) idF v 31. 7. 85 (BGBl II 889) u das

Fahrerlaubnis auf Probe § 2a StVG

FahrpersG (s auch EG-VO 3820/21/85) u dazu Kontrollmittel-VO v 16. 5. 91, BGBl I 1134; VkBl 91, 495 m Begr.

10. Berufskf ist, wer die FE der bish Kl 2 bzw Kl C (künftig auch Kl D) erworben u die Fertigkeiten u Kenntnisse des Ausbildungsberufsbildes in einer Abschlußprüfung nachgewiesen hat (s § 1 II Berufskf-AusbildungsO v 26. 10. 73 (BGBl I 1518; III 800-21-1-27) mit Begr u RiLi (VkBl 73, 825).

11. Literatur:

Bode/Winkler Fahrerlaubnis, Deutscher Anwalt Verlag, 1997, 2. Aufl.; **Bouska** „FE auf Probe" DAR 86, 333; „FE-Recht" Beck 1987; **ders** „Änderungen des FE-Rechts" DAR 93, 241; **ders** „Umsetzung der FSch-RiLi EU v 29. 7. 91" DAR 96, 276; **Heiler/Jagow** „Führerschein" Vogel-Verlag Mü 1998, 4. Aufl; **Himmelreich** „Eignung oder Nichteignung des älteren Kf ..." DAR 95, 12; **Himmelreich/Janker** „MPU Begutachtung" Werner-Verlag 1999, 2. Aufl.; **Jagow** „Aushändigung des FSch als Voraussetzung für FE" VD 85, 145; „FSch auf Probe" VD 85, 241; „EG-FSch" DAR 92, 453; „2. EG-FSch-RiLi – Besitzstandsfragen" DAR 94, 312; **Kunkel** „Fahreignungsgutachten der MPU" ZfS 96, 241; **Kürti** „Fehlerquellen bei psychol Begutachtung" BA 86, 450; **Winkler** „Aktuelle Fragen zur verkehrspsychol Eignungsbegutachtung" ZVS 86, 163.

§ 2a Fahrerlaubnis auf Probe*

(1) **Bei erstmaligem Erwerb einer Fahrerlaubnis wird diese auf Probe erteilt; die Probezeit dauert zwei Jahre vom Zeitpunkt der Erteilung an. Bei Erteilung einer Fahrerlaubnis an den Inhaber einer im Ausland erteilten Fahrerlaubnis ist die Zeit seit deren Erwerb auf die Probezeit anzurechnen. Die Regelungen über die Fahrerlaubnis auf Probe finden auch Anwendung auf Inhaber einer gültigen Fahrerlaubnis aus einem Mitgliedstaat der Europäischen Union oder einem anderen Vertragsstaat des Abkommens über den Europäischen Wirtschaftsraum, die ihren ordentlichen Wohnsitz in das Inland verlegt haben. Die Zeit seit dem Erwerb der Fahrerlaubnis ist auf die Probezeit anzurechnen. Die Beschlagnahme, Sicherstellung oder Verwahrung von Führerscheinen nach § 94 der Strafprozeßordnung, die vorläufige Entziehung nach § 111a der Strafprozeßordnung und die sofort vollziehbare Entziehung durch die Fahrerlaubnisbehörde hemmen den Ablauf der Probezeit. Die Probezeit endet vorzeitig, wenn die Fahrerlaubnis entzogen wird oder der Inhaber auf sie verzichtet. In diesem Fall beginnt mit der Erteilung einer neuen Fahrerlaubnis eine neue Probezeit, jedoch nur im Umfang der Restdauer der vorherigen Probezeit.**

---

* § 2a wurde durch das StVG-Änd-G v 24. 4. 1998 geändert; gilt ab 1. 1. 1999. Absatz 2a wurde durch Ges v 19. 3. 2001 geändert; gilt ab 27. 3. 2001.

Jagow

StVG § 2a

(2) Ist gegen den Inhaber einer Fahrerlaubnis wegen einer innerhalb der Probezeit begangenen Straftat oder Ordnungswidrigkeit eine rechtskräftige Entscheidung ergangen, die nach § 28 Abs. 3 Nr. 1 bis 3 in das Verkehrszentralregister einzutragen ist, so hat, auch wenn die Probezeit zwischenzeitlich abgelaufen ist, die Fahrerlaubnisbehörde

1. seine Teilnahme an einem Aufbauseminar anzuordnen und hierfür eine Frist zu setzen, wenn er eine schwerwiegende oder zwei weniger schwerwiegende Zuwiderhandlungen begangen hat,
2. ihn schriftlich zu verwarnen und ihm nahezulegen, innerhalb von zwei Monaten an einer verkehrspsychologischen Beratung teilzunehmen, wenn er nach Teilnahme an einem Aufbauseminar innerhalb der Probezeit eine weitere schwerwiegende oder zwei weitere weniger schwerwiegende Zuwiderhandlungen begangen hat,
3. ihm die Fahrerlaubnis zu entziehen, wenn er nach Ablauf der in Nummer 2 genannten Frist innerhalb der Probezeit eine weitere schwerwiegende oder zwei weitere weniger schwerwiegende Zuwiderhandlungen begangen hat.

Die Fahrerlaubnisbehörde ist bei den Maßnahmen nach den Nummern 1 bis 3 an die rechtskräftige Entscheidung über die Straftat oder Ordnungswidrigkeit gebunden. Für die verkehrspsychologische Beratung gilt § 4 Abs. 9 entsprechend.

(2a) Die Probezeit verlängert sich um zwei Jahre, wenn die Teilnahme an einem Aufbauseminar nach Absatz 2 Satz 1 Nr. 1 angeordnet worden ist. Die Probezeit verlängert sich außerdem um zwei Jahre, wenn die Anordnung nur deshalb nicht erfolgt ist, weil die Fahrerlaubnis entzogen worden ist oder der Inhaber der Fahrerlaubnis auf sie verzichtet hat.

(3) Ist der Inhaber einer Fahrerlaubnis einer vollziehbaren Anordnung der zuständigen Behörde nach Absatz 2 Satz 1 Nr. 1 in der festgesetzten Frist nicht nachgekommen, so ist die Fahrerlaubnis zu entziehen.

(4) Die Entziehung der Fahrerlaubnis nach § 3 bleibt unberührt; die zuständige Behörde kann insbesondere auch die Beibringung eines Gutachtens einer amtlich anerkannten Begutachtungsstelle für Fahreignung anordnen, wenn der Inhaber einer Fahrerlaubnis innerhalb der Probezeit Zuwiderhandlungen begangen hat, die nach den Umständen des Einzelfalles bereits Anlaß zu der Annahme geben, daß er zum Führen von Kraftfahrzeugen ungeeignet ist. Hält die Behörde auf Grund des Gutachtens seine Nichteignung nicht für erwiesen, so hat sie die Teilnahme an einem Aufbauseminar anzuordnen, wenn der Inhaber der Fahrerlaubnis an einem solchen Kurs nicht bereits teilgenommen hatte. Absatz 3 gilt entsprechend.

(5) Ist eine Fahrerlaubnis entzogen worden

1. nach § 3 oder nach § 4 Abs. 3 Satz 1 Nr. 3 dieses Gesetzes, weil innerhalb der Probezeit Zuwiderhandlungen begangen wurden, oder nach § 69 oder § 69 b des Strafgesetzbuches,

Allgemeines 1–3 § 2a StVG

2. nach Absatz 3 oder § 4 Abs. 7, weil einer Anordnung zur Teilnahme an einem Aufbauseminar nicht nachgekommen wurde,

so darf eine neue Fahrerlaubnis unbeschadet der übrigen Voraussetzungen nur erteilt werden, wenn der Antragsteller nachweist, daß er an einem Aufbauseminar teilgenommen hat. Das gleiche gilt, wenn der Antragsteller nur deshalb nicht an einem angeordneten Aufbauseminar teilgenommen hat oder die Anordnung nur deshalb nicht erfolgt ist, weil die Fahrerlaubnis aus anderen Gründen entzogen worden ist oder er zwischenzeitlich auf die Fahrerlaubnis verzichtet hat. Ist die Fahrerlaubnis nach Absatz 2 Satz 1 Nr. 3 entzogen worden, darf eine neue Fahrerlaubnis frühestens drei Monate nach Wirksamkeit der Entziehung erteilt werden; die Frist beginnt mit der Ablieferung des Führerscheins. Auf eine mit der Erteilung einer Fahrerlaubnis nach vorangegangener Entziehung gemäß Absatz 1 Satz 7 beginnende neue Probezeit ist Absatz 2 nicht anzuwenden. Die zuständige Behörde hat in diesem Fall in der Regel die Beibringung eines Gutachtens einer amtlich anerkannten Begutachtungsstelle für Fahreignung anzuordnen, sobald der Inhaber einer Fahrerlaubnis innerhalb der neuen Probezeit erneut eine schwerwiegende oder zwei weniger schwerwiegende Zuwiderhandlungen begangen hat.

(6) Widerspruch und Anfechtungsklage gegen die Anordnung des Aufbauseminars nach Absatz 2 Satz 1 Nr. 1 und Absatz 4 Satz 2 sowie die Entziehung der Fahrerlaubnis nach Absatz 2 Satz 1 Nr. 3 und Absatz 3 haben keine aufschiebende Wirkung.

1. Allgemeines

1. Die FE auf Probe wurde durch G v 13. 5. 86 (BGBl I 700), iVm VO v 31. 12. 86 (BGBl I 80), eingeführt; sie gilt seit 1. 11. 86. Die §§ 2a–c erhielten durch das StVG-ÄndG v 24. 4. 1998 (BGBl I 747) neue Fassungen, die ab 1. 1. 1999 gelten. – Nach § 2a I werden auch die Inhaber von FEen aus EU- u EWR-Staaten einbezogen, die ihren Wohnsitz in Deutschland begründet haben. – Ergänzende Regelungen enthalten die §§ 32–38 FeV.

Die FE auf Probe kommt nur beim **erstmaligen** Erwerb einer FE in Betracht, unabhängig vom Alter des Bewerbers. Sie bildet keine Ausn von dem allg Prinzip der unbefristeten u bedingungslosen Erteilung der FE (s § 2 Rn 14); die allg Vorschriften über die Erteilung, Beschränkung (s Rn 17 zu § 2) u Entz der FE gelten vielmehr auch hier; sie werden durch die §§ 2a–c lediglich ergänzt (s Begr VkBl 98, 791). Daher gibt die FE auf Probe (auch im internationalen Verkehr) die vollen Rechte der jew Kl. Sie bedarf nach Ablauf der (im FSch zu vermerkenden) Probezeit (s Rn 3) keiner Erneuerung oder Verlängerung.

2. Die Probezeit dauert ab Erteilung der FE 2 Jahre (§ 2a I S 1). Sie endet vorzeitig, wenn die FE durch VB oder Gericht (nach §§ 3 StVG oder 69 StGB) rechtskräftig u nicht nur vorläufig nach § 111a StPO (so

StVG § 2a 4, 5   3. Teil. StraßenverkehrsG

Bouska Rn 1; aA Hentschel NJW 87, 759; Himmelreich NZV 90, 59) entzogen oder der Inhaber auf sie verzichtet (§ 2 a I). Bei Wiedererteilung einer FE – auch nach Verzicht (s I letzter Satz) – wird auf die neue Probezeit die bisher absolvierte angerechnet. Beschlagnahme, Sicherstellung oder vorläufige EdFE hemmen den Ablauf der Probezeit (§ 2 a I S 5), da sich der Betr in dieser Zeit nicht bewähren kann.

Die Probezeit verlängert sich um zwei Jahre, wenn Verstöße begangen werden, die zur Teilnahme an einem Aufbauseminar führen bzw führen sollen, vgl Abs 2 a.

4   **3. Abs 2** setzt für die AO einer der in Nrn 1 u 2 bzw 3 vorgesehenen Maßnahme nur eine rkr Entscheidung wegen eines bestimmten VDelikts voraus (dessen Bewertung in Anlage 12 FeV festgelegt ist). FE-Behörde und Gericht ist die Nachprüfung untersagt, ob Inhaber der FE auf Probe die Straftat oder Owi, hinsichtlich der gegen ihn eine rechtskräftige Entscheidung ergangen ist, auch tatsächlich selbst begangen hat (OVG Hbg NZV 00, 269); die entgegengesetzte frühere Rechtsprechung des BVerwG (NZV 94, 374, 413) ist durch die entsprechende ab 1. 1. 1999 geltende Änderung des § 2 a II StVG überholt. Das Delikt muß während der Probezeit begangen sein, wobei die Tatzeit entscheidet (OVG Lü DAR 93, 308), nicht der Verurteilungszeitpunkt. Ist dieser VVerstoß nach § 28 (III 1–3) StVG in das VZR einzutragen, so ist die VB ohne Ermessensspielraum (VG Fra NZV 91, 487; OVG Sa ZfS 94, 190) an diese Verurteilung gebunden (§ 2a II S 2; Begr BRDr 821/96 S 70, VkBl 98, 791) u verpflichtet, nach Schwere u Häufigkeit der Tat die in II 1 u 2 bzw 3 vorgesehenen AOen zu treffen, auch wenn seit der Tat eine längere beanstandungsfreie Zeit verstrichen ist (BVwG NZV 95, 291, 370). Durch die AO nach II 1 verlängert sich die Probezeit gem II a um weitere 2 Jahre. Die Regelung ist verfassungskonform (OVG Sa aaO); eines entspr Hinweises auf diese verwaltungsrechtlichen Folgen bedarf es im Bußgeldbescheid nicht (VG Fra aaO). Die Bewertung der Verstöße nach Anlage 12 FeV ist verfassungskonform und steht nicht in Widerspruch zur Bewertung der Verstöße im allgemeinen Punktsystem gemäß § 4 StVG (VG Nü NZV 00, 222).

5   Widerspruch u Anfechtungsklage gegen diese VAe haben keine aufschiebende Wirkung, um einen möglichst umgehenden Vollzug der AO zu sichern (**§ 2 a VI;** s aber § 80 V VwGO). – Zum Inhalt u Durchführung der Nachschulung bzw des Aufbauseminars s § 2 b. Nichtbefolgung der AO führt – ohne Feststellung der Nichteignung – zwingend zur Entz der FE (§ 2 a III; zur Wirkung s § 3 II u § 69 StGB 16; BVwG ZfS 94, 429), auch wenn zB die Frist für die Nachschulung unverschuldet versäumt wurde (OVG Saar NZV 90, 87; VGH Kassel NZV 93, 87). Rechtmäßigkeit der Entziehung der FE auf Probe nach § 2a III hängt nicht davon ab, daß die vorausgegangene AO der Nachschulung rechtmäßig ist; es genügt deren Vollziehbarkeit, Ma NZV 99, 269. Eine nach der Tat abgelegte weitere Befähigungsprüfung ersetzt nicht eine zuvor angeordnete Nachschulung (BVwG ZfS 94, 429; NZV 95, 291; VG Stade VM 94, 110; VGH Mü NZV 91, 167), auch nicht der Verzicht auf FE der (bish) Kl 1 b, wenn die zuvor erworbene (bish) FE Kl 3 fortbesteht (BVwG NZV 95, 370 zum bish R).

Unabhängig von den nach § 2a II vorgesehenen Probezeitmaßnahmen kann nach **§ 2a IV** ein **MPU-Gutachten** angefordert oder sogar sofort die Entz der FE eingeleitet bzw angeordnet werden, wenn sich sonstige Eignungsmängel oder Zweifel an der Eignung ergeben haben; es bedarf dann auch bei Probezeit-FE-Inhabern nicht etwa erst der Durchführung der og Probezeitmaßnahmen. Zu den Maßnahmen im einzelnen s Bode/Winkler Rn 117 ff. 6

4. Abs 5 regelt das Verfahren nach verwaltungsbehördlicher oder gerichtlicher Entz der FE. Auch hier wird der Verzicht auf eine FE der EdFE gleichgestellt. 7

Wird FE nach Entzug neu erteilt, beginnt eine neue Probezeit, jedoch nur im Umfang der Restdauer der vorherigen Probezeit (§ 2a I 7 StVG). Werden in der neuen Probzeit wieder Verstöße begangen, erfolgen keine Maßnahmen nach Abs 2 (Aufbauseminar, etc.), sondern VB hat „in der Regel" ein med-psych-Gutachten anzuordnen (§ 2a V 5 StVG). „In der Regel" erstreckt sich nicht auf eine Bewertung der Verstöße in Anlage 12 FeV (diese Bewertung wurde verbindlich ohne Ausnahmemöglichkeit vom VO-Geber vorgenommen), sondern auf anderweitige Anknüpfungspunkte als Art und Bedeutung der Verstöße (VGH Mannheim NZV 00, 479). 8

§ 2b* Aufbauseminar bei Zuwiderhandlungen innerhalb der Probezeit

(1) **Die Teilnehmer an Aufbauseminaren sollen durch Mitwirkung an Gruppengesprächen und an einer Fahrprobe veranlaßt werden, eine risikobewußtere Einstellung im Straßenverkehr zu entwickeln und sich dort sicher und rücksichtsvoll zu verhalten. Auf Antrag kann die anordnende Behörde dem Betroffenen die Teilnahme an einem Einzelseminar gestatten.**

(2) **Die Aufbauseminare dürfen nur von Fahrlehrern durchgeführt werden, die Inhaber einer entsprechenden Erlaubnis nach dem Fahrlehrergesetz sind. Besondere Aufbauseminare für Inhaber einer Fahrerlaubnis auf Probe, die unter dem Einfluß von Alkohol oder anderer berauschender Mittel am Verkehr teilgenommen haben, werden nach näherer Bestimmung durch Rechtsverordnung gemäß § 6 Abs. 1 Nr. 1 Buchstabe n von hierfür amtlich anerkannten anderen Seminarleitern durchgeführt.**

(3) **Ist der Teilnehmer an einem Aufbauseminar nicht Inhaber einer Fahrerlaubnis, so gilt hinsichtlich der Fahrprobe § 2 Abs. 15 entsprechend.**

---

* § 2b wurde durch StVG-Änd-G v 24. 4. 1998 geändert; gilt ab 1. 1. 1999.

Anmerkungen:

1 **Abs 1** sieht zwar grundsätzlich Gruppengespräche vor; auf Antrag kann dem Betr aber die Teilnahme an einem Einzelseminar gestattet werden, wenn ihm etwa auf Grund seiner persönlichen Lebenssituation ein Gruppenseminar nicht zumutbar ist. Bei der Mitwirkung an Gruppengesprächen müssen die Betr die evtl Hintergründe ihres zugrunde liegenden VVerstoßes nicht offenbaren (amtl Begr, VKBl 1998, 792).

2 **Abs. 2** dehnt die Aufbauseminare auf Fahranfänger aus, die unter Alkohol- oder Drogeneinfluß am StrVerkehr teilgenommen hatten.

§ 2c* Unterrichtung der Fahrerlaubnisbehörden durch das Kraftfahrt-Bundesamt

Das Kraftfahrt-Bundesamt hat die zuständige Behörde zu unterrichten, wenn über den Inhaber einer Fahrerlaubnis Entscheidungen in das Verkehrszentralregister eingetragen werden, die zu Anordnungen nach § 2a Abs. 2, 4 und 5 führen können. Hierzu übermittelt es die notwendigen Daten aus dem Zentralen Fahrerlaubnisregister sowie den Inhalt der Eintragungen im Verkehrszentralregister über die innerhalb der Probezeit begangenen Straftaten und Ordnungswidrigkeiten. Hat bereits eine Unterrichtung nach Satz 1 stattgefunden, so hat das Kraftfahrt-Bundesamt bei weiteren Unterrichtungen auch hierauf hinzuweisen.

§ 3 Entziehung der Fahrerlaubnis**

(1) Erweist sich jemand als ungeeignet oder nicht befähigt zum Führen von Kraftfahrzeugen, so hat ihm die Fahrerlaubnisbehörde die Fahrerlaubnis zu entziehen. Bei einer ausländischen Fahrerlaubnis hat die Entziehung – auch wenn sie nach anderen Vorschriften erfolgt – die Wirkung einer Aberkennung des Rechts, von der Fahrerlaubnis im Inland Gebrauch zu machen. § 2 Abs. 7 und 8 gilt entsprechend.

(2) Mit der Entziehung erlischt die Fahrerlaubnis. Bei einer ausländischen Fahrerlaubnis erlischt das Recht zum Führen von Kraftfahrzeugen im Inland. Nach der Entziehung ist der Führerschein der Fahrerlaubnisbehörde abzuliefern oder zur Eintragung der Entscheidung vorzulegen. Die Sätze 1 bis 3 gelten auch, wenn die Fahrerlaubnisbehörde die Fahrerlaubnis auf Grund anderer Vorschriften entzieht.

(3) Solange gegen den Inhaber der Fahrerlaubnis ein Strafverfahren anhängig ist, in dem die Entziehung der Fahrerlaubnis nach § 69 des

---

* § 2c wurde redaktionell durch StVG-ÄndG v 24. 4. 1998 geändert; gilt ab 1. 1. 1999.

** § 3 neugefaßt durch StVG-Änd-G v 24. 4. 1998 u gilt ab 1. 1. 1999; Nachfolgebestimmung des bis dahin geltenden alten § 4.

Entziehung der Fahrerlaubnis   **§ 3 StVG**

Strafgesetzbuchs in Betracht kommt, darf die Fahrerlaubnisbehörde den Sachverhalt, der Gegenstand des Strafverfahrens ist, in einem Entziehungsverfahren nicht berücksichtigen. Dies gilt nicht, wenn die Fahrerlaubnis von einer Dienststelle der Bundeswehr, des Bundesgrenzschutzes oder der Polizei für Dienstfahrzeuge erteilt worden ist.

(4) Will die Fahrerlaubnisbehörde in einem Entziehungsverfahren einen Sachverhalt berücksichtigen, der Gegenstand der Urteilsfindung in einem Strafverfahren gegen den Inhaber der Fahrerlaubnis gewesen ist, so kann sie zu dessen Nachteil vom Inhalt des Urteils insoweit nicht abweichen, als es sich auf die Feststellung des Sachverhalts oder die Beurteilung der Schuldfrage oder der Eignung zum Führen von Kraftfahrzeugen bezieht. Der Strafbefehl und die gerichtliche Entscheidung, durch welche die Eröffnung des Hauptverfahrens oder der Antrag auf Erlaß eines Strafbefehls abgelehnt wird, stehen einem Urteil gleich; dies gilt auch für Bußgeldentscheidungen, soweit sie sich auf die Feststellung des Sachverhalts und die Beurteilung der Schuldfrage beziehen.

(5) Die Fahrerlaubnisbehörde darf der Polizei die verwaltungsbehördliche oder gerichtliche Entziehung der Fahrerlaubnis oder das Bestehen eines Fahrverbotes übermitteln, soweit dies im Einzelfall für die polizeiliche Überwachung im Straßenverkehr erforderlich ist.

(6) Durch Rechtsverordnung gemäß § 6 Abs. 1 Nr. 1 Buchstabe r können Fristen und Bedingungen
1. für die Erteilung einer neuen Fahrerlaubnis nach vorangegangener Entziehung oder nach vorangegangenem Verzicht,
2. für die Erteilung des Rechts an Personen mit ordentlichem Wohnsitz im Ausland, nach vorangegangener Entziehung von einer ausländischen Fahrerlaubnis im Inland wieder Gebrauch zu machen,

bestimmt werden.

Inhaltsübersicht

	Rn
1. Allgemeines	1
2. Voraussetzungen für den Entzug der Fahrerlaubnis	2
a) Gründe	2
aa) Entzug der Fahrerlaubnis wegen Nichteignung oder Nichtbefähigung	2
bb) Körperliche Mängel	2 a
cc) Geistige Mängel	2 b
dd) Alkohol	3
ee) Berauschende Mittel, Drogen	4
ff) Charakterliche Mängel	5
gg) Bedingte Eignung	5 b
hh) Halter-Verstöße	6
ii) Mangelnde Befähigung	6 a
jj) Beurteilungsstand: Abschluß des Verwaltungsverfahrens	6 b

Jagow   731

StVG § 3 1, 2 3. Teil. StraßenverkehrsG

	Rn
b) Eignungsmängel aufgrund erwiesener Tatsachen	7
c) Anforderungen an Eignungsgutachten	7 a
d) Hinreichende Bestimmtheit der Gutachtenanordnung	7 c
e) Anordnung des Gutachtens kein Verwaltungsakt	7 d
f) Nichtbeibringung des Gutachtens	7 e
g) Verwertung trotz rechtswidriger Anordnung	7 f
3. Rechtliche Bedeutung der Entziehung	8
4. Bedingungen, Beschränkungen, Auflagen	8 a
5. Vorrang des Strafverfahrens	9
a) Anhängige Strafverfahren	10
b) Rechtskräftige gerichtliche Entscheidungen	12
6. Geltungsbereich der Entziehung, ausländische Fahrerlaubnisse	16
7. Wirkung der Entziehung	17
8. Personen ohne Kfz, nicht motorisiere Fz	18
9. Verzicht auf die Fahrerlaubnis	19
10. Vorläufige Entziehung der Fahrerlaubnis	20
11. Fehlerhaft erteilte Fahrerlaubnis	21
12. Wiedererteilung der Fahrerlaubnis	22

1 **1. Allgemeines**

Entz der FE ist durch Strafrichter (§§ 69 ff StGB) und durch Verwaltungsbehörde (§ 3 StVG, § 46 FeV) möglich. Gründe für Entz der FE nach § 3 können mangelnde Eignung oder mangelnde Befähigung zum Führen von Kfz sein (§ 3 I S 1). Spezielle Vorschriften zum Entz der FE bestehen für Fahranfänger (§ 2 a II S 1 Nr 3 und III) und für sog. Punktetäter (§ 4 III S 1 Nr 3 und VII): Entz der FE bei Erreichen einer bestimmten Eingriffs- bzw. Punkteschwelle oder bei Nichtteilnahme am Aufbauseminar trotz vollziehbarer Anordnung der FEBehörde. Die Entz-Regelungen gelten grundsätzl. auch für ausl. FEe, wenn auch mit unterschiedlichen Wirkungen (§ 3 I S 2, II S 2, § 11 II IntKfzV, amtl Begr der grundlegenden Novellierung durch Gesetz v 24. 4. 1998 in VkBl 1998, 792).

2. Voraussetzungen der Entz der Fahrerlaubnis

2 a) **Gründe.** Die VB (§ 73 FeV) muß nach I die FE entziehen, wenn sich deren Inhaber aufgrund einer **Würdigung seiner Gesamtpersönlichkeit** (s § 2 Rn 7; BVwG VRS 88, 225; Hi/He II/19) als nicht geeignet oder nicht befähigt zum Führen eines Kfz **erweist.**

aa) Die **Nichteignung** u **Nichtbefähigung** ergibt sich im allg aus den gleichen Mängeln, die im Rahmen des § 2 zur Versagung der FE führen können (s oben § 2 Rn 7 ff), nach VGH Ka (NJW 85, 2909 = StVE 15) selbst dann, wenn sie schon vor Erteilung der FE bestanden. Maßgeblich für die Beurteilung sind nur die Belange der **V-Sicherheit,** nicht wirtschaftliche Folgen für den Betr (BVwG VM 56, 116; DAR 63, 286; OVG Lü VRS 43, 473; Hi/He 120, 520) oder Billigkeitserwägungen (BayVGH VRS 81, 70). – Mit der Einführung der FE auf Probe sind die Anforderungen an den Nachweis der Nichteignung nicht herabgesetzt worden (VG Fra DAR 88, 283).

Voraussetz. d. Ent. d. Fahrerlaubnis   2 a–4 § 3 StVG

bb) Nichteignung kann auf **körperlichen Mängeln** beruhen. Abschlie- 2 a
ßende Auflistung aller in Betracht kommenden Mängel ist nicht möglich.
Anlage 4 FeV enthält Zusammenstellung häufig vorkommender Mängel
und Erkrankungen, die die Führung von Kfz längere Zeit beeinträchtigen
oder aufheben können.

Zum **Sehvermögen** sind in **Anlage 6** verbindliche Anforderungen und
Grenzwerte sowie Kompensationen durch Sehhilfen enthalten. Über besondere
Anforderungen an Inhaber der Klassen C, C 1, D, D 1 und der
zugehörigen Anhängerklassen sowie der Fahrerlaubnis zur Fahrgastbeförderung,
also namentlich für **Lkw-** u **Busfahrer,** vgl **Anlage 5** (siehe
Rn 8 ff zu § 2 StVG).

Hohes Alter allein genügt nicht für die Annahme der Nichteignung
(vgl Rn 8 b zu § 2 StVG).

cc) **Geistige Mängel** wie zB Geisteskrankheiten, schwere Nervenleiden 2 b
sowie organische, affektive und schizophrene Psychosen (vgl Anlage 4)
können zur Nichteignung führen u den Entz der FE erforderlich machen
(vgl Rn 9 zu § 2 StVG).

dd) **Alkohol.** Bei **Mißbrauch** (keine Trennung von Alkohol und Fah- 3
ren) und **Abhängigkeit** liegt Nichteignung zum Führen von Kfz vor (vgl
Nr 8.1 und 8.3 der Anlage 4 FeV sowie Nr 3.11 der Begutachtungsleitlinien
zur Kraftfahreignung). Wiederholte Auffälligkeit wegen Trunkenheit
im Verkehr kann Mißbrauch oder Abhängigkeit indizieren und durch
Gutachten – § 13 FeV – bestätigen (Rn 11 zu § 2 StVG mit Hinweisen
zur Rechtsprechung). Aber auch eine einzelne Trunkenheitsfahrt kann
Nichteignung begründen, wenn besondere Anzeichen für überdurchschnittliche
Alkoholgewöhnung oder gar -abhängigkeit sprechen; bei BAK
ab 1,6 Promille auch ohne diese besonderen Anzeichen (vgl Rn 11 zu § 2
StVG; siehe auch Hentschel, aaO, Rn 16 zu § 2 StVG).

ee) **Berauschende Mittel, Drogen.** Wer **Rauschmittel** (s BtMG) 4
nimmt oder von ihnen abhängig ist, ist idR als Kf ungeeignet (Nr 9 der
Anl 4 FeV; ausführlich Harbort 566; s aber VGH Mü DAR 97, 364, NZV
98, 303, 342, der zusätzlich den Nachweis dafür verlangt, daß der Betr
nicht bereit oder fähig ist, Konsum u Kfz-Führung zu trennen). Zur Entz
bei **regelmäßigem Drogen-Konsum** s BVwG VRS 75, 139; VGH BW
NZV 94, 47; NZV 99, 352; Kar VR S 75, 81; OVG Br ZfS 94, 229;
OVG Nds ZfS 94, 230; DAR 96, 509). **Regelmäßiger** Konsum liegt vor,
wenn das Mittel über längere Zeit immer wieder eingenommen wird
(VGH BW ZfS 95, 478; VGH Mü aaO: zwei- bis dreimal wöchentlich) u
nicht nur gelegentlich (VG Bln NZV 96, 423). Das gilt grundsätzlich auch
für Cannabis (VGH BW NZV 94, 47; Mü NZV 93, 46; Rh-Pfalz ZfS 96,
478), nicht aber bei nur gelegentlichem, mäßigem Konsum außerhalb des
StrV (OVG Hbg NJW 94, 2168), erst recht nicht bei einmaligem Genuß
(BVfG ZfS 93, 285; VG Bra ZfS 93, 106; s auch VGH Mü DAR 95, 79 u
ZfS 97, 317). – Die Nichteignung entfällt erst nach angemessener Abstinenz
(VGH Mü NZV 91, 288; VGH BW NZV 93, 45 u VGH Mü NZV

Jagow 733

StVG § 3 4a, 4b 3. Teil. StraßenverkehrsG

99, 100: mind 1 Jahr). – Zur „teilweisen" Entz s unten Rn 8 a. – Zum (zulässigen) Nachschieben oder Auswechseln von Gründen s OVG Saar NZV 93, 454. – Zur Eignung bei Substituierung mit **Methadon** s OVG Hbg NZV 97, 247.

4 a Insbesondere **Cannabis** (unter Berücksichtigung der ab 1. 1. 99 gelt Neuregelg).

Bei **Abhängigkeit** von Cannabis ist fehlende Eignung anzunehmen (9.3 der Anlage 4 FeV); im Zweifel AO eines ärztlichen Gutachtens (§ 14 I Nr 1 FeV).

Bei **regelmäßiger** Einnahme von Cannabis, ohne daß schon Abhängigkeit besteht, ist ebenfalls Nichteignung anzunehmen (9.2.1 der Anlage 4 FeV, vgl auch VG Freiburg NZV 00, 388); im Zweifel AO eines ärztlichen Gutachtens (§ 14 I Nr 2 FeV).

Bei **gelegentlichem** Cannabiskonsum ist die Eignung zu bejahen, wenn Trennung von Konsum und Fahren und kein zusätzlicher Gebrauch von Alkohol oder anderen psychoaktiv wirkenden Stoffen gewährleistet sind sowie keine Störung der Persönlichkeit und kein Kontrollverlust bestehen (9.2.2 der Anlage 4). Bei gelegentl Konsum entfällt Eignung, wenn bes Umstände hinzutreten, insbes wenn vom fehlenden Trennungsvermögen zwischen Konsum und Teilnahme am motor Straßenverkehr auszugehen ist (VG Freiburg, aaO; vgl auch OVG Saar ZfS 01, 188). Die Beibringung eines MPU-Gutachtens kann angeordnet werden, wenn gelegentliche Einnahme von Cannabis vorliegt und weitere Tatsachen Zweifel an der Eignung begründen (§ 14 I S 4 FeV). Das Gutachten soll insbesondere klären, ob beim Betroffenen Trennung von Konsum und Fahren gewährleistet ist oder ob eventuell sogar regelmäßige Einnahme oder Abhängigkeit vorliegen. Auch BVerwG (NZV 96, 467) bejaht, daß Gelegenheitskonsum bereits Anlaß zur Untersuchung durch Drogenscreening und ggf auch zur MPU geben kann. Zur alleinigen Klärung der Frage, ob Konsum von Cannabis gelegentlich oder regelmäßig erfolgt, ist AO eines med-psych Gutachtens nicht zulässig (OVG Saar, aaO); hier ist lediglich ärztl Gutachten einzuholen (§ 14 I Nr 2 FeV). Alleinige – auch nur gelegentliche – Auffälligkeit durch Konsum von Cannabis **ohne Bezug zum Straßenverkehr** rechtfertigt AO einer med-psych Begutachtung nicht (OVG Bremen NZV 00, 477).

Selbst **einmaliger** Cannabiskonsum ohne konkrete Verkehrsbezogenheit kann nach BVwG (NZV 00, 345) Anlaß für AO eines Drogenscreening sein, wenn Indizien auf häufigeren Konsum oder mögliches Fahren unter Cannabiseinfluß hinweisen. Kritisch hierzu Kreuzer, NZV 99, 353, 357.

4 b **Besitz** von kleinen Rauschgiftmengen (auch kleinen Cannabismengen) rechtfertigt im Hinblick darauf, daß er idR ein Indiz für Eigenkonsum ist, AO von fachärztlichen Untersuchungen (Drogenscreening in Form einer Urinuntersuchung oder Haaranalyse, VGH BW NZV 98, 429; VGH Mü NZV 99, 525); § 14 I S 2 FeV. Im Einzelfall kommt es auf Eignung der betreffenden Untersuchung an: Im Urin kann zwar auch ein einmaliger Cannabis-Konsum festgestellt werden, während die Nachweismöglichkeit in der Haaranalyse beim wöchentlichen Konsum beginnt. Im Urin ist Cannabis-Konsum aber nur über einen kurzen Zeitraum nachweisbar (je

Voraussetz. d. Ent. d. Fahrerlaubnis 4c–5b § 3 StVG

nach Häufigkeit des Konsums einige Tage bis ein oder zwei Monate). Nachweis eines länger zurückliegenden regelmäßigen oder gewohnheitsmäßigen Cannabis-Konsums kann daher nur durch Untersuchung der Haare geführt werden (Gehrmann, NZV 1997, 462; VGH Mü NZV 99, 525, 528).

Durch die vorgenannten ab 1. 1. 99 geltenden neuen Vorschriften der 4c
FeV ist die frühere Rechtsprechung zu Cannabis teils überholt. S im einzelnen Kreuzer, aaO.

ff) **Charakterliche Mängel.** Charakterliche Eignung bedeutet, daß 5
nicht erheblich oder nicht wiederholt gegen verkehrsrechtliche Vorschriften oder gegen Strafgesetze verstoßen wird (§ 2 IV 1 StVG). **Verkehrsverstöße** können – soweit sie nicht schon im Strafverfahren mit Bindungswirkung (s Rn 9 ff) berücksichtigt sind – ebenfalls die Nichteignung nach § 3 erweisen; ausreichen kann hier – anders als bei § 69 StGB – uU auch eine wiederholte Trunkenheitsfahrt als **Radf** (OVG Br VRS 73, 155; BVwG NZV 89, 205) oder in der Vergangenheit liegende VVerstöße (BVwG NZV 88, 80), **nicht** aber eine einmalige Radfahrt unter Alkohol (VG Br NZV 92, 295) oder bloße Verwarnungsfälle (OVG Hbg DAR 97, 290). Bereits im VZR getilgte oder tilgungsreife Verstöße dürfen nicht verwertet werden, s § 2 Rn 12. Ein einmaliges Vergehen beweist die Nichteignung idR nur bei schweren VStraftaten oder anderen, die Gefährlichkeit des Betr offenbarenden Taten (s § 2 Rn 10), bzw auf ein hohes Aggressionspotential hinweisenden Taten (§ 11 III Nr 4 FeV), im übrigen insb **Trunkenheit am Steuer,** soweit nicht bereits eine Entz der FE im Strafverfahren erfolgt ist (s unten Rn 12 ff). Die spezielle Bestimmung zur Bewertung und Behandlung von wiederholten Verkehrsverstößen ist § 4 StVG (Punktsystem).

Bei der Beurteilung darf auch auf nichtverkehrsrechtliche Straftaten zu- 5a
rückgegriffen werden, wenn sie Anlagen erkennen lassen, deren Auswirkung im StraßenV eine Gefährdung der VSicherheit befürchten läßt (VG Saar ZfS 97, 239; zur Def der Nichteignung § 2 IV), so auch auf Rauschgiftdelikte (BVwG VM 81, 56; NZV 89, 205; VGH BW NZV 92, 88) u selbst auf weit zurückliegende, jedoch noch verwertbare (§ 29 VIII StVG) sowie Halterdelikte (BVwG NZV 88, 80; VGH BW NZV 93, 45; s unten Rn 6 u § 2 Rn 10). Im Verwarnungsverfahren abgegürte VVerstöße bleiben hingegen grundsätzlich außer Betracht (OVG Hbg DAR 77, 290), entscheidend ist die **Eintragung und Verwertbarkeit im VZR** nach §§ 28 ff StVG, s auch Rn 2 a ff zu § 29 StVG.

gg) **Bedingte Eignung.** Ist der Betreffende noch bedingt geeignet und 5b
sind die Mängel durch **Beschränkungen** oder **Auflagen kompensierbar,** ist vom Entz der FE abzusehen; FEBehörde hat die entsprechenden Beschränkungen oder Auflagen anzuordnen, § 2 IV S 2 StVG, § 23 II FeV (vgl auch oben Rn 8a sowie Rn 17 und 17a zu § 2 StVG). Der Betroffene hat Anspruch auf Erteilung dieser FE (amtl Begr in VkBl 1998, 788, 789).

Bei bestimmten Krankheiten und Mängeln enthält Anlage 4 FeV Hinweise auf entsprechende Beschränkungen und Auflagen. Fälle bedingter

StVG § 3 6–7   3. Teil. StraßenverkehrsG

Eignung und deren Kompensierung nur bei körperlichen und geistigen Mängeln, **nicht** aber im Bereich der **charakterlichen** Eignung (§ 2 IV S 2 StVG, amtl Begr, aaO). Auch nach Auffassung der Rechtsprechung kann bei Charaktermängeln die FE in der Regel nur vollständig entzogen werden (BVwG NJW 62, 977; BVwG 13, 288). Dem entspricht auch die Regelung des § 69a II StGB über die Ausnahme bestimmter Arten von Kfz von der Sperre, „wenn besondere Umstände die Ausnahme rechtfertigen, so daß der Zweck der Maßregel dadurch nicht gefährdet wird" (vgl Rn 4 u 4a zu § 69a StGB). In der Praxis ist dies von Bedeutung bei körperlichen und geistigen Mängeln, bei charakterlichen Mängeln jedoch nur unter ganz besonderen Umständen zulässig, die ausführlich darzulegen sind und keine Gefahr für die Allgemeinheit erkennen lassen müssen (Rn 4a zu § 69a StGB). Sind nach § 69a II StGB bei charakterlichen Mängeln ausnahmsweise (zB) landw Kfz von der Sperre ausgenommen, müßte FEBehörde eigentlich die FE für diese Kfz erteilen und dürfte durch § 4 IV 2 StVG nicht daran gehindert sein (Hentschel Rn 18 zu § 2 StVG; siehe auch Himmelreich DAR 96, 129). – Die Anforderungen an die Eignung zum Führen landwirtschaftlicher Fze sind nicht geringer als bei sonstigen Kfzen (VGH BW VM 94, 12).

6   hh) Auch ein **Halter** kann seine Nichteignung als Kfz-Führer erweisen (BVwG NZV 88, 80; Hess VGH VM 79, 87 = StVE 6; OVG NW DAR 97, 501).

6a ii) **Mangelnde Befähigung.** FE-Entz auch – was § 3 I 1 verdeutlicht –, wem die (theoretische u praktische) **Befähigung** fehlt (Legal-Def § 2 V; BVwG VRS 63, 222 = StVE § 15b StVZO 8 m Anm Himmelreich NJW 83, 603; DAR 88, 32 = NJW 88, 1042). Fehlende Befähigung ist ein eigenständiger Entz-Grund.

6b jj) Maßgeblich für die Beurteilung der Sach- und Rechtslage ist der **Stand** bei **Abschluß des Verwaltungsverfahrens** (BVwG VM 74, 25; BVwG NZV 96, 84; VGH Mü NZV 99, 183; OVG Schl DAR 94, 40).

Wird Entscheidung der FEBehörde im Verwaltungsgerichtsverfahren angefochten, kann späteres nach der Entscheidung gezeigtes Wohlverhalten des Betroffenen grundsätzlich nicht mehr berücksichtigt werden, sondern ist bei Antrag auf Neuerteilung der FE geltend zu machen (BVwG NVwZ 90, 654; VGH Mü NZV 95, 167). Hat allerdings das VG ohnehin Zweifel, ob Bewertung der FEBehörde richtig ist, kann ausnahmsweise das Verhalten des Betroffenen nach Entz der FE eine Indizwirkung gegen die Richtigkeit der verwaltungsbehördlichen Beurteilung haben (BVwG NVwZ 90, 654).

7   b) Die mangelnde Eignung muß sich aus **erwiesenen Tatsachen** ergeben (VGH BW NZV 91, 287); bloßer Verdacht genügt nicht (BVwG bei Fischer DAR 77, 227; VGH BW NZV 92, 88; OVG Schl DAR 94, 40; VGH Mü NZV 99, 183; Himmelreich DAR 85, 202 mwN), auch nicht der Umstand, daß sich nicht feststellen läßt, ob die Eignung vorhanden ist (BVwG DAR 77, 166f); die Nichteignung muß festgestellt werden, wobei zwar die VB die volle Beweislast hat (BVwG NJW 65, 1098; VGH BW VM 92, 10 u NZV 92, 88; Jagow § 46 FeV Nr 8a; § 24 II LVwVfG BW); bestehen aber aufgrund konkreter tatsächlicher Anhaltspunkte **berechtigte**

Voraussetz. d. Ent. d. Fahrerlaubnis   7 a, 7 b   § 3 StVG

Zweifel an der Eignung, kann die VB zur Vorbereitung ihrer Entscheidung auf Kosten des Betr (VGH BW NJW 86, 1370) ein **Gutachten** nach § 46 III FeV (früher § 15 b II StVZO) anfordern (s BVwG VM 88, 17; NZV 96, 467; s oben § 2 StVG Rn 7; Hi/He II/132 ff), so bei hohem Promillewert (VG Kö NZV 88, 159), mag er auch durch einen AA-Test ermittelt sein (VGH BW ZfS 96, 397), zB über 2‰ (OVG Lü ZfS 95, 438), insb iVm fehlenden Ausfallerscheinungen, was auf Alkoholgewöhnung hindeutet (OVG Saar ZfS 95, 37; NdsOVG ZfS 95, 438), auch bei Ersttätern ab 1,6‰ (BVwG NZV 94, 376), selbst bei Radf mit hoher BAK (BVwG NZV 96, 84; s aber VG Br NZV 92, 295: nicht bei einmaliger Radfahrt); bei abweichenden Leberfunktionswerten (VGH BW VM 92, 10), Verdacht des Drogenkonsums (VGH Mü NZV 93, 46; DAR 95, 79, 416; VGH BW ZfS 94, 111; DAR 95, 478: regelmäßiger Konsum von Haschisch; OVG Hbg VRS 92, 389, selbst Erwerb u Besitz kleiner Mengen: VGH BW NZV 97, 94; DAR 96, 35; BVwG NZV 96, 467), sofern er nicht nur sporadisch erfolgte (BayVGH ZfS 96, 435) oder nicht länger zurückliegt u keine weiteren Anhaltspunkte für gewohnheitsmäßigen Konsum in der letzten Zeit vorliegen (VG Arnsberg NZV 95, 205), AO auch zur Beurteilung der theoretischen Kenntnisse, wenn der FE-Inhaber in begrenzter Zeit wiederholt erhebliche VVerstöße begangen hat (BVwG VRS 63, 222; aA OVG NW VRS 70, 74), nach VGH BW (VM 92, 109) sogar bei erheblichen psychischen Auffälligkeiten, die einen Bezug zur Fahreignung haben (VGH BW VM 92, 109). Das **Beweiserhebungsverbot** nach § 136 a III 2 StPO tritt gegenüber der Gewährleistung der Sicherheit im Straßenverkehr zurück (OVG Lü NZV 01, 183).

c) Voraussetzungen u Inhalt des **Gutachtens** richten sich nach § 46 III   **7 a**
iVm § 11 II–VIII u Anl 15 FeV sowie ergänzend nach den Begutachtungsleitlinien (s § 2 Rn 7). Bei der Gutachtenanforderung ist stets der **Verhältnismäßigkeitsgrundsatz** zu beachten (s § 11 VI 1 FeV: VB legt unter Berücksichtigung der Besonderheiten des Einzelfalls und unter Beachtung der Anlagen 4 und 5 in der AO fest, welche Fragen im Hinblick auf die Eignung des Betroffenen zum Führen von Kfz zu klären sind); die AO hat sich auf die nötige Untersuchung zu beschränken (BVfG ZfS 93, 285; VGH Mü DAR 95, 79; OVG Hbg ZfS 96, 158: Drogenscreening; OVG Hbg ZfS 96, 160: bei Alkoholproblematik keine Einbeziehung orthopädischer Beschwerden). Medizinisch-psychologische (**Doppel-**)Begutachtung ist erst dann berechtigt, wenn die medizinische allein nicht ausreicht (BVwG VRS 70, 231; VGH Mü DAR 95, 79; VG Gießen NZV 93, 455; s aber VGH BW NZV 94, 248; s auch Himmelreich/Janker Rn 26 zu § 2 und Jagow § 11 FeV Nr 5 a); uU genügt auch die AO einer bloßen Fahrprobe (VGH BW NJW 91, 315).

Die **AO** zur Beibringung eines Gutachtens **ist berechtigt,** wenn auf-   **7 b**
grund konkreter tatsächlicher Anhaltspunkte **Zweifel** an der Kraftfahreignung des betroffenen Kf bestehen u die angeordnete Überprüfung ein geeignetes u verhältnismäßiges Mittel ist, um gerade die konkret entstandenen Eignungszweifel aufzuklären (BVwG NZV 96, 467).

Jagow

StVG § 3 7 c–8 a

7 c d) AO zur Beibringung des Gutachtens muß **hinreichend bestimmt** sein. Dazu gehört nach § 11 II 3 Nr 1 FeV die genaue Angabe der Fachrichtung des Arztes, der das Gutachten erstellen soll (OVG Mstr NZV 01, 95). Unzulässig ist aber die Festlegung auf einen bestimmten Arzt; Betroffener hat ein Wahlrecht unter den in Betracht kommenden Ärzten und Stellen (OVG Hbg NZV 00, 348).

7 d e) Die AO zur Vorlage eines Gutachtens ist als bloße **vorbereitende Maßnahme** nicht selbständig anfechtbar (s § 2 Rn 7; BVwG DAR 94, 372; Hi/He II 137 mwN). Liegt das Gutachten der VB vor, ist dies als neue Tatsache zu berücksichtigen, ohne daß es noch auf die Frage der Rechtmäßigkeit der AO nach § 11 FeV ankommt (BVwG DAR 96, 329 m krit Anm Gehrmann NZV 96, 332). – Ein **Arzt** kann nach pflichtgem Abwägung ausnahmsweise (!) u nur dann befugt sein, die bei einem Patienten festgestellte Fahruntüchtigkeit der VB mitzuteilen, wenn der Patient einer Abmahnung nicht folgt (BGH NJW 68, 2288; BayVGH VBl 87, 119; Händel DAR 85, 213; Schlund DAR 95, 50), sonst droht § 203 StGB!

7 e f) Wird das **Gutachten nicht** oder nicht fristgerecht **vorgelegt,** darf die VB daraus den Schluß ziehen, das der Betroffene nicht geeignet ist (§ 11 VIII FeV). Als Begründung hierfür wird angenommen, der Betr wolle nur einen Eignungsmangel verbergen (BVerwG DAR 77, 250; OVG NW VRS 91, 215). Dies gilt auch, wenn der Betr mangels finanzieller Mittel das Gutachten nicht erstellen läßt (OVG Lü NZV 95, 294: Sozialhilfeempfänger; Hbg VRS 89, 158; s auch Hentschel Rn 23 zu § 11 FeV; einschränkend jedoch BVerwG VRS 69, 154: nur unter bes Umständen). Voraussetzung ist stets, daß die AO zur Beibringung des Gutachtens rechtmäßig erfolgt ist (OVG Saar DAR 96, 292).

7 f g) Die Rechtswidrigkeit der AO zur Beibringung des Gutachtens steht seiner **Verwertung** jedoch nicht entgegen (BVwG DÖV 96, 879).

8 3. Die Eignung zum Führen eines Kfz ist eine **Rechtsfrage,** die im Verwaltungsrechtsweg voll **nachgeprüft** wird. Gegen die Entz-Vfg der VB ist **Widerspruch** binnen Monatsfrist (§§ 69, 70 VwGO), gegen die AO sofortigen Vollzugs Klage zulässig (§ 80 V VwGO). Bei Prüfung der Rechtmäßigkeit der Entz der FE ist die bei Abschluß des Verwaltungsrechtsverfahrens bestehende Sach- u RLage maßgebend (BVwG VM 74, 33; NZV 96, 84; BayVGH VRS 88, 316). – Der **Streitwert** richtet sich nach der Bedeutung der FE für die persönl Lebensführung u liegt zwischen 6000 u 10 000 DM – ab 1. 1. 02 entspr Betrag in Euro – (BVwG NZV 89, 487; VG BW NZV 92, 255 u OVG Sachsen ZfS 94, 392: 8000 DM), bei beruflicher Nutzung 10 000–20 000 DM – ab 1. 1. 02 entspr Betrag in Euro – (BVwG aaO); bei Entz der FE mehrerer Klassen ist die Klasse maßgeblich, die nach dem Streitwertkatalog der höchste Streitwert zugeordnet ist (VGH BW DAR 96, 509).

8 a 4. Die Entz der FE auf Zeit oder unter einer **Bedingung** dergestalt, daß sie nach Zeitablauf oder nach Eintritt der Bedingung von selbst wieder auflebt, ist unzulässig (OVG Lü VkBl 57, 19). Ergibt sich aber, daß der

Betr noch bedingt geeignet ist, so darf die VB nach dem Grundsatz der Verhältnismäßigkeit die FE nicht ganz entziehen, sondern muß sie **beschränkt** oder unter **Auflagen** aufrechterhalten (§ 2 IV StVG, § 46 II FeV) oder dem Betr auf seinen Antrag eine auf bestimmte Fz-Arten begrenzte FE belassen (BayVGH VRS 88, 316). Auch bei charakterlichen Mängeln kann die Entz der FE auf eine bestimmte Fz-Kl beschränkt werden (BVwG NZV 96, 127). Die Auflage nach § 46 II FeV (zB AO der Nachuntersuchung eines nur bedingt geeigneten Kf) ist – anders als die AO zur Beibringung eines Gutachtens nach § 11 II, III oder IV FeV (s dazu Rn 7 d) – selbständig anfechtbar (s VGH BW NZV 97, 199). Zu Fristen u Bedingungen für die Neuerteilung einer FE nach Entz s § 3 VI.

5. Abs 3 u 4: Vorrang des Strafverfahrens 9

Abs 3 u 4 nF entspr Abs 2 u 3 (aF). Neben der EdFE nach § 3 durch die VBn besteht nach §§ 69 u 69 b StGB die gerichtliche Zuständigkeit für die Entz im Strafverfahren. Der Vermeidung widersprechender Entscheidungen der Gerichte u VBn dienen III und IV (BVwG NZV 92, 501). Dabei ist den gerichtlichen Entscheidungen der Vorrang eingeräumt. III schränkt die Entscheidungsbefugnis der VBn mit Rücksicht auf laufende Strafverfahren ein, während IV Widersprüche zu rkr gerichtlichen Entscheidungen verhüten soll.

Die Bindungswirkung besteht nur für ein verwaltungsbehördliches Entziehungsverfahren (nach § 3 I, § 4 III Nr 3 oder VII oder § 2a III oder IV StVG, § 46 I oder § 48 X FeV oder § 11 II IntKfz-VO) hingegen nicht für ein Verfahren zur Neuerteilung der FE nach § 20 FeV (VG Berlin NZV 01, 139). 9 a

a) **Anhängige Strafverfahren. III** verbietet die Verwertung eines Sachverhalts durch die VB, solange dieser Gegenstand eines Strafverfahrens ist, in dem eine EdFE nach § 69 StGB in Betracht kommt (s BVwG NZV 89, 205: Trunkenheitsfahrt mit Fahrrad; s auch oben 4 u § 69 StGB 5). „Anhängig" ist das Strafverfahren von der Einleitung des Ermittlungsverfahrens durch die Pol oder StA an, sobald es wegen einer bestimmten Straftat gegen den Inhaber der fraglichen FE geführt wird. Die Anhängigkeit dauert bis zur Einstellung des Verfahrens bzw bis zur RKraft der ergehenden Entscheidung. Das Strafverfahren erstreckt sich auf den gesamten geschichtlichen Vorgang iS des § 264 StPO, der im Strafverfahren untersucht werden soll, nicht etwa nur auf einzelne ges TBe. Die **Bindungswirkung** besteht darin, daß die VB den Sachverhalt des laufenden Strafverfahrens in einem Entz-Verfahren nicht berücksichtigen darf, auch nicht bei einer AO nach § 46 III FeV (BVwG NJW 89, 116) u bei der Entscheidung über die sofortige Vollziehung nach § 80 II 4, III VwGO (VG Saar ZfS 93, 107; OVG Ko DAR 62, 375). Dagegen kann ein Entz-Verfahren der VB, das sich allein auf andere, im Strafverfahren nicht geprüfte Tatsachen stützt, ungehindert durchgeführt werden (BVwG VRS 74, 468; NJW 89, 116). 10

Von der **Bindung** an das Strafverfahren **ausgenommen** sind nach III S 2 Verfahren der dort aufgeführten Dienststellen, die auf die Entz einer 11

StVG § 3 12, 13   3. Teil. StraßenverkehrsG

von ihnen zu dienstlichen Zwecken erteilten FE gerichtet sind. **Führer von Taxen, Krankenkraftwagen, Pkw im Linienverkehr sowie beim Einsatz für Ausflugs- u Ferienziele** bedürfen nach § 48 FeV einer zusätzlichen **Erlaubnis** zur **Fahrgastbeförderung.** Diese darf auch während des Laufes eines Strafverfahrens unter Verwertung der dem Beschuldigten zur Last liegenden Tat durch die VB entzogen werden. Geschieht dies nicht, so erlischt die Fahrgasterlaubnis zugleich mit der Entz der allg FE (§ 48 X FeV; s § 69 StGB Rn 4).

12   b) **Rechtskräftige gerichtliche Entscheidungen (IV)** binden die VBn nur insoweit, als sie eine Sachentscheidung über die angeklagte Tat enthalten, selbst wenn das Urt rechtswidrig ist (VG Fra NZV 91, 207); daher keine Bindung bei Einstellung des Verfahrens aus prozessualen Gründen oder auf Grund einer Amnestie, wenn sie die EdFE mitumfaßt. Die Bindung besteht darin, daß die VB keinen anderen, dem Betr nachteiligen **Sachverhalt** feststellen, insb die Beweise nicht zu seinen Ungunsten anders als das Gericht würdigen darf (OVG Saar ZfS 95, 399); andererseits muß der Betr den gerichtlich festgestellten Sachverhalt gegen sich gelten lassen, sofern gegen die Richtigkeit nicht gewichtige Anhaltspunkte sprechen (BVwG VRS 84, 79 mwN). – Dagegen kann die VB alle Tatsachen, die nicht Gegenstand der richterlichen Untersuchung waren, insb auch solche, die erst nach dem Urt eingetreten sind, oder die der Strafrichter (zB infolge unrichtigen Strafregisterauszugs (BVwG VRS 74, 468) übersehen hat (VGH BW NZV 93, 495: Mitberücksichtigung eines vom Gericht nicht gewürdigten psychiatrischen Gutachtens) berücksichtigen. – Die richterliche Entscheidung über die **Schuldfrage** auf Grund des festgestellten Sachverhalts ist ebenfalls für die VB bindend. – An die Auffassung des Gerichts über die **Eignung des Angeklagten zum Führen von Kfzen** ist die VB nur gebunden, wenn u soweit das Gericht eine Entscheidung nach § 69 StGB im UrtSatz oder in den UrtGründen ausdrücklich getroffen hat (BVwG NJW 89, 116). Hat das Gericht die an sich gebotene Prüfung unterlassen, so ist die VB nicht gebunden (BVwG NZV 96, 84; Sa VRS 21, 65); dasselbe gilt, wenn die UrtGründe nicht klar erkennen lassen, ob das Gericht die Eignung eigenständig beurteilt hat (BVwG NJW 89, 116) oder wenn es nur im Hinblick auf die seit Tatbegehung verstrichene Zeit von der EdFE abgesehen hat (BVwG NZV 89, 125), ohne deutlich zu machen, daß es wegen der in dieser Zeit vollzogenen vorläufigen Entz eine Nichteignung nicht mehr für gegeben hält (s § 69 StGB 15; s hierzu auch Hentschel NZV 89, 100 u Himmelreich DAR 89, 285; Hi/He II/177 ff). Nach § 267 VI S 2 StPO ist in den Urt-Gründen anzugeben, weshalb die Maßregel nach §§ 69, 69a StGB nicht angeordnet wurde, „obwohl dies nach der Art der strafbaren Handlung in Betracht kam".

13   § 267 VI S 2 StPO gilt nach § 409 I S 3 StPO auch für den **Strafbefehl** entspr; nach § 3 IV sind der Strafbefehl u die gerichtliche Entscheidung, durch welche die Eröffnung des Hauptverfahrens oder der Erl eines Strafbefehls abgelehnt wird, ausdrücklich einem Urt gleichgestellt. Die Gerichte müssen daher in jeder einschlägigen Entscheidung zur Eignungsfrage Stel-

Die Wirkung der Entziehung 14–17 § 3 StVG

lung nehmen. Ist dies unterblieben, so steht es der VB frei, ein Verfahren nach § 3 einzuleiten (BVwG NZV 96, 292; BGH VRS 20, 117). – Eine Bindung wird auch dann verneint, wenn das Gericht ein FV nach § 44 StGB angeordnet oder als nicht erforderlich abgelehnt hat (OVG Br VRS 65, 238 beim abgekürzten Urt), ohne dabei die Eignungsfrage ausdrücklich zu behandeln (so Hi/He II/180 im Anschl an OVG Lü NJW 71, 956; VG Fra VRS 74, 394); das gilt auch beim FV nach § 25 StVG (BVwG VM 94, 67).

Im übrigen ist es der VB nicht verwehrt, eine gerichtliche Verurteilung, **14** die für sich allein dem Strafrichter zur EdFE nicht ausgereicht hat, zur Unterstützung weiterer, vom Strafrichter nicht beurteilter Entz-Gründe mitheranzuziehen. Maßgebend für ihre Entscheidung ist der gesamte im Zeitpunkt der Entscheidung des letzten Rechtszuges bekannte Sachverhalt (BVwG NZV 88, 37; vgl auch BVwG VRS 57, 73 = StVE 10 zur Bindungswirkung des Strafbefehls). Demnach müssen auch Tatsachen, die erst im Verwaltungsgerichtsverfahren aufgetreten oder bekannt geworden sind, wie längere gute Führung oder zwischenzeitliche neue Verfehlungen, berücksichtigt werden (aA BVwG VRS 20, 394).

Zugunsten des Betr darf die VB jederzeit von der Beurteilung des Ge- **15** richts abweichen. **Bußgeldentscheidungen** binden die VB nur hinsichtlich der Feststellung des Sachverhalts u der Beurteilung der Schuldfrage, da eine Prüfung der Fahrtauglichkeit hier nicht stattfindet (s § 3 IV).

6. Geltungsbereich der EdFE ist die BRep. Auch eine **ausl FE** kann **16** nach den Grundsätzen der §§ 3 u 46 FeV (BVwG NJW 83, 1279; OVGe Saar NJW 77, 1413; ZfS 92, 322; RhPf DAR 90, 433) bei fehlender Eignung entzogen oder von Bedingungen abhängig gemacht werden. Die Untersagung ist auf dem ausl oder internationalen FSch zu vermerken; in der BRep ausgestellte internationale FSche sind der untersagenden Behörde abzuliefern. Die 2. EU-FSch-RiLi gibt den Mitgliedstaaten auch die Möglichkeit, FSche aus anderen Mitgliedstaaten von Personen, die ihren ordentlichen Wohnsitz im entziehenden Staat haben, an die ausstellende Behörde zurückzuschicken (vgl dazu §§ 30 III, 31 IV FeV). – Eine dt FE, die aufgrund eines **gefälschten ausl** FSch erteilt wurde, ist nicht nach § 3 iVm § 46 FeV zu entziehen, sondern nach allg VwVfR zurückzunehmen.

7. Die Wirkung der Entziehung regelt § 3 II S 1, der auch für die **17** Entz der FE aufgrund anderer Vorschriften gilt. Bei einer inl FE erlischt das R zum Führen von Kfzen, bei einer ausl ist diese Wirkung auf das Inland beschränkt. Die Untersagung, von der ausl FE im Inland Gebrauch zu machen (§ 11 II IntKfzV), wirkt als FV. Die Entz wird mit der RKraft der Verwaltungsverfügung wirksam, sofern nicht **sofortiger Vollzug** angeordnet ist (s § 80 II 4, III VwGO), weil ein überwiegendes öff Interesse an der sofortigen Vollziehung besteht, um eine evtl Gefährdung anderer VT auszuschließen (OVG Nds ZfS 95, 479), was individuell schriftlich zu begründen ist (VGe Saar ZfS 93, 107 u Bra ZfS 93, 106). – Die Wirkung der Entz ist nicht von der nach § 3 II S 3 vorgeschriebenen Ablieferung des FSch abhängig u bewirkt den Verlust der FE für alle Kl, incl der Er-

Jagow

laubnis zur Fahrgastbeförderung (s § 48 X FeV). Führen eines Kfz danach ist Vergehen nach § 21. Der FSch ist abzuliefern oder – ein ausl – zur Eintragung der Entscheidung vorzulegen (§ 3 II S 3), sonst OW nach § 75 Nr 10 FeV, Nr 170 BKat.

18   **8. Beschränkungen gegenüber Personen ohne Kfz**

Auch ohne Kfz dürfen **Personen,** die infolge **körperlicher** oder **geistiger Mängel** sich nicht sicher im Verkehr bewegen können, nach § 2 FeV am Verkehr nur teilnehmen, wenn in geeigneter Weise sichergestellt ist, daß sie andere nicht gefährden (Näheres dazu s § 2 II FeV). Nach § 3 FeV kann ungeeigneten Personen das Führen von Fzen oder Tieren untersagt oder durch Auflagen eingeschränkt werden. Verstöße gegen solche AOen sind OWen nach § 24 StVG iVm § 3 I S 1, § 75 Nr 3 FeV.

19   **9. Verzicht auf die Fahrerlaubnis**

Zunehmend ist festzustellen, daß die Betroffenen durch Verzicht auf die Fahrerlaubnis einem F-Entzug nach § 3 StVG oder § 69 StGB zuvor kommen wollen (s Eisele, Verzicht auf die Fahrerlaubnis als Instrument zur Beendigung des Strafverfahrens, NZV 99, 232).

Wirksame Verzichtserklärung setzt voraus, daß sie gegenüber der zuständigen Behörde (Fahrerlaubnisbehörde) §§ 2 I 1, 3 I 1 StVG erklärt wird. Durch Verzicht wird FE unmittelbar zum Erlöschen gebracht (Eisele, aaO). Verzicht wird auch im VZR eingetragen (§ 28 III Nr 7 StVG). Zur Tragweite der Verzichtserklärung, zB hinsichtlich des Anspruchs auf Neuerteilung der FE (ggf auch zeitlich begrenzter Verzicht) s Eisele aaO.

20   **10. Vorläufige Entziehung der Fahrerlaubnis und Beschlagnahme des Führerscheins**

Vorläufige Entz der FE ist nach § 111a StPO durch Gericht möglich. Außerdem kann nach § 94 StPO für Zwecke des Strafverfahrens der Führerschein beschlagnahmt werden mit der Wirkung, daß die FEBerechtigung nicht ausgeübt werden darf (vgl auch § 21 II Nr 2 u 3 StGB).

Im Verwaltungsverfahren oder durch Polizei auf der Straße ist Einzug des Führerscheins zur Gefahrenabwehr zulässig. Rechtsgrundlage sind die Polizeigesetze der Bundesländer. Die Befugnis endet mit der Gefahr, die durch die Maßnahme bekämpft werden soll (vgl auch Hentschel, Rn 37 zu § 3 StVG).

21   **11. Fehlerhaft erteilte Fahrerlaubnis**

Wird FE von Behörde in Unkenntnis der Sperrfrist (§ 69a StGB) erteilt, so ist dieser Verwaltungsakt fehlerhaft, aber nicht nichtig (Ha VRS 26, 345). Eine rechtswidrig erteilte FE muß jedoch von FEBehörde zurückgenommen werden (Krieger DVBl 63, 138), insbesondere bei Erteilung trotz bekannter Nichteignung (BVwG JR 58, 357) oder trotz fehlerhaft unterbliebener Befähigungsprüfung (OVG Ko NZV 89, 126); vgl auch Hentschel Rn 40 zu § 3 StVG. Jedoch kann FE nicht zurückgenommen wer-

Punktsystem **§ 4 StVG**

den, weil Erteilung durch örtl unzuständigen Behörde erfolgt ist (OVG Br DAR 63, 364).

12. Wiedererteilung bzw Neuerteilung der Fahrerlaubnis 22

Nach rechtswirksamer Entziehung der FE (s Rn 17) kann unter etwas erleichterten Voraussetzungen (§ 20 FeV) die Erteilung einer neuen Fahrerlaubnis beantragt werden. Hierbei sind gesetzliche Sperrfristen zu beachten (nach § 69a StGB oder die 6-Monatsfrist bei Entz gemäß Punktsystem nach § 4 X 1 StVG). Nicht verbindlich sind jedoch etwa von der Behörde bei Entz der FE gesetzte Fristen (OVG NW VRS 49, 300; Hentschel Rn 32, 33 zu § 3 StVG). Im übrigen siehe oben Rn 15 u 16 zu § 2 StVG.

§ 4 Punktsystem* **

(1) **Zum Schutz vor Gefahren, die von wiederholt gegen Verkehrsvorschriften verstoßenden Fahrzeugführern und -haltern ausgehen, hat die Fahrerlaubnisbehörde die in Absatz 3 genannten Maßnahmen (Punktsystem) zu ergreifen.** Das Punktsystem findet keine Anwendung, wenn sich die Notwendigkeit früherer oder anderer Maßnahmen auf Grund anderer Vorschriften, insbesondere der Entziehung der Fahrerlaubnis nach § 3 Abs. 1, ergibt. Punktsystem und Regelungen über die Fahrerlaubnis auf Probe finden nebeneinander Anwendung, jedoch mit der Maßgabe, daß die Teilnahme an einem Aufbauseminar nur einmal erfolgt; dies gilt nicht, wenn das letzte Aufbauseminar länger als fünf Jahre zurückliegt oder wenn der Betroffene noch nicht an einem Aufbauseminar nach § 2a Abs. 2 Satz 1 Nr. 1 oder an einem besonderen Aufbauseminar nach Absatz 8 Satz 4 oder § 2b Abs. 2 Satz 2 teilgenommen hat und nunmehr die Teilnahme an einem Aufbauseminar für Fahranfänger oder an einem besonderen Aufbauseminar in Betracht kommt.

(2) Für die Anwendung des Punktsystems sind die im Verkehrszentralregister (§ 28 Abs. 3 Nr. 1 bis 3 zu erfassenden Straftaten und Ordnungswidrigkeiten nach der Schwere der Zuwiderhandlungen und nach ihren Folgen mit einem bis zu sieben Punkten nach näherer Bestimmung durch Rechtsverordnung gemäß § 6 Abs. 1 Nr. 1 Buchstabe s zu bewerten. Sind durch eine Handlung mehrere Zuwiderhandlungen begangen worden, so wird nur die Zuwiderhandlung mit der höchsten Punktzahl berücksichtigt. Ist die Fahrerlaubnis entzogen oder eine Sperre (§ 69a Abs. 1 Satz 3 des Strafgesetzbuchs) angeordnet worden, so werden die Punkte für die vor dieser Entscheidung begangenen Zuwiderhandlungen gelöscht.

---

* Neu eingeführt durch das StVG-ÄndG v 24. 4. 1998 (BGBl I 747); gilt ab 1. 1. 1999.
** Abs 5 neu gefaßt durch Ges v 19. 3. 2001 (BGBl I 386); gilt ab 27. 3. 2001.

Dies gilt nicht, wenn die Entziehung darauf beruht, daß der Betroffene nicht an einem angeordneten Aufbauseminar (Absatz 7 Satz 1, § 2 a Abs. 3) teilgenommen hat.

(3) Die Fahrerlaubnisbehörde hat gegenüber den Inhabern einer Fahrerlaubnis folgende Maßnahmen (Punktsystem) zu ergreifen:

1. Ergeben sich acht, aber nicht mehr als 13 Punkte, so hat die Fahrerlaubnisbehörde den Betroffenen schriftlich darüber zu unterrichten, ihn zu verwarnen und ihn auf die Möglichkeit der Teilnahme an einem Aufbauseminar nach Absatz 8 hinzuweisen.
2. Ergeben sich 14, aber nicht mehr als 17 Punkte, so hat die Fahrerlaubnisbehörde die Teilnahme an einem Aufbauseminar nach Absatz 8 anzuordnen und hierfür eine Frist zu setzen. Hat der Betroffene innerhalb der letzten fünf Jahre bereits an einem solchen Seminar teilgenommen, so ist er schriftlich zu verwarnen. Unabhängig davon hat die Fahrerlaubnisbehörde den Betroffenen schriftlich auf die Möglichkeit einer verkehrspsychologischen Beratung nach Absatz 9 hinzuweisen und ihn darüber zu unterrichten, daß ihm bei Erreichen von 18 Punkten die Fahrerlaubnis entzogen wird.
3. Ergeben sich 18 oder mehr Punkte, so gilt der Betroffene als ungeeignet zum Führen von Kraftfahrzeugen; die Fahrerlaubnisbehörde hat die Fahrerlaubnis zu entziehen.

Die Fahrerlaubnisbehörde ist bei den Maßnahmen nach den Nummern 1 bis 3 an die rechtskräftige Entscheidung über die Straftat oder die Ordnungswidrigkeit gebunden.

(4) Nehmen Fahrerlaubnisinhaber vor Erreichen von 14 Punkten an einem Aufbauseminar teil und legen sie hierüber der Fahrerlaubnisbehörde innerhalb von drei Monaten nach Beendigung des Seminars eine Bescheinigung vor, so werden ihnen bei einem Stand von nicht mehr als acht Punkten vier Punkte, bei einem Stand von neun bis 13 Punkten zwei Punkte abgezogen. Hat der Betroffene nach der Teilnahme an einem Aufbauseminar und nach Erreichen von 14 Punkten, aber vor Erreichen von 18 Punkten an einer verkehrspsychologischen Beratung teilgenommen und legt er hierüber der Fahrerlaubnisbehörde innerhalb von drei Monaten nach Beendigung eine Bescheinigung vor, so werden zwei Punkte abgezogen; dies gilt auch, wenn er nach § 2 a Abs. 2 Satz 1 Nr. 2 an einer solchen Beratung teilnimmt. Der Besuch eines Seminars und die Teilnahme an einer Beratung führen jeweils nur einmal innerhalb von fünf Jahren zu einem Punkteabzug. Für den Punktestand und die Berechnung der Fünfjahresfrist ist jeweils das Ausstellungsdatum der Teilnahmebescheinigung maßgeblich. Ein Punkteabzug ist nur bis zum Erreichen von null Punkten zulässig.

(5) Erreicht oder überschreitet der Betroffene 14 oder 18 Punkte, ohne dass die Fahrerlaubnisbehörde die Maßnahmen nach Absatz 3 Satz 1 Nr. 1 ergriffen hat, wird sein Punktestand auf 13 reduziert.

Punktsystem **§ 4 StVG**

Erreicht oder überschreitet der Betroffene 18 Punkte, ohne dass die Fahrerlaubnisbehörde die Maßnahmen nach Absatz 3 Satz 1 Nr. 2 ergriffen hat, wird sein Punktestand auf 17 reduziert.

(6) Zur Vorbereitung der Maßnahmen nach Absatz 3 hat das Kraftfahrt-Bundesamt bei Erreichen der betreffenden Punkteständen (Absätze 3 und 4) den Fahrerlaubnisbehörden die vorhandenen Eintragungen aus dem Verkehrszentralregister zu übermitteln.

(7) Ist der Inhaber einer Fahrerlaubnis einer vollziehbaren Anordnung der Fahrerlaubnisbehörde nach Absatz 3 Satz 1 Nr. 2 in der festgesetzten Frist nicht nachgekommen, so hat die Fahrerlaubnisbehörde die Fahrerlaubnis zu entziehen. Widerspruch und Anfechtungsklage gegen die Anordnung nach Absatz 3 Satz 1 Nr. 2 sowie gegen die Entziehung nach Satz 1 und nach Absatz 3 Satz 1 Nr. 3 haben keine aufschiebende Wirkung.

(8) Die Teilnehmer an Aufbauseminaren sollen durch Mitwirkung an Gruppengesprächen und an einer Fahrprobe veranlaßt werden, Mängel in ihrer Einstellung zum Straßenverkehr und im verkehrssicheren Verhalten zu erkennen und abzubauen. Auf Antrag kann die anordnende Behörde dem Betroffenen die Teilnahme an einem Einzelseminar gestatten. Die Aufbauseminare dürfen nur von Fahrlehrern durchgeführt werden, die Inhaber einer entsprechenden Erlaubnis nach dem Fahrlehrergesetz sind. Besondere Seminare für Inhaber einer Fahrerlaubnis, die unter dem Einfluß von Alkohol oder anderer berauschender Mittel am Verkehr teilgenommen haben, werden nach näherer Bestimmung durch Rechtsverordnung gemäß § 6 Abs. 1 Nr. 1 Buchstabe n von hierfür amtlich anerkannten anderen Seminarleitern durchgeführt.

(9) In der verkehrspsychologischen Beratung soll der Fahrerlaubnisinhaber veranlaßt werden, Mängel in seiner Einstellung zum Straßenverkehr und im verkehrssicheren Verhalten zu erkennen und die Bereitschaft zu entwickeln, diese Mängel abzubauen. Die Beratung findet in Form eines Einzelgesprächs statt; sie kann durch eine Fahrprobe ergänzt werden, wenn der Berater dies für erforderlich hält. Der Berater soll die Ursachen der Mängel aufklären und Wege zu ihrer Beseitigung aufzeigen. Das Ergebnis der Beratung ist nur für den Betroffenen bestimmt und nur diesem mitzuteilen. Der Betroffene erhält jedoch eine Bescheinigung über die Teilnahme zur Vorlage bei der Fahrerlaubnisbehörde. Die Beratung darf nur von einer Person durchgeführt werden, die hierfür amtlich anerkannt ist und folgende Voraussetzungen erfüllt:

1. persönliche Zuverlässigkeit,
2. Abschluß eines Hochschulstudiums als Diplom-Psychologe,
3. Nachweis einer Ausbildung und von Erfahrungen in der Verkehrspsychologie nach näherer Bestimmung durch Rechtsverordnung gemäß § 6 Abs. 1 Nr. 1 Buchstabe u.

(10) Eine neue Fahrerlaubnis darf frühestens sechs Monate nach Wirksamkeit der Entziehung nach Absatz 3 Satz 1 Nr. 3 erteilt werden. Die Frist beginnt mit der Ablieferung des Führerscheins. Unbeschadet der Erfüllung der sonstigen Voraussetzungen für die Erteilung der Fahrerlaubnis hat die Fahrerlaubnisbehörde zum Nachweis, daß die Eignung zum Führen von Kraftfahrzeugen wiederhergestellt ist, in der Regel die Beibringung eines Gutachtens einer amtlich anerkannten Begutachtungsstelle für Fahreignung anzuordnen.

(11) Ist die Fahrerlaubnis nach Absatz 7 Satz 1 entzogen worden, weil einer Anordnung zur Teilnahme an einem Aufbauseminar nicht nachgekommen wurde, so darf eine neue Fahrerlaubnis unbeschadet der übrigen Voraussetzungen nur erteilt werden, wenn der Antragsteller nachweist, daß er an einem Aufbauseminar teilgenommen hat. Das gleiche gilt, wenn der Antragsteller nur deshalb nicht an einem angeordneten Aufbauseminar teilgenommen hat oder die Anordnung nur deshalb nicht erfolgt ist, weil er zwischenzeitlich auf die Fahrerlaubnis verzichtet hat. Abweichend von Absatz 10 wird die Fahrerlaubnis ohne die Einhaltung einer Frist und ohne die Beibringung eines Gutachtens einer amtlich anerkannten Begutachtungsstelle für Fahreignung erteilt.

1. Allgemeines

Die Vorschrift ist im StVG neu u seit 1. 1. 1999 in Kraft. Angesichts der großen Bedeutung der nach dem Punktsystem vorgesehenen Eingriffe der VBen in die Rechtssphäre des Betr u zur Erzielung einer besseren RKlarheit und RSicherheit sind die grundlegenden Regelungen des sog **Mehrfachtäter-Punktsystems,** die bis 31. 12. 1998 nur in einer lediglich für VBen verbindlichen VwV beschrieben waren (VwV zu § 15b StVZO), durch das StVG-ÄndG v 24. 4. 1998, BGBl I 747 endlich in allgemeinverbindlicher Gesetzesform fixiert worden. Die grundsätzlichen Vorschriften, insb der Punkterahmen u die jew zu ergreifenden Maßnahmen, sind jetzt detailliert in § 4 festgelegt, während die **Bewertung** der einzelnen VVerstöße, die Ausgestaltung der Aufbauseminare u der verkehrspsychologischen Beratung gesondert durch VO erfolgen (zur Punktbewertung s Anl 13 zu § 40 FeV; Ausn § 28b StVG). Das Punktsystem hat zwar eine erhebliche Präventivwirkung, die Bepunktung eines einzelnen VVerstoßes ist indessen **keine Sanktion** (Bay NJW 69, 2296), sondern eine wertneutrale Folge, die lediglich die Grundlage für eine evtl spätere verwaltungsrechtliche Maßnahme bildet (s § 28 Rn 3). − Das Punktsystem findet neben der FE auf Probe Anwendung (s I); vor u während der Probezeit begangene VVerstöße werden also auch bepunktet u können (nach Abschluß der Probezeit) zu Maßnahmen nach dem Punktsystem führen.

Zweck des Punktesystems ist nicht nur das Entdecken von ungeeigneten Kf, sondern es soll auch Hilfen bieten, aufgetretene Eignungsmängel frühzeitig zu beheben (durch Aufbauseminare, verkehrspsych Beratung).

2. **Abs 1** stellt klar, daß das Punktsystem keine Anwendung findet, wenn die Entz der FE bereits nach anderen Vorschriften zu erfolgen hat, dh also, wenn die Gesamtwürdigung der Persönlichkeit des Betr bereits seine Nichteignung ergibt (s § 3). Insoweit ist das Punktsystem nach § 4 nur subsidiär anwendbar.

3. **Abs 2** gibt Anweisungen über **Aufbau u Anwendung** des in Abs 3 dargestellten Punktsystems. Durch die Beschränkung auf die nach § 28 Abs 3 Nr 1–3 im VZR erfaßten Entscheidungen wird sichergestellt, daß VVerstöße, die durch bloße Verwarnung erledigt oder sonst bereits getilgt sind, unberücksichtigt bleiben. Nach jeder Entz der FE oder AO einer Sperre nach § 69 a I S 3 StGB (nicht bei Verzicht) werden die bis dahin entstandenen Punkte gelöscht (II S 3); der Wegfall der Punkte läßt aber die Eintragungen selbst – bis zur Tilgungsreife – unberührt; die VB prüft bei jeder weiteren Verfehlung, ob durch sie im Zusammenhang mit den früheren Vorgängen etwa die mangelnde Eignung iS des § 3 schon erwiesen ist. Zur Verwertung tilgungsreifer Eintragungen s § 2 Rn 11 a f. Nach II S 2 ist bei in TE verbundenen OWen die OWi mit der höchsten Punktzahl maßgeblich; bei TM (§ 20 OWiG) wird – wie bisher – jede OWi gesondert bewertet. – Die Punktbewertung beginnt nach der Löschung neu; das gilt aber nicht, wenn der Betr an einem angeordneten Aufbauseminar nicht teilgenommen hat (II S 4).

4. **Abs 3** beschreibt die bei bestimmter Punktzahl zu ergreifenden **Maßnahmen.** VBen u Gerichte sind nach III letzter Satz an die rkr Entscheidungen über die Straftat bzw OWi gebunden. Die erste Eingriffsschwelle (Verwarnung) liegt bei 8–13 Punkten (III 1), bei 14–17 Punkten erfolgt die AO zur Teilnahme an einem Aufbauseminar, ab 18 Punkten gilt nach III 3 die **ges Fiktion der Nichteignung.** Die VB ist verpflichtet, die FE zu entziehen (sog. Automatik).

5. **Abs 4** regelt den sog Punkterabatt (Bonus bzw Punkteabzug bei freiw Aufbauseminar, verkehrspsych Beratung), während Abs 5 garantiert, daß jeder Betroffene die Bonus-Möglichkeiten des Punktsystems bei allen Punkteschwellen ausschöpfen kann, auch wenn er wegen hoher Punktzahl Punkteschwellen überspringt.

6. **Abs 5** soll sicher stellen, daß der Betr Gelegenheit hat, gemäß dem ab 1. 1. 1999 geltenden neuen Punktsystem alle **Chancen** und **Hilfestellungen** des Punktsystems wahrzunehmen, um seinen Punktestand zu reduzieren und aufgetretene Eignungsmängel zu beseitigen (amtl Begr VkBl 1998 S 773 f, 795). Der automatische Entzug der FE bei 18 Punkten kann nur gerechtfertigt werden, wenn der Betr durch Transparenz, Bonusregelung und Nutzung der Hilfsangebote (Aufbauseminar, verkehrspsychologische Beratung) den Anstieg auf 18 Punkte vermeiden konnte (vgl auch OVG Hbg NZV 00, 267).

Werden die Punkteschwellen (14 und 18 Punkte) überschritten, **ohne daß** die nach Abs 3 vorgesehenen Informationen und Maßnahmen erfolgten, wird der **Punktestand** nach Abs 5 entsprechend **reduziert.** Die No-

StVG § 4 5 b–10   3. Teil. StraßenverkehrsG

vellierung von Abs 5 durch Ges v 19. 3. 01 (BGBl I S 386) hat daran nichts entscheidend geändert; es wurde lediglich die bislang „großzügige" Punktereduzierung (auf 9 bzw 14) durch eine minimale Reduzierung (auf 13 bzw 17) ersetzt.

5 b Durch Ges v 19. 3. 01 wurde außerdem die **Übergangsbestimmung** in § 65 IV StVG geändert. Nach der bislang ab 1. 1. 1999 geltenden Fassung wird für die bis 31. 12. 1998 begangenen Straftaten und Owi auch die alte Vorschrift der VwV zu § 15 b StVZO angewandt. Treten Verstöße hinzu, die ab 1. 1. 1999 begangen wurden, richten sich die Maßnahmen „insgesamt" nach der neuen Vorschrift des § 4 StVG. Die Änderung v 19. 3. 01 stellt durch eine Ergänzung des § 65 IV StVG klar, daß die Maßnahme der ersten Stufe (Verwarnung) nach altem Recht (VwV zu § 15 b StVZO) der Verwarn-Maßnahme nach neuem Recht (§ 4 III 1 Nr 1 StVG) **gleichgestellt** wird. Ebenso ist gleichgestellt die Maßnahme der zweiten Stufe nach altem Recht (Wiederholung der theoretischen Prüfung bzw die damals als Alternative zugelassenen Nachschulungskurse) der entsprechenden Maßnahme nach neuem Recht (Aufbauseminar, § 4 III 1 Nr 2 StVG).

5 c Davon abgesehen muß jedoch in jedem Fall der Betroffene den Hinweis auf die Möglichkeit einer verkehrspsychologischen Beratung und den Hinweis auf den drohenden Entzug der FE erhalten (§ 65 IV 3 StVG – neu). Damit sind – zumindest hinsichtlich des Gleichstellungsproblems – die Entscheidungen der Rechtsprechung bestätigt (OVG Mnstr NZV 00, 219; OVG Hbg NZV 00, 267; VG Braunschw NZV 00, 101) oder „korrigiert" (VG Ansbach NZV 00, 184). Die vorgen Änderung bedeutet somit auch, daß in jedem Fall eine Reduzierung auf 17 Punkte erfolgen muß, damit die – im alten Recht nicht enthaltenen – **Hinweise** auf die Möglichkeit der verkehrspsycholog Beratung und auf den drohenden Entz der FE gegenüber dem Betr vorgenommen werden können.

6 **7. Abs 6** weist dem KBA die Aufgabe zu, von Amts wegen die örtl VB über die Punktestände der Betroffenen jeweils zu unterrichten.

7 **8. Abs 7** sieht einen – dem § 2 a III entspr – Fall der Entz der FE vor. Die Entscheidung ist zwar anfechtbar, nach S 2 hat die Anfechtung aber keine aufschiebende Wirkung.

8 **9. Abs 8** legt Inhalt u Ziele der Aufbauseminare fest. **Abs 9** enthält entspr Regelung für die verkehrspsych Beratung.

9 **10.** Nach **Abs 10** darf eine neue FE frühestens 6 Mon nach Wirksamkeit der Entscheidung nach III S 1 Nr 3 erteilt werden.

10 **11. Abs 11** enthält eine besondere Regelung für die Wiedererteilung der Fahrerlaubnis, falls die vorangegangene Entziehung darauf beruhte, daß der Betroffene nicht an einem angeordneten Aufbauseminar teilgenommen hatte. Für die Wiedererteilung der FE genügt, daß der Betroffene die Teilnahme am Aufbauseminar nachgeholt hat. Die nach Abs 10 vorgesehene Sechs-Monatsfrist für die Wiedererteilung und die Anordnung einer MPU entfallen.

12. Ergänzende Vorschriften zum Punktsystem enthalten §§ 40–45 FeV. **11**

13. Eine Sonderregelung für sog **Vielfahrer** ist nicht vorgesehen, letzt- **12** lich nicht geboten und wäre auch nur schwer zu praktizieren. Wer viel fährt, setzt auch mehr Gefahren im Verkehr; ihn trifft deshalb auch mehr Verantwortung. Und für das Verkehrsopfer ist es kein „Trost", nicht durch einen „Wenigfahrer", sondern durch einen „Vielfahrer" zu Tode gekommen zu sein (a A Hentschel § 4 StVG, Rn 2).

14. Trotz der Automatik (Entz der FE bei 18 Punkten) ist Punktsyst **13** **verhältnismäßig** u **verfassungskonform**. Seine hohe **Transparenz** ermöglicht dem Betroffenen, sich rechtzeitig einzustellen; die Punktestände treffen ihn nicht unvorbereitet; er hat Anspruch auf unentgelt Auskunft aus dem VZR über seine eigenen Eintragungen und Punktestände (§ 30 VIII StVG). Mit Hilfe der **Bonusregelung** kann Betr seinen Punktestand verringern. Das Gesetz **garantiert** ihm die Ausschöpfung aller Chancen des Punktsystems. Durch § 6 I 1 w wird Möglichkeit eröffnet, daß VB in besonders gelagerten (atypischen) Fällen durch **Ausnahmegenehmigung** vom automatischen Entzug der FE bei 18 Punkten befreit.

§ 5 Verlust von Dokumenten und Kennzeichen

Besteht eine Verpflichtung zur Ablieferung oder Vorlage eines Führerscheins, Fahrzeugscheins, Anhängerverzeichnisses, Fahrzeugbriefs, Nachweises über die Zuteilung des amtlichen Kennzeichens oder über die Betriebserlaubnis oder EG-Typgenehmigung, eines ausländischen Führerscheins oder Zulassungsscheins oder eines internationalen Führerscheins oder Zulassungsscheins oder amtlicher Kennzeichen oder Versicherungskennzeichen und behauptet der Verpflichtete, der Ablieferungs- oder Vorlagepflicht deshalb nicht nachkommen zu können, weil ihm der Schein, das Verzeichnis, der Brief, der Nachweis oder die Kennzeichen verlorengegangen oder sonst abhanden gekommen sind, so hat er auf Verlangen der Verwaltungsbehörde eine Versicherung an Eides Statt über den Verbleib des Scheins, Verzeichnisses, Briefs, Nachweises oder der Kennzeichen abzugeben. Dies gilt auch, wenn jemand für einen verlorengegangenen oder sonst abhanden gekommenen Schein, Brief oder Nachweis oder ein verlorengegangenes oder sonst abhanden gekommenes Abhängerverzeichnis oder Kennzeichen eine neue Ausfertigung oder ein neues Kennzeichen beantragt.

Durch § 5 – in der ab 1. 1. 1999 geltenden Neufassung erweitert auf **1** KennZ – soll die Ablieferung der erwähnten Papiere und Kennzeichen in den aufgeführten Fällen wirksamer durchgesetzt werden. Weitere Ablieferungs- u Vorlagepflichten enthalten §§ 11 III IntKfzVO, 17 II, 25 IV, 27 I, IV, V, VII StVZO. – Die Versicherung soll nur nach Ausschöpfung anderer Aufklärungsmittel verlangt werden (Stu NZV 96, 415).

2 Das **Verfahren** hierfür richtet sich im einzelnen nach den Verwaltungsverfahrensgesetzen der Länder. **Zuständig** ist die FE-Behörde (§ 73 FeV), dort idR der Behördenleiter (Stu Rn 1), auch Notare (§ 22 II BNotO). Zur **Belehrungspflicht** über strafrechtliche Bedeutung s § 27 IV VwVfG. Strafrechtliche Folgen s §§ 156, 163 StGB; Straflosigkeit bei rechtzeitiger Berichtigung § 163 II StGB.

3 Auf die Ausstellung eines Ersatzführerscheins besteht ein Rechtsanspruch (KoNZV 99, 143).

§ 5a Aufgehoben durch ÄndG v 6. 4. 80 (BGBl I 413).

§ 5b* (Unterhaltung der Verkehrszeichen)

(1) **Die Kosten der Beschaffung, Anbringung, Entfernung, Unterhaltung und des Betriebes der amtlichen Verkehrszeichen und -einrichtungen sowie der sonstigen vom Bundesministerium für Verkehr, Bau- und Wohnungswesen zugelassenen Verkehrszeichen und -einrichtungen trägt der Träger der Straßenbaulast für diejenige Straße, in deren Verlauf sie angebracht werden oder angebracht worden sind, bei geteilter Straßenbaulast der für die durchgehende Fahrbahn zuständige Träger der Straßenbaulast. Ist ein Träger der Straßenbaulast nicht vorhanden, so trägt der Eigentümer der Straße die Kosten.**

(2) **Diese Kosten tragen abweichend vom Absatz 1**
a) **die Unternehmer der Schienenbahnen für Andreaskreuze, Schranken, Blinklichter mit oder ohne Halbschranken;**
b) **die Unternehmer im Sinne des Personenbeförderungsgesetzes für Haltestellenzeichen;**
c) **die Gemeinden in der Ortsdurchfahrt für Parkuhren und andere Vorrichtungen oder Einrichtungen zur Überwachung der Parkzeit, Straßenschilder, Geländer, Wegweiser zu innerörtlichen Zielen und Verkehrszeichen für Laternen, die nicht die ganze Nacht brennen;**
d) **die Bauunternehmer und die sonstigen Unternehmer von Arbeiten auf und neben der Straße für Verkehrszeichen und -einrichtungen, die durch diese Arbeiten erforderlich werden;**
e) **die Unternehmer von Werkstätten, Tankstellen sowie sonstigen Anlagen und Veranstaltungen für die entsprechenden amtlichen oder zugelassenen Hinweiszeichen;**
f) **die Träger der Straßenbaulast der Straßen, von denen der Verkehr umgeleitet werden soll, für Wegweiser für Bedarfsumleitungen.**

(3) **Das Bundesministerium für Verkehr, Bau- und Wohnungswesen wird ermächtigt, durch Rechtsverordnung mit Zustimmung des Bundesrates bei der Einführung neuer amtlicher Verkehrszeichen und -einrichtungen zu bestimmen, daß abweichend von Absatz 1 die Kosten**

---

* Geänd durch das StVG-ÄndG v 24. 4. 1998 (BGBl I 747); gilt ab 1. 1. 1999.

entsprechend den Regelungen des Absatzes 2 ein anderer zu tragen hat.

(4) Kostenregelungen auf Grund kreuzungsrechtlicher Vorschriften nach Bundes- und Landesrecht bleiben unberührt.

(5) Diese Kostenregelung umfaßt auch die Kosten für Verkehrszählungen, Lärmmessungen, Lärmberechnungen und Abgasmessungen.

(6) Können Verkehrszeichen oder Verkehrseinrichtungen aus technischen Gründen oder wegen der Sicherheit und Leichtigkeit des Straßenverkehrs nicht auf der Straße angebracht werden, haben die Eigentümer der Anliegergrundstücke das Anbringen zu dulden. Schäden, die durch das Anbringen oder Entfernen der Verkehrszeichen oder Verkehrseinrichtungen entstehen, sind zu beseitigen. Wird die Benutzung eines Grundstücks oder sein Wert durch die Verkehrszeichen oder Verkehrseinrichtungen nicht unerheblich beeinträchtigt oder können Schäden, die durch das Anbringen oder Entfernen der Verkehrszeichen oder Verkehrseinrichtungen entstanden sind, nicht beseitigt werden, so ist eine angemessene Entschädigung in Geld zu leisten. Zur Schadensbeseitigung und zur Entschädigungsleistung ist derjenige verpflichtet, der die Kosten für die Verkehrszeichen und Verkehrseinrichtungen zu tragen hat. Kommt eine Einigung nicht zustande, so entscheidet die höhere Verwaltungsbehörde. Vor der Entscheidung sind die Beteiligten zu hören. Die Landesregierungen werden ermächtigt, durch Rechtsverordnung die zuständige Behörde abweichend von Satz 5 zu bestimmen. Sie können diese Ermächtigung auf oberste Landesbehörden übertragen.

§ 5b regelt die Kostentragungspflicht für die VZ, die nicht mit der StrBaulast (§ 45 V StVO) zusammenfällt. § 5b schließt Parkuhrgebühren nach § 6a nicht aus (BVwG VRS 58, 287 = StVE § 6a StVG 1; s auch § 6a VI u Begr VkBl 80, 249). 1

§ 6 (Ermächtigung zu Ausführungsvorschriften)*

(1) Das Bundesministerium für Verkehr, Bau- und Wohnungswesen wird ermächtigt, Rechtsverordnungen und allgemeine Verwaltungsvorschriften mit Zustimmung des Bundesrates zu erlassen über

1. die Zulassung von Personen zum Straßenverkehr, insbesonder über
a) Ausnahmen von der Fahrerlaubnispflicht nach § 2 Abs. 1 Satz 1, Anforderungen für das Führen fahrerlaubnisfreier Kraftfahrzeuge, Ausnahmen von einzelnen Erteilungsvoraussetzungen nach § 2 Abs. 2 Satz 1 und vom Erfordernis der Begleitung und Beaufsichtigung durch einen Fahrlehrer nach § 2 Abs. 15 Satz 1,

---

* Geänd durch das StVG-ÄndG v 24. 4. 1998 (BGBl I 747); gilt ab 1. 1. 1999.

b) den Inhalt der Fahrerlaubnisklassen nach § 2 Abs. 1 Satz 2 und der besonderen Erlaubnis nach § 2 Abs. 3, die Gültigkeitsdauer der Fahrerlaubnis der Klassen C und D, ihrer Unterklassen und Anhängerklassen und der besonderen Erlaubnis nach § 2 Abs. 3 sowie Auflagen und Beschränkungen zur Fahrerlaubnis und der besonderen Erlaubnis nach § 2 Abs. 3,

c) die Anforderungen an die Eignung zum Führen von Kraftfahrzeugen, die Beurteilung der Eignung durch Gutachten sowie die Feststellung und Überprüfung der Eignung durch die Fahrerlaubnisbehörde nach § 2 Abs. 2 Satz 1 Nr. 3 in Verbindung mit Abs. 4, 7 und 8,

d) die Maßnahmen zur Beseitigung von Eignungsmängeln, insbesondere Inhalt und Dauer entsprechender Kurse, die Teilnahme an solchen Kursen, die Anforderungen an die Kursleiter sowie die Zertifizierung der Qualitätssicherung, deren Inhalt einschließlich der hierfür erforderlichen Verarbeitung und Nutzung personenbezogener Daten und die Akkreditierung der für die Qualitätssicherung verantwortlichen Stellen oder Personen durch die Bundesanstalt für Straßenwesen, um die ordnungsgemäße Durchführung der Kurse zu gewährleisten, wobei ein Erfahrungsaustausch unter Leitung der Bundesanstalt für Straßenwesen vorgeschrieben werden kann,

e) die Prüfung der Befähigung zum Führen von Kraftfahrzeugen, insbesondere über die Zulassung zur Prüfung sowie über Inhalt, Gliederung, Verfahren, Bewertung, Entscheidung und Wiederholung der Prüfung nach § 2 Abs. 2 Satz 1 Nr. 5 in Verbindung mit Abs. 5, 7 und 8 sowie die Erprobung neuer Prüfungsverfahren,

f) die Prüfung der umweltbewußten und energiesparenden Fahrweise nach § 2 Abs. 2 Satz 1 Nr. 5 in Verbindung mit Abs. 5 Nr. 4,

g) die nähere Bestimmung der sonstigen Voraussetzungen nach § 2 Abs. 2 Satz 1 und 2 für die Erteilung der Fahrerlaubnis und die Voraussetzungen der Erteilung der besonderen Erlaubnis nach § 2 Abs. 3,

h) den Nachweis der Personendaten, das Lichtbild sowie die Mitteilung und die Nachweise über das Vorliegen der Voraussetzungen im Antragsverfahren nach § 2 Abs. 6,

i) die Sonderbestimmungen bei Dienstfahrerlaubnissen nach § 2 Abs. 10 und die Erteilung von allgemeinen Fahrerlaubnissen auf Grund von Dienstfahrerlaubnissen,

j) die Zulassung und Registrierung von Inhabern ausländischer Fahrerlaubnisse und die Behandlung abgelieferter ausländischer Führerscheine nach § 2 Abs. 11 und § 3 Abs. 2,

k) die Anerkennung oder Beauftragung von Stellen oder Personen nach § 2 Abs. 13, die Aufsicht über sie, die Übertragung dieser Aufsicht auf andere Einrichtungen, die Zertifizierung der Qualitätssicherung, deren Inhalt einschließlich der hierfür erforderlichen Verarbeitung und Nutzung personenbezogener Daten und die Akkreditierung der für die Qualitätssicherung verantwortlichen Stellen oder Personen durch die Bundesanstalt für Straßenwesen, um die ordnungsgemäße und gleichmäßige Durchführung der Beurteilung, Prüfung oder Ausbildung nach § 2 Abs. 13 zu gewährleisten, wobei ein Erfahrungsaustausch unter Leitung der Bundesanstalt für Straßenwesen vorgeschrieben werden kann, sowie die Verarbeitung und Nutzung personenbezogener Daten für die mit der Anerkennung oder Beauftragung bezweckte Aufgabenerfüllung nach § 2 Abs. 14,

l) Ausnahmen von der Probezeit, die Anrechnung von Probezeiten bei der Erteilung einer allgemeinen Fahrerlaubnis an Inhaber von Dienstfahrerlaubnissen nach § 2a Abs. 1, den Vermerk über die Probezeit im Führerschein,

m) die Einstufung der im Verkehrszentralregister gespeicherten Entscheidungen über Straftaten und Ordnungswidrigkeiten als schwerwiegend oder weniger schwerwiegend für die Maßnahmen nach den Regelungen der Fahrerlaubnis auf Probe gemäß § 2a Abs. 2,

n) die Anforderungen an die allgemeinen und besonderen Aufbauseminare, insbesondere über Inhalt und Dauer, die Teilnahme an den Seminaren nach § 2b Abs. 1 und 2 sowie § 4 Abs. 3 Satz 1 Nr. 1 und 2, die Anforderungen an die Seminarleiter und deren Anerkennung nach § 2b Abs. 2 Satz 2 und § 4 Abs. 8 Satz 4 sowie die Zertifizierung der Qualitätssicherung, deren Inhalt einschließlich der hierfür erforderlichen Verarbeitung und Nutzung personenbezogener Daten und die Akkreditierung der für die Qualitätssicherung verantwortlichen Stellen oder Personen durch die Bundesanstalt für Straßenwesen, um die vorgeschriebene Einrichtung und Durchführung der Seminare zu gewährleisten, wobei ein Erfahrungsaustausch unter Leitung der Bundesanstalt für Straßenwesen vorgeschrieben werden kann,

o) die Übermittlung der Daten nach § 2c, insbesondere über den Umfang der zu übermittelnden Daten und die Art der Übermittlung,

p) Maßnahmen zur Erzielung einer verantwortungsbewußteren Einstellung im Straßenverkehr und damit zur Senkung der besonderen Unfallrisiken von Fahranfängern
   – durch eine Ausbildung, die schulische Verkehrserziehung mit der Ausbildung nach den Vorschriften des Fahrlehrergesetzes verknüpft, als Voraussetzung für die Erteilung der Fahrerlaubnis im Sinne von § 2 Abs. 2 Satz 1 Nr. 4 und
   – durch die freiwillige Fortbildung in geeigneten Seminaren nach Erwerb der Fahrerlaubnis mit der Möglichkeit der Abkürzung der Probezeit,

q) die Maßnahmen bei bedingt geeigneten oder ungeeigneten oder bei nicht befähigten Fahrerlaubnisinhabern oder bei Zweifeln an der Eignung oder Befähigung nach § 3 Abs. 1 sowie die Ablieferung, die Vorlage und die weitere Behandlung der Führerscheine nach § 3 Abs. 2,

r) die Neuerteilung der Fahrerlaubnis nach vorangegangener Entziehung oder vorangegangenem Verzicht und die Erteilung des Rechts, nach vorangegangener Entziehung oder vorangegangenem Verzicht von einer ausländischen Fahrerlaubnis wieder Gebrauch zu machen nach § 3 Abs. 6,

s) die Bewertung der im Verkehrszentralregister gespeicherten Entscheidungen über Straftaten und Ordnungswidrigkeiten nach § 4 Abs. 2,

t) (aufgehoben)

u) die Anforderungen an die verkehrspsychologische Beratung, insbesondere über Inhalt und Dauer der Beratung, die Teilnahme an der Beratung sowie die Anforderungen an die Berater und ihre Anerkennung nach § 4 Abs. 9,

v) die Herstellung, Lieferung und Gestaltung des Musters des Führerscheins und dessen Ausfertigung sowie die Bestimmung, wer die Herstellung und Lieferung durchführt, nach § 2 Abs. 1 Satz 3,

w) die Zuständigkeit und das Verfahren bei Verwaltungsmaßnahmen nach diesem Gesetz und den auf diesem Gesetz beruhenden Rechtsvorschriften sowie die Befugnis der nach Landesrecht zuständigen Stellen, Ausnahmen von § 2 Abs. 1 Satz 3, Abs. 2 Satz 1 und 2, Abs. 15, § 2a Abs. 2 Satz 1 Nr. 1 bis 3, § 2b Abs. 1, § 4 Abs. 3 Satz 1 Nr. 2 und 3, Abs. 8 Satz 1, Abs. 9 Satz 6 Nr. 3, Abs. 10 sowie Ausnahmen von den auf diesem Gesetz beruhenden Rechtsvorschriften zuzulassen,

x) den Inhalt und die Gültigkeit bisher erteilter Fahrerlaubnisse sowie den Umtausch von Führerscheinen, deren Muster nicht mehr ausgefertigt werden, und die Regelungen des Besitzstandes im Falle des Umtausches,

y) Maßnahmen, um die sichere Teilnahme sonstiger Personen am Straßenverkehr zu gewährleisten, sowie die Maßnahmen, wenn sie bedingt geeignet oder ungeeignet oder nicht befähigt zur Teilnahme am Straßenverkehr sind;

2. die Zulassung inländischer und ausländischer Kraftfahrzeuge und Anhänger nach § 1 Abs. 1 einschließlich Ausnahmen von der Zulassungspflicht;

3. die sonstigen zur Erhaltung der Sicherheit und Ordnung auf den öffentlichen Straßen, für Zwecke der Verteidigung, zur Verhütung einer über das verkehrsübliche Maß hinausgehenden Abnutzung der Straßen oder zur Verhütung von Belästigungen erforderlichen Maßnahmen über den Straßenverkehr, und zwar hierzu unter anderem

Ermächtigung zu Ausführungsvorschriften § 6 StVG

a) über die Beschaffenheit, die Ausrüstung, die Prüfung und die Kennzeichnung der Fahrzeuge,
b) über das Feilbieten, den Erwerb und die Verwendung von Fahrzeugteilen, die in einer amtlich genehmigten Bauart ausgeführt sein müssen,
c) über das Mindestalter der Führer von Fahrzeugen und ihr Verhalten,
d) über den Schutz der Wohnbevölkerung und Erholungssuchenden gegen Lärm und Abgas durch den Kraftfahrzeugverkehr und über Beschränkungen des Verkehrs an Sonn- und Feiertagen,
e) über das innerhalb geschlossener Ortschaften, mit Ausnahme von entsprechend ausgewiesenen Parkplätzen sowie von Industrie- und Gewerbegebieten, anzuordnende Verbot, Kraftfahrzeuganhänger und Kraftfahrzeuge mit einem zulässigen Gesamtgewicht über 7,5 t in der Zeit von 22 Uhr bis 6 Uhr und an Sonn- und Feiertagen, regelmäßig zu parken,
f) über Ortstafeln und Wegweiser,
g) über das Verbot von Werbung und Propaganda durch Bildwerk, Schrift, Beleuchtung oder Ton, soweit sie geeignet sind, außerhalb geschlossener Ortschaften die Aufmerksamkeit der Verkehrsteilnehmer in einer die Sicherheit des Verkehrs gefährdenden Weise abzulenken oder die Leichtigkeit des Verkehrs zu beeinträchtigen,
h) über die Beschränkung des Straßenverkehrs zum Schutz von kulturellen Veranstaltungen, die außerhalb des Straßenraums stattfinden, wenn dies im öffentlichen Interesse liegt,
i) über das Verbot zur Verwendung technischer Einrichtungen am oder im Kraftfahrzeug, die dafür bestimmt sind, die Verkehrsüberwachung zu beeinträchtigen;
4. die Beschaffenheit, Ausrüstung und Prüfung der Fahrzeuge, um die Insassen bei einem Verkehrsunfall vor Verletzungen zu schützen oder deren Ausmaß oder Folgen zu mildern;
4 a. das Verhalten der Beteiligten nach einem Verkehrsunfall, das geboten ist, um
a) den Verkehr zu sichern und Verletzten zu helfen,
b) zur Klärung und Sicherung zivilrechtlicher Ansprüche die Art der Beteiligung festzustellen und
c) Haftpflichtansprüche geltend machen zu können;
5. (aufgehoben)
5 a. die Beschaffenheit, Ausrüstung und Prüfung der Fahrzeuge und über das Verhalten im Straßenverkehr zum Schutz vor den von Fahrzeugen ausgehenden schädlichen Umwelteinwirkungen im Sinne des Bundes-Immissionsschutzgesetzes; dabei können Emissionsgrenzwerte unter Berücksichtigung der technischen Entwicklung auch für einen Zeitpunkt nach Inkrafttreten der Rechtsverordnung festgesetzt werden;

Jagow

5 b. das Verbot des Kraftfahrzeugverkehrs in den nach § 40 des Bundes-Immissionsschutzgesetzes festgelegten Gebieten nach Bekanntgabe austauscharmer Wetterlagen;
5 c. den Nachweis über die Entsorgung oder den sonstigen Verbleib der Fahrzeuge nach ihrer Stillegung oder Außerbetriebsetzung, um die umweltverträgliche Entsorgung von Fahrzeugen und Fahrzeugteilen sicherzustellen;
6. Maßnahmen der mit der Durchführung der Untersuchungen, Abnahmen, Prüfungen und Begutachtungen von Fahrzeugen und Fahrzeugteilen befaßten Stellen oder Personen zur Qualitätssicherung, deren Inhalt einschließlich der hierfür erforderlichen Verarbeitung und Nutzung personenbezogener Daten, um ordnungsgemäße, nach gleichen Maßstäben durchgeführte Untersuchungen, Abnahmen, Prüfungen und Begutachtungen an Fahrzeugen und Fahrzeugteilen zu gewährleisten;
7. die in den Nummern 1 bis 6 vorgesehenen Maßnahmen, soweit sie zur Erfüllung von Verpflichtungen aus zwischenstaatlichen Vereinbarungen oder von bindenden Beschlüssen der Europäischen Gemeinschaften notwendig sind;
8. die Beschaffenheit, Anbringung und Prüfung sowie die Herstellung, den Vertrieb, die Ausgabe, die Verwahrung und die Einziehung von Kennzeichen (einschließlich solcher Vorprodukte, bei denen nur noch die Beschriftung fehlt) für Fahrzeuge, um die unzulässige Verwendung von Kennzeichen oder die Begehung von Straftaten mit Hilfe von Fahrzeugen oder Kennzeichen zu bekämpfen;
9. die Beschaffenheit, Herstellung, Vertrieb, Verwendung und Verwahrung von Führerscheinen und Fahrzeugpapieren einschließlich ihrer Vordrucke sowie von auf Grund dieses Gesetzes oder der auf ihm beruhenden Rechtsvorschriften zu verwendenden Plaketten, Prüffolien und Stempel, um deren Diebstahl oder deren Mißbrauch bei der Begehung von Straftaten zu bekämpfen;
10. die Beschaffenheit und Prüfung von Fahrzeugen, um deren Diebstahl oder deren Mißbrauch bei der Begehung von Straftaten zu bekämpfen;
11. die Ermittlung, Auffindung und Sicherstellung von gestohlenen, verlorengegangenen oder sonst abhanden gekommenen Fahrzeugen, Fahrzeugkennzeichen sowie Führerscheinen und Fahrzeugpapieren einschließlich ihrer Vordrucke, soweit nicht die Strafverfolgungsbehörden hierfür zuständig sind;
12. die Überwachung der gewerbsmäßigen Vermietung von Kraftfahrzeugen und Anhängern an Selbstfahrer
    a) zur Bekämpfung der Begehung von Straftaten mit gemieteten Fahrzeugen oder
    b) zur Erhaltung der Ordnung und Sicherheit im Straßenverkehr;
13. die Einrichtung gebührenpflichtiger Parkplätze bei Großveranstaltungen im Interesse der Ordnung und Sicherheit des Verkehrs;

Ermächtigung zu Ausführungsvorschriften **§ 6 StVG**

14. die Beschränkung des Haltens und Parkens zugunsten der Bewohner städtischer Quartiere mit erheblichem Parkraummangel sowie die Schaffung von Parkmöglichkeiten für Schwerbehinderte mit außergewöhnlicher Gehbehinderung und Blinde, insbesondere in unmittelbarer Nähe ihrer Wohnung oder ihrer Arbeitsstätte;
15. die Kennzeichnung von Fußgängerbereichen und verkehrsberuhigten Bereichen und die Beschränkungen oder Verbote des Fahrzeugverkehrs zur Erhaltung der Ordnung und Sicherheit in diesen Bereichen, zum Schutze der Bevölkerung vor Lärm und Abgasen und zur Unterstützung einer geordneten städtebaulichen Entwicklung;
16. die Beschränkung des Straßenverkehrs zur Erforschung des Unfallgeschehens, des Verkehrsverhaltens, der Verkehrsabläufe sowie zur Erprobung geplanter verkehrssichernder oder verkehrsregelnder Regelungen und Maßnahmen;
17. die zur Erhaltung der öffentlichen Sicherheit erforderlichen Maßnahmen über den Straßenverkehr;
18. die Einrichtung von Sonderfahrspuren für Linienomnibusse und Taxen;
19. Maßnahmen, die zur Umsetzung der Richtlinie 92/59/EWG des Rates vom 29. Juni 1992 über die allgemeine Produktsicherheit (ABl. EG Nr. L 228 S. 24) erforderlich sind.

(2) Rechtsverordnungen nach Absatz 1 Nr. 8, 9, 10, 11 und 12 Buchstabe a und Allgemeine Verwaltungsvorschriften hierzu werden vom Bundesministerium für Verkehr, Bau- und Wohnungswesen und vom Bundesministerium des Innern erlassen.

(2a) Rechtsverordnungen nach Absatz 1 Nr. 1 Buchstabe f, Nr. 3 Buchstabe d, e, Nr. 5a, 5b, 5c und 15 sowie solche nach Nr. 7, soweit sie sich auf Maßnahmen nach Nr. 1 Buchstabe f, Nr. 5a, 5b und 5c beziehen, und allgemeine Verwaltungsvorschriften hierzu werden vom Bundesministerium für Verkehr, Bau und Wohnungswesen und vom Bundesministerium für Umwelt, Naturschutz und Reaktorsicherheit erlassen.

(3) Abweichend von den Absätzen 1 bis 2a bedürfen Rechtsverordnungen zur Durchführung der Vorschriften über die Beschaffenheit, die Ausrüstung und die Prüfung von Fahrzeugen und Fahrzeugteilen sowie Rechtsverordnungen über allgemeine Ausnahmen von den auf diesem Gesetz beruhenden Rechtsvorschriften nicht der Zustimmung des Bundesrates; vor ihrem Erlaß sind die zuständigen obersten Landesbehörden zu hören.

(4) Die bis zum 31. Dezember 1994 der Deutschen Bundespost als Zentrale Zulassungsstelle für den Kraftfahrzeugverkehr zustehenden Befugnisse können bis zu einem durch Rechtsverordnung des Bundesministeriums für Verkehr, die der Zustimmung des Bundesrates bedarf, im Einvernehmen mit dem Bundesministerium für Post und Telekommunikation festzulegenden Zeitpunkt, längstens bis zum 31. Dezember 1997, nach näherer Maßgabe dieser Rechtsverordnung

StVG § 6a   3. Teil. StraßenverkehrsG

von dem Nachfolgeunternehmen der Deutschen Bundespost POST-DIENST für die Fahrzeuge der drei Nachfolgeunternehmen der Deutschen Bundespost wahrgenommen werden.

1   § 6 enthält die grundlegende Ermächtigung für den BMV zum Erl von Ausführungsvorschriften auf den einzeln aufgeführten Rechtsgebieten. **Rechtsverordnungen** bedürfen nach Art 80 II GG der Zustimmung des BR „vorbehaltlich anderweitiger bundesgesetzlicher Regelung"; eine solche enthält § 6 III, für die rein techn Vorschriften. Im übrigen Bindung des VOGebers durch den im Rechtsstaatsprinzip begründeten Verhältnismäßigkeitsgrundsatz. Die VOen müssen sich im Rahmen der ges Ermächtigung halten (BVfG NW 72, 859). Verkündung nach Art 82 I GG im BGBl.

2   Das Verbot von Tätigkeiten, die allg geeignet sind, die Sicherheit u Leichtigkeit des Verkehrs zu gefährden, ist durch die Ermächtigung des § 6 gedeckt (BVwG VRS 39, 309; VM 95, 1).

3   Neben § 6 I 1 für die FeV ist § 6 I 3 die Grundlage für die im VerkehrsR bedeutendsten DurchführungsVOen StVO u StVZO; wegen seiner ausreichenden Konkretisierung vgl BVfGE 26, 259; BVwG NZV 94, 374. Die hier gen Regelungsbereiche haben – wie die Eingangsformulierung („insbesondere") zeigt – nur beispielhaften Charakter (BVfG aaO). – § 6 I 14 ist ebenfalls verfassungskonform (Dü VRS 63, 377 = StVE § 45 StVO 25). – § 6 I 17 dient ua auch der Gebäudesicherung (BVwG DAR 92, 473).

§ 6 a* (Gebühren)

(1) Kosten (Gebühren und Auslagen) werden erhoben

1. für Amtshandlungen, einschließlich Prüfungen, Abnahmen, Begutachtungen, Untersuchungen, Verwarnungen – ausgenommen Verwarnungen im Sinne des Gesetzes über Ordnungswidrigkeiten – und Registerauskünften
   a) nach diesem Gesetz und nach den auf diesem Gesetz beruhenden Rechtsvorschriften,
   b) nach dem Gesetz zu dem Übereinkommen vom 20. März 1958 über die Annahme einheitlicher Bedingungen für die Genehmigung der Ausrüstungsgegenstände und Teile von Kraftfahrzeugen und über die gegenseitige Anerkennung der Genehmigung vom 12. Juni 1965 (BGBl. II S. 857) in der Fassung des Gesetzes vom 20. Dezember 1968 (BGBl. II S. 1224) und nach den auf diesem Gesetz beruhenden Rechtsvorschriften,
   c) nach dem Gesetz zu dem Europäischen Übereinkommen vom 30. September 1957 über die internationale Beförderung gefährlicher Güter auf der Straße (ADR) vom 18. August 1969 (BGBl. II S. 1489) und nach den auf diesem Gesetz beruhenden Rechtsvorschriften,

---

* Geänd durch das StVG-ÄndG v 24. 4. 1998 (BGBl I 747); gilt ab 1. 1. 1999.

2. für Untersuchungen von Fahrzeugen nach dem Personenbeförderungsgesetz in der im Bundesgesetzblatt Teil III, Gliederungsnummer 9240-1, veröffentlichten bereinigten Fassung, zuletzt geändert durch Artikel 7 des Gesetzes über die unentgeltliche Beförderung Schwerbehinderter im öffentlichen Personenverkehr vom 9. Juli 1979 (BGBl. I S. 989), und nach den auf diesem Gesetz beruhenden Rechtsvorschriften,
3. für Maßnahmen im Zusammenhang mit der Stillegung von Kraftfahrzeugen und Kraftfahrzeuganhängern.

(2) Das Bundesministerium für Verkehr, Bau- und Wohnungswesen wird ermächtigt, die Gebühren für die einzelnen Amtshandlungen, einschließlich Prüfungen, Abnahmen, Begutachtungen, Untersuchungen, Verwarnungen – ausgenommen Verwarnungen im Sinne des Gesetzes über Ordnungswidrigkeiten – und Registerauskünften im Sinne des Absatzes 1 durch Rechtsverordnung zu bestimmen und dabei feste Sätze oder Rahmensätze vorzusehen. Die Gebührensätze sind so zu bemessen, daß der mit den Amtshandlungen, einschließlich Prüfungen, Abnahmen, Begutachtungen, Untersuchungen, Verwarnungen – ausgenommen Verwarnungen im Sinne des Gesetzes über Ordnungswidrigkeiten – und Registerauskünften verbundene Personal- und Sachaufwand gedeckt wird; bei begünstigenden Amtshandlungen kann daneben die Bedeutung, der wirtschaftliche Wert oder der sonstige Nutzen für den Gebührenschuldner angemessen berücksichtigt werden.

(3) Im übrigen findet das Verwaltungskostengesetz vom 23. Juni 1970 (BGBl. I S. 821), geändert durch Artikel 41 des Einführungsgesetzes zur Abgabenordnung vom 14. Dezember 1976 (BGBl. I S. 3341), Anwendung. In den Rechtsverordnungen nach Absatz 2 können jedoch die Kostenbefreiung, die Kostengläubigerschaft, die Kostenschuldnerschaft, der Umfang der zu erstattenden Auslagen und die Kostenerhebung abweichend von den Vorschriften des Verwaltungskostengesetzes geregelt werden.

(4) In den Rechtsverordnungen nach Absatz 2 kann bestimmt werden, daß die für die einzelnen Amtshandlungen, einschließlich Prüfungen, Abnahmen, Begutachtungen und Untersuchungen, zulässigen Gebühren auch erhoben werden dürfen, wenn die Amtshandlungen aus Gründen, die nicht von der Stelle, die die Amtshandlungen hätte durchführen sollen, zu vertreten sind, und ohne ausreichende Entschuldigung des Bewerbers oder Antragstellers am festgesetzten Termin nicht stattfinden konnten oder abgebrochen werden mußten.

(5) Rechtsverordnungen über Kosten, deren Gläubiger der Bund ist, bedürfen nicht der Zustimmung des Bundesrates.

(6) Soweit das Parken auf öffentlichen Wegen und Plätzen nur während des Laufs einer Parkuhr oder anderer Vorrichtungen oder Einrichtungen zur Überwachung der Parkzeit zulässig ist, werden Gebühren erhoben; dies gilt nicht für die Überwachung der Parkzeit durch Parkscheiben. Die Gebühren stehen in Ortsdurchfahrten den

StVG § 6b 3. Teil. StraßenverkehrsG

Gemeinden, im übrigen dem Träger der Straßenbaulast zu. Die Gebühren betragen je angefangene halbe Stunde 0,05 Euro. Es kann eine höhere Gebühr als 0,05 Euro festgesetzt werden, wenn und soweit dies nach den jeweiligen örtlichen Verhältnissen erforderlich ist, um die Gebühr dem Wert des Parkraums für den Benutzer angemessen anzupassen. Neben der Gebühr je angefangene halbe Stunde kann eine pauschalierte Gebühr für einen längeren Zeitraum festgesetzt werden. Die Nutzung des Parkraums durch eine möglichst große Anzahl von Verkehrsteilnehmern ist zu gewährleisten. Bei der Gebührenfestsetzung kann eine innerörtliche Staffelung vorgesehen werden. Für den Fall, daß solche höheren Gebühren festgesetzt werden sollen, werden die Landesregierungen ermächtigt, Gebührenordnungen zu erlassen. In diesen kann auch ein Höchstsatz festgelegt werden. Die Ermächtigung kann durch Rechtsverordnung weiter übertragen werden.

(7) **Die Regelung des Absatzes 6 Satz 4 bis 10 ist auf die Erhebung von Gebühren für die Benutzung gebührenpflichtiger Parkplätze im Sinne des § 6 Abs. 1 Nr. 13 entsprechend anzuwenden.**

1 Siehe hierzu GebührenO für Maßnahmen im StraßenV v 26. 6. 1970 (BGBl I 865, 1298; III 9290–8), zuletzt geänd durch VO v 18. 8. 1998, BGBl I 2214).
2 Die AO der VB zur Beibringung eines SV-Gutachtens vom FE-Inhaber ist nicht gebührenpflichtig (OVG Lü NJW 87, 2457).
3 Für die Ausstellung von Sonderparkausweisen an Anlieger für bevorrechtigtes Parken können Verwaltungsgebühren erhoben werden, wobei der wirtschaftliche Wert des Ausweises unter Berücksichtigung der erhöhten Parkchance u der sonstigen Parkmöglichkeiten zu ermitteln ist (OVG NW VRS 72, 391). – Vgl auch Anm zu § 5b.
4 Gebühren für Amtshandlungen aufgrund einer VwV sind durch § 6a nicht gedeckt (OVG Lü VRS 57, 155; s auch VG Hbg DAR 93, 404).

§ 6b* (Herstellung, Vertrieb und Ausgabe von Kennzeichen)**

(1) **Wer Kennzeichen für Fahrzeuge herstellen, vertreiben oder ausgeben will, hat dies der Zulassungsbehörde vorher anzuzeigen.**

(2) **Kennzeichen dürfen nach näherer Bestimmung einer Rechtsverordnung gemäß § 6 Abs. 1 Nr. 8, Abs. 2 nur gegen Aushändigung eines amtlichen Berechtigungsscheins vertrieben oder ausgegeben werden. Dies gilt nicht, wenn die Zulassungsbehörde selbst die Kennzeichen ausgibt.**

(3) **Über die Herstellung, den Vertrieb und die Ausgabe von Kennzeichen sind nach näherer Bestimmung (§ 6 Abs. 1 Nr. 8, Abs. 2) Einzelnachweise zu führen, aufzubewahren und zuständigen Personen auf Verlangen zur Prüfung auszuhändigen.**

---

* Geänd durch das StVG-ÄndG v 24. 4. 1998 (BGBl I 747); gilt ab 1. 1. 1999.
** Strafvorschrift dazu § 22a.

(4) Die Herstellung, der Vertrieb oder die Ausgabe von Kennzeichen ist zu untersagen, wenn

1. diese ohne die vorgeschriebene Anzeige hergestellt, vertrieben oder ausgegeben werden oder
2. Kennzeichen vorsätzlich oder leichtfertig ohne Entgegennahme des nach Absatz 2 vorgeschriebenen Berechtigungsscheins vertrieben oder ausgegeben werden.

(5) Die Herstellung, der Vertrieb oder die Ausgabe von Kennzeichen kann untersagt werden, wenn

1. Tatsachen vorliegen, aus denen sich die Unzuverlässigkeit des Verantwortlichen oder der von ihm mit Herstellung, Vertrieb oder Ausgabe von Kennzeichen beauftragten Personen ergibt, oder
2. gegen die Vorschriften über die Führung, Aufbewahrung oder Aushändigung von Nachweisen über die Herstellung, den Vertrieb oder die Ausgabe von Kennzeichen verstoßen wird.

§ 6c* (Herstellung, Vertrieb und Ausgabe von Kennzeichenvorprodukten)

§ 6b Abs. 1, 3, 4 Nr. 1 sowie Abs. 5 gilt entsprechend für die Herstellung, den Vertrieb oder die Ausgabe von bestimmten – nach näherer Bestimmung durch das Bundesministerium für Verkehr, Bau- und Wohnungswesen festzulegenden (§ 6 Abs. 1 Nr. 8, Abs. 2) – Kennzeichenvorprodukten, bei denen nur noch die Beschriftung fehlt.

§ 6d (Auskunft und Prüfung)

(1) Die mit der Herstellung, dem Vertrieb oder der Ausgabe von Kennzeichen befaßten Personen haben den zuständigen Behörden oder den von ihnen beauftragten Personen über die Beachtung der in § 6b Abs. 1 bis 3 bezeichneten Pflichten die erforderlichen Auskünfte unverzüglich zu erteilen.

(2) Die mit der Herstellung, dem Vertrieb oder der Ausgabe von Kennzeichenvorprodukten im Sinne des § 6c befaßten Personen haben den zuständigen Behörden oder den von ihnen beauftragten Personen über die Beachtung der in § 6b Abs. 1 und 3 bezeichneten Pflichten die erforderlichen Auskünfte unverzüglich zu erteilen.

(3) Die von der zuständigen Behörde beauftragten Personen dürfen im Rahmen der Absätze 1 und 2 Grundstücke, Geschäftsräume, Betriebsräume und Transportmittel der Auskunftspflichtigen während der Betriebs- oder Geschäftszeit zum Zwecke der Prüfung und Besichtigung betreten.

---

* IdF des StVG-ÄndG v 24. 4. 1998.

StVG § 7   3. Teil. StraßenverkehrsG

II. Haftpflicht*

§ 7 (Haftung des Fahrzeughalters)

(1) **Wird bei dem Betrieb eines Kraftfahrzeugs oder eines Anhängers, der dazu bestimmt ist, von einem Kraftfahrzeug mitgeführt zu werden, ein Mensch getötet, der Körper oder die Gesundheit eines Menschen verletzt oder eine Sache beschädigt, so ist der Halter verpflichtet, dem Verletzten den daraus entstehenden Schaden zu ersetzen.**

(2) **Die Ersatzpflicht ist ausgeschlossen, wenn der Unfall durch höhere Gewalt verursacht wird.**

(3) **Benutzt jemand das Fahrzeug ohne Wissen und Willen des Fahrzeughalters, so ist er an Stelle des Halters zum Ersatz des Schadens verpflichtet; daneben bleibt der Halter zum Ersatz des Schadens verpflichtet, wenn die Benutzung des Fahrzeugs durch sein Verschulden ermöglicht worden ist. Satz 1 findet keine Anwendung, wenn der Benutzer vom Fahrzeughalter für den Betrieb des Kraftfahrzeugs angestellt ist oder wenn ihm das Fahrzeug vom Halter überlassen worden ist. Die Sätze 1 und 2 sind auf die Benutzung eines Anhängers entsprechend anzuwenden.**

Inhaltsübersicht

	Rn
1. Allgemeines	1
2. Abs. 1: Haftungsbegründender Tatbestand	2
a) Begriff Kfz	2
b) Begriff Anhänger	3
c) Halter	5
d) Betrieb eines Kfz	7
e) Betrieb eines Anhängers	12
f) Ursächlichkeit, Zurechnungszusammenhang	13
g) Haftungsbegründender Schaden	16
3. Ausschlußtatbestände	17
a) Abs. 2: höhere Gewalt	17
Unabwendbares Ereignis	20
b) Abs. 3: Schwarzfahrer	23
4. Beweisfragen	28

---

* Die rein zivilrechtlichen Haftpflichtbestimmungen des StVG werden im Rahmen dieses Buches nicht erläutert. Die entspr Vorschriften der §§ 7–20 finden im Gebiet der ehem DDR nur auf solche Schadensereignisse Anwendung, die nach dem Wirksamwerden des Beitritts eingetreten sind (s Ein-Vertr Anl I, Kap XI, Sachgeb B III 1 i).

1. Allgemeines

Das Zweite Gesetz zur Änderung schadensrechtlicher Vorschriften hat auch für § 7 StVG tiefgreifende Änderungen gebracht. Zum einen ist die Halterhaftung auf Anhänger ausgedehnt worden und zum anderen ist das Merkmal der „höheren Gewalt" an die Stelle des „unabwendbaren Ereignisses" in Abs 2 getreten. Nach wie vor gilt, daß die Haftung aus § 7 StVG kein Verhaltensunrecht voraussetzt. Als Gefährdungshaftung bezweckt sie den Ausgleich des durch den zulässigen Betrieb eines Kfz's entstandenen Schadens (BGHZ 117, 337 = NJW 92, 1684). Unberührt bleibt die Haftung aus anderen Normen, insbesondere nach §§ 823 ff. BGB (§ 16 StVG).

2. Abs. 1: Haftungsbegründender Tatbestand

a) Der **Begriff des Kfz** ergibt sich aus der Legaldefinition des § 1 Abs 2 StVG. Es werden also Landfahrzeuge erfaßt, die durch Maschinenkraft bewegt werden, ohne an Bahngleise gebunden zu sein. Von daher fallen Eisenbahnen, Schwebebahnen oder Drahtseilbahnen nicht unter das StVG sondern unter § 1 HaftpflG. Die Antriebsart ist im Rahmen des StVG unerheblich. Die Maschinenkraft kann auch durch Explosionsgase, Elektrizität oder Dampf erzeugt werden, wobei sie von außen, z. Bsp. über eine elektrische Oberleitung, zugeführt werden kann (Geigel-Kunschert § 25 Rn 16). Kfz sind neben Pkw's und Krädern jeglicher Art (Fra VersR 00, 197: Trike; BGH-NJW 71, 198: Moped), Fahrzeuge mit Hilfsmotor (BGH DAR 69, 212), selbstfahrende Arbeitsmaschinen, Bagger (Düs DAR 83, 232), Gabelstapler (Kö VersR 88, 194), Traktoren (Ro DAR 98, 474), Go-Karts (LG Ka VersR 76, 252), Straßenwalzen, Motorschlitten und Raupenfahrzeuge. Unerheblich ist die Zulassung des Kfz's (Dü NZV 96, 113). Anlieger oder Auflieger sind keine Kfz (Mü NZV 99, 124; Greger § 7 Rn 15).

b) Abs 1 sieht für **Anhänger** in gleicher Weise eine Gefährdungshaftung vor wie für Kfz. Damit trägt die Gesetzesänderung zum einen dem Umstand Rechnung, daß die Verwendung von Anhängern häufig mit einer Erhöhung der von einem Kfz ausgehenden Betriebsgefahr einhergeht. Ziel ist des weiteren die Stärkung der Stellung des Geschädigten, welchem regelmäßig lediglich das Kennzeichen des Anhängers bekannt ist, wodurch die Durchsetzung von Ersatzansprüchen in vielen Fällen erschwert wurde.

Auch wenn es insoweit an einer Legaldefinition im StVG fehlt, kann doch im Ausgangspunkt unter Berücksichtigung der unterschiedlichen Normzwecke die **Definition des „Anhängers"** im § 18 Abs 1 StVZO herangezogen werden. Der Begriff „Anhänger" umfaßt nach § 18 Abs 1 StVZO alle hinter Kraftfahrzeugen mitgeführten Fahrzeuge, mit Ausnahme von betriebsunfähigen Fahrzeugen, die abgeschleppt werden und von Abschleppachsen.

c) **Halter** ist derjenige, der das Kfz oder den Anhänger im eigenen Namen nicht nur ganz vorübergehend für eigene Rechnung in Gebrauch hat und der die Verfügungsgewalt über das Kfz oder den Anhänger ausübt (BGHZ 116, 200 = NJW 92, 900; BGHZ 87, 133 = NJW 83, 1492). Die Verfügungsgewalt besteht darin, Anlaß, Zeit und Zeitpunkt der Fahrt selbst zu bestimmen (Hentschel § 7 StVG, Rn 14). Auf wen das Fahrzeug zugelassen und haftpflichtversichert ist, ist für die Frage der Haltereigenschaft von untergeordneter Bedeutung (BGH VersR 69, 907; Ha NZV 90, 363); ebenso die Eigentumslage. Wird das Fahrzeug verliehen oder vermietet, so kann daher der Mieter neben dem Vermieter Halter des Fahrzeuges sein, wenn er das Kfz oder den Anhänger zur alleinigen Verwendung auf eigene Rechnung benutzt und die Verfügungsgewalt innehat (Ha ZfS 90, 165). Eine kurzfristige Anmietung kann aber keine Haltereigenschaft begründen (BGHZ 116, 200). Der Vermieter verliert die Haltereigenschaft, wenn das Kfz oder der Anhänger völlig seinem Einfluß entzogen wird. Bei Leasingverträgen ist regelmäßig der Leasingnehmer Halter (BGHZ 87, 133 = NJW 83, 1492). Wer durch strafbare Handlungen (Diebstahl, Unterschlagung) den Besitz eines Kfz an sich bringt, wird dann zum Halter, wenn er eine eigene dauerhafte und ungestörte Verfügungsmacht begründet hat (KG NZV 89, 273). Beim Verkauf eines Kfz's oder Anhängers wird der Erwerber mit der Übergabe Halter (Kö DAR 95, 485). Das gilt auch, wenn für das Kfz ein Eigentumsvorbehalt des Verkäufers weiterbesteht (Grüneberg in B/B Kap. 4 A Rn 18).

6 Mehrere Personen können zugleich Halter sein, z. B. Mieter und Vermieter (vgl. Rn. 3). Bei Eheleuten ist das der Fall, wenn der Pkw gemeinsam angeschafft, finanziert und gemeinsam genutzt wird. Verfügt eine OHG oder eine BGB-Gesellschaft über ein Kfz oder einen Anhänger, ist grundsätzlich jeder Gesellschafter als Halter anzusehen (vgl. Geigel-Kunschert Kap 25, Rn 29). Beim Car-Sharing erfaßt die Halterhaftung alle Miteigentümer (vgl. Geigel-Kunschert aaO, Rn 30).

7 d) **Beim Betrieb** eines Fahrzeuges hat sich der Unfall ereignet, wenn sich eine Gefahr realisiert, die mit dem Fahrzeug als Verkehrsmittel verbunden ist. Der Begriff „bei dem Betrieb" ist dabei weit zu fassen (BGHZ 115, 84 = NJW 91, 2568; NZV 95, 19; Greger § 7 Rn 32). Nach der sogenannten verkehrstechnischen Auffassung ist ein Kfz oder Anhänger in Betrieb, solange es sich im Verkehr befindet und andere Verkehrsteilnehmer gefährdet. Fahrtzweck und Fahrerabsicht sind insoweit irrelevant (BGHZ 105, 65 = NZV 89, 18; Hentschel Rn 5). Es genügt dabei ein naher zeitlicher oder örtlicher Zusammenhang mit einem Betriebsvorgang oder einer Betriebseinrichtung des Kfz's oder Anhängers (BGHZ 115, 84; Geigel-Kunschert Kap 25 Rn 36). Eine Berührung mit dem Kfz oder Anhänger ist nicht erforderlich (BGH NJW 88, 2802; Ha NZV 97, 88).

8 Die (engere) maschinentechnische Auffassung, wonach ein Kfz nur in Betrieb ist, solange seine Motorkräfte auf dieses einwirken, wurde vom BGH in früheren Entscheidungen (NJW 75, 1886) für Unfälle außerhalb des öffentlichen Verkehrs vertreten. Diese Ansicht ist jedoch abzulehnen, da auch auf einem Privatgelände, insbesondere auf einem Betriebsgelände, reger Kraftfahrzeugverkehr herrschen kann, so daß eine Ausnahme von der

Gefährdungshaftung nicht gerechtfertigt ist (vgl. Hentschel Rn 5 a; Grüneberg in B/B Kap 4 Rn 28; wohl auch BGH NZV 95, 19, ohne allerdings die maschinentechnische Auffassung ausdrücklich aufzugeben; aA Mü NZV 96, 199).

Der Betrieb eines Kfz's endet, wenn das Fahrzeug außerhalb des öffentlichen Verkehrsbereiches abgestellt wird (Ha NZV 99, 469; Greger § 7 Rn 97).Von daher sind auch auf öffentlichen Parkplätzen abgestellte Kfz in Betrieb (Greger Rn 97; Grüneberg in B/B Rn 27; aA Hentschel, Rn 5). **9**

Vorübergehendes Abstellen unterbricht den Betrieb nicht (BGH NZV 95, 19), parkende Kfz sind daher in Betrieb (Hentschel Rn 8 mwN). In Betrieb sind liegengebliebene und fahruntüchtige Kfz (BGH NJW 96, 2023), das mit Seil bzw. Stange abgeschleppte Kfz, das noch gelenkt werden muß (Kö DAR 86, 321; Ko VersR 87, 707), das unfallbeschädigte Kfz an der Unfallstelle (Hentschel Rn 8). Verbotswidrig an der Straße abgestellte Fahrzeuge befinden sich in Betrieb, weil sie für den fließenden Verkehr eine Gefahr darstellen (BGH NJW 83, 1326; Ha NZV 99, 291; Geigel-Kunschert Kap 25 Rn 47). Be- u. Entladen gehört dann zum Betrieb, wenn ein innerer Zusammenhang mit der Funktion des Kfz's als Verkehrs- und Transportmittel besteht (NZV 89, 18; Ha NZV 01, 84; Geigel-Kunschert, Kap 25 Rn 6). Das gilt auch dann, wenn das Entladen mit Hilfe spezieller Entladevorrichtungen des Kfz's erfolgt (BGH aaO; Ha NZV 92, 109, 115). Kein Betrieb jedoch, wenn die Motorkraft ausschließlich als Arbeitsmaschine eingesetzt wird, z. Bsp. beim Lenz- bzw. Abpumpen von Öl (BGH MDR 95, 365; Kö NZV 89, 276). Schäden, die während der Fahrt durch die Ladung oder durch Insassen verursacht werden, sind dem Betrieb des Kfz's zuzurechnen (Kö VRS 88, 171). Entsprechendes gilt für Schäden durch umherfliegendes Streugut eines Streufahrzeuges (BGH NZW 89, 18) sowie bei Wegschleudern eines Steines durch einen sich im Mähvorgang befindlichen Traktor (Ro DAR 98, 474). **10**

Kein Betrieb bei einem in der Garage abgestellten Kfz, bei dem auslaufendes Benzin eine Explosion auslöst (Nü NZV 97, 482; so auch Mü NZV 96, 199), bei außerhalb des Verkehrsraums nach einem Unfall auf einer Wiese liegengebliebenen Kfz (Ha NZV 99, 469), bei einem Polizeifahrzeug, das der Polizeibeamte auf der Autobahn abschleppt, um in 200 m Entfernung einen Unfall aufzunehmen, wobei er einen weiteren Unfall verursacht (Fra VersR 95, 599). **11**

e) Diese Grundsätze sind entsprechend auf den **Betrieb von Anhängern** anzuwenden. Insbesondere ist ein Anhänger nicht lediglich dann im Betrieb, wenn er mit einem Zugfahrzeug verbunden ist. Ziel des Gesetzgebers war es ausdrücklich, für Anhänger in der gleichen Weise eine Gefährdungshaftung zu schaffen wie für Kraftfahrzeuge, so daß etwa auch ein vorübergehend im öffentlichen Verkehrsraum abgestellter Anhänger „im Betrieb" ist (vgl. Stellungnahme des Bundesrates, BT Drucks 14/7752 S 50 einerseits und Stellungnahme der Bundesregierung hierzu, S 56 andererseits). **12**

StVG § 7 13–16   3. Teil. StraßenverkehrsG

13 f) Der Betrieb des Kfz muß den eingetretenen Schaden **adäquat verursacht** haben. Die Adäquanz bildet jedoch im Rahmen des § 7 StVG nur einen groben Filter. Erforderlich ist darüber hinaus, daß das Schadensereignis dem Betrieb eines Kfz nach dem **Schutzzweck** der Gefährdungshaftung auch zugerechnet werden kann. Dieser Zurechnungszusammenhang fehlt insbesondere für Schäden, in denen sich ein gegenüber der Betriebsgefahr eigenständiger Gefahrenkreis verwirklicht hat (BGH NZV 90, 425 m. Anm. Lange NZV 91, 387). Von daher ist der Zurechnungszusammenhang zu verneinen, wenn bei einem Kfz die Fahrzeugeigenschaft gegenüber der Verwendung als Arbeitsmaschine deutlich zurücktritt (BGHZ 111, 164 = NZV 91, 185; 95, 185). Dem Betrieb des Kfz nicht mehr zuzurechnen ist es, wenn dessen Fahrer nach einem Unfall den Unfallgegner fälschlich beschuldigt und sich dieser darüber so aufregt, daß er einen Schlaganfall erleidet (BGH NJW 89, 2616), wenn sich ein an einem Unfall beteiligter Fahrer im Zustand geistiger Verwirrung in Selbsttötungsabsicht vor ein anderes Fahrzeug wirft (Fra NZV 90, 395), oder die durch Fahrzeuglärm ausgelöste Panikreaktion von Tieren (BGHZ 115, 84 = NZV 91, 387; Ha MDR 97, 350). Der Zurechnungszusammenhang fehlt auch, wenn der Schaden durch ein vorsätzlich in Brand gesetztes Kfz verursacht wurde (Mü NZV 95, 125), nicht jedoch, wenn die Inbrandsetzung einen Kurzschluß verursacht und das Kfz dadurch in Bewegung versetzt wird (Sa NZV 98, 327; Dü NZV 96, 113).

14 Der Zurechnungszusammenhang scheitert nicht daran, daß es an einer Fahrzeugberührung fehlt (BGH NJW 88, 2802; KG VersR 97, 1292). Auch wenn der Unfall unmittelbar durch das Verhalten des Verkehrsteilnehmers ausgelöst wurde, reicht es aus, daß dieses durch das Kfz des Inanspruchgenommenen (mit-) veranlaßt worden ist. Selbst eine objektiv nicht erforderliche Reaktion ist dem auslösenden Kfz zuzurechnen (BGH NJW 88, 2802; Ce ZfS 99, 56; Ha NZV 00, 369; 01, 301). Stets ist aber die Feststellung erforderlich, daß das Verhalten des in Anspruch Genommenen dem Geschädigten subjektiv zur Befürchtung hätte Anlaß geben können, es werde ohne seine Reaktion zu einer Kollision mit dem anderen Verkehrsteilnehmer kommen (KG NZV 00, 43).

15 Auch insoweit sind die für Kraftfahrzeuge entwickelten Grundsätze entsprechend auf **Anhänger** zu übertragen. Einer Haftung steht nicht entgegen, daß der Schaden nicht oder nicht ausschließlich durch den Anhänger, sondern durch das Zugfahrzeug verursacht wird (BT Drucks 14/7752 S 29). In diesen Fällen gewährt § 17 Abs 2, 18. Abs 3 StVG nF dem Halter des Anhängers jedoch im Innenverhältnis ein Rückgriffsrecht.

16 g) Bei dem eingetretenen Schaden muß es sich um einen **Personen- oder Sachschaden** handeln. Sachschaden i. d. S. ist auch die Beeinträchtigung eines Besitzrechts (BGH NJW 81, 750). Ein reiner Vermögensschaden ist nicht haftungsbegründend. Zu Einzelheiten vgl. Greger § 7 Rn 132 ff.

3. Ausschlußtatbestände 17

a) **Abs 2: höhere Gewalt.** Nach § 7 Abs 2 StVG nF ist die Ersatzpflicht dann ausgeschlossen, wenn der Unfall durch „**höhere Gewalt**" verursacht worden ist. Der Gesetzgeber hat sich damit vom Ausschlußgrund des „unabwendbaren Ereignisses" nach § 7 Abs 2 aF verabschiedet. Damit sollte gerade im Bereich der Kinderunfälle das als unbillig empfundene Ergebnis vermieden werden, daß Kindern im Falle (vgl. BT Drucks 14/7752 S 16, 30) eines unabwendbaren Ereignisses kein Ersatzanspruch zustand. Ziel der Änderung ist es daher, die Position von nicht motorisierten Verkehrsteilnehmern zu stärken, was insbesondere Kindern, älteren Menschen und sonstigen hilfsbedürftigen Personen zu Gute kommt.

Für den Bereich des Haftpflichtschadens hat die Rechtsprechung höhere 18 Gewalt definiert als ein betriebsfremdes, von außen durch elementare Naturkräfte oder durch Handlungen dritter Personen herbeigeführtes Ereignis, das nach menschlicher Einsicht und Erfahrung unvorhersehbar ist, mit wirtschaftlich erträglichen Mitteln auch durch äußerste Sorgfalt nicht verhütet oder unschädlich gemacht werden kann und auch nicht wegen seiner Häufigkeit in Kauf zu nehmen ist (BGHZ 62, 351, 354; 109, 8, 14 f; NJW 86, 2319; Geigel-Kunschert Kap 22 Rn 24). Hiervon im Bereich des StVG abzuweichen, besteht kein Anlaß.

Die drei wesentlichen Elemente der „höheren Gewalt" sind dahin zu- 19 sammenzufassen, daß es eines **von „außen"** einwirkenden, **außergewöhnlichen** und **nicht abwendbaren** Ereignisses bedarf. Ein von außen auf den Betrieb einwirkendes Ereignis liegt vor, wenn es mit dem FzBetrieb oder seinen Einrichtungen nicht in einem ursächlichen Zusammenhang steht (Geigel-Kunschert Kap 22 Rn 20). Dies können Naturereignisse wie ein Erdrutsch, Blitzschlag als auch Handlungen dritter Personen, also solche, die nicht beim Betrieb angestellt oder tätig sind, sein, wie etwa Attentate, Sabotageakte, aber auch eine Selbsttötung durch Überfahrenlassen (zu letzterem Fra VersR 79, 451; allg. Geigel-Kunschert Kap 22 Rn 26 ff). Doch setzt „höhere Gewalt" immer auch das Vorliegen der übrigen Voraussetzungen voraus. Insbesondere muß es sich um ein außergewöhnliches Ereignis handeln. Ein solches liegt vor, wenn es sich um einen seltenen in seiner Art nicht einmaligen Vorfall mit Ausnahmecharakter handelt (BGH VRS 51, 259). So ist etwa ein Naturereignis nur dann außergewöhnlich, wenn nach den konkreten Umständen des Einzelfalls nicht mit ihm gerechnet werden mußte (Geigel-Kunschert Kap 22 Rn 32; Wussow-Rüge Kap 15 Rn 23). Nicht außergewöhnlich ist auch ein Fehlverhalten anderer Verkehrsteilnehmer, insbesondere von Kindern (RGZ 44, 27; 50, 92; 54, 404; Geigel-Kunschert Kap 22 Rn 32). Des weiteren muß das Ereignis auch unabwendbar sein. Dies ist der Fall, wenn es nach menschlicher Einsicht und Erfahrung unvorhersehbar war, mit wirtschaftlich erträglichen Mitteln auch durch äußerste Sorgfalt nicht verhütet oder unschädlich gemacht werden konnte (BGHZ 62, 351; Bsp zu § 1 HPflG bei Geigel-Kunschert Kap 22 Rn 26 f sowie Wussow-Rüge Kap 15 Rn 24 ff). Für den Bereich des StVG bleiben vor dem Hintergrund der komplexen und un-

StVG § 7 20, 21 3. Teil. StraßenverkehrsG

überschaubaren Betriebsgefahren als Anwendungsbereiche der höheren Gewalt außergewöhnliche Naturereignisse, vorsätzliche Eingriffe anderer in den Straßenverkehr sowie Tierunfälle im „tierfreien" Gelände (vgl. Steffen DAR 98, 135).

20 Für Unfälle, die sich vor dem 1. 8. 2002 ereignet haben, ist die Ersatzpflicht bereits bei Vorliegen eines **unabwendbaren Ereignisses** ausgeschlossen. Nach der Rechtsprechung ist ein Ereignis dann im Sinne des § 7 II StVG aF unabwendbar, wenn es auch durch äußerste Sorgfalt nicht abgewendet werden kann (BGHZ 117, 337). Gefordert wird nicht absolute Unvermeidbarkeit, sondern ein an durchschnittlichen Verhaltensanforderungen gemessenes ideales, also überdurchschnittliches Verhalten (BGH NJW 86, 183). Dazu gehört sachgemäßes, geistesgegenwärtiges Handeln über den gewöhnlichen und persönlichen Maßstab hinaus, wobei alle möglichen Gefahrenmomente zu berücksichtigen sind (BGHZ 113, 164 = NJW 91, 1771). Bei unvorhergesehenen Gefahren ist auch dem „Idealfahrer" eine sog. Schreckzeit zuzubilligen (BGH VersR 64, 753), falls er nicht durch sein Verhalten vor Eintritt der Gefahrenlage deren Auftritt hätte vermeiden können (BGHZ 117, 337 = NJW 92, 1684). Unabwendbarkeit wurde bejaht bei Schleudern des Kfz's auf die Gegenfahrbahn (BGH NZV 94, 391), bei „feindlichem" Grün einer Verkehrsampel (Kö NZV 92, 364), nicht aber bei Vorhandensein einer Ölspur (Kö NZV 94, 230). Das Hochschleudern von Steinen durch die Räder eines Kfz's stellt in der Regel ein unabwendbares Ereignis dar. Anders aber, wenn die Gefahr aufgrund der Umstände (Baustellen, unbefestigter Weg) nahe liegt. Dann muß die Geschwindigkeit reduziert werden (Greger Rn 435 mwN). Unabwendbarkeit scheidet aus bei Überschreitung der Richtgeschwindigkeit von 130 km/h auf der Autobahn, wenn der Unfall bei deren Einhalt möglicherweise vermieden worden wäre (BGHZ 117, 337 = NJW 92, 1684; Ha NZV 94, 193). Unabwendbarkeit wurde auch verneint bei Fehlreaktion nach Platzen eines Reifens bei 90 km/h auf der Autobahn. Nach Bre DAR 01, 273 entfällt die Unabwendbarkeit auch dann, wenn der Fahrer in der kritischen Situation zwar optimal reagiert hat, der Idealfahrer jedoch gar nicht erst in diese Situation gekommen wäre. Auch für den Idealfahrer gilt – wenn auch in eingeschränktem Ausmaß – der Vertrauensgrundsatz (vgl § 1 StVO Rn 24). Der Idealfahrer darf darauf vertrauen, daß andere Verkehrsteilnehmer grobe Verkehrsverstöße unterlassen (vgl BGH VersR 85, 86; NJW 86, 183; Ha NZV 99, 374; Mü NZV 93, 26). Der Idealfahrer darf grundsätzlich auf die Wartung des grünen Lichtes einer Ampelanlage vertrauen (BGH NJW 75, 695; Kö NZV 92, 364; § 37 StVO Rz 9 mwN) Der Vertrauensgrundsatz gilt auch im Hinblick auf Kinder. Hierbei ist allerdings die Wertung des § 3, II a StVO zu berücksichtigen, so daß an den Idealfahrer insoweit noch erhöhte Anforderungen an die Sorgfalt zu stellen sind (vgl. Ha NZV 01, 302).

21 Beruht der Unfall auf einer plötzlichen Bewußtlosigkeit oder einem sonstigen körperlichen oder geistigen Versagen des Fahrers, so scheidet ein unabwendbares Ereignis aus (BGHZ 23, 90). Solche Ausfälle sind im Versagen der Verrichtungen gleich zu setzen (Grüneberg in B/B Kap 4 A Rn 44).

Ausschlußtatbestände 22–25 § 7 StVG

Fehler in der Beschaffenheit des Fahrzeuges führen immer zum Eingreifen der Halterhaftung, wobei auf den zum Unfallzeitpunkt geltenden Stand der Technik abzustellen ist (vgl Grüneberg in B/B Kapitel 4 A Rn 39). Beschaffenheitsfehler sind solche, die auf der Konstruktion und auf der Bauausführung, aber auch auf mangelhafter Unterhaltung des Fahrzeuges und seiner Teile beruhen. Auch ein Versagen der Verrichtung des Fahrzeuges führt immer zur Halterhaftung. Hierunter sind solche Defekte zu verstehen, die plötzlich auftreten, wie zB die Störung der Lenkung, das Reißen der Anhängerkupplung wegen eines verborgenen Materialfehlers, das Versagen der Bremsstoffzufuhr, plötzliche Motorschäden oder das Hinterlassen einer Ölspur (vgl. Hentschel Rn 39 mwN) 22

b) Abs 3: Haftungsausschluß bei Schwarzfahrten. Die Halterhaftung nach Abs 1 scheidet auch dann aus, wenn jemand das Kfz ohne Wissen und Wollen des Halters benutzt und dies nicht auf einem Verschulden des Halters beruht. **Benutzer** ist derjenige, der sich das Kfz unter Verwendung der motorischen Kraft als Fortbewegungsmittel dienstbar macht und dadurch sich eine halterähnliche Verfügungsmacht über das Fahrzeug verschafft (BGH NJW 57, 500). Aus dem Erfordernis einer halterähnlichen Verfügungsmacht folgt, daß das Benutzen des Kfz nicht zwangsläufig ein Führen voraussetzt (BGH DAR 61, 118). Benutzer ist auch derjenige, der zwar nicht selber fährt, jedoch im Rahmen der Schwarzfahrt eine derart dominante Position einnimmt, daß er ihr seinen Stempel aufdrückt, sie veranlaßt und steuert. 23

Die Benutzung muß **ohne Wissen und Wollen des Halters** erfolgt sein (RGZ 79, 312). Entscheidend ist, daß die Benutzung gegen den ausdrücklichen oder konkludenten Willen des Haltes erfolgt (vgl. Geigel-Kunschert Kap 25 Rz 190 f). Maßgeblich ist der Gesamtcharakter der Fahrt. Geringfügige Abweichungen im Hinblick auf Zweck, Ziel und Dauer der Fahrt von der Weisung des Halters können unerheblich sein, wenn eine Genehmigung bei verständiger Würdigung nicht ausgeschlossen erscheint (BGH VersR 84, 834). Die private Nutzung eines Geschäftswagens stellt bei fehlender Genehmigung eine „Schwarzfahrt" dar (BGH VersR 93, 1092). 24

Trotz Vorliegens einer „Schwarzfahrt" bleibt die Haftung des Halters neben der des unberechtigten Benutzers bestehen, wenn er die „Schwarzfahrt" durch sein schuldhaftes Verhalten ermöglicht hat. An die Sorgfalt des Halters sind strenge Anforderungen zu stellen (Ol NZV 99, 294; Kö NJW-RR 96, 601). Insbesondere ist der Halter verpflichtet, das Kfz gegenüber einer Benutzung durch Unbefugte zu sichern. Hier können die Anforderungen des § 14 II StVO, 38a StVZO als Maßstab herangezogen werden (vgl. Geigel-Kunschert Kap. 25 Rz 201). Der Halter darf den Schlüssel generell nicht im Zündschloß stecken lassen, auch wenn er nur für wenige Augenblicke sein Kfz verläßt (Je NZV 99, 331). Zündschlüssel und Garagenschlüssel sind sorgfältig und sicher aufzubewahren. Sie dürfen nur zuverlässigen Personen anvertraut werden (BGH VersR 70, 66; Ha VersR 85, 843). Gegenüber Familienangehörigen müssen die Schlüssel aber nur 25 dann unzugänglich aufbewahrt werden, wenn aufgrund früherer Verhaltensweisen mit einer unbefugten Benutzung gerechnet werden mußte (Fra VersR 87, 54; Ha VersR 87, 205).

26 Abs 3 Satz 2 versagt dem Halter den haftungsausschließenden Einwand der Schwarzfahrt auch dann, wenn der Benutzer vom Halter für den Betrieb des Kfz angestellt worden ist, oder wenn der Halter dem Benutzer das Fahrzeug überlassen hat. **Für den Betrieb des Kfz ist derjenige angestellt,** der in dem ihm vom Halter zugewiesenen Aufgabenbereich das Kfz steuern und benutzen soll (BGH DAR 61, 253). Er muß nicht unbedingt Arbeitnehmer des Halters sein (vgl. Geigel-Kunschert Kap 25 Rn 211). Der Halter hat dem Benutzer das Kfz **überlassen,** wenn er diesem die Benutzungsmöglichkeit eingeräumt hat (BGH VersR 72, 1070). Die Halterhaftung endet jedoch dann, wenn der Überlassende durch den Vollzug der Verfügungsgewalt nicht mehr als Halter angesehen werden kann (BGH NZV 97, 116).

27 Versicherungsrechtlich stellt sich eine Schwarzfahrt als Obliegenheitsverletzung im Sinne des § 6 Abs 1 VVG dar. Wie sich aus § 5 Abs 3 KfzPflVV ergibt, besteht Leistungsfreiheit bis maximal 10000,– DM.

28 **4. Beweisfragen**

Der Geschädigte muß nach allgemeinen Grundsätzen den Haftungsgrund beweisen. Er trägt somit die Beweislast für den Ursachenzusammenhang zwischen dem Betrieb des beteiligten Kfz und dem Unfall (Kö NZV 89, 237) sowie zwischen dem Unfall und dem Schaden (vgl. im Einzelnen Geigel-Kunschert Kap 25 Rz 212; Grüneberg in B/B Kap 4A Rn 60 ff). Dem **Halter** obliegt der Nachweis derjenigen Tatsachen, aus deren Vorliegen sich „höhere Gewalt" nach § 7 II ergibt. Entsprechendes gilt auch für die Voraussetzungen des unabwendbaren Ereignisses. Der Geschädigte, der den unbefugten **Nutzer** nach § 7 III 1 in Anspruch nehmen will, muß neben den sonstigen Voraussetzungen des § 7 I statt der Haltereigenschaft des Anspruchsgegners dessen unbefugte Nutzung nachweisen. Will er auch den Halter in Anspruch nehmen, muß er entsprechend 7 III 1 Hs 2 nachweisen, daß dieser die unbefugte Nutzung schuldhaft ermöglicht hat (vgl. Dü VersR 84, 895; Ha NZV 95, 320). Der sicherungspflichtige Halter muß jedoch darlegen, durch welche Maßnahmen er sein Kfz gegen eine unbefugte Nutzung gesichert hat (Geigel-Kunschert Kap. 25 Rz 226). Wenn feststeht, daß objektiv gegen die Pflicht verstoßen wurde, das Kfz ordnungsgemäß zu sichern, so spricht regelmäßig der Anscheinsbeweis dafür, daß der Halter die erforderliche Sorgfalt nicht angewandt hat (Ka NZV 92, 485). Auch für die Voraussetzungen des § 7 III 2 muß der Geschädigte die Voraussetzungen beweisen. Der in Anspruch genommene unbefugte Benutzer kann sich entlasten, indem er die Tatsache nachweist, welche die Entlastungstatbestände des § 7 II oder 7 III Satz 2 erfüllen.

§§ 8, 8a: Alte und neue Fassung — § 8 StVG

§ 8 StVG aF:

Die Vorschriften des § 7 gelten nicht,
- wenn der Unfall durch ein Fahrzeug verursacht wurde, das auf ebener Bahn mit keiner höheren Geschwindigkeit als 20 km/h fahren kann,
- oder wenn der Verletzte bei dem Betrieb des Kfz tätig war.

[Siehe insoweit § 8 a S 2 aF]

§ 8 StVG nF:

Die Vorschriften des § 7 gelten nicht,
1. wenn der Unfall durch ein Kfz verursacht wurde,
   - das auf ebener Bahn mit keiner höheren Geschwindigkeit als 20 km/h fahren kann, oder
   - **durch einen im Unfallzeitpunkt mit einem solchen Fahrzeug verbundenen Anhänger,**
2. wenn der Verletzte bei dem Betrieb des Kfz **oder des Anhängers tätig** war oder
3. wenn eine Sache beschädigt worden ist, die durch das Kfz oder **durch den Anhänger** befördert worden ist, es sei denn, daß eine beförderte Person die Sache an sich trägt oder mit sich führt.

§ 8a StVG aF:

(1) Ist eine durch ein Kfz beförderte Person getötet oder verletzt worden, so haftet der Halter dieses Kfz nach § 7 nur dann,
- wenn es sich um **entgeltliche, geschäftsmäßige Personenbeförderung** handelt.

Ist eine durch ein Kfz beförderte Sache beschädigt worden, so haftet der Halter dieses Kfz nach § 7 nur, wenn eine durch das Kfz unter den Voraussetzungen des S 1 beförderte Person die Sache an sich trägt oder mit sich führt.

Die Geschäftsmäßigkeit einer Personenbeförderung iSd S 1 und 2 wird nicht dadurch ausgeschlossen, daß die Beförderung durch eine Körperschaft oder An-

§ 8a StVG nF:

Im Falle einer entgeltlichen, geschäftsmäßigen Personenbeförderung darf die Verpflichtung des Halters, wegen Tötung oder Verletzung beförderter Personen oder Sachen Schadensersatz nach § 7 StVG zu leisten, weder ausgeschlossen noch beschränkt werden.

[Siehe insoweit jetzt § 8 Nr 3 nF]

Die Geschäftsmäßigkeit einer Personenbeförderung wird nicht dadurch ausgeschlossen, daß die Beförderung von einer Körperschaft oder Anstalt des öff. Rechts betrieben wird.

Heß

stalt des öff Rechts betrieben wird.

(2) Die Verpflichtung des Halters, wegen Tötung oder Verletzung beförderter Personen Schadensersatz nach Abs 1 S 1 iVm § 7 zu leisten, darf weder ausgeschlossen noch beschränkt werden. Entgegenstehende Bestimmungen und Vereinbarungen sind nichtig.

§ 8 nF (Ausnahmen)

Die Vorschriften des § 7 gelten nicht,

1. wenn der Unfall durch ein Kraftfahrzeug verursacht wurde, das auf ebener Bahn mit keiner höheren Geschwindigkeit als zwanzig Kilometer in der Stunde fahren kann, oder durch einen im Unfallzeitpunkt mit einem solchen Fahrzeug verbundenen Anhänger,
2. wenn der Verletzte bei dem Betrieb des Kraftfahrzeugs oder des Anhängers tätig war oder
3. wenn eine Sache beschädigt worden ist, die durch das Kfz oder durch den Anhänger befördert worden ist, es sei denn, daß eine beförderte Person die Sache an sich trägt oder mit sich führt.

§ 8 a nF (Entgeltliche Personenbeförderung, Verbot des Haftungsausschlusses)

Im Falle einer entgeltlichen, geschäftsmäßigen Personenbeförderung darf die Verpflichtung des Halters, wegen Tötung oder Verletzung beförderter Personen oder Sachen Schadensersatz nach § 7 StVG zu leisten, weder ausgeschlossen noch beschränkt werden. Die Geschäftsmäßigkeit einer Personenbeförderung wird nicht dadurch ausgeschlossen, daß die Beförderung von einer Körperschaft oder Anstalt des öffentlichen Rechts betrieben wird.

Inhaltsübersicht

	Rn
1. Allgemeines	1
2. Ausschluß der Gefährdungshaftung bei langsam fahrenden Fahrzeugen	2
3. Ausschluß der Gefährdungshaftung gegenüber bei dem Betrieb des Kfz oder Anhängers tätigen Personen	7
4. Gleichstellung der beförderten Personen mit allen übrigen Geschädigten	11
5. Ausschluß der Gefährdungshaftung bei Beförderung von Sachen	18

1. Allgemeines

§§ 8 und 8a StVG aF enthalten mehrere **Ausschlußtatbestände**; Ansprüche aus der Gefährdungshaftung bestehen danach nicht,
- wenn es sich bei dem Kfz um ein **langsam fahrendes Kfz** handelt,
- wenn der Verletzte **bei dem Betrieb des Kfz tätig** war,
- wenn der Verletzte in dem Kfz **unentgeltlich befördert** wurde,
- wenn es sich um **beförderte Güter** handelt, es sei denn, daß es um Sachen geht, die eine beförderte Person an sich trägt oder mit sich führt.

Die §§ 8 und 8a StVG sind durch das 2. SchadÄndG mit Wirkung vom 1. 8. 2002 wesentlich verändert worden. Der **Ausschlußtatbestand zu Punkt 3** ist **aufgehoben** worden; die übrigen sind in §§ 8, 8a StVG nF lediglich angepaßt und teilweise neu gegliedert worden.

Insbesondere ist die in § 8a Abs 1 StVG aF geregelte Beschränkung der Haftung im Falle der Verletzung oder Tötung auf **entgeltlich beförderte Personen** entfallen; die Insassen sind jetzt **allen übrigen Geschädigten gleichgestellt**. Ferner ist berücksichtigt, daß der **Anhänger** jetzt in die Gefährdungshaftung mit einbezogen ist. Schließlich sind die §§ 8 und 8a StVG teilweise neu gegliedert worden.

2. Ausschluß der Gefährdungshaftung bei langsam fahrenden Kfz

Ansprüche aus der Gefährdungshaftung nach §§ 7, 18 StVG bestehen nicht, wenn der Unfall durch ein Kfz verursacht wurde, das auf ebener Bahn mit keiner höheren Geschwindigkeit als **20 km/h** fahren kann. Die Regelung ist, obwohl von derartigen Kfz im Straßenverkehr heute eher größere als geringere Gefahren ausgehen als von schnelleren Kfz (Medicus DAR 00, 442), durch das 2. SchadÄndG nicht aufgehoben worden.

a) Maßgebend ist nach der neueren Rechtsprechung des BGH (zfs 97, 336 = r+s 97, 366) nicht die bauartbedingte, sondern die **konstruktionsbedingte Beschaffenheit**; es reicht aus, daß im Unfallzeitpunkt eine höhere Geschwindigkeit als 20 km/h infolge technischer Vorrichtungen oder Sperren nicht erreichbar war. Der Halter, der sich auf diese Ausnahmevorschrift beruft, hat den Tatbestand des § 8 StVG zu beweisen.

b) Neu aufgenommen ist, daß dieser Haftungsausschluß jetzt auch für einen im Unfallzeitpunkt mit einem solchen Fahrzeug **verbundenen Anhänger** gilt. Weil diese Regelung aber ausdrücklich auf den verbundenen Anhänger beschränkt ist, unterliegt er, sobald er von dem Kfz getrennt ist, der Gefährdungshaftung nach § 7 StVG.

c) Bei einem Unfall mit einem derartigen Kfz oder Anhänger können **nur Ansprüche aus der Verschuldenshaftung** (§§ 823, 831 BGB, 3 Nr 1 PflVG) gegen Fahrer, Halter und Haftpflichtversicherer bestehen. Das gilt auch für verletzte Insassen. Liegen die besonderen Voraussetzungen des § 2 Abs 1 Nr 6 PflVG (Arbeitsmaschine, nicht schneller als 6 km/h) vor, fällt das Kfz nicht unter die KH-Pflichtversicherung. Es besteht dann allenfalls eine Betriebs-Haftpflichtversicherung. In diesem Falle kann der

StVG § 8a 5a–9   3. Teil. StraßenverkehrsG

Haftpflichtversicherer (ebenso wie zB bei Ansprüchen gegen Fußgänger oder Radfahrer) nicht im Wege der Direktklage aus § 3 Nr 1 PflVG in Anspruch genommen werden (BGH zfs 98, 8).

5a Insoweit hat insbesondere **Medicus** (DAR 00, 442) auf die Fragwürdigkeit auch dieser Ausnahmeregelung in § 8 StVG hingewiesen; die Betriebsgefahr derartiger Fahrzeuge sei im Verhältnis zur Betriebsgefahr anderer Kfz in der heutigen Zeit oft eher höher als geringer. Eine **Änderung** ist aber durch die gesetzliche Neuregelung nicht **erfolgt.**

5b Weil der **Halter eines mit einem Kfz verbundenen Anhängers** jetzt gem. § 7 StVG nF haftpflichtig ist, ist hier aufgenommen worden, daß bei einem langsam fahrenden Fahrzeug die Vorschrift des § 7 StVG auch für den Halter des Anhängers nicht gilt.

5c Das ist konsequent. Für den **Halter eines von dem langsam fahrenden Kfz getrennten Anhängers** fehlt aber eine entsprechende Regelung. Es muß deshalb angenommen werden, daß beim getrennten Anhänger § 7 StVG immer Anwendung findet. Das ist nicht besonders einleuchtend.

6 Ist bei dem Unfall mit dem langsam fahrenden Kfz auch ein der Gefährdungshaftung unterliegendes Kfz beteiligt, ist § 17 StVG – insbesondere auch § 17 Abs 3 StVG – nicht anwendbar; § 17 StVG setzt voraus, daß beide Seiten, Schädiger und Geschädigter, als Kfz-Halter für die Betriebsgefahr des Kfz nach § 7 StVG einstehen müssen. Die Abwägung hat in diesem Falle – wie bei einem Unfall mit einem Fußgänger oder Radfahrer – nach **§ 254 BGB** zu erfolgen, evtl. iVm § 9 StVG.

7 **3. Ausschluß der Gefährdungshaftung gegenüber bei dem Betrieb des Kfz oder Anhängers tätigen Personen**

Schon nach § 8 StVG aF bestanden Ansprüche aus der Gefährdungshaftung nicht, wenn der Verletzte „**bei dem Betrieb des Kfz tätig**" war. Insoweit ist jetzt in § 8 Nr 2 StVG nF ausdrücklich erwähnt, daß dieses auch dann gilt, wenn der Verletzte „**bei dem Betrieb des Anhängers tätig**" war. Die bei dem Betrieb tätigen Personen können allenfalls aus der Vertrags- oder der Verschuldenshaftung Schadensersatzansprüche gegen den Kfz-Halter haben.

8 a) Zu diesem Personenkreis gehört in erster Linie der **Fahrer.** Verunglückt z.B. der Fahrer eines Mietwagens aufgrund eines technischen Fehlers des Mietwagens, kommen nur Ersatzansprüche aus der Vertrags- oder der Verschuldenshaftung in Betracht.

9 b) Zu den bei dem Betrieb tätigen Personen gehören aber auch **Beifahrer, Schaffner und Fahrschüler** (BGH NZV 89, 105; Sa NZV 98, 246). Für sie gilt die durch das 2. SchadÄndG geschaffene haftungsrechtliche Gleichstellung der Insassen mit den übrigen Geschädigten nicht (Rn 11ff). Sie können allenfalls Ersatzansprüche aus Vertrag oder aus der Verschuldenshaftung (§§ 823, 831 BGB) gegen Halter und Fahrer geltend machen. Ist an dem Unfall aber ein zweites Kfz beteiligt, können sie Halter und Fahrer dieses Kfz auch aus der Gefährdungshaftung in Anspruch nehmen; nur der Fahrer muß sich die Betriebsgefahr des „eigenen" Kfz gem. § 17 StVG anspruchskürzend zurechnen lassen (BGH NZV 89, 105).

c) Beim Betrieb des Kfz oder des Anhängers tätig sind schließlich auch diejenigen, die beim **Tanken, Reparieren, Waschen, Be- und Entladen, An- und Wegschieben** des Kfz oder des Anhängers Hilfe leisten (Wussow/Baur, UHR, 15. Aufl, Kap 17, Rn 13). Sie können sämtlich keine Ansprüche aus der Gefährdungshaftung geltend machen. In diesen Fällen sind aber Ersatzansprüche wegen ihrer Personenschäden häufig schon nach den Regelungen über die unfallversicherungsrechtliche Haftungsfreistellung (§§ 104 ff SGB VII) ausgeschlossen. 10

4. Gleichstellung der beförderten Personen mit allen übrigen Geschädigten 11

Nach der bisherigen Rechtslage (§ 8a StVG aF) bestanden Ersatzansprüche des Insassen gegen den Halter und/oder Führer des Kfz, in dem er befördert worden ist, aus der Gefährdungshaftung **nur bei entgeltlicher geschäftsmäßiger Personenbeförderung** (zB bei der Beförderung im **Bus** oder **Taxi,** nicht dagegen bei der Mitnahme in einer Fahrgemeinschaft; BGH NJW 81, 1842). Bei unentgeltlicher Personenbeförderung kamen immer nur Ersatzansprüche aus der **Verschuldenshaftung** in Betracht.

a) Der Ausschluß der Gefährdungshaftung bei **unentgeltlicher Personenbeförderung** gem. § 8a StVG ist **ersatzlos gestrichen** worden. Die hinter der alten Regelung stehende Erwägung, wer in ein Kfz einsteige und sich so selbst freiwillig der Betriebsgefahr aussetze, sei nicht schutzwürdig, paßt nicht mehr in die heutige Zeit; das hat der Gesetzgeber berücksichtigt. Bei der Gefährdungshaftung sind jetzt die **Insassen** sämtlich den **übrigen Geschädigten gleichgestellt.** 12

b) Die in § 8a Abs 1 S 1 StVG aF angeordnete Haftungsbeschränkung auf **entgeltliche, geschäftsmäßige Personenbeförderung** entfällt ganz, die in § 8a Abs 1 S 2 StVG aF angeordnete Haftungsbeschränkung bei **Sachen** ist ohne sachliche Änderung in § 8 Nr 3 StVG nF übernommen. **Insassen** können also Fahrer und Halter des Kfz, in dem sie befördert worden sind, in Zukunft wegen ihrer Personen- und Sachschäden immer auch aus der Gefährdungshaftung in Anspruch nehmen, die Haftung beschränkt sich allerdings hinsichtlich der Sachschäden weiterhin auf die Sachen, die die beförderte Person an sich trägt oder mit sich führt (jetzt § 8 Abs 3 StVG, Rn 18 ff). 13

Insassen in diesem Sinne sind nicht **Fahrer, Beifahrer, Schaffner und Fahrschüler;** sie gehören nicht zu den „beförderten" Personen, sondern zu den „bei dem Betrieb des Kfz oder des Anhängers tätigen" Personen (Rn 6 ff). Für sie bleibt es deshalb bei dem Ausschluß der Gefährdungshaftung. 14

Wird der **Halter** als Insasse in seinem Kfz verletzt, kann er den Fahrer auch weiterhin nur aus der Verschuldenshaftung in Anspruch nehmen, 15 nicht aus § 18 StVG. Die Gefährdungshaftung soll **andere** vor den von einem Kfz ausgehenden Gefahren schützen, nicht den Halter, der das Kfz in den Verkehr gebracht hat und für dessen Gefahren selbst verantwortlich ist (Greger, StVG, 3. Aufl, § 7, Rn 216 und § 18, Rn 31; Wussow/Baur, UHR, Kap 17, Rn 95).

16 c) Die Neuregelung hat erhebliche Bedeutung für **Unfälle ohne Beteiligung eines weiteren Kfz,** wenn das Verschulden des Fahrers evtl. nicht beweisbar ist; bisher hing zB bei einem Glatteisunfall ohne Drittbeteiligung der Erfolg der Klage der Insassen (zB der verletzen Familienangehörigen) gegen den Fahrer und den Haftpflichtversicherer davon ab, ob der Verschuldensnachweis gelang. Die Neuregelung hat aber auch erhebliche Bedeutung für **Unfälle unter Beteiligung mehrerer Kfz,** wenn evtl. nicht aufklärbar ist, welcher Fahrer den Unfall verschuldet hat. Bisher gingen dann – zB bei einem Massenunfall auf der Autobahn – sämtliche verletzten Insassen zumindest wegen ihrer Schmerzensgeldansprüche leer aus; jetzt können die Insassen den Halter des Kfz, in dem sie befördert worden sind, aus § 7 StVG auf Schadensersatz in Anspruch nehmen; gem § 253 BGB nF iVm § 11 StVG nF auch auf Zahlung eines Schmerzensgeldes.

17 d) § 8 a StVG ordnet an, daß im Falle einer entgeltlichen geschäftsmäßigen Personenbeförderung die Verpflichtung des Halters, wegen Tötung oder Verletzung beförderter Personen Ersatz zu leisten, **weder ausgeschlossen noch eingeschränkt** werden darf. Sie liegt zB vor bei der Beförderung im Bus oder Taxi, dagegen nicht bei der Mitnahme in einer Fahrgemeinschaft (BGH NJW 81, 1842). Die Regelung gilt nicht für Sachschäden.

18 **5. Ausschluß der Gefährdungshaftung bei Beförderung von Sachen**

a) Die Gefährdungshaftung greift bei der **Beschädigung beförderter Sachen grundsätzlich nicht** ein. Dann kommen nur vertragliche Ansprüche oder Ansprüche aus der Verschuldenshaftung in Betracht. Dieses ist jetzt klarer dadurch geregelt, daß die Regelung nicht mehr in § 8a Abs 1 S 2 StVG versteckt ist, sondern in § 8 StVG und in einen selbständigen Absatz (Abs 3) übernommen ist. Dort ist jetzt neu geregelt, daß dieses auch für auf einem **Anhänger** beförderte Sachen gilt.

19 b) Anders war es immer schon geregelt im Falle der entgeltlichen Personenbeförderung hinsichtlich der **Sachen, die eine beförderte Person an sich trägt oder mit sich führt.** Insoweit konnte bisher **bei entgeltlicher, geschäftsmäßiger Personenbeförderung** auch im Rahmen der Gefährdungshaftung Ersatz gefordert werden.

20 Nachdem für Personenschäden von Insassen die Beschränkung auf entgeltliche, geschäftsmäßige Personenbeförderung gefallen ist, mußte sie auch hier fallen. In Zukunft ist also **auch bei unentgeltlicher Personenbeförderung** im Rahmen der Gefährdungshaftung Ersatz zu leisten für Schäden an Sachen, die Insassen an sich tragen oder mit sich führen.

Mitverschulden dritter Person 1–5 **§ 9 StVG**

Zu den Sachen, die eine beförderte Person an sich trägt oder mit sich 21
führt, gehören insbesondere mitgeführte Koffer samt Inhalt und sonstiges
Gepäck, ferner z. B. mitgeführte Fotoapparate, Fahrräder, Skier, Tiere.

§ 9 (Mitverschulden)

Hat bei der Entstehung des Schadens ein Verschulden des Verletzten mitgewirkt, so finden die Vorschriften des § 254 des Bürgerlichen Gesetzbuchs mit der Maßgabe Anwendung, daß im Falle der Beschädigung einer Sache das Verschulden desjenigen, welcher die tatsächliche Gewalt über die Sache ausübt, dem Verschulden des Verletzten gleichsteht.

Inhaltsübersicht

	Rn
1. Allgemeines	1
2. Mitverschulden dritter Personen	4
3. Haftungsabwägung nach § 9 StVG iVm § 254 BGB	10

1. Allgemeines 1

Bestehen Ersatzansprüche aus der Gefährdungs- oder Verschuldenshaftung gegen einen Kfz-Halter oder Fahrer, muß der Geschädigte dann, wenn er selbst ebenfalls für die **Betriebsgefahr eines Kfz** nach §§ 7, 18 StVG einstehen muß, evtl. gem. **§ 17 StVG** eine Anspruchskürzung hinnehmen.

Hat der Geschädigte aber – zB als Fußgänger oder Radfahrer – nur für 2
ein **Mitverschulden** einzustehen, muß er bei Ersatzansprüchen aus der
Verschuldenshaftung evtl. gem. **§ 254 BGB** eine Anspruchskürzung hinnehmen; bestehen nur Ansprüche aus der Gefährdungshaftung, findet
§ 254 BGB gem § 9 StVG entsprechende Anwendung.

§ 9 StVG stellt also klar, daß sich der Verletzte auch im Rahmen der 3
Gefährdungshaftung ein mitwirkendes Verschulden evtl. gem. § 254 BGB
anspruchskürzend zurechnen lassen muß; diese Regelung ist durch das
2. SchadÄndG **nicht verändert** worden.

2. Mitverschulden dritter Person 4

a) **Erfüllungsgehilfe.** Für ein **Mitverschulden dritter Personen** hat
der Geschädigte im Rahmen des § 254 BGB nach § 278 BGB einzustehen,
wenn sie **Erfüllungsgehilfe** sind; § 254 Abs 2 S 2 BGB gilt nach allgemeiner Meinung auch für § 254 Abs 1 BGB.

Voraussetzung für die Anwendung des § 278 BGB ist aber, daß zwi- 5
schen dem Geschädigten und dem Schäbiger im Augenblick des Unfalls
bereits eine vertragliche Beziehung, ein Schuldverhältnis oder eine einem
Schuldverhältnis ähnliche **Sonderrechtsbeziehung** bestand (BGH NJW
88, 2667); nur dann kann ein Dritter Erfüllungsgehilfe des Geschädigten
iSd § 278 BGB gewesen sein. Eine derartige Beziehung entsteht jedoch

StVG § 9 6–9

idR erst mit dem Unfall. Deshalb braucht sich zB das verletzte Kind ein Mitverschulden der Eltern bei der Schadensentstehung dem Schädiger gegenüber nicht gem. §§ 254, 278 BGB anspruchskürzend zurechnen zu lassen; anders ist es, wenn die Eltern erst nach dem Unfall im Zuge der Schadensbehebung gegen das Gebot zur Schadensgeringhaltung verstoßen.

6   b) **Inhaber der tatsächlichen Gewalt.** Für den Bereich der **Gefährdungshaftung** enthält § 9 StVG hinsichtlich des Mitverschuldens dritter Personen eine **besondere Regelung.** Danach muß sich der Geschädigte im Falle der Beschädigung einer Sache das Verschulden desjenigen zurechnen lassen, der im Augenblick des Unfalls die **tatsächliche Gewalt** über die Sache ausübt. Wird also zB eine Kutsche von einem Kfz angefahren und beschädigt, muß sich der Eigentümer der Kutsche bei der Inanspruchnahme des Kfz-Halters aus § 7 StVG das Mitverschulden des Kutschers gem. §§ 9 StVG, 254 BGB anspruchskürzend zurechnen lassen.

7   c) **Fahrer/Halter.** Sind an einem Unfall mehrere Kfz beteiligt und hat der **Geschädigte als Halter oder Fahrer** ebenfalls für die Betriebsgefahr eines Kfz einzustehen, gilt die **Sonderregelung des § 17 StVG.** Danach muß sich der geschädigte Kfz-Halter das Mitverschulden seines Fahrers und der geschädigte Fahrer die Mitverantwortung seines Halters schon deshalb anspruchskürzend zurechnen lassen, weil sie in einer Zurechnungseinheit stehen; die Betriebsgefahr des Kfz und das Fehlverhalten des Fahrers verschmelzen zu einem einheitlichen Verantwortungsbeitrag.

8   Das gilt aber nur für den geschädigten Halter und Fahrer, dessen Kfz der **Gefährdungshaftung** unterliegt. Wird zB ein Bagger, der nicht schneller als 20 km/h fahren kann, von einem Kfz angefahren und beschädigt, ist § 17 StVG nicht anwendbar, weil der Bagger gem. § 8 StVG nicht der Gefährdungshaftung unterliegt; der Halter des Baggers muß sich aber gem. § 9 StVG iVm § 254 BGB das Mitschulden des Baggerfahrers anspruchskürzend zurechnen lassen (Greger, StVG 3. Aufl, § 9 Rn 17f). Diese Zurechnungserweiterung gilt jedoch nach hM nur im Rahmen der Gefährdungshaftung, nicht im Rahmen der Verschuldenshaftung; dann fehlt eine dem § 9 StVG entsprechende Zurechnungsnorm (BGH NJW 65, 1273; Ha NJW 95, 2233; Wussow/Baur, UHR, Kap 31, Rn 31).

9   Der Kfz-Eigentümer ist nicht immer zugleich auch der Kfz-Halter. Das gilt insbesondere für ein **Leasingfahrzeug** oder für ein **sicherungsübereignetes Fahrzeug;** in diesen Fällen ist der Leasingnehmer bzw. der Sicherungsgeber Halter. Macht zB nach einem Unfall mit einem Leasingfahrzeug der Leasinggeber als Eigentümer gegen den gegnerischen Kfz-Halter Schadensersatzansprüche geltend, ist dieser zwar nach § 17 Abs 3 StVG nF schon dann entlastet, wenn er den Unabwendbarkeitsnachweis führen kann; im übrigen ist § 17 StVG aber nach hM (s näher Wussow/Baur, UHR, Kap 17, Rn 31; Ha NJW 95, 2233) nicht anwendbar, weil der Geschädigte nicht Halter des Kfz ist. Im Rahmen der Gefährdungshaftung muß sich aber der geschädigte Eigentümer, der nicht Halter ist, das Verschulden des Fahrers gem. § 9 StVG iVm § 254 BGB anspruchskürzend zurechnen lassen.

3. Haftungsabwägung nach § 9 StVG iVm § 254 BGB

10 Ist bei einem Verkehrsunfall mit einem Kfz der Halter und/oder Fahrer nach §§ 7, 18 StVG haftpflichtig und hat ein Verschulden des Geschädigten, der selbst nicht als Halter oder Fahrer eines Kfz beteiligt ist, bei der Entstehung des Schadens mitgewirkt, muß sich der Geschädigte sein Mitverschulden nach § 9 StVG iVm § 254 BGB zurechnen lassen; es hängen dann nach § 254 Abs 1 BGB „die **Verpflichtung zum Ersatz und der Umfang des zu leistenden Ersatzes** von den Umständen, insbesondere davon ab, inwieweit der Schaden **vorwiegend von dem einen oder dem anderen Teil verursacht** worden ist". Die Formulierung entspricht der des § 17 Abs 1 StVG.

11 In einem **ersten Schritt** ist der **Verursachungsbeitrag** beider Seiten zu ermitteln. Dabei muß berücksichtigt werden, daß dann, wenn auf der Schädigerseite Halter und Fahrer personenverschieden sind, diese eine **Haftungseinheit** bilden; sie haften zwar gesamtschuldnerisch, ihre Verursachungsbeiträge verschmelzen aber zu einem einheitlichen Beitrag, der nicht deshalb höher ist, weil dem Geschädigten zwei Schädiger gegenüberstehen. Es muß ferner berücksichtigt werden, daß hier – wie auch bei der Abwägung nach § 17 Abs 1 StVO (§ 17 Rn 16) – nur **feststehende Umstände** berücksichtigt werden dürfen, uzw. auch nur solche, die sich auf den Unfall **ausgewirkt** haben.

12 In einem **zweiten Schritt** sind sodann die beiden Verursachungsbeiträge gegeneinander **abzuwägen**. Dabei ist zu beachten, daß immer nur auf Seiten des Schädigers die Betriebsgefahr des Kfz den Verantwortungsanteil beeinflußt.

13 a) **Verletztes Kind unter 10 Jahren.** Wenn Halter und Fahrer nach §§ 7, 18 StVG haftpflichtig sind, **haften sie immer in vollem Umfang**, weil das Kind unter 10 Jahren gem § 828 Abs 1 und 2 BGB bei einem Unfall mit einem Kfz noch nicht für sein Verhalten verantwortlich ist und deshalb auch bei grobem eigenen Fehlverhalten keine Anspruchskürzung gem. § 254 BGB hinnehmen muß. Eine Anspruchskürzung gem. §§ 254, 829 BGB kommt nicht in Betracht, wenn der Schädiger wie hier durch eine Pflichtversicherung geschützt ist; die KH-Versicherung soll nicht nur den Schädiger, sondern auch das Opfer schützen (BGH, NJW 73, 1795; KG, NZV 95, 109). Ein evtl Mitverschulden der Eltern braucht sich das Kind unter 10 Jahren nicht zurechnen zu lassen.

14 b) **Verletzter Jugendlicher unter 18 Jahren.** Der Jugendliche unter 18 Jahren muß sich nach §§ 828 Abs 3, 254 BGB eine Anspruchskürzung gefallen lassen, wenn ihn ein **Mitverschulden** trifft, es sei denn, er hatte bei Begehung der schädigenden Handlung noch nicht die erforderliche **Einsicht**. Das Mitverschulden muß der Schädiger nachweisen, es kommt insoweit auf das Wissen und Können der Altersgruppe an, der der Jugendliche angehört **(Gruppenfahrlässigkeit)**. Die fehlende Einsichtsfähigkeit muß der Jugendliche nachweisen.

15 Bei der Abwägung muß berücksichtigt werden, daß ein Fehlverhalten im Straßenverkehr insbesondere bei jüngeren **Jugendlichen weniger**

schwer wiegt als bei einem Erwachsenen. Auf Seiten des Kraftfahrer kann die Betriebsgefahr durch Verschulden erhöht sein. Es kann deshalb zu bejahen sein, weil er die besonderen Sorgfaltsanforderungen des **§ 3 Abs 2 a StVO** nicht beachtet hat. Danach hat sich der Kraftfahrer ua gegenüber Kindern durch Verminderung der Fahrgeschwindigkeit und durch Bremsbereitschaft so zu verhalten, daß eine Gefährdung der Kinder ausgeschlossen ist. Die Grenze liegt bei ca 14 Jahren; für den Kraftfahrer muß erkennbar gewesen sein, daß der Verletzte dieser Altersgruppe angehörte.

16 Zwar kann das Verschulden des Jugendlichen so schwer wiegen, daß dahinter die Betriebsgefahr des Kfz zurücktritt; idR wird sie aber, insbesondere bei jüngeren Jugendlichen, nicht voll zurücktreten (BGH NJW 01, 152 = r+s 01, 23).

17 c) **Verletzter Erwachsener (Fußgänger oder Radfahrer).** Ist auf **beiden Seiten ein Verschulden** gegeben, muß im Rahmen der Haftungsabwägung berücksichtigt werden, daß auf Seiten des Kfz-Halters bzw. Fahrers die Betriebsgefahr hinzutritt; idR wird deshalb der verletzte Fußgänger bzw. Radfahrer mehr als 50% seines Schadens ersetzt verlangen können.

18 Haftet der Halter bzw. Fahrer **nur aus der Gefährdungshaftung,** kann dessen Haftungsquote bei grobem Verschulden des verletzten Fußgängers bzw. Radfahrers auf Null sinken. Das gilt insbesondere in den Fällen, in denen der Halter sich nachweislich wie ein **Idealfahrer** verhalten hat und nach § 7 Abs 2 StVG nF dennoch nicht entlastet ist. Bei richtiger Anwendung der §§ 7, 9 StVG iVm § 254 BGB führt deshalb der Umstand, daß der Halter nur noch bei höherer Gewalt entlastet ist, bei mitwirkendem Verschulden des Fußgängers bzw. Radfahrers nicht zu einer vermehrten Haftung des Halters.

19 In den **Abwägungsfällen** wird sich deshalb im Ergebnis wenig ändern. Es wird nur die Zahl der Fälle zunehmen, in denen zwar der Kraftfahrer **nicht entlastet** ist, in denen aber die **Abwägung dazu führt,** daß der Fußgänger oder Radfahrer seinen Schaden **allein zu tragen** hat. Anders ist es dann, wenn der – insoweit beweispflichtige – Halter ein Verschulden des Fußgängers bzw. Radfahrers nicht nachweisen kann; dann wird der Halter häufiger als bisher aus § 7 StVG haftpflichtig sein.

20 d) **Verletzter Insasse.** Er hat gegen den Halter und Fahrer des Kfz, in dem er befördert worden ist, idR einen **quotenmäßig ungekürzten Ersatzanspruch.** Die Betriebsgefahr des Kfz braucht er sich nicht zurechnen zu lassen. Anders ist es bei dem Halter, der in seinem Kfz befördert wird; er kann den Fahrer seines Kfz aber allenfalls aus der Verschuldenshaftung in Anspruch nehmen (§§ 8, 8 a, Rn 15).

21 Ein Mitverschulden des (Nur-) Insassen kann allenfalls gegeben sein, wenn er die **Anschnallpflicht** verletzt hat oder wenn er bei einem erkennbar **alkoholisierten Fahrer** mitgefahren ist, bei einem Businsassen dann, wenn er **nicht für ausreichenden Halt** gesorgt hat. Hat sich aber zB der Businsasse pflichtgemäß verhalten und wurde er dennoch verletzt, weil der Busfahrer durch grobes Fehlverhalten eines anderen unbekannt gebliebenen Verkehrsteilnehmers zum scharfen Bremsen gezwungen wurde, ist der Bus-Halter selbst bei nachgewiesenem Idealverhalten des Fahrers nicht mehr entlastet und deshalb nach § 7 Abs 1 StVG zum vollen Schadensersatz verpflichtet.

§ 10 (Umfang der Ersatzpflicht bei Tötung)

(1) Im Falle der Tötung ist der Schadensersatz durch Ersatz der Kosten einer versuchten Heilung sowie des Vermögensnachteils zu leisten, den der Getötete dadurch erlitten hat, daß während der Krankheit seine Erwerbsfähigkeit aufgehoben oder gemindert oder eine Vermehrung seiner Bedürfnisse eingetreten war. Der Ersatzpflichtige hat außerdem die Kosten der Beerdigung demjenigen zu ersetzen, dem die Verpflichtung obliegt, diese Kosten zu tragen.

(2) Stand der Getötete zur Zeit der Verletzung zu einem Dritten in einem Verhältnis, vermöge dessen er diesem gegenüber kraft Gesetzes unterhaltspflichtig war oder unterhaltspflichtig werden konnte, und ist dem Dritten infolge der Tötung das Recht auf Unterhalt entzogen, so hat der Ersatzpflichtige dem Dritten insoweit Schadensersatz zu leisten, als der Getötete während der mutmaßlichen Dauer seines Lebens zur Gewährung des Unterhalts verpflichtet gewesen sein würde. Die Ersatzpflicht tritt auch dann ein, wenn der Dritte zur Zeit der Verletzung gezeugt, aber noch nicht geboren war.

§ 11 (Umfang der Ersatzpflicht bei Körperverletzung)

Im Falle der Verletzung des Körpers oder der Gesundheit ist der Schadensersatz durch Ersatz der Kosten der Heilung sowie des Vermögensnachteils zu leisten, den der Verletzte dadurch erleidet, daß infolge der Verletzung zeitweise oder dauernd seine Erwerbsfähigkeit aufgehoben oder gemindert oder eine Vermehrung seiner Bedürfnisse eingetreten ist. Wegen des Schadens, der nicht Vermögensschaden ist, kann auch eine billige Entschädigung in Geld gefordert werden.

§ 12 (Höchstbeträge)

(1) Der Ersatzpflichtige haftet
1. im Falle der Tötung oder Verletzung eines Menschen nur bis zu einem Kapitalbetrag von 600 000 Euro oder bis zu einem Rentenbetrag von jährlich 36 000 Euro;
2. im Falle der Tötung oder Verletzung mehrerer Menschen durch dasselbe Ereignis, unbeschadet der in Nummer 1 bestimmten Grenzen, nur bis zu einem Kapitalbetrag von insgesamt 3 000 000 Euro oder bis zu einem Rentenbetrag von jährlich 180 000 Euro; im Falle einer entgeltlichen, geschäftsmäßigen Personenbeförderung gilt

diese Beschränkung jedoch nicht für den ersatzpflichtigen Halter des Kraftfahrzeugs oder des Anhängers;
3. im Falle der Sachbeschädigung, auch wenn durch dasselbe Ereignis mehrere Sachen beschädigt werden, nur bis zu einem Betrag von 300 000 Euro.

(2) Übersteigen die Entschädigungen, die mehreren auf Grund desselben Ereignisses nach Absatz 1 zu leisten sind, insgesamt die in Nummer 2 Halbsatz 1 und Nummer 3 bezeichneten Höchstbeträge, so verringern sich die einzelnen Entschädigungen in dem Verhältnis, in welchem ihr Gesamtbetrag zu dem Höchstbetrag steht.

§ 12a

(1) Werden gefährliche Güter befördert, haftet der Ersatzpflichtige
1. im Falle der Tötung oder Verletzung mehrerer Menschen durch dasselbe Ereignis, unbeschadet der in § 12 Abs. 1 Nr. 1 bestimmten Grenzen, nur bis zu einem Kapitalbetrag von insgesamt 6 000 000 Euro oder bis zu einem Rentenbetrag von jährlich 360 000 Euro,
2. im Falle der Sachbeschädigung an unbeweglichen Sachen, auch wenn durch dasselbe Ereignis mehrere Sachen beschädigt werden, bis zu einem Betrag von 6 000 000 Euro,

sofern der Schaden durch die die Gefährlichkeit der beförderten Güter begründenden Eigenschaften verursacht wird. Im übrigen bleibt § 12 Abs. 1 unberührt.

(2) Gefährliche Güter im Sinne dieses Gesetzes sind Stoffe und Gegenstände, deren Beförderung auf der Straße nach den Anlagen A und B zu dem Europäischen Übereinkommen vom 30. September 1957 über die internationale Beförderung gefährlicher Güter auf der Straße (ADR) (BGBl. 1969 II S. 1489) in der jeweils geltenden Fassung verboten oder nur unter bestimmten Bedingungen gestattet ist.

(3) Absatz 1 ist nicht anzuwenden, wenn es sich um freigestellte Beförderung gefährlicher Güter oder um Beförderungen in begrenzten Mengen unterhalb der im Unterabschnitt 1.1.3.6. zu dem in Absatz 2 genannten Übereinkommen festgelegten Grenzen handelt.

(4) Absatz 1 ist nicht anzuwenden, wenn der Schaden bei der Beförderung innerhalb eines Betriebes entstanden ist, in dem gefährliche Güter hergestellt, bearbeitet, verarbeitet, gelagert, verwendet oder vernichtet werden, soweit die Beförderung auf einem abgeschlossenen Gelände stattfindet.

(5) § 12 Abs. 2 gilt entsprechend.

§ 12b

Die §§ 12 und 12a sind nicht anzuwenden, wenn ein Schaden bei dem Betrieb eines gepanzerten Gleiskettenfahrzeugs verursacht wird.

§ 13 (Geldrente)

(1) Der Schadensersatz wegen Aufhebung oder Minderung der Erwerbsfähigkeit und wegen Vermehrung der Bedürfnisse des Verletzten sowie der nach § 10 Abs. 2 einem Dritten zu gewährende Schadensersatz ist für die Zukunft durch Entrichtung einer Geldrente zu leisten.

(2) Die Vorschriften des § 843 Abs. 2 bis 4 des Bürgerlichen Gesetzbuches finden entsprechende Anwendung.

(3) Ist bei der Verurteilung des Verpflichteten zur Entrichtung einer Geldrente nicht auf Sicherheitsleistung erkannt worden, so kann der Berechtigte gleichwohl Sicherheitsleistung verlangen, wenn die Vermögensverhältnisse des Verpflichteten sich erheblich verschlechtert haben; unter der gleichen Voraussetzung kann er eine Erhöhung der in dem Urteil bestimmten Sicherheit verlangen.

§ 14 (Verjährung)

Auf die Verjährung finden die für unerlaubte Handlungen geltenden Verjährungsvorschriften des Bürgerlichen Gesetzbuchs entsprechende Anwendung.

§ 15 (Verwirkung)

Der Ersatzberechtigte verliert die ihm auf Grund der Vorschriften dieses Gesetzes zustehenden Rechte, wenn er nicht spätestens innerhalb von zwei Monaten, nachdem er von dem Schaden und der Person des Ersatzpflichtigen Kenntnis erhalten hat, dem Ersatzpflichtigen den Unfall anzeigt. Der Rechtsverlust tritt nicht ein, wenn die Anzeige infolge eines von dem Ersatzberechtigten nicht zu vertretenden Umstandes unterblieben ist oder der Ersatzpflichtige innerhalb der bezeichneten Frist auf andere Weise von dem Unfall Kenntnis erhalten hat.

§ 16 (Sonstige Gesetze)

Unberührt bleiben die bundesrechtlichen Vorschriften, nach welchen der Fahrzeughalter für den durch das Fahrzeug verursachten Schaden in weiterem Umfang als nach den Vorschriften dieses Gesetzes haftet oder nach welchen ein anderer für den Schaden verantwortlich ist.

§ 17 StVG aF:	§ 17 StVG nF:
(1) Wird ein Schaden durch mehrere Kfz verursacht und sind die **beteiligten Fahrzeughalter einem Dritten** kraft Gesetzes zum Ersatz des Schadens ver-	(1) wie Abs 1 S 1, unverändert

pflichtet, so hängt im Verhältnis der Fahrzeughalter zueinander
- die **Verpflichtung zum Ersatz** sowie
- der **Umfang des zu leistenden Ersatzes**

von den Umständen, insbesondere davon ab, inwieweit der Schaden **vorwiegend von dem einen oder dem anderen Teil verursacht** worden ist.

Das gleiche gilt, wenn der Schaden einem der beteiligten Fahrzeughalter entstanden ist, von der Haftpflicht, die für einen anderen von ihnen eintritt.

(2) Die Vorschriften des Abs 1 finden entsprechende Anwendung, wenn der Schaden
- durch ein Kfz und ein Tier oder
- durch ein Kfz und eine Eisenbahn

verursacht wird.

(2) Wenn der Schaden einem der beteiligten Fahrzeughalter entstanden ist, gilt Abs. 1 auch für die Haftung der Fahrzeughalter untereinander.

(3) Die Verpflichtung zum Ersatz nach Abs 1 und 2 ist ausgeschlossen, wenn der Unfall durch ein unabwendbares Ereignis verursacht wird, das weder auf einem Fehler in der Beschaffenheit des Fahrzeugs noch auf einem Versagen der Verrichtungen beruht.
Als unabwendbar gilt ein Ereignis nur dann, wenn sowohl der Halter als auch der Führer des Fahrzeugs jede nach den Umständen des Falles gebotene Sorgfalt beobachtet hat.
Der Ausschluß gilt auch für die Ersatzpflicht gegenüber dem Eigentümer eines Kfz, der nicht Halter ist.

(4) Die Vorschriften der Abs 1 bis 3 sind entsprechend anzuwenden, wenn der Schaden
- durch ein Kfz und einen Anhänger,
- durch ein Kfz und ein Tier oder
- durch ein Kfz und eine Eisenbahn

verursacht wird.

Allgemeines 1 § 17 StVG

§ 17 nF (Schadensverursachung durch mehrere Kraftfahrzeuge)

(1) Wird ein Schaden durch mehrere Kfz verursacht und sind die beteiligten Fahrzeughalter einem Dritten kraft Gesetzes zum Ersatz des Schadens verpflichtet, so hängt im Verhältnis der Fahrzeughalter zueinander die Verpflichtung zum Ersatz sowie der Umfang des zu leistenden Ersatzes von den Umständen, insbesondere davon ab, inwieweit der Schaden vorwiegend von dem einen oder dem anderen Teil verursacht worden ist.

(2) Wenn der Schaden einem der beteiligten Fahrzeughalter entstanden ist, gilt Abs. 1 auch für die Haftung der Fahrzeughalter untereinander.

(3) Die Verpflichtung zum Ersatz nach Abs. 1 und 2 ist ausgeschlossen, wenn der Unfall durch ein unabwendbares Ereignis verursacht wird, das weder auf einem Fehler in der Beschaffenheit des Fahrzeugs noch auf einem Versagen der Verrichtungen beruht. Als unabwendbar gilt ein Ereignis nur dann, wenn sowohl der Halter als auch der Führer des Fahrzeugs jede nach den Umständen des Falles gebotene Sorgfalt beobachtet hat. Der Ausschluß gilt auch für die Ersatzpflicht gegenüber dem Eigentümer eines Kfz, der nicht Halter ist.

(4) Die Vorschriften der Abs. 1 bis 3 sind entsprechend anzuwenden, wenn der Schaden durch ein Kfz und einen Anhänger, durch ein Kfz und ein Tier oder durch ein Kfz und eine Eisenbahn verursacht wird.

Inhaltsübersicht

	Rn
1. Allgemeines	1
2. Anspruchskürzung nach § 17 Abs 2 StVG wegen eigener Mitverantwortung des Geschädigten	6
a) Haftungsausschluß nach § 17 Abs 3 StVG	7
b) Haftungsabwägung nach § 17 Abs 2 iVm Abs 1 StVG	10
aa) Ermittlung des jeweiligen Verursachungsbeitrags	14
bb) Ermittlung der Haftungsquote	17
3. Gesamtschuldnerausgleich nach § 17 Abs 1 StVG	24
4. Bedeutung der Regelung des § 17 Abs 4 StVG	26

1. Allgemeines 1

§ 17 StVG ist durch das 2. SchadÄndG mit Wirkung vom 1. 8. 2002 ebenfalls wesentlich verändert worden. Zunächst mußten aus dem Umstand, daß der **Kfz-Anhänger** gem. § 7 StVG in die Gefährdungshaftung einbezogen worden ist, für § 17 StVG die nötigen Folgerungen gezogen werden. Ferner hat der Gesetzgeber der vielfach geäußerten Befürchtung, infolge der Einschränkung des Haftungsausschlusses – Entlastung nur noch bei **höherer Gewalt** – könne es zu einer starken Vermehrung von Quotenfällen kommen, Rechnung getragen, uzw. dadurch, daß in allen Fällen, in denen neben dem Schädiger auch der Geschädigte als **Kfz-Halter** für die Betriebsgefahr eines Kfz einstehen muß, nach § 17 Abs 3 StVG nF die Haftung des Schädigers weiterhin schon bei **unabwendbarem Ereignis** ausgeschlossen ist. Schließlich ist § 17 StVG neu strukturiert worden.

2 § 17 Abs 1 StVG nF enthält – wie auch schon § 17 Abs 1 S 1 StVG aF – Regelungen über den **Gesamtschuldnerausgleich** zwischen mehreren unfallbeteiligten Kfz-Haltern für den Fall, daß **ein Dritter durch mehrere Kfz geschädigt** wird und die Kfz-Halter dem Dritten aus § 7 StVG (und evtl. auch aus §§ 823, 831 BGB) gesamtschuldnerisch zum Schadensersatz verpflichtet sind. Für diese Fälle enthält § 17 Abs 1 StVG nF eine Sonderregelung zu § 426 BGB.

3 § 17 Abs 2 StVG nF enthält dagegen – wie auch schon § 17 Abs 1 S 2 StVG aF – Regelungen über das **Haftungsverhältnis** zwischen mehreren unfallbeteiligten Kfz-Haltern für selbst erlittene Schäden, wenn der Geschädigte für seinen Schaden mitverantwortlich ist und deshalb eine quotenmäßige Anspruchskürzung in Betracht kommt. Insoweit enthält § 17 Abs 2 StVG nF eine Sonderregelung zu § 254 BGB, uzw. auch dann, wenn auf einer Seite oder auf beiden Seiten die Betriebsgefahr durch ein Verschulden erhöht ist.

4 In der Regulierungspraxis steht die Anwendung des § 17 Abs 2 StVG nF, der auf § 17 Abs 1 StVG nF verweist, im Vordergrund; hier liegt die **Hauptbedeutung des § 17 StVG.** Die Aufnahme in einen eigenen Absatz und die Neuformulierung dient dem besseren Verständnis dieser Norm.

5 Gem § 18 Abs 3 StVG gelten die Regelungen des § 17 StVG auch für haftpflichtige **Kfz-Führer** und für das Verhältnis zwischen gegnerischen Haltern und Führern. Zu beachten ist, daß bei einem Verkehrsunfall zwischen zwei Kraftfahrzeugen die Verantwortungsbeiträge von Halter und Führer auf der einen wie auf der anderen Seite jeweils zu einem einheitlichen Verantwortungsbeitrag verschmelzen; Halter und Fahrer bilden auf der Schädigerseite eine **Haftungseinheit,** auf der Geschädigtenseite eine **Zurechnungseinheit.** Halter und Fahrer haften, soweit sie für den Unfall nach §§ 823, 831 BGB bzw. §§ 7, 18 StVG verantwortlich sind, im Rahmen der Haftungsabwägung nach § 17 StVG immer auf dieselbe Quote.

6 **2. Anspruchskürzung nach § 17 Abs 2 StVG wegen eigener Mitverantwortung des Geschädigten**

§ 17 Abs 2 StVG kommt als Sonderregelung zu § 254 BGB zur Anwendung bei einem Unfall mit mehreren Kraftfahrzeugen, wenn **beide Seiten,** Schädiger und Geschädigter, als **Halter** für die Betriebsgefahr eines unfallbeteiligten Kfz einzustehen haben. In diesem Falle ist für die selbst erlittenen Schäden die Haftungsquote durch eine **Abwägung nach § 17 Abs 1 StVG** zu bestimmen. Die Haftung des Schädigers ist aber nach § 17 Abs 3 StVG ausgeschlossen, wenn der Unfall durch ein **unabwendbares Ereignis** verursacht wird.

a) **Haftungsausschluß nach § 17 Abs 2 iVm Abs 3 StVG.** Nach 7 der jetzigen Gesetzeslage besteht für den Kfz-Halter als Schädiger ein **zweigestufter Entlastungsbeweis:**
- Gegenüber einem Geschädigten, der **selbst nicht als Kfz-Halter für die Betriebsgefahr** eines unfallbeteiligten Kfz einzustehen hat, ist der Schädiger als Kfz-Halter **nur bei höherer Gewalt** entlastet (§ 7 Abs 2 StVG).
- Gegenüber einem Geschädigten, der **selbst ebenfalls als Kfz-Halter für die Betriebsgefahr** eines unfallbeteiligten Kfz einzustehen hat, ist der Schädiger als Kfz-Halter **schon bei unabwendbarem Ereignis** entlastet (§ 17 Abs 3 StVG).

Die Voraussetzungen für den **Unabwendbarkeitsnachweis** sind nicht 8 verändert worden, der Wortlaut des § 17 Abs 3 S 1 und 2 StVG nF ist weitgehend identisch mit dem des § 7 Abs 2 S 1 und 2 StVG aF; die zum Unabwendbarkeitsnachweis entwickelten Rechtsgrundsätze können deshalb voll übernommen werden (s näher § 7 StVG, Rn 20 ff).

Neu ist die Regelung des § 17 Abs 3 S 3 StVG. Danach gilt der Haf- 9 tungsausschluß nach § 17 Abs 3 S 1 und 2 auch für die Ersatzpflicht gegenüber dem **Eigentümer eines Kfz, der nicht selbst Halter** ist. Diese Regelung gilt insbesondere für Leasingfahrzeuge und für sicherungsübereignete Fahrzeuge; in diesen Fällen ist der Leasingnehmer bzw. der Sicherungsgeber Halter. Der Gesetzgeber hat mit dieser Regelung verhindern wollen, daß der Kfz-Eigentümer, der nicht Halter ist, den Halter des anderen unfallbeteiligten Kfz selbst dann auf Schadensersatz in Anspruch nehmen kann, wenn dieser sich nachweislich wie ein „Idealfahrer" verhalten hat. Die Frage, ob und in welchen Fällen sich der Eigentümer, der nicht Halter seines Kfz ist, den Verantwortungsbeitrags des Fahrers seines Kfz zurechnen lassen muß, ist damit nicht beantwortet (s. dazu § 9 StVG, Rn 9).

b) **Haftungsabwägung nach § 17 Abs 2 iVm Abs 1 StVG.** Zu 10 dieser Haftungsabwägung kommt es nur dann, wenn der in Anspruch genommene Kfz-Halter den Unabwendbarkeitsbeweis nicht führen kann (§ 17 Abs 3 StVG).

In diesem Falle gilt nach § 17 Abs 2 StVG für die Haftungsabwägung 11 Abs. 1 entsprechend. Nach Abs 1 hängt im Verhältnis der Kfz-Halter zueinander die **Verpflichtung zum Ersatz** sowie der **Umfang des zu leistenden Ersatzes** von den Umständen, insbesondere davon ab, inwieweit der Schaden **vorwiegend von dem einen oder dem anderen Teil verursacht** worden ist.

In einem **ersten Schritt** ist das **Gewicht des Verursachungsbeitrags** 12 des einen und des anderen Kfz-Halters zu bestimmen. Dabei ist zu beachten, daß insoweit zum Nachteil der einen oder der anderen Seite nur **fest-**

StVG § 17 13–18

stehende Umstände berücksichtigt werden dürfen, uzw. auch nur solche Umstände, die sich auch **nachweislich auf den Unfall ausgewirkt** haben (BGH NJW 00, 3069 = r+s 00, 409; BGH NJW 95, 1029 = r+s 95, 132).

13 Sodann sind in einem **zweiten Schritt** die beiden Verursachungsanteile, die notwendigerweise immer zusammen 100% ergeben müssen, **gegeneinander abzuwägen.** Wenn Gewichtsunterschiede nicht festzustellen sind, ergibt sich eine Haftungsquote von 50%. Das Gewicht des Verursachungsbeitrags des Schädigers kann aber auch bis auf 0% sinken oder bis auf 100% steigen. Im Ergebnis kann sich also auch noch im Rahmen der Abwägung nach § 17 Abs 1 StVG eine volle Haftung oder eine völlige Haftungsfreistellung des Schädigers ergeben; das folgt schon daraus, daß in § 17 Abs 1 StVG auch „die Verpflichtung zum Ersatz" angesprochen ist.

14 aa) **Ermittlung des jeweiligen Verursachungsbeitrags.** Der Verursachungsbeitrag wird gebildet durch die **Summe der Gefahren,** die in der konkreten Unfallsituation von dem Kfz ausgegangen sind und sich bei dem Unfall ausgewirkt haben.

15 Die Gefahren können sich aus **objektiven Umständen** ergeben, zB aus der Beschaffenheit des Kfz (insbesondere ihrer Masse), aus der Geschwindigkeit des Kfz, aus dem konkreten Fahrmanöver (zB Wenden, Ein- oder Ausfahren, Überholen), aber auch aus **subjektiven Umständen,** insbesondere aus dem Fahrverhalten des Fahrers (Verstoß gegen Verkehrsregeln), das wiederum durch Eignungsmängel (keine Fahrerlaubnis, Alkohol, Übermüdung) beeinflußt sein kann. Liegen derartige subjektive Umstände vor, ist die von dem Kfz in der konkreten Unfallsituation ausgehende Betriebsgefahr evtl. **durch Verschulden des Fahrers erhöht** mit der Folge, daß der Verursachungs- (Verantwortungs-) Beitrag schwerer wiegt.

16 Zu beachten ist aber, daß diese Umstände **feststehen** müssen, und ferner, daß auch feststehen muß, daß sie sich auf den Unfall – Unfallhergang oder Schadensumfang **-ausgewirkt** haben. Deshalb erhöht zB eine **Alkoholisierung** des Fahrers nicht die Betriebsgefahr, wenn sie sich nicht auf den Unfall ausgewirkt hat (BGH NJW 95, 1029 = r+s 95, 132). Dieses muß mindestens im Wege des Anscheinsbeweises feststehen.

17 bb) **Ermittlung der Haftungsquote.** Weil bei der Abwägung in erster Linie das Maß der Verursachung maßgeblich ist, in dem die Beteiligten zur Schadensentstehung beigetragen haben – das Verschulden ist nur ein Faktor der Abwägung –, trägt derjenige den größeren Verantwortungs- und damit als Schädiger auch den größeren Haftungsanteil, dessen Verhalten den **Eintritt des Schadens in höherem Maße wahrscheinlich** gemacht hat (BGH NJW 98, 1137 = r+s 98, 148; BGH NJW-RR 88, 1373).

18 Wer zB schuldhaft eine Verkehrsregel mißachtet, trägt im Verhältnis zu demjenigen, der lediglich hierauf schuldhaft verspätet reagiert, idR den größeren Haftungsanteil.

Begehen zwar beide Kfz-Führer schuldhaft einen Verkehrsverstoß, hatte 19
aber einer der Kfz-Führer ein **gesteigertes Maß an Sorgfalt** zu beachten
– bei bestimmten Fahrmanövern (zB beim Ein- und Ausfahren aus einem
Grundstück und beim Wenden) muß sich der Kfz-Führer nach den Regeln
der StVO so verhalten, daß eine Gefährdung anderer „**ausgeschlossen**"
ist (s zB §§ 9 Abs 5, 10 StVO) –, ist es idR gerechtfertigt, dieser Seite den
größeren Verantwortungsanteil aufzuerlegen.

Gegenüber der **durch Verschulden erhöhten Betriebsgefahr** auf der 20
einen Seite wird die **einfache Betriebsgefahr** auf der anderen Seite üblicherweise mit **20%** bewertet; bei einem **schwerwiegenden Verkehrsverstoß** ist es aber oft gerechtfertigt, die einfache Betriebsgefahr **ganz zurücktreten** zu lassen.

Ist **beiderseits ein Verschulden nicht nachgewiesen,** können dennoch die bei dem Unfall mitwirkenden Betriebsgefahren unterschiedlich 21
hoch gewesen sein, z.B. aufgrund unterschiedlicher **Massen oder Geschwindigkeiten;** der Verursachungsanteil wiegt dann aus diesem Grund schwerer.

Insgesamt können die **Besonderheiten des Falles** immer ein Abwei- 22
chen von derartigen Grundregeln rechtfertigen. Eine schematische Quotenbildung scheidet aus. Um Orientierungshilfen zu gewinnen, können
Quotentabellen hilfreich sein (zB Grüneberg, Haftungsquoten bei Verkehrsunfällen, 6. Aufl; Splitter, Schadensverteilung bei Verkehrsunfällen,
3. Aufl; Brüseken/Krumbholz/Thiermann, Typische Haftungsquoten bei
Verkehrsunfällen, NZV 00, 441 ff).

Weil der Kfz-Halter, der sich nachweislich wie ein Idealfahrer verhalten 23
hat, gegenüber dem geschädigten Kfz-Halter schon nicht haftpflichtig ist,
können die von der Rechtsprechung entwickelten **Grundsätze für die
Haftungsabwägung nach § 17 StVG** auch für Unfälle nach dem 1. 8.
2002 – dem Inkrafttreten des 2. SchadÄndG – **unverändert** angewendet
werden. Weil ein **Verschulden** das Gewicht des Verantwortungsanteils
beeinflußt, muß in allen Abwägungsfällen nach § 17 StVG wie bisher die
Verschuldensfrage geklärt werden.

3. Gesamtschuldnerausgleich nach § 17 Abs 1 StVG 24

§ 17 Abs 1 StVG nF enthält Regelungen über den **Gesamtschuldnerausgleich** zwischen mehreren unfallbeteiligten Kfz-Haltern für den
Fall, daß **ein Dritter durch mehrere Kfz geschädigt** wird und die Kfz-Halter dem Dritten aus § 7 StVG (und evtl. auch aus §§ 823, 831 BGB)
gesamtschuldnerisch zum Schadensersatz verpflichtet sind. Insoweit
bestimmen sich
– die **Ausgleichsquote nach Abs 1** hinsichtlich des Schadens des Dritten
und
– die **Haftungsquote nach Abs 2** hinsichtlich der eigenen Schäden
nach denselben Maßstäben.

Wenn also zB bei einer Kollision zwischen zwei Kraftfahrzeugen ein 25
Fußgänger, Radfahrer oder Insasse verletzt wird, haften die beiden Kfz-

Halter dem verletzten **Dritten** gem § 7 StVG gesamtschuldnerisch voll bzw., falls ein Mitverschulden des Dritten gegeben ist, evtl. gem. §§ 9 StVG, 254 BGB nur gesamtschuldnerisch auf eine Haftungsquote. Im **Innenverhältnis der beiden Kfz-Halter** bestimmt § 17 Abs 1 StVG, zu welchen Anteilen sie den Ersatzanspruch des Dritten intern zu tragen haben; diese Quote ist dann zugleich nach § 17 Abs 2 iVm Abs 1 StVG maßgeblich für **ihre wechselseitige Haftpflicht** für die selbst erlittenen Schäden.

26 4. Die Bedeutung der Regelung des § 17 Abs 4 StVG

26 **Abs 4** kommt iVm **Abs 2** zur Anwendung, wenn der **Schädiger** als Halter eines Kfz oder Anhängers aus § 7 StVG haftet und nicht nach § 17 Abs 3 StVG entlastet ist und wenn auf Seiten des **Geschädigten** die Betriebsgefahr eines **Anhängers** oder einer **Eisenbahn** oder die Tiergefahr eines **Tieres** mitgewirkt hat und **der Geschädigte für die Betriebs- oder Tiergefahr einstehen** muß. Dann erfolgt die Haftungsabwägung nach denselben Maßstäben wie im Falle der Abwägung unter mehreren unfallbeteiligten Kfz-Haltern, also nach § 17 Abs 1 StVG.

27 Zu beachten ist, daß § 17 StVG in diesem Falle **Spezialregelung zu § 13 HPflG** ist (BGH NZV 94, 146; Kö NZV 97, 192 = r+s 97, 192). Kommt es zB auf einem Bahnübergang zu einem Unfall zwischen einem Lastzug und einer Eisenbahn, kann der Bahnunternehmer die beiden Halter der Zugmaschine und des Anhängers gesamtschuldnerisch aus § 7 StVG auf Schadensersatz in Anspruch nehmen (und den Fahrer evtl zusätzlich aus § 18 StVG). Ist der Eisenbahnunternehmer selbst gem. § 1 HPflG für den Unfall mitverantwortlich, erfolgt die Haftungsabwägung nicht nach § 13 HPflG, sondern nach § 17 Abs 4 iVm Abs 1 StVG.

28 **Abs 4** kommt iVm **Abs 1** zur Anwendung, wenn ein **Dritter** durch ein **Kfz und einen Kfz-Anhänger**, durch ein **Kfz und ein Tier** oder durch ein **Kfz und eine Eisenbahn** geschädigt worden ist. Dann erfolgt hinsichtlich der Schäden des Dritten der Gesamtschuldnerausgleich nach denselben Maßstäben wie hinsichtlich der eigenen Schäden.

28 a Bei der Abwägung der **Betriebsgefahr eines Kfz oder Anhängers** gegenüber der **Betriebsgefahr einer Eisenbahn** oder der **Tiergefahr** sind Besonderheiten zu beachten, die sich aus der Unterschiedlichkeit der Gefahren ergeben (s. dazu Grüneberg, Haftungsquoten bei Verkehrsunfällen, 6. Aufl, S 304 ff und S 434 ff).

§ 18 (Ersatzpflicht des Fahrzeugführers)

(1) **In den Fällen des § 7 Abs. 1 ist auch der Führer des Kraftfahrzeugs oder des Anhängers zum Ersatz des Schadens nach den Vorschriften der §§ 8 bis 15 verpflichtet. Die Ersatzpflicht ist ausgeschlossen, wenn der Schaden nicht durch ein Verschulden des Führers verursacht ist.**

(2) **Die Vorschrift des § 16 findet entsprechende Anwendung.**

Haftung des Führers des Kfz oder Anhängers 1–4 § 18 StVG

(3) Ist in den Fällen des § 17 auch der Führer eines Kraftfahrzeugs oder Anhängers zum Ersatz des Schadens verpflichtet, so sind auf diese Verpflichtung in seinem Verhältnis zu den Haltern und Führern der anderen beteiligten Kraftfahrzeuge, zu den Haltern und Führern der anderen beteiligten Anhänger, zu dem Tierhalter oder Eisenbahnunternehmer die Vorschriften des § 17 entsprechend anzuwenden.

Inhaltsübersicht

	Rn
1. Allgemeines	1
2. Haftung des Führers des Kfz oder Anhängers	3
3. Entlastungsbeweis des Führers des Kfz oder Anhängers	8
4. Entsprechende Anwendung des § 16 StVG	10
5. Ausgleichungspflicht des Führers des Kfz oder Anhängers	11

1. Allgemeines

§ 18 StVG ist durch das 2. SchadÄndG nur geringfügig geändert worden. Es ist lediglich die notwendige Konsequenz daraus gezogen worden, daß jetzt der Kfz-Anhänger haftungsrechtlich dem Kfz gleichgestellt ist. Es kann jetzt auch der **Führer eines Kfz-Anhängers** nach § 18 StVG haftpflichtig sein.

Zu beachten ist, daß der **Entlastungsbeweis für den Kfz-Führer nicht verschärft** worden ist; während der Halter nach § 7 Abs 2 StVG nur noch bei **höherer Gewalt** entlastet ist, ist der Fahrer wie bisher auch weiterhin schon dann entlastet, wenn er nachweist, daß der Schaden **nicht durch sein Verschulden** verursacht ist. Deshalb wird in Zukunft häufiger als bisher die Situation eintreten, daß der Halter haftpflichtig ist, während der Fahrer sich entlasten kann. Das ist zwar für die Eintrittspflicht des Haftpflichtversicherers nach § 3 Nr 1 PflVG bedeutungslos; es hat aber für den Kläger im Prozeß Kostenfolgen, wenn der Fahrer erfolglos mit verklagt wird.

2. Haftung des Führers des Kfz oder Anhängers

Kfz-Führer iSd § 18 Abs 1 StVG ist derjenige, der im Augenblick des Unfalls das Kfz lenkt und die **tatsächliche Gewalt** über das Steuer hat. Zweifelhaft ist, ob auch derjenige Fahrer ist, der ein Kfz versehentlich in Gang setzt (s. dazu Burmann zfs 98, 411 mwH). Beim Fahrschulbetrieb gilt nach § 2 Abs 15 S 2 StVG der **Fahrlehrer** als Führer des Fahrschulfahrzeugs; bei einem Unfall kann der Fahrschüler aber neben ihm aus § 823 BGB haftpflichtig sein.

Solange der **Anhänger mit dem Kfz verbunden** ist, ist der Führer des Kfz zugleich der Führer des Anhängers. Der vom Kfz **gelöste oder abgestellte Kfz-Anhänger** kann aber selbst einen Führer haben, der dann auch gem. § 18 StVG haftpflichtig werden kann, wenn dieser Anhänger einen Unfall verursacht.

5 Der im öffentlichen Verkehrsraum abgestellte Anhänger ist – wie das abgestellte Kfz – ebenfalls noch **„im Betrieb"** iSd § 7 Abs 1 StVG (s näher § 7 StVG, Rn 7 ff). Es besteht deshalb auch die Haftung des Führers des Anhängers weiter.

6 Der Führer eines Kfz oder eines Kfz-Anhängers haftet nach § 18 Abs 1 S 1 StVG **„in den Fällen des § 7 Abs 1"**. Er haftet also unter **denselben Voraussetzungen wie der Halter;** insoweit ergibt sich kein Unterschied. Es kann deshalb auf die Ausführungen zu § 7 StVG verwiesen werden (§ 7 StVG Rn 7 ff).

7 Andererseits verweist § 18 Abs 1 StVG auch auf die **§§ 8 bis 15 StVG.** Deshalb gelten zB die Haftungsausschlüsse des § 8 StVG und die Regelungen des § 9 StVG zur Berücksichtigung des Mitverschuldens auch zugunsten des Fahrers.

8   3. Entlastungsbeweis des Führers des Kfz oder Anhängers

Die Ersatzpflicht des Führers ist unter erleichterten Voraussetzungen ausgeschlossen, nämlich gem. § 18 Abs 1 S 2 StVG schon dann, wenn er nachweist, daß der Schaden nicht durch sein Verschulden verursacht ist. Diese gesetzliche **Verschuldensvermutung** kann zB widerlegt sein, wenn der Unfall auf einem technischen Fehler (zB geplatzter Reifen, Versagen der Bremsen) beruht; es ist dann Sache des Fahrers, den Nachweis zu führen, daß er deshalb schuldlos die Kontrolle über das Kfz verloren hat. Die Verschuldensvermutung ist ferner widerlegt, wenn der Führer nachweist, daß er sich **verkehrsrichtig** verhalten hat (Ha NZV 98, 463 = OLGR 98, 222).

9 Wird zB ein plötzlich auf die Fahrbahn laufendes **Kind unter 10 Jahren** von einem Lastzug angefahren und verletzt, kann das Kind neben den beiden Haltern der Zugmaschine und des Anhängers auch den Fahrer gesamtschuldnerisch aus §§ 7, 18 StVG auf Schadensersatz in Anspruch nehmen. Während sich aber die beiden Halter idR nicht entlasten können – höhere Gewalt gem. § 7 Abs 2 StVG liegt in einem derartigen Fall idR nicht vor –, ist der Fahrer schon dann gem. § 18 Abs 1 S 2 StVG entlastet, wenn er seine Schuldlosigkeit beweisen kann.

10   4. Entsprechende Anwendung des § 16 StVG

Nach § 18 Abs 2 StVG findet **§ 16 StVG entsprechende Anwendung.** Damit ist klargestellt, daß nicht nur hinsichtlich des Halters, sondern auch hinsichtlich des Fahrers bundesrechtliche Vorschriften unberührt bleiben, nach denen Halter oder Fahrer in weiterem Umfang als nach den Vorschriften des StVG haften (zB nach § 823 BGB) oder nach denen ein anderer für den Schaden verantwortlich ist (zB nach § 839 BGB iVm Art 34 GG).

11   5. Ausgleichungspflicht des Führers des Kfz oder Anhängers

§ 18 Abs 3 StVG nF stellt klar, daß bei einem Unfall mit mehreren Kraftfahrzeugen der aus § 18 Abs 1 StVG nF haftpflichtige **Führer eines**

Kfz oder Kfz-Anhängers ebenfalls in das Haftungs- und Ausgleichssystem des § 17 StVG nF einbezogen ist.

Dabei bilden zB bei einem Unfall zwischen zwei Lastzügen Fahrer, Halter der Zugmaschine und Halter des Anhängers jeweils eine **Haftungs- bzw. Zurechnungseinheit.** Es ist dann nach § 17 Abs 2 StVG eine einheitliche Haftungsquote zu bilden, bei der jeweils neben den Betriebsgefahren der beiden Fahrzeuge das Verhalten des Fahrers zu berücksichtigen ist. 12

Die Einbeziehung des Führers des Kfz oder Kfz-Anhängers in das Haftungs- und Ausgleichssystem des § 17 StVG gilt auch bei einem Unfall zwischen Kfz und Tier oder Kfz und Eisenbahn für das Verhältnis zu dem unfallbeteiligten **Tierhalter** oder **Eisenbahnunternehmer.** 13

Der **Innenausgleich** zwischen Halter und Fahrer erfolgt nicht nach § 17 StVG, sondern nach § 426 BGB. Das gilt auch dann, wenn bei einem Lastzug Zugmaschine und Anhänger verschiedene Halter haben. Sind zB bei einem Kinderunfall mit einem Lastzug Zugmaschine und Anhänger bei verschiedenen Haftpflichtversicherern versichert, wird idR – vor allem dann, wenn der Fahrer den Unfall verschuldet hat – der Fahrer und der Halter der Zugmaschine und damit auch deren Haftpflichtversicherer den Schaden des Kindes im Innenverhältnis idR allein zu tragen haben. 14

§ 19 (weggefallen)

§ 20 (Örtliche Zuständigkeit)

Für Klagen, die auf Grund dieses Gesetzes erhoben werden, ist auch das Gericht zuständig, in dessen Bezirk das schädigende Ereignis stattgefunden hat.

III. Straf- und Bußgeldvorschriften

§ 21 (Fahren ohne Fahrerlaubnis)

(1) Mit Freiheitsstrafe bis zu einem Jahr oder mit Geldstrafe wird bestraft, wer

1. ein Kraftfahrzeug führt, obwohl er die dazu erforderliche Fahrerlaubnis nicht hat oder ihm das Führen des Fahrzeugs nach § 44 des Strafgesetzbuches oder nach § 25 dieses Gesetzes verboten ist, oder
2. als Halter eines Kraftfahrzeugs anordnet oder zuläßt, daß jemand das Fahrzeug führt, der die dazu erforderliche Fahrerlaubnis nicht hat oder dem das Führen des Fahrzeugs nach § 44 des Strafgesetzbuches oder nach § 25 dieses Gesetzes verboten ist.

(2) Mit Freiheitsstrafe bis zu sechs Monaten oder mit Geldstrafe bis zu einhundertachtzig Tagessätzen wird bestraft, wer

Heß/Jagow

1. eine Tat nach Absatz 1 fahrlässig begeht,
2. vorsätzlich oder fahrlässig ein Kraftfahrzeug führt, obwohl der vorgeschriebene Führerschein nach § 94 der Strafprozeßordnung in Verwahrung genommen, sichergestellt oder beschlagnahmt ist, oder
3. vorsätzlich oder fahrlässig als Halter eines Kraftfahrzeugs anordnet oder zuläßt, daß jemand das Fahrzeug führt, obwohl der vorgeschriebene Führerschein nach § 94 der Strafprozeßordnung in Verwahrung genommen, sichergestellt oder beschlagnahmt ist.

(3) In den Fällen des Absatzes 1 kann das Kraftfahrzeug, auf das sich die Tat bezieht, eingezogen werden, wenn der Täter

1. das Fahrzeug geführt hat, obwohl ihm die Fahrerlaubnis entzogen oder das Führen des Fahrzeugs nach § 44 des Strafgesetzbuches oder nach § 25 dieses Gesetzes verboten war oder obwohl eine Sperre nach § 69 a Abs. 1 Satz 3 des Strafgesetzbuches gegen ihn angeordnet war,
2. als Halter des Fahrzeugs angeordnet oder zugelassen hat, daß jemand das Fahrzeug führte, dem die Fahrerlaubnis entzogen oder das Führen des Fahrzeugs nach § 44 des Strafgesetzbuches oder nach § 25 dieses Gesetzes verboten war oder gegen den eine Sperre nach § 69 a Abs. 1 Satz 3 des Strafgesetzbuches angeordnet war, oder
3. in den letzten drei Jahren vor der Tat schon einmal wegen einer Tat nach Absatz 1 verurteilt worden ist.

Inhaltsübersicht

	Rn
1. Allgemeines	1
2. Wesen u Zusammenhang der Vorschriften	2
3. Abs 1: Führen u Führenlassen ohne Fahrerlaubnis oder trotz Fahrverbot	4
a) Nichtbesitz der Fahrerlaubnis	4
b) Entziehung der Fahrerlaubnis	7
c) Fahren trotz Fahrverbot	8
d) Halter	9
e) Subjektiver Tatbestand	10
4. Abs 2 Nr 1: Die fahrlässige Begehung von Abs 1	11
5. Abs 2 Nr 2, 3: Vorübergehende Sicherstellung des Führerscheins	13
6. Abs 3: Einziehung	14
7. Zusammentreffen mit anderen Straftaten	16
8. Teilnahme	18
9. Strafzumessung	19

1. Allgemeines

1

Zur historischen Entwicklung s Janiszewski 616. I 1 erste Alternative u II 1 sind **verfassungskonform** (BVfG BGBl I 1979 S 489 = VRS 56, 401 = StVE 9). § 21 ist **Dauer**delikt u hat Schutzfunktion für die VSicherheit

Führen und Zulassen 2–4a **§ 21 StVG**

u die Individualinteressen aller VT (§ 21 I 2 ist SchutzG iS von § 823 II BGB bzgl anderer VT, nicht aber des Fahrers: BGH(Z) VRS 80, 170); unter den Voraussetzungen des § 7 StGB ist er daher auch auf im Ausland begangene Taten anwendbar (BGHSt 8, 349; **E** 19 f), nicht allerdings, wenn die Tat dort nur als Verwaltungsübertretung geahndet wird (BGHSt 27, 5; Bay VRS 61, 115; s auch **E** 19 ff). § 21 gilt nur im öff VRaum (s **E** 26 u § 1 StVO 13 ff). – Zum Begriff Kfz vgl Rn 8 zu § 1 StVG.

2. Wesen u Zusammenhang der Vorschriften 2

§ 21 enthält die Strafvorschriften für Zuwiderhandlungen gegen die FE-Pflicht des § 2. **I** enthält den mit höherer Strafe bedrohten GrundTB des vorsätzlichen Führens ohne FE oder entgegen einem FV. **II** bedroht mit geringerer Strafe die fahrlässige Begehungsform des Vergehens nach I u das – sowohl vorsätzliche wie fahrlässige – Führen eines Kfz durch Personen, die zwar eine FE besitzen, deren FSch aber behördlich sichergestellt ist. **III** enthält Einziehungsbestimmungen. „**Führen**" eines Kfz: s § 2 StVO 5 ff.

Nicht unter § 21 fällt die Nichtbeachtung einer **Auflage**, wie zB die 3 zum Tragen einer Brille oder zur Anbringung eines zusätzlichen Außenspiegels, was den Bestand der FE nicht berührt (vgl hierzu § 2 Rn 17); Verstöße gegen Auflagen nach § 23 II 1, 28 I 2 und 46 II FeV sind nur OW nach § 75 Nr 9 FeV; gegen § 10 III FeV (Mindestalter für das Führen von fahrerlaubnisfreien Kfz) OW nach § 75 Nr 7 FeV, gegen § 5 I 1 FeV (Mofa-Führen ohne Prüfbescheinigung) OW nach § 75 Nr 5 FeV (s auch unten 4–6 u 13). Wegen der unterschiedlichen Ahndungsmöglichkeiten ist in der Entscheidung der VB oder im Urt eindeutig anzugeben, ob nur eine Auflage oder eine inhaltliche Beschränkung vorliegt (Bay NZV 90, 322).

Nichtbeachten der Vorschrift über die erforderliche FE zur Fahrgastbeförderung fällt nicht unter § 21 und ist nur OWi, vgl. § 75 Nr 12, § 48 I FeV.

3. Abs 1: Führen u Zulassen des Führens eines Kfz ohne Fahr- 4 erlaubnis oder trotz Fahrverbotes

a) **Nichtbesitz der FE.** Der TB umfaßt das Führen jedes Kfz (s dazu § 1 Rn 8, § 2 StVO 8 ff), für das nach § 2 eine FE irgendeiner Klasse erforderlich ist (§§ 4 I u 5 StVZO). Auch das Führen eines Kfz mit einem FSch einer zu geringen Klasse verstößt gegen § 21 I (Br VM 63, 83; Sa NZV 89, 474; zum Abschleppen s § 23 StVO 26), ebenso das Führen eines führerscheinfreien Mofas, das ohne bauliche Veränderungen (AG Geilenkirchen NZV 93, 125) eine höhere Geschwindigkeit erreicht (Ha NJW 78, 332; BVfG VRS 56, 401, 409) oder nach „Umfrisieren" (Stu VRS 21, 451; Bay VRS 67, 373 = StVE 21) und damit führerscheinpflichtig wird.

„Bauliche Veränderung" bzw „Veränderung der Bauart" mit der Absicht 4a der Änderung der bauartbestimmten Höchstgeschwindigkeit des betr Kfz liegt nur vor, wenn in die konstruktive Beschaffenheit der Bauteile eingegriffen wird, die die Fortbewegung des Fz ermöglichen (zB Fahrgestell, Bereifung, Motor, Getriebe), vgl Brandbg OLG NZV 02, 146.

Jagow

StVG § 21   4 b–6

4 b Zur Abgrenzung zwischen „Klein Pkw" u mot KrankenFahrst s Erl Rn 2 a zu § 2 StVG.

4 c Entspr gilt bei einer sachlichen **Einschränkung** der FE, wenn sie zB aus techn Gründen eingeschränkt (§ 23 II FeV), nach § 23 I 2 befristet oder nur für bestimmte Klassen oder Automatik-Kfze (s § 17 VI FeV) erteilt ist u diese Einschränkungen nicht beachtet werden. – Der **Fahrschüler** ist auch dann nicht „Führer" iS des § 21, wenn der Fahrlehrer ihn von außen anleitet (BGH DAR 72, 187) oder verbotswidrig mehrere Fahrschüler gleichzeitig praktisch ausbildet; die ges Fiktion des § 2 XV gilt auch dann.

5 Nach I ist nur strafbar, wer die **FE,** also das **Recht** zum Führen eines Kfz, nicht hat, während es auf den Besitz des FSch nicht ankommt (Schl VRS 31, 66; Kö VRS 30, 69). Wer seinen FSch entgegen § 4 II 2 FeV auf der Fahrt nicht mit sich führt, weil er ihn verloren oder nur vergessen hat, ist nicht nach § 21 I strafbar, sondern begeht nur eine OW nach § 75 Nr 4 FeV (s oben Rn 3 u Nr 168 BKat). Erteilt eine VB in Unkenntnis einer noch laufenden Sperrfrist eine neue FE, so ist dieser VA zwar fehlerhaft, aber nicht nichtig, so daß der Inhaber der zu Unrecht erteilten FE nicht gegen § 21 I verstößt (Ha VRS 26, 345); das gilt auch für die aufgrund Bestechung pflichtwidrig erteilte FE (BGHSt 37, 207); wer aber trotz Entz der FE fährt, nachdem er die Herausgabe des eines eingezogenen FSch durch unlautere Machenschaften erschlichen hatte, ist nach § 21 strafbar.

6 Inhaber einer ausl Fahrerlaubnis sind nach I strafbar, wenn sie im Inland ein Kfz führen, ohne daß die Voraussetzungen des § 4 IntKfzVO (Anh II) vorliegen oder wenn diese Berechtigungen nach § 4 IntKfzVO nicht mehr gelten, die Erlaubnis nach § 11 II IntKfzVO entzogen worden ist (s dazu § 2 Rn 18 ff) oder die 6-Monatsfrist (§ 4 I S 3 IntKfzVO) oder wenn für Ausländer, die nicht dem nach § 28 FeV bevorrechtigten Personenkreis angehören, die **Frist** verstrichen ist (Ce NZV 96, 327; Kö NZV 96, 289; Bay NZV 96, 502; aA LG Memmingen DAR 94, 412 u AG Lippstadt ZfS 95, 313 aus unzutr Gründen; dagegen m R Hentschel NZV 95, 60). Für EU/EWR-FSch-Inhaber gilt die Berechtigung nach § 28 I FeV auch nach 6 Mon unbefristet weiter, soweit sich eine etwaige Befristung nicht aus der mitgebrachten ausl FE oder aufgrund von EU-Vorschriften (zB für die Klassen C und D) ergibt. – Zum Begriff: **„ordentlicher Wohnsitz"** vgl Rn 18 a zu § 2 StVG. – Strafbar ist nach § 21 auch, wer vor Vollendung des 18. Lebensjahres **(Mindestalter)** als Inhaber einer FE der Kl A 1 ein Krad mit mehr als 80 km/h bauartbedingter Höchstgeschwindigkeit führt (§ 28 II FeV). Nichtmitführen der **dt Übersetzung** (§ 4 II 2 iVm § 1 III IntKfzVO) berührt die FE nach § 4 I IntKfzVO nicht, ist bloße OW (§ 14 Nr 4 IntKfzVO; s Nr 237 BKat). Nach BGH (NZV 02, 45), Bay (NZV 91, 481) soll der Ausländer nicht nach § 21 strafbar sein, der (unwiderlegt) behauptet, eine ausl FE zu besitzen, dies aber nicht (gem § 4 II IntKfzVO) „nachweisen" kann (zw, weil die Fahrberechtigung nicht vom „Nachweis" der FE abhängt, so auch Jag/Hentschel 2). – Die Entscheidung des EuG (DAR 96, 193) zur (Nicht-) Strafbarkeit der Versäumung der Frist für den Umtausch einer ausl FE hat angesichts der rechtlichen Fortentwicklung kaum eine Bedeutung (s Ludovisy DAR 96, 195).

Führen und Zulassen 6a–9 § 21 StVG

Entziehung einer ausl Fahrerlaubnis nach § 69b aF (bis 31. 12. 1998) **6a**
und Anordnung einer isolierten Sperrfrist nach § 69a StGB hat nur die
Wirkung eines Fahrverbots mit der Folge, daß nach Ablauf der Sperrfrist
die ausl Fahrerlaubnis automatisch wieder gilt (OLG Kö NZV 02, 225).

b) **Die Entz der FE** bewirkt den Verlust des R aus ihrer Erteilung. **7**
Von der Rechtskraft der Entscheidung an hat der Betr keine FE mehr.
Gleichgültig ist, ob die FE durch die VB nach § 3 StVG oder durch ein
Gericht nach § 69 oder § 69b StGB entzogen worden ist. Gegen § 21
verstößt auch, dh ohne FE fährt, wer mehrere, von verschiedenen Behörden zu verschiedenen Zeiten ausgestellte FSche besitzt, von denen aber nur
einer beschlagnahmt ist, weil die Erlaubnis zum Führen eines Kfz im Inland schlechthin, u nicht etwa die von einer bestimmten Behörde erteilte
entzogen wird (Kö NZV 91, 360; Ha VRS 55, 344). Die Entz dauert bis
zur Erteilung einer neuen FE (Bay VRS 18, 212; s auch § 69 StGB 16).
Auch die **vorläufige Entz der FE** nach § 111a StPO bewirkt den Verlust der FE iS von § 21 (Kar VRS 53, 461, obwohl sie nur die Wirkung
eines „Fahrverbots" hat: s § 111a StPO 3) von dem Zeitpunkt an, in dem
der Beschl zugestellt oder formlos (jedoch nicht nur mündlich durch einen
Pol bei einer Kontrolle: Ha VRS 57, 125) mitgeteilt wird (BGH(Z) VRS
23, 433; Dü VM 58, 70; Ha DAR 57, 25), allerdings mit Ausn der etwa
nach § 111a I S 2 StPO ausgenommenen Kfz-Art (s § 111a StPO 3).
– Die **Anfechtungsklage** gegen die EdFE durch eine VB nach § 3 hat
aufschiebende Wirkung (§ 80 I VwGO) solange die VB nicht den **sofortigen Vollzug** nach § 80 II 4 VwGO angeordnet hat. – Wird im **Wiederaufnahmeverfahren** (§§ 359ff StPO) ein die EdFE anordnendes Urt
rkr aufgehoben, ist der Verurteilte so zu behandeln, als wäre die EdFE nie
erfolgt (Bay NZV 92, 42 m zust Anm Asper NStZ 94, 171).

c) **Fahren trotz Fahrverbotes.** Die nach § 44 StGB u § 25 StVG zu- **8**
lässigen FVe bewirken zwar nicht den Verlust, sondern nur das Ruhen der
FE; vorsätzliches Zuwiderhandeln gegen das FV ist aber wegen des darin
zum Ausdruck kommenden Ungehorsams gegenüber dem Verbot zum
Führen eines Kfz ohne FE strafrechtlich gleichgestellt. Wiedereinsetzungsantrag beseitigt die Wirksamkeit eines rechtskräftigen FV nicht (Kö VRS
71, 48).

d) **Halter.** § 21 I 2 ist abstraktes Gefährungsdelikt (s 1 zur Schutzfunk- **9**
tion); er bedroht auch den **Halter** mit gleicher Strafe, der anordnet oder
zuläßt, daß jemand (uU auch der Mithalter: Bay 83, 64 = VRS 65, 216)
sein Kfz führt, der die erforderliche FE nicht besitzt oder infolge FVs nicht
ausüben darf. Er ist verpflichtet, sich notfalls durch Einsichtnahme in den
FSch zu vergewissern (BGH VRS 34, 354; KG VRS 40, 284; Zw VRS
63, 53, 55; s dazu aber Kö NZV 89, 319). § 21 I 2 findet jedoch keine
Anwendung, wenn der Halter sein Kfz verkauft u es dem (keine FE besitzenden) Käufer unter Aushändigung der Kfz-Schlüssel übergibt (BGH(Z)
VRS 57, 163 = StVE 10) oder wenn der Fahrlehrer entgegen § 5 VIII S 1
FahrschAusbO mehrere (Motorrad-)Fahrschüler gleichzeitig praktisch ausbildet, da die Fiktion des § 2 XV trotzdem fortwirkt.

Jagow

StVG § 21 10–12   3. Teil. StraßenverkehrsG

10   e) **Subjektiver Tatbestand.** I setzt sowohl beim Kfz-Führer (Nr 1) wie beim Halter (Nr 2) mind bedingten **Vorsatz** voraus. Dieser muß sich sowohl auf das Führen des Kfz als auch auf das Fehlen der FE oder das Vorliegen eines FVs beziehen (vgl Bay 60, 282 = VM 60, 110). Zur Abgrenzung zwischen bedingtem Vorsatz und bewußter Fahrlässigkeit beim Fahren trotz Fahrverbots vgl OLG Ha NZV 01, 224. **Tatirrtum** liegt vor, wenn der Fahrer oder Halter über die tatsächlichen Voraussetzungen der FE (Erteilung, Entz, Dauer der Sperrfrist) irrt; Tatirrtum kann auch vorliegen, wenn dem Betr nicht alle zur Rechtskraft eines Fahrverbots führenden tatsächlichen Umstände bekannt waren (By ObLG NZV 00, 133). **Verbotsirrtum,** wenn sich der Irrtum bei Kenntnis der tatsächlichen Vorgänge auf deren rechtliche Tragweite bezieht, zB auf die Befugnisse, die eine bestimmte FSch-Klasse gibt, die Rechtswirkung der vorläufigen Entz oder der Beschränkung der FE, zB in techn Hinsicht (Bay VM 78, 32) oder beim nicht manipulierten Mofa, das schneller als 25 km/h fährt (AG Geilenkirchen NZV 93, 125). Ebenso wer glaubt, bei Entz der dt FE aufgrund einer ausl in der BRep weiterfahren zu dürfen (s Ha VRS 55, 344) oder solange zum Weiterfahren berechtigt zu sein, als der FSch noch nicht beschlagnahmt oder abgeliefert ist (Kö VRS 15, 115; zum Verbotsirrtum eines Ausländers s Kö VM 78, 72). – Kein **rechtfertigender Notstand** für den Mitfahrer, der keine FE besitzt u das Kfz wegfährt, weil er ein Liegenbleiben auf der AB vermeiden will (Dü VM 80, 18). – Zum **Gesamtvorsatz** s BGH VRS 28, 190; St 40, 138 sowie Dü VRS 74, 180. **Fortsetzungszusammenhang** dürfte hier nach BGHSt 40, 138 wohl nicht (mehr) in Betracht kommen (s auch Bay v 15. 12. 95, 1 StR 179/95); da die Dauertat nach § 21 aber erst mit dem Abschluß der Fahrt endet (Bay NZV 95, 456) kann zB eine an einem Tag von vornherein vorgesehene Fahrt zu Arbeitsstelle u zurück **eine** Tat darstellen (Bay v 15. 12. 95 s o), nicht aber Fahrten an mehreren Tagen (Bay aaO). – Zur Unanwendbarkeit der alic bei § 21 BGH NZV 96, 500.

11   **4. Abs 2 Nr 1: Die fahrlässige Begehung** setzt vorwerfbares Nichtwissen voraus (s Bay v 28. 3. 90, 2 St 89/90). – Fahrlässiges Zulassen der Führung eines Kfz nach I 2 durch einen Fahrer, der keine FE hat oder gegen den ein FV besteht, setzt nicht voraus, daß der Halter mind mit bedingtem Vorsatz die Führung des Kfz duldet (BGHSt 24, 352; Ko VRS 71, 144 = StVE 23; aA noch Bay VRS 32, 144; Jag/Hentschel 18). Bloßes fahrlässiges **Ermöglichen** der Benutzung des Fz zB durch mangelhafte Verwahrung, Steckenlassen oder unterlassene Rückforderung eines in Verwahrung gegebenen Zündschlüssels genügt (Dü VM 79, 101; Kö NZV 99, 485) mind dann, wenn bes konkrete Umstände die Benutzung befürchten lassen (Bay 82, 129 = StVE 16; DAR 96, 323 Ls; Ha v 12. 3. 85, 5 Ss 18/85; s auch Dü VRS 68, 337; DAR 87, 125; Janiszewski NStZ 83, 110; Mü VersR 88, 1017), ebenso bei Verwahrung eines unverschlossenen Motorrads (Bay v 3. 9. 87, 1 St 168/87).

12   An die **Sorgfaltspflicht des Halters** sind zwar strenge Anforderungen zu stellen (BGHSt 24, 352), sie dürfen aber auch nicht überspannt werden

(Bay 82, 129; DAR 96, 323; Dü JZ 87, 316); ihre Verletzung muß für den Verstoß kausal sein (Kö NZV 89, 319: Rechtswidrigkeitszusammenhang). Der Halter muß sich idR vom Fahrer den FSch vorlegen lassen, wenn er nicht sicher weiß, daß der andere eine FE besitzt (BGH VRS 34, 354; Bay 68, 6 = VRS 35, 121; s oben 9). Bei einem zuverlässigen Bekannten oder Verwandten oder etwa bei einem Vorgesetzten kann dessen Zusicherung, er besitze die FE, genügen (Tatfrage; vgl Ha VRS 31, 64; Schl VRS 31, 66). Besitzt der Kfz-Halter zuverlässige Kenntnis davon, daß dem Dritten, dem er die Führung des Fzs gestattet, die hierzu erforderliche FE erteilt worden ist, so muß er sich nur dann (erneut) dessen FSch vorlegen lassen, wenn ihm bes Umstände Grund zu der Befürchtung geben müssen, dem Dritten könne zwischenzeitlich die FE entzogen worden sein (Bay 77, 163 = StVE 4; DAR 88, 387; Ko VRS 60, 56 = StVE 12; s auch BGH VRS 31, 22). – Fahrlässig handelt auch, wer es unterläßt, Erkundigungen über das Wirksamwerden eines FV bei versäumter Belehrung einzuholen (Bay VRS 62, 460). Andererseits dürfen insbesondere unter Eheleuten die Anforderungen an die Vorkehrungen für die Verhinderung des Fahrens ohne Fahrerlaubnis nicht überspannt werden (Kö NZV 99, 485).

5. Abs 2 Nr 2, 3 erfassen die Fälle von geringerem Unrechtsgehalt, in denen der FSch nach § 94 StPO (s 5. Teil) nur **vorübergehend amtlich verwahrt, sichergestellt** oder **beschlagnahmt** ist. Formalrechtlich kommt insoweit zwar auch eine Sicherstellung zB wegen Fälschungsverdachts nach § 94 I StPO in Betracht; das ist aber im Ergebnis uninteressant, wenn daneben eine „echte" FE vorliegt; fehlt diese, ist I gegeben; diesem gegenüber gilt II 2, 3 ohnehin subsidiär. Sie scheidet durch GKonkurrenz aus, wenn der weitergehende TB des I erfüllt ist, insb die auf Grund von § 94 StPO erfolgten Sicherstellungsmaßnahmen nach § 111 a III, IV StPO in die vorl Entz der FE übergegangen sind. Die vorl Maßnahmen werden durch die tatsächliche Wegnahme des FSch rechtswirksam; daß der Betr von der Beschlagnahme nur „erfuhr", genügt nicht (Stu VRS 79, 303); so stellt auch die mündliche Mitteilung der Beschlagnahme des FSch durch einen Hilfsbeamten der StA ohne Wegnahme der Urkunde idR keine wirksame Beschlagnahme dar u begründet nicht die Bestrafung nach § 21 II 2 (Stu VRS 35, 138); anders bei pol Beschlagnahme, aber vor Zustellung des Beschlusses nach § 111a StPO (KG VRS 42, 210). Eine richtig durchgeführte Beschlagnahme des FSch ist auch dann wirksam, wenn der Beamte darüber irrt, ob Gefahr im Verzug ist (Stu VRS 26, 432; s dazu § 111a StPO Rn 4). Nach Beschlagnahme nach § 94 III StPO darf der Täter auch nicht mit einem anderen gültigen FSch ein Kfz führen (Dü VM 72, 74; Kö NZV 91, 360; s auch oben Rn 7).

6. Abs 3: Einziehung des Kraftfahrzeugs

§ 21 III geht § 74 I StGB vor; im übrigen gelten nach § 74 IV StGB auch hier der § 74 II, III, §§ 74a, b, c, e bis 76a StGB (Bay VM 74, 26f; Ha VM 74, 43; Ko VRS 49, 134; Kö VRS 85, 219). Die Einz unterliegt dem pflichtgem Ermessen des Gerichts („kann") u vor allem stets dem

Verhältnismäßigkeitsgrundsatz (§ 74b StGB; BGH StV 86, 58; Bay VRS 79, 41; Schl StV 89, 156). Sie ist nur bei den vorsätzlichen Taten nach I (KG VRS 57, 20 = StVE 7) u nach vorl Entz zulässig (Ha VRS 32, 32; s oben 7), nicht aber bei einer ersten Verurteilung, bei der die bes Voraussetzungen des III 1 oder 2 fehlen; hier kommt sie nach III 3 erst im Wiederholungsfall in Betracht, was aber keine ganze oder teilweise Verbüßung der Vorstrafe voraussetzt (Ha aaO).

15 Die Einziehung kommt als verfassungsrechtlich unbedenkliche Nebenstrafe (s BVfG 95, 78; BGH NStZ 85, 362) u als Sicherungsmaßnahme in Betracht (s KG VRS 57, 20; Ko VRS 70, 7). Als **Nebenstrafe** ist sie im Rahmen der Strafzumessung zu berücksichtigen u nur gegenüber dem Eigentümer zulässig (§ 74 I 1 StGB; Dü VM 72, 58; Ha VRS 50, 420; BGHSt 24, 222: nicht bei Sicherungsübereignung). Dabei ist zu prüfen, ob sie nicht außer Verhältnis zu Bedeutung von Tat u Schuld steht (Mü StVE 14; Kö VRS 85, 219). Als **Sicherungsmaßnahme** kommt sie auch gegenüber Dritteigentümern (§ 74 IV StGB iVm §§ 21 III StVG u 74 II 2, III StGB; KG aaO; Bay VRS 46, 271) in Betracht, wenn nach den (festzustellenden!) Umständen wahrscheinlich ist, daß der Täter das Kfz auch künftig für rechtswidrige Taten benutzen wird (BGH VM 76, 11). Sicherungseinz ist auch im Falle eines im Vollrausch (schuldunfähig) oder in TE mit § 316 StGB begangenen Vergehens nach § 21 I 1 zulässig (KG aaO; Hbg NStZ 82, 246; Ko VRS 70, 7).

16 **7. Zusammentreffen mit anderen Straftaten**

Über „Führen" als Dauerstraftat u das Zusammentreffen mit OWen s § 24 Rn 10. Zwischen den Vergehen nach § 21 I 1, II 1, 2 u einer auf der Fahrt begangenen fahrlässigen Körperverletzung oder Tötung besteht **Tateinheit** (BGH VM 55, 39); ebenso mit unerlaubter Entfernung vom Unfallort (§ 142 StGB) u den dabei uU außerdem begangenen Taten (BGHSt 22, 67; s aber auch Ha VRS 42, 99), auch mit Vergewaltigung u Entführung möglich (s BGH NStZ 82, 69, 111). Mehrere auf derselben Fahrt voneinander unabhängig begangene Widerstände, Körperverletzungen oder Tötungen können aber durch das Vergehen nach § 21 nicht zur TE verbunden werden (BGHSt 1, 67; 3, 165; 22, 67, 76; Ko VRS 74, 196; Janiszewski 635). TE zwischen fahrlässiger Tötung oder Körperverletzung u dem Vergehen nach § 21 I 2, II 1 oder 3 besteht nur, wenn der Halter für eine fahrlässige Tötung oder Körperverletzung deshalb verantwortlich ist, weil er das Kfz einem Führer ohne FE überlassen hat u dabei über das bloße Ermöglichen der eigenverantwortlichen, straflosen Selbstgefährdung des Ermächtigten hinaus Anhaltspunkte für dessen bes leichtfertiges u vertrauensunwürdiges Verhalten hatte (Stu VRS 67, 429 im Anschl an BGH NJW 84, 1469; aA Kö VRS 29, 30). Wer ein fremdes Kfz dadurch „wegnimmt", daß er es von seinem Standort wegfährt, obwohl er keine FE besitzt, begeht Diebstahl (§ 242 StGB) oder unbefugte Ingebrauchnahme (§ 248b StGB) in TE mit dem Vergehen nach § 21 (BGH VRS 13, 350; 30, 283; VM 55, 87).

Dagegen **Tatmehrheit** bei mehreren Fahrten ohne FE, sofern sie nicht 17
zu natürlicher Handlungseinheit (s dazu BGH DAR 95, 207) verbunden
sind u keine Dauertat darstellen (Bay NZV 95, 456 im Anschl an BGHSt
40, 138; Kö VRS 90, 288: keine fortgesetzte Tat), ebenso mit allen Straftaten, deren TB nicht durch das Führen des Kfz, sondern nur gelegentlich
der Fahrt verwirklicht wird (vgl zB BGH VRS 45, 177). TM auch dann,
wenn die Fahrt das Mittel zur Ausführung einer anderen Tat ist, ohne daß
deren TB durch die Führung des Kfz als solche mind zum Teil verwirklicht wird (vgl BGHSt 18, 29) sowie zwischen fortgesetztem Fahren ohne
FE (soweit Fortsetzungstat nach der RSpr des BGH überhaupt noch in
Betracht kommt) u hinzutretender fahrlässiger Berauschung (Kar VRS 67,
117; Hein NStZ 82, 235). Während der Tat begangene OWen werden
nach § 21 I S 1 OWiG durch die Straftat verdrängt. – **Wahlfeststellung**
zwischen fahrlässigem Gestatten des Fahrens ohne FE u fahrlässiger Begehung des § 316 StGB ist zulässig (Ha VRS 62, 33; s auch BGH NJW 81,
1567).

8. Teilnahme ist nach den allg Grundsätzen möglich (§§ 26, 27 StGB). 18
Beihilfe leistet, wer einem anderen, der keine FE besitzt, die Führung des
Kfz überläßt (Ha VRS 15, 288), sofern der Täter tatsächlich in der Lage ist,
das Kfz zu führen (AG Bingen ZfS 89, 105: so nicht ein sechsjähriges Mäd-
chen auf einem Traktor), oder sich von ihm eigens zu einem bestimmten
Ziel befördern läßt (Bay 82, 55 = StVE 13); möglich ist auch Beihilfe des
Führers eines geschleppten zweiachsigen Kfz zum Vergehen des Führers
des schleppenden Fz, der die FE Kl 2 nicht hat (KG VRS 26, 155).

9. Strafzumessung 19

Verhängung der ges Höchststrafe nur in denkbar schweren Fällen ohne
Milderungsgründe (Bay VRS 59, 187); zur Bewährung bei wiederholtem
Verstoß gegen § 21 s Ko VRS 60, 36; 69, 298. Abstrakte Gefährdung ist
kein zulässiger Strafschärfungsgrund, da diese dem TB u seinem Strafrahmen bereits immanent ist (Verbot der Doppelverwertung, s § 46 III StGB;
Lackner § 46 Rn 45), es sei denn, daß ein außergewöhnliches Ausmaß
vorlag.

§ 22 (Kennzeichenmißbrauch)

(1) Wer in rechtswidriger Absicht
1. ein Kraftfahrzeug oder einen Kraftfahrzeuganhänger, für die ein
   amtliches Kennzeichen nicht ausgegeben oder zugelassen worden
   ist, mit einem Z versieht, das geeignet ist, den Anschein amtlicher
   Kennzeichnung hervorzurufen,
2. ein Kraftfahrzeug oder einen Kraftfahrzeuganhänger mit einer anderen als der amtlich für das Fahrzeug ausgegebenen oder zugelassenen Kennzeichnung versieht,

3. das an einem Kraftfahrzeug oder einem Kraftfahrzeuganhänger angebrachte amtliche Kennzeichen verändert, beseitigt, verdeckt oder sonst in seiner Erkennbarkeit beeinträchtigt,

wird, wenn die Tat nicht in anderen Vorschriften mit schwererer Strafe bedroht ist, mit Freiheitsstrafe bis zu einem Jahr oder mit Geldstrafe bestraft.

(2) **Die gleiche Strafe trifft Personen, welche auf öffentlichen Wegen oder Plätzen von einem Kraftfahrzeug oder einem Kraftfahrzeuganhänger Gebrauch machen, von denen sie wissen, daß die Kennzeichnung in der in Absatz 1 Nr. 1 bis 3 bezeichneten Art gefälscht, verfälscht oder unterdrückt worden ist.**

1 **1. Strafrechtlicher Schutz der Kennzeichen**

Auch nach der Entkriminalisierung des VRechts (s E 35) sind nach § 22 die TBe, die auf Täuschung der PolBehörden über die amtl Kennzeichnung von Kfzen gerichtet sind, wegen ihres kriminellen Gehaltes weiterhin Vergehen. § 22 wird durch § 22 a ergänzt.

2 **Amtl Kennzeichen** iS des § 22 sind die nach § 18 IV, §§ 23, 60 StVZO zugeteilten allg KennZ für inländische Kfze, die öff Urkunden darstellen (Dü NZV 97, 319 m krit Anm Krack NStZ 87, 602), die roten KennZ und KurzzeitkennZ nach § 28 StVZO, das NationalitätsZ „D", die NationalitätsZ u KennZ der ausl Kfze nach § 2 IntKfzVO (Bay 83, 128 = VRS 65, 459) sowie AusfuhrkennZ nach § 7 II 4 IntKfzVO, **nicht** aber die von Versicherungen ausgegebenen VersicherungskennZ (§§ 29 e, 60 a StVZO).

3 **2. Abs 1** stellt drei Formen der **Herstellung** des täuschenden Zustandes unter Strafe:

a) **Nr 1** betrifft den Fall, daß für das zulassungspflichtige Kfz ein **amtl KennZ nicht ausgegeben** ist. Die Handlung besteht darin, daß ein Kfz mit einem ihm nicht amtl zugeteilten KennZ oder einem anderen Gegenstand versehen wird, der einem amtl KennZ so ähnlich sieht, daß er mit einem solchen verwechselt werden kann. Eine feste techn Verbindung zwischen Fz u KennZ ist nach Wortbedeutung u Sinn der Vorschrift nicht nötig; es genügt eine räumliche Zuordnung, die den Eindruck erweckt, es handle sich um das dem Fz zugeteilte amtl KennZ (Hbg NZV 94, 369: Aufstellung hinter der Windschutzscheibe). Wer ein Kfz, dessen KennZ entstempelt wurde oder ein mit einem **roten KennZ** (§ 28 StVZO) versehenes Kfz nach der Überführungsfahrt oder entgegen den sonst in § 28 StVZO genannten Zwecken benutzt, begeht kein Täuschungsvergehen nach § 22, sondern nur eine OW nach §§ 18, 28, 69 a II 3 oder 4 StVZO iVm § 24 StVG (Bay 87, 22; v 23. 2. 88, 2 St 21/88; s Nrn 110, 111 VwKat). Denn er hat das Kfz nicht mit einem unechten KennZ „versehen"; hierunter ist nur die Anbringung zu Täuschungszwecken, nicht aber die Belassung eines rechtmäßig angebrachten KennZ über die zul Zeit hinaus zu verstehen (Hbg VM 61, 98; Bay 63, 111 = VRS

25, 287; 73, 62; aA Förschner DAR 86, 287, 290); anders bei Verwendung eines ungültigen roten KennZ (BGH StVE 3) oder zur Täuschung über die fehlende Konkretisierung der Zulassung für ein bestimmtes Kfz (Bay NZV 93, 404). Die Tat ist mit dem „Anbringen" mind eines der beiden vorgeschriebenen falschen KennZ vollendet (BGH bei Martin DAR 70, 113); der TB erfordert nicht die Absicht, mit dem Kfz am öff Verkehr teilzunehmen.

b) **Abs 1 Nr 2** betrifft den **Austausch** des rechtmäßigen amtl KennZ durch eine **andere Kennzeichnung,** wie er hauptsächlich von Kfz-Dieben u Hehlern zur Verdeckung des Diebstahls vorgenommen wird. Wer ein verlorenes KennZ durch ein gleichartiges anderes ersetzt, muß dieses nach § 23 IV StVZO amtl abstempeln lassen, widrigenfalls er eine OW nach § 24, bei rechtswidriger Absicht sogar ein Vergehen nach § 22 I 2 begeht. Verwendung eines von der VB fehlerhaft abgestempelten KennZ ist kein „KennZ-Mißbrauch" iS von I 2 (Dü NZV 93, 79).

c) **Abs 1 Nr 3** betrifft Handlungen, durch die das echte KennZ in seinem Sinngehalt **verändert, beseitigt** oder durch Verdecken oder Beschädigung seine **Ablesbarkeit erschwert** wird (Bay DAR 81, 242), zB durch reflektierende Folie (Dü NZV 97, 319) oder durch farblose Flüssigkeit, die bei Blitzlichtaufnahmen zu einer starken Reflektion führt (Bay NZV 99, 213). Abs 1 Nr 3 erfordert nicht die Absicht der Teilnahme am öff Verkehr.

Keine Urkundenfälschung (§ 267 StGB), wenn durch die vorgen Mittel Ablesbarkeit erschwert wird (BGH NZV 00, 47); allenfalls OW nach § 60 I 4 iVm § 69a II Nr. 4 StVZO; ob Verstoß gegen § 22 StVG vorliegen kann, läßt BGH offen.

d) **Die rechtswidrige Absicht,** die in I über den Vorsatz hinaus verlangt wird, geht dahin, mittels der verbotswidrigen Kennzeichnung im RVerkehr andere zu täuschen (RGSt 47, 199; 53, 141, 157; Stu VRS 36, 306).

3. Abs 2: Der Gebrauch falsch gekennzeichneter Kfze setzt voraus, daß an der Kennzeichnung eine der in I verbotenen Handlungen vorgenommen wurde. Gebrauch macht von dem Kfz, wer es selbst fährt, die Fahrt veranlaßt oder in anderer Weise zu ihr beiträgt, aber nicht, wer bloß als Fahrgast an der Fahrt des anderen teilnimmt (Bay 63, 111 = VRS 25, 287). Auch das bloße Schieben eines (fahruntüchtigen) Pkw ist ein „Gebrauchmachen" iS des § 22 II (Kö NZV 99, 341). II setzt nicht voraus, daß der Hersteller der verbotenen Kennzeichnung in rechtswidriger Absicht gehandelt hat, wohl aber, daß der **Benutzer** um die verbotene Kennzeichnung weiß u seinerseits in Täuschungsabsicht handelt (vgl RGSt 12, 112), um ungehindert fahren zu können (Stu VRS 36, 306). Die hM hält unter Berufung auf RGSt 72, 27, 29 bedingten Vorsatz hinsichtlich des Wissens für ausreichend (s Preisendanz LdR Anm III 2 zu „Kennzeichmißbrauch"; im Hinblick auf den GWortlaut „... wissen, daß ..." aber zw). Wer eine nach I verbotene Handlung begeht, um anschl das Kfz zu gebrauchen, u dies tut, ist nach II, nicht auch wegen des Vergehens nach I strafbar (Bay 56, 161 = VM 56, 108).

StVG § 22a 3. Teil. StraßenverkehrsG

8 **4. Subsidiarität**

Die Anwendung des I tritt infolge GKonkurrenz hinter II u hinter artverwandten Straftaten, insb hinter Urkundenfälschung nach § 267 StGB zurück (Bay 81, 156 = VRS 62, 136 = StVE 2). Ein amtl KennZ ist eine Urkunde, wenn es amtl abgestempelt ist (RGSt 72, 369; BGHSt 18, 66, 70; Bay v 27. 4. 88, 1 St 29/88). Seine inhaltliche Veränderung stellt ebenso wie seine Anbringung an einem anderen Kfz Urkundenfälschung dar (BGH VRS 21, 125). Das gilt auch beim Überkleben mit einer reflektierenden Folie (Dü NZV 97, 319; aA Krack NStZ 97, 602). Dagegen ist die Anbringung eines nicht abgestempelten KennZ keine Urkundenfälschung, sondern Vergehen nach § 22 (Hbg VM 59, 40; Bay v 27. 4. 88 wie oben). **TE** besteht, wenn das Vergehen nach § 22 II mit anderen, mit der Täuschungshandlung nicht verwandten Straftaten, zB mit fahrlässiger Körperverletzung oder VGefährdung, zusammentrifft (Bay 56, 161 = VM 56, 108).

9 Wer an einem **Kleinkraftrad** ein für ein anderes Fz ausgegebenes **VersicherungskennZ** anbringt, begeht Urkundenfälschung (Bay 77, 74).

§ 22a Mißbräuchliches Herstellen, Vertreiben oder Ausgeben von Kennzeichen

(1) **Mit Freiheitsstrafe bis zu einem Jahr oder mit Geldstrafe wird bestraft, wer**
1. **Kennzeichen ohne vorherige Anzeige bei der zuständigen Behörde herstellt, vertreibt oder ausgibt, oder**
2. **Kennzeichen ohne Entgegennahme des nach § 6b Abs. 2 vorgeschriebenen Berechtigungsscheins vertreibt oder ausgibt, oder**
3. **Kennzeichen in der Absicht nachmacht, daß sie als amtlich zugelassene Kennzeichen verwendet oder in Verkehr gebracht werden oder daß ein solches Verwenden oder Inverkehrbringen ermöglicht werde, oder Kennzeichen in dieser Absicht so verfälscht, daß der Anschein der Echtheit hervorgerufen wird, oder**
4. **nachgemachte oder verfälschte Kennzeichen feilhält oder in den Verkehr bringt.**

(2) **Nachgemachte oder verfälschte Kennzeichen, auf die sich eine Straftat nach Absatz 1 bezieht, können eingezogen werden. § 74a des Strafgesetzbuches ist anzuwenden.**

1 **1. Allgemeines**

Die Vorschrift soll § 22 durch Erfassung bestimmter Vorbereitungshandlungen ergänzen. Sie stellt – jedenfalls in I 3 u 4 – auch den Mißbrauch ausl Kfz-KennZ unter Strafe, nicht aber den Vertrieb bloßer PhantasieZ, die mit amtl KennZ nicht verwechslungsfähig sind (Bay VRS 65, 459 = StVE 1) u hat auch bei der allg Kriminalitätsbekämpfung Bedeutung (BTDr 8/971). § 22a I Nr 2 ist verfassungskonform (Bay NZV 99, 176).

2 **2. Abs 1 Nrn 1 u 2** beziehen sich nur auf KennZ für dt Fze; Nrn 3 u 4 auch auf **ausl** (Bay VRS 65, 459).

Ordnungswidrigkeit §§ 23, 24 StVG

3. Vorsatz ist erforderlich, bedingter genügt (s § 15 StGB). Rechts- 3
widrige Absicht wird hier aber – anders als bei § 22 – nicht verlangt (s aber
I 3).

4. Konkurrenzen: § 22a steht zu § 22 in GKonkurrenz, wenn der 4
Hersteller das KennZ selbst zu einer Tat nach § 22 benutzt. Überläßt er es
anderen, steht § 22a in TE m Beihilfe zu § 22 bzw § 267 StGB.

§ 23 (Feilbieten nicht genehmigter Fahrzeugteile)

(1) **Ordnungswidrig handelt, wer vorsätzlich oder fahrlässig Fahrzeugteile, die in einer vom Kraftfahrt-Bundesamt genehmigten Bauart ausgeführt sein müssen, gewerbsmäßig feilbietet, obwohl sie nicht mit einem amtlich vorgeschriebenen und zugeteilten PrüfZ gekennzeichnet sind.**

(2) **Die Ordnungswidrigkeit kann mit einer Geldbuße bis zu fünftausend Euro geahndet werden.**

(3) **Fahrzeugteile, auf die sich die Ordnungswidrigkeit bezieht, können eingezogen werden.**

1. Die bauartgenehmigungspflichtigen Fz-Teile sind in § 22a 1
StVZO aufgeführt. Maßgeblich für eine OW nach I ist nur die objektive
Verwendungsmöglichkeit, nicht die subjektive Verwendungsbestimmung
der Teile (Schl VRS 74, 55).

2. Die erhöhte Bußgelddrohung (II) richtet sich nur gegen das **ge-** 2
werbsmäßige Feilbieten nach I. Nicht gewerbsmäßiges Feilbieten ist –
ebenso wie allg der Erwerb oder die Verwendung solcher Teile – OW
nach § 24 StVG iVm § 69a II 7 StVZO. Zur „Gewerbsmäßigkeit" ist die
Absicht des Täters erforderlich u genügend, sich durch wiederholte Begehung der Straftat eine laufende Einnahmequelle mind von einiger Dauer zu
verschaffen (BGHSt 1, 383; 19, 76). Bei Vorliegen dieser Absicht ist bereits
die erste Handlung gewerbsmäßig begangen. Handelt ein ges Vertreter
oder verantwortlicher Angestellter für den Betriebsinhaber, so braucht Gewerbsmäßigkeit nur bei dem Vertretenen vorzuliegen; denn Gewerbsmäßigkeit ist ein persönliches Merkmal iS der §§ 9 II OWiG, 14 II StGB
(s Göhler 6 zu § 9).

3. Zuständige Verfolgungsbehörde ist nach § 26 II das KBA. 3

4. Verjährung der OW gem § 31 II 2 OWiG: 2 Jahre. 4

§ 24 (Ordnungswidrigkeit)

(1) **Ordnungswidrig handelt, wer vorsätzlich oder fahrlässig einer Vorschrift einer auf Grund des § 6 Abs. 1 erlassenen Rechtsverordnung oder einer auf Grund einer solchen Rechtsverordnung ergange-**

nen Anordnung zuwiderhandelt, soweit die Rechtsverordnung für einen bestimmten Tatbestand auf diese Bußgeldvorschrift verweist. Die Verweisung ist nicht erforderlich, soweit die Vorschrift der Rechtsverordnung vor dem 1. Januar 1969 erlassen worden ist.

(2) **Die Ordnungswidrigkeit kann mit einer Geldbuße geahndet werden.**

Inhaltsübersicht

	Rn
1. Allgemeines	1
2. Blankettgesetz	3
2a. Schuldform	4a
3. Täterschaft, Teilnahme	5
4. Abs 2: Ahndung durch Geldbuße	8
a) Allgemeine Höhe	8
b) Bemessung	8a
5. Zusammentreffen von Straftaten u Ordnungswidrigkeiten	9
a) Tatmehrheit, Tateinheit, Gesetzeskonkurrenz	9
b) Beendigung der Dauertat	12
6. Verfolgungsverjährung	13

1. Allgemeines

§ 24 ist der für die Praxis bedeutsamste BußgeldTB; er stellt die rechtliche Grundlage für die Ahndung von Verstößen gegen Vorschriften der auf Grund des § 6 erlassenen VOen, dh insb der StVO, FeV u StVZO, dar. Allerdings sind – entspr der neueren GGebungstechnik – nur solche Verstöße als OWen verfolgbar, auf die in der VO selbst hinsichtlich eines bestimmten TB ausdrücklich verwiesen ist (s dazu 3). – Der nach § 26a erlassene BKat stellt keine zusätzliche Ahndungsgrundlage dar (s 2 zu § 26a).

Die wichtigsten Grundsätze für die Feststellung u Ahndung von OWen sind in **E** 35ff dargestellt. Zeitlicher u räumlicher Geltungsbereich: **E** 11ff u 17ff. – Zur Notwendigkeit der **Vollziehbarkeit** einer Einzelanordnung zZ der Mißachtung als Ahndungsvoraussetzung s § 49 StVO 4; Janiszewski 35a, wegen der Wirkung fehlerhafter oder gar nichtiger AOen s § 39 StVO Rn 9ff.

2. Blankettgesetz

§ 24 ist ein sog BlankettG (s Janiszewski 34f, 167), das erst zusammen mit der ausfüllenden Norm, dh der nach § 6 erlassenen VO oder einer darauf beruhenden EinzelAO, den BußgeldTB, dh die mit Geldbuße bedrohte Handlung iS des § 1 OWiG ergibt, wenn der TB hinreichend bestimmt ist u sich im Rahmen der ges Ermächtigung des § 6 I hält (vgl BGH VRS 56, 133). Die nötige Bestimmtheit wird durch die sog **„Rückverweisungstechnik"** erzielt, indem die hier bes interessierenden §§ 49 StVO, 75 FeV u 69a StVZO (Anh Ia, Ib) jew „für einen bestimmten Tatbestand" mind stichwortartig auf die Blankettvorschrift verweisen (s 1; Stu VRS 45, 318); ohne diese Rückverweisung würde § 24 nicht eingreifen (s Bay VwBl 90, 158). Unzul wäre eine Verweisung auf die „jew in Kraft befindliche" VO (Ko NStZ 89, 188).

Diese Vorschriften haben aber nicht etwa bloße Verweisungsfunktion, **4** sondern enthalten zT echte TB-Merkmale, deren Erfüllung notwendige Voraussetzung für die Anwendung des Blanketts, dh des § 24, ist (vgl dazu BGHSt 28, 213; 25, 338 sowie Janiszewski aaO oben Rn 3). Die einzelnen, in der Verweisungsvorschrift aufgeführten, das Blankett ausfüllenden Vorschriften u AOen stehen sich, jede im Zusammenhang mit § 24, als selbständige, mit Geldbuße bedrohte TBe gegenüber, die zueinander im Verhältnis der TE, Tatmehrheit oder GKonkurrenz stehen können, was jew, soweit veranlaßt, bei den einzelnen Vorschriften erläutert ist. Bei Änderung der ausfüllenden Vorschriften gilt das mildere G (vgl **E** 8 f). Andere, in den Verweisungen der §§ 49 StVO, 75 FeV u 69a StVZO nicht aufgeführte Vorschriften sind **nicht bußgeldbewehrt** (vgl §§ 1 I, 7 I–III u 11 III StVO; KG VRS 70, 475 zur ASU sowie Verf NStZ 84, 406 zu § 23 I StVO). – Die Regelung ist **verfassungskonform** (BVfGE 14, 187, 245; VRS 37, 241).

2a. In **subjektiver Hinsicht** verlangt § 24 Vorsatz oder Fahrlässigkeit **4a** (s **E** 38). Die Schuldform muß im BG-Bescheid nicht ausdrücklich erwähnt werden; es ist hier idR von Fahrlässigkeit auszugehen (Janiszewski 94; Ha VRS 61, 292). Soll daher im gerichtlichen Verfahren Vorsatz in Betracht kommen, bedarf es eines entspr Hinweises (§§ 71 I OWiG, 265 StPO; Ha VRS 63, 56 u aaO; Dü DAR 94, 163 Ls). – Im Urt ist die Schuldform schon im Hinblick auf § 17 II OWiG stets anzugeben (Ko VRS 70, 224; Dü DAR 96, 66).

3. Täterschaft, Teilnahme 5

Wer Täter einer OW sein kann, hängt davon ab, an wen sich die verletzte Vorschrift richtet (Fz-Führer, VT, Fz-Halter oder auch nicht am Verkehr Beteiligte, s §§ 32 I, 33, 45 VI, 49 II 6 StVO). Wer zB das Fz nicht führt, kann nicht gegen eine Fahrvorschrift, die nur den Fz-Führer verpflichtet, als Allein- oder Nebentäter verstoßen (BGHSt 18, 6). Im Rahmen dieser Einschränkung kann die OW aber auch durch ein pflichtwidriges Unterlassen begangen werden (vgl § 1 StVO 50, § 12 StVO 72 sowie Bay 86, 10 = VRS 70, 471: Verantwortung des Halters für Einhaltung des Sonntagsfahrverbots nach § 30 III S 1 StVO). Allein aus der Haltereigenschaft kann – ohne weitere Beweisanzeichen – nicht auf dessen Täterschaft geschlossen werden (BGHSt 25, 365; Kö NZV 98, 37). Vgl auch **E** 41ff u **E** 54.

Der mitfahrende **Halter** ist nicht verpflichtet, den ihm als zuverlässig **6** bekannten Fahrer während der Fahrt zu beaufsichtigen, muß aber einschreiten, wenn er ein vorschriftswidriges Verhalten des Fahrers wahrnimmt (vgl § 23 StVO 33). Andere Fahrgäste, auch der diensthöhere Beamte auf einer Dienstfahrt, sind nicht verpflichtet, regelmäßig auch gar nicht zuständig, dem Fahrer Weisungen über das Verhalten im Verkehr zu geben, außer, wenn ihnen grobe Verstöße auffallen.

7 Zur **Beteiligung** an einer OW iS des § 14 OWiG s **E 44**. **Fahrlässige** Zuwiderhandlungen kann nur derjenige begehen, der sämtliche Tatumstände erfüllt; eine mittelbare Täterschaft oder Beteiligung an einer fremden Tat gibt es bei ihnen nicht; zur fahrlässigen **Nebentäterschaft** Kar NStZ 86, 128.

8   4. Abs 2: Ahndung durch Geldbuße

a) **Allg Höhe:** Da § 24 II keinen eigenen BG-Rahmen nennt (wie zB die §§ 24a u b), gilt der nach § 17 I OWiG allg-gültige zwischen 5 u 500 Euro für fahrlässige bzw bis 1000 Euro für vorsätzliche OWen, der unter keinen Umständen überschritten werden darf (Dü DAR 96, 413).

8 a b) **Bemessung:** Grundlage für die Bemessung sind nach § 17 III S 1 OWiG die **Bedeutung** der OW u der **Vorwurf,** der den Täter trifft (eingehend dazu Göhler 15 ff zu § 17; vgl auch Schall NStZ 86, 1); das gilt auch für Heranwachsende; erzieherische Gesichtspunkte sind erst im Vollstreckungsverfahren zu berücksichtigen (Dü NZV 92, 418; Göhler 21 zu § 17). Hiernach hat auch der Tatrichter die Geldbuße im Rahmen seines Ermessens festzusetzen, während das Rechtsbeschwerdegericht nur zu prüfen hat, ob er dabei von rechtlich zutreffenden Erwägungen ausgegangen ist u sein Ermessen rechtsfehlerfrei ausgeübt hat (vgl Dü VRS 69, 229; 72, 120; 77, 228; 86, 463; NZV 96, 78; st RSpr).

8 b Eine Bemessung nach **mathematischen** Regeln ist ebenso unzul (s Bay VRS 61, 133; Ce VRS 69, 227; Dü aaO, VRS 82, 463; 86, 188) wie eine pauschale Verdoppelung des im BGKat (s 8 d) für fahrlässige OWen vorgesehenen Regelsatzes bei Vorsatz (Ha VRS 57, 203 u Dü DAR 94, 163) sowie die Doppelverwertung von TB-Merkmalen (s § 46 III StGB; Göhler 17 zu § 17; Dü v 8. 2. 93 bei Vervf NStZ 93, 576). – Die Ablehnung einer Vw darf nicht verschärfend verwertet werden (Ko VRS 62, 202); die an den BKat gebundene VB hat dann also eine etwaige Geldbuße grundsätzlich dem im Kat vorgeschriebenen Satz anzupassen, von dem auch das Gericht im Einspruchsverfahren nicht ohne zwingenden Grund abgehen sollte (s § 27 Rn 8).

8 c Verwaltungsinterne Richtlinien für die Bußgeldbemessung können für das Gericht allenfalls grobe Orientierungshilfen sein, die eine Prüfung der Einzelfallumstände nicht entbehrlich machen. Diese Richtlinien finden unter dem Gesichtspunkt einer möglichst gleichmäßigen Behandlung gleichgelagerter Sachverhalte nur dann Beachtung, wenn sie festgestelltermaßen in der Praxis einen breiteren Anwendungsbereich erreicht haben (OLG Dü NZV 00, 425).

8 d Auch **fehlende Einsicht** (Ko NStZ 85, 369), soweit diese nicht auf RFeindschaft u die Gefahr künftiger RBrüche (Kö VRS 73, 297; Dü VRS 78, 440; Göhler 26a zu § 17) u darauf schließen läßt, daß eine niedrige Geldbuße nicht ausreichend beeindruckt (Bay DAR 72, 207; v 30. 1. 95, 2 ObOWi 21/95; Kö VRS 81, 200), oder bloßes Schweigen u Bestreiten

Ahndung durch Geldbuße 8 e–8 g § 24 StVG

(Zw VRS 64, 454; BGH StV 87, 5; NStZ 87, 171; KG NZV 92, 249 mwN) wirken nicht bußgelderhöhend (Ha ZfS 97, 236).

Bei fahrlässiger OW eines **Ersttäters** kommt das Höchstmaß nur in den 8 e denkbar schwersten Fällen in Betracht (Bay VRS 69, 72), so uU auch bei Absehen von einem an sich gerechtfertigten FV (Ko VRS 66, 476); bei Voreintragungen, wenn sie massive Pflichtverletzungen u keine ausreichende Wirkung der Sanktionen erkennen lassen (Bay v 9. 12. 94, 2 ObOWi 603/94); dabei darf der Höchstsatz aber nicht überschritten werden (Dü StVE § 25 StVG 8; Ha NZV 94, 201).

Bei der Bewertung des Vorwurfs kommt es neben der Bedeutung der 8 f OW für die VSicherheit auch auf **bes Umstände in der Person** des Täters an, die den Vorwurf verstärken oder mindern können, wie zB bes leichtfertiges Handeln oder grobe Verletzung von Berufspflichten (zB grobe OW eines VPol oder VRichters), bzw andererseits verständliche Beweggründe u geringe Beteiligung. Auch frühere OWen können nachteilig berücksichtigt werden, soweit sachlich u zeitlich ein innerer Zusammenhang mit der neuen Tat besteht (Bay NStZ 84, 461). Das gilt auch für **nicht registrierte** OWen, sofern sie bei hypothetischer Eintragungsfähigkeit nicht tilgungsreif wären (s Göhler 20 b zu § 17; s hierzu u zur Verwertbarkeit getilgter und tilgungsreifer OWen Rn 3, 3 a u 4 zu § 29), insb bei auffälliger Häufung entspr Vorwarnungen (Dü JMBl NW 86, 45); Verwertungsverbot für nicht eintragungspflichtige OWen besteht nicht (Kar DAR 90, 109). Die Zahl der sich aus Eintragungen im VZR ergebenden **Punkte** ist für die BG-Bemessung unerheblich (Dü VRS 76, 395).
– **Geringfügige** OWen sollten zwar grundsätzlich unberücksichtigt bleiben, doch ist ihre Berücksichtigung insb dann nicht unzulässig, wenn sie ohne Rückgriff auf allein dafür geführte Listen bekannt sind u ein innerer Zusammenhang zur neuen OW (zB lfde Parkverstöße) besteht (Göhler 20 c zu § 17; Kö VRS 71, 214; Dü aaO); dann bedarf es näherer Angaben zur Verwertbarkeit, insb über Rechtskraft u Art der OW (Kö aaO; Ko VRS 64, 215).

Die **wirtschaftlichen Verhältnisse** bleiben bei geringfügigen OWen, 8 g dh bei solchen im Verwarnungsbereich (Kö VRS 74, 372), idR unberücksichtigt (§ 17 III S 2 OWiG; Kar NStZ 88, 137; Dü NZV 92, 418). Soweit die Geringfügigkeitsgrenze über 80 DM, zT bis 200 DM ausgedehnt wird (Ko VRS 60, 422; Zw VRS 53, 61; Dü VRS 64, 284: 100 DM) oder gar bis 500 DM (OLG Dü NZV 00, 425) ist das bedenklich (s Göhler NStZ 85, 63; Janiszewski 189 u NStZ 83, 259); in diesen Bereichen, wie überhaupt bei zunehmender Höhe der GB kommen sie durchaus in Betracht u **können** lediglich unbeachtet bleiben (so zutr Bay v 6. 2. 86, 2 Ob OWi 424/85; Göhler NStZ 84, 63; s auch 5 zu § 26 a). Über 200 DM sind sie im Urt zu erörtern (Ko VRS 70, 224; Dü VM 93, 64; Ce ZfS 93, 32; Kö VRS 87, 40); davon kann nur abgesehen werden, wenn keine Anhaltspunkte dafür vorliegen, daß sie vom Durchschnitt erheblich abweichen (Dü NZV 93, 363; Kö NZV 93, 119), dh außergewöhnlich gut oder schlecht sind (s Göhler 24, 29 zu § 17 mwN; Ha NZV 96, 246 zu § 24 a u DAR 97, 285) u die GB dem Regelsatz des BKat entspricht (Brbg ZfS 97,

Jagow 809

StVG § 24 8h–10 3. Teil. StraßenverkehrsG

153); das gilt insb bei Erhöhung des Regelsatzes gem § 1 VI BKatV (Dü aaO). Im BG-Bescheid bedarf es hingegen grundsätzlich keiner Begründung der Höhe der GB (§ 66 III OWiG).

8h Für häufig vorkommende OWen im StraßenV sind im Interesse einer im allg gerechter erscheinenden Gleichbehandlung im **Bußgeldkatalog** Regelsätze festgelegt worden, an die die VBen u Gerichte gebunden sind (s dazu § 26a Rn 4f).

9 **5. Zusammentreffen von Straftaten u Ordnungswidrigkeiten**

a) **Tatmehrheit, Tateinheit, Gesetzeskonkurrenz** (vgl **E** 56). Wegen der Subsidiarität der OWen gegenüber den Straf-TBen (§ 21 I OWiG) darf eine GB neben einer Strafe nicht verhängt werden, wenn die OW mit der Straftat in GKonkurrenz oder TE steht, während bei TM Strafe u GB nebeneinander zulässig sind. Im OWRecht kommt es demnach darauf an, ob eine mit GB bedrohte Handlung selbständig neben der Straftat steht (§ 20 OWiG, § 53 StGB), während der Unterschied zwischen TE u GKonkurrenz keine Bedeutung hat, da in beiden Fällen sowohl die Erwähnung der OW im Schuldspruch als auch die Verhängung einer GB neben der Strafe ausgeschlossen ist. Mehrere auf derselben Fahrt hintereinander begangene Verstöße stehen zueinander in **TM,** wenn bei natürlicher Betrachtung kein unmittelbarer zeitlich räumlicher u innerer Zusammenhang iS eines einheitlichen, zusammengehörenden Tuns vorliegt (Bay 68, 57; 75, 155; Ha VRS 46, 277, 370; Dü NZV 88, 195), insb bei Begehung an verschiedenen Stellen (Bay v 13. 7. 87, 1 Ob OWi 100/87; s auch § 3 StVO Rn 100a). Mehrere Taten im verfahrensrechtlichen Sinn können auch im Rahmen einer einheitlichen Fahrt dann angenommen werden, wenn dabei in unterschiedlichen Verkehrslagen mehrfach gegen Verkehrsvorschriften verstoßen wurde (ByObLG NZV 02, 145). Bei TM ist für jede OWi gesondert eine GB festzusetzen (§ 20 OWiG); die im BKat vorgesehenen Beträge sind nicht etwa zu addieren (Dü v 21. 10. 97, 5 Ss (OWi) 307/97 – (OWi) 160/97 I). TM als solche ist allein kein Erhöhungsgrund der einzelnen GB, deren Kumulation idR genügt (Dü v 18. 11. 97, 5 Ss (OWi) 281/97 – (OWi) 170/97 I).

10 Mehrere Straftaten u OWen, durch TB durch dasselbe Führen eines Fz verwirklicht wird, stehen im Verhältnis der **TE** (BGH VRS 52, 129). Das Führen eines Fz in betrunkenem Zustand (§ 316, evtl § 315c I 1a StGB) oder trotz Fehlens der FE (§ 21 I 1 StVG) steht demnach in TE mit den auf der Fahrt begangenen Verstößen gegen die StVO; für letztere ist daher keine gesonderte Ahndung zulässig. Führen eines LKW ohne vorgeschriebenen Geschwindigkeitsbegrenzer (§ 69a III Nr. 25b StVZO) steht in TE mit einem dabei begangenen Geschwindigkeitsverstoß (§ 49 I Nr. 18 StVO), OLG Zweibrücken NZV 02, 97). TE besteht auch zwischen den genannten Verstößen u der OW nach § 23 I S 2 StVO oder § 69a StVZO, wenn das Fz den Beschaffenheitsvorschriften der StVZO nicht entspricht (BGH aaO). Jedoch treten die engeren TBe des § 69a StVZO an die Stelle des § 23 I S 2 u schließen dessen Anwendung durch **Gesetzeskonkurrenz** aus (vgl § 23 StVO 52).

0,5-Promille-Grenze **§ 24a StVG**

Auch das Nichtmitführen des FSch nach § 4 II S 2 FeV ist ein Bege- 11
hungsdelikt, das erst durch das Führen des Fz verwirklicht wird (ebenso Kö
VRS 77, 78 bzgl der Mitführung anderer Beförderungspapiere nach der
GGVS). Es steht daher ebenfalls in TE mit den gen Vergehen (Bay 62,
154; 64, 95); aber TM, wenn der Fz-Führer seinen FSch auf Verlangen einer zuständigen Person nicht aushändigt. Eine echte Unterlassungstat kann
mit einer gleichzeitig verwirklichten Begehungstat nicht in TE stehen
(BGHSt 6, 230). Durch GKonkurrenz scheidet eine Anwendung der BG-
Vorschriften insb in den Fällen aus, in denen ein VVerstoß nach der StVO
grob verkehrswidrig u rücksichtslos begangen u deshalb als VGefährdung
nach § 315c I 2 StGB qualifiziert ist. Einzelfragen des Zusammentreffens
von BußgeldTBen sind bei den einzelnen Vorschriften erörtert.

b) Zur **Beendigung der Dauertat „Führen eines Kfz"** s E 49. Eine 12
Fahrt entgegen § 24a oder mit einem mangelhaften Kfz endet zB erst mit
Abschluß der Fahrt (s auch Dü ZfS 82, 350; Bay ZfS 82, 351).

6. Verfolgungsverjährung s § 26 III. 13

§ 24a* (0,5-Promille-Grenze)

(1) Ordnungswidrig handelt, wer im Straßenverkehr ein Kraftfahrzeug führt, obwohl er 0,25 mg/l oder mehr Alkohol in der Atemluft oder 0,5 Promille oder mehr Alkohol im Blut oder eine Alkoholmenge im Körper hat, die zu einer solchen Atem- oder Blutalkoholkonzentration führt.

(2) Ordnungswidrig handelt, wer unter der Wirkung eines in der Anlage zu dieser Vorschrift genannten berauschenden Mittels im Straßenverkehr ein Kraftfahrzeug führt. Eine solche Wirkung liegt vor, wenn eine in dieser Anlage genannte Substanz im Blut nachgewiesen wird. Satz 1 gilt nicht, wenn die Substanz aus der bestimmungsgemäßen Einnahme eines für einen konkreten Krankheitsfall verschriebenen Arzneimittels herrührt.

(3) Ordnungswidrig handelt auch, wer die Tat fahrlässig begeht.

(4) **Die Ordnungswidrigkeit kann mit einer Geldbuße bis zu eintausendfünfhundert Euro geahndet werden.**

(5) **Das Bundesministerium für Verkehr, Bau- und Wohnungswesen wird ermächtigt, durch Rechtsverordnung im Einvernehmen mit dem Bundesministerium für Gesundheit und dem Bundesministerium der Justiz mit Zustimmung des Bundesrates die Liste der berauschenden Mittel und Substanzen in der Anlage zu dieser Vorschrift zu ändern oder zu ergänzen, wenn dies nach wissenschaftlicher Erkenntnis im Hinblick auf die Sicherheit des Straßenverkehrs erforderlich ist.**

---

* Absatz 1 und 4 idF d Ges v 19. 3. 2001 (BGBl I S 386).

Anlage
(zu § 24 a)

Liste der berauschenden Mittel und Substanzen

Berauschende Mittel	Substanzen
Cannabis	Tetrahydrocannabinol (THC)
Heroin	Morphin
Morphin	Morphin
Kokain	Benzoylecgonin
Amphetamin	Amphetamin
Designer-Amphetamin	Methylendioxyethylamphetamin (MDE)
Designer-Amphetamin	Methylendioxymethamphetamin (MDMA)

Inhaltsübersicht

	Rn
1. Allgemeines	1
2. Alkoholtatbestand des Abs 1	3
3. Nachweis der alkoholischen Beeinträchtigung	4
a) durch Blutprobe	4
b) durch Prüfung der Atemluft (alveolare Luft)	4 a
4. Drogentatbestand (Abs 2)	5
5. Vorwerfbarkeit	6
a) Fahrlässigkeit	6
b) Vorsatz	7
6. Beteiligung an der OW	8
7. Ahndung	9
a) Geldbuße	9
b) Fahrverbot	10
c) Verjährung	11
8. Konkurrenzen	12
9. Verfahrenshinweis	13

1 1. Allgemeines

Zur systematischen Einordnung der Vorschrift u Entstehungsgeschichte s Janiszewski 404 ff. Die hier abgedr Neufassung ist eine Kompromißlösung nach jahrelangen Auseinandersetzungen (s zB Verf DAR 90, 415) über die Höhe des Grenzwertes u die Zulassung der AA-Probe (zur Begr s BTDr 13/1439 u 3764). Die **Abs 1 u 4** wurden erst nach Einschaltung des Vermittlungsausschusses vom BT am 27. 3. 98 endgültig beschlossen u als StVG-ÄndG v 27. 4. am 30. 4. 1998 verkündet (BGBl I 795); sie sind am 1. 5. 1998 in Kraft getreten. Abs 1 u 4 wurden erneut geändert durch Ges v 19. 3. 01 (BGBl I S 386) mit dem Ziel, einen einzigen Gefahrengrenzwert von 0,5 Promille bzw 0,25 mg/l einzuführen, unter Aufhebung der

Tatbestandliche Ausgestaltung des Abs 1   2–3 a   § 24a StVG

ab 1. 5. 1998 eingeführten Regelung mit zwei Grenzwerten (0,5 und 0,8 Promille bzw 0,25 und 0,40 mg/l mit jeweils unterschiedlicher Ahndung). **Abs 2** als StVG-ÄndG v 28. 4. 1998 (BGBl I 810) in Kraft erst ab 1. 8. 1998. – **Abs 1** 2. Alternative (Alkoholmenge im Körper) galt schon bisher als verfassungskonform (BVfG BA 78, 456; BayVRS 48, 48).

Während sich die §§ 315 c, 316 StGB gegen alle Fz-Führer richten, gilt § 24 a nur für Führer von **Kraftfahrzeugen** iS des § 1 II (§ 1 StVG Rn 8), einschl der nach § 18 II StVZO zulassungsfreien, also auch für Fahrräder u Leichtmofas m betriebenem Hilfsmotor (BGH NZV 93, 443), Arbeitsmaschinen (wie zB Bagger: Ha VRS 51, 300 = StVE 1; Dü VRS 64, 115; LG Osnabrück ZfS 84, 154: Aufsitzrasenmäher; s § 2 StVO Rn 10), maschinell angetriebene Krankenstühle, unabhängig davon, ob sie fahrerlaubnispflichtig sind, **aber nicht** für die Führer von Schienen- oder anderen Fzen. § 24 a verbietet das **Führen** von Kfzen, dh deren Bewegung im Verkehr (hierzu § 2 StVO 8), in einem in I u II beschriebenen Zustand auf **öff** Str (hierzu **E** 26 u § 1 StVO Rn 13 ff). Über das Alkoholdelikt im allg, Fragen der Resorption, Nachweis der BAK pp s Erl zu § 316 StGB; **Blutalkoholtabellen** s § 316 StGB 39. – Die BAK kann nur gem § 256 StPO durch Verlesung des Gutachtens oder Vernehmung des Gutachters, nicht aber durch bloßen Vorhalt in die HV eingeführt werden (BGHSt 28, 235 = StVE § 316 StGB 31; Dü VRS 59, 269; s auch Molketin BA 89, 124 u § 81 a StPO 6). 2

2. Tatbestandliche Ausgestaltung des Abs 1 (Alkohol) 3

a) § **24 a I** verbietet das Führen eines Kfz unter nicht mehr völlig unerheblichem Alkoholeinfluß ohne Rücksicht darauf, ob der Betr noch fahrsicher ist oder Ausfallerscheinungen zeigt (Dü NZV 93, 405); darauf oder auf die zusätzliche Einwirkung von Rauschmitteln pp kommt es nicht an (Janiszewski 403, 405). – § 24 a I ist ein **abstrakter Gefährdungs-TB,** der erfüllt ist, wenn ein Kfz im öff Verkehr geführt wird, obwohl der in I gen **Gefahrengrenzwert** erreicht ist, ohne daß es dabei einer konkreten Gefährdung anderer VT bedarf. Die Höhe des in I fixierten Gefahrengrenzwertes von 0,5 rechtfertigt sich aus der Erkenntnis, daß die Fahrsicherheit eines Kf ab einer BAK von 0,5‰, unter ungünstigen Umständen sogar schon bei einer BAK von 0,3‰ nicht mehr gegeben sein kann (s § 316 StGB Rn 21 u Janiszewski Rn 343 ff mwN), so daß er dann für die Allgemeinheit eine Gefahr bildet.

b) Die OW setzt nicht nur voraus, daß der Betr schon im Zeitpunkt der Fahrt die in I gen BAK oder AAK aufweist, sondern es genügt nach der 2. Alternative, daß der vor Antritt der Fahrt eingenommene Alkohol – wenn auch erst nach Fahrtbeendigung – diese Höhe erreicht (Ko VRS 69, 231; Näheres bei Janiszewski 412). Eine **Rückrechnung** entfällt deshalb, wenn das Meßergebnis den Grenzwert oder mehr ausweist. Liegt die gemessene Alkoholkonzentration unter dem Gefahrengrenzwert, ist – wie bei § 316 StGB (s dort Rn 14) – bei abgeschlossener Resorption zurückzurechnen; läßt sich nicht ausschließen, daß die Resorption noch nicht been- 3 a

Jagow 813

det war, ist zu prüfen, ob zur Klärung eine 2. Blutprobe ausnahmsweise vertretbar u nötig ist (s Nr 3.5.4 RiBA u Janiszewski 379). Beim AA-Test ist ein zweiter Test idR uninteressant u eine Rückrechnung problematisch (s Heifer/Pluisch NZV 92, 342). Im übrigen gelten für die BAK-Bestimmung zZ der Tat auch hier die zu § 316 StGB dargestellten Regeln entspr (s § 316 StGB Rn 8 ff, 24: Nachtrunk pp).

3 b   c) Da in dem Gefahrengrenzwert von 0,5‰ ein **„Sicherheitszuschlag"** von 0,1‰ (s BTDr 13/1439 S 4) bereits enthalten ist, um etwaige Fehlerquellen der Blutalkoholbestimmung auszugleichen (Janiszewski 410), kommt ein (nochmaliger!) Sicherheitszuschlag zum Ergebnis der Blutuntersuchung nicht in Betracht (Ko DAR 74, 248; Bay 74, 95 = DAR 74, 301; Dü BA 98, 76; s auch BGA NZV 90, 104).

3 c   d) Ein (wenn auch nur geringfügig) unter dem Gefahrengrenzwert liegender mittlerer Analysenwert darf nicht auf einen in I gen Grenzwert **aufgerundet** werden (BGHSt 28, 1 = StVE 4; Ha VRS 52, 138; Bay VRS 53, 53; Dü BA 79, 61).

4   **3. Der Nachweis der alkoholischen Beeinträchtigung erfolgt**

a) **durch Blutprobe:**
Die **Zulässigkeit der Blutentnahme** richtet sich über § 46 IV OWiG nach § 81 a StPO (vgl hierzu die unter Rn 40 zu § 316 StGB abgedr RiLien); zur Auswertung s § 316 StGB Rn 8 ff u 13 a.

4 a   b) **durch Prüfung der Atemluft (Alveolarluft):**
Der **AA-Test** ist nach Inkrafttreten der Neufassung (1. 5. 1998) aufgrund eines vom BGA 1991 erstatteten Gutachtens zum Nachweis der alkoholischen Beeinträchtigung ebenfalls zul. Da eine bestimmte AAK nicht ohne weiteres auf eine entspr BAK umgerechnet werden kann, hat der GGeber im Anschl an das gen Gutachten einen der jew BAK entspr AA-Wert neben der BAK eingeführt. Beide Meßmethoden sind in der Praxis nebeneinander unentbehrlich (Blutprobe zB, wenn kein AA-Test bei Bewußtlosigkeit oder sonstigem körperlichen Unvermögen möglich ist). Die zum 1. 5. 1998 eingeführte Regelung, die zwei Grenzwerte mit unterschiedlicher Sanktion (neben 0,40 mg/l einen Wert von 0,25 mg/l ohne Fahrverbot und mit reduzierter Geldbuße) vorsah, wurde durch Ges v 19. 3. 01 (BGBl I S 386, amtl Begr VkBl 2001, 260) in der Weise geändert, daß nur noch der Wert von 0,25 mg/l mit voller Sanktion gilt.

4 b   Zur im Schrifttum umstrittenen Beurteilung der AA-Analyse (vgl Übersicht bei Hentschel, Rn 16 ff zu § 24 a StVG und Rn 52 a zu § 316 StGB sowie bei Janker, „Der langsame Abschied von der Blutprobe", in DAR 02, 49) und zu einigen Zweifeln in der Rechtsprechung (Hentschel, aaO und Janker, aaO) erfolgte Klärung durch BGH v 3. 4. 01 (NZV 01, 264; DAR 01, 275):

„Bei der Bestimmung der Atemalkoholkonzentration im Sinne von § 24 a I StVG unter Verwendung eines Atemalkoholmessgerätes, das die Bauartzulassung für die amtliche Überwachung des Straßenverkehrs erhal-

ten hat, ist der gewonnene Messwert ohne Sicherheitsabschläge verwertbar, wenn das Gerät unter Einhaltung der Eichfrist geeicht ist und die Bedingungen für ein gültiges Messverfahren gewahrt sind."
Vgl ebenso By ObLG NZV 00, 295; KG NZV 01, 388.
Hervorzuheben sind folgende Gesichtspunkte:
- Es handelt sich um ein standardisiertes Messverfahren, bei dessen Anwendung die Mitteilung des Messverfahrens und des Messergebnisses in den Urteilsgründen genügt (By ObLG aaO, KG, aaO).
- Das Verfahren ist zuverlässig und beweiskräftig (BGH, By ObLG, KG, aaO).
- Ein genereller Sicherheitsabschlag (wegen Verkehrsfehlergrenze, Einfluß von Fremdsubstanzen) ist nicht erforderlich, weil dies im BGA-Gutachten bereits berücksichtigt und durch Gerätetechnik ausgeschlossen wird. Durch Bauartgenehmigung der PTB, Eichung und halbjährliche Nacheichung wird Einhaltung diesbezüglicher Qualitätsanforderungen sichergestellt (BGH, By ObLG, aaO; OLG Ha NZV 01, 440). Nacheichung ist ggf nachzuweisen, Herstellerbescheinigung über Ersteichung reicht nicht aus (OLG Ha, aaO).
- Nichterforderlichkeit eines generellen Sicherheitsabschlages schließt nicht aus, daß im Einzelfall konkrete Anhaltspunkte für einen Meßfehler bestehen, denen das Gericht im Rahmen seiner Aufklärungspflicht oder auf einen entsprechenden Beweisantrag hin nachzugehen hat (BGH, aaO). Hier gilt das gleiche wie bei konkreten Anhaltspunkten für einen Meßfehler bei der BA-Analyse.
- Erforderlich ist auch Einhaltung der Verfahrensregeln: Zeitablauf seit Trinkende mind 20 Minuten, Kontrollzeit von 10 Minuten vor der Atemalkoholmessung, Doppelmessung im Zeitabstand von maximal 5 Minuten und Einhaltung der zulässigen Variationsbreite zwischen den Einzelwerten (BGH, By ObLG, KG, aaO; OLG Ha NZV 01, 441).
- Neben dem Mittelwert müssen auch die zugrundeliegenden Einzelwerte mitgeteilt werden (By OblG NZV 01, 524 gegen OLG Stuttg DAR 00, 537).
- Zur Errechnung des Mittelwertes wie auch der Einzelwerte ist die dritte Dezimalstelle hinter dem Komma außer Betracht zu lassen, weil ihr ein signifikanter Aussagewert ohnehin nicht zukommt (OLG Ha NZV 00, 340; OLG Kö NZV 01, 137).
- Die Regelung zur AA-Analyse in § 24a I ist verfassungskonform (BGH, By OblG, aaO).

Zur statistischen Auswertung von Daten aus den Bundesländern zum Vergleich von BAK und AAK s Slemeyer/Arnold/Klutzny/Brackemeyer in NZV 01, 281. **Richtlinien** der Bundesländer zur Feststellung von Alkohol-, Medikamenten- und Drogeneinfluß bei Straftaten und OWi ... s Rn 40 zu § 316 StGB.

Nicht verwertbar ist die AA-Analyse   4c
aa) bei Weigerung oder Unfähigkeit des Betr zum Blasen, zumal seine Mitwirkung nicht erzwingbar ist (vgl BGHSt 34, 39, 46), oder

bb) wenn sie nicht unmittelbar nach der Tat erfolgt, da dann – anders als bei der Blutprobe – eine Rückrechnung auf den maßgeblichen Tatzeitpunkt idR problematisch, wenn nicht gar unmöglich ist (s Heifer/Pluisch NZV 92, 337, 342), oder

cc) zum Nachweis anderer berauschender Mittel oder eines behaupteten Nachtrunks (s § 316 StGB Rn 24).

5 4. Drogentatbestand nach Abs 2

wurde eingeführt durch das StVG-ÄndG v 28. 4. 1998 (BGBl I 810) u gilt ab 1. 8. 1998; er soll folgenlose Kfz-Fahrten unter der Einwirkung bestimmter Rauschmittel erfassen, nach deren Einnahme der Betr zwar nicht nachweisbar fahrunsicher iSd des § 316 StGB ist, so daß eine strafrechtliche Verfolgung hiernach entfällt, die aber allg geeignet sind, die Verkehrs- u Fahrsicherheit zu beeinträchtigen. II stellt somit – wie I – einen **abstrakten Gefährdungs-TB** dar, bei dem es auf eine tatsächliche Beeinträchtigung der Fahrsicherheit oder Gefährdung anderer VT im Einzelfall nicht ankommt, u der gem § 21 OWiG zurücktritt, wenn infolge Nachweises der FU eine Verfolgung nach den §§ 315c oder 316 StGB möglich ist. Die hierfür in Betracht kommenden berauschenden Mittel u die zu ihrem Nachweis geeigneten Substanzen (Wirkstoffe bzw Abbauprodukte) sind in der Anl zu § 24a aufgeführt, die gem **V** durch VO geänd werden kann. Werden letztere im Blut nicht nachgewiesen, ist der TB nicht erfüllt. Sind sie nachweisbar, ist das TB-Merkmal der „Wirkung" stets gegeben, ohne daß es weiterer Nachweise bedarf (BTDr 13/8979 S 6). Erforderlich ist hier also stets die Untersuchung einer Blutprobe (zu deren Entnahme s Rn 4).

5a Zum **objektiven TB** nach II gehört lediglich das Führen eines Kfz unter der **Wirkung** eines der in der Anl zu § 24a gen berauschenden Mittels. Durch die gesonderte Festlegung der für das jew berauschende Mittel nachzuweisenden Substanz in der Anl zu § 24a wird sichergestellt, daß nur die Phase der akuten Wirkung (zur Tatzeit) erfaßt wird, da die aufgeführten Substanzen jew nur wenige Stunden im Blut nachweisbar sind. Ihre Feststellung im Blut beweist somit den erforderlichen engen zeitlichen Zusammenhang zwischen Einnahme u Blutprobe, also die im TB geforderte „Wirkung" zur Tatzeit, so daß es insoweit keiner weiteren Beweise bedarf. Nach OLG Ha (NZV 01, 484) ist Nachweis durch Blutuntersuchung sogar unverzichtbare Voraussetzung für Ahndung nach § 24a II; kritisch hierzu Anm von Ulrich Stein NZV 01, 485.

5b Zur Annahme der **Fahrunsicherheit** iSv § 316 StGB reicht Nachweis von Drogenwirkstoffen im Blut für sich allein nicht aus; hinzutreten muß die Feststellung „drogenbedingter Ausfallserscheinungen" (BGH NZV 00, 419).

5c **Abs 2 S 3** stellt klar, daß keine OW vorliegt, wenn die nachgewiesene Substanz aus der Einnahme eines im konkreten Krankheitsfall verordneten **Arzneimittels** herrührt.

5d Zu Abs 2 insgesamt s Bönke (NZV 98, 393) und Kreuzer (NZV 99, 353, 357), der – trotz teils erheblicher Kritik – die Neuregelung für verfassungskonform hält.

5. Zur Vorwerfbarkeit 6

a) Die **Schuldform** ist im Urt (schon im Hinblick auf § 17 II OWiG) anzugeben (Ko VRS 70, 224; s § 24 Rn 4 a). Nach III genügt **Fahrlässigkeit** für alle TB-Formen. Es gibt zwar keinen allg Erfahrungssatz dahin, daß ein Kf auf Grund seines subjektiven Befindens feststellen müßte, daß der getrunkene Alkohol eine bestimmte Alkoholkonzentration im Körper bewirkte (Ha VRS 56, 112), doch setzt das Erreichen eines Gefahrengrenzwertes (I) im allg einen nicht ganz geringen Alkoholkonsum voraus, so daß dem Betr jedenfalls vorzuwerfen ist, daß er annehmen konnte u mußte, den fraglichen Grenzwert zu erreichen bzw zu überschreiten (Ce NZV 97, 320; Janiszewski 416 ff; vgl die Tab bei § 316 StGB Rn 39). Seine Sorgfaltspflicht verletzt auch, wer sich nicht genügend Gedanken darüber macht, ob durch die eingenommene Alkoholmenge einer der Grenzwerte erreicht oder überschritten sein kann (Ha aaO); es sei denn, der Betr hat die Beimengung hochprozentigen Alkohols in ein Getränk unwiderlegbar nicht bemerkt (vgl hierzu Ha aaO u BA 79, 501; Kö BA 79, 229; Ol VRS 64, 224 = StVE § 316 StGB 52), was allerdings krit Prüfung bedarf (Verf NStZ 83, 257). Das Vertrauen in die eigene Alkoholverträglichkeit u die deshalb noch angenommene Fahrtüchtigkeit ist unbeachtlich, da es § 24 a hierauf – iG zu § 316 StGB – nicht abstellt (Ce NZV 97, 320; Dü VRS 61, 454).

b) **Vorsätzlich** handelt, wer weiß oder mind billigend in Kauf nimmt, 7 daß der eingenommene Alkohol zu einer verbotenen BAK (I) führte (Ce NZV 97, 320 zu 0,8‰), aber auch, wem es gleichgültig ist, welche Alkoholkonzentration er beim anschl Fahren haben wird (Hentschel Rn 17 a). Bei dem heutigen Aufklärungs- u Wissensstand kommt auch ein unvermeidbarer Verbotsirrtum iS des § 11 II OWiG ernsthaft kaum noch in Betracht. Bloße Kenntnis einer Alkoholbeeinflussung reicht aber für die Annahme von Vorsatz nicht (Bay v 28. 2. 86, 1 Ob OWi 394/85). Auch aus der Höhe der BAK allein, schon gar nicht bei nur geringer Überschreitung des Grenzwertes (insb infolge Restalkohols) kann nicht ohne weiteres auf Vorsatz geschlossen werden (Zw VRS 76, 453), auch nicht aus einschlägigen Vorverurteilungen (Bay DAR 87, 304 bei Bär 3 a); es bedarf entspr Feststellungen.

Gegen **Abs 2** verstößt vorsätzlich, wer bewußt eine der in der Anl gen 7 a Substanz einnimmt u dann ein Kfz führt, obwohl er weiß oder mind in Kauf nimmt, daß es sich dabei um ein nach der Anl zu § 24 a berauschendes Mittel handelt. Fahrlässig handelt, wer bei der Einnahme der in der Anl gen Mittel die ihm als Kf zumutbare, erforderliche Sorgfalt außeracht läßt, obwohl er anschließend ein Kfz führen will. Die Kenntnis von der Wirkung der in der Anl gen Rauschmittel dürfte im Hinblick auf ihren (bes in entspr Kreisen) Bekanntheitsgrad idR naheliegen.

6. Die **Beteiligung** an der OW richtet sich nach § 14 OWiG (s **E** 44). 8 § 24 a stellt zwar ein **eigenhändiges Delikt** dar, Täter kann nur der Fz-Führer selbst sein oder im Falle des § 2 XV der Begleiter. Beteiligung an

Jagow

§ 24a in Form von „Anstiftung" u „Beihilfe" kommt aber in Betracht (Näheres bei Janiszewski 75, 142 u 420); sie kann selbst dann vorliegen, wenn der Fahrer neben dem vorsätzlichen Verstoß gegen § 24a zugleich den TB einer fahrlässigen Trunkenheitsfahrt nach § 316 StGB verwirklicht hat (Kö VRS 63, 283 m zust Anm Göhler NStZ 83, 64). – Der **Halter**, der einer Person, die eine verbotene Alkoholmenge oder Rauschmittel im Körper hat, die Führung seines Fz überläßt, begeht eine selbständige OW nach §§ 31 II, 69a V 3 StVZO, wenn er diesen Zustand des Fahrers kannte oder aus Fahrlässigkeit nicht kannte (Hbg VM 76, 59; Ha Ba 78, 299; He/Bo 514; s auch § 69 StGB Rn 7 u § 316 StGB Rn 3).

9   **7.** Die **Ahndung** ist in **IV** dem Unwertgehalt des Tb angepaßt:

a) **Geldbuße.** Das G (IV) droht für OWen nach **I u II** eine GB bis zu 1500 Euro ohne Unterscheidung zwischen vorsätzlichen u fahrlässigen Verstößen an. Da fahrlässiges Handeln nach § 17 II OWiG nur mit der Hälfte des angedrohten Höchstbetrages geahndet werden kann, kommt der Feststellung, ob die OW vorsätzlich oder fahrlässig begangen wurde, mind im Urt (Ko VRS 70, 224) bes Bedeutung zu. Dabei kann der Grad der Überschreitung des Grenzwertes ein wichtiges Indiz sein; deren nur geringe Überschreitung rechtfertigt aber kein Abweichen vom Regelsatz des BKat (Dü VRS 61, 454; Ol ZfS 97, 36). Die **Regelsätze** (Nrn 241–242.2 Bkat) gehen nach § 1 II BKatV von Fahrlässigkeit aus u entsprechen grundsätzlich dem (höheren) Unwertgehalt der Tat (Ha NZV 96, 246).

10   b) **Fahrverbot.** Nach § 25 I S 2 ist bei einem Verstoß gegen § 24a I o II, jew auch iVm III, neben der GB idR auch ein FV anzuordnen (Ol DAR 90, 150; Dü DAR 96, 469; vgl hierzu Nrn 68–68.2 BKat u § 25 Rn 12), selbst wenn die BAK auf **Restalkohol** beruht (Dü NZV 90, 240); aber **keine Entz der FE.** Die nur geringe Überschreitung des Grenzwertes allein rechtfertigt keine Ausn vom FV (Dü VRS 68, 228), wie umgekehrt eine hohe BAK keine Verlängerung der im BKat vorgeschriebenen Monatsfrist bedingt (Kö NZV 89, 404). Im **Wiederholungsfall,** der auch bei (noch nicht tilgungsreifen) Vorverurteilungen nach den §§ 315c I 1 a u 316 StGB vorliegt (Dü NZV 93, 405), erhöhen sich GB u FV-Dauer (s Nrn 241.1, 241.2, 242.1 u 242.2 BKat).

11   c) **Verjährung** der Verfolgung bei Vorsatz nach § 31 II 3 OWiG in einem Jahr; bei Fahrlässigkeit in sechs Monaten (§ 31 II 4 OWiG).

12   **8. Konkurrenzen**

Die Tat ist **Dauerdelikt** Dü VRS 73, 470), dh keine Teilung durch Fortsetzung der Fahrt jenseits der Landesgrenze (Kar NStZ 87, 371; s **E** 25); mit während der Fahrt begangenen anderen VerkehrsOWen ist Idealkonkurrenz möglich. Zu § 2 I FeV besteht Gkonkurrenz mit Vorrang des § 24a (lex specialis). Bei TE mit Straftaten nach den §§ 315c I 1a u 316 StGB wird § 24a gem § 21 I OWiG verdrängt; das gilt auch beim Zusammentreffen mit anderen Straftaten, wie zB der fahrlässigen Körperverletzung, doch kann die OW strafschärfend berücksichtigt werden. Auch das Regel-FV nach § 25 I S 2 kann hier gem § 21 I S 2 OWiG als Regel-Nebenfolge zur Anwendung kommen. Gegenüber § 316 StGB stellt § 24 a einen subsidiären **AuffangTB** dar. Sind die Voraussetzungen des § 316 StGB, auch diejenigen der sog relativen Fahrunsicherheit (§ 316 StGB 26), bewiesen, so scheidet eine Ahndung nach § 24a aus (§ 21 I OWiG). Ist bei einer BAK unter 1,1‰ oder beim Nachweis der in der Anl gen Rauschmittel zweifelhaft, ob der Täter noch fahrsicher iS der §§ 315 c u 316 StGB war, so ist er aus § 24 a zu verurteilen, soweit dessen Voraussetzungen vorliegen.

Zwischen unerlaubtem Besitz von Betäubungsmitteln und einer Ordnungswidrigkeit nach § 24a II StVG besteht keine Tateinheit, wenn der unter Wirkung des Rauschmittels stehende Fahrzeugführer die illegalen Drogen während der Fahrt bei sich hat (LG Mü NZV 01, 359).   12 a

Die Verurteilung wegen der Straftat des § 29 I 1 Nr 1 BtMG steht einer späteren Verfolgung der Ordnungswidrigkeit nach § 24 a II StVG nicht entgegen (LG Mü aaO).

9. Verfahrenshinweis: Die festgestellten AA- u BA-Werte können nur   13
gem § 256 StPO durch Verlesung des Gutachtens oder Vernehmung des Gutachters, nicht aber durch bloßen Vorhalt in die HV eingeführt werden (BGHSt 28, 235 = StVE § 316 StGB 31; Dü VRS 59, 269; s auch Molketin BA 89, 124 u § 81a StPO G).

§ 24 b Mangelnde Nachweise für Herstellung, Vertrieb und Ausgabe von Kennzeichen

(1) **Ordnungswidrig handelt, wer vorsätzlich oder fahrlässig einer Vorschrift einer auf Grund des § 6 Abs. 1 Nr. 8 erlassenen Rechtsverordnung oder einer auf Grund einer solchen Rechtsverordnung ergangenen vollziehbaren Anordnung zuwiderhandelt, soweit die Rechtsverordnung für einen bestimmten Tatbestand auf diese Bußgeldvorschrift verweist.**

(2) **Die Ordnungswidrigkeit kann mit einer Geldbuße bis zu zweitausendfünfhundert Euro geahndet werden.**

§ 25 (Fahrverbot)*

(1) **Wird gegen den Betroffenen wegen einer Ordnungswidrigkeit nach § 24, die er unter grober oder beharrlicher Verletzung der Pflichten eines Kraftfahrzeugführers begangen hat, eine Geldbuße festgesetzt, so kann ihm die Verwaltungsbehörde oder das Gericht in der Bußgeldentscheidung für die Dauer von einem Monat bis zu drei Monaten verbieten, im Straßenverkehr Kraftfahrzeuge jeder oder einer**

---

* Absatz 1 Satz 2 idF d Ges v 19. 3. 2001 (BGBl I S 386).

bestimmten Art zu führen. Wird gegen den Betroffenen wegen einer Ordnungswidrigkeit nach § 24 a eine Geldbuße festgesetzt, so ist in der Regel auch ein Fahrverbot anzuordnen.

(2) Das Fahrverbot wird mit der Rechtskraft der Bußgeldentscheidung wirksam. Für seine Dauer werden von einer deutschen Behörde ausgestellte nationale und internationale Führerscheine amtlich verwahrt. Dies gilt auch, wenn der Führerschein von einer Behörde eines Mitgliedstaats der Europäischen Union oder eines anderen Vertragsstaates des Abkommens über den Europäischen Wirtschaftsraum ausgestellt worden ist, sofern der Inhaber seinen ordentlichen Wohnsitz im Inland hat. Wird er nicht freiwillig herausgegeben, so ist er zu beschlagnahmen.

(2 a)* Ist in den zwei Jahren vor der Ordnungswidrigkeit ein Fahrverbot gegen den Betroffenen nicht verhängt worden und wird auch bis zur Bußgeldentscheidung ein Fahrverbot nicht verhängt, so bestimmt die Verwaltungsbehörde oder das Gericht abweichend von Absatz 2 Satz 1, daß das Fahrverbot erst wirksam wird, wenn der Führerschein nach Rechtskraft der Bußgeldentscheidung in amtliche Verwahrung gelangt, spätestens jedoch mit Ablauf von vier Monaten seit Eintritt der Rechtskraft. Werden gegen den Betroffenen weitere Fahrverbote rechtskräftig verhängt, so sind die Fahrverbotsfristen nacheinander in der Reihenfolge der Rechtskraft der Bußgeldentscheidungen zu berechnen.

(3) In anderen als in Absatz 2 Satz 3 genannten ausländischen Führerscheinen wird das Fahrverbot vermerkt. Zu diesem Zweck kann der Führerschein beschlagnahmt werden.

(4) Wird der Führerschein in den Fällen des Absatzes 2 Satz 4 oder des Absatzes 3 Satz 2 bei dem Betroffenen nicht vorgefunden, so hat er auf Antrag der Vollstreckungsbehörde (§ 92 des Gesetzes über Ordnungswidrigkeiten) bei dem Amtsgericht eine eidesstattliche Versicherung über den Verbleib des Führerscheins abzugeben. § 883 Abs. 2 bis 4, die §§ 899, 900 Abs. 1, 3, 5, die §§ 901, 902, 904 bis 910 und 913 der Zivilprozeßordnung gelten entsprechend.

(5) Ist ein Führerschein amtlich zu verwahren oder das Fahrverbot in einem ausländischen Führerschein zu vermerken, so wird die Verbotsfrist erst von dem Tage an gerechnet, an dem dies geschieht. In die Verbotsfrist wird die Zeit nicht eingerechnet, in welcher der Täter auf behördliche Anordnung in einer Anstalt verwahrt wird.

(6) Die Dauer einer vorläufigen Entziehung der Fahrerlaubnis (§ 111 a der Strafprozeßordnung) wird auf das Fahrverbot angerechnet. Es kann jedoch angeordnet werden, daß die Anrechnung ganz oder zum Teil unterbleibt, wenn sie im Hinblick auf das Verhalten des Betroffenen nach Begehung der Ordnungswidrigkeit nicht ge-

---

* IdF d G zur Änd d OwiG v 26. 1. 1998 (BGBl I S 156).

Allgemeines 1 § 25 StVG

rechtfertigt ist. Der vorläufigen Entziehung der Fahrerlaubnis steht die Verwahrung, Sicherstellung oder Beschlagnahme des Führerscheins (§ 94 der Strafprozeßordnung) gleich.

(7) Wird das Fahrverbot nach Absatz 1 im Strafverfahren angeordnet (§ 82 des Gesetzes über Ordnungswidrigkeiten), so kann die Rückgabe eines in Verwahrung genommenen, sichergestellten oder beschlagnahmten Führerscheins aufgeschoben werden, wenn der Betroffene nicht widerspricht. In diesem Falle ist die Zeit nach dem Urteil unverkürzt auf das Fahrverbot anzurechnen.

(8)* Über den Zeitpunkt der Wirksamkeit des Fahrverbots nach Absatz 2 oder 2a Satz 1 und über den Beginn der Verbotsfrist nach Absatz 5 Satz 1 ist der Betroffene bei der Zustellung der Bußgeldentscheidung oder im Anschluß an deren Verkündung zu belehren.

Inhaltsübersicht

	Rn
1. Allgemeines, Verhältnismäßigkeit	1
2. Voraussetzungen	8
a) Grobe Pflichtverletzungen des Kfz-Führers	9
b) Regel-FV nach § 25 I S 1, § 4 I BKatV (grobe Verstöße)	10
aa) Tatbestandsbezogene Regelwirkung	10a
bb) Rechtsfolgebezogene Regelwirkung	10c
c) Beharrliche Pflichtverletzungen	11
d) Regel-FV nach § 25 I S 1, § 4 II BKatV (beharrl Verstöße)	11b
3. Gesetzliches Regel-Fahrverbot nach § 25 I S 2 für § 24a	12
4. Beschränkung, Wirksamkeit u Dauer des Fahrverbots, Abs. 2a	14
5. Verfahrensrechtliche Anmerkungen	16
6. Literatur	23

1. Allgemeines 1

Das Fahrverbot (FV) nach § 25 ist in seiner Grundkonzeption dem gerichtlichen FV nach § 44 StGB ähnlich nachgebildet. § 25 ist die alleinige RGrundlage für ein FV im OWi-Verfahren, die weder durch § 26a noch durch § 4 (bis 31. 12. 01: § 2) BKatV eine Änderung erfahren hat. Bei den Verstößen nach dem **BußgeldKat** (Katalogtaten) handelt es sich Regelbeispiele, deren Verwirklichung das Vorliegen einer groben oder beharrlichen Verletzung der Pflichten eines Kfz-Führers **indiziert,** die aber dieses gesetzliche Merkmal des § 25 I StVG nicht etwa ersetzen oder abändern (BGHSt 38, 125 = NZV 92, 117; BGHSt 38, 231 = NZV 92, 286; BGHSt 43, 241 = NZV 97, 525). Die BkatV befreit die Bußgeldbehörden und Gerichte nicht vom Erfordernis einer Einzelfallprüfung; sie schränkt nur den Begründungsaufwand ein BVerfG NZV 96, 284 = DAR 96, 196; BGH NZV 92, 117 u 97, 525; Hentschel, Rn 20 zu § 25 StVG). Als Ne-

---
* IdF d G zur Änd d OwiG v 26. 1. 1998 (BGBl I S 156).

StVG § 25 2–5 3. Teil. StraßenverkehrsG

benfolge setzt § 25 die AO einer GB (keine bloße Vw nach § 56 OWiG) voraus (Dü VRS 86, 314). Das FV dient als **„Denkzettel- u Besinnungsmaßnahme"** in erster Linie spezialpräventiven Zwecken; es kann daher sinnlos u unverhältnismäßig erscheinen, wenn seit der Tat längere Zeit (mehr als zwei Jahre) bis zur Entscheidung verstrichen ist (By ObLG NZV 98, 82 = DAR 97, 115; OLG Stu zfs 98, 194; OLG Kö NZV 00, 217; OLG Dü NZV 01, 435; OLG Ha NZV 01, 436), insb bei verfahrensbedingter Verzögerung (Brbg ZfS 97, 314), u der Betr sich inzw verkehrsgerecht verhalten hat (Bay ZfS 97, 75; Kar DAR 92, 437) oder aus sonstigen Gründen eine zusätzliche Warnung entbehrlich erscheint (Bay ZfS 95, 315), doch können – wie bei der GB – auch generalpräventive Erwägungen zur wirksameren Bekämpfung bes grober OWen u Hebung der VDisziplin in Betracht kommen (BTDr V/1319 S 90; Bay NZV 96, 464; 97, 489; AG Dortmund NZV 92, 378; aA Hi/He I/338; s aber Hentschel JR 92, 142: gen-präv Wirkung „nicht unerwünscht"; Ha DAR 88, 280).

2 Das FV ist nur zul bei Pflichtverstößen eines Kfz-**Führers**, die nach den §§ 24, 24a, dh nicht auch nach anderen Vorschriften zu ahnden sind; nicht also auch – wie bei § 44 StGB – bei Taten, die mit dem Führen eines Kfz nur „im Zusammenhang" stehen (Ko VRS 50, 61), bei einem Halter, der nicht selbst gefahren ist (Bay NZV 96, 37; Ha VRS 59, 468 = StVE 4; Kö VRS 85, 209) oder gar bei VVerstößen eines Radf.

3 Die AO eines FV unterliegt dem **Ermessen** der zust Stelle; es „kann" angeordnet werden (s auch § 4 IV BKatV), soweit das G nichts anderes vorschreibt (s § 25 I S 2; unten 12); es ist auch gegenüber **Ausländern** (§ 25 III S 1) u Jugendlichen anwendbar. – Die Mißachtung des FV ist Vergehen nach § 21.

4 § 25 ist bei Beachtung des **Verhältnismäßigkeitsgrundsatzes** nach den strengen Anforderungen des BVfG verfassungskonform (BVfG VRS 37, 161; NZV 96, 284; Bay NZV 91, 120). Wegen der oft schwerwiegenden Folgen bedarf es idR eines bes Pflichtverstoßes, dessen Gewicht dem Unrechtsgehalt u der Unrechtsfolge entsprechen muß (BGHSt 38, 125, 129; ausführlich dazu Hentschel FS Salger S 472 ff).

5 Zur **Wahrung der Verhältnismäßigkeit** ist nach der neueren RSpr des BVfG (NZV 96, 284 = DAR 96, 196) – entgegen seiner früheren Ansicht (BVfG VRS 37, 161) – bei einer **einmaligen** fahrlässigen OW nicht mehr die Feststellung nötig, daß die erforderliche Einwirkung auch mit einer **erhöhten** oder für den Betr unter Berücksichtigung seiner Verhältnisse **empfindlichen GB** nicht erreicht werden kann (so BGH NZV 92, 79; NZV 92, 117; NZV 92, 286). Da aber andererseits das FV nach der zutr neuen Einschätzung des BVfG (aaO) in der Mehrzahl der Fälle eines einmaligen Verstoßes eine übermäßige Unrechtsfolge sein kann, ist selbst in Fällen, in denen ein FV – zB nach der BKatV oder bei bes groben, vorsätzlichen Verstößen (s dazu BGH NZV 92, 79, 117; Ha DAR 94, 411) – an sich in Betracht käme, im Einzelfall letztlich doch zu prüfen, ob nicht auch eine erhöhte GB ausreicht (BGH NZV 92, 286), insbesondere wenn darauf hinweisende Tatsachen vom Betroffenen vorgebracht oder sonst er-

Voraussetzungen im einzelnen 6–9 § 25 StVG

kennbar werden (OLG Kö NZV 01, 391), die GB aber die zul Höchstgrenze nicht überschreitet (Dü VRS 65, 51; Ha NZV 94, 201).

Sonst genügt es in diesen Fällen, in denen ein FV idR in Betracht 6 kommt, wenn sich der Tatrichter dieser Möglichkeit ausweislich der Entscheidungsgründe bewußt war (BGH NZV 92, 117; Ha NZV 97, 129; Je ZfS 97, 435; Ha NZV 01, 355; Kö NZV 01, 391; s aber Dü VRS 81, 299, 380) u eine Erhöhung möglich wäre (s Dü NZV 92, 493; Ha NZV 93, 445).

Auch eine Erhöhung des nach BKatV vorgesehenen Regelfahrverbots ist 7 an sich zulässig, bedarf aber einer stichhaltigen Begründung (OLG Ha NZV 01, 178).

2. Voraussetzungen im einzelnen: 8

Die OW muß unter **„grober oder beharrlicher"** Pflichtverletzung eines Kfz-Führers begangen sein. Das erfordert entweder die Feststellung einer bes Verantwortungslosigkeit unter Berücksichtigung von VLage u Örtlichkeiten (s 9 ff) oder auch wiederholter hartnäckiger Mißachtung von VVorschriften (BGHSt 29, 274 = StVE 5; s 11). Auch das Verhalten nach der Tat kann maßgeblich sein (Ha v 28. 7. 82, 6 Ss OWi 1151/82). Bei gleichzeitiger Beurteilung mehrerer OWen ist auf das Gesamtverhalten abzustellen (Bay 76, 58). – **Vermeidbarer Verbotsirrtum** kann der Annahme bes Rücksichts- u Verantwortungslosigkeit entgegenstehen (Dü VRS 85, 296; KG NZV 94, 159).

a) **Grobe** Pflichtverletzungen sind – abgesehen von den im BKat erfaß- 9 ten Regel-FV-Fällen (s 10) – solche von bes Gewicht, die **objektiv** als häufige Unfallursachen abstrakt oder konkret bes gefährlich sind **und** (dh kumulativ, nicht alternativ: BGH ZfS 97, 433; Hentschel FS Salger S 473) **subjektiv** bes verantwortungslos erscheinen (vgl BGH ZfS 97, 432); dh auf groben Leichtsinn (bloßer Leichtsinn genügt nicht: Ko VRS 60, 47), grobe Nachlässigkeit oder Gleichgültigkeit zurückgehen u im allg einen hohen Grad an Verantwortungslosigkeit beweisen (BTDr V/1319 S 90; BGH NZV 92, 79; ZfS 97, 432; Sa NZV 93, 38; 94, 370; KG NZV 94, 159; Ko VRS 60, 422; DAR 94, 287; Je DAR 97, 410). Eine bloß leicht fahrlässig begangene Geschwindigkeitsüberschreitung gehört B nicht ohne weiteres dazu (Dü NZV 93, 319; Je DAR 95, 260: Übersehen eines VZ; DAR 97, 410; BGH ZfS 97, 432). Eine bes Verantwortungslosigkeit kann auch nicht allein zB aus der Höhe einer Geschwindigkeitsüberschreitung abgeleitet werden; es kommt vielmehr stets auf die einzelnen Umstände an (Sa NZV 93, 38). Daher verlangt die RSpr die **Darlegung der Gesamtumstände** insb der örtl Verhältnisse u konkreten VLage (Stu DAR 85, 86), woraus sich die Gefährlichkeit des Verstoßes u das nötige erhebliche Maß der Vorwerfbarkeit ergeben soll (Schl ZfS 84, 222; Bay v 15. 12. 86 bei Verf NStZ 87, 272 mwN; DAR 88, 351; 89, 71 u v 27. 9. 88, 2 Ob OWi 173/88; Dü VRS 86, 188; krit dazu Hentschel FS Salger S 474). Bei einer erheblichen Geschwindigkeitsüberschreitung innerorts liegt allerdings eine abstrakte Gefährdung uU nahe (BGH NZV 92, 79; Kö NZV 89, 362;

Jagow

StVG § 25 9a, 9b   3. Teil. StraßenverkehrsG

Ha DAR 88, 280; einschränkend Dü NZV 93, 319), idR auch beim Wenden u Fahren entgegen der Fahrtrichtung auf der AB ohne konkrete Gefährdung anderer (Ol NZV 92, 493) u Nichteinhaltung des nötigen Abstands (Bay NZV 91, 320).

9a   Selbst bei einer **objektiv** schwerwiegenden **V-OW** kommt ein FV aber nur im Falle eines **subjektiv bes verantwortungslosen** Verhaltens in Betracht, wobei wegen des Verhältnismäßigkeitsgrundsatzes (Übermaßverbot u Schuldgrundsatz) selbst bei objektiver Gefährlichkeit eine strenge Prüfung (s Stu DAR 85, 124) auch in subjektiver Hinsicht erforderlich ist (BGH ZfS 97, 432; Sa VRS 84, 109). Bes Verantwortungslosigkeit ist namentl gegeben, wenn die OWi auf groben Leichtsinn, grobe Nachlässigkeit oder Gleichgültigkeit zurückgeht (BGH aaO, OLG Ha NZV 00, 52). Die **bes Verantwortungslosigkeit** wurde zB bejaht bei vorsätzlicher hoher Überschreitung der zul Geschwindigkeit (s BGH NZV 92, 79) u erheblicher Unterschreitung des nötigen Abstands bei hoher Geschwindigkeit (Bay NZV 91, 320; s auch Sa NZV 91, 399; Kar VRS 88, 476); sie muß aber nicht vorliegen, wenn dem Kf bei Begehung des objektiv schwerwiegenden VVerstoßes nur **leichte Fahrlässigkeit** zur Last fällt (BGH ZfS 97, 432). Dann ist das ges Merkmal des „groben" Verstoßes nicht gegeben, so daß es auch nicht mehr darauf ankommt, ob etwa aus sonstigen Umständen im Einzelfall vom FV „abgesehen" werden kann (BGH aaO).

Bei Rotlichtverstößen kommt es im allg auf die jew Umstände an (s dazu auch § 37 StVO Rn 31). Bei qualifizierten Rotlichtverstößen wird verschiedentlich Regelfall verneint unter Hinweis auf Ausschluß einer abstrakten Gefährdung (OLG Kö VRS 87, 147; OLG Dü NZV 00, 126; KG NZV 01, 91; 01, 311) oder auf eine „zumindest nicht erhöhte Gefahrensituation" in Verbindung mit einer bloßen „Unachtsamkeit" (hingegen keine Rücksichtslosigkeit, Verantwortungslosigkeit oder grobe Nachlässigkeit), OLG Dü NZV 00, 90.

9b   Infolge sehr enger Auslegung der ersten Entscheidung des BVfG (Rn 4; VRS 37, 161) war die obergerichtliche RSpr ursprünglich bei der AO des FV zB selbst bei hoher Geschwindigkeitsüberschreitung zT sehr zurückhaltend (krit dazu He I/332; Jag/Hentschel 15b; Stu VRS 71, 297; Kö VRS 72, 453). Gefordert wurde insb die zusätzliche Feststellung, ob dadurch eine (mind abstrakte, nach Fra DAR 88, 280 offenbar sogar konkrete) **Gefährdung** (Dü VRS 86, 188) verursacht wurde (Stu ZfS 84, 350; DAR 85, 124: 173 statt 100 km/h auf Bundesstr; Ha VRS 54, 146; Ko VRS 60, 422; 64, 226 = StVE 6), u zwar zT selbst dann, wenn sich eine zumind abstrakte Gefährdung aus den festgestellten VVerhältnissen, Örtlichkeiten u Fahrweisen von selbst ergab (vgl zB Dü VRS 63, 63). Nunmehr reicht aus, daß abstrakte Gefährdung nicht ausgeschlossen werden kann (Bg ObLG NZV 00, 422). Der Feststellung einer **konkreten Gefährdung** bedarf es heute nur dort, wo der jew TB eine solche voraussetzt (s zB § 3 III BKatV oder Nr 2.2, 7.2.2., 132.1, 133.3.2 BKat; BGH ZfS 97, 432, 433 = NZV 97, 525). Leicht fahrlässiges Übersehen einer Geschwindigkeitsbegrenzung steht der Annahme eines „groben" VVerstoßes (s BGH

Voraussetzungen im einzelnen 9 c, 10 § 25 StVG

ZfS 97, 432) entgegen. – Daß die Geschwindigkeitsbeschränkung „nur" aus **Lärmschutzgründen** angeordnet war, ist unbeachtlich (Bay NZV 94, 370 unter Abgrenzung von Bay NZV 90, 401 – s dazu Scheffler Rn 23).

Einfache Fahrlässigkeit (durch **Augenblicksversagen** oder durch augenblickliche Unaufmerksamkeit beim Erkennen eines Geschwindigkeitsschildes) bedeutet noch keine „grobe Pflichtverletzung" (BGHSt 43, 214; Zweibrücken NZV 98, 420 u Braunschweig NZV 98, 420; 99, 303; Augenblicksversagen kann auch gegeben sein bei zwei Verkehrsschildern in kurzem Abstand, die aber zwei unterschiedliche Geschwindigkeitsbegrenzungen enthalten (OLG Ha NZV 00, 96). Dies gilt jedoch nicht, wenn die Fehlleistung ihrerseits auf grobem Leichtsinn, grober Nachlässigkeit oder Gleichgültigkeit beruht (BGH NZV 97, 525; Zweibrücken NZV 98, 420). Keine grobe Pflichtverletzung bei Fehldeutung des VZ 274 (als klappbares Schild), es sei denn, daß gerade die Fehldeutung auf grobe Nachlässigkeit oder Gleichgültigkeit zurück geht (By ObLG NZV 00, 300). 9 c

Andererseits wird „grobe Pflichtverletzung" bejaht, wenn Kfz-Führer Rotlichtverstoß infolge Ablenkung durch Telefonanruf begeht (Dü NZV 98, 335). „Grobe Pflichtverletzung" auch in subjektiver Hinsicht bejaht, wenn Kfz-Führer trotz schwieriger Lichtverhältnisse (Einstrahlung von Sonnenlicht auf eine LZA) ohne weitere Vorsichtsmaßnahmen in einen Kreuzungsbereich einfährt und dort einen Unfall verursacht (Hamm NZV 99, 302). Ablenkung durch Gespräche über geschäftl Angelegenheiten beseitigen – bei Tempoüberschreitg um 41 km/h – nicht die grobe Pflichtverletzg OLG Ha NZV 02, 142).

Keine grobe Pflichtwidrigkeit und kein Regel-FV, wenn VZ 310 oder 274 infolge einfacher Fahrlässigkeit übersehen wurde und keine weiteren Anhaltspunkte vorliegen, aufgrund derer sich die Geschwindigkeitsbeschränkung aufdrängen mußte (BGH NZV 97, 525; Dü NZV 99, 391).

Hingegen handelt grob fahrlässig, wer bei Rotlicht zunächst anhält und anschließend aufgrund eines Wahrnehmungsfehlers (sog Mitziehen) noch vor Umschalten auf Grün in die Kreuzung einfährt (Bay NZV 99, 216); aA OLG Ha NZV 01, 221, wonach bei Mitzieheffekt grober Verstoß entfallen kann.

Grob fahrlässig ist auch, bei defektem Tachometer sich dem Verkehrsfluß anzupassen, wenn dabei die zul Höchstgeschwindigkeit massiv überschritten wird (By ObLG NZV 00, 216).

b) **Regel-Fahrverbote** für grobe Pflichtverletzung **nach der BKatV** (zum ges Regel-FV nach § 25 I S 2 StVG s unten Rn 12): Um eine Entwertung des FV zum Nachteil der VSicherheit zu verhindern u eine möglichst weitgehende Gleichbehandlung zu erzielen, ist auf der Grundlage von § 26a StVG in verfassungskonformer Weise (BVfG NZV 96, 284) in § 4 I BKatV vorgeschrieben worden, daß bei bestimmten, bes schwerwiegenden Verstößen ein FV idR „in Betracht" kommt. 10

Zu unterscheiden sind die Regelwirkung auf der Tatbestandsebene und die Regelwirkung auf der Rechtsfolgeebene (vgl auch Deutscher, Entwicklung des Regelfahrverbots, NZV 02, 105).

10 a aa) **Tatbestandsbezogene Regelwirkung.** Diese Regelfälle enthalten insofern eine **Vorbewertung,** als sie nur bes gefährliche Verhaltensweisen betreffen, deren Begehung in objektiver u subjektiver Hinsicht idR ein **FV indiziert** (s BGH ZfS 97, 432, 433; BGHSt 38, 125 = NZV 92, 117; 94, 327; KG NZV 95, 37; Kö NZV 91, 201; Ka NZV 91, 203; Zw VRS 81, 392; Ha NZV 00, 95; eingehend zum Regel-FV Deutscher s aaO, Rn 23). Dadurch wird aber die ges Regelung nach **§ 25** nicht ersetzt; die oben (9, 9 a) beschriebenen **Voraussetzungen** gelten vielmehr grundsätzlich auch hinsichtlich der Beurteilung eines sog Regel-FV nach der BKatV, dh eine im BKat als Regelfall umschriebene Handlung kann nicht mit einem FV geahndet werden, wenn sie sich nach der auch hier notwendigen Würdigung der Umstände des Einzelfalles (vgl BVfG DAR 96, 196; BGHSt 38, 125; Bay NZV 95, 497) in objektiver u subjektiver Hinsicht letztlich nicht als „grobe Pflichtverletzung" erweist, wie zB im Falle des nur leicht fahrlässigen Übersehens einer Geschwindigkeitsbeschränkung (s BGH NZV 97, 525; Bay ZfS 98, 34; Hamm NZV 98, 164; Dü NZV 99, 391) uä.

Keine grobe Pflichtverletzung, wenn Arzt innerorts zul Höchstgeschw um 36 km/h überschreitet, um akut schwerkranken Patienten zu erreichen, ohne daß Notfall i rechtl Sinn gegeben ist, By ObLG NZV 00, 215 (zwar liegt objektiv Regelverstoß bzw Regelfall nach BKat vor, „dennoch erscheint das gesamte Tatbild in einem weit milderen Licht als das Verhalten eines fahrlässig Handelnden, dem grober Leichtsinn, grobe Nachlässigkeit oder Gleichgültigkeit vorzuwerfen ist ..."), oder bei versehentlicher, gefahrloser Geschwindigkeitsüberschreitung um 55 km/h außerorts (Je DAR 95, 209, 260) oder nachts innerorts ohne jede Gefährdung der VSicherheit (Dü NZV 96, 371).

Die Regelbeispiele der BKatV entfalten auch im Hinblick auf das subjektive Element der groben Pflichtverletzung eine gewichtige – nur ausnahmsweise auszuräumende – Indizwirkung. Der Bußgeldrichter hat sich daher nur mit der Frage, ob Verkehrsverstoß auch subjektiv eine grobe Pflichtverletzung darstellt, nur dann auseinander zu setzen, wenn aufgrund der Einlassung des Betroffenen dazu Anlaß besteht (BGH NZV 97, 525; Hamm NZV 99, 302). Tatrichter darf Einlassung des Betroffenen, er habe VZ 274 aufgrund einfacher Fahrlässigkeit übersehen, grundsätzlich aber nicht ohne weiteres hinnehmen; er hat vielmehr in nachprüfbarer Weise darzulegen, aufgrund welcher konkreten Tatsachen er diese Einlassung für glaubhaft oder für nicht widerlegbar hält (Bay NZV 99, 342).

Die Indizwirkung bzw der Regelfall kann nur verneint werden, wenn Umstände vorliegen, die das Tatgeschehen aus dem Rahmen der typischen Begehungsweise einer solchen Ordnungswidrigkeit im Sinne einer Ausnahme herausheben (By ObLG DAR 94, 501; NZV 00, 216); s auch Rn 9 ff.

Liegt aber ein Regelfall vor, so sind keine näheren Feststellungen mehr darüber erforderlich, ob zB ein bes verkehrsfeindliches, gefährliches Verhalten vorlag (Kar NZV 94, 237) oder der mit dem FV erstrebte Erfolg nicht auch mit einer höheren GB erreicht werden kann (s oben Rn 5 u Dü DAR 97, 29 Ls); auch die Angemessenheit oder Notwendigkeit ist nicht

Voraussetzungen im einzelnen **10 b, 10 c § 25 StVG**

bes zu begründen, wenn keine greifbaren Anhaltspunkte für ein Abweichen von der Regel ersichtlich sind (BVfG NZV 96, 284; BGH NZV 92, 117; Dü NZV 93, 241; 94, 117, 239; 95, 406; Bay NZV 94, 327).

Da § 4 I, II BKatV aber davon ausgeht, daß ein FV im Regelfall nur „in **10 b** Betracht kommt", sind die Umstände des Einzelfalles auch hier zu berücksichtigen, denn die BKatV schränkt nicht die Einzelprüfung, sondern nur den **Begründungsaufwand** ein (BGHSt 38, 125; Kö NStZ-RR 96, 52; Ce ZfS 95, 75; Hamm NZV 98, 292; Geppert DAR 97, 262), so daß es genügt, wenn sich das Gericht **erkennbar** der Möglichkeit eines Abweichens (s § 4 IV BKatV) bewußt war (BGH aaO; NZV 92, 117, 119; Dü NZV 93, 446; Kö NZV 01, 391; Ha ZfS 95, 394; 97, 74; NZV 96, 77; Je DAR 97, 455; Hentschel JR 92, 143 u FS Salger S 485), sei es durch einen Hinweis in den Urteilsgründen (aaO), sei es, daß dies aus dem Gesamtzusammenhang der Urteilsgründe entnommen werden kann (OLG Ha NZV 01, 222).

bb) **Rechtsfolgenbezogene Regelwirkung.** Ist der Tatbestand des **10 c** Regelfalles erfüllt und ist die darauf beruhende Vermutungswirkung nicht widerlegt (s **aa**), so wird hierdurch die Erforderlichkeit des Fahrverbots zur Einwirkung auf den Betr indiziert. Wird vom Fahrverbot ausnahmsweise abgesehen, so soll die Geldbuße für den Regelsatz angemessen erhöht werden, § 4 IV BkatV.

Da die Regel-FV-Fälle nach § 4 I, II BKatV als bes schwerwiegend vorbewertet sind, kommt ein **Absehen vom FV** nach der RSpr nur in Frage, wenn **wesentliche Besonderheiten** sachlicher oder persönlicher Art, erhebliche Härten oder eine Vielzahl an sich gewöhnlicher, durchschnittlicher (nicht ganz außergewöhnliche Härten wie bei Rn 13) Milderungsgründe zugunsten des Betr vorliegen, die – einzeln oder in einer Gesamtwürdigung (Kö s Rn 10 b; Ha VRS 91, 67, 383; 92, 223, 366; 93, 215; ZfS 97, 38) – trotz tatbestandlichen Vorliegens eines Regelfalles zur Beurteilung führen, daß das FV eine unangemessene **unverhältnismäßige Reaktion** auf die Tat darstellt (BGHSt 38, 134; Ha VRS 91, 67; Dü NZV 96, 463), wie zB schwaches VAufkommen, geringfügige Überschreitung der Regelbereichsgrenze, längeres Zurückliegen der Tat (Nau NZV 95, 161; Kar DAR 92, 437; Sa VRS 84, 109; Brbg ZfS 97, 314); Rotlichtmißachtung durch Ortsunkundigen (Ha DAR 96, 69) oder an Baustelle ohne QuerV (Kö NZV 94, 41, 161; KG VRS 87, 52; s auch Dü NZV 93, 409; 95, 35; Bay NZV 94, 287, 370; DAR 96, 31; Ha NZV 94, 369), an leerem Überweg (Dü ZfS 95, 234; Kar ZfS 96, 274), bei Ausschluß jeder Gefährdung (KG DAR 97, 361; anders Ol DAR 97, 363; Dü VRS 91, 202) oder bei Betriebsruhe (AG Aachen NZV 94, 450), bei Einspurigkeit der durch Rot gesicherten Strecke (Ol ZfS 95, 75; Bay DAR 96, 31; Ce VRS 91, 306), bei erheblichem Mitverschulden des bei Rotlichtverstoß Gefährdeten (Ce NZV 94, 40; Bay v 6. 9. 96 bei Verf NStZ 97, 269; s auch § 37 StVO 31), bei Gehbehinderung (Fra NZV 94, 286) oder Querschnittslähmung (Fra DAR 95, 260) oder wenn das FV den Betr **unverhältnismäßig härter** als den Durchschnitt treffen würde (Dr DAR 95, 498),

StVG § 25 10 d, 10 e 3. Teil. StraßenverkehrsG

wie insb bei Arbeits- oder Existenzverlust (Ce NZV 94, 332; Ol ZfS 95, 34, 275: Taxi-Fahrer, nicht aber bei erheblichen Vorahndungen: Ha NZV 95, 498; Dü NZV 93, 446 u 95, 161; Bra ZfS 96, 194), die auch durch Vollstreckung im Urlaub oder andere Maßnahmen nicht vermeidbar sind (Ol ZfS 93, 140; Dü DAR 96, 65; Kö DAR 96, 508; Ce NZV 96, 117; Bra aaO; Ha NZV 96, 247; Ko NZV 96, 373) u somit unzumutbar erschienen (Bay ZfS 98, 34).

Bei drohender **Existenzvernichtung** kann Absehen vom FV als ultima ratio in Betracht kommen (Ha NZV 01, 438; By NZV 02, 143; Ha NZV 99, 301); jedoch muß Betroff Umstände konkret darlegen u stichhaltig begründen; keine unkritische Übernahme durch Gericht, sondern sorgfältige Aufklärung (Ha NZV 99, 301; Ha NZV 99, 391; Dü NZV 99, 477); s im übrigen zum RegelFV bei Alkoholverstößen unten Rn 13 a.

10 d **Keine Ausn rechtfertigen:** Schuldeingeständnis (Bay 96, 44, 47; Dü VRS 89, 228); Fehlen von Vorahndungen (Bay 94, 156; Dü aaO; Ha NZV 96, 247); geringe Grenzwertüberschreitung (Kö NStZ-RR 96, 52; Nau NZV 95, 161), bloßes Vielfahren (Dü NZV 93, 37; Nau NZV 95, 161; Kö VRS 87, 40; Ha VRS 93, 215; Hamm NZV 99, 394), Fehlen von Voreintragungen (Bay NZV 94, 487; Dü DAR 97, 409), da die Regel-AO des BKat ohnehin keine Vorbelastung voraussetzt (Ha DAR 96, 325; VRS 91, 67), Fehlen konkreter Gefährdung (Kar DAR 96, 33 u Ha VRS 91, 67 bei Rotlichtverstoß; Ha VRS 90, 60 u Ol DAR 97, 363 bei nächtlicher Geschwindigkeitsüberschreitung), guter Eindruck in der HV (Dr DAR 95, 498), lange unfallfreie Fahrpraxis (Dü VRS 91, 136; aA Sa ZfS 96, 113), günstige Prognose (Bay NZV 96, 464), Nachschulung allein (Bay NStZ-RR 96, 282; Dü NZV 97, 365), Fahrverbot bei ungewohntem – größerem – Fahrzeug (Dü NZV 98, 296), dringende Notdurft, wenn ihr anderweitig abgeholfen werden kann (Zw ZfS 97, 196), Benötigen des Kfz für Wochenendheimfahrten (Fra NZV 94, 77) oder Arztbesuche (Hamm NZV 99, 522), Geschwindigkeitsüberschreitung von 41 km/h auf AB (Nau NZV 95, 201), am Beginn einer Geschwindigkeitsbegrenzung (Kar VRS 88, 476), berufliches Angewiesensein auf das Kfz (Dü NZV 93, 37; 97, 447; DAR 95, 374; Ha VRS 90, 210; NZV 96, 247; 97, 240, 446: Taxifahrer; Ol NZV 93, 445; Zw DAR 96, 156; s aber Dr aaO) oder sonstige Erschwernisse bei der Berufsausübung, die üblicherweise mit einem FV verbunden u daher hinzunehmen sind (Bay 94, 100; Ha VRS 85, 456; NZV 96, 77, 118; Dü DAR 96, 413; Kö DAR 96, 507). Ob mehrere solche Umstände zusammen ein Absehen vom Regel-FV rechtfertigen können (so Sa ZfS 96, 113), wird unterschiedlich beurteilt (abl Dü VRS 91, 136; 93, 366; aA Kö NStZ-RR 96, 52). Zu prüfen ist auch, ob auf Regelung nach § 25 II a ausgewichen werden kann (Ha NZV 00, 96).

10 e Das **Absehen** von der **Regelfolge** bedarf eingehender, nachvollziehbarer **Begründung** im Urt durch Tatsachen (BGHSt 38, 231, 237; Brbg NStZ-RR 97, 345; Je DAR 97, 455; Ko NZV 96, 373; Dü DAR 96, 413; Bay DAR 94, 501; Ha NZV 01, 222; Kö NZV 01, 391; KG NZV 02, 47; s § 267 III S 2, 3 StPO iVm § 71 I OWiG), wobei zu beachten ist,

Voraussetzungen im einzelnen **11, 11 a § 25 StVG**

daß der BKat von Fahrlässigkeit ausgeht, so daß Ausn bei Vorsatztaten bes schwer begründbar sein dürften (s Dü VRS 87, 218; Kar VRS 88, 476). Entlastendes Vorbringen darf nicht ohne weiteres hingenommen werden (Bay v 11. 12. 95 bei Janiszewski NStZ 96, 269; Stu NZV 94, 371; Zw DAR 96, 156; Dü NZV 95, 405; VRS 93, 366; Göhler § 71 Rn 3 aE), sondern muß gem § 77 OWiG überprüft werden (Ce NZV 96, 117; Ko NZV 97, 48; Bay v 31. 1. 96, 2 ObOWi 14/96; Brbg NStZ-RR 97, 345). Andererseits unterliegt die Annahme einer Ausn der tatrichterlichen Würdigung, die vom RBeschwerdegericht nur auf R-(Ermessens-)Fehler zu prüfen u „bis zur Grenze des Vertretbaren" zu respektieren ist (so Ha ZfS 96, 35; VRS 92, 40; Kö NZV 94, 161; Bay NZV 94, 327). – Bei der Annahme einer außergewöhnlichen Härte infolge drohenden Arbeitsplatzverlustes bedarf es nicht der Prüfung der rechtlichen Durchsetzbarkeit der angedrohten Kündigung (Ce ZfS 96, 35).

c) **Beharrlich** begangen sind Pflichtverletzungen, die zwar ihrer Art **11** oder den Umständen nach nicht bereits zu den objektiv oder subjektiv groben zählen, durch deren zeit- u sachnahe wiederholte Begehung der Täter aber unter Mißachtung der Vorwarnung zeigt, daß ihm die für die Teilnahme am StraßenV erforderliche rechtstreue Gesinnung u die notwendige Einsicht in zuvor begangenes Unrecht fehlen (Begr BTDr V/1319 zu § 25; Bay DAR 88, 351; 89, 71; NZV 89, 35; Dü NZV 93, 319 u 01, 487; Je DAR 97, 410; Braunschweig NZV 99, 303; Ha NZV 01, 221; Kö NZV 01, 442). Das setzt zwangsläufig eine vorangegangene Warnung durch eine Vorahndung voraus, durch die ihm die (neue) Tat voll bewußt wird; dieses Bewußtsein ist subjektive Voraussetzung für die Annahme der Beharrlichkeit (Bay NZV 95, 499), nicht aber des Vorsatzes bei der Wiederholungstat (s Hentschel FS Salger S 489 mwN). Die Vorahndung muß allerdings – anders als im Falle des § 4 II S 2 BKatV (s Rn 11 b) – zZ der neuen Tat nicht ausnahmslos rkr gewesen sein (Bay NStZ-RR 96, 283; Hamm NZV 98, 292 u 00, 53; Dü NZV 99, 432), zumal auch sonstige vorangegangene Verfolgungsmaßnahmen wegen der Vortat hinreichende Warnung bewirkt haben können (Bay NZV 95, 499). Die Vortat einschließlich ihres Unrechtsgehalts muß dem Betroffenen voll bewußt geworden sein, was auch auf andere Weise als durch rechtskräftige Ahndung geschehen kann, zB durch die Zustellung des Bußgeldbescheides (Hamm NZV 98, 292; Dü NZV 99, 432), doch bedarf es in einem solchen Fall ausreichender tatrichterlicher Feststellungen, die den Schluß zulassen, der Betroffene habe sich über den vorausgegangenen Warnappell hinweggesetzt (BVerfG NZV 96, 284; Hamm NZV 98, 292).

Ein **erster Rückfall** muß dann noch nicht den Vorwurf „beharrlicher" **11 a** Pflichtverletzung begründen, wenn die erste Tat nur einen geringen Vorwurf rechtfertigt (Fra VM 79, 18; Dü NZV 01, 488), keinen allzu hohen Unrechtsgehalt (Fra aaO; Bay DAR 88, 350) oder keinen inneren Zusammenhang mit der neuen OW hatte (Dü ZfS 83, 127), zu lange zurückliegt (Bay NZV 93, 118: 3 Jahre) oder eine ungewöhnlich hohe Fahrleistung

Jagow

StVG § 25 11 b–12   3. Teil. StraßenverkehrsG

vorliegt (AG Rüsselsheim DAR 91, 233). – **Aber** Beharrlichkeit ist andererseits bei einer einzigen, über längere Zeit oder Strecke begangenen Geschwindigkeitsüberschreitung angenommen worden (Ha VRS 51, 66; KG NZV 91, 119; zw; s auch Hentschel FS Salger S 479). Im übrigen kommt es auf die Einzelheiten der vorangegangenen u erneuten OWen an (Bay bei Rüth DAR 71, 201). Ein FV kann **unverhältnismäßig** sein, wenn die Tat nicht von ähnlichem Gewicht ist, wie der Regelfall nach § 4 II 2 BKatV (Bay DAR 95, 300) oder die Vortat länger zurückliegt u nur geringfügig geahndet worden ist (Bay v 11. 4. 91 bei Verf NStZ 92, 273), so daß nicht auszuschließen ist, daß eine hohe GB für die Wiederholungstat genügt (Bay v 19. 9. 91 bei Verf NStZ aaO).

Die **Grundsätze**, die BGH (NZV 97, 525) zum **Augenblicksversagen** bei grober Pflichtwidrigkeit entwickelt hat, gelten entsprechend für Fälle „beharrlicher" Pflichtwidrigkeiten (Braunschweig NZV 99, 303; Ha NZV 00, 92; By ObLG NZV 01, 46). Zwar gibt es deutliche Unterschiede im objektiven Tatbestand, sie entsprechen sich aber weitgehend im subjektiven Tatbestand (besonders verantwortungsloses Handeln, Mangel an rechtstreuer Gesinnung, grobe Nachlässigkeit, Gleichgültigkeit, aaO).

11 b   d) Einen **Regelfall der Beharrlichkeit** sieht § 4 II S 2 BKatV bei wiederholter erheblicher Geschwindigkeitsüberschreitung binnen Jahresfrist ab Rechtskraft der Vorentscheidung (Dü NZV 94, 41) vor, wobei eine Verzögerung des Eintritts der Rechtskraft – egal aus welchen Gründen – unbeachtlich ist (Bay NStZ-RR 97, 346). Die Vorentscheidung muß aber zZ der tatrichterlichen Entscheidung über den Wiederholungsfall noch verwertbar, dh nicht tilgungsreif sein (Kar ZfS 97, 75). Auf den Zeitpunkt der Vortat kommt es dagegen nicht an (Bay NZV 95, 499). – Diese Regelung ist zul u verbindlich (BVfG NZV 96, 284; BGH NZV 92, 117, 286; Stu DAR 91, 468; Ce NZV 91, 279; Dü VRS 81, 299, 380; VM 92, 54). Zur Frage der Notwendigkeit der Prüfung, ob nicht eine erhöhte GB ausreicht, s BGH aaO s Rn 5.

11 c   Fehlen die Voraussetzungen für eine Regel-FV (zB nur leichte Fahrlässigkeit), kommt auch eine Erhöhung der GB zum Ausgleich für das Unterbleiben des FV nicht in Betracht (Hamm NZV 99, 92).

Wird ausnahmsweise von dem an sich verwirkten (Regel-)FV abgesehen (§ 4 IV BKatV), reicht die im BKat daneben vorgesehene Regel-GB idR allein nicht als Tatfolge aus (Stu NZV 94, 371); der ges Höchstsatz (s **E** 61) darf aber nicht überschritten werden (Dü DAR 96, 413).

12   **3. Abs 1 Satz 2: Gesetzliches Regel-Fahrverbot für § 24 a StVG**

Während nach § 4 I, II BKatV ein FV idR nur „in Betracht kommt", ist bei einer OW nach **§ 24 a IV** das FV bereits durch das G (§ 25 I S 2) **„in der Regel"** vorgeschrieben (zur Unterscheidung s BGH NZV 92, 117; Kö VRS 86, 152; Dü NZV 93, 446; Ha 02, 98); das gilt auch bei Mofa-Fahrern (Dü DAR 96, 469 Ls; s auch § 24 a Rn 2) u Fahrlässigkeit

Gesetzliches Regel-Fahrverbot 12 a, 13 § 25 StVG

(§ 24 a III iVm § 25 I S 2). Damit hat der GGeber die Bewertung der in § 24 a umschriebenen, bes schwerwiegenden Verhaltensweise in bezug auf die AO eines FV vorweggenommen, so daß es nicht der Prüfung der allg Voraussetzungen des § 25 I S 1 (s Rn 8 ff) bedarf. Das ges Regel-FV, das den vom BVfG aufgestellten Grundsätzen entspricht (BGH NZV 92, 117), setzt zwar ebenfalls nicht voraus, daß der mit der Maßnahme angestrebte Erfolg im Einzelfall auch mit verschärfter GB nicht erreicht werden kann (Ha DAR 74, 250; NZV 95, 496; 96, 246); es ist aber auch hier – wie bei §§ 69 II u 44 I S 2 StGB – unter Anlegung strenger Maßstäbe zu prüfen, ob ganz außergewöhnliche Umstände äußerer oder innerer Art von der AO eines Regel-FV eine **Ausn** zulassen (Dü VRS 68, 282; Ha 02, 98; Schl BA 92, 77: auch bei 1,01‰; Sa ZfS 96, 114), nach denen die Tat derart aus dem Rahmen der typischen Begehungsweise einer OW nach § 24 a fällt, daß sie eigentlich gar keinen Regelfall mehr darstellt (Ha BA 82, 190; NZV 96, 246; BTDr 7/133 S 6), wie zB dann, wenn der Betr nachts auf einem Tankstellen- oder Parkgelände einen Pkw nur um wenige Meter umgesetzt hat (Dü VRS 59, 282 = StVE 3; VRS 73, 142; Ha VRS 74, 136: nachts 15 m; Ce DAR 90, 150: ½ m; Kö NZV 94, 157; vgl auch die zu § 69 II StGB Rn 14 a aufgeführten AusnBeispiele, die auch hier entspr gelten).

Ein „Regelfall" **entfällt aber nicht** deshalb, weil der Betr bisher verkehrsrechtlich noch unbelastet zu verkehrsarmer Nachtzeit nur 400 m gefahren ist (Ha VRS 48, 450; NZV 95, 496; Bay VRS 47, 306), weil zwischen dem Ende eines erheblichen Alkoholkonsums u der Fahrt mit dem Pkw ein längerer Zeitraum lag u der Grenzwert nur geringfügig überschritten wurde (Ha VRS 53, 207; StVE 1; Dü VRS 65, 390; 68, 228; DAR 93, 479), auf Restalkohol beruhte (Dü NZV 90, 240) oder weil der Betr mehrere Monate nach der Tat nicht mehr aufgefallen ist (Dü VRS 65, 390; weitere Beispiele s Hi/He I/342 a).

12 a

Auch allg **berufliche oder wirtschaftliche Nachteile** genügen zur Begr der Ausn idR nicht (Ha BA 82, 190; Ko VRS 54, 142 = StVE 2; Dü VRS 68, 228), da solche im allg mit einem FV stets verbunden sind (Dr ZfS 95, 477), so die AO des FV gegen vorbestraften Berufskraftfahrer (Ha NZV 01, 486), auch nicht schwierige VVerbindungen (Bay DAR 91, 305), es sei denn, daß das FV unverhältnismäßig erscheint (s Ce ZfS 93, 32), weil es eine ganz **außergewöhnliche Härte** (iG zur bloß „erheblichen" Härte beim Regel-FV nach dem BKat, s oben 10 c) bedeuten würde (Ha VRS 53, 205 = StVE 1; NZV 95, 496; 96, 246; Dü VRS 68, 228; Bay v 13. 12. 88, 1 Ob OWi 256/88; Ol DAR 90, 150), wie zB bei evtl Arbeitsplatzverlust (s Ce NZV 89, 158; Bay NZV 91, 436), Existenzgefährdung (Ol NZV 93, 198; ZfS 93, 248; NZV 93, 446; Dr ZfS 95, 477; Stu DAR 97, 31; Hamm NZV 99, 214; Dü NZV 99, 257; Fra ZfS 94, 109: Taxifahrer; s aber Ha NZV 95, 498), u solche Folgen auch nicht durch andere Maßnahmen vermeidbar sind, wie zB Vollzug während des Urlaubs (Kö VRS 88, 392; Ha NZV 95, 366; Bay v 17. 2. 94 bei Verf NStZ 94, 273; Dü DAR 94, 408 bei 1-Monat-FV für Taxif; NZV 95, 161) oder Ausweichen auf Regelung nach § 25 II a (Hamm NZV 99, 214),

13

Beschränkung des FV nach § 25 I 1 (Sa ZfS 96, 114; Ko NZV 97, 48) oder bei hoher Sanktionsempfindlichkeit (Kar NZV 91, 159). Damit muß sich das Urt, bes bei mehrmonatigem FV, auseinandersetzen, wenn entspr Anhaltspunkte vorliegen (Ce ZfS 93, 32) u nicht bereits erhebliche Vorahndungen berufliche Nachteile zurücktreten lassen (Ha NZV 95, 498). Die Anknüpfungstatsachen sind darzulegen (Kar NZV 93, 277).

13 a Insbesondere bei drohender **Existenzvernichtung** kann Absehen vom FV in Betracht kommen (Hamm NZV 99, 214; Dü NZV 99, 257); jedoch muß Betroffener die Umstände konkret darlegen und stichhaltig begründen (Hamm NZV 99, 214, 215), keine unkritische Übernahme durch den Richter, sondern sorgfältige Aufklärung (Dü NZV 99, 477; Hamm NZV 99, 301; jeweils zu § 41 II 7 u § 3 III 1 StVO). Auch ist sorgfältig zu prüfen, ob die Konsequenz des Existenzverlustes nicht durch andere zumutbare Vorkehrungen abgewendet bzw. vermieden werden kann, zB durch Ausweichen auf öffentliche Verkehrsmittel, Einstellung eines Fahrers bei beruflichem Einsatz in ländlichen Gegenden (Bay DAR 99, 559); entstehende Mehrkosten und Unbequemlichkeiten sind vom Betroffenen als selbstverschuldet hinzunehmen, wirtschaftliche Nachteile als häufige Folge eines FV rechtfertigen idR keine Ausnahme (Hamm 99, 214, 215; Dü NZV 99, 257). Auch ist vorher zu klären, ob nicht mit der neuen Vollstreckungsvorschrift des § 25 II a StVG abgeholfen werden kann (Hamm, aaO).

13 b **Keine Ausn,** wenn der evtl Härte durch ein **eingeschränktes FV** (nach § 25 I S 1; s unten 14) oder eine Verschiebung des Eintritts der Wirksamkeit nach II a (s unten 15 a) abgeholfen werden (Br DAR 90, 190; Sa ZfS 96, 114; Ko NZV 97, 48; Ha BA 77, 269 m krit Anm Händel; Bay DAR 91, 110: sonst unzul Übermaß!) oder Arbeitsplatzverlust durch Urlaub für die FV-Dauer abgewendet werden kann (Bay v 27. 2. 84 bei Rüth DAR 85, 237; v 8. 7. 86, 2 Ob OWi 151/86; Ol ZfS 93, 248; Dü DAR 94, 408; Ha NZV 95, 366; Kö VRS 88, 392).

13 c Die Ausn – wie auch ihre Ablehnung – ist im Urt näher zu begründen (Ha VRS 49, 446; 75, 312; Ko VRS 70, 224; Bay NZV 89, 243; s auch oben 10 e).

14 **4. Beschränkung, Wirksamkeit u Dauer des Fahrverbots**

Das FV kann nach § 25 I S 1 auf bestimmte Arten von Kfzen **beschränkt** werden (s § 69 a StGB Rn 4, 5), wodurch unverhältnismäßige Auswirkungen vermieden werden sollen; das gilt auch beim ges Regel-FV. Reicht ein beschränktes FV als Denkzettel, so **muß** eine Beschränkung erfolgen, wenn ein unbeschränktes FV gegen den Verhältnismäßigkeitsgrundsatz verstieße (Dü NZV 94, 407: Ausn landwirtsch Fze; Ce ZfS 93, 32; Dü NZV 96, 247 Ls; AG Eisenach ZfS 95, 196: Lkw für Berufs-Kf). Ein einmonatiges FV ist zwar beim Berufs-Kf idR kein Kündigungsgrund u muß deshalb keine Ausn für das Berufs-Kfz begründen (Bay v 22. 12. 87 bei Verf NStZ 88, 265), anders aber, wenn er bei dreimonatiger Dauer mit Entlassung rechnen muß (Bay DAR 91, 110).

Beschränkung **14a–15a § 25 StVG**

Das FV wird grundsätzlich (Ausn s II a; s Rn 15 a) **mit der Rechtskraft** **14 a** **der Entscheidung wirksam** (§ 25 II S 1). Von diesem Zeitpunkt an darf im Inland (s dazu Bouska DAR 95, 93) kein Kfz mehr im StraßenV geführt werden, u zwar auch dann nicht, wenn der nach § 25 II S 3 während der Verbotsfrist amtl zu verwahrende FSch noch nicht der als Vollstreckungsbehörde zuständigen VB (§§ 90, 92 OWiG) übergeben wurde (Bay VRS 72, 278; § 25 II S 2; s auch § 44 StGB 12) oder Wiedereinsetzungsantrag gestellt ist (Kö VRS 71, 48). Zur vorläufigen Aussetzung der Wirksamkeit durch einstweilige AO des BVfG bei Versagung des rechtlichen Gehörs auf nicht offensichtlich unzul oder unbegründete Beschwerde s BVfG ZfS 94, 108 = VRS 86, 161 = StVE 42; s dazu Göhler NZV 94, 343.

Die Verbots**frist** (die mind 1 Mon u nicht 15 Tage beträgt: Ko VRS 64, **15** 213) wird erst von dem Tage der Übergabe des FSch zur amtl Verwahrung an gerechnet (§ 25 V S 1); eine Verzögerung der Herausgabe (sei es auch durch amtl (militärische) Zwischenstellen) verlängert mithin die Verbotsdauer (s hierzu auch Rn 11, 12 zu § 44 StGB). **Fehlende Belehrung (VIII)** bewirkt Fristbeginn ab Rechtskraft (II S 1; s auch Ce VRS 54, 128). Zur Fristberechnung bei Unmöglichkeit der Vorlage s Hentschel DAR 88, 156.

Abs 2 a – eingef durch OWiG-ÄndG v 26. 1. 98 (BGBl I 156, 340; in **15 a** Kraft seit 1. 3. 1998) – soll von der Justiz von Einsprüchen entlasten, die nur zur Verschiebung des Eintritts der Wirksamkeit des FV nach II S 1 auf einen späteren Zeitpunkt eingelegt werden. Unter den in II a gen Voraussetzungen kann jetzt der Beginn der Wirksamkeit bis auf 4 Mon nach Rechtskraft der Entscheidung hinausgeschoben werden. Dazu hat zunächst die VB oder das Gericht – bei Vorliegen der Voraussetzungen zusammen mit der BG-Entscheidung die von II S 1 abweichende AO zu treffen (notfalls im Beschwerdeverfahren: Köln NZV 98, 165); danach hat es der Betr in der Hand, durch entspr späte Abgabe des FSch den Eintritt der Wirksamkeit des FV auf einen ihm binnen 4 Mon genehmen Zeitpunkt zu verschieben (s dazu auch Hentschel DAR 98, 138 u Albrecht NZV 98, 131).

Für VB oder Gericht besteht **kein Ermessen,** ob II a angewendet wird oder nicht (Dü NZV 98, 472 u 01, 89; Ha NZV 01, 440); es liegt ausschließlich beim Betroffenen, wann er den Führerschein innerhalb der 4-Monatsfrist abliefert bzw in „amtliche Verwahrung" gelangen läßt.

Streitig ist, wann die **2-Jahresfrist beginnt.** Nach der einen Auffassung, der zuzustimmen ist, kommt es auf den Zeitpunkt an, in welchem das frühere Fahrverbot rechtskräftig geworden ist (Bay NZV 99, 50; BGH NZV 00, 420; zustimmend Albrecht, NZV 99, 177). Nach der anderen Auffassung ist auf den Zeitpunkt abzustellen, an dem die letzte sachliche Entscheidung über das vormalige Fahrverbot ergangen war (Ka NZV 99, 177; zustimmend Deutscher, NZV 99, 185, 188).

Ist in den zwei Jahren vor der neuen OWi kein Fahrverbot verhängt, sondern die FE nach § 69 I, II Nr 2 StGB entzogen worden, wird dadurch die Anwendung von § 25 II a 1 StVG nicht ausgeschlossen. Dies ergibt sich aus dem Analogieverbot zu Lasten des Betroffenen nach § 3 OWiG (Dresden NZV 99, 432; mit im Ergebnis zustimmender Anm von Bönke NZV 99, 433 sowie Ha NZV 01, 440).

Jagow

15 b Eine **FV-Dauer** von mehr als 1 Mon kommt nur in Betracht, wenn gewichtige Umstände, die im Urt darzulegen sind (Stu NZV 96, 159), wie zB Tatschwere oder Schuld, zuungunsten des Betr erkennen lassen, daß die Regeldauer von 1 Mon nicht ausreicht (Bay v 9. 1. 90 bei Verf NStZ 90, 274; v 5. 7. 91 bei Verf NStZ 91, 579), nicht aber, weil diese für den Betr keine nennenswerten Nachteile mit sich bringt (Bay NZV 94, 487). Auch bei gleichzeitiger Ahndung zweier sachlich zusammentreffender VOWen, die jew 1 Mon FV rechtfertigen würden, darf nicht additiv auf 2 Mon FV erkannt werden; die Dauer dieses einheitlichen FV ist vielmehr entspr seinem Zweck (Rn 1) u den jew Umständen zu bemessen (Bay v 21. 11. 95, 1 Ob OWi 595/95; Stu NZV 96, 159). Auch bei beharrlicher Pflichtverletzung ist idR 1 Mon angemessen, wenn es zum ersten Mal angeordnet wird (Dü NZV 98, 38). AO der Höchstfrist von 3 Mon ist nur bei überdurchschnittlich schweren OWen zul (Ol DAR 77, 137; Dü VM 71, 89); sie bedarf aber bei fahrlässiger Ersttat (Bay v 3. 8. 88 bei Verf NStZ 88, 545) u erstmaligem FV näherer Begr, soweit diese sich nicht schon aus der Schwere der OW ergibt (Ol aaO; Kar VRS 53, 54), wie zB bei der sog Geisterfahrt (Bay NZV 97, 489).

15 c **Abs VI S 1 u 3** schreibt **Anrechnung** der vorläufigen Entz- bzw Verwahrdauer (S 3) auf das FV vor; das gilt analog auch bei rkr Entz-Zeit nach Wiedereinsetzung in den vorigen Stand (Bay VRS 72, 278; zust Berz JR 87, 513). Die Anrechnung nach VI S 1, 3 ist grundsätzlich Aufgabe der Vollstreckungsbehörde (BGHSt 27, 287; Bay 86, 155 f; v 15. 7. 94, 2 Ob OWi 180/94). Anrechnung oder Nichtanrechnung nach VI S 2 werden im Urt angeordnet (Dü DAR 70, 195; Bay v 15. 7. 94 aaO).

16 **5. Verfahrensrechtliche Anmerkungen**

Innerhalb ein u derselben Entscheidung ist auch dann auf nur **ein** FV zu erkennen, wenn mehrere sachlich zusammentreffende VerkehrsOWen oder eine OW u eine Straftat geahndet werden, von denen jede bereits für sich allein die AO eines FV rechtfertigen würde (Bay VRS 51, 221; Ce ZfS 93, 30; Brbg ZfS 97, 277; Stu VRS 91, 134; Dü DAR 98, 113; Dü NZV 98, 298; 98, 512, 513). – Tritt die OW wegen TE mit einer Straftat zurück (§ 21 I S 1 OWiG), kann im Strafverfahren gleichwohl ein (Regel-) FV nach § 25 angeordnet werden (§ 21 I S 2 OWiG; Ko VRS 52, 447; Janiszewski 173).

17 Wird ein angeordnetes FV aufgehoben oder von der AO eines an sich vorgesehenen FV abgesehen, so ist das Gericht durch das **Verschlechterungsverbot** nicht daran gehindert, die ursprüngliche GB angemessen (aber nur bis zur ges Höchstgrenze: Dü VRS 65, 51 = StVE 8; Stu VRS 70, 288; Ha NZV 94, 201) zu erhöhen (BGH NJW 71, 105; Ol NZV 91, 37; s auch § 2 IV BKatV), wenn die materiellen Voraussetzungen für ein FV an sich vorgelegen haben (Sa ZfS 84, 253; Janiszewski 219 mwN); die neben dem FV im BKat vorgesehene Regel-GB allein ist nach Stu (NZV 94, 371) dann unzureichend. Die AO eines FV oder die Verlängerung der FV-Dauer wegen Senkung der GB wäre dagegen eine unzul Verschlechterung (Kar VRS 86, 137; Stu aaO).

Kommt ein FV im **Einspruchsverfahren** in Betracht, während im BG- 18
Bescheid kein FV angeordnet war, muß der Betr auf diese Möglichkeit in
sinngem Anwendung des § 265 II StPO **hingewiesen** werden, da es hier
– anders als bei § 44 StGB (s dort Rn 16) – zusätzlicher Feststellungen bedarf, auf die sich der Betr einstellen können muß, um notfalls seinen Einspruch zurückzunehmen (BGHSt 29, 274 = StVE 5 mwN; Ko VRS 71,
209; Dü StVE 17). Die Belehrungspflicht gilt auch, wenn das Gericht abweichend von der vor der HV erklärten Einschätzung doch auf ein FV erkennen will (Ol ZfS 93, 248). Der Einspruch kann auf die Rechtsfolgen
beschränkt werden, § 67 II OWiG nF (Bay NZV 99, 51); innerhalb des
Rechtsfolgenausspruchs ist aber eine weitere Beschränkung nicht zulässig,
zB auf ein angeordnetes FV (Bay NZV 00, 50).

Die **Rechtsbeschwerde** ist bei AO eines FV aufgrund gleichzeitiger 19
Verurteilung wegen mehrerer OWen bzgl aller Owen ohne Rücksicht auf
die Höhe der GB im Einzelfall zul, wenn für das FV das Gesamtverhalten
maßgeblich war (Bay 85, 90 = VRS 69, 385; s oben 5); sie kann aber wegen der Wechselwirkung zwischen FV u GB grundsätzlich nicht auf eine
der beiden Rechtsfolgen beschränkt werden (s § 44 StGB Rn 17; BGHSt
24, 11; Ha VRS 59, 440; v 4. 4. 84, 3 Ss OWi 361/84; Dü VRS 84, 46;
NZV 94, 117; Bay v 9. 12. 94, 2 Ob OWi 603/94; Ko VRS 76, 391; 78,
362; Göhler Rn 9 zu § 79).

Für die **Beschlagnahme** nach § 25 II S 3 u III S 2 ist die Vollstrek- 20
kungsbehörde (§ 92 OWiG) zuständig; einer richterlichen Bestätigung bedarf es nicht (Göhler 29 zu § 90). In dieser AO wird nach zutr hM zugleich auch die AO zur **Durchsuchung der Wohnung** des Betr gesehen,
vgl Göhler § 91 Rn 7, Kl-Meyer-G § 463b Rn 1 mwN, Rebmann-RH
§ 91 Rn 17 (mit Bedenken bei gerichtlicher Bußgeldentscheidung), ebenso
zustimmend Waechter NZV 99, 273 (zulässig nach § 25 IV und verfassungskonform); aA AG Tiergarten NZV 96, 506 (m abl Anm Hentschel u
Göhler) u AG Leipzig NZV 99, 308.

Die **Vollstreckung** mehrerer FVe, dh die Berechnung ihrer jew Dauer, 21
erfolgt angesichts der Regelung in § 25 II S 1 (s Rn 14a) zwangsläufig getrennt **nebeneinander** ab dem jew Eintritt der Rechtskraft der Entscheidung (Bay NZV 93, 489; Ce ZfS 93, 30; AGe Fra ZfS 94, 227; Lippstadt
ZfS 95, 116; Augsburg NZV 90, 244; Steinfurt ZfS 96, 36; Rotenburg adF
ZfS 96, 156; Hannover ZfS 96, 435; aA Hentschel 17; AG Bottrop DAR
95, 262 m abl St Engelbrecht; s auch § 44 StGB 13). Eine Ausn hiervon
enthält II a S 2, der im Falle des Hinausschiebens der Wirksamkeit eines FV
die additive Vollstreckung (zum Nachteil des Betr) vorsieht (Begr BTDr
13/8655).

Zur Frage der Verpflichtung des Betr zum **persönlichen Erscheinen** 22
in der HV, etwa zur Klärung der Frage, ob ein FV zu einer (behaupteten)
Existenzvernichtung führen würde, s **E** 75 ff.

6. Literatur 23

Albrecht „... Wahlrecht zu § 25 II a" NZV 98, 131; **ders,** Anm. zu OLG
Karlsruhe NZV 99, 177; **Beck** „Ausn vom FV" DAR 97, 32; **Bode** ZfS 95, 2;

Bönke, Anm zu OLG Dresden NZV 99, 433; **Deutscher** „Das Regel-FV bei Geschwindigkeitsüberschreitungen u Rotlichtverstößen" NZV 97, 18; NZV 98, 134; NZV 99, 111; NZV 00, 105; NZV 01, 101; NZV 02, 105; **ders,** „erste praktische Erfahrung mit der OWiG-Reform ..." NZV 99, 185; **Geppert** „Das ordnungsrechtliche FV ..." DAR 97, 260; **Grohmann,** „Fahrverbot gem § 25 Abs 1 S 1 StVO" DAR 00, 52; **Hentschel** „RProbleme bei der AO des FV nach § 25 I S 1 StVG" FS Salger S 471; **ders** „Bedeutung der BKat für FV des § 25 I S 1 StVG" JR 92, 139; **ders** „Die neue 4-Mon-Frist in § 25 II a" DAR 98, 138; **Scheffler** „Grober VVerstoß bei Nichtbeachtung einer aus Lärmschutzgründen angeordneten Geschwindigkeitsbeschränkung" NZV 95, 214.

§ 25 a Kostentragungspflicht des Halters eines Kraftfahrzeugs

(1) **Kann in einem Bußgeldverfahren wegen eines Halt- oder Parkverstoßes der Führer des Kraftfahrzeugs, der den Verstoß begangen hat, nicht vor Eintritt der Verfolgungsverjährung ermittelt werden oder würde seine Ermittlung einen unangemessenen Aufwand erfordern, so werden dem Halter des Kraftfahrzeugs oder seinem Beauftragten die Kosten des Verfahrens auferlegt; er hat dann auch seine Auslagen zu tragen. Von einer Entscheidung nach Satz 1 wird abgesehen, wenn es unbillig wäre, den Halter des Kraftfahrzeugs oder seinen Beauftragten mit den Kosten zu belasten.**

(2) **Die Kostenentscheidung ergeht mit der Entscheidung, die das Verfahren abschließt; vor der Entscheidung ist derjenige zu hören, dem die Kosten auferlegt werden sollen.**

(3) **Gegen die Kostenentscheidung der Verwaltungsbehörde und der Staatsanwaltschaft kann innerhalb von zwei Wochen nach Zustellung gerichtliche Entscheidung beantragt werden. § 62 Abs. 2 des Gesetzes über Ordnungswidrigkeiten gilt entsprechend; für die Kostenentscheidung der Staatsanwaltschaft gelten auch § 50 Abs. 2 und § 52 des Gesetzes über Ordnungswidrigkeiten entsprechend. Die Kostenentscheidung des Gerichts ist nicht anfechtbar.**

1. Allgemeines

§ 25 a ist in gewissem Zusammenhang mit § 109 a I OWiG zu sehen; er ist **verfassungskonform** (BVfG NZV 89, 398) u soll helfen, die bei KennZ-Anzeigen (s **E** 46 ff) wegen OWen im ruhenden Verkehr aufgetretenen Verfolgungsschwierigkeiten zu vermindern (zur Problematik s BRDr 371/82; Verf DAR 86, 256; Janiszewski Rn 143 ff u AnwBl 81, 350; Mößinger DAR 85, 267 ff; Rediger Diss Bochum 93, Rn 16; VGT 81, 127 ff; 85, 304 ff). § 25 a ist **keine Sanktion,** sondern **bloße Kostenregelung,** die subsidiär, dh erst nach (ergebnisloser) Beendigung eines BG-Verfahrens durch Einstellung oder Freispruch akut wird, dann aber die allg Kostenregelungen nach Einstellung u Freispruch verdrängt (Göhler 5 vor § 109 a; zum Verhältnis zwischen § 109 a OWiG u § 25 a s Rogosch NZV 89, 218). Sie setzt, insb hinsichtlich der Nichtermittlung des Fahrers, kein **Verschulden** voraus, sondern beruht auf dem **Veranlasserprinzip:** Der Halter, der als solcher feststehen muß (s dazu Mürbe DAR 87, 71), wird nur für den Kostenaufwand in Anspruch genommen, der dadurch entstanden ist, daß das wegen einer mit seinem Kfz im ruhenden Verkehr begangenen OW von der zuständigen VB pflichtgem eingeleitete Ermittlungsverfahren eingestellt werden mußte, weil der Zuwiderhandelnde nicht festgestellt werden konnte, zumal auch der Halter zur Ermittlung nicht beigetragen hat, obwohl er die Überlassung seines Kfz an einen anderen zu verantworten hatte (s BRDr 371/82 S 38; vgl auch VG Münster VRS 73, 319: Kostenhaftung als Zustandsstörer).

Der **Halter** ist nach Einstellung des Verfahrens oder nach Freispruch **1 a** nicht mehr „Betroffener", sondern bloßer Kostenschuldner; das ergibt sich bes deutlich aus II Halbs 2 (s unten 13 u Janiszewski DAR 86, 256). Seine **Auskunfts- u Aussageverweigerungsrechte** als Betroffener oder Zeuge nach den §§ 52, 55 StPO iVm § 46 I OWiG bleiben **unberührt** (BVfG aaO); nur muß er dann, wenn er davon Gebrauch macht, – ähnlich wie bei der Fahrtenbuchauflage (s § 23 StVO 45) – die Kostentragung nach § 25 a in Kauf nehmen, die auch durch **RSchutzversicherung** nicht (mehr) gedeckt ist (s VO v 25. 3. 87, BAnz Nr 62; AG Dü ZfS 88, 80). – Durch § 25 a wird auch kein unzulässiger Zwang zur **Selbstbezichtigung** ausgeübt (vgl dazu BVfG wistra 88, 302 zur Auskunftspflicht des Steuerpflichtigen ohne Rücksicht auf dadurch aufgedeckte Straftaten).

Die Anwendung des § 25 a StVG setzt eine hoheitliche Tätigkeit zur Verfolgung bzw Ahndung des Verkehrsverstoßes voraus; lediglich durch eine private Stelle durchgeführte Verkehrsüberwachung ist keine ausreichende Grundlage für den Erlaß eines Kostenbescheides nach § 25 a (AG Düsseldorf NZV 99, 142).

2. Anwendungsvoraussetzungen 2

a) **Sachliche** Voraussetzung ist ein – ggf nach Abschluß eines erfolglosen, durch § 25 a nicht erfaßten Vw-Verfahrens (s **E** 60) – gegen den **Halter**, einen Dritten oder gegen Unbekannt gerichtetes **Bußgeldverfahren** wegen eines mit dem Kfz des Halters (vorrangig im formellen Sinn; s dazu § 23 StVO Rn 29; Berz NZV 88, 116; Hentschel DAR 89, 90; AGe Osnabrück NZV 88, 196; Essen DAR 89, 115) begangenen „**Halt- oder Parkverstoßes**" im Rechtssinn, insb nach den §§ 1 II, 12, 13 u 18 VIII, § 49 I 1, 12, 13 u 18 StVO (zu § 1 II s § 12 StVO 19f), auch wenn er mit einer anderen OW in TE steht (aA LG Freiburg VRS 78, 300, wenn die andere OW überwiegt); **nicht** aber wegen eines im Zusammenhang mit verbotenem Halten oder Parken begangenen Vergehens, zB nach § 230 StGB (Hentschel 4) oder wegen anderer OWen, die nur gelegentlich an sich erlaubten Haltens oder Parkens, wie zB solche nach den §§ 14, 15 oder 17 IV StVO (aA zu § 17 IV Hentschel NJW 87, 762) oder nach LandesR auf privaten Grundstücken außerhalb des öff VRaumes (s § 1 StVO 13) begangen wurden (AG Freiburg ZfS 87, 381; Verf NStZ 88, 121), sofern § 25 a nicht ausdrücklich für entspr Halt- oder Parkverstöße

Jagow

StVG § 25a 3–3 c

im öff (nicht privaten) Bereich für anwendbar erklärt ist (s zB § 20 a LWaldGBln). Ohne eine solche Erstreckungsklausel gilt § 25 a (entgegen AG Fra/Hoechst NZV 95, 121 m zutr abl Anm Rediger) auch nicht bei Halt- u Parkverstößen auf Kundenparkplätzen der Bundesbahn nach den §§ 62, 64 EBO, da es § 25 a nach seiner Entstehung u Stellung im StVG grundsätzlich nur auf OWen nach § 24 abstellt (so auch Hentschel § 25 a Rn 5; Rediger NZV 95, 121; Verf NStZ 88, 121), selbst wenn die gen Parkplätze dem öff VRaum (s dazu § 1 Rn 15–19) zugerechnet würden. Daß OWen im **fließenden Verkehr** aus sachlichen Gründen mR nicht erfaßt sind (Verf DAR 86, 256; s auch Rediger NZV 96, 94), widerspricht nicht dem Gleichheitsgrundsatz nach Art 3 I GG (BVfG NJW 89, 2679).

3 Der Halt- oder Parkverstoß muß – wie bei § 31 a StVZO, der weitgehend als Vorbild gedient hat – **objektiv festgestellt**, der Täter jedoch entweder (1. Alternative) vor Ablauf der Verfolgungsverjährungsfrist (s § 26 III) nicht oder (2. Alternative) nicht mit angemessenem Aufwand zu ermitteln sein.

3 a Die **1. Alternative** bedeutet nicht, daß die Kostenentscheidung nach § 25 a etwa stets erst nach Verjährungseintritt zul ist (wie Hentschel DAR 89, 92 meint), das jedenfalls dann nicht, wenn ohnehin kein konkreter Anhalt für die Ermittlung des Fahrers vorliegt, die Voraussetzungen des § 25 a also von vornherein gegeben sind. Diese Einschränkung soll nur Versuchen begegnen, die Kostentragungspflicht u eine evtl Verfolgung durch die Benennung des Fahrers nach Verjährungseintritt zu umgehen, wie es früher oft üblich war.

3 b Die **2. Alternative, Unmöglichkeit der Täterermittlung** mit angemessenem Aufwand, steht in der Praxis im Vordergrund, da bei den hier in Frage kommenden Bagatellverstößen im ruhenden Verkehr die Ermittlung des nicht angetroffenen Täters in aller Regel einen unangemessenen Aufwand erfordert. Auf eine objektive Unmöglichkeit der Ermittlung kommt es (wie bei § 31 a StVZO, s dazu § 23 StVO 46 f) nicht an; die **Feststellung ist** bereits dann „**nicht möglich**", wenn die Behörde nicht in der Lage war, den Täter zu ermitteln, obwohl sie alle **angemessenen u zumutbaren** Maßnahmen ergriffen hat (vgl BVwG VRS 56, 77; 70, 78; NJW 87, 143 zu § 31 a StVZO; VGH BW ZfS 84, 381); die entspr RSpr zu § 31 a StVZO gilt insoweit weitgehend auch hier, als danach die Ermittlungen so bald wie möglich durchzuführen sind, so daß sich der Betr an den Vorfall noch erinnern kann (BVwG VRS 42, 61).

3 c Dazu gehört zunächst die **umgehende Benachrichtigung** des Betr, wofür nach hM die Anbringung eines schriftlichen Vw-Angebots (möglichst mit Anhörbogen) genügt (OVG Ko VRS 54, 380; AGe Augsburg ZfS 88, 264, Detmold NZV 89, 367 u Fra VM 90, 62; Hentschel DAR 89, 92; Göhler 9 vor § 109 a; aA AGe Bergisch Gladbach NZV 89, 366 u Würzburg VM 89, 94, die idR schriftliche Anhörung fordern; s dazu abl St Verf NStZ 90, 274). Unterbleibt diese Form der Benachrichtigung, muß der Halter anderweitig, insb durch unverzügliche Übersendung eines Anhörbogens, dh nach BVwG (VRS 56, 306 zu § 31 a StVZO) idR binnen 2 Wochen angehört werden (ebenso AGe Bergisch Gladbach aaO; Warendorf DAR 89, 392 m ausführlicher RSprÜb der Redaktion; Hentschel aaO; Berr DAR 91, 36; aA jetzt AG Minden DAR 90, 73), das unter Aufg seiner früheren Ansicht (DAR 88, 283) nur noch eine Anhörung „ohne vermeidbare Verzögerung" ohne Fristsetzung verlangt; nach Göhler (9 vor § 109 a; Rediger S 102) reichen uU auch 3 Wochen (was bei den heutigen Kommunikationsmöglichkeiten (s zB § 36 StVG) mE zu lang u unzumutbar ist).

Verweigert der Halter daraufhin sachdienliche Angaben, indem er zB 3 d den Anhörbogen nicht, unter Bestreiten seiner Täterschaft oder ohne Angaben zum Täter zurückschickt u erscheinen weitere Ermittlungen aussichtslos, weil es an konkreten Anhaltspunkten zur Ermittlung einer bestimmten Person als Täter fehlt, ist es der Pol oder VB nicht zuzumuten, wahllos zeitraubende Ermittlungen anzustellen, da dies mit einem verständigen Verwaltungshandeln bei der Verfolgung der hier in Betracht kommenden Bagatellverstöße im ruhenden Verkehr nicht vereinbar wäre (AG Lörrach NZV 91, 285; Rediger S 122); die Feststellung des Fahrers ist dann „nicht möglich" (vgl BVwG VRS 64, 466 = StVE § 31a StVZO 15; OVG NW VRS 70, 78; BayVGH VBl 86, 625 zu den Abschleppkosten); dies gilt zB auch, wenn Eheleute nach Rückkehr von der Reise erklären, sich nicht mehr daran erinnern zu können, wer zur Tatzeit gefahren ist (VG Hannover VRS 52, 70), wenn sich der Halter nicht mehr an den Fahrer erinnert (vgl Ko VRS 52, 70) oder einen Ausländer benennt (Rogosch NZV 89, 218).

Andererseits dürfen die Ermittlungen nicht voreilig „auf Kosten des 4 Halters" eingestellt werden, denn die Ermittlungspflicht wird durch § 25a nicht eingeschränkt (vgl BVwG DAR 72, 26 zu § 31a StVZO). Ein solches Vorgehen wäre unzul u verkehrspolitisch unklug, insb bei bedeutsamen u Wiederholungsfällen.

Wird eine bestimmte, unschwer erreichbare Person als Fahrer benannt 5 (zB der Mieter des Kfz) oder aus sonstigen Gründen als Täter verdächtigt, sind entspr Ermittlungen idR nicht unangemessen u zunächst durchzuführen, sofern sie nicht von vornherein aussichtslos erscheinen oder zu der Bedeutung des Verstoßes in keinem angemessenen Verhältnis stehen (s 3), wie etwa die aufwendige Ermittlung u Vernehmung von Ausländern oder mehrerer Personen wegen eines geringfügigen Parkverstoßes.

Aus Rn 3b ergibt sich, daß von einer „Unmöglichkeit" der Feststellung 6 des Täters dann nicht auszugehen ist, wenn diese Voraussetzung nur durch (unangemessene) verzögerliche Ermittlungen der VB entstanden ist; dann liegt die entspr Voraussetzung für eine Kostenentscheidung zum Nachteil des Halters nicht vor (s aber AG Bonn NJW 88, 218). Solche Versäumnisse der VB gehen jetzt schon im Rahmen des § 31a StVZO nicht zu Lasten des Halters (vgl OVG NW VRS 18, 479; BVwG VM 71, 42); sie sind von Amts wegen, nicht erst auf Einwand des Betr zu berücksichtigen.

b) Das Verfahren muß durch Einstellung oder Freispruch **aus den** 7 **Gründen des § 25 a I** beendet worden sein, also nicht etwa, wenn der Fahrer feststeht u das Verfahren nach § 47 I S 2 OWiG oder wegen unwiderlegbaren Bestreitens der tatsächlichen oder rechtlichen Voraussetzungen des erhobenen Vorwurfes eingestellt worden ist (AG Bad Kissingen DAR 91, 35). Eines Nachweises, daß der Halter die Nichtermittlung des Fahrers zu vertreten habe, bedarf es nicht (s 1).

8 Die Benennung des Fahrers nach Eintritt der Verjährung beseitigt die Kostentragungspflicht nach § 25a I nicht.

9 Statt des Halters kann auch dessen **Beauftragter** als Kostenschuldner in Frage kommen, wenn dieser die Verfügungsgewalt über das Fz (als Mieter, Entleiher oder infolge einer Betriebsorganisation pp) anstelle des Halters hatte.

10 Die Kostenfolge ist keine Ermessensentscheidung, sondern **zwingend** vorgesehen, um Auseinandersetzungen über die Frage einer rechtmäßigen Ermessensausübung zu vermeiden.

11 Von der Kostenauferlegung ist nach § 25a I S 2 nur aus **Billigkeitsgründen** abzusehen, so zB dann, wenn das Fz nachweisbar entwendet, entgegen § 248b StGB benutzt oder vermietet worden ist (s AG Salzgitter ZfS 88, 189: Nichtermittlung des Fahrers trotz Kooperationsbereitschaft des Halters); **nicht** aber, weil der Halter sich „beim besten Willen" oder „bei der Vielzahl der Benutzer" an den Fahrer zur Tatzeit nicht erinnern kann, denn das sind die typischen Fälle, die § 25a I S 1 erfassen soll (Verf DAR 86, 258); auch nicht, weil der Anhörbogen erst 6 Wochen nach der Tat zugegangen ist (AG Stade NZV 91, 246).

12 Zu den Kosten des Verfahrens gehören im Falle einer Kostenentscheidung nach § 25a I **Gebühren** u **Auslagen.** Die Gebühr beträgt bei Entscheidung der VB nach § 107 II OWiG u der StA nach Nr 7710 KVGKG: 25 DM, bei Entscheidung des Gerichts nach Nr 7700 KVGKG 50 DM). **I S 1 Halbs 2** stellt im Hinblick auf die §§ 467 I, III, IV, 467a iVm § 46 I, 105 I u 109a II OWiG klar, daß der Halter im Falle des S 1 Halbs 1 auch seine eigenen Auslagen zu tragen hat, nicht aber im Härtefall des I S 2 (Göhler 22 vor § 109a); eines ausdrücklichen Ausspruchs bedarf es nicht. – Wegen der Auslagen im einzelnen vgl § 107 III OWiG (Göhler Rn 7, 7a).

Eine Entscheidung über die Erstattung von Rechtsanwaltskosten durch die Staatskasse ist erst zulässig, wenn ein BG-Bescheid (nach Erlaß) wieder zurückgenommen wurde, § 105 I OWiG, § 467a StPO (Wiesbaden NZV 99, 485).

13 Zu den aufzuerlegenden Kosten des Verfahrens gehören ferner die in einem gegen einen **Dritten** gerichtet gewesenen Verfahren wegen eines mit dem Kfz des Halters begangenen Halt- oder Parkverstoßes entstandenen Kosten, das aus den Gründen des § 25a I S 1 durch Einstellung oder Freispruch beendet werden mußte, nicht aber die dem Dritten entstandenen eigenen Auslagen, die ihm aus der Staatskasse erstattet werden (Göhler 21 vor 109a).

14 **3. Formelle Fragen**

a) Nach **II Halbs 1** soll die **Kostenentscheidung** zwar grundsätzlich zusammen mit der abschl (einstellenden oder freisprechenden) Entscheidung ergehen, das schließt aber eine ausnahmsweise spätere selbständige

Kostenentscheidung nicht aus (BRDr 371/82 S 39), so zB, wenn in einem BG-Verfahren gegen einen Dritten der Halter nach **Halbs 2** nicht rechtzeitig vor der abschl Entscheidung (zB in der HV) gehört werden konnte. Die Nichtbeachtung dieser bloßen Formvorschrift rechtfertigt nicht die Aufteilung der Kostenentscheidung. – Die **Anhörung des Halters** nach § 25 a II **Halbs 2** ist zwingend (AG Wolfratshausen v 21. 3. 94, 3 OWi 19/94; einschränkend AG Winsen (Luhe) NZV 94, 293 m krit Anm Rediger); sie sollte zwar zweckmäßigerweise zugleich mit der nach § 55 OWiG erfolgen (so Göhler 26 vor § 109a), doch reicht das nicht, wenn inzw neue Umstände (zB für eine Billigkeitsentscheidung) aufgetreten sind (AG Wolfratshausen u Göhler aaO; s dazu auch Rediger NZV 94, 294). Der Kostenbescheid der VB ist zuzustellen (§ 50 I OWiG).

b) **III** regelt die selbständige **Anfechtbarkeit** (nur) der Kostenentscheidung, die unabhängig von der (evtl unanfechtbaren) Einstellungsverfügung besteht. Die **gerichtliche Überprüfung** hat sich auf das Vorliegen der sachlichen Voraussetzungen des § 25 a I (s 2 ff) zu beschränken (Näheres bei Göhler 27 ff vor § 109 a); sie ist unanfechtbar (Rostock NZV 94, 287). Für die Kosten- u Auslagenentscheidung hinsichtlich des Antrags auf gerichtliche Entscheidung gelten die §§ 25 a III S 2 StVG, 62 II S 2 OWiG, 467 I, 473 I S 1 StPO (s AG Hannover NdsRPfl 88, 143; AG Sa NZV 89, 125). – Wird der Kostenbescheid der VB aufgehoben, fallen die Kosten der Staatskasse zur Last (s AG Freiburg ZfS 87, 381; Göhler 29 vor § 109 a).

4. Literatur

Hentschel „Die Kostentragungspflicht des Halters ...", DAR 89, 89; **Janiszewski** „Zur Kosten-Halterhaftung ...", DAR 86, 256; **Kaufhold** „Die Kostentragungspflicht des Halters", VGT 87; **Rediger** „Rechtl Probleme der sog Halterhaftung", Diss 93, Verlag Agema, Lünen; **Rogosch** „Verhältnis der §§ 25 a StVG u 109 a OWiG bei Kennzeichenanzeigen", NZV 89, 218.

§ 26 (Zuständige Verwaltungsbehörde; Verjährung)

(1) **Bei Ordnungswidrigkeiten nach § 24, die im Straßenverkehr begangen werden, und bei Ordnungswidrigkeiten nach § 24 a ist Verwaltungsbehörde im Sinne des § 36 Abs. 1 Nr. 1 des Gesetzes über Ordnungswidrigkeiten die Behörde oder Dienststelle der Polizei, die von der Landesregierung durch Rechtsverordnung näher bestimmt wird. Die Landesregierung kann die Ermächtigung auf die zuständige oberste Landesbehörde übertragen.**

(2) **Bei Ordnungswidrigkeiten nach § 23 ist Verwaltungsbehörde im Sinne des § 36 Abs. 1 Nr. 1 des Gesetzes über Ordnungswidrigkeiten das Kraftfahrt-Bundesamt.**

(3) **Die Frist der Verfolgungsverjährung beträgt bei Ordnungswidrigkeiten nach § 24 drei Monate, solange wegen der Handlung weder ein Bußgeldbescheid ergangen noch öffentliche Klage erhoben ist, danach sechs Monate.**

StVG § 26 1   3. Teil. StraßenverkehrsG

1 **1. Abs 1,** der verfassungskonform ist (BVfG VRS 37, 241), überträgt die **Zuständigkeit** der VBn für das BG-Verfahren bei OWen nach § 24, die im StraßenV begangen werden, u nach § 24 a entspr § 36 I 1 OWiG der Behörde oder Dienststelle der **Polizei,** die von der Landesregierung bestimmt wird. Das sind nach den entspr Regelungen der Länder (zitiert bei Schönfelder, Dt Gesetze, Stand Feb 2002, Fn 1 zu § 26 StVG) in

Baden-Württemberg	die unteren VBen, bei OWen auf BAB die Regierungspräsidenten (OWiZuV idF v 2. 2. 90, GBl 73, 268; letzte Änd v 6. 7. 94, GBl 360), große Kreisstädte zur Geschwindigkeitsmessung (Stu NZV 90, 439),
Bayern	Zentrale Bußgeldstelle im Bay Polizei-Verwaltungsamt und subsidiär die Dienststellen der Bay Landespolizei, Grenzpolizei und Bereitschaftspolizei (VO v 21. 10. 97, GVBl S 727; zuletzt geänd durch § 3 VO v 14. 12. 99, GVBl S 561),
Berlin	der PolPräsident Bln (VO v 29. 2. 2000, GVBl S 249; dazu gehört nicht das Einwohnermeldeamt: KG VRS 72, 456 = StVE 4),
Brandenburg	für OWen nach §§ 24 u 24 a StVG die Pol-Präsidien, daneben für OWen nach § 24 StVG auch die Kreisordnungsbehörden (s dazu Brbg DAR 96, 64); für OWen im ruhenden Verkehr nach § 24 StVG neben den Pol-Präsidien die örtl Ordnungsbehörden (VOWi ZustV v 18. 6. 96, GVBl II 412),
Bremen	die OrtspolBehörden (VO v 21. 7. 80, GBl 229),
Hamburg	die Behörde für Inneres (AO v 5. 1. 99, Amtl Anz S 345),
Hessen	der RegPräsident Kassel als Bezirksordnungsbehörde, daneben Oberbürgermeister von Fra als örtl Ordnungsbehörde (letzterer nicht bei OWen auf BAB u nach VwVerfahren; s VO v 7. 4. 92, GVBl I 134),
Mecklenburg-Vorpommern	die Oberbürgermeister (Bürgermeister) der kreisfreien Städte, die Amtsvorsteher und die Bürgermeister der amtsfreien Gemeinden (ZuständigkeitsVO v 14. 3. 95, GVOBl S 222),
Niedersachsen	die Landkreise u kreisfreien Städte, bei Zuwiderhandlungen gegen § 29 StVZO die Bezirksregierungen (VO v 19. 12. 90, GVBl S 527; geänd durch VO v 19. 12. 97, GVBl S 545),
Nordrhein-Westfalen	die Kreisordnungsbehörden (VO v 25. 9. 79, GVNW S 652; zuletzt geändert durch VO v 28. 3. 95 GVNW S 293),
Rheinland-Pfalz	die Kreispolizeibehörde und in kreisfreien Städten das Polizeipräsidium oder die Polizeidirektion

Zuständige Verwaltungsbehörde; Verjährung 2, 2a **§ 26 StVG**

	(§ 8 LandesVO v 12. 3. 87, GVBl S 46; zuletzt geänd durch VO v 7. 2. 95, GVBl S 16),
Saarland	Landräte als untere staatl Verwaltungsbehörden, im Stadtverband Saarbrücken – mit Ausnahme der Landeshauptstadt Saarbrücken – der Stadtverbandspräsident, in der Landeshauptstadt Saarbrücken und in den kreisfreien Städten der Oberbürgermeister (VO v 17. 9. 91, Abl 1066); die Aufgaben der Landräte wurden bei Mittelstädten den Oberbürgermeistern übertragen (s VO v 6. 4. 92, Abl 511, geänd durch Art. 10 § 4 Abs 6 G v 27. 11. 96, Abl 1313),
Sachsen	die Landratsämter u Bürgermeister der kreisfreien Städte (OWiZuVO v 2. 7. 93, GVBl 561, letzte ÄndVO v 3. 8. 2000, GVBl 389),
Sachsen-Anhalt	die Zentrale Bußgeldstelle im Technischen Pol-Amt für OWen nach den §§ 24 u 24a StVG u gegen StVO u StVZO, daneben die Pol-Behörden vor Abgabe an die Zentrale Bußgeldstelle oder StA (ZustVO OWi idF v 26. 9. 94 (GVBl LSA 956), zuletzt geänd VO v 7. 6. 95 (GVBl LSA 162),
Schleswig-Holstein	die Landräte u die Bürgermeister(-innen) der kreisfreien Städte, letztere insb bei OWen im ruhenden Verkehr (OWi-ZustVO v 22. 1. 88, GVOBl 32; letzte ÄndVO v 11. 2. 94, GVOBl 146) u in
Thüringen	das Polizeiverwaltungsamt, die Dienststellen der Polizei und der Bereitschaftspolizei (VO v 21. 4. 98, GVBl S 149).

Die sachliche Zuständigkeit der VB bildet im gerichtlichen BG-Verfahren keine von Amts wegen zu prüfende Verfahrensvoraussetzung; ihr Fehlen bewirkt nur ausnahmsweise Nichtigkeit des Bußgeldbescheides (Bay 73, 5, 137 = VRS 46, 58). 2

Politessen gehören zu den Beamten des Pol-Dienstes (BVwG VkBl 70, 710), **nicht** aber für die auf den Bereich der Bahnanlagen beschränkte **Bahn-Pol** auf Bahnhofsvorplätzen, wo grundsätzlich die jew Landes-Pol zuständig ist (Kar VRS 54, 78; Ha VRS 56, 159; Hbg MDR 79, 1046), soweit ihr die Befugnis nicht ausdrücklich übertragen ist (s Göhler 6 zu § 53). Ob das allein durch Angestellte eines **Privatunternehmens** ohne Beteiligung eines Behördenvertreters ermittelte Ergebnis einer V-Überwachung gegen einen Betr verwertet werden darf, wird überwiegend verneint (KG DAR 96, 504; s auch Fra DAR 95, 335; AK II 27. VGT; zu den Anforderungen an Geschwindigkeitsmessungen durch private Firmen s GE-Ausschuß DVR in DAR 97, 34). Die Feststellung von Parkverstößen durch private Firmen zur Ermittlung von OWen wird auch dann für unzul erachtet, wenn die zust Gemeinde die Auswertung u bußgeldrechtliche Verfolgung vornimmt (Bay NZV 97, 486; abl auch Steiner, DAR 96, 2a

272); Scholz (NJW 97, 14) würde die private Parkraumüberwachung allenfalls bei entspr ges Regelung (zB im Rahmen des § 26) bejahen (aA Ronellenfitsch DAR 97, 147).

Zulässig ist, daß zur V-Überwachung Geschwindigkeitsmessungen von einem Leiharbeiter durchgeführt werden, wenn dieser aufgrund einer Vereinbarung in die zuständige Gemeinde „physisch-räumlich und organisatorisch integriert" ist (Bay NZV 99, 258).

3   **2. Abs 2** begründet für **OWen** nach **§ 23** die Zuständigkeit des KBA.

4   **3. Abs 3: Die Verfolgungsverjährungs-Frist** bei OWen nach § 24 beträgt abw von § 31 OWiG, bis ein BG-Bescheid ergangen oder öffentliche Klage erhoben ist, 3 Mon, danach 6 Mon (s dazu Schl ZfS 95, 35). Dadurch soll das summarische Verfahren zunächst beschleunigt durchgeführt werden, später aber zur weiteren Aufklärung genügend Zeit zur Verfügung stehen. Die 6-Mon-Frist gilt auch nach Rücknahme des BG-Bescheids (Ce NZV 95, 40 im Anschl an BRDr 371/82 S 41). Die **Verlängerung** der Verjährungsfrist auf sechs Monate wird mit Erlaß des Bußgeldbescheides wirksam, sofern dieser binnen 2 Wochen zugestellt wird; andernfalls ist der Zeitpunkt der Zustellung maßgeblich; dies gilt auch dann, wenn zwischen Erlaß und Zustellung andere verjährungsunterbrechende Maßnahmen getroffen werden (BGH NZV 00, 131; DAR 00, 74); abzulehnen ist Auf von Bay NZV 99, 433, wonach 6-Monatsfrist nach Erlaß des BG-Bescheides und – unabhängig von der Zustellung – bei jeder Unterbrechungshandlung beginnt; s hierzu auch KG DAR 98, 449 u Gübner NZV 98, 235; 99, 434.

Bei § 24a beträgt die Verjährungsfrist nach § 31 II 3 OWiG ein Jahr, bei fahrlässiger Begehung von § 24a sechs Monate, § 31 II 4 OWiG (Bay NZV 99, 476). – **Ruhen** u **Unterbrechung** der Verjährung: §§ 32, 33 OWiG. Die Unterbrechungshandlung muß sich gegen eine bestimmte, der Person nach bekannte Person richten (BGH NJW 97, 598; Ha ZfS 97, 195); sie wirkt nur gegenüber dem, auf den sie sich bezieht, dh nicht gegenüber dem Fahrer, wenn sie gegen den Halter gerichtet war (§ 33 IV OWiG; Schl aaO).

§ 26a (Bußgeldkatalog)*

(1) **Das Bundesministerium für Verkehr, Bau- und Wohnungswesen wird ermächtigt, durch Rechtsverordnung mit Zustimmung des Bundesrates Vorschriften zu erlassen über**

1. **die Erteilung einer Verwarnung (§ 56 des Gesetzes über Ordnungswidrigkeiten) wegen einer Ordnungswidrigkeit nach § 24,**
2. **Regelsätze für Geldbußen wegen einer Ordnungswidrigkeit nach den §§ 24 und 24a,**
3. **die Anordnung des Fahrverbots nach § 25.**

---

* IdF d Ges v 19. 3. 2001 (BGBl I S 386).

Allgemeines 1–2a § 26a StVG

(2) Die Vorschriften nach Absatz 1 bestimmen unter Berücksichtigung der Bedeutung der Ordnungswidrigkeit, in welchen Fällen, unter welchen Voraussetzungen und in welcher Höhe das Verwarnungsgeld erhoben, die Geldbuße festgesetzt und für welche Dauer das Fahrverbot angeordnet werden soll.

Inhaltsübersicht

	Rn
1. Allgemeines	1
2. Bußgeldkatalog	3
3. Wesen der Verwarnung	10
4. Verwarnung ohne Verwarnungsgeld	11
5. Zulässigkeit der Verwarnung	12
a) Allgemeines	12
b) Zuständigkeit	13
c) Materielle Voraussetzungen	14
6. Höhe des Verwarnungsgeldes	15
7. Verwarnungsgeld-Erteilung	16
8. Wirksamkeit der Verwarnung	20
9. Zusammentreffen mehrerer Ordnungswidrigkeiten	22
10. Verwarnung als Verfahrenshindernis	23
11. Durchführung der Verwarnung	24

1. Allgemeines 1

Die Ermächtigungsgrundlage in § 26a StVG wurde durch Ges v 19. 3. **2** 01 (BGBl I S 386) neu gefaßt, um auch die Grundlage für den Erlaß von Vorschriften über die Erteilung von Verwarnungen einzubeziehen. Auf dem neuen § 26a beruht die ab 1. 1. 02 geltende neue BkatV, deren Bußgeldkatalog auch den Verwarnungsbereich (5 bis 35 Euro) umfaßt (abgedruckt im Anhang III). § 1 I 2 BkatV bestimmt entsprechend, daß Owi, bei denen der neue Bußgeldkatalog einen Regelsatz bis zu 35 Euro vorsieht, als Verwarnungen mit Verwarnungsgeld zu ahnden sind. Damit beruhen jetzt die Verwarnungsregelung und der Verwarnungsgeldkatalog (integriert in den neuen Bußgeldkatalog) auf einer Rechts-VO und nicht mehr – wie früher – auf einer allgemeinen Verwaltungsvorschrift. Folgerichtig wurde die bisherige VwV für die Erteilg einer Verwarng mit Verwarnungsgeldkatalog mit Ablauf des 31. 12. 01 aufgehoben. Die Aufhebung des § 27 StVG (als Ermächtigungsgrundlage für den bisherigen selbständigen Verwarnungsgeldkatalog) war durch Ges v 19. 3. 01 erfolgt.

Der BKat soll nicht nur eine eindeutige, verbindliche Grundlage für die **2a** Eintragungen im VZR bieten (s § 28), sondern auch eine möglichst gleichmäßige Behandlung der massenhaft vorkommenden u gleichartig erscheinenden VerkOWen gewährleisten; deshalb darf von seinen Regelsätzen nicht ohne bes Grund abgewichen werden (s Rn 5). Diese ges Regelung ist **verfassungskonform** (BVfG NZV 96, 284). – Hiervon zu unterscheiden sind die in einigen Bundesländern im wesentlichen für die computermäßige Verarbeitung erstellten sog **Tatbestandskataloge;** diese basieren zwar auf der BKatV, sind aber als bloße VerwaltungsRiLien für die Gerichte nicht verbindlich (s Rn 3 u Janiszewski NJW aaO S 3115).

3 2. Der Bußgeld-Katalog

ist – als RechtsVO – nicht nur für die VBen, sondern auch für die Gerichte verbindlich (BGH NZV 92, 117; Dü NZV 91, 82; 94, 41; Kar VRS 81, 45; NZV 94, 237; Ha NZV 96, 246); dies ist **verfassungskonform,** denn „Gesetz" iS von Art 97 I GG ist auch eine VO (s Verf NJW 89, 3113).

4 Der Katalog hat allerdings lediglich den rechtlichen Charakter einer **Zumessungsregel,** wie sie selbst im StrafR längst üblich sind (vgl die ges Regelbeispiele der §§ 69 II, 94 II, 95 III, 243 pp StGB; s dazu Lackner § 46 Rn 7 u BVfG oben Rn 2). Er ist **keine Ahndungsvoraussetzung,** so daß das Fehlen eines TB im Kat nicht etwa die Ahndung hindert; es fehlt dann bloß eine Zumessungsregel, so daß die GB nach § 17 III OWiG zu bemessen ist (Dü VRS 76, 23; Ha NZV 95, 83; AGe Waldshut-Tiengen VRS 67, 464; Königstein VRS 68, 63; s auch Rn 8 zu § 24), die sich an vergleichbaren TBen des Vw- bzw BGKat zu orientieren hat (s auch Ha aaO). Das gilt auch, wenn das verkehrswidrige Verhalten keinem Regel-TB entspricht (Dü VRS 82, 463; Verf NJW 89, 3116).

5 Der Kat gibt nur **Regelbeispiele,** die der Bewertung des Einzelfalls, insb hinsichtlich der Vorwerfbarkeit, genügend Raum lassen (s BVfGE 45, 187 ff; vgl auch BVfGE 54, 100). Sind die Voraussetzungen der Umschreibung eines Regelfalls im BKat erfüllt u keine Besonderheiten in der Tat oder Persönlichkeit des Täters ersichtlich, sind – abgesehen davon, daß der BG-Bescheid ohnehin keiner Begründung bedarf (§ 66 III OWiG) – auch im gerichtlichen Verfahren grundsätzlich keine Angaben über die Angemessenheit der Geldbuße oder des FV nötig, vielmehr genügt der Hinweis auf die Kat-Nr mit dem Zusatz, daß keine Anhaltspunkte für ein Abweichen ersichtlich waren, denn dem Gericht obliegt – wie bei § 69 II StGB oder § 25 I S 2 StVG – nur die Prüfung, ob Anhaltspunkte für ein ausnahmsweises Abweichen vom Regelsatz vorliegen; bejahendenfalls ist dies darzulegen (so bisher schon KG VRS 39, 448; Bay VRS 37, 296 u zuletzt BGH NZV 92, 117; Dü NZV 93, 241). – S auch § 25 StVG Rn 1.

6 Die Regelsätze berücksichtigen allerdings nur die durchschnittliche Bedeutung der OW; daraus u aus der Natur des Regelsatzes folgt, daß bei Vorliegen von Milderungsgründen bzw erschwerenden Umständen der Regelsatz zu unterschreiten bzw zu erhöhen ist. Die GB muß zum Grad der Vorwerfbarkeit in angemessenem Verhältnis stehen (Dü DAR 91, 307; NZV 93, 320; VRS 86, 463).

6 a Die Regelsätze gehen von der bei VerkOWen üblichen **Fahrlässigkeit** aus (s § 1 II BKatV); deshalb wäre im BKat der nach § 17 I, II OWiG allg zulässige Höchstsatz der GB als „Regel"-Satz unzul (Bay VRS 69, 72, 74).

Bei grober oder nur leichter Fahrlässigkeit liegt kein Regelfall vor (Ce VM 83, 14), auch nicht bei Vorsatz (vgl BGH NZV 92, 79), doch kann bei (auch nur bedingtem) **Vorsatz** der für Fahrlässigkeit vorgesehene Regelsatz als Richtschnur verwendet u angemessen erhöht werden (Ko VRS 63, 74); eine pauschale Verdoppelung des Regelsatzes bei Vorsatz verstieße aber gegen die Zumessungsregel des § 17 III OWiG (Ha VRS 57, 203; Ce VRS 69, 227 = NStZ 86, 464 m zust Anm Schall; s aber Dü VRS 80, 471, 473).

Auch sonstige Umstände, die von den nach § 1 II BKatV zugrundeliegenden „gewöhnlichen Tatumständen" abweichen, können zu einer Verminderung oder Erhöhung des Regelsatzes führen, wie zB Voreintragungen im VZR (Kö VRS 61, 152 = StVE § 37 StVO 22; zur Darlegung der Fakten s Ko VRS 64, 215), Gefährdung oder Schädigung anderer (soweit dies nicht bereits im BKat berücksichtigt ist) u andere, nicht unmittelbar mit der OW zusammenhängende Umstände (wie das Verhalten danach: Ha v 28. 7. 82, 6 Ss OWi 1151/82; nicht aber Ablehnung der Vw oder Unbelehrbarkeit: Ko VRS 62, 202; Hbg VRS 58, 52; s aber Bay DAR 72, 207; Leugnen: Zw VRS 64, 454). 7

Bei **Abweichungen** aus **wirtschaftlichen** Gründen ist § 28 a zu zitieren. Der Kat geht zwar nicht mehr ausdrücklich von durchschnittlichen wirtschaftlichen Verhältnissen aus, doch versteht sich das von selbst (Göhler NStZ 92, 75 mwN); es gilt insoweit § 17 III S 2 OWiG (Dü VM 91, 42; s hierzu Janiszewski/Buddendiek III.5). Nur außergewöhnlich gute oder schlechte wirtschaftliche Verhältnisse (s § 24 Rn 8b) sind zu berücksichtigen, wenn Anhaltspunkte dafür vorliegen (Ha VRS 54, 290; NZV 96, 246) oder eine höhere GB (etwa ab 200 DM bzw 100 Euro) in Betracht kommt (Bay DAR 82, 256; Ha VRS 49, 440: Studenten; s auch Ol VRS 79, 375; Göhler § 17 Rn 29); die UrtGründe müssen dann eine entspr Prüfung erkennen lassen (Kö VRS 81, 56; zum Regelsatz bei § 24a iVm Nr 241 BKat s § 24a Rn 8). 8

Unter Berücksichtigung der RSpr des BVfG (VRS 37, 161) enthält der BKat Regeln für die AO eines **Fahrverbots,** allerdings nur bei den OWen, die ein **„besonders** verantwortungsloses" Verhalten widerspiegeln (s auch § 4 BKatV). Durch die Konkretisierung der Anwendungsvoraussetzungen in § 4 I BKatV ist diese RFolge vorhersehbar u berechenbar; dies trägt den Grundrechtsgeboten der normativen Bestimmtheit u Verhältnismäßigkeit Rechnung (BGHSt 38, 231 u BVfG NZV 96, 284). In den Fällen, in denen danach idR ein FV „in Betracht kommt", bedarf es weder der Prüfung der Angemessenheit noch der Frage, ob nicht auch eine erhöhte Geldbuße ausreicht (Näheres dazu s Erl zu § 25). 9

3. Verwarnung (Vw) 10

Die in § 56 OWiG geregelte Vw mit VwGeld zielt auf eine Vermeidung von BG-Verfahren wegen geringfügiger OWen ab. Das Wesen der Vw besteht darin, dem Betr bei einem geringfügigen Ordnungsverstoß das Fehlverhalten möglichst sofort vorzuhalten, ohne darüber eingehende Ermittlungen vorzunehmen u eine bewertende Entscheidung zu treffen; sie kann allerdings auch noch nach Abschluß der Ermittlungen (KK-OWiG u Rebmann-RH jew 1 zu § 56), jedoch nur bis zum Erlaß des BG-Bescheides, erteilt werden (Göhler 41 zu § 56) u nicht mehr nach Einspruch. Ein Anspruch auf ihre Erteilung besteht nicht (Göhler § 56 Rn 17a mwN). Da ihr die wesentlichen Merkmale einer echten Unrechtsfolge fehlen, ist die Vw keine „Ahndung" (Göhler 6 vor § 56; Ha VRS 57, 198; aA Rebmann-RH 1 vor § 56).

11   **4. Verwarnung ohne Verwarnungsgeld**

Die Vw ohne VwGeld ist jetzt (OWiG-ÄndG v 26. 1. 1998 (BGBl I 156) nach § 56 I S 2 OWiG ausdrücklich zugelassen; zu ihrer rechtlichen Bedeutung s unten Rn 14. Keine Überprüfung nach § 62 OWiG (Göhler 35 zu § 56 u Bode DAR 87, 369: nur Gegenvorstellung).

12   **5. Zulässigkeit der Verwarnung**

a) Die Vw mit VwGeld ist **verfassungsrechtlich** unbedenklich (BVfGE 22, 125 zum früheren, BRDr 371/82 § 17 zum neuen R). Sie ist unzulässig gegenüber **exterritorialen** u sonstigen **bevorrechtigten** Personen (vgl dazu RdSchr d BMI v 14. 3. 75 GMBl 335, 518, 629), nicht aber gegenüber **Abgeordneten** u Angehörigen der in der BRep stationierten Truppen (vgl dazu Göhler 38 ff vor § 59; E 28 ff).

13   b) **Zuständig** für die Erteilung einer Vw sind nach § 56 I OWiG die VB oder hierzu ausdrücklich ermächtigte Beamte des Außen- u PolDienstes (§ 57 OWiG), dh auch Politessen (BVwG VkBl 70, 710), nicht aber Bahnpol außerhalb des Bahngeländes, wie zB auf Bahnhofsvorplätzen (Ha VRS 56, 159).

14   c) **Materielle Voraussetzung** ist die Feststellung einer **geringfügigen** VerkehrsOW, was sich nach der Bedeutung der Tat u dem Grad der Vorwerfbarkeit beurteilt (Näheres bei Göhler 6 zu § 56 u oben § 24 Rn 8a, b); Fehlbeurteilung berührt die Wirksamkeit der Vw nicht (Fra VRS 16, 59; Kar VRS 52, 25).

15   **6. Höhe des Verwarnungsgeldes**

Sie beträgt bei VerkehrsOWen (iS von § 24 StVG) nach § 56 I S 1 OWiG (idF des OWi-ÄndG Rn 2) und § 2 III BKatV mind 5 u höchstens 35 Euro. Die wirtschaftlichen Verhältnisse bleiben bei geringfügigen VerkehrsOWen nach § 17 III S 2 Halbs 2 OWiG idR unberücksichtigt (s auch Ko VRS 52, 200), dh sie können im obersten Bereich berücksichtigt werden, wenn sie als außergewöhnlich schlecht bekannt sind (s BRDr 371/82 S 15); dann kommt Ermäßigung nach § 2 V BKatV in Betracht.

16   **7. Verwarnungsgeld-Erteilung**

17   a) Die Erteilung der Verwarnung mit Verwarngeld beruht auf § 2 BKatV.

Der Verwarnende ist an den Bußgeld-Kat gebunden. Entschließt er sich **18** zur Vw mit VwGeld, so hat er den im Katalog für den Verstoß genannten Betrag zu erheben, selbst wenn er diesen für unzutreffend hält; er darf also zB für Halten im Haltverbot ohne konkrete Behinderung nicht den für mit Behinderung vorgesehenen höheren Betrag fordern, weil sE eine solche Tat stets (abstrakt) mit Behinderung verbunden sei. Erachtet er einen im Kat aufgeführten Verstoß nicht als „geringfügig", so hat er Anzeige zu erstatten. – Für das Gericht ist die VerwarnVwV zwar nicht verbindlich, doch als Orientierungshilfe zu beachten (Ha MDR 87, 1050; Bay v 22. 8. 94, 1 Ob OWi 275/94), wenn es die OW für geringfügig hält (Göhler 13 vor § 56); dann sollte es auch im Interesse der Gleichbehandlung nicht ohne zwingenden Grund von diesen Regelsätzen abweichen (so auch Dü NZV 91, 82).

b) Bei den im BKat genannten Verstößen mit einem Regelsatz von **19** mehr als 35 Euro kommt eine Vw grundsätzlich nicht in Betracht, es sei denn, daß ganz bes Umstände sie als ausreichend erscheinen lassen. Die Vw ist danach selbst bei unfallträchtigen Delikten nicht ausgeschlossen, insb dann nicht, wenn kein anderer gefährdet worden ist. – Nur dann, wenn ein geringfügiger Verstoß nicht im VerwarnKat aufgeführt ist, setzt der Verwarnende das VwGeld nach pflichtgemäßem Ermessen fest, wobei das konkret festgesetzte Verwarnungsgeld nicht höher als 35 Euro betragen darf.

8. Wirksamkeit der Verwarnung 20

Die Vw ist ein sog mitwirkungsbedürftiger VA u wird nur wirksam, wenn der Betr mit der Vw (uU stillschweigend durch Zahlung) einverstanden ist (wovon bei Widerstand gegen Anbringung des VwZettels am Kfz nicht auszugehen ist: Dü VRS 66, 350). Deshalb ist er auch nach § 56 II S 1 OWiG vor der Erteilung der Vw über sein R, die Vw ablehnen zu können, zu belehren; andernfalls kann er die Vw **anfechten** (BVwGE 24, 9; Bay VRS 48, 287). Das gilt auch, wenn das Einverständnis nur auf Grund arglistiger Täuschung oder Drohung abgegeben wurde (OVG Ko NJW 65, 1781). Die Anfechtung ist aber nicht mit der Behauptung möglich, es habe keine OW vorgelegen oder das VwGeld sei nicht nach den Sätzen des Katalogs festgesetzt worden (Göhler 33 zu § 56; Grundsätzliches zur Anfechtung bei Göhler 31 ff zu § 56). – Die Vw wird ferner nur dann wirksam, wenn der Betr das VwGeld entweder sofort oder innerhalb einer ihm bewilligten Frist zahlt, die idR 1 Woche betragen soll (§ 56 II OWiG; Dü NZV 91, 441; Kö VRS 88, 375); bei Postüberweisung gilt der Einzahlungstag (s Göhler 27 zu § 56). Dem Sinn des Verfahrens zur raschen Abwicklung sehr vieler OWen entspr es gegen die Versäumung der Frist zwar keine Wiedereinsetzung in den vorigen Stand, wohl aber kann die VB die Frist – auch stillschweigend nach Ablauf – verlängern u das VwGeld annehmen, wenn dieses verspätet eingeht (Ko DAR 72, 165). Die Annahme einer verspäteten Überweisung bedeutet allein aber keine Fristverlängerung (Kö VRS 66, 364). Geht die Zahlung nicht fristgemäß ein, ist die Vw unwirksam (Ko VRS 56, 158).

StVG § 26a 21–24

21   Eine wirksam erteilte Vw ist zuungunsten des Betr nicht mehr zurücknehmbar; sie erlangt eine Art Rechtskraft (Stu VRS 17, 376; Göhler 37 a zu § 56); anders zugunsten des Betr, wenn sich nachträglich das Fehlen der Voraussetzungen für die Erteilung herausstellt (Rebmann-RH 30 zu § 56) oder die Vw noch nicht wirksam geworden ist (KG NJW 90, 1803; Göhler NStZ 91, 74).

22   **9. Zusammentreffen mehrerer Ordnungswidrigkeiten**

Bei **tateinheitlicher** Verwirklichung mehrerer verwarnungsfähiger VVerstöße ist nach § 2 VI BKatV nur **ein** VwGeld, u zwar das höchste der in Betracht kommenden, zu erheben. Es ist unzul, die unselbständigen Teile einer einheitlichen Handlung (zB Führen eines Kfz mit vier abgefahrenen Reifen) jew selbständig abzurügen (Bay VRS 61, 133; zust Janiszewski NStZ 81, 337 X). – Bei **Tatmehrheit** ist jeder Verstoß getrennt zu behandeln (§ 2 VII BKatV).

23   **10. Verwarnung als Verfahrenshindernis**

Ist die Vw nach § 56 II S 1 OWiG wirksam, so kann die Tat nach § 56 IV OWiG unter denselben tatsächlichen u rechtlichen Gesichtspunkten nicht mehr als OW nach § 24 weiterverfolgt werden. Dieses Verfahrenshindernis besteht allerdings nicht, wenn der Beamte den Betr nicht verwarnt hat, obwohl die Voraussetzungen für eine Vw vorgelegen hatten (Ha VM 68, 59) oder solange das VwGeld nicht bezahlt ist (Dü NZV 91, 441). Das Verfahrenshindernis erfaßt auch nicht strafrechtlich zu beurteilende Handlungen oder Teile davon (Kar VRS 52, 25; Göhler 45 zu § 56) sowie mit der verwarnten Tat in TE oder TM stehende Verstöße (Dü NZV 90, 487); es gilt nach dem Wortlaut des § 56 IV auch nicht für eine nach § 56 I S 2 (neu) ohne VwGeld erteilte Vw (s Göhler § 56 Rn 2, 42); denn § 56 IV ist nach Einführung der Vw ohne VwGeld (§ 56 I S 2 neu) nicht auch auf § 56 I S 2 erstreckt worden. – Aus § 56 IV OWiG folgt andererseits, daß rechtlich oder faktisch nicht erfaßte Teile der Handlung weiterverfolgt werden dürfen (Kar VRS 53, 368; Kö VRS 54, 135; Dü NZV 96, 251: Vw als Verfahrenshindernis bei Dauer-OW). Treffen OWen u Straftaten in TE zusammen, so ist eine gesonderte Vw wegen der OW nach § 21 I OWiG unzul; erfolgt sie trotzdem, so hindert sie das Strafverfahren nicht. In einem solchen Fall kann das Gericht auch weder das VwGeld auf die Strafe anrechnen noch seine Zurückzahlung anordnen; der Verurteilte kann es aber von der VB zurückfordern (Bay 61, 60 = VM 61, 74).

24   **11. Durchführung der Verwarnung**

Über die Vw mit VwGeld ist eine Bescheinigung auszuhändigen, aus der sich die Höhe des VwGeldes, dessen Bezahlung u der Grund der Vw ergeben (§ 56 III S 1 OWiG). Dies ist im Hinblick auf das Verfahrenshindernis nach § 56 IV OWiG von bes Bedeutung (s oben Rn 23). Kann der Betr nicht sofort u nicht in bar zahlen oder ist das VwGeld höher als 10 Euro (s

Führung und Inhalt des Verkehrszentralregisters §§ 27, 28 StVG

§ 56 II OWiG), können – entspr internen Dienstvorschriften – auch anerkannte Zahlungsmittel (wie zB Euro-Scheck, Reisescheck uä) entgegengenommen bzw eine Frist für die Bezahlung gewährt werden (s oben 20). – Die Vw ist gebührenfrei; sie wird auch nicht im VZR registriert.

§ 27 (aufgehoben)

IV. Verkehrszentralregister

§ 28 Führung und Inhalt des Verkehrszentralregisters

(1) Das Kraftfahrt-Bundesamt führt das Verkehrszentralregister nach den Vorschriften dieses Abschnitts.

(2) Das Verkehrszentralregister wird geführt zur Speicherung von Daten, die erforderlich sind

1. für die Beurteilung der Eignung und der Befähigung von Personen zum Führen von Kraftfahrzeugen,
2. für die Prüfung der Berechtigung zum Führen von Fahrzeugen,
3. für die Ahndung der Verstöße von Personen, die wiederholt Straftaten oder Ordnungswidrigkeiten, die im Zusammenhang mit dem Straßenverkehr stehen, begehen oder
4. für die Beurteilung von Personen im Hinblick auf ihre Zuverlässigkeit bei der Wahrnehmung der ihnen durch Gesetz, Satzung oder Vertrag übertragenen Verantwortung für die Einhaltung der zur Sicherheit im Straßenverkehr bestehenden Vorschriften.

(3) Im Verkehrszentralregister werden Daten gespeichert über

1. rechtskräftige Entscheidungen der Strafgerichte, soweit sie wegen einer im Zusammenhang mit dem Straßenverkehr begangenen rechtswidrigen Tat auf Strafe, Verwarnung mit Strafvorbehalt erkennen oder einen Schuldspruch enthalten,
2. rechtskräftige Entscheidungen der Strafgerichte, die die Entziehung der Fahrerlaubnis, eine isolierte Sperre oder ein Fahrverbot anordnen sowie Entscheidungen der Strafgerichte, die die vorläufige Entziehung der Fahrerlaubnis anordnen,
3. rechtskräftige Entscheidungen wegen einer Ordnungswidrigkeit nach § 24 oder § 24a, wenn gegen den Betroffenen ein Fahrverbot nach § 25 angeordnet oder eine Geldbuße von mindestens vierzig Euro festgesetzt ist, soweit § 28a nichts anderes bestimmt,
4. unanfechtbare oder sofort vollziehbare Verbote oder Beschränkungen, ein fahrerlaubnisfreies Fahrzeug zu führen,
5. unanfechtbare Versagungen einer Fahrerlaubnis,
6. unanfechtbare oder sofort vollziehbare Entziehungen, Widerrufe oder Rücknahmen einer Fahrerlaubnis durch Verwaltungsbehörden,
7. Verzichte auf die Fahrerlaubnis,

Jagow

8. unanfechtbare Ablehnungen eines Antrags auf Verlängerung der Geltungsdauer einer Fahrerlaubnis,
9. die Beschlagnahme, Sicherstellung oder Verwahrung von Führerscheinen nach § 94 der Strafprozeßordnung,
10. unanfechtbare Entscheidungen ausländischer Gerichte und Verwaltungsbehörden, in denen Inhabern einer deutschen Fahrerlaubnis das Recht aberkannt wird, von der Fahrerlaubnis in dem betreffenden Land Gebrauch zu machen,
11. Maßnahmen der Fahrerlaubnisbehörde nach § 2 a Abs. 2 Satz 1 Nr. 1 und 2 und § 4 Abs. 3 Satz 1 Nr. 1 und 2,
12. die Teilnahme an einem Aufbauseminar und die Art des Aufbauseminars und die Teilnahme an einer verkehrspsychologischen Beratung, soweit dies für die Anwendung der Regelungen der Fahrerlaubnis auf Probe (§ 2 a) und des Punktsystems (§ 4) erforderlich ist,
13. Entscheidungen oder Änderungen, die sich auf eine der in den Nummern 1 bis 12 genannten Eintragungen beziehen.

(4) **Die Gerichte, Staatsanwaltschaften und andere Behörden teilen dem Kraftfahrt-Bundesamt unverzüglich die nach Absatz 3 zu speichernden oder zu einer Änderung oder Löschung einer Eintragung führenden Daten mit.**

(5) **Bei Zweifeln an der Identität einer eingetragenen Person mit der Person, auf die sich eine Mitteilung nach Absatz 4 bezieht, dürfen die Datenbestände des Zentralen Fahrerlaubnisregisters und des Zentralen Fahrzeugregisters zur Identifizierung dieser Personen genutzt werden. Ist die Feststellung der Identität der betreffenden Personen auf diese Weise nicht möglich, dürfen die auf Anfrage aus den Melderegistern übermittelten Daten zur Behebung der Zweifel genutzt werden. Die Zulässigkeit der Übermittlung durch die Meldebehörden richtet sich nach den Meldegesetzen der Länder. Können die Zweifel an der Identität der betreffenden Personen nicht ausgeräumt werden, werden die Eintragungen über beide Personen mit einem Hinweis auf die Zweifel an deren Identität versehen.**

(6) **Die regelmäßige Nutzung der auf Grund des § 50 Abs. 1 im Zentralen Fahrerlaubnisregister gespeicherten Daten ist zulässig, um Fehler und Abweichungen bei den Personendaten sowie den Daten über Fahrerlaubnisse und Führerscheine der betreffenden Person im Verkehrszentralregister festzustellen und zu beseitigen und um das Verkehrszentralregister zu vervollständigen.**

1. Allgemeines

a) Die **§§ 28 bis 30 c** enthalten die R.Grundlagen für die Erfassung, Tilgung u Verwertung bestimmter Entscheidungen der Gerichte, Staatsanwaltschaften u VBn. Durch die Novellierung von 1998 soll insb sichergestellt werden, daß nur noch die für Registerzwecke u die zur Erfüllung der

Anmerkungen zur Neuregelung 2–5 **§ 28 StVG**

den Empfängern der Registerdaten obliegenden Aufgaben nötigen Datenspeicherungen u Mitteilungen erfolgen. – Gegen die Mitteilung bestimmter Daten duch die StA an das KBA zur dortigen Registrierung ist – nach vorheriger Beschwerde – der RWeg nach §§ 23 ff EGGVG eröffnet (Kar NZV 93, 364).

b) Das VZR ist „die **allein maßgebende Erfassungs- u Auskunfts-** 2 **stelle** der für die Belange der VSicherheit bedeutsamen gerichtlichen u verwaltungsbehördlichen Entscheidungen" (BVwG VRS 52, 381 = StVE § 29 StVG 1). Dennoch hält es das OVG NW (VRS 57, 156) für zul, wenn die örtl Ordnungsbehörde vorübergehend Unterlagen über erteilte Verwarnungen aufbewahrt u sie beim Erlaß von BG-Bescheiden verwertet.

c) Die Eintragung ist **keine Sanktion** (Bay NJW 69, 2296), sondern ei- 3 ne wertneutrale Folge u deshalb auch weder mildernd bei der Festsetzung der Höhe der GB zu berücksichtigen (aA Hbg VRS 53, 136) noch als VA zu betrachten (BVwG VD 87, 183, zust Jagow VD 87, 169). Sie ist auch keine „Nebenfolge nichtvermögensrechtlicher Art" iS von § 79 I OWiG (Ha DAR 97, 29, 410). – Das Register soll den für die Verfolgung, Verwaltung u GGebung zuständigen Stellen das Tatsachenmaterial verschaffen, das erforderlich ist, um die im Interesse der VSicherheit notwendigen Maßnahmen treffen zu können, wie insb Überprüfung der VTauglichkeit mehrfach registrierter Kf, deren Belehrung, Verwarnung u notfalls Ausschaltung aus dem StraßenV (BTDr V/2600/01 S 24). Deshalb sind die dafür idR uninteressanten Bagatellverstöße im VwBereich (mit GB unter 40 Euro) von der Registrierung nicht erfaßt (s aber § 28 a). Daneben hat das VZR durch seine bloße Existenz allg eine hohe abschreckende Wirkung u damit einen guten verkehrserzieherischen Effekt, was allein schon an der Vielzahl der nur mit dem Ziele der Nichteintragung eingelegten Einsprüche gegen BG-Bescheide ablesbar ist.

d) Die Mitteilungen der Verkehrsbehörden an das Kraftfahrtbundesamt 3 a (§ 28 IV) sowie die Eintragung von verkehrsrechtlichen Entscheidungen im Verkehrszentralregister sind keine anfechtbaren Verwaltungsakte (VG Bra NZV 01, 535).

2. Anmerkungen zur Neuregelung v 24. 4. 1998 4

§ 28 II umschreibt die Zweckbestimmung des VZR, III den Inhalt. **Neu** aufgenommen sind in III 1 die Verwarnung m Strafvorbehalt, nach **Nr 9** die vorläufige Sicherstellung des FSch u nach **Nr 10** FVe ausl Stellen wegen dort begangener Straftaten u OWen dt FE-Inhaber sowie nach **Nr 12** die Teilnahme an einem Aufbauseminar oder einer verkehrspsychologischen Beratung. Eintragungen nach Nrn 9 u 10 dienen nur der Information zur Eignungsbeurteilung, solche nach Nr 12 der Beurteilung evtl Punkt-Gutschriften.

III 1 setzt keine aktive Teilnahme des Betr voraus; III 2 stellt gegenüber 5 bish Zweifeln sicher, daß bei Zusammenhangstaten (1) die Entscheidung immer einzutragen ist, wenn dabei eine der dortigen Maßnahmen getroffen

Jagow

worden ist. **Nr 3** entspricht der bish Fassung, die **Nrn 4–6** den bish 4 u 5; **neu** ist in **Nr 4** die Aufnahme von Beschränkungen, die sich auf ein führerscheinfreies Fz erstrecken; **Nr 11** beruht auf dem künftigen Wegfall der örtl FE-Reg.

6   **IV** regelt – wie bish § 13 b StVZO – die Mitteilungspflicht der Gerichte u Behörden.

V und **VI** sind datenschutzrechtliche Bestimmungen, die die Richtigkeit des VZR und seiner Eintragungen gewährleisten sollen.

§ 28 a Eintragung beim Abweichen vom Bußgeldkatalog

Wird die Geldbuße wegen einer Ordnungswidrigkeit nach den §§ 24 und 24 a lediglich mit Rücksicht auf die wirtschaftlichen Verhältnisse des Betroffenen abweichend von dem Regelsatz der Geldbuße festgesetzt, der für die zugrundeliegende Ordnungswidrigkeit im Bußgeldkatalog (§ 26 a) vorgesehen ist, so ist in der Entscheidung dieser Paragraph bei den angewendeten Bußgeldvorschriften aufzuführen, wenn der Regelsatz der Geldbuße
1. vierzig Euro oder mehr beträgt und eine geringere Geldbuße festgesetzt wird oder
2. weniger als vierzig Euro beträgt und eine Geldbuße von vierzig Euro oder mehr festgesetzt wird.

In diesen Fällen ist für die Eintragung in das Verkehrszentralregister der im Bußgeldkatalog vorgesehene Regelsatz maßgebend.

1   **1. Allgemeines**

Die Regelung wurde auf Grund der Anhebung der Eintragungsgrenze auf 80 DM – seit 1. 1. 2002 bei 40 Euro – (durch G v 28. 12. 82, BGBl I 2090) erforderlich, weil in diesem Bereich nach § 17 III S 2 OWiG auch die – für die Registerzwecke uninteressanten – wirtschaftlichen Verhältnisse in Betracht kommen können (Ha VRS 67, 450; aA Zw VRS 53, 61 u Ko VRS 60, 422, die die wirtschaftlichen Verhältnisse bei GB bis zu 200 DM unberücksichtigt lassen wollen, was nicht unbedenklich ist; s § 24 Rn 8 b; Janiszewski 189). Nach § 28 a ist deshalb in jedem Fall der im BKat vorgesehene Regelsatz für die Eintragung im VZR entscheidend. Einsprüche mit dem Ziel, allein aus schlechten wirtschaftlichen Verhältnissen die Festsetzung einer GB unterhalb der Eintragungsgrenze zu erreichen, sind danach uninteressant.

2   Für andere Umstände, die zu einer geringeren oder höheren Bewertung führen können (geringere oder erhöhte Vorwerfbarkeit oder Bedeutung der OW, Voreintragungen, Gefährdung anderer pp), gilt § 28 a nicht. Nicht einzutragen ist deshalb, wenn der vorgesehene Regelsatz von zB 50 Euro wegen bes mildernder Umstände auf 30 Euro gesenkt, wegen der bes guten wirtsch Verhältnisse letztlich aber doch auf mind 40 Euro festgesetzt wird.

2. Liegen die Voraussetzungen des § 28a vor, ist in der Entscheidung **3** bei den nach § 260 V StPO iVm § 46 I OWiG anzugebenden BG-Vorschriften zusätzlich § 28a aufzuführen (s auch Bay v 17. 1. 86, 1 Ob OWi 351/85), einer ausdrücklichen Entscheidung im Urt-Tenor über die Eintragungspflicht bedarf es nicht (Dü VRS 83, 361). – Nach Anhebung der – verbindlichen – Verwarnungsgeldgrenze auf 35 Euro ist § 28a Nr 2 obsolet. Insoweit kommt auch eine entspr Anwendung des § 28a zugunsten des Betr nicht mehr in Betracht.

§ 28b (aufgehoben)

§ 29 Tilgung der Eintragungen

(1) **Die im Register gespeicherten Eintragungen werden nach Ablauf der in Satz 2 bestimmten Fristen getilgt. Die Tilgungsfristen betragen**
1. **zwei Jahre**
   bei Entscheidungen wegen einer Ordnungswidrigkeit,
2. **fünf Jahre**
   a) bei Entscheidungen wegen Straftaten mit Ausnahme von Entscheidungen wegen Straftaten nach § 315c Abs. 1 Nr. 1 Buchstabe a, den §§ 316 und 323a des Strafgesetzbuchs und Entscheidungen, in denen die Entziehung der Fahrerlaubnis nach den §§ 69 und 69b des Strafgesetzbuchs oder eine Sperre nach § 69a Abs. 1 Satz 3 des Strafgesetzbuchs angeordnet worden ist,
   b) bei von der Fahrerlaubnisbehörde verhängten Verboten oder Beschränkungen, ein fahrerlaubnisfreies Fahrzeug zu führen,
   c) bei der Teilnahme an einem Aufbauseminar oder einer verkehrspsychologischen Beratung,
3. **zehn Jahre**
   in allen übrigen Fällen.
Eintragungen über Maßnahmen der Fahrerlaubnisbehörde nach § 2a Abs. 2 Satz 1 Nr. 1 und 2 und § 4 Abs. 3 Satz 1 Nr. 1 und 2 werden getilgt, wenn dem Betroffenen die Fahrerlaubnis entzogen wird. Sonst erfolgt eine Tilgung bei den Maßnahmen nach § 2a ein Jahr nach Ablauf der Probezeit und bei Maßnahmen nach § 4 dann, wenn die letzte mit Punkten bewertete Eintragung wegen einer Straftat oder Ordnungswidrigkeit getilgt ist. Verkürzungen der Tilgungsfristen nach Absatz 1 können durch Rechtsverordnung gemäß § 30c Abs. 1 Nr. 2 zugelassen werden, wenn die eingetragene Entscheidung auf körperlichen oder geistigen Mängeln oder fehlender Befähigung beruht.

(2) **Die Tilgungsfristen gelten nicht, wenn die Erteilung einer Fahrerlaubnis oder die Erteilung des Rechts, von einer ausländischen Fahrerlaubnis wieder Gebrauch zu machen, für immer untersagt ist.**

(3) **Ohne Rücksicht auf den Lauf der Fristen nach Absatz 1 und das Tilgungsverbot nach Absatz 2 werden getilgt**

Jagow

1. Eintragungen über Entscheidungen, wenn ihre Tilgung im Bundeszentralregister angeordnet oder wenn die Entscheidung im Wiederaufnahmeverfahren oder nach den §§ 86, 102 Abs. 2 des Gesetzes über Ordnungswidrigkeiten rechtskräftig aufgehoben wird,
2. Eintragungen, die in das Bundeszentralregister nicht aufzunehmen sind, wenn ihre Tilgung durch die nach Landesrecht zuständige Behörde angeordnet wird, wobei die Anordnung nur ergehen darf, wenn dies zur Vermeidung ungerechtfertigter Härten erforderlich ist und öffentliche Interessen nicht gefährdet werden,
3. Eintragungen, bei denen die zugrundeliegende Entscheidung aufgehoben wird oder bei denen nach näherer Bestimmung durch Rechtsverordnung gemäß § 30c Abs. 1 Nr. 2 eine Änderung der zugrundeliegenden Entscheidung Anlaß gibt,
4. sämtliche Eintragungen, wenn eine amtliche Mitteilung über den Tod des Betroffenen eingeht.

(4) Die Tilgungsfrist (Absatz 1) und die Ablaufhemmung (Absatz 6) beginnen

1. bei strafgerichtlichen Verurteilungen mit dem Tag des ersten Urteils und bei Strafbefehlen mit dem Tag der Unterzeichnung durch den Richter, wobei dieser Tag auch dann maßgebend bleibt, wenn eine Gesamtstrafe oder eine einheitliche Jugendstrafe gebildet oder nach § 30 Abs. 1 des Jugendgerichtsgesetzes auf Jugendstrafe erkannt wird oder eine Entscheidung im Wiederaufnahmeverfahren ergeht, die eine registerpflichtige Verurteilung enthält,
2. bei Entscheidungen der Gerichte nach den §§ 59, 60 des Strafgesetzbuchs und § 27 des Jugendgerichtsgesetzes mit dem Tag der Entscheidung,
3. bei gerichtlichen und verwaltungsbehördlichen Bußgeldentscheidungen sowie bei anderen Verwaltungsentscheidungen mit dem Tag der Rechtskraft oder Unanfechtbarkeit der beschwerenden Entscheidung,
4. bei Aufbauseminaren und verkehrspsychologischen Beratungen mit dem Tag der Ausstellung der Teilnahmebescheinigung.

(5) Bei der Versagung oder Entziehung der Fahrerlaubnis wegen mangelnder Eignung, der Anordnung einer Sperre nach § 69a Abs. 1 Satz 3 des Strafgesetzbuchs oder bei einem Verzicht auf die Fahrerlaubnis beginnt die Tilgungsfrist erst mit der Erteilung oder Neuerteilung der Fahrerlaubnis, spätestens jedoch fünf Jahre nach der beschwerenden Entscheidung oder dem Tag des Zugangs der Verzichtserklärung bei der zuständigen Behörde. Bei von der Fahrerlaubnisbehörde verhängten Verboten oder Beschränkungen, ein fahrerlaubnisfreies Fahrzeug zu führen, beginnt die Tilgungfrist fünf Jahre nach Ablauf oder Aufhebung des Verbots oder der Beschränkung.

(6) Sind im Register mehrere Entscheidungen nach § 28 Abs. 3 Nr. 1 bis 9 über eine Person eingetragen, so ist die Tilgung einer Eintragung vorbehaltlich der Regelungen in den Sätzen 2 bis 5 erst zu-

lässig, wenn für alle betreffenden Eintragungen die Voraussetzungen der Tilgung vorliegen. Eintragungen von Entscheidungen wegen Ordnungswidrigkeiten hindern nur die Tilgung von Entscheidungen wegen anderer Ordnungswidrigkeiten. Die Eintragung einer Entscheidung wegen einer Ordnungswidrigkeit – mit Ausnahme von Entscheidungen wegen einer Ordnungswidrigkeit nach § 24 a – wird spätestens nach Ablauf von fünf Jahren getilgt. Die Tilgung einer Eintragung einer Entscheidung wegen einer Ordnungswidrigkeit unterbleibt in jedem Falle so lange, wie der Betroffene im Zentralen Fahrerlaubnisregister als Inhaber einer Fahrerlaubnis auf Probe gespeichert ist. Wird eine Eintragung getilgt, so sind auch die Eintragungen zu tilgen, deren Tilgung nur durch die betreffende Eintragung gehemmt war.

(7) Eine Eintragung wird nach Eintritt der Tilgungsreife zuzüglich einer Überliegefrist von drei Monaten gelöscht. Während dieser Zeit darf der Inhalt der Eintragung nicht übermittelt und über ihn keine Auskunft erteilt werden, es sei denn, der Betroffene begehrt eine Auskunft über den ihn betreffenden Inhalt.

(8) Ist eine Eintragung über eine gerichtliche Entscheidung im Verkehrszentralregister getilgt, so dürfen die Tat und die Entscheidung dem Betroffenen für die Zwecke des § 28 Abs. 2 nicht mehr vorgehalten und nicht zu seinem Nachteil verwertet werden. Unterliegen diese Eintragungen einer zehnjährigen Tilgungsfrist, dürfen sie nach Ablauf eines Zeitraums, der einer fünfjährigen Tilgungsfrist nach den Vorschriften dieses Paragraphen entspricht, nur noch für ein Verfahren übermittelt und verwertet werden, das die Erteilung oder Entziehung einer Fahrerlaubnis zum Gegenstand hat. Außerdem dürfen für die Prüfung der Berechtigung zum Führen von Kraftfahrzeugen Entscheidungen der Gerichte nach den §§ 69 bis 69b StGB übermittelt und verwertet werden.

1. Allgemeines

Tilgung bedeutet Entfernung oder Unkenntlichmachung nach bestimmtem Zeitablauf (s § 3 V Nr 5 BDSG). Hierzu legt das Gesetz bestimmte Tilgungsfristen (2, 5 und 10 Jahre) fest, § 29 I–III. Bestimmte spätere Eintragungen hemmen die Tilgung von früheren Eintragungen (§ 29 VI).

Die Tilgung im VZR basiert auf dem Gedanken der **Bewährung** u bewirkt ein **Verwertungsverbot** für die den getilgten (oder tilgungsreifen) Eintragungen zugrunde liegenden Sachverhalte (BVwG VRS 52, 381 = StVE 1; Dü VRS 64, 61; VM 94, 39). Dieses Verwertungsverbot, das sich aus dem Sinn des Registers selbst als allein maßgebliche Sammelstelle ergibt (BVwG aaO S 386), hat umfassende Wirkung. Im Konfliktfall (Verkehrsstraftat ist im BZR getilgt, im VZR noch nicht) trifft G-geber folgende Lösung: Verwertungsverbot nach BZRG bleibt grundsätzlich bestehen, jedoch mit der Ausnahme, daß für Verfahren, die die Erteilg o Entzg der FE zum Gegenstand haben, und für die Prüfung der Berechtigung zum Führen

StVG § 29   2a–4

von Kfz die Verwertg weiterhin möglich ist, jedoch nicht mehr – wie im alten Recht – unbefristet ("ewige" Verwertung), sondern nur so lange, wie die Verwertung nach den VZR-Vorschriften (§§ 28 ff StVG) zulässig ist, vgl § 52 II BZRG u § 29 VIII StVG. § 52 II BZRG stellt in der ab 1. 1. 1999 geltenden Fassung nicht mehr auf das Merkmal der Eintragung im VZR, sondern auf die Verwertungsmöglichkeiten nach den VZR-Vorschriften ab, Begr VkBl 99, 821.

2a Durch Ges vom 19. März 2001 (BGBl I S 386) wurde durch Änderung von § 65 IX StVG die **Übergangsbestimmung** für die Verwertung von Entscheidungen über Straftaten, die bis 31. 12. 1998 im VZR eingetragen worden sind, neu geregelt: Für diese Eintragungen gelten nicht nur die alten Tilgungsfristen, sondern es darf auch die alte Verwertungsvorschrift des § 52 II BZRG weiter angewendet werden, allerdings nicht "ewig", sondern bis maximal zehn Jahre (vgl im einzelnen amtl Bgr. in VkBl 2001, 266). Diese Übergangsregelung gilt bis 1. Jan. 2004 (§ 65 IX 1 StVG). Damit wurde eine Lücke, die auch die Rechtsprechung beklagt hat, geschlossen (BVerwG NZV 01, 530; VG Regensburg NZV 00, 223; VG Berlin NZV 00, 479; VG Dü NZV 01, 141).

3 **Getilgte oder tilgungsreife Eintragungen** im VZR unterliegen bei der Verfolgung von VerkOWen dem Verwertungsverbot (BVwG VRS 52, 381; Dü VRS 85, 120; 86, 359; § 29 VIII) u sind daher nicht mehr zum Nachteil des Betr verwertbar (Dü VRS 86, 190; ZfS 94, 305; Bay DAR 96, 243; Schl DAR 92, 311; Kö VRS 71, 214, § 29 VIII), u zwar auch nicht im gerichtlichen Einspruchsverfahren, wenn beim Erlaß des BG-Bescheids noch keine Tilgungsreife gegeben war (Ha DAR 81, 157 = StVE 3; Dü VRS 85, 120; Göhler 20a zu § 17); Ausn vom Verwertungsverbot der im BZR getilgten Verkehrsstraftaten nach § 52 II BZRG (s oben Rn 2) für Verfahren, das die Erteilung oder Entz der FE zum Gegenstand hat, und für Prüfung der Berechtigung zum Führen von Kfz (s § 29 VIII).

3a Für **nur im VZR einzutragende Ordnungswidrigkeiten** enthält § 29 VIII keine ausdrückliche Regelung zur Verwertbarkeit nach Tilgung. VIII spricht nur von den im BZR registrierten "gerichtlichen Entscheidungen". Sind solche Entscheidungen im VZR getilgt, aber möglicherweise noch im BZR registriert, gilt das Verwertungsverbot des § 29 VIII. Für nur im VZR enthaltene Eintragungen (OWen und Verwaltungsentscheidungen) bedurfte es nach Ansicht des G-gebers keines ausdrücklichen Verwertungsverbots, wenn sie im VZR gelöscht sind (Hentschel § 29 Rn 15).

4 **Nicht registerpflichtige Ahndungen** und **nicht geahndete Sachverhalte** bleiben im Prinzip nachteilig verwertbar. Hier liegt eine sachbedingte Schwäche der Regelungen über Tilgung und Verwertungsverbot (Dü VRS 73, 394; Hentschel § 29 Rn 16). Dies gilt für nicht registerpflichtige Entscheidungen aller Art und für Sachverhalte bei Freisprüchen (Dü VRS 73, 392, Kö VRS 71, 214, Kar NZV 90, 159) sowie für nicht eintragungspflichtige Bußgeldentscheidungen (Dü VRS 73, 392). Solche Entscheidungen und Sachverhalte sind jedoch nur dann zu berücksichtigen, wenn ein innerer Zusammenhang mit der neuen Tat in sachlicher u

zeitlicher Hinsicht gegeben war (Ha v 10. 2. 83 bei Göhler NStZ 84, 63; Dü VRS 73, 392 u 76, 145; Bay NStZ 84, 461; Kö VRS 71, 214; Kar NZV 90, 159), u sie bei unterstellter Eintragungspflichtigkeit noch nicht tilgungsreif gewesen wären (Kö aaO; Kar aaO; Dü VRS 73, 392; Göhler 20, 20 b zu § 17; Hentschel § 29 Rn 16).

Zum **Löschungsanspruch** bei unzul Eintragung s Jagow VD 87, 172; BVwG VM 94, 104: aus dem R der informationellen Selbstbestimmung.

2. Tilgungsfristen

Wegen ihrer bes Bedeutung wurden die **Tilgungsfristen** bei der Neufassung des § 29 durch G v 24. 4. 98 in das StVG aufgenommen (früher s § 13 a StVZO). Hervorzuheben sind hieraus (nach der Begr BRDr 821/96 S 78, VKBl 1998, 800) folgende Änderungen:

– Die **zweijährige Tilgungsfrist** nach I 1 gilt nur noch bei Entscheidungen wegen einer OW. Aufgehoben sind die Sonderbestimmungen für strafgerichtliche Entscheidungen bei Jugendlichen, die jetzt unter die allgem Regelung der fünf- bzw zehnjährigen Tilgungsfrist fallen.

– Die Bestimmung der **Fünfjahresfrist** ist gegenüber der bish Regelung vereinfacht; nach I 2 a unterliegen allgem die Entscheidungen wegen Straftaten der Fünfjahresfrist. Eine Differenzierung nach der Höhe der Strafe erfolgt nicht mehr. Damit wird für Straftaten mit mehr als 3 Mon Freiheitsstrafe die Tilgungsfrist von bish 10 auf nunmehr 5 Jahre reduziert. Eine Ausn gilt für sog. **Alkoholstraftaten**, für die generell die **Zehnjahresfrist** gilt.

– Eine **Ausn von der fünfjährigen Tilgungsfrist** besteht nach I 2 a für Entscheidungen, in denen das Gericht die EdFE nach den §§ 69 u 69 b StGB angeordnet hat. Bisher galt nur für die Entz durch die VB stets eine zehnjährige Tilgungsfrist, bei gerichtlicher Entz hing die Frist von der Höhe der Strafe ab, eine Differenzierung, die im Hinblick darauf, daß der Betr sich in allen Fällen als ungeeignet zum Führen von Kfzen erwiesen hat, nicht sachgerecht erschien. Ausgenommen sind ferner Entscheidungen, in denen das Gericht eine isolierte Sperre nach § 69 a I S 3 StGB angeordnet hat. Für den Fall der EdFE ist die AO der Sperre nach § 69 a I S 1 u 2 StGB miterfaßt.

– I 2 b sieht eine Tilgungsfrist von fünf Jahren vor bei von der Fahrerlaubnisbehörde verhängten Verboten und Beschränkungen, ein fahrerlaubnisfreies Fahrzeug zu führen und entspricht der bish Regelung in § 13 a II 2 d StVZO.

– I 2 c regelt die Tilgungsfrist für die Teilnahme an einem **Aufbauseminar** u einer verkehrspsychologischen Beratung. Im Hinblick auf die Regelung in § 4 III 2 u IV StVG (nur ein Punkteabzug in 5 Jahren) ist hierfür eine Frist von 5 Jahren vorgesehen. Diese gilt auch dann, wenn die Entscheidungen, die – als Folge des betreff Punktestandes – zur Teilnahme an einem Aufbauseminar oder einer verkehrspsychologischen Beratung geführt haben, bereits getilgt sind.

12 – **I S 4** enthält die Maßnahmen der FE-Behörde nach § 2a II u § 4 III. Dies sind die **Maßnahmen im Rahmen der FE auf Probe** u des **Punktsystems,** wie AO des Aufbauseminars, Hinweis auf die Möglichkeit der verkehrspsychologischen Beratung, Vw bei Erreichen von 10 Punkten. Darunter fällt nicht die EdFE, weil hierfür generell die zehnjährige Frist vorgesehen ist.

Aufgrund besonderer Regelung (§ 63 I FeV) ist vorzeitige Tilgung mit dem Tag der Erteilung der neuen FE vorzunehmen, wenn vorangegangener Entzug der FE ausschließlich wegen körperlicher oder geistiger Mängel oder wegen fehlender Befähigung erfolgte. Desgleichen sind vorzeitig zu tilgen die Eintragungen von gerichtlichen Entscheidungen über die vorläufige FE-Entz, über anfechtbare Entscheidungen der VB sowie über Maßnahmen nach § 94 StPO, sobald die betreffende Entscheidung oder Maßnahme aufgehoben ist (§ 63 I FeV).

13 – **IV** befaßt sich mit dem **Beginn der Tilgungsfrist** und enthält insbesondere folgende Regelungen: bei strafgerichtlichen Verurteilungen beginnt die Frist mit dem ersten Tag des Urteils und bei Strafbefehlen dem Tag der Unterzeichnung durch den Richter (IV Nr 1). Bei gerichtlichen und verwaltungsbehördlichen Bußgeldentscheidungen sowie bei anderen Verwaltungsentscheidungen ist Beginn der Tilgungsfrist der Tag der Rechtskraft oder Unanfechtbarkeit der beschwerenden Entscheidung (IV Nr 3).

14 – **V** regelt den **hinausgeschobenen Tilgungsbeginn** bei Versagung oder EdFE. Die Tilgungsfrist beginnt erst mit Erteilung oder Neuerteilung der FE, da während der Zeit der Entz eine Bewährung durch Teilnahme am StrV nicht stattfinden kann.

15 **3. Tilgungshemmung**

– Die Vorschrift über die **Tilgungshemmung** – bish in § 13a III StVZO – ist nunmehr in **VI** aufgenommen. An dem Grundsatz, daß die Begehung neuer VVerstöße die Tilgung bish Eintragungen hemmt, wird festgehalten. Hierdurch soll die Beurteilung des VVerhaltens wiederholt auffällig gewordener Kf über einen ausreichenden Zeitraum ermöglicht werden. Nach dem Grundgedanken der Bewährung soll eine Tilgung nur dann erfolgen, wenn innerhalb einer bestimmten Frist keine weiteren VVerstöße begangen werden.

16 – In **VI S 2** wird die bish Regelung, nach der OWen nur die Tilgung anderer OWen hindern, beibehalten. – Wie bish sind OWen – mit Ausn solcher nach § 24a – spätestens nach Ablauf von 5 Jahren zu tilgen **(VI S 3),** auch wenn zwischendurch weitere Eintragungen hinzugekommen sind (absolute Tilgungsfrist).

4. Überliegefrist

17 Nach **VII** führt Tilgungsreife nicht zur sofort Löschung, sondern erst nach dreimonatiger Überliegefrist. Dadurch soll verhindert werden, daß Eintragung getilgt wird, obwohl evtl schon vor Eintritt der Tilgungsreife eine die gleiche Person betreffende weitere eintragungspflichtige Entscheidung ergangen ist, die jedoch dem KBA noch nicht bekannt ist und die eine Tilgungshemmung auslösen würde.

5. Verwertung

VIII trifft eine Verwertungsregelung nur für gerichtliche Entscheidungen zur Lösung des Konflikts zwischen BZR und VZR (s Rn 2). Für die nur im VZR eingetragenen Entscheidungen (insbes Bußgeldbescheide, Verwaltgentscheidungen) erfolgt – wie im alten Recht – keine Regelung, weil sich aus der Natur der Sache ergibt, daß im VZR getilgte Eintragungen auch nicht mehr verwertet werden dürfen.

§ 30 Übermittlung

(1) **Die Eintragungen im Verkehrszentralregister dürfen an die Stellen, die**
1. **für die Verfolgung von Straftaten, zur Vollstreckung oder zum Vollzug von Strafen,**
2. **für die Verfolgung von Ordnungswidrigkeiten und die Vollstreckung von Bußgeldbescheiden und ihren Nebenfolgen nach diesem Gesetz und dem Gesetz über das Fahrpersonal im Straßenverkehr oder**
3. **für Verwaltungsmaßnahmen auf Grund dieses Gesetzes oder der auf ihm beruhenden Rechtsvorschriften**

zuständig sind, übermittelt werden, soweit dies für die Erfüllung der diesen Stellen obliegenden Aufgaben zu den in § 28 Abs. 2 genannten Zwecken jeweils erforderlich ist.

(2) **Die Eintragungen im Verkehrszentralregister dürfen an die Stellen, die für Verwaltungsmaßnahmen auf Grund des Gesetzes über die Beförderung gefährlicher Güter, des Kraftfahrtsachverständigengesetzes, des Fahrlehrergesetzes, des Personenbeförderungsgesetzes, der gesetzlichen Bestimmungen über die Notfallrettung und den Krankentransport, des Güterkraftverkehrsgesetzes einschließlich der Verordnung (EWG) Nr. 881/92 des Rates vom 26. März 1992 über den Zugang zum Güterkraftverkehrsmarkt in der Gemeinschaft für Beförderungen aus oder nach einem Mitgliedstaat oder durch einen oder mehrere Mitgliedstaaten (ABl. EG Nr. L 95 S. 1), des Gesetzes über das Fahrpersonal im Straßenverkehr oder der auf Grund dieser Gesetze erlassenen Rechtsvorschriften zuständig sind, übermittelt werden, soweit dies für die Erfüllung der diesen Stellen obliegenden Aufgaben zu den in § 28 Abs. 2 Nr. 2 und 4 genannten Zwecken jeweils erforderlich ist.**

(3) **Die Eintragungen im Verkehrszentralregister dürfen an die für Verkehrs- und Grenzkontrollen zuständigen Stellen übermittelt werden, soweit dies zu dem in § 28 Abs. 2 Nr. 2 genannten Zweck erforderlich ist.**

(4) Die Eintragungen im Verkehrszentralregister dürfen außerdem für die Erteilung, Verlängerung, Erneuerung, Rücknahme oder den Widerruf einer Erlaubnis für Luftfahrer oder sonstiges Luftfahrpersonal nach den Vorschriften des Luftverkehrsgesetzes oder der auf Grund dieses Gesetzes erlassenen Rechtsvorschriften an die hierfür zuständigen Stellen übermittelt werden, soweit dies für die genannten Maßnahmen erforderlich ist.

(5) Die Eintragungen im Verkehrszentralregister dürfen für die wissenschaftliche Forschung entsprechend § 38 und für statistische Zwecke entsprechend § 38a übermittelt und genutzt werden. Zur Vorbereitung von Rechts- und allgemeinen Verwaltungsvorschriften auf dem Gebiet des Straßenverkehrs dürfen die Eintragungen entsprechend § 38b übermittelt und genutzt werden.

(6) Der Empfänger darf die übermittelten Daten nur zu dem Zweck verarbeiten und nutzen, zu dessen Erfüllung sie ihm übermittelt worden sind. Der Empfänger darf die übermittelten Daten auch für andere Zwecke verarbeiten und nutzen, soweit sie ihm auch für diese Zwecke hätten übermittelt werden dürfen. Ist der Empfänger eine nicht öffentliche Stelle, hat die übermittelnde Stelle ihn darauf hinzuweisen. Eine Verarbeitung und Nutzung für andere Zwecke durch nicht öffentliche Stellen bedarf der Zustimmung der übermittelnden Stelle.

(7) Die Eintragungen im Verkehrszentralregister dürfen an die zuständigen Stellen anderer Staaten übermittelt werden, soweit dies
1. für Verwaltungsmaßnahmen auf dem Gebiet des Straßenverkehrs,
2. zur Verfolgung von Zuwiderhandlungen gegen Rechtsvorschriften auf dem Gebiet des Straßenverkehrs oder
3. zur Verfolgung von Straftaten, die im Zusammenhang mit dem Straßenverkehr oder sonst mit Kraftfahrzeugen, Anhängern oder Fahrzeugpapieren, Fahrerlaubnissen oder Führerscheinen stehen,

erforderlich ist. Der Empfänger ist darauf hinzuweisen, daß die übermittelten Daten nur zu dem Zweck verarbeitet oder genutzt werden dürfen, zu dessen Erfüllung sie ihm übermittelt werden. Die Übermittlung unterbleibt, wenn durch sie schutzwürdige Interessen des Betroffenen beeinträchtigt würden, insbesondere wenn im Empfängerland ein angemessener Datenschutzstandard nicht gewährleistet ist.

(8) Dem Betroffenen wird auf Antrag schriftlich über den betreffenden Inhalt des Verkehrszentralregisters und über die Punkte unentgeltlich Auskunft erteilt. Der Antragsteller hat dem Antrag einen Identitätsnachweis beizufügen.

(9) Übermittlungen von Daten aus dem Verkehrszentralregister sind nur auf Ersuchen zulässig, es sei denn, auf Grund besonderer Rechtsvorschrift wird bestimmt, daß die Registerbehörde bestimmte Daten von Amts wegen zu übermitteln hat. Die Verantwortung für die Zulässigkeit der Übermittlung trägt die übermittelnde Stelle. Erfolgt die Übermittlung auf Ersuchen des Empfängers, trägt dieser die Verant-

wortung. In diesem Falle prüft die übermittelnde Stelle nur, ob das Übermittlungsersuchen im Rahmen der Aufgaben des Empfängers liegt, es sei denn, daß besonderer Anlaß zur Prüfung der Zulässigkeit der Übermittlung besteht.

1. Allgemeines 1

Die ab 1. 1. 1999 geltende Neuregelung für die Übermittlung von Daten aus dem VZR wird insbesondere von folgenden datenschutzrechtlichen Grundsätzen getragen:
– strenge Zweckbestimmung bei der Übermittlung
– Begrenzung der Übermittlung auf die Empfänger, die die Daten für ihre Aufgabenerfüllung benötigen
– Begrenzung der Übermittlung auf die Daten, die für die Aufgabenerfüllung des Empfängers „erforderlich" sind.

Die Absätze **I–V** enthalten die abschließende Auflistung der inländischen Stellen, denen die Eintragungen bzw Daten des VZR im Rahmen der Zweckbindung nach § 28 II zur Verfügung stehen.

VI bringt eine Verwendungsregelung für den Empfänger der Daten und entspricht inhaltlich § 43 StVG.

VII regelt die Übermittlung von Daten an ausländische Stellen. Über VII hinausgehende Regelungen bedürfen entweder eines völkerrechtlichen Vertrages und eines Ratifizierungsgesetzes oder einer Änderung des StVG.

VIII enthält die unentgeltliche Auskunftserteilung aus dem VZR an Privatpersonen über den sie betreffenden Inhalt des VZR (sog. Eigen- oder Selbstauskünfte).

IX enthält allgemeine Regelungen, die für alle Datenübermittlungen aus dem VZR gelten und aus dem BDSG (§ 15 Abs 2) hergeleitet sind, insbesondere Zulässigkeit der Datenübermittlung nur auf Ersuchen; Übermittlung ohne Ersuchen von Amts wegen nur dann, wenn dies aufgrund besonderer Rechtsvorschrift zugelassen ist. S Begr (VkBl 98, 802).

2. Die **Auskunftserteilung** an eine Privatperson über den sie betr Inhalt des VZR setzt nach VIII einen Identitätsnachweis voraus. Im Gegensatz zur bish R-Lage erfolgt diese Auskunft kostenlos. Der entspr Antrag ist an das KBA, Fördestr. 16, 24944 Flensburg, zu richten. **Fernmündliche** Auskünfte werden nicht erteilt. Einzelheiten über den Identitätsnachweis für sog Eigenauskünfte nach § 30 VIII StVG sind in § 64 FeV geregelt. 2

3. Ergänzende Vorschriften enthält § 60 FeV. 3

§§ 30 a und b Abruf im automatisierten Verfahren

Der durch das StVG-ÄndG v 24. 4. 1998 (BGBl I 747) geänd § 30 a u der durch das StVG-ÄndG neu eingef § 30 b regeln den Abruf im automatisierten Verfahren und für das automatisierte Anfrage- und Auskunftsverfahren beim KBA für die in § 30 genannten Stellen. Die Aufzählung der Daten, die übermittelt werden dürfen, erfolgt durch §§ 61, 62 FeV. Da sie 1 im wesentlichen Anweisungen für die Durchführung der online-Abrufe und des Anfrage- u Auskunftsverfahrens beim KBA enthalten, nicht aber den in diesem Kommentar im Mittelpunkt stehenden Fragen der Verkehrs-Ordnung selbst dienen, ist von ihrem Abdruck ebenso abgesehen worden wie bish schon von dem der §§ 31–47 (über die Fahrzeugregister und „ZEVIS"), zumal diese Vorschriften den zuständigen Stellen ohnehin zur Verfügung stehen. Das gleiche gilt für die Vorschriften der §§ 48ff über die Fahrerlaubnisregister.

2 Dagegen steht der nachfolgend abgedr, durch das oben gen StVG-ÄndG eingef **§ 30 c** in engem Zusammenhang mit den §§ 28 ff StVG. Er enthält die nötigen Ermächtigungsgrundlagen für den Erlaß von VOen u allg VwV.

§ 30 c Ermächtigungsgrundlagen, Ausführungsvorschriften

(1) **Das Bundesministerium für Verkehr, Bau- und Wohnungswesen wird ermächtigt, Rechtsverordnungen mit Zustimmung des Bundesrates zu erlassen über**

1. den Inhalt der Eintragungen einschließlich der Personendaten nach § 28 Abs. 3,
2. Verkürzungen der Tilgungsfristen nach § 29 Abs. 1 Satz 5 und über Tilgungen ohne Rücksicht auf den Lauf der Fristen nach § 29 Abs. 3 Nr. 3,
3. die Art und den Umfang der zu übermittelnden Daten nach § 30 Abs. 1 bis 4 und 7 sowie die Bestimmung der Empfänger und den Geschäftsweg bei Übermittlungen nach § 30 Abs. 7,
4. den Identitätsnachweis bei Auskünften nach § 30 Abs. 8,
5. die Art und den Umfang der zu übermittelnden Daten nach § 30 a Abs. 1, die Maßnahmen zur Sicherung gegen Mißbrauch nach § 30 a Abs. 2, die weiteren Aufzeichnungen nach § 30 a Abs. 4 beim Abruf im automatisierten Verfahren und die Bestimmung der Empfänger bei Übermittlungen nach § 30 a Abs. 5,
6. die Art und den Umfang der zu übermittelnden Daten nach § 30 b Abs. 1 und die Maßnahmen zur Sicherung gegen Mißbrauch nach § 30 b Abs. 2 Nr. 1.

(2) **Das Bundesministerium für Verkehr wird ermächtigt, allgemeine Verwaltungsvorschriften mit Zustimmung des Bundesrates**

1. über die Art und Weise der Durchführung von Datenübermittlungen,
2. über die Zusammenarbeit zwischen Bundeszentralregister und Verkehrszentralregister

zu erlassen. Die allgemeinen Verwaltungsvorschriften nach Nummer 1, soweit Justizbehörden betroffen sind, und nach Nummer 2 werden gemeinsam mit dem Bundesministerium der Justiz erlassen.

4. Teil

Straßenverkehrsrecht des Strafgesetzbuches

Vorbemerkung:
1. Zu den strafrechtlichen Grundbegriffen s **E** 41 ff.
2. Die folgenden Erläuterungen befassen sich (in numerischer Folge) nur mit den bedeutendsten, spezifischen straßenverkehrsstrafrechtlichen Regelungen des StGB, soweit sie mit den Vorschriften der StVO u des StVG in engerem Zusammenhang stehen (wie § 4 StVG – §§ 69 ff StGB; § 25 StVG – § 44 StGB; § 34 StVO – § 142 StGB; §§ 315 b u c StGB iVm entspr VerkehrsOWen; § 24 a StVG – §§ 315 c I 1 a, 316, 323 a StGB), nicht also auch mit den – andere VArten betreffenden – §§ 315 u 315 a StGB oder den allg Straf-TBen der §§ 230 u 240 StGB; zu letzteren u zur systematischen Darstellung des gesamten VStrafrechts s Janiszewski.

Inhaltsübersicht

A. Gerichtliches Fahrverbot (§ 44)
B. Gerichtliche Entziehung der Fahrerlaubnis (§§ 69 ff)
C. Unerlaubtes Entfernen vom Unfallort (§ 142)
D. Gefährliche Eingriffe in den StraßenV (§§ 315 b, 315 d)
E. Alkoholdelikte (§§ 316, 323 a)

A. Das gerichtliche Fahrverbot

§ 44 Fahrverbot

(1) **Wird jemand wegen einer Straftat, die er bei oder im Zusammenhang mit dem Führen eines Kraftfahrzeugs oder unter Verletzung der Pflichten eines Kraftfahrzeugführers begangen hat, zu einer Freiheitsstrafe oder einer Geldstrafe verurteilt, so kann ihm das Gericht für die Dauer von einem Monat bis zu drei Monaten verbieten, im Straßenverkehr Kraftfahrzeuge jeder oder einer bestimmten Art zu führen. Ein Fahrverbot ist in der Regel anzuordnen, wenn in den Fällen einer Verurteilung nach § 315 c Abs. 1 Nr. 1 Buchstabe a, Abs. 3 oder § 316 die Entziehung der Fahrerlaubnis nach § 69 unterbleibt.**

(2) **Das Fahrverbot wird mit der Rechtskraft des Urteils wirksam. Für seine Dauer werden von einer deutschen Behörde ausgestellte nationale und internationale Führerscheine amtlich verwahrt. Dies gilt auch, wenn der Führerschein von einer Behörde eines Mitgliedstaates der Europäischen Union oder eines anderen Vertragsstaates des Abkommens über den Europäischen Wirtschaftsraum ausgestellt worden ist, sofern der Inhaber seinen ordentlichen Wohnsitz im Inland hat. In anderen ausländischen Führerscheinen wird das Fahrverbot vermerkt.**

StGB § 44 1–6

(3) Ist ein Führerschein amtlich zu verwahren oder das Fahrverbot in einem ausländischen Führerschein zu vermerken, so wird die Verbotsfrist erst von dem Tage an gerechnet, an dem dies geschieht. In die Verbotsfrist wird die Zeit nicht eingerechnet, in welcher der Täter auf behördliche Anordnung in einer Anstalt verwahrt worden ist.

Inhaltsübersicht

	Rn
1. Allgemeines	1
2. Voraussetzungen	6
3. Inhalt, Dauer u Durchführung	9
4. Verfahrensfragen	15

1. Allgemeines

1 Das Fahrverbot (FV) ist **Nebenstrafe,** die neben Geld- oder Freiheitsstrafe leichtsinnigen oder nachlässigen Kf als Denkzettel auferlegt werden kann (BGHSt 24, 348, 351; Dü NZV 93, 76; Ermessensentscheidung; s aber 8), die zwar ihre Pflichten nicht unerheblich verletzt, dadurch aber noch nicht ihre Nichteignung bewiesen haben (BVfGE 27, 36; zum FV bei OWen s § 25 StVG), so daß diese stets zuerst zu prüfen ist (Kar VRS 34, 192; Ce NJW 68, 1102). – Das FV gilt nur im Inland (s Bouska DAR 95, 93).

2 Obwohl das FV Strafe ist, stellt es im **Verhältnis zu § 69** die geringere Maßnahme dar. Abgesehen von der kürzeren Dauer bewirkt es vor allem nicht den Verlust der FE, sondern nur deren vorübergehendes Ruhen; nach Ablauf der Verbotsfrist darf – ohne Beantragung einer neuen FE – sofort wieder ein Kfz geführt werden; daher kein Verstoß gegen § 331 StPO bei Ersetzung der EdFE durch ein FV in der Rechtsmittelinstanz (s unten 18).

3 Ist die EdFE nach § 69 anzuordnen, bleibt für ein FV idR kein Raum, es sei denn, daß durch ein FV das Führen auch solcher Kfze zusätzlich verboten werden soll, die von der Sperre ausgenommen sind (Dü VM 72, 23) oder ohne FE geführt werden dürfen (§ 4 I StVZO; Dü VM 70, 82).

4 Während das FV von vornherein auf bestimmte Fz-Arten beschränkt werden kann (§ 44 I S 1; s unten 9), erfaßt die EdFE stets die gesamte FE; Ausn sind dort nur bei der Sperre nach § 69 a II zulässig.

5 Gegenüber **ausl** Kfz-Führern ist das FV nach Aufhebung von II (durch das 32. StRÄndG, BGBl I 1995 S 747) nun auch unter den Voraussetzungen von I zul, nicht also nur mehr bei „Verkehrsstraftaten", sondern auch bei den sog Zusammenhangstaten (s 5 b zu § 69).

6 2. Voraussetzungen

„Straftat" ist eine tatbestandsmäßige, rechtswidrige, schuldhafte Handlung, die nicht unerheblich sein darf (BGHSt 24, 350; Dü VM 71, 92: nötigendes Drängeln bei hoher Geschwindigkeit; BGH VRS 43, 92: Wiederholungstäter) u deretwegen eine Verurteilung erfolgt. Bloße OW genügt nicht; dann gilt § 25 StVG. Die Tat muß im **öff StrV** begangen sein, da

Voraussetzungen 7, 8 § 44 StGB

§ 44 nur dessen Schutz bezweckt (s Begr zum 2. G zur Sicherung des StrV BT-Dr IV/651; Sch/Sch-Stree 12 zu § 69 iVm 7 zu § 44; Kulemeier S 68; aA LG Stu NZV 96, 213; Ol VRS 55, 120). Zu den Voraussetzungen „bei oder im Zusammenhang" sowie „Führen eines **Kfz**" s 5 ff zu § 69, § 2 StVO 7 ff, 10 u Janiszewski 655 ff. – Die „Pflichtverletzung" setzt kein **eigenes** Führen des Kfz voraus, wohl aber die Verletzung von Pflichten, die mit dem Führen eines Kfz zusammenhängen (s 7 zu § 69 u Janiszewski 656).

Das FV ist Strafe u wird daher im Rahmen des Ermessens nach **allg** **7** **Strafzumessungsregeln** (§ 46; BGHSt 29, 58; Dü NZV 93, 76 mwN; Kö DAR 96, 154), jedoch unter vorwiegend spezialpräventiven Gesichtspunkten verhängt (Ce VRS 35, 15; Dü VRS 68, 262 = StVE 11; Ha VM 70, 35). Seine Warn- u Besinnungsfunktion kann es optimal nur erfüllen, wenn es sich bei kurzem zeitlichen Abstand zur Tat auf den Täter auswirkt; bei längerem Zeitablauf bedarf es daher näherer Begründung (Dü VRS 68, 263; NZV 93, 76: 2 Jahre) u kann bei außerordentlich langem Zeitabstand uU nicht mehr geboten sein (Ko NZV 88, 73, Stu DAR 99, 180; s aber LG Ko NStZ-RR 96, 117: AO bejaht nach 1½ Jahren). – Es kommt im übrigen nur in Betracht, wenn der spezialpräventive Erfolg mit der Hauptstrafe allein, die auch durch eine empfindlich erhöhte Geldstrafe nicht erreichbar ist (BGH VRS 43, 92 = StVE 3; Br DAR 88, 389; Kö DAR 96, 154; Dü NZV 93, 76), so daß insb dessen Notwendigkeit u Auswirkung auf den (evtl auf sein Kfz angewiesenen, wenn auch gerade arbeitslosen) Täter (Ce VRS 62, 38; Bay v 16. 1. 86, 1 St 375/85) zu prüfen, jedoch uU auch die generalpräventive Wirkung zu berücksichtigen ist (Bay 67,7 = VRS 32, 347; Ha DAR 88, 280: anders als bei § 25 StVG), evtl auch das Wohlverhalten nach der Tat (§ 46 II; BGH StV 88, 487; Dü NZV 93, 76). Haupt- u Nebenstrafe müssen schuldangemessen sein (Kö DAR 96, 154); sie dürfen das Maß der Schuld nicht überschreiten (§ 46 I S 1; BGHSt 29, 58, 61). Das FV darf nicht mit den Merkmalen der begangenen Tat begründet werden (§ 46 III; Kö VRS 59, 104; Dü NZV 93, 76) oder mit den Regeln des BKat (Kö DAR 96, 154). Das Prozeßverhalten kann ein FV allenfalls rechtfertigen, wenn es zB Einblicke in eine mißbilligenswerte Einstellung des Täters zu seiner Tat gewährt (Kö VM 85, 11 im Anschl an BGH MDR 80, 240; Bay bei Rüth DAR 85, 239) oder fehlende Einsicht u Reue auf RFeindlichkeit u künftige RBrüche schließen lassen (BGH NStZ 83, 453; Bay v 20. 8. 87, 2 St 316/87).

Das **Regel-FV** nach § 44 I S 2 kommt in Betracht, wenn bei den **Al-** **8** **koholdelikten** nach den §§ 315 c I 1 a, 316 (nicht auch in den anderen in § 69 II genannten Fällen: Bay VRS 58, 362; Kö DAR 92, 152) die EdFE ausnahmsweise unterblieben ist, sei es auch nur, weil der Entz-Zweck durch längere vorl Entz erreicht war; zwar wird das FV dann im Hinblick auf die Anrechnung nach § 51 I, V* idR keine praktische Bedeutung mehr

---

* § 51 StGB Anrechnung

(1) Hat der Verurteilte aus Anlaß einer Tat, die Gegenstand des Verfahrens ist oder gewesen ist, Untersuchungshaft oder eine andere Freiheitsentziehung erlitten, so wird sie auf

(Fortsetzung der Fußnote nächste Seite)

haben, doch ist die AO des FV auch hier zu l u wegen evtl weiterer Auswirkungen geboten (BGHSt 29, 58; Fra VRS 50, 416; Bay DAR 89, 365 bei Bär). Diese, mit § 25 I S 2 StVG koordinierte Vorschrift (vgl Ko VRS 47, 97) engt das Ermessen ein, denn durch sie wird die Notwendigkeit eines FV (7) indiziert; deshalb darf – wie bei § 69 II – von der Regel-AO nur unter ganz bes Umständen abgesehen werden, die eingehender Begr bedürfen (Fra VM 77, 40; Zw StV 89, 250; s auch § 69 StGB 14), wie außergewöhnliche Härte (Ha NJW 75, 1983) oder bes nachteilige Auswirkungen (Fra VRS 55, 41).

3. Inhalt, Dauer u Durchführung

9 Das FV kann auf **bestimmte Arten** von Kfzen **beschränkt** werden (§ 44 I S 1; s dazu § 69 a StGB 4, 5); die Prüfung dieser Frage ist – bes beim Berufs-Kf – unter den Gesichtspunkten der jew Strafempfänglichkeit u Verhältnismäßigkeit geboten (Kö DAR 91, 112; Hentschel in B/B 16 B 21); die VB stellt dann entspr beschränkten FSch aus (VkBl 66, 48).

10 Die **Dauer** ist nach allg Strafzumessungsregeln zu bemessen (§ 46), auch unter Berücksichtigung der wirtschaftlichen Folgen, insb beim Berufs-Kf (Ce VRS 62, 38), u zwar nach vollen Mon, nicht nach Tagen (Ko VRS 64, 213 zu § 25 StVG); auch keine Begrenzung durch bestimmten Kalendertag (Bay 66, 66 = VRS 31, 355); zur **Anrechnungsmöglichkeit** der vorl Entz s § 51 V.*

11 Das FV wirkt ab Rechtskraft (§ 44 II S 1), dh von diesem Tage an darf kein Kfz mehr geführt werden; die Verbots**frist** läuft aber erst ab Ablieferung des FSch (§ 44 III), so daß Verzögerung der Ablieferung die Verbotsfrist verlängert; daher entspr **Belehrungspflicht** nach § 268 c StPO, bei deren Versäumung die Verlängerung insb dann nicht eintritt, wenn das FV ab Rechtskraft befolgt worden ist. Verbotsfrist ruht während der Verbüßung einer Freiheitsstrafe (§ 44 III S 2), auch beim Freigänger (Stu StVE § 44 Nr 10; Fra NJW 84, 812 Ls); sie verkürzt sich uU unter den Voraussetzungen des § 450 III StPO. Bei FSch-Verlust vor rkr Entscheidung beginnt die Verbotsfrist mit Eintritt der Rechtskraft, bei späterem Verlust am Tage des Abhandenkommens, ggf mit der Ablieferung des Ersatz-FSch (Seib DAR 82, 283). – Die Regelung des § 25 II a StVG gilt nicht beim FV nach § 44.

(Fortsetzung der Fußnote)
zeitige Freiheitsstrafe und auf Geldstrafe angerechnet. Das Gericht kann jedoch anordnen, daß die Anrechnung ganz oder zum Teil unterbleibt, wenn sie im Hinblick auf das Verhalten des Verurteilten nach der Tat nicht gerechtfertigt ist. . . .

(5) Für die Anrechnung der Dauer einer vorläufigen Entziehung der Fahrerlaubnis (§ 111 a der Strafprozeßordnung) auf das Fahrverbot nach § 44 gilt Absatz 1 entsprechend. In diesem Sinne steht der vorläufigen Entziehung der Fahrerlaubnis die Verwahrung, Sicherstellung oder Beschlagnahme des Führerscheins (§ 94 der Strafprozeßordnung) gleich.

* Siehe Fn zu Rn 8.

Während der Verbotsfrist ist nach § 44 II S 2 der von einer dt Behörde 12 ausgestellter, dh auch ein von ihr erteilter internationaler (s Bouska DAR 95, 93) FSch **amtlich,** dh nach § 59 a StVollstrO bei der Vollstreckungsbehörde, zu **verwahren;** das gilt auch für **Bundeswehr-FSche,** doch ist hier zusätzlich die Zeit der Übersendung von der amtl Abnahme bis Eingang bei der Vollstreckungsbehörde einzubeziehen (§ 59 a V S 2 StVollstrO). Die Verwahrungspflicht gilt jetzt nach dem neu eingef II S 3 auch für die dort gen FSch-Inhaber. – § 44 II S 2 ist nicht auf **Mofa-Prüfbescheinigungen** anwendbar, die nicht zu beschlagnahmen u zu verwahren sind (Bay NZV 93, 199); die FVDauer beginnt hier also bereits mit der Rechtskraft (Bay aaO). – In anderen als den in II S 3 gen **ausl** FSchen ist das FV nach II S 4 zu vermerken, notfalls bei techn Unmöglichkeit gem § 56 II S 3 iVm § 59 a III StVollstrO mittels Lochung u Anheftung des Vermerks (s auch § 69b Rn 2). – Erzwingung dieser Maßnahmen nach § 463 b StPO.

Vollstreckung mehrerer FVe, die in verschiedenen Verfahren ange- 13 ordnet wurden, erfolgt wegen der zwingenden Regelung des § 44 II S 1 u III S 1 **nebeneinander** (LG Münster NJW 80, 2481; Bay VRS 51, 223; NZV 93, 489 m abl St Hentschel DAR 94, 75; AG Augsburg NZV 90, 244 m abl Anm Hentschel; Sch/Sch-Stree 21 zu § 44; Tröndle-Fischer 12; Lackner 11), nicht nacheinander (so aber LG Flensburg NJW 65, 2309; Hentschel 13). – Bei mehreren gleichzeitig abzuurteilenden Taten kommt nur **ein** FV in Betracht (Ce ZfS 93, 30).

Sicherung der Durchführung: Fahren trotz FV ist nach § 21 StVG 14 strafbar u rechtfertigt uU die EdFE (Schl VM 66, 93). Wiedereinsetzungsantrag beseitigt die Wirksamkeit nicht (Kö v 25. 2. 86 bei Verf NStZ 86, 402).

4. Verfahrensfragen

Zulässig ist das FV im Urt u Strafbefehl (§ 407 II 1 StPO), im Verfahren 15 gegen Abwesende (§§ 232 I, 233 I StPO) u gegen Jugendliche nach § 76 JGG sowie neben Erziehungsmaßnahmen u Zuchtmitteln; **nicht** im Falle der §§ 59 (Bay 75, 90 = JR 78, 73 m krit Anm Schöch; Bay 81, 190 = StVE 8; Stu DAR 94, 332) u 60 StGB u nicht neben der Aussetzung der Verhängung einer Jugendstrafe (§ 27 JGG; so auch Tröndle 8; aA Lackner Rn 5).

Hinweispflicht auf Möglichkeit der AO eines FV besteht zwar grund- 16 sätzlich **nicht** (BGHSt 18, 66; 22, 336, 338; anders bei § 25 StVG, s dort Rn 18); insb nicht, wenn auf die EdFE hingewiesen war (Ce VRS 54, 268). Hinweis sollte aber erfolgen, wenn das Gebot des fairen Verfahrens dies erfordert, insb wenn der Angeklagte sonst überrascht werden würde (Bay VRS 55, 416).

Beschränkung des Rechtsmittels auf FV ist nur zul, wenn es von der 17 Hauptstrafe völlig unabhängig ist (Bay VRS 55, 416; bei Rüth DAR 85, 239; Ce VRS 62, 38), was idR nicht zutrifft (Ol VRS 42, 193 f; Dü NZV 93, 76; Kö DAR 92, 152; 96, 154).

18 Das **Verschlechterungsverbot** ist nicht verletzt, wenn anstelle Freiheitsstrafe erstmals ein FV neben einer angemessenen Geldstrafe (Bay 77, 153 = StVE 5), statt der weitergehenden EdFE ein FV angeordnet (Ko VRS 47, 416; Stu VRS 35, 16; Ce VRS 34, 420; Dü NZV 91, 237; s oben 2), bei wegfallendem FV die (von der Aufhebung des FV ebenfalls betroffene) Höhe der Tagessätze (nicht deren Anzahl!) unter Beachtung des § 40 II (Bay NStZ 83, 267) angehoben (Bay MDR 76, 601; JR 81, 40; v 16 1. 86, 1 St 375/85) oder umgekehrt verfahren wird (Schl VRS 65, 386); **unzul** soll aber die Ersetzung der isolierten Sperre nach § 69a I S 2 durch ein FV sein (Fra VRS 64, 12; zw).

B. Gerichtliche Entziehung der Fahrerlaubnis

§ 69 Entziehung der Fahrerlaubnis

(1) **Wird jemand wegen einer rechtswidrigen Tat, die er bei oder im Zusammenhang mit dem Führen eines Kraftfahrzeuges oder unter Verletzung der Pflichten eines Kraftfahrzeugführers begangen hat, verurteilt oder nur deshalb nicht verurteilt, weil seine Schuldunfähigkeit erwiesen oder nicht auszuschließen ist, so entzieht ihm das Gericht die Fahrerlaubnis, wenn sich aus der Tat ergibt, daß er zum Führen von Kraftfahrzeugen ungeeignet ist. Einer weiteren Prüfung nach § 62* bedarf es nicht.**

(2) Ist die rechtswidrige Tat in den Fällen des Absatzes 1 ein Vergehen

1. der Gefährdung des Straßenverkehrs (§ 315 c),
2. der Trunkenheit im Verkehr (§ 316),
3. des unerlaubten Entfernens vom Unfallort (§ 142), obwohl der Täter weiß oder wissen kann, daß bei dem Unfall ein Mensch getötet oder nicht unerheblich verletzt worden oder an fremden Sachen bedeutender Schaden entstanden ist, oder
4. des Vollrausches (§ 323 a), der sich auf eine der Taten nach den Nummern 1 bis 3 bezieht,

so ist der Täter in der Regel als ungeeignet zum Führen von Kraftfahrzeugen anzusehen.

(3) **Die Fahrerlaubnis erlischt mit der Rechtskraft des Urteils. Ein von einer deutschen Behörde ausgestellter** Führerschein wird im Urteil eingezogen.**

---

* Betrifft Grundsatz der Verhältnismäßigkeit.
** Siehe Fn zu § 44 II u III.

Allgemeines 1, 2 § 69 StGB

Inhaltsübersicht

	Rn
1. Allgemeines	1
2. Voraussetzungen	5
3. § 69 II: Regel-Entziehungsfälle	12
a) Tatbestände	12
b) Ausnahmen	14
4. Wirkung	16
5. Verfahrensfragen	18
6. Literatur	21

1. Allgemeines

Grundsätzlich ist zwar die VB zuständig, ungeeignete Fz-Führer nach **1** § 3 StVG aus dem Verkehr auszuschalten; erfolgt die EdFE aber aus Anlaß einer VStraftat, sind zunächst die Strafgerichte unter den Voraussetzungen des § 69 zuständig u ihre Entscheidungen für die VB bindend (§ 3 III, IV nF, § 4 II, III aF StVG). Während das FV des § 44 als Strafe nur neben einer Verurteilung ausgesprochen werden kann, ist die EdFE **keine Strafe,** also auch nicht unter Strafgesichtspunkten anzuwenden (s Janiszewski 746 ff); als **Maßregel** der Besserung u Sicherung (s § 61) bestimmt sich ihre Anwendbarkeit ausschließlich nach der Beurteilung der Eignung u der im Falle der Nichteignung nötigen Sicherung der Allgemeinheit; sie ist daher auch neben einem Freispruch wegen erwiesener oder möglicher Schuldunfähigkeit oder im Sicherungsverfahren nach § 71 II StGB iVm § 413 StPO zulässig. Da aber auch der Strafe Sicherungszwecke immanent sind, besteht eine enge Wechselbeziehung zwischen beiden Maßnahmen (s dazu Fra NZV 96, 414 mwN), was sich deshalb im Falle der gleichzeitigen EdFE vermindernd auf die Höhe der Strafe auswirken muß (Bay VRS 81, 443; v 9. 11. 94 bei Janiszewski NStZ 95, 270; zur (Un-)Zulässigkeit der RMittelbeschränkung auf die EdFE s Rn 18). – Strafaussetzung zur Bewährung u Absehen von Strafe schließen die gleichzeitige EdFE nicht aus (BGHSt 15, 316; Bay 72, 31 = VM 72, 33; Dü NZV 97, 364; s aber Kö BA 81, 56 bei höchstmöglicher Sperre). – Näheres bei Janiszewski 702 ff. – § 69 ist (seit dem 32. StRÄndG, BGBl I 1995, 747) auch gegenüber Inhabern ausl FSche anwendbar (s dazu § 69 b Rn 1), dh also insb jetzt auch bei Zusammenhangstaten (5 b). – Zur vorläufigen Sicherung der Maßnahme s § 111 a StPO.

Gegenüber **Jugendlichen** u **Heranwachsenden** gilt § 69 ebenfalls, **2** wenn seine ges Voraussetzungen vorliegen (vgl BGH NStZ 91, 384; s unten 12); die EdFE ist hier auch zul neben der Verurteilung unter Absehen von Strafe (§§ 7, 27 JGG), neben Verhängung eines Zuchtmittels (BGHSt 6, 394) u wenn die Reife des Jugendlichen (§ 3 JGG) verneint wird (Bay 58, 263 f); dem Erziehungsgedanken wird hier jedoch teilweise bes Bedeutung beigemessen (vgl zB Bezirksgericht Meiningen v 11. 9. 91 bei Janiszewski NStZ 92, 269).

StGB § 69 3–5 b 4. Teil. B. Entziehung der Fahrerlaubnis

3   Die EdFE erfolgt im Urt u ist dort nachprüfbar zu **begründen** (Dü VRS 66, 360); sie ist auch im Verfahren nach § 212b I S 3 u nach Maßgabe der §§ 232 I u 233 I StPO sowie im Strafbefehl zul; letzteres jedoch nur mit Beschränkung auf eine Sperrfrist bis zu 2 Jahren (§ 407 II 2 StPO), nicht aber neben einer Vw nach § 59 III u im Privatklageverfahren (§ 384 I S 2 StPO). – Zur Begründungspflicht des Absehens von der EdFE, wenn sie in Betracht kam s §§ 267 VI S 2 u 409 I S 3 StPO.

4   Bei Vorliegen der ges Voraussetzungen **muß** das Gericht die FE entziehen, keine Ermessensentscheidung (BGHSt 5, 176; 7, 165); keine teilweise Entz (BGH NStZ 83, 168 = StVE 18; krit dazu Bode DAR 89, 447; s auch VGT 1980, 285 ff); dann evtl Ausn von der Sperre nach § 69a II. Einer bes Prüfung der **Verhältnismäßigkeit** bedarf es wegen der Sonderregelung des § 69 I S 2 nicht, weil das Übermaßverbot beim erst festgestellten, für die Allgemeinheit gefährlichen Nichteignung nicht verletzt sein kann; deshalb bleiben hier auch die wirtschaftlichen Folgen unberücksichtigt (Dü DAR 92, 187; NZV 90, 237; aA AG Homburg NJW 84, 2840; anders bei Bemessung der Sperrfrist, s 1, 2 zu § 69a). – Entz der Erlaubnis zur **Fahrgastbeförderung** ist nach § 69 unzul (BGH MDR 82, 623) u neben der EdFE im Hinblick auf § 15k I S 2 StVZO (später § 48 IX S 2 FeV) überflüssig.

2. Voraussetzungen

5   a) Der Angeklagte muß die **Straftat** (bloße OW genügt nicht) **bei oder im Zusammenhang** mit dem **Führen eines Kfz** (Def für Land-Kfze, die im Vordergrund stehen, s § 1 II StVG; dh auch als Mofa-Fahrer (BGH StVE 3; aA LG Ol DAR 90, 72; s dazu § 2 StVO 5 ff), **oder unter Verletzung der Pflichten eines Kfz-Führers** im **öff** StrV (s § 44 Rn 6; aA Hentschel 3), dh **nicht** bei einer im nicht öff Bereich begangenen Trunkenheitsfahrt oder Unfallflucht oder bei einer als Radf (Kö VRS 63, 118; LG Mainz DAR 85, 390; anders nach § 3 Rn 5 StVG) oder Führer einer Schienenbahn (Bay NZV 93, 239) begangenen Tat. Schuldunfähigkeit des Täters steht der Entziehung der Fahrerlaubnis nicht entgegen (Sch/Sch-Stre 23), denn § 69 verlangt lediglich das Vorliegen einer rechtswidrigen Tat.

5 a   **Beim Führen** werden idR alle VVergehen begangen, wie fahrl Körperverletzung u Tötung, VGefährdung pp; ebenso Vergehen nach § 6 PflVersG, § 21 StVG uä (zum „Führen" s § 2 StVO 3).

5 b   Die Tat muß mind **„im Zusammenhang"** mit dem Führen eines Kfz stehen; VVerstöße, also fahrtechnisch falsches Verhalten, stehen dabei zwar im Vordergrund, doch gehören dazu nach der recht weitgehenden RSpr auch andere Taten, die eine allg Unzuverlässigkeit, insb eine erhöhte Gefahr für andere VT offenbaren (s Janiszewski 655), wenn dabei das Kfz-Führen zur Ermöglichung oder Erleichterung der Straftaten dient wie zB bei der Benutzung des Kfz zur Vorbereitung u Durchführung einer Notzucht (BGHSt 22, 328), zur Durchführung von Rauschgiftgeschäften (BGH VRS 81, 369; NStZ 92, 586; NStZ-RR 98, 43; nicht aber bei einmaliger

Verfehlung: Dü DAR 96, 507), Transport von Haschisch (Dü VRS 82, 341), auch zum Eigenverbrauch (Dü NZV 97, 364), zu Betrügereien (BGHSt 5, 179; 17, 218), insbesondere zu Betrugszwecken bei manipulierten Unfällen (BGH VRS 82, 19; Mü NJW 92, 2776), zu Hehlerei (BGH VM 67, 1), zum Wegschaffen von Diebesgut (Dü VRS 67, 255), zur Erreichung des Tatorts einer vorher geplanten Körperverletzung (Ha VRS 28, 260), bei tätlichen Angriffen auf einen anderen VT wegen eines wirklichen oder vermeintlichen VVerstoßes des anderen (Bay 59, 232 = VRS 18, 41; Kö VRS 26, 23; LGe Hannover VM 91, 55; Zw DAR 95, 502; Ko VRS 91, 22).

Dagegen **kein Zusammenhang,** wenn die Tat nur **gelegentlich** der 6 Fahrt, aber ohne innere Beziehung zu ihr verübt wurde (s BGH v 24. 1. 90, 2 StR 548/90 bei Detter NStZ 90, 580), so zB wenn der Fahrer unterwegs zufällig einen Feind sieht u ihn verprügelt (Ha VRS 25, 186), eine Vergewaltigung ausschl in dem Zeitraum plant u durchführt, in dem sein Auto in einem Feldweg geparkt ist (BGH v 11. 3. 81 bei Hürxthal DRiZ 81, 338; zur Abgrenzung bei Sexualdelikten s Molketin NZV 95, 383), bei exhibitionistischen Handlungen im Kfz (BVwG VM 82, 80) oder nach Abschluß der Fahrt (BGH NZV 95, 156; Bay VRS 69, 281 = StVE 12; weitere Beispiele bei Janiszewski 655 u Hentschel 6, 7). Die in der RSpr des BGH zT sehr weitgehende Auslegung des „Zusammenhangs-"Begriffs ist mit beachtlichen Argumenten kritisiert worden (so von Cramer 31 zu § 44 StGB; Kulemeier NZV 93, 212; Hentschel 5); die og Entscheidung des BGH v 11. 3. 81 (Vergewaltigung im geparkten Auto) stellt jedoch bereits eine begrüßenswerte Einschränkung dar. Die jew Straftat muß entspr der Intention des G zur Sicherung des StraßenV im Zusammenhang mit dem **verkehrssicheren Führen** des Kfz stehen u nicht nur mit dessen Besitz (s Kulemeier, Hentschel aaO; Ce NZV 98, 170; Sch/Sch-Stree § 69, 16). Daher ist auch die Anordnung einer (isolierten) Sperrfrist (s § 69 a Rn 3) nicht möglich, wenn die Tat zwar gegen andere Verkehrsteilnehmer gerichtet war (Steinwurf auf Kfz), der Täter jedoch weder vor noch nach der Tat ein Kfz geführt hat und die Tat nicht unter Verletzung einer spez. Pflicht begangen wurde (BGH NZV 01, 133).

Umstritten ist, ob der Zusammenhangsbegriff ein **eigenes** Führen des 7 Kfz voraussetzt, was aber wohl nach Wortlaut, Entstehungsgeschichte u Zielrichtung der Vorschrift bejaht werden muß (KG VRS 11, 357, 367; LG Kö NZV 90, 445; Hartung JZ 58, 131; Tröndle-Fischer 6 zu § 44; Hentschel in B/B 16 A 20 ff; Janiszewski 655 a; aA BGHSt 10, 333; VM 79, 5; LG Ravensburg NZV 93, 325 m abl Anm Körfer), mag er es auch nicht ganz allein bedienen (s § 2 StVO 11). Nur bei der 3. Alternative (Pflichtverletzung) genügt jede Außerachtlassung der dem Kfz-Führer obliegenden Sorgfaltspflichten, auch wenn er das Kfz nicht selbst geführt hat, wenn er zB eine Fahrt mit einem unvorschriftsmäßigen Kfz zuläßt oder ein Kfz einem Betrunkenen oder einer Person ohne FE überläßt (BGHSt 15, 316; Ce VM 56, 115; Ko NJW 88, 152 = StVE 28: Beihilfe des Halters zur Alkohol-Fahrt; aA LG Kö NZV 90, 445 im Falle des § 21 I 2 StVG, da Halter nicht „Führer" iS des § 69 ist).

StGB § 69 8–9   4. Teil. B. Entziehung der Fahrerlaubnis

8   b) **Die mangelnde Eignung** zum Führen von Kfzen muß sich **aus der Tat** aufgrund erwiesener Fakten ergeben (BGHSt 15, 393, 396); ein nicht eindeutig aufgeklärter Sachverhalt darf nicht zu Ungunsten des Angeklagten verwertet werden; insoweit gilt auch hier der **Zweifelssatz** zu seinen Gunsten (Sch/Sch-Stree § 69, 55; 56, 16; Hentschel in B/B Kap. 16 A Rn 56), nicht aber für die Prognose selbst (KG VRS 60, 109 = StVE 13); für sie genügt Wahrscheinlichkeit. Schwerwiegende Taten, wie Rauschgiftgeschäfte mit dem Kfz, erweisen idR die Nichteignung (BGH VRS 81, 369).

8 a   **Eignungsmängel, die zum Tatgeschehen nicht beigetragen haben,** aber im Zuge des Strafverfahrens festgestellt werden, berechtigen nicht zur EdFE (BGHSt 5, 168; Fra NStZ-RR 96, 25). So darf Neigung zum Alkoholgenuß nicht berücksichtigt werden, wenn die Tat unwiderlegt in nüchternem Zustand begangen wurde (Ce VRS 30, 178). Kommt aber die Mitwirkung eines Eignungsmangels zum Tatgeschehen in Betracht, so muß das Gericht zwar auf Grund aller ihm bekannten Tatsachen prüfen, ob er vorliegt u die Entz begründet.

8 b   Da in den Fällen des § 69 nur selten körperliche u geistige, meistens vielmehr charakterliche Mängel zur EdFE führen, muß das Gericht zwar eine **umfassendere Prüfung der Persönlichkeit** vornehmen u dabei alle Umstände, die Schlüsse auf das Verantwortungsbewußtsein des Täters im Verkehr zulassen, berücksichtigen; es dürfen aber nur solche Umstände berücksichtigt werden, die mit der Tat irgendwie zusammenhängen (BTDr IV/651 S 17), die in der Tat zum Ausdruck gekommen sind (BGH NStZ-RR 97, 197 u 98, 43; Tröndle-Fischer 9 c f). Die Berücksichtigung **aller** Persönlichkeitseigenschaften, die nicht „in der Tat" zum Ausdruck gekommen sind, ist mithin unzul (BTDr aaO; Ce VRS 30, 178; sehr weitgehend hingegen früher der BGH (VRS 13, 210; 21, 259), der ohne erkennbare Einschränkung offenbar von einer Würdigung der Gesamtpersönlichkeit ausgegangen ist; vgl auch Cramer 34–37 zu § 69).

9   **Maßgebend** für die Beurteilung der Eignung ist der **Zeitpunkt der Urteilsfindung** (BGHSt 7, 165, 175; VRS 82, 19); daher auch EdFE zulässig, die die VB irrtümlich erst nach der die Nichteignung ergebenden Tat erteilt hat (RuS 87, 359). Das Gericht muß daher auch Umstände berücksichtigen, die zwischen Tat u HV hervorgetreten sind, soweit sie Schlüsse auf das Verantwortungsbewußtsein im **Tat**zeitpunkt zulassen, zB neuerliche einschlägige Verfehlungen trotz des laufenden Strafverfahrens (BGH aaO); andererseits ist kein Raum für eine EdFE (mehr), wenn der Eignungsmangel inzw entfallen ist, weil zB die Tat lange zurückliegt u der Täter seitdem nicht mehr nachteilig aufgefallen ist u/oder die erzieherische Wirkung der vorläufigen EdFE auf den Täter eine weitere Sicherungsmaßnahme uU nicht mehr erfordert (BGH VRS 82, 19; Bay v 25. 11. 94 bei Janiszewski NStZ 95, 270), selbst wenn die vorl Entz die sich aus § 69a I S 1 oder III ergebende Mindestsperrfrist noch nicht erreicht hat (Bay 70, 180 = VRS 40, 12). Ist also zB die Nichteignung zZ der Berufungsverhandlung nicht mehr gegeben, kommt eine EdFE nicht mehr in Betracht (Bay NJW 77, 445; Verf DAR 89, 137). Die Verfahrensdauer allein ist jedoch nicht geeignet, das Entfallen des Eignungsmangels zu begründen (BGH DAR 00, 532). Dagegen dürfen körperliche oder geistige Mängel, die erst nach der Tat, zB als Folgen des durch die angeklagte Tat herbeigeführten Unfalles, eingetreten sind, nicht berücksichtigt werden (BGHSt 15, 393), auch nicht legitimes Verteidigungsvorbringen (Ce DAR 84, 93) u generalpräventive Gründe (da Maßregel: BGH ZfS 91, 284; Dü NZV 93, 117; s aber § 69 a Rn 1 a).

Eine **einmalige Verfehlung** kann zur EdFE ausreichen, wenn in ihr ein bedenklicher Mangel an Verantwortungsbewußtsein zum Ausdruck kommt. Für diesen spricht bei den in II aufgeführten schweren Verstößen, insb bei den dort aufgeführten **Alkoholdelikten,** die ges Vermutung; bei ihnen ist die Nichteignung „idR" indiziert (Ko VRS 60, 44; BTDr IV/651 S 17). Doch muß auch bei diesen Vergehen nicht zuletzt auch wegen der idR erheblichen Folgen dieses Eingriffs (bes bei BerufsKf) stets geprüft werden, ob ausnahmsweise die Eignung bejaht werden kann (BGHSt 6, 235; 7, 165; s dazu Janiszewski 716 ff u unten 11).

Bei der Eignungsprüfung dürfen entgegen dem grundsätzlichen Verwertungsverbot des § 51 I BZRG nach § 52 II BZRG hier auch **getilgte u tilgungsreife Einträge** berücksichtigt werden, wenn die Verurteilung wegen dieser Tat im VZR einzutragen war (Dü VRS 54, 50; Götz § 52 Rn 11; mißverständlich BVwG NZV 88, 37). Das **Punktsystem** nach § 4 StVG (nF) ist bei der Entz nach § 69 bedeutungslos.

3. § 69 II: Gesetzliche Vermutung des Eignungsmangels

a) **Regeltatbestände:** Bei den in II aufgeführten bes schweren Vergehen, die grundsätzlich auf ein gefährliches Maß von Verantwortungslosigkeit des Täters im StrV schließen lassen, ergibt sich der Eignungsmangel idR allein aus der – auch erstmaligen – Tat. Liegt eine dieser Taten vor, muß die Nichteignung nicht zusätzlich näher geprüft, geschweige denn im Urt näher begründet werden; es genügt vielmehr, wenn das Gericht summarische Ausführungen darüber macht, daß es den Regelfall für gegeben erachtet hat (Ko VRS 64, 125; 71, 278; s aber 14). Einer Würdigung der Gesamtpersönlichkeit bedarf es hier nicht. II gilt auch bei Anwendung von JugendstrafR (vgl BGH NStZ 91, 384; Dü NZV 90, 237; Molketin BA 88, 310; Janiszewski NStZ 85, 112; 88, 543; Hentschel NJW 86, 1314; Wölfl NZV 99, 69; aA LG Ol BA 85, 186; 88, 199; Bezirksgericht Meiningen v 11. 9. 91 bei Janiszewski NStZ 92, 269 u AG Saalfeld BA 94, 269: der Erziehungsgedanke habe vorrangige Bedeutung).

Wegen der Regel-Entz in den Fällen der Verkehrsgefährdung (II 1) u der Alkoholtaten (II 2 u 4) wird auf die Erl zu den jew TBen verwiesen. **„Unfallflucht"** (II 3) begründet den RegelTB der Nichteignung nur in schweren Fällen, wenn es Tote oder Schwerverletzte oder „bedeutenden Schaden" gegeben hat. „Bedeutender Schaden" ist der unter objektiven wirtschaftlichen Gesichtspunkten nach dem sog Kraftfahrindex (s zB NJW 88, 813; Ce VRS 64, 333; NStZ 83, 403) zu ermittelnde, tatsächlich entstandene, **erkennbare** (s Schl VRS 54, 33; LG Kö ZfS 90, 105; Ha VRS

61, 430; Ludovisy in B/B 13 A Rn 139) Fremdschaden (Kar VRS 53, 424) – u nicht etwa der gefährdete Wert (wie bei § 315c StGB) –, der heute zumindest bei DM 1800,00 (Nau DAR 96, 108; Dü NZV 91, 237) nach hM erst bei DM 2000,00 (LG Kö DAR 94, 502; LG Flensburg DAR 91, 470; LG Ha DAR 99, 280; LG Baden-Baden NZV 89, 405; LG Stu NZV 93, 412) nach LG Wuppertal DAR 94, 502 bei DM 2200,00 und nach LG Hagen DAR 01, 521 bei DM 2400,00 anzunehmen ist. Mehrere Schäden sind zu addieren; dazu gehören auch die am fremden Fluchtfahrzeug (Hbg VRS 72, 361; BGHSt 9, 267). Bei geleasten Kfz ist darauf abzustellen, wer nach dem Leasingvertrag das Risiko einer Beschädigung zu tragen hat. Trägt dieses der mit dem Fahrer identische Leasingnehmer, so bleiben Beschädigungen des Kfz außer Betracht (Ha NJW 90, 1925).

13a **Verletzungen** von Mitfahrern des Täters u Sachschäden an dem von ihm geführten eigenen Fz oder seiner Ladung sowie **später etwa entstehende Kosten,** wie zB Anwalts-, Gutachter- u Mietwagen-Kosten oder eine evtl Nutzungsausfallentschädigung pp, sind dabei nicht zu berücksichtigen (Hbg VRS 76, 282; LG Hbg DAR 94, 127; Sch/Sch-Stree § 69, 37; aA Notthoff NStZ 95, 91; Stu VRS 62, 123), zumal diese am Unfallort idR nicht erkennbar sind u es II 3 aber auch darauf abstellt, daß der Täter „weiß oder wissen kann", daß ein bedeutender Schaden eingetreten ist (s dazu LG Ol ZfS 81, 191; Ce VRS 64, 366; Stu VRS 60, 300; Himmelreich DAR 94, 508; 97, 82; krit dazu Mollenkott ZfS 95, 321); maßgeblich ist also letztlich die laienhafte Vorstellung des Schädigers vom Schadens-Umfang, nicht die der erfahrenen Pol (Himmelreich aaO); er muß auch keine ziffernmäßige Beurteilung vornehmen, wohl aber den Schaden objektiv als bedeutend einschätzen (Nau DAR 96, 108). Auch die merkantile Wertminderung ist nicht zu berücksichtigen (aA Nau DAR 96, 108), da sie idR durch einen Sachverständigen ermittelt werden muß. Abgesehen vom Regelfall kann eine EdFE allerdings auch bei nur unbedeutendem Schaden nach I in Betracht kommen (s Dü VM 91, 49), wenn sich aus der sonstigen Beurteilung eine Nichteignung ergibt.

14 b) **Ausnahmen:** Der Ermessensspielraum des Gerichts ist hier auf die Prüfung der Frage beschränkt, ob etwa im Einzelfall **bes günstige Umstände** in der **Person des Täters** (einmaliges Versagen nach langjähriger Praxis: Sa DAR 81, 395; aA LG Sa ZfS 98, 152; längere vorl EdFE: Zw StV 89, 250; Dü ZfS 94, 186; Stu NZV 97, 317) oder unbeanstandete Teilnahme am Straßenverkehr über einen längeren Zeitraum nach der Tat (LG Dü ZfS 80, 187; LG Dres ZfS 99, 122; Sch/Sch-Stree 52; aA Stu NZV 97, 316) oder in den **Tatumständen** vorliegen, die der Tat die Indizwirkung nehmen (s 14a; BGH VRS 92, 204) oder den an sich formell zur Entz ausreichenden Verstoß nicht evtl doch in einem günstigeren Licht erscheinen lassen als den Regelfall, so daß ausnahmsweise von einer EdFE abgesehen werden könnte (BGH VRS 21, 259, 261; KG VRS 60, 109 = StVE 13; Kö VRS 59, 25 = StVE 11; 61, 118 = StVE 15). Das Urt muß ergeben, daß sich der Richter dieser Möglichkeit bewußt war u eine Abwägung aller fraglichen Umstände vorgenommen hat (Ha VRS 52, 24; Dü

Gesetzliche Vermutung des Eignungsmangels   14 a, 15   § 69 StGB

VRS 74, 259); die Ausn ist im Urt näher zu begründen (Ko VRS 71, 278 = StVE 24; Zw StV 89, 250; s auch § 44 Rn 8). Die generelle Ausn etwa aller Leichtmofas, obwohl sie „Kfze" u somit von § 69 erfaßt sind, ist contra legem (so aber LG Ol DAR 90, 72 m abl St Janiszewski NStZ 90, 272).

An die **Voraussetzungen einer Ausn** werden zwar strenge Anforderungen gestellt; sie kann aber vorliegen, wenn die Tat so deutlich aus dem Rahmen einer typischen Begehungsweise herausfällt (Stu NJW 87, 142; NZV 97, 317; Kö DAR 89, 115; Zw BA 78, 140), daß die **Indizwirkung** der in II aufgeführten TBe **entfällt,** wie zB bei in Trunkenheit bes vorsichtig ausgeführter kurzer Fahrt auf verkehrsstiller Str (Bay v 12. 7. 88, 2 St 172/88, bei Janiszewski NStZ 88, 543; Ha VRS 52, 24: 50m; AG Regensburg ZfS 85, 123 u LG Gera DAR 99, 420 jeweils 20m), Umparken nachts auf leerem Parkplatz (Stu NJW 87, 142; LG Kö DAR 89, 115; Kar NZV 90, 277; aA LG Dessau ZfS 95, 73: Umparken bei Tageslicht m Sachschaden), zur Beseitigung eines ow Zustands (Dü VRS 73, 142; NZV 88, 29; StV 91, 21; vgl auch die zu § 25 StVG 12 aufgeführten Fälle) oder wenn die Tat unter außergewöhnlichen Umständen ausgeführt wurde (s zB AG Homburg ZfS 88, 124), die am Rande von Rechtswidrigkeit u Schuld lagen, wie zB bei Veranlassung der vorher nicht beabsichtigten Fahrt durch den Arbeitgeber (Ha DAR 57, 77), Hilfeleistung eines alkoholisierten Arztes, bei nicht vorhersehbarem Zusammenwirken von Alkohol u Medikamenten (Ce NJW 63, 2385; vgl Bay VRS 36, 170) oder bei geringer Vorwerfbarkeit der Nichtbeachtung plötzlicher Ermüdung (Bay v 22. 7. 88, 2 St 99/88, bei Janiszewski NStZ 88, 543). Liegen solche bes Umstände vor, ist eine dennoch erfolgende EdFE bes zu begründen (BGH VRS 92, 204). Eine Ausn wird bei Fahrlässigkeits- eher als bei Vorsatztaten vertretbar sein. – Ob unbeanstandetes langjähriges Fahren, längerfristige vorläufige EdFE oder längeres, beanstandungsfreies Führen eines Kfz nach der Tat eine Ausn rechtfertigen, wird unterschiedlich beurteilt; s hierzu Schulz NZV 97, 62; Bode BA 94, 148f; Hentschel in B/B 16 A 54f sowie § 111a StPO 4b.

Auch **Umstände nach der Tat** können die Überzeugung begründen, 15 daß eine EdFE nicht (mehr) erforderlich ist (Zw StV 89, 250; LG Wuppertal NJW 86, 1769; Kö VRS 41, 101; Bay VRS 40, 12; Geppert ZRP 81, 85), so insb eine inzw erfolgte wirksame **Nachschulung** (Aufbauseminar, s dazu ausführlich Himmelreich DAR 97, 465 mit umfangreicher RSpr; Hentschel in B/B 16 A 75ff; AG Homburg DAR 91, 472: Wegfall der ges vermuteten Nichteignung durch intensive Einzelnachschulung), die allerdings nach der RSpr allein noch nicht stets eine Ausn von der Regelentz rechtfertigen soll (Kö VRS 59, 25 = StVE 11; BA 81, 180; VM 81, 92; Hbg VRS 60, 192 = StVE 14; Ko VRS 66, 40), wenn nicht andere beachtliche Umstände, wie insb eine längere vorläufige EdFE hinzukommen (vgl zB Kö VRS 61, 118 = StVE 15; NStZ 81, 32; 82, 107 mwN; Seib DRiZ 81, 161; Zabel BA 85, 115 u Hentschel, § 69, 19). Ihr eigentliches Anwendungsfeld wird ohnehin mehr im „Nachverfahren" nach § 69a VII gesehen, zumal sie eigentlich erst dann ihrer Aufgabe gerecht werden kann, die (erfolgte) EdFE in ihrer Wirkung zu unterstützen

StGB § 69 16–18   4. Teil. B. Entziehung der Fahrerlaubnis

(s Janiszewski 751), doch stehen ihrer Berücksichtigung schon im Erkenntnisverfahren jedenfalls keine rechtlichen Bedenken entgegen (zur Behandlung in der RSpr ausführlich Hentschel, Trunkenheit Rn 637 ff). – Bei bes verantwortungslosem Verhalten kommt eine Ausn nicht in Betracht (Ko VRS 64, 125 = StVE § 315 c StGB 11; KG VRS 60, 109 = StVE 13).

4. Wirkung

16   Die FE **erlischt mit Rechtskraft** des Urt mit Wirkung für alle FSch-Klassen, SonderFE (Bay VRS 79, 149) u eine evtl ausl FE (Ha VRS 55, 344; § 4 II b IntKfzVO, Anh II) sowie die Erlaubnis zur Fahrgastbeförderung (s 4). Eine Beschränkung auf bestimmte Fz-Arten oder FSch-Klassen ist bei der EdFE selbst (anders bei der Sperre, § 69 a II) ebensowenig zul (BGH VRS 65, 131) wie etwa eine befristete Entz mit der Wirkung, daß die FE nach Fristablauf von selbst wieder auflebt. Die FE bleibt solange entzogen, bis eine neue durch die VB erteilt ist (BGHSt 6, 183); sie kann **fristlose Kündigung** rechtfertigen, wenn das Arbeitsverhältnis nicht zu geänderten Bedingungen fortgesetzt werden kann (BAG, Der Betrieb 78, 1790; LAG RhPf DAR 91, 226; ArbGer Hbg BA 88, 71: s auch SozG Dortmund VRS 71, 151; LAG Schl BA 87, 229 m Anm Molketin; zur unterhaltsrechtlichen Komponente Bamberg NJW-RR 87, 774; Bay LSG NZA 85, 608).

17   Nach § 69 III ist ein dt FSch im Urt **einzuziehen;** Vollstreckung nach § 459 g I S 1 StPO durch Wegnahme. Diese Entscheidung kann auch bei alleiniger Berufung des Angeklagten vom Berufungsgericht nachgeholt werden (BGHSt 5, 168). Führen eines Kfz trotz EdFE ist Vergehen nach § 21 StVG.

5. Verfahrensfragen

18   **Rechtsmittelbeschränkung** auf die Entscheidung nach § 69 ist zul, soweit diese losgelöst vom übrigen Urt-Inhalt, insb von der Strafzumessung, beurteilt werden kann (vgl BGHSt 6, 183; VRS 18, 348; Dü VRS 70, 137), so nach hM wenn die Nichteignung auf körperlichen oder geistigen Mängeln beruht (vgl Ko VRS 50, 30; VRS 81, 184; Fra NZV 96, 414 mwN). Sie ist unzul, wenn die Nachprüfung ohne Eingehen auf die Tatsachen, die dem Strafausspruch zugrunde liegen, nicht möglich ist, wie insb bei charakterlicher Nichteignung (Ha VRS 61, 42) u Wechselbeziehung zur Strafzumessung (s Rn 1 u Bay VRS 81, 443; Kö VRS 76, 352; Fra aaO mwN, Stu NStZ-RR 97, 178); das gilt auch für die Beschränkung des Einspruchs gem § 410 II StPO (Kl/Meyer-G 4–6 zu § 410). Zur Wirksamkeit der Rechtsmittelbeschränkung auf die Frage der Strafaussetzung zur Bewährung bei gleichzeitiger Anordnung einer Maßregel nach § 69 vgl. BGH NZV 01, 434. Rechtsmittel der StA zu Ungunsten des Angeklagten können nicht auf die Entscheidung nach § 69 beschränkt werden (Bay. MDR 89, 89), ebenso wenig auf die Anfechtung der Bewilligung einer Ausnahme nach II (Bay VRS 66, 445; 81, 443). – Bei erfolgreichem Rechtsmittel fallen die Gerichtskosten u die notwendigen Auslagen des

Angeklagten der Staatskasse zur Last (§§ 465 I, 467, 473 III StPO), die notwendigen Auslagen aber dann nicht, wenn von Maßnahmen nach den §§ 69, 69a nur wegen des weiteren Zeitablaufs abgesehen worden ist (s ebenso zum früheren R: § 473 V StPO; Dü VRS 69, 41; Kö VRS 62, 200; Janiszewski NStZ 82, 240).

Als Maßregel unterliegt die EdFE dem Verbot der reformatio in peius 19 (Sch/Sch-Stree 69, 69 mwN); dies gilt auch für die Sperrfrist (Ka VRS 48, 425; Ol MDR 76, 162). Keine **reformatio in peius** bei Ersetzung der EdFE durch FV (s § 44 Rn 18); wohl aber bei EdFE statt isolierter Sperre nach § 69a I S 3 (Ko VRS 51, 96; 60, 431).

Pflichtverteidigung kann bei hoher Freiheitsstrafe ohne Bewährung u 20 EdFE bei einem BerufsKf nach § 140 II StPO in Betracht kommen (s dazu § 316 Rn 37a; Kl/Meyer-G 23, 25 zu § 140; Bay NZV 90, 202; Br BA 96, 175: lebenslange EdFE; s aber Ko VRS 69, 293: nicht wegen langer Sperre; Janiszewski 460a, 708a; Molketin Rn 21). – **Hinweispflicht** besteht gem § 265 II StPO, wenn die EdFE in Anklage u EB nicht erwähnt ist (BGH ZfS 92, 102; 93, 355 zur Sperre).

6. Literatur

Bode „Beratung u Schulung alkoholauffälliger Kf..." DAR 94, 348; **Dencker** 21 „Strafzumessung bei der Sperrfristbemessung?" StV 88, 454; **Geppert** „Schwierigkeiten der Sperrfristbemessung bei vorläufiger Entz" ZRP 81, 85; „Nachschulung alkoholauffälliger Ersttäter" BA 84, 55; **Hentschel** „Probleme der Praxis..." BA 86, 1; „FE u Alkohol" Werner-Verlag 1989; **Himmelreich** „Bundeseinheitliche Nachschulungskurse?" DAR 89, 5; „Bedeutender Fremd-Sach-Schaden u EdFE" DAR 94, 508; **ders** „Auswirkungen von Nachschulung u Therapie bei Trunkenheitsdelikten" DAR 97, 465; **Himmelreich/Janker** „MPU-Begutachtung" Werner-Verlag 2. Aufl. 1999; **Krehl** „Regel u Ausn bei EdFE" DAR 86, 33; **Kulemeier** „FV u EdFE" Diss 1990 Lübeck, Schmidt-Römhild 1991; **Molketin** „EdFE als Reaktion auf VStraftaten Jugendlicher u Heranwachsender" DAR 82, 115; „EdFE wegen Tätlichkeiten gegenüber anderen VTn" DAR 81, 380; „Notwendige Verteidigung bei VDelikten" NZV 89, 93; „BtM-Beschaffungsfahrten mit dem Kfz und (vorläufige) Entziehung der Fahrerlaubnis" ZfS 02, 200; **Scherer** „Ausn zu § 69 II" BA 83, 125; **Schulz** „Wegfall der Ungeeignetheit ... durch Zeitablauf" NZV 97, 62; **Wölfl**: Die Geltung der Regelvermutung des § 69 II StGB im Jugendstrafrecht, NZV 99, 69; **Zabel** „Nachschulung für Alkoholtäter" BA 85, 115; s auch Janiszewski 701 sowie Hentschel, Trunkenheit 8. Aufl mwN.

§ 69a Sperre für die Erteilung einer Fahrerlaubnis

(1) **Entzieht das Gericht die Fahrerlaubnis, so bestimmt es zugleich, daß für die Dauer von sechs Monaten bis zu fünf Jahren keine neue Fahrerlaubnis erteilt werden darf (Sperre). Die Sperre kann für immer angeordnet werden, wenn zu erwarten ist, daß die gesetzliche Höchstfrist zur Abwehr der von dem Täter drohenden Gefahr nicht ausreicht. Hat der Täter keine Fahrerlaubnis, so wird nur die Sperre angeordnet.**

(2) Das Gericht kann von der Sperre bestimmte Arten von Kraftfahrzeugen ausnehmen, wenn besondere Umstände die Annahme rechtfertigen, daß der Zweck der Maßregel dadurch nicht gefährdet wird.

(3) Das Mindestmaß der Sperre beträgt ein Jahr, wenn gegen den Täter in den letzten drei Jahren vor der Tat bereits einmal eine Sperre angeordnet worden ist.

(4) War dem Täter die Fahrerlaubnis wegen der Tat vorläufig entzogen (§ 111 a der Strafprozeßordnung), so verkürzt sich das Mindestmaß der Sperre um die Zeit, in der die vorläufige Entziehung wirksam war. Es darf jedoch drei Monate nicht unterschreiten.

(5) Die Sperre beginnt mit der Rechtskraft des Urteils. In die Frist wird die Zeit einer wegen der Tat angeordneten vorläufigen Entziehung eingerechnet, soweit sie nach Verkündung des Urteils verstrichen ist, in dem die der Maßregel zugrunde liegenden tatsächlichen Feststellungen letztmals geprüft werden konnten.

(6) Im Sinne der Absätze 4 und 5 steht der vorläufigen Entziehung der Fahrerlaubnis die Verwahrung, Sicherstellung oder Beschlagnahme des Führerscheins (§ 94 der Strafprozeßordnung) gleich.

(7) Ergibt sich Grund zu der Annahme, daß der Täter zum Führen von Kraftfahrzeugen nicht mehr ungeeignet ist, so kann das Gericht die Sperre vorzeitig aufheben. Die Aufhebung ist frühestens zulässig, wenn die Sperre drei Monate, in den Fällen des Absatzes 3 ein Jahr gedauert hat; Absatz 5 Satz 2 und Absatz 6 gelten entsprechend.

Inhaltsübersicht

	Rn
1. Voraussetzungen u Wirkung	1
2. Abs 2: Beschränkung der Sperre	4
3. Abs 3: Verlängerte Sperrfrist	6
4. Abs 4: Verkürzte Sperrfrist	7
5. Abs 5: Berechnung der Sperrfrist	8
6. Abs 7: Vorzeitige Aufhebung	9

1. Voraussetzungen u Wirkung

1 Nach **I** muß im Urt-Tenor neben dem Ausspruch der EdFE u der Einz des FSch auch die **Frist** bestimmt werden, innerhalb der die VB dem Verurteilten keine neue FE erteilen darf; darauf ist gem § 265 II StPO hinzuweisen (BGH ZfS 93, 355). Die Frist ist grundsätzlich nicht nach Strafzumessungsregeln, sondern nach der voraussichtlichen Dauer der Nichteignung zu bemessen (BGH NStZ 91, 183). **Maßgebend für die Bemessung** ist die durch die Schwere der Tat unter Berücksichtigung der Täterpersönlichkeit (Vorstrafen!) anzunehmende Dauer der Nichteignung (vgl BGHSt 15, 397; VRS 20, 430; 21, 262; Dü NZV 93, 117; Ko VRS

Voraussetzungen und Wirkung **1 a–2 § 69a StGB**

71, 431), die Schwere der Schuld oder sonstige Strafzumessungsgründe nur, soweit sie Hinweise auf die charakterliche Ungeeignetheit geben können (BGH NStZ 91, 183; Denker StV 88, 455); generalpräventive Gründe gehören nicht dazu (BGH aaO; Dü NZV 93, 117). – Die **Mindestsperrfrist** von 6 bzw 3 Mon (IV) kennzeichnet zugleich die **Regelsperrfrist** beim Fehlen bes negativer Umstände (Dü NStZ-RR 96, 182).

Die **Frist beginnt** mit Rechtskraft des Urt (V S 1), also auch während **1 a** Freiheitsentziehung. Ihre Dauer muß innerhalb des Rahmens von 6 Mon (im Wiederholungsfall des III von einem Jahr) bis zu 5 Jahren nach ihrer Länge (in Jahren oder Mon), nicht etwa durch Bezeichnung eines kalendermäßigen Endtermins bestimmt werden (Bay 66, 66 = VRS 31, 355). Eine Sperre für immer oder auf die zeitliche **Höchstdauer** von 5 Jahren muß näher begründet werden (BGH DAR 68, 23; Ha VRS 50, 274 = StVE 2; Ko VRS 71, 431); bei der lebenslänglichen Sperre ist darzulegen, warum eine Sperre bis zu 5 Jahren nicht reicht (BGH NStZ 91, 183; NStZ-RR 97, 331); sie kann mit der Annahme günstiger Prognose bei Bewährung in Widerspruch geraten (Kö BA 81, 56). – Bei EdFE im **Sicherungsverfahren** (§ 413 StPO) ist die voraussichtliche Dauer der krankheitsbedingten Nichteignung zu begründen (Bay v 11. 12. 91, 2 St 209/91). Zu berücksichtigen ist auch die Anordnung einer Unterbringung gem § 64 StGB (BGH NZV 96, 457).

Bei Bildung einer **Gesamtstrafe** aus mehreren Urt, in denen je eine **1 b** zeitlich befristete Sperrfrist festgesetzt ist (also nicht, wenn die neue Tat keine EdFE rechtfertigt: BGH NStZ 92, 231), ist eine einheitliche Sperrfrist von höchstens 5 Jahren zu bestimmen (BGH NJW 00, 3654; Stu VRS 71, 275; Dü VRS 80, 273), die mit der Rechtskraft des früheren Urt beginnt; zur Klarstellung ist aber der Beginn der Sperrfrist im Urt anzugeben (s Stu u Bay aaO). Die frühere, einbezogene Maßregel wird damit gegenstandslos (§ 55 II StGB). Ist wegen einer weiteren, nicht einzubeziehenden Tat ebenfalls eine EdFE gerechtfertigt, so ist auf eine weitere, gesonderte Sperrfrist zu erkennen (Bay VRS 71, 179 u aaO). Entfällt im Falle einer nachträglichen Gesamtstrafenbildung im Rechtsmittelzug die Verurteilung wegen der Anlaßtat und wird der Maßregelausspruch deswegen aufgehoben, so ist vom Rechtsmittelgericht auszusprechen, daß die früher erkannte Maßnahme aufrecht erhalten bleibt (BGH NJW 00, 3654).

Während bei der EdFE auf die **wirtschaftlichen Auswirkungen** für **2** den Täter keine Rücksicht genommen wird, können diese hier mittelbar insofern bedeutsam sein, als bes wirtschaftliche Härten geeignet sein können, eine Besserung rascher herbeizuführen; deshalb sind bei Verhängung einer längeren Sperre sorgfältige Erwägungen geboten, wenn die Maßnahme erstmalig angeordnet u der Angeklagte durch sie in seiner beruflichen Tätigkeit einschneidend getroffen wird (BGH DAR 69, 49; Ko VRS 71, 431; s hierzu Hentschel in B/B 16 A 124 f). Erforderlichenfalls sind Ausn von der Sperre nach II zubewilligen, wenn deren Voraussetzungen vorliegen (s 4 ff). Dies gilt auch für die **Berufungsinstanz** (Kö MDR 67, 142), in der die tatsächlichen Voraussetzungen für die EdFE u die Dauer der Sperre selbständig zu prüfen sind; sie ist nicht gehindert, die gleiche

StGB § 69a 3–4a   4. Teil. B. Entziehung der Fahrerlaubnis

Sperrfrist wie der Amtsrichter festzusetzen (Ko VRS 65, 371 = StVE 15). Auch bei Berücksichtigung vorl Entz-Zeiten hat sie die verbleibende Dauer der Sperre im Urt-Tenor genau anzugeben (Kö VRS 32, 114).

3 Besitzt der Täter keine FE, so wird nur die sog **„isolierte" Sperre** verhängt (I S 3), wenn die sonstigen Voraussetzungen des § 69 I S 1 (s § 69 Rn 6) vorliegen, dh nicht beim VVerstoß eines Radf (Kö VRS 63, 118); sie ist ebenfalls eine Maßregel (Zw VRS 64, 443) u nach § 267 VI StPO zu begründen (Kö VRS 76, 352). Neben einer laufenden Sperrfrist muß eine weitere verhängt werden, wenn ihre Voraussetzungen vorliegen (BGHSt 6, 398, 400; Dres NZV 93, 402). Auch diese läuft von der Rechtskraft des (neuen) Urt ab, nicht etwa erst im Anschl an die alte Sperrfrist; eine **„Anschlußsperre"** widerspricht § 69 a V S 1 u ist daher unzulässig (Zw StVE 12a). Die beiden Sperren laufen daher, soweit sie sich decken, gleichzeitig nebeneinander (wie beim FV; s 13 zu § 44). Wird aber der Angeklagte wegen mehrerer sachlich zusammentreffender Straftaten verurteilt, so darf wegen seines Gesamtverhaltens die FE nur einmal entzogen u nur **eine** Sperre angeordnet werden, da nur eine einheitliche Entscheidung über die Eignung zum Führen eines Kfz möglich ist. – Ersetzung der isolierten Sperre durch EdFE auf Berufung des Angeklagten verstößt gegen reformatio in peius (Ko VRS 51, 96; 60, 431; s aber auch BGH RuS 87, 359 u oben § 69 Rn 19). – Einem **ausl** Kf, der keine FE besitzt, darf nicht nach § 11 II IntKfzVO verboten werden, von einer evtl späteren FE gem § 4 I IntKfzVO Gebrauch zu machen (VGH BW VRS 92, 61).

4 **2. Abs 2: Die sachliche Beschränkung der Sperre** auf bestimmte Fz-Arten entspricht dem Übermaßverbot (Dü DAR 84, 122) u dem Bedürfnis, Arbeitskräften, die während der Arbeit die zum Führen von Arbeits-Fzen (Lkw, Traktoren, Baukränen usw) erforderliche Zuverlässigkeit besitzen, aber in ihrer Freizeit zu gewissen VVerstößen neigen, die Weiterbeschäftigung zu ermöglichen u die berufliche Existenz der Betr zu schützen (s Janiszewski 732), wenn auch dies als Denkzettel ausreicht (Dü DAR 84, 122), zumal die EdFE wegen Trunkenheit beim Berufs-Kf idR einen wichtigen Kündigungsgrund iS von § 626 I BGB darstellen kann (BAG NJW 79, 332; Molketin/Gress BA 82, 229; s auch Br DAR 90, 190 u Bay DAR 91, 110 zum ges Regel-FV nach § 25 StVG).

4a In der Beschränkung der Sperre liegt kein Widerspruch zur grundsätzlichen Unteilbarkeit der Eignung, sondern nur ein Zugeständnis an die geringere oder gar fehlende Gefährlichkeit des Betreffenden in einem abgrenzbaren Bereich (Stephan DAR 89, 1, 5; Janiszewski 732). Doch ist dies **bei charakterlichen Mängeln** nur unter ganz bes Umständen zul, die ausführlich darzulegen sind u eine geringere Gefahr für die Allgemeinheit erkennen lassen müssen (Kar VRS 55, 122; Ha VRS 62, 124 = StVE 12; Ce NZV 89, 158; Hentschel in B/B 16 A 162 ff); insb wenn Lkw u Busse ausgenommen werden sollen (Kar VRS 63, 200; LG Kö BA 81, 277 u Hbg BA 86, 453: keine Ausn für Lkw u Busse; s aber Bay 82, 101 = StVE 13; v 21. 4. 86, 2 St 45/86; LGe Hanau DAR 81, 26 u Bielefeld DAR 90, 274; AG Emden DAR 91, 433: Ausn von Lkw zur ehrenamtlichen Betätigung

Beschränkung der Sperre **5, 5a § 69a StGB**

beim THW; s auch Janiszewski NStZ 82, 239 mwN); wirtschaftliche Nachteile allein reichen nicht aus (Dü NZV 92, 331; Hentschel in B/B 16 A 181), auch nicht, daß die Tat im Privatbereich begangen wurde (Bay aaO; Ko VRS 76, 369; Kö VM 85, 32; aA LGe Hanau DAR 89, 472 Kö NZV 91, 245, Des DAR 00, 87; zu den Voraussetzungen s auch Ce DAR 85, 90; BA 88, 197), insb nicht bei einschlägiger Vorstrafe (Ko aaO). Liegen aber die Voraussetzungen von II vor u erscheint insb der Sicherungszweck der EdFE nicht gefährdet, sollte die Ausn-Möglichkeit insb zur Wahrung der Verhältnismäßigkeit (bei BerufsKf!) nicht zu engherzig gehandhabt werden, das insb dann nicht, wenn der persönlichen Unzuverlässigkeit anderweitig, zB durch Aufsicht Dritter entgegengewirkt werden kann (vgl LG Detmold DAR 90, 34: Ausn für Panzer-Fze im dienstlichen Bereich; LG Zw ZfS 92, 356: Linienbusse; VRS 87, 196: Lkw; ZfS 95, 193: Fernfahrer; AG Homburg ZfS 94, 185: Müllf). – Die zu enge Regelung ist änderungsbedürftig, sie sollte denen der §§ 12 II u 15b I a StVZO angepaßt werden, damit Ausn auch auf ein bestimmtes Fz, bestimmte Benutzungszeiten u -orte erstreckt werden können (s dazu VGT 1986 AK VII).

Die Ausn kann nur für bestimmte **Arten** von Kfzen bewilligt werden, **5** wobei der **Verwendungszweck entscheidet** (vgl Ha VRS 62, 124; Hentschel in B/B 16 A 165; RSprÜb bei Bode BA 94, 150), soweit er sich auf die Bauart auswirkt (Stu DAR 75, 305), wie zB beim speziell für den Krankentransport ausgerüsteten Krankenrettungs-Kfz (Bay VRS 77, 456; LG Hbg DAR 92, 191; AG Itzehoe ZfS 93, 176), einem Behindertentransporter (LG Hbg NJW 87, 3211), einem FeuerlöschFz (Bay NZV 91, 397), PannenhilfsFz (LG Hbg DAR 92, 438), Leichenwagen (AG Homburg ZfS 93, 31). – Maßgeblich ist nicht aber der **Fahrzweck** (wie Verwendung eines (unveränderten) Pkw als Sanitäts-Fz oder als Taxi, Beschränkung auf bestimmte Transporte: Ce DAR 96, 64 zum FV; anders AG Coesfeld BA 81, 181 m abl St Zabel: Dienst-Kfz des Blutspendedienstes); sie kann auch auf alle Fze einer FSch-Klasse erstreckt werden (Schl VM 74, 17), aber nur auf solche, auf die nach § 5 I S 2 StVZO die FE beschränkt werden kann (BTDr IV/651 S 19; Ce aaO); so zB der Kl IV (LG Kö DAR 90, 112) u innerhalb der FSch-Klasse III auf Lkw, nicht aber auf „Lieferwagen" (Sa VRS 43, 22) oder ein aus Pkw u Anhänger bestehendes Gespann (LG Hbg DAR 91, 470). Eine Differenzierung innerhalb einzelner Fz-Arten hält Ol (BA 81, 373) für zul, wenn sich deren Begriffsmerkmale genau bezeichnen lassen. Aber nach einhelliger Meinung keine Ausn für ein einzelnes Kfz nach Fabrikat, Eigentum (Bay VRS 66, 445), Benutzungszeit oder -ort (Dü VRS 66, 42 = StVE 16, was änderungsbedürftig ist; s 4a).

Nachträgliche Ausn nach § 69a II nach rkr Entscheidung ist nicht **5a** mehr möglich (AG Alsfeld VM 80, 126; AG Kempten DAR 81, 234; Tröndle-Fischer 3a; aA AG Wismar DAR 98, 32; vgl. auch Wölfl NZV 01, 369), allenfalls im Rahmen des § 69a VII. Für die ausgenommene Kfz-Art kann die VB sofort eine neue, entspr beschränkte FE erteilen (s dazu auch § 111a StPO 3). – Zu den Grenzen revisionsrichterlicher Überprüf-

StGB § 69a 6–9

barkeit einer tatrichterlichen Entscheidung nach § 69a II s Ha VRS 62, 445. – Die Ausn-AO ist nicht selbständig anfechtbar (Kö VM 85, 32; Dü VRS 66, 42 = StVE 16).

6   **3. Abs 3: Verlängerte Sperrfrist.** Die vorgeschriebene **Erhöhung** des Mindestmaßes der Sperre gilt nur bei vorangegangener **gerichtlicher,** nicht bei EdFE durch die VB (Ha VRS 53, 342 = StVE 6).

7   **4. Abs 4: Die verkürzte Sperrfrist** soll die Berücksichtigung der auf die Sperre nicht anrechenbaren Zeit (s § 111a StPO 13) der vorl Entz (u die der in **VI** genannten Maßnahmen) ermöglichen (s auch Kö VRS 52, 271), soweit das ges Mindestmaß (I S 1) unangemessen wäre. Die Zeit der vorl Entz ist auch dann anrechenbar, wenn der FSch gleichzeitig zur Vollstreckung eines FV amtlich verwahrt wurde (LG Stu Justiz 89, 309). Eine noch kürzere Sperre als 3 Mon ist allerdings unzul u mit dem Merkmal der Nichteignung unvereinbar (Zw StVE 20; Lackner JZ 65, 120). IV ist im Falle einer **isolierten Sperre** (oben 3) nicht entspr anwendbar (hM; s Kar VRS 57, 108; Dü VRS 39, 259; Bay DAR 91, 305; Nü bei Janiszewski NStZ 87, 112; Zw NZV 97, 279m abl Anm Saal; Hentschel BA 86, 1, 8, 9), auch nicht bei erlittener U-Haft (Ko StVE 21).

8   **5. Abs 5:** Die nach dem Urt der letzten Tatsacheninstanz verstrichene Zeit der **vorl Entz** oder der ihr nach VI gleichstehenden Maßnahmen wird in die Sperre **voll eingerechnet.** Wird das Urt auf Revision aufgehoben, so gilt für das neue tatrichterliche Urt nicht V, sondern wieder IV. Die Einrechnung nach V ergibt sich – iG zur „Anrechnung" beim FV – unmittelbar aus dem G; sie bedarf keiner Erwähnung im Urt. Das Einrechnungsgebot gilt auch, wenn ein Rechtsmittel oder Einspruch gegen einen Strafbefehl zurückgenommen wird. Ist die vom Tatrichter festgesetzte Sperrfrist infolge der Einrechnung bis zum Erlaß der Revisionsentscheidung abgelaufen, so verwirft das Revisionsgericht trotzdem die Revision auch hinsichtlich der Sperre. Der Angeklagte kann dann bei der VB sofort eine neue FE beantragen. Entstehen Zweifel über die Berechnung der Sperre, so kommt Entscheidung nach § 458 StPO in Betracht. V S 2 findet nach hM im Falle einer **isolierten Sperre** keine entspr Anwendung (s w N Janiszewski NStZ 84, 112; Nü DAR 87, 28; LG Gießen NStZ 85, 112; aA LGe Nü-Fürth NJW 77, 446; Heilbronn NStZ 84, 112, 263 m zust Anm Geppert; Stu bei Verf NStZ 85, 112).

9   **6. Abs 7** läßt die **vorzeitige Aufhebung** einer rkr angeordneten Sperre (uU auch der lebenslangen: Dü VRS 63, 273; NZV 91, 477; Ko VRS 66, 446 = StVE 18; Mü MDR 81, 1035) nach Ablauf der durch das StVG-ÄndG v 24. 4. 1998 endlich (s Janiszewski 751, mit Wirkung ab 1. 1. 1999) auf 3 Mon herabgesetzten Mindestsperrzeit zu, sofern **neue Tatsachen** den Schluß (nicht die Gewißheit) rechtfertigen, daß die erneute Zulassung verantwortet werden kann (Ko VRS 65, 362; 68, 353), was selbst bei rückfälligem Alkoholtäter der Fall sein kann (Dü VRS 66, 347; s aber Ko VRS 67, 343 u 71, 26: nicht bei hoher BAK), nicht aber auch unbedingt bei Aussetzung eines Strafrestes (Ko VRS 68, 353) oder

weitgehendem Sperrfristablauf während Freiheitsentzuges (Dü NZV 90, 237). Verbleibende Zweifel gehen zu Lasten des Verurteilten (Dü NZV 91, 477).

Erfolgreiche **Nachschulung** aufgrund wissenschaftlich anerkannter **9 a**
Modelle (s dazu Hbg VRS 60, 192; LG Ol ZfS 97, 35: uU auch nach zuverlässiger privater Therapie; Stephan ZfV 86, 1; Zabel BA 91, 345; dh Teilnahme an einem sog **Aufbauseminar** (s § 2 a IV, V StVG), kann als neue Tatsache in Betracht kommen (Dü VRS 66, 347; Ko VRS 69, 28; LG Hof NZV 01, 92) u die Verkürzung der Sperrfrist rechtfertigen (AG Düren DAR 96, 157; LG Dres DAR 02, 280), soweit sie nicht bereits im Erkenntnisverfahren „verbraucht" ist; sie soll aber nach hM allein noch keine Abkürzung der Sperre rechtfertigen (Ko ZfS 82, 347; s auch die Übersicht in ZfS 81, 32 u 82, 64 sowie oben § 69 Rn 15), insb nicht bei hoher Tatzeit-BAK (s LG Freiburg bei Verf NStZ 82, 238). Durch die Verkürzung der ges Mindestsperrfrist von 6 auf 3 Mon (durch das StVGÄndG, s oben 9) soll der Anreiz zur Teilnahme an Aufbauseminaren verstärkt werden (s Janiszewski 751). – Auch die Abkürzung kann nach hM auf bestimmte Fz-Arten beschränkt werden (s oben 5; LG Ko DAR 77, 193; Kö NJW 60, 2255; AG Wismar DAR 98, 32; – Die Aufhebung beseitigt nicht die EdFE, sondern ermächtigt nur die VB zur Erteilung einer neuen FE (s hierzu § 2 StVG).

Zuständig ist nach § 462a II StPO das Gericht des 1. Rechtszuges, **9 b**
wenn die Strafe voll verbüßt ist (Stu VRS 57, 113; Ce VRS 71, 432; Ha JMBlNW 89, 33; Dü NZV 90, 237; anders Dü VRS 64, 432 iF des § 462a I S 2 StPO); keine Abgabe an das Wohnsitzgericht (BGH NJW 82, 1005), auch nicht im JugendstrafR (Dü NZV 90, 237). – Die ges Mindestfrist verkürzt sich unter den Voraussetzungen von V S 2, VI um die entspr Zeit (s oben 8); die Entscheidung kann jedoch schon (4–6 Wochen) vor Fristablauf beantragt u erlassen werden (AG Öhringen NJW 77, 447; aA LG Dü NJW 66, 897 m Anm Miersch S 2024). – Gegen die Entscheidung über den Antrag auf vorzeitige Aufhebung der Sperre ist sofortige Beschwerde zulässig (§§ 462 III, 463 V StPO).

C. Unerlaubtes Entfernen vom Unfallort

§ 142 Unerlaubtes Entfernen vom Unfallort

(1) Ein Unfallbeteiligter, der sich nach einem Unfall im Straßenverkehr vom Unfallort entfernt, bevor er
1. zugunsten der anderen Unfallbeteiligten und der Geschädigten die Feststellung seiner Person, seines Fahrzeugs und der Art seiner Beteiligung durch seine Anwesenheit und durch die Angabe, daß er an dem Unfall beteiligt ist, ermöglicht hat oder
2. eine nach den Umständen angemessene Zeit gewartet hat, ohne daß jemand bereit war, die Feststellungen zu treffen,
wird mit Freiheitsstrafe bis zu drei Jahren oder mit Geldstrafe bestraft.

(2) Nach Absatz 1 wird auch ein Unfallbeteiligter bestraft, der sich
1. nach Ablauf der Wartefrist (Absatz 1 Nr. 2) oder
2. berechtigt oder entschuldigt

vom Unfallort entfernt hat und die Feststellungen nicht unverzüglich nachträglich ermöglicht.

(3) Der Verpflichtung, die Feststellungen nachträglich zu ermöglichen, genügt der Unfallbeteiligte, wenn er den Berechtigten (Absatz 1 Nr. 1) oder einer nahe gelegenen Polizeidienststelle mitteilt, daß er an dem Unfall beteiligt gewesen ist, und wenn er seine Anschrift, seinen Aufenthalt sowie das Kennzeichen und den Standort seines Fahrzeugs angibt und dieses zu unverzüglichen Feststellungen für eine ihm zumutbare Zeit zur Verfügung hält. Dies gilt nicht, wenn er durch sein Verhalten die Feststellungen absichtlich vereitelt.

(4) Das Gericht mildert in den Fällen der Absätze 1 und 2 die Strafe (§ 49 Abs. 1) oder kann von Strafe nach diesen Vorschriften absehen, wenn der Unfallbeteiligte innerhalb von vierundzwanzig Stunden nach einem Unfall außerhalb des fließenden Verkehrs, der ausschließlich nicht bedeutenden Sachschaden zur Folge hat, freiwillig die Feststellungen nachträglich ermöglicht (Absatz 3).

(5) Unfallbeteiligter ist jeder, dessen Verhalten nach den Umständen zur Verursachung des Unfalls beigetragen haben kann.

Inhaltsübersicht

	Rn
1. Allgemeines	1
2. Schutzzweck der Vorschrift	3
3. Verkehrsunfall	4
4. Unfallbeteiligter (Abs 5)	7
5. Abs 1: Die Tathandlung	9
a) Das Entfernen	10
b) Ermöglichung der Feststellungen	14
c) Dauer der Wartepflicht	21
6. Abs 2: Ermöglichung nachträglicher Feststellungen	24
a) Die nachträgliche Meldepflicht	24
b) Unverzüglich	28
7. Abs 3 Satz 1: Die Art u Weise der nachträglichen Ermöglichung	31
8. Abs 3 Satz 2: Vereitelung der nachträglichen Feststellungen	33
8 a. Abs 4: Tätige Reue	33 a
9. Vorsatz	34
10. Täterschaft u Teilnahme	37
11. Folgen	38
a) Strafzumessung	38
b) Nebenfolgen	39
c) Versicherungsrecht	40

	Rn
12. Konkurrenzen	41
a) Allgemein	41
b) Verhältnis zu § 34 StVO	43
13. Literatur	44

1. Allgemeines

Zur Entstehungsgeschichte s Janiszewski 467 ff Die 1975 beschlossene 1 Fassung hält grundsätzlich an der bloß „passiven Feststellungspflicht" fest, entspr dem Grundsatz, daß der Täter nicht selbst zu seiner Überführung beitragen muß (BVfGE 38, 105; 56, 37; anders BVfG wistra 88, 302 zur Auskunftspflicht des Steuerpflichtigen). Sie ist verfassungskonform (vgl BVGE 16, 191 zu § 142 aF; aA Rogall s Rn 44) u SchutzG iS von § 823 II BGB (BGH(Z) JZ 81, 228). Während § 142 dem Schutz der zivilrechtlichen Ansprüche der UBen dient, schreibt § 34 StVO ergänzend Verhaltensweisen auch unter dem Gesichtspunkt des öff Interesses vor. Die Vorschrift ist seit jeher umstritten (s Janiszewski 471, 560).

Ein erhöhter Strafrahmen für bes schwere Fälle ist ebensowenig vorgesehen 2 wie eine Strafbarkeit des Versuchs.

2. Schutzzweck der Vorschrift ist allein die zivilrechtlichen Interes- 3 sen dienende Beweissicherung zur Klärung der einem Geschädigten entstandenen u zur Abwehr ungerechtfertigter Schadensersatzansprüche (Janiszewski 472 ff), dh keine Anwendung bei bloßer Selbstschädigung (BGHSt 8, 263; Ce VRS 69, 394 = StVE § 34 StVO 4). In der sozialschädlichen Verletzung dieser Pflichten liegt der rechtsethische Grund für diese Strafnorm (vgl Dü VM 91, 49). Außerhalb des Zwecks liegt die Erleichterung der Strafverfolgung dadurch, daß die Wartepflicht die sonst zul Selbstbegünstigung erheblich einschränkt.

3. Verkehrsunfall ist ein plötzliches, mind für einen Beteiligten unge- 4 wolltes (s 6 a) Ereignis im öff StraßenV (s dazu **E** 22 u § 1 StVO 13 ff) – andere VArten scheiden aus (wie Unfälle auf Wasserstraßen: BGHSt 14, 116 oder beim Skilaufen: Janiszewski 477) –, das zur Tötung oder Verletzung eines Menschen oder zu einer nicht völlig belanglosen Sachbeschädigung führt (BGHSt 8, 263; 12, 253; s 5) u mit den typischen VGefahren zusammenhängt (BGH NJW 02, 626). Letzteres ist zB nicht der Fall bei Beschädigung der Schranke einer öff Garage nach dem Ausfahren (Bay NZV 92, 326), bei Verletzung eines Fußgängers durch raufende Hunde (Bay StVE 21), Bewerfen eines Pkw mit Flaschen (Ha StVE 54), bei dem Loslassen einer zuvor ergriffenen Mülltonne, so daß diese andere Fz beschädigt (BGH NJW 02, 626), bei verkehrsatypischer Benutzung eines Kfz (LG Fra VRS 61, 349; s aber Bay 85, 76 = StVE 74), nach Bay (VRS 71, 277) auch beim Zerschlagen der Windschutzscheibe durch entgegenkommenden Fußgänger (aA Janiszewski NStZ 86, 540 u Hentschel JR 87,

StGB § 142 5–6 a

247). – Unfall auf **privatem** Grund ist nur erfaßt, wenn er in unmittelbarem Zusammenhang mit dem öff StraßenV steht (BGH VRS 18, 393; 31, 421; 59, 185 = StVE 31; Dü StVE § 315 b StGB 16; s **E** 22 u § 1 StVO 20), was beim Unfall auf dem Wagendeck eines Fährschiffes während des Übersetzens verneint wird (Kar NZV 93, 77; krit Janiszewski NStZ 93, 275). – Andererseits genügen Unfälle im **ruhenden** Verkehr (Stu VRS 37, 434: Ladebetrieb; Kö VRS 65, 431 = StVE 67: Reifenwechsel; Bay NJW 80, 299: sichtbehinderndes Parken) oder zwischen Radf u Reitern pp, ja selbst solche mit nicht zum Verkehr bestimmten Fzen (Stu VRS 47, 15 u Ko StVE 103: **Einkaufswagen**) u allein unter **Fußgängern** erfolgte (Ko aaO; SK 14; Tröndle–Fischer 10; Bär/Hauser I 3 d; aA Cramer 4 u Berz JuS 73, 558 Fn 10) sowie die einseitige Beschädigung fremder Sachen (Gartenzaun, Laterne, Ladung) oder auch des gestohlenen Flucht-Kfz (Bay v 20. 1. 84 bei Rüth DAR 85, 240 im Anschl an BGHSt 9, 267; Hbg VRS 72, 361; Ha VersR 88, 509; zum **geleasten** s Rn 19). Bloße Selbstschädigung oder **Gefährdung** anderer genügt nicht.

5   Ein **Schaden ist völlig belanglos,** wenn Schadensersatzansprüche üblicherweise nicht gestellt werden. Maßgebend ist der objektive Verkehrswert nach dem Eindruck zur Tatzeit unter Berücksichtigung gewöhnlicher Reparaturkosten (Ha VRS 61, 430 = StVE 48; KG VRS 63, 349); erst später erkennbare Umstände müssen außer Betracht bleiben (BGHSt 12, 253, 258; KG aaO); ebenso erst mittelbar hinzutretende Schäden (zB Abschleppkosten: Ha VRS 18, 113), wirtschaftliche Verhältnisse des Geschädigten (Kar VRS 18, 47) u bes Umstände, die im Einzelfall die spätere Schadensbehebung mit nur geringem finanziellen Aufwand ermöglicht haben (wie persönliches handwerkliches Geschick, verbilligter Einkauf pp; Ha VRS 61, 430). Die Grenze der Belanglosigkeit wird unter den heutigen Verhältnissen bei etwa 40 DM zu ziehen sein (so Dü VRS 78, 109 u ZfS 97, 73; Kö VRS 86, 279; nach KG VRS 63, 349 liegt sie bei 30 DM; uU bei 50 DM: Bay bei Rüth DAR 79, 237; AG Nü MDR 77, 66). Beim Überfahren eines Huhns oder einer Katze wird im allg nicht mit Ersatzansprüchen gerechnet, anders uU bei Hunden (s Bär/Hauser I 5 d). Beim Anfahren oder Töten von herrenlosem **Wild** wird das Vorliegen eines Unfalls iS des § 142 überwiegend verneint (Bär/Hauser I 5 d mwN; beachte aber Jagdrecht!). – **Irrtum** über die Höhe des entstandenen Schadens ist TB-Irrtum (Ko VRS 48, 337).

6   Bei **körperlichen Schäden** scheiden ganz unerhebliche, nur vorübergehende Beeinträchtigungen, wie geringfügige Schmerzen oder Hautabschürfungen (Ha DAR 58, 308) oder blaue Flecken (Kö VRS 44, 97), vgl auch BGH NJW 92, 1043 (Bagatellverletzung) aus.

6 a   Dem Unfallbegriff steht es nicht entgegen, daß ein Beteiligter den Unfall **vorsätzlich** herbeigeführt hat (BGHSt 24, 382 sowie VRS 56, 189; Ko VRS 56, 342; Bay 85, 76 = StVE 74; aA Roxin NJW 69, 2038; Hartmann-Hilter NZV 95, 342), wenn er nur mit dem typischen VAblauf u seinen Gefahren zusammenhing (s Rn 4; BGH VRS 59, 185 = StVE 31; Janiszewski 487 mwN) u von dem Geschädigten nicht gewollt war (Bay StVE 74).

4. Unfallbeteiligter

Täter kann nur der in V (= § 34 II StVO, den Schild für verfassungswidrig hält: NZV 89, 79) umschriebene UB sein (Sonderdelikt), dh derjenige, der – sei es auch zu Unrecht – nach dem äußeren Anschein in dem nicht ganz unbegründeten Verdacht einer irgendwie gearteten (nicht notwendig schuldhaften) Mitverursachung steht (BGHSt 15, 1; Kö NZV 92, 80; 93, 157; s aber Bay VRS 78, 43; Janiszewski 492 mwN). In Betracht kommt aber nach der zT recht extensiven RSpr (dagegen mR Hentschel 29) nicht nur der Fz-Führer, sondern zB auch der mitfahrende Leasingnehmer (Ol NZV 91, 35), oder Fz-**Halter** (Bay bei Rüth DAR 84, 240 u 85, 241), wenn zum maßgeblichen Zeitpunkt kein Hinweis vorlag, daß ein anderer das Fz geführt hat (Bay DAR 00, 79), sein tatsächliches Verhalten für den Unfall mitursächlich war oder hätte gewesen sein können (Zw VRS 82, 114; Bay NZV 93, 35; s aber 8) oder er entgegen seinen Möglichkeiten u Pflichten (s § 31 II StVZO) den betrunkenen Fahrer nicht von der Weiterfahrt abgehalten hat (Bay bei Rüth DAR 79, 237 mwN) oder der Mitf, der irgendwie auf die Führung des Kfz Einfluß genommen hat (BGHSt 15, 1) oder sonst aufgrund konkreter Umstände im nicht ganz unbegründeten Verdacht steht, das Kfz geführt zu haben (Bay v 25. 3. 88, 1 St 4/88; Kö VRS 75, 341; NZV 92, 80); ebenso ein am Unfallort anwesender **Fußgänger,** der verdächtig ist, durch sein Verhalten zum Unfall beigetragen zu haben (s auch Kö NZV 93, 157). Allein der Umstand, daß nicht feststeht, wer von zwei Insassen zur Tatzeit Fz-Führer war, macht noch nicht beide zu UBen; der Verdacht muß sich aus den konkreten Umständen ergeben (Fra NZV 97, 125).

Die Pflichten aus § 142 sind nicht davon abhängig, daß der Täter den Unfall **verschuldet** hat (s Dü NZV 93, 157; Kö NZV 92, 80); entscheidend ist die **Kausalität,** auch ungewollter Vorgänge (Kar VRS 74, 432). Auch der Verletzte u derjenige, der zu Unrecht in den nicht offensichtlich abwegigen Verdacht geraten ist, den Unfall verursacht zu haben, sind daher wartepflichtig (BGHSt 8, 263; Bay 54, 48; Bay 61, 43 = VM 61, 58; s aber Bay NJW 90, 335.

Nicht erfaßt ist, wessen Verhalten zweifelsfrei nicht zur Verursachung des Unfalls beigetragen hat, sich dieser also mit Sicherheit auch ohne ihn so ereignet hätte (Dü VM 93, 29; Kö NZV 92, 80); ebensowenig der nicht mitgefahrene Kfz-Mechaniker nach unsachgem Reparatur (BGHSt 15, 1, 3; Stu StVE 47), der erst nachträglich eintreffende Halter (KG VRS 46, 434) oder Unfallverursacher (Bay DAR 87, 61 = StVE 80; Bay NJW 90, 335; Kö NJW 89, 1683; Stu NStZ 92, 384), es sei denn, der Unfallverursacher (zB Falschparker) gelangt in einer Zeit zum Unfallort, zu der noch Feststellungen möglich u zu erwarten sind (Bär/Hauser I 3 b mwN; str; s Stu aaO). Bei bloß **indirekter** Unfallbeteiligung kommt eine Wartepflicht nur bei regelwidrigem Verhalten oder einem entspr Verdacht in Betracht; **nicht** also zB beim verkehrsrichtig wartenden Linksabbieger wegen der Kollision unachtsamer Nachfolger (Bay VRS 42, 200; Kar DAR 88, 281), beim bloßen Zeugen, dessen Fahrweise für den Unfall nicht ursächlich war (Ko NZV 89, 200), beim **Halter** allein wegen seiner Haltereigenschaft (Kö NZV 98, 37) oder wegen seines bloßen Mitfahrens ohne konkreten Verdacht einer Unfallbeteiligung (s BGHSt 15, 1; Fra NJW 83, 2038; NStZ-RR 96, 86; Zw VRS 82, 114 = ZfS 91, 429: auf sein Verhalten kommt es an; s aber 7) oder der Überlassung des Kfz an den späteren Unfallverursacher (Fra aaO; Bay bei Rüth DAR 82, 249; 84, 240; 85, 241; Kö VRS 86, 279), es sei denn, daß er dadurch ein zusätzliches Gefahrenmoment in den StraßenV gebracht hat (Fra NStZ-RR 96, 86: Überlassung an einen Fahruntüchtigen oder ohne FE oder eines verkehrsunsicheren Fz); auch wenn dieser keine FE besitzt, es sei denn, letzteres beruht auf dessen Nichteignung, die für den Unfall ursächlich war (Stu VRS 72, 186). Ebensowenig können beide Fz-Insassen als UB angesehen werden, nur weil nicht feststeht, wer von ihnen das Fz geführt oder den Unfall sonst wie verursacht hat (Zw VRS 75, 292). – Zur Teilnahmemöglichkeit bei fehlendem Täternachweis s Kö NZV 92, 80; Stu NJW 81, 2369 u unten 37.

5. Abs 1: Die Tathandlung

9 I verlangt generell ein **Verbleiben am Unfallort,** nach Nr 1 in Gegenwart feststellungsbereiter Personen (Feststellungsduldungspflicht; s 14), nach Nr 2 in deren Abwesenheit (eigentliche Wartepflicht). **Die Tathandlung** des in I enthaltenen GrundTB besteht in dem Sich-Entfernen vom Unfallort vor Erfüllung der in I 1 u 2 normierten Vorstellungs-, Feststellungsduldungs- u Wartepflicht; geboten ist ein Verbleiben an der Stelle, an der sich der Unfall ereignet hat oder mind in der unmittelbaren Umgebung („Unfallort"; s 10), bis die erforderlichen Feststellungen getroffen sind. **Verschleierungshandlungen,** wie Beseitigen von Spuren, Nachtrinken von Alkohol, fallen nicht unter § 142 (BGHSt 5, 124; Bay 69, 13 = VM 69, 45; Fra NJW 67, 2073); darin kann lediglich ein Strafschärfungsgrund liegen (BGHSt 17, 143; s aber § 34 III StVO). Der UB ist nicht verpflichtet, den Unfall anzuzeigen oder an der Aufklärung aktiv mitzuwirken (BGH VRS 30, 281 f); seine Erklärungen gegenüber seiner Haftpflichtversicherung sind aber im Strafverfahren verwertbar (BVfG NZV 96, 203).

10 a) Für das TB-Merkmal **„sich entfernen"** kommt es nicht darauf an, daß sich der Täter so weit entfernt hatte, daß er nicht mehr ohne weiteres erreichbar oder als Beteiligter feststellbar war; es genügt schon eine Absetzbewegung derart, daß der räumliche Zusammenhang zwischen ihm u dem Unfallort aufgehoben (Bay VRS 50, 186; KG DAR 79, 22) u seine Verbindung mit dem Unfall nicht mehr ohne weiteres erkennbar ist, so daß der UB nicht mehr uneingeschränkt zu sofortigen Feststellungen an Ort u Stelle zur Verfügung steht (Stu VM 77, 73; Bay StVE 16; Kö NJW 81, 2367; 89, 1683), sondern erst durch Umfragen ermittelt werden muß (s Kö VRS 62, 39). Wann dies der Fall ist, ist nach den Umständen des Einzelfalles zu beurteilen (Stu VRS 59, 416; nach Kar VRS 74, 432 sind 250 m auf der AB schon zu weit); vgl auch Ludovisy in B/B 13 A 79 ff.

11 **Kein Entfernen** liegt danach vor, wenn der UB sein Fz an einem nicht gefährdeten Platz in unmittelbarer Nähe der Unfallstelle abstellt, dies die anderen sehen u sein Verbleiben auch nicht für weitere Feststellungen unerläßlich ist (Br VRS 52, 423); dasselbe gilt, wenn er mit Wissen der übrigen in der Nähe wartet u dort für sie erreichbar bleibt oder wenn er zu einem nahegelegenen Streckentelefon oder Haus geht, um die Pol oder Geschädigte zu benachrichtigen oder gem § 34 I 2 „beiseite fährt", wenn nur geringfügiger Schaden entstanden ist u es auf seine Position zur Feststellung der Art seiner Beteiligung nicht ankommt (s hierzu auch Kö VRS 60, 434 = StVE 35). Kein strafbares Entfernen ferner, wenn der UB im Einvernehmen mit den anderen zum nächsten Parkplatz (Kö DAR 89, 151) oder etwa 100 m zu einem geeigneten Standplatz (Bay DAR 79, 237) oder sogar 250 m weiterfährt, wenn nur der Sicht- u Rufkontakt fortbesteht (Ha StVE 71 a)oder lediglich sein Fz (zur Reparatur) wegbringen läßt (Bay NJW 90, 1861 = NZV 90, 398).

Nach dem Gesetzeswortlaut („... vom Unfallort entfernt ...") kommt **12** ein strafbares Entfernen nur **vom Unfallort** aus in Betracht (BGHSt 28, 130), nicht auch von einem anderen Ort, wohin sich der UB befugterweise begeben hat (zB vom Wirtshaus, das im Einvernehmen aller aufgesucht wurde: Hbg StVE 15; Kö VRS 62, 39 = StVE 45; Krankenhaus oder Pol; Janiszewski 519); doch kann dann die nachträgliche Meldepflicht nach II eingreifen (s dazu 24 ff).

Das „Sich"-Entfernen nach I erfordert grundsätzlich eine **willentliche** **13** **Handlung** (Bay NJW 93, 410 = NZV 93, 35; Ha VRS 56, 340 = StVE 13; VRS 68, 111; Dü VRS 65, 364 = StVE 63), dh **kein** „Sich"-Entfernen (dh keine Handlung im strafrechtlichen Sinne, s **E** 56 ff; Jacob MDR 83, 461), wenn der UB bewußtlos weggebracht (Kö VRS 57, 406 = StVE 18; Bay VRS 59, 27; Bär/Hauser I 6b) oder von anderen (unfreiwillig) entfernt, zB vorläufig festgenommen oder zur Blutprobe gebracht wird (Bay NJW 93, 410 = NZV 93, 35; Dü VRS 65, 364; näher Janiszewski 518a u unten 25); die Frage ist aber wegen regelmäßigen Fehlens des subjektiven TB (Vorsatz!) u der Rechtswidrigkeit nicht hier, sondern im Rahmen des II von Bedeutung (s dazu Vorlagebeschl Bay VRS 59, 27 u dazu BGHSt 30, 160; Janiszewski NStZ 81, 470; eingehend hierzu auch Volk 20. VGT; unten 24 ff). Allerdings entfernt sich, wer sich (bewußt) von einem anderen wegfahren läßt (Tröndle-Fischer 23). – Zur Frage eines fahrlässigen Verstoßes gegen § 34 I 1 StVO bei unvorsätzlichem Verlassen des Unfallortes s 5 zu § 34 StVO.

b) **Ermöglichung der Feststellungen** **14**

aa) **Vorstellungspflicht.** Nach I 1 hat jeder UB die nach hM verfassungskonforme **Vorstellungspflicht**, dh er muß angeben, **daß** er an dem Unfall beteiligt war (Kar VRS 58, 404 = StVE 22), nicht aber **wie**, dh keine Selbstbezichtigung (vgl BGHSt 30, 163; Volk DAR 82, 82; s aber Rogall Rn 44). Die Vorstellung hat unmittelbar nach dem Unfall (s Janiszewski JR 83, 506) u nicht erst auf Befragen, sondern selbst dann zu geschehen, wenn der Geschädigte den Schaden noch gar nicht wahrgenommen hat (Fra NJW 77, 1833 = StVE 3; Berz DAR 75, 311). Sie soll die UBen erkennbar machen u ihnen so die nötigen Feststellungen ermög-

StGB § 142 14a–16   4. Teil. C. Entfernen vom Unfallort

lichen; deshalb entfällt sie, wenn die UBen bereits bekannt sind (Ce Nds-Rpfl 78, 286; StVE 6; Bay NZV 93, 35).

14 a   Die Vorstellung ist gegenüber den Berechtigten oder sonst **feststellungsbereiten Personen** vorzunehmen, soweit diese dazu bereit u geeignet sind (Bay ZfS 83, 92 = StVE 60; Zw DAR 91, 431: uU auch ein Arbeitskollege oder sonstiger Dritter: Ko NZV 96, 324; Janiszewski 504), nicht gegenüber jedermann (Bär/Hauser I 6 d) oder Kindern u Betrunkenen. Sind feststellungsbereite Personen nicht anwesend u auch nicht in angemessener Zeit zu erwarten (I 2), so entfällt diese Pflicht. Die Vorstellungspflicht zwingt nicht auch zur Angabe der Personalien (s Stu NJW 82, 2266; aA Dü NJW 85, 2725); sie ist aber in § 34 I 5 b StVO dahin ergänzt, daß den Berechtigten auf Verlangen die erforderlichen Personal- u Fz-Papiere vorzuzeigen u Angaben über die Haftpflichtversicherung zu machen sind (vgl auch § 111 OWiG). Verletzung der Vorstellungspflicht allein ohne Entfernen vom Unfallort ist nicht nach § 142 strafbar (Bay NJW 84, 1365; s aber Bay v 27. 10. 86 bei Janiszewski NStZ 87, 113: strafbar bei Entfernen), aber ow (Ha StVE 13; s § 34 StVO 5).

15   Zögert der UB die Vorstellung bis zum Weggang der anderen Berechtigten hinaus oder provoziert er deren Weggang durch falsche Angaben, um sich dann ebenfalls unerkannt zu entfernen, ist I erfüllt, selbst wenn der UB am Unfallort formell eine zur Erfüllung der Wartezeit an sich ausreichende Zeit herumgestanden hat, denn gerade derartigen Fällen soll die Vorstellungspflicht beggnen, die nach früherem R strafrechtlich nicht erfaßbar waren (BTDr 7/2434 II 1 S 7; Stu NJW 82, 2266; Janiszewski JR 83, 505; Hentschel NJW 84, 1514; 85, 1318; Schwab MDR 84, 639; aA Bay 83, 40 = StVE 64 u ergänzend dazu Bay 84, 11 = StVE 69; Fra VRS 77, 436; Bauer NStZ 85, 301). Der Vorstellungspflicht genügt auch nicht, wer sich zwar zu erkennen gibt, aber seine tatsächliche Beteiligung am Unfall durch die unwahre Erklärung, er sei am Unfall nicht beteiligt, positiv leugnet (Fra s Rn 14; Kar MDR 80, 160; Janiszewski aaO; s aber Ha StVE 71 a u Bay 80, 115, 117; JR 83, 505).

16   bb) **Feststellungsduldungspflicht.** Nach der Vorstellung (s 14) u bei Vorliegen eines Feststellungsinteresses (s 19) hat der UB die nötigen Feststellungen zu dulden u abzuwarten, selbst wenn ihn feststellungsbereite Personen erst nach Ablauf der Wartefrist am Unfallort antreffen (Stu NJW 82, 1769 = StVE). Er braucht nicht mit zur Pol zu fahren (Kö DAR 89, 151) oder bei den Feststellungen aktiv mitzuwirken, sondern sie nur „durch seine Anwesenheit ermöglichen" (BGHSt 18, 114, 118). Verweigerung der Mitwirkung, Beeinträchtigung der Feststellungen, Spurenbeseitigung (BGHSt 5, 124, 130; s aber § 34 III StVO) u Nachtrunk (Ol NJW 55, 192) sind nicht durch § 142 erfaßt, wirken aber uU strafschärfend (s 38). Entsprechendes gilt auch bei einer Flucht vor der Blutprobe, wenn alle Feststellungen getroffen wurden, die Blutprobe für die Beurteilung der zivilrechtlichen Haftung ohne Bedeutung ist. (Zw NJW 89, 2765 = NZV 90, 78; Kö NZV 99, 173, Ludovisy in B/B 13 A 64; Hentschel 36). Ist die Blutprobe haftungsrelevant, so darf sich der

Feststellungsduldungspflicht **17, 18** **§ 142 StGB**

Beklagte nicht entfernen (BGH VersR 70, 728; Bay DAR 88, 365; Kö NZV 99, 173; aA Zw aaO)

Die Feststellungen erstrecken sich auf die **Person**, das **Fahrzeug** u die **17 Art der Beteiligung;** zu letzterer gehören auch der Grad der Trunkenheit u der Wagenzustand (BGHSt 4, 144; VRS 39, 184; Kö NZV 99, 173, sofern diese möglicherweise Einfluß auf den Unfallhergang hatten (s Küper JZ 90, 510, 512 ff). Der UB darf sich daher nicht entfernen, solange nicht **sämtliche** Feststellungen getroffen sind, dh wenn er (nur) seine Adresse u Fz-Nummer mitgeteilt u auf Verlangen durch Vorlage von Ausweisen nachgewiesen hat, der andere aber aus objektiv (s Zw NZV 92, 371) berechtigtem Grund auf weitere Feststellungen über die Art der Beteiligung, insb auf Zuziehung der Pol, Wert legt (Kar VRS 44, 426), auch dann nicht, wenn er seine Schuld am Unfall zugegeben hat (Bay VRS 60, 111 = StVE 37; Ko VRS 71, 187 = StVE 77); auch bloßer Hinweis auf pol Kennzeichen genügt nicht (BGHSt 16, 139; Stu VRS 59, 416). Der Geschädigte kann die Hinzuziehung der Polizei jedoch nicht verlangen, wenn die Polizei den Unfall wegen der Geringfügigkeit nicht mehr aufnimmt, sondern nur noch den Austausch von Personalkarten veranlaßt (Tröndle-Fischer 24; aA KG VRS 63, 42; Ludovisy in B/B 13 A 62). Das Verlangen, auf das Eintreffen der Polizei zu warten, muß nicht ausdrücklich erklärt werden, bei erheblichen Schäden drängt sich das Interesse an einer polizeilichen Unfallaufnahme idR auf (Bay NZV 92, 245). Der UB braucht (auf Wunsch des Geschädigten) auf die Pol aber **nicht nur** zur Feststellung seiner **alkoholischen Beeinflussung** zu warten, wenn es darauf zur Sicherung der zivilrechtlichen Ansprüche nicht ankommt, so insb dann nicht, wenn er alle übrigen Feststellungen ermöglicht u sich sogar zum Schadensersatz bereiterklärt hat u Mitverschulden bzw Mithaftung aus dem Gesichtspunkt der Betriebsgefahr auf Seiten des Geschädigten entfällt (Bay VRS 65, 136 = StVE 66 mwN; 58, 410 = StVE 26 sowie Ha VRS 40, 19; Kar NJW 73, 378; Zw NJW 89, 2765 m krit Anm Geppert JK 90, StGB § 142/14; Zw NZV 92, 371; Ko NZV 96, 324; Kö NZV 99, 173).

Das Hinterlassen einer **„Visitenkarte"** ersetzt im allg die Pflichten aus **18** § 142 nicht (Kö VRS 64, 115 = StVE 51 mwN; Bay bei Bär DAR 91, 366; Janiszewski DAR 75, 174; s aber Zw DAR 91, 33; Ludovisy im B/B 13 A 76 ff; Näheres bei Janiszewski 511), insb nicht bei Nichterfüllung der Wartepflicht (LG Zw VRS 93, 333). Nach § 34 I 6 b StVO ist das Hinterlassen einer solchen Karte nur beim **erlaubten** Verlassen des Unfallorts, dh also auch erst nach Ablauf der Wartefrist, vorgeschrieben, da eine solche Notiz nichts über die Art der Beteiligung aussagt, die ebenfalls der Feststellung bedarf. Die RSpr hat allerdings bei **Bagatellschäden** eine entspr Praxis mitunter deshalb akzeptiert, weil sie davon ausgeht, daß in solchen Fällen entweder das Feststellungsinteresse des Geschädigten hinsichtlich der Art der Beteiligung seines Partners befriedigt oder eine weitere Wartepflicht deshalb überflüssig sein könnte, weil sie nach beiderseitiger Interessenabwägung nicht länger zumutbar gewesen sei (KG VRS 33, 275; Bay VRS 38, 434; bei Bär DAR 91, 366; Kö VRS 38, 436; StVE 51; Ha VRS 37, 433). Man wird diese Übung bei kleineren Sachschäden als üblich u

Burmann

ausreichend erachten können, wenn der Schädiger dem Geschädigten seine richtige (!) u vollständige Anschrift u Kfz-Nummer mitteilt, seine Alleinschuld am Unfall anerkennt (Bay VRS 38, 434 u Kö VRS 38, 436), u die Nachricht den Geschädigten auch erreicht u er nachträglich unverzüglich die nötigen Feststellungen (Abs 2) nachholt (s dazu auch Kö NZV 89, 357); auf diese Weise kann sich insb die Wartefrist (21) verkürzen (Lackner 19). Die Hinterlassung einer solchen Mitteilung kann auch in subjektiver Hinsicht bedeutsam sein (s Zw DAR 91, 33; Kö aaO; Hartmann-Hilter NZV 92, 429). In solchen Fällen hat der Geschädigte im allg auch kein Interesse an der Feststellung einer etwaigen Alkoholbeeinflussung des Schädigers (Ha VRS 37, 433). Der Schädiger muß aber Feststellungen über die Art seiner Beteiligung abwarten, wenn er ein Mitverschulden des Geschädigten, etwa durch verkehrsgefährdendes Parken, geltend machen will (KG VRS 33, 275 = JR 67, 469 m Anm Schröder; Bay v 21. 12. 87, 2 St 416/87). Wer einen Zettel mit Namen u Anschrift zunächst an der Windschutzscheibe des beschädigten Fz anbringt, sich dann erlaubterweise entfernt, später aber den Zettel wieder beseitigt, begeht keinen Verstoß gegen § 142, sondern Urkundenunterdrückung nach § 274 I 1 (Bay VRS 35, 277).

19   cc) **Ein Feststellungsinteresse** des Geschädigten muß vorliegen, so selbst dann, wenn nur das vom Täter geführte, einem Dritten gehörende Fz beschädigt wird (BGHSt 9, 267; Bay bei Rüth DAR 85, 240: gestohlenes, Ce StVE 6 = VRS 54, 36 LG Darmstadt MDR 88, 1072: Mietwagen). Beim **Leasing** entscheidet Vertragsinhalt (Ha NZV 90, 197); haftet danach der Leasing-Nehmer grundsätzlich, ja selbst für Zufall, besteht kein Feststellungsinteresse (Ha NZV 92, 240, 98, 33; Hbg NZV 91, 33; Fra NZV 91, 34; Hentschel 23; aA Kar ZfS 92, 269 ohne Differenzierung; Ol NZV 91, 35). **Es kann fehlen,** dh die Tatbestandsmäßigkeit kann ausgeschlossen (Tröndle-Fischer 15 ff) oder die Tat gerechtfertigt sein (Lackner-Kühl 14; Cramer 79; Küper JZ 81, 209, 212), wenn kein anderer am Unfall beteiligt war, RBeziehungen zu anderen also nicht entstanden sind, ebenso bei Wildschäden (aA AG Öhringen NJW 76, 580 m abl St Jagusch; s auch Rn 5). Auf die RBeziehungen des Täters zu seiner Versicherung bezieht sich § 142 nicht (BGHSt 8, 263), auch nicht auf die des bloßen Sicherungseigentümers (Cramer 37).

19a   Ferner **kein Feststellungsinteresse,** wenn der Schaden sofort ersetzt oder anerkannt wird (Tröndle 19), wenn sämtliche Feststellungen getroffen sind (Hbg StVE 15; Maier JZ 75, 721, 723), wenn der Berechtigte auf Feststellungen ausdrücklich oder durch schlüssiges Handeln **verzichtet** (Bay VRS 71, 189; Dü VM 78, 94; NZV 92, 246; Ko VRS 71, 187 = StVE 77) oder auf sonstige Weise zu erkennen gegeben hat, daß er auf Feststellungen keinen Wert (mehr) legt, so zB wegen der Geringfügigkeit oder wenn er selbst ohne anzuhalten weiterfährt (Bay VRS 14, 439; Lackner 33 f; Rüth JR 79, 80; nach Ha v 13. 6. 85, 1 Ss 34/85: Rechtfertigungsgrund), es sei denn, er hat den Unfall nicht bemerkt (Bay VRS 61, 31); dann kann sich aber der UB im TB-Irrtum befinden, der aus dem Weg-

Feststellungsinteresse **20, 21 § 142 StGB**

fahren des anderen auf einen Verzicht schließt (Kö VRS 33, 347; Kar VRS 36, 350; Bay 58, 7; NZV 90, 397 mwN). Der Verzicht darf aber nicht erschlichen sein (Bay VRS 61, 120; Stu VRS 63, 203 = StVE 55 m Anm Geppert, JK, StGB § 142/6), er kann auch von keinem Minderjährigen erklärt werden, der von dessen Bedeutung keine genügende Vorstellung hat (Bay ZfS 91, 320; Dü NZV 91, 77; s dazu Janiszewski 122 mwN); ein solcher Verzicht kann das Entfernen nicht rechtfertigen. Der Verzicht kann auch unwirksam sein, weil das Unfallopfer infolge eines Schocks die Folgen der Erklärung nicht übersehen oder einschätzen konnte (Bay NZV 92, 245)

Das Feststellungsinteresse, kann ganz ausnahmsweise (Dü NZV 91, 77 **20** mwN; Bay 82, 144 = StVE 59) auch unter dem Gesichtspunkt der rechtfertigenden **mutmaßlichen Einwilligung** entfallen (Sch/Sch-Cramer 66), wenn die ausdrückliche Einwilligung nicht rechtzeitig zu erlangen ist (Dü NZV 91, 77) u der Schädiger nach Abwägung aller Umstände annehmen konnte, der Geschädigte lege keinen Wert auf Feststellungen (Ha NZV 92, 240), weil er sich entfernte (Ol ZfS 95, 112) oder weil er zB nach Hinterlassen des Kennzeichens dem Entfernen nicht widersprach (Bay NZV 92, 245) oder glaubte, der Geschädigte sei bei einem geringfügigen Unfall auf der Überholspur der BAB mit einer Weiterfahrt zum nächsten Parkplatz einverstanden (Kö DAR 89, 151) oder der abwesende Geschädigte, der nicht rechtzeitig befragt werden kann (Ko VRS 57, 13 = StVE 17), werde keinen Wert auf sofortige Feststellungen am Unfallort legen (Bär/Hauser I 12 e), so insb bes persönlichen Beziehungen zwischen Unfallverursacher u Geschädigtem, bei nahen Angehörigen (Ha VRS 23, 105; Zw DAR 82, 332), bei entfernter Verwandtschaft oder guter Bekanntschaft (Ha VRS 17, 415; Bay StVE 59 = VRS 64, 121; VRS 68, 114 = StVE 71; VRS 71, 34 = StVE 76 a) u sonstigen engen freundschaftlichen oder geschäftlichen Beziehungen (Bay NZV 92, 413: Firmenwagen), wenn Schaden gering u Beweislage einfach war (Kö VRS 66, 128 mwN; Dü NZV 91, 77). Zum vermeintlichen Verzicht s Bay 83, 95 = StVE 68 = VRS 65, 280. Je höher der Schaden, umso unbegründeter ist die Annahme eines mutmaßlichen Verzichts (Dü NZV 92, 246).

b) Die **Dauer der Wartepflicht** nach I 2 ist im G nicht genau be- **21** stimmt; sie richtet sich nach den Umständen des Einzelfalles (Kö DAR 94, 204) u dauert so lange, wie es für die Feststellungen nötig ist (BGH VRS 16, 267); sie hängt ab vom Grad des **Feststellungsbedürfnisses** (Erforderlichkeit) u der **Zumutbarkeit.** Dafür sind insb maßgeblich Art u Schwere des Unfalls, Höhe des Schadens, Schwere etwaiger Verletzungen, Lage des Unfallortes (Kö aaO; NZV 01, 312; Dü VM 94, 38), Tageszeit, Witterung u VDichte, Möglichkeiten, den Geschädigten oder die Pol zu verständigen, etwa zur Sicherung der Feststellungen ergriffene Maßnahmen u der Wahrscheinlichkeit des Eintreffens feststellungsbereiter Personen (BTDr 7/2434 S 7; ausführlich dazu Himmelreich/Bücken 187 ff; Ludovisy in B/B 13 A 68 ff). Bei schweren Verletzungen oder gar Tötung eines Menschen ist eine Wartezeit von nur 15 Min unzureichend (Ha VRS 26, 430), ebenso bei erheblicher Beschädigung von VEinrichtungen (Bay Rüth DAR 85, 241); umgekehrt können bei unbedeutendem (Dü VM 68, 101) oder geringfügigem Sachschaden (Dü VM 76, 79) oder unter bes Umständen ausnahmsweise auch 10–15 Min genügen (Stu VRS 60, 300 = StVE 40; Bay bei Verf NStZ 86, 401: bei grimmiger Kälte), so, wenn mit dem Erscheinen feststellungsbereiter Personen nicht zu rechnen u weiteres Warten unzumutbar ist (Stu VRS 73, 192: nachts innerorts Sachschaden: 20 Min; ebenso Zw NZV 91, 479 bei eindeutiger Unfallsituation; zahlreiche Beisp bei Himmelreich/Bücken 195 ff). Weniger als 30 Min kann bei geringfügiger Beschädigung einer ABBrücke u unverzüglicher Unterrichtung der Straßenmeisterei genügen (Ha VRS 59, 258 = StVE 24; Bay v 23. 1. 86, 2 St 306/85: bei 100 DM Schaden).

22 Unbedeutend ist, aus welchen (anderen) Gründen der UB ausreichend lange am Unfallort gewartet hat, so zB zur Instandsetzung seines Kfz oder zum Abwarten eines Abschlepp-Fz (Ha VRS 32, 204; Kö NZV 01, 312). Dagegen kommt dem Wartepflichtigen die an der Unfallstelle verbrachte Zeit nicht zugute, wenn er die am Unfallort erscheinenden Personen durch Täuschungshandlungen von der Vornahme von Feststellungen abhält (BGH VM 57, 27; Bay VRS 72, 363; Kö NZV 01, 312; Tröndle-Fischer 32; aA Hentschel NJW 88, 1127).

23 Nach Erfüllung der Feststellungspflichten gegenüber anwesenden Beteiligten nach I besteht keine weitere Wartepflicht mehr gegenüber abwesenden Geschädigten (Bay VRS 59, 340 = StVE 33; s auch oben 17).

6. Abs 2: Ermöglichung nachträglicher Feststellungen

24 a) **Die nachträgliche Meldepflicht.** Zur Gewährleistung des angestrebten Rechtsgüterschutzes verlangt II vom UB die unverzügliche nachträgliche Ermöglichung der nötigen Feststellungen iS des I, wenn er sich nach Ablauf der in I 2 genannten Wartefrist oder sonst „berechtigt oder entschuldigt" vom Unfallort entfernt hat u bis dahin keine Feststellungen getroffen werden konnten (Bay NZV 93, 35). Die Nichtmeldung ist ein **echtes Unterlassungsdelikt** (Bay 81, 86/88), das sich in der Unterlassung erschöpft; auf einen Erfolg kommt es deshalb nicht an.

24 a Diese Verpflichtung trifft nur den UB, der sich **erlaubterweise** (s 27), dh ohne daß die Voraussetzungen des I vorlagen, vom Unfallort entfernt hat (auch wenn dies im Einvernehmen mit dem Geschädigten geschah, um sich an anderer Stelle zu weiteren Feststellungen oder Übergabe des vereinbarten Schadensersatzes zu treffen: Bay VRS 60, 114 = StVE 38; Kö StVE 45; DAR 89, 151; 94, 204). Hat der UB seine Pflichten nach I 1 voll erfüllt (Hbg VRS 56, 344 = StVE 15) oder hat der Berechtigte endgültig auf Feststellungen verzichtet, kommt die Meldepflicht nach II nicht mehr in Betracht (s 19; Bay ZfS 91, 320). Das gilt auch, wenn der TB des I bereits durch unerlaubte Entfernung verwirklicht ist; beide TBe schließen sich gegenseitig aus (Bay VRS 59, 340 = StVE 33; Kö VRS 63, 352). Die vollendete Tat nach I kann auch nicht durch eine nachträgliche Meldung beseitigt werden (Hbg VM 78, 79); in solchen Fällen sollte aber die

Einstellung des Verfahrens nach den §§ 153 f StPO geprüft werden. II ist solange nicht vollendet, als die Unverzüglichkeitsfrist (28) noch nicht abgelaufen ist, mag der Täter die nachträglichen Feststellungen auch gar nicht beabsichtigen (Bay VRS 67, 221 = StVE 70).

Die nachträgliche Meldepflicht besteht nach der ratio legis auch, wenn 25 der UB (zwangsweise) vom Unfallort entfernt **worden** ist (zB als mitfahrender Halter durch seinen Fahrer: Bay 81, 200 = StVE 50, dazu Janiszewski NStZ 82, 108; Dü VRS 65, 364 = StVE 63; durch die Pol zur Feststellung seiner Personalien; BGHSt 28, 129 = StVE 12 u VRS 61, 208; Bay VRS 59, 27; Janiszewski 520, 523; s auch 13; aA Ha VRS 56, 340 = StVE 13; Klinkenberg ua NJW 82, 2359: Analogie). Dasselbe gilt, wenn der UB vorübergehend bewußtlos oder zur Behandlung eigener Verletzungen weggebracht worden war u danach noch ein Bedürfnis zur Ermöglichung nachträglicher Feststellungen besteht. – Verurteilung nach II anstelle von I setzt entspr Hinweis des Gerichts voraus (Bay VRS 61, 31; Fra ZfS 89, 285; StV 92, 60).

Zum **Ablauf der Wartefrist** s oben 21 ff. Die Meldepflicht besteht hier 26 auch, wenn die Wartefrist wegen der Einfachheit der Sach- u RLage auf ein Minimum reduziert war (Lackner-Kühl 22; Hartmann-Hilter NZV 92, 429) oder wenn andere Gründe die Verkürzung der Wartefrist gerechtfertigt haben (Janiszewski 511).

„**Berechtigt oder entschuldigt**" iS von II ist zwar jedes Entfernen, 27 das aus den allg anerkannten strafrechtlichen Rechtfertigungs- oder Entschuldigungsgründen erfolgt (zB zwecks ärztlicher Versorgung: Bay bei Rüth DAR 85, 241; bei Einwilligung des Geschädigten: s Rn 19, 20; Kö DAR 89, 151; weitere Beisp bei Janiszewski 523; s auch oben 19 f); die Begriffe sind aber nicht nur in diesem streng formal-dogmatischen Sinne zu verstehen (BGHSt 28, 129 = StVE 12; Bay NJW 89, 1685: „erlaubtes Verlassen"; aA Werner NZV 88, 88). Als „entschuldigt" (u damit meldepflichtig) gilt zB auch derjenige, der zunächst in Unkenntnis des Unfalls weitergefahren ist (BGHSt aaO; Bay StVE 32 (anders noch Bay VRS 55, 452); Dü VRS 68, 448 = StVE 73; Janiszewski 526 u JR 78, 116; Frank JuS 78, 456; Gülzow Jura 83, 48; aA Rudolphi JR 79, 210; Lackner 23), dann aber alsbald Kenntnis vom Unfall erlangt hat; Strafbarkeit nach II 2 tritt in diesem Fall aber nur ein, wenn zwischen Unfall u nachträglicher Kenntniserlangung noch ein solcher zeitlicher u räumlicher Zusammenhang besteht, daß die nachträgliche Meldung noch zumutbar ist (BGH aaO; krit dazu Küper unten 44 Festschrift 86; Bay VRS 59, 191; nach Bay v 5. 2. 88, 1 St 302/87, ist er bei 600 m Entfernung noch gegeben; nach Ko NZV 89, 241 auch noch nach 20 km). Entscheidend sind für die Beurteilung die Einzelumstände, an die – anders als beim Begriff der Unverzüglichkeit (s 29) – um so geringere Anforderungen zu stellen sind, je schwerer die Unfallfolgen sind (Bay VRS 59, 191, 194).

Entschuldigt ist auch, wer irrig die tatsächlichen Umstände eines 27a Rechtfertigungs- oder Entschuldigungsgrundes angenommen u sich zunächst entfernt hat (BGH aaO; BTDr 7/2434 S 8; Tröndle 42; Sch/Sch-Cramer 47 a), seine Frau ins Krankenhaus begleitet (Kö VRS 66, 128), in-

StGB § 142 28–30   4. Teil. C. Entfernen vom Unfallort

folge Unfallschocks oder vorübergehenden Rausches schuldlos handelt (s dazu Tröndle-Fischer 40; aA Werner aaO) oder um im Winter völlig durchnäßte Kleidung zu wechseln (Bay VRS 60, 112 = StVE 39); **nicht** aber, wer sich entfernt, um VBehinderung zu vermeiden (Bay v 9. 8. 84 bei Rüth DAR 85, 240), geschäftliche Angelegenheiten zu erledigen (KG VRS 40, 109; Ko VRS 45, 33) oder sich der Strafverfolgung zu entziehen (BGHSt 9, 267), dh insoweit Beurteilung nach I.

28   b) **Unverzüglich** sind die nachträglichen Feststellungen zu ermöglichen, dh ohne jedes (nach strafrechtlichen Gesichtspunkten) vorwerfbare Zögern (BTDr 7/2434 S 8; Ko VRS 61, 432 = StVE 46; Tröndle 45; aA Bouska VD 75, 196, der „unverzüglich" im zivilrechtlichen Sinne versteht; vermittelnd Ha VRS 52, 416). Unverzüglich bedeutet zwar nicht „sofort" (Kö VRS 54, 350 = StVE 10); der UB darf sich also zB zunächst ärztlich versorgen lassen, sein Fz sichern u versuchen, den Berechtigten zu erreichen, soweit dies die unverzüglichen Feststellungen erlauben, dh er darf dies zB nicht erst durch eine zeitraubende schriftliche Anfrage bei der Zulassungsstelle versuchen (Schl SchlHA 78, 184; 45; aA Sch/Sch-Cramer 56a); dann muß er sich notfalls an die Pol wenden (Ha VRS 52, 416). Da § 142 der Vermeidung späterer Beweisschwierigkeiten dient, muß die Ersatzvornahme nach II in möglichst unmittelbarer, unverfälschter Form so wirklichkeitsgetreu wie nur möglich durchgeführt werden (Stu VRS 52, 181), zumal bei längerem zeitlichem Abstand uU wichtige Beweise für den Unfallhergang, die Art der Beteiligung u den Zustand des UB u seines Fz zur Unfallzeit verlorengehen können (zB Änderung der alkoholischen Beeinflussung, der Witterungsverhältnisse pp). Die Beweissituation des Berechtigten darf nicht gefährdet werden (Ol VRS 54, 279 = StVE 9; Lackner 26), dh die erforderlichen Feststellungen müssen noch vollständig u ohne zusätzlichen Ermittlungsaufwand getroffen werden können (Kar MDR 82, 164); sie dürfen nicht erschwert oder vereitelt werden (Ha NJW 77, 207; Kö VRS 54, 280). Maßgeblich sind ua Art u Höhe des Schadens, Möglichkeit des Beweisverlustes, Unfallzeit u -ort (BGH VRS 55, 420).

29   Die Frage der Anforderungen an die RPflicht der „unverzüglichen" Ermöglichung der nachträglichen Feststellungen kann nicht einheitlich beantwortet werden, sondern hängt – unter Berücksichtigung von Sinn u Zweck des § 142 – von den Umständen des Einzelfalles ab (BGHSt 29, 138 = StVE 23; Dü VRS 58, 254; KG VRS 67, 258). Umso strengere Maßstäbe sind anzulegen, je schwerer der Unfall u je unklarer die Ersatzpflichtlage ist (Bay VRS 52, 348), u umgekehrt sind geringere Anforderungen bei eindeutiger Ersatzpflicht u geringem Schaden zu stellen (Bay VRS 55, 124; 67, 221 = StVE 70).

30   So neigt die RSpr zunehmend dazu, **Unverzüglichkeit** anzunehmen, wenn zB bei **nächtlichen** Unfällen mit einfacher Sach- u RLage, relativ geringem Schaden u eindeutiger Haftungslage die Feststellungen erst am nächsten Morgen ermöglicht werden, wenn auch so die Interessen des Geschädigten noch ausreichend geschützt werden können (BGH VRS 58, 200; Kö NZV 89, 357; Bay v 27. 11. 87 bei Bär DAR 88, 365, bei

Ermöglichung nachträglicher Feststellungen **31, 31a § 142 StGB**

4500 DM; VRS 58, 408 = StVE 28 bei 2000 DM Schaden an Leitplanke; 1 St 366/83 bei Rüth DAR 85, 241 u 84, 240; Bay VRS 58, 406, 410 = StVE 27, 26; VRS 68, 114 = StVE 71; ZfS 86, 348 = VRS 71, 34; Kö VRS 60, 434 = StVE 35; VRS 64, 116 = StVE 51; VRS 77, 215 = NZV 89, 357: 6500 DM Schaden; Ha VRS 61, 263 = StVE 41 bei 1500 DM Schaden an Leitplanken u Meldung 4½ Std nach erlaubtem Entfernen; ebenso Stu VRS 60, 196; 65, 202 = StVE 34 u 65; VRS 73, 191 = StVE 81 sowie Fra VRS 65, 30 bei Zurücklassung des Kfz; Kar MDR 82, 164; Zw DAR 91, 352; NZV 91, 479); **aber** Meldung eines Unfalls, der sich in der Nacht von Samstag auf Sonntag ereignet hat, erst Montagmorgen ist nach Ol (NdsRPfl 84, 264) nicht mehr unverzüglich. Ein nicht nachts, sondern um 18.45 Uhr erfolgter Unfall ist noch am selben Abend zu melden (Kö ZfS 92, 67; s auch Kö ZfS 91, 33: nicht erst am späten Vormittag; vgl auch Ludovisy in B/B 13 A 69 ff).

7. Abs 3 Satz 1: Die Art u Weise der nachträglichen Ermögli- **31** **chung** ergeben sich – beispielhaft – aus **III,** deren Erfüllung in jedem Fall ausreicht, um die Anwendbarkeit des II auszuschließen (BTDr 7/2434 S 8; BGHSt 29, 138; Kar VRS 59, 420 = StVE 30; s aber 33). Danach hat der UB grundsätzlich die Wahl, ob er sich bei den (dh allen, Stu VM 76, 121) Berechtigten (iS von I 1) oder einer **nahegelegenen PolDienststelle** meldet u dort die in III beschriebenen Angaben macht; es muß nicht die „nächste" PolDienststelle sein, wohl aber eine solche, bei der die Feststellungen am ehesten unverzüglich ermöglicht werden können (Janiszewski 537), nicht wie zB bei einer nahegelegenen AB-PolDienststelle, nicht etwa in einer 35 km entfernten Großstadt (Ha VRS 64, 16 = StVE 56), denn der eingeschlagene Weg muß dem Unverzüglichkeitsgebot des II gerecht werden, dh die Feststellungen unverzüglich ermöglichen (BGHSt 29, 138 = StVE 23).

Die **Form der nachträglichen Meldung** hängt von den jew Umstän- **31a** den ab (BGH aaO); so kann die Mitteilung an den (oder die) Berechtigten mündlich, telefonisch, telegrafisch (Zw NZV 91, 479), schriftlich oder durch einen vertrauenswürdigen Dritten erfolgen (Stu VM 76, 123); der Aufenthaltsort ist insb anzugeben, wenn es auf die Feststellung des physischen oder psychischen Zustands ankommt (Bay DAR 85, 241 zu 7 I; v 20. 11. 87, 1 St 200/87). Er kann auch zum Unfallort zurückkehren, wenn dort die nötigen Feststellungen noch am ehesten möglich sind, weil noch Berechtigte oder feststellungsbereite Personen anzutreffen sind. Eine Pflicht zur Rückkehr besteht allerdings ebensowenig (Bay VRS 67, 221 = StVE 70) wie etwa eine „Wartepflicht" (iS des I) an dem Ort, an dem der UB von seiner (zunächst nicht wahrgenommenen) möglichen Unfallbeteiligung Kenntnis erlangt hat (s aber Bay 78, 147; 81, 86 = VRS 61, 351; vgl hierzu auch Bay VRS 56, 437 = StVE 16; VRS 67, 221 zur Feststellungsermöglichung an Ort u Stelle der späteren Unterrichtung); eine „echte" Wartepflicht hat das G für diesen Fall nicht vorgesehen (Kar VRS 59, 420 = StVE 30; Verf JR 79, 341 f), sondern nur die nachträgliche Meldepflicht, deren Befolgung lediglich ein gewisses, zumutbares Abwarten, wie auch bei Informierung in Sichtweite vom Unfallort (Bay StVE 70 = VRS 67, 137), bedingen kann (s hierzu auch Kö StVE 45: Abwarten der Pol in der Wohnung). – Zur Frage, wann die Pflicht aus II entfällt, weil zZ der Kenntniserlangung von dem Unfall kein räumlicher u zeitlicher Zusammenhang mehr besteht, s oben 27 u Bay VRS 59, 191.

32 Nachträgliche Feststellungen sind nur insoweit zu ermöglichen, als sie nach objektiver Sachlage erforderlich sind, um Schadensersatzansprüche durchzusetzen oder abzuwehren. Ist die Haftungslage eindeutig (zB Anfahren eines ordnungsgem geparkten Pkw ohne Personenschaden), kann bei der nachträglichen Meldung uU auch nur die Angabe des Namens, der Anschrift u des Kfz-Kennzeichens genügen (Bay v 24. 2. 86, 1 St 379/85), zumal die in III S 1 aufgeführten Angaben u Verhaltensweisen nur als Beisp dafür gelten, daß dann jedenfalls die nötigen Feststellungen ausreichend ermöglicht sind. Das schließt nicht aus, daß in geeigneten Fällen dem Schutzzweck der Vorschrift auch anders genügt werden kann. Da auch die nach § 34 I 6 b StVO vorgeschriebene Hinterlassung einer Adresse zur Klärung der Haftungsfrage beitragen kann, kommt ihr auch bei der Beurteilung der nach § 142 III zu stellenden Anforderungen Bedeutung zu (Kö DAR 89, 352).

8. Abs 3 Satz 2: Vereitelung der nachträglichen Feststellungen

33 III S 2 stellt klar, daß eine Bestrafung nach II dann nicht ausgeschlossen ist, wenn der UB sich zwar formell gem III S 1 verhalten, dabei aber in der Absicht gehandelt hat, die (wahren) Feststellungen zu vereiteln, indem er zB nach erlaubter Entfernung vom Unfallort bei der nachträglichen Meldung seine (nüchterne) Ehefrau als angebliche Fahrerin vorgibt oder inzw Unfallspuren am Fz beseitigt (s dazu Janiszewski 538) oder seine Unfallbeteiligung abstreitet (Zw VRS 58, 26 = StVE 19; DAR 91, 352). Zum Verbot der Spurenbeseitigung am Unfallort s auch § 34 III StVO sowie Bay NZV 90, 398 u oben 16; zur Feststellungsvereitelung durch Leugnen nach erlaubtem Entfernen s Zw aaO.

33 a **8 a. Abs 4: Tätige Reue** ist – nach langjährigen Auseinandersetzungen (s dazu Janiszewski 560; DAR 94, 1; VGT 1986) – durch das 6. StrRG eingefügt worden. Er gilt nur für Bagatellunfälle im ruhenden Verkehr, dh bei unbedeutenden Parkschäden, die – iG zu § 69 II 3 – keinen bedeutenden Sachschaden zur Folge hatten. Das dürfte nach dem Gegenschluß zur bish RSpr zu § 69 II 3 (s dort Rn 13) jedenfalls bei erkennbaren Fremdschäden unter 2000 DM anzunehmen sein. Die Rückmeldung muß binnen 24 Std nach dem Unfall, nicht erst nach vollendeter Unfallflucht erfolgen. Streifschäden beim Vorbeifahren an parkenden oder haltenden Fzgen werden durch IV nicht erfaßt (Kö VRS 98, 122; Tröndle-Fischer 53; Hentschel 69; aA Gebhardt § 51, 29; Bönke NZV 98, 129 f; Böse StV 98, 512) – **IV** greift nicht, wenn der Täter vor seiner freiwilligen Meldung binnen 24 Std gestellt wird, denn die Tat ist nach seiner unerlaubten Entfernung zunächst vollendet u er trägt das Risiko seiner Entdeckung (s Begr BRDr 164/97 – Beschluß). Die Neuregelung garantiert bei rechtzeitiger

Meldung lediglich Strafmilderung, während das Absehen von Strafe fakultativ ist. Die Möglichkeit, von der Anklageerhebung abzusehen, eröffnet im Ermittlungsverfahren § 153 b I StPO. – Zur Frage, wie die nötigen Feststellungen nachträglich zu ermöglichen sind, verweist IV ohne Einschränkung auf III. Danach ist auch III S 2 erfaßt, so daß hiernach u nach der ratio legis die Vorteile des IV ausgeschlossen sind, wenn der Täter die Feststellung der wahren Tatsachen durch sein Verhalten absichtlich vereitelt.

9. Vorsatz ist in den Fällen von I u II erforderlich, wobei auch bedingter Vorsatz genügt (Tröndle-Fischer 33). Er muß alle TB-Merkmale umfassen (Zw DAR 82, 332). Der Täter muß im Falle des I wissen oder zumindest damit rechnen (bedingter Vorsatz), daß ein Unfall mit einem nicht völlig belanglosen Fremdschaden passiert ist (Ha ZfS 97, 34= NZV 97, 125; Dü ZfS 97, 73; NZV 98, 383, an dem er (möglicherweise) beteiligt war, u daß er die insoweit erforderlichen Feststellungen hinsichtlich seiner Person, seines Fz u der Art seiner Beteiligung (I 1) nicht ermöglicht (BGHSt 15, 1; Kar VRS 62, 186 = StVE 49) u im Falle der Nr 2 keine angemessene Zeit gewartet hat. Daß er den Schaden hätte erkennen können u müssen, genügt auch für dolus evtl nicht (Bay ZfS 90, 141). – Bei **II** ist zusätzlich das Bewußtsein erforderlich, daß die gebotenen unverzüglichen nachträglichen Feststellungen durch sein Verhalten vereitelt oder zumindest erschwert (Lackner 32).

Auf eine **Absicht,** die nötigen Feststellungen zu vereiteln, kommt es nicht an (Bay DAR 56, 15). Deshalb handelt auch derjenige vorsätzlich, der sich zwar in erster Linie der Strafverfolgung entziehen will, dabei aber damit rechnet, daß er dadurch zugleich auch die nötigen Feststellungen zugunsten der Berechtigten nicht ermöglicht (BGH VRS 21, 118; Dü VM 71, 18); zieht er letzteres nicht ins Kalkül, will er sich also nur den Feststellungen der Pol entziehen, so soll es am nötigen Vorsatz fehlen (Ol NJW 68, 2019; KG VRS 33, 275; Ha VRS 40, 19). Vorsatz wird angenommen, wenn zB jemand heftig auf einen Gegenstand auffährt u, ohne sich zu kümmern, seine Fahrt fortsetzt (BGH VRS 30, 45, 48; 37, 263) oder dem sich sonst durch äußere Umstände (wie Anstoßgeräusche, Erschütterung des Fz uä) die Vorstellung aufdrängt, daß „etwas passiert ist" (BGH VRS 37, 263; Fra VRS 64, 265 = StVE 61; Kö DAR 02, 88; zur Wahrnehmbarkeit von Kollisionen s Welther u Wolff Rn 44; Ludovisy/Berz in B/B 13 A 112u Kuckuk/Reuter DAR 78, 57). Je geringer der Schaden umso höhere Anforderungen sind an die Annahme von Vorsatz zu stellen (Ha VRS 42, 360; Ludovisy/Berz in B/B 13 A 108f; s auch Rn 34). Es gibt keinen Erfahrungssatz, daß Berührungen zweier Fze stets fühlbar sind (Kö VRS 82, 120 = NZV 92, 37).

Der **Vorsatz kann fehlen,** wenn der UB im Falle von I erst nach dem Entfernen vom Unfallort vom Unfall u seiner möglichen Beteiligung Kenntnis erlangt (Bay JR 78, 114; Stu VM 77, 73; s auch BGHSt 28, 129 = StVE 12: kein dolus subsequens; Welther s Rn 44), wenn er sich vor Ablauf der Wartefrist (I 2) entfernt, um den Geschädigten aufzusuchen (Ko NZV 96, 324) oder wenn tiefgreifende Bestürzung, Verwirrung oder ein

StGB § 142 37   4. Teil. C. Entfernen vom Unfallort

anhaltender Schock das Bewußtsein ausgeschlossen haben, sich den Feststellungen zu entziehen (s dazu Arbab-Zadeh NJW 65, 1049 sowie Tröndle-Fischer 33; s auch Laubichler BA 77, 247: Fahrerflucht im Dämmerzustand), wenn die Voraussetzungen des **TB-Irrtums** am Unfallort (Bay NZV 90, 397) vorliegen, wie zB die Annahme, es sei kein oder nur völlig belangloser Schaden entstanden (Dü VRS 20, 118; Bay VRS 24, 123; Ko VRS 48, 337) oder die Berechtigten seien an weiteren Feststellungen uninteressiert (Bay VRS 71, 189 = StVE 78; ZfS 90, 321; NZV 90, 397; Ko VRS 71, 187 = StVE 77; Kö VRS 53, 430; Janiszewski 545 f), alle Feststellungen seien getroffen (Dü NZV 92, 246; Stu StVE 8), es liege mutmaßlicher Verzicht auf Feststellungen vor (Bay NZV 92, 413) oder ein Dritter würde die nachträglichen Feststellungen auftragsgemäß erledigen (Bay bei Rüth DAR 84, 240; weitere Beisp bei Himmelreich/Bücken 253). Wird der TB-Irrtum erst nach Verlassen des Unfallortes erkannt, bleibt der Vorsatz ausgeschlossen (Bay NZV 90, 397); für die Frage, ob dann § 142 II eingreift, gelten die (oben) für das unvorsätzliche Entfernen dargelegten Grundsätze (s auch 27). Zur Frage der Wahrnehmungsfähigkeit u damit des Vorsatzes nach Alkoholeinnahme s Wolff (Rn 44); danach besteht bis 1,0‰ keine verminderte Wahrnehmbarkeit, erst ab 1,5‰ bestehen leichte Einschränkungen; bei 2,7‰ gibt es nach Schl (VRS 59, 112) ernsthafte Zweifel. Eine im Rahmen des I beachtliche vorübergehende Schuldunfähigkeit (Schock, Rausch uä) ist nach ihrem Wegfall für die dann aus II resultierenden Pflichten bedeutungslos (s auch Tröndle-Fischer 40). – An die Voraussetzungen des **Verbotsirrtums** sind strenge Anforderungen zu stellen, da sich jeder Kf mit seinen Pflichten vertraut zu machen hat (Hbg VM 78, 79; Tröndle-Fischer 51); er (u nicht TB-Irrtum) kann vorliegen, wenn der UB über den Umfang der Wartepflicht irrt (Stu VM 76, 121; Kö VRS 63, 353) oder annimmt, nach Schadensbeseitigung (Dü VRS 70, 349 = StVE 76) oder deshalb keine Warte- oder Meldepflicht zu haben, weil der Schaden im wesentlichen nur an dem von ihm geführten Fremd-Fz entstanden ist (Ha VersR 88, 509); zum mutmaßlichen Verzicht u Verbotsirrtum s Bay NZV 92, 413; weitere Beisp bei Himmelreich/Bücken 254 f. – Zur **Rechtfertigung** unerlaubten Entfernens s Ko VRS 57, 13 = StVE 17; **E** 95; Janiszewski 546.

10. Täterschaft und Teilnahme

37 § 142 ist ein echtes Sonderdelikt; als solches kann es nur vom UB begangen werden (7). Aus der Haltereigenschaft allein kann idR – ohne weitere Beweisanzeichen – nicht auf dessen Täterschaft geschlossen werden (BGHSt 25, 365; Kö NZV 98, 37; **E** 142). Ist Täterschaft nicht nachweisbar, können Anstiftung u Beihilfe in Betracht kommen; für sie gelten die allg Grundsätze (§§ 26–31 StGB; s Bay VRS 78, 443). **Anstiftung** kann in der Aufforderung zum Wegfahren liegen („hau ab!"); durch verbale, psychische Unterstützung kann auch **Beihilfe** erfolgen; zur Abgrenzung s Zw VRS 75, 292. Beihilfe kann auch durch **Unterlassen** begangen werden, wenn eine Rechtspflicht zum Handeln besteht, so insb durch den mitfahrenden Halter (Dü VM 66, 76), der den Fahrer nicht am Weiterfahren hindert, obwohl das möglich u zumutbar war (s oben 7; Stu NJW 81, 2369 = StVE 47; Bay bei Rüth DAR 84, 240; Zw VRS 63, 53; 75, 292; Kö NZV 92, 80), ihn selbst wegfährt (Kö VRS 86, 279) oder durch Beseitigen von Unfallspuren (Bay NZV 90, 398). Zur Beihilfe durch Abnahme des Namenszettels vom beschädigten Fz nach Entfernen des Täters s Bay VRS 57, 345 = StVE 20. Zur Beihilfe genügt es, wenn der Haupttäter in seinem schon vorhandenen Tatentschluß bestärkt wird (BGH VRS 59, 185 = StVE 31). Sie ist bis zur Erreichung des Fahrtzieles möglich (Bay aaO).

11. Folgen

a) **Strafzumessung:** Der sog **Nachtrunk** (s § 316 Rn 24) kann **straf-** **38** **verschärfend** berücksichtigt werden (BGHSt 17, 143; krit dazu Baumann NJW 62, 1793); ebenso wenn der Täter wußte, daß er den anderen schwer oder lebensgefährlich verletzt (BGH VRS 40, 21; Ko VRS 65, 25; zur Annahme des Tötungsvorsatzes vgl BGH NZV 92, 77) u zugleich keine Hilfe geleistet hat (BGH VRS 32, 437), **nicht** aber das Entfernen, um sich der Blutprobe zu entziehen (Dü BA 85, 410; § 46 III StGB), Spurenbeseitigung zur Verminderung des Entdeckungsrisikos (BGH StV 91, 106; NStZ 85, 21; Bay v 21. 5. 93 bei Janiszewski NStZ 93, 572) oder Umstände, die sich nur auf den vorangegangenen Unfall beziehen (Bay v 28. 2. 89 bei Janiszewski NStZ 89, 258). **Strafmildernd** kann wirken eine freiwillige Rückkehr (BGHSt 25, 115), Meldung bei Pol (BGH VRS 25, 115) oder Unfallschock (BGH VRS 24, 189). – Zur Strafaussetzung zur Bewährung bei schweren Unfallfolgen s Ko VRS 65, 25.

b) **Nebenfolgen:** Unter den Voraussetzungen des § 69 II 3 idR EdFE **39** (s § 69 StGB 13); unterbleibt sie, produziert die Eintragung im VZR 7 Punkte, auch im Falle der IV. – Das benutzte Fz kann nach § 74 als Mittel der Tat eingezogen werden (BGHSt 10, 337).

c) **Versicherungsrechtlich** stellt sich die Unfallflucht sowohl in der **40** Kfz-Haftpflicht wie auch in der Vollkaskoversicherung als Verstoß gegen die Aufklärungsobliegenheit dar (BGH NJW 96, 2935; 87, 2374). Konsequenz der Obliegenheitsverletzung ist gem § 6 Abs 3 VVG die Leistungsfreiheit des Versicherers. In der Kfz-Haftpflichtversicherung ist die Leistungsfreiheit des Versicherers gem § 6 I Kfz-PflVV, 7 V Abs 2 AKB 96 auf DM 5000,00, in besonders schweren Fällen auf DM 10 000,00 (§ 6 Abs 3 Kfz-PflVV, 7 V Abs 2 Satz 2 AKB 96) begrenzt. Der Versicherer kann sich jedoch auf die Leistungsfreiheit nicht berufen, wenn eine Gefährdung der Interessen des Versicherers nicht zu befürchten und ein Verschulden des Versicherungsnehmers als gering anzusehen war, sog Relevanzrechtsprechung (BGH VersR 84, 228; 93, 830). So bei Meldung eines nächtlichen Unfalls am nächsten Morgen (BGH NVersZ 99, 137) oder bei Eingreifen des IV (vgl Maier NVersZ 99, 5962). Eine Unfallflucht ist auch dann als Obliegenheitsverletzung anzusehen, wenn eine Drittbeteiligung ausgeschlossen ist (BGH VersR 00, 222; Kö NVersZ 99, 170; Rech NVersZ 99, 156; aA Sa ZfS 99, 293).

12. Konkurrenzen

41 a) **Allgemein.** Die zum Unfall führende OW, VGefährdung sowie die Körperverletzung oder Tötung stehen zu § 142 in TM, zumal es dieser auf ein Entfernen „nach" einem Unfall abstellt, was idR auch eine entspr gesonderte Willensbildung nach dem Unfall voraussetzt (Dü VM 94, 38; s aber Werner DAR 90, 11). Das gilt idR auch dann, wenn ein betrunkener Fahrer die Fahrt nach dem Unfall fortsetzt, ohne anzuhalten (BGHSt 21, 203), selbst wenn der Täter die Flucht schon vor der Gefährdung beabsichtigte (BGH VRS 36, 354); nach Ce (VRS 61, 345) ist entscheidend die unfallbedingt neue Motivationslage des Täters. Dagegen sind sämtliche im Verlauf eines ununterbrochenen Fluchtweges mit dem Kfz verübten strafbaren Handlungen als einheitliche Tat anzusehen (BGH VRS 57, 277; 65, 428; 66, 20; DAR 94, 180 bei Nehm, Dü NZV 99, 388). Nur schwerwiegende Straftaten, wie Mordversuch an verfolgenden PolBeamten, unterbrechen die Einheitlichkeit der Flucht (BGH VRS 48, 191; Martin DAR 73, 145; vgl auch § 24 StVG 9 ff u **E** 49).

42 **Verfahrensrechtlich** ist der aus VGefährdung u unerlaubter Entfernung bestehende geschichtliche Vorgang als einheitliche Tat iS des § 264 StPO zu werten, gleichviel, ob die Fahrt als solche gegen ein ges Verbot verstößt oder nicht u ob der Täter die Fahrt nach dem Unfall kurzfristig unterbricht oder ohne Halt fortsetzt (BGHSt 23, 141, 144 f; BGH VM 70, 102; VRS 63, 39 = StVE § 315 b StGB 15). Sie erstreckt sich aber nicht auf eine nach Beendigung der Unfallflucht (s oben 10) während der weiteren Trunkenheitsfahrt begangene neue VGefährdung. – Beihilfe zur Unfallflucht u Gestatten des Fahrens ohne FE können eine Tat iS von § 264 StPO bilden (Zw VRS 63, 53). – **Kein Beweisverwertungsverbot** bzgl der Angaben des Angeklagten gegenüber seiner Versicherung, wenn er im Strafverfahren schweigt (BVfG VRS 90, 8; KG NZV 94, 403).

42 a **Wahlfeststellung** zwischen § 142 I u II ist zulässig (Kö VRS 64, 115 = StVE 51; Bay bei Rüth DAR 80, 265). Aber **Hinweis** gem § 265 I StPO ist nötig, wenn entgegen Anklage u EB Verurteilung nach II statt nach I in Betracht kommt (Bay VRS 61, 31; Fra NZV 89, 40; StV 92, 60).

43 b) **Zum Verhältnis zu § 34 StVO,** wo die Verhaltenspflichten nach einem Unfall im StraßenV teils synchron mit § 142, teils darüber hinausgehend in detaillierterer Form dargestellt sind, vgl § 34 StVO 5; LG Flensburg DAR 78, 279; Janiszewski 554 ff.

13. Literatur

44 **Amtl Begr** BTDr 7/2434 u 3503; **Arloth** „Grenzen von Täterschaft u Teilnahme" GA 85, 492; **Bär/Hauser** Unfallflucht, Loseblattkommentar m umfangr Lit-Verz; **Bär** „Wer ist Feststellungsberechtigter?" DAR 83, 215; **Beulke** „Strafbarkeit gem § 142 bei vorsatzlosem Sich-Entfernen vom Unfallort" NJW 79, 400; **Dornseifer** „Struktur u Anwendungsbereich des § 142" JZ 80, 299; **Dvorak** „Zur Wartepflicht auf die Pol nach einem VUnfall bei Trunkenheitsverdacht" JZ 81, 16; **Gebhardt** „Das verkehrsrechtliche Mandat" 3. Aufl § 51 ff, 2. Aufl § 53; **Geppert** „Zur

Frage der VUnfallflucht bei vorsätzlich herbeigeführtem VUnfall" GA 70, 1; **Haubrich** „Nächtliche VUnfälle u die Unverzüglichkeitsfrist des § 142 II" DAR 81, 211; **Hauser** „Unfallflucht – ein typisches Alkoholdelikt" BA 82, 194; **Himmelreich/Bükken** „VUnfallflucht" 2. Aufl 1995, C. F. Müller-Verlag; **Höfle** „Unerlaubtes Entfernen vom Unfallort – § 142 StGB" ZfS 99, 458; **Janiszewski** 465 ff; „Zur Neugestaltung des § 142" DAR 75, 169; DAR 94, 1; **Küper** „Zur Tatbestandsstruktur der Unfallflucht" NJW 81, 853; „Grenzfragen der Unfallflucht" JZ 81, 209; „RichterR im Bereich der VUnfallflucht" Festschrift für Uni Heidelberg 1986 bei C. F. Müller; **Ludovisy/Berz** in Berz/Burmann „Handbuch des Straßenverkehrs" Kap. 13 A; **Magdowski** „Die Unfallflucht in der Strafrechtsreform" Lübeck 79; **Preisendanz** „Aktuelle Probleme u Rechtsfolgen der Unfallflucht" Der Amtsanwalt 80, 23; **Rogall** „Der Beschuldigte als Beweismittel gegen sich selbst" Bd 49 Schriften zum ProzeßR bei Duncker u Humblot 1977; **Volk** „Die Pflichten des UB" DAR 82, 81; **Welther** „Zur Wahrnehmbarkeit leichter Kollisionen" Schweitzer Verlag 1983; **Werner** „Rauschbedingte Schuldunfähigkeit u Unfallflucht" NZV 88, 88; **Wolff** „Wahrnehmbarkeit leichter Pkw-Kollisionen" DAR 94, 391.

D. Verkehrsgefährdungen

§ 315 b Gefährliche Eingriffe in den Straßenverkehr

(1) **Wer die Sicherheit des Straßenverkehrs dadurch beeinträchtigt, daß er**
1. **Anlagen oder Fahrzeuge zerstört, beschädigt oder beseitigt,**
2. **Hindernisse bereitet oder**
3. **einen ähnlichen, ebenso gefährlichen Eingriff vornimmt,**

und dadurch Leib oder Leben eines anderen Menschen oder fremde Sachen von bedeutendem Wert gefährdet, wird mit Freiheitsstrafe bis zu fünf Jahren oder mit Geldstrafe bestraft.

(2) **Der Versuch ist strafbar.**

(3) **Handelt der Täter unter den Voraussetzungen des § 315 Abs. 3*, so ist die Strafe Freiheitsstrafe von einem Jahr bis zu zehn Jahren, in minder schweren Fällen Freiheitsstrafe von sechs Monaten bis zu fünf Jahren.**

(4) **Wer in den Fällen des Absatzes 1 die Gefahr fahrlässig verursacht, wird mit Freiheitsstrafe bis zu drei Jahren oder mit Geldstrafe bestraft.**

---

* § 315 III lautet idF des 6. StrRG:
(3) Auf Freiheitsstrafe nicht unter einem Jahr ist zu erkennen, wenn der Täter
1. in der Absicht handelt,
   a) einen Unglücksfall herbeizuführen oder
   b) eine andere Straftat zu ermöglichen oder zu verdecken oder
2. durch die Tat eine schwere Gesundheitsschädigung eines anderen Menschen oder eine Gesundheitsschädigung einer großen Zahl von Menschen verursacht.

(5) **Wer in den Fällen des Absatzes 1 fahrlässig handelt und die Gefahr fahrlässig verursacht, wird mit Freiheitsstrafe bis zu zwei Jahren oder mit Geldstrafe bestraft.**

(6) (durch 6. StrRG aufgehoben)

Inhaltsübersicht

	Rn
1. Wesen u Zusammenhang der Vorschrift	1
2. Tathandlungen Abs 1	3
a) Nr 1	3
b) Nr 2	4
c) Nr 3	6
3. Beeinträchtigung der Verkehrssicherheit	8
4. Konkrete Gefährdung	9
5. Abs 2: Versuch	10
6. Subjektiver Tatbestand	11
a) Vorsatz	11
b) Abs 3: Absicht	12
c) Abs 4: Gemischt vorsätzlich-fahrlässige Tat	13
d) Abs 5: Fahrlässigkeit	15
7. Abs 6: Tätige Reue	16
8. Konkurrenzen	17
9. Einziehung	18

1. Wesen u Zusammenhang der Vorschrift

1 **Schutzgut** ist – wie bei § 315 c – die Sicherheit des StraßenV (BGH NStZ 92, 233); geschützt werden die Sicherheit des öff Verkehrs (s dazu **E** 22 u § 1 StVO 13 ff) u daneben die gefährdeten einzelnen VT einschl der Fußgänger auf Gehwegen (BGHSt 22, 365; VRS 61, 122 = StVE 14). **§ 315 b** gilt – anders als § 315 c – nur im öff VRaum (BGH NStZ 92, 233; VRS 61, 122); er soll vornehmlich **verkehrsfremde Eingriffe** in die VSicherheit **von außen** abwehren (BGHSt 23, 4) u im fließenden Verkehr begangenes Fehlverhalten nur insoweit erfassen, als es sich nicht lediglich in einer fehlerhaften VTeilnahme erschöpft (BTDr IV/651; BGHSt 7, 379; 21, 301; VRS 65, 359, 361). – Wer mit seinem im fließenden Verkehr befindlichen Fz einen anderen gefährdet, ein Fz, eine LZA oder ein Brückengeländer beschädigt, ist grundsätzlich nicht nach § 315 b, sondern nach **§ 315 c** zu bestrafen; denn diese Vorschrift regelt Fehlleistungen des Fz-Führers im fließenden Verkehr abschließend u selbst eine gänzlich aus dem Rahmen fallende, objektiv behindernde VTeilnahme muß noch kein verkehrsfeindlicher Eingriff sein (BGH VRS 55, 126 = StVE 10).

2 Eine **Ausn** gilt nur, wenn ein Fz-Führer (zum Beifahrer s 6b) durch **verkehrsfeindliches Verhalten** einen der in § 315 b I aufgeführten Eingriffe **beabsichtigt** (BGHSt 28, 87 = NJW 78, 2607; Ko VRS 69, 378), wenn also die Schaffung des Hindernisses oder der sonstige Eingriff nicht

die bloße Folge, sondern der Zweck der verbotenen Fahrweise ist (BGHSt 21, 301; 23, 4; Dü VRS 74, 440), das Kfz nicht als Fortbewegungsmittel, sondern als Waffe zur Verletzung anderer oder als Nötigungsmittel mißbraucht wird (BGH NZV 90, 35; 92, 325; NJW 96, 208; ZfS 97, 232 = NZV 97, 226; NZV 98, 36); zB wenn der Führer eines Kfz einem anderen durch Linksfahren absichtlich den Weg abschneidet, um ihm das Überholen unmöglich zu machen, oder auf einen PolBeamten, der ihn zum Anhalten veranlassen will, zufährt, um ihn zum Beiseitespringen u zur Freigabe seines Weges zu zwingen (BGHSt 7, 379; 21, 301; 22, 6; NZV 97, 276). Wer einen anderen, der sich zur Verhinderung des Wegfahrens am Kfz festhält, durch scharfes Anfahren u heftige Lenkbewegungen abzuschütteln versucht, verwirklicht § 315b I 1 u 2 (BGH VRS 56, 189; DAR 95, 334). Wer aber mit angemessener Geschwindigkeit so dicht an einer neben haltenden Kfz stehenden Person vorbeifährt, daß diese sich dicht an die Fz-Tür drücken muß, oder wer nur fliehen will, setzt damit sein Fz noch nicht in verkehrsfeindlicher Einstellung bewußt zweckwidrig ein (BGHSt 26, 176 = NJW 75, 1934; St 28, 87 = NJW 78, 2607; VRS 65, 428; NStZ 85, 267).

2. Tathandlungen sind die in I 1 bis 3 aufgeführten Eingriffe:

a) **Zu Nr 1: Anlagen** sind alle dem Verkehr u seiner Sicherung dienenden Vorrichtungen, wie die Str selbst (Straßenoberfläche, Brücken), die VZeichen, Signalampeln, Straßenbeleuchtungseinrichtungen u dergl). Durch Beschädigung eines **Fz** gefährdet den StraßenV, wer zB durch einen Steinwurf das Rückfenster eines Pkw beschädigt u dadurch die Gefahr einer Schreckreaktion des Fz-Führers mit evtl weiterem Schaden herbeiführt (BGH NZV 90, 77; Kö NZV 91, 319; Schl VM 67, 34; aA Ha NZV 98, 212), Bremsleitungen abreißt (BGH VRS 68, 116; NJW 96, 208 = NZV 95, 364) oder ein Fz rammt (BGH VRS 50, 94). Durch die Beschädigung muß die Sicherheit des StrVerkehrs beeinträchtigt werden; sie muß also der Gefährdung zeitlich u ursächlich vorausgehen (st RSpr BGH NZV 95, 115). Erschöpft sich also die Beeinträchtigung in der Beschädigung fremder Fze, scheidet § 315b I 1 aus (BGH aaO); es kann aber Nr 3 erfüllt sein.

b) **Nr 2: Bereiten** eines **Hindernisses** ist das Herbeiführen eines Vorgangs, der geeignet ist, durch körperliche Einwirkung den reibungslosen VAblauf zu hemmen oder zu verzögern (BGH St 41, 231 = NZV 95, 493; Zw NZV 97, 239). Eine nur unwesentliche Behinderung reicht nicht aus (BGHSt 22, 365; VRS 64, 267 = StVE 17), auch nicht eine im Rahmen des § 45 I 1 StVO zulässige bauliche Maßnahme zur VBeruhigung (Fra NZV 92, 38 m zust Anm Molketin: sog „Kölner Teller"; s aber Ce NZV 91, 353; Nü NZV 90, 433 u Ha NZV 90, 352: **Verletzung der Verkehrssicherungspflicht** durch Aufstellen ungenügend gesicherter Blumenkübel, Poller u Schwellen auf der Fahrbahn, insb außerhalb verkehrsberuhigter Bereiche: Hentschel 10 mwN). Ein Hindernis bereitet, wer im fließenden Verkehr mit seinem Kfz einem anderen absichtlich den Weg abschneidet, um ihm die Weiterfahrt (BGHSt 21, 301) oder auf dem

StGB § 315b 5–6a 4. Teil. D. Verkehrsgefährdung

Gehweg einem Fußgänger das Weitergehen unmöglich zu machen (BGH VRS 64, 267 = StVE 17) oder wer umgekehrt als **Fußgänger** auf der Fahrbahn den normalen Verkehr beeinträchtigt (BGH NZV 95, 493), wer als Bauunternehmer eine Baustelle im Fahrbahnraum pflichtwidrig nicht absichert (BGH VM 59, 27), als Schrankenwärter, die Schranken ohne Vorwarnung so plötzlich senkt, daß ein Fz-Führer nicht mehr rechtzeitig vor ihnen anhalten kann (BGH VRS 19, 452), wer auf der Fahrbahn eines öff Weges eine Sperre errichtet (Bay 60, 258 = VRS 20, 441; Fra VRS 28, 423), einen anderen in die Fahrbahn stößt oder auf ihr zu Fall bringt, oder auf die Motorhaube eines herankommenden Kfz springt, so daß es zur Notbremsung gezwungen wird (Ha VRS 25, 186; Zw NZV 97, 239; s auch unten 6, 7); ebenso wer herabgefallene Teile seiner Ladung oder ein abgesprungenes Rad, einen ungesicherte größere Ölspur (Stu VRS 16, 200; Ha DAR 60, 76), eine Benzinspur (Bay NZV 89, 443) oder eine umgefahrene Bake auf der Fahrbahn läßt, bereitet durch sein **Unterlassen** ein Hindernis (Bay 69, 67 = VRS 37, 439). Das gilt auch für den, der absichtlich ohne verkehrsgerechten Grund stark bremst, um den nachfolgenden VT auf sein Fz auffahren zu lassen (BGH NZV 92, 157: Anhalten bei Gelb), zu abruptem Bremsen zu zwingen oder ihm eine Lektion zu erteilen (BGH DAR 92, 107, 268; Ce VRS 68, 43; Dü VRS 68, 449; 73, 41; NZV 89, 441; 94, 37; Kö NZV 92, 80; Kar VRS 93, 102: maßgeblich sind Geschwindigkeit u geringer Abstand; zur Nötigung beim sog „Ausbremsen" s BGH DAR 95, 296), nicht aber, wenn der Vordermann ohne Bremswirkung zu erzielen das Bremspedal nur leicht antippt, um den Drängler zu ermahnen (Kö NZV 97, 318).

5   **Kein „Hindernis"** iS der Vorschrift ist die Behinderung anderer, die über eine fehlerhafte VTeilnahme nicht hinausgeht (oben 1, 2); zu ihr gehört auch das Fahren mit einem verkehrsunsicheren Fz (Stu VRS 29, 193; Ha VRS 30, 356; BGH NJW 96, 208 = NZV 95, 364: zerstörte Bremsleitung) oder die unzureichende Sicherung eines neben der Fahrbahn abgestellten Fz, so daß dieses in die Fahrbahn rollt (Bay 74, 13 = VRS 47, 27). Wer sein Fz auf der AB wendet, ist nur nach 315 c I 2 f, wer es ohne ausreichende Kenntlichmachung auf der Fahrbahn stehen läßt, nach § 315 c I 2 g strafbar. Auch alle anderen Verstöße von Fz-Führern, die über bloße fehlerhafte VTeilnahme nicht hinausgehen, zB das Befahren einer AB in gegenläufiger Richtung (sog **„Geisterfahrer"**), sind kein Hindernisbereiten iS des § 315b, wenn ein solches nicht beabsichtigt ist (Stu VRS 58, 203 = StVE 13).

6   c) **Nr 3** ist wegen der weiten Fassung eng auszulegen (Bay VRS 47, 27). **Ähnliche, ebenso gefährliche Eingriffe** in den StraßenV können nur im öff VRaum begangen werden, nicht daneben in einem Getreidefeld (BGH VRS 61, 122; aA LG Bonn NStZ 83, 223; anders bei § 315c).

6a Der Eingriff setzt eine **grobe Einwirkung** in den VAblauf von einigem Gewicht voraus (BGHSt 26, 176; 41, 231 = NZV 95, 493). Er kann auch in dem Führen eines Fz im fließenden Verkehr bestehen, wenn es sich um einen bewußt zweckwidrigen, verkehrsfeindlichen Einsatz des Kfz

Tathandlungen 6 b–6 d § 315b StGB

handelt (BGH NZV 90, 77; Ko VRS 69, 378), durch den der VVorgang zu einem Eingriff „pervertiert" wird (s Rn 1, 2; BGH NZV 90, 35; 98, 36).

6 b Beispiele: falsche Signale, erschreckende Licht- oder Schalleinwirkungen durch Außenstehende, ebenso Sabotageakte am stehenden Kfz, die sich auf der Fahrt auswirken können, wie Lockern der Radschrauben, Abreißen der Bremsleitung (BGH VRS 68, 116; NJW 96, 208 = NZV 95, 364), Verstopfen der Luftzufuhr zum Motor oder des Auspuffrohrs oder Werfen von Steinen auf Autos (BGH VRS 63, 119). Stoßen eines anderen vor einen herankommenden Pkw (BGH DRiZ 85, 137; s aber Kö VRS 69, 30), das gezielte Zufahren auf ein anderes Kfz, um es zu beschädigen (BGH VRS 65, 359; NZV 90, 77), das Rammen eines vorausfahrenden Fz mit einer relativen Aufprallgeschwindigkeit von 40 bis 50 km/h (BGH NStZ-RR 01, 298) oder eines Fz am Fahrbahnrand (BGH NZV 95, 115), das schnelle Zufahren auf einen anderen, so daß ihm keine ausreichende Zeit zur Reaktion bleibt (BGH VM 87, 1; Ko VRS 74, 196: 20 km/h genügen; s aber Rn 7), um ihn zur Freigabe der Durchfahrt zu zwingen (BGHSt 22, 6; 22, 67, 72; VRS 51, 209 = StVE 6; VRS 71, 193 = StVE 25; vgl aber BGH VRS 45, 186) oder um ihn zu verletzen, mag der andere auch beiseite treten können (BGH VRS 65, 142 = StVE 19; VRS 65, 359; VM 88, 31), Abdrängen eines Überholenden (BGHSt 22, 67; Ko VRS 73, 58 = StVE 27), Mitnahme eines anderen auf der Kühlerhaube des Fz bei hoher Geschwindigkeit (BGH VRS 48, 352 = StVE 1; Kö VRS 53, 184), Mitschleifen eines anderen auf der Flucht, um ihn abzuschütteln (BGH VRS 56, 189), wenn er dabei dessen Gefährdung mind in Kauf nimmt, weil ihm die Flucht nur so möglich erscheint (BGH DAR 95, 334; NZV 93, 237; St 28, 87 = StVE 12), nicht aber um ihn mitzunehmen (BGH VM 89, 73) sowie das Anfahren u Zufallbringen eines wegen Tatverdachts verfolgten Kradfahrers, um ihn festnehmen zu können (Bay NStZ 88, 518) oder unberechtigtes scharfes Bremsen bei Gelb, um einen Auffahrunfall zu provozieren (BGH NZV 92, 157). Auch ein äußerlich verkehrsgerechtes Verhalten, das dazu dient, einen Unfall herbeizuführen, stellt einen gefährlichen Eingriff dar (BGH DAR 99, 511). Da I 3 einen „bewußt verkehrsfeindlichen" Einsatz des Kfz fordert, kann dieser TB vom Fz-Führer grundsätzlich **nicht fahrlässig** begangen werden (s unten 15).

6 c Die gefährdende Handlungsweise ist konkret zu umschreiben u nicht durch allg Begriffe, wie Vollbremsung, Ausbremsen uä zu ersetzen (Dü NZV 94, 37; Ko DAR 00, 371).

6 d Wer als **Beifahrer** gewaltsam in die Steuerung eingreift, um das Fz der Herrschaft des Fz-Führers zu entziehen u es in verkehrsfeindlicher Absicht zweckzuentfremden (BGH NStZ 85, 267), begeht ebenfalls einen Eingriff iS der Vorschrift (BGH VRS 36, 267; NZV 90, 35; Bay v 18. 2. 91, 2 St 322/90; aA Ha VM 69, 124), sofern er nicht nur auf einen VVorgang (Abbiegen, Anhalten) einwirken will (s 7). Den Schutz des § 315 b I 3 genießt auch der PolBeamte, der das Fz anhält (BGH VRS 37, 430) sowie der die Fahrspur versperrende Grenzbeamte (Kar VRS 68, 452). Zur Abgabe eines Schusses als gefährlicher Eingriff s BGHSt 25, 306.

StGB § 315b 7–9   4. Teil. D. Verkehrsgefährdung

7   **Kein gefährlicher Eingriff** bei Benutzung des Kfz lediglich als **Fluchtmittel** (BGH VRS 53, 31; BGHSt 28, 87 = StVE 12; NStZ 85, 267; ZfS 97, 232; Ha NStZ-RR 01, 104, s aber oben 6 a); oder zum Zwecke der Fortbewegung. Daher reicht gewaltsame Verhinderung eines Aussteigeversuches des Mitfahrers nicht (BGH NZV 01, 352); zum **"Auto-Surfen"** auf Feldwegen (s Dü NStZ-RR 97, 325), wenn zwischen dem Fahren als „Eingriff" u der Gefährdung des Opfers kein Kausalzusammenhang besteht (BGH NZV 98, 36) u beim nur langsamen Zufahren auf einen Fußgänger, der unschwer u gefahrlos ausweichen kann (BGHSt 28, 87), der zum Anhalten des Fz nicht berechtigt ist im Falle der Notwehr (BGH VRS 40, 104) oder um den anderen nur zu stellen (BGH VRS 63, 205), ihn zu erschrecken (BGH VRS 69, 125 = StVE 24), um ihn mitzunehmen (BGH VM 89, 73) oder wer als **Beifahrer** nur zur Erzielung eines bestimmten VVorganges (Abbiegen, Anhalten) ins Steuer greift, ohne damit eine Zweckentfremdung des Kfz zu beabsichtigen (Ha VM 69, 124; BGH DAR 89, 426; NZV 90, 35 – m zust Anm Molketin –), nur die Handbremse anzieht, um hierdurch eine verkehrsgerechte Geschwindigkeit zu erzwingen (Ha DAR 00, 417) oder Benzin im Bus verspritzt u dadurch zwar eine Explosionsgefahr, aber keinen verkehrswidrigen VVorgang herbeifühlt (BGH NZV 97, 363). Die mangelhafte oder pflichtwidrig unterlassene Reparatur eines Kfz ist nur dann ein „Eingriff" iS des § 315b I, wenn das Fz absichtlich beschädigt oder in schadhaftem Zustand belassen wird (Bay 73, 198 = VRS 46, 287).

8   **3. Beeinträchtigt** ist die Sicherheit des Verkehrs (TB-Merkmal: Dü NJW 82, 2391 = StVE 16) durch eine der Tathandlungen, wenn die normale abstrakte VGefahr so gesteigert worden ist (vgl BGHSt 13, 69), daß konkrete Gefahren deutlich wahrscheinlicher geworden sind (BGH VRS 68, 116; Kö DAR 92, 469; Bay NZV 88, 70), für andere die gefahrlose Teilnahme am Verkehr nicht mehr möglich ist (BGHSt 22, 6; Dü aaO). Die Gefährdung eines einzelnen ist nicht Begriffsmerkmal der Beeinträchtigung, aber ein wesentliches Indiz (BGHSt 6, 1; 13, 69); die Beschädigung eines Kfz allein genügt nicht, wenn sie sich auf den öff Verkehr auswirkt (Bay v 30. 3. 88 bei Janiszewski NStZ 88, 544).

9   **4. Eine konkrete Gefährdung** (vgl § 1 StVO 71; § 315c Rn 4 ff) eines anderen, dh nicht eines Tatteilnehmers (BGH NZV 91, 157; NStZ 92, 233), muß als Folge der Beeinträchtigung hinzukommen (BGH NStZ 96, 85 unter Aufg von BGH NStZ 85, 263; NJW 02, 626). Daran fehlt es, wenn das langsam herangeführte Kfz 1–2 m vor dem Opfer angehalten (BGH VRS 69, 125 = StVE 24; s auch VRS 44, 437), die Zerstörung der Bremsleitung keine konkrete Kollisionsgefahr herbeigeführt hat (BGH NJW 96, 208 = NZV 95, 364) oder auch bei „gestellten" Verkehrsunfällen (BGH NZV 99, 72). An die Feststellung einer konkreten Gefährdung sind zur Verhinderung einer ausufernden Anwendung strenge Anforderungen zu stellen (Dü NJW 93, 3212, Ha NZV 98, 212, NZV 94, 37); es bedarf konkreter Feststellungen, ob u weshalb eine RGutVerletzung nahe lag (Dü VRS 88, 35), wobei die Anforderungen andererseits nicht übertrieben werden dürfen (BGH

DAR 95, 296 = NStZ 96, 83 m Anm Berz). – „**Anderer**" s § 1 StVO 68; zum bedeutenden Sachwert s § 315 c Rn 6, 7. Das vom Täter geführte Fahrzeug bleibt als notwendiges Tatwerkzeug auch dann außer Betracht, wenn es im fremden Eigentum steht (BGH DAR 99, 174).

5. Abs 2: Der Versuch ist nur im Falle des I strafbar, wenn sich der mind bedingte Vorsatz auch auf die Gefährdung erstreckt (BGH NZV 96, 37; s auch Rn 13). Für das Verbrechen nach III ergibt sich die Strafbarkeit des Versuchs aus § 23 I. Versuch kann zB vorliegen, wenn der Eingriff mißlingt oder die konkrete Gefährdung ausbleibt (BGH bei Spiegel DAR 78, 146, 148; BGH DAR 89, 30). Zum Versuch im Falle von IV s 13. **10**

6. Der subjektive Tatbestand unterscheidet vier Begehungsformen:

a) Grundform ist die **vorsätzliche Begehung** nach I. Bei ihr muß sich der mind bedingte Vorsatz auf alle TB-Merkmale, also auch auf die Herbeiführung einer konkreten Gefährdung erstrecken (BGH NZV 95, 493, 495; VRS 39, 187; s aber IV unten Rn 13). Mit Gefährdungsvorsatz handelt, wer die Umstände kennt, welche die Schädigung eines der in § 315 b geschützten Rechtsgüter als naheliegende Möglichkeit erscheinen lassen, u den Eintritt der Gefahrenlage zumindest billigend in Kauf nimmt (Bay NZV 92, 415). Der Vorsatz muß sich aber nicht darauf erstrecken, daß ein anderer geschädigt, insb verletzt wird (BGH VRS 55, 126; NZV 92, 325). Vorsätzlich gefährdet daher auch derjenige, der die von ihm verursachte, einen anderen bedrohende Gefahr bewußt als Mittel einsetzt, um den anderen zum Ausweichen zu zwingen, selbst wenn er dabei überzeugt ist, daß der andere rechtzeitig ausweichen werde (BGHSt 22, 67; VRS 34, 361; VRS 64, 112 zum bedingten Vorsatz; s auch Dü VRS 62, 269). **11**

b) **Abs 3** erhebt das vorsätzliche Vergehen nach I (nicht nach IV!) zum Verbrechen (BGH NZV 96, 37; Bay NZV 94, 204), wenn der Täter in der **Absicht** handelt, den in § 315 III 1 oder 2 umschriebenen Erfolg, dh einen **Unglücksfall herbeizuführen** (s BGH NZV 01, 265; 96, 37; VM 88, 31) oder eine **andere Straftat,** zB das Führen des Fz ohne FE oder in betrunkenem Zustand, **zu ermöglichen oder zu verdecken** (BGH VRS 62, 190; DAR 95, 259: zweckwidriger Einsatz des Fz als Widerstandshandlung iS von § 113 StGB). Eine OW genügt nicht (BGHSt 28, 93 = JR 79, 515 m zust Anm Rüth), auch nicht die Absicht, einen anderen nur zu erschrecken oder ihm einen Denkzettel zu verpassen (BGH NJW 96, 329 = NStZ 96, 85). Daß die andere Straftat tatsächlich begangen ist, setzt § 315 b III nicht voraus; es genügt, daß der Täter dies irrig glaubt (Spiegel DAR 79, 173, 179 mwN). Wer einen Fußgänger anfährt, um ihn zu verletzen, handelt nicht, um eine andere Straftat zu ermöglichen, sondern um einen Unglücksfall herbeizuführen (III iVm § 315 III 1: Bay v 29. 7. 88 bei Verf NStZ 88, 544; vgl auch BGH VRS 43, 34; Br VRS 62, 266). **12**

c) **Abs 4: Gemischt vorsätzlich-fahrlässige Begehung** liegt vor, wenn der Täter vorsätzlich handelt, aber die Gefährdung nur fahrlässig herbeiführt. Hier handelt es sich gleichwohl um eine **vorsätzliche Tat,** bei **13** der nur die Folge, die Gefährdung, nicht gewollt, sondern fahrlässig verursacht ist (§ 11 II StGB; BGH VRS 57, 271). Aus dem Charakter als vorsätzliche Tat ergibt sich die Möglichkeit der fortgesetzten Begehung, der strafbaren Teilnahme u anderer Folgen vorsätzlicher Straftaten (Lackner 23–25 zu § 11; Stu VRS 50, 265). Der Versuch dieser Begehungsform ist nicht strafbar, da II den erst in IV geregelten TB nicht erfaßt (Dü NZV 94, 486).

14 IV ist auch dann anwendbar, wenn nicht nur die Gefährdung, sondern auch die Beeinträchtigung der VSicherheit fahrlässig herbeigeführt werden, da beide praktisch weitgehend zusammenfallen (Tröndle 23 zu § 315; Kö NZV 91, 319).

15 d) **Abs 5: Die fahrlässige Begehungsform** liegt vor, wenn außer der Gefährdung u Beeinträchtigung mind ein weiterer Tatumstand nur fahrlässig begangen ist. Das Vergehen nach § 315b I 3 kann zwar vom Außenstehenden, auch vom Mitfahrer, aber idR nicht vom Fz-Führer fahrlässig begangen werden, da eine bewußt verkehrsfeindliche Einsetzung des Kfz vorausgesetzt wird (BGHSt 23, 4; VRS 57, 271; NZV 95, 493, 495; Kar VRS 68, 452 = StVE 22; Kö NZV 91, 319; VRS 87, 35 zu I 2).

16 7. **Abs 6: Tätige Reue** ist durch 6. StrRG aufgehoben. Nach **§ 320** II (neu) kann aber in den Fällen des Abs 1, 3 oder 4, Abs 3 iVm § 315 III 1 die Strafe gemildert oder von ihr abgesehen werden, wenn der Täter freiwillig die Gefahr abgewendet hat, bevor ein erheblicher Schaden entstanden ist (Wertgrenze ca 500 DM, s Tröndle-Fischer 3 zu § 311 c). Unter derselben Voraussetzung bleibt der fahrlässige Täter (V) nach § 320 III 1 immer straffrei. Wird ohne Zutun des Täters die Gefahr abgewendet, so genügt nach § 320 IV sein freiwilliges u ernsthaftes Bemühen, dieses Ziel zu erreichen. Tätige Reue kommt auch in Betracht, wenn einerseits eine Gefährdung bereits eingetreten, die Straftat also vollendet, andererseits aber noch kein erheblicher Schaden entstanden ist. Rücktritt vom Versuch – vor Eintritt einer Gefährdung – richtet sich nach § 23 StGB.

8. Konkurrenzen

17 Für die **Abgrenzung gegenüber § 211 StGB** kommt es nicht allein auf das objektive Tatgeschehen, sondern vor allem auf die subjektive Vorstellung des Täters vom Geschehensablauf an (BGH NStZ 84, 19 = StVE 20; NZV 00, 88). – Aus dem bewußten Anfahren eines Fußgängers mit nur 20 km/h kann nicht sicher auf Tötungsvorsatz (§ 212) geschlossen werden (BGH NZV 89, 400), ebensowenig beim Durchbrechen einer Pol-Sperre (BGH ZfS 92, 390), es sei denn, daß der Täter erkannt hatte, daß sich im Pol-Fz oder in unmittelbarer Nähe ein Pol-Beamter aufhielt (BGH NZV 96, 156). Zum bedingten Tötungsvorsatz beim Mitschleifen eines anderen VT s BGH NZV 93, 237.

17 a Bei gleichzeitiger Gefährdung mehrerer wird der TB nur einmal und nicht in gleichartiger TE verwirklicht (BGH NJW 89, 2550 = NZV 89, 357 unter Aufg von VRS 55, 185; s auch 10 zu § 315 c). Gleiches gilt, wenn durch einen Eingriff (Bsp nach Geppert Jura 96, 639: Beschädigung der Bremsanlage eines Fz) nacheinander mehrere Gefahrenlagen für verschiedene Personen oder fremde Sachen herbeigeführt werden (LK-König Rn 97). Mangels Vorliegen einer natürlichen Handlungseinheit dagegen regelmäßig TM, wenn – auch falls dem ein einheitlicher Tatentschluß zugrunde liegt – im Verlauf einer Fahrt vorsätzlich mehrere Unfälle herbeigeführt werden (BGH NJW 95, 1766). Anders jedoch in Fällen der sog. Polizeiflucht, in welchen der BGH in ständiger Rspr von natürlicher Handlungseinheit ausgeht (BGHSt. 22, 67; BGH NStZ-RR 1997, 331; BGH DAR 01, 316; kritisch zum Ganzen Sowada NZV 95, 465).

TE ist möglich mit Verletzungsdelikten insb. §§ 211 ff (BGH VRS 63, 119), §§ 223 ff (BGH VRS 56, 141) und §§ 303 ff (vgl LK-König Rn 93); ebenso mit Dauerdelikten wie § 21 StVG (BGHSt. 22, 67), § 316 StGB (BGHSt 25, 313) und § 29 BtMG (BGH MDR 1980, 455); gleiches gilt auch beim Zusammentreffen mit § 315 c (BGHSt 22, 67; BGH VRS 65, 359; aA Sch/Sch-Cramer/Sternberg-Lieben Rn 16: Vorrang des § 315 b; ausführlich zum Ganzen LK-König Rn 95); ferner TE möglich mit § 240 StGB (Ce VRS 68, 43; Dü VRS 68, 449 = StVE 23). TM liegt dagegen idR aufgrund der Zäsurwirkung eines Unfalls im Verhältnis zu § 142 StGB vor (BGH VRS 36, 354; Geppert Jura 96, 639), anders aber bei Polizeiflucht (eine Tat) s Rn 17 a.

17 b

9. Einziehung

Die Tat nach § 315 b begründet die für eine Einziehung des Tat-Fz nach § 74 II S 2 iVm III nötige nahe Wahrscheinlichkeit, daß das Fz auch künftig zu Straftaten benutzt wird (BGH StV 91, 262).

18

§ 315 c Gefährdung des Straßenverkehrs

(1) **Wer im Straßenverkehr**
1. **ein Fahrzeug führt, obwohl er**
   a) **infolge des Genusses alkoholischer Getränke oder anderer berauschender Mittel oder**
   b) **infolge geistiger oder körperlicher Mängel**
   nicht in der Lage ist, das Fahrzeug sicher zu führen, oder
2. **grob verkehrswidrig und rücksichtslos**
   a) **die Vorfahrt nicht beachtet,**
   b) **falsch überholt oder sonst bei Überholvorgängen falsch fährt,**
   c) **an Fußgängerüberwegen falsch fährt,**
   d) **an unübersichtlichen Stellen, an Straßenkreuzungen, Straßeneinmündungen oder Bahnübergängen zu schnell fährt,**
   e) **an unübersichtlichen Stellen nicht die rechte Seite der Fahrbahn einhält,**
   f) **auf Autobahnen oder Kraftfahrstraßen wendet, rückwärts oder entgegen der Fahrtrichtung fährt oder dies versucht oder**

g) haltende oder liegengebliebene Fahrzeuge nicht auf ausreichende Entfernung kenntlich macht, obwohl das zur Sicherung des Verkehrs erforderlich ist,

und dadurch Leib oder Leben eines anderen Menschen oder fremde Sachen von bedeutendem Wert gefährdet, wird mit Freiheitsstrafe bis zu fünf Jahren oder mit Geldstrafe bestraft.

(2) **In den Fällen des Absatzes 1 Nr. 1 ist der Versuch strafbar.**

(3) **Wer in den Fällen des Absatzes 1**
1. **die Gefahr fahrlässig verursacht oder**
2. **fahrlässig handelt und die Gefahr fahrlässig verursacht,**

wird mit Freiheitsstrafe bis zu zwei Jahren oder mit Geldstrafe bestraft.

Inhaltsübersicht

	Rn
1. Wesen u Zusammenhang der Vorschrift	1
2. Täter	3
3. Die Gefährdung	4
a) Geschützte Rechtsgüter	5
b) Gefahr	8
4. Abs 1 Nr 1a: Verkehrsgefährdung durch Trunkenheit	9
a) Allgemeines	9
b) Gefährdung durch Trunkenheit	11
c) Ursächlichkeit	12
d) Voraussehbarkeit	14
5. Abs 1 Nr 1b: Verkehrsgefährdung durch körperliche oder geistige Mängel	15
a) Allgemeines	15
b) Übermüdung	16
6. Abs 1 Nr 2: Grob verkehrswidrige u rücksichtslose Verkehrsverstöße	17
a) Grob verkehrswidrig	18
b) Rücksichtslos	19
7. Die einzelnen Fälle des Abs 1 Nr 2	21
a) Mißachtung der Vorfahrt	21
b) Falsches Überholen	22
c) Falsches Fahren an Fußgängerüberwegen	23
d) Zu schnelles Fahren an unübersichtlichen Stellen	24
e) Verletzung des Rechtsfahrgebotes	27
f) Wenden, rückwärts u entgegen der Fahrtrichtung fahren auf der Autobahn	28
g) Sicherung liegengebliebener Fahrzeuge	29
h) Kausalität	30
8. Abs 2: Versuch	31
9. Der subjektive Tatbestand	32
a) Die vorsätzliche Begehung nach Abs 1	32
b) Die vorsätzlich-fahrlässige Begehung nach Abs 3 Nr 1	33
c) Die fahrlässige Begehungsform	34

	Rn
10. Rechtswidrigkeit	35
11. Schuldfähigkeit	36
12. Zusammentreffen mit anderen Straftaten	37
13. Strafzumessung	38
14. Zivilrecht	39

1. Wesen u Zusammenhang der Vorschrift

Die Vorschrift bezweckt, wie schon ihre Stellung im 27. Abschnitt des **1** StGB „Gemeingefährliche Straftaten" zeigt, in erster Linie den **Schutz** des **öff** (E 22, § 1 StVO 13) **StraßenV** in seiner Gesamtheit, der VGemeinschaft (Geppert NStZ 89, 320) u nur sekundär den Schutz der in ihr aufgeführten Rechtsgüter von Einzelpersonen (BGHSt 6, 232), die nur stellvertretend für die Allgemeinheit stehen (Geppert aaO). Hieran hat sich auch dadurch nichts geändert, daß nach der Neufassung der Vorschrift durch das 2. StrVerkSichG nicht mehr eine Gemeingefahr, sondern nur noch eine konkrete Gefährdung einzelner zum ges TB gehört (vgl BTDr IV/651 S 28; s dazu BGH VRS 61, 122, 123 mwN). Denn die GrundTBe des § 315c sind Gefährdungshandlungen, die schon wegen ihrer abstrakten Gefährlichkeit mit Strafe oder Geldbuße bedroht sind (§ 316, Vorschriften der StVO).

Die Strafbarkeit nach § 315c entfällt daher nicht durch **Einwilligung** **2** **des Gefährdeten** (35). § 315c knüpft an ähnliche Folgen an, wie § 1 StVO, der ebenfalls in erster Linie dem Schutz der VGemeinschaft dient, obwohl der TB erst erfüllt ist, wenn gegenüber einem einzelnen eine mißbilligte Folge eingetreten ist (vgl BGHSt 12, 282 ff). Abgrenzung gegenüber § 315b s dort Rn 1, 2.

2. Täter dieses eigenhändigen Delikts kann nur der **Führer** eines **3** – auch nicht motorisierten – Fz sein (BGH NJW 96, 208 = NZV 95, 364; vgl auch § 2 StVO 6). Im Falle des I 2 g ist Täter, wer das Fz als Fz-Führer abgestellt hat; daneben kommt derjenige in Betracht, der die Pflichten des VT nach dem Anhalten übernommen hat (Ha VRS 47, 465; vgl § 1 StVO 9, § 12 StVO 72). Im übrigen gilt das zu § 316 Rn 2 u 3 Ausgeführte. – Zur Teilnahmemöglichkeit (nur) an Vorsatztat s Janiszewski 305.

3. Die Gefährdung allein genügt; ein Schaden ist nicht erforderlich **4** (BGH NZV 95, 325). Die abstrakte Gefährlichkeit des begangenen Verstoßes in einer bes VSituation muß sich grundsätzlich so **konkret** verwirklicht haben, daß es nur noch vom Zufall abhing, ob das RGut verletzt wurde oder nicht. Es reicht hierfür nicht aus, daß sich Menschen oder Sachen in räumlicher Nähe zum Täterfahrzeug befanden. Die Annahme einer konkreten Gefahr steht aber auch nicht entgegen, daß sich der Gefährdete noch in Sicherheit bringen konnte oder weil der Täter objektiv überraschend sein Fahrzeug noch zum Stehen bringen konnte. Erforderlich ist somit ein Verkehrsvorgang, der zu einem „Beinahe-Unfall" geführt hat, bei dem ein Unbeteiligter zu der Einschätzung gelangt, „es sei noch einmal gutgegangen." (BGH NStZ 96, 83 m Anm Berz = NZV 95, 325; ZfS 97,

232 = NZV 97, 276; Kö DAR 02, 278; eingehend zum Gefährdungsbegriff Fra NZV 94, 365; s auch § 1 StVO 71). Zur Annahme der konkreten Gefahr bedarf es der Darlegung der sie begründenden Fakten, wobei auch auf wertende Beschreibungen des Verkehrsgeschehens zurückgegriffen werden darf (BGH NStZ 96, 83 = NZV 95, 325 gegen Ha NZV 91, 158; Dü NJW 93, 3212). Zur Vermeidung einer ausufernden Anwendung sind an die tatrichterlichen Feststellungen jedoch strenge Anforderungen zu stellen (Ko DAR 00, 371). Zur Gefährdung des vom alkoholbedingt fahrunsicheren Kfz-Führer mitgenommenen Insassen siehe unten 11. Verwirklicht sich die Gefahr in einer konkreten VLage, so wird davon betroffen, wer sich gerade im Gefahrenbereich aufhält (s aber 8), **nicht** aber, wer sich erst später der StrStelle nähert u etwa durch eine vom Täter umgefahrene VEinrichtung gefährdet wird (Bay 69, 67 = VRS 37, 439; BGHSt 19, 371, 373; Ce VRS 39, 257), auch kann eine bloße räumliche Nähe zum „gefährdenden" Fz genügt nicht (Dü NZV 90, 8; BGH VM 95, 8). Erst mit dem Eintritt dieser konkreten Gefährdung ist die Tat vollendet; sie ist daher – anders als § 316 – **kein Dauerdelikt** (BGHSt 23, 141, 148; VRS 62, 191; Lackner-Kühl Rn 4, Hentschel Rn 60; anders noch BGHSt 22, 67; Dü NZV 99, 388; Sch/Sch-Cramer/Sternberg-Lieben Rn 53), sondern ein zweiaktiges **Erfolgsdelikt** (Bay aaO; Berz NZV 89, 414), das mit dem Aufhören der Gefahr beendet ist (Tröndle-Fischer 23).

5   a) **Geschützte Rechtsgüter.** Ein **anderer** (s dazu § 1 StVO 68) iS dieser Vorschrift ist auch der Insasse des vom Täter geführten Fz (s BGH NStZ, 85, 262; NZV 89, 31; 95, 80; s auch 11), ohne Rücksicht darauf, ob er als persönlicher Gast, Ehegatte (BGH VM 95, 8) oder als Taxibenutzer mitfährt, außer wenn er selbst Teilnehmer an der Straftat ist (BGHSt 6, 100; 12, 282; NJW 89, 1227; Tröndle-Fischer 17; nach Stu VRS 50, 265 auch der mitfahrende Tatteilnehmer). Der andere braucht nicht VT zu sein, zB der Bauer auf dem Feld (BGH VRS 11, 61; 61, 122 f; weitere Beisp bei Janiszewski 289). Auch die gezielte Gefährdung einer Person, auf die es der Täter abgesehen hat, fällt unter § 315 c (früher anders zur Gemeingefahr BGHSt 14, 395; Bay 59, 132 = VRS 17, 351; s aber auch § 315 b).

6   **Fremde Sachen** können bewegliche oder unbewegliche (Haus, Zaun) sein, auch wenn sie sich auf privatem Grund außerhalb der Str befinden, aber durch einen VVorgang beschädigt werden (Ha VM 66, 38). Das vom Täter geführte Fz u sein Anhänger sind nach hM als Tatwerkzeuge keine geschützten fremden Sachen iS der Vorschrift (BGHSt 27, 40 = StVE 7; Bay 63, 178; 83, 54; Ce VRS 39, 257), selbst wenn sie ihm nicht gehören (BGH VRS 69, 436; NStZ 92, 233; DAR 99, 174); wohl aber die vom Täter beförderte fremde Ladung (Ha DAR 60, 121).

7   Während die Gefährdung der körperlichen Unversehrtheit („Leib oder Leben") immer geeignet ist, den TB der VGefährdung zu begründen, so daß es dazu auf die Höhe eines Sachschadens nicht mehr ankommt (BGH VRS 45, 38), reicht die Gefährdung von fremden Sachen nur aus, wenn sie einen **bedeutenden Wert** darstellen. Maßgebend ist nicht – wie bei § 69

II 3 – der tatsächliche Schaden, sondern der **gefährdete materielle Sachwert** (Ko VRS 52, 350; Kö VRS 64, 114); auf die Bedeutung der Sache für die Allgemeinheit kommt es nicht an (Ce VM 59, 91; Schl VM 63, 135). Werte unter 1000 bis 1200 DM sind nach der RSpr nicht „bedeutend" (Ce StVE 1; Kö VRS 64, 114; Fra VRS 52, 116; Ha VRS 63, 51 unklar; v 6. 6. 84, 3 Ss 590/84: 1000 DM; Dü NZV 94, 324: Grenze bei 1200 DM), nach Bay (DAR 98, 149) ist auch ein Schaden von 1400 DM nicht „bedeutend". Angesichts der Geldwertentwicklung u zur angemessenen Einschränkung des TB sollte die Grenze inzw wohl höher, mE mind bei 1500 DM gezogen werden (so auch Hentschel in B/B 14 D 58; Hentschel 6); nach LG Ol (VRS 65, 361) liegt sie bei 2000 DM. Nach Kö DAR 99, 567 liegt bei 1900 DM ein bedeutender Wert vor. Auch ein gebrauchter Pkw ist im allg ein bedeutender Sachwert, außer wenn er beinahe schrottreif ist oder die og Wertgrenze nicht erreicht (Ha VRS 18, 438; Hbg VM 68, 85; Hentschel aaO 59).

Die Gefährdung bedeutender Sachwerte ist allerdings ohne weiteres festgestellt, wenn ein „bedeutender" **Sachschaden** eingetreten ist. Ist kein oder nur ein leichter Schaden entstanden, so muß festgestellt werden, ob durch die Fahrweise des Täters über diesen hinaus eine Person oder ein bedeutender Wert gefährdet worden ist, ein größerer Schaden also nur durch glückliche Umstände oder Maßnahmen des Gefährdeten abgewendet wurde (BGH VRS 45, 38; Ha VRS 39, 201; Kö VRS 64, 114; Bay v 9. 2. 90, 2 St 417/89); iG zum fließenden Verkehr, bei dem die fremde Sache idR in vollem Umfang gefährdet wird, ist zB beim Einparken auf die tatsächliche oder zu erwartende gewesene Schadenshöhe abzustellen (Bay bei Rüth DAR 85, 241 Nr 8a; s auch Verf NStZ 85, 257). Zu beachten ist aber, daß die Gefährdung einer Sache von bedeutendem Wert dann nicht ausreicht, wenn diese nur in unbedeutendem Umfang (also nicht in ihrem gesamten bedeutenden Wert) gefährdet wird (Bay DAR 74, 178; 75, 204, jew bei Rüth; v 7. 11. 97, 1 St RR 132/97: Kratzer am Kotflügel; Ko DAR 73, 48; Br VRS 62, 275; Fra StV 85, 111; Janiszewski 292 f). 7a

b) **Gefährdet** ist auch (s § 1 Rn 71), wer rechtzeitig vor einem Fz auf die Seite springt oder ausweicht (BGH VM 95, 8), wenn er sonst vom Fz erfaßt würde, **nicht** aber, wer sich lediglich in der vom verkehrswidrig fahrenden Täter gebildeten allg „Gefahrenzone" befindet (Dü NZV 90, 80) ohne direkt in seiner Sicherheit beeinträchtigt zu sein (BGH NZV 89, 31) oder sich bereits zu einem Zeitpunkt aus dem Gefahrenbereich begibt, in dem der Fahrer noch seinerseits in der Lage ist, einen Unfall sicher zu vermeiden (Stu VM 58, 23; Bay v 25. 10. 67 – 1b St 290/67) oder sich nach rechtzeitiger Warnung gar nicht erst in den Gefahrenbereich begibt (Schl VRS 77, 442). 8

Das in Abs 1 umschriebene Fehlverhalten muß für die Gefahr **ursächlich** gewesen sein („und **dadurch** ..."). Der ursächliche Zusammenhang besteht, wenn das reibungslose Ineinandergreifen bestimmter einzelner VVorgänge gerade mit Rücksicht auf den Verstoß weniger wahrscheinlich war als ohne ihn. Es muß also geprüft werden, ob die Gefahr für den an- 8a deren vom Angeklagten auch dann ausgegangen wäre, wenn er nüchtern bzw richtig gefahren wäre (BGHSt 8, 28, 32 f; VM 57, 87; vgl zur Ursächlichkeit im allg **E** 109 ff, für den Fall der VGefährdung durch Trunkenheit unten 12).

4. Abs 1 Nr 1 a: Verkehrsgefährdung durch alkohol- u rauschmittelbedingte Fahrunsicherheit (FU)

9 a) **Allgemeines.** GrundTB der Alkoholdelikte ist § 316. Überschreiten des in § 24a StVG gen Gefahrengrenzwertes ohne Nachweis der FU erfüllt den TB nicht. Zur durch Alkohol u andere Umstände bedingten FU s 21 ff zu § 316, zum Aufbau der Alkoholdelikte insgesamt Janiszewski 318 ff.

10 § 315 c I 1 a enthält einen durch das TB-Merkmal der Gefährdung qualifizierten TB der Trunkenheit im Verkehr (§ 316); das unten zu § 316 Ausgeführte gilt daher auch hier. § 316 tritt gegenüber § 315 c I 1 a infolge seiner Subsidiaritätsklausel zurück.

11 b) Die **Gefährdung** eines anderen durch **Trunkenheit** liegt nicht schon dann vor, wenn ein alkoholbedingt Fahrunsicherer ein Fz auf öff Straße oder an einem anderen vorbeifährt, sondern grundsätzlich erst dann, wenn sich die Trunkenheit auf die Sicherheit von Menschen oder Sachwerten erkennbar auswirkt. Dies braucht nicht notwendig in einer fehlerhaften Fahrweise zum Ausdruck zu kommen. Die Gefahr kann vielmehr auch dadurch gegeben sein, daß der alkoholisierte Fahrer in einer bestimmten schwierigen Lage nicht genügend schnell u sicher reagieren kann u deshalb eine VLage gerade nicht meistert, der er in nüchternem Zustand sicher gewachsen wäre. Die Gefährdung des anderen besteht in der nahegerückten Möglichkeit, daß es letztlich vom Zufall abhängt, ob es zu einer RGutverletzung kommt (BGH NStZ 85, 263; Geppert NStZ 89, 322; Berz NStZ 96, 85; Bay 57, 13 = VM 58, 22; s § 1 StVO 71). Die Mitnahme eines **Mitfahrers** durch einen alkoholbedingt fahrunsicheren Fahrer reicht daher zur Annahme einer konkreten Gefährdung nur aus, wenn es während der Fahrt eines auf der Trunkenheit beruhenden Fahrfehlers zu einer **krit VSituation** gekommen ist (so jetzt auch BGH NJW 95, 3131 = NZV 95, 325 unter „Klarstellung" seiner früheren entgegenstehenden Meinung, s NStZ 85, 263; NJW 89, 1227, die in RSpr u Lit heftig kritisiert worden war; s ua Bay NJW 90, 133; Kö NZV 91, 358; Berz NZV 89, 414; Geppert NStZ 85, 264; 89, 320; Hentschel NJW 89, 1845; Janiszewski NStZ 85, 257; 88, 544). – Ob dagegen aus einer hohen BAK allein auf eine konkrete Gefährdung geschlossen werden kann, hängt vom Einzelfall u insb davon ab, ob die Trunkenheit einen solchen Grad erreicht hatte, daß der Fahrer nicht mehr in der Lage war, kontrollierte Fahrmanöver auszuführen (BGH DAR 95, 296; so auch Geppert u Janiszewski aaO).

12 c) **Ursächlichkeit** der Trunkenheit für die **Gefährdung** liegt vor, wenn der Täter in nüchternem Zustand bei sonst gleichen Umständen den Unfall bzw die Gefahr vermieden hätte. „Dadurch", dh durch die alkohol- oder rauschmittelbedingte FU, muß die Gefährdung erfolgt sein (vgl oben

E 110; BGH VRS 65, 359 ff u He/Bo 395 ff; Bay NZV 89, 359 m krit Anm Deutscher NZV 89, 360; NZV 94, 283). Erforderlich u genügend ist danach der Kausalzusammenhang zwischen der alkoholbedingten FU u der Gefährdung. Soweit der BGH demgegenüber, im Rahmen der §§ 222, 230 StGB, die Ansicht vertritt, daß es darauf ankomme, ob es auch bei einer dem alkoholisierten Zustand angepaßten Geschwindigkeit zu dem Unfall gekommen wäre (BGHSt 24, 31; ebenso Ko VRS 71, 281 zu § 315 c ohne Auseinandersetzung mit der Gegenmeinung), ist diese Ansicht jedenfalls nicht auf die allein schon durch den zwingenden GWortlaut anders geartete Situation bei § 315 c zu übertragen. Bay (NZV 94, 283) legt überzeugend dar, daß es im Rahmen des § 315 c I 1 a jedenfalls auf die Feststellung ankommt, ob ein nüchterner Fahrer bei sonst gleichbleibenden Umständen die Gefahr hätte vermeiden können (vgl im übrigen die Kritik am BGH-Urt bei Knauber NJW 71, 627; Lehmann NJW 71, 1142; Möhl JR 71, 247 u Mühlhaus DAR 72, 169 ff; Händel BA 72, 70; Hofmann VersR 71, 1003; Puppe JZ 85, 295 f; NStZ 97, 389 u insb He/Bo 310 f, 395 ff mwN).

Die Ursächlichkeit der Trunkenheit für die Gefährdung muß ausreichend begründet werden. Wenn ein angetrunkener Fahrer einen nicht alkoholtypischen Fahrfehler begeht, der auch bei nüchternen Fahrern häufig vorkommt (wie zB Geschwindigkeitsüberschreitung: vgl BGH VersR 85, 779; Sa VRS 72, 377), genügt es nicht, im Urt zu sagen, das für den Unfall ursächliche Fehlverhalten sei „offenbar" auf den Alkohol zurückzuführen (BGH VRS 22, 137); diese Annahme bedarf vielmehr näherer Begr. Die bloße Möglichkeit oder Wahrscheinlichkeit einer konkreten Gefährdung genügt nicht (BGH VRS 26, 347); ist sie nicht nachweisbar, können § 316 StGB oder § 24 a StVG vorliegen. **13**

d) Zur **Voraussehbarkeit** eines Unfalls, der durch eine Bewußtseinsstörung verursacht wurde, die auf Zusammenwirken von Alkoholgenuß u niedrigem Blutdruck beruhte: Bay 69, 82 = VRS 38, 112. Im übrigen s E 84. **14**

5. Abs 1 Nr 1 b: Verkehrsgefährdung durch körperliche oder geistige Mängel

a) **Allgemeines.** Unter Nr 1 b fallen geistige (psychopathologische Symptome, wie zB Bewußtseinsstörungen, verminderte Konzentrations-, Reaktions- u Kritikfähigkeit pp) u körperliche Mängel, wie Krankheiten, auch Anfallsleiden (BGH DAR 95, 114), Unwohlsein, Kurzsichtigkeit oder Fehlen von Gliedmaßen, soweit sie nicht durch Vorkehrungen nach § 2 StVZO ausgeglichen sind, bes aber Übermüdung (s 16) sowie solche Mängel, die durch Pharmaka (soweit sie nicht zu den „anderen berauschenden Mitteln" nach Nr 1 a gehören), insb auch Psychopharmaka, bewirkt sind (Anästhetika, Anorektika, Antihistaminika, Analgetika, Tranquilizer, Psychostimulantien pp). Jeder Kf hat vor Fahrtantritt seine Fahrtüchtigkeit zu überprüfen (BGH(Z) DAR 88, 54); ob er allerdings in der Lage war, seine FU zu erkennen, richtet sich nach seinen persönlichen Kenntnissen u Fä- **15** higkeiten, Intelligenz u Selbstkritik (BGH aaO; Bay VRS 59, 336); **vorgerücktes Alter** muß – ohne sonstige Anzeichen – noch keine durchgreifenden Bedenken begründen (Bay DAR 96, 152). Zur Vorwerfbarkeit bei unterwegs plötzlich auftretender Verschlechterung des Gesundheitszustands s Bay NZV 90, 399. – Liegen die Voraussetzungen der Nr 1a vor, ist 1b durch die Spezialregelung der Nr 1a ausgeschlossen (BGH VM 71, 100: GKonkurrenz; s Rn 10). – Zu **altersbedingten** Auffälligkeiten s BGH(Z) DAR 88, 54.

16 b) **Übermüdung** ist vorwerfbar, wenn der Fahrer bei sorgfältiger Selbstbeobachtung sie hätte bemerken oder mit ihrem Eintritt rechnen müssen, zB Fahren nach durchwachter Nacht, zu lange Fahrdauer (BGH(Z) VM 55, 74; VersR 74, 593) u trotzdem weitergefahren ist (Kö NZV 89, 357). Bei der Überprüfung seiner Fahrtüchtigkeit (s oben BGH(Z) DAR 88, 54) muß der Kf auch auf Ermüdungserscheinungen sorgfältig achten u die Fahrt rechtzeitig unterbrechen (vgl Schl VM 55, 31), zumal er, bevor er am Steuer einschläft (einnickt), idR deutliche Zeichen der Ermüdung an sich wahrnehmen kann, außer wenn er an Narkolepsie leidet (BGHSt 23, 156; Bay VRS 36, 271; Fra NZV 93, 32; Ha VRS 41, 30; NZV 98, 210; aA Ol NVersZ 99, 80) oder evtl ein sog „jetlag" nach einer Flugreise über mehrere Zeitzonen hinweg ohne Vorankündigung zu einem Sekundenschlaf geführt hat (s dazu Ko v 16. 1. 95 bei Janiszewski NStZ 95, 584). Wird ein ermüdeter, aber noch fahrtauglicher Fz-Führer dadurch fahruntauglich, daß er eine geringere Menge Alkohol, die für sich allein die Fahrsicherheit nicht beeinträchtigen würde, trinkt, so ist nur Nr 1a (SpezialG!) anwendbar (BGH VRS 14, 282; Dü VM 57, 137; vgl auch § 316 Rn 28). Vorschriften über Lenk- u Ruhezeiten enthält § 6 FahrpersonalVO (s auch 44).

6. Abs 1 Nr 2: Grob verkehrswidrige u rücksichtslose Verkehrsverstöße

17 I 2 erhebt die Gefährdung anderer durch Verstöße gegen die StVO, die bes häufig zu Unfällen führen, die sog sieben Todsünden des Verkehrs, zu Vergehen, wenn sie grob verkehrswidrig u rücksichtslos begangen worden sind, wobei „rücksichtslos" die subjektive, „grob verkehrswidrig" im wesentlichen die objektive Seite betrifft (s dazu Spöhr/Karst NZV 93, 257). Beide Merkmale müssen nebeneinander vorliegen (BGH VM 59, 110; Ol DAR 02, 89), da nur so der Vergehenscharakter zu rechtfertigen ist (s Janiszewski 311), so daß die immer wieder angeregte Streichung des kumulativen „und" oder eines dieser Merkmale unvertretbar wäre.

18 a) **Grob verkehrswidrig** handelt, wer **objektiv** bes gefährlich gegen VVorschriften verstößt (BGHSt 5, 392, 395; Dü NZV 96, 245; Kö DAR 92, 469; Ko NZV 89, 241; VRS 64, 125 = StVE 11: Überholen in unübersehbarer S-Kurve; Dü VM 74, 50: zu schnelles Heranfahren an Fußgängerüberweg; s auch NZV 88, 149 u 96, 245: Rotlichtmißachtung bei QuerV; Bra VRS 32, 372: Rechtsüberholen auf AB).

Die einzelnen Fälle **19–21 § 315c StGB**

b) **Rücksichtslos** handelt, wer sich aus **eigensüchtigen Gründen,** 19
insb um seines ungehinderten schnelleren Vorwärtskommens willen, über
seine Pflichten gegenüber anderen VT **bewußt** hinwegsetzt – vorsätzliche
Begehungsform (s dazu Zimmermann MDR 87, 364) – oder aus **Gleichgültigkeit** von vornherein Bedenken gar nicht erst aufkommen läßt,
sondern unbekümmert um die Folgen seines Verhaltens darauflosfährt – fahrlässige Begehungsform – (BGH VRS 50, 342; Kö VRS 84, 293: Rücksichtslosigkeit am Fußgängerüberweg). Die 2. Alternative ist auch bei unbewußter Fahrlässigkeit möglich, auch dann, wenn das Fehlverhalten überwiegend auf Leichtsinn eines sonst nicht rücksichtslosen Fahrers beruht
(BGH VM 58, 88; VRS 15, 348; Bra VRS 30, 286; Stu VRS 33, 200; Fra
VRS 46, 192). Rücksichtslosigkeit erfordert idR ein überdurchschnittliches
Fehlverhalten, das von einer bes verwerflichen VGesinnung geprägt sein
muß (Dü VRS 79, 370; s auch Ko VM 77, 105; VRS 46, 344); das ist zB
bewußt riskantes Fahren (Dü VM 74, 50); Schneiden nach dem Überholen, um Denkzettel zu erteilen (Kö VRS 35, 436; 45, 436); Überholen im
dichten GroßstadtV unter Gefährdung des GegenV (Kö VM 72, 44); auch ein
verständliches Motiv schließt Rücksichtslosigkeit idR nicht aus (BGH
NZV 95, 80; Bay JR 60, 70; KG VRS 40, 268; aA Cramer 46 b).

Bloß fahrlässiger Verstoß, zB Übersehen eines Rotlichts, begründet 20
für sich allein nicht den Vorwurf der Rücksichtslosigkeit, auch nicht bei
Eintritt einer konkreten Gefährdung (Thü VM 95, 46; Dü NZV 96, 245:
Ampelverwechslung), ebensowenig uU eine psychische AusnSituation (Dü
NZV 95, 115: Wenden auf der AB) wie hochgradige, das Bewußtsein einengende Erregung (BGH VM 62, 140; Zw VRS 61, 434 = StVE 11), bloße Freude an zügigem Fahren (Dü VM 79, 17), falsche Lagebeurteilung
(BGH VRS 13, 28; Dü NZV 95, 115; 00, 337; Stu DAR 76, 23), momentane Unaufmerksamkeit oder sonstiges menschliches Versagen (BGHSt
5, 301, 393, 396; Kö DAR 92, 469; AG Homburg ZfS 83, 285), Bestürzung oder Schrecken (BGH VRS 23, 291; Zw aaO) oder der Versuch,
eine gefährliche Situation durch verkehrswidriges Verhalten zu entschärfen
(Kö NZV 95, 159; Dü NZV 95, 115); diese Umstände sind bes beim
„Geisterfahrer" (28) beachtlich.

7. Die einzelnen Fälle des Abs 1 Nr 2

a) **Mißachtung der Vorfahrt** (I 2 a) bezieht sich nach hM (s BGH 21
VRS 38, 100, 102; Janiszewski 270 mwN) nicht nur auf die eigentlichen
Vorfahrtsfälle der §§ 8, 18 III StVO, sondern auf alle verwandten, vorfahrtähnlichen VLagen, bei denen die Fahrlinien verschiedener VT aufeinandertreffen würden, wenn sie ihre Fahrweise beibehielten, u deshalb das G
einem VT das VorfahrtsR vor dem anderen einräumt, wie § 8 S 1 (KG
VRS 46, 192), § 9 III S 1 (s BGH VM 70, 13), §§ 10, 19 StVO (BGHSt
11, 219; vgl Bay 65, 23 = VRS 29, 133; abl gegen ausdehnende Auslegung
mR Hentschel 29). Jedoch kommen nur Verstöße des **Wartepflichtigen,**
nicht solche des Vorfahrtsberechtigten in Betracht. Die Vorfahrt mißachtet
auch, wer bei Rot in eine Kreuzung einfährt u dadurch den QuerV ge-

StGB § 315c 22–23　　　　　　　　　　4. Teil. D. Verkehrsgefährdung

fährdet (Bay 58, 252 = VM 59, 132; Fra NZV 94, 365) oder an einer durch Z 208 gekennzeichneten oder durch Farbzeichen geregelten Engstelle den Vorrang Entgegenkommender nicht beachtet (Ol VRS 42, 34). Aber **keine Vorfahrtsverletzung,** wenn ein links Fahrender einem Entgegenkommenden nicht rechts ausweicht (BGH VRS 38, 100, 102) oder aus der linken Fahrspur nach rechts abbiegt u dabei einen auf dem rechten Fahrstreifen Herankommenden gefährdet (Stu VRS 43, 274); auch nicht in Fällen des **Vorrangs von Fußgängern** nach den §§ 9 III S 3 oder 26 StVO (Dü VRS 66, 354; KG VRS 84, 444; Ha VRS 91, 117; SK 10; Tröndle-Fischer 5; s auch 74 zu § 9 StVO) oder wenn sie bei Grün die Kreuzung überqueren (KG aaO).

22　　b) **Falsches Überholen** (I 2 b) ist jedes verkehrswidrige Verhalten bei Einleitung u Durchführung eines Überholvorganges, nicht nur Verstöße gegen § 5 StVO (Hbg VM 61, 49; Lackner-Kühl 14), beginnend mit dem Ansetzen zum Überholen (s § 5 StVO 8; Fra VRS 56, 286, 288) bis zum Einordnen nach rechts vor den Überholten. Überholen iS der StVO (s § 5 StVO) ist der gesamte Vorgang des Vorbeifahrens von hinten an einem anderen, der sich auf derselben Fahrbahn in derselben Richtung bewegt oder nur mit Rücksicht auf die VLage anhält (BGHSt 25, 293; 26, 73; s § 5 StVO 2; zum verbotenen Rechtsüberholen auf der sog **Kriech-** oder **Standspur** der BAB s § 5 StVO 59 a). Das Überholen ist zwar mit dem Ausscheren nach links bereits vollendet (Bay VRS 34, 106; Kö VRS 44, 16; s § 5 StVO 8) aber erst mit dem Wiedereinordnen nach rechts beendet (BGH aaO; Dü NJW 80, 1116 = StVE § 5 StVO 48; s § 5 StVO 43 ff).

22 a　Der Begriff „falsches Überholen" ist hier weitergehend zu verstehen als der Überholbegriff iS der StVO (vgl zB Ha VRS 32, 449: „Überholen" auf dem Gehweg; DAR 75, 306; Mühlhaus DAR 78, 162; Lackner-Kühl 14; Janiszewski 273), was verfassungsrechtlich unbedenklich ist (BVfG VRS 88, 84). Zum falschen Überholen gehört bes das „Schneiden" des Überholten (Zw VRS 33, 200; Bay NJW 88, 273), auch nach Rechtsüberholen (Dü VM 70, 93), sowie Fehler beim Überholen oder „Vorziehen" im mehrspurigen Verkehr (§§ 7, 37 IV StVO; Dü VM 75, 5), Überholen in unübersichtlicher Rechtskurve unter Benutzung der Gegenfahrbahn (Ko NZV 93, 318; s aber Dü NZV 89, 441 u Bay DAR 93, 269 einschränkend) oder Vorfahren auf dem rechten Gehweg (§ 5 StVO 57) u zu dichtes Auffahren, wenn es den Überholvorgang einleitet (Bay DAR 93, 269) sowie der Verstoß gegen § 26 III StVO (insoweit GKonkurrenz mit I 2 c). – Unter I 2 b fallen aber nicht nur Fehler des Überholenden, sondern auch solche des **Überholten,** wie plötzliches Ausscheren nach links u Beschleunigen während des Überholvorgangs. Erfaßt sind alle VVerstöße, die mit dem Überholvorgang in einem inneren Zusammenhang stehen (Dü VRS 62, 44 = StVE 9 a), solange er nicht abgeschlossen ist, also zB nicht das spätere Abbiegen entgegen § 9 III S 2 StVO (Dü NZV 89, 317). Vgl im übrigen § 4 StVO 13, § 5 StVO 46 u 50 ff.

23　　c) **Falsches Fahren an Fußgängerüberwegen** (I 2 c) ist an § 26 StVO zu messen. Die Vorschrift schützt nur den Verkehr auf den nach **Z 293**

markierten Fußgängerüberwegen, nicht auf sonstigen Fußgängerübergängen (Bay 66, 123 = VRS 32, 57; 67, 155 = DAR 68, 27; Stu VRS 37, 47); auch dann nicht, wenn der Zebrastreifen zusätzlich durch eine LZA gesichert u diese in Betrieb ist, da die Ampelregelung vorgeht u somit die Wirkung des Z 293 suspendiert (§ 37 I, II 2 StVO; Stu NJW 69, 889; Ha 69, 440; Bay NJW 67, 406; Dü VRS 66, 135; aA Ko VM 76, 16. Falsches Halten (§ 12 I 4 StVO) fällt nicht unter die Vorschrift, da es kein „Fahren" darstellt. – Zur Rücksichtslosigkeit am Fußgängerüberweg s Kö VRS 59, 123 = StVE 9; im übrigen s Erl zu § 26 StVO.

d) Zu **schnelles Fahren an unübersichtlichen Stellen** (I 2 d; vgl § 3 StVO 25 ff). Die Unübersichtlichkeit braucht hier nicht nur auf den örtl Verhältnissen zu beruhen, sondern kann auch durch andere Hindernisse begründet werden, wie Dunkelheit (Bay 55, 96, 99; 55, 240 = VM 56, 19), Nebel (Bay DAR 88, 277) oder dichten Schneefall (Bay 52, 45 f), Blendwirkung entgegenkommender Fze (Stu DAR 65, 103), wobei die jew Merkmale im Urt darzulegen sind (Dü VRS 79, 370). Ob hierher auch Vereisung oder Beschlag der Scheiben des eigenen Fz gehört (bejahend noch Bay VRS 35, 280, 283), dürfte zu verneinen sein, da es sich hierbei nicht um eine unübersichtliche „Stelle" im Verlauf der Fahrstrecke handelt, auf die es § 315c I 2 d abstellt (so auch Tröndle-Fischer 8 sowie Cramer 29; s auch § 2 StVO 41, § 5 StVO 19). **24**

An **Straßenkreuzungen u -einmündungen** kommt I 2 d nur zur Anwendung, soweit nicht Verletzung der Vorfahrt vorliegt, hauptsächlich also bei Verstößen des Vorfahrtberechtigten (vgl §§ 3 I u 8 StVO m Anm). Der TB der Nr 2 setzt voraus, daß die durch den Fahrfehler herbeigeführte Gefahr in innerem Zusammenhang mit der bes Gefahrenlage im Bereich der aufgeführten Örtlichkeiten steht (Bay 76, 11 = StVE 4). § 315c I 2 d dient auch dem Schutz von Fußgängern gegenüber einbiegenden Kfzen (KG VRS 37, 445), **Bahnübergang** vgl § 19 StVO. **25**

„**Zu schnell**" fährt, wer mit überhöhter Geschwindigkeit auf eine Einmündung zufährt u sich dieser soweit genähert hat, daß er infolge seiner Geschwindigkeit nicht mehr verkehrsgerecht reagieren (BGH VRS 48, 28), dh seinen Pflichten an der Einmündung (Kreuzung) nicht mehr genügen kann (Bay VRS 61, 212); die überhöhte Geschwindigkeit muß sich also noch in der Einmündung (Kreuzung) auswirken (Bay VRS 50, 425). **26**

e) **Verletzung des Rechtsfahrgebotes** an unübersichtlichen Stellen (I 2 e; s oben 24 u § 2 II StVO 40 ff). Unter die Vorschrift fällt bes das Schneiden unübersichtlicher Kurven (Bay VRS 64, 123). Der TB setzt voraus, daß der Täter die rechte Fahrbahnhälfte wenigstens teilweise nach links überschreitet, nicht bloß „nicht scharf rechts fährt" (BGH VRS 44, 422). Ist die Sicht nur beeinträchtigt, nicht aber gänzlich verwehrt, muß das Schneiden einer Linkskurve nicht unter § 315c I 2 e fallen (Dü VM 79, 17). Der TB greift nicht auf mehrspurigen Fahrbahnen für eine Richtung ohne GegenV (s auch § 5 Rn 21). **27**

StGB § 315c 28–32 4. Teil. D. Verkehrsgefährdung

28 f) **Wenden, Rückwärtsfahren u Fahren entgegen der Fahrtrichtung** (I 2 f: sog „Geisterfahrer"; s § 2 I StVO 24) **auf der AB u auf Kraftfahrstraßen** sind **verboten**, ebenso der entspr Versuch. „**Geisterfahrten**", dh Fahrten entgegen der Fahrtrichtung, setzen nicht stets ein Wenden voraus (vgl Ce StVE 15; Ko VRS 63, 74: nur OW nach § 18 VII StVO); dieses Verhalten ist kein Rückwärtsfahren (Kö VRS 60, 221; zum Wenden und Rückwärtsfahren s § 9 StVO 56 u 67 ff, § 18 StVO 19 ff) u nicht ohne weiteres als „Hindernisbereiten" iS von § 315 b I 3 anzusehen (Stu VRS 58, 203; § 315 b Rn 5; zur Problematik s Verf DAR 86, 262); es muß nicht auch (bedingten) Tötungsvorsatz umfassen (BGH VM 89, 12). Kurzes Fahren entgegen der Fahrtrichtung zur Beseitigung einer Gefahrenlage muß nicht „rücksichtslos" sein (vgl Kö NZV 95, 159).

29 g) **Sicherung liegengebliebener Fze** (I 2 g) richtet sich nach den §§ 15 u 17 IV StVO. Die Sicherungspflicht kann entfallen, wenn ihre Vornahme länger dauern würde als das Entfernen des Fz (Kö NZV 95, 159); zur Täterschaft s oben 3.

30 h) **Kausalität zu I 2.** Der Kausalzusammenhang muß zwischen den umschriebenen Verhaltensweisen u der konkreten Gefahr bestehen („dadurch"; s Lackner 27; Janiszewski 294 mwN; Ce StVE 15). Die Gefahr darf nicht nur gelegentlich eines solchen Verhaltens eingetreten sein (Bay VM 76, 74). Fehlt die Kausalität, können die zugrundeliegenden OWen gegeben sein (im übrigen s oben 12).

31 **8. Abs 2: Versuch** ist nur in den Fällen der vorsätzlichen Begehung nach I 1 u im Rahmen der Sonderregelung des I 2 f, nicht auch im Falle III 1 strafbar. Er setzt voraus, daß sich der Täter vorstellt, er könne einen anderen gefährden, u trotzdem, also auch hinsichtlich der Gefährdung, vorsätzlich handelt (Dü VRS 35, 29); die bloß allg Vorstellung, es könne etwas passieren, reicht nicht aus.

9. Subjektiver Tatbestand

32 Für jeden der in I aufgeführten VergehensTBe sind drei Begehungsformen zu unterscheiden:

a) **Die vorsätzliche Begehung** nach I setzt voraus, daß der Täter hinsichtlich aller Tatumstände mind mit bedingtem Vorsatz handelt (vgl **E** 65; BGHSt 22, 67), also auch hinsichtlich seiner FU u der Herbeiführung einer konkreten Gefährdung anderer (BGH NZV 95, 495; 96, 457; s auch § 315 b Rn 11 u Dr NZV 95, 236), wobei sich der Vorsatz auf die konkrete Gefahrensituation beziehen muß (BGH NZV 98, 211). Die gleichzeitige Selbstgefährdung steht der Vorsatznahme nicht entgegen (BGH NZV 96, 457). – Vorsatz ist für **I 1 a** nicht allein aus der Höhe der BAK ableitbar (Bay VRS 59, 336; so auch 33. VGT 1995; s auch 29 zu § 316), auch nicht allein aus oder iVm einem Fahrfehler (Zw ZfS 90, 33). Bei einer hohen BAK kann die Beurteilungsmöglichkeit vermindert sein (vgl BGH NZV 91, 117; Kö StVE 50; Ce StV 90, 400; s auch § 316 Rn 29 mwN). – Bei **Übermüdung (I 1 b)** muß der Fahrer wissen, daß er so müde ist, daß dies zur FU führt oder mind damit rechnen u dies in Kauf nehmen (Bay DAR 91, 367). – Vorsätzliche Begehung der in I 2 aufgeführten Vergehen setzt nicht das Wissen des Täters voraus, er handle grob verkehrswidrig u rücksichtslos, sondern nur die Kenntnis u Billigung der Tatsachen, die diese Wertung rechtfertigen (Bay 68, 91 = VRS 36, 363). Ergibt sich aber die Rücksichtslosigkeit aus der Gefährlichkeit der Fahrweise, muß er sich derer bewußt sein, u nicht nur der die Gefährlichkeit begründenden Umstände (Bay 82, 137 = StVE 12 in Ergänzung zu Bay 68, 91; Ko VRS 71, 278 = StVE 20). – Kommt in Abweichung vom EB Verurteilung nicht wegen fahrlässiger, sondern vorsätzlicher Begehung in Betracht, bedarf es eines entspr Hinweises nach § 265 I StPO (Ko VRS 63, 50).

b) Die gemischt **vorsätzlich-fahrlässige Begehungsform** des III 1 entspr § 315c IV. Sie setzt voraus, daß der Vorsatz des Täters alle TB-Merkmale mit Ausn der Gefährdung anderer umfaßt, diese aber fahrlässig herbeigeführt wird. Hier liegt zwar insgesamt eine vorsätzliche Tat vor, im Falle des I 1a ein vorsätzliches Vergehen der Trunkenheitsfahrt, das durch die fahrlässig herbeigeführte Folge qualifiziert ist (s § 11 II StGB; E 67; Janiszewski 301; BGH NZV 91, 117; DAR 97, 177 bei Tolksdorf; Ko NZV 93, 318), der Strafrahmen bestimmt sich insoweit aber aus III.

c) **Die fahrlässige Begehungsform** des III 2 liegt vor, wenn außer der Gefährdung ein weiteres TB-Merkmal nur fahrlässig begangen ist, zB wenn der Täter fahrlässig annimmt, er sei trotz des Alkoholgenusses oder altersbedingter Auffälligkeiten (BGH DAR 88, 54) fahrsicher oder wenn er Bedenken wegen seiner gefährlichen Fahrweise gar nicht erst aufkommen läßt (Ko VRS 71, 278 = StVE 20; bei Übermüdung s oben 16). Der Fahrlässigkeitsvorwurf kann, insb bei § 315c I 1b, durch evtl Unzumutbarkeit normgerechten Verhaltens begrenzt sein (BGH aaO; Bay NZV 90, 399). – Obwohl III – anders als § 315b IV u V – für die beiden Begehungsformen denselben Strafrahmen vorsieht, ist eine genaue Feststellung, welche von ihnen vorliegt, schon im Hinblick darauf erforderlich, daß am vorsätzlichen Vergehen der Nr 1 eine Teilnahme Dritter möglich ist, während sie bei einem fahrlässigen Vergehen ausscheidet. Fahrlässige Begehung ist auch bei grob verkehrswidriger u rücksichtsloser Verhaltensweise möglich (Tröndle 19 mwN).

10. Rechtswidrigkeit wird durch Einwilligung des (mitfahrenden) Gefährdeten nicht ausgeschlossen, da § 315c in erster Linie die – nicht der Disposition des Einzelnen unterstehende – Sicherheit des StraßenV (u nicht des Einzelnen) schützen will (s oben 2; BGHSt 23, 261; NZV 92, 370; KG VRS 36, 107; Stu StVE 3; Janiszewski 297f; aA Hbg NJW 69, 336; Sch/Sch/Cramer/Sternberg-Lieben 43; differenzierend Geppert ZStW 83, 947, 984). – Wenden nach „Geisterfahrt" kann gerechtfertigt sein (Kar VRS 65, 470 = StVE § 18 StVO 33), uU auch kurzes Fahren entgegen der Fahrtrichtung zur Beseitigung einer Gefahrenlage (Kö NZV 95, 159).

StGB § 315c 36–38 4. Teil. D. Verkehrsgefährdung

36 **11. Die Schuldfähigkeit** (s **E** 126) ist für den Zeitpunkt der konkreten Gefährdung, nicht nach dem Zustand bei Fahrtantritt zu bestimmen (BGH VRS 62, 191; Zw VRS 63, 445f), anders aber wohl nach der RSpr des BGH (NZV 89, 31) bei Mitnahme eines Mitfahrers durch einen alkoholbedingt fahrunsicheren Kfz-Führer (s oben 11). – Die Grundsätze der alic (s **E** 128) sind auf § 315c nicht anwendbar (s BGH NZV 96, 500).

12. Konkurrenzen

37 a) Gegenüber I 1b ist Nr. 1a lex specials (BGH VRS 41, 95). Erfüllt ein und derselbe Verkehrsvorgang mehrere Begehungsformen des § 315c und führt er zu einer konkreten Gefährdung derselben Person oder Sache, so liegt nur eine Straftat, nicht TE mehrerer Taten vor (Ha VRS 41, 40; Bay VRS 73, 379; Sch/Sch-Cramer/Sternberg-Lieben Rdn 50). Gleiches gilt, wenn ein und derselbe Verkehrsvorgang gleichzeitig mehrere Personen gefährdet (BGH NZV 89, 31; Bay VRS 63, 275; 65, 366; Dü NZV 99, 388; zust. Geppert NStZ 89, 320; LK-König Rdn 208; aA noch BGH VRS 55, 185 zu 315b und SK-Horn Rdn 26; gleichartige Tateinheit). Lediglich eine einmalige Verwirklichung des Tatbestandes soll nach h. A. auch dann gegeben sein, wenn ein und dieselbe – also nicht durch eine Zäsur unterbrochene – Trunkenheitsfahrt zu mehreren einander folgenden Gefährdungslagen für verschiedene Personen oder fremde Sachen führt (BGH NZV 89, 31; DAR 01, 316; Sch/Sch-Cramer/Sternberg-Lieben Rdn 53; Geppert NStZ 89, 320; vgl. aber auch BGHSt 23, 141).

37a b) Zwischen den Vergehen nach I 2 und § 316 besteht TE, wenn erstere nicht Folgen der Trunkenheit sind (Tröndle-Fischer Rdn 23), sonst tritt § 316 aufgrund formeller Subsidiarität zurück. TE besteht (Grund: Klarstellungsfunktion) mit § 315c hinsichtlich zugleich verwirklichter Verletzungs- oder Gefährdungsdelikte wie zB §§ 222, 229, 211ff, 223ff, 248b, 113, 240 uÄ (vgl. Sch-Sch-Cramer/Sternberg-Lieben Rdn 55). Zum Verhältnis zu § 315b vgl dort Rdn 17. Zum Verhältnis des § 315c zu § 142 s dort Rdn 41. Zusammentreffen mit Owen s § 24 StVG 9.

13. Strafzumessung

38 Fahren im Zustand der Fahrunsicherheit, ohne daß hierfür eine Notwendigkeit besteht, entspricht dem RegelTB des § 315c I 1a, so daß dies nicht strafschärfend verwertet werden darf (BGH VRS 57, 284). Strafaussetzung zur Bewährung ist auch hier zulässig (BGH NZV 89, 400), je nach den Umständen selbst bei Schwerstfolgen (BGH NStZ 94, 336 = BA 95, 61 m krit Anm Horn). Zur „Verteidigung der Rechtsordnung" bei Trunkenheitsfahrten mit schwersten Folgen für völlig unbeteiligte VT s Ko VRS 59, 33; NZV 92, 451: keine Bewährung!; Ha DAR 90, 308; Stu NZV 91, 80; LG Bad Kreuznach NZV 92, 420. § 315c ist Regelfall für EdFE nach § 69 II 1, notfalls FV nach § 44 I S 2. – Unterbleibt die EdFE, produziert die im VZR eingetragene Verurteilung 7 Punkte. – Zum Absehen von Strafe gem § 60 StGB s AG Freiburg ZfS 92, 212.

14. Zivilrecht

Sowohl im Haftungs- wie auch Versicherungsrecht gilt der Grenzwert **39** von 1,1 Promille, die Zivilgerichte folgen insoweit der strafrechtlichen Judikatur (BGH NJW 92, 119; Ha ZfS 93, 313; vgl auch BSG NZV 93, 267). **Haftungsrechtlich** führt Trunkenheit sowohl bei absoluter wie auch bei relativer Fahrtüchtigkeit (BGH VersR 86, 141; NJW 88, 1846) dazu, daß der Anscheinsbeweis für die Ursächlichkeit eingreift, wenn sich der Unfall uU ereignet hat, die einem nüchternen Kraftfahrer keine Schwierigkeiten bereitet hätten; BGH NJW 88, 1846; 95, 1029 = NZV 95, 145; 92, 27. Beweispflichtig für die Umstände, aus denen folgt, daß ein nüchterner Fahrer die Situation nicht hätte meistern können, ist der alkoholisierte Fahrer (Lepa NZV 92, 132). Im Rahmen der Haftungsabwägung gemäß § 17 StVG ist eine alkoholbedingte Fahruntüchtigkeit nur zu berücksichtigen, wenn die Mitursächlichkeit feststeht (BGH NJW 95, 1029 = NZV 95, 145; aA Ha NZV 90, 393). Sind beide Unfallbeteiligte fahruntüchtig, greift der Anscheinsbeweis nicht ein (Schl NZV 91, 233). Die zu berücksichtigende Alkoholisierung führt zu einer Erhöhung der Betriebsgefahr des Kfz (Ce VersR 88, 608; Hentschel § 17 StVG, 11).

Wird durch den im Zustand der Fahruntüchtigkeit verursachten Unfall **40** ein **Mitfahrer** verletzt, so kommt ein Mitverschulden in Betracht. Der Insasse muß jedoch begründete Zweifel an der Fahrtüchtigkeit gehabt haben, etwa aufgrund der Kenntnis der Menge des getrunkenen Alkohols oder wegen alkoholbedingter Ausfallserscheinungen. Allein die Kenntnis vom Alkoholgenuß oder eines Gaststättenbesuches reicht nicht (BGH NJW 88, 2365; VersR 79, 938; Ffm VersR 89, 1079). Der Haftungsanteil des Fahrers/Halters wird regelmäßig überwiegen (BGH VersR 85, 965; Mü VersR 86, 925). Der Insasse muß auch auf sich aufdrängende Anzeichen von Fahruntüchtigkeit infolge Medikamenteneinnahme oder Übermüdung achten (Dü VersR 75, 57).

In der **Kfz-Haftpflichtvers.** führt alkohol- oder rauschmittelbedingte **41** Fahruntüchtigkeit zu einer Verletzung einer vor Eintritt des Versicherungsfalles zu erfüllenden **Obliegenheit** (§ 5 I Nr 5 KfzPflVV, 2b I E AKB 96), welche gem § 5 Abs 3 KfzPflVV zu einer auf DM 10 000,00 begrenzten Leistungsfreiheit des Vers führt. Auf die Leistungsfreiheit kann sich der Vers nur berufen, wenn er binnen eines Monats nach Kenntnis des vollständigen objektiven Sachverhaltes (BGH VersR 70, 660) den Versicherungsvertrag kündigt (§ 6 Abs 1 VVG). Das Kündigungserfordernis entfällt, wenn der alkoholisierte Fahrer nicht der VN ist (Römer in Römer-Langheid § 6, 77). Der Vers muß den objektiven Tatbestand der Obliegenheitsverletzung beweisen. Dem VN obliegt dagegen der Beweis, daß die Obliegenheitsverletzung für den Vers-Fall nicht kausal wurde. Ebenso muß er fehlendes Verschulden beweisen (Römer in Römer-Langheid § 6, 88, 94), wobei das Vorliegen von Vorsatz gem § 6 Abs 3 VVG vermutet wird (BGH NJW 93, 2112; Römer aaO).

In der **Kasko-Vers.** ist der Vers wegen grob-fahrlässiger Herbeiführung **42** des Versfall gemäß § 61 VVG leistungsfrei, wenn der Unfall infolge alkohol- oder rauschmittelbedingter Fahruntüchtigkeit sich ereignete. Der Vers muß sowohl die Kausalität wie auch das Verschulden des VN beweisen (BGH NJW 85, 2648), wobei die subjektive Seite der groben Fahrlässigkeit beim Führen eines Kfz im Zustand alkoholbedingter Fahruntüchtigkeit regelmäßig zu bejahen ist (BGH NJW 85, 2648; 89, 1612; Lang NZV 90, 169). Wendet der VN ein, er sei infolge der Alkoholisierung unzurechnungsfähig gewesen, so trifft ihn nicht nur für die behauptete Unzurechnungsfähigkeit die Beweislast. Er muß auch nachweisen, daß er sich nicht grob fahrlässig in den Zustand der Unzurechnungsfähigkeit versetzt hat. Die Beweisregel des § 827 Satz 2 BGB gilt im Rahmen des § 61 VVG entsprechend (BGH VersR 91, 289). Bezüglich der Kausalität der Fahruntüchtigkeit für den Unfall gilt der Anscheinsbeweis (BGH VersR 86, 141). Die Fahruntüchtigkeit muß aber feststehen (BGH NZV 88, 17).

43 In der **Unfallversicherung** greift bei alkohol- oder rauschmittelbedingter Fahruntüchtigkeit der Risikoausschluß des § 2 Abs 1 AUB 88 bzw 19 Abs 1 AKB ein (BGH NZV 88, 17; Ha ZfS 93, 313; Rüther NZV 94, 457). Der Versicherer muß die tatsächlichen Voraussetzungen des Risikoausschlusses beweisen. Im Bereich der Kausalität greift auch hier der Anscheinsbeweis ein (BGH VersR 90, 1343). Bei einer BAK von weniger als 0,8 Promille kommt der Anscheinsbeweis auch dann nicht zur Anwendung, wenn strafrechtlich relative Fahruntüchtigkeit anzunehmen wäre (BGH NZV 88, 220; Rüther NZV 94, 464).

44 Unfälle, die auf **Übermüdung** zurückzuführen sind, können den Vorwurf der groben Fahrlässigkeit iSd § 61 VVG begründen. Erforderlich ist, daß der Fahrer sich über von ihm erkennbare deutliche Anzeichen der Übermüdung bewußt hinweggesetzt hat (BGH VersR 77, 619). IdR gehen dem Einnicken für den Fahrer jedoch stets derartige Anzeichen voraus (Ha NZV 98, 210; Fra NZV 93, 32; aA Ol NVersZ 99, 90; s auch 16).

45 **Nachtrunk** (s § 316, 24) stellt sich in der KH-Vers als Verletzung der Aufklärungsobliegenheit dar, so daß der Versicherer gemäß § 6 Abs 3 VVG leistungsfrei ist, es sei denn, die BAK lag trotz des Nachtrunks außerhalb des kritischen Bereichs der Fahruntüchtigkeit (BGH NJW 76, 371) oder die BAK lag ohne den Nachtrunk bereits oberhalb der 1,1 Promillegrenze (BGH VersR 70, 826; 71, 659). In der Kaskoversicherung verletzt der VN die Aufklärungsobliegenheiten, wenn bei dem Unfall Dritte zu Schaden gekommen sind oder als mögliche Mitverursacher in Betracht kommen (BGH VersR 76, 84). Bei einem Unfall ohne Fremdschaden stellt der Nachtrunk nur dann eine Obliegenheitsverletzung dar, wenn der VN polizeiliche Feststellungen zu seiner zum Unfallzeitpunkt bestehenden Alkoholisierung verschleiern will (Mü NZV 95, 490; Kö VersR 97, 1222).

Allgemeines 1 § 316 StGB

E. Alkoholdelikte

§ 316 Trunkenheit im Verkehr

(1) **Wer im Verkehr (§§ 315 bis 315 d) ein Fahrzeug führt, obwohl er infolge des Genusses alkoholischer Getränke oder anderer berauschender Mittel nicht in der Lage ist, das Fahrzeug sicher zu führen, wird mit Freiheitsstrafe bis zu einem Jahr oder mit Geldstrafe bestraft, wenn die Tat nicht in § 315 a oder § 315 c mit Strafe bedroht ist.**

(2) **Nach Absatz 1 wird auch bestraft, wer die Tat fahrlässig begeht.**

Inhaltsübersicht

	Rn
1. Allgemeines	1
2. Täterschaft, Verantwortlichkeit Dritter	2
3. Tathandlung	5
a) Alkoholbedingte Fahrunsicherheit	6
aa) Verhalten des Alkohols im Körper – Resorption	7
bb) Blutalkoholkonzentration	8
cc) Abbau	10
dd) Feststellung der BAK durch Blutprobe	12
b) Rückrechnung	14
c) Alkoholbestimmung aus der Atemluft	18
d) Feststellung der Fahrunsicherheit ohne Blutprobe	19
e) Wirkung des Alkohols	21
aa) Absolute Fahrunsicherheit	22
bb) Relative Fahrunsicherheit	26
f) Andere berauschende Mittel	27
g) Alkohol u andere Umstände	28
4. Vorsatz und Fahrlässigkeit	29
5. Schuldfähigkeit	30
6. Rechtfertigungsgründe	31
7. Konkurrenzen	32
8. Rechtsfolgen	33
9. Literatur	38
10. Alkohol-Tabellen	39
11. Richtlinien zur Alkoholfeststellung	40

1. Allgemeines

Die **Überschrift** ist unzutreffend, da keine (völlige) Trunkenheit, sondern nur (alkohol- oder rauschmittelbedingte) **Fahrunsicherheit** (FU) verlangt wird (Janiszewski 323, 331). – § 316 ist **abstraktes Gefährdungsdelikt,** das auf der Erkenntnis beruht, daß das beschriebene Verhalten idR gefährlich ist; die abstrakte Gefährdung ist mithin TB-Merkmal (Sa ZfS 96, 73; s auch Rn 35). Kommt es zu konkreter Gefährdung anderer, tritt § 316 hinter § 315c I 1a zurück (I letzter Halbsatz; BGH VRS 65, 1

StGB § 316 2–5   4. Teil. E. Alkoholdelikte

131). – § 316 ist **Dauerdelikt** (s E 49; BGHSt 23, 141), das durch § 24a StVG ergänzt wird (zur Abgrenzung s § 24a StVG 11). § 316 gilt für **Fz-Führer** aller Art (s § 2 StVO 2; für andere VT, wie Fußgänger, Reiter pp s § 2 StVZO), die an einer der in den §§ 315–315d genannten VArten, dh Straßen-, Eisenbahn-, Luft- u SchiffsV (zum SchiffsV s Schiffahrtsobergericht Bln VRS 72, 111; Geppert BA 87, 262 u unten 25a) im öff Bereich (s **E** 22, § 1 StVO 13) teilnehmen, uU auch im Ausland (zB Schweiz: Kar VRS 69, 280; **E** 19). Für Betriebspersonal im Fahrdienst gilt vor u während der Fahrt absolutes Alkoholverbot (§§ 8 III, 45 II 1a, 2a u 3a BOKraft iVm § 61 I 4 PBefG); ebenso für Luftfahrtpersonal (s § 1 III, § 43 Nr 3 LuftVO).

2   **2. Täter** kann nur der **Führer** eines willentlich (s Fra NZV 90, 277; Dü NZV 92, 197) in Bewegung gesetzten (dh nicht nur gestarteten: BGHSt 35, 390; Bay NZV 89, 242 LS; Dü VRS 76, 387; NZV 89, 202 zu § 24a StVG; Kar VRS 83, 425) Fz (s § 2 StVO 5 ff) selbst sein (**eigenhändiges** Delikt; dh keine mittelbare u Nebentäterschaft: BGHSt 18, 6; Janiszewski 75, 390), nach § 2 XV StVG aber auch der **Fahrlehrer,** bei vereinbarter arbeitsteiliger Bedienung maßgeblicher Vorrichtungen uU auch mehrere gemeinsam, dh auch der Führer eines abgeschleppten Kfz (BGH NZV 90, 157); eingehend zum Führen s § 2 StVO 6, 10 ff u Janiszewski 327 ff.

3   Überläßt der **Halter** die Führung einem alkoholbedingt fahrunsicheren Führer, handelt er uU nicht nur ordnungswidrig nach §§ 31 II, 69a V 3 StVZO (s Ha BA 78, 299; § 24a StVG 5), es ist auch **Teilnahme** an vorsätzlicher Tat (§ 316 I) nach den allg Regeln möglich (vgl dazu Ko NJW 88, 152).

4   Die **Verantwortlichkeit** nach den §§ 222, 223, 230 StGB für eine **fahrlässige Tötung** oder **Körperverletzung,** die der Betrunkene auf der Fahrt verursacht, kann auch Personen treffen, die zu der Fahrt beigetragen haben, ohne das Fz zu führen, insb den **Halter** (BGH VRS 4, 608; 13, 470; Ha VRS 23, 107). Durch **Unterlassen** ist mitschuldig, wer den Betrunkenen von der Fahrt nicht abhält, obwohl er auf Grund einer **Garantenstellung** dazu verpflichtet ist (vgl **E** 53f). Gemeinsames Zechen begründet für sich allein keine Pflicht zur Gefahrenabwendung (BGH VRS 7, 105). Aber auch, wer zur Herbeiführung der Gefahr beiträgt, ist dann nicht zu ihrer Abwendung verpflichtet, wenn sie sich erst über das auf einem eigenen, selbstverantwortlichen Entschluß beruhende Handeln eines Dritten auswirkt. So ist der **Gastgeber** oder Gastwirt, der Alkohol an seine Gäste ausschenkt, nicht für deren anschl Führung eines Kfz verantwortlich, wenn der Gast nicht etwa so betrunken ist, daß er nicht mehr eigenverantwortlich handeln kann (BGHSt 19, 152; 26, 35).

5   **3. Tathandlung** ist das Führen eines Fz (s 2), obwohl der Täter infolge der Einnahme alkoholischer Getränke oder anderer berauschender Mittel nicht in der Lage ist, das Fz über eine längere Strecke, u zwar auch beim plötzlichen Auftreten schwieriger VLagen, sicher zu führen (BGHSt 13, 83, 90; 21, 157; s unten 21).

Tathandlung **6–8 § 316 StGB**

a) Die **alkoholbedingte FU** steht in der Praxis im Vordergrund. Entgegen dem GText kommt es – wie auch bei den „berauschenden Mitteln" (unten 27) – nicht auf einen **„Genuß"**, sondern auf die bloße (uU sogar widerwillige) Einnahme der Mittel an (Bay NZV 90, 317; Fra BA 79, 407; Salger DAR 86, 386; Janiszewski 333, 382 u BA 87, 243; aA Kar BA 79, 59 im Anschl an Bay VRS 15, 202). **6**

aa) **Verhalten des Alkohols im Körper:** Alkohol gelangt vom Magen auf dem Verdauungswege in den Blutkreislauf u verteilt sich anschl auf die Gewebe – **Resorption** oder **Aufnahme** des Alkohols (näher dazu Janiszewski 333 ff). Dabei nehmen stark durchblutete Körperteile mehr Alkohol auf als Knochen u Fettgewebe (s 8). Die Resorption geht bei nüchternem Magen schnell vor sich, zB 1 Glas Schnaps in ca 5 Min, 200 ccm Bier in 10–15 Min. Wird nach einem kräftigen Essen getrunken oder werden gleichzeitig Speisen oder größere Flüssigkeitsmengen eingenommen, so verlangsamt sich die Resorption. Außerdem wird dann ein Teil des Alkohols im Magen oder Darm verarbeitet u gelangt nicht in die Blutbahn; dieses **Resorptionsdefizit**, das zwischen 10 u 30% des getrunkenen Alkohols betragen kann (Gerchow/Heberle S 11; in bes Ausn-Fällen bis 70%: Heifer BA 88, 299, 307), ist aber nur bei fehlender Blutprobe, dh bei Berechnung der BAK aus der getrunkenen Alkoholmenge (auch beim Nachtrunk s 24) zu berücksichtigen, nicht auch bei der Rückrechnung nach Blutprobe (unten 14). Im Rahmen des § 21 (s **E** 127) ist der dem Angeklagten günstigste Mindestwert von 10% zugrundezulegen (BGH VRS 71, 177; 72, 359), sonst (insb beim **Nachtrunk:** BGH v 6. 10. 87 s oben) der höchste. – In der RSpr u Lit wird zwar eine **Resorptionsdauer** bis 1½ Std angenommen; nach BGHSt 25, 246 ist aber – unter Hinzurechnung eines Sicherheitszuschlags – zugunsten des Angeklagten von 2 Std auszugehen, wenn nicht im Einzelfall – Zuziehung eines SV meistens erforderlich – eine kürzere Dauer festgestellt werden kann (s auch 14); letzterenfalls sind die Anknüpfungstatsachen (Trinkzeit, -menge u -art pp) im Urt darzustellen (Kö VRS 65, 217 u 367). Beim sog **Sturztrunk** (Einnahme erheblicher Alkoholmengen in kurzer Zeit) kann die Resorption zwischen 20 u 120 Min dauern (Dü VRS 63, 62 = StVE 46; zur Auswirkung s 23). **7**

bb) **Die Blutalkoholkonzentration – BAK –,** der in Promille (dh Alkohol in Gramm pro 1000 ccm Blut) ausgedrückte Alkoholgehalt des Blutes, ist das wichtigste Beweisanzeichen zum Nachweis alkoholbedingter FU (BGHSt 31, 42, 44 = StVE 49). Sie wird idR durch die Entnahme einer Blutprobe festgestellt (s dazu § 81a StPO 4f) oder bei deren Fehlen aufgrund der festgestellten Trinkmenge ermittelt (s 19, zum AA-Test s 18). – Da nicht alle Körperteile (insb Fett u Knochen) gleichmäßig Alkohol aufnehmen, wird der Berechnung das **„reduzierte Körpergewicht"** zugrundegelegt. Dh: Das Gesamtkörpergewicht (ohne Kleidung!) muß auf die gedachte Masse reduziert werden, bei der die Konzentration überall gleich der des Blutes ist. Der dafür verwendete **Reduktionsfaktor (r)** schwankt; er kann im Einzelfall je nach Körperkonstitution zwischen 0,5 **8**

StGB § 316 8a–9c   4. Teil. E. Alkoholdelikte

(Pyknikern u Frauen) u 0,95 (Leptosomen) liegen (s Forster-Ropohl Rn 38 S 247); er beträgt bei Männern durchschnittlich 0,7, bei Frauen 0,6, das reduzierte Körpergewicht mithin 50–95% des gesamten Körpergewichts (s Tab Rn 39).

8a **Beispiel:** Gesamtgewicht eines Mannes 80 kg; reduziertes Gewicht (80 × 0,7 =) 56 kg; bei einer festgestellten BAK von 1‰ sind also 56 g Alkohol aufgenommen worden, bei einem 70 kg schweren Mann wären es bei 1‰ (70 × 0,7) 49 g (zur Berechnung s unten 9 c). Zugunsten des Angeklagten muß von jew günstigsten Faktor r ausgegangen werden (Kö VRS 67, 459 = StVE 65: bei Nachtrunk; Bay v 7. 3. 86, 1 St 2/86), wenn nicht durch einen SV (so namentlich bei grenznaher BAK: Stu VRS 61, 379) der wirkliche ermittelt worden ist (Bay bei Rüth DAR 79, 229, 235; VRS 58, 391; s dazu auch Gerchow/Heberle S 44 u unten 10).

9 Die unter Rn 39 abgedr **Blutalkoholtabellen** geben theoretische **Richtwerte** an, die von (wirklichkeitsfremder) sofortiger Einnahme der angegebenen Alkoholmengen „in einem Zuge" ausgehen, also bei voller Resorption des Alkohols dem Durchschnitt entsprechen. Der tatsächliche Wert kann aber nach dem oben Ausgeführten geringer, bei unterdurchschnittlichem r des Betr auch höher sein. Er verändert sich naturgemäß bei verzögerter Trinkweise über längere Zeit, da zugleich mit der Einnahme auch der Abbau einsetzt (s 10) u entspr zu berücksichtigen ist, dh von der jew angegebenen BAK wären bei einem durchschnittlichen Abbaufaktor 0,1‰/h abzuziehen (s 14).

9a Die **Tab A** gibt an, welche Alkoholmenge (in Gramm) bei dem jew Körpergewicht zu bestimmten BAKen führt. Umgekehrt kann hier aus einer bekannten BAK für das jew Körpergewicht die eingenommene Alkoholmenge (in Gramm) abgelesen werden (**Beispiel:** 1,3‰ bei einem 80 kg wiegenden Mann sind auf rd 73 g Alkohol zurückzuführen).

9b **Tab B** gibt einen Überblick über den Alkoholgehalt (in Gramm) einiger häufiger Getränke. Dabei sind die erheblichen Schwankungen der Alkoholgehalte zu berücksichtigen. Ist der Alkoholgehalt eines Getränks nicht in Gramm, sondern – wie üblich – in Vol-% angegeben, läßt sich das Alkohol-Gewicht als das Produkt aus der Getränke-Menge, dem Prozent-Vol u dem spezifischen Gewicht von Alkohol (0,8) wie folgt errechnen:

Beispiel: 1000 ccm 32%iger Branntwein enthalten nach der Formel 1000 × 32% × 0,8 = 256 gr Alkohol, oder 4 Li Bier à 5 Vol-%: 4000 × 5% × 0,8 = 160 gr.

Aus der Kombination der Tab A u B läßt sich annähernd entnehmen, welche Alkoholmenge bei voller Resorption zu welcher BAK führt.

Beispiel: Nach Tab B enthält ½ Lit Vollbier durchschnittlich 20 g Alkohol; aus Tab A ist ersichtlich, daß diese Menge bei einem 60 kg wiegenden Mann zu etwa 0,5‰ führt. Oder: Nach Tab B enthält 1 Lit Weißwein im Durchschnitt 90 g Alkohol; aus Tab A ist ablesbar, zu welcher BAK eine solche Alkoholmenge bei verschiedenen Menschen je nach r-Faktor u Gewicht führen kann.

9c Die Tabellen können natürlich nur **durchschnittliche Richtwerte** wiedergeben; wichtig ist bei ihrer Anwendung, insb der Tab A, die genaue

Feststellung des Alkoholgehalts in Gramm u die Beachtung der sonstigen Voraussetzungen für die Berechnung einer BAK (s insb Rn 8, 12 ff). Ansonsten läßt sich die Alkoholmenge (a), die zu einer festgestellten BAK geführt hat, annähernd nach der **Widmark'schen Formel** als das Produkt aus der BAK (c), dem Körpergewicht (p) u dem Reduktionsfaktor (r) wie folgt ermitteln: $c \times p \times r = a$. Umgekehrt läßt sich aus der Formel

$$\frac{a}{p \times r}$$ annähernde die BAK errechnen.

cc) **Der Abbau** setzt alsbald nach der Aufnahme ein. Ein geringer Teil (5 bis 10%) wird durch die Atmung u Nieren ausgeschieden, der Rest durch Enzyme der Leber verbrannt (zum Resorptionsdefizit s 7). Dabei wird eine ziemlich gleichbleibende Alkoholmenge, die bei den einzelnen Menschen zwischen 0,1 u 0,2‰, im Durchschnitt 0,14–0,17‰ beträgt (BGA S 53–60), stündlich ausgeschieden, **Abbaufaktor (= wert)** genannt. Der „**individuelle**" Abbauwert läßt sich nachträglich nicht ermitteln (BGH VRS 71, 176; 72, 359; NStZ 91, 329; Gerchow BA 83, 540), ein experimentell festgestellter gilt nur für dieses Experiment (BGH NStZ 86, 114 Nr 2; Gerchow BA 85, 77); soweit dieser dennoch gefordert wird (vgl Kö VRS 65, 426), ist der unter Berücksichtigung der bekannten Anknüpfungstatsachen (Trinkende, -menge u Nahrungsaufnahme) im konkreten Fall dem Abbauwert am nächsten kommende Wert genügend (He/Bu 248). Alkoholgewohnte Personen produzieren in ihrer Leber mehr Alkoholhydrogenase (ADH, das zum Abbau dienende Ferment) u erreichen dadurch einen höheren Abbauwert als Nichttrinker. Der jew zugrundegelegte Abbauwert ist im Urt anzugeben (Sa ZfS 95, 473).

Lebererkrankung kann den Alkoholstoffwechsel lediglich bei sehr schweren Funktionsstörungen beeinflussen, die idR stationären Aufenthalt gebieten, eine VTeilnahme daher gewöhnlich ausschließen (Dü VRS 60, 219); wer sich einer solchen Erkrankung bewußt ist, hat eine evtl Abbauverzögerung in Rechnung zu stellen (Dü aaO). – **Körperliche Arbeit** beschleunigt den Abbau im allg nicht (Ponsold S 238), während Gegengifte, wie Kaffee oder Pervitin, nur gewisse Symptome des Rauschzustandes beeinflussen, die gestörte Leistungsfähigkeit aber nicht wiederherstellen (atypische oder Pseudo-Ernüchterung). **Kaffee** kann die Alkoholwirkung uU sogar steigern, der Leistungsabfall ist nach seiner Wirkung uU bes stark. Es gibt bisher kein **Ernüchterungsmittel,** das die Alkoholwirkung über eine evtl Verzögerung der Resorption hinaus etwa aufheben könnte (eingehend Schneble BA 88, 18).

dd) Das Ergebnis der **Blutalkoholprobe,** das gem § 256 StPO in die HV einzuführen (s dazu § 81 a StPO 6; § 24 a StVG 2) u im Urt anzugeben ist (Ha VRS 74, 443), ist nur bei Beachtung der vom BGA festgesetzen RiLien (s Gutachten 1966 Anl 6a u unten 40) verwertbar (Dü VRS 73, 217), die auch im **Zivil**prozeß gelten (BGH(Z) VRS 75, 444). Danach wird die BAK idR aufgrund von 3 Analysen nach der **Widmark-** u mind 2 Analysen nach der **ADH-Methode** bestimmt (BGHSt 21, 157); die

StGB § 316 13, 13 a 4. Teil. E. Alkoholdelikte

hierbei verwendeten Geräte unterliegen nicht der **Eichpflicht** (Dü DAR 95, 372; Schl BA 96, 54; Bay v 17. 10. 95, 1 StRR 139/95). Zugrundezulegen ist stets der **Mittelwert** von allen Einzelwerten der nach den gen RiLien erforderlichen 5 Analysen (BGHSt 28, 1; Dü VRS 67, 35 = StVE 63; Ha VRS 36, 422; Janiszewski 378), weil er dem „**Wahren Wert**" am nächsten kommt (Bay NZV 96, 75). Allein 2 Analysen nach der ADH-Methode reichen mind dann nicht, wenn die Werte nicht wesentlich über dem maßgeblichen Grenzwert liegen (Bay 82, 34 = VRS 62, 461); auch 2 gaschromatographische Analysen (s 13) allein werden nicht als ausreichend erachtet (Stu VRS 66, 450; aA LG Kiel SchlHA 83, 196; AG Langen NZV 88, 233 unter bes Umständen, m zust Anm Hentschel; s auch Ha NJW 74, 2064); sie sind aber als Indiz verwertbar (Hentschel NJW 85, 1318; Kö VRS 67, 246 = StVE 66; zur Zuverlässigkeit des ADH/REA-Verfahrens s Mebs ua BA 96, 71). Der Mittelwert ist aber nur dann verwertbar, wenn die zul **Variationsbreite** eingehalten ist (Nr 3.6 RiBA), dh wenn die Differenz zwischen dem höchsten u dem niedrigsten Einzelwert nicht mehr als 10% des Mittelwertes, bei einem Mittelwert unter 1‰ nicht mehr als 0,1‰ beträgt (Gutachten BGA 1966 Nr 6 Anl 6 a; BGH NZV 90, 357; 99, 386; Ha BA 85, 484; Bay NZV 96, 75; Dü DAR 87, 293); sonst ist die Analyse zu wiederholen (Nr 3.6 RiBA). Der dritten Dezimale hinter dem Komma kommt weder bei der Errechnung des Mittelwertes noch bei der Bestimmung des Einzelwertes ein signifikanter Aussagewert zu, so daß sie außer Betracht zu bleiben hat (Ha NZV 00, 340; Kö NZV 01, 137). Einer Berechnung der sog. **Standardabweichung** der Einzelwerte bedarf es nicht (BGH NZV 99, 386; aA Schoknecht NZV 96, 217).

13 Bei Anwendung der **automatischen gaschromatographischen Methode,** die wegen ihrer bes Zuverlässigkeit zunehmend Bedeutung gewonnen hat, gelten die gleichen Grundsätze (Dü VRS 45, 116; Ha VM 76, 10). Jedoch genügt der Mittelwert von 4 Einzelanalysen, wenn 2 durch automatisierte gaschromatographische Untersuchung u 2 nach der ADH-Methode gewonnen sind, zum Nachweis der BAK (BGH VRS 54, 452; Bay 76, 14 = StVE 16). Auf die Kontrolluntersuchung nach der ADH-Methode darf auch hier nach heutigem Erkenntnisstand nicht verzichtet werden (Hbg VRS 51, 65 = StVE 15; Dü VRS 57, 445; NZV 97, 445); sonst bedarf es eingehender Begr der angenommenen BAK (Ha BA 81, 261).

13 a Die **Berechnungsgrundlagen** müssen zwar grundsätzlich im Urt nachprüfbar mitgeteilt werden (BGH NStZ 86, 114, 310; v Gerlach BA 90, 306; Sa ZfS 95, 473), doch genügte bisher im allg die bloße Angabe des Mittelwertes (BGHSt 28, 235 = StVE 31), jedenfalls wenn er weit über dem Grenzwert lag (Kö VRS 57, 23) u das Labor versicherte, daß die RiBA (Rn 40) eingehalten sind u **nicht aufgerundet** worden ist (s 22 a; § 24 a StVG 3). Im Hinblick auf die Senkung des Sicherheitszuschlags (22, 22 a) verlangt der BGH (NZV 90, 357) allerdings inzw von den Instituten in der schriftlichen Mitteilung der Analysenergebnisse die Versicherung, daß das untersuchende Institut zur Kontrolle seiner Zuverlässigkeit an den

Tathandlung   **14, 15**   **§ 316 StGB**

durch Nr 3.6 RiBA vorgeschriebenen Ringversuchen teilnimmt. Außerdem ist durch die **Bekanntgabe aller Einzelmeßwerte** nachzuweisen, daß die sich ergebende Abweichung der Einzelwerte unter den im Gutachten (NZV 90, 106) angegebenen Maximalwerten liegt (zur sog Standardabweichung s BGH NZV 90, 357, 358 u Bay NZV 96, 75). Werden die Einzelwerte nicht mitgeteilt, ist – insb im Grenzbereich – bei evtl Bedenken ein Beweisantrag auf Vorlage aller Einzelwerte zu erwägen (BGH NStZ 86, 114, 310), bei dessen Ablehnung ein Verfahrensfehler vorliegen kann (Kar NJW 77, 1111). Grundsätzlich besteht ein Anspruch des Beschuldigten auf Bekanntgabe der einzelnen Meßergebnisse (BGH NZV 90, 357).

b) Die **Rückrechnung.** Da die Blutprobe idR nicht unmittelbar nach **14** der Tat, sondern meist erst einige Zeit später abgenommen wird, während der Alkohol abgebaut wird (s 10), maßgeblich aber die BAK zur Tatzeit ist, ist eine **Rückrechnung** (iS einer Hochrechnung) vom ermittelten Wert der Blutprobe auf die **Tatzeit** erforderlich (BGHSt 21, 157, 163). Dem Untersuchungsergebnis muß der zwischen Tat u Blutabnahme **abgebaute Alkohol hinzugerechnet werden.** Dabei ist stets der dem Angeklagten günstigste Abbauwert zugrundezulegen (BGH BA 87, 224; Kö VRS 65, 426), dh wenn sich eine möglichst **niedrige BAK** zugunsten des Angeklagten auswirkt (Fahrtüchtigkeit!), ein gleichbleibender stündlicher Abbauwert von **0,1‰/h** (vgl BGHSt 25, 246; 34, 29), obwohl der wirkliche Abbauwert im allg höher (zwischen ca 0,14 u 0,17‰/h, s Gerchow ua BA 85, 77, 104; oben 10; BGA S 53–64) liegt. Diese Rückrechnung ist aber nur zulässig, wenn feststeht, daß die **Resorption** (7) bei der Blutentnahme **abgeschlossen** war (BGH NJW 74, 246; Bay NZV 95, 117; sonst s 17); diese Feststellung ist idR nicht ohne SV möglich (BGH NJW 74, 246). Da die Resorption bis zu 2 Std dauern kann (s 7), sind die ersten 2 Std nach Trinkende bei „normalem Trinkverlauf" (dh 0,5–0,8 g Alkohol pro kg Körpergewicht in 1 Std) grundsätzlich von der Rückrechnung auszunehmen (BGHSt 25, 246; Kö VM 81, 60; StV 84, 516; Zw ZfS 94, 385; Bay NZV 95, 117: nicht nur 1 Std), weil in ihnen der Abbau möglicherweise durch die weitere Resorption von Alkohol ausgeglichen wird, es sei denn, daß ein früheres Resorptionsende feststellbar (s oben 7 u Janiszewski 374) oder ein SV zugezogen worden ist (Ha NJW 75, 702; s auch unten 17).

Beispiel: Blutprobenergebnis 5 Std nach der Tat:	+ 0,95‰
hinzuzurechnen (unter Weglassung der ersten zwei Std) 3 × 0,1%/h:	+ 0,30‰
zur Tatzeit:	+ 1,25‰.

Da der persönliche Abbauwert nicht feststellbar ist (s dazu oben 10), muß, **15** wenn sich eine **hohe BAK** zugunsten des Täters auswirkt (**Schuldunfähigkeit** §§ 20, 21 StGB) vom höchstmöglichen Abbauwert ausgegangen werden, den die RSpr im Anschluß an entspr wissenschaftliche Erkenntnisse bei 0,2‰/h festgesetzt hat (s BGHSt 37, 231, 237; VRS 70, 207; NStZ 95, 539; Thü ZfS 97, 312; Zw ZfS 94, 385; anders bei fehlender Blutprobe: s 20; zum (höheren) Abbauwert bei Alkoholikern s BGH NStZ 97, 591, 592). Mit diesem Wert, der durch das äußere Erscheinungsbild nicht relativiert werden darf (BGH NStZ 95, 539), ist hier – anders als bei der Ermittlung der FU (oben 14) – auch in die beiden ersten Stunden nach Trinkende hineinzurechnen u ein einmaliger Sicherheitszuschlag von 0,2‰ hinzuzufügen; dieser Rückrechnungsmodus gilt auch bei kürzestem Abstand zwischen Entnahme- u Tatzeit, da der mögliche Konzentrationsabfall pro Stunde umso höher ist, je kürzer die Rückrechnungszeit ist (Bay VRS 76, 423).

Beispiel: Blutprobenergebnis 5 Std nach der Tat:	+ 0,95‰
zuzüglich 5 × 0,2‰ =	+ 1,00‰
zuzüglich Sicherheitszuschlag	+ 0,20‰
ergibt zur Tatzeit	+ 2,15‰.

16 Dies kann dazu führen, daß bei der Rückrechnung der BAK auf den Tatzeitpunkt **zwei verschiedene Werte,** nämlich der geringstmögliche Abbauwert bei Ermittlung der Fahrsicherheit, aber der höchstmögliche bei Prüfung der Schuldfähigkeit zugrunde zu legen sind (ebenso Ha VRS 41, 410 u 53, 24; s dazu Salger Rn 38). Im allg darf sich der Tatrichter in einfach gelagerten Fällen die erforderliche Sachkunde für die Rückrechnung zutrauen (BGH VRS 21, 54 f; 65, 128; Ko VRS 75, 40); Zuziehung eines SV ist aber zur Ermittlung wirklichkeitsnaher persönlicher Abbauwerte oder Klärung spezieller Fragen unerläßlich (s BGHSt 25, 250; Jessnitzer BA 78, 315). Weicht der Richter auf Grund eines SV-Gutachtens von den Richtwerten ab, so muß er die maßgeblichen Gesichtspunkte im Urt darlegen (Ha VRS 47, 269). Wurden nacheinander in zeitlichem Abstand 2 Blutproben entnommen, so darf die Differenz zwischen den beiden BAK-Werten nicht der zwischenzeitlichen Veränderung der BAK gleichgesetzt werden (Bay 75, 88 = StVE 6). Über Erfahrungen bei **Doppelblutentnahmen** berichten Berghaus/Althoff BA 79, 375. Verhältnis zwischen BAK u **UrinAlkoholkonzentration** s Dü VM 71, 96. – Zur indiziellen Bedeutung der BAK unter Berücksichtigung des Zweifelssatzes s BGH NStZ 89, 17 = BGHSt 35, 308; zur Abnahme der Aussagekraft der BAK bei längerer Rückrechnungszeit s BGH BA 93, 132 mwN; s auch E 126 b.

17 Wenn die **Resorption** im **Tatzeitpunkt noch nicht abgeschlossen** war oder dies auch mit Hilfe eines SV nicht feststellbar ist, ist Rückrechnung an sich unzulässig, weil der Täter dann benachteiligt würde (BGHSt 25, 246); zumind muß dann aber vom Untersuchungsergebnis der möglicherweise erst nach der Tat resorbierte Alkohol abgezogen werden. Hierfür gibt es keine rechnerische Formel. Zuziehung eines SV ist erforderlich. Der Richter muß aber möglichst genaue Feststellungen über Trinkzeit, -menge, Getränkeart, Einnahme von Mahlzeiten u dergl treffen (Ko VRS 39, 202; Kö VRS 65, 426). War der Trinkverlauf „normal" im oben (14) erörterten Sinn, so ist die Resorption bei Anwendung der dargelegten Rückrechnungsmethode bereits berücksichtigt; sie darf nicht noch einmal vom Ergebnis abgezogen werden; anders bei individueller Beurteilung, bes nach Aufnahme großer Alkoholmengen gegen Ende der Trinkzeit (Sturztrunk s unten 22). Ergab die Blutprobe 1,1‰ oder mehr, steht die sog absolute FU (22) zur Tatzeit jedenfalls fest, weil die Alkoholwirkung in der Anflutungsphase die gleichen Folgen auf die Fahrsicherheit hat, wie eine BAK von 1,1‰ in der Eliminationsphase (BGHSt 25, 246, 251; s auch Salger Rn 38).

c) Die **Alkoholbestimmung** kann außerhalb des § 24a StVG (vgl § 24a StVG 4a ff) nicht mittels der Bestimmung des Atemalkoholwertes (AAK) erfolgen. Ein Rückschluß vom festgestellten AAK auf eine bestimmte BAK ist zu Lasten des Angeklagten nicht möglich. Die gemessenen AAK-Werte können nicht mit der notwendigen Genauigkeit in BAK-Werte umgerechnet werden (vgl BGH NZV 01, 267; Bay NZV 00, 295; Na ZfS 01, 136; BGA-G „Atemalkohol" 1991, 32f; Iffland-Hentschel NZV 99, 489ff; Iffland-Eisenmenger-Bilzer NJW 99, 1379ff). Der AAK-Wert kann jedoch ein gewichtiges Beweisanzeichen für eine Fahruntüchtigkeit sein (vgl. König NZV 00,299; Maatz 56), allein ist er aber unzureichend (Na ZfS 01, 136). Bei den von der Polizei verwandten Vortestgeräten, die nicht von der physikalisch-technischen Bundesanstalt zugelassen sind, kommt hinzu, daß die AAK-Meßwerte durch eine Vielzahl physiologischer Einflüsse wie bsp Luftfeuchtigkeit oder Magenluft durch Aufstoß verfälscht werden können. Auch die Atemtechnik kann das Ergebnis eines derartigen Atemalkoholtestes beeinflussen (vgl Hentschel in B/B 14a 55f mwN). Fehlende Notifizierung des Meßgerätes durch die Europäische Kommission bewirkt kein Verwertungsverbot (EuGH NZV 98, 469). 18

Der **Atemtest** darf **nicht erzwungen** werden; im Weigerungsfall kann aber – bei Vorliegen der Voraussetzungen dazu (s § 81a StPO) – eine Blutentnahme angeordnet werden (BGH VRS 39, 184; Bay 63, 15 = DAR 63, 221; s dazu RiBA Nr 2 unten Rn 40); diese ist auch dann nicht rechtswidrig, wenn der nach den RiBA (40) vorgesehene Atemtest wegen anderer Verdachtsgründe unterbleibt (Kö NStZ 86, 234). 18a

d) **Feststellung der FU ohne Blutprobe u AA-Test.** Fehlen derartige Untersuchungsergebnisse ausnahmsweise, so ist die Frage der FU anhand zuverlässiger Beweisanzeichen in freier Beweiswürdigung zu entscheiden (Dü NZV 92, 81; Kö NZV 89, 357; Ha VRS 59, 40 = StVE 33u BA 82, 563; Zw DAR 99, 278), wobei notfalls von den unwiderlegbaren Angaben des Angeklagten zur Trinkmenge u -zeit auszugehen u die Berechnung der BAK aufgrund der **Widmarkformel** (s 9c) vorzunehmen ist, sofern die Angaben nicht zu vage sind (s BGH NStZ 94, 334 mwN). Erforderlich ist für diese Berechnung die Kenntnis der getrunkenen Alkoholmenge (in Gramm) u das Gewicht des Betr (zum Zweifelssatz bei der Berechnung der BAK s BGH StV 90, 100). 19

An die Beweisanzeichen sind strenge Anforderungen zu stellen (Kö NZV 89, 357; Ko VRS 54, 282; Dü ZfS 82, 188 = StVE 43a; aA Zw DAR 99, 278) u sachverständige Hilfe beizuziehen (BGH VRS 65, 359). Hier kann auch uU ein noch nicht den strengen Anforderungen des BGA (s 18) entspr AA-Test als Indiz verwertet werden (LG Gera DAR 96, 156). 19a

StGB § 316 19b–22   4. Teil. E. Alkoholdelikte

19b Einem **Gutachten** darf sich das Gericht nicht einfach anschließen (BGHSt 7, 238); es muß mind die wesentlichen Anknüpfungstatsachen wiedergeben (BGHSt 12, 311; VRS 71, 22, 357; v 11. 1. 95 bei Detter NStZ 95, 487), insb Körpergewicht, Alkoholgehalt der Getränke, den verwendeten Reduktionsfaktor (s 8) u das angenommene Resorptionsdefizit (s 7; Bay v 17. 3. 88 bei Janiszewski NStZ 88, 544); zur Berechnung der BAK s BGH NStZ 89, 473. – Die Feststellung der BAK aus dem (nach Litern oder Gramm u nicht nach „Gläsern") **ermittelten Alkoholkonsum** ist im Hinblick auf die unterschiedliche Alkoholverteilung u -verarbeitung bei den einzelnen Menschen nur in groben Umrissen möglich; kann aber aus der festgestellten Alkoholmenge im Zusammenhang mit typischen Fahrfehlern auf alkoholbedingte FU geschlossen werden, bedarf es der Feststellung der BAK nicht (vgl Ha VRS 59, 40 = StVE 33).

20 Kommt es bei **fehlender Blutprobe** auf die Beurteilung der **Schuldfähigkeit** an (s E 126), ist bei der Berechnung der (höchstmöglichen) BAK aufgrund der Trinkmenge von dem dem Angeklagten günstigsten **minimalsten** Rückrechnungswert von 0,1‰/h auszugehen (BGHSt 34, 29, 32; LG Ravensburg NStZ-RR 97, 36; zur Anwendung des Zweifelssatzes in diesem Falle s BGH NStZ 90, 121), beim Nachweis der alkoholbedingten **Fahrunsicherheit** vom **maximalen** Abbauwert von 0,2‰/h (BGH aaO; VRS 71, 360, 363; Bay StVE 93; He/Bo 105; Salger DRiZ 89, 174).

21 e) Die **Wirkung des Alkohols** besteht in der ersten Phase nach der Aufnahme in einer Lockerung der Persönlichkeit u Steigerung des Selbstbewußtseins, Wegfall von Hemmungen. Der „Angeheiterte" neigt daher zu leichtsinniger Unterschätzung der Gefahren. Im weiteren Verlauf tritt Ermüdung, Nachlassen des Auffassungsvermögens u der Reaktionsfähigkeit ein (Näheres bei Janiszewski 339 ff). **Ein Kf ist** nicht erst dann **fahrunsicher**, wenn bei ihm bestimmte schwerwiegende psychophysische Ausfallerscheinungen auftreten, sondern schon dann, **wenn seine Gesamtleistungsfähigkeit, namentlich infolge Enthemmung sowie geistigseelischer u körperlicher Leistungsausfälle, so weit herabgesetzt ist, daß er nicht mehr fähig ist, sein Fz im StraßenV eine längere Strecke, u zwar auch bei plötzlichem Eintritt schwieriger VLagen, sicher zu lenken** (BGHSt 13, 83, 90; 19, 243). Die Feststellung der FU hängt zwar nicht allein von der Ermittlung eines bestimmten Promille-Wertes ab (s 19); dessen Kenntnis erleichtert aber die Rechtsfindung. Die **Fahrsicherheit** eines **Kf** kann ab einer BAK von 0,5‰ – ausnahmsweise, dh unter ungünstigen Umständen, bereits ab 0,3‰ (BGH VRS 49, 429) – erlöschen (s dazu Janiszewski 343 u unten 26).

22 aa) **Absolute Fahrunsicherheit eines Kf** beginnt bei **1,1‰** (BGHSt 37, 89 = NZV 90, 357 im Anschl an Gutachten BGA NZV 90, 104 u unter Abweichung von BGHSt 21, 157: 1,3‰); dieser Wert setzt sich aus dem **Grundwert** von 1,0‰ u einem zum Ausgleich für etwaige Unsicherheiten bei der BA-Bestimmung für erforderlich gehaltenen **Sicherheitszuschlag** von 0,1‰ zusammen (BGHSt aaO; Salger NZV 90, 1; BGA NZV 90, 104); er gilt für alle Kfz-Arten, also auch für motorisierte Zweirad-Fze ein-

Tathandlung 22 a–24 **§ 316 StGB**

schl **Mofa** (BGHSt 30, 251) soweit es mit eingeschaltetem Motor nicht nur geschoben wird (Bay VRS 66, 202), motorbetriebene **Leichtmofas** u **Mopeds** (Ha VRS 50, 206; aA bei Leichtmofas LG Ol DAR 90, 72: 1,7‰ wie bei Radfahrern s unten 25) u wenn der Motor durch Treten der Pedale in Betrieb gesetzt werden soll (anders bei § 24 a StVG, s dort Rn 2), ja selbst für den Führer eines mittels Abschleppseiles abgeschleppten Kfz (BGH NZV 90, 157; s § 2 StVO 6; Verf NStZ 84, 113; aA Fra NJW 85, 2961). – Die Verwendung dieses **Beweisgrenzwertes** zur Ausfüllung des ges Begriffs der FU verstößt nicht gegen Art 103 II GG (BVfG VRS 88, 1 u BA 95, 116).

Der Grenzwert von 1,1‰ ist auch **rückwirkend** anwendbar (Bay NZV 90, 400; BVfG NZV 90, 481 m krit Anm v Hüting/Konzak NZV 91, 255; BSG NZV 93, 267; BGH(Z) NZV 92, 27), da es sich hierbei nicht um eine G-Änderung handelt, sondern nur um eine Änderung einer Beweisregel (BVerfG NZV 90, 481). Er gilt für alle Verkehrs- u Witterungsverhältnisse (BGHSt 31, 42). Ergibt der maßgebliche **Mittelwert** der Einzelanalysen (auch nur knapp) weniger als 1,1‰, darf nicht zuungunsten des Angeklagten **aufgerundet** werden (Ha VRS 56, 147 = StVE 28). 22 a

In der **Resorptionsphase** kann ein **Sturztrunk** (s oben 7) durch die plötzliche Überflutung des Gehirns eine stärkere Beeinträchtigung der Fahrsicherheit bewirken als eine gleiche BAK in der Abbauphase u dadurch die geringere BAK mind ausgleichen. Deshalb gilt nicht nur derjenige als absolut fahrunsicher, der zur Tatzeit den sog absoluten Grenzwert (s 22) erreicht hat, sondern auch derjenige, der eine Alkoholmenge im Körper hat, die erst nach der Tat zu einer solchen BAK führt, denn nach rechtsmedizinischen Erkenntnissen wirkt die alkoholische Beeinträchtigung in der Resorptionsphase mind ebenso stark wie nach Erreichen des Invasionsgipfels (s Heifer BA 70, 383, 472; Janiszewski 412). Ist diese festgestellt, so erübrigt sich demnach eine Rückrechnung auf den Tatzeitpunkt (BGHSt 25, 246; ebenso die ges Regelung in § 24 a StVG expressis verbis). Außerdem kann aus einem Sturztrunk kurz vor Fahrtantritt (sog **Schluß-Sturztrunk**) darauf geschlossen werden, daß der Fahrer schon vorher enthemmt u kritiklos, mithin mind relativ fahrunsicher war (BGHSt 24, 200; Bay 72, 267 = VRS 44, 285); selbst aber die durch einen Schluß-Sturztrunk bewirkte „aufsteigende Rauschphase" rechtfertigt bei einer BAK unter 1,1‰ nicht den Verzicht auf den Nachweis von FU-Anzeichen (s 26; Zw BA 91, 115; beachte auch Dü VRS 64, 436: Sturztrunk u sofortiger Fahrtantritt vor Übergang des Alkohols ins Blut). Zur Dauer der Resorptionsphase bei Sturztrunk s oben 7 u Dü VRS 63, 62 = StVE 46. 23

Zu unterscheiden hiervon ist der sog **„Nachtrunk"**, dh die Alkoholaufnahme nach der Tat. Nachtrunk wird zwar oft nur als Schutzbehauptung vorgegeben, um darzutun, daß die festgestellte BAK nicht schon zur Tatzeit bestanden habe; Nachweis kann aber uU durch **2. Blutprobe** (Zink/Reinhardt BA 81, 377; krit Iffland NZV 96, 129; Hafner, Die Polizei 99, 291) eine Harnprobe (26 c), insb aber durch gaschromatographische **Begleitstoffanalyse** erfolgen, durch die bestimmte (Fusel-)Alkohole nachweisbar sind, wie zB Obstbranntwein (Ce BA 83, 535; Bonte BA 81, 303; 24

StGB § 316 24 a–26 4. Teil. E. Alkoholdelikte

83, 313; Iffland ua BA 82, 235; eingehend dazu He/Bo 101 a; Janiszewski 356 b) oder auch durch eine – nicht erzwingbare – **Harnprobe** (Iffland, Die Polizei 99, 295).

24 a Die **2. Blutprobe** darf frühestens 30 Min nach der ersten erfolgen (s 3.5.4 RiBA; Iffland NZV 96, 129; Kar BA 97, 85); sie kann uU Rückschlüsse darauf zulassen, ob sich der Betr zur Tatzeit noch in der Resorptionsphase oder schon in der Abbauphase befand (s Iffland aaO), doch ist ihr Wert umstritten (s Iffland u Bär aaO). Wenn aber Nachtrunk nachweisbar ist, ist die BAK zur Tatzeit unter Berücksichtigung (dh Abzug) des Nachtrunks zu ermitteln (Kö VRS 67, 459). Die abzuziehende Nachtrunk-BAK ergibt sich aus der Dividierung der nachgetrunkenen Alkoholmenge (in gr) durch das mit dem (günstigsten!) Reduktionsfaktor (s oben 8) multiplizierte Körpergewicht (s 9 c; Bay VRS 58, 391; zu den nötigen Feststellungen s Kö VRS 66, 352; zur Berücksichtigung des höchstmöglichen Resorptionsdefizits s oben 7).

25 Für **Radf** hatte der BGH bisher den absoluten Grenzwert bei **1,7‰** (1,5‰ Grundwert + 0,2‰ Sicherheitszuschlag) festgesetzt (BGHSt 34, 133 unter Aufg v BGHSt 19, 82; ebenso BGH(Z) VRS 72, 434); er galt bisher auch für Leichtmofas u Mopeds ohne Motorantrieb (Grohmann DAR 87, 368). Da aber der Sicherheitszuschlag aus den Gründen des Gutachtens des BGA (NZV 90, 104) infolge Verbesserung der Bestimmungsmethoden auch hier auf 0,1‰ zu senken ist (s 22 a), kommt als Grenzwert für Radf nur 1,6‰ in Frage (so auch Kar NZV 97, 486; Ce ZfS 92, 175; Ha NZV 92, 198; Zw NZV 92, 372; Bay BA 93, 254; aA LG Verden: 1,5‰)

25 a Für **Schiffsführer** besteht zwar noch keine absolute Grenze der FU (s dazu Seifert NZV 97, 147), zumal die insoweit für Pkw-Fahrer bestehenden Grundsätze (s oben 22) bisher nicht auch auf Schiffsführer übertragbar gelten (KG BA 70, 470). Bei **Motorbootführern** wird sie unterschiedlich bei 1,1‰ (AG Rostock NZV 96, 124 m zust Anm Reichart), bei 1,3‰ (Schl SchlHAnz 87, 107), 1,7‰ (Kö NJW 90, 847) u 2‰ angenommen (Schiffahrtsobergericht Bln VRS 72, 111 mwN; s dazu Geppert BA 87, 262).

25 b Der Grenzwert gilt nicht für den Führer eines **Schienenfahrzeuges** (Bay NZV 93, 239).

26 bb) **Relative Fahrunsicherheit.** Ist der Grenzwert der sog absoluten FU (s 22) nicht erreicht, kann bei BAK unter 1,1‰ die sog relative FU vorliegen. Die Unterscheidung zwischen „absoluter" u „relativer" FU kennzeichnet nur die unterschiedlichen Nachweisbereiche, nicht den Grad der Trunkenheit oder der Leistungsminderung (BGHSt 31, 42 = StVE 49). FU kann unter ungünstigen Umständen (Ermüdung, widrige Witterungsverhältnisse pp) bereits ab 0,3‰ vorliegen (BGH VRS 49, 429; Heifer BA 86, 368; 91, 121), idR aber nicht darunter (Kö DAR 89, 352), sofern nicht bes Umstände vorliegen (Bay StVE 93; Kö ZfS 91, 33); jedoch bedarf es bei einer BAK unter 1,1‰ der zusätzlichen Feststellung bes Umstände, aus denen sich die alkoholbedingte (!) FU des Kf ergibt (BGH VRS 27, 192; NZV 95, 80; Kar ZfS 93, 161); das gilt auch im **ZivilR** (BGH(Z)

NJW 82, 2612), wo unterhalb des absoluten Grenzwertes nicht etwa kraft Anscheinsbeweises auf die FU geschlossen werden darf (BGH(Z) VRS 75, 25; Kö r + s 93, 407).

Die **Umstände** können in der Person des Täters oder der Umwelt liegen oder sich als Ausfallerscheinungen in der Fahrweise darstellen (Beisp bei Janiszewski 362 f). Letztere sind für die Annahme alkoholbedingter FU unverzichtbar (BGHSt 31, 42 = StVE 49). Die Anforderungen an die Aussagekraft eines zusätzlichen Beweisanzeichens sind umso höher zu stellen, je weiter die BAK vom absoluten Grenzwert entfernt ist u umgekehrt (BGH aaO mwN; Ko VRS 75, 37, 39; Bay NZV 88, 110; Kö NZV 95, 454). Die sorglose u leichtsinnige oder bewußt verkehrswidrige Fahrweise (Enthemmung! Ce DAR 84, 121; Kö VRS 37, 200; Dü ZfS 97, 113), ein **Schluß-Sturztrunk** (s Hentschel in B/B 14 B 44; oben 23 mwN) sowie für einen Angetrunkenen typische Fahrfehler (zB Fahren in Schlangenlinien; nicht aber unbedingt beim älteren, bergauf fahrenden Radf: Bay bei Janiszewski NStZ 88, 544) können ausreichen (BGH VRS 25, 438; 33, 118), insb wenn sie bei Nüchternen seltener vorkommen, uU auch Flucht vor der Blutprobe (LG Gera DAR 96, 156); – **nicht** aber allein überhöhte Geschwindigkeit (BGH VRS 69, 368; NZV 95, 80; Schl DAR 94, 30), insb wenn sie anders als nur durch Alkohol erklärlich ist (BGH ZfS 94, 464; DAR 95, 166; Kö VRS 90, 119; LG Osnabrück DAR 94, 128: Pol-Flucht; Sa VRS 72, 377 = StVE 78; Ko VRS 78, 448), riskantes Fahren Jugendlicher (Bay v 18. 2. 86, 2 St 31/86; v 2. 6. 95, 1 St RR 53/95: fliegender Fahrerwechsel), aggressives, rücksichtsloses Fahren (s Zw BA 91, 115), die Fortsetzung der Fahrt trotz widriger Witterungs- oder StrVerhältnisse, die auch nüchterne Fahrer nicht durchweg abgehalten haben (Bay DAR 89, 427), Überfahren der Mittellinie auf kurvenreicher Strecke (LG Zw NZV 94, 450), Fehler beim Abbiegen, die auch oft nüchternen Fahrern unterlaufen (LG Osnabrück DAR 95, 79), Ausweichmanöver bei Wildwechsel (Kö StVE 109) oder eine „psychopathische Charakterstruktur", die zu keiner konkreten, vom Alkoholgenuß zumindest mitverursachten Ausfallerscheinung geführt hat (BGH StVE 49; weitere Beisp bei Janiszewski 362 a).

Es muß feststehen, daß der Fahrfehler alkoholbedingt war (BGH StV 94, 543; BVfG VRS 90, 1) u daß dieser Angeklagte sich in nüchternem Zustand anders verhalten hätte (BGH VRS 36, 174; Bay NZV 88, 110; Kö NZV 95, 454; Hentschel in B/B 14 B 30 f; Berz NZV 90, 359); der Alkoholeinfluß muß also kausal für sein Verhalten gewesen sein; dem Verhalten nüchterner Kraftfahrer kommt jedoch eine Indizwirkung zu (Kö NZV 95, 454; Mettke NZV 00, 20). Wer Alkohol getrunken hat, muß – wenn überhaupt! – langsamer als ein Nüchterner fahren; die zul Höchstgeschwindigkeit vermindert sich für ihn entspr der alkoholbedingten Verlängerung der Reaktionszeit (BGH VRS 4, 30, 134; 6, 203; 9, 296; BGHSt 24, 31). Auffällig langsames Fahren mit einer BAK unter 1,1‰ beweist nicht ohne weiteres FU, sondern kann gerade ein Anzeichen dafür sein, daß der Fahrer verantwortungsbewußt seiner verminderten Reaktionsfähigkeit Rechnung trägt (vgl Dü VM 68, 113; Kö NZV 95, 454, Hentschel in B/B 14 B 37, s auch 29).

StGB § 316 26 c–27 a

26 c **Zusätzliche Beweisanzeichen** für die Beurteilung der FU können (freiwillig abgegebene! s Janiszewski 381) **Harnproben (**Ifland, Die Polizei 1999, 295), insb zur Prüfung der Nachtrunkbehauptung (24) u der Rauschmitteleinnahme (27), sowie anläßlich der Blutentnahme durchgeführte **klinische Untersuchungen** (s Gebhardt § 36, 27 ff) erbringen, die – anders als die Blutprobe – aber nicht erzwingbar sind (s RiBA Nr 4); zum begrenzten Beweiswert des sog **Drehnachnystagmus** s Kö VRS 65, 440 u Zw StVE 60 = BA 84, 534 m Anm Heifer sowie Ko NZV 93, 444; Zw NZV 96, 158: allenfalls grobschlägiger verwertbar; „Nüchternbefund" erforderlich. Fehleinschätzungen der FU bei der klinischen Untersuchung, die beim AA-Test künftig fehlt, sind – je nach Erfahrung des Arztes (s Ponsold S 219) – nicht selten.

27 f) **Andere berauschende Mittel** sind solche, die in ihren Auswirkungen denen des Alkohols vergleichbar sind u zu einer Beeinträchtigung des Hemmungsvermögens sowie der intellektuellen u motorischen Fähigkeiten führen (BGH VRS 53, 356 = StVE 19; Bay NZV 90, 317; Dü NZV 93, 276; 94, 326, 490; Salger DAR 94, 433; Burmann DAR 87, 134; Janiszewski BA 87, 247). Das sind insb die in den Anl I–III zu § 1 I BtMG genannten Stoffe, wie zB Rauschgifte aller Art, Kokain (BGH DAR 00, 57), Morphin, Heroin, Opium, LSD, Marihuana, Haschisch (Bay NZV 94, 285; Dü NZV 94, 326 mwN), die – wie Alkohol – auf das zentrale Nervensystem einwirken (Kö BA 90, 447; Dü NZV 93, 276 m zust Anm Trunk; s Übersicht bei Maatz/Mille DRiZ 93, 18 ff; Nehm DAR 93, 377 sowie Meininger in B/B 15), doch **nicht Medikamente** oder sonstige Mittel, die keinen Alkohol enthalten u auch sonst keine berauschende Wirkung haben (Kar BA 79, 59; aA Schewe BA 76, 87 u 79, 60; Kö NZV 91, 158); wohl aber zB Klosterfrau-Melissengeist (Ol DAR 56, 253) ua alkoholhaltige Säfte (Baldrian-Tinktur: Ce BA 81, 176) oder Medikamente, die bei entspr Dosierung als Rauschmittel wirken können (zB Dolviran: Ko VRS 59, 199; Lexotanil in Überdosis: Ce VM 86, 36; Valium: Kö BA 77, 124; Ha StVE 56; Mandrax: Dü VM 78, 97; Phanodorm: KG VRS 19, 111; Eusedon: AG Kö BA 81, 263 m Anm Schewe S 265, s dazu Verf NStZ 81, 471; zu Psychopharmaka s Salger DAR 86, 383). Die Wirkung als berauschendes Mittel ist – idR nach Anhörung eines SV – im Urt darzulegen (Kö NZV 91, 158); eine bloße generelle Eignung zur Beeinträchtigung der Fahrsicherheit allein reicht nicht aus (Kö aaO; Fra NZV 92, 289). Die **Halbwertzeit** beträgt bei Haschisch 60 Stden, dh: noch 60 Stden nach der Einnahme von Haschisch ist dessen psychotrope Wirkung zu 50% vorhanden (nach Randonat 21. VGT S 51). – Darauf, ob die Mittel zum „Genuß", dh zur Erzielung lustbetonter Empfindungen, bestimmt sind oder aus welchen Gründen sie genommen werden, kommt es nicht an (s oben 6).

27 a Da es noch **keinen Beweis-Grenzwert** für die Annahme einer absoluten FU nach Rauschmittelkonsum gibt (BGH NZV 99, 49; 00, 419; Dü NZV 94, 326; Bay NZV 94, 236; Fra NZV 95, 116 jew zu Haschisch; Fra NZV 92, 289: Heroin; Dü NZV 99, 174: Amphetamin; Nehm DAR 93,

375; s auch Referate beim 31. VGT), ist im Einzelfall entspr den Grundsätzen zur Beurteilung der alkoholbedingten relativen FU (BGH aaO; Dü NZV 99, 174 = DAR 99, 81) anhand etwaiger typischer rauschgiftbedingter Ausfallerscheinungen festzustellen (Kö NJW 90, 2945 = NZV 90, 439), ob das eingenommene Mittel eine FU bewirkt hat (Fra NZV 95, 116). Der Feststellung eines Fahrfehlers bedarf es dazu nicht unbedingt, es genügt, wenn die erhebliche Beeinträchtigung des Reaktions- oder Wahrnehmungsvermögens auf irgendeine andere Weise festgestellt wird (BGH NZV 99, 49; Bay DAR 97, 76; 02, 134). Körperliche Erscheinungen wie glänzende Augen, stark erweiterte Pupillen, schnelle Ermüdung und Schläfrigkeit, Teilnahmslosigkeit oder Nervosität reichen aber nicht aus (Dü NZV 99, 174 = DAR 99, 81).

g) Zusammenwirken von Alkohol u anderen Umständen. Die FU ist auch dann „infolge" des Alkoholgenusses eingetreten, wenn der Täter durch eine für sich allein unschädliche Alkoholmenge fahrunsicher wird, weil er wegen seiner körperlichen oder seelischen Verfassung bes anfällig ist, zB Ermüdung, Neigung zu Schlaftrunkenheit nach Alkoholgenuß, erregter Gemütszustand (BGHSt 22, 8; Bay 68, 28 = VRS 35, 367; vgl auch § 315c Rn 16u He/Bo 218f). Beim Zusammenwirken von Alkohol u **Medikamenten** kommt es darauf an, ob durch den Genuß des Alkohols allein oder im Zusammenwirken mit anderen Ursachen ein alkoholbedingt fahrunsicherer Zustand verursacht wurde, außer wenn nur ganz geringe Alkoholmengen hinzukommen, die dem Gesamtbild nicht den Charakter einer alkoholisch bedingten FU geben (Bay 58, 108 = VRS 15, 202; Hbg VM 67, 50; Dü VRS 23, 443; Ha BA 78, 454; vgl auch § 315c Rn 15). Der Kf kann bei Einnahme von Medikamenten oder ihm unbekannten Getränken verpflichtet sein, sich über ihren etwaigen Alkoholgehalt u ihre etwaige Eignung zur Beeinträchtigung der Fahrsicherheit (Beipackzettel beachten!) zu vergewissern (Ha VM 69, 34; vgl Ce BA 81, 176 zur Einnahme von Baldrian-Tinktur). Es gibt keine festen Beurteilungsmaßstäbe über die Auswirkung der Kombination von Alkohol u Medikamenten auf die Fahrsicherheit. Für die Annahme von FU bedarf es daher in solchen Fällen idR zusätzlicher Beweisanzeichen. Jedoch sind Fälle denkbar, in denen trotz einer BAK von unter 1,1‰ durch zusätzlich eingenommene Medikamente – je nach Art u Menge – eine derartige Leistungsminderung eintritt, daß von FU auszugehen ist u sich die Feststellung zusätzlicher Beweisanzeichen erübrigt (Bay BA 80, 220m Anm Hentschel).

4. Vorsatz u Fahrlässigkeit

Vorsatz liegt vor, wenn sich der Täter ab Fahrtantritt seiner alkohol- oder rauschmittelbedingten (s sazu Harbort NZV 96, 432) FU bewußt ist oder mind mit ihr rechnet u sie in Kauf nimmt (bedingter Vorsatz genügt; Kö DAR 97, 499; Bay VRS 64, 189). Bei einer BAK weit über dem absoluten Grenzwert liegt bedingter Vorsatz zwar nahe (BGH VRS 65, 359; Dü VM 74, 79 noch zu 1,3‰; NZV 94, 367; Seib BA 78, 61), eine so hohe BAK ist idR ein wichtiges Indiz dafür (Kö VRS 72, 367), zumal

StGB § 316 29 a

neben der meist deutlich spürbaren Alkoholwirkung idR das Wissen um die getrunkene erhebliche Alkoholmenge u die daraus uU resultierende FU steht (s dazu Ha NJW 74, 2058 u BA 85, 409 = StVE 68; Dü NZV 94, 367: bei 2,32‰; Fra ZfS 95, 232; NStZ-RR 96, 85; AG Rheine DRiZ 94, 101; Grüner BA 84, 279); doch kann nach einhelliger RSpr weder aus reichlichem Alkoholkonsum noch aus einer hohen BAK allein ohne weiteres auf Vorsatz geschlossen werden (Dr NZV 95, 236; Je ZfS 97, 312; Kö StVE 50; VRS 72, 367; Bay ZfS 93, 174; Ko VRS 70, 11; NZV 93, 444; Ce NZV 92, 247; 96, 204; ZfS 97, 152; Dü ZfS 93, 318 u 355; Fra aaO; Kar NZV 93, 117; NZV 99, 301; Zw ZfS 94, 385, 465; Sa ZfS 95, 432; 96, 234; Ol ZfS 94, 346; Ha NZV 98, 334; 99, 92 so auch 33. VGT; Zink ua BA 83, 503), erst recht nicht bereits bei 1,1‰ (so Fra ZfS 91, 214). **Es gibt keinen allg medizinischen Erfahrungssatz** dafür (Ce VRS 61, 35 = StVE 32), daß ein Kf seine alkoholbedingte FU nach erheblichem Alkoholkonsum bei einer hohen BAK erkennt oder mind für möglich hält (Bay ZfS 93, 174; Kö VRS 72, 367; DAR 97, 499; KG VRS 80, 448; Dü VM 79, 84; Ce StV 90, 400; Je ZfS 97, 312), zumal dieser die Erkenntnis- u Kritikfähigkeit schon frühzeitig (BGHSt 13, 278, 281: ab 0,5–1,0‰) einschränken (Ha ZfS 96, 233) u mit der Folge vermindern kann, daß sich der Alkoholisierte infolge Euphorie bes leistungsfähig fühlte (Kö StVE 50; Ce aaO; Kar DAR 91, 227; s auch Zw NZV 93, 240, 277; ZfS 94, 385; Sa aaO; Ko ZfS 93, 246; BGH NZV 91, 117; Reinhardt BA 84, 274; Hentschel in B/B 14 D 18 ff).

29 a   Die **Beurteilung des Vorsatzes** hängt stets von den Umständen des Einzelfalles ab, die insb bzgl der Alkoholgewöhnung u -verträglichkeit, der körperlichen u psychischen Verfassung, Grad evtl Ermüdung, Zeit u Art vorheriger Nahrungsaufnahme, des Trinkverhaltens u des Zusammenhangs mit dem Fahrtantritt (Ce NZV 96, 204: Fahrt zur Gaststätte, um größere Alkoholmengen zu trinken) sowie der Frage, ob der Täter sich auch der Art u Menge des getrunkenen Alkohols u dessen Wirkung (Ce aaO; Zw ZfS 00, 511) bewußt gewesen ist, konkret festzustellen u zu würdigen sind (Kö VRS 67, 226; StV 84, 516; Kar NZV 93, 117; Bay ZfS 93, 174; Ko ZfS 93, 246; Dü NZV 92, 328: Trinken in seelischer Ausn-Situation; Fra NStZ-RR 96, 85 u Ce aaO; Ha ZfS 96, 234: hohe BAK u einschlägige Vorstrafe; Je ZfS 97, 312; Ce NZV 98, 123). Selbst bei 1,9‰ ist daher Vorsatz zu begründen (Ha VRS 54, 44); er ergibt sich aber nicht daraus, daß der bereits alkoholisierte Täter unmittelbar vor Fahrtantritt noch zusätzlich erhebliche Alkoholmengen getrunken hat (Sa ZfS 95, 432) oder mit dem Taxi heimfahren wollte (Ha ZfS 96, 233, 234). Maßgeblich ist der Zustand zZt der Fahrt, nicht danach (Ha aaO). Die Notwendigkeit zusätzlicher Feststellungen nimmt allerdings mit zunehmender Höhe der BAK reziprok ab (Dü NZV 94, 367). Zu weit geht es aber, wenn bei einer BAK von 2,31‰ die Annahme vorsätzlichen Handelns darauf gestützt wird, daß keine greifbaren Anhaltspunkte gegeben seien, die gegen den Indizwert der hohen BAK sprechen, wobei der Tatrichter Hinweise auf entlastende Umstände vom Angeklagten selbst erwarten könne (Ko NZV 01, 357). Damit wird eine dem Prozeßrecht fremde Mitwirkungspflicht des Angeklagten

postuliert. – Bes vorsichtiges Fahren muß nicht das Bewußtsein der FU beweisen (Kö VRS 72, 367), auch nicht allein ein Fahrfehler (Zw ZfS 90, 33; Ko ZfS 93, 246) oder ein verlängerter Drehnachnystagmus (Ko aaO). Das **Fehlen von Auffälligkeiten** trotz hoher BAK kann darauf schließen lassen, daß sich der Täter für fahrtüchtig gehalten hat (Zw ZfS 91, 428). Ob die Fähigkeit zur Selbstkritik noch erhalten war, kann, muß aber nicht stets auch von der Intelligenz des Täters abhängen (Ce VRS 61, 35 entgegen Ha StVE 23; Ko v 23. 9. 94, 2 Ss 254/94 mwN), mit der sich das Urt im übrigen nur unter bes Umständen befassen muß (Bay DAR 82, 251).

Der **Fahrlässigkeitsvorwurf** ist angesichts der intensiven Aufklärung in der Öffentlichkeit idR bei objektiv vorliegender FU begründet (Ko VRS 44, 199; Lackner 5; Hentschel NJW 84, 351), jedenfalls aber, wenn derjenige, der bewußt Alkohol in einer Menge getrunken hat, die zur FU führen kann, den Eintritt dieser Möglichkeit außeracht läßt, sei es, daß er die nötige Selbstprüfung unterläßt oder trotz dabei aufgetretener Zweifel fährt (s Ha VRS 48, 100; Hbg VM 70, 26; Ce StV 90, 400; Janiszewski 385 f u NStZ 83, 404); er handelt idR grob fahrlässig (Ha VersR 90, 846; s hierzu auch BGH(Z) NJW 89, 1612). 29 b

Fahrlässigkeit kann auch vorliegen **bei niedriger BAK** (Bay BA 84, 374: 0,69‰; Ha ZfS 94, 132–134: unter 1,1‰) u bei beachtlichem **Restalkohol** (Zw VRS 66, 136; ZfS 90, 33; Janiszewski 388 u NStZ 84, 112), dessen erkennbare Wirkung allerdings oft gering u unbekannt ist. Deshalb bedarf es hier sowie bei unbewußter Alkoholaufnahme u sonstigen AusnFällen, wie uU beim sog **Schlußsturztrunk** (Dü VRS 64, 436 m Anm Janiszewski NStZ 83, 404) einer bes Prüfung; das gilt auch bei evtl Überbewertung vermeintlicher Gegenmittel (s 11), deren mögliche Verzögerungswirkung das subjektive Empfinden vermindern kann. – Ein **Wechsel der Schuldform** während der Dauerstraftat (von Fahrlässigkeit auf Vorsatz) begründet nicht die Annahme zweier Taten: Erkennt der Angeklagte während einer kurzen, unfallbedingten Unterbrechung der Fahrt, daß er fahrunsicher ist u setzt die Fahrt gleichwohl ohne erhebliche Abweichung vom vorher gefaßten Gesamtplan fort, so liegt nur **eine** Tat vor (Bay VRS 59, 195). – Trotz gleicher Strafdrohung muß erkennbar sein, ob I oder II vorliegt, da dies für weitere Schlüsse uU bedeutsam sein kann. 29 c

5. Schuldfähigkeit

Alkoholische Beeinflussung kann die Schuldfähigkeit im Sinne der §§ 20, 21 StGB – und zwar regelmäßig die Steuerungsfähigkeit (Hemmungsvermögen) – beeinträchtigen. Insoweit kommt den unter Beachtung des Zweifelsatzes festgestellten Tatzeit BAK-Werten erhebliche Bedeutung zu (BGH NStZ 97, 592; 00, 136), wenn sie auch nicht schematisch angewandt werden dürfen. Zu prüfen sind auch alle äußeren und inneren Kennzeichen des Tatgeschehens und der Persönlichkeitsverfassung (BGH NStZ 97, 591; NZV 99, 194; 00, 46; Tröndle-Fischer § 20 9j). Von Bedeutung sind für die Beurteilung der Schuldfähigkeit insbesondere sogenannte psychodiagnostische Kriterien wie planvolles oder situations- 30 gerechtes Vorgehen, Erinnerungsvermögen oder motorisch kontrolliertes Verhalten. Indizwert für eine erhaltene Steuerungsfähigkeit kommt vor allem der Fähigkeit des Täters zu, auf Veränderungen der ursprünglich vorgestellten Tatumstände bzw. auf unerwartete Konstellationen schnell und folgerichtig zu reagieren. Dagegen kommt der Ausführung von für den Täter gewohnten, wenn auch schwierigen Handlungen (wie z. Bsp. Autofahren) sowie der Ausführung schlichter Handlungsmuster oder der Ausführung eines eingeschliffenen Verhaltens deutlich geringerer Beweiswert zu (BGHSt 43, 6670; NStZ 97, 592; 00, 136; Tröndle-Fischer § 20 9 h). Dabei ist zu berücksichtigen, daß die Anforderungen an die Aussagekraft der psychodiagnostischen Kriterien um so höher zu veranschlagen sind, je höher der Wert der zugrundeliegenden BAK ist (BGH NStZ 00, 136). Dem Tatrichter steht dabei aber ein Beurteilungsspielraum zu (BGH BA 99, 179 f; NStZ 00, 136). Er ist jedoch grundsätzlich verpflichtet, die Höhe der Tatzeit-BAK zu errechnen (BGH NStZ-RR 97, 65 im Anschluß an BGHSt 37, 231) und die dafür erforderlichen Anknüpfungstatsachen (ua Alkoholmenge, Rückrechnungszeitraum, Abbauwert) im Urteil zur Ermöglichung einer revisionsrichterlichen Kontrolle mitzuteilen (BGHSt 34, 31; StV 97, 348; Kö DAR 02, 278; Tröndle-Fischer § 20 9 i).

30 a   Bei BAK-Werten von 2‰ an liegt die Annahme der Voraussetzung des § 21 StGB nahe (BGH NStZ 97, 384), so daß der Tatrichter das Vorliegen des § 21 StGB prüfen muß (BGH NJW 97, 2460; Ka NZV 99, 301; Dü DAR 00, 281). Insbesondere unter Berücksichtigung psychodiagnostischer Kriterien kann das Vorliegen des § 21 StGB jedoch verneint werden (BGHSt 43, 66; NStZ-RR 00, 265; NZV 00, 46 = NStZ 00, 24; Pluisch NZV 96, 98, 100; Heifer BA 99, 139). Die Anforderungen der Senate des BGH sind jedoch insoweit zum Teil unterschiedlich (vgl. Tröndle-Fischer § 20 9 m). Der für Verkehrsstrafsachen zuständige 4. Senat geht davon aus, daß eine Wahrscheinlichkeitsregel – wenn auch kein medizinischer Erfahrungssatz – besteht, daß über 2‰ die Steuerungsfähigkeit erheblich beeinträchtigt sei (NStZ-RR 97, 162; NStZ 00, 24). Allerdings ist auf Alkoholgewöhnung und Toleranz zu achten, da Alkoholgewöhnte selbst bei sehr hohen BAK-Werten geringere Auswirkungen auf ihre Leistungsfähigkeit hinnehmen müssen als nicht Trinkgewohnte (NStZ 97, 591; NStZ-RR 97, 591). Wenn der BAK-Wert aufgrund der Trinkmenge nur errechnet wurde, ist die Indizwirkung der BAK-Werte geringer zu veranschlagen. Hier kommt den Tatumständen besondere Bedeutung zu, insbesondere bei Rückrechnung über viele Stunden (BGH NZV 00, 46; NJW 98, 34, 27; NStZ 00, 136). Liegen jedoch außer der BAK keine anderen Beweisanzeichen vor, so ist bei einer BAK von 2‰ an aufwärts § 21 StGB zu bejahen (BGHSt 37, 239; BGH NStZ-RR 99, 297; Tröndle-Fischer § 20 9 l; 9 o). Läßt sich die Menge des Alkoholkonsums weder zeitlich noch mengenmäßig eingrenzen, so kann die Beurteilung der Schuldfähigkeit allein auf Grund psycho-diagnostischer Kriterien erfolgen (BGH NStZ-RR 99, 297).

Bei niedrigeren Werten kann zwar bei erwachsenen, gesunden Menschen in der Regel von voller Schuldfähigkeit ausgegangen werden, wenn

Besonderheiten in der Tat oder Person fehlen (BGH StV 86, 285; NZV 90, 384; NZV 00, 46); anders bei jugendlichen Tätern (BGH NStZ-RR 97, 162); liegen sie aber vor (vgl. Blutentnahmeprotokoll), ist § 21 StGB im Rahmen einer Gesamtwürdigung zu erörtern (BGH StV 90, 403), bei einem trinkungewohnten, magenkranken Täter uU schon ab 1,7‰ (BGH VRS 30, 277), insb bzgl des Hemmungsvermögens (Bay 74, 46, 48).

Bei Werten über 2,5‰ ist der Ausschluß der Schuldfähigkeit in Betracht **30 b** zu ziehen (Kö VRS 98, 140; Ko VRS 75, 40); deshalb muß sich der Tatrichter im Urt mit der Frage auseinandersetzen, ob § 20 oder § 21 StGB vorlag (BGH NStZ 82, 243; Ko VRS 59, 414; 74, 273; Zw ZfS 83, 28), u zwar auch bei Radf (Dü NZV 91, 477). IdR führt eine BAK von unter 3 ‰ aber nicht zur Schuldunfähigkeit (Dü NZV 94, 367).

Bei Werten über 3‰ ist Schuldunfähigkeit stets zu prüfen (BGH NStZ **30 c** 96, 227; 00, 136). Zwar gibt es keinen Erfahrungssatz, daß Schuldunfähigkeit ab 3‰ stets vorliegt (BGH seit GA 74, 344 st RspR; NStZ 97, 591), sie kann auch bei geringeren Werten vorliegen (BGH NJW 69, 1581; Ko VRS 75, 40; Dü NZV 94, 324), doch liegt sie von da an nahe (BGH NStZ 95, 96). Bei Alkoholabhängigen ist idR ein SV zuzuziehen (Ka ZfS 93, 319); bei ihnen ist das indizielle Gewicht einer BAK idR geringer als bei einem Gelegenheitskonsumenten (BGH NStZ 97, 591, 592; Dü NZV 98, 419).

Bei Zweifeln über die Schuldfähigkeit muß zugunsten des Angeklagten **30 d** angenommen werden, er sei schuldunfähig gewesen, wobei der Zweifelssatz nur zur Anwendung gelangt, wenn unbehebbare tatsächliche Zweifel über Art und Grad des psychischen Ausnahmezustandes bestehen. Auf die rechtliche Wertung ist er nicht anwendbar (BGH NStZ 00, 24), insbesondere auch nicht auf die Rechtsfrage, ob die Verminderung der Steuerungsfähigkeit erheblich ist (BGHSt 43, 66, 77; NZV 00, 46; Tröndle-Fischer § 20 9 h).

Wird Schuldunfähigkeit trotz entsprechend hoher BAK und evtl Ausfallserscheinungen bejaht, bedarf dies eingehender Begründung (Dü VRS 75, 338; Fra ZfS 95, 232) u setzt idR Anhörung eines SV voraus (BGH GA 84, 124; NStZ 82, 243; Na ZfS 00, 411), mind aber der nachprüfbaren Darlegung der eigenen Sachkunde des Gerichtes (Dü VRS 63, 345; Ko VRS 67, 115). Die Aussagekraft der BAK nimmt um so mehr ab, je weiter der Zeitpunkt der Blutentnahme von dem der Tat entfernt ist (BGHSt 35, 308 m zust Anm Lau BA 89, 1; 36, 286, 289; NStZ 95, 226).

In den Fällen, in denen der Täter bei der Tat wegen eines eigenen zure- **30 e** chenbaren Verhaltens schuldunfähig ist, kann im Rahmen der §§ 316, 315 c StGB sowie § 21 StVG nach der neueren Rechtsprechung des 4. Strafsenats des BGH nicht auf die Grundsätze der **actio libera in causa (alic)** zurückgegriffen werden (BGHSt 42, 237; Je DAR 97, 324; Ha NZV 98, 334; Tröndle-Fischer § 20 19 a ff). Dagegen halten andere Senate des BGH für Delikte außerhalb des Straßenverkehrsrechts an den Grundsätzen der alic fest (NStZ 97, 230; 99, 448; vgl. ferner Hentschel § 316 Rz. 31). Auch wenn im Rahmen der Trunkenheitsdelikte die Rechtsfigur der alic nicht

StGB § 316 30 f–32 a 4. Teil. E. Alkoholdelikte

angewandt werden kann, so führt das nicht dazu, daß ein zum Unfallzeitpunkt schuldunfähiger Fahrer für die Folgen seiner Tat nicht nach §§ 229, 222 StGB haftet. Verletzt oder tötet er während der Fahrt einen anderen, so knüpft der Fahrlässigkeitsvorwurf daran an, daß er mit dem Trinken begonnen hat, obwohl er noch damit rechnen konnte, später zu fahren (BGH NZV 96, 500). Zu den Voraussetzungen der alic vgl im Übrigen Hentschel aaO; Sch/Sch § 20 Rz 33 ff.

30 f Das Hemmungsvermögen kann durch kombinierten Genuß von Alkohol und Drogen, wie zB Kokain zusätzlich gemindert werden (BGH DAR 00, 574).

6. Rechtswidrigkeit

31 **Übergesetzlicher Notstand** rechtfertigt eine Fahrt unter Alkoholeinfluß nur in bes Ausn-Fällen nach strenger Abwägung der gefährdeten Rechtsgüter (vgl **E** 98; Ko VRS 73, 287 = StVE 79), wie Fahrt eines Arztes zu einem schwerkranken Patienten oder zur Hilfeleistung bei einem Unglücksfall, wenn das zu schützende Rechtsgut die Gefährdung durch die Trunkenheitsfahrt deutlich überwiegt u Hilfe auf andere Weise (Benutzung eines Taxis, Notdienstwagens oder öff VMittels) nicht möglich ist (vgl Ha VRS 20, 232; Dü VM 67, 54; Ko ZfS 88, 406), ebenso uU Trunkenheitsfahrt eines Feuerwehrmannes (Ce StVE 47 = VRS 63, 449).

32 **7. Zusammentreffen mit anderen Straftaten** (s oben 1; § 21 StVG 16 f; § 24 StVG 9 ff; § 142 Rn 41; § 315 c Rn 10, 37); zur Dauertat s **E** 49. Die Dauerstraftat nach § 316 kann mehrere schwerere oder ein schwereres u ein gleichschweres Vergehen, die in TE mit der Trunkenheitsfahrt begangen werden, zB mehrmaliges vorsätzliches Verhindern des Überholens eines Pol-Fz (§ 315 b), nicht zu einer einheitlichen Tat zusammenfassen; jedoch kann in einem solchen Fall eine fortgesetzte Handlung (einheitliche Flucht vor der Pol) vorliegen (vgl BGHSt 1, 67; 3, 165). Begeht ein Fz-Führer auf einer längeren Fahrt vor Eintritt der alkoholbedingten FU oder nach Wiederherstellung seiner Fahrsicherheit VVerstöße, so stehen diese zu dem Vergehen nach § 316 in TM. TE ist möglich m den §§ 222, 230, 237 u 177 StGB (s BGH DAR 81, 124 u VRS 65, 133; 66, 443) u § 242 StGB, wenn nach noch nicht beendetem Diebstahl die anschl Trunkenheitsfahrt der Sicherung der Beute dient (Bay 82, 122 = VRS 64, 14). – Zur Tatidentität iS des § 264 StPO bei einer Zechtour s KG VRS 57, 354 mwN. – Ist nicht festzustellen, ob ein unter Alkoholeinfluß stehender Kf selbst den Pkw gelenkt oder als für das Kfz Verantwortlicher einer anderen fahrunsicheren Person die Lenkung überlassen hat, so ist eine (eindeutige) Verurteilung auf Grund alternativer Sachverhaltsfeststellung zul (Kar VRS 59, 248 gegen Ko NJW 65, 1926), auch zwischen fahrlässiger Trunkenheit im Verkehr (§ 316) u fahrlässigem Gestatten des Fahrens ohne FE (Ha VRS 62, 33; s auch BGH NJW 81, 1567). – Zum Verhältnis zu § 24 a StVG s dort Rn 11.

32 a Zur **Täterschaft u Teilnahme** s oben 2–4 u Janiszewski 390.

8. Rechtsfolgen

33 Die Strafdrohung unterscheidet nicht zwischen Vorsatz- u Fahrlässigkeitstaten. Im Vordergrund steht die **Geldstrafe** (s § 47 StGB; Janiszewski 646 ff), die in Durchschnittsfällen (Ersttäter mit mittlerer Schuld) seit langem ca 30–60 Tagessätze beträgt (8. u 13. VGT; AG Kö DAR 90, 430; Janiszewski 396 f mwN). – **Freiheitsstrafe** unter 6 Mon nach § 47 I StGB nur bei **bes Umständen,** die in der **Tat** (zB Vorsatztat mit hoher BAK: Schl BA 81, 370) oder in der **Person** liegen (zB Rückfall in Bewährungszeit: Ko VRS 54, 31, jedoch nicht schematisch: Dü VM 71, 68; NZV 96, 46; s auch Bay DAR 92, 184), u die Freiheitsstrafe unerläßlich machen zur **Einwirkung auf den Täter** oder zur **Verteidigung der Rechtsordnung** (wie zB bei Rückfall in kurzer Frist: Dü VM 71, 68; Ko NZV 88, 230: wiederholtem Rückfall; während Bewährung: Ko VRS 54, 31; bes schweren Folgen oder bei ständiger Zunahme von Trunkenheitsfahrten, was jew näher zu begründen ist (s § 267 III S 2 StPO): BGHSt 24, 40, 64; Ko BA 80, 226, 228; Kö ZfS 82, 157; Rüth DAR 85, 239, vgl. ferner B/B/Hentschel 14 F 14 ff.).

34 **Strafaussetzung zur Bewährung** nach § 56 ist auch bei Alkoholdelikten nicht ausgeschlossen (BGH NZV 89, 400; Ha DAR 90, 308); namentlich bei schweren Folgen liegt ihre Versagung allerdings näher als ihre Bewilligung (BGHSt 24, 64), doch sind stets die bes Umstände des Einzelfalls zu prüfen (BGH NStZ 94, 336; Ce NZV 96, 204). Zur **Bewährung** bei günstiger Sozialprognose s Kar VRS 55, 341; bei beruflich veranlaßter geringer Alkoholisierung u sonst unbeanstandeter langjähriger intensiver Fahrpraxis s Stu NZV 91, 80; bei rascher Wiederholung Ko VRS 56, 145; bei alkoholabhängigem Täter im Rückfall Ko VRS 60, 33, 449 (s auch Janiszewski 681 ff). Bei Alkoholabhängigen u Rückfälligen bedarf eine **günstige Zukunftsprognose** bes Begründung zur Wirkung der bisherigen Strafen (Ko VRS 62, 184) u eingehender Würdigung aller Umstände (Ko BA 86, 458); sie kann allerdings auch bei nicht einschlägigen Vorstrafen (Ko VRS 67, 29) oder nachhaltigen Entziehungsbemühungen gerechtfertigt sein (Bay v 17. 2. 84 Rüth DAR 85, 239) oder überaus langer Verfahrensdauer (Bay VRS 69, 283) u darf mit der AO der (höchstmöglichen) Sperrfrist (§ 69 a StGB) ebensowenig im Widerspruch stehen (Kö BA 81, 56) wie umgekehrt die negative Prognose, eine künftig straffreie Führung sei nicht zu erwarten, der positiven Beurteilung der Eignung zum Führen von Kfzen widersprechen kann. Für die Erwartung nach § 56 I StGB genügt Wahrscheinlichkeit (BGH NStZ 86, 27). Der Grundsatz in dubio pro reo gilt zwar nicht für die Prognose, wohl aber für die ihr zugrundeliegenden Fakten.

35 Es gelten die **allg Zumessungsregeln** (§§ 40, 46 StGB), dh nach § 46 III StGB (Verbot der Doppelverwertung) **keine Strafverschärfung** bei Alkoholeinfluß, da dies bei § 316 bereits TB-Merkmal ist (vgl BGH VRS 57, 284; Bay NZV 92, 453); das gilt auch für die den TB bereits begründende abstrakte Gefährdung (s Rn 1; Sa ZfS 96, 73). Aber Verschärfung in der Praxis zT üblich bei Berufsgruppen, von denen bes vorbildliches Verhalten im Verkehr erwartet wird (Pol, Juristen, Fahrschullehrer, BerufsKf; s Ha NJW 56, 1849; 57, 1003; Stu DAR 56, 227; aA zu Recht Bay bei Rüth DAR 81, 243 Nr 3 b beim Rechtsanwalt; Ha VRS 68, 441 beim Müllwagenf; Hentschel in B/B 14 F 7 ff) u aus generalpräventiven Gründen (BGH NStZ 92, 275). Maßgeblich sind die Umstände der Alkohol-Aufnahme u der Fahrt (Zechtour, Trinken in Fahrbereitschaft, Dauer u Länge der Fahrt pp (s Bay NZV 97, 244). **Hohe BAK** allein kann das Maß des Vorwurfs nicht begründen; wesentlich sind Gefährdungsgrad (Bay NZV 92, 453), Fahrweise, VVerhältnisse, Tatzeit u Fahrstrecke (Bay NZV 97, 244; Kar NZV 90, 277: nachts 25 m auf Sportplatz). Verschärfend kann hoher Alkoholgenuß aber wirken, wenn seine Wirkung u bekannt war, daß der Betr dann zu Straftaten neigt (BGHSt 35, 143; NStZ 90, 537) oder noch fahren muß (BGH VRS 69, 118; Ko VRS 51, 428; Ha BA 80, 294).

35 a **Strafmilderung** ist bei alkoholbedingter Anwendung von § 21 StGB nicht grundsätzlich ausgeschlossen (BGH NJW 93, 2544; Bay NZV 93, 174; Kar DAR 91, 393), doch eher die Ausn (Ha VM 84, 95; VRS 59, 415; Kö DAR 87, 126; Ko VRS 76, 424; Nau DAR 99, 228; aA Hentschel in B/B 14 F 3); maßgeblich ist aber stets die Einzelprüfung (s Stu VRS 65, 354; Ka NZV 96, 277). Das Gericht muß jedoch idR bei einer BAK von 2 Promille erörtern, ob die Voraussetzungen des § 21 StGB vorliegen (BGH NStZ 97, 383; BGHSt 37, 231; Ha NZV 98, 510). Bei **Alkoholikern** darf eine Strafmilderung gem §§ 21, 49 StGB nicht versagt werden, wenn aufgrund unwiderstehlichen Dranges getrunken wurde (Kar VRS 80, 440; vgl. auch BGH NSt-RR 99, 295). Auch die **EdFE** ist im Rahmen der Gesamtbetrachtung zu berücksichtigen (Fra NJW 71, 669; s dazu § 69 Rn 1) u die evtl Vorsorge gegen Kfz-Benutzung vor Trinkbeginn (Ha BA 84, 538).

35 b **Absehen von Strafe** (§ 60 StGB) ist nicht ausgeschlossen (s AG Freiburg VRS 83, 50), doch idR nach strengeren Maßstäben zu beurteilen (Ce NZV 89, 485; Hentschel in B/B 14 F 30). – Eine spezielle **Nachschulung** für Alkoholfahrer (s dazu Heiler/Jagow Kap 22.4) kann sich, insb zusammen mit anderen positiven Fakten uU günstig auf die Zahl der Tagessätze (AG Homburg/Saar DAR 81, 230; LG Hannover VRS 72, 360) u auf die Frage der EdFE nach § 69 auswirken (s dort Rn 15; Himmelreich DAR 97, 465).

36 **Entz der FE** ist nach § 69 II 2 StGB die Regel; unterbleibt sie, ist idR ein **FV** nach § 44 I S 2 auch dann anzuordnen, wenn es infolge Anrechnung der vorläufigen EntzZeit nach § 51 V StGB nicht mehr vollstreckbar ist (BGHSt 29, 58); dann produziert die Eintragung im VZR 7 Punkte. Wegen ihrer evtl Auswirkung auf die Höhe der Strafe s § 69 Rn 1.

37 **Einziehung** des für die Trunkenheitsfahrt benutzten Fz kommt grundsätzlich, da notwendiger Gegenstand der Tat, nicht in Betracht (Ha BA 74, 282), es sei denn als Beziehungsgegenstand bei gleichzeitigem Fahren ohne FE nach § 21 III StVG (s Ko VRS 70, 7; § 21 StVG 14 f).

37 a Die Frage der **notwendigen Verteidigung** richtet sich gem § 140 II StPO nach der Schwere der Tat, insb der zu erwartenden Rechtsfolgenentscheidung u der Verteidigungsfähigkeit des Angeklagten (Br BA 96, 175),

dh von seiner Persönlichkeit u den Umständen ab (s dazu Kar NZV 93, 165 mwN u § 69 Rn 20).

Zu den **zivilrechtlichen Folgen** der Alkoholfahrt vgl 315 c, 39 ff. **37 b**

9. Literatur:

Allgaier „Zur Unkenntnis geänderter RSpr" DAR 90, 50; **Bode** „Neuere RSpr **38** zu Alkohol ..." BA 94, 137; **Burmann** „Andere berauschende Mittel im Verkehrsstrafrecht" DAR 87, 134, **Forster-Ropohl** „Rechtsmedizin" 5. Aufl 1989; **Gebhardt** „Das verkehrsrechtliche Mandat" 3. Aufl Kap 34 ff; **Geppert** „Trunkenheit im SchiffsV" BA 87, 262; **Gerchow/Heberle** „Alkohol-Alkoholismus-Lexikon" 1980; **Grüner** „AA-Probe" Heymanns Verlag 1985; **Grüner ua** „Bedeutung der Doppelblutentnahmen für die Beurteilung von Nachtrunkbehauptungen" BA 80, 26; **Hafner** „Der Wert der Doppelblutentnahme" Die Polizei 1995, 291; **Harbort** „Der Beweiswert der Blutprobe" Stuttgart, Boorberg 1994; „Indikatoren für rauschmittelbedingte FU" NZV 96, 219; „Vorsatz bei drogenbedingter FU" NZV 96, 432; **Heifer** „AA-Konzentration/BAK: Utopie" BA 86, 229; „Zum neuen BA-Grenzwert" NZV 90, 134; **Heifer ua** „Alkohol u VSicherheit" BA 92, 1; **Hentschel** „Feststellung von Vorsatz ..." DAR 93, 449; **Hentschel** „Trunkenheit, Fahrerlaubnisentziehung, Fahrverbot" 8. Aufl. 2000; **Himmelreich** „Nachschulung alkoholauffälliger Kf" BA 83, 91; „Bundeseinheitliche Nachschulungskurse" DAR 89, 5; „Auswirkung von Nachschulung ... bei Trunkenheitsdelikten ..." DAR 97, 465; **Ifland/Hentschel** „Sind nach dem Stand der Forschung Atemalkoholmessungen gerichtsverwertbar?", NZV 99, 489; **Ifland** „Nachtrunk und Harnprobe" Die Polizei 1995, 295; **Janiszewski** „Neue Erkenntnisse – Neue Grenzen?" DAR 90, 415; **Krüger** „Vorsatz bei Trunkenheitsdelikten" DAR 84, 47; **Maatz** „Erinnerung und Erinnerungsstörungen als sog psycho-diagnostische Kriterien der §§ 20, 21 StGB" NStZ 01,1; „Atemalkoholmessung – Forensische Verwertbarkeit und Konsequenzen aus der AAK Entscheidung des BGH –„ Homburger Tage 2001, Schriftenreihe der AG Verkehrsrecht Bd. 32; **Meininger** Arznei- und Drogenmißbrauch, Suchtproblematik in Berz/Burmann Kap 15, **Mettke** „Die strafrechtliche Ahndung von Drogenfahrten nach dem §§ 315 c I Nr 1 a, 316 StGB" NZV 00, 199; **Möller** „Drogenkonsum u Nachweis ..." DAR 93, 7; **Nehm** „Abkehr der Suche nach Drogengrenzwerten" DAR 93, 375; „Oder andere berauschende Mittel ..." DAR 00, 444; **Pluisch** „Medikamente im Straßenverkehr" NZV 99, 1, **Rüther** „Die Gefährdung des Versicherungsschutzes durch Alkohol im StraßenV" NZV 94, 457; **Salger** „Zur korrekten Berechnung der Tatzeit-BAK" DRiZ 89, 174; „1,1‰ als neuer Grenzwert ..." NZV 90, 1; „Zum Vorsatz bei Alkoholtaten" DRiZ 93, 311; „Drogeneinnahme u Fahrtüchtigkeit" DAR 94, 433; **Schewe** „Zur Frage berauschender Medikamente" BA 81, 265; „Experimentelle Untersuchungen zur Frage der FU von Fahrrad- u Mofa-Fahrern" BA 80, 298; 84, 97; **Schoknecht** „Zur Beweissicherheit der AA-Analyse" BGA 91; BA 91, 210; **Schneble** „Alkoholfahrt aus arbeits-, sozial- u versicherungsrechtlicher Sicht" BA 84, 110; „Ernüchterungsmittel – nüchtern betrachtet" BA 88, 18; 92, 149. 153; **Teyssen** „Vorsatz u Fahrlässigkeit bei höheren BAKen" BA 84, 175; **Zink** „Zur Genauigkeit der forensischen BA-Bestimmung" BA 85, 21; **Zink/Reinhardt** „Der Beweiswert von Doppelblutentnahmen" BA 81, 377. S im übrigen die Übersicht bei Janiszewski 312.

10. Tabellen zur Bestimmung des Alkohols im Blut*

A.** Alkoholmengen im Blutkreislauf in Gramm*** bei verschiedenen Blutalkoholkonzentrationen:

I. Reduktionskonstante (r) = 0,7 (Durchschnitt bei Männern):

Körper-gewicht kg	reduziertes Körpergewicht kg	0,5‰ g	0,8‰ g	1,1‰ g	1,3‰ g	2‰ g
50	35	17,5	28	38,5	45,5	70
60	42	21	33,6	46,2	54,6	84
70	49	24,5	39,2	53,9	63,7	98
80	56	28	44,8	61,6	72,8	112
90	63	31,5	50,4	69,3	81,9	126
100	70	35	56	77	91	140

II. Reduktionskonstante (r) = 0,6 (Durchschnitt bei Frauen):

Körper-gewicht kg	reduziertes Körpergewicht kg	0,5‰ g	0,8‰ g	1,1‰ g	1,3‰ g	2‰ g
50	30	15	24	33	39	60
60	36	18	28,8	39,6	46,8	72
70	42	21	33,6	46,2	54,6	84
80	48	24	38,4	52,8	62,4	96
90	54	27	43,2	59,4	70,2	108
100	60	30	48	66	78	120

B. Durchschnittlicher Alkoholgehalt in Gramm* bei gängigen Getränken

1. Bier**	g/1 Lit	g/0,5 Lit	g/0,33 Lit	g/0,2 Lit
Vollbier (Export Pils, Alt, Weizen)	32–48	16–24	10,7–15,8	6,4–9,6
Starkbier (Bock uä)	41–67	20,5–33,5	13,5–22,1	8,2–13,4

2. Wein***			g/0,25 Lit	
Weißwein	85–95	42,5–47,5	21,25–23,75	17–19
Rotwein	85–105	42,5–52,5	21,25–26,25	17–21
Sekt	75,5–113	37,75–56,5	18,9–28,25	15,1–22,6
Dessertwein	120–160	60–80	30–40	24–32

* Erläuterungen hierzu bei § 316 StGB 9–9c. Umfangreichere Tabellen bei Grüner „Manual zur Blutalkoholberechnung,, C. Heymanns Verlag 1976.

** Tabelle **A** gibt an, welche Alkoholmengen (in Gramm) bei dem jew Körpergewicht zu bestimmten BAKen führen.

*** Zur Umrechnung von Vol-% in Gramm s oben Rn 9b.

* Zur Umrechnung von Vol-% in Gramm s oben Rn 9b.

** Der Alkoholgehalt schwankt erheblich; wegen detaillierter Angaben s Schütz, Alkohol im Blut, Verlag Chemie 1983, Tab A-4,5 u Geipel/Obeid BA 69, 35.

*** Angaben in Spalten 1 u 4 nach Gerchow/Heberle Tab 8.

Bestimmung des Alkohols im Blut

3. Spirituosen			g/0,7 Lit	g/0,04 Lit	g/0,02 Lit
Eierlikör	20 Vol %	160	112	6,4	3,2
andere Liköre	25 Vol %	200	140	8	4
	30 Vol %	240	168	9,6	4,8
oder Brannt-	32 Vol %	256	179,2	10,2	5,12
weine pp	35 Vol %	280	196	11,2	5,6
	38 Vol %	304	212,8	12,16	6,08
	40 Vol %	320	224	12,8	6,4
	45 Vol %	360	252	14,4	7,2
	50 Vol %	400	280	16	8

11. Text der von den Bundesländern vereinbarten Richtlinien zur Feststellung von Alkohol-, Medikamenten- und Drogeneinfluß bei Straftaten und Ordnungswidrigkeiten; Sicherstellung und Beschlagnahme von Führerscheinen*

1 **Allgemeines**
Bei Verdacht einer unter der Einwirkung von Alkohol oder anderen, allein oder im Zusammenwirken mit Alkohol auf das Zentralnervensystem wirkenden Stoffen (Medikamente, Drogen) begangenen Straftat oder Ordnungswidrigkeit ist zu prüfen, ob eine Atemalkoholprüfung, eine körperliche Untersuchung, eine Blutentnahme, eine Urinprobe oder eine Haarprobe in Betracht kommen. Besonders wichtig sind diese Maßnahmen bei Verdacht schwerwiegender Straftaten und Verkehrsstraftaten, bei denen zudem eine Sicherstellung oder Beschlagnahme von Führerscheinen (Nr. 7) in Betracht kommen kann, sowie bei Ordnungswidrigkeiten nach § 24a StVG.

2 **Atemalkoholprüfung**
Atemalkoholprüfungen (Vortest und Atemalkoholmessung) sind keine körperlichen Untersuchungen im Sinne des § 81 a StPO. Eine rechtliche Grundlage für ihre zwangsweise Durchsetzung besteht nicht. Sie können daher, und weil sie ein aktives Mitwirken erfordern, nur mit Einverständnis der betroffenen Person durchgeführt werden und sollen die Entscheidung über die Anordnung einer Blutentnahme erleichtern. Die Atemalkoholmessung mittels Atemalkoholmeßgerät dient darüber hinaus auch der Feststellung, ob die in § 24 a Abs. 1 StVG genannten Atemalkoholwerte erreicht oder überschritten sind. Wird die Atemalkoholprüfung abgelehnt oder das Test- bzw. Meßgerät nicht vorschriftsmäßig beatmet, sind bei Verdacht auf rechtserhebliche Alkoholbeeinflussung eine körperliche Untersuchung und die Blutentnahme anzuordnen. Für die Belehrung gilt Nummer 2.1.1 entsprechend auch für den Vortest.

---

* Hier abgedr idF des Gem Erl des Ministeriums für Justiz, Bundes- und Europaangelegenheiten und des Innenministeriums des Landes **Schleswig-Holstein** v 3. 11. 1999, ABl S–H S 41 999, 636 ff. Für **Niedersachsen** Nds MBl 1999, 755 ff.
– Geringfügige Abweichungen in einzelnen Ländern sind möglich.

StGB § 316 40

2.1 Verfahren bei der Atemalkoholmessung
Die Verwertbarkeit Atemalkoholmessung als Beweismittel hängt entscheidend davon ab, daß Fehlmessungen zu Lasten der betroffenen Person sicher ausgeschlossen werden. Deshalb darf die Atemalkoholmessung nur unter Beachtung der folgenden Regeln durchgeführt werden.

2.1.1 Belehrung
Vor Durchführung der Atemalkoholmessung ist die betroffene Person ausdrücklich darüber zu belehren, daß die Messung nur mit ihrem Einverständnis durchgeführt wird. Der betroffenen Person ist dabei zu eröffnen, welche Straftat oder Ordnungswidrigkeit ihr zur Last gelegt wird. Ablauf und Zweck der Messung sind zu erläutern, und auf die Folgen einer Weigerung oder einer nicht vorschriftsmäßigen Beatmung des Meßgerätes ist hinzuweisen.

2.1.2 Gewinnung der Atemprobe
Zur Atemalkoholmessung dürfen nur von der Physikalisch Technischen Bundesanstalt Braunschweig und Berlin zugelassene und von den zuständigen Eichbehörden gültig geeichte Atemalkoholmeßgeräte verwendet werden. Die Messung muß von dazu ausgebildeten Personen unter Beachtung des in DIN VDE 0405 Teil 3 beschriebenen Verfahrens und der für das jeweilige Meßgerät gültigen Gebrauchsanweisung durchgeführt werden.

Der Meßvorgang, der sich aus zwei Einzelmessungen zusammensetzt, darf frühestens 20 Minuten nach Trinkende erfolgen (Wartezeit).

Das Meßpersonal achtet dabei besonders auf Umstände, durch die der Beweiswert der Messergebnisse beeinträchtigt werden kann, vergewissert sich, daß die Gültigkeitsdauer der Eichung nicht abgelaufen ist, die Eichmarke unverletzt ist, das Meßgerät keine Anzeichen einer Beschädigung aufweist und stellt namentlich sicher, daß die Daten der betroffenen Person ordnungsgemäß in das Meßgerät eingegeben werden, das Mundstück des Meßgerätes gewechselt wurde und die betroffene Person in einer Kontrollzeit von mindestens 10 Minuten vor Beginn der Messung keine Substanzen aufnimmt, also insbesondere nicht ißt oder trinkt, kein Mundspray verwendet und nicht raucht. Die Kontrollzeit kann in der Wartezeit enthalten sein. Während der Messung ist auf die vorschriftsmäßige Beatmung des Meßgerätes zu achten. Nach der Messung hat sich das Meßpersonal davon zu überzeugen, daß die im Anzeigefeld des Meßgerätes abgelesene Atemalkoholkonzentration mit dem Ausdruck des Meßprotokolls übereinstimmt. Zeigt das Meßgerät eine ungültige Messung an und liegt die Ursache in einem Verhalten der zu untersuchenden Person, so ist bei der Wiederholungsmessung auf eine Vermeidung zu achten.

2.1.3 Meßprotokoll
Die Einhaltung des für die Atemalkoholmessung vorgeschriebenen Meßverfahrens ist mittels Meßprotokollausdrucks zu dokumentieren.

Auf dem von dem Meßgerät erstellten Ausdruck bestätigt das Meßpersonal durch Unterschrift, daß es zur Bedienung des Gerätes befugt ist und die Messung nach Maßgabe der Gebrauchsanweisung des Geräteherstellers durchgeführt wurde. Auf dem Meßprotokoll ist für Rückfragen neben der Unterschrift auch der Familienname und die Dienststelle der den Test durchführenden Person anzugeben. Das Meßprotokoll ist zu den Ermittlungsakten zu nehmen.

2.2 Löschung der personenbezogenen Daten
Nach Durchführung der Messungen und Ausdruck des Meßprotokolls sind die personenbezogenen Daten aus dem Meßgerät zu löschen.

3 Körperliche Untersuchung und Blutentnahme

3.1 Rechtliche Grundlagen

3.1.1 **Beschuldigte und Betroffene**
Bei Beschuldigten und Betroffenen sind ohne ihre Einwilligung die körperliche Untersuchung sowie die Blutentnahme zur Feststellung von Tatsachen zulässig, die für das Verfahren von Bedeutung sind, wenn kein Nachteil für ihre Gesundheit zu befürchten ist (§ 81a Abs. 1 StPO, § 46 Abs. 1 OWiG). Betroffene haben jedoch nur die Blutentnahme und andere geringfügige Eingriffe zu dulden (§ 46 Abs. 4 OWiG).

3.1.2 **Andere Personen**
Bei anderen Personen als Beschuldigten oder Betroffenen ist ohne ihre Einwilligung
- die körperliche Untersuchung nur zulässig, wenn sie als Zeuginnen oder Zeugen in Betracht kommen und zur Erforschung der Wahrheit festgestellt werden muß, ob sich an ihrem Körper eine bestimmte Spur oder Folge einer Straftat oder einer Ordnungswidrigkeit befindet (§ 81 c Abs. 1 StPO, § 46 Abs. 1 OWiG);
- die Blutentnahme nur zulässig, wenn kein Nachteil für ihre Gesundheit zu befürchten ist und die Maßnahme zur Erforschung der Wahrheit unerläßlich ist (§ 81 c Abs. 2 StPO, § 46 Abs. 1 OWiG).

In diesen Fällen können die Untersuchung und die Blutentnahme aus den gleichen Gründen wie das Zeugnis verweigert werden; beide Maßnahmen sind ferner unzulässig, wenn sie der betroffenen Person bei Würdigung aller Umstände nicht zugemutet werden können (§ 81 c Abs. 3, 4 StPO, § 46 Abs. 1 OWiG).

3.1.3 **Verstorbene**
Bei Leichen sind Blutentnahmen zur Beweissicherung nach § 94 StPO zulässig.

3.2 **Gründe für die Anordnung**

3.2.1 **Regelfälle für die Anordnung**
Eine körperliche Untersuchung und eine Blutentnahme sind in der Regel anzuordnen bei Personen, die verdächtig sind, unter der Ein-

wirkung von Alkohol und/oder von sonstigen auf das Zentralnervensystem wirkenden Stoffen (Medikamenten, Drogen)
eine Straftat begangen zu haben, namentlich
– ein Fahrzeug im Straßenverkehr geführt zu haben mit 0,3 Promille oder mehr Alkohol im Blut oder einer Alkoholmenge im Körper, die zu einer solchen Blutalkoholkonzentration führt, wenn es infolge des Alkoholkonsums zu Ausfallerscheinungen, einer verkehrswidrigen Fahrweise oder einem Verkehrsunfall gekommen ist;
– ein Kraftfahrzeug im Straßenverkehr geführt zu haben mit 1,1 Promille oder mehr Alkohol im Blut oder einer Alkoholmenge im Körper, die zu einer solchen Blutalkoholkonzentration führt;
– ein Fahrrad im Straßenverkehr geführt zu haben mit 1,6 Promille oder mehr Alkohol im Blut oder einer Alkoholmenge im Körper, die zu einer solchen Blutalkoholkonzentration führt;
– ein Schienenbahn- oder Schwebebahnfahrzeug, ein Schiff oder ein Luftfahrzeug geführt zu haben, obwohl aufgrund der Gesamtumstände angenommen werden muß, daß sie nicht in der Lage waren, das Fahrzeug sicher zu führen;
eine Ordnungswidrigkeit begangen zu haben, namentlich
– im Straßenverkehr ein Kraftfahrzeug unter der Wirkung eines in der Anlage zu § 24a StVG genannten berauschenden Mittels geführt zu haben (§ 24a Abs. 2 StVG);
– ein Wasserfahrzeug geführt zu haben mit einer Blutalkoholkonzentration von 0,8 oder mehr Promille oder einer Alkoholmenge im Körper, die zu einer solchen Blutalkoholkonzentration führt, sofern Schiffahrtspolizeiverordnungen entsprechende Bußgeldtatbestände enthalten;
– nach § 3 Abs. 3 und § 61 Abs. 1 Nr. 1 SeeSchStrO i. V. m. § 15 Abs. 1 Nr. 2 Seeaufgabengesetz oder § 7 Abs. 1 Binnenschifffahrtsaufgabengesetz;
– nach § 8 Abs. 3 Nr. 1, Abs. 4, 5 und § 45 Abs. 2 Nrn. 2a, 3a und 4a BOKraft i. V. m. § 61 Abs. 1 Nr. 4 PBefG;
– nach § 1 Abs. 3 und § 43 Nr. 3 LuftVO i. V. m. § 58 Abs. 1 Nr. 10 LuftVG.

3.2.2 Verkehrsordnungswidrigkeiten

Bei Personen, die ausschließlich verdächtig sind, eine vorsätzliche oder fahrlässige Verkehrsordnungswidrigkeit nach § 24a Abs. 1, 3 StVG begangen zu haben, kann entsprechend Nummer 3.3.1 statt der körperlichen Untersuchung und Blutentnahme eine Atemalkoholmessung (Nr. 2.1) durchgeführt werden.
Bei anderen Bußgeldtatbeständen, die entweder ebenfalls Atemalkoholgrenzwerte enthalten oder die keinen dem Wert nach bestimmten Grad der Alkoholisierung bei den Betroffenen verlangen (bspw. § 45 Abs. 2 Ziff. 2a, 3a und 4a BOKraft i. V. m. § 61 Abs. 1 Nr. 4 PBefG), gilt dies entsprechend.

3.2.3 Unklare Verdachtslage

Eine körperliche Untersuchung und eine Blutentnahme sind in der Regel auch anzuordnen

- bei unter Alkoholeinwirkung oder der Einwirkung sonstiger auf das Zentralnervensystem wirkender Stoffe (Medikamente, Drogen) stehenden Personen, die sich in oder auf einem Fahrzeug befinden oder befunden haben, wenn die das Fahrzeug führende Person nicht mit Sicherheit festzustellen und der Tatverdacht gegen sie, das Fahrzeug geführt zu haben, nicht auszuschließen ist;
- bei unter Alkoholeinwirkung oder unter der Einwirkung sonstiger auf das Zentralnervensystem wirkender Stoffe (Medikamente, Drogen) stehenden anderen Personen (z. B. Fußgängerinnen und Fußgänger, Beifahrerinnen und Beifahrer), wenn sie im Verdacht stehen, den Straßenverkehr gefährdet zu haben und wenn dadurch andere Personen verletzt oder an fremden Sachen bedeutender Schaden entstanden ist;
- bei Verstorbenen, wenn Anhaltspunkte für die Einwirkung von Alkohol oder sonstigen auf das Zentralnervensystem wirkenden Stoffen (Medikamente, Drogen) vorhanden sind (z. B. Alkoholgeruch, Zeugenaussage, Art des zum Tode führenden Geschehens), es sei denn, ein Fremdverschulden ist auszuschließen;
- bei schwerwiegenden Straftaten und bei schweren Unfällen, die sich anhand örtlicher oder tageszeitlicher Bedingungen, aufgrund der Straßen- und Witterungsverhältnisse oder durch übliche Fehlverhaltensweisen nicht oder nicht ausreichend erklären lassen;
- wenn eine Atemalkoholprüfung nicht durchgeführt werden kann (vgl. Nr. 2 Satz 5).

3.2.4 Verdacht auf Medikamenten- und Drogeneinfluß

Anhaltspunkte für das Einwirken sonstiger auf das Zentralnervensystem wirkender Stoffe (Medikamente, Drogen) sind insbesondere typische Ausfallerscheinungen oder unerklärliche Fahrfehler, die trotz auszuschließender Alkoholeinwirkung bzw. nicht eindeutiger oder ausschließlicher Alkoholbeeinflussung (z. B. nach vorhergegangenem Atemalkoholtest) festgestellt werden. Als weitere Anhaltspunkte kommen das Auffinden von Medikamenten, Drogen oder Gegenständen, die dem Konsum von Betäubungsmitteln dienen sowie die positive Kenntnis früherer Verstöße gegen das Betäubungsmittelgesetz (BtMG) in Betracht.

3.3 Verzicht auf die Anordnung

3.3.1 Privatklagedelikte, andere Straftaten und Ordnungswidrigkeiten, Ergebnis der Atemalkoholprüfung

Eine körperliche Untersuchung und eine Blutentnahme sollen grundsätzlich unterbleiben*,

---

* Amtl. Anm.: Landesspezifische Regelung in Schleswig-Holstein

- bei den Privatklagedelikten des Hausfriedensbruchs (§ 123 StGB), der Beleidigung (§§ 185 bis 189 StGB) und der einfachen Sachbeschädigung (§ 303 StGB);
- bei den unter Nummern 3.2.1 genannten Regelfällen, wenn die entsprechend Nummer 2.1 durchgeführte Atemalkoholmessung einen Atemalkoholwert unter 0,55 mg/l ergeben hat und lediglich der Verdacht einer Verkehrsordnungswidrigkeit nach § 24 a Abs. 1 Nr. 1 und 2 StVG besteht;
- bei anderen Straftaten und Ordnungswidrigkeiten,
 wenn im Rahmen der Atemalkoholprüfung bei vorschriftsmäßiger Beatmung des elektronischen Atemalkoholprüfgerätes (Vortest- oder Atemalkoholmeßgerät) weniger als 0,75 mg/l (oder 1,5) angezeigt werden. In diesem Fall ist die Verwendung des Vordrucks „Protokoll und Antrag zur Feststellung der Alkoholkonzentration im Blut" nicht erforderlich. Der elektronisch gemessene Alkoholwert unter 0,75 mg/l (1,5) muß allerdings in der Sachverhaltsschilderung, ggf. ergänzt durch Angaben zur Alkoholaufnahme (Menge, Art, Zeit, Trinkgewohnheiten) aufgenommen werden. Darüber hinaus ist die Darstellung des persönlichen Eindrucks über Reaktion und Orientierung der Person ggf. mit einer Einschätzung ihrer Einsichtsfähigkeit unerläßlich;
 es sei denn, daß eine Atemalkoholprüfung nicht durchgeführt (Nr. 2) wird und Anhaltspunkte dafür bestehen, daß der Täter oder die Täterin schuldunfähig oder vermindert schuldfähig sein könnte (§§ 20, 21, 323 a StGB, § 12 Abs. 2, § 122 OWiG).

3.3.2 **Ausnahmen**
Die Maßnahmen müssen auch in diesen Fällen angeordnet werden
- falls sie nach pflichtgemäßer Überprüfung wegen der Besonderheiten des Einzelfalles (Schwere oder Folgen der Tat, Verdacht auf Medikamenten- oder Drogeneinfluß, relative Fahruntüchtigkeit) ausnahmsweise geboten sind;
- falls das Testergebnis zwar einen unter 0,25 mg/l (oder 0,5 Promille) liegenden Alkoholwert ergibt, der Test aber erst später als eine Stunde nach der Tat durchgeführt werden konnte und
  • äußere Merkmale (z. B. gerötete Augen, enge oder geweitete Pupillen, Sprechweise, schwankender Gang) oder
  • die Art des nur durch alkoholtypische Beeinträchtigung erklärbaren Verkehrsverhaltens
  auf eine Alkoholbeeinflussung zur Tatzeit hindeuten;
- auf Weisung der jeweils zuständigen Staatsanwaltschaft an die Polizei.

3.4 **Zuständigkeit für die Anordnung**
Die Anordnung einer körperlichen Untersuchung sowie einer Blutentnahme steht der Richterin oder dem Richter, bei Gefährdung des Untersuchungserfolges durch Verzögerung auch der Staatsanwaltschaft, deren Hilfsbeamtinnen oder Hilfsbeamten und den Verfol-

gungsbehörden zu. Sollen Minderjährige oder Betreute, die nicht beschuldigt oder betroffen sind, körperlich untersucht oder einer Blutentnahme unterzogen werden, so kann ausschließlich die Richterin oder der Richter die Maßnahme anordnen, falls die gesetzliche Vertreterin oder der gesetzliche Vertreter zustimmen müßte, aber von der Entscheidung ausgeschlossen oder an einer rechtzeitigen Entscheidung gehindert ist (§ 81a Abs. 2, § 81c Abs. 3 und 5, § 98 Abs. 1 StPO, § 46 Abs. 1 und 2, § 53 Abs. 2 OWiG).

3.5 Verfahren bei der Blutentnahme

3.5.1 Entnahme der Blutprobe

Blutentnahmen dürfen nur von Ärztinnen und Ärzten (einschließlich solcher im Praktikum) nach den Regeln der ärztlichen Kunst durchgeführt werden. Ersuchen um Blutentnahmen sind an Ärztinnen und Ärzte zu richten, die dazu rechtlich verpflichtet oder bereit sind. Andere Ärztinnen oder Ärzte sind nicht verpflichtet, Ersuchen um Blutentnahmen nachzukommen.

Da die Richtigkeit der bei der Untersuchung auf Alkohol sowie Drogen und Medikamente gewonnenen Meßwerte wesentlich von der sachgemäßen Blutentnahme abhängt, ist dabei grundsätzlich wie folgt zu verfahren:

- Das Blut ist möglichst bald nach der Tat zu entnehmen.
- Es ist durch Venen-Punktion mittels eines von der zuständigen Landesbehörde zugelassenen Blutentnahmesystems zu entnehmen, bei dem die Verletzungs- und Kontaminationsgefahr minimiert ist. Die Einstichstelle ist mit einem geeigneten nichtalkoholischen Desinfektionstupfer, der luftdicht verpackt gewesen sein muß, zu desinfizieren. Die Punktion ist in der Regel aus einer Vene der oberen Extremitäten vorzunehmen. Zumindest für die jeweiligen Nadelsysteme und Tupfer sind geeignete Entsorgungsgefäße vorzuhalten.
- Bei Leichen ist das Blut in der Regel aus einer durch Einschnitt freigelegten Oberschenkelvene zu entnehmen. Dabei ist darauf zu achten, daß keine Spuren vernichtet werden. Falls bei einer Obduktion die Blutentnahme aus der Oberschenkelvene nicht möglich ist, müssen die Entnahmestelle und die Gründe für ihre Wahl angegeben werden.

3.5.2 Protokoll

Die polizeiliche Vernehmung/Anhörung über die Aufnahme von Alkohol, Drogen oder Medikamenten sowie die körperliche Untersuchung sind nach Maßgabe der zu verwendeten Formblätter vorzunehmen. Sie sind möglichst umgehend nach der Tat durchzuführen, um den zur Zeit der Tat bestehenden Grad der alkohol-, drogen- oder medikamentenbedingten Einwirkung festzustellen. Das Protokoll ist zu den Ermittlungsakten zu nehmen. Sofern eine Ausfertigung der Untersuchungsstelle übersandt wird, ist sie in der Weise zu

StGB § 316 40   4. Teil. E. Alkoholdelikte

anonymisieren, daß zumindest Anschrift, Geburtstag und Geburtsmonat nicht übermittelt werden.

3.5.3 Anordnung/Anwendung von Zwang
Beschuldigte oder Betroffene, die sich der körperlichen Untersuchung oder Blutentnahme widersetzen, sind mit den nach den Umständen erforderlichen Mitteln zu zwingen, die körperliche Untersuchung und die Blutentnahme zu dulden.

Gegen andere Personen als Beschuldigte oder Betroffene (vgl. Nr. 3.1.2) darf unmittelbarer Zwang nur auf besondere richterliche Anordnung angewandt werden (§ 81 c Abs. 6 StPO, § 46 Abs. 1 OWiG).

3.5.4 Zweite Blutentnahme
Eine zweite Blutentnahme ist im Hinblick auf den Grundsatz der Verhältnismäßigkeit nur in Ausnahmefällen und unter Berücksichtigung der besonderen Umstände des Einzelfalles anzuordnen. Dazu besteht z. B. Anlaß, wenn
– Anhaltspunkte für die Annahme gegeben sind, daß Beschuldigte oder Betroffene innerhalb einer Stunde vor der ersten Blutentnahme Alkohol zu sich genommen haben;
– sich Beschuldigte oder Betroffene auf Nachtrunk berufen oder Anhaltspunkte für einen Nachtrunk vorliegen.

Die zweite Blutentnahme soll 30 Minuten nach der ersten Blutentnahme erfolgen.

3.5.5 Sicherung der Blutproben
Die die körperliche Untersuchung und Blutentnahme anordnende oder eine von ihr zu beauftragende Person soll bei dem gesamten Blutentnahmevorgang zugegen sein. Sie hat darauf zu achten, daß Verwechslungen von Blutproben bei der Blutentnahme ausgeschlossen sind.

Die bei der Blutentnahme anwesende Person ist auch für die ausreichende Kennzeichnung der Blutprobe(n) verantwortlich. Zu diesem Zweck sollen mehrteilige Klebezettel verwendet werden, die jeweils die gleiche Identitätsnummer tragen.

Die für die Überwachung verantwortliche Person hat die Teile des Klebezettels übereinstimmend zu beschriften. Ein Teil ist auf das mit Blut gefüllte Röhrchen aufzukleben. Der zweite Abschnitt ist auf das Untersuchungsprotokoll aufzukleben, das der Untersuchungsstelle übersandt wird. Ihm ist zugleich der dritte Abschnitt lose anzuheften. Er ist nach Feststellung des Blutalkohol- bzw. Drogengehalts für das Gutachten zu verwenden. Der vierte Teil des Klebezettels ist in die Ermittlungsvorgänge einzukleben. Bei einer zweiten Blutentnahme ist auf den Klebezetteln die Reihenfolge anzugeben. Die Richtigkeit der Beschriftung ist von der Ärztin oder dem Arzt zu bescheinigen.

Die bruchsicher verpackten Röhrchen sind auf dem schnellsten Weg der zuständigen Untersuchungsstelle zuzuleiten. Bis zur Übersendung sind die Blutproben möglichst kühl, aber ungefroren zu lagern.

3.6 Verfahren bei der Untersuchung

Die Untersuchungsstelle hat die erforderlichen Maßnahmen zu treffen, um sicherzustellen, daß Verwechselungen von Blutproben ausgeschlossen werden. Die Aufzeichnungen über die Kennzeichnung der Proben und die Ergebnisse der Bestimmung von Blutalkohol und/oder von berauschenden Mitteln und deren Abbauprodukten sind für die Dauer von sechs Jahren aufzubewahren, damit sie ggf. dem Gericht oder der Verfolgungsbehörde vorgelegt werden können.

Die Blutalkoholbestimmung für forensische Zwecke ist nach den vom Bundesgesundheitsamt aufgestellten Richtlinien durchzuführen.

Wird die rechtlich zulässige Variationsbreite überschritten, muß die Analyse wiederholt werden. Dem Gutachten sind dann nur die Ergebnisse der zweiten Untersuchung zugrundezulegen. Tritt ausnahmsweise auch bei dieser eine Überschreitung der zulässigen Variationsbreite ein, so ist dies im Gutachten zu erläutern.

Weichen Sachverständige im Einzelfall von den vorstehenden Grundsätzen ab, so haben sie dem Gericht oder der Verfolgungsbehörde darzulegen, ob hierdurch die Zuverlässigkeit des Untersuchungsergebnisses beeinträchtigt wird.

Die Untersuchungsstellen haben zur Gewährleistung einer gleichbleibenden Zuverlässigkeit ihrer Ergebnisse laufend interne Qualitätskontrollen vorzunehmen und regelmäßig an Ringversuchen teilzunehmen.

Das Gutachten der Untersuchungsstelle ist umgehend der Behörde zuzuleiten, die die Untersuchung veranlaßt hat, sofern diese nicht die Übersendung an eine andere Stelle angeordnet hat.

Die Blutprobenreste sollen gekühlt, das Blutserum muß tiefgekühlt aufbewahrt werden.

4 Urinproben

Ergeben sich Anhaltspunkte für die Einnahme von Medikamenten oder Drogen, ist im Fall des Verdachts einer Straftat oder einer schwerwiegenden Ordnungswidrigkeit (z. B. nach § 24a Abs. 2 StVG) neben der Blutentnahme auf die Abgabe einer Urinprobe hinzuwirken. Die Entscheidung trifft die die Blutentnahme anordnende Person grundsätzlich nach ärztlicher Beratung. Eine solche Maßnahme ist jedoch nur mit Einwilligung der betroffenen Person möglich. Diese ist hierüber zu belehren; die Belehrung ist aktenkundig zu machen. Für die Untersuchung der Urinprobe sollte Urin in ausreichender Menge (möglichst 50 bis 100 ml) zur Verfügung stehen.

Gibt die betroffene Person eine Urinprobe nicht ab, ist bei der Blutentnahme darauf zu achten, daß nicht nur die für die Alkoholfeststellung übliche Blutmenge (ca 8–10 ml) entnommen wird. In diesen Fällen sollen im Hinblick auf weitergehende Untersuchungen mindestens 15 ml Blut der betroffenen Person entnommen werden.

Bis zur Übersendung sind Urinproben möglichst kühl zu lagern. Sie müssen in dichtschließenden Behältnissen sowie festem Verpackungsmaterial ggf. gemeinsam mit gleichzeitig entnommenen Blutproben auf schnellstem Weg der zuständigen Untersuchungsstelle zugeleitet werden. Dabei sollen mit der Blutprobe gleichlautende Identitätsnummern verwendet werden. Die Untersuchungsstelle hat die Urinprobe, soweit sie nicht einer sofortigen Untersuchung unterzogen wird, zur Sicherung einer gerichtsverwertbaren Untersuchung auf berauschende Mittel unverzüglich tiefzufrieren und tiefgefroren aufzubewahren.

Forensisch relevante Analyseergebnisse sind durch Einsatz spezieller Methoden abzusichern. Der hierzu erforderliche Standard ist durch regelmäßige interne und externe Qualitätskontrollen zu gewährleisten. Für die Entnahme von Urinproben bei Verstorbenen gilt Nummer 3.1.3 entsprechend.

5 **Haarproben**

Daneben kommt die Sicherung einer Haarprobe durch Abschneiden in Betracht, wenn die länger dauernde Zufuhr von Medikamenten und Drogen in Frage steht. Die Entnahme einer Haarprobe stellt eine körperliche Untersuchung dar und darf gegen den Willen des Beschuldigten nur von der Richterin oder dem Richter, bei Gefährdung des Untersuchungserfolges durch Verzögerung auch durch die Staatsanwaltschaft und ihre Hilfsbeamtinnen oder Hilfsbeamte angeordnet werden (§ 81 a Abs. 2 StPO).

Die Haarprobe kann durch Angehörige des Polizeidienstes entnommen werden.

Bei der Probenahme ist folgendes zu beachten:
– Die Probenahme, das Verpacken und Versenden darf nicht in der Nähe von Rauschmittelasservaten stattfinden.
– Die Entnahme sollte in erster Linie über dem Hinterhauptshöcker erfolgen. Ist dies nicht möglich, muß die Entnahmestelle entsprechend dokumentiert werden.
– Die Probe sollte aus einem mindestens bleistift- bis kleinfingerdicken Strang bestehen.
– Die Haare sind vor dem Abschneiden mit einem Bindfaden, möglichst 2–3 cm von der Kopfhaut entfernt, fest zusammenzubinden.
– Die zusammengebundenen Haare sind möglichst direkt an der Kopfhaut abzuschneiden. Sollte dies nicht möglich sein, ist die Länge der zurückgebliebenen Haarreste zu dokumentieren.
– Die entnommene Haarprobe ist fest in Papier oder Aluminiumfolie einzurollen. Die Probenbeschriftung mit Probenkennung, Bezeichnung der Entnahmestelle, Kennzeichnung von kopfnahem Ende und Haarspitze sowie Angaben zu Länge der verbliebenen Haarreste ist auf dem Bogen zu vermerken.

Für die Sicherung der Qualität der Untersuchung gilt Nr. 4 Abs. 5 entsprechend.

Für das Untersuchungsverfahren bei Urin- und Haarproben nach Nummern 4 und 5 ist Nummer 3.5.2 Satz 4 zu beachten – Anonymisierung im Protokoll –.*

6 Vernichtung des Untersuchungsmaterials

6.1 **Untersuchungsproben**
Die den Betroffenen entnommenen Untersuchungsproben einschließlich des aus ihnen aufbereiteten Materials und der Zwischenprodukte sind unverzüglich zu vernichten, sobald sie für das betreffende oder ein anderes anhängiges Straf- bzw. Ordnungswidrigkeitsverfahren nicht mehr benötigt werden, im Regelfall nach rechtskräftigem Abschluß des oder der Verfahren. Etwas anderes kann sich im Einzelfall insbesondere dann ergeben, wenn Anhaltspunkte für das Vorliegen von Umständen vorhanden sind, welche die Wiederaufnahme des Verfahrens oder die Wiedereinsetzung in den vorigen Stand wegen Versäumung einer Frist rechtfertigen können. Die Entscheidung über die Vernichtung hat diejenige Stelle zu treffen, der jeweils die Verfahrenherrschaft zukommt.

6.2 **Untersuchungsbefunde**
Die Untersuchungsbefunde sind zu den Verfahrensakten zu nehmen und mit diesen nach den dafür geltenden Bestimmungen zu vernichten.

7 Sicherstellung/Beschlagnahme von Führerscheinen

7.1 **Voraussetzungen**
Liegen die Voraussetzungen für eine vorläufige Entziehung der Fahrerlaubnis (§ 111a Abs. 1, 6 StPO, §§ 69, 69b StGB) vor, so ist der Führerschein sicherzustellen oder zu beschlagnahmen (§ 94 Abs. 3, § 98 Abs. 1, § 111a Abs. 6 StPO).

7.1.1 **Atemalkoholprüfung**
Ist ein Kraftfahrzeug geführt worden, so hat dies jedenfalls dann zu erfolgen, wenn bei vorschriftsmäßiger Beatmung des elektronischen Atemalkoholprüfgerätes (Vortest- oder Atemalkoholmeßgerät) 0,55 mg/l (oder 1,1 Promille) und mehr angezeigt werden oder Anhaltspunkte für eine relative Fahruntüchtigkeit bestehen.

7.1.2 **Weigerung**
Der Führerschein ist auch dann sicherzustellen oder zu beschlagnahmen, wenn von einer relativen oder absoluten Fahruntüchtigkeit auszugehen ist oder die beschuldigte Person sich weigert, an der Atemalkoholprüfung mitzuwirken und deshalb eine Blutentnahme angeordnet und durchgeführt wird.

---

* **Amtl. Anm.:** Landesspezifische Ergänzung in Schleswig-Holstein

7.2 Verfahren

7.2.1 Abgabe an die Staatsanwaltschaft

Der sichergestellte – auch freiwillig herausgegebene – oder beschlagnahmte Führerschein ist unverzüglich mit den bereits vorliegenden Ermittlungsvorgängen der Staatsanwaltschaft zuzuleiten oder – bei entsprechenden Absprachen – dem Amtsgericht, bei dem der Antrag nach § 111a StPO oder Antrag auf beschleunigtes Verfahren nach § 417 StPO gestellt wird. Die Vorgänge müssen vor allem die Gründe enthalten, die eine vorläufige Entziehung der Fahrerlaubnis erforderlich erscheinen lassen.

7.2.2 Rückgabe an Betroffene

Steht fest, daß lediglich eine Ordnungswidrigkeit in Betracht kommt und befindet sich der sichergestellte oder beschlagnahmte Führerschein noch bei der Polizeidienststelle, ist seine Rückgabe an die betroffene Person unverzüglich im Einvernehmen mit der Staatsanwaltschaft zu veranlassen.

7.2.3 Ausländische Fahrausweise

Nummern 7.2.1 und 7.2.2 gelten auch für von einer Behörde eines Mitgliedstaates der Europäischen Union oder eines anderen Vertragsstaates des Abkommens über den Europäischen Wirtschaftsraum ausgestellte Führerscheine, sofern die Inhaberin oder der Inhaber ihren oder seinen ordentlichen Wohnsitz im Inland hat. Handelt es sich um andere ausländische Führerscheine, die zum Zwecke der Anbringung eines Vermerkes über die vorläufige Entziehung der Fahrerlaubnis sichergestellt oder beschlagnahmt worden sind (§ 111a Abs. 6 StPO), gelten sie mit der Maßgabe, daß diese Führerscheine nach der Anbringung des Vermerkes unverzüglich zurückzugeben sind.

8 Bevorrechtigte Personen

8.1 Abgeordnete

Soweit von Ermittlungsverhandlungen Abgeordnete des Deutschen Bundestages, der Gesetzgebungsorgane der Länder oder Mitglieder des Europäischen Parlaments aus der Bundesrepublik Deutschland betroffen sind, wird auf das Rundschreiben des Bundesministers des Innern vom 10. Januar 1983 (P II 5–640180/9, GMBl. S. 37) verwiesen.

Danach ist es nach der Praxis der Immunitätsausschüsse in Bund und Ländern zulässig, nach Maßgabe von Nummer 191 Abs. 3 Buchst. h und Nummer 192b Abs. 1 RiStBV Abgeordnete zum Zwecke der Blutentnahme zur Polizeidienststelle und zu einer Ärztin oder einem Arzt zu bringen.

Die sofortige Sicherstellung oder Beschlagnahme des Führerscheines eines oder einer Abgeordneten ist, sofern nicht die Durchführung von Ermittlungsverfahren durch die jeweiligen Parlamente allgemein

genehmigt ist,* nicht zulässig. Die Staatsanwaltschaft ist unverzüglich fernmündlich zu unterrichten.
Mitglieder des Europäischen Parlaments aus anderen Mitgliedsstaaten der Europäischen Union dürfen im Bundesgebiet weder festgehalten noch gerichtlich verfolgt werden.

8.2 **Diplomatinnen, Diplomaten u. a.**
Bei Personen, die diplomatische Vorrechte und Befreiungen genießen, sind Maßnahmen nach §§ 81a, 81c StPO und die Beschlagnahme des Führerscheins nicht zulässig (§§ 18, 19 GVG). Bei Angehörigen konsularischer Vertretungen sind sie nur unter gewissen Einschränkungen zulässig; danach kommt eine Immunität von Konsularbeamtinnen, Konsularbeamten und Bediensteten des Verwaltungs- und technischen Personals nur dann in Betracht, wenn die Handlung in engem sachlichen Zusammenhang mit der Wahrnehmung konsularischer Aufgaben steht (z. B. nicht bei Privatfahrten). Soweit eine Strafverfolgung zulässig ist, werden bei Verdacht schwerer Straftaten gegen die zwangsweise Blutentnahme aufgrund einer Entscheidung der zuständigen Justizbehörde keine Bedenken zu erheben sein (vgl. Rundschreiben des Bundesministeriums des Innern vom 17. 8. 1993 – P I 6–640005/1 –, GMBl. S. 589 sowie Nr. 193 bis 195 RiStBV).

8.3 **Stationierungsstreitkräfte**

8.3.1 **Grundsätze**
Bei Mitgliedern der Stationierungsstreitkräfte und des zivilen Gefolges sowie deren Angehörigen sind Maßnahmen nach §§ 81a, 81c StPO grundsätzlich zulässig (vgl. Art. VII NATO-Truppenstatut), soweit die Tat
– nach deutschem Recht, aber nicht nach dem Recht des Entsendestaates (dessen Truppe hier stationiert ist) strafbar ist, oder
– sowohl nach deutschem Recht als auch nach dem Recht des Entsendestaates strafbar ist, jedoch nicht in Ausübung des Dienstes begangen wird und sich nicht lediglich gegen das Vermögen oder die Sicherheit des Entsendestaates oder nur gegen die Person oder das Vermögen eines Mitgliedes der Truppe, deren zivilen Gefolges oder andere Angehörige richtet, und die deutschen Behörden nicht auf die Ausübung der Gerichtsbarkeit verzichten.
In allen anderen Fällen ist von der Anwendung der §§ 81a, 81c StPO abzusehen, da das Militärrecht verschiedener Stationierungsstreitkräfte die Blutentnahme gegen den Willen der Betroffenen für unzulässig erklärt.

---

* **Amtl. Anm.:** Die sofortige Sicherstellung oder Beschlagnahme des Führerscheines eines Mitgliedes des Schleswig-Holsteinischen Landtages ist zulässig, sofern die oder der Abgeordnete „auf frischer Tat" betroffen wird.

8.3.2 Erlaubnisse zum Führen dienstlicher Kraftfahrzeuge

Auf Führerscheine, die Mitgliedern der Stationierungsstreitkräfte oder des zivilen Gefolges von einer Behörde eines Entsendestaates zum Führen dienstlicher Kraftfahrzeuge erteilt worden sind, ist § 69 b StGB nicht anwendbar (Art. 9 Abs. 6 a und b NTS-ZA). Eine Sicherstellung oder Beschlagnahme eines Führerscheines ist deshalb nicht zulässig. Jedoch nimmt die Polizei den Führerschein im Rahmen der gegenseitigen Unterstützung (Art. 3 NTS-ZA) in Verwahrung und übergibt ihn der zuständigen Militärpolizeibehörde.

8.3.3 Erlaubnisse zum Führen privater Kraftfahrzeuge

Führerscheine zum Führen privater Kraftfahrzeuge, die Mitgliedern der Stationierungsstreitkräfte oder des zivilen Gefolges und deren Angehörigen im Entsendestaat oder von einer Behörde der Truppe erteilt worden sind, können ausnahmsweise in den Fällen, in denen die deutschen Gerichte die Gerichtsbarkeit ausüben, nach Maßgabe des § 69 b StGB entzogen werden (Art. 9 Abs. 6 b NTS-ZA). Bis zur Eintragung des Vermerks über die vorläufige Entziehung der Fahrerlaubnis kann der Führerschein sichergestellt oder nach § 111 a Abs. 6 Satz 2 StPO auch beschlagnahmt werden. Die Beschlagnahme ist jedoch nur anzuordnen, wenn die Militärpolizei erklärt, keine Ermittlungen führen zu wollen. Erscheint die Militärpolizei nicht oder nicht rechtzeitig, so ist unverzüglich eine Entscheidung der Staatsanwaltschaft über die Beschlagnahme einzuholen.

9 Kosten

Die Kosten der körperlichen Untersuchung, der Blutentnahme und -untersuchung sowie der Urin- und Haarprobe und deren Untersuchung sind zu den Akten des Strafverfahrens oder des Bußgeldverfahrens mitzuteilen. Über die Pflicht der Kostentragung wird im Rahmen des Strafverfahrens oder des Bußgeldverfahrens entschieden. Eine vorherige Einziehung unterbleibt.

10 Inkrafttreten

Der Gemeinsame Erlaß tritt am 1. Dezember 1999 in Kraft. Gleichzeitig tritt der Gemeinsame Erlaß des Justizministers und des Innenministers vom 13. April 1995 (Amtsbl. Schl.-H. S. 374)* außer Kraft.

§ 323 a Vollrausch

(1) **Wer sich vorsätzlich oder fahrlässig durch alkoholische Getränke oder andere berauschende Mittel in einen Rausch versetzt, wird mit Freiheitsstrafe bis zu fünf Jahren oder mit Geldstrafe bestraft, wenn er in diesem Zustand eine rechtswidrige Tat begeht und ihretwegen nicht bestraft werden kann, weil er infolge des Rausches schuldunfähig war oder weil dies nicht auszuschließen ist.**

---

* **Amtl. Anm.:** Gl. Nr. 4500.6

Allgemeines 1–3 § 323a StGB

(2) Die Strafe darf nicht schwerer sein als die Strafe, die für die im Rausch begangene Tat angedroht ist.

(3) Die Tat wird nur auf Antrag, mit Ermächtigung oder auf Strafverlangen verfolgt, wenn die Rauschtat nur auf Antrag, mit Ermächtigung oder auf Strafverlangen verfolgt werden könnte.

Inhaltsübersicht

	Rn
1. Allgemeines	1
2. Tathandlung	3
3. Subjektiver Tatbestand	5
4. Rauschtat	7
5. Teilnahme	8
6. Konkurrenzen	9
7. Strafe	10

1. Allgemeines

1 § 323a ist verfassungskonform (BVfG DAR 79, 181); er dient dem **Schutz der Allgemeinheit** vor den von Berauschten erfahrungsgem ausgehenden Gefahren (BGHSt 16, 124, 128; 26, 363); er gilt daher nach hM als abstraktes Gefährdungsdelikt (Lackner-Kühl 1), obwohl nicht schon jedes Sichberauschen allein, sondern erst dann mit Strafe bedroht ist, wenn sich dessen Gefährlichkeit durch eine im Rausch begangene rechtswidrige Tat (Rauschtat, s 7) gezeigt hat. Ist die Rauschtat eine bloße OW, so gilt § 122 OWiG. – Zur Abgrenzung des (seltenen) **pathologischen Rausches** s BGHSt 40, 198. Er beruht idR auf Hirnschädigung oder anderer schwerer Erkrankung, die Alkoholunverträglichkeit zur Folge hat, so daß er idR bei geringer BAK auftritt u vom Betr beim ersten Mal meist nicht vorhersehbar ist (BGH aaO).

2 **2. Tathandlung** ist das Sichversetzen in einen Rausch. Hierunter ist ein durch Intoxikation herbeigeführter Allgemeinzustand der Beeinträchtigung geistiger und körperlicher Fähigkeiten zu verstehen, der in seinem ganzen Erscheinungsbild als Folge des Konsums von Rauschmitteln anzusehen ist (vgl BGH St 26, 363; Lackner-Kühl 3; Sk-Horn 4; Denker NJW 80, 2163; Förster-Rengier NJW 86, 2871). Der Rausch muß durch die Einnahme alkoholischer Getränke oder anderer berauschender Mittel (s 27 zu § 316) herbeigeführt werden, wobei es unerheblich ist, ob damit ein Rausch erstrebt wird (oder zB Selbstmord: Bay VRS 79, 116; Fra BA 79, 407). Eine Einnahme zum Genuß oder zur Erzielung „lustbetonter Empfindungen" ist nicht erforderlich (Bay NJW 90, 2334; Burmann DAR 87, 137; Tröndle-Fischer 3a mwN; aA Ka NJW 79, 611). Auch der pathol Rausch infolge Alkoholüberempfindlichkeit (BGH St 40, 198) und der epileptoide Rausch nach Alkoholkonsum (BGH St 4, 73) wird erfaßt.

3 Streitig ist, ob der Rausch einen bestimmten Mindestschweregrad aufweisen muß. Einigkeit besteht, daß es ausreicht, wenn zumindestens der

StGB § 323a 4, 5

Zustand des § 21 StGB feststeht und möglicherweise sogar Schuldunfähigkeit gegeben ist (BGH St 32, 48; Tröndle-Fischer 5). Offengelassen wurde vom BGH die Frage, ob ein Rausch auch angenommen werden kann, wenn nicht sicher festgestellt werden kann, ob der Täter schuldunfähig, vermindert schuldfähig oder schuldfähig war. Unter Berufung auf das vom BGH angenommene normativ-ethische Stufenverhältnis zwischen der Gefährdungsnorm des § 323 a und dem Verletzungstatbestand, wird diese Frage zT bejaht (Tröndle-Fischer 5 a mwN; He-Bo 278 ff; Sk-Horn 16). Nach hM ist dagegen erforderlich, daß zumindestens der Zustand des § 21 StGB feststeht (Bay NJW 78, 957; Kö BA 85, 243; Zw NZV 93, 488; Lackner-Kühl 4; Denker NJW 80, 2159; JZ 84, 453; Förster-Rengier NJW 86, 2869 sowie die frühere Rechtsprechung des BGH zB NJW 79, 1370; JR 80, 32). Der hM ist zuzustimmen, da ansonsten das Tatbestandsmerkmal des Rausches konturenlos würde (vgl Lackner-Kühl 4; Denker JZ 84, 453). Die hM muß zwar Strafbarkeitslücken in Kauf nehmen, diese können aber nur vom Gesetzgeber geschlossen werden. Soweit es um den Verkehrsbereich geht, ist zu beachten, daß auch dann, wenn die Annahme eines Rausches sich nicht beweisen läßt, zumindestens eine Entziehung der Fahrerlaubnis möglich bleibt. § 69 setzt nur das Vorliegen einer rw Tat dann voraus (BGH DAR 82, 248) Allerdings ist auch nach der Mindermeinung § 323 a nicht anwendbar, wenn sogar das Ob der Berauschung zweifelhaft bleibt (Tröndle-Fischer 5 b; Sk-Horn 16).

4 **Alkohol u andere berauschende Mittel** können auch zusammenwirken oder durch andere Faktoren verstärkt werden, wie Medikamente, Erregung, Krankheit oder Alkoholintoleranz pp (s BGHSt 4, 73; 26, 363; Ha BA 79, 460). So findet § 323 a auch Anwendung, wenn der Alkohol den Täter im Zusammenwirken mit einer vor dessen Einnahme bereits vorhandenen bes körperlichen oder seelischen Verfassung schuldunfähig gemacht hat, gleichgültig, ob diese Verfassung allg bestanden hat oder durch vor Trinkbeginn liegende äußere oder innere Umstände hervorgerufen wurde (BGHSt 22, 8; 26, 363). Ebenso, wenn der Angetrunkene einen anderen angreift u durch dessen berechtigte Abwehrmaßnahmen erst schuldunfähig wird (Ce VM 72, 8). Tritt die Schuldunfähigkeit erst im Zusammenwirken des Rauschzustandes mit der affektiven Erregung ein, muß sich der Schuldvorwurf auch auf das mögliche Hinzutreten dieses Erregungszustands erstrecken (BGH NStZ 82, 116). Dagegen ist § 323 a nicht anwendbar, wenn der Täter durch die Alkoholeinnahme nur vermindert schuldfähig war u erst durch ein von ihm nicht zu vertretendes Ereignis schuldunfähig geworden ist (BGH DAR 76, 49).

5 **3.** Der Rauschzustand muß (mind bedingt) **vorsätzlich** oder **fahrlässig** herbeigeführt sein, was bei Einnahme von Medikamenten, soweit sie keine typischen Rauschmittel sind (s § 316 Rn 27), bes Prüfung bedarf (Bay VRS 79, 116). **Vorsätzlich** handelt, wer Alkohol oder andere Rauschmittel einnimmt, obwohl er weiß oder mind billigend in Kauf nimmt, dadurch in einen Rauschzustand zu geraten, der seine Einsichts- oder Steuerungsfähigkeit erheblich vermindert, wenn nicht gar ausschließt (BGHSt 16,

187; NStZ-RR 01, 15; Dü NZV 92, 328). Ob er diese persönlichkeitsbeeinträchtigenden Wirkungen bewußt herbeiführen wollte oder zumind mit ihnen gerechnet u sie billigend in Kauf genommen hat, ist nach den Einzelumständen, insb auch der Persönlichkeit des Täters, seiner Intelligenz u Selbstkritik zu beurteilen, die bei starker Alkoholisierung vermindert sein kann (Bay aaO u v 16. 10. 91, 1 St 216/91). Vorsätzliches Berauschen ist im Hinblick auf das Doppelverwertungsverbot kein zul Strafverschärfungsgrund (BGH StV 92, 230). – Bei **Fahrlässigkeit** genügt Vorhersehbarkeit des Rausches, die sich beim Zusammenwirken von Alkohol mit anderen Mitteln oder Umständen zB schwere affektive Erregung) auch auf deren entspr (Gesamt-)Wirkung beziehen muß (BGH NStZ 82, 116). Bei bes Alkoholempfindlichkeit s BGH VRS 50, 358; bei Selbstmord s Bay VRS 79, 116. Bei Alkohol- u gleichzeitiger Medikamenteneinnahme muß sich der Täter über die evtl Wirkung informieren (s Kö VRS 32, 349), sofern er die Wirkung bei der Einnahme nicht ohnehin spüren konnte (Ha BA 78, 460). Die Rauschtat selbst (s 7) braucht nicht voraussehbar zu sein, auch nicht die Möglichkeit, im Rausch irgendwelche rechtswidrigen Taten zu begehen (BGHSt 16, 124; Lackner-Kühl 14); doch muß, wer sich berauscht, idR mit solchem Tun rechnen, wenn er keine bes Vorkehrungen dagegen trifft; deshalb bedarf es hierzu idR keiner bes Feststellungen (BGHSt 10, 247, 251; Ce NJW 69, 1916; Ha NJW 75, 2252; Bay NJW 90, 2334; aA bei Vorsatz: Bay NJW 74, 1520).

Wer sich vorsätzlich oder fahrlässig in einen Rauschzustand versetzt, begründet damit wegen der abstrakten Gefährlichkeit des Rausches auch die Vorwerfbarkeit einer vorsätzlichen Rauschtat, wenn nicht die Umstände des Einzelfalls ausnahmsweise das Gegenteil ergeben (Bay 74, 20 unter Aufg von Bay 68, 44). Wenn sich der Täter vor Trinkbeginn nicht nur irgendeine, sondern die bestimmte Straftat, die er dann im Rausch ausgeführt hat, vorstellte oder vorstellen mußte, ist er nicht nach § 323a, sondern wegen des in verantwortlichem Zustand in Gang gesetzten Vergehens (actio libera in causa), zu verurteilen (BGHSt 17, 335; 21, 381; 23, 356; Bay aaO; **E** 128), sofern die Grundsätze alle überhaupt anwendbar sind (s **E** 128). **6**

4. Die Begehung einer rechtswidrigen Tat (Rauschtat) ist zwar **7** nicht TB-Merkmal, sondern **Bedingung der Strafbarkeit** (BGHSt 16, 124; 17, 334; NZV 96, 500), es bedarf jedoch trotzdem auch der Feststellung ihrer tatbestandlichen Merkmale (Zw NZV 93, 488). Die Tat muß zwar noch vom Willen gesteuert sein (Ha NJW 75, 2252), der Täter darf also zB nicht handlungsunfähig, sinnlos betrunken sein (u zB auf die Str fallen: Göhler 10 zu § 122): Reflexhandlungen scheiden aus (**E** 59). Soweit Vorsatz vorausgesetzt wird, genügt aber der sog „natürliche Vorsatz" (BGH VRS 41, 94; Janiszewski 443 ff). Die subjektiven TB-Merkmale sind auch bzgl der Rauschtat festzustellen, da diese oft nur so genau bestimmbar ist (Sch/Sch-Cramer 16 f; Tröndle-Fischer 13 jew zu § 323a); nach Bay (NJW 89, 1685 unter Aufg v 22. 5. 86 bei Verf NStZ 86, 541) nur dann, wenn dies Bedeutung für die rechtliche Einordnung des TB, die Strafzumessung (s § 323a III) u die Verfolgbarkeit hat.

8 5. **Beteiligung am Sichberauschen** in Form der **Mittäterschaft** ist schon wegen des **eigenhändigen** Charakters (Haft JA 79, 651; **E** 141) nicht möglich, hinsichtlich sonstiger Teilnahmeformen umstritten (s Tröndle 16), wohl aber an der Rauschtat denkbar (Lackner 17).

6. Konkurrenzen

9 Bei mehreren, im selben Rausch begangenen Rauschtaten (7) liegt nur eine Tat nach § 323a vor (BGHSt 13, 225). Fortsetzungszusammenhang zwischen mehreren Taten nach § 323a ist möglich (BGHSt 16, 124). Begeht jemand jedoch im Zustand des Vollrausches mehrere mit Strafe bedrohte Handlungen, die er zT nach § 323a, zT deshalb zu verantworten hat, weil er den Geschehensablauf in verantwortlicher Weise in Gang gesetzt hat, so stehen diese Taten zueinander in TE (BGHSt 17, 333; s dazu auch Zw BA 91, 343, oben § 315c Rn 37).

10 7. **Die Strafe** ist durch II, die **Strafverfolgung** durch III begrenzt. Zur Verfassungsmäßigkeit des Strafrahmens s BVfG bei Spiegel DAR 79, 181. Maßgeblich ist die Vorwerfbarkeit des Sichberauschens, die Art, Umstände u die dem Täter bekannte Gefährlichkeit im Rausch, nicht aber Motive u Gesinnung, die zur Rauschtat führten (BGH bei Mösl NStZ 82, 150). Vorkehrungen gegen evtl Rauschtaten können strafmildernd wirken (Haubrich DAR 80, 359; Horn JR 82, 347), bei Alkoholikern ebenso der unwiderstehliche Drang zum Alkohol (BGH StV 84, 154; Bay v 14. 8. 91 bei Janiszewski NStZ 91, 576). Bei Alkohol- bzw Drogensucht kann die Schuldfähigkeit ausgeschlossen oder vermindert sein (BGH StV 92, 230; bei Nehm DAR 93, 168; Lackner-Kühl 13), wenn sich der Zustand der §§ 20, 21 schon bei Herbeiführung der Berauschung auswirkte. Schwere u Folgen der Rauschtat können sich verschärfend auswirken (BGHSt 16, 124, 127; 23, 375), müssen aber uU eine Aussetzung zur Bewährung nach § 56 nicht ausschließen (Kar VRS 91, 361). – Zur regelmäßigen **Entz der FE** s § 69 II 4; **Einziehung** des im Vollrausch zur Fahrt ohne FE benutzten Kfz ist zulässig (Hbg NStZ 82, 246; KG VRS 57, 20; BGHSt 31, 80).

5. Teil

Strafprozeßordnung (Auszug)

§ 81 a [Körperliche Untersuchung des Beschuldigten]

(1) Eine körperliche Untersuchung des Beschuldigten darf zur Feststellung von Tatsachen angeordnet werden, die für das Verfahren von Bedeutung sind. Zu diesem Zweck sind Entnahmen von Blutproben und andere körperliche Eingriffe, die von einem Arzt nach den Regeln der ärztlichen Kunst zu Untersuchungszwecken vorgenommen werden, ohne Einwilligung des Beschuldigten zulässig, wenn kein Nachteil für seine Gesundheit zu befürchten ist.

(2) Die Anordnung steht dem Richter, bei Gefährdung des Untersuchungserfolges durch Verzögerung auch der Staatsanwaltschaft und ihren Hilfsbeamten (§ 152 des Gerichtsverfassungsgesetzes) zu.

(3) Dem Beschuldigten entnommene Blutproben oder sonstige Körperzellen dürfen nur für Zwecke des der Entnahme zugrundeliegenden oder eines anderen anhängigen Strafverfahrens verwendet werden; sie sind unverzüglich zu vernichten, sobald sie hierfür nicht mehr erforderlich sind.

Inhaltsübersicht

	Rn
1. Allgemeines	1
2. Zulässigkeit	2
3. Durchführung	3

1. Allgemeines 1

§ 81 a gilt nur gegenüber Beschuldigten; die Regelung ist bei Beachtung des Verhältnismäßigkeitsgrundsatzes **verfassungskonform** (BVfGE 47, 239, 248 = NJW 78, 1149); das gilt namentlich für die bei VStraftaten zum Nachweis der FU (§ 316 StGB 12) sowie zur Feststellung der Schuldfähigkeit (**E** 126) im Vordergrund stehende **Blutentnahme,** die (auch bei zwangsweiser Vornahme) grundsätzlich als harmloser, ungefährlicher Eingriff gilt (Kö NStZ 86, 234; s aber Rittner BA 81, 161) u daher auch bei OWen nach § 24a StVG gem § 46 IV OWiG zul ist (Göhler 23 zu § 46), sofern keine Nachteile für die Gesundheit des Betr zu befürchten sind (Hämophilie); bloße Spritzenphobie ist unbeachtlich (s Händel BA 76, 389; Gerchow BA 76, 392). Bei forensischer Anerkennung auch der AA-Analyse (s dazu § 316 StGB 18) wäre sie gegenüber der Blutprobe das weniger belastende, verhältnismäßigere Mittel (so Arbab-Zadeh NJW 84, 2615; s dazu Hentschel NJW 85, 1318), so daß die Blutprobe dann an Bedeutung verlieren wird. – **Verweigerung** der Blutprobe kann Obliegenheitsverletzung gegenüber der Haftpflichtversicherung sein (BGH VersR 76, 84; Nü VersR 87, 118).

2 **2. Unzulässig** ist die zwangsweise Blutentnahme bei fehlendem Verdacht merkbarer Alkoholbeeinflussung (Schl NJW 64, 2215), insb bei Unverhältnismäßigkeit (zB bei einem Fußgänger wegen geringfügiger, folgenloser VerkehrsOW: Göhler 23 zu § 46; s auch Janiszewski 372) u wenn Nachteile für die Gesundheit zu befürchten sind (§ 81 a I S 2), wie bei einem Bluter oder bei kompliziertem Rausch mit hochgradigem Erregungszustand (Umsichschlagen, toxischer Erregungssturm: Grüner Abschn A II 1); nicht aber bei bloßen vorübergehenden Schmerzen oder Ängsten. – Zwangsweise **Harnentnahme** zur Ermittlung von Medikamenten u Drogen ist bei OWen unverhältnismäßig (Göhler 24 zu § 46) u auch sonst aus verfassungsrechtlicher (Menschenwürde, Verhältnismäßigkeit), praktischer u medizinischer Sicht abzulehnen (Kl/Meyer-G 21); eine Urinprobe ist nur bei freiwilliger Abgabe verwertbar (s Nr 4 RiBA bei § 316 StGB 40).

3 **3. Für die Durchführung** der Blutentnahme gelten die bundeseinheitlichen RiBA (abgedr bei § 316 StGB 40); die Blutprobe ist auch ohne vorherigen Atemtest zulässig (Kö VRS 70, 366). Die AO-Befugnis ergibt sich aus § 81 a II; mündliche AO durch PolBeamten, der Hilfsbeamter der StA ist (§ 152 GVG), kann genügen (Kl/Meyer-G 26; Dü NJW 91, 580); die AO gehört nicht zur „Grenzabfertigung" auf ausl Gebiet (Ko VRS 73, 276). Zur Durchsetzung sind unter Beachtung des Verhältnismäßigkeitsgrundsatzes unmittelbarer Zwang u kurzfristige Freiheitsbeschränkung (Verbringen aufs PolRevier, Warten auf den Arzt pp) zul (Bay VRS 66, 275; Kö VRS 71, 183); für letztere bedarf es keines Vorführungsbefehls oder einer Entscheidung nach Art 104 II GG (Kl/Meyer-G 28 f). Ihr steht auch nicht die **Immunität** eines Abgeordneten (s **E** 26 f), wohl aber die **Exterritorialität** entgegen (Janiszewski 58).

4 Blutentnahme muß nach den Regeln der ärztlichen Kunst durch einen approbierten **Arzt** (nicht Zahnarzt) erfolgen (BGHSt 24, 125, 127; vgl §§ 2, 2 a u 3 BÄrzteO u Nrn 3.5 u 6 RiBA); idR aber kein Verwertungsverbot für anderweitig erlangte Blutproben (BGHSt 24, 125, 128; str, s dazu He/Bo 22 ff), auch nicht bei deren Erlangung bei Operationsvorbereitung, wenn eine AO nach § 81 a zwar fehlte, deren Voraussetzungen aber vorgelegen hätten (Ce BA 89, 420; Zw VRS 86, 64 m abl St Weiler NStZ 95, 98) oder der Betr eingewilligt hat (Kl-Meyer-G § 81 a Rn 19); anders bei bewußter Täuschung über die Arzteigenschaft (Ha NJW 65, 1089).

5 Der Beschuldigte muß den Eingriff nur dulden, nicht aber dabei mitwirken; das gilt auch für die mit der Blutentnahme idR verbundenen u für den Nachweis der FU uU bedeutsamen (Ha BA 80, 172) klinischen Tests (§ 316 StGB 26 c; Nystagmusprüfung, Geh- u Schriftproben pp; Kl/Meyer-G 11 mwN); einer bes **Belehrung** darüber durch den Arzt bedarf es zwar nicht (Ha BA 80, 171), wohl aber durch die Strafverfolgungsbehörden (so auch Jag/Hentschel 3 unter Hinweis auf die §§ 136, 163a StPO; s dazu auch AG Homburg ZfS 94, 29).

Einführung des Blutproben-Ergebnisses in die HV erfolgt durch 6 Verlesung des Gutachtens gem § 256 StPO, durch Vernehmung des SV (Dü VRS 77, 364; Kl/Meyer-G § 256 Rn 20; He/Bo 110) oder Bekanntgabe des Gutachteninhalts (BGHSt 30, 10; Dü VRS 59, 269), aber nicht durch bloßen Vorhalt (Ce StV 84, 107; bei Janiszewski NStZ 87, 271; Dü VRS 74, 40; Molketin BA 89, 124). Wurde das Gutachten nicht vorschriftsmäßig eingeführt, in der HV aber erörtert u nicht bestritten, beruht das Urt nicht darauf, daß es nicht verlesen worden ist (Dü VRS 85, 452). Der Arztbericht über die Blutentnahme darf nur verlesen werden, wenn er erkennen läßt, von wem er herrührt (Bay ZfS 88, 331). Auch eine zu Behandlungszwecken entnommene Blutprobe darf verwertet werden, wenn die Voraussetzungen für eine Entnahme nach § 81 vorlagen (Fra NStZ-RR 99, 246). – § 256 StPO dürfte nicht auch für die künftige Behandlung des Ergebnisses des **AA-Tests** gelten, das wohl nur durch Vernehmung des PolBeamten oder eines SV oder – je nach Ausgestaltung der AA-Testgeräte – in Form eines Urkundenbeweises (§ 249 StPO) durch Vorlage u Verlesung des Ausdruckstreifens, der die maßgeblichen Daten urkundlich erfaßt hat, in die HV eingeführt werden kann. – Zur Frage, wann ein **Beweisantrag**, mit dem behauptet wird, die Blutprobe stamme nicht vom Angeklagten, als Beweisermittlungsantrag abgelehnt werden kann, s Kö VRS 93, 435.

§ 111a* [Vorläufige Entziehung der Fahrerlaubnis]

(1) **Sind dringende Gründe für die Annahme vorhanden, daß die Fahrerlaubnis entzogen werden wird (§ 69 des Strafgesetzbuches), so kann der Richter dem Beschuldigten durch Beschluß die Fahrerlaubnis vorläufig entziehen. Von der vorläufigen Entziehung können bestimmte Arten von Kraftfahrzeugen ausgenommen werden, wenn besondere Umstände die Annahme rechtfertigen, daß der Zweck der Maßnahme dadurch nicht gefährdet wird.**

(2) **Die vorläufige Entziehung der Fahrerlaubnis ist aufzuheben, wenn ihr Grund weggefallen ist oder wenn das Gericht im Urteil die Fahrerlaubnis nicht entzieht.**

(3) **Die vorläufige Entziehung der Fahrerlaubnis wirkt zugleich als Anordnung oder Bestätigung der Beschlagnahme des von einer deutschen Behörde ausgestellten Führerscheins. Dies gilt auch, wenn der Führerschein von einer Behörde eines Mitgliedstaates der Europäischen Union oder eines anderen Vertragsstaates des Abkommens über den Europäischen Wirtschaftsraum ausgestellt worden ist, sofern der Inhaber seinen ordentlichen Wohnsitz im Inland hat.**

---

* Die Fassungen der Abs 3 u 6 beruhen auf dem StVG-ÄndG v 24. 4. 1998 (BGBl I 747), in Kraft ab 1. 1. 1999.

(4) Ist ein Führerschein beschlagnahmt, weil er nach § 69 Abs. 3 Satz 2 des Strafgesetzbuches eingezogen werden kann, und bedarf es einer richterlichen Entscheidung über die Beschlagnahme, so tritt an deren Stelle die Entscheidung über die vorläufige Entziehung der Fahrerlaubnis.

(5) Ein Führerschein, der in Verwahrung genommen, sichergestellt oder beschlagnahmt ist, weil er nach § 69 Abs. 3 Satz 2 des Strafgesetzbuches eingezogen werden kann, ist dem Beschuldigten zurückzugeben, wenn der Richter die vorläufige Entziehung der Fahrerlaubnis wegen Fehlens der im Absatz 1 bezeichneten Voraussetzungen ablehnt, wenn er sie aufhebt oder wenn das Gericht im Urteil die Fahrerlaubnis nicht entzieht. Wird jedoch im Urteil ein Fahrverbot nach § 44 des Strafgesetzbuches verhängt, so kann die Rückgabe des Führerscheins aufgeschoben werden, wenn der Beschuldigte nicht widerspricht.

(6) In anderen als in Absatz 3 Satz 2 genannten ausländischen Führerscheinen ist die vorläufige Entziehung der Fahrerlaubnis zu vermerken. Bis zur Eintragung dieses Vermerkes kann der Führerschein beschlagnahmt werden (§ 94 Abs. 3, § 98).

Inhaltsübersicht

	Rn
1. Allgemeines	1
2. Voraussetzungen	4
3. Ermessensentscheidung	6
4. Zuständigkeit	7
5. Abs 3: Wirkung des Beschlusses	9
6. Aufhebung	10
7. Anrechnung	13
8. Vollstreckung	14
9. Registrierung	15
10. Entschädigung	16

1. Allgemeines

Die verfassungskonforme (BVfG NStZ 82, 78) **Präventivmaßnahme** nach § 111 a soll die Allgemeinheit schon vor dem Urt vor weiterer Gefährdung durch den ungeeigneten Kf schützen (BverfG NJW 01, 357) u die Durchsetzung der späteren EdFE sichern (s § 94 III). Erforderlich ist daher ein dringendes, sofortiges Bedürfnis für die Ausschaltung des Täters (BGHSt 7, 165, 171) unter Berücksichtigung aller Umstände (s 4). Ein Ermittlungsverfahren, in dem die vorl Entz angeordnet wurde, muß ebenso beschleunigt erfaßt werden wie eine Haftsache (Kö NZV 91, 243; Kl/Meyer-G 1; s auch 5). Der Beschluß ist zu begründen (§ 34; Kl/Meyer-G 6), insb wenn er erst nach Einspruch ergeht (LG Stu StV 86, 427 LS).

Voraussetzung für vorläufige Entz 2–4a **§ 111a StPO**

Die Maßnahme ist auch gegenüber **Ausländern** (§ 111a VI; § 69b **2**
StGB; Ludovisy DAR 97, 80) u unter bestimmten Voraussetzungen auch
gegenüber **Abgeordneten** zulässig (s E 26); bei letzterem ist der Parlamentspräsident zu unterrichten (Nr 192ff RiStBV; **Exterritoriale** s E 25;
insges s Nr 7 RiBA bei § 316 StGB 40).

Inhaltlich läßt die AO nach I die FE unberührt u bewirkt lediglich ab **3**
Bekanntgabe (Kö VRS 52, 271) ein (nach § 21 I 1 StVG strafbewehrtes)
Verbot, von der FE Gebrauch zu machen. Davon können unter den Voraussetzungen von I S 2 bestimmte Arten von Kfzen zur Vermeidung unnötiger Härten u zur Wahrung der Verhältnismäßigkeit ausgenommen
werden (s dazu § 69a StGB 4,5; KK-Nack 5ff). Die VB **hat** einen entspr
beschränkten Ersatz-FSch auszustellen (s Janiszewski 753; VG Mainz NJW
86, 3158); vorheriges Führen eines Kfz der ausgenommenen Art fällt nicht
unter § 21 StVG, allenfalls OW nach § 69a I 5a StVZO. Die vorl Entz
erfaßt auch die bes FE zur Fahrgastbeförderung (s § 69 StGB 4, 16).

2. Voraussetzung ist, daß dringende Gründe, dh dringender (vgl **4**
§§ 112 I S 1, 112a I S 1) Tatverdacht iS des § 69 I S 1 StGB, u eine hohe
Wahrscheinlichkeit für die Annahme vorliegen, daß die FE nach § 69
StGB entzogen wird (s Nr 6 RiBA). Das ist zwar bei Vergehen nach
§ 69 II StGB idR der Fall u bedarf dort nur einer Prüfung, wenn sich
wichtige Gegengründe aufdrängen (s Hentschel DAR 80, 171; 88/90; Hi/
He I/221); das gilt aber nicht im Falle des § 69 II 3 bei unbedeutendem
Schaden (Ol ZfS 81, 191) oder wenn der Angeschuldigte nicht wußte oder
erkennen konnte, daß der Schaden bedeutend war (Schl VRS 54, 33;
s § 69 StGB 13) oder aus sonstigen Gründen kein Regelfall vorliegt (s § 69
StGB 14; AG Homburg ZfS 88, 124; Dü VRS 82, 341 empfiehlt m R
Zurückhaltung) bzw wenn bei Alkoholdelikten (§§ 315c I 1a, 316 StGB)
noch kein verläßlicher Nachweis für die FU, insb noch kein Blutprobenergebnis oder wenigstens das eines zuverlässigen AA-Testgeräts (s § 316 StGB
18) vorliegt, wonach eine Strafverfolgung zu erwarten ist.

Da die Entscheidung nach § 111a idR einen gravierenden Eingriff bedeutet, setzt sie grundsätzlich eine umfassende **Abwägung der Gesamtumstände** voraus, wobei auch die Persönlichkeit des Täters, sein Vorleben **4a**
u sein persönlicher Lebensbereich zu berücksichtigen sind, woraus oft
erst ableiten läßt, ob der Schluß auf mangelndes Verantwortungsbewußtsein im StraßenV gerechtfertigt ist (Dü VRS 82, 341 im Anschl an BGHSt
7, 165, 176; DAR 56, 161). Längere unbeanstandete VTeilnahme steht der
Tat nach hM in den Regelfällen des § 69 II StGB der vorl Entz idR nicht
entgegen (Dre OLG-NL 97, 71; Stu NZV 77, 316; Dü DAR 96, 413;
Hentschel NJW 95, 636; Kl/Meyer-G3). Soweit seitens der hM auf die
Dunkelziffern bei VStraftaten sowie darauf verwiesen wird, daß der Druck
des Strafverfahrens das Wohlverhalten bewirkt haben kann, so übersieht
diese Argumentation, daß im Rahmen der Prognose nur feststehende Tatsachen berücksichtigt werden dürfen. Von daher kann – muß aber nicht –
eine ursprünglich bestehende Ungeeignetheit aufgrund des Zeitablaufes
entfallen sein (KK-Nack 3; vergl auch LG Hagen NZV 94, 334; LG Han-

StPO § 111a 4 b–7

nover NZV 89, 83; LG Ravensburg ZfS 95, 311; LG Nürnberg-Fürth DAR 00, 374). Wegen der meist erheblichen Auswirkungen ist das Verfahren aus Gründen der Verhältnismäßigkeit jedenfalls tunlichst zu **beschleunigen** (Kö DAR 91, 229; Dü ZfS 94, 186) u Detailfragen ggf in der schleunigst anzuberaumenden HV zu klären (LG Kö ZfS 92, 427), bei Verstoß gegen das Beschleunigungsverbot kann Aufhebung der vorl Entz wegen Unverhältnismäßigkeit geboten sein (Dü aaO; NZV 01, 354; LG Zw ZfS 00, KrG Saalfeld StV 94, 238).

4 b Wurde in der ersten Instanz eine Entziehung gemäß § 69 StGB abgelehnt, so kann das Berufungsgericht bei **unveränderter** Sach- und Rechtslage nur bei Aufhebung des erstinstanzlichen Urteils eine vorl Entz aussprechen (BVfG NZV 95, 77; Ol NZV 92, 124; Kl/Meyer-G 3; Hentschel in B/B 216 A 299). Das gilt auch, wenn die erstinstanzliche Entscheidung „eindeutig falsch" war (Hentschel aaO, Kl/Meyer-G aaO; aA Ko VRS 73, 290). Entsprechendes gilt bei Einspruch gegen einen Strafbefehl, in dem eine Entziehung nicht angeodnet war (Kl/Meyer-G aaO). Wurde im erstinstl Urteil nur eine Entziehung nach § 69 StGB, jedoch keine vorl Entz angeordnet, so kann das Berufungsgericht die Anordnung nachholen (Dre OLG-NL 97, 71; Fra NJW 81, 1680; Kl/Meyer-G 3 mwN).

5 Eine vorl Entz kommt **nicht** in Betracht, wenn infolge Fehlens einer FE nur eine **isolierte Sperre** nach § 69 a I S 3 StGB möglich (Ha VRS 51, 43; aA Engel DAR 84, 108) oder nur ein Fahrverbot nach § 44 StGB zu erwarten ist.

6 3. Die AO ist zwar **Ermessensentscheidung** („kann"), die bei Vorliegen der Voraussetzungen (4) aber idR zu treffen ist (vgl KK – Nack 4), u zwar auch, wenn der Betreffende (zB wegen Inhaftierung) am Führen eines Kfz vorl verhindert ist, da die Maßnahme auch der Sicherung der späteren Vollstreckung dient; doch auch, wenn er den FSch freiwillig herausgibt, da die Maßnahme in ihrer Wirkung über die Sicherstellung hinausgeht (1; so auch Cramer § 69 StGB 62; KK-Nack Rn 4; aA Kl-Meyer-G Rn 3; Hi/He 226; Michel DAR 97, 393 zusammenfassend) u der Beschuldigte sein Einverständnis oder die Ausn-Situation uU jederzeit beseitigen kann (s Cramer aaO).

7 4. Zuständig ist grundsätzlich der Richter, der mit der Sache befaßt ist u über die Beschlagnahme zu entscheiden hätte (§ 162 I S 1; Ha NJW 69, 149); im Vorverfahren aber auch jedes andere nach den §§ 7 ff oder § 98 II zuständige **Amtsgericht** (Kl/Meyer-G 7; aA LGe Kö BA 82, 89 u Heilbronn Justiz 82, 139 m abl St Janiszewski NStZ 82, 239), so auch das Gericht, in dessen Bezirk die Sicherstellung erfolgt ist (LG Zw NZV 94, 293). Nach Anklageerhebung das mit der Sache befaßte Gericht (Kö NZV 91, 243) zuständig, das Berufungsgericht nach Aktenvorlage gem § 321 S 2 (Dü NZV 92, 202; Kl/Meyer-G 7). Im Revisionsverfahren ist der letzte Tatrichter zuständig (BGH NJW 78, 384; Ce NJW 77, 160; Dü ZfS 83, 61). – Vor der Entscheidung ist die StA nach § 33 II, der Beschuldigte nach § 33 III StPO zu hören; der Beschluß ist dem Beschuldigten bekanntzumachen (möglichst zuzustellen, s Hentschel in B/B 16 A 268 ff).

Anordnung der Aufhebung **8–10 § 111a StPO**

Polizei u StA können den FSch lediglich nach § 94 III sicherstellen **8** oder bei Gefahr im Verzug (§ 98 I S 1) unter den Voraussetzungen des § 111 a I, dh wenn zu besorgen ist, daß der Täter weitere Alkoholfahrten oder sonst bedeutsame VVerstöße begehen wird (BGHSt 22, 385; Stu NJW 69, 760), beschlagnahmen (s RiBA Nr 6, § 316 StGB 40); einer richterlichen Entscheidung bedarf es dann nur unter den Voraussetzungen des § 98 II; diese erfolgt dann aber nicht über die Zulässigkeit der Beschlagnahme, sondern über die vorl Entz der FE (§ 111 a IV).

Die übrigen pol Möglichkeiten zur unmittelbaren **Gefahrenabwehr** **8a** bleiben unberührt; sie richten sich nach LandesR (s dazu Geppert DAR 88, 12). Nach den PolG der Länder kann die Pol zur Gefahrenabwehr den FSch beschlagnahmen (Kö NJW 68, 666), Zündschlüssel oder Kfz sicherstellen (BGH VersR 56, 219; s auch BGH NJW 68, 633), solange die Gefahr besteht (Kl/Meyer-G 16).

5. Nach III S 1 bewirkt die Maßnahme nach § 111a I zugleich die AO **9** oder Bestätigung der Beschlagnahme des FSch. Das gilt nach (dem durch das StVG-ÄndG v 24. 4. 1998 BGBl I 747 angefügten) **S 2** auch für Inhaber von FEen aus EU- u EWR-Staaten, die ihren ordentlichen Wohnsitz im Inland haben. – Der Beschluß, auch der des erkennenden Gerichts, ist mit der **Beschwerde** anfechtbar (§§ 304, 305 S 2), die keine aufschiebende Wirkung hat, sofern die Vollziehung nicht ausgesetzt wird (§ 307 StPO); weitere Beschwerde ist unzul (§ 310 II). Hat das LG aber nicht als Beschwerde-, sondern als das nach Anklageerhebung mit der Hauptsache befaßte Gericht entschieden, liegt keine (unzul) weitere Beschwerde vor (Ha VRS 49, 111; Kar MDR 74, 159; Dü VRS 72, 370; 82, 350; Kl/Meyer-G 19; aA Stu NStZ 90, 141). – Gegen die im Berufungsverfahren angeordnete vorläufige EdFE ist auch nach Revisionseinlegung die Beschwerde zulässig (Dü NZV 00, 383; KG DAR 01, 374; Ko NZV 97, 369; Fr NStZ-RR 96, 205; Schl NZV 95, 238 m abl Anm Schwarzer; Pfeiffer § 10, aA Dü NZV 95, 459; Ha ZfS 96, 355; Brbg NStZ-RR 96, 170; Ka NZV 99, 345; Kl/Meyer-G 19; KK-Nack 20). Allerdings ist nach Ha, Brbg u Ka aaO die Beschwerde dann zulässig, wenn die Voraussetzungen des § 69 StGB offensichtlich nicht vorliegen.

6. Die Aufhebung ist unter den Voraussetzungen des § 111a **II von** **10** **amtswegen (!)** anzuordnen; die Notwendigkeit ist daher permanent zu überwachen (s 16). Das Verfahren ist zwar mit bes Beschleunigung durchzuführen (Kö DAR 91, 229); eine Aufhebung muß aber nur erfolgen bei unverhältnismäßig langer Verfahrensdauer (Br VRS 31, 454, Dü NZV 01, 354), insb des **Berufungs**verfahrens, wenn dadurch die endgültige Entz unwahrscheinlich geworden ist (KG VRS 35, 392; Mü DAR 75, 132; 77, 49; Fra DAR 92, 187; s aber Ko VRS 64, 30; 69, 130); nach hM aber nicht allein schon wegen „Ablaufs" der erstinstanzlichen Sperrfrist (BGH VRS 21, 335, 338; Ko VRS 71, 40; Dü NZV 88, 194; Kö DAR 91, 229; nachdrücklich mR aA Hentschel DAR 76, 9; 88, 331 u bei Jag/Hentschel 9; Janiszewski NStZ 88, 547 u 92, 584). – Zur Zuständigkeit über den Aufhebungsantrag s Bra NZV 96, 122.

Burmann

StPO § 111a 11–15

11   Ob eine Aufhebung auch erfolgen muß, wenn in dem vom Angeklagten betriebenen **Revisions**verfahren die vom Tatrichter festgesetzte Sperrfrist inzw „verstrichen" ist, wird von der inzw hM leider verneint (s KG VRS 53, 278; Stu VRS 63, 363; Ha BA 85, 409; Dü NZV 99, 389; Fra NStZ-RR 98, 76; Kl/Meyer-G 12; Pfeiffer 4; aA Fra DAR 89, 311; Kö ZfS 81, 188; Jag/Hentschel 9; Hentschel in B/B 16 A 291 ff; Dencker NStZ 82, 461 u Janiszewski NStZ 83, 111 u 92, 584), obwohl diese Präventivmaßnahme grundsätzlich nur so lange dauern darf wie sie erforderlich ist. Nach vermittelnder Ansicht (Hbg VRS 60, 397; Ha JMBlNW 81, 228) kommt Aufhebung nur bei unverhältnismäßig langer Dauer des Revisionsverfahrens in Betracht. – Faktische Verlängerung der Sperre im Rechtsmittelverfahren ist zwar bei normalem Verfahrensablauf nicht verfassungswidrig (BVfG v 11. 9. 89 bei Janiszewski NStZ 90, 581; Dü VRS 79, 23), durch beschleunigte Verfahrensabwicklung jedoch häufig vermeidbar (s auch VGT 1989).

12   **Zuständig** für die Aufhebung ist bis Anklageerhebung das Gericht, das die AO getroffen hat, dann das mit der Sache befaßte (Kl/Meyer-G 14); das Berufungsgericht nach Vorlage der Akten gem § 321 S 2; das Revisionsgericht nur, wenn es selbst die im angefochtenen Urt angeordnete Entz aufhebt (Bay NZV 93, 240; Dü VRS 80, 214), sonst nach hM grundsätzlich der letzte Tatrichter (BGH NJW 78, 384; Zw VRS 69, 293; Dü aaO; Stu VRS 74, 186; Kl/Meyer-G 14; KK-Nack 12); nach aA das Revisionsgericht auch dann, wenn während des Revisionsverfahrens eine der Sperrfrist entspr Zeit verstrichen ist (Kar NJW 75, 455; Fra VRS 58, 419; DAR 89, 311), jedenfalls aber, wenn es mit der Sache befaßt u eine baldige Sachentscheidung zu erwarten ist (so mit guten Gründen Ko MDR 86, 871 u insb Hi/He I/217; Hentschel DAR 88, 330). – Zur (Un-)Zulässigkeit der **Beschwerde** nach § 304 I StPO neben eingelegter Revision s Rn 9.

13   **7. Anrechnung** der Dauer der vorl Entz auf die spätere Sperrfrist sieht das G nur im Falle des § 69 a V S 2 StGB vor. Zum Fahrverbot s § 51 V StGB (s dazu Maatz StV 88, 84) sowie § 25 VI StVG (§ 25 StVG 15 b; Janiszewski 725, 762). Die ges Mindestsperrfrist (6 Mon) kann sich je nach Dauer der vorl Entz nach § 69 a IV StGB auf 3 Mon verkürzen (s § 69 a StGB 7).

14   **8. Vollstreckung** der AO erfolgt bei dt u den in III S 2 gen FSchen durch amtl Verwahrung (s IV u V), bei anderen als in III S 2 gen **ausl** durch die Eintragung eines entspr Vermerks (**VI**). Der ausl FSch kann nach dem eindeutigen Wortlaut des § 111 a VI S 2 nur bis zur Erledigung der Eintragung, einbehalten werden (ebenso nach Nr 6.2.3 RiBA); anders nach Art 42 I a Weltabkommen 1968: bis zum Verlassen der BRep. Nach Art 42 I c Weltabkommen 1968 ist die Eintragung des gen Vermerks zwar nur bei internat FSch vorgesehen, insoweit sich die BRep jedoch die Handhabung nach ihrem geltenden R vorbehalten.

15   **9. Registrierung** der AO nach § 111 a erfolgt gem § 13 I 2 i StVZO im VZR.

10. Ungerechtfertigte vorl Entz kann **Entschädigungsansprüche** auslösen (vgl §§ 2 ff StrEG; Janiszewski 764 ff); uU selbst dann, wenn von endgültiger Entz nur abgesehen wird, weil die vorl unverhältnismäßig lange gedauert hat (Bay VRS 71, 386). – Zum **Ausschluß** der Entschädigung nach § 5 StrEG s Janiszewski 766; grobe Fahrlässigkeit iS von § 5 II S 1 StrEG liegt idR vor bei nicht unerheblichem Alkoholkonsum (ab 0,8‰; s Janiszewski 768 mwN; Bay DAR 89, 427; uU schon bei 0,5‰: LG Dü DAR 91, 272; s hierzu die umfangreiche Übersicht in DAR 89, 312), Einnahme von Cannabisprodukten vor Fahrtantritt (Bay NZV 94, 285; Dü DAR 94, 502) u bei sonstigem unbesonnenen Verhalten, das den Verdacht einer VStraftat heraufbeschwört (vgl Dü NZV 89, 364) u bei Nachtrunk (Nü NStZ-RR 97, 189). Keine Entschädigung, wenn von der Entziehung nur deshalb abgesehen wird, weil die Voraussetzungen nicht mehr zum Zeitpunkt des Urteils vorliegen (Dü DAR 01, 38).

Anhang

Inhaltsübersicht

Anh. I a. Auszug aus der Fahrerlaubnis-Verordnung (FeV)
Anh. I b. Auszug aus der Straßenverkehrs-Zulassungs-Ordnung (StVZO)
Anh. II. VO über internationalen Kfz-Verkehr (IntKfzVO)
Anh. III. Bußgeldkatalog-Verordnung mit Bußgeldkatalog

Anhang I a

Verordnung über die Zulassung von Personen zum Straßenverkehr
(Fahrerlaubnis-Verordnung – FeV – Auszug)

vom 18. August 1998 (BGBl I S 2214)

zuletzt geändert durch VO v 14. Dez. 2001 (BGBl I S. 3783)

Inhaltsübersicht

I. Allgemeine Regelungen für die Teilnahme am Straßenverkehr
§ 1 Grundregel der Zulassung
§ 2 Eingeschränkte Zulassung
§ 3 Einschränkung und Entziehung der Zulassung

II. Führen von Kraftfahrzeugen
1. Allgemeine Regelungen
   § 4 Erlaubnispflicht und Ausweispflicht für das Führen von Kraftfahrzeugen
   § 5 Sonderbestimmungen für das Führen von Mofas und motorisierten Krankenfahrstühlen
   § 6 Einteilung der Fahrerlaubnisklassen
2. Voraussetzungen für die Erteilung einer Fahrerlaubnis
   § 7 Ordentlicher Wohnsitz im Inland
   § 8 Ausschluß des Vorbesitzes einer Fahrerlaubnis der beantragten Klasse
   § 9 Vorbesitz einer Fahrerlaubnis anderer Klassen
   § 10 Mindestalter
   § 11 Eignung
   § 12 Sehvermögen

§ 13 Klärung von Eignungszweifeln bei Alkoholproblematik
§ 14 Klärung von Eignungszweifeln im Hinblick auf Betäubungsmittel und Arzneimittel
§ 15 Fahrerlaubnisprüfung
§ 16 Theoretische Prüfung
§ 17 Praktische Prüfung
§ 18 Gemeinsame Vorschriften für die theoretische und die praktische Prüfung
§ 19 Unterweisung in lebensrettenden Sofortmaßnahmen, Ausbildung in Erster Hilfe
§ 20 Neuerteilung einer Fahrerlaubnis
3. Verfahren bei der Erteilung einer Fahrerlaubnis
    § 21 Antrag auf Erteilung einer Fahrerlaubnis
    § 22 Verfahren bei der Behörde und der Technischen Prüfstelle
    § 23 Geltungsdauer der Fahrerlaubnis, Beschränkungen und Auflagen
    § 24 Verlängerung von Fahrerlaubnissen
    § 25 Ausfertigung des Führerscheins
4. Sonderbestimmungen für das Führen von Dienstfahrzeugen
    § 26 Dienstfahrerlaubnis
    § 27 Verhältnis von allgemeiner Fahrerlaubnis und Dienstfahrerlaubnis
5. Sonderbestimmungen für Inhaber ausländischer Fahrerlaubnisse
    § 28 Anerkennung von Fahrerlaubnissen aus Mitgliedstaaten der Europäischen Union oder einem anderen Vertragsstaat des Abkommens über den Europäischen Wirtschaftsraum
    § 29 Verfahren bei Fahrerlaubnissen aus Mitgliedstaaten der Europäischen Union oder einem anderen Vertragsstaat des Abkommens über den Europäischen Wirtschaftsraum
    § 30 Erteilung einer Fahrerlaubnis an Inhaber einer Fahrerlaubnis aus einem Mitgliedstaat der Europäischen Union oder einem anderen Vertragsstaat des Abkommens über den Europäischen Wirtschaftsraum
    § 31 Erteilung einer Fahrerlaubnis an Inhaber einer Fahrerlaubnis aus einem Staat außerhalb des Abkommens über den Europäischen Wirtschaftsraum
6. Fahrerlaubnis auf Probe
    § 32 Ausnahmen von der Probezeit
    § 33 Berechnung der Probezeit bei Inhabern von Dienstfahrerlaubnissen und Fahrerlaubnissen aus Staaten außerhalb des Abkommens über den Europäischen Wirtschaftsraum
    § 34 Bewertung der Straftaten und Ordnungswidrigkeiten im Rahmen der Fahrerlaubnis auf Probe und Anordnung des Aufbauseminars
    § 35 Aufbauseminare
    § 36 Besondere Aufbauseminare nach § 2b Abs. 2 Satz 2 des Straßenverkehrsgesetzes
    § 37 Teilnahmebescheinigung
    § 38 Verkehrspsychologische Beratung
    § 39 Anordnung der Teilnahme an einem Aufbauseminar und weiterer Maßnahmen bei Inhabern einer Dienstfahrerlaubnis

Fahrerlaubnis-Verordnung **Anh Ia**

7. Punktsystem
   § 40 Punktbewertung nach dem Punktsystem
   § 41 Maßnahmen der Fahrerlaubnisbehörde
   § 42 Aufbauseminare
   § 43 Besondere Aufbauseminare nach § 4 Abs. 8 Satz 4 des Straßenverkehrsgesetzes
   § 44 Teilnahmebescheinigung
   § 45 Punkterabatt auf Grund freiwilliger Teilnahme an einem Aufbauseminar oder an einer verkehrspsychologischen Beratung
8. Entziehung oder Beschränkung der Fahrerlaubnis, Anordnung von Auflagen
   § 46 Entziehung, Beschränkung, Auflagen
   § 47 Verfahrensregelungen
9. Sonderbestimmungen für das Führen von Taxen, Mietwagen, Krankenkraftwagen und Personenkraftwagen im Linienverkehr
   § 48 Fahrerlaubnis zur Fahrgastbeförderung

III. Register*
1. Zentrales Fahrerlaubnisregister und örtliche Fahrerlaubnisregister
   § 49 Speicherung der Daten im Zentralen Fahrerlaubnisregister
   § 50 Übermittlung der Daten vom Kraftfahrt-Bundesamt an die Fahrerlaubnisbehörden nach § 2c des Straßenverkehrsgesetzes
   § 51 Übermittlung von Daten aus dem Zentralen Fahrerlaubnisregister nach §§ 52 und 55 des Straßenverkehrsgesetzes
   § 52 Abruf im automatisierten Verfahren aus dem Zentralen Fahrerlaubnisregister durch Stellen im Inland nach § 53 des Straßenverkehrsgesetzes
   § 53 Automatisiertes Anfrage- und Auskunftsverfahren beim Zentralen Fahrerlaubnisregister nach § 54 des Straßenverkehrsgesetzes
   § 54 Sicherung gegen Mißbrauch
   § 55 Aufzeichnung der Abrufe
   § 56 Abruf im automatisierten Verfahren aus dem Zentralen Fahrerlaubnisregister durch Stellen im Ausland nach § 56 des Straßenverkehrsgesetzes
   § 57 Speicherung der Daten in den örtlichen Fahrerlaubnisregistern
   § 58 Übermittlung von Daten aus den örtlichen Fahrerlaubnisregistern nach § 52 des Straßenverkehrsgesetzes
2. Verkehrszentralregister
   § 59 Speicherung der Daten im Verkehrszentralregister
   § 60 Übermittlung von Daten nach § 30 des Straßenverkehrsgesetzes
   § 61 Abruf im automatisierten Verfahren nach § 30a des Straßenverkehrsgesetzes
   § 62 Automatisiertes Anfrage- und Auskunftsverfahren nach § 30b des Straßenverkehrsgesetzes
   § 63 Vorzeitige Tilgung
   § 64 Identitätsnachweis

---

* Hier nicht abgedruckt.

IV. Anerkennung und Akkreditierung für bestimmte Aufgaben*
§ 65 Ärztliche Gutachter
§ 66 Begutachtungsstelle für Fahreignung
§ 67 Sehteststelle
§ 68 Stellen für die Unterweisung in lebensrettenden Sofortmaßnahmen und die Ausbildung in Erster Hilfe
§ 69 Stellen zur Durchführung der Fahrerlaubnisprüfung
§ 70 Kurse zur Wiederherstellung der Kraftfahreignung
§ 71 Verkehrspsychologische Beratung
§ 72 Akkreditierung

V. Durchführungs-, Bußgeld-, Übergangs- und Schlußvorschriften
§ 73 Zuständigkeiten
§ 74 Ausnahmen
§ 75 Ordnungswidrigkeiten
§ 76 Übergangsrecht
§ 77 Verweis auf technische Regelwerke
§ 78 Inkrafttreten

Anlagen zur Fahrerlaubnis-Verordnung*
1. Mindestanforderungen an die Ausbildung von Bewerbern um eine Prüfbescheinigung für Mofas und motorisierte Krankenfahrstühle nach § 5 Abs. 2 durch Fahrlehrer (zu § 5 Abs. 2)
2. Ausbildungs- und Prüfbescheinigungen für Mofas und motorisierte Krankenfahrstühle (zu § 5 Abs. 2 und 4)
3. Umstellung von Fahrerlaubnissen alten Rechts und Umtausch von Führerscheinen nach bisherigen Mustern (zu § 6 Abs. 7)
4. Eignung und bedingte Eignung zum Führen von Kraftfahrzeugen (zu den §§ 11, 13 und 14)
5. Eignungsuntersuchungen für Bewerber und Inhaber der Klassen C, C 1, D, D 1 und der zugehörigen Anhängerklassen E sowie der Fahrerlaubnis zur Fahrgastbeförderung (zu den § 11 Abs. 9, § 48 Abs. 4 und 5)
6. Anforderungen an das Sehvermögen (zu den §§ 12, 48 Abs. 4 und 5)
7. Fahrerlaubnisprüfung (zu § 16 Abs. 2, § 17 Abs. 2 und 3)
8. Allgemeiner Führerschein, Dienstführerscheine, Führerschein zur Fahrgastbeförderung (zu § 25 Abs. 1, § 26 Abs. 1, § 48 Abs. 3)
9. Verwendung von Schlüsselzahlen für Eintragungen in den Führerschein (zu § 25 Abs. 3)
10. Dienstfahrerlaubnisse der Bundeswehr (zu den §§ 26 und 27)
11. Staatenliste zu den Sonderbestimmungen für Inhaber einer ausländischen Fahrerlaubnis (zu den §§ 28 und 31)
12. Bewertung der Straftaten und Ordnungswidrigkeiten im Rahmen der Fahrerlaubnis auf Probe (§ 2 a des Straßenverkehrsgesetzes) (zu § 34)
13. Punktbewertung nach dem Punktsystem (zu § 40)
14. Voraussetzungen für die amtliche Anerkennung als Begutachtungsstelle für Fahreignung (zu § 66 Abs. 2)
15. Grundsätze für die Durchführung der Untersuchungen und die Erstellung der Gutachten (zu § 11 Abs. 5)

---

* Abschnitt IV. und Anlagen 1 bis 3, 7 bis 11 und 14 hier nicht abgedruckt.

Fahrerlaubnis-Verordnung **Anh Ia**

I. Allgemeine Regelungen für die Teilnahme am Straßenverkehr

§ 1 Grundregel der Zulassung

Zum Verkehr auf öffentlichen Straßen ist jeder zugelassen, soweit nicht für die Zulassung zu einzelnen Verkehrsarten eine Erlaubnis vorgeschrieben ist.

§ 2 Eingeschränkte Zulassung

(1) Wer sich infolge körperlicher oder geistiger Mängel nicht sicher im Verkehr bewegen kann, darf am Verkehr nur teilnehmen, wenn Vorsorge getroffen ist, daß er andere nicht gefährdet. Die Pflicht zur Vorsorge, namentlich durch das Anbringen geeigneter Einrichtungen an Fahrzeugen, durch den Ersatz fehlender Gliedmaßen mittels künstlicher Glieder, durch Begleitung oder durch das Tragen von Abzeichen oder Kennzeichen, obliegt dem Verkehrsteilnehmer selbst oder einem für ihn Verantwortlichen.

(2) Körperlich Behinderte können ihre Behinderung durch gelbe Armbinden an beiden Armen oder andere geeignete, deutlich sichtbare, gelbe Abzeichen mit drei schwarzen Punkten kenntlich machen. Die Abzeichen dürfen nicht an Fahrzeugen angebracht werden. Blinde Fußgänger können ihre Behinderung durch einen weißen Blindenstock, die Begleitung durch einen Blindenhund im weißen Führgeschirr und gelbe Abzeichen nach Satz 1 kenntlich machen.

(3) Andere Verkehrsteilnehmer dürfen die in Absatz 2 genannten Kennzeichen im Straßenverkehr nicht verwenden.

§ 3 Einschränkung und Entziehung der Zulassung

(1) Erweist sich jemand als ungeeignet oder nur noch bedingt geeignet zum Führen von Fahrzeugen oder Tieren, hat die Fahrerlaubnisbehörde ihm das Führen zu untersagen, zu beschränken oder die erforderlichen Auflagen anzuordnen.

(2) Rechtfertigen Tatsachen die Annahme, daß der Führer eines Fahrzeugs oder Tieres zum Führen ungeeignet oder nur noch bedingt geeignet ist, finden die Vorschriften der §§ 11 bis 14 entsprechend Anwendung.

II. Führen von Kraftfahrzeugen

1. Allgemeine Regelungen

§ 4 Erlaubnispflicht und Ausweispflicht für das Führen von Kraftfahrzeugen

(1) Wer auf öffentlichen Straßen ein Kraftfahrzeug führt, bedarf der Fahrerlaubnis. Ausgenommen sind
1. einspurige, einsitzige Fahrräder mit Hilfsmotor – auch ohne Tretkurbeln –, wenn ihre Bauart Gewähr dafür bietet, daß die Höchstgeschwindigkeit auf ebener Bahn nicht mehr als 25 km/h beträgt (Mofas); besondere Sitze für die Mitnahme von Kindern unter sieben Jahren dürfen jedoch angebracht sein,
2. nach der Bauart zum Gebrauch durch körperlich gebrechliche oder behinderte Personen bestimmte Kraftfahrzeuge mit einem Sitz, einem Leergewicht von nicht mehr als 300 kg und einer durch die Bauart bestimmten Höchstgeschwindigkeit von nicht mehr als 25 km/h (motorisierte Krankenfahrstühle),

Jagow

3. selbstfahrende Arbeitsmaschinen, Zugmaschinen, die nach ihrer Bauart für die Verwendung für land- und forstwirtschaftliche Zwecke bestimmt sind, und Flurförderzeuge jeweils mit einer durch die Bauart bestimmten Höchstgeschwindigkeit von nicht mehr als 6 km/h sowie einachsige Zug- und Arbeitsmaschinen, die von Fußgängern an Holmen geführt werden.

(2) Die Fahrerlaubnis ist durch eine amtliche Bescheinigung (Führerschein) nachzuweisen. Der Führerschein ist beim Führen von Kraftfahrzeugen mitzuführen und zuständigen Personen auf Verlangen zur Prüfung auszuhändigen.

§ 5 Sonderbestimmungen für das Führen von Mofas und motorisierten Krankenfahrstühlen

(1) Wer auf öffentlichen Straßen ein Mofa (§ 4 Abs. 1 Satz 2 Nr. 1) oder einen Krankenfahrstuhl (§ 4 Abs. 1 Satz 2 Nr. 2) führt, der eine durch die Bauart bestimmte Höchstgeschwindigkeit von mehr als 10 km/h hat, muß in einer Prüfung nachgewiesen haben, daß er
1. ausreichende Kenntnisse der für das Führen eines Kraftfahrzeugs maßgebenden gesetzlichen Vorschriften hat und
2. mit den Gefahren des Straßenverkehrs und den zu ihrer Abwehr erforderlichen Verhaltensweisen vertraut ist.
Die Prüfung muß nicht ablegen, wer eine Fahrerlaubnis nach § 4 oder eine zum Führen von Kraftfahrzeugen im Inland berechtigende ausländische Erlaubnis besitzt. Die zuständige oberste Landesbehörde oder die von ihr bestimmte oder nach Landesrecht zuständige Stelle bestimmt die prüfende Stelle.

(2) Der Bewerber wird zur Prüfung zugelassen, wenn er von einem zur Ausbildung berechtigten Fahrlehrer entsprechend den Mindestanforderungen der Anlage 1* ausgebildet worden ist und hierüber der prüfenden Stelle eine Bescheinigung nach dem Muster in Anlage 2* vorlegt. Ein Fahrlehrer ist zur Mofa-Ausbildung berechtigt, wenn er die Fahrlehrerlaubnis der Klasse A besitzt. Zur Ausbildung zum Führen von Krankenfahrstühlen berechtigt jede Fahrlehrerlaubnis. § 1 Abs. 4 Satz 1 des Fahrlehrergesetzes gilt jeweils entsprechend. Der Fahrlehrer darf die Ausbildungsbescheinigung nur ausstellen, wenn er eine Ausbildung durchgeführt hat, die den Mindestanforderungen der Anlage 1 entspricht.

(3) Die zuständige oberste Landesbehörde oder die von ihr bestimmte oder nach Landesrecht zuständige Stelle kann als Träger der Mofa-Ausbildung öffentliche Schulen oder private Ersatzschulen anerkennen. In diesem Fall hat der Bewerber der prüfenden Stelle eine Ausbildungsbescheinigung einer nach Satz 1 anerkannten Schule vorzulegen, aus der hervorgeht, daß er an einem anerkannten Mofa-Ausbildungskurs in der Schule teilgenommen hat

(4) Die prüfende Stelle hat über die bestandene Prüfung eine Prüfbescheinigung nach Anlage 2* auszufertigen. Die Bescheinigung ist beim Führen eines Mofas oder Krankenfahrstuhls mitzuführen und zuständigen Personen auf Verlangen zur Prüfung auszuhändigen. Für die Inhaber einer Fahrerlaubnis gilt § 4 Abs. 2 Satz 2 entsprechend.

(5) Wer die Prüfung noch nicht abgelegt hat, darf ein Mofa auf öffentlichen Straßen führen, wenn er von einem zur Mofa-Ausbildung berechtigten Fahrlehrer beaufsichtigt wird; der Fahrlehrer gilt als Führer des Mofas.

---

* Hier nicht abgedruckt.

Fahrerlaubnis-Verordnung **Anh Ia**

§ 6 Einteilung der Fahrerlaubnisklassen

(1) Die Fahrerlaubnis wird in folgenden Klassen erteilt:

Klasse A: Krafträder (Zweiräder, auch mit Beiwagen) mit einem Hubraum von mehr als 50 cm^3 oder mit einer durch die Bauart bestimmten Höchstgeschwindigkeit von mehr als 45 km/h

Klasse A 1: Krafträder der Klasse A mit einem Hubraum von nicht mehr als 125 cm^3 und einer Nennleistung von nicht mehr als 11 kW (Leichtkrafträder)

Klasse B: Kraftfahrzeuge – ausgenommen Krafträder – mit einer zulässigen Gesamtmasse von nicht mehr als 3500 kg und mit nicht mehr als acht Sitzplätzen außer dem Führersitz (auch mit Anhänger mit einer zulässigen Gesamtmasse von nicht mehr als 750 kg oder mit einer zulässigen Gesamtmasse bis zur Höhe der Leermasse des Zugfahrzeugs, sofern die zulässige Gesamtmasse der Kombination 3500 kg nicht übersteigt)

Klasse C: Kraftfahrzeuge – ausgenommen Krafträder – mit einer zulässigen Gesamtmasse von mehr als 3500 kg und mit nicht mehr als acht Sitzplätzen außer dem Führersitz (auch mit Anhänger mit einer zulässigen Gesamtmasse von nicht mehr als 750 kg)

Klasse C 1: Kraftfahrzeuge – ausgenommen Krafträder – mit einer zulässigen Gesamtmasse von mehr als 3500 kg, aber nicht mehr als 7500 kg und mit nicht mehr als acht Sitzplätzen außer dem Führersitz (auch mit Anhänger mit einer zulässigen Gesamtmasse von nicht mehr als 750 kg)

Klasse D: Kraftfahrzeuge – ausgenommen Krafträder – zur Personenbeförderung mit mehr als acht Sitzplätzen außer dem Führersitz (auch mit Anhänger mit einer zulässigen Gesamtmasse von nicht mehr als 750 kg)

Klasse D 1: Kraftfahrzeuge – ausgenommen Krafträder – zur Personenbeförderung mit mehr als acht und nicht mehr als 16 Sitzplätzen außer dem Führersitz (auch mit Anhänger mit einer zulässigen Gesamtmasse von nicht mehr als 750 kg)

Klasse E in Verbindung mit Klasse B, C, C 1, D oder D 1: Kraftfahrzeuge der Klassen B, C, C 1, D oder D 1 mit Anhängern mit einer zulässigen Gesamtmasse von mehr als 750 kg (ausgenommen die in Klasse B fallenden Fahrzeugkombinationen); bei den Klassen C 1 E und D 1 E dürfen die zulässige Gesamtmasse der Kombination 12 000 kg und die zulässige Gesamtmasse des Anhängers die Leermasse des Zugfahrzeugs nicht übersteigen; bei der Klasse D 1 E darf der Anhänger nicht zur Personenbeförderung verwendet werden

Klasse M: Kleinkrafträder (Krafträder mit einer durch die Bauart bestimmten Höchstgeschwindigkeit von nicht mehr als 45 km/h und einer elektrischen Antriebsmaschine oder einem Verbrennungsmotor mit einem Hubraum von nicht mehr als 50 cm^3) und Fahrräder mit Hilfsmotor (Krafträder mit einer

Jagow

durch die Bauart bestimmten Höchstgeschwindigkeit von nicht mehr als 45 km/h und einer elektrischen Antriebsmaschine oder einem Verbrennungsmotor mit einem Hubraum von nicht mehr als 50 cm³, die zusätzlich hinsichtlich der Gebrauchsfähigkeit die Merkmale von Fahrrädern aufweisen)

Klasse T: Zugmaschinen, mit einer durch die Bauart bestimmten Höchstgeschwindigkeit von nicht mehr als 60 km/h und selbstfahrende Arbeitsmaschinen mit einer durch die Bauart bestimmten Höchstgeschwindigkeit von nicht mehr als 40 km/h, die jeweils nach ihrer Bauart zur Verwendung für land- oder forstwirtschaftliche Zwecke bestimmt sind und für solche Zwecke eingesetzt werden (jeweils auch mit Anhängern)

Klasse L: Zugmaschinen die nach ihrer Bauart zur Verwendung für land- oder forstwirtschaftliche Zwecke bestimmt sind und für solche Zwecke eingesetzt werden, mit einer durch die Bauart bestimmten Höchstgeschwindigkeit von nicht mehr als 32 km/h und Kombinationen aus diesen Fahrzeugen und Anhängern, wenn sie mit einer Geschwindigkeit von nicht mehr als 25 km/h geführt werden und, sofern die durch die Bauart bestimmte Höchstgeschwindigkeit des ziehenden Fahrzeugs mehr als 25 km/h beträgt, sie für eine Höchstgeschwindigkeit von nicht mehr als 25 km/h in der durch § 58 der Straßenverkehrs-Zulassungs-Ordnung vorgeschriebenen Weise gekennzeichnet sind, sowie selbstfahrende Arbeitsmaschinen und Flurförderzeuge mit einer durch die Bauart bestimmten Höchstgeschwindigkeit von nicht mehr als 25 km/h und Kombinationen aus diesen Fahrzeugen und Anhängern.

Die Erlaubnis kann auf einzelne Fahrzeugarten dieser Klassen beschränkt werden. Beim Abschleppen eines Kraftfahrzeugs genügt die Fahrerlaubnis für die Klasse des abschleppenden Fahrzeugs.

(2) Die Fahrerlaubnis der Klasse A berechtigt bis zum Ablauf von zwei Jahren nach der Erteilung nur zum Führen von Krafträdern mit einer Nennleistung von nicht mehr als 25 kW und einem Verhältnis von Leistung/Leergewicht von nicht mehr als 0,16 kW/kg. Abweichend von Satz 1 können Bewerber, die das 25. Lebensjahr vollendet haben, die Klasse A ohne diese Beschränkung erwerben. Leichtkrafträder mit einer durch die Bauart bestimmten Höchstgeschwindigkeit von mehr als 80 km/h und Zugmaschinen der Klasse T mit einer durch die Bauart bestimmten Höchstgeschwindigkeit von mehr als 40 km/h dürfen nur von Inhabern einer Fahrerlaubnis der entsprechenden Klasse geführt werden, die das 18. Lebensjahr vollendet haben; dies gilt nicht bei der Rückfahrt von der praktischen Befähigungsprüfung, sofern der Inhaber der Fahrerlaubnis dabei von einem Fahrlehrer begleitet wird, sowie bei Fahrproben nach den §§ 35 und 42 im Rahmen von Aufbauseminaren und auf Grund von Anordnungen nach § 46.

(3) Außerdem berechtigen
1. Fahrerlaubnisse der Klasse A zum Führen von Fahrzeugen der Klassen A 1 und M,
2. Fahrerlaubnisse der Klasse A 1 zum Führen von Fahrzeugen der Klasse M,

Fahrerlaubnis-Verordnung **Anh Ia**

3. Fahrerlaubnisse der Klasse B zum Führen von Fahrzeugen der Klassen M und L,
4. Fahrerlaubnisse der Klasse C zum Führen von Fahrzeugen der Klasse C 1,
5. Fahrerlaubnisse der Klasse CE zum Führen von Fahrzeugen der Klassen C 1E, BE und T sowie D 1E, sofern der Inhaber zum Führen von Fahrzeugen der Klasse D 1 berechtigt ist und DE, sofern er zum Führen von Fahrzeugen der Klasse D berechtigt ist,
6. Fahrerlaubnisse der Klasse C 1E zum Führen von Fahrzeugen der Klassen BE sowie D 1E, sofern der Inhaber zum Führen von Fahrzeugen der Klasse D 1 berechtigt ist und DE, sofern er zum Führen von Fahrzeugen der Klasse D berechtigt ist,
7. Fahrerlaubnisse der Klasse D zum Führen von Fahrzeugen der Klasse D 1,
8. Fahrerlaubnisse der Klasse D 1E zum Führen von Fahrzeugen der Klassen BE sowie C 1E, sofern der Inhaber zum Führen von Fahrzeugen der Klasse C 1 berechtigt ist,
9. Fahrerlaubnisse der Klasse DE zum Führen von Fahrzeugen der Klassen D 1E, BE, sowie C 1E, sofern der Inhaber zum Führen von Fahrzeugen der Klasse C 1 berechtigt ist,
10. Fahrerlaubnisse der Klasse T zum Führen von Fahrzeugen der Klassen M und L.

(4) Fahrerlaubnisse der Klassen C, C 1, CE oder C 1E berechtigen im Inland auch zum Führen von Kraftomnibussen – gegebenenfalls mit Anhänger – mit einer entsprechenden zulässigen Gesamtmasse und ohne Fahrgäste, wenn die Fahrten lediglich zur Überprüfung des technischen Zustands des Fahrzeugs oder der Überführung an einen anderen Ort dienen.

(5) Unter land- oder forstwirtschaftliche Zwecke im Rahmen der Fahrerlaubnis der Klassen T und L fallen
1. Betrieb von Landwirtschaft, Forstwirtschaft, Weinbau, Gartenbau, Obstbau, Gemüsebau, Baumschulen, Tierzucht, Tierhaltung, Fischzucht, Teichwirtschaft, Fischerei, Imkerei sowie den Zielen des Natur- und Umweltschutzes dienende Landschaftspflege,
2. Park-, Garten-, Böschungs- und Friedhofspflege einschließlich des Winterdienstes,
3. landwirtschaftliche Nebenerwerbstätigkeit und Nachbarschaftshilfe von Landwirten,
4. Betrieb von land- und forstwirtschaftlichen Lohnunternehmen und andere überbetriebliche Maschinenverwendung,
5. Betrieb von Unternehmen, die unmittelbar der Sicherung, Überwachung und Förderung der Landwirtschaft überwiegend dienen und
6. Betrieb von Werkstätten zur Reparatur, Wartung und Prüfung von Fahrzeugen, die im Rahmen der Nummern 1 bis 5 eingesetzt werden.

(6) Fahrerlaubnisse, die bis zum 31. Dezember 1998 erteilt worden sind (Fahrerlaubnisse alten Rechts), bleiben im Umfang der bisherigen Berechtigung vorbehaltlich der Bestimmungen in § 76 bestehen.

(7) Fahrerlaubnisse, die bis zum 31. Dezember 1998 erteilt worden sind, werden auf Antrag des Inhabers auf die neuen Fahrerlaubnisklassen umgestellt. Über sie wird ein neuer Führerschein ausgefertigt. Der neue Umfang der Fahrerlaubnis ergibt sich aus Anlage 3.* Nach der Umstellung dürfen Kraftfahrzeuge nur noch

---

* Hier nicht abgedruckt.

in dem neuen Umfang geführt werden, sofern sie der Fahrerlaubnispflicht unterliegen. Die Bestimmungen in § 76 zu den §§ 4 bis 6 bleiben unberührt.

2. Voraussetzungen für die Erteilung einer Fahrerlaubnis

§ 7 Ordentlicher Wohnsitz im Inland

(1) Eine Fahrerlaubnis darf nur erteilt werden, wenn der Bewerber seinen ordentlichen Wohnsitz in der Bundesrepublik Deutschland hat. Dies wird angenommen, wenn der Bewerber wegen persönlicher und beruflicher Bindungen oder – bei fehlenden beruflichen Bindungen – wegen persönlicher Bindungen, die enge Beziehungen zwischen ihm und dem Wohnort erkennen lassen, gewöhnlich, das heißt während mindestens 185 Tagen im Jahr, im Inland wohnt. Ein Bewerber, dessen persönliche Bindungen im Inland liegen, der sich aber aus beruflichen Gründen in einem oder mehreren anderen Mitgliedstaaten der Europäischen Union oder Vertragsstaaten des Abkommens über den Europäischen Wirtschaftsraum aufhält, hat seinen ordentlichen Wohnsitz im Sinne dieser Vorschrift im Inland, sofern er regelmäßig hierhin zurückkehrt. Die Voraussetzung entfällt, wenn sich der Bewerber zur Ausführung eines Auftrags von bestimmter Dauer in einem solchen Staat aufhält.

(2) Bewerber, die bislang ihren ordentlichen Wohnsitz im Inland hatten und die sich ausschließlich zum Zwecke des Besuchs einer Hochschule oder Schule in einem anderen Mitgliedstaat der Europäischen Union oder einem anderen Vertragsstaat des Abkommens über den Europäischen Wirtschaftsraum aufhalten, behalten ihren ordentlichen Wohnsitz im Inland.

(3) Bewerber, die bislang ihren ordentlichen Wohnsitz in einem anderen Mitgliedstaat der Europäischen Union oder einem anderen Vertragsstaat des Abkommens über den europäischen Wirtschaftsraum hatten und die sich ausschließlich wegen des Besuchs einer Hochschule oder Schule im Inland aufhalten, begründen keinen ordentlichen Wohnsitz im Inland. Ihnen wird die Fahrerlaubnis erteilt, wenn die Dauer des Aufenthaltes mindestens sechs Monate beträgt.

§ 8 Ausschluß des Vorbesitzes einer Fahrerlaubnis der beantragten Klasse

Eine Fahrerlaubnis der beantragten Klasse darf nur erteilt werden, wenn der Bewerber keine in einem Mitgliedstaat der Europäischen Union oder einem anderen Vertragsstaat des Abkommens über den Europäischen Wirtschaftsraum erteilte Fahrerlaubnis (EU- oder EWR-Fahrerlaubnis) dieser Klasse besitzt.

§ 9 Vorbesitz einer Fahrerlaubnis anderer Klassen

Eine Fahrerlaubnis der Klassen C, C 1, D oder D 1 darf nur erteilt werden, wenn der Bewerber bereits die Fahrerlaubnis der Klasse B besitzt oder die Voraussetzungen für deren Erteilung erfüllt hat; in diesem Fall darf die Fahrerlaubnis für die höhere Klasse frühestens mit der Fahrerlaubnis für die Klasse B erteilt werden. Eine Fahrerlaubnis der Klasse E darf nur erteilt werden, wenn der Bewerber bereits die Fahrerlaubnis für das ziehende Fahrzeug besitzt oder die Voraussetzungen für deren Erteilung erfüllt hat; in diesem Fall darf die Fahrerlaubnis der Klasse E frühestens mit der Fahrerlaubnis für das ziehende Fahrzeug erteilt werden.

Fahrerlaubnis-Verordnung

§ 10 Mindestalter

(1) Das Mindestalter für die Erteilung einer Fahrerlaubnis beträgt
1. 25 Jahre für Klasse A bei direktem Zugang oder bei Erwerb vor Ablauf der zweijährigen Frist nach § 6 Abs. 2 Satz 1,
2. 21 Jahre für die Klassen D, D 1, DE und D 1E,
3. 18 Jahre für die Klassen A bei stufenweisem Zugang, B, BE, C, C 1, CE und C 1E,
4. 16 Jahre für die Klassen A 1, L, M und T.

Die Vorschriften des Artikels 5 der Verordnung (EWG) Nr. 3820/85 des Rates vom 20. Dezember 1985 über die Harmonisierung bestimmter Sozialvorschriften im Straßenverkehr (ABl. EG Nr. L 370 S. 1) und des Artikels 5 des Europäischen Übereinkommens über die Arbeit des im internationalen Straßenverkehr beschäftigten Fahrpersonals (AETR) in der Fassung der Bekanntmachung vom 18. August 1997 (BGBl. II S. 1550) über das Mindestalter der im Güter- und Personenverkehr eingesetzten Fahrer bleiben unberührt.

(2) Bei Erteilung der Fahrerlaubnis im Rahmen einer Berufsausbildung in dem staatlich anerkannten Ausbildungsberuf „Berufskraftfahrer/Berufskraftfahrerin" beträgt das Mindestalter für die Klasse B und für den gemäß der Berufsausbildung stufenweisen Zugang zu den Klassen C 1 und C 1E 17 Jahre sowie für den entsprechenden Zugang zu den Klassen C und CE 18 Jahre. Die erforderliche körperliche und geistige Eignung ist vor Erteilung der ersten Fahrerlaubnis, falls diese vor Vollendung des 18. Lebensjahres erworben wird, durch Vorlage eines medizinisch-psychologischen Gutachtens nachzuweisen. Vor Erreichen des nach Absatz 1 vorgeschriebenen Mindestalters ist die betreffende Fahrerlaubnis auf Fahrten im Rahmen des Ausbildungsverhältnisses zu beschränken.

(3) Das Mindestalter für das Führen eines Kraftfahrzeugs, für das eine Fahrerlaubnis nicht erforderlich ist, beträgt 15 Jahre.

(4) Wird ein Kind unter sieben Jahren auf einem Mofa (§ 4 Abs. 1 Satz 2 Nr. 1) mitgenommen, muß der Fahrzeugführer mindestens 16 Jahre alt sein.

§ 11 Eignung

(1) Bewerber um eine Fahrerlaubnis müssen die hierfür notwendigen körperlichen und geistigen Anforderungen erfüllen. Die Anforderungen sind insbesondere nicht erfüllt, wenn eine Erkrankung oder ein Mangel nach Anlage 4 oder 5 vorliegt, wodurch die Eignung oder die bedingte Eignung zum Führen von Kraftfahrzeugen ausgeschlossen wird. Außerdem dürfen die Bewerber nicht erheblich oder nicht wiederholt gegen verkehrsrechtliche Vorschriften oder Strafgesetze verstoßen haben, so daß dadurch die Eignung ausgeschlossen wird. Bewerber um die Fahrerlaubnis der Klasse D oder D 1 müssen auch die Gewähr dafür bieten, daß sie der besonderen Verantwortung bei der Beförderung von Fahrgästen gerecht werden.

(2) Werden Tatsachen bekannt, die Bedenken gegen die körperliche oder geistige Eignung des Fahrerlaubnisbewerbers begründen, kann die Fahrerlaubnisbehörde zur Vorbereitung von Entscheidungen über die Erteilung oder Verlängerung der Fahrerlaubnis oder über die Anordnung von Beschränkungen oder Auflagen die Beibringung eines ärztlichen Gutachtens durch den Bewerber anordnen. Bedenken gegen die körperliche oder geistige Eignung bestehen insbesondere,

Jagow

wenn Tatsachen bekannt werden, die auf eine Erkrankung oder einen Mangel nach Anlage 4 oder 5 hinweisen. Die Behörde bestimmt in der Anordnung auch, ob das Gutachten von einem
1. für die Fragestellung (Absatz 6 Satz 1) zuständigen Facharzt mit verkehrsmedizinischer Qualifikation,
2. Arzt des Gesundheitsamtes oder einem anderen Arzt der öffentlichen Verwaltung oder
3. Arzt mit der Gebietsbezeichnung „Arbeitsmedizin" oder der Zusatzbezeichnung „Betriebsmedizin"

erstellt werden soll. Die Behörde kann auch mehrere solcher Anordnungen treffen. Der Facharzt nach Satz 3 Nr. 1 soll nicht zugleich der den Betroffenen behandelnde Arzt sein.

(3) Die Beibringung eines Gutachtens einer amtlich anerkannten Begutachtungsstelle für Fahreignung (medizinisch-psychologisches Gutachten) kann zur Klärung von Eignungszweifeln für die Zwecke nach Absatz 2 angeordnet werden,
1. wenn nach Würdigung der Gutachten gemäß Absatz 2 oder Absatz 4 ein medizinisch-psychologisches Gutachten zusätzlich erforderlich ist,
2. zur Vorbereitung einer Entscheidung über die Befreiung von den Vorschriften über das Mindestalter,
3. bei erheblichen Auffälligkeiten, die im Rahmen einer Fahrerlaubnisprüfung nach § 18 Abs. 3 mitgeteilt worden sind,
4. bei Straftaten, die im Zusammenhang mit dem Straßenverkehr oder im Zusammenhang mit der Kraftfahreignung stehen oder bei denen Anhaltspunkte für ein hohes Agressionspotential bestehen oder
5. bei der Neuerteilung der Fahrerlaubnis, wenn
   a) die Fahrerlaubnis wiederholt entzogen war oder
   b) der Entzug der Fahrerlaubnis auf einem Grund nach Nummer 4 beruhte.

Unberührt bleiben medizinisch-psychologische Begutachtungen nach § 2a Abs. 4 und 5 und § 4 Abs. 10 Satz 3 des Straßenverkehrsgesetzes sowie § 10 Abs. 2 und den §§ 13 und 14 in Verbindung mit den Anlagen 4 und 5 dieser Verordnung.

(4) Die Beibringung eines Gutachtens eines amtlich anerkannten Sachverständigen oder Prüfers für den Kraftfahrzeugverkehr kann zur Klärung von Eignungszweifeln für die Zwecke nach Absatz 2 angeordnet werden,
1. wenn nach Würdigung der Gutachten gemäß Absatz 2 oder Absatz 3 ein Gutachten eines amtlich anerkannten Sachverständigen oder Prüfers zusätzlich erforderlich ist oder
2. bei Behinderungen des Bewegungsapparates, um festzustellen, ob der Behinderte das Fahrzeug mit den erforderlichen besonderen technischen Hilfsmitteln sicher führen kann.

(5) Für die Durchführung der ärztlichen und der medizinisch-psychologischen Untersuchung sowie für die Erstellung der entsprechenden Gutachten gelten die in der Anlage 15 genannten Grundsätze.

(6) Die Fahrerlaubnisbehörde legt unter Berücksichtigung der Besonderheiten des Einzelfalls und unter Beachtung der Anlagen 4 und 5 in der Anordnung zur Beibringung des Gutachtens fest, welche Fragen im Hinblick auf die Eignung des Betroffenen zum Führen von Kraftfahrzeugen zu klären sind. Die Behörde teilt dem Betroffenen unter Darlegung der Gründe für die Zweifel an seiner Eignung

und unter Angabe der für die Untersuchung in Betracht kommenden Stelle oder Stellen mit, daß er sich innerhalb einer von ihr festgelegten Frist auf seine Kosten der Untersuchung zu unterziehen und das Gutachten beizubringen hat. Der Betroffene hat die Fahrerlaubnisbehörde darüber zu unterrichten, welche Stelle er mit der Untersuchung beauftragt hat. Die Fahrerlaubnisbehörde teilt der untersuchenden Stelle mit, welche Fragen im Hinblick auf die Eignung des Betroffenen zum Führen von Kraftfahrzeugen zu klären sind und übersendet ihr die vollständigen Unterlagen, soweit sie unter Beachtung der gesetzlichen Verwertungsverbote verwendet werden dürfen. Die Untersuchung erfolgt auf Grund eines Auftrages durch den Betroffenen.

(7) Steht die Nichteignung des Betroffenen zur Überzeugung der Fahrerlaubnisbehörde fest, unterbleibt die Anordnung zur Beibringung des Gutachtens.

(8) Weigert sich der Betroffene, sich untersuchen zu lassen, oder bringt er der Fahrerlaubnisbehörde das von ihr geforderte Gutachten nicht fristgerecht bei, darf sie bei ihrer Entscheidung auf die Nichteignung des Betroffenen schließen. Der Betroffene ist hierauf bei der Anordnung nach Absatz 6 hinzuweisen.

(9) Unbeschadet der Absätze 1 bis 8 haben die Bewerber um die Erteilung oder Verlängerung einer Fahrerlaubnis der Klassen C, C1, CE, C1E, D, D1, DE oder D1E zur Feststellung ihrer Eignung der Fahrerlaubnisbehörde einen Nachweis nach Maßgabe der Anlage 5 vorzulegen.

(10) Hat der Betroffene an einem Kurs teilgenommen, um festgestellte Eignungsmängel zu beheben, genügt in der Regel zum Nachweis der Wiederherstellung der Eignung statt eines erneuten medizinisch-psychologischen Gutachtens eine Teilnahmebescheinigung, wenn
1. der betreffende Kurs nach § 70 anerkannt ist,
2. auf Grund eines medizinisch-psychologischen Gutachtens einer Begutachtungsstelle für Fahreignung die Teilnahme des Betroffenen an dieser Art von Kursen als geeignete Maßnahme angesehen wird, seine Eignungsmängel zu beheben, und
3. die Fahrerlaubnisbehörde der Kursteilnahme nach Nummer 2 zugestimmt hat.

(11) Die Teilnahmebescheinigung muß
1. den Familiennamen und Vornamen, den Tag und Ort der Geburt und die Anschrift des Seminarteilnehmers,
2. die Bezeichnung des Seminarmodells und
3. Angaben über Umfang und Dauer des Seminars
enthalten. Sie ist vom Seminarleiter und vom Seminarteilnehmer unter Angabe des Ausstellungsdatums zu unterschreiben. Die Ausstellung der Teilnahmebescheinigung ist vom Kursleiter zu verweigern, wenn der Teilnehmer nicht an allen Sitzungen des Kurses teilgenommen oder die Anfertigung von Kursaufgaben verweigert hat.

§ 12 Sehvermögen

(1) Zum Führen von Kraftfahrzeugen sind die in der Anlage 6 genannten Anforderungen an das Sehvermögen zu erfüllen.

(2) Bewerber um eine Fahrerlaubnis der Klassen A, A1, B, BE, M, L oder T haben sich einem Sehtest zu unterziehen. Der Sehtest wird von einer amtlich anerkannten Sehteststelle unter Einhaltung der DIN 58220 Teil 6, Ausgabe Januar 1997, durchgeführt. Die Sehteststelle hat sich vor der Durchführung des Sehtests

von der Identität des Antragstellers durch Einsicht in den Personalausweis oder Reisepaß zu überzeugen. Der Sehtest ist bestanden, wenn die zentrale Tagessehschärfe mit oder ohne Sehhilfe mindestens den in Anlage 6 Nr. 1 genannten Wert erreicht. Ergibt der Sehtest eine geringere Sehleistung, darf der Antragsteller den Sehtest mit Sehhilfen oder mit verbesserten Sehhilfen wiederholen.

(3) Die Sehteststelle stellt dem Antragsteller eine Sehtestbescheinigung aus. In ihr ist anzugeben, ob der Sehtest bestanden und ob er mit Sehhilfen durchgeführt worden ist. Sind bei der Durchführung des Sehtests sonst Zweifel an ausreichendem Sehvermögen für das Führen von Kraftfahrzeugen aufgetreten, hat die Sehteststelle sie auf der Sehtestbescheinigung zu vermerken.

(4) Ein Sehtest ist nicht erforderlich, wenn ein Zeugnis oder ein Gutachten eines Augenarztes vorgelegt wird und sich daraus ergibt, daß der Antragsteller die Anforderungen nach Anlage 6 Nr. 1 erfüllt.

(5) Besteht der Bewerber den Sehtest nicht oder bestehen aus anderen Gründen Zweifel an seinem Sehvermögen, darf die Fahrerlaubnis nur erteilt werden, wenn die in der Anlage 6 Nr. 2.1 genannten Anforderungen erfüllt sind. Dies ist durch ein Zeugnis oder Gutachten eines Augenarztes nachzuweisen.

(6) Bewerber um die Erteilung oder Verlängerung einer Fahrerlaubnis der Klassen C, C1, CE, C1E, D, D1, DE oder D1E haben sich einer augenärztlichen Untersuchung nach Anlage 6 Nr. 2.2 zu unterziehen und hierüber der Fahrerlaubnisbehörde ein Zeugnis oder Gutachten des Augenarztes vorzulegen.

(7) Sehtestbescheinigung, Zeugnis oder Gutachten dürfen bei Antragstellung nicht älter als zwei Jahre sein.

(8) Werden Tatsachen bekannt, die Bedenken begründen, daß der Fahrerlaubnisbewerber die Anforderungen an das Sehvermögen nach Anlage 6 Nr. 2 nicht erfüllt, kann die Fahrerlaubnisbehörde zur Vorbereitung von Entscheidungen über die Erteilung oder Verlängerung der Fahrerlaubnis oder über die Anordnung von Beschränkungen oder Auflagen die Beibringung eines augenärztlichen Gutachtens anordnen. § 11 Abs. 5 bis 8 ist anzuwenden.

§ 13 Klärung von Eignungszweifeln bei Alkoholproblematik

Zur Vorbereitung von Entscheidungen über die Erteilung oder Verlängerung der Fahrerlaubnis oder über die Anordnung von Beschränkungen oder Auflagen ordnet die Fahrerlaubnisbehörde an, daß
1. ein ärztliches Gutachten (§ 11 Abs. 2 Satz 3) beizubringen ist, wenn Tatsachen die Annahme von Alkoholabhängigkeit begründen oder die Fahrerlaubnis wegen Alkoholabhängigkeit entzogen war oder sonst zu klären ist, ob Abhängigkeit nicht mehr besteht, oder
2. ein medizinisch-psychologisches Gutachten beizubringen ist, wenn
   a) nach dem ärztlichen Gutachten zwar keine Alkoholabhängigkeit, jedoch Anzeichen für Alkoholmißbrauch vorliegen oder sonst Tatsachen die Annahme von Alkoholmißbrauch begründen,
   b) wiederholt Zuwiderhandlungen im Straßenverkehr unter Alkoholeinfluß begangen wurden,
   c) ein Fahrzeug im Straßenverkehr bei einer Blutalkoholkonzentration von 1,6 Promille oder mehr, oder einer Atemalkoholkonzentration von 0,8 mg/l oder mehr geführt wurde,

d) die Fahrerlaubnis aus einem der unter Buchstabe a bis c genannten Gründe entzogen war oder
e) sonst zu klären ist, ob Alkoholmißbrauch nicht mehr besteht.

§ 14 Klärung von Eignungszweifeln im Hinblick auf Betäubungsmittel und Arzneimittel

(1) Zur Vorbereitung von Entscheidungen über die Erteilung oder die Verlängerung der Fahrerlaubnis oder über die Anordnung von Beschränkungen oder Auflagen ordnet die Fahrerlaubnisbehörde an, daß ein ärztliches Gutachten (§ 11 Abs. 2 Satz 3) beizubringen ist, wenn Tatsachen die Annahme begründen, daß
1. Abhängigkeit von Betäubungsmitteln im Sinne des Betäubungsmittelgesetzes in der Fassung der Bekanntmachung vom 1. März 1994 (BGBl. I S. 358), zuletzt geändert durch Artikel 4 des Gesetzes vom 26. Januar 1998 (BGBl. I S. 160), in der jeweils geltenden Fassung, oder von anderen psychoaktiv wirkenden Stoffen,
2. Einnahme von Betäubungsmitteln im Sinne des Betäubungsmittelgesetzes oder
3. mißbräuchliche Einnahme von psychoaktiv wirkenden Arzneimitteln oder anderen psychoaktiv wirkenden Stoffen

vorliegt. Die Beibringung eines ärztlichen Gutachtens kann angeordnet werden, wenn der Betroffene Betäubungsmittel im Sinne des Betäubungsmittelgesetzes widerrechtlich besitzt oder besessen hat. Das ärztliche Gutachten nach Satz 1 Nr. 2 oder 3 kann auch von einem Arzt, der die Anforderungen an den Arzt nach Anlage 14 erfüllt, erstellt werden. Die Beibringung eines medizinisch-psychologischen Gutachtens kann angeordnet werden, wenn gelegentliche Einnahme von Cannabis vorliegt und weitere Tatsachen Zweifel an der Eignung begründen.

(2) Die Beibringung eines medizinisch-psychologischen Gutachtens ist für die Zwecke nach Absatz 1 anzuordnen, wenn
1. die Fahrerlaubnis aus einem der in Absatz 1 genannten Gründe entzogen war oder
2. zu klären ist, ob der Betroffene noch abhängig ist oder – ohne abhängig zu sein – weiterhin die in Absatz 1 genannten Mittel oder Stoffe einnimmt.

§ 15 Fahrerlaubnisprüfung

Der Bewerber um eine Fahrerlaubnis hat seine Befähigung in einer theoretischen und einer praktischen Prüfung nachzuweisen. Beim Erwerb einer Fahrerlaubnis der Klasse L bedarf es nur einer theoretischen, bei der Erweiterung einer leistungsbeschränkten Fahrerlaubnis der Klasse A auf eine unbeschränkte Klasse A vor Ablauf der zweijährigen Frist nach § 6 Abs. 2 Satz 1, der Klasse B auf die Klasse BE, der Klasse C 1 auf die Klasse C 1E, der Klasse D auf die Klasse DE und der Klasse D 1 auf die Klasse D 1E jeweils nur einer praktischen Prüfung. Die Prüfungen werden von einem amtlich anerkannten Sachverständigen oder Prüfer für den Kraftfahrzeugverkehr abgenommen.

§ 16 Theoretische Prüfung

(1) In der theoretischen Prüfung hat der Bewerber nachzuweisen, daß er
1. ausreichende Kenntnisse der für das Führen von Kraftfahrzeugen maßgebenden gesetzlichen Vorschriften sowie der umweltbewußten und energiesparenden Fahrweise hat und

2. mit den Gefahren des Straßenverkehrs und den zu ihrer Abwehr erforderlichen Verhaltensweisen vertraut ist.

(2) u (3) hier nicht abgedruckt.

§ 17 Praktische Prüfung
– Hier nicht abgedruckt –

§ 18 Gemeinsame Vorschriften für die theoretische und die praktische Prüfung

(1) Eine nicht bestandene Prüfung darf nicht vor Ablauf eines angemessenen Zeitraums (in der Regel nicht weniger als zwei Wochen) wiederholt werden. Wird die theoretische oder die praktische Prüfung auch nach jeweils zweimaliger Wiederholung nicht bestanden, darf der Bewerber die jeweilige Prüfung erst nach Ablauf von drei Monaten wiederholen.

(2) Die praktische Prüfung muß innerhalb von zwölf Monaten nach Bestehen der theoretischen Prüfung abgelegt werden. Andernfalls verliert die theoretische Prüfung ihre Gültigkeit. Der Zeitraum zwischen Abschluß der praktischen Prüfung oder – wenn keine praktische Prüfung erforderlich ist – zwischen Abschluß der theoretischen Prüfung und der Aushändigung des Führerscheins darf zwei Jahre nicht überschreiten. Andernfalls verliert die gesamte Prüfung ihre Gültigkeit.

(3) Stellt der Sachverständige oder Prüfer Tatsachen fest, die bei ihm Zweifel über die körperliche oder geistige Eignung des Bewerbers begründen, hat er der Fahrerlaubnisbehörde Mitteilung zu machen und den Bewerber hierüber zu unterrichten.

§ 19 Unterweisung in lebensrettenden Sofortmaßnahmen, Ausbildung in Erster Hilfe
– Hier nicht abgedruckt –

§ 20 Neuerteilung einer Fahrerlaubnis

(1) Für die Neuerteilung einer Fahrerlaubnis nach vorangegangener Entziehung oder nach vorangegangenem Verzicht gelten die Vorschriften für die Ersterteilung.

(2) Die Fahrerlaubnisbehörde kann auf eine Fahrerlaubnisprüfung verzichten, wenn keine Tatsachen vorliegen, die die Annahme rechtfertigen, daß der Bewerber die nach § 16 Abs. 1 und § 17 Abs. 1 erforderlichen Kenntnisse und Fähigkeiten nicht mehr besitzt. Ein Verzicht auf die Prüfung ist nicht zulässig, wenn seit der Entziehung, der vorläufigen Entziehung, der Beschlagnahme des Führerscheins oder einer sonstigen Maßnahme nach § 94 der Strafprozeßordnung oder dem Verzicht mehr als zwei Jahre verstrichen sind.

(3) Unberührt bleibt die Anordnung einer medizinisch-psychologischen Untersuchung nach § 11 Abs. 3 Satz 1 Nr. 5.

3. Verfahren bei der Erteilung einer Fahrerlaubnis

§ 21 Antrag auf Erteilung einer Fahrerlaubnis
– Hier nicht abgedruckt –

§ 22 Verfahren bei der Behörde und der Technischen Prüfstelle
– Hier nicht abgedruckt –

Fahrerlaubnis-Verordnung **Anh Ia**

§ 23 Geltungsdauer der Fahrerlaubnis, Beschränkungen und Auflagen
– Hier nicht abgedruckt –

§ 24 Verlängerung von Fahrerlaubnissen
– Hier nicht abgedruckt –

§ 25 Ausfertigung des Führerscheins
– Hier nicht abgedruckt –

4. Sonderbestimmungen für das Führen von Dienstfahrzeugen

§ 26 Dienstfahrerlaubnis

(1) Die von den Dienststellen der Bundeswehr, des Bundesgrenzschutzes und der Polizei (§ 73 Abs. 4) erteilten Fahrerlaubnisse berechtigen nur zum Führen von Dienstfahrzeugen (Dienstfahrerlaubnisse). Über die Dienstfahrerlaubnis der Bundeswehr wird ein Führerschein nach Muster 2 der Anlage 8,* über die des Bundesgrenzschutzes und der Polizei ein Führerschein nach Muster 3 der Anlage 8* ausgefertigt (Dienstführerschein). Die Dienstfahrerlaubnis der Bundeswehr wird in den aus Muster 2 der Anlage 8* ersichtlichen Klassen erteilt. Der Umfang der Berechtigung zum Führen von Dienstfahrzeugen ergibt sich aus Anlage 10.*

(2) Der Inhaber der Dienstfahrerlaubnis darf von ihr nur während der Dauer des Dienstverhältnisses Gebrauch machen. Bei Beendigung des Dienstverhältnisses ist der Dienstführerschein einzuziehen. Wird das Dienstverhältnis wieder begründet, ist der Führerschein wieder auszuhändigen, sofern die Dienstfahrerlaubnis noch gültig ist. Ist sie nicht mehr gültig, sind aber seit Ablauf der Geltungsdauer nicht mehr als zwei Jahre verstrichen, kann die Dienstfahrerlaubnis unter den Voraussetzungen des § 24 Abs. 1 neu erteilt werden; andernfalls gelten die Vorschriften über die Ersterteilung mit Ausnahme der Vorschriften über die Ausbildung. Eine Verlängerung der Dienstfahrerlaubnis oder eine erneute Erteilung unter den Voraussetzungen von Satz 4 erster Halbsatz ist auch während der Zeit möglich, in der der Inhaber von ihr keinen Gebrauch machen darf.

(3) Bei der erstmaligen Beendigung des Dienstverhältnisses nach der Erteilung oder Neuerteilung der betreffenden Klasse der Dienstfahrerlaubnis ist dem Inhaber auf Antrag zu bescheinigen, für welche Klassen von Kraftfahrzeugen ihm die Erlaubnis erteilt war.

§ 27 Verhältnis von allgemeiner Fahrerlaubnis und Dienstfahrerlaubnis

(1) Beantragt der Inhaber einer Dienstfahrerlaubnis während der Dauer des Dienstverhältnisses die Erteilung einer allgemeinen Fahrerlaubnis, sind folgende Vorschriften nicht anzuwenden:
1. § 11 Abs. 9 über die ärztliche Untersuchung und § 12 Abs. 6 über die augenärztliche Untersuchung, es sei denn, daß in entsprechender Anwendung der Regelungen in den §§ 23 und 24 eine Untersuchung erforderlich ist,
2. § 12 über den Sehtest,
3. § 15 über die Befähigungsprüfung,

---

* Hier nicht abgedruckt.

Jagow

4. § 19 über die Unterweisung in lebensrettenden Sofortmaßnahmen und die Ausbildung in Erster Hilfe,
5. die Vorschriften über die Ausbildung.

Dasselbe gilt bei Vorlage einer Bescheinigung nach § 26 Abs. 3, wenn die Erteilung der allgemeinen Fahrerlaubnis innerhalb von zwei Jahren nach Beendigung des Dienstverhältnisses beantragt wird. Die Klasse der aufgrund der Dienstfahrerlaubnis zu erteilenden allgemeinen Fahrerlaubnis ergibt sich aus Anlage 10.

(2) Wird dem Inhaber einer allgemeinen Fahrerlaubnis eine Dienstfahrerlaubnis derselben oder einer entsprechenden Klasse erteilt, kann die Dienstfahrerlaubnisbehörde Absatz 1 Satz 1 entsprechend anwenden. Dies gilt auch bei der Erteilung einer Dienstfahrerlaubnis der Bundeswehr in einer von § 6 Abs. 1 abweichenden Klasse, soweit die in Absatz 1 Satz 1 genannten Voraussetzungen auch Voraussetzung für die Erteilung der Dienstfahrerlaubnis sind.

(3) Die Fahrerlaubnisbehörde teilt der Dienststelle, die die Dienstfahrerlaubnis erteilt hat, die unanfechtbare Versagung der allgemeinen Fahrerlaubnis sowie deren unanfechtbare oder vorläufig wirksame Entziehung einschließlich der Gründe der Entscheidung unverzüglich mit. Die Dienststelle teilt der zuständigen Fahrerlaubnisbehörde die unanfechtbare Versagung der Dienstfahrerlaubnis sowie deren unanfechtbare oder vorläufig wirksame Entziehung einschließlich der Gründe der Entscheidung unverzüglich mit, sofern die Versagung oder die Entziehung auf den Vorschriften des Straßenverkehrsgesetzes beruhen. Für die Wahrnehmung der Aufgaben nach diesem Absatz können an Stelle der genannten Dienststellen auch andere Stellen bestimmt werden. Für den Bereich der Bundeswehr nimmt die Zentrale Militärkraftfahrstelle die Aufgaben wahr.

(4) Die Dienstfahrerlaubnis erlischt mit der Entziehung der allgemeinen Fahrerlaubnis.

5. Sonderbestimmungen für Inhaber ausländischer Fahrerlaubnisse

§ 28 Anerkennung von Fahrerlaubnissen aus Mitgliedstaaten der Europäischen Union oder einem anderen Vertragsstaat des Abkommens über den Europäischen Wirtschaftsraum

(1) Inhaber einer gültigen EU- oder EWR-Fahrerlaubnis, die ihren ordentlichen Wohnsitz im Sinne von § 7 Abs. 1 oder Abs. 2 in der Bundesrepublik Deutschland haben, dürfen – vorbehaltlich der Einschränkungen nach den Absätzen 2 bis 4 – im Umfang ihrer Berechtigung Kraftfahrzeuge im Inland führen. Auflagen zur ausländischen Fahrerlaubnis sind auch im Inland zu beachten. Auf die Fahrerlaubnisse finden die Vorschriften dieser Verordnung Anwendung, soweit nichts anderes bestimmt ist.

(2) Inhaber der Fahrerlaubnis der Klasse A 1, die das 18. Lebensjahr noch nicht vollendet haben, dürfen nur Leichtkrafträder mit einer durch die Bauart bestimmten Höchstgeschwindigkeit von nicht mehr als 80 km/h führen.

(3) Die Vorschriften über die Geltungsdauer von Fahrerlaubnissen der Klassen C, C 1, CE, C 1E, D, D 1, DE und D 1E in § 23 Abs. 1 gelten auch für die entsprechenden EU- und EWR-Fahrerlaubnisse. Grundlage für die Berechnung der Geltungsdauer ist das Datum der Erteilung der ausländischen Fahrerlaubnis. Wäre danach eine solche Fahrerlaubnis ab dem Zeitpunkt der Verlegung des ordentlichen Wohnsitzes in die Bundesrepublik Deutschland nicht mehr gültig, weil

Fahrerlaubnis-Verordnung **Anh Ia**

seit der Erteilung mehr als fünf Jahre verstrichen sind oder – bei den Klassen C 1 und C 1E – der Inhaber das 50. Lebensjahr bereits vollendet hat, besteht die Berechtigung nach Absatz 1 Satz 1 noch sechs Monate, gerechnet von der Begründung des ordentlichen Wohnsitzes im Inland an. Für die Erteilung einer deutschen Fahrerlaubnis ist § 30 in Verbindung mit § 24 Abs. 1 entsprechend anzuwenden.

(4) Die Berechtigung nach Absatz 1 gilt nicht für Inhaber einer EU- oder EWR-Fahrerlaubnis,
1. die lediglich im Besitz eines Lernführerscheins oder eines anderen vorläufig ausgestellten Führerscheins sind,
2. die zum Zeitpunkt der Erteilung ihren ordentlichen Wohnsitz im Inland hatten, es sei denn, daß sie als Student oder Schüler im Sinne des § 7 Abs. 2 die Fahrerlaubnis während eines mindestens sechsmonatigen Aufenthalts erworben haben,
3. denen die Fahrerlaubnis im Inland vorläufig oder rechtskräftig von einem Gericht oder sofort vollziehbar oder bestandskräftig von einer Verwaltungsbehörde entzogen worden ist, denen die Fahrerlaubnis bestandskräftig versagt worden ist oder denen die Fahrerlaubnis nur deshalb nicht entzogen worden ist, weil sie zwischenzeitlich auf die Fahrerlaubnis verzichtet haben oder
4. solange sie im Inland, in dem Staat, der die Fahrerlaubnis erteilt hatte oder in dem Staat, in dem sie ihren ordentlichen Wohnsitz haben, einem Fahrverbot unterliegen oder der Führerschein nach § 94 der Strafprozeßordnung beschlagnahmt, sichergestellt oder in Verwahrung genommen worden ist.

§ 29 Verfahren bei Fahrerlaubnissen aus Mitgliedstaaten der Europäischen Union oder einem anderen Vertragsstaat des Abkommens über den Europäischen Wirtschaftsraum

(1) Inhaber einer EU- oder EWR-Fahrerlaubnis, die ihren ordentlichen Wohnsitz in die Bundesrepublik Deutschland verlegt haben, sind verpflichtet, ihre Fahrerlaubnis innerhalb von 185 Tagen bei der zuständigen Verwaltungsbehörde unter Vorlage des Führerscheins registrieren zu lassen, wenn
1. sie die Fahrerlaubnis noch nicht länger als zwei Jahre besitzen,
2. es sich um eine Fahrerlaubnis der Klassen C, C 1, CE, C 1E, D, D 1, DE oder D 1E handelt.
Personen, die unter § 7 Abs. 2 fallen, sind verpflichtet, ihre Fahrerlaubnis unverzüglich nach Einreise in die Bundesrepublik Deutschland registrieren zu lassen, sofern sie zu dem in Satz 1 Nr. 1 oder 2 genannten Personenkreis gehören.

(2) u (3) Hier nicht abgedruckt.

§ 30 Erteilung einer Fahrerlaubnis an Inhaber einer Fahrerlaubnis aus einem Mitgliedstaat der Europäischen Union oder einem anderen Vertragsstaat des Abkommens über den Europäischen Wirtschaftsraum

(1) Beantragt der Inhaber einer EU- oder EWR-Fahrerlaubnis, die zum Führen von Kraftfahrzeugen im Inland berechtigt oder berechtigt hat, die Erteilung einer Fahrerlaubnis für die entsprechende Klasse von Kraftfahrzeugen, sind folgende Vorschriften nicht anzuwenden:
1. § 11 Abs. 9 über die ärztliche Untersuchung und § 12 Abs. 6 über die augenärztliche Untersuchung, es sei denn, daß in entsprechender Anwendung der Regelungen in den §§ 23 und 24 eine Untersuchung erforderlich ist,
2. § 12 über den Sehtest,

Jagow

3. § 15 über die Befähigungsprüfung,
4. § 19 über die Unterweisung in lebensrettenden Sofortmaßnahmen und die Ausbildung in Erster Hilfe,
5. die Vorschriften über die Ausbildung.
Ist die ausländische Fahrerlaubnis auf das Führen von Kraftfahrzeugen mit automatischer Kraftübertragung beschränkt oder enthält der ausländische Führerschein den Vermerk, daß die Prüfung auf einem Fahrzeug mit automatischer Kraftübertragung abgelegt worden ist, ist die Fahrerlaubnis auf das Führen von Kraftfahrzeugen mit automatischer Kraftübertragung zu beschränken. § 17 Abs. 6 Satz 2 ist entsprechend anzuwenden.

(2) Läuft die Geltungsdauer einer EU- oder EWR-Fahrerlaubnis der Klassen A, B oder BE oder einer Unterklasse dieser Klassen, die zum Führen von Kraftfahrzeugen im Inland berechtigt hat, nach Begründung des ordentlichen Wohnsitzes in der Bundesrepublik Deutschland ab und sind bis zum Tag der Antragstellung nicht mehr als zwei Jahre verstrichen, findet Absatz 1 entsprechend Anwendung; handelt es sich um eine Fahrerlaubnis der Klassen C oder D oder einer Unter- oder Anhängerklasse, wird die deutsche Fahrerlaubnis in entsprechender Anwendung von § 24 Abs. 2 erteilt. Satz 1 findet auch Anwendung, wenn die Geltungsdauer bereits vor Begründung des ordentlichen Wohnsitzes abgelaufen ist. In diesem Fall hat die Fahrerlaubnisbehörde jedoch eine Auskunft nach § 22 Abs. 2 Satz 3 einzuholen, die sich auch darauf erstreckt, warum die Fahrerlaubnis nicht vor der Verlegung des ordentlichen Wohnsitzes in die Bundesrepublik Deutschland verlängert worden ist.

(3) Der Führerschein ist nur gegen Abgabe des ausländischen Führerscheins auszuhändigen. Die Fahrerlaubnisbehörde sendet ihn unter Angabe der Gründe über das Kraftfahrt-Bundesamt an die Behörde zurück, die ihn ausgestellt hatte.

(4) Auf dem Führerschein ist in Feld 10 der Tag zu vermerken, an dem die ausländische Fahrerlaubnis für die betreffende Klasse erteilt worden war.

(5) Absatz 3 gilt nicht für entsandte Mitglieder fremder diplomatischer Missionen im Sinne des Artikels 1 Buchstabe b des Wiener Übereinkommens vom 18. April 1961 über diplomatische Beziehungen (BGBl. 1964 II S. 957) in der jeweils geltenden Fassung und entsandte Mitglieder berufskonsularischer Vertretungen im Sinne des Artikels 1 Abs. 1 Buchstabe g des Wiener Übereinkommens vom 24. April 1963 über konsularischer Beziehungen (BGBl. 1969 II S. 1585) in der jeweils geltenden Fassung sowie die zu ihrem Haushalt gehörenden Familienmitglieder.

§ 31 Erteilung einer Fahrerlaubnis an Inhaber einer Fahrerlaubnis aus einem Staat außerhalb des Abkommens über den Europäischen Wirtschaftsraum

(1) Beantragt der Inhaber einer Fahrerlaubnis, die in einem in Anlage 11* aufgeführten Staat und in einer in der Anlage 11 aufgeführten Klasse erteilt worden ist und die zum Führen von Kraftfahrzeugen im Inland berechtigt oder dazu berechtigt hat, die Erteilung einer Fahrerlaubnis für die entsprechende Klasse von Kraftfahrzeugen und sind seit der Begründung eines ordentlichen Wohnsitzes

---

* Hier nicht abgedruckt.

Fahrerlaubnis-Verordnung **Anh Ia**

in der Bundesrepublik Deutschland bis zum Tag der Antragstellung nicht mehr als drei Jahre verstrichen, sind folgende Vorschriften nicht anzuwenden:
1. § 11 Abs. 9 über die ärztliche Untersuchung und § 12 Abs. 6 über die augenärztliche Untersuchung, es sei denn, daß in entsprechender Anwendung der Regelungen in den §§ 23 und 24 eine Untersuchung erforderlich ist,
2. § 12 über den Sehtest,
3. § 15 über die Befähigungsprüfung nach Maßgabe der Anlage 11,
4. § 19 über die Unterweisung in lebensrettenden Sofortmaßnahmen und die Ausbildung in Erster Hilfe,
5. die Vorschriften über die Ausbildung.

Ist die ausländische Fahrerlaubnis auf das Führen von Kraftfahrzeugen mit automatischer Kraftübertragung beschränkt oder enthält der ausländische Führerschein den Vermerk, daß die Prüfung auf einem Fahrzeug mit automatischer Kraftübertragung abgelegt worden ist, ist die Fahrerlaubnis auf das Führen von Kraftfahrzeugen mit automatischer Kraftübertragung zu beschränken. § 17 Abs. 6 Satz 2 ist entsprechend anzuwenden. Beantragt der Inhaber einer Fahrerlaubnis, die in einem in Anlage 11 aufgeführten Staat, aber in einer der Anlage 11 nicht aufgeführten Klasse erteilt worden ist und die zum Führen von Kraftfahrzeugen im Inland berechtigt oder dazu berechtigt hat, die Erteilung einer Fahrerlaubnis für die entsprechende Klasse von Kraftfahrzeugen, ist Absatz 2 entsprechend anzuwenden.

(2) Beantragt der Inhaber einer Fahrerlaubnis aus einem nicht in Anlage 11* aufgeführten Staat unter den Voraussetzungen des Absatzes 1 die Erteilung einer Fahrerlaubnis für die entsprechende Klasse von Kraftfahrzeugen, sind die Vorschriften über die Ausbildung nicht anzuwenden.

(3) Der Antragsteller hat den Besitz der ausländischen Fahrerlaubnis durch den nationalen Führerschein nachzuweisen. Außerdem hat er seinem Antrag auf Erteilung einer inländischen Fahrerlaubnis eine Erklärung des Inhalts beizugeben, daß seine ausländische Fahrerlaubnis noch gültig ist. Die Fahrerlaubnisbehörde ist berechtigt, die Richtigkeit der Erklärung zu überprüfen.

(4) Auf einem auf Grund des Absatzes 1 ausgestellten Führerschein ist zu vermerken, daß der Erteilung der Fahrerlaubnis eine Fahrerlaubnis zugrunde gelegen hat, die nicht in einem Mitgliedstaat der Europäischen Union oder einem anderen Vertragsstaat des Abkommens über den Europäischen Wirtschaftsraum ausgestellt worden war. Der Führerschein ist nur gegen Abgabe des ausländischen Führerscheins auszuhändigen. Die Fahrerlaubnisbehörde sendet ihn über das Kraftfahrt-Bundesamt an die Stelle zurück, die ihn ausgestellt hat, wenn mit dem betreffenden Staat eine entsprechende Vereinbarung besteht. In den anderen Fällen nimmt sie den Führerschein in Verwahrung. Er darf nur gegen Abgabe des auf seiner Grundlage ausgestellten inländischen Führerscheins wieder ausgehändigt werden. In begründeten Fällen kann die Fahrerlaubnisbehörde davon absehen, den ausländischen Führerschein in Verwahrung zu nehmen oder ihn an die ausländische Stelle zurückzuschicken.

(5) Absatz 1 gilt auch für den in § 30 Abs. 5 genannten Personenkreis, sofern Gegenseitigkeit besteht. Der Vermerk nach Absatz 4 Satz 1 ist einzutragen. Absatz 4 Satz 2 bis 6 findet keine Anwendung.

Jagow

6. Fahrerlaubnis auf Probe

§ 32 Ausnahmen von der Probezeit

Ausgenommen von den Regelungen über die Probezeit nach § 2a des Straßenverkehrsgesetzes sind Fahrerlaubnisse der Klassen L, M und T. Bei erstmaliger Erweiterung einer Fahrerlaubnis der Klassen L, M oder T auf eine der anderen Klassen ist die Fahrerlaubnis der Klasse, auf die erweitert wird, auf Probe zu erteilen.

§ 33 Berechnung der Probezeit bei Inhabern von Dienstfahrerlaubnissen und Fahrerlaubnissen aus Staaten außerhalb des Abkommens über den Europäischen Wirtschaftsraum

(1) Bei erstmaliger Erteilung einer allgemeinen Fahrerlaubnis an den Inhaber einer Dienstfahrerlaubnis ist die Zeit seit deren Erwerb auf die Probezeit anzurechnen. Hatte die Dienststelle vor Ablauf der Probezeit den Dienstführerschein nach § 26 Abs. 2 eingezogen, beginnt mit der Erteilung einer allgemeinen Fahrerlaubnis eine neue Probezeit, jedoch nur im Umfang der Restdauer der vorherigen Probezeit.

(2) Begründet der Inhaber einer Fahrerlaubnis aus einem Staat außerhalb des Europäischen Wirtschaftsraums seinen ordentlichen Wohnsitz im Inland und wird ihm die deutsche Fahrerlaubnis nach § 31 erteilt, wird bei der Berechnung der Probezeit der Zeitraum nicht berücksichtigt, in welchem er im Inland zum Führen von Kraftfahrzeugen nicht berechtigt war.

§ 34 Bewertung der Straftaten und Ordnungswidrigkeiten im Rahmen der Fahrerlaubnis auf Probe und Anordnung des Aufbauseminars

(1) Die Bewertung der Straftaten und Ordnungswidrigkeiten im Rahmen der Fahrerlaubnis auf Probe erfolgt nach Anlage 12.

(2) Die Anordnung der Teilnahme an einem Aufbauseminar nach § 2a Abs. 2 des Straßenverkehrsgesetzes erfolgt schriftlich unter Angabe der Verkehrszuwiderhandlungen, die zu der Anordnung geführt haben; dabei ist eine angemessene Frist zu setzen. Die schriftliche Anordnung ist bei der Anmeldung zu einem Aufbauseminar dem Kursleiter vorzulegen.

§ 35 Aufbauseminare

– Hier nicht abgedruckt –

§ 36 Besondere Aufbauseminare nach § 2b Abs. 2 Satz 2 des Straßenverkehrsgesetzes

(1) Inhaber von Fahrerlaubnissen auf Probe, die wegen Zuwiderhandlungen nach § 315c Abs. 1 Nr. 1 Buchstabe a, den §§ 316, 323a des Strafgesetzbuches oder § 24a des Straßenverkehrsgesetzes an einem Aufbauseminar teilzunehmen haben, sind, auch wenn sie noch andere Verkehrszuwiderhandlungen begangen haben, einem besonderen Aufbauseminar zuzuweisen.

(2) Ist die Fahrerlaubnis wegen einer innerhalb der Probezeit begangenen Zuwiderhandlung nach § 315c Abs. 1 Nr. 1 Buchstabe a, den §§ 316, 323a des Straf-

Fahrerlaubnis-Verordnung **Anh Ia**

gesetzbuches oder § 24 a des Straßenverkehrsgesetzes entzogen worden, darf eine neue Fahrerlaubnis unbeschadet der übrigen Voraussetzungen nur erteilt werden, wenn der Antragsteller nachweist, daß er an einem besonderen Aufbauseminar teilgenommen hat.

(3) bis (7) hier nicht abgedruckt.

§ 37 Teilnahmebescheinigung
– Hier nicht abgedruckt –

§ 38 Verkehrspsychologische Beratung
– Hier nicht abgedruckt –

§ 39 Anordnung der Teilnahme an einem Aufbauseminar und weiterer Maßnahmen bei Inhabern einer Dienstfahrerlaubnis
– Hier nicht abgedruckt –

7. Punktsystem

§ 40 Punktbewertung nach dem Punktsystem
Die im Verkehrszentralregister erfaßten Entscheidungen sind nach Anlage 13 zu bewerten.

§ 41 Maßnahmen der Fahrerlaubnisbehörde
(1) Die Unterrichtung des Betroffenen über den Punktestand, die Verwarnung und der Hinweis auf die Möglichkeit der Teilnahme an einem Aufbauseminar, die Anordnung zur Teilnahme an einem solchen Seminar und der Hinweis auf die Möglichkeit einer verkehrspsychologischen Beratung erfolgen schriftlich unter Angabe der begangenen Verkehrszuwiderhandlungen.

(2) Bei der Anordnung ist für die Teilnahme an dem Aufbauseminar eine angemessene Frist zu setzen. Die schriftliche Anordnung ist bei der Anmeldung zu einem Aufbauseminar dem Kursleiter vorzulegen.

(3) Für die verkehrspsychologische Beratung gilt § 38 entsprechend.

(4) Die Anordnung eines Verkehrsunterrichts nach § 48 der Straßenverkehrs-Ordnung bleibt unberührt.

§ 42 Aufbauseminare
Hinsichtlich der Zielsetzung, des Inhalts, der Dauer und der Gestaltung der Aufbauseminare ist § 35 entsprechend anzuwenden.

§ 43 Besondere Aufbauseminare nach § 4 Abs. 8 Satz 4 des Straßenverkehrsgesetzes
– Hier nicht abgedruckt –

§ 44 Teilnahmebescheinigung
Hinsichtlich der Bescheinigung über die Teilnahme an einem angeordneten Aufbauseminar sowie der Verarbeitung und Nutzung der Teilnehmerdaten ist § 37 entsprechend anzuwenden.

§ 45 Punkterabatt auf Grund freiwilliger Teilnahme an einem Aufbauseminar oder an einer verkehrspsychologischen Beratung

(1) Nimmt der Inhaber der Fahrerlaubnis unter den in § 4 Abs. 4 des Straßenverkehrsgesetzes genannten Voraussetzungen freiwillig an einem Aufbauseminar oder an einer verkehrspsychologischen Beratung teil, unterrichtet die Fahrerlaubnisbehörde hierüber das Kraftfahrt-Bundesamt.

(2) Hat der Inhaber der Fahrerlaubnis Verstöße im Sinne des § 43 Satz 1 begangen, wird ein Punkteabzug nur gewährt, wenn er an einem besonderen Aufbauseminar gemäß § 43 teilgenommen hat.

8. Entziehung oder Beschränkung der Fahrerlaubnis, Anordnung von Auflagen

§ 46 Entziehung, Beschränkung, Auflagen

(1) Erweist sich der Inhaber einer Fahrerlaubnis als ungeeignet zum Führen von Kraftfahrzeugen, hat ihm die Fahrerlaubnisbehörde die Fahrerlaubnis zu entziehen. Dies gilt insbesondere, wenn Erkrankungen oder Mängel nach den Anlagen 4, 5 oder 6 vorliegen oder erheblich oder wiederholt gegen verkehrsrechtliche Vorschriften der Strafgesetze verstoßen wurde und dadurch die Eignung zum Führen von Kraftfahrzeugen ausgeschlossen ist.

(2) Erweist sich der Inhaber einer Fahrerlaubnis noch als bedingt geeignet zum Führen von Kraftfahrzeugen, schränkt die Fahrerlaubnisbehörde die Fahrerlaubnis soweit wie notwendig ein oder ordnet die erforderlichen Auflagen an; die Anlagen 4, 5 und 6 sind zu berücksichtigen.

(3) Werden Tatsachen bekannt, die Bedenken begründen, daß der Inhaber einer Fahrerlaubnis zum Führen eines Kraftfahrzeugs ungeeignet oder bedingt geeignet ist, finden die §§ 11 bis 14 entsprechend Anwendung.

(4) Die Fahrerlaubnis ist auch zu entziehen, wenn der Inhaber sich als nicht befähigt zum Führen von Kraftfahrzeugen erweist. Rechtfertigen Tatsachen eine solche Annahme, kann die Fahrerlaubnisbehörde zur Vorbereitung der Entscheidung über die Entziehung die Beibringung eines Gutachtens eines amtlich anerkannten Sachverständigen oder Prüfers für den Kraftfahrzeugverkehr anordnen. § 11 Abs. 6 bis 8 ist entsprechend anzuwenden.

(5) Mit der Entziehung erlischt die Fahrerlaubnis. Bei einer ausländischen Fahrerlaubnis erlischt das Recht zum Führen von Kraftfahrzeugen im Inland.

§ 47 Verfahrensregelungen

(1) Nach der Entziehung sind von einer deutschen Behörde ausgestellte nationale und internationale Führerscheine unverzüglich der entscheidenden Behörde abzuliefern oder bei Beschränkungen oder Auflagen zur Eintragung vorzulegen. Die Verpflichtung zur Ablieferung oder Vorlage des Führerscheins besteht auch, wenn die Entscheidung angefochten worden ist, die zuständige Behörde jedoch die sofortige Vollziehung ihrer Verfügung angeordnet hat.

(2) Absatz 1 gilt auch für Führerscheine aus Mitgliedstaaten der Europäischen Union oder einem anderen Vertragsstaat des Abkommens über den Europäischen Wirtschaftsraum. Nach einer bestandskräftigen Entziehung sendet die entscheidende Behörde den Führerschein unter Angabe der Gründe über das Kraftfahrt-Bundesamt an die Behörde zurück, die ihn ausgestellt hat. Sind im Falle von Be-

Fahrerlaubnis-Verordnung **Anh Ia**

schränkungen oder Auflagen Eintragungen in den Führerschein wegen dessen Beschaffenheit nicht möglich, nach dem Recht des Staates, der den Führerschein ausgestellt hatte, nicht zulässig oder widerspricht der Inhaber der Fahrerlaubnis, erteilt ihm die Fahrerlaubnisbehörde gemäß § 30 eine entsprechende deutsche Fahrerlaubnis.

(3) Ist dem Betroffenen nach § 31 eine deutsche Fahrerlaubnis erteilt worden, ist er aber noch im Besitz des ausländischen Führerscheins, ist auf diesem die Entziehung zu vermerken. Der Betroffene ist verpflichtet, der Fahrerlaubnisbehörde den Führerschein zur Eintragung vorzulegen.

9. Sonderbestimmungen für das Führen von Taxen, Mietwagen, Krankenkraftwagen und Personenkraftwagen im Linienverkehr

§ 48 Fahrerlaubnis zur Fahrgastbeförderung

(1) Wer ein Taxi, einen Mietwagen, einen Krankenkraftwagen oder einen Personenkraftwagen im Linienverkehr (§§ 42, 43 des Personenbeförderungsgesetzes) oder bei gewerbsmäßigen Ausflugsfahrten oder Ferienziel-Reisen (§ 48 des Personenbeförderungsgesetzes) führt, bedarf einer zusätzlichen Erlaubnis der Fahrerlaubnisbehörde, wenn in diesen Fahrzeugen Fahrgäste befördert werden (Fahrerlaubnis zur Fahrgastbeförderung).

(2) Der Fahrerlaubnis zur Fahrgastbeförderung bedarf es nicht für
1. Krankenkraftwagen der Bundeswehr, des Bundesgrenzschutzes, der Polizei sowie der Truppe und des zivilen Gefolges der anderen Vertragsstaaten des Nordatlantikpaktes,
2. Krankenkraftwagen des Katastrophenschutzes, wenn sie für dessen Zweck verwendet werden,
3. Krankenkraftwagen der Feuerwehren und der nach Landesrecht anerkannten Rettungsdienste.

(3) bis (10) hier nicht abgedruckt.

§§ 49 bis 72 hier nicht abgedruckt.

V. Durchführungs-, Bußgeld-, Übergangs- und Schlußvorschriften

§ 73 Zuständigkeiten

(1) Diese Verordnung wird, soweit nicht die obersten Landesbehörden oder die höheren Verwaltungsbehörden zuständig sind oder diese Verordnung etwas anderes bestimmt, von den nach Landesrecht zuständigen unteren Verwaltungsbehörden oder den Behörden, denen durch Landesrecht die Aufgaben der unteren Verwaltungsbehörde zugewiesen werden (Fahrerlaubnisbehörden), ausgeführt. Die zuständigen obersten Landesbehörden und die höheren Verwaltungsbehörden können diesen Behörden Weisungen auch für den Einzelfall erteilen.

(2) Örtlich zuständig ist, soweit nichts anderes vorgeschrieben ist, die Behörde des Ortes, in dem der Antragsteller oder Betroffene seine Wohnung, bei mehreren Wohnungen seine Hauptwohnung, hat (§ 12 Abs. 2 des Melderechtsrahmengesetzes in der Fassung der Bekanntmachung vom 24. Juni 1994 (BGBl. I S. 1430), geändert durch Artikel 3 Abs. 1 des Gesetzes vom 12. Juli 1994 (BGBl. I S. 1497), in der jeweils geltenden Fassung), mangels eines solchen die Behörde des Aufenthaltsorts, bei juristischen Personen, Handelsunternehmen oder Behörden die Behörde des Sitzes oder des Orts der beteiligten Niederlassung oder Dienststelle.

Jagow

Anträge können mit Zustimmung der örtlich zuständigen Behörde von einer gleichgeordneten auswärtigen Behörde behandelt und erledigt werden. Die Verfügungen der Behörde nach Satz 1 und 2 sind im gesamten Inland wirksam, es sei denn, der Geltungsbereich wird durch gesetzliche Regelung oder durch behördliche Verfügung eingeschränkt. Verlangt die Verkehrssicherheit ein sofortiges Eingreifen, kann anstelle der örtlich zuständigen Behörde jede ihr gleichgeordnete Behörde mit derselben Wirkung Maßnahmen auf Grund dieser Verordnung vorläufig treffen.

(3) Hat der Betroffene keinen Wohn- oder Aufenthaltsort im Inland, ist für Maßnahmen, die das Recht zum Führen von Kraftfahrzeugen betreffen, jede untere Verwaltungsbehörde (Absatz 1) zuständig.

(4) Die Zuständigkeiten der Verwaltungsbehörden und höheren Verwaltungsbehörden auf Grund dieser Verordnung, im Fall des § 5 auch die Zuständigkeit der obersten Landesbehörde, werden für die Dienstbereiche der Bundeswehr, des Bundesgrenzschutzes und der Polizei durch deren Dienststellen nach Bestimmung der Fachministerien wahrgenommen.

§ 74 Ausnahmen

(1) Ausnahmen können genehmigen
1. die zuständigen obersten Landesbehörden oder die von ihnen bestimmten oder nach Landesrecht zuständigen Stellen von allen Vorschriften dieser Verordnung in bestimmten Einzelfällen oder allgemein für bestimmte einzelne Antragsteller, es sei denn, daß die Auswirkungen sich nicht auf das Gebiet des Landes beschränken und eine einheitliche Entscheidung erforderlich ist,
2. das Bundesministerium für Verkehr, Bau- und Wohnungswesen von allen Vorschriften dieser Verordnung, sofern nicht die Landesbehörden nach Nummer 1 zuständig sind; allgemeine Ausnahmen ordnet es durch Rechtsverordnung ohne Zustimmung des Bundesrates nach Anhörung der zuständigen obersten Landesbehörden an.

(2) Ausnahmen vom Mindestalter setzen die Zustimmung des gesetzlichen Vertreters voraus.

(3) Die Genehmigung von Ausnahmen von den Vorschriften dieser Verordnung kann mit Auflagen verbunden werden.

(4) Über erteilte Ausnahmegenehmigungen oder angeordnete Auflagen stellt die entscheidende Verwaltungsbehörde eine Bescheinigung aus, sofern die Ausnahme oder Auflage nicht im Führerschein vermerkt wird. Die Bescheinigung ist beim Führen von Kraftfahrzeugen mitzuführen und zuständigen Personen auf Verlangen zur Prüfung auszuhändigen.

(5) Die Bundeswehr, die Polizei, der Bundesgrenzschutz, die Feuerwehr und die anderen Einheiten und Einrichtungen des Katastrophenschutzes sowie der Zolldienst sind von den Vorschriften dieser Verordnung befreit, soweit dies zur Erfüllung hoheitlicher Aufgaben unter gebührender Berücksichtigung der öffentlichen Sicherheit und Ordnung dringend geboten ist.

§ 75 Ordnungswidrigkeiten

Ordnungswidrig im Sinne des § 24 des Straßenverkehrsgesetzes handelt, wer vorsätzlich oder fahrlässig
1. entgegen § 2 Abs. 1 am Verkehr teilnimmt oder jemanden als für diesen Verantwortlicher am Verkehr teilnehmen läßt, ohne in geeigneter Weise Vorsorge getroffen zu haben, daß andere nicht gefährdet werden,

Fahrerlaubnis-Verordnung **Anh Ia**

2. entgegen § 2 Abs. 3 ein Kennzeichen der in § 2 Abs. 2 genannten Art verwendet,
3. entgegen § 3 Abs. 1 ein Fahrzeug oder Tier führt oder einer vollziehbaren Anordnung oder Auflage zuwiderhandelt,
4. einer Vorschrift des § 4 Abs. 2 Satz 2, § 5 Abs. 4 Satz 2 oder 3, § 48 Abs. 3 Satz 2 oder § 74 Abs. 4 Satz 2 über die Mitführung oder Aushändigung von Führerscheinen und Bescheinigungen zuwiderhandelt,
5. entgegen § 5 Abs.1 Satz 1 ein Mofa oder einen motorisierten Krankenfahrstuhl führt, ohne die dazu erforderliche Prüfung abgelegt zu haben,
6. entgegen § 5 Abs. 2 Satz 2 oder 3 eine Mofa-Ausbildung oder eine Ausbildung zum Führen von motorisierten Krankenfahrstühlen durchführt, ohne die dort genannte Fahrlehrerlaubnis zu besitzen oder entgegen § 5 Abs. 2 Satz 5 eine Ausbildungsbescheinigung ausstellt,
7. entgegen § 10 Abs. 1 ein Kraftfahrzeug, für dessen Führung eine Fahrerlaubnis nicht erforderlich ist, vor Vollendung des 15. Lebensjahres führt,
8. entgegen § 10 Abs. 4 ein Kind unter sieben Jahren auf einem Mofa (§ 4 Abs. 1 Satz 2 Nr. 1) mitnimmt, obwohl er noch nicht 16 Jahre alt ist,
9. einer vollziehbaren Auflage nach § 23 Abs. 2 Satz 1, § 28 Abs. 1 Satz 2, § 46 Abs. 2 oder § 74 Abs. 3 zuwiderhandelt,
10. einer Vorschrift des § 25 Abs. 5 Satz 3, des § 29 Abs. 3 Satz 2, des § 47 Abs. 1, auch in Verbindung mit Absatz 2 Satz 1 sowie Absatz 3 Satz 2, oder des § 48 Abs. 10 Satz 3 in Verbindung mit § 47 Abs. 1 über die Ablieferung oder die Vorlage eines Führerscheins zuwiderhandelt,
11. entgegen § 29 Abs. 1 eine dort genannte Fahrerlaubnis nicht oder nicht rechtzeitig registrieren läßt oder,
12. entgegen § 48 Abs. 1 ein dort genanntes Kraftfahrzeug ohne Erlaubnis führt oder entgegen § 48 Abs. 8 die Fahrgastbeförderung anordnet oder zuläßt.

§§ 76 und 77 nicht abgedruckt.

§ 78 Inkrafttreten
Diese Verordnung tritt am 1. Januar 1999 in Kraft.

Anlage 4
(zu den §§ 11, 13 und 14)*

Eignung und bedingte Eignung zum Führen von Kraftfahrzeugen

Vorbemerkung:
1. Die nachstehende Aufstellung enthält häufiger vorkommende Erkrankungen und Mängel, die die Eignung zum Führen von Kraftfahrzeugen längere Zeit beeinträchtigen oder aufheben können. Nicht aufgenommen sind Erkrankungen, die seltener vorkommen oder nur kurzzeitig andauern (z. B. grippale Infekte, akute infektiöse Magen-/Darmstörungen, Migräne, Heuschnupfen, Asthma).
2. Grundlage der Beurteilung, ob im Einzelfall Eignung oder bedingte Eignung vorliegt, ist in der Regel ein ärztliches Gutachten (§ 11 Abs. 2 Satz 3), in besonderen Fällen ein medizinisch-psychologisches Gutachten (§ 11 Abs. 3) oder ein Gutachten eines amtlich anerkannten Sachverständigen oder Prüfers für den Kraftfahrzeugverkehr (§ 11 Abs. 4).

---

* Die Anlagen 1, 2, 3, 7 bis 11 und 14 sind nicht abgedruckt.

3. Die nachstehend vorgenommenen Bewertungen gelten für den Regelfall. Kompensationen durch besondere menschliche Veranlagung, durch Gewöhnung, durch besondere Einstellung oder durch besondere Verhaltenssteuerungen und -umstellungen sind möglich. Ergeben sich im Einzelfall in dieser Hinsicht Zweifel, kann eine medizinisch-psychologische Begutachtung angezeigt sein.

		Eignung oder bedingte Eignung		Beschränkungen/Auflagen bei bedingter Eignung	
	Krankheiten, Mängel	Klassen A, A1, B, BE, M, L, T	Klassen C, C1, CE, C1E, D, D1, DE, D1E, FzF	Klassen A, A1, B, BE, M, L, T	Klassen C, C1, CE, C1E, D, D1, DE, D1E, FzF
1.	**Mangelndes Sehvermögen** siehe Anlage 6				
2.	**Schwerhörigkeit und Gehörlosigkeit**				
2.1	Hochgradige Schwerhörigkeit (Hörverlust von 60% und mehr), beidseitig sowie Gehörlosigkeit, beidseitig	ja wenn nicht gleichzeitig andere schwerwiegende Mängel (z. B. Sehstörungen, Gleichgewichtsstörungen)	ja (bei C, C1, CE, C1E) sonst nein	—	vorherige Bewährung von 3 Jahren Fahrpraxis auf Kfz der Klasse B
2.2	Gehörlosigkeit einseitig oder beidseitig oder hochgradige Schwerhörigkeit einseitig oder beidseitig	ja wenn nicht gleichzeitig andere schwerwiegende Mängel (z. B. Sehstörungen, Gleichgewichtsstörungen)	ja (bei C, C1, CE, C1E) sonst nein	—	wie 2.1
2.3	Störungen des Gleichgewichts (ständig oder anfallsweise auftretend)	nein	nein	—	—

Fahrerlaubnis-Verordnung — Anh Ia

Krankheiten, Mängel	Eignung oder bedingte Eignung		Beschränkungen/Auflagen bei bedingter Eignung	
	Klassen A, A1, B, BE, M, L, T	Klassen C, C1, CE, C1E, D, D1, DE, D1E, FzF	Klassen A, A1, B, BE, M, L, T	Klassen C, C1, CE, C1E, D, D1, DE, D1E, FzF
3. **Bewegungsbehinderungen**	ja	ja	ggf. Beschränkung auf bestimmte Fahrzeugarten oder Fahrzeuge, ggf. mit besonderen technischen Vorrichtungen gemäß ärztlichem Gutachten, evtl. zusätzlich medizinisch-psychologisches Gutachten und/oder Gutachten eines amtlich anerkannten Sachverständigen oder Prüfers. Auflage: regelmäßige ärztliche Kontrolluntersuchungen; können entfallen, wenn Behinderung sich stabilisiert hat.	
4. **Herz- und Gefäßkrankheiten**				
4.1 Herzrhythmusstörungen mit anfallsweiser Bewußtseinstrübung oder Bewußtlosigkeit	nein	nein	—	—
– nach erfolgreicher Behandlung durch Arzneimittel oder Herzschrittmacher	ja	ausnahmsweise ja	regelmäßige Kontrollen	regelmäßige Kontrollen
4.2 Hypertonie (zu hoher Blutdruck)				
4.2.1 Bei ständigem diastolischen Wert von über 130 mmHg	nein	nein	—	—

		Eignung oder bedingte Eignung		Beschränkungen/Auflagen bei bedingter Eignung	
	Krankheiten, Mängel	Klassen A, A1, B, BE, M, L, T	Klassen C, C1, CE, C1E, D, D1, DE, D1E, FzF	Klassen A, A1, B, BE, M, L, T	Klassen C, C1, CE, C1E, D, D1, DE, D1E, FzF
4.2.2	Bei ständigem diastolischen Wert von über 100 bis 130 mmHg	ja	ja wenn keine anderen prognostisch ernsten Symptome vorliegen	Nachuntersuchungen	Nachuntersuchungen
4.3	Hypotonie (zu niedriger Blutdruck)				
4.3.1	In der Regel kein Krankheitswert	ja	ja	—	—
4.3.2	Selteneres Auftreten von hypotoniebedingten, anfallsartigen Bewußseinsstörungen	ja wenn durch Behandlung die Blutdruckwerte stabilisiert sind	ja wenn durch Behandlung die Blutdruckwerte stabilisiert sind	—	—
4.4	Koronare Herzkrankkeit (Herzinfarkt)				
4.4.1	Nach erstem Herzinfarkt	ja bei komplikationslosem Verlauf	ausnahmsweise ja	—	Nachuntersuchung
4.4.2	Nach zweitem Herzinfarkt	ja wenn keine Herzinsuffizienz oder gefährliche Rhythmusstörungen vorliegen	nein	Nachuntersuchung	—

Fahrerlaubnis-Verordnung **Anh Ia**

Krankheiten, Mängel	Eignung oder bedingte Eignung		Beschränkungen/Auflagen bei bedingter Eignung	
	Klassen A, A1, B, BE, M, L, T	Klassen C, C1, CE, C1E, D, D1, DE, D1E, FzF	Klassen A, A1, B, BE, M, L, T	Klassen C, C1, CE, C1E, D, D1, DE, D1E, FzF
4.5 Herzleistungsschwäche durch angeborene oder erworbene Herzfehler oder sonstige Ursachen				
4.5.1 In Ruhe auftretend	nein	nein	—	—
4.5.2 Bei gewöhnlichen Alltagsbelastungen und bei besonderen Belastungen	ja	nein	regelmäßige ärztliche Kontrolle, Nachuntersuchung in bestimmten Fristen, Beschränkung auf einen Fahrzeugtyp, Umkreis- und Tageszeitbeschränkungen	—
4.6 Periphere Gefäßerkrankungen	ja	ja	—	—
5. **Zuckerkrankheit**				
5.1 Neigung zu schweren Stoffwechselentgleisungen	nein	nein	—	—
5.2 Bei erstmaliger Stoffwechselentgleisung oder neuer Einstellung	ja nach Einstellung	ja nach Einstellung	—	—

Jagow

		Eignung oder bedingte Eignung		Beschränkungen/Auflagen bei bedingter Eignung	
	Krankheiten, Mängel	Klassen A, A1, B, BE, M, L, T	Klassen C, C1, CE, C1E, D, D1, DE, D1E, FzF	Klassen A, A1, B, BE, M, L, T	Klassen C, C1, CE, C1E, D, D1, DE, D1E, FzF
5.3	Bei ausgeglichener Stoffwechsellage unter Therapie mit Diät oder oralen Antidiabetika	ja	ja ausnahmsweise, bei guter Stoffwechselführung ohne Unterzuckerung über etwa 3 Monate	—	Nachuntersuchung
5.4	Mit Insulin behandelte Diabetiker	ja	wie 5.3	—	regelmäßige Kontrollen
5.5	Bei Komplikationen siehe auch Nummer 1, 4, 6 und 10				
6.	**Krankheiten des Nervensystems**				
6.1	Erkrankungen und Folgen von Verletzungen des Rückenmarks	ja abhängig von der Symptomatik	nein	bei fortschreitendem Verlauf Nachuntersuchungen	—
6.2	Erkrankungen der neuromuskulären Peripherie	ja abhängig von der Syptomatik	nein	bei fortschreitendem Verlauf Nachuntersuchungen	—
6.3	Parkinsonsche Krankheit	ja bei leichten Fällen und erfolgreicher Therapie	nein	Nachuntersuchungen in Abständen von 1, 2 und 4 Jahren	—
6.4	Kreislaufabhängige Störungen der Hirntätigkeit	ja nach erfolgreicher Therapie	nein	Nachuntersuchungen in Abständen von	

Fahrerlaubnis-Verordnung — Anh Ia

Krankheiten, Mängel	Eignung oder bedingte Eignung		Beschränkungen/Auflagen bei bedingter Eignung	
	Klassen A, A1, B, BE, M, L, T	Klassen C, C1, CE, C1E, D, D1, DE, D1E, FzF	Klassen A, A1, B, BE, M, L, T	Klassen C, C1, CE, C1E, D, D1, DE, D1E, FzF
	und Abklingen des akuten Ereignisses ohne Rückfallgefahr		1, 2 und 4 Jahren	
6.5 Zustände nach Hirnverletzungen und Hirnoperationen, angeborene und frühkindlich erworbene Hirnschäden				
6.5.1 Schädelhirnverletzungen oder Hirnoperationen ohne Substanzschäden	ja in der Regel nach 3 Monaten	ja in der Regel nach 3 Monaten	bei Rezidivgefahr nach Operationen von Hirnkrankheiten Nachuntersuchung	bei Rezidivgefahr nach Operationen von Hirnkrankheiten Nachuntersuchung
6.5.2 Substanzschäden durch Verletzungen oder Operationen	ja unter Berücksichtigung von Störungen der Motorik, chron.-hirnorganischer Psychosyndrome und hirnorganischer Wesensänderungen	ja unter Berücksichtigung von Störungen der Motorik, chron.-hirnorganischer Psychosyndrome und hirnorganischer Wesensänderungen	bei Rezidivgefahr nach Operationen von Hirnkrankheiten Nachuntersuchung	bei Rezidivgefahr nach Operationen von Hirnkrankheiten Nachuntersuchung
6.5.3 Angeborene oder frühkindliche Hirnschäden Siehe Nummer 6.5.2				

Krankheiten, Mängel	Eignung oder bedingte Eignung		Beschränkungen/Auflagen bei bedingter Eignung	
	Klassen A, A1, B, BE, M, L, T	Klassen C, C1, CE, C1E, D, D1, DE, D1E, FzF	Klassen A, A1, B, BE, M, L, T	Klassen C, C1, CE, C1E, D, D1, DE, D1E, FzF
6.6 Anfallsleiden	ausnahmsweise ja, wenn kein wesentliches Risiko von Anfallsrezidiven mehr besteht, z. B. 2 Jahre anfallsfrei	ausnahmsweise ja, wenn kein wesentliches Risiko von Anfallsrezidiven mehr besteht, z. B. 5 Jahre anfallsfrei ohne Therapie	Nachuntersuchungen in Abständen von 1, 2 und 4 Jahren	Nachuntersuchungen in Abständen von 1, 2 und 4 Jahren
7. **Psychische (geistige) Störungen**				
7.1 Organische Psychosen				
7.1.1 akut	nein	nein	—	—
7.1.2 nach Abklingen	ja abhängig von der Art und Prognose des Grundleidens, wenn bei positiver Beurteilung des Grundleidens keine Restsymptome und kein 7.2	ja abhängig von der Art und Prognose des Grundleidens, wenn bei positiver Beurteilung des Grundleidens keine Restsymptome und kein 7.2	in der Regel Nachuntersuchung	in der Regel Nachuntersuchung
7.2 Chronische hirnorganische Psychosyndrome				
7.2.1 leicht	ja abhängig von Art und Schwere	ausnahmsweise ja	Nachuntersuchung	Nachuntersuchung

Fahrerlaubnis-Verordnung **Anh Ia**

Krankheiten, Mängel	Eignung oder bedingte Eignung		Beschränkungen/Auflagen bei bedingter Eignung	
	Klassen A, A1, B, BE, M, L, T	Klassen C, C1, CE, C1E, D, D1, DE, D1E, FzF	Klassen A, A1, B, BE, M, L, T	Klassen C, C1, CE, C1E, D, D1, DE, D1E, FzF
7.2.2 schwer	nein	nein	—	—
7.3 Schwere Altersdemenz und schwere Persönlichkeitsveränderungen durch pathologische Alterungsprozesse	nein	nein	—	—
7.4 Schwere Intelligenzstörungen/geistige Behinderung				
7.4.1 leicht	ja wenn keine Persönlichkeitsstörung	ja wenn keine Persönlichkeitsstörung	—	—
7.4.2 schwer	ausnahmsweise ja, wenn keine Persönlichkeitsstörung (Untersuchung der Persönlichkeitsstruktur und des individuellen Leistungsvermögens)	ausnahmsweise ja, wenn keine Persönlichkeitsstörung (Untersuchung der Persönlichkeitsstruktur und des individuellen Leistungsvermögens)	—	—
7.5 Affektive Psychosen				
7.5.1 bei allen Manien und sehr schweren Depressionen	nein	nein	—	—
7.5.2 nach Abklingen der manischen Phase und der relevanten	ja wenn nicht mit einem Wiederauf-	ja bei Symptomfreiheit	regelmäßige Kontrollen	regelmäßige Kontrollen

Jagow

Krankheiten, Mängel	Eignung oder bedingte Eignung		Beschränkungen/Auflagen bei bedingter Eignung	
	Klassen A, A1, B, BE, M, L, T	Klassen C, C1, CE, C1E, D, D1, DE, D1E, FzF	Klassen A, A1, B, BE, M, L, T	Klassen C, C1, CE, C1E, D, D1, DE, D1E, FzF
Symptome einer sehr schweren Depression	treten gerechnet werden muß, gegebenenfalls unter medikamentöser Behandlung			
7.5.3 bei mehreren manischen oder sehr schweren depressiven Phasen mit kurzen Intervallen	nein	nein	—	—
7.5.4 nach Abklingen der Phasen	ja wenn Krankheitsaktivität geringer und mit einer Verlaufsform in der vorangegangenen Schwere nicht mehr gerechnet werden muß	nein	regelmäßige Kontrollen	—
7.6 Schizophrene Psychosen				
7.6.1 akut	nein	nein	—	—
7.6.2 nach Ablauf	ja wenn keine Störungen nachweisbar sind, die das Realitäts-	ausnahmsweise ja, nur unter besonders günstigen Umständen	—	—

Fahrerlaubnis-Verordnung — Anh Ia

Krankheiten, Mängel	Eignung oder bedingte Eignung		Beschränkungen/Auflagen bei bedingter Eignung	
	Klassen A, A1, B, BE, M, L, T	Klassen C, C1, CE, C1E, D, D1, DE, D1E, FzF	Klassen A, A1, B, BE, M, L, T	Klassen C, C1, CE, C1E, D, D1, DE, D1E, FzF
7.6.3 bei mehreren psychotischen Episoden	urteil erheblich beeinträchtigen ja	ausnahmsweise ja, nur unter besonders günstigen Umständen	regelmäßige Kontrollen	regelmäßige Kontrollen
8. Alkohol				
8.1 Mißbrauch (Das Führen von Kraftfahrzeugen und ein die Fahrsicherheit beeinträchtigender Alkoholkonsum kann nicht hinreichend sicher getrennt werden)	nein	nein	—	—
8.2 nach Beendigung des Mißbrauchs	ja wenn die Änderung des Trinkverhaltens gefestigt ist	ja wenn die Änderung des Trinkverhaltens gefestigt ist	—	—
8.3 Abhängigkeit	nein	nein	—	—
8.4 nach Abhängigkeit (Entwöhnungsbehandlung)	ja wenn Abhängigkeit nicht mehr besteht und in der Regel ein Jahr Abstinenz nachgewiesen ist	ja wenn Abhängigkeit nicht mehr besteht und in der Regel ein Jahr Abstinenz nachgewiesen ist	—	—

Jagow

Anh Ia — Fahrerlaubnis-Verordnung

Krankheiten, Mängel	Eignung oder bedingte Eignung		Beschränkungen/Auflagen bei bedingter Eignung	
	Klassen A, A1, B, BE, M, L, T	Klassen C, C1, CE, C1E, D, D1, DE, D1E, FzF	Klassen A, A1, B, BE, M, L, T	Klassen C, C1, CE, C1E, D, D1, DE, D1E, FzF
9. Betäubungsmittel, andere psychoaktiv wirkende Stoffe und Arzneimittel				
9.1 Einnahme von Betäubungsmitteln im Sinne des Btäubungsmittelgesetzes (ausgenommen Cannabis)	nein	nein	—	—
9.2 Einnahme von Cannabis				
9.2.1 Regelmäßige Einnahme von Cannabis	nein	nein	—	—
9.2.2 Gelegentliche Einnahme von Cannabis	ja wenn Trennung von Konsum und Fahren und kein zusätzlicher Gebrauch von Alkohol oder anderen psychoaktiv wirkenden Stoffen, keine Störung der Persönlichkeit, kein Kontrollverlust	ja wenn Trennung von Konsum und Fahren und kein zusätzlicher Gebrauch von Alkohol oder anderen psychoaktiv wirkenden Stoffen, keine Störung der Persönlichkeit, kein Kontrollverlust	—	—

Fahrerlaubnis-Verordnung

		Eignung oder bedingte Eignung		Beschränkungen/Auflagen bei bedingter Eignung	
	Krankheiten, Mängel	Klassen A, A1, B, BE, M, L, T	Klassen C, C1, CE, C1E, D, D1, DE, D1E, FzF	Klassen A, A1, B, BE, M, L, T	Klassen C, C1, CE, C1E, D, D1, DE, D1E, FzF
9.3	Abhängigkeit von Betäubungsmitteln im Sinne des Betäubungsmittelgesetzes oder von anderen psychoaktiv wirkenden Stoffen	nein	nein	—	—
9.4	mißbräuchliche Einnahme (regelmäßig übermäßiger Gebrauch) von psychoaktiv wirkenden Arzneimitteln und anderen psychoaktiv wirkenden Stoffen	nein	nein	—	—
9.5	nach Entgiftung und Entwöhnung	ja nach einjähriger Abstinenz	ja nach einjähriger Abstinenz	regelmäßige Kontrollen	regelmäßige Kontrollen
9.6	Dauerbehandlung mit Arzneimitteln				
9.6.1	Vergiftung	nein	nein	—	—
9.6.2	Beeinträchtigung der Leistungsfähigkeit zum Führen von Kraftfahrzeugen unter das erforderliche Maß	nein	nein	—	—

Jagow

Krankheiten, Mängel	Eignung oder bedingte Eignung		Beschränkungen/Auflagen bei bedingter Eignung	
	Klassen A, A1, B, BE, M, L, T	Klassen C, C1, CE, C1E, D, D1, DE, D1E, FzF	Klassen A, A1, B, BE, M, L, T	Klassen C, C1, CE, C1E, D, D1, DE, D1E, FzF
10. Nierenerkrankungen				
10.1 schwere Nireninsuffizienz mit erheblicher Beeinträchtigung	nein	nein	—	—
10.2 Niereninsuffizienz in Dialysebehandlung	ja wenn keine Komplikationen oder Begleiterkrankungen	ausnahmsweise ja	ständige ärztliche Betreuung und Kontrolle, Nachuntersuchung	ständige ärztliche Betreuung und Kontrolle, Nachuntersuchung
10.3 erfolgreiche Nierentransplantation mit normaler Nierenfunktion	ja	ja	ärztliche Beteuung und Kontrolle, jährliche Nachuntersuchung	ärztliche Betreuung und Kontrolle, jährliche Nachuntersuchung
10.4 bei Komplikationen oder Begleiterkrankungen siehe auch Nummer 1, 4 und 5				
11. Verschiedenes				
11.1 Organtransplantation Die Beurteilung richtet sich nach den Beurteilungsgrundsätzen zu den betroffenen Organen				

Fahrerlaubnis-Verordnung **Anh Ia**

Krankheiten, Mängel	Eignung oder bedingte Eignung		Beschränkungen/Auflagen bei bedingter Eignung	
	Klassen A, A1, B, BE, M, L, T	Klassen C, C1, CE, C1E, D, D1, DE, D1E, FzF	Klassen A, A1, B, BE, M, L, T	Klassen C, C1, CE, C1E, D, D1, DE, D1E, FzF
11.2 Lungen- und Bronchialerkrankungen				
11.2.1 unbehandelte Schlafapnoe mit ausgeprägter Vigilanzbeeinträchtigung	nein	nein	—	—
11.2.2 behandelte Schlafapnoe	ja	ja	regelmäßige Kontrolle	regelmäßige Kontrolle
11.2.3 Sonstige schwere Erkrankungen mit schweren Rückwirkungen auf die Herz-Kreislauf-Dynamik	nein	nein	—	—

Anlage 5
(zu § 11 Abs. 9, § 48 Abs. 4 und 5)

Eignungsuntersuchungen für Bewerber und Inhaber der Klassen C, C1, D, D1 und der zugehörigen Anhängerklassen E sowie der Fahrerlaubnis zur Fahrgastbeförderung

1. Bewerber um die Erteilung oder Verlängerung einer Fahrerlaubnis der Klassen C, C1, CE, C1E, D, D1, DE, D1E sowie der Fahrerlaubnis zur Fahrgastbeförderung müssen sich untersuchen lassen, ob Erkrankungen vorliegen, die die Eignung oder die bedingte Eignung ausschließen. Sie haben hierüber einen Nachweis gemäß dem Muster* dieser Anlage vorzulegen.

2. Bewerber um die Erteilung oder Verlängerung einer Fahrerlaubnis der Klassen D, D1, DE, D1E sowie einer Fahrerlaubnis zur Fahrgastbeförderung müssen außerdem besondere Anforderungen hinsichtlich:
   a) Belastbarkeit,
   b) Orientierungsleistung,
   c) Konzentrationsleistung,
   d) Aufmerksamkeitsleistung,
   e) Reaktionsfähigkeit
   erfüllen.

---

* Muster ist hier nicht abgedruckt.

Die zur Untersuchung dieser Merkmale eingesetzten Verfahren müssen nach dem Stand der Wissenschaft standardisiert und unter Aspekten der Verkehrssicherheit validiert sein.

Der Nachweis über die Erfüllung dieser Anforderungen ist unter Beachtung der Grundsätze nach Anlage 15 durch Beibringung eines betriebs- oder arbeitsmedizinischen Gutachtens nach § 11 Abs. 2 Satz 3 Nr. 3 oder eines medizinisch-psychologischen Gutachtens zu führen
- von Bewerbern um die Erteilung einer Fahrerlaubnis der Klassen D, D1, DE, D1E und der Fahrerlaubnis zur Fahrgastbeförderung,
- von Bewerbern um die Verlängerung einer Fahrerlaubnis der Klassen D, D1, DE und D1E ab dem 50. Lebensjahr,
- von Bewerbern um die Verlängerung einer Fahrerlaubnis zur Fahrgastbeförderung ab dem 60. Lebensjahr.

3. Die Nachweise nach Nummer 1 und 2 dürfen bei Antragstellung nicht älter als ein Jahr sein.

Anlage 6
(zu den §§ 12, 48 Abs. 4 und 5)

Anforderungen an das Sehvermögen

1. Sehtest (§ 12 Abs. 2)
   Der Sehtest (§ 12 Abs. 2) ist bestanden, wenn die zentrale Tagessehschärfe mit oder ohne Sehhilfen mindestens beträgt:
   Bei den Klassen A, A1, B, BE, M, L und T: 0,7/0,7
2. Augenärztliche Untersuchung
2.1 Klassen A, A1, B, BE, M, L und T
2.1.1 Liegt die zentrale Tagessehschärfe unterhalb der Grenze, bei der der Sehtest noch bestanden ist, muß sie durch Sehhilfen soweit wie möglich dem Sehvermögen des Normalsichtigen angenähert werden.

   Dabei dürfen folgende Werte nicht unterschritten werden: 0,5/0,2, 0,6 einäugig*
2.1.2 Außerdem müssen folgende Mindestanforderungen an die übrigen Sehfunktionen erfüllt sein:
   Gesichtsfeld   Beidäugig wenigstens 120°, einäugig normales Gesichtsfeld auf dem einen Auge (mit einer manuell kinetischen Methode entsprechend Goldmann III/4).
   Beweglichkeit   Bei Beidäugigkeit: Augenzittern sowie Begleit- und Lähmungsschielen ohne Doppelsehen im zentralen Blickfeld bei Kopfgeradehaltung zulässig. Bei Augenzittern darf die Erkennungszeit für die einzelnen Sehzeichen nicht mehr als 1 sec. betragen.
   Bei Einäugigkeit: Normale Augenbeweglichkeit, kein Augenzittern.

---

* Als einäugig gilt auch, wer auf einem Auge eine Sehschärfe von weniger als 0,2 besitzt.

Fahrerlaubnis-Verordnung **Anh Ia**

2.2 Klassen C, C1, CE, C1E, D, D1, DE, D1E und Fahrerlaubnis zur Fahrgastbeförderung

2.2.1 Bewerber um die Erteilung oder Verlängerung einer Fahrerlaubnis der Klassen C, C1, CE, C1E, D, D1, DE, D1E und einer Fahrerlaubnis zur Fahrgastbeförderung dürfen folgende Werte für die zentrale Tagessehschärfe nicht unterschreiten:
0,8/0,5.
Werden diese Werte nur mit Korrektur erreicht, darf die Sehschärfe ohne Korrektur auf keinem Auge weniger als 0,05 betragen; die Korrektur mit Gläsern ist zulässig bis maximal ±8,0 Dioptrien.

2.2.2 Außerdem müssen folgende Mindestanforderungen an die übrigen Sehfunktionen erfüllt sein:

Gesichtsfeld Beidäugig bis 70° nach links und rechts, vertikal mindestens 40° nach unten (mit einer manuell kinetischen Methode entsprechend Goldmann III/4).

Beweglichkeit Keine Diplopie, Schielen – auch zeitweilig – unzulässig.

Farbensehen Rotblindheit oder Rotschwäche mit einem Anomalquotienten unter 0,5 unzulässig bei den Klassen D, D1, DE, D1E und der Fahrerlaubnis zur Fahrgastbeförderung. Bei den Klassen C, C1, CE und C1E genügt Aufklärung des Betroffenen über die mögliche Gefährdung.

Anlage 12
(zu § 34)

**Bewertung der Straftaten und Ordnungswidrigkeiten
im Rahmen der Fahrerlaubnis auf Probe
(§ 2 a des Straßenverkehrsgesetzes)**

A. Schwerwiegende Zuwiderhandlungen

1. Straftaten, soweit sie nicht bereits zur Entziehung der Fahrerlaubnis geführt haben:

1.1 Straftaten nach dem Strafgesetzbuch
Unerlaubtes Entfernen vom Unfallort (§ 142)
Fahrlässige Tötung (§ 222)[*]
Fahrlässige Körperverletzung (§ 229)[*]
Nötigung (§ 240)
Gefährliche Eingriffe in den Straßenverkehr (§ 315 b)
Gefährdung des Straßenverkehrs (§ 315 c)
Trunkenheit im Verkehr (§ 316)
Vollrausch (§ 323 a)
Unterlassene Hilfeleistung (§ 323 c)

---

[*] Für die Einordnung einer fahrlässigen Tötung oder fahrlässigen Körperverletzung in Abschnitt A oder B ist die Einordnung des der Tat zugrundeliegenden Verkehrsverstoßes maßgebend.

Jagow

1.2 Straftaten nach dem Straßenverkehrsgesetz
Führen oder Anordnen oder Zulassen des Führens eines Kraftfahrzeugs ohne Fahrerlaubnis, trotz Fahrverbots oder trotz Verwahrung, Sicherstellung oder Beschlagnahme des Führerscheins (§ 21)

1.3 Straftaten nach den Pflichtversicherungsgesetzen
Gebrauch oder Gestatten des Gebrauchs unversicherter Kraftfahrzeuge oder Anhänger (§ 6 des Pflichtversicherungsgesetzes, § 9 des Gesetzes über die Haftpflichtversicherung für ausländische Kraftfahrzeuge und Kraftfahrzeuganhänger)

2. Ordnungswidrigkeiten nach den §§ 24 und 24 a des Straßenverkehrsgesetzes:

2.1 Verstöße gegen die Vorschriften der Straßenverkehrs-Ordnung über

das Rechtsfahrgebot	(§ 2 Abs. 2)
die Geschwindigkeit	(§ 3 Abs. 1, 2 a, 3 und 4, § 41 Abs. 2, § 42 Abs. 4 a)
den Abstand	(§ 4 Abs. 1)
das Überholen	(§ 5, § 41 Abs. 2)
die Vorfahrt	(§ 8 Abs. 2, § 41 Abs. 2)
das Abbiegen, Wenden und Rückwärtsfahren	(§ 9)
die Benutzung von Autobahnen und Kraftfahrstraßen	(§ 2 Abs. 1, § 18 Abs. 2 bis 5, Abs. 7, § 41 Abs. 2)
das Verhalten an Bahnübergängen	(§ 19 Abs. 1 und 2, § 40 Abs. 7)
das Verhalten an öffentlichen Verkehrsmitteln und Schulbussen	(§ 20 Abs. 2, 3 und 4, § 41 Abs. 2)
das Verhalten an Fußgängerüberwegen	(§ 26, § 41 Abs. 3)
übermäßige Straßenbenutzung	(§ 29)
das Verhalten an Wechsellichtzeichen, Dauerlichtzeichen und Zeichen 206 (Halt! Vorfahrt gewähren!) sowie gegenüber Haltzeichen von Polizeibeamten	(§ 36, § 37 Abs. 2, 3, § 41 Abs. 2)

2.2 Verstöße gegen die Vorschriften der Straßenverkehrs-Zulassungs-Ordnung über den Gebrauch oder das Gestatten des Gebrauchs von Fahrzeugen ohne die erforderliche Zulassung (§ 18 Abs. 1) oder ohne die erforderliche Betriebserlaubnis (§ 18 Abs. 3)

2.3 Verstöße gegen § 24 a des Straßenverkehrsgesetzes (Alkohol, berauschende Mittel)

2.4 Verstöße gegen die Vorschriften der Fahrerlaubnis-Verordnung über das Befördern von Fahrgästen ohne die erforderliche Fahrerlaubnis zur Fahrgastbeförderung oder das Anordnen oder Zulassen solcher Beförderungen (§ 48 Abs. 1 oder 8)

Fahrerlaubnis-Verordnung **Anh Ia**

B. Weniger schwerwiegende Zuwiderhandlungen

1. **Straftaten, soweit sie nicht bereits zur Entziehung der Fahrerlaubnis geführt haben:**

1.1 Straftaten nach dem Strafgesetzbuch Fahrlässige Tötung (§ 222)* Fahrlässige Körperverletzung (§ 229)*
Sonstige Straftaten, soweit im Zusammenhang mit der Teilnahme am Straßenverkehr begangen und nicht in Abschnitt A aufgeführt

1.2 Straftaten nach dem Straßenverkehrsgesetz
Kennzeichenmißbrauch (§ 22)

2. **Ordnungswidrigkeiten nach § 24 des Straßenverkehrsgesetzes,**
soweit nicht in Abschnitt A aufgeführt.

Anlage 13
(zu § 40)

Punktbewertung nach dem Punktsystem

Die im Verkehrszentralregister erfaßten Entscheidungen sind zu bewerten:

1 mit sieben Punkten folgende Straftaten:

1.1 Gefährdung des Straßenverkehrs (§ 315 c des Strafgesetzbuches),

1.2 Trunkenheit im Verkehr (§ 316 des Strafgesetzbuches),

1.3 Vollrausch (§ 323 a des Strafgesetzbuches),

1.4 unerlaubtes Entfernen vom Unfallort (§ 142 des Strafgesetzbuches) mit Ausnahme des Absehens von Strafe und der Milderung von Strafe in den Fällen des § 142 Abs. 4 StGB;**

2 mit sechs Punkten folgende weitere Straftaten:

2.1 Führen oder Anordnen oder Zulassen des Führens eines Kraftfahrzeugs ohne Fahrerlaubnis, trotz Fahrverbots oder trotz Verwahrung, Sicherstellung oder Beschlagnahme des Führerscheins (§ 21 des Straßenverkehrsgesetzes),

2.2 Kennzeichenmißbrauch (§ 22 des Straßenverkehrsgesetzes),

2.3 Gebrauch oder Gestatten des Gebrauchs unversicherter Kraftfahrzeuge oder Anhänger (§ 6 des Pflichtversicherungsgesetzes, § 9 des Gesetzes über die Haftpflichtversicherung für ausländische Kraftfahrzeuge und Kraftfahrzeuganhänger);

3 mit fünf Punkten folgende andere Straftaten:

3.1 unerlaubtes Entfernen vom Unfallort, sofern das Gericht die Strafe in den Fällen des § 142 Abs. 4 StGB gemildert oder von Strafe abgesehen hat,**

3.2 alle anderen Straftaten;

---

* Für die Einordnung einer fahrlässigen Tötung oder fahrlässigen Körperverletzung in Abschnitt A oder B ist die Einordnung des der Tat zugrundeliegenden Verkehrsverstoßes maßgebend.
** IdF der VO v 25. Feb. 2000 (BGBl I S 141).

Anh Ia Fahrerlaubnis-Verordnung

4   mit vier Punkten folgende Ordnungswidrigkeiten:
4.1 Kraftfahrzeug geführt mit einer Atemalkoholkonzentration von 0,25 mg/l oder mehr oder einer Blutalkoholkonzentration von 0,5 Promille oder mehr oder einer Alkoholmenge im Körper, die zu einer solchen Atem- oder Blutalkoholkonzentration geführt hat,*
4.2 Kraftfahrzeug geführt unter der Wirkung eines in der Anlage zu § 24a des Straßenverkehrsgesetzes genannten berauschenden Mittels,
4.3 zulässige Höchstgeschwindigkeit überschritten um mehr als 40 km/h innerhalb geschlossener Ortschaften oder um mehr als 50 km/h außerhalb geschlossener Ortschaften, beim Führen von kennzeichnungspflichtigen Kraftfahrzeugen mit gefährlichen Gütern oder von Kraftomnibussen mit Fahrgästen zulässige Höchstgeschwindigkeit überschritten um mehr als 40 km/h,
4.4 erforderlichen Abstand von einem vorausfahrenden Fahrzeug nicht eingehalten bei einer Geschwindigkeit von mehr als 80 km/h, gefahren mit einem Abstand von weniger als zwei Zehntel des halben Tachowertes, oder bei einer Geschwindigkeit von mehr als 130 km/h, gefahren mit einem Abstand von weniger als drei Zehntel des halben Tachowertes,
4.5 überholt, obwohl nicht übersehen werden konnte, daß während des ganzen Überholvorganges jede Behinderung des Gegenverkehrs ausgeschlossen war, oder bei unklarer Verkehrslage und dabei Verkehrszeichen (Zeichen 276, 277 der Straßenverkehrs-Ordnung) nicht beachtet oder Fahrstreifenbegrenzung (Zeichen 295, 296 der Straßenverkehrs-Ordnung) überquert oder überfahren oder der durch Pfeile vorgeschriebenen Fahrtrichtung (Zeichen 297 der Straßenverkehrs-Ordnung) nicht gefolgt oder mit einem Kraftfahrzeug mit einem zulässigen Gesamtgewicht über 7,5 t überholt, obwohl die Sichtweite durch Nebel, Schneefall oder Regen weniger als 50 m betrug,
4.6 gewendet, rückwärts oder entgegen der Fahrtrichtung gefahren in einer Ein- oder Ausfahrt, auf der Nebenfahrbahn oder dem Seitenstreifen oder auf der durchgehenden Fahrbahn von Autobahnen oder Kraftfahrstraßen,
4.7 an einem Fußgängerüberweg, den ein Bevorrechtigter erkennbar benutzen wollte, das Überqueren der Fahrbahn nicht ermöglicht oder nicht mit mäßiger Geschwindigkeit herangefahren oder an einem Fußgängerüberweg überholt,
4.8 in anderen als den Fällen des Rechtsabbiegens mit Grünpfeil als Kraftfahrzeugführer rotes Wechsellichtzeichen oder rotes Dauerlichtzeichen nicht befolgt und dadurch einen anderen gefährdet oder rotes Wechsellichtzeichen bei schon länger als einer Sekunde andauernder Rotphase nicht befolgt,
4.9 als Kraftfahrzeug-Führer entgegen § 29 Abs. 1 der Straßenverkehrs-Ordnung an einem Rennen mit Kraftfahrzeugen teilgenommen oder derartige Rennen veranstaltet,
4.10 als Kfz-Führer ein technisches Gerät betrieben oder betriebsbereit mitgeführt, das dafür bestimmt ist, Verkehrsüberwachungsmaßnahmen anzuzeigen oder zu stören;**

---

* IdF von Art 5 des Ges v 19. 3. 2001 (BGBl I S 386).
** Eingefügt durch VO v 14. 12. 2001 (BGBl I S 3783).

Fahrerlaubnis-Verordnung **Anh Ia**

5 mit drei Punkten folgende Ordnungswidrigkeiten:
5.1 als Führer eines kennzeichnungspflichtigen Kraftfahrzeugs mit gefährlichen Gütern bei Sichtweite unter 50 m durch Nebel, Schneefall oder Regen oder bei Schneeglätte oder Glatteis sich nicht so verhalten, daß die Gefährdung eines anderen ausgeschlossen war, insbesondere, obwohl nötig, nicht den nächsten geeigneten Platz zum Parken aufgesucht,
5.2 mit zu hoher, nichtangepaßter Geschwindigkeit gefahren trotz angekündigter Gefahrenstelle, bei Unübersichtlichkeit, an Straßenkreuzungen, Straßeneinmündungen, Bahnübergängen oder schlechten Sicht- oder Wetterverhältnissen (z. B. Nebel, Glatteis) oder festgesetzte Höchstgeschwindigkeit bei Sichtweite unter 50 m bei Nebel, Schneefall oder Regen überschritten,
5.3 als Fahrzeugführer ein Kind, einen Hilfsbedürftigen oder älteren Menschen gefährdet, insbesondere durch nicht ausreichend verminderte Geschwindigkeit, mangelnde Bremsbereitschaft oder unzureichenden Seitenabstand beim Vorbeifahren oder Überholen,
5.4 zulässige Höchstgeschwindigkeit überschritten um mehr als 25 km/h außer in den in Nummer 4.3 genannten Fällen,
5.5 erforderlichen Abstand von einem vorausfahrenden Fahrzeug nicht eingehalten bei einer Geschwindigkeit von mehr als 80 km/h, gefahren mit einem Abstand von weniger als drei Zehntel des halben Tachowertes, oder bei einer Geschwindigkeit von mehr als 130 km/h, gefahren mit einem Abstand von weniger als vier Zehntel des halben Tachowertes,
5.6 mit Lastkraftwagen (zulässiges Gesamtgewicht über 3,5 t) oder Kraftomnibus bei einer Geschwindigkeit von mehr als 50 km/h auf einer Autobahn Mindestabstand von 50 m von einem vorausfahrenden Fahrzeug nicht eingehalten,
5.7 außerhalb geschlossener Ortschaft rechts überholt,
5.8 überholt, obwohl nicht übersehen werden konnte, daß während des ganzen Überholvorgangs jede Behinderung des Gegenverkehrs ausgeschlossen war, oder bei unklarer Verkehrslage in anderen als den in Nummer 4.5 genannten Fällen,
5.9 Vorfahrt nicht beachtet und dadurch einen Vorfahrtberechtigten gefährdet,
5.10 bei erheblicher Sichtbehinderung durch Nebel, Schneefall oder Regen außerhalb geschlossener Ortschaften am Tage nicht mit Abblendlicht gefahren,
5.11 auf Autobahnen oder Kraftfahrstraßen an dafür nicht vorgesehener Stelle eingefahren und dadurch einen anderen gefährdet,
5.12 beim Einfahren auf Autobahnen oder Kraftfahrstraßen Vorfahrt auf der durchgehenden Fahrbahn nicht beachtet,
5.13 mit einem Fahrzeug den Vorrang eines Schienenfahrzeugs nicht beachtet oder Bahnübergang unter Verstoß gegen die Wartepflicht in § 19 Abs. 2 der Straßenverkehrs-Ordnung überquert,
5.14 Ladung oder Ladeeinrichtung nicht verkehrssicher verstaut oder gegen Herabfallen nicht besonders gesichert und dadurch einen anderen gefährdet,
5.15 als Fahrzeugführer nicht dafür gesorgt, daß das Fahrzeug, der Zug, die Ladung oder die Besetzung vorschriftsmäßig war, wenn dadurch die Verkehrssicherheit wesentlich beeinträchtigt war oder die Verkehrssicherheit des Fahrzeugs durch die Ladung oder die Besetzung wesentlich litt,
5.16 Zeichen oder Haltgebot eines Polizeibeamten nicht befolgt,

5.17 als Kraftfahrzeugführer rotes Wechsellichtzeichen oder rotes Dauerlichtzeichen in anderen als den Fällen des Rechtsabbiegens mit Grünpfeil und den in Nummer 4.8 genannten Fällen nicht befolgt,

5.18 unbedingtes Haltgebot (Zeichen 206 der Straßenverkehrs-Ordnung) nicht befolgt oder trotz Rotlicht nicht an der Haltlinie (Zeichen 294 der Straßenverkehrs-Ordnung) gehalten und dadurch einen anderen gefährdet,

5.19 eine für kennzeichnungspflichtige Kraftfahrzeuge mit gefährlichen Gütern (Zeichen 261 der Straßenverkehrs-Ordnung) oder für Kraftfahrzeuge mit wassergefährdender Ladung (Zeichen 269 der Straßenverkehrs-Ordnung) gesperrte Straße befahren,

5.20 ohne erforderliche Fahrerlaubnis zur Fahrgastbeförderung einen oder mehrere Fahrgäste in einem in § 48 Abs. 1 genannten Fahrzeug befördert,

5.21 als Halter die Fahrgastbeförderung in einem in § 48 Abs. 1 genannten Fahrzeug angeordnet oder zugelassen, obwohl der Fahrzeugführer die erforderliche Fahrerlaubnis zur Fahrgastbeförderung nicht besaß,

5.22 Kraftfahrzeug oder Kraftfahrzeuganhänger ohne die erforderliche Zulassung oder Betriebserlaubnis oder außerhalb des auf dem Saisonkennzeichen angegebenen Betriebszeitraums oder nach dem auf dem Kurzzeitkennzeichen angegebenen Ablaufdatum auf öffentlichen Straßen in Betrieb gesetzt oder Kurzzeitkennzeichen an mehr als einem Fahrzeug verwendet,

5.23 Kraftfahrzeug, Anhänger oder Fahrzeugkombination in Betrieb genommen, obwohl die zulässige Achslast, das zulässige Gesamtgewicht oder die zulässige Anhängelast hinter einem Kraftfahrzeug um mehr als 20 Prozent überschritten war,

5.24 als Halter die Inbetriebnahme eines Kraftfahrzeugs, eines Anhängers oder einer Fahrzeugkombination angeordnet oder zugelassen, obwohl die zulässige Achslast, das zulässige Gesamtgewicht oder die zulässige Anhängelast hinter einem Kraftfahrzeug um mehr als 10 Prozent überschritten war; bei Kraftfahrzeugen mit einem zulässigen Gesamtgewicht bis 7,5 t oder Kraftfahrzeugen mit Anhängern, deren zulässiges Gesamtgewicht 2 t nicht übersteigt, unter Überschreitung um mehr als 20 Prozent,

5.25 Fahrzeug in Betrieb genommen, das sich in einem Zustand befand, der die Verkehrssicherheit wesentlich beeinträchtigte, insbesondere unter Verstoß gegen die Vorschriften über Lenkeinrichtungen, Bremsen oder Einrichtungen zur Verbindung von Fahrzeugen,

5.26 als Halter die Inbetriebnahme eines Kraftfahrzeugs oder Zuges angeordnet oder zugelassen, obwohl der Führer zur selbständigen Leitung nicht geeignet war, oder das Fahrzeug, der Zug, die Ladung oder die Besetzung nicht vorschriftsmäßig war und dadurch die Verkehrssicherheit wesentlich beeinträchtigt war – insbesondere unter Verstoß gegen eine Vorschrift über Lenkeinrichtungen, Bremsen oder Einrichtungen zur Verbindung von Fahrzeugen –, oder die Verkehrssicherheit des Fahrzeugs durch die Ladung oder die Besetzung wesentlich litt,

5.27 Kraftfahrzeug (außer Mofa) oder Anhänger in Betrieb genommen, dessen Reifen keine ausreichenden Profilrillen oder Einschnitte oder keine ausreichende Profil- oder Einschnittiefe besaßen,

5.28 als Halter die Inbetriebnahme eines Kraftfahrzeugs (außer Mofa) oder Anhängers angeordnet oder zugelassen, dessen Reifen keine ausreichenden

Fahrerlaubnis-Verordnung **Anh Ia**

Profilrillen oder Einschnitte oder keine ausreichende Profil- oder Einschnitttiefe besaßen,

5.29 als Fahrzeugführer vor dem Rechtsabbiegen bei roter Lichtzeichenanlage mit grünem Pfeilschild nicht angehalten,

5.30 beim Rechtsabbiegen mit grünem Pfeilschild den freigegebenen Fahrzeugverkehr, Fußgängerverkehr oder den Fahrradverkehr auf Radwegfurten behindert oder gefährdet,

5.31 Kraftfahrzeug in Betrieb genommen, das nicht mit dem vorgeschriebenen Geschwindigkeitsbegrenzer ausgerüstet war oder den Geschwindigkeitsbegrenzer auf unzulässige Geschwindigkeit eingestellt oder nicht benutzt, auch wenn es sich um ein ausländisches Kraftfahrzeug handelt,

5.32 als Halter die Inbetriebnahme eines Kraftfahrzeuges angeordnet oder zugelassen, das nicht mit dem vorgeschriebenen Geschwindigkeitsbegrenzer ausgerüstet war oder dessen Geschwindigkeitsbegrenzer auf unzulässige Geschwindigkeit eingestellt war oder nicht benutzt wurde;

6 mit zwei Punkten folgende Ordnungswidrigkeiten:

6.1 (aufgehoben)

6.2 gegen das Rechtsfahrgebot verstoßen bei Gegenverkehr, beim Überholtwerden, an Kuppen, in Kurven oder bei Unübersichtlichkeit und dadurch einen anderen gefährdet,

6.3 beim Führen von kennzeichnungspflichtigen Kraftfahrzeugen mit gefährlichen Gütern oder von Kraftomnibussen mit Fahrgästen zulässige Höchstgeschwindigkeit überschritten um mehr als 20 km/h, außer in den in Nummer 4.3 und 5.4 genannten Fällen,

6.4 erforderlichen Abstand von einem vorausfahrenden Fahrzeug nicht eingehalten bei einer Geschwindigkeit von mehr als 80 km/h, gefahren mit einem Abstand von weniger als vier Zehntel des halben Tachowertes, oder
bei einer Geschwindigkeit von mehr als 130 km/h, gefahren mit einem Abstand von weniger als fünf Zehntel des halben Tachowertes,

6.5 zum Überholen ausgeschert und dadurch nachfolgenden Verkehr gefährdet,

6.6 abgebogen, ohne Fahrzeug durchfahren zu lassen und dadurch einen anderen gefährdet,

6.7 beim Abbiegen auf einen Fußgänger keine besondere Rücksicht genommen und ihn dadurch gefährdet, oder beim Abbiegen in ein Grundstück, beim Wenden oder Rückwärtsfahren einen anderen gefährdet,

6.8 liegengebliebenes mehrspuriges Fahrzeug nicht oder nicht wie vorgeschrieben abgesichert, beleuchtet oder kenntlich gemacht und dadurch einen anderen gefährdet,

6.9 auf Autobahnen oder Kraftfahrstraßen Fahrzeug geparkt,

6.10 Seitenstreifen von Autobahnen oder Kraftfahrstraßen zum Zweck des schnelleren Vorwärtskommens benutzt,

6.11 bei an einer Haltestelle (Zeichen 224 der Straßenverkehrs-Ordnung) haltendem Omnibus des Linienverkehrs, haltender Straßenbahn oder haltendem gekennzeichnetem Schulbus mit ein- oder aussteigenden Fahrgästen bei Vorbeifahrt rechts Schrittgeschwindigkeit oder ausreichenden Abstand nicht

Jagow

eingehalten, oder, obwohl nötig, nicht angehalten und dadurch einen Fahrgast gefährdet oder behindert (soweit nicht Nummer 4.3 oder 5.4),

6.12 bei an einer Haltestelle (Zeichen 224 der Straßenverkehrs-Ordnung) haltendem Omnibus des Linienverkehrs oder gekennzeichnetem Schulbus mit eingeschaltetem Warnblinklicht bei Vorbeifahrt Schrittgeschwindigkeit oder ausreichenden Abstand nicht eingehalten oder, obwohl nötig, nicht angehalten und dadurch einen Fahrgast gefährdet oder behindert (soweit nicht Nummer 4.3 oder 5.4),

6.13 als Halter Fahrzeug zur Haupt- oder Zwischenuntersuchung oder Bremsensonderuntersuchung nicht angemeldet oder vorgeführt bei einer Fristüberschreitung des Anmelde- oder Vorführtermins um mehr als acht Monate oder als Halter den Geschwindigkeitsbegrenzer in den vorgeschriebenen Fällen nicht prüfen lassen, wenn seit fällig gewordener Prüfung mehr als ein Monat vergangen ist;

7 mit einem Punkt alle übrigen Ordnungswidrigkeiten.

Anlage 15
(zu § 11 Abs. 5)

Grundsätze für die Durchführung der Untersuchungen und die Erstellung der Gutachten

1. Die Untersuchung ist unter Beachtung folgender Grundsätze durchzuführen:
   a) Die Untersuchung ist anlaßbezogen und unter Verwendung der von der Fahrerlaubnisbehörde zugesandten Unterlagen über den Betroffenen vorzunehmen. Der Gutachter hat sich an die durch die Fahrerlaubnisbehörde vorgegebene Fragestellung zu halten.
   b) Gegenstand der Untersuchung sind nicht die gesamte Persönlichkeit des Betroffenen, sondern nur solche Eigenschaften, Fähigkeiten und Verhaltensweisen, die für die Kraftfahreignung von Bedeutung sind (Relevanz zur Kraftfahreignung).
   c) Die Untersuchung darf nur nach anerkannten wissenschaftlichen Grundsätzen vorgenommen werden.
   d) Vor der Untersuchung hat der Gutachter den Betroffenen über Gegenstand und Zweck der Untersuchung aufzuklären.
   e) Über die Untersuchung sind Aufzeichnungen anzufertigen.
   f) In den Fällen der §§ 13 und 14 ist Gegenstand der Untersuchung auch das voraussichtliche künftige Verhalten des Betroffenen, insbesondere ob zu erwarten ist, daß er nicht oder nicht mehr ein Kraftfahrzeug unter Einfluß von Alkohol oder Betäubungsmitteln/Arzneimitteln führen wird. Hat Abhängigkeit von Alkohol oder Betäubungsmitteln/Arzneimitteln vorgelegen, muß sich die Untersuchung darauf erstrecken, daß die Abhängigkeit nicht mehr besteht. Bei Alkoholmißbrauch, ohne daß Abhängigkeit vorhanden war oder ist, muß sich die Untersuchung darauf erstrecken, ob der Betroffene den Konsum von Alkohol einerseits und das Führen von Kraftfahrzeugen im Straßenverkehr andererseits zuverlässig voneinander trennen kann. Dem Betroffenen kann die Fahrerlaubnis nur dann erteilt werden, wenn sich bei ihm ein grundlegender Wandel in seiner Einstellung zum Führen von Kraftfahrzeugen

Fahrerlaubnis-Verordnung **Anh Ia**

unter Einfluß von Alkohol oder Betäubungsmitteln/Arzneimitteln vollzogen hat. Es müssen zum Zeitpunkt der Erteilung der Fahrerlaubnis Bedingungen vorhanden sein, die zukünftig einen Rückfall als unwahrscheinlich erscheinen lassen. Das Gutachten kann empfehlen, daß durch geeignete und angemessene Auflagen später überprüft wird, ob sich die günstige Prognose bestätigt. Das Gutachten kann auch geeignete Kurse zur Wiederherstellung der Kraftfahreignung empfehlen.

  g) In den Fällen des § 2 a Abs. 4 Satz 1 und Abs. 5 Satz 5 oder des § 4 Abs. 10 Satz 3 des Straßenverkehrsgesetzes oder des § 11 Abs. 3 Nr. 4 oder 5 dieser Verordnung ist Gegenstand der Untersuchung auch das voraussichtliche künftige Verhalten des Betroffenen, ob zu erwarten ist, daß er nicht mehr erheblich oder nicht mehr wiederholt gegen verkehrsrechtliche Bestimmungen oder gegen Strafgesetze verstoßen wird. Es sind die Bestimmungen von Buchstabe f Satz 4 bis 7 entsprechend anzuwenden.

2. Das Gutachten ist unter Beachtung folgender Grundsätze zu erstellen:
  a) Das Gutachten muß in allgemeinverständlicher Sprache abgefaßt sowie nachvollziehbar und nachprüfbar sein.
  Die Nachvollziehbarkeit betrifft die logische Ordnung (Schlüssigkeit) des Gutachtens. Sie erfordert die Wiedergabe aller wesentlichen Befunde und die Darstellung der zur Beurteilung führenden Schlußfolgerungen.
  Die Nachprüfbarkeit betrifft die Wissenschaftlichkeit der Begutachtung. Sie erfordert, daß die Untersuchungsverfahren, die zu den Befunden geführt haben, angegeben und, soweit die Schlußfolgerungen auf Forschungsergebnisse gestützt sind, die Quellen genannt werden. Das Gutachten braucht aber nicht im einzelnen die wissenschaftlichen Grundlagen für die Erhebung und Interpretation der Befunde wiederzugeben.
  b) Das Gutachten muß in allen wesentlichen Punkten insbesondere im Hinblick auf die gestellten Fragen (§ 11 Abs. 6) vollständig sein. Der Umfang eines Gutachtens richtet sich nach der Befundlage. Bei eindeutiger Befundlage wird das Gutachten knapper, bei komplizierter Befundlage ausführlicher erstattet.
  c) Im Gutachten muß dargestellt und unterschieden werden zwischen der Vorgeschichte und dem gegenwärtigen Befund.

3. Die medizinisch-psychologische Untersuchung kann unter Hinzuziehung eines beeidigten oder öffentlich bestellten oder vereidigten Dolmetschers oder Übersetzers, der von der Begutachtungsstelle für Fahreignung bestellt wird, durchgeführt werden. Die Kosten trägt der Betroffene.

4. Wer eine Person in einem Kurs zur Wiederherstellung der Kraftfahreignung oder in einem Aufbauseminar betreut, betreut hat oder voraussichtlich betreuen wird, darf diese Person nicht untersuchen oder begutachten.

Anhang I b

Auszug aus der Straßenverkehrs-Zulassungs-Ordnung (StVZO)* **

i. d. F. der Bek. v. 28. September 1988 (BGBl. I S. 1793)

zuletzt geändert durch VO v. 11. Dezember 2001 (BGBl. I S. 3617)

§ 16 Grundregel der Zulassung

(1) Zum Verkehr auf öffentlichen Straßen sind alle Fahrzeuge zugelassen, die den Vorschriften dieser Verordnung und der Straßenverkehrs-Ordnung entsprechen, soweit nicht für die Zulassung einzelner Fahrzeugarten ein Erlaubnisverfahren vorgeschrieben ist.

(2) Schiebe- und Greifreifenrollstühle, Rodelschlitten, Kinderwagen, Kinderroller, Kinderfahrräder und ähnliche nicht motorbetriebene Fortbewegungsmittel sind nicht Fahrzeuge im Sinne dieser Verordnung.

§ 17 Einschränkung und Entziehung der Zulassung

(1) Erweist sich ein Fahrzeug als nicht vorschriftsmäßig, so kann die Verwaltungsbehörde dem Eigentümer oder Halter eine angemessene Frist zur Behebung der Mängel setzen und nötigenfalls den Betrieb des Fahrzeugs im öffentlichen Verkehr untersagen oder beschränken; der Betroffene hat das Verbot oder die Beschränkung zu beachten.

(2) Nach Untersagung des Betriebs eines Fahrzeugs, für das ein amtliches Kennzeichen zugeteilt ist, hat der Fahrzeughalter unverzüglich das Kennzeichen von der Behörde entstempeln zu lassen. Der Fahrzeugschein oder – bei zulassungsfreien (auch kennzeichenfreien) Fahrzeugen – der nach § 18 Abs. 5 erforderliche Nachweis über die Betriebserlaubnis ist abzuliefern. Handelt es sich um einen Anhänger, so sind der Behörde die etwa ausgefertigten Anhängerverzeichnisse zur Eintragung der Entstempelung des Kennzeichens vorzulegen.

(3) Besteht Anlaß zur Annahme, daß das Fahrzeug den Vorschriften dieser Verordnung nicht entspricht, so kann die Verwaltungsbehörde zur Vorbereitung einer Entscheidung nach Absatz 1, § 23 Abs. 2, den §§ 24, 27 Abs. 1 bis 3 oder § 28 Abs. 3 Satz 1 je nach den Umständen
1. die Beibringung eines Sachverständigengutachtens darüber, ob das Fahrzeug den Vorschriften dieser Verordnung entspricht, oder
2. die Vorführung des Fahrzeugs

anordnen und wenn nötig mehrere solcher Anordnungen treffen.

---

* Die StVZO gilt nach den Maßgaben der Anl I Kap XI Sachgeb B Abschn III Ein-Vertr auch im Gebiet der ehem DDR; ihr Abdruck erfolgt hier nur, soweit ihre Vorschriften im Kommentarteil von Interesse sind.

** Die §§ 1–151 wurden durch die VO über die Zulassung von Personen zum Straßenverkehr v. 18. August 1998 (BGBl I S 2214) per 1. 1. 1999 aufgehoben u von da an durch die FeV ersetzt (s Anh I a).

Straßenverkehrs-Zulassungs-Ordnung **Anh Ib**

§ 18 Zulassungspflichtigkeit*

(1) Kraftfahrzeuge mit einer durch die Bauart bestimmten Höchstgeschwindigkeit von mehr als 6 km/h und ihre Anhänger (hinter Kraftfahrzeugen mitgeführte Fahrzeuge mit Ausnahme von betriebsunfähigen Fahrzeugen, die abgeschleppt werden, und von Abschleppachsen) dürfen auf öffentlichen Straßen nur in Betrieb gesetzt werden, wenn sie durch Erteilung einer Betriebserlaubnis oder einer EG-Typgenehmigung und durch Zuteilung eines amtlichen Kennzeichens für Kraftfahrzeuge oder Anhänger von der Verwaltungsbehörde (Zulassungsbehörde) zum Verkehr zugelassen sind.

(2) Ausgenommen von den Vorschriften über das Zulassungsverfahren sind ... (Weiterer Text hier nicht abgedruckt.)

§ 19 Erteilung und Wirksamkeit der Betriebserlaubnis
(Hier nicht abgedruckt)

§ 20 Allgemeine Betriebserlaubnis für Typen
(Hier nicht abgedruckt)

§§ 21-22 a Betriebserlaubnis für Einzelfahrzeuge und Fahrzeugteile
(Hier nicht abgedruckt)

§§ 23 bis 27 a (Hier nicht abgedruckt)

§ 28 Prüfungsfahrten, Probefahrten, Überführungsfahrten

(1) Fahrten anläßlich der Prüfung des Fahrzeugs durch einen amtlich anerkannten Sachverständigen oder Prüfer für den Kraftfahrzeugverkehr oder durch einen Prüfingenieur einer zur Durchführung von Hauptuntersuchungen und Sicherheitsprüfungen anerkannten Überwachungsorganisation (Prüfungsfahrten), Fahrten zur Feststellung und zum Nachweis der Gebrauchsfähigkeit von Fahrzeugen (Probefahrten) und Fahrten, die in der Hauptsache der Überführung eines Fahrzeugs an einen anderen Ort dienen (Überführungsfahrten), dürfen auch ohne Betriebserlaubnis oder EG-Typgenehmigung unternommen werden. § 31 Abs. 2 bleibt unberührt. Bei Fahrten im Sinne des Satzes 1 müssen rote Kennzeichen oder in den Fällen des Absatzes 4 Kurzzeitkennzeichen an den Fahrzeugen geführt werden. Für die mit roten Kennzeichen versehenen Fahrzeuge sind besondere Fahrzeugscheinhefte (Muster 3) und für Fahrzeuge mit Kurzzeitkennzeichen besondere Fahrzeugscheine (Muster 4) mitzuführen und zuständigen Personen auf Verlangen zur Prüfung auszuhändigen. Als Prüfungsfahrten gelten auch Fahrten zur Verbringung des Fahrzeugs an den Prüfungsort und von dort zurück; als Probefahrten gelten auch Fahrten zur allgemeinen Anregung der Kauflust durch Vorführung in der Öffentlichkeit, nicht aber Fahrten gegen Vergütung für Benutzung des Fahrzeugs. An Fahrzeugen, denen gemäß § 23 Abs. 1 b ein Saisonkennzeichen zu-geteilt ist, dürfen für Probe-, Prüfungs- und Überführungsfahrten rote Kennzeichen oder Kurzzeitkennzeichen angebracht werden, wenn diese Fahrten außerhalb des Betriebszeitraums erfolgen sollen. Die angebrachten Saisonkennzeichen müssen vollständig abgedeckt sein.

(2) bis (6) hier nicht abgedruckt.

---

* S dazu § 1 StVG m Erl sowie 49. AusnVO v 15. 9. 1994 (BGBl I 2416): Ausn für Oldtimer.

Jagow

§ 29 Untersuchung der Kraftfahrzeuge und Anhänger

(1) Die Halter von Fahrzeugen, die ein eigenes amtliches Kennzeichen nach Art der Anlage V in der bis zum 1. November 2000 geltenden Fassung, V a, V b oder V c haben müssen, haben ihre Fahrzeuge auf ihre Kosten nach Maßgabe der Anlage VIII* in Verbindung mit Anlage VIII a* in regelmäßigen Zeitabständen untersuchen zu lassen. Ausgenommen sind
1. Fahrzeuge mit rotem Kennzeichen (§ 28),
2. Fahrzeuge, die nach § 18 Abs. 7 behandelt werden, es sei denn, daß sie nach § 18 Abs. 4 Satz 1 amtliche Kennzeichen führen müssen,
3. Fahrzeuge der Bundeswehr und des Bundesgrenzschutzes.

Über die Untersuchung der Fahrzeuge der Feuerwehren und des Katastrophenschutzes entscheiden die zuständigen obersten Landesbehörden im Einzelfall oder allgemein.

(2) Der Halter hat den Monat, in dem das Fahrzeug spätestens zur
1. Hauptuntersuchung vorgeführt werden muß, durch eine Prüfplakette nach Anlage IX* auf dem amtlichen Kennzeichen nachzuweisen,
2. Sicherheitsprüfung vorgeführt werden muß, durch eine Prüfmarke in Verbindung mit einem SP-Schild nach Anlage IX b* nachzuweisen.

Prüfplaketten sind von der Zulassungsbehörde oder den zur Durchführung von Hauptuntersuchungen berechtigten Personen zuzuteilen und auf dem hinteren amtlichen Kennzeichen dauerhaft und gegen Mißbrauch gesichert anzubringen. Prüfmarken sind von der Zulassungsbehörde zuzuteilen sowie vom Halter oder seinen Beauftragten auf dem SP-Schild nach den Vorschriften der Anlage IX b anzubringen oder von den zur Durchführung von Hauptuntersuchungen oder Sicherheitsprüfungen berechtigten Personen zuzuteilen und von diesen nach den Vorschriften der Anlage IX b auf dem SP-Schild anzubringen. SP-Schilder dürfen von der Zulassungsbehörde, dem Fahrzeughersteller, dem Halter oder seinem Beauftragten nach den Vorschriften der Anlage IX b angebracht werden.

(3) Eine Prüfplakette darf nur dann zugeteilt und angebracht werden, wenn keine Bedenken gegen die Vorschriftsmäßigkeit des Fahrzeuges bestehen. Durch die nach durchgeführter Hauptuntersuchung zugeteilte und angebrachte Prüfplakette wird bescheinigt, daß das Fahrzeug zum Zeitpunkt dieser Untersuchung vorschriftsmäßig nach Nummer 1.2 der Anlage VIII ist. Weist das Fahrzeug lediglich geringe Mängel auf, so kann abweichend von Satz 1 die Prüfplakette zugeteilt und angebracht werden, wenn die unverzügliche Beseitigung der Mängel zu erwarten ist.

(4) Eine Prüfmarke darf zugeteilt und angebracht werden, wenn das Fahrzeug nach Abschluß der Sicherheitsprüfung nach Maßgabe der Nummer 1.3 der Anlage VIII keine Mängel aufweist. Die Vorschriften von Nummer 2.6 der Anlage VIII bleiben unberührt.

(5) Der Halter hat dafür zu sorgen, daß sich die nach Absatz 3 angebrachte Prüfplakette und die nach Absatz 4 angebrachte Prüfmarke und das SP-Schild in ordnungsgemäßem Zustand befinden; sie dürfen weder verdeckt noch verschmutzt sein.

(6) Monat und Jahr des Ablaufs der Frist für die nächste
1. Hauptuntersuchung müssen von demjenigen, der die Prüfplakette zugeteilt und angebracht hat,

---

* Hier nicht abgedruckt.

Anh Ib

a) bei den im üblichen Zulassungsverfahren behandelten Fahrzeugen im Fahrzeugschein oder
b) bei anderen Fahrzeugen auf dem nach § 18 Abs. 5 mitzuführenden Nachweis oder Fahrzeugschein
in Verbindung mit dem Prüfstempel der untersuchenden Stelle und der Kennnummer der untersuchenden Personen oder Stelle,
2. Sicherheitsprüfung müssen von demjenigen, der die Prüfmarke zugeteilt hat, im Prüfprotokoll
vermerkt werden.

(7) Die Prüfplakette und die Prüfmarke werden mit Ablauf des jeweils angegebenen Monats ungültig. Ihre Gültigkeit verlängert sich um einen Monat, wenn bei der Durchführung der Hauptuntersuchung oder Sicherheitsprüfung Mängel festgestellt werden, die vor der Zuteilung einer neuen Prüfplakette oder Prüfmarke zu beheben sind (Nummer 3.1.4.3 oder 3.2.3.2 der Anlage VIII). Satz 2 gilt auch für Prüfplaketten, wenn Absatz 3 Satz 3 nicht angewendet wird, und für Prüfmarken in den Fällen nach Nummer 2.5 Satz 5 der Anlage VIII. Befinden sich an einem Fahrzeug, das mit einer Prüfplakette oder einer Prüfmarke in Verbindung mit einem SP-Schild versehen sein muß, keine gültige Prüfplakette oder keine gültige Prüfmarke, so kann die Zulassungsbehörde für die Zeit bis zur Anbringung der vorgenannten Nachweise den Betrieb des Fahrzeugs im öffentlichen Verkehr untersagen oder beschränken. Der Betroffene hat das Verbot oder die Beschränkung zu beachten; § 17 Abs. 2 gilt entsprechend.

(8) Einrichtungen aller Art, die zu Verwechslungen mit der in Anlage IX beschriebenen Prüfplakette oder der in Anlage IX b beschriebenen Prüfmarke in Verbindung mit dem SP-Schild Anlaß geben können, dürfen an Kraftfahrzeugen und ihren Anhängern nicht angebracht sein.

(9) Der für die Durchführung von Hauptuntersuchungen oder Sicherheitsprüfungen Verantwortliche hat für Hauptuntersuchungen einen Untersuchungsbericht und für Sicherheitsprüfungen ein Prüfprotokoll nach Maßgabe der Anlage VIII zu erstellen und dem Fahrzeughalter oder dessen Beauftragten auszuhändigen.

(10) Der Halter hat den Untersuchungsbericht mindestens bis zur nächsten Hauptuntersuchung und das Prüfprotokoll mindestens bis zur nächsten Sicherheitsprüfung aufzubewahren. Er oder sein Beauftragter hat den Untersuchungsbericht, bei Fahrzeugen nach Absatz 11 zusammen mit dem Prüfprotokoll und dem Prüfbuch, zuständigen Personen und der Zulassungsbehörde bei allen Maßnahmen zur Prüfung auszuhändigen. Kann der letzte Untersuchungsbericht oder das letzte Prüfprotokoll nicht ausgehändigt werden, hat der Halter auf seine Kosten Zweitschriften von den prüfenden Stellen zu beschaffen oder eine Hauptuntersuchung oder eine Sicherheitsprüfung durchführen zu lassen.

(11) Halter von Fahrzeugen, an denen nach den Vorschriften in den Nummern 2.1 und 2.2. der Anlage VIII Sicherheitsprüfungen durchzuführen sind, haben ab dem Tag der Zulassung Prüfbücher nach einem im Verkehrsblatt mit Zustimmung der zuständigen obersten Landesbehörde bekanntgemachten Muster zu führen. Untersuchungsberichte und Prüfprotokolle müssen mindestens für die Dauer ihrer Aufbewahrungspflicht nach Absatz 10 in den Prüfbüchern abgeheftet werden.

(12) Der für die Durchführung von Hauptuntersuchungen, Sicherheitsprüfungen oder Abgasuntersuchungen (§ 47 a) Verantwortliche hat ihre Durchführung unter

Angabe des Datums, bei Kraftfahrzeugen zusätzlich unter Angabe des Kilometerstandes, im Prüfbuch einzutragen.

(13) Prüfbücher sind bis zur endgültigen Außerbetriebsetzung der Fahrzeuge von den Haltern der Fahrzeuge aufzubewahren.

§§ 29a bis h (betr. Pflichtversicherung), **30 bis 30c** (allg. Bau- u Betriebsvorschriften) hier nicht abgedruckt.

§ 31 Verantwortung für den Betrieb der Fahrzeuge*

(1) Wer ein Fahrzeug oder einen Zug miteinander verbundener Fahrzeuge führt, muß zur selbständigen Leitung geeignet sein.

(2) Der Halter darf die Inbetriebnahme nicht anordnen oder zulassen, wenn ihm bekannt ist, oder bekannt sein muß, daß der Führer nicht zur selbständigen Leitung geeignet oder das Fahrzeug, der Zug, das Gespann, die Ladung oder die Besetzung nicht vorschriftsmäßig ist oder daß die Verkehrssicherheit des Fahrzeugs durch die Ladung oder die Besetzung leidet.

§ 31a Fahrtenbuch**

(1) Die Verwaltungsbehörde kann gegenüber einem Fahrzeughalter für ein oder mehrere auf ihn zugelassene oder künftig zuzulassende Fahrzeuge die Führung eines Fahrtenbuchs anordnen, wenn die Feststellung eines Fahrzeugführers nach einer Zuwiderhandlung gegen Verkehrsvorschriften nicht möglich war. Die Verwaltungsbehörde kann ein oder mehrere Ersatzfahrzeuge bestimmen.

(2) Der Fahrzeughalter oder sein Beauftragter hat in dem Fahrtenbuch für ein bestimmtes Fahrzeug und für jede einzelne Fahrt
1. vor dem Beginn
   a) Name, Vorname und Anschrift des Fahrzeugführers,
   b) amtliches Kennzeichen des Fahrzeugs,
   c) Datum und Uhrzeit des Beginns der Fahrt und
2. nach deren Beendigung unverzüglich Datum und Uhrzeit mit Unterschrift einzutragen.

(3) Der Fahrzeughalter hat
a) der das Fahrtenbuch anordnenden oder der von ihr bestimmten Stelle oder
b) sonst zuständigen Personen
das Fahrtenbuch auf Verlangen jederzeit an dem von der anordnenden Stelle festgelegten Ort zur Prüfung auszuhändigen und es sechs Monate nach Ablauf der Zeit, für die es geführt werden muß, aufzubewahren.

§ 31b Überprüfung mitzuführender Gegenstände

Führer von Fahrzeugen sind verpflichtet, zuständigen Personen auf Verlangen folgende mitzuführende Gegenstände vorzuzeigen und zur Prüfung des vorschriftsmäßigen Zustands auszuhändigen:
1. Feuerlöscher (§ 35g Abs. 1),
2. Erste-Hilfe-Material (§ 35h Abs. 1, 3 und 4),
3. Unterlegkeile (§ 41 Abs. 14),

---

* Vgl dazu § 23 StVO Rn 20 u 31.
** Erläutert bei § 23 StVO Rn 45.

Straßenverkehrs-Zulassungs-Ordnung **Anh Ib**

4. Warndreiecke und Warnleuchten (§ 53 a Abs. 2),
5. tragbare Blinkleuchten (§ 53 b Abs. 5) und windsichere Handlampen (§ 54 b),
6. Leuchten und Rückstrahler (§ 53 b Abs. 1 Satz 4 Halbsatz 2 und Abs. 2 Satz 4 Halbsatz 2),
7. Scheinwerfer und Schlußleuchten (§ 67 Abs. 11 Nr. 2 Halbsatz 2).

§ 31 c Überprüfung von Fahrzeuggewichten

Kann der Führer eines Fahrzeugs auf Verlangen einer zuständigen Person die Einhaltung der für das Fahrzeug zugelassenen Achslasten und Gesamtgewichte nicht glaubhaft machen, so ist er verpflichtet, sie nach Weisung dieser Person auf einer Waage oder einem Achslastmesser (Radlastmesser) feststellen zu lassen. Nach der Wägung ist dem Führer eine Bescheinigung über das Ergebnis der Wägung zu erteilen. Die Kosten der Wägung fallen dem Halter des Fahrzeugs zur Last, wenn ein zu beanstandendes Übergewicht festgestellt wird. Die prüfende Person kann von dem Führer des Fahrzeugs eine der Überlastung entsprechende Um- oder Entladung fordern; dieser Auflage hat der Fahrzeugführer nachzukommen; die Kosten hierfür hat der Halter zu tragen.

§§ 32 bis 35 (Hier nicht abgedruckt)

§ 35 a Sitze, Sicherheitsgurte, Rückhaltesysteme

(1) Der Sitz des Fahrzeugführers und sein Betätigungsraum sowie die Einrichtungen zum Führen des Fahrzeugs müssen so angeordnet und beschaffen sein, daß das Fahrzeug – auch bei angelegtem Sicherheitsgut oder Verwendung eines anderen Rückhalteytems – sicher geführt werden kann.

(2) Personenkraftwagen, Kraftomnibusse und zur Güterbeförderung bestimmte Kraftfahrzeuge mit einer durch die Bauart bestimmten Höchstgeschwindigkeit von mehr als 25 km/h müssen entsprechend den im Anhang zu dieser Vorschrift genannten Bestimmungen mit Sitzverankerungen und Sitzen und außerdem an den vorderen Außensitzen zusätzlich mit Kopfstützen ausgerüstet sein, soweit ihre zulässige Gesamtmasse nicht mehr als 3,5 t beträgt.

(3) Die in Absatz 2 genannten Kraftfahrzeuge müssen mit Verankerungen zum Anbringen von Sicherheitsgurten ausgerüstet sein, die den im Anhang zu dieser Vorschrift genannten Bestimmungen entsprechen.

(4) Außerdem müssen die in Absatz 2 genannten Kraftfahrzeuge mit Sicherheitsgurten oder Rückhaltesystemen ausgerüstet sein, die den im Anhang zu dieser Vorschrift genannten Bestimmungen entsprechen.

(5) Die Absätze 2 bis 4 gelten für Kraftfahrzeuge mit einer durch die Bauart bestimmten Höchstgeschwindigkeit von mehr als 25 km/h, die hinsichtlich des Insassenraumes und des Fahrgestells den Baumerkmalen der in Absatz 2 genannten Kraftfahrzeuge gleichzusetzen sind, entsprechend. Bei Wohnmobilen mit einer zulässigen Gesamtmasse von mehr als 2,5 t genügt für die hinteren Sitze die Ausrüstung mit Verankerungen zur Anbringung von Beckengurten und mit Beckengurten.

(6) Die Absätze 3 und 4 gelten nicht für Kraftomnibusse, die sowohl für den Einsatz im Nahverkehr als auch für stehende Fahrgäste gebaut sind. Dies sind Kraftomnibusse ohne besonderen Gepäckraum sowie Kraftomnibusse mit zugelassenen Stehplätzen im Gang und auf einer Fläche, die größer oder gleich der Fläche für zwei Doppelsitze ist.

Jagow

(7) Sicherheitsgurte und Rückhaltesysteme müssen so eingebaut sein, daß ihr einwandfreies Funktionieren bei vorschriftsmäßigem Gebrauch und auch bei Benutzung aller ausgewiesenen Sitzplätze gewährleistet ist und sie die Gefahr von Verletzungen bei Unfällen verringern.

(8) Auf Beifahrerplätzen, vor denen ein betriebsbereiter Airbag eingebaut ist, dürfen nach hinten gerichtete Rückhalteeinrichtungen für Kinder nicht angebracht sein. Diese Beifahrerplätze müssen mit einem Warnhinweis vor der Verwendung einer nach hinten gerichteten Rückhalteeinrichtung für Kinder auf diesem Platz versehen sein. Der Warnhinweis in Form eines Piktogramms kann auch einen erläuternden Text enthalten. Er muß dauerhaft angebracht und so angeordnet sein, daß er für eine Person, die eine nach hinten gerichtete Rückhalteeinrichtung für Kinder einbauen will, deutlich sichtbar ist, Anlage XXVIII[*] zeigt ein Beispiel für ein Piktogramm. Falls der Warnhinweis bei geschlossener Tür nicht sichtbar ist, soll ein dauerhafter Hinweis auf das Vorhandensein eines Beifahrerairbags vom Beifahrerplatz aus gut zu sehen sein.

(9) Krafträder, auf denen ein Beifahrer befördert wird, müssen mit einem Sitz für den Beifahrer ausgerüstet sein. Dies gilt nicht bei der Mitnahme eines Kindes unter sieben Jahren, wenn für das Kind ein besonderer Sitz vorhanden und durch Radverkleidungen oder gleich wirksame Einrichtungen dafür gesorgt ist, daß die Füße des Kindes nicht in die Speichen geraten können.

(10) und (11) (Hier nicht abgedruckt)

§ 35 b Einrichtungen zum sicheren Führen der Fahrzeuge

(1) Die Einrichtungen zum Führen der Fahrzeuge müssen leicht und sicher zu bedienen sein.

(2) Für den Fahrzeugführer muß ein ausreichendes Sichtfeld unter allen Betriebs- und Witterungsverhältnissen gewährleistet sein. Bei Kraftomnibussen muß durch bauliche Maßnahmen sichergestellt sein, daß sich neben dem Fahrzeugführer keine Personen aufhalten können. In Kraftomnibussen des Ferienziel-Reiseverkehrs, des Ausflugs- und des Mietomnibusverkehrs (§ 48 Abs. 1 und 2 und § 49 des Personenbeförderungsgesetzes) dürfen jedoch neben dem Platz des Fahrzeugführers 2 Sitze für das Begleitpersonal vorhanden sein, wenn an diesen Sitzen die Aufschrift „Nur für Begleitpersonal" an gut sichtbarer Stelle gut lesbar angebracht ist; dies gilt auch, wenn diese Kraftomnibusse im Linienverkehr (§§ 42 und 43 Nr. 1 bis 4 des Personenbeförderungsgesetzes) verwendet werden, und für Kraftomnibusse im Verkehr nach § 1 Nr. 4 Buchstaben d, g und i der Freistellungs-Verordnung vom 30. August 1962 (BGBl. I S. 601), zuletzt geändert durch Artikel 1 der Verordnung vom 30. Juni 1989 (BGBl I. S. 1273).

§§ 35 c bis j (Hier nicht abgedruckt)

§ 36 Bereifung und Laufflächen

(Absätze 1 u 1 a hier nicht abgedruckt)

(2) ... Das Hauptprofil muß am ganzen Umfang eine Profiltiefe von mindestens 1,6 mm aufweisen; als Hauptprofil gelten dabei die breiten Profilrillen im mittleren Bereich der Lauffläche, der etwa ¾ der Laufflächenbreite einnimmt. Jedoch ge-

---

[*] Anlage hier nicht abgedruckt.

Straßenverkehrs-Zulassungs-Ordnung **Anh Ib**

nügt bei Fahrrädern mit Hilfsmotor, Kleinkrafträdern und Leichtkrafträdern eine Profiltiefe von mindestens 1 mm.

(Absätze 2 a bis 5 hier nicht abgedruckt)

§ 37 Gleitschutzeinrichtungen und Schneeketten (Hier nicht abgedruckt)

§ 38 Lenkeinrichtung (Hier nicht abgedruckt)

§ 38 a Sicherungseinrichtungen gegen unbefugte Benutzung von Kraftfahrzeugen

(1) Personenkraftwagen sowie Lastkraftwagen, Zugmaschinen und Sattelzugmaschinen mit einem zulässigen Gesamtgewicht von nicht mehr als 3,5 t – ausgenommen land- oder forstwirtschaftliche Zugmaschinen und Dreirad-Kraftfahr-zeuge – müssen mit einer Sicherungseinrichtung gegen unbefugte Benutzung, Personenkraftwagen zusätzlich mit einer Wegfahrsperre ausgerüstet sein. Die Sicherungseinrichtung gegen unbefugte Benutzung und die Wegfahrsperre müssen den im Anhang zu dieser Vorschrift genannten Bestimmungen entsprechen.

(2) Krafträder und Dreirad-Kraftfahrzeuge mit einem Hubraum von mehr als 50 cm^3 oder einer durch die Bauart bestimmten Höchstgeschwindigkeit von mehr als 45 km/h, ausgenommen Kleinkrafträder und Fahrräder mit Hilfsmotor (§ 18 Abs. 2 Nr. 4), müssen mit einer Sicherungseinrichtung gegen unbefugte Benutzung ausgerüstet sein, die den im Anhang zu dieser Vorschrift genannten Bestimmungen entspricht.

(3) Sicherungseinrichtung gegen unbefugte Benutzung und Wegfahrsperren an Kraftfahrzeugen, für die sie nicht vorgeschrieben sind, müssen den vorstehenden Vorschriften entsprechen.

§ 38 b Fahrzeug-Alarmsysteme

In Personenkraftwagen sowie in Lastkraftwagen, Zugmaschinen und Sattelzugmaschinen mit einem zulässigen Gesamtgewicht von nicht mehr als 2,00 t eingebaute Fahrzeug-Alarmsysteme müssen den im Anhang zu dieser Vorschrift genannten Bestimmungen entsprechen. Fahrzeug-Alarmsysteme in anderen Kraftfahrzeugen müssen sinngemäß den vorstehenden Vorschriften entsprechen.

§§ 39 bis 53 (Hier nicht abgedruckt)

§ 53 a Warndreieck, Warnleuchte, Warnblinkanlage

(1) Warndreiecke und Warnleuchten müssen tragbar, standsicher und so beschaffen sein, daß sie bei Gebrauch auf ausreichende Entfernung erkennbar sind. Warndreiecke müssen rückstrahlend sein; Warnleuchten müssen gelbes Blinklicht abstrahlen, von der Lichtanlage des Fahrzeugs unabhängig sein und eine ausreichende Brenndauer haben. Die Warneinrichtungen müssen in betriebsfertigem Zustand sein.

(2) In Kraftfahrzeugen mit Ausnahme von Krankenfahrstühlen, Krafträdern und einachsigen Zug- oder Arbeitsmaschinen müssen mindestens folgende Warneinrichtungen mitgeführt werden:

Jagow

1. in Personenkraftwagen, land- oder forstwirtschaftlichen Zug- oder Arbeitsmaschinen sowie in anderen Kraftfahrzeugen mit einem zulässigen Gesamtgewicht von nicht mehr als 3,5 t:
ein Warndreieck;
2. in Kraftfahrzeugen mit einem zulässigen Gesamtgewicht von mehr als 3,5 t:
ein Warndreieck und getrennt davon eine Warnleuchte. Als Warnleuchte darf auch eine tragbare Blinkleuchte nach § 53 b Abs. 5 Satz 7 mitgeführt werden.

(3) Warnleuchten, die mitgeführt werden, ohne daß sie nach Absatz 2 vorgeschrieben sind, dürfen abweichend von Absatz 1 von der Lichtanlage des Fahrzeugs abhängig, im Fahrzeug fest angebracht oder so beschaffen sein, daß sie bei Bedarf innen oder außen am Fahrzeug angebracht werden können. Sie müssen der Nummer 20 der Technischen Anforderungen an Fahrzeugteile bei der Bauartprüfung nach § 22 a der Straßenverkehrs-Zulassungs-Ordnung (Verkehrsblatt 1973 S. 558) entsprechen.

(4) Fahrzeuge (ausgenommen zweirädrige und dreirädrige Kleinkrafträder und vierrädrige Leichtkraftfahrzeuge), die mit Fahrtrichtungsanzeigern ausgerüstet sein müssen, müssen zusätzlich eine Warnblinkanlage haben. Sie muß wie folgt beschaffen sein:
1. Für die Schaltung muß im Kraftfahrzeug ein besonderer Schalter vorhanden sein.
2. Nach dem Einschalten müssen alle am Fahrzeug oder Zug vorhandenen Blinkleuchten gleichzeitig mit einer Frequenz von 1,5 Hz ± 0,5 Hz (90 Impulse ± 30 Impulse in der Minute) gelbes Blinklicht abstrahlen.
3. Dem Fahrzeugführer muß durch eine auffällige Kontrolleuchte nach § 39 a angezeigt werden, daß das Warnblinklicht eingeschaltet ist.

(5) Warnblinkanlagen an Fahrzeugen, für die sie nicht vorgeschrieben sind, müssen den Vorschriften des Absatzes 4 entsprechen.

§§ 53 b und c (Hier nicht abgedruckt)

§ 53 d Nebelschlußleuchten

(1) Die Nebelschlußleuchte ist eine Leuchte, die rotes Licht abstrahlt und das Fahrzeug bei dichtem Nebel von hinten besser erkennbar macht.

(2) Mehrspurige Kraftfahrzeuge, deren durch die Bauart bestimmte Höchstgeschwindigkeit mehr als 60 km/h beträgt, und ihre Anhänger müssen hinten mit einer oder zwei, andere Kraftfahrzeuge und Anhänger dürfen hinten mit einer Nebelschlußleuchte ausgerüstet sein.

(3–6) (Hier nicht abgedruckt)

§§ 54 bis 69 (Hier nicht abgedruckt)

§ 69 a Ordnungswidrigkeiten

(1) (aufgehoben)

(2) Ordnungswidrig im Sinne des § 24 des Straßenverkehrsgesetzes handelt, wer vorsätzlich oder fahrlässig
1. entgegen § 17 Abs. 1 einem Verbot, ein Fahrzeug in Betrieb zu setzen, zuwiderhandelt oder Beschränkungen nicht beachtet,
2. gegen eine Vorschrift des § 17 Abs. 2, des § 27 Abs. 3 Satz 4 Halbsatz 2, des § 29 Abs. 7 Satz 5 Halbsatz 2 oder des § 29 d Abs. 1 über die Entstempelung des amtlichen Kennzeichens, über die Ablieferung des Fahrzeugscheins oder

Straßenverkehrs-Zulassungs-Ordnung **Anh Ib**

des Betriebserlaubnisnachweises oder über die Vorlage des Anhängerverzeichnisses verstößt,
3. ein Kraftfahrzeug oder einen Kraftfahrzeuganhänger entgegen § 18 Abs. 1 ohne die erforderliche Zulassung oder entgegen § 18 Abs. 3 ohne die erforderliche Betriebserlaubnis auf öffentlichen Straßen in Betrieb setzt,
4. einer Vorschrift des § 18 Abs. 4 Satz 1, 2 oder des § 28 Abs. 1 Satz 3 über die Führung von amtlichen oder roten Kennzeichen, des § 28 Abs. 1 Satz 3 in Verbindung mit Absatz 4 über die Führung von Kurzzeitkennzeichen, des § 23 Abs. 4 Satz 1 Halbsatz 1 über die Abstempelung der amtlichen Kennzeichen, des § 60 Abs. 1 Satz 4 oder 5, jeweils auch in Verbindung mit § 28 Abs. 2 Satz 1 jeweils in Verbindung mit Absatz 5, oder des § 60 Abs. 1 a Satz 1, Abs. 1 c, Abs. 2 Satz 1 Halbsatz 1, Satz 5 bis 7, 9, Abs. 4 Satz 1 oder 3, diese jeweils auch in Verbindung mit Abs. 5 Satz 2 oder § 28 Abs. 2 Satz 1 jeweils in Verbindung mit Absatz 5, des § 60 Abs. 3 Satz 3 oder Abs. 5 Satz 1 Halbsatz 1 über die Ausgestaltung, die Anbringung oder das Beleuchtung von Kennzeichen oder des § 60 Abs. 7 Satz 1 Halbsatz 1 über das Anbringen von verwechslungsfähigen oder beeinträchtigenden Einrichtungen zuwiderhandelt,
5. einer Vorschrift des § 18 Abs. 4 Satz 2 über die Führung des Versicherungskennzeichens, des § 60 a Abs. 1 Satz 4, 5, Abs. 1 a, 2 Satz 1 Halbsatz 1, Satz 3, 4 oder Abs. 3 Satz 1 über die Ausgestaltung oder die Anbringung des Versicherungskennzeichens oder des § 60 a Abs. 5 über das Anbringen von verwechslungsfähigen oder beeinträchtigenden Einrichtungen zuwiderhandelt,
6. gegen die Vorschrift des § 18 Abs. 4 Satz 3 über die Kennzeichnung bestimmter Fahrzeuge verstößt,
7. entgegen § 22 a Abs. 2 Satz 1 oder Abs. 6 ein Fahrzeugteil ohne amtlich vorgeschriebenes und zugeteiltes Prüfzeichen zur Verwendung feilbietet, veräußert, erwirbt oder verwendet, sofern nicht schon eine Ordnungswidrigkeit nach § 23 des Straßenverkehrsgesetzes vorliegt,
8. gegen eine Vorschrift des § 21 Abs. 3 Satz 1 oder § 22 a Abs. 5 Satz 1 oder Abs. 6 über die Kennzeichnung von Ausrüstungsgegenständen oder Fahrzeugteilen mit Prüfzeichen oder gegen ein Verbot nach § 21 a Abs. 3 Satz 2 oder § 22 a Abs. 5 Satz 2 oder Abs. 6 über die Anbringung von verwechslungsfähigen Zeichen verstößt,
9. gegen eine Vorschrift über Mitführung und Aushändigung
 a) des Fahrzeugscheins nach § 18 Abs. 5 Satz 3, § 24 Satz 2 oder nach § 28 Abs. 1 Satz 4 oder des Fahrzeugscheinheftes nach § 28 Abs. 1 Satz 4,
 b) des Anhängerverzeichnisses nach § 24 Satz 3,
 c) der Ablichtung oder des Abdrucks einer Allgemeinen Betriebserlaubnis nach § 18 Abs. 5,
 d) der Betriebserlaubnis für den Einzelfall nach § 18 Abs. 5,
 e) der Ablichtung oder des Abdrucks einer Allgemeinen Betriebserlaubnis für den Motor nach § 18 Abs. 6,
 f) der Sachverständigen-Bescheinigung über den Motor nach § 18 Abs. 6,
 g) eines Abdrucks oder einer Ablichtung einer Erlaubnis, Genehmigung, eines Auszugs einer Erlaubnis oder Genehmigung, eines Teilegutachtens oder eines Nachweises nach § 19 Abs. 4 Satz 1,
 h) der Bescheinigung über das Versicherungskennzeichen nach § 29 e Abs. 2 Satz 3 oder
 i) der Urkunde über die Einzelgenehmigung nach § 22 a Abs. 4 Satz 2
verstößt,

Jagow

10. gegen die Vorschrift des § 18 Abs. 5 über Aufbewahrung und Aushändigung von Nachweisen über die Betriebserlaubnis verstößt,
10a. entgegen § 23 Abs. 1 b Satz 2 außerhalb des auf dem Kennzeichen angegebenen Betriebszeitraums ein Fahrzeug auf öffentlichen Straßen in Betrieb setzt oder abstellt oder entgegen § 23 Abs. 6 Satz 1 die Verwendung eines Personenkraftwagens für dort genannte Personenbeförderungen nicht oder nicht rechtzeitig schriftlich anzeigt oder entgegen Satz 2 Halbsatz 2 den Fahrzeugschein nicht vorlegt,
11. gegen eine Vorschrift des § 25 Abs. 2 Satz 1 über die Meldung von verlustig gegangenen Fahrzeugbriefen oder deren Vordrucken oder des § 25 Abs. 4 Satz 2 und 3 über die Vorlage von Briefen verstößt,
12. einer Vorschrift des § 27 Abs. 1 oder 1a über die Meldepflichten bei Änderung der tatsächlichen Verhältnisse, des § 27 Abs. 2 über die Antrags- oder Anzeigepflicht bei Standortänderung des Fahrzeugs, des § 27 Abs. 3 Satz 1 oder 2 über die Anzeige- und Antragspflichten bei Veräußerung des Fahrzeugs, des § 27 Abs. 3 Satz 4 Halbsatz 1 über die Beachtung des Betriebsverbots, des § 27 Abs. 4 Satz 3 oder Abs. 5 Satz 1 über die Vorlage- und Anzeigepflichten sowie die Pflichten zur Veranlassung der Entstempelung von Kennzeichen zuwiderhandelt,
12a. entgegen § 27a den Nachweis nach Muster 12 oder die Erklärung nach Muster 13 nicht oder nicht vorschriftsgemäß vorlegt oder abgibt,
13. einer Vorschrift des § 28 Abs. 3 Satz 5 über die Ablieferung von roten Kennzeichen oder von Fahrzeugscheinheften, des § 28 Abs. 3 Satz 2 über die Verwendung von Fahrzeugscheinheften sowie über die Vornahme von Eintragungen in diese Hefte oder des § 28 Abs. 3 Satz 3 oder 4 über die Führung, Aufbewahrung und Aushändigung von Heften zuwiderhandelt,
13a. entgegen § 28 Abs. 4 Satz 2 die Bezeichnung des Fahrzeugs vor Antritt der ersten Fahrt nicht in den Schein einträgt,
13b. entgegen § 28 Abs. 5 Plaketten an das beantragte Kennzeichen nicht oder nicht richtig anbringt,
14. einer Vorschrift des § 29 Abs. 1 Satz 1 in Verbindung mit den Nummern 2.1, 2.2, 2.7, 2.8 Satz 2 oder 3, Nummern 3.1.1, 3.1.2 oder 3.2.2 der Anlage VIII über Hauptuntersuchungen oder Sicherheitsprüfungen zuwiderhandelt,
15. einer Vorschrift des § 29 Abs. 2 Satz 1 über Prüfplaketten oder Prüfmarken in Verbindung mit einem SP-Schild, des § 29 Abs. 5 über den ordnungsgemäßen Zustand der Prüfplaketten oder der Prüfmarken in Verbindung mit einem SP-Schild, des § 29 Abs. 7 Satz 5 Halbsatz 1 über das Betriebsverbot oder die Betriebsbeschränkung oder des § 29 Abs. 8 über das Verbot des Anbringens verwechslungsfähiger Zeichen zuwiderhandelt,
16. einer Vorschrift des § 29 Abs. 10 Satz 1 oder 2 über die Aufbewahrungs- und Aushändigungspflicht für Untersuchungsberichte oder Prüfprotokolle zuwiderhandelt,
17. einer Vorschrift des § 29 Abs. 11 oder 13 über das Führen oder Aufbewahren von Prüfbüchern zuwiderhandelt,
18. einer Vorschrift des § 29 Abs. 1 Satz 1 in Verbindung mit Nummer 3.1.4.2 Satz 2 Halbsatz 2 der Anlage VIII über die Behebung der geringen Mängel oder Nummer 3.1.4.3. Satz 2 Halbsatz 2 über die Behebung der erheblichen Mängel oder die Wiedervorführung zur Nachprüfung der Mängelbeseitigung zuwiderhandelt,

Straßenverkehrs-Zulassungs-Ordnung **Anh Ib**

19. entgegen § 29 Abs. 1 Satz 1 in Verbindung mit Nummer 4.2 Satz 4 der Anlage VIII oder Nummer 8.2 Satz 2 der Anlage VIII c die Maßnahmen nicht duldet oder die vorgeschriebenen Aufzeichnungen nicht vorlegt.

(3) Ordnungswidrig im Sinne des § 24 des Straßenverkehrsgesetzes handelt ferner, wer vorsätzlich oder fahrlässig ein Kraftfahrzeug oder ein Kraftfahrzeug mit Anhänger (Fahrzeugkombination) unter Verstoß gegen eine der folgenden Vorschriften in Betrieb nimmt:
1. des § 30 über allgemeine Beschaffenheit von Fahrzeugen;
1 a. des § 30 c Abs. 1 über vorstehende Außenkanten;
2. des § 32 Abs. 1 bis 4 oder 9 über Abmessungen von Fahrzeugen und Fahrzeugkombinationen;
3. der §§ 32 a, 42 Abs. 2 Satz 1 über das Mitführen von Anhängern, des § 33 Abs. 1 Satz 1 oder Abs. 2 Nr. 1 oder 6 über das Schleppen von Fahrzeugen, des § 43 Abs. 1 Satz 1 bis 3, Abs. 2 Satz 1, Abs. 3, 4 Satz 1 oder 3 über Einrichtungen zur Verbindung von Fahrzeugen oder des § 44 Abs. 1, 2 Satz 1 oder Abs. 3 über Stützeinrichtungen und Stützlast von Fahrzeugen;
3 a. des § 32 b Abs. 1 oder 2 über Unterfahrschutz;
3 b. des § 32 c Abs. 2 über seitliche Schutzvorrichtungen;
3 c. des § 32 d Abs. 1 oder 2 Satz 1 über Kurvenlaufeigenschaften;
4. des § 34 Abs. 3 Satz 3 über die zulässige Achslast oder das zulässige Gesamtgewicht bei Fahrzeugen oder Fahrzeugkombinationen, des § 34 Abs. 8 über das Gewicht auf einer oder mehreren Antriebsachsen, des § 34 Abs. 9 Satz 1 über den Achsabstand, des § 34 Abs. 11 über Hubachsen oder Lastverlagerungsachsen, des § 34 b über die Laufrollenlast oder das Gesamtgewicht von Gleiskettenfahrzeugen oder des § 42 Abs. 1 oder Abs. 2 Satz 2 über die zulässige Anhängerlast;
5. des § 34 a Abs. 1 über die Besetzung oder des § 34 a Abs. 2, 5 Satz 1 oder Absatz 6 über die Beschaffenheit von Kraftomnibussen;
6. des § 35 über die Motorleistung;
7. des § 35 a Abs. 1 über Anordnung oder Beschaffenheit des Sitzes des Fahrzeugführers, des Betätigungsraums oder der Einrichtungen zum Führen des Fahrzeugs für den Fahrer, der Absätze 2, 3, 4, 5 Satz 1 oder Abs. 7 über Sitze und deren Verankerungen, Kopfstützen, Sicherheitsgurte und deren Verankerungen oder über Rückhaltesysteme, des Absatzes 8 Satz 1 über die Anbringung von nach hinten gerichteten Rückhalteeinrichtungen für Kinder auf Beifahrersitzen, vor denen ein betriebsbereiter Airbag eingebaut ist, oder Satz 2 oder 4 über die Warnung vor der Verwendung von nach hinten gerichteten Rückhalteeinrichtungen für Kinder auf Beifahrersitzen mit Airbag, des Absatzes 9 Satz 1 über Sitz, Handgriff und Fußstützen für den Beifahrer auf Krafträdern oder des Absatzes 10 über die Beschaffenheit von Sitzen, ihre Lehnen und ihre Befestigungen sowie der selbsttätigen Verriegelung von klappbaren Sitzen und Rückenlehnen und der Zugänglichkeit der Entriegelungseinrichtung oder des Absatzes 11 über Verankerungen der Sicherheitsgurte und Sicherheitsgurte von dreirädrigen oder vierrädrigen Kraftfahrzeugen;
7 a. des § 35 b Abs. 1 über die Beschaffenheit der Einrichtungen zum Führen von Fahrzeugen oder des § 35 b Abs. 2 über das Sichtfeld des Fahrzeugführers;
7 b. des § 35 c über Heizung oder Belüftung, des § 35 d über Einrichtungen zum Auf- oder Absteigen, über die Kenntlichmachung von beweglichen Einstieghilfen oder über die Beschaffenheit der Fußböden oder der Übergänge in Ge-

Jagow 1043

lenkfahrzeugen, des § 35 e Abs. 1 bis 4 Satz 1, 2 oder 3, dieser in Verbindung mit Nummer 4.1 Satz 1, Nummer 4.1.1 Satz 1 oder Nummer 4.1.2 der Anlage X, oder Abs. 5 Satz 1, 2, 4 bis 8 oder Abs. 6 über Türen oder Türeinrichtungen oder des § 35 f Abs. 1, 2 oder 3, dieser in Verbindung mit Nummer 5.2.1, 5.3.1, 5.4 oder 5.5 der Anlage X, über Notausstiege in Kraftomnibussen;

7 c. des § 35 g Abs. 1 oder 2 über Feuerlöscher in Kraftomnibussen oder des § 35 h Abs. 1 bis 3 über Erste-Hilfe-Material in Kraftfahrzeugen;

7 d. des § 35 i Abs. 1 Satz 1 oder 2, dieser in Verbindung mit Nummer 2 Satz 2, 4, 8 oder 9, Nummer 3.1 Satz 1, Nummer 3.2 Satz 1 oder 2, Nummer 3.3, 3.4 Satz 1 oder 2 oder Nummer 3.5 Satz 2, 3 oder 4 der Anlage X, über Gänge oder die Anordnung von Fahrgastsitzen in Kraftomnibussen oder des § 35 i Abs. 2 Satz 1 über die Beförderung liegender Fahrgäste ohne geeignete Rückhalteeinrichtungen;

8. des § 36 Abs. 1 Satz 1 oder 3 bis 5, Abs. 2 Satz 1 oder 3 bis 5 oder Abs. 2 a Satz 1 oder 2 über Bereifung, des § 36 Abs. 5 Satz 1 bis 4 über Gleisketten von Gleiskettenfahrzeugen oder Satz 6 über deren zulässige Höchstgeschwindigkeit, des § 36 a Abs. 1 über Radabdeckungen oder Abs. 3 über die Sicherung von außen am Fahrzeug mitgeführten Ersatzrädern oder des § 37 Abs. 1 Satz 1 über Gleitschutzeinrichtungen oder Abs. 2 über Schneeketten;

9. des § 38 über Lenkeinrichtungen;

10. des § 38 a über die Sicherung von Kraftfahrzeugen gegen unbefugte Benutzung;

10 a. des § 38 b über Fahrzeug-Alarmsysteme;

11. des § 39 über Einrichtungen zum Rückwärtsfahren;

11 a. des § 39 a über Betätigungseinrichtungen, Kontrolleuchten und Anzeiger;

12. des § 40 Abs. 1 über die Beschaffenheit von Scheiben oder des § 40 Abs. 2 über Anordnung und Beschaffenheit von Scheibenwischern oder des § 40 Abs. 3 über Scheiben, Scheibenwischer, Scheibenwascher, Entfrostungs- und Trocknungsanlagen von dreirädrigen Kleinkrafträdern und dreirädrigen und vierrädrigen Kraftfahrzeugen mit Führerhaus;

13. des § 41 Abs. 1 bis 13, 15 Satz 1, 3 oder 4, Abs. 16 oder 17 über Bremsen oder des § 41 Abs. 14 über Ausrüstung mit Unterlegkeilen, ihre Beschaffenheit und Anbringung;

13 a. des § 41 a Abs. 2 über die Gewährleistung des sicheren Betriebes von Flüssiggaseinrichtungen in Fahrzeugen;

13 b. des § 41 b Abs. 2 über die Ausrüstung mit automatischen Blockierverhinderern oder des § 41 b Abs. 4 über die Verbindung von Anhängern mit einem automatischen Blockierverhinderer mit Kraftfahrzeugen;

14. des § 45 Abs. 1, 2 Satz 1, 3 oder 4 über Kraftstoffbehälter oder des § 46 über Kraftstoffleitungen;

15. des § 47 c über die Ableitung von Abgasen;

16. aufgehoben;

17. des § 49 Abs. 1 über die Geräuschentwicklung;

18. des § 49 a Abs. 1 bis 4, 5 Satz 1, Abs. 6, 8, 9 Satz 2, Abs. 9 a oder 10 Satz 1 über die allgemeinen Bestimmungen für lichttechnische Einrichtungen;

18 a. des § 50 Abs. 1, 2 Satz 1, 6 Halbsatz 2 oder Satz 7, Abs. 3 Satz 1 oder 2, Abs. 5, 6 Satz 1, 3, 4 oder 6, Abs. 6 a Satz 2 bis 5 oder Abs. 9 über Scheinwerfer für Fern- oder Abblendlicht oder Abs. 10 über Scheinwerfer mit Gasentladungslampen;

Straßenverkehrs-Zulassungs-Ordnung **Anh Ib**

18 b. des § 51 Abs. 1 Satz 1, 4 bis 6, Abs. 2 Satz 1, 4 oder Abs. 3 über Begrenzungsleuchten oder vordere Rückstrahler;
18 c. des § 51 a Abs. 1 Satz 1 bis 7, Abs. 3 Satz 1, Abs. 4 Satz 2, Abs. 6 Satz 1 oder Abs. 7 Satz 1 oder 3 über die seitliche Kenntlichmachung von Fahrzeugen oder des § 51 b Abs. 2 Satz 1 oder 3, Abs. 5 oder 6 über Umrißleuchten;
18 d. des § 51 c Abs. 3 bis 5 Satz 1 oder 3 über Parkleuchten oder Park-Warntafeln;
18 e. des § 52 Abs. 1 Satz 2 bis 5 über Nebelscheinwerfer, des § 52 Abs. 2 Satz 2 oder 3 über Suchscheinwerfer, des § 52 Abs. 5 Satz 2 über besondere Beleuchtungseinrichtungen an Krankenkraftwagen, des § 52 Abs. 7 Satz 2 oder 4 über Arbeitsscheinwerfer oder des § 52 Abs. 9 Satz 2 über Vorzeltleuchten an Wohnwagen oder Wohnmobilen;
18 f. des § 52 a Abs. 2 Satz 1 oder 3, Abs. 4, 5 oder 7 über Rückfahrscheinwerfer,
18 g. des § 53 Abs. 1 Satz 1, 3 bis 5 oder 7 über Schlußleuchten, des § 53 Abs. 2 Satz 1, 2 oder 4 bis 6 über Bremsleuchten, des § 53 Abs. 4 Satz 1 bis 4 oder 6 über Rückstrahler, des § 53 Abs. 5 Satz 1 oder 2 über die Anbringung von Schlußleuchten, Bremsleuchten und Rückstrahlern oder Satz 3 über die Kenntlichmachung von nach hinten hinausragenden Geräten, des § 53 Abs. 6 Satz 2 über Schlußleuchten an Anhängern hinter einachsigen Zug- oder Arbeitsmaschinen, des § 53 Abs. 8 über Schlußleuchten, Bremsleuchten, Rückstrahler und Fahrtrichtungsanzeiger an abgeschleppten betriebsunfähigen Fahrzeugen, des § 53 Abs. 9 Satz 1 über das Verbot der Anbringung von Schlußleuchten, Bremsleuchten oder Rückstrahlern an beweglichen Fahrzeugteilen, des § 53 Abs. 10 Satz 1 über retroreflektierende Tafeln und Markierungen aus retroreflektierenden Materialien oder Satz 2 über die Anbringung von Werbung aus andersfarbigen und retroreflektierenden Materialien an den Seitenflächen;
19. des § 53 a Abs. 1, 2 Satz 1, Abs. 3 Satz 2, Abs. 4 oder 5 über Warndreiecke, Warnleuchten und Warnblinkanlagen oder des § 54 b über die zusätzliche Mitführung einer Handlampe in Kraftomnibussen;
19 a. des § 53 b Abs. 1 Satz 1 bis 3, 4 Halbsatz 2, Abs. 2 Satz 1 bis 3, 4 Halbsatz 2, Abs. 3 Satz 1, Abs. 4 oder 5 über die Ausrüstung oder Kenntlichmachung von Anbaugeräten oder Hubladebühnen;
19 b. des § 53 c Abs. 2 über Tarnleuchten;
19 c. des § 53 d Abs. 2 bis 5 über Nebelschlußleuchten;
20. des § 54 Abs. 1 Satz 1 bis 3, Abs. 1 a Satz 1, Abs. 2, 3, 4 Nr. 1 Satz 1, 4, Nr. 2, 3 Satz 1, Nr. 4 oder Abs. 6 über Fahrtrichtungsanzeiger,
21. des § 54 a über die Innenbeleuchtung in Kraftomnibussen;
22. des § 55 Abs. 1 bis 4 über Einrichtungen für Schallzeichen;
23. des § 55 a über die Elektromagnetische Verträglichkeit;
24. des § 56 Abs. 1 bis 3 über Rückspiegel oder andere Spiegel;
25. des § 57 Abs. 1 Satz 1 oder Abs. 2 Satz 1 über das Geschwindigkeitsmeßgerät, des § 57 a Abs. 1 Satz 1, Abs. 1 a oder 2 Satz 1 über Fahrtschreiber;
25 a. des § 57 a Abs. 3 Satz 2 über das Kontrollgerät nach der Verordnung (EWG) Nr. 3821/85*;
25 b. des § 57 c Abs. 2 oder 5 über die Ausrüstung oder Benutzung der Geschwindigkeitsbegrenzer;

---

* S hierzu Kontrollmittel-VO v 16. 5. 1991 (BGBl I 1134) iVm § 3 der 39. Ausnahme-VO v 27. 6. 1991 (BGBl I 1431).

Jagow 1045

26. des § 58 Abs. 2 oder 5 Satz 1, jeweils auch in Verbindung mit § 36 Abs. 1 Satz 2, oder Abs. 3 oder 5 Satz 2 Halbsatz 2 über Geschwindigkeitsschilder an Kraftfahrzeugen oder Anhängern oder des § 59 Abs. 1 Satz 1, Abs. 1 a, 1 b, 2 oder 3 Satz 2 über Fabrikschilder oder Fahrzeug-Identifizierungsnummern;
26 a. des § 59 a über den Nachweis der Übereinstimmung mit der Richtlinie 96/53/EG;
27. des § 61 Abs. 1 über Halteeinrichtungen für Beifahrer oder Abs. 3 über Ständer von zweirädrigen Kraftfahrzeugen;
27 a. des § 61 a über Anhänger hinter Fahrrädern mit Hilfsmotor oder
28. des § 62 über die Beschaffenheit von elektrischen Einrichtungen der elektrisch angetriebenen Kraftfahrzeuge.

(4) Ordnungswidrig im Sinne des § 24 des Straßenverkehrsgesetzes handelt ferner, wer vorsätzlich oder fahrlässig ein anderes Straßenfahrzeug als ein Kraftfahrzeug oder einen Kraftfahrzeuganhänger oder wer vorsätzlich oder fahrlässig eine Kombination solcher Fahrzeuge unter Verstoß gegen eine der folgenden Vorschriften in Betrieb nimmt:
1. des § 30 über allgemeine Beschaffenheit von Fahrzeugen;
2. des § 63 über Abmessungen, Achslast, Gesamtgewicht und Bereifung sowie die Wiegepflicht;
3. des § 64 Abs. 1 über Lenkeinrichtungen, Anordnung und Beschaffenheit der Sitze, Einrichtungen zum Auf- und Absteigen oder des § 64 Abs. 2 über die Bespannung von Fuhrwerken;
4. des § 64 a über Schalleinrichtungen an Fahrrädern oder Schlitten;
5. des § 64 b über die Kennzeichnung von Gespannfahrzeugen;
6. des § 65 Abs. 1 über Bremsen oder des § 65 Abs. 3 über Bremshilfsmittel;
7. des § 66 über Rückspiegel;
7 a. des § 66 a über lichttechnische Einrichtungen oder
8. des § 67 Abs. 1 Satz 1 oder Abs. 2 Satz 1, 3 oder 4, Abs. 3, 4 Satz 1 oder 3, Abs. 5 Satz 2, Abs. 6 Halbsatz 1, Abs. 7 Satz 1 oder 3, Abs. 9 Satz 1, Abs. 10 oder 11 Nr. 2 Halbsatz 2 über lichttechnische Einrichtungen an Fahrrädern oder ihren Beiwagen.

(5) Ordnungswidrig im Sinne des § 24 des Straßenverkehrsgesetzes handelt schließlich, wer vorsätzlich oder fahrlässig
1. als Inhaber einer Allgemeinen Betriebserlaubnis für Fahrzeuge gegen eine Vorschrift des § 20 Abs. 3 Satz 3 über die Ausfüllung von Fahrzeugbriefen verstößt,
2. entgegen § 31 Abs. 1 ein Fahrzeug oder einen Zug miteinander verbundener Fahrzeuge führt, ohne zur selbständigen Leitung geeignet zu sein,
3. entgegen § 31 Abs. 2 als Halter eines Fahrzeugs die Inbetriebnahme anordnet oder zuläßt, obwohl ihm bekannt ist oder bekannt sein muß, daß der Führer nicht zur selbständigen Leitung geeignet oder das Fahrzeug, der Zug, das Gespann, die Ladung oder die Besetzung nicht vorschriftsmäßig ist oder daß die Verkehrssicherheit des Fahrzeugs durch die Ladung oder die Besetzung leidet,
4. entgegen § 31 a Abs. 2 als Halter oder dessen Beauftragter im Fahrtenbuch nicht vor Beginn der betreffenden Fahrt die erforderlichen Angaben einträgt oder nicht unverzüglich nach Beendigung der betreffenden Fahrt Datum und Uhrzeit der Beendigung mit seiner Unterschrift einträgt,

Straßenverkehrs-Zulassungs-Ordnung **Anh Ib**

4 a. entgegen § 31 a Abs. 3 ein Fahrtenbuch nicht aushändigt oder nicht aufbewahrt,
4 b. entgegen § 31 b mitzuführende Gegenstände nicht vorzeigt oder zur Prüfung nicht aushändigt,
4 c. gegen eine Vorschrift des § 31 c Satz 1 oder 4 Halbsatz 2 über Pflichten zur Feststellung der zugelassenen Achslasten oder über das Um- oder Entladen bei Überlastung verstößt,
4 d. als Fahrpersonal oder Halter gegen eine Vorschrift des § 35 g Abs. 3 über Ausbildung in der Handhabung von Feuerlöschern oder als Halter gegen eine Vorschrift des § 35 g Abs. 4 über die Prüfung von Feuerlöschern verstößt,
5. entgegen § 36 Abs. 2 b Satz 1 Luftreifen nicht oder nicht wie dort vorgeschrieben kennzeichnet,
5 a. entgegen § 47 a Abs. 1 Satz 1 in Verbindung mit Nummer 2 der Anlage XI a das Abgasverhalten seines Kraftfahrzeuges nicht oder nicht rechtzeitig untersuchen läßt, entgegen § 47 a Abs. 2 eine Untersuchung vornimmt, entgegen § 47 a Abs. 3 Satz 1 eine Plakette nach Anlage IX a zuteilt, entgegen § 47 a Abs. 3 Satz 2 nicht dafür sorgt, daß die Prüfbescheinigung die von ihm ermittelten Istwerte enthält, entgegen § 47 a Abs. 4 Satz 2 die Prüfbescheinigung nicht aushändigt, oder als Halter gegen eine Vorschrift des § 47 a Abs. 6 Satz 2 in Verbindung mit § 29 Abs. 8 über das Anbringen von verwechslungsfähigen Zeichen oder des § 47 a Abs. 7 Satz 2 Halbsatz 1, auch in Verbindung mit Anlage XI a Nr. 2.3, über die Untersuchung des Abgasverhaltens bei Wiederinbetriebnahme des Kraftfahrzeuges oder des § 47 a Abs. 7 Satz 3 über die Untersuchung des Abgasverhaltens bei Fahrzeugen mit Saisonkennzeichen verstößt,
5 b. entgegen § 47 b Abs. 5 Satz 5 eine Maßnahme nicht duldet, eine mit der Prüfung beauftragte Person nicht unterstützt oder Aufzeichnungen nicht vorlegt,
5 c. entgegen § 49 Abs. 2 a Satz 1 Auspuffanlagen, Austauschauspuffanlagen oder Einzelteile dieser Austauschauspuffanlagen als unabhängige technische Einheiten für Krafträder verwendet oder zur Verwendung feilbietet oder veräußert oder entgegen § 49 Abs. 4 Satz 1 den Schallpegel im Nahfeld nicht feststellen läßt,
5 d. entgegen § 49 Abs. 3 Satz 2 ein Fahrzeug kennzeichnet oder entgegen § 49 Abs. 3 Satz 3 ein Zeichen anbringt,
5 e. entgegen § 52 Abs. 6 Satz 3 die Bescheinigung nicht mitführt oder zur Prüfung nicht aushändigt,
6. als Halter oder dessen Beauftragter gegen eine Vorschrift des § 57 a Abs. 2 Satz 2 Halbsatz 2 oder 3 oder Satz 3 über die Ausfüllung und Verwendung von Schaublättern oder als Halter gegen eine Vorschrift des § 57 a Abs. 2 Satz 4 über die Vorlage und Aufbewahrung von Schaublättern verstößt,
6 a. als Halter gegen eine Vorschrift des § 57 a Abs. 3 Satz 2 in Verbindung mit Artikel 14 der Verordnung (EWG) Nr. 3821/85 über die Aushändigung, Aufbewahrung oder Vorlage von Schaublättern verstößt,
6 b. als Halter gegen eine Vorschrift des § 57 b Abs. 1 Satz 1 über die Pflicht, Fahrtschreiber oder Kontrollgeräte prüfen zu lassen, oder des § 57 b Abs. 3 über die Pflichten bezüglich des Einbauschildes verstößt,
6 c. als Kraftfahrzeugführer entgegen § 57 a Abs. 2 Satz 2 Halbsatz 1 Schaublätter vor Antritt der Fahrt nicht bezeichnet oder entgegen Halbsatz 3 mit Vermerken versieht, entgegen Satz 3 andere Schaublätter verwendet, entge-

Anh Ib   Straßenverkehrs-Zulassungs-Ordnung

      gen Satz 4 Halbsatz 1 Schaublätter nicht vorlegt oder entgegen Satz 5 ein Ersatzschaublatt nicht mitführt,
- 6 d. als Halter entgegen § 57 d Abs. 2 Satz 1 den Geschwindigkeitsbegrenzer nicht prüfen läßt,
- 6 e. als Fahrzeugführer entgegen § 57 d Abs. 2 Satz 3 eine Bescheinigung über die Prüfung des Geschwindigkeitsbegrenzers nicht mitführt oder nicht aushändigt,
- 7. gegen die Vorschrift des § 70 Abs. 3 a über die Mitführung oder Aufbewahrung sowie die Aushändigung von Urkunden über Ausnahmegenehmigungen verstößt,
- 8. entgegen § 71 vollziehbaren Auflagen nicht nachkommt, unter denen eine Ausnahmegenehmigung erteilt worden ist,
- 9. (aufgehoben)
- 10. gegen eine Vorschrift des § 72 Abs. 2
    - a) (zu § 35 f Abs. 1 und 2) über Notausstiege in Kraftomnibussen,
    - b) (zu § 41) über Bremsen oder (zu § 41 Abs. 9) über Bremsen an Anhängern oder
    - c) (zu § 42 Abs. 2) über Anhängelast bei Anhängern ohne ausreichende eigene Bremse

  verstößt.

§§ 70–73, Anlagen und Anhang (Hier nicht abgedruckt)

Anhang II

Verordnung über internationalen Kraftfahrzeugverkehr

Vom 12. November 1934 (RGBl I S. 1137), zuletzt geändert durch VO v. 29. 10. 2001 (BGBl I 2785)

– Abgedruckt sind die §§ 1–5, 7–8, 10–14.–

Auf Grund der §§ 6 und 27 des Gesetzes über den Verkehr mit Kraftfahrzeugen vom 3. Mai 1909 (Reichsgesetzbl. S. 437) nebst späteren Änderungen wird verordnet:

§ 1* [Zulassung von Fahrzeugen]

(1) Ausländische Kraftfahrzeuge und Kraftfahrzeuganhänger sind zum vorübergehenden Verkehr im Inland zugelassen, wenn für sie von einer zuständigen Stelle ein gültiger
a) Internationaler Zulassungsschein nach Artikel 4 und Anlage B des Internationalen Abkommens über Kraftfahrzeugverkehr vom 24. April 1926 (RGBl. 1930 II S. 1234) oder
b) ausländischer Zulassungsschein
ausgestellt und im Inland kein regelmäßiger Standort begründet ist. Der ausländische Zulassungsschein muß mindestens die nach Artikel 35 des Übereinkommens über den Straßenverkehr vom 8. November 1968 (BGBl. 1977 II S. 809) erforderlichen Angaben enthalten.

(2) Ausländische Kraftfahrzeuge und Kraftfahrzeuganhänger, die nach Absatz 1 zum vorübergehenden Verkehr zugelassen sind, müssen hinsichtlich Bau und Ausrüstung mindestens den Bestimmungen der Artikel 38 und 39 und der Anhänge 4 und 5 des Übereinkommens über den Straßenverkehr vom 8. November 1968 (BGBl. 1977 II S. 809), soweit dieses Übereinkommen anwendbar ist, sonst denen des Artikels 3 des Internationalen Abkommens über Kraftfahrzeugverkehr vom 24. April 1926 (RGBl. 1930 II S. 1234) entsprechen.

(3) Ist der ausländische Zulassungsschein nicht in deutscher Sprache abgefaßt, so muß er mit einer von einem Berufskonsularbeamten oder Honorarkonsul der Bundesrepublik Deutschland im Ausstellungsstaat bestätigten Übersetzung oder mit einer Übersetzung durch einen international anerkannten Automobilklub des Ausstellungsstaates oder durch eine vom Bundesministerium für Verkehr, Bau- und Wohnungswesen bestimmte Stelle verbunden sein. Satz 1 gilt nicht für ausländische Zulassungsscheine, die den Bestimmungen des Artikels 35 des Übereinkommens vom 8. November 1968 über den Straßenverkehr (BGBl. 1977 II S. 809) entsprechen.

§ 2 [Kennzeichen, Nationalitätszeichen]

(1) Ausländische Kraftfahrzeuge müssen an der Vorder- und Rückseite ihre heimischen Kennzeichen führen, die Artikel 36 und Anhang 2 des Übereinkom-

---

* S dazu § 1 StVG Rn 12.

mens über den Straßenverkehr vom 8. November 1968 (BGBl. 1977 II S. 809), soweit dieses Abkommen anwendbar ist, sonst Artikel 3 Abschnitt II Nr. 1 des Internationalen Abkommens über Kraftfahrzeugverkehr vom 24. April 1926 (RGBl. 1930 II S. 1234) entsprechen müssen. Krafträder benötigen nur ein Kennzeichen an der Rückseite. Ausländische Kraftfahrzeuganhänger müssen an der Rückseite ihr heimisches Kennzeichen nach Satz 1 oder, wenn ein solches nicht zugeteilt oder ausgegeben ist, das Kennzeichnen des ziehenden Kraftfahrzeugs führen.

(2) Ausländische Kraftfahrzeuge und Kraftfahrzeuganhänger müssen außerdem ein Nationalitätszeichen führen, das Artikel 5 und Anlage C des Internationalen Abkommens über Kraftfahrzeugverkehr vom 24. April 1926 (RGBl. 1930 II S. 1234) oder Artikel 37 und Anhang 3 des Übereinkommens über den Straßenverkehr vom 8. November 1968 (BGBl. 1977 II S. 809) entsprechen muß. Bei ausländischen Kraftfahrzeugen und Kraftfahrzeuganhängern, die in einem Mitgliedstaat der Europäischen Union zugelassen sind und entsprechend dem Anhang der Verordnung (EG) Nr. 2411/98 des Rates vom 3. November 1998 (ABl. EG Nr. L 299 S. 1) am linken Rand des Kennzeichens das Unterscheidungszeichen des Zulassungsstaates führen, ist die Anbringung eines Nationalitätszeichens nach Satz 1 nicht erforderlich.

§ 3 [Gewichte und Abmessungen ausländischer Kraftfahrzeuge]

(1) Ausländische Kraftfahrzeuge und ihre Anhänger müssen in Gewicht und Abmessungen den §§ 32 und 34 der Straßenverkehrs-Zulassungs-Ordnung entsprechen.

(2) Ausländische Kraftfahrzeuge müssen an Sitzen, für die das Recht des Zulassungsstaates Sicherheitsgurte vorschreibt, über diese Sicherheitsgurte verfügen.

(3) Ausländische Kraftfahrzeuge, deren Internationaler oder ausländischer Zulassungsschein von einem Mitgliedstaat der Europäischen Union oder von einem anderen Vertragsstaat des Abkommens über den Europäischen Wirtschaftsraum ausgestellt worden ist und die in der Richtlinie 92/6/EWG des Rates vom 10. Februar 1992 über Einbau und Benutzung von Geschwindigkeitsbegrenzern für bestimmte Kraftfahrzeugklassen in der Gemeinschaft (ABl. EG Nr. L 57 S. 27) genannt werden, müssen über Geschwindigkeitsbegrenzer nach Maßgabe des Rechts des Zulassungsstaates verfügen. Die Geschwindigkeitsbegrenzer müssen benutzt werden.

(4) Die Luftreifen ausländischer Kraftfahrzeuge und Kraftfahrzeuganhänger, deren Internationaler oder ausländischer Zulassungsschein von einem Mitgliedstaat der Europäischen Union oder von einem anderen Vertragsstaat des Abkommens über den Europäischen Wirtschaftsraum ausgestellt worden ist und die in der Richtlinie 89/459/EWG des Rates vom 18. Juli 1989 zur Angleichung der Rechtsvorschriften der Mitgliedstaaten über die Profiltiefe der Reifen an bestimmten Klassen von Kraftfahrzeugen und deren Anhängern (ABl. EG Nr. L 226 S. 4) genannt werden, müssen beim Hauptprofil der Lauffläche eine Profiltiefe von mindestens 1,6 Millimeter aufweisen; als Hauptprofil gelten dabei die breiten Profilrillen im mittleren Bereich der Lauffläche, der etwa ¾ der Laufflächenbreite einnimmt. Dies gilt nicht, wenn das Recht des Zulassungsstaates eine geringere Mindestprofiltiefe vorsieht.

VO über internationalen Kraftfahrzeugverkehr **Anh II**

§ 3 a [Geräuscharme Kraftfahrzeuge]

Ausländische Kraftfahrzeuge, die gemäß Anlage XIV der Straßenverkehrs-Zulassungs-Ordnung zur Geräuschklasse G 1 gehören, gelten als geräuscharm; sie dürfen mit dem Zeichen „Geräuscharmes Kraftfahrzeug" gemäß Anlage XV der Straßenverkehrs-Zulassungs-Ordnung gekennzeichnet sein. Andere Fahrzeuge dürfen mit diesem Zeichen nicht gekennzeichnet werden. An Fahrzeugen dürfen keine Zeichen angebracht werden, die mit dem Zeichen nach Satz 1 verwechselt werden können.

§ 4 [Ausländische und Internationale Führerscheine]

(1) Inhaber einer ausländischen Fahrerlaubnis dürfen im Umfang ihrer Berechtigung im Inland Kraftfahrzeuge führen, wenn sie hier keinen ordentlichen Wohnsitz im Sinne des § 7 der Fahrerlaubnis-Verordnung haben. Begründet der Inhaber einer in einem anderen Mitgliedstaat der Europäischen Union oder einem anderen Vertragsstaat des Abkommens über den Europäischen Wirtschaftsraum erteilten Fahrerlaubnis einen ordentlichen Wohnsitz im Inland, richtet sich seine weitere Berechtigung zum Führen von Kraftfahrzeugen nach den §§ 28 und 29 der Fahrerlaubnis-Verordnung. Begründet der Inhaber einer in einem anderen Staat erteilten Fahrerlaubnis einen ordentlichen Wohnsitz im Inland, besteht die Berechtigung noch sechs Monate. Die Fahrerlaubnisbehörde kann die Frist auf Antrag bis zu sechs Monaten verlängern, wenn der Antragsteller glaubhaft macht, daß er seinen ordentlichen Wohnsitz nicht länger als zwölf Monate im Inland haben wird. Auflagen zur ausländischen Fahrerlaubnis sind auch im Inland zu beachten.

(2) Die Fahrerlaubnis ist durch einen gültigen nationalen oder internationalen Führerschein (Artikel 7 und Anlage E des Internationalen Abkommens über Kraftfahrzeugverkehr vom 24. April 1926 – RGBl. 1930 II S. 1234 –, Artikel 41 und Anhang 7 des Übereinkommens über den Straßenverkehr vom 8. November 1968 – BGBl. 1977 II S. 809 – oder Artikel 24 und Anlage 10 des Übereinkommens über den Straßenverkehr vom 19. September 1949 – Vertragstexte der Vereinten Nationen 1552 S. 22) nachzuweisen. Ausländische nationale Führerscheine, die nicht in deutscher Sprache abgefaßt sind, die nicht in einem anderen Mitgliedstaat der Europäischen Union oder einem anderen Vertragsstaat des Abkommens über den Europäischen Wirtschaftsraum ausgestellt worden sind oder die nicht dem Anhang 6 des Übereinkommens über den Straßenverkehr vom 8. November 1968 entsprechen, müssen mit einer Übersetzung verbunden sein, es sei denn, die Bundesrepublik Deutschland hat auf das Mitführen der Übersetzung verzichtet.

(3) Die Berechtigung nach Absatz 1 gilt nicht für Inhaber ausländischer Fahrerlaubnisse,
1. die lediglich im Besitz eines Lernführerscheins oder eines anderen vorläufig ausgestellten Führerscheins sind,
2. die zum Zeitpunkt der Erteilung der ausländischen Erlaubnis zum Führen von Kraftfahrzeugen ihren ordentlichen Wohnsitz im Inland hatten, es sei denn, daß sie die Fahrerlaubnis in einem anderen Mitgliedstaat der Europäischen Union oder einem anderen Vertragsstaat des Abkommens über den Europäischen Wirtschaftsraum während eines mindestens sechsmonatigen, ausschließlich dem Besuch einer Hochschule oder Schule dienenden Aufenthalt erworben haben,

3. denen die Fahrerlaubnis im Inland vorläufig oder rechtskräftig von einem Gericht oder sofort vollziehbar oder bestandskräftig von einer Verwaltungsbehörde entzogen worden ist, denen die Fahrerlaubnis bestandskräftig versagt worden ist oder denen die Fahrerlaubnis nur deshalb nicht entzogen worden ist, weil sie zwischenzeitlich auf die Fahrerlaubnis verzichtet haben oder
4. solange sie im Inland, in dem Staat, der die Fahrerlaubnis erteilt hatte oder in dem Staat, in dem sie ihren ordentlichen Wohnsitz haben, einem Fahrverbot unterliegen oder der Führerschein nach § 94 der Strafprozeßordnung beschlagnahmt, sichergestellt oder in Verwahrung genommen worden ist.

(4) Das Recht, von einer ausländischen Fahrerlaubnis nach einer der in Absatz 3 Nr. 3 genannten Entscheidungen im Inland wieder Gebrauch zu machen, wird auf Antrag erteilt, wenn die Gründe für die Entziehung nicht mehr bestehen.

§ 5 [Gültigkeitsdauer ausländischer und Internationaler Zulassungsscheine]

Als vorübergehend im Sinne des § 1 Abs. 1 gilt ein Zeitraum bis zu einem Jahr; der Zeitablauf beginnt
a) bei internationalen Zulassungsscheinen nach dem Internationalen Abkommen über Kraftfahrzeugverkehr vom 24. April 1926 mit dem Ausstellungstage,
b) bei ausländischen Zulassungsscheinen mit dem Tage des Grenzübertritts.

§ 6 (aufgehoben)

§ 7 [Internationaler Zulassungsschein, Ausfuhrzulassung]

(1) Für Kraftfahrzeuge oder Kraftfahrzeuganhänger, für die nach § 23 der Straßenverkehrs-Zulassungs-Ordnung ein amtliches Kennzeichen zugeteilt ist, wird auf Antrag ein Internationaler Zulassungsschein nach Artikel 4 und Anlage B des Internationalen Abkommens über Kraftfahrzeugverkehr vom 24. April 1926 (RGBl. 1930 II S. 1234) ausgestellt.

(2) Soll ein zum Verkehr nicht zugelassenes Kraftfahrzeug, das im Geltungsbereich dieser Verordnung keinen regelmäßigen Standort haben soll, mit eigener Triebkraft aus dem Geltungsbereich dieser Verordnung verbracht werden, sind die Vorschriften der §§ 16 bis 62, des § 72 Abs. 2 sowie die damit im Zusammenhang stehenden Bußgeldvorschriften der Straßenverkehrs-Zulassungs-Ordnung mit folgender Maßgabe anzuwenden:
1. Es genügt, wenn die den §§ 30 bis 62 der Straßenverkehrs-Zulassungs-Ordnung entsprechenden Vorschriften erfüllt werden, die in dem Gebiet gelten, in das das Fahrzeug verbracht werden soll. Das Fahrzeug muss jedoch mindestens verkehrssicher sein; dies ist grundsätzlich anzunehmen, wenn der nächste Termin zur Durchführung der Hauptuntersuchung und Sicherheitsprüfung nach dem Ablauf der Zulassung im Geltungsbereich dieser Verordnung liegt; ansonsten ist eine Untersuchung im Umfang einer Hauptuntersuchung oder Sicherheitsprüfung durchzuführen. Unberührt bleiben die Vorschriften über Abmessungen und Gewichte nach den §§ 32 und 34 der Straßenverkehrs-Zulassungs-Ordnung. Der Nachweis über das Vorliegen der Voraussetzungen nach den Sätzen 1 und 2 für erstmals in den Verkehr kommende Fahrzeuge kann vom Fahrzeughersteller erbracht werden, wenn er Inhaber einer Allgemeinen Betriebserlaubnis für Fahrzeuge ist.
2. Das Fahrzeug darf nur zugelassen werden, wenn nachgewiesen ist, daß eine Haftpflichtversicherung nach dem Gesetz über die Haftpflichtversicherung für

VO über internationalen Kraftfahrzeugverkehr **Anh II**

ausländische Kraftfahrzeuge und Kraftfahrzeuganhänger vom 24. Juli 1956 (BGBl. I S. 667, 1957 I S. 368) in der jeweils geltenden Fassung besteht.

3. Die Zulassung im Geltungsbereich dieser Verordnung ist auf die Dauer der nach Nummer 2 nachgewiesenen Haftpflichtversicherung, längstens auf ein Jahr, zu befristen. Unberührt bleibt die Befugnis der Zulassungsbehörde, durch Befristung der Zulassung und durch Auflagen sicherzustellen, daß das Fahrzeug in angemessener Zeit den Geltungsbereich dieser Verordnung verläßt.
4. An die Stelle des amtlichen Kennzeichens tritt das Ausfuhrkennzeichen nach Muster 1.[*]
5. Zur Abstempelung des Kennzeichens ist das Fahrzeug der Zulassungsbehörde vorzuführen und von ihr zu identifizieren; diese kann auf die Vorführung verzichten, wenn das Fahrzeug erstmals in den Verkehr gebracht werden soll und ein Nachweis des Fahrzeugherstellers über die Vorschriftsmäßigkeit und Identität des Fahrzeugs vorgelegt wird. Zur Abstempelung sind Stempelplaketten nach § 23 Abs. 4 der Straßenverkehrs-Zulassungs-Ordnung, jedoch mit dem Dienstsiegel der Zulassungsbehörde mit einem Durchmesser von 35 mm mit rotem Untergrund (RAL 2002) zu verwenden.
6. An die Stelle des Fahrzeugscheins oder des Nachweises über die Betriebserlaubnis tritt der Internationale Zulassungsschein. Auf der Vorderseite des Zulassungsscheins ist ein Vermerk über den Ablauf der Gültigkeitsdauer der Zulassung im Geltungsbereich dieser Verordnung anzubringen.
7. Der Fahrzeugbrief, falls ein solcher ausgefertigt wurde, ist der Zulassungsbehörde vorzulegen und von ihr unbrauchbar zu machen.
8. Die §§ 28, 29, 29 a bis h, 47 a und 57 b der Straßenverkehrs-Zulassungs-Ordnung finden keine Anwendung.

Die vorstehenden Bestimmungen gelten entsprechend für die Zulassung von Kraftfahrzeuganhängern, die hinter einem Kraftfahrzeug aus dem Geltungsbereich dieser Verordnung verbracht werden sollen.

§ 7 a [Nationalitätszeichen „D"]

Führen Kraftfahrzeuge oder Kraftfahrzeuganhänger außer den nach § 7 Abs. 2 Satz 1 Nr. 4 oder den nach der Straßenverkehrs-Zulassungs-Ordnung vorgesehenen Kennzeichen auch das Nationalitätszeichen „D", so muß dieses Artikel 37 und Anhang 3 des Übereinkommens über den Straßenverkehr vom 8. November 1968 (BGBl. 1977 II S. 809) entsprechen.

§ 8 [Voraussetzungen für den Erhalt des Internationalen Führerscheins]

(1) Kraftfahrzeugführer erhalten auf Antrag den Internationalen Führerschein, wenn sie das achtzehnte Lebensjahr vollendet haben und eine Fahrerlaubnis nach der Fahrerlaubnis-Verordnung oder eine ausländische Erlaubnis zum Führen von Kraftfahrzeugen gemäß § 4 nachweisen. § 4 Abs. 2 Satz 2 ist entsprechend anzuwenden.

(2) Dem Antrag sind ein Lichtbild (Brustbild in der Größe von 35 mm × 45 mm bis 40 mm × 50 mm, das den Antragsteller ohne Kopfbedeckung im Halbprofil zeigt) und der Führerschein beizufügen.

---
[*] Hier nicht abgedruckt.

§ 9 [Muster für Internationale Zulassungs- und Führerscheine]

(Hier nicht abgedruckt).

§ 10 [Mitführen der Ausweispapiere]

Der Führer eines Kraftfahrzeugs hat
1. den Internationalen oder ausländischen Zulassungsschein nach § 1 Abs. 1 oder den Internationalen Zulassungsschein nach § 7 Abs. 2 Satz 1 Nr. 6, auch in Verbindung mit Satz 2,
2. den internationalen Führerschein oder den nationalen ausländischen Führerschein und
3. eine Übersetzung des ausländischen Zulassungsscheins nach § 1 Abs. 3 und des ausländischen Führerscheins nach § 4 Abs. 2 Satz 2

mitzuführen und zuständigen Personen auf Verlangen zur Prüfung auszuhändigen.

§ 11 [Untersagung des Betriebs unvorschriftsmäßiger ausländischer Kraftfahrzeuge oder des Führens von Kraftfahrzeugen durch ungeeignete ausländische Kraftfahrzeugführer]

(1) Erweist sich ein ausländisches Fahrzeug als unvorschriftsmäßig, so ist nach § 17 der Straßenverkehrs-Zulassungs-Ordnung zu verfahren; muß der Betrieb des Fahrzeugs untersagt werden, so wird der (ausländische oder Internationale) Zulassungsschein an die ausstellende Stelle zurückgesandt.

(2) Erweist sich der Inhaber einer ausländischen Fahrerlaubnis (§ 4) als ungeeignet oder nicht befähigt zum Führen von Kraftfahrzeugen, ist ihm das Recht abzuerkennen, von der ausländischen Fahrerlaubnis Gebrauch zu machen. Erweist er sich als noch bedingt geeignet, ist die Fahrerlaubnis soweit es notwendig einzuschränken oder es sind die erforderlichen Auflagen anzuordnen. Im übrigen sind die §§ 3 und 46 der Fahrerlaubnis-Verordnung entsprechend anzuwenden. Die Aberkennung des Rechts, von einer ausländischen Fahrerlaubnis Gebrauch zu machen, ist auf dem ausländischen Führerschein, bei Internationalen Führerscheinen durch Ausfüllung des dafür vorgesehenen Vordrucks, zu vermerken und der ausstellenden Stelle des Auslands und dem Kraftfahrt-Bundesamt mitzuteilen.

(3) Im Inland ausgestellte Internationale Zulassungs- und Führerscheine sind, wenn der Betrieb eines Fahrzeugs oder das Führen eines Kraftfahrzeugs untersagt (die Fahrerlaubnis entzogen) wird, der untersagenden Behörde abzuliefern.

§ 12 [Eintritt in das Bundesgebiet nur auf Zollstraßen]

Im grenznahen Raum haben die Beamten des Grenzzolldienstes dieselben Befugnisse wie die Polizeibeamten über alle auf öffentlichen Straßen verkehrenden Kraftfahrzeuge oder Kraftfahrzeuganhänger und ihre Führer, gleichviel, ob sie dem internationalen Verkehr dienen oder nicht.

§ 13 [Ausnahmegenehmigungen und Zuständigkeiten]

Soweit diese Verordnung keine besonderen Regelungen trifft, gelten für die Zuständigkeiten und für die Ausnahmen von dieser Verordnung die §§ 68, 70 und 71 der Straßenverkehrs-Zulassungs-Ordnung und die §§ 73 und 74 der Fahrerlaubnis-Verordnung entsprechend.

VO über internationalen Kraftfahrzeugverkehr **Anh II**

§ 13 a

Abweichend von § 4 Abs. 1 Satz 3 dürfen Inhaber einer ausländischen Fahrerlaubnis, die ihren ordentlichen Wohnsitz bis zum 31. Dezember 1998 im Inland begründen, noch bis zum Ablauf von zwölf Monaten Kraftfahrzeuge im Inland führen.

§ 14 [Ordnungswidrigkeiten]

Ordnungswidrig im Sinne des § 24 des Straßenverkehrsgesetzes handelt, wer vorsätzlich oder fahrlässig

1. entgegen § 2 Abs. 1 Satz 1, 3 oder Abs. 2 an einem ausländischen Kraftfahrzeug oder Kraftfahrzeuganhänger das Kennzeichen oder das Nationalitätszeichen nicht oder nicht wie dort vorgeschrieben führt,
2. entgegen § 3 a Satz 2 ein Fahrzeug kennzeichnet oder entgegen § 3 a Satz 3 ein Zeichen anbringt,
3. einer vollziehbaren Auflage nach § 4 Abs. 1 Satz 5 zuwiderhandelt,
4. entgegen § 10 den Zulassungsschein, den Führerschein oder die Übersetzung des ausländischen Zulassungsscheins oder Führerscheins nicht mitführt oder zuständigen Personen auf Verlangen zur Prüfung nicht aushändigt,
5. einer vollziehbaren Auflage nach § 11 Abs. 2 Satz 2 zuwiderhandelt.

§ 15 [Inkrafttreten]

(Hier nicht abgedruckt).

Anhang III

Verordnung über die Erteilung einer Verwarnung, Regelsätze für Geldbußen und die Anordnung eines Fahrverbots wegen Ordnungswidrigkeiten im Straßenverkehr (Bußgeldkatalog-Verordnung – BKatV)

Vom 13. 11. 2001 (BGBl I 3033)

geändert durch Art 2 der VO vom 14. 12. 2001 (BGBl I 3783)

§ 1 Bußgeldkatalog

(1) Bei Ordnungswidrigkeiten nach den §§ 24 und 24 a des Straßenverkehrsgesetzes, die in der Anlage zu dieser Verordnung (Bußgeldkatalog – BKat) aufgeführt sind, ist eine Geldbuße nach den dort bestimmten Beträgen festzusetzen. Bei Ordnungswidrigkeiten nach § 24 des Straßenverkehrsgesetzes, bei denen im Bußgeldkatalog ein Regelsatz bis zu 35 Euro bestimmt ist, ist ein entsprechendes Verwarnungsgeld zu erheben.

(2) Die im Bußgeldkatalog bestimmten Beträge sind Regelsätze, die von fahrlässiger Begehung und gewöhnlichen Tatumständen ausgehen.

§ 2 Verwarnung

(1) Die Verwarnung muss mit einem Hinweis auf die Verkehrszuwiderhandlung verbunden sein.

(2) Bei unbedeutenden Ordnungswidrigkeiten nach § 24 des Straßenverkehrsgesetzes kommt eine Verwarnung ohne Verwarnungsgeld in Betracht.

(3) Das Verwarnungsgeld wird in Höhe von 5, 10, 15, 20, 25, 30 und 35 Euro erhoben.

(4) Bei Fußgängern soll das Verwarnungsgeld in der Regel 5 Euro, bei Radfahrern 10 Euro betragen, sofern der Bußgeldkatalog nichts anderes bestimmt.

(5) Ist im Bußgeldkatalog ein Regelsatz für das Verwarnungsgeld von mehr als 20 Euro vorgesehen, so kann er bei offenkundig außergewöhnlich schlechten wirtschaftlichen Verhältnissen des Betroffenen bis auf 20 Euro ermäßigt werden.

(6) Werden durch dieselbe Handlung mehrere geringfügige Ordnungswidrigkeiten begangen, für die eine Verwarnung mit Verwarnungsgeld in Betracht kommt, so wird nur ein Verwarnungsgeld, und zwar das höchste der in Betracht kommenden, erhoben.

(7) Hat der Betroffene durch mehrere Handlungen geringfügige Ordnungswidrigkeiten begangen oder gegen dieselbe Vorschrift mehrfach verstoßen, so sind die einzelnen Verstöße getrennt zu verwarnen.

(8) In den Fällen der Absätze 6 und 7 ist jedoch zu prüfen, ob die Handlung oder die Handlungen insgesamt noch geringfügig sind.

Bußgeldkatalog-Verordnung **Anh III**

§ 3 Bußgeldregelsätze

(1) Etwaige Eintragungen des Betroffenen im Verkehrszentralregister sind im Bußgeldkatalog nicht berücksichtigt, soweit nicht in den Nummern 241.1, 241.2, 242.1 und 242.2 des Bußgeldkatalogs etwas anderes bestimmt ist.

(2) Wird ein Tatbestand der Nummer 198.1 in Verbindung mit der Tabelle 3 des Anhangs oder der Nummern 212, 214 oder 214.1 bis 214.3 des Bußgeldkatalogs, für den ein Regelsatz von mehr als 35 Euro vorgesehen ist, vom Halter eines Kraftfahrzeugs verwirklicht, so ist derjenige Regelsatz anzuwenden, der in diesen Fällen für das Anordnen oder Zulassen der Inbetriebnahme eines Kraftfahrzeugs durch den Halter vorgesehen ist.

(3) Die Regelsätze, die einen Betrag von mehr als 35 Euro vorsehen, erhöhen sich bei Vorliegen einer Gefährdung oder Sachbeschädigung nach der Tabelle 4 des Anhangs, soweit diese Merkmale oder eines dieser Merkmale nicht bereits im Tatbestand des Bußgeldkatalogs enthalten sind.

(4) Wird von dem Führer eines kennzeichnungspflichtigen Kraftfahrzeugs mit gefährlichen Gütern oder eines Kraftomnibusses mit Fahrgästen ein Tatbestand
1. der Nummern 8, 15, 19, 19.1, 19.1.1, 21, 21.1, 212, 214, 214.1 bis 214.3 oder
2. der Nummern 12.5 oder 12.6, jeweils in Verbindung mit der Tabelle 2 des Anhangs, oder
3. der Nummern 198.1 oder 198.2, jeweils in Verbindung mit der Tabelle 3 des Anhangs,
des Bußgeldkatalogs verwirklicht, so erhöht sich der dort genannte Regelsatz, sofern dieser einen Betrag von mehr als 35 Euro vorsieht, auch in den Fällen des Absatzes 3, jeweils um die Hälfte, höchstens jedoch auf 475 Euro. Der nach Satz 1 erhöhte Regelsatz ist auch anzuwenden, wenn der Halter die Inbetriebnahme eines kennzeichnungspflichtigen Kraftfahrzeugs mit gefährlichen Gütern oder eines Kraftomnibusses mit Fahrgästen in den Fällen
1. der Nummern 189.1, 189.2, 189.2.1 bis 189.2.3, 189.3, 213 oder
2. der Nummern 199.1 oder 199.2, jeweils in Verbindung mit der Tabelle 3 des Anhangs,
des Bußgeldkatalogs anordnet oder zulässt.

(5) Werden durch eine Handlung mehrere Tatbestände des Bußgeldkatalogs verwirklicht, die jeweils einen Bußgeldregelsatz von mehr als 35 Euro vorsehen, so ist nur ein Regelsatz, bei unterschiedlichen Regelsätzen der höchste, anzuwenden. Dieser kann angemessen erhöht werden, höchstens jedoch auf 475 Euro.

(6) Bei Ordnungswidrigkeiten nach § 24 des Straßenverkehrsgesetzes, die von nicht motorisierten Verkehrsteilnehmern begangen werden, ist, sofern der Bußgeldregelsatz mehr als 35 Euro beträgt und der Bußgeldkatalog nicht besondere Tatbestände für diese Verkehrsteilnehmer enthält, der Regelsatz um die Hälfte zu ermäßigen. Beträgt der nach Satz 1 ermäßigte Regelsatz weniger als 40 Euro, so soll eine Geldbuße nur festgesetzt werden, wenn eine Verwarnung mit Verwarnungsgeld nicht erteilt werden kann.

§ 4 Regelfahrverbot

(1) Bei Ordnungswidrigkeiten nach § 24 des Straßenverkehrsgesetzes kommt die Anordnung eines Fahrverbots (§ 25 Abs. 1 Satz 1 des Straßenverkehrsgesetzes) wegen grober Verletzung der Pflichten eines Kraftfahrzeugführers in der Regel in Betracht, wenn ein Tatbestand

1. der Nummern 9.1 bis 9.3, der Nummern 11.1 bis 11.3, jeweils in Verbindung mit der Tabelle 1 des Anhangs,
2. der Nummern 12.5.4 oder 12.5.5 der Tabelle 2 des Anhangs, soweit die Geschwindigkeit mehr als 100 km/h beträgt, oder der Nummern 12.6.4 oder 12.6.5 der Tabelle 2 des Anhangs,
3. der Nummern 19.1.1, 21.1 und 83.3 oder
4. der Nummern 132.1, 132.2 oder 132.2.1

des Bußgeldgeldkatalogs verwirklicht wird. Wird in diesen Fällen ein Fahrverbot angeordnet, so ist in der Regel die dort bestimmte Dauer festzusetzen.

(2) Wird ein Fahrverbot wegen beharrlicher Verletzung der Pflichten eines Kraftfahrzeugführers zum ersten Mal angeordnet, so ist seine Dauer in der Regel auf einen Monat festzusetzen. Ein Fahrverbot kommt in der Regel in Betracht, wenn gegen den Führer eines Kraftfahrzeugs wegen einer Geschwindigkeitsüberschreitung von mindestens 26 km/h bereits eine Geldbuße rechtskräftig festgesetzt worden ist und er innerhalb eines Jahres seit Rechtskraft der Entscheidung eine weitere Geschwindigkeitsüberschreitung von mindestens 26 km/h begeht.

(3) Bei Ordnungswidrigkeiten nach § 24 a des Straßenverkehrsgesetzes ist ein Fahrverbot (§ 25 Abs. 1 Satz 2 des Straßenverkehrsgesetzes) in der Regel mit der in den Nummern 241, 241.1, 241.2, 242, 242.1 und 242.2 des Bußgeldkatalogs vorgesehenen Dauer anzuordnen.

(4) Wird von der Anordnung eines Fahrverbots ausnahmsweise abgesehen, so soll das für den betreffenden Tatbestand als Regelsatz vorgesehene Bußgeld angemessen erhöht werden.

§ 5 Inkrafttreten, Außerkrafttreten

Diese Verordnung tritt am 1. Januar 2002 in Kraft. Gleichzeitig tritt die Bußgeldkatalog-Verordnung vom 4. Juli 1989 (BGBl. I S. 1305, 1447), zuletzt geändert durch Artikel 6 des Gesetzes vom 19. März 2001 (BGBl. I S. 386), außer Kraft.

… Bußgeldkatalog **Anh III**

Bußgeldkatalog

Anlage
(zu § 1 Abs. 1)

Lfd. Nr.	Tatbestand	StVO	Regelsatz in Euro (€), Fahrverbot in Monaten	Pkt.*
	A. Zuwiderhandlungen gegen § 24 StG			
	a) Straßenverkehrs-Ordnung			
	Grundregeln			
1	Durch Außer-Acht-Lassen der im Verkehr erforderlichen Sorgfalt	§ 1 Abs. 2 § 49 Abs. 1 Nr. 1		
1.1	einen anderen mehr als nach den Umständen unvermeidbar belästigt		10 €	
1.2	einen anderen mehr als nach den Umständen unvermeidbar behindert		20 €	
1.3	einen anderen gefährdet		30 €	
1.4	einen anderen geschädigt, soweit im Folgenden nichts anderes bestimmt ist		35 €	
	Straßenbenutzung durch Fahrzeuge			
2	Vorschriftswidrig Gehweg, Seitenstreifen (außer auf Autobahnen oder Kraftfahrstraßen), Verkehrsinsel oder Grünanlage benutzt	§ 2 Abs. 1 § 49 Abs. 1 Nr. 2	5 €	
2.1	– mit Behinderung	§ 2 Abs. 1 § 1 Abs. 2 § 49 Abs. 1 Nr. 1, 2	10 €	
2.2	– mit Gefährdung		20 €	
3	Gegen das Rechtsfahrgebot verstoßen durch Nichtbenutzen			
3.1	der rechten Fahrbahnseite	§ 2 Abs. 2 § 49 Abs. 1 Nr. 2	10 €	
3.1.1	– mit Behinderung	§ 2 Abs. 2 § 1 Abs. 2 § 49 Abs. 1 Nr. 1, 2	20 €	
3.2	des rechten Fahrstreifens (außer auf Autobahnen oder Kraftfahrstraßen) und dadurch einen anderen behindert	§ 2 Abs. 2 § 1 Abs. 2 § 49 Abs. 1 Nr. 1, 2	20 €	

* Die hier vermerkten Punkte sind nicht Gegenstand des amtl. Katalogs.

Lfd. Nr.	Tatbestand	StVO	Regelsatz in Euro (€), Fahrverbot in Monaten	Pkt.*
3.3	der rechten Fahrbahn bei zwei getrennten Fahrbahnen	§ 2 Abs. 2 § 49 Abs. 1 Nr. 2	25 €	
3.3.1	– mit Gefährdung	§ 2 Abs. 2 § 1 Abs. 2 § 49 Abs. 1 Nr. 1, 2	35 €	
3.4	eines markierten Schutzstreifens als Radfahrer	§ 2 Abs. 2 § 49 Abs. 1 Nr. 2	10 €	
3.4.1	– mit Behinderung	§ 2 Abs. 2 § 1 Abs. 2 § 49 Abs. 1 Nr. 1, 2	15 €	
3.4.2	– mit Gefährdung		20 €	
3.4.3	– mit Sachbeschädigung		25 €	
4	Gegen das Rechtsfahrgebot verstoßen	§ 2 Abs. 2 § 1 Abs. 2 § 49 Abs. 1 Nr. 1, 2		
4.1	bei Gegenverkehr, beim Überholt werden, an Kuppen, in Kurven oder bei Unübersichtlichkeit und dadurch einen anderen gefährdet		40 €	2
4.2	auf Autobahnen oder Kraftfahrstraßen und dadurch einen anderen behindert		40 €	1
5	Schienenbahn nicht durchfahren lassen	§ 2 Abs. 3 § 49 Abs. 1 Nr. 2	5 €	
6	Als Führer eines kennzeichnungspflichtigen Kraftfahrzeugs mit gefährlichen Gütern bei Sichtweite unter 50 m durch Nebel, Schneefall oder Regen oder bei Schneeglätte oder Glatteis sich nicht so verhalten, dass die Gefährdung eines anderen ausgeschlossen war, insbesondere, obwohl nötig, nicht den nächsten geeigneten Platz zum Parken aufgesucht.	§ 2 Abs. 3 a § 49 Abs. 1 Nr. 2	75 €	3
7	Als Radfahrer oder Mofafahrer			
7.1	Radweg (Zeichen 237, 240, 241) nicht benutzt oder in nicht zugelassener Richtung befahren	§ 2 Abs. 4 Satz 2 § 41 Abs. 2 Nr. 5 Satz 6 Buchstabe b § 49 Abs. 1 Nr. 2, Abs. 3 Nr. 4	15 €	
7.1.1	– mit Behinderung	§ 2 Abs. 4 Satz 2 § 1 Abs. 2 § 41 Abs. 2 Nr. 5 Satz 6 Buchstabe b § 49 Abs. 1 Nr. 1, 2 Abs. 3 Nr. 4	20 €	

Bußgeldkatalog Anh III

Lfd. Nr.	Tatbestand	StVO	Regelsatz in Euro (€), Fahrverbot in Monaten	Pkt.*
7.1.2	– mit Gefährdung		25 €	
7.1.3	– mit Sachbeschädigung		30 €	
7.2	Fahrbahn, Radweg oder Seitenstreifen nicht vorschriftsmäßig benutzt	§ 2 Abs. 4 Satz 1, 4, 5 § 49 Abs. 1 Nr. 2	10 €	
7.2.1	– mit Behinderung	§ 2 Abs. 4 Satz 1, 4, 5 § 1 Abs. 2 § 49 Abs. 1 Nr. 1, 2	15 €	
7.2.2	– mit Gefährdung		20 €	
7.2.3	– mit Sachbeschädigung		25 €	
	Geschwindigkeit			
8	Mit zu hoher, nicht angepasster Geschwindigkeit gefahren trotz angekündigter Gefahrenstelle, bei Unübersichtlichkeit, an Straßenkreuzungen, Straßeneinmündungen, Bahnübergängen oder bei schlechten Sicht- oder Wetterverhältnissen (z. B. Nebel, Glatteis)	§ 3 Abs. 1 Satz 1, 2, 4, 5 § 19 Abs. 1 Satz 2 § 49 Abs. 1 Nr. 3, 19 Buchstabe a	50 €	3
9	Festgesetzte Höchstgeschwindigkeit bei Sichtweite unter 50 m durch Nebel, Schneefall oder Regen überschritten	§ 3 Abs. 1 Satz 3 § 49 Abs. 1 Nr. 3	50 €	3
9.1	um mehr als 20 km/h mit einem Kraftfahrzeug der in § 3 Abs. 3 Nr. 2 Buchstabe a oder b StVO genannten Art		Tabelle 1 Buchstabe a	
9.2	um mehr als 15 km/h mit kennzeichnungspflichtigen Kraftfahrzeugen der in Nummer 9.1 genannten Art mit gefährlichen Gütern oder Kraftomnibussen mit Fahrgästen		Tabelle 1 Buchstabe b	
9.3	um mehr als 25 km/h innerorts oder 30 km/h außerorts mit anderen als den in Nummer 9.1 oder 9.2 genannten Kraftfahrzeugen		Tabelle 1 Buchstabe c	
10	Als Fahrzeugführer ein Kind, einen Hilfsbedürftigen oder älteren Menschen gefährdet, insbesondere durch nicht ausreichend verminderte Geschwindigkeit, mangelnde Bremsbereitschaft oder unzureichenden Seitenabstand beim Vorbeifahren oder Überholen	§ 3 Abs. 2 a § 49 Abs. 1 Nr. 3	60 €	3
11	Zulässige Höchstgeschwindigkeit überschritten mit	§ 3 Abs. 3 Satz 1, Abs. 4 § 49 Abs. 1 Nr. 3 § 18 Abs. 5 Satz 2 § 49 Abs. 1 Nr. 18		

Jagow

Anh III Bußgeldkatalog

Lfd. Nr.	Tatbestand	StVO	Regelsatz in Euro (€), Fahrverbot in Monaten	Pkt.*
		§ 20 Abs. 2 Satz 1, Abs. 4 Satz 1, 2 § 49 Abs. 1 Nr. 19 Buchstabe b § 41 Abs. 2 Nr. 5 Satz 6 Buchstabe e, Satz 7 Nr. 2 Satz 1 (Zeichen 239 oder 242 mit Zusatzschild, das den Fahrzeugverkehr zulässt) § 49 Abs. 3 Nr. 4 § 41 Abs. 2 Nr. 7 (Zeichen 274 oder 274.1, 274.2) § 49 Abs. 3 Nr. 4 § 42 Abs. 4 a Nr. 2 (Zeichen 325) § 49 Abs. 3 Nr. 5		
11.1	Kraftfahrzeugen der in § 3 Abs. 3 Nr. 2 Buchstabe a oder b StVO genannten Art		Tabelle 1 Buchstabe a	
11.2	kennzeichnungspflichtigen Kraftfahrzeugen der in Nr. 11.1 genannten Art mit gefährlichen Gütern oder Kraftomnibussen mit Fahrgästen		Tabelle 1 Buchstabe b	
11.3	anderen als den in Nr. 11.1 oder 11.2 genannten Kraftfahrzeugen		Tabelle 1 Buchstabe c	
	Abstand			
12	Erforderlichen Abstand von einem vorausfahrenden Fahrzeug nicht eingehalten	§ 4 Abs. 1 Satz 1 § 49 Abs. 1 Nr. 4		
12.1	bei einer Geschwindigkeit bis 80 km/h		25 €	
12.2	– mit Gefährdung	§ 4 Abs. 1 Satz 1 § 1 Abs. 2 § 49 Abs. 1 Nr. 1, 4	30 €	
12.3	– mit Sachbeschädigung		35 €	
12.4	bei einer Geschwindigkeit von mehr als 80 km/h, sofern der Abstand in Metern nicht weniger als ein Viertel des Tachowertes betrug	§ 4 Abs. 1 Satz 1 § 49 Abs. 1 Nr. 4	35 €	
12.5	bei einer Geschwindigkeit von mehr als 80 km/h, sofern der Abstand in Metern weniger als ein Viertel des Tachowertes betrug		Tabelle 2 Buchstabe a	

Bußgeldkatalog — Anh III

Lfd. Nr.	Tatbestand	StVO	Regelsatz in Euro (€), Fahrverbot in Monaten	Pkt.*
12.6	bei einer Geschwindigkeit von mehr als 130 km/h, sofern der Abstand in Metern weniger als ein Viertel des Tachowertes betrug		Tabelle 2 Buchstabe b	
13	Als Vorausfahrender ohne zwingenden Grund stark gebremst			
13.1	– mit Gefährdung	§ 4 Abs. 1 Satz 2 § 1 Abs. 2 § 49 Abs. 1 Nr. 1, 4	20 €	
13.2	– mit Sachbeschädigung		30 €	
14	Den zum Einscheren erforderlichen Abstand von dem vorausfahrenden Fahrzeug außerhalb geschlossener Ortschaften nicht eingehalten	§ 4 Abs. 2 Satz 1 § 49 Abs. 1 Nr. 4	25 €	
15	Mit Lastkraftwagen (zulässiges Gesamtgewicht über 3,5 t) oder Kraftomnibus bei einer Geschwindigkeit von mehr als 50 km/h auf einer Autobahn Mindestabstand von 50 m von einem vorausfahrenden Fahrzeug nicht eingehalten	§ 4 Abs. 3 § 49 Abs. 1 Nr. 4	50 €	3
	Überholen			
16	Innerhalb geschlossener Ortschaften rechts überholt	§ 5 Abs. 1 § 49 Abs. 1 Nr. 5	30 €	
16.1	– mit Sachbeschädigung	§ 5 Abs. 1 § 1 Abs. 2 § 49 Abs. 1 Nr. 1, 5	35 €	
17	Außerhalb geschlossener Ortschaften rechts überholt	§ 5 Abs. 1 § 49 Abs. 1 Nr. 5	50 €	3
18	Mit nicht wesentlich höherer Geschwindigkeit als der zu Überholende überholt	§ 5 Abs. 2 Satz 2 § 49 Abs. 1 Nr. 5	30 €	
18.1	– mit Sachbeschädigung	§ 5 Abs. 2 Satz 2 § 1 Abs. 2 § 49 Abs. 1 Nr. 1, 5	35 €	
19	Überholt, obwohl nicht übersehen werden konnte, dass während des ganzen Überholvorgangs jede Behinderung des Gegenverkehrs ausgeschlossen war, oder bei unklarer Verkehrslage	§ 5 Abs. 2 Satz 1, Abs. 3 Nr. 1 § 49 Abs. 1 Nr. 5	50 €	3
19.1	und dabei Verkehrszeichen (Zeichen 276, 277) nicht beachtet oder Fahrstreifenbegrenzung (Zeichen 295, 296) überquert oder überfahren oder der durch Pfeile vorgeschriebenen Fahrtrichtung (Zeichen 297) nicht gefolgt	§ 5 Abs. 2 Satz 1, Abs. 3 Nr. 2 § 49 Abs. 1 Nr. 5	75 €	4

Lfd. Nr.	Tatbestand	StVO	Regelsatz in Euro (€), Fahrverbot in Monaten	Pkt.*
19.1.1	mit Gefährdung oder Sachbeschädigung	§ 5 Abs. 2 Satz 1, Abs. 3 Nr. 2 § 1 Abs. 2 § 49 Abs. 1 Nr. 1, 5	125 € **Fahrverbot 1 Monat**	4
20	Überholt unter Nichtbeachten von Verkehrszeichen (Zeichen 276, 277)	§ 5 Abs. 3 Nr. 2 § 49 Abs. 1 Nr. 5	40 €	1
21	Mit einem Kraftfahrzeug mit einem zulässigen Gesamtgewicht über 7,5 t überholt, obwohl die Sichtweite durch Nebel, Schneefall oder Regen weniger als 50 m betrug	§ 5 Abs. 3 a § 49 Abs. 1 Nr. 5	75 €	4
21.1	mit Gefährdung oder Sachbeschädigung	§ 5 Abs. 3 a § 1 Abs. 2 § 49 Abs. 1 Nr. 1, 5	125 € **Fahrverbot 1 Monat**	4
22	Zum Überholen ausgeschert und dadurch nachfolgenden Verkehr gefährdet	§ 5 Abs. 4 Satz 1 § 49 Abs. 1 Nr. 5	40 €	2
23	Beim Überholen ausreichenden Seitenabstand zu einem anderen Verkehrsteilnehmer nicht eingehalten	§ 5 Abs. 4 Satz 2 § 49 Abs. 1 Nr. 5	30 €	
23.1	– mit Sachbeschädigung	§ 5 Abs. 4 Satz 2 § 1 Abs. 2 § 49 Abs. 1 Nr. 1, 5	35 €	
24	Nach dem Überholen nicht sobald wie möglich wieder nach rechts eingeordnet	§ 5 Abs. 4 Satz 3 § 49 Abs. 1 Nr. 5	10 €	
25	Nach dem Überholen beim Einordnen einen Überholten behindert	§ 5 Abs. 4 Satz 4 § 49 Abs. 1 Nr. 5	20 €	
26	Beim Überholtwerden Geschwindigkeit erhöht	§ 5 Abs. 6 Satz 1 § 49 Abs. 1 Nr. 5	30 €	
27	Als Führer eines langsameren Fahrzeugs Geschwindigkeit nicht ermäßigt oder nicht gewartet, um mehreren unmittelbar folgenden Fahrzeugen das Überholen zu ermöglichen	§ 5 Abs. 6 Satz 2 § 49 Abs. 1 Nr. 5	10 €	
28	Vorschriftswidrig links überholt, obwohl der Fahrer des vorausfahrenden Fahrzeuges die Absicht, nach links abzubiegen, angekündigt und sich eingeordnet hatte	§ 5 Abs. 7 Satz 1 § 49 Abs. 1 Nr. 5	25 €	
28.1	– mit Sachbeschädigung	§ 5 Abs. 7 Satz 1 § 1 Abs. 2 § 49 Abs. 1 Nr. 1, 5	30 €	
	Fahrtrichtungsanzeiger			
29	Fahrtrichtungsanzeiger nicht wie vorgeschrieben benutzt	§ 5 Abs. 4 a § 49 Abs. 1 Nr. 5 § 6 Satz 2 § 49 Abs. 1 Nr. 6	10 €	

Bußgeldkatalog Anh III

Lfd. Nr.	Tatbestand	StVO	Regelsatz in Euro (€), Fahrverbot in Monaten	Pkt.*
		§ 7 Abs. 5 Satz 2 § 49 Abs. 1 Nr. 7 § 9 Abs. 1 Satz 1 § 49 Abs. 1 Nr. 9 § 10 Satz 2 § 49 Abs.1 Nr.10 § 42 Abs. 2 (Zusatzschild zum Zeichen 306) § 49 Abs. 3 Nr. 5		
	Vorbeifahren			
30	An einem haltenden Fahrzeug, einer Absperrung oder einem sonstigen Hindernis auf der Fahrbahn links vorbeigefahren, ohne ein entgegenkommendes Fahrzeug durchfahren zu lassen	§ 6 Satz 1 § 49 Abs. 1 Nr. 6	20 €	
30.1	– mit Gefährdung	§ 6 Abs. 1 § 1 Abs. 2 § 49 Abs. 1 Nr. 1, 6	30 €	
30.2	– mit Sachbeschädigung		35 €	
	Benutzung von Fahrstreifen durch Kraftfahrzeuge			
31	Fahrstreifen gewechselt und dadurch einen anderen gefährdet	§ 7 Abs. 5 Satz 1 § 49 Abs. 1 Nr. 7	30 €	
31.1	– mit Sachbeschädigung	§ 7 Abs. 5 Satz 1 § 1 Abs. 2 § 49 Abs. 1 Nr. 1, 7	35 €	
	Vorfahrt			
32	Als Wartepflichtiger an eine bevorrechtigte Straße nicht mit mäßiger Geschwindigkeit herangefahren	§ 8 Abs. 2 Satz 1 § 49 Abs. 1 Nr. 8	10 €	
33	Vorfahrt nicht beachtet und dadurch einen Vorfahrtberechtigten wesentlich behindert	§ 8 Abs. 2 Satz 2 § 49 Abs. 1 Nr. 8	25 €	
34	Vorfahrt nicht beachtet und dadurch einen Vorfahrtberechtigten gefährdet	§ 8 Abs. 2 Satz 2 § 49 Abs. 1 Nr. 8	50 €	3
	Abbiegen, Wenden, Rückwärtsfahren			
35	Abgebogen, ohne sich ordnungsgemäß oder rechtzeitig eingeordnet oder ohne vor dem Einordnen oder Abbiegen auf den nachfolgenden Verkehr geachtet zu haben	§ 9 Abs.1 Satz 2, 4 § 49 Abs. 1 Nr. 9	10 €	

Jagow

Lfd. Nr.	Tatbestand	StVO	Regelsatz in Euro (€), Fahrverbot in Monaten	Pkt.*
35.1	– mit Gefährdung	§ 9 Abs. 1 Satz 2, 4 § 1 Abs. 2 § 49 Abs. 1 Nr. 1, 9	30 €	
35.2	– mit Sachbeschädigung		35 €	
36	Als Linksabbieger auf längs verlegten Schienen eingeordnet und dadurch ein Schienenfahrzeug behindert	§ 9 Abs. 1 Satz 3 § 49 Abs. 1 Nr. 9	5 €	
37	Als auf der Fahrbahn abbiegender Radfahrer bei ausreichendem Raum nicht an der rechten Seite des in gleicher Richtung abbiegenden Fahrzeugs geblieben	§ 9 Abs. 2 Satz 1 § 49 Abs. 1 Nr. 9	10 €	
37.1	– mit Behinderung	§ 9 Abs. 2 Satz 1 § 1 Abs. 2 § 49 Abs. 1 Nr. 1, 9	15 €	
37.2	– mit Gefährdung		20 €	
37.3	– mit Sachbeschädigung		25 €	
38	Als nach links abbiegender Radfahrer nicht abgestiegen, obwohl es die Verkehrslage erforderte, oder Radverkehrsführungen nicht gefolgt	§ 9 Abs. 2 Satz 4, 5 § 49 Abs. 1 Nr. 9	10 €	
38.1	– mit Behinderung	§ 9 Abs. 2 Satz 4, 5 § 1 Abs. 2 § 49 Abs. 1 Nr. 1, 9	15 €	
38.2	– mit Gefährdung		20 €	
38.3	– mit Sachbeschädigung		25 €	
39	Abgebogen, ohne Fahrzeug durchfahren zu lassen	§ 9 Abs. 3 Satz 1, 2, Abs. 4 Satz 1 § 49 Abs. 1 Nr. 9	10 €	
40	Abgebogen, ohne Fahrzeug durchfahren zu lassen, und dadurch einen anderen gefährdet	§ 9 Abs. 3 Satz 1, 2, Abs. 4 Satz 1 § 1 Abs. 2 § 49 Abs. 1 Nr. 1, 9	40 €	2
41	Beim Abbiegen auf einen Fußgänger keine besondere Rücksicht genommen und ihn dadurch gefährdet	§ 9 Abs. 3 Satz 3 § 1 Abs. 2 § 49 Abs. 1 Nr. 1, 9	40 €	2
42	Beim Linksabbiegen nicht voreinander abgebogen	§ 9 Abs. 4 Satz 2 § 49 Abs. 1 Nr. 9	10 €	
43	Beim Linksabbiegen nicht voreinander abgebogen und dadurch einen anderen gefährdet	§ 9 Abs. 4 Satz 2 § 1 Abs. 2 § 49 Abs. 1 Nr. 1, 9	40 €	1
44	Beim Abbiegen in ein Grundstück, beim Wenden oder Rückwärtsfahren einen anderen Verkehrsteilnehmer gefährdet	§ 9 Abs. 5 § 49 Abs. 1 Nr. 9	50 €	2

Bußgeldkatalog Anh III

Lfd. Nr.	Tatbestand	StVO	Regelsatz in Euro (€), Fahrverbot in Monaten	Pkt.*
	Kreisverkehr			
45	Innerhalb des Kreisverkehrs auf der Fahrbahn			
45.1	Gehalten	§ 9 a Abs. 1 Satz 3 § 49 Abs. 1 Nr. 9 a	10 €	
45.1.1	– mit Behinderung	§ 9 a Abs. 1 Satz 3 § 1 Abs. 2 § 49 Abs. 1 Nr. 1, 9 a	15 €	
45.2	Geparkt	§ 9 a Abs. 1 Satz 3 § 49 Abs. 1 Nr. 9 a	15 €	
45.2.1	– mit Behinderung	§ 9 a Abs. 1 Satz 3 § 1 Abs. 2 § 49 Abs. 1 Nr. 1, 9 a	25 €	
46	Als Berechtigter beim Überfahren der Mittelinsel im Kreisverkehr einen anderen gefährdet	§ 9 a Abs. 2 Satz 2 Halbsatz 2 § 49 Abs. 1 Nr. 9 a	35 €	
	Einfahren und Anfahren			
47	Aus einem Grundstück, einem Fußgängerbereich (Zeichen 242, 243), einem verkehrsberuhigten Bereich (Zeichen 325, 326) auf die Straße oder von einem anderen Straßenteil oder über einen abgesenkten Bordstein hinweg auf die Fahrbahn eingefahren oder vom Fahrbahnrand angefahren und dadurch einen anderen gefährdet	§ 10 Satz 1 § 49 Abs. 1 Nr. 10	30 €	
47.1	– mit Sachbeschädigung	§ 10 Satz 1 § 1 Abs. 2 § 49 Abs. 1 Nr. 1, 10	35 €	
48	Beim Fahren in eine oder aus einer Parklücke stehendes Fahrzeug beschädigt	§ 10 Satz 1 § 1 Abs. 2 § 49 Abs. 1 Nr. 1, 10	20 €	
	Besondere Verkehrslagen			
49	Trotz stockenden Verkehrs in eine Kreuzung oder Einmündung eingefahren und dadurch einen anderen behindert	§ 11 Abs. 1 Satz 1 § 1 Abs. 2 § 49 Abs. 1 Nr. 1, 11	20 €	
50	Bei stockendem Verkehr auf einer Autobahn oder Außerortsstraße für die Durchfahrt von Polizei- oder Hilfsfahrzeugen eine vorschriftsmäßige Gasse nicht gebildet	§ 11 Abs. 2 § 49 Abs. 1 Nr. 11	20 €	

Lfd. Nr.	Tatbestand	StVO	Regelsatz in Euro (€), Fahrverbot in Monaten	Pkt.*
	Halten und Parken			
51	Unzulässig gehalten			
51.1	in den in § 12 Abs. 1 genannten Fällen	§ 12 Abs. 1 § 49 Abs. 1 Nr. 12	10 €	
51.1.1	– mit Behinderung	§ 12 Abs. 1 § 1 Abs. 2 § 49 Abs. 1 Nr. 1, 12	15 €	
51.2	in „zweiter Reihe"	§ 12 Abs. 4 Satz 1, 2 Halbsatz 2 § 49 Abs. 1 Nr. 12	15 €	
51.2.1	– mit Behinderung	§ 12 Abs. 4 Satz 1, 2 Halbsatz 2 § 1 Abs. 2 § 49 Abs. 1 Nr. 1, 12	20 €	
52	Unzulässig geparkt (§ 12 Abs. 2 StVO) in den Fällen, in denen § 12 Abs. 1 Nr. 1 bis 7, Nr. 9 StVO das Halten verbietet, oder auf Geh- und Radwegen	§ 12 Abs. 1 Nr. 1 bis 7, 9, Abs. 3 Nr. 8 Buchstabe c, Abs. 4 a § 49 Abs. 1 Nr. 12 § 41 Abs. 2 Nr. 5 Satz 6 Buchstabe a, Satz 2 (Zeichen 237) § 49 Abs. 3 Nr. 4 § 42 Abs. 4 (Zeichen 315) § 49 Abs. 3 Nr. 5	15 €	
52.1	– mit Behinderung	§ 12 Abs. 1 Nr. 1 bis 7, 9, Abs. 3 Nr. 8 Buchstabe c, Abs. 4 a § 1 Abs. 2 § 49 Abs. 1 Nr. 1, 12 § 41 Abs. 2 Nr. 5 Satz 6 Buchstabe a, Satz 2 (Zeichen 237) § 1 Abs. 2 § 49 Abs. 1, Nr. 1, Abs. 3 Nr. 4 § 42 Abs. 4 (Zeichen 315) § 1 Abs. 2 § 49 Abs. 1 Nr. 1, Abs. 3 Nr. 5	25 €	

Bußgeldkatalog — Anh III

Lfd. Nr.	Tatbestand	StVO	Regelsatz in Euro (€), Fahrverbot in Monaten	Pkt.*
52.2	länger als 1 Stunde	§ 12 Abs. 1 Nr. 1 bis 7, 9, Abs. 3 Nr. 8 Buchstabe c, Abs. 4 a § 49 Abs. 1 Nr. 12 § 41 Abs. 2 Nr. 5 Satz 6 Buchstabe a, Satz 2 (Zeichen 237) § 49 Abs. 3 Nr. 4 § 42 Abs. 4 (Zeichen 315) § 49 Abs. 3 Nr. 5	25 €	
52.2.1	– mit Behinderung	§ 12 Abs. 1 Nr. 1 bis 7, 9, Abs. 3 Nr. 8 Buchstabe c, Abs. 4 a § 1 Abs. 2 § 49 Abs. 1 Nr. 1, 12 § 41 Abs. 2 Nr. 5 Satz 6 Buchstabe a, Satz 2 (Zeichen 237) § 1 Abs. 2 § 49 Abs. 1 Nr. 1, Abs. 3 Nr. 4 § 42 Abs. 4 (Zeichen 315) § 1 Abs. 2 § 49 Abs. 1 Nr. 1, Abs. 3 Nr. 5	35 €	
53	Vor oder in amtlich gekennzeichneten Feuerwehrzufahrten geparkt (§ 12 Abs. 2 StVO)	§ 12 Abs. 1 Nr. 8 § 49 Abs. 1 Nr. 12	35 €	
54	Unzulässig geparkt (§ 12 Abs. 2 StVO) in den in § 12 Abs. 3 Nr. 1 bis 7, 8 Buchstaben a, b oder d oder Nr. 9 genannten Fällen	§ 12 Abs. 3 Nr. 1 bis 7, 8 Buchstabe a, b, d, Nr. 9 § 49 Abs. 1 Nr. 12	10 €	
54.1	– mit Behinderung	§ 12 Abs. 3 Nr. 1 bis 7, 8 Buchstabe a, b, d, Nr. 9 § 1 Abs. 2 § 49 Abs. 1 Nr. 1, 12	15 €	
54.2	länger als 3 Stunden	§ 12 Abs. 3 Nr. 1 bis 7, 8 Buchstabe a, b, d, Nr. 9 § 49 Abs. 1 Nr. 12	20 €	

Lfd. Nr.	Tatbestand	StVO	Regelsatz in Euro (€), Fahrverbot in Monaten	Pkt.*
54.2.1	– mit Behinderung	§ 12 Abs. 3 Nr. 1 bis 7, 8 Buchstabe a, b, d, Nr. 9 § 1 Abs. 2 § 49 Abs. 1 Nr. 1, 12	30 €	
55	Unberechtigt auf Schwerbehinderten-Parkplatz geparkt (§ 12 Abs. 2 StVO)	§ 12 Abs. 3 Nr. 8 Buchstabe c (Zeichen 315 mit Zusatzschild), Buchstabe e (Zeichen 314 mit Zusatzschild) § 49 Abs. 1 Nr. 12	35 €	
56	In einem nach § 12 Abs. 3 a Satz 1 StVO geschützten Bereich während nicht zugelassener Zeiten mit einem Kraftfahrzeug über 7,5 t zulässiges Gesamtgewicht oder einem Kraftfahrzeuganhänger über 2 t zulässiges Gesamtgewicht regelmäßig geparkt (§ 12 Abs. 2 StVO)	§ 12 Abs. 3 a Satz 1 § 49 Abs. 1 Nr. 12	30 €	
57	Mit Kraftfahrzeuganhänger ohne Zugfahrzeug länger als zwei Wochen geparkt (§ 12 Abs. 2 StVO)	§ 12 Abs. 3 b Satz 1 § 49 Abs. 1 Nr. 12	20 €	
58	In „zweiter Reihe" geparkt (§ 12 Abs. 2 StVO)	§ 12 Abs. 4 Satz 1, 2 Halbsatz 2 § 49 Abs. 1 Nr. 12	20 €	
58.1	– mit Behinderung	§ 12 Abs. 4 Satz 1, 2 Halbsatz 2 § 1 Abs. 2 § 49 Abs. 1 Nr. 1, 12	25 €	
58.2	länger als 15 Minuten	§ 12 Abs. 4 Satz 1, 2 Halbsatz 2 § 49 Abs. 1 Nr. 12	30 €	
58.2.1	– mit Behinderung	§ 12 Abs. 4 Satz 1, 2 Halbsatz 2 § 1 Abs. 2 § 49 Abs. 1 Nr. 1, 12	35 €	
59	Im Fahrraum von Schienenfahrzeugen gehalten	§ 12 Abs. 4 Satz 5 § 49 Abs. 1 Nr. 12	20 €	
59.1	– mit Behinderung	§ 12 Abs. 4 Satz 5 § 1 Abs. 2 § 49 Abs. 1 Nr. 1, 12	30 €	

Bußgeldkatalog **Anh III**

Lfd. Nr.	Tatbestand	StVO	Regelsatz in Euro (€), Fahrverbot in Monaten	Pkt.*
60	Im Fahrraum von Schienenfahrzeugen geparkt (§ 12 Abs. 2 StVO)	§ 12 Abs. 4 Satz 5 § 49 Abs. 1 Nr. 12	25 €	
60.1	– mit Behinderung	§ 12 Abs. 4 Satz 5 § 1 Abs. 2 § 49 Abs. 1 Nr. 1, 12	35 €	
61	Vorrang des Berechtigten beim Einparken in eine Parklücke nicht beachtet	§ 12 Abs. 5 § 49 Abs. 1 Nr. 12	10 €	
62	Nicht platzsparend gehalten oder geparkt (§ 12 Abs. 2 StVO)	§ 12 Abs. 6 § 49 Abs. 1 Nr. 12	10 €	
	Einrichtungen zur Überwachung der Parkzeit			
63	An einer abgelaufenen Parkuhr, ohne vorgeschriebene Parkscheibe, ohne Parkschein oder unter Überschreiten der erlaubten Höchstparkdauer geparkt (§ 12 Abs. 2 StVO)	§ 13 Abs. 1, 2 § 49 Abs. 1 Nr. 13	5 €	
63.1	bis zu 30 Minuten		5 €	
63.2	bis zu 1 Stunde		10 €	
63.3	bis zu 2 Stunden		15 €	
63.4	bis zu 3 Stunden		20 €	
63.5	länger als 3 Stunden		25 €	
	Sorgfaltspflichten beim Ein- und Aussteigen			
64	Beim Ein- oder Aussteigen einen anderen Verkehrsteilnehmer gefährdet	§ 14 Abs. 1 § 49 Abs. 1 Nr. 14	10 €	
64.1	– mit Sachbeschädigung	§ 14 Abs. 1 § 1 Abs. 2 § 49 Abs. 1 Nr. 1, 14	25 €	
65	Fahrzeug verlassen, ohne die nötigen Maßnahmen getroffen zu haben, um Unfälle oder Verkehrsstörungen zu vermeiden	§ 14 Abs. 2 Satz 1 § 49 Abs. 1 Nr. 14	15 €	
65.1	– mit Sachbeschädigung	§ 14 Abs. 2 Satz 2 § 1 Abs. 2 § 49 Abs. 1 Nr. 1, 14	25 €	
	Liegenbleiben von Fahrzeugen			
66	Liegen gebliebenes mehrspuriges Fahrzeug nicht oder nicht wie vorgeschrieben abgesichert, beleuchtet oder kenntlich gemacht und dadurch einen anderen gefährdet	§ 15, auch i. V. m. § 17 Abs. 4 Satz 1, 3 § 1 Abs. 2 § 49 Abs. 1 Nr. 1, 15	40 €	2

Lfd. Nr.	Tatbestand	StVO	Regelsatz in Euro (€), Fahrverbot in Monaten	Pkt.*
	Abschleppen von Fahrzeugen			
67	Beim Abschleppen eines auf der Autobahn liegen gebliebenen Fahrzeugs die Autobahn nicht bei der nächsten Ausfahrt verlassen oder mit einem außerhalb der Autobahn liegengebliebenen Fahrzeug in die Autobahn eingefahren	§ 15 a Abs. 1, 2 § 49 Abs. 1 Nr. 15 a	20 €	
68	Während des Abschleppens Warnblinklicht nicht eingeschaltet	§ 15 a Abs. 3 § 49 Abs. 1 Nr. 15a	5 €	
69	Kraftrad abgeschleppt	§ 15 a Abs. 4 § 49 Abs. 1 Nr. 15 a	10 €	
	Warnzeichen			
70	Missbräuchlich Schall- oder Leuchtzeichen gegeben und dadurch einen anderen belästigt oder Schallzeichen gegeben, die aus einer Folge verschieden hoher Töne bestehen	§ 16 Abs. 1, 3 § 1 Abs. 2 § 49 Abs. 1 Nr. 1, 16	10 €	
71	Als Führer eines Omnibusses des Linienverkehrs oder eines gekennzeichneten Schulbusses Warnblinklicht bei Annäherung an eine Haltestelle oder für die Dauer des Ein- und Aussteigens der Fahrgäste entgegen der straßenverkehrsbehördlichen Anordnung nicht eingeschaltet	§ 16 Abs. 2 Satz 1 § 49 Abs. 1 Nr. 16	10 €	
72	Warnblinklicht missbräuchlich eingeschaltet	§ 16 Abs. 2 Satz 2 § 49 Abs. 1 Nr. 16	5 €	
	Beleuchtung			
73	Vorgeschriebene Beleuchtungseinrichtungen nicht oder nicht vorschriftsmäßig benutzt, obwohl die Sichtverhältnisse es erforderten, oder nicht rechtzeitig abgeblendet oder Beleuchtungseinrichtungen in verdecktem oder beschmutztem Zustand benutzt	§ 17 Abs. 1, 2 Satz 3, Abs. 3 Satz 2, 5, Abs. 6 § 49 Abs. 1 Nr. 17	10 €	
73.1	– mit Gefährdung	§ 17 Abs. 1, 2 Satz 3, Abs. 3 Satz 2, 5, Abs. 6 § 1 Abs. 2 § 49 Abs. 1 Nr. 1, 17	15 €	
73.2	– mit Sachbeschädigung		35 €	
74	Nur mit Standlicht oder auf einer Straße mit durchgehender, ausreichender Be-	§ 17 Abs. 2 Satz 1, 2,	10 €	

Bußgeldkatalog Anh III

Lfd. Nr.	Tatbestand	StVO	Regelsatz in Euro (€), Fahrverbot in Monaten	Pkt.*
	leuchtung mit Fernlicht gefahren oder mit einem Kraftrad am Tage nicht mit Abblendlicht gefahren	Abs. 2 a § 49 Abs. 1 Nr. 17		
74.1	– mit Gefährdung	§ 17 Abs. 2 Satz 1, 2, Abs. 2 a § 1 Abs. 2 § 49 Abs. 1 Nr. 1, 17	15 €	
74.2	– mit Sachbeschädigung		35 €	
75	Bei erheblicher Sichtbehinderung durch Nebel, Schneefall oder Regen innerhalb geschlossener Ortschaften am Tage nicht mit Abblendlicht gefahren	§ 17 Abs. 3 Satz 1 § 49 Abs. 1 Nr. 17	25 €	
75.1	– mit Sachbeschädigung	§ 17 Abs. 3 Satz 1 § 1 Abs. 2 § 49 Abs. 1 Nr. 1, 17	35 €	
76	Bei erheblicher Sichtbehinderung durch Nebel, Schneefall oder Regen außerhalb geschlossener Ortschaften am Tage nicht mit Abblendlicht gefahren	§ 17 Abs. 3 Satz 1 § 49 Abs. 1 Nr. 17	40 €	3
77	Haltendes mehrspuriges Fahrzeug nicht oder nicht wie vorgeschrieben beleuchtet oder kenntlich gemacht	§ 17 Abs. 4 Satz 1, 3 § 49 Abs. 1 Nr. 17	20 €	
77.1	– mit Sachbeschädigung	§ 17 Abs. 4 Satz 1, 3 § 1 Abs. 2 § 49 Abs. 1 Nr. 1, 17	35 €	
	Autobahnen und Kraftfahrstraßen			
78	Autobahn oder Kraftfahrstraße mit einem Fahrzeug benutzt, dessen durch die Bauart bestimmte Höchstgeschwindigkeit weniger als 60 km/h betrug oder dessen zulässige Höchstabmessungen zusammen mit der Ladung überschritten waren, soweit die Gesamthöhe nicht mehr als 4,20 m betrug	§ 18 Abs. 1 § 49 Abs. 1 Nr. 18	20 €	
79	Autobahn oder Kraftfahrstraße mit einem Fahrzeug benutzt, dessen Höhe zusammen mit der Ladung mehr als 4,20 m betrug	§ 18 Abs. 1 Satz 2 § 49 Abs. 1 Nr. 18	40 €	1
80	An dafür nicht vorgesehener Stelle eingefahren	§ 18 Abs. 2 § 49 Abs. 1 Nr. 18	25 €	
81	An dafür nicht vorgesehener Stelle eingefahren und dadurch einen anderen gefährdet	§ 18 Abs. 2 § 1 Abs. 2 § 49 Abs. 1 Nr. 1, 18	50 €	3

Lfd. Nr.	Tatbestand	StVO	Regelsatz in Euro (€), Fahrverbot in Monaten	Pkt.*
82	Beim Einfahren Vorfahrt auf der durchgehenden Fahrbahn nicht beachtet	§ 18 Abs. 3 § 49 Abs. 1 Nr. 18	50 €	3
83	Gewendet, rückwärts oder entgegen der Fahrtrichtung gefahren	§ 18 Abs. 7 § 2 Abs. 1 § 49 Abs. 1 Nr. 2, 18		
83.1	in einer Ein- oder Ausfahrt		50 €	4
83.2	auf der Nebenfahrbahn oder dem Seitenstreifen		100 €	4
83.3	auf der durchgehenden Fahrbahn		150 € **Fahrverbot 1 Monat**	4
84	Auf einer Autobahn oder Kraftfahrstraße gehalten	§ 18 Abs. 8 § 49 Abs. 1 Nr. 18	30 €	
85	Auf einer Autobahn oder Kraftfahrstraße geparkt (§ 12 Abs. 2 StVO)	§ 18 Abs. 8 § 49 Abs. 1 Nr. 18	40 €	2
86	Als Fußgänger Autobahn betreten oder Kraftfahrstraße an dafür nicht vorgesehener Stelle betreten	§ 18 Abs. 9 § 49 Abs. 1 Nr. 18	10 €	
87	An dafür nicht vorgesehener Stelle ausgefahren	§ 18 Abs. 10 § 49 Abs. 1 Nr. 18	25 €	
88	Seitenstreifen zum Zweck des schnelleren Vorwärtskommens benutzt	§ 2 Abs. 1 § 49 Abs. 1 Nr. 2	50 €	2
	Bahnübergänge			
89	Mit einem Fahrzeug den Vorrang eines Schienenfahrzeugs nicht beachtet oder Bahnübergang unter Verstoß gegen die Wartepflicht nach § 19 Abs. 2 StVO überquert	§ 19 Abs. 1 Satz 1, Abs. 2 Satz 1, 2 § 49 Abs. 1 Nr. 19 Buchstabe a	50 €	3
90	Vor einem Bahnübergang Wartepflichten verletzt	§ 19 Abs. 2 bis 6 § 49 Abs. 1 Nr. 19 Buchstabe a	10 €	
	Öffentliche Verkehrsmittel und Schulbusse			
91	Nicht mit Schrittgeschwindigkeit gefahren (soweit nicht von Nummer 11 erfasst) an einer Haltestelle haltendem Omnibus des Linienverkehrs, haltender Straßenbahn oder haltendem gekennzeichneten Schulbus mit ein- oder aussteigenden Fahrgästen bei Vorbeifahrt rechts	§ 20 Abs. 2 Satz 1 § 49 Abs. 1 Nr. 19 Buchstabe b	15 €	
92	An einer Haltestelle (Zeichen 224) haltendem Omnibus des Linienverkehrs, haltender Straßenbahn oder haltendem gekennzeichneten Schulbus mit ein-			

Bußgeldkatalog Anh III

Lfd. Nr.	Tatbestand	StVO	Regelsatz in Euro (€), Fahrverbot in Monaten	Pkt.*
	oder aussteigenden Fahrgästen bei Vorbeifahrt rechts Schrittgeschwindigkeit oder ausreichenden Abstand nicht eingehalten oder, obwohl nötig, nicht angehalten und dadurch einen Fahrgast			
92.1	behindert	§ 20 Abs. 2 Satz 2, 3 § 49 Abs. 1 Nr. 19 Buchstabe b	40 €, soweit sich nicht aus Nr. 11 ein höherer Regelsatz ergibt	2
92.2	gefährdet	§ 20 Abs. 2 Satz 1, 3 § 49 Abs. 1 Nr. 19 Buchstabe b	50 €, soweit sich nicht aus Nr. 11, auch i. V. m. Tabelle 4, ein höherer Regelsatz ergibt	2
93	Omnibus des Linienverkehrs oder gekennzeichneten Schulbus mit eingeschaltetem Warnblinklicht bei Annäherung an eine Haltestelle überholt	§ 20 Abs. 3 § 49 Abs. 1 Nr. 19 Buchstabe b	40 €	1
94	Nicht mit Schrittgeschwindigkeit gefahren (soweit nicht von Nummer 11 erfasst) an einer Haltestelle haltendem Omnibus des Linienverkehrs oder gekennzeichnetem Schulbus mit eingeschaltetem Warnblinklicht	§ 20 Abs. 4 Satz 1, 2 § 49 Abs. 1 Nr. 19 Buchstabe b	15 €	
95	An einer Haltestelle (Zeichen 224) haltendem Omnibus des Linienverkehrs oder gekennzeichnetem Schulbus mit eingeschaltetem Warnblinklicht bei Vorbeifahrt Schrittgeschwindigkeit oder ausreichenden Abstand nicht eingehalten oder, obwohl nötig, nicht angehalten und dadurch einen Fahrgast			
95.1	behindert	§ 20 Abs. 4 Satz 3, 4 § 49 Abs. 1 Nr. 19 Buchstabe b	40 €, soweit sich nicht aus Nr. 11 ein höherer Regelsatz ergibt	2
95.2	gefährdet	§ 20 Abs. 4 Satz 1, 4 § 20 Abs. 4 Satz 2 § 1 Abs. 2 § 49 Abs. 1 Nr. 1, 19 Buchstabe b	50 €, soweit sich nicht aus Nr. 11, auch i. V. m. Tabelle 4, ein höherer	2

Anh III Bußgeldkatalog

Lfd. Nr.	Tatbestand	StVO	Regelsatz in Euro (€), Fahrverbot in Monaten	Pkt.*
96	Einem Omnibus des Linienverkehrs oder einem Schulbus das Abfahren von einer gekennzeichneten Haltestelle nicht ermöglicht	§ 20 Abs. 5 § 49 Abs. 1 Nr. 19 Buchstabe b	Regelsatz ergibt 5 €	
96.1	– mit Gefährdung	§ 20 Abs. 5 § 1 Abs. 2 § 49 Abs. 1 Nr. 1, 19 Buchstabe b	20 €	
96.2	– mit Sachbeschädigung		30 €	
	Personenbeförderung, Sicherungspflichten			
97	Gegen eine Vorschrift über die Mitnahme von Personen auf oder in Fahrzeugen verstoßen	§ 21 Abs. 1, 2, 3 § 49 Abs. 1 Nr. 20	5 €	
98	Als Kfz-Führer oder als anderer Verantwortlicher bei der Beförderung eines Kindes nicht für die vorschriftsmäßige Sicherung gesorgt (außer in KOM über 3,5 t zulässige Gesamtmasse)	§ 21 Abs. 1 a, Satz 1 § 21 Abs. 1 Satz 1 § 49 Abs. 1 Nr. 20, 20 a		
98.1	bei einem Kind		30 €	
98.2	bei mehreren Kindern		35 €	
99	Als Kfz-Führer Kind ohne jede Sicherung befördert oder als anderer Verantwortlicher nicht für eine Sicherung eines Kindes in einem Kfz gesorgt (außer in KOM über 3,5 t zulässige Gesamtmasse) oder	§ 21 Abs. 1 a Satz 1 § 21 Abs. 1 Satz 1, Abs. 2 § 49 Abs. 1 Nr. 20, 20 a		
	als Führer eines Kraftrades Kind befördert, obwohl es keinen Schutzhelm trug			
99.1	bei einem Kind		40 €	1
99.2	bei mehreren Kindern		50 €	1
100	Vorgeschriebenen Sicherheitsgurt während der Fahrt nicht angelegt	§ 21 a Abs. 1 Satz 1 § 49 Abs. 1 Nr. 20 a	30 €	
101	Amtlich genehmigten Schutzhelm während der Fahrt nicht getragen	§ 21 a Abs. 2 § 49 Abs. 1 Nr. 20 a	15 €	
	Ladung			
102	Ladung oder Ladeeinrichtung	§ 22 Abs. 1 § 49 Abs. 1 Nr. 21		

Bußgeldkatalog Anh III

Lfd. Nr.	Tatbestand	StVO	Regelsatz in Euro (€), Fahrverbot in Monaten	Pkt.*
102.1	nicht verkehrssicher verstaut oder gegen Herabfallen nicht besonders gesichert		35 €	
102.2	gegen vermeidbaren Lärm nicht besonders gesichert		10 €	
103	Ladung oder Ladeeinrichtung nicht verkehrssicher verstaut oder gegen Herabfallen nicht besonders gesichert und dadurch einen anderen gefährdet	§ 22 Abs. 1 § 1 Abs. 2 § 49 Abs. 1 Nr. 1, 21	50 €	3
104	Fahrzeug geführt, dessen Höhe zusammen mit der Ladung mehr als 4,20 m betrug	§ 22 Abs. 2 Satz 1 § 49 Abs. 1 Nr. 21	40 €	1
105	Fahrzeug geführt, das zusammen mit der Ladung eine der höchstzulässigen Abmessungen überschritt, soweit die Gesamthöhe nicht mehr als 4,20 m betrug, oder dessen Ladung unzulässig über das Fahrzeug hinausragte	§ 22 Abs. 2, 3, 4 Satz 1, 2, Abs. 5 Satz 2 § 49 Abs. 1 Nr. 21	20 €	
106	Vorgeschriebene Sicherungsmittel nicht oder nicht ordnungsgemäß angebracht	§ 22 Abs. 4 Satz 3 bis 5, Abs. 5 Satz 1 § 49 Abs. 1 Nr. 21	25 €	
	Sonstige Pflichten des Fahrzeugführers			
107	Als Fahrzeugführer nicht dafür gesorgt, dass			
107.1	seine Sicht oder sein Gehör durch die Besetzung, Tiere, die Ladung, ein Gerät oder den Zustand des Fahrzeugs nicht beeinträchtigt war	§ 23 Abs. 1 Satz 1 § 49 Abs. 1 Nr. 22	10 €	
107.2	das Fahrzeug, der Zug, die Ladung oder die Besetzung vorschriftsmäßig war oder die Verkehrssicherheit des Fahrzeugs durch die Ladung oder die Besetzung nicht litt	§ 23 Abs. 1 Satz 2 § 49 Abs. 1 Nr. 22	25 €	
107.3	das vorgeschriebene Kennzeichen stets gut lesbar war	§ 23 Abs. 1 Satz 3 § 49 Abs. 1 Nr. 22	5 €	
107.4	an einem Kraftfahrzeug, an dessen Anhänger oder an einem Fahrrad die vorgeschriebene Beleuchtungseinrichtung auch am Tage vorhanden oder betriebsbereit war	§ 23 Abs. 1 Satz 4 § 49 Abs. 1 Nr. 22	10 €	
107.4.1	– mit Gefährdung	§ 23 Abs. 1 Satz 4 § 1 Abs. 2 § 49 Abs. 1 Nr. 1, 22	20 €	

Lfd. Nr.	Tatbestand	StVO	Regelsatz in Euro (€), Fahrverbot in Monaten	Pkt.*
107.4.2	– mit Sachbeschädigung		25 €	
108	Als Fahrzeugführer nicht dafür gesorgt, dass das Fahrzeug, der Zug, die Ladung oder die Besetzung vorschriftsmäßig war, wenn dadurch die Verkehrssicherheit wesentlich beeinträchtigt war oder die Verkehrssicherheit des Fahrzeugs durch die Ladung oder die Besetzung wesentlich litt	§ 23 Abs. 1 Satz 2 § 49 Abs. 1 Nr. 22	50 €	3
109	Mobil- oder Autotelefon verbotswidrig benutzt	§ 23 Abs. 1 a § 49 Abs. 1 Nr. 22		
109.1	als Kfz-Führer		30 €	
109.2	als Radfahrer		15 €	
109a	Als Kfz-Führer ein technisches Gerät betrieben oder betriebsbereit mitgeführt, das dafür bestimmt ist, Verkehrsüberwachungsmaßnahmen anzuzeigen oder zu stören	§ 23 Abs. 1 b § 49 Abs. 1 Nr. 22	75 €	4
110	Fahrzeug oder Zug nicht auf dem kürzesten Weg aus dem Verkehr gezogen, obwohl unterwegs die Verkehrssicherheit wesentlich beeinträchtigende Mängel aufgetreten waren, die nicht alsbald beseitigt werden konnten	§ 23 Abs. 2 Halbsatz 1 § 49 Abs. 1 Nr. 22	10 €	
	Fußgänger			
111	Trotz vorhandenen Gehwegs oder Seitenstreifens auf der Fahrbahn oder außerhalb geschlossener Ortschaften nicht am linken Fahrbahnrand gegangen	§ 25 Abs. 1 Satz 2, 3 Halbsatz 2 § 49 Abs. 1 Nr. 24 Buchstabe a	5 €	
112	Fahrbahn ohne Beachtung des Fahrzeugverkehrs oder nicht zügig auf dem kürzesten Weg quer zur Fahrtrichtung oder an nicht vorgesehener Stelle überschritten	§ 25 Abs. 3 Satz 1 § 49 Abs. 1 Nr. 24 Buchstabe a		
112.1	– mit Gefährdung	§ 25 Abs. 3 Satz 1 § 1 Abs. 2 § 49 Abs. 1 Nr. 1, 24 Buchstabe a	5 €	
112.2	– mit Sachbeschädigung		10 €	
	Fußgängerüberweg			
113	An einem Fußgängerüberweg, den ein Bevorrechtigter erkennbar benutzen wollte, das Überqueren der Fahrbahn nicht ermöglicht oder nicht mit mäßiger Geschwindigkeit herangefahren oder an einem Fußgängerüberweg überholt	§ 26 Abs. 1, 3 § 49 Abs. 1 Nr. 24 Buchstabe b	50 €	4

Bußgeldkatalog — Anh III

Lfd. Nr.	Tatbestand	StVO	Regelsatz in Euro (€), Fahrverbot in Monaten	Pkt.*
114	Bei stockendem Verkehr auf einen Fußgängerüberweg gefahren	§ 26 Abs. 2 § 49 Abs. 1 Nr. 24 Buchstabe b	5 €	
	Übermäßige Straßenbenutzung			
115	Als Veranstalter erlaubnispflichtige Veranstaltung ohne Erlaubnis durchgeführt	§ 29 Abs. 2 Satz 1 § 49 Abs. 2 Nr. 6	40 €	1**
116	Ohne Erlaubnis Fahrzeug oder Zug geführt, dessen Maße oder Gewichte die gesetzlich allgemein zugelassenen Grenzen tatsächlich überschritten oder dessen Bauart dem Führer kein ausreichendes Sichtfeld ließ	§ 29 Abs. 3 § 49 Abs. 2 Nr. 7	40 €	1
	Umweltschutz			
117	Bei Benutzung eines Fahrzeugs unnötigen Lärm oder vermeidbare Abgasbelästigungen verursacht	§ 30 Abs. 1 Satz 1, 2 § 49 Abs. 1 Nr. 25	10 €	
118	Innerhalb einer geschlossenen Ortschaft unnütz hin- und hergefahren und dadurch einen anderen belästigt	§ 30 Abs. 1 Satz 3 § 49 Abs. 1 Nr. 25	20 €	
	Sonntagsfahrverbot			
119	Verbotswidrig an einem Sonntag oder Feiertag gefahren	§ 30 Abs. 3 Satz 1 § 49 Abs. 1 Nr. 25	40 €	1
120	Als Halter das verbotswidrige Fahren an einem Sonntag oder Feiertag angeordnet oder zugelassen	§ 30 Abs. 3 Satz 1 § 49 Abs. 1 Nr. 25	200 €	1
	Verkehrshindernisse			
121	Straße beschmutzt oder benetzt, obwohl dadurch der Verkehr gefährdet oder erschwert werden konnte	§ 32 Abs. 1 Satz 1 § 49 Abs. 1 Nr. 27	10 €	
122	Verkehrswidrigen Zustand nicht oder nicht rechtzeitig beseitigt oder nicht ausreichend kenntlich gemacht	§ 32 Abs. 1 Satz 2 § 49 Abs. 1 Nr. 27	10 €	
123	Gegenstand auf eine Straße gebracht oder dort liegen gelassen, obwohl dadurch der Verkehr gefährdet oder erschwert werden konnte	§ 32 Abs. 1 Satz 1 § 49 Abs. 1 Nr. 27	40 €	1
124	Gefährliches Gerät nicht wirksam verkleidet	§ 32 Abs. 2 § 49 Abs. 1 Nr. 27	5 €	

** 4 Punkte, wenn jemand als Kfz-Führer an einem Rennen mit Kfz teilgenommen oder ein solches Rennen veranstaltet hat (vgl. Nr. 4.9 der Anl. 13 zu § 40 FeV).

Lfd. Nr.	Tatbestand	StVO	Regelsatz in Euro (€), Fahrverbot in Monaten	Pkt.*
	Unfall			
125	Als Unfallbeteiligter den Verkehr nicht gesichert oder bei geringfügigem Schaden nicht unverzüglich beiseite gefahren	§ 34 Abs. 1 Nr. 2 § 49 Abs. 1 Nr. 29	30 €	
125.1	– mit Sachbeschädigung	§ 34 Abs. 1 Nr. 2 § 1 Abs. 2 § 49 Abs. 1 Nr. 1, 29	35 €	
126	Unfallspuren beseitigt, bevor die notwendigen Feststellungen getroffen worden waren	§ 34 Abs. 3 § 49 Abs. 1 Nr. 29	30 €	
	Warnkleidung			
127	Bei Arbeiten außerhalb von Gehwegen oder Absperrungen auffällige Warnkleidung nicht getragen	§ 35 Abs. 6 Satz 4 § 49 Abs. 4 Nr. 1 a	5 €	
	Zeichen und Weisungen der Polizeibeamten			
128	Weisung eines Polizeibeamten nicht befolgt	§ 36 Abs. 1 Satz 1, Abs. 3, Abs. 5 Satz 4 § 49 Abs. 3 Nr. 1	20 €	
129	Zeichen oder Haltgebot eines Polizeibeamten nicht befolgt	§ 36 Abs. 1 Satz 1, Abs. 2, Abs. 4, Abs. 5 Satz 4 § 49 Abs. 3 Nr. 1	50 €	3
	Wechsellichtzeichen, Dauerlichtzeichen und Grünpfeil			
130	Als Fußgänger rotes Wechsellichtzeichen nicht befolgt oder den Weg beim Überschreiten der Fahrbahn beim Wechsel von Grün auf Rot nicht zügig fortgesetzt	§ 37 Abs. 2 Nr. 1 Satz 7, Nr. 2, 5 Satz 3 § 49 Abs. 3 Nr. 2	5 €	
130.1	– mit Gefährdung	§ 37 Abs. 2 Nr. 1 Satz 7, Nr. 2, 5 Satz 3 § 1 Abs. 2 § 49 Abs. 1 Nr. 1, Abs. 3 Nr. 2	5 €	
130.2	– mit Sachbeschädigung		10 €	
131	Beim Rechtsabbiegen mit Grünpfeil			
131.1	aus einem anderen als dem rechten Fahrstreifen abgebogen	§ 37 Abs. 2 Nr. 1 Satz 9 § 49 Abs. 3 Nr. 2	15 €	

Bußgeldkatalog **Anh III**

Lfd. Nr.	Tatbestand	StVO	Regelsatz in Euro (€), Fahrverbot in Monaten	Pkt.*
131.2	den Fahrzeugverkehr der freigegebenen Verkehrsrichtungen, ausgenommen den Fahrradverkehr auf Radwegfurten, behindert	§ 37 Abs. 2 Nr. 1 Satz 10 § 49 Abs. 3 Nr. 2	35 €	
132	Als Fahrzeugführer in anderen als den Fällen des Rechtsabbiegens mit Grünpfeil rotes Wechsellichtzeichen oder rotes Dauerlichtzeichen nicht befolgt	§ 37 Abs. 2 Nr. 1 Satz 7, 11, Nr. 2, Abs. 3 Satz 1, 2 § 49 Abs. 3 Nr. 2	50 €	3
132.1	mit Gefährdung oder Sachbeschädigung	§ 37 Abs. 2 Nr. 1 Satz 7, 11, Nr. 2, Abs. 3 Satz 1, 2 § 1 Abs. 2 § 49 Abs. 1 Nr. 1, Abs. 3 Nr. 2	125 € **Fahrverbot 1 Monat**	4
132.2	bei schon länger als 1 Sekunde andauernder Rotphase eines Wechsellichtzeichens	§ 37 Abs. 2 Nr. 1 Satz 7, 11, Nr. 2 § 49 Abs. 3 Nr. 2	125 € **Fahrverbot 1 Monat**	4
132.2.1	mit Gefährdung oder Sachbeschädigung	§ 37 Abs. 2 Nr. 1 Satz 7, 11, Nr. 2 § 1 Abs. 2 § 49 Abs. 1 Nr. 1, Abs. 3 Nr. 2	200 € **Fahrverbot 1 Monat**	4
133	Beim Rechtsabbiegen mit Grünpfeil			
133.1	vor dem Rechtsabbiegen mit Grünpfeil nicht angehalten	§ 37 Abs. 2 Nr. 1 Satz 7 § 49 Abs. 3 Nr. 2	50 €	3
133.2	den Fahrzeugverkehr der freigegebenen Verkehrsrichtungen, ausgenommen den Fahrradverkehr auf Radwegfurten, gefährdet	§ 37 Abs. 2 Nr. 1 Satz 10 § 49 Abs. 3 Nr. 2	60 €	3
133.3	den Fußgängerverkehr oder den Fahrradverkehr auf Radwegfurten der freigegebenen Verkehrsrichtungen	§ 37 Abs. 2 Nr. 1 Satz 10 § 49 Abs. 3 Nr. 2		
133.3.1	behindert		60 €	3
133.3.2	gefährdet		75 €	3
	Blaues und gelbes Blinklicht			
134	Blaues Blinklicht zusammen mit dem Einsatzhorn oder allein oder gelbes Blinklicht missbräuchlich verwendet	§ 38 Abs. 1 Satz 1, Abs. 2, Abs. 3 Satz 3 § 49 Abs. 3 Nr. 3	20 €	
135	Einem Einsatzfahrzeug, das blaues Blinklicht zusammen mit dem Einsatzhorn verwendet hatte, nicht sofort freie Bahn geschaffen	§ 38 Abs. 1 Satz 2 § 49 Abs. 3 Nr. 3	20 €	

Lfd. Nr.	Tatbestand	StVO	Regelsatz in Euro (€), Fahrverbot in Monaten	Pkt.*
	Vorschriftszeichen			
136	Unbedingtes Haltgebot (Zeichen 206) nicht befolgt	§ 41 Abs. 2 Nr. 1 Buchstabe b § 49 Abs. 3 Nr. 4	10 €	
137	Bei verengter Fahrbahn (Zeichen 208) dem Gegenverkehr Vorrang nicht gewährt	§ 41 Abs. 2 Nr. 1 Buchstabe c § 49 Abs. 3 Nr. 4	5 €	
137.1	– mit Gefährdung	§ 41 Abs. 2 Nr. 1 Buchstabe c § 1 Abs. 2 § 49 Abs. 1 Nr. 1, Abs. 3 Nr. 4	10 €	
137.2	– mit Sachbeschädigung		20 €	
138	Die durch Vorschriftszeichen (Zeichen 209, 211, 214, 222) vorgeschriebene Fahrtrichtung oder Vorbeifahrt nicht befolgt	§ 41 Abs. 2 Nr. 2, 3 § 49 Abs. 3 Nr. 4	10 €	
138.1	– mit Gefährdung	§ 41 Abs. 2 Nr. 2, 3 § 1 Abs. 2 § 49 Abs. 1 Nr. 1, Abs. 3 Nr. 4	15 €	
138.2	– mit Sachbeschädigung		25 €	
139	Die durch Zeichen 220 (Einbahnstraße) vorgeschriebene Fahrtrichtung nicht befolgt	§ 41 Abs. 2 Nr. 2 § 49 Abs. 3 Nr. 4		
139.1	als Kfz-Führer		20 €	
139.2	als Radfahrer		15 €	
139.2.1	– mit Behinderung	§ 41 Abs. 2 Nr. 2 § 1 Abs. 2 § 49 Abs. 1 Nr. 1, Abs. 3 Nr. 4	20 €	
139.2.2	– mit Gefährdung		25 €	
139.2.3	– mit Sachbeschädigung		30 €	
140	Als anderer Verkehrsteilnehmer vorschriftswidrig Radweg (Zeichen 237) oder einen sonstigen Sonderweg (Zeichen 238, 239, 240, 241) benutzt oder als anderer Fahrzeugführer Fahrradstraße (Zeichen 244) vorschriftswidrig benutzt	§ 41 Abs. 2 Nr. 5 Satz 6 Buchstabe a Satz 2, Nr. 5 Satz 8 Nr. 1 § 49 Abs. 3 Nr. 4	10 €	
141	Fußgängerbereich (Zeichen 239, 242, 243) benutzt oder ein Verkehrsverbot (Zeichen 250, 251, 253 bis 255, 260) nicht beachtet	§ 41 Abs. 2 Nr. 5 Satz 6 Buchstabe a Satz 2, Nr. 5 Satz 7 Nr. 1 Satz 2, Nr. 6 § 49 Abs. 3 Nr. 4		

Bußgeldkatalog Anh III

Lfd. Nr.	Tatbestand	StVO	Regelsatz in Euro (€), Fahrverbot in Monaten	Pkt.*
141.1	mit Kraftfahrzeugen der in § 3 Abs. 3 Nr. 2 Buchstabe a oder b StVO genannten Art		20 €	
141.2	mit anderen Kraftfahrzeugen		15 €	
141.3	als Radfahrer		10 €	
141.3.1	– mit Behinderung	§ 41 Abs. 2 Nr. 5 Satz 6 Buchstabe a Satz 2, Nr. 5 Satz 7 Nr. 1 Satz 2, Nr. 6 § 1 Abs. 2 § 49 Abs. 1 Nr. 1, Abs. 3 Nr. 4	15 €	
141.3.2	– mit Gefährdung		20 €	
141.3.3	– mit Sachbeschädigung		25 €	
142	Als Kfz-Führer Verkehrsverbot (Zeichen 262 bis 266) oder Verbot der Einfahrt (Zeichen 267) nicht beachtet	§ 41 Abs. 2 Nr. 6 § 49 Abs. 3 Nr. 4	20 €	
143	Als Radfahrer Verbot der Einfahrt (Zeichen 267) nicht beachtet	§ 41 Abs. 2 Nr. 6 § 49 Abs. 3 Nr. 4	15 €	
143.1	– mit Behinderung	§ 41 Abs. 2 Nr. 6 § 1 Abs. 2 § 49 Abs. 1 Nr. 1, Abs. 3 Nr. 4	20 €	
143.2	– mit Gefährdung		25 €	
143.3	– mit Sachbeschädigung		30 €	
144	In einem Fußgängerbereich, der durch Zeichen 239, 242, 243 oder 250 gesperrt war, geparkt (§ 12 Abs. 2 StVO)	§ 41 Abs. 2 Nr. 5 Satz 6 Buchstabe a Satz 2, Nr. 5 Satz 7, Nr. 1 Satz 2, Nr. 6 § 49 Abs. 3 Nr. 4	30 €	
144.1	– mit Behinderung	§ 41 Abs. 2 Nr. 5 Satz 6 Buchstabe a Satz 2, Nr. 5 Satz 7, Nr. 1 Satz 2, Nr. 6 § 1 Abs. 2 § 49 Abs. 1 Nr. 1, Abs. 3 Nr. 4	35 €	
144.2	länger als 3 Stunden		35 €	
145	Als Radfahrer oder Führer eines motorisierten Zweiradfahrzeugs auf einem gemeinsamen Rad- und Gehweg auf	§ 41 Abs. 2 Nr. 5 Satz 6 Buchstabe c	10 €	

Lfd. Nr.	Tatbestand	StVO	Regelsatz in Euro (€), Fahrverbot in Monaten	Pkt.*
	einen Fußgänger nicht Rücksicht genommen	§ 49 Abs. 3 Nr. 4		
145.1	– mit Behinderung	§ 41 Abs. 2 Nr. 5 Satz 6 Buchstabe c § 1 Abs. 2 § 49 Abs. 1 Nr. 1, Abs. 3 Nr. 4	15 €	
145.2	– mit Gefährdung		20 €	
145.3	– mit Sachbeschädigung		25 €	
146	Bei zugelassenem Fahrzeugverkehr in einem Fußgängerbereich (Zeichen 239, 242, 243) nicht mit Schrittgeschwindigkeit gefahren (soweit nicht von Nummer 11 erfasst)	§ 41 Abs. 2 Nr. 5 Satz 6 Buchstabe e, Nr. 5 Satz 7 Nr. 2 Satz 1 § 49 Abs. 3 Nr. 4	15 €	
147	Als Nichtberechtigter Sonderfahrstreifen für Omnibusse des Linienverkehrs (Zeichen 245) oder für Taxen (Zeichen 245 mit Zusatzschild) benutzt	§ 41 Abs. 2 Nr. 5 Satz 11 § 49 Abs. 3 Nr. 4	15 €	
147.1	– mit Behinderung	§ 41 Abs. 2 Nr. 5 Satz 11 § 1 Abs. 2 § 49 Abs. 1 Nr. 1, Abs. 3 Nr. 4	35 €	
148	Wendeverbot (Zeichen 272) nicht beachtet	§ 41 Abs. 2 Nr. 6 § 49 Abs. 3 Nr. 4	20 €	
149	Vorgeschriebenen Mindestabstand (Zeichen 273) zu einem vorausfahrenden Fahrzeug unterschritten	§ 41 Abs. 2 Nr. 6 § 49 Abs. 3 Nr. 4	10 €	
150	Unbedingtes Haltgebot (Zeichen 206) nicht befolgt oder trotz Rotlicht nicht an der Haltelinie (Zeichen 294) gehalten und dadurch einen anderen gefährdet	§ 41 Abs. 2 Nr. 1 Buchstabe b, Abs. 3 Nr. 2 § 1 Abs. 2 § 49 Abs. 1 Nr. 1, Abs. 3 Nr. 4	50 €	3
151	Als Fahrzeugführer in einem Fußgängerbereich (Zeichen 239, 242, 243) einen Fußgänger gefährdet			
151.1	bei zugelassenem Fahrzeugverkehr (Zeichen 239, 242 mit Zusatzschild)	§ 41 Abs. 2 Nr. 5 Satz 7 Nr. 2 Satz 2 § 49 Abs. 3 Nr. 4	40 €	1
151.2	bei nicht zugelassenem Fahrzeugverkehr	§ 41 Abs. 2 Nr. 5 Satz 6 Buchstabe a Satz 2, Satz 7 Nr. 1 Satz 2 § 1 Abs. 2 § 49 Abs. 1 Nr. 1, Abs. 3 Nr. 4	50 €	1

Bußgeldkatalog Anh III

Lfd. Nr.	Tatbestand	StVO	Regelsatz in Euro (€), Fahrverbot in Monaten	Pkt.*
152	Eine für kennzeichnungspflichtige Kraftfahrzeuge mit gefährlichen Gütern (Zeichen 261) oder für Kraftfahrzeuge mit wassergefährdender Ladung (Zeichen 269) gesperrte Straße befahren	§ 41 Abs. 2 Nr. 6 § 49 Abs. 3 Nr. 4	100 €	3
153	Kraftfahrzeug trotz Verkehrsverbots bei Smog oder zur Verminderung schädlicher Luftverunreinigungen (Zeichen 270) geführt	§ 41 Abs. 2 Nr. 6 § 49 Abs. 3 Nr. 4	40 €	1
154	An der Haltlinie (Zeichen 294) nicht gehalten	§ 41 Abs. 3 Nr. 2 § 49 Abs. 3 Nr. 4	10 €	
155	Fahrstreifenbegrenzung (Zeichen 295, 296) überquert oder überfahren oder durch Pfeile vorgeschriebene Fahrtrichtung (Zeichen 297) nicht gefolgt oder Sperrfläche (Zeichen 298) benutzt (außer Parken)	§ 41 Abs. 3 Nr. 3 Buchstabe a Satz 3, Nr. 4 Satz 2 Buchstabe a, Nr. 5 Satz 3, Nr. 6 § 49 Abs. 3 Nr. 4	10 €	
155.1	– mit Sachbeschädigung	§ 41 Abs. 3 Nr. 3 Buchstabe a Satz 3, Nr. 4 Satz 2 Buchstabe a, Nr. 5 Satz 3, Nr. 6 § 1 Abs. 2 § 49 Abs. 1 Nr. 1, Abs. 3 Nr. 4	35 €	
155.2	und dabei überholt	§ 41 Abs. 3 Nr. 3 Buchstabe a Satz 3, Nr. 4 Satz 2 Buchstabe a, Nr. 5 Satz 3, Nr. 6 § 49 Abs. 3 Nr. 4	30 €	
155.3	und dabei nach links abgebogen oder gewendet	§ 41 Abs. 3 Nr. 3 Buchstabe a Satz 3, Nr. 4 Satz 2 Buchstabe a, Nr. 5 Satz 3, Nr. 6 § 49 Abs. 3 Nr. 4	30 €	
155.3.1	– mit Gefährdung	§ 41 Abs. 3 Nr. 3 Buchstabe a Satz 3, Nr. 4 Satz 2 Buchstabe a, Nr. 5 Satz 3, Nr. 6 § 1 Abs. 2 § 49 Abs. 1 Nr. 1, Abs. 3 Nr. 4	35 €	

Lfd. Nr.	Tatbestand	StVO	Regelsatz in Euro (€), Fahrverbot in Monaten	Pkt.*
156	Sperrfläche (Zeichen 298) zum Parken benutzt	§ 41 Abs. 3 Nr. 6 § 49 Abs. 3 Nr. 4	25 €	
	Richtzeichen			
157	Als Fahrzeugführer in einem verkehrsberuhigten Bereich (Zeichen 325, 326)			
157.1	Schrittgeschwindigkeit nicht eingehalten (soweit nicht von Nummer 11 erfasst)	§ 42 Abs. 4 a Nr. 2 § 49 Abs. 3 Nr. 5	15 €	
157.2	Fußgänger behindert	§ 42 Abs. 4 a Nr. 3 § 49 Abs. 3 Nr. 5	15 €	
158	Als Fahrzeugführer in einem verkehrsberuhigten Bereich (Zeichen 325, 326) einen Fußgänger gefährdet	§ 42 Abs. 4 a Nr. 3 § 49 Abs. 3 Nr. 5	40 €	1
159	In einem verkehrsberuhigten Bereich (Zeichen 325, 326) außerhalb der zum Parken gekennzeichneten Flächen geparkt (§ 12 Abs. 2 StVO)	§ 42 Abs. 4 a Nr. 5 § 49 Abs. 3 Nr. 5	10 €	
159.1	– mit Behinderung	§ 42 Abs. 4 a Nr. 5 § 1 Abs. 2 § 49 Abs. 1 Nr. 1, Abs. 3 Nr. 5	15 €	
159.2	länger als 3 Stunden		20 €	
159.2.1	– mit Behinderung	§ 42 Abs. 4 a Nr. 5 § 1 Abs. 2 § 49 Abs. 1 Nr. 1, Abs. 3 Nr. 5	30 €	
160	Auf dem linken von mehreren nach Zeichen 340 markierten Fahrstreifen auf einer Fahrbahn für beide Richtungen überholt	§ 42 Abs. 6 Satz 1 Nr. 1, Satz 3 Buchstabe b Satz 1 § 49 Abs. 3 Nr. 5	30 €	
161	Als Führer eines Lkw mit einem zulässigen Gesamtgewicht von mehr als 3,5 t oder eines Zuges von mehr als 7 m Länge den linken von mindestens 3 in einer Richtung verlaufenden Fahrstreifen außerhalb einer geschlossenen Ortschaft vorschriftswidrig benutzt	§ 42 Abs. 6 Satz 1 Nr. 1 Satz 3 Buchstabe d Satz 3 § 49 Abs. 3 Nr. 5	15 €	
161.1	– mit Behinderung	§ 42 Abs. 6 Satz 1 Nr. 1 Satz 3 Buchstabe d Satz 3 § 1 Abs. 2 § 49 Abs. 1 Nr. 1, Abs. 3 Nr. 5	20 €	
162	Auf dem linken von mehreren nach Zeichen 340 markierten Fahrstreifen auf	§ 42 Abs. 6 Satz 1 Nr. 1 Satz 3 Buch-	40 €	1

Bußgeldkatalog **Anh III**

Lfd. Nr.	Tatbestand	StVO	Regelsatz in Euro (€), Fahrverbot in Monaten	Pkt.*
	einer Fahrbahn für beide Richtungen überholt und dadurch einen anderen gefährdet	stabe b Satz 1, Buchstabe c § 1 Abs. 2 § 49 Abs. 1 Nr. 1, Abs. 3 Nr. 5		
	Verkehrseinrichtungen			
163	Durch Absperrgerät abgesperrte Straßenfläche befahren	§ 43 Abs. 3 Nr. 2 § 49 Abs. 3 Nr. 6	5 €	
	Andere verkehrsrechtliche Anordnungen			
164	Einer den Verkehr verbietenden oder beschränkenden Anordnung, die öffentlich bekannt gemacht wurde, zuwidergehandelt	§ 45 Abs. 4 Halbsatz 2 § 49 Abs. 3 Nr. 7	40 €	1
165	Mit Arbeiten begonnen, ohne zuvor Anordnungen eingeholt zu haben, diese Anordnungen nicht befolgt oder Lichtzeichenanlagen nicht bedient	§ 45 Abs. 6 § 49 Abs. 4 Nr. 3	75 €	1
	Ausnahmegenehmigung und Erlaubnis			
166	Vollziehbare Auflage einer Ausnahmegenehmigung oder Erlaubnis nicht befolgt	§ 46 Abs. 3 Satz 1 § 49 Abs. 4 Nr. 4	40 €	1
167	Genehmigungs- oder Erlaubnisbescheid nicht mitgeführt oder auf Verlangen nicht ausgehändigt	§ 46 Abs. 3 Satz 3 § 49 Abs. 4 Nr. 5	10 €	

Lfd. Nr.	Tatbestand	FeV	Regelsatz in Euro (€), Fahrverbot in Monaten	Pkt.*
	b) Fahrerlaubnis-Verordnung			
	Mitführen und Aushändigen von Führerscheinen und Bescheinigungen			
168	Führerschein oder Bescheinigung nicht mitgeführt oder auf Verlangen nicht ausgehändigt	§ 75 Nr. 4 i. V. m. den dort genannten Vorschriften	10 €	
	Einschränkung der Fahrerlaubnis			
169	Einer vollziehbaren Auflage nicht nachgekommen	§ 23 Abs. 2 Satz 1 § 28 Abs. 1 Satz 2 § 46 Abs. 2	25 €	

Lfd. Nr.	Tatbestand	FeV	Regelsatz in Euro (€), Fahrverbot in Monaten	Pkt.*
		§ 74 Abs. 3 § 75 Nr. 9		
	Ablieferung und Vorlage des Führerscheins			
170	Einer Pflicht zur Ablieferung oder zur Vorlage eines Führerscheins nicht oder nicht rechtzeitig nachgekommen	§ 75 Nr. 10 i. V. m. den dort genannten Vorschriften	25 €	
	Fahrerlaubnis zur Fahrgastbeförderung			
171	Ohne erforderliche Fahrerlaubnis zur Fahrgastbeförderung einen oder mehrere Fahrgäste in einem in § 48 Abs. 1 FeV genannten Fahrzeug befördert	§ 48 Abs. 1 § 75 Nr. 12	75 €	3
172	Als Halter die Fahrgastbeförderung in einem in § 48 Abs. 1 FeV genannten Fahrzeug angeordnet oder zugelassen, obwohl der Fahrzeugführer die erforderliche Fahrerlaubnis zur Fahrgastbeförderung nicht besaß	§ 48 Abs. 8 § 75 Nr. 12	75 €	3
	Ortskenntnisse bei Fahrgastbeförderung			
173	Als Halter die Fahrgastbeförderung in einem in § 48 Abs. 1 i. V. m. § 48 Abs. 4 Nr. 7 FeV genannten Fahrzeug angeordnet oder zugelassen, obwohl der Fahrzeugführer die erforderlichen Ortskenntnisse nicht nachgewiesen hat	§ 48 Abs. 8 § 75 Nr. 12	35 €	

Lfd. Nr.	Tatbestand	StVZO	Regelsatz in Euro (€), Fahrverbot in Monaten	Pkt.*
	c) Straßenverkehrs-Zulassungs-Ordnung			
	Mitführen und Aushändigen von Fahrzeugpapieren			
174	Fahrzeugschein, vorgeschriebene Urkunde oder sonstige Bescheinigung nicht mitgeführt oder auf Verlangen nicht ausgehändigt	§ 69 a Abs. 2 Nr. 9, Abs. 5 Nr. 5 e, jeweils i. V. m. den dort genannten Vorschriften	10 €	

Bußgeldkatalog Anh III

Lfd. Nr.	Tatbestand	StVZO	Regelsatz in Euro (€), Fahrverbot in Monaten	Pkt.*
	Betriebsverbot und -beschränkungen			
175	Als Halter oder Eigentümer einem Verbot, ein Fahrzeug in Betrieb zu setzen, zuwidergehandelt oder Beschränkung nicht beachtet	§ 17 Abs. 1 Halbsatz 2 § 69a Abs. 2 Nr. 1	50 €	1
176	Betriebsverbot wegen Verstoßes gegen die Pflichten beim Erwerb des Fahrzeugs nicht beachtet	§ 27 Abs. 3 Satz 4 Halbsatz 1 § 69a Abs. 2 Nr. 12	40 €	1
177	Betriebsverbot oder -beschränkung wegen Fehlens einer gültigen Prüfplakette oder Prüfmarke in Verbindung mit einem SP-Schild nicht beachtet	§ 29 Abs. 7 Satz 5 Halbsatz 1 § 69a Abs. 2 Nr. 15	40 €	1
	Zulassungspflicht			
178	Kraftfahrzeug oder Kraftfahrzeuganhänger ohne die erforderliche Zulassung oder Betriebserlaubnis oder außerhalb des auf dem Saisonkennzeichen angegebenen Betriebszeitraums oder nach dem auf dem Kurzzeitkennzeichen angegebenen Ablaufdatum auf einer öffentlichen Straße in Betrieb gesetzt	§ 18 Abs. 1, 3 Satz 1 § 23 Abs. 1 b Satz 2 § 28 Abs. 1 Satz 3 i. V. m. Abs. 4 Satz 3 § 69a Abs. 2 Nr. 3, 4, 10a	50 €	3
179	Fahrzeug außerhalb des auf dem Kennzeichen angegebenen Betriebszeitraums auf einer öffentlichen Straße abgestellt	§ 23 Abs. 1 b Satz 2 § 69a Abs. 2 Nr. 10a	40 €	3
	Versicherungskennzeichen			
180	Einer Vorschrift über Versicherungskennzeichen an Fahrzeugen zuwidergehandelt	§ 18 Abs. 4 Satz 2 § 60 Abs. 1 Satz 4, 5, Abs. 1 a, 2 Satz 1 Halbsatz 1, Satz 3, 4, Abs. 3 Satz 1, Abs. 5 § 69a Abs. 2 Nr. 5	5 €	
	Amtliche oder rote Kennzeichen an Fahrzeugen, Kurzzeitkennzeichen			
181	Einer Vorschrift über amtliche oder rote Kennzeichen oder über Kurzzeitkennzeichen an Fahrzeugen zuwidergehandelt mit Ausnahme des Fehlens der vorgeschriebenen Kennzeichen	§ 23 Abs. 4 Satz 1 Halbsatz 1 § 28 Abs. 5 Satz 1 Halbsatz 1 § 60 Abs. 1 Satz 4 Halbsatz 1, Satz 5, jeweils auch i. V. m.	10 €	

Lfd. Nr.	Tatbestand	StVZO	Regelsatz in Euro (€), Fahrverbot in Monaten	Pkt.*
		§ 28 Abs. 2 Satz 1, Abs. 5 § 60 Abs. 1 a Satz 1, Abs. 1 c, Abs. 2 Satz 1 Halbsatz 1, Satz 5 bis 7, 9, Abs. 4 Satz 1, 3, jeweils auch i. V. m. Abs. 5 Satz 2 oder § 28 Abs. 2 Satz 1, Abs. 5 § 60 Abs. 3 Satz 3, Abs. 7 Satz 1 Halbsatz 1 § 69 a Abs. 2 Nr. 4, 13 b		
	Meldepflichten, Zurückziehen aus dem Verkehr			
182	Gegen die Meldepflicht bei Änderung der tatsächlichen Verhältnisse, gegen die Antrags- oder Anzeigepflicht bei Standortänderung, Veräußerung oder Erwerb des Fahrzeugs oder gegen die Anzeige- oder Vorlagepflicht bei Dauerstillegung des Fahrzeugs oder gegen die Pflicht, das Kennzeichen entstempeln zu lassen, verstoßen oder Verwertungsnachweis oder Verbleibserklärung nicht oder nicht vorschriftsmäßig vorgelegt oder abgegeben	§ 27 Abs. 1, 1 a, 2, 3 Satz 1 Halbsatz 1, Satz 2, Abs. 5 Satz 1, dieser auch i. V. m. Abs. 4 Satz 3 § 27 a, § 69 a Abs. 2 Nr. 12, 12 a	15 €	
	Prüfungs-, Probe-, Überführungsfahrten			
183	Gegen die Pflicht zur Verwendung von Fahrzeugscheinheften oder gegen Vorschriften über die Vornahme von Eintragungen in diese Hefte oder in die bei der Zuteilung von Kurzzeitkennzeichen ausgegebenen Scheine oder gegen Vorschriften über die Ablieferung von roten Kennzeichen oder Fahrzeugscheinheften verstoßen	§ 28 Abs. 3 Satz 2, 5, Abs. 4 Satz 2 § 69 a Abs. 2 Nr. 13, 13 a	10 €	
184	Gegen die Pflicht zum Führen, Aufbewahren oder Aushändigen von Aufzeichnungen über Prüfungs-, Probe- oder Überführungsfahrten verstoßen	§ 28 Abs. 3 Satz 3, 4 § 69 a Abs. 2 Nr. 13	25 €	
185	Kurzzeitkennzeichen an mehr als einem Fahrzeug verwendet	§ 28 Abs. 4 Satz 2 i. V. m. Satz 1	50 €	3

Bußgeldkatalog Anh III

Lfd. Nr.	Tatbestand	StVZO	Regelsatz in Euro (€), Fahrverbot in Monaten	Pkt.*
		§ 69a Abs. 2 Nr. 13a		
	Untersuchung der Kraftfahrzeuge und Anhänger			
186	Als Halter Fahrzeug zur Hauptuntersuchung oder zur Sicherheitsprüfung nicht vorgeführt bei einer Fristüberschreitung des Vorführtermins von mehr als	§ 29 Abs. 1 Satz 1 i. V. m. Nr. 2.1, 2.2, 2.7, 2.8 Satz 2, 3, Nr. 3.1.1, 3.1.2, 3.2.2 der Anlage VIII § 69a Abs. 2 Nr. 14		
186.1	2 bis zu 4 Monaten		15 €	
186.2	4 bis zu 8 Monaten		25 €	
186.3	8 Monate		40 €	2
187	Fahrzeug zur Nachprüfung der Mängelbeseitigung nicht rechtzeitig vorgeführt	§ 29 Abs. 1 Satz 1 i. V. m. Nr. 3.1.4.3 Satz 2 Halbsatz 2, der Anlage VIII § 69a Abs. 2 Nr. 18	15 €	
	Vorstehende Außenkanten			
188	Kraftfahrzeug oder Fahrzeugkombination in Betrieb genommen, obwohl Teile, die den Verkehr mehr als unvermeidbar gefährdeten, an dessen Umriss hervorragten	§ 30c Abs. 1 § 69a Abs. 3 Nr. 1a	20 €	
	Verantwortung für den Betrieb der Fahrzeuge			
189	Als Halter die Inbetriebnahme eines Kraftfahrzeugs oder Zuges angeordnet oder zugelassen, obwohl	§ 31 Abs. 2 § 69a Abs. 5 Nr. 3		
189.1	der Führer zur selbständigen Leitung nicht geeignet war		50 €	3
189.2	das Fahrzeug, der Zug, die Ladung oder die Besetzung nicht vorschriftsmäßig war und dadurch die Verkehrssicherheit wesentlich beeinträchtigt war, insbesondere unter Verstoß gegen eine Vorschrift über		75 €	3
189.2.1	Lenkeinrichtungen	§ 31 Abs. 2 i. V. m. § 38 § 69a Abs. 5 Nr. 3	75 €	3

Lfd. Nr.	Tatbestand	StVZO	Regelsatz in Euro (€), Fahrverbot in Monaten	Pkt.*
189.2.2	Bremsen	§ 31 Abs. 2 i. V. m. § 41 Abs. 1 bis 12, 15 bis 17 § 69 a Abs. 5 Nr. 3	75 €	3
189.2.3	Einrichtungen zur Verbindung von Fahrzeugen	§ 31 Abs. 2 i. V. m. § 43 Abs. 1 Satz 1 bis 3, Abs. 4 Satz 1, 3 § 69 a Abs. 5 Nr. 3	75 €	3
189.3	die Verkehrssicherheit des Fahrzeugs durch die Ladung oder die Besetzung wesentlich litt	§ 31 Abs. 2 § 69 a Abs. 5 Nr. 3	75 €	3
	Führung eines Fahrtenbuches			
190	Fahrtenbuch nicht ordnungsgemäß geführt, auf Verlangen nicht ausgehändigt oder nicht für die vorgeschriebene Dauer aufbewahrt	§ 31 a Abs. 2, 3 § 69a Abs. 5 Nr. 4, 4 a	50 €	1
	Überprüfung mitzuführender Gegenstände			
191	Mitzuführende Gegenstände auf Verlangen nicht vorgezeigt oder zur Prüfung nicht ausgehändigt	§ 31 b § 69 a Abs. 5 Nr. 4 b	5 €	
	Abmessungen von Fahrzeugen und Fahrzeugkombinationen			
192	Kraftfahrzeug, Anhänger oder Fahrzeugkombination in Betrieb genommen, obwohl die höchstzulässige Breite, Höhe oder Länge überschritten war	§ 32 Abs. 1 bis 4, 9 § 69 a Abs. 3 Nr. 2	50 €	1
193	Als Halter die Inbetriebnahme eines Kraftfahrzeugs, Anhängers oder einer Fahrzeugkombination angeordnet oder zugelassen, obwohl die höchstzulässige Breite, Höhe oder Länge überschritten war	§ 31 Abs. 2 i. V. m. § 32 Abs. 1 bis 4, 9 § 69 a Abs. 5 Nr. 3	75 €	1
	Unterfahrschutz			
194	Kraftfahrzeug, Anhänger oder Fahrzeug mit austauschbarem Ladungsträger ohne vorgeschriebenen Unterfahrschutz in Betrieb genommen	§ 32 b Abs. 1, 2 § 69 a Abs. 3 Nr. 3 a	25 €	
	Kurvenlaufeigenschaften			
195	Kraftfahrzeug oder Fahrzeugkombination in Betrieb genommen, obwohl die vorgeschriebenen Kurvenlaufeigenschaften nicht eingehalten waren	§ 32 d Abs. 1, 2 Satz 1 § 69 a Abs. 3 Nr. 3 c	50 €	1

Bußgeldkatalog Anh III

Lfd. Nr.	Tatbestand	StVZO	Regelsatz in Euro (€), Fahrverbot in Monaten	Pkt.*
196	Als Halter die Inbetriebnahme eines Kraftfahrzeugs oder einer Fahrzeugkombination angeordnet oder zugelassen, obwohl die vorgeschriebenen Kurvenlaufeigenschaften nicht eingehalten waren	§ 31 Abs. 2 i. V. m. § 32 d Abs. 1, 2 Satz 1 § 69 a Abs. 5 Nr. 3	75 €	1
	Schleppen von Fahrzeugen			
197	Fahrzeug unter Verstoß gegen eine Vorschrift über das Schleppen von Fahrzeugen in Betrieb genommen	§ 33 Abs. 1 Satz 1, Abs. 2 Nr. 1, 6 § 69 a Abs. 3 Nr. 3	25 €	
	Achslast, Gesamtgewicht, Anhängelast hinter Kraftfahrzeugen			
198	Kraftfahrzeug, Anhänger oder Fahrzeugkombination in Betrieb genommen, obwohl die zulässige Achslast, das zulässige Gesamtgewicht oder die zulässige Anhängelast hinter einem Kraftfahrzeug überschritten war	§ 34 Abs. 3 Satz 3, Abs. 8 § 42 Abs. 1, 2 Satz 2 § 69 a Abs. 3 Nr. 4		
198.1	bei Kraftfahrzeugen mit einem zulässigen Gesamtgewicht über 7,5 t oder Kraftfahrzeugen mit Anhängern, deren zulässiges Gesamtgewicht 2 t übersteigt		Tabelle 3 Buchstabe a	
198.2	bei anderen Kraftfahrzeugen bis 7,5 t zulässiges Gesamtgewicht		Tabelle 3 Buchstabe b	
199	Als Halter die Inbetriebnahme eines Kraftfahrzeugs, eines Anhängers oder einer Fahrzeugkombination angeordnet oder zugelassen, obwohl die zulässige Achslast, das zulässige Gesamtgewicht oder die zulässige Anhängelast hinter einem Kraftfahrzeug überschritten war	§ 31 Abs. 2 i. V. m. § 34 Abs. 3 Satz 3, Abs. 8 § 42 Abs. 1, 2 Satz 2 § 69 a Abs. 5 Nr. 3		
199.1	bei Kraftfahrzeugen mit einem zulässigen Gesamtgewicht über 7,5 t oder Kraftfahrzeugen mit Anhängern, deren zulässiges Gesamtgewicht 2 t übersteigt		Tabelle 3 Buchstabe a	
199.2	bei anderen Kraftfahrzeugen bis 7,5 t zulässiges Gesamtgewicht		Tabelle 3 Buchstabe b	
200	Gegen die Pflicht zur Feststellung der zugelassenen Achslasten oder Gesamtgewichte oder gegen Vorschriften über das Um- oder Entladen bei Überlastung verstoßen	§ 31 c Satz 1, 4 Halbsatz 2 § 69 a Abs. 5 Nr. 4 c	50 €	1

Lfd. Nr.	Tatbestand	StVZO	Regelsatz in Euro (€), Fahrverbot in Monaten	Pkt.*
	Besetzung von Kraftomnibussen			
201	Kraftomnibus in Betrieb genommen und dabei mehr Personen befördert, als im Fahrzeugschein Plätze ausgewiesen waren	§ 34 a Abs. 1 § 69 a Abs. 3 Nr. 5	50 €	1
202	Als Halter die Inbetriebnahme eines Kraftomnibusses angeordnet oder zugelassen, obwohl mehr Personen befördert wurden, als im Fahrzeugschein Plätze ausgewiesen waren	§ 31 Abs. 2 i. V. m. § 34 a Abs. 1 § 69 a Abs. 5 Nr. 3	75 €	1
	Kindersitze			
203	Kraftfahrzeug in Betrieb genommen unter Verstoß gegen			
203.1	das Verbot der Anbringung von nach hinten gerichteten Kinderrückhalteeinrichtungen auf Beifahrerplätzen mit Airbag	§ 35 a Abs. 8 Satz 1 § 69 a Abs. 3 Nr. 7	25 €	
203.2	die Pflicht zur Anbringung des Warnhinweises zur Verwendung von Kinderrückhalteeinrichtungen auf Beifahrerplätzen mit Airbag	§ 35 a Abs. 8 Satz 2, 4 § 69 a Abs. 3 Nr. 7	5 €	
	Feuerlöscher in Kraftomnibussen			
204	Kraftomnibus unter Verstoß gegen eine Vorschrift über mitzuführende Feuerlöscher in Betrieb genommen	§ 35 g Abs. 1, 2 § 69 a Abs. 3 Nr. 7 c	15 €	
205	Als Halter die Inbetriebnahme eines Kraftomnibusses unter Verstoß gegen eine Vorschrift über mitzuführende Feuerlöscher angeordnet oder zugelassen	§ 31 Abs. 2 i. V. m. § 35 g Abs. 1, 2 § 69 a Abs. 5 Nr. 3	20 €	
	Erste-Hilfe-Material in Kraftfahrzeugen			
206	Unter Verstoß gegen eine Vorschrift über mitzuführendes Erste-Hilfe-Material			
206.1	einen Kraftomnibus	§ 35 h Abs. 1, 2 § 69 a Abs. 3 Nr. 7 c	15 €	
206.2	ein anderes Kraftfahrzeug in Betrieb genommen	§ 35 h Abs. 3 § 69 a Abs. 3 Nr. 7 c	5 €	
207	Als Halter die Inbetriebnahme unter Verstoß gegen eine Vorschrift über mitzuführendes Erste-Hilfe-Material			

Bußgeldkatalog Anh III

Lfd. Nr.	Tatbestand	StVZO	Regelsatz in Euro (€), Fahrverbot in Monaten	Pkt.*
207.1	eines Kraftomnibusses	§ 31 Abs. 2 i. V. m. § 35h Abs. 1, 2 § 69a Abs. 5 Nr. 3	25 €	
207.2	eines anderen Kraftfahrzeugs angeordnet oder zugelassen	§ 31 Abs. 2 i. V. m. § 35h Abs. 3 § 69a Abs. 5 Nr. 3	10 €	
	Bereifung und Laufflächen			
208	Kraftfahrzeug oder Anhänger, die unzulässig mit Diagonal- und mit Radialreifen ausgerüstet waren, in Betrieb genommen	§ 36 Abs. 2a Satz 1, 2 § 69a Abs. 3 Nr. 8	15 €	
209	Als Halter die Inbetriebnahme eines Kraftfahrzeugs oder Anhängers, die unzulässig mit Diagonal- und mit Radialreifen ausgerüstet waren, angeordnet oder zugelassen	§ 31 Abs. 2 i. V. m. § 36 Abs. 2a Satz 1, 2 § 69a Abs. 5 Nr. 3	30 €	
210	Mofa in Betrieb genommen, dessen Reifen keine ausreichenden Profilrillen oder Einschnitte oder keine ausreichende Profil- oder Einschnitttiefe besaß	§ 36 Abs. 2 Satz 5 § 69a Abs. 3 Nr. 8	25 €	
211	Als Halter die Inbetriebnahme eines Mofas angeordnet oder zugelassen, dessen Reifen keine ausreichenden Profilrillen oder Einschnitte oder keine ausreichende Profil- oder Einschnitttiefe besaß	§ 31 Abs. 2 i. V. m. § 36 Abs. 2 Satz 5 § 69a Abs. 5 Nr. 3	35 €	
212	Kraftfahrzeug (außer Mofa) oder Anhänger in Betrieb genommen, dessen Reifen keine ausreichenden Profilrillen oder Einschnitte oder keine ausreichende Profil- oder Einschnitttiefe besaß	§ 36 Abs. 2 Satz 3 bis 5 § 69a Abs. 3 Nr. 8	50 €	3
213	Als Halter die Inbetriebnahme eines Kraftfahrzeugs (außer Mofa) oder Anhängers angeordnet oder zugelassen, dessen Reifen keine ausreichenden Profilrillen oder Einschnitte oder keine ausreichende Profil- oder Einschnitttiefe besaß	§ 31 Abs. 2 i. V. m. § 36 Abs. 2 Satz 3 bis 5 § 69a Abs. 5 Nr. 3	75 €	3
	Sonstige Pflichten für den verkehrssicheren Zustand des Fahrzeugs			
214	Fahrzeug in Betrieb genommen, das sich in einem Zustand befand, der die Verkehrssicherheit wesentlich beeinträchtigte, insbesondere unter Verstoß gegen eine Vorschrift über		50 €	3

Lfd. Nr.	Tatbestand	StVZO	Regelsatz in Euro (€), Fahrverbot in Monaten	Pkt.*
214.1	Lenkeinrichtungen	§ 38 § 69 a Abs. 3 Nr. 9	50 €	3
214.2	Bremsen	§ 41 Abs. 1 bis 12, 15 Satz 1, 3, 4 Abs. 16, 17 § 69 a Abs. 3 Nr. 13	50 €	3
214.3	Einrichtungen zur Verbindung von Fahrzeugen	§ 43 Abs. 1 Satz 1 bis 3, Abs. 4 Satz 1, 3 § 69 a Abs. 3 Nr. 3	50 €	3
	Mitführen von Anhängern hinter Kraftrad oder Personenkraftwagen			
215	Kraftrad oder Personenkraftwagen unter Verstoß gegen eine Vorschrift über das Mitführen von Anhängern in Betrieb genommen	§ 42 Abs. 2 Satz 1 § 69 a Abs. 3 Nr. 3	25 €	
	Einrichtungen zur Verbindung von Fahrzeugen			
216	Abschleppstange oder Abschleppseil nicht ausreichend erkennbar gemacht	§ 43 Abs. 3 Satz 2 § 69 a Abs. 3 Nr. 3	5 €	
	Stützlast			
217	Kraftfahrzeug mit einem einachsigen Anhänger in Betrieb genommen, dessen zulässige Stützlast um mehr als 50% über- oder unterschritten wurde	§ 44 Abs. 3 Satz 1 § 69 a Abs. 3 Nr. 3	40 €	1
	Abgasuntersuchung			
218	Als Halter die Frist für die Abgasuntersuchung überschritten von mehr als	§ 47 a Abs. 1 Satz 1 i. V. m. Nr. 2 der Anlage XI a § 47 a Abs. 7 Satz 4 § 69 a Abs. 5 Nr. 5 a		
218.1	2 bis zu 8 Monaten		15 €	
218.2	8 Monate		40 €	1
	Geräuschentwicklung und Schalldämpferanlage			
219	Kraftfahrzeug, dessen Schalldämpferanlage defekt war, in Betrieb genommen	§ 49 Abs. 1 § 69 a Abs. 3 Nr. 17	20 €	

Bußgeldkatalog Anh III

Lfd. Nr.	Tatbestand	StVZO	Regelsatz in Euro (€), Fahrverbot in Monaten	Pkt.*
220	Weisung, den Schallpegel im Nahfeld feststellen zu lassen, nicht befolgt	§ 49 Abs. 4 Satz 1 § 69 a Abs. 5 Nr. 5 c	10 €	
	Lichttechnische Einrichtungen			
221	Kraftfahrzeug oder Anhänger unter Verstoß gegen eine allgemeine Vorschrift über lichttechnische Einrichtungen in Betrieb genommen	§ 49 a Abs. 1 bis 4, Abs. 5 Satz 1, Abs. 6, 8, 9 Satz 2, Abs. 9 a, 10 Satz 1 § 69 a Abs. 3 Nr. 18	5 €	
222	Kraftfahrzeug oder Anhänger in Betrieb genommen unter Verstoß gegen eine Vorschrift über			
222.1	Scheinwerfer für Fern- oder Abblendlicht	§ 50 Abs. 1, 2 Satz 1, 6 Halbsatz 2, Satz 7, Abs. 3 Satz 1, 2, Abs. 5, 6 Satz 1, 3, 4, 6, Abs. 6 a Satz 2 bis 5, Abs. 9 § 69 a Abs. 3 Nr. 18 a	15 €	
222.2	Begrenzungsleuchten oder vordere Richtstrahler	§ 51 Abs. 1 Satz 1, 4 bis 6, Abs. 2 Satz 1, 4, Abs. 3 § 69 a Abs. 3 Nr. 18 b	15 €	
222.3	seitliche Kenntlichmachung oder Umrißleuchten	§ 51 a Abs. 1 Satz 1 bis 7, Abs. 3 Satz 1, Abs. 4 Satz 2, Abs. 6 Satz 1, Abs. 7 Satz 1, 3 § 51 b Abs. 2 Satz 1, 3, Abs. 5, 6 § 69 a Abs. 3 Nr. 18 c	15 €	
222.4	zusätzliche Scheinwerfer oder Leuchten	§ 52 Abs. 1 Satz 2 bis 5, Abs. 2 Satz 2, 3, Abs. 5 Satz 2, Abs. 7 Satz 2, 4, Abs. 9 Satz 2 § 69 a Abs. 3 Nr. 18 e	15 €	

Jagow

Lfd. Nr.	Tatbestand	StVZO	Regelsatz in Euro (€), Fahrverbot in Monaten	Pkt.*
222.5	Schluss-, Nebelschluss-, Bremsleuchten oder Rückstrahler	§ 53 Abs. 1 Satz 1, 3 bis 5, 7, Abs. 2 Satz 1, 2, 4 bis 6, Abs. 4 Satz 1 bis 4, 6, Abs. 5 Satz 1 bis 3, Abs. 6 Satz 2, Abs. 8, 9 Satz 1 § 53 d Abs. 2, 3 § 69 a Abs. 3 Nr. 18 g, 19 c	15 €	
222.6	Warndreieck, Warnleuchte oder Warnblinkanlage	§ 53 a Abs. 1, 2 Satz 1, Abs. 3 Satz 2, Abs. 4, 5 § 69 a Abs. 3 Nr. 19	15 €	
222.7	Ausrüstung oder Kenntlichmachung von Anbaugeräten oder Hubladebühnen	§ 53 b Abs. 1 Satz 1 bis 3, 4 Halbsatz 2, Abs. 2 Satz 1 bis 3, 4 Halbsatz 2, Abs. 3 Satz 1, Abs. 4, 5 § 69 a Abs. 3 Nr. 19 a	15 €	
	Geschwindigkeitsbegrenzer			
223	Kraftfahrzeug in Betrieb genommen, das nicht mit dem vorgeschriebenen Geschwindigkeitsbegrenzer ausgerüstet war, oder den Geschwindigkeitsbegrenzer auf unzulässige Geschwindigkeit eingestellt oder nicht benutzt, auch wenn es sich um ein ausländisches Kfz handelt	§ 57 c Abs. 2, 5 § 69 a Abs. 3 Nr. 25 b § 23 Abs. 1 Satz 2 StVO i. V. m. § 3 Abs. 3 IntKfzV § 49 Abs. 1 Nr. 22 StVO	50 €	3
224	Als Halter die Inbetriebnahme eines Kraftfahrzeuges angeordnet oder zugelassen, das nicht mit dem vorgeschriebenen Geschwindigkeitsbegrenzer ausgerüstet war oder dessen Geschwindigkeitsbegrenzer auf eine unzulässige Geschwindigkeit eingestellt war oder nicht benutzt wurde	§ 31 Abs. 2 i. V. m. § 57 c Abs. 2, 5 § 69 a Abs. 5 Nr. 3	75 €	3
225	Als Halter den Geschwindigkeitsbegrenzer in den vorgeschriebenen Fällen nicht prüfen lassen, wenn seit fällig gewordener Prüfung			
225.1	nicht mehr als ein Monat	§ 57 d Abs. 2 Satz 1	25 €	

Bußgeldkatalog   Anh III

Lfd. Nr.	Tatbestand	StVZO	Regelsatz in Euro (€), Fahrverbot in Monaten	Pkt.*
225.2	mehr als ein Monat vergangen ist	§ 69 a Abs. 5 Nr. 6 d § 57 d Abs. 2 Satz 1 § 69 a Abs. 5 Nr. 6 d	40 €	2
226	Bescheinigung über die Prüfung des Geschwindigkeitsbegrenzers nicht mitgeführt oder auf Verlangen nicht ausgehändigt	§ 57 d Abs. 2 Satz 3 § 69 a Abs. 5 Nr. 6 e	10 €	
	Amtliches Kennzeichen			
227	Fahrzeug in Betrieb genommen, obwohl das vorgeschriebene amtliche oder rote Kennzeichen oder das Kurzzeitkennzeichen fehlte	§ 18 Abs. 4 Satz 1, 2 § 28 Abs. 1 Satz 3 § 60 Abs. 2 Satz 1 Halbsatz 1, auch in i. V. m. § 28 Abs. 2 Satz 1 § 60 Abs. 5 Satz 1 Halbsatz 1 § 69 a Abs. 2 Nr. 4	40 €	1
228	Kennzeichen mit Glas, Folien oder ähnlichen Abdeckungen versehen	§ 60 Abs. 1 Satz 4 Halbsatz 2 § 69 a Abs. 2 Nr. 4	50 €	1
	Einrichtungen an Fahrrädern			
229	Fahrrad unter Verstoß gegen eine Vorschrift über die Einrichtungen für Schallzeichen in Betrieb genommen	§ 64 a § 69 a Abs. 4 Nr. 4	10 €	
230	Fahrrad oder Fahrrad mit Beiwagen unter Verstoß gegen eine Vorschrift über Schlussleuchten oder Rückstrahler in Betrieb genommen	§ 67 Abs. 4 Satz 1, 3 § 69 a Abs. 4 Nr. 8	10 €	
	Ausnahmen			
231	Urkunde über eine Ausnahmegenehmigung nicht mitgeführt oder auf Verlangen nicht ausgehändigt	§ 70 Abs. 3 a Satz 1 § 69 a Abs. 5 Nr. 7	10 €	
	Auflagen bei Ausnahmegenehmigungen			
232	Als Fahrzeugführer, ohne Halter zu sein, einer vollziehbaren Auflage einer Ausnahmegenehmigung nicht nachgekommen	§ 71 § 69 a Abs. 5 Nr. 8	15 €	

Lfd. Nr.	Tatbestand	StVZO	Regelsatz in Euro (€), Fahrverbot in Monaten	Pkt.*
233	Als Halter einer vollziehbaren Auflage einer Ausnahmegenehmigung nicht nachgekommen	§ 71 § 69 a Abs. 5 Nr. 8	50 €	1

Lfd. Nr.	Tatbestand	IntKfzV	Regelsatz in Euro (€), Fahrverbot in Monaten	Pkt.*
	d) Verordnung über Internationalen Kraftfahrzeugverkehr			
234	An einem ausländischen Kraftfahrzeug oder ausländischen Kraftfahrzeuganhänger das heimische Kennzeichen oder das Nationalitätszeichen unter Verstoß gegen eine Vorschrift über deren Anbringung geführt	§ 2 Abs. 1 Satz 1, 3 § 14 Nr. 1	10 €	
235	An einem ausländischen Kraftfahrzeug oder ausländischen Kraftfahrzeuganhänger das vorgeschriebene heimische Kennzeichen nicht geführt	§ 2 Abs. 1 Satz 1, 3 § 14 Nr. 1	40 €	1
236	An einem ausländischen Kraftfahrzeug oder ausländischen Kraftfahrzeuganhänger das Nationalitätszeichen nicht geführt	§ 2 Abs. 2 § 14 Nr. 1	15 €	
237	Zulassungsschein, Führerschein oder die Übersetzung des ausländischen Zulassungsscheins oder Führerscheins nicht mitgeführt oder auf Verlangen nicht ausgehändigt	§ 10 § 14 Nr. 4	10 €	
238	Einer vollziehbaren Auflage nicht nachgekommen	§ 4 Abs. 1 Satz 5 § 11 Abs. 2 Satz 2 § 14 Nr. 3, 5	25 €	

Lfd. Nr.	Tatbestand	Ferienreise-VO	Regelsatz in Euro (€), Fahrverbot in Monaten	Pkt.*
	e) Ferienreise-Verordnung			
239	Kraftfahrzeug trotz eines Verkehrsverbots innerhalb der Verbotszeiten länger als 15 Minuten geführt	§ 1 § 5 Nr. 1	40 €	1

Bußgeldkatalog Anh III

Lfd. Nr.	Tatbestand	Ferienreise-VO	Regelsatz in Euro (€), Fahrverbot in Monaten	Pkt.*
240	Als Halter das Führen eines Kraftfahrzeugs trotz eines Verkehrsverbots innerhalb der Verbotszeiten länger als 15 Minuten zugelassen	§ 1 § 5 Nr. 1	100 €	1

Lfd. Nr.	Tatbestand	StVG	Regelsatz in Euro (€), Fahrverbot in Monaten	Pkt.*
	B. Zuwiderhandlungen gegen § 24 a StVG			
	0,5-Promille-Grenze			
241	Kraftfahrzeug geführt mit einer Atemalkoholkonzentration von 0,25 mg/l oder mehr oder mit einer Blutalkoholkonzentration von 0,5 Promille oder mehr oder mit einer Alkoholmenge im Körper, die zu einer solchen Atem- oder Blutalkoholkonzentration führt	§ 24 a Abs. 1	250 € **Fahrverbot** **1 Monat**	4
241.1	bei Eintragung von bereits einer Entscheidung nach § 24 a StVG, §§ 316 oder 315 c Abs. 1 Nr. 1 Buchstabe a StGB im Verkehrszentralregister		500 € **Fahrverbot** **3 Monate**	4
241.2	bei Eintragung von bereits mehreren Entscheidungen nach § 24 a StVG, §§ 316 oder 315 c Abs. 1 Nr. 1 Buchstabe a StGB im Verkehrszentralregister		750 € **Fahrverbot** **3 Monate**	4
	Berauschende Mittel			
242	Kraftfahrzeug unter der Wirkung eines in der Anlage zu § 24 a Abs. 2 StVG genannten berauschenden Mittels geführt	§ 24 a Abs. 2 Satz 1 i.V. m. Abs. 3	250 € **Fahrverbot** **1 Monat**	4
242.1	bei Eintragung von bereits einer Entscheidung nach § 24 a StVG, §§ 316 oder 315 c Abs. 1 Nr. 1 Buchstabe a StGB im Verkehrszentralregister		500 € **Fahrverbot** **3 Monate**	4
242.2	bei Eintragung von bereits mehreren Entscheidungen nach § 24 a StVG, §§ 316 oder 315 c Abs. 1 Nr. 1 Buchstabe a StGB im Verkehrszentralregister		750 € **Fahrverbot** **3 Monate**	4

Jagow

Anhang
(zu Nr. 11 der Anlage)

Tabelle 1
Geschwindigkeitsüberschreitungen

a) Kraftfahrzeuge der in § 3 Abs. 3 Nr. 2 Buchstaben a oder b StVO genannten Art[1]

Lfd. Nr.	Überschreitung in km/h	Regelsatz in Euro bei Begehung	
		innerhalb	außerhalb
		geschlossener Ortschaften (außer bei Überschreitung für mehr als 5 Minuten Dauer oder in mehr als zwei Fällen nach Fahrtantritt)	
11.1.1	bis 10	20	15
11.1.2	11–15	30	25

Die nachfolgenden Regelsätze und Fahrverbote gelten auch für die Überschreitung der festgesetzten Höchstgeschwindigkeit bei Sichtweite unter 50 m durch Nebel, Schneefall oder Regen nach Nummer 9.1 der Anlage.

Lfd. Nr.	Überschreitung in km/h	Regelsatz in Euro bei Begehung		Fahrverbot in Monaten bei Begehung		Pkt.*[2]	
		innerhalb	außerhalb	innerhalb	außerhalb		
		geschlossener Ortschaften		geschlossener Ortschaften			
11.1.3	bis 15 für mehr als 5 Minuten Dauer oder in mehr als zwei Fällen nach Fahrtantritt	50	40	–	–	1	1
11.1.4	16–20	50	40	–	–	1	1
11.1.5	21–25	60	50	–	–	1	1
11.1.6	26–30	90	60	–	–	3	3
11.1.7	31–40	125	100	1 Monat	–	3	3
11.1.8	41–50	175	150	2 Monate	1 Monat	4	3
11.1.9	51–60	300	275	3 Monate	2 Monate	4	4
11.1.10	über 60	425	375	3 Monate	3 Monate	4	4

[1] Dies sind:
a) Kraftfahrzeuge mit einem zulässigen Gesamtgewicht über 3,5 t bis 7,5 t, ausgenommen Personenkraftwagen,
Personenkraftwagen mit Anhänger und Lastkraftwagen bis zu einem zulässigen Gesamtgewicht von 3,5 t mit Anhänger und
Kraftomnibusse, auch mit Gepäckanhänger
b) Kraftfahrzeuge mit einem zulässigen Gesamtgewicht über 7,5 t,
alle Kraftfahrzeuge mit Anhänger, ausgenommen Personenkraftwagen sowie Lastkraftwagen bis zu einem zulässigen Gesamtgewicht von 3,5 t und
Kraftomnibusse mit Fahrgästen, für die keine Sitzplätze mehr zur Verfügung stehen.

[2] Erste Punktezahl bei Begehung innerhalb, zweite Zahl bei Begehung außerhalb geschlossener Ortschaften.

Bußgeldkatalog **Anh III**

b) kennzeichnungspflichtige Kraftfahrzeuge der in Buchstabe a genannten Art mit gefährlichen Gütern oder Kraftomnibusse mit Fahrgästen

Lfd. Nr.	Überschreitung in km/h	Regelsatz in Euro bei Begehung innerhalb | außerhalb geschlossener Ortschaften (außer bei Überschreitung für mehr als 5 Minuten Dauer oder in mehr als zwei Fällen nach Fahrtantritt)	
		innerhalb	außerhalb
11.2.1	bis 10	30	20
11.2.2	11–15	35	30

Die nachfolgenden Regelsätze und Fahrverbote gelten auch für die Überschreitung der festgesetzten Höchstgeschwindigkeit bei Sichtweite unter 50 m durch Nebel, Schneefall oder Regen nach Nummer 9.2 der Anlage.

Lfd. Nr.	Überschreitung in km/h	Regelsatz in Euro bei Begehung		Fahrverbot in Monaten bei Begehung		Pkt.*2	
		innerhalb	außerhalb	innerhalb	außerhalb		
		geschlossener Ortschaften		geschlossener Ortschaften			
11.2.3	bis 15 für mehr als 5 Minuten Dauer oder in mehr als zwei Fällen nach Fahrtantritt	75	60	–	–	1	1
11.2.4	16–20	75	60	–	–	1	1
11.2.5	21–25	100	75	–	–	2	2
11.2.6	26–30	125	100	1 Monat	–	3	3
11.2.7	31–40	175	150	1 Monat	1 Monat	3	3
11.2.8	41–50	250	225	2 Monate	2 Monate	4	4
11.2.9	51–60	350	325	3 Monate	3 Monate	4	4
11.2.10	über 60	475	425	3 Monate	3 Monate	4	4

c) andere als die in Buchstaben a oder b genannten Kraftfahrzeuge

Lfd. Nr.	Überschreitung in km/h	Regelsatz in Euro bei Begehung	
		innerhalb	außerhalb
		geschlossener Ortschaften	
11.3.1	bis 10	15	10
11.3.2	11–15	25	20
11.3.3	16–20	35	30

Die nachfolgenden Regelsätze und Fahrverbote gelten auch für die Überschreitung der festgesetzten Höchstgeschwindigkeit bei Sichtweite unter 50 m durch Nebel, Schneefall oder Regen nach Nummer 9.3 der Anlage.

Jagow

Anh III

Bußgeldkatalog

Lfd. Nr.	Überschreitung in km/h	Regelsatz in Euro bei Begehung		Fahrverbot in Monaten bei Begehung		Pkt.*2	
		innerhalb geschlossener Ortschaften	außerhalb geschlossener Ortschaften	innerhalb geschlossener Ortschaften	außerhalb geschlossener Ortschaften		
11.3.4	21–25	50	40	–	–	1	1
11.3.5	26–30	60	50	–	–	3	3
11.3.6	31–40	100	75	1 Monat	–	3	3
11.3.7	41–50	125	100	1 Monat	1 Monat	4	3
11.3.8	51–60	175	150	2 Monate	1 Monat	4	4
11.3.9	61–70	300	275	3 Monate	2 Monate	4	4
11.3.10	über 70	425	375	3 Monate	3 Monate	4	4

Bußgeldkatalog

Anh III

Anhang
(zu Nr. 12 der Anlage)

Tabelle 2
Nichteinhalten des Abstandes von einem vorausfahrenden Fahrzeug

Lfd. Nr.		Regelsatz in Euro	**Fahrverbot**	Punkte*
12.5	Der Abstand von einem vorausfahrenden Fahrzeug betrug in Metern a) bei einer Geschwindigkeit von mehr als 80 km/h			
12.5.1	weniger als $5/10$ des halben Tachowertes	40		1
12.5.2	weniger als $4/10$ des halben Tachowertes	50		2
12.5.3	weniger als $3/10$ des halben Tachowertes	75		3
12.5.4	weniger als $2/10$ des halben Tachowertes	100	**Fahrverbot 1 Monat** soweit die Geschwindigkeit mehr als 100 km/h beträgt	4
12.5.5	weniger als $1/10$ des halben Tachowertes	125	**Fahrverbot 1 Monat** soweit die Geschwindigkeit mehr als 100 km/h beträgt	4
12.6	b) bei einer Geschwindigkeit von mehr als 130 km/h			
12.6.1	weniger als $5/10$ des halben Tachowertes	50		2
12.6.2	weniger als $4/10$ des halben Tachowertes	75		3
12.6.3	weniger als $3/10$ des halben Tachowertes	100		4
12.6.4	weniger als $2/10$ des halben Tachowertes	125	**Fahrverbot 1 Monat**	4
12.6.5	weniger als $1/10$ des halben Tachowertes	150	**Fahrverbot 1 Monat**	4

Anhang
(zu Nrn. 198 und 199 der Anlage)

Tabelle 3

Überschreiten der zulässigen Achslast oder des zulässigen Gesamtgewichts von Kraftfahrzeugen, Anhängern, Fahrzeugkombinationen sowie der Anhängelast hinter Kraftfahrzeugen

a) bei Kraftfahrzeugen mit einem zulässigen Gesamtgewicht über 7,5 t sowie Kraftfahrzeugen mit Anhängern, deren zulässiges Gesamtgewicht 2 t übersteigt

Lfd. Nr.	Überschreiten in v. H.	Regelsatz in Euro	Pkt.*
198.1	**für Inbetriebnahme**		
198.1.1	2 bis 5	30	
198.1.2	mehr als 5	50	1
198.1.3	mehr als 10	60	1
198.1.4	mehr als 15	75	1
198.1.5	mehr als 20	100	3
198.1.6	mehr als 25	150	3
198.1.7	mehr als 30	200	3
199.1	**für Anordnen oder Zulassen der Inbetriebnahme**		
199.1.1	2 bis 5	35	
199.1.2	mehr als 5	75	1
199.1.3	mehr als 10	125	3
199.1.4	mehr als 15	150	3
199.1.5	mehr als 20	200	3
199.1.6	mehr als 25	225	3

b) bei anderen Kraftfahrzeugen bis 7,5 t für Inbetriebnahme, Anordnen oder Zulassen der Inbetriebnahme

Lfd. Nr.	Überschreiten in v. H.	Regelsatz in Euro	Pkt.*
198.2.1 oder 199.2.1	mehr als 5 bis 10	10	
198.2.2 oder 199.2.2	mehr als 10 bis 15	30	
198.2.3 oder 199.2.3	mehr als 15 bis 20	35	
198.2.4 oder 199.2.4	mehr als 20	50	3
198.2.5 oder 199.2.5	mehr als 25	75	3
198.2.6 oder 199.2.6	mehr als 30	125	3

Bußgeldkatalog Anh III

Anhang
(zu § 3 Abs. 3)

Tabelle 4
Erhöhung der Regelsätze bei Hinzutreten einer Gefährdung oder Sachbeschädigung

Die im Bußgeldkatalog bestimmten Regelsätze, die einen Betrag von mehr als 35 Euro vorsehen, erhöhen sich beim Hinzutreten einer Gefährdung oder Sachbeschädigung, soweit diese Merkmale nicht bereits im Grundtatbestand enthalten sind, wie folgt:

Bei einem Regelsatz für den Grundtatbestand von Euro	mit Gefährdung auf Euro	mit Sachbeschädigung auf Euro
40	50	60
50	60	75
60	75	90
75	100	125
90	110	135
100	125	150
125	150	175
150	175	225
175	200	275
200	225	325
225	250	375
250	275	425
275	300	475
300	325	475
325	350	475
350	400	475
375 bis 450	475	475

Enthält der Grundtatbestand bereits eine Gefährdung, führt Sachbeschädigung zu folgender Erhöhung:

Bei einem Regelsatz für den Grundtatbestand von Euro	mit Sachbeschädigung auf Euro
40	50
50	60
60	75
75	100

Jagow

Sachverzeichnis

Vgl auch Abkürzungen und das Verzeichnis der abgedruckten Gesetzestexte am Beginn des Buches.

E bedeutet „Einführung", fette Zahlen ohne zusätzliche Angabe des Gesetzes die Paragraphen der StVO, sonst des angegebenen Gesetzes, magere Zahlen die Randnummern. Ein waagerechter Strich bedeutet Wiederholung des Stichwortes. Fette römische Ziffern bezeichnen im Zusammenhang mit Paragraphen deren Absätze.

AKK s Alveolarluft
Abbauwert 316 StGB 10, 15 f
Abbiegen 8 II S 4; 9; tangentiales – **9** VwV zu Abs 1 II; an Lichtzeichenanlage **37** 11 ff, 23; paarweises – **7** 20; **9** 32 f; – u nachfolgender Verkehr **9** 8
Abbiegestreifen 8 VwV zu Abs 1 III 2; **8** 5; **9** VwV zu Abs 1; **37** 23
Abblenden s auch Blendung; **17 II** S 3; **17** 8
Abblendlicht 3 7 f; **17 II, III**; auf Autobahnen **18 VI; 18** 18
Abfahrtspur 5 59; **18** 26
Abfall 12 40; **32** 4
Abgasbelästigungen 30 I; 30 1
Abknickende Vorfahrt 8 26; **9** 40 ff
Abkommen E 24; **E** 97
ABS 3 14 a
Abschleppen 2 6; **15 a; 23** 23, 26, 37; – verboten haltender Kfz **12** 93 ff; **13** VwV Abs 1 V; **13** 9; **44** 3
Absehen v Strafe **E** 34
Absperrschranken, -baken, -tafeln 43
Absperrungen 43; Verbot f Fußgänger **25 IV**; an Baustellen **45** 19
Abstand s auch Seitenabstand; **4**; – bei Einscheren in Lücke **5** 38 f; **Z** 273

Abstellen eines Fz **12** 37 f; **315 c StGB 7 f, g**
Abstraktes Gefährdungsdelikt 316 StGB 1
Actio libera in causa 316 StGB 30 e
ADH-Methode 316 StGB 12
AETR 2 StVG 24
Airbag 21 a 1
Änderungsübersicht zur StVO S XXXI
Äußerste rechte Fahrbahnseite 2 43
Ahndung d OW **E** 59; **23, 24, 27 StVG**
Alkohol s auch Blutalkohol, Blutprobe; –delikte **24 a StVG; 315 c I 1 a, 316, 323 a StGB**; –gehalt gängiger Getränke **316 StGB** 39
Alkoholtest 316 StGB 18; **24 a StVG** 4 a ff
Allgemeine Verwaltungsvorschrift E 4, **Vorbem StVO** 9 ff
Alter s Mindestalter; vorgerücktes – u Fahrtüchtigkeit **315 c StGB** 15
Alternative Verurteilung s Wahlweise Verurteilung
Allgemeinverfügung Verkehrszeichen als – **39** 8
Alveolarluft 24 a StVG 4 a ff
Amtshaftung E 123; **45** 15
Anbieten von Waren u Leistungen **33**
Anderer 1 68; **315 b StGB** 8; **315 c StGB** 5

1109

Sachverzeichnis

fette Zahlen = §§ StVO

Andreaskreuz Z 201; Parkverbot an – **12 III 6**; **12** 51; Vorrang d Schienenbahn **19**
Anfahren 10 12
Anfechtbarkeit v Anordnungen **39** 9; E 120
Anfechtungsklage E 120; **39** 9a; **21** StVG 7
Anhänger Begriff **18 I StVZO**; 1 StVG 8a; 7 StVG 3ff; 17 StVG 1; **18 StVG** 1; -schein s unter Fahrzeugschein; Zulassungspflichtigkeit **18 StVZO;** Untersagung d Betriebs **17 I StVZO;** – an Fahrrad mit Hilfsmotor; Einrad- **18 II 6 p StVZO;** Parkverbot f – **12 III b;** – verbundener 8a StVG 4ff; **18 StVG** 4;
Anhalteweg 3 14
Anliegerverkehr 2 77
Anscheinsbeweis E 153 ff; **2** 42; **4** 24; **5** 68; **6** 68; **8** 68; **9** 31, 59; **10** 8; **18** 13; **21 a** 6; **25** 17 a, 17 c, 17 m; **315 c StGB** 42
Anschleppen 23 26
Anschlußsperre 69 a StGB 3
Anschnallpflicht 21 a
Anstiftung E 42; **316 StGB** 3
Antiblockier-System s ABS
Antropologisches Vergleichsgutachten 3 113
Anwesenheitspflicht d Betr in HV E 75
Anwohner 2 77; **39** 19; **45** 10
Aquaplaning 3 39
Arbeitsmaschine s auch Bagger, Baumaschinen; **2** 2; **18 II 1, 3 StVZO**
Arbeitsrechtliche Beschränkungen 2 StVG 23–25
Arbeitsstellen s Baustellen
Arbeitszeit s Lenkzeit
Arzt Geschwindigkeitsüberschreitung **3** 102; Parkerleichterung **46** VwV zu Abs 1 Nr 11
Atemalkoholbestimmung s Alkoholtest

Aufbauseminar 2 b II 1, 4 III 2, StVG; – Leiter **2 b II StVG**
Auffahren 4, 1, 2, 10; **37** 14
Auffangtatbestand 323 a StGB 2; 1 3
Auflagen bei Fahrerlaubnis **2 IV StVG** (nF); **12 StVZO**
Aufrunden 24 a StVG 3; **316 StGB** 13 a, 22 b
Aufschiebende Wirkung v Klage u Widerspruch **2 a VI StVG**
Aufsichtspflicht 2 97; **23** 38; **31** 10
Aufzüge 29 VwV zu Abs 2 IV
Augenblicksversagen 25 StVG 9 c, 11 a
Ausbildung als Kf in Sofortmaßnahmen u Erster Hilfe; s auch Fahrerlaubnis, Führerscheinprüfung
Ausbremsen 1 75, 86 a
Ausfahren aus Grundstück in öff Verkehr **10**
Ausfahrtstreifen s Verzögerungsstreifen
Ausführungsvorschriften Ermächtigung zu – **6 StVG; 44, 45**
Auskunft aus dem Verkehrszentralregister **30 StVG,** – an Betr **30 VIII StVG**
Ausländer E 28; FE **2 StVG** 18 f; 28 FeV; **21 StVG** 6; Fahrverbot **25 III StVG;** Entz d FE **3 StVG** 16; **44 II, III S 2; 69 b StGB**
Ausländische FE 28 FeV
Ausländische Fze 21 a 3; **23** 11 f; **1 StVG** 12
Auslandstaten E 19
Auslegung d StVO E 9
Ausnahmegenehmigung 46
Ausscheren 5 IV; 5 34; **6 S 2, 6** 4
Ausschwenken d Ladung **9** 8
Ausländische Kf s „Ausländer"
Aussteigen Halten zum – **12** 16; Sorgfaltspflicht beim – **14**
Austauschmotor 1 StVG 3
Auswahl- und Überwachungspflichten E 142

1110

magere Zahlen = Randnummern

Sachverzeichnis

Ausweichen 2 62
Ausweispflicht d Kfz-Führers **2 I StVG; 4 II FeV**
Autobahn 18; Z 330–336, 430, 440, 448–453, 460; Rechtsüberholen **5** 57; Abblenden auf – **17** 8; Wenden auf – **315** c **I 2 f StGB** 28; RichtgeschwindigkeitsVO **3** vor 1; – Raststätten **18** 1, 19; Rückwärtsfahren auf – **18 VII; 18** 19
Autohof 42 VIII, Z 448.1
Automatische Kraftübertragung 2 StVG 17 a; **17 VI FeV**
Auto-Surfen 315 b StGB 7
Autotelefon 3 94 a; **23 I a** 1, 22 a

Bagger 29 6; **24 a StVG 2**
Bahnpolizei 36 6
Bahnübergang 19; Haltverbot auf – **12 I 5; 12** 12; Z 150–162, 201; Zuständigkeit zur Sicherung **45 II S** 3
BAK s Blutalkohol
Bankett s Seitenstreifen
Bundesanstalt für Straßenwesen (BAST) E 100, 188
Baumaschinen 29 6
Baustellen Verkehrsbeschränkungen an – **3** 73; **43 III;** VwV IV; **45 II, VI; 45** 16
Bauunternehmer E 115; **3** 73; **45 VI, VII; 45** 18, 21
Beauftragter d Halters **23** 31 ff
Bedarfsampel 37 31 a
Bedarfsumleitung 18 2; Z 460, 466
Beeinträchtigung s Verkehrs-
Beendigung einer Tat **24 StVG** 12; **315 c StGB** 10
Begegnung s auch Engstelle; **2** 60 ff; **6**
Begehungsort E 23 f
Begleitstoffanalyse 316 StGB 24
Begründung zur StVO Vorbem StVO 11
Begutachtungsleitlinien z KfEignung **2 StVG** 7
Behindertenparkplatz 12 76 a

Behinderung 1 74 ff
Beifahrer 21; als Verkehrsteilnehmer **1** 10 f; **2** 14; betrunkener – **23** 18
Beihilfe s Teilnahme
Beispiel-Kat zu § 19 StVZO s **1 StVG** 3 a
Bekämpfung d Verkehrsunfälle **44** VwV
Beladen 12 22 ff; **22**
Belästigung 1 78 ff
Belehrung E 155
Beleuchtung 17; liegenbleibender Fahrzeuge **15;** – d Ladung **22 V;** –seinrichtungen **23** 9, 22; – v Fußgängerüberwegen **26** VwV VI; – geschlossener Verbände **27 IV;** – bei Viehtreiben **28 II;** – v Verkehrshindernissen **32;** s auch Lichttechnische Einrichtungen
Benetzen d Fahrbahn **32** 3
Berauschende Mittel 316 StGB 27
Bereifung 23 11
Bereiten eines Hindernisses 315 b I 2 StGB 4
Berufskraftfahrer 2 StVG 25
Berufspendler 2 StVG 21
Beschädigung 1 73; von Anlagen oder Fahrzeugen **315 b StGB**
Beschlagnahme d Führerscheins **21 StVG** 13; **25 StVG** 20; **44 StGB** 12; **94, 111 a, 450, 463 b StPO**
Beschleunigungsstreifen 5 59; **18** 9 ff; **42 VI 1 e;** Haltverbot auf – **12 I 3; 12** 10
Beschleunigungsverbot 5 51 f
Beschmutzen eines anderen **1** 82; d Straße **32**
Beschränkung d Straßenbenutzung **2** 75 ff; **18** FerienreiseVO
Besitzstandsregelung bei Fahrerlaubnissen **2 StVG** 1 a
Beteiligung an OW 14; **12** 72, 73; **24 StVG** 5 ff
Betrieb s Inbetriebnahme
Betrieb 7 StVG 7 ff
Betriebserlaubnis f Kfz **1 StVG** 2 a; Erlöschen d – **1 StVG** 3

1111

Sachverzeichnis

fette Zahlen = §§ StVO

Betriebsorganisation 23 31
Betriebsgefahr 7 StVG 13; E 150
Beweisführung 7 StVG 28; E 135 ff, 142, 151 ff
Beweislast 7 StVG 28; E 129, 135 ff, 142
Beweisverwertungsverbot 142 StGB 42
Bewußtseinsstörung iS von § 3 Nr 4 AUB: 316 StGB 22 c
Binnenschiffer Fahrunsicherheit 316 StGB 25 a
Biotopschutz 45 I a 4 a
Blankettgesetz E 9, 131; 24 StVG 3 f
Blendung 1 64 ff; 17 8 f; an Bahnübergang 19 VII
Blinde Parkerleichterung 12 IV b; 46 VwV zu Abs 1 Nr 11; 47 II 6 a
Blinklicht blaues 38 I, II; gelbes 38 III
Blinkpflicht s Richtungszeichen
Blockieren d Falschparkers 12 97
Blumenkübel auf d Fahrbahn 32 4; 45 12; 315 b StGB 4
Blutabnahme zur Untersuchung der BAK 316 StGB 12, 40; 81 a StPO; 24 a StVG 4; – bei Immunität E 31; doppelte – 316 StGB 16
Blutalkohol 316 StGB; -konzentration (BAK) 316 StGB 8, 39; E 126; Nachweis d – 316 StGB 12 ff; s auch „Alkohol"
Blutalkoholtabellen 316 StGB 39
Bodenschwellen 45 11, 12
Bordstein-Absenkung 12 III 9; 12 53
Bremsansprechzeit 1 55
Bremsbereitschaft 3 II a
Bremsen vor Tieren 4 15 a; Überprüfung vor Fahrt 23 10
Bremsspur 3 14 f, 46
Bremsverzögerungswert 3 15
Bremsweg 3 14
Bundesautobahn s Autobahn
Bundesdatenschutzgesetz E 105

Bundesfernstraßen E 91
Bundesgrenzschutz 35; Fahrerlaubnis §§ 26, 27 FeV
Bundespost 35 VI, 35 12
Bundesstraße Z 401–415
Bundeswehr Sonderrechte 35; 44 IV, V; FE §§ 26, 27 FeV; – Führerschein Verwahrung 44 StGB 12
Bundeszentralregister § 2 StVG 10; § 29 StVG 2, 18
Busstreifen 12 I a; 37 II 4; 37 24; Z 245
Bußgeld Zumessung E 61; 24 StVG 8
Bußgeldkatalog E 62; 24 StVG 8 c; 25 StVG 10; 26 a StVG Text Anh IV
Bußgeldstelle 26 StVG 1
Busspur 45 7

Cabrio 14 9
Cannabis 2 StVG 16
CEMT-Regeln Vorbem StVO 2

Dämmerung 17 I 2 a; – u Vertrauensgrundsatz 3 10
Damenreitsitz 21 2
Darlegungslast E 152
Datenübermittlung 2 c StVG
Datenschutz E 105
Dauer d Zulassung eines Kfz 19 StVZO 3; d Fahrerlaubnis 2 StVG 14; 2 a StVG
Dauerlichtzeichen 37 III
Dauerparken 12 III a u b; 12 41, 73
Dauerrot 37 17 a
Dauertat 24 StVG 12; 24 a StVG 12; 315 c StGB 10; 316 StGB 1
DDR E 18
Defekte Parkuhr Parkscheinautomat 13 I; defekte LZA 37 17 a
Defensives Fahren 1 27; 11 4
Deliktshaftung E 126; –schutzzweck d Norm E 132, Vorbem StVO 4
Diagonalgelb 37 16

magere Zahlen = Randnummern

Sachverzeichnis

Diagonal-Grün-Pfeil 37 12 a
Diagrammscheibe 3 47, 76
DIN-Vorschriften 23 4
Distanova 3 94 c
Doppelblutentnahme s Blutabnahme
Doppelte Sicherung 1 22
Drehnachnystagmus 316 26 c
Drogenkonsum 2 StVG 8 b; **3 StVG** 4
Duldungspflicht d Grundeigentümer bei Aufstellung v Verkehrszeichen **5 b VI StVG**
Dunkelheit 1 47; **3** 7 ff; **17 I**; Wenden bei – **9** 60

Eichung 3 92, 94 a; **316 StGB** 12
Eidesstattliche Versicherung über Verbleib d Führerscheins **5 StVG**; **25 IV StVG**; **463 b III StPO**
Eigenhändiges Delikt E 45; **24 a StVG** 8; **315 c StGB** 3; **316 StGB** 2; **323 a StGB** 8
Eignung als Fz-Führer **23** 33; **31 I StVZO**; **2 IV StVG**
Eignungsmängel 2 StVG 7 ff; **3 StVG**; **69, 69 b StGB**; **315 c StGB** 15
Einbahnstraße 9 20, 46 f; **Z** 220, 353; Rechtsfahrgebot **2** 24, 49; Vorfahrt **8** 54; Einordnen auf – **9** 20
Einfahren in Grundstück als öff Verkehr **1** 20; aus Grundstück **10**
Einfahrverbot Z 267 in Autobahn zum Abschleppen **15 a II**
Eingriffe gefährliche in Straßenverkehr **315 b StGB**
Einholen 5 56
Einigungsvertrag E 96
Einkaufswagen 142 StGB 4
Einmündung Begriff **8** 5; überführte – **8** 19; T- – **8** VwV II 2; **8** 35; Parkverbot vor – **12 III 1**; **12** 42
Einmündungsviereck 8 7
Einscheren s auch Ausscheren; in Lücke einer Kolonne **5** 39

Einschlafen s Übermüdung
Einschränkung d FE **2 StVG** 17; – d Zulassung eines Fz **§ 17 StVZO**
Einsicht – fehlende **24 StVG** 8
Einspruch 25 StVG 18
Einsteigen 14 I; Halten zum – **12** 20
Eintragung s Verkehrszentralregister
Einweiser s Hilfsperson
Einwilligung d Geschädigten **142 StGB** 11 f, 19 f; d Gefährdeten **315 c StGB** 2
Einziehung eines Kfz **21 III StVG** 14 f; **142 StGB** 39; **315 b StGB** 18; **316 StGB** 37; **323 a StGB** 10; – von Fahrzeugteilen **23 III StVG**; von falschen Kennzeichen **22 a II StVG**
Eis s Vereisung
Eisenbahn s auch Schienen-Fze, Bundesbahn; **19** 1
Energiesparende Fahrweise 2 V 4 **StVG** Anlage 7 FeV
Engstelle Begegnung **2** 68, 73; **6**; Vorrang **Z** 208, 308
Entfernen vom Unfallort **142 StGB**; **69 II 3 StGB** 13; **34**
Entgelt f öff Verk-Flächen **52**
Entkriminalisierung E 35
Entladen 12 16
Entschädigung 111 a StPO 16
Entziehung d FE **3 StVG**; **69 ff StGB**; Fahren trotz – **21 StVG**; s auch vorläufige –; – der Zulassung eines Kfz **1 StVG** 11; **17 StVZO**
Erfolgsdelikt 1 3, 70; **315 c StGB** 2, 4
Erlaubnis 46
Erlaubnispflicht f Veranstaltungen **29, 30 II**; d Führens von Kfz **2 StVG** 2; **4 FeV**
Erlöschen d Zulassung eines Kfz **1 StVG** 3
Ermächtigung zu Ausführungsvorschriften **6 StVG**; zu Anordnungen d Polizei **44 II**; **44** 2 f; d Straßenverkehrsbehörden **45**; d Baubehör-

1113

Sachverzeichnis

fette Zahlen = §§ StVO

den **45 II;** d Bahnunternehmen **45 II**
Ermessen E 110; **25 StVG** 15a
Ermüdung s Übermüdung
Ernüchterungsmittel 316 StGB 11
Ersatzführerschein 5 **StVG** 3; **111a StPO** 3
Erste Hilfe 2 II 6 **StVG;** 19 FeV; Z 358
Erteilung der Zulassung eines Kfz **1 StVG** 1, 2
EU-Bürger 2 **StVG** 21 e
Europaabgeordnete E 30
Europastraßen Z 410
EWG-Recht, EU-Recht E 98
Exterritoriale E 29; Verwarnung bei – **27 StVG** 3
Existenzvernichtung 25 **StVG** 13

Fading 3 16
Fahrbahn Begriff **2** VwV zu Abs 1 I, **2** 17 ff; –begrenzung **2** 85, 89; Z 295; **12** 27
Fahrbahnbenutzung s auch Rechtsfahrgebot; **2 I; 2** 17 ff
Fahrbahnmarkierung 2 84 ff; **9** 50 f; Z 293–299, 340, 341
Fahrbahnschwellen 45 12 a
Fahrbahnteiler 41 VwV zu Z 222 I; s auch „Verkehrsinsel"
Farbenblindheit 2 **StVG** 8
Fahreignung 2 **StVG** 7
Fahren ohne FE **21 StVG**
Fahrerhaftung 18 **StVG**
Fahrerlaubnis 6 FeV; 2 **StVG;** Erteilung **2 StVG** 3, 14; Einschränkung d – **2 StVG** 17; Entziehung d – **3** nF **StVG,** 69 ff **StGB;** Wiedererteilung d – **2 StVG** 15; Inhaber einer ausl – **2 StVG** 18; – auf Probe **2a StVG;** Verzicht **3 StVG** 19
Fahrerlaubnis-Verordnung Anh I a
Fahrgäste öff Verkehrsmittel **20**
Fahrgastbeförderung 48 FeV; **2 III StVG**

Fahrgeschwindigkeit s Geschwindigkeit, Langsamfahren
Fahrlässigkeit E 130 – bei Owen E 38; **24a StVG** 6; **37** 32
Fahrlehrer 18 **StVG** 3; 2 14; 2 **StVG; 21 StVG** 4, 9
Fahrlehrergesetz E 95
FahrpersonalG 2 StVG 24
Fahrrad unbeleuchtetes **17 IV** S 3; **23 I** S 4, II, III; **23** 27, 28; s auch Radfahrer
Fahrradanhänger 21 5
Fahrrad mit Hilfsmotor 2 IV; 17 IV S 4; 18 3; **23 II;** – StVZO: 4, 4a, **18 II** 4a; Z 237
Fahrschüler 2 14; **2 StVG** 21 f; **StVG** 4, 9
Fahrstreifen Begriff **7 I** S 2; **2** 18; –wechsel **7 IV 3b;** s auch Ausscheren, Einscheren
Fahrstreifenbegrenzung 2 85, 91; **9** 50; Z 295, 296; Parkverbot **12 III** 8; vorübergehende – **41 IV**
Fahrstreifenbenutzung 7
Fahrtenbuch 23 45; **31a StVZO**
Fahrtrichtung vorgeschrieben **9** 44; Z 209–220; 297, 468, 469
Fahrtrichtungsanzeiger s Richtungszeichen
Fahrtschreiber Auswertung d Schaublattes **3** 47, 93a; Zustand **23** 12
Fahrunsicherheit alkoholbedingte – **315c I 1a, 316 StGB;** s auch Eignungsmängel
Fahrverbot E 63; **24a StVG** 6, 10; **25 StVG; 44 StGB;** Führen eines Kfz trotz – **21 StVG;** Regel – **25 StVG** 10; **44 StGB** 8; Hinweis auf – **25 StVG** 5; **44 StGB** 16
Fahrzeug s auch übergroßes –; Begriff **2** 2
Fahrzeugbrief 1 **StVG** 2a; **20 III, 23, 25 StVZO**
Fahrzeugführer 2 5f; Verantwortung f Fahrzeug u Zug **23;** Haftung f Schäden **18 StVG;** s auch „Führen"
Fahrzeughalter s Halter

magere Zahlen = Randnummern

Sachverzeichnis

Fahrzeugkolonne Überholen einer – **5** 20
Fahrzeugschein 1 StVG 2 a; **17** II, 24 StVZO
Fahrzeugschlange 7 3 f
Fahrzeugteile Feilbieten nicht genehmigter – **23 StVG**
Falschparker Mithaftung **8** 50
Federvieh Fernhaltung **28** VwV I
Fehlschätzung 1 28; **5** 13
Feiertagsruhe 30; Parkverbot bei – **12** III a
Feilbieten nicht genehmigter Fahrzeugteile **23** StVG
Feindliches Grün 37 10 a
Feldweg 8 I S 2; **8** 5, 28; **19** I; **19** 10
FerienreiseVO 18 vor 1, 6; **30** 2, 7
Fernstraßen E 91
FESAM-Methode 4 6 a
Feststellung d OWi E 37
Feststellungsinteresse 142 StGB 19 f
Feuerlöscher 31 b StVZO
Feuerwehr 35
Feuerwehr-Zufahrt 12 30
FIS-Regeln 31 8
Fließender Verkehr Vorrang **10** 2
Forstbetrieb 2 82
Fortbewegungsmittel 24 1
Fotografie s Radarfoto
Freie Gasse 11 II; **38** 4
Freigänger 44 StGB 11
Freisprecheinrichtung 23 22 a
Fuchs bremsen vor – **4** 15 a
Führen eines Fz **2** 5 ff; eines Kfz **2** StVG; ohne FE **21** StVG; – als Dauertat **24** StVG 12; **69** StGB 5 ff
Führerschein 2 StVG; **4** II FeV –klassen **5** StVZO; Mißbrauch des – **2** StVG 22; Ablieferung, Einziehung d – **3** II StVG; **44**, **69** ff StGB; Verlust d – **5** StVG; internationaler – **2** StVG 18; **69 b** StGB
Fuhrwerk 2 4, unbeleuchtetes **17** IV
Funkstoppverfahren 3 89
Fußgänger 1 6, 30 ff; **2** V; **2** 29; **8** III S 2; **9** III S 3; **9** 39; **16** 6; **17** 9; **18** X; **25**; **26**; marschierende **27** 10 f; **37** II 5, **37** 25; Unfall zw –n **142** StGB 4
Fußgängerfurt 25 VwV zu Abs 3 III; **25** 13 f
Fußgängerüberweg 1 30 ff; **12** I 4; **12** 11; **25** 15 f; **26**; Schutzbereich **26** 4; **37** 25; Z 293, 350; **315 c** StGB 23
Fußgängerzone Z 242, 243; Zulässigkeit **45** 8; Benutzung durch Kfze **2** 19 a, 83; **3** 74
Fußweg Z 241; s auch Feldweg, Gehweg

Garantenstellung 316 StGB 4
Gaschromatographische Methode zur Bestimmung d BAK **316** StGB 13, 24
Gastarbeiter 2 StVG 20
Gebietsgrundsatz E 27
Gebühren 6 a StVG
Gefährdung 1 71; **4** 13; **16** 3, 11; **315 b** StGB; **315 c** StGB 4, 11; s auch Straßenverkehrsgefährdung
Gefährdungsdelikt 316 StGB 1; –haftung **7** StVG 1, 145
Gefährdungsvorsatz 315 b StGB 11; **315 c** StGB 32
Gefährlicher Eingriff in den Straßenverkehr **315 b** StGB
Gefährliche Güter 2 III a; **2** 96; **12** 84; **41** II 6 Z 261; **15** 6 a; VwKat 6.2; BKat 2, 5.2, 37, Tab 1 b
Gefahr 1 71
Gefahrenabwehr 111 a StPO 8
Gefahrengrenzwert 24 a StVG 2, 3
Gefahrzeichen 1 42; **39** 1, 4; **40**; Vorbem StVO 8
Gegenstände auf Straßen **32**
Gegenverkehr s auch Begegnung; **2** II; **5** 15; **6** S 1; **9** III, IV; **9** 26
Gehör 23 I; **23** 3
Gehweg 1 14; **2** V; **2** 17, 57; **24** 1; **25** I; Def **25** 2; Z 241; Parken auf – **12** 57

1115

Sachverzeichnis

fette Zahlen = §§ StVO

Geisterfahrer 2 24; **18** 29; **19** 21; 28 29; **315 b** StGB 5; **315 c** I 2f StGB 28
Geländer 43 I
Gelb s Lichtampelverkehr
Geldbuße s auch Bußgeldkatalog; E 61; **24, 24 a** StVG 9; **27 StVG;** – Bemessung d – **24 StVG** 8
Geldrente als Schadensersatz **13 StVG**
Geltungsbereich d Straßenverkehrsrechts; zeitlicher – E 11–15; räumlicher – E 17 ff; sachlichräumlicher – E 26; persönlicher – E 27 ff
Gemeingebrauch E 93; **12** 36; **29** 1, 3; **52**
Gerichtsvollzieher 35 2
Geschlossene Ortschaft 3 66
Geschäftsbereiche verkehrsberuhigte **41** III 9; **45** I c
Geschwindigkeit 3, 5 II, **5** 22, 51 f; **7** II; **7** 16 f; **8** 56; **17 II** S 4; **18** V; **18** 16 ff; **19** I S 2; **19** 11 ff; Z 274, 275, 278–282; **42** VI 1 e; **45** VIII; **315 c** StGB 24; s auch unter Richtgeschwindigkeit
Geschwindigkeitsbremse auf d Fahrbahn **45** 12
Geschwindigkeitsmessung 3 76 ff; – durch Private, Kommunen **3** 76 b
Geschwindigkeitstrichter VwV zu Z 278–282
Geschwindigkeitszone 3 75
Gesetzeskonkurrenz s Zusammentreffen von Verstößen
Gesetzgebungsbefugnis E 86
Gespann 2 4
Gestaffeltes Fahren 7 2
Geständnis bei Geschwindigkeitsüberschreitung **3** 86
Gewässerschutz 45 I 4
Gewerberecht E 88
Gewerbsmäßigkeit 23 StVG 2
GGVS VwV zu Z 261; **12** 84
Glatteis 3 38
Gleisanlagen Betretverbot **25** V; **25** 17

Grenzwert d Fahrunsicherheit **2** 11; **316** StGB 21 ff
Grob verkehrswidrig 315 c StGB 18
Großraumverkehr 29 III m VwV
Großveranstaltungen 45 I b; **45** 10; **6 I 13 StVG**
Grün s Lichtzeichenverkehr
Grüner Pfeil 37 II 1 12; 12 a; **49** III 2; BKatNrn 34, 34 a
Grundeigentümer s auch Sicherungspflicht; Duldung von Verkehrszeichen **5 b** VI **StVG**
Grundregel d Verhaltens im Verkehr **1**; – d Zulassung z Verkehr **2 StVG;** – d Zulassung von Fahrzeugen **1 StVG;** s auch **16 StVZO**
Grundstück 9 53
Grundstücksausfahrt 10; 12 III 3; **12** 44 f
Grundstückseinfahrt 9 4, 52
Gurtanlegepflicht 21 a 4 a; **46** I 5 b; **49** I 20 a; **35 a StVZO**

Haftpflicht d Kfz-Halters **7–20 StVG;** – d Fz-Führers **18 StVG;** d unbefugten Benutzers eines Fz **7** III **StVG;** s auch Sicherungspflicht
HaftpflichtG E 145 ff
Haftpflichtversicherung Nachweis d – **23** I 5, 29 a–29 h StVZO
Haftungsausschluß 17 StVG 7
Haftungsausschlüsse E 148; **7 StVG** 17 ff
Haftungsquote 17 StVG 17
Haftungsverteilung 5 68; **6** 8 a; **7** 25; **8** 68 f; **11** 5 a; **12** 98; **14** 11 a; **18** 25 a; **21 a** 6 f; **25** 17 a ff; **35** 16 ff
Halbwertzeit 316 StGB 27
Halten s auch Abstellen; **12;** Begriff **12** VwV zu Abs 1; **12** 3; Z 283–292, 295–297; – in zweiter Reihe **12** IV S 3; **12** 76
Halter eines Fz **31** II **StVZO;** Begriff **7 StVG** 5; **23** 29; bei Leasing **23** 29; Pflichten d – **23** 31 ff;

magere Zahlen = Randnummern

Sachverzeichnis

Verantwortlichkeit f Verstöße **12** 89; f Fz, Ladung pp **31 II StVZO**; **21 StVG** 9; **24 StVG** 6; **316 StGB** 3; Haftung **7 StVG**; -Kostenhaftung **25 a StVG**; Zulassen d Führens durch Dritten **21 StVG**; s auch „Fahrtenbuch"; Tierhalter
Haltestellen 20; Parkverbot vor u hinter – **12 III 4**; **12** 49; Z 224, 226
Haltlinie Z 294; vor Lichtampel **37** VwV zu Abs 2 IV
Haltverbote 12 I; **12** 5ff, 13ff; auf Autobahn **18 VIII**; **18** 22f; durch Z 283–292, 295–297
Handeln für anderen 23 31f
Handfahrzeuge 2 3; **8 III**; **17 IV, V**; **17** 19; **23 VwV II**; **25 II**; **25** 6
Handlampe windsichere **15** 1
Handlungseinheit E 56
Handy 23 22a
Harnentnahme 81 a StPO 2
Haschisch 2 StVG 8b; s auch Drogenkonsum; **316 StGB** 27
Hase bremsen vor – **4** 17
Hauptuntersuchung 23 39
Hausfriedensbruch 12 92
Helgoland 50
Heranwachsende E 33
Hico-Neas-Meßverfahren 3 105
Hilfsbedürftige 1 37; **3 II a**; **3** 54
Hilfsperson Zuziehung einer – **1** 43ff; **8** 51; **9** 55, 70; **10** 11, 17
Hindernisse 3 9; 32
Hindernisbereiten 315 b StGB 4; **22** 10
Hineintasten 8 50
Hinweise 42; Erste-Hilfe-Z 358; Pannenhilfe-Z 359; Polizei Z 363; – auf veränderte VRegelung **8** 21; **39** 22a; – auf veränderte RLage **25 StVG** 15; **44 StGB** 16
Höchstbeträge bei Haftpflicht **12 StVG**
Höchstdauer d täglichen Lenkung **9**; **315 c StGB** 16
Höchstgeschwindigkeit s unter Geschwindigkeit
Höhere Gewalt E 148; **7 StVG** 17ff; **17 StVG** 1, 7
Hubschrauber Geschwindigkeits- u Abstandsmessung aus – **3** 100; **4** 8
Hühner s Federvieh
Hunde bremsen vor – **4** 17; **28 I S 4**, VwZII; Führen von – **28** 9, 12

Idealfahrer 1 38
Identifizierung durch Radarfoto E 47; **3** 111f
Identität d Tat s „Tat"
Igel bremsen vor – **4** 17
Immunität E 26; Verwarnung bei – **27 StVG** 3; **81 a StPO** 3
Inbetriebnahme 23 34; **1 StVG** 9
Inbetriebsetzen 1 StVG 9
Indizwirkung Wegfall d – für Nichteignung **69 StGB** 14
In dubio pro reo; **3** 49; **69 StGB** 8
Inkrafttreten d StVO 53
Inland E 17, 19
Inline-Skates 24 3; **31** 1f
Insassen 18 StVG 1, 11, 14
Inspektion d Kfze **23** 6a
Internationaler Führerschein 2 StVG 18f; **44 II StGB**; **69 b StGB** 2
Internationaler Kfz-Verkehr E 97; **69 b StGB**
Internationales Verkehrsrecht E 97; **Vorbem StVO** 2
IntKfzVO E 97; **21 a** 3; **2 StVG** 4, 19, 21 b Anh II
Irrtum E 39; **21 StVG** 10
Isolierte Sperre 69 a I S 3 StGB; **69 a StGB** 3, 8
Israel E 24

jet-leg s Sekundenschlaf
Jugendgruppen 27 I S 4; **27** 7
Jugendliche E 33; Entz d FE **69 StGB** 2

Sachverzeichnis

fette Zahlen = §§ StVO

Jugendverfehlungen E 34
Jugoslawien E 24

Kaffee 316 StGB 11
Karenzzeit 13 3, 6
Kasernengelände E 26; **1** 16, 19
Katastrophenfall 45 14
Katastrophenschutz Sonderrechte 35; 44 V; 46 I S 2
Katze bremsen vor – **4** 15 a
Kaufhausparkplatz 1 15 ff
Kausalität s Ursächlichkeit
Kennleuchten 38 1
Kennzeichen amtliches **1** StVG 2 a; 6 I 8, 6 b, 22 StVG 2; **18** IV, 23, 28, 60 StVZO; Lesbarkeit 23 I S 3; 23 21
Kennzeichenanzeigen E 46; 25 a StVG
Kennzeichenmißbrauch 22, 22 a, 24 b StVG
Kennzeichnung v Fzen Behinderter 12 IV b; 12 85
Kinder E 32; **1** 38; **2** V; **3** II a 32, 51 ff; **I** a, **III**; s auch Schulbus
Kinderfahrrad 24 2; 31 2; s auch **2** V
Kindergruppen 27 I S 4
Kindersitze auf Fahrrad oder Kleinkraftrad 21 III; **4** I 1 FeV
Kinderwagen **2** 3; **24**; 16 II StVZO
Klammerwirkung – bei Dauerdelikt 21 a 10
Kleintier bremsen vor – **4** 15 a
Kleinkrafträder 6 FeV; **18** II 4, 4 a StVZO; **1** StVG 8; unbeleuchtete – **17** IV S 3; 23 I S 4; 23 27
Koaxialkabelverfahren 3 96
Kölner Teller 32 4; 45 12; 315 b StGB 4
Körperliche Untersuchung 81 a StPO
Körperverletzung vgl Ursächlichkeit, Fahrlässigkeit; 316 StGB 4; Haftpflicht bei – 11 StVG

Kolonne **4** II; Überholen einer – **5** 39, 54; **27**
Kombinationswagen **1** StVG 8 a
Kommunale Geschwindigkeitsüberwachung **3** 87
Konkurrierende Gesetzgebung E 86
Konsuln E 29
Kontrollmittel-VO E 95; **2** StVG 24
Kosten-Halterhaftung 25 a StVG
Kostentragung 5 b, 6 a StVG; 51
Kraftdroschke s Fahrgastbeförderung
Kraftfahrstraße 18; **42** Z 331, 336
Kraftfahrt-Bundesamt (KBA) E 100, 116
Kraftfahrzeug – Kfz – **2** 4; Begriff **1** II StVG 8; Zulassungspflicht **1** StVG
Kraftfahrzeugbrief s Fahrzeugbrief
Kraftfahrzeugmeister 23 7
Kraftfahrzeugschein s Fahrzeugschein
Kraftrad s auch Kleinkraftrad; Fahrrad m Hilfsmotor; Mofa; **2** 76; **17** III S 4; **21** I; **21** 2; **23** II, III; **23** 17, 28; Begriff 6 I FeV
Krankenfahrstuhl **2** StVG 2 a; **17** 19, 24 II, 24 4; **4** I 2 FeV; 5 I FeV; **18** II 5, IV, IV a StVZO
Krankenwagen 35 V a 9; 38
Kranwagen 29 6
Kreidemarkierung am Reifen 13 1
Kreisverkehr Rechtsfahrgebot **2** 49; Vorfahrt **8** 27; **9** 49; **9 a**
Kreuzung, Begriff **8** 4; **9** 27; verbotene Einfahrt in verstopfte – **11** 2; Parkverbot vor – **12** III 1; **12** 42; **37** II 1 S 7
Kriechspur **5** 59 a; **7** 15; **18** 8, 15; **42** VI; VwV zu Z 340 IV
Kulturelle Veranstaltungen, Schutz von – **45 I a Nr 4 b**
Kuppe **2** II; **2** 40; **3** 5; **12** 25
Kurve **2** II; **2** 40; **3** 5; **12** 9; **16** 3
Kurzzeitkennzeichen **1** StVG 6 f; 22 StVG 2

magere Zahlen = Randnummern

Sachverzeichnis

Ladung 22; 23 I S 1, 2; 23 15; Ausschwenken d – 9 8
Lärmschutz 6 I 3; 3 71b; 30 I 3; 45 I 3
Landesrecht E 86; 1 VwV III
Landwirtschaft 2 82
Langsame Fahrzeuge 2 39; 5 VI S 2; 5 56; 18 I; 18 3
Langsamfahren 3 II; 3 7; 18 I; Z 275, 279
Laserpistole 3 117
Laserstörgeräte 23 22b
Lastkraftwagen Begriff 21 4; bei drei Fahrstreifen Z 340
Laternenring Z 394; 17 17
Laufenlassen unnützes – d Motors 30 I
Lautsprecher 33
Läutesignal 19 14, 15
LAVEG – Geschwindigkeitsmeßgerät 3 117
Leasing 23 29; 142 StGB 19
Leichenzüge 27 II
Leichtkrafträder 6 I FeV; 18 II 4a StVZO
Leichtmofa 1 StVG 8; 2 StVG 2, 3; – Helmpflicht 21 a 5
Leiteinrichtungen 43
Leitkegel (-marken) 41 IV; 43
Leitlinie 2 94; 7 14; 9 51; Z 340
Lenkzeit 2 StVG 23
Leuchtzeichen bei Überholen 5 V; 5 48f; bei Gefährdung anderer 16
Lichtbilder 3 111
Lichthupe 16 10
Lichtschrankenmessung 3 118
Lichttechnische Einrichtungen 17 4, 17; 23 9, 22
Lichtzeichenverkehr s auch Blinklicht; 37; Nebeneinanderfahren 7 9, 37 IV; an Bahnübergang 19 18; auf Fußgängerfurten 25 VwV III; an Fußgängerüberwegen 26 2
Lieferverkehr 2 19a; 12 23; 46 2
Liegenbleiben d Fz 15
Liegenlassen v Gegenständen 32

Linienomnibus 20 II; 37 II 4 m VwV; Z 245; 45 7; – auf Sonderfahrstreifen 9 III S 2; 9 38
Linksabbiegen s auch Abbiegen; 9 13 ff; geschlossener Verbände 27 5; bei Lichtzeichenregelung 37 II 1 11 f; bei Leitlinien 42 VI 1 b Z 340
Lohnfortzahlung 21 a 7
Lücken Vorbeifahrt u Queren von – im Kolonnenverkehr 6 8; 10 10

Mähmesser 32 II
Mängel d Fz; s auch Eignungsmangel; Überwachung d Fze; 23
Markierungen 39 VwV IV; 41 I, III, Z 293–299, 340, 341; an Fußgängerüberwegen 26 VwV V; gelbe – 41 IV
Marschierende Abteilung 27
Massenmedien zur Bekanntgabe v Verkehrsregelungen 45 IV; 45 14
Medikamente 316 StGB 27, 28
Mehrfachtäter s Punktsystem
Mehrspuriges Kfz 2 76
Mehrspuriger Verkehr s Nebeneinanderfahren
Mehrzweckstreifen 2 89
Meldepflicht des Eigentümers u Halters eines Kfz bei Veräußerung oder Stillegung 27 StVZO; 1 StVG 5; nachträgliche – nach Unfall 142 StGB 24 f
Mesta 3 94
Mindestabstand 4; f Lkw 4 III; Z 273
Mindestalter f FE 10 FeV
Mindestgeschwindigkeit 3; 41 Z 275, 279
Mißtrauensgrundsatz 37 17
Mitfahrer s Beifahrer
Mithaftung s Haftungsverteilung
Mitnahme v Personen 21; v Kindern auf Fahrrad 21 III; – v Kindern auf Mofa 10 IV FeV; Verantwortlichkeit f Besetzung 23 16–18
Mittäter s Teilnahme

1119

Sachverzeichnis

fette Zahlen = §§ StVO

Mitteilungspflicht 11 II IntKfzVO
Mittelbare Täterschaft E 141; **24 StVG** 7
Mittellinie 2 85 ff
Mittelstreifen 2 VwV zu Abs 1, I
Mittelwert d Blutanalysen **316 StGB** 12, 22
Mitverschulden u Ursächlichkeit, Ersatzpflicht bei – **9 StVG**; – bei Verletzung der Gurtanlegepflicht **21 a** 6
Mobiltelefon 23 22 a
Mofa s auch Fahrrad m Hilfsmotor; **2 IV** 3; **41** zu Z 237; **4 I, 5** FeV 18 II 4, 4 a StVZO; **69 StGB** 5; **1 StVG** 8; Alkoholgrenzwert f – **316 StGB** 22
Moped s Fahrrad m Hilfsmotor
Motorbootführer 316 StGB 25 a
MPU E 109; **2 StVG** 7 f, 10 f, 16; **3 StVG** 3 b; **4 StVG** 8
Müdigkeit s Übermüdung
Müllabfuhr Sonderrechte **35 VI**
Mülldeponie 1 15
Müllfahrzeug 3 34; **6** 8
Multanova 3 94
Mutmaßliche Einwilligung 142 StGB 20

Nachfahren zur Geschwindigkeitsmessung **3** 78
Nachschulung s Aufbauseminar
Nachschulungsleiter s Aufbauseminar
Nachtruhe 30; 45 I 3, I a
Nachttrunk 316 StGB 24, 24 a, 24 b; **142 StGB** 38
Nachzügler des Querverkehrs **37** 7, 31 b
Nässe 3 72; **39** 19
Nahzone 22 7
Nato-Angehörige E 28; – Truppen **35 V, 44 IV, V**
Natürliche Handlungseinheit E 57
Nebel 1 47; **2** 41; **3 I** S 3; **3** 19 a; **16** 3; **17** 2, 13
Nebelscheinwerfer 17 III; 17 13

Nebelschlußleuchten 17 III S 5; **17** 14
Nebeneinanderfahren 7; 37 IV; Z 297; **42 VI** 1
Nebenfolgen E 16; **142 StGB** 39
Nebenstrecke Hinweis auf – **42 VIII** 1 Z 419
Nebentäter 316 StGB 2; s auch Teilnahme
Nebenverrichtungen im eingeschränkten Haltverbot **12** 21, 25
Nebenweg Vorfahrt an – **8** 28 ff
Nichtigkeit v Anordnungen **39** 10
Nötigung 1 86 a; **3** 98; **4** 20 b; **5** 42, 80; **12** 79, 92; **16** 14; **28** 12
Normenkontrolle E 118
Normenwiderstreit 1 86
Notdurft 3 130; **25 StVG** 10 d
Notrecht s Werkstättenfahrt
Notstand übergesetzlicher – **3** 102; **23** 24, 37; **316 StGB** 31

Obliegenheitsverletzung 142 StGB 40; **315 c StGB** 41, 45
Obus 2 52; **20** 2
Öffentlicher Dienst FE **2 X StVG**; §§ **26, 27** FeV
Öffentlicher Verkehr E 26, 92; **1** VwV II; **1** 13 ff; **10** 3; **1 StVG** 10
Österreich E 24
Oldtimer 1 StVG 2, 6
Omnibus auf Gebirgsstraße **2** 67; Haltestelle **20 I**; Anfahren des –ses **10** 12 ff; **20 II**; windsichere Handlampe **15** 1; Vorbeifahrt an – **6** 7; s auch Linienomnibus, Fahrgastbeförderung
Omnibusfahrer 1 46, 49; **8** 51; **10** 13
Opportunitätsprinzip E 59; **Vor bem StVO** 13
ordentl Wohnsitz § **2 StVG** 18 a, 21 b
Ordnungswidrigkeiten E 8, 23, 35 ff, 59; **Vorbem StVO** 15; **2 StVG** 22; **23, 24, 26, 27 StVG**; 49

magere Zahlen = Randnummern

Sachverzeichnis

Ortstafel 42 Z 310, 311; s auch 3 64 ff
OzonG Z 270; 45 Fn zu I d, 10 b

Parken 1 9; 2 16, 22; **12**; Z 394; – auf Gehwegen **12** 57; s auch Arzt, Blinde, Schwerbehinderte
Parkerleichterungen f Ärzte VwV zu **46** zu Abs 1; Behinderte u Anwohner **6 I 14 StVG; 12 IV b**; 42 IV 3 Z 315
Parkflächenmarkierung 12 59, 66; 41 III 7; Parkverbot vor – **12** III 2
Parkhaus 1 3; 3 6; **12** 70
Parkleuchten 17 IV
Parklücke Vortritt **12 V; 12** 78
Parkmöglichkeiten f Behinderte, Anwohner u Blinde 42 IV 3 Z 315; s VwV VIII zu **45**; kein Anspruch einzelner auf – **45** 8
Parkplatz 12 63; **13** 6; 41 III 7 vor Z 299; Z 314, 315; Parkverbot vor – **12** III 2
Parkplatzstraße 2 19
Parkscheibe 13 II 2; **13** 5, 6; 41 II 8
Parkscheinautomaten 13 1, 4; VwV zu § 13 Abs 1 Nr VII; 42 IV Z 314 Nr 2; 43 I
Parkstreifen 12 IV; 12 75
Parkuhr 13, 43 I
Parkverbote 12 III, III a, b; 12 72, 42 ff, 54 ff; **33 I S 2**; Z 295, 296, 299, 306
Park-Warntafel 43 IV Z 630; **17** 17
Parkzeitüberwachung durch Kreidemarkierung **13** 1
Pathologischer Rausch 323 a StGB 1
Personalgrundsatz E 19
Personenbeförderung 21, 23 I S 2; 23 16; Haftung **8 a StVG**
Persönlicher Anwendungsbereich E 27 ff
Persönliches Erscheinen E 75 ff; **4** 8; **25 StVG** 22

Pferde 28 7
Pflichtuntersuchung 23 7
Pflichtverteidiger 69 **StGB** 20; 316 **StGB** 37 a
Phantasiezeichen 39 10
Platz 10 4; Vorfahrt auf – **8** 2
Platzen eines Reifens **1** 62
Platzsparend parken **12 V**
Police-Pilot-System 3 99; 4 7
Polizei Sonderrechte **35**; Zuständigkeit E 115; **44 II; 44** 2; Weisungen von – **36**; – FE §§ 26, 27 FeV
Polizeifahrzeuge Sonderrechte **35**
Priorität u Parklücke **12** 78
Private Geschwindigkeitsmessung 3 87; **26 StVG** 2
Privatgelände E 26; **1** 16
Privatgrundstück 1 16
Probefahrt 28 **StVZO**; 1 **StVG** 6
Probezeit 2 a **StVG**
Profiltiefe 23 11
Propaganda 33
Prozessionen 27 II
Prüfbescheinigung f Mofa u Krankenfahrstuhl 4 I; 5 FeV; – bei Fahrverbot 44 **StGB** 12
Prüfplakette 29 II a–IV **StVZO**; 23 43
Prüfungsfahrt 2 14; 28 **StVZO**; 1 **StVG** 6; **2 XV StVG**
Psychische Folgeschäden E 132
Punkterabatt 4 **StVG** IV–VI
Punktsystem bei Entz d FE 4 **StVG**

Quellen d Straßenverkehrsrechts E 1 ff
Queren einer Fahrzeugkolonne 6 8

Radarfotos 3 93 b
Radarpistole 3 94 b
Radarverfahren 3 92 f
Radarwarngeräte 3 92 a; **16** 10; 23 22 b; **23 I b**
Radfahrende Kinder 2 V; 2 58
Radfahrer s auch Fahrrad; **2 IV, V**; **2** 53 ff; **9 II, III; 9** 25; **10** 4; **16** 5;

Sachverzeichnis

fette Zahlen = §§ StVO

17 IV; **23** II, III; Z 237; -Verband **27**; Fahrunsicherheit 316 25
Radfahrerfurt 40 VwV zu Z 138; **41** VwV zu Z 237 VI
Radkappen 23 12
Radstand 3 46
Radverkehrsführung 9 II 25
Radweg 2 IV, V; **2** 20, 54; **9** 35 f; – f Mofa **41** II 5
Räumlicher Geltungsbereich E 17
Räumpflicht 45 13
Rausch s Vollrausch, pathologischer –
Rauschmittel 316 StGB 27
Reaktionszeit 1 52 ff; **3** 14
Rechtsabbiegen 9 32
Rechtsfahrgebote 2 I, II; **2** 25; Verletzung durch Vorfahrtsberechtigten **8** 57 f; bei drei Leitlinien **42** VI, Z 340; f Lkw **42** VI; Verkehrsgefährdung 315 c StGB 27
Rechtsmittel gegen Verwarnung **27** StVG 11
Rechtsbeschwerde 25 StVG 19
Rechtsschutzversicherung 25 a StVG 1
Rechtsüberholen 5 VII; **5** 57 ff; **7** III S 1; **7** 11, 16 f; Z 297
Rechtsweggarantie E 118 ff
Rechtswirksamkeit v Verkehrszeichen **8** 25; **39** 8, 9 a; **45** 4
Reduktionsfaktor 316 StGB 8
Reduziertes Körpergewicht 316 StGB 8
reformatio in peius 69 StGB 19
Regen Beleuchtung **17** III; **17** 13
Reifen s Bereifung, Platzen eines –
Reinlichkeit E 89, 32
Reißverschlußverfahren 7 V; **7** 19
Reiter 2 4; **27** IV; **28** II; **28** 10 f; Z 239
Reklame 33
Rennen Definition **29** vor 1 VwV I
Rennpferde 2 82
Rennradfahrer 2 54 a
Rennveranstaltungen 29
Reserverad 23 11

Resorption d Alkohols 316 StGB 5, 23
Restalkohol 316 StGB 29 c; **24 a** StVG 10; **25** StVG 12 a
Retroreflektierende Warntafeln 17 17
Rettungsdienst 35 V a; **35** 9
Reue tätige – **142** IV; 315 b StGB 16
RiBA s Richtlinien
Richtgeschwindigkeit Z 380; auf Autobahn **3** vor 1; **3** 65; **18** 17
Richtlinien f d Blutentnahme 316 StGB 40
Richtungspfeile 7 13; **9** 51; **12** 28; Z 297
Richtungszeichen 5 IV a; **7** IV; **9** I; **9** 10, 40; **10** S 2; **10** 16; Z 306; irreführendes – **8** 63; **9** 40
Richtzeichen 39; 42
Rodeln 31 7
Rodelschlitten 2 3; **24**; **16** II StVZO
Roller 2 3; **24**; **24** 1, 3; **16** II StVZO
Rollschuhe 24 3
Rollstuhlfahrersymbol unter Z 286; **12** IV b 16, 85; Z 314
Rot s Lichtampelverkehr; **37** 17, 31
Rotes Kennzeichen 28 StVZO; **1** StVG 6; **22** StVG 3
Rotlichtüberwachung 37 17, 31
Rückrechnung 316 StGB 14
Rückschaupflicht 5 35; **9** I S 4; **9** 22 f
Rücksichtnahme 3 II a; **3** 50 f
Rücksichtslos 315 c StGB 19
Rückspiegel 23 13
Rückstrahlende Mittel 17 4, 17; an Ladung **22** IV
Rückwärtsfahren 9 V; **9** 67; **18** VII; **18** 19, 21
Rückwirkungs-Verbot (-Gebot) E 12
Ruhender Verkehr 1 9; **12** 1, 3
Ruhezeiten 2 StVG 23

magere Zahlen = Randnummern

Sachverzeichnis

Sachlich-räumlicher Geltungsbereich E 26; **1** 13 ff
Sachverhaltschilderung im BG-Bescheid **E** 68
Sachverständiger amtlich anerkannter bei Blutalkoholbestimmung **316 StGB** 7, 16, 17
Sachverständigenbeweis E 156 ff
Samstag/Sonnabend 39 19 b; FerienreiseVO 1 I
Sattel-Kfze 3 VwV; **41** Z 262
Schachtdeckel Parkverbot über – **12 III** 7; **12** 52
Schadensersatzansprüche E 123, 124 ff
Schadensquotierung s Haftungsverteilung
Schädigung 1 73
Schätzung d Geschwindigkeit **3** 77
Schafherde 28 VwV III
Schallzeichen bei Überholen **5** V; bei Gefährdung anderer **16**
Schaublatt 3 74, 120
Schieben v Fahrrädern **23 II**; v Fzen **25 II**; v Fahrrädern u Kleinkrafträdern auf gesperrten Straßen **41** Z 250; unter Alkohol **316 StGB** 22
Schienenbahn Vorrang in Längsrichtung **2 III**; **2** 50 f; Überholen einer – **5 VII**; **5** 67; Abbiegen **9 I S 3, III; 9** 19 a, 37; Vorfahrt **19** 6 ff; **37 II 1**; Z 201; Schutz gegen Gefährdung **315 d StGB**; s auch „Bahnübergang"
Schiffsführer Fahrunsicherheit **316 StGB** 25 a; – auf Binnenschiffahrtsstraßen **24 a StVG** 1
Schilderbrücken 5 58
Schleppen 23 26
Schlitten s auch Rodelschlitten; als Fahrzeug **2** 3, 24
Schlußbeleuchtung 15 7
Schlußsturztrunk 316 StGB 23, 29
Schmalspurbahn 19 3
Schneefall Beleuchtung bei – **17 III**; **17** 11; Geschwindigkeit bei – **3** 37

Schneeketten 3 IV; **3** 70
Schneematsch 2 96
Schneiden eines Überholten **5** 38
Schrägbalken 37 III
Schrägparken 12 75, 60
Schranken 43 I
Schreckzeit 1 52, 58
Schriftzeichen auf Fahrbahn **42 VI 3**
Schrittgeschwindigkeit 3 69, 88; **20** 4; s auch Z 325 Nr 2
Schrottfahrzeug 32 4
Schülerlotsen 36 3; **42** Z 356
Schulbus Sorgfaltspflicht **20 I a, 20** 1, 8–10; Warnblinklicht bei Halten **16 II**; -Haltestelle Z 224 m Zusatz
Schuldfähigkeit 316 StGB 30 ff; **323 a StGB** 2
Schulklassen 27
Schutz d Nacht- u Sonntagsruhe **30, 45 I–I b**; – gefährdeter Straßen **45 II** mit VwV
Schutzgesetz der **StVO** Vorbem StVO **4**; **1** 4; **5** 1; **12** 48; **14** 1; 21; **2 StVG** 15 b; **142 StGB** 3
Schutzhelm 21 a; **49 I** 20 a
Schutzzweck von Vorschriften Vorbem StVO **3**; **1** 4; **5** 25
Schwarzfahrer 7 StVG 23
Schwarzfahrt 7 StVG 23 ff
Schweiz E 24; **316 StGB** 1
Schwerbehinderte Parkerleichterung **12 IV b** 85; **45 I b**; VwV zu **45**; **46** VwV zu Abs 1 Nr 11; **47 II** 6 a; **42 IV** Z 314 Nr 2 u 315 Nr 3
Schwerverkehr 29 III mit VwV; **30 III**
Sehvermögen 3 41; **2 StVG** 8
Seitenabstand 5 IV S 2; 5 14; **6** 6
Seitenstreifen 1 21; **2 IV**; VwV, **2** 23, 89; **5 VI S 3**; **5** 56, 59 a; **12 IV**; **12** 13; Z 223.1, 223.2, 223.3; 388
Sekundenschlaf 315 c StGB 16
Selbstbegünstigung 142 StGB 1
Selbstbezichtigung 25 a StVG 1 a
Selbstgefährdung 21 StVG 16
Sensen 32 II

Sachverzeichnis

fette Zahlen = §§ StVO

Sicherheitsabzug bei Geschwindigkeitsmessung **3** 82, 90; bei Rotlichtüberwachung **37** 31 a
Sicherheitsgurt 21 a
Sicherheitszuschlag 24 a StVG **3** b; **316 StGB** 22
Sicherstellung d Führerscheins **21 StVG** 13; **94, 111 a** III, **450, 463 b StPO**
Sicherung d Kfz beim Verlassen **14** II; beim Liegenbleiben **15**; d Ladung **22** I; v Verkehrshindernissen **32** I
Sicherungseinrichtungen Gebrauch aller – **23** 9 ff
Sicherungspflicht d Grundeigentümers **10** 6; nach Liegenbleiben **15**; nach Unfall **34**; d Behörden **45** 11; eines Bergbahnunternehmens f Skipiste **31** 8
Sicht freie – **23 I S 1**; **23** 2
Sichtbarkeitsgrundsatz 3 75; **39** 15; **45** 14
Sichtbehinderung 4 15 a
Sichtweite Fahren auf – **3** 4 ff; **18** 18; Feststellung d – **3** 48
Skate Board, Skater **24** 3
Skilaufen 2 3; **31** VwV III; **31** 6–8
Smog 45 I c 10 a
Sofortmaßnahmen am Unfallort; **2 II 6** StVG; **19 FeV; 34**
Sonderfahrstreifen 9 III S 2; Z 245
Sondernutzung E 94; 12 37; **29** 1; **30** II; **46**
Sonderparkberechtigung f Anwohner VwV IX zu **45 I**
Sonderrechte 35; s auch Blinklicht
Sonderwege 2 20; **41** Z 237, 239, 241
Sonntagsruhe 30 III, IV
Sorgfaltspflichtverletzung E 79; **14** 2 ff
Speedcontrol 3 116
Sperre 69 a I StGB
Sperrflächen 2 92; **41** Z 298
Spiegelmeßverfahren 3 104; **4** 8

Spiel 31
Spielstraße 31 VwV II; **31** 3; Z 250
Spikesreifen 23 11
Sport 31
Sportroller 24 1
Sprintprüfungen 29 2
Ständiger Aufenthalt s ordentl Wohnsitz
Städtische (Wohn)Quartiere 45 I b Nr 2 a
Standlicht 17 II
Standardabweichung 316 StGB 12, 13 a
Standspur d Autobahn **2** 23, 90; **5** 59 a
Stocken s Verkehrsstockung
Strafaussetzung zur Bewährung **316 StGB** 34
Straftat Vollendung – Beendigung
Strafzumessung 21 StVG 19; **142** 38; **315 c** 38; **316 StGB** 33; **323 a StGB** 10
Straße E 90 ff; **2** 17; andere – **9** 5 f; Begriff **1** I StVG; **1** FeV
Straßenbahn s auch Schienenbahn; Haltestellen **3** 18; **19** 4, 6; **26** 7; **37** 5; **315 d StGB**
Straßenbauarbeiten 45 II, VI; **45** 16 ff; s auch Baustellen
Straßenbaubehörden 45 II
Straßenbau-Fze Sonderrechte **35** VI
Straßenbenutzung durch Fze **2**; übermäßige – **29**
Straßenblockade 1 86 a
Straßengabel 8 5; **9** 7
Straßenkrümmung s Kurve
Straßenrecht E 90 f
Straßenreinigungs-Fze Sonderrecht **35** VI; **35** 10
Straßensperrung 45 20; Z 250–269
Straßenverkehrsbehörde 44; Ermächtigung zu Beschränkungen **45**
Straßenverkehrsgefährdung 315 b–316 StGB; Entz d FE nach – **69** ff StGB
Straßenverkehrs-Ordnung E 4; Schutzzweck **Vorbem StVO** 3;

1124

magere Zahlen = Randnummern

Sachverzeichnis

Aufbau u Darstellung **Vorbem StVO** 5; Inkrafttreten **53**
Straßenverkehrs-Zulassungs-Ordnung – StVZO – Auszug Anh 1 b
Streckenverbote 41 II 7; Ende s Z 278, 280, 282; **5** 28; **9** 38
Streitwert bei Fahrtenbuchauflage **23** 49 b; – bei EdFE **4 StVG** 7
Streupflicht bei Glätte **25** 2; **45** 13
Stufenführerschein 2 StVG 1, 4
Sturztrunk 316 StGB 7, 23
Suchscheinwerfer 17 VI; **17** 20
Subjektiver Tatbestand E 38
Surfen – s Auto-Surfen

Tabellen zur Berechnung der BAK **316 StGB** 9, 39
Täterschaft s auch „Tat"; **E** 41 f; **12** 89; **24 StVG** 3; **316 StGB** 2 ff
Tätige Reue 142 IV; **315 b StGB** 16
Täuschung s Kennzeichenmißbrauch
Tangentiales Abbiegen 9 VwV zu Abs 1, II; **9** 14, 15, 26
Tankstelle als öff Verkehrsraum **1** 15; – Vorfahrt **8** 2
Tat E 68; – bei Verwarnung **26 a StVG** 23
Tatbestandsirrtum s Irrtum
Tatbestandsmerkmal – im BG-Bescheid **E** 68
Tateinheit s Zusammentreffen von Verstößen
Tatmehrheit s Zusammentreffen v Verstößen
Tatzeit E 11
Taxen 12 I a, IV S 3; **12** 31 f, 50, 76; **37** II 4; **37** 24; Z 245
Taxenstände Parkverbot an – **12** III 5; **12** 50; Z 229
Taxifahrer 48 FeV; **2 StVG** 11; **21 a** 4
Technisches Hilfswerk 35 7
Technische Prüfung durch Kfz-Führer **23** 9 ff

Teilanfechtung s Rechtsmittelbeschränkung
Teilnahme an OW **E** 44; **24 StVG** 7; am Verkehr **1** 5–9; **1–3 StVZO**; an Trunkenheitsfahrt **316 StGB** 3; – an **21 I StVG** 18
Telefonieren am Steuer **23** I a
Tempo 30-Zonen 45 I c
Territorialitätsgrundsatz E 18, 27
Tiefgarage 1 15, 17
Tiere 4 15 a; **28**
Tierhalter 28 3
Tilgung v Registereinträgen **2 StVG** 11 a, 12; **29 StVG**
Tötung s auch Ursächlichkeit, Schuld; **316 StGB** 4; Ersatzpflicht bei – **10 StVG**
Toleranzstrecke 3 67
Toter Winkel 5 35; **14** 4
Traffipaxanlage 3 89; **4** 8
Traffiphot 3 119; – III **37** 31 a
Treibstoffmangel 18 22; **23** 13
Trenninsel 2 VwV zu Abs 1, I
Trichterförmige Einmündung 8 5, 5; **9** 16
Triftiger Grund 3 II; **3** 57
Trunkenheit im Verkehr **69** II 2; **315 c** I 1 a; **316 StGB**; s auch **24 a StVG**
Truvelo 3 96

Überführte Einmündung 8 19
Überführungsfahrt 28 StVZO; **1 StVG** 6
Übergangsvorschriften 53 III–XIII
Übergroße Fze 29 III mit VwV
Überholen 3 63; **5**; **7**; **26** III; Z 276, 277, 280, 281, 297, 340; **315 c StGB** 22; s auch Queren, Vorbeifahren, Rechtsüberholen
Überholtwerden 2 II; **5** VI; **5** 50 ff
Überholverbot 5 III; **5** 26, 28 ff; an Fußgängerüberweg **26** III; durch Verkehrszeichen 276, 277
Überholweg 5 10–12
Überladung 23 15, 38
Überlassen eines Kfz **21 StVG** 11

1125

Sachverzeichnis

fette Zahlen = §§ StVO

Übermüdung 23 33; **315 c StGB** 16
Überprüfung mitzuführender Gegenstände **31 b StVZO**
Übersehbare Strecke s auch Unübersichtlichkeit; **3** 25 ff; **5** 19–21
Überwachung der Geschwindigkeit **3** 76; – Kfze **23** 39; – d Parkzeit **13**
Übungsfahrt 2 14; **2 XV StVG**
Umbrücken 12 22
Umgehung d Rotlichtampel **37** 3
Umkehrstreifen 37 28
Umleitung Z 454–469
Umweltschutz 30; 45 I a; 49 I 25
Unabwendbares Ereignis E 149 ff; **7 StVG** 1, 20 ff; **17 StVG** 7 f
Uneinsichtigkeit 24 StVG 8
Unfall Verhalten nach – **34; 142 StGB**
Unfallbeteiligter 142 StGB 7 f
Unfallflucht s Verkehrsunfallflucht
Unfallverhütungspflicht d vorschriftsmäßig Fahrenden **1** 23
Unklare Verkehrslage 3 33; **5 III; 5** 26
Unterlassungsdelikte E 41; **1** 50 f; **12** 86, 89; **23** 41; **316 StGB** 4; s auch Halter, Verantwortung Dritter
Unterricht s Verkehrsunterricht, Ausbildung, Unterweisung
Untersagung d Betriebs eines Kfz **23** 40, 44; **17 StVZO; 1 StVG** 11
Unübersichtliche Einmündung 8 50
Unübersichtliche Stelle 1 44 f; **2 II; 2** 40 ff; **3** 25 ff; **5** 19; **8 II; 12 I 1; 12** 6; **16** 3; **315 c StGB** 24, 27
Urinalkoholkonzentration 316 StGB 16, 40 (RiBA Nr 4)
Urkundenfälschung 2 StVG 22; **22 StVG** 8; – Prüfplakette **23** 43
Urkundenunterdrückung 3 47
Ursächlichkeit 3 51; **315 c StGB** 8 a, 12, 30

VAMA 4 6 a
Varianten v Verkehrszeichen **39** 17
Variationsbreite 316 StGB 12
Veranstaltungen 29; 30 I, II
Verantwortlichkeit Dritter f Verkehrsteilnahme **2 I** 2, **75 Nr. 1 FeV**; für Trunkenheitsfahrt **316 StGB** 4; s auch Halter, Unterlassungsdelikt
Verbände geschlossene **27**
Verbandkasten Mitführung von – **2 StVG** 13
Verbotsirrtum s Irrtum
Vereisung 3 38; **23** 2
Verfahrenshindernis Verwarnung als – **27 StVG** 14
Verjährung E 58; **14 StVG; 24 a StVG** 11; **26 III StVG** 4
Verkauf s Veräußerung eines Kfz
Verkehr ruhender – **1** 9; **12**; fließender **10** 2; öff – **1 VwV II; 1** 13 ff
Verkehrsbeeinträchtigung 1 12; **33**
Verkehrsberuhigte Bereiche 1 42; **2** 83; **3** 32, 71; **10** 5 f; **12** 71; **25** 1; **31** 5; **42 II Z** 325 u VwV zu **Z** 325, 326; **45** 10; – Geschäftsbereiche **41 III** 9; **45 I c** 10 a
Verkehrsberuhigung 45 12 a
Verkehrsbeschränkungen Zulässigkeit **45 I, I a; 45** 3; in Kur- u Erholungsorten **45 I a**; bei Großveranstaltungen **45 I b**; bei Parkraumbeschaffung für Bewohner städtischer (Wohn)Quartiere **45 I b**; bei Anordnung von Tempo 30-Zonen **45 I c**; bei Anordnung von Zonen-Geschwindigkeitsbeschränkungen unter 30 km/h **45 I d**; auf Grund von Smog-Verordnungen **45 I e**; durch Anordnungen über Massenmedien **45 IV**; Ermächtigung s **6 I** 3, **14 ff StVG**
Verkehrseinrichtungen Vorbem StVO 7; **43; 45 IV**
Verkehrsfeindliches Verhalten 315 b StGB 2

magere Zahlen = Randnummern

Sachverzeichnis

Verkehrsfluß 3 54, 58
Verkehrsfunk Z 368
Verkehrsgefährdung 4 20 b; **315 b–315 d StGB**
Verkehrshindernisse 32
Verkehrsinsel 2 VwV zu Abs 1, I; Vorfahrt an – **8** 5; **20** 6; **37** 23
Verkehrskontrolle 36 V; **E** 114
Verkehrslage unklare – **3** 33; **5** 26; besondere – **11**
Verkehrsmittel öff – **20** 2; Pflichten d Fahrpersonals **20** 7
Verkehrsopferhilfe 142 StGB 40
Verkehrsregelungspflicht E 123
Verkehrsschau 45 VwV zu Abs 3 S 1 III
Verkehrssicherungspflicht 45 11; **E** 123; s auch Sicherungspflicht
Verkehrsstockung 11; **11** 2; **18** 23; **19** IV; **26** II; **37** 7
Verkehrsteilnehmer 1 5 ff; **1–3 FeV**; vgl auch Halter, Verantwortlichkeit Dritter
Verkehrsüberwachung durch Private **3** 76 b; **26 StVG** 2
Verkehrsunfall 34; Begriff § **142 StGB** 4; s auch Bekämpfung
Verkehrsunfallflucht s Entfernen vom Unfallort
Verkehrsunterricht Vorladung zu – **48**
Verkehrsverbote 2 III a; **2** 75 ff; **Z** 250–269, 459; **45**
Verkehrszählung 36 V
Verkehrszeichen s auch „Zeichen"; Vorbem StVO 7; **8** 25; **39–42**; **45**; Wiedergabe von – auf Fahrbahn **42** VI 3; Überprüfung d – **45** VwV zu Abs 3 Satz 1 III; private – u Nachahmungen **33** II, **33** 6 f
Verkehrszeichenplan 45 VI mit VwV
Verkehrszentralregister E 65 ff; **28–30 a StVG**; s auch Punktsystem
Verkündung von VOen **6 StVG** 1
Verlassen d Fz **14** II; **14** 7
Verrichtungsgehilfe E 140 ff

Versagen einer LZA **37** 17 a
Versammlungen öff – **29** VwV zu Abs 2 III
Verschlechterungsverbot 44 StGB 18
Verschuldensvermutung E 142
Versicherung s Pflichtversicherung
Versuch einer OW: **E** 40; **142 StGB** 2; **315 b II StGB** 10; **315 c II StGB** 31
Verschmutzung d Fahrbahn **3** 39; **32 I S 1**
Verteidigung d Rechtsordnung **316 StGB** 33
Verteilerfahrbahn 2 19
Vertrauensgrundsatz 1 24 ff; **3** 19, 22, 28, 32; **8** 18, 28, 36 ff; **11** 5
Vertreter als Täter einer OW **23** 31 ff
Verursachung s Ursächlichkeit; Schadensverursachung durch mehrere Kfze **E** 150; **7 StVG** 13; **17 StVG**
Verursachungsbeitrag 17 StVG 12; Ermittlung des – **17 StVG** 14
Verwahrung d Führerscheins **21 StVG** 13; **44** III, IV; **51** V **StGB**; **94** III, **111 a** V, 450, 463 b II StPO
Verwaltungsakt E 109; Verkehrszeichen als – **39** 8; Vorladung z Verkehrsunterricht **48** 2
Verwarnung E 60; **26 a StVG** 10 ff; – als Verfahrenshindernis **26 a StVG** 2
Verwertungsverbot getilgter Vorstrafen **2 StVG** 12; **29 StVG**
Verwirkung von Ersatzansprüchen **15 StVG**
Verzicht auf Vorrang **8** 41; **11** III; **11** 4, 5
Verzögerungsstreifen 5 59; **18** 9, 11; Haltverbot auf – **12 I 3**; **12** 10
Viehtreiben 28 6
Visitenkarte 142 StGB 18; **34 I 6 b**
Vollendung einer Straftat **E** 48; **315 c StGB** 4

1127

Sachverzeichnis

fette Zahlen = §§ StVO

Vollrausch 69 II 4; 323 a StGB
Vollziehbarkeit E 112; 48 7 f; 49 4; 24 StVG 2
Volumen-% 316 StGB 9 b
Voraussehbarkeit 315 c StGB 14
Vorbeifahren 2 32 f; 5 2 f; 6; s auch Queren, Überholen
Vorbeifahrt Z 222; 9 45
Vorfahrt 1 59 f; 3 35 f; 8; 18 III; 18 7 a–12; Z 102, 205, 206, 301–307; „halbe" – 8 17; geänderte – 8 21; 315 c StGB 21
Vorfahrtstraße s Vorfahrt; Parkverbot auf – 18 III 8; 12 54; Z 306
Vorgeschriebene Fahrtrichtung s Fahrtrichtung
Vorläufige Entziehung d FE 21 StVG 7; 111 a StPO; Anrechnung d – auf FV 51 V StPO; 44 StGB 10
Vorrang s auch Engstelle, fließender Verkehr; – auf Parkflächen 12 67; – d Schienen-Fze 19
Vorsatz E 38; 24 a StVG 7; 315 b StGB 11 ff; 315 c StGB 32; 323 a StGB 7; 316 StGB 28, 29; 323 a StGB 5
Vorschriftzeichen 39, 41; E Vorbem StVO 7
Vorstellungspflicht 142 StGB 14
Vorwegweiser 42 Z 438–442
Vorwerfbarkeit E 36

Wahlfeststellung zwischen Täterschaft u Beteiligung E 43
Wahlweise Verurteilung E 43; 3 50; 4 20 a; 23 33; 21 StVG 17; 142 StGB 42 a; 316 StGB 32
Waldweg 8 I S 2; 8 5, 28; 19 I
Walkman 23 3
Warnblinklicht 15–16 II; 16 11
Warndreieck 15 6 a; 31 b, 53 a StVZO
Warnleuchte 1 47; 15 6; 53 a StVZO

Warnposten s Hilfsperson
Warntafel s Park-Warntafel
Warnung vor Radarkontrolle 3 107; 16 10
Warnzeichen s auch Schall- u Leuchtzeichen; 16
Wartelinie 42 IV, Z 341
Warten Begriff VwV zu 5 u 6; 5 2; 12 4
Wartepflicht 6 9; 8 II; 9 28; 19 II, III; 19 15 ff; Z 102, 201–208; 315 c StGB 21; – nach Unfall 142 StGB 16; 34
Wartungsdienst 23 6 a
Waschanlage 1 15
Wechsellichtzeichen 37 II
Wegblinken 5 41 f
Wegerecht E 90 ff
Wegerechtsfahrzeug 35 14; 38 2
Wegweiser Z 401–437; s auch Vorwegweiser
Weisungen d Polizeibeamten 36
Weltabkommen E 97; **Vorbem StVO** 2
Wenden 9 V; 9 56; auf Autobahn 18 VII; 18 19 f; 315 b StGB 5; 315 c StGB 28
Werbung 33
Werkstättenfahrt 23 24, 34, 37
Werktag 13 3; 39 19 a
Wetter Einfluß auf Geschwindigkeit 3 37 f
Wettrennen s Rennveranstaltungen
Widerspruch gegen Aufbauseminar AO 2 a VI; 4 VII 2 StVG
Widmark -Methode 316 StGB 9 c, 12
Widmung einer Straße E 91; 1 13
Wild -wechsel 1 62; 3 44; Zusammenstoß m – 142 StGB 5
Windschutzscheibe Vereisung 23 13
Wintersport 31 VwV III; 31 6; Z 101, 250
Witterungsverhältnisse 3 37
Wohnanhänger Personenbeförderung 21 I; Dauerparken 12 III b;

magere Zahlen = Randnummern   **Sachverzeichnis**

12 73; Abstellen als Gegenstand **32** 4
Wohnmobile 18 V; 5 29; **18** 17; **21** 3
Wohnsitz, ordentl § 2 StVG 18a
WÜK E 29

Zebrastreifen s Fußgängerüberweg
Zechen Verantwortung f gemeinsames – **316 StGB** 4
Zeichen d Polizeibeamten **36**
Zeichen 101 31 6; **19** 1
Zeichen 123 39 19; **45** 19
Zeichen 125 9 47
Zeichen 134 26 3
Zeichen 136 1 42; **3** 43, 60a; **26** 6
Zeichen 138 39 4
Zeichen 142 3 44; **39** 1b 4
Zeichen 150–162 19 1, 7
Zeichen 201 19; **19** 1, 6; Haltverbot vor – **12 I 7**
Zeichen 205 8 52; Haltverbot vor – **12 I 7**
Zeichen 206 E 111; **8** 20f, **39**; Haltverbot vor – **12 I 7**
Zeichen 208 2 73, 74
Zeichen 209 9 44f
Zeichen 211 9 44f
Zeichen 214 9 44f
Zeichen 220 9 46
Zeichen 222 9 45
Zeichen 224 12 III 4; 12 49; **20** 1
Zeichen 229 12 III 5; 12 31
Zeichen 237–241 2 17, 20, 54
Zeichen 239 12 88; **46** 2
Zeichen 241; 12 88
Zeichen 242, 243 2 17–20; **10; 12** 88
Zeichen 245 9 38; **12** 32; **37** 24; **45** 7
Zeichen 250 25 1; **31** 3, 6
Zeichen 250–269 2 76; **45** 20
Zeichen 251 2 76
Zeichen 261 2 96; **41 II 6**
Zeichen 267 9 46
Zeichen 268 3 70
Zeichen 270 45 10b

Zeichen 273 4 19
Zeichen 274 3 3, 62, 71ff; **19** 11
Zeichen 274 E 111 **1**, 274.2; **3** 3
Zeichen 275 3 54
Zeichen 276/277 5 28
Zeichen 278 3 71; **39** 19
Zeichen 279 3 54
Zeichen 283 12 13
Zeichen 286 12 IV b; 12 16; **39** 19
Zeichen 290 12 17; **13 II; 13** 5; **41 II S 6**
Zeichen 292 13 II; 13 5
Zeichen 293 25 15; **26** 2
Zeichen 294 8 39; **37** 14, 17
Zeichen 295 2 85; **9** 50; **12 I 6 c, III 8 b; 12** 27f
Zeichen 296 2 91; **12 III 8 b**
Zeichen 297 5 63; **7** 13; **9** 51; **12** 28; **37** 2
Zeichen 298 2 92
Zeichen 299 12 62; **20** 3
Zeichen 301 8 23; **37** 6, 15
Zeichen 306 8 24; **9** 40; **12 III 8 a; 37** 6, 15
Zeichen 307 8 24
Zeichen 308 2 73; **37** 6, 15
Zeichen 310, 311; 3 66; **25 StVG** 9a
Zeichen 314 12 63; **13 II**
Zeichen 315 12 III 7, 8 c; 12 60, 69, 88; **13 II**
Zeichen 325 1 42; **2** 83; **3** 32, 71, 74; **10** 5; **12** 71; **39** 6; **49 III 5**
Zeichen 330, 331 18 1, 7; **37** 6
Zeichen 332, 333; 18 25; **42 VIII 3**
Zeichen 340 2 17, 19, 94; **7** 14; **12** 28
Zeichen 350 26 3
Zeichen 353 9 47
Zeichen 357 31 3, 6
Zeichen 380 3 65
Zeichen 385 3 66
Zeichen 388 12 75
Zeichen 394 17 17
Zeichen 406 18 2
Zeichen 448–453 18 2; **42 VIII 3**
Zeichen 459 45 19

Sachverzeichnis

fette Zahlen = §§ StVO

Zeichen 460 18 2
Zeichen 468 9 45
Zeichen 630 17 17
Zeitgesetze E 10 f
Zeitlicher Geltungsbereich d Gesetze E 14 f
Zentralkartei s Verkehrszentralregister
Zerstörung v Anlagen oder Fahrzeugen **315 b StGB**
ZEVIS 30 a StVG 1
Zeugenbeweis E 167 ff
Ziehen s Schieben
Zoll Sonderrechte **35**; Hinweisschild auf – Z 392
Zonengeschwindigkeitsregelung s Z 274.1; **3** 75, 100; **45** I c, I d
ZonengeschwindigkeitsVO E 14
Zonenhaltverbot **12** 17; **13** 5 a; Z 290
Zündschlüssel Aufbewahrung d – **14** 10
Zufahrtspur (Beschleunigungsstreifen) **5** 59; **18** 10
Zug **4** 17
Zugmaschine **2** 76; **4** 17
Zugtier **2** 4; 28
Zulassen d Führens eines Kfz **21 StVG**; d Inbetriebnahme **23** 36; fahrlässiges – **21 StVG** 11

Zulassung v Fahrzeugen **1 StVG**; **1 StVG** 1 ff; – v Personen zum nicht motorisierten Verkehr **1–3 FeV**; **2 StVG**; s auch „Ausländer"
Zumessungsregel 26 a StVG 4
Zuparken **1** 76; **12** 92, 97
Zurückstoßen s Rückwärtsfahren
Zusammenhangstaten 69 StGB 5
Zusammentreffen v Verstößen E 56; **1** 84 f; **23** 51 ff; **21 StVG** 16; **22 StVG** 8; **24 StVG** 9 ff; **27 StVG** 13; **142 StGB** 41; **315 c StGB** 10, 37; **316 StGB** 32
Zusatzschild 39 I, VwV III 16; **2** 82; **39** 14, 19; **40** II–V; **41** II; – „bei Nässe" **3** 72
Zuständigkeit E 115; 99 f; sachliche – **44, 45**; örtliche – **47**; f OWen **26, 27 StVG**; f Erteilung d FE **2 StVG**; f zivilrechtliche Klagen **20 StVG**
Zustand vorschriftsmäßiger – d Fahrzeugs **23** 4 ff
Zuziehung einer Hilfsperson **1** 43 ff; **9** 70; **10** 11
Zustimmungsbedürftigkeit d Aufstellung v Verkehrszeichen **45** VwV zu Abs 1
Zweitüberholen 5 16